DICTIONNAIRE

DES LETTRES FRANÇAISES

Le XXe siècle

DICTIONNAIRE DES LETTRES FRANÇAISES

Le XXe siècle

Édition réalisée
sous la direction de

Martine Bercot
professeur à l'Université de Bourgogne
et d'André Guyaux
professeur à l'Université de Paris-Sorbonne.

LE LIVRE DE POCHE

RÉDACTEURS DES NOTICES

Centre international de poésie de Marseille : CIPM
Institut Mémoires de l'édition contemporaine : IMEC

ACKERMANN Bruno : B. A.
AGUET Joël : J. A.
ANGELET Christian : C. A.
ANTONIETTI Pascal : P. A.
AQUIEN Michèle : M. A.
AUROY-MOHN Carole : C. A.-M.
BAILLAUD Bernard : B. B.
BANCQUART Marie-Claire : M.-C. B.
BANDELIER Danièle : D. Ba.
BARBARANT Olivier : O. B.
BASCH Sophie : S. B.
BAUDORRE Philippe : Ph. B.
BAULAND Marc : M. B.
BEAUDOIN Réjean : R. B.
BEAUFILS Annie : An. B.
BEM Jeanne : J. B.
BERCOT Martine : M. Ber.
BERRANGER Marie-Paule : M.-P. B.
BERTHOMIEU Pierre : P. Be.
BESSART-BANQUI Olivier : O. B.-B.
BIVORT Olivier : O. Bi.
BODY Jacques : J. Bo.
BOUDREAU Raoul : R. Bo.
BOUJU Marie-Cécile : M.-C. Bo.
BOURASSA Lucie : L. B.
BRAHIMI Denise : D. B.
BRASSIÉ Anne : A. Br.
BRITTON Celia M. : C.M. B.
BRUNEL Patrick : Pa. B.
BRUNEL Pierre : P. B.
BUISINE Alain : A. B.
BURTON Olivia : O. Bu.
CABANÈS Jean-Louis : J.-L. C.
CAIZERGUES Pierre : P. C.
CAMBRON Micheline : M. Ca.
CARAION Martha : M. C.
CARLIER Christophe : C. C.
CHABIN André : A. Ch.
CHANEL Pierre : P. Ch.
CHANEL-MALENFANT Paul : P. C.-M.
CHÉNIEUX-GENDRON Jacqueline : J. C.-G.
CHÈVREFILS-DESBIOLLES Yves : Y. C.-D.
CHEVRIER Jacques : J. C.
CITTI Pierre : P. Ci.
COLIN-PICON Martine : M. C.-P.
COLLOMB Michel : M. Co.
COMPAGNON Antoine : A. C.
COURTEN Maryke de : M. de C.
DAUDIN Claire : Cl. D.
DAWSON Brett : B.Da.
DELACRÉTAZ Anne-Lise : A.-L. D.
DELCROIX Maurice : M. D.
DERVAL André : A. De.
DICHY Albert : A. D.
DIONNE René : R. D.
DOIN Benoît : B. D.
DOMENGET Jean-François : J.-F. D.
DONNÉ Boris : B. Do.
DUBUIS Catherine : C. D.
DUCHÂTELET Bernard : B. Du.
DUFOURNET Françoise : F. D.
DUMAS Marie-Claire : M.-C. D.
DUPONT Jacques : J. D.
DUPOUY Christine : C. Du.
DUSSERT Éric : E. D.
ERNST Gilles : G. E.
FALLAIZE Elizabeth : E. F.
FAVART Hélène : H. Fa.
FERRAGE Hervé : H. F.
FINCK Michèle : M. F.
FLOWER John : J. F.
FOREST Philippe : Ph. F.
FORNEROD Françoise : F. Fo.
FOUCHÉ Chantal : Ch. F.
FOURVEL Christophe : C. F.
FRANCHILLON Roger : R. F.

FRÉCHET Patrick : P. F.
GABIN Jean-Louis : J.-L. G.
GALLET Olivier : O. G.
GARDES-TAMINE Joëlle : J. G.-T.
GAUVIN Lise : L. G.
GEOFFROY Jacques : J. G.
GHIRELLI Mariane : M. G.
GIDEL Henri : H. G.
GIOCANTI Stéphane : St. G.
GIRAUD Éric : E. G.
GODARD Henri : H. Go.
GOUJON Jean-Paul : J.-P. G.
GRAF Marion : M. Gr.
GRANDJEAN Sophie : S. G.
GUEDJ Colette : C. G.
GUYAUX André : A. G.
HAHN Franz : F. H.
HALADJIAN Marguerite : M. Ha.
HALLIN-BERTIN Dominique : D. H.-B.
HÊME François : F. He.
HENNETON Diane : D. H.
HENRY Anne : A. H.
HENRY Molly : M. H.
HOVASSE Jean-Marc : J.-M. H.
HUBERT Marie-Claude : M.-C. H.
IMBERT Maurice : M. I.
ISKANDER Agnès : A. I.
JACKSON John E. : J.E. J.
JACQUART Emmanuel : E. J.
JANSITI Carlo : C. J.
JARQUE Alexandra : A. J.
JARRETY Michel : M. J.
JATON Anne-Marie : A.-M. J.
JEANNERET Sylvie : S. J.
JOSEPH Lawrence : L.J.
JOURDE Pierre : P. J.
JURANVILLE Françoise : F. J.
JURT Joseph : J. J.
JUTRIN Monique : M. Ju.
LABOUREL Jeanne : J. L.
LACHASSE Pierre : P. L.
LAURENT François : F. L.
LÉGER Nathalie : N. L.
LEROY Géraldy : G. L.
LEUILLIOT Bernard : B. L.
LEVIE Sophie : S. L.
LIEBER Jean-Claude : J.-C. L.
LIMAT-LETELLIER Nathalie : N. L.-L.
LOUIS Jean-Paul : J.-P. L.
MADELÉNAT Daniel : D. M.
MAGGETTI Daniel : D. Ma.
MAILHOT Laurent : L. M.
MARÉCHAL Isabelle : I. M.
MARIN LA MESLÉE Valérie : V. M.
MARTHALER Philippe : P. M.
MARTIN Christine : Ch. M.
MARTIN Suzanne : S. Ma.
MARTIN-SCHMETZ Victor : V. M.-S.
MARX William : W. M.
MASSON Pierre : P. M.
MATTIOLI Aram : A. M.
MEITINGER Serge : S. M.
MEIZOZ Jérôme : J. M.
MERCIER Michel : M. M.
MERCIER Pascal : P. Me.
MICHAUD Olivier : O. M.
MIGUET Marie : M. Mi.
MILLET-GÉRARD Dominique : D. M.-G.
MINIAC Jean : J. Mi.
MIR Carole : C. M.
MOREAU Pierre : P. Mo.
MOUSLI Béatrice : B. M.
MURAT Michel : M. Mu.
NARDOUT-LAFARGE Elizabeth : E. N.-L.
NAKACH Geneviève : G. N.
OUVRY Françoise : F. O.
PAIRE Alain : Al. P.
PARIENTÉ Robert : R. P.
PASQUALI Adrien : A. P.
PATRON Sylvie : S. P.
PAULHAN Claire : C. P.
PHILIPPE Gilles : G. P.
PHILIPPOT Didier : D. P.
PIÉGAY Nathalie : N. P.
PILLU Pierre : P. P.
PIRET Pierre : P. Pi.
PLUET Jacqueline : J. Pl.
POIRIER Jacques : J. P.
POPOVIC Pierre : P. Po.
PRÉTA-DE BEAUFORT Aude : A. P. de B.
QUIVIGER Pierre-Yves : P.-Y. Q.
RABATET Dominique : D. R.
RACINE Nicole : N. Ra.
RACLOT Michèle : M. R.
RAGONNEAU Nicolas : N. R.
RAIMOND Michel : M. Ra.
RAMBAUD Vital : V. R.
RAMSEYER Patrick : P. R.
REBOUL Yves : Y. R.
RENNE Amal : A. Re.
REVAZ Gilles : G. R.
RIEBEN Pierre-André : P.-A. R.
RIZEK Martin : M. Ri.
ROBERT Sophie : So. R.
ROQUEMAUREL Astrid de : A. de R.
ROUFFIAT Françoise : F. R.
ROZÉ Sylvie : S. R.
RUBINO Gianfranco : G. Ru.
RÜTTIMANN Donat : D. Ru.
RYKNER Arnaud : A. R.
SACCHI Sergio : S. S.
SALMON Gilbert : G. S.

SAMSON Sandrine : Sa. S.
SEBBAG Georges : G. Se.
SERMET Joëlle de : J. de S.
SICARD Claude : C. S.
SICHLER Jacqueline : J. S.
SIMON Anne : A. S.
SIMONIN Anne : A. Si.
SIMONIN Michel : M. S.
SIOUFFI Gilles : G. Si.
TAILLANDIER François : F. T.
TALLON Xavier : X. T.
TARTING Christian : C. T.
TERONI Sandra : S. T.
TESNIÈRES Valérie : V. T.
TOLY Carine : C. To.
TOUZOT Jean : J. T.
VALMARIN Luisa : L. V.
VANONCINI André : A. V.
VASSILIOU Véronique : V. V.
VATRÉ Éric : E. V.
VERDIER Bertrand : B. V.
VERNOIS Paul : P. V.
VIGUIER Anne : A. Vi.
VLAVIANOU Antigone : A. Vl.
WAGNEUR Jean-Didier : J.-D. W.
WRONA Adeline : A. W.
ZALAMANSKY Claire : C. Z.
ZIMMERMANN Barbara : B. Z.

Avant-propos

Complétant la série de *Dictionnaires des lettres françaises* de la collection Pochothèque, le présent volume est consacré au XXe siècle. Il fait place non seulement aux auteurs français de France, mais à des écrivains de nationalités et d'origines diverses, qui ont écrit une partie au moins de leur œuvre en français et qui sont nés ou ont vécu en Acadie, en Algérie, en Belgique, dans les Caraïbes, en Égypte, en Grèce, au Liban, au Maroc, dans les îles de l'Océan indien, dans l'Ontario, au Québec, en Roumanie, en Suisse, en Tunisie, sans oublier des cas plus isolés d'écrivains bilingues ou littérairement « naturalisés » comme Beckett ou Canudo. Pour chacune des zones géographiques concernées, nous avons délégué la direction : à Denise Brahimi pour le Maghreb, à Lise Gauvin pour le Québec et l'Acadie, à Olivier Bivort pour la Belgique, à Jacques Chevrier pour l'Afrique et les Antilles, à Albert Dichy pour l'Égypte et le Liban, à Roger Francillon pour la Suisse romande, qui ont fait eux-mêmes le choix des « entrées » et le cas échéant celui de collaborateurs dont ils se sont entourés.

L'autre ouverture de ce *Dictionnaire des lettres françaises* s'est faite en direction des revues littéraires et des maisons d'édition. Elle lui confère une quantité et une qualité d'informations qu'il est seul à offrir à ce jour. C'est une équipe de l'IMEC (Institut Mémoires de l'édition contemporaine) qui a pris en charge ce secteur, sous la direction d'Olivier Corpet et d'Albert Dichy.

Nous avons choisi en revanche de donner au concept de littérature — aux « lettres » comme le titre l'indique — une acception qu'on trouvera peut-être trop prudente ou trop limitée. Le XXe siècle a produit de plus en plus de livres, de plus en plus d'espèces de livres, des livres sur tout et des livres de toutes sortes d'auteurs. En dehors d'un quelconque jugement de valeur, il fallait tracer une ligne de partage, en particulier entre la littérature et les contrées voisines, l'histoire, la philosophie, la critique. On peut certes considérer que les frontières sont floues, que ces contrées voisines de la littérature ont toutes un accès direct à elle, que toute division entre « lettres » et « sciences humaines » est mille fois contestable et cent fois démentie par la « transversalité » de certaines œuvres, que l'essai par exemple, quel que soit son sujet, est aussi un exercice littéraire. Pourtant, c'est en diluant la littérature dans le livre ou dans l'écrit qu'on la neutralise et qu'on la perd. Si elle est partout, elle n'est nulle part. Nous avons donc préféré l'envisager dans sa tradition propre et dans les formes — poème, théâtre, roman principalement — qui dans l'esprit de chacun en occupent le champ. Dès lors, ce dictionnaire des « lettres françaises » n'inclut pas *a priori* les critiques, les historiens, les philosophes, même si, au risque d'une certaine inconséquence, nous y avons introduit quelques figures saillantes de la critique ou de la pensée, dans la mesure où elles reflètent les tropismes littéraires d'une époque ou d'une génération.

Un dictionnaire ne peut tout enregistrer. Le choix à faire est particulièrement délicat lorsqu'il s'agit d'auteurs vivants. Nous voulions, d'une part, donner l'importance qui est la leur aux grands écrivains : notice longue, rédigée par un éminent spécialiste, bibliographie développée. Mais nous voulions aussi contribuer à faire redécouvrir des écrivains que la postérité, ce « grand pasteur au regard sommaire » comme l'appelait Sainte-Beuve, a jusqu'ici injustement négligés, et à faire découvrir quelques-uns de ceux qui sont encore au seuil d'une reconnaissance qu'ils méritent.

Chacune des notices — il y en a plus de 1800 —, quelle que soit sa dimension, met l'accent sur l'œuvre, plutôt que sur la vie de l'auteur, mais se développe suivant un fil chronologique, permettant une consultation commode. Elle concentre, dans l'espace qui lui revient, un maximum d'informations utiles. Les notices sur des auteurs importants comportent également la liste de leurs œuvres suivie, le cas échéant, d'indications bibliographiques précédées du signe →. Ainsi ce *Dictionnaire* sera tout autant le compagnon des étudiants qu'un précieux guide pour les lecteurs curieux de la littérature de notre siècle.

A

Abeille Jacques (1942). Né à Lyon le 17 mars 1942, il poursuit ses études supérieures à Bordeaux, où il vit et travaille. *Le Corps perdu* (1977), bref texte en prose poétique jouant sur l'absence, donne le ton d'une œuvre très personnelle : visionnaire de sa propre intériorité, l'auteur explore de façon méthodique et sophistiquée son univers fantasmatique. Ses romans poétiques, hantés par le dessaisissement, les coupures et les jonctions entre l'homme et la nature, le statut de l'œuvre et de la création, sont autant de voyages à rebours dans un temps et un espace rêvés. Citons parmi ses œuvres celles qui relèvent du « cycle des Contrées », fresque ouverte regroupant *Les Jardins statuaires* (Flammarion, 1982), *Le Veilleur du jour* (Flammarion, 1986), *Les Voyages du fils* (I : *L'Homme nu*, Deleatur, 1986 ; II : *Les Lupercales forestières*, Zulma, 1988), *La Clef des ombres* (Zulma, 1991), *Les Carnets de l'explorateur perdu* (Toulouse, Ombres, 1993, récits accompagnant ce cycle) ; et aussi *En mémoire morte* (Zulma, 1992).

F.J.

Abel Antoine (1934). Né aux îles Seychelles, instituteur, nourri de la tradition des contes transmis par les anciens, il est l'auteur de plusieurs textes en français, *Coco sec* (Oswald, 1977), *Contes et poèmes des Seychelles* (Oswald, 1977), *Une tortue se rappelle* (Oswald, 1977), et d'une *Anthologie de la poésie seycheloise* (Saint-Leu, 1984).

J.C.

Abellio Raymond (1907-1986), pseudonyme de Georges Soulès. Né le 11 novembre 1907 à Toulouse, dans une famille modeste d'origine ariégeoise, où l'école compte avant tout, il gardera la pratique et le respect des *realia*. Chez lui, la science sera théorique et pratique ; sa formation d'ingénieur des Ponts et Chaussées et de polytechnicien l'atteste. Son parcours professionnel est lié à la gestion d'entreprises de Travaux publics ou des Mines, dans le cadre de sociétés privées industrielles ou financières. Fondateur et membre d'instances militantes et de groupes de pensée politique entre le début des années trente et la fin des années quarante, il est toujours dans une mouvance fractionnelle. Dans la SFIO blumiste du Front populaire, il est marxiste et adhère au courant de la Gauche révolutionnaire de Marceau Pivert. Après la défaite de 1940, il entre en 1941 au Mouvement national révolutionnaire de Deloncle. Tentant la conjonction du socialisme et du fascisme social, mal vu des collaborationnistes parisiens, lié à la Résistance, il est condamné par contumace à la Libération, et réhabilité en 1952. En ces temps troublés de l'occupation et de l'épuration, il aura mené une vie de clandestin. Il passe ensuite de l'action militante et de l'agitation politique au projet d'agir par la méditation et la parole, et prend en 1945 le pseudonyme de Raymond Abellio.

Du séjour dans un monastère bénédictin pendant la guerre à la fondation du Centre d'études métaphysiques (CEM) en 1953, les années de retrait forcé donnent ampleur et nécessité accrues à son œuvre, où la philosophie husserlienne, la Kabbale, l'anthroposophie, la cosmologie occidentale et orientale nourrissent une théorie de la connaissance ambitieuse, intégrant le politique et l'économique, l'esthétique et l'éthique en vue d'une « nouvelle gnose » qui ne soit pas seulement la reprise de la Tradition. *Vers un nouveau prophétisme* (1946) et *La Bible document chiffré* (1950), les conférences en Suisse et les émissions de radio, entre les années cinquante et soixante-dix, font de lui, aux yeux du public, un nouveau Nostradamus, mais on ne saurait le tenir seulement pour le maître à penser d'une voyance vulgarisée, dont la banalisation médiatique hérisserait l'homme des mystères aux lunettes épaisses qu'il était. Pour lui, le secret est le compagnon de la science, comme ce fut le cas pour les grands kabbalistes et alchimistes du passé. Si la pensée gnostique est restée souterraine, ce n'est pas seulement parce que, hétérodoxe, elle fut tenue en Occident pour hérétique, et condamnée, c'est aussi parce que la conviction selon laquelle le savoir est une lente initiation, un domaine réservé, en fait un système inachevé, voire inachevable.

Babel est présente dans l'œuvre d'Abellio, non comme figure d'une impossible ascension céleste, mais comme « fosse », générant une plongée occulte dans l'abîme de la technologie avancée et de l'économie, véritable Léviathan que n'épuisent pas les fantasmagories de la science-fiction *(La Fosse de Babel*, 1962). La « structure absolue » (1965) n'emprunte rien au structuralisme bientôt en vogue. Elle est un déchiffrement, sur fond de phénoménologie husserlienne, du noyau du monde et de l'être qui ne se dissolvent ni en figures formelles, ni en projet à l'horizon d'une improbable liberté. Il s'est agi de vivre d'abord, d'écrire ensuite.

Prosateur fulgurant, parfois obscur comme les méandres de la pensée que déploient les involutions de la phrase, Abellio n'ignore ni la formule aphoristique ni la vivacité polémique du dialogue (il est l'auteur d'une pièce de théâtre, *Montségur*, plusieurs fois réécrite, donnée à la radio en 1959), et ses romans sont parcourus de vifs échanges et de grandes discussions. Mais il habite essentiellement le royaume du grand verbe classique et romantique. La modernité ne passe pas ici par le refus du langage construit. Si l'on croit trouver chez Abellio les vertus de la retraite contemplative, les pouvoirs du logos restent souverains, dans la tradition johannique affirmant « Au commencement était le Verbe ». Et ce Verbe est Action. Abellio ne fait pas sienne la déploration romantique dénigrant un monde où l'action n'est pas la sœur du rêve. Au contraire, elle le fut pour les militants d'*Heureux les pacifiques* (1946), aux prises avec les remous de février 1934 et leurs effets. Elle l'était pour les combattants de la guerre d'Espagne dans *Les yeux d'Ézéchiel sont ouverts* (1949), qui joignent violence et méditation. Transmutée et mystérieuse, elle le reste pour les survivants des combats de la guerre et les nouveaux acteurs de *La Fosse de Babel* (1962) : ils tendent à une nouvelle maîtrise du monde, où l'occultisme donne la main à la gestion économique et aux fastes de l'amour. Ces intrigues s'incarnent chez des hommes et des femmes dont les relations complexes dessinent les hautes figures d'une nouvelle Ève et d'un nouvel Adam.

L'aspect formellement novateur de l'œuvre d'Abellio ne passe pas par la déconstruction ou le refus du référent historique, collectif ou individuel, mais par le réinvestissement du contenu narratif générant un langage et des rapports neufs. Pas de représentation de l'univers social selon le schéma opposant grandeur et décadence, ni d'exploration du « tas de misérables petits secrets » abîmés dans les replis du moi. La démarche réflexive épaissit la trame du récit (ainsi l'équation de la nouvelle féminité dans *La Fosse de Babel)*, et la pensée se veut partie prenante, dans l'intensité dramatique, des forces en présence.

Les personnages d'Abellio sont des militants, des hommes d'action, de pouvoir, des femmes du futur, héroïnes à la fois actives et passives, intelligentes sans excès de cérébralité, belles et sensuelles, voire vénales, mais sublimes de séduction. Sur le plan psychologique et moral, ces personnages ne sont pas seulement l'incarnation d'une force, énergie ou volonté de puissance. Ils communiquent directement avec les entités cosmologiques qui font mouvoir le monde d'en bas et d'en haut, et réaliseront leur assomption lors de l'apocalypse, ce « dévoilement » attendu et célébré par toutes les gnoses. La dimension ésotérique de la pensée d'Abellio n'est pas seulement le syncrétisme de la Tradition et d'une « gnose de Princeton » alliant les anciens savoirs à ceux que des physiciens américains ont cru issus des explorations modernes de la matière ou du cerveau, et d'une cybernétique naissante : il opère aussi une tentative de restructuration de l'être à partir de ses fondements. La « structure absolue » des *Visages immobiles*, son dernier roman, publié en 1983, ne renvoie ni à l'ataraxie du sage ni au renoncement de l'ascète. La volonté et l'intelligence modèlent des êtres capables de mettre au jour de nouveaux protocoles relationnels, transgressant les codes sociaux et transcendant les codes moraux. Obscure dans sa violence, lumineuse dans son projet, fascinante dans sa vitalité, l'œuvre d'Abellio témoigne de l'âpreté du combat de la matière, de la chair et de l'esprit. Raymond Abellio est mort à Nice le 26 août 1986.

ŒUVRES. — *Heureux les pacifiques*, Le Portulan, 1946, rééd. Flammarion, 1980. — *Vers un nouveau prophétisme : essai sur le rôle politique du sacré et la situation de Lucifer dans le monde moderne*, Genève, Le Cheval ailé, 1946, rééd. Gallimard, 1986. — *Les yeux d'Ézéchiel sont ouverts*, Gallimard, 1949, rééd. 1978. — *La Bible document chiffré*, Gallimard, 1950. — *Assomption de l'Europe*, Flammarion, 1954. — *La Fosse de Babel*, Gallimard, 1962, rééd. L'Imaginaire, 1984. — *La Structure absolue : essai de phénoménologie génétique*, Gallimard, 1965, rééd. Bibliothèque des idées, 1988. — *La Fin de l'ésotérisme*, Flammarion, 1973. — *Dans une âme et un corps : journal 1971*, Gallimard, 1973. — *Ma dernière mémoire*, t. I : *Un faubourg de Toulouse 1907-1927*, Gallimard, 1972 ; t. II : *Les Militants 1927-1939*, Gallimard, 1975 ; t. III : *Sol invictus 1939-1947*, Ramsay, 1980. — *Visages immobiles*, Gallimard, 1983.

→ M.-T. de Brosses, *Raymond Abellio : de la politique à la gnose* [entretiens], Belfond, 1987. — *Cahier de l'Herne* n° 36, dir. Jean-Pierre Lombard, 1980. — *Cahiers Raymond Abellio*, 1983. — Fonds Raymond Abellio à la Bibliothèque nationale.

A.V.

Abirached Robert (1930). Né à Beyrouth le 25 août 1930, il prend la nationalité française après avoir passé l'agrégation de lettres, et s'installe définitivement à Paris, où il publie un roman, *L'Émerveillée* (1963), et des pièces de théâtre qui mêlent la satire au drame et usent savamment de tous les artifices du jeu théâtral. La plus connue, *Tu connais la musique* (Stock, 1971), montre à travers un dialogue de clowns « comment se fabrique un homme respectable ». Citons également *Mono, quinte* (1974), et *Dans les plaines* (1980). Mais ce sont surtout ses talents de critique dramatique, exercés dans *Études, Le Nouvel Observateur* ou la *NRF*, qui le font connaître. Professeur à l'université de Caen, puis de Nanterre, il est également l'auteur d'essais : *Casanova, ou la dissipation* (prix Sainte-Beuve, 1961) ; *La Crise du personnage dans le théâtre moderne*, 1978 ; *Le Prince et le théâtre*, 1993. Directeur du Théâtre au ministère de la Culture de 1981 à 1988, il a obtenu le grand prix de la Critique en 1981.

ŒUVRES. — Chez Grasset, sauf indication contraire.

A.D.

Abi-Zeyd Fouad (1915-1958). Né au Liban, admirateur de Claudel et de Rimbaud, il a su rompre dès son premier recueil; *Poèmes de l'été* (1936, prix de l'Académie française) avec la prosodie classique et tenté le renouvellement du thème phénicien, cher aux écrivains libanais de l'entre-deux-guerres, par un recours à des formes plus libres et plus aptes à traduire sa fièvre visionnaire, adoptant en particulier le verset incantatoire et la prose rythmée. Fouad Abi-Zeid est mort prématurément, après avoir publié également *Nouveaux poèmes* (1942) et *Prose pour une pensée* (1944).

ŒUVRES. — *Œuvres complètes*, Beyrouth, An-Nahar, 1996.

A.D.

Absire Alain (1950). Né à Falaise, longtemps homme de théâtre, il est devenu le romancier de la solitude (*L'Homme disparu*, Libres Hallier, 1979 ; *Vasile Evanescu : l'homme à tête d'oiseau*, Calmann-Lévy, 1983 ; *L'Enfant lune*, Julliard, 1995) et de la violence moderne (*Roman d'une ville en douze nuits*, Libres Hallier, 1980 ; *Gregory Strass*, Calmann-Lévy, 1980 ; *Un vieux fusil italien dont plus personne ne se sert*, Calmann-Lévy, 1981 ; *118, rue Terminale*, Calmann-Lévy, 1984). Il réécrit ensuite l'histoire (*L'Égal de Dieu*, Calmann-Lévy, 1987 ; *Baptiste ou la dernière saison*, Calmann-Lévy, 1989), puis l'Évangile (*Lazare ou le grand sommeil*, Calmann-Lévy, 1985 ; *Jo... ou la nuit du monde*, Calmann-Lévy, 1993, *Alessandro ou la guerre des chiens*, Flammarion, 1997), se tourne vers le roman érotique (*Sulpicia*, Zulma, 1993), et il a publié un essai (*Alejo Carpentier*, Julliard, 1994).

J.P.

absurde *(théâtre de l').* Le théâtre des années cinquante a hérité d'une dénomination malencontreuse : « théâtre de l'absurde », qui a fini par prévaloir à la fois sur « Nouveau Théâtre », formé par analogie avec Nouveau Roman, ou « Nouvelle Vague », et sur le nom proposé par Ionesco et malicieusement retourné contre lui : l'« antithéâtre », que celui-ci considérait comme l'antidote du théâtre traditionnel, psychologique et réaliste, devenu, dans la bouche de ses détracteurs, négation du théâtre, spectacle qui n'en est pas un. Le mot « absurde » fait plutôt référence au climat philosophique de l'avant-guerre, transposé par Sartre dans *L'Être et le néant* (1943) et qui a donné naissance au théâtre existentialiste *(Huis-clos*, 1943 ; *Le Malentendu*, 1944 ; *Caligula*, 1945) et au théâtre engagé, à l'opposé du théâtre « nouveau ». La notion d'absurdité incite d'autre part le spectateur à une écoute distraite ou divertissante, puisque, dans la langue familière, un comportement ou un discours absurde est privé de sens et provoque le rire ou le scandale, comme celui du fou ou de l'idiot. C'est pourtant bien à une vision du monde et à une éthique précises que l'on a affaire dans ces pièces brèves, polémiques, se moquant d'elles-mêmes et de leur insuccès, qui se jouaient dans les petites salles de la rive gauche devenues presque mythiques, comme le Théâtre de Babylone, où l'on attendit en vain Godot, ou les Noctambules, où la cantatrice chauve refusa obstinément de se montrer. Reprise à La Huchette, dans la mise en scène de Nicolas Bataille, et jouée sans interruption depuis sa création (1950), la pièce de Ionesco est restée le parangon de ce théâtre d'avant-garde.

Le théâtre de l'absurde est un théâtre logique qui pousse à l'extrême les conséquences d'un postulat. Les premières pièces de Beckett : *En attendant Godot*, *Fin de partie*, *Oh, les beaux jours*, *La Dernière Bande*, sont fondées sur une vision apocalyptique. Nous assistons à la fin du monde, nous contemplons les derniers soubresauts de l'humanité. Beckett met en scène alternativement les deux scénarios traditionnels de la catastrophe, la conflagration ou le déluge. La terre désertée ne sera bientôt plus que la demeure des pierres, un gigantesque dépôt de crânes pétrifiés, comme la montagne chauve où périt le Sauveur. C'est la substance du monologue de Lucky dans *Godot*, un discours exterminateur dont l'intelligence est toutefois obscurcie par l'incohérence et le délabrement mental du « philosophe ». La pensée jette ici ses derniers feux, vite réduite au silence par la colère des protagonistes qui préfèrent ne rien savoir. Hamm se dérobe à la pitié et refuse de prolonger le cours de l'existence des misérables : « Mais réfléchissez, réfléchissez, vous êtes sur terre, c'est sans remède » *(Fin de partie)*. Maudit par son père et abandonné par Clov, cloué sur la case de l'échiquier, Hamm veut garder l'illusion de la maîtrise et mettre fin au jeu. « Rien n'est plus drôle que le malheur », commente la vieille Nell enfouie dans sa poubelle — une des images les plus saisissantes du théâtre contemporain.

Le théâtre de Ionesco a été victime du même malentendu. On a pris *La Cantatrice chauve* pour une pièce désopilante, alors que Ionesco voulait y exprimer sa stupeur devant la tragédie du langage et l'absence de communication entre les hommes. La conversation des Smith et des Martin est une langue morte, modelée sur des clichés. L'homme répète comme un perroquet des phrases apprises, porteuses de préjugés et de discriminations sociales, sexuelles ou raciales. Mais le dialogue de la pièce, loin d'être désordonné, est réglé comme une partition. Ainsi, la scène 7 est traitée comme un quatuor vocal : note initiale *(Hum !)* reprise et régulièrement augmentée, longue série de quatre répliques alternées par couple (les Martin, les Smith), par genre (les maris, les dames), en chiasme (M. Smith, Mme Martin / M. Martin, Mme Smith) ou en chœur *(Oh !)*, avec de petits écarts qui font office de ponctuation. L'incident du coup de sonnette quatre fois répété donne lieu à deux enchaînements symétriques : Mme Smith se précipite vers la porte ou refuse de l'ouvrir, obligeant ses partenaires à une longue dispute qui dresse les hommes contre les femmes et les enferme dans un paralogisme irréductible : « Lorsqu'on sonne à la porte, c'est qu'il y a toujours quelqu'un / c'est qu'il n'y a jamais personne ». L'interrogatoire méthodique du pompier dans la scène suivante ne résout rien. La distraction du personnage, sa mauvaise foi ou son esprit farceur entraînent l'effondrement de toute certitude : « Ne riez pas, Monsieur le Capitaine. L'affaire est trop triste ». L'échec ne tient pas à la nature du langage, mais à son mauvais usage. *Les Chaises* contiennent le bilan d'une vie. Au moment de mourir, un couple de vieillards convoque une réunion pour révéler au monde son testament spirituel, confié à un orateur professionnel. Mais la foule des invités est imaginaire, et la voix du porte-parole détraquée comme celle de Lucky. L'incohérence et l'insignifiance de la vie ressort de la confession manquée, en même temps que l'angoisse et le remords devant son incomplétude, symbolisée par les chaises vides. Chacun cherche une justification à son existence. Mais l'eût-il trouvée, le vieux s'en fût prévalu et eût tenté d'imposer aux autres son système, de transformer son expérience en modèle pour sauver l'humanité. C'est la crainte des langages totalitaires qui anime Ionesco, et la lutte contre l'aliénation de l'esprit.

Les premières pièces d'Adamov appartiennent également à ce théâtre métaphysique. *La Parodie* met en scène deux personnages symboliques qui veulent échapper à une persécution sans cause, l'un par l'immobilité et l'attente de l'anéantissement, l'autre par une agitation désordonnée qui le projette en tous sens comme une girouette. Inconstante, écartelée entre ses prétendants, Lili se prête à leurs fantasmes sans accéder à l'existence. « Le comportement absurde des personnages, les gestes manqués, doivent apparaître absolument naturels et s'inscrire dans la vie quotidienne », recommande la note liminaire. Des scènes de rafle en coulisses donnent à la fable une sinistre actualité. Au fil des pièces d'Adamov, la faute, le mal originel est de plus en plus clairement identifié : c'est la soumission à la tyrannie, familiale ou policière. Dans *La Grande et la Petite Manœuvre*, le Mutilé paie de sa chair l'obéissance et l'aveuglement, incapable de résister ni aux ordres des aboyeurs, ni aux insinuations doucereuses d'Erna, l'indicatrice. Mais le théâtre d'Adamov échappe au didactisme par son caractère onirique : l'auteur traduit les cauchemars collectifs de l'après-guerre, rend les idées visibles.

Il faut souligner le caractère concret, sensible, de la représentation dans le théâtre de l'absurde. D'abondantes didascalies règlent le jeu : le décor à métamorphoses fait partie intégrante de la pièce, qui ne dédaigne ni les accessoires ni les masques. Le grotesque et l'humour corrigent le caractère traumatisant du spectacle. Théâtre pauvre et monté sans moyens, dans des circuits marginaux, par des metteurs en scène intrépides — Roger Blin, Jean-Marie Serreau, Jacques Mauclair — le théâtre des années cinquante fait appel largement à l'imaginaire et à la complicité des spectateurs, qu'il ne cherche ni à endoctriner ni à séduire. C'est un théâtre de l'anarchie plus que de la révolte.

→ *Petites Scènes... grand théâtre*, catalogue d'exposition, Ville de Paris, 1986. — Michel Corvin, *Le Théâtre nouveau en France*, PUF, coll. Que sais-je ?, 1987.

J.-C.L.

Académie française. Aux yeux du public, elle incarne une forme de tradition et de permanence dans l'histoire de la langue et des lettres françaises. Cela tient pour partie à l'étonnante superposition d'époques et de symboles dont elle est le produit : dotée de statuts d'Ancien Régime (1635) quelque peu modifiés sous la Restauration (1816), elle fut intégrée à l'Institut de France créé par la Convention ; ses membres portent un habit imaginé sous le Consulat ; ses séances solennelles se tiennent entre le tombeau de Mazarin et la statue de Napoléon, sous la coupole d'une ancienne église ; son protecteur est le président de la République. Le prestige de l'Académie tient également à son conservatisme naturel et revendiqué : elle a pour vocation première d'être l'instauratrice et la gardienne du bon usage de la langue.

Cette immobilité apparente cache cependant de lentes et sereines mutations, qui constituent un excellent révélateur des modifications affectant en profondeur les lettres françaises. Certes, face à l'immense fortune des avant-gardes et de la notion même de modernité au XXe siècle, l'illustre compagnie condamne, s'attriste, méconnaît ou ignore délibérément. Mais il lui arrive aussi d'assimiler ce qu'elle juge digne de l'être, en accueillant de nouveaux membres, en décernant des prix, en discourant — à son rythme, qui n'est sans doute pas celui du siècle.

Pour de très nombreux auteurs du XXe siècle, les prudences, les lenteurs et les erreurs de l'Académie en font, au même titre que son rituel immuable, une institution d'un autre âge. Mais pour peu qu'on se donne la peine d'adopter l'échelle du temps académique, c'est une image singulière de l'histoire littéraire qui apparaît : partielle sans doute, mais à coup sûr « corrigée des variations saisonnières ». Ce n'est pas un mince avantage, au regard des ruptures brutales et répétées qui marquent la vie littéraire contemporaine.

Ainsi, il peut sembler étrange et quelque peu dérisoire que l'Académie ait reconnu si tard, au cours du XXe siècle seulement, la place prépondérante que le roman occupe dans notre vie littéraire. Au XIXe siècle, le fameux « quarante et unième fauteuil », celui des auteurs qui auraient pu légitimement être accueillis sous la coupole, est presque monopolisé par les romanciers. L'Académie conservait sa méfiance vis-à-vis d'un genre traditionnellement considéré comme mineur, tout en défendant une pratique libérale de la littérature à laquelle des professionnels de l'écriture comme Balzac ou Zola ne pouvaient prétendre. À cet égard, l'élection de Paul Bourget, en 1894, précédant de deux ans celle d'Anatole France, peut être considérée comme un tournant. En 1918, quinze ans après l'institution du prix Goncourt, l'Académie décerne son premier grand prix du Roman et donne ainsi pleinement droit de cité au genre romanesque. Ce prix se révélera, presque au même titre que le grand prix de littérature créé en 1911, un excellent marchepied pour les candidats à l'immortalité : treize de ses lauréats ont endossé par la suite l'habit vert. Signe d'une complète assimilation du roman, l'Académie a accueilli dans ses rangs onze lauréats du prix Goncourt (dont trois devinrent secrétaire perpétuel : Georges Duhamel, Maurice Genevoix et Maurice Druon). Aujourd'hui, on peut estimer qu'un tiers de l'Académie est composé de personnalités dont la principale activité littéraire est la production romanesque — alors que la poésie n'est plus représentée que par le président Senghor... Si l'Académie accueille ainsi des romanciers, c'est qu'aujourd'hui, ministres, diplomates, avocats, journalistes s'adonnent à ce genre comme autrefois ils faisaient des sonnets. Aussi la composition sociologique de l'Académie se trouve-t-elle peu perturbée par l'hégémonie du roman.

Les hommes d'Église sont représentés à peu près dans la même proportion qu'au XIXe siècle. L'éloquence de la chaire, éventuellement relayée par les médias, reste un pilier de l'édifice académique. Deux ecclésiastiques épris de littérature, l'abbé Bremond et le cardinal Grente, perpétuent pour leur part la tradition humaniste et érudite. En 1962, le pasteur Marc Boegner est le premier homme d'Église protestant à être reçu sous la coupole : l'Académie est prompte en cette occasion à recevoir l'écho du concile Vatican II.

L'arrivée en masse des militaires, après la Première Guerre mondiale, apparaît plus comme une parenthèse. Foch et Joffre sont élus en 1918, suivis, entre les deux guerres, par Pétain, Weygand, Franchet d'Esperey et l'amiral Lacaze. Mais l'idéal académique très « grand siècle », selon lequel le prestige des armes doit s'associer à celui des lettres, se heurte aux réalités de l'histoire : le rôle de Pétain en 1940-1944, les relations difficiles entre le général de Gaulle et l'Académie, la spécialisation des chefs de guerre enfin, marquent probablement la fin de cette conception.

Quant à l'essentiel de l'effectif académique, il répond aux exigences d'un humanisme libéral, qui allie généralement l'excellence dans les arts et les lettres à une position sociale élevée. Il ne faut donc pas s'étonner de trouver un nombre considérable de hauts responsables politiques sous la coupole. La noblesse est toujours bien représentée, quoique en proportion plus réduite. Critiques d'art, critiques dramatiques, essayistes, chroniqueurs forment un bataillon nombreux. L'humanisme et, souvent, les importantes responsabilités morales de beaucoup des plus grands scientifiques français leur valent tout naturellement une place parmi les quarante. Des hommes comme Henri Poincaré ou Jean Rostand écrivent des ouvrages de vulgarisation ou de réflexion philosophique. Le chirurgien Henri Mondor, auteur d'études très spécialisées, publie des livres sur l'histoire de la médecine, mais aussi sur Mallarmé et Valéry. L'histoire, la philosophie, les sciences humaines sont également représentées par des esprits universels, jamais par des spécialistes au sens étroit du terme. On pourra citer, pour la seconde moitié du siècle, les noms de Roger Caillois, Claude Lévi-Strauss, Georges Dumézil, Henri Gouhier, Fernand Braudel.

On le voit, les quelques très grandes figures de l'histoire de la littérature présentes à l'Académie (Valéry, Mauriac, Claudel) ne sont pas forcément ou pas seulement représentatives de la tradition de la Compagnie : le milieu académique présente une grande variété, tant en termes sociologiques qu'au regard des champs du savoir et de l'éloquence qu'il recouvre.

Parmi les ouvertures tardives, il convient de noter que, depuis très peu de temps, l'Académie accueille des femmes (c'est à l'Académie royale de Belgique qu'Anna de Noailles et Colette purent apporter la preuve de leur talent dans l'éloquence académique). Marguerite Yourcenar est la première à être élue, en 1980. Deux universitaires, Jacqueline de Romilly et Hélène Carrère d'Encausse, la suivront bientôt.

Par contraste, la Compagnie semble réagir assez rapidement à l'évolution des moyens de communication et reconnaît *de facto* l'importance qu'ils ont prise dans la société française. Deux cinéastes, Marcel Pagnol et René Clair, ont déjà siégé sous la coupole. Plus, l'Académie, de même qu'elle ne rechigne aucunement à accueillir des auteurs écrivant pour un large public, n'est pas insensible au succès médiatique. Jean Dutourd, Michel Droit, Alain Decaux, Jean-Louis Curtis et d'autres travaillent ou ont travaillé pour la radio ou la télévision. L'élection de Jacques-Yves Cousteau en 1988 marque nettement l'intérêt pour les personnalités ayant gagné une grande popularité par les médias. Outre le souci traditionnel de se conformer aux goûts et aux pratiques d'un large public cultivé, cette ouverture traduit la volonté d'investir un terrain où la qualité de la langue est particulièrement menacée.

Les rapports entre l'Académie et la vie politique du pays sont assez complexes. Traduire la composition de cette assemblée en termes politiques peut sembler assez vain. La gauche marxiste, seule, n'a pas sa place sous la coupole — mais toutes les autres sensibilités sont plus ou moins représentées, avec une dominante conservatrice (le journal *Le Figaro* joue le rôle, sinon, comme on le dit avec exagération, de groupe d'influence, du moins de tribune pour les académiciens et les postulants académiciens proches de la droite classique). Mais, surtout, cette institution d'Ancien Régime porte sans doute encore en elle une conception organique du pouvoir et de la société. Elle ne pouvait en conséquence que sortir affaiblie des déchirements de l'Occupation et de la Libération, qui ont pesé sur son histoire bien après 1945. Dans Paris occupé, l'Académie, dont bien des membres avaient été dispersés par la défaite, poursuit ses séances en petit comité. Elle ne procède plus à aucune élection. Elle ne fait allégeance à aucun pouvoir. Mais plusieurs de ses membres prennent une part active à la politique de collaboration. À la Libération, Pétain, Bonnard, Hermant et Maurras, condamnés par les tribunaux, sont du même coup, en application des statuts, exclus de l'Académie. Si l'on en croit le duc de Castries, Georges Duhamel, alors secrétaire perpétuel, proposa un fauteuil au général de Gaulle afin de conjurer le discrédit qui s'abattait sur les quarante. De Gaulle refusa, et la maladresse de la démarche dut ajouter à sa suspicion. L'Académie procéda sans difficulté au remplacement de Bonnard et d'Hermant. Mais elle attendit la mort de Maurras et de Pétain pour pourvoir leurs sièges. Et si par la suite de nombreux résistants entrèrent sous la coupole, plusieurs anciens proches de Maurras furent aussi élus. Devenu président de la République, de Gaulle joua au chat et à la souris avec l'Académie. Usant de son droit de veto, il retarda jusqu'en 1968 l'élection de Paul Morand et s'opposa avec constance à celle de Saint-John Perse. La réconciliation entre l'Académie et le gaullisme ne peut s'opérer que progressivement, avec l'arrivée d'hommes tels que Maurice Druon, Maurice Schumann, Alain Peyrefitte ou Michel Debré.

Cette vulnérabilité relative face à la violence des conflits qui traversent le XXe siècle se manifeste encore dans les rapports — ou l'absence de rapports — entre la Compagnie et les avant-gardes. Les mouvements modernistes qui se sont succédé en France se construisent, pour une bonne part, contre la tradition, et l'Académie est un repoussoir tout trouvé. La comparaison entre la première moitié du XIXe siècle et celle du XXe siècle est éloquente : la génération romantique est rapidement assimilée, alors que l'Académie reste totalement étrangère à la vague surréaliste (seul l'ancien surréaliste Roger Caillois sera admis en 1972, au terme d'un parcours littéraire éclectique et d'une carrière paisible). Il en va de même pour les courants existentialistes, pour la nébuleuse du « nouveau roman » constituée autour des Éditions de Minuit, ou encore pour ce qu'on a appelé la « nouvelle critique ». Bien des aspects constitutifs de la modernité au XXe siècle sont absolument incompatibles avec l'idéal académique : ainsi l'importance de l'engagement politique, la contestation des institutions en place, la virulence des polémiques, le soupçon et l'ironie portés sur les pouvoirs de la langue commune, et, bien souvent, la promotion de l'œuvre d'art au statut de moyen de salut individuel. L'élection d'Eugène Ionesco, en 1970, apparaît comme une exception. Elle intervient après des déclarations du dramaturge hostiles aux mouvements de Mai 1968 — et après le prix Nobel de Beckett en 1969. La pureté de la langue d'Ionesco ne pouvait que remporter les suffrages des quarante. Mais l'auteur des *Chaises* se signala bien vite par son absentéisme.

Reste à évoquer l'activité quotidienne, ou plutôt hebdomadaire, de l'Académie. Ce travail, qui n'est pas à proprement parler littéraire puisqu'il s'agit de langue, de lexicographie et de grammaire, est trop souvent occulté par les aspects folkloriques et polémiques de la vie de la Compagnie. En 1932 et 1935 paraissent les deux tomes de la huitième édition du dictionnaire. S'il admet une quantité appréciable de mots nouveaux, cet ouvrage conserve les normes de présentation et le ton général des éditions précédentes (1835 et 1877). En revanche, l'édition qui a commencé à paraître en 1992, fruit d'une très lente maturation, représente un véritable *aggiornamento*. On estime à dix ou quinze mille les mots nouveaux qui auront été admis dans cette édition. L'Académie enregistre ainsi l'intrusion massive de termes scientifiques et techniques dans la langue de l'homme cultivé du XXe siècle. Par ailleurs, l'introduction, à l'intérieur des articles, de notices étymologiques, de numéros, d'indications raisonnées dans les domaines d'emploi et les niveaux de langue, d'articulations logiques, confère à ce dictionnaire une certaine systématicité, par laquelle il rejoint les dictionnaires de langue modernes. Les abus de langage les plus criants sont dénoncés dans des remarques normatives à la fin de certains articles, comme ils l'avaient été auparavant dans des communiqués ponctuels.

On ne s'attardera pas sur la *Grammaire de l'Académie française* de 1932, due à la plume d'Abel Hermant, qui fut un succès de librairie mais horrifia les spécialistes. En revanche, il faut souligner le rôle constant que joue l'Académie dans la politique linguistique du gouvernement, depuis les modifications orthographiques et grammaticales de 1900-1904 jusqu'aux rectifications de 1990 et à la « loi Toubon ». Si la Compagnie met tout son poids dans la lutte pour la défense et la promotion du français, elle exerce plutôt une influence modératrice dans les tentatives de réforme de l'orthographe et de la grammaire. Gardienne de l'usage, elle se montre circonspecte quant à l'utilité d'une action législative dans ce domaine.

Enfin, depuis plusieurs années, l'Académie s'ouvre sur le monde francophone. À l'élection de Léopold Sédar Senghor (1983) fait suite la création, en 1986, d'un grand prix de la Francophonie richement doté. Celui-ci récompense « l'œuvre d'une personne physique francophone qui, dans son pays ou à l'échelle internationale, aura contribué de façon éminente au maintien et à l'illustration de la langue française ». La nouvelle édition du Dictionnaire commence à donner place aux mots de la francophonie. Et l'on peut croire que l'Académie se tournera de plus en plus vers le monde francophone, tant ses traditions propres la rendent apte à unifier sans uniformiser une aire aussi diverse.

→ Duc de Castries, *La Vieille Dame du quai Conti*, Librairie académique Perrin, 1978. — Marc Fumaroli, « La coupole », dans *Les Lieux de mémoire*, dir. Pierre Nora, t. II : *La Nation*, Gallimard, 1986. — *Dictionnaire de l'Académie française*, neuvième édition, tome I (de *A* à *ENZ)*, Imprimerie nationale, 1992.

C.C. — X.T.

Académie française *(Grand prix du Roman de l')*. Créé par l'Académie française le 19 mars 1918, décerné par l'ensemble de l'Académie sur proposition d'une commission des prix, d'un montant de 100 000 francs depuis 1990, il est destiné à récompenser une œuvre d'imagination publiée par un jeune prosateur.

1918 : Camille Mayran, *Gotton Connixloo*
1919 : Pierre Benoit, *L'Atlantide*
1920 : André Corthis, *Pour moi seule*
1921 : Pierre Villetard, *Monsieur Bille dans la tourmente*
1922 : Francis Carco, *L'Homme traqué*
1923 : Alphonse de Châteaubriand, *La Brière*
1924 : Émile Henriot, *Aricie Brun ou les Vertus bourgeoises*
1925 : François Duhourcau, *L'Enfant de la victoire*
1926 : François Mauriac, *Le Désert de l'amour*
1927 : Joseph Kessel, *Les Captifs*
1928 : Jean Balde, *Reine d'Arbieu*
1929 : André Demaison, *Le Livre des bêtes qu'on appelle sauvages*
1930 : Jacques de Lacretelle, *Amour nuptial*
1931 : Henri Pourrat, *Gaspard des montagnes*
1932 : Jacques Chardonne, *Claire*
1933 : Roger Chauviré, *Mademoiselle de Bois-Dauphin*
1934 : Paule Régnier, *L'Abbaye d'Evolayne*
1935 : Albert Touchard, *La Guêpe*
1936 : Georges Bernanos, *Journal d'un curé de campagne*
1937 : Guy de Pourtalès, *La Pêche miraculeuse*
1938 : Jean de La Varende, *Le Centaure de Dieu*
1939 : Antoine de Saint-Exupéry, *Terre des hommes*
1940 : Édouard Peisson, *Le Voyage d'Edgar*
1941 : Roger Bourget-Pailleron, *La Folie d'Hubert*
1942 : Jean Blanzat, *L'Orage du matin*
1943 : J.-H. Louwyck, *Danse pour ton ombre*
1944 : Pierre de Lagarde, *Valmaurie*
1945 : Marc Blancpain, *Le Solitaire*
1946 : Jean Orieux, *Fontagre*
1947 : Philippe Hériat, *Famille Boussardel*
1948 : Yves Gandon, *Ginèvre*
1949 : Yvonne Pagniez, *Évasion*
1950 : Joseph Jolinon, *Les Provinciaux*
1951 : Bernard Barbey, *Chevaux abandonnés sur le champ de bataille*
1952 : Henri Castillou, *Le Feu de l'Etna*
1953 : Jean Hougron, *Mort en fraude*
1954 : Pierre Moinot, *La Chasse royale*
Paul Mousset, *Neige sur un amour nippon*
1955 : Michel de Saint-Pierre, *Les Aristocrates*
1956 : Paul Guth, *Le Naïf locataire*
1957 : Jacques de Bourbon Busset, *Le Silence et la Joie*
1958 : Henri Queffélec, *Un royaume sous la mer*
1959 : Gabriel d'Aubarède, *La Foi de notre enfance*
1960 : Christian Murciaux, *Notre-Dame des désemparés*
1961 : Pham Van Ky, *Perdre la demeure*
1962 : Michel Mohrt, *La Prison maritime*
1963 : Robert Margerit, *La Révolution*
1964 : Michel Droit, *Le Retour*
1965 : Jean Husson, *Le Cheval d'Herbeleau*
1966 : François Nourissier, *Une histoire française*
1967 : Michel Tournier, *Vendredi ou les Limbes du Pacifique*
1968 : Albert Cohen, *Belle du Seigneur*
1969 : Pierre Moustiers, *La Paroi*
1970 : Bertrand Poirot-Delpech, *La Folle de Lituanie*
1971 : Jean d'Ormesson, *La Gloire de l'Empire*

1972 : Patrick Modiano, *Les Boulevards de ceinture*
1973 : Michel Déon, *Un taxi mauve*
1974 : Kléber Haedens, *Adios*
1975 : non décerné
1976 : Pierre Schoendoerffer, *Le Crabe-tambour*
1977 : Camille Bourniquel, *Tempo*
1978 : Pascal Jardin, *Le Nain jaune*
Alain Bosquet, *Une mère russe*
1979 : Henri Coulonges, *L'Adieu à la femme sauvage*
1980 : Louis Gardel, *Fort Saganne*
1981 : Jean Raspail, *Moi, Antoine de Tounens, roi de Patagonie*
1982 : Vladimir Volkoff, *Le Montage*
1983 : Liliane Guignabodet, *Natalia*
1984 : Jacques-Francis Rolland, *Un dimanche inoubliable près des casernes*
1985 : Patrick Besson, *Dara*
1986 : Pierre-Jean Rémy, *Une ville immortelle*
1987 : Frédérique Hébrard, *Le Harem*
1988 : François-Olivier Rousseau, *La Gare de Wannsee*
1989 : Geneviève Dormann, *Le Bal du Dodo*
1990 : Paule Constant, *White spirit*
1991 : François Sureau, *L'Infortune*
1992 : Franz-Olivier Giesbert, *L'Affreux*
1993 : Philippe Beaussant, *Héloïse*
1994 : Frédéric Vitoux, *La Comédie de Terracina*
1995 : Alphonse Boudard, *Mourir d'enfance*
1996 : Calixthe Beyala, *Les Honneurs perdus*
1997 : Patrick Rambaud, *La Bataille*

Académie royale de langue et de littérature françaises de Belgique. Fondée en août 1920 par le roi Albert Ier à l'instigation du ministre des Sciences et des Arts, Jules Destrée, elle répond à une double exigence : assurer la spécificité de la littérature belge d'expression française, promouvoir la défense et l'illustration de la langue française en Belgique. Issus des courants néo-parnassiens et symbolistes qui avaient marqué la fin du XIXe siècle, ses premiers membres, désignés par le roi, eurent pour mission d'élire leurs confrères, au nombre de quarante. Ouverte sur le monde de la francophonie, l'Académie comprend trente membres belges et dix membres étrangers, répartis en deux sections, l'une littéraire, l'autre philologique ; les femmes y sont admises depuis sa fondation. Elle publie un *Annuaire* et un *Bulletin*, édite des œuvres littéraires, des ouvrages d'érudition et de critique, ainsi qu'une *Bibliographie des écrivains français de Belgique* (le tome V a paru en 1988) ; elle gère vingt-sept fondations qui lui font obligation d'attribuer des prix, elle administre le Fonds national de la littérature dont le but est de venir en aide aux écrivains, le plus souvent sous forme de subventions. Ont notamment été membres étrangers, élus au titre littéraire : Gabriele D'Annunzio (1921), Anna de Noailles (1921), Francis Vielé-Griffin (1931), Colette (1935), Julien Green (1951), Jean Cocteau (1955), Marguerite Yourcenar (1970) ; et au titre philologique : Ferdinand Brunot (1921), Mario Roques (1946), Jean Pommier (1960), Marcel Raymond (1962), Italo Siciliano (1973), Mircea Éliade (1976), Lloyd James Austin (1980), Jean Rousset (1982), Georges Duby (1986).

→ *La Revue générale* (Bruxelles), septembre-octobre 1995. — *Trois quarts de siècle de lettres françaises en Belgique*, Bruxelles, Bibliothèque royale Albert 1er, 1995.

O.Bi.

Acadie *(littérature d')*. L'Acadie désigne la population d'expression française des provinces maritimes du Canada (Nouveau-Brunswick, Nouvelle-Écosse, Île du Prince-Édouard), qui est en majorité formée de descendants des premiers colons français en Amérique du Nord. Dans une des péripéties de la guerre coloniale entre la France et l'Angleterre, ils furent déportés entre 1755 et 1763 vers les colonies américaines et même vers l'Europe : cette déportation marque fortement la conscience acadienne. Nombre d'entre eux réussirent à s'échapper ou à regagner leur terre d'origine, où ils sont aujourd'hui plus de 300 000 et constituent au Nouveau-Brunswick le tiers de la population. Vivant dans des provinces majoritairement anglophones, les Acadiens ne forment pas une entité politique et n'ont pas de gouvernement propre, mais ils ont pu se doter d'institutions éducatives et culturelles, et d'une protection juridique qui leur permet de vivre en

Français, en particulier au Nouveau-Brunswick.

Première moitié du siècle. Même si Marguerite Maillet a pu, dans son *Histoire de la littérature acadienne* (1983), faire remonter les origines françaises de cette littérature au début du XVIIe siècle, avec la publication des œuvres historiques et poétiques de l'explorateur français Marc Lescarbot, il faut attendre le milieu du XXe siècle pour voir naître, en Acadie, une littérature qui ne soit plus dominée par des genres non spécifiquement littéraires (relations de voyages, histoire, discours, traités de linguistique ou d'ethnologie).

Parmi ces auteurs, membres du clergé pour la très grande majorité, qui publient pendant la première moitié du XXe siècle des livres d'histoire régionale et des recueils de traditions populaires, de contes et de légendes, il convient de citer Pascal Poirier, homme politique et membre du Sénat canadien. Auteur polyvalent, il s'est essayé à tous les genres, mais sa contribution la plus importante porte sur l'histoire et la langue acadiennes. Il publie en 1928 *Le Parler franco-acadien et ses origines*, tentative de réhabilitation de la langue acadienne par la mise en évidence de ses liens avec le français de France. Son œuvre principale reste le *Glossaire acadien*, publié en feuilleton dans un journal, *L'Évangéline*, de 1927 à 1932 (rééd. 1993). Quelques ouvrages appartenant aux grands genres littéraires commencent aussi à voir le jour. La déportation occupe une grande place dans ces romans et pièces de théâtre d'inspiration historique, patriotique, qui défendent la terre, la langue, la foi. Des journaux publient occasionnellement des poèmes, depuis le début du siècle. Un premier recueil paraît en 1948. Les premiers poètes acadiens, religieux et patriotiques, s'inspirent, pour la forme, de modèles québécois et français d'il y a au moins cent ans.

Naissance d'une littérature. Telle est la situation lorsque, au tournant des années 1960, s'instaurent des conditions favorables à l'éclosion d'une véritable littérature acadienne. Après l'élection du premier Acadien, Louis-J. Robichaud, à la tête du gouvernement du Nouveau-Brunswick, la création d'une université de langue française à Moncton permet un regroupement des forces et une ouverture sur le monde qui provoquent une prise de conscience collective coïncidant avec la montée du nationalisme québécois, dont les échos se propagent jusqu'en Acadie. L'Acadie profite aussi de l'intérêt accru accordé aux minorités de langue française au Canada grâce à la politique de bilinguisme du gouvernement Trudeau à Ottawa.

Antonine Maillet arrive donc à point nommé. Elle a déjà publié deux romans autobiographiques, qui n'ont guère fait de bruit, et une pièce de théâtre, *Les Crasseux* (1968), qui contient presque toute la galerie de personnages qu'elle reprendra jusqu'à *Crache à Pic* (1984). En 1971, *La Sagouine*, composée en une série de monologues de théâtre, met en vedette une vieille femme de ménage qui réfléchit tout haut en mirant son visage ridé dans l'eau crasseuse de son seau. Ce témoin, le plus humble qui soit, aux mains gercées, aux genoux meurtris, mais jouissant d'un point d'observation idéal au cœur de l'intimité des riches, a la sagesse issue d'une longue humiliation et la fausse naïveté des ignorants. Antonine Maillet, par sa bouche, dans une langue qui constitue un modèle de transposition de la langue populaire, peut s'exprimer sur la société acadienne, mais son propos comporte aussi une valeur universelle. La question de l'identité, de la religion, du rapport des classes trouvera en Acadie une résonance particulière, mais en parlant de la vie, de la mort, de la souffrance et de l'espoir, la Sagouine s'adresse à tous les publics.

Le succès immédiat de cette œuvre ne sera pas étranger à la prise de parole collective qui s'ensuit, ne serait-ce que par la réalité qu'il donne au métier d'écrivain. Cependant, il faut encore un embryon d'institution littéraire pour accueillir et orienter les jeunes écrivains acadiens, aussi inexpérimentés qu'impatients de clamer leur existence, qui ne pouvaient ou ne voulaient encore compter sur les éditeurs québécois. La création des Éditions d'Acadie, en 1972, vient à leur secours. De manière parallèle et parfois concurrente, l'Acadie développera sa littérature au cours des années 1970 par la poursuite de la carrière internationale d'Antonine Maillet comme romancière et dramaturge et par l'avènement, autour des Éditions d'Acadie à Moncton, de tout un groupe de jeunes poètes.

Le roman. Inaugurée au théâtre avec *Les Crasseux* et *La Sagouine*, la saga acadienne d'Antonine Maillet se poursuit dans six romans publiés entre 1972 et 1984. Les premiers racontent les luttes de deux clans d'un petit village acadien le long des côtes, vers les années vingt ou trente : d'un côté les « genses d'en bas », fêtards, paillards, qui « froliquent », forniquent et trinquent, vers lesquels va la sympathie de l'auteur ; de l'autre, « les genses d'en haut », bourgeois, bien-pensants, gardiens de l'ordre et des mœurs. Antonine Maillet emprunte aux conteurs populaires une bonne part de la matière de ses romans, mais aussi la manière de raconter, caractérisée par de nombreux subterfuges de retardement de l'action et d'amplification épique. La parole est au cœur de ces récits, celle de la romancière d'abord, aiguisant auprès du lecteur l'intérêt des actions racontées, celle aussi de ses héroïnes, championnes du verbe. Antonine Maillet situe l'action de ses personnages à l'époque de son enfance, mais l'exploration de ses racines la conduit à remonter aux origines de la conscience collective, vers l'épopée du retour d'exil, sujet de *Pélagie-la-Charrette* (1979, prix Goncourt). *Le Huitième Jour* (1986) et *L'Oursiade* (1990) exploitent encore la veine des contes et légendes populaires dans le style hyberbolique caractéristique de l'auteur, tout en s'écartant, pour la première fois, de la galerie des personnages acadiens.

Même si aucun d'entre eux n'approche même de loin la reconnaissance internationale qu'elle s'est acquise, l'influence d'Antonine Maillet sur les autres romanciers acadiens se manifeste à la fois dans le style et dans la matière : l'Acadie du passé, omniprésente. Ainsi Laurier Melanson pratique, lui aussi, l'humour grivois et la verdeur du langage populaire (*Zélika à Cochon vert*, 1981). Louis Haché, à l'opposé par l'idéalisme de l'univers qu'il crée, fait revivre la petite histoire et les coutumes ancestrales des villages de pêcheurs de la côte acadienne, dans cinq fictions publiées entre 1974 et 1991. Avec *La Mariecomo* (1974), Régis Brun dresse un portrait de la société acadienne traditionnelle qui s'écarte de celui d'Antonine Maillet : les Acadiens y demeurent bons vivants, mais ils sont beaucoup plus contestataires et opposés à toute autorité, religieuse ou administrative. Toujours dans la veine de l'Acadie du passé, la Française Jeanne Ducluzeau a publié aux Éditions d'Acadie deux romans historiques, *Anne d'Acadie* (1984) et *Le Chemin des huit-maisons* (1987), qui retracent la vie des Acadiens retournés au Poitou après la déportation. Claude LeBouthillier, auteur de quatre romans depuis 1977, embrasse avec *Le Feu du mauvais temps* (1989) toute l'histoire de l'Acadie, en suivant le fil généalogique de son héros jusqu'à la déportation. Ses trois romans précédents mélangeaient le réalisme et l'utopie, le roman d'anticipation et le regard vers le passé, dans un univers manichéen où l'Acadien se trouve obligatoirement du bon côté de la barrière.

Aux deux extrémités de cette période, quelques romanciers échappent au retour vers le passé. Dès 1962, Ronald Després publiait *Le Scalpel ininterrompu*, roman-sotie écrit sous la forme d'un journal intime, chargé d'une joyeuse satire de la société contemporaine : le héros n'y entreprend rien moins que la vivisection de la totalité du genre humain ! Jacques Savoie, tout en poursuivant une carrière de scénariste au Québec, a publié quatre romans entre 1979 et 1988, traitant de sujets contemporains : divorce, village global, transplantation cardiaque, et surtout, dans un esprit postmoderne, de la création artistique sous toutes ses formes. France Daigle, refusant les catégories du roman traditionnel que sont l'histoire, les personnages et la chronologie, explore, dans les huit livres qu'elle a publiés depuis 1983, une forme originale caractérisée par la fusion entre l'univers du langage et l'univers réel, où les notations les plus réalistes se transforment en allégorie de la création, dans une atmosphère empreinte de gravité et d'humour.

La poésie. Au cours des années soixante, Ronald Després, cavalier seul en poésie comme Antonine Maillet dans le roman, obtient plus vite qu'elle l'attention de la critique québécoise. Les trois recueils qu'il publie entre 1958 et 1968 sont de facture et d'inspiration modernes, par l'exploration surréaliste du langage, l'onirisme, la noirceur et la violence du propos. Mais le véritable coup d'envoi de la poésie acadienne est la fondation des Éditions d'Acadie. Trois recueils marquent ces débuts : *Cri de terre* (1972) de Raymond Guy Leblanc, *Acadie rock* (1973) de Guy Arsenault et *Mourir à Scoudouc* (1974) d'Herménégilde Chiasson. Influencée par la poésie nationaliste québécoise, dont les échos parviennent jusqu'en Acadie, cette poésie correspond aussi à un besoin profond de briser deux siècles de silence. Poésie militante, cri pour ne pas mourir, ayant pour thème principal l'Acadie elle-même, elle exacerbe l'aliénation contemporaine en y surimposant la condition de minoritaire dominé et exploité. Mais cette poésie de la souffrance et de la dénonciation est aussi une poésie de la reconquête d'une identité. Devant l'urgence de prendre la parole, les préoccupations formelles passent au second plan. Coupés de toute tradition littéraire, ces poètes établissent dans une très grande liberté les règles de leur art. Ils créent un genre poétique que pratiqueront ensuite Ulysse Landry, Calixte Duguay, et surtout Léonard Forest qui publie un recueil, *Saisons antérieures* (1973), où la réalité acadienne se cache derrière une expression riche et subtile, inspirée de la tradition poétique française.

Parmi les poètes acadiens, c'est sans doute Gérald Leblanc qui réalise le mieux la jonction entre la poésie de revendication nationale des années soixante-dix et la poésie des années quatre-vingt. Déjà présent dans la revue *L'Acayen* à l'époque la plus militante du nationalisme acadien, il a ensuite ouvert les voies de l'avant-garde à la poésie acadienne. Avec six recueils depuis 1986, Herménégilde Chiasson a imposé une œuvre émouvante tout en expérimentant les procédés les plus modernes. Désormais, l'Acadie est beaucoup moins présente dans les textes des poètes, et cette disponibilité nouvelle a été orientée par le postmodernisme ambiant, qui rejoint une donnée de la littérature acadienne naissante : le rejet des modèles antérieurs et la redéfinition des règles et valeurs de la littérature, dans une liberté où trônent la subjectivité retrouvée et l'émotion à l'état pur.

La poésie acadienne est aujourd'hui traversée par les grands courants de la littérature mondiale : poésie de femmes, rejet de toute contrainte d'ordre rationnel ou esthétique, prosaïsme minimaliste, fantastique et onirisme. L'Acadie bilingue, aux confluents des influences française, québécoise et américaine, est le creuset naturel de la pensée du métissage et de l'hétérogène que les grandes cultures, inquiètes d'une identité exacerbée, recherchent aujourd'hui avec avidité : tout cela s'exprime non sans imperfections, et sans qu'aucun auteur ne puisse encore prétendre à une grande œuvre, chez Rose Després, Dyane Léger, Roméo Savoie, Louis Comeau, Fredric Gary Comeau, Rino Morin Rossignol. Mais cela n'empêche pas l'expression d'une poésie plus sobre, plus classique dans ses thèmes et dans sa forme, comme chez Huguette Légaré, qui revendique le rare privilège d'avoir publié trois recueils à Paris, Huguette Bourgeois, Hélène Harbec, Maurice Raymond ou Martin Pître. Dans les voies singulières de la spiritualité et du mysticisme, Serge-Patrice Thibodeau, lauréat du prix de Poésie Émile-Nelligan au Québec et du prix du Gouverneur général, poursuit avec détermination une œuvre très construite qui révèle une rare maîtrise de tous les aspects de la prosodie.

Le théâtre. L'activité théâtrale est importante en Acadie, mais un tiers seulement des pièces parviennent à la publication. Des quelque vingt-cinq pièces publiées depuis 1968, Antonine Maillet en a écrit la moitié, et y reprend l'univers et les personnages de son œuvre romanesque. L'épopée acadienne revit dans une version plus politisée, avec *Cochu et le soleil* (1979) de Jules Boudreau, dont l'action se situe en 1783 dans la misère de l'après-déportation. Le théâtre s'écarte néanmoins de la thématique acadienne avec *Les Ans volés* (1988) et *Mon mari est un ange* (1988) de Gracia Couturier, qui traite avec humour de l'affrontement des sexes dans la société contemporaine. Herménégilde Chiasson a beaucoup écrit pour le théâtre, mais deux de ses pièces seulement ont été publiées, dont *L'Exil d'Alexa* (1993) qui, à partir de la question de la langue en Acadie, aborde les grandes questions existentielles. Laval Goupil l'avait fait à sa manière dans deux pièces bien accueillies : l'une surréaliste et poétique, *Tête d'eau* (1974), l'autre réaliste et humoristique, *Le Djibou* (1975). Le théâtre pour enfants est un genre assez prisé en Acadie et Gracia Couturier et Herménégilde Chiasson s'en sont servi pour traiter de sujets qui tournent le dos à l'Acadie traditionnelle.

Alors que la première maison d'éditions acadienne n'a pas même un quart de siècle d'existence, la littérature acadienne doit être considérée comme une littérature naissante, de surcroît celle d'une petite culture dont l'existence reste menacée. L'accueil des lecteurs et de la critique a été encourageant. Presque tous ceux qui ont pris la plume en 1970 continuent à écrire ; le nombre de publications n'a pas cessé de croître. Compte tenu de la population dont le français est la langue d'usage, la production littéraire est importante, non seulement dans les genres traditionnels, mais aussi dans les mémoires, témoignages, récits de vie et dans la littérature de jeunesse. Cependant, la nécessité de développer un langage critique propre aux petites cultures ne va pas sans le risque d'un développement autarcique qui, avec la tendance de l'autoglorification, fournirait le terreau de toutes les facilités. Comment exprimer sa spécificité sans tomber dans le folklore de l'exotisme ? Comment sortir de la marginalité entretenue par les discours dominants sans renier son identité ?

R.Bo.

→ Raoul Boudreau et al. (dir.) *Mélanges Marguerite Maillet. Recueil de textes de création et d'articles sur la littérature, la langue et l'ethnologie acadiennes en hommage à Marguerite Maillet*, Moncton, Éditions d'Acadie et Chaire d'études acadiennes, 1996. — Collectif, *Langues et littératures au Nouveau-Brunswick, survol historique*, Moncton, Éditions d'Acadie, 1986. — Marguerite Maillet, Gérald Leblanc, Bernard Émont, *Anthologie de textes littéraires acadiens, 1606-1975*, Moncton, Éditions d'Acadie, 1979. — Marguerite Maillet, *Histoire de la littérature acadienne, de rêve en rêve*, Moncton, Éditions d'Acadie, 1983. — Marguerite Maillet, *Bibliographie des publications de l'Acadie des provinces maritimes, livres et brochures, 1609-1995*, Moncton, Éditions d'Acadie, 1997.

Acéphale (1936-1939). Revue fondée à Paris par Georges Bataille, Georges Ambrosino et Pierre Klossowski. Bataille est la tête pensante et le cœur frémissant de cette revue dont le dessin de couverture d'André Masson représente un homme nu et vigoureux, à la tête tranchée, les tripes visibles, un petit crâne masquant le sexe, les bras en croix, une main brandissant un poignard et l'autre une grenade ou un cœur en flammes. « Quand le *cœur* humain deviendra *feu* et fer, l'homme échappera à sa tête comme le condamné à sa prison. » Le titre *Acéphale* s'accompagne du sous-titre « Religion — Sociologie — Philosophie » et d'une figure esquissant un dédale. Ce dernier symbole peut rappeler la spirale initiatique dessinée sur la couverture du *Grand Jeu* de Daumal et Gilbert-Lecomte. Bataille, qui a été secrétaire général de *Documents* et collaborateur assidu de *La Critique sociale* de Boris Souvarine, s'engage avec quelques amis, Masson, Klossowski, Ambrosino, Caillois, dans une expérience réflexive et extatique, publique et fraternelle, dont le Collège de sociologie sera l'un des prolongements.

Acéphale eut quatre livraisons : un premier cahier de huit pages, daté du 24 juin 1936, deux numéros plus volumineux consacrés à « Nietzsche et les fascistes » et à « Dionysos » et, en juin 1939, un numéro entièrement écrit par Bataille mais non signé, commémorant le jour de janvier 1889 où Nietzsche succombait à la folie, évoquant la menace de la guerre et méditant sur la pratique de la « joie devant la mort ». La place de Nietzsche, auquel Bataille s'identifie, est très importante : les falsifications de la sœur du philosophe sont vigoureusement dénoncées, le prétendu lien de parenté des doctrines fascistes ou racistes avec la pensée nietzschéenne est réfuté. La religion de Bataille et de ses amis, rejetant la mortification ou la crucifixion, en appelle aux mystères dionysiaques, à la frénésie, à l'ivresse, au sacrifice. L'élément de la tragédie commande la mise à mort du chef, sa décapitation. *Acéphale* se veut un instrument d'analyse et de méditation de la tragédie moderne, dont individus et masses sont les acteurs privilégiés.

Sur un plan plus affectif et personnel, l'*Acéphale*, en mettant de côté le concept psychanalytique de castration, semble une représentation commune à plusieurs poètes de l'entre-deux-guerres : Pierre Albert-Birot dont la pièce de 1920, *L'Homme coupé en morceaux*, fut reprise sous forme romanesque ; André Breton, hanté par la guillotine, en particulier dans *Les Vases communicants* ; Michel Leiris, qui évoque la femme au masque de cuir du voyageur américain Seabrook dans un article de *Documents*, « Le *caput mortuum* ou la femme de l'alchimiste ». Dans le même numéro de *Documents*, Bataille étudiait « La mutilation sacrificielle et l'oreille coupée de Vincent Van Gogh ».

→ *Acéphale*, fac-similés n° 1 à n° 5, Jean-Michel Place, 1980.

G.Se — IMEC

Achard Marcel (1899-1974). Né le 5 juillet 1899 à Sainte-Foy-lès-Lyon dans une famille de cultivateurs, il sera tour à tour monteur, ajusteur, représentant en papier carbone, souffleur et journaliste. En 1923, après deux échecs, il accède à la notoriété avec une farce poétique, montée au Théâtre de l'Atelier par Dullin : *Voulez-vous jouer avec moâ ?* qui met en scène une femme et trois hommes dans un cirque. À partir de cette date, il devient un personnage du Tout-Paris. Il donne avec succès *Malborough s'en va-t-en guerre*, monté par Jouvet à la Comédie des Champs-Élysées (1924), *Jean de la Lune*, superbement interprété par Louis Jouvet, Michel Simon et Valentine Tessier sur la même scène (1929). En revanche, le Théâtre-Français accueille assez tièdement *La Belle Marinière*. Mais les brillants succès de *Domino* en 1931, de *Petrus* en 1933, de *Noix de coco* en 1935 et du *Corsaire* en 1938 viennent compenser ce demi-échec. Après la Deuxième Guerre mondiale, les réussites d'Achard sont moins nombreuses et moins éclatantes, mais il faut mentionner *Patate* qui lui vaut en 1957 un nouveau succès.

Au début de sa carrière, s'inspirant à la fois du Guignol lyonnais, du cirque et de la Commedia dell'arte, Achard emprunte ses personnages à ce monde fantaisiste. Même lorsqu'il s'en sera éloigné, ses héros garderont toujours la fraîcheur poétique, la jeunesse ingénue qui les caractérisaient dans les premières pièces et faisaient dire à Régis Gignoux que Marcel Achard « écrit une pièce comme il effeuillerait les pétales d'une marguerite ». L'amour est la grande affaire ou plutôt le grand jeu de l'existence de ses personnages. D'un côté les hommes, naïfs et tendres, un peu lunaires, de l'autre de séduisantes coquettes, dangereuses et infidèles, involontairement perverses. Par un étrange paradoxe, les vainqueurs de cette joute amoureuse sont les êtres les plus faibles, les hommes. Ainsi, dans *Jean de la Lune*, le candide Jeff, par sa bonté confiante, finit par désarmer la rouerie de Marceline : celle-ci a beau lui faire l'aveu cynique de ses infidélités, l'amoureux lui affirme qu'elle n'est pas ce qu'elle croit être ; sa force de conviction est telle qu'il finit par la faire coïncider avec l'image idéale qu'il en a. À une occasion cependant, Achard a traité un sujet inverse, dans *Patate*, où il peint la haine : le héros, qui a passé son existence à haïr l'homme qui lui avait volé sa femme, renonce à sa vengeance au moment même où il est en mesure de l'assouvir : il comprend que son bonheur n'est pas là. Marcel Achard est mort à Paris le 4 septembre 1974.

ŒUVRES. — Publiées à La Table ronde et chez Gallimard.

→ Jacques Lorcey, *Marcel Achard*, France-Empire, 1977.

H.G.

Actes Sud. Maison d'édition fondée à Arles en 1978 par Hubert Nyssen, née de l'Atelier de cartographie thématique et statistique (Actes) créé en 1969 par Hubert Nyssen et Jean-Philippe Gautier, et qui publie son premier ouvrage en janvier 1978. Actes Sud s'installe à Arles en 1983, au lieu dit « Le Méjan », qui deviendra place Nina Berberova en hommage à l'un des auteurs découverts par la maison ; en 1987, elle reprend la société de Christian Dupeyron, « Papiers », consacrée à l'édition théâtrale, et ouvre un bureau à Paris.

Dans un premier temps, les Éditions Actes Sud sont à l'image du mouvement décentralisé de la « jeune édition », qui a essaimé dans le paysage éditorial français au cours des années 1980. Elles ont mis en place une nouvelle conception de l'édition, fondée sur une singularité affichée : d'abord dans le format inhabituel des livres, ensuite dans les orientations plurielles du catalogue, enfin dans une stratégie qui, au lieu de s'opposer frontalement aux maisons puissantes, leur emprunte leurs armes. Avec cinq livres publiés en 1978, 124 en 1986, elles arrivent à leur millième ouvrage en 1990, franchissant le cap qui leur permet de concurrencer les grands éditeurs sur leur propre terrain, grâce à une politique de recherche de manuscrits et de suivi d'auteurs efficace et à la création, avec les Éditions de L'Aire et Labor, d'une collection de poche, « Babel ». Avec un catalogue de près de 1 600 titres, Actes Sud est devenu en moins de vingt ans une entreprise animée par quarante-cinq collaborateurs dirigés par Hubert et Françoise Nyssen, Bertrand Py et Jean-Paul Capitani.

Au moment où l'édition française accusait un certain retard face à d'autres pays, tels que l'Italie, dans la politique de traduction des littératures étrangères, Hubert Nyssen s'est entouré de spécialistes et de traducteurs qui lui ont apporté des œuvres importantes, qu'il a su imposer ou reprendre, comme celles de Nina Berberova, Paul Auster, Cees Nooteboom, Arnaldo Calveyra. D'une première traduction en 1980 à l'ouverture à plus de quarante littératures étrangères, la singularité du catalogue d'Actes Sud provient de la diversité et de la richesse des textes édités. Significativement, la maison publie depuis 1985 les actes des Assises de la traduction littéraire (ATLAS) qui se déroulent annuellement en Arles. Actes Sud n'apparaît pourtant pas comme une maison occupant un secteur particulier. Généraliste dans son orientation, elle propose un large éventail de collections au sein desquelles de nombreux champs disciplinaires sont présents, de la littérature (théâtre, roman, récit de voyage...) à la philosophie, des sciences humaines à la photographie. Participant à tous les salons internationaux où s'ébauchent les politiques éditoriales, très présente dans les librairies grâce à sa propre équipe de diffusion, Actes Sud a très vite acquis une visibilité pour un lectorat qui n'a cessé de croître et a su se construire une image dynamique (« éditer, c'est découvrir »). En 1995, l'éditeur d'Arles reprend les éditions Sindbad avac la volonté de développer la production consacrée au monde arabe.

→ Hubert Nyssen, *L'Éditeur et son double*, Actes Sud, 1988 et 1990, 2 t.

J.-D.W. — IMEC

Action (1920-1922). Revue fondée à Paris par Florent Fels et Marcel Sauvage. « Cahiers de philosophie et d'art », selon l'appellation donnée par ses fondateurs, qui ont tous deux une expérience des revues littéraires, cette revue à périodicité irrégulière eut douze livraisons, de février 1920 à mars-avril 1922. De libertaire et individualiste, elle est devenue plus culturelle, notamment sous l'influence de Max Jacob. À la qualité des collaborateurs français, comme Pierre Albert-Birot, Apollinaire, Aragon, Artaud, Cendrars, Cocteau, Eluard, Claire et Ivan Goll, Max Jacob, Malraux, Benjamin Péret, Pascal Pia, Jacques Rigaut, Erik Satie, André Salmon, Tristan Tzara, s'ajoute une volonté d'ouverture aux interventions étrangères, d'abord allemandes avec Gottfried Benn, Carl Einstein, Adolf Loos, et russes avec Alexandre Blok, Ilya Erhenbourg, Maxime Gorki. Chaque numéro réserve aux illustrateurs une place de choix : Braque, Derain, Dufy, Albert Gleizes, Natalia Gontcharova, Juan Gris, Marcel Gromaire, Matisse, Modigliani, Picasso, Gino Severini, Survage, Utrillo, Vlaminck ou Ossip Zadkine contribuent ainsi à donner à la revue un style nouveau où l'art l'emporte sur la spéculation.

M.I. — IMEC

Action française. Fondé en 1899, le courant de l'Action française a donné une place privilégiée aux questions de littérature dans ses divers organes de presse, la revue *Action française* (1904), le quotidien du même nom (1908), devenu en 1947 *Aspects de la France*, la *Revue critique des idées et des livres* (1908-1924), la *Revue universelle* (1920-1944), la *Nation française* (1955-1967). Inspiré à ses débuts de la pensée de Maurras, critique du romantisme, source de la décadence, et défenseur des classicismes, dont l'École romane vise à restaurer l'esprit, le mouvement se nourrit des contributions très diverses, plus ou moins durables, de romanciers comme de poètes, d'essayistes comme d'historiens et de philosophes. À la réflexion sur les genres et sur la critique, à la réhabilitation du goût classique et de l'ordre, participent, de façon plus ou moins polémique et plus ou moins politique, Pierre Lasserre, Thierry Maulnier, Jacques Bainville, Jean-Marc Bernard, Léon Daudet, Henri Massis, Brasillach, Bernanos, Nimier, Pierre Boutang, etc. L'excès dans la condamnation ou l'adulation, les jugements littéraires simplificateurs n'ont pas manqué. Le courant littéraire de l'Action française a cependant, dans les années vingt surtout, sensiblement marqué la critique (André Thérive, Edmond Jaloux, Albert Thibaudet, Henri Clouard, Pierre de Nolhac) et exercé sur la jeunesse intellectuelle des années trente un véritable ascendant. Paulhan, Montherlant, Jouhandeau, Audiberti, T.S. Eliot ont exprimé leur dette envers Maurras, homme de lettres et prosateur. D'autres, comme Maeterlinck, s'en sont rapprochés dans les années vingt, pour s'en écarter ensuite. L'éclatement de l'Action française, au lendemain de la guerre, lui a laissé des héritiers, Kléber Haedens, Roger Nimier, Michel Déon.

→ Victor Nguyen, *Aux origines de l'Action française*, Fayard, 1991.

St. G.

Action poétique. Revue fondée à Marseille en 1950 par Jean Malrieu et Gérald Neveu. Ses créateurs, deux jeunes poètes, fréquentaient épisodiquement les *Cahiers du Sud* et militaient dans les rangs du parti communiste jusqu'à une date récente. À l'origine simple brochure annuelle comportant des poèmes engagés, la revue devient trimestrielle en 1958. Malrieu, qui créera la revue *Sud* en 1970, laisse en 1965 la responsabilité d'*Action poétique* à un autre Marseillais, Henri Deluy, qui en transfère le siège à Paris. Aux alentours de 1968, sa publication est assurée par l'éditeur normand Jean-Pierre Oswald. Entre 1970 et 1990, elle s'affranchit progressivement de son environnement primitif, produit des numéros spéciaux (la linguistique, *Tel Quel* et les problèmes de l'avant-garde, le baroque, la psychanalyse, les états du vers, les troubadours). Elle s'adjoint un moment une collection chez Maspero, où paraît *La Vieillesse d'Alexandre* de Jacques Roubaud. On retiendra un numéro intitulé *Langue morte*, un sur Jean Tortel. Aujourd'hui directeur de la Biennale internationale des poètes du Val-de-Marne, Deluy a publié des anthologies chez Flammarion et POL et créé, en 1992, une collection de poésie chez Fourbis. Le comité de rédaction de la revue comporte plus de quinze membres, parmi lesquels Olivier Cadiot, Charles Dobzynski, Emmanuel Hocquard, Marie Étienne, Lionel Ray, Jacques Roubaud, Bernard Vargaftig et Jean-Jacques Viton.

→ Jean Malrieu, *Gérald Neveu*, Seghers, 1974. — *Action poétique*, n° 79 et n° 132. — *Java*, n° 11, été 1994.

A.Re. — IMEC

Adamov Arthur (1908-1970). Né le 23 août 1908 à Kislovodsk (Caucase) dans une riche famille propriétaire de puits de pétrole, il grandit à Bakou, dans la sécurité matérielle. Mais étouffé par sa mère et perturbé par une sœur qui prend plaisir à le terroriser, il est en proie à des angoisses dont il ne se libérera jamais totalement. La guerre, puis la Révolution russe contraignent la famille à l'exil : Constance, Genève, Mayence, puis Paris en 1924. Adamov fréquente les cafés de Montparnasse, où il côtoie l'avant-garde artistique et littéraire, donne des articles à la presse anarchiste, écrit quelques poèmes surréalistes, fonde une éphémère revue : *Discontinuité*, et imagine sa première pièce de théâtre : *Mains blanches* (une scène muette de cinq minutes). Sa première grande aventure amoureuse avec « Irène », rencontrée en 1928, s'achève par une tentative de suicide : il a la révélation définitive de son impuissance sexuelle. Le suicide de son père (1933) accroît son sentiment de culpabilité. Jusqu'à la guerre, il vit de travaux littéraires et de traductions (Rilke, Jung, etc.). En 1946, paraît une œuvre de confession : *L'Aveu*, « journal terrible » où il dit « l'horreur sexuelle, les mille superstitions qui rongent l'intérieur de l'être, tous les maux ».

À partir de 1947, date à laquelle il rencontre Jacqueline Autrusseau, l'indéfectible compagne de son existence, il poursuit, dans la composition théâtrale, l'exorcisme de ses obsessions. Son théâtre veut « montrer sur scène le plus grossièrement et le plus visiblement possible la solitude et l'absence de communication » et, très vite, la critique associe le nom d'Adamov à ceux d'Ionesco et de Beckett, sous l'étiquette de « théâtre de l'absurde ». *La Parodie* (1947), pièce onirique, présente des personnages qui se côtoient sans vraiment se rencontrer, dans un monde brutal et sans âme, où chacun est conduit à l'échec et à la mort. Dans *L'Invasion* (1949), Pierre, dépositaire d'un précieux manuscrit, tente de le déchiffrer et de le classer, mais obstacles et trahisons le conduisent à déchirer les précieux feuillets et à se donner la mort. *La Grande et la Petite Manœuvre* (1950) est la transposition d'un rêve personnel, l'histoire désespérée d'une double défaite, celle du Mutilé, incapable de résister à ses hantises, et celle du Militant révolté mais vaincu. La technique dramatique d'Adamov accorde une large place aux bruits et aux éclairages violents, aux objets qui menacent l'homme, dont le langage lui-même n'est plus qu'un objet insignifiant.

Les pièces suivantes appartiennent encore à ce théâtre fantasmatique où il transpose ses rêves angoissés *(Le Professeur Taranne)*, sa hantise de l'autoritarisme paternel *(Le Sens de la marche)*, ses souvenirs de drames familiaux *(Comme nous avons été)*. Mais à partir de *Tous contre tous* (1953) et des *Retrouvailles* (1954), décidé à « en finir avec l'exploitation du demi-rêve et du vieux conflit familial », il s'oriente vers un théâtre plus politique, ancré dans la réalité socio-historique. *Le Ping-Pong* (1955), pièce organisée autour d'un billard électrique, dénonce notre société matérialiste, la mécanisation envahissante et aliénante, le goût de l'argent facile. *Paolo Paoli* (1957) présente une chronique des années 1910-1914 : au milieu d'affairistes sans scrupules, de cléricaux intrigants et d'aristocrates anti-dreyfusards, la seule figure sympathique est celle de l'ouvrier socialo-anarchiste Marpeaux, victime de l'injustice et révolté contre la société oppressive. La lecture de Brecht, de Piscator et l'actualité politique conduisent Adamov à un engagement qui le rapproche du parti communiste : les événements d'Algérie et son opposition à de Gaulle lui inspirent trois saynètes recueillies dans *Théâtre de société* (1958). Adamov traduit et adapte des œuvres de Gorki, Gogol, Tchekhov, Büchner, Strindberg, mais sa création personnelle s'oriente résolument vers un théâtre de dénonciation politique et sociale. Il travaille à une pièce sur la Commune, *Le Printemps 71*, et publie une partie de son abondante documentation dans *Anthologie de la Commune* (1959). La pièce, achevée en 1960, est d'abord créée à Londres en 1962, puis montée à Saint-Denis en 1963. Signataire du Manifeste des 121 (contre la guerre d'Algérie), Adamov est interdit d'antenne à l'ORTF. Ses pièces ne sont plus jouées que grâce à l'appui des municipalités communistes de la banlieue « rouge ». *La Politique des restes* (1962), inspirée autant par sa propre névrose que par un séjour aux États-Unis, dénonce le racisme et la justice de classe. *Ici et maintenant* (1964) recueille les textes critiques et théoriques du dramaturge, qui considère que le théâtre « doit être le lien où le monde visible et le monde invisible se touchent et se heurtent ».

Pendant toutes ces années, l'alcoolisme d'Adamov s'aggrave au point de compromettre sa santé mentale et sa capacité de travail. En 1965, il entreprend la rédaction de son *Journal* et tente une cure de désintoxication. *La Sainte Europe* (1966) dénonce, sous le masque d'un Moyen Âge de convention, l'Europe capitaliste du Marché commun. En 1967, il est hospitalisé pour une pleurésie tuberculeuse. « Cerné par le malheur, écrit-il, il fallait que j'éclate de rire ou me suicide ». Il compose alors *M. le Modéré*, une « clownerie ». Il poursuit la rédaction de souvenirs autobiographiques *(L'Homme et l'enfant*, 1968 ; *Je... ils...*, 1969) et commence une pièce anti-américaine *(Off Limits*, 1969). Avec *Si l'été revenait* (1970), il renoue avec un théâtre plus subjectif. Dans « un langage fluide, compliqué, réaliste, nu, fou », il donne à entendre les propos débridés et les pensées chaotiques de quatre rêveurs. Adamov se suicide à Paris, le 15 mars 1970.

Dans un itinéraire qui irait de Strindberg à Brecht en passant par Tchekhov, l'œuvre dramatique d'Adamov fonde son originalité dans la difficile conciliation du rêve et du réel. « Marxiste ou non marxiste, le seul problème est de savoir comment utiliser ses névroses », écrivait-il en 1967. À la croisée du monde politico-social et de l'univers onirique, Adamov montre la lutte des classes tout en préservant la complexité des êtres. Il définissait ainsi l'ambition de son théâtre : « Tout ce qui ne relie pas l'homme à ses propres fantômes, mais aussi, mais encore à d'autres hommes, et partant, à leurs fantômes, cela dans une époque donnée et, elle, non fantomatique, n'a pas le moindre intérêt, ni philosophique, ni artistique. » *(Ici et maintenant).*

ŒUVRES. — *Théâtre I (La Parodie, L'Invasion, La Grande et la Petite Manœuvre, Tous contre tous, Le Professeur Taranne)*, Gallimard, 1953. — *Théâtre II (Le Sens de la marche, Les Retrouvailles, Le Ping-Pong)*, Gallimard, 1955. — *Théâtre de société*, EFR, 1958. — *Théâtre III (Paolo Paoli, La Politique des restes, La Sainte Europe)*, Gallimard, 1966. — *Théâtre IV (M. le Modéré, Le Printemps 71)*, Gallimard, 1968. — *Off Limits*, Gallimard, 1969. — *Si l'été revenait*, Gallimard, 1970.

→ René Gaudy, *Arthur Adamov, essai et documents*, Stock, 1971. — Pierre Mélèse, *Arthur Adamov*, Seghers, 1972. — Emmanuel Jacquart, *Le Théâtre de dérision : Beckett, Ionesco, Adamov*, Gallimard, 1974. — Samia-Assad Chahine, *Regards sur le théâtre d'Adamov*, Nizet, 1981. — Abirached, Ruhe et Schwaderer, *Lectures d'Adamov*, G. Narr, 1983. — Marie-Claude Hubert, *Langage et corps fantasmé dans le théâtre des années cinquante : Ionesco, Beckett, Adamov...*, Corti, 1987.

J.G.

Adelen Claude (1944). Cinq recueils — *Ordre du jour* (1968), *Bouche à la terre* (1975), *Légendaire* (1977), *Marches forcées* (1985), *Intempéries* (1989) — jalonnent son parcours poétique. Ces œuvres parfois très brèves, souvent distordues, tentent de dire le monde et le hors-monde, par l'effacement du moi. Peut-être l'étrange *Légendaire* (onze poèmes comptant chacun onze onzains) permet-il un accès plus doux à ces « bois illisibles ».

F.J.

Adiaffi Jean-Marie (1941). Né à Bettié (Côte-d'Ivoire), en plein pays Agni, il obtient son baccalauréat dans son pays, avant de suivre, à Paris, les cours de l'Institut des hautes études cinématographiques (IDHEC) et un enseignement de philosophie à la Sorbonne. Son œuvre, parfois violente et provocatrice, parfois didactique, se déploie selon deux axes. Aux recueils poétiques, *D'éclairs et de foudre* (Abidjan, CEDA, 1980) et *Galerie infernale*, d'un lyrisme flamboyant, répondent les œuvres en prose, *La Carte d'identité* (Hatier, 1980, grand prix de l'Afrique noire, 1981) et *Silence, on développe* (Nouvelles du Sud, 1992), dans lesquelles l'auteur, qui se veut écrivain au service du peuple, fait vivre des personnages de rebelles engagés dans le combat pour une Afrique nouvelle.

J.C.

Adine France (1890-1977), pseudonyme de Cécile Van Dromme. Née à Essen (Belgique), le 31 août 1890. Cousine de Georges Rodenbach, elle publie sa première nouvelle dans *Comoedia* en 1929 : ce sera le début d'une importante production romanesque (une trentaine de volumes), très classique, voire stéréotypée, le plus souvent inscrite dans un cadre historique *(La Madone aux chérubins*, 1933, dans la Bruges du XVIe siècle ; *Le Signe du Griffon*, 1960, dans l'Italie de la Renaissance ; *Diane et le Faune*, 1970, à Bruxelles au moment de la chute de Napoléon Ier). Si les thèmes tournent autour de la bâtardise *(Panchiko*, 1941, prix triennal de littérature, 1943, couronné par l'Académie française ; *Marie du Zwyn*, 1954), des relations père-fille, de l'amour malheureux, les épilogues sont optimistes et les situations sont le plus souvent idéalisées. Signalons encore *Le Maître de l'aube* (1930), *Le Royaume de Saül* (1932), *L'Échiquier* (1946), *La Dryade au château* (1973), *Marie-Victoire* (1974). Elle est morte le 19 mars 1977.

ŒUVRES. — À La Renaissance du livre (Bruxelles).

O.Bi.

Afrique littéraire (L'). Revue trimestrielle fondée en 1965 par Pierre Biarnès et Paulette Decraene, dirigée depuis 1981 par Jacques Chevrier. Elle rend compte de l'actualité littéraire du continent africain, accueillant aussi bien des textes originaux en prose que des études critiques relatifs à l'histoire, aux traditions et à la création dramatique, poétique et romanesque de l'Afrique noire et du Maghreb. Plusieurs numéros ont été consacrés aux cinémas africains, en collaboration avec la revue *CinéAction*.

J.C.

Afrique noire *(grand prix littéraire d')*. Créé en 1960 par Jean d'Esme, pour remplacer les prix littéraires de l'AOF et de l'AEF, le grand prix littéraire d'Afrique noire, décerné par l'Association des écrivains de langue française (ADELF), récompense chaque année un romancier, un dramaturge ou un essayiste africain. Parmi les lauréats, on relève les noms de Cheikh Hamidou Kane (pour *L'Aventure ambiguë*, 1962), Bernard Dadié (*Patron de New York*, 1965), Olympe Bhêly-Quenum (*Le Chant du lac*, 1966), Francis Bebey (*Le Fils d'Agatha Moudio*, 1968), Henri Lopès (*Tribaliques*, 1972), Alioum Fantouré (*Le Cercle des Tropiques*, 1973), Amadou Hampaté Bâ (*L'Étrange Destin de Wangrin*, 1974), Aminata Sow Fall (*La Grève des Battu*, 1980), Jean-Marie Adiaffi (*La Carte d'identité*, 1981), Sony Labou Tansi (*L'Anté-peuple*, 1983), Ahmadou Kourouma (*Monnè, outrages et défis*, 1990), Calixthe Beyala (*Maman a un amant*, 1994), Abdourahman Waberi (*Cahier nomade*, 1996).

J.C.

Afrique noire *(littérature d')*. On s'accorde généralement à reconnaître que le roman de René Maran, *Batouala*, en 1921, est le coup d'envoi de la littérature nègre, sans doute en raison du retentissement de cet ouvrage couronné par le prix Goncourt et dont la préface, jugée insultante, déclenche un scandale au sein de la classe politique. Dans son hommage posthume à René Maran, Léopold Senghor soulignera le rôle de pionnier joué par l'écrivain guyanais : « Après *Batouala* on ne pourra plus faire vivre, travailler, aimer, pleurer, rire, parler les Nègres comme les Blancs. » Toutefois, Maran ne fut pas seul à témoigner de « l'âme noire », et l'on doit mentionner nombre d'œuvres romanesques qui illustrent l'émergence d'une littérature africaine en langue française, *Les Trois Volontés de Malick* (1920) d'Amadou Mapaté Diagne, *Force-Bonté* (1926) de Bakary Diallo, *L'Esclave* (1930) de Félix Couchoro, *Karim* (1935) d'Ousmane Socé et enfin *Doguicimi* (1938) de Paul Hazoumé. Ces livres à caractère ethnographique ont en commun d'être dus à des écrivains marqués par le système éducatif français, en particulier à l'École normale William Ponty, et qui s'en réclament ouvertement, à l'exception notoire de *Batouala* — et c'est peut-être là le plus grand objet de scandale. Tous ces textes sont précédés d'avant-propos de hauts fonctionnaires ou de personnalités proches de l'administration coloniale, qui cautionnent ainsi des œuvres peu différentes de la production coloniale. On voit donc percer ce qu'on appellera bientôt la littérature « indigène ». L'un de ses grands promoteurs fut Charles Béart qui, comme directeur de l'École normale William Ponty, encourageait les élèves à écrire et à représenter des textes dramatiques inspirés du modèle africain et du modèle français : Molière et la veillée de contes. Il faut aussi rappeler le rôle joué par les hommes et les idées venus d'outre-Atlantique. À l'impact des *Âmes noires*, le livre fondateur de W.E.B. Du Bois (*The Soul of Black People*, 1903), se conjugue dans les années vingt l'influence des poètes de la négro-renaissance de Harlem, que l'anthologie *The New-Negro* compilée par Alain Locke avait contribué à faire connaître. D'Haïti parviennent les échos de la *Revue des griots*, dont les rédacteurs, Jean-Price Mars en tête (*Ainsi parla l'oncle*, 1928), promeuvent le retour aux valeurs ancestrales nègres. C'est dans ce climat que vont éclore à Paris de petites revues, la *Revue du monde noir*, *Légitime Défense* et *L'Étudiant noir*, où, réclamant la fin des « singeries littéraires », Senghor propose un cadre nouveau à la création et à l'action pour le monde noir en général, l'humanisme nègre, que désignera bientôt le néologisme *négritude*, forgé par Aimé Césaire. Fidèle au programme que lui assignent ses fondateurs : « la possibilité, en créant des œuvres d'art, de faire reconnaître et respecter la civilisation négro-africaine », la négritude sera à l'origine de la grande flambée lyrique qu'illustrent les recueils poétiques de Damas (*Pigments*, 1937 ; *Graffiti*, 1952 ; *Black Label*, 1956), Césaire (*Cahier d'un retour au pays natal*, 1947) et Senghor (*Chants d'ombre*, 1945 ; *Hosties noires*, 1948 ; *Éthiopiques*, 1956), et dont l'un des temps fort fut la publication, en 1948, de la *Nouvelle Anthologie de la poésie nègre et malgache de langue française*, préfacée par Sartre. Dans ce texte, intitulé « Orphée noir », Sartre utilise la métaphore de la descente aux enfers, désignant couramment la quête du poète noir à la recherche de son identité, et se fait le héraut des hommes du monde noir, célébrant avec lyrisme le surgissement de leur parole poétique et contribuant ainsi à faire connaître le mouvement inauguré par Césaire, Senghor et Damas.

À la fin de la Seconde Guerre mondiale, une coupure apparaît, à la fois politique et intellectuelle, dans l'histoire de la littérature africaine. En 1946, à Bamako, le congrès constitutif du Rassemblement démocratique africain (RDA) orchestre l'entrée en scène des futures élites politiques du continent, tandis qu'à Paris, un an plus tard, la création de la revue *Présence africaine* répond à la volonté d'Alioune Diop et de ses amis d'être les porte-parole de la génération de la décolonisation. Cette période féconde est aussi celle où, remisant kôras et balafons au profit des jeux politiques, les caciques de la négritude laissent la voie libre aux romanciers. La décennie 1950-1960 se révèle particulièrement favorable à la création romanesque, qui paraît s'orienter selon trois grands axes, la contestation du système colonial, l'exaltation du passé et l'évocation de la rencontre Afrique-Occident. *Ville cruelle* (1954) et *Le Pauvre Christ de Bomba* (1956) du Camerounais Mongo Beti dépeignent de manière tragi-comique la dégradation de la société traditionnelle au contact de l'Europe, et plus particulièrement des Églises, tandis que Ferdinand Oyono s'attache, dans *Une vie de boy* et *Le Vieux Nègre et la médaille* (1956), à dénoncer avec humour l'hypocrisie du discours colonial. Mais cette remise en question du système s'accompagne en retour d'une exaltation du passé précolonial, dont on célèbre à l'envi les trésors de la mémoire populaire (*Les Contes d'Amadou Koumba*, 1947, de Birago Diop ; *Le Pagne noir*, 1955, de Bernard Dadié) et les grandes figures emblématiques, telles *Soundiata* (1960), héros de l'épopée mandingue que fait revivre Djibril Tamsir Niane. C'est pourtant dans le présent que les nouvelles générations doivent situer leur destin, matérialisé le plus souvent par la rencontre symbolique avec l'école occidentale qui est au cœur d'une série de romans de formation, *L'Enfant noir* (1953) de Camara Laye, *Climbié* (1956) de Bernard Dadié et *L'Aventure ambiguë* (1961) de Cheikh Hamidou Kane.

L'accès à la souveraineté nationale des anciennes colonies d'AOF et d'AEF, au tournant des années soixante, ne constitue pas une véritable césure dans la production littéraire. Il faut attendre 1968 et la publication simultanée du roman de Yambo Ouologuem, *Le Devoir de violence* — qui fait voler en éclats le mythe de la grande fraternité nègre — et de celui d'Ahmadou Kourouma, *Les Soleils des indépendances* — cinglante et truculente dénonciation de l'imposture des indépendances — pour que se manifestent les premiers signes d'un désenchantement qui n'a fait, depuis lors, que se confirmer, donnant ainsi naissance à une littérature placée sous le signe du malaise, de l'échec et de la violence. Qu'il s'agisse de *La Carte d'identité* (1980) de Jean-Marie Adiaffi, de *La Vie et demie* (1979) et de *L'État honteux* de Sony Labou Tansi, du *Jeune Homme de sable* (1979) de Williams Sassine, du *Pleurer-rire* d'Henri Lopès (1982), des *Crapauds-brousse* (1979) de Tierno Monénembo, ou encore de *Ces fruits si doux de l'arbre à pain* (1987) de Tchicaya U Tam 'Si, toutes ces œuvres mettent en scène des personnages désemparés face aux difficultés de survivre dans une société frappée à la fois par l'effondrement des valeurs traditionnelles et l'expression d'un pouvoir totalitaire incarné par quelques bouffons sanguinaires aux noms sinistrement évocateurs ou résolument dérisoires. Mais en dehors des geôles et des camps de la mort qui dessinent un goulag tropical, la violence est également présente tantôt dans le discours officiel, tantôt dans la persistance d'institutions surannées qui écrasent l'individu, particulièrement la femme, comme on le voit dans le roman de Mariama Bâ, *Une si longue lettre* (1979).

L'expression des femmes d'Afrique noire n'est pas le moindre événement de ces dernières années. Des essais tels que *La Parole aux négresses* (1978) d'Awa Thiam, ou des romans comme ceux d'Aminata Sow Fall, *Le Revenant* (1976), *La Grève des Battu* (1979), de Ken Bugul, *Le Baobab fou* (1978) ou encore de la véhémente Calixthe Beyala, *C'est le soleil qui m'a brûlée* (1987), *Seul le diable le savait* (1990), *Asseze l'Africaine* (1994), illustrent la naissance d'une littérature féminine, sinon féministe, africaine.

Le désir identitaire, qui oriente la plupart des productions romanesques contemporaines, révèle le désordre d'une société dont les repères ont disparu. Les personnages conçus par les romanciers semblent flotter entre deux mondes, à la manière du héros imaginé par Mudimbe dans son roman *Entre les eaux* (1973). Le destin de la plupart d'entre eux cesse désormais de coïncider avec celui de la communauté à laquelle ils appartiennent — mais appartiennent-ils encore à quelque chose ? Tous sont voués à la solitude ou à la marginalité, en particulier le fou, figure récurrente, chez Monénembo, Tchicaya, Sony Labou Tansi.

Si le motif politique prédomine dans la fresque que les écrivains brossent de l'Afrique, leurs stratégies narratives ont évolué et empruntent de plus en plus à la fable, à l'allégorie, à la parabole. C'est certainement dans le champ scriptural que se manifeste de la manière la plus spectaculaire, chez les poètes (Paulin Joachim, Tchicaya, Jean-Baptiste Tati-Loutard, Bernard Zadi-Zaourou), les dramaturges (Werewere Liking, Sylvain Bemba) et chez les romanciers, la volonté d'inventer une poétique nouvelle. Refusant la fausse alternative entre allégeance servile à des modèles occidentaux et fétichisme de la tradition, les écrivains entendent en effet assumer pleinement leur condition de créateurs. Ils manifestent désormais la plus vive réticence à l'égard de ceux qui les sommaient naguère d'être les accoucheurs de l'Histoire. À une écriture de la politique succède donc aujourd'hui une politique de l'écriture, contribuant ainsi à la floraison de récits et de dramaturgies baroques et polyphoniques dans lesquels fantaisie, humour et dérision ont leur place (comme dans la truculente *Trilogie de Kouta*, de Massa Makan Diabaté) et qui offrent les plus sûrs moyens d'exorciser la déshumanisation d'une Afrique livrée à ses démons.

Les efforts de diffusion de la littérature africaine actuelle sont particulièrement sensibles dans le domaine du théâtre. Il faut signaler l'importance du concours théâtral interafricain, organisé par Radio France internationale, et celle de l'entreprise conjointe du Théâtre international de langue française (TILF) et du Festival international des francophonies de Limoges, dont le rayonnement permet d'assurer à la dramaturgie africaine contemporaine la place qui lui revient.

J.C.

Âge d'homme (L'). Maison d'édition fondée à Lausanne en 1966 par Vladimir Dimitrijevic, d'origine serbe, elle a publié de nombreuses traductions dans diverses collections, telles que « Les Classiques slaves » et « Slavica », qui comptent aujourd'hui plus de 250 titres, ou « Germanica » et « Le Domaine italien ». Mais L'Âge d'Homme est aussi et avant tout une maison d'édition suisse, publiant notamment Charles-Albert Cingria ou Amiel. La collection « Poche suisse », dirigée par Pierre-Olivier Walzer, connaît un grand succès.

B.Z.

Aire *(Les Éditions de l').* Fondées en 1978 à Lausanne par Michel Moret, elles s'orientent vers la littérature, mais publient aussi des ouvrages d'histoire et de philosophie. Les principaux auteurs sont Alice Rivaz, Maurice Chappaz, Marie-Claire Dewarrat, Rose-Marie Pagnard, Yvette Z'Graggen. L'Aire a publié les *Œuvres complètes* de Jacques Mercanton, réédité les essais de Ramuz et les œuvres principales de Monique Saint-Hélier. Elle publie également des auteurs étrangers et des traductions d'écrivains suisses allemands (Eveline Hasler, Fritz Zorn) et romanches (Cla Biert). Pour la collection de poche européenne « Babel », L'Aire collabore avec les Éditions Labor (Bruxelles) et Actes Sud (Arles). Depuis 1994, elle a sa propre collection de poche, « L'Aire bleue ».

B.Z.

Ajar Émile, voir GARY.

Alain-Fournier (1886-1914) pseudonyme d'Henri Alban Fournier. Né le 30 octobre 1886, à La Chapelle d'Angillon (Cher), de parents instituteurs, il vit pendant douze ans à la campagne. Années décisives, où se fixent en lui les « paysages de son âme ». De 1891 à 1898, son enfance se passe à Épineuil-le-Fleuriel, aux côtés de sa sœur Isabelle, née en 1889, dans la petite école où tout devient prétexte au rêve. En octobre 1898, il entre en sixième au lycée Voltaire, à Paris. Il habite chez une amie de sa grand-mère et sera pensionnaire à la rentrée de 1900. En 1901, ayant sauté la troisième, il est en « seconde marine » au lycée de Brest pour y préparer l'École navale, expérience difficile, qu'il supporte mal. Pendant les vacances de Noël 1902, il décide de ne plus retourner à Brest. Il est pendant un mois pensionnaire au lycée Henri-IV à Paris, puis il suit la classe de philosophie au lycée de Bourges. Bachelier, il s'inscrit en khâgne au lycée Lakanal de Sceaux en octobre 1903. Il y rencontre Jacques Rivière, son condisciple, qui devient son confident. Ils découvrent *Pelléas et Mélisande* et le *Prélude à l'après-midi d'un faune* en janvier 1904, font la connaissance du peintre Maurice Denis. Leur correspondance retrace fidèlement leurs exaltations et leurs ambitions partagées.

Le 1er juin 1905 se produit dans la vie d'Alain-Fournier un événement qui marquera sa vie et son œuvre : il rencontre à Paris, devant le Grand-Palais, une jeune fille dont la beauté l'éblouit et à laquelle il ne cesse de penser. Le dimanche de Pentecôte suivant, le 11 juin, il la revoit et lui parle : « À quoi bon ? » lui dit-elle. L'été de 1905, il est en Angleterre, près de Londres, pour un stage de traducteur, découvre la poésie et le roman anglais, en particulier Keats, Kipling et le Dickens de *David Copperfield*, visite la National et la Tate Gallery, écoute du Wagner à Queen's Hall. Il envoie à Rivière plusieurs poèmes qu'il tente de publier et rentre habité de projets. Mais il lui faut d'abord préparer le concours de l'École normale pendant l'année scolaire 1905-1906. Après son échec, il redouble au lycée Louis-le-Grand, en 1906-1907. Admissible, il échoue à l'oral et apprend, le lendemain, qu'Yvonne de Quièvrecourt, « la Demoiselle » du Cours la Reine, « est mariée depuis cet hiver ». Du 2 octobre 1907 au 25 septembre 1909, il accomplit son service militaire, pendant lequel paraît un premier texte signé Alain-Fournier : « Le Corps de la femme » *(La Grande Revue*, 25 décembre 1907). Sa sœur Isabelle a épousé Jacques Rivière le 24 août 1909 : il dit à sa mère se sentir « affreusement seul et sans nouvelles de personne ». Après de grandes manœuvres dans la région de Mirande, où il a rejoint comme sous-lieutenant le 88e R.I., il apprend qu'Yvonne de Quièvrecourt est devenue mère.

En 1910, *Occident* publie un de ses poèmes en prose, « L'Amour cherche les lieux abandonnés ». Début février, il amorce avec une certaine Valentine une liaison houleuse, qui durera deux ans. Le 9 mai 1910, il commence une collaboration régulière à *Paris-Journal*, où il publiera jusqu'au 10 avril 1912.

Depuis juillet 1907, Alain-Fournier rêve d'un livre qu'il laisse mûrir en lui, au hasard de ses rencontres, de ses réflexions et de ses lectures jusqu'à décembre 1912. Il ordonne lentement, par rapport à la rencontre merveilleuse de 1905, les thèmes qui l'habitent depuis l'enfance : odeurs, saveurs, couleurs, vie à l'école, maison protectrice, besoin d'aventure, initiation au romanesque et à l'étrange, extase et désenchantement, recherche et peur d'un bonheur « qui n'est pas de ce monde ». Le 4 avril 1910, au cœur de la genèse du roman dont le titre prévu est *Le Jour des noces*, il confie à Rivière : « Meaulnes, le grand Meaulnes, le héros de mon livre, est un homme dont l'enfance fut trop belle [...]. Par instants, il semble que tout ce paradis imaginaire qui fut le monde de son enfance va surgir au bout de son aventure, ou se lever sur un de ses gestes. [...] Mais il sait déjà que ce paradis ne peut plus être. Il a renoncé au bonheur. Il est dans le monde comme quelqu'un qui va s'en aller. »

En mai 1912, présenté par Péguy, Alain-Fournier devient le secrétaire de Claude Casimir-Perier, qui veut consacrer un livre à *Brest port transatlantique*. Il fait alors la connaissance de l'épouse de Claude, l'actrice Mme Simone, née Pauline Benda, dont il devient l'amant un an plus tard, après avoir revu, à Rochefort, pour la dernière fois, Yvonne de Quièvrecourt, mère de deux enfants. *Le Grand Meaulnes*, publié d'abord en cinq livraisons de la *NRF*, paraît en volume chez Émile-Paul en octobre 1913 et manque de peu le prix Goncourt. Au début de l'année 1914, Alain-Fournier travaille à un autre roman, *Colombe Blanchet* (édition des plans et brouillons, Le Cherche-Midi, 1990) et à une pièce de théâtre, *La Maison dans la forêt*, sous l'influence de Simone. La déclaration de guerre le surprend à Cambo, chez les Perier. Il rejoint

Mirande le 1er août, est promu lieutenant le 2, et son régiment, embarqué le 12, entre dans la bataille le 1er septembre. Il disparaît le 22, quinze jours après Péguy.

En 1924, Jacques et Isabelle Rivière publieront des textes inédits d'Alain-Fournier, sous le titre *Miracles*.

ŒUVRES. — *Le Grand Meaulnes* et *Miracles* précédé de « Alain-Fournier » par Jacques Rivière (1924), dir. Alain Rivière, Françoise Touzan et Daniel Leuwers, Garnier, 1986. — *Chroniques et critiques* [principaux textes publiés dans *Tânit, La Grande Revue,* la *NRF, L'Intransigeant, Paris-Journal*], Le Cherche-Midi, 1991. — **Correspondance** : avec Jacques Rivière, Gallimard, 1926-1928, 4 t., rééd. 1991, 2 t. ; avec sa famille, rééd. Fayard, 1991 ; avec un ami de lycée : *Lettres au petit B.*, rééd. Fayard, 1986 ; avec André Lhote et Jacques Rivière : *La Peinture, le cœur et l'esprit*, Bordeaux, William Blake and Co, 1986 ; avec Péguy, rééd. Fayard, 1990 ; avec Simone, Fayard, 1992.

→ Léon Cellier, *« Le Grand Meaulnes » ou l'initiation manquée*, Minard, 1963. — Isabelle Rivière, *Vie et passion d'Alain-Fournier*, Monaco, Jaspard, Polus et Cie, 1964, rééd. Fayard, 1989. — Jean Bastaire, *Alain-Fournier ou la tentation de l'enfance*, Plon, 1964. — Michel Guiomar, *Inconscient et imaginaire dans « Le Grand Meaulnes »*, Corti, 1964. — Claudie Husson, *Alain-Fournier et la naissance du récit*, PUF, 1990. — Il existe depuis 1975 un *Bulletin des Amis de Jacques Rivière et d'Alain-Fournier* (Viroflay).

C.S.

Albert-Birot Pierre (1876-1967). Né le 22 avril 1876 à Angoulême, il y passe l'essentiel de son enfance. Il vit alors les déboires financiers, puis le départ de son père, et les difficultés rencontrées ensuite par sa mère. À Paris, aux Beaux-Arts, il étudie la peinture et la sculpture et produit des toiles cubistes et abstraites. Il suit également des cours en Sorbonne et au Collège de France. Pendant plusieurs années, il travaille comme restaurateur pour un grand antiquaire parisien. Réformé lors de la Première Guerre mondiale, il fonde en 1916 la revue *SIC* dont le premier numéro sort en janvier, et qui paraîtra jusqu'en 1919. L'orientation est moderniste et avant-gardiste. Le titre de la revue (le mot *oui* en latin) dit le désir d'une « affirmation en réaction contre tout négatif ». Il correspond aussi à l'initiale de trois mots importants aux yeux d'Albert-Birot : *son*, *idée*, *couleur*. Apollinaire collabore au quatrième numéro. La revue publie ensuite Drieu La Rochelle, Reverdy, Soupault, Tzara, Aragon, Breton, Radiguet. Une École Nunique est fondée en vue de renouveler radicalement l'art. Entre autres manifestations, *SIC* organise la représentation des *Mamelles de Tirésias* le 24 juin 1917. Jamais, toutefois, Pierre Albert-Birot ne renoncera à son indépendance à l'égard des différentes écoles et doctrines de l'époque. Après la guerre, il se consacre davantage à la littérature dans un esprit antiréaliste (poésie, prose, théâtre, traductions), imprimant lui-même ses livres. Entre 1918 et 1924, il publie une pièce pour marionnettes, des drames burlesques (*Le Bondieu*, SIC, 1922 ; *Les Femmes pliantes*, SIC, 1923). S'y ajoutent des scénarios pour le cinéma. À partir de 1921, il développe la geste de *Grabinoulor* (*Le Premier Livre de Grabinoulor*, SIC, 1921 ; *Grabinoulor, épopée*, livres I et II, Denoël, 1933 ; *Grabinoulor-amour*, Rougerie, 1955 ; livres I, II, III, Gallimard, 1964, Éditions de la revue *Strophes*, 1965, Rougerie, 1968). Il y abandonne la ponctuation et la disposition typographique classique, laissant le texte fluer avec autant de liberté qu'il en accorde à son héros voyageur. Grabinoulor connaît ainsi un voyage extraordinaire, dont la fantaisie peut faire penser aux explorations lunaires et solaires de Cyrano de Bergerac, assorties de la verve de Rabelais et de l'invention subtile de Joyce. En 1934, *Rémy Floche, employé* (Denoël) évoque la vie quotidienne.

Les poèmes d'Albert-Birot sont marqués par l'attachement jubilatoire au sensible. C'est ce que souligne Apollinaire dans sa préface aux *31 poèmes de poche* (SIC, 1917). Écrire est joie de saisir le concret, ce qui autorise des jeux de langage ou de typographie dont la visée n'est pas une mise en question ou une destruction du langage. Toutes sortes d'inventions se trouvent dans l'œuvre, par exemple dans le *Poème à crier et à danser* de *La Lune ou le livre des poèmes* (Éditions Jean Budry, 1924). *La Joie des sept couleurs* (SIC, 1919) réaffirme ce désir de participer à la vitalité dionysiaque du monde. *Les Amusements naturels* (Denoël, 1945) font aussi de cette participation lyrique une possession heureuse *(Paris de mai)*. Le poète ne fait pas pour autant de la poésie un divertissement et l'oubli de la mort. Elle est plutôt, comme l'annonçait déjà le titre de *SIC*, l'assentiment qui fait du zéro la forme même d'une circularité pleine : « Lâchez tout oui oui oui et l'on est cet aimable sphérique amoureux d'infini [...] / Oui est ovale oui oui oui et la joie aussi est ovale ovale ovalité / Oui oui oui oui oui et mort aussi est ovale aimable ovalité du néant » (*Dix poèmes à la mer*, V). À côté de ces textes amples, certains adoptent une forme plus mesurée, plus resserrée (*Cent dix gouttes de poésie*, Seghers, 1952 ; *Cent nouvelles gouttes de poésie*, Pujols, Yves Filhol éditeur, 1967 ; *Graines, poèmes-missives*, Éditions du Club du poème, 1965). Pierre Albert-Birot est mort à Paris le 25 juillet 1967.

A.P.-de B.

Albiach Anne-Marie (1937). Dès *Flammigère* (Siècle à mains, 1967), son premier recueil, Anne-Marie Albiach a choisi d'égarer son lecteur dans le labyrinthe spiralé de lectures partielles et superposables, où le sens est maintenu en suspens. Défiant la prosodie, le poème progresse selon un rythme syncopé, à coups de répétitions, d'union et de désunion de termes simples. Avec *E*tat (Mercure de France, 1971) dont le E en italique rend délibérément le mot imprononçable, il s'agit toujours de lier, par le cadrage de la représentation poétique, une énergie désirante mais le lyrisme repose essentiellement sur l'intensité des ellipses qui « déportent » le souffle. La respiration est l'indice de la présence du corps, matière textuelle où se joue le devenir des signes. Un présent neutre gomme les catégories temporelles au profit de la dimension spatiale de la page et de la « nudité blanche de la lettre », à la fois volume, surface et prisme. Ce travail sur la césure et le blanc culmine, à la limite de l'effacement, dans *Mezza Voce* (Flammarion, 1984). La désarticulation typographique du vers et la syntaxe violentée introduisent la notion d'« entropie » : la poésie est conçue comme un « acte de destruction qui se régénère ». *Figure vocative* ((Lettres de Casse, 1985), *Le Chemin de l'ermitage* (Première Saline, 1986) et *Travail vertical et blanc* (Spectres familiers, 1989) poursuivent le projet global d'une élucidation de « l'énigme » : l'exercice de la langue est avant tout affrontement non résolu avec l'impensable.

J. de S.

Albin Michel. Maison d'édition fondée à Paris en 1903 par Albin Michel. Venu à Paris en 1890 avec une lettre de recommandation de son père pour Ernest Flammarion, le jeune Albin Michel y fut d'abord manutentionnaire, puis vendeur sous les galeries de l'Odéon, et directeur d'une succursale avenue de l'Opéra. Il s'installe à son compte en ouvrant, rue des Mathurins, une librairie spécialisée dans la vente de soldes et c'est en 1902 qu'il se lance dans l'édition et publie *L'Arriviste* de Félicien Champsaur. La production d'Albin Michel se développe rapidement grâce à la publication de romans grand public et à la collection du docteur Cabanès, « Ouvrages de médecine historique et littéraire », qui connaît un grand succès populaire. La maison s'installe en 1910 rue Huyghens, où elle est toujours, et connaît son véritable essor après la Première Guerre en optant pour une politique de jeunes auteurs. Henry Malherbe obtient le prix Goncourt en 1917 pour *La Flamme au poing* ; *L'Atlantide* de Pierre Benoit et *Les Croix de bois* de Roland Dorgelès, romans publiés en 1919, confirment la notoriété d'Albin Michel.

Le roman de Pierre Benoit, qui paraît dans la collection « Le Roman littéraire » dirigée par Henri de Régnier, est lancé par une grande campagne publicitaire d'un style nouveau pour l'époque et faisant écho au ton mystérieux du roman. Le succès populaire est immédiat, de nombreuses adaptations cinématographiques suivront, et Pierre Benoit devient un auteur-maison. *Les Croix de bois* échappe à la censure en sortant en librairie après l'armistice. Tiré à dix mille exemplaires, l'ouvrage a les faveurs de la critique. Dorgelès manque de peu le prix Goncourt, décerné au roman de Proust, *À l'ombre des jeunes filles en fleurs*. Il obtiendra en revanche le prix Vie heureuse-Femina. Les romans publiés par Albin Michel dans les années vingt et trente sont récompensés par une moisson de prix littéraires : prix Goncourt pour

Batouala de René Maran (1921), *Le Martyre de l'obèse* d'Henri Béraud (1922), *L'Empreinte du Dieu* de Maxence Van der Meersch (1936), *Capitaine Conan* de Roger Vercel (1934) ; prix de l'Académie française pour *L'Homme traqué* de Francis Carco (1922). En 1924, la maison rachète le fonds Ollendorf, s'ouvre à Hugo, Balzac, Maupassant, Romain Rolland, Jules Renard, Octave Mirbeau, puis publie la série des « Claudine » de Colette et les œuvres de Georges Ohnet.

Cette politique de diversification se poursuit avec le rachat, à La Renaissance du livre, en 1935, de la collection historique « L'Évolution de l'humanité » fondée en 1920 par Henri Berr. À une époque où l'édition française s'intéressait très peu aux romans étrangers, Albin Michel crée la collection des « Maîtres de la littérature étrangère », où seront publiés de grands succès : *La Trilogie du pétrole* d'Upton Sinclair (1928), *Le Livre de San Michele* d'Axel Munthe (1934), *La Citadelle* de Cronin (1938). Albin Michel se lance également dans la publication de livres de luxe, d'ouvrages d'histoire, de livres pratiques ou scientifiques et crée un secteur de littérature enfantine.

En 1943, Robert Esménard, gendre d'Albin Michel, lui succède et, avec André Sabatier, devenu directeur littéraire, ils développent les nouvelles orientations que s'était données la maison (collections historiques, artistiques, scientifiques et pratiques), rééditent de grandes œuvres classiques (*La Divine Comédie*, traduite par Masseron), publient une nouvelle traduction de Platon par Mario Meunier et lancent les *Cahiers Romain Rolland*. En 1965, Robert Sabatier et Jean-Pierre Dorien renouent avec la tradition du pamphlet en créant la collection « Lettre ouverte » (1966), inaugurée par une *Lettre ouverte à Dieu* de Robert Escarpit et une *Lettre ouverte à un jeune homme* d'André Maurois. Deux grands auteurs de la maison sont récompensés par le prix Nobel de littérature : Miguel Angel Asturias en 1967 et Yasunari Kawabata en 1968 ; du côté français, *L'État sauvage* de Georges Conchon obtient le prix Goncourt en 1964, Robert Sabatier publie *Les Allumettes suédoises* en 1969 et devient l'un des auteurs les plus populaires du début des années soixante-dix. En 1972, il cède sa place de directeur littéraire à Henry Bonnier, également auteur-maison.

Francis Esménard succède à son père en 1981, année de création de la S.A. Albin Michel. Il recrute de nouveaux auteurs, comme Nicole Avril, dont *La Disgrâce* (1981) est tiré à cent mille exemplaires. Parmi les auteurs étrangers, Doris Lessing, jusqu'alors inconnue en France, reçoit le prix Médicis étranger avec *Le Carnet d'or* (1976). À la fin des années soixante-dix, la maison élargit à nouveau ses horizons en rachetant les Éditions Libres Hallier, dont le fondateur, Jean-Edern Hallier, publie désormais ses livres sous l'enseigne d'Albin Michel. Des textes littéraires et des documents d'auteurs au ton nouveau apparaissent alors au catalogue : un roman de Copi, *La vie est un tango*, ou des essais tels que *Sociologie du communisme* de Jules Monnerot. L'innovation majeure des années quatre-vingt se situe dans le domaine des publications pour la jeunesse avec le lancement d'Albin Michel Jeunesse. En 1994, le roman de Didier Van Cauwelaert, *Un aller simple*, remporte le prix Goncourt. Cette récompense jette un coup de projecteur sur le travail d'un éditeur qui publie une nouvelle génération d'écrivains : Patrick Besson, Éric-Emmanuel Schmitt ou Amélie Nothomb. Dans le monde de l'édition de la fin du XXe siècle, Albin Michel reste une maison familiale, diffusée par Interforum ; elle n'est inféodée à aucun grand groupe et fait de ce point de vue figure d'exception.

→ Emmanuel Haymann, *Albin Michel, le roman d'un éditeur*, Albin Michel, 1993 — *Albin Michel, catalogue général*, 1996.

H.Fa. — IMEC

Alexakis Vassilis (1944). Né à Athènes, installé à Paris dès 1968, il a écrit en français presque toute son œuvre. Ses romans, *Le Sandwich* (1974), *Les Girls du City-Boum-Boum* (1975), *La Tête du chat* (1978), *Contrôle d'identité* (1985), *Avant* (1992), *La Langue maternelle* (1995, prix Médicis *ex æquo)*, son essai sur *Les Grecs d'aujourd'hui* (1979), son récit *Paris-Athènes* (1989) et son recueil de nouvelles *Pourquoi tu pleures ?* (1991), tous parus en France, composent un ensemble mêlant autobiographie, roman policier et récit fantastique agrémenté d'humour noir. Un recueil d'aphorismes, *Le Fils de King-Kong* (1987), et deux recueils de dessins, *Mon amour !* (1978) et *Déshabille-toi* (1982), témoignent de l'humour noir qui imprègne toute son œuvre. Passionné de cinéma, il a tourné le court métrage *Je suis fatigué* (1982) et le long métrage *Athéniens* (1990).

A.Vl.

Alexandre Maxime (1899-1976). Né le 24 janvier 1899 dans l'Alsace annexée, et confronté plus tard au retour de l'Alsace à la France, il a créé une œuvre marquée par le bilinguisme, par le clivage entre la langue maternelle, l'alsacien, et la langue poétique, le français. Sa rencontre avec Aragon et le surréalisme, en 1923, reste déterminante, bien qu'il se soit séparé de Breton dès 1933 *(Mémoires d'un surréaliste*, 1968). Dans ses premiers recueils poétiques, *Les Yeux pour pleurer* (1945) ou *La Peau et les os* (1956), se révèle la singularité d'un surréalisme passé au filtre du romantisme rhénan (influence de la chanson populaire et de Brentano). Breton voyait en lui un type « rhénan et romantique », et Valéry avait baptisé « Virgile du surréalisme » ce poète qui soumet les images à la purification d'une diction claire.

M.F.

Alexis Jacques-Stephen (1922-1961). Né aux Gonaïves, il est l'une des figures importantes de la littérature haïtienne. C'est à Paris, où son père est ambassadeur, qu'il fait ses études secondaires puis supérieures, au moment où se réunit à Paris, en 1956, sous l'égide de Présence africaine, le Premier Congrès des écrivains et artistes du monde noir. Dans la contribution qu'il présente à la Sorbonne, consacrée au réalisme merveilleux des Haïtiens, il se montre déjà soucieux de rattacher la création littéraire de son pays à ses racines populaires. Cet engagement esthétique confirme les choix politiques du jeune écrivain en faveur des thèses soutenues par le parti communiste haïtien, fondé par Jacques Roumain, et auquel il adhère depuis 1938. Rentré au pays en 1957, Alexis affronte alors le régime dictatorial de Duvalier. Sa carrière de militant, ponctuée de plusieurs séjours clandestins à Cuba, en Chine et en URSS, se confond avec celle du romancier, inaugurée par son premier roman, *Compère général Soleil*, qui se rattache, par son style flamboyant, à la veine indigéniste du réalisme merveilleux. Pourtant, fidèle à ses principes de militant, l'auteur dénonce la condition faite aux travailleurs immigrés, contraints pour survivre d'aller travailler en République dominicaine où règne le dictateur Trujillo ; lorsque ce dernier ordonne le massacre des ressortissants haïtiens, Hilarion, le héros, et Claire-Heureuse, sa femme, réussissent de justesse à échapper au pogrom, mais, au passage de la frontière, des chiens policiers mettent en pièces leur bébé, tandis que Hilarion est abattu sous les yeux de sa femme. Outre la peinture du petit peuple des villes et des campagnes, ce roman proclame la foi lyrique de son auteur dans la lutte engagée contre la corruption et l'oppression qui rongent Haïti. Le mélange de réalisme et de merveilleux se retrouve dans les œuvres suivantes : *Les Arbres musiciens* (1957), *L'Espace d'un cillement* (1959), *Le Romancero aux étoiles* (1960), publié à la veille de la mort tragique de Jacques-Stephen Alexis, tombé sous les coups des « tontons-macoutes » en avril 1961.

→ *Europe*, nº 501, janvier 1971. — M. Séonnet, « J.S. Alexis ou le voyage vers la lune de la belle amour humaine », *Pierres hérétiques*, 1983.

J.C.

Alferi Pierre (1963). Né à Paris, le 10 avril 1963, auteur d'un livre sur un philosophe du Moyen Âge, *Guillaume d'Ockham, le singulier* (Éditions de Minuit, 1989), illustrant déjà le pouvoir du langage de signifier la singularité en utilisant des termes généraux, il pose à travers plusieurs livres la question de l'origine et de la référence : origine de la philosophie, de la phrase, de la littérature, pour faire entendre que ce n'est pas par une résolution conclusive que l'on s'approche de la réponse à une question, mais en forçant la question à se reposer, comme pour la première fois, pour l'éternelle première fois. Ainsi son second livre, *Chercher une phrase* (Bourgois, 1991), fait apparaître en sa dernière page, une proposition interrogative : « Mais c'est avant tout dans l'expression des sentiments que réside le lyrisme ? » qui résonnera encore dans *Fmm* (POL, 1994), roman de la rencontre et du non-renoncement. Pierre Alferi a également fait paraître, chez POL, *Les Allures naturelles* (1991), *Le Chemin familier du poisson combatif* (1992), *Sentimentale journée* (1997) et, avec divers collaborateurs, *Champs de silence* (Royaumont, 1992), *Kub Or* (POL, 1994), *Personal Pong* (Villa Saint-Clair, 1997). Il est à l'origine de la création de la revue *Détail*, avec Suzanne Doppelt, et de la *Revue de littérature générale*, avec Olivier Cadiot (POL). Il a traduit John Donne (*Paradoxes et problèmes*, Allia, 1994) et plusieurs poètes américains (dont Lyn Hejinian et Louis Zukofski), ainsi que le livre du Russe Lev Rubinstein, *Le temps passe* (Cahiers de Royaumont, 1993).

C.M. — CIPM

Alibert François-Paul (1873-1953). Né à Carcassonne, il fait des études classiques qui influenceront profondément sa poésie, nourrie de culture gréco-latine. Ses premiers poèmes, au lyrisme sévère, s'inspirent du monde méditerranéen (*L'Arbre qui saigne*, 1907 ; *Le Buisson ardent*, 1912). De retour en France, après avoir combattu en Orient pendant la Première Guerre mondiale, il écrit des œuvres d'une facture classique, très appréciées d'André Gide, avec lequel il correspondit (Gide, *Correspondance avec François-Paul Alibert 1907-1950*, éd. Claude Martin, Presses universitaires de Lyon, 1982) : *Les Odes* (1922), *Les Églogues* (1922), *Les Élégies romaines* (1928), *Le Cantique sur la colline* (1924). Son œuvre, bien qu'essentiellement poétique (*La Prairie aux colchiques*, 1950 ; *La Chanson du saule au platane*, 1951), compte également du théâtre (*Les Amants de Ravenne*, 1929) et de nombreux récits et essais (*Pierre Puget*, 1930 ; *Le Tombeau de Ronsard*, 1929).

F.O.

Allain Marcel (1885-1969). Né à Paris le 15 septembre 1885 dans une famille bourgeoise, il quitte le foyer à vingt ans et rencontre Pierre **Souvestre** (1874-1914), qui lui trouve un emploi de chroniqueur sportif au quotidien *L'Auto*. Après avoir publié à deux des romans-feuilletons à succès, ils sont engagés par l'éditeur Arthème Fayard pour une série de trente-deux volumes, à raison d'un volume par mois, de février 1911 à septembre 1913 : ainsi naît le cycle de *Fantômas*, qui fut rapidement popularisé au cinéma, en particulier par les films de Louis Feuillade. Chaque épisode illustre l'opposition entre Fantômas, d'un côté, qui n'est jamais à court d'ignobles forfaits, et l'inspecteur Juve et le journaliste Fandor, de l'autre, qui voudraient en finir avec le plus grand criminel de tous les temps. Pour satisfaire la demande, Souvestre et Allain utilisent, comme leur héros, les techniques modernes : après s'être entendus sur l'intrigue et s'être partagé les chapitres, ils les enregistrent sur un dictaphone à rouleaux de cire. Après la disparition de Souvestre, Allain reprit seul la série des *Fantômas*, pour onze autres volumes, mais composa en tout, jusqu'à sa mort le 25 août 1969 à Saint-Germain-en-Laye, près de six cents volumes de paralittérature, du policier à la science-fiction, en passant par le roman sentimental.

ŒUVRES. — De Pierre Souvestre et Marcel Allain : *Le Rour*, 1909. — *La Traversée de la Manche en aéroplane, 1875-1909 : de Blanchard à Blériot*, 1909. — *Fantômas*, Fayard, 1911-1913, 32 t., rééd. présentée par Francis Lacassin, Laffont, 1989. — *Fiançailles tragiques*, 1911-1912, 2 t. — *Naz en l'air*, 1912-1913, 15 t. — *Gigolo*, 1913, 2 t. — *Titi le moblot*, 1913-1914, 5 t. — *Le Chevalier Panache*, 1924. — *Darthula*, 1924.

De Marcel Allain : *L'Auto*, 1913. — *L'Amour est maître*, 1915. — *Les Mystères du métro*, 1916. — *Pour son amour*, 1916. — *Fauvette*, 1918. — *Chagrin d'amour*, 1919. — *Fantômas*, 1919-1948, 11 t. — *Femmes de proie*, 1921, 5 t. — *Fred Fatal*, 1921-1922, 6 t. — *Les Parias de l'amour*, 1922, 6 t. — *Midinette et nouvelle riche*, 1923. — *P'tit gars*, 1923. — *Elle était trop jolie*, 1923. — *Quand on cherche l'amour*, 1923. — *Aveugle Amour*, 1924. — *Cœur rouge*, 1924. — *L'Attaque du courrier de Lyon*, 1924. — *Les Cris de la misère humaine*, 1924-1925. — *Paradis d'amour*, 1925. — *La Surprenante Aventure*, 1926. — *L'Amour chemine*, 1928. — *Tigris*, 1928-1949, 26 t. — *L'Heure d'aimer*, 1930. — *Fatala*, 1930-1931, 22 t. — *Miss Teria*, 1931, 12 t. — *Cœur torturé*, 1932. — *Dix heures d'angoisse*, 1932-1933, 12 t. — *Ferôcias*, 1933, 2 t. — *Une femme tragique*, 1934. — *Monsieur Personne*, 1936. — *Les Drames ignorés*, 1937-1938, 6 t. — *Jusqu'à l'honneur*,

1938. — *Sur la piste*, 1938. — *Une... qui l'aima !...*, 1938. — *David Dare*, 1938-1941, 14 t. — *Le Pendu rependu !*, 1939. — *Vedette*, 1939. — *Confession amoureuse de la femme qui devint homme*, 1939. — *Commissaire Boulard*, 1941-1957, 21 t. — *L'Assassin ?... C'est...*, 1942. — *L'Homme qui se rencontra*, 1942. — *Casse-cœur*, 1950, 4 t. — *Les Femmes pièges*, 1963.

→ « Fantômas ? C'est Marcel Allain », *La Tour de feu*, nos 87-88, décembre 1965. — *Europe*, juin-juillet 1978. — Jean-Luc Angot, *Fantômas revient*, Le Côteau, Horvath, 1989. — *Nouvelle Revue des études fantômassiennes* (Éditions Joëlle Losfeld), n° 1, 1993.

W.M.

Althusser Louis (1918-1990). Né en Algérie, d'une famille de petits fonctionnaires, il fait ses études à Marseille, puis à Lyon ; il entre en 1939 à l'École normale supérieure, mais sa scolarité est interrompue par la guerre ; il est fait prisonnier et envoyé dans un camp en Allemagne, où il restera jusqu'en 1945. Après la guerre, il reprend sa scolarité à l'École normale. Il y élabore son œuvre philosophique, une lecture structuraliste du marxisme, et y enseigne jusqu'en novembre 1980, date à laquelle il assassina sa femme, Hélène Legotien. Ce drame est à l'origine de son autobiographie, *L'avenir dure longtemps* (Stock-IMEC, 1992).

Écrit pour rompre le silence imposé par l'absence de procès, ce texte s'ouvre de manière révélatrice sur la scène du meurtre. Rompant « le destin du non-lieu, la pierre tombale du silence », il relate son enfance en Algérie, ses visites à ses grands-parents dans le Morvan, moments de rare bonheur. Évoquant le personnage de sa mère et le roman familial (il prit la place d'un mort, le frère du père, dont il porte le prénom), il tente d'expliquer l'origine de ses dépressions. Sa relation avec Hélène Legotien, ses prises de position au parti communiste, ses lectures de Marx sont au centre d'un texte qui bouleverse parfois l'ordre chronologique pour rôder autour de ce meurtre dans lequel il s'enracine. Il est mort le 22 octobre 1990. La publication posthume de *L'avenir dure longtemps* est accompagnée d'un récit inachevé, *Les Faits,* rédigé en 1976, qui apparaît comme un double burlesque de l'autobiographie tragique. Le *Journal de captivité* (Stock-IMEC, 1992) offre un témoignage sur la personnalité du jeune Althusser et sur l'expérience du Stalag. Fonds Althusser à l'IMEC.

N.P.

Ambrière Francis (1907). Né à Paris le 27 septembre 1907. Après des études de lettres à Dijon, il devient rédacteur aux *Nouvelles littéraires* et succède à Léautaud à la chronique dramatique du *Mercure de France*. Durant la Seconde Guerre, il connaît cinq années de captivité. Il relate cette expérience singulière, humiliante et pourtant fondatrice, dans *Les Grandes Vacances* (1940, prix Goncourt dit « Goncourt des prisonniers », décerné en 1946), rééd. Le Seuil, coll. Points, 1984), puis dans un ouvrage collectif (« Prisonniers », dans *Vie et mort des Français, 1939-1945*, Hachette, 1971). De retour en France, il dirige les *Guides bleus* de 1945 à 1972. Il accomplit par ailleurs une œuvre de romancier (*Le Solitaire de la Cervara*, Attinger, 1946), de journaliste (notamment à l'hebdomadaire *Opéra)* et de critique littéraire (*La Galerie dramatique, le théâtre français depuis la Libération*, Corrêa, 1949 ; *Les Plus Belles Lettres d'Alfred de Vigny*, 1963). Ses travaux historiques le conduisent à s'intéresser à la vie littéraire au XIXe siècle (*Le Siècle des Valmore : Marceline Desbordes-Valmore et les siens*, Le Seuil, 1987, 2 t. ; *Mademoiselle Mars et Marie Dorval au théâtre et dans la vie*, 1992).

C.C.

Amrouche Jean El-Mouhoub (1906-1962). Né en Algérie d'une famille berbère de Kabylie. Ses parents, convertis au christianisme et mal à l'aise parmi leurs proches, se résolvent à l'exil, la misère aidant. La famille Amrouche s'installe à Tunis, où Jean commence de brillantes études secondaires, qu'il poursuit à Paris. Introduit assez tôt dans le milieu littéraire, il écrit des poèmes d'inspiration catholique, personnelle et tragique. Par sa mère et sa grand-mère maternelle, il connaît la littérature orale traditionnelle des berbères de Kabylie, des chants (toute poésie étant chantée), des contes, des proverbes. À l'aide de sa sœur Taos, grâce aux talents et à la mémoire de leur mère Fadhma, il transcrit en français des *Chants berbères de Kabylie*, publiés à Tunis en 1939. Le livre comporte une préface en forme de manifeste. C'est le début de ce qu'on pourrait appeler une renaissance berbère. Pendant la guerre, Jean Amrouche rencontre à Tunis André Gide, grâce auquel il rejoint le général de Gaulle à Alger. Il y fonde en 1944 une revue littéraire, *L'Arche*. En 1945, il s'installe à Paris et réalise des entretiens radiophoniques consacrés à Gide, Claudel, Mauriac, Giono, Ungaretti, Jouhandeau. Au début de la guerre d'Algérie, en 1954, il réclame la reconnaissance de l'identité algérienne dans des articles (publiés dans *Le Monde*, *Témoignage chrétien*, *Afrique-action)*, des meetings, des conférences et rencontre des membres du FLN, dont il est le porte-parole auprès du général de Gaulle. Prêt à jouer un rôle dans le gouvernement d'une Algérie bientôt indépendante, il meurt d'un cancer le 16 avril 1962. Des militants jettent un peu de terre algérienne sur son cercueil.

L'œuvre littéraire de Jean Amrouche n'est pas très abondante. Outre les *Chants berbères de Kabylie* et de nombreux articles, elle comprend deux recueils de poèmes, *Cendres* (1934) et *Étoile secrète* (1937), ainsi qu'un court texte en prose, *Portrait de Jugurtha*, essentiel pour la définition de l'identité berbère. Il est désormais reconnu comme le véritable fondateur de la littérature algérienne francophone parce qu'il symbolise le drame de l'exil et du déchirement, dont sa sœur Taos Amrouche donne une version féminine dans ses romans, et dont leur mère Fadhma Amrouche raconte l'origine dans son récit autobiographique, *Histoire de ma vie*. Kateb Yacine a souligné la place exemplaire de la famille Amrouche aux origines de la littérature algérienne.

D.B.

Amrouche Taos (1913-1976). Née à Tunis dans une famille de Kabyles chrétiens émigrés. Encouragée par son frère Jean Amrouche, elle s'intéresse à la littérature et à la poésie, sans parvenir à s'intégrer dans le milieu universitaire parisien. Elle relate cette tentative malheureuse dans son premier roman, *Jacinthe noire*, écrit dès 1939 et publié après la guerre en 1947 (rééd. J. Losfeld, 1996). Dans son deuxième roman, *Rue des Tambourins* (1960), elle raconte son enfance et son adolescence à Tunis, ainsi que les séjours familiaux en Kabylie. Elle attribue sa difficulté d'être à l'exil et à la conversion qui fait des Amrouche une famille chrétienne en milieu musulman ; cette difficulté se retrouve dans ses relations amoureuses (*L'Amant imaginaire*, 1975). Désireuse de renouer avec la culture berbère, elle a contribué à la publication par son frère Jean des *Chants berbères de Kabylie* à Tunis en 1939, publié elle-même *Le Grain magique* (Maspero, 1966), recueil de contes, poèmes et proverbes berbères recueillis de la bouche de sa mère et traduits, et donné des récitals de chants berbères à partir des années 1950, avec un grand succès ; elle a enregistré de nombreuses émissions radiophoniques, notamment de remarquables entretiens avec Jean Giono. À sa mort, elle a laissé un roman inédit, *Solitude, ma mère* (J. Losfeld, 1995), dont le titre est emprunté à un vers de Milosz.

D.B.

Analis T. Dimitri (1938). Né à Athènes. Son père étant emprisonné pour refus de collaboration pendant la Seconde Guerre et sa mère longtemps malade, c'est une institutrice française qui prend en charge son éducation. Grâce à elle, il apprend le français avant le grec. Il poursuit des études de droit et de sciences politiques à Paris, rencontre Cocteau, fréquente Tzara, Ray, Dali, Pound, traduit Gracq et Bonnefoy. Un doctorat sur les Balkans à Lausanne lui permet d'entrer dans la haute fonction publique ; mais sa carrière est interrompue par la dictature des colonels. Il démissionne en 1970, rentre à Paris, collabore au *Monde* et plus tard aux *Nouvelles littéraires* (1974-1981), fonde la revue *Moments*, siège au Groupement pour les Droits des Minorités et publie de nombreux essais et des ouvrages sur les relations internationales comme spécialiste des relations Nord-Sud (*Les Minorités dans les Balkans*, 1986). Après la chute de la dictature, il est nommé conseiller spécial au ministère des Affaires étrangères de Grèce (1986-1989). Depuis 1992, il collabore au journal suisse *L'Express*. Consultant libre pour des organismes d'État, le poète et le diplomate refuse toujours d'écrire dans sa langue natale, « pour être vraiment libre » selon ses propres termes. Sa poésie (*Le Prince des lys*, 1958 ; *Panoréa*, 1970 ; *La Minuterie du sommeil*, 1971 ; *Voiles pour l'errance*, 1973 ; *Rue des Écouffes*, 1973 ; *Être l'autre*, 1976 ; *En l'absence de preuves le vent témoigna*, 1978 ; *Images populaires*, 1980 ; *La Maison d'errance*, 1980 ; *Tous les jours*, 1981 ; *Lui ici*, 1981 ; *L'Île hantée*, 1984 ; *Terre d'errance*, 1988 ; *Pays exclusif*, 1991 ; *L'Ombre qui bâtit*, 1993 ; *Silencieuse fraternité*, 1996) fait de l'errance la « chance d'un autre regard », obsession qui hante aussi sa prose : *La Grèce hors saison* (1982), *Majestueuses Îles grecques* (1993), ainsi qu'un récit de voyage, *Sana'a-Aden* (1995).

A.Vl.

André Francis (1897-1976). Né dans une famille de petits paysans belges, il quitte l'école à onze ans pour travailler dans la ferme paternelle. Il restera fidèle à son milieu, exploitant toute sa vie ses cinq hectares. Ses *Poèmes paysans* (1928, rééd. sous le titre *Poèmes de la terre et des hommes*, Georges Hoyoux, 1964) sont défendus par Poulaille dans *Nouvel Âge littéraire* et constituent un des meilleurs exemples d'une poésie prolétarienne. Une anthologie de ses textes, *La Gerbe du soir*, a été publiée en 1974. André, qui a signé le Manifeste de l'équipe belge des écrivains prolétariens en 1928, est aussi un romancier. Dans *Les Affamés* (Valois, 1931, rééd, Liège, Éditions « W'Allons-nous ? », 1985), il évoque sa déportation en Allemagne pendant la Première Guerre. Il est l'auteur d'un deuxième roman, *Quatre hommes dans la forêt* (Rieder, 1938) et de nouvelles, *À l'ombre du clocher* (Arlon, 1941).

Ph.B.

Andrevon Jean-Pierre (1937). Né le 19 septembre 1937 à Grenoble, où il vit, ancien professeur de dessin, il est à la fois peintre, chanteur, anthologiste, militant actif du mouvement écologique, journaliste (il collabore entre autres à *Fiction*, à *La Gueule ouverte*, à *Charlie mensuel*, à *Combat non violent)*, nouvelliste et romancier. « Pessimiste actif », ce fils de mai 1968 clame haut et fort ses craintes et ses priorités dans des pamphlets *(La Nécessité écologique*, 1992). L'auteur de fictions reprend sous une autre forme son thème fondamental : la destruction. D'abondants romans et nouvelles d'anticipation mêlent à une grande liberté d'imagination, à quelques motifs récurrents (tels les « paradoxes temporels », qui relativisent passé, présent et futur) une perspective sensiblement didactique : il s'agit moins de peindre les diverses facettes d'un avenir terrifiant que d'en marquer les prémices actuelles et de suggérer l'urgence d'un combat, l'imprévoyance et la cupidité de l'homme imprimant une menace de mort sur l'espèce et sur une terre épuisée, polluée, surpeuplée. Parmi les romans et nouvelles de science-fiction de Jean-Pierre Andrevon : *Les Hommes-Machines contre Gandahar* (Denoël, 1969), *Aujourd'hui, demain et après* (Denoël, 1970), *Le Désert du monde* (Denoël, 1977), *Paysages de mort* (Denoël, 1978), *Dans les décors truqués* (Denoël, 1979), *Neutrons* (Denoël, 1981), *Le Travail du furet* (1983, rééd. Le Livre de Poche, 1990), *Un froid mortel* (Fleuve noir, 1984), *Sukran* (Denoël, 1989, grand prix de la Science-fiction française 1990). À côté de ces textes d'anticipation, Andrevon déploie son obsession de la mort et son art du suspens dans des romans policiers et des fictions d'angoisse : *Cauchemars de sang* (1986), *Comme une odeur de mort* (1989), *Leur tête à couper* (1992), publiés au Fleuve noir.

F.J.

Anglade Jean (1915). Né le 18 mars 1915 à Thiers (Puy-de-Dôme). Après des études à l'École normale de Clermont-Ferrand, il est nommé instituteur, puis professeur de lettres dans l'enseignement technique ; en 1947, il obtient l'agrégation d'italien, langue qu'il enseigne aux lycées de Tunis (1947), de Gap (1948), puis de Clermont-Ferrand (à partir de 1949). Auteur de nombreux ouvrages, il exerce sa plume dans des directions variées : traductions de grands textes italiens (les *Fioretti* de saint François d'Assise, *Le Décaméron* de Boccace, *Le Prince* de Machiavel) ; poèmes *(Chants de guerre et de paix*, 1945) ; essais *(La Vie quotidienne dans le Massif central au XIXe siècle*, 1971 ; *La Vie quotidienne contemporaine en Italie*, 1973 ; *Les Grandes Heures de l'Auvergne*, 1977 ;

L'Auvergne et le Massif central d'hier et de demain, 1981) ; biographies (*Hervé Bazin*, 1962 ; *Sidoine Apollinaire*, 1963). Comme romancier amoureux de sa terre natale, il célèbre longuement l'Auvergne dans des œuvres truculentes, parfois burlesques, parfois acides, le plus souvent souriantes et tendres : *Le Chien du Seigneur* (1952), *Les Mauvais Pauvres* (1954), *L'Immeuble Taub* (1956, prix Populiste), *Le Péché d'écarlate* (1960, prix de l'Académie du Vernet, prix Jean Ciblé), *La Foi et la montagne* (1961, prix des Libraires), *La Garance* (1963), *Une pomme oubliée* (1969, prix Sully-Olivier de Serres), *Le Point de suspension* (1969, prix de l'Humour noir), *Un front de marbre* (1970), *Le Voleur de coloquintes* (1972, un de ses plus grands succès), *Le Tilleul du soir* (1975), *Le Tour du doigt* (1977), *Le Pays oublié* (1982), *Les Bons Dieux* (1984), *La Dame aux ronces* (1989), *Juste avant l'aube* (1990), *Y a pas d'bon Dieu* (1993).

ŒUVRES. — Principalement chez Julliard.

F.J.

Anouilh Jean (1910-1987). Né d'un père tailleur et d'une mère violoniste, le 23 juin 1910 à Bordeaux, il y est élève d'une École primaire supérieure, puis du collège Chaptal et de la faculté de droit. Attaché à une maison de publicité, il est engagé comme secrétaire par Jouvet, qu'il quittera pour incompatibilité d'humeur. Sa fascination pour les milieux théâtraux restera néanmoins intacte. Dès l'adolescence, il se passionne pour Henry Bataille, Shaw et Pirandello, et pour Dullin. En 1928, il découvre Giraudoux, dans la lignée de Marivaux et de Musset, et plus tard Claudel. Après le succès de *L'Hermine* (1932), il se consacre au théâtre. Ses droits d'auteur à la Metro Goldwyn Mayer, à laquelle il a vendu *Y avait un prisonnier*, facilitent son entrée dans la vie. L'échec de la pièce à la scène ne le décourage pas. Il vient de faire la connaissance de Georges Pitoëff, et Barsacq montera *La Sauvage* (1938) avec un succès renouvelé par *Le Bal des voleurs* (1938) dans la tradition de Feydeau. Ainsi s'affirment les qualités de son écriture dramatique. Il se félicite au surplus de voir les artisans du spectacle respecter le texte de l'auteur et l'indépendance de l'art scénique. Le Cocteau des *Mariés de la tour Eiffel* devient un autre de ses inspirateurs.

La présence de l'occupant ne semble pas briser l'élan de ses premières pièces, mais en 1944 *Antigone* est jouée dans une atmosphère ambiguë : Créon ne rappelle-t-il pas Pétain, et Antigone l'obstination d'une résistance implacable ? Anouilh prétend n'avoir pas voulu écrire une pièce politique. La Libération pose à ses yeux le problème de l'épuration et l'intervention du dramaturge en faveur de Brasillach déplaît au pouvoir. Il s'installe alors dans les Alpes. Conservateur, assez proche de l'Action française, il retrouve les contradictions de la droite française. En outre, le paysage dramatique se modifie sous l'influence de l'étranger. Il reste éloigné du théâtre de l'absurde, dont il se moque — mais il apprécie le Ionesco des *Chaises* — et tout autant du Berliner Ensemble et de Brecht. Hostile à tout engagement, il réagit en publiant *Pauvre Bitos* (1956), qui irritera une partie de son public. Très vite, le dramaturge revient à ses thèmes favoris, caricatures de généraux et fresques historiques, qui constitueront le sommet de son art. À l'occasion, il formule des jugements sur la vie, mêlant amertume et dérision, plaisanterie et nostalgie du bonheur.

Dans ses premières pièces, Anouilh éprouve le besoin de révéler ses passions et de s'interroger sur ses sentiments intimes. Aussi bien prendra-t-il une certaine liberté vis-à-vis du classement qu'il adopte pour son théâtre. Les mêmes thèmes reviennent et tournent à l'obsession. La vie est-elle le séjour de la tristesse et de la pauvreté infamante ? Est-il invraisemblable de vouloir vivre et être heureux ? *L'Hermine* fait éclater le cri du jeune homme contre les conditions sociales. Franz découvre l'obstacle du manque d'argent qui ruine ses projets matrimoniaux. Il est l'objet d'une malédiction qui le pousse au crime. *Le Voyageur sans bagage* (1937) est inspiré par l'amnésie qui bouleversa certaines familles après la guerre. On cherche à faire retrouver son passé à un homme désemparé. On accumule les souvenirs, mais Gaston ne reconnaît pas ses rêves et récuse les méfaits qu'on lui impute. Il rejette du même coup l'identité qu'on lui propose au profit d'une famille inconnue. Dans *La Sauvage* (1938), Thérèse est accablée, elle aussi, par les contraintes imposées par sa famille. Fiancée à un compositeur, Florent, elle met en jeu le bonheur de celui-ci par solidarité avec sa classe. Elle appartient à la race de son père et expliquera ses turpitudes cachées. Paradoxalement, ce sera une manière de se rapprocher de son fiancé. À l'acte suivant, la conversation roule sur le travail, celui de la robe de la mariée inachevée, et sur le départ de Thérèse, prête à se « cogner » partout dans le monde car il y aura toujours « un chien perdu qui [l']empêchera d'être heureuse » (fin du IIIe acte). *Eurydice* (1941), sous des dehors modernes, nous renvoie à un mythe connu. Accablée par son passé et son milieu, victime d'un accident, l'héroïne meurt puis revient à la vie grâce à un commis-voyageur, la Mort. L'essentiel pour Orphée est de ne pas chercher à regarder Eurydice de face. Incapable d'observer cette exigence, Orphée laissera disparaître Eurydice mais il la retrouvera quand il acceptera la mort, car « cette pitrerie, ce mélo absurde, c'est la vie ».

Apparemment, *Le Bal des voleurs* (1938), parmi les *Pièces roses*, appartient au théâtre de divertissement. Les voleurs qui sévissent dans les parcs de Vichy sont les victimes de leurs propres pièges. Lady Hurf ne leur épargnera aucune plaisanterie. Pourtant, la mélancolie s'empare d'elle dans cette ville artificielle. Seule sa nièce Juliette, éprise d'un pickpocket, garde une chance de trouver le bonheur. La félicité n'est que le fruit de l'imagination. On le voit bien dans *Léocadia* (1939), où la ravissante Amanda aide la duchesse à ressusciter pour son fils l'artiste disparue, Léocadia Gardi. Le cadre des amours passées reconstitué, Amanda devient la vraie Léocadia vivante. Dans *Le Rendez-vous de Senlis* (1941), Georges loue le service de comédiens pour remplacer des parents disparus. Barbara se retrouvera face à son mari Robert, qui la dégoûte. Isabelle, qui est arrivée, constate la supercherie qui l'attendait. Georges expliquera à Isabelle qu'il espérait une vie de quiétude et de familiarité confiante. La pièce se termine bien, en dépit des petites combinaisons et des « sales complicités » dominées par la philosophie de Robert, mais le *rose* est proche du *noir*.

À la fin de la guerre, Anouilh regroupe les *Nouvelles Pièces noires*. *Jézabel* (1932) reprend des thèmes déjà traités. Jacqueline est inquiète : Marc, qui l'aime, est malheureux. Sa mère boit et son père se plaint d'avoir épousé une virago. Marc avoue finalement qu'il s'est laissé aller au meurtre de son père. La famille offre ainsi la perversité de ses personnages impossibles. Dans *Roméo et Jeannette* (1946), Julia déplore le comportement de ses parents, incapables d'accueillir ni Frédéric, son fiancé, ni sa mère. Frédéric tombe amoureux de Jeannette, la « mauvaise fille ». En cherchant à se rejoindre, les deux amants succombent à leur aventure.

Anouilh multiplie avec succès les pastiches de Molière et de Marivaux dans leurs scènes les plus célèbres. *Ardèle ou la marguerite* (1948) montre un général qui tâche de régenter sa famille. L'honneur bourgeois semble bien compromis quand Ardèle s'obstine à épouser un bossu, alors qu'elle est affligée de la même disgrâce. Le vaudeville enfin retrouve ses fonctions quand le général veut enfoncer la porte d'Ardèle. Le ton dominant de *La Valse des toréadors* (1952) est celui d'une cavalcade amoureuse qui s'empare de la scène. Parmi ses vieux souvenirs, le général Saint-Pé attache une grande importance à sa rencontre avec Mlle de Sainte-Euverte. On se gausse d'un secrétaire benêt et l'on fait du cocuage le sujet de toutes les conversations. Les ingrédients de la farce sont à leur place : le docteur est enfermé dans un placard et la maison tout entière livrée à un vent de folie. Le général ne tardera pas à conclure qu'on va vers un dénouement arrangé. Mlle de Sainte-Euverte épousera le secrétaire que le général reconnaît pour son fils, dans la meilleure tradition du XVIIe siècle. *Ornifle ou le courant d'air* (1955) parodie Molière. Machetu, brasseur d'affaires, épaule son ami, le parolier Ornifle, qui règne sur ses secrétaires. Ornifle joue de son charme, mais demeure un personnage cynique. Souffrant, il recevra la visite du professeur Galopin en tenue moliéresque. L'auscultation sera coupée par des histoires drôles dont Galopin raffole. On retrouve à la fin de la pièce la confession d'Ornifle encore imitée des propos de Tartuffe. Ornifle s'éloigne et Suppo, sa secrétaire, apprend sa mort foudroyante.

À la cavalcade et au pastiche succède le théâtre dans le théâtre, avec les pièces qualifiées de « brillantes » et d'abord *L'Invitation au château* (1957). Dans un cadre rococo 1900, Horace a invité Isabelle et sa mère. Frédéric, son frère, devrait épouser Diana, mais Horace veut briser le destin. Frédéric rencontre Isabelle et en tombe amoureux. Les jeunes filles se battent et refusent leur rôle. Horace épouse Diana et l'intrigue authentique l'emportera sur le théâtre des apparences. Dans *Colombe* (1951), la féerie théâtrale atteint la perfection. Alexandra, dite Madame Chérie, triomphe sur scène en grande dame capricieuse. On parle de tout dans les coulisses, des excentricités d'artistes comme des placements. Les déclarations vraies se heurtent aux passions imaginaires et l'on oppose les larmes de la vie aux pleurs de théâtre. La jalousie est le moteur, et la répétition un moment fort de la représentation que l'on retrouvera dans la pièce suivante, *La Répétition ou l'amour puni* (1950). Enfin, tous les moyens de mise en scène sont mis à profit, même grossiers comme la botte au derrière, pour le plaisir du spectateur. Dans *La Répétition*, le comte veut jouer une comédie de Marivaux avec le concours de Sylvia, qui lui plaît. Il déclare qu'« il n'a d'autre ambition que de faire de sa vie une fête réussie » (acte I). Une nouvelle fois, en 1954, Anouilh revient à Molière avec *Cécile ou l'école des pères*, comme pour donner un dernier exemple de ses procédés favoris.

Si *Antigone* est classée dans les pièces politiques et oppose la pureté de l'héroïne aux combinaisons de Créon, avec *Pauvre Bitos* (1956), qui passe pour une provocation et déclenche une violente polémique, Anouilh recourt à une autre forme de réplique à ses adversaires. Bitos devient le personnage essentiel d'un dîner de têtes. Le petit boursier, nommé substitut du procureur de la République, est l'objet d'une mise en cause réelle et féroce plutôt que d'une plaisanterie attendue. Le masque de Robespierre permet de glisser d'une époque à l'autre. Du même coup, la reconstitution historique conduit au procès de l'orgueil. *L'Hurluberlu ou le réactionnaire amoureux* (1956), triomphe de l'extravagance, prendra place dans les textes polémiques teintés de bouffonnerie. Le général grognon peste contre tout malgré les réticences du docteur, inquiet de voir son ami insensible au fil de l'Histoire. En face d'eux se dressent le Paris à la mode et les folies de la dramaturgie moderne. On va de l'angoisse à la tristesse pour aboutir au constat de l'homme inchangé, plus près d'une pièce de mœurs que de la reprise d'un pamphlet politique. *L'Hurluberlu* sera rattaché aux *Pièces grinçantes*, mais auparavant Anouilh avait publié *L'Alouette* (pièce écrite en 1952), puis *Becket ou l'honneur de Dieu* (1960) et *La Foire d'empoigne* (1962), pièces rassemblées dans la série des *Pièces costumées*. Les pièces historiques, ou plutôt imprégnées de philosophie de l'Histoire, constituent une des meilleures réussites du dramaturge. *L'Alouette* est l'histoire de Jeanne d'Arc. Le thème de la jeune fille obstinée revient, après *Antigone*, avec des allusions aux « collaborateurs » de l'époque. *Becket* raconte le martyre d'un Saxon, ami du roi d'Angleterre Henri II, dont Augustin Thierry a raconté l'étrange aventure. Nommé chancelier, il sert d'abord les intérêts de son souverain, mais pour son malheur, Henri II le nomme au poste devenu vacant d'archevêque de Canterbury. Homme léger, Becket découvre alors l'importance du rôle qui fixe le devoir de chacun. Il sera désormais le défenseur de l'Église, même contre son ami le roi. *La Foire d'empoigne* repose sur des bases authentiques. L'histoire des Cent-Jours impose des changements de personnel. Louis XVIII, en avalisant les décisions révolutionnaires et en défendant le pont d'Iéna, sert les intérêts de la France malgré ses fidèles. Quant au jeune d'Anouville attaché à Napoléon, il s'enferme dans une mission sans objet.

Anouilh rassemblera ses derniers textes en trois volumes : *Pièces baroques*, *Pièces secrètes* et *Pièces farceuses*. Le thème central des *Pièces baroques* est le théâtre *(Cher Antoine*, 1969 ; *Ne réveillez pas Madame*, 1970), celui des *Pièces secrètes* rapproche l'histoire de Barnett *(L'Arrestation)* des personnages d'une vie, de souvenirs antiques comme *Tu étais si gentil quand tu étais petit*. Enfin, les *Pièces farceuses* s'efforcent d'harmoniser métier et existence *(Chers Zoiseaux*, 1976 ; *La Culotte*, 1978 ; *Le Nombril*, 1981). Jean Anouilh est mort à Lausanne, le 3 octobre 1987, sans avoir jamais interrompu la création théâtrale.

ŒUVRES. — Publiées à La Table ronde. Anouilh a lui-même classé ses pièces en *Pièces noires, Pièces roses, Nouvelles Pièces noires, Pièces brillantes, Pièces grinçantes, Pièces costumées, Nouvelles Pièces grinçantes, Pièces baroques, Pièces secrètes* et *Pièces farceuses*. — *L'Hermine*, pièce noire, 1932. — *Mandarine*, 1933. — *Y avait un prisonnier*, 1935. — *Le Voyageur sans bagage*, pièce noire, 1937. — *Le Bal des voleurs*, pièce rose, 1938. — *La Sauvage*, pièce noire, 1938. — *Léocadia*, pièce rose, 1939. — *Le Rendez-vous de Senlis*, pièce rose, 1941. — *Eurydice*, pièce noire, 1944. — *Antigone*, pièce noire, 1944. — *Jézabel*, pièce noire, 1946. — *Roméo et Jeannette*, pièce noire, 1946. — *L'Invitation au château*, pièce brillante, 1947. — *Ardèle ou la marguerite*, pièce grinçante, 1952. — *La Répétition ou l'amour puni*, pièce brillante, 1950. — *Colombe*, pièce brillante, 1951. — *La Valse des toréadors*, pièce grinçante, 1952. — *Médée*, pièce noire, 1953. — *L'Alouette*, pièce costumée, 1953. — *Cécile ou l'école des pères*, pièce brillante, 1954. — *Ornifle ou le courant d'air*, pièce grinçante, 1955. — *Pauvre Bitos ou le dîner de têtes*, pièce grinçante, 1956. — *L'Hurluberlu ou le réactionnaire amoureux*, pièce grinçante, 1959. — *Becket ou l'honneur de Dieu*, pièce costumée, 1959. — *Humulus le muet*, pièce rose (écrite en 1930), 1960. — *La Foire d'empoigne*, pièce costumée, 1960. — *La Grotte*, pièce grinçante, 1961. — *L'Orchestre*, 1962. — *Ne réveillez pas Madame*, pièce baroque, 1965. — *Le boulanger, la boulangère et le petit mitron*, pièce grinçante, 1968. — *Cher Antoine ou l'amour raté*, pièce baroque, 1969. — *Les Poissons rouges*, pièce grinçante, 1970. — *Le Directeur de l'Opéra*, pièce baroque, 1972. — *Tu étais si gentil quand tu étais petit*, pièce secrète, 1972. — *Monsieur Barnett*, suivi de *L'Orchestre*, 1975. — *L'Arrestation*, pièce secrète, 1975. — *Le Scénario*, pièce secrète, 1976. — *Chers Zoiseaux*, 1977. — *La Culotte*, 1978. — *La Belle Vie*, 1980. — *Le Nombril*, 1981. — *Œdipe ou le roi boiteux*, 1986. — *Thomas More ou l'homme libre*, 1987. — **Textes sur le théâtre** : *La Petite Molière* (en collaboration avec Roland Laudenbach), *L'Avant-scène-Fémina-théâtre*, n° 210, 15 décembre 1959. — *Le Songe du critique* (pièce en un acte), *L'Avant-scène-théâtre*, n° 243, 15 mai 1961. — *Épisodes de la vie d'un auteur*, *Cahiers Renaud-Barrault*, mai 1969. — En outre : *Fables*, La Table ronde, 1967 et 1973. — *La Vicomtesse d'Éristal n'a pas reçu son balai mécanique : souvenirs d'un jeune homme*, La Table ronde, 1987.

→ Pierre-Henri Simon, *Théâtre et destin*, Armand Colin, 1962. — Pol Vandromme, *Jean Anouilh : un auteur et ses personnages*, La Table ronde, 1965. — Paul Ginestier, *Anouilh*, Seghers, 2ᵉ éd., 1974. — Jacques Vier, *Le Théâtre d'Anouilh*, SEDES, 1976. — Élie de Comminges, *Anouilh : littérature et politique*, Nizet, 1977. — Bernard Beugnot, *Les Critiques de notre temps et Anouilh*, Garnier, 1979.

P.V.

Antée. Revue littéraire belge fondée par Christian Beck et Henry Vandeputte (auxquels devaient se joindre Louis Piérard et Isi Collin) le 1er juin 1905. Éclectique et ouverte sur la France, elle se pose en continuatrice du symbolisme, tout en prônant la réconciliation de l'art et de la vie. Elle eut parmi ses collaborateurs Gide, Claudel, Anna de Noailles, Jean Moréas, Remy de Gourmont, Henri de Régnier, Francis Carco et, du côté belge, Van Lerberghe, Verhaeren, Albert Mockel, Franz Hellens. Elle cesse de paraître en janvier 1908, fusionnant en mars de la même année avec *La Phalange*. Sa formule et son esprit d'ouverture seront maintenus par Gide et Ruyters lors de la fondation de *La Nouvelle Revue française* en 1909.

→ Reprint, Genève, Slatkine, 1971.

O.Bi.

Antelme Robert (1917-1990). Né à Sartène, en Corse, le 5 janvier 1917, il fait des études de droit, puis épouse Marguerite Duras, à la veille de la mobilisation, en 1939. Il adhère en 1943 au Mouvement national des prisonniers de guerre et déportés, que dirige François Mitterrand. Arrêté par la Gestapo au printemps 1944, déporté à Buchenwald, puis évacué sur Dachau, il y est retrouvé, atteint du typhus, par François Mitterrand, qui organise son évacuation en dépit de la quarantaine qui isole le camp (voir *La Douleur*, de Marguerite Duras). Il adhère en 1946 au parti communiste, jusqu'à son exclusion, en 1950. Il signe, en 1960, la Déclaration sur le droit à l'insoumission dans la guerre d'Algérie. Il meurt à Paris le 26 octobre 1990.

Robert Antelme est l'auteur d'un seul livre, *L'Espèce humaine*, « effort de mémoire » pour rendre compte de l'« inimaginable » par l'« imagination », en relatant la vie d'un kommando *(Gandersheim)* du camp de concentration de Buchenwald, du 1er octobre 1944 au 30 avril 1945. L'horreur n'y est pas « gigantesque », et ne contredit pas le besoin de voir clair. Pas un fait, pas une anecdote qui ne soit exemplaire de la revendication « forcenée », contre la loi SS, d'appartenance à l'« espèce humaine », avec pour conséquence, à la lumière de cette expérience extrême du rapport maître-esclave, la découverte qu'« il n'y a pas de différence de nature entre le régime "normal" de l'exploitation de l'homme et celui des camps » (« Pauvre, prolétaire, déporté », *Jeunesse de l'Église*, 1948). Les faits s'imposent ici — au contraire de ce qui se passe dans la littérature de pur témoignage — dans leur réalité « presque mythologique », qui « donne au moment évoqué toutes ses chances de surréalité », mais « dans la conscience et dans la durée de l'existence là-bas » (« Témoignage du camp et poésie », *Le Patriote résistant*, 1948). Le livre, qui a trouvé en Georges Perec et Maurice Blanchot des lecteurs attentifs, est l'équivalent, pour la France, de *Se questo è un uomo*, de Primo Levi (Turin, Einaudi, 1958 ; trad. franç. Julliard, 1987) et des « récits » de Chalamov.

ŒUVRES. — *L'Espèce humaine*, Éditions de la Cité universelle, 1947, rééd. corrigée, Gallimard, 1957, rééd. coll. Tel, 1978. — « Témoignage du camp et poésie », *Le Patriote résistant*, 15 mai 1948. — « Pauvre, prolétaire, déporté », *Jeunesse de l'Église*, numéro spécial *Le Temps du pauvre*, nº 9, septembre 1948. — « Les principes à l'épreuve », *Le Quatorze Juillet*, nº 1, 14 juillet 1968. — « Sur *L'Écriture du désastre* de Maurice Blanchot », *La Quinzaine littéraire*, 1er-15 février 1981. — *Textes inédits. Sur « L'Espèce humaine » : essais et témoignages*, Gallimard, 1996.

→ Georges Perec, « Robert Antelme ou la vérité de la littérature », *Partisans*, nº 8, janvier-février 1963. — Maurice Blanchot, « *L'Espèce humaine* », dans *L'Entretien infini*, Gallimard, 1969. — « Guerre et littérature », dans *L'Amitié*, Gallimard, 1971. — Marguerite Duras, *La Douleur*, POL, 1985. — Dionys Mascolo, *Autour d'un effort de mémoire : sur une lettre de Robert Antelme*, Maurice Nadeau, 1987. — Alain Parau, *Écrire les camps*, Belin, 1995.

B.L.

Antilles-Guyane *(littérature des).* Longtemps la littérature antillaise n'a été qu'un appendice régionaliste de la littérature française. La plupart des textes publiés avant 1945 vantent la beauté alanguie des « Îles » érigées en paradis exotiques. Une exception toutefois à ce tableau, les œuvres poétiques de Saint-John Perse, *Images à Crusoë, Éloges, Pour fêter une enfance,* dont on a pu montrer qu'elles s'enracinaient dans l'univers créole de l'enfance du poète. Il faut attendre 1932 et la publication de l'éphémère revue *Légitime Défense,* rédigée par René Ménil, Jules-Marcel Monnerot et Étienne Lero, pour que soit dénoncé le caractère artificiel d'une littérature de décalcomanie, dont les modèles sont à rechercher du côté des symbolistes ou des parnassiens : « On est poète aux Antilles, écrit Étienne Lero, comme l'on est bedeau ou fossoyeur, en ayant une situation à côté. L'Antillais bourré à craquer de morale blanche, de préjugés blancs, étale dans ses plaquettes l'image boursouflée de lui-même. D'être un bon décalque d'homme pâle lui tient lieu de raison sociale aussi bien que de raison poétique. » Les auteurs de ce sévère réquisitoire, qui vise d'abord la bourgeoisie de couleur, proclament leur adhésion sans réserve au marxisme, au surréalisme et à la psychanalyse, comme seuls moyens de libérer l'écrivain de son aliénation et de lui permettre de créer des œuvres authentiques. *Légitime Défense* n'ayant connu qu'une seule livraison, ce sont les promoteurs de *L'Étudiant noir,* la revue des étudiants martiniquais de Paris, qui reprennent le flambeau de la contestation en marquant encore leurs distances avec l'Europe. C'est là que Césaire publie son premier texte, « Nègreries, jeunesse noire et assimilation », et pose la question décisive : « Que veut la jeunesse noire ? Vivre. Mais pour vivre vraiment, il faut rester soi. Les jeunes nègres d'aujourd'hui ne veulent ni asservissement, ni "assimilation". Ils veulent l'émancipation. »

Avec *L'Étudiant noir,* la Négritude est née, et si le mot n'apparaît pour la première fois qu'en 1939, sous la plume de Césaire, le mouvement est amorcé qui va conduire un certain nombre d'intellectuels antillais à se tourner vers l'Afrique-mère. Déjà, en 1937, Léon-Gontran Damas, dans *Pigments,* son premier recueil poétique, exprimait à la fois le désespoir de l'assimilé et une nostalgie, teintée d'amertume, de l'Afrique perdue. On en retrouve l'écho quelques années plus tard dans *Poèmes nègres sur des airs africains.* De son côté la revue *Tropiques,* lancée par Aimé et Suzanne Césaire à leur retour en Martinique, exprime avec vigueur le rejet du « doudouisme » et de la « littérature de hamac », et l'adhésion aux idées de l'ethnologue allemand Leo Frobenius, auteur d'une *Histoire de la civilisation africaine* qui a été le sésame de la connaissance du continent perdu. Le mythe du retour à l'Afrique inspirera également l'engagement existentiel de la romancière guadeloupéenne Maryse Condé qui, fascinée par le personnage charismatique de Sékou Touré, verra rapidement disparaître ses illusions au contact de la réalité guinéenne des années soixante.

Le mouvement de la Négritude, popularisé par Césaire, est loin d'avoir entraîné l'adhésion de la totalité des écrivains de la diaspora. Les réserves sont patentes chez Raphaël Tardon, Michèle Lacrosil, collaboratrice de la *Revue guadeloupéenne,* un moment tentée par un régionalisme de bon aloi, ou encore chez Édouard Glissant. Elles se changent en franche hostilité sous la plume de Franz Fanon, de Paul Niger ou de Daniel Boukman. Ainsi, dans *Le Sel noir,* Glissant, fondateur du concept d'« antillanité », tient à distance le mythe de l'Afrique édénique : « une autre terre déjà m'appelle. C'est l'Afrique, et ce ne l'est pas », tandis que Daniel Boukman, dénonçant la dérive politique des fondateurs de la Négritude, écrit des *Chants pour hâter la mort du temps des Orphées.* Fanon avait prophétisé dès 1960 la fin du mouvement, lorsque, à quelques mois de sa mort, il invitait dans *Les Damnés de la terre* à se méfier du « rythme, de l'amitié terre-mère, ce mariage mystique [...] du groupe et du cosmos », et concluait à l'échec de la Négritude comme antithèse au colonialisme. Pour reprendre le titre d'un essai du Haïtien René Depestre, le temps semble donc venu de dire *Bonjour et adieu à la Négritude,* ce dont paraissent s'aviser des romanciers comme Vincent Placoly ou Xavier Orville, l'un et l'autre attentifs à la parlure créole et visiblement plus fascinés par leur environnement amérindien et par le sentiment de fraternité et de solidarité régionale qui en découle, que par une Afrique à plus d'un titre déconcertante.

La volonté d'habiter la langue française de manière créole, et libre de toute allégeance étrangère, fût-elle nègre, n'est pas nouvelle puisqu'elle s'exprime aussi bien dans les premières œuvres de Joseph Zobel, qui a toujours gardé un contact direct avec le petit peuple de la Martinique, que dans le célèbre *Agénor Cacoul* de Georges Mauvois. Non sans qu'un gage d'exotisme soit concédé à la fringale de pittoresque de la métropole, ce recentrage sur le créole et la tradition populaire nourrit l'œuvre des romanciers contemporains, notamment Patrick Chamoiseau et Raphaël Confiant, et dans une moindre mesure Maryse Condé et Daniel Maximin. Dans l'*Éloge de la créolité,* signé également par Jean Bernabé, le projet s'ébauche d'une littérature de la créolité encore à naître, riche de tous les apports de l'Europe, de l'Afrique et de l'Asie, et qu'« il faut aborder comme *une question à vivre* ». La recherche d'une identité, hautement problématique, reste le trait commun à de nombreux écrivains antillais contemporains, confrontés quotidiennement à une société en voie de « zombification ». Tous gardent en mémoire le souvenir des émeutes de 1967 en Guadeloupe, origine du mouvement indépendantiste, ou du massacre de l'Habitation Chalvet en 1974, et tous vivent au jour le jour le traumatisme causé par une société fondée sur un système de non-production et de surconsommation qui, outre une situation de dépendance économique, génère un malaise social et culturel. Ce sentiment d'appartenir à une société bloquée, une société « krazé » comme on dit en créole, inspire ainsi de façon permanente l'œuvre fondatrice d'Édouard Glissant qui, déjà dans *Le Discours antillais,* dénonçait « un peuple qui s'effrite sous le soleil », tandis que la romancière Jeanne Hyvrard, dans ses deux romans, *Les Prunes de Cythère* (Minuit, 1975) et *Mère la mort* (Minuit, 1976), donne libre cours à un pessimisme sans appel.

→ E. Yoyo, *Saint-John Perse et le conteur,* Bordas, 1971. — J. Corzani, *La Littérature des*

Antilles-Guyane françaises, Désormeaux, 1978. — E. Glissant, *Le Discours antillais,* Gallimard, 1981. — J. Bernabé, P. Chamoiseau, R. Confiant, *Éloge de la créolité,* Gallimard, 1989. — P. Chamoiseau, R. Confiant, *Lettres créoles,* Hatier, 1991. — R. Antoine, *La Littérature franco-antillaise,* Karthala, 1992, rééd. 1995. — *Société et littérature antillaises d'aujourd'hui,* Colloque de Perpignan, novembre 1994, Presses universitaires de Perpignan, 1997.

J.C.

Apollinaire Guillaume (1880-1918), pseudonyme de Wilhelm Apollinaris de Kostrowitsky. Né à Rome le 26 août 1880, il porte le nom de sa mère, issue de l'aristocratie polonaise. Le père présumé serait Francesco Fluigi d'Aspermont, camérier du pape. Angélique ne reconnaît son fils qu'à son baptême, le 29 septembre 1880. Le secret de cette naissance, dont on ignore s'il lui a jamais été dévoilé, pèsera sur la vie d'Apollinaire, qui saura transformer en vertu créatrice l'incertitude qui l'habite. Wilhelm — c'est ainsi que l'appellent ses proches — passe les six premières années de sa vie en Italie, présente dans son œuvre par ses images, sa culture et une certaine connaissance de la langue. Angélique, en quête d'argent et d'aventures, s'installe dans la principauté de Monaco en 1887, avec ses deux enfants, un second fils, Albert, étant né dans l'intervalle, également de père inconnu. Interne au collège Saint-Charles jusqu'à sa fermeture en 1895, Guillaume y fait de bonnes études et montre un penchant pour les matières littéraires et artistiques ; il participe avec ferveur à la vie religieuse de l'établissement. Sa scolarité se poursuit à Saint-Stanislas de Cannes, puis au lycée de Nice. Ayant échoué en juillet 1897 à l'oral du baccalauréat, il ne se représente pas en septembre. Il lit beaucoup, écrit et dessine, se passionne pour les intellectuels anarchistes et manifeste des sentiments dreyfusards et anarchisants dont plusieurs écrits de jeunesse (poèmes et carnets) portent la trace. Il sait déjà qu'il sera écrivain et propose vainement ses premières offres de service comme journaliste. En avril 1899, Mme de Kostrowitsky s'installe à Paris avec ses fils et son ami, Jules Weil, de onze ans plus jeune qu'elle, qui restera son compagnon jusqu'à sa mort en 1919. De juillet à septembre 1899, tandis que leur mère vit à Spa, où elle cherche à se refaire une fortune, Wilhelm et Albert ont pris pension à Stavelot, petite ville des Ardennes belges. Wilhelm s'éprend de Mareye Dubois, la fille d'un cafetier, qui lui inspire plusieurs poèmes, et d'une région qu'il découvre avec émerveillement au cours de longues promenades à pied avec son frère. Les Fagnes et l'Herzogenwald, le parler et le folklore wallons vont nourrir poèmes et nouvelles. À Stavelot encore, il élabore la première version de *L'Enchanteur pourrissant* (1909). À tous égards, ce séjour, relativement bref, constitue un moment capital dans son itinéraire sentimental et poétique.

Revenu à Paris au début d'octobre, il suit des cours de sténographie, travaille dans diverses officines financières, sert de « nègre » au feuilletoniste Henri Desnar pour son roman *Que faire ?*, fréquente la bibliothèque Mazarine. Par l'entremise de son ami René Nicosia, employé de banque comme lui, il est engagé comme précepteur de la fille de la vicomtesse Elinor de Milhau, née Hölterhoff, qu'il accompagne pour un an, à partir d'août 1901, dans ses propriétés de Rhénanie. Très vite, il tombe amoureux de la jeune gouvernante anglaise, Annie Playden, dont les sentiments resteront contrastés au long d'une aventure prolongée jusqu'en 1904 : *La Chanson du mal-aimé*, née de cette passion brisée, ne paraîtra dans *Le Mercure de France* qu'en 1909.

Le pseudonyme de « Guillaume Apollinaire » apparaît pour la première fois dans l'hebdomadaire satirique montmartrois *Tabarin*, auquel il collabore régulièrement jusqu'en 1902. Variant les pseudonymes, il y donne des reportages germanophobes, des articles politiques et polémiques, des poèmes. De février à mai 1902, libéré de sa charge de précepteur, il fait un voyage en Allemagne, en Autriche-Hongrie, jusqu'à Prague. Le souvenir de ce voyage nourrira plusieurs nouvelles de *L'Hérésiarque et Cie*.

Désespéré de n'avoir pu conquérir Annie, Apollinaire rentre à Paris en octobre. Il occupe un modeste emploi bancaire pour étoffer les maigres revenus tirés de ses collaborations à divers périodiques : à la très ouverte *Revue blanche*, où il donne des nouvelles, à *L'Européen*,

« courrier international hebdomadaire », où il multiplie chroniques diverses, notes d'information et échos — forme journalistique de prédilection —, à *La Grande France*, ouverte aux questions européennes et coloniales. Aux soirées organisées par la revue *La Plume*, qui accueillera bientôt sa poésie, il rencontre Jarry, Salmon et, fort de quelques autres amitiés, il fonde en novembre 1903 sa première revue, *Le Festin d'Ésope*, qui survivra jusqu'au neuvième numéro d'août 1904. *La Revue immoraliste*, créée l'année suivante, aura une existence plus brève encore, devenant *Les Lettres modernes*, dès son second et dernier numéro. Bientôt, il se lie d'amitié avec Max Jacob et rencontre grâce à lui Picasso, dont il suivra le trajet esthétique avec une attention fascinée. Il sera l'un des premiers à parler de lui dans la presse et, au plus fort de la « bataille » cubiste, à prendre sa défense. Le vide affectif dans lequel il se trouve alors coïncide avec une période de stérilité qui ne s'achève qu'en mai 1907, lorsqu'il rencontre Marie Laurencin. Il vient de quitter le domicile maternel au Vésinet pour s'installer à Paris dans un petit appartement. Il multiplie les collaborations occasionnelles aux journaux et ne trouve un travail régulier qu'à partir de mars 1908 à *La Phalange*, où il tient la chronique des romans jusqu'en avril 1909. En mars encore, il prononce au Salon des Indépendants une conférence sur *La Phalange nouvelle* (1909), où il évoque avec sympathie la nouvelle génération poétique.

Illustré par André Derain, *L'Enchanteur pourrissant*, son premier livre tiré à cent exemplaires et imprimé pour Henry Kahnweiler par Paul Birault, paraît en novembre 1909. Apollinaire reprend la légende de Merlin, victime du piège de la fée Viviane qui a fait entrer l'enchanteur dans un cercueil où repose désormais son cadavre tandis que son âme continue à vivre. Dans ce livre complexe apparaissent déjà les germes de l'œuvre future et se trouve posée, dans le foisonnement baroque d'une dramaturgie où circulent animaux fabuleux, personnages empruntés à diverses mythologies, monstres hérités du Moyen-Âge, la question désespérée de l'amour, qui ne cessera d'habiter Apollinaire. Le livre fascine par la puissance de ses images, qualifiées parfois de présurréalistes, qui s'épanouissent dans le chapitre final, « Onirocritique », où le poète affirme sa certitude d'une victoire définitive de la poésie sur le temps et la mort.

L'année 1910 marque un tournant. Plusieurs collaborations régulières font de lui désormais un journaliste à part entière : échotier à *Paris-Journal*, chargé de la critique d'art à *L'Intransigeant*, il tient au même moment, sous le pseudonyme de Polyglotte, la « Revue des revues » dans *La Démocratie sociale*, hebdomadaire radical-socialiste. Il collabore régulièrement à la « Bibliothèque des curieux », éditant une trentaine d'anthologies de textes libertins. Il avait projeté de réunir ses notices dans un livre, finalement publié après sa mort *(Les Diables amoureux*, 1964). Présentant l'Arétin, Sade ou Nerciat, Apollinaire montre, en même temps qu'une érudition souriante, un vrai talent de découvreur dans cette littérature. Son penchant pour l'érotisme se manifeste aussi dans les deux romans publiés sous le manteau, *Les Onze Mille Verges* (1907) et *Les Exploits d'un jeune Don Juan* (1911), devenus des classiques du genre.

À l'automne 1910, appuyé par Élémir Bourges, *L'Hérésiarque et Cie* figure dans la course au Goncourt et consacre Apollinaire aux yeux du grand public. Le livre rassemble vingt-trois nouvelles déjà publiées pour la plupart dans des périodiques. Personnages pittoresques, érudition, imagination fantastique caractérisent cette œuvre à laquelle la presse fit un accueil assez favorable. Les chroniqueurs soulignent le caractère hétéroclite de l'ensemble, que le titre feint d'accréditer. Mais l'unité de l'ouvrage se décèle dans ce jeu du vrai et du faux, déjà présent dans *L'Enchanteur pourrissant* et sensible par la suite dans *Le Poète assassiné* (1916) et dans *La Femme assise* (posth., 1920).

En 1911 paraît, orné de bois de Dufy, *Le Bestiaire ou Cortège d'Orphée*. Sous le couvert d'un genre traditionnel, se révèlent le mal d'aimer et la souffrance du poète, tempérés par la tendresse et par l'humour. Tiré à cent vingt exemplaires pour bibliophiles, le livre passa presque inaperçu contrairement à la première livraison de « La Vie anecdotique » dans *Le Mercure de France*, nouvelle rubrique créée par lui et qu'il tiendra du 1er avril 1911 jusqu'à sa mort. Il y invente une formule originale proche de l'écho et de la nouvelle à la main, mais chargée d'une poésie de la vie saisie dans son instantanéité : individus hors du commun, petits faits quotidiens, prospectus publicitaires trouvés par hasard, rencontres fortuites dans la rue ou dans les livres, alimentent cette rubrique où Apollinaire montre une grande souplesse d'écriture et affirme, mieux que nulle part ailleurs dans le journalisme, sa liberté de poète.

Alors même que tout semble lui sourire, s'ouvre pour le poète la période la plus sombre de son existence. En août 1911, Géry Pieret, un Belge instable et fantasque qui lui servit un temps de secrétaire, dérobe au Louvre une petite sculpture ibérique (ou phénicienne) qu'il cache chez Apollinaire tandis que le vol de la *Joconde*, le 21 août, fait la une de la presse. Apollinaire s'affole quand il découvre la provenance de l'objet et le restitue par l'intermédiaire de *Paris-Journal*. Inculpé de recel le 7 septembre, il est incarcéré à la Santé. Soutenu par une pétition, il est libéré cinq jours plus tard après avoir été mis hors de cause, mais l'affaire laissera des blessures mal cicatrisées, au souvenir notamment des attaques xénophobes dont il fut alors victime. Dans le même temps, ses relations avec Marie Laurencin se dégradent et la rupture, qui a lieu en juin 1912, le laisse profondément désemparé.

Au cours d'un séjour dans le Jura, en octobre 1912, il lit à Gabrielle Buffet, Picabia et Marcel Duchamp, *Zone*, le poème qu'il placera en tête d'*Alcools* (1913). Il entend ainsi fonder la modernité de son livre, que signalent aussi la suppression de toute ponctuation sur les dernières épreuves en novembre 1912, le changement du titre prévu, *Eau de vie*, en *Alcools* et la présence du portrait cubiste de l'auteur par Picasso en frontispice. *Alcools*, qui recueille des poèmes écrits entre 1898 et 1913, porte la marque d'une gestation longue et complexe. Un premier projet annoncé dès 1904 devait réunir les poèmes rhénans sous le titre *Le Vent du Rhin* ; en 1905, un autre projet joignait à cet ensemble *La Chanson du mal-aimé*, elle-même devenue *Le Roman du mal-aimé* en 1908. Plusieurs influences se laissent déceler dans ce livre : classicisme de Moréas, unanimisme de Jules Romains, modernisme. Le symbolisme, dont Apollinaire essaie très tôt de se dégager, imprègne les poèmes les plus anciens : *L'Ermite*, *Le Larron*, *Merlin et la vieille femme*. Mais la force d'*Alcools* est de faire entendre un son de voix unique en dépit de sa genèse et de sa composition. Y voisinent poèmes de jeunesse (ou pièces résultant d'un travail de réduction, de collage ou de montage de poèmes anciens) et poèmes inspirés d'événements récents. Apollinaire recourt aux techniques les plus variées : des poèmes strophés en alexandrins ou en quintils d'octosyllabes aux poèmes en vers libres de la suite des *Fiançailles*, en passant par la prose déguisée en poème de *La Maison des morts*. Le poète fut accusé de mystification et sa poésie, qualifiée de bizarre, érudite, disparate. Georges Duhamel, dans *Le Mercure de France* (juin 1913), résume ces critiques en une formule assassine : une « boutique de brocanteur ». Peu de lecteurs ont alors compris que ce livre allait orienter la poésie à venir.

L'année 1913 est déterminante pour Apollinaire. Il s'installe début janvier dans un appartement du 202 boulevard Saint-Germain, où il s'éteindra cinq ans plus tard, et il publie en mars *Les Peintres cubistes, Méditations esthétiques* (Figuière, 1913), où se trouvent réunies plusieurs de ses chroniques d'art. Inversant le titre et le sous-titre prévus par l'auteur, l'éditeur souligne l'actualité de cet ouvrage de réflexion sur la peinture nouvelle, non seulement les cubistes, mais le Douanier Rousseau et Marie Laurencin. Dépassant l'objectif critique qui avait été celui de la chronique d'art, le livre apparaît comme un véritable « poème sur la peinture ». La même année, Apollinaire écrit un manifeste, *L'Anti-tradition futuriste*, synthèse diversement accueillie : adhésion enthousiaste au futurisme pour les uns, mise à mort burlesque pour les autres, cette œuvre en forme de tract accumule provocations gratuites et louanges excessives sans toujours se référer aux thèses de Marinetti. Avec le peintre Serge Férat, il prend la direction des *Soirées de Paris*, revue fondée en 1912 par ses amis Billy, Salmon, Tudesq et Dalize, qui, sous son impulsion, s'ouvre plus largement désormais à l'art moderne. Une chronique cinématographique y apparaît, des reproductions d'œuvres de Picabia, Braque, Matisse, Archipenko l'enrichissent, et Apollinaire lui-même y publie ses premiers « idéogrammes lyriques », qu'il baptisera bientôt « calligrammes ».

À l'annonce de la mobilisation, Apollinaire revient précipitamment de Deauville où il effectuait pour *Comœdia* un reportage anecdotique que le dessinateur André Rouveyre devait illustrer. Dès lors et pendant toute la durée de la guerre, sa conduite sera dictée par le souci de se faire reconnaître comme Français à part entière. La nationalité française lui sera finalement accordée le 9 mars 1916. Sa demande d'engagement n'ayant pas été acceptée, il gagne Nice où il rencontre Louise de Coligny-Châtillon (Lou). Leur aventure orageuse se poursuit avec des fortunes diverses jusqu'en mars 1915 et donne lieu à une correspondance *(Lettres à Lou*, posth., 1969). Entre-temps, en novembre, une nouvelle demande d'engagement ayant abouti, il effectue ses classes à Nîmes, au 38e régiment d'artillerie de campagne et suit le peloton d'élèves-brigadiers. Le 4 avril, il rejoint la 45e batterie de son régiment sur le front champenois. Successivement brigadier, maréchal des logis, puis sous-lieutenant lorsque, sur sa demande, il passe en novembre 1915 dans l'infanterie, Apollinaire oppose à une attitude extérieure d'engagement à outrance une extraordinaire résistance intérieure qui lui permet, avec l'aide de l'amour retrouvé et d'innombrables correspondances, d'exorciser l'horreur de la guerre. L'amour est celui qu'il partage avec Madeleine Pagès, une jeune Française d'Oran, rencontrée en janvier 1915 dans le train qui le ramenait de Nice à Nîmes après une permission près de Lou. Apollinaire se confie à sa fiancée d'Oran, parle de son passé, de sa poétique, de ses projets tout en poursuivant l'initiation amoureuse de la jeune fille. Blessé à la tête d'un éclat d'obus le 17 mars, près de Berry-au-Bac, il est hospitalisé le 6 avril à l'hôpital italien du quai d'Orsay, où il subit, le 9 mai, une trépanation. En octobre paraît *Le Poète assassiné*, son second grand recueil de nouvelles, prêt avant la guerre et complété simplement par la dernière nouvelle, « Cas du brigadier masqué c'est-à-dire le poète ressuscité ». La première nouvelle, sorte de roman bref, avec ses dix-huit chapitres, donne son titre à l'ensemble et se présente comme l'autobiographie rêvée du poète. D'autres nouvelles, « Le Roi-lune », où passe l'image de Louis II de Bavière, double angoissant du poète, « Giovanni Moroni », tout rempli des souvenirs de son enfance italienne, relèvent du même projet.

L'année 1916 s'achève par un banquet donné en l'honneur d'Apollinaire par un groupe d'amis et de jeunes poètes qui reconnaissent en lui un maître et un guide. Il ne récusera nullement cette double fonction. Il accueille auprès de lui, notamment lors de rencontres hebdomadaires au café de Flore, les écrivains et les artistes de la nouvelle génération : Cendrars, qui le fréquente depuis 1912, Cocteau, Reverdy ainsi que les futurs surréalistes : Breton, Aragon, Soupault. Il fait représenter le 24 juin 1917 son « drame surréaliste », *Les Mamelles de Tirésias*, où le thème patriotique de la repopulation cohabite avec une dramaturgie d'avant-garde. Il défend enfin, dans une conférence au Vieux-Colombier en novembre 1917, « L'esprit nouveau et les poètes ».

Apollinaire déploie une activité considérable dans les deux dernières années de sa vie. À côté de ses fonctions au ministère de la Guerre, puis au ministère des Colonies, son activité journalistique est plus intense que jamais. Outre sa « Vie anecdotique », il tient plusieurs rubriques d'échos : au *Mercure de France*, à *L'Europe nouvelle*, à partir de mai 1918, et au quotidien *Excelsior* à partir du mois de septembre. Une plaquette de vers illustrée par Rouveyre, *Vitam impendere amori*, paraît en novembre 1917 et le 15 avril 1918, son second grand livre de poèmes, *Calligrammes.*

Alors que le recueil *Alcools* est hanté par le temps et sa difficile maîtrise, *Calligrammes*, sous-titré *poèmes de la paix et de la guerre (1913-1918)*, est placé sous le signe de l'espace, celui de la page, occupée de façon inhabituelle, et celui de la guerre, présente dans cinq des six sections du livre. Dans la première, « Ondes », qui réunit les « poèmes de la paix », apparaissent les innovations les plus audacieuses : les calligrammes proprement dits, poèmes en forme de dessins, concrets ou figuratifs pour la plupart (« La cravate et la montre »), à la limite de l'abstraction parfois (« Lettre-océan ») et les poèmes-conversations, saisie d'éléments familiers (phrases, mots) issus du quotidien. « Ondes » est le lieu où se célèbrent les noces de la peinture moderne (celle de Delaunay, de Chagall, de Picasso) avec la poésie, à travers cette « musique des formes » qui se donne à lire et à voir, non seulement dans les calligrammes, mais encore dans ces grands poèmes que sont « Le musicien de Saint-Merry » ou « Un fantôme de nuées ». La même forme calligrammatique apparaît encore, éparpillée, dans les « poèmes de la guerre », ordonnés à peu près selon la chronologie de la vie du soldat Apollinaire, depuis son engagement, « Étendards », jusqu'à sa blessure, « La tête étoilée ». Le recueil laisse entendre aussi la voix prophétique d'Apollinaire dans « Les collines », « La victoire », « La jolie rousse » enfin, considéré comme son testament poétique.

Pendant la permission qu'il passe en Bretagne, en août 1918, Apollinaire travaille au livret d'un opéra bouffe, *Casanova*, ainsi qu'à une autre pièce, *Couleur du temps*, représentée quinze jours après sa mort, et à d'autres projets encore mal connus. Il ne verra pas la sortie du livre qui réunit les meilleures de ses chroniques journalistiques, *Le Flâneur des deux rives*, promenades dans un Paris insolite et familier. Affaibli par les séquelles de sa blessure et celles d'une congestion pulmonaire qui l'avait frappé au début de l'année 1918, il est victime de l'épidémie de grippe espagnole qui fait des ravages en cet automne où la guerre va s'achever, et il s'éteint dans l'après-midi du 9 novembre sans avoir pu connaître l'annonce officielle de l'armistice. Ses obsèques ont lieu le 13 novembre à Saint-Thomas d'Aquin, l'église où il avait épousé six mois plus tôt Jacqueline Kolb, « la jolie rousse » en qui s'incarnent l'amour et la poésie. Et le dernier mot de sa poétique est encore d'incertitude. Placé entre « Ordre et aventure », le poète ne choisit pas. Cette hésitation entre souvenir et avenir le caractérise assez bien, depuis sa naissance placée sous le signe d'un secret irrésolu jusqu'à cette mort qui le frappe en plein élan.

ŒUVRES. — *Œuvres poétiques*, éd. Marcel Adéma-Michel Décaudin, Bibliothèque de la Pléiade, 1956. — *Œuvres en prose complètes*, Bibliothèque de la Pléiade, t. I, éd. Michel Décaudin, 1977 ; t. II et III, éd. Pierre Caizergues-Michel Décaudin, 1991 et 1993. — **Correspondance** : *Tendre comme le souvenir*, *Lettres à Madeleine Pagès*, éd. P.-M. Adéma, Gallimard, 1952. — *Lettres à Lou*, éd. M. Décaudin, Gallimard, 1969. — *Correspondance Picasso-Apollinaire*, éd. P. Caizergues et H. Seckel, Gallimard-Réunion des musées nationaux, 1992. — Les œuvres les plus importantes d'Apollinaire sont disponibles en collections de poche. Parmi les éditions d'œuvres séparées : *Alcools, poèmes*, Le Club du meilleur livre, 1953. — *Calligrammes, poèmes de la paix et de la guerre 1913-1916*, Le Club du meilleur livre, 1955. — *Alcools* et *Calligrammes*, éd. Claude Debon, L'Imprimerie nationale, 1991. — *L'Enchanteur pourrissant*, éd. Jean Burgos, Minard, 1972.

→ Marie-Jeanne Dury, *Guillaume Apollinaire : « Alcools »*, SEDES, 1956-1964, 3 t. — André Fonteyne, *Apollinaire prosateur : L'Hérésiarque et Cie*, Nizet, 1964. — Pierre-Marcel Adéma, *Guillaume Apollinaire*, La Table ronde, 1968. — Philippe Renaud, *Lecture d'Apollinaire*, L'Âge d'homme, 1969. — *Album Apollinaire*, iconographie réunie et commentée par Pierre-Marcel Adéma et Michel Décaudin, Bibliothèque de la Pléiade, 1971. — Daniel Oster, *Guillaume Apollinaire*, Seghers, coll. Poètes d'aujourd'hui, 1975. — Pierre Caizergues, *Apollinaire journaliste*, Lettres modernes, 1981. — Michel Décaudin, *Apollinaire*, Séguier, 1986. — Madeleine Boisson, *Apollinaire et les mythologies antiques*, Schena-Nizet, 1989. — *Cahiers de l'Association internationale des études françaises*, mai 1995. — *Alcools*, dir. Michel Murat, *Littératures contemporaines*, nº 2, 1996. — Pierre Brunel, *Apollinaire entre deux mondes*, PUF, 1997. — Il existe une série *Guillaume Apollinaire* et des *Carnets bibliographiques* à la *Revue des lettres modernes* (Minard) et, depuis 1973, un *Bulletin international des études sur Apollinaire : Que vlo ve ?* (Jambes, Belgique). — Fonds Apollinaire à la Bibliothèque nationale et à la Bibliothèque historique de la ville de Paris.

P.C.

Apostrophes (1975-1990). Diffusée rituellement le vendredi en deuxième partie de soirée sur France 2 durant quinze ans (du 10 janvier 1975 au 22 juin 1990 ;

724 émissions), elle a été la seule véritable émission littéraire de la télévision française à connaître une très large audience et à exercer une certaine influence sur la vie littéraire. Ce succès est avant tout celui de Bernard Pivot, concepteur, producteur et animateur de l'émission, qui savait, avec une certaine truculence, toujours respectueuse de son interlocuteur, mettre en confiance et en valeur ses invités, ceux-ci adoptant le plus souvent, à cette occasion, une réelle liberté d'expression à la télévision. Ce succès eut des effets sur les ventes des livres : les *Fragments d'un discours amoureux* de Barthes, *Désert* de Le Clézio, *L'Insoutenable Légèreté de l'être* de Kundera, entre autres, connurent de bons tirages après le passage de leur auteur sur le plateau d'« Apostrophes ». D'où la réorganisation des services de presse des grandes maisons d'édition, qui tentèrent dès la fin des années soixante-dix de présenter leurs nouveaux auteurs comme autant d'« apostrophables ».

C'est autour de ce pouvoir grandissant que des critiques de plus en plus vives se cristallisèrent. Outre que l'organisation de l'émission semblait favoriser les beaux parleurs avides de succès plutôt que les écrivains intimidés par le jeu médiatique, elle pouvait, par son succès même, donner au public le sentiment que tout ce qui n'était pas présenté sur le plateau n'était pas de la littérature. « Apostrophes » a, en ce sens, servi l'introduction des procédés marketing dans la vie littéraire française. Son animateur n'a cependant pas manqué d'inviter d'importants écrivains atypiques comme Georges Perec ou, plus tard, Charles Juliet, ainsi que des penseurs importants comme Vladimir Jankélévitch ou Philippe Ariès, en dépit d'une œuvre peu accessible au grand public. D'« Apostrophes », il subsiste aussi des entretiens privés avec de grands auteurs comme Albert Cohen, Vladimir Nabokov, Marguerite Yourcenar ou Georges Simenon.

→ *La Télévision. Les débats culturels : « Apostrophes »*, dir. Patrick Charaudeau, Didier-Érudition, 1991.

O.B.-B.

Apruz Daniel (1937-1996). Né à Paris, il est l'auteur d'une douzaine de romans ironiques ou burlesques, cachant le désespoir sous un ton faussement léger, publiés d'abord chez Buchet-Chastel *(La Baleine*, 1968 ; *La Bêlamour*, 1970 ; *Le Bon Temps*, 1972), puis chez d'autres éditeurs *(Les Pendules de Malac*, Calmann-Lévy, 1980, prix de l'Humour noir ; *Légendes de la rue basse*, Manya, 1992 ; *L'An deux mil*, Méréal, 1996 ; *Le Coq*, Méréal, 1997, recueil de nouvelles, posth.). Il est mort à Malakoff le 18 octobre 1996.

A.G.

Aquin Hubert (1929-1977). Né à Montréal le 24 octobre 1929, il a été directeur de la revue *Liberté* de 1961 à 1971, puis directeur littéraire aux Éditions La Presse en 1975 et 1976, deux postes dont il démissionna avec fracas. Militant au Rassemblement pour l'indépendance nationale (1963), arrêté pour port d'armes illégal en 1964, il écrit son premier roman en captivité : *Prochain Épisode*, qui lui vaut un grand succès critique. Partagé entre l'amour et la révolution, le héros de ce (faux) roman d'espionnage traque un ennemi qui lui ressemble, pendant que se dérobe l'énigmatique femme-pays. Construit à la manière d'une fugue, ce livre « cursif et incertain », au dire de l'auteur, « est tourné globalement vers une conclusion qu'il ne contiendra pas puisqu'elle suivra, hors texte, le point final ». Les deux romans suivants, *Trou de mémoire* et *l'Antiphonaire*, reprennent et diversifient les jeux de miroirs, dédoublements, distorsions et ruptures qui apparentent le style d'Aquin à l'esthétique baroque. Ces romans en trompe-l'œil disent la fascination des pôles contraires, ainsi qu'en témoigne l'oxymore du titre du dernier livre publié du vivant d'Aquin, *Neige noire*, roman-scénario et rituel initiatique. *L'Invention de la mort*, roman (posth.), ainsi qu'un *Journal* s'échelonnant sur plusieurs années, montrent que l'obsession de la mort n'a cessé de hanter Hubert Aquin, qui s'est suicidé en mars 1977, obsession doublée d'une passion de vivre.

Essayiste, Aquin a exprimé la tension entre l'art et l'action, ainsi que la difficile position de l'écrivain qui, en situation de colonialisme ou de demi-colonialisme, refuse de faire la révolution en art, « faute de la faire en histoire ». « Dans notre pays désagrégé, écrit-il, je refuse l'apaisement que j'ai trop longtemps cherché dans la cérémonie bégayante de l'écriture » (« Profession écrivain », 1964). Les essais d'Aquin, comme ses romans, se veulent à l'écart de toute « cohérence transcendantaliste » et interrogent l'écartèlement de l'individu face à l'Histoire. Par sa lucidité appliquée à déconstruire les fausses sécurités, par l'ampleur des questions qui la traversent, cette œuvre est un témoin important de la littérature québécoise moderne.

ŒUVRES. — *Prochain Épisode*, roman, Cercle du Livre de France, 1965. — *Trou de mémoire*, roman, Cercle du Livre de France, 1968. — *L'Antiphonaire*, roman, Cercle du Livre de France, 1969. — *Point de fuite*, essais, Cercle du Livre de France, 1971. — *Neige noire*, roman, La Presse, 1974. — *Blocs erratiques*, essais, Quinze, 1977, rééd. Stanké, 1987. — *L'Invention de la mort*, roman, 1991. — *Journal 1948-1971*, Bibliothèque québécoise, 1992.

→ René Lapierre, *L'Imaginaire captif : Hubert Aquin*, Quinze, 1981. — Françoise Maccabée-Iqbal, *Desafinado : otobiographie de Hubert Aquin*, VLB, 1987. — Guylaine Massoutre, *Itinéraires d'Hubert Aquin*, 1992. — Pierre-Yves Mocquais, *Hubert Aquin ou la quête interrompue*, 1985. — Patricia Smart, *Hubert Aquin, agent double*, Presses de l'université de Montréal, 1973. — Anthony Wall, *Entre métaphore et référence*, 30tréal, Balzac, 1992.

L.G.

Aragon Louis (1897-1982). Né le 3 octobre 1897 à Paris, cet enfant naturel a pour mère Marguerite Toucas-Massillon, qui tient de 1900 à 1904 une pension bourgeoise avenue Carnot avant de s'installer à Neuilly. La jeune femme le fait passer pour son frère adoptif afin de cacher son « déshonneur ». Louis Andrieux, député anticlérical à Lyon en 1876, préfet de police à Paris en 1880, refuse de reconnaître ce fils illégitime dont la naissance peut compromettre sa carrière : se désignant officiellement comme son tuteur, il lui invente pour l'état civil un nom espagnol. Même si l'enfant a deviné son ascendance réelle, sa mère ne lui aurait avoué la vérité qu'en 1917. Ce camouflage des liens familiaux, ressenti comme une intime blessure, permet de mieux comprendre à l'origine chez Aragon une quête de l'identité stable fondée sur un désarroi profond et un esprit de révolte contre les fausses apparences du monde social. Attiré dès l'enfance par le secret des mots, le futur écrivain compose une soixantaine de petits romans puis des vers à partir de 1908. Il publiera dans *Le Libertinage* (1924) le seul vestige de cette production : une petite prose de 1903-1904 intitulée « Quelle âme divine ! » Élève brillant à Saint-Pierre de Neuilly puis au lycée Carnot, il est reçu au baccalauréat en 1915. Pendant ces années de formation, il assimile une vaste culture classique, mais sa sensibilité s'enrichit aussi d'influences moins scolaires (Jules Verne, Dickens, Stendhal, Barrès, Henry Bataille, le roman russe...). Initié au *Modern Style* et au symbolisme par son oncle maternel, il découvre les audaces du fauvisme, du cubisme, des Ballets russes. À partir de 1915 — il a dix-huit ans — il fréquente la librairie d'Adrienne Monnier, très attentif à tous les renouvellements de la littérature du début du XXe siècle.

En septembre 1917, au Val de Grâce où il suit des cours pour devenir médecin-auxiliaire des armées, il se lie d'amitié avec un autre étudiant en médecine, André Breton ; ils admirent les mêmes écrivains : Mallarmé, Rimbaud, Apollinaire, Lautréamont, Jarry. Breton, qui a déjà publié des poèmes, va l'introduire dans les milieux artistiques et littéraires et le mettre en relation avec Philippe Soupault, Théodore Frænkel, Jacques Vaché. Aragon publie des articles dans des revues d'avant-garde. Il s'intéresse à tous les signes de la modernité, les objets manufacturés, la réclame publicitaire, le cinéma. En mars 1918, il publie *Soifs de l'Ouest*, son premier poème, dans la revue *Nord-Sud*.

Au milieu de ces activités, il est envoyé au front en juin 1918 ; enseveli trois fois sous les obus le 6 août 1918 à Couvrelles, il reçoit la croix de guerre (« Secousse » dans *Feu de joie)*. Pendant l'offensive du Chemin des Dames, en septembre 1918, il entreprend *Anicet ou le panorama, roman*, pour substituer à l'horreur quotidienne le fragile exutoire d'un univers imaginaire. Après l'armistice, durant l'hiver 1918-1919, il est cantonné en Alsace puis en Sarre, où il reçoit *Dada 3*. En mars 1919, paraît le premier numéro de *Littérature*, revue dirigée par Aragon, Breton et Soupault. Lors de sa démobilisation, à Paris, en juin 1919, il conseille aux auteurs des *Champs magnétiques* de publier ces textes d'écriture automatique. Néanmoins, l'apport d'Aragon au surréalisme témoignera d'une orientation distincte, qu'il concilie avec son appartenance au groupe jusque vers 1930. Dans son premier recueil poétique, *Feu de joie* (Au Sans Pareil, 1919), les sympathies, aspirations, défis de sa jeunesse se consument sous le signe de l'Esprit nouveau et de la « poésie cubiste ». Dans son prolongement, *Le Mouvement perpétuel* (Gallimard, 1926) substitue aux formes poétiques figées la dislocation du mètre et de la syntaxe, le jaillissement rythmique de la mise en pages, l'enjouement dérisoire des homophonies et des refrains. Les plus célèbres poèmes de cette production, initialement publiés dans *Proverbe* en mai 1920, portent à leur ultime accomplissement le non-sens, la destruction dadaïste du langage : « Persiennes », avec la répétition de ce mot unique, ou « Suicide », la liste des vingt-six lettres de l'alphabet.

Parallèlement, Aragon met au point une pratique subversive du roman contre l'interdit posé par Breton : il publie chez Gallimard en février 1921 *Anicet ou le panorama, roman*, récit d'apprentissage doublé d'une intrigue policière. Ce déconcertant roman à clé raconte comment Anicet, double d'Aragon, tente de se faire aimer de la Beauté Moderne, sous l'influence de divers intercesseurs et rivaux. Après avoir participé aux manifestations dadaïstes (janvier 1920-août 1921), Aragon écrit une parodie du roman de Fénelon, *Les Aventures de Télémaque* (Gallimard, 1922).

Alors qu'il séjourne à Berlin, à l'automne de 1922, les surréalistes se livrent à Paris aux premières séances de sommeil hypnotique. Ayant pris connaissance à son retour de cette nouvelle « expérience » qui va infléchir les perspectives du groupe, il l'exaltera dans *Une vague de rêves* (dans *Commerce*, 1924). Mais après le réquisitoire contre le roman du premier *Manifeste du surréalisme* (1924), son œuvre de prosateur vise à contourner ou à transgresser cet interdit majeur en expérimentant des techniques assez comparables aux jeux de l'automatisme verbal, aux surprises du hasard objectif : l'arbitraire de l'*incipit*, dont il commentera l'analogie avec les phrases de réveil dans les années soixante ; le détournement des collages, équivalent citationnel de l'image surréaliste. Vers 1923, Aragon plaide pour les pouvoirs vertigineux de l'invention narrative, en commençant à écrire *La Défense de l'infini*, un roman « hors mesure », labyrinthique, de quelque mille cinq cents pages, avec des digressions non romanesques : seuls quelques fragments en furent publiés du vivant de l'auteur (dont, sous l'anonymat, un récit érotique, *Le Con d'Irène*), mais Aragon a brûlé la majeure partie de ce manuscrit en 1927, en Espagne. Des inédits en ont été retrouvés et publiés à titre posthume. En outre, *Le Libertinage* (Gallimard, 1924), un recueil de nouvelles faisant l'apologie de la provocation esthétique, anarchiste et érotique, revendique le goût du scandale pour le scandale. Enfin, *Le Paysan de Paris* (Gallimard, 1926) propose de substituer au rationalisme la toute-puissance de l'imaginaire inconscient : l'approche aragonienne du surréalisme approfondit une voie originale en explorant le merveilleux quotidien, à la rencontre de la réalité extérieure et de la subjectivité, pour aboutir à une réfutation de l'idéalisme abstrait. « Habile détecteur de l'insolite sous toutes ses formes » (selon l'expression de Breton), Aragon laisse libre cours à une prose étincelante de lyrisme, à laquelle il incorpore des inscriptions fragmentaires, selon la technique du collage. Dans son *Traité du style* (Gallimard, 1928), qui invective les écrivains reconnus, anciens et modernes, et méprise même le poncif surréaliste, il propose un seul critère pour définir l'inspiration : la découverte de nouveaux moyens d'expression.

Au cours des années vingt, l'exaspération verbale et la violence polémique vont s'accroître dans l'œuvre d'Aragon. Bien qu'elle serve à défendre avec éclat les positions des surréalistes, cette agressivité s'explique par plusieurs crises personnelles. En 1921-1922, ayant abandonné ses études de médecine contre la volonté de sa famille, Aragon mène l'existence bohème et noctambule d'un jeune dandy sans ressources. Entre 1922 et 1924, il traverse un certain désarroi sentimental qu'il est tenté de transposer dans la pratique romanesque en brouillant les pistes (Eyre de Lanux, en concurrence avec son ami Drieu La Rochelle ; Denise Lévy-Naville, Clotilde Vail...). Vers 1922-1923, par l'entremise de Breton, il est modestement rémunéré comme bibliothécaire du collectionneur et couturier Jacques Doucet, pour lequel il rédige un « Projet d'histoire littéraire contemporaine ». Il récuse aussi les conseils destinés à sa carrière dans une « Lettre ouverte à Jacques Rivière » (avril 1923). Il estime appartenir à une génération qui s'insurge contre ses aînés, les intellectuels d'avant-guerre, parce qu'ils ont exalté le sacrifice des jeunes gens pour la sauvegarde de la société. C'est en ce sens qu'en accord avec Breton il se rapproche, à partir de 1924-1925, du nouveau parti communiste français, seul à condamner la guerre coloniale du Rif, au Maroc. Jusqu'alors indifférent à la Révolution russe, il adhère à ce parti ouvriériste, avec d'autres surréalistes, le 6 janvier 1927 (jour des Rois, par goût du paradoxe). Mais à partir de 1926, sa liaison avec la jeune Anglaise Nancy Cunard, belle et milliardaire, fondatrice de *The Hours Press*, le tient relativement éloigné du groupe, pendant leurs voyages à Londres et en Espagne. À Venise, l'été de 1928, abandonné d'elle, il tente de se suicider : dans *La Grande Gaieté* (1929), dont le titre est choisi par antiphrase, son désespoir éclate en de beaux textes chaotiques et syncopés (en particulier, *Poème à crier dans les ruines)*.

Le 6 novembre 1928, la rencontre d'Elsa Triolet, d'origine russe, va alors changer le cours de sa vie. En septembre 1930, Georges Sadoul, Aragon et Elsa se rendent en URSS pour rencontrer Lili Brik, sœur d'Elsa et compagne du poète Maïakovski, qui s'est suicidé en avril. En novembre, à l'issue de la Conférence des écrivains révolutionnaires à Kharkov, Aragon et Sadoul signent une déclaration par laquelle ils renoncent à « l'idéalisme » du *Second Manifeste du surréalisme* et s'engagent à soumettre leur activité littéraire au contrôle effectif du parti. En 1931-1932, la publication de *Front rouge*, un poème d'Aragon à la gloire des Soviets, lui vaut des poursuites judiciaires. Dans *Misère de la poésie* (1932), Breton prend la défense de son ami inculpé tout en émettant des réserves sur ce « texte de circonstance », « poétiquement régressif », jugement auquel l'auteur lui-même souscrira à la fin de sa vie. Cependant, dans l'immédiat, la rupture est inévitable : Aragon se désolidarise de cette brochure qui attaque son parti. Pour mieux se démarquer des surréalistes, qui condamnent ses palinodies dans un pamphlet, *Paillasse*, il s'impose un dévouement militant à toute épreuve malgré la méfiance suscitée par son adhésion. Il découvre le monde ouvrier, les faits divers et les grèves de 1933-1934, comme journaliste à *L'Humanité*, puis à la revue *Commune*. Dans les années soixante, il se reprochera les outrances de ces « textes de passage », écrits pour proclamer sa « passion de servir » le prolétariat. Deux recueils de poèmes empruntent directement à des slogans politiques : *Persécuté persécuteur* (1931) et *Hourra l'Oural* (1934). Cependant, à partir de 1935, au congrès de Paris, loin de cautionner la littérature prolétarienne, Aragon se prononce en faveur d'une assimilation critique de l'héritage national. Avec l'appui de Thorez, il accède aux instances dirigeantes du parti et devient en 1937 codirecteur, avec Jean-Richard Bloch, à sa création, d'un quotidien, *Ce soir*. Il effectue de longs séjours en Union soviétique : en 1932-1933 ; en 1934-1935 avec Malraux pour le 1er Congrès des écrivains ; en 1936 avec Gide, à la mort de Gorki, au moment où se déroulent les deux premiers procès de Moscou. En 1936-1937, il organise le rassemblement des intellectuels antifascistes pour la défense de la culture, notamment en Espagne. Après avoir vigoureusement dénoncé les accords de Munich, en octobre 1938, dans *Ce soir*, il justifie le pacte germano-soviétique entre Hitler et Staline, en août 1939.

Tandis que l'inspiration poétique d'Aragon se tarit entre 1934 et 1939, un cycle romanesque, *Le Monde réel*, se développe. Bien que l'essai théorique qui les accompagne, *Pour un réalisme socialiste* (Denoël, 1935), ait vieilli, les trois premiers romans de cette période conservent un intérêt à la fois historique, littéraire et autobiographique. Inaugurant une analyse critique de la société française sous la troisième République, *Les Clo-*

ches de Bâle (Denoël, 1934) s'articulent autour de trois figures féminines, Diane, Catherine, puis Clara Zetkin, rappelant l'itinéraire du romancier depuis le monde bourgeois de son enfance jusqu'à la prise de conscience révolutionnaire. *Les Beaux Quartiers* (Denoël et Steele, 1936 ; prix Renaudot), dans la lignée du roman balzacien, retracent le destin antagoniste de deux frères, Edmond, un séducteur arriviste, et Armand, un révolté vulnérable. *Les Voyageurs de l'impériale*, dont la première édition, chez Gallimard, en 1942, fut altérée à l'insu de l'auteur, dénoncent l'individualisme comme une attitude irresponsable. Aragon a indiqué dans la préface tardive de ce roman qu'il en a imaginé l'« anti-héros », Pierre Mercadier, à partir de la figure de son grand-père maternel qui, vers 1900, avait abandonné femme et enfants, pour errer vers une déchéance obscure.

Aragon participe en mai 1940 aux opérations militaires contre l'invasion allemande (de la Belgique, repli sur Dunkerque encerclé et retraite sur Périgueux). À nouveau, son courage lui vaut la croix de guerre. À sa démobilisation, à Ribérac, Elsa le rejoint en zone Sud. Ils rencontrent en septembre-octobre 1940 le poète Joë Bousquet et Pierre Seghers. Ils retrouvent aussi Jean Paulhan qui, l'année suivante, avec Jacques Decour, va fonder le Comité national des écrivains et *Les Lettres françaises*. Bientôt, les poèmes du *Crève-cœur* (Gallimard, 1941), inspirés par le désastre national, révèlent Aragon comme poète patriote que son ancien ami, Drieu La Rochelle, va dénoncer dans la presse comme propagandiste communiste. Aragon, auteur des « Martyrs », en hommage aux fusillés de Chateaubriant, organisera lui-même un réseau de Résistants, les Étoiles. Jusqu'en 1942, il vit à Nice, avec Elsa, où il rencontre Henri Matisse, tout en assurant des liaisons avec la zone occupée. Après l'invasion de la zone Sud, Elsa et lui se cachent sous de fausses identités à Dieulefit, à Lyon, puis à Saint-Donat dans la Drôme. Jusqu'à la Libération, les poèmes d'Aragon, parfois sans nom d'auteur, ou sous pseudonyme, ont été recopiés, diffusés par des tracts ou dans des revues clandestines, avec un extraordinaire retentissement : *Les Yeux d'Elsa* (dans les *Cahiers du Rhône*, 1942) ; *Brocéliande* (1942) ; *En français dans le texte* (1943) ; *Le Musée Grévin* (1943, signé François la Colère) ; *La Diane française* (Seghers, 1944). Comme en témoignent leurs préfaces (« La rime en 1940 », « La leçon de Ribérac », « *Arma virumque cano* », « Les poissons noirs »), le retour à la versification, l'imitation des sources médiévales visent à exalter les valeurs fondatrices de la nation mais s'accompagnent aussi d'un renouvellement de l'art poétique. L'utilisation d'un « langage de contrebande » déjoue la censure pour transmettre aux Français un chant d'espoir et de combat. L'isolement lié à la clandestinité va aussi favoriser le déploiement de la rêverie, la résurgence des souvenirs intimes, dans le quatrième roman du *Monde réel : Aurélien* (Gallimard, 1944) se situe en 1922 et traite de « l'impossibilité du couple » Aurélien-Bérénice, tandis que son épilogue rejoint les événements tragiques de mai 1940. Ce chef-d'œuvre de la maturité, déphasé par rapport aux attentes de l'après-guerre, fut mal accueilli malgré un article élogieux de Claudel.

À la Libération, Aragon va présider le Comité national des écrivains, mais les tensions de la guerre froide qui le durcissent dans son rôle d'intellectuel communiste seront moins propices à la création littéraire. Ayant repris en 1947 la direction de *Ce soir*, il est déchu de ses droits civiques en 1948-1949, pour dix ans. Il rédige une œuvre théorique et critique abondante pour défendre le réalisme : *Chroniques du bel canto* (dans *Europe*, 1946-1947) ; *Hugo, poète réaliste* (Éditeurs français réunis, 1952) ; *L'Exemple de Courbet* (1952) ; *La Lumière de Stendhal* (Denoël, 1954). Malgré *Le Nouveau Crève-cœur* (Gallimard, 1948), la littérature de la Résistance est attaquée comme passéiste. *Mes caravanes* (1954, prix Lénine), recueil de poèmes inspirés du combat pour la paix, et *Les Yeux et la mémoire* (Gallimard, 1954) affirment avec gravité l'amour d'Elsa et la reconnaissance du poète envers son parti. Pourtant Aragon, désorienté par les réactions de son public, abandonne *Les Communistes* (Bibliothèque française, 1949-1951, 6 t.), œuvre conçue pour être l'aboutissement du cycle du *Monde réel* : la chronique des événements débute en février 1939 et s'interrompt en juin 1940, alors que la fresque devait se prolonger jusqu'en janvier 1945. Bien plus, Aragon a tenu à en réécrire de fond en comble le texte, à corriger son idéologie pour l'édition des *Œuvres romanesques croisées* (1966-1967). En décembre 1952, alors qu'Aragon et Elsa participent au congrès de Vienne, ils sont informés des condamnations à mort de Prague (Clementis, Slansky...). En janvier-février 1953, ils assistent à Moscou à une campagne de répression anti-intellectuelle et de diffamation antisémite (affaire des Blouses blanches) ; mais à leur retour, ils ne feront part de ces terribles révélations qu'à des amis proches. À la mort de Staline en mars 1953, Aragon, qui vient de prendre la direction des *Lettres françaises*, est publiquement mis en cause par les militants pour avoir publié, à la « une » de l'hebdomadaire, un portrait quelque peu insolite de Staline par Picasso. Ce n'est qu'avec le retour de Thorez qu'il est disculpé. En 1956, les révélations sur les crimes de Staline du rapport secret de Khrouchtchev au XXe Congrès du parti communiste d'Union soviétique appellent des révisions déchirantes. *Le Roman inachevé* (Gallimard, 1956) révèle l'effondrement de l'utopie collective : dans cette autobiographie en vers, qui renoue avec le « merveilleux printemps » de la jeunesse surréaliste, la prose poétique fait parfois irruption ; le tourment, le désenchantement accompagne la reprise du jeu verbal.

La Semaine sainte (Gallimard, 1958), un roman salué par toute la critique, raconte l'équipée du peintre Théodore Géricault en mars 1815, lorsqu'il suivit dans sa fuite Louis XVIII vers la Belgique, avec la noblesse royaliste et d'anciens généraux napoléoniens. Alors que la première version des *Communistes* passait pour un roman à thèse, cette débâcle historique, saisie dans sa complexité irréductible, se prolonge par d'étonnantes « parenthèses » anachroniques, ouvrant sur l'avenir des protagonistes et sur l'arrière-plan autobiographique. L'auteur, qui s'est beaucoup documenté, s'en explique dans *J'abats mon jeu* (Éditeurs français réunis, 1959).

En collaboration avec André Maurois, chargé de la partie consacrée aux États-Unis, Aragon donne aussi en 1962 une *Histoire parallèle de l'URSS de 1917 à 1960* (2 tomes), où il s'astreint à une stricte objectivité factuelle. Dès lors, et jusqu'à la disparition des *Lettres françaises* en 1972, il intervient sans relâche contre la réaction néo-stalinienne : il dénonce, en 1965, le procès public Siniavski-Daniel et l'invasion de la Tchécoslovaquie en 1968. L'aveuglement du militant, son sacrifice à autrui, la trahison de son idéal sont analysés, assumés dans l'écriture en même temps que s'opère un extraordinaire ressaisissement de l'invention. Elsa sera associée à cette reconstruction nécessaire à la survie de l'œuvre : *Elsa, poème* (Gallimard, 1959) et *Les Poètes* (Gallimard, 1960), d'un baroquisme raffiné, font intervenir les ressources de la théâtralité dans la célébration lyrique. Dans *Le Fou d'Elsa* (Gallimard, 1963), vertigineux roman-poème érudit sur la chute de Grenade au XVe siècle, le Medjnoun (le Fou) détourne, par hérésie, la tradition mystique vers Elsa, la Femme de l'avenir. Le roman, qu'Aragon se plaît désormais à désigner comme un « mentir-vrai », va également substituer à la crédibilité réaliste de nouveaux enjeux. D'importants articles dans *Les Lettres françaises*, les préfaces et postfaces des *Œuvres romanesques croisées* et un essai, *Je n'ai jamais appris à écrire ou les incipit* (Skira, 1967), jalonnent un travail de réflexion par lequel l'écrivain témoigne de son ancienne appartenance au surréalisme et de son intérêt pour les esthétiques contemporaines. *La Mise à mort* (Gallimard, 1965) constitue une variation sur le thème du miroir et de la dépersonnalisation où l'autoportrait se démultiplie, se dérobe et se brise. *Blanche ou l'oubli* (Gallimard, 1967) se présente comme une méditation labyrinthique sur les expériences de la modernité, le tragique dans l'Histoire, la perte de la relation amoureuse et l'exploration du réel par le langage. Dans *Henri Matisse, roman* (Gallimard, 1971), dont la genèse se déploie sur trente années, Aragon dialogue avec un peintre de prédilection. Après la mort d'Elsa *Théâtre/Roman* (Gallimard, 1974) où alternent vers et prose sur la scène de l'imaginaire intérieur accentue encore la non-séparation des genres et le puzzle de l'écriture. Faisant suite à la nouvelle du « Mentir-vrai » (1964), ces quatre derniers romans commentent l'incertitude des hypothèses de lecture. Un brouillage référentiel joue sur l'invérifiable : des dédoublements à perte de vue, des équivoques s'instaurent entre les personnages, les narrateurs fictifs et l'auteur.

Aragon, à la fin de sa vie, s'entoure de jeunes gens et rédige en partie ses mémoires dans les préfaces de *L'Œuvre poétique*. Il lègue, en 1977, la totalité de ses archives au Centre national de la recherche scientifique. Nommé chevalier de la Légion d'honneur en 1981, il meurt à la veille de Noël 1982. Longtemps attaquée de manière réductrice, cette œuvre d'une ampleur comparable à celle de Hugo témoigne d'une aisance d'écriture et d'une exigence dialectique tournée contre les idées reçues. L'esthétique d'Aragon et la complexité de son itinéraire permettent d'approfondir les rapports entre divers courants de l'histoire littéraire.

ŒUVRES. — *Œuvres romanesques croisées* d'Elsa Triolet et Aragon, Laffont, 1964-1974, 42 t. — *L'Œuvre poétique*, Le Livre club Diderot-Messidor, 1974-1981, 15 t. ; rééd. 1990, 7 t. — *Œuvres romanesques complètes*, t. I, éd. Daniel Bougnoux, Bibliothèque de la Pléiade, 1997. — Pour la plupart, les romans sont disponibles chez Gallimard ; les principaux recueils de poésie dans la collection Poésie-Gallimard, aux Éditions Seghers et Messidor-Temps actuels. Ne sont ici mentionnées que des publications d'après 1977, date à laquelle s'arrête le recensement bibliographique de C. Geoghegan (voir ci-dessous). — *Entretiens avec Francis Crémieux*, Gallimard, 1964. — — *Aragon parle avec Dominique Arban*, Seghers, 1968, rééd. Seghers, 1990. — *Chroniques de la pluie et du beau temps* (1946), rééd. Éditeurs Français Réunis, 1979. — *Les Collages* (1923-1965), rééd. Hermann, 1980. — *Le Traité du style* (1928), Gallimard, coll. L'Imaginaire, 1980. — *Je n'ai jamais appris à écrire ou les incipit* (1969), rééd. Flammarion, coll. Champs, 1981. — *Le Libertinage* (1924), Gallimard, coll. L'Imaginaire, 1981. — *J'abats mon jeu* (1959), rééd. Les Lettres françaises-Mercure de France, 1992. — *Écrits sur l'art moderne*, Flammarion, 1981. — *Les Communistes* (1967), rééd. Messidor-Temps actuels, 1982. — *Les Adieux et autres poèmes*, Messidor-Temps actuels, 1982. — *Choix de poèmes* par Michel Apel-Müller, Messidor-Temps actuels, 1983. — *Pour expliquer ce que j'étais* [1943], éd. Michel Apel-Müller, Gallimard, 1989. — *Projet d'histoire littéraire contemporaine 1922-1923*, éd. Marc Dachy, Mercure de France, 1994. — *Lettres à Denise*, Éd. Maurice Nadeau, 1994. — *Le Temps traversé : correspondance générale Aragon-Paulhan-Triolet 1920-1964*, éd. Bernard Leuilliot, Gallimard, 1994. — *La Défense de l'infini* (posth. 1986), éd. renouvelée par Lionel Follet, Gallimard, 1997. — Voir aussi Crispin Geoghegan, *Louis Aragon : essai de bibliographie*, t. I : *1918-1959* ; t. II : *1960-1977*, London, Grant & Cutler, 1979.

→ Roger Garaudy, *L'Itinéraire d'Aragon*, Gallimard, 1961. — Yvette Gindine, *Aragon prosateur surréaliste*, Genève, Droz, 1966. — Georges Sadoul, *Aragon*, Seghers, coll. Poètes d'aujourd'hui, 1967. — Daniel Bougnoux, *« Blanche ou l'oubli » d'Aragon*, Hachette, 1973. — Pierre Daix, *Aragon*, Le Seuil, 1975, rééd. mise à jour, Flammarion, 1994. — Lionel Follet, *Aurélien, le fantasme et l'Histoire*, rééd. Les Belles-Lettres, Annales littéraires de l'université de Besançon, 1989. — Jacqueline Chénieux-Gendron, *Le Surréalisme et le roman*, Lausanne, L'Âge d'homme, 1983. — Jacqueline Bernard, *La Permanence du surréalisme dans le cycle du « Monde réel »*, Corti, 1984. — *Sur Aragon : « Le Libertinage »*, Université de Provence, 1986. — *Histoire/Roman : « La Semaine sainte »*, Université de Provence, 1988. — *« Aurélien » ou l'écriture indirecte*, études recueillies par Suzanne Ravis, coll. Unichamp, Champion, 1988. — Jacqueline Lévi-Valensi, *Aragon romancier : d'« Anicet » à « Aurélien »*, SEDES, 1989. — *Écrire et voir : Aragon, Elsa Triolet et les arts visuels*, dir. Jean Arrouye, Université de Provence, 1991. — *Aragon 1956*, dir. Suzanne Ravis, Université de Provence, 1992. — Claude-Marie Beaujeu, *L'Alexandrin dans Le Crève-cœur*, Presses de l'université de Paris-Sorbonne, 1993. — Lucien Victor, *Autour d'Aurélien*, Presses de l'université de Provence, 1993. — *Les Yeux d'Elsa*, ouv. coll., Profil d'une œuvre, Hatier, 1995. — Valère Staraselski, *Aragon : la liaison délibérée*, L'Harmattan, 1995. — *Manuscrits modernes*, sous la direction de Béatrice Didier et Jacques Neefs, Presses universitaires de Vincennes, 1995. — Yannick Mercoyrol, *Premières leçons sur Les Yeux d'Elsa*, P.U.F., 1996. — Carine Trévisan, *Aurélien d'Aragon : un nouveau mal du siècle*, Annales littéraires de l'université de Besançon et Les Belles-Lettres, 1996. — François Taillandier, *Aragon 1897-1982 : « quel est celui qu'on prend pour moi ? »*, Fayard, 1997. — Valère Staraselski, *Aragon l'inclassable*, L'Harmattan, 1997. — *Album Aragon*, iconographie choisie et commentée par Jean Ristat, Bibliothèque de la Pléiade, 1997. — **Revues** : *Europe*, octobre-novembre 1947 ; février-mars 1967 ; janvier-février 1989 ; mai 1991. — *L'Arc*, Aix-en-Provence, mai 1973. — *Silex*, Grenoble, nos 8-9, 1978. — *Roman 20/50*, Lille III, mars 1989. — *Revue d'histoire littéraire de la France*, janvier-février 1990. — *Faites entrer l'infini, Journal de la Société des amis de Louis Aragon et Elsa Triolet*, depuis février 1986. — *Recherches croisées Aragon-Elsa Triolet*, université de Besançon, no 1, 1988 ; no 2, 1989 ; no 3, 1991, no 4, 1992 ; no 5, 1994. — Il existe depuis 1986 un *Journal de la Société des amis de Louis Aragon et Elsa Triolet* : *Faites entrer l'infini* (Vitry-sur-Seine). — Fonds Aragon à la Bibliothèque littéraire Jacques Doucet ; Fonds Aragon-Triolet au CNRS.

N.L.-L.

Arbalète (L'). Maison d'édition fondée en 1941 par Marc Barbezat, dont elle portera le nom à partir de 1958. Elle se situe dans la continuité de la revue *L'Arbalète*. On y retrouve les auteurs publiés dans la revue, Artaud, Michaux, Dubillard (notamment les fameux *Diablogues* en 1976), ou le jeune poète Olivier Larronde dont toutes les œuvres figurent au catalogue. Mais le renom de la maison L'Arbalète, dont la production reste minime (une cinquantaine de titres), demeure principalement attaché à celui d'un seul écrivain, découvert dès 1943 par l'éditeur et son épouse, la comédienne Olga Kechelievitch, alors qu'il était totalement inconnu et se trouvait encore en prison : Jean Genet, dont Marc Barbezat imprime l'unique roman qui n'ait pas été publié anonymement et dans la clandestinité, *Miracle de la rose* (1946). Durant près d'un demi-siècle, de 1945 à 1994, en dépit des multiples contrats signés par l'auteur du *Journal du voleur* avec d'autres maisons, et malgré la publication de ses *Œuvres complètes* chez Gallimard à partir de 1951, L'Arbalète a fait paraître la majorité des ouvrages de Genet, notamment la quasi-totalité de son œuvre théâtrale, depuis *Les Bonnes* (1948) jusqu'aux dernières pièces de théâtre, exhumées après la mort de l'auteur (*Elle*, 1989 ; *Splendid's*, 1992 ; *Le Bagne*, 1994). En 1997, le fonds de la maison d'édition est racheté par les éditions Gallimard.

→ « Comment je suis devenu l'éditeur de Jean Genet », dans *Lettres à Olga et Marc Barbezat* de Jean Genet, Éditions de l'Arbalète, Décines près Lyon, 1989.

A.D. — IMEC

Arbalète (L') (1940-1948). Revue créée à Lyon par Marc Barbezat, *L'Arbalète* doit aux circonstances qui ont présidé à sa création de porter le nom d'une arme (légère) : conçue à la fois comme une revue littéraire et un instrument de combat, durant l'hiver 1939, au début de la Seconde Guerre, par un jeune Lyonnais sous les drapeaux, elle voit son premier numéro paraître en pleine débâcle, en mai 1940. Démobilisé, son fondateur, Marc Barbezat, jeune pharmacien de vingt-sept ans, décide de se consacrer à acquérir pour sa revue d'abord, puis pour sa maison d'édition, une compétence de typographe et d'imprimeur. Il hérite quelques années plus tard d'une importante entreprise industrielle qui assurera la survie économique de ses activités éditoriales.

Présentée comme biannuelle, *L'Arbalète* publiera, sans grande régularité, treize numéros (dont un double) en neuf ans. D'abord parrainée par Jean Wahl et René Tavernier (fondateur de la revue *Confluences*, où Barbezat publie ses premiers textes), imprimée en zone libre par l'éditeur lui-même pendant les années de guerre, elle reçoit vite l'appui et la collaboration d'auteurs voulant échapper à la censure allemande, comme Eluard, Aragon, Pierre Emmanuel ou Pascal Pia, qui y publie, en 1942, pour la première fois, les poèmes de Rimbaud figurant dans l'*Album zutique*. Albert Camus y fait également paraître, en 1943, un essai sur Kafka, extrait du *Mythe de Sisyphe* et Sartre des passages de *L'Âge de raison* ainsi que la première version de *Huis clos*. À partir de 1944, publiant les premiers textes non clandestins de Jean Genet, un numéro important consacré à la littérature américaine et des contributions d'Artaud, Claudel, Des Forêts, Jouhandeau, Olivier Larronde, Violette Leduc, Leiris, Queneau, Tardieu et Vian, *L'Arbalète*, désormais imprimée par les frères Audin à Lyon dans une luxueuse présentation, devient l'une des plus belles revues de l'après-guerre, à l'instar de *Bifur* qui fut son modèle. Elle disparaît en 1948, à son treizième numéro.

A.D. — IMEC

Arbaud Joseph d' (1874-1950). Né à Meyrargues (Bouches-du-Rhône), il choisit de vivre en Camargue où il devient gardian, avant de finir ses jours à Aix-en-Provence. Écrivain du terroir, poète du Sud influencé par Mistral, il a dirigé la revue *Le Feu*. Il est aussi l'auteur d'œuvres en prose *(La Caraque*, 1926 ; *La Bête du Vaccarès*, Grasset, 1926 ; *La Sauvagine*, Grasset, 1929). Ses poèmes chantent avec nostalgie une terre, la Provence, mais aussi une langue, le provençal. Un lyrisme virgilien s'épanouit dans cette poésie classique, qui célèbre le lien de l'homme avec la nature *(Le Laurier d'Arles*, 1913 ; *Les Rameaux d'airain*, 1920 ; *Noël gardian*, 1924 ; *La Combe*, 1946 ; *Les Chants palustres*, 1951). La plupart de ses livres sont écrits simultanément en français et en provençal. Il est mort à Aix-en-Provence le 2 mars 1950.

F.O.

Archambault Gilles (1933). Né à Montréal, il entre à la société Radio-Canada en 1958. Réalisateur et animateur radiophonique d'émissions littéraires et d'émissions de musique de jazz, il a aussi collaboré comme chroniqueur à plusieurs magazines, revues et journaux. En 1978, il fonde les Éditions du Sentier avec Jacques Brault et François Ricard. Auteur de dix romans, de plusieurs recueils de nouvelles et de chroniques, il se distingue par une prose grinçante et un ton discret et ironique, singuliers dans la littérature québécoise actuelle. Parmi des romans tels que *Le Tendre Matin* (1969), *La Fuite immobile* (1974), *Les Pins parasols* (1976), *Le Voyageur distrait* (1981) et *Les Choses d'un jour* (1992), des héros lucides et sensibles, défaits par l'usure d'une vie apparemment confortable mais sans grandeur, font leur propre procès et celui de leur milieu : la petite-bourgeoisie intellectuelle à laquelle ils appartiennent les condamne à une médiocrité dont ils s'accusent personnellement avec un mélange de complaisance et de cruauté. L'honneur qu'ils se font de mériter leur médiocrité et de reconnaître la turpitude qui les étouffe rejoint les sombres humeurs du chroniqueur de *Stupeurs* (1979) et des *Plaisirs de la mélancolie* (1980). L'œuvre de Gilles Archambault est celle d'un moraliste de la vie contemporaine, qui décrit les travers de ses semblables sans se faire illusion sur les grands mots de son époque.

R.B.

Arche (L'). Les premières publications de cette petite maison d'édition, fondée en 1949 à Paris, et dirigée par Robert Voisin, ont eu pour ambition de faire plus largement connaître des textes théoriques ordinairement réservés à un public de spécialistes. Dans cette perspective, sa première collection, « Commentaires », publie l'*Esquisse pour une histoire de l'existentialisme* de Jean Wahl, tandis que paraissent dans la collection « Musique » les *Notes sur Chopin* de Gide et une *Introduction à la musique de douze sons* de René Leibowitz. En 1950, Robert Voisin crée les collections « Psyché » et « Essais sur le théâtre », où paraissent les *Notes sur mon théâtre* de Montherlant. Ce dernier ouvrage marque le coup d'envoi d'un important programme de publications dans le domaine théâtral. À partir de 1951, L'Arche s'associe à l'expérience de Vilar et du Théâtre national populaire en créant la collection du « Répertoire du Théâtre national populaire » : dans chaque volume est reproduit le texte intégral de la pièce créée au TNP, avec un choix de photographies du spectacle : le succès est immense, plus de 120 000 exemplaires de *Lorenzaccio* sont vendus. De 1953 à 1964, L'Arche publie la revue *Théâtre populaire*, à laquelle collaborent Roland Barthes, Guy Dumur, Morvan Lebesque, Jean Duvignaud et Bernard Dort, et qui reste aujourd'hui encore une revue de référence sur le théâtre. La découverte de Brecht et du Berliner Ensemble en 1954 donne une orientation décisive quant aux choix éditoriaux de la maison. Dès lors, L'Arche consacrera une part essentielle de ses collections à la publication de textes dramatiques et d'essais sur le théâtre, avec une prédilection pour le domaine allemand : outre la totalité des écrits de Brecht, sont publiés Marieluise Fleisser, Franz Xavier Kroetz, Botho Strauss, Thomas Bernhard, Herbert Achternbush, Werner Rainer Fassbinder, Peter Handke. L'Arche se signale également par la publication de l'intégralité de l'œuvre dramatique de Strindberg, d'Eugene O'Neill et de Tourgueniev, et fait découvrir de nombreux dramaturges français et étrangers parmi lesquels Alexandre Ostrovski, John Aren, Michel Vinaver, Edward Bond, Michel Deutsch, Chantal Ackerman. L'Arche, dirigée depuis 1986 par Rudolph Rach, a ainsi constitué un catalogue de 250 titres rassemblant les œuvres des plus grands dramaturges du siècle. En marge de son activité éditoriale, L'Arche s'est engagée dans un travail de gestion des droits de représentation et droits annexes (radio, télévision) d'un catalogue d'environ cinq cents pièces publiées par la maison ou par d'autres éditeurs.

N.L. — IMEC

Arcos René (1881-1959). Né à Clichy-la-Garenne. Il hésite entre peinture et poésie avant de participer à la fondation de l'Abbaye de Créteil, où il imprime lui-même *La Tragédie des espaces* (1906). Réformé en 1914, il est pendant la guerre le correspondant du *Chicago Daily News* pour lequel il visite le front français et rend compte du mouvement des idées. En 1915, à Genève, il rencontre Romain Rolland, dont il restera un disciple zélé, prenant notamment sa défense contre les attaques de Giono en 1938. Créateur des Éditions du Sablier à Genève en 1918, il est aussi, avec Paul Colin, rédacteur en chef de la revue *Europe* dès sa création en 1923. Poète *(Le Sang des autres*, Le Sablier, 1919), puis prosateur *(Le Mal*, Le Sablier, 1918 ; *Le Bien commun*, Le Sablier, 1919 ; *Casernes*, Rieder et Cie, 1921 ; *Autrui*, Le Sablier, 1926 ; *Médard de Paris*, Le Sablier, 1928) ; il achève sa production littéraire avec un *Romain Rolland* (Mercure de France, 1950). L'amitié est, avec l'antimilitarisme, le thème récurrent de son œuvre.

Ch.F.

Argile (1973-1981). Revue fondée à Paris par Claude Esteban, publiée aux Éditions Maeght. Un an après la disparition de la revue *L'Éphémère*, Aimé et Marguerite Maeght, qui en avaient été les mécènes, confient au poète Claude Esteban la direction d'une nouvelle revue de littérature. Tandis que *L'Éphémère* avait une direction collégiale, Esteban est l'unique maître d'œuvre d'une publication trimestrielle dont Jean-Claude Schneider, traducteur de l'allemand et du russe, est secrétaire de rédaction. La couverture de cette revue de grand format est dessinée par Raoul Ubac.

De parution irrégulière en raison des fluctuations du mécénat des Éditions Maeght, *Argile* aura vingt livraisons dont quatre cahiers doubles. Traducteur de l'espagnol, de l'italien et du portugais, Esteban introduit dans la revue des poèmes d'auteurs tels que Vicente Aleixandre y Merlo, Gimferrer, Jorge Guillen, Juan Ramon Jimenez, Eugenio Montale, Octavio Paz, Fernando Pessõa, Alexandra Pizarnik, Provenzali, Francisca de Quevedo y Villegas et Cesar Vallejo. De son côté, Jean-Claude Schneider traduit Anna Akhmatova, Karl Buchner, Hofmannsthal, Hölderlin, Ossip Mandelstam et Martin Walser. D'autres écrivains et poètes comme Yves Bonnefoy, André Du Bouchet, Jacques Dupin, Philippe Jaccottet, Bernard Noël, Henri Thomas, Alain Delahaye, Philippe Denis ou Pierre Leyris apportent leur collaboration à *Argile*, qui publie aussi des textes d'Artaud, Char, Daumal, Jouve, Michaux, Pasternak ou Reverdy. *Argile* ouvre également ses pages aux artistes, en particulier aux peintres contemporains et abstraits (souvent exposés à la galerie Maeght) tels que Pierre Alechinsky, Dieter Appel, Asse, Christian Dotremont, Fernandez, Miró, Palazuelo, Josef Sima, Pierre Soulages, Antonio Tapiès, Bram Van Velde ou Maria Elena Vieira da Silva.

Al.P. — IMEC

Arland Marcel (1899-1986). Né le 5 juillet 1899 à Varennes-sur-Armance (Haute-Marne), brillant élève, il se prépare très tôt à un « sacerdoce littéraire ». Étudiant à la Sorbonne, il entre en contact avec le milieu des écrivains, en tant que critique pour une revue universitaire, puis comme cofondateur, avec Vitrac, Crevel, Dhôtel, de la revue *Aventure*, liée au mouvement surréaliste dont elle s'éloigne rapidement. Jusqu'en 1929, Arland enseigne les lettres tout en écrivant. Après *Terres étrangères* (1923), *La Route obscure* (1924), *Étapes* (1927), il est remarqué par Gide et Larbaud et se lie avec le jeune Malraux. Dès ces premières œuvres apparaît un thème qu'exprime le titre d'un essai de 1929, *Sur un nouveau mal du siècle*. Cet essai qui situe la littérature dans le champ de l'éthique connaît un grand succès, confirmé par celui du roman qui l'illustre, *L'Ordre* (1929, prix Goncourt). Arland, dès lors, vit de sa plume.

On peut s'étonner aujourd'hui de l'accueil réservé à *L'Ordre* dont le didactisme semble lourd, surtout comparé à la finesse qui caractérise la production ultérieure d'Arland. Ce long roman en trois tomes met en scène Gilbert Villars, jeune homme rêveur et brillant, révolté contre l'ordre bourgeois qu'incarnent son oncle et tuteur et son frère Justin, jeune médecin et homme politique plein d'avenir. Le héros aime sa cousine Renée qui lui rend son amour mais épouse Justin. Gilbert coupe alors tout lien avec sa famille, s'enfuit à Paris, vit dans la misère, devient communiste et se fait un nom comme journaliste et polémiste. Il renoue avec Renée qui abandonne Justin pour lui quand il tombe malade. Leur idylle dure peu de temps : le couple vit dans la pauvreté ; Gilbert doit enseigner et se détache de Renée qui lui rappelle la médiocrité de sa destinée. À la suite d'une altercation sordide avec une maîtresse de Gilbert, Renée est recueillie par Justin, tandis que Gilbert part pour l'Orient. Malade, il revient mourir à Clermont, se réconciliant *in extremis* avec Renée et Justin.

En 1930, Arland épouse une jeune femme peintre, qui apparaîtra souvent en filigrane dans son œuvre. Il fait paraître de brefs récits, genre où son talent s'exprime le mieux, recueillis dans *Antarès* (1932), *Les Vivants* (1934), *Les Plus Beaux de nos jours* (1937), *La Grâce* (1941). Ces petites études de mœurs et de caractères ont souvent pour décor sa Champagne natale. Pendant la guerre et jusqu'au début des années cinquante, Arland se consacre surtout à son activité de critique, publiant une *Anthologie de la poésie française* (1941, complétée en 1951 par *La Prose française, anthologie et histoire d'un art)* et un très grand nombre d'articles (recueillis en 1952 dans *Essais et nouveaux essais critiques)*. À côté des études sur divers écrivains de sa génération littéraire, qui offrent un état des lieux de la littérature en France à la Libération, il compose des essais plus ambitieux comme « Littérature et politique », « La poésie pure » et « Sur l'art du roman ». Ces études sont prolongées par un *Marivaux* (1950), des *Lettres de France* (1951) et *La Grâce d'écrire* (1955).

La critique n'est pas pour Arland une activité de deuxième ordre ; aussi ne s'étonne-t-on pas de le voir entrer à la *NRF* en 1953, comme adjoint de Paulhan, puis en assurer la direction de 1968 à 1977. Il est désormais au sommet de son influence et de son talent. Paraissent alors ce qu'il nomme ses « essais intimes » (*La Consolation du voyageur*, 1952 ; *La Nuit et les sources*, 1963) et surtout un recueil de lettres fictives — mais le sont-elles toutes ? — *Je vous écris* (1960) : adressées à Mme de Sévigné, à Jean Grosjean, à Marcel Jouhandeau..., elles parlent de la nature, de la littérature, de la « grâce d'écrire », tandis qu'une lettre à Jean Paulhan propose, trente ans plus tard, une relecture du personnage de Gilbert Villars, le héros de *L'Ordre*.

Le meilleur d'Arland est peut-être dans ses derniers recueils de nouvelles, ou plutôt ses livres car les nouvelles y sont étroitement intégrées les unes aux autres par un subtil système de rappels thématiques ou narratifs. Ces œuvres forment un ensemble au style sobre, dominé par l'omniprésente conscience de la mort et par une obsédante opposition entre ténèbres et clarté : *L'Eau et le feu* (1956), *À perdre haleine* (1960), *Le Grand Pardon* (1965), *Attendez l'aube* (1970). En 1968, Marcel Arland est élu à l'Académie française ; il suffit d'évoquer les titres de ses derniers ouvrages pour deviner la pensée qui l'habite désormais : *Proche du silence* (1973), *Avons-nous vécu ?* (1977), *Ce fut ainsi* (1979), *Mais enfin qui êtes-vous ?* (1981), *Lumière du soir* (1983).

ŒUVRES. — Sauf mention contraire, publiées chez Gallimard ; les plus célèbres ont été rééditées dans diverses collections de poche (surtout Folio) : *La Route obscure*, 1924. — *Étapes*, 1927. — *Sur un nouveau mal du siècle*, 1929. — *L'Ordre*, 1929. — *Antarès*, 1932. — *Les Vivants*, 1934. — *Les Plus Beaux de nos jours*, 1937. — *Terre natale*, 1938. — *Anthologie de la poésie française*, Stock, 1941. — *Sur une terre menacée*, 1941. — *Zélie dans le désert*, 1944. — *Le Promeneur*, Le Pavois, 1944. — *Les Échanges*, 1946. — *Il faut de tout pour faire un monde*, 1947. — *Chroniques de la peinture moderne*, Corrêa, 1949. — *Lettres de France*, Albin Michel, 1951. — *Marivaux*, 1950. — *La Prose française*, Stock, 1952. — *Essais et nouveaux essais critiques*, 1952. — *La Consolation du voyageur*, 1952. — *La Grâce d'écrire*, 1955. — *L'Eau et le feu*, 1956. — *Je vous écris*, 1970. — *À perdre haleine*, 1960. — *La Nuit et les sources*,

1963. — *Le Temps de Kerlo*, 1964. — *Le Grand Pardon*, 1965. — *Carnets de Gilbert*, 1967. — *La Musique des anges*, 1967. — *Attendez l'aube*, 1970. — *Proche du silence*, 1973. — *Avons-nous vécu ?*, 1977. — *Ce fut ainsi*, 1979. — *Mais enfin qui êtes-vous ?*, 1981. — *Lumière du soir*, 1983.

→ Jean Duvignaud, *Arland*, Gallimard, 1962. — Alain Bosquet, *En compagnie de Marcel Arland*, Gallimard, 1972. — Claude de Burine, *Marcel Arland*, Rodez, Subervie, 1980. — *Marcel Arland nouvelliste*, Actes du colloque de Bruxelles, Glons, Le Marronnier, 1990.

G.P.

Arléa. Maison d'édition fondée à Paris en 1986 par Jean-Claude Guillebaud et Claude Pinganaud. La passion du livre doublée d'une vieille amitié entre Jean-Claude Guillebaud, directeur de collection au Seuil, et Claude Pinganaud, ancien libraire, préside à la naissance de cette maison. Ses fondateurs créent d'abord, en 1984, une SARL avec des amis, avant de racheter une librairie rue de l'Odéon, qu'ils baptisent « Les Fruits du Congo » (reprenant un titre d'Alexandre Vialatte qu'ils conserveront jusqu'en 1994). La littérature occupe une bonne place dans cette librairie d'occasion et dès cette époque émerge l'idée de créer une maison d'édition. Deux ans plus tard, en février 1986, les premiers livres paraissent : *La Pension des nonnes* de Pierre Veilletet (rédacteur en chef à *Sud-ouest*, qui rejoint Arléa au titre de directeur littéraire aux côtés de Claude Pinganaud et Catherine Guillebaud) et *Le Sourire d'un roi* de Mireille Prigent.

Autonomes, les Éditions Arléa entretiennent des rapports privilégiés avec les Éditions du Seuil, actionnaire et diffuseur. La maison a pour ambition de faire redécouvrir des auteurs tels que Morand, Jouhandeau ou Vialatte, mais aussi de révéler de jeunes auteurs. Une première collection, « Lieux dits », propose d'utiliser le voyage comme source littéraire. En 1989, la collection « L'étrangère », dirigée par Jacqueline Délia, s'ouvre aussi bien à la fiction qu'aux documents (*Un fils tombé du ciel* du Chinois Lao Sheet ; *Waugh en Abyssinie* d'Evelyn Waugh). La volonté de redécouverte de textes oubliés se concrétise par la création des collections « Retour aux grands textes », qui offre de nouvelles traductions d'auteurs et de textes classiques, « Les grands humoristes », dirigée par Delphine Gorges, et « Les Licencieux », dirigée par Agnès Hirtz. Plusieurs prix littéraires ont récompensé les romans publiés par la maison depuis sa création, le prix François Mauriac pour *La Pension des nonnes* de Pierre Veilletet (1986), le prix Roger Nimier pour *Le Voyage à Keren* de Jean-Claude Guillebaud (1988), le prix de la vocation pour *Absinthe* de Christophe Bataille (1995). En 1996, la maison d'édition a créé la collection Arléa poche, qui réédite les textes du fonds ou des textes tombés dans le domaine public.

Sa.S. — IMEC

Arnaud Claude (1955). Né à Paris le 24 avril 1955, élève au lycée Claude-Bernard, puis étudiant en lettres à l'université de Vincennes, collaborateur de la revue *Cinématographe* de 1977 à 1983, il aborde la création littéraire par un regard sur le XVIIIe siècle. Après une pièce de théâtre, *Les Salons* (Lattès, 1985) écrite en collaboration avec Bernard Minoret et qui s'inspire librement de la correspondance de Mme du Deffand et de Julie de Lespinasse, il publie une biographie très remarquée de *Chamfort* (Laffont, 1988, rééd. coll. Pluriel, 1990 ; prix de l'Essai de l'Académie française, prix Fénéon et prix Léautaud) et conduit désormais une triple carrière de chroniqueur, de scénariste et de romancier. Son roman, *Le Caméléon* (Grasset, 1994 ; prix Femina du premier roman 1995), jette un regard fasciné sur l'Albanie des dernières années de dictature communiste.

A.G.

Arnaud Georges (1918-1987), pseudonyme de Henri Girard. Né le 16 juillet 1918 à Montpellier, il a traversé bien des orages : bien que réformé, il s'engage dans les forces combattantes en 1940 ; fait prisonnier, il s'évade. Des études de droit le conduisent à préparer le Conseil d'État. Mais son père est assassiné en 1945 et lui-même, emprisonné avant d'être innocenté. De 1947 à 1949, il s'exile en Amérique du Sud. De ces années de misère, il tire trois romans : *Le Voyage du mauvais larron* (1946-1948), *Le Salaire de la peur* (1949), *Lumière de soufre* (1952), et un recueil de nouvelles : *La Plus Grande Pente* (1961). Des reportages traduisent sa sensibilité aux détresses humaines : il évoque le désespoir du monde carcéral dans *Prisons* (1953) et dans *Schtilibem 41* (1953), poème hermétique en argot ; il prend la défense des minorités opprimées dans *Indiens pas morts* (1956) ; un pamphlet, *Pour Djamila Bouhired* (1958), dénonce les violences policières pendant la guerre d'Algérie. Citons aussi, au théâtre : *Les Aveux les plus doux* (1954), *Maréchal P...* (1958). Georges Arnaud est décédé le 4 mars 1987.

C. A.-M.

Arnauld Céline (1895-1952). Née à Nice. Épouse du poète belge Paul Dermée (pseudonyme de Camille Jansen), elle dirige avec son mari, installé à Paris, la revue *L'Esprit nouveau*. Rare exemple d'adhésion féminine au mouvement Dada, elle publie des textes dans *Ça ira*, *Projecteur*, *Dadaphone*, *391*, ainsi qu'un manifeste, « Ombrelle Dada » dans le numéro spécial de *Littérature* consacré à ce mouvement (1920). On lui doit un « roman poétique », *Tournevire* (1919), et une dizaine de plaquettes, recueillies dans *Le Clavier secret* (1934) et dans une *Anthologie Céline Arnauld 1919-1935* (1936). Parmi ses autres recueils : *Heures intactes* (1936), *Les Réseaux du réveil* (1937), *La nuit pleure tout haut* (1939).

O.Bi.

Arnoux Alexandre (1884-1973). Né à Digne le 27 novembre 1884, il ouvre une œuvre abondante et variée par un recueil de vers : *L'Allée des mortes* (1906). Les nouvelles d'*Indice 33* et *Le Cabaret* (1919), témoignages sur la guerre, le révèlent au public. Le futur biographe de Merlin et de Tristan Corbière montre vite un goût pour l'étrange. Un mélodrame féerique, *Huon de Bordeaux* (1923), ressuscite les légendes médiévales. Les histoires de *Suite variée* et du *Chiffre* (1926) font surgir un fantastique quotidien et moderne ; le merveilleux se laisse trouver dans les inventions mêmes de la science. Les romans, poétiques, *Écoute s'il pleut* (1923), *Carnets de route du juif errant* (1930), *Le Rossignol napolitain* (1937), *Algorythme* (1948), *Roi d'un jour* (1955), sont nourris de rêves. Les *CVIII quatrains* ou les *Petits Poèmes* (1954) sont l'œuvre d'un magicien des mots. Essayiste, Arnoux exprime son goût pour la musique et son intérêt pour l'Allemagne dans *Rencontres avec Wagner* (1927) et *Contacts allemands* (1950) ; il trace des peintures poétiques des lieux qu'imprègnent ses souvenirs : *Paris-sur-Seine* (1939), *Rhône mon fleuve* (1944), *Paris ma grand'ville* (1949). Membre de l'Académie Goncourt depuis 1947, il s'entoure jusqu'à sa mort d'une discrétion qui explique, peut-être, un certain silence autour de son œuvre, récompensée par le prix national des Lettres.

C. A.-M.

Arrabal Fernando (1932). Né à Melilla (Maroc espagnol) le 11 août 1932, installé en France depuis 1955, il ne cesse de revivre son enfance (*Baal Babylone*, Julliard, 1959 ; le film *Viva la muerte*, 1971), l'arrestation de son père par les nationalistes (*Les Deux Bourreaux*, Julliard, 1958 ; *Labyrinthe*, Julliard, 1961), et de se tourner vers l'Espagne (*El Greco*, Flohic, 1991 ; *Un esclave nommé Cervantès*, Plon, 1996). Pour conjurer le passé, il choisit la transgression : ici le tragique côtoie le bouffon, le lyrique la scatologie, et à l'ombre de Sade ou de Lewis Carroll des silhouettes indécises se livrent aux rituels du mouvement Panique. Pourtant, cet imaginaire respire la peur de la femme, à la fois ange et démon (*L'Enterrement de la sardine*, Julliard, 1961 ; *Le Couronnement*, Julliard, 1965 ; *La Vierge rouge*, Acropole, 1986), enfant-putain (*Le Tricycle*, Julliard, 1961), animale (*Les Amours impossibles*, Bourgois, 1967 ; *Bestialité érotique*, Bourgois, 1969), mortifère (*La Communion solennelle*, Bourgois, 1967), femme qui ensorcelle (*Le Ciel et la merde II*, Bourgois, 1981), tue (*La Reverdie*, Bourgois, 1985 ; *Bréviaire d'amour d'un haltérophile*, Bourgois, 1986 ; *La Tueuse du jardin d'hiver*, Écriture, 1994) ou châtre (*Le Roi de Sodome*, Bourgois, 1981). Menacé, l'homme livre l'aimée à un tiers (*Cérémonie pour un Noir assassiné*, Bourgois, 1969 ; *L'Extravagante Croisade d'un castrat amoureux*, Ramsay, 1989), l'encage (*Une orange sur le mont de Vénus*, Bourgois, 1976), torture son image (*Le Grand Cérémonial*, Bourgois, 1968) et la tue (*Fando et Lis*, Julliard, 1958 ; *Strip-tease de la jalousie*, Bourgois, 1967). Cette violence se retrouve dans l'ordre politique puisque, après *Pique-nique en campagne* et *Guernica* (Julliard, 1961), Arrabal montre la composante érotique du pouvoir (*L'Architecte et l'empereur d'Assyrie*, Bourgois, 1967 ; *« Et ils passèrent des menottes aux fleurs »*, Bourgois, 1969 ; *L'Extravagante Réussite de Jésus-Christ, Karl Marx et William Shakespeare*, Bourgois, 1982). Pourtant, il arrive que les épreuves se fassent initiatiques (*Le Jardin des délices*, Bourgois, 1969 ; *La Tour de Babel*, Bourgois, 1976) et amènent le personnage à devenir Quichotte (*Les Délices de la chair*, Bourgois, 1981) ou Christ (*Le Cimetière des voitures*, Julliard, 1958 ; *Lève-toi et rêve*, Bourgois, 1982). L'univers arrabalien porte ainsi la marque en creux du sacré auquel il rend l'hommage de la profanation.

ŒUVRES. — *Théâtre*, t. I-III, Julliard, 1958-1965 ; t. III-XVII, Bourgois, 1965-1987 ; Actes Sud depuis 1988.

→ Alain Schifres, *Entretiens avec Arrabal*, Belfond, 1969. — Bernard Gille, *Arrabal*, Seghers, 1970. — Françoise Raymond-Mundschau, *Arrabal*, Éditions universitaires, 1972. — Jean-Jacques Daetwiler, *Arrabal*, L'Âge d'homme, 1976. — Angel Berenguer, *L'Exil et la cérémonie*, UGE, 1978. — Alain Chesneau et Angel Berenguer, *Entretiens avec Arrabal*, Grenoble, Presses universitaires, 1978. — Alain Chesneau, *Décors et décorum*, Sherbrooke, Naaman, 1984. — Danièle Ruyter-Tognotti, *De la prison à l'exil*, Nizet, 1986. — Patricia Mary Pelle, *La Répétition dans le théâtre d'Arrabal*, thèse, Ottawa, 1987. — Maria S. Guiral Steen, *El Humor en la obra de Arrabal*, Madrid, Playor, 1988. — Ante Glibota, *Arrabalespace*, L'Amateur, 1994.

J.P.

Arseguel Gérard (1938). Né à Toulouse, professeur de lettres dans les Alpes de Hautes-Provence, il publie ses poèmes dès 1967, dans les premiers numéros de *Manteia*, revue fondée à Marseille dans le sillage des *Cahiers du Sud* et au comité de rédaction de laquelle il siégea, aux côtés de Jean Todrani, Jean-Jacques Viton, Joseph Guglielmi, Jean Malrieu et plus tard Charles Grivel. *Décharges* (Bourgois, 1977) est constitué d'une profusion de textes hétéroclites, dont les publications postérieures n'auront de cesse de se distinguer par un souci croissant d'épure, à l'opposé de la « décharge », et de signifier l'abondance à partir d'éléments isolés. *À feu doux* (Ulysse fin de siècle, 1990) retrace l'histoire d'un couple, à partir de la transcription des messages laissés sur une table de cuisine : du relevé de ces empreintes quotidiennes, l'auteur recrée au fil des pages la dynamique d'une relation amoureuse et de l'inexorable séparation. Bien que plus métaphorique, on retrouve dans *Théorie de l'envol* (Tarabuste, 1996) la capacité à extraire, des présences et des mouvements les plus anodins, des ombres démesurées susceptibles de renvoyer à une gravité insoupçonnée. Auteur de nombreux recueils de poésie, Arseguel a également publié un essai consacré au poète Jean Tortel (*Le Regard écrit : poétiques de Jean Tortel*, André Dimanche, 1996).

C.F. — CIPM

Art Press. Créé en 1972, bimestriel, puis mensuel à partir de 1976, dirigé par Catherine Millet, *Art Press* est d'abord une revue consacrée à l'art contemporain : peinture, sculpture, architecture, photographie. On y trouve également d'importants articles consacrés à la littérature et signés de critiques comme Jean-Pierre Salgas ou d'écrivains tels que Philippe Muray, Guy Scarpetta et surtout Jacques Henric, romancier, essayiste, auteur notamment d'*Adorations perpétuelles* (1994). Proche de *Tel Quel* au cours de ses dix premières années d'existence, *Art Press* défend en littérature une certaine conception de la modernité qui remonte à Bataille et Céline, passe par le surréalisme, le Nouveau Roman, l'avant-garde et se traduit par un soutien apporté à quelques écrivains d'aujourd'hui : Philippe Sollers, Pierre Guyotat, Louis Calaferte, Denis Roche, Marcelin Pleynet. Par ses choix et ses engagements, l'histoire d'*Art Press* influence et reflète à la fois l'évolution et le renouveau de l'avant-garde littéraire depuis le début des années 1970. S'interrogeant en 1986 sur ce parcours qui va « de la mort de l'art à la mode de l'art », la revue pose en 1992, à l'occasion de son vingtième anniversaire, la question d'un « retour au réel, à l'engagement de l'écrivain dans ce réel ».

Ph.F.

Artaud Antonin (1896-1948). Né le 4 septembre 1896 à Marseille, il a fait dès 1914 des séjours en maison de santé, conséquence possible d'une méningite qui l'avait atteint quand il avait cinq ans. Il éprouve, dira-t-il, « une faiblesse physiologique [...] qui touche à la substance même de ce qu'il est convenu d'appeler l'âme ». Il parlera, dans une lettre à Jacques Rivière, d'« une effroyable maladie de l'esprit ».

Vers l'âge de vingt ans, il a l'idée d'un « théâtre spontané » qui donnerait des représentations dans les usines. Il va d'abord devenir acteur, grâce au docteur Toulouse, qui lui fait écrire quelques articles pour sa revue *Demain* et lui fait rencontrer Lugné-Poe au début de 1921. Le directeur du Théâtre de l'Œuvre lui confie un petit rôle dans *Les Scrupules de Sganarelle* d'Henri de Régnier. Remarqué par Charles Dullin, qui l'engage à l'Atelier, il y joue « avec le tréfonds de son cœur, avec ses mains, avec ses pieds, avec tous ses muscles, tous ses membres ». Instable, il passe en 1923 chez Pitoëff. Prévu pour le rôle du souffleur dans *Six personnages en quête d'auteur* de Pirandello, il disparaît le jour de la générale.

Parallèlement, il est acteur de cinéma. Grâce à son oncle, il obtient un petit rôle dans *Mater dolorosa* d'Abel Gance. Mais c'est surtout son incarnation du personnage de Marat dans le *Napoléon* du même réalisateur qui est restée mémorable. Gance le décrit comme une « sorte de nain, homme jaune qui assis semble difforme [...]. Sa bouche distille avec âpreté les mots les plus durs contre Danton ». Artaud a une prédilection pour les rôles de victimes ou pour des rôles qu'il tend à transformer en rôles de victimes.

Par ailleurs, il publie des poèmes dans des revues, même si la *NRF* refuse de les accueillir. À la fin de 1924, il adhère au mouvement surréaliste. Par l'intermédiaire du peintre André Masson, il rencontre la plupart de ceux qui animent ce mouvement, surmontant la méfiance première qu'il avait à leur égard. Il collabore à *La Révolution surréaliste*, rédige le tract du 27 janvier 1925. Mais le malentendu, précisément, porte sur le mot *révolution*. Pour Artaud, il s'agit d'être « révolutionnaire dans le chaos de l'esprit », et il conçoit le surréalisme comme « un cri de l'esprit qui retourne vers lui-même ». Une lettre de Breton le sommant de renoncer à collaborer avec Vitrac est l'occasion d'une rupture devenue inévitable. Refusant l'action politique, faisant ses adieux au surréalisme en juin 1927 (« À la grande nuit ou le bluff surréaliste »), il explique que pour lui le surréalisme, le vrai, n'a jamais été qu'« une nouvelle sorte de magie ». *Le Pèse-nerfs* (1925) et *L'Ombilic des limbes* (1925) restent les meilleurs témoignages de cette période de l'activité créatrice d'Artaud. On note même la présence de petits textes surréalistes conçus pour le théâtre, comme *Le Jet de sang*. Mais désormais Artaud laisse à Breton le rôle de dictateur.

Dès le 19 avril 1924, dans un article publié dans *Comœdia* et intitulé « L'évolution du décor », Artaud exprime son intention de « rethéâtraliser le théâtre », de substituer au « théâtre de bibliothèque » de Becque et même au « théâtre théâtral » de Baty un « théâtre dans la vie ». L'aventure du Théâtre Alfred Jarry va illustrer cette intention. Répondant à la création du Cartel le 6 juillet 1926, Artaud publie dans la *NRF* un article où il annonce la fondation du Théâtre Alfred Jarry pour promouvoir l'idée d'un « théâtre absolument pur », d'un « théâtre complet », et faire triompher la « force communicative » de l'action. Cette tentative aboutit à quatre spectacles mémorables : un premier spectacle réunissant les trois fondateurs (Artaud, *Ventre brûlé ou la mère folle* ; Max Robur alias Robert Aron, *Gigogne* ; Roger Vitrac, *Les Mystères de l'amour)*, les 2 et 3 juin 1927 ; la projection du film de Poudovkine, *La Mère*, accompagnée du seul troisième acte de *Partage de midi* de Claudel, le 15 janvier 1928 ; *Le Songe* de Strindberg, les 2 et 9 juin 1928 ; *Victor ou les enfants au pouvoir* de Roger Vitrac, les 24 et 29 décembre 1928 et le 5 janvier 1929. L'entreprise sombre dans l'agitation suscitée par les surréalistes, Breton en tête, l'hostilité publique et les difficultés financières. Artaud garde le regret de n'avoir pu entièrement réaliser son rêve, « une pièce qui sera[it] une synthèse de tous les désirs et de toutes les tortures ».

Le projet sera repris dans les années trente. Artaud fixe le « principe d'actualité ». En 1931, il découvre le théâtre balinais, où il sent « un état d'avant le langage et qui peut choisir son langage :

musique, gestes, mouvements, mots ». Il affirme « la prépondérance absolue du metteur en scène dont le pouvoir de création élimine les mots ». Après avoir pensé à un « Théâtre de la *NRF* », pour lequel il a même essayé d'obtenir la collaboration de Gide, il évolue vers un « Théâtre de la cruauté », qu'il annonce en août 1932 et qui va aboutir, après différents projets et essais, aux représentations des *Cenci* aux Folies-Wagram en mai 1935. Artaud n'est pas allé au bout de ses intentions : ce qu'il a écrit est encore le texte d'une tragédie, inspirée de Shelley, mais il a travaillé ce texte comme une partition musicale, et il a lui-même impressionné le public en jouant le rôle du vieux Cenci, bourreau devenu victime.

Cruauté reste le mot clef d'Artaud dans les textes des années trente, qui seront recueillis en 1938 dans *Le Théâtre et son double*, livre décisif, qui contient la théorie du Théâtre de la cruauté et divers témoignages sur ses possibles ou réelles illustrations. « Par ce double », précisait l'auteur dans une lettre à Jean Paulhan, « j'entends le grand agent magique dont le théâtre par ses formes n'est que la figuration en attendant qu'il en devienne la transfiguration. » Artaud ne se contente pas de mettre en scène, par tous les procédés connus de l'illusion théâtrale, des scènes cruelles avec des bourreaux et des victimes ; il veut exercer lui-même la cruauté, faire souffrir l'acteur, « faire crier » le spectateur. La cruauté, explique-t-il au moment des *Cenci*, « c'est aller jusqu'au bout de tout ce que peut le metteur en scène sur la sensibilité de l'acteur et du spectateur ». Il conçoit la représentation théâtrale comme un « foyer dévorant » ou comme « un bain de feu ». Le metteur en scène lui-même, le créateur, est soumis à la cruauté d'un déterminisme supérieur. Car il y a, pour Artaud, *cruauté* et *Cruauté*. Il n'ignore pas la tentation du sadisme, du sang, de la représentation de « cette cruauté que nous pouvons exercer les uns contre les autres en nous dépeçant mutuellement le corps ». Mais ce n'est qu'un côté de la question (qu'on pense à la coupe de sang humain dans *Les Cenci* ou à l'apparition du vieux Cenci blessé). Le plus important est la Cruauté métaphysique, qui trouve sa source dans l'occulte et se manifeste par la puissance des grandes forces à l'œuvre dans le cosmos et dans l'histoire, et qui est aussi à l'œuvre dans la réalisation artistique. Les maîtres mots d'Artaud à cet égard pourraient être *rigueur* et *pureté*. La tyrannie du metteur en scène est une exigence dans un théâtre qui veut « en finir avec les chefs-d'œuvre » et qui subordonne le langage des mots à un langage plus authentiquement théâtral, celui des objets, des lumières, des costumes, des gestes, du bruitage. C'est par cette exigence d'une réalisation concrète et contraignante qu'Artaud va exercer une influence durable. S'il se préoccupe médiocrement de *mimesis*, il insiste beaucoup sur la *catharsis*, qui va prendre chez lui la forme de la « curation cruelle » : il s'agit « d'en user avec les spectateurs comme avec des serpents qu'on charme et de les faire revenir par l'organisme jusqu'aux plus subtiles notions ». Par la violence du spectacle, il veut dompter la violence de l'homme moderne. Il cherche donc moins à encourager la Révolution qu'à l'empêcher et, d'une manière générale, il défie les spectateurs de son théâtre, et peut-être avec eux l'humanité entière, de « se livrer au-dehors à des idées de guerre, d'émeute et d'assassinats hasardeux ». En cela, pour deux raisons au moins, il est à l'opposé de Brecht.

Avant même la publication du *Théâtre et son double*, Artaud a quitté Paris et la France, comme pour vérifier la présence ailleurs de cette magie qu'il voulait recréer sur scène. C'est le sens de son voyage de 1936 au Mexique, où il part à la recherche du peyotl, cette drogue dont l'ingestion correspond pour les Indiens Tarahumaras à un rite d'identification totale à la race, de rentrée en soi-même. Il en résulte un beau livre sur *Les Tarahumaras*, qu'il faut lire moins comme un documentaire sur les Indiens que comme un témoignage sur la lutte d'Artaud aux prises avec les profondeurs de l'être. L'année suivante, il se rend en Irlande, d'où il rapporte ce qu'il croit être la canne de saint Patrick. Il l'exhibe sur le bateau qui le ramène en France et aurait menacé de sa puissance secrète les autres passagers. « Sur le plan terre à terre », observe alors Breton, qu'Artaud désormais intéresse, « l'homme, et la société dans laquelle il vit, est passé tacitement à un contrat qui lui interdit certains comportements extérieurs, sous peine de voir se refermer sur lui les portes de l'asile (ou de la prison). Il est indéniable que le comportement d'Artaud sur le bateau qui le ramenait d'Irlande en 1937 fut de ceux-là. Ce que j'appelle “passer de l'autre côté”, c'est, sous une impulsion irrésistible, perdre de vue ses défenses et les sanctions qu'on encourt à les transgresser. » Artaud est interné successivement à Quatremare, à Sainte-Anne, à Ville-Évrard. En 1942, inquiets du sort de leur ami dément en zone occupée, Eluard et Desnos demandent au docteur Ferdière de prendre Artaud dans son asile de Rodez. Il va y subir un traitement contestable : l'électrochoc. Les *Lettres de Rodez*, écrites du 17 septembre au 27 novembre 1945 à l'intention d'Henri Parisot (traducteur de Lewis Carroll) et publiées en 1946, constituent un témoignage bouleversant sur cet internement, sur cette cure, sur les souffrances d'un homme qui, dès la lettre qu'il adressait le 22 octobre 1923 à sa compagne d'alors, Genica Athanassiou, disait que l'« idée de souffrance » était « plus forte » pour lui « que l'idée de guérison, l'idée de la vie ». Alarmé, un comité s'était réuni pour le délivrer. Le docteur Ferdière y consent le 19 mars 1946. Le 26 mai, l'écrivain arrive à Paris. Confié aux soins du docteur Delmas, à Ivry, il bénéficie d'une relative liberté et d'une certaine autonomie. Un soutien s'organise, des présences attentives veillent sur lui, en particulier celle de Paule Thévenin.

Le créateur retrouve alors ses droits. À l'occasion d'une exposition Van Gogh au Musée de l'Orangerie en janvier 1947, il écrit un long texte, *Van Gogh le suicidé de la société* : il n'y a pas loin, il le sait et il veut qu'on en soit persuadé, de Van Gogh à *Artaud le Mômo*. Le ton de ces nouveaux écrits est âpre, l'ironie mordante, le style jaculatoire. Ainsi, écrit-il, « on peut parler de la bonne santé mentale de Van Gogh qui, dans toute sa vie, ne s'est fait cuire qu'une main et n'a pas fait plus, pour le reste, que se trancher une fois l'oreille gauche, dans un monde où on mange chaque jour du vagin cuit à la sauce verte ou du sexe de nouveau-né flagellé et mis en rage, tel que cueilli à sa sortie du sexe maternel ».

De cette violence intime témoignent l'émission *Pour en finir avec le jugement de Dieu*, que la radio renonça à diffuser, la Conférence-spectacle au Théâtre du Vieux-Colombier (13 janvier 1948) et maints textes tardifs où éclate une ironie féroce sur le monde et sur lui-même. Le dernier Théâtre de la cruauté, dans le texte qui porte ce titre, daté du 19 novembre 1947, c'est le théâtre du corps souffrant d'Artaud, rongé par le cancer dont il va mourir le 4 mars 1948. Car son corps, à lui seul, est théâtre, et ses derniers textes étalent ce qu'Henri Gouhier a justement appelé une « anatomie lyrique ». Plus que jamais, « le théâtre de la cruauté / n'est pas le symbole d'un vide absent, d'une épouvantable incapacité de se réaliser dans sa vie d'homme. / Il est l'affirmation / d'une terrible / et d'ailleurs inéluctable nécessité ».

ŒUVRES. — Les *Œuvres complètes* sont publiées chez Gallimard.

→ Jacques Derrida, *L'Écriture et la différence*, Le Seuil, 1967. — Alain Virmaux, *Antonin Artaud et le théâtre*, Seghers, 1970. — Henri Gouhier, *Antonin Artaud et l'essence du théâtre*, Vrin, 1974. — Susan Sontag, *À la rencontre d'Antonin Artaud*, Christian Bourgois, 1976. — Alain et Odette Virmaux, *Artaud vivant*, Nouvelles Éditions Oswald, 1980. — Pierre Brunel, *Théâtre et cruauté, ou Dionysos profané*, Méridiens, 1983. — Jean-Jacques Lévêque, *Artaud*, Henri Veyrier, 1985. — *Antonin Artaud, qui êtes-vous ?*, Lyon, La Manufacture, 1986. — Camille Dumoulié, *Nietzsche et Artaud, pour une éthique de la cruauté*, PUF, 1992. — *Artaud*, Le Seuil, 1996. — Paule Thévenin, *Antonin Artaud, ce désespéré qui vous parle*, Le Seuil, 1993. — André Roumieux, *Artaud et l'asile*, t. I : *Au-delà des murs, la mémoire*, Séguier, 1997. — *Artaud et l'asile*, t. II : *Le Cabinet du docteur Ferdière*, Correspondance et entretiens, éd. Laurent Danchin, Séguier, 1997. — Fonds Antonin Artaud à la Bibliothèque nationale.

P.B.

Arts (1924-1967). Hebdomadaire fondé à Paris par Georges Wildenstein, consacré aux arts plastiques, s'ouvrant ensuite à la musique, au cinéma et à la littérature. Devenu *Arts-spectacles* à partir de 1946, l'hebdomadaire connaît son heure de gloire dans les années cinquante, sous l'impulsion de Jacques Laurent, qui en prend la direction en 1954 après y avoir maintes fois collaboré depuis 1952. Si Wildenstein garde un droit de regard sur les pages consacrées à l'art plastique, Jacques Laurent fait table rase dans les autres rubriques et reprend le titre *Arts.* Plusieurs générations de talents se côtoient ainsi au marbre de la revue, essentiellement financée par les *best-sellers* de Cécil Saint-Laurent (pseudonyme de Jacques Laurent), puis par le groupe Hachette. Le choix des collaborateurs est réglé par l'admiration que l'écrivain porte à ses aînés, ceux de la grande époque littéraire des années vingt, et par l'estime qu'il accorde à certains auteurs de sa génération. Jouhandeau, Jacques Perret ou Marcel Aymé font la chronique des faits divers, tandis que Giono commente le déroulement du procès Dominici en décembre 1954. Audiberti sera aussi bien envoyé en reportage à la Chambre des députés (nº 504, février 1955) qu'aux Folies-Bergère (nº 519, juin 1955). Jean-Louis Curtis et Félicien Marceau font la critique des romans. Michel Butor et Boris Vian suivent l'actualité du jazz ; Robert Beauvais, celle du music-hall. Le septième art vibre sous les accents de la jeune équipe des *Cahiers du cinéma*, François Truffaut, Jean-Luc Godard, Jacques Rivette, Éric Rohmer. Chaperonnés par André Parinaud et Jean Le Marchand, débutent dans les lettres Jean-René Huguenin, Pierre Marcabru, Matthieu Galey, Renaud Matignon ou Jean-Edern Hallier. À la « Une », le bloc-notes de Roger Nimier répond à celui que tient Mauriac dans *L'Express*, et les « Chandelles » de Jacques Laurent déboulonnent les sommités existentialistes de l'époque. Et dans cette étrange alchimie, polémique, ludique et festive, règne une grande liberté de ton et d'esprit. Au moment où Hachette se retire, à la fin de 1958, Jacques Laurent quitte le magazine. Georges Wildenstein reprend *Arts* avec André Parinaud. On retrouve Roger Nimier, Paul Guimard, Antoine Blondin et Jean Le Marchand au comité directeur. Ils assureront la marche du journal jusqu'en 1960 avant d'investir *Le Nouveau Candide*, créé par Kléber Haedens. Bon an, mal an, *Arts* paraîtra jusqu'en 1967.

F.He. — IMEC

Association des Écrivains et Artistes Révolutionnaires. L'AEAR est l'organisation la plus représentative de l'engagement des intellectuels français au moment du Front populaire. Elle fut créée le 17 mars 1932. Paul Vaillant-Couturier en était le secrétaire général, Jean Fréville (responsable des pages littéraires de *L'Humanité)* son adjoint, Aragon et Nizan membres du Comité exécutif. Section française de l'Union internationale des écrivains révolutionnaires (UIER), organisation satellite de l'Internationale communiste, l'AEAR a pour objectif principal l'application en France des résolutions adoptées au congrès de Kharkov en novembre 1930 : développement d'une littérature révolutionnaire s'appuyant sur un réseau de correspondants ouvriers (les « rabcors ») et surtout conquête du « champ littéraire » alors occupé par des groupes indépendants (les surréalistes, le groupe des écrivains prolétariens d'Henry Poulaille, *Monde* et son directeur Henri Barbusse) que la conférence a violemment condamnés.

À l'automne 1932, cette politique dure s'adoucit sous l'influence de plusieurs facteurs : assouplissement de la politique culturelle en URSS, succès du Congrès contre la guerre d'Amsterdam (août 1932) organisé et présidé par Barbusse. En octobre, Barbusse adhère à l'AEAR qui, en décembre, appelle au regroupement de tous les écrivains progressistes. L'accession d'Hitler au pouvoir (janvier 1933) accentue cette évolution. Le meeting contre le fascisme qui réunit le 21 mars 1933 Gide, Malraux, Dabit et Guéhenno, marque la véritable naissance de l'AEAR. Cette organisation jusque-là très étroite, dans ses effectifs comme dans son esprit, devient le pôle attractif de la gauche intellectuelle française. S'ouvre alors une série très importante de manifestations (meetings antifascistes ou, en avril 1935, l'inauguration de la première Maison de la culture), auxquelles les intellectuels participent de plus en plus nombreux (Gide, Giono, Malraux, Aragon, Nizan, Rolland, Barbusse, Guilloux, Dabit, Crevel, Jean-Richard Bloch et bien d'autres comme les peintres Fernand Léger et Paul Signac). En juillet 1933, la parution du premier numéro de *Commune*, organe de l'AEAR, constitue une nouvelle étape de cette progression dont le Congrès de Paris pour la défense de la culture (21-25 juin 1935) est le point culminant. L'organisation tutélaire, l'UIER, est dissoute en décembre 1935 ; l'AEAR est alors remplacée par l'Association internationale des écrivains pour la défense de la culture (secrétaires André Chamson, Jean-Richard Bloch et André Malraux) qui, portée par l'enthousiasme entourant le Front populaire poursuit son développement et revendiquera, en décembre 1938, cent mille membres.

Ph.B.

Au Sans Pareil (1919-1936). Maison d'édition fondée à Paris par René Hilsum. La naissance de Dada et du surréalisme, la bibliophilie et la personnalité de René Hilsum président à l'aventure singulière des Éditions Au Sans Pareil, qui ont publié cent soixante-dix ouvrages de 1919 à 1936, vingt dans la seule année 1927. En mars 1919, Aragon, Breton, Soupault fondent la revue *Littérature.* René Hilsum, ancien condisciple de Breton au lycée Chaptal, se lance alors dans l'édition, dans le sillage de *Littérature.* D'une part, sur la suggestion d'Aragon, il baptise sa maison « Au Sans Pareil », du nom de certains magasins de nouveautés. D'autre part, l'entreprise commence par la publication d'un poème inédit de Rimbaud, *Les Mains de Jeanne-Marie*, précédé d'un portrait et d'une notice, publié à cinq cents exemplaires avec tirage de tête, le 15 mai 1919, dans la « Collection de *Littérature* », repris ensuite dans le numéro de juin de la revue. L'entente avec les dadaïstes et futurs surréalistes durera trois ans, jusqu'à la rupture. Entretemps, Au Sans Pareil aura publié, outre *Les Lettres de guerre* de Jacques Vaché et *Les Champs magnétiques*, un texte de Breton, un de Soupault, un d'Aragon et trois d'Eluard.

En 1925, l'orientation bibliophilique du Sans Pareil se dessine. Une collection, bientôt dénommée « Collection bleue » présente le plus souvent un conte ou une nouvelle, illustrés de gravures originales : Giraudoux est illustré par Laboureur, Mac Orlan par Grosz. Jusqu'en 1928, paraîtront une vingtaine de livres, tous imprimés chez Coulouma à Argenteuil, réputé pour ses éditions de luxe. De 1925 à 1930, Au Sans Pareil publie vingt-quatre numéros.

Plaisir de bibliophile, revue dont la couverture est illustrée chaque année par un artiste différent (Jou, Laboureur, Legrain, Berdon, Latour, Bonet). Au Sans Pareil publie régulièrement Blaise Cendrars : *Dix-neuf poèmes élastiques*, *Feuilles de route*, *L'Eubage*, *Le Plan de l'Aiguille*, roman à gros tirage, *Petits Contes nègres pour les enfants de Blancs*, *Les Confessions de Dan Yack*, autre tirage important, *Comment les Blancs sont d'anciens Noirs*. En 1929, René Hilsum publie le premier ouvrage de Marguerite Yourcenar : *Alexis ou le traité du vain combat*. En 1930, Cendrars lance la collection « Les Têtes brûlées », dont il présente le premier volume mais qui n'ira pas au-delà du deuxième : *Al Capone le balafré, tsar des bandits de Chicago*. Visant le sensationnel, Hilsum tire alors ses dernières cartouches. Au Sans Pareil, après avoir acquis une réputation dans le milieu littéraire au moment de Dada, s'est assagi en se consacrant au livre illustré et de demi-luxe. Mais dans ce domaine la mévente s'installe à partir des années 1930. Hilsum, alors âgé de trente-cinq ans, ne parviendra pas à remonter la pente. À la disparition du Sans Pareil, en 1936, il mettra son savoir-faire au service des éditions du parti communiste.

→ Pascal Fouché, *Au Sans Pareil*, IMEC Éditions, 1989.

G.Se. — IMEC

Aubier-Montaigne. Maison d'édition fondée à Paris en 1924 par Fernand Aubier, rachetée par Flammarion en 1975. C'est en 1924 que Fernand Aubier (1876-1961) décide de se lancer dans le métier d'éditeur et fonde, avec l'appui de quelques amis, la société anonyme des Éditions Montaigne, 13, quai de Conti, dans le VIe arrondissement, à Paris, « entre la Monnaie et l'Institut », ainsi que le rappelait souvent l'éditeur en forme de boutade. Au départ, il lui faut se constituer une trésorerie, et l'image de marque que l'on retient actuellement de cette maison, la philosophie, les sciences religieuses et l'histoire, ne correspond pas à la réalité de la production d'alors. Aubier, lui-même romancier et journaliste, utilise ses relations dans les milieux littéraires parisiens pour lancer ses premières collections : Willy, Fernand Divoire, Georges de La Fouchardière sont mis à contribution pour le « Gai-savoir » ou la « Collection des lettrés » ; des artistes tels que Sima fournissent des bois gravés à des textes de circonstance. Deux différends, l'un avec son confrère Albin Michel à propos de la publication des œuvres complètes de Pierre Louÿs, l'autre avec Aurore Lauth-Sand, détournent l'éditeur de la production littéraire contemporaine. À cet égard, le cas de George Bernard Shaw, dont il obtient en exclusivité la traduction française, restera une exception dans son catalogue.

À partir de 1928, Fernand Aubier entreprend de constituer un fonds de classiques. L'échec de la « Collection littéraire de la Russie nouvelle », fondée en 1927 à l'instigation de Jacques Sadoul, l'y incite : la concurrence est trop vive dans le domaine de la littérature étrangère contemporaine. L'époque voit aussi l'apogée de la politique de réconciliation internationale marquée par le pacte Briand-Kellog. Profitant d'un climat intellectuel favorable, l'éditeur confie en 1929 à Henri Lichtenberger, professeur à la Sorbonne et l'un des principaux artisans du rapprochement franco-allemand, la direction de la collection bilingue de classiques allemands, inspirée directement de la collection Budé des Belles Lettres. Si les traductions sont confiées à des universitaires, Aubier et Lichtenberger refusent une spécialisation trop poussée et veulent s'adresser non seulement aux enseignants mais aussi à l'élite économique du pays.

Les Éditions Montaigne survivent à la crise des années trente en diversifiant leur production avec un succès inégal, renouant épisodiquement avec le roman, échouant dans le domaine de la littérature enfantine. C'est vers une clientèle scolaire et universitaire que l'éditeur se tourne davantage : les classiques bilingues anglais, sous la direction de Louis Cazamian, sont lancés en 1934. À la suite des Éditions Émile-Paul, les Éditions Montaigne publient aussi de 1930 à 1933 la *Revue d'Allemagne et des pays de langue allemande*, dirigée par Maurice Boucher. Mais le changement le plus notable se produit par le retour au catholicisme de Fernand Aubier, qui avait été séminariste puis anticlérical. La série « Vie intérieure » voit le jour sous les auspices du père Sertillanges ; la « Philosophie de l'esprit », dirigée par Louis Lavelle et René Le Senne, naît en 1934 ainsi que la collection « Esprit », émanation de la jeune revue du même nom lancée en 1932 par Emmanuel Mounier. Dans deux registres différents et parallèles, d'une part la réhabilitation de la métaphysique, d'autre part l'ouverture à la pensée personnaliste, c'est le point de départ d'amitiés que ni les vicissitudes commerciales — la collection « Esprit » passe en 1938 chez Gallimard avant de se retrouver au Seuil, après la guerre — ni les événements historiques n'interrompront. La philosophie devient le domaine privilégié de la maison, qui publie Gabriel Marcel, Nicolas Berdiaev, Max Scheler, Jacques Maritain... mais aussi les premières traductions de Hegel par Jean Hippolyte. La guerre voit la publication du *Journal de captivité* de Jean Guitton, le lancement de la collection des Jésuites de Fourvières, « Théologie », qui, sous l'égide des pères de Lubac et Bouillard, contribuera à la renommée de la pensée théologique française et influencera le concile Vatican II.

L'image des Éditions Aubier-Montaigne, après 1945, est résolument universitaire. La collection historique de Paul Lemerle publie des thèses comme celles de R. Boutruche ou de Georges Duby. À la mort de son père, Madeleine Aubier poursuit l'œuvre entreprise. En 1975, Flammarion rachète Aubier, dont le fonds d'ouvrages religieux est vendu à Desclée De Brouwer. Après un élargissement de la production sous la direction de Pierre Mentha, Louis Audibert, à partir de 1991, recentre la politique éditoriale (au rythme de vingt-cinq ouvrages par an) vers la philosophie et les sciences humaines et vers l'édition bilingue de classiques de la littérature étrangère.

→ Valérie Tesnière, *Les Éditions Montaigne, Fernand Aubier éditeur 1924-1940*, thèse de l'École des Chartes, 1984 ; « La première collection Esprit 1935-1938 », *Bulletin des amis d'Emmanuel Mounier*, nº 62, 1984.

V.T. — IMEC

Audiberti Jacques (1899-1965). Né à Antibes le 25 mars 1899, fils d'un maçon d'origine italienne, il fait ses études dans sa ville natale, interrompues avant le baccalauréat, puis travaille comme greffier au tribunal de justice. En 1924, il s'installe à Paris, ville de la « liberté mentale » *(Les Cent Jours)* et des espaces ouverts, par opposition à Antibes où le rempart encercle la vieille ville. Engagé comme « tourneur » au *Journal* puis au *Petit Parisien*, en compagnie du surréaliste Benjamin Péret, et chargé d'effectuer la « tournée » des commissariats pour y débusquer les faits divers les plus sordides, il est profondément impressionné par la souffrance humaine, thème qui imprégnera l'ensemble de son œuvre. En 1930, il publie à compte d'auteur son premier recueil de poèmes, *L'Empire et la trappe*. Immédiatement remarqué par le public spécialisé, ce livre lui vaut l'intérêt de Jean Cassou, Valery Larbaud et Jean Paulhan, sur la recommandation desquels il entre à la *NRF* en 1934. Lauréat du prix Mallarmé en 1938, il abandonne définitivement le journalisme en 1940 pour se consacrer à la littérature. Il aborde successivement les différents genres : son premier roman, *Abraxas*, est publié en 1938 tandis que sa carrière dramaturgique s'amorce en 1946, lorsque C. Toth et André Reybaz décident de monter *Quoat-Quoat*, texte dialogué qui n'était pas à l'origine conçu pour la scène. Parallèlement, il s'intéresse à la critique de cinéma et se lie d'amitié avec François Truffaut.

Fasciné par la poésie, qu'il considère comme « la végétation de l'esprit » *(Entretiens* avec Georges Charbonnier), il écrit la plupart de ses poèmes avant 1950 ; seuls *Rempart* (1953) et *Ange aux entrailles* (1964) sont postérieurs. Ses conceptions poétiques sont développées dans un essai, *La Nouvelle Origine* (1942), ainsi que dans la préface de *La Pluie sur les boulevards* (1950) : le poète est un « théope », un démiurge qui, maître du langage, est l'égal du Créateur. Il « n'emploie les vocables qu'après les avoir contemplés un à un, jusqu'à la fascination mentale », ce qui se traduit chez Audiberti par une profusion verbale et sonore. La rigueur de la forme et le refus du vers libre, jugé trop décousu, au profit des vers mesurés et rimés, confèrent par ailleurs à ses poèmes une facture classique, qui souligne la parenté de l'auteur avec des écrivains du XIXe siècle, tels Hugo ou Mallarmé.

Plus que le champ étroit du poème, le roman offre à Audiberti l'espace propice à ses ambitions cosmiques. Dans un univers où le fantastique intervient volontiers, les protagonistes, placés en situation d'affrontement, sont toujours en proie aux maux de l'incarnation. Comment expliquer en effet la présence du mal et de la douleur, sinon par la dualité entre l'âme et le corps, ce « tas de chair où vient la fleur de la souffrance » *(Des tonnes de semence)* ? Ce manichéisme se reflète dans les personnages de tous ses romans. Dans *Carnage* (1942), l'héroïne, Médie, peut voler et nager comme une sirène, mais perd ses dons surnaturels en épousant Carnage, mari brutal qui l'installe bientôt à la tête d'un sordide lavoir. Marcel, le manichéen convaincu de *Marie Dubois* (1952), ne supporte pas « l'écart démesuré entre les ténèbres larvaires du rut et l'apparent raffinement de notre attirail intellectuel », et convainc Marie de chercher la rédemption dans l'humiliation du corps (la prostitution), puis dans le suicide. Ce pessimisme est tempéré par l'humour et la verve de l'écrivain, dont les trouvailles verbales nourrissent aussi bien le parler gouailleur de ses personnages populaires que les élans mystiques ou passionnés de ses héros.

C'est le théâtre, vocation plus tardive d'Audiberti, qui lui assure la célébrité. Sans renoncer au roman ni à la poésie, il est séduit par le genre dramatique, qui favorise un autre contact avec le public et renforce la puissance du texte grâce à la présence physique des acteurs. Malgré l'antipathie de certains critiques comme Robert Kemp ou Jean-Jacques Gautier, ses pièces, créées pour la plupart dans les petits théâtres de la rive gauche (Poche, Huchette, etc.) par André Reybaz ou Georges Vitaly, rencontrent un relatif succès : la reprise de *Le mal court* en 1955, avec Suzanne Flon dans le rôle de la princesse Alarica, est un triomphe, mais *La Fourmi dans le corps*, créé à la Comédie-Française en 1962, est victime d'un « chahut ».

Impressionné par la philosophie de Sartre, Audiberti tente, avec le peintre C. Bryen et l'écrivain sicilien B. Joppolo, de définir une métaphysique, l'« abhumanisme ». S'insurgeant contre la prétention anthropocentrique, il souhaite que l'homme « perde de vue qu'il est le centre de l'univers » *(L'Abhumanisme)* et reconnaisse qu'il n'en est que l'un des éléments. Le relativisme qui en résulte rend la condition humaine plus supportable, puisqu'il s'applique aussi à « la vénéneuse cuisson des injures et des souffrances que nous subissons ». Il oblige enfin à un scepticisme radical envers toutes les idéologies. Sa dernière œuvre, *Dimanche m'attend*, est un journal, tenu entre 1963 et 1965, alors qu'il se sent « flotter dans l'au-delà » (il a subi deux opérations chirurgicales). En 1964, il reçoit le grand prix national des Lettres. Il est mort à Paris le 10 juillet 1965. Malgré la diversité de ses écrits — une vingtaine de romans, autant de pièces, neuf recueils de poésie, plusieurs essais et de nombreux articles critiques — Audiberti considère son œuvre comme une seule « épopée » *(Entretiens)*, empreinte d'une forte unité de ton, qui est avant tout le fait de son langage poétique : les mots sont la seule réalité solide, il faut les traiter comme des objets, privilégier les glissements du son au sens, voire inventer de pseudo-langues étrangères.

ŒUVRES. — **Romans** : hormis *Talent* (Egloff, 1947) et *L'Opéra du monde* (Fasquelle, 1947), tous les romans sont publiés chez Gallimard : *Abraxas*, 1938. — *Septième*, 1939. — *Urujac*, 1941. — *Carnage*, 1942. — *Le Retour du divin*, 1943. — *La Nâ*, 1944. — *Monorail*, 1947. — *Le Victorieux*, 1947. — *Le Maître de Milan*, 1950. — *Marie Dubois*, 1952. — *Les Jardins et les fleuves*, 1954. — *La Beauté de l'amour*, 1955. — *La Poupée*, 1956. — *Infanticide préconisé*, 1958. — *Les tombeaux ferment mal*, 1963. — *Dimanche m'attend*, 1965. — **Poésie** : *L'Empire et la trappe*, Librairie du Carrefour, 1930, rééd. Gallimard, 1968. — Dans la *NRF* : *Prison*, décembre 1940. — *L'Homme et la maison*, avril 1941. — Chez Gallimard : *Poésies 1934-1943*, 1976. — *La Pluie sur les boulevards*, 1976. — *Des tonnes de semence*, 1976. — *Toujours*, 1976. — *Rempart*, 1953. — *Ange aux entrailles*, 1964. — **Essais** (chez Gallimard) : *La Nouvelle Origine*, 1942. — *Les médecins ne sont pas des plombiers*, 1948. — *Cent jours*, 1950. — *L'Ouvre-boîte*, en collaboration avec Camille Bryen, 1952. — *L'Abhumanisme*, 1955. — **Théâtre** (chez Gallimard) : *Théâtre*, t. I, 1948 : *Quoat-Quoat*, *L'Ampélour*, *Les Femmes du bœuf*, *Le mal court* ; t. II, 1952 : *La Fête noire*, *Pucelle*, *Les Naturels du Bordelais* ; t. III, 1956 : *La Logeuse*, *Opéra parlé*, *Le Ouallou*, *Altanima*. — *La Mégère apprivoisée*, 1957. — *L'Effet Glapion*, 1959. — *Théâtre*, t. IV, 1962 : *Pomme, pomme, pomme*, *Bâton et ruban*, *Boutique fermée*, *La Brigitta*.

→ André Deslandes, *Audiberti*, Gallimard, 1964. — Georges Charbonnier, *Entretiens avec Jacques Audiberti*, Gallimard, 1965. — Michel Giroud, *Audiberti*, Seghers, 1973. — Jean-Yves Guérin, *Le Théâtre d'Audiberti et le baroque*, Klincksieck, 1976. — *Audiberti, le trouble-fête*, (colloque de Cerisy), J.-M. Place, 1979. — *Sud*, n°s 34-35, 1980. — Roselyn Koren, *L'Anti-récit : les procédés de style dans l'œuvre romanesque d'Audiberti*, Slatkine, 1983. — *Europe*, n° 684, avril 1986. — *Audiberti, cavalier seul* (colloque de la Bibliothèque nationale), 1991. — Fonds Audiberti à l'IMEC. — Il existe depuis 1973 des *Cahiers Jacques Audiberti* : *L'Ouvre boîte* (Association des amis de Jacques Audiberti, Meudon).

J.-C.L.

Audisio Gabriel (1900-1978). Né le 27 juillet 1900, dans une famille d'artistes, il passe son enfance et une partie de sa jeunesse à Alger, où il étudie les lettres, le droit, l'histoire et la civilisation musulmanes. En 1918, il fait son service militaire en France mais retrouve l'Algérie dès 1920. Il occupe divers postes administratifs à Alger, puis à Paris à partir de 1929. Dans les années d'avant-guerre, il anime l'École d'Alger, un groupe d'écrivains unis par l'amitié et leur appartenance commune à la culture méditerranéenne : le poète Jean Amrouche, le romancier Mouloud Ferraoun, Albert Camus, Emmanuel Roblès, Jules Roy. Mobilisé en 1939, il est prisonnier à Fresnes en 1943 pour faits de résistance *(Feuilles de Fresnes*, Éditions de Minuit, 1945). Après la guerre, il dirige le Service algérien d'information et de presse à Paris. Il est ensuite conseiller culturel aux Affaires algériennes, et responsable des échanges culturels et artistiques avec l'Algérie. Également producteur à l'ORTF, il réalise de nombreuses émissions sur le théâtre franco-musulman et les écrivains algériens. Poète, romancier, essayiste, il voue la plupart de ses œuvres à la Méditerranée. Influencé par l'unanimisme de Jules Romains, qui avait été son professeur au lycée, il exalte la fraternité des hommes et la beauté lumineuse et sensuelle de la Méditerranée, dans une œuvre poétique au lyrisme sonore. Il reprend ces thèmes dans ses romans, s'inspirant de l'*Odyssée* dans *Les Compagnons de l'Ergador* (1941). Biographe, il écrit *La Vie de Haroun-al-Raschid* (1930) et un *Annibal* (1961). Essayiste, il donne *Jeunesse de la Méditerranée* (1935), *Sel de la mer* (1936), *Amour d'Alger* (1938), *Misères de notre poésie* (1943). *Ulysse ou l'intelligence* (Gallimard, 1945) est une relecture du mythe : le héros grec, qui « n'[a] jamais cessé de [le] hanter », incarne à la fois le génie méditerranéen et l'homme universel, réalisant l'unité perdue par les contemporains. Suivront *Les Augures* (1946), *Visages de l'Algérie* (1953), *Contre-temps* (1953), *Algérie, Méditerranée : feux vivants* (1958), *Louis Brauquier* (1966) et *À n'y pas croire* (1967), recueil de récits et portraits. Enfin, dans *L'Opéra fabuleux* (1970), il évoque l'Algérie foisonnante de sa jeunesse, qui voit naître dans les années vingt le sentiment national avec les débuts du théâtre arabe, et ses rencontres avec Gide, Valéry, Montherlant, Duhamel. Il meurt à Issy-les-Moulineaux, le 26 janvier 1978.

ŒUVRES. — Outre les romans et essais cités ci-dessus, **œuvres poétiques** : *Hommes au soleil*, 1923. — *Poème de la joie*, 1924. — *Ici-bas*, 1927. — *Antée*, 1932. — *La Cage ouverte*, 1938. — *Blessures*, 1940. — *Danger de vie*, 1943. — *Poèmes du lustre noir*, 1944. — *Rhapsodies de l'amour terrestre*, 1949. — *Fables*, 1950, 1956, 1967. — *Le Colombier de Puyvert*, Gallimard, 1953. — *Le Zodiaque fabuleux*, 1957. — *Racine de tout*, Rougerie, 1971. — *De ma nature*, Rougerie, 1978.

→ Jean Susini, *Magiciens au pays du soleil : Gabriel Audisio le méditerranéen, suivi d'extraits de ses œuvres*, Raphèle-lès-Arles, Marcel Petit, 1958. — *Sud*, n° 20, 1972.

I.M.

Audoux Marguerite (1863-1937), pseudonyme de Marguerite Donquichotte, nom donné à son père, enfant trouvé, par l'employé d'état civil. Née à Sancoins le 7 juillet 1863, orpheline de mère à trois ans, abandonnée par son père, elle est élevée par des religieuses, devient à quatorze ans fille de ferme en Sologne, puis vient à Paris pour y être couturière. Nostalgique, elle reprend les contes de son enfance dans *Le Chaland de la Reine* (*Les Cahiers du Nivernais*, juin-juillet 1910) avant de connaître brusquement la célébrité grâce à *Marie-Claire* (Fasquelle, 1910, prix Femina), découvert par Charles-Louis Philippe et lancé par Octave Mirbeau. Suite à ce récit autobiographique qui peint de façon distanciée les réalités les plus rudes, elle évoque son arrivée à Paris dans *Le Suicide* (*Les Cahiers d'aujourd'hui*, n° 5, juin 1913) puis se tait. Après un retour à demi manqué (*L'Atelier de Marie-Claire*, Grasset, 1920), elle s'installe à Saint-Raphaël, publie encore des contes repris partiellement du *Chaland* (*La Fiancée*, Flammarion, 1932) ainsi que deux romans, *De la ville au moulin* (Fasquelle, 1926) et *Douce Lumière* (Grasset, 1937), sans retrouver sa vigueur initiale. Elle reste l'auteur d'un seul livre, célébrée pour sa technique par André Gide et revendiquée par Henry Poulaille comme « écrivain prolétarien ». Elle est morte à Saint-Raphaël le 31 janvier 1937.

→ Georges Reyer, *Marguerite Audoux*, Grasset, 1942. — Louis Lanoizelée, *Marguerite Audoux*, Plaisir du bibliophile, 1954. — Bernard-Marie Garreau, *Marguerite Audoux, la couturière des Lettres*, Tallandier, 1991.

J.P.

Augiéras François (1925-1971). Auteur méconnu né à Rochester (États-Unis), il passe sa jeunesse à Périgueux avant d'être envoyé comme méhariste dans le Sahara. C'est d'Algérie qu'en 1950 il adresse à plusieurs écrivains, dont Gide, d'étonnants fascicules aux pages de couleur grossièrement reliées racontant, en une « tapisserie de mots », l'histoire pathétique d'un enfant esclave du plaisir d'un vieux militaire. *Le Vieillard et l'enfant*, qui signe la « découverte panique d'une écriture hantée par Dieu », est livré au public dans sa version intégrale en 1954 aux Éditions de Minuit sous le pseudonyme d'Abdallah Chaamba (nouv. éd., Éditions de Minuit, 1977).

Commence une existence nomade et marginale au cours de laquelle se multiplient les errances en Afrique et sur le pourtour méditerranéen. *Zirara* (1958), *Le Voyage des morts* (1959), *L'Apprenti sorcier* (1964), *Une adolescence au temps du maréchal* (1968, rééd. Fata Morgana, 1989), *Un voyage au mont Athos* (1970) célèbrent l'imminence d'une union de l'homme avec les forces naturelles. Saturée de références païennes, animée d'un élan panthéiste, tendue vers la récupération d'énergies cosmiques perdues, l'œuvre d'Augiéras reste suspendue au bord d'une révélation qui ne vient pas et qui seule donnerait un sens nouveau à l'aventure humaine. La prose poétique, au diapason du « pur dialogue des arbres avec les astres », est l'espace sacré d'un vagabondage spirituel : le poète, en ce monde oublieux du mystère, officie secrètement afin de renouer avec l'inconnu. Également peintre, Augiéras réalise des fresques empreintes d'une religiosité terrienne et des scènes allégoriques sur bois, papier ou étoffe, qu'il qualifie d'« icones modernes ».

En 1966, malade et indigent, il se retire à Domme, dans le Périgord, dans une grotte qu'il transforme en sanctuaire. Là, il se proclame le précurseur d'une nouvelle race aux pouvoirs psychiques illimités, dont l'avènement, devant coïncider avec la fin des philosophies et des religions, est annoncé dans *Domme ou l'essai d'occupation*, sa dernière œuvre, en forme de confession (posth., 1982, rééd. Le Rocher, 1990).

Ce « passager des mots » (Jacques Lacarrière), qui se voulait médium et pour qui tout grand art était nécessairement un « art d'apparition », est mort à 46 ans d'un infarctus, à l'hospice. *Les Noces avec l'Occident*, poème-prose, et *Les Barbares d'Occident*, tous deux inédits, seront publiés en 1981 et 1990 par les Éditions Fata Morgana.

→ Marcel Loth, *Cahiers de Bospicat*, n°s 12 et 13. — *Masques*, n° 13, 1982. — Christian Rodier et Georges Monti, *François Augiéras*, Le Temps qu'il fait, 1984. — Paul Placet, *François Augiéras, un barbare en Occident*, Périgueux, Pierre Fanlac, 1988. — *Pour François Augiéras*, Bibliothèque municipale de Lyon-Le Temps qu'il fait, 1990 ; *Les Cahiers du Théâtre du Port de la Lune*, Bordeaux, W. Blake and Co, 1990.

J. de S.

Aury Dominique (1907), pseudonyme d'Anne Desclos. Née le 23 septembre 1907 à Rochefort-sur-Mer. Après des études d'anglais, elle suit les cours de l'École du Louvre, puis se lance dans le journalisme littéraire et collabore à de nombreuses revues (*Les Lettres françaises*, 1942-1946 ; *Les Cahiers de la Pléiade*, 1945-1950 ; *L'Arche*, 1947-1952). Elle devient en 1950 membre du comité de lecture des Éditions Gallimard, puis, à partir de 1953, secrétaire générale de la *NRF*. Traductrice d'auteurs anglais et américains, elle signe aussi de nombreux articles de critique (recueillis en partie dans *Lectures pour tous*, Gallimard, 1958), et siège dans plusieurs jurys littéraires (prix Femina depuis 1963, prix Fénéon depuis 1969). Dominique Aury a reconnu tardivement (en 1993) être l'auteur du célèbre roman érotique *Histoire d'O* (Pauvert, 1954), publié sous un autre pseudonyme, Pauline Réage, mais qu'on lui attribuait depuis longtemps. Jean Paulhan, qui en a signé la préface (et à qui le livre fut d'abord destiné à titre privé) observe avec justesse que la simplicité du ton, l'élégance de la langue et l'atmosphère onirique font de ce récit d'initiation d'une jeune femme aux plaisirs masochistes, jusqu'à l'entière dépossession d'elle-même, un « conte de fées moderne » — en tout cas une œuvre littéraire de qualité.

B.Do.

Aveline Claude (1901-1992), pseudonyme d'Evgen Avtsine. Né à Paris le 19 juillet 1901 de parents russes. Attiré très jeune par la littérature, marqué par sa rencontre avec Anatole France, il devient éditeur avant de se faire connaître comme écrivain à partir des années 1930. Son œuvre frappe par son extrême diversité. On peut d'abord signaler la part importante qu'y occupe l'autobiographie, sous toutes ses formes : romans avec la trilogie de *La Vie de Philippe Denis* (Émile-Paul, puis Daumat, 1930-1955), histoire d'une adolescence ; réflexions sur l'étoffe même du souvenir (*Avec toi-même*, Hartmann, 1963) ; célébration poétique d'instants privilégiés (*De*, Corti, 1967) ; entretiens évoquant les années de jeunesse (*Moi par un autre*, Bordas, 1988). Mais le goût d'Aveline pour la fiction romanesque a aussi donné des œuvres comme *Le Prisonnier* (1936) et les trois autres tomes de *La Quadrature du sort* (Émile-Paul, puis Mercure de France, 1928-1977). Exaspéré par les modes esthétiques de notre « siècle inexistant » (voir son essai *Le Haut Mal des créateurs*, Jacques Antoine, 1970), il défend, contre les excès du formalisme, les prestiges littéraires de l'énigme et du mystère (voir sa *Suite policière*, 5 tomes, Émile-Paul, puis Mercure de France, 1932-1970). Aveline excellait d'ailleurs à construire des intrigues complexes et à décrire ces instants fatals où bascule une destinée. Humaniste, il sut aussi célébrer dans ses récits l'amour salvateur, la bonté, la probité, l'ironie. L'œuvre de ce polygraphe a bien d'autres aspects : poèmes (*Io Hymen*, Bernouard, 1925 ; *Portrait de l'oiseau-qui-n'existe-pas*, Club du Poème, 1965), essais, recueils d'aphorismes ou d'anecdotes historiques (*Les Mots de la fin*, Hachette, 1957), nouvelles, critique littéraire et cinématographique. Citons encore quelques ouvrages inclassables : *Le Bestiaire inattendu* (Mercure de France, 1959), série de dialogues facétieux entre animaux légendaires ; *... Et tout le reste n'est rien* (Mercure de France, 1951), essai passionné et intense sur les *Lettres de la religieuse portugaise* ; les *Histoires nocturnes et fantastiques* (Imprimerie nationale, 1989). C'est peut-être dans ces pages qu'apparaissent le mieux les qualités de styliste d'Aveline, et le classicisme de sa prose aristocratique, dans la continuité d'une grande tradition française. Claude Aveline est mort à Paris le 4 novembre 1992.

→ Jean Lescure, « Claude Aveline ou une poétique de la prose », dans Claude Aveline, *Histoires nocturnes et fantastiques*, Imprimerie nationale, 1989.

B.Do.

Avéroff Michelle (1900-1977). Née à Athènes dans une famille connue d'hommes politiques et de mécènes originaires de Metsovo, elle a passé une grande partie de sa vie en Suisse et en France. L'ensemble de son œuvre, écrite en français, comprend trois livres historiques : *La Vie impersonnelle d'Avéroff* (1940), *La Lutte de la Grèce (28 octobre 1940-30 mai 1941)* (1941), *Trois histoires d'une Résistance* (1942), et quatre romans publiés en France : *La Duchesse de Plaisance* (1961), *Dans les îles grecques avec les barons francs* (1963), *L'Arche de Noé ou le domaine des bêtes* (1964), *Jadis en Roumanie* (1965).

A.Vl.

Avéroff-Tossizzas Évanghélos (1910-1990). Né à Trikala (Thessalie) dans une famille d'hommes politiques et de mécènes originaires de Metsovo, docteur en sciences politiques et économiques de l'université de Lausanne, préfet de Corfou (1941), il fut arrêté par les Italiens et déporté dans un camp de concentration en Italie (1942-1943). Député depuis 1946, ministre des Affaires étrangères (1956-1963), de l'Agriculture (1967) et de la Défense nationale (1974-1981), passionné de l'histoire contemporaine, il fait paraître à Paris une étude rédigée directement en français sous le titre *Le Feu et la hache : Grèce 1946-1949 (Histoire des guerres de l'après-guerre* (1973). Il est également l'auteur de cinq romans, *La Voix de la terre* (1964), *Terre de souffrance* (1966), *Terre des Grecs* (1968), *Quand les dieux oubliaient* (1969), *Quand les dieux bénissaient* (1971) ; de deux recueils de contes, *Pigeons* (1968, dans la traduction française, *Véloce, Pigeon-flèche)*, *Dans la forêt de la joie* (1975) ; d'une pièce de théâtre, *Retour à Mycènes* (1973), et d'un recueil de nouvelles, *Récits d'antan et d'aujourd'hui* (1978).

A.Vl.

Ayguesparse, Albert (1900-1996), pseudonyme de Albert-Jean Clerck. Né le 1er avril 1900 à Forest (Bruxelles) dans un milieu ouvrier, qui déterminera les grandes orientations de son œuvre. Si ses premiers recueils *(Neuf offrandes claires*, 1923 ; *Armorial*, 1924) expriment espoir et confiance dans l'avenir, sa poésie se fait bientôt urbaine et machiniste, dénonçant l'aliénation de l'homme dans le monde du travail *(Anecdotes*, 1925 ; *Témoignages*, 1925). Engagé dès les années trente dans la lutte prolétarienne *(Machinisme et culture*, 1931 et *Magie du capitalisme*, 1934, essais), membre actif du Front littéraire de gauche, il poursuit une œuvre dominée par les grands problèmes sociaux de l'avant-guerre, tout entière centrée sur la libération de l'individu ; son vers touche alors aux grands mouvements de la poésie épique *(Derniers Feux à terre*, 1931 ; *Aube sans soutiers*, 1932 ; *Prometteurs de beaux jours*, 1935 ; *Poèmes pour trois voix*, 1936 ; *La Mer à boire*, 1937). *La Rosée sur les mains*, publiée en 1938, marque un tournant dans son œuvre : plus intimiste, le poète y affirme sa confiance en l'homme et en la nature. Un silence poétique de près de vingt ans suivra, durant lesquels Ayguesparse se consacre en grande partie au roman ; c'est l'expérience de la guerre qui sera à l'origine d'un nouveau souffle lyrique avec *Encre couleur de sang* et surtout *Le Vin noir de Cahors* (1957). Une dimension métaphysique s'allie ici aux grandes aspirations de justice et de liberté qui n'ont cessé d'animer la réflexion de l'auteur : les années de guerre et d'exil s'expriment à travers l'angoisse du futur, la conscience de la solitude de l'homme, en une manière de lyrisme étouffé, dans une langue divisée par la limpidité du réel et l'obscurité de l'être. Suivent alors une vingtaine de recueils, où Ayguesparse, toujours plus pessimiste, développe la tension entre l'homme et le monde à travers une recherche formelle fondée sur des ruptures de ton, lutte verbale partagée entre clarté et hermétisme. Depuis *Les Plaies de l'âme* (1961), où se précisent le malaise et le désenchantement, jusqu'à *Écrire la pierre* (1970), qui marque une nouvelle étape formelle, *Les Armes de la guérison* (1973), *Pour saluer le jour qui naît* (1975), *Obsolètes Métaphores* (1978), *Arpenteur de l'ombre* (1980), *Sur les brisants du siècle* (1980), *La Nuit de Polastri* (1985), *Lecture des abîmes* (1987), *Les Déchirures de la mémoire* (1989), *Les Complicités des songes* (1990), *La Traversée des âges* (1993) sont autant de témoignages d'un homme mûr et lucide qui n'a pas renoncé à ses anciennes aspirations et qui continue de s'interroger sur les potentialités du langage.

Sa production romanesque exprime, de manière réaliste, un profond malaise existentiel. Depuis *La Main morte* (1938), roman social, Ayguesparse a dénoncé la faillite de la morale bourgeoise à travers quelques thèmes centrés pour la plupart sur le problème de la famille : révolte adolescente contre les conventions dans *L'Heure de la vérité* (1947), *Une génération pour rien* (1954) ou *Le Mauvais Âge* (1959) ; rôle destructeur de l'argent dans les relations parentales ou sentimentales avec *D'un jour à l'autre* (1940) et surtout *Notre ombre nous précède* (1952, prix Rossel) ; le problème de l'engagement étant abordé dans *Simon-la-bonté* (1965) et *Les Mal-pensants* (1979). Élu en 1962 à l'Académie royale de langue et de littérature françaises de Belgique, Ayguesparse a joué un grand rôle dans la diffusion et la défense des lettres belges, assurant notamment la direction de la revue *Marginales* à partir de 1945. On lui doit aussi des nouvelles, recueillies dans *Selon toute vraisemblance* (1961) et *Le Partage des jours* (1972), ainsi que des monographies, pour la plupart littéraires (*Franz Hellens*, 1959 ; *Constant Burniaux*, 1961 ; *Portrait de Luc Decaunes*, 1964). Lauréat du prix quinquennal de littérature de la Communauté française de Belgique en mai 1995, il est mort le 27 septembre 1996.

ŒUVRES. — *Œuvre poétique 1923-1992*, préface de Jean-Luc Wauthier, Amay, L'Arbre à paroles, 1994. — *Simon-la-bonté*, rééd., Bruxelles, Labor, coll. Espace Nord, 1994.

→ Jean Rousselot, *Albert Ayguesparse ou la leçon du réel*, Bruxelles, La Renaissance du livre, 1965. — Jacques Belmans, *Albert Ayguesparse*, Seghers, coll. Poètes d'aujourd'hui, 1967. — Jacques Crickillon, *L'Œuvre romanesque d'Albert Ayguesparse*, Bruxelles, De Rache, 1970. — *Albert Ayguesparse, la mémoire et l'histoire*, éd. Paul Aron, Gembloux, Duculot, 1986.

O.Bi.

Aymé Marcel (1902-1967). Né le 29 mars 1902 à Joigny, dans l'Yonne, il perd sa mère à deux ans. Son père, maréchal-ferrant, n'a que faire de ses six enfants et, tandis que les plus âgés sont envoyés en pension, les plus jeunes sont confiés à la famille de la mère. Marcel, petit dernier, retourne donc au berceau de ses ancêtres maternels, le Jura. Il fut d'abord élevé à Villers-Robert par ses grands-parents, tuiliers de leur état, à une époque où la force de l'anticléricalisme était telle que la pieuse grand-mère ne put faire baptiser le petit Marcel qu'en 1908, après la mort du grand-père, qui ne pouvait plus faire valoir son opposition farouche à toute pratique religieuse : le roman le plus célèbre de Marcel Aymé, *La Jument verte* (1933), est contenu en germe dans cet épisode. À la mort de sa grand-mère, en 1910, le petit garçon change une nouvelle fois de foyer : il est confié à un oncle avant d'entrer en pension au collège de Dole. C'est là qu'il poursuit une scolarité secondaire médiocre jusqu'au baccalauréat de mathématiques élémentaires, qu'il décroche en 1918. Mais alors qu'il s'apprête à rentrer en classes préparatoires au lycée de Besançon, il tombe gravement malade. C'en est désormais fini des études. Sa santé ne se rétablit que pour lui permettre de partir en Allemagne occupée accomplir son service militaire. Libéré l'année suivante, en 1923, il débarque à Paris, où il exerce toutes sortes de métiers : employé de banque, figurant de cinéma, agent d'assurances, journaliste, etc.

Une nouvelle maladie, en 1925, suivie d'une convalescence, lui donne le temps et l'occasion d'utiliser sa connaissance des classes moyennes : il commence un premier roman, *Brûlebois*, dont la publication en 1926 aux Cahiers de France, petite maison d'édition de Poitiers, lui vaut un certain succès. Pris au jeu, Marcel Aymé récidive : son deuxième roman, *Aller retour*, où il met en scène les rues et cafés de Paris dont il est familier, est publié par Gallimard en 1927. En 1929, c'est la consécration, grâce au prix Renaudot, qui vient récompenser *La Table-aux-crevés*, œuvre où apparaît l'autre grande source d'inspiration de Marcel Aymé : la campagne franc-comtoise de son enfance.

Jusqu'à sa mort à Paris le 14 octobre 1967, Marcel Aymé ne vécut plus que de sa plume, confortablement même, puisqu'en 1933 *La Jument verte* obtint un succès considérable et fut adaptée au cinéma par Claude Autant-Lara en 1959. Ce roman se présente comme la chronique humoristique du village imaginaire de Claquebuc à la fin du siècle dernier. Deux familles s'y affrontent, et c'est l'occasion pour l'auteur de retracer les luttes politiques, religieuses ou cadastrales qui secouaient les campagnes à cette époque. Mais on ne comprendrait ni le scandale ni l'intérêt suscités par l'ouvrage à sa parution, si l'on n'ajoutait que Marcel Aymé s'amuse à y décrire sans pudeur la vie amoureuse bien remplie de ces villageois, sous le regard ironique et distancié de la « jument verte » éponyme, qui intervient dans la narration par de longs discours à la première personne, apportant depuis son écurie le point de vue de Sirius sur les événements en cours. La présence de cette créature hors du commun, qui peut paraître un simple artifice narratif, préfigure l'intervention du fantastique qui devint de plus en plus nette dans l'œuvre à venir.

Le goût de Marcel Aymé pour le merveilleux se manifeste l'année suivante, en 1934, avec les *Contes du chat perché*, auxquels il donna une suite à la fin de sa vie, entre 1950 et 1958. Ces contes rappellent à la fois la poésie et le cynisme des *Histoires naturelles* de Jules Renard et le moralisme enfantin de Charles Perrault. Le principe en est simple : Delphine et Marinette, deux fillettes livrées à elles-mêmes dans la ferme de leurs parents, essaient de remettre un peu d'ordre dans les histoires compliquées et quelque peu mesquines des nombreux animaux qui les entourent, du coq au paon, du loup au mouton et du cochon à la panthère noire. La réussite de cette œuvre réside dans l'humour et la tendresse qui laissent percevoir, sous le masque de ces fables animalières, la cruauté et la fragilité humaines. Et c'est en raison de cette profondeur, cachée derrière l'apparence anodine du propos, que les *Contes du chat perché* demeurent l'un des chefs-d'œuvre de Marcel Aymé et qu'ils méritent d'être lus, comme l'espérait expressément leur auteur, à tous les âges de la vie.

Outre ces contes, où le surnaturel cher à l'écrivain trouve sa place, *La Vouivre* et surtout *Le Passe-muraille*, un roman et un recueil de nouvelles publiés en 1943, atteignent une remarquable maîtrise de cette alchimie propre à l'auteur, où le fantastique se mêle à la réalité quotidienne. À côté de récits réalistes, comme *En attendant*, qui donne une idée du Paris populaire sous l'Occupation, y figurent des textes décrivant l'intrusion progressive du bizarre dans la vie de tous les jours. Ainsi, dans la nouvelle éponyme, « Le Passe-muraille », un simple employé de l'administration découvre qu'il a la faculté de passer à travers les murs et s'en sert pour satisfaire sa vanité. Dans une autre nouvelle, une jeune femme utilise son don d'ubiquité pour se répandre à des milliers d'exemplaires sur la surface du globe et vivre autant d'aventures amoureuses. Mais, dans ces deux récits, une fin tragique arrête de manière inattendue et grinçante le cours léger et fantaisiste de la narration. Car il y a chez Marcel Aymé une angoisse existentielle diffuse, nettement perceptible, du reste, dans d'autres nouvelles du même recueil. Il y est question d'un mystérieux décret gouvernemental rationnant le temps et obligeant les citoyens inutiles à ne vivre qu'une partie de leur vie. Ainsi certains ne vivront que quinze jours sur trente et passeront le reste du mois dans un état de non-existence. Et Marcel Aymé de développer avec bonheur, de manière tour à tour cocasse ou inquiète, les conséquences de cette situation kafkaïenne. Mais ce récit prend un autre sens, si l'on songe que ce recueil parut pendant l'Occupation, au moment où le rationnement était général et où certaines parties de la population se voyaient peu à peu privées du droit à l'existence.

Pourtant, Marcel Aymé sut toujours ménager entre la politique et lui une certaine distance. On pouvait le classer à gauche dans les années trente, et s'il ne se priva pas, pendant la guerre, de collaborer à des journaux de droite ou même d'extrême droite, il le fit sans jamais exprimer d'engagement politique. Cette réserve lui valut de ne pas être inquiété à la Libération et lui permit même de faire partie de ceux qui demandèrent la grâce de Robert Brasillach. L'Occupation et l'épuration le marquent d'ailleurs suffisamment pour qu'il éprouve le besoin d'en restituer le cadre en 1947 dans un recueil de nouvelles, *Le Vin de Paris*, et en 1948 dans son roman *Uranus*, qui inspira en 1990 le cinéaste Claude Berri.

La fin de la guerre constitue un tournant pour l'œuvre de Marcel Aymé : il fait jouer sa première pièce, *Vogue la galère*, en 1944, et c'est au théâtre qu'il consacre désormais presque tout son temps. Il avait écrit pour le cinéma, notamment avec Louis Daquin (*Nous les gosses*, 1941 ; *Le Voyageur de la Toussaint*, 1942), et il continue avec Jean-Pierre Mocky (*La Bourse et la vie*, 1965). La comédie devient pour lui, comme elle l'avait été pour Molière, l'arme la plus efficace d'une critique sarcastique de l'humanité et de la société. Dans *Clérambard* (1950), à travers le portrait du comte éponyme, qui reste aussi tyrannique après sa conversion surnaturelle au christianisme qu'il avait pu l'être avant, ou dans *La Tête des autres* (1952), avec le personnage du procureur Maillard, hésitant entre le désir de sauvegarder l'honneur de sa maîtresse et le devoir de sauver la vie de l'homme qu'il a fait injustement condamner, une vision ironique et désabusée du monde se fait jour.

Il y a chez Marcel Aymé un plaisir de la distance critique qui souligne le caractère élégamment anarchiste de ce villageois de Montmartre. La fraîcheur et la richesse de son œuvre tiennent à ses contradictions et à ses multiples ouvertures : c'est le même homme qui, dans deux pièces, *La Mouche bleue* (1957) et *Louisiane* (1961), critique l'Amérique, où il lui arriva de séjourner, et qui, au même moment, introduit sur les scènes françaises deux phares du théâtre d'outre-Atlantique, Arthur Miller et Tennessee Williams ; le même qui, dans un roman, *Travelingue* (1941), et dans un essai tapageur, *Le Confort intellectuel* (1949), se fait l'apôtre du bon sens, et qui, dans ses meilleurs récits, dévoile la face mystérieuse et inquiétante des choses ; le même encore qui peint si bien le Français moyen et qu'admira pourtant l'aristocratique Nimier.

ŒUVRES. — Publiées chez Gallimard, sauf mention contraire. — **Romans, contes et nouvelles** : *Œuvres romanesques complètes*, t. I, éd. Yves-Alain Favre, Bibliothèque de la Pléiade, 1984. — *Brûlebois*, 1926. — *Aller retour*, 1927. — *Les Jumeaux du diable*, 1928. — *La Table-aux-crevés*, 1929. — *La Rue sans nom*, 1930. — *Le Vaurien*, 1931. — *Le Puits aux images*, 1932. — *La Jument verte*, 1933. — *Les Contes du chat perché*, 1934. — *Le Nain*, 1934. — *Maison basse*, 1935. — *Le Moulin de la Sourdine*, 1936. — *Gustalin*, 1937. — *Derrière chez Martin*, 1938. — *Le Bœuf clandestin*, 1939. — *La Belle Image*, 1941. — *Travelingue*, 1941. — *Le Passe-muraille*, 1943. — *La Vouivre*, 1943. — *Le Chemin des écoliers*, 1946. — *Le Vin de Paris*, 1947. — *Uranus*, 1948. — *Autres Contes du chat perché*, 1950. — *En arrière*, 1950. — *Derniers Contes du chat perché*, 1958. — *Les Tiroirs de l'inconnu*, 1960. — *Enjambées*, 1967. — **Théâtre** (publié chez Grasset jusqu'en 1954, puis chez Gallimard) : *Vogue la galère*, 1944. — *Lucienne et le Boucher*, 1947. — *Clérambard*, 1950. — *La Tête des autres*, 1952. — *Les Quatre Vérités*, 1954. — *Les Oiseaux de lune*, 1956. — *La Mouche bleue*, 1957. — *Louisiane*, 1961. — *Les Maxibules*, 1961. — *La Consommation*, 1963. — *Le Minotaure*, 1964. — *La Convention Belzébir*, 1967. — **Adaptations théâtrales** : *Les Sorcières de Salem*, d'après Arthur Miller, 1954. — *Vu du pont*, d'après Arthur Miller, 1958. — *Le Placard*, d'après Kopit, 1963. — *La Nuit de l'iguane*, d'après Tennessee Williams, 1965. — **Essais** : *Silhouette du scandale*, Éditions du Sagittaire, 1938. — *Le Confort intellectuel*, Flammarion, 1949. — **Posthumes** : *Confidences et proses littéraires*, Les Belles Lettres, 1997. — *De l'amour et des femmes*, textes recueillis par Michel Lecureur, Les Belles Lettres, 1997.

→ Jean-Louis Dumont, *Marcel Aymé et le merveilleux*, Debresse, 1970. — Michel Lecureur, *Marcel Aymé*, La Manufacture, 1988. — Dieter Müller, *Discours réaliste et discours satirique : l'écriture dans les romans politiques de Marcel Aymé, « Travelingue », « Le Chemin des écoliers », « Uranus »*, Champion, Slatkine, 1993. — Michel Lecureur, *Marcel Aymé : un honnête homme*, [biographie], Les Belles Lettres, 1997. — Il existe un *Cahier Marcel Aymé* (Société « Amis de Marcel Aymé ») depuis 1982.

W.M.

Azéma Jean-Henri (1913). Né à Saint-Denis de la Réunion, journaliste à *L'Action française*, rallié au régime de Vichy, il est contraint à l'exil à la Libération. Son premier recueil *Olographe*, écrit en Argentine (Saint-Denis, Trois Salazes, 1978), traduit un vif sentiment d'appartenance créole, exacerbé par l'éloignement de l'île natale, et d'inéluctable décadence. La révolte inspire également les recueils suivants, *D'Azur à perpétuité* (Trois Salazes, 1979), *Le Pétrolier couleur antaque* (Trois Salazes, 1982), poème étrange où alternent strophes lyriques et fragments de journaux de bord des bateaux négriers, *Le Dodo vavangueur* (Saint-Denis, 1986) et *Au soleil des Dodos* (Éditions caribéennes, 1990).

J.C.

B

Bâ Amadou Hampaté (1901-1991). Né à Bandiagara, dans l'ancienne capitale de l'empire Toucouleur du Macina (fondé par El Hadj Omar en 1862), celui qui proclamait : « En Afrique, chaque vieillard qui meurt, c'est une bibliothèque qui brûle », s'est attaché tout au long d'une carrière fertile en péripéties à sauver de l'oubli les trésors de la mémoire populaire de son pays, le Mali. Élevé par un chef de province que sa mère, veuve, avait épousé en secondes noces et chez qui se réunissaient tous les notables de la région, le jeune Amadou Hampaté Bâ a été nourri par une tradition orale encore bien vivante, dont il s'est fait le traducteur, l'interprète et le défenseur. Requis à l'âge de douze ans pour suivre les cours de l'école française, qu'on appelait encore à l'époque « école des otages », il n'en continue pas moins de fréquenter l'école coranique de Bandiagara, où il reçoit l'enseignement de Tierno Bokar, son maître spirituel (il lui a rendu un fervent hommage dans son essai *Tierno Bokar, le sage de Bandiagara*). Titulaire du certificat d'études primaires, il est admis à l'École normale de Gorée, mais sa mère s'opposant à son départ pour le Sénégal, il est muté d'office à Ouagadougou en qualité d'« écrivain auxiliaire temporaire ». Il y restera dix ans, de 1922 à 1931, avant d'occuper, à Bamako et à Dakar, différents postes de commis et d'interprète, autant d'observatoires d'une société coloniale dont il démonte malicieusement les rouages dans son unique roman, *L'Étrange Destin de Wangrin* (1973), truculente chronique des friponneries d'un interprète sans scrupules dans le Soudan des années 1914-1930. De ce personnage, la carrière mouvementée n'est pas sans présenter quelques ressemblances avec celle d'Amadou Hampaté Bâ lui-même ; ses aventures et mésaventures, souvent rocambolesques, forment la trame d'une intrigue aux multiples rebondissements. Élevé comme « un bon fils de Bambara » et ayant passé toutes ses initiations, Wangrin incarne l'homme des deux mondes, dans la mesure où il suit aussi les cours de l'« école des otages ». Après avoir obtenu le certificat d'études primaires, le plus haut diplôme auquel puisse prétendre un indigène, à l'époque où se situe l'action, il devient instituteur. Ses fonctions d'interprète auprès de différents commandants de cercle, ces « dieux de la brousse », ne tardent pas à faire de lui un personnage redoutable dont les multiples roueries n'épargnent ni ses compatriotes, ni les « Blancs-Blancs » qui ont l'imprudence de croiser son chemin. Rien ne semble devoir freiner l'ascension du héros, mais placé à sa naissance sous le signe de Gongoloma-Sookè, le dieu des contraires, son destin tourne : la destruction de son fétiche et le meurtre involontaire de son animal totem, le python sacré, entraînent sa perte, comme si l'Afrique un moment usurpée reprenait finalement tous ses droits.

Nommé ambassadeur du Mali au lendemain de l'indépendance, il poursuit, avec l'aide de l'UNESCO, ses travaux historiques, anthropologiques et spirituels : *Koumen, L'Éclat de la grande étoile, Njeddo Dewal, mère de la calamité*, et surtout *Kaïdara*, sont autant d'illustrations de la grande tradition initiatique peule. Hampaté Bâ a également laissé deux récits autobiographiques, *Amkoullel, l'enfant peul*, où il relate les vingt premières années de son existence et porte témoignage sur la société coloniale du début du siècle et *Oui, mon Commandant* dans lequel il évoque sa carrière de fonctionnaire.

ŒUVRES. — *Tierno Bokar, le sage de Bandiagara*, Présence africaine, 1957, rééd. Le Seuil, 1980, sous le titre *Vie et enseignement de Tierno Bokar, le sage de Bandiagara*. — *L'Empire peul du Macina*, Paris-La Haye, Mouton, t. I, 1955, t. II, 1962, rééd. Abidjan, NÉA, 1964. — *Koumen*, en collaboration avec G. Dieterlen, Paris-La Haye, Mouton, 1961. — *Kaïdara*, Armand Colin, 1969, rééd. NÉA, 1978. — *L'Étrange Destin de Wangrin*, 10/18, 1973. — *L'Éclat de la grande étoile* suivi du *Bain rituel*, Armand Colin, 1974. — *Njeddo Dewal, mère de la calamité*, Abidjan, NÉA, 1985. — *Amkoullel, l'enfant peul*, Actes Sud, 1991. — *Contes initiatiques peuls*, Stock, 1994. — *Petit Bodiel et autres contes de la savane*, Stock, 1994. — *Oui mon commandant (Mémoires II)*, Actes Sud, 1994.

→ J.-P. Gourdeau, « *L'Étrange Destin de Wangrin* : le mythe, l'individu, l'histoire », *L'Afrique littéraire*, n°s 54-55, 4e trimestre 1979-1er trimestre 1980. — *Lecture d'Amadou Hampaté Bâ* (colloque), L'Harmattan, 1991. — N. Martin-Granel, « Amadou Hampaté Bâ : au carrefour de l'écrit et de l'oral », *Notre librairie*, n°s 75-76, juillet-octobre 1984. — Jacques Chevrier, « Amadou Hampaté Bâ », *Littératures francophones*, 1994.

J.C.

Bâ Mariama (1929-1981). Née à Dakar (Sénégal), elle a donné le coup d'envoi de la littérature féminine africaine, en publiant en 1979 *Une si longue lettre*. Dans ce roman épistolaire en forme de témoignage, elle s'attache à décrire sans manichéisme les difficultés et les drames de la condition féminine, dans une société dominée par les pratiques traditionnelles, dont la polygamie. Son second roman, *Un chant écarlate* (posth., NÉA, 1981), évoque le délicat problème du mariage mixte.

J.C.

Bac Ferdinand (1859-1952), pseudonyme de Ferdinand Sigismond Bach. Né à Stuttgart, il est le petit-fils du roi Jérôme, frère de Napoléon Bonaparte. Arrivé à Paris au lendemain de la Commune, il devient, à partir de 1880, un des caricaturistes les plus célèbres de son temps mais, vers 1906, abandonne cette carrière pour celle d'écrivain. Voyageur, mémorialiste, historien du Second Empire, biographe, conteur et romancier, il publie une quarantaine de volumes de son vivant et, après la Première Guerre mondiale, se fait connaître également comme créateur de jardins fastueux sur la Côte d'Azur. Témoin oculaire des élites européennes dès son enfance, il fait vivre leurs figures, dont celles de l'entourage de Marcel Proust, dans ses mémoires et dans sa correspondance qui demeurent à ce jour en grande partie inédits.

ŒUVRES. — *La Femme intime*, préf. de Marcel Prévost, H. Simonis Empis, 1894. — *Vieille France*, Fasquelle, 1913. — *Souvenirs d'exil*, Plon, 1919. — *La Volupté romaine*, Conard, 1922. — *Les Colombières, ses jardins et ses décors*, Conard, 1925. — *Intimités du Second Empire*, Hachette, 1931. — *Intimités de la IIIe République*, Hachette, 1935, 3 t.

→ Ferdinand Bac, <u>*Livre-journal, 1919*</u>, éd. Lawrence Joseph, Éditions Claire Paulhan, 1998.

L.J.

Bachelard Gaston (1884-1962). Né le 27 juin 1884, à Bar-sur-Aube, en Champagne, dans une famille d'artisans et de petits commerçants, il travaille comme employé des postes à l'issue de ses études secondaires. Après la guerre de 14-18 et trois années au front, il étudie en autodidacte la physique, qu'il enseigne à partir de 1920 au lycée de Bar-sur-Aube. Il prépare en même temps l'agrégation de philosophie, qu'il obtient en 1922, avant de soutenir une thèse de doctorat en histoire des sciences. Il publie alors de nombreux ouvrages d'épistémologie, et l'Université reconnaît ses mérites : il enseignera la philosophie des sciences à la faculté de Dijon (1930-1940) puis en Sorbonne (1940-1955). Mais à partir des années trente, sa curiosité se porte sur un autre domaine : les textes littéraires et poétiques, qu'il aborde d'une manière neuve.

Dans ses ouvrages d'épistémologie, Bachelard s'attache à fonder un « nouvel esprit scientifique » éliminant de la recherche toute part irrationnelle ou inconsciente, notamment les métaphores ou les comparaisons fallacieuses qui font dévier la pensée. Ces images, cependant (par exemple les quatre éléments de la physique antique : feu, eau, air, terre), méritent selon lui d'être étudiées pour elles-mêmes ; elles constituent en effet le fonds de notre imaginaire, organisent notre vision du monde, et sont à l'origine de toute poésie. De cette réflexion naît la série de cinq ouvrages que Bachelard consacre, en dix ans, à la poétique des images élémentaires dans la littérature (romantique et moderne, surtout), dont l'objet est de « saisir l'homme dans le monde des matières et des forces ». Sa démarche apparaît dès *La Psychanalyse du feu* (1938) : isoler dans des textes divers des réseaux d'images semblables, analysées comme des *complexes* structurant l'imaginaire, tels les complexes de Prométhée, d'Empédocle, etc. Fondés sur le même principe, paraissent ensuite : *L'Eau et les rêves* (1942), essai sur les rêveries liées à la fluidité, mais aussi aux eaux dormantes et inquiétantes ; *L'Air et les songes* (1943), qui s'attache, plus qu'à la substance proprement dite, aux images de la légèreté aérienne, de l'envol, à « l'imagination du mouvement ». Le cycle s'achève avec deux volumes consacrés aux images de la matière solide : *La Terre et les rêveries de la volonté* (1948), étude des rêves démiurgiques liés au rocher, au cristal, aux métaux, à la mine, et enfin *La Terre et les rêveries du repos* (1948), analyse des rêves d'intimité et d'enracinement, de « la vie souterraine comme image du repos », thème repris et amplifié dans *La Poétique de l'espace* (1957). Ces ouvrages possèdent un *ton* particulier : Bachelard y mêle librement les éléments de sa culture d'infatigable « liseur » (écrivains majeurs et poètes mineurs, philosophes, vieux traités scientifiques), ses souvenirs et sa sensibilité.

La Poétique de la rêverie (1960) n'est pas à proprement parler un travail de critique littéraire, mais une apologie de la rêverie, état conscient et apaisant que Bachelard oppose au rêve. La rêverie est une puissance d'idéalisation qui se constitue en univers intérieur ; elle est intimement liée à la part d'enfance qui vit en nous, à l'imagination cosmique et élémentaire ; elle est enfin « la matière la plus propice pour être façonnée en poèmes », et pour cette raison les livres sont nos « maîtres à rêver ». Cet essai élabore ainsi une théorie de la création littéraire (cristallisation de rêverie par le pouvoir d'évocation des mots) et de la lecture (invitation à la rêverie personnelle du lecteur, par le partage de grands archétypes oniriques) qui sous-tend toute l'œuvre de Bachelard. Revenant à son premier thème de recherches, il rêvait d'écrire encore une *Poétique du feu* : il n'en eut pas le temps, et ce dernier ouvrage, fragmentaire, ne paraîtra que longtemps après sa mort. Pour clore le vaste ensemble consacré à la rêverie liée aux éléments dans les œuvres littéraires, il publie seulement un bref essai, *La Flamme d'une chandelle* (1961), avant de s'éteindre à Paris le 16 octobre 1962.

Rejetant les méthodes de la critique traditionnelle (érudition, histoire littéraire, enquête biographique) pour privilégier une approche de la littérature qui se limite aux textes eux-mêmes, étudiés comme des réseaux de mots et d'images, Bachelard a ouvert la voie à ce que l'on a appelé dans les années soixante la « nouvelle critique », des premiers ouvrages de Roland Barthes aux *Structures anthropologiques de l'imaginaire* (1963) de Gilbert Durand en passant par les essais de Georges Poulet et de Jean-Pierre Richard. Mais on ne saurait réduire l'approche de Bachelard à une application des méthodes de la psychanalyse à la littérature : il se refuse à interpréter, à traduire en concepts la richesse des images aux dépens de leur pouvoir d'évocation, animé avant tout par sa passion pour la poésie des textes, et par le désir de comprendre pourquoi ils parlent à la sensibilité et à l'imagination des lecteurs.

ŒUVRES. — Outre de nombreux ouvrages d'épistémologie publiés aux PUF et chez Vrin : *La Psychanalyse du feu*, Gallimard, 1938, rééd. collection Folio Essais, 1985. — *Lautréamont*, Corti, 1963. — *L'Eau et les rêves*, Corti, 1942, rééd. Le Livre de Poche, 1993. — *L'Air et les songes*, Corti, 1943, rééd. Le Livre de Poche, 1992. — *La Terre et les rêveries de la volonté*, Corti, 1948. — *La Terre et les rêveries du repos*, Corti, 1948. — *La Poétique de l'espace*, PUF, 1957. — *La Poétique de la rêverie*, PUF, 1960. — *La Flamme d'une chandelle*, PUF, 1961. — *Le Droit de rêver*, PUF, 1970. — *Fragments d'une poétique du feu*, PUF, 1988.

→ Paul Ginestier, *Pour connaître Bachelard*, Bordas, 1965. — Maurice Mansuy, *Gaston Bachelard et les quatre éléments*, Corti, 1967. — François Pire, *De l'imagination poétique dans l'œuvre de Bachelard*, Corti, 1968. — Vincent Therrien, *La Révolution de Gaston Bachelard en critique littéraire*, Klincksieck, 1970. — François Dagognet, *Gaston Bachelard*, PUF, 1972. — Jean-Claude Margolin, *Bachelard*, Le Seuil, 1974. — André Parinaud, *Bachelard*, Flammarion, 1996.

B.Do.

Bachelin Henri (1879-1941). Né à Lormes (Nièvre) le 27 mars 1879, fils d'un journalier, il fait ses études au petit, puis au grand séminaire de Nevers. Après quatre ans dans l'armée, il monte à Paris où il rencontre Charles-Louis Philippe et surtout Jules Renard, qu'il évoque dans *Jules Renard et son œuvre* (1909) et qui exercera une influence sur ses premiers romans : *La Bancale* (1910) et *Juliette la jolie* (1911). Essayiste *(J.-K. Huysmans*, 1926), nouvelliste *(Sous d'humbles toits*, 1913), il est surtout un romancier fécond qui peint les mœurs provinciales et la vie des petites gens de son Morvan natal *(Le Taureau et les bœufs*, 1907 ; *Le Village*, 1919 ; *Le Bélier, la brebis et le mouton*, 1920 ; *Les Rustres*, 1922 ; *Le Chant du coq*, 1923 ; *L'Été de la Saint-Martin*, 1928). Sa *Correspondance avec André Gide et Romain Rolland* (Presses universitaires de Brest, 1982) mérite l'intérêt. Il est mort le 21 septembre 1941.

D.H.

Baconnière (La). Maison d'édition fondée en 1927 par Hermann Hauser à Boudry (près de Neuchâtel), elle fait paraître pendant la Seconde Guerre mondiale la célèbre collection « Les Cahiers du Rhône », dirigée par Albert Béguin. Si la mort de celui-ci met fin, en 1957, à l'entreprise des « Cahiers du Rhône » et au rayonnement international de La Baconnière, celle-ci a maintenu sa collection consacrée à la poésie, « La Mandragore qui chante », et confié à Marc Eigeldinger et Pierre-Olivier Walzer une importante collection d'essais de critique littéraire, la collection « Langages ».

B.Z.

Badian Seydou (1928), pseudonyme de Seydou Badian Kouyaté. Né à Bamako (Mali), il fait des études de médecine à l'université de Montpellier, avant de rentrer dans son pays. Militant actif comme la plupart des intellectuels de sa génération, notamment au sein du Rassemblement démocratique africain, il est devenu, au lendemain de l'indépendance, l'un des plus proches collaborateurs du président Modibo Kéita. Abandonnant la médecine, il a été ministre de l'Économie rurale, puis ministre du Plan. En 1968, à la suite du coup d'État militaire de Moussa Traoré, il est arrêté et déporté dans le nord du pays, au camp de détention de Kidal, d'où, affaibli et malade, il ne sera libéré qu'en 1975. Connu surtout pour son premier roman, *Sous l'orage* (Présence africaine, 1972), où il évoque les conflits nés de l'affrontement entre tradition et modernité, il a également publié *Le Sang des masques* (Laffont, 1976) et *Noces sacrées* (Présence africaine, 1977), dont le titre renvoie explicitement aux premières cérémonies d'initiation en pays Bambara. Dans ce récit, qui relate le vol de N'Tomo, masque sacré d'un grand ancêtre, l'auteur a figuré de manière symbolique le destin d'une Afrique spoliée, mais capable le moment venu de reconquérir son identité perdue. On doit aussi à Seydou Badian un essai intitulé *Les Dirigeants africains face à leur peuple* (Maspero, 1964) et, au début de sa carrière, une pièce de théâtre, *La Mort de Tchaka* (Présence africaine, 1961).

J.C.

Baillon André (1875-1932). Né à Anvers le 27 avril 1875, il a fait de l'instabilité de son existence et de ses multiples expériences la matière d'une œuvre dont le ton demeure unique dans le panorama des lettres belges. Orphelin dès son plus jeune âge, victime d'une éducation trop rigoureuse, il fréquente les milieux interlopes, dissipe son héritage, épouse une ancienne prostituée, est tour à tour journaliste, tenancier de café, éleveur de poules, avant de tenter de vivre de sa plume. Dans son second roman, *Histoire d'une Marie* (1921), il raconte l'itinéraire d'une jeune paysanne flamande bernée par ses employeurs, contrainte à la prostitution, mariée à un écrivain, délaissée encore : ce récit contient en germe la trame de la plupart des écrits postérieurs, centrés sur la recherche du moi, analysant les étapes d'une vie qui devait porter Baillon au bord de la folie, au suicide et à la mort. De *Moi quelque part...* (1920), première version de *En sabots* (1922), où il raconte son expérience d'éleveur dans la campagne campinoise, jusqu'à *Zonzon Pépette, fille de Londres* (1923), tableau réaliste des bas-fonds de la capitale anglaise à la fin du XIXe siècle dans le ton des romans populaires, il recourt à un langage tranchant, incisif, parfois impitoyable ; se révélant par ailleurs un analyste non dépourvu d'humour, ni d'auto-dérision. L'absence de pathos et la justesse du mot provoquent cependant un malaise : le repli sur soi et la conscience aiguë du fait brut (« ne pas peindre : faire voir. Souvent un mot suffit ») allaient le conduire vers une fin dramatique.

Soigné à deux reprises à la Salpêtrière, il raconte son passage dans le monde des hôpitaux psychiatriques dans *Un homme si simple* (1925), *Chalet 1* (1926), *Délires* (1927) et *Le Perce-oreille du Luxembourg* (1928, prix triennal du roman), oscillant du reportage à l'obsession pure et simple. Cet itinéraire, qui pourrait être thérapeutique, révèle plutôt une paranoïa : les personnages sont marqués par la culpabilité et par la fatalité ; l'impossibilité pour eux d'assumer leur passé les conduit progressivement au délire, à l'éclatement de la personnalité. Ainsi *Délires* illustre l'emprise du discours sur la pensée : très concrètement, les signes devenus chair attaquent petit à petit le cerveau *(Des mots)* ; les sons, les mots, échappant à l'emprise de la raison, gouvernent le réel, et précipitent le narrateur dans l'angoisse, parce qu'ils engendrent une hallucination qui le place face à son œuvre. Le problème de l'écriture est au centre de l'œuvre de Baillon : il ne se résout généralement qu'au prix d'un mensonge, comme si le langage devait porter le poids de la trahison entre l'être et le dire.

Baillon n'aura pas été reconnu de son vivant en Belgique : lié dès sa jeunesse aux cercles anarchistes, membre du groupe *Clarté* après la Première Guerre, il ira s'établir à Paris au début des années vingt : sa collaboration à *L'Humanité*, à *L'Internationale*, à *La Vache enragée* lui permettra de survivre, sans que le caractère tragique de son œuvre soit vraiment perçu. À la fin de sa vie, il reviendra sur ses années de jeunesse, sur les angoisses de son enfance, tourmenté par l'idée de la faute, par l'absence de la figure paternelle *(Le Neveu de Mademoiselle Autorité*, 1930 ; *Le Roseau*, 1932 ; *Pommes de pin*, 1933, posth. ; *La Dupe*, 1944, posth.). Il est mort à Saint-Germain-en-Laye le 10 avril 1932. Un récit inédit, écrit en 1915, *Le Pénitent exaspéré*, a paru en 1988.

ŒUVRES. — *Le Perce-oreille du Luxembourg, Par fil spécial*, rééd., Bruxelles, Labor, coll. Espace Nord, 1984, 1995. — *La Dupe, Le Pénitent exaspéré*, rééd., Bruxelles, Labor, coll. Archives du futur, 1988. — *Histoire d'une Marie, Zonzon Pépette, Délires, Un homme si simple*, rééd., Bruxelles, Les Éperonniers, coll. Passé-présent, 1977, 1979, 1981, 1985. *Chalet 1, En sabots*, rééd., Toulouse, L'Éther vague, 1989.

→ Marie de Vivier, *Introduction à l'œuvre d'André Baillon*, Bruxelles, L'Écran du monde, 1950. — Robert Hankart, *La Vie tourmentée d'André Baillon*, Bruxelles-Paris, Le Chat qui pêche, 1951. — *André Baillon (1875-1932)*, Bruxelles, Bibliothèque royale Albert Ier, 1957. — *Textyles* : *André Baillon*, n° 6, novembre 1990.

O.Bi.

Bainville Jacques (1879-1936). Il fut l'une des figures de proue de l'Action française. Bien qu'issu d'une famille républicaine, il partagea le culte de la Patrie, de l'Ordre et de la Raison qui conduisit Maurras à l'idée monarchique. Apportant une collaboration régulière au journal de ce dernier, Bainville fit montre, dans ses analyses de politique étrangère, d'une germanophobie qui devait prendre des couleurs prophétiques. En 1920 il devient directeur de la *Revue universelle* dont le rédacteur en chef sera Henri Massis. Lancé en 1924 à l'initiative de Bainville, *Candide* possède les mêmes qualités littéraires et diffuse les mêmes opinions nationalistes tout en visant un plus large public. En marge de ses activités journalistiques, Bainville a fait œuvre d'historien : *Histoire des deux peuples* (1915), *Les Conséquences politiques de la Paix* (1920), *Histoire de France* (1924), *Napoléon* (1931), *Les Dictateurs* (1935). Brasillach a rendu hommage à ce « poète de la nation », figure intellectuelle admirée au-delà de sa mouvance idéologique. Élu à l'Académie française en 1935, Bainville meurt en 1936. Malgré l'interdiction de l'Action française par Rome, il est enterré religieusement, signe d'un rapprochement de l'Église et du mouvement de Maurras ; lors de ses obsèques, Léon Blum, dont la voiture croise le cortège, est conspué par les admirateurs de l'historien.

Cl.D.

Balland. Maison d'édition fondée à Paris en 1965 par André Balland, reprise par Jean-Jacques Augier en 1991. Après avoir été successivement représentant, libraire et soldeur, André Balland (né en 1925) installe sa maison d'édition au 33, rue Saint-André-des-Arts ; il s'intéresse d'abord aux beaux livres et publie en

1968 la première édition des œuvres complètes d'Apollinaire, puis une luxueuse édition des œuvres de Céline. Dans les années 1970, il entreprend de publier des livres humoristiques ou provocateurs comme *Le Catalogue d'objets introuvables* de Jacques Carelman, *La Cuisine cannibale* et les *Mémoires d'un vieux con* de Topor, ou le *Roland Barthes sans peine* de Patrick Rambaud ; le catalogue s'enrichit ensuite d'ouvrages consacrés à l'architecture, au paysage, à l'urbanisme, et de guides de *Promenades* signés Jacques Lacarrière ou Henri Queffélec. Les livres-guides plus spécialisés feront bientôt partie de la tradition de la maison.

Balland s'intéresse aussi aux livres érotiques : *L'Amour en 600 positions* (1974) atteindra 400 000 exemplaires ; il sera l'un des premiers à publier des ouvrages pratiques sur la sexualité, dans la collection « Planning familial » (1973). À côté de la « Bibliothèque des classiques du cinéma », lancée en 1974, une collection de biographies voit le jour dont celles de Mishima, de Raymond Chandler, et celles que le biographe Pierre Assouline consacre à Gaston Gallimard, Daniel Kahnweiler et Albert Londres. La maison publie également des documents et des essais politiques, notamment de Michel Butor ou de Jacques Cellard.

Dans le domaine littéraire, André Balland fait connaître Michel Rio, William Boyd et publie en 1980 *La Dame du Nil* de Pauline Gedge, qui devient un *best-seller* (200 000 exemplaires). « L'Instant romanesque », collection créée en 1978, accueille des textes courts de Didier Decoin, Patrick Grainville, Georges Perec, Conrad Detrez... En 1983, le prix Goncourt est décerné au roman de Frédéric Tristan, *Les Égarés*. En 1988, le prix du Livre Inter est attribué à *Mizayre ! Mizayre !* de François Salvaing, et le prix des lectrices de *Elle* au *Guetteur immobile* de Claire Bonnafé.

Des difficultés financières contraignent André Balland à vendre sa maison, qu'il quitte en 1990. Depuis 1991, Jean-Jacques Augier, sous de nouvelles couvertures créées pour la plupart par le graphiste Massin, maintient la tradition littéraire et celle des guides (Jean-Pierre Coffe, *À vos paniers)*, mais a suspendu la publication des autres collections (exception faite de « L'Instant romanesque » dont il réédite certains titres), pour en lancer de nouvelles dont « Le Nadir » (dirigée par Jean-Pierre Péroncel-Hugoz) et « Nouvelles Angleterres », qui publie des romans anglo-américains choisis par Denis Baldwin-Beneich. Depuis juillet 1996, le romancier et essayiste Richard Millet dirige le département littérature française des éditions Balland.

C.To. — IMEC

Balthazar André (1934). Né à La Louvière (Belgique) le 7 janvier 1934, il rencontre Pol Bury et fonde avec lui, en 1955, la revue *Le Daily-Bul*, dans la lignée du groupe hennuyer du mouvement surréaliste belge. Auteur de nombreux essais sur l'art contemporain (Bury, Calder, Miró), il a publié une dizaine de volumes partagés entre nouvelles, contes et poèmes. Volontiers joueur et frondeur, il se divertit à tirer des traits imprévus à partir de petites descriptions ou d'historiettes, exploitant principalement les possibilités ludiques du langage *(Lignes*, 1979 ; *L'Enfance de l'âge*, 1982 ; *Les Images virtuelles*, 1982 ; *La Concordance des temps*, 1984 ; *Buffonneries*, 1990 ; *Il*, 1992 ; *L'Air de rien*, 1992 ; *Elle*, 1995).

ŒUVRES. — Aux Éditions du Daily-Bul (La Louvière).

O.Bi.

Bamboté Pierre Makombo (1932). Né à Bangassou (Centrafrique), exilé au Canada, il est l'auteur d'une série de recueils poétiques engagés, *La Poésie est dans l'histoire* (Honfleur, Oswald, 1960), *Chant funèbre pour un héros d'Afrique* (Oswald, 1962), à la mémoire de Patrice Lumumba, martyr de l'indépendance du Congo belge, et *Le Grand État central* (Goudargues, Salamandre, 1965). On lui doit également deux recueils de nouvelles, *Les Deux Oiseaux de l'Ubangui* (Saint-Germain-des-Prés, 1968), *Nouvelles de Bangui* (Montréal, Presses de l'Université, 1980) et un roman, *Princesse Mandapu* (Présence africaine, 1972).

J.C.

Banana Split (1980-1990). Revue fondée à Marseille par Liliane Giraudon et Jean-Jacques Viton. Cette revue, née d'un pari, a l'ambition de créer une « contre-réforme » du moins dans la fabrication : « Nous souhaitions intervenir comme une rupture en mettant en circulation un objet contraire. [...] Nous proposions une mise en page libre et directe, dans des cadres spéciaux aux allures de faire-part, des textes et des travaux des écrivains et artistes invités, et ensuite reprographiés par Xerox. » Son titre, parodiant « le désir du dessert immangeable », reste imprononçable sur la scène littéraire. Les fondateurs et seuls membres du comité de rédaction souhaitaient que « le résolument contemporain [fût] inséparable de la redécouverte de textes anciens proposés à une lecture moderne ». Les numéros, présentés sous forme d'album et où une large place est accordée à la poésie étrangère, sont conçus autour d'un auteur ou d'un groupe d'auteurs (« Album Mallarmé », « Album anglais », « Albums catalans futuristes ») et complétés par des textes d'écrivains, poètes essentiellement, contemporains (Christian G. Guez-Ricord, Christian Prigent, Mathieu Bénézet) et de comptes rendus de séminaires liés à l'album présenté. À sa disparition, programmée par avance en 1990, *Banana Split* a donné naissance à *La Nouvelle B.S.*, qui s'exprime sous forme d'interventions orales et non plus à travers des livraisons imprimées.

A.Re. — IMEC

Bancquart Marie-Claire (1932). Née le 21 juillet 1932 à Aubin (Aveyron), poète, romancière, essayiste, professeur à la Sorbonne, elle publie en 1960 son premier roman, *Le Temps immobile* (Denoël), qui illustre l'un des thèmes majeurs de son œuvre. Marianne, contrainte à l'immobilité dans un hôpital tenu par des religieuses, fait l'expérience de l'intimité et de la distance, avec les autres et avec son corps. Comme les autres, comme les sœurs à la charité sans pitié, le corps n'est fraternel que par éclairs. Mais le quotidien, terne, est alors transfiguré par une joie immédiate, étrangère à l'idée de Dieu et nourrie par le concret. *La Saveur du sel* (Bourin-Julliard, 1993) reprendra d'une certaine manière ce premier livre en approfondissant ce qui s'y révélait de façon encore fugitive. Cécile, frappée de paralysie, voit son attention et sa sensibilité aux moindres choses accrues par la réduction de son champ d'existence. Loin de s'y complaire, elle tire de son expérience une leçon de vie. Cet « intervalle » de la maladie est un intervalle de rêve, de vie neuve, de vie tout court. Dans *L'Inquisiteur* (Belfond, 1981), les apparences familières recèlent une épaisseur ambiguë de temps (le passé honteux des villageois), de dérives (l'alcoolisme de Jacques ; une petite fille trouvée morte). *Élise en automne* (Belfond, 1991) exprime le refus de toute dérive : l'héroïne, qui découvre qu'elle a vieilli, entreprend une enquête sur sa famille, non pour révéler les failles dangereuses du passé, mais pour le comprendre, l'apprivoiser — apprendre à mourir : « La mort ne se guérit pas ailleurs. » *Les Tarots d'Ulysse* (Belfond, 1984) et *Photos de famille* (Belfond, 1989) restent proches de l'itinéraire essentiel de Marianne, de Cécile ou d'Élise. C'est Ulysse qui repart, insatisfait, d'Ithaque et se métamorphose : rêve d'« adieu » que caressa Élise. Le roman, vagabond et protéiforme, fugue lui aussi. Quant à Germaine Bartole, lorsqu'elle décide de rompre avec un passé décevant, elle se découvre « beaucoup d'avenirs » possibles. Et, derrière ces variations polymorphes, elle apprend encore le prix de l'amitié des choses.

Les poèmes participent de la même conception du monde. Les nombreux recueils (*Projets alternés*, Rougerie, 1972 ; *Mains dissoutes*, Rougerie, 1975 ; *Mémoire d'abolie*, Belfond, 1978, prix Max Jacob ; *Partition*, Belfond, 1981 ; *Opportunité des oiseaux*, Belfond, 1986 ; *Opéra des limites*, Corti, 1988 ; *Sans lieu sinon l'attente*, Obsidiane, 1991 ; *Dans le feuilletage de la terre*, Belfond, 1994 ; *Énigmatiques*, Obsidiane, 1995, prix Supervielle 1996 ; *La Vie, lieu-dit*, Obsidiane, 1997) disent le corps intime et étranger, le moi dans le désir et la difficulté de communier avec le monde, la précarité de tout, qui engendre jubilation et désespoir subtils, sans refuge dans la certitude d'un Dieu. Il s'agit d'« organiser l'espace de l'absence » (*D'une fougère bleue les veines*, dans *Mémoire d'abolie*). Le poème se charge de notations concrètes, savoureuses ou crissantes. Le vers, à la fois libre et rigoureusement mesuré, tantôt plus ample, tantôt aphoristique et concis, est un effort minutieux pour cerner l'« inhabitable », gagner l'intervalle, « l'à-côté ». Rien n'efface le « déni », la « bête mal portante » du moi *(Tentée, ibid.)*, ses cris, ses réclamations à un Dieu absent et douteux. Mais il reste une promesse, « clignements de saveurs sur la brutalité des intervalles/ entre l'être et l'espace » (*Opéra des limites*, dans le recueil portant le même titre). Il reste, à l'homme-Icare, à désigner « l'éternité du silence », à la briser par son chant, depuis le « périssable » (*Icare*, dans *Dans le feuilletage de la terre)*. Une proximité se découvre entre ce qui dort « dans le feuilletage de la terre », et le présent fragile *(Obstinée, ibid.)*. C'est force d'origines pour l'éphémère. Le vers, dans le recueil de 1994, tire sa concentration des silences, des souvenirs, des notations concrètes qu'il évoque comme des bribes de présence cernée par l'absence. *Énigmatiques* (Obsidiane, 1995) conduit enfin le poète de l'inquiétude à l'espoir : « Bonjour, violente vie ! »

→ *À la voix de Marie-Claire Bancquart*, Le Cherche Midi, 1996.

A.P.-de B.

bande dessinée. Histoire racontée au moyen d'une séquence d'images contenant les paroles (figurées dans des « bulles »), les sons (sous forme d'onomatopées) et les commentaires (ou « récitatifs ») nécessaires à son intelligibilité, la bande dessinée, longtemps déconsidérée et rapprochée plus volontiers des arts graphiques ou du cinéma, a-t-elle quelque chose à voir avec la production littéraire au sens large ? Elle fait partie, en tout cas, de l'univers du livre, et donne lieu à une véritable lecture, à la fois *linéaire* (au fil du récit) et *tabulaire* (perception synthétique de l'équilibre graphique ou narratif d'une page ou d'un album entier). Les questions qui se posent aux auteurs sont en partie celles qui se posent à tout écrivain : comment créer une atmosphère, un climat poétique, comment camper des personnages, mener efficacement une intrigue ? La réponse à ces questions passe par une narration exploitant toutes les potentialités du médium : graphisme, cadrage, mise en page, rapport entre le texte et l'image. Même si l'on observe souvent, en bande dessinée, une division du travail entre un scénariste et un dessinateur, les meilleures réussites y sont dues à des auteurs complets qui signent le récit et sa mise en image, ou à des associations étroites où les deux auteurs pensent ensemble les problèmes particuliers posés par une narration graphique.

Repères historiques. Si l'on s'abstient de remonter aux cycles d'images narratifs de l'Antiquité ou du Moyen Âge, l'invention de la bande dessinée revient à l'instituteur et écrivain suisse Rodolphe Töpffer (1799-1846), auteur d'« histoires en estampes » qu'il conçoit à partir de 1825 à l'intention de ses élèves. Appréciés de Goethe, ces récits font preuve d'une inventivité technique, d'une efficacité graphique et narrative à côté desquelles les « illustrés » français de la fin du XIXe et du début du XXe siècle marquent une régression, vouant pour de nombreuses années le genre à un public d'enfants : *La Famille Fenouillard*, *Le Sapeur Camember*, *Le Savant Cosinus*, de Christophe (1856-1945), *Bécassine* (1905) de Joseph Pinchon et Caumery, *Les Pieds nickelés* (1908) de Louis Forton... Un tournant apparaît avec *Zig et Puce* (1925) d'Alain de Saint-Ogan, le premier à systématiser le procédé de la « bulle » ; son style influence un jeune auteur belge, Hergé (1907-1983), créateur en 1929 du personnage de Tintin, qui demeure une référence pour la rigueur et pour l'efficacité du récit, du dessin et du texte.

À partir des années 1930, la concurrence des bandes dessinées américaines traduites et publiées dans *Le Journal de Mickey* vient stimuler et renouveler la production francophone. Aux États-Unis, en effet, se sont codifiés des genres dont l'empreinte sera durable : les *funnies*, brefs récits humoristiques en quelques images, et les *adventure-strips*, histoires plus étendues, souvent publiées en feuilletons, dont la trame est policière, fantastique ou d'aventures. La riposte européenne vient surtout de la Belgique, où sont créés deux hebdomadaires entièrement consacrés à la publication de bandes dessinées : *Spirou* (1938), qui rassemble au fil des années l'École de Marcinelle (Rob Vel, Jijé, Tillieux, Franquin, Morris, Will, Peyo, Roba...), et dont le style s'épanouit dans des récits d'aventures émaillés d'humour, au graphisme rond et dynamique, ou bien dans des « gags » en une page ;

Tintin (1946), qui regroupe autour d'Hergé l'École de Bruxelles, qui met un dessin plus épuré — on parlera de « ligne claire » — et souvent plus réaliste au service de récits d'aventures plus sérieux (*Blake et Mortimer* de Jacobs, *Alix* de J. Martin, *Corentin* de Cuvelier).

Si la France se montre d'abord moins inventive (retenons sutout la création des périodiques *Coq hardi* (1944), *Vaillant* (1945), proche du parti communiste, et *Bayard*, contrôlé par la presse catholique), elle est cependant à l'origine du renouveau de la bande dessinée et de l'élargissement de son lectorat. En 1959, Goscinny fonde *Pilote*, hebdomadaire destiné aux adolescents, qui apporte au genre une dimension nouvelle : dérision et complicité avec le lecteur (*Astérix* de Goscinny et Uderzo ; *Achille Talon* de Greg ; Gotlib, Cabu), récit poétique (*Philémon* de Fred), fantastique (Druillet, Bilal) ou d'aventures (*Blueberry* de Charlier et Giraud). Très rapidement apparaît dans les années 1960 une bande dessinée pour adultes : humour au vitriol du journal *Hara Kiri* (Cavanna, Reiser), érotisme (*Barbarella* de Forest). Dans les années 1970, les revues se multiplient : *L'Écho des Savanes* (1972) fondé par Gotlib, Brétecher et Mandryka, puis *Fluide glacial* (1975) par Gotlib, se réclament d'un humour adulte ; *Métal hurlant* (1975) créé par Druillet, Moebius et Dionnet, s'oriente à la fois vers les récits fantastiques complexes, très travaillés graphiquement, et vers la « culture rock » (Margerin) ; enfin, *Circus* (1975 ; avec *Les Passagers du Vent* de Bourgeon) et (À SUIVRE) (1978 ; avec Tardi, Forest, Hugo Pratt, Peeters et Schuiten, Comès) marquent le retour à un certain classicisme, aux récits romanesques amples, dépassant le format traditionnel de l'album de 46 ou 62 pages. Les années quatre-vingt, parallèlement à la banalisation, et même l'autocélébration de la bande dessinée (avec le succès croissant du festival d'Angoulême, créé en 1974), sont marquées par la disparition de la plupart des revues citées, qui permettaient le lancement de nouveaux auteurs.

Orientations contemporaines. Au début des années 1990, on peut ranger la production de bande dessinée en quelques grandes catégories : *1° Bande dessinée d'aventures*. Des réalisations de facture classique, qui se coulent dans les genres codifiés, sous la forme d'albums de 46 pages, en série centrée sur un personnage. Si la relative brièveté de ce cadre ne permet de développer vraiment ni les caractères ni les intrigues, on peut toutefois citer quelques réussites : *XIII*, de Van Hamme et Vance, qui transpose les recettes du thriller américain ; ou l'épopée fantastique du Viking *Thorgal*, de Van Hamme et Rosinski. *2° Bande dessinée humoristique*. Alors que beaucoup s'enferment dans les recettes de l'école belge des années 1960, certaines productions parodiques jouent habilement avec les conventions du genre : ainsi les albums du regretté Yves Chaland (*Le Jeune Albert*, *Freddy Lombard)* ou ceux de Yann et Conrad. Dans une veine analogue, la satire de la vie quotidienne, Binet caricature les Français moyens avec *Les Bidochons* ; après *Les Frustrés*, Brétecher croque les adolescents dans *Agrippine*. Quelques tentatives remarquables d'innovation, enfin : la poésie douce-amère de Loustal, Le Gall (*Théodore Poussin)* ou Dupuy et Berbérian (*Monsieur Jean)*, l'absurde de Boucq ou Masse (*Les Deux du balcon)*. *3° Œuvres originales*. Certains auteurs, sans tomber dans les excès des recherches formelles des années 1970-1980 (souvent « expérimentales » et gratuites), explorent de nouvelles voies narratives, plus ambitieuses, et conçoivent des récits plus longs ou des cycles d'albums qui permettent d'adapter la forme aux exigences du récit : *Les Cités obscures* de Peeters et Schuiten (histoires fantastiques évoluant chacune dans une ambiance narrative et graphique particulière) ; *Rork*, *Cyrrus* ou *Cromwell Stone* d'Andreas, l'une des tentatives les plus réussies pour mettre la mise en page, les cadrages, les angles de vues et le graphisme au service de récits fantastiques ; *C'était la guerre des tranchées* de Tardi, évocation étonnamment réaliste et concrète de l'horreur de 1914-1918. Depuis 1990, on observe enfin une tentative de renouvellement radical des sujets et des techniques de récit propres à la bande dessinée : elle est l'œuvre de quelques auteurs édités par L'Association (Lewis Trondheim, Jean-Christophe Menu, Nicolas de Crécy), dont l'ambition serait de constituer en quelque sorte un Ouvroir de bande dessinée potentielle (Oubapo) sur le modèle de l'Oulipo. Jouant d'un graphisme minimal, mais très efficace, ils explorent quelques territoires nouveaux pour la bande dessinée : récits débridés et absurdes proches de l'écriture automatique, journal intime, peinture du quotidien le plus banal, et même, parfois, réflexion métaphysique.

La bande dessinée apparaît donc à un tournant de son évolution, où l'écart s'approfondit entre des productions conventionnelles, stéréotypées, et les œuvres d'auteurs affirmant leur originalité par une atmosphère, un style, un art du récit : les seules auxquelles il est possible de reconnaître une dimension littéraire.

→ J. Glénat, T. Martens, N. Sadoul, H. Filippini, *Histoire de la BD en France et en Belgique*, Glénat, 2e éd. 1984. — Annie Baron-Carvais, *La Bande dessinée*, 1985, PUF, collection Que sais-je ?, 3e éd. 1991. — Yves Frémion, *Guide de la bédé francophone*, Syros, 1990. — Benoît Peeters, *La Bande dessinée*, Flammarion, collection Dominos, 1993. — Patrick Gaumer et Claude Moliterni, *Dictionnaire mondial de la Bande dessinée*, Larousse-Bordas, 1997.

B.Do.

Bangui Antoine (1933). Né à Bodo, dans le sud du Tchad, il fut l'un des plus proches collaborateurs de François Tombalbaye, le premier président du Tchad, auprès duquel il occupa différents postes ministériels. Disgracié en 1972, il est arrêté et emprisonné sans jugement. C'est cette expérience carcérale, qui prend fin avec le coup d'État militaire d'avril 1975, qu'il raconte dans un témoignage impressionnant, *Prisonnier de Tombalbaye* (Hatier, 1980). L'évocation de son enfance villageoise, aussi fertile en joies qu'en misères, nourrit l'inspiration d'un second récit autobiographique, *Les Ombres de Kôh* (Hatier, 1983).

J.C.

Baptiste-Marrey (1928), pseudonyme de Jean-Claude Marrey. Né à Paris le 7 janvier 1928, il a entrepris, depuis *SMS ou l'automne d'une passion* (Actes Sud, 1982), une suite romanesque d'envergure sous le titre « Saisons : une autobiographie imaginaire », divisée en mouvements : L'Été (*Les Papiers de Walter Jonas*, Actes Sud, 1985 ; *Elvira*, Actes Sud, 1987), Passages d'hiver (*L'Atelier de Peter Lœwen*, Actes Sud, 1989), Pâques (*Le Maître de Stammholz*, François Bourin, 1992 ; *Le Peuple sans loi*, Julliard, 1994). Les personnages de cette vaste fresque sont souvent des artistes. On lui doit aussi des poèmes (*Venise, l'île des morts*, Le Temps qu'il fait, 1984 ; *Ballades du samedi*, Le Temps qu'il fait, 1987) et des essais (*Balzac, sa mère et la Révolution*, Le Temps qu'il fait, 1992), dans lesquels il se révèle notamment un ardent défenseur du livre et de la librairie (*Esquisse d'un discours sur le livre*, Le Temps qu'il fait, 1985 ; *Éloge de la librairie avant qu'elle ne meure*, Le Temps qu'il fait, 1988). Plus récemment, *La Peau de mon enfance* (Le Temps qu'il fait, 1997), mêle les souvenirs personnels à une réflexion pamphlétaire sur l'urbanisme parisien.

N.R.

Barbey Bernard (1900-1970). Né à Valeyres-sous-Rance (Suisse) le 2 juillet 1900, il publie plusieurs romans dans l'entre-deux-guerres, dont *Cœur gros* (1924). Chef de l'État-major particulier du général Guisan (*P.C. du général*, 1948), il est ensuite le représentant de la Suisse à l'UNESCO. Son roman *Chevaux abandonnés sur le champ de bataille* lui vaut en 1951 le grand prix de l'Académie française. Son œuvre, qui n'a pas été rééditée, se situe dans le sillage du roman d'analyse genevois (De Traz, Chenevière). Si les premiers récits présentent des personnages d'adolescents à la recherche de leur identité, son œuvre maîtresse consiste en une fresque sur la violence de la guerre. Bernard Barbey est mort à Paris le 25 janvier 1970.

R.F.

Barbusse Henri (1873-1935). Né à Asnières le 17 mai 1873. Au terme d'études au collège Rollin où il a pour maîtres Mallarmé, Pierre Janet et Bergson, il est bachelier, puis licencié ès lettres. Lauréat d'un concours poétique organisé par *L'Écho de Paris*, il rencontre Marcel Schwob et Catulle Mendès (son futur beau-père), qui l'introduisent dans les cercles symbolistes. Il fait ses véritables débuts littéraires avec *Pleureuses* (1895), recueil poétique intimiste où s'exprime déjà sa pitié pour les déshérités. Son premier roman, *Les Suppliants* (1903), retrace, à travers le personnage de Maximilien, sa propre vie intérieure d'enfant et sa quête d'absolu. *L'Enfer* (1908), roman naturaliste jugé pessimiste et scandaleux, lui assure la notoriété : dans une chambre d'hôtel, un homme épie ses voisins de passage et dépeint, en une suite de tableaux, la tragédie de leur existence, leurs méditations, leurs querelles, leur agonie, leurs amours. Au moment où éclate la guerre, bien qu'antimilitariste, il décide de s'engager comme simple soldat. Sur le front, jour après jour, de décembre 1914 à novembre 1915, il note ses faits et gestes et ceux de ses camarades. Il obtient deux citations au combat, avant d'être évacué pour maladie et réformé. Profondément choqué par ce qu'il a vécu, il écrit *Le Feu : journal d'une escouade*, qui suscite de vives protestations mais obtient le prix Goncourt (1916). Ce « journal d'une escouade », récit brutal et émouvant des journées passées dans les tranchées, dans la boue et la saleté ou sous les bombardements, offre un témoignage irremplaçable sur le cauchemar d'une génération sacrifiée. Le livre inaugure le genre du roman de guerre et assure à Barbusse une renommée mondiale. Sa vie et son œuvre sont désormais consacrées à la dénonciation du bellicisme et à la défense des victimes de l'histoire. En 1917, il fonde l'Association républicaine des anciens combattants. Son roman *Clarté* (1919), nouveau récit de guerre, est orienté dans une perspective plus militante. Simon Paulin, personnage médiocre et falot, est révélé à lui-même et à la pitié, par l'épreuve de la guerre ; il comprend aussi que cette folie meurtrière n'est que le fruit de la société bourgeoise, et la nouvelle clarté du socialisme guide ses pas.

Dans le journal, puis la revue *Clarté* (qu'il dirige de 1919 à 1923), Barbusse s'interroge sur le rôle politique de l'écrivain, le sens social de son œuvre et la possibilité d'une littérature révolutionnaire. Le mouvement *Clarté* vise à rassembler tous ceux qui sont épris de progrès et de paix (voir *La Lueur dans l'abîme : ce que veut le groupe* Clarté, 1920). De *Paroles d'un combattant* (recueil d'articles et de discours pacifistes de 1917 à 1920) au *Couteau entre les dents* (1921), Barbusse, solidaire de la Révolution russe, évolue rapidement en direction du parti communiste, auquel il adhère en 1923. Son œuvre se situe désormais dans un engagement idéologique de plus en plus affirmé. Elle se poursuit par des nouvelles : *L'Illusion* (1919), *L'Étrangère* (1920), *Quelques coins du cœur* (1921), *Force* (1926), *Faits divers* (1928), *Ce qui fut sera* (1930), et par une fresque romanesque, *Les Enchaînements* (1925-1926), qui évoque les grands drames humains de l'histoire et la nécessité de changements sociaux fondamentaux. À la suite d'un reportage en Roumanie et en Bulgarie en proie à la répression fasciste, il publie *Les Bourreaux* (1926) et crée un Comité de défense des victimes de la Terreur blanche. Directeur littéraire à *L'Humanité* (1926-1929), il précise alors : « Notre tâche sera ici [...] de susciter l'art révolutionnaire, parallèle à la révolution. » Il entreprend cependant une trilogie : *Jésus* (1927), *Les Judas de Jésus* (1927), *Jésus contre Dieu* (posth., Moscou, 1971), où se dresse la figure d'un Christ pathétique et contestataire, qui ne laisse pas de déconcerter ou d'irriter ses amis.

Sa revue *Monde* (1928-1935) prend le relais de *Clarté*, dans le souci de rassembler les intellectuels communistes et les écrivains prolétariens (Poulaille, Guilloux, etc.), tous ceux qui croient à « un art de masse aux perspectives collectives et panhumaines ». Défenseur d'une littérature populaire, mais se défiant d'une conception ouvriériste et sectaire, et privilégiant la qualité de l'écrivain, il voit ses conceptions condamnées au congrès de Kharkov (novembre 1930), pour « éclectisme » et « déviationnisme ». Son soutien à la patrie du socialisme reste cependant inconditionnel : *Voici ce qu'on a fait de la Géorgie* (1929), *Russie* (1930) et *Staline : un monde nouveau vu à travers un homme* (1935), portrait élogieux du Petit Père des peuples. Après *Élévation* (1930), il rend un vibrant hommage à Zola en qui il reconnaît un maître *(Zola*, 1932).

La « ligne Barbusse » l'emporte à partir de 1932. La nouvelle politique culturelle d'ouverture du parti communiste (prélude idéologique à la politique de front populaire) se traduit par la fondation de l'AEAR (Association des écrivains et artistes révolutionnaires), qui rassemble des écrivains communistes, prolétariens ou « bourgeois ». L'organisation se dote d'une revue : *Commune* (1933-1939), dont le comité directeur est composé de Barbusse, Gide et Romain Rolland. Infatigable pèlerin de la paix et de l'antifascisme, il est à l'initiative du Congrès mondial contre la guerre (Amsterdam, août 1932) et du Congrès européen contre le fascisme (Paris, avril 1933), qui aboutissent au Mouvement Amsterdam-Pleyel. Président du Comité mondial contre la guerre impérialiste, il multiplie les interventions en Espagne, au Danemark, aux États-Unis, en URSS. Il préside encore le Congrès pour la défense de la culture (juin 1935) et assiste à un grand rassemblement antifasciste (14 juillet 1935) avant de partir pour Moscou. Atteint d'une pneumonie, il est hospitalisé à l'hôpital du Kremlin. Il meurt le 30 août 1935, en lançant un dernier appel : « Il faut sauver le monde. » Le 7 septembre, la dépouille d'Henri Barbusse est accompagnée jusqu'au cimetière du Père-Lachaise par le peuple de Paris.

ŒUVRES. — Chez Flammarion, pour la plupart. — *L'Enfer*, 1908, Albin Michel, 1992. — *Le Feu, journal d'une escouade*, 1916, rééd. suivi de *Carnet de guerre*, LGF, Le Livre de Poche, 1988. — *Clarté*, 1919, rééd. Flammarion, 1978. — Publications posthumes : *Lettres de Lénine à sa famille*, Rieder, 1936. — *Lettres de Henri Barbusse à sa femme 1914-1917*, Flammarion, 1937.

→ Annette Vidal, *Henri Barbusse soldat de la paix*, EFR, 1953. — *Europe*, novembre-décembre 1955, janvier 1969 et septembre 1974. — Vladimir Brett, *Henri Barbusse, sa démarche vers la clarté, son mouvement* Clarté, Prague, Éditions de l'Académie tchécoslovaque des sciences, 1963. — *La Vérité est révolutionnaire* (anthologie), Moscou, Éditions du Progrès, 1979. — Jean Relinger, *Henri Barbusse, écrivain combattant*, PUF, 1994. — Philippe Baudorre, *Henri Barbusse*, Flammarion, 1995. — *Cahiers Henri Barbusse*, 1974.

J.G.

Bardèche Maurice (1907). Né le 1er octobre 1907 à Dun-sur-Auron (Cher), issu d'une famille modeste, il suit le parcours de l'élite républicaine. Pensionnaire boursier au lycée de Bourges, il entre en 1925 en hypokhâgne au lycée Louis-le-Grand, où il noue une amitié décisive avec Robert Brasillach, son futur beau-frère, plus brillant que lui, et curieux comme lui de cinéma (ils publieront ensemble une substantielle *Histoire du cinéma*, Denoël, 1935 et 1943 ; réédition Le Livre de Poche, 1964). Il fréquente alors un petit groupe de futurs normaliens proches de l'Action française, dont Jacques Talagrand (Thierry Maulnier). Admis en 1928 à l'École normale supérieure, il est reçu à l'agrégation de lettres en 1932 et se destine à la carrière universitaire. Au moment de la guerre d'Espagne, première grande fracture historique et politique, il se range, avec Brasillach, dans le camp de l'ordre, comme le prouve leur *Histoire de la guerre d'Espagne* (Plon, 1939), profranquiste. Après sa thèse sur *La Formation de l'art du roman chez Balzac*, brillamment soutenue le 5 mai 1940, il occupe d'octobre 1940 à juin 1941 la chaire de littérature du XIXe siècle à la Sorbonne, puis, à la suite d'un court passage au lycée d'Amiens, il est nommé professeur à la faculté des lettres de Lille, où il reste deux ans, de 1942 à 1944. Pendant l'Occupation, il collabore à *Je suis partout* dont Brasillach est le rédacteur en chef depuis 1937, essentiellement dans le domaine artistique, publiant des articles sur le cinéma oriental, Balzac et Stendhal. Arrêté à la Libération, il est relâché après huit mois de détention (à Drancy, puis à Fresnes), alors que Brasillach est condamné à mort et exécuté le 6 février 1945. Radié de l'enseignement en 1946, Maurice Bardèche s'attache dès lors à réhabiliter, dans l'ombre, la mémoire et l'œuvre de son ami, et à promouvoir en idéologue et en polémiste l'idéal fasciste auquel il reste fidèle. C'est ainsi qu'il s'attaque violemment, dans sa *Lettre à François Mauriac* (La Pensée libre, 1947), à l'épuration et à ce qu'il regarde comme le « mythe de la Résistance », et qu'il soutient les thèses révisionnistes antisémites dans *Nuremberg ou la Terre promise* (Les Sept Couleurs, 1948), pamphlet encore interdit de publication aujourd'hui, qui lui vaut d'être poursuivi et de connaître un second séjour en prison, de quelques jours. Il est également le fondateur d'un mensuel néo-fasciste, *Défense de l'Occident*, qu'il dirigera pendant trente ans, de 1952 à 1982. Associé à la création d'une internationale néo-fasciste à Malmö en 1951, doctrinaire peu fait pour l'action, il se détourne peu à peu de la politique dans les années soixante-dix pour se consacrer surtout à la critique littéraire.

En marge de l'Université, Bardèche a construit une œuvre critique personnelle, parfois partiale, qui présente une remarquable unité de méthode et de pensée. Attaché à l'idée qu'une grande œuvre est d'abord une grande pensée, qu'un grand écrivain a quelque chose à dire sur l'homme et sur le monde, Bardèche critique cherche sans esprit de système le « système » Balzac ou le « système » Proust dans l'unité d'un dessein et d'une vie. De là son exigence d'une critique globale qui ne se contente pas d'étudier *des romans* de Balzac, mais *l'œuvre* de Balzac comprise comme un tout dont il ne faut rien extraire, pas même les œuvres mineures, les ébauches, les essais avortés, la biographie de l'œuvre elle-même retrouvée dans les étapes de sa genèse. Deux thèmes reviennent alors et constituent le fil rouge de sa réflexion critique : le rôle joué par la pensée et l'imagination, chez les individus comme à l'échelle de la société, et la dénonciation de la vie moderne accusée de corrompre l'animal humain. C'est ce rôle de la pensée comme agent destructeur que Bardèche découvre au centre de *La Comédie humaine*, en réévaluant l'apport en effet essentiel des *Études philosophiques (Une lecture de Balzac*, Les Sept Couleurs, 1964), dont sa thèse sur la formation de l'art chez Balzac, suivant l'évolution du romancier jusqu'au *Père Goriot*, premier chef-d'œuvre de la maturité, lui a déjà révélé l'importance *(Balzac romancier*, Plon, 1941, version abrégée ; réédition Slatkine, 1967). Ce jeu de l'homme avec la pensée, cette lutte avec l'ange, c'est aussi ce qu'il retient de l'œuvre de Proust, à laquelle il a consacré une volumineuse monographie *(Marcel Proust romancier*, Les Sept Couleurs, 1971), couronnée par le grand prix de la critique. Bardèche insiste sur le ballet ou la « crampe » de l'imagination qui fait de l'être aimé chez Proust un être de mystère et de fuite, et qui empêche de rien connaître hors de la « citadelle des apparences » dont chacun est prisonnier. La démarche génétique de Bardèche est également celle d'un précurseur, qui s'intéresse aussi bien à l'œuvre achevée qu'à l'œuvre en train de naître et tente de reconstruire à partir des cahiers de brouillons pour la première fois exhumés, les différentes étapes et les différents étages de la *Recherche*, qui lui apparaît moins alors comme un roman que comme un essai, la démonstration par l'exemple d'une « théorie des passions » fondée sur le pouvoir mensonger ou créateur de l'imagination. Flaubert, pour Bardèche *(L'Œuvre de Flaubert*, Les Sept Couleurs, 1974), est, dans le même sens, le maître de l'illusion, celui qui a des « harems dans la tête » et vit en bourgeois, éloigné de l'agitation sociale par sa haine du siècle et son pessimisme profond ; c'est avant tout l'auteur de *La Tentation de saint Antoine* et de ses géniales fantasmagories qui le requiert : alors la vie imaginaire est le refuge du sage. Mais Bardèche comprend assez mal l'œuvre si peu didactique de Flaubert lorsqu'il reproche à ce partisan de l'impersonnalité de n'être pas assez explicite et d'étouffer sa colère sous la préoccupation exclusive de la perfection formelle et du « poli » artisanal : *Madame Bovary* ne serait qu'un glorieux brimborion, et Flaubert ferait des livres comme Binet des ronds de serviette, par ennui. Avec Céline *(Louis-Ferdinand Céline*, La Table ronde, 1986), le critique va plus loin : l'homme fait plus que se fabriquer des vies illusoires, il est toujours plus ou moins l'acteur de lui-même, selon un mensonge vital qui peut tourner à l'exhibitionnisme. Bardèche fait un portrait sans complaisance de Céline (qui l'avait, il est vrai, traité de « con ») en génie de l'affabulation, comédien de lui-même, posant au Diogène, artiste admirable de la transposition et de la déformation révélatrice nommée *délire* : c'est là, bien plus que dans le « style parlé émotif » dont il n'aime guère la goguenardise, que réside aux yeux de Bardèche la grande originalité du style de Céline, « écrivain enragé », et non « engagé », selon l'heureuse formule du critique. Autre « exhibitionniste » d'après Bardèche, autre écrivain formé « à l'école des rugisseurs » (Jules Renard), Léon Bloy, auquel il a consacré son dernier livre *(Léon Bloy*, La Table ronde, 1989), en privilégiant deux aspects de l'homme, un peu au détriment de la grandeur mystique du chrétien passionné : l'imaginatif, le visionnaire, et le réfractaire, l'accusateur virulent de la société mercantile et de la civilisation inhumaine.

On doit aussi à Maurice Bardèche des éditions critiques des *Œuvres complètes* de Balzac (Le Club de l'honnête homme, 1957-1963), de Brasillach (Les Sept Couleurs, 1963-1966), et de Flaubert (Le Club de l'honnête homme, 1971-1976). Mais c'est peut-être le *Stendhal romancier* (La Table ronde, 1947 ; réédition en 1983) qui constitue sa plus grande réussite. Il y met l'accent sur l'antagonisme, le *choc* entre les héros et la société à laquelle ils sont et se sentent fondamentalement étrangers, et sur leur morale du mépris ou de l'opposition qui se moque de la morale. C'est quand il a raison contre lui-même que Bardèche est le plus fidèle à Stendhal ; moins heureux lorsqu'il tend, selon une curieuse partialité politique, à angéliser Julien Sorel (qui aurait raison contre la société qui a tort), il consacre des pages inspirées à *La Chartreuse de Parme* et aux *Chroniques italiennes* dont il saisit à merveille, et avec verve, le romanesque sans âge. Heureuse rencontre de Bardèche avec Stendhal, qui dévoile une particularité de sa méthode : sa critique est une critique impressionniste où le juge se juge lui-même et avoue au contact des grandes œuvres, une critique de participation qui a besoin d'aimer pour comprendre, et qui vaut aussi pour la ferveur de son style, et son style de la *ferveur*.

→ Ghislaine Desbuissons, *Itinéraire d'un intellectuel fasciste : Maurice Bardèche*, thèse, Institut d'études politiques de Paris, 1991. – Jacques Julliard, Michel Winock, *Dictionnaire des intellectuels français*, Paris, Seuil, 1996.

D.P.

Barilier Étienne (1947). Né le 11 octobre 1947, d'un père pasteur, il fait des études de lettres à l'université de Lausanne, où il soutient une thèse sur Albert Camus (1977). Écrivain et journaliste libre, il collabore à divers hebdomadaires et quotidiens de Suisse romande. Il est également traducteur de Landolfi, Dürrenmatt, Wedekind, Ludwig Hohl. Son œuvre comporte seize romans parmi lesquels *Orphée* (1971), *Laura* (1973), *Passion* (1974), *Le Chien Tristan* (1977), *Prague* (1979), *Le Rapt* (1980), *Le Duel* (1983), *La Créature* (1984), *Le Dixième Ciel* (1986), *Musique* (1988), *Une atlantide* (1989), *La Crique des Perroquets* (1990), *Un rêve californien* (1995). Elle se double d'une œuvre d'essayiste : *Le Grand Inquisiteur* (1981), *Le Banquet* (1984), *Les Petits Camarades* (1987), *Soyons médiocres !* (1989), *La Ressemblance humaine* (1991), *Contre le nouvel obscurantisme* (1995).

L'œuvre romanesque de Barilier se caractérise par la multiplicité de formes narratives : récit traditionnel, pseudo-autobiographique, journal, roman par lettres. Cette exploration des possibles formels est une interrogation des paradoxes de la condition humaine : de la confrontation des discours subjectifs naît la tentative de donner un sens à l'existence, mais dans l'ordre de l'esthétique et loin de tout savoir dogmatique. Le dialogisme, au sens de Bakhtine, met en lumière les ruses du langage, les stéréotypes d'une pensée qui cherche à échapper à la réalité en se masquant derrière les mots. L'humour grinçant, la « carnavalisation » dénoncent les masques derrière lesquels l'être humain cherche à s'abriter pour s'abandonner à ses pitoyables certitudes. La dimension satirique des romans de Barilier va jusqu'à l'auto-ironie lorsqu'il met en scène des figures d'artiste, écrivain, peintre ou musicien, dont les passions viennent entraver la quête spirituelle. La musique allemande, des romantiques à Alban Berg, auquel il a consacré un brillant essai, est présente à la fois comme objet de réflexion et comme motif structurant le récit.

Dans ses essais, Barilier oppose une quête du sens de nature esthétique aux doctrines philosophiques qui débouchent sur le totalitarisme de la pensée. La figure du Grand Inquisiteur reste une menace dans la débâcle des idéologies. À la recherche d'un humanisme nouveau, il voudrait retrouver l'universel dans la souffrance que tous les hommes peuvent partager *(La Ressemblance humaine)* et traque avec une verve caustique toutes les formes d'irrationalité qui viennent entraver l'épanouissement de l'humain. Cette quête situe Barilier dans la tradition romande protestante, même s'il a pris ses distances avec le milieu littéraire romand dans un pamphlet intitulé ironiquement : *Soyons médiocres !*

ŒUVRES. — À L'Âge d'homme (Lausanne), puis, à partir de 1995, aux Éditions Zoé (Genève).

→ Philippe Amen, *Possibles de l'existence et possibles de l'écriture dans l'œuvre romanesque d'Étienne Barilier*, maîtrise, Poitiers, 1983.

R.F.

Barillet Pierre (1923) et **Grédy** Jean-Pierre (1920). Nés à Paris, le 24 août 1923, et à Alexandrie, le 16 août 1920. Juristes de formation, Barillet et Grédy ont à peine écrit l'un sans l'autre. Dans la tradition du vaudeville de De Flers et Caillavet, ils signent ensemble une vingtaine de pièces (*Ami-ami*, 1950 ; *Les Choutes*, 1959 ; *Une rose au petit déjeuner*, 1973), ainsi que quelques adaptations (*L'École de la médisance*, 1960 ; *Même heure l'année prochaine*, 1976 ; *Le Pont japonais*, 1978). Ils procurent ainsi leurs plus grands succès aux théâtres parisiens de la rive droite, et offrent des rôles sur mesure à des actrices célèbres (Sophie Desmarets, Jacqueline Maillan). Le comique de situation se marie au comique de caractère. Au sein d'un certain conformisme bourgeois, surgit un événement insolite : la nouvelle bonne d'un couple possède un don de double vue (*Le Don d'Adèle*, 1949), un dentiste voit sa secrétaire revêche devenir une amante entreprenante (*Fleur de cactus*, Le Livre de Poche, 1970). Ailleurs, la démesure (*Folle Amanda*, 1971), l'irascibilité (*Peau de vache*, 1975) et la fantaisie (*Potiche*, 1980) des héroïnes produisent gaffes, quiproquos et retournements. Mais l'absurdité est toujours savoureuse et l'intrigue se clôt sur le bonheur que ramène la réconciliation des protagonistes. Ce théâtre de boulevard fait rire, peut émouvoir quelquefois, mais ne dérange jamais.

ŒUVRES. — Les pièces des auteurs ont paru d'abord dans la revue *L'Avant-scène*, puis à la Librairie théâtrale.

C.C.

Barjavel René (1911-1985). Né à Nyons le 24 janvier 1911, il grandit dans la boulangerie familiale, termine ses études au collège de Cusset, puis exerce plusieurs métiers. Journaliste au *Progrès de l'Allier*, il rencontre Denoël, qui l'engage comme chef de fabrication. Son premier roman, *Ravage* (1943), évoque l'effondrement apocalyptique d'une civilisation technicienne subitement privée d'électricité, qui vivra un retour salvateur à la terre. Le récit se démarque de l'optimisme des œuvres d'anticipation d'avant-guerre et le succès est immédiat. Une vingtaine de romans et d'essais suivront. *Le Voyageur imprudent* (1944) imagine une machine à remonter le temps et lance le terme de « paradoxe temporel » (le narrateur, voyageant dans le passé, modifie le cours de l'histoire jusqu'à empêcher sa propre naissance en tuant un de ses ancêtres) ; *Colomb de la lune* (1962) fait d'un Français le premier astronaute de l'histoire. *La Nuit des temps* (1968) relate la découverte, sous les glaces antarctiques, des vestiges et des survivants d'une ancienne civilisation. Dans *Le Grand Secret* (1973), les détenteurs d'une recette d'immortalité découvrent que la vie sans la mort perd son sens. Toujours s'exprime un refus angoissé de la modernité et d'une technologie qui pousse l'homme vers son autodestruction. L'œuvre promeut le retour à la nature et à des valeurs ancestrales. *La Charrette bleue* (1980), récit autobiographique, se reporte aux joies simples de l'enfance provençale. Une civilisation paysanne et artisanale entoure la découverte émerveillée du monde. Mais en arrière-fond résonnent les grondements de la Grande Guerre. Le récit s'achève sur le drame de la mort de la mère, que l'enfant perd à onze ans, et sur le départ pour Cusset, sous la protection paternelle d'un professeur de français éveilleur de vocation. Également auteur dramatique et scénariste, Barjavel collabora comme dialoguiste à une vingtaine de films, dont la série des *Don Camillo*. Il est mort le 24 novembre 1985.

C. A.-M.

Barney Clifford Natalie (1876-1972). Née à Dayton (Ohio), le 31 octobre 1876, dans une riche famille américaine, elle y reçoit la meilleure éducation : elle apprend le français, lit Verlaine et Baudelaire. Adolescente, elle découvre le Paris de la fin du siècle. Liane de Pougy racontera dans *Idylle saphique* (1901) sa liaison avec « Moonbeam » (rayon de lune). En 1900, Natalie Barney publie un premier volume de vers, *Quelques portraits-sonnets de femmes*, d'inspiration symboliste.

Elle rencontre ensuite la poétesse Renée Vivien, qui fait d'elle sa muse. Rendue célèbre par ses amours (Colette, Lucie Delarue-Mardrus, plus tard Romaine Brooks), elle devient l'égérie du tout-Paris littéraire. En 1904, *The Woman who Lives with Me (La Femme qui vit avec moi)* évoque une liaison sur le mode mineur. En 1910, elle donne *Éparpillements*, florilège de maximes, puis *Je me souviens*, long poème en prose consacré à sa liaison avec Renée Vivien, enfin un recueil de poèmes, *Actes et entractes*. Remy de Gourmont, épris d'elle, lui adresse des *Lettres à l'amazone* qu'il publie dans *Le Mercure de France* (janvier 1912-octobre 1913). Pendant la guerre, elle est résolument pacifiste. En 1920, son recueil *Poems et poèmes* célèbre la femme sur des mètres variés. En 1921, elle fait paraître *Pensées d'une amazone* et en 1927 publie les *Lettres intimes à l'amazone*, que lui avait jadis écrites Gourmont. *Aventures de l'esprit* (1929) réunit des portraits littéraires, avant *The One who is Legion (Celle qui est légion)* (1930), autoportrait romanesque. En 1939, *Nouvelles Pensées de l'amazone* suscite l'admiration de son ami Max Jacob. Elle séjourne à Florence de 1940 à 1946, puis regagne la rue Jacob où elle tient toujours salon. Peu à peu elle est oubliée, malgré la publication de *Souvenirs indiscrets* en 1960, suivis de *Traits et portraits* en 1963. Délogée de sa maison de la rue Jacob, elle meurt à l'hôtel Meurice, à Paris le 2 février 1972.

ŒUVRES. — *Quelques portraits-sonnets de femmes*, Ollendorf, 1900. — *Actes et entractes*, Sansot, 1910. — *Éparpillements*, Sansot, 1910, rééd. Persona, 1982. — *Poems et poèmes, autres alliances*, Émile-Paul, 1920. — *Pensées d'une amazone*, Émile-Paul, 1921. — *Aventures de l'esprit*, Émile-Paul, 1929. — *The One who is Legion*, Londres, Eric Partridge, 1930. — *Nouvelles Pensées de l'amazone*, Mercure de France, 1939. — *Mémoires secrets*, Bibliothèque Jacques Doucet, 1948-1950. — *Souvenirs indiscrets*, 1960, rééd. Flammarion, 1972. — *Traits et portraits*, Mercure de France, 1963. — *Un panier de framboises*, Mercure de France, 1979.

→ *Vingt-huit lettres de Milosz à Natalie Barney*, A. Silvaire, 1976. — Jean Chalon, *Chère Natalie Barney*, 1976, rééd. Flammarion, 1992. — Shari Benstock, *Femmes de la rive gauche*, Des Femmes, 1987. — Remy de Gourmont, *Lettres à l'amazone* suivi de *Lettres intimes à l'amazone*, posth., 1917, rééd. préface de Jean Chalon, Mercure de France, 1988. — Marina Zvétaieva, *Mon frère féminin*, lettre à Natalie Barney, Mercure de France, 1990. — Fonds Natalie Barney à la Bibliothèque littéraire Jacques Doucet.

I.M.

Baron Jacques (1905-1986). Né le 21 février 1905 à Paris. Après une enfance nantaise, il fait ses études secondaires dans la capitale. À seize ans, il publie ses premiers poèmes dans la revue *Aventure* (1921-1922). Il rencontre Aragon et Breton en 1922, collabore à leur revue *Littérature* et, en 1924, donne *L'Allure poétique*, d'inspiration surréaliste : « Un poète doit tenter de violer l'avenir ou tout au moins de le piéger avec la glu du merveilleux » *(L'An I du surréalisme)*. Il publie ensuite régulièrement dans *La Révolution surréaliste* et participe aux activités du groupe. Dans *Paroles*, il rassemble sa poésie de jeunesse (1923-1927). Mais son service militaire en Algérie l'éloigne de ses amis parisiens. En 1927, il adhère au parti communiste : « J'étais décidé à tuer le poète en moi. » Favorable à l'opposition de gauche trotskiste, il collabore à *La Critique sociale* de Souvarine et rompt avec le parti communiste. Exclu du groupe surréaliste en 1929, il poursuit son œuvre poétique marquée par un retour au vers régulier : *Peines perdues* (1933), *Je suis né* (1952), *Les Quatre Temps* (1956), *Sept jours et quatre jeudis* (1971). Sous le titre *L'Allure poétique* (1974), il recueille l'ensemble de son œuvre poétique, où il s'affirme comme le poète du bonheur et de la bonne humeur : « Il est si simple d'être en vie ». Il donne deux pièces : *Viviane* (1952) et *Souffler n'est pas jouer* (1965), trois romans : *Charbon de mer* (1935), roman poétique, *Miss Lucifer* (1945), roman populaire, et *Le Noir de l'azur* (1946). *L'An I du surréalisme* (1969) offre un témoignage sensible et vivant sur les principales figures du mouvement et l'atmosphère de cette période. On lui doit aussi une remarquable *Anthologie plastique du surréalisme* (1980). En 1982, paraît un dernier recueil de vers, *La Vie lavable*, où il définit sa poétique comme une « écriture automatique patiente ».

J.G.

Baron Supervielle Silvia (1934). Née le 10 avril 1934 à Buenos Aires, de mère uruguayenne et de père argentin, elle a d'abord publié en langue espagnole avant de venir à Paris en 1961. Après un recueil hors commerce (*Les Fenêtres*, 1977), *Les Lettres nouvelles* font paraître d'elle, en 1973, douze poèmes en français qui inaugurent une poésie de l'espace (*Plaine blanche*, Martinez, 1980 ; *Espace de la mer*, Losne, Bouchard, 1981 ; *La Distance de sable*, Granit, 1983 ; *Le Mur transparent*, Losne, Bouchard, 1986 ; *Lectures du vent*, Corti, 1988 ; *L'Eau étrangère*, Corti, 1993), une célébration du voyage et de la solitude (*L'Or de l'incertitude*, Corti, 1990 ; *Le Livre du retour*, Corti, 1990 ; *La Frontière*, Corti, 1995 ; *Après le pas*, Arfuyen, 1997), sur un ton parfois biblique (*Nouvelles Cantates*, Corti, 1995). Elle a traduit Marguerite Yourcenar en espagnol et Jorge Luis Borges en français.

J.P.

Baronian Jean-Baptiste (1942), pseudonyme de Joseph Lous Baronian. Né à Bruxelles le 29 avril 1942, éditeur (Conan Doyle, Jean Ray), critique *(Magazine littéraire)*, il a fait paraître un grand nombre d'études et d'anthologies consacrées à la littérature fantastique *(Panorama de la littérature fantastique de langue française*, 1978 ; *La Belgique fantastique avant et après Jean Ray*, 1984). Après deux volumes imprégnés du climat expérimental des années soixante *(L'un l'autre*, 1971 ; *Autour de France*, 1974), il publie une quinzaine de romans et récits où se mêlent le réel et l'étrange, relevant de la science-fiction *(Le Grand Chalababa*, 1977), du thème de la ville et de ses mystères *(Scènes de la ville obscure*, 1977 ; *Place du Jeu de Balle*, 1980), de la bibliophilie *(La Bibliothèque de feu*, 1984 ; *Lord John*, 1986), de crimes mystérieux ou d'enquêtes policières *(La Vie continue*, 1989 ; *La Nuit, aller-retour*, 1991, *Le Vent du Nord*, 1996). On lui doit aussi des romans policiers, sous le pseudonyme d'Alexandre Lous *(Matricide*, 1981 ; *La Nuit du pigeon*, 1982 ; *Meurtres sans mémoire*, 1983 ; *Tableaux noirs*, 1984 ; *Jugement dernier*, 1988 ; *Le Tueur fou*, 1995 ; *Rase campagne*, 1996).

ŒUVRES. — *Place du Jeu de Balle* ; *Lord John* ; *Matricide*, rééd., Bruxelles, Labor, coll. Espace Nord, 1994, 1996.

→ Gaëtan Deleux, *Un Baronian en cache un autre*, bibliographie établie par Francis Goidts, Bruxelles, Émile Van Balberghe, 1983.

O.Bi.

Barrault *(Éditions Bernard)* (1983-1992). Maison fondée à Paris par Bernard Barrault et Betty Miallet. Entré dans l'édition en 1956, Bernard Barrault a travaillé successivement chez Hachette, Gallimard et Stock. Il vise d'emblée la publication de jeunes auteurs qui, « par l'originalité de leur ton, ou la virulence de leur propos, n'avaient pas accès à la production des grandes maisons ». De sensibilité de gauche, les Éditions Bernard Barrault ont publié environ cent cinquante titres et fait découvrir J.-A. Bertrand *(Tristesse de la balance)*, Sylvie Caster *(Les Chênes verts)*, Michel Field *(Impasse de la nuit)*, Ania Francos *(Sauve-toi Lola)*, et surtout Philippe Djian, dont elles ont publié huit romans parmi lesquels *37°2 le matin*. Le départ de cet auteur à succès (pour rejoindre Gallimard) a mis gravement en danger cette petite maison, qui, en 1992, a dû suspendre ses activités. Le groupe Flammarion, associé de la première heure, en gère désormais le fonds.

F.D. — IMEC

Barrès Maurice (1862-1923). Né à Charmes (Vosges) le 19 août 1862, ce jeune Lorrain débarqué à Paris en 1882 était le *princeps juventutis* prédestiné de sa génération. Ce jeune homme au teint olivâtre, et dont le visage semblait descendre de quelque toile du Greco, apportait avec lui le sang de deux provinces, dont il a dit les parts respectives dans son propre sang : « Un quart d'Auvergne, trois quarts de Lorraine. » Quand il parlera de Pascal, c'est l'âme de l'Auvergne qui se réveillera en lui, un certain caractère âpre et volcanique de l'âme pétrifiée, et l'on pourrait lui appliquer ce qu'il dit de Pascal : « Sa phrase, sa pensée ont les violentes irrégularités des noyers de son Auvergne, la couleur des pierres de Volvic... » La Lorraine, de son côté, lui a laissé sa poésie mesurée et l'instinct de la terre, ce qu'il appelle, dans *La Colline inspi-*

rée, « la prairie », c'est-à-dire tout un monde de fées, de légendes, toutes les tentations du rêve. Ce génie lorrain, qu'il s'est efforcé tant de fois de définir, en particulier dans *Un homme libre*, c'est celui de ces artistes d'autrefois, Ligier Richier, Callot, dont l'art conserve « la saveur tragique du langage populaire ». Comme tant d'autres Lorrains aussi, il éprouvera toujours la nostalgie du Midi et de la lumière, le besoin d'allier la rêverie germanique et la beauté grecque ou romaine, qu'il a figurées dans le mythe subtil des amours de Léda et du cygne, de Léda la fille de la Méditerranée et du cygne de Lohengrin.

Élève au collège de la Malgrange, puis au lycée de Nancy (1877-1880), Barrès peindra avec une âpre rancune, dans *Les Déracinés*, son professeur de philosophie, Auguste-Laurent Burdeau (fameux traducteur de Schopenhauer). Mais il a connu au lycée des amis comme Stanislas de Guaïta, dont la mystique occultiste devait à la fois l'attirer et le repousser ; il a lu, au lycée, les poètes qui devaient d'abord orienter son génie : Théophile Gautier qui l'introduisait au monde « du sang, de la volupté et de la mort », Baudelaire qui fut pour lui, comme il l'a dit en évoquant les lourdes journées de l'été 1880 où il le lisait côte à côte avec Guaïta, « le coup d'archet des tziganes, le flot de parfum » qui bouleverse le cœur.

La tête encore enfiévrée de ces parfums, Barrès, venu faire son droit à Paris, s'installe au cœur du Quartier latin, au milieu de cette bohème intellectuelle à laquelle il va consacrer son premier livre, une petite brochure, *Sensations de Paris : le Quartier latin* (Dalou, 1888), célébrant « le lieu où naît l'âme de demain ». Il se dressera contre l'Association des étudiants dans une autre plaquette, *Toute licence sauf contre l'amour* (1892). Il affecte alors un détachement hautain : Laurent Tailhade le traitera de « poseur ». Ce jeune « déraciné », venu brûler ses ailes à la flamme de Paris, n'interroge pas sans défiance sa propre génération.

Du moins, il est des gloires consacrées que ce jeune impatient doit avoir hâte de rencontrer. Et d'abord Victor Hugo. Il a raconté plus tard quel choc il avait ressenti le jour où il avait vu, dans la bibliothèque du Sénat, causant avec Leconte de Lisle et Anatole France, un petit vieillard vigoureux — Victor Hugo ! Mais il a dit aussi que la gloire de Victor Hugo l'avait ému plus que son œuvre (*Trois stations de psychothérapie*, Perrin, 1891).

Le naturalisme triomphait encore alors, et Barrès était reçu en ami dans un de ses foyers, celui d'Alphonse Daudet. Il était aussi de ce déjeuner littéraire qui groupait quelques écrivains choisis autour de Zola. Mais, tout en le jugeant « un brave homme », il souriait de ses prétentions scientifiques. Le futur maître des impressions intérieures, de la nuance, de la culture du *moi*, se sentait étranger à ces hommes de l'extérieur et de la couleur brutale, qui absorbaient le *moi* dans la physiologie ou dans la psychologie des foules.

Barrès fait partie aussi, à ce moment, du cénacle de Leconte de Lisle et il fut l'un des familiers de Louis Ménard. Sous la perfection et la dureté de marbre des vers parnassiens, il devinait une philosophie désenchantée qui s'accordait bien à son âme. Mais le Parnasse lui paraissait « une fontaine pétrifiante », féconde en beautés mais en beautés minérales, indifférente à la vie, figée dans un hellénisme d'école, étrangère à ses propres fièvres.

Ses vrais maîtres furent Renan et Taine, pour lesquels il éprouva un amour fanatique, mais impertinent dans l'admiration, un irrespectueux respect. Avec quelle liberté ne fait-il pas parler Renan, dans les fausses *interviews* de *Huit jours chez M. Renan* (Dupret, 1888), ou ne pastiche-t-il pas Taine pour rédiger les prétendues notes de sa *Préparation à la mort* ! Il les aime, moins pour ce qu'ils sont ou pour ce qu'ils créent que pour ce qu'ils lui transmettent. Ils sont pour lui des reflets, au confluent de la religiosité et de l'épicurisme intellectuel. Mais trop indépendant pour se laisser prendre, fût-ce par Taine ou par Renan, il écrira plus tard, dans *Mes cahiers* : « Taine m'a nourri sans me satisfaire. » Et dès 1884, dans la petite revue qu'il fonde alors, *Les Taches d'encre*, il traite Renan de rhéteur et de tartufe.

Ami de Robert de Montesquiou, pratiquant la religion wagnérienne, séduit un moment par la grâce inachevée des préraphaélites, Barrès semble aussi se rallier à un certain décadentisme symbolisant. Un nouveau classicisme le sollicite en même temps, celui de Jules Tellier et de Charles Le Goffic, avec qui il fonde, en 1886, une revue, *Les Chroniques*, celui de Moréas, de Maurras, ou d'Anatole France, le premier écrivain qui l'ait accueilli à Paris.

Mais sa première vocation, au milieu de tous ces courants qui se le disputent, a été d'en exprimer les aspects essentiels, de dire, dans la trilogie du *Culte du moi* (t. I : *Sous l'œil des Barbares*, Lemerre, 1888 ; t. II : *Un homme libre*, Perrin, 1889 ; t. III : *Le Jardin de Bérénice*, Perrin, 1891), les deux ou trois névroses de la fin du siècle. Elles atteignent à la fois l'intelligence, la sensibilité et la volonté. Dans l'intelligence, elles forment des dilettantes intellectuels ; dans la sensibilité, des égotistes émotifs ; dans la volonté, elles aboutissent à la volonté de puissance : ce sont bien là les trois attitudes de la jeunesse de Barrès. Mais au dilettantisme intellectuel s'ajoute, chez Barrès, l'égotisme émotif. Au-dessous du cerveau qui comprend, il possède un cœur qui vibre, formant un *moi* complet avec toutes ses ramifications. Et c'est ce *moi* qu'il cultive. Pour désigner ce culte, il adopte un mot importé jadis d'Angleterre par Stendhal : *égotisme*, c'est-à-dire résolution d'affirmer sa façon d'être individuelle ; obstination à l'affirmer sur un ton lyrique. Barrès, grand lecteur de Loyola, de *L'Imitation de Jésus-Christ*, va pasticher le langage des mystiques pour glorifier le *moi* dans lequel il veut atteindre aux sources les plus profondes et les plus cachées, aux trésors de l'inconscient. Intellectuel, il prend parti contre l'intelligence ; analyste, contre l'analyse. Un de ses maîtres, le philosophe Jules Soury, dont il suit les cours en Sorbonne, lui a dit : « L'intelligence n'existe pas, c'est une résultante, c'est une fonction de résultat, c'est le cerveau en activité. » Et il répète à son tour : « L'intelligence ! Quelle petite chose à la surface de nous-mêmes ! » Les esprits courts ne savent pas aller jusqu'à l'instinct. Au contraire, Bérénice incarne cette part du *moi* que l'intelligence n'embrassera jamais, cette part secrète qui communique avec les forces de la nature et avec l'âme du monde : « C'est l'instinct, bien supérieur à l'analyse, qui fait l'avenir, c'est lui seul qui domine les parties inexplorées de mon être. »

Mais l'égotisme barrésien n'est pas seulement culte, mais culture du *moi* : « Ô moi, cher enfant que je crée chaque jour », écrit-il. Dès lors l'émotivité fera appel à la volonté. Et c'est là le troisième aspect du Barrès jeune : auprès du dilettantisme de l'esprit et de l'égotisme émotif, une volonté veille, qui devient bientôt volonté de puissance et culte de l'énergie.

À la source de la théorie barrésienne de l'énergie, on trouve Stendhal, bien sûr, Byron, dont la séduction sur Barrès fut vive, Goethe, son contraire, le constructeur, l'ordonnateur, qui a dit : « Au commencement était l'action », Disraeli, qui sut unir le romanesque au génie politique, Chateaubriand et Lamartine, ces lutteurs à qui la gloire de la poésie n'a pas suffi ; Napoléon enfin, en qui il voit le type même de l'amateur d'âmes, l'artiste supérieur qui joue puissamment des ressorts des hommes : les « Déracinés » iront au mausolée des Invalides. Le culte de l'énergie peut devenir l'esprit de révolte. Une forme d'anarchie se dégage de certains livres de Barrès comme *L'Ennemi des lois* (Perrin, 1893). La mère de Jacques-Émile Blanche, inquiète de l'amitié de son fils pour Barrès, lui disait : « Ton ami est un anarchiste en escarpins vernis, ce sont les plus dangereux. »

À l'air raffiné et confiné de l'âge décadent, Barrès tente d'échapper dès sa jeunesse, en l'exorcisant par le voyage. Il ne résista pas longtemps à « ces courtisanes romanesques du Midi, Séville et Venise, Sienne et Tolède et Cordoue » qui lui inspireront l'un de ses plus beaux livres : *Du sang, de la volupté et de la mort* (Charpentier-Fasquelle, 1894). Et ce fut d'abord vers l'Italie qu'il partit, à vingt ans, ramenant une double impression de splendeur et de tristesse. C'est le miracle de cette union de la splendeur et de la tristesse que Barrès définit dans *La Mort de Venise* (Juven, 1903).

Barrès ne devait découvrir l'Espagne qu'une dizaine d'années après l'Italie, en 1892. Mais l'Espagne aura sur lui une influence plus profonde encore, et plus persistante. Dans son livre sur *Greco* (Floury, 1911), il dira quel brusque enchantement d'Orient était venu le frapper au visage dès ses premiers pas sur cette terre décharnée. Il avait respiré, dès le lycée, l'Espagne de Gautier. Celle de Corneille lui avait enseigné à « se faire de l'âme avec des beautés étrangères ». Il avait vu des tableaux de Goya, de Vélasquez, dont il s'attendait à rencontrer partout les personnages. Mais c'est surtout du tourment de l'Espagne que Barrès a été passionnément curieux. Son ami Robert de Montesquiou, admirateur du Greco, l'y avait initié. Aussi était-il prêt à déchiffrer l'énigme de *L'Enterrement du comte d'Orgaz*. Plus encore que dans les musées la véritable Espagne se révélait à lui dans ses églises, et surtout dans ces alcôves des églises espagnoles, les sacristies, où des poupées peintes et faisandées, des corps saignants ou vêtus de velours, bagués de rubis, expriment une religion sensuelle, ardente et triste. Car c'est bien une saveur contrastée qui est le vrai goût de l'Espagne de Barrès, qui reprend incessamment le thème de la dualité : la Castille et l'Andalousie, le Maure et le Castillan, l'Espagne chrétienne et l'Espagne orientale ; ici, l'Escorial castillan ; là, l'Alhambra andalou ; et, dans la même ville ou dans la même sierra, il semble souvent que l'Alhambra et l'Escorial se rencontrent en un mélange subtil et ambigu, que Barrès rencontre à Tolède.

S'ajoutant à l'expérience du voyage, celle de l'action et de ses nécessités allait faire naître un nouveau Barrès. Après l'équipée boulangiste, suivie de plusieurs échecs électoraux, celui qui s'était défini lui-même comme « un jeune bourgeois affamé de tous les bonheurs, découragé du contact avec les hommes », entre dans l'arène. Le cycle du *Roman de l'énergie nationale*, commencé avec *Les Déracinés* (Fasquelle, 1897), continué avec *L'Appel au soldat* (Fasquelle, 1900), achevé avec *Leurs figures* (Juven, 1902) ; les nombreux articles politiques dont il groupe les principaux dans *Scènes et doctrines du nationalisme* (Juven, 1902) ; sa pièce, *Une journée parlementaire* (Charpentier-Fasquelle, 1894) le montrent sous un jour imprévu, qui, d'abord, inspire quelque défiance, et où les sceptiques dénoncent une ironie nouvelle, « l'ironie en action ». « La gloire sans le pouvoir, écrit-il, dans *Amori et dolori sacrum* (Juven, 1903), c'est la fumée du rôti qu'un autre mange. »

Lorsque l'affaire de Panama déchaîne, sur la vie publique, un tourbillon de scandales qui l'emprisonne de suspicion et de haine, Barrès respire, avec une volupté avouée, cette âcre odeur de guerre civile. Il y apprend à aimer l'ordre, il y prend le désir exaltant de pétrir son époque. L'affaire Dreyfus lui en fait sonder les fissures mortelles : il dénonce « les lézardes sur la maison » française. Il aspire à rejoindre les vraies forces profondes sur lesquelles se fonde la nation, « la Terre et les Morts » (selon le titre d'une conférence prononcée dès 1899), par le « racinement », qui dépasse l'individualisme et conduit à la solidarité : « Penser solitairement, c'est s'acheminer à penser solidairement. » Ainsi le Barrès traditionaliste continue naturellement, sans le contredire, le Barrès du « culte du *moi* ».

De la doctrine du « racinement », il sut faire des « figures ». Dans le drame qui se joue au parlement et dans la rue, il saisit des croquis ; d'un trait mordant, il fixe les acteurs qui passent ; un grand polémiste s'affirme en lui. Mais ces passes d'armes rapides, cette vie dévorante de la tribune et de la presse ne suffisent pas à son besoin de grandeur. C'est à ce besoin qu'il répond, en avril 1900, quand il part pour Athènes.

Il arrive tout chargé de littérature à ce petit rocher ruineux auquel se rattachent, dit-il, « tant d'idées préalablement associées ». Il ne tarde pas, il est vrai, à congédier les ombres illustres qui l'accompagnent. Seul à seul avec la Grèce, il éprouve un étrange malaise. Tant de perfection classique, tant d'équilibre contredisent trop de choses en lui-même. Il s'insurge, encouragé peut-être dans sa rébellion par Henri Bremond qu'il rencontre sur l'Acropole. Dès lors il se rejette sur les souvenirs des croisés, sur les Francs, sur le Moyen Âge encore présent sur cette terre ; il s'arrête aux chapelles chrétiennes, et surtout à celle de Daphné, plus amicalement qu'aux temples antiques. Pourtant, il rapporte de Grèce une leçon grecque, celle de Sparte, celle dont la France de son temps avait besoin. Et son voyage de Grèce devient *Le Voyage de Sparte* (Juven, 1906). « À quarante ans, c'est Sparte où je veux me fixer. » À l'âge où il parvient, Sparte est la patrie d'un homme pour qui, maintenant, Venise est trop tendre et Tolède trop pathétique.

Mais Barrès, entré à l'Académie française en 1906, l'année même où il est réélu député, devait reprendre sa marche sur d'autres chemins du monde. À la veille de la guerre, il se rend en Orient pour constater la place que la France y occupe. De cette lointaine enquête du printemps 1914, il rapporte un roman, *Un jardin sur l'Oronte* (Plon-Nourrit, 1922), et *Une enquête aux pays du Levant* (Plon-Nourrit, 1923, 2 t.). Les amitiés et les amours de sa jeunesse ou de la maturité avivent alors sa tentation d'Orient : une mystérieuse Arménienne, l'Astiné ; un jeune Arménien, Garabed, dont il parle sous le nom de Tigrane dans *Le Voyage de Sparte* ; Anna de Noailles, pour laquelle il éprouve à partir de 1903 une grande passion. Si bien que cette enquête de 1914, qui voulait être un hommage aux missionnaires français, tourne en rêverie orientale, et les derviches, dans le vertige de leurs incantations, lui font oublier le christianisme.

Le sentiment religieux, chez Barrès, a toujours cette flottante imprécision qui lui permet de rêver les mêmes prières devant le Christ de Vinci ou à Port-Royal, devant la sainte Thérèse du Bernin ou le Transparent de Tolède. L'attrait des mystiques était attisé en lui par l'amitié d'Henri Bremond, lui aussi amateur d'âmes. Lorsque Barrès publie *La Colline inspirée* (Émile-Paul, 1913), histoire des trois illuminés lorrains, les frères Baillard, qui avaient établi sur la colline de Sion-Vaudémont une communauté vintrasienne, et dont Barrès avait trouvé, à la Bibliothèque de Nancy, d'amples recueils documentaires ; lorsqu'il mène la campagne de *La Grande Pitié des églises de France* (Émile-Paul, 1914), il semble qu'une nostalgie de la chapelle le ramène à la foi des aïeux. Mais la chapelle de Barrès est peuplée de toutes les fées de la prairie ; toutes les religions y entrent à la fois ; c'est une « mobilisation du divin », de tout le divin, que décrète ce chrétien suspect ; et des chrétiens plus attentifs ou plus rigoureux ne tarderont pas à condamner son syncrétisme.

La « mobilisation du divin » était en somme, pour lui, l'enrôlement d'une des forces françaises qu'il entendait fédérer dans le péril grandissant. Il fit ce rêve de concilier toutes les « amitiés françaises », toutes les « familles spirituelles de la France » (*Les Amitiés françaises*, Juven, 1903 ; *Les Diverses Familles spirituelles de la France*, Émile-Paul, 1917). Aux frontières de l'Est, sa petite nation lorraine est elle-même un lieu de passage, entre la latinité et le monde germanique. Même quand il bâtit, aux années d'avant-guerre, cette série des *Bastions de l'Est* : t. I, *Au service de l'Allemagne* (Fayard, 1905), t. II, *Colette Baudoche* (Juven, 1909), où il affirme la permanence des fidélités françaises, il laisse au génie rhénan une mission humaine que la frontière du Rhin ne limite pas. La guerre, dont il dira, jour par jour, les pathétiques remous, dans sa *Chronique de la Grande Guerre* (Plon-Nourrit, 1920-1924, 14 t. ; publié d'abord sous le titre *L'Âme française et la guerre*, Émile-Paul, 1915-1920, 12 t.), ne le fera pas renoncer à cette espérance où une sérénité goethéenne survit aux indignations et aux deuils. D'où le troisième des « bastions de l'Est » : les conférences du *Génie du Rhin*, prononcées à Strasbourg (t. III des *Bastions de l'Est*, Plon-Nourrit, 1921).

À côté de son œuvre publiée, Barrès a également, entre 1896 et 1923, tenu des *Cahiers*, où le polémiste aiguise volontiers sa plume, et qui offrent un témoignage irremplaçable sur la vie politique du premier quart du siècle ainsi que sur sa propre méditation intérieure (*Mes cahiers*, Plon, 1929-1957, 14 t., posth. ; rééd. Plon, 1963).

Dans toute l'œuvre de Barrès, et au plus fort des luttes, la poésie a mis sa musique au service de la prose, une prose voilée et transparente, vaporeuse, impalpable, comme celle qu'il a définie chez Nerval ; ses reflets changeants la baignent de clarté et de mystère : parfois une ampleur drapée, lyrique, parfois au contraire une verve acharnée, dure, pathétique.

À la complexité de l'art comme à celle de la pensée de Barrès, répond celle de son influence. Il a exercé un attrait romanesque sur toute une génération. Les uns, comme Jean de Tinan, l'ont appelé « notre professeur d'énergie » ; d'autres suivent les itinéraires qu'il a tracés à travers l'Espagne ou l'Italie ; d'autres encore lui empruntent cette trouble et brûlante dévotion, cette curiosité des âmes tentées à la fois par la passion et par la sainteté : tel Mauriac, dont il reçut, un jour de 1909, un recueil de vers, *Les Mains jointes*. D'autres, comme le Montherlant de la jeunesse, nourrissaient leur orgueil et leur tourment de la volupté supérieure dont ils lui demandaient le secret. D'autres encore, comme Aragon ou Drieu, ont mêlé l'impression de son œuvre à leurs engagements et à leurs passions. Maurice Barrès est mort à Neuilly le 4 décembre 1923.

ŒUVRES. — *Œuvre de Maurice Barrès*, dir. Philippe Barrès, Le Club de l'honnête homme, 1965-1969, 20 t. — *Romans et voyages*, éd. Vital Rambaud, Laffont, coll. Bouquins, 2 t. — *Journal de ma vie extérieure*, éd. François Broche-Éric Roussel, Julliard, 1994. — Correspondances : *Le Départ dans la vie*, correspondance avec Léon Sorg et Stanislas de Guaïta, Plon, 1961. — *La République ou le roi*, correspondance avec Charles Maurras, éd. Hélène et Nicole Maurras, Henri Massis et Guy Dupré, Plon, 1970. — *Correspondance Barrès-Anna de Noailles*, éd. Claude Mignot-Ogliastri, L'Inventaire, 1994. — Rééditions : *Le Culte du moi*, 10/18, 1986. — *Un homme libre*, éd. Ida-Marie Frandon, L'Imprimerie nationale, 1989. — *Le Jardin de Bérénice*, éd. Michel Mercier, GF, 1988. — *Du sang, de la volupté et de la mort*, 10/18, 1986. — *La Mort de Venise, Carnets de voyage inédits*, éd. Marie-Odile Germain, Christian Pirot, 1990. — *Les Déracinés*, 10/18, 1986 ; éd. Jean Borie, Folio, 1988. — *Le Voyage de Sparte*, Éditions du Trident, 1987. — *Scènes et doctrines du nationalisme*, Éditions du Trident, 1987. — *Gréco ou le secret de Tolède*, La Table ronde, coll. La Petite Vermillon, 1998. — *La Colline inspirée*, éd. Joseph Barbier, Pierron, 1985 ; Le Rocher, 1993 ; éd. Marie-Claire Bancquart, Fleuron, 1996. — *Un jardin sur l'Oronte*, préface d'André Fraigneau, Le Rocher, 1988 ; éd. Émilien Carassus, Folio, 1990. — *Mes cahiers* [choix], Plon, 1994.

→ Albert Thibaudet, *La Vie de Maurice Barrès* (t. II de *Trente ans de vie française*), Gallimard, 1921. — Henri Gouhier, *Notre ami Maurice Barrès*, Montaigne, 1928. — Ramon Fernandez, *Barrès*, Éditions du livre moderne, 1943. — Pierre Moreau, *Maurice Barrès*, Le Sagittaire, 1946. — Alphonse Zarach, *Bibliographie barrésienne*, PUF, 1951. — Ida-Marie Frandon, *L'Orient de Maurice Barrès*, Droz, 1952. — Henri Massis, *Barrès et nous*, Plon, 1952. — Jean-Marie Domenach, *Barrès par lui-même*, Seuil, coll. Écrivains de toujours, 1954. — *Maurice Barrès* [catalogue d'exposition], Bibliothèque nationale, 1962. — *Maurice Barrès*, actes du colloque de Nancy (octobre 1962), Faculté des lettres et des sciences humaines de Nancy, 1963. — Émilien Carassus, *Barrès et sa fortune littéraire*, Ducros, 1970. — Pierre Moreau, *Barrès*, Desclée De Brouwer, coll. Les Écrivains devant Dieu, 1970. — Zeev Sternhell, *Maurice Barrès et le nationalisme français*, Armand Colin, 1972, rééd. Complexe, 1985. — Maurice Davanture, *La Jeunesse de Maurice Barrès [1862-1888]*, thèse, Université Paris-Sorbonne, 1974 ; Lille, Atelier de reproduction des thèses, 1975. — Jean Foyard, *Le Style poétique de Barrès*, Champion, 1979. — Trevor Field, *Maurice Barrès : A selective Critical Bibliography (1848-1979)*, London, Grant & Cutler, 1982. — Yves Chiron, *Maurice Barrès, le prince de la jeunesse* [biographie], Perrin, 1986. — François Broche, *Maurice Barrès, biographie*, Lattès, 1987. — Jean Becarud, *Maurice Barrès et le parlement de la Belle Époque*, Plon, 1987. — *Barrès : une tradition dans la modernité*, actes du colloque de Mulhouse, Bâle et Fribourg-en-Brisgau (avril 1989), Champion, 1991. — *Correspondance de Maurice Barrès : inventaire des lettres reçues (1874-1923)*, dir. Florence Callu et Marie-Odile Germain, Bibliothèque nationale, 1992. — Emmanuel Godo, *La Légende de Venise : Barrès et la tentation de l'écriture*, Septentrion, 1996. — *Ego Scriptor : Maurice Barrès et l'écriture de soi*, dir. Emmanuel Godo, Kimé, 1997. — Fonds Maurice Barrès à la Bibliothèque nationale.

P.Mo. — A.G. — V.R.

Barthes Roland (1915-1980). Né à Cherbourg, le 12 novembre 1915, orphelin de père en 1916, il vivra toujours avec sa mère. Deux drames marquent sa jeunesse : la pauvreté et la tuberculose, détectée en 1934, qui lui interdit des études universitaires normales et le fait séjourner de 1942 à 1946 en sanatorium. En 1947, sa santé rétablie, il publie dans *Combat* des articles sur le langage, réunis en 1953 dans *Le Degré zéro de l'écriture*, son premier livre (Le Seuil). De 1947 à 1949, il est bibliothécaire de l'Institut français de Bucarest; puis lecteur à l'université d'Alexandrie, où il rencontre Greimas, qui l'initie aux travaux de Saussure et de Jakobson. La linguistique et la sémiologie seront désormais au centre de ses préoccupations.

Son *Michelet par lui-même* paraît en 1954 ; il cerne moins une vie qu'une œuvre, et, dans cette œuvre, plus un réseau de signifiants qu'une idéologie. En même temps, Barthes, intéressé par le théâtre depuis longtemps, découvre Brecht et se déclare ouvertement marxiste, notamment dans ses attaques contre *La Peste* de Camus. Même ton polémique en 1957, dans *Mythologies,* portrait de la société « petite-bourgeoise » à travers ses mythes idéologiques, politiques (le poujadisme) ou économiques (la publicité des détergents). En 1960, promu chef de travaux puis directeur de recherches à l'École pratique des hautes études, il collabore à des revues d'avant-garde, comme *Tel Quel.* D'avant-garde se veut aussi son *Sur Racine* (1963). Rejetant l'histoire littéraire et la biographie, déclarées obsolètes, ce livre aborde Racine par la psychanalyse et le structuralisme. Le livre déclenchera une réplique de Raymond Picard qui lui reprochera son ton dogmatique et son réductionnisme (*Nouvelle critique ou nouvelle imposture ?*, 1965).

Il n'importe, voilà l'auteur définitivement lancé. D'où le succès des *Essais critiques* (1964), recueil d'articles sur divers auteurs, et du *Système de la mode* (1967), sémiologie du langage écrit de la mode féminine. Après mai 1968, où on ne l'entend guère — mais l'homme est d'un tempérament discret —, il publie en 1970 *S / Z*, lecture psychanalytique de *Sarrasine*, une nouvelle de Balzac, qui met en scène un castrat déguisé en femme. Tout autant que le sujet, la méthode du livre frappe, qui suit le texte, découpé en unités de lectures ou « lexies », pas à pas, et cette méthode du « déchiffrement » est également applicable aux mentalités, selon la thèse paradoxale de *L'Empire des signes* (Genève, Skira, 1970) : le Japon est vu comme un pays vide, où tout, des rites alimentaires aux vêtements, en passant par la politique et le théâtre, est un ensemble de « traits » qui, malgré leur extrême complexité, ne renvoient à aucun signifié. Dans *Sade, Fourrier, Loyola* (1970) s'unissent l'érotisme, la politique et le mysticisme : ces trois écrivains furent des « logothètes », fabricants d'un langage singulier qui a combiné des figures, figures rhétoriques muées en postures sexuelles chez Sade, figures de méditation chez Loyola... Mais où se situe donc Barthes, se demandent ses lecteurs ? *Le Plaisir du texte* (1973) semble répondre en marquant un retour à la littérature. Un Barthes plus serein y aborde le statut du lecteur, défini selon deux pratiques des œuvres, l'une de « plaisir », pour la lecture des classiques (lisibilité et vraisemblable), l'autre de « jouissance », pour les textes modernes, où le lecteur se perd, à la recherche d'un sens toujours dérobé.

Entre *Roland Barthes par Roland Barthes* (1975), autobiographique, et *La Chambre claire* (1980, coédition *Les Cahiers du Cinéma* — Gallimard — Le Seuil), Barthes entre au Collège de France (1977), et publie des *Fragments d'un discours amoureux* qui présentent une méditation sur l'amour. Barthes, dont on connaissait l'homosexualité, a toujours caché sa vie privée ; mais c'est sans doute dans ce livre, plus que dans les textes posthumes, que se lit, perceptible à travers une suite de microrécits sans conclusion, l'amoureux n'ayant le choix qu'entre le balbutiement ou l'aphasie, son expérience intime des errances d'Éros. Il meurt le 26 mars 1980, après avoir été renversé par une voiture dans une rue de Paris.

ŒUVRES. — *Œuvres complètes*, éd. Eric Marty, Le Seuil, t. I : *1942-1965*, 1993 ; t. II : *1966-1975*, 1994 ; t. III : *1974-1980*, 1995.

— Sauf exceptions signalées ci-dessus, les livres de Barthes ont été publiés au Seuil, où l'on trouvera également les textes posthumes : *Le Grain de la voix. Entretiens 1962-1980*, 1981. — *L'Obvie et l'obtus*, 1982. — *Le Bruissement de la langue*, 1984. — *L'Aventure sémiologique*, 1985. — *Incidents*, 1987.

→ Louis-Jean Calvet, *Roland Barthes, un regard politique sur le signe*, Payot, 1973. — *L'Arc*, n° 56, 1er trimestre 1974. — *Prétexte : Roland Barthes* (colloque de Cerisy, juin 1977), 10/18, 1978. — Patrizia Lombardo, *The Three Paradoxes of Roland Barthes*, The University of Georgia Press, 1982. — Philippe Roger, *Roland Barthes, roman*, Grasset, 1986. — Louis-Jean Calvet, *Roland Barthes*, Flammarion, 1990. — M. Moriarty, *Roland Barthes*, Cambridge Polity Press, 1991. — Gilles Philippe, *Roland Barthes* [Bibliographie], Memini, coll. BEF, 1996. — Fonds Roland Barthes à l'IMEC.

G.E.

Bastide François-Régis (1926-1996). Né le 1er juillet 1926 à Biarritz. Directeur des programmes musicaux de Radio-Sarrebruck, il publie, en 1947, son premier roman, *Lettre de Bavière*. Producteur de l'émission radiophonique « Le Masque et la Plume » (à partir de 1952), membre du comité directeur des Éditions du Seuil (à partir de 1953), lié au parti socialiste, il parachève sa carrière dans la diplomatie. On lui doit des essais, dont un *Saint-Simon par lui-même* (1953, grand prix de la Critique), des pièces de théâtre (*Le Troisième Concerto*, 1963, grand prix de la Télévision), et surtout des romans et nouvelles emplis de mélancolie, qu'obsède la musique des romantiques allemands : *La Troisième Personne* (1948), *La Jeune Fille et la mort* (1950), *Les Adieux* (1956, prix Femina), *La Vie rêvée* (1962), *La Fantaisie du voyageur* (1976). Il est mort le 17 avril 1996.

ŒUVRES. — Principalement chez Gallimard et au Seuil.

F.J.

Bataille Georges (1897-1962). Né à Billom (Puy-de-Dôme), le 10 septembre 1897, il quitte très tôt l'Auvergne et connaît une jeunesse douloureuse, marquée par la maladie de son père aveugle et syphilitique, qui meurt en 1915. De santé fragile, il est réformé en 1917 ; admis en 1918 à l'École des Chartes, il en sort en 1922 et est nommé à la Bibliothèque nationale. Il y restera jusqu'en 1949, année où il deviendra conservateur de la bibliothèque de Carpentras, qu'il quittera pour celle d'Orléans en 1951.

Les années 1923-1928 sont déterminantes pour l'orientation de sa pensée. Il rompt avec le catholicisme auquel il s'était converti en 1914, lit Nietzsche et Sade, découvre Freud vers 1925, lors d'une psychanalyse qui le rend « vivable », (« Notice autobiographique », posth., 1971), et se lie avec Michel Leiris. Il rencontre aussi André Breton, qu'il n'aimera guère. Ses textes de l'époque, centrés sur l'analyse des conduites perverses, affichent un anti-idéalisme rigoureux, traits encore plus perceptibles dans *Histoire de l'œil* (1928), son premier récit. Avec ses églises souillées, ses cadavres profanés et ses héros en rupture de ban, *Histoire de l'œil* est un texte d'emblée très bataillien : sujet limité à l'érotisme qui imprime dans l'être la néantisation de la mort ; style proclamant, jusque dans l'aveu intime de l'écriture à la première personne, que la littérature vouée à la violence brave tous les interdits. Si *Histoire de l'œil*, tiré à 134 exemplaires, eut peu de lecteurs, les articles de *Documents* (1929-1931) en eurent davantage. Ils heurtaient en effet à la fois les surréalistes, accusés de sublimer la matière en ignorant son côté bas, les sociologues, invités à sonder les « faits psychologiques et sociaux » en s'appuyant sur Freud (« Matérialisme », 1929), et les idéalistes en général, visés dans « Le bas matérialisme et la gnose » (1930), qui rappelait le maintien, chez les gnostiques, du dualisme de l'esprit et de la matière.

Les études de *La Critique sociale* (1931-1934), revue du Cercle communiste démocratique de Boris Souvarine, ne sont pas moins polémiques. Certaines sont politiques par l'analyse de la nature psychologique du fascisme ; d'autres, comme « La critique des fondements de la dialectique hégélienne » (1932), relèvent d'une sociologie combinant dialectique et psychanalyse. Les plus nombreuses, en particulier « La notion de dépense » (1933), qui recense les dérapages de l'économie (potlach, constructions somptuaires, gaspillages d'argent et de forces), inaugurent l'anthropologie de la perte qui sera développée plus tard dans *La Part maudite*.

Vers 1933, Bataille suit le cours

d'Alexandre Kojève sur Hegel, qui l'a « rompu, broyé, tué dix fois », dira-t-il. Kojève, alors le premier hégélien de France, lui révèle et la portée de la dialectique et ses limites : d'un côté, la pleine conscience de la mort, base de toute action utile ; de l'autre, le sentiment d'une Négativité non dialectisable (« sans emploi ») et pourtant présente. Possible (la vérité atteinte par Hegel) et Impossible (le Négatif au-delà de la connaissance), Savoir et Non-savoir, Bien et Mal : voici définitivement séparées les deux « parts » de l'homme, la littérature appartenant tout entière à la seconde. En témoigne *Le Bleu du ciel*, écrit en 1934, publié seulement en 1957. Roman d'actualité où l'agitation en Catalogne et l'assassinat du chancelier autrichien Dollfuss jouent un rôle majeur, roman à clé puisque le personnage de Lazare, militante de gauche, est inspiré de la figure de Simone Weil, *Le Bleu du ciel* est aussi l'œuvre la plus autobiographique de Bataille. Le triple drame de Troppmann, le héros (rupture avec sa femme, liaison tourmentée avec Dorothea, nécrophilie), renvoie directement à celui de son créateur qui, alors en instance de séparation de sa première femme (il l'a épousée 1928, et ils ont une fille, Laurence), se lie avec Colette Peignot, « Laure » en littérature, et aurait été en 1930 très ému devant le cadavre de sa mère. *Le Bleu du ciel* n'est pourtant qu'un « reflet » du réel, selon Bataille, qui souligne l'aspect imaginaire d'une histoire où la monstruosité de Troppmann, avatar d'un célèbre assassin du XIXe siècle, illustre la nécessaire reconnaissance de l'Impossible. Roman porteur d'une vérité symbolique mais placée sur l'horizon de l'homme, *Le Bleu du ciel* manifeste aussi la liberté de l'écrivain qui, dans sa préface de 1957, qui pourrait bien viser le Nouveau Roman, exige d'écrire dans la « rage » et pour des « possibilités excessives » en face desquelles les problèmes techniques sont secondaires.

En 1935, Bataille, un instant réconcilié avec Breton, fonde avec lui Contre-attaque, mouvement antifasciste. Il s'intéresse cependant surtout au sacré, autre mot pour le Non-possible, qui inspire des articles dans *Acéphale* (1936 à 1939), revue placée sous le patronage de Dionysos, dieu nietzschéen sans tête mais plein de révolte, et des conférences au Collège de Sociologie créé avec Roger Caillois. Sa vie affective, marquée par la mort de Colette Peignot, le 7 novembre 1938, change en 1943, quand il rencontre celle qui sera sa seconde femme et lui donnera une fille en 1948. Les années de guerre sont les plus fécondes de son œuvre : en vertu d'une conception pour le moins inattendue de la guerre qui, en remettant tout en jeu, est une des « *chances* » de l'homme, elles ouvrent ce temps faste où l'écriture s'accorde à la violence du monde. En naissent un recueil poétique : *L'Archangélique* (1944), et quelques grands essais : *L'Expérience intérieure* (1943), *Sur Nietzsche* (1945), *Le Coupable* (1944), et récits : *Madame Edwarda* (1941), *Le Mort* (posth., 1967), *Julie* (posth., 1971), *La Haine de la poésie* (1947).

Plus encore que *Le Coupable*, *L'Expérience intérieure*, qui agace Sartre l'année de sa publication par son absence de cohérence, illustre la démarche de Bataille. Ni essai, ni journal intime, ni fiction, ce livre « mystique » mêle la lecture de Proust, le souvenir personnel (la rencontre avec Maurice Blanchot en 1941), la critique de la logique, l'histoire des religions et la description des moments d'extase. Il y a pourtant une unité profonde dans cette « athéologie » qui ouvre sur l'absence du savoir et à l'instant de silence où l'homme, qui ne tient plus à rien, atteint la Totalité. Mais les récits, chez Bataille, condensent la théorie. Ainsi *Madame Edwarda*, destinée d'abord à être publiée avec *Le Supplice*, partie de *L'Expérience intérieure,* relate comment une prostituée initie Pierre Angélique — le pur dans l'impur — à « tout ce qui est plus que ce qui est » (Préface). Ainsi *Le Mort*, dont la mise en page est calquée sur l'office du chemin de croix, montre Marie jetée dans la débauche puis le suicide par fidélité à son amant mort. Même destin dans *L'Archangélique* : du « Tombeau » au « Vide » puis à « L'Aurore » (titres des trois parties), Bataille trace le chemin qui, après l'adieu au monde hégélien, conduit au Négatif et à la renaissance dans le sacré. Seule différence avec les textes en prose, il use d'une parole poétique fondée sur le vers court et la densité des images, la mieux adaptée à ses yeux à la spécificité de la littérature.

En 1946, Bataille fonde *Critique,* revue de culture générale et de théorie littéraire. En s'appuyant sur Racine, Brontë, Baudelaire, Proust et Genet, il y définit le paradoxe d'une littérature qui, « coupable » au regard du monde — elle est politiquement inutile et moralement dangereuse, répète-t-il au moment où la thèse sartrienne de l'écrivain en « situation » triomphe partout —, est souveraine chez elle, dans le royaume féerique du Mal. De là, l'admiration de Bataille pour Don Juan, Phèdre ou Oreste. Si Don Juan est le modèle de Troppmann, qui brave le Commandeur après avoir séduit une femme blême comme sa mère, Oreste apparaît dans *La Haine de la poésie.* Symbole du poète qui rejette la « belle poésie » ou poésie éludant le Négatif, et qui cherche jusqu'à la folie les mots de l'Impossible, Oreste introduit l'histoire de Dianus et de Monsignor Alpha, deux frères jumeaux engagés sur la même voie : le premier, pour l'amour d'une femme dont la fuite finit par le conduire au suicide ; le deuxième, par son intérêt trop marqué pour le cadavre de son frère. Dans les deux cas, le héros, libéré de toute tâche utile, est disponible pour l'expérience indicible. Les récits de Bataille comme il en convient lui-même, surtout ceux qui se déroulent dans le cercle familial, ont quelque chose d'« irrespirable ». *Théorie de la religion* (posth., 1974) qui aborde à nouveau l'aspect sacré de la transgression, et surtout *La Part maudite* (1949), où la dépense est reliée au cycle naturel des excédents d'énergie du soleil, indiquent comment arriver à ces sources cachées.

En 1950, Bataille revient au roman, avec *L'Abbé C.*, histoire d'un prêtre séduit par une femme que lui a présentée son frère, et qui trahit la Résistance et son sacerdoce, et meurt, heureux de son action. Certains s'indignèrent, en 1950, que Bataille ait pu décrire un personnage aussi veule. D'autres virent dans ce héros l'adepte des messes noires et reconnurent en lui la nostalgie d'un catholicisme que son créateur n'avait pas oublié. Faux débat, sans doute : pareil à l'homme prodigue de *La Part maudite*, Robert C., qui ne respecte aucune loi, est d'une autre religion, dont le rite majeur célèbre le retour — *Dionysos redivivus*, selon le titre d'un article — de l'excès. *L'Abbé C.* ne pouvait plaire à tous. Délaissant le réalisme, mélangeant les textes à la première personne, le journal intime et les notes, ce n'est certes pas un roman facile, non plus que *Ma mère* (posth., 1967), récit inachevé, mais complet par le sens, que Bataille a composé vers 1955 et qu'il pensait d'abord inclure dans un livre unique avec *Madame Edwarda.* Le héros et l'histoire sont les mêmes en effet, mais centrés ici sur l'enfance de Pierre Angélique qui, attiré par les débordements de sa mère, l'aime autant qu'elle l'aime. *Ma mère* décrit, comme Le *Bleu du ciel*, l'inavouable « communication », terme bataillien pour l'union de deux êtres et de ceux-ci avec l'Impossible. Mais cette communication échoue, car la mère se suicide avant l'inceste. Sa mort n'est pas pour autant morale : au contraire, elle relève de cette « hypermorale » que Bataille admire chez Brontë et qui maintient l'être de l'Impossible dans sa logique.

Mais la mort, qui « est en un sens une imposture », en ce qu'elle échappe à la compréhension, qu'est-elle d'autre sinon la liberté restituée à l'existence ? Admettre cela demande de la ferveur, et des textes de cette époque soulignent par exemple la nécessité de restaurer les rites de mort. Bataille le redit l'année de la publication de *Ma mère*, dans son *Lascaux* et dans son *Manet.* Puis il réunit en 1957, dans *La Littérature et le Mal*, ses articles de *Critique* ; il publie *L'Érotisme* et travaille au livre sur le procès de Gilles de Rais, qu'il fera publier en 1959.

Très affaibli physiquement, il consacre ses dernières forces à écrire *Les Larmes d'Éros* qui, mesurant l'art, la littérature et l'Histoire à l'aune du Mal, composent son testament, avec *L'Impossible*, version remaniée de *La Haine de la poésie*, publiée en 1962, peu avant sa mort, le 8 juillet, et qui livre son dernier mot. Un mot qu'éclaire la préface : par-delà les « *droits* » imprescriptibles du progrès rationnel s'affirment les « *droits* » de la littérature. Cette vérité ne souffre ni les cadres ni les mots de la poésie et du roman classiques. Mal exprimable, elle attend néanmoins l'écrivain qui trouvera, par destruction des formes convenues, sa parole ambiguë. Elle s'appelle érotisme, folie, Dieu, mort, sacré, communication. Mais un nom pourrait bien résumer tous ces termes, et c'est celui de littérature, si la littérature, qui « est l'essentiel ou n'est rien », est le silence mis dans les mots.

ŒUVRES. — *Œuvres complètes*, Gallimard, 1970-1988, 12 t.

→ Denis Hollier, *La Prise de la Concorde*, Gallimard, 1974. — Jean Durançon, *Georges Bataille*, Gallimard, coll. Idées, 1976. — Robert Sasso, *Georges Bataille : le système du non-savoir. — Une ontologie du jeu*, Éditions de Minuit, 1978. — Mario Perniola, *L'Instant éternel. Bataille et la pensée de la marginalité* (trad. Francois Pelletier), Anthropos-Méridiens, 1982. — Francis Marmande, *Bataille politique*, Presses universitaires de Lyon, 1985. — Jean-Claude Renard, *« L'Expérience intérieure » de Georges Bataille sur la négation du Mystère*, Le Seuil, 1987. — Jean-Michel Besnier, *La Politique de l'impossible : l'intellectuel entre révolte et engagement*, La Découverte, 1988. — Michel Surya, *Georges Bataille, la mort à l'œuvre*, Gallimard, 1992. — Gilles Ernst, *Georges Bataille : analyse du récit de mort*, PUF, 1993. — Fonds Georges Bataille à la Bibliothèque nationale.

G.E.

Bataille Henry (1872-1922). Né à Nîmes le 4 avril 1872, d'un père magistrat qui meurt en 1883 ; sa mère, très pieuse, décède en 1885. Son tuteur encourage ses dons artistiques et littéraires. Attiré par le dessin, il se distingue à l'Académie Jullian et à l'École des Beaux-Arts. Il publiera un album de lithographies sur les jeunes écrivains de son temps, *Têtes et pensées* (Ollendorff, 1901). En collaboration avec Robert d'Humières, il compose une féerie symboliste, *La Belle au bois dormant*, représentée sans grand succès en 1894 au Théâtre de l'Œuvre. En 1895, il publie *La Chambre blanche* (Mercure de France), avec une préface de Marcel Schwob. Ce recueil de poèmes autobiographiques composés de 1887 à 1894 évoque avec lyrisme l'enfance heureuse mais endeuillée, accordée aux paysages familiers de l'Aude. Grâce à Schwob, Bataille répare son premier échec au théâtre en faisant jouer avec un succès d'estime un drame symboliste en vers libres, *La Lépreuse* (1896), dont le sujet est emprunté à une légende médiévale d'origine bretonne. En 1897, le Théâtre de l'Œuvre monte *L'Holocauste* (initialement intitulé *Ton sang)*, drame reflétant enfin « l'exacte réalité de la vie moderne ». Les ressorts fondamentaux du théâtre de Bataille sont définitivement fixés avec *L'Enchantement* (1900), créé à l'Odéon, qui le révèle au grand public. Son art dramatique est construit sur une situation pathétique qui heurte les préjugés et les convenances de l'époque, pour faire surgir une vérité intérieure et instinctive, attestant l'héritage symboliste et l'influence de Bergson. Certains critiques protesteront au nom de la morale contre cette analyse des mœurs et des tourments de conscience, que l'auteur développe dans plusieurs registres : après une petite pièce de boulevard, *Le Masque*, au Vaudeville (1902), *Résurrection* (1902), à l'Odéon, constitue une ambitieuse adaptation du roman social de Tolstoï.

En 1904, *Le Beau Voyage* réunit les poèmes de *La Chambre blanche* et des pièces plus récentes, écrites depuis 1895 : à l'intimisme du premier recueil succède une thématique de la vie urbaine, cosmopolite et moderne. La même année, à la scène, *Maman Colibri* (1904) obtient un succès de scandale : dans un milieu bourgeois, une femme mariée de trente-neuf ans s'éprend d'un jeune homme qui l'abandonnera ; elle sera reniée par son mari et humiliée par ses enfants. Trois autres pièces comptent parmi les plus importantes du répertoire d'Henry Bataille : *La Marche nuptiale* (1905), où Grâce de Plessans, jeune et belle aristocrate de province, épouse un médiocre professeur de piano parisien ; elle se sacrifie par fidélité conjugale, malgré cette mésalliance, puis se suicide. Dans *La Femme nue* (1908), le peintre Pierre Bernier épouse sa maîtresse, Louise Cassagne, modèle charmant d'un tableau intitulé « La Femme nue », qui lui a valu le prix du Salon. Bientôt, la jeune fille naïve découvre qu'il la trompe avec une femme de la haute société : elle tente de se suicider, et se résout à le quitter tandis qu'il continue sa carrière de peintre mondain. *La Vierge folle* (1910) oppose la passion fatale d'une jeune fille décidée à séduire un homme mûr et le courage de son épouse, prête à tout pour sauver leur mariage.

Henry Bataille a fait fortune comme

auteur dramatique et connu la gloire jusqu'à sa mort, survenue le 2 mars 1922, dans sa propriété de Rueil-Malmaison. Il est l'auteur d'une vingtaine de pièces, parmi lesquelles *Poliche* (1906), *Le Scandale* (1909), *L'Enfant de l'amour* (1910), *Le Phalène* (1913), *Les Flambeaux* (1913). Après des *Écrits sur le théâtre* (1917), il donne encore *L'Amazone* (1917), *Les Sœurs d'amour* (1919), *L'Animateur* (1920), *La Tendresse* (1921), *L'Homme à la rose* (1921), *La Possession* (1921), *Notre image* (1922), *La Chair humaine* (1922). Son théâtre fait ressortir certaines figures féminines exprimant la vulnérabilité de l'être et la détresse de l'âme : la force intuitive et mystérieuse qu'elles incarnent entre en conflit avec la société hypocrite et conformiste. Très exigeant envers les acteurs, attentif à la musique de la scène et aux décors (dont il dessine les maquettes), Henry Bataille a entretenu une longue liaison avec une excellente comédienne, Berthe Bady, à qui il a confié les rôles principaux de ses pièces jusque vers 1910. Après une rupture retentissante en 1913, il la remplace dans sa vie et au théâtre par Yvonne de Bray.

Construite sur une certaine vision du monde, la dramaturgie de Bataille échappe au schématisme des pièces à thèse. Une œuvre moins connue, *Le Songe d'un soir d'amour* (1910), se présente comme un dialogue incantatoire, quasi shakespearien, entre Lui, Elle et l'Ombre d'une autre femme. Le sujet de *La Divine Tragédie, poème* (1916) montre combien les souffrances de la guerre ont bouleversé la sensibilité de l'auteur en ouvrant de nouvelles voies à son lyrisme : cette fresque épique d'une composition très élaborée représente l'enfer de la Grande Guerre avec un réalisme puissant où se révèlent les traumatismes et les hantises de l'Humanité. À la fin de sa vie, Henry Bataille publie encore *La Quadrature de l'amour* (1920), recueil de vers constitué de maximes sentimentales, et un roman autobiographique, *L'Enfance éternelle* (1922). Depuis près de cinquante ans, le théâtre de Bataille a sombré dans l'oubli, malgré l'hommage qu'Aragon lui a maintes fois rendu.

ŒUVRES. — Théâtre publié à l'Imprimerie de l'Illustration et chez Fasquelle. — *Écrits sur le théâtre*, Fasquelle, 1908, rééd. Crès, 1917. — *Théâtre complet*, Flammarion, 1922. — *Le Beau Voyage* [précédé de *La Chambre blanche*], poésies, Régine Deforges, 1978. — *La Chambre blanche et autres poèmes*, choix et présentation par Bernard Delvaille, La Différence, coll. Orphée, 1989.

→ Gérard de Catalogne, *Henry Bataille ou le romantisme et l'instinct*, Éditions de la Revue latine, 1925. — Henry L'Héritier, *La Vie et l'œuvre d'Henry Bataille*, Éditions de l'Âme gauloise, 1930, 2 t. — Baron Ernest Seillière, *L'Évolution morale dans le théâtre d'Henry Bataille*, Boivin, 1936. — Wolfgang Asholt, « Changement de genre et réception : le cas du livret de *La Lépreuse* », *Littératures* (Toulouse), automne 1985 ; « Du symbolisme au Boulevard : Henry Bataille », *Littérature et Nation* (Tours), mars 1991.

N.L.-L.

Bataille Michel (1926). Né le 25 mars 1926 à Paris, architecte, au terme d'études à l'École nationale supérieure des beaux-arts, il publie en 1947 son premier roman, *Patrick* (prix Stendhal), puis, en 1949, un essai, *La Marche au soleil*. Il se consacre entièrement à la littérature à partir de 1960 et publie *Cinq jours d'automne* (1963), *Le Feu du ciel* (1964), *Une pyramide sur la mer* (1965). Le souvenir de Le Corbusier, avec qui il a travaillé, inspire le portrait de Sauvage, le héros révolté de *La Ville des fous* (1966), où il dénonce l'irresponsabilité des architectes et des politiques en matière d'urbanisme. D'un livre à l'autre, dans l'histoire de Pascal, l'enfant leucémique de *L'Arbre de Noël* (1967, rééd. Pocket, 1988), de Sébastien, héros des *Jours meilleurs* (1973, rééd. Pocket, 1994) ou d'une jeune femme qui part avorter en Angleterre, dans *Cendres sur la mer* (1975), Bataille décrit une société sans idéal. Autres essais : *Gilles de Rais* (1967) et *Sans toit ni loi* (1973). En 1970, *Le Cri dans le mur*, recueil de poèmes, a reçu le prix Jean Cocteau.

D.H.-M.Ber.

Batukezanga Clément Zamenga (1933). Né à Kobo (Zaïre), il est souvent considéré comme l'écrivain populaire le plus important de l'Afrique francophone. Il s'est essayé à tous les genres, théâtre, essai, chronique, poésie, mais c'est grâce au roman qu'il a connu ses plus grands succès, *Bandoki, les sorciers* (Kinshasa, Saint-Paul Afrique, 1973), *Chérie Basso*, *Un croco à Luozi* (Saint-Paul Afrique,

1982), *Carte postale* (Kinshasa, Basenzi, 1974), *La Pierre qui saigne* (Saint-Paul Afrique, 1982), *Souvenir du village* (Saint-Paul Afrique, 1982), *Terre des ancêtres* (Basenzi, 1974), *Village qui disparaît* (Basenzi, 1974). En dépit d'un certain moralisme, les récits de Batukezanga, fondés le plus souvent sur des recettes narratives éprouvées, doivent une part de leur popularité à l'actualité des sujets. Issu de la société Kongo, dont il a fortement subi l'empreinte et dont il dénonce certains excès, le romancier zaïrois, doué d'un réel talent de conteur, décrit les conflits et les tensions d'une société où la modernité le dispute à l'archaïsme. Le combat qui oppose les héros de Zamenga aux forces du mal, incarnées par les sorciers, ne se réduit pas au divorce entre tradition et monde moderne ; il vise à restaurer les solidarités claniques menacées par la société contemporaine individualiste et égoïste.

→ W. Maggafey, « Zamenga of Zaïre : Novelist, Historian, Sociologist, Philosopher and Moraliste », *Research in African Literature*, May 1982.

J.C.

Bauchau Henry (1913). Né à Malines (Belgique) le 22 janvier 1913, c'est durant ses études de droit qu'il publie ses premiers textes, des poèmes, dans *La Cité chrétienne*, revue dont il devient secrétaire de rédaction. Après la guerre, il travaille dans l'édition entre Paris et Bruxelles, puis fonde et dirige une école internationale de jeunes filles à Gstaad, en Suisse, où il enseigne la littérature de 1951 à 1973. Il s'installe alors à Paris et travaille comme psychothérapeute dans un hôpital pour adolescents en difficulté, assurant quelques cours à l'université Paris-VII. Son œuvre n'est publiée qu'à la fin des années cinquante : un premier recueil de poèmes, *Géologie* (1958), fortement marqué par l'expérience de la guerre, contient en germe nombre de thèmes développés ultérieurement. Dans *L'Escalier bleu* (1964), *La Pierre sans chagrin* (1966), *La Dogana, poèmes vénitiens* (1967), *Célébration* (1972), *La Chine intérieure* (1974), *La Sourde Oreille ou Le Rêve de Freud* (1981) s'affirme le rôle prépondérant du souvenir et de l'introspection : « l'ouvrier du langage et l'émondeur qui taille/ dans l'épaisseur des mots la jeunesse du verbe ».

Analysé par Blanche Reverchon-Jouve de 1947 à 1950 (par Conrad Stein entre 1965 et 1968), il a placé la psychanalyse, du moins la recherche de l'identité, au centre de son œuvre : *La Déchirure* (1966), son premier roman, essentiellement autobiographique, dit la lente et douloureuse reconquête du passé et de l'identité familiale du narrateur, appelé au chevet de sa mère mourante. Trois figures féminines (la mère, la servante, la psychanalyste) assurent le passage du *moi* à la re-naissance. L'Histoire permet aussi à Bauchau de rechercher une éthique : ainsi *Le Régiment noir* (1972), qui se déroule sur fond de guerre de Sécession, engage une réflexion sur l'esclavage et la guerre, mais permet surtout au romancier d'affronter le problème de l'identification d'un fils à son père. À travers des héros au sens fort du terme, Henry Bauchau a pu approfondir davantage la relation entre l'homme et son destin : en voulant combler le vide qui, d'*Œdipe roi* à *Œdipe à Colone* a traditionnellement porté le roi « criminel » sur la voie de la divinité, il livre dans *Œdipe sur la route* (Actes Sud, 1990) un véritable voyage initiatique dans le domaine de la sagesse. Fasciné par l'enseignement du Tao, il utilise la figure de Lao Tseu pour exalter la détermination féminine dans *Diotime et les lions* (Actes Sud, 1991) : la lente maturation de ces deux récits, dont les thèmes s'entrecroisent, est contée dans *Jour après jour : journal 1983-1989* (1992). Il a prolongé sa réflexion sur les mythes grecs, glosant le non-dit de Sophocle dans un essai sur *Antigone* (Actes Sud, 1997). On lui doit aussi deux pièces de théâtre, *Gengis Khan* (1960) et *La Machination* (1969), et un *Essai sur la vie de Mao Zedong* (1982). Prix quinquennal de littérature en 1985, Henry Bauchau a été élu à l'Académie royale de langue et de littérature françaises de Belgique en 1990.

ŒUVRES. — *Poésie 1950-1986*, Arles, Actes Sud, 1986 (prix de la Société des gens de lettres). — *La Déchirure*, *Œdipe sur la route*, *Le Régiment noir*, rééd., Bruxelles, Labor, coll. Espace Nord, 1986, 1992. — *Gengis Khan*, rééd., Arles, Actes Sud, 1989. — *L'Arbre fou : théâtre, récits, poèmes du cycle d'Œdipe et d'Antigone*, Bruxelles, Les Éperonniers, coll. Maintenant ou jamais, 1995. — *Heureux les déliants : poèmes 1950-1995*, Bruxelles, Labor, coll. Espace Nord, 1996.

→ Henry Bauchau, *L'Écriture et la circonstance*, Louvain-la-Neuve, Université catholique de Louvain, coll. Chaire de poétique, 1988 (rééd., 1992). — *Henry Bauchau : un écrivain, une œuvre*, Bologne, CLUEB, 1993. — Myriam Watthée-Delmotte, *Henry Bauchau*, Bruxelles, Labor, coll. Un livre, une œuvre, 1994.

O.Bi.

Bauër Gérard (1888-1967). S'il fait ses débuts en littérature avec un roman *(Sous les mers*, 1919), c'est dans le journalisme et sous le nom de Guermantes qu'il donne la mesure de son talent. Critique littéraire et dramatique à *L'Écho de Paris*, puis à *L'Époque*, il excelle dans le billet, puis dans la chronique ; dès 1934, il écrit pour *Le Figaro*. Sa curiosité d'esprit, son aptitude à saisir l'air du temps et son sens du mot juste lui ont attiré les éloges de Léon-Paul Fargue, qui a salué en lui le « spectateur du provisoire ». Il a laissé un recueil de proverbes : *Un voisin sait tout* (1950). Il fut membre de l'académie Goncourt à partir de 1948.

D.H.-M.Ber.

Bay Paul (1887-1970). Né à Thuin (Belgique), le 23 janvier 1887. Ancien fonctionnaire des chemins de fer, il débute par des textes d'un réalisme parfois brutal ou licencieux *(Histoires au gros sel*, 1922), son imagination extrêmement riche et versatile s'épanchant dans des récits fantaisistes et baroques *(Mélanophilos*, 1924 ; *Tritopolis*, 1937). Sa carrière a pâti des séquelles d'un emprisonnement pendant la Seconde Guerre : *Trop d'imagination* (1946), *Mort aux anges* (1949), *Miss Gorilla* (1957), *Descendit aux enfers* (1958), *La Guerre civile* (1969) ou *Le Capital* (1970) témoignent d'une hantise de la Femme, du mal et de la souffrance. Réactionnaire, vitupérateur impénitent, il s'est souvent laissé aller à la verbigération dans une dizaine de recueils de poèmes *(De la terre au ciel*, 1963 ; *Poésie souriante*, 1965 ; *Les Cheveux blancs*, 1966 ; *Quatre fois vingt ans*, 1968). On lui doit également des essais, portant principalement sur la langue *(Trésor dialectal et dialecte unique*, 1956 ; *Le Français des Canadiens*, 1967 ; *Le Style coruscant*, 1968), des pièces de théâtre, des témoignages, des contes et récits régionalistes. Il est mort le 30 septembre 1970.

→ Jacques Frierain, « Miroir de Wallonie : Paul Bay ou l'enfer féerique », *La Dryade*, n° 19, automne 1959.

O.Bi.

Bazin Hervé (1911-1996), pseudonyme de Jean-Pierre Hervé-Bazin. Né à Angers le 17 avril 1911, petit-neveu de René Bazin. De l'enfance marquée par les heurts et les révoltes à l'expérience de la vieillesse, en passant par la précarité de la jeunesse, les déboires sentimentaux et les aléas de la vie de famille, la vie d'Hervé Bazin est un constant dialogue avec une œuvre qui s'efforce de la mettre à distance. Après des débuts littéraires placés sous le signe de la poésie, genre qu'il continuera à cultiver par la suite, Hervé Bazin se fait connaître en 1948 avec un premier roman, *Vipère au poing*, règlement de comptes avec son enfance, qui obtiendra un grand succès. À travers la lutte de Brasse-Bouillon contre sa mère Folcoche, surnommée ainsi par contraction de « folle » et de « cochonne », c'est une peinture impitoyable de la société bourgeoise de province présentée comme un univers carcéral alimentant chez les individus un besoin de violence et de révolte. Un film en sera tiré. Cette publication suit une période troublée, marquée par une rupture avec sa famille, l'exercice de divers petits métiers, des dépressions nerveuses, un premier mariage, un divorce, suivi d'un deuxième mariage.

Après *Vipère au poing*, *La Tête contre les murs* (1949) prolonge l'inspiration de cette première période, ironique et vengeresse. L'auteur y fait le récit d'un séjour dans une maison de santé, effectué en 1930 après un accident survenu lors d'une fugue hors du Prytanée militaire de La Flèche à bord de la voiture de son père. De cette expérience naîtra également la dénonciation sous forme d'essai de *La Fin des asiles* (1959). Mais une deuxième période de sa production s'ouvre avec *La Mort du petit cheval* (1950), suite de *Vipère au poing*, où l'on voit Brasse-Bouillon pardonner à Folcoche, et qui annonce, de même que son adhésion en 1949 au Mouvement mondialiste, un apaisement de son inspiration, un intérêt croissant pour les problèmes sociaux et pour les moyens de parvenir à une fraternité entre les hommes. À cette époque, Hervé Bazin se consacre parallèlement à la politique locale de la région où il s'est installé, l'Aube, et prend souvent position sur des problèmes contemporains. De cette seconde période plus positive témoignent *Lève-toi et marche* (1952), *Qui j'ose aimer* (1956), ou *Au nom du Fils* (1960). Un roman résume particulièrement bien ce souci des déshérités et des abandonnés : *Les Bienheureux de la Désolation* (1970), récit d'une explosion volcanique dans une île reculée, Tristan da Cunha, et des tentatives humaines pour organiser l'assistance à la détresse. Pour autant, la thématique familiale est toujours présente dans son œuvre, comme en témoigne le succès, en 1967, époque de son deuxième divorce, du *Matrimoine*. Hervé Bazin jouit alors d'un succès public important, il voyage beaucoup, notamment au Canada, se voit décerner le grand prix de Littérature de Monaco (1957), puis est élu à l'Académie Goncourt (1958), dont il deviendra en 1973 le président. Les années 1970 et 1980 sont l'occasion pour lui de tirer un certain nombre de bilans, avec *Ce que je crois* (1977), et *Abécédaire* (1984), et d'aborder l'expérience de la vieillesse (*Le Démon de minuit*, 1988). Hervé Bazin est mort le 17 février 1996.

ŒUVRES. — Sauf indication contraire, publiées chez Grasset et rééditées, pour la plupart, au Livre de Poche. — *Vipère au poing*, 1948. — *La Tête contre les murs*, 1949. — *Le Bureau des mariages*, 1951. — *Lève-toi et marche*, 1952. — *L'Huile sur le feu*, 1954. — *Qui j'ose aimer*, 1956. — *La Fin des asiles*, 1959. — *La Clope*, 1959. — *Au nom du Fils*, Le Seuil, 1960. — *Chapeau bas*, 1963. — *Plumons l'oiseau*, 1966. — *Souvenirs d'un amnésique*, 1966. — *Le Matrimoine*, Le Seuil, 1967. — *Les Bienheureux de la Désolation*, Le Seuil, 1970. — *Le Cri de la chouette*, 1972. — *Madame Ex*, Le Seuil, 1975. — *Ce que je crois*, 1977. — *Un feu dévore un autre feu*, 1978. — *L'Église verte*, 1981. — *Abécédaire*, 1984. — *Le Démon de minuit*, 1988. — *L'École des pères*, Le Seuil, 1991. — *Œuvre poétique*, Le Seuil, 1992. — *Le Grand Méchant doux*, 1992.

→ J. Anglade, *Hervé Bazin*, Gallimard, 1962. — M. Genevoix, « Hervé Bazin », *Biblio*, Paris, mai-juin 1956. — *Calepins de bibliographie*, n° 7, éd. Keith Goesch, 1985 (bibliographie recensée jusqu'à 1982). — Jean-Claude Lamy, *Entretiens avec Hervé Bazin*, Stock, 1992.

G.Si.

Bazin René (1853-1932), voir DICTIONNAIRE DES LETTRES FRANÇAISES : LE XIXe SIÈCLE.

Béalu Marcel (1908-1993). Né le 30 octobre 1908, à Selles-sur-Cher (Loir-et-Cher). Après une enfance pauvre à Saumur, où il lit en autodidacte les classiques, il est de 1931 à 1945 chapelier à Montargis. Il commence à écrire. Sa femme Marguerite Kessel lui fait lire les romantiques allemands. Une rencontre fondamentale en 1937, celle de Max Jacob, qui devient son maître en littérature et l'encourage dans la voie de la simplicité de vocables, de l'élan rythmique, qui restera la sienne en poésie. À partir de 1951, Béalu devient et reste libraire à Paris. Cet indépendant n'a jamais cessé d'écrire des poèmes dont les plus réussis montrent, à côté des joies de l'amour, le mystère, le « frémissement noir » qui habitent l'homme, et explorent l'étrangeté du rêve dans un vers de plus en plus libéré.

Mais on retiendra en particulier son œuvre narrative en prose comme l'une des meilleures du fantastique français contemporain. Pour Béalu (fondateur de la revue *Réalités secrètes*, 1955-1971), le fantastique ne se sépare pas du réel, qui est toujours insolite si l'on sait le regarder : il contient « une nuit qui est partout » ; il est onirique. Les récits de Béalu montrent des espaces perturbés, des lieux (souvent urbains) qui semblent anodins et se transforment en prison, ruine, labyrinthe. Le temps peut se dédoubler ou s'accélérer. L'« espace du dedans » du héros est lui-même dissocié, hanté par un sentiment de culpabilité. Le parcours initiatique rencontre l'amour ; mais celui-ci n'est jamais un instrument de salut, et il peut perdre le Pygmalion qui crée l'araignée-femme. En revanche, la mort exerce une fascination ambiguë : irruption du néant, mais uchronie dans laquelle « vit » le mort du *Journal*. Récits pleins d'aisance dans la suggestion de l'horreur, de la métamorphose insensible, qu'admirèrent Artaud et Jean Paulhan.

ŒUVRES. — *Poèmes 1936-1960*, 1976 et *Poèmes 1960-1980*, 1981, Le Pont traversé. — **Principaux récits** : *Journal d'un mort*, Gallimard, 1947. — *L'Araignée d'eau*, Les Lettres, 1948. — *L'Aventure impersonnelle*, Arcanes, 1954. — *La Poudre des songes*, 1977, Belfond, où est publiée l'autobiographie *Le Chapeau magique*, 1981-1983. — *L'Amateur de devinettes*, La Différence, 1992.

→ Numéros spéciaux de *Noah*, n° 5, 1980 ; de *Poésie 87*, n° 18. — *Béalu à Nîmes*, Bibliothèque municipale de Nîmes. — Luc Vidal, *Entretien avec Marcel Béalu*, Nantes, Signes, 1985. — Yves-Alain Favre et Jean-Jacques Kihm, *Marcel Béalu*, Seghers, coll. Poètes d'aujourd'hui, 1990.

M.-C.B.

Béarn Pierre (1902). Né à Bucarest le 15 juin 1902, de parents français, il grandit à Paris (il aurait écrit à neuf ans ses premiers vers en argot). Il perd tôt son père, puis sa mère. Dès 1917, il exerce les métiers les plus divers, ouvrier mécanicien, marin, etc. À partir de 1925, il rencontre à Paris des écrivains, Breton, Mac Orlan, Malraux ; en 1942, il fréquente les poètes de l'école de Rochefort. Sa vie pleine d'aventures nourrit une création aux mille facettes : romans maritimes (*Jean-Pierre et la navigation*, 1946), reportages (*L'Afrique vivante*, 1955), recueils de poèmes, où il évoque son expérience de la guerre (*Maraudeuse de mon chagrin*, 1944), chante l'amour (*Dialogues de mon amour*, 1956-1958), ou tonne contre l'enfermement de l'homme dans une civilisation robotisée — la formule populaire « métro boulot dodo » est tirée de *Couleurs d'usine* (1951). On lui doit aussi des centaines de fables pour enfants. Écrite en vers classiques ou libres, lyrique ou vibrant d'un réalisme dur, sa poésie reflète une passion de la vie et une inlassable activité. Son action à la revue *La Passerelle*, qu'il anime à lui seul à partir de 1969, témoigne de cette énergie. En 1993, il publie une anthologie, *L'Érotisme dans la poésie féminine*.

C. A.-M.

Beauchemin Yves (1942). Né à Noranda (Québec), il publie un premier roman, *L'Enfirouapé* (1974), puis obtient un réel succès avec *Le Matou* (1981). *L'Enfirouapé*, mot qui veut dire « trompé, roulé », est devenu *L'Entourloupé* quand il a été publié en France. Le récit est une fable qui s'attaque au pouvoir d'une manière aussi tragique que joyeuse et désamorce à sa façon la terreur qui a suivi les événements d'octobre 1970 au Québec. *Le Matou* porte sur les tribulations d'un chat et de son maître, un gamin nommé Monsieur Émile, assidus d'un restaurant d'un quartier populaire de Montréal, La Binerie, microcosme d'une société où défilent tour à tour les personnages les plus ordinaires ou les plus extravagants. Par sa vivacité de ton et son action fertile en imprévus et en rebondissements de toute sorte, ce livre a attiré un large public. Cette vaste fresque allie l'observation à la satire, le réalisme au merveilleux. À plusieurs reprises, le romancier fait basculer le récit dans l'irréel et rappelle au lecteur qu'il est dans un univers de fiction. Abondamment traduit, le roman a été adapté au cinéma et à la télévision. Le roman suivant, *Juliette Pomerleau* (1989), est centré sur le personnage d'une femme qui, à force de ténacité et de courage, parvient à détourner le destin en sa faveur. Propriétaire de la petite conciergerie qu'elle habite, cette grosse femme au grand cœur se lie d'amitié avec ses locataires, le musicien, le voyeur, le dentiste, ou le petit neveu, Denis, qu'elle élève en l'absence de sa mère. *Le Second Violon* (1996) présente un journaliste quadragénaire qui remet en question aussi bien sa vie privée que professionnelle. Les enfants prendront de plus en plus d'importance dans l'œuvre de Beauchemin. Après un premier livre en collaboration avec le juge Andrée Rufo, deux ouvrages leur sont consacrés : *Une histoire à faire japper* (1991) et *Antoine et Alfred* (1992) : on y rencontre un rat d'égout, Alfred, qui entraîne le jeune Antoine dans des aventures au centre de la terre. Les récits de Beauchemin tiennent à la fois du conte et du roman de mœurs, voire du roman policier. Auteur également d'un livret d'opéra, *Le Prix* (1992), Yves Beauchemin se décrit lui-même, dans un récit autobiographique, *Du sommet d'un arbre* (1986), comme un « artisan » dans l'exercice de son métier.

L.G.

Beauduin Nicolas (1871-1960). Animateur du « paroxysme moderniste », forme de lyrisme ouverte aux découvertes scientifiques (*Les Triomphes*, 1909 ; *L'Homme cosmogonique*, 1922) et influencé par l'Orient, il prétend concilier mystique et raison. Ses tentatives dans la recherche harmonique et expressive ont soulevé de vives polémiques. Après 1925, il est revenu à une expression plus classique. Ses deux derniers recueils : *Santa Venezia* (1937) et *Dans le songe des dieux* (1938), approfondissent l'analyse et la contemplation des vérités suprasensibles. Il est aussi le fondateur de *Rubriques nouvelles* (1909) et de *La Vie des lettres* (1913).

D.H.-M.Ber.

Beaulieu Michel (1941-1985). Dès le début, sa poésie témoigne d'une minutieuse écoute du réel. Un écart apparaît cependant entre les premiers recueils (*Pour chanter dans les chaînes*, 1964 ; *Le Pain quotidien*, 1965 ; *Apatride*, 1966 ; *Mère*, 1966), célébrant le pays, l'amour, la beauté, et les recherches formalistes qui suivent (*Érosions*, 1967 ; *Titre*, 1968 ; *Titre*, 1969) et qui portent le doute au cœur du poème et du langage. L'exploration systématique des possibilités offertes à l'énonciation par le texte poétique permet à Beaulieu de concilier ces deux élans, comme en témoignent *Le Cercle de justice* (1977), *Oratorio pour un prophète* (1978) ou *Rémission du corps énamouré* (1979). Les derniers recueils de ce poète tôt disparu, *Kaléidoscope ou les aléas du corps grave* (1985), *Indicatif présent et autres poèmes* (posth. 1993), montrent une variation constante de l'angle de vue, la recherche d'un mouvement perpétuel qui, quel que soit le thème abordé — événement historique, pulsion érotique, hantise de la mort, usure du corps, amitié, ville — fonde une gravité sereine, teintée d'ironie, et un consentement vital à la fugacité des êtres et des choses. Michel Beaulieu fut aussi éditeur, cofondateur, avec Gaston Miron, des Éditions Estérel, journaliste (à *La Presse)*, traducteur, libraire, critique (aux revues *Parti pris*, *Les Herbes rouges*, *Hobo-Québec*, *Presqu'Amérique)*. Il a publié trois romans : *Je tourne en rond mais c'est autour de toi* (1969), *La Représentation* (1972), *Sylvie Stone* (1974).

P.Po.

Beaulieu Victor-Lévy (1942). Né dans un village du bas du fleuve, au Québec. Auteur fécond, scénariste pour la télévision et éditeur, il illustre, à la manière de l'un de ses héros, Don Quichotte de la Démanche, la conquête d'un territoire de l'écrit, à la frontière du mythe et de la vérité historique. Que ce soit dans le cycle de *La Vraie Saga des Beauchemin* ou dans celui des *Voyageries*, il explore cette « ténèbre silencieuse » contre laquelle se construit toute œuvre : « Ce n'est pas la littérature qui est ma passion, écrit-il, mais cette présomption que parfois elle puisse devenir tout autre chose, quelque expérience-limite de l'homme, une assomption de liberté » (*Monsieur Melville)*. Après plusieurs années à Montréal, où il fonde en 1976 les éditions VLB, il revient s'installer à Trois-Pistoles, sur les bords du Saint-Laurent : de plus en plus présent dans son œuvre, le fleuve est le lieu symbolique autour duquel s'élabore le mythe personnel de l'écrivain.

Ses romans se regroupent par cycles. Celui de *La Vraie Saga des Beauchemin* comprend *Mémoires d'outre-tonneau, Les Grands-Pères, Don Quichotte de la Démanche*. Dans ces récits de la dépossession, les héros du clan familial se montrent en proie à un désarroi à la fois individuel et social. Un second cycle, qui alterne avec le premier, regroupe les romans *Jos Connaissant, Un rêve québécois, La Nuitte de Malcomm Hudd* et *Oh, Miami Miami Miami*, textes violents, tragiques, ne donnant du rêve que l'envers, celui de l'impuissance homicide. Le cycle suivant, celui des *Voyageries*, explore les modes et formes de la fiction. *Blanche forcée*, qui fait vivre le personnage d'Abel, *alter ego* de l'écrivain, est un récit accompagné d'une réflexion sur l'écriture. *N'évoque plus que le désenchantement de ta propre ténèbre, mon si pauvre Abel* se décrit comme une « lamentation », alors que *Sagamo Job J* est un « cantique » dédié à la mémoire de celui que la baleine avala. Le cycle se termine par *Monsieur Melville*, essai-fiction et lecture autobiographique de l'œuvre de l'écrivain américain, et par *Una*, conte pour adultes raconté par une petite fille.

Victor-Lévy Beaulieu a aussi consacré des essais à Kerouac et à Victor Hugo. Auteur de théâtre, il s'attache à la figure de Tolstoï dans l'une de ses dernières pièces, *Sophie et Léon*. Les téléromans *L'Héritage* et *Montréal, P.Q.* montrent sa capacité à inventer un langage qui fait appel à l'imagination créatrice du télé-spectateur.

ŒUVRES. — **Romans** : *Mémoires d'outre-tonneau*, Montréal, Estérel, 1968. — *La Nuitte de Malcomm Hudd*, Montréal, Éditions du Jour, 1969. — *Race de monde !*, Montréal, Éditions du Jour, 1969, rééd. Montréal, Stanké, collection Québec 10/10, 1986. — *Jos Connaissant*, Montréal, Éditions du Jour, 1970. — *Les Grands-Pères*, Montréal, Éditions du Jour, 1971, rééd. Paris, Laffont, 1973, Montréal, Stanké, collection Québec 10/10, 1986. — *Un rêve québécois*, Montréal, Éditions du Jour, 1972, rééd. Montréal, VLB, 1977. — *Oh, Miami, Miami, Miami*, Montréal, Éditions du Jour, 1973. — *Don Quichotte de la Démanche*, Montréal, L'Aurore, 1974, rééd. Paris, Flammarion, 1979, Montréal, Stanké, collection Québec 10/10, 1988. — *Blanche forcée*, Montréal, L'Aurore, 1974, rééd. Paris, Flammarion, 1978. — *N'évoque plus que le désenchantement de ta propre ténèbre, mon si pauvre Abel*, Montréal, VLB, 1976. — *Sagamo Job J*, Montréal, VLB, 1977. — *Una, romaman illustré par deux petites filles*, Montréal, VLB, 1980. — *Satan Belhumeur*, Montréal, VLB, 1981. — *Moi Pierre Leroy, prophète, martyr et un peu fêlé du chaudron plagiaire*, Montréal, VLB, 1982. — *Steven le héraut*, Montréal, Stanké, 1985 — *L'Héritage*, Montréal, Les Entreprises Radio-Canada et Stanké, 1987. — **Essais** : *Pour saluer Victor Hugo*, Montréal, Éditions du Jour, 1971, rééd. Montréal, Stanké, collection 10/10, 1985. — *Jack Kerouac. Essai-poulet*, Montréal, Éditions du Jour, 1972, rééd. Paris, L'Herne, 1973 ; Montréal, Stanké, collection 10/10, 1987. — *Manuel de la petite littérature du Québec*, Montréal, L'Aurore, 1974. — *Monsieur Melville*, 3 t., Montréal, VLB, 1978, rééd. Paris, Flammarion, 1980. — *Entre la sainteté et le terrorisme*, Montréal, VLB, 1984. — **Théâtre** : *En attendant Trudot*, Montréal, L'Aurore, 1975. — *Ma Corriveau*, 1975. — *La Tête de Monsieur Ferron ou les Chians. Une épopée drolatique tirée du « Ciel de Québec » de Jacques Ferron*, Montréal, VLB, 1979. — *Votre fille peuplesse par inadvertance*, Montréal VLB-Stanké, 1990. — *La Maison cassée*, Montréal, Stanké, 1991. — *Sophie et Léon et Seigneur Léon Tolstoï*, Montréal, Stanké, 1992. — *Gens du fleuve*, anthologie, Montréal, Stanké, 1993.

→ *Études françaises*, printemps 1983. — Gérard Bessette, « Victor-Lévy Beaulieu », *Trois romanciers québécois*, Montréal, Éditions du Jour, 1973.

L.G.

Beausoleil Claude (1948). Né à Montréal, il enseigne la littérature au collège Édouard Montpetit à Longueil, tout en poursuivant une œuvre vouée à l'exploration d'une modernité dont le lyrisme n'est pas absent. Fondateur de la revue *Lèvres urbaines* (1983), il s'applique à retrouver une « mémoire de ville », « près des forces qui parlent / à même les bars et les alcools / dans des conversations qui s'étirent » (*Une certaine fin de siècle*, 1983). Poésie du corps (*Au milieu du corps l'attraction s'insinue*, 1980), de la profusion, de l'abondance, celle de Beausoleil « s'inscrit sous le ciel gris en graphiques de feu » (1985) et choisit de puiser dans la quotidienneté la matière de ses *Travaux d'infini* (1988) et l'expérience du *Déchiffrement du monde* (1993). L'auteur de *Grand Hôtel des étrangers* (poèmes, 1987) a publié, outre des ouvrages consacrés à la littérature québécoise (*Les livres parlent*, 1988 ; *Extase et déchirure*, 1987), des anthologies (*Poésie acadienne*, *Poésie mexicaine* et *Poésie suisse romande)* et un roman, *Fort Sauvage* (1994), dont l'action se passe dans la Nouvelle-France du XVIIIe siècle. En 1996 paraît *Librement dit*, « carnets parisiens ».

L.G.

Beaussant Philippe (1930). Né le 6 mai 1930 à Caudéran, il a enseigné la littérature française en Australie, puis s'est passionné pour la musique baroque (*François Couperin*, Fayard, 1983 ; *Rameau de A à Z*, Fayard, 1983 ; *Lully ou le musicien du soleil*, Gallimard, 1991), et a créé en 1977 l'Institut de Musique et Danse anciennes. Historien des arts, il décrit dans *Versailles, Opéra* (Gallimard, 1981), *Vous avez dit « baroque » ?* (Arles, Actes Sud, 1988) une communauté unie autour d'une esthétique ; romancier, il montre un héros coupé du monde, par de stériles recherches (*Le Biographe*, Gallimard, 1978), par la mort (*L'Archéologue*, Gallimard, 1979), par le sommeil de cent ans (*La Belle au bois*, Gallimard, 1989) ou par la Révolution (*Héloïse*, Gallimard, 1993, prix de l'Académie française).

J.P.

Beauvoir Simone de (1908-1986). Née le 9 janvier 1908 à Montparnasse, dans un milieu bourgeois conservateur, elle s'évade de son destin de « jeune fille rangée » en réussissant brillamment ses études. En 1929, alors qu'elle prépare l'agrégation de philosophie, elle rencontre Jean-Paul Sartre, avec lequel elle formera un couple célèbre. Elle consacre ses premiers essais, *Pyrrhus et Cinéas* (1944) et *Pour une morale de l'ambiguïté* (1947), à une exploration du système philosophique élaboré dans *L'Être et le néant* (1943) de Sartre. Mais sa principale ambition reste d'écrire des romans. Elle avait cherché en vain un éditeur pour un recueil de nouvelles achevé en 1937 et intitulé *Quand prime le spirituel* (il sera publié en 1979). En 1943 enfin son premier roman, *L'Invitée*, est accepté ; c'est à la fois l'illustration de la pensée de Hegel : « Chaque conscience poursuit la mort de l'autre » et l'analyse des tensions dans un trio inspiré par les rapports qu'elle-même et Sartre entretenaient avec une des élèves de Beauvoir. Ce roman, qui abordait un drame psychosexuel, fut bien accueilli par la critique. Convaincue de la liberté quasi totale de l'individu, Beauvoir est brutalement secouée par la guerre. Elle affirmera plus tard dans *La Force de l'âge* (1960) qu'à ce moment, « l'histoire [l'a] saisie pour ne plus [la] lâcher ».

Son deuxième roman, *Le Sang des autres* (1945), quoique fortement marqué encore par un vocabulaire existentialiste, est centré sur les dilemmes moraux et politiques d'un chef de la Résistance et adopte une perspective proche de celle du parti communiste. Après avoir enseigné la philosophie avant la guerre, d'abord à Marseille, ensuite à Rouen et Paris, elle est exclue de l'enseignement en 1943 et décide de se consacrer entièrement à son œuvre. Son unique pièce de théâtre, *Les Bouches inutiles*, est jouée en 1944.

Dans son troisième roman : *Tous les hommes sont mortels* (1946), elle pose le problème de la valeur et des limites de l'individu face à l'histoire. En 1947, elle passe cinq mois aux États-Unis et, à son retour, publie ses impressions dans *L'Amérique au jour le jour* (1948), essai dans lequel elle dénonce ce qu'elle perçoit comme le racisme des Américains. Mais elle y fait aussi la rencontre de l'écrivain Nelson Algren, avec lequel elle aura une liaison de plusieurs années qui la fait hésiter sur son avenir. Cette crise est racontée dans *Les Mandarins* (1954 ; prix Goncourt), roman complexe qui retrace les angoisses politiques et personnelles d'un groupe d'intellectuels de gauche de l'après-guerre.

Entre-temps, elle a mené à terme une grande étude sur la femme. Dès 1946, elle se pose la question de ce qu'a signifié pour elle le fait d'être une femme et découvre dans l'étonnement que la question mérite un approfondissement. Elle se lance dans des recherches qui donneront, en 1949, les deux tomes du *Deuxième Sexe*. Son point de départ reste l'existentialisme : toute femme qui vit une existence secondaire se coupe automatiquement de l'authenticité ; elle se trouve réduite à s'assumer comme étant « l'autre », l'objet en face du sujet masculin. En insistant sur la complicité que la femme accepte souvent, Beauvoir souligne que les femmes peuvent et doivent prendre en main leur destin. Mais le deuxième volet de l'essai va bien au-delà de l'existentialisme sartrien. La thèse fondamentale de Beauvoir : « on ne naît pas femme, on le devient », est démontrée par une analyse détaillée des rôles sociaux que la femme est appelée à jouer. L'amour, le mariage et la maternité en ressortent comme autant de pièges pour la femme libre. Vingt ans plus tard, elle regrettera que son essai ne se soit pas conclu par un appel plus franc à la lutte des femmes, plutôt que sur l'idée que les hommes et les femmes travaillent ensemble à fonder une nouvelle société où régnera la liberté. *Le Deuxième Sexe* eut droit à un accueil houleux et ne débouchera sur un mouvement politique que dans les années soixante-dix.

Malgré des sympathies communistes, Simone de Beauvoir, jusque-là, n'a pas été très active politiquement. Au cours des années cinquante, elle se rapproche du marxisme, elle accompagne Sartre en Chine et en URSS et publie un essai enthousiaste sur la Chine, *La Longue Marche* (1957). Elle milite contre la politique française en Algérie, notant en 1963 dans *La Force des choses* : « La guerre d'Algérie a porté au rouge l'horreur que m'inspire ma classe ». C'est en 1958 que paraît le premier volet des *Mémoires d'une jeune fille rangée*, histoire des vingt premières années de sa vie, auquel le public fait un accueil enthousiaste. Ce premier tome sera complété par *La Force de l'âge* (1960), *La Force des choses* (1963) et *Tout compte fait* (1972). La mort de sa mère lui inspire un bref récit autobiographique, *Une mort très douce* (1964). Douze ans après *Les Mandarins*, elle retourne à la fiction avec *Les Belles Images* (1966), qui rompt avec le style de ses romans précédents pour parodier le discours employé par la bourgeoisie. Deux ans plus tard, les trois récits de *La Femme rompue* (1968) invitent le lecteur à dépister la mauvaise foi de trois femmes qui abusent du langage pour masquer leur autodestruction. Intéressée par le problème de la vieillesse et de son statut social, Beauvoir aborde ensuite, dans *La Vieillesse* (1970), les problèmes du troisième âge et le triste sort que la société réserve à la majorité des vieillards.

En 1968, Beauvoir et Sartre rejoignent les étudiants maoïstes et vendent dans la rue des journaux interdits. Beauvoir assure un moment la direction de *L'Idiot international*. En 1970, elle entre en contact avec le nouveau mouvement des femmes et prend une part active à la campagne en faveur de l'avortement. Plus de vingt ans après *Le Deuxième Sexe*, elle se déclare féministe. Très appréciée dans les milieux féministes du monde anglo-saxon, où *Le Deuxième Sexe* a inspiré parmi d'autres Betty Friedan, Kate Millett et Germaine Greer, les thèses de Beauvoir divisent cependant les féministes françaises. Elle refuse énergiquement un féminisme de la différence sexuelle et reste implacablement opposée à la structure de la famille, qu'elle continue à considérer comme la base de l'oppression des femmes. Active politiquement dans les années soixante-dix, elle est très atteinte par la mort de Sartre, en 1980. Elle revient en 1981 sur leur relation, dans *La Cérémonie des adieux* suivi d'*Entretiens avec Jean-Paul Sartre*. La publication de leur correspondance et du *Journal de guerre* de Beauvoir (posth., 1990) lui vaut une nouvelle fois une certaine notoriété. Elle s'éteint le 14 avril 1986. Elle est enterrée avec Sartre dans le cimetière du Montparnasse, tout près du lieu où elle habitait.

ŒUVRES. — Chez Gallimard. *Pyrrhus et Cinéas*, 1944. — *Le Sang des autres*, 1945. — *Les Bouches inutiles*, 1945. — *Tous les hommes sont mortels*, 1946. — *Pour une morale de l'ambiguïté*, 1947. — *L'Existentialisme et la sagesse des nations*, 1948. — *L'Amérique au jour le jour*, 1948. — *Le Deuxième Sexe*, 1949. — *Les Mandarins*, 1954. — *Privilèges*, 1955. — *Faut-il brûler Sade ?*, 1955. — *La Longue Marche*, 1957. — *Mémoires d'une jeune fille rangée*, 1958. — *La Force de l'âge*, 1960. — *La Force des choses*, 1963. — *Une mort très douce*, 1964. — *Les Belles Images*, 1966. — *La Femme rompue*, 1968. — *La Vieillesse*, 1970. — *Tout compte fait*, 1972. — *Quand prime le spirituel*, 1979. — *La Cérémonie des adieux* suivi d'*Entretiens avec Jean-Paul Sartre*, 1981. — *Journal de guerre*, 1990. — *Lettres à Sartre*, 1990, 2 t. — *Lettres à Nelson Algren 1947-1964*, éd. Sylvie Le Bon de Beauvoir, Gallimard, 1997.

→ Serge Julienne-Caffié, *Simone de Beauvoir*, Gallimard, 1966. — Claude Francis et Fernande Gontier, *Les Écrits de Simone de Beauvoir*, Gallimard, 1979. — *Simone de Beauvoir : Witness to a Century*, n° 72, 1986. — Élizabeth Fallaize, *The Novels of Simone de Beauvoir*, London, Routledge, 1988. — Deirdre Bair, *Simone de Beauvoir*, Fayard, 1991. — *Roman 20-50*, juin 1992. — Toril Moi, *Simone de Beauvoir*, Oxford, Blackwell, 1994. — Fonds Sartre-Beauvoir à la Bibliothèque nationale. — Il existe depuis 1983 des *Simone de Beauvoir Studies* (Menlo Park, Californie, États-Unis).

E.F.

Bebey Francis (1929). Né à Douala (Cameroun), il est l'auteur de romans et de nouvelles publiés depuis 1967. Dès *Le Fils d'Agatha Moudio* (Yaoundé, CLE, 1967), cocasse succession de palabres villageoises touchant le mariage du héros, Mbenda, il donne le ton de son œuvre romanesque en décrivant ses personnages avec lucidité et humour, comme dans ses œuvres suivantes : *Embarras et Cie* (CLE, 1969), *La Poupée ashanti* (CLE, 1973), chronique du Ghana des années soixante, et surtout *Le Roi Albert d'Effidi* (CLE, 1976), qui évoque sur le mode ironique les réalités politiques des candidats à la députation, à la veille de l'indépendance. Ce musicien dans l'âme est aussi un poète sensible, à qui l'on doit *Concert pour un vieux masque* (L'Harmattan, 1980) et *Nouvelle Saison de fruits* (Dakar, NÉA, 1980). En 1989, il a publié *La Lune dans un seau rouge* (Hatier) et, en 1994, *Le Ministre et le griot* (Saint-Maur, Sepia).

J.C.

Beck Beatrix (1914). Née à Villars-sur-Ollon (Suisse) le 30 juillet 1914. Fille de Christian Beck, elle vit une jeunesse tumultueuse et difficile, traversée par les morts violentes de sa mère et de son mari. Après la guerre, elle exerce divers métiers entre la Belgique, la France et l'Angleterre, avant de devenir la dernière secrétaire de Gide, qui avait été l'ami et le correspondant de son père. C'est sous son impulsion qu'elle publie son premier livre, *Barny* (1948), début d'un cycle autobiographique qui comprend cinq volumes, *Une mort irrégulière* (1950), *Léon Morin prêtre* (1952), *Des accommodements avec le ciel* (1954) et *Le Muet* (1963). *Léon Morin prêtre* (prix Goncourt 1952, porté à l'écran par Jean-Pierre Melville en 1961) raconte la passion d'une jeune provinciale pour un prêtre pendant l'occupation allemande : dans un récit d'une grande pudeur mené par petites touches essentielles, la romancière affronte la question des tabous. L'épanouissement de l'être au monde et l'affirmation des différences, posés à partir de héros que tout accable au départ, resteront les leitmotive de son œuvre.

Se dégageant progressivement de l'emprise autobiographique, Beatrix Beck affine son style, qui gagne en concision et en précision ; *Cou coupé court toujours* (1967) est un tournant dans son itinéraire : celui de l'attirance vers l'imaginaire, « point de départ dans la réalité » et de la dérive dans l'insolite, tandis que le style se resserre de plus en plus, à la recherche de l'essentiel (voir aussi *L'Épouvante l'émerveillement*, 1977). C'est avec *La Décharge* (1979) qu'elle trouve un souffle nouveau : l'écriture doit permettre de vaincre l'hypocrisie du monde, d'affirmer une personnalité, de quelque milieu qu'elle provienne. Romans et nouvelles se sont succédé, formant une œuvre cohérente, de laquelle ne sont absents ni l'humour, ni la dérision : *Devancer la nuit* (1980), *Josée dite Nancy* suivi de *La Mer intérieure* (1981), *Don Juan des forêts* (1983), *L'Enfant chat* (1984), *La Prunelle des yeux* (1986), *Stella Corfou* (1988), *Un(e)* (1989), *Grâce* (1990), *Recensement* (1991), *Vulgaires Vies* (1992), *Une lilliputienne* (1993), *Moi ou autres* (1994), *Prénoms* (1996), *Plus loin mais où* (Grasset). Elle a reçu pour l'ensemble de son œuvre le prix de la Fondation Prince-Pierre-de-Monaco en 1989 et le grand prix de l'Académie française en 1997.

ŒUVRES. — Publiées principalement aux Éditions Gallimard et Grasset. *Léon Morin, prêtre*, *Des accommodements avec le ciel*, *Une mort irrégulière*, rééd., Gallimard, coll. Folio. — *Grâce*, rééd., Arles, Actes Sud, coll. Babel, 1995.

→ Jean Ygaunin, *La Femme et le prêtre : thème littéraire*, Nizet, 1993.

O.Bi.

Beck Christian (1879-1916). Né à Verviers (Belgique), le 4 janvier 1879. Père de la romancière Beatrix Beck, il fut un infatigable polygraphe : fondateur de la revue *Vie nouvelle*, nègre de Teodor de Wyzewa et de Willy, collaborateur de *La Revue blanche* et du *Mercure de France* dès 1896, il a entretenu des relations avec une foule d'écrivains du début du siècle. Il rencontre Jarry en 1897, qui, suite à une altercation, le ridiculise sous le nom de Bosse-de-Nage dans son *Faustroll* ; il est le correspondant de Gide qui le montrera sous les traits de Lucien Bercail dans *Les Faux-monnayeurs*. Après des textes au ton décadent publiés sous le pseudonyme de Joseph Bossi, il a fait paraître des pièces de théâtre d'inspiration pataphysique *(Ce qui a été sera ou Adam battu et content*, suivi de *Hercule à Lerne*, *Les Simulacres de la vie et L'Amoureuse Absence*, 1898), des récits *(Les Deux Amants de Novella d'Andrea*, 1905), un pamphlet anticlérical *(Le Syllabus*, 1905), des nouvelles *(Les Erreurs*, 1906), et surtout un ensemble de réflexions, de notes et de souvenirs intitulés *Le Papillon, journal d'un romantique* (1910). Défenseur de la culture française en Belgique, Christian Beck fut le fondateur, avec Henry Vandeputte, de la revue *Antée* (1905-1908) ; il est mort à Menton, le 29 février 1916.

ŒUVRES. — André Gide et Christian Beck, *Correspondance*, éd. Pierre Masson, Genève, Droz, 1994.

→ André Gide, *Feuillets d'automne*, Mercure de France, 1949, rééd., 1971. — Madeleine Pierson-Piérard, « Christian Beck, écrivain fantôme », *Présence francophone*, n° 8, printemps 1974.

O.Bi.

Becker Lucien (1912-1984). Ce poète mélancolique, qui publie son premier recueil à dix-sept ans *(Cœur de feu*, 1929) et exercera le métier de commissaire de police, pratique une langue pauvre et a connu de longues périodes de silence. S'il prend contact avec les surréalistes en

1930, c'est aussitôt pour se taire ; après *Le Grand Cadavre blanc* (1937), composé d'un seul poème, et la guerre — Becker fut résistant dans le Vercors —, il faut attendre 1947 pour que paraissent *Le Monde sans joie* (regroupant *L'Homme quotidien, La solitude est partout, Pas même l'amour, Vivre dans l'éternité)* et *Rien à vivre* (Gallimard, 1947), où même l'amour est déprécié. Plus tard, *L'Été sans fin* (Éditions de Chauméane, 1961), recueil plus heureux même si la menace rôde, dit la précarité de la saison et parie sur la sagesse de la terre qui attend le retour du printemps. Dans la monographie qu'il lui a consacrée, Gaston Puel met l'accent sur le rapport du poète à la nature et à la femme ; cet hommage semble ensuite avoir contribué au mutisme du poète.

ŒUVRES. — *Rien que l'amour* [poésies complètes], éd. Guy Goffette, La Table ronde, 1997.

→ Gaston Puel, *Lucien Becker*, Seghers, coll. Poètes d'aujourd'hui, 1962.

C.Du.

Beckett Samuel (1906-1989). Né le 13 avril 1906 à Foxrock, dans la banlieue sud de Dublin, Samuel Barclay Beckett vit, au sein d'une famille aisée de la bourgeoisie protestante, une enfance heureuse. De brillantes études secondaires lui ouvrent les portes de Trinity College à Dublin, où il prépare un *Bachelor of Arts* en langues romanes (français, italien) qu'il obtient en 1927. De 1928 à 1930, il séjourne à Paris comme lecteur à l'École normale supérieure. Il se destine alors à la carrière universitaire et songe à entreprendre une thèse sur Jouve. Mais sa rencontre avec Joyce dont il devient l'ami, sa découverte de Descartes, Giordano Bruno, Vico, Proust le convainquent que là n'est pas sa vocation. Il compose alors ses premiers textes : un essai, *Dante... Bruno, Vico... Joyce* (écrit sur la suggestion de Joyce lui-même), et une courte nouvelle, « Assumption », sa première œuvre de fiction. Les deux textes paraissent à Paris en juin 1929 dans une revue de langue anglaise, *Transition*. Par ailleurs, Beckett participe à un concours visant à récompenser un poème de moins de cent vers consacré au temps : *Whoroscope* obtient le prix et paraît en septembre 1930. Vers la fin de son séjour à Paris, en réponse à une commande d'un éditeur londonien, il écrit un essai pénétrant et atypique, *Proust* (1931), où il souligne l'influence de Schopenhauer sur la conception proustienne de la musique et l'importance de la mémoire et de l'habitude qui, toutes deux, « appartiennent à ce cancer qu'est le temps ». De retour à Dublin, Beckett est assistant de français à Trinity College. Il écrit le *Kid*, parodie du *Cid*, ainsi que des poèmes, se lie d'amitié avec Jack B. Yeats, frère de William, et, comprenant que la carrière universitaire ne lui convient pas, démissionne de son poste en janvier 1932. C'est le début de plusieurs années d'errance : à Londres, de 1933 à 1936, où il connaît une vie difficile, traverse une crise de détresse morale et financière, publie en 1934 *More Pricks than Kicks* (trad. *Bande et sarabande*, 1994) et compose *Murphy*, qui paraîtra en 1938 ; puis, en Allemagne de 1936 à l'été 1937. Il se fixe alors à Paris, se lie avec les frères Van Velde, à la peinture desquels il consacrera deux textes (*Le Monde et le pantalon*, 1945-1946 et *Peintres de l'empêchement*, 1948), rencontre Duchamp et Giacometti, et écrit, pour la première fois en français, de courts poèmes qui seront publiés en 1946 dans *Les Temps modernes*. Pendant la guerre, il participe à un groupe de résistance ; en 1942, pour échapper à la Gestapo, il se réfugie en zone libre, dans le Vaucluse, où il s'installe avec sa femme, rencontrée en 1938. Le jour, Beckett est ouvrier agricole, et le soir il écrit *Watt* (1953), qui sera son dernier roman en anglais. De retour à Paris en 1945, il fait un voyage en Irlande pour voir sa mère, séjourne à Saint-Lô (il y est interprète pour la Croix-rouge irlandaise) ; en 1946, il se réinstalle à Paris où il écrit, en français, *Mercier et Camier* (1970), *Premier Amour* (1970), trois nouvelles : *L'Expulsé, Suite (Fin), Le Calmant* (1955), et en 1947 une pièce en trois actes, *Eleuthéria* (1995). En 1948, il écrit *Molloy* (1951), *Malone meurt* (1951), *En attendant Godot* (1952) ; en 1949, *L'Innommable* (1953) ; en 1950, *Nouvelles et Textes pour rien* (1955).

Ces textes sont publiés dans les années qui suivent, d'abord chez Bordas (*Murphy*, 1947), puis, à partir de 1951, aux Éditions de Minuit. Désormais, la vie de Beckett, à l'écart de toute manifestation publique, se confond avec son œuvre. En 1954, l'écrivain commence à écrire ce qui deviendra *Fin de partie* (1957). En 1958, il compose et publie en anglais *Krapp's last tape* (*La Dernière Bande*, 1959) ; en 1960 et 1961, *Comment c'est* (1961) et *Happy Days* (*Oh les beaux jours*, 1963). Puis, en 1965, *Imagination morte imaginez* ; en 1966, *Assez* et *Bing* (ces trois derniers textes figurent dans le recueil *Têtes mortes*, 1967). En 1969, il reçoit le prix Nobel de littérature, mais prie le directeur des Éditions de Minuit de se rendre à sa place à Stockholm. Les années suivantes verront la parution de plusieurs textes courts parmi lesquels *Le Dépeupleur* (1971), *Pour en finir encore et autres foirades* (1976), *Pas* (1978), *Compagnie* (1980), *Mal vu mal dit* (1981), *Catastrophe et autres dramaticules* (1982), *Quoi où* (1984), *L'Image* (1988), un poème : *Comment dire* (1989), et *Soubresauts* (1989). Le 22 décembre 1989, Samuel Beckett meurt.

Très importante en volume, la production de Beckett rayonne dans des domaines très divers qui ne se réduisent nullement aux seuls champs du romanesque et du dramatique. Aussi convient-il de ne pas sous-estimer les textes destinés à la télévision (*Dis Joe* écrit en 1965, *Ghost trio* en 1976, *Quad* en 1981) et à la radio (*Cendres*, 1959 ; *Paroles et musique*, 1962 ; *Cascando*, 1963). Pas davantage ne faut-il ignorer l'immense travail de traduction accompli par l'écrivain, qu'il s'agisse de l'œuvre d'autres auteurs (en 1932, Montale, Crevel, Eluard, Breton, Rimbaud ; en 1960, la pièce radiophonique de Robert Pinget, *La Manivelle*), ou de la sienne propre (à quelques exceptions près, il assure lui-même la traduction de ses livres). Il s'est également essayé au cinéma (en 1964, il écrit le scénario de *Film* et participe au tournage, avec Buster Keaton dans le rôle principal), à la mise en scène de théâtre et à la réalisation de télévision.

Semblable diversité ne doit pas pour autant conduire à durcir les oppositions entre ces différents domaines d'activité. La cohérence, au contraire, est frappante lorsque l'on considère l'intégralité de l'œuvre. La création beckettienne n'obéit pas à une progression allant de la parole au silence, de la volonté de dire au constat de l'impossibilité de le faire : une telle interprétation, séduisante, se fonde sur la date de publication de textes, non sur celle de leur composition. Or, *Godot*, par exemple, fut composé cinq ans avant la première représentation (le 5 janvier 1953), en même temps que *Malone meurt* et avant *L'Innommable* : la pièce ne peut donc représenter la sortie d'une impasse philosophico-esthétique dans laquelle l'écrivain se serait laissé enfermer avec sa trilogie. Le théâtre ne succède pas au roman dans la production de Beckett qui n'a pas attendu d'avoir épuisé la veine romanesque pour aborder la littérature dramatique. Les premières œuvres contiennent déjà en germe les caractéristiques formelles et les thèmes qui s'épanouiront après 1946. Certes, elles offrent une trame narrative, leurs personnages ressemblent à de « vrais » personnages de fiction, et l'espace obéit en partie à un traitement réaliste (des quartiers de Dublin ou de Londres sont évoqués, des intérieurs sont décrits). Mais les catégories du récit sont singulièrement perverties. Quant aux thèmes, ils préfigurent ceux des grandes œuvres à venir. Au fil des ans, à l'intérieur de chaque genre abordé, l'esthétique de Beckett se rapprochera d'un dénuement de plus en plus radical, mais les enjeux essentiels de l'œuvre ne varieront guère.

L'univers imaginaire de Beckett est un des plus prégnants qui soit. Un espace bien délimité, désertique (la route de *Godot*, l'« étendue d'herbe brûlée » des *Beaux Jours)* ou clos (le refuge de *Fin de partie*, le cylindre du *Dépeupleur*, la rotonde d'*Imagination morte imaginez*, la jarre à l'intérieur de laquelle est enfermé le narrateur au corps atrophié de *L'Innommable)* est le cadre dans lequel l'écrivain aime à situer sa fiction. Les personnages qui habitent ces lieux présentent des caractères communs : tendance au repliement sur soi, tant moral que physique, qui se traduit par des attitudes de prostration et de reptation, récurrentes dans l'œuvre ; humeur mélancolique, au sens quasi clinique du terme ; volonté d'appréhender le réel sur un mode maniaque et compulsif. Une folie raisonnante les contraint à sans cesse s'interroger (*Watt*/What ?) sur leur rapport au monde, au langage : le moindre geste quotidien, la moindre action, le moindre déplacement, font l'objet d'interrogations déclinées en des combinaisons infinies et ratiocinantes. Un tel solipsisme n'est rompu que par la recherche d'un contact fraternel et d'une union dérisoire avec un corps — très souvent narrés sur le registre grotesque — ou par la contemplation émerveillée de quelques « beautés jardinières » *(Watt)*, offertes par une nature dont les éléments privilégiés sont la montagne désolée des environs de Dublin, la mer, les hautes herbes, les branches d'arbre et les fossés.

Certaines œuvres, notamment la trilogie romanesque ou certains textes narratifs plus courts *(Compagnie*, *Têtes mortes*, *Soubresauts)*, centrent cet univers autour d'un Moi, celui d'un narrateur ou d'une voix, saisi à cet instant de vérité qu'est l'agonie. Avide alors de comprendre enfin le sens de sa vie, le Moi caresse dans un premier temps l'espoir d'y parvenir par l'imagination : il s'invente des « doubles » et se raconte des histoires. Mais très vite, il comprend l'inefficacité d'une telle activité et se rabat sur une ultime solution : parler de soi faute de pouvoir se taire, ou plus précisément parler de soi « afin de pouvoir (se) taire », le silence représentant dès lors l'idéal, l'unité enfin trouvée, l'apaisement avant la disparition finale. Un Moi dédoublé (« Mon histoire arrêtée je vivrai encore. Décalage qui promet », *Malone meurt*), une conscience face à elle-même, anxieuse de cerner du plus près la vérité du trépas (qu'est-ce que mourir pour celui qui meurt ?), et qui finit par comprendre qu'inventer une fable, c'est se mentir à soi-même, tel est ce que Beckett n'a cessé de représenter.

Son œuvre ne débouche pas tant sur l'absurdité de la vie (on a souvent voulu rattacher *Godot* ou *Fin de partie* au théâtre de l'absurde) que sur une interrogation sur le rôle du langage et la fonction dévolue à l'art. L'œuvre n'est pas un miroir tendu le long du chemin ; elle n'est ni symbolique ni allégorique. Et le langage, loin d'être un instrument apte à exprimer la vérité, se révèle un leurre : d'où le désespoir des personnages beckettiens lorsqu'ils s'en rendent compte. Ainsi s'explique l'intérêt manifesté par Beckett pour la création télévisuelle, qui lui a permis de « surmonter l'infériorité des mots » (Gilles Deleuze).

L'écrivain franco-irlandais n'en a pas moins toujours accordé une extrême importance à la forme. Qu'il s'agisse de la langue plus rhétorique des premiers textes, ou du style désarticulé, incisif, habité par la parataxe et l'ellipse, des derniers, toute son œuvre témoigne d'une grande attention au choix des mots, ainsi que d'un constant souci de mettre en valeur le rythme et la musicalité de la langue.

Un dernier point, essentiel, mérite d'être souligné : un grand rire innerve cette œuvre. Non pas ce qu'un comparse de *Watt* nomme « le rire amer » ou « rire éthique », qui « rit de ce qui n'est pas bon » ; non pas le « rire jaune », ou « rire judiciaire », qui « rit de ce qui n'est pas vrai » ; mais le « rire sans joie », « le rire des rires », le *risus purus*, « le rire qui rit du rire, hommage ébahi à la plaisanterie suprême, bref le rire qui rit — silence s'il vous plaît — de ce qui est malheureux ». C'est ce rire, non fondé sur l'ironie mais sur l'humour, que, dans ses romans au travers de l'énonciation, dans son théâtre au travers des personnages qui même amputés, atrophiés, en proie à la déréliction, trouvent encore l'énergie de se moquer de leur passé, de leur présent et de ce qui leur reste d'avenir, Beckett ne cesse de faire entendre : « Rien n'est plus drôle que le malheur », s'exclame Nell dans *Fin de partie*.

Écrivain singulier qu'il serait réducteur de rattacher au Nouveau Roman, Beckett est l'auteur d'une œuvre majeure, désespérée mais jamais désespérante, brillant d'une lucidité qui éclaire, en même temps qu'elle les sonde, les gouffres et abîmes de la conscience, et montrant avec une féroce alacrité la farce tragique qu'est la vie, la misère et le grotesque de la condition humaine dont elle s'acharne, avec méticulosité et cocasserie, à comptabiliser — pour mieux les conter — les ridicules et les malheurs. *Cap au pire* (1991) est le mot d'ordre qu'elle ne cesse, sur un ton à la fois goguenard et angoissé, de murmurer, invitant le lecteur à ne pas se dérober à l'exigence de lucidité qui lui incombe.

ŒUVRES. — Aux Éditions de Minuit.

→ Georges Bataille, « Le silence de Molloy »,

Critique, n° 48, 1951. — Alain Robbe-Grillet, « Samuel Beckett ou la présence sur la scène », *Pour un Nouveau Roman*, Éditions de Minuit, 1963. — Maurice Blanchot, « Où maintenant ? Qui maintenant ? », *Le Livre à venir*, Gallimard, 1966. — Ludovic Janvier, *Samuel Beckett*, Le Seuil, 1969. — Pierre Chabert, « Samuel Beckett metteur en scène, ou répéter *La Dernière Bande* avec l'auteur », *Revue d'esthétique*, 1976. — Deirdre Bair, *Samuel Beckett, biographie*, Fayard, 1979. — Alfred Simon, Beckett, Belfond, 1983. — *Cahier de l'Herne*, n° 31, dir. Tom Bishop et Raymond Federman, 1976, rééd. Le Livre de Poche, 1985 et L'Herne-Fayard, 1997. — *Le Magazine littéraire*, juin 1986. — Charles Juliet, *Rencontre avec Samuel Beckett*, Fata Morgana, 1986. — Pierre Dufour, « Beckett ou la parole mélancolique », *Théâtre/Public*, n° 75, mai-juin 1987. — *Revue d'esthétique*, 1986, rééd. Jean-Michel Place, 1990. — *Critique*, n°s 519-520, août-septembre 1990. — André Bernold, *L'Amitié de Beckett : 1979-1989*, Hermann, 1992. — Gilles Deleuze, « L'Épuisé » *Quad* et autres pièces pour la télévision, Éditions de Minuit, 1992. — Antoinette Weber-Caflisch, *Chacun son dépeupleur*, sur Samuel Beckett, *Éditions de Minuit*, 1994. — Pascale Casanova, *Beckett l'abstracteur, anatomie d'une révolution littéraire*, Le Seuil, 1997. — Fonds Samuel Beckett à l'IMEC.

Pa.B.

Béguin Albert (1901-1957). Né le 17 juillet 1901 à La Chaux-de-Fonds, passionné de littérature classique et contemporaine, il entreprend des études de lettres à Genève, puis à Paris ; ses premières publications sont des articles sur Pierre Hamp et Péguy ainsi que quelques nouvelles. Parallèlement à son éveil à la conscience religieuse (1924), il découvre Proust et les grands textes du romantisme allemand, qui inspirent sa thèse de doctorat, soutenue à Genève en 1937 : *L'Âme romantique et le rêve* (Marseille, Cahiers du Sud ; rééd. Corti, 1939 et Le Livre de Poche, 1993). Malgré ses ambitions synthétiques, l'ouvrage ne cherche pas à mettre au jour des influences littéraires, mais des *affinités spirituelles* entre certains courants de la philosophie allemande du XVIIIe siècle (la *Naturphilosophie*, qui spécule sur l'unité cosmique de la nature et sur ses aspects obscurs révélés par le rêve), les romantiques allemands, et des écrivains français comme Nerval, Proust et les surréalistes. Selon Béguin, ces poètes ont en commun de concevoir le rêve comme clé des régions inconnues de l'âme, comme voie d'accès à une réalité supérieure ; ce qui, dans leurs écrits, se traduit par la nostalgie d'une autre existence et un sentiment d'étrangeté au monde, comme si nous ne pouvions entrevoir qu'en songe la vraie dimension de notre être. Le cœur de l'ouvrage se présente comme une mosaïque de fines monographies (Jean-Paul, Novalis, Tieck, Arnim, Brentano, Hoffmann...) évoquant l'individualité de chaque écrivain, les rapports qui se tissent entre la vie et l'œuvre, et restituant une expérience spirituelle grâce à de nombreuses citations : Béguin procède par sympathie, par *identification* pour reconstituer le cheminement d'une conscience. Sans doute est-ce la part la plus réussie du livre ; les rapides analyses consacrées aux auteurs français paraissent aujourd'hui plus faibles. L'absence de Balzac sera réparée en 1946 avec un essai sur *Balzac visionnaire* (Skira) qui révèle la part de l'imagination supranaturelle dans une œuvre alors estimée surtout pour son réalisme.

De retour en Suisse, Béguin enseigne la littérature française à Genève, puis à Bâle. En 1940, il éprouve la nécessité d'un engagement intellectuel : c'est l'aventure des *Cahiers du Rhône*, revue franco-suisse éditée à Neuchâtel qui, par la défense de la littérature française contemporaine (notamment des auteurs chrétiens) veut maintenir les valeurs de la personne humaine face aux idéologies. Cet engagement persiste dans l'enthousiasme de la Libération : Béguin, comme d'autres, croit à la possibilité de fonder sur les ruines de la guerre une nouvelle communauté humaine. Il abandonne ses activités d'enseignement et revient à Paris en 1946, où il vit de sa plume en collaborant à de nombreuses revues. Ses convictions catholiques s'affirment : il consacre deux études à Péguy (*La Prière de Péguy*, Neuchâtel, La Baconnière, 1942 ; *L'Ève de Péguy*, Le Seuil, 1948) ; Bernanos le charge de s'occuper de ses manuscrits après sa mort (en 1948) ; il se lie avec Emmanuel Mounier, directeur de la revue *Esprit*, qu'il reprend en 1950 après le décès brutal de celui-ci. Cette nouvelle responsabilité ne l'empêche pas d'effectuer plusieurs voyages, et de réaliser de nombreux travaux : deux monographies, *Pascal* (Le Seuil, 1952) et

Bernanos (Le Seuil, 1954) ; d'importantes éditions (*Contes* d'Hoffmann, *Œuvres* de Nerval et de Bernanos, *Le Mystère de la charité de Jeanne d'Arc* de Péguy), des préfaces pour plusieurs romans de Balzac (*Balzac lu et relu*, posth., La Baconnière-Le Seuil, 1965). Il compose ainsi au cours de ses dernières années un vaste ensemble d'études sur ses auteurs de prédilection (rassemblées dans *Poésie de la présence*, La Baconnière-Le Seuil, 1957, et *Création et destinée*, posth., éd. Pierre Grotzer, La Baconnière-Le Seuil, 1973-1974, 2 t.). Albert Béguin meurt le 3 mai 1957, d'une crise cardiaque, à Rome où il était parti se reposer après avoir abandonné la direction d'*Esprit* à Jean-Marie Domenach.

L'approche critique de Béguin, personnelle et souvent intuitive, se définit par sa finalité : cerner l'individualité d'un écrivain, montrer comment une conscience prend forme dans et par l'écriture, et comment les mots nous font partager une expérience spirituelle. Elle est apparentée à celle de son ami Marcel Raymond, se rapproche également de la démarche phénoménologique de Georges Poulet, et traduit le souci profond de considérer l'œuvre littéraire non comme un pur objet de délectation formelle, mais aussi comme une aventure de l'esprit.

→ Dorothée-Juliane Franck, *La Quête spirituelle d'Albert Béguin*, Neuchâtel, La Baconnière, 1965. — Georges Poulet, « Albert Béguin », dans *La Conscience critique*, Corti, 1971. — Pierre Grotzer, *Albert Béguin ou la passion des autres* et *Existence et destinée d'Albert Béguin. Essai de biographie*, Neuchâtel, La Baconnière, 1977. — *Albert Béguin et Marcel Raymond, colloque de Cartigny*, éd. Pierre Grotzer, Corti, 1979.

B.Do.

Béhaine René (1880-1966), pseudonyme de René Behenne. Né à Vervins (Aisne) le 17 juin 1880, monarchiste et antibourgeois, spiritualiste et sans religion, patriote et objecteur de conscience, antiraciste et antisémite, réactionnaire et révolté, il présente une personnalité déconcertante. Inadapté à son temps, il a cultivé sa singularité, choisissant la solitude contre une société pour laquelle il n'avait que mépris. Sa révolte lui a inspiré une grande fresque narrative : *Histoire d'une société* (1904-1959, 16 t.). Dans *Les Nouveaux Venus* (1904), comme dans *Les Survivants* (1914), il met en scène d'une part une bourgeoisie pleine de prétentions et de jalousies face à l'aristocratie qui l'exclut, et d'autre part l'ancienne noblesse provinciale pétrie de traditions rigides, tout en montrant combien les êtres, guidés par l'égoïsme et l'avidité, sont esclaves du besoin de paraître. Distingué en 1958 par le grand prix de la Société des gens de lettres, il est mort à Villefranche-sur-Mer le 3 janvier 1966.

ŒUVRES. — *Histoire d'une société* : t. I, *Les Nouveaux Venus* (1904) ; t. II, *Les Survivants* (1914) ; t. III, *Si jeunesse savait* (1919) ; t. IV, *La Conquête de la vie* (1924) ; t. V, *L'Enchantement du feu* (1926) ; t. VI, *Avec les yeux de l'esprit* (1928) ; t. VII, *Au prix même du bonheur* (1930) ; t. VIII, *Dans la foule horrible des hommes* (1932) ; t. IX, *La Solitude et le silence* (1933) ; t. X, *Les Signes dans le ciel* (1935) ; t. XI, *Ô peuple infortuné* (1936) ; t. XII, *Le Jour de gloire* (1939) ; t. XIII, *Sous le char de Kâli* (1947) ; t. XIV, *La Moisson des morts* (1957) ; t. XV, *L'Aveugle devant son miroir* (1958) ; t. XVI, *Le Seul Amour* (1959). – Fonds René Béhaine à l'IMEC.

D.H.

Béji Hélé (1948). Née à Tunis, universitaire, spécialiste de littérature française, elle a été professeur à Tunis puis fonctionnaire à l'UNESCO, et s'est fait connaître par un essai, *Le Désenchantement national* (Maspero, 1982). Bien des intellectuels maghrébins qui avaient mis leurs espoirs dans l'indépendance de leur pays se sont reconnus dans le sentiment qu'elle y exprime. Son premier roman, *L'Œil du jour* (Nadeau, 1985), a été salué pour sa qualité de ton et de style. Elle y raconte ses impressions lorsque, vivant à Paris, elle vient pour un court séjour à Tunis, dans la maison de sa grand-mère, image de la Tunisie traditionnelle, musulmane, tolérante et sereine, heureuse dans le petit monde clos de sa maisonnée et ignorante des inventions modernes. Dans *Itinéraire de Paris à Tunis* (1992), Hélé Béji choisit la satire pour mieux se situer entre deux villes, qui sont à la fois siennes et toujours distantes. Elle écrit aussi des articles d'analyse politique et philosophique, assumant un rôle d'intellectuelle vigilante, sans militantisme ostentatoire. L'essai qu'elle publie en 1997, *L'Imposture culturelle*, dénonce avec virulence la mystique dangereuse de l'identité culturelle.

D.B.

Békri Tahar (1951). Né dans le sud de la Tunisie, il réside en France depuis 1976. À la fois universitaire et poète, il écrit en arabe et en français, et milite en faveur des échanges culturels les plus divers, considérant l'expression poétique comme un langage universel. Son premier recueil, *Le Laboureur du soleil* (1983), est un hommage à Chopin et un éloge d'Abou Hayyan At-Tawhidi, écrivain arabo-persan persécuté par le pouvoir abasside. Après *Le Chant du roi errant* (1985) et *Le Cœur rompu aux océans* (1988), écrits en français, il publie en arabe des *Poèmes à Selma* (1989). En 1993, dans *Les Chapelets d'attache*, voisinent des thèmes personnels, tels que l'évocation d'un retour à Tunis après un long exil, et l'hommage rendu au poète andalou Ibn Hazm, auteur du célèbre *Collier de la colombe*. Tahar Bekri est aussi essayiste et critique. En 1994, certains de ses articles ont été recueillis sous le titre : *Littérature de Tunisie et du Maghreb*.

D.B.

Belamri Rabah (1946-1995). Né dans l'est de l'Algérie, il vit en France à partir de 1972. Son premier roman, *Le Soleil sous le tamis* (1982), est un récit d'enfance, nourri de souvenirs personnels. Dans *Regard blessé* (Gallimard, 1987), il raconte comment il a perdu la vue en 1962. Son troisième roman, *Femmes sans visage* (1992), évoque l'Algérie des années 1980, non sans réalisme, mais aussi sur le mode onirique et poétique. Dès le début, Rabah Belamri a publié des contes populaires d'Algérie, *Les Graines de la douleur* et *La Robe rouge* (1982). Dans *Mémoire en archipel* (1990), il mêle des souvenirs personnels à des contes ou légendes traditionnels. Il a aussi publié un essai, *Jean Sénac entre désir et douleur* (1989), et des recueils de poèmes : *Le Galet et l'hirondelle* (1985), *L'olivier boit son ombre* (1989). Un dernier récit de type autobiographique est paru un an après sa mort sous le titre : *Chronique du temps et de l'innocence* (1996).

D.B.

Belfond *(Éditions Pierre).* Maison créée par Pierre et Franca Belfond en 1963 à Paris, rachetée par le groupe Masson en 1989, et devenue en novembre 1994 une filiale du Groupe de la Cité. Une rencontre avec le libraire éditeur et imprimeur Henry Baconnier, durant la guerre d'Algérie, est à l'origine de cette maison d'édition. La première collection créée, « Poche-club », réédite Lautréamont ou Nodier, sous l'impulsion d'Hubert Juin, qui la nourrit bientôt de ses enthousiasmes pour le fantastique fin de siècle. À côté de la réédition du *Céline* et du *Bernanos* des *Cahiers de l'Herne*, « Poche-club » fait découvrir Gilbert Toulouse *(Un été au Mexique)*, qui restera fidèle à son premier éditeur. En 1965, la collection « Entretiens » est inaugurée par les entretiens de Claude Bonnefoy, qui la dirigera ensuite avec Eugène Ionesco. Elle s'ouvrira ensuite à Borges, à Duchamp. Jeune éditeur, Pierre Belfond affiche son ambition de réunir « le catalogue de Gallimard et le dynamisme de Laffont ». En hommage à la collection Blanche, il crée une collection grise, qui accueille notamment Franz Hellens, Loys Masson, Marcel Béalu et le premier roman de Patrick Rambaud, et publie 25 titres par an jusqu'en 1968. « Club-géants » succède, au début de 1967, au « Poche-club » sous la forme de livres reliés. Pour en assurer l'exploitation, Belfond, à court de finances, crée la même année, en association avec Firmin-Didot, une structure dont il reprendra la gérance en 1971 : Les Presses de la Renaissance, première filiale du groupe Belfond gérée par Fabienne Delmotte, devenue en 1977 une maison de littérature générale à l'arrivée, à la direction littéraire, de Tony Cartano, qui y constituera un catalogue d'écrivains étrangers (Lars Gustafsson, Kazuo Ishiguro, John McGahern), d'auteurs populaires et de mémoires de vedettes du cinéma (Kirk Douglas, 1989). Le domaine français, en relation avec la revue *Roman* (1982-1989), reste marqué par le succès de la biographie romancée de Camille Claudel par Anne Delbée, *Une femme* (1984). Le label des Presses de la Renaissance disparaîtra à partir de 1993, au profit du seul nom de Belfond.

Après la publication de textes politiques faisant écho aux événements de 1968, et à la suite d'importants soucis financiers, Pierre Belfond renonce à la publication des seuls livres « qu'on a envie d'avoir dans sa bibliothèque, déclare qu'« il faut avoir des auteurs à succès pour pouvoir en publier d'autres » et entreprend de diversifier sa production. À partir des années 1970, il exploite résolument la veine du *best-seller* anglo-américain, inaugurée par *Love Machine* de Jacqueline Susann (1971), et illustrée par le grand succès du roman de Colleen McCullough *Les oiseaux se cachent pour mourir* (1978). Il publie aussi chaque année quatre ou cinq volumes de poésie (Jean Orizet, Jean Rousselot, Marie-Claire Bancquart), l'œuvre de François Cavanna (*Les Ritals*, 1978 ; *Les Russkoffs*, 1979, prix Interallié), Gaston Compère, et, dans le domaine étranger, devenu le secteur phare, Roberto Arlt, Augusto Roa Bastos, Wole Soyinka (prix Nobel), Milorad Pavic, Anita Brookner, Manuel Scorza, R.K. Narayan, ou Francis Scott Fitzgerald et Stefan Zweig.

Le groupe Belfond s'enrichit, au début des années 1980, d'une deuxième filiale, Acropole, où Georges Belmont et Hortense Chabrier accueillent notamment des auteurs transfuges de Laffont, tels que Toni Morrison, Anthony Burgess (*Les Puissances des ténèbres*, 1981) ou Erica Jong. En 1983, Pierre Belfond fait appel à Jean-Claude Simoën pour diriger une troisième filiale, Le Pré aux Clercs. En 1988, il crée pour le même groupe Les Éditions 1900.

En 1985, Pierre Belfond introduit son groupe sur le marché boursier. Il en fait le troisième groupe coté en bourse derrière Hachette et les Presses de la Cité. Le holding Belfond, géré « comme un laboratoire pharmaceutique » et d'une « main de fer » par Franca Belfond, entre dans « l'ère industrielle ». Cette opération, réalisée en 1985, l'année où paraît *Roman avec cocaïne* de M. Aguéev, lui confère une assise internationale qui permettra à Pierre Belfond de négocier en 1988 pour un million et un dollars les droits du livre qu'un de ses auteurs américains, Alexandra Ripley, n'a pas encore écrit : la suite d'*Autant en emporte le vent.* Ainsi Scarlett va côtoyer les actes de colloques consacrés à Jarry et Sade (publiés dans la collection « Dossiers »). Condamné par la logique boursière à se développer, Belfond, qui vient de créer « L'Âge du Verseau » (1987), cède la majorité de son capital au groupe Masson en octobre 1989. L'éditeur lance à cette époque « La Bibliothèque Belfond », où sont réédités en poche des ouvrages littéraires du fonds (Entretiens avec Gombrowicz, *Le Cinquième Empire* de Dominique de Roux), et publie des livres d'art, des dessins d'écrivains notamment.

Tous domaines confondus, français et étranger, littéraire et commercial, fiction et document, Pierre Belfond a publié sous son seul nom quelque deux mille titres, lorsqu'il décide, en 1991, de se retirer, quittant l'hôtel particulier du boulevard Saint-Germain pour ouvrir une galerie de peinture non loin de là. En juillet 1992, Pierre et Franca Belfond vendent à Masson le reliquat de leurs actions. L'équipe dirigeante (Jean-Manuel Bourgois) souhaite faire du groupe le troisième pôle de l'édition française derrière Hachette et le Groupe de la Cité. C'est pourtant ce dernier qui rachètera Masson-Armand Colin-Belfond, en novembre 1994. Ainsi, du groupe constitué par un éditeur frondeur, demeure aujourd'hui, regroupée sous le label Presses-Solar-Belfond dirigé par Georges Leser, une maison d'édition de littérature générale retirée de la cote, et qui poursuit, de Patrick Drevet à Belva Plain (collection « Grands Romans étrangers ») en passant par les *thrillers* et les documents, une production éclectique d'environ 60 titres par an. Au sein de cette entité, Le Pré aux Clercs vient de reprendre une activité éditoriale consacrée à l'art de vivre, tandis qu'Acropole et Les Presses de la Renaissance demeurent encore en sommeil.

→ Pierre Belfond, *Les Pendus de Victor Hugo*, Fayard, 1994.

V.M. — IMEC

Bellefeuille Normand de (1949). Il est l'un des écrivains les plus brillants du mouvement formaliste lié à la maison d'éditions Les Herbes rouges, dirigée à Montréal par les frères François et Marcel Hébert. La déconstruction du langage entreprise dans des recueils comme *Cas* suivi de *Trois* (1974), *Le Texte justement* (1976) ou *Cold Cuts un/deux* (1985) et la critique des représentations sociales, mentales, historiques, amorcée par des textes comme *Les Grandes Familles*

(1977), *Dans la conversation et la diction des monstres* (1980) ou *Les Matières de ce siècle* (en collaboration avec Marcel Labine, 1984), s'exercent sur un imaginaire dominé par l'absence du père, la présence obsédante de la mort, le désir et le corps (*Obscènes*, 1991), le mirage de toutes les origines et le nécessaire travail de deuil (*Lascaux*, 1985). Brouillant les genres, contaminant l'un par l'autre le poème en vers et la prose, l'œuvre de De Bellefeuille oscille entre technique et sensualité, discours délibératif et dépense ludique. Son activité s'est étendue à la chronique journalistique (*La Presse*, 1976-1977), à la critique (*La Nouvelle Barre du jour*, *Spirale)*, au récit, à la nouvelle (*Ce que disait Alice*, 1989), à l'essai (*À double sens : échanges sur quelques pratiques modernes*, en collaboration avec Hugues Corriveau, 1986). Il vient de publier son premier roman : *Nous mentons tous* (1997).

P.Po.

Belles Lettres (Les). Maison d'édition fondée en 1919 à Paris. S'inspirant d'une structure éditoriale courante en Allemagne, trois cents actionnaires fondent ainsi, après la Première Guerre, la « Société des Belles Lettres pour le développement de la culture classique », qui publie, en 1920 et 1921, *Hippias mineur* de Platon, les *Caractères* de Théophraste, les *Satires* de Perse et *De la clémence* de Sénèque. Les deux collections des « Universités de France », dirigées de 1920 à 1955 par Paul Mazon, proposent des traductions nouvelles d'auteurs grecs et latins, accompagnées d'un apparat critique. Ces collections, désignées communément du nom de « Budé » (Guillaume Budé, humaniste et helléniste, 1468-1540), sont rapidement devenues les piliers de la maison, la collection grecque, à couverture jaune et emblème de chouette, et la collection latine, à couverture rouge et emblème de louve. En octobre 1994, avaient ainsi été imprimés, sur velin crème de Guyenne, 365 volumes d'auteurs grecs et 317 volumes d'auteurs latins. D'autres collections comme la « Bibliothèque romantique » et les « Textes classiques anglais » voient aussi le jour, et la maison publie également les œuvres complètes de Molière et de Shakespeare, des études critiques sur la littérature française, des textes littéraires issus des mondes arabe, persan, indien, chinois, etc.

À partir de 1930, l'étonnante formule des « croisières Budé » connaît un franc succès : ces voyages organisés sous l'égide des Belles Lettres, ponctués de conférences savantes, aident à maintenir l'indépendance de la maison : le directeur commercial d'alors, Jean Malye, ancien secrétaire de Barrès, restera à la tête de la maison pendant cinquante-deux ans. À sa mort en 1973, son gendre, Pierre de Mijolla, lui succède. Dix années plus tard, la maison élargit ses choix et son image avec des collections comme « Realia », dirigée par Jean-Pierre Néraudeau, qui propose des ouvrages de vulgarisation thématique, revisitant le registre classique des Belles Lettres : antiquité, civilisations grecque, romaine et byzantine, mythes et humanisme. En 1988, la restructuration et l'augmentation du capital font de Michel Desgranges le président-directeur-général de la Société des Belles Lettres : la nouvelle direction lance d'autres collections, prend Jean-Jacques Pauvert comme conseiller éditorial, crée une structure d'éditions annexe, Sortilèges (fondée par Sophie Rongiéras), qui diffuse et distribue par ses propres moyens de nombreux éditeurs de petite taille. Des publications d'auteurs contemporains de tous horizons (Annie Le Brun, Guy Debord, Félicien Marceau, Christian Laborde, Gérard Manset, Francis Lalanne) modifient profondément l'image de la maison.

→ *Les Belles Lettres, 75e anniversaire* (collectif), volume hors commerce, 1994.

C.P. — IMEC

Bellessort André (1866-1942). Né à Laval le 12 mars 1866, il publie à vingt-huit ans un recueil, *Mythes et poèmes*. De ses voyages, il rapporte *De Ceylan aux Philippines* (1899), *La Roumanie contemporaine* (1905), *Le Nouveau Japon* (Perrin, 1918), *La Suède* (Perrin, 1921). Revenu à l'enseignement en 1914, il dirige la Librairie académique Perrin. En 1926, il est critique littéraire au *Journal des débats*, puis secrétaire de la *Revue des deux mondes*. Humaniste, il publie de nombreux essais, notamment : *Virgile, son œuvre et son temps* (Perrin, 1920) ; *Balzac et son œuvre* (Perrin, 1924, rééd. 1946) ; *Essai sur Voltaire* (Perrin, 1925) ;

Sainte-Beuve et le XIXe siècle (4e éd., Perrin, 1927) ; *Athènes et son théâtre* (Perrin, 1934) ; *Dix-huitième siècle et romantisme* (1941). Il est également historien *(Le Rôle des intellectuels dans l'avènement de la troisième république*, Grasset, 1931 ; *La Société française sous Napoléon III*, 1933). Élu à l'Académie française en 1935, il en devient secrétaire perpétuel en 1940, peu de temps avant de mourir, à Paris, le 22 janvier 1942.

I.M.

Belletto René (1945). Né à Lyon le 11 septembre 1945, cet ancien professeur de guitare fait son entrée en littérature avec un recueil de nouvelles fantastiques, *Le Temps mort* (1974). Suivent deux récits, *Les Traîtres mots* (Flammarion, 1976) et *Livre d'histoires* (Hachette-POL, 1978). Depuis, ses romans noirs ont obtenu prix et succès (*Le Revenant*, Hachette-POL, 1981 ; *L'Enfer*, POL, 1986 ; *La Machine*, POL, 1990 ; *Régis Mille l'éventreur*, POL, 1996). Son style est hyperbolique et très imagé : Belletto écrit aussi des scénarios, et Michel Deville a adapté *Sur la terre comme au ciel* (Hachette-POL, 1982) pour le cinéma. En 1986, il publie un recueil de sonnets, *Loin de Lyon* (POL) et, en 1990, des aphorismes absurdes (*Remarques*, POL). Il est également l'auteur d'un essai, *Les Grandes Espérances de Charles Dickens* (POL, 1994).

N.R.

Bemba Sylvain (1934-1995). Né à Sitibi (Congo), il est avec Jean Malonga, Antoine Letembet-Ambilly et quelques autres l'un des pionniers de la littérature congolaise. Sa signature apparaît dès les années cinquante dans la revue *Liaison* et, depuis lors, en marge d'une carrière politique et journalistique, cet écrivain fécond s'est affirmé aussi bien dans le genre dramatique et le roman, sous des pseudonymes variés. *L'Enfer c'est Orféo* (ORTF-DAEC, Répertoire théâtral interafricain, 1969), *L'Homme qui tua le crocodile* (Yaoundé, CLE, 1973), *Tarentelle noire et diable blanc* (Honfleur, Oswald, 1976), *Un foutu monde pour un blanchisseur trop honnête* (CLE, 1979) figurent parmi ses comédies les plus connues, tandis que ses romans, riches de références mythologiques, *Rêves portatifs* (Dakar, NÉA, 1979), *Le soleil est parti à M'Pemba* (Présence africaine, 1982), *Le Dernier des cargonautes* (L'Harmattan, 1984), *Léopolis* (Hatier, 1984) et *Nous posthumes pour Santigone* (Limoges, Le Bruit des autres, 1995), évoquent, à mi-chemin du réalisme et du merveilleux, les désillusions engendrées par les indépendances trahies.

J.C.

Ben Jelloun Tahar. Né le 21 décembre 1994 à Fès (Maroc), il a vécu son adolescence à Tanger. Bien qu'il écrive très tôt des poèmes (*Hommes sous linceul de silence*, 1971 ; *Cicatrices du soleil*, 1972 ; *Le Discours du chameau*, 1974 ; *Les amandiers sont morts de leurs blessures*, 1976), sa formation est d'abord celle d'un philosophe et d'un psychologue. Venu en France pour ses études, il étudie les troubles psychopathologiques propres aux travailleurs marocains de l'émigration. Le résultat de son travail est consigné dans deux livres, de la manière la plus directe dans *La Plus Haute des solitudes* (1977), mais aussi dans un récit poétique en prose, *La Réclusion solitaire* (1976), où il s'exprime sur le problème israélo-palestinien. Vivant surtout en France et collaborant au journal *Le Monde*, Ben Jelloun occupe une position d'intermédiaire entre son pays d'origine et son pays d'adoption. Après avoir publié régulièrement de courts récits qui ressemblent plus à des paraboles poétiques qu'à de vrais romans (*Moha le fou Moha le sage*, 1978 ; *La Prière de l'absent*, 1981), il obtient le prix Goncourt, qui couronne, en 1987, un ensemble de deux livres publiés au Seuil, *L'Enfant de sable* (1985) et *La Nuit sacrée* (1987). Ses récits-paraboles mêlent volontiers l'irréalisme et l'onirisme poétique à une analyse précise de la société marocaine, y compris dans ses fondements historiques. Dans *Moha le fou Moha le sage*, il dénonce le culte de l'argent dans un Maroc voué au capitalisme. Plutôt que de s'appuyer sur les idées marxistes, il recourt à un personnage populaire du folklore arabe et se fonde sur l'imaginaire et la sagesse traditionnels du Maghreb. Dans *La Prière de l'absent*, il choisit ses héros, dont une vieille prostituée, parmi les déshérités de la société marocaine et leur fait vivre une histoire où se mêlent quête mystique, récit picaresque et satire sociale. S'ajoute une réflexion historique et politique sur l'un des derniers défenseurs de l'indépendance marocaine, qui dut céder devant l'installation progressive du protectorat français au Maroc. Ben Jelloun reprend ainsi un des thèmes de la littérature maghrébine, celui de l'humiliation, mais au lieu de la situer systématiquement dans le domaine politique et dans le fait colonial, il l'étend à toutes les formes de relations, et spécialement lorsque les victimes en sont des enfants et des femmes.

Les femmes marocaines tiennent, dans son œuvre, une place importante dès le début : *Harrouda* (1973) évoque un personnage traditionnel du folklore marocain, la vieille prostituée plus ou moins sorcière et ogresse. Mais c'est surtout dans *L'Enfant de sable* et *La Nuit sacrée* qu'il aborde directement le problème posé par le statut inférieur de la femme et par les limites de sa liberté individuelle. Il le fait en homme informé des débats contemporains, mais en adoptant le rôle et la manière d'un conteur traditionnel, tel qu'on peut encore en voir à Marrakech sur la place Djama El Fna. Ce recours au conte et aux personnages de conteur le rapproche de celui qu'il considère comme son maître, Borgès.

Tahar Ben Jelloun parvient à être à la fois un écrivain moderne, laïque, proche de la pensée occidentale, et un écrivain inspiré par la tradition arabe, notamment soufie, sur l'évocation de laquelle s'achève *La Nuit sacrée*. Cet aller-retour entre la France et le Maroc est le sujet d'un roman publié en 1991, *Les Yeux baissés*. Il tient cependant à élargir son champ d'investigation au-delà de la relation entre la France et les pays arabes, comme le montrent *L'Ange aveugle* (1992), inspiré par un enquête sur la mafia, *L'Homme rompu* (1994), l'histoire d'un petit fonctionnaire basculant dans la corruption, et son recueil de nouvelles intitulé *Le premier amour est toujours le dernier* (1995). Il se sent proche à la fois de Le Clézio et d'un hispanophone comme Juan Goytisolo. Bilingue, il a toujours revendiqué le droit d'écrire en français. Il a traduit de l'arabe le premier livre de l'écrivain marocain Mohamed Choukri, *Le Pain nu* (Maspero, 1980) et s'est également essayé au théâtre (*La Fiancée de l'eau*, 1984).

D.B.

Benda Julien (1867-1956). Né à Paris le 26 décembre 1867, dans une famille juive qui l'a élevé à l'abri du besoin et dans le respect des valeurs libérales, il est passé par la fascination de la vie militaire, la découverte extasiée des mathématiques et l'expérience décevante de l'École centrale, des études d'histoire et la fréquentation des milieux mondains, avant d'entrer en littérature et en même temps dans l'action. Il livre son premier texte au *Siècle* le 15 janvier 1898, deux jours après le fameux « J'accuse » de Zola. Tout en s'associant au mouvement des « intellectuels » et en assumant les mots d'ordre de « justice » et de « vérité » contre l'illégalité du procès, Benda s'est réservé une place singulière à l'intérieur du camp dreyfusard. Dans les nombreux articles qu'il écrivit pour *La Revue blanche* et qu'il réunit en un volume, *Dialogues à Bysance* (1900), il s'interroge sur la valeur symbolique de l'erreur judiciaire de 1894 ainsi que de la réaction de 1897 ; sur les deux mentalités et les deux morales dont l'affaire avait fait éclater l'opposition, sous forme de conflit entre esprit d'autorité et esprit de discussion ; sur le sens et les implications des nouveaux phénomènes culturels par rapport aux institutions républicaines. Dans la mobilisation en faveur de Dreyfus, il salue l'avènement d'une « sensibilité intellectuelle » et l'apport d'une méthode et d'un système de valeurs fondés sur la recherche de la vérité. En tant que nouveau sujet de la scène politique, les intellectuels ont produit une autre interprétation du cas judiciaire et des événements ; leur action ne pouvait être que positive, leur morale étant favorable au développement de la démocratie et au bonheur des hommes. D'où la mission que leur attribue Benda : connaître et comprendre la morale dont les adversaires sont porteurs, en saper l'action à la base, s'opposer aux attitudes sentimentales et rhétoriques, à l'esprit de salon, bref à ce qu'il résume par le mot « littérature » et par les noms de Barrès et de Jules Lemaitre.

Autant que le militaire, l'homme de

lettres est aux yeux de Benda l'ennemi de l'intellectuel, par son incapacité à aborder les questions avec la rigueur adéquate. Au conflit entre deux formes de sociétés et de morales (civile et militaire), Benda fait correspondre le conflit entre deux cultures : la culture scientifique, ou d'idées, fondée sur le respect du document et sur l'esprit critique, apanage d'une aristocratie intellectuelle ; et la culture des gens de lettres, faisant appel au pouvoir de la suggestion, de la séduction, de la passion, produit d'une sensibilité populaire et féminine. Ce « logicien égaré parmi des gens de lettres » (comme il se définit lui-même dans son autobiographie) n'a cessé d'attaquer la culture de son temps, philosophique et littéraire. Dans *Belphégor*, publié en 1918 mais écrit avant la guerre, il oppose au premier romantisme, « plastique », le romantisme « musical », irrationnel, symboliste et décadent, dont il dénonce la persistance dans la littérature du XXe siècle. Dans *La France byzantine*, qu'il fit paraître en 1945 mais qu'il avait écrite pendant son exil de Carcassonne sous l'Occupation allemande, il accuse de gratuité, d'incohérence, de subjectivisme, de mysticisme, d'hermétisme, de préciosité toute une littérature issue de la théorie de l'art pour l'art.

À la « furie du mouvant », dans laquelle il voit le trait caractérisant la modernité, Benda oppose son propre « fixisme », enraciné dans le rationalisme cartésien, dont il fait le pivot d'un véritable système : l'antithèse irréductible entre « statique » et « mouvant » structure toutes ses réflexions critiques et théoriques, à partir de sa contestation de la philosophie bergsonienne jusqu'à une tentative de discours métaphysique. À une culture qu'il considéra comme responsable d'avoir provoqué le cataclysme des notions morales et des valeurs intellectuelles, il oppose une figure de l'intellectuel gardien des valeurs — le clerc —, capable d'intervenir dans les conflits pour y défendre la justice et la vérité ; et prêt à recevoir le mépris et la répression. *La Trahison des clercs*, le livre avec lequel, en 1927, il inaugura une longue collaboration avec la *NRF* et auquel son nom est resté lié, est un réquisitoire contre l'emprise des passions politiques au détriment de la raison et d'autres passions ; et contre une tendance de la culture à devenir « culture des égoïsmes ». C'est aussi un diagnostic des dangers que courent les démocraties modernes, et il s'achève par un cri d'alarme : un monde qui renonce à toute référence et à tout contrôle éthiques court à sa perte, non seulement morale mais aussi matérielle, car c'est un monde livré à toutes sortes de conflits : de nation, de race, de religion, de classe et de groupe.

Cependant, Benda ne bannit pas la passion de l'univers du clerc. Il lui réserve la passion de l'idée et la passion de la connaissance, comme en témoigne un roman, *L'Ordination*, qui en 1912 faillit obtenir le prix Goncourt ; il lui réserve aussi la passion de la justice et de la démocratie. Sa critique de la violence ne se confond jamais avec l'abstentionnisme et le pacifisme. Au contraire, les valeurs dont il proclamait le caractère éternel et absolu l'autorisaient à chaque fois à choisir, à distinguer — du point de vue moral mais en se situant sur le terrain politique — entre la cause juste et la violation du droit. Pendant la Première Guerre mondiale, il contesta à l'auteur d'*Au-dessus de la mêlée* une incapacité de distinguer entre amour et justice, justice et abstention. Il attaquera de nouveau Romain Rolland — et avec lui Alain et tous les mouvements pacifistes — au cours des années trente, dénonçant une attitude de « belles âmes » qui ouvrait la voie aux régimes totalitaires. La défense de la démocratie fut pour Benda un impératif absolu, fondé sur la conviction de la supériorité morale des principes démocratiques, et sur la considération que la Charte des droits de l'homme contient les prémisses pour la réalisation historique des valeurs idéales de la justice, de la liberté, du bonheur de tous. Dans le fascisme et le nazisme, il vit la réalisation d'une culture de la force dont il avait toujours dénoncé le danger. Il se fit clerc militant, et à partir de 1935 il accorda son soutien à la gauche. Il est mort à Fontenay-aux-Roses le 7 juin 1956.

ŒUVRES. — *Dialogues à Byzance*, Éditions de La Revue blanche, 1900. — *Mon premier testament*, Gallimard, 1910. — *Dialogue d'Éleuthère*, Émile-Paul, 1911. — *L'Ordination*, Émile-Paul, 1911-1912. — *Le Bergso-*

nisme ou une philosophie de la mobilité, Mercure de France, 1912. — *Une philosophie pathétique*, Cahiers de la Quinzaine, 1913. — *Sur le succès du bergsonisme*, Mercure de France, 1914. — *Les Sentiments de Critias*, Émile-Paul, 1917. — *Belphégor, essai sur l'esthétique de la présente société française*, Émile-Paul, 1918, rééd. 1947. — *Le Bouquet de Glycère*, Émile-Paul, 1918. — *Les Amorandes*, Émile-Paul, 1922. — *La Croix de roses*, Grasset, 1923. — *Billets de Sirius*, Au Divan, 1925. — *Lettres à Mélisande pour son éducation philosophique*, Grasset, 1925. — *La Trahison des clercs*, Grasset, 1927 ; nouv. éd. augmentée, 1946 ; rééd. Grasset, coll. Pluriel, 1980 et coll. Les Cahiers rouges, 1990. — *Properce ou les amants de Tibur*, Grasset, 1928. — *Cléantis ou du beau et de l'actuel*, Grasset, 1928. — *La Fin de l'éternel*, Gallimard, 1929, rééd. 1977. — *Appositions*, Gallimard, 1930. — *Essai d'un discours cohérent sur les rapports de Dieu et du monde*, Gallimard, 1931. — *Esquisse d'une histoire des Français dans leur volonté d'être une nation*, 1932. — *Discours à la nation européenne*, Gallimard, 1933, rééd. Folio, 1993. — *Délice d'Éleuthère*, Gallimard, 1935. — *La Jeunesse d'un clerc*, Gallimard, 1937 ; nouv. éd., réunissant *La Jeunesse d'un clerc, Un régulier dans le siècle* et *Exercice d'un enterré vif*, Gallimard, 1968. — *Précision 1930-1937*, Gallimard, 1937. — *Un régulier dans le siècle*, Gallimard, 1938, rééd., 1989. — *La Grande Épreuve des démocraties : essai sur les principes démocratiques : leur nature, leur histoire, leur valeur philosophique*, Au Sagittaire, 1942. — *Le Rapport d'Uriel*, Flammarion, 1943, rééd. Actes Sud, 1992. — *La France byzantine ou le triomphe de la littérature pure (Mallarmé, Gide, Valéry, Alain, Giraudoux, Suarès, les surréalistes) : essai d'une psychologie originelle du littérateur*, Gallimard, 1946, rééd. UGE, coll. 10/18, 1970. — *Du poétique (selon l'humanité, non selon les poètes)*, Genève, Aux Trois Collines, 1946 ; reprend aussi *Non possumus. A propos d'une certaine poésie moderne*, publié la même année. — *Exercice d'un enterré vif*, Gallimard, 1947, rééd. 1989. — *Tradition de l'existentialisme ou les philosophies de la vie*, Grasset, 1947. — *Deux croisades pour la paix, juridique et sentimentale*, Bruxelles, Les Éditions du Temple, 1948. — *Du style d'idées : réflexions sur la pensée, sa nature, sa réalisation, sa valeur morale*, Gallimard, 1948. — *Trois idoles romantiques : le dynamisme, l'existentialisme, la dialectique matérialiste*, Genève, Éditions du Mont-Blanc, 1948. — *La Crise du rationalisme*, Éditions du Club Maintenant, 1949. — *Songe d'Éleuthère*, Grasset, 1949. — *Les Cahiers d'un clerc*, Émile-Paul, 1949. — *De quelques constantes de l'esprit humain : critique du mobilisme contemporain (Bergson, Brunschvicg, Boutroux, Le Roy, Bachelard, Rougier)*, Gallimard, 1950. — *Mémoires d'infra-tombe*, Julliard, 1952.

→ Robert Niess, *Julien Benda*, Ann Arbor, University of Michigan Press, 1956. — Jean Sarocchi, *Julien Benda, portrait d'un intellectuel*, Nizet, 1968. — Louis-Albert Revah, *Julien Benda : un misanthrope juif dans la France de Maurras*, Plon, 1991. — Sandra Teroni, *La Passione della democrazia : Julien Benda*, Roma, Bulzoni, 1993. — Fonds Julien Benda à la Bibliothèque nationale.

S.T.

Bénézet Mathieu (1946). Ses deux premiers recueils de poèmes, *Une bouche d'oxygène* (Éditions des Poètes de la Tour, 1963), signé Henry Bénézet et *Pour Bramm* (1965) signé Henry-Mathieu Bénézet, disent d'emblée la place qu'il accorde à la question de l'identité. Fondateur de deux revues éphémères : *Empreintes* (1963-1965) et *Erreur* (1964), il est reconnu avec *L'Histoire de la peinture en trois volumes* (Gallimard, 1968), entre prose et poésie. Il y révèle l'importance du corps et de son équilibre mis en péril par un accident de voiture évoqué dans *Dits et récits d'un mortel* (Flammarion, 1976) : « Je fus défiguré à la suite d'un accident [...] Depuis, j'ai tenté vainement de colléger les morceaux » ; entreprise tant biographique que littéraire qui s'exprime d'abord dans *Biographies* (Flammarion, 1970), le livre de l'enfance, et se poursuit dans *Les Dits et les récits d'un mortel*, ménippée, sur-titrée « Biographies II ». *L'Imitation de Mathieu Bénézet* (Flammarion, 1978), mélodrame à son tour sur-titré « Dits et récits d'un mortel », souligne encore la continuité d'une œuvre dont la dimension christique est reprise dans *Ceci est mon corps* (Flammarion, 1979). Mais c'est la composition littéraire seule qui l'occupe dans *Première Livraison*, revue fondée en 1975 avec Philippe Lacoue-Labarthe, *Le Roman de la langue* (UGE, 10/18, 1978) et *Ode à la poésie* (W. Blake and Co, 1992).

S.R.

Benjamin René (1885-1948). Né à Paris, le 20 mars 1885, il publie un premier roman, *Madame Bonheur* (1909), qui n'est guère remarqué. C'est une satire, *La France de la Sorbonne* (1911), qui le révèle au grand public. En 1914, il est le premier à écrire un roman de guerre, *Gaspard*, histoire d'un marchand d'escargots de la rue de la Gaîté mobilisé puis atteint par un éclat d'obus. La France étant en guerre, l'Académie Goncourt veut faire œuvre patriotique. Le sujet de *Gaspard* répond à cette exigence, et son auteur, unique candidat, reçoit le Goncourt à l'unanimité en 1915. Benjamin connaît alors la gloire. Chrétien fervent, de sensibilité conservatrice, il donne des biographies très enlevées mais subjectives de Barrès, Balzac et Maurras. Il devient membre de l'Académie Goncourt en 1938. La débâcle de 1940 disperse les jurés, Benjamin s'exile en Indre-et-Loire et se rallie au régime de Pétain. Le Comité national des écrivains l'inscrit en septembre 1944 parmi les collaborateurs avérés interdits désormais de « contact professionnel ». Il ne participe pas aux délibérations du jury Goncourt en 1944, 1945 et 1946. À la fin de 1946, à Monaco, il fait sécession et vote avec Sacha Guitry un Goncourt de dissident, attribué à Kléber Haedens. Son exclusion de l'Académie Goncourt est votée en 1947. Il meurt à Tours le 4 octobre 1948.

ŒUVRES. — **Romans** : *Madame Bonheur*, 1909. — *Gaspard*, 1915. — *L'Enfant tué*, Nouvelles Éditions latines, 1946. — *Les Innocents dans la tempête*, recueil de nouvelles, 1948. — **Essais et pamphlets** : *La France de la Sorbonne*, 1911. — *Les Rapatriés*, Berger-Levrault, 1918. — *La Prodigieuse Vie de Balzac*, Monaco, 1925, rééd. Éditions du Rocher, 1990. — *Le Soliloque de Maurice Barrès*, 1928. — *Antoine déchaîné*, 1928. — *Sous l'œil en fleur de Madame de Noailles*, 1928. — *Sacha Guitry, roi du théâtre*, s.d. — *Charles Maurras, ce fils de la mer*, s.d. — *Les Sept Étoiles de France*, s.d. — *Aliborons et démagogues*, s.d. — *Les Augures de Genève*, s.d. — *Valentine ou la folie démocratique*, s.d. — *Molière*, 1936. — *Mussolini et son peuple*, 1937. — *Le Printemps tragique*, 1940. — *L'Homme à la recherche de son âme*, 1943. — *La Table et le verre d'eau*, Nouvelles Éditions latines, 1947.

→ Robert Cardinne-Petit, *Présence de René Benjamin*, Nouvelles Éditions latines, 1949.

I.M.

Benjamin Walter (1892-1940). Si l'œuvre du philosophe et critique allemand Walter Benjamin, né à Berlin le 15 juillet 1892, excède largement le champ des lettres françaises, elle constitue un relais privilégié de la culture française en Allemagne, en particulier grâce à quelques études importantes en partie écrites en français. C'est à partir des années 1920 que Benjamin, après l'accueil défavorable réservé par l'Université de son pays à ses travaux consacrés à Goethe et au théâtre baroque, entreprit de rendre compte de l'actualité littéraire française pour diverses revues allemandes (articles sur Gide, Valéry, J. Green...) et de traduire Baudelaire et Proust. Au fil des lectures, Paris devint pour lui un fascinant objet de réflexion chargé d'histoire, de culture et de symboles ; il y effectua plusieurs séjours à partir de 1926, avant d'y émigrer définitivement en 1934. Il tenta alors de se faire connaître en publiant, en français, certaines esquisses autobiographiques d'*Enfance berlinoise* (1933) et plusieurs essais : *L'Œuvre d'art à l'époque de sa reproduction mécanisée* (1936) et des extraits de deux grands livres restés inachevés : une monographie sur Baudelaire, « poète lyrique à l'apogée du capitalisme » (posth., 1955), et une vaste étude provisoirement intitulée *Paris, capitale du XIX*e *siècle* (posth., 1982).

Si Paris au tournant du siècle suggère à Benjamin de fines analyses en termes de matérialisme historique (les galeries commerciales ou *passages* symbolisant pour lui « l'intronisation de la marchandise » qui définit la modernité), il en livre cependant une vision placée sous le signe de la *fantasmagorie* : fantasmagorie teintée de rêverie (errance du flâneur, utopie fouriériste) mais aussi de craintes et de menaces (prophéties apocalyptiques, insurrection de la Commune). L'analyse historique se double d'une lecture de la ville par le regard des écrivains : Balzac, Baudelaire et les surréalistes qui mirent l'accent sur le pouvoir onirique du décor urbain. Benjamin travailla à ce vaste projet durant les dernières années de sa vie, cloîtré à la Bibliothèque nationale. Lorsqu'il se décida à fuir la France occupée, il était trop tard : menacé d'être livré aux autorités alors qu'il tentait de franchir la frontière espagnole, il mit fin à ses jours à Port-Bou le 26 septembre 1940. Du grand livre sur Paris, on ne retrouva qu'un manuscrit de travail mis en lieu sûr à la Bibliothèque nationale avant la fuite fatale : le destin posthume de Benjamin demeurait à jamais lié à la France.

ŒUVRES. — Ouvrages relatifs à la culture française : *Baudelaire*, trad. Jean Lacoste,

Payot, 1982. — *Paris, capitale du XIXe siècle*, trad. Jean Lacoste, Le Cerf, 1989. — *Écrits français*, éd. Jean-Maurice Monnoyer, Gallimard, 1991.

→ *W. Benjamin et Paris*, éd. Heinz Wismann, Le Cerf, 1986.

B.Do.

Benoît Jacques (1941). Son premier roman, *Jos Carbone* (1967), lui a valu le prix littéraire du Québec, en 1968. Ce conte pour adultes, dont l'action se déroule dans une forêt mythique, dépeint un monde primitif, souterrain ; les héros y sont des êtres frustes, livrés à leurs instincts. « Ma veine, dit l'auteur, c'est le fantastique sur fond de réalisme ». Dans *Les Voleurs* (1969), il se rapproche du roman policier classique, alors que *Patience et Firlipon* (1970) tient à la fois du conte et de la science-fiction. *Les Princes* (1973), fresque cruelle dans une ville imaginaire et terrifiante, est une allégorie de nos modernes Babel. La fantaisie et la satire se conjuguent dans *Gisèle et le serpent* (1981).

S.Ma.

Benoit Pierre (1886-1962). Né à Albi le 16 juillet 1886, fils d'officier, il fait ses études à Alger, Montpellier puis Paris, où il arrive en 1908 et où il rencontre Carco, Dorgelès et Mac Orlan. Licencié ès lettres, il devient le secrétaire de Léon Bérard (alors sous-secrétaire d'État aux Beaux-Arts) avant d'être rédacteur et bibliothécaire au ministère de l'Instruction publique (1914-1921) et de partager désormais son temps entre son travail et la littérature. En 1914, il publie un recueil de poèmes dédié à Maurice Barrès, *Diadumène* (G. Oudin, 1914), suivi d'un autre en 1920 : *Les Suppliantes*. Mais c'est comme romancier qu'il sera reconnu. Son premier roman, *Kœnigsmark* (1918), ayant remporté un immense succès et le second, *L'Atlantide* (1919), ayant reçu le grand prix du roman de l'Académie française, Pierre Benoit s'impose bientôt, au rythme d'un roman par an, comme l'un des maîtres du roman d'évasion. Il fut d'ailleurs lui-même un grand voyageur à partir de 1922 et pendant trente ans, rencontrant ceux qui faisaient alors l'histoire (Mustafa Kemal en Turquie, Mussolini, Goering) et racontant ses impressions dans de grands journaux, *Le Journal* (1923-1933), *L'Intransigeant* (1934-1939), *France-soir* (1950). Il poursuit par ailleurs son œuvre romanesque avec notamment *Mademoiselle de la Ferté* (1923), tandis que son élection à la présidence de la Société des gens de lettres en 1929, puis à l'Académie française en 1931 (dont il démissionne en 1959 pour affirmer son soutien à Paul Morand) affirmaient sa carrière d'écrivain. Ces nombreux voyages ont contribué à l'effet d'exotisme dans une œuvre qui aborde tous les continents, sans toutefois négliger le pittoresque de la France profonde et du Quercy en particulier dont il fit sa région d'adoption et le cadre de romans comme *Alberte* (1926), *Le Déjeuner de Sousceyrac* (1931) ou *Lunegarde* (1942). Exotiques ou ruraux, ses romans ont tous connu le succès comme en témoignent les nombreuses adaptations radiographiques, théâtrales, musicales, télévisuelles ou cinématographiques, approuvées par Pierre Benoit qui cultivait par ailleurs l'aspect cinématographique de son œuvre et fit lui-même en 1943 l'adaptation et les dialogues de *Vautrin* et du *Colonel Chabert* (réalisés par Billon et Le Hénaff). Son dernier roman, *Les Amours mortes* (1961), est consacré à la mémoire de sa femme. Il est mort le 3 mars 1962, laissant un roman inachevé, *Aréthuse*.

On a pu reprocher à cette abondante production romanesque un certain nombre de mécanismes trop apparents, que ce soit le nombre invariable de pages (227) ou la lettre A, initiale du prénom de toutes ses héroïnes. Il s'en est expliqué dans ses entretiens avec Paul Guimard, radiodiffusés en 1957. Hommage à sa ville natale, exercice de style, cette initiale commune signale la parenté de ces « sombres filles bien-aimées » qui, bien qu'appartenant à des mondes très différents, s'opposent toujours à des héros subjugués qu'elles entraînent à leur perte : les romans de Pierre Benoit se présentent comme autant de variations sur un même thème, ébauché d'ailleurs dans les recueils poétiques, et dont il a su, à l'occasion, dévier pour faire de la déviance le sujet allusif de *Monsieur de la Ferté* (1934). Benoît tire son inspiration de la génération de l'entre-deux-guerres ou de la Belle Époque : il dresse ici dans *La Châtelaine du Liban* (1924) le portrait de la comtesse Marga d'Andurain, une aventurière qui inspira aussi Dorgelès, là il évoque la fin de la Belle Époque (dans *Axelle,* 1928, et dans *Boissière,* 1935), illustrant une théorie exposée dans une conférence sur « Le roman de l'histoire » (3 mars 1922) où il affirmait : « Le devoir d'un romancier, c'est d'être de son temps ». Le maître du mystère qu'est Pierre Benoit est d'abord un maître du récit, habile à ménager le suspense et à captiver son lecteur en dosant péripéties et coups de théâtre. Pris au piège de la narration et de sa mise en scène, on en vient à oublier le caractère rocambolesque des aventures et les artifices trop apparents. Enfin, si les situations sont parfois burlesques et l'héroïsme teinté d'ironie, les personnages trouvent toujours un sens à leur errance et le lecteur un plaisir romanesque. Il est mort le 3 mars 1962 à Ciboure.

ŒUVRES. — Chez Albin Michel.

→ Pierre Benoit et Paul Guimard, *De Kœnigsmark à Montsalvat*, Albin Michel, 1958. — Johan Daisne, *Pierre Benoit ou l'éloge du roman romanesque*, Albin Michel, 1964. — *Pierre Benoit témoin de son temps* (colloque de l'Association des écrivains de langue française), Albin Michel, 1992. — Il existe depuis 1982 un *Cahier des Amis de Pierre Benoit* (Association des Amis de Pierre Benoit, Prades).

S.R.

Benoit Pierre-André (1921-1993). Né à Alès le 15 septembre 1921, il a voué son existence à l'impression de « livres-papillons » qui forment, avec ses poèmes et son activité de peintre, un ensemble indivisible, signé du monogramme PAB. En 1941, il entre en correspondance avec Claudel, dont il publie un texte à l'enseigne des « Bibliophiles alésiens ». Il rencontre Michel Seuphor en 1942, qui l'initie à la peinture moderne et l'encourage à écrire. Dès lors, l'existence de Pierre-André Benoit est rythmée par la rencontre des plus grands artistes et écrivains de son époque. Avec eux, il réalisa plus de sept cents livres ou plaquettes à tirage confidentiel, composés par lui dès 1946. Il publia notamment Char, Jouhandeau, Delteil, Picabia, Frénaud, Dubuffet, Tzara, illustrés par Braque, Masson, Miró, Duchamp ou par lui-même. Poète d'une inquiétude religieuse et affective : « Je veux mourir heureux, je dois m'y préparer, guérir toutes mes plaies, exulter de la joie du libéré, connaître cet état pour moi tout à fait ignoré » (*L'Été venu*, Fata Morgana, 1986), il exprime sa mélancolie et sa foi dans *Annoncer l'amour* (1969), *Mourir pour vivre* (1971). *Le Fil et l'aiguille* (Fata Morgana, 1982) et *Quinze pages* (1985) montrent son attachement au dessin du poème sur la page. En 1986, il donne ses livres, dessins et œuvres à sa ville natale, qui inaugure le Musée Pierre-André Benoit en janvier 1989, quatre ans avant sa mort, le 21 janvier 1993.

N.R.

Benoziglio Jean-Luc (1941). Né à Monthey (Valais) le 19 novembre 1941, il est le fils d'un psychiatre juif sépharade naturalisé suisse. Après des études de droit et de sciences politiques à Lausanne, il s'installe à Paris, où il travaille aux Éditions du Seuil. Il y publiera tous ses romans : *Quelqu'un bis est mort* (1972), *Le Midship* (1973), *La Boîte noire* (1974), *Béno s'en va-t-en guerre* (1976), *L'Écrivain fantôme* (1978), *Cabinet-portrait* (1980, prix Médicis), *Le Jour où naquit Kary Karinaky* (1986, prix Jacques Audiberti), *Tableaux d'une ex* (1986, prix Passion). Teintés d'humour noir, ses récits tournent pour la plupart autour de la mort, de la guerre et de la solitude de l'individu dans un monde qui semble lui rester étranger. Mais nulle trace chez lui de pathétique ; son style souvent morcelé, proche de l'oralité, sa verve délirante et joyeuse, donnent à son œuvre une forte composante burlesque et anticonformiste. *Peinture au pistolet* (1993) est « un roman de formation et d'imagination dont les péripéties, passablement contrefaites, sont peut-être bien autobiographiques ». *Le Feu au lac* (1997) illustre par une fable le syndrome de la xénophobie.

P.A.

Bens Jacques (1931). Né le 25 mars 1931 à Cadolive (Bouches-du-Rhône), il a participé au groupe de l'Oulipo, figuré à l'émission « Panorama » de France-Culture et collaboré à *La Quinzaine littéraire*. Son goût du jeu verbal se fait sentir dans toute son œuvre. Dans ses *41 Sonnets irrationnels*, il crée une nouvelle forme de sonnet : quatorze vers, mais groupés en 3-1-4-1-5, ce qui réalise les cinq premiers chiffres de l'approximation de π (3, 14159...). Cette virtuosité verbale et mathématique s'accorde avec la perspective générale de l'Oulipo, qu'il tente de définir dans *Ou li po 1960-1963* (Bourgois, 1980).

ŒUVRES. — *Chanson vécue*, 1958. — *Valentin*, 1958. — *La Plume et l'ange*, Gallimard, 1959. — *Sept Jours de liberté*, Gallimard, 1961. — *41 Sonnets irrationnels*, 1965. — *La Trinité*, Gallimard, 1965. — *Guide des jeux d'esprit*, 1967. — *Le Retour au pays*, Gallimard, 1968. — *Petites Prophéties populaires*, 1969. — *Adieu Sidonie*, 1969. — *Rouge Grenade*, Grasset, 1976. — *Boris Vian*, 1976. — *La Semence d'Hours : contes de l'Égypte des pharaons*, 1979. — *Le Pain perdu*, 1980. — *Cinq Châteaux de cartes*, 1983. — *Gaspard de Besse*, Ramsay, 1986. — *Nouvelles des enchanteurs*, Ramsay, 1988. — *Nouvelles désenchantées*, Seghers, 1990. — *La Cinquantaine à Saint-Quentin*, Seghers, 1989. — *Dame d'onze heures*, 1994.

M.A.

Béraud Henri (1885-1958). Né le 21 septembre 1885, de parents d'ascendance dauphinoise, il est fils d'un boulanger lyonnais. Poète précoce, il publie à dix-sept ans un recueil dans la veine symboliste : *Les Jardins évanouis* (Lyon, Tout Lyon, 1904), puis un essai : *L'Héritage des symbolistes* (Sansot, 1906), où il étudie le vers libre. Il se tourne ensuite vers le récit parodique (*Le Second Amour du chevalier des Grieux*, Tout Lyon, 1905) avant d'utiliser avec talent la verve populaire lyonnaise dans des évocations jouant avec le cadre et le parler de sa ville natale : *Marrons de Lyon* (en collaboration, Grasset, 1912) ; *Voyage autour du Cheval de bronze* (Lyon, Tadieu, 1912) ; *Le Mémorial de la rue Sainte-Hélène* (Lyon, Éditions de Guignol, 1919), qui raconte l'histoire de quatre « gones » de Lyon ; *Au capucin gourmand* (Albin Michel, 1925) et surtout *La Gerbe d'or* (Éditions de France, 1928), récit de son enfance dans la boulangerie familiale. Il s'essaie aussi à la grande fresque historique : après *Le Vitriol de lune* (Albin Michel, 1921), qui raconte les aventures d'un mystérieux Génois et de son neveu à la fin du règne de Louis XV (on assiste au supplice de Damiens), il obtient un notable succès, et le prix Goncourt, avec un roman au sujet atypique, ironique et gouailleur, *Le Martyre de l'obèse* (Albin Michel, 1922). Avec *Le Bois du templier pendu* (Éditions de France, 1926), il entreprend ensuite la geste des habitants du village dauphinois de Sabolas, près de Lyon, dont il raconte l'épopée imaginaire du début du XIVe siècle jusqu'à la Révolution. Il poursuit cette monographie régionaliste dans *Les Lurons de Sabolas* (Éditions de France, 1932), en abordant les années 1830, et *Ciel de suie* (Éditions de France, 1933) dont le héros, Jérôme Goy, raconte sa vie de médecin des canuts, à la Croix-Rousse, jusqu'à la veille de la Première Guerre mondiale.

Mais c'est surtout à la polémique que Béraud se consacre entre les deux guerres. Sa verve pamphlétaire va d'abord s'exercer contre la *NRF* et ses « écrivains d'exportation », ces monuments de modernisme et d'ennui que sont, pour lui, « le gidisme, le suaressisme et la claudelication » : « MM. Claudel, Gide et Suarès plaisent, dans toute l'Europe, uniquement parce qu'ils n'écrivent ni pour leur propre plaisir, ni pour le plaisir d'autrui » (*La Croisade des longues figures*, Éditions du Siècle, 1924). Entré dans le journalisme politique, Béraud tient dans les années vingt une chronique régulière au *Journal*, en particulier sous la forme de grands reportages rapportés de ses visites dans les capitales européennes. Il réunira ces articles en une série de volumes (Éditions de France) : *Ce que j'ai vu à Moscou* (1925), *Ce que j'ai vu à Berlin* (1926), *Ce que j'ai vu à Rome* (1929), annonçant un New York, qui n'a pas paru. Aucun régime ne trouve grâce à ses yeux. Il revient de Moscou avec la conviction que derrière le « masque » internationaliste se cache toujours l'impérialisme russe, prêt à renaître, et de Rome, où il a interviewé Mussolini, « antifasciste » et écœuré d'avoir vu « fouler aux pieds le cadavre pourri de la déesse liberté ». Mais c'est l'Angleterre qui, par-dessus tout, déchaîne sa hargne. Il publie une série d'articles entre 1934 et 1936 et, lors de l'intervention anglaise en Méditerranée, un pamphlet au titre évocateur : *Faut-il réduire l'Angleterre en esclavage ?* Précédée de violentes dénonciations de la politique du Front populaire et d'un pamphlet nourri d'antisémitisme contre Blum, dont le titre *Popu-Roi* (1938) fait allusion au journal *Le Populaire*, sa collaboration à *Gringoire* de 1938 à juillet 1943 et durant l'Occupation (articles en partie recueillis dans *Sans haine et sans crainte*, 1942) lui vaudra d'être arrêté le 24 août 1944 et condamné à mort le 29 décembre. Gracié par de Gaulle en janvier 1945 (voir *Quinze jours avec la mort*, Plon, 1951), suite à la prise de position de Mauriac dans *Le Figaro* (4 janvier 1945), transféré en janvier dans la prison de l'île de Ré et libéré, demi-paralysé, le 15 avril 1950, Henri Béraud est mort dans son village de l'île de Ré, Saint-Clément-des-Baleines, le 23 octobre 1958.

ŒUVRES. — Rééditées aux Éditions Horvath (Roanne).

→ Jean Butin, *De « La Gerbe d'or » au pain noir : la longue marche d'Henri Béraud*, Horvath, 1979.

G.S.

Berger Yves (1934). Né à Avignon le 14 janvier 1934, il enseigne, puis entre aux Éditions Grasset, en 1960. Il en est aujourd'hui le directeur littéraire. En 1962, *Le Sud* (1971), roman d'apprentissage qui montre déjà sa fascination pour l'Amérique du Nord, lui vaudra le prix Femina. *Le Fou d'Amérique* (1976) et *Les Matins du Nouveau Monde* (1987, Le Livre de Poche, 1988) prolongent la quête de l'imaginaire américain : « Le paradis d'Amérique est là [...] dans les pages [...] où je prends feu ». *La Pierre et le saguaro* (1990, grand prix de la Langue de France, Éditions du Rocher, 1994) et *L'Attrapeur d'ombres* (1992, prix Colette, Le Livre de Poche, 1994) explorent une Amérique sauvage et minérale. *Immobile dans le courant du fleuve* (1994, rééd. Le Livre de Poche, 1996) est la découverte intemporelle d'un « pays » rêvé que l'on retrouve dans *Cow-boys, mythe et réalité* (en collaboration avec Claude Poulet), Chêne, 1996.

ŒUVRES. — Rééditions au Livre de Poche.

I.M.

Bergounioux Pierre (1949). Né à Brive-la-Gaillarde, normalien, agrégé de lettres, il explore une mémoire marquée de deux paysages : si le Quercy maternel évoque le bonheur (*Catherine*, Gallimard, 1984 ; *La Maison rose*, Gallimard, 1987) et l'enfance (*La Bête faramineuse*, Gallimard, 1986 ; *L'Arbre sur la rivière*, Gallimard, 1988 ; *C'était nous*, Gallimard, 1989 ; *Le Matin des origines*, Verdier, 1992 ; *La Mue*, Gallimard, 1991 ; *Le Grand Sylvain*, Verdier, 1993), le Limousin paternel suggère des images de pluie et de sépulture (*L'Orphelin*, Gallimard, 1992 ; *La Toussaint*, Gallimard, 1994 ; *Miette*, Gallimard, 1995 ; *Le Bois du chapitre*, Théodore Balmoral, 1996). Son œuvre montre comment l'apprentissage de la lecture (*La Mort de Brune*, Gallimard, 1996) a permis d'unir amour de la terre (*Le Chevron*, Verdier, 1996) et goût de la littérature (*La Cécité d'Homère*, Circé, 1995 ; *Haute Tension*, William Blake, 1996). Dans *La Ligne* (Verdier, 1997), il fait de la pêche la métaphore de la mémoire.

→ Jean-Pierre Richard, « La blessure, la splendeur », *L'État des choses*, Gallimard, 1980.

J.P.

Bérimont Luc (1915-1983). Pseudonyme d'André Leclerc. Né le 16 septembre 1915 à Magnac-sur-Touvre (Charente) d'une famille ardennaise, il a passé toute son enfance dans ses Ardennes aimées, qu'il a célébrées dans une autobiographie, *Le Bois Castiau* (Laffont, 1963), et un roman, *Les Loups de Malenfance* (Julliard, 1949). Il commence à écrire des poèmes dès 1938-1939. Il se déclare dès lors contre le surréalisme, pour une expression simple, d'un lyrisme charnel, attachée à la terre et à la femme. Il fait partie en 1941 des premiers compagnons de l'École de Rochefort. Homme de radio, animateur de spectacles, il ne cessa de prôner et d'écrire cette poésie non systématique qui célèbre la vie.

ŒUVRES. — Principaux recueils poétiques : *La Huche à pain*, Les Amis de Rochefort, 1944. — *L'Herbe à tonnerre*, Seghers, 1958. — *Les Accrus*, Seghers, 1963. — *Demain la veille*, 1977. — *Reprise du récit*, 1983.

→ P. Chaulot, *Luc Bérimont*, Seghers, 1966. — *Luc Bérimont* (colloque), Presses universitaires d'Angers, 1994.

M.-C.B.

Berl Emmanuel (1892-1976). Né le 2 août 1892 au Vésinet, introduit dans le monde littéraire par son cousin Franck Berl, il rencontre Gaston Gallimard, Anna de Noailles et Cocteau avant de s'essayer à la critique en 1912, avec un mémoire sur Fénelon et le quiétisme. Mobilisé en 1914 et réformé deux ans plus tard en raison de sa santé fragile, il se retire dans le Béarn pour écrire une thèse sur la réalité des sentiments, publiée sur les conseils de Bergson (auquel il est apparenté) sous le titre *Recherches sur la nature de l'amour* (Plon, 1923). Il y soutient qu'il ne peut y avoir de sentiment sans objet, thèse qui l'avait opposé à Proust, à qui il rendit hommage en 1923 dans son premier article à *L'Europe nouvelle.* Collaborateur de cette revue pendant un an, avant de fonder avec son ami Drieu La Rochelle un journal, *Les Derniers Jours*, il n'abandonne pas pour autant son œuvre personnelle. *Méditations sur un amour défunt* (Grasset, 1925), récit autobiographique, est remarqué, de même que *La Route n° 10* (Grasset, 1927), roman dédié à Drieu et consacré à cette « époque où de grands enfants surpris par la paix découvraient, dans l'incertitude de leurs désirs peu fixés en face d'un univers tout frais, les joies des amours multiples ». Mais ce sont ses essais contre la bourgeoisie qui le rendront célèbre : dans *Mort de la pensée bourgeoise* (Grasset, 1929), il reprochait aux écrivains contemporains d'écrire « comme Poincaré gouverne, avec le souci et le sens du moindre risque », brossant un sombre tableau des années vingt où seuls Morand et Soupault étaient épargnés. Son second pamphlet, *Mort de la morale bourgeoise* (Gallimard, 1930), poursuit contre sa classe une violence qu'on retrouve dans *Le Bourgeois et l'amour* (Gallimard, 1931) et dans la rubrique politico-littéraire intitulée « Dépréciations », qu'Henri Barbusse lui a offerte au *Monde* à partir de 1930 et où il s'attache pendant un an à disqualifier toutes les valeurs bourgeoises. En 1932, il est promu directeur de *Marianne*, hebdomadaire de la gauche modérée fondé par Gaston Gallimard, où il pourra s'exprimer sur l'actualité politique et littéraire jusqu'en 1937. Privé alors de tribune et mis à l'index à cause de ses prises de position munichoises qui le brouillèrent définitivement avec Alexis Léger et avec ses amis de gauche, il entreprit seul la rédaction et la publication d'un pamphlet hebdomadaire, *Les Pavés de Paris*, dont le programme était « la volonté de paix ».

Ce pacifisme militant s'exprimera de façon plus ambiguë encore en 1940 lorsqu'il accepte de rédiger les deux premiers discours de Pétain, avant de cesser toute relation avec le gouvernement de Vichy un mois plus tard. Il se réfugie alors en Corrèze avec sa femme, le compositeur et chansonnier Mireille, et y fait œuvre d'historien avec son *Histoire de l'Europe* (posth., Gallimard, t. I, 1945 ; t. II, 1947 ; t. III, 1983) avant de se redécouvrir pamphlétaire dans *De l'innocence* (Julliard, 1947) et de régler définitivement ses comptes avec cette période trouble et ses engagements dans *La Fin de la IIIe République* (Gallimard, 1968), qui lèvera tous les soupçons. Il se consacre désormais davantage à son œuvre qu'à la politique. C'est cet écrivain que rencontrera Patrick Modiano, « le Berl d'après 1945, celui qui, calfeutré dans son petit appartement du Palais-Royal, part à la recherche du temps perdu, à la recherche de Rachel et de Sylvia, avec, au mur de sa chambre, la seule lettre de Proust qu'il ait pu sauver des tranchées, celle où Proust parle de l'amitié ».

C'est en effet par le souvenir que l'existence complexe d'Emmanuel Berl prend son sens et sa cohérence, dans l'unité d'une trilogie qui se défend pourtant d'être une autobiographie : « Ma vie ne ressemble pas à ma vie », la première phrase de *Sylvia* (Gallimard, 1952, grand prix littéraire de Deauville) réconcilie l'œuvre de fiction de Berl avec la critique et énonce la nécessité de « rassembler vraiment ce que la vie morcelle » par la prière ou à défaut, puisqu'il ne cesse de proclamer que Dieu lui manque, par la réminiscence. Il s'interroge ainsi sur son judaïsme, sur ses choix, sur son obsession de la mort, sur l'angoisse de ses amours et la valeur de ses amitiés, dans ce qui tient à la fois du récit d'enfance et du récit de formation et qui trouvera son complément dans *Présence des morts* (Gallimard, 1956), dédié à Gaston Gallimard. Il y évoque ceux qui l'ont marqué en distinguant trois sortes de défunts : les marbres qu'il a oubliés, les ombres qui ressurgissent et les revenants qui le hantent, avant d'invoquer dans *Rachel et autres grâces* (Grasset, 1965) les femmes aimées. Mais cette trilogie est impuissante à contenir le souvenir qui reviendra dans *À contretemps* (Gallimard, 1969) et dans *Il fait beau, allons au cimetière* (Gallimard, 1976) qui suit l'*Interrogatoire* de Berl par Modiano, à qui il avait dédié *À venir* (Gallimard, 1974). Emmanuel Berl est mort dans la nuit du 21 au 22 septembre 1976 à Paris.

→ Marcel Aymé, *Du côté de chez Marianne*, Gallimard, 1989. — Bernard Morlino, *Emmanuel Berl : les tribulations d'un pacifiste*, Lyon, La Manufacture, 1990. — Fonds Emmanuel Berl à la Bibliothèque nationale.

S.R.

Bernanos Georges (1888-1948). Né le 20 février 1888 à Paris, il aimait rappeler la lointaine origine espagnole de sa famille paternelle, française depuis le début du XVIIe siècle. À partir de 1895, il passe régulièrement ses vacances à Fressin (Pas-de-Calais), dans l'Artois ; c'est dans cette région que se situeront la plupart de ses romans. En septembre 1897, il entre en sixième au collège des Jésuites rue de Vaugirard, où Charles de Gaulle était également élève. D'octobre 1901 à juin 1903, il est interne au petit séminaire de Notre-Dame-des-Champs. Il suit la classe de rhétorique de 1903 à 1904 au petit séminaire Saint-Célestin à Bourges. Ayant échoué à la première partie du baccalauréat, en 1904, il redouble sa classe de rhétorique au collège Sainte-Marie d'Aire-sur-la-Lys (Pas-de-Calais) ; il est reçu au baccalauréat le 2 juillet 1906.

Le père de Bernanos, fervent monarchiste, artisan enthousiasmé par le nationalisme populaire, était abonné à *La Libre Parole* de Drumont. Bernanos ne démentira jamais l'influence de Drumont, dont *La France juive*, lue à treize ans, lui aurait fait découvrir l'injustice « avec son regard glacé ». À treize ans, il avait découvert aussi l'œuvre de Balzac, « magicien de génie », « visionnaire assiégé par le rêve », appréciant aussi le Balzac polémiste qui s'opposait à une société dominée par l'argent. Adolescent, il est frappé également par la lecture de Hello et de Pascal.

Dès avril 1906, le jeune Bernanos exprime son admiration pour l'Action française et pour son chef, Charles Maurras. Étudiant le droit et les lettres depuis l'automne 1906, à Paris, il rejoint le groupe d'étudiants de l'Action française. Ses premiers écrits, sept nouvelles et un pamphlet, sont publiés de février à décembre 1907 dans *Le Panache*, revue royaliste illustrée. En 1908-1909, il participe activement aux manifestations de rue lancées par la jeunesse d'Action française. Il adhère également au cercle Proudhon, qui cherche à allier la cause syndicaliste et l'orientation royaliste.

En septembre 1913, sur la recommandation de Léon Daudet, l'Action française lui confie la direction de *L'Avant-garde de Normandie*, organe du nationalisme intégral en Haute-Normandie. Les articles qu'il publie dans cet hebdomadaire entre 1913 et 1914, repris dans *Les Essais et écrits de combat* (1971), sont pour une grande part tributaires des thèses de l'Action française, mais on y trouve des réactions qui ne contredisent pas ce que Bernanos écrira plus tard. S'il adhère au système de Maurras, il se sent plus proche de Léon Daudet comme écrivain. La dominante qui se dégage de ses prises de position est sans conteste la valeur suprême attribuée à la Nation, terme qui englobe, à ses yeux, celui de peuple et dépasse celui de patrie. Convaincu que la monarchie sert mieux l'intérêt national que la démocratie, il s'en prend aux représentants des partis de droite et de gauche. Sa critique de l'idéalisme est cependant plus proche de Péguy que de Maurras. Malgré son passéisme, on sent chez lui une solidarité avec les pauvres, qui annonce le futur *Journal d'un curé de campagne*. Dans *L'Avant-garde de Normandie*, il publie aussi trois nouvelles où apparaissent déjà les grands thèmes de l'imposture et de la mort.

À la Première Guerre mondiale, Bernanos s'engage dans le 6e régiment de dragons. En février, il est au front et vivra, comme simple caporal, la guerre des tranchées jusqu'à la fin des hostilités. À travers ses lettres, perce un grand respect de l'adversaire ; il se désolidarise en même temps de la propagande, qui méconnaît la situation réelle des soldats. Les figures principales de l'œuvre littéraire de Bernanos viennent de cette expérience, et le thème du combat sera caractéristique de son univers imaginaire. Mais il a aussi tiré de la guerre le motif de l'affaissement, de l'humiliation de l'homme par les conditions extérieures.

En mai 1917, Bernanos épouse Jehanne Talbert d'Arc, descendante de l'un des frères de Jeanne d'Arc. De cette union naîtront six enfants. Démobilisé, il entre comme inspecteur dans la compagnie d'assurances La Nationale, en 1919 ;

il y restera jusqu'en 1926. À côté de son travail, il se consacre à la rédaction d'un roman, écrit dans les gares, les wagons de chemin de fer, les hôtels et publie en 1926, à trente-huit ans, *Sous le soleil de Satan*, qui rencontre d'emblée un écho très vif. L'auteur montre, à travers Donissan, le héros de son roman, la grande déception de sa génération à la suite de la guerre ; il se propose en même temps de dénoncer la rhétorique creuse de l'après-guerre, l'inflation de la parole, grâce au personnage de Saint-Marin ; par sa recherche d'une langue authentique, Donissan incarne en revanche la conception bernanosienne de la littérature. L'innovation consistait à introduire un sujet métaphysique dans le roman. La figure de Satan, loin de relever du fantastique littéraire, incarne un principe métaphysique : le Mal. Si la volonté héroïque de Donissan échoue, c'est que l'homme n'est pas autonome. Il n'est pas sans conséquence pour la technique littéraire que l'âme soit le terrain de l'irruption du mal et de la grâce. Ce qui est primordial, ce sont les conflits, et non plus la cohérence psychologique du personnage ou l'ordre logique d'une intrigue.

Malraux a relevé cette structure dramatique dans le deuxième roman de Bernanos, *L'Imposture* (1927), qui fait vivre l'abbé Cénabre, prêtre mondain et historien célèbre dévoré par l'orgueil. Ayant perdu la foi, Cénabre vit dans l'hypocrisie. L'abbé Chevance, humble mais lucide, que Cénabre veut humilier, s'oppose à lui. Dans la dernière partie du roman, on pressent le rachat virtuel de Cénabre. Le drame surnaturel de l'imposture et du rachat inspiré par l'idée de la communion des saints se dégage d'un monde catholique libéral que Bernanos montre sous un jour satirique.

La jeune Chantal, qui partage la foi de Chevance, sera au centre du troisième roman de Bernanos, *La Joie* (1929, prix Femina). Chantal de Clergerie, illuminée par la grâce, rayonne de pureté, de fraîcheur et de joie. Son profil se détache dans l'univers du château normand où elle vit avec un père historien qui ne pense qu'à sa carrière, une grand-mère emmurée dans le mensonge et des domestiques autoritaires et sournois. M. de Clergerie, l'évêque de Paumiers, le psychiatre, la Pérouse, et Cénabre entourent le destin surnaturel de Chantal. Celle-ci délivrera sa grand-mère du mensonge et meurt assassinée par le chauffeur du château, sa mort rachetant Cénabre.

Après le succès de son premier roman, Bernanos a pris, en 1926, la défense de l'Action française condamnée par le Vatican, réaction comparable selon lui à celle de Péguy en faveur de Dreyfus. Mais constatant l'évolution du mouvement de Maurras vers le sectarisme, il cesse dès 1930 de collaborer à *L'Action française* et manifeste son indépendance en publiant, en 1931, son premier écrit de combat, *La Grande Peur des bien-pensants*. Si Édouard Drumont, présenté comme un prophète solitaire, est au centre de cette œuvre, Bernanos y dénonce à travers lui le règne de l'argent et la démission de la France. À la suite de cet écrit polémique et de contacts avec la jeunesse, notamment celle du groupe Réaction, il se détache de la droite traditionnelle de plus en plus faible devant la menace fasciste. En 1932, il rompt définitivement avec le mouvement de Maurras et collabore, à partir de 1935, à l'hebdomadaire *Marianne*, tout en refusant l'antagonisme gauche-droite.

Il s'installe en octobre 1934 avec sa famille aux Baléares et y achève, en 1935, la rédaction d'*Un crime*, roman policier conçu suivant les conseils de son éditeur. La quête judiciaire s'y métamorphose en quête spirituelle. Au moment de la rédaction du roman *Un crime*, les deuxième et troisième parties avaient pris de l'ampleur ; le romancier les écarta afin de les utiliser pour le roman *Un mauvais rêve* qui ne sera publié qu'à titre posthume en 1950. En 1936, le *Journal d'un curé de campagne* obtient le grand prix du Roman de l'Académie française. En choisissant la fiction d'un journal intime, tenu par un prêtre, Bernanos suggère le caractère sacerdotal de la vocation de l'écrivain. Le protagoniste, naïf et de santé fragile, relate son arrivée dans une paroisse rongée par l'ennui. Ses projets échouent et il doit affronter l'hostilité de ses paroissiens. Au château, il découvre un abîme : la jeune Chantal en révolte contre son père, qui a pour maîtresse la gouvernante du château, tandis que la comtesse reste murée dans la haine après la mort de son fils. Le prêtre trouve un soutien dans ses conversations avec le curé de Tory, plus robuste, le docteur Delbende et Olivier, le légionnaire, marginaux comme lui. C'est par sa faiblesse que le curé devient l'instrument de la grâce ; son itinéraire revêt une dimension christique. Il mourra jeune, d'un cancer, loin de sa paroisse, dans l'appartement d'un ancien condisciple du séminaire, prêtre défroqué.

En 1937, la *Nouvelle Histoire de Mouchette* a pour héroïne une jeune fille de quatorze ans, « traquée par le malheur et l'injustice ». Animée par une révolte sourde contre le monde qui l'écrase, en quête d'une voie qui lui permette d'en sortir, elle est attirée par un braconnier, Arsène. Entre eux s'esquisse un amour tendre, qui finira pourtant dans un viol brutal. Les premiers motifs d'admiration se révèlent illusoires. La déception de Mouchette se renforce au moment où sa mère se meurt ; la veilleuse des morts qu'elle rencontre ensuite la pousse au dégoût d'elle-même. Le silence envahissant préfigure l'eau où l'héroïne va se noyer. Le suicide de Mouchette ne peut être interprété comme un choix délibéré du néant, mais comme le signe d'une dynamique de salut. S'il n'y a pas de prêtre, c'est que l'auteur assume lui-même un rôle sacerdotal, dans un style empreint de tendresse. Bernanos lie le destin de Mouchette à son expérience de l'Espagne et à « l'horrible injustice des puissants », qui ne savent pas parler le langage de la misère.

Il a en effet assisté au déclenchement de la guerre civile en Espagne et sympathisé d'abord avec la Phalange. Mais après une attaque des républicains à Manacor, les forces franquistes massacrent ceux qui ne réussissent pas à se sauver, ainsi que les « suspects » majorquins. Bernanos observe avec indignation cette répression terrible, qui annonce des atrocités systématiques. En 1938, il publie un violent réquisitoire contre la Terreur majorquaise et la « croisade » franquiste : *Les Grands Cimetières sous la lune*. Il y montre le caractère aveugle et prémédité de la répression, ainsi que l'atmosphère de guerre civile aboutissant à l'indifférence totale. Ce qui rend l'épuration particulièrement odieuse, aux yeux de Bernanos, c'est sa justification religieuse et l'approbation du clergé. Pour lui, le principe même d'une « croisade », imposant la foi par le fer et par le feu, est contraire à l'essence du christianisme. La pauvreté est, avec l'esprit d'enfance, une des valeurs clés des *Grands Cimetières sous la lune*. Pour Bernanos, seule une politique informée par l'éthique mérite d'être appelée politique d'honneur.

Écœuré par l'attitude des États européens face à la menace hitlérienne, Bernanos quitte l'Europe en juillet 1938 pour le Paraguay. Il demeure au Brésil de septembre 1938 à juillet 1945. En 1939, paraissent deux écrits de combat : *Scandale de la vérité* et *Nous autres Français*. Dans le premier essai, l'auteur critique la pensée de Maurras et se réclame de Péguy, tout en s'interrogeant sur l'honneur et la vocation de la France. Dans *Nous autres Français*, il médite sur le salut possible de la France dans la fidélité à l'honneur et sur le sens de la dénonciation du scandale.

Lorsque la Seconde Guerre mondiale éclate en septembre 1939, Bernanos commence un journal intime, où il relie les débuts de la nouvelle guerre à sa propre expérience des tranchées, tout en prolongeant ses réflexions sur l'esprit de l'Avant et de l'Arrière. Ce journal sera publié en 1949, après la mort de l'auteur, sous le titre *Les Enfants humiliés*. Au mois de mai 1940, Bernanos écrit le dernier chapitre de *Monsieur Ouine*, dont la première conception remontait à 1931. Dans ce livre, publié au Brésil en 1943, les scènes ne sont pas liées par une intrigue linéaire, mais par la convergence des réseaux thématiques. Le village du Nord, rongé par l'ennui, semble une allégorie du monde moderne. À travers l'action insidieuse du personnage clé, Monsieur Ouine, le pouvoir contagieux du Mal désagrège la paroisse morte. Bernanos remet le dernier chapitre de *Monsieur Ouine* à son éditeur le 10 mai 1940, le jour même où les troupes allemandes attaquent la France : il ne s'y résigne pas et s'adresse alors à l'opinion publique par des articles de presse destinés d'abord à ses hôtes brésiliens, ensuite aux Français exilés comme lui, réunis dans des comités de Français libres, enfin, par des messages diffusés par la BBC ou Radio Brazzaville, à ses compatriotes de la France occupée. Il condamne l'armistice, contraire à l'honneur. La défaite est à ses yeux le résultat d'un processus qu'il avait dénoncé dès 1930 comme une démission de la France, cachée sous le nom de réalisme politique. Pour lui, des responsabilités humaines sont engagées dans les événements historiques, et il dénonce les coupables, qui réussissent grâce à la complicité des médiocres. Il ne cessera de s'indigner de l'attitude de Pétain, et plus encore du mythe qui se crée autour de lui. Entre une France qui a essentiellement une vocation universelle et la France de Vichy, il n'y a pas de commune mesure. C'est par un réflexe patriotique qu'il rejette en bloc Vichy, le régime voulu par l'ennemi. À la dénonciation de l'imposture de Vichy répond l'exaltation de la Résistance et de la figure du général de Gaulle. Bernanos ne célèbre pas une personne, mais les valeurs qu'elle défend. Malgré l'identité de vues, il maintient son indépendance et la pleine responsabilité de son message. Les nombreux textes où il réagit aux événements et combat le national-socialisme et le fascisme, tout en s'interrogeant sur le bien-fondé des solutions pragmatiques des Alliés anglo-saxons, seront réunis dans *Le Chemin de la Croix-des-Armes*, paru au Brésil dès 1943 et en 1948 en France. Au Brésil, il publie également une *Lettre aux Anglais* (1942), où il évoque la Résistance, l'esprit de jeunesse s'opposant à l'esprit de vieillesse, et la vocation de la France. *La France contre les robots* (1944) est une réflexion sur la civilisation moderne, le progrès technique empêchant l'épanouissement de l'homme et de la liberté.

En juillet 1945, Bernanos revient en France à l'invitation du général de Gaulle. Par goût de l'indépendance, il décline l'offre d'un poste de ministre ou d'ambassadeur, celle de l'Académie française et de la Légion d'honneur. Ce séjour en France est à nouveau consacré à une intense activité de journaliste et de conférencier : Bernanos exprime ainsi son pessimisme face à l'évolution de l'après-guerre. Ces textes seront publiés après sa mort dans deux recueils : *La Liberté pour quoi faire ?* (1953) et *Français si vous saviez* (1961). Installé en Tunisie, il se consacrera pendant l'hiver 1947-1948 aux *Dialogues des carmélites*, inspirés d'un fait historique transposé dans une nouvelle de Gertrud von Le Fort *(La Dernière à l'échafaud).* Dans cette œuvre d'abord conçue pour l'écran se retrouveront les thèmes majeurs de Bernanos, la peur, l'angoisse, la mort et l'idée de communion des saints dans la vie et dans la mort : « On ne meurt pas chacun pour soi, mais les uns pour les autres, ou même les uns à la place des autres. » Bernanos tombe malade le jour même où il achève ces *Dialogues* et meurt le 5 juillet 1948 à l'Hôpital américain de Neuilly.

ŒUVRES. — *Œuvres romanesques*, éd. Albert Béguin-Michel Estève, Bibliothèque de la Pléiade, 1961. — *Essais et écrits de combat*, éd. Michel Estève *et al.*, Bibliothèque de la Pléiade, t. I, 1971 ; t. II, 1995. — *Correspondance*, t. I : 1904-1934 ; t. II : 1934-1948, Plon, 1971. — *Lettres retrouvées 1904-1948*, Plon, 1983.

→ Gaëtan Picon, *Bernanos, l'impatiente joie*, 1948, rééd. Hachette, 1997. — Albert Béguin, *Bernanos par lui-même*, Le Seuil, 1954. — Hans Urs von Balthasar, *Le Chrétien Bernanos*, Le Seuil, 1956. — William Bush, *Souffrance et expiation dans la pensée de Georges Bernanos*, Minard, 1962. — *Cahier de l'Herne* n° 2, 1963, rééd. L'Herne-Fayard, 1997. — Michel Estève, *Bernanos*, Gallimard, 1965. — Yves Bridel, *L'Esprit d'enfance dans l'œuvre romanesque de Bernanos*, Minard, 1966. — William Bush, *L'Angoisse du mystère : essai sur Bernanos et « Monsieur Ouine »*, Minard, 1966. — Guy Gaucher, *Le Thème de la mort dans les romans de Georges Bernanos*, Minard, 1967. — Joseph Jurt, *Les Attitudes politiques de Georges Bernanos jusqu'en 1931*, Fribourg, Éditions universitaires, 1968. — Brian Fitch, *Dimensions et structures chez Bernanos*, Minard, 1969. — Tashin Yucel, *L'Imaginaire de Bernanos*, Minard, 1970. — Yvon Rivard, *L'Imaginaire et le quotidien : essai sur les romans de Bernanos*, Minard, 1978. — Monique Gosselin, *L'Écriture du surnaturel dans l'œuvre romanesque de Georges Bernanos : de l'exorcisme à l'exégèse*, Champion, 1979. — Philippe Le Touzé, *Le Mystère du réel dans les romans de Bernanos*, Nizet, 1979. — Joseph Jurt, *La Réception de la littérature par la critique journalistique : lectures de Bernanos 1926-1936*, J.-M. Place, 1980. — Michel Estève, *Le Christ, les symboles christiques et l'incarnation dans l'œuvre de Bernanos*, université Lille III, 1982. — Alan R. Clark, *La France dans l'histoire selon Bernanos*, Minard, 1983. — Jean-Loup Bernanos, *Georges Bernanos à la merci des passants*, Plon, 1986. — Pierre Gille, *Bernanos et l'an-*

goisse, Presses universitaires de Nancy, 1984. — *Les Lettres romanes*, 1988, n° 4. — Max Milner, *Georges Bernanos*, Séguier, 1989. — André Not, *Les Dialogues dans l'œuvre de Bernanos*, Presses universitaires de Toulouse, 1990. — Pierrette Renard, *Bernanos ou l'ombre de la lumière*, Presses universitaires de Grenoble, 1990. — Joseph Jurt, *Essai de bibliographie des études en langue française consacrées à Georges Bernanos*, Minard, 1972, 1974, 1975, 3 t. — Fonds Bernanos à la Bibliothèque littéraire Jacques Doucet et à la Bibliothèque nationale. — Il existe depuis 1960 des *Études bernanosiennes* (Minard) et depuis 1990 des *Cahiers Georges Bernanos* (Association internationale des Amis de Georges Bernanos, Paris).

J.J.

Bernard Jean-Marc (1881-1915). Né le 4 décembre 1881 à Valence dans la Drôme, il passe son enfance à l'étranger, puis s'installe dans le sud de la France. Il travaille dans une librairie, collabore à de nombreuses revues et publie des poèmes de facture symboliste *(L'Homme et le sphinx*, 1904 ; *La Mort de Narcisse*, 1904). Un recueil rassemble la production poétique de cette période *(Quelques essais*, 1910). En 1909, il fonde une revue politique et satirique reprenant le célèbre périodique d'Alphonse Karr, *Les Guêpes*, qui défendra les thèses nationalistes de Maurras. Il prend une part active aux débats littéraires et politiques de son époque en écrivant notamment dans la *Revue critique des idées et des livres*. Durant ces années, il publiera des études sur Charles d'Orléans et sur Villon, ainsi que des *Pages politiques des poètes français* (1912). Sa poésie évolue vers un néoclassicisme sobre et développe des thèmes tels que l'amour, l'attachement à la terre natale. Cette volonté de simplicité, son refus des grands sentiments, qui le fait apparaître comme un des premiers poètes fantaisistes, anime notamment *Sub tegmine fagi* (1912). Jean-Marc Bernard est mort, en Artois, le 9 juillet 1915.

F.O.

Bernard Marc (1900-1983). Dans *Pareil à des enfants* (Gallimard, 1941, prix Goncourt), il évoque son enfance dans un faubourg populaire de Nîmes, où il est né le 6 septembre 1900, et dans *Au secours* (1931) son adolescence marquée par la perte de ses parents et la découverte, très jeune, du monde du travail. D'abord garçon de course puis apprenti, il est ouvrier fraiseur pendant la guerre, avant d'être mobilisé. En 1918, il suit les cours du conservatoire pour devenir comédien. Il monte à Paris, gagne sa vie comme cheminot et milite un temps au parti communiste. Secrétaire de rédaction, puis rédacteur à *Monde* jusqu'en 1933, il publie chez Gallimard en 1929 son premier livre, *Zig-zag*, qui est, plus qu'un roman, un long poème en prose, marqué par le surréalisme. Il participe aux activités du Groupe des écrivains prolétariens animé par Henry Poulaille, dont il s'éloignera à la publication d'*Anny* (1934, prix Interallié). Il découvre l'Espagne en pleine guerre civile (*La Conquête de la Méditerranée*, 1939) et milite à « Mai 36 », organisation culturelle proche du parti socialiste. Après la guerre, il se consacre au journalisme et à son œuvre littéraire, publiant une étude sur Zola (*Zola par lui-même*, Le Seuil, 1952), des romans (*Une journée toute simple*, 1950 ; *La Bonne Humeur*, 1957) ou des textes autobiographiques (*Salut, camarades*, 1955). Ses plus beaux textes sont probablement les trois derniers, *La Mort de la bien-aimée* (1972), *Au-delà de l'absence* (1976), *Tout est bien ainsi (journal de l'année 1976)* (1979), inspirés par la mort de sa femme, Else Reichmann, immigrée autrichienne rencontrée au Louvre, devant la Vénus de Milo, « un matin d'automne 1938 ». Ces trois textes seront complétés, après sa mort, par un livre de souvenirs, *Au fil des jours* (1984).

ŒUVRES. — Publiées principalement chez Gallimard.

Ph.B.

Bernard Tristan (1866-1947), pseudonyme de Paul Bernard. Né le 7 septembre 1866 à Besançon dans la même rue que Victor Hugo (« Lui était né au numéro 100, et moi au numéro 23, plus modestement »), élève surdoué et désinvolte à Besançon et ensuite, quand sa famille s'installe à Paris, au lycée Fontanes (Condorcet), il suit sans conviction des études de droit, devient avocat sans causes, puis éphémère administrateur d'entreprise pour mieux se consacrer au cyclisme, aux courses hippiques — où le cheval Tristan lui fournit un prénom — et à la littérature. Il crée en 1892 la revue *Le Chasseur de chevelures*, qui s'intègre en 1894 dans *La Revue blanche* des frères Natanson, où il tient la chronique sportive et rencontre Jules Renard.

Tout en multipliant les récits humoristiques (*Vous m'en direz tant !*, Flammarion, 1894 ; *X, roman impromptu*, Flammarion, 1895), les recueils de nouvelles (*Sous toutes réserves*, Ollendorff, 1898 ; *Amants et voleurs*, Fasquelle, 1905) et les romans autobiographiques (*Les Mémoires d'un jeune homme rangé* suivi de *Un mari pacifique*, Éditions de la Revue blanche, 1899 et 1901), il aborde la scène avec *Les Pieds nickelés* (1895), monté par Lugné-Poe, suivi d'une série de pièces à succès dans lesquelles il dépeint la société de son temps à travers l'interprète de l'hôtel (*L'Anglais tel qu'on le parle*, 1899), le pickpocket amoureux (*Daisy*, 1901), le prisonnier bigame (*Le Captif*, 1904), le fils de famille ruiné (*Le Danseur inconnu*, 1910), le garçon enrichi (*Le Petit Café*, 1911), les médecins mondains (*La Gloire ambulancière*, 1911), le journaliste (*Les Deux Canards*, 1913), le candidat à la députation (*Du vin dans son eau*, 1914), et par-dessus tout des bourgeois vaniteux (*Le Peintre exigeant*, 1910), lubriques (*Le Négociant de Besançon*, 1900), gourmands (*Le Cordon bleu*, 1920), aussi préoccupés de leur fortune (*Monsieur Codomat*, 1909 ; *Langrevin père et fils*, 1930) qu'indécis en ménage (*La Volonté de l'homme*, 1917) et maladroits avec leurs femmes, qu'ils partagent volontiers (*L'Accord parfait*, 1911 ; *Jules, Juliette et Julien ou l'école du sentiment*, 1929) par peur d'une violence toujours latente (*Le Costaud des Épinettes*, 1910 ; *Jeanne Doré*, 1913, mélodrame écrit pour Sarah Bernhardt).

Tristan Bernard devient vite une figure du Tout-Paris, mais la fortune se dérobe : l'Académie française se refuse à lui (1927) et le théâtre Tristan Bernard (1930-1932) est un échec cuisant (« C'était le théâtre Sahara Bernhardt »). De ce changement d'atmosphère résultent des romans haletants comme *Le Voyage imprévu* (Albin Michel, 1928) et surtout *Aux abois* (Albin Michel, 1933), dont l'écriture blanche annonce Bove et Camus.

En 1940 (« En 14 on disait : “On les aura !” ; maintenant on les a ») il se réfugie à Cannes et lui qui ne s'est jamais senti profondément israélite découvre soudain l'antisémitisme, empêché de publier et de faire jouer ses pièces (« Comment peut-on être désœuvré quand la France est si occupée ? »). Refusant de partir pour les États-Unis comme le lui proposait Saint-Exupéry (« Comment voulez-vous qu'on fasse du mal à un Français qui est dans le dictionnaire ? »), il est arrêté le 30 septembre 1943 et déporté à Drancy ; grâce à l'intervention d'Arletty et de Sacha Guitry, il est libéré en octobre et, brisé par l'épreuve, meurt à Paris le 7 décembre 1947.

ŒUVRES. — *Théâtre*, Calmann-Lévy, t. I, 1908 ; t. II, 1917 ; t. III, 1922 ; t. IV, 1926 ; t. V, 1932 ; t. VI, 1935 ; t. VII, 1939. — *Un jeune homme rangé* (choix de romans, de chroniques et de pièces de théâtre), Omnibus, 1994.

→ Jean-Jacques Bernard, *Mon père, Tristan Bernard*, Albin Michel, 1955. — Olivier Merlin, *Tristan Bernard ou le temps de vivre*, Calmann-Lévy, 1989.

J.P.

Bernier Armand (1902-1969). Né à Braine-l'Alleud (Belgique) le 10 février 1902, il appartient, avec Charles Van Lerberghe, à la lignée des poètes « de la pureté ». Auteur d'une quinzaine de recueils aux accents néoclassiques, parmi lesquels *Les Heures incertaines* (1925), *Le Livre fervent* (1928), *Portes obliques* (1931), *Le Carrousel d'ennui* (1931), *Le Voyageur égaré* (1934), *Le Sorcier triste* (1936), *Aubes* (1937), *Quatre songes pour détruire le monde* (1938), *Il y a trop d'étoiles* (1948), *Migration des âmes* (1952), il a été codirecteur de la revue *L'Avant-poste*. *Le Monde transparent* (1956), composé d'extraits de ses ouvrages précédents, constitue le projet le plus élaboré de son œuvre : son écriture, presque blanche, y rend compte de la volonté de transparence et d'élévation à laquelle sa poésie aspire ; un certain quiétisme, qui rappelle l'auteur des *Fioretti*, le conduit dans la voie de Dieu à travers l'amour de l'homme et des éléments, vers une « poésie de l'âme », selon les termes de Marcel Arland (*Dans les vergers de Dieu*, 1946 ; *L'Ami des arbres et des oiseaux*, 1954 ; *Aux vitres de l'éternité*, 1963). On lui doit aussi un roman (*Symphonie ouvrière*, 1934), des contes (*Le Village des hommes heureux*, 1946), des textes critiques (*Destin de la poésie*, 1936 ; *Auguste Marin, le poète à l'âme* *de cristal*, 1945), des pièces de théâtre (*Angelo ou le dieu que les femmes rendirent mortel*, 1933 ; *L'Initiation au clair de lune*, 1933).

ŒUVRES. — *Les Poèmes d'Armand Bernier*, Bruxelles, De Rache, 1971.

→ Jan Schepens, *L'Œuvre poétique d'Armand Bernier*, Bruxelles, L'Avant-poste, 1939. — Ivan Liénard, *Essai sur l'évolution spirituelle du poète Armand Bernier*, Bruxelles, Delmelle, coll. Poésie, 1973.

O.Bi.

Bernier Jean (1894-1975). Né le 29 août 1894 à Marissel dans l'Oise, d'un père avocat à la Cour de cassation, il sera lui-même licencié en droit et diplômé de l'Institut d'études politiques. Mobilisé en septembre 1914, il prend part à la bataille de Champagne puis reçoit une affectation à l'arrière après avoir été blessé en décembre 1915. Il évoquera son expérience des combats dans son premier roman, *La Percée*, un des romans les plus fidèles à la réalité de la guerre (1920, prix Clarté). Démobilisé, Bernier collabore au *Crapouillot*, donne des poèmes et des contes à *La Forge*, *L'Europe nouvelle*, *L'Œil de bœuf*, etc. Membre du comité directeur de *Clarté*, revue fondée par Henri Barbusse, associé à Marcel Fourrier, il dirige en fait la revue de 1923 à 1926. Il collabore notamment aux campagnes menées contre Barrès et Anatole France (1924) et participe au rapprochement de *Clarté* avec le groupe surréaliste. Avec les membres de *Clarté* et les surréalistes, il signe en août 1925 l'appel d'Henri Barbusse contre la guerre du Maroc. Collaborateur de *L'Humanité* de 1924 à 1929, il y tient notamment la rubrique des sports. Son deuxième roman, *Tête de mêlée* (Clarté, 1924), évoque le milieu du rugby. En 1929, il rompt avec les communistes et les surréalistes et se rapproche du Cercle communiste et de *La Critique sociale* de Boris Souvarine. Son évolution politique le conduira à « Front commun », de Gaston Bergery, puis à « Contre-attaque », de Georges Bataille. Il poursuivra, après la guerre, son activité de journaliste en particulier au *Crapouillot*. Le journal qu'il tint en 1926 lors de sa liaison avec Colette Peignot a été publié par Dominique Rabourdin (*L'Amour de Laure*, Flammarion, 1978). Jean Bernier est mort à Paris le 10 août 1975.

Ph.B.

Bernstein Henry (1876-1953). Né le 20 juin 1876 à Paris, fils d'un riche homme d'affaires parisien, mondain et amateur d'art, qui partage son temps entre l'Opéra et la Bourse, il fait ses études au lycée Condorcet, où il est un élève moyen, au caractère « fantasque », notent ses professeurs. Il fréquente quelque temps la faculté des lettres, qu'il abandonne bientôt pour mener une vie de noceur avec quelques jeunes gens fortunés. Lors de son service militaire, il s'enfuit au bout de quelques mois à Bruxelles et est condamné par contumace comme déserteur. Après avoir hérité de la fortune paternelle, il poursuit en Belgique son existence de dandy millionnaire, s'adonne au baccara et au poker, fait courir des chevaux sous ses couleurs et, entre deux orgies, écrit une pièce, *Le Marché*. Grâce à l'appui de Séverine, la militante révolutionnaire, il parvient à la faire jouer en 1900 par Antoine, qui apprécie cette œuvre où sont visibles les influences conjuguées de Becque, de Mirbeau et d'Ibsen. C'est le début du long règne théâtral de Bernstein qui, durant un demi-siècle, défrayera la chronique, non seulement par la nature de son théâtre, mais aussi par les éclats auxquels il se livre, ses duels, ses prises de positions politiques, ses amours tapageuses avec des femmes du monde ou du demi-monde, comme Liane de Pougy.

Pendant la Première Guerre, l'ancien déserteur intrigue pour prendre part au conflit. Sa conduite héroïque est récompensée par plusieurs citations. Peu après l'armistice, il achète et dirige le Théâtre du Gymnase. Son prestige, qui s'est sans cesse accru jusqu'à la guerre, est toujours aussi grand, mais d'autres formes de théâtre sollicitent l'attention du public (Pirandello, Giraudoux). Durant la Seconde Guerre, réfugié à New York, il se fait le propagandiste du général de Gaulle. Revenu en France, bien qu'il récolte encore quelques beaux succès, il apparaît comme l'un des derniers représentants d'une époque révolue, situation qu'il vit très mal. Il meurt en 1953.

L'œuvre de Bernstein a subi une nette

évolution. Au début, son théâtre est proche de l'esthétique naturaliste et ce n'est pas un hasard si *Le Marché* (1900) est monté par Antoine : un maquignon enrichi profite de la situation financière désastreuse de Gaston Certier pour proposer à sa femme le « marché » que l'on devine ; craignant que son union ne survive pas à la ruine qui guette son mari, la jeune femme accepte l'offre de cet homme qui lui répugne. Dès cette époque, Bernstein s'est constitué un credo dramaturgique qu'il exposera plus tard : « supposer un événement de taille qui, survenant dans l'existence d'un individu, l'oblige à révéler le tréfonds de lui-même, le déshabille, lui et ceux qui l'environnent ». Les personnages de ce théâtre violent et frénétique sont des êtres impulsifs qui expriment sans fard leurs pulsions les plus élémentaires, dans un langage dont le caractère direct a pu choquer à l'époque. La société que dépeint Bernstein est dominée par l'argent et par le sexe. Les notions d'honneur, de respect humain et de délicatesse lui sont étrangères. *La Rafale* (1905) montre le choc de deux êtres que séparent des passions antinomiques : Hélène de Bricherel voue un amour sans limites à Robert Chacéroy, qui lui-même est en proie au démon du jeu et n'aura d'autre issue que le suicide. Dans *La Griffe* (1906), un homme politique, Courtelon, est dominé par une intrigante beaucoup plus jeune que lui, qui le fera sombrer dans la déchéance. *Samson* (1907) nous montre un banquier, homme d'origine populaire, que sa femme, issue de la noblesse, méprise et trompe ; pour se venger, il se ruine lui-même pour ruiner du même coup l'amant de sa femme. Pour ce type de pièce, l'acteur préféré de Bernstein est Lucien Guitry : « Ce que l'auteur n'a pu faire parce que le théâtre ne le permet pas, eh bien, Guitry l'ajoute avec ses mains, ses regards, avec ses muscles. On ne sait pas ce que vaut un silence de Guitry pour le sens général d'une scène. »

L'Assaut (1912) annonce un tournant vers le théâtre de caractère : un homme politique, Mérital, pour être digne de l'amour sans réserve que lui voue Renée de Rould, se sent moralement obligé de lui faire l'aveu d'une faute qu'il a jadis commise ; il se confesse alors avec une telle sincérité qu'il conserve l'attachement de celle qu'il aime. Cette nouvelle manière, remarquée par les critiques de l'époque, se précise dans *Le Secret* (1913), dont l'héroïne, Gabrielle Jeannelot, souffre d'une jalousie morbide : avec une habileté diabolique, elle s'arrange pour saboter systématiquement l'entente des êtres qui l'entourent, découvrant dans cette entreprise des plaisirs pervers auxquels elle est incapable de renoncer. On trouvera encore des études de caractère et des conflits intérieurs dans *Judith* (1922), où Bernstein montre l'héroïne éprise d'Holopherne, l'homme qu'elle tue par patriotisme, ou dans *La Galerie des glaces* (1924) dont le héros, Charles Bergé, en proie à une angoisse quasi pathologique, ne parvient jamais à croire qu'on puisse l'aimer. De même dans *Mélo* (1929), porté à l'écran par Alain Resnais en 1986, ou *Le Cap des tempêtes* (1937). À partir des années 1930, Bernstein ne bouscule plus le public mais s'efforce plutôt de le séduire. On peut regretter la violence des premières pièces. On la regrette encore davantage dans les œuvres qu'il donne à la fin de sa vie, comme *Victor* (1950) ou *Évangéline* (1953). Il est mort à Paris le 27 novembre 1953.

ŒUVRES. — Publiées par *L'Illustration*, *La Petite Illustration* et chez divers éditeurs dont Arthème Fayard (coll. « Modern Théâtre ») et les Éditions du Rocher sous le titre de *Théâtre* (1996).

→ P. Bathilde, *Henry Bernstein, son œuvre*, Éditions de la Nouvelle Critique, 1931. — G. Bernstein-Gruber et G. Maurin, *Bernstein le magnifique : cinquante ans de théâtre, de passion et de vie parisienne*, Lattès, 1988.

H.G.

Bertin Charles (1919). Né à Mons (Belgique) le 5 octobre 1919, neveu du romancier Charles Plisnier, il débute par des poèmes au ton grave, qui retracent une manière d'itinéraire existentiel, partagé entre désirs et regrets, mais dans lesquels l'angoisse reste au premier plan (*Trois poèmes*, 1946 ; *Psaumes sans la grâce*, 1947 ; *Chant noir*, 1949). Dans ses romans, il crée des personnages solitaires, hors du commun, mal à l'aise dans une société qui les étouffe : ainsi dans *Journal d'un crime* (1961) et dans *Le Bel Âge*, (1964, prix Rossel), où une jeune femme excentrique s'oppose aux convenances de tout un village ; ainsi dans *Les Jardins du désert* (1981), journal de fin du monde après l'explosion d'une bombe A, où, tout en portant un regard amer sur les progrès d'une civilisation qui ont amené la planète à se détruire, l'auteur propose une réflexion sur la solitude du pouvoir (voir aussi *Le Voyage d'hiver*, 1989). Mais Bertin sait aussi être intime et réservé : on lui doit des souvenirs familiaux empreints de nostalgie et de poésie *La Petite Dame en son jardin de Bruges* (1996).

C'est au théâtre que Bertin a le plus révélé sa personnalité. Outre des traductions et adaptations de Shakespeare *(Macbeth* ; *Troïlus et Cressida)*, de John Kerr *(La Maîtresse des novices)* et de Gozzi *(L'Oiseau vert)*, on lui doit cinq pièces : *Les Prétendants* (1947), *Don Juan* (1947), *Christophe Colomb* (1961), *Le Roi bonheur* (1966), *Je reviendrai à Badenburg* (1970). Comme dans les récits, la solitude des héros reste la dominante : solitude de Colomb dans son entreprise, solitude de Don Juan prisonnier de son mythe, même à l'heure de l'amour véritable. Les personnages de Charles Bertin souffrent d'un fatalisme qui leur donne une dimension tragique, au-delà de la médiocrité de certains de leurs actes ou de leur caractère. Collaborateur régulier des journaux, de la radio et de la télévision, il a été élu à l'Académie royale de langue et de littérature françaises de Belgique en 1967.

ŒUVRES. — *Journal d'un crime, Christophe Colomb*, rééd., Bruxelles, Les Éperonniers, coll. Passé-présent, 1983, 1989. *Don Juan*, rééd., Bruxelles, Labor, coll. Espace Nord, 1988.

→ Michel Aubrion, *Charles Bertin*, Bruxelles, De Meyère, 1968. — Anne-Rosine Delbart, *Charles Bertin, une œuvre de haute solitude*, Bruxelles, Académie royale, coll. Histoire littéraire, 1993.

O.Bi.

Bessette Gérard (1920). Sa carrière de professeur dans diverses universités américaines ou canadiennes est liée non seulement à ses ouvrages de critique formaliste ou de psychocritique (*Une littérature en ébullition*, 1968 ; *Trois romanciers québécois*, 1973) mais à l'évolution de son œuvre littéraire, qui commence par des *Poèmes temporels* (Monte-Carlo, 1954), d'où se détache la figure valéryenne et existentialiste d'un « coureur » dans son activité physique, esthétique, intellectuelle. Un premier roman : *La Bagarre* (1958), réaliste à l'américaine, pose le problème des rapports de classes et des niveaux de langue, et en particulier celui du rôle de l'écrivain dans la société urbaine contemporaine et dans le roman lui-même. *Le Libraire* (1960), qui demeure un *best-seller* scolaire, parle de censure, de refoulement, avec un esprit et un style à la fois voltairien et camusien. Dans sa deuxième phase romanesque, Bessette reprend à son compte et pousse à leurs limites les expériences de laboratoire du Nouveau Roman. *L'Incubation* (1965) plonge dans les entrailles de Narcotown, ville-bibliothèque, Londres, ville éventrée, et Vienne, ville-musée, à travers les intermittences de la mémoire érotique. *Le Cycle* (1971) fait tourner autour du cercueil d'un père sept histoires sous forme de monologues intérieurs, qui sont autant de visions et de révisions du passé familial. Un roman initiatique et documentaire, *Les Anthropoïdes* (1977), à travers un long cri « primal », fait la préhistoire du langage et du récit. La dernière phase de l'œuvre de Bessette est indissociablement narrative et critique, fantasmatique et autobiographique. En 1979, étudiant *Mes romans et moi*, il se fait l'auteur-personnage-narrateur du *Semestre*, le dernier avant sa retraite de professeur, au cours duquel il analyse le roman d'un jeune confrère : *Serge d'entre les morts*, de Gilbert La Rocque, paru en 1976.

ŒUVRES. — Outre les romans signalés ci-dessus : *Les Pédagogues*, 1961. — *La Commensale*, 1975. — *La Garden-party de Christophine*, 1980. — *Les Dires d'Omer Marin*, 1985.

→ *Lectures de Gérard Bessette* (collectif), Québec-Amérique, 1982. — Alain Piette, *Gérard Bessette : l'incubation et ses figures*, Presses de l'université de Montréal, 1983. — Réjean Robidoux, *La Création de Gérard Bessette*, Québec-Amérique, 1987.

L.M.

Bésus Roger (1915). Né le 18 janvier 1915 à Bayeux, ingénieur des Travaux publics, il entre en littérature avec *Un homme de rien* (1947), mais c'est *Le Refus* (1952) qui l'a classé parmi les écrivains prometteurs. Romancier catholique, il apparaît comme un héritier de Bernanos. L'abbé Annebault, héros de *Cet homme qui vous aimait* (1953), en proie à de violentes contradictions, offre une réplique outrée du personnage de Bernanos dans *Sous le soleil de Satan*. Le déchirement des êtres et la grâce dont ils témoignent forment les ressorts des romans de Bésus. Avec *Les Abandonnés* (1957), peinture sombre de l'humanité abandonnée de Dieu, *La Vie au sérieux* (1961) est un adieu à l'Église. Dans *Ceux qui aiment* (1963), Bésus aborde le thème du dualisme de l'Orient et de l'Occident. Le souffle qui porte son œuvre laissait attendre pour lui une place de choix dans la littérature du siècle. Si le grand prix de la Société des gens de lettres (1972) a couronné l'ensemble de son œuvre, la facture classique de ses romans semble avoir différé le succès qu'il mérite. Il a cessé de publier et se consacre à la sculpture.

D.H.-M.Ber.

Bête noire (La) (1935-1936). Revue fondée à Paris en 1935 par Efstrathios Tériade et Maurice Raynal. Après avoir perdu leur chronique, « Les Arts », dans *L'Intransigeant*, Tériade et Raynal décident avec quelques amis, dont Raymond Queneau et Jacques Baron, de créer un espace d'expression libre, journal plus que revue si l'on s'en tient au format tabloïde de *La Bête noire*, « revue de bistrot » selon Queneau, puisque le projet naît à la table d'un café parisien, au début de 1935. *La Bête noire*, « artistique et littéraire », aura huit livraisons d'avril 1935 à février 1936, financées par ses collaborateurs, qui les diffusent eux-mêmes. Avec son titre inventé par Michel Leiris et sa couverture dessinée par André Beaudin, la revue fera preuve tout au long de sa courte existence d'un humour et d'une verve sarcastiques à la manière surréaliste, et accueille aussi bien André Breton que certains dissidents. Ouverte à une modernité éclectique, variant les collaborations (Audiberti, André de Richaud, Le Corbusier, Michaux, Supervielle, Follain, Daumal, Léger), *La Bête noire* fait place à Artaud et à son théâtre de la cruauté, à Reverdy (« Mépris de la postérité »), à Vitrac, Leiris, Queneau et Jacques Baron. Elle fustige le futurisme italien, rend compte du Congrès international des écrivains (1935) et analyse les « Tendances littéraires de 1935 ». *La Bête noire*, qui disparaît en 1936, est aujourd'hui une rareté bibliophilique.

→ Michel Anthonioz, « L'œuvre de Tériade », *L'Album Verve*, Flammarion, 1987.

P.F. — IMEC

Beti Mongo (1932), pseudonyme d'Alexandre Biyidi. Né le 30 juin 1932 à M'Balmayo (Cameroun), il est l'auteur d'une œuvre abondante, inaugurée en 1954 avec un premier roman, *Ville cruelle* (Présence africaine), publié sous le pseudonyme d'Eza Boto. Écrivain de l'exil (après des études supérieures en France, il n'a fait que de brefs retours dans son pays natal), il apparaît comme le romancier de la contestation, dans un premier temps, du système colonial qu'il a connu et dont il a pâti lors de sa scolarité chez les missionnaires, mais aussi du régime d'Ahmadou Ahidjo, qui a présidé d'une main de fer aux destinées du Cameroun indépendant pendant plus de vingt ans, et que le romancier prend pour cible dans un pamphlet intitulé *Main basse sur le Cameroun* (Maspero, 1972), et qui lui a valu les foudres de la censure française. L'engagement politique de l'écrivain s'est confirmé avec la création, en 1978, de la revue *Peuples noirs, peuples africains*. Dix ans de silence séparent deux grandes périodes de son œuvre, la période coloniale pour les romans publiés entre 1954 et 1958 (*Ville cruelle* ; *Le Pauvre Christ de Bomba*, Laffont, 1956 ; *Mission terminée*, Buchet-Chastel, 1957 ; *Le Roi miraculé*, Buchet-Chastel, 1958) et la période postcoloniale pour la série des romans publiés à partir de 1974 (*Remember Ruben*, 10/18, 1974 ; *Perpétue et l'habitude du malheur*, Buchet-Chastel, 1974 ; *La Ruine presque cocasse d'un polichinelle*, Éditions des Peuples noirs, 1979 ; *Les Deux Mères de Guillaume Ismaël Dzewatama, futur camionneur*, Buchet-Chastel, 1983 ; *La Revanche de Guillaume Ismaël Dzewatama*, Buchet-Chastel, 1984 ; *L'Histoire du fou*, Julliard, 1994). De cet ensemble trois œuvres se détachent, *Le Pauvre Christ de Bomba*, *Le Roi miraculé* et *Perpétue*. Les deux premières évoquent avec ironie les mésaventures de deux prêtres engagés dans une entreprise d'évangélisation, conduite en étroite liaison avec le pouvoir colonial, dont Mongo Beti fustige et la naïveté et la brutalité. Le ton change avec Perpétue, l'héroïne éponyme du troisième roman, qui incarne le malheur d'une Afrique livrée par ses nouveaux maîtres au chaos, à la misère et à l'injustice.

→ T. Melone, *Mongo Beti, l'homme et le destin*, Présence africaine, 1971. — B. Mouralis, *Comprendre l'œuvre de Mongo Beti*, coll. Les Classiques africains, 1981. — J. Fame Ndongo, *L'Esthétique romanesque de Mongo Beti*, préface de Jacques Chevrier, ABC-Présence africaine, 1985.

J.C.

Bettencourt Pierre (1917). Né à Saint-Maurice d'Ételan le 28 juillet 1917, ce personnage atypique, imprimeur, éditeur (notamment de Michaux, Paulhan, Ponge), écrivain, peintre et grand voyageur écrit, à la suite de Cyrano et de Michaux, des contes et récits de voyages imaginaires : *Notes de voyage au pays des hommes-bousiers* (Deleatur, 1986), *Voyage sur la planète innommée* (Imprimerie nationale, 1990), *L'Homme-cristal* (Lettres vives, 1993). Parmi ses premiers livres, on relève : *Fables fraîches pour lire à jeun* (Lettres vives, 1986), *La Vie est sans pitié* (1948, rééd. Lettres vives, 1996), *Les Plaisirs du Roi* (1953, rééd. Lettres vives, 1981) et *L'Intouchable* (1953, rééd. Lettres vives, 1981). Depuis l'élaboration de ses hauts-reliefs, exposés pour la première fois chez René Drouin en 1956, l'inspiration écrite et l'inspiration plastique n'ont cessé d'interférer pour composer une œuvre singulière.

N.R.

Betz Maurice (1898-1946). Introducteur en France de Thomas Mann et de Rilke (*Rilke vivant*, 1937), il est l'auteur de romans habités par l'horreur des réalités, le désir d'échapper aux obligations sociales et morales, l'échec de la volonté et la puissance de l'inconscient. *L'Incertain* (1925), livre à demi autobiographique, sous-titré : « Étude sur la lâcheté de l'homme devant l'amour », illustre cet état d'esprit. Dans *Le Démon impur* (1926), il décrit la passion homosexuelle chez un ancien président du Conseil.

D.H.-M.Ber.

Beucler André (1898-1985). Né à Saint-Pétersbourg le 23 février 1898, d'un père franc-comtois et d'une mère russe, il gardera sa vie durant la marque de cette double culture, même si c'est à Besançon qu'il poursuit ses études (il y aura pour professeur Albert Thibaudet, qui lui fera connaître les grands noms de la NRF et parrainera son premier texte dans la *Revue de Bourgogne*). Connu des bibliophiles pour ses *Instants de Giraudoux* (1952) et ses *Vingt ans avec Léon-Paul Fargue* (1947 et 1952), son nom évoquait plus celui d'un journaliste de radio, scénariste et traducteur que celui du jeune écrivain novateur qu'il avait été, venu à la littérature en même temps que ses amis Emmanuel Bove et Joseph Kessel. On avait oublié son insolite *Ville anonyme* (1925), l'attachant *Gueule d'amour* (1926), interprété à l'écran par Gabin, et le troublant *Mauvais Sort* (1928), publiés par Gallimard. En 1980 et 1982, lorsque parurent, chez le même éditeur, *De Saint-Pétersbourg à Saint-Germain-des-Prés* et *Plaisirs de mémoire*, où il ressuscite, parmi d'autres, les figures de Gide, Larbaud, Martin du Gard, Morand, Cendrars, Malraux, Drieu, Cocteau, Bonnard, Picasso et Marie Laurencin, on redécouvrit son savoureux talent d'évocation et le mélange très particulier de drôlerie et de gravité où l'on a pu voir une « touche slave ». Depuis sa disparition, à Nice, le 26 février 1985, ses premiers livres ont été réédités.

→ L'Association culturelle André Beucler a publié, en 1993 et 1994, deux cahiers intitulés *Plaisirs de mémoire et d'avenir*.

P.Me.

Bhêly-Quenum Olympe (1928). Originaire de Ouidah (Bénin), berceau de la civilisation pahouine, il s'affirme d'entrée de jeu, en publiant un premier roman, *Un piège sans fin* (Stock, 1960), comme l'un des maîtres de la prose romanesque africaine. La sûreté de l'écriture dans ce récit vient à la fois de la solide culture de son auteur — il a enseigné les lettres classiques pendant plusieurs années avant de se tourner vers le journalisme — et de sa connaissance approfondie de la tradition Fon. La plupart de ses textes en prose, romans et nouvelles, abordent sans vraiment lui apporter de réponses la délicate question de la rencontre du sacré et de la modernité. *Liaison d'un été* (Sagerep, 1968), *Le Chant du lac* (Présence africaine, 1965, grand prix de l'Afrique noire, 1966) et surtout *L'Initié* (Présence africaine, 1994) font vivre des personnages qui, hasard ou nécessité, à l'instar du héros de *L'Initié*, le docteur Marc Tingo, doivent trouver une trajectoire personnelle entre la rationalité occidentale et l'influence d'une Afrique habitée par des croyances qui sous-tendent une autre vision du monde. C'est encore cette « Afrique des profondeurs » qu'évoque Bhêly-Quenum dans son dernier roman, *Les Appels du Vaudou* (L'Harmattan, 1994), hommage à la grande prêtresse de Ouidah, sa propre mère, dont la mort l'a beaucoup affecté.

J.C.

Bianciotti Hector (1930). Né à Cordoba (Argentine) le 18 mars 1930 dans une famille piémontaise, il vient à Rome en 1955, s'installe à Paris en 1961 et rédige en espagnol *Les Déserts dorés* (Denoël, 1967), *Celle qui voyage la nuit* (Denoël, 1969), *Les Autres, un soir d'été* (théâtre, Gallimard, 1970) et *Ce moment qui s'achève* (Denoël, 1972), qui peignent une société brillante et menacée, ainsi que son autobiographie, *Le Traité des saisons* (Gallimard, 1977, prix Médicis étranger). Après *L'Amour n'est pas aimé* (Gallimard, 1982), écrit dans les deux langues, il choisit le français pour évoquer sa mère (*Sans la miséricorde du Christ*, Gallimard, 1985 ; *Seules les larmes seront comptées*, Gallimard, 1989) et sa propre jeunesse (*Ce que la nuit raconte au jour*, Grasset, 1992 ; *Le Pas si lent de l'amour*, Grasset, 1995).

J.P.

Bibesco Marthe (1889-1973). Née à Bucarest le 28 janvier 1889 dans une famille noble, les Lahory, elle épouse en 1905 le prince Bibescu, cousin d'Anna de Noailles et d'Hélène Vacaresco. Elle reçoit une éducation française, raffinée et cosmopolite et s'insère dans l'élite intellectuelle et la haute société parisiennes. En 1908, elle publie *Les Huit-Paradis*, inspiré d'un voyage en Perse. Le livre reçoit un accueil chaleureux. L'année suivante paraît *Alexandre asiatique*, d'un style artiste et raffiné. En 1923, *Le Perroquet vert*, à mi-chemin entre le roman et l'autobiographie, offre à la princesse Bibesco son premier succès auprès du grand public. L'œuvre de Marthe Bibesco présente aussi un versant mémorialiste et témoigne d'une époque et de personnages liés à elle par l'amitié (*Une victime royale : Ferdinand de Roumanie*, Aberville, 1927 ; *Churchill ou le courage*, 1956). *Le Pays des saules* (1923) est l'évocation d'antiques légendes et de traditions populaires roumaines.

Marthe Bibesco fut l'amie d'écrivains tels que Valéry, Rilke, Proust. *Au bal avec Marcel Proust* (Gallimard, 1928), fondé sur les souvenirs de l'auteur et sur les lettres de Proust à Antoine et Emmanuel Bibesco, eut un succès extraordinaire (voir aussi *Le Voyageur voilé*, 1947 et *La Duchesse de Guermantes*, *Laura de Sade, Comtesse de Chevigné*, 1951). Après avoir publié son journal (*Feuilles de calendrier*, 1939), Marthe Bibesco avait commencé ses mémoires sous le titre *La Nymphe Europe*. Mais seul le premier volume, *Mes vies antérieures* (1960) a paru. Elle y relate l'histoire de sa famille, qui a coïncidé bien souvent avec l'histoire européenne. Durant la Seconde Guerre, elle publie sous le pseudonyme de Lucille Decaux. Elle est morte à Paris le 28 novembre 1973.

ŒUVRES. — En outre : *Une visite à la Béchellerie*, 1925. — *Quatre portraits*, 1929. — *Jour d'Égypte*, 1929. — *Pages de Bukovine et de Transylvanie*, 1930. — *Le Destin de Lord Thompson of Cardington*, 1932. — *Lettres d'une fille inconnue de Napoléon*, 1935. — *Vie d'une amitié*, 1951-1957, 3 t. — *Échanges avec Paul Claudel : nos lettres inédites*, 1972.

→ Mircea Eliade, « Marthe Bibesco et *La Nymphe Europe*, *Bulletin de l'Académie royale de langue et de littérature françaises*, 1977. — Maria Braescu, *Interferente romanesti in opera Mathei Bibescu*, Bucuresti, Minerva, 1983. — Sanda Stolojan, Marthe Bibesco ou l'actualité d'Izvor, *Euresis-Cahiers roumains d'études littéraires*, n°s 1-2, 1993. — Fonds Marthe Bibesco à la Bibliothèque nationale.

L.V.

Bibliothèque littéraire Jacques Doucet. Fondée en 1916, dans le but de rassembler « tout ce que l'esprit français a produit de plus brillant à une époque donnée », par le grand couturier Jacques Doucet, qui s'est assuré successivement la collaboration d'André Suarès (1913-1919), d'André Breton (1920-1926) et de Robert Desnos (1926-1929), elle appartient à l'université de Paris, à qui le bibliophile et collectionneur l'a léguée.

Installée place du Panthéon, dans les bâtiments de la Bibliothèque Sainte-Geneviève, elle conserve quelque cent trente mille manuscrits. Surtout consacrée à la poésie moderne, elle possède d'importantes archives de poètes surréalistes tels que Breton, Aragon, Tzara, Eluard, Desnos, Crevel, Péret, Cravan, auxquels il faut ajouter Claudel, Valéry, Milosz, Reverdy, Char, Frénaud, Follain, Michaux, et quelques grands précurseurs : Baudelaire, Verlaine, Rimbaud, Mallarmé, Apollinaire. Elle s'est également enrichie de fonds consacrés à des romanciers ou à des essayistes contemporains : Alain, Bergson, Gide, Suarès, Schlumberger, Mauriac, Jouhandeau, Leiris, Malraux, Cioran, Bernard Noël, etc., la littérature féminine étant représentée notamment par Natalie Barney, Adrienne Monnier, Denise Bourdet, Louise de Vilmorin. Les bureaux de Bergson, de Valéry, de Leiris, de Mondor (avec ses collections Mallarmé), de Natalie Barney sont reconstitués dans l'annexe de la place du Panthéon. Dirigée de 1929 à 1956 par Marie Dormoy, puis par François Chapon, qui a contribué à accroître le prestige de ce grand lieu de la recherche littéraire et grâce à qui de nombreux fonds ont pu être récemment acquis, elle l'est aujourd'hui par le poète Yves Peyré. Voir aussi DOUCET.

→ François Chapon, « La bibliothèque littéraire Jacques Doucet », *Bulletin du bibliophile*, 1980, 1.

A.G.

Bifur (1929-1931). Revue fondée à Paris par Pierre Lévy et Georges Ribemont-Dessaignes et publiée par les Éditions du Carrefour. Le titre *Bifur* rappelle que la revue, qui n'eut que huit livraisons, est le produit d'une « bifurcation » des Éditions du Carrefour et de Pierre Lévy, qui la finance. L'orientation littéraire en revient au rédacteur en chef, Georges Ribemont-Dessaignes, ex-dadaïste, et au secrétaire de rédaction, Nino Frank, qui apporte son expérience de *900-Novecento*. L'ambition internationale de *Bifur* se manifeste par le concours de six conseillers étrangers : Bruno Barelli, Gottfried Benn, Ramon Gomez de la Serna, James Joyce, Boris Pilniak, William Carlos Williams. Moins littéraire que la *NRF*, moins académique que *Commerce*, *Bifur* est au croisement de la poésie et de la politique, du roman et de l'anthropologie, de l'actualité et de la philosophie, et accorde une place considérable à la photographie. Outre des reproductions à portée documentaire, on y découvre des prises de vues de Tabard, André Kertész, Moholy Nagy, Germaine Krull, Élie Lotar, Sheler, et l'autoportrait de Claude Cahun au crâne rasé, intitulé « Frontière humaine ».

Ribemont-Dessaignes, qui a rompu avec Breton, collabore au *Grand Jeu* de Daumal et à *Documents* de Bataille. Les membres et familiers du *Grand Jeu*, Roger Gilbert-Lecomte, René Daumal, Georgette Camille, André Delons, Pierre Minet, André Rolland de Renéville, ainsi que des collaborateurs réguliers de *Documents*, pour la plupart surréalistes dissidents, Jacques Baron, Alejo Carpentier, Robert Desnos, Michel Leiris, Georges Limbour, Jacques Prévert, Roger Vitrac et Arnaud Dandieu, seront des collaborateurs de *Bifur*. La revue, qualifiée de « remarquable poubelle » par Breton dans le *Second Manifeste du surréalisme*, a le dandysme de ne publier qu'une seule fois chaque auteur, sauf Bruno Barelli, Giono, Michaux, Brice Parain, Léon Pierre-Quint, Boris Pilniak, Vladimir Pozner et Ribemont-Dessaignes, accueillis dans deux livraisons.

Si, avec des textes de Miguel Angel Asturias, Isaac Babel, Hemingway, Nazim Hikmet, Joyce, Kafka, Sartre, William Carlos Williams, *Bifur* prend des allures d'anthologie de la littérature mondiale, il faut lui reconnaître le mérite de la défense d'une culture universelle et de quelques traductions. Avec « Qu'est-ce que la métaphysique ? », présenté par Koyré dans le numéro de juin 1931, la revue contribue à introduire Heidegger en France. L'humour n'est pas étranger à *Bifur*. Dans la courte notice consacrée à Martin Heidegger, on peut lire : « A fondé la philosophie du néant. On raconte qu'il en eut la révélation grâce à la pratique du ski. »

→ *Bifur*, n°s 1 à 8, réimpression Jean-Michel Place, 1976, 2 t.

G.Se. — IMEC

Biga Daniel (1940). Poète d'origine niçoise, appartenant à une génération marquée par la guerre d'Algérie puis par mai 1968 et le courant *Beatnik*, épris de liberté, il trouve ses sources chez Rimbaud, Michaud et chez les poètes de la révolte et du délire. Avec Franck Venaille, il lance la revue *Chorus* (1962-1974), centrée sur le langage de la vie quotidienne. Sa poésie insère dans un français souple et varié des expressions en anglais, italien, allemand, latin, provençal. L'œuvre évolue, au-delà de la révolte initiale, vers une sérénité lumineuse.

ŒUVRES. — *Oiseaux Mohicans*, 1970, rééd. 1977, 1984. — *Kilroy was Here*, 1972, rééd. 1977, 1984. — *Octobre : journal*, 1973. — *Esquisses pour un aménagement du rivage de l'amour total* suivi de *Oc*, Saint-Germain-des-Prés, 1975. — *Pas un jour sans une ligne* et *Moins ivre*, 1983. — *Histoire de l'air*, *Né nu* suivi de ses deux premiers recueils et *L'Amour d'Amirat*, Le Cherche-Midi, 1984. — *Jean-Pierre Le Boul'ch* [peintre né en 1940], 1990. — *Sur la page chaque jour*, entretiens avec Jean-Luc Pouliquen, Z'Éditions, 1990. — *Portraits d'artistes*, *Bigarrures*, *Écrits*, *Éclairs entrevus*, *Stations du chemin*, 1991. — *C'est l'été*, 1991.

M.A.

Bille Corinna (1912-1979), pseudonyme de Stéphanie Bille. Née à Lausanne, fille d'un peintre-verrier et d'une paysanne du village de Corin (d'où son nom de plume, Corinna), elle fréquente le milieu artistique de son père, lit beaucoup et fait des études dans un pensionnat de dominicains, à Lucerne, puis à l'école de commerce de Sierre. Elle devient à vingt ans la *script-girl* d'une adaptation cinématographique de Ramuz, *Rapt*. Après un mariage raté avec un comédien du Théâtre de l'Atelier, Vital Geymond, de nombreux voyages (Espagne, Italie) et un séjour parisien (1934-1936), elle épouse le poète Maurice Chappaz. Ne quittant plus le Valais que pour des voyages (Côte-d'Ivoire, Moscou), elle élève ses trois enfants tout en se consacrant à son œuvre, après la révélation que fut pour elle *Manhattan Transfer* de Dos Passos. De *Théoda* aux nouvelles de *Douleurs paysannes*, elle met en scène les passions violentes qui agitent les personnages de ce pays montagnard. À ces premiers récits et poèmes (dont *Le Pays secret)*, frappés d'un réalisme sombre et influencés par les descriptions du roman rural, font suite des recueils de nouvelles, son genre de prédilection : *La Fraise noire*, *Juliette éternelle*, *Le Salon ovale*, *Le Bal double*. *La Demoiselle sauvage* lui assure une large réputation (bourse Goncourt de la nouvelle, 1975). Elle décède prématurément au retour d'un voyage en Transsibérien. Maurice Chappaz lui a consacré deux livres de deuil, *Octobre 79* et *Le Livre de C.*

La publication du *Vrai Conte de ma vie*, autobiographie en pièces détachées, donne un aperçu de l'immense matériel onirique qui est à la source des récits de Bille. D'une forte cohérence symbolique, son œuvre privilégie les passages entre le quotidien le plus banal et les fragments de « paradis » entrevus. Le thème de l'Éden perdu, retrouvé par instants, hante ces nouvelles où l'imaginaire compense le quotidien et restaure l'unité d'un monde divisé. Ainsi, dans ces nouvelles, le surnaturel surgit-il dans un monde décevant et répressif, situé souvent dans le Valais catholique où, déclare l'héroïne de *Juliette éternelle*, « l'amour n'est que maternité, sexe ou mort ». La mise en scène des rapports humains sous leurs formes primordiales (amour et mort) tisse un lien sous-jacent entre ces récits, dont le symbolisme très élaboré et le langage elliptique, tantôt transparent, tantôt baroque, entretiennent l'ambiguïté. L'importance des figures de la transgression (notamment sexuelle) chez Bille trahit la puissance d'une sensibilité, brimée par la société et réduite à la seule expression symbolique : « Tous sentent, n'est-ce pas, mais un seul exprime. De cette vie que je ne pouvais pas vivre, je fis des nouvelles, des romans. »

ŒUVRES. — *Théoda*, Porrentruy, Portes de France, 1944. — *Le Sabot de Vénus*, Lausanne, Rencontre, 1952. — *L'Inconnue du Haut-Rhône* (théâtre), Rencontre, 1963. — *La Fraise noire*, Lausanne, La Guilde du livre, 1968, rééd. Gallimard, 1974. — *Juliette éternelle*, La Guilde du livre, 1971. — *La Demoiselle sauvage*, Vevey, Galland, 1974, rééd. Gallimard [1975]. — *Le Salon ovale*, Galland, 1976, rééd. Gallimard, 1976. — *Cent petites histoires d'amour*, Galland, 1976, rééd. Gallimard, 1979. — *Le Bal double*, Galland, 1980. — *Le Vrai Conte de ma vie*, Lausanne, Empreintes, 1992. — *Chants d'amour et d'absence*, Empreintes, 1996. — *La Montagne déserte*, Monographic, 1997.

→ Maryke de Courten, *L'Imaginaire dans l'œuvre de Corinna Bille*, Neuchâtel, la Baconnière, 1989. — Georges Borgeaud, « Corinna Bille et la passion de l'écriture », *Le Magazine litté-*

raire, n° 161, mai 1980. — Dominique Aury, « À propos de *La Demoiselle sauvage* », *NRF*, août 1975. — *Écriture*, n° 27, 1986. — Olivier Beetschen, « Deux passions », *Sud*, n° 36, 1980.

J.M.

Billetdoux François (1927-1991). Né à Paris, le 7 septembre 1927, élève de l'IDHEC, journaliste, puis producteur et réalisateur pour la Radiodiffusion française (responsable du service variétés en 1947, directeur artistique de Radio-Martinique en 1949-1950, directeur des programmes pour l'outre-mer en 1957), dans les années cinquante il est aussi comédien dans les cafés-théâtres de la rive gauche. Sa première œuvre, *Treize pièces à louer* est jouée en 1951. En 1955, *À la nuit, la nuit* (1987) dit l'impossible rencontre entre une prostituée et son client. En 1959, il est remarqué pour *Tchin-Tchin* (1986), qu'il joue lui-même au Théâtre de Poche et qui lui vaut le prix Lugné-Poe : un entrepreneur et la femme d'un chirurgien, tous deux trompés par leurs époux, noient leur chagrin dans l'alcool. *Le Comportement des époux Bredburry*, inspiré par un fait divers, est créé en 1960 au Théâtre des Mathurins : une Américaine y vend son mari par petite annonce. *Comment va le monde, Môssieu ? Il tourne, Môssieu !*, joué en 1964 à l'Ambigu, est, selon son auteur, un « western métaphysique » (1991) : le mirage américain conduit deux compagnons d'un camp de concentration jusqu'aux plaines du Texas ; l'un d'eux est tué : seule demeure la parole, porteuse d'espérance et d'absurde à la fois. La même année, le Théâtre de l'Odéon donne *Il faut passer par les nuages*, satire des stéréotypes bourgeois, avec Madeleine Renaud. Mais *Silence ! L'arbre remue encore*, une pièce dans la même veine, jouée au festival d'Avignon en 1967, est mal accueillie. La même année, *Pitchi Poï ou la parole donnée*, âpre méditation sur l'héritage de la guerre, n'a pas plus de succès. Billetdoux s'éloigne du théâtre, malgré *Rintru pa trou tar, hin !* (1971), une tentative de « paroles sans écriture » issue de son expérience d'homme de radio. En 1974 et 1975, il est membre du Haut Conseil de l'audio-visuel, puis chargé de mission à Radio-France et à l'INA. Il travaille aussi pour la télévision. Il donne *La Nostalgie, camarade* en 1974, suivi d'*Ai-je dit que je suis bossu ?* en 1981, mais ne retrouve le succès qu'en 1988, avec *Réveille-toi, Philadelphie*, mis en scène au Théâtre national de la Colline par Jorge Lavelli, avec Denise Gence. Il reçoit le Molière du meilleur auteur dramatique et le grand prix de l'Académie française en 1989. Il est mort le 26 novembre 1991.

ŒUVRES. — *Œuvres complètes* en cours de réédition, Arles, Actes Sud-Papiers.

→ Jean-Marie Lhôte, *Mise en jeu F. Billetdoux*, même éditeur, 1988.

I.M.

Billy André (1882-1971). Né à Saint-Quentin le 13 décembre 1882, il reçoit une éducation religieuse qui lui inspira son premier roman, *Benoni* (Flammarion, 1906), mais c'est surtout comme journaliste, chroniqueur et critique littéraire qu'il sera connu et reconnu. Malgré sa vocation d'historien de la littérature, il revient à la fiction pour écrire ce qu'il définit dans *Du noir sur du blanc* (Wesmael-Charlier, 1963) comme des romans de caractère, et non d'observation malgré « une écriture nue comme celle d'un rapport ». De valeur inégale, ces romans abordent de grands thèmes, qui déterminent des cycles : la jeunesse *(Benoni)*, l'amour (*La Femme maquillée*, Flammarion, 1932), la religion surtout avec *L'Approbationiste* (Flammarion, 1937), *Introïbo* (Flammarion, 1939), *Le Narthex* (Flammarion, 1950) et *Madame* (Flammarion, 1954). Mais ils sont loin de valoir ses « Propos du samedi », dans *Le Figaro* à partir de 1936, puis dans *Le Figaro littéraire* (*Propos du samedi* [choix], Mercure de France, 1969) ni même son œuvre d'essayiste (*Apollinaire*, 1947 ; *Joubert énigmatique et délicieux*, 1969) et de biographe (*Les Vies de Diderot*, Flammarion, 1943 ; *Balzac*, Flammarion, 1944 ; *Sainte-Beuve*, Flammarion, 1952 ; *Les Goncourt*, Flammarion, 1954 ; *Stendhal*, Flammarion, 1958), que complète un certain nombre de livres de souvenirs comme *La Terrasse du Luxembourg* (Fayard, 1945) ou *Le Pont des Saint-Pères* (Fayard, 1947). Élu à l'Académie Goncourt en 1943, André Billy a reçu le prix de l'Académie française en 1944 et le grand prix national des Lettres en 1954. Il est mort à Fontainebleau le 11 avril 1971.

S.R.

biographie. Genre mineur, méprisé par l'élite intellectuelle, la biographie a joui, au XXe siècle, d'un succès paradoxal qui témoigne de son aptitude à survivre dans un milieu culturel hostile ; les doctes recherchent des lois, des invariants sous les variations individuelles qu'ils jugent insignifiantes ; ils « questionnent » sans indulgence les méthodes, les artifices, les conventions implicites, l'idéologie occulte du récit biographique : comment atteindre avec des mots une vérité intime ? Ne sacrifie-t-il pas la vérité, celui qui produit une image efficace, ressemblante aux yeux du plus grand nombre, truffée de stéréotypes racoleurs ? Qui peut encore admirer les génies, les héros ou les faiseurs d'histoire, quand l'enquête scientifique ne cesse de montrer la force des choses, l'inertie des structures, la complexité des réseaux d'influence, l'ambiguïté et les conséquences perverses de toute décision ?

À ces contestations toujours renouvelées, les biographes s'entêtent à opposer l'irréfutable foisonnement des existences, et à proposer un flux relativement stable de « vies » (autour de 2 % des titres publiés) : comme si le thème — la vie humaine — et la narration restaient insensibles aux assauts. À comparer 1900 et 1993, on retrouverait aisément les raies d'un même spectre biographique : du court et du long, du sérieux et du populaire, des recueils pour les enfants, des vies de saints et de criminels... Mais peut-on se fier à une vue aussi cavalière, et croire que la biographie est immunisée contre les mutations de son environnement ? Les années vingt introduisirent un modèle nouveau qui bouscule (sans les éliminer) les manières pratiquées avant la guerre ; les années quatre-vingt semblent un tournant à la fois quantitatif et qualitatif vers des formes postmodernes. À un rythme cinquantenaire, un fleuve tranquille s'agite ainsi de remous et de rapides.

À l'aube du XXe siècle, le genre biographique semble institutionnalisé et stabilisé. Avec la rupture romantique (refus des limitations classiques au nom d'une seule exigence : la représentation vraie d'une personnalité), sont apparus ces récits dilués en plusieurs volumes, bourrés de documents et de digressions historiques, que nous connaissons encore aujourd'hui ; quand triomphent le positivisme et le scientisme, la quantité textuelle survit aux ambitions de compréhension intuitive et poétique ; les biographies historiques ou littéraires, qui constituent le cœur de la production érudite, se veulent fidèles aux sources écrites et soucieuses d'exactitude jusqu'à la minutie : en racontant objectivement les faits et gestes connus, en reconstituant des motifs et des mobiles en prise sur une carrière individuelle, on parviendra, croit-on, à reconstituer clairement la ligne d'une vie. Ainsi dans la collection « Les Grands Écrivains français » (Hachette, à partir de 1887) paraissent une soixantaine de volumes (dont, en 1906, le *Voltaire* de Gustave Lanson). La réforme de l'Université — la « Nouvelle Sorbonne » — dans les premières années du siècle favorise la production régulière de thèses, de synthèses (du type « vie et œuvres », « vie et époque »), voire de préludes biographiques aux éditions savantes.

Ces formes, les plus prestigieuses et légitimées, n'épuisent pas une gamme où les traditions séculaires se maintiennent : hagiographies (Henri Bremond, *Le Bienheureux Thomas More*, 1904 ; André Bellessort, *Saint François Xavier*, 1917), éloges, nécrologies, dictionnaires, recueils prosopographiques (vies regroupées par affinités), adaptations pour la jeunesse ou le public populaire — ainsi les « Vies des hommes illustres » de Romain Rolland, consacrées à *Beethoven* (1903), *Michel-Ange* (1906) et *Tolstoï* (1911). Comme structure secondaire, la biographie peuple les histoires générales ou nationales — telle l'*Histoire de France* (1900-1922) d'Ernest Lavisse — et les manuels d'histoire littéraire (où le traitement par auteurs, selon le schéma « l'homme et l'œuvre », devient peu à peu la règle).

Mais cette opulence diversifiée, où le travail se divise en recherche et vulgarisation, en connaissance et en consécration, cache des faiblesses : la biographie n'obtient en France ni le prestige dont elle jouit en Angleterre (où l'empirisme et l'individualisme, plus vigoureux, l'enracinent mieux dans la vie intellectuelle), ni le statut théorique que lui accordent, en Allemagne, des philosophes comme Wilhelm Dilthey ou Georg Simmel (en instaurant une coupure épistémologique entre les sciences de la nature et celles de l'esprit). Le scientisme de Taine, la sociologie qui naît avec Auguste Comte et triomphe en 1900 avec Durkheim, dévalorisent et éludent la conception à la fois biologique et spirituelle de la vie humaine comme substance qu'implique l'« individualisme méthodologique » de la biographie : ils expliquent l'individu en le réduisant à des facteurs plus quantifiables et définissables (hérédité, tempérament, influences du lieu et du moment) ; ils le considèrent comme un simple matériau qui, mis en série, permet à la statistique et à l'analyse sociale de comprendre les lois du comportement collectif.

Aux réserves de ceux qui veulent plus de science (et réprouvent, dans les « vies », les pudeurs, les réticences, les routines) font pendant des condamnations issues d'horizons opposés : certains veulent plus d'art, d'attention et de vénération devant le mystère de la création, la subtilité et l'évanescence d'une vie. Bergson réévalue la transcendance d'un élan vital que ne saurait capter le langage, instrument rationnel de repérage et de calcul ; Proust s'élève contre le *désœuvrement* des auteurs et la réduction du *moi créateur* au *moi social*, dans ses articles que recueillera *Contre Sainte-Beuve* ; Péguy (*Zangwill*, 1904 ; *Clio*, 1909), Léon Bloy (*L'Âme de Napoléon*, 1912) opposent la mémoire, le mythe et la vive présence aux dissections ou aux momifications ; Valéry crible de flèches assassines la présomption biographique à enfermer les mécanismes mentaux dans des formules simplistes. Des francs-tireurs comme Marcel Schwob (*Vies imaginaires*, 1896) ou J.-K. Huysmans (*Sainte Lydwine de Schiedam*, 1901), en surchargeant la forme biographique de fantaisie, de fiction ou de mysticisme, montrent les limites d'un strict historicisme positiviste et démontrent la possibilité de voies et de jeux originaux.

La « nouvelle biographie » naît de la crise des valeurs qui frappe l'humanisme occidental au XXe siècle : obsession du conditionnement inconscient, voire biologique, de la pensée claire et distincte ; mise en question du déterminisme ; soupçon jeté sur la neutralité de l'observateur ; interrogations sur le statut de la représentation littéraire. Mutations et doutes transforment un genre qui s'enlisait dans la routine des faits et des dates. La rupture, favorisée par le climat insolent, désinvolte et sceptique de l'après-guerre, établit de nouvelles normes sous le signe de la science et de l'intuition (comme moyens de connaissance), de la complexité psychologique (comme résultat de l'investigation), d'un art composite, influencé par le roman et le poème (comme mise en œuvre et écriture).

André Maurois symbolise cette relève : après avoir frôlé le roman (*Ariel ou la vie de Shelley*, 1923), il revient à une narration plus orthodoxe (*La Vie de Disraëli*, 1927 ; *Byron*, 1930 ; *Chateaubriand*, 1938 ; *Olympio ou la vie de Victor Hugo*, 1954 ; *Prométhée ou la vie de Balzac*, 1965). À sa suite, le genre connaît un vif succès populaire : en témoignent des collections comme « Le Roman des grandes existences » (Plon, à partir de 1926), où voisinent érudits et romanciers, avec le souci d'approcher les goûts du public (en 1926 : René Benjamin, *La Prodigieuse Vie d'Honoré de Balzac* ; Jean-Marie Carré, *La Vie aventureuse de Jean-Arthur Rimbaud* ; L. Latzarus, *La Vie paresseuse de Rivarol* ; Francis Carco, *Le Roman de François Villon*).

La psychanalyse fournit bientôt une théorie qui réduit les sources de la vie psychique aux conflits de la petite enfance : Marie Bonaparte (*Edgar Poe, sa vie, son œuvre*, 1933) montre en Poe une fixation à la mère morte : cette nécrophilie latente se traduit en névrose et nourrit un symbolisme que les premiers lecteurs jugeaient bizarre et affecté ; Jean Delay (*La Jeunesse d'André Gide*, 1956-1957) voit chez Gide un culte mystique et inhibiteur de la femme, et une tyrannie des impératifs paternels, causes jumelles de l'homosexualité et des cris de libération qui jalonnent l'œuvre. La psychobiographie systématise ce type d'interprétation après la Seconde Guerre (Dominique Fernandez, *L'Échec de Pavese*, 1967). L'existentialisme, qui refuse de réduire à des concepts logiques le sens et le projet d'une vie, pouvait contrer les excès ou les audaces de la psychanalyse : mais pour Sartre toute biographie se révèle impossible, car le présent qui jaillit se désolidarise à jamais du passé : c'est le thème du roman *La Nausée* (1938). D'où d'extrêmes simplifications pour saisir l'homme comme projet (et non sujet ou objet) : Genet, s'acceptant comme voleur, se fixe une identité (*Saint Genet, comédien et martyr*, 1952).

Les ambiances intellectuelles défavorables que constituent successivement le marxisme (où les forces économiques et sociales remplacent l'individu comme moteur de l'histoire) et le structuralisme (où le sujet et son histoire, illusions superficielles, ne sont que des « effets textuels ») n'entravent pas le développement d'une école française de biographie, qui évite l'esprit de système tout en intégrant les acquis de la psychologie des profondeurs ou la conscience sociologique que réclamait l'École historique des Annales : ainsi Jean Orieux (*La Fontaine, ou la vie est un conte*, 1976) ou Henri Troyat (*Dostoïevski*, 1940 ; *Pouchkine*, 1946 ; *Tolstoï*, 1965 ; *Gogol*, 1971 ; *Catherine la Grande*, 1977 ; *Pierre le Grand*, 1979).

Au cours des années quatre-vingt, la biographie est devenue un phénomène de mode : les revues lui consacrent des numéros spéciaux et les universitaires, des colloques. Son expansion (entre 2,5 et 3 % du total des titres) est moins remarquable que son esprit de conquête : ses domaines traditionnels (religion, arts, littérature, histoire) se maintiennent ou progressent légèrement, tandis que de nouveaux territoires sont envahis : science, actualité (vedettes, hommes politiques, entrepreneurs) et surtout roman. On assiste ainsi à une véritable « délocalisation » de la biographie, qui explique l'impression de pléthore qu'éprouve le client devant les présentoirs d'une librairie, et les mouvements d'humeur périodiques de la critique littéraire qui stigmatise les charmes faciles du vécu ou du document. L'engouement s'explique par des raisons conjoncturelles et structurelles : contre le parisianisme, l'hermétisme ou la perpétuelle surenchère des avant-gardes, la biographie a maintenu un style de récit naïf, référentiel, sans sophistication inutile. Mais surtout son attention au destin d'un homme singulier, son éclectisme (malgré ses liaisons dangereuses avec des dogmes psychologiques qu'elle assimile mal) l'ont accordée à une époque où les systèmes s'écroulent, où l'ère des grandes utopies messianiques et des révolutions qui déboucheraient sur l'homme nouveau s'est close définitivement. En une atmosphère impalpable, livrée aux sortilèges de la communication, au leurre de l'image, au tournoiement des citations ironiques, la biographie assure au lecteur une mémoire élargie, un ancrage dans un passé personnalisé, un enracinement dans le terreau de vies multiples et fraternelles. Industrialisée, docile aux désirs du public, souvent vite faite, elle accompagne les anniversaires et les commémorations qui tentent d'assouvir notre nostalgie.

Mais la biographie qui « revient » et prospère dans de multiples collections (et même en format de poche, suprême honneur éditorial), même si elle conserve ses traditionnelles fonctions d'information, de consécration et de célébration, n'est plus tout à fait celle d'hier : elle tente d'abord une percée vers de nouveaux sujets (les mères, les sœurs, les épouses des célébrités répertoriées ; les gens du peuple représentatifs d'une catégorie professionnelle ou d'une classe sociale : récits de vie recueillis par des sociologues). Elle s'accorde souvent une liberté d'essayiste à l'égard des dispositions chronologiques ordinaires : des collections comme « Elle était une fois » (Laffont), où une femme d'aujourd'hui rencontre une femme du temps jadis, ou « L'un est l'autre » (Gallimard), adoptent même dans leur principe le dialogue et le questionnement explicites que le biographe dérobe normalement aux curiosités indiscrètes : à l'heure de l'« ego-histoire », le travail et la relation biographiques s'affichent et deviennent le thème de nombreuses fictions, qui dramatisent le désir de connaître et de maîtriser la vie de l'autre (François Bott, *Autobiographie d'un autre*, Flammarion, 1988).

Aux antipodes de l'essai, le roman s'autorise d'un même scepticisme sur l'établissement d'une vérité définitive : son spectre conduit d'une sobre utilisation de dialogues ou de scènes vraisemblables aux reconstitutions les plus audacieuses ; les mémoires imaginaires connaissent une faveur soutenue : *L'Allée du Roi* (Julliard, 1981) de Françoise Chandernagor, vie de Madame de Maintenon, a dépassé le million d'exemplaires ; *Dans la main de l'ange* (Grasset, 1982), vie de Pier Paolo Pasolini, de Dominique Fernandez, obtient le prix Goncourt. Si la plupart des traitements romanesques restituent la continuité d'une vie vécue de l'intérieur, d'autres prennent le parti de la discontinuité, qui fait éclater l'illusion de la cohérence : dans *Les Éblouissements* (Le Seuil, 1987, prix Goncourt), Pierre Mertens, en sept scènes dialoguées, évoque sept moments d'une existence écartelée, celle du poète allemand Gottfried Benn, qu'aucun artifice narratif n'arraisonne.

Ainsi, l'ondoyante diversité du champ biographique reproduit les configurations volatiles du champ culturel : les biographies ne constituent plus un aréopage de pères stylisés, professeurs d'énergie et de personnalité, mais un caravansérail où règne le polythéisme des valeurs, où chacun peut choisir sa précaire demeure, où chaque aspect d'une psyché morcelée trouve quelque maternelle intégration à des figures dont la variété s'accorde à la permissivité des mentalités. Conquérante et polymorphe, avec la gamme discordante de ses thèmes et de ses tons, la biographie postmoderne semble donc refléter les traits majeurs de la culture qui la maintient et qu'elle soutient.

→ John A. Garraty, *The Nature of Biography*, New York, Knopf, 1957. — Paul Murray Kendall, *The Art of Biography*, London, George Allen & Unwin, 1965. — Philippe Lejeune (dir.), *Le Désir biographique*, Paris X-Nanterre, 1989. — Daniel Madelénat, *La Biographie*, PUF, 1984. — André Maurois, *Aspects de la biographie*, Grasset, 1930. — *Revue des sciences humaines*, n° 224, 1991. — John Batchelor (ed.), *The Art of Literary Biography*, Clarendon Press, Oxford, 1995.

D.M.

Blaine Julien (1942). Né à Rognac le 19 septembre 1942, il appartient à cette famille de poètes, héritiers de Kurt Schwitters, pour lesquels la pratique de la poésie ne se limite pas au seul fait d'écrire et de publier. Récusant l'espace traditionnel du poème, il devient l'expérimentateur, depuis *WM quinzième* (L'Octéor, 1966), de formes toujours renouvelées, qui font de lui un représentant tout aussi bien de la poésie concrète, visuelle ou élémentaire. On lui doit des livres-tracts (*Manifeste de mai sous forme d'idéogrammes*, 1968), des livres-objets aux infinies variations typographiques, dessins, signes. Parmi ses nombreuses publications, on peut citer *Paragenesi* (San Pietro, 1968), *Processus de déculturisation* (Éditions de la Tête de feuille, 1972), *Elefanti e primi testi* (Geger, 1977), *BiMOT* (Éditeurs évidant, 1990), *Calmar* (Spectres familiers, 1993). En 1986, il invente le « poème métaphysique », « métaphysique car au-delà de l'évidence plate et forme appelée à être à la poésie élémentaire ce que le sonnet est à la classique » (*13427 poëmes métaphysiques*, Éditeurs évidant, 1986). Artiste pluridisciplinaire, Julien Blaine est aussi le chantre de la « performance » à l'anglo-saxonne, où l'auteur-acteur utilise son corps en contrepoint au texte, lors de festivals ou de vidéos. Soucieux de la place de la poésie en France, il est également éditeur de revues depuis 1962, organisateur de rencontres et festivals, et cocréateur du Centre international de poésie à Marseille. Sous le nom de Christian Poitevin, il a été adjoint au maire de Marseille, délégué à la Culture, poste dont il a démissionné en 1995.

N.R.

Blais Marie-Claire (1939). Née à Québec, elle se fait connaître en 1959 par la publication d'un premier roman, *La Belle Bête*, bientôt suivi de deux autres : *Tête blanche* (1960) et *Le jour est noir* (1962), ainsi que de deux recueils de poèmes, *Pays voilés* et *Existences*. Grâce à l'appui du critique américain Edmund Wilson, elle obtient une bourse de la Fondation Guggenheim et, à partir de 1963, séjourne quelques années à Boston et à Cape Cod ; c'est là qu'elle écrit *Une saison dans la vie d'Emmanuel* (1965), qui lui vaudra le prix Médicis en 1966 et sera traduit en une quinzaine de langues. Dans *Parcours d'un écrivain* (1993), elle retrace certains épisodes de ses années en Nouvelle-Angleterre. En 1976, elle reçoit le prix Belgique-Canada pour l'ensemble de son œuvre et, en mai 1993, elle devient membre de l'Académie royale de Belgique. Après plusieurs séjours en Europe, elle partage son temps entre le Québec et l'île de Key West en Floride.

Les premiers récits de Marie-Claire Blais, *La Belle Bête* et *Tête blanche*, tiennent à la fois du conte et de la poésie et évoquent en une suite de figures archétypales la cruauté des rapports entre adultes et enfants. *Une saison dans la vie d'Emmanuel* s'ouvre sur l'image inquiétante de l'aïeule vue par les yeux du nouveau-né : « Les pieds de Grand-Mère Antoinette dominaient la chambre. » Sous l'œil vigilant et dominateur de celle-ci, naissent et meurent les rejetons d'une tribu échappée de quelque vision d'enfer ou de cauchemar : Héloïse la mystique, Pomme, le Septième et surtout Jean-le-maigre, « poète de sept ans », qui à son tour écrira l'histoire des siens et de sa vie. Grâce au point de vue multiple et décentré, c'est à l'immuable grand-mère qu'il revient de clore un récit où se côtoient le noir et le tendre, la souffrance et la rédemption, le tragique et l'humour. Dans cet univers à la fois naturaliste et onirique, subversif par rapport à la tradition des romans de la terre, même la mort prend des allures de surréalité.

La trilogie composée de *Manuscrits de Pauline Archange* (1968), *Vivre ! Vivre !* (1969) et *Les Apparences* (1970) poursuit la dénonciation d'une société incapable de comprendre les jeunes insoumis, êtres de douceurs et de révolte, que sont les personnages de Marie-Claire Blais. Pauline Archange, comme Jean-le-maigre, cherche dans l'écriture la seule voie possible pour apprivoiser la vie. Alors qu'*Un joualonais, sa joualonie* (1973) explore les particularismes langagiers et les variations de la langue québécoise dans le cadre d'une subtile transposition stylistique, *Les Voyageurs sacrés*, puis *Une liaison parisienne* déclinent, sur le mode lyrique ou réaliste, les tentations d'éternité d'errants en mal d'absolu : « L'amour n'est-il pas le Dieu du temps perdu ? »

Un nouveau cycle romanesque commence avec *Les Nuits de l'underground* (1978), *Le Sourd dans la ville* (1979) et *Visions d'Anna* (1982) : scènes d'apocalypse, visions éphémères émergent d'un maelstrom de lieux, de personnages, de sensations. À partir d'une phrase souple aux tonalités multiples, le lecteur passe insensiblement d'une conscience à une autre, d'une voix à une autre, laissant entendre des accents d'une inaliénable solitude. *Le Sourd dans la ville*, inspiré d'un tableau d'Edvard Munch, *Le Cri*, transcrit en un long paragraphe de deux cents pages le rêve désespéré d'un enfant vers une Californie impossible, ainsi que les petites et grandes utopies d'une humanité souffrante réunie, par une sorte de fatalité dérisoire, à l'Hôtel des Voyageurs. *Soifs* (1995) est une vaste fresque dans laquelle les voix des personnages, de jeunes intellectuels et artistes, s'entremêlent pour dire les malheurs de ce temps. Le vertige né de la fréquentation des extrêmes se retrouve dans *Pierre* (1980) et dans *L'Ange de la solitude* (1989). Parallèlement à son œuvre de romancière, Marie-Claire Blais poursuit une carrière de poète et de dramaturge.

ŒUVRES. — **Romans** : *La Belle Bête*, Institut littéraire du Québec, 1959, rééd. Paris, Flammarion, 1960, Montréal, CLF-Poche, 1968. — *Tête blanche*, Institut littéraire du Québec, 1960, rééd. Montréal, Éditions de l'Homme, 1969. — *Le jour est noir*, Montréal, Éditions du Jour, 1962, Montréal, Stanké, collection Québec 10/10, 1979. — *Une saison dans la vie d'Emmanuel*, Montréal, Éditions du Jour, 1965, rééd. Paris, Grasset, 1966, Montréal, Stanké, collection Québec 10/10. — *L'Insoumise*, Montréal, Éditions du Jour, 1966, rééd., suivi de *Le jour est noir*, Paris, Grasset, 1971. — *David Sterne*, Montréal, Éditions du Jour, 1967, rééd. Montréal-Paris, Stanké, collection Québec 10/10, 1981. — *Manuscrits de Pauline Archange*, Montréal, Éditions du Jour, 1968, rééd. Paris, Grasset 1968, Montréal-Paris, Stanké, collection Québec 10/10, 1981. — *Les Voyageurs sacrés*, récit, Montréal, HMH, 1969. — *Vivre ! Vivre !*, Montréal, Éditions du Jour, 1969, rééd. avec les *Manuscrits de Pauline Archange*, Montréal-Paris, Stanké, collection Québec 10/10, 1981. — *Les Apparences*, Montréal, Éditions du Jour, 1970, rééd. avec les *Manuscrits de Pauline Archange*, Montréal-Paris, Stanké, collection Québec 10/10, 1981. — *Le Loup*, Montréal, Éditions du Jour, 1972, rééd. Paris, Laffont, 1973, Montréal, Stanké, collection Québec 10/10, 1980. — *Un joualonais, sa joualonie*, Montréal, Éditions du Jour, 1973, rééd. sous le titre *À cœur joual*, Paris, Laffont, 1974, Montréal, Stanké, collection Québec 10/10, 1979. — *Une liaison parisienne*, Montréal, Stanké-Quinze, 1975, rééd. Paris, Laffont, 1976, Montréal-Paris, Stanké, collection Québec 10/10, 1982. — *Les Nuits de l'underground*, Montréal, Stanké, 1978. — *Le Sourd dans la ville*, Montréal, Stanké, 1979, Paris, Gallimard, 1980, Montréal, Stanké, collection Québec 10/10, 1987.

— *Visions d'Anna ou le Vertige*, Montréal, Stanké, 1982, rééd. Paris, Gallimard, 1982. — *Pierre, la guerre du printemps 81*, Montréal, Primeur, 1984, rééd. Paris, L'Acropole, 1986. — *L'Ange de la solitude*, Montréal, VLB, 1989, rééd. Paris, Belfond, 1989. — *L'Exilé*, nouvelles, suivi de *Les Voyageurs sacrés*, Montréal, BQ, 1992. — *Soifs*, Montréal, Boréal, 1995, rééd. Paris Seuil, 1996. — **Poésie** : *Pays voilés*, Québec, Garneau, 1963, rééd., suivi de *Existences*, Montréal, Éditions de l'Homme, 1967. — *Existences*, Québec, Garneau, 1964, rééd. Montréal, Stanké, collection Québec 10/10, 1983. — **Théâtre** : *L'Exécution*, Montréal, Éditions du Jour, 1968. — *Fièvre* et autres textes dramatiques, Montréal, Éditions du Jour, 1974. — *L'Océan* suivi de *Murmures*, Montréal, Quinze, 1977. — *Parcours d'un écrivain*, notes américaines, Montréal, VLB, 1993.

→ Vincent Nadeau, *Le Noir et le tendre*, Montréal, Presses de l'université de Montréal, 1974. — Françoise Laurent, *L'Œuvre romanesque de Marie-Claire Blais*, Montréal, Fides, 1987.

L.G.

Blanchard Maurice (1890-1960). Né le 14 avril 1890 à Montdidier, ouvrier, pilote de chasse, ingénieur aéronautique, constructeur d'hydravions, il est resté longtemps un poète solitaire, publiant à compte d'auteur (*Les Lys qui pourrissent*, 1929 ; *Malebolge*, 1934 ; *Solidité de la chair*, 1935 ; *Sartrouville*, 1936), avant de se rapprocher des surréalistes lorsque Guy Lévis Mano accepte de faire paraître *Les Barricades mystérieuses* (1937, rééd. Gallimard, 1994) et *C'est la fête et vous n'en savez rien* (1939). Après l'Occupation (*Les Pelouses fendues d'Aphrodite*, 1943), il refuse l'embrigadement (*Nous autres sans patrie*, 1947) et accède à la plénitude (*L'Homme et ses miroirs*, 1949 ; *Le Pain, la lumière*, 1955). Après sa mort, le 19 mars 1960 à Montdidier, on publiera un volume de souvenirs (*Danser sur la corde. Journal 1942-1946*, Toulouse, L'Éther vague, 1995).

ŒUVRES. — *Œuvres complètes*, rééd. Plasma, 1977, 1979 et 1982, 3 t.

→ Pierre Peuchmaurd, *Maurice Blanchard*, Seghers, coll. Poètes d'aujourd'hui, 1988.

J.P.

Blanchot Maurice (1907). Né à Quain (Saône-et-Loire), le 22 décembre 1907, le plus secret des écrivains contemporains vit depuis longtemps près de Paris, dans une maison où il ne reçoit guère. Après des études littéraires et philosophiques à la Sorbonne, il devient journaliste vers 1930 et écrit dans le *Journal des débats*, dans le *Combat* de Thierry Maulnier, et dans *L'Insurgé*, où il affiche des idées proches de celles de Maurras. Cet engagement change radicalement de couleur vers 1940 ; et Blanchot, lié étroitement à Bataille à partir de 1941, sera dès lors d'extrême gauche, mais ouvert à des pensées aussi diverses que celles de Hegel, lu très tôt, de Nietzsche, de Heidegger ou de Levinas.

Il entre en littérature en 1941, avec *Thomas l'Obscur*, roman publié chez Gallimard, ainsi que presque tous les suivants, et qui annonce les grands thèmes de son œuvre narrative. Car Blanchot est d'abord un romancier, un romancier de l'essentiel, pour qui le monde, loin d'éclairer le roman, est signifié par lui. D'où le caractère abstrait de ses histoires, qui se déroulent souvent dans un lieu anonyme, et où les personnages désincarnés, et arrachés au temps réel, ne sont qu'une voix. On le vérifie dans *Thomas l'Obscur*, dont le héros, revivant toute notre histoire (jailli de la mer, il est d'abord l'homme des cavernes, le sauvage sans prise sur la nature, puis il devient l'esprit conscient de sa force et affronte l'expérience de l'amour), reste de bout en bout l'« obscur », parce qu'il appartient à la nuit, à cette frange de l'humain qui est l'infini et que le langage, faute de pouvoir l'éclairer, ne peut que sentir. Tout amour est donc décevant — Anne, éprise de Thomas, meurt de son silence, et Irène, qui ne le désire pas moins, tombe dans la folie —, mais n'est pourtant pas vain : menant le dialogue jusqu'à ses limites, l'auteur découvre l'indicible, paradoxe que la seconde version (1950), plus épurée, soulignera tout autant. Entre-temps sera apparu le héros éponyme d'*Aminadab* (1942). *Aminadab* signifie en hébreu « le parent généreux » ; et il y a de la générosité dans ce Dom que Thomas, attiré dans une maison inconnue par une femme, ne tarde pas à y fréquenter. Avec ses valets bizarres, ses hôtes inquiétants et son protocole réglé d'en haut, d'un étage que nul n'atteint, la maison ressemble au château de Kafka. Dom en livre le secret à Thomas. Les habitants obéissent à la loi émanée de l'étage inaccessible ; cette loi veut qu'ils se parlent et que, se parlant, ils constatent l'impuissance du langage. La maison invite donc au silence ; et Dom, en réalité le double du héros, prolonge l'expérience de Thomas l'« obscur ». Expérience qu'on retrouve, d'une autre manière, dans *L'Arrêt de mort* (1948). Récit bref et glaçant où Blanchot trouve définitivement son ton, *L'Arrêt de mort* a pour sujet une décision sans appel qui n'est pas une condamnation, mais une vocation, car c'est librement que le héros se jette, par des temps funestes (crise de Munich, déclaration de guerre), dans ce « noir » en quoi « l'infini demeure ». D'abord, avec J., jeune femme malade qu'il séduit à Arcachon ; puis avec Nathalie, découverte à Paris. Par un hasard qui n'en est pas un dans un monde soumis au destin, l'une et l'autre forcent la porte de sa chambre ; et les deux, s'éloignant de lui, le laissent sans voix. J., qu'il a pour ainsi dire ressuscitée alors qu'elle était déjà inerte (on a beaucoup insisté sur cette intrusion du fantastique), meurt sous ses yeux, lui permettant de comprendre ce qu'est la mort d'une conscience ; et Nathalie, en faisant réaliser un moulage de son visage, se pétrifie littéralement devant lui. Il est, ainsi, deux fois initié à l'absence ; et si fascinante est cette double chance qu'il ne la décrit qu'à « regret ». Du moins est-ce une parole de fond, qui ne s'élève qu'à l'instant où le mutisme prend corps.

« Je parle, je parle maintenant », s'écrie également Henri Sorge, à la fin du *Très-Haut* (1948), quand son infirmière le tue. N'a-t-il pas parlé avant ? Non, et l'infirmière le tue justement parce que, tout en conversant souvent avec elle, il n'a été qu'une énigme et ne s'est jamais livré. Non plus qu'à ses voisins ou à ses proches qui, très bavards, l'ont harcelé dans les maisons où, malade, il s'est enfermé (on tourne toujours en lieu clos chez Blanchot, et, signe d'une conscience troublée, on est rarement bien portant). Cette impossibilité de communiquer avec autrui est incarnée par son ami Dorte, qui évoque l'allemand *Dort*, « là-bas », et symbolisée dans le titre du roman, puisque l'autre est toujours étranger et « plus haut », comme l'a observé Blanchot (*L'Entretien infini*, 1969). Dans ce roman-fresque, où Sorge serait pour certains interprètes l'allégorie de la *Sorge* heideggerienne (le souci, l'angoisse existentielle), le *Très-Haut* pourrait être également l'histoire du Très-Sage. Le pays de Sorge est en effet celui de l'État universel cher à Hegel. Synthèse du particulier et du général, présent partout, jamais archaïque, toujours neuf, cet État qui sait tout d'avance ignore opposants et châtiments, car même les contradictions participent dialectiquement à son harmonie. Comment, sinon, expliquer que Sorge, fonctionnaire municipal démissionnaire, soit félicité pour son geste et puisse voir à loisir les comploteurs ?

Après *Le Très-Haut*, Blanchot, revenant à la veine de *L'Arrêt de mort*, n'écrit plus que des récits courts et denses. Liaisons pleines de malaise et néanmoins poursuivies, dans *Au moment voulu* (1951), où Judith lance à son ami « Je ne sais qui vous êtes » ; drame de l'écrivain travaillant non avec l'autre mais sous son regard vide (*Celui qui ne m'accompagnait pas*, 1953) ; méditation sur l'expérience du temps toujours tendu vers un avenir où, peut-être — et peut-être pas ! — naîtra l'authentique dialogue (*L'Attente, l'oubli*, 1962) : tout décrit la condition humaine réduite à ses problèmes majeurs. C'est pourquoi la mort, qu'elle soit en fin de vie ou, comme dans *Le Dernier Homme* (1957), dans le masque inquiétant d'un pulmonaire doté du pouvoir de déposséder les autres d'eux-mêmes, y a le dernier mot. Ce mot est trop fort pour que Blanchot, qui refuse les facilités de l'autobiographie, nous parle de sa propre vie, la seule exception étant sans doute *L'Instant de ma mort* (Montpellier, Fata Morgana, 1994), évocation discrète d'une des tragédies qu'il a contemplées pendant la guerre.

La réflexion critique de Blanchot, publiée principalement chez Gallimard, et amorcée avec *Faux Pas* (1943), recueil d'articles brefs, manifeste un identique souci du plus grand dénominateur commun — cette union de la révolte contre la clôture du monde, dont traitera encore *La Communauté inavouable* (1983, Éditions de Minuit). Est-ce pour cela qu'elle est si connue ? Ou pour sa curiosité qui, malgré des préférences marquées (Nietzsche, Mallarmé, Proust, Kafka, Hölderlin, Rilke), interroge toute la littérature d'Homère à René Char, en passant par les baroques du XVIIe siècle et

Lamartine ? Il est certain, en tout cas, qu'à un moment où la critique est cartésienne, dogmatique et réductrice, celle de Blanchot se caractérise par son respect du mystère enfoui dans l'œuvre littéraire. Lire suppose donc une morale, sinon une piété, et une déontologie. Suscités tantôt par la lecture d'une œuvre, tantôt par celle d'un autre critique qui, lui-même, renvoie d'urgence au texte, les essais de Blanchot rappellent la critique à ses devoirs : qu'elle n'efface pas l'œuvre ; qu'elle ne parle que du « point » où elle ouvre le texte et ne le ferme pas (*L'Entretien infini)* ; qu'elle sache enfin que « les meilleures œuvres poétiques nous renvoient à la poésie » *(Faux Pas)*. L'œuvre n'est donc, elle aussi, qu'un « point » d'un ensemble plus vaste dont la critique doit discerner les lignes de force. Autrement dit, derrière chaque livre, Blanchot voit un contexte et, surtout, un commerce intime avec toute la littérature, double exigence que seule, peut-être, la critique dite « thématicienne » (celle de G. Poulet, de J. Starobinski et de J.-P. Richard) a partagée avec lui.

Pour l'auteur de *La Part du feu* (1949), l'ambiguïté de l'univers de Kafka, à la fois fermé et sans limites (singulièrement dans *La Métamorphose,* où on ne sait pas si Grégoire meurt vraiment), illustre plus généralement, avec le monde de Char et de Baudelaire, la nature « lazaréenne » de la littérature, décrite en synthèse à la fin du recueil, dans la comparaison de l'écrivain avec le Christ ressuscitant Lazare. Il y a deux langages et deux Lazare. Le premier est hégélien, il répond à l'appel du Christ et représente le parler utile, qui donne sens au monde ; le second, qui se tait, se maintient à jamais dans le tombeau, et c'est pour lui, pour son silence préoccupant, que témoigne l'écrivain dressé devant un tombeau. Dans *L'Espace littéraire* (1955), c'est Orphée qui éclaire en dernière analyse le cas de Mallarmé ou de Rilke. Descendant chercher Eurydice dans les enfers, Orphée est l'écrivain qui veut, au prix de mille dangers, donner jour à l'œuvre ; perdant Eurydice par son regard, il est encore l'écrivain qui risque tout pour voir la nuit. Ou pour entendre le chant des Sirènes, comme l'indique *Le Livre à venir* (1959). Abordant des auteurs aussi différents qu'Artaud, Rousseau, Claudel et Bataille, *Le Livre à venir* s'ouvre sur l'éloge de ce chant « énigmatique, qui est puissant par son défaut », et qui, Ulysse l'eût-il voulu — mais Ulysse n'est pas un écrivain —, l'aurait mené dans la littérature. Lazare, Orphée, les Sirènes, ou Abraham dans *Au moment voulu* (un Abraham qui, revenu de la colline du sacrifice, est définitivement coupé des autres, pour avoir vu l'ange et le bélier), tels sont les vrais modèles de l'écrivain voué à séjourner dans l'Ineffable. Là, les fausses sirènes du roman réaliste ou de la poésie militante sont sans pouvoir ; là, avec des mots situés « à l'écart de tout visible et de tout invisible » (allusion au discours dialectique, qui définit le visible par opposition à l'invisible), on tente de parler le langage du « neutre », comme le dit *L'Entretien infini,* où Blanchot analyse une fois de plus l'attrait de la mort qui, jamais dicible et pourtant présente, est sans genre mais pas sans force.

N'écrit donc pas qui veut. Écrire procède du sentiment d'avoir été élu et de partager cette élection avec d'autres écrivains (*L'Amitié*, 1971) ; écrire exige de quitter le monde des contingences pour passer outre et ne plus s'exprimer qu'en balbutiant. *Le Pas au-delà* (1973), livre fragmentaire dont la typographie mêle le romain et l'italique, dit qu'il existe trois termes importants : *parler, désirer*, *rencontrer,* qui ne sont toutefois productifs que s'ils incluent le « jeu du manque ». C'est ce « manque » envoûtant, à la fois échec et gloire de l'écrivain, que Blanchot, par ailleurs attentif à des penseurs qui ne sont pas strictement littéraires — il publie en 1986 *Michel Foucault tel que je l'imagine* (Montpellier, Fata Morgana) — veut approcher dans des livres où la conception de la littérature est indissociable de la pratique concrète.

ŒUVRES. — Outre les œuvres citées, ont paru chez Gallimard : *Lautréamont et Sade*, 1949. — *L'Écriture du désastre*, 1980. — Chez Fata Morgana (Montpellier) : *La Folie du jour*, 1973. — *Le Dernier à parler*, 1984. — Aux Éditions de Minuit : *Après coup*, 1983, incluant *Le Ressassement éternel.*

→ Pierre Klossowski, « Sur Maurice Blanchot », *Les Temps modernes*, n° 40, 1949. — *Critique*, n° 229, juin 1966 (articles notamment de Michel Foucault, « La pensée du dehors », de Jean Starobinski, « *Thomas l'Obs-*

cur, chapitre I », de Georges Poulet, « Maurice Blanchot critique et romancier »). — Françoise Collin, *Maurice Blanchot et la question de l'écriture,* Gallimard, 1971, rééd. 1986. — Roger Laporte et Bernard Noël, *Deux lectures de Maurice Blanchot,* Montpellier, Fata Morgana, 1973. — Emmanuel Levinas, *Sur Maurice Blanchot,* Fata Morgana, 1975. — Evelyne Londyn, *Maurice Blanchot romancier*, Nizet, 1976.

G.E.

Blanzat Jean (1906-1977). Né le 6 janvier 1906, issu d'une famille paysanne de la Haute-Vienne, il passe une partie de son enfance et de son adolescence à Bellac, entre à l'École normale de Versailles en 1922, devient instituteur et fait ses débuts en littérature dans la revue *Europe* en 1929. Il y publie, en 1930, son premier récit, *Enfance*, avant de confier à Grasset *À moi-même ennemi* (1933) et *Septembre* (1936, prix Blumenthal). Durant la guerre, il s'engage dans la Résistance au sein du réseau du musée de l'Homme, est l'un des sept premiers membres du Comité national des écrivains de la zone Nord, et l'un des fondateurs, avec Paulhan, des *Lettres françaises* clandestines, tout en continuant son activité de romancier *(L'Orage du matin*, 1942, grand prix du Roman de l'Académie française). À la Libération, il devient directeur littéraire chez Grasset de 1945 à 1953, année où il entre au comité de lecture de Gallimard, et tient une chronique au *Figaro littéraire* de 1946 à 1960. Avec les années, ses récits prennent une couleur fantastique : dans *Le Faussaire* (1964, prix Femina, rééd. Gallimard, 1981), le diable ramène six personnes à la vie, tandis que dans *L'Iguane* (1966), composé de plusieurs fables, les personnages, marqués par la mort, vivent dans une angoisse permanente. Jean Blanzat disparaît le 6 novembre 1977. – Fonds Jean Blanzat à l'IMEC.

D.H.

Blavier André (1922). Né à Hodimont-lez-Verviers (Belgique) le 23 octobre 1922, membre du Collège de 'Pataphysique et de l'Oulipo, ancien bibliothécaire, fondateur de la revue *Temps mêlés* (1953-1978), ami de Queneau, il a créé à Verviers un centre de documentation consacré à l'auteur de *Zazie*, relayé par une revue, *Temps mêlés II : documents Raymond Queneau*. On lui doit un roman : *Occupe-toi d'homélies* (1976, grand prix de l'Humour noir 1977), « fiction policière et éducative », en réalité grand jeu de piste verbal, littéraire et para-littéraire, ainsi que des poèmes, dont les 4 000 vers du *Mal du pays ou les travaux forc(en)és* (1983, 1986, 1993). Exploitant, dans la tradition oulipienne, jeux et ressources du langage, le style de Blavier allie l'exubérance verbale à l'humour et à la truculence : la parodie, le pastiche, l'utilisation des références littéraires les plus variées donnent à ses textes un caractère essentiellement dérisoire. Il a publié également des essais critiques : *Les Lettres belges sous la chape de laine* (1959), *Ceci n'est pas une pipe : contribution furtive à l'étude d'un tableau de René Magritte* (1973), *Raymond Queneau poète* (1984) et *Raymond Queneau et/en son temps* (1987). Il est l'éditeur des *Écrits complets* de Magritte (1979) et d'une anthologie, *Les Fous littéraires* (1982).

ŒUVRES. — André Blavier et Raymond Queneau, *Lettres croisées (1949-1976)*, éd. Jean-Marie Klinkenberg, Bruxelles, Labor, coll. Archives du futur, 1988. — *Occupe-toi d'homélies*, rééd., Bruxelles, Labor, coll. Espace Nord, 1991. — *Les Fous littéraires*, Veyrier, 1982.

→ *Plein Chant : Les Très riches heures d'André Blavier*, nº 22-23, 1984. — André Blavier, *André Blavier : notes*, Verviers, Temps mêlés, 1990.

O.Bi.

Blin Georges (1917). Né le 18 décembre 1917 à Perthuis, dans le Vaucluse, fils d'un journaliste et homme de lettres, il fait ses études au lycée Saint-Charles à Marseille et au lycée Henri-IV à Paris. Admis à l'École normale supérieure, reçu à l'agrégation, il choisit un parcours atypique, qui le conduit du lycée Chateaubriand à Rome (1939-1940) au lycée français de Tanger (1942-1945). Il entame alors, à partir de 1946, une brillante carrière universitaire : professeur à la faculté des lettres de Bâle de 1946 à 1959, puis à la Sorbonne où il enseigne la littérature française jusqu'en 1965, il est élu cette année-là au Collège de France à la chaire de littérature française moderne.

Durant toutes ces années, Georges Blin a édifié une somme critique fondamentale sur ses deux auteurs de prédilection, Baudelaire et Stendhal, unis par un même culte de la *singularité* — le culte de « l'insulaire Moi », qui est peut-être l'axe central de ses recherches. La meilleure méthode, pour lui, est celle qui ne prétend pas en imposer une et rejette tout dogmatisme. C'est cette conception de la critique qu'il a exposée dans sa leçon inaugurale au Collège de France, publiée ultérieurement chez Corti *(La Cribleuse de blé : la critique*, 1968). Dans la lignée de la phénoménologie, la critique, selon Blin, doit s'attacher au dépouillement d'une *intention*. Refusant ainsi, contre la nouvelle critique, la séparation de l'homme et de l'auteur, elle saisit l'articulation d'une œuvre et d'une vie dans l'unité d'un dessein ; loin de se réduire à un objet, « un livre, c'est quelqu'un », se plaît à rappeler Blin, citant Hugo. Il prend ainsi parti contre le dogmatisme structuraliste, dont il condamne l'approche formaliste (une forme doit être ramenée à la particularité d'une intention), et la tendance à réduire l'œuvre à une structure spatiale, au mépris du dynamisme créateur qui seul lui donne vie et sens. C'est cette méthode de lecture que Blin applique aussi bien à Baudelaire qu'à Stendhal dans ses « biographies » intellectuelles qui pratiquent un constant va-et-vient entre l'auteur et ses personnages, entre les problèmes formels de l'art et les problèmes de la personnalité.

L'étude, d'une précoce sagacité (à l'origine, un mémoire de maîtrise), qu'il consacre à Baudelaire *(Baudelaire*, Gallimard, 1939) s'emploie ainsi à montrer que vie et théorie de la vie sont commandées chez le poète par le « goût de l'infini ». Blin reconstruit la philosophie de Baudelaire selon un cheminement dialectique qui va du refus stérile des limites à leur acceptation nécessaire, de la négation à la participation esthétique, seule à même de réussir, dans le tempérament, l'alliance du calcul et de la grâce, et dans la perfection, l'accord miraculeux du fini et de l'infini. Ces analyses magistrales et subtiles sont prolongées et complétées par un recueil d'études *(Le Sadisme de Baudelaire*, Corti, 1948), où, avec la même profondeur et la même aisance dialectique, il explore les cruelles voluptés du bourreau de lui-même, qui retrouve et accuse en lui le démon naturel de la perversité et recherche, dans une perspective maistrienne, le salut dans la douleur. Ce recueil offre également un réjouissant « Contre Sartre », démontage du système d'explication du philosophe, portrait de Sartre en censeur partial et de « mauvaise foi » qui dénie à la singularité recherchée par Baudelaire toute positivité, faute de pouvoir admettre, pour l'autonomie, le contrepoint nécessaire de l'hétéronomie. La belle introduction aux *Petits Poèmes en prose*, qui prouve l'inanité de toute définition de la poésie par la contrainte formelle, invite enfin à considérer l'autre aspect de l'œuvre baudelairienne de Blin : les éditions critiques, en collaboration avec Jacques Crépet, des *Fleurs du mal* (Corti, 1942, puis avec Claude Pichois, 1968), et surtout celle des *Journaux intimes* (Corti, 1949).

C'est encore la soif de singularité qui intéresse Blin chez Stendhal, auquel il a consacré deux ouvrages indissociables. Dans son *Stendhal et les problèmes de la personnalité* (Corti, 1958), qui n'offre qu'un seul tome sur les deux promis, il étudie la psychologie et la philosophie de l'égotisme en mettant en avant la volonté beyliste, conforme à l'impératif delphien, de se connaître pour être mieux soi, ce qui fait coïncider connaissance de soi et bonheur. Suivant la même pente dialectique qui va de la négation à l'acceptation des limites (du moi, de l'acte, de l'action), il analyse d'abord le mouvement par lequel le moi, soucieux de se saisir dans son objectivité, demande en vain à autrui la confirmation de sa valeur, avant de se résoudre, dans un deuxième temps, à la rechercher en lui-même, par la sécession absolue ou par l'introspection, nécessairement inféconde. C'est que le moi n'existe jamais qu'en acte, conclut Blin, il est ce qu'il fait et ce qu'il se fait, il se définit, selon le mot de Stendhal, par la capacité de ses désirs. Ces analyses, qui abordent tour à tour la vanité, l'hypocrisie, la définition et l'expression de soi, permettent également de rattacher les problèmes du roman, étudiés dans un second ouvrage *(Stendhal et les problèmes du roman*, Corti, 1954), à la quête de l'égotiste : c'est l'égotisme de Stendhal qui à la fois légitime et limite le choix narratif du « réalisme subjectif » dont Blin fait le centre de son essai, sous l'influence de la phénoménologie moderne. Dissociant réalisme et objectivisme (« il n'y a pas de monde qui ne soit le monde de quelqu'un à quelque moment »), Blin insiste sur la « restriction de champ » comme conquête du roman moderne et innovation stendhalienne (Waterloo en serait le paradigme), tout en constatant son incompatibilité avec les égotistes intrusions de l'auteur en costume d'auteur qu'il doit bien admettre comme le trait le plus caractéristique de la manière de Stendhal, ainsi fidèle à l'héritage des grands romanciers de l'humour narratif. On doit aussi à Georges Blin une édition critique d'*Armance* (Éditions de la Revue Fontaine, 1946), dont la préface magistrale trouve l'explication du secret d'Octave non pas dans une exégèse clinique ou sociologique du babilanisme, mais dans la quête beyliste d'une singularité monstrueuse et impuissante, fondée sur le serment paralysant d'une absolue fidélité de soi à soi, et associée aux vertiges et aux dangers de l'analyse intérieure.

→ Jean-Yves Tadié, *La Critique littéraire au XXe siècle*, Belfond, 1987.

D.P.

Bloch *(Camille)* (1914-1929). Maison d'édition fondée en 1914 à Paris par Camille Bloch (1887-1967). Après avoir ouvert une librairie à Paris, rue du Petit Pont, puis 146, boulevard Saint-Germain, grand admirateur de Péguy, Bloch distribue les *Cahiers de la Quinzaine* et publie pour premier ouvrage en 1914 : *Péguy et les « Cahiers »*, de François Porché. Blessé pendant la guerre de 1914, il est réformé et reprend ses activités. Son attachement aux *Cahiers* et à ses auteurs le décide à publier des textes d'Edmond Fleg (*Le Mur des pleurs*, 1919) et d'André Spire (*Tentations*, 1920). En 1919, il s'installe au 336, rue Saint-Honoré. C'est la période faste de ses activités : vingt des ving-neuf ouvrages de son catalogue sont tirés sur beaux papiers. Par l'intermédiaire de Roger Allard, poète proche des unanimistes, il publie Jules Romains (*Ode génoise*, 1925), Georges Duhamel (*La Recherche de la grâce*, 1918) et rencontre les grands illustrateurs de l'époque. Roger Allard, responsable des livres illustrés chez Gallimard, lui présente Raoul Dufy, qui dessine la vignette de la couverture de ses publications et illustre un livre de Roger Allard, *Les Élégies martiales* (1917). Allard introduit également J.-E. Laboureur, qui compose et illustre les cartes publicitaires de Camille Bloch et de nombreux ouvrages : *L'Appartement des jeunes filles* (1919) de Roger Allard, *Le Songe d'une femme* (1925) et *Couleurs* (1929) de Remy de Gourmont et *The New Keepsake for the Year 1921*. Il publie le témoignage d'Isabelle Rimbaud, *Mon frère Arthur* (1920), le troisième livre de Jean Paulhan, *Le Pont traversé* (1921), *Les Marchands de sommeil* (1919) d'Alain, dont il réédite les *Quatre-vingt-un chapitres sur l'esprit et les passions* (1921), et de Valery Larbaud *Une campagne littéraire : Jean Royère et la Phalange 1906-1914* (1927).

Camille Bloch fut l'éditeur d'une revue illustrée, rédigée par Roger Allard, *Le Nouveau Spectateur*, dont vingt numéros sont publiés en treize livraisons, de 1919 à 1921. Des numéros spéciaux, *Raoul Dufy*, *Quelques graveurs sur bois d'aujourd'hui*, *Réalismes en tous genres* ou *De divers cubismes*, évoquent Dunoyer de Segonzac, Luc-Albert Moreau, Marcel Gromaire, Raoul Dufy, Jean Morin, Laboureur et Picasso. La crise de 1929 mettant fin à ses activités d'éditeur, Camille Bloch se retire dans sa librairie.

→ Maurice Imbert, *Camille Bloch éditeur*, Chez l'auteur, 1989.

M.I. — IMEC

Bloch Jean-Richard (1884-1947), pseudonyme de Jean Bloch. Né le 25 mai 1884 à Paris, il est issu d'une famille bourgeoise. Agrégé d'histoire en 1907, il renonce à la carrière universitaire pour se consacrer à son œuvre, où se mêlent création littéraire, réflexions esthétiques et politiques. En 1905, adhérent des Étudiants collectivistes, il soutient la Révolution russe et, à partir de 1910, milite au parti socialiste. Il fonde *L'Effort* (1910), « revue de la civilisation révolutionnaire » (qui devient *L'Effort libre* de 1911 à 1914), où il réfléchit sur « les rapports réciproques de l'art et de la société actuelle ». Sa première pièce, *L'Inquiète*, sur le sort d'une femme bourgeoise de la Belle Époque, est jouée à l'Odéon en 1911. La même année, paraît *Lévy*, premier livre de contes. À la déclaration de guerre, bien que marié et père de famille, il n'hésite pas à prendre part aux combats. Gravement blessé à plusieurs reprises, il est réformé en 1916. Ses positions politiques se radicalisent progressivement dans la période de l'entre-deux-guerres. En 1919, il rejoint le groupe *Clarté* de Barbusse et, à l'issue du Congrès de Tours (1920), se montre solidaire des communistes, dont il devient le compagnon de route pendant les années trente. Il adhère au parti en 1938. Il recueille sa production poétique dans *Offrande à la poésie* (1920) et poursuit son œuvre dramatique avec *Le Dernier Empereur* (1926), *Forces du monde* (1927) et *Dix filles dans un pré* (1930). Représentée au Vél d'Hiv en 1937, *Naissance d'une cité* (décors de Fernand Léger, musique de Honneger et Milhaud) est une ambitieuse tentative de spectacle de masse comprenant chansons et chœurs parlés, cirque et courses cyclistes. Comme romancier et nouvelliste, il publie ... *Et Cie* (1918), l'histoire des Simler, juifs alsaciens chassés par l'annexion et contraints à recréer une usine en Normandie ; *Les Chasses de Renaut*, second livre de contes (1924) ; *La Nuit kurde* (1925), une tragique histoire d'amour ; et *L'Aigle et Ganymède* (1932), où il s'interroge sur les problèmes de l'art. De ses voyages naîtront quelques récits documentaires, *Sur un cargo* (1924), *Première Journée à Rufisque* (1926), *Cacaouettes et bananes* (1929).

Son œuvre de journaliste et d'essayiste est considérable. Elle est partiellement recueillie dans *Carnaval est mort* (1920 ; articles parus dans *L'Effort libre)*, *Destin du siècle* (1931), *Offrande à la politique* (1933), *Naissance d'une culture* (1936 ; articles parus dans *Europe)*, *Espagne, Espagne !* (1936). Il dirige avec Aragon le quotidien *Ce soir* (1937-1939). Pendant la guerre, réfugié à Moscou, il travaille à la radio, où il donne des « Commentaires » (publiés en 1947, sous le titre *De la France trahie à la France en armes)*. Le sabordage de la flotte française à Toulon lui inspire une pièce, *Toulon* (1943), qui sera jouée à Alger et en Afrique du Nord. De retour en France, il rassemble ses notes de voyages et ses articles sur l'URSS : *Paris-Moscou* (1947). Il meurt le 15 mars 1947. Il laisse un portrait inachevé de Staline : *L'Homme du communisme* (posth., 1949). L'œuvre théorique de Jean-Richard Bloch constitue un témoignage de première importance pour qui veut connaître l'histoire des sensibilités et des mentalités entre les deux guerres. Son œuvre de fiction, ouverte aux questions sociales, évite tout *a priori* dogmatique et n'a d'autre ambition, par la pureté de sa langue, que de toucher le plus grand nombre.

ŒUVRES. — Chez Gallimard. — *Destin du siècle,* Paris, PUF, 1996.

→ Aragon, *Les Plus Belles Pages de Jean-Richard Bloch*, La Bibliothèque française, 1948. — Aragon, *L'Homme communiste*, t. II, Gallimard, 1953. — *Europe*, mars-avril 1957 et juin 1966. — *Deux hommes se rencontrent : correspondance entre J.-R. Bloch et Romain Rolland 1910-1918*, Albin Michel, 1964. — Jean Albertini, *Avez-vous lu Jean-Richard Bloch ?*, Éditions sociales, 1981. — Il existe depuis 1996 des *Études Jean-Richard Bloch* et un *Bulletin de l'Association Études Jean-Richard Bloch* (Paris). — Fonds Jean-Richard Bloch à la Bibliothèque nationale.

J.G.

Blond Georges (1906-1989). Lieutenant dans la marine marchande à vingt ans, il entre en 1930, comme secrétaire de rédaction, à *Candide*, où il restera neuf ans, et rêve, avec ses amis de l'Action française, de « viriliser le monde ». Mobilisé en 1939, il est repêché dans la Manche à la suite d'un torpillage (1940) et retenu six mois en Angleterre, aventure dont il rendra compte dans un reportage sévère *(L'Angleterre en guerre*, 1941). Ami de Brasillach, secrétaire de rédaction à *Je suis partout* jusqu'en 1943, il participe à l'un des voyages à Weimar et est mis en cause à la Libération. Romancier (*Mary Marner*, 1948 et *Le jour se lève à l'ouest*, 1948), il est redécouvert par le grand public grâce à son évocation de la bataille de Normandie *(Le Débarquement*, 1951). Se succèdent alors des fresques historiques consacrées le plus souvent aux deux guerres mondiales *(L'Agonie de l'Allemagne*, 1952 ; *L'Amiral Tojo*, 1959 ; *La Défaite allemande à l'Ouest*, 1960, 3 t. ; *La Marne*, 1962 ; *Pétain*, 1965 ; *Convois vers l'U.R.S.S.*, 1966) et à l'histoire militaire *(La Légion étrangère*, 1964). Comme en contrepoint, il aime à peindre les temps anciens *(Histoire de la Flibuste*, 1969), et la poésie des grands espaces et des animaux *(L'Île des phoques*, 1953 ; *La Grande Aventure des baleines*, 1954 ; *La Grande Aventure* *des migrateurs*, 1955 ; *La Grande Aventure des éléphants*, 1959).

D.H.

Blondin Antoine, 1922-1991. Né à Paris le 11 avril 1922, il est, aux côtés de Roger Nimier, Jacques Laurent ou Michel Déon, de ce groupe de romanciers volontiers légers et désinvoltes que l'on a appelé les « Hussards ». Après de brillantes études au lycée Louis-le-Grand et une licence de lettres, il se trouve pendant la guerre envoyé en Allemagne par le STO. De l'histoire de son rapatriement il fera son premier livre, *L'Europe buissonnière*, où il donnera à cet épisode le ton mi-tragique mi-comique d'un roman picaresque. À travers le personnage de Muguet, qui, au milieu d'une vingtaine de comparses, traverse la guerre et l'Europe avec insouciance, apparaît déjà la vocation d'amuseur d'Antoine Blondin, de même que son rapport particulier avec l'autobiographie. « L'identité, quel fier principe ! », dira-t-il dans *Monsieur Jadis* où, de même que dans la plupart de ses autres romans, il recourt à l'emploi d'une première personne qui n'est ni proprement autobiographique, ni proprement fictionnelle. Ce goût de la manipulation sur soi, assorti d'un amour des jeux de mots, d'une tendresse pour les personnages marginaux, décalés, et d'une volonté d'affranchissement à l'égard des conventions, lui permettent de présenter la vie sous un jour délibérément léger et provocant. « Le désespoir est un des diapasons que je ressens le plus violemment dans mon existence. En même temps, j'ai toujours eu une vocation de rigolade solidement établie. Ça alterne, ça se succède, et finalement ça va très bien ensemble » (entretiens avec Jean-Louis Ézine). Son œuvre se compose de nouvelles, de courts romans et de chroniques. Dans *Les Enfants du bon Dieu*, c'est un professeur qui se livre à un enseignement fantaisiste de l'histoire ; dans *Un singe en hiver*, un joyeux compagnonnage d'alcooliques. Albert Quentin, vieux buveur, a juré que si son hôtel survivait à un bombardement, il renoncerait à l'alcool. L'hôtel est épargné. Albert s'exécute, et mène dans son hôtel de Normandie une vie de retraité sobre et sans histoire. Survient alors un autre alcoolique, Gabriel Fouquet, qui n'a renoncé à rien et continue à croire aux rêves que la boisson peut dispenser. C'est l'occasion d'un affrontement animé et espiègle où Blondin donne forme à ses propres doutes et incapacités à se résigner. Un film fut adapté de ce roman, sous la direction de Henri Verneuil, avec Jean Gabin et Jean-Paul Belmondo dans le rôle des deux compères. Ce motif de l'ébriété synthétise bien l'univers fantaisiste et lyrique d'Antoine Blondin. De même que chez Paul Morand, la fragilité exprime l'existence. Dans *Monsieur Jadis*, c'est la vie un peu inconsistante d'un homme partagé entre plusieurs foyers qui est décrite ; dans *L'Humeur vagabonde*, le personnage principal, Benoît, quitte sa femme et ses enfants pour tenter la fortune à Paris ; il échoue, revient en province, voit mourir sa femme à l'issue d'une tragique méprise, retourne à Paris. Le thème du vagabondage et de la difficulté à se fixer revient au fil de son œuvre. L'attention qu'il porte à l'observation du réel est précise et fraternelle. Outre Paris, dont il illustrera la poésie et les quartiers populaires, et avec lequel il entretient des relations complexes, Antoine Blondin eut un autre amour célèbre, auquel il consacrera une plume enthousiaste et beaucoup d'énergie : le cyclisme. À travers son travail assidu comme reporter du Tour de France pour *L'Équipe*, c'est la même vision poétique du déplacement qu'il poursuivra, le même goût pour la camaraderie et l'allégement collectif du tragique de l'existence. La manière d'Antoine Blondin se caractérise essentiellement par l'absence d'esprit de sérieux, la distance à l'égard des émotions, l'utilisation quasi directe des personnages de la vie, le franc-parler et les jeux de mots. « La langue française est la langue naturelle d'Antoine Blondin », disait de lui Marcel Aymé, qu'il a toujours considéré comme son maître. Antoine Blondin est mort à Paris le 7 juin 1991.

ŒUVRES. — *Œuvre romanesque*, La Table ronde, 1989. — *Œuvres*, Laffont, coll. Bouquins, 1991. — Sauf indication contraire, publiées à La Table ronde et rééditées dans la collection Folio. *L'Europe buissonnière*, 1949, rééd. 1961 et Folio, 1979. — *Les Enfants du bon Dieu*, Grasset, 1952, rééd. La Table ronde, 1967. — *L'Humeur vagabonde*, 1955, rééd. Folio, 1955. — *Un singe en hiver*, 1959, rééd.

1987. — *Un garçon d'honneur*, 1960. — *Monsieur jadis ou l'école du soir*, 1970. — *Paris que j'aime*, avec M.Aymé et J.-P.Clébert, Sun, 1971. — *Quat'saisons*, 1975. — *Détrompez-vous*, Denoël, 1976. — *Vivre à Paris*, Sun, 1976. — *Certificats d'études*, essais, 1977. — *Sur le Tour de France*, Mazarine, 1979. — *Ma vie entre des lignes*, 1982. — *L'Ironie du sport, chroniques de L'Équipe 1954-1982*, préf. de Jacques Laurent, François Bourin, 1988. — *Le Flâneur de la rive gauche*, avec Pierre Assouline, François Bourin, 1989. — *Devoirs de vacances : Baudelaire, Cocteau, Musset, Rimbaud et Ulysse*, Bruxelles, Complexe, 1990. — *Alcools de nuit*, Lafon, 1991. — *Journal d'un poète*, 1993. — *Un malin plaisir*, 1993.

G.Si.

Blum Léon (1872-1950). Né le 9 avril 1872 à Paris dans une famille bourgeoise, il entre à l'École normale supérieure en 1890 pour la quitter aussitôt et poursuivre des études littéraires et juridiques qui le conduisent en 1895 au Conseil d'État. L'homme de lettres, dont les premiers poèmes avaient été publiés en 1891 dans *La Conque*, s'impose comme critique avec ses articles pour *La Revue blanche* (1892-1901) et comme essayiste avec *Les Nouvelles Conversations de Goethe avec Eckermann* (1901), *En lisant* (1906) et *Du mariage* (1907), qui fait scandale en soulevant de façon assez inattendue la question des droits de la femme. Blum fait de la critique son genre de prédilection entre 1906 et 1914 en publiant de nombreux articles sur le théâtre dans le *Gil Blas* (1903-1911), *L'Humanité* (1904-1905), *Comœdia* (1908-1911) et *Le Matin* (1911-1914), rassemblés dans *Au théâtre : réflexions critiques* (1906-1911, 4 t.), et une étude remarquée sur *Stendhal et le beylisme* (1914).

Mais il sacrifie la littérature à la politique active après l'assassinat de Jaurès, son ami et son maître depuis 1897. Chef de cabinet de Marcel Sembat puis d'Albert Thomas pendant la guerre, député de la Seine en 1919 puis président du groupe parlementaire socialiste, il ne publiera désormais que des essais politiques (*Bolchevisme et socialisme*, 1927 ; un livre sur l'affaire Dreyfus : *Souvenirs sur l'Affaire*, 1935 ; *Jaurès*, 1937). Il faut y ajouter de nombreux discours comme le célèbre discours du congrès de Tours (1920), défendant « la vieille maison » socialiste contre la fraction communiste, ou le discours de Luna Park (1936) expliquant sa politique de non-intervention en Espagne alors que la victoire du Front populaire (1936) l'avait proclamé président du conseil, fonction qu'il quitta en 1937 après avoir accompli de considérables réformes sociales pendant une année d'« exercice du pouvoir ». L'éloquence de ses discours se retrouve dans ses plaidoiries de Riom (1942) au procès que lui faisait le gouvernement de Vichy. Il mit d'ailleurs à profit sa captivité pour écrire *À l'échelle humaine* (1945), démontrant la nécessité d'un socialisme plus moral. Déporté à Buchenwald en 1943, il revint plus discrètement à la vie politique française mais continuera à s'exprimer dans des éditoriaux au *Populaire de Paris*. Il est mort le 30 mars 1950 à Jouy-en-Josas (Seine-et-Oise).

ŒUVRES. — *Œuvres complètes*, Albin Michel, 1954-1966, 9 t.

→ Pierre Mendès-France, *Choisir*, Stock, 1974. — Jean Lacouture, *Léon Blum*, Le Seuil, 1977. — Il existe depuis 1977 des *Cahiers Léon Blum* (Paris).

S.R.

Bobin Christian (1951). Né au Creusot le 24 avril 1951, auteur de proses rêveuses depuis *Lettre pourpre* (Brandes, 1977), il est le chantre de l'amour conçu comme une humble ouverture de soi au monde : « Il n'y a pas de connaissance en dehors de l'amour » (*Une petite robe de fête*, Gallimard, 1987). Des phrases courtes et simples caractérisent ses récits (*Le Huitième Jour de la semaine*, Lettres vives, 1986 ; *La Femme à venir*, Gallimard, 1990 ; *Isabelle Bruges*, Le Temps qu'il fait, 1993). La quête d'une lumière et d'une spiritualité personnelles occupe toute son œuvre : en 1992, il publie une hagiographie poétique de saint François d'Assise (*Le Très-Bas*, Gallimard). On lui doit un essai (*L'Homme du désastre*, Fata Morgana, 1986) et un recueil d'aphorismes (*L'Éloignement du monde*, Lettres vives, 1993). Avec *L'Inespérée* (Gallimard, 1994) et *La plus que vive* (Gallimard, 1996), le ton se fait plus acerbe et tragique.

N.R.

Bodard Lucien (1914-1998). Né le 9 janvier 1914 à Chongqing, au Sichuan, où son père est consul de France, il grandit à Chengdu, capitale de la province.

En 1925, « le fils du consul » découvre la France. Il est élève à l'école des Roches, un établissement huppé, puis au lycée Pasteur de Neuilly. Il se destine à la diplomatie. Il se marie en 1938. L'année suivante, il est brièvement mobilisé, puis regagne la capitale. Étudiant à l'Institut d'études politiques en 1940 pour préparer le concours des Affaires étrangères, il décide de rejoindre les Alliés et s'évade par l'Espagne. Mobilisé en Algérie, il est envoyé en Angleterre en mission militaire de liaison administrative. En 1946, il écrit *La Mésaventure espagnole*, récit de son périple jusqu'à la France libre. Il prend goût au journalisme à l'Agence France-Presse et fait ses premiers grands reportages en Afrique du Nord, en Grèce pendant la guerre civile, en Bulgarie et en Indochine. Grand reporter à France-Soir, il couvre la guerre d'Indochine jusqu'en 1955. Après la défaite française de Diên Biên Phû, il est expulsé du Viêt-Nam. En 1957 est publié *La Chine de la douceur*, prélude à une longue série d'ouvrages consacrés au pays de sa jeunesse. Il voyage à Hong Kong, en Chine et en Asie jusqu'en 1960 avant de revenir en France, malade. Après une convalescence de six mois, il poursuit sa carrière de journaliste : guerre d'Algérie, Irlande du Nord. De 1964 à 1967 paraissent les trois tomes de *La Guerre d'Indochine*. À partir de 1973, le journaliste fait place au romancier : *Monsieur le Consul* (1973, prix Interallié), *Le Fils du consul* (1975) et *Anne-Marie* (1981, prix Goncourt) font revivre, sous des pseudonymes transparents, la jeunesse flamboyante de l'auteur dans une Chine bigarrée et son amour pour sa mère. Ses grandes fresques historiques ont pour héroïnes des femmes de tête : Tseu-Hi, la « dernière impératrice » dans *La Vallée des roses* (1977), Niau, *La Duchesse* (1979) ou Jiang Qing, qui gravit *Les Dix Mille Marches* (1991) vers Mao. Il est mort à Paris, le 2 mars 1998.

ŒUVRES. — Chez Gallimard : *La Chine de la douceur*, 1957. — *La Chine du cauchemar*, 1961. — *La Guerre d'Indochine*, 1964-1967, 3 t., 1972-1973, 5 t. : t. I : *L'Enlisement* ; II : *L'Illusion* ; III : *L'Humiliation* ; IV : *L'Aventure* ; V : *L'Épuisement*. — *La Chine de Tseu-Hi à Mao*, 1968. — *Mao*, 1968. — *Le Massacre des Indiens*, 1969. — *Les Plaisirs de l'hexagone*, 1971. — *Les Dossiers secrets du Pentagone*, Presses de la Cité, 1971. — *La Télé de Lucien Bodard*, Presses de la Cité, 1973. — *Monsieur le Consul*, Grasset, 1973. — *Le Fils du consul*, Grasset, 1975. — Rééditions au Livre de Poche : *La Mésaventure espagnole* (1946), 1981. — *La Vallée des roses* (1977), 1980. — *La Duchesse* (1979), 1981. — *Anne-Marie* (1981), 1982. — *La Chasse à l'ours* (1985), 1987. — *Les Grandes Murailles* (1987), 1989. — *Les Dix Mille Marches* (1991), 1993.

→ Jean-Luc Delblat, *Le Métier d'écrire*, Le Cherche-Midi, 1994. — Olivier Weber, *Lucien Bodard, un aventurier dans le siècle*, Plon, 1997.

I.M.

Bodart Roger (1910-1973). Né à Falmignoul (Belgique) le 10 mars 1910, l'auteur de *La Route du sel* (1964) n'a cessé d'interroger l'homme et le monde dans ses poèmes et dans ses essais. « Un poème, c'est toujours un regard jeté sur la vie » : dès son premier recueil, *Les Mains tendues* (1930, préfacé par Léon Daudet), il ouvre son texte à la réflexion, *Les Hommes dans la nuit* (1932) et *Office des ténèbres* (1937) préciseront, d'une manière toute classique, cette dimension philosophique. C'est avec *La Tapisserie de Pénélope* (1945), publiée au lendemain de la guerre, que Bodart pressent la valeur de l'outil poétique comme instrument de connaissance du monde, alliant au questionnement sur le langage l'appréhension des grands systèmes de l'univers. Si ses nombreux voyages, en particulier en Afrique, le porteront à universaliser la conscience humaine, il n'aura de cesse de rechercher inlassablement sa propre identité ; *Le Chevalier à la charrette* (1947), *Forêts* (1953) rendent compte de cette inquiétude, dans un langage qui se veut toujours plus concis, plus essentiel. Composé presque entièrement en distiques, *Le Nègre de Chicago* (1958) est une profession de foi vers l'« autre », cet « inconnu qui est peut-être vous ». En 1964 paraît *La Route du sel*, son chef-d'œuvre (voir *Psychogenèse d'un poème*, 1973) : usant d'un langage souvent dépourvu de marques grammaticales personnelles, arrivé à la limite du mot, le poète bat en brèche la réalité de l'existence et parcourt la préhistoire de l'être, sa victoire sur le néant, son inscription dans l'univers. Ses derniers recueils, *Le Tour* (1968), *La Longue Marche* (1975, posth.), *Le Signe de Jonas* (1977, posth.) constituent le point d'orgue d'une œuvre à l'abri des concessions, entièrement vouée au devenir humain.

Juriste, journaliste, conseiller littéraire au ministère de l'Éducation nationale à Bruxelles, Roger Bodart est aussi l'auteur d'un grand nombre d'essais, démontrant son sens de l'ouverture (*Dialogues européens*, 1950 ; *Dialogues africains*, 1952 ; *Mes Amériques*, 1956). On lui doit aussi des monographies sur *Montherlant* (1946), *Du Bos* (1947), *Plisnier* (1954), *Maeterlinck* (1960 et 1962), *Crommelynck* (1962), *Thiry* (1964), *Géo Libbrecht* (1966), *Verhaeren* (1966). Il avait été élu à l'Académie royale de langue et de littérature françaises de Belgique en 1951. Il est mort le 2 juin 1973.

ŒUVRES. — *La Route du sel et autres poèmes*, La Différence, coll. Orphée, 1992.

→ André Guimbretière, *Roger Bodart*, Seghers, coll. Poètes d'aujourd'hui, 1966. — *Marginales*, nº 31, mars 1953 et nº 160-161, juin 1974.

O.Bi.

Boileau Pierre (1906-1989) et **Narcejac** Thomas (1908). Né le 28 avril 1906 à Paris, Pierre Boileau, après des études commerciales, publia des récits d'aventures (*Le Repos de Bacchus*, 1938, prix du Roman d'aventures) et une série policière centrée sur le détective André Brunel. Il écrivit aussi des scénarios de cinéma, notamment pour Franju (*Les Yeux sans visage*, 1960 ; *Pleins feux sur l'assassin*, 1961). De son côté, Pierre Ayreau, qui prit le pseudonyme de Thomas Narcejac, né le 3 juillet 1908 à Rochefort-sur-Mer, tout en poursuivant une carrière de professeur de philosophie, obtint lui aussi le prix du Roman d'aventures avec *La Mort est du voyage* (1948) et publia des essais sur le roman policier (*Esthétique du roman policier*, 1947 ; *Le Cas Simenon*, 1950 ; *Une machine à lire : le roman policier*, 1975).

À partir de 1948, et jusqu'à la mort de Pierre Boileau, à Beaulieu-sur-Mer le 16 janvier 1989, paraissent sous le nom de Boileau-Narcejac des romans policiers, parfois sans le moindre détective ou policier présent, mais au suspense étouffant, qui attirèrent souvent les cinéastes : *Celle qui n'était plus*, 1953 (adapté par Henri-Georges Clouzot : *Les Diaboliques*, 1954) ; *D'entre les morts*, 1955 (adapté par Alfred Hitchcock : *Vertigo* [*Sueurs froides*], 1958) ; *Les Louves*, 1956 ; *Les Magiciennes*, 1957 (adapté par Serge Friedmann, 1959) ; *Meurtre en 45 tours*, 1960 (adapté par Étienne Périer la même année) ; *Maléfices*, 1961 (adapté par Henri Decoin la même année) ; *Les Eaux dormantes*, 1984. On retrouve aussi l'atmosphère machiavélique caractéristique de la signature Boileau-Narcejac dans une série de pastiches d'Arsène Lupin (1973-1979, 5 t.).

W.M.

Bon François (1953). Né le 22 mai 1953 à Luçon, il suit des études aux Arts et Métiers et occupe de nombreux emplois à travers le monde. D'abord marqué par la France rurale dont il est issu (*Le Crime de Buzon*, Éditions de Minuit, 1986 ; *L'Enterrement*, Verdier, 1992), il devient le romancier du monde industriel (*Sortie d'usine*, Éditions de Minuit, 1982 ; *Temps machine*, Verdier, 1993), des banlieues (*Limite*, Éditions de Minuit, 1985 ; *Décor ciment*, Éditions de Minuit, 1988 ; scénario de *Parking*, Romain Goupil, Arte, 1993, Éditions de Minuit, 1996) et de la violence moderne (*Limite*, Éditions de Minuit, 1985 ; *Calvaire des chiens*, Éditions de Minuit, 1990 ; *Un fait divers*, Éditions de Minuit, 1993 ; *C'était toute une vie*, Verdier, 1995 ; *La Colère*, avec Michel Maffesoli, Éditions du Centre Pompidou, 1996). Son travail sur le langage (*Sang gris : un atelier d'écriture à La Courneuve*, Verdier, 1991) se retrouve dans son goût pour Rabelais, qu'il édite (POL, 1992-1993) et commente (*La Folie Rabelais*, Éditions de Minuit, 1990 ; *Bon et sacré Rabelais*, Chaillé, Le Dé bleu, 1994).

J.P.

Boni Nazi (1912-1969). Né à Bwan (Burkina-Faso), il représente la « littérature d'instituteurs » dans laquelle Léopold Senghor voit la marque de la première génération des écrivains africains. Ancien élève de l'École normale William Ponty, qui fut à l'époque coloniale une pépinière de cadres pour l'AOF et l'AEF, il devient en 1957 le premier président de l'assemblée territoriale de la Haute-Volta, avant de connaître l'exil. On lui doit un ouvrage à caractère ethnographique, *Crépuscule des temps anciens* (Présence africaine, 1962), chronique où, mêlant repères historiques et appels à la tradition orale, il restitue trois siècles de l'histoire du royaume du Bwamu. Il est également l'auteur de deux essais, *Fondements traditionnels et modernes du pouvoir en Afrique* (Visage d'Afrique, 1967) et *Histoire synthétique de l'Afrique résistante* (posth., Présence africaine, 1972).

J.C.

Bonnefoy Yves (1923). Né le 24 juin 1923 à Tours, dans une famille modeste d'ascendance paysanne. L'opposition entre la tristesse des rues closes de la ville natale et la plénitude du « massif central » de Toirac, terre des grands-parents maternels, fonde la topologie poétique de Bonnefoy, tendue entre l'« exil » et le « vrai lieu ». Son départ pour Paris, à vingt ans, est indissociable du désir de se consacrer à la poésie. La poésie du jeune Bonnefoy se forme dans le creuset du mouvement surréaliste. Il rencontre Victor Brauner, Breton, certains surréalistes belges comme Dotremont. Son souci poétique est double : lutter contre le concept, valoriser par le pouvoir du surréel la densité matérielle, brute, primitive des choses. En 1947, il rompt avec le surréalisme, auquel il reproche d'être entaché de « gnose », de préférer le surréel à la simplicité du réel, « la roue du paon à la pierre du seuil » *(Entretiens sur la poésie*, 1981).

Une double filiation spirituelle est à l'origine de l'œuvre de Bonnefoy : baudelairienne et rimbaldienne. La poésie baudelairienne s'identifie, selon lui, à l'« invention » de la mort *(L'Improbable*, 1959). Si, chez Baudelaire, la mort occupe une place nouvelle, c'est que, substituée à Dieu, elle est désormais ce qui donne le sens. L'essai sur *Rimbaud* de 1961 suggère la communauté d'enjeu des deux œuvres : recherche de la « vraie vie » (Rimbaud) et du « vrai lieu » (Bonnefoy) ; mais refus de toute tentation « gnostique » et conversion à la « réalité rugueuse » *(Une saison en enfer*, « Adieu »). La genèse de la poésie de Bonnefoy est aussi inséparable de l'abjuration de la paternité de Valéry *(L'Improbable)* : Valéry a créé selon lui une poésie des essences qui méconnaît la mort. La violence de ce rejet témoigne aussi de la lutte de Bonnefoy contre une tentation qui le hante : celle d'un abandon au bonheur du nombre et de la forme.

Du mouvement et de l'immobilité de Douve (1953) propose, sous le signe de Baudelaire, le livre de l'épreuve de la mort : « Que le froid par ma mort se lève et prenne un sens ». Le corps en crise attend du morcellement, du démembrement, un salut inséparable de la jouissance d'une destruction de la forme. Fasciné par le platonisme, le poète trouve difficilement la voie vers cette immédiateté physique, cette évidence élémentaire, substantielle, transcendante, qu'il nomme « présence ». Le livre est écartelé entre les extrêmes : exaltation (euphorie du « sang », de la « foudre », de l'« ouvert ») et souffrance (hantise de l'emprisonnement, du mutisme, du bestiaire castrateur).

L'épreuve du temps *(Hier régnant désert*, 1958) pose les bases d'un art poétique de la finitude, du vieillissement, de la patience, sous le signe d'une couleur, le « gris », d'un visage de femme, « Veneranda » et d'une voix, celle de Kathleen Ferrier : « Je célèbre la voix mêlée de couleur grise ». C'est par la médiation du mythe arthurien de l'épée, métaphore de la quête du temps et du sens, que s'accomplit l'initiation, le passage d'une temporalité haïe à une temporalité acceptée. Dans ce recueil, le poète hésite entre le rêve d'un modèle transcendant et l'acceptation du réel dans sa finitude, entre salut et perte, « rivage » et « mort ».

Pierre écrite (1965), épreuve de l'autre, est le livre d'une poétique de l'amour : « Combien simples, oh fûmes-nous, parmi ces branches ! » L'être épouse la géométrie de la courbe, s'élargit à la dimension cosmique du ciel étoilé, s'ouvre à l'accord du « fruit », essence partageable de l'amour, et du « rouge », hiéroglyphe de la féminité mais aussi de la « parcelle d'un rouge en toi, impartageable ». La conscience poétique est aux prises avec la problématique du « rêve » : adhésion au rêve, qui est l'essence intemporelle de la poésie, mais critique aussitôt de ce « rêve », suggérée par la déchirure du « fruit », signe d'une poésie « résolument » moderne.

La transgression positive, présente déjà à la fin de *Pierre écrite*, est confirmée par *Dans le leurre du seuil* (1975) et approfondie par les essais rassemblés dans *Le Nuage rouge* (1977). Le mythe de la nativité et la figure de l'enfant, inspirée du *Moïse sauvé des eaux* de Poussin et du *Conte d'hiver* de Shakespeare, portent l'espoir d'une élucidation du monde par le dieu à venir. Mais la promesse de la « présence » coïncide avec son retrait, comme le titre *Dans le leurre du seuil* suffit à le prouver : « Heurte, / Heurte à jamais. / Dans le leurre du seuil ». La poésie de Bonnefoy, qui a éprouvé toutes les possibles demeures de l'être : l'exil, le « lieu des morts », le « vrai lieu », consent à l'entre-deux : lieu de la coexistence de l'union et de la désunion, de l'angoisse et de l'espoir.

Ces quatre premiers livres constituent le sol mental sur lequel s'édifient les autres recueils. *Ce qui fut sans lumière* (1987) veut atteindre l'au-delà du langage, le « sel » du réel : « Sa bouche veut le sel, / Non le langage », à partir d'un dialogue avec les peintres de paysage (Constable, Lorrain). De même *Début et fin de la neige* (1991) est indissociable d'une adresse aux « amis » des arts visuels (« Ô mes amis, / Alberti, Brunelleschi, San Gallo »), au contact desquels Bonnefoy découvre la formule qui résume sa propre recherche : « La neige piétinée est la seule rose. »

L'activité poétique d'Yves Bonnefoy accompagne la conception d'ouvrages consacrés aux arts plastiques *(Rome 1630 : l'horizon du premier baroque*, 1970 ; *Alberto Giacometti*, 1991), une collaboration avec les peintres qui illustrent ses poèmes (Alechinsky, Tapies, Ubac, Bokor, Garache, Assar, Chillida, etc.) et une activité de traduction des poèmes de Yeats (1989), de poèmes et pièces de Shakespeare, auquel il emprunte l'épigraphe de *Pierre écrite* et de *Dans le leurre du seuil*. Parallèlement, Bonnefoy compose des récits en prose. Commencée avec *L'Ordalie* (écrite dès 1949-1950, publiée en 1974), son œuvre en prose se poursuit avec *L'Arrière-pays* (1972), *Rue Traversière* (1977), jusqu'au rassemblement de tous ces volumes et de quelques nouveaux textes dans les *Récits en rêve* (1987), qui veulent dépasser la nature conceptuelle du discours grâce à une prose en accord avec la dimension picturale et musicale du langage, restituant la profonde unité du réel. Les *Récits en rêve*, bientôt complétés par *La Vie errante* (1993), achèvent une réflexion sur l'image, manifeste depuis *L'Arrière-pays* : l'affrontement en Bonnefoy du gnostique iconolâtre et du métaphysicien iconoclaste est dépassé par un consentement à l'image « simplifiée », non sans une prise de conscience aiguë des dangers de l'imaginaire. Aussi le « péché de l'œil » doit-il toujours être rédimé au plus près d'un travail d'écoute des mots et du monde. De plus en plus l'œuvre de Bonnefoy se distingue du vœu de négativité exprimé par beaucoup de ses contemporains. Elle tend vers la coexistence des contraires, vers un équilibre entre le « non formel », corps à corps avec ce que la matière verbale a de plus obscur, et la « forme » : « ce lieu qui est désormais [...] la faille autant que la forme » *(Récits en rêve)*.

ŒUVRES. — Au Mercure de France, sauf indication contraire. — **Poésie** : *Du mouvement et de l'immobilité de Douve*, 1953. — *Hier régnant désert*, 1958. — *Pierre écrite*, 1965. — *Dans le leurre du seuil*, 1975. (Ces quatre recueils ont été réunis sous le titre *Poèmes 1947-1975*, 1978, rééd. Poésie-Gallimard, 1982.) — *Ce qui fut sans lumière*, 1987. — *Début et fin de la neige*, 1991. — **Récits** : *L'Ordalie*, Maeght, 1974. — *L'Arrière-pays*, Skira, 1972. — *Rue Traversière*, 1977. — *Trois remarques sur la couleur*, Thierry Bouchard, 1977. — *L'Origine du langage*, New York, Georges Nama, 1980. (Ces récits ont été réunis avec quelques autres textes dans *Récits en rêve*, 1987, puis dans *Rue Traversière et autres récits en rêve*, coll. Poésie-Gallimard, 1992.) — *La Vie errante*, 1993. — **Essais** : *L'Improbable*, 1959. — *Rimbaud*, Le Seuil, coll. Écrivains de toujours, 1961. — *Rome 1630 : l'horizon du premier baroque*, Flammarion, 1970. — *Le Nuage rouge*, 1977. — *La Vérité de parole*, 1988. — *Entretiens sur la poésie*, 1990. — *Alberto Giacometti*, Flammarion, 1991. — *Remarques sur le dessin*, 1993. — *Dessin, couleur et lumière*, 1995.

→ John E. Jackson, *Yves Bonnefoy*, Seghers, 1976. — Jérôme Thélot, *Poétique d'Yves Bonnefoy*, Droz, 1983. — Gérard Gasarian, *Yves Bonnefoy : la poésie, la présence*, Champ Vallon, 1986. — Michèle Finck, *Yves Bonnefoy : le simple et le sens*, Corti, 1989. — *Le Temps qu'il fait*, cahier 11, 1998.

M.F.

Bonnier Henry (1932). Critique littéraire dans plusieurs journaux, dont *La Dépêche du Midi*, il est directeur littéraire depuis 1972 chez Albin Michel. Ses quatre premiers romans : *Delphine* (1967), *L'Amour des autres* (1970), *Un prince* (1973) et *Une journée dans la vie d'Henri* (1976) forment un cycle : *La Prose de Vilmont,* portrait d'une époque dans la petite ville de Vilmont, en haute Provence, autour de la famille Barrault. Dans ses romans, Bonnier étudie tout ce qui peut détruire l'être humain ; ainsi, dans son premier livre, *Delphine*, l'érotisme cause la déchéance de son héroïne. Il explore les chemins obscurs du mystère *(Un prince)*, de la mémoire et de la passion. Dans *Le Moko* (1983), il retrace l'histoire d'une rédemption, celle du jeune René-Étienne, brisé par le divorce de ses parents et envoyé à quinze ans au bagne de Mettray, que l'on retrouve dans *L'Enfant soldat* (1987). On lui doit encore un roman, *Un rêve de pierre* (1994). Il a en outre établi l'édition des *Œuvres complètes* de Vauvenargues (1968), ouvrage couronné par l'Académie française. Il est l'auteur de deux essais dont *L'Univers de Rembrandt* (1969). En 1992, il a fait paraître une *Lettre recommandée à Jack Lang et aux fossoyeurs de la culture* et en 1996 des *Lettres à Nathanaël*.

D.H.-M.Ber.

Bopp Léon (1896-1977). Né le 17 mai 1896 à La Chaux-de-Fonds, fils d'un industriel de l'horlogerie, peintre et sculpteur amateur, et d'une musicienne d'origine franc-comtoise, il fait des études universitaires à Genève puis, dès 1915, à Paris. De 1920 à 1922, il est journaliste en Angleterre. De retour en Suisse, il prépare une thèse sur Amiel, qu'il soutiendra en 1925 en Sorbonne. En 1926, après son mariage avec Yvonne Matile, il s'installe dans sa maison de Grange-Canal, qu'il ne quittera plus jusqu'à sa mort. Pendant son séjour à Paris, l'amitié de Paulhan et de Thibaudet l'introduit auprès de la *NRF*, où il publiera la majeure partie de son œuvre. Romancier, philosophe, essayiste, il aborde des thèmes qui recouvrent l'ensemble des préoccupations humaines (l'art et la vie, la politique, la religion) soumises à une volonté d'enquêtes romanesques et critiques exhaustives, qui donne à son œuvre un caractère démesuré. Il est mort à Grange-Canal (près de Genève).

ŒUVRES. — Principalement chez Gallimard. — *Le Crime d'Alexandre Lenoir*, 1929. — *Jacques Arnaut et la somme romanesque*, 1933. — *Liaisons du monde*, 1938-1944. — *Catalogisme. Esquisse d'une philosophie de l'omnipotence*, 1946.

→ C. Duckworth, *A Study of Léon Bopp*, Genève, Droz, 1955.

A.P.

Bordeaux Henry (1870-1963). Né le 25 janvier 1870 à Thonon-les-Bains, il est originaire de l'Ariège par son père et de la Savoie par sa mère, qui appartiendrait à la famille de saint François de Sales. Son Chablais natal lui inspirera les plus belles pages de son œuvre : évocations de l'enfance *(Le Chablais ou le pays de mon enfance*, 1931 ; *Le Pays sans ombre*, 1935) ; romans *(La Maison*, 1913 ; *La Chartreuse du reposoir*, 1924) ; études sur saint François de Sales *(Saint François de Sales et notre cœur de chair*, 1924 ; *Le Mariage d'amour selon saint François de Sales*, 1933). Écrivain du terroir, il ouvrira son domaine de prédilection à l'ensemble de la Savoie et de la Haute-Savoie *(Promenades en Savoie*, 1907 ; *Les Amants d'Annecy*, 1921 ; *Paysages romanesques des Alpes*, 1925 ; *Chambéry et ses environs*, 1934 ; *Contes et nouvelles de Savoie*, 1930 ; *Portraits savoyards*, 1952).

Poursuivant à Paris des études de droit qui vont lui permettre de devenir avocat tout en fréquentant le milieu littéraire, Henry Bordeaux publie en 1891 sa première biographie, *Villiers de l'Isle-Adam* (Gand, Siffer), en 1895 son premier recueil de critiques littéraires, *Âmes modernes* (Perrin), puis en 1900 *Les Écrivains et les Mœurs*, premier ouvrage publié chez Plon, dont il fera la fortune pendant plus de cinquante ans. C'est aussi en 1900 que Bordeaux, juste après son mariage, quitte définitivement le barreau et publie son premier roman *(Le Pays natal)*, qui exalte le retour à la terre et marque le début d'une production ininterrompue. En soixante-seize ans d'activité littéraire, celle-ci compte près de deux cent cinquante titres (soixante et onze romans, quarante-six études littéraires et critiques, quarante ouvrages historiques et biographiques, vingt livres de voyage, vingt volumes de mémoires, dix-neuf études sociales, treize recueils de nouvelles et de contes, neuf volumes de théâtre ou de critique théâtrale, sept livres consacrés à la guerre et trois recueils de poésie).

En 1902, *La Peur de vivre*, roman couronné par l'Académie française qui retrace les difficultés matérielles et morales d'une famille dans les environs de Chambéry, remporte un grand succès. *Les Roquevillard* (1906), issu d'un drame familial chambérien réel, confirmera ce succès. Les étapes suivantes seront *La Croisée des chemins* (1909), *La Robe de laine* (1910), son ouvrage le plus traduit, et *La Neige sur les pas* (1912), premier d'une longue série de romans montagnards. Proust, dont il n'a pas entrevu le génie, lui écrit régulièrement pour lui faire part de son enthousiasme à la lecture de ses œuvres. La guerre de 1914, à laquelle il participe héroïquement comme officier dans la territoriale, puis comme officier de liaison à Verdun, lui inspirera plusieurs livres : *La Chanson de Vaux-Douaumont*, dont le premier volume est dédié « aux soldats de Verdun » et le second « au général Pétain » (1916-1917) ; et le cycle de *La vie recommence* (1920-1921). La période de l'entre-deux-guerres sera davantage consacrée à des romans retraçant l'évolution des mœurs comme *Le Barrage* (1927), où il prend résolument parti contre le progrès, ou *Les Cloches intérieures* (1932). Inspirés par une fréquentation assidue des tribunaux dans un but exclusivement littéraire, certains aspects de son œuvre sont plus étranges, tels *Le Lac noir*, une histoire de sorcellerie publiée pour la première fois en 1904, ou *La Maison morte* (1922), drame familial et paysan que l'auteur situe en Maurienne.

Pendant la Deuxième Guerre, Henry Bordeaux se rend plusieurs fois à Vichy, dont la politique peut se réclamer de son œuvre. À la Libération, il est inscrit sur la liste d'épuration du Comité national des écrivains. Sans renier la longue amitié qui le lie au maréchal Pétain, il invoque pour sa défense les livres écrits « pour soutenir le moral des Français », et ne sera pas inquiété. Si la veine biographique traverse toute son œuvre *(La Vie héroïque de Guynemer*, 1918 ; *Vie, mort et survie de saint Louis, roi de France*, 1949 ; *Weygand*, 1957), c'est plutôt après la Deuxième Guerre qu'Henry Bordeaux publie des romans historiques : *Un crime sous le Directoire* (1945), *La Marche à l'abîme* (1948), *Mémoires secrets du chevalier de Rosaz* (1958).

Entré à l'Académie française en 1919, il y siégera pendant plus de quarante ans *(Quarante ans chez les Quarante*, 1959), effectuant pour elle des missions à l'étranger dont il tira des récits de voyage *(Voyageurs d'Orient*, 1925-1926 ; *Châteaux en Suède*, 1928 ; *La Claire Italie*, 1929 ; *Les Indes noires*, 1936), recevant successivement sous la coupole Henri Bremond, Louis Madelin, Charles Le Goffic, Georges Duhamel, Charles Maurras et René Grousset. Outre son ultime roman *(Le Flambeau renversé*, 1961), ses dernières années sont consacrées à la rédaction de ses mémoires : *L'Amour de la terre et de la maison* (1960) et les treize volumes de son *Histoire d'une vie* (1951-1973). Il est mort à Paris le 29 mars 1963.

L'œuvre de ce romancier de la famille, de la province et de la religion, disciple de Bourget et de Maurras, est représentative d'une littérature bourgeoise traditionaliste et conservatrice qui a peu de chose à voir avec la littérature dite moderne. Aussi fut-elle régulièrement tournée en dérision par ses contemporains, avant de sombrer dans un oubli en contradiction avec l'énorme tirage de ses romans. Pierre Benoit disait de lui : « Je ne crois pas qu'il y ait beaucoup d'œuvres plus attaquées que celles de M. Henry Bordeaux qui est un romancier qui... un romancier que... Oui, mais enfin, un romancier, n'est-ce pas ? Et voilà ce que personne ne songe à contester. » Poursuivi par les persiflages de l'avant-garde, mais soutenu par une audience très large ainsi que par une longue carrière académique, cet écrivain populaire, mais non populiste, dont la biographie et la bibliographie se confondent, correspond peut-être à une tradition de la littérature française qui aurait en Henri Troyat son actuel représentant.

ŒUVRES. — Chez Plon, sauf indication contraire.

→ Pierre Benoit, *Henry Bordeaux*, Alcan, 1931. — Anne Buttin, *Henry Bordeaux, romancier savoyard*, Société savoisienne d'Histoire et d'Archéologie, Chambéry, 1990.

J.-M.H.

Borel Jacques (1925). « Je n'ai pas

connu mon père » : ainsi commence *L'Adoration*, qui valut à Jacques Borel le prix Goncourt en 1965. Le narrateur de cette somme autobiographique retrace, autour de la figure paternelle absente, son enfance à Mazerme (Saint-Gaudens), sa jeunesse à Paris, ses débuts comme professeur d'anglais. Le passé est déployé au détriment de la chronologie. Il se fait « rivage touffu d'images », où se dénude, en de fulgurantes déchirures, la trame psychologique de la passion exclusive pour la mère et du lent acheminement vers l'accomplissement littéraire.

L'autoportraitiste est « romancier de soi-même » : il se construit comme sujet et se défait dans un double mouvement de captation et de délivrance panique des souvenirs, inlassablement repris et poursuivi depuis *Le Retour* (1970) jusqu'à *Journal de la mémoire* (1994) en passant par *La Dépossession* (1973), *Un voyage ordinaire* (La Table ronde, 1974, rééd. Le Temps qu'il fait, 1993), *L'Attente, la clôture* (1989), *Commémorations* (Le Temps qu'il fait, 1990) ou *Le Déferlement* (1993), sans ignorer que « l'être de l'aveu » est nécessairement un « être de soupçon » (*Propos sur l'autobiographie*, 1994). En de longues phrases criblées d'incises, où se module la singularité d'une voix, l'œuvre de confession lance ainsi un paradoxal appel à l'autre, rejoignant l'adresse lyrique expérimentée dans les poèmes de *Sur les murs du temps* (Le Temps qu'il fait, 1990).

Traducteur de Joyce, éditeur des œuvres complètes de Verlaine dans la Bibliothèque de la Pléiade, Jacques Borel est aussi l'auteur de plusieurs essais (*Génie et folie de Jean-Jacques Rousseau*, Corti, 1966 ; *Proust et Balzac*, Corti, 1975).

ŒUVRES. — Chez Gallimard, sauf indication contraire.

J. de S.

Borgeaud Georges (1914). « Je suis né le 27 juillet 1914 à Lausanne. Par ma mère, je suis d'origine valaisanne [...]. Je n'ai connu le Valais qu'à l'occasion d'études faites au collège des chanoines de l'Abbaye de Saint-Maurice. [...] Depuis 1948, je vis à Paris. » Cette fiche d'identité semble banale, elle livre en fait l'essentiel des secrets de Georges Borgeaud, partagé entre pays de Vaud et Valais : paysages qui sont comme des « postulations » diverses de sa patrie. On décèle les blessures intimes, la place prégnante de la mère, la lacune du père, l'exil. C'est sur une rupture que s'ouvre son premier roman, *Le Préau* (1952, prix des Critiques), qui transpose son adolescence : quitter la mère pour l'internat, le lac pour la montagne. Enfant mal aimé, difficile, ballotté, le jeune Maurice Passereau « passera » des Pères et de leurs fastes liturgiques à l'austère famille d'un pasteur, avant de revenir dans le giron catholique. Nous le laissons à la fin du livre meurtri de sa relation équivoque avec Élisabeth, et bachelier. Nous le retrouvons dans l'autre grand roman autobiographique, *Le Voyage à l'étranger* (1974, prix Renaudot). Cette fois, nous sommes en 1937. Il a vingt ans. Il s'appelle Jean Noverraz, et il a quitté la Suisse pour la Belgique. Après une expérience manquée au monastère, il est précepteur dans un château dans les Ardennes. Au cours de l'été, à la mer, il fait son éducation sentimentale auprès de Madeleine. Puis le « voyage » se referme sur le retour, provisoire, en Suisse. Dans *La Vaisselle des évêques* (1959), la fiction prévaut. Le roman se passe pendant la guerre, dans une Suisse encerclée, oppressante. C'est le récit d'une brève passion entre un garçon de dix-sept ans, Pierre Lorétan, et une belle jeune femme, insolente et libre, Hélène.

Les romans de Borgeaud, de facture classique, sont écrits à la première personne. Il se considère comme « un introspectif camouflé en narratif ». Le narrateur change de nom à chaque livre. Le héros borgeaudien, éternel adolescent, s'interroge sans fin sur son identité, son image pour les autres, son être-au-monde. Silhouette fragile, fluette, un peu dandy, il désarme par son humour.

Pas plus à Paris que parmi les siens, Borgeaud n'a trouvé son ancrage, mais il passe la belle saison depuis trente ans dans un hameau du Quercy où, dans la lumière sévère du Causse, il renoue avec ses origines paysannes. Attentif aux bêtes, aux plantes, aux pierres et aux gens, il médite sur la beauté poignante de ce monde rural condamné. Il a consigné ses bonheurs d'écriture dans *Le Soleil sur Aubiac* (1986, prix Médicis de l'essai).

ŒUVRES. — *Le Préau*, 1952, Lausanne,

L'Âge d'homme, 1982. — *La Vaisselle des évêques*, 1959, rééd. Gallimard, 1992. — *Italiques*, Lausanne, L'Âge d'homme, 1969. — *Le Voyage à l'étranger*, Grasset, 1974. — *Le Soleil sur Aubiac*, Lausanne, Éditions 24 heures, 1986. — *Mille feuilles*, La Bibliothèque des Arts, 1997.

→ *Georges Borgeaud, le visible et le souterrain*, plaquette éditée par l'État du Valais, Imprimerie commerciale de Martigny, 1990. — Roger Francillon, « Georges Borgeaud et le style autobiographique », *Versants*, nº 20, 1991. — Christine Schnidrig-Arquembourg, *Georges Borgeaud ou le salut par l'écriture*, Neuchâtel, la Baconnière, 1994. — Jeanne Bem, « La Belgique comme "autre" de la Suisse romande : *Le Voyage à l'étranger* », *L'identité culturelle de la Belgique et de la Suisse francophones*, Champion, 1997.

J.B.

Borne Alain (1915-1962). Né à Saint-Pont (Allier) le 12 janvier 1915, il quitte ces lieux d'enfance pour Privas, puis Montélimar où il vit auprès de ses parents. Il devient avocat, et se découvre poète après s'être cru romancier. Il publie ses premiers vers en revue en 1937. Ami de Pierre Seghers à qui il adresse son premier livre, *Cicatrice de songes* (Les Feuillets de l'îlot, Jean Digot, 1939), il se joint pendant la Seconde Guerre mondiale aux poètes de la Résistance réunis à Villeneuve-lès-Avignon. Il collabore aussi à la revue *Confluences*, créée par René Tavernier à Lyon en 1942. Il fait partie du Comité national des écrivains en 1946. Par la suite, il écrit son œuvre en province, où il réside, mis à part quelques voyages. Sa versification est libre, avec un certain air de simplicité. L'œuvre met concrètement en évidence le réel, la nature, l'amour, la femme, mais comme toujours pris dans l'angoisse de devoir finir. C'est ainsi que le *Poète à sa table* de *Neiges et 20 poèmes* (Seghers, 1941) écrit des mots de vie, mais sous le regard des morts. La vie est, dès son second recueil, *Promesse de mort*. Les femmes, le monde apparaissent *déjà* absents. Les *Poèmes à Lisleï* (Seghers, 1946) gardent cette tonalité élégiaque. Parfois, la femme peut faire oublier la mort, tout comme la poésie, susceptible d'enrayer le désastre. Mais la plupart des recueils traduisent la tension entre le désir de vivre un bonheur terrestre simple, évident et sensuellement évoqué, et l'angoisse de la mort. Ce déchirement obsédant reparaît dans *Une seule injure* (Rougerie, 1953, prix Antonin Artaud). Le scandale de la mort pousse le poète à associer l'amour à une crucifixion tantôt délicieuse, tantôt révoltée sur le corps de la femme (*La nuit me parle de toi*, Rougerie, 1964). La femme elle-même, parce qu'elle suscite un désir qui n'efface pas la mort et en rend plus désespérante l'imminence, est parfois jugée tentatrice et vaine (dès *L'Eau fine*, Gallimard, 1947). Tout le créé menacé de pourriture finit par révulser le poète (*Le Plus Doux Poignard*, Chambelland, 1971, posth.) qui supplie vainement un Dieu indifférent et cruel (*La nuit me parle de toi*). La poésie reste le seul recours fragile, à la fois vain et essentiel, seule vie possible. Alain Borne est mort à Montélimar le 21 décembre 1962.

→ Paul Vincensini, *Alain Borne*, Seghers, coll. Poètes d'aujourd'hui, 1974.

A.P.-de B.

Bory Jean-François (1938). L'un des pionniers de la poésie concrète et spatiale, il est le cofondateur, avec Julien Blaine, de la revue *Approches* (1965-1969) puis de *L'Humidité*, revue italienne de langue française tournée vers le futurisme (1970-1978). Il a organisé à Paris en 1966 la première exposition du Spatialisme, qu'il définit comme « une graphie mouvante qui va se situer du même côté que la réalité, dans la mesure où la réalité est une graphie, qu'une graphie seule pourra rendre, faire apparaître et continuer ». Transgression de la lisibilité et travail sur la matérialité de la langue caractérisent une série d'expériences où les dimensions sonore et figurative de la page épousent, toute frontière abolie, la musique et les arts plastiques. Montage photographique (*Post-scriptum*, 1970), calligramme, comme dans *Poèmes mécaniques* (1975), où les lettres répétées du mot « Maman » dessinent parodiquement un trou de serrure (« Angoisse 3 »), usage dérisoire de la liste de noms d'un carnet d'adresses personnel (*Autres textes*, 1979), contributions données à divers festivals de poésie sonore, dont « Polyphonix », ou textes publiés en disques (*La Fabrication du crépuscule*, 1985 ; *Game over*, 1986) : dans tous les cas, il s'agit de briser le « sanctuaire de langage » dans lequel la littérature s'est enfermée et de provoquer

« l'absorption d'un moyen d'information par un autre ».

J. de S.

Bory Jean-Louis (1919-1979). Né le 25 juin 1919 à Méréville (Essonne), agrégé de lettres classiques, il a longtemps enseigné tout en collaborant à divers journaux comme critique et chroniqueur. Son œuvre personnelle est multiforme, même si la plupart de ses romans sont regroupés en une vaste saga de douze volumes intitulée *Par temps et marées*, ensemble d'éléments assez disparates, reliés essentiellement par une certaine unité géographique (la région natale de Bory) et qui — à l'exception du premier volume, *L'Odeur de l'herbe*, dont l'action se situe en 1799-1801 — conte l'histoire de la France de 1936 à 1961. Le quatrième roman de cette série, mais en fait le tout premier écrit et publié par l'auteur : *Mon village à l'heure allemande* (1945, prix Goncourt), lui a assuré une reconnaissance littéraire immédiate. Peu présents dans ce premier roman, apparaissent peu à peu les thèmes qui domineront le reste de l'œuvre : les amours homosexuelles, la peur de la solitude et de la vieillesse. Le ton général de l'œuvre romanesque n'en reste pas moins léger, vif, avec une tendance à la revendication qui fait de Bory un précurseur de la génération de 1968. En dehors des recueils de chroniques journalistiques et d'essais critiques (dont sept volumes sur le cinéma), on retiendra un magnifique autoportrait, *Ma moitié d'orange* (1972) et *Le Pied* (1977), son dernier roman, étrange entreprise « iconoclaste » partiellement conçue au magnétophone. Bory s'est suicidé à Méréville, le 11 juin 1979.

→ Marie-Claude Jardin, *Jean-Louis Bory*, Belfond, 1991. — Daniel Garcia, *Jean-Louis Bory 1919-1979*, Flammarion, 1991.

G.P.

Boschère Jean de (1878-1953). Né à Uccle (Bruxelles) le 5 juillet 1878, il s'est qualifié lui-même d'« obscur », de « paria », et est resté volontairement en marge des écoles et des chapelles, mais son itinéraire a croisé ceux d'Elskamp, Suarès, Daumal, Milosz, Artaud, Michaux, Supervielle, Audiberti et bien d'autres (voir ses *Portraits d'amis*, 1935). Il fut l'un des écrivains les plus originaux de sa génération. Établi avec sa famille à Anvers en 1894, il y fréquente l'atelier de peinture de l'Académie des Beaux-Arts : il écrira de nombreux essais sur la sculpture, la peinture, le dessin, l'architecture, entre 1905 et 1910 avant de se diriger vers la littérature. Son premier ouvrage littéraire, *Béâle-Gryne*, paraît en 1909, illustré par lui-même ; c'est un recueil de proses poétiques dans la lignée du symbolisme finissant, comme le sera encore *Dolorine et les ombres* (1911), « roman-poème » teinté de style artiste, influencé par les doctrines ésotériques de Péladan. Il rencontre alors Max Elskamp, son concitoyen ; une profonde estime lie les deux hommes et Boschère consacrera au poète d'*Enluminures* une importante monographie (1914). Pour répondre à un modèle du temps, et peut-être sous l'influence d'Elskamp, à qui ils sont dédiés, il compose les textes en prose de *Métiers divins* (1913) (repris et augmentés dans *Le Bourg*, 1922). En 1915, au plus fort de l'occupation allemande, il s'exile en Angleterre, et fréquente à Londres les écrivains imagistes anglo-américains (Pound, Fletcher, Huxley, Eliot) réunis autour de *The Little Review*, à laquelle il collabore : de cette période féconde naissent deux recueils, publiés en français et en anglais, *The Closed Door* (1917) et *Job le pauvre* (1922), tous deux repris en 1929 dans *Ulysse bâtit son lit*. Un des caractères essentiels de l'expression de Jean de Boschère apparaît : la révolte et la solitude comme instrument de connaissance du moi. Son extrême lucidité, l'agressivité de son style donnent à ces textes une dimension que n'auraient pas reniée les surréalistes. C'est aussi à Londres que s'épanouit son activité graphique ; il y publie des contes illustrés (*Christmas Tales of Flander*, 1917 ; *Beasts & Men*, 1918 ; *The City Curious*, 1920 ; *Weird Island*, 1921), expose ses œuvres, et outre ses propres livres, illustre Swift, Cervantes, Apulée, Flaubert, Ovide, Balzac, comme plus tard Wilde, Baudelaire, ou Lewis Carroll.

En 1923, il quitte l'Angleterre en compagnie d'Élisabeth d'Ennetières, qui deviendra sa seconde femme (voir ses mémoires, *Nous, et les autres*, 1967) ; le couple séjourne en Italie, en Belgique, et vient s'établir à Paris en 1926. Boschère publie alors *Marthe et l'enragé* (1927), roman autobiographique dans lequel il met en scène un frère et une sœur en butte aux sarcasmes des habitants de leur village : un drame hallucinant écrit dans un style décousu, violent, traversé par la révolte, l'inceste, la vengeance, le crime, la mort de la protagoniste (Artaud en fera un compte rendu élogieux dans la *NRF* en septembre 1927). On retrouve le narrateur « enragé » de *Marthe* dans *Satan l'obscur* (1933), « incarnation du domaine sombre, où l'érotisme, la poésie, la religion et le sublime voisinent » (Artaud) : le roman met en scène l'initiation amoureuse d'une jeune fille, de la mère de laquelle le narrateur est épris ; Boschère y évoque en filigrane sa liaison londonienne avec Véra Hamilton (Douce dans le roman) entre 1917-1922. Le ton 1900, l'esthétisme exacerbé de certains passages le distinguent du précédent, laissant percer un arrière-goût de démodé. Quête de l'amour sublime dans un Paris témoin actif d'une enquête policière, son troisième et dernier roman (une suite à *Satan l'obscur*, intitulée *Véronique de Sienne*, reste inédite), *Vanna dans les jardins de Paris*, écrit en 1934, ne paraîtra qu'en 1945.

Ne délaissant pas la poésie, il publie successivement *Laudes sans artifices* (1934), *Élan d'ivresse* (1935), *Jaloux de leur seigneur* (1935) et *Dressé, actif, j'attends* (1936) : la volonté de rupture sociale et la destruction des valeurs s'expriment dans un langage brisé, tranchant, orienté vers le cri : celui du poète-Sisyphe toujours prêt à assumer sa révolte, confiant dans l'acte sans cesse renouvelé. En 1937 paraît *L'Obscur à Paris* : textes en prose à mi-chemin entre le journal, la réflexion, l'exercice d'écriture, qui seront repris et augmentés dans *Paris clair-obscur* (1946). Boschère fonde la même année une revue, *Mouches à miel*, qui n'aura que trois livraisons (1938-1939). Le couple s'installe définitivement à La Châtre (Indre), en 1939. Pendant la guerre, Boschère fait paraître clandestinement *Joie grondante* (1941) ; il rassemble enfin une grande partie de son œuvre poétique dans *Derniers « poèmes » de l'Obscur* (1948), et dans *Héritiers de l'abîme* (1950) ; un ultime recueil, *Le Paria couronné*, reprenant les poèmes des années 1949-1952, paraîtra en 1956 (posth.). Les textes gagnent en souffle et en puissance sur ceux des années trente : faisant confiance à sa seule inspiration, Boschère visionnaire tente d'y décalquer le mouvement même de la pensée, dans un tumulte d'images, d'explosions lyriques, d'arrêts et de départs, la révolte, constamment en devenir, devant atteindre au spirituel, à la Grâce. Jean de Boschère est mort à Châteauroux, le 17 janvier 1953.

S'il ne faut négliger ni la production artistique de Jean de Boschère (dessins, peintures, sculptures) ni la part importante de son œuvre d'essayiste, ses livres sur la nature restent très intéressants : il y renoue avec un exercice cher à Rousseau ou à Maeterlinck. il a aussi laissé des *Mémoires* inédits, ainsi qu'un *Journal*, publié partiellement *(Journal d'un rebelle solitaire (1948-1952)*, fragments, 2 t., 1981).

ŒUVRES. — Max Elskamp et Jean de Boschère, *Correspondance*, éd. Robert Guiette, Bruxelles, Académie royale, 1963. — *Marthe et l'enragé* ; *Ulysse bâtit son lit*, rééd., Granit, 1977. — *Portraits d'amis*, rééd., La Différence, 1990. — *Œuvres complètes*, éd. Michel Desbruères, La Différence, 1990.

→ Élisabeth d'Ennetières, *Nous, et les autres : souvenirs d'un tiers de siècle avec Jean de Boschère*, Aurillac, Éditions du Centre, 1967. — Christian Berg, *Jean de Boschère ou le mouvement de l'attente*, Bruxelles, Académie royale, 1978. — *Jean de Boschère : le centenaire de sa naissance*, éd. Jean Warmoes, Bruxelles, Bibliothèque royale Albert Ier, 1978. — Monique Fol, *Jean de Boschère ou le chemin du retour*, Berne, Peter Lang, 1987. — Monique Fol, *Le Temps de la confidence : Jean de Boschère et André Suarès*, Berne, Peter Lang, 1990.

O.Bi.

Bosco Henri (1888-1976). Né à Avignon, le 16 novembre 1888, ce Provençal aux racines piémontaises se décrira comme un « Celte mélangé de Latin » et se réclamera de Virgile : le poète de l'*Énéide* est aussi un Italien du Nord, et les Italiens du Nord, « c'étaient au fond des colonies de Gaulois mélangées de Romains ». Son œuvre témoigne d'une conception double de la Provence, brumes ombreuses et lumière crue de midi, amabilité souriante et réserve austère. Apparenté au fondateur de la Société de saint-François-de-Sales, Dom Bosco, il est né dans la cité des Papes, d'un père tailleur de pierre et facteur d'instruments. Homme des hautes terres, il puise dans une enfance solitaire et campagnarde la plupart des grands thèmes de ses récits.

Musicien de talent, botaniste éclairé, il reçoit une solide formation classique, lit Hésiode, Homère, Virgile, Platon, les présocratiques, les troubadours, Dante et Pétrarque. Parmi les « poètes de [s]a vie » (titre d'un article publié dans *Les Nouvelles littéraires*, 6 septembre 1962), il faut encore compter La Fontaine, qui « fait parler les bêtes », Racine, pour la perfection de ses vers, mais aussi Maurice de Guérin et Nerval, qui le précède par son ésotérisme syncrétique.

Étudiant à Avignon et à Grenoble, Bosco prépare ensuite l'agrégation d'italien à Florence. Il enseignera à l'université de Belgrade, à Avignon, à Bourg-en-Bresse, à Philippeville. Pendant la Première Guerre, il combat aux Dardanelles, en Macédoine. Il passe les dix ans qui suivent à Naples, où il est professeur de littérature comparée. Parallèlement, il collabore, de 1924 à 1936, à la revue aixoise *Le Feu*, dirigée par l'écrivain provençal Joseph d'Arbaud et trouve ainsi son public. Ses deux premiers romans, *Pierre Lampédouze* (1924) et *Irénée* (1928), sont des « pastiches et mélanges ». De 1931 à 1955, il est professeur au lycée de Rabat et fonde l'Alliance française au Maroc. Il célèbre dans son œuvre poétique les paysages marocains. Il dirige également une revue littéraire, *Aguedal*, qui réunit des poètes locaux. En 1945, *Le Mas Théotime* lui vaut le prix Renaudot, et le prix Louis Barthou en 1947. Le prix des Ambassadeurs est décerné à *Malicroix* en 1949. En 1953, le grand prix national des Arts et Lettres récompense son œuvre. Le grand prix de la Littérature pour les jeunes (1959) contribue peut-être à cantonner Bosco dans un genre auquel son œuvre ne se limite pas, comme le soulignait Gide à propos de *L'Âne Culotte* (1937), « livre exquis, étrange et miraculeux » *(Terre des hommes*, 8 décembre 1945), réédité mais réduit, à tort, à un classique de la littérature enfantine.

Henri Bosco lui-même récusait les étiquettes : « Mes livres ne peuvent se classer dans aucun genre défini. On les appelle des romans, mais sauf le *Mas*, ils ne sont pas ce qu'on désigne d'ordinaire sous ce nom. [...] J'ai écrit des récits. Le récit m'est indispensable pour atteindre indirectement à la poésie. » En 1965, il reçoit le grand prix littéraire de la Méditerranée. En 1968, le grand prix de Littérature de l'Académie française couronne l'ensemble de son œuvre. À la retraite, il vit tantôt à Nice, tantôt à Lourmarin dans le Luberon, où il est inhumé. Il est mort à Nice le 4 mai 1976.

Bosco s'attribuait un « tempérament de poète qui ne s'est pas réalisé dans la poésie en vers ». Ses œuvres de fiction sont pour la plupart des récits à la première personne, dont la Provence des collines est le décor : « Je suis un écrivain humain, non régionaliste. Mes personnages sont provençaux en apparence seulement. Ils sont surtout universels et humains ». De Constantin, le jeune garçon hanté par le jardin merveilleux du vieux Cyprien *(L'Âne Culotte)* à Pascal Dérivat, le propriétaire du mas Théotime, en passant par Martial de Mégremut *(Malicroix)*, le héros-narrateur de Bosco n'est « ni bon ni méchant, mais seul » *(Malicroix)*. Sa famille « symbolise une douceur héréditaire et une gentillesse à vivre qui [...] pass[e] pour un miracle » *(Le Mas Théotime)*, mais, solitaire, il reste secrètement un *sauvage* (adjectif fréquent chez Bosco) car il est l'héritier d'une part de sang étranger. Son univers originel ne suffit pas à combler son aspiration à l'ailleurs. Il entreprend donc des voyages initiatiques et appréhende obscurément une présence diffuse qu'il ne peut découvrir que dans le silence et l'isolement. Son existence austère, au rythme lent des saisons, au cœur d'une nature à peine dominée, est vouée à une ardente attente du Sacré et du Mystère. Tout devient signe, car le paradis est en nous. Influencé par l'ésotérisme et la mystique, Bosco, qui se veut catholique, tente, au-delà d'un déchiffrement orphique du monde, d'en recréer la magie, parfois dangereuse, mais source de sagesse. Son univers oscille entre fantastique et réalisme descriptif : il évoque en détail la vie paysanne et les mœurs de village, avec lyrisme et souvent avec humour, mais évite avec constance les facilités de la couleur locale. Orages passionnels et idéal de maîtrise, goût de la terre et mystique sous-jacente, sertis par une langue classique, sont pour lui l'expression d'un humanisme spiritualiste auquel il n'a jamais renoncé.

ŒUVRES. — Chez Gallimard, sauf mention contraire. — **Romans et prose** : *Pierre Lampédouze*, 1924, rééd. coll. L'Imaginaire, 1980. — *Irénée*, 1928, rééd. coll. L'Imaginaire, 1982. — *Le Quartier de sagesse*, 1929. — *Le Sanglier*, coll. Blanche, 1932. — *Le Trestoulas*, 1935, suivi de *L'Habitant de Sivergues*, rééd. Folio, 1979. — *L'Âne Culotte*, 1937, rééd. Folio junior, 1988. — *Hyacinthe*, 1940, rééd. Folio, 1995. — *L'Enfant et la rivière*, 1945, rééd. Folio junior, 1987. — *Le Mas Théotime*, 1945, rééd. Folio, 1972. — *Le Jardin d'Hyacinthe*, 1946, rééd. Folio, 1983. — *Monsieur Carre-Benoît à la campagne*, 1947, rééd. coll. Blanche, 1953. — *Malicroix*, 1948, rééd. Folio, 1973. — *Sylvius*, 1949, rééd. Folio, 1995. — *Un rameau de la nuit*, 1950, rééd. 1970. — *Sites et mirages*, 1950. — *Antonin*, 1952, rééd. Folio, 1992. — *L'Antiquaire*, 1954, rééd. Folio, 1979. — *Les Balesta*, 1956, rééd. 1988. — *Le Renard dans l'île*, rééd. Folio junior, 1986. — *Sabinus*, 1957. — *Le Chien Barboche*, 1957. — *Bargabot* suivi de *Pascalet*, 1958. — *L'Épervier*, 1963. — *Mon compagnon de songes*, 1967. — *Tante Martine*, 1970, rééd. Folio, 1990. — *Le Récif*, 1971. — *Une ombre*, 1978. — *Des nuages des voix des songes*, Aix-en-Provence, Édisud, 1980. — **Poésie** : *Les Poètes : Henri Bosco et N. Vesper*, Lyon, Imprimerie des Terrasses, 1925. — *Églogues de la mer*, Lourmarin, Les Terrasses de Lourmarin, 1928. — *Noëls et chansons de Lourmarin*, même éditeur, 1929. — *Devant le mur de pierre*, même éditeur, 1930. — *Inscriptions votives*, même éditeur, 1933. — *Bucoliques de Provence*, Alger-Tunis, Éditions de la revue Fontaine, 1944. — *Des sables à la mer. Pages marocaines*, 1948. — *Le Roseau et la source*, 1949. — **Souvenirs** : *Un oubli moins profond*, 1961. — *Le Chemin de Monclar*, 1962. — *Le Jardin des Trinitaires*, 1966. — *Saint Jean Bosco* [biographie], 1959.

→ Jean-Pierre Cauvin, *Bosco et la poétique du sacré*, Klincksieck, 1974. — Jean-Cléo Godin, *Henri Bosco : une poétique du mystère*, Presses de l'Université de Montréal, 1968. — Jacqueline Michel, *Liturgie de la lumière nocturne dans les récits d'Henri Bosco*, Minard, 1982. — Lionel Poitras, *Henri Bosco et la participation au monde*, Fribourg, Éditions universitaires, 1971. — *Hommage à Henri Bosco pour ses 80 ans*, Berre l'Étang, L'Astrado prouvencalo, 1971. — *Le Monde réel et l'imaginaire dans l'œuvre d'Henri Bosco* (colloque de Nice, 1975), Corti, 1976. — *L'Art d'Henri Bosco* (colloque de Nice, 1979), Corti, 1981. — *Henri Bosco, mystère et spiritualité* (colloque de Nice, 1986), Corti, 1987. — Henri Bosco et Robert Ytier, *Henri Bosco ou l'amour de la vie (1965-1976)*, Aubanel, 1996. — *Cahiers Henri Bosco* depuis 1971 (Édisud). — Il existe depuis 1979 des *Cahiers Henri Bosco* (L'Amitié Henri Bosco, Nice).

I.M.

Bosco Monique (1927). Née à Vienne, en Autriche, émigrée en France en 1931, elle s'installe en 1948 au Canada, où, après un doctorat ès lettres, elle est successivement journaliste, attachée de presse et auteur de textes pour Radio-Canada et l'Office national du film, collaboratrice à divers journaux et revues, et, depuis 1962, professeur de littérature à l'université de Montréal. Son premier roman, *Un amour maladroit* (Gallimard, 1961), est couronné aux États-Unis par le First Award Novel ; suivent des poèmes publiés en 1963 dans *Les Écrits du Canada français* et, en 1965, un deuxième roman, *Les Infusoires*. Son troisième roman, *La Femme de Loth* (1970), contient déjà les constantes formelles et thématiques de l'œuvre qui va suivre : style elliptique, fragmentation de la narration en épisodes courts, obsession des destins obscurs de femmes, poids de l'héritage juif, impossibilité de toute appartenance, solitude. Comme elle ne cessera plus de le faire, Monique Bosco s'approprie les mythes et les textes fondateurs, la Bible surtout, pour en actualiser la force tragique dans une reprise presque sacrée. Son œuvre compte également des recueils de poèmes, *Jéricho* (1970), *Schabbat* (1978) et *Miserere* (1991), *Lamento* (1997), un texte dramatique, *Le Cri de la folle enfouie dans l'asile de la mort* (1981), des romans, *New Medea* (1974), *Charles Lévy, m.d.* (1977), *Portrait de Zeus peint par Minerve* (1982), *Sara Sage* (1986), *Le Jeu des sept familles* (1995) et des nouvelles, *Boomerang* (1987), *Clichés* (1988), *Remémoration* (1991) et *Éphémères* (1993). Mais le travail de Monique Bosco consiste plutôt à brouiller les genres, tant dans ses poèmes en prose que dans ses fictions (*Portrait de Zeus peint par Minerve* ou *New Medea,* justement sous-titré *Ébauche pour un drame)*, où se mêlent poésie, théâtre et récit. Cette surimposition générique atteint son paroxysme dans *Babel-Opéra* (1989), à la fois drame, prière, récit et poème.

E.N.-L.

Bosquet Alain (1919-1998), pseudonyme d'Anatole Bisk. Né le 28 mars

1919 à Odessa, il séjourne en Bulgarie, puis s'établit en Belgique, où il fait ses études avant de s'exiler aux États-Unis en 1941. Secrétaire de rédaction à « La Voix de la France », il rencontre les surréalistes et publie ses premiers poèmes (*L'Image impardonnable*, 1942 ; *Syncopes*, 1943). Rentré en Belgique, il s'installe en France en 1951, après y avoir publié *La vie est clandestine* (Corrêa, 1945), recueil qui, comme *À la mémoire de ma planète* (Sagittaire, 1948), traduit ce sentiment de précarité qu'on retrouve dans son premier roman, *La Grande Éclipse* (Gallimard, 1952). Après *Un besoin de malheur* (Grasset, 1960), *Les Petites Éternités* (Grasset, 1962), le prix Interallié consacre *La Confession mexicaine* (Le Livre de Poche, 1965). Mais ni *Les Tigres de papier* (Le Livre de Poche, 1968) ni *Les Bonnes Intentions* (Grasset, 1975) n'auront le succès d'*Une mère russe* (Le Livre de Paris, 1978, grand prix du roman de l'Académie française) qui inaugure une veine intimiste reprise dans *L'Enfant que tu étais* (Grasset, 1981, prix Marcel Proust), premier volet de l'« autobiographie romancée » complétée par *Ni guerre ni paix* (Grasset, 1982) et *Les Fêtes cruelles* (Grasset, 1984). Bosquet, qui est avant tout un poète, obtient le prix Guillaume Apollinaire pour *Langue morte* (Sagittaire, 1951) révélant son attachement à une prosodie classique, de même que *Maître objet* (Gallimard, 1962), *Quatre testaments* (1957-1962, Gallimard, 1967) ou la trilogie : *Cent notes pour une solitude* (Gallimard, 1970), *Notes pour un amour* (Gallimard, 1972), *Notes pour un pluriel* (Gallimard, 1974). *20 Sonnets pour une fin de siècle* (Le Verbe et l'empreinte, 1980), *Un jour après la vie* (Gallimard, 1985) et *Le Tourment de Dieu* (Gallimard, 1986) témoignent de son désenchantement et de son évolution du surréalisme vers une « dérision fervente » qu'illustre encore *Où sont les belles guillotines ?* (La Différence, 1994). Œuvre abondante donc, qu'enrichissent anthologies (en particulier une *Anthologie de la poésie américaine*, Stock, 1956), traductions et critiques. Alain Bosquet est mort le 17 mars 1998.

→ Fonds Alain Bosquet à l'IMEC.

S.R.

Bosquet de Thoran Alain (1933), pseudonyme d'Alain Bosquet. Né à Uccle (Bruxelles) le 10 février 1933, il a placé sa poésie sous le signe du reflet et du regard *(Terre habitable* ; *L'Invitation chimérique*, 1957 ; *Petit Guide pour la visite du château* ; *Naviscence*, 1973), construisant un ensemble de récits oniriques où la mémoire et la méditation sont provoquées par image interposée. La peinture, à mi-chemin entre la vue et la vision, ouvre au monde du rêve : Piero della Francesca dans *Le Songe de Constantin* (1973), les collections fantastiques dans *Le Musée* (1976), Roger de la Pasture dans *Deux Personnages sur un chemin de ronde* (1992). Usant avec brio des techniques du récit spéculaire, de la mystification littéraire et historique ainsi que du brouillage des plans, il fait évoluer ses personnages dans une monde où l'illusion côtoie le réel. Dans *La Petite Place à côté du théâtre* (1994, prix Rossel), il réunit des nouvelles fondées sur un système de correspondances sensorielles où la musique crée un lien entre le passé et le présent ; dans les chroniques de *Portrait de l'amateur* (1996), il fait l'éloge de la curiosité et de l'intuition comme pratique de vie. On lui doit aussi des essais, centrés sur les relations entre l'art, la parole et le regard : *Petite contribution à un art poétique* (1984) et *Traité du reflet : thème et variations* (1986).

ŒUVRES. — *Le Songe de Constantin*, rééd., Talus d'approche, coll. Littérature, 1995.

O.Bi.

Bouchet André du, voir DU BOUCHET.

Boudard Alphonse (1925). Né à Paris, le 17 décembre 1925, enfant pauvre, il quitte l'école en 1938. Résistant dès 1943, il participe à la Libération de Paris. *Les Combattants du petit bonheur* (1977, prix Renaudot) retrace sa jeunesse orageuse. Engagé dans la Première Armée de De Lattre *(Bleubite*, 1966 ; *Le Corbillard de Jules*, 1979, Le Livre de Poche, 1989), il reçoit la Croix de guerre en 1945. Dans *Le Café du pauvre* (1983), il évoque les privations d'après-guerre et sa « vocation voyoute ». Jusqu'en 1962, la prison succède au sanatorium. Il y lit beaucoup et commence à écrire : une première version des *Combattants*. Il publie son premier roman, *La Métamorphose* *des cloportes* (1962, La Table ronde, 1981), histoire d'une vengeance avortée ; *La Cerise* (1963, prix Sainte-Beuve) est le récit de ses prisons. *La Méthode à Mimile* (1970, Pré-aux-clercs, 1990) est un véritable cours de langue verte. En 1972, *L'Hôpital : une hostobiographie* (Le Livre de Poche, 1986) dit sa « tubardise » avec humour. Dialoguiste *(Cinoche*, 1974), nouvelliste *(Les Enfants de chœur*, 1982), historien des maisons closes *(La Fermeture*, 1986 ; *L'Âge d'or des maisons closes*, Albin Michel, 1990), il poursuit, dans une langue charnue héritière de Céline, sa « biographie romanesque » *(Chroniques des mauvaises compagnies)* avec *Le Banquet des léopards* (1980) et *Saint Frédo* (1993, J'ai Lu, 1995), suivis de *Mourir d'enfance* (Laffont, 1995, Pocket, 1997), et sa carrière de romancier *(Madame de Saint-Sulpice*, Éditions du Rocher, 1996).

I.M.

Boudjedra Rachid (1941). Romancier algérien né le 5 septembre 1941. Issu d'une famille riche, élève d'une institution élitiste, le collège Sadiki de Tunis, où il acquiert la double culture française et arabe, il rejoint le FLN puis entreprend, après la guerre d'indépendance, des études de philosophie à Alger, et à Paris où il soutiendra un diplôme sur Céline. Professeur à Blida, lié au poète Jean Sénac, sous l'influence de qui il publie les poèmes de *Pour ne plus rêver* (1965), il a ensuite avec le pouvoir algérien des démêlés qui l'obligent à séjourner en France et au Maroc. Il devient brusquement célèbre avec son roman *La Répudiation* (1969), qui trace déjà pour l'essentiel les voies qu'il allait suivre à l'avenir : évocation provocante d'une cellule familiale dominée par un père autoritaire et libidineux, récit complexe où la narration discontinue sert de support au déploiement d'une écriture torrentielle et à l'exploration de fantasmes individuels ou collectifs, le livre est aussi l'allégorie de l'Algérie moderne, livrée aux pouvoirs occultes et aux forces du traditionalisme. Au cours des années suivantes, l'activité de Boudjedra se partage entre le roman (*L'Insolation*, paru en 1972, la même année qu'un remarquable *Journal palestinien)* et le cinéma, pour lequel il écrit notamment le scénario du film de M. Lakhdar Hamina, *Chronique des années de braise*. Vient ensuite le roman qui marque peut-être l'apogée de sa création, *Topographie idéale pour une agression caractérisée* (1975) : on y retrouve la manière des œuvres précédentes et surtout ce style débridé qui, au long de phrases souvent très longues, brise sans cesse avec la linéarité du récit. L'influence du Nouveau Roman y est éclatante, mais jamais peut-être les techniques préconisées par cette école ne furent aussi appropriées à un sujet : l'errance dans le métro parisien d'un immigré algérien illettré, pour qui ce labyrinthe souterrain n'offre que juxtaposition à l'infini de signes incompréhensibles. Le refus du psychologique et l'accumulation de données objectives, si souvent pratiqués à vide par les Nouveaux Romanciers en acquéraient une force et un naturel exceptionnels. Boudjedra publie ensuite *L'Escargot entêté*, fable philosophique en même temps que satire féroce de la bureaucratie algérienne. Mais provisoirement réconcilié avec les autorités de son pays après la disparition de Houari Boumedienne, il assume les fonctions de conseiller au ministère de l'Information et de la Culture, puis celles de lecteur à la Société nationale d'édition, et enseigne quelque temps à l'Institut des sciences politiques d'Alger. C'est le moment où il fait paraître *Les 1001 Années de la nostalgie* (1979), chronique d'une ville mi-réelle mi-onirique, sise aux confins du désert, à laquelle certains ont reproché de regarder un peu trop du côté de *Cent ans de solitude* de Garcia Marquez, mais où l'on retrouve tout l'univers de l'auteur, le regard acéré qu'il porte sur l'histoire récente de son pays et surtout, intactes, ses qualités de style très personnelles, auxquelles il donnera encore libre cours dans *Le Vainqueur de coupe* (1981), histoire d'un militant nationaliste qui, lors d'une finale de football, abat un notable algérien qui jouait la carte française.

Boudjedra s'est souvent plaint de sa condition d'écrivain maghrébin de langue française, qu'il tenait pour aliénante. À partir de 1982, ses œuvres seront donc données pour écrites en arabe, puis traduites par lui-même en français (on a pu parfois soupçonner le contraire). On se demande donc si doit être considérée comme appartenant à la littérature de langue française la série de romans qui commence avec *Le Démantèlement* (1982), histoire d'une jeune Algérienne qui apprend petit à petit l'histoire vraie de son pays. L'écriture y tend vers une simplicité plus grande, évolution à laquelle l'ardente obligation née des événements n'est sans doute pas étrangère, pas plus qu'elle ne l'est probablement au retour de l'écrivain au français pour son tout dernier roman, *La Vie à l'endroit* (1997), sorte de relecture de *La Répudiation* à la lumière de la tragédie algérienne de cette fin de siècle. Car devant celle-ci, Boudjedra a pris clairement position, publiant contre l'hystérie islamiste *FIS de la haine* (1992), pamphlet qui confirmait un talent de polémiste inséparable de son investissement littéraire.

On a souvent reproché à Boudjedra cette passion du style comme une forme de narcissisme. Sa création s'enracine certes dans son enfance, en particulier dans la blessure symbolique que fut l'absence du père, et l'une des fonctions majeures de l'écriture est bien pour lui l'inscription dans le texte du fantasmatique et du pulsionnel. Mais précisément, rien à ses yeux n'est plus urgent ni au fond plus politique qu'une telle démarche, dans une société arabo-musulmane qui a, estime-t-il, dès longtemps censuré le corps. Mais la littérature ne saurait être une simple servante du combat idéologique, elle ne vise pas à une chronique réaliste étroite. Il faut au contraire, selon Rachid Boudjedra, « aller au-delà de ce qu'on appelle le réel pour restituer non pas une réalité mais une conscience ». « En littérature, le poétique doit primer le politique : sinon, le roman didactique peut même figer le sens politique du monde. »

ŒUVRES. — Publiées chez Denoël, sauf indication contraire. : *Pour ne plus rêver*, Alger, SNED, 1965. — *La Répudiation*, 1969. — *Naissance du cinéma algérien*, Maspero, 1971. — *La Vie quotidienne en Algérie*, Hachette, 1971. — *L'Insolation*, 1972. — *Journal palestinien* (Hachette, 1972). — *Topographie idéale pour une agression caractérisée*, 1975. — *L'Escargot entêté*, 1977. — *Les 1001 Années de la nostalgie*, 1979. — *Le Vainqueur de coupe*, 1981. — *Le Démantèlement*, 1982. — *La Macération*, 1984. — *Greffe*, 1985. — *La Pluie*, 1986. — *La Prise de Gibraltar*, 1987. — *Le Désordre des choses*, 1991. — *FIS de la haine*, 1992. — *Timimoun*, 1994. — *Mines de rien*, 1995. — *Lettres algériennes*, Grasset, 1995. — *Peindre l'Orient*, Zulma, 1996. — *La Vie à l'endroit*, Grasset, 1997.

→ H. Gafaïti, *Boudjedra ou la passion de la modernité*, Denoël, 1987.

Y.R.

Boukman Daniel (1936), pseudonyme de Daniel Blerard. Cet écrivain martiniquais a traduit un militantisme ardent dans une œuvre essentiellement dramatique. Dans ses *Chants pour hâter la mort du temps des Orphées* (Oswald, 1967), composés en 1961, au moment où, répondant à l'appel de Franz Fanon, il désertait l'armée française engagée dans la répression en Algérie, il s'en prend, avant Yambo Ouologuem, aux fondateurs de la Négritude, Damas, Césaire et Senghor, coupables à ses yeux d'utiliser leur talent poétique à des fins politiciennes. La même intention révolutionnaire et satirique se perçoit dans *Ventres pleins, ventres creux* (Oswald, 1971) et dans *Les Négriers* (L'Harmattan, 1971), où il dénonce l'exode des travailleurs immigrés antillais organisé par le Bumidom vers la France et dont Med Hondo a tiré un film *(West Indies)*, et enfin dans *Et jusqu'à la dernière pulsation de nos veines* (L'Harmattan, 1976).

J.C.

Boulanger Daniel (1922). Né à Compiègne le 24 janvier 1922, élève au petit séminaire de 1933 à 1939, trop jeune pour participer aux combats de 1940 (*Ursacq*, Gallimard, 1993), arrêté par les Allemands le 11 novembre 1940 pour sabotage, il échappe au STO (*Le Jardin d'Armide*, Laffont, 1969) ; après la guerre, il voyage, exerçant divers métiers, avant de revenir en France pour se consacrer à la littérature. Il s'illustre alors dans tous les genres, écrivant une soixantaine de scénarios (*L'Homme de Rio*, *Cartouche*, *Les Mariés de l'an II)*, quatre volumes de théâtre (chez Gallimard : *C'est à quel sujet ?*, 1984 ; *À la belle étoile*, 1985 ; *Coup de lune*, 1986 ; *La Toison d'or*, 1987), et des recueils qui évoquent sous une forme souvent lapidaire la poésie du quotidien (chez Gallimard : *Retouches*, 1969 ; *Tchadiennes*, 1969 ; *Les Dessous du ciel*, 1973 ; *Tirelire*, 1976 ;

La poule a trouvé un clairon, 1978 ; *Œillades*, 1979 ; *Volière*, 1980 ; *Hôtel de l'image*, 1982 ; *Drageoir*, 1983 ; *Lucarnes*, 1984 ; *Intailles*, 1986 ; *A la marelle*, 1987 ; *Taciturnes*, 1996).

Mais c'est surtout comme prosateur que Daniel Boulanger s'est fait connaître. Aux confins du réel, ses romans évoquent des livres maléfiques (*L'Ombre*, Minuit, 1959, devenu *Miroir d'ombre*, Gallimard, 1978 ; *Caporal supérieur*, Gallimard, 1995), un tableau inquiétant (*L'Autre Rive*, Gallimard, 1977 ; *Le Retable Wasserfall*, Gallimard, 1994), des amours impossibles (*La Porte noire*, La Table ronde, 1961 ; *La Rose et le reflet*, Laffont, 1968 ; *Un été à la diable*, Gallimard, 1992), des identités problématiques (*Le Téméraire*, La Table ronde, 1962 ; *La Dame de cœur*, Gallimard, 1979 ; *Mes coquins*, Gallimard, 1990), des communautés menacées (*Connaissez-vous Maronne ?*, Gallimard, 1981 ; *Jules Bouc*, Gallimard, 1987), des trompe-l'œil sur les murs (*Les Portes*, Laffont, 1966) et d'étranges combats optiques (*Le Miroitier*, Gallimard, 1996), à l'image d'un monde sans cesse menacé par le soupçon.

Le même sens du mystère traverse ses nouvelles qui, dans un décor un peu ancien, font ressortir l'humanité profonde de personnages insolites (l'évangéliste analphabète, le perroquet ingrat) et ce qu'ont d'étrange les figures ordinaires (la vieille fille, le notaire), l'art de l'ellipse conduisant à creuser l'énigme bien plus qu'à la résoudre (*Le Chemin des caracoles*, Laffont, 1966 ; *Mémoires de la ville*, Gallimard, 1970 ; *Vessies et lanternes*, Gallimard, 1971 ; *La Barque amirale*, Gallimard, 1972 ; *Fouette cocher !*, Gallimard, 1973, prix Goncourt de la nouvelle 1974 ; *Le Chant des matelots*, Casterman, 1976 ; *L'Enfant de bohème*, Gallimard, 1978 ; *Un arbre dans Babylone*, Gallimard, 1979 ; *Le Vent du large*, Gallimard, 1980 ; *Le Chant du coq*, Gallimard, 1980 ; *Table d'hôte*, Gallimard, 1982 ; *Les Jeux du tour de ville*, Gallimard, 1983 ; *Les Grands*, Casterman, 1983 ; *L'Été des femmes*, Gallimard, 1985).

J.P.

Boulevard *(théâtre de)*. Les boulevards, aménagés à la fin du XVIIe siècle et au début du XVIIIe sur l'emplacement de l'enceinte fortifiée de Charles V, étaient devenus la promenade favorite des Parisiens et notamment sur leur section nord-est. Désirant s'attirer cette abondante clientèle, à partir de 1760 des entrepreneurs de spectacles avaient construit des salles de théâtre bordant ces larges avenues. En 1789, les boulevards comportaient déjà six établissements populaires, jalousés par les comédiens et les auteurs du Théâtre-Français : « Quand la salle des Français reste déserte, les histrions des boulevards font pleine chambrée », écrit avec amertume Cailhava dans ses *Causes de la décadence du théâtre* (1788). Et l'on opposait déjà à la vulgarité des productions du Boulevard la qualité littéraire du théâtre subventionné. On y jouait essentiellement des parades de foire, des farces, des comédies à vaudevilles (comportant des couplets chantés sur des airs connus). À partir du Premier Empire, à ces vaudevilles viennent s'ajouter des mélodrames, notamment ceux de Guilbert de Pixérécourt, pièces très manichéennes qui mettent en scène des innocents persécutés, des traîtres, et des justiciers sans peur qui font immanquablement triompher le Bien. Sous la Restauration, les salles des boulevards du Temple et Saint-Martin continuent à attirer des foules énormes. Marcel Carné a restitué leur atmosphère dans *Les Enfants du paradis* (1943). À partir de 1830, au public populaire qui fréquentait jusqu'alors ces théâtres, se substitue peu à peu un public de bourgeois moyens qui, sans délaisser vaudevilles et drames, s'intéresse aussi aux comédies d'intrigue et de mœurs dont Scribe est l'auteur à la fois le plus célèbre et le plus prolifique. La critique reproche d'ailleurs à ces pièces la platitude de leur style et la banalité des sentiments qui y sont exprimés. Sous le Second Empire, la notion de Boulevard perd en partie sa signification géographique : Labiche, considéré comme un auteur relevant de ce type de théâtre, donne la plupart de ses vaudevilles au Palais-Royal. En revanche, les productions « littéraires » d'Émile Augier ou de Dumas fils sont accueillies au Gymnase.

C'est au milieu du XIXe siècle que la notion moderne de Boulevard commence à se préciser, celle d'un théâtre de divertissement aux effets faciles, sans prétention artistique et destiné à plaire à un public peu exigeant. L'époque 1870-1914 est souvent considérée comme son âge d'or. Mais le terme possède alors une signification très extensive : il englobe notamment le vaudeville, avec Feydeau et ses émules comme Alexandre Bisson, Léon Gandillot, Pierre Véber ; la comédie légère avec Robert de Flers, Gaston de Caillavet, Francis de Croisset, Sacha Guitry ; la pièce à thèse avec Eugène Brieux ou François de Curel ; la comédie de mœurs avec Henri Becque ou Alfred Capus ; la comédie psychologique représentée par Porto-Riche, le drame avec le Bernstein de la première manière ou Henri Bataille. Ce théâtre à succès est servi par de grands comédiens comme Lucien Guitry, Baron, Signoret, Réjane, Jeanne Granier.

Après la Première Guerre, le fossé se creuse davantage entre le Boulevard et l'autre théâtre, plus littéraire, défendu notamment par les metteurs en scène du « Cartel » (Baty, Dullin, Jouvet et Pitoëff). À côté des œuvres de Claudel, de Cocteau, de Vitrac ou de Giraudoux, le Boulevard maintient à l'affiche le vaudeville (Louis Verneuil, Jean de Létraz, Yves Mirande...) et la comédie de mœurs ou de caractère (Sacha Guitry, Marcel Pagnol, Marcel Achard, Édouard Bourdet, Henry Bernstein). Il est servi, comme avant-guerre, par le talent d'acteurs tels que Raimu, Victor Boucher, Gaby Morlay, Valentine Tessier, Pierre Brasseur, Yvonne Printemps, Pierre Fresnay, Elvire Popesco. En même temps, le caractère artificiel de l'appellation « Boulevard » apparaît de plus en plus nettement : si pour certains auteurs l'hésitation n'est guère permise, la vision très personnelle du monde qui est, par exemple celle de Pagnol, de Guitry ou de Bourdet, les fait sortir aussi du « Boulevard » où on les confine. Le théâtre de boulevard, accusé d'être un théâtre « de classe », est fréquemment vilipendé.

À l'époque où, à l'exemple de Sartre ou de Camus, les dramaturges s'interrogent sur le destin de l'humanité ou produisent des pièces engagées, on annonce la mort du Boulevard, décidément trop futile. On lui cherche un substitut, un autre théâtre « populaire ». Mais on s'aperçoit qu'il en est un, comme l'atteste son audience, en particulier lorsqu'il fait l'objet d'adaptations télévisées. Le Boulevard, qui finit par ne plus désigner que la comédie de situation (le vaudeville), de mœurs ou de caractère, reste très prospère, et illustré par des auteurs tels qu'André Roussin, Pierre Barillet et Jean-Pierre Grédy, Marcel Mithois, Claude Magnier, Marc Camoletti, Jean Poiret, Françoise Dorin. Certaines de leurs pièces connaissent plusieurs milliers de représentations, comme *Boeing-Boeing* ou *La Cage aux folles*. Car si les thèmes habituels du Boulevard se sont épuisés au fil des ans, il trouve la source de son renouvellement naturel dans le jeu de ses propres mécanismes et dans la rétroversion qu'il opère sur son propre fonctionnement : c'est ce qu'ont su faire André Roussin, Françoise Dorin, Jean Anouilh, dont les personnages, pour ainsi dire, jouent à jouer.

À la fin du XXe siècle, l'expression « Boulevard » demeure floue : les pièces de Jean Anouilh, de Marcel Aymé, de Félicien Marceau, de Françoise Sagan relèvent-elles de ce type de théâtre ? En relèvent-elles partiellement ? Ou certaines d'entre elles plutôt que d'autres ? Cette étiquette parfois dénigrante est à l'origine de confusions et de jugements hâtifs ou réducteurs. À l'instar du comédien Jean Piat, certains critiques proposent de la supprimer.

→ Pierre Brisson, *Le Théâtre des années folles*, Genève, Éditions du Milieu du monde, 1943. — *Du meilleur au pire*, Gallimard, 1937. — Georges Pillement, *Anthologie du théâtre contemporain, le théâtre de boulevard*, Éditions du Bélier, 1946. — *Thalia* (Ottawa), *Studies in Literary Humor*, vol. VII, nº 2, 1984. — Michel Corvin, *Le Théâtre de boulevard*, PUF, coll. Que sais-je ?, 1989.

H.G.

Boulle Pierre (1912-1994). Né en Avignon le 20 février 1912, il mena une vie aussi aventureuse que celle de ses héros. Après des études scientifiques à Paris, qui lui permettent d'obtenir un diplôme d'ingénieur de l'École supérieure d'électricité, il est embauché par des sociétés de caoutchouc et part comme planteur pour la Malaisie. Survient la Seconde Guerre mondiale : mobilisé en 1939, puis membre des Forces françaises libres, il se bat en Birmanie contre l'occupant japonais.

De cette expérience, il tira après la guerre des romans d'espionnage situés en Asie et faisant profit de cette atmosphère extrême-orientale : *William Conrad* (1950), *Les Voies du salut* (1958), *Un métier de seigneur* (1960), *Les Vertus de l'enfer* (1974), *Histoires perfides* (1976). Les adaptations cinématographiques de ses romans lui valurent une célébrité internationale, avec d'abord *Le Pont de la rivière Kwaï* (1952, prix Sainte-Beuve, adapté par David Lean, 1957), et surtout *La Planète des singes* (1963, adapté par Franklin Shaffner, 1967), devenu un classique de la science-fiction : des hommes découvrent et explorent une planète, qui se révèlera être la terre des prochains millénaires, et où les singes règnent en maîtres après avoir supplanté l'humanité. C'est l'occasion pour Pierre Boulle de développements de type philosophique que l'on retrouve dans d'autres récits : *E = mc²* (1957), *Le Bon Léviathan* (1978), *La Baleine des Malouines* (1983) ou *Le Professeur Mortimer* (1988). Il s'est éteint à Paris le 31 janvier 1994.

ŒUVRES. — Pour la plupart publiées chez Julliard.

W.M.

Bounoure Gabriel (1896-1969). Né à Issoire (Puy-de-Dôme), il passe l'agrégation, puis enseigne à Quimper. Mobilisé en 1914, il reprend sa carrière de professeur en 1919 à Guéret, mais, sous le choc de la Grande Guerre, décide de vivre en exil. En 1923, il s'installe à Beyrouth, où il fonde l'École supérieure des lettres ; il quitte le Liban en 1952 pour avoir dénoncé la répression en Tunisie, et enseigne au Caire jusqu'en 1958, puis à l'université de Rabat, renonçant à son grand projet : la fondation d'une université française dans la Méditerranée orientale. Malgré son rayonnement dans ces contrées, il est resté dans l'ombre en France : son refus de se joindre aux surréalistes, son dédain des mondanités et son hostilité aux théories du texte l'ont isolé. Lié à Suarès, Breton, Eluard, Char, Jacob, Supervielle, Paulhan, ce « cher et sage Cheikh », comme l'appelait Suarès, est l'un des premiers à comprendre Michaux, Schéhadé, Jabès et Jouve, à travers des articles qu'il donne à de nombreuses revues, comme *Bifur*, *Critique*, *Les Lettres nouvelles, Le Mercure de France, L'Arc*, et surtout la *NRF*, où il devient, sous la direction de Paulhan, critique de poésie. En 1958 paraît chez Plon, sur l'insistance du poète Salah Stétié, *Margelles sur le parvis* (rééd. Fata Morgana, 1995), l'unique ouvrage publié de son vivant, constitué de vingt-cinq chroniques sur la poésie, données à des revues entre 1928 et 1955 et précédées d'une introduction capitale où l'auteur tente de cerner l'essence de la poésie : il la définit comme preuve et épreuve de l'être, inscrite dans l'histoire et s'en arrachant par ses origines et ses fins, lieu où l'homme échappe aux déterminations particulières et découvre les nouvelles réalités de l'être. Mais le livre n'eut aucun écho et fut pilonné deux ans après sa publication. Bounoure fut redécouvert plus tard et ses autres œuvres publiées après sa mort aux Éditions Fata Morgana (*Edmond Jabès : la demeure et le livre*, 1984 ; *René Char : Céreste et la Sorgue*, 1986 ; *Pierre Jean Jouve entre abîmes et sommets*, 1989).

D.H.

Bourbon-Busset Jacques de (1912). Né à Paris le 27 avril 1912, il a mené une carrière publique de haut rang avant de se consacrer exclusivement à la littérature. Élève d'Alain dans la célèbre khâgne du lycée Henri-IV, il entre à l'École normale supérieure, puis opte pour la diplomatie. De 1948 à 1952 il est directeur du cabinet de Robert Schuman, alors ministre des Affaires étrangères, puis devient directeur des Affaires culturelles au Quai d'Orsay. En 1956, il décide d'abandonner ses fonctions afin de poursuivre son œuvre d'écrivain, tournée d'abord vers le roman : *Antoine, mon frère* et *Le Silence et la Joie* obtiennent le grand prix du Roman de l'Académie française en 1957. Elle comprend également une réflexion sur le pouvoir sous la forme de fictions nourries de réminiscences classiques (*L'Olympien*, 1960 ; *Moi, César*, 1959), ou d'expérience vécue (*La Grande Conférence*, 1963). Mais c'est avec le journal intime que Bourbon-Busset trouve la forme qui lui convient le mieux. De *La nature est un talisman* (1967) à *Bien plus qu'au premier jour* (1985), la figure du Lion, l'épouse de l'auteur, domine une spiritualité jalonnée par la célébration de l'amour conjugal, l'harmonie entre les êtres et les choses et la passion de la musique. Le classicisme de Bourbon-Busset n'est pas exempt de sensibilité et la retenue qui caractérise son style est la marque de sa pudeur. Jacques de Bourbon-Busset est membre de l'Académie française depuis 1981.

Cl.D.

Bourdet Édouard (1887-1945). Né à Saint-Germain-en-Laye le 26 octobre 1887, il fait ses débuts d'auteur dramatique en 1910, avec *Le Rubicon*. Mais il ne s'impose que bien plus tard, en 1926, avec *La Prisonnière*, qui obtient au Théâtre Fémina un succès de scandale et ouvre la voie qui sera désormais celle de Bourdet : la satire des mœurs. *La Prisonnière* traitait de l'inversion féminine. En 1927, à La Michodière, où il fera représenter la plupart de ses pièces, Bourdet donne *Vient de paraître*, œuvre dans laquelle il brosse un tableau impitoyable des mœurs de l'édition française. Dans *Le Sexe faible* (1927), il met en scène, dans le cadre d'un palace parisien, une grande bourgeoise, Mme Leroy-Gomez, qui dresse ses fils à la chasse aux héritières (l'auteur se serait inspiré de Mme Georges Feydeau). *La Fleur des pois* (1932) évoque l'homosexualité masculine dans l'aristocratie. Dans *Les Temps difficiles* (1934), Bourdet montre certaines conséquences de la crise économique de 1929 : de grands bourgeois, les Antonin-Faure, pour sauver leur entreprise guettée par la faillite, n'hésitent pas à combiner une union entre la fraîche et ravissante Anne-Marie et l'infirme Bob Laroche, un pitoyable dégénéré qui a pour seul mérite de bénéficier d'une immense fortune. *Margot* (1935) évoque un cas pathologique : la passion que Marguerite de Navarre aurait éprouvée pour son frère Henri de Valois, futur Henri III ; Margot lutte en vain contre cet amour incestueux et multiplie les amants pour tenter d'échapper à la tentation. *Fric-frac* (1936) occupe une place à part dans la production de Bourdet. Le titre, qui appartient à la langue verte, nous indique que la pièce va se dérouler dans le milieu. L'auteur entreprend, comme il le dit lui-même, « une étude de mœurs, quelque chose comme un documentaire sur une catégorie assez peu recommandable de la population parisienne ». En fait, il a surtout voulu proposer au public une fantaisie gaie à la manière de Tristan Bernard. Admirablement servie par l'interprétation d'Arletty, de Michel Simon et de Victor Boucher (l'un des comédiens préférés de l'auteur), la pièce reçoit un accueil triomphal. Après la guerre, Bourdet renoue avec son inspiration habituelle dans *Hyménée* (1941), où Agnès, poliomyélitique et jalouse des êtres qui l'entourent, s'emploie hypocritement à saboter leur bonheur.

Solidité de la facture, acuité de l'observation, mordante ironie, justesse de trait, économie de moyens, sont les qualités qui expliquent le succès des pièces de Bourdet, à leur création et à l'occasion des reprises. La saveur très particulière qui s'en dégage vient de l'impassibilité systématique dont l'auteur fait preuve en peignant les mœurs les plus surprenantes, notamment dans *Le Sexe faible*, probablement le chef-d'œuvre de ce théâtre. Nommé en 1936 administrateur de la Comédie-Française, fonction qu'il occupera jusqu'en 1940, Bourdet s'entoure des membres du Cartel (Dullin, Jouvet, Baty et Pitoëff), restituant son dynamisme à une maison qui s'étiolait. Il est mort le 17 janvier 1945.

ŒUVRES. — Publiées chez Stock.

→ Denise Bourdet, *Édouard Bourdet et ses amis*, La Jeune Parque, 1946. — Jacques Nels, « Bourdet témoin et moraliste », *Les Annales*, nº 184, février 1966.

H.G.

Bourdet Gildas (1947). Né le 22 avril 1947 à La Forêt-Fouesnant, metteur en scène, créateur du théâtre de la Salamandre, il se fait le dramaturge de l'invention verbale avec *Une station-service* (Solin, 1985), où la misère est peinte de façon ludique grâce au langage imaginaire du fils débile, et *Le Saperleau* (Solin, 1985), où les personnages s'affrontent à l'aide de mots-valises et de citations détournées. Après ce paroxysme, *Les Crachats de lune* (Solin, 1986) et *L'Inconvenant* (Actes Sud, 1988) montrent un milieu clos (café, tournage d'un film) traversé soudain par un drame. Amoureux des mots et des stéréotypes, il se définit comme un « pessimiste gai » pour qui

« faire rire n'est pas autre chose que chercher à conjurer le sort ».

J.P.

Bourdouxhe Madeleine (1906-1996). Née à Liège le 25 septembre 1906. Après des études de philosophie à l'université de Bruxelles, elle fréquente dans les années trente le groupe des surréalistes bruxellois, et rencontre Victor Serge. Elle publie en 1937 le roman qui la consacre, *La Femme de Gilles* (mentionné par Simone de Beauvoir dans *Le Deuxième Sexe)*, drame de la jalousie et de la soumission totale, jusqu'à la mort, d'une femme à son mari qui la trompe. Elle y dénonce sans artifice l'aliénation féminine dans le couple à travers les exigences du devoir conjugal et y décrit la perte progressive des sentiments. La défense de la condition de la femme, l'affirmation de sa place dans la société, sont au centre de ses intérêts tant dans *À la recherche de Marie* (1943, réédité sous le titre *Wagram 17-42 : Marie attend Marie* en 1989), que dans *Sous le pont Mirabeau* (1944), roman qui raconte les péripéties d'une jeune femme et de son nouveau-né dans la tourmente de la guerre, et oppose la force de l'amour filial à la brutalité du conflit. Un style discret, procédant par petites touches donne à ses récits la force de l'évidence ; la simplicité et la détermination des actes de ses personnages les mettent à l'abri de toute rhétorique de la persuasion. Peu préoccupée par la diffusion de son œuvre, elle a publié quelques nouvelles en revue (dans *Les Temps modernes*, dans *Monde nouveau)*, réunies ensuite dans *Sept nouvelles* (1985) ; ancrées dans le quotidien, elle y dresse le portrait de femmes tiraillées entre la médiocrité de leur vie et leur rêve d'absolu. Engagée dans la défense des lettres, elle fut, en 1964, secrétaire perpétuelle de la Libre Académie de Belgique. Elle est morte à Bruxelles le 17 avril 1996.

ŒUVRES. — *La Femme de Gilles*, rééd., Bruxelles, Labor, coll. Espace Nord, 1985 et Arles, Actes Sud, coll. Babel, 1990. — *Sept nouvelles*, rééd., Deux temps, coll. Littérale, 1992.
→ *Textyles* (Bruxelles), n° 9, 1993.

O.Bi.

Bourgeade Pierre (1927). Né à Morlanne le 7 novembre 1927, il fait des études de droit à Bordeaux, devient avocat, puis fonctionnaire, mais sa vraie naissance se situe à la fin de 1965 quand Georges Lambrichs, directeur de la collection Le Chemin, découvre *Les Immortelles*, jusque-là sans éditeur (Gallimard, 1966). Drôle, poétique, souvent érotique, ce recueil de nouvelles qui ne cesse de célébrer le corps féminin annonce des textes tels que *New York Party* (Gallimard, 1969), *L'Aurore boréale* (Gallimard, 1973), *Eros mécanique* (Gallimard, 1995), *Cybersex* (Éditions Blanche, 1997), *Sade, sainte Thérèse* (Gallimard, 1987) où la sainte espagnole, ressuscitée et détenue au château de La Coste, éprouve une trouble attirance pour son divin geôlier. En parallèle se construit une œuvre hantée par l'histoire. Après les années 1936-1945 dépeintes avec anticonformisme dans *La Rose rose* (Gallimard, 1968), sont évoqués la guerre d'Espagne (*Orden*, Gallimard, Le Manteau d'Arlequin, 1969), le nazisme (*Deutsches Requiem* et *Le Camp*, Gallimard, 1979), la République de Salo (*Le Lac d'Orta*, Belfond, 1981), le communisme (*L'Armoire*, Gallimard, 1977), la guerre d'Algérie (*Les Serpents*, Gallimard, 1983) et tous les totalitarismes (*L'Autorisation*, *L'Avant-scène Théâtre*, avril 1995), en des œuvres où les personnages sont toujours confrontés à la tentation de la trahison (*Mémoires de Judas*, Gallimard, 1985). Pour Pierre Bourgeade, le roman parvient ainsi à être à la fois le gardien de la mémoire (*La Nature du roman*, Jean-Jacques Pauvert, 1993) et la métaphore même du désir (*L'Empire des livres*, Gallimard, 1989).

J.P.

Bourgeois Pierre (1898-1976). Né à Charleroi (Belgique) le 4 décembre 1898, il a exercé ses activités dans de multiples domaines avec un souci constant : la défense de l'art social et du modernisme. Animateur de l'hebdomadaire « ultramoderne » *7 Arts* (1922-1929), du cercle de « La lanterne sourde », co-fondateur en 1931 de la revue *Le Journal des poètes*, il s'est engagé dans la section d'art du Parti Ouvrier Belge présidée par son frère, l'architecte Victor Bourgeois et fut membre du Pen Club. Pris à partie par les surréalistes pour son éclectisme et son prosélytisme, il reste l'un des principaux catalyseur des avant-gardes dans la Belgique de l'entre-deux-guerres. Après une tentative futuriste, il adopte une démarche constructiviste dès son deuxième recueil, *La Foi du doute* (1922), dans lequel il exalte la réalité urbaine, mêlant divers registres linguistiques. Sa poésie répond en tout point au tableau qu'il a dressé lui-même du modernisme : « tantôt, c'est la façon expéditive d'accumuler les images et les sensations ; tantôt, l'attrait géométrique et volontaire de la composition ». Chiffres, appareils, machines, vitesse, architecture assurent ainsi dans ses textes la permanence de l'actualité comme moteur de l'inspiration *(80 compositions lyriques*, 1923 ; *Nouvelles compositions lyriques*, 1930). Alliant unanimisme *(Romantisme à toi*, 1927) et machinisme, il a publié une dizaine de recueils, parmi lesquels *Poèmes* (1937), *Remous et regains* (1948), *Politesses pour la radio-activité* (1956), *Bricolage d'alvéoles* (1959), *Trois-six* (1964), *Poèmes 70* (1970), *3 × 33 = 99* (1976), *Quand vivre foisonne* (1980, posth.). Il est mort à Berchem-Sainte-Agathe (Bruxelles), le 25 mai 1976.

O.Bi.

Bourget Paul (1859-1941), voir DICTIONNAIRE DES LETTRES FRANÇAISES : LE XIXe SIÈCLE.

Bourgois *(Christian)*. Maison d'édition fondée à Paris en 1966 par Christian Bourgois. Élève à l'École nationale d'administration, Christian Bourgois entre chez Julliard en mai 1959, où il fait son apprentissage d'éditeur. Après la mort de René Julliard, en 1962, il prend effectivement la direction de la maison. Il fonde sa propre maison d'édition en 1966 et reprend en 1968 la collection « 10/18 » (lancée en 1962 par Michel-Claude Jalard et Paul Chantrel) que Dominique de Roux, le fondateur des *Cahiers de l'Herne* (1961), dirigera jusqu'en 1972. Devenu directeur des Éditions Plon, Julliard, Perrin et de 10/18 en 1989, il quitte le groupe des Presses de la Cité en 1991.

En trente ans, Christian Bourgois a constitué un fonds important et adopté un fonctionnement éditorial particulier. Sans comité de lecture institué comme tel, mais entouré d'une quinzaine d'amis qui le conseillent dans ses choix éditoriaux et assurent souvent en fait la fonction de directeur de collection, il développe son catalogue et l'ouvre à de nombreux écrivains étrangers. Dès 1966, on y trouve aussi bien Michel Bernard et Dominique de Roux, proches de Bourgois, que Borges et Pound, et bientôt les écrivains de la *Beat Generation* (Allen Ginsberg, Jack Kerouac, William S. Burroughs), dont il sera l'éditeur privilégié. Attentif aux « avant-gardes », refusant la hiérarchisation des écrivains, au centre des débats théoriques du structuralisme, il sera l'éditeur de la série des colloques de Cerisy-la-Salle, des textes de Foucault et Deleuze, et reprendra en poche les auteurs du « Nouveau Roman », Beckett, Sarraute et Butor.

Après les années « structuralistes », Christian Bourgois s'est tourné vers les littératures étrangères, offrant, de Juan Carlos Onetti à Fernando Pessõa et de Witold Gombrowicz à Gertrude Stein, un panorama des grands romanciers modernes. Il a, d'autre part, publié de jeunes auteurs français (Marc Cholodenko, Valère Novarina, Christian Prigent), édité, dans sa revue et collection *TXT*, Gilbert Lascault, Georges Perec, Jacques Roubaud, et fait redécouvrir des textes moins connus de Jane Austen, Büchner, Vian, Tolkien, Lovecraft. Les essais philosophiques restent présents à son catalogue (Walter Benjamin, Paul Virilio, Philippe Lacoue-Labarthe, Giorgio Agamben et plus récemment Peter Sloterdjïk), qui s'est ouvert aussi à la critique littéraire, à l'esthétique, et à la musique avec Boulez ou Luigi Nono. Dans le même esprit, il édite des revues, le plus souvent annuelles ou semestrielles, confiées à des personnes plutôt qu'à des groupes : *Fin de siècle* (1974), par Jean-Christophe Bailly et Serge Sautreau ; *Analytiques* (1978), par Daniel Sibony ; *l'Ennemi* (1980), par Gérard-Georges Lemaire ; *Série B* (1980), par Dominique Bourgois et Jean-Claude Zylberstein ; *Babylone* (1981), par Yann Moulier, et *Aléa* (1981), par Jean-Christophe Bailly. C'est pendant cette période que l'ouverture aux littératures étrangères va prendre toute son importance et consacrer Christian Bourgois comme introducteur de nombreux auteurs des littératures américaine (John Fante, Toni Morrison), allemande (Ernst Jünger, Peter Handke, Paul Celan), italienne (Antonio Tabucchi, Carlo Emilio Gadda), et surtout espagnole (Arrabal, Bernardo Atxaga, Juan Marsé, Manuel Vázquez Montalbán et Javier Tomeo). « Il est parfois nécessaire de publier des livres que d'aucuns peuvent trouver inadmissibles », déclarait Christian Bourgois à *Libération* en 1978. L'esprit de sa maison tient à cette exigence d'ouverture et au refus de toute norme esthétique autre que la qualité des textes. Il a conduit son directeur à publier à la fois des ouvrages d'histoire des sciences (Arago, Newton), des romans policiers remarquables (Harry Kemelman, Giorgio Scerbanenco), la littérature populaire du siècle passé et des textes dits difficiles comme ceux de l'Allemand Arno Schmidt. Mais cette exigence de qualité s'accompagne aussi de la volonté de combattre toute forme de censure. Solidaire du Manifeste des 121, puis éditeur, chez Julliard, de *La Guerre d'Algérie* de Jules Roy, Bourgois publiera, en 1989, *Les Versets sataniques* de Salman Rushdie malgré les menaces des musulmans intégristes contre l'écrivain et contre ceux qui acceptent de diffuser son œuvre. Depuis sa rupture avec le groupe des Presses de la Cité, il a repris une partie des titres de son catalogue — mais pas la collection « 10/18 » — et développe celui-ci sur une base économique indépendante et suivant les mêmes orientations éditoriales.

→ *Christian Bourgois 1966-1986*, Christian Bourgois, 1986.

J.-D.W. — IMEC

Bourniquel Camille (1918). Né à Paris le 7 mars 1918. Critique d'art et longtemps directeur littéraire de la revue *Esprit*, il est l'auteur d'une œuvre romanesque baroque, qui s'attache, à travers les hasards et les faux-semblants, à peindre des figures énigmatiques. Dans *Sélinonte ou la chambre impériale* (Le Seuil, 1970, prix Médicis), un narrateur part sur les traces d'un inconnu qui l'a fasciné. À leur manière, un petit garçon rêveur dont le père fait tourner les tables (*L'Enfant dans la cité des ombres*, Grasset, 1973, rééd. Le Livre de Poche, 1976) ou un mystérieux nabab (*Tempo*, Tallandier, 1977, grand prix du Roman de l'Académie française, rééd. Pocket, 1979) sont tout aussi insaisissables. Au reste, le monde lui-même est parfois à double fond : dans *Le Dieu crétois* (Balland, 1982) et *Le Jugement dernier* (Julliard, 1983), la vie et l'art se mélangent et servent de miroirs l'un à l'autre. En marge des manifestes et des écoles, l'auteur participe au renouvellement du genre romanesque en renonçant, de manière insolite, à saisir ses personnages, en jouant avec les hypothèses et les incertitudes. Mais son œuvre se tourne en même temps vers le passé, dont elle célèbre avec nostalgie le charme évanoui (*Le Lac*, Le Seuil, 1964, rééd. Julliard, 1984 ; *Le Manège d'hiver*, Julliard, 1986).

C.C.

Bousquet Joë (1897-1950). Né à Narbonne le 19 mars 1897, sauvé en bas âge de la fièvre typhoïde, choyé par une mère indulgente et un père médecin, il avouera avoir eu, au cours de son enfance, des penchants pour les actes de violence. Il fréquente le lycée de la ville et séjourne quatre mois à Southampton, avant son baccalauréat. Attaché aux paysages languedociens de Lapalme et de Marseillens, où vivent ses grands-parents, il mène une vie de dandy provincial, enclin aux frasques et fumant l'opium. Sa liaison avec une femme mariée scandalise la bourgeoisie de Carcassonne. Il entreprend des études commerciales. En 1914, son père est mobilisé à Creil et la famille s'installe pour un an à Paris. En 1916, il devance l'appel. La médaille militaire et la Légion d'honneur récompensent la bravoure du jeune officier. Après une déception amoureuse, il s'expose toujours plus au danger et, le 27 mai 1918, à Vailly, dans l'Aisne, une balle l'atteint à la colonne vertébrale. Il restera paralysé des deux jambes et souffrira des séquelles de sa blessure jusqu'à la fin de sa vie.

À partir de cet événement tragique qui le condamne à l'infirmité, sa vocation littéraire se révèle être d'une nécessité jusqu'alors insoupçonnée. Pour ne pas se laisser anéantir par le désespoir, il se livre à ce qu'il a appelé une révolte « luciférienne » contre le destin et, à partir de 1924, entreprend une « restauration » de lui-même sous l'influence de son ami le philosophe Louis-Claude Estève. Il comprend peu à peu que son infirmité symbolise la finitude humaine et le voue à une existence contemplative. Au bout de dix années, il substitue à la notion d'accident la certitude d'une prédestination qu'il interprète comme un châtiment ou une malédiction inexplicables mais aussi comme l'accomplissement salutaire des facultés poétiques, intellectuelles et spirituelles. Sa mutilation lui vaut la sollicitude de ses proches et la joie d'immenses lectures.

Vers 1923, il commence à se documenter de manière approfondie pour un roman historique ; en 1925, il fait paraître sous le pseudonyme de Pierre Maugars un article sur un poète néo-symboliste carcassonnais, François-Paul Alibert, qui plus tard le mettra en relation avec André Gide et Jean Ballard, directeur des *Cahiers du Sud*. À partir de 1925, il entreprend la rédaction d'un *Journal* qu'il poursuivra jusqu'à sa mort. Néo-symboliste à ses débuts, il s'intéresse de plus en plus aux expériences libératrices et initiatiques des surréalistes : en 1930, il souscrit aux thèses du *Second Manifeste*. Il prendra ses distances avec les dogmes politiques du groupe dirigé par Breton, mais ne cessera de s'intéresser aux présages, aux rêves, aux objets symboliques et de rechercher dans la poésie la fusion de l'imaginaire et de la vie réelle. En 1928, il reçoit Paul et Gala Eluard, achète un tableau de Max Ernst (qui avait combattu dans les rangs ennemis à Vailly) et commence une collaboration aux *Cahiers du Sud* par des comptes rendus sur des publications de Péret et de Breton.

De 1928 à 1930, il participe à la création d'une nouvelle revue, *Chantiers*, où se côtoient Valéry, Novalis et Ferdinand Alquié. Il y publie, sans nom d'auteur, *La Fiancée du vent* (1930), étrange récit issu de son ancien projet de roman historique situé au XIVe siècle. Il s'intéresse aux conceptions du Grand Jeu. Puis, de 1930 à 1934, il se rapproche du « présentisme » de Carlo Suarès qui, sous l'influence de Krishnamurti, valorise l'expérience au présent. *Voie libre* (1930), en collaboration avec Carlo Suarès et Philippe Lamour, développe cette conception présentiste de la vie psychique : le moi qui s'affranchit des hantises de la mémoire peut s'illimiter dans la toute-puissance du dire. *Il ne fait pas assez noir* (1932) et *Le Rendez-vous d'un soir d'hiver* (1933) racontent cette ascèse spirituelle en mêlant l'autobiographie à la fiction.

De 1934 à 1939, Joë Bousquet parvient à publier à un rythme soutenu. D'autres récits oniriques et lyriques vont prolonger sa recherche des révélations troublantes qui s'établissent au-delà de la pensée logique et qui s'échappent hors des conventions du genre romanesque : *Une passante bleue et blonde* (1934), *Lumière infranchissable pourriture* (1935), *Les Petits Papiers de M. Sureau* (1935), *L'Une, l'autre. L'une et l'autre* (1935), *La Tisane des sarments* (1936), *Le Mal d'enfance* (1936), *Traduit du silence* (1939), *Le passeur s'est endormi* (1939), *Iris et petite fumée* (1939). Il s'agit ici de fonder une série de mythes apparemment dualistes auxquels l'écrivain continuera de se référer dans son œuvre ultérieure : le moi et son « frère l'ombre » ; la femme et l'androgyne ; les liens consubstantiels de la vie et de la mort ; les rapports de l'être et du langage. *La Tisane des sarments* (1936), roman énigmatique, presque abstrait, convoque déjà la plupart de ces croyances métaphysiques : le moine Dom Bassas et le contrebandier Sabbas apparaissent comme des doubles du narrateur. Le titre désigne métaphoriquement la cocaïne et l'opium, dont la consommation procure les états hypnagogiques nécessaires à la transfiguration du réel.

Dans les récits oniriques des années trente, la surréalité aide à surmonter le manque à être, les clivages de l'âme et du corps infirme. Les promesses ou illusions de l'amour partagé jouent un rôle consubstantiel à l'activité créatrice ; cette reconquête de soi, qui passe par le désir et le renoncement, constitue le fil conducteur des textes intimes et des correspondances. Souvent désignées par un mystérieux surnom poétique, comme au temps des troubadours (Isel, Poisson d'or, Blanche-par-amour, Abeille d'hiver...), les figures féminines qui entourent le poète incarnent la grâce qu'exalte son lyrisme éperdu.

Traduit du silence (1939, puis 1941) révèle l'auteur de journaux intimes, chantier mouvant de la création et lieu de tous les possibles. Bousquet, de son vivant, a confié à Jean Paulhan le soin d'en choisir des extraits pour leur publication. Conduite avec une entière spontanéité et une remarquable disponibilité d'esprit, cette méditation philosophique et poétique livre une aventure intérieure, une expérience de l'absolu où la présence-absence de l'être aimé scintille aux limites du dire et de l'indicible, aux confins de la lumière et de l'ombre, au seuil du moi et de la réalité extérieure. Remplis d'aphorismes, de citations, de notes, d'anecdotes, de rêves, de contes, de poèmes, de projets et de programmes, les nombreux *Cahiers* laissés par Joë Bousquet forment une masse irréductible aux cloisonnements des genres littéraires. Leurs matériaux hétérogènes, fragmentaires ou inachevés, ont donné lieu aux nombreuses publications posthumes.

Faisant quelques excursions champêtres à Villalier dans les premières années, Bousquet a vécu au 53 rue de Verdun à Carcassonne, reclus dans une chambre aux volets fermés, aux livres précieux et aux murs ornés de tableaux d'Ernst, de Bellmer, de Miró, de Tanguy... Un groupe fervent de jeunes intellectuels et écrivains de la région, René Nelli, Jean Cau, Ferdinand Alquié, Gaston Bonheur, lui rendait visite. Sa brillante conversation a laissé aux témoins des souvenirs inoubliables. Des personnalités parisiennes vinrent toujours plus nombreuses vers ce « haut lieu de l'esprit » : dès les années trente, Cassou, Valéry et Gide ; après juin 1940, Gaston Gallimard, Paulhan, Aragon et Elsa Triolet, qui venaient de rejoindre la zone Sud. De passage en 1942, Simone Weil lui écrit. Dès les premiers temps de l'occupation, Bousquet aide les réseaux de résistants et accueille des intellectuels juifs recherchés par la Gestapo, en particulier Julien Benda. À la Libération, il préside le Comité des intellectuels de l'Aude.

La Seconde Guerre mondiale a réveillé en lui le traumatisme de sa jeunesse brisée en 1918 ; il s'inquiète des menaces qui pèsent sur ses amis. En préfaçant un ouvrage collectif, *Le Génie d'oc et l'homme méditerranéen* (1943), il proteste contre l'idéologie nazie. Désormais, sa sensibilité personnelle va se ressourcer dans le patois, les chansons et les contes populaires languedociens. *La Connaissance du soir* s'inspire de la culture cathare : la perfection du langage poétique qu'il s'agit d'atteindre cristalliserait la substance de l'être et son évanescence, son envers nihilisé. Publié d'abord en 1945, puis en 1947 pour sa version définitive, cet unique recueil de poèmes combine le vers libre avec des strophes régulières. Certaines pièces, en particulier les « Pensefables et dansemuses » recréent le registre archaïsant du lyrisme courtois. Sous un titre emprunté à saint Bonaventure, ce recueil tend vers un spiritualisme profane que l'on retrouvera dans les œuvres posthumes.

Cependant, de 1944 à 1950, Bousquet commence à écrire des contes merveilleux, dont il n'a achevé qu'une partie. Une douzaine d'entre eux a été publiée de son vivant. Les deux principaux recueils qui les regroupent aujourd'hui : *Le Mal du soir* (posth., 1953) et *Le Roi du sel* (posth., 1978), transposent l'univers fabuleux de Grimm ou de Perrault à partir de rêveries personnelles, de coutumes locales, de faits divers insolites. Dédié à Elsa Triolet et Aragon, *Le Médisant par bonté* (1945) occupe une place à part, dans la mesure où ce roman réaliste peut se lire comme une contre-épreuve de l'aventure intérieure : cette satire bouffonne et picaresque dépeint les mœurs et les ragots des habitants de Carqueyrolles, nom de lieu fictif où l'on reconnaît la ville de Carcasonne. Sous le masque du poète Tiffou et de l'écrivain Frérot, l'auteur use avec ironie des procédés du « mentir-vrai ». Enfin, dans un esprit très différent, un récit autobiographique, *Le Meneur de lune* (1946) projette sur certains épisodes de son enfance et de son adolescence le sens prophétique que leur a conféré la blessure de 1918. *La Neige d'un autre âge* (posth., 1952), *Le Pays des armes rouillées* (posth., 1969) et *D'une autre vie* (posth., 1970) prolongent cette descente aux enfers de la mémoire que s'interdisait le romancier « présentiste » des années trente.

À partir de 1945, Bousquet évolue sous l'influence de Jean Paulhan. Dans un essai auquel il tenait beaucoup, *Les Capitales, ou de Jean Duns à Jean Paulhan* (posth., 1955), il reproche au cartésianisme de réduire le mystère de l'activité mentale. Dans la même perspective, *L'Œuvre de la nuit* (1946) et *Les Notes d'inconnaissance* (1947) insistent sur le caractère inconcevable et inaccessible de la vérité. Parmi les publications posthumes, *Langage entier* (1966) et surtout *Mystique* (1973) illustrent, avec des résonances parfois messianiques, cet idéal de plus en plus irrationnel qui échappe aux formes de la communication ordinaire. Par ailleurs, les aperçus et les confidences de la volumineuse correspondance de Bousquet offrent un intérêt comparable à celui des *Cahiers* intimes. En avril 1950, une grave crise d'urémie nécessite son hospitalisation. À son retour, il reçoit l'absolution et meurt le 28 septembre 1950.

ŒUVRES. — Chez Albin Michel : *Œuvre romanesque complète*, 4 t., 1979-1984. — *Lettres à Stéphane et à Jean*, 1977. — *Le Roi du sel, Le Conte des sept robes*, 1978. — *Lettres à Ginette*, 1980. — *Le Cahier noir*, éd. Christine Michel, 1989. — *Le Meneur de lune* (Janin, 1946), 1989. — Chez Gallimard : *Traduit du silence*, 1941, rééd. 1968. — *Le Médisant par bonté*, 1945, rééd. 1980. — *La Connaissance du soir*, 1947, rééd. 1981. — *Lettres à Poisson d'or*, préface de Jean Paulhan, 1967, rééd. 1988. — *Correspondance*, t. I, 1969. — *Mystique*, 1973. — *Lettres à Marthe 1919-1937*, 1978. — Aux Éditions Rivages (Marseille) : *Joë Bousquet dans les Cahiers du Sud* [Anthologie], 1981. — Aux Éditions Rougerie (Mortemart) : *Langage entier*, préface de Jean Cassou, 1966. — *Notes d'inconnaissance*, préface de René Nelli, 1967. — *Le Sème-chemins*, 1968. — *Le Pays des armes rouillées*, 1969. — *D'une autre vie*, 1970. — *Lettres à Jean Cassou*, 1970. — *Lettres à Carlo Suarès*, 1973. — *L'Homme dont je mourrai*, 1974. — *La Romance du seuil*, 1976. — Aux Éditions Verdier (Lagrasse) : *Papillon de neige : journal, 1939-1942*, préface de Maurice Nadeau, 1980. — *D'un regard l'autre : journal, 1948-1949*, 1982. — *Un amour couleur de thé : correspondance*, 1984.

→ Louis Aragon, « Introduction à la vie héroïque de Joë Bousquet », *Fontaine*, 1942. — Alain Robbe-Grillet, « Joë Bousquet le rêveur », *Critique*, octobre 1953, repris dans *Pour un nouveau roman*, Éditions de Minuit, 1961. — Suzanne André, Hubert Juin et Gaston Bassat, *Joë Bousquet*, Seghers, coll. Poètes d'aujourd'hui, 1958, rééd. 1972. — René Nelli, *Joë Bousquet : sa vie, son œuvre*, Albin Michel, 1985. — *Joë Bousquet*, *Cahiers du XXe siècle*, n° 10, 1978. — Gabriel Sarraute, *La Contrition de Joë Bousquet*, Mortemart, Rougerie, 1981. — Maurice Blanchot, *Joë Bousquet*, Montpellier, Fata Morgana, 1987. — Charles Bachat, *L'Imaginaire de Joë Bousquet : l'homme nébuleuse*, Lettres modernes, 1993.

N.L.-L.

Bouvier Nicolas (1929-1998). Né le 6 mars au Grand-Lancy, près de Genève, dans une famille bourgeoise calviniste il a fait des études de droit et de lettres à Genève. Il est iconographe, photographe, journaliste et vit à Cologny (près de Genève). En juin 1953, il entame un voyage de Bosnie au Japon, dont *L'Usage du monde* (Droz, 1963) retrace la première partie, jusqu'au col du Khyber (décembre 1954). Bien plus que l'exotisme, le récit aborde, comme l'*Ecuador* d'Henri Michaux, la lente fermentation que distille le voyage, vécu comme une hygiène quotidienne : griserie, flottements, errances, cocasserie. Dans sa *Chronique japonaise* (1975), il porte un regard double sur ce Japon où il débarque en 1956 : aux différentes étapes de l'histoire du pays répondent en contrepoint les temps forts que l'auteur, étranger à la curiosité inlassable, y a vécus ; macrocosme et microcosme y entrent ainsi en relation de proximité. *Le Poisson-Scorpion* (1981) relate les neuf mois que l'auteur a passés à Ceylan, de mars à novembre 1955, avant d'embarquer pour le Japon. Dans la petite auberge de Galle où il a échoué, il subit une insidieuse décomposition physique et mentale, sous les effets conjugués de la magie, de la chaleur, de la solitude et de la maladie. *Le Journal d'Aran* (1990) revient au thème du séjour fiévreux et halluciné dans une île ; si celle d'Aran, hivernale, semble le pôle opposé de Ceylan, elle n'est pas moins un de ces lieux de dénuement et d'isolement salutaires, où l'on peut vérifier qu'« un pas vers le moins est un pas vers le mieux ». Prose et poèmes (*Le Dehors et le dedans*, 1982) de Nicolas Bouvier accordent une place centrale à l'acquisition, par une certaine qualité d'usure et de détachement, d'un usage du monde qui ne peut advenir qu'à condition « que la route vous plume, vous rince, vous essore, vous rende comme ces serviettes élimées par les lessives qu'on vous tend avec un éclat de savon dans les bordels. » Il est mort à Genève le 17 février 1998.

ŒUVRES. — *L'Usage du monde*, *Chronique japonaise*, *Journal d'Aran*, Payot, 1993, 3 t. — *Japon*, Lausanne, Rencontre, 1967. — *Le Poisson-Scorpion*, Payot, 1990, Folio, 1996. — *Les Boissonnas : une dynastie de photographes*, Lausanne, Payot, 1983. — *Le Dehors et le dedans*, poèmes, 1985, Genève-

Paris, Zoé-La Découverte, 1991. — *L'Art populaire en Suisse*, Disentis, Desertina-Pro Helvetia, 1991. — *Le Hibou et la baleine* (album pour enfants), Genève, Zoé, 1993. — *Routes et déroutes*, entretiens avec Irène Lichtenstein-Fall, Genève, Métropolis, 1992. — *L'Échappée belle, éloge de quelques pérégrins*, Genève, Métropolis, 1996.

→ Daniel Maggetti, « Nicolas Bouvier, voyageur et moraliste », *Versants*, n° 20, 1991. — Adrien Pasquali, *Nicolas Bouvier, un galet dans le torrent du fleuve*, Genève, Zoé, 1996.

Ph.M.

Bovard Jacques-Étienne (1961). Né à Morges, il mêle, dans son premier roman, *La Griffe* (1992), le réalisme et le ton satirique ; un groupe de fumeurs suit une cure de désintoxication dans le Jura suisse, sujet mis en scène de manière ludique. Dans ses livres suivants, *Demi-sang suisse* (1994), un roman policier placé dans le milieu équestre, et *Les Nains de jardin* (1996), qui réunit diverses nouvelles, l'auteur développe la veine satirique d'une écriture définie par une vision distancée de la société.

S.J.-M.Ri

Bove Emmanuel (1898-1945), pseudonyme d'Emmanuel Bobovnikoff. Né à Paris, il connaît une petite enfance misérable entre sa mère femme de chambre et son père juif ukrainien bohème et sans profession qui abandonne rapidement le foyer. Emmanuel le suit. Élevé entre Menton et Genève, il reçoit une éducation bourgeoise auprès d'Emily, la nouvelle compagne de son père. En 1915, année de la mort de ce dernier, c'est l'exil en Angleterre. À son retour, Bove renoue avec la misère et vit d'expédients. En 1921, il épouse Suzanne Vallois puis séjourne à Tullin, en Autriche, où il entame la rédaction de son premier « roman », *Mes amis*, constitué d'un ensemble de nouvelles articulées autour du même personnage, Victor Bâton. Achevé au cours de l'été 1923, ce portrait introspectif d'un narrateur dont la quête d'amitié est vouée à l'échec introduit d'emblée un ton nouveau par son apparente naïveté : « Un nuage cacha le soleil. La rue tiède devint grise. Les mouches cessèrent de briller. / Je me sentis triste. / Tout à l'heure, j'étais parti vers l'inconnu avec l'illusion d'être un vagabond, libre et heureux. Maintenant, à cause d'un nuage, tout était fini. / Je revins sur mes pas. »

La même année, Bove entame une carrière de journaliste à la rubrique « Faits divers » du journal *Le Quotidien*, et écrit une série de romans populaires sous le pseudonyme d'Emmanuel Valois. Sa nouvelle, *Le Crime d'une nuit*, est remarquée par Colette, qui lui présente Soupault et publie *Mes amis* dans la collection qu'elle dirige chez Ferenczi. Le livre, malgré ses détracteurs, est un succès. Il obtient plusieurs voix au Femina. Rilke, lors de son dernier voyage à Paris, demande à rencontrer l'auteur. Celui-ci connaît alors une aisance relative. Ayant quitté sa femme, il s'installe à Bécon-les-Bruyères. Son frère Léon et sa mère vivront désormais à ses crochets. Son deuxième livre, *Armand*, est l'histoire d'un Rastignac moderne. À sa sortie, on lira dans *Le Mercure de France* : « Du Proust, pour personnes pauvres »...

Les années 1927-1928 sont fructueuses. Bove rencontre Louise Ottensooser, qu'il épousera en 1930. Le prix Figuière lui est décerné pour *Mes amis* et *La Coalition*, que Max Jacob salue comme un « livre événement ». Peu après paraît *L'Amour de Pierre Neuhart*, qui synthétise selon lui tous les éléments contenus dans son œuvre. Outre de nombreuses nouvelles, il publie durant cette période onze livres, soit la moitié de ses écrits.

Jusqu'à la défaite, Bove s'obstine à vouloir devenir dramaturge tout en continuant à donner la plupart de ses récits pour des prépublications en revues. *Le Beau-fils* (1934), son seul texte ouvertement autobiographique, transpose les épisodes les plus ambigus du roman familial.

Gaulliste, il refuse de publier dans la France occupée et passe à Alger en novembre 1942, où il adhère au Comité national des écrivains et écrit ses derniers romans : *Le Piège*, *Départ dans la nuit* et *Non-lieu*, sur le thème de la solitude et de la distorsion des liens communautaires en temps de guerre. En 1944, gravement malade, il rentre à Paris où il meurt en juillet de l'année suivante, à quarante-sept ans. Écrivain prolixe et admiré dans les années vingt et trente, il tombe dans l'oubli après sa mort. C'est à Raymond Cousse que l'on doit sa réhabilitation à partir des années soixante-dix, ainsi qu'au romancier autrichien Peter Handke, qui traduit en allemand *Mes amis* et *Armand* (1982).

L'univers bovien est étrangement dépouillé : quotidien morne, sans prestige, où évoluent quelques êtres médiocres qui revendiquent en vain « une place parmi les hommes ». Pour camper ces anti-héros anonymes, abouliques, englués dans le dénuement et la culpabilité, et dont l'action se résume au fantasme, sont privilégiés le refus du romanesque et l'économie des effets : « Pour moi, il faut qu'un roman soit, non pas le récit de quelque aventure ou inquiétude, mais une peinture la plus simple possible de la vie ». Le style, volontairement plat, dissèque sèchement, parfois avec une noire jubilation, la pauvreté d'expérience d'une humanité banale, tandis que le lecteur reste en porte à faux, « entre le désespoir du constat et l'allégresse de la narration », entre une réalité insoutenable à force de sordide et une énonciation « déculpabilisée » (Raymond Cousse).

ŒUVRES. — *Mes amis*, 1924, rééd. Flammarion, 1993. — *Armand*, 1927, rééd. Flammarion, 1993. — *Le Crime d'une nuit*, 1927, rééd. Yves Rivière, 1974. — *Un soir chez Blutel*, 1927 suivi de *Bécon-les-Bruyères*, 1927. — *Un père et sa fille*, 1928 et *Une fugue*, 1929, rééd. Flammarion, 1984. — *La Coalition*, 1928, rééd. Flammarion, 1986. — *La Mort de Dinah*, 1928, rééd. Le Dilettante, 1991. — *Cœurs et visages*, 1928, rééd. Calmann-Lévy, 1988. — *Henri Duchemin et ses ombres*, nouvelles, 1928, rééd. Flammarion, 1983. — *L'Amour de Pierre Neuhart*, 1928, rééd. Le Castor Astral, 1986. — *Petits Contes*, 1929 et *Monsieur Thorpe*, nouvelle, 1930, rééd. dans *Monsieur Thorpe et autres nouvelles*, Le Castor Astral, 1988. — *Journal écrit en hiver*, 1931, rééd. Flammarion, 1983. — *Un célibataire*, 1932, rééd. Calmann-Lévy, 1987. — *La Toque de Breitschwantz*, roman policier, 1933, rééd. sous le titre *La Fiancée du violoniste*, Ledrappier, 1987. — *Le Meurtre de Suzy Pommier*, roman policier, 1933, rééd. EST, 1986. — *Le Beau-fils*, 1934, rééd. Le Critérion, 1991. — *Le Pressentiment*, 1935, rééd. Le Castor Astral, 1991. — *L'Impossible amour*, 1936, rééd. Le Castor Astral, 1994. — *Adieu Fombonne*, 1937, rééd. Le Passeur, 1994. — *La Dernière Nuit*, 1939, rééd. Le Castor Astral, 1993. — *Mémoires d'un homme singulier*, 1939, rééd. Calmann-Lévy, 1987. — *Un homme qui savait*, 1942, rééd. La Table ronde, 1985. — *Le Piège*, 1945, rééd. Gallimard, 1991. — *Départ dans la nuit*, 1945 suivi de *Non-lieu*, 1946, rééd. Gallimard, 1992.

→ *Résonances*, n° 2, 1983. — Gilles Vidal, *Tombeau d'Emmanuel Bove*, L'Incertain, 1993. — Raymond Cousse et Jean-Luc Bitton, *Emmanuel Bove : la vie comme une ombre*, biographie, Le Castor Astral, 1994.

J. de S.

Boylesve René (1867-1926), voir DICTIONNAIRE DES LETTRES FRANÇAISES : LE XIXe SIÈCLE.

Braibant Charles (1889-1976). Né à Villemomble, d'un père magistrat et député des Ardennes, il fait ses études à l'École des chartes, à la Sorbonne et à la faculté de droit. Médiéviste, il publie d'abord des ouvrages historiques, bibliographiques ou archivistiques, puis entre en littérature avec *Le roi dort* (1933, prix Renaudot), qui a pour cadre la vallée de l'Aisne où, enfant, il passait ses vacances d'été. D'autres romans suivront, parmi lesquels *Le Rire des dieux* (1941) et *Irène Soubeyran* (1946), où il met en scène de terribles passions. En 1944, il publie un journal de la Seconde Guerre : *La Guerre à Paris*. Directeur général des Archives de France (1945-1959), il a publié en 1961 un livre où il raconte son enfance bourgeoise : *Un bourgeois sous trois républiques*, ainsi que plusieurs essais (*Félix Faure à l'Élysée, souvenirs*, 1963 ; *Histoire de la tour Eiffel*, 1964).

D.H.

Brasillach Robert (1909-1945). Né le 31 mars 1909 à Perpignan, il rejoint son père, officier dans l'armée coloniale, au Maroc. Ce dernier trouve la mort dans un combat contre les Zaïans, en 1914, pendant les vacances de la famille à Canet. L'enfant et sa sœur Suzanne ne retourneront jamais à Rabat, paradis perdu. Deux images s'incrustent dans leur mémoire, celle du sacrifice et celle des ravages de la guerre : Perpignan est plein de réfugiés et de soldats qui viennent se faire soigner. Après de bonnes études à Sens, où sa mère s'est remariée, et une préparation littéraire à Louis-le-Grand, Brasillach entre à l'École normale supérieure, où il suivra l'enseignement d'André Bellessort. Il y rencontre également Maurice Bardèche, Thierry Maulnier, avec qui il débutera dans le journalisme, et Georges Blond. Il découvre les joies du théâtre parisien : Georges et Ludmilla Pitoëff dans Claudel, Pirandello et Bernard Shaw (voir *Animateurs de théâtre*, La Table ronde, 1954). À seize ans, il avait écrit son premier roman et collaboré à *La Tri-*

bune de l'Yonne. À vingt et un ans, il publie une biographie de Virgile *(Présence de Virgile*, 1931, rééd. Plon, 1989). Sa biographie de Corneille (1938) mettra en valeur la psychologie du dramaturge : *Le Cid* est pour lui l'adieu de Corneille à la jeunesse et à l'amour, bien plus qu'une pièce sur le devoir. *L'Action française* lui ayant confié sa chronique littéraire, il s'impose très vite comme critique, par l'ardeur et la justesse de ses jugements aussi bien sur les auteurs du début du siècle : Péguy, Proust, Barrès, que sur ses contemporains : Giraudoux, Anouilh, Céline, Bernanos, Montherlant, Mauriac, Colette, La Varende, Marcel Aymé. À l'Action française règnent Charles Maurras, Léon Daudet et Jacques Bainville, dont l'influence sera grande sur le jeune homme. Leur nationalisme et leur pacifisme, leur conscience de la puissance grandissante de l'Allemagne, leur mépris de la démocratie parlementaire, sont autant de convictions que Brasillach fera siennes. Leur style enlevé et percutant influencera aussi le Brasillach polémiste. Le 6 février 1934 le précipite dans le journalisme politique. Il écrit dans *L'Insurgé* puis dans *Combat*, avec Thierry Maulnier, Jean de Fabrègues, Pierre Andreu. La guerre d'Espagne et le Front populaire parachèvent son engagement dans le camp nationaliste, voire fasciste, par opposition aux communistes. Un combat entre intellectuels se déroule dans les journaux, la violence de part et d'autre s'amplifiant jusqu'à la déclaration de guerre. Cette violence, avec ses outrances verbales et son antisémitisme, Brasillach l'exprime dans ses articles de *Je suis partout*, hebdomadaire dirigé dorénavant par Pierre Gaxotte, jusqu'à ce qu'il se retire pour laisser la rédaction en chef à Robert Brasillach.

En 1937, un roman, *Comme le temps passe* (rééd. Godefroy de Bouillon, 1997), écrit après un voyage en Espagne et aux Baléares avec Suzanne et Maurice Bardèche, fait vivre deux orphelins dans une île des Baléares : ils se marient, se séparent et se retrouvent ; le paradis perdu de l'enfance, les nuits d'amour à Tolède, la force et l'horreur de la guerre sont les richesses de ce livre qui a charmé toute une génération. Avec *Les Sept Couleurs* (1939, rééd. Godefroy de Bouillon, 1995) son dernier roman publié avant la guerre, Brasillach lance un adieu à sa jeunesse. À trente ans, il faut choisir : « Le seul mot qui puisse résumer cet âge, sa seule raison d'être, en amour comme en politique, c'est donc la lucidité. » Sans être un roman à thèse, ce livre a pour cadre les engagements de l'époque fasciste et communiste, et l'on peut voir en filigrane les ombres à venir : la force de l'Allemagne et la faiblesse de la France.

Notons encore, dans son œuvre, une *Histoire du cinéma*, écrite en collaboration avec Maurice Bardèche, une *Histoire de la guerre d'Espagne*, une *Anthologie de la poésie grecque* et des pièces de théâtre : *Bérénice ou la reine de Césarée*, *Domrémy et le procès de Jeanne d'Arc*.

Mobilisé comme lieutenant au cours de la « drôle de guerre », Brasillach est fait prisonnier en juin 1940. Libéré au printemps de 1941, il publie ses mémoires *(Notre avant-guerre*, 1941, rééd. Le Livre de Poche, 1992) et reprend sa place de rédacteur en chef à *Je suis partout*, malgré les avertissements de Maurice Bardèche et de Pierre Gaxotte. Voulant œuvrer pour le retour des prisonniers d'Allemagne, il se rallie à Pétain et à sa politique de collaboration. Il ne quittera le journal qu'en août 1943, quand la rédaction s'obstine à évoquer la victoire allemande, alors que le sort de l'Europe a déjà basculé grâce au débarquement américain en Afrique du Nord et à la bataille de Stalingrad. Il continue à écrire sans renier ses engagements passés ni son amitié avec des officiers allemands, dont l'un mourra sur le front de l'Est. Il collabore au journal de Lucien Combelle, *Révolution nationale*, crée une revue littéraire, *La Chronique de Paris*. Deux romans : *La Conquérante* (rééd. Godefroy de Bouillon, 1997) et *Six Heures à perdre*, un recueil de portraits littéraires : *Les Quatre Jeudis*, paraissent encore sous l'Occupation.

À la Libération, sa mère, son grand-père et son beau-père sont arrêtés. Brasillach se constitue prisonnier. Il est jugé et condamné à mort pour intelligence avec l'ennemi après un procès de cinq heures. Défendu par Me Isorni, il assume la responsabilité d'un journal dont il n'a jamais eu la direction effective. Il sera exécuté le 6 février 1945, malgré une pétition demandant la grâce présidentielle, signée notamment par Mauriac, Anouilh, Claudel, Camus et Jean-Louis Barrault. Dans sa prison de Fresnes, il écrit des poèmes *(Poèmes de Fresnes*, Plon, 1983), un essai sur André Chénier, son frère « au col dégrafé » et une poignante *Lettre à un soldat de la classe 60*.

ŒUVRES. — *Œuvres complètes*, Le Club de l'honnête homme, 1963-1966, 12 t. — En dehors des œuvres citées ci-dessus : *Portraits*, Plon, 1954.

→ Pol Vandromme, *Robert Brasillach*, Plon, 1956. — Paul Sérant, *Le Romantisme fasciste*, Fasquelle, 1960. — P.-M. Dioudonnat, *« Je suis partout » 1930-1944*, La Table ronde, 1973. — Anne Brassié, *Robert Brasillach ou encore un instant de bonheur*, Laffont, 1987. — *Robert Brasillach et la génération perdue*, dir. Pierre Sipriot, *Les Cahiers du Rocher*, 1987. — Pascal Louvrier, *Brasillach, l'illusion fasciste*, Perrin, 1989. — Il existe des *Cahiers des amis de Robert Brasillach* (Lausanne), depuis 1950.

A.Br.

Brault Jacques (1933). Médiéviste de formation, professeur à l'université de Montréal, il pratique la radio et le théâtre (*Trois partitions)*, le dessin et le livre d'artiste, l'édition d'art aussi bien que l'édition critique (*Œuvres* de Saint-Denys Garneau), la traduction et ce qu'il appelle « nontraduction », c'est-à-dire la reprise et la transformation de poèmes étrangers auxquels on laisse leur étrangeté, leur différence : « Ne pas annexer l'autre, devenir son hôte » (*Poèmes des quatre côtés)*. Dans son unique et bref « roman », *Agonie*, un disciple montre comment la vie d'un de ses maîtres, le plus « gris », devenu clochard, correspond au sens qu'il avait donné jadis en classe aux neuf vers du poème éponyme d'Ungaretti qui rythme le récit. C'est essentiellement à la poésie et à l'essai que se consacre Brault. *Mémoire*, avec sa « suite fraternelle » quasi épique, son hymne à la Terre, « vieille gare », son hommage au père humilié, aux camarades et à la femme « quotidienne », représente le meilleur de la poésie actuelle de L'Hexagone québécois et de la revue *Parti pris*. *La Poésie ce matin* est une œuvre de transition entre le « nous » de l'Histoire, de la profondeur, du chant ou du cri, et l'exploration patiente d'une humanité précaire, de *Moments fragiles* mais indépassables, de mouvements infinitésimaux d'un silence à l'autre. « Poésie de novembre », a-t-on dit de ce dépouillement extrême, de cette rupture radicale et apparemment sereine, de ce recommencement imaginé. *Moments fragiles* prend non seulement les teintes, le ton, la forme (et les illustrations ; onze lavis de l'auteur) mais la philosophie des haïkus. Dans *Trois fois passera*, poésie et essai au centre, au cœur de l'œuvre, « les arbres ne sont jamais si beaux qu'en hiver ; dans leur dénuement, ils font corps avec le ciel qu'ils soutiennent — et couvrent d'une écriture tremblée ».

La métaphore du *chemin*, récurrente dans les essais de Brault, désigne un passage (du temps dans l'espace) qui à la fois entraîne, arrête, porte et déporte le poète. *Chemin faisant*, par exemple, avec ses marques et ses marges, ses relectures, ses palimpsestes, est un livre « double », orienté, à la dérive, « qui sait où il va et désire ne pas arriver. Car le chemin de l'écriture ne s'achève nulle part ». Et il tente d'« effacer les traces. Non pas raturer, car c'est encore tracer des signes ». *Il n'y a plus de chemin*, constate un recueil de poèmes en prose. Dialoguant avec « Personne », le narrateur se demande : « À quoi bon continuer comme ça ? Il paraît que lorsqu'on avance, l'horizon recule ». Taoïsme, peut-être, que cette voie sans fin, cet appel d'un « langage vidé de ce qui encombre le vide ».

ŒUVRES. — **Poésie** : *Mémoire*, Déom, 1965, rééd. Grasset, 1968. — *La Poésie ce matin*, Grasset, 1971, rééd. Parti pris, 1972. — *L'En dessous admirable*, Presses de l'université de Montréal, 1975. — À Saint-Lambert, le Noroît : *Poèmes des quatre côtés*, 1975. — *Trois fois passera* précédé de *Jour et nuit*, 1981. — *Moments fragiles*, 1984. — *Poèmes I*, 1986, qui reprend les trois premiers recueils. — *Il n'y a plus de chemin*, 1990. — *Au bras des ombres*, 1997. — **Prose** : *Alain Grandbois*, Seghers, 1968. — *Trois partitions*, 1972. — *Chemin faisant*, 1975. — *Agonie*, 1985. — *La Poussière du chemin*, 1989. — *Ô saisons, ô châteaux*, 1991. — *Au fond du jardin*, 1996.

→ *Voix et images*, n° 35, 1987. — Jacques Paquin, *L'Écriture de Jacques Brault*, Presses de l'université Laval, 1997.

L.M.

Braun Thomas (1876-1961). Né à Bruxelles le 8 septembre 1876, il restera marqué par son enfance passée dans les

Ardennes belges (*En Ardenne*, 1895 ; *Amour de l'Ardenne*, 1933 ; *Lesse*, 1943 ; *Passion de l'Ardenne*, 1949). Dès ses premiers essais, il s'oriente vers une poésie « rustique », claire, concrète, d'inspiration chrétienne (*L'An*, 1897) ; il collabore au *Spectateur catholique* et à *Durendal*, rencontre Huysmans, Claudel et Maurice Denis. En contact étroit avec Francis Jammes depuis 1898 (voir son essai : *Des poètes simples : Francis Jammes*, 1900), il en subira l'influence dans son principal recueil, *Le Livre des bénédictions* (1900), énumération de situations quotidiennes et d'objets familiers sur lesquels le poète invoque la bénédiction divine, exprimée sur un ton proche de la litanie. Suivront, dans cette veine, *Philatélie* (1910), *Fumée d'Ardenne* (1912), *Notre Zodiaque* (1948). Bâtonnier au Barreau de Bruxelles, il fut membre de l'Académie du Luxembourg et de l'Académie royale de langue et de littérature françaises de Belgique (1939). Thomas Braun est mort le 11 septembre 1961.

ŒUVRES. — *Poésie 1898-1948*, Mercure de France, 1950. — Francis Jammes et Thomas Braun, *Correspondance (1898-1937)*, éd. Daniel Laroche, Bruxelles, Académie royale, 1972.

→ Carlo Bronne, « Thomas Braun et la poésie de l'Ardenne », *Revue générale belge*, n° 12, décembre 1966.

O.Bi.

Brauquier Louis (1900-1976). À vingt-deux ans, il publie son premier recueil de poèmes : *Et l'au-delà de Suez* (1922, prix Catulle Mendès). Né à Marseille, ville célébrée tout au long de son œuvre poétique, Brauquier répond à l'appel du large : dès 1924, promu élève commissaire de la Marine marchande, il entreprend un cycle de navigation sur les lignes de Méditerranée et d'Extrême-Orient. Pendant près de quarante ans, il mène une vie de voyages autour du globe. En 1930, il boucle son premier tour du monde et publie *Eau douce pour navires* (Gallimard, 1931). Où qu'il soit, il revient à sa terre natale, qui insuffle à ses poèmes, de prosodie classique, une musicalité particulière : *Liberté des mers* (Gallimard, 1950), *Feux d'épaves* (Gallimard, 1970), *Hivernage : Poésies posthumes* (Sud, 1978), *Je connais des îles lointaines : poésies complètes* (La Table ronde, 1994). Brauquier fut aussi l'un des principaux animateurs des *Cahiers du Sud*. Il est mort le 7 septembre 1976.

D.H.-M.Ber.

Bréhal Nicolas (1952). Né à Paris le 6 décembre 1952, philosophe de formation, il montre, dans *Les Étangs de Woodfield* (Mercure de France, 1978), la mort alliée à la sensualité en une Amérique surannée. Toute son œuvre découvre de belles demeures fermées sur d'anciens secrets (*Portrait de femme, l'automne*, Mercure de France, 1980), des îles incestueuses où se rejoue *Électre* (*La Pâleur et le sang*, Mercure de France, 1983), des fleuves où entraîner des tantes trop séduisantes (*L'Enfant au souffle coupé*, Mercure de France, 1986) et des moments suspendus autour d'une agonie (*Sonate au clair de lune*, Mercure de France, 1991), en une atmosphère à la Tchekhov, auteur d'où est tirée la pièce *Neige* (Mercure de France, 1995), comme s'il fallait s'arracher à l'amour physique pour échapper au néant (*Les Corps célestes*, Gallimard, 1993 ; *Le Parfait Amour*, Mercure de France, 1995).

J.P.

Breton André (1896-1966). Né le 18 février 1896 à Tinchebray (Orne), fils unique d'une famille de la petite bourgeoisie, bon élève, il porte les espoirs d'un père gendarme, puis sous-directeur d'une cristallerie à Pantin, où la famille s'est installée, et d'une mère soucieuse de respectabilité. Il se rappellera « avec rancune et haine » une éducation dont il garde, jusque dans ses débordements, une dignité pudique et un peu raide. La guerre le saisit à dix-huit ans, écrasant pour jamais les apparences d'un monde en ordre. Il avait entrepris des études de médecine, qu'il abandonne en 1920 ; affecté en 1916 au centre neuro-psychiatrique de Saint-Dizier, il lit Freud tout en observant comment se déplacent dans l'esprit humain les bornes de la réalité et de la raison. C'est une expérience décisive, non moins que la rencontre à Nantes de Jacques Vaché, un dandy qui traverse la vie, et la guerre, avec « un sens de l'inutilité théâtrale (et sans joie) de tout ». Vaché se suicide peu après l'armistice ; son exemple s'incorpore en Breton comme une « mesure infinie » de la signification humaine : mais chez ce dernier le scepticisme à l'égard de l'art est la contrepartie d'une puissance de désir illimitée : « Je ne me propose rien tant que de trop embrasser. »

L'histoire de Breton se résume cependant à celle de ses amours, de ses amitiés, de ses engagements, et des livres dont ils sont la matière : ces aventures de l'esprit sont compatibles avec la vie d'un homme de lettres parisien, casanier, enclin aux rituels. Tout se passe entre l'atelier de la rue Fontaine, où il s'installe en 1922 avec Simone Kahn, qu'il vient d'épouser, le café *Cyrano* place Blanche, où il se tient à l'heure de l'apéritif, le boulevard Bonne-Nouvelle, épicentre des errances de *Nadja*, des séjours dans le Sud de la France et quelques tournées plus lointaines pour des expositions ou des conférences, à Prague et aux Canaries (1935), et au Mexique où il travaille avec Trotski (1938). La seule coupure est celle de l'exil à New York, de 1940 à 1946. Le groupe des amis se défait et le couple avec lui : Breton laisse aux États-Unis Jacqueline Lamba, sa seconde femme, et sa fille Aube ; mais il revient avec un nouvel amour, Élisa, qu'il épouse et qui lui survivra. La vie se reforme après cette parenthèse douloureuse, sans toutefois que cesse une sorte d'exil intérieur, celui d'un homme gagné par la fatigue après un demi-siècle à l'avant-garde, alors que « tout ce qu'[il] aime est jeune et ne saurait vieillir ».

Bon fils, mais en rupture de ban, Breton a une manière bien à lui de choisir ses maîtres. La filiation symboliste est assez visible : il commence par pasticher Mallarmé, et sa poésie conserve des aspects fin de siècle, avec des floraisons d'images précieuses et un érotisme à la Gustave Moreau. Il est entré en relation avec Valéry dès 1914 ; cependant c'est Monsieur Teste qu'il voulait pour lecteur et pour juge, et quand Valéry publie *La Jeune Parque*, Breton le désavoue. Apollinaire, puis Reverdy lui montrent les voies d'une poésie moderne ; il emprunte au premier le mot « surréalisme », au second sa théorie de l'image. Mais il inscrit ces emprunts dans une généalogie personnelle dont les figures dominantes sont Rimbaud, Lautréamont et Jarry. À ces poètes il associe d'emblée Picasso et Derain, puis Chirico, Duchamp, Picabia et Max Ernst : tous ces noms, et avec eux l'essentiel du surréalisme, sont réunis dans quelques articles des *Pas perdus* (1924). À la fin de la guerre, Breton rencontre Aragon, Eluard ; dès 1919 il pratique l'écriture automatique avec Soupault *(Les Champs magnétiques)*. Il traverse le dadaïsme sans changer de ton : nulle part son originalité n'éclate mieux que dans les brefs manifestes où il transforme le nihilisme rageur de Tzara en un scepticisme d'allure presque cartésienne, tendu vers une « révision des valeurs morales ». Le *Manifeste* de 1924 cristallisera ces essais dans un « système », en définissant le surréalisme comme « automatisme psychique pur ».

« Tout ce qui peut retarder le classement des êtres, des idées, en un mot entretenir l'équivoque, a mon approbation » : les écrits de Breton portent la trace de ce vœu. Ils sont dispersés, difficiles à classer ; ils doivent beaucoup aux circonstances. Manifestes, préfaces, lettres et réponses, règlements de comptes, sont moins des textes que des actes : Breton s'arrête aux hasards de la vie ou aux détails périssables du débat intellectuel parce que c'est là que se joue « l'inacceptable condition humaine ». La disponibilité de l'homme de désir, flottante et presque « infixable », s'associe chez lui à un engagement véhément dans l'agression ou dans l'éloge, et à l'autorité que confère une constante préoccupation morale. À travers le « ton de voix » se manifeste une personnalité impérieuse, qui unifie l'œuvre, en même temps qu'elle provoque l'adhésion ou le rejet. Par ailleurs Breton est aussi, quoi qu'il en dise, un écrivain de métier, c'est-à-dire un fabricateur de livres et un critique ; sa pratique du travail littéraire n'est pas très différente de celle des maîtres de la *NRF*. Ce travail apparaît clairement lorsqu'on envisage documents à l'appui, comme le permet l'excellente édition de la Pléiade, la constitution des recueils, tant de poésie comme *Clair de terre* (1923) que d'essais comme *Point du jour* (1934) et *La Clé des champs* (1953), ou encore le *Dictionnaire abrégé du surréalisme* préparé avec Eluard pour l'exposition de 1938 à la galerie des Beaux-Arts. Breton s'est illustré aussi comme directeur de revue :

après *Littérature* (1919-1924), *La Révolution surréaliste* (1924-1929) et *Le Surréalisme au service de la Révolution* (1930-1933), qui ont été les revues du groupe, il a contribué à faire de *Minotaure* (1933-1939), dont le maître d'œuvre était Albert Skira, la plus belle revue d'art de ce siècle. Il a fourni à la bibliophilie, dont il tirait une partie de ses ressources, quelques beaux livres, et de très précieux exemplaires annotés (dont celui des *Champs magnétiques* vendu à René Gaffé). Tout cela témoigne d'un équilibre difficile entre la volonté de rompre et la nécessité de produire, entre la compromission mondaine et la marginalité du « lâchez tout » ; Breton a su préserver cet équilibre, mais le groupe surréaliste l'a payé par bien des tensions et des ruptures.

Breton en appelle de la « littérature », qu'il rejette, à la « poésie » définie comme attitude vitale et pratique révolutionnaire, et dans presque tous ses textes le lyrisme illumine la réflexion théorique. On peut donc s'étonner qu'il reste pour une part un poète « spécialiste », auteur de poèmes en vers libres ou en prose, et même de quelques sonnets réguliers. Cette part de l'œuvre ne passe pas pour la meilleure. Sans doute Breton est-il moins purement poète qu'Eluard, en qui se renouvelle la grande tradition lyrique. La poésie est chez Breton le domaine du « trésor subjectif » ; le principe de plaisir y règne sans partage. Une luxuriance impudique, presque féminine, y contraste singulièrement avec la tension virile qui prévaut dans la prose. Le discours s'éparpille en images, que lie parfois le fil d'un propos trop simple, injonction ou message. Le lecteur en est moins stupéfait que déconcerté.

L'écriture poétique de Breton a été structurée de façon décisive par l'expérience de l'automatisme, dont l'emprise se fait sentir même dans ses textes consciemment élaborés. Le premier recueil, *Mont de piété* (1919), est à mettre à part. En un geste ambivalent de liquidation et d'hommage, Breton rassemble ses poèmes dans l'ordre chronologique, qui suffit à créer la contestation. Sonnets mallarméens « tout en volutes », puis coquettement désarticulés (*Coqs de bruyère)* font place à des textes difficiles où ellipses, impulsions brèves et collages contrarient sans cesse le lyrisme : Breton y règle ses dettes en dialoguant avec Rimbaud, Gide (*Pour Lafcadio)* et *Monsieur V* (Valéry). C'est à partir des *Champs magnétiques* (1919) que l'inspiration, libérée par l'écriture automatique, reconquiert ses droits. Breton confectionne le recueil en mêlant les voix des deux scripteurs, la sienne et celle de Soupault ; le caractère expérimental du texte est rendu sensible par la variation des vitesses d'écriture, mais aussi des formes (prose narrative, brefs poèmes du *Pagure dit*, aphorismes, dialogues). De l'automatisme « pur » seront issues les « historiettes » de *Poisson soluble* (1924), dont le *Manifeste* devait constituer la préface : c'est le texte le plus féerique de Breton, éblouissant jusqu'au malaise. Mais le chef-d'œuvre de l'automatisme est sans doute *L'Immaculée Conception*, écrit avec Eluard en 1930. Loin de toute gratuité, le mouvement de l'inspiration brasse un matériau extraordinairement complexe, fait de notions philosophiques (les *Médiations* hégéliennes), de phénomènes scientifiques et de faits divers détournés. L'organisation du recueil, qui va de *L'Homme* (une manière d'épopée intra-utérine) au *Jugement originel* en passant par une série de simulations de délires (*Les Possessions)* rend perceptible, bien au-delà de l'intention anti-religieuse, une épiphanie de la révolution poétique. Avec Eluard et Char, Breton écrit aussi les « petits fagots hâtivement construits » qui forment le recueil *Ralentir travaux* (1930).

Le plus important recueil de poèmes de Breton est *Clair de terre* (1923). Ouvert par des récits de rêve au style de procès-verbal, il réunit des textes dans l'esprit dada, de pseudo-récits proches de l'automatisme (*Les Reptiles cambrioleurs)*, et une série de poèmes en vers libres écrits en 1923, sous le signe du « lyrisme nouveau » de Desnos et de l'expérience des « sommeils ». C'est là que la poésie de Breton atteint sa maturité ; elle tend à se structurer autour d'images à valeur d'aphorismes (« Liberté couleur d'homme ») et de grandes anaphores : le flux capricieux de l'invention est repris en main par une rhétorique. Un de ces poèmes, *Tournesol*, sera relu dans *L'Amour fou* comme phénomène de « hasard objectif ». *Le Revolver à cheveux blancs* (1932) puis *L'Air de l'eau*, célébration de Jacqueline Lamba (1934), conservent la même manière, qu'illustre bien le plus célèbre poème de Breton, *L'Union libre* (1931). Il se tourne ensuite vers de grands poèmes architecturés, cherchant une synthèse de l'irrationnel et du rationnel sous le « signe ascendant » du lyrisme : *Pleine Marge*, *Fata Morgana*, *Les États généraux*, aboutissent à la splendide *Ode à Charles Fourier* (1945). Parallèlement il élabore des poèmes-objets, mixtes de langage et de sculpture bricolée à l'exemple de Picasso et de Miró : suivant le mot d'ordre qu'énonçait dès 1925 l'*Introduction au discours sur le peu de réalité*, la poésie sort d'elle-même et investit le monde sensible.

Une part importante de l'œuvre de Breton est vouée au surréalisme en tant que tel. Ce sont d'abord les *Manifestes* de 1924, puis de 1929 : d'un côté la révélation triomphante des pouvoirs du rêve, de l'image et du désir, qui rend à l'homme, « ce rêveur définitif », la part de merveilleux dont il s'était mutilé ; de l'autre l'amertume des règlements de comptes, l'intransigeance d'un rappel aux principes et la demande d'« occultation profonde » du surréalisme. L'action politique, et l'épuisant débat avec le parti communiste, ont déplacé le centre de gravité du mouvement ; en 1929 Hegel et le matérialisme dialectique pèsent plus lourd que Rimbaud, renié dans un geste terroriste. Cependant la violence même de ces changements taille dans le vif. Breton continuera de réinventer le surréalisme en le faisant rayonner hors de nos frontières et en le confrontant aux bouleversements du monde. Mais peu à peu la courbe s'infléchit : on passe des récits fondateurs, comme celui de la découverte de l'automatisme dans le *Manifeste* de 1924, à des récits rétrospectifs. Dans *Position politique du surréalisme* (1935), qui consacre la rupture avec le stalinisme, dans *Le Surréalisme entre les deux guerres* (1942), Breton ouvre de nouveaux fronts, mais il se cite, et c'est déjà l'histoire du mouvement qu'il écrit. On se bornera par ailleurs à mentionner les nombreux écrits de combat, comme *Au grand jour*, *Légitime Défense*, *Misère de la poésie*, où se déploient de redoutables et parfois sophistiques talents d'argumentation.

Breton doit beaucoup de sa gloire d'écrivain à la « trilogie » que forment *Nadja* (1928), *Les Vases communicants* (1932) et *L'Amour fou* (1937). Les trois livres ont en commun d'être illustrés de photographies, supposées remplacer les descriptions. Breton raconte en effet quelques épisodes de sa vie « telle qu'[il] peut la concevoir hors de son plan organique ». Ce sont des rencontres énigmatiques et fragmentaires, surgies de cet espace de la rue où passe « le vent de l'éventuel ». Nadja, qui se désigne comme « l'âme errante », est une jeune femme en qui semble s'incarner l'esprit même du surréalisme ; elle noue avec Breton une brève et inégale idylle avant de basculer dans la « folie qu'on enferme ». Le récit se présente comme un « journal de bord » dont l'objectivité de procès-verbal, l'insertion de dessins de Nadja, les photos, accentuent le caractère (d'ailleurs avéré) de témoignage authentique. C'est le chef-d'œuvre de Breton, son livre le plus romantique, dans la filiation de Nerval, et le plus bel hommage rendu à Paris. Écrit dans la lumière contradictoire du désastre de Nadja et d'un amour naissant pour Suzanne Muzard, c'est aussi un livre trouble et glissant. Breton conçoit le temps comme une projection dans le devenir : *Il y aura une fois*, écrit-il dans un titre-manifeste ; mais ici le devenir s'est refermé sur Nadja, qui est son double. Le « qui je suis » au seuil du texte se retourne tout de suite, et trop littéralement, en « qui je hante » ; la « maison de verre » est traversée de fantômes et de vertiges tragiques, à l'image des yeux de Nadja que multiplie une photo truquée. Dans *Les Vases communicants,* l'épisode homologue de la « jeune fille aux cornichons » est plutôt marqué par l'humour et l'expérimentation ludique. Il forme une sorte d'intermède dans un livre ambitieux dont la première partie se débat avec la théorie freudienne du rêve, et la troisième avec les impératifs de la lutte des classes. Les exégèses décontextualisées du rêve, les ponts jetés entre Marx et Freud, ouvrent des perspectives intellectuelles dont certaines sont pleines d'avenir ; mais malgré une immense curiosité et un savoir qui va jusqu'à l'érudition, la pensée philosophique, chez Breton, n'est pas à la hauteur de l'invention poétique. On le constate aussi dans *L'Amour fou*, livre de la rencontre et de la trouvaille : après les objets des Puces, qui s'ajustent à un désir encore informe, l'amour humain entre dans le livre conformément aux mêmes lois du « hasard objectif ». La destinée de Breton se noue à « l'ondine », Jacqueline Lamba, ordonnatrice d'un poème ancien que le texte commente à la lumière de cette révélation ; il lui rend ensuite, en évoquant leur voyage au paradis de Ténérife, un magnifique hommage lyrique. Méditation esthétique, récit de vie et poème, le livre est une synthèse de l'art de Breton, mais il commence à pencher vers un excès de virtuosité et de maîtrise. Ici encore les formules et les fables ont plus de poids que les concepts : *amour fou* (et bientôt *humour noir)*, que la notion de « hasard objectif » ; de même l'adjectif *surréaliste*, disponible à tous les hasards, est plus viable que la « surréalité » dont Breton affirme qu'elle brille au firmament du matérialisme dialectique.

En 1945, *Arcane 17* sera le livre d'Élisa comme *L'Amour fou* avait été celui de Jacqueline. Le titre témoigne à lui seul du déplacement des préoccupations de Breton vers la tradition occulte : les tarots, le phénix, la fée Mélusine, le « dieu noir » Osiris, entourent une figure originale, plus moderne qu'il n'y paraît, celle de la « femme-enfant ». Exilé en Amérique, Breton avait interrogé les survivants des cultures précolombiennes, s'adressant à Charles Fourier depuis la *kiwa* des Indiens Hopi ; ici il cherche dans un assemblage éclectique de mythes du vieux monde un secret à la mesure de la violence de l'histoire. Cet enfoncement dans l'immémorial est poignant comme un voyage sans retour.

Le livre le plus important de ces années tardives est cependant l'*Anthologie de l'humour noir*, conçue vers 1936, bloquée par la censure en 1940 et qui ne sera vraiment diffusée qu'en 1950, dans une édition remaniée. Après le « catalogue des ancêtres » du *Manifeste* et le *Dictionnaire abrégé du surréalisme*, cet ouvrage réalise la synthèse de l'apport surréaliste à la culture de notre siècle, en le marquant au sceau de cette formule : *humour noir*, qui devait passer en quelques années dans le langage ordinaire. L'intuition et la générosité de Breton éclatent autant dans le choix des textes que dans les notices, sobres, documentées, qui sont un modèle de critique synthétique. Dans l'humour noir triomphe l'esprit de Vaché : mais le livre n'a rien de cynique, il propose sans le dire une morale et une méthode pour des temps inhumains.

L'univers de Breton est fait d'objets visibles autant que de mots. Il a fallu l'exposition du Centre Pompidou, en 1991, pour prendre la mesure de ses découvertes et de l'ampleur de ses collections. Breton mérite le bel hommage de Valéry : « C'est à vous de parler, jeune voyant des choses ». Pour le regard sur l'art moderne, il est le continuateur d'Apollinaire et de Reverdy. Conseiller artistique auprès du couturier et mécène Jacques Doucet de 1920 à 1924, il a eu accès au marché de l'art au moment des premières grandes évaluations de l'avant-garde ; il convainc Doucet d'acheter *Les Demoiselles d'Avignon* de Picasso, où il voit « l'événement capital du début du XXe siècle ». Dans l'élaboration du surréalisme, l'œuvre déjà achevée de Chirico, celle en train de se faire de Max Ernst, ont compté autant que Lautréamont ou Freud. D'abord réticent à l'idée d'une peinture « surréaliste », c'est-à-dire procédant de l'automatisme, Breton élargit sa réflexion en une esthétique fondée sur le refus des codes (« L'œil existe à l'état sauvage »), l'ouverture de « l'échelle de la vision » à toute manifestation sensible et la matérialisation d'un « modèle purement intérieur ». Ces critères sont assez intuitifs pour que *Le Surréalisme et la peinture* (1928) puisse établir une lignée qui va des modernes, Picasso et Derain, aux surréalistes avant la lettre, Chirico et Ernst, puis à Masson, Miró, Tanguy et Arp. Le livre s'enrichira de toutes les découvertes de Breton, jusqu'à l'édition définitive de 1965 ; les plus grands noms y voisinent avec « l'art des fous », les « naïfs » autodidactes ou les monnaies gauloises. Breton a consacré aux peintres certaines de ses plus belles pages (par exemple *Picasso dans son élément*, illustré par des photos de Brassaï). Il est avec Claudel le meilleur critique d'art du

XXe siècle. Il est mort à Paris le 28 septembre 1966.

ŒUVRES. — *Œuvres complètes*, éd. Marguerite Bonnet, Philippe Bernier, Etienne-Alain Hubert et José Pierre, Bibliothèque de la Pléiade, t. I, 1988 ; t. II, 1992. — *Arcane 17 enté d'Ajours*, Le Sagittaire, 1947. — *Entretiens*, Gallimard, 1952. — *La Clé des champs*, Le Sagittaire, 1953. — *Le Surréalisme et la peinture*, Gallimard, 1928, rééd. 1965. — *Signe ascendant*, poèmes 1935-1961, Gallimard, 1968. — *Perspective cavalière*, essais réunis par Marguerite Bonnet, Gallimard, 1970.

→ Julien Gracq, *André Breton. Quelques aspects de l'écrivain*, Corti, 1948. — *André Breton. Essais et témoignages*, recueillis par Marc Eigeldinger, Neuchâtel, la Baconnière, 1970. — Marguerite Bonnet, *André Breton : naissance de l'aventure surréaliste*, Corti, 1975. — Gérard Legrand, *André Breton*, Belfond, 1977. — José Pierre, *André Breton et la peinture*, L'Âge d'homme, 1987. — Henri Béhar, *André Breton, le grand indésirable*, Calmann-Lévy, 1990. — *André Breton : je vois, j'imagine. Poèmes-objets*, catalogue établi par Jean-Michel Goutier, Gallimard, 1991. — *André Breton. La beauté convulsive*, catalogue d'exposition, Musée national d'Art moderne, Centre Georges Pompidou, 1991. — Fonds André Breton à la Bibliothèque littéraire Jacques Doucet.

M. Mu.

Brierre Jean-François (1909-1992). Né à Jérémie (Haïti), sa carrière de poète-diplomate se confond avec l'exil sénégalais auquel il a été contraint en raison de ses engagements politiques : après avoir exercé différents mandats dans son pays, il est en effet devenu au fil des années l'une des figures de la diaspora haïtienne de Dakar, où il a activement participé, aux côtés de Senghor, à la vie culturelle de son pays d'adoption. Son œuvre poétique, célébrant la négritude, se compose d'une vingtaine de recueils publiés à Port-au-Prince, à Dakar ou à Paris. Il est mort à Dakar en 1992.

ŒUVRES. — *Black Soul*, La Havane, 1947. — *Images d'or*, Port-au-Prince, 1956. — *Cantique à trois voix*, Port-au-Prince, 1960. — *Un Noël pour Gorée*, Silex, 1980. — *Sculptures de proue*, Silex, 1983.

J.C.

Brion Marcel (1895-1984). Né le 21 novembre 1895 à Marseille, mais issu d'une famille irlandaise venue en France au XVIIIe siècle, il y a en lui, dit René Huyghe lorsqu'il le reçoit à l'Académie française le 10 décembre 1964, un « Méditerranéen, fils de la mer latine et de la terre classique » que « toutes [ses] aspirations [...] conduisent vers le romantisme et le baroque ». Lycéen à Lausanne, puis à Marseille, volontaire pour les Dardanelles où il a failli laisser la vie, il est d'emblée citoyen du monde. Son père, bâtonnier, avait rêvé d'une carrière d'avocat ; il préfère arpenter l'Europe, correspondre avec Rilke et Thomas Mann, se lier avec Walter Benjamin, et être l'un des premiers à découvrir Joyce, ce qui le conduit à collaborer à des revues comme *Le Feu*, *Fortunio*, la *Revue des deux mondes*, *La Revue d'Allemagne* et surtout *Les Cahiers du Sud*, qu'il ouvre sur l'extérieur.

Sa vaste culture imprègne ses romans, où se croisent fêtes étranges (*La Folie Céladon*, Corrêa, 1935), femmes nues dans l'eau nocturne (*Les Escales de la Haute Nuit*, Marseille, Laffont, 1942), magiciens médiévaux revenus en ce monde (*L'Enchanteur*, Fribourg-Paris, Egloff, 1947), objets maléfiques (*La Rose de cire*, Albin Michel, 1964), descentes aux Enfers (*L'Ombre d'un arbre mort*, Albin Michel, 1970), cités englouties (*La Ville de sable*, Albin Michel, 1959 ; *Algues : fragments d'un journal intime*, Albin Michel, 1976), voyages initiatiques (*Nous avons traversé la montagne*, Albin Michel, 1972), amants séparés (*Le Journal du visiteur*, Albin Michel, 1980), domaines fabuleux (*Le Château de la princesse Ilse*, Albin Michel, 1981) et théâtre incestueux (*Villa des hasards*, Albin Michel, 1984).

Parallèlement, Marcel Brion est aussi historien et publie une trentaine d'ouvrages consacrés aux périodes barbares (*La Vie d'Attila*, Gallimard, 1928 ; *La Vie d'Alaric*, Gallimard, 1930 ; *Théodoric*, Payot, 1935), au Moyen Âge (*Charles le Téméraire*, Hachette, 1947 ; *Frédéric II de Hohenstaufen*, Tallandier, 1948) et au XVIe siècle (*Laurent le Magnifique*, Albin Michel, 1938 ; *Machiavel*, Albin Michel, 1948 ; *Le Siècle des Médicis*, Albin Michel, 1969), préface l'*Histoire des civilisations* (collectif, 8 t., Larousse, 1971), écrit plusieurs monographies d'écrivains (*Goethe*, Albin Michel, 1949), des articles de critique (*Les Labyrinthes du temps*, Corti, 1994), et surtout fait paraître une importante somme, *L'Al-*

lemagne romantique (Albin Michel, 4 t., 1962-1963-1977-1978). Enfin, il se révèle musicologue et mélomane (*Schumann et l'art romantique*, Albin Michel, 1954 ; *Mozart*, Amiot Dumont, 1955 ; *La Musique et l'amour*, Hachette, 1967) et grand connaisseur de la peinture (*L'Art fantastique*, Albin Michel, 1961 ; *La Peinture romantique*, Albin Michel, 1967 ; *Les Peintres en leur temps*, Éditions du Félin, 1994). Marcel Brion est mort à Paris le 23 octobre 1984.

→ Margaret Simpson Maurin, *L'Univers fantastique de Marcel Brion*, Nizet, 1981. — *Les Cahiers de l'imaginaire*, n°s 3-4, 1981. — *Les Chambres de l'imaginaire : Marcel Brion* (catalogue d'exposition), Lausanne, 1995.

J.P.

Brisville Jean-Claude (1922). Journaliste littéraire à ses débuts, plus tard directeur littéraire chez de grands éditeurs — expérience finalement amère dont il rend compte dans sa pièce *Le Fauteuil à bascule* (1982) —, il est l'auteur d'essais : *La Présence réelle* (1954), *Camus* (1959) ; et de romans, parmi lesquels *Prologue* (1948), *La Fuite au Danemark* (1962), *La Révélation d'une voix et d'un nom* (1982). Mais son nom est particulièrement attaché à trois grandes réussites dramaturgiques, où se conjuguent, son goût pour l'Histoire et son sens de la langue : *L'Entretien de M. Descartes avec M. Pascal le jeune*, créé en 1985, où deux philosophies s'affrontent ; *Le Souper*, créé en 1989, adapté au cinéma par Édouard Molinaro, montrant Talleyrand et Fouché, « le vice appuyé au bras du crime » ; *L'Antichambre* enfin, créé en 1991, montrant le face à face de Mme du Deffand et de Julie de Lespinasse. Le dramaturge, qui sait faire parler les silences de l'Histoire et qui se réapproprie le français des siècles passés, évite les écueils du pastiche et parvient à de véritables bonheurs d'expression.

O.G.

Brochu André (1942). Né à Saint-Eustache (Québec), il enseigne à l'université de Montréal à partir de 1963. La même année, il participe à la fondation de la revue *Parti pris*. Ses études sur la littérature québécoise, recueillies dans *L'Instance critique* (Leméac, 1974), *La Visée critique* (Boréal, 1988) et *Le Singulier pluriel* (L'Hexagone, 1992), contribuent à légitimer les œuvres qui constituent le corpus québécois. Dans *La Littérature et le reste* (Quinze, 1980), dialogue épistolaire avec Gilles Marcotte, les deux critiques élaborent une réflexion sur le roman, les études littéraires et la fonction de la critique. André Brochu a consacré un essai au romancier André Langevin : *L'Évasion tragique* (Hurtubise-HMH, 1985). Il a aussi publié de courts récits dans un style libre et persifleur (*La Croix du Nord*, XYZ, 1991 ; *L'Esprit ailleurs*, XYZ, 1992) ainsi que des romans : *La Vie aux trousses* (1993) et *Le Maître rêveur* (1997).

R.B.

Broda Martine (1947). Directrice de recherches au CNRS, poète, mais également essayiste et traductrice, elle collabore à plusieurs revues dont *Le Nouveau Commerce, Action poétique, Po&sie, Europe, Critique, Banana Split* et *Clivages*, où elle a fait paraître, outre ses propres textes, des traductions de Walter Benjamin, de Nelly Sachs et de Paul Celan. Ce dernier apparaît, au même titre que Jouve, comme une référence permanente dans l'œuvre de Martine Broda, qui bien qu'engagée dans plusieurs voies formelles, produit une œuvre d'une grande unité autour de la question de l'adresse du poème. « Je ne tiens plus à toi que par un lambeau / mais je tiens à toi de toute ma douleur » (*Passage*, Lettre de Casse, 1985) ; ce *toi*, cet être de désir nommé dans la langue du poème, Martine Broda le traque dans de belles pages de poésie lyrique, tout au long d'un remarquable essai aux éclairages multiples, *L'Amour du nom, essai sur le lyrisme et la lyrique amoureuse* (Corti, 1997).

C.F. — CIPM

Brossard Nicole (1943). Née à Montréal, figure de proue de l'avant-garde poétique québécoise, elle participe à divers mouvements sociaux et artistiques. Elle a contribué à diriger les revues *La Barre du jour* (1965-1975), puis *La Nouvelle Barre du jour* (1977-1979), orientées vers l'exploration du langage et la réflexion théorique. Après une incursion dans l'enseignement (1969-1971), elle se tourne vers des activités féministes, à travers le cinéma (*Some American Feminists)*, le théâtre (*La Nef des sorcières*, 1976), la fondation d'une revue (*Les*

Têtes de pioche, 1976-1979), la direction de collections (« Délires » chez Parti pris, 1976 ; « Réelles » chez Quinze, 1979-1981), la création de sa propre maison d'éditions (L'Intégrale, éditrice).

Son œuvre concilie « la sédentarité, la fidélité à sa langue, et le nomadisme, le goût de l'exploration » (Louise Dupré). Ses premiers recueils de poèmes, *Aube à la saison* (1965) et *Mordre en sa chair* (1966), par leur univers proche de la nature, leurs métaphores denses et leur respect de la syntaxe, rappellent les œuvres de Fernand Ouellette et de Paul-Marie Lapointe. Dans *L'écho bouge beau* (1968), où apparaissent des références urbaines, un lien entre désir et langage, des expériences sur les sonorités et la mise en pages, s'esquisse la mise en cause de la représentation caractéristique d'une période dite formaliste. *Suite logique* (1970) et *Le Centre blanc* (1970) durcissent cette esthétique, proche de *Tel Quel*. Un érotisme s'y trame, mais distant et ironique ; la représentation morcelée du corps est liée à celle du texte, grâce à une syntaxe elliptique et ambiguë et à une « matérialisation » phonique et typographique du langage. La relation entre textualité et sexualité est au centre des romans de cette période, *Un livre* (1970), *Sold-Out* (1973) et *French Kiss* (1974), qui ébranlent les limites du genre par la multiplication des matériaux et des formes d'écriture, par les citations et les jeux de mots.

Mais les préoccupations féministes évincent peu à peu celles d'un modernisme neutre, dans *Mécanique jongleuse* suivi de *Masculin grammaticale* (1974) et surtout dans *La Partie pour le tout* (1975), puis dans *Amantes* (1980), qui tentent de mettre au jour l'identité multiple du sujet féminin et de favoriser sa relation avec une collectivité solidaire. Comme la féministe américaine Mary Daly, Nicole Brossard croit que le travail sur les mots peut contribuer à redonner à la femme une place dans le langage. Ce travail passe par la rigueur et la méthode, et non par le délire, comme chez d'autres : en témoigne l'intérêt pour la science et la réflexion théorique, manifeste non seulement dans des essais (*Le Sens apparent*, 1980 ; *La Lettre aérienne*, 1985), mais aussi dans la poésie, qui emprunte à leur vocabulaire, et surtout dans les formes hybrides appelées « théorie fictive » (*L'Amèr ou le chapitre effrité*, 1977 ; *Picture Theory*, 1982). Le roman *Le Désert mauve* (1987) et les recueils de poésie, *À tout regard* (1989), *Installations* (1989) et *Langues obscures* (1992), sans renoncer à l'invention formelle, dissipent l'« hermétisme » qu'on a souvent reproché à l'auteur.

ŒUVRES. — *Un livre*, Éditions du Jour, 1970, rééd. Montréal, Quinze, 1980. — *Sold-Out, étreinte/illustration*, Éditions du Jour, 1973, rééd. Quinze, 1980. — *French Kiss étreinte/exploration*, Éditions du Jour, 1974, rééd. Quinze, 1980. — *L'Amèr ou le chapitre effrité*, Quinze, 1977, rééd., Montréal, L'Hexagone, 1988. — *Le Centre blanc, poèmes 1965-1975*, L'Hexagone, 1978 reprenant : *Aube à la saison, Mordre en sa chair, L'écho bouge beau, Suite logique, Le Centre blanc, Mécanique jongleuse* suivi de *Masculin grammaticale, La Partie pour le tout*. — *Amantes*, Quinze, 1980. — *Le Sens apparent*, Flammarion, 1980. — *Picture Theory, théorie/fiction*, Nouvelle Optique, 1982, rééd. L'Hexagone, 1980. — *Double Impression, poèmes et textes 1967-1984*, L'Hexagone, 1984. — *Journal intime ou voilà donc un manuscrit*, Montréal, Les Herbes rouges, 1984. — *La Lettre aérienne*, Montréal, Éditions du Remue-ménage, 1985. — *Le Désert mauve*, L'Hexagone, 1987. — *À tout regard*, Montréal, Éditions de La Nouvelle Barre du jour-Bibliothèque québécoise, 1989. — *Installations (avec ou sans pronoms)* [poésie], 1989. — *Amantes* [enregistrement sonore], Artalect, 1989. — *Langues obscures, poésie*, L'Hexagone, 1992.

→ Pierre Nepveu, « Ontologie et écologie », *L'Écologie du réel*, Montréal, Éditions du Boréal, 1988. — Louise Dupré, *Stratégies du vertige ; trois poètes : Nicole Brossard, Madeleine Gagnon, France Théorêt*, Remue-ménage, 1989. — Karen Gould, *Writing in the Feminine : Feminism and Experimental Writing in Quebec*, Carbondale, Southern Illinois University Press, 1990.

L.B.

Brouillet Chrystine (1958). Sa première œuvre, *Chère voisine* (1982), roman psychologique au suspense habile, relève de la littérature d'évasion. Cette veine se poursuit dans *Coups de foudre* (1983). *Le Poison dans l'eau* (1987) et *Préférez-vous les icebergs ?* (1988) créent le personnage de Maud Graham, femme détective aussi perspicace que gourmande. Également auteur pour enfants, Chrystine Brouillet, parallèlement, a publié une saga historique, la trilogie de Marie Laflamme (*Marie Laflamme*, 1991 ; *Nouvelle-France*, 1992 ; *La Renarde*, 1994), dont l'action se déroule dans la France et la Nouvelle-France du XVIIe siècle, racontant les aventures aux multiples rebondissements d'une intrépide héroïne, qui a dû fuir la vengeance de son mari et la justice, sur un fond de sorcellerie, d'intrigues, d'aventures amoureuses et de chasse au trésor. *C'est pour mieux t'aimer, mon enfant* (1996) voit le retour de Maud Graham aux prises avec un pédophile.

S.Ma.

Broussard Yves (1937), pseudonyme d'Edmond Rostan. Poète, directeur de la revue *Sud* depuis 1976, il obtint le prix Antonin Artaud pour son recueil *Traversée de l'inexorable* (1983), le prix Guillaume Apollinaire pour *Nourrir le feu* (1987) et le prix Henri Mondor de l'Académie française pour *Esquisses pour un autre lieu* (1991). Ses poèmes sont le plus souvent de forme brève et dense, où se fait sentir l'influence de la poésie orientale : notations rapides et dépouillées, attention à la sensation fugace. L'ensemble des recueils poursuit le sens de l'existence à travers les choses les plus infimes et cherche à rivaliser avec la plénitude du silence, comme le dit le titre du recueil *Paroles de silence* (1988).

ŒUVRES. — Pour la plupart aux Éditions du Sud, à Marseille.

J.G.-T.

Brulotte Gaétan (1945). Son premier roman, *L'Emprise* (1979), est une œuvre autoréférentielle qui dépeint avec minutie et économie le dérapage d'un écrivain happé par la psychose de son sujet. Le ton froid et impersonnel est celui de l'observation clinique. L'auteur s'est ensuite tourné vers la nouvelle en publiant *Le Surveillant* (1982), recueil de courtes histoires qui décrivent un être soumis à la loi et à toutes les prescriptions étrangères à son désir. *Ce qui nous tient* (1988), le recueil suivant, prolonge la même veine, poussant l'autopsie du réel à l'extrême, transformant le quotidien en un univers inquiétant, incompréhensible, kafkaïen, aux limites du fantastique. Gaétan Brulotte est aussi chroniqueur à la revue *Liberté*.

A.J.

Buchet-Chastel. Maison d'édition fondée à Paris en 1929 par Roberto Corrêa sous le nom d'Éditions Corrêa, devenue Buchet-Chastel en 1958. C'est grâce au soutien moral et financier de Charles Du Bos que Roberto Corrêa monte sa maison d'édition, dans un hôtel particulier de la rue Sainte-Beuve. Sa production littéraire (Jean Cassou, Benjamin Crémieux, Charles Du Bos) retient l'attention, mais n'assure pas la rentabilité de l'entreprise. Dès 1935, il en confie la gestion à Edmond Buchet, ancien avocat, qui s'associe à Jean Chastel. En 1936, Roberto Corrêa quitte la France pour le Brésil.

L'apocryphe *Petite Chronique d'Anna Magdalena Bach*, traduite par Edmond Buchet, passionné de musique, remporte en 1935 un premier succès. La collection musicale, qui reste un phare de la maison, s'enrichira des écrits de Beethoven (1936) et de Wagner (1941). L'attribution du prix Goncourt, en 1937, aux *Faux Passeports* de Charles Plisnier renfloue l'entreprise, mais c'est le choix d'une politique d'auteurs (Marcel Moreau, Pierre Molaine, Maria Le Hardouin, Maurice Sachs, Roger Vailland) et le sens du commerce d'Edmond Buchet qui la mettent définitivement sur les rails.

« Les Pages immortelles » sont lancées en 1938 sur le modèle de la collection américaine « The Living Thoughts ». Son principe consiste à faire présenter des pages choisies des grands penseurs du passé par de grands écrivains contemporains : la jeune maison ajoute ainsi à son catalogue les noms prestigieux de Maurois, Giono, Valéry ou Romain Rolland. D'autres collections verront le jour comme « Les Grandes Professions françaises », en 1945, où s'illustre Henri Mondor *(Les Grands Médecins)*.

En 1947, l'entreprise en pleine expansion s'installe au 1, boulevard du Montparnasse. Edmond Buchet, qui veut renouveler son image, ouvre le comité de lecture à deux jeunes critiques, François Erval et Maurice Nadeau. Ce dernier, transfuge des Éditions Robert Marin, poursuit en 1950 sa collection « Le Chemin de la vie » où paraîtront *Au-dessous du volcan* de Malcolm Lowry (1950), *La Crucifixion en rose* d'Henry Miller (1952-1968) et *Le Quatuor d'Alexandrie* de Lawrence Durrell (1957-1960). François Erval lance en 1958 une collection de littérature étrangère, « L'Éventail », avec *Les Ragazzi* de Pasolini. La même année, *Vivez jeune, vivez longtemps*, du diététicien Gayelord Hauser, remporte un immense succès. Il couronne les efforts de diversification de la maison, qui intègre une collection de sciences humaines dirigée par Marie-Magdeleyne Davyson, « La Barque du soleil », dans laquelle seront publiés *L'Essai d'autobiographie spirituelle* de Nicolas Berdiaev (1958) et les œuvres de Jung. En 1968, Guy Buchet prend la direction de la maison, au moment où son père et Jean Chastel cessent leur activité. Au printemps de 1995, il cède Buchet-Chastel au groupe de l'éditeur Pierre Zech.

→ Edmond Buchet, *Les Auteurs de ma vie ou ma vie d'éditeur*, Buchet-Chastel, 1969.

E.D. — IMEC

Burnat-Provins Marguerite (1872-1952). Née à Arras, elle étudie la peinture à Paris (1890-1895), puis épouse un architecte de Vevey (Suisse), Adolphe Burnat. En 1898, elle découvre le Valais et se met à écrire des livres, illustrés par elle, qui décrivent la vie des montagnards valaisans (*Petits Tableaux valaisans*, 1903). En 1906, elle rencontre Paul de Kalbermatten, ingénieur originaire de Sion, dont elle s'éprend et pour qui elle écrit sa meilleure œuvre, *Le Livre pour toi* (1907). Dès la déclaration de guerre, en 1914, elle souffre d'hallucinations — qu'elle peint —, visages étranges qui seront près de trois mille à sa mort. Dans les années trente, elle se retire à Saint-Jacques-de-Grasse, où elle meurt en novembre 1952.

C.D.

Burniaux Constant (1892-1975). Né à Bruxelles, le 1er août 1892. Brancardier volontaire durant la Première Guerre, il rendra compte de cette expérience dans *Sensations et souvenirs de la guerre 1914-1918* (1920), *Les Brancardiers* (1928, nouvelles) et *Les Désarmés* (1930). Ses premiers romans *(Le Film en flammes*, 1923) reflètent déjà une certaine méfiance vis-à-vis de la société, dans un style alerte et fragmenté. Son métier d'instituteur (voir *Les Maîtres d'école*, 1929) qu'il exerce dans un quartier populaire de la capitale belge auprès de handicapés mentaux de 1913 à 1929, sera l'une des sources de son œuvre *(La Bêtise, roman scolaire*, 1925 ; *Crânes tondus*, 1930 ; *L'Aquarium*, contes, 1933). Cette « trilogie scolaire » décrit sans complaisance la misère qui règne dans ce monde d'extrême pauvreté ; mais tout en condamnant les injustices sociales, Burniaux ne peut que dresser un constat d'échec. Si l'enfance est encore le thème de *Fah l'enfant* (1927) et de *Un pur* (1932), la résignation et l'impuissance restent cependant un *leitmotiv (Une petite vie*, 1929 ; *La Quinzaine du plaisir*, 1933 ; *Rose et Monsieur Sec*, 1937). De 1933 à sa mort, il collabore comme critique littéraire au *Journal de Charleroi*. Pendant l'Occupation, il se garde de toute publication et compose un roman fleuve, *Les Temps inquiets (Clémence*, 1944 ; *Jeunesse*, 1945 ; *Route minée*, 1946 ; *Les Abandonnés*, 1948 ; *La Vérité est dans les cœurs*, 1952). Largement autobiographique, cet ensemble retrace l'itinéraire de Burniaux de la Première à la Seconde Guerre, sous les traits de Jean Chenevière, écrivain discret, mais désireux d'échapper à la médiocrité. Élu à l'Académie royale de langue et de littérature françaises de Belgique en 1945, Constant Burniaux a publié de nombreux recueils de nouvelles, dans lesquelles son art évolue vers un merveilleux diffus, loin du réalisme cru de ses premières œuvres : *Marines* (1956) ; *Les Âges de la vie* (1960) ; *La Vie plurielle* (1965) ; *L'Amour de vivre* (1969) ; *Kalloo, le village imaginé* (1972). On lui doit aussi des poèmes d'un lyrisme spontané et tendre : *Poèmes en prose 1918-1926* (1927) et *1927-1929* (1932), *Ondes courtes* (1951), *Voyages* (1962) repris dans *Poésie 1922-1963* (1965), ainsi que des essais *(La Poésie du roman*, 1958 ; *Recherche sur la poésie nouvelle*, 1962). Constant Burniaux est le père de l'écrivain Jean Muno ; il est mort le 9 février 1975.

ŒUVRES. — *La Bêtise*, suivi de *Crânes tondus*, rééd., Bruxelles, Les Éperonniers, coll. Passé-présent, 1983.

→ *Marginales* (Bruxelles), n° 36, avril 1954. — Jacques-Gérard Linze, *Mieux connaître Constant Burniaux*, Bruxelles, De Rache, 1972. — David Scheinert, *Constant Burniaux ou la hantise du temps*, Liège, Unimuse, 1973.

O.Bi.

Butor Michel (1926). Né le 14 septembre 1926 à Mons-en-Barœul, il n'a cessé d'explorer les possibles de sorte que son œuvre est traversée de métamorphoses, qui sont autant d'étapes dans la quête du sens. Longtemps réticent devant la confidence (*Résistances*, PUF, 1983), il se livre dans le fictif dialogue avec Béatrice Didier qu'est *Le Retour du boomerang* (PUF, 1988), où il raconte comment, élève chez les jésuites, puis à Louis-le-Grand, il acquiert dès l'Occupation une immense culture grâce à Marie-Magdeleine Davy et aux journées du château de La Fortelle, fréquenté par Lévinas, Lacan, Koyré et Goldmann. En 1945, il entame à la Sorbonne des études de lettres, se tourne vers la philosophie avec Lyotard, fréquente le collège philosophique de Jean Wahl, rencontre Breton grâce à Michel Carrouges et publie en 1948-1949, dans *La Vie intellectuelle* et *Arts et lettres*, des textes sur Joyce et Verne qu'il reprendra dans *Répertoire* (Éditions de Minuit, 1960). Après un échec à l'agrégation, il part enseigner à Minieh (Égypte) où, continuant son activité critique (*Les Cahiers du Sud, Critique*, la *NRF)*, il commence *Passage de Milan* (Éditions de Minuit, 1954). Lorsque *La Modification* (Éditions de Minuit, 1957, prix Renaudot) le rend célèbre, il est invité dans les universités du monde entier avant de devenir, grâce à Jean Starobinski, professeur à l'université de Genève.

Au commencement de son parcours, il y a donc les « Romanesques I », marquées par le Nouveau Roman. *Passage de Milan*, *L'Emploi du temps* (Éditions de Minuit, 1956), *La Modification*, *Degrés* (Gallimard, 1960) et, dans une moindre mesure, *Intervalle* (Gallimard, 1973) devenu au cinéma *L'Enchantement* (1974), montrent comment un personnage prisonnier d'un lieu clos et d'un temps arrêté choisit de transformer en livre une expérience de l'échec transfigurée par le mythe (Caïn, Thésée, la descente aux Enfers). Dans ces *works in progress*, un projet apparent (faire cours, rejoindre sa maîtresse) se fait littérature à mesure que l'écriture devient l'ultime aventure.

Très vite, pourtant, l'expérience du déracinement amène Butor à s'affranchir du genre romanesque. Dans *Travaux d'approche* (Gallimard, 1972) et surtout dans les *Génie du lieu* (*Le Génie du lieu*, Grasset, 1958 ; *Où*, Gallimard, 1971 ; *Boomerang*, Gallimard, 1978 ; *Transit A-transit B*, Gallimard, 1993 ; *Gyroscope*, Gallimard, 1996), il est cet arpenteur qu'attire l'horizon et qui rompt avec le centre pour explorer des périphéries où il rencontre des lieux chargés d'histoire, mais aussi les figures de l'autre (l'aborigène, l'Indien) en qui il rêve de se métamorphoser, comme l'oiseau-butor de *Boomerang*. De cette fascination pour l'espace naissent *Mobile, étude pour une représentation des États-Unis* (Gallimard, 1962), *Description de San Marco* (Gallimard, 1963) et *6 810 000 litres d'eau par seconde* (Gallimard, 1965), où il explore des lieux que tout oppose, et pareille ouverture a fini par constituer en double idéal Don Juan, qui vit de son errance (*Matériel pour un don Juan*, avec J.-Y. Bosseur, Losnes, La Louve de l'hiver, 1977). Avide de franchir les frontières (*Le Japon depuis la France*, Hatier, 1995 ; *À la frontière*, La Différence, 1996), Butor entreprend en même temps d'explorer les terres oniriques. Après avoir inséré des rêves dans *L'Emploi du temps* ou *La Modification* et décrypté un récit de rêve dans *Histoire extraordinaire, essai sur un rêve de Baudelaire* (Gallimard, 1961), il frôle l'aveu avec la série des *Matières de rêves* (*Matières de rêves*, Gallimard, 1975 ; *Second sous-sol*, Gallimard, 1976 ; *Troisième dessous*, Gallimard, 1977 ; *Quadruple fond*, Gallimard, 1981, et *Mille et un plis*, Gallimard, 1985). Constitué de rêves à demi fictifs et de rêves d'écrivains, cet ensemble représente un étrange voyage qui montre l'écrivain comme celui qui garde la frontière (le douanier) et qui grave son texte dans la chair (le tatoueur), un peu comme il est, dans *Portrait de l'artiste en jeune singe* (Gallimard, 1967), celui qui accède à la connaissance à travers une initiation onirique.

Mais le véritable territoire dont Butor est l'explorateur est le continent des livres, où il ne cesse d'errer, épuisant le bonheur qu'il y a à lire dans la discontinuité afin de traverser les écritures et les discours. Que ce soit dans *Répertoire* (I à V, Éditions de Minuit, 1960, 1964, 1968, 1974, 1982) ou dans les *Improvisations sur...* (*... sur Flaubert, ... sur Rimbaud, ... sur Michel Butor*, La Différence, 1984, 1989, 1993), il rêve d'abolir la frontière discursive qui sépare la fiction de l'exégèse en instaurant un « dialogue », ainsi que le montrent des titres tels que « Dialogue avec Charles Perrault sur la fontaine des fables » (dans *Répertoire V)* ou *Dialogue avec 33 variations de Ludwig van Beethoven sur une valse de Diabelli* (Gallimard, 1971). De la même façon, *Les Mots dans la peinture* (Genève, Skira, 1969), les *Illustrations* (I à IV, Gallimard, 1964, 1969, 1973, 1976), le numéro d'*Obliques* avec G. Masurovsky (février 1976) et les *Avant-goût* (I à IV, Rennes, Ubacs, 1984, 1987, 1989, 1992) ne cessent de faire dialoguer littérature, peinture et espace.

Arpenteur des textes et des rêves, Butor aime l'expansion quand elle prélude au rassemblement. En lutte constante contre le linéaire et le continu, il ne cesse de tisser des réseaux, de construire des combinatoires et d'élaborer des polyphonies comme s'il voulait que l'œuvre s'atomise au risque de se dissoudre. Pourtant, il y a chez lui un horizon de totalisation : cheminer n'est jamais se perdre car l'univers ne cesse de parler à l'homme et s'offre à qui sait écouter comme une machine fabulante, dont il revient au texte d'être l'ultime dépositaire.

→ René Albérès, *Michel Butor*, Éditions universitaires, 1964. — Jean Roudaut, *Michel Butor ou le livre futur*, Gallimard, 1964. — Roland Barthes, « Littérature et discontinu », *Essais critiques*, Le Seuil, 1964. — Georges Charbonnier, *Entretiens avec Michel Butor*, 1967. — Georges Raillard, *Michel Butor*, Gallimard, 1968. — *L'Arc*, n° 39, 1969. — Michel Leiris, « Le réalisme mythologique de Michel Butor », postface à *La Modification*, UGE, 1970. — Françoise Van Rossum-Guyon, *Critique du roman*, Gallimard, 1970. — Lucien Dällenbach, *Le Livre et ses miroirs dans l'œuvre romanesque de Michel Butor*, Minard, 1972. — François Aubral, *Michel Butor*, Seghers, 1973. — *Michel Butor* (colloque de Cerisy), UGE, 1974. — Jennifer Waelti-Walters, *Alchimie et littérature*, Denoël, 1975. — André Helbo, *Michel Butor, vers une littérature du signe*, Bruxelles, Complexe, 1975. — *Le Magazine littéraire*, n° 110, mars 1976. — Jean-Marie Le Sidaner, *Michel Butor, voyageur à la roue*, Encre, 1979. — Madeleine Santschi, *Voyage avec Michel Butor*, L'Âge d'homme, 1982. — *TEM*, n° 2, Grenoble, 1984. — Skimao et Bernard Teulen-Nouailles, *Michel Butor*, Lyon, La Manufacture, 1988. — Else Jongeneel, *Michel Butor, le pacte romanesque*, Corti, 1988. — Mireille Calle-Gruber, *La Création chez Michel Butor*, Nizet, 1991. — Mireille Calle, *Les Métamorphoses Butor*, Grenoble, Presses universitaires, 1991. — Jennifer Waelti-Walters, *Michel Butor*, Amsterdam-Atlanta, Rodopi, 1992. — Yves Lancri, *Michel Butor ou la résistance*, Lattès, 1994. — Pierre Brunel, *L'Emploi du temps : le texte et le labyrinthe*, PUF, 1995. — *Curriculum vitae : entretiens avec André Clavel*, Plon, 1996. — Fonds Michel Butor à la Bibliothèque nationale (Correspondance) et la Bibliothèque de Nice.

J.P.

C

Cabanis José (1922). Né le 24 mars 1922 à Toulouse, dernier rejeton d'une lignée tricentenaire de notaires, il poursuit la tradition familiale en passant deux licences, en philosophie et en droit. En 1943, réquisitionné par le service du travail obligatoire et envoyé en Allemagne, il interrompt ses études. Rentré en France à la Libération, il retourne à l'université et obtient un diplôme d'études supérieures de philosophie et un doctorat de droit. Inscrit comme avocat au barreau de Toulouse, il en démissionne dix ans plus tard, répartissant désormais son temps entre son travail d'expert près les tribunaux et son œuvre littéraire. Dès 1952, en effet, Gallimard avait accepté le manuscrit de *L'Âge ingrat*, qui fut suivi d'autres romans d'analyse : *Le Bonheur du jour* (1960, prix des Critiques en 1961), *Les Cartes du temps* (1962, prix des Libraires en 1963), et *La Bataille de Toulouse* (1966, prix Renaudot). Simultanément, José Cabanis promène son regard aigu de critique et d'historien de la littérature sur ses auteurs de prédilection : Jouhandeau, Saint-Simon, Michelet, Mauriac et se révèle comme critique un aussi subtil analyste que comme romancier. Il reçoit, en 1976, le grand prix de Littérature de l'Académie française pour l'ensemble de son œuvre, avant d'y être élu en 1991.

ŒUVRES. — Publiées chez Gallimard, sauf mention contraire. — **Romans, récits** : *L'Âge ingrat*, 1952. — *L'Auberge fameuse*, 1953. — *Juliette Bonviolle*, 1954. — *Le Fils*, 1956. — *Les Mariages de raison*, 1958. — *Le Bonheur du jour*, 1960. — *Les Cartes du temps*, 1962. — *Les Jeux de la nuit*, 1964. — *La Bataille de Toulouse*, 1966. — *Des jardins en Espagne*, 1969. — *Le Crime de Torcy* suivi de *Fausses Nouvelles*, 1990. — **Essais** : *Jouhandeau*, 1959. — *Plaisirs et lectures*, t. I, 1964 ; t. II, 1968. — *Le Sacre de Napoléon*, 1970. — *Charles X, roi ultra*, 1972. — *Saint-Simon l'admirable*, 1975. — *Michelet, le prêtre et la femme*, 1978. — *Lacordaire et quelques autres*, 1982. — *Le Musée espagnol de Louis-Philippe : Goya*, 1985. — *Saint-Simon ambassadeur*, 1987. — *Pour Sainte-Beuve*, 1987. — *Mauriac, le roman et Dieu*, 1991. — *En marge d'un Mauriac : notules*, Sables, Pin-Balma, 1991. — *Lettre à Jean Grenier*, Sables, Pin-Balma, 1993. — *Dieu et la NRF, 1909-1949*, 1994. — *Le Diable à la NRF, 1911-1951*, 1996. — **Journaux** : *Les Profondes Années : journal 1939-1945*, 1976. — *Petit Entracte à la guerre : journal 1940-1943*, 1981. — *L'Escaladieu : journal 1947-1953*, 1987.

→ Françoise Bayle Petrelli, *Pour une topographie romanesque : incursion dans le monde de José Cabanis*, Toulouse, Messages, 1981. — *José Cabanis, écrivain*, Toulouse, Bibliothèque municipale, 1989.

W.M.

Cabon Marcel (1912-1972). Né à Curepipe-Road (Île Maurice), il a contribué activement, notamment par son travail de journaliste, à la définition d'une identité culturelle mauricienne, qu'il désignait lui-même du néologisme « mauricianisme ». Outre un roman paysan, *Namasté*, qui marque la reconnaissance *de facto* de la communauté indienne, jusque-là objet de dérision, on lui doit plusieurs recueils poétiques : *Ébauches* (Port-Louis, 1932), *Roseaux* (Port-Louis, 1932), *Kelibé-Kéliba* (Port-Louis, 1956, rééd. 1964), *Namasté* (Port-Louis, Le Cabestan, 1965, rééd. 1981) et des nouvelles disséminées dans différentes revues.

J.C.

Cabral Tristan (1948). Poète engagé, il a soutenu les Kurdes, les Palestiniens et les révolutionnaires turcs. Son premier recueil, *Ouvrez le feu* (Plasma, 1974), annonce en préface le prétendu suicide de l'auteur. Sa poésie est marquée par l'obsession de l'origine et par le sentiment de la perte de soi. On a cité *Du pain et des pierres* (1977) parmi les meilleurs recueils de poésie depuis 1970. *Le Pas-*

seur de silence, préfacé par Ben Jelloun et récompensé par le prix Gorki, retrace l'itinéraire de l'auteur entre 1981 et 1985. En 1990, *Le Quatuor de Prague* recueille ses poèmes sur l'intervention soviétique en Tchécoslovaquie. Il est aussi l'auteur d'une *Anthologie des poètes insurgés* (1981) et de *La Lumière et l'exil* (1985), ouvrage consacré aux écrivains du Sud. Il a traduit Nazim Hikmet, Yannis Ritsos et Octavio Paz.

D.H.-M. Ber.

Cadiot Olivier (1956). Cofondateur des Éditions Quffi & ffluck, il expérimente dans ses premiers recueils (*Le dernier des Mohicans*, 1985), un usage ludique et antilyrique du *cut-up*. Ce minimalisme ironique donne sa pleine mesure avec *L'Art poétic* (POL, 1988) dont le titre dit assez l'intention polémique. Découpant les mots selon un espacement typographique qui brise les unités de discours, jouant des exemples de grammaire et des phrases tirées d'une méthode Assimil, le collage, en multipliant les énoncés anonymes, renvoie à une parole impersonnelle, sans auteur, sous le signe d'un « on ». Le résultat de cette opération « poétic » radicale est l'apparition d'une langue à la fois neutre et nostalgique, puisqu'elle est pleine des réminiscences d'une adolescence rêveuse d'aventures (« David Crockett et Billy the Kid auront toujours du courage »), où la vitesse de défilement des énoncés suscite une véritable jubilation. La collaboration de Cadiot avec le musicien Pascal Dusapin prolonge ce travail sur le rythme dans *Roméo et Juliette I* (POL, 1989), opéra au lyrisme paradoxal. L'émotion naît des différences de ton, des citations d'images convenues et de stéréotypes. Le goût des listes farfelues, des changements de registres et même de voix se confirme dans les textes les plus récents où la poésie se fait théâtre (*Happy birthday to you*, 1988 ; *Sœurs et frères*, 1993), devient « roman » (*Futur, ancien, fugitif*, POL, 1993) lorsque la figure subjective d'un Robinson égaré sert de trame aux bribes d'une histoire trouée.

J. de S.

Cadou René Guy (1920-1951). Né à Sainte-Reine-de-Bretagne (Loire-Atlantique) le 15 février 1920, d'un père instituteur, il a toujours vécu dans une école : « Je n'ai pas oublié cette maison d'école / Où je naquis en février dix neuf cent vingt / Les vieux murs à la chaux, ni l'odeur du pétrole / Dans la classe étouffée par le poids du jardin. » Après ses études à Nantes, il suit la même voie professionnelle que son père. Ses années d'enfance se déroulent dans la campagne bretonne, qui lui laissera d'impérissables impressions : « À ce souvenir on gagne / Du bonheur pour des années / C'est la pluie ancienne et molle / Qui descend sur le jardin / Et ma mère en robe blanche / Un bouquet dans chaque main ». En 1930, il suit ses parents à Saint-Nazaire, puis à Nantes, séjour vécu comme un cauchemar. Sa naissance, déjà, avait été marquée par le deuil : un premier enfant, Guy, était mort à dix-huit mois d'une méningite, dont le nom sera accolé au sien, ce qui le fera « re-né » après lui. La mort brutale de sa mère, le 30 mai 1932, le rapproche de son père, qui lui révèle avoir écrit de la poésie, et dont le remariage lui donne une nouvelle mère, attentive et aimante ; mais son père meurt à son tour. Le jeune homme se retrouve seul à vingt ans, dans un pays en guerre. La tristesse sera éclairée par la poésie : « J'ai toujours habité de grandes maisons tristes / Appuyées à la nuit comme un haut vaisselier / Des gens s'y reposaient au hasard des voyages / Et moi je m'arrêtais tremblant dans l'escalier / Hésitant à chercher dans leurs maigres bagages / Peut-être le secret de mon identité ».

La personnalité lumineuse de René Guy Cadou lui a valu des amitiés de haute qualité. Dès l'âge de seize ans, il fait la connaissance de Michel Manoll, alors libraire bouquiniste à Nantes, qui lui fait connaître quelques poètes nantais. En 1937, il écrit son premier recueil, *Brancardiers de l'aube*, aussitôt publié et bientôt suivi par *Forges du vent* et *Années-lumière*. Encouragé dans la voie poétique par sa correspondance avec Max Jacob, qu'il rencontrera ensuite à Saint-Benoît-sur-Loire en 1940, et par Pierre Reverdy, il participe, en 1941, avec ses amis Jean Bouhier, Michel Manoll, Luc Bérimont, Jean Follain, Marcel Béalu, Maurice Fombeure, Jean Rousselot, Luc Decaunes, à la fondation de l'école de Rochefort. Il en décrit l'esprit de liberté dans *Position poétique* : « Depuis l'armistice on attendait en vain la rentrée des classes. Sortez vos cartables, Poètes ! On ouvre l'école de Rochefort : première classe de poésie... Avant tout, vous autres, ne soyez pas dupes ! L'école de Rochefort n'est pas une école, tout juste une cour de récréation ».

Dans la solitude et le dénuement de sa vie d'instituteur remplaçant de campagne, il poursuit son œuvre sans relâche. Plaquettes et recueils se succèdent malgré l'inconfort, l'errance forcée et le désespoir : « Ah je puis bien parler de mes mains / De mes larmes / Car c'est tout ce que j'ai. » Ses grands réconforts sont les lettres de ses amis, et, à partir de juin 1943, Hélène, alors étudiante à Nantes, qu'il aime d'un amour passionné. Il l'épouse en 1946. Elle-même poète, Hélène lui a inspiré certains de ses plus beaux poèmes, qui paraîtront dans son grand recueil posthume, *Hélène ou le règne végétal* : « Je t'atteindrai Hélène / À travers les prairies / À travers les matins de gel et de lumière / Sous la peau des vergers / Dans la cage de pierre / Où ton épaule fait son nid. » Mais les malheurs continuent à l'atteindre : il échappe de peu au bombardement de Nantes en septembre 1943, Hélène tombe gravement malade en 1944, et fin 1946, la maladie manifeste ses premiers signes alors qu'il vient de se fixer à Louisfert, où il meurt le 20 mars 1951.

Entre la tristesse et un réel don de bonheur, la vie de René Guy Cadou a été vouée à une poésie où s'épanouissent grâce et tendresse. Ses thèmes principaux sont l'amitié, l'amour, la nature et la mort. Il les aborde avec une émotion fervente, de même que tout ce qui est humble : les villages, les petits métiers, les objets quotidiens. Toujours son propos est de dire l'âme des choses et des êtres. Sans qu'il fasse pour autant partie des poètes chrétiens, la foi et la religion sont présentes dans son œuvre. Très vite célèbre, il a été aimé par toute une génération d'amoureux d'une poésie discrètement lyrique et d'un réalisme concerté, illuminée par la transparence des métaphores et la pureté de la langue, et s'exprimant aussi bien en alexandrins ou en vers libres qu'en prose. Malgré sa célébrité, René Guy Cadou n'a guère bougé de sa Bretagne natale et des écoles de village où il a enseigné : il fait son unique voyage à Paris en 1946 avec Hélène. Sa mort précoce a contribué à faire de lui une figure mythique des poètes de sa génération mais aussi de la génération suivante. Son seul roman, *La Maison d'été*, publié avant sa mort, est un bref récit presque biographique sur la déchirure entre la solitude de la ville et l'attirance pour la vie rustique.

ŒUVRES. — *Brancardiers de l'aube*, 1937. — *Forges du vent*, 1938. — *Retour de flammes*, 1940. — *Années-lumière*, 1941. — *Morte-saison*, 1941. — *Porte d'écume*, 1941. — *Bruits du cœur*, 1942. — *Lilas du soir*, 1942. — *Amis les anges*, 1943. — *Grand Élan*, 1943. — *La Vie rêvée*, 1944. — *Testament d'Apollinaire*, 1945. — *Pleine Poitrine*, 1946. — *Les Visages de la solitude*, 1947. — *Lettre à Jules Supervielle*, 1947. — *4 Poèmes d'amour à Hélène*, 1948. — *Guillaume Apollinaire ou l'artilleur de Metz*, 1948. — *Saint-Antoine et Cie*, 1948. — *Les Sept Péchés capitaux*, 1949. — *Roger Toulouse*, 1949. — *Guy Bigot*, 1949. — *Art poétique*, 1949. — *Le Diable et son train*, 1949. — *Cornet d'adieu*, 1949. — *Poèmes choisis, 1944-1950*, 1950. — *Moineaux de l'an 1920*, 1950. — *Avant-printemps*, 1951. — *Les Biens de ce monde*, 1951. — *Nocturne*, 1951. — *Usage interne*, 1951 [notes sur la poésie]. — *La Joie qui brille*, 1951. — *Poèmes choisis*, 1951. — *Hélène ou le règne végétal 1944-1948*, t. I, 1952. — *Oiseaux* et *Deux poèmes de novembre*, 1952. — *Hélène ou le règne végétal 1949-1951*, t. II, 1953. — *La Maison d'été*, 1955, rééd. Le Castor astral, 1990. — *Esthétique de Max Jacob*, 1956. — *Hélène ou le règne végétal 1944-1951*, 1960, rééd. Seghers, 1986. — *Le Cœur définitif*, 1961. — *Les Amis d'enfance*, 1965. — *Mon enfance est à tout le monde*, 1969, rééd. 1985. — *Le Cœur au bond*, 1971. — *Pleine Poitrine : et quelques poèmes*, Fanlac, 1973. — *Le Miroir d'Orphée* [recueil de textes extraits de diverses revues ou radiodiffusés entre mars 1946 et octobre 1950], Rougerie, 1976. — *Le Testament d'Apollinaire : témoignage*, Rougerie, 1980. — *Poèmes-missives*, 1986. — *Un oiseau dans la tête*, Turbulences-Éditions ouvrières, 1987. — *Poésie la vie entière* [Œuvres complètes], Seghers, 1977, rééd. 1983.

→ Michel Manoll, *René Guy Cadou*, Seghers, coll. Poètes d'aujourd'hui, 1954, rééd. 1969 et 1981. — *Textes et Langages*, nº 6, actes du colloque de Nantes, 1981, université de Nantes, 1982. — Christian Moncelet, *René Guy*

Cadou : les liens de ce monde, Champ Vallon, coll. Champ poétique, 1983.

M.A.

Cahiers de l'Herne. Voir HERNE.

Cahiers de la Pléiade (Les) (1946-1953). Revue fondée à Paris par Jean Paulhan, publiée chez Gallimard. Dès avril 1946, Paulhan indique le dessein de sa revue dans un prière d'insérer : maintenir un lieu où les mots s'emploient dans leur sens exact, où, par exemple, « "paix-"continue à vouloir dire paix ». Il s'agit aussi bien de recueillir « divers textes curieux et apparemment utiles, que les autres revues, tout occupées de leurs projets grands et nobles, risquent de négliger » que les écrits des enfants, des fous, des naïfs ou des incultes. En treize livraisons, *Les Cahiers de la Pléiade* suivent la ligne inaugurée en 1924 par *Commerce* et continuée en 1935 par *Mesures*. Ils paraissent irrégulièrement à raison d'un à quatre numéros annuels, et adoptent de préférence une datation saisonnière.

En tête du sommaire figurent Gide, Malraux, Ramuz, Claudel, Valéry, Fargue. En 1949, la revue rend hommage à Artaud, qui vient de mourir. En 1950, elle consacre un numéro à Saint-John Perse. Les textes de Céline, Chardonne, Jouhandeau, Giono, écartés par d'autres éditeurs au nom des « listes noires » du Comité national des écrivains, sont accueillis dans la revue de Paulhan, qui devient la cible d'une polémique agressive menée par *Les Lettres françaises*. Pour Paulhan, « la politique continue d'habiter les confins de la rhétorique, si elle ne lui est pas consubstantielle ».

Jean Fautrier dessine la couverture (une septuple forme vive, la « Pléiade ») et la maquette des *Cahiers*, ménageant une marge à chaque page, occupée par des mots qui viennent en contrepoint des textes publiés. Le lien entretenu par cette revue littéraire avec les arts visuels contemporains est confirmé par la place accordée à l'art brut (Jean Dubuffet), aux lettres de Gaston Chaissac ou aux graffitis (René de Solier) ; elle publie *La Psychologie de l'art* de Malraux aussi bien que des notes sur Bazaine, Germaine Richier ou Wols. La part de la critique littéraire n'est pas négligée : des « chroniques » traitent de la poésie (Henri Thomas), du roman (Marcel Arland), du théâtre (Michel Cournot), de la musique (Boris de Schloezer). Présentées par Breton, les analyses de Jean Ferry sur Raymond Roussel font date ; Wladimir Weidlé propose des réflexions de critique générale, notamment sur l'allégorie. Les littératures lointaines sont présentes dès 1946 : le père O'Reilly commente un conte mélanésien, Jacques Bercot traduit deux chants de Jetsün Milarépa (printemps 1949). Les littératures étrangères sont représentées de façon réduite mais magistrale : Kafka, Alexandre Blok, Emily Dickinson, Borges, Gottfried Benn. Albert-Marie Schmidt présente en 1950-1951 le « Trésor des fatras médiévaux ». Jean Paulhan lui-même y publie le *Guide d'un petit voyage en Suisse*, *De la paille et du grain* et *L'Illusion de l'étymologie.*

B.B. — IMEC

Cahiers de la Quinzaine (1900-1914). Revue fondée à Paris par Charles Péguy. Un sursaut de révolte contre une résolution du Congrès des organisations socialistes françaises (décembre 1899), imposant une discipline de presse aux organes se réclamant du socialisme, détermine Péguy à créer une revue qui, dans la lignée du récent dreyfusisme, reste libre de tout esprit de parti. À partir de cet événement fondateur vont se succéder 229 numéros, répartis en quinze séries, chacune adoptant plus ou moins le calendrier d'une année scolaire. Péguy, ayant conçu son entreprise comme une activité de production et de consommation volontairement étrangère aux pratiques du marché du livre, dut affronter de graves difficultés financières. La revue ne dut à plusieurs reprises sa survie qu'à des mécénats n'impliquant d'ailleurs aucun droit de regard sur la rédaction. L'inspiration libertaire, en contradiction avec les habitudes interventionnistes des patrons de presse, suppose en effet un total respect des opinions exprimées par les collaborateurs. La place de Péguy, qui s'intitule modestement « gérant » et entend garantir l'indépendance de la revue à l'égard de tous les groupes de pression, demeure prépondérante : il décide de tout, de l'administration, mais aussi du choix des manuscrits et des détails de la fabrication. Le soin extrême apporté à la typographie est l'une des originalités de ces *Cahiers de la Quinzaine*, où l'on reconnaît des constantes thématiques tels que le dégoût d'une vision bourgeoise du monde, la critique du socialisme officiel dévoyé dans le parlementarisme, la critique de l'État centralisé (le « monde moderne »). Plusieurs *Cahiers* sont consacrés aux minorités ou aux nations opprimées (juifs, Arméniens, Polonais, Finlandais, peuples colonisés).

Parallèlement, l'histoire de la revue fait apparaître des évolutions sensibles dans la périodicité, le tirage, la pagination, les modalités de l'investissement du gérant, le rapport de la revue avec l'actualité. Dans les cinq premières séries (1900-1904), la préoccupation de l'inédit n'est pas primordiale : les *Cahiers* insèrent des documents bruts émanant de diverses sources (périodiques, débats parlementaires, congrès socialiste, *Journal officiel*, etc.). Péguy, qui ne signe pas, manifeste sa présence par de nombreuses notes de gérance et de multiples commentaires (dialogues, mises en scène, lettres fictives) débordant sur les pages de couverture. Les séries suivantes confient à des collaborateurs la constitution de dossiers parfois volumineux sur des questions alors en débat (R. Allier, *La Séparation de l'Église et de l'État)*. Péguy, abandonnant ses interventions humoristiques, signe maintenant de longues contributions, notamment sous forme de préfaces aux textes de ses collaborateurs, mais sans lien avec eux. À partir de la onzième série (rentrée de 1909) s'achève le dépouillement inauguré à la période précédente. Chaque livraison des *Cahiers* publie désormais une œuvre autonome ; l'ensemble des numéros forme dès lors une collection de livres diffusée par abonnement. À partir de 1905, le sentiment d'un péril national infléchira le ton et les priorités, entraînant des modifications du lectorat.

Les *Cahiers* n'ont jamais exclu la littérature : pour Péguy, l'art est porteur de sens et il a, au titre de la morale et de l'esthétique, une utilité sociale. En rapport avec l'actualité politique et sociale, il publie *Jean Coste ou l'instituteur de village* d'A. Lavergne, ainsi que des textes d'Anatole France, au début, ou de Pierre Hamp. Avec le temps, les textes littéraires prennent une part de plus en plus importante et autonome. La poésie est bien représentée (R. Salomé, François Porché, André Spire). Les *Cahiers* servent la notoriété des Tharaud et d'E. Moselly, qui y publient leurs premiers livres, celle surtout de Romain Rolland, alors inconnu, qui leur remet la série complète de *Jean-Christophe*, des pièces de théâtre, des biographies. André Suarès donne des biographies de Villon, Ibsen, Dostoïevski, Tolstoï. Julien Benda, dans les dernières années, alterne fictions et essais. Péguy lui-même publie dans sa revue ses grandes œuvres à partir de 1909-1910.

→ Frantisek Laichter, *Péguy et ses « Cahiers de la Quinzaine »*, Éditions de la Maison des sciences de l'homme, 1985. — Geraldi Leroy, *« Les Cahiers de la Quinzaine »*, *Cahiers Georges Sorel*, n° 5, 1987.

G.L. — IMEC

Cahiers des saisons (1955-1967). Revue fondée à Paris publiée par les Éditions de Minuit jusqu'en 1959, puis par Julliard. En août 1955, les *Cahiers des saisons* comptent parmi leur comité de rédaction des membres de la revue *84*, dont Jacques Brenner, son principal animateur, ainsi que Marcel Bisiaux, Jean-Louis Curtis, André Dhôtel, Alfred Kern, Marcel Schneider, Henri Thomas et André Frédérique. Claude Perdriel en assurera financièrement la publication jusqu'en 1958. La revue sera successivement dirigée par Solange Fasquelle et Jacques Brenner de 1956 à 1959, par Jacques Brenner et Bernard Frank de 1959 à 1961, et par le seul Jacques Brenner jusqu'au dernier numéro, en 1967. Son comité de rédaction fluctue lui aussi, intégrant par exemple Françoise Sagan et Jean-François Revel de 1959 à 1962. Elle modifiera également son format, mais respectera toujours l'impératif littéraire qui a présidé à sa fondation.

Selon Jean Guérin (pseudonyme de Jean Paulhan dans *La Nouvelle NRF)*, les *Cahiers des saisons* sont le seul périodique « strictement littéraire » de l'époque, qui ne défend aucune école et ne promeut aucune théorie : « On ne signe des manifestes que lorsqu'on n'est pas capable d'écrire l'œuvre que ces manifestes réclament » (Brenner, « Retour aux évidences », n° 4, février 1956). Sa principale originalité — outre la publication d'inédits de Proust et de Gide, de Mauriac et de Camus — réside dans ses « hommages ». Le premier de cette série est consacré à Thomas Mann (n° 2, octobre 1955) ; les suivants seront des « portraits » d'écrivains : Jean Schlumberger (n° 5, avril 1956), Ionesco (n° 15, hiver 1958), Henri Thomas (n° 23, automne 1960), Angus Wilson (n° 40, hiver 1964) ou de poètes : Jean-Paul Dadelsen (n° 26, été 1961), Armen Lubin (n° 29, été 1962) et Armand Robin (n° 36, hiver 1963). La revue trouve un public grâce à cette orientation s'attachant non à des figures d'avant-garde, mais à des écrivains qui illustrent une certaine tradition littéraire. Deux numéros, consacrés l'un à Cocteau (n° 12, octobre 1957, qui se serait vendu à 12 000 exemplaires), l'autre à Chardonne (n° 13, janvier 1958), suscitant un abondant courrier, la font sortir de la confidentialité, mais pour un temps seulement : ses ventes ne dépasseront pas celles de la *NRF* à ses débuts. Au printemps 1959, une rubrique intitulée « Journal de bord », bloc-notes culturel à plusieurs voix, reconnaissant une « dette envers Mauriac et la revue *Esprit* », diversifie ses centres d'intérêt et renforce sa ligne anticonformiste. Bernard Frank tirera en ces termes les leçons de cette expérience : « Les *Saisons* n'étaient peut-être pas aussi bonnes, aussi nécessaires que beaucoup d'écrivains se sont échinés à le dire, mais elles valaient mieux que leurs ventes et comme toujours que leur fin. » (*Solde*, Flammarion, 1980).

A. Si. — IMEC

Cahiers du Chemin (Les) (1967-1977). Revue fondée à Paris, dirigée par Georges Lambrichs, publiée chez Gallimard. Lancés à la suite de la collection « Le Chemin », publiée depuis 1959 chez le même éditeur et qui accueillait déjà Deguy, Le Clézio et Jean-Loup Trassard, *Les Cahiers du Chemin* ne proposent pas de texte liminaire ni de déclaration collective. La présence de Lambrichs, très discret aux sommaires (sauf pour « Un sujet d'inquiétude » en janvier 1973) et mentionné comme seul directeur de la revue sans comité de rédaction, suffit à en indiquer l'esprit, qui prévaudra encore en septembre 1977 quand Lambrichs, abandonnant *Les Cahiers du Chemin*, devient rédacteur en chef de la *NRF*, « sans coupure ».

Les Cahiers du Chemin se présentent sous la forme de quinze livraisons de format étroit et haut, d'octobre 1967 à avril 1972, puis de quinze autres, d'un format plus large, d'octobre 1972 à avril 1977. L'emploi fréquent des petites capitales, l'extension de la page par la feuille dépliée, l'insertion du papier calque, la liberté dans la disposition des lignes imprimées rendent sensible l'originalité d'une maquette qui ménage une marge gauche plus large pour la partie critique que pour les textes de création. Le visuel n'est pas exclu : dessins de Le Clézio, de Gaston Chaissac, portrait de René de Solier.

À travers fictions et critiques, une réflexion sur le langage se fait jour, associant les mêmes noms à deux activités, littéraire et critique. La part belle revient aux écrivains en phase de création : la contribution de Raymond Queneau, « Des récits de rêve à foison » (1973), apparaît comme un signe de reconnaissance d'une génération à l'autre. Les poèmes de Michel Deguy, Georges Perros, Jacques Réda, Jude Stéfan élargissent les possibilités des formes fixes. Les textes de voyage (Butor à Angkor ou aux États-Unis, Le Clézio entre Tokyo et Moscou) relèvent d'exercices de rythme plutôt que de la pratique moderniste du compte rendu. Avec Pierre Guyotat, qui ouvre le premier numéro, ou Tony Duvert, la violence sexuelle, liée à une inspiration militante, n'est pas absente des *Cahiers*. Quant à la partie critique, elle est rassemblée, dans les trois premiers numéros, sous le titre « Les hommes de parole » et trouve son aspect définitif en octobre 1970, dans la rubrique « Autrement dit », en fin de sommaire. Georges Perros réfléchit sur Valéry ou George C. Lichtenberg et donne ses « Papiers collés » ; Roger Kempf évoque le double pupitre de Bouvard et Pécuchet. Les contributions linguistiques et poétiques d'Henri Meschonnic sont perçues comme des antidotes à la rhétorique.

B.B. — IMEC

Cahiers du Rhône. Fondés en 1942 par Albert Béguin et Hermann Hauser, des Éditions de la Baconnière (Neuchâtel,

Suisse), cette collection a publié dans trois séries (bleue, blanche, rouge) des essais sur les grands problèmes de l'heure et des textes de poètes résistants ou exilés : Eluard, Aragon, Saint-John Perse, Bernanos. L'entreprise s'est poursuivie après la guerre, en collaboration avec les Éditions du Seuil, contribuant à la reconstruction de l'Europe tout en prônant un esprit de résistance face à « l'idéalisme économico-moral des Américains ». La mort d'Albert Béguin, en 1957, a interrompu la collection.

B.Z.

Cahiers du Sud (Les) (1914-1966). Revue fondée à Marseille sous le titre de *Fortunio*, par Marcel Pagnol et un petit groupe de lycéens marseillais. Elle meurt puis renaît en 1925 sous le titre *Les Cahiers du Sud*, et sous la direction de Jean Ballard. Par ailleurs peseur-juré sur le port de Marseille, Ballard s'entoure d'une petite équipe d'amis proches : Léon-Gabriel Gros, Gabriel Bertin, Camille Brion et Henri Fluchère, avec lesquels il transforme les ambitions et le fonctionnement de ce mensuel qui va connaître une exceptionnelle longévité. En 1924, il rencontre le poète André Gaillard, qui va présenter à l'équipe des *Cahiers* les Carcassonnais René Nelli et Joë Bousquet, qui comptera parmi les grands inspirateurs de la revue.

Afin de financer son imprimeur et ses frais de déplacement, Ballard sollicite des pages de publicité au négoce marseillais, notamment aux compagnies de navigation, aux éditeurs parisiens, à l'Éducation nationale ou à des interlocuteurs privilégiés comme Jeanne Lanvin. La revue n'a pas d'engagement littéraire profondément marqué. Sa rédaction publie pendant l'entre-deux-guerres de nombreux textes d'auteurs étrangers, Miguel Angel Asturias, Alejo Carpentier, Kafka, D.H. Lawrence, Faulkner, Dos Passos, Walter Benjamin, Fernando Pessõa, mais aussi Céline ou Valéry. Simultanément *Les Cahiers du Sud* font circuler un nombre considérable de « premiers textes » (Adamov, Caillois, Chastel et Fondane en 1933, Marguerite Yourcenar en 1936, Jean Cayrol, Armand Robin, Senghor ou Georges-Emmanuel Clancier en 1938). Par ailleurs, à partir d'une idée originale de Georgette Camille, les *Cahiers* élaborent des numéros spéciaux (« Théâtre élisabéthain », 1933 ; « L'Islam et l'Occident » et « Romantisme allemand », 1937 ; « Message de l'Inde » et « Génie d'Oc », 1943 ; « Grands courants de la pensée mathématique », 1947).

Pendant la guerre — après une interruption de quatre mois —, la revue de la zone libre contourne la censure et prend le risque de publier Simone Weil, André Breton et Saint-John Perse. En 1945, Jean Ballard crée un nouveau conseil de rédaction où figurent de plus jeunes collaborateurs comme Jean Tortel et Pierre Guerre. Les *Cahiers* deviennent trimestriels et publient des textes de création. La rédaction met au point une nouvelle formule, les « frontons », sortes de numéros spéciaux en miniature abordant des sujets tels que Victor Segalen, Charles Nodier, les bardes gaulois, l'empire du Milieu ou bien la jeune poésie américaine. Pendant leur dernière décennie, les *Cahiers* contribuent à la carrière d'auteurs comme Char, Gracq, Ponge, Malrieu, Réda et Jaccottet.

→ Alain Paire, *Chronique des Cahiers du Sud 1914-1966*, IMEC Éditions, 1993. — Claire Gruson, *« Les Cahiers du Sud » pendant la Seconde Guerre mondiale (septembre 1939-mai 1945)*, thèse de l'Université de Paris-Sorbonne, 1998.

Al. P. — IMEC

Cahiers libres *(Éditions des)* (1927-1934). Maison fondée à Paris par René Laporte, dans la sillage de la revue *Les Cahiers libres* (deux séries : 1924-1927 et 1930-1931), dirigés à Toulouse par Lucien-Henri Dumas et René Laporte, qui s'emploient à diffuser les textes surréalistes (Breton, Eluard, Tzara, Soupault) et publieront en 1933 deux numéros de la revue *Le Surréalisme au service de la révolution*. Installée à Paris, la maison d'édition accueille des textes d'auteurs aussi différents que Cocteau, Giraudoux, Mac Orlan, Mauriac, Bernanos, Kessel, Morand, Giono ou Green. La politique des Éditions des Cahiers libres consiste à proposer une édition à tirage limité d'un texte original avec, la plupart du temps, un portrait de l'auteur en frontispice. Parmi les moments forts, on retiendra la publication en 1929 d'une correspondance inédite de Rimbaud, une collection d'essais, « Tendances », et des réalisations bibliophiliques de grande qualité, grâce notamment aux illustrateurs (Foujita, Ernst, Dali). En dépit de ces succès, Laporte connaît d'importants problèmes financiers le conduisant en 1934 à céder son fonds à Denoël et Steele, qui en feront une collection.

Exemplaires de la carrière des petites maisons d'édition des années 1920, les Éditions des Cahiers libres sont inséparables de leur animateur, René Laporte (1905-1954), et de ses qualités de discernement et d'ingéniosité. Entré dans les services d'information gouvernementaux à Paris puis en Tunisie, tout en poursuivant ses activités littéraires, il a obtenu le prix Interallié en 1936 pour *Les Chasses de novembre*. Retiré à Antibes durant l'Occupation, il y a accueilli de nombreux écrivains et résistants ; à la Libération, membre du Comité national des écrivains, dont il démissionne rapidement, il connut à nouveau le succès avec une pièce de théâtre, *Federigo*, en 1945.

A.De. — IMEC

Cahiers Renaud-Barrault (Les) (1953-1988). Revue de la Compagnie Renaud-Barrault, fondée par Jean-Louis Barrault à Paris, publiée chez Julliard, puis chez Gallimard à partir de 1965. Le premier éditorial définit les trois missions essentielles de la revue : ouvrir le dialogue avec le public : « c'est pour le public et avec lui que nous travaillons » ; susciter une réflexion sur les œuvres créées par la compagnie ; interroger « les leçons des Maîtres » et favoriser la diffusion de textes dramatiques et d'essais peu connus ou inédits. Le sommaire des *Cahiers* comporte trois volets : un dossier rassemblant commentaires et analyses sur l'œuvre mise en scène par la compagnie ; des documents théoriques souvent inédits (lettres de Copeau à Jouvet, textes d'Artaud, plus tard de Jerzy Grotowski) ; et une rubrique intitulée « Positions et controverses », où s'exprimeront Ionesco, Clavel, Adamov, Malraux. La collection des cent quinze *Cahiers* s'est construite autour de numéros thématiques (Claudel, Giraudoux, Eschyle, Feydeau, Beckett, Schehadé, Kafka ou Artaud, mais aussi « Théâtre irlandais », « Théâtre et télévision », « L'âge d'or espagnol, « Le théâtre des Nations »), qui en font un remarquable outil de travail dans le domaine théâtral. Maurice Clavel, Jacques Lemarchand, Claude Roy, Guy Dumur et Paul-Louis Mignon figurent parmi ses collaborateurs. On relève également des contributions de Roland Barthes, Lucien Goldmann, Jan Kott, Jean Duvignaud.

→ Simone Benmussa, « Une forêt de pages à propos des *Cahiers Renaud-Barrault* », *Les Cahiers de la Comédie-Française*, n° 11, printemps 1994.

N.L. — IMEC

Cahiers vaudois (Les) (1914-1919). En gestation dès 1912, ils furent fondés en 1914 par Paul Budry et Edmond Gilliard, en réaction à l'académisme et à l'art populaire. Les deux fondateurs, entourés de jeunes et brillants intellectuels romands, visaient à créer une revue de culture vivante plaidant pour la liberté en art. Dès 1914 parurent en alternance des *cahiers blancs* (œuvre inédite d'un auteur) et des *cahiers verts* (numéro collectif), abandonnés en 1916. Outre la publication des *Cahiers*, la société organisait des manifestations culturelles. Au fil des mois, la revue fut confrontée à des difficultés financières liées à l'inflation de l'édition pendant la guerre. En août 1919, elle fusionne avec la *Revue romande*. Le dernier numéro indépendant des *Cahiers*, publié en 1920, fut l'« *Histoire du soldat* lue, jouée et dansée » de Ch.-F. Ramuz, qui, considéré par les fondateurs comme leur porte-parole, avait été associé dès le début à l'entreprise. Le premier numéro de la revue est en effet un cahier blanc publiant *Raison d'être* de Ramuz. Dans le premier cahier vert paraissait un article d'Edmond Gilliard, intitulé « De l'usage du mot national et, en particulier, de son sens dans l'expression "littérature nationale" ». Ces deux textes constituent le credo des *Cahiers*, ils définissent le rapport de l'écrivain à la terre vaudoise et la relation qui lie l'écrivain vaudois à la langue française. Les *Cahiers* n'ont pas su se tenir à l'écart des événements de la guerre. Ils ont publié au début de 1915 deux cahiers sur la destruction des villes d'art, Louvain et Reims, sur le ton d'un réquisitoire contre l'Allemagne.

G.R.

Cahuet Albéric (1877-1942). Né en

Corrèze, docteur en droit, avocat, il fut aussi historien, romancier et critique littéraire. Dans *La Liberté au théâtre* (1902), il dénonce la contradiction entre la liberté croissante de la presse et les restrictions imposées au théâtre ; il évoque la figure de Marie Bashkirtseff, dont il fut très proche, dans *Moussia ou la vie et la mort de Marie Bashkirtseff* (1926) et *Moussia et ses amis* (1930), fait revivre des figures du XIXe siècle *(Le Masque aux yeux d'or*, 1924, sur l'évasion du maréchal Bazaine ; *Mademoiselle Milly*, 1928, sur une inspiratrice de Lamartine ; *Sainte-Hélène, petite île*, 1932 ; *Lucile de Chateaubriand*, 1935 ; *Pontcarral*, 1937). Il a publié de nombreux romans (dont *Le Missel d'amour*, 1923 ; *Les Amants du lac*, 1927 ; *Le Manteau de porphyre*, 1929).

D.H.

Caillois Roger (1913-1978). Né le 3 mars 1913 à Reims, il dit avoir gardé de son enfance dans un village de Champagne un goût prononcé pour les objets, les insectes et les sensations de vertige : impressions fortes que n'effacèrent jamais tout à fait les séductions de cette « réalité seconde », la culture imprimée, découverte tardivement. Adolescent, il étonne pourtant par son avidité de tout connaître, qui se nourrit de lectures classiques ou plus secrètes : Lautréamont, Sade, les romantiques allemands..., érudition intrépide volontiers tournée vers « la face nocturne de la nature ». Les années de formation révèlent un adolescent brillant, capable de mener de front ses études et ses premières activités littéraires : au lycée de Reims, il se lie avec Roger Gilbert-Lecomte et le groupe du *Grand Jeu* (1926-1929) ; à Louis-le-Grand (1929-1932) il suit la classe de philosophie et prépare le concours de l'École normale supérieure tout en fréquentant Breton et les surréalistes : en précoce contempteur de la littérature affichant son mépris des « impostures » intellectuelles et affectives, il participe aux réunions, recherches et publications du groupe. Admis à l'École normale (1933), il passe l'agrégation de grammaire (1936) mais s'intéresse davantage à la sociologie du sacré et à la mythologie comparée. L'enseignement de Mauss et de Dumézil l'influence de façon décisive ; le jeune intellectuel ambitionne de rompre avec toute élaboration esthétique et littéraire pour jeter les bases d'une *phénoménologie de l'imaginaire*. Ce projet d'envergure, au centre d'un ouvrage resté inédit (*La Nécessité d'esprit*, posth., 1981), oriente dès lors ses recherches vers l'identification d'« idéogrammes lyriques » tels ces *Démons de midi* auxquels il consacre un mémoire (posth., 1991) ou encore *La Mante religieuse*, étudiée dans ses correspondances avec l'archétype de la femme fatale (essai publié dans la revue *Minotaure*, 1934). Pareille exigence d'une exploration *rationnelle* des replis de l'imagination devait tôt ou tard se heurter aux convictions de Breton, avant tout soucieux d'*émerveillement* : la rupture avec le surréalisme fut consommée en 1935, et Caillois s'en expliqua dans un virulent *Procès intellectuel de l'art*.

Il se tourne alors vers un courant intellectuel marqué par la rigueur scientifique propre à l'ethnologie et à la sociologie, et cependant en réaction contre les idéologies qui tentent d'expliquer les faits sociaux par les seuls mécanismes économiques en négligeant leur dimension irrationnelle. Il retrouve des écrivains en marge du surréalisme (Aragon, Bataille, Leiris, Monnerot, Tzara), participe à la fondation de l'éphémère revue *Inquisitions*, à celle du Collège de Sociologie et au groupe *Acéphale* (1936). Ses travaux se distinguent pourtant par leur originalité : pour lui, la notion de *sacré* est avant tout un principe d'explication des faits sociaux et des représentations collectives, et non un absolu mystique comme pour Bataille ; traquant les correspondances entre pathologie mentale, éthologie animale et mythologies, il cherche à établir une secrète continuité entre l'organisation intérieure du psychisme humain et l'architecture de l'univers (« l'homme n'est un cas particulier que pour lui-même »), amplifiant son étude emblématique sur la mante religieuse par un essai plus vaste, *Le Mythe et l'homme* (1938), bientôt suivi par *L'Homme et le sacré* (1939).

La guerre de 1939-1945 vient bouleverser ces certitudes intellectuelles. Lorsqu'elle éclate, Caillois se trouve en Argentine, invité par Victoria Ocampo, figure dominante des lettres de son pays avec qui il vit une passion orageuse. Dans l'impossibilité de rentrer en France, il déploie une intense activité littéraire : il fonde l'Institut français de Buenos Aires (1941), puis la revue *Les Lettres françaises*, à laquelle collaborent de prestigieuses signatures (Bernanos, Breton, Supervielle, Saint-John Perse) ; il publie un essai sur — et parfois contre — le genre romanesque, *Puissances du roman* (1942) ; il rencontre les grands écrivains sud-américains (Borges, Asturias, Neruda...), qu'il fera connaître en France après la guerre en créant la collection La Croix du Sud chez Gallimard (1948).

Ces années argentines constituèrent une période d'interrogations, sinon de ruptures. Les ambitions intellectuelles, devenues comme dérisoires devant le déferlement de la violence en Europe, font place en lui à des sentiments de patriotisme et d'humilité, et à une exigence éthique sensible dans *La Communion des forts* (1943) et la méditation néo-stoïcienne du *Rocher de Sisyphe* (1942). La nature souveraine et les paysages désertiques d'Amérique du Sud l'impressionnent aussi vivement : leur pérennité, comparée à la fragilité des sociétés humaines, lui inspire de graves méditations, qu'il exprime en un lyrisme sobre (*Patagonie*, 1942). Ainsi s'esquisse une confiance nouvelle dans le pouvoir civilisateur de la littérature, qui passe par l'adoption de nouveaux modèles (Montesquieu, Valéry, Saint-Exupéry) et se traduit par l'énonciation d'une poétique rigoureuse, parfois inquisitoriale (*Les Impostures de la poésie*, 1944 ; *Vocabulaire esthétique*, 1946 ; *Babel*, 1948).

À son retour en France (1945), Caillois prend part à la direction de revues, entre au comité de lecture des Éditions Gallimard, se consacre brièvement à l'enseignement (qu'il déteste). Sans doute par nostalgie de l'Argentine (voir *Espace américain*, 1949), il choisit de faire carrière dans les institutions internationales : en 1948, il entre à l'UNESCO, où il sera chargé du « programme de traduction d'œuvres représentatives » jusqu'en 1971. Une mission de mise en valeur des cultures universelles qui ne l'empêcha pas, en 1954, d'opposer au relativisme de Lévi-Strauss une apologie de la civilisation occidentale... Son existence, dès lors, est rythmée par les publications et les voyages ; passionné de sciences naturelles, il enrichit ses collections d'insectes, de curiosités et d'« objets-sorciers » ; sa passion pour les minéraux naît au début des années 1950. Autant de découvertes qui fécondent sa pensée et lui inspirent des rapprochements entre différents niveaux d'organisation de la matière, où il reconnaît la cohérence d'un univers dont les formes sont en nombre fini. Pour traquer ces récurrences et leur apporter une explication rationnelle (comme dans le cas du mimétisme animal : voir *Méduse et Cie*, 1960), il invente le concept de *sciences diagonales* ; la revue *Diogène*, qu'il fonde en 1952, est vouée à ce vaste champ d'exploration. Parallèlement, ce principe d'analyse des formes naturelles étendu aux productions artistiques le conduit à jeter les bases d'une *Esthétique généralisée* (1962), prolongée plus tard par de subtiles réflexions sur *La Dissymétrie* (1973).

Les années 1950-1970 voient ainsi l'épanouissement de ses principales curiosités : désir encyclopédique de classification des savoirs (*Les Jeux et les hommes*, 1958), méditation sur la poésie, ses règles et ses fins (*Poétique de Saint-John Perse*, 1954 ; *Art poétique*, 1958), fascination pour l'art fantastique et les images insolites (*Au cœur du fantastique*, 1965 ; *Images, images...*, 1966), réflexions sociologiques sur la place du vertige dans la civilisation (*Bellone ou la pente de la guerre*, 1963 ; *Instincts et société*, 1964), exploration des logiques de l'imaginaire, avec l'idée que « substances et songe empruntent des itinéraires distants, mais analogues » (*La Pieuvre*, 1973 ; *Récurrences dérobées*, 1978). En marge de ces nombreux essais, Caillois s'aventure même dans un genre littéraire qu'il condamnait : la fiction, avec une fable sur la religion (*Ponce Pilate*, 1960), un récit fantastique à tonalité autobiographique (*Récit du délogé* paru dans *Le Nouveau Commerce*, 1965) et quelques rêveries où l'imaginaire se plie à des apparences de logique comme le délicieux *Guide du XVe arrondissement à l'usage des fantômes* (1977). Il se tourne aussi vers une forme de poésie épurée dans son « cycle des pierres », ensemble de descriptions, songeries et méditations rigoureuses sur les formes minérales et les charmes secrets de l'aridité : *Pierres* (1966), *L'Écriture des pierres* (1970), *Pierres réfléchies* (1975), *Trois Leçons des ténèbres* (1978). D'ouvrage en ouvrage on admire un peu plus l'acuité du style, la sobriété du ton et la gravité des réflexions induites par une « mystique matérialiste ».

Ces ambitions littéraires désormais assumées apportent avec elles les honneurs (élection à l'Académie française, 1971) et le désir du retour sur soi. Caillois réunit alors l'essentiel de ses essais en quelques recueils qu'il prend soin de mettre en perspective par d'importantes préfaces : un autoportrait fragmenté se dessine ainsi au fil de *Cases d'un échiquier* (1970 ; études dans le domaine des « sciences diagonales »), *Approches de l'imaginaire* (1974), *Cohérences aventureuses* (1976 ; essais d'« esthétique généralisée ») et *Approches de la poésie* (1978). Restait à ordonner rétrospectivement cet itinéraire intellectuel : ce furent les confidences du *Fleuve Alphée* (1978), où le style se fit dense, précis, limpide à l'extrême ; la rigueur de l'essayiste s'y trouvait enrichie d'une touche personnelle particulièrement émouvante. Dominé par le sentiment de la vanité des livres, du caractère éphémère de l'espèce humaine et de la fragilité dérisoire des constructions intellectuelles, Caillois y laisse chanter une mélancolie généreuse éclairée par quelques « embellies de l'âme », bonheurs contemplatifs dont les minéraux sont les objets privilégiés. Le livre se clôt en évoquant la disparition acceptée de son auteur dans l'univers dont il a entrevu la cohérence secrète ; comme le mythique fleuve Alphée se jette dans la mer, la traverse et la quitte pour redevenir fleuve, Caillois dit son attente d'« une source inverse, qui éponge ». Il meurt peu après d'une hémorragie cérébrale, le 21 décembre 1978.

ŒUVRES. — Publiées par Gallimard, sauf indication contraire. Les premières publications d'études reprises en recueil ne sont pas signalées : *Le Mythe et l'homme*, 1938, rééd. 1972. — *L'Homme et le sacré*, 1939, rééd. 1963. — *Le Rocher de Sisyphe*, 1945. — *Circonstancielles*, 1946. — *Babel*, 1948. — *L'Incertitude qui vient des rêves*, 1956. — *Les Jeux et les hommes*, 1958. — *Méduse et Cie*, 1960. — *Ponce Pilate*, 1961. — *Bellone ou la pente de la guerre*, Bruxelles, La Renaissance du livre, 1963. — *Instincts et société*, Gonthier, 1964. — *Pierres*, 1966. — *Cases d'un échiquier*, 1970. — *L'Écriture des pierres*, Genève, Skira, 1970. — *La Pieuvre*, La Table ronde, 1973. — *Approches de l'imaginaire*, 1974. — *Obliques* précédé de *Images, images...*, Stock, 1975. — *Pierres réfléchies*, 1975. — *Cohérences aventureuses*, 1976. — *Petit Guide du XVe arrondissement à l'usage des fantômes*, Fata Morgana, 1977. — *Le Fleuve Alphée*, 1978. — *Trois leçons des ténèbres*, Fata Morgana, 1978. — *Rencontres*, PUF, 1978. — *Récurrences dérobées*, Hermann, 1978. — *Approches de la poésie*, 1978. — *La Nécessité d'esprit*, 1981. — Publication posthume de textes rares ou inédits, chez Fata Morgana : *Les Démons de midi*, 1991. — *Le Mythe de la licorne*, 1991. — *Naissance de Lucifer*, 1992. — *La Chute des corps*, 1995.

→ *La Nouvelle Revue française*, nº 320, septembre 1979. — *Cahiers pour un temps*, Centre Pompidou-Pandora, 1981. — *Roger Caillois ou la traversée des savoirs*, *Sud*, nº hors série, 1981. — *Les Cahiers de Chronos*, éd. Jean-Clarence Lambert, La Différence, 1991. — Jeannine Worms, *Entretiens avec Roger Caillois*, La Différence, 1991. — *Roger Caillois, la pensée aventurée*, éd. Laurent Jenny, Belin, 1992. — Odile Felgine, *Roger Caillois*, Stock, 1994. — *Correspondance Saint-John Perse – Roger Caillois*, éd. Joëlle Gardes-Tamine, Gallimard, 1996. — *Correspondance Roger Caillois – Victoria Ocampo*, éd. Odile Felgine, Stock, 1997.

B.Do.

Calaferte Louis (1928-1994). Né à Turin, le 14 juillet 1928, fils d'un maçon italien qui émigre à Lyon, il gagne Paris à dix-sept ans. Il n'est riche alors que d'une expérience précoce de la zone, avec sa misère et sa violence. *Requiem des innocents* (1952), puis *Septentrion* (1963) dressent un tableau convulsif, d'une noirceur et d'une crudité exacerbées, de sa jeunesse difficile. Déçu par le milieu littéraire parisien, il suit de loin l'échec de *Septentrion*, taxé de pornographie et condamné à ne paraître qu'en édition hors commerce. Après plusieurs années en région lyonnaise, il se retire en compagnie de sa femme, Guillemette, dans un village bourguignon, poursuivant dans un isolement volontaire un travail littéraire qu'il définit comme une « autobiographie symbolique ». Récits, théâtre, poèmes ou écrits intimes participent de la même entreprise d'introspection. Matrice et miroir de l'œuvre, ses *Carnets* témoignent des cheminements de l'auteur : proximité des grands moralistes et diaristes, dégoût de l'homme et du siècle, foi d'un révolté qui se déclare « anarchiste chrétien ». La famille, la société, l'amour sont autant de pièges mortels pour les pâles héros des récits réunis dans *Ébauche d'un autoportrait* (1983) ou *Memento mori* (1988). L'érotisme est décliné avec délicatesse *(Rosa mystica*, 1968), cruauté *(Épisodes de la vie des mantes religieuses*, 1976) ou obscénité *(La Mécanique des femmes*, 1992). La rigueur et l'intensité de la démarche intellectuelle de Calaferte trouvent un écho dans le dépouillement progressif de son style. Au lyrisme tumultueux des premiers récits succède « le ton glacial et coupant du simple constat, du rapport d'huissier » (Maurice Nadeau). La précision, le phrasé long et sinueux accentuent le caractère oppressant du sujet. Les fragments autobiographiques de *C'est la guerre* (1993) présentent l'exemple le plus achevé d'un expressionnisme lapidaire, préfiguré dans les *Carnets*. Les motifs obsessionnels de l'angoisse, de la solitude, de la maladie et de la mort, la rage froide et le « sens aigu du tragique dérisoire » qui animent les récits, se retrouvent dans son théâtre, nuancés d'une dimension comique, clé probable du succès de *Chez les Titch* (1971), *Les Mandibules* (1975) ou *Les Derniers Devoirs* (1981). Les œuvres dramatiques ont fait l'objet d'une édition complète distinguant *Pièces intimistes* et *Pièces baroques*. Louis Calaferte a reçu, en 1992, le grand prix national des Lettres. Il est mort à Dijon le 2 mai 1994.

ŒUVRES. — **Récits** : principalement chez Denoël. — *Requiem des innocents*, 1952. — *Partage des vivants*, 1953. — *Septentrion*, 1963. — *No Man's Land*, 1963. — *Satori*, 1968. — *Rosa mystica*, 1968. — *Portrait de l'enfant*, 1969. — *Hinterland*, 1971. — *Limitrophe*, 1972. — *La Vie parallèle*, 1974. — *Épisodes de la vie des mantes religieuses*, 1976. — *Campagnes*, 1979. — *Ébauche d'un autoportrait*, 1983. — *Promenade dans un parc*, 1987. — *L'Incarnation*, 1987. — *Memento mori*, 1988. — *La Mécanique des femmes*, 1992. — *C'est la guerre*, 1993. — *Le Monologue*, 1996. **Théâtre** (aux Éditions Hesse) : *Pièces intimistes*, 1993 (réunit *Trafic*, 1965 ; *Chez les Titch*, 1971 ; *Les Miettes*, 1974 ; *Mo*, 1976 ; *Tu as bien fait de venir, Paul*, 1978 ; *L'Entonnoir*, 1981 ; *Les Derniers Devoirs*, 1981 ; *L'Aquarium*, 1985). — *Pièces baroques*, 1994 (réunit *Mégaphonie*, 1963 ; *Black-out*, 1974, 1977 ; *Les Mandibules*, 1975 ; *L'Amour des mots*, 1977 ; *Opéra bleu*, 1977 ; *Les Veufs*, 1977, 1985 ; *Clap*, 1977, 1986 ; *Le Roi Victor*, 1981 ; *La Bataille de Waterloo*, 1982 ; *Aux armes, citoyens !*, 1985 ; *Le Serment d'Hippocrate*, 1985 ; *Une souris grise*, 1985 ; *Un riche, trois pauvres*, 1986 ; *Les Oiseaux*, 1989 ; *Le Délinquant*, 1993). — **Poésie** : *Ragtime*, 1972. — *Paraphe*, 1974. — *Londoniennes*, 1975. — *Décalcomanies*, 1987. — *A.B.C.D.*, 1987. — *Nuit close*, 1988. — *Télégramme de nuit*, 1988. — *Danse découpage*, 1989. — *Haikai du jardin*, 1991. — *Faire-part*, 1991. — *Fruits*, 1992. — *Les Métamorphoses du revolver*, 1993. — *L'Arbre à sanglots*, 1993. — *Bilboquet*, 1993. — *Petit Dictionnaire à manivelle*, 1993. — *Nativité*, 1994. — *Ton nom est sexe*, 1994. — *Bazar narcotique*, 1995. — *Cerf-volant*, 1995. — *Colin-maillard*, 1995. — *Diabolo*, 1995. — *Ouroboros*, 1995. — *Une allumette prend feu, pisschtt*, 1995. — *Voyage stellaire*, 1995. — *Balcon tropical*, 1996. — *Chants d'un autre monde*, 1996. — *Chiffres*, 1996. — *Droguerie du ciel*, 1996. — *En voiture, s'il vous plaît*, 1996. — *Greffes du temps*, 1996. — *Non-lieu*, 1996. — *Pile ou face*, 1996. — **Carnets** (chez Denoël ou chez Gallimard) : *Le Chemin de Sion 1956-1967*, 1980. — *L'Or et le plomb 1968-1973*, 1981. — *Lignes intérieures 1974-1977*, 1985. — *Le Spectateur immobile 1978-1979*, 1990. — *Miroir de Janus 1980-1981*, 1993. — *Rapports 1982*, 1996. — *Étapes 1983*, 1997. — **Essais** : *Les Sables du temps*, 1988. — *Droit de cité*, 1992. — *L'Homme vivant*, 1994. — *Perspectives*, 1994. — *Art-Signal*, 1996. — **Entretiens** : *Une vie, une déflagration : entretiens avec Patrick Amine*, 1985. — *L'Aventure intérieure : entretiens avec Jean-Pierre Pauty*, 1994. — *Aube Magazine*, nº 53, 1995.

O.M.

Calamaris Nikos (1907-1988). Dès 1938, il signe ses écrits en langue étrangère N. Calas, ses poèmes grecs Nikitas Randos, et ses textes théoriques M. Spiéros. Né à Lausanne dans une famille de la haute bourgeoisie, il vit à Athènes jusqu'en 1934. En 1933 paraît sa première plaquette, *Poèmes*, signée Nikitas Randos, d'un sensualisme violent. Il y prend parti contre les poètes décadents de l'époque. Communiste militant et ennemi de l'hypocrisie bourgeoise, il se révèle dans ses *Cahiers de poésie* (1933-1936) l'unique voix poétique d'avant-garde qui s'engage dans une lutte sociale analogue à celle des futuristes russes. Lors d'un long séjour à Paris (1937-1939), il publie un recueil d'essais écrits en français, *Foyers d'incendie* (1938). Après un court séjour à Lisbonne, il s'installe définitivement à New York en 1940. Peu après la publication d'un recueil d'essais écrits en anglais, *Confound the Wise* (1942), il obtient la nationalité américaine et enseigne à l'université de New Jersey. Directeur de plusieurs anthologies d'art et de poésie, collaborateur à de nombreuses revues, traducteur en grec de T.S. Eliot, de Mirsky, de E.L. Masters et d'Aragon, il fait paraître *Rue Nikitas Randos* en 1977 à Athènes, signé N. Calas, qui rassemble tous ses poèmes de la période 1933-1977. Il a publié ses textes théoriques grecs sous le titre *Textes de poétique et d'esthétique* (1982).

A.Vl.

Calet Henri (1904-1956), pseudonyme de Raymond Barthelmess. Né à Paris le 3 mars 1904. Son père, rejeton d'une famille en déclin qui avait eu son heure de prospérité, vit de divers petits métiers, à la frontière de la légalité, vagabonde à travers les pays limitrophes de la France et professe des opinions libertaires. Sa mère, d'origine flamande, a abandonné une famille soucieuse de respectabilité pour une vie aventureuse dans les cercles anarchistes parisiens. Toute l'enfance de Calet se déroule au milieu du petit peuple de Paris, dans les divers quartiers où le hasard et les revers de fortune de ses parents le conduisent. Marqué à jamais par les vicissitudes d'une existence difficile, il y a puisé la matière et le ton d'un grand nombre de ses récits. Dans son premier roman, *La Belle Lurette* (1935), publié par Jean Paulhan, il évoque de façon à peine détournée et avec une âpre simplicité son enfance et son adolescence. De *Fièvre des polders* et *Le Mérinos* (1937) à *Un grand voyage* (1952), en passant par *Le Bouquet* (1945), où il prend pour thème sa drôle de guerre, sa captivité et son évasion pendant la Deuxième Guerre, les échanges sont nombreux entre la fiction romanesque et la vie personnelle, ce que confirme *Peau d'ours* (1958), notes en vue d'un roman auquel il travaillait au moment de sa mort. Le récit, souvent écrit à la première personne, se présente ainsi comme un moyen approprié pour ressaisir le cours de sa vie et en apaiser les tensions.

Paris — ses transformations successives, ses arrondissements, riches ou pauvres, élégants ou populaires — est également l'objet, d'un bout à l'autre de l'œuvre, d'une fascination particulière. Habitant du XIVe arrondissement, Calet n'a de cesse d'explorer son territoire et ses alentours, de faire surgir à chacun de ses pas des anecdotes et des souvenirs qui tracent insensiblement le portrait d'un homme et d'un lieu devenus indissociables. *Le Tout sur le tout* (1948), livre d'un « genre hybride », de l'aveu même de l'auteur, ni autobiographie ni roman, illustre l'accomplissement d'un style qui ne néglige jamais les ressources de l'humour pour dire les détresses et les chocs de la vie. *Les Grandes Largeurs* (1954), au sous-titre évocateur de « Balades parisiennes », prolonge cette inspiration, tandis que d'autres textes optent pour un exotisme prudent et relatent des évasions hors de Paris, pleines d'imprévu et de secrets ravissements. Ainsi des deux journaux de voyage : *Rêver à la Suisse* (1948) et *L'Italie à la paresseuse* (1950), dans lesquels Calet déjoue les attentes du lecteur en proposant une vision singulière de ses pérégrinations touristiques : tournant le dos aux beautés officielles, montagnes de la Suisse et antiquités de Rome, il porte son attention sur maints détails ou inventions pratiques qui lui semblent plus aptes à révéler l'esprit des lieux, ou son propre état d'esprit.

Comme journaliste, notamment à *Combat* et *Terre des Hommes*, après la Libération, Calet manifeste le même goût pour l'anecdote révélatrice et riche de sens. Nombre de ses articles ont été rassemblés après sa mort dans *Contre l'oubli* (1956) et *Acteur et témoin* (1959). Il s'y montre sensible aux drames et aux misères de l'après-guerre. Dans quatre textes majeurs publiés en 1946 et intitulés *Les Survivants de Fresnes*, il part à la recherche de quelques rescapés des camps de concentration, et son enquête, d'une pudeur et d'une force poignantes, est un témoignage contre l'oubli. Cette activité d'enquêteur prend parfois un tour plus enjoué : aussitôt présentée, dans *Les Deux Bouts* (1954), son exploration familière du « petit monde », Calet part à la découverte du « grand monde », c'est-à-dire d'une réalité exotique en plein Paris, et nous livre, dans *Le Croquant indiscret*

(1955), avec une tranquille ironie, le résultat de ses investigations. Henri Calet meurt à Vence le 14 juillet 1956 en laissant une œuvre en cours qui se conclut involontairement par ces mots : « Ne me secouez pas. Je suis plein de larmes. »

ŒUVRES. — Chez Gallimard. *La Belle Lurette* (1935). — *Le Mérinos* (1937). — *Fièvre des polders* (1937). — *Le Bouquet* (1945). — *Le Tout sur le tout* (1948). — *L'Italie à la paresseuse* (1950). — *Monsieur Paul* (1950). — *Un grand voyage* (1952). — *Les Deux Bouts* (1954). — *Les Grandes Largeurs* (1954). — *Peau d'ours* (1958).

H.F.

calligramme. Pendant un demi-siècle, on a crédité Apollinaire de l'invention d'un nouveau genre d'écriture poétique, les *Calligrammes* (1918). Depuis la publication de l'ouvrage de Massin, *La Lettre et l'image* (Gallimard, 1970), on ne cesse de lui trouver des précurseurs qui font remonter le genre jusqu'aux Grecs. C'est le recueil des *Idylles* de Théocrite qui contient les premiers « vers figurés » connus, cinq pièces représentant *La Syrinx* (attribuée à Théocrite) : *L'Autel* (de Dosiade), *Les Ailes*, *La Hache* et *L'Œuf* (attribués à Simias de Rhodes). Les Latins, pour leur part, ont inventé le « poème-grille », en forme de carré parfait (autant de vers que de lettres), promis à un bel avenir. Le manuscrit de Raban Maur, né à Mayence au VIIIe siècle, *De laudibus sanctae crucis* (« À la louange de la croix »), combine poèmes-grilles et vers figurés : les personnages représentés (roi, Christ, anges et séraphins, les quatre évangélistes et l'auteur) se détachent comme en filigrane de la page par des rehauts de rouge : l'image est le produit du texte et fait corps avec lui, ce qui est la définition la plus exacte du genre. Ce recueil est aussi le premier livre de calligrammes imprimé, en 1503, à Pforzheim.

Deux catalogues d'exposition, l'un allemand, *Le Texte figuré : la poésie visuelle de l'antiquité à nos jours*, l'autre français, dont le titre indique l'enjeu, *Poésure et peintrie*, ont repris savammant le dossier. Ces deux ouvrages ajoutent de nouveaux exemples de poèmes figurés et formulent explicitement des critères de définition du calligramme : texte et figure doivent être indissociables, l'auteur étant l'inventeur à la fois des vers et de la forme du poème, ceci pour le distinguer des innombrables exercices de virtuosité calligraphique consistant à découper un texte donné sur le modèle du référent, cavalier ou tour Eiffel par exemple. Michel Foucault a démonté le mécanisme du poème figuré qui est au croisement de deux plans : « Le calligramme ne dit et ne représente jamais en même temps ». Écriture et dessin se masquent réciproquement, comme le visible et l'invisible dans un tableau de Magritte. Le déchiffrement du texte prend évidemment plus de temps que la reconnaissance de la figure à laquelle s'arrête en général le « lecteur ».

Le plus célèbre calligramme de la langue française est la Dive bouteille au *Cinquième Livre* de Rabelais, qui accompagne d'ailleurs un autre poème moins visible, en forme de coupe. L'autre référence canonique qui inaugure l'art abstrait est le fameux *Coup de dés* de Mallarmé, qui reste toujours visuellement indéchiffrable malgré le nombre d'interprétations. L'art du calligramme est beaucoup plus répandu et familier chez les Allemands et les Anglo-saxons, où il représente à la fois une forme d'avant-garde (chez E.E. Cummings, par exemple) et une pratique conviviale et ludique. L'autre tendance de la poésie moderne avec laquelle il ne faut pas le confondre est le *lettrisme* ou le *bruitisme*. On peut en outre distinguer une forme « virtuelle » ou cachée du calligramme, dont voici deux exemples contrastés : un calligramme de poche, en guise de signature, chez Valère Novarina : « Je un », où le vertige de l'identité, mis à nu, dévoile les initiales de l'auteur (U/V + N) ; ou à l'inverse un livre-objet conceptuel : la *Description de San Marco* de Michel Butor, pseudo-guide touristique où le lecteur finit par construire, sous la conduite de l'auteur, une maquette imaginaire en forme de plan-relief : basilique miniature à poser sur sa table de nuit.

→ Michel Foucault, *Ceci n'est pas une pipe*, Montpellier, Fata Morgana, 1973. — J. Adler et V. Ernst, *Text als Figur : visuelle Poesie in der Antike bis zur Moderne*, Weinheim, 1988. — *Poésure et peintrie*, exposition du Musée de la Charité de Marseille, Réunion des musées nationaux, 1993.

J.-C.L.

Calmann-Lévy *(Éditions)*. Maison fondée en 1836 par Simon Lévy, colporteur alsacien venu faire fortune à Paris, premier d'une longue dynastie d'éditeurs. De ses trois fils, Calmann, Nathan et Michel, ce dernier, le plus jeune, devait faire du cabinet de lecture situé rue Marie-Stuart la prestigieuse maison installée, depuis 1871, 3, rue Auber. « Je veux qu'avant dix ans, on attende un livre avec une impatience aussi impérieuse que s'il s'agissait de dîner quand on a faim » : ces propos de Michel Lévy, acteur de vocation, reflètent sa personnalité volontariste. En 1841, il fonde la Librairie Michel frères, qui offre un fonds important de littérature dramatique. En 1845, il s'associe avec ses frères pour fonder la maison Michel Lévy frères, libraires éditeurs, dont la production se diversifie : ils créent en 1846 la « Bibliothèque dramatique », qui accueille Labiche, et plus tard Dumas, Hugo, Meilhac et Halévy. Ils publient la même année *Salon de 1846* de Baudelaire.

Michel Lévy prend conscience très tôt de l'émergence d'un nouveau public, plus populaire, pour les œuvres littéraires : en 1856, il crée la « Collection Michel Lévy », qui propose pour un franc un « choix des meilleurs ouvrages contemporains », et lui assure la prééminence dans le domaine du livre bon marché. Des événements éditoriaux tels que *Madame Bovary* (1856), les *Nouveaux Lundis* de Sainte-Beuve (1862) ou la *Vie de Jésus*, qui révèle Ernest Renan en 1863, traduisent la volonté d'ouverture à l'évolution littéraire. Parallèlement, la publication d'essais historiques et politiques, ceux de Louis-Philippe aussi bien que ceux de Louis Blanc, Michelet ou Tocqueville (*L'Ancien Régime et la Révolution*, 1856), ajoute à son champ d'activité le domaine des sciences humaines. Une autre caractéristique de la maison, qui, en 1860, prend le nom de Librairie Michel frères, réside dans son intérêt pour la littérature étrangère, en particulier européenne : les œuvres de Henri Heine sont publiées pour la première fois en français, à côté de celles d'Edgar Poe traduites par Baudelaire (1863), des sonnets de Shakespeare, des poèmes de Byron ou des romans de Dickens. À la mort de Michel Lévy, en 1875, la maison jouit d'un prestige dont témoignent à la fois la série des « Œuvres complètes » (Stendhal, Dumas, Vigny, Nerval, Sand, Mérimée, Lamartine, Balzac), la « Nouvelle Collection Michel Lévy » à un franc qui, en 1869, réédite *Les Fleurs du mal* et publie *L'Éducation sentimentale*, et la « Bibliothèque contemporaine », consacrée aux essais historiques ou politiques.

Devenue en 1876 la société Calmann-Lévy, la maison continue de prospérer, sous la houlette du frère de Michel, Calmann, homme d'affaires talentueux, qui sera célébré, à sa mort en 1891, par Anatole France comme « le bon ministre des lettres ». Villiers de L'Isle-Adam, Loti, France, Daudet, D'Annunzio et surtout Proust, dont le premier ouvrage, *Les Plaisirs et les jours*, est publié en 1891, assurent sa réputation. Les fils de Calmann-Lévy, Paul, cofondateur avec Anatole France de la *Revue de Paris*, Georges et Gaston, assureront successivement la direction, jusqu'à l'aryanisation de la maison sous l'Occupation allemande, en 1942 : Gaston Calmann-Lévy est interné en 1943, ses fils Robert et Pierre quittent la France pour Londres.

À la Libération, Robert Calmann-Lévy, petit-fils de Calmann, reprend jusqu'à sa mort en 1982 la direction de la maison, et lui donne un nouvel essor. Des personnalités de l'après-guerre prennent la tête de collections qui renouvellent l'activité éditoriale dans la fidélité à l'esprit des fondateurs. Raymond Aron fonde en 1947 la collection « Liberté de l'esprit », où paraissent les œuvres d'auteurs qui « manifestent une méfiance à l'égard de toutes les formes d'idéologie, tout en s'intéressant à la chose politique » : on y rencontre Jules Isaac, Bertrand de Jouvenel, Arthur Koestler (*Le Zéro et l'infini*, 1946), Vaclav Havel. Dans le domaine de la littérature étrangère, Manès Sperber crée en 1946 « Traduit de... », une collection où figurent Joseph Roth, Richard Wright, Anne Frank, Patricia Highsmith, Knut Hamsun, Herman Hesse. Enfin, comme en hommage à la tradition familiale des fondateurs, la collection « Diaspora », dirigée par Roger Errera, fait place aux mille manières d'être et de se dire juif.

La littérature française, en particulier le roman, a conservé sa place dans les publications de la maison Calmann-Lévy, sous la conduite de différents conseillers, parmi lesquels Alain Bosquet et Roger Vrigny. Les premiers ouvrages de Claude Simon *(Le Sacre du printemps, Gulliver)*, de Romain Gary, de Suzanne Prou (1973, prix Renaudot), de Pascal Quignard *(La Rhétorique spéculative)*, d'Alain Absire, de Jean-François Kervéan (*La Folie du moment*, 1994, prix du Premier Roman) illustrent la diversité des publications en ce domaine. D'une manière générale, l'évolution des Éditions Calmann-Lévy dans l'après-guerre manifeste un souci de diversification et d'adaptation. La psychanalyse (la collection « Le Passé recomposé »), l'économie, les sciences et techniques, les documents d'actualité, les guides pratiques, font leur entrée dans le catalogue. Dans les années 1980, les ouvrages de philosophie politique (Norbert Élias, Karl Popper) et les publications conjointes avec la Fondation Saint-Simon (dans la collection dirigée par Pierre Rosanvallon), poursuivent l'œuvre entreprise par Raymond Aron, avec François Furet (*Le Passé d'une illusion*, 1994) ou Jacques Julliard.

À la mort de Robert Calmann-Lévy en 1982, son neveu Alain Oulman prend sa succession aux côtés de Jean-Étienne Cohen-Séat, « quatrième président en cent-cinquante-huit ans, et premier étranger [à la famille] », qui assure jusqu'en 1996, avec Olivier Nora, la direction de la maison. Entrées en 1993 dans le groupe Hachette, les Éditions Calmann-Lévy ont accueilli en 1992 l'éditrice Maren Sell et sa « Petite Bibliothèque européenne », où paraissent en coédition des œuvres de Goethe, Herta Müller, Hugo Claus, Andrée Chedid, Lou-Andréas Salomé. En novembre 1996, Olivier Nora est devenu Président-directeur général de la maison de la rue Auber.

→ Jean-Yves Mollier, *Michel et Calmann-Lévy ou la naissance de l'édition moderne 1836-1891*, Calmann-Lévy, 1984 ; *L'Argent et les Lettres*, Fayard, 1988.

A.W. — IMEC

Cami Pierre (1884-1958). Né le 20 juin 1884 à Pau, après avoir échoué au concours du Conservatoire en 1903, il devient comédien au théâtre de l'Odéon à Paris avant de présenter un numéro comique au *Little Palace*. Son originalité, par opposition aux fantaisistes de l'époque, consiste à composer un personnage terne, lugubre, qui débite ses histoires sans rire. Peu à peu, il écrit ses propres textes. En 1910, il devient journaliste, et fonde *Le Petit Corbillard illustré*, « organe corporatif et humoristique des pompes funèbres ». Engagé l'année suivante par Reboux et Muller au *Journal*, il y tient la rubrique hebdomadaire de « La vie drôle », créée par Alphonse Allais, jusqu'en 1934. Il collabore à de très nombreux périodiques, dont *Fantasio*, *Le Rire*, *L'Illustration*, où il rédige la « Semaine camique ». Son premier recueil, *Pour lire sous la douche*, paraît en 1913 chez Ollendorff. Les suivants se succèdent à un rythme rapide. Infatigable conteur, dramaturge, scénariste, illustrateur, il publie une cinquantaine d'ouvrages, dont *L'Homme à la tête d'épingle* (Flammarion, 1914), *Le Fils des trois mousquetaires* (Crès, 1919), *Les Exploits galants du baron de Crac* (Grasset, 1925), *Les Aventures de Loufock Holmes* (Flammarion, 1926), *La Famille Rikiki* (Hachette, 1928), *Les Chevaliers du gai, roman de jaquette et d'épée* (Baudinière, 1935), *Quand j'étais jeune fille, mémoires d'un gendarme* (Baudinière, 1937). Ses œuvres se présentent fréquemment comme des recueils de saynètes ou des « romans dialogués » : les personnages décrivent les événements au moment même où ils se déroulent, ou se les racontent mutuellement alors qu'ils viennent de les vivre, ce qui ajoute à leur effet loufoque. Intarissable inventeur de situations extravagantes, de calembours énormes, de machines délirantes, il crée des personnages qui, comme ceux d'Homère, sont présentés par leurs attributs, ce qui permet d'en indiquer en trois mots le physique et le moral. Ce sont « L'invalide-à-la-tête-de-bois », « Le-greffier-aux-favoris-pisseux », « La-mère-à-refoulements-frénétiques » ou « La-belle-sœur-à-libido-posthume ». Cami invente aussi beaucoup de petits métiers : paveur de lagunes, accordeur de castagnettes, tailleuse de bavettes.

Ces personnages s'expriment toujours avec le plus grand sérieux. Leurs aventures comme le ton de leurs discours parodient les rebondissements du roman-feuilleton, ou la grandiloquence larmoyante des rengaines sentimentales interprétées dans les music-halls de l'entre-deux-guerres. Cami construit parfois toute une histoire à seule fin de justifier un exécrable jeu de mots qui fait office de chute. De tels procédés ont pu le faire comparer à Raymond Roussel. Sa fantaisie s'accompagne d'un goût prononcé pour le macabre.

Entre les deux guerres, la notoriété de Cami est à son apogée. En 1921, il rencontre à Paris Charlie Chaplin, qui lui témoigne son admiration. Mais après la guerre, il ne retrouve plus son audience. Sa dernière publication, *Les Farfelus* (Baudinière, 1951) est en grande partie une reprise et une adaptation d'anciens textes. Amputé des deux jambes, il meurt presque oublié le 3 novembre 1958. Il connaît une éclipse de plusieurs années, avant que Jean-Jacques Pauvert ne republie une série de ses recueils en 1972. Cette œuvre très inégale a pu être dévalorisée aux yeux de certains par des facilités, et sans doute rendue suspecte par sa popularité même. Breton l'ignore dans son *Anthologie de l'humour noir*. Il reste que Cami a toujours eu des inconditionnels, qui reconnaissent dans sa cruauté, son inventivité verbale et sa logique délirante toutes les composantes de l'humour moderne.

P.J.

Campiche (Bernard). Maison d'édition fondée en 1986 à Yvonand par Bernard Campiche, elle publie des textes d'auteurs suisses. Campiche, qui assure seul les responsabilités de sa maison, publie peu d'ouvrages (huit par an), de quelques auteurs auxquels le lie un contrat moral de fidélité (Jacques-Étienne Bovard, Michel Bühler, François Conod, Anne Cunéo, Anne-Lise Grobéty, Jean-Pierre Monnier, Sylviane Roche, Alexandre Voisard).

B.Z.

Camus Albert (1913-1960). Né à Mondovi, en Algérie, le 7 novembre 1913, dans une famille pauvre, il fait ses études à Alger et se destine à l'enseignement de la philosophie. Mais, atteint en 1930 de la tuberculose, il ne pourra passer les concours. Marié en 1934 avec Simone Hié, il travaille ici et là pour payer ses études et adhère pour un bref moment au parti communiste, qui le charge des rapports avec les nationalistes musulmans. Passionné par la scène depuis l'enfance, il fonde en 1935 le Théâtre du Travail. En 1936, après son diplôme d'études supérieures, il voyage en Europe centrale et rompt avec sa femme. De retour à Alger, il écrit avec trois camarades une pièce sur la révolte de 1934 dans les Asturies. En 1937, il entre au journal *Alger républicain*, où il prône l'émancipation des musulmans.

Il publie cette année-là sa première œuvre : cinq textes à mi-chemin de l'essai et de la nouvelle, instantanés de la vie quotidienne doublés d'une réflexion sur la finitude. *L'Envers et l'endroit* : c'est en effet, dans l'ordre du titre, la mort avant la vie, ou, mieux, la mort dans la vie. Mais l'envers garde ses droits, notamment dans le dernier texte, où une femme construit sa tombe de son vivant et, prise au jeu, meurt pour de bon. Trop tôt, suggère l'écrivain : malgré la mort, il y a le soleil sur le monde, et il y a la beauté de vivre. Lucidité et foi dans le bonheur sont donc, dès cette époque, les principes de Camus. On les retrouve dans *Noces* (Charlot, 1939), qui chantent, sur un ton très gidien, l'amour du monde. Tipasa, « mariage des ruines et du printemps », Alger, brûlée par la lumière, Florence et ses monuments sont autant de lieux *inspirés* qui arrêtent le regard, comme une femme, mais ne cachent pas la vérité qui est derrière le soleil. Car tout révèle l'œuvre de la mort. Aucun désespoir, pourtant, dans ce constat. Au contraire : « Qu'ai-je à faire d'une vie qui ne doive pas pourrir ? », se demande Camus, pour qui la vie n'a de sens que par ses limites. Là, dans la « mort consciente » est la « révolte » — le mot apparaît déjà —, gage de vraie pensée.

En 1940, Camus, toujours journaliste, gagne Paris. Il est ensuite à Lyon, y épouse Francine Faure, puis, en 1941, retourne en Afrique du Nord, à Oran, pour enseigner dans un collège, avant de séjourner en 1942, pour raisons de santé, au Chambon-sur-Lignon (Haute-Loire) et enfin, le débarquement allié en Afrique du Nord le coupant de l'Algérie, au Panelier. C'est de là, tout en militant dans la Résistance, qu'il suit la publication de *L'Étranger*. Achevé en 1940, le livre avait été esquissé vers 1938, année où

Camus a également remanié *La Mort heureuse* (posth., 1971), commencée en 1935, et qui préfigure *L'Étranger* : par le nom et par la sérénité de sa mort, Meursaut est, comme l'appellera Roger Quilliot, le « frère cadet » de Mersault, le héros de *La Mort heureuse.* Son histoire a toutefois une signification plus vaste, celle, selon Camus, « d'un homme qui, sans attitude héroïque, accepte de mourir pour la vérité ». On a souvent souligné la nouveauté de la facture du livre, et celle de son style qui, ni suivi, ni « littéraire », ni introspectif, évoque celui d'Hemingway. Certains critiques y ont vu un roman classique. Camus, qui définira en 1943, dans *L'Intelligence et l'échafaud*, le roman comme une histoire conduisant ses héros au « rendez-vous qui les attend », se réclame de Mme de La Fayette ; face à l'incohérence du réel, qui n'est pas un sujet littéraire, le roman donne aux hommes, dit-il encore, un « destin ». Aussi accuse-t-il le « parallélisme des deux parties » de *L'Étranger*, où Meursault, soudain mûri, passe d'une existence quasi végétative à la pleine conscience. Ce héros annonce en outre, dans sa critique du langage, le Jan du *Malentendu* et Caligula, ce dernier plus que l'autre, car Jan ment, alors que Caligula rêve d'un « professeur qui sache ce dont il parle ». Parler peu, parler vrai, tel est aussi le vœu de Meursault, qui ne ruse pas non plus avec le christianisme, incarné par le juge d'instruction et l'aumônier, lors d'un débat repris, d'une autre manière, dans *La Peste* et *Les Justes* . La scène où le juge offre à Meursault de le sauver par l'intercession, qui est la prière même de la charité, est à cet égard lourde de sens.

Le Mythe de Sisyphe, dont on a souvent rapproché *L'Étranger,* paraît fin 1942. La thèse en est célèbre. Face au silence désespérant d'un monde à jamais inintelligible, ni le suicide, ni le renoncement ni la plainte ne sont de mise. Il faut « faire vivre l'absurde » et le « regarder ». Cette thèse, sans être vraiment neuve dans ses arguments (immanence de la mort, refus du suicide), ou dans sa conclusion stoïcienne, venait à son heure, en proposant une autre solution que celle de l'existentialisme sartrien. Elle n'était d'ailleurs qu'une étape pour Camus. Voici venu, avec les *Lettres à un ami allemand* (1943-1944), le temps de la réflexion politique. Votre défaite est certaine, dit Camus aux hitlériens ; elle signera la victoire de la morale et de l'intelligence, que le meurtre ne détruit pas. Tout cela sans haine, car la justice veut la sérénité, règle que Camus appliquera à la lettre, quand, de retour à Paris, il dirigera avec Pascal Pia *Combat,* journal créé en 1943 dans la clandestinité, où il exprimera librement son opinion.

En 1944 a lieu la première du *Malentendu,* composé en 1943. Son sujet, tiré du folklore européen, est mentionné dans *L'Étranger* : Jan revient en Tchécoslovaquie après vingt ans d'absence, avec Maria, sa femme ; par jeu, il ne se fait pas reconnaître de sa mère et de sa sœur, qui tiennent une auberge et tuent leurs clients pour les dépouiller ; il leur parle par « allusions » et est donc assassiné. De cette histoire « invraisemblable » et pourtant « naturelle », Camus eût voulu faire la tragédie du langage. La critique n'en jugea pas ainsi, qui trouva la pièce trop simple et sans lien avec l'actualité. *Caligula,* joué en 1945, en avait-il davantage ? La question posée : peut-on à la fois « nier les dieux » et les « hommes », semblait loin des malheurs du temps. De même que ses sources, prises dans la *Vie des douze Césars*, de Suétone, à qui Camus a emprunté l'essentiel de son drame : le début de règne vertueux de Caligula, son amour de la lune, ses insomnies, ses débauches et son inceste avec sa sœur Drusilla, dont la mort provoque sa folie. Pour Camus, Caligula est pourtant notre contemporain car il sait comme nous que Dieu est mort et que le monde est invivable. Mais s'il faut voir le monde tel qu'il est, on ne peut mépriser l'homme. Or, Caligula, étourdi par une logique qui veut l'impossible, hait les hommes et se hait lui-même. Sa mort est donc doublement justifiée : elle rappelle la nécessité de la mesure.

L'éthique de l'équilibre apparaît également dans *La Peste*, en chantier depuis 1941, et publié en 1947, à un moment où son auteur, alarmé autant par la montée de la violence à l'Est que par le raidissement de la politique coloniale française, s'éloigne du journalisme. Ce livre, qui développe un sujet connu en littérature (cf., par exemple, Thucydide et Manzoni), mais en situant l'action à Oran dans les années quarante, est caractéristique de cette veine « lazaréenne » qui domine alors le roman français. Œuvre d'un auteur revenu de l'ombre, il évoque la « peste brune », aisément reconnaissable par ses fosses communes, ses fours crématoires et ses trains de victimes. Contrairement à ce que diront les amis de Sartre, l'ennemi est donc montré, quoique non nommé. Mais ils auront raison de constater que ce roman n'est pas marxiste et nie le dogme de l'irréversibilité de l'Histoire : pour Rieux, le héros, la peste peut revenir. En ce sens déjà, elle est l'« affaire de tous ». De plus, Rieux rejette la lutte des classes, car la résistance contre la peste réconcilie chrétiens (le père Paneloux, converti sans reniement à l'action) et non-chrétiens (Tarrou, le saint laïque), pragmatiques et idéalistes, tièdes et énergiques. Par là encore, elle est l'« affaire de tous ». Elle l'est enfin par la dimension morale : l'œuvre proteste contre toute espèce de violence, qui sépare toujours ceux qui s'aiment et laisse rarement ouvertes les portes de l'avenir. Comme à Oran, l'accès à la mer n'est jamais acquis pour de bon. Du point de vue esthétique, ce refus d'une politisation alors très à la mode n'est pas sans conséquences : il implique le choix de héros moyens, pris dans la foule, et fait de *La Peste* non une épopée, mais une « chronique » de la mort collective, où Rieux, tantôt narrateur objectif, tantôt témoin compatissant, plaint les mourants et condamne leur oppresseur.

Comparé à *La Peste*, *L'État de siège*, drame écrit avec Jean-Louis Barrault et représenté en 1948, paraît faible. Avec le même sujet, mais traité par l'allégorie et en vue du grand spectacle (présence de nombreux figurants), il prouve une fois de plus combien Camus aimait le théâtre, ce dont *Les Justes* témoigne mieux encore : en 1949, Camus, à nouveau très malade, est atteint moralement par les procès politiques à l'Est et par le coup de Prague (1948). L'histoire des *Justes* (1949) se passe précisément à l'Est, dans la Russie de 1905. Les personnages sont réels, et ce qu'ils disent vient des théories terroristes. Des révolutionnaires veulent tuer le grand-duc Serge. La bombe sera lancée par Kaliayev, dit le « poète », car il fait la révolution « pour la vie », non par goût de la mort. Kaliayev est aussi le seul héros heureux de la pièce, il aime Dora, et cette liaison, absente de la version primitive, montre que la révolution n'exclut pas l'amour. D'ailleurs, au dernier moment, Kaliayev ne lance pas la bombe parce que le grand-duc a ses enfants avec lui. Or Kaliayev ne veut pas tuer des innocents, comme il le dit à Stepan, un des meneurs du groupe, lors d'une discussion opposant « charité » et révolution, sens des limites et violence sans frein. Finalement, Kaliayev lancera la bombe, sera arrêté, condamné à mort et pendu après avoir refusé la grâce que, au nom du pardon chrétien, lui offrait la grande-duchesse. Introduisant l'« ordre » dans la « destruction », assumant la totalité de son acte, il a donc été *juste* jusqu'au bout.

Avec son unité d'intrigue, son action rapportée par des récits, et son souci d'exposer clairement le *pro et contra* d'un grand débat moral, la pièce de 1949 est construite comme une tragédie classique. Dans *L'Avenir de la tragédie* (1955), Camus affirmera que la tragédie, œuvre de lumière pour des temps obscurs, n'est pas morte, que nous avons toujours besoin de Sophocle et de Corneille. Un semblable message, avec à l'arrière-plan un même contexte politique, apparaît dans *L'Homme révolté* (1951), dirigé, de l'aveu de Camus, contre le « nihilisme posthégélien » et la « prophétie marxiste » qui, faisant passer la terreur, jugée nécessaire au progrès, avant l'humanisme, remplacent Dieu par l'État. Les sartriens ne s'y tromperont pas, qui accuseront Camus d'ignorer la faim, les réalités économiques et les leçons de l'Histoire : selon eux, Camus a tort de dire que Marx s'est trompé et que la libération de l'homme n'autorise pas tout. C'est l'argument majeur de ce livre qui, en même temps qu'il justifie la révolte, symbolisée par la dialectique du maître et de l'esclave, lui impose des limites, tracées dans la « pensée de midi », aussi harmonieuse que le Parthénon, et qui marie réalisme et morale, refus du mal et mesure.

Comme *Les Justes* et *L'Homme révolté* le suggèrent, la voie conduisant la force vers l'équité est étroite. Camus le percevra mieux encore en 1954, quand éclatera la guerre d'Algérie et que, pris entre son amour du pays natal et son anticolonialisme, il ne pourra que lancer des appels à la trêve. On sait quel fut ce déchirement et comment il le vécut ; on sait aussi que, lors de la remise du prix Nobel en 1957, il déclara préférer sa « mère » à la « justice ».

La Chute (1956) reflète-t-elle ce désenchantement ? Si *L'Étranger* disait la subjectivité et *La Peste* la solidarité, ce roman raconte la solitude, et son propos est pessimiste. Clamence fut d'abord heureux. Avocat à Paris, il croyait au bien, il était altruiste et aidait les aveugles à traverser la rue. Survient sa première « chute », lorsqu'il ne sauve pas une jeune fille de la noyade. Elle lui révèle sa duplicité. Le voici à Amsterdam, au bar *Mexico-City*. C'est sa seconde « chute ». Il y tient table ouverte, fait parler les buveurs, les confesse et ne les excuse jamais : il les rend seulement plus coupables. Car il est « toujours trop tard ». Roman féroce, où explose la satire amorcée dans *La Peste* avec la description d'Oran, *La Chute* pose à nouveau le problème du langage. L'avocat Clamence connaît les détours du « beau langage » ; il sait que tout est mensonge. Mais il révèle un mal plus grand encore. Promu par son nom au rang dérisoire d'un Jean-Baptiste qui n'annoncerait personne, il constate que le monde moderne a perdu le sens du dialogue, et que tout est muet, sauf les regards qui jugent. C'est là un fait de société, et une donnée politique, puisque *La Chute* pourrait être une nouvelle réponse aux existentialistes, ces « juges pénitents » qui ne se confessent que pour accuser les autres. Mais Clamence ne se proclame-t-il pas juge-pénitent ? n'est-il pas un nouveau Savonarole, obsédé par la faute et aveugle à la rédemption, et pour qui la parfaite démocratie est le règne de la culpabilité ? Le récit le plus noir de Camus, accompagne comme un glas l'échec du soulèvement de Budapest, et s'il n'y avait en 1957 la publication de *L'Exil et le Royaume*, recueil de nouvelles où l'exil décrit la souffrance des séparés, et le royaume, la liberté retrouvée malgré tout, on serait tenté de croire que Camus, qui cesse un moment d'écrire, a sombré dans le désespoir. Reste, heureusement, le théâtre, celui du festival d'Angers, qu'il fréquente régulièrement ; celui de Paris, où il adapte en 1959, avec succès, *Les Possédés* de Dostoïevski. Reste également le roman, qu'il reprend avec *Le Premier Homme* (posth., Gallimard, 1994), qu'il n'achèvera pas puisqu'il meurt subitement, le 4 janvier 1960, dans un accident de voiture, à Villeblevin, dans l'Yonne.

L'ironie du sort a voulu que cet homme, célèbre par un livre sur l'absurde, ait fini absurdement. Il n'est pas certain qu'on l'ait toujours bien compris : Camus est le dernier de nos moralistes, et la morale n'était pas de mise après la guerre, quand l'éthique se trouva séparée de la politique. Plus grave encore, ce dramaturge que servirent de grands acteurs n'eut jamais une bonne critique, car il croyait qu'on pouvait faire un théâtre moderne avec des « moyens classiques », dans un langage élégant et familier, « hautain et pitoyable ». C'était parler comme Racine, à un moment où naissait le théâtre de dérision et, avec lui, la déstructuration du langage. Son œuvre, remise dans son temps, est prophétique, et l'Histoire, celle des sociétés et celle des lettres, lui a donné raison. Le roman qu'il aimait demeure, et les valeurs pour lesquelles il s'est battu revivent.

ŒUVRES. — Chez Gallimard. *Théâtre, récits et nouvelles*, éd. R. Quilliot, Bibliothèque de la Pléiade, 1962. — *Essais*, éd. R. Quilliot-L. Faucon, Bibliothèque de la Pléiade, 1965. — *Carnets*, t. I, 1962 ; t. II, 1964 ; t. III, 1989.

→ Jean-Claude Brisville, *Camus*, Gallimard, 1959. — Morvan Lebesque, *Camus par lui-même*, Le Seuil, 1963. — Ilona Coombs, *Camus homme de théâtre*, Nizet, 1968. — Pol Gaillard, *Camus*, Bordas, 1973. — Jacqueline Lévi-Valensi, *Les Critiques de notre temps et Camus*, Garnier, 1976. — Herbert R. Lottman, *Albert Camus*, Le Seuil, 1978. — *Album Camus*, iconographie réunie et commentée par Roger Grenier, Bibliothèque de la Pléiade, 1982. — *Cahiers Albert Camus* (Gallimard), 1971. — Fonds Camus à l'IMEC.

G.E.

Camus Michel (1929). Né à Namur en Belgique le 20 octobre 1929, il fut rédacteur en chef de la revue *Obliques* avant de devenir homme de radio. Il produit et anime de nombreuses émissions sur France Culture. En 1981, il fonde les éditions Lettres vives, qui publient des auteurs contemporains (Louis-Combet,

Bettencourt, Juarroz). Il y publie en 1983 *Paraphrases hérétiques* , « poésie gnostique » dominée par la figure de Maître Eckhart. Son œuvre, qui comprend des poèmes (*La Nuit au soleil*, Lettres vives, 1985 ; *Le Passage de l'impasse*, Lettres vives, 1991 ; *Hymne à Lilith*, 1993) et des recueils d'aphorismes (*Fondations I*, Lettres vives, 1987 ; *Proverbes du silence*, Lettres vives, 1989 ; *Aphorismes sorciers*, Éditions du Rocher, 1995), se place sur le terrain de la métaphysique et de la spiritualité. On lui doit des textes sur Daumal, réunis dans *L'Enjeu du « Grand Jeu »* (Mont analogue, 1994), et un essai sur Artaud, *Antonin Artaud, une autre langue* (Opales, 1996). En 1996, il obtient, en Roumanie, le prix Lucian Blaga.

N.R.

Camus Renaud (1946). Né le 10 août 1946 à Chamalières, dans une famille bourgeoise catholique, il fait des études à l'Institut des sciences politiques, à Paris. Grand voyageur mais Parisien dans l'âme, il livre ses souvenirs d'égotiste dans ses *Journaux* (6 tomes parus : *Journal romain*, 1987 ; *Vigiles, journal 1987*, 1990 ; *Aguets, journal 1988*, 1990 ; *Fendre l'air, journal 1989*, 1991 ; *L'Esprit des terrasses, journal 1990*, 1994 ; *La Guerre de Transylvanie, journal 1991*, 1996). Il y dévoile, dans un souci d'exhaustivité, ses plaisirs littéraires, ses dégoûts d'ermite urbain, ses amours et désamours masculines, qu'il évoque sans fard dans *Tricks* (1979) et *Notes achriennes* (1982). Paradoxal, marginal, il dit la mélancolie des paysages de l'âme dans son *Élégie de Chamalières* (1989, 1991), dans les *Sept sites mineurs pour des promenades d'arrière-saison en Lomagne* (1994, éd. revue et augmentée, 1997) ou encore dans *Le Département de Lozère* (1996) et *Le Département du Gers* (1997). Un lyrisme singulier transparaît dans les proses d'*Élégies pour quelques-uns* (1988), du *Bord des larmes* (1990) et du *Lac de caresse, prose de rien* (1991). Ses essais ou *Miscellanées* touchent aux traits de l'époque, avec une prédilection pour le fragment : ainsi des *Chroniques achriennes* (1984), des *Notes sur les manières du temps* (1985) ou de l'*Esthétique de la solitude* (1990). Touché par *L'Épuisant désir de ces choses* (1995), il fait l'*Éloge moral du paraître* (Sables, 1995). Renaud Camus est aussi l'auteur d'une fresque à la fois épique et humoristique, dont le héros est Roman, roi de Caronie, État imaginaire de la Mitteleuropa (*Roman roi*, 1983, 1985 ; *Roman furieux*, 1987 ; *Voyageur en automne*, 1992). Sa passion du fragment l'amène aussi à donner des *P.A.* (1997), créant ainsi un genre littéraire nouveau.

ŒUVRES. — Chez Hachette-POL.

I.M.

Canevas. Maison d'édition créée en 1989 à cheval sur la frontière franco-suisse (Dole, Saint-Imier), elle a publié Bakounine ou Tolstoï aussi bien que Jean-Pierre Rochat, Bernadette Richard ou Daniel de Roulet.

B.Z.

Cantillon Arthur (1890-1933). Né à Pommerœul (Belgique), le 31 mai 1890. Il a publié un premier recueil, *Cantilènes* (1910) sous le pseudonyme de Gauthier d'Arnoy. Il fut directeur de la revue *Flamberge* (1911-1914), qui défendit entre autres le caractère « français » de la langue et des lettres de la Belgique romane. C'est encore sous un pseudonyme, John Littlebird, qu'il publie une supercherie, *La Guitare enchantée* (1913) ; la préface devait révéler l'existence du stock de la *Saison en enfer* de Rimbaud, retrouvé à Bruxelles par l'avocat Léon Losseau en 1909. Ses poèmes, *Le Cœur à musique* (1920), *Complaintes de la passion* (1922), *Chansons pour Ariel* (1926), *Au fond des abîmes* (1931), expriment dans une langue rythmée (il affectionne le poème en prose) son angoisse du salut. Auteur de récits, (*Yvette Bohr*, 1919 ; *Histoire de celui qui crut vaincre les dieux*, 1914), d'essais (*Essai sur les symboles de la tétralogie wagnérienne*, 1910 ; *Propos et fantaisies*, 1923 ; *Louis Delattre*, 1924), on lui doit aussi des pièces de théâtre (*Robinson*, 1922 ; *Pierrot devant les sept portes*, 1924), parmi lesquelles des féeries enfantines écrites en collaboration avec Blanche Rousseau. Il est mort à Bruxelles, le 9 mars 1933.

→ *Le Thyrse*, n° spécial, 1933. — *Arthur Cantillon (1893-1993)*, Bernissart, Administration communale, 1996.

O.Bi.

Canudo Riciotto (1879-1923). Arrivé, de ses Pouilles natales, à Paris en 1902, il y a vécu jusqu'à sa mort le 10 novembre 1923. Il s'est tout de suite mêlé aux mouvements littéraires des jeunes écoles et a fondé le « cérébrisme », voulant réconcilier sensualité et cérébralité dans l'art, et substituer le conçu au vécu (« Manifeste de l'art cérébriste », *Figaro,* 9 février 1914 ; *Hélène Fast et nous, précis d'esthétique cérébriste,* Sansot, 1920). Ami d'Apollinaire et de D'Annunzio, il a tenté comme eux l'accord du lyrisme et de la philosophie. Au début de la guerre, il s'engage dans la Légion étrangère. Il en rapporte *Le Poème du Vardar* suivi de *La Sonate à Salonique* (1923). Après la guerre, il s'occupe de cinéma. Il a publié des essais sur le théâtre de *D'Annunzio* (1911), et sur Dante (1923), et contribué par des chroniques aux *Nouvelles littéraires*.

→ Giovanni Dotoli, *Nascita della modernità,* Fasano, Schena, 1995.

D.H.-M.Ber.

Carco Francis (1886-1958), pseudonyme de François Carcopino-Tusoli. Né à Nouméa le 3 juillet 1886, il quitte la Nouvelle-Calédonie en 1897, quand son père, administrateur des domaines, est nommé à Châtillon-sur-Seine. Il y découvre les sortilèges de la forêt, de l'eau et les premières violences de l'amour. À Villefranche-de-Rouergue, grâce à son ami Gal, peintre en bâtiments descendu de Paris où il a connu Verlaine, il se passionne pour les poètes : Villon, Rimbaud, Verlaine, Baudelaire, Francis Jammes et Henry Bataille. Il écrit alors ses premiers vers, célébrant la chavirante mélancolie de la province et de ses jardins sous la pluie. Il les rassemblera avec d'autres, en 1912, dans *La Bohème et mon cœur*, dont les huit éditions successives seront grossies des poèmes ultérieurs. En 1907, à Agen, il rencontre Philippe Huc, futur Tristan Derème, Robert de la Vaissière, futur Claudien et, en 1909, à Grenoble, Jean Pellerin. Très tôt il a pris l'habitude de fuir l'école en amoureux des « merveilleux nuages », puis de vivre la nuit à capter l'affreuse misère morale des ombres qui rôdent et se déchirent. Les colères paternelles n'ont fait que décupler sa révolte et son cynisme. L'incompréhension des siens s'aggravant, ses crises d'angoisse se multipliant, seul, sans ressources, mais bien décidé à devenir un artiste, il gagne Paris en 1910. *Mémoires d'une autre Vie* (1934) et *À voix basse* (1938) relatent ces années de formation.

Du quai d'Orléans, de la rue Racine, de la rue Visconti, du quai aux Fleurs, du quai du Louvre, du quai d'Orsay au quai de Béthune, où il mourut, Carco n'a jamais longtemps déserté les rives de la Seine. Comme Apollinaire, il ne peut se passer de « cette eau qui s'en va ». C'est pourtant à Montmartre qu'avec ses amis Jean Pellerin, Tristan Derème, Léon Vérane et Claudien, il forme le groupe des « fantaisistes » qui se réclame de Paul-Jean Toulet. *Le Petit Cahier*, publié à Tarbes en 1911, présente des poèmes du groupe. Au Lapin Agile, ou chez Marie-La Bonne Hôtesse, nombre d'artistes se retrouvent ; chacun paie son écot selon ses talents : des chansons pour Max Jacob, Pierre Mac Orlan, Roland Dorgelès, des « cartons » pour Utrillo, pour Maclet ou Chas Laborde. On y blague, on y discute, de peinture plus que de poésie. Max Jacob ne tarit pas sur Picasso et le cubisme. Ce temps de misère et d'amitié partagées avec les artistes malchanceux dictera à Carco, outre ses vies romancées de Verlaine, Villon et Utrillo, des critiques d'art qu'il donnera dès 1911 à *L'Homme libre*, puis au *Gil Blas*, ou qu'il publiera plus tard en monographies. *De Montmartre au Quartier Latin* (1927), *Montmartre à vingt ans* (1938), *Bohème d'artiste* (1940), *Rendez-vous avec moi-même* (1957) rappellent au fil du temps le souvenir des années d'avant 1914.

À flâner toute la nuit sur la butte, Carco se mêle au monde des prostituées, des « truqueurs », des « coquines » et des « bourriques », dont il pénètre les mœurs et le langage. Les drames auxquels il assiste donneront naissance à une ample production romanesque (vingt romans en vingt ans). Au Quartier Latin, où il poursuit sa vie de bohème, il gagne quelque argent comme nègre de Willy. En 1914, il publie *Jésus-la-Caille*, qui lui assure une réputation immédiate. Alors qu'il est mobilisé à Gray-sur-Saône, Katherine Mansfield l'y rejoint pour une brève et intense liaison. *Les Innocents*, en 1916, lui valent l'amitié de Paul Bourget. Celui-ci le recommande à l'Académie française, qui lui décerne, en 1922, pour *L'Homme traqué*, son grand prix du Roman. *Brumes*, en 1935, obtient un tel succès qu'il entre à l'Académie Goncourt en 1937, où il retrouve Colette, son « ami » indéfectible depuis *Jésus-la-Caille*. Un mélange d'argot et de langue raffinée donne à ces récits un réalisme neuf fait d'amertume, de vague plainte et de naïveté. Comme attiré par son double, le romancier suit dans un labyrinthe de lieux mouillés des ombres qui remâchent leurs passions ou leurs démissions, mues par des forces obscures ou fascinées par des magnétismes maléfiques.

Pendant l'Occupation, Carco séjourne à Genève, puis, en 1946, à L'Isle-Adam, où il écrit *Mortefontaine*, prélude à un *Gérard de Nerval* (1953) qui révèle ses affinités avec l'auteur d'*Aurélia*, « comme si Carco avait été son ami dans une vie antérieure » (Robert Mallet, « Gérard de Nerval par Francis Carco », *Le Figaro littéraire*, 2 mai 1953). En mars 1958, le Comité national des écrivains décerne à Carco son prix de l'Unanimité. Aragon publie : « Chanson du quai de Béthune, pour un lauréat, à Francis Carco » *(Les Lettres françaises*, 26 mars 1958) et, lorsque Carco s'éteint, le 26 mai, il écrit trois jours plus tard dans le même journal : « Adieu à Francis Carco, celui qui s'en fut à douleur / Passent les gens et tu demeures / ô poète de mon pays ».

ŒUVRES. — Chez Albin Michel : *La Bohème et mon cœur*, 1912, rééd. 1958. — *Charles Henry Hirsch*, 1913. — *Jésus-la-Caille*, 1914. — *Les Malheurs de Fernande*, 1918. — *Les Mystères de la morgue ou les fiancés du IVe arrondissement*, 1919. — *Scènes de la vie de Montmartre*, 1919. — *Bob et Bobette s'amusent*, 1919. — *L'Équipe*, 1919. — *Au coin des rues*, 1919. — *Maman Petit doigt*, 1920. — *M. de Vlaminck*, 1920. — *Francis Carco raconté par lui-même*, 1921. — *Maurice Utrillo*, 1921. — *Les Humoristes*, 1921. — *Mon homme*, 1921. — *L'Ami des filles ou Chas Laborde commenté par Francis Carco et illustré par Chas Laborde*, 1921. — *Promenades pittoresques à Montmartre*, 1922. — *Panam*, 1922. — *L'Homme traqué*, 1922. — *Rien qu'une femme*, 1923. — *Verotchka l'étrangère ou le goût du malheur*, 1923. — *Maurice Asselin*, 1924. — *Tableau de l'amour vénal*, 1924. — *Le Nu dans la peinture moderne*, 1924. — *Avec les filles*, 1924. — *L'Équipe*, 1924. — *Visite à Saint-Lazare*, 1925. — *Le Couteau*, 1925. — *Perversité*, 1925. — *J'avais un secrétaire*, 1925. — *Ces messieurs-dames... ou Dignimont commenté par Francis Carco*, 1926. — *Le Roman de François Villon*, 1926. — *De Montmartre au Quartier Latin*, 1927. — *Rue Pigalle*, 1927, rééd. 1958. — *Nuits de Paris*, 1927. — *La Légende et la vie d'Utrillo*, 1927. — *Les Vrais de vrai*, 1928. — *Supplément au dialogue des courtisanes de Lucien*, 1928. — *Images cachées*, 1928. — *Huit jours à Séville*, 1929. — *Printemps d'Espagne*, 1929. — *La Rue*, 1930, rééd. 1947. — *On ferme*, 1930. — *Les Enfants du malheur*, 1930. — *Prisons de femmes*, 1931. — *Gilberte*, 1931. — *Suite espagnole*, 1931. — *Quelques-unes*, 1931. — *Traduit de l'argot*, 1932. — *La Belle Amour*, 1932. — *Paul Bourget*, 1932. — *L'Ombre*, 1933. — *Palace d'Égypte*, 1933. — *Contes du milieu*, 1933. — *La Lumière noire*, 1934. — *Mémoires d'une autre vie*, 1934. — *Amitié avec Toulet*, 1934. — *Souvenirs sur Katherine Mansfield*, 1934. — *Ténèbres*, 1935. — *La Dernière Chance*, 1935. — *Brumes*, 1935. — *La Route du bagne*, 1936. — *La Rose au balcon*, 1936. — *Petite Suite sentimentale*, 1936. — *Les Hommes en cage*, 1936. — *Brumelein 35*, 1937. — *À l'amitié*, 1937. — *À voix basse*, 1938. — *Montmartre à vingt ans*, 1938. — *L'Homme de minuit*, 1938. — *Envoûtement de Paris*, 1938. — *Verlaine*, 1939. — *Bohème d'artiste*, 1940. — *Nostalgie de Paris*, 1941. — *L'Ombre*, 1941. — *Maurice Barraud, un peintre chez lui*, 1943. — *Surprenant procès d'un bourreau*, 1943. — *L'Ami des peintres*, 1944. — *La Danse des morts comme l'a décrite François Villon*, 1944. — *Les Belles Manières*, 1945. — *Les Jours et les nuits*, 1946. — *Mortefontaine*, 1946. — *Dignimont*, 1946. — *Ombres vivantes*, 1947. — *Montmartre vécu par Utrillo*, 1947. — *Poèmes en prose*, 1948. — *Morsure*, 1949. — *La Romance de Paris*, 1949. — *Gérard de Nerval*, 1953. — *Compagnons de la mauvaise chance*, 1954. — *La Belle Époque au temps de Bruant*, 1954. — *Colette, mon ami*, 1955. — *Poésies complètes*, 1955. — *Rendez-vous avec moi-même*, 1957.

→ Philippe Chabaneix *Francis Carco*, Seghers, 1949. — Pierre Mac Orlan, « Francis Carco », *Les Écrivains contemporains*, février 1955.

Ch.F.

Cardinal Marie (1929). Née le 9 mars 1929 à Alger, elle y passe toute son enfance et sa jeunesse, s'orientant d'abord vers une carrière de professeur de philosophie. Après plusieurs années passées à enseigner cette matière à l'étranger, elle se tourne en 1960 vers le journalisme. Son premier roman, *Écoutez la mer*, paraît en 1962, et remporte le prix international du Premier roman. Dès cette époque, elle s'affirme comme une personnalité engagée dans le mouvement féministe. Plus tard, elle collaborera avec une autre personnalité de ce mouvement, Gisèle Halimi, notamment avec *La Cause des femmes*, entretiens, 1973. Entre-temps, plusieurs autres romans l'avaient fait connaître auprès du grand public, *La Mule du corbillard* (1964), et *La Souricière* (1965). Mais deux ouvrages surtout vont remporter un grand succès, *La Clé sur la porte* (1975), et *Les Mots pour le dire* (1976). Dans le premier, elle évoque le désarroi d'une mère confrontée à la vie tumultueuse de ses enfants et à ce qu'on appelait alors le conflit des générations. Le second est le récit sans fard d'une cure psychanalytique, récit qui lui permet de retrouver les racines de son enfance algérienne. Avec les années, son intérêt pour cette époque et cette terre iront croissant, motivant en 1980 un « retour au pays » qui fournira le sujet d'un livre, *Au pays de mes racines*, où les souvenirs alternent avec les réflexions sur les changements intervenus. Dans *Comme si de rien n'était* (1990), elle inaugure une technique plus fragmentée, qui fait se juxtaposer de brèves scènes extraites de la vie de ses personnages. La psychologie conjugale et sexuelle féminine, les problèmes liés à la vie de couple et de famille forment l'essentiel d'une œuvre abondante, en relation constante avec la vie intime.

ŒUVRES. — Publiées chez Grasset et rééditées, pour la plupart, au Livre de Poche. *Une vie pour deux*, 1978. — *Autrement dit*, 1977. — *Cet été-là*, 1980. — *Le Passé empiété*, 1983. — *Les Grands Désordres*, 1987. — *Comme si de rien n'était*, 1990. — *Les Jeudis de Charles et Lula*, 1993.

G.Si.

Carême Maurice (1899-1978). Né à Wavre (Belgique) le 12 mai 1899, issu d'un milieu modeste, instituteur et poète, il fut le pourvoyeur de nombreuses récitations scolaires pour plusieurs générations d'enfants : quatre-vingts recueils, des milliers de poèmes ont consacré la poésie « simple », le genre « naïf », le style « limpide » de Maurice Carême. Un parti-pris de clarté et une volonté de contact direct avec un public peu habitué à la poésie l'ont porté à composer des textes à la limite du prosaïsme, développant des thèmes éternels tels que la joie de vivre, les charmes de la nature, l'amour, la tendresse, le quotidien. Si, à partir de 1930, il s'est plus spécialement adressé aux enfants par des récits, des fables, des chansons ou des comptines (voir *La Lanterne magique*, 1947 ; *Contes pour Caprine*, 1948 (prix Rossel) ; *Le Semeur de rêves*, 1953 ; *Le Voleur d'étincelles*, 1956 ; *La Cage aux grillons*, 1959 ; *La Grange bleue*, 1961 ; *Pomme de reinette*, 1962 ; *L'Arlequin*, 1970 ; *Le Moulin de papier*, 1973), c'est avec un recueil de piété filiale, *Mère* (1935) qu'il a conquis l'estime du public (voir aussi *La Maison blanche*, 1949 ; *La Voix du silence*, 1951). Son intérêt s'est petit à petit détaché du « supernaïvisme » de ses débuts ; il s'est orienté vers des sujets plus graves, sans se départir de son optimisme et de sa confiance en l'homme. De fréquents séjours à l'abbaye d'Orval à partir de 1957 renforcent sa foi et le poussent dans la voie du recueillement ; il chante alors l'amour de Dieu *(Heure de grâce*, 1957 ; *Complaintes*, 1975), le bonheur conjugal *(Femme*, 1946 ; *La Bien-aimée*, 1965), les beautés de son pays natal *(Petites légendes*, 1949 ; *Sortilèges,* 1954 ; *Brabant*, 1967 ; *L'Envers du miroir*, 1973). Ses poèmes ont été traduits dans de nombreuses langues ; une fondation, créée en 1975, assure aujourd'hui la diffusion et la défense de son œuvre. Maurice Carême a reçu le grand prix international de poésie en 1968. Il est mort à Anderlecht (Bruxelles), le 13 janvier 1978.

ŒUVRES. — *La Saveur du pain*, Bruxelles, Les Éperonniers, coll. Passé-présent, 1982. — *Les Plus Beaux poèmes de Maurice Carême*, Les Éditions ouvrières, 1985. — *À l'ami Carême : quatre-vingts poèmes*, Hachette, 1994.

→ Jacques Charles, *Maurice Carême*, Seghers, coll. Poètes d'aujourd'hui, 1965. — *Maurice Carême ou la clarté profonde*, Bruxelles, Fondation Maurice Carême, 1993. — Il existe depuis 1978 des cahiers *Fondation Maurice Carême* (Bruxelles).

O.Bi.

Caron Louis (1942). Son talent de conteur est sensible dans la langue savoureuse qu'il emploie pour décrire son coin de pays, avec ses traditions et son folklore, en s'inspirant abondamment de l'histoire. Les héros de *L'Emmitouflé* (1977) et du *Bonhomme Sept-heures*

(1978) sont des êtres révoltés, des marginaux — déserteurs, coureurs des bois ou défricheurs — qui refusent de plier et de se soumettre à une loi injuste. Nationalistes dans l'âme, ils lutteront pour retrouver leur dignité, pour redevenir maîtres de leur destin et de leur terre. Dans sa trilogie, *Les Fils de la liberté*, qui comprend *Le Canard de bois* (1981), *La Corne de brume* (1982) et *Le Coup de poing* (1990), Louis Caron raconte la saga des Bellerose, de la Révolte des patriotes en 1837-1838 jusqu'à la crise d'octobre 1970. Il insuffle la vie à son récit et multiplie les péripéties en superposant différentes époques. Il a aussi publié un recueil de contes et de poèmes, et quelques autres récits, dont un deuxième cycle romanesque, *Les Chemins du Nord*.

A.J.

Carrère Emmanuel (1957). Ses récits explorent les potentialités ludiques de la fiction et leurs logiques paradoxales. *Bravoure* (POL, 1984, prix Passion 1984 et prix de la Vocation 1985) instaure les règles d'un étrange jeu littéraire. Avec *La Moustache* (POL, 1986), un anodin coup de rasoir entraîne le héros dans la reconquête tragique d'une identité détraquée. *Le Détroit de Behring* (POL, 1986), essai sur « l'uchronie », réécrit vertigineusement l'Histoire au conditionnel tandis que le destin de Frédérique, la flambeuse de *Hors d'atteinte ?* (Gallimard, 1988, rééd. Folio, 1989), bascule dans l'irrévocable : autant de machinations où le lecteur, tout à la jubilation d'un divertissement romanesque, se retrouve pris au piège d'un univers implacable et absurde, entre réalité et cauchemar.

J. de S.

Carrier Roch (1937). Il est l'auteur d'une œuvre abondante, qui comprend des poèmes, *Jeux incompris* (1956), *Cherche tes mots, cherche tes pas* (1958), *L'Aube d'acier* (1971) ; des romans, *La Guerre, yes sir !* (1968), *Floralie, où es-tu ?* (1989), *Il est par là le soleil* (1970), *Le Deux-millième Étage* (1973), *Le Jardin des délices* (1975), *Il n'y a pas de pays sans grand-père* (1977), *Les Fleurs vivent-elles sur la terre ?* (1980), *La Dame qui avait des chaînes aux chevilles* (1981), *De l'amour dans la ferraille* (1984), *Un chameau en Jordanie* (1988), *Un homme dans le placard* (1991), *Fin* (1992) ; des nouvelles, *Le Chandail de hockey* (1984) ; des récits, *L'Ours et le kangourou* (1988), *Prières d'un enfant très très sage* (1988) ; du théâtre, *La Céleste Bicyclette* (1980) ; des textes pour enfants et des essais. Malgré la diversité des genres, l'œuvre de Carrier manifeste une grande unité de ton, de style et de thèmes. Héritier du roman du terroir et de la tradition orale, il garde du conteur la verve, le rythme, le recours à l'hyperbole et à la caricature. Mais la parole du conteur est aussi idéologique et parfois didactique : l'essentiel de sa thématique est relié au pays, à la fondation, à la survivance, au combat contre « les Anglais » et parfois contre l'habitude des siens. *La Guerre, yes sir !*, dont l'adaptation au théâtre devait connaître un grand succès, est le plus lu et sans doute le plus accompli de ses textes. Roch Carrier y décrit, sur un mode que la critique a qualifié de rabelaisien, les mésaventures de la famille Corriveau dans un petit village du Québec pendant la Seconde Guerre. L'épisode le plus célèbre, une étonnante veillée funèbre bientôt transformée en fête villageoise, illustre l'entreprise de carnavalisation que poursuit le romancier à travers les thèmes de la guerre, de la violence, de l'humour et des tabous sexuels.

E.N.-L.

Carrière Jean (1928). À en croire l'amer *Prix d'un Goncourt* (1987), les débuts littéraires de cet écrivain nîmois ont été trop brillants pour ne pas être funestes au bonheur d'écrire : avec un premier roman, *Retour à Uzès* (1967), qui obtient le prix de l'Académie française et un second, *L'Épervier de Maheux* (1972) qui décroche le Goncourt, il était peut-être difficile de persévérer. Et il est vrai que si Jean Carrière n'est pas l'homme d'un seul livre, son second roman, qui lui valut un énorme succès international, domine néanmoins toute sa production. *L'Épervier de Maheux* raconte la lente déchéance d'une famille cévenole protestante, les Reilhan. Mais dans la forme que prend cette déchéance, les deux derniers fils s'opposent : Abel, un montagnard rendu fou par la dureté de la vie, et Samuel-Joseph, le cadet rêvant de devenir pasteur, pour obéir à un médiocre arrivisme insufflé par la mère. Les paysages austères des Cévennes, la thématique camisarde en filigrane, contribuent à créer une incomparable atmosphère d'écrasement exprimée dans un style complexe et violent. Les deux tomes de *La Caverne des pestiférés* (1978-1979), faisant l'histoire d'une petite communauté utopiste pendant une épidémie de choléra au XIXe siècle, offrent un tableau un peu moins noir de l'humanité et l'on pourra presque parler d'optimisme pour *Les Années sauvages* (1986), *L'Indifférence des étoiles* (1994), *Achigan* (1995) ou *L'Empire des songes* (1997). On doit aussi à Jean Carrière deux beaux portraits littéraires : *Jean Giono* (1985) et *Julien Gracq* (1986).

G.P.

Carrington Leonora (1917). Née le 6 avril 1917 dans le Lancashire en Grande-Bretagne, d'une famille catholique d'industriels du textile, et issue, du côté maternel, d'Irlandais apparentés à la romancière Maria Edgeworth, elle a trois frères. Son goût pour le dessin apparaît très tôt, et son éducation non conformiste la conduit à résider jeune à Florence, puis à Paris, avant d'être présentée à la cour en 1934. Elle étudie la peinture à l'Académie Ozenfant de Londres, assiste à l'Exposition internationale du surréalisme dans les New Burlington Galleries, à Londres, en 1936, et rencontre Max Ernst en 1937. Elle vit avec lui, notamment à Saint-Martin d'Ardèche, et sur son incitation elle écrit des contes qui, pour la plupart, ont été lus par André Breton : l'un d'eux sera cité dans l'*Anthologie de l'humour noir* (deuxième éd., 1950) et plusieurs sont publiés dès cette époque (rééd. *La Débutante, contes et récits*, Flammarion, 1987 ; *Pigeon vole, contes retrouvés*, Cognac, Le Temps qu'il fait, 1986). Parallèlement, elle expose en France pour la première fois à la Galerie des Beaux-Arts, en 1938, à l'Exposition internationale du surréalisme.

La guerre provoque la séparation avec Max Ernst. Fragilisée par cette épreuve, Leonora séjourne dans une clinique proche de Barcelone, où lui est appliqué un traitement brutal. De ce séjour elle rendra compte en 1942, dans *En bas*, d'abord *dit* en français, puis immédiatement traduit en anglais *(Down Below)* et publié en 1942 dans *VVV*, la revue surréaliste (rééd. Le Terrain vague, 1973). Elle rejoint Lisbonne, puis en bateau New York, où elle retrouve Max Ernst, débarqué en juillet 1941, marié à Peggy Guggenheim. Elle se réfugie à Mexico en 1942, vivant dans la société cosmopolite des réfugiés : toreros espagnols, poètes français (tel Benjamin Péret), peintres (l'Autrichien Wolfgang Paalen, la Catalane Remedios Varo ou la Française Alice Rahon), photographes (telle la Hongroise Kathy Horna). Elle épouse l'émigré hongrois Emerico Weisz, « Chiqui », dont elle aura deux fils.

Après la guerre, elle s'installe ainsi à Mexico, mais séjournera aux États-Unis pendant de longues périodes. Elle élabore une œuvre picturale plus fantastique que surréaliste, obsédée par le miroir du monde et son envers, et par les mots dans leur pouvoir magique. Son œuvre sera exposée à Mexico, à New York, à Paris, attirant en particulier l'Anglais Edward James. Elle publie également des romans, de facture traditionnelle, de ton extrêmement caustique, d'une thématique ésotérique, écrits en anglais mais qui seront publiés d'abord en français, chez Flammarion, par Henri Parisot (*Le Cornet acoustique*, 1974, rééd. GF, 1983 ; *La Porte de pierre*, 1976) et aux éditions Le Temps qu'il fait, par J. Chénieux-Gendron (*Histoire du petit Francis,* dans *Pigeon vole*, 1986). D'abord reconnue par des lecteurs français, l'œuvre de Leonora Carrington est maintenant retraduite en langue américaine et valorisée par une critique anglo-saxonne d'inspiration surtout féministe.

J.C.-G.

Cassou Jean (1897-1986). Né à Deusto en Espagne le 9 juillet 1897 de mère andalouse et de père béarnais, il resta toujours attaché à ses origines ibériques. Secrétaire de Pierre Louÿs pendant ses études de lettres à Paris, il fait, en 1926, une entrée remarquée en littérature en publiant *Les Harmonies viennoises*, premier d'une longue série de romans dans la collection dirigée par Edmond Jaloux chez Émile-Paul. La même année, Jaloux fonde le Brambilla Club, où se réunissent les amateurs du romantisme allemand, et, en compagnie de Larbaud et de Soupault, la *Revue européenne* : dans l'un et l'autre, il introduit Cassou dont les romans se succèdent suivant une trajectoire de plus en plus sombre, comme l'a observé Pierre Georgel, passant de la « fantaisie poétique » à « des livres alarmés (*Tolstoï*, *Les Inconnus dans la cave*), puis indignés (*Les Massacres de Paris*, *Légion*), enfin douloureusement désenchantés (*Le Centre du monde, Réflexions sur le commerce des hommes...*) ». C'est que l'engagement politique est pour Cassou indissociable de la littérature. Après des essais sur Rilke et Milosz, un *Panorama de la littérature espagnole contemporaine* (Kra, 1929-1931), il publie *Les Nuits de Musset* (Émile-Paul, 1930) qu'il conçoit, d'après ses propres termes, comme un « anti-Maurras ». Devenu rédacteur en chef de la revue *Europe*, il rejoint le Front populaire. Jean Zay, ministre de l'Éducation nationale, le charge des Beaux-Arts. Il accepte peu après la charge de conservateur adjoint au musée du Luxembourg. En 1941, ses activités de résistant lui valent d'être incarcéré à Toulouse. Au cachot, il écrit les *Trente-trois sonnets composés au secret,* qui paraîtront aux Éditions de Minuit en 1944, préfacés par François la Colère (alias Aragon), sous le pseudonyme de Jean Noir (rééd. Gallimard, 1995). Après la guerre, qu'il poursuivit comme inspecteur de l'activité résistante du Sud-Ouest, il préface les notes de captivité de Jean Zay, assassiné par la Milice, qui paraissent sous le titre *Souvenirs et solitude*. En 1945, il crée le Musée national d'art moderne, qu'il dirige jusqu'en 1965. Il publie ses souvenirs en 1981 (*Une vie pour la liberté*, Laffont). La Société des gens de lettres lui décerne son grand prix en 1983. Il meurt à Paris, le 16 janvier 1986. En 1995, une exposition a rendu hommage au conservateur, au critique d'art, au collectionneur, au poète Jean Cassou ; son œuvre de romancier, qui compte une vingtaine de titres, reste à redécouvrir.

→ Pierre Georgel, *Jean Cassou*, Seghers, coll. Poètes d'aujourd'hui, 1967. — *Jean Cassou, un musée imaginé*, sous la direction de Florence de Lussy, Bibliothèque nationale de France-Centre Georges Pompidou, 1995. — Fonds Jean Casson à la Bibliothèque nationale.

S.B.

Cau Jean (1925-1993). Né à Bram, dans l'Aude, le 8 juillet 1925, ce Languedocien est issu d'un milieu modeste. Brillant élève au lycée de Carcassonne, il monte à Paris pour préparer les concours au lycée Louis-le-Grand. Après une licence de philosophie, il est secrétaire particulier de Sartre de 1947 à 1956, puis journaliste (à *L'Express*, au *Figaro littéraire*, à *France Observateur)*. Après sa période sartrienne, il se distingue par des prises de position « national-gaullistes » et vilipende la « décadence » *(Discours de la décadence*, Copernic, 1978 ; *L'Ivresse des intellectuels*, Plon, 1992). Il a publié plus de quarante ouvrages, des romans, dont *La Pitié de Dieu* (1961, prix Goncourt), des recueils de nouvelles tirées de son enfance provinciale *(Nouvelles du paradis*, 1980, prix de l'Académie française ; *Les Culottes courtes*, 1988), des pièces de théâtre *(Les Parachutistes et le maître du monde*, 1963 ; *Les Yeux crevés*, 1968), des « soties » *(Tropicanas*, 1970), des essais sur la tauromachie *(Les Oreilles et la queue*, 1961 ; *La Folie corrida*, 1992), mais reste surtout le pamphlétaire impitoyable du monde politique et intellectuel, particulièrement de la gauche des années 1970-1980 *(L'Agonie de la vieille*, 1970 ; *Réflexions sur une époque molle*, 1981 ; *La Barbe et la rose*, 1982 : tous trois à La Table ronde ; *Contre-attaques - Éloge incongru du lourd*, Labyrinthe, 1993). Jean Cau est mort le 18 juin 1993 (posth. : *L'Orgueil des Mots*, Filipacchi, 1995).

ŒUVRES. — Chez Gallimard.

I.M.

Cauvin Patrick (1932), pseudonyme de Claude Klotz. Né le 6 octobre 1932 à Marseille, arrivé à Paris en 1938, il fait des études de philosophie et enseigne dans un collège de la banlieue jusqu'en 1976. Il se partage ensuite entre ses activités de romancier, de critique de cinéma à *Pilote* et l'adaptation cinématographique. Sa passion pour le cinéma informe d'ailleurs son œuvre et son style romanesques, et se révèle pleinement dans des récits qui pastichent avec un humour irrésistible les films d'épouvante (*Paris Vampire*, Lattès, 1974 ; porté à l'écran sous le titre de *Dracula père et fils*) ou les films d'action (*Les Fabuleuses Aventures d'Anselme Levasseur*, Lattès, 1976). Mais c'est par ses romans policiers qu'il s'est fait connaître, la série des *Reiner* (Christian Bourgeois, 12 titres adaptés à la télévision) lui apportant le succès après des débuts discrets (*Les Classes*, Christian Bourgeois, 1968 ; *Les Innommables*, Christian Bourgeois, 1971). Publiant sous son pseudonyme des best-sellers, qui seront pour la plupart adaptés à l'écran, jouant sur le registre facile des sentiments (*L'Amour aveugle*, Le Livre de Poche, 1974), il sait aussi se placer, avec bonheur et malice, sur le terrain de l'enfance en recourant à des expressions enfantines pour raconter la difficulté d'aimer et de vivre quand on a une dizaine d'années (*Monsieur Papa*, Lattès, 1976 ; *$E = mc^2$ mon amour*, Lattès, 1977 ; *Tout ce que Joseph écrivit cette année-là*, Albin Michel, 1994), même si l'âge n'empêche pas les amours exceptionnelles comme celles de Pascal et Séraphine dans *Rue des Bons-Enfants* (Albin Michel, 1990). L'exotisme parvient également à faire oublier un certain sentimentalisme (*Huit jours en été*, Lattès, 1979 ; *C'était le Pérou*, Lattès, 1980), surtout lorsqu'il est combiné au fantastique comme dans *Laura Brams* (Albin Michel, 1984), histoire d'amour et de mort d'un romancier à succès et de l'une de ses « admiratrices » sur fond de réincarnation et d'Égypte ancienne, dans *Werther, ce soir...* (Albin Michel, 1988), qui relate la rencontre tragique d'un ténor dont le rôle préféré est Werther et d'une descendante de Charlotte, et dans *Belles Galères* (Albin Michel, 1991), qui contient deux romans en un (« Cécilia » et « M. ») et deux machinations diaboliques. Il est aussi l'auteur de romans plus graves comme *Les Appelés* (Lattès, 1982), publié sous son nom réel, Claude Klotz, et faisant appel à de douloureux souvenirs de la guerre d'Algérie, ou comme *Nous allions vers les beaux jours* (Lattès, 1981) qui évoque le destin tragique de deux comédiens déportés, jouant leur dernier rôle dans un film de propagande nazie et exécutés après le tournage.

S.R.

Cayrol Jean (1911). Né à Bordeaux le 6 juin 1911, il publie à compte d'auteur, dès l'âge de quinze ans, des poèmes au rythme de comptines. Quoique sa poésie reste dans les formes assez conventionnelle, observant retours à la ligne et assonances, Cayrol déclare devoir sa véritable entrée en littérature à une lecture de *La Révolution surréaliste*, en 1931. Ses premiers poèmes constituent des ensembles narratifs inspirés par la mer *(Ce n'est pas la mer*, 1935 ; *Le Hollandais volant*, 1936) et par la religion *(Les Poèmes du pasteur Grimm*, 1936 ; *Le Dernier Homme*, 1940). Mobilisé comme marin, il s'engage en 1941 dans la Résistance ; après un internement à Fresnes, il est déporté au camp de Gusen-Mathausen. En 1944, parvient à Albert Béguin, réfugié en Suisse, le manuscrit de *Miroir de la rédemption* précédé de *Et nunc*. Il faut attendre 1945 et le retour de l'auteur pour que paraissent les *Poèmes de la nuit et du brouillard*, suivi de *Larmes publiques*.

Après une interruption de 1955 à 1969, il revient au travail poétique pour une expérience de *Poésie-Journal*, œuvre moins marquée par l'actualité que ne le laisse supposer le titre, plus proche du carnet intime, et qui se prolongera jusqu'en 1980. Pour parler de la déportation, Cayrol semble avoir recours à tous les modes d'expression, dont le roman *(Je vivrai l'amour des autres*, 1947), l'essai *(Lazare parmi nous*, 1950) et le cinéma *(Nuit et brouillard*, réalisé avec Alain Resnais, en 1956). Il collaborera encore avec Resnais en 1964, en composant le scénario et les dialogues de *Muriel*, et coopérera également avec Claude Durand pour des courts-métrages et, en 1965, pour *Le Coup de grâce*.

C'est dans le domaine romanesque que Jean Cayrol s'est peut-être montré le plus novateur. Il amorce en 1947 une sorte de « Nouveau Roman » avant la lettre, en travaillant sur la voix, procédé qui sera analysé et salué par Roland Barthes dans sa postface aux *Corps étrangers* (1964). Dans *On vous parle* (1947), la première personne est d'abord anonyme, à peine une existence, tout juste une parole : « Vous l'avez tué, il y a bien longtemps. On en parle dans le brouillard et dans la nuit. / Il attend que le soir arrive pour croire au lendemain. Que lui avez-vous laissé ? » Il faut attendre le deuxième volume de la trilogie, intitulé justement

Les Premiers Jours, pour que le personnage acquière un prénom, mais il continue à déambuler dans un monde constitué de choses plus que de gens, ou de gens chosifiés. Pour ce Lazare-Ulysse qui n'en finit pas de revenir, l'univers demeure irrémédiablement étrange, amnésique. En somme, Jean Cayrol, qui a eu des responsabilités éditoriales au Seuil et a participé à l'aventure de *Tel Quel*, est bien un moderne pour qui la séparation des genres n'a plus de sens, poésie et roman se mêlant, comme dans les différentes *Histoires — d'une prairie*, *d'un désert*, *de la mer*, etc. — où des créatures privilégiées dialoguent avec les éléments.

ŒUVRES. — Publiées au Seuil : *Œuvre poétique*, 1988. — **Romans, récits, nouvelles** : *Je vivrai l'amour des autres*, 1947. — *La Noire*, 1949. — *Le Feu qui prend*, 1950. — *Le Vent de la mémoire*, 1952. — *L'Espace d'une nuit*, 1954. — *Le Déménagement*, 1956. — *La Gaffe*, 1957. — *Les Corps étrangers*, 1959. — *Les Pleins et les déliés*, nouvelles, 1960. — *Le Froid du soleil*, 1963. — *Midi-Minuit*, 1966. — *Je l'entends encore*, 1968. — *Histoire d'une prairie*, 1970. — *N'oubliez pas que nous nous aimons*, 1971. — *Histoire d'un désert*, 1972. — *Histoire de la mer*, 1973. — *Kakemono Hôtel*, 1974. — *Histoire de la forêt*, 1975. — *Histoire d'une maison*, 1976. — *Les Enfants pillards*, 1978. — *Histoire du ciel*, 1979. — *Exposés au soleil*, courts récits, 1980. — *L'Homme dans le rétroviseur*, 1981. — *Un mot d'auteur*, 1983. — *Qui suis-je ?* suivi de *Une mémoire toute fraîche*, 1984. — *Les Châtaignes*, 1986. — *Des nuits plus blanches que nature*, nouvelles, 1987. — **Essais** : *Lazare parmi nous*, 1950. — *Les Mille et Une Nuits du chrétien*, 1952. — *Le Droit de regard*, en collaboration avec Claude Durand, 1963. — *De l'espace humain*, 1968. — *Lectures*, 1973. — *Il était une fois Jean Cayrol*, 1982.

→ Daniel Oster, *Jean Cayrol et son œuvre*, Le Seuil, 1967 ; *Jean Cayrol*, Seghers, coll. Poètes d'aujourd'hui, 1973. — Roland Barthes, *Le Bruissement de la langue*, Le Seuil, 1984 (« La rature »).

C.Du.

Ceccatty René de (1952). Né le 1er janvier 1952 à Tunis. Après des études de philosophie à la Sorbonne et trois ans d'enseignement, il s'est consacré à la littérature et à la traduction. Conseiller littéraire chez Denoël, puis chez Gallimard, il collabore depuis 1988 au *Monde des livres* et dirige la collection Haute Enfance chez Gallimard. Romancier et essayiste, il a publié aux éditions de la Différence *Personnes et personnages* (1979), *Jardins et rues des capitales* (1980) et *Esther* (1982) ; puis *L'Extrémité du monde* (Denoël, 1985), sur l'itinéraire spirituel de saint François Xavier ; *L'Or et la poussière* (Gallimard, 1986 ; prix Valery Larbaud), consacré à la naissance de la sensibilité romantique ; *Babel des mers* (Gallimard, 1987), histoire d'une romancière anglaise, *La Sentinelle du rêve* (Michel de Maule, 1988), *L'Étoile rubis* (Julliard, 1990), *Nuit en pays étranger* (Julliard, 1992), biographie de l'écrivain italien Sibilla Aleramo ; *L'Accompagnement* (Gallimard, 1994), *Violette Leduc, éloge de la Bâtarde* (Stock, 1994), *Aimer* (Gallimard, 1996). Il a traduit de l'italien des œuvres de Pasolini, Moravia, Savinio, donné, en collaboration avec Ryôji Nakamura, une anthologie, *Mille ans de littérature japonaise* (La Différence, 1982) et traduit plusieurs auteurs japonais, dont Dôgen, Kôbô Abe, Yukio Mishima, Iasushi Inoué. Pour le metteur en scène argentin Alfredo Arias, il a collaboré à *Mortadela* (Molière du meilleur spectacle musical, 1993), à la traduction de *Cachafaz* de Copi (théâtre de la Colline, 1993) et prépare une comédie musicale consacrée à Nijinski.

M.Ber.

Céline Louis-Ferdinand (1894-1961), pseudonyme de Louis-Ferdinand Destouches. Né à Courbevoie le 27 mai 1894, issu malgré un ancêtre gentilhomme normand d'un milieu social très moyen (une mère antiquaire en dentelles, un père employé d'assurances), il a grandi dans le Paris d'avant 1914 et, destiné au commerce, a échappé à l'éducation traditionnelle d'alors grâce à deux séjours linguistiques d'un an, l'un en Allemagne, l'autre en Angleterre. Après divers apprentissages, notamment chez de grands joailliers, engagé comme cuirassier en 1914, il est grièvement blessé dès les premiers mois de la guerre au cours d'une mission volontaire, désormais invalide à 70 %. Réformé et envoyé à Londres pour servir au consulat, il contracte un mariage secret avec une entraîneuse, puis part gérer un comptoir au Togo, d'où il est rapatrié pour paludisme, est employé quelque temps par Abel Gance, le cinéaste, puis par Henri de Graffigny, le vulgarisateur scientifique, participe ensuite à une mission Rockfeller de prévention antituberculeuse. Il rencontre ainsi à Rennes la fille d'un professeur de médecine, qu'il épouse après l'armistice et dont il aura une fille. Il entreprend alors des études médicales achevées par une thèse sur un pionnier de la prophylaxie : *La Vie et l'œuvre de Philippe Ignace Semmelweis* (Rennes, Simon, 1924), dont l'exposé non conformiste vise déjà à dénoncer la bêtise et l'aveuglement de l'humanité. Il entre à la Société des Nations, dans le département d'épidémiologie dirigé par le professeur Raïchman, et séjourne de 1924 à 1927 à Genève, effectuant des missions en Amérique, et en Europe centrale, où il prend conscience des ravages créés par le Traité de Versailles. Il divorce de sa seconde femme, amorce une longue liaison avec une danseuse américaine, Elizabeth Craig, qui l'initie à l'expression artistique moderne fondée sur la nécessité intérieure. Son mandat à la Société des Nations n'ayant pas été renouvelé — il avait montré à son patron la première version de sa pièce, *L'Église* (Denoël, 1933), qui raillait les sinécures internationales —, il rentre à Paris et, après une tentative de médecine libérale, se contente de vacations dans un dispensaire. Il écrit *Voyage au bout de la nuit* (Denoël, 1932), qui lui vaut la célébrité malgré un échec au Goncourt dû à son anti-académisme, et met quatre ans à rédiger son second chef-d'œuvre, *Mort à crédit* (Denoël, 1936), que la critique de gauche, admirative du *Voyage* en raison de ses attaques contre l'inégalité sociale, désavoue, Céline ayant refusé de s'embrigader dans les « compagnons de route » du communisme.

Pareille conspiration du silence provoque alors une cassure dans sa destinée d'écrivain. Furieux d'être occulté, dépité d'avoir été rejeté de la Société des Nations et écarté de la direction du dispensaire de Clichy au profit d'un juif lithuanien dont le frère était rédacteur à *La Pravda*, il entre dans un engrenage de pamphlets vengeurs qui portent violemment ses déceptions à la dimension universelle et rejoignent la propagande anticommuniste et antisémite hostile au Front populaire, en rehaussant celle-ci d'une argumentation nietzschéenne : le point central de sa polémique est adapté de *La Généalogie de la morale*, qui voyait dans la démocratie le triomphe du ressentiment des faibles pour écraser les forts grâce à la collusion judéo-chrétienne et socialiste. De 1936 à 1942, il délaisse le roman et publie quatre pamphlets : *Mea culpa* (Denoël, 1936), le plus brillant, où il pourfend la prétention d'améliorer la condition de l'humanité et raille l'URSS, qu'il avait visitée, avec son régime policier, sa misère, son incapacité, sa propagande mensongère encouragée par les intellectuels occidentaux. *Bagatelles pour un massacre* (Denoël, 1937) expose métaphoriquement l'impossibilité pour un écrivain qui n'est pas de gauche de se faire entendre, complétant le tableau de la décrépitude soviétique et prenant pour cible principale juifs et bolcheviques, qu'il rend responsables de la décadence française, avec la complicité de la molle bourgeoisie aryenne. Déversant des pages d'antisémitisme ordurier, le livre est aujourd'hui interdit de republication, ainsi que les deux pamphlets suivants : *L'École des cadavres* (Denoël, 1938), où les attaques antisémites se durcissent, et *Les Beaux Draps* (Denoël, 1941), qui raille la déroute française de 1940, parodie les programmes de rénovation édictés par la Révolution Nationale et plaide pour le retour à une culture païenne et antimatérialiste.

De 1940 à 1944, Céline, que la collaboration aurait bien voulu s'annexer, mais qui méprise la droite — il avait appelé Pétain « le maréchal Prétartarin » et traitait publiquement Hitler de « mage pour le Brandebourg » — se tient à l'écart de tout enrôlement. Pressentant toutefois le caractère pernicieux de sa polémique, il retourne à la fiction avec *Guignol's Band* (Denoël, 1944). À l'annonce du débarquement allié, il décide d'échapper aux règlements de comptes en passant au Danemark avec sa troisième épouse, la danseuse Lucette Almanzor. Il traverse le IIIe Reich en flammes, séjourne en Prusse, puis à Sigmaringen, où le gouvernement de Vichy a été transféré par Berlin — expériences qu'utilisent ses dernières œuvres. Il finit par gagner Copenhague où, peu après, il est arrêté et jeté au cachot, atteint d'une pellagre qui ruine pour toujours sa santé. Après une détention de dix-huit mois, il est assigné à résidence en mai 1948 à Körsör, bourgade sur la Baltique, où il vit difficilement son exil. *Casse-pipe* paraît à ce moment dans les *Cahiers de la Pléiade* (été 1948) avant d'être publié en volume (Chambriand, 1950).

Autorisé à rentrer en France en 1951, ruiné, ayant perdu jusqu'à ses manuscrits, il se heurte à un Paris littéraire dominé par Aragon et la coterie de Sartre, qui l'a fait mettre sur la liste noire du Comité National des Écrivains et calomnié sans qu'il puisse diffuser sa réplique : *À l'agité du bocal*, qui avait paru dans *Le Gala des vaches* d'Albert Paraz (L'Élan, 1948). Il lutte durement pour faire rééditer ses œuvres et en publier de nouvelles. Traumatisé, il pense reconquérir la place qui lui est due en poursuivant la rédaction de bouffonneries vides et anodines, *Féerie pour une autre fois I* (Gallimard, 1952), *II* (Gallimard, 1954), dont l'échec l'avertit enfin qu'il doit revenir à sa préoccupation de toujours : une interrogation sur le devenir universel. Avec l'appui de Roger Nimier, *D'un château l'autre* (Gallimard, 1957), suivi de *Nord* (Gallimard, 1960), lui restitue la gloire. On reparle de lui dans la presse. Il meurt d'une attaque le 1er juillet 1961 dans sa maison de Meudon, alors qu'il achevait *Rigodon* (posth., Gallimard, 1969), troisième volet de ses aventures imaginaires dans le IIIe Reich.

L'œuvre célinienne constitue la manifestation la plus radicale et la plus corrosive de cet absurdisme qui, de Proust et Kafka jusqu'aux illustrations plus récentes de la « crise du sujet », traverse tout le XXe siècle et se fonde sur diverses justifications théoriques. Tempérament visionnaire, atteint physiquement à vingt ans par le cataclysme de 1914 et scandalisé par l'amnésie des après-guerres, cet écrivain passionné toute sa vie par l'histoire et la philosophie, adhère sans réserve au vitalisme illustré par Schopenhauer, par Nietzsche et à un moindre degré par Freud, qui a tant marqué notre époque. Il a interprété de façon hyperbolique la boiterie existentielle établie par antirationalisme qui place désormais l'intelligence sous la dépendance de pulsions jaillissant du fond inconscient de la vie. Fasciné par ce paradoxe — l'homme est mû par une force aveugle que sa dynamique même empêcherait de savoir ce qu'elle veut —, Céline met en scène « sous un ciel où rien ne luit » des personnages ingénument égoïstes, menacés du dedans autant que du dehors, irresponsables, occupés à s'affirmer inlassablement, obscurément insatisfaits — « L'homme nu dépouillé de tout même de sa foi en lui ». Telle est la vie mauvaise, « malade », dit-il, privée de toute tension idéale, impossible à réformer ou à guérir puisqu'elle est incapable de connaître son bien, conviction lourde de conséquences pour son interprétation de l'histoire. Si Schopenhauer lui a inspiré la parade théâtrale des êtres qui veulent échapper à la conscience de leur misère et de leur ennui, la déploration de la cruauté, l'évocation du politique comme comédie à répétition, Nietzsche, héritier des mêmes prémisses, lui a signalé comme à ceux de sa génération l'importance du collectif et le devoir d'exégèse du temps présent. Il a encouragé sa dénonciation sarcastique des fausses valeurs auxquelles ses romans donnent la forme de la bêtise. Céline est seul à avoir illustré jusqu'au bout le message essentiel du penseur allemand, l'absence de sens du devenir, dont il trouve la preuve dans la rage des hommes à pousser leur affirmation jusqu'à l'autodestruction, pulsion contradictoire dont il fait le ressort des drames individuels et collectifs.

Son œuvre, qui se rattache à la Nouvelle Objectivité des années 1930 avec son réalisme social souvent pessimiste, se détourne des problèmes subjectifs pour se consacrer aux grands aspects du XXe siècle qu'elle ramène, refusant l'illusion progressiste, à l'histoire de toujours — « La croyance au bonheur, la voilà bien l'énorme imposture ! » —, conférant une dimension exceptionnelle au projet absurdiste, dépassant les idéologies pour les mettre dos à dos, dénonçant l'aliénation sociale mais avec la conviction qu'« un prolétaire est un bourgeois qui n'a pas réussi ». Le recours à un *ego* expérimental y garantit à toute expérience une approche perspectiviste, seul instrument du vrai. La distanciation ironique de ce narrateur blasé mais toujours en situation s'accompagne d'une limitation. Persuadé qu'on ne peut qu'approcher de « l'intimité muette des hommes et des choses », Céline utilise les réactions physiologiques et affectives incontrôlées, fuites, nausées, pour exprimer l'insupportable intuition que la mort est dans la vie même, impensable consubstantialité de deux antinomies. Et pourtant les errances existentielles qu'il évoque sont drôles, grâce à la crudité de son vérisme, son lexique étourdissant, son sens de l'inattendu. Admirateur de Dickens, il a multiplié les personnages pittoresques, les exagérant jusqu'à la caricature, leur prêtant une parole abondante, preuve de leur volonté d'affirmation. Mêlé au comique, le tragique de l'arrière-plan renforce l'ambiguïté des significations.

Son esthétique relève du primitivisme, cette tendance moderne qui rejette l'excès de subtilité au profit d'une vigueur plus proche de l'origine. Céline a choisi ainsi le modèle idéal « peuple », dont les comportements rudimentaires, violence et banalité du fait divers, révèlent mieux la basse communauté de l'essence humaine et dont le langage concret, argotique, à la syntaxe simplifiée, exprime la vraie nature du vouloir-vivre, l'écrivain souhaitant user d'un style aussi irrationnel que son objet, ravi de détruire au passage ce qui lui paraît une imposture, la noblesse de la vie intérieure. Dans le même esprit, fasciné par le cinéma muet — ses canevas de ballets imitent les « féeries » de Georges Méliès —, il en a utilisé les procédés : ellipses narratives ou symbolique proprement filmique typiques du post-expressionnisme. Sa poétique, totalement originale, use d'une imagerie médiatique afin de désigner les réalités les plus graves. Peu enclin à livrer ses secrets d'atelier, il ne s'est expliqué librement sur son œuvre qu'après la sortie de *Voyage au bout de la nuit*, observant plus de réserve à son retour d'exil, où par stratégie il ne commente que son style, « sa petite musique » (*Entretiens avec le professeur Y*, *NRF*, juin 1954), et proteste de sa culture nationale alors que son travail atteste une information plus large.

Voyage au bout de la nuit, par sa tonalité et son ampleur de vue inouïes, est le seul roman qui mériterait l'épithète d'existentialiste. Son titre lyrique et familier ne ment pas sur le bourlingage métaphysique qui y est évoqué et qui est voué à l'échec puisque, au terme de son errance, le narrateur découvre l'éternel recommencement de la condition humaine. À ce personnage dont la médiocrité garantit le caractère représentatif, Céline a imposé l'épreuve de toutes les déconvenues réservées à un homme du XXe siècle : la guerre, la recherche d'un travail qui oblige à cette double confrontation, l'impossibilité pour un civilisé de retourner en arrière dans la solitude africaine et de s'habituer à la dureté futuriste des États-Unis, avant d'aller croupir dans la banlieue parisienne déjà gagnée par l'industrialisation. C'est là que, devenu médecin généraliste, il fréquente un compagnon peu recommandable, dont les infortunes reproduisent sommairement les siennes, et qui se fait assassiner par une maîtresse incapable de comprendre son malaise existentiel. Ce dénouement permet au héros, Bardamu, de mieux approcher le mystère tragique de la vie. La force du livre vient de ce que la quête de ce sujet expérimental est indissociable du ratage des temps modernes, où jamais le poids de l'histoire n'a dépossédé à ce point l'homme de lui-même. Mais l'auteur a voulu qu'une telle dénonciation ne suffise pas à éclairer le principe d'une aliénation qui s'enracine en deçà de la phénoménalité : toute explication est contredite par le jeu de l'instinct autodestructeur. D'un côté, Bardamu constate l'énormité de la cupidité individuelle, de l'autre, l'action souterraine des pulsions qui agissent contre cet intérêt ; l'énigme reste donc entière. Céline a jeté toute sa verve inventive dans cette œuvre abondante, d'un réalisme impressionnant, où les numéros comiques se mêlent à une poétique mélodramatique marquée par le néo-expressionnisme du cinéma d'outre-Rhin, qui fait suinter de partout la mort, — une mort imbriquée dans la vie. Il inaugure les formules d'un absurdisme romanesque qui servira à Sartre et à Camus : la transposition en attitude physique, fuite ou nausée, de ce qui est en réalité impossibilité intellectuelle ; l'abus d'une péjoration systématique dans la description, qui traduit la déréliction ontologique.

Mort à crédit reprend sous un autre

angle la tragédie de l'homme immergé dans une condition qu'il ne peut améliorer faute de la comprendre. Feignant de consolider généalogiquement le héros du *Voyage* en produisant son enfance et son adolescence, Céline se rapproche en apparence du roman traditionnel en donnant à Ferdinand Bardamu un destin moins représentatif : ce fils unique de petits commerçants, dans un passage parisien nommé significativement « des Bérésinas », tâte de divers états d'apprenti avant de devancer, faute de mieux, l'appel sous les drapeaux. Une multiplicité d'anecdotes se charge de révéler le pathos où est engluée toute existence et de témoigner comment dès sa naissance se fabrique un écrasé. Ce livre répond à la gauche, qui avait renâclé devant l'aboutissement de *Voyage au bout de la nuit* : *Mort à crédit* montre que l'aliénation naît d'une imprégnation psychique dont aucune lutte de classes ne pourra libérer ; le lien familial est en soi déjà responsable d'une paralysie et l'économique n'est que la projection de l'insatisfaction fondamentale devant la vie. Intimidation quotidienne de l'enfant par ses parents, mise au ban par le chômage s'inscrivent d'abord dans l'inconscient et la lésion affective est trop enfouie pour engendrer une révolte autre que les insurrections purement réactives de Bardamu, qui tombe dans le mutisme ou tente d'étrangler son père. Cette pesée du couple parental, quatre fois reproduite grâce à une succession d'apprentissages, s'inscrit dans la donne tragique, de même que les échecs se répètent symboliquement : « Je l'ai bien vu venir moi le Progrès, mais je trouvais toujours pas une place », soupire cet anti-Émile. Le livre unit brillamment comique et tragique. Saturé de couleur locale, grouillant de personnages savoureux, porté par une langue superbe, il démythifie la Belle Époque mais aussi toute croyance à l'éducation. La seconde partie fait la part plus belle encore à la fantaisie, mais l'aventure anglaise de Bardamu et surtout son secrétariat auprès du très éloquent, inventif, brouillon et vicieux Courtial des Pereires, directeur d'une revue scientifique et dont les discours parodient les enthousiasmes édifiants de Flammarion, se soldent à chaque fois par un suicide provoqué par une faillite. L'auteur atteint alors une puissance d'émotion qui nous renvoie au tragique éternel : il n'est rien de plus poignant que la veillée funèbre de Courtial pleuré par sa veuve moustachue et le départ de Bardamu brisé et submergé.

Commence ensuite la série des œuvres autopunitives dans lesquelles Céline s'interdit toute immixtion dans l'histoire, terrain de ses grandes réalisations, et fabrique des bouffonneries anodines au moment où il est au mieux de son style. *Guignol's Band II* raconte une aventure dans le « milieu » londonien de 1915, où souteneur, usurier, filles, marginaux et hurluberlus composent un chahut assourdissant. Le début de *Casse-pipe* (1949), dont le projet date de 1937 et qui est resté inachevé, présente également un récit pléthorique, distendu, à l'opposé de la vraie manière célinienne, elliptique et gonflée de sens. Dans le décor d'un corps de garde et les vapeurs de l'écurie, un épisode grotesque est prolixement narré : le départ d'une patrouille de cuirassiers imbibés de vin, qui erre dans la nuit, ayant oublié le mot de passe qui lui permettrait de revenir au cantonnement. *Guignol's Band II* donne la suite des aventures londoniennes de Bardamu. Embarqué par un personnage étrange, Sosthène, mi-charlatan, mi-mage, dans la fabrication de masques à gaz, le héros s'éprend de la nièce d'un colonel impliqué dans l'affaire. Bagarres, explosions, délires et extases de Bardamu amoureux, scènes de *pubs* où l'on retrouve les figurants du tome précédent, s'achèvent par le départ en bateau du narrateur. *Féerie pour une autre fois*, où Céline met au point le rythme qui trouve son aboutissement dans ses dernières œuvres, est consacré au bombardement de Montmartre du printemps 1944. Après un long prologue qui mêle griefs et souvenirs — exil, prison danoise, mort de sa mère, ingratitude de ses compatriotes, prétentions de la confrérie littéraire — entre en scène Jules, le sculpteur-peintre, cul-de-jatte, ami de Ferdinand dont il veut séduire la compagne Arlette, au moment où commence le bombardement de Paris par les alliés. Descente dans les caves, disputes, disparitions diverses, recherche de Jules resté sur la plate-forme du Moulin, folie et tintamarre général s'accumulent, entrecoupés de réflexions qui annoncent le retour de Céline à sa grande manière.

En 1954, décidé à retrouver son génie, il entreprend un récit en trois volets : *D'un château l'autre*, *Nord*, *Rigodon*, appelé souvent « trilogie allemande » où, sous couleur de retracer son errance dans l'Allemagne du IIIe Reich agonisant, il affirme une nouvelle fois l'absence de sens de toute histoire en réduisant avec une hardiesse inouïe, surtout pour l'époque, la Seconde Guerre mondiale à un mouvement ordinaire de la vie des peuples, et en prenant directement en vue dans sa dimension universelle la tragicomédie à répétition de l'inconscience humaine. Il utilise pour cela ses souvenirs de cette débâcle, quand l'appareil nazi était incapable de maîtriser le sauve-qui-peut général et qu'armées et ethnies se croisaient en tout sens dans le pays. Pour rendre sensible le scandale d'une récupération de la vie qui surgit du cœur même de la destruction, la description remodèle savamment notre conception de l'histoire, substituant ironiquement à la notion de guerre celle d'« errance des peuples » — « En vrai un continent sans guerre s'ennuie... sitôt les clairons c'est la fête [...] » —, transférant aux foules anonymes une initiative d'ordinaire reconnue aux chefs, auxquels n'est concédé qu'un pouvoir magnétique éphémère. Le récit, qui affecte la forme modeste d'une chronique médiévale, dévoile habilement les grandes choses à travers les petites et, par un jeu de comparaisons, abolit les différences chronologiques ou spatiales afin d'imposer la permanence du sadisme universel et celle de la grande antithèse « riches-miteux ». Une esthétique épurée préside à un pragmatisme feint qui use de vignettes saisissantes (« mes comics ») tandis qu'est accentuée la structure paratAxique de la phrase et que le mouvement associatif de la pensée et la recherche du mot juste sont mimés grâce à une ponctuation particulière. Après un prologue vengeur où Céline vitupère civilisation de consommation, hypocrisie de l'après-guerre — « combien les purs se sont beurrés » —, coalition des confrères « tourne-veste » contre lui, qu'un passé de souffrances autorise à juger, le récit décolle grâce à une hallucination — la barque du passeur des morts, Charon — qui ouvre une rétrospective de ce qui fut. Commence alors la chronique de Sigmaringen, le château labyrinthique et biscornu qui a abrité les nantis de Vichy, indifférents à la troupe affamée des manants collaborateurs. Dans ce lieu médiéval théâtralisé, des énergumènes réels ou imaginaires défilent, agitent leurs marottes, inconscients des forteresses alliées qui rasent les toits, remplacés par d'autres tout aussi fous, tandis qu'à la gare populations de tous âges et de toutes nationalités, troupes et civils, bâfrent, copulent, chantent à pleine voix, absorbés dans un présent immédiat. La promenade de Pétain le long du Danube, les discours parodiques de Laval, l'enterrement de Bichelonne à Hohenlychen et le retour en train des ministres qui se font dépouiller par une horde de moutards, jeunes barbares symboliques du flux des générations, constituent des morceaux d'anthologie.

Le thème profond de *Nord*, où le séjour forcé de Céline dans un domaine rural de Prusse est traité de façon tout aussi libre, n'est autre que le problème du mal. L'auteur conteste la diabolisation d'Hitler et redistribue la culpabilité à son peuple en montrant que toute humanité est criminelle. Il imagine pour cela un drame familial exemplaire — une femme liquide son hobereau de mari et son beau-père pour hériter du titre et du domaine, initiative soutenue par la complicité de tout un village —, tandis qu'à l'horizon de « la plaine à patates » menacent déjà les hordes d'envahisseurs venus de l'Est. Dans cette partie, la plus poétique, Céline joue magistralement des mouvements de populations, évoque les ruines de Berlin, les lueurs des bombardements et le casino de Baden-Baden où le confort des nantis n'est pas troublé par la guerre, pour montrer que la vie poursuit scandaleusement son chemin et qu'il n'y a plus qu'à s'en accommoder, comme les médecins militaires appelés à juger les crimes du village.

Dans *Rigodon*, allusion narquoise au destin qui ne rate jamais son coup et qu'il faut présenter comme une vieille danse sautillante à la française, un récit plus nerveux regroupe les déplacements en tous sens accomplis par le narrateur pour échapper à la nasse allemande. L'indifférence provocante qu'affecte le personnage devant les bombardements au phosphore, les accumulations de morts, les bateaux quille en l'air dans les ports, permet de mesurer un désastre qui ne doit être ressenti qu'au second degré et suggère que, dans un tel contexte, il n'y a plus rien au nom de quoi on puisse juger. L'évocation se clôt sur l'image symbolique de l'écrivain arrivant à passer la frontière danoise grâce à une escouade de petits mongoliens qu'on l'a chargé de convoyer, consécration ironique du mystère du devenir.

ŒUVRES. — *Romans*, éd. Henri Godard, Bibliothèque de la Pléiade, t. I, 1981 ; t. II, 1986 ; t. III, 1988 ; t. IV, 1994. — Les œuvres de Céline sont également disponibles chez Gallimard, Collection Blanche et Folio. Fonds Céline à l'IMEC.

→ Pol Vandromme, *Céline*, Éditions universitaires, 1963. — *Cahier de l'Herne* n° 3, 1963 et n° 5, 1964, rééd. en un volume, 1965, dir. Dominique de Roux, Michel Thélia et Michel Baujour. — Dominique de Roux, *La Mort de Céline*, Bourgois, 1966. — Marc Hanrez, *Céline*, Gallimard, 1969. — Milton Hindus, *Céline tel que je l'ai vu*, L'Herne, 1969. — Robert Poulet, *Mon ami Bardamu*, Plon, 1971. — Jacqueline Morand, *Les Idées politiques de Céline*, Pichon, 1972. — Jean Guénot, *Céline damné par l'écriture*, 1973, rééd. revue, Saint-Cloud, Guénot, 1984. — Stephen S. Day, *Dans le miroir allégorique de Céline*, Klincksieck, 1974. — Jean-Pierre Dauphin, *Les Critiques de notre temps et Céline*, Hatier, 1976. — *Album Céline*, iconographie réunie et commentée par Jean-Pierre Dauphin et Jacques Boudillet, Bibliothèque de la Pléiade, 1977. — François Gibault, *Céline*, biographie, Mercure de France, 1976-1980, 3 t. — Philippe Muray, *Céline*, Le Seuil, 1981. — Henri Godard, *Poétique de Céline*, Gallimard, 1985. — Maurice Bardèche, *Louis-Ferdinand Céline*, La Table ronde, 1986. — Elizabeth Craig et Jean Monnier, *Elizabeth Craig raconte Céline*, Bibliothèque Céline, 1988. — Henri Godard, *Les Manuscrits de Céline et leurs leçons*, Du Lérot, 1988. — Nicole Debrie, *Il était une fois Céline*, Aubier, 1990. — Philippe Alméras, *Céline*, Laffont, 1994. — Anne Henry, *Céline écrivain*, L'Harmattan, 1994. — Henri Godard, *Céline scandale*, Gallimard, 1994. — Fonds Céline à l'IMEC. — Il existe des *Cahiers Céline* (Gallimard), depuis 1976 et une *Revue célinienne*, devenue en 1981 *Bulletin célinien* (Bruxelles).

A.H.

Cendo Nicolas (1947). Né à Montmorillon (Vienne), il vit à Marseille. Les titres de plusieurs de ses livres, *Sans issue, la lumière* (Jacques Brémond, 1983), *Dans cette obscurité* (Flammarion, 1985), *Un regard sur le cap* (Les dix mille êtres, 1989), *La Verrière* (Flammarion, 1991), illustrent la dominante visuelle de cette poésie, le travail obstiné et délicat de l'écrit dans le sillage du regard. Son œuvre résulte d'une présence à la fois attentive et effacée au monde que symbolise l'observation derrière la transparence close de *La Verrière* : là, la lenteur du soir confronte l'être à lui-même, et il arrive, au gré des contrastes de lumière, que la transparence des vitres accueille le reflet de celui qui parle sur les éléments du dehors : « La nuit s'est rabattue comme une aile dans la chaleur. L'air a pris l'épaisseur de l'encre. La terre est immobile et détachée. Un souffle semble venir de cette absence même, pareil au murmure incessant d'un mot sur le papier. » L'œuvre de Cendo exprime un fort attachement au Sud et démontre souvent une fascination pour l'immobilité caniculaire, la présence discrète d'une mer sans caprice, un bruissement des feuilles. L'écriture ressemble alors à une traque à pas de loup dont chaque mot ne serait qu'un craquement de brindilles, une trace abandonnée au vent (« tard/par-dessus les palmes/derniers balancements/la peur/le souffle »). Nicolas Cendo a collaboré à plusieurs revues, dont *Argile*, *La Revue des belles lettres, Banana Split* et *Action poétique*.

C.F. — CIPM

Cendrars Blaise (1887-1961), pseudonyme de Frédéric Louis Sauser. Né à La Chaux-de-Fonds, en Suisse, le 1er septembre 1887, il vit une enfance rebelle au sein d'une famille désunie, qui voyage beaucoup et l'emmène à Naples, puis à Bâle, avant de s'installer à Neuchâtel. Après des études de commerce, il est envoyé en apprentissage en Russie, où il fait imprimer, en 1907, à quatorze exemplaires, son premier livre, *La Légende de Novgorod* (qui ne sera retrouvé et réédité qu'en 1996). À son retour, il commence des études de médecine, puis de lettres, qu'il ne terminera pas. Il monte à Paris et rejoint Féla, sa compagne, en Amérique. C'est là, en 1912, qu'il compose son premier grand poème, *Les Pâques à New York*, quatorze strophes qui peuvent être lues comme les quatorze haltes de la Passion d'un Christ profane. Ce texte, qui renouvelle le langage poétique, est signé de son pseudonyme, emblème du feu où la cendre se mêle à la braise. De retour à Paris, celui que l'on a présenté comme « le Matisse de l'écriture » rencontre Apollinaire et se lie avec Modigliani, Chagall, Léger, Picasso et bien d'autres. Au début de 1913, il entreprend, avec Sonia Delaunay, la réalisation de *La Prose du Transsibérien et de la petite Jehanne de France*, épopée du chemin de fer et du monde moderne. Ce premier livre se présentait comme une affiche de deux mètres de haut et trente-six centimètres de large, 445 vers imprimés en caractères typographiques et encres différents, donnant à lire en même temps les images de Sonia Delaunay et le texte du poète.

Lorsque la guerre de 1914 éclate, Cendrars s'engage comme volontaire ; il est blessé et perd son bras droit en 1915. L'expérience du combat et de la mort réapparaîtra constamment dans son œuvre future, mais au début l'horreur de la guerre le réduit au silence. De retour à Paris, il boit beaucoup et mène une vie violente et suicidaire. En 1917 (17 deviendra son chiffre mythique), il vit une double illumination, liée d'une part à la blessure et au passage de l'écriture à la main gauche, d'autre part à la rencontre avec Raymone Duchâteau, jeune comédienne avec laquelle il entretiendra des rapports aussi profonds que platoniques, et qu'il finira par épouser en 1946. Après cette double expérience, renouvellement de l'écriture et rencontre fulgurante de l'amour qui tisseront plus ou moins secrètement la trame de ses œuvres essentielles, Cendrars écrit, sur commande du couturier et mécène Jacques Doucet, *L'Eubage* (1917), voyage interstellaire en prose poétique, puis, l'année suivante, *Le Panama ou les aventures de mes sept oncles* et, en 1919, publie les *Poèmes élastiques*, écrits pour l'essentiel avant la guerre. Il cherche une voie nouvelle et croit d'abord la trouver dans le cinéma. Il collabore avec Abel Gance, rencontre Jean Epstein, puis part pour Rome tourner un film, mais son entreprise se soldera par un échec ; il conservera toutefois de son expérience un grand pouvoir d'évocation visuelle. Avec son époque, il s'intéresse aux civilisations orales négro-africaines et publie des recueils de contes : *Anthologie nègre* (1921), *Petits Contes nègres pour les enfants blancs* (1928), *Comment les blancs sont d'anciens noirs* (1930).

En 1924, Cendrars part pour le Brésil, qui restera un pôle d'attraction et un réservoir de thèmes et d'images jusqu'à sa mort. À son retour la même année, il rédige en quelques semaines *L'Or* (1925), épopée californienne de la recherche du métal précieux et histoire « merveilleuse » du général Johann August Suter devenu richissime puis ruiné par la découverte dans sa terre des premières pépites. Ce récit, syncopé comme du jazz, fiévreux comme la grande Amérique, reste son ouvrage le plus célèbre.

De la hantise de la folie et de la rencontre avec un singulier personnage sorti de prison, naîtra *Moravagine* (1926), double négatif de *L'Idiot* de Dostoïevski, roman iconoclaste et délirant, aussi complexe et exubérant que *L'Or* était linéaire et simple. Paraissent, en 1927, *Le Plan de l'aiguille* et, en 1929, *Les Confessions de Dan Yack*, romans de l'attraction vertigineuse du néant et de la sublimation de l'amour, où Cendrars rompt avec la structure linéaire et annonce ce qui sera la construction de la tétralogie.

Pour des raisons d'ordre économique, il se consacre ensuite au reportage et à la publication de nouvelles : *Rhum* (1930), *Histoires vraies* (1937), *La Vie dangereuse* (1938), *D'oultremer à indigo* (1940). La Seconde Guerre éclate et Cendrars se porte de nouveau volontaire, non pour combattre mais pour témoigner et raconter en qualité de correspondant de guerre. Après l'armistice, il se réfugie à Aix-en-Provence et n'écrit plus jusqu'en 1943. Il reprend la plume en composant, entre 1943 et 1949, les quatre grands volets de ce que l'on peut considérer comme une tétralogie semi-autobiographique : *L'Homme foudroyé* (1945), qui a pour thèmes le double foudroiement de l'écriture et de la guerre, la blessure, l'expérience de 1917 et les figures de gitans. Le texte est écrit dans un style déroutant qui brise la structure traditionnelle du récit, reconstruit comme une « rhapsodie ». *La Main coupée* (1946), dénonciation de l'« ignominie » de la guerre, en est aussi le bouleversant récit. *Bourlin-*

guer (1948) offre le parcours sinueux de onze ports ; le plus significatif, *Gênes*, raconte l'expérience mytho-biographique de l'enfance et de la jeunesse. Cette invitation au voyage fait « bourlinguer » le lecteur parmi les lieux, les livres et les souvenirs. *Le Lotissement du ciel* (1949) livre d'oiseaux, d'aviateurs et de saints, tresse les différents fils d'une incessante quête spirituelle, achevée sur l'image d'un trou noir sans transcendance, la nuit, le silence et la solitude, illustrant l'oscillation perpétuelle entre l'infini du Verbe et la décomposition universelle. Cendrars a le sentiment d'avoir donné le meilleur de lui-même avec ces quatre ouvrages où l'imaginaire se mêle au réel, mais il continue à caresser le vieux désir d'une littérature de l'oralité. Après *La Banlieue de Paris* (1949), né de la collaboration avec le photographe Robert Doisneau, il publie *Film sans images* (1959), qui réunit trois pièces radiophoniques. Son dernier récit, *Emmène-moi au bout du monde* (1956), est l'histoire caricaturale du théâtre parisien, de la Légion étrangère et de l'amour. Frappé de plusieurs attaques successives, Blaise Cendrars meurt le 21 janvier 1961.

Conteur extraordinaire, auteur d'une œuvre foisonnante et complexe, Cendrars n'a eu peut-être qu'un seul projet : embrasser l'univers, le démonter, le remonter et en dresser l'inventaire. Cette volonté cosmique explique l'impression de « désordre » et d'incessant mouvement, qui sont en réalité le fruit d'un travail lucide et exigeant aboutissant à une œuvre qui n'est qu'apparemment éclatée en mille itinéraires : ils conduisent tous, selon le titre sous lequel il a recueilli ses poèmes, *Au cœur du monde*.

ŒUVRES. — *Œuvres complètes*, Denoël, 1960-1965, 8 t. — *Œuvres complètes* et un vol. d'*Inédits secrets*, Le Club français du livre, 1968-1971, 16 t. — *La Légende de Novgorod*, fac similé de l'édition de 1907, Fata Morgana, 1996.

→ Jacqueline Chadourne, *Blaise Cendrars poète du cosmos*, Seghers, 1973. — Mario Richter, *La Crise du logos et la quête du mythe*, Neuchâtel, la Baconnière, 1976. — *Europe*, n° 566, juin 1976. — Jean Carlo Flückiger, *Au cœur du texte, essai sur Blaise Cendrars*, Neuchâtel, la Baconnière, 1977. — Yvette Bozon-Scalzitti, *Blaise Cendrars ou la passion de l'écriture*, Lausanne, L'Âge d'homme, 1977. — *Cendrars aujourd'hui : présence d'un romancier*, dir. Michel Décaudin, Minard, 1977. — Jay Bochner, *Blaise Cendrars : Discovery and Re-creation*, University of Toronto Press, 1978. — Monique Chefdor, *Blaise Cendrars*, Boston, Twayne, 1980. — Myriam Cendrars, *Blaise Cendrars*, 1984, Balland, 1993. — *Cahiers de sémiotique textuelle*, n° 11, 1987. — *Modernité de Blaise Cendrars* (colloque de Cerisy), *Sud*, 1988. — *Le Texte cendrarsien*, dir. Jacqueline Bernard, Centre de création littéraire de Grenoble, 1988, rééd. Presses universitaires de Grenoble, 1992. — *Revue des sciences humaines*, n° 216, 1989. — *Cahiers de sémiotique textuelle*, n° 5, 1989. — *Bourlinguer à Méréville*, éd. Claude Leroy, Minard, 1991. — Anne-Marie Jaton, *Blaise Cendrars*, Genève, Slatkine, 1991. — Claude Leroy, *« L'Or » de Blaise Cendrars*, Gallimard, coll. Foliothèque, 1991. — *Blaise Cendrars et « Le Lotissement du ciel »*, université Paris X, 1992. — *Le Roman du poète (Rilke, Joyce, Cendrars)*, dir. Pierre Brunel, Éditions interuniversitaires, 1995. — Claude Leroy, *La Main de Cendrars*, Lille, Presses du Septentrion, 1996. — Miriam Cendrars, *Blaise Cendrars, l'or d'un poète,* Découvertes, Gallimard, 1996. — Pierre Brunel, *Transparences du roman*, Corti, 1997 (ch. IV : « Le tombeau d'Icare » [sur *Le Lotissement du ciel*]). — Il existe trois revues cendrarsiennes : *Continent Cendrars* (Centre d'études Blaise Cendrars, Université de Berne), *Feuilles de route* (Association Blaise Cendrars, Grenoble), *Cahiers Blaise Cendrars*.

A.-M.J.

Cerisy-la-Salle *(Centre culturel et Colloques de).* Succédant aux décades de l'abbaye de Pontigny (1910-1913 et 1922-1939, voir PONTIGNY) après un bref passage dans une autre abbaye cistercienne, Royaumont (Île-de-France), les colloques de Cerisy réunissent depuis 1952 des écrivains, des universitaires, des savants et des lettrés, au cours de rencontres d'une semaine ou de dix jours, durant l'été, sur un sujet donné. Construit au début du XVIIe siècle (entre 1610 et 1625), le château de Cerisy, propriété des Richier jusqu'à la Révolution, appartient à la famille Savary depuis 1819. C'est Anne Heurgon, fille de Marie-Amélie Savary et de Paul Desjardins (le fondateur des décades de Pontigny) héritière du château en 1948, qui en a fait en 1952 un centre de rencontres intellectuelles prestigieux géré par l'Association des Amis de Pontigny-Cerisy (régie par la loi de 1901 ; reconnue d'utilité publique depuis 1972 ; présidée par Marcel Arland à sa fondation, et depuis 1961 par Maurice de

Gandillac). Après la mort d'Anne Heurgon en 1977, ses deux filles, Édith Heurgon et Catherine Peyrou, poursuivent son œuvre.

Dès la première année, deux rencontres importantes, sur « les chemins de la prose » et « le théâtre de notre temps », dirigées respectivement par Marcel Arland et Jacques Madaule, relevaient la tradition fondée par Paul Desjardins et donnaient le ton des colloques à venir, dont certains sont restés célèbres comme ceux consacrés aux « chemins actuels de la critique » en 1966 ou au « Nouveau Roman » en 1971. En 1955, une formule originale est inaugurée, réunissant un colloque autour d'un auteur, en sa présence : Heidegger (1955), Toynbee (1958), Ungaretti (1960), Queneau (1960), Claude Simon (1974), Robbe-Grillet (1975), Ponge (1975), Barthes (1977), Ionesco (1978), Clancier (1979), René Girard (1983), Bonnefoy (1983), Claude Vigée (1988), Castoriadis (1990), etc.

→ *Cerisy : trente ans de colloques et de rencontres,* Centre culturel international de Cerisy-la-Salle – Bibliothèque municipale de Caen, 1983.

A.G.

Césaire Aimé (1913). Né à Basse-Pointe (Martinique), le 25 juin 1913. Issu d'une famille de la petite bourgeoisie de Fort-de-France, il quitte la Martinique en 1931 grâce à une bourse et vient faire ses études à Paris, au lycée Louis-le-Grand, où il se lie d'amitié avec Léopold Senghor, son aîné. Tuteur attentif et véritable guide spirituel, ce dernier lui fait découvrir l'ethnologue allemand Leo Frobenius, auteur d'une *Histoire de la civilisation africaine* dont l'influence nourrit le *Cahier d'un retour au pays natal* et de nombreuses contributions à la revue *Tropiques.* Ses années parisiennes lui permettent de prendre conscience de sa condition d'Antillais et le conduisent à militer, aux côtés de Damas et de Senghor, au sein du groupe de l'« Étudiant noir » qui, dans les années 1934-1935, donne naissance au mouvement de la Négritude.

En 1939, de retour en Martinique où il est professeur au lycée Victor-Schœlcher, il conjugue engagement militant et démarche poétique. Élu député et maire de Fort-de-France en 1945, puis président du Parti progressiste martiniquais, il n'a jamais cessé depuis lors de combattre l'incompréhension de la métropole et la méfiance d'une partie de ses compatriotes. Cette remarquable convergence d'une œuvre et d'un destin s'explique par la situation particulière des Antilles, où vit un peuple avili par plus de trois siècles de traite et de colonisation. Césaire n'a pas de mots assez durs pour flétrir le climat de démission qui caractérise, à ses yeux, tant la masse que l'élite, l'une et l'autre aliénées par les préjugés et rongées de l'intérieur par le « démon mesquin » de la médiocrité. À la différence de l'Africain, dont la culture n'a jamais cessé d'exister, l'Antillais, coupé de ses racines, privé de centre de gravité, puisque voulant être blanc il se découvre nègre, et que voulant être nègre il constate qu'il est blanc, fait figure de bâtard de l'Europe et de l'Afrique, « partagé entre ce père qui le renie et cette mère qu'il a reniée » (préface aux *Bâtards,* de B. Juminer).

Ce destin de « bâtard », le poète l'assume intimement. Du *Cahier d'un retour au pays natal* à *Cadastre,* son œuvre poétique exprime une passion et une quête semblables à celles du peuple antillais tout entier. « Bêcheur de race », le poète veut être le porte-parole et le guide des siens et entreprend une descente aux Enfers à l'issue toujours incertaine. Cet itinéraire passionné et dramatique dans les profondeurs du moi explique le caractère complexe et déroutant d'une œuvre poétique d'une exceptionnelle densité, mais d'un abord difficile. Bien qu'il s'enracine dans le quotidien antillais, l'univers poétique de Césaire évoque une cosmogonie dont *Cadastre* (fragments réunis de poèmes antérieurs, *Soleil cou coupé* et *Corps perdu)* offre l'image la plus achevée : à l'état naissant, le monde authentiquement primitif des îles, avec leur flore, leur bestiaire et leurs mœurs particulières. À la fois chant et discours, son œuvre poétique charrie une fascinante cargaison d'images et de mots rares, auxquels une langue puissante confère un exceptionnel pouvoir d'incantation : le poète n'a-t-il pas pour mission « d'allumer le feu de brousse de la fraternité » ?

Surtout connu par son *Discours sur le*

colonialisme et le *Cahier d'un retour au pays natal,* Aimé Césaire s'est également tourné vers le théâtre, en partie pour répondre aux accusations d'hermétisme formulées contre sa poésie. Mais sa première pièce, *Et les chiens se taisaient,* se situe aussi dans la perspective de la *Lettre à Maurice Thorez* (1956), dans laquelle le poète prend ses distances vis-à-vis d'un parti communiste français au discours internationaliste réducteur, incompatible avec ses options idéologiques. La naissance d'un peuple lui paraît indissociable de la naissance d'un véritable théâtre national. Ce projet se concrétise dans *La Tragédie du Roi Christophe,* qui reflète la passion de Césaire pour Haïti et ses héros légendaires, *Une saison au Congo* et *Une tempête,* trois œuvres qui dressent la figure emblématique du rebelle. En 1982, Césaire revient à la poésie – mais l'avait-il jamais quittée ? – avec *Moi, laminaire,* son dernier recueil.

ŒUVRES. — *Cahier d'un retour au pays natal,* 1939 ; *Cahier d'un retour au pays natal : Memorandum on my Martinique,* New York, Brentano's, 1947 ; *Cahier d'un retour au pays natal,* Bordas, 1947 ; édition définitive, Présence africaine, 1956. — *Les Armes miraculeuses,* Gallimard, 1946. — *Soleil cou coupé,* K. Éditeur, 1948. — *Corps perdu,* Fragrance, 1949. — *Discours sur le colonialisme,* Réclame, 1950, rééd. Présence africaine, 1955. — *Et les chiens se taisaient,* Présence africaine, 1956. — *Lettre à Maurice Thorez,* Présence africaine, 1956. — *Ferrements,* Le Seuil, 1960. — *Toussaint Louverture, la Révolution française et le problème colonial,* Le Club français du Livre, 1961, rééd. Présence africaine, 1962. — *Cadastre,* Le Seuil, 1961. — *La Tragédie du Roi Christophe,* Le Seuil, 1961. — *Une saison au Congo,* Le Seuil, 1966. — *Une tempête,* Le Seuil, 1969. — *Moi, laminaire,* Le Seuil, 1982.

→ G. Ngal, *Aimé Césaire, un homme à la recherche d'une patrie,* Dakar, NEA, 1975, rééd. Présence africaine, 1994. — B. Z. Zaourou, *Césaire entre deux cultures,* NEA, 1978. — A. J. Arnold, *Modernism and Negritude. The Poetry and Poetics of Aimé Césaire,* Harvard University Press, 1981. — R. Antoine, *La Tragédie du Roi Christophe,* Bordas, 1984. — Ngal et Steins, *Césaire 70,* Silex, 1984. — *Soleil éclaté,* dir. J. Leiner, Gunter Narr, 1984. — *Aimé Césaire ou l'Athanor d'un alchimiste,* Éditions caribéennes, 1987. — D. Delas, *Aimé Césaire,* Hachette, 1991. — J. Leiner, *Aimé Césaire, le terreau primordial,* Gunter Narr, 1993. — Il existe des *Cahiers césairiens* (Pennsylvania State University), depuis 1974.

J.C.

Cesbron Gilbert (1913-1979). Né le 13 janvier 1913 à Paris, dans cette bourgeoisie catholique qui devint par la suite son public le plus fidèle, il est l'auteur d'une œuvre où la dimension spirituelle reste première. Assurant à Radio-Luxembourg des fonctions de directeur commercial auxquelles l'avaient conduit les traditionnelles études de droit, puis travaillant jusqu'à la fin de sa vie pour différentes œuvres humanitaires, il connut le succès dès ses premiers livres : *La Tradition Fontquernie* (1947), et surtout *Les saints vont en enfer* (1952), qui retrace l'aventure de la première génération des prêtres-ouvriers : le père Pierre essaie de trouver une place juste et fertile entre des compagnons d'usine parmi lesquels il ne peut totalement s'intégrer et une hiérarchie ecclésiastique que son zèle met mal à l'aise. Ce roman, qui peut paraître mélodramatique et manichéen, reste encore très populaire. L'intérêt passionné pour les plus faibles, qui caractérise l'œuvre de Cesbron, s'est ensuite attaché aux enfants : ceux de l'Assistance Publique dans *Chiens perdus sans collier* (1954), ceux de parents divorcés dans *C'est Mozart qu'on assassine* (1966) ; ainsi qu'aux vieillards dans *Il est plus tard que tu ne penses* (1958). Si la valeur de ces livres est inégale — un roman tel que *Vous verrez le ciel ouvert* (1956) peut sembler littérairement assez faible —, le désir de témoigner et la portée du témoignage restent uniques dans la littérature de l'après-guerre. De l'essayiste, on retiendra surtout ses premiers recueils d'articles : *Chasseur maudit* (1953), *Ce siècle appelle au secours* (1955), et *Libérez Barabas* (1957), qui répond à la question : le bourgeois peut-il être chrétien ? De la fin des années cinquante jusqu'à sa mort, le 12 août 1979, Cesbron a tenu un *Journal* qui constitue sans doute son œuvre majeure.

ŒUVRES. — Publiées chez Robert Laffont. Principaux romans réédités au Livre de Poche : *On croit rêver,* 1945. — *La Tradition Fontquernie,* 1947. — *Notre prison est un royaume,* 1948. — *Il est minuit, docteur Schweitzer,* 1949. — *La Souveraine,* 1950. — *Traduit du vent,* 1950. — *Briser la statue,* 1951. — *Les saints vont en enfer,* 1952. — *Chasseur maudit,*

1953. — *Chiens perdus sans collier*, 1954. — *Ce siècle appelle au secours*, 1955. — *Vous verrez le ciel ouvert*, 1956. — *Libérez Barabas*, 1957. — *Il est plus tard que tu ne penses*, 1958. — *Tout dort et je veille*, 1959. — *Avoir été*, 1960. — *Entre chiens et loups*, 1960. — *Une sentinelle attend l'aurore*, 1965. — *C'est Mozart qu'on assassine*, 1966. — *Je suis mal dans ta peau*, 1969. — *Des leçons d'abîmes*, 1971. — *Voici le temps des imposteurs*, 1972. — *Don Juan en automne*, 1975. — *Mourir étonné*, 1976. — *Merci l'oiseau !*, 1976. — *Mais moi je vous aimais*, 1977. — *Journal*, 1963-1979, 4 t. — *Tant d'amour perdu*, 1981. — *Le regarder en face*, 1982.

→ Monique Detry, *Profil perdu*, Robert Laffont, 1978. — Michel Barlow, *La Foi de Gilbert Cesbron*, Le Centurion, 1989. — *Gilbert Cesbron* (colloque), Presses universitaires d'Angers, 1994.

G.P.

Cespedes Alba de (1911-1997). Née à Rome d'une mère italienne et d'un père cubain, attachée à cette double origine, elle s'est opposée avec courage au pouvoir fasciste et fut arrêtée en 1935 et en 1943. Après la libération de l'Italie, à laquelle elle a activement participé, elle fonde la revue *Mercurio*. Ses romans et nouvelles publiés en italien dans les années cinquante, et rapidement traduits en français, recueillirent un grand succès : ils font apparaître, souvent sous la forme d'un journal intime fictif, une figure féminine affrontant la société. Alba de Cespedes a aussi écrit deux livres en français : un recueil de poèmes en vers libres, *Chansons des filles de mai* (1969), et un roman, *Sans autre lieu que la nuit* (1973), où elle raconte une nuit de printemps, en 1972, dans divers lieux parisiens. Elle est morte à Paris le 14 novembre 1997.

ŒUVRES. — Au Seuil.

A.G.

Chabaneix Philippe (1898-1982). Né en mer, sur un paquebot en route vers Nouméa, où son père était médecin, il tient de ses parents une passion pour la poésie : tous deux en effet sont poètes et publient sous le nom de Jacques et Marie Nervat. Revenu en France, à La Rochelle, il fait paraître en 1915 sa première revue, *L'Effort des jeunes*, suivie en 1916 de *L'Espoir*. En 1920, il ouvre une librairie à Paris, « Le Balcon », lieu de réunion pour les artistes et les poètes. En 1917, il rencontre Carco, Derème et Pellerin, et va dès lors apparaître comme le « benjamin des poètes fantaisistes ». D'inspiration amoureuse, ses premiers poèmes, *Les Tendres Amies* (1922), *Le Poème de la rose et du baiser* (1923), *Le Bouquet d'Ophélie* (1928), *Le Désir et les ombres* (1938) situent son œuvre dans la lignée de celles de Nerval et d'Apollinaire. Le rêve, la mélancolie, la nostalgie resteront ses thèmes de prédilection jusque dans ses recueils tardifs (*Nocturnes*, 1950 ; *Musiques du temps perdu*, 1960 ; *Romances du temps qui fuit*, 1981 ; *Musiques d'ombre et de féerie*, posth., Fata Morgana, 1990). Son œuvre, importante, a été récompensée par le grand prix de Littérature de la ville de Paris en 1949, le grand prix de Poésie de l'Académie française en 1960, le grand prix international de Poésie en 1960. Il est mort à Paris le 20 avril 1982.

F.O.

Chabrol Jean-Pierre (1925). Ce petit-fils de chevrier et fils d'instituteur demeurera attaché à ses Cévennes natales, qu'il transpose dans un grand nombre de ses romans ; la série *Les Rebelles* (1932) a pour cadre le village de Clerguemort, au flanc du mont Lozère. Après avoir été dessinateur, puis journaliste, il se consacre entièrement à son œuvre. Ses romans (publiés chez Gallimard, Plon, Grasset) évoquent le monde des humbles avec une générosité et une simplicité qui expliquent son succès (*Le Bout galeux*, prix Populiste, 1956 ; *Les Innocents de Mars*, prix Del Duca, 1960). Il manifeste un intérêt évident pour l'histoire récente : *L'Embellie* (1968) a pour toile de fond le Front populaire et les débuts de la guerre d'Espagne. L'expérience personnelle de l'auteur, maquisard pendant la guerre, explique son attachement aux grands thèmes de la lutte pour la liberté et la fraternité. *La Chatte rouge* (1976) situe l'action à la Libération, aux Halles quartier populaire et fantastique de Paris. Mais Chabrol participe également à la vogue du roman historique : *Les Fous de Dieu* (1961) est consacré aux Camisards, *Le Canon Fraternité* (1970) aux Communards. *Le Bouc du désert* (1975), dont le personnage principal est Agrippa d'Aubigné, transporte le lecteur au temps des guerres de religion. Chabrol a également publié des pièces radiophoniques sous le titre de *Contes à mi-voix* (1985) et des mémoires, *Le Bonheur du manchot* (Laffont, 1994), inspirés par la figure de son père. *Les Aveux du silence* (Laffont, 1995) évoquent l'attitude contradictoire d'un écrivain devant la parole et l'écriture, et *Les Mille et Une Veillées* (Laffont, 1997) renouent avec les récits cévenols.

N.P.

Chadourne Louis (1890-1925). Né le 7 juin 1890 à Brive-la-Gaillarde, agrégé de lettres, grièvement blessé en 1915, il a évoqué sa jeunesse dans *L'Inquiète Adolescence* (Albin Michel, 1920, rééd. Éditions. des Cendres, 1996). Rêvant d'horizons lointains (*Le Maître du navire*, L'Édition française illustrée, 1919 ; *Terre de Chanaan*, Albin Michel, 1921), il part pour les Caraïbes au début des années vingt, sur le même navire que Jean Galmot (dont Blaise Cendrars fera le héros de *Rhum)*, et derrière l'exotisme découvre rapidement la misère (*Le Pot-au-noir*, Mornay, 1922 ; rééd. La Table ronde, 1994). Après sa mort, le 22 mars 1925 à Ivry, tandis que Marc Chadourne, son frère, lui dédie *Vasco* (1927), on retrouvera et publiera *Le Conquérant du dernier jour* (Gallimard, 1928), *Accords* (Gallimard, 1929), *Journal d'un homme tombé de la lune* (Éditions des Cendres, 1987) et *Carnets 1907-1925* (Éditions des Cendres, 1995).

J.P.

Chadourne Marc (1895-1975). Né à Brive-la-Gaillarde le 23 mai 1895, fonctionnaire de l'administration coloniale, il a fait revivre les Maoris (*Marehurehu*, Librairie de France, 1925) et les mers du Sud (*Libération*, Champion, 1928 ; *Vasco*, Plon, 1927), traduit Joseph Conrad (*L'Aventure*, Kra, 1926), avant de se tourner vers le roman d'analyse (*Cécile de la folie*, Plon, 1930) et le récit de voyage (*Chine*, Plon, 1931 ; *L'U.R.S.S. sans passion*, Plon, 1932 ; *Tour de la terre*, 2 t., 1935-1936). Après la guerre, il publie encore des romans (*La Clé perdue*, Plon, 1947 ; *Gladys*, Plon, 1949 ; *Quand Dieu se fit américain*, Fayard, 1949 ; *Le Mal de Colleen*, Plon, 1955), ainsi que des essais, notamment un *Rétif de la Bretonne* (Hachette, 1958). Il est mort à Brive-la-Gaillarde le 31 janvier 1975.

J.P.

Chaillou Michel (1930). Né le 15 juin 1930 à Nantes, il enseigne la littérature française à l'université Paris-VIII après avoir exercé plusieurs métiers. Conservant de son enfance le goût pour un romanesque autobiographique qui caractérise *Jonathamour* (Gallimard, 1968), *La Vindicte du sourd* (Gallimard, 1984), *La Croyance des voleurs* (Le Seuil, 1989) et ses continuations, *Mémoire de Melle* (Le Seuil, 1993) et *La Vie privée du désert* (Le Seuil, 1995), où le personnage s'arrache au quotidien en rejoignant des horizons lointains, il tente de redonner à la littérature française le sens de l'aventure (bohémiens, voleurs d'enfants...) et de l'ouverture (*Pour une littérature voyageuse*, avec Michel Le Bris, Kenneth White, Jacques Lacarrière..., Bruxelles, Complexe, 1992). Ce plaisir de la narration le conduit à faire revivre l'univers astréen (*Le Sentiment géographique*, Gallimard, 1976), les derniers temps d'un écrivain (*Domestique chez Montaigne*, Gallimard, 1983), le XVIIe siècle (*Le Rêve de Saxe*, Ramsay, 1986), les personnages de Pouchkine (*La Rue du capitaine Olchanski*, Gallimard, 1991), la Hollande au XVIIe siècle (*Le ciel touche à peine terre*, Le Seuil, 1997), et à élaborer une œuvre théorique qui redonne au savoir la saveur de la fiction (*La Petite Vertu : Huit années de prose courante sous la Régence*, Balland, 1980 ; *Petit Guide pédestre de la littérature française du* XVIIe *siècle : 1600-1660*, Hatier, 1990), dont l'esprit se retrouve dans la collection Brèves Littératures qu'il dirige chez Hatier.

→ Jean-Pierre Richard, « Une géographie du trouble », *L'État des choses*, Gallimard, 1990.

J.P.

Chaix Marie (1943). Née le 3 février 1943, un temps secrétaire d'une chanteuse (*Barbara*, Calmann-Lévy, 1990), elle devient la romancière de la mémoire familiale, évoquant tour à tour son père, le doriotiste Albert Beugras emprisonné pour collaboration (*Les Lauriers du lac de Constance*, Le Seuil, 1974), sa mère vouée au sacrifice (*Les Silences ou la vie d'une femme*, Le Seuil, 1976), la bonne de ses parents (*Juliette, chemin des cerisiers*, Le Seuil, 1985), ainsi que son propre éveil (*L'Âge du Tendre*, Le Seuil, 1979). Pour exorciser le deuil (*Le Fils de*

Marthe, Calmann-Lévy, 1989) et les fantômes du passé (*Le Salon des anges*, Le Seuil, 1982), elle se tourne vers les États-Unis (*Un 21 avril à New York : journal 1980-1982*, Le Seuil, 1986) où elle vit en partie, ayant épousé l'oulipien Harry Mathews dont elle a traduit *Cigarettes* (POL, 1988).

J.P.

Chalon Jean (1935). Né le 8 mars 1935 à Carpentras (Vaucluse), il poursuit des études d'espagnol, devient journaliste au *Figaro littéraire* et au *Figaro* et publie des romans, des biographies, des ouvrages d'humeur. Le romancier mêle tendresse, désinvolture et gravité *(Un éternel amour de trois semaines*, Fayard, 1971 ; *Une jeune femme de soixante ans*, Fayard, 1973, rééd. Le Livre de Poche, 1992 ; *Les Paradis provisoires*, Fayard, 1975, rééd. Presses Pocket, 1992 ; *Un amour d'arbre*, Plon, 1984). Le biographe peint volontiers des femmes libres et fortes *(Portrait d'une séductrice*, Stock, 1976, prix Cazes ; *Le Lumineux Destin d'Alexandra David-Neel*, Perrin, 1985 ; *Florence et Louise les magnifiques*, Le Rocher, 1987 ; *Chère George Sand*, Flammarion, 1991, prix Chateaubriand). Le primesautier s'accorde ses rêves, tel *L'avenir est à ceux qui s'aiment* (Stock, 1979), « bazar où l'on devrait trouver un peu de tout, [...] et surtout des sentiments sous les formes d'un éloge et d'un alphabet dont la première lettre est, évidemment, le A de Amour ».

F.J.

Chambaz Bernard (1949). Né le 18 mai 1949, il publie régulièrement, depuis 1978, des recueils poétiques (*Histoires de l'indigo et du ponant*, La Répétition, 1978 ; *Opaques et gisements*, Gallimard, 1980 ; *& le plus grand poème par-dessus bord jeté*, Seghers, 1983 ; *Corpus*, Messidor, 1985 ; *Vers l'infini milieu des années 80*, Seghers, 1987). Il est également l'auteur, parmi d'autres travaux consacrés à la peinture, d'un essai sur Piero Della Francesca, *Le Principe Renaissance* (La Sétérée, 1987). Après la publication de deux romans : *L'Arbre de vies* (François Bourin, 1992), *L'Orgue de Barbarie* (Seuil, 1995), la mort accidentelle de son fils lui a inspiré un récit, *Martin cet été* (Julliard, 1994), un recueil de poèmes, *Entre-temps* (Flammarion, 1997). Son dernier roman, *La Tristesse du roi* (Seuil, 1997), habité par le même deuil, est une leçon de douleur et de bonheur d'écrire.

V.V. — CIPM

Chamberland Paul (1939). Étudiant en philosophie, il fonde avec Pierre Maheu la revue *Parti pris* (1963-1968), laïque, indépendantiste, socialiste, inspirée des théories de la décolonisation, qui aura une forte influence sur les jeunes intellectuels de la Révolution (plus ou moins) tranquille. Devant le « bégaiement atavique » du Canada français, *Terre Québec* (1964) tente de résoudre la contradiction que voyait Gaston Miron entre le poème et le « non-poème », la parole et l'action politique. À la thématique du pays célébré, chanté avec et comme la femme aimée, Chamberland ajoute une « problématique » du pays à (faire) naître. Aussi proches de la prose que de l'épopée dérisoire ou du lyrisme désespéré, *L'Afficheur hurle* (1965) et *L'Inavouable* (1968) proclament que « la poésie n'existe plus ». Une autre phase de l'œuvre de Chamberland, anthropologique, érotique, écologique, mystique, utopique, commencée avec *Éclats de pierre noire d'où rejaillit ma vie* (1972), se poursuit avec des titres-programmes comme *Demain les dieux naîtront*, *Le Prince de Sexamour*, *L'Enfant doré*, etc. Après ou avant l'apocalypse, c'est à un « recommencement du monde », à une nouvelle morale, à une anarchie resplendissante, à une terre autrement « souveraine » que nous invite le poète devenu essayiste et prophète.

L.M.

Chambertrand Gilbert de (1890-1984). Né à Pointe-à-Pitre (Guadeloupe), il reflète dans ses œuvres, au demeurant non dépourvues de verve et de malice, l'image passéiste d'une Guadeloupe qui ne doit plus grand-chose à la réalité contemporaine. Sa poésie est marquée par l'héritage parnassien *(Cœurs créoles,* 1958 ; *D'azur et de sable,* 1961 ; *Reflets sur l'eau du puits,* 1969). Parmi ses récits et nouvelles, le recueil *Titine Gros-bonda* (Fasquelle, 1947) trousse en une série de textes brefs, écrits d'une plume alerte, le portrait de quelques personnages pittoresques ou touchants empruntés à la vie quotidienne de son île.

J.C.

Chambéry *(Festival du premier roman de).* Fondé en 1987, il a pour principe qu'un jury populaire sélectionne une dizaine de « premiers romans » de la production de l'année et invite les auteurs au festival, qui se tient en mai. Il est associé au Festival del primo romanzo de Turin, depuis la fondation de celui-ci en 1995.

A.G.

Chambon Jean-Pierre (1953). Né le 3 juin 1953. Poète et journaliste grenoblois. Après *Évocation de la maison grise* (1981) et les proses de *Matière de coma* (1984) qui scrutaient la nuit du corps, il a publié *Le Territoire aveugle* (Gallimard, 1990), recueil imprégné de mysticisme, dont la vision finale est celle d'un ange et jouant sur l'alternance de formes diverses (vers libres, disposition éclatée dans la page, poèmes faisant blocs, etc.). Dans *Le corps est le vêtement de l'âme* (1991), il poursuit sa quête spirituelle en tentant de dépasser l'obstacle de la chair.

O.G.

Chamoiseau Patrick (1953). Né à la Martinique, il a signé, avec ses compatriotes Jean Bernabé et Raphaël Confiant, un manifeste intitulé *Éloge de la créolité* (Gallimard, 1989). Dans son premier roman, *Chronique des sept misères* (Gallimard, 1986), puis dans *Solibo Magnifique* (Gallimard, 1988), troquant la livrée de l'écrivain contre celle du « marqueur de paroles », il s'inspire de la tradition orale. *Texaco* (Gallimard, 1992, prix Goncourt) est un roman foisonnant centré sur la figure de Marie-Sophie Laborieux, personnage à la fois réel et mythique, occasion d'explorer un siècle et demi d'histoire de la Martinique dans une langue colorée, sensuelle et souvent leste. *L'Esclave vieil homme et le molosse* (Gallimard, 1997) raconte l'histoire d'un vieil esclave, évadé de la plantation où il travaille et poursuivi par un chien-gardien. Chamoiseau a consacré un autre livre à l'esclavage : *Écrire en pays dominé* (Gallimard, 1997). Son œuvre comprend aussi un récit autobiographique, *Antan d'enfance* (Gallimard, 1990), un recueil de contes créoles, *Au temps de l'antan* (Hatier, 1988) et des *Lettres créoles* (avec Raphaël Confiant, Hatier, 1991).

J.C.

Champ Vallon *(Éditions).* Maison fondée à Seyssel (Ain) en 1979 par Patrick Beaune. Nées de la rencontre de chercheurs de l'écomusée du Creusot, qui permet la création conjointe de la revue *Milieux*, sise au Creusot (1980-1989) et de la collection ethno-scientifique du même nom animée par Jean-Claude Beaune, les Éditions Champ Vallon se sont fait connaître par leurs collections sur l'architecture et le paysage : « Vaisseau de pierre », « Lieux d'architecture », « Pays/paysages ». Dirigée par Luc Decaunes, la collection « Des villes », fondée sur l'idée « un écrivain-une ville », fut inaugurée par le *Paris* de Julien Green (1983). Éclectique, la maison s'intéresse aussi à l'histoire (collection « Époques »), à la psychanalyse appliquée à l'art (collection « L'Or d'Atalante ») et à la littérature, à laquelle trois collections sont consacrées : « Champ poétique », que dirige Daniel Bergez et qui publie des études de poètes contemporains, comme celle de Jean-Michel Maulpoix sur Michaux (1984) ou celle de Jean Onimus sur Tardieu (1986) ; la « Collection 19e », créée par Jean-Paul Corsetti et qui réédite des textes devenus introuvables (les *Mémoires de ma vie* de Mathilde Verlaine ; les *Œuvres complètes* de Jean de la Ville de Mirmont) ; la collection « Recueil », parallèle à la revue trimestrielle du même nom, créée en 1984 par Richard Millet et Jean-Michel Maulpoix, qui publie des nouvelles et des poèmes inédits. Tournée surtout vers la découverte de jeunes écrivains, la collection « Recueil » publie Claude Dourguin (*La Lumière des villes*, 1990), Benjamin Jordane (*L'Apprentissage du roman*, 1993), Olivier Barbarant (*Douze lettres d'amour au soldat inconnu*, 1993) ; elle compte également parmi ses titres des ouvrages de Michel Deguy (*Brevets*, 1986), Robert Marteau (*Sur le motif*, 1986) et Jude Stéfan (*Les États du corps*, 1986). Hors collection, Champ Vallon publie Pierre Sansot (*Cahiers d'enfrance*, 1989), John Berger (*La Cocadrille*, 1990), Alberto Episcopi (*Festin et destin*, 1991).

F.D. — IMEC

Champion Jeanne (1931). Née le 25 juin 1931 à Lons-le-Saulnier (Jura), elle est à la fois peintre et écrivain, auteur de romans habités par la mort, la folie, l'exclusion, hantés par l'irruption du passé dans le présent : *Vautour-en-Privilège* (1973), *Dans les jardins d'Esther* (1975), *Les Gisants* (1977), *Les Frères Montaurian* (1979), *La Passion selon Martial Montaurian* (1981), *L'Amour capital* (1982), *Le Bunker* (1985). Mais elle semble de plus en plus s'orienter vers la biographie romanesque : son roman *Ma fille Marie-Hélène Charles Quint* (1974), à mi-chemin entre vie romancée (autour de Jeanne la Folle) et autobiographie, inaugurait une série d'ouvrages consacrés à des femmes en miroir, l'une peintre (*Suzanne Valadon*, 1984), l'autre écrivain (Emily Brontë, l'héroïne, avec sa famille, de *La Hurlevent*, 1987).

ŒUVRES. — Principalement chez Calmann-Lévy, Fayard et Grasset.

F.J.

Champion-Slatkine. Maison d'édition fondée à Paris en 1874 par Honoré Champion, sous le nom de Librairie Honoré Champion, rachetée par Michel Slatkine en 1973. Établi à son compte en 1874, 15, quai Malaquais, dans l'ancienne librairie du père d'Anatole France, Noël Thibaut, Honoré Champion s'installe seize ans plus tard 9, quai Voltaire. À deux pas de l'Académie française, la librairie devient à l'occasion un salon littéraire où savants et lettrés se retrouvent. Honoré Champion réalise d'importantes ventes auprès de collectionneurs et étoffe sa collection personnelle de manuscrits prestigieux. Il achète notamment le manuscrit de *Sagesse* de Verlaine et ce que Chateaubriand avait enlevé de son manuscrit des *Mémoires d'outre-tombe* pour le donner à Mme Récamier, soit six volumes transcrits par Hyacinthe Pilorge, corrigés et annotés par l'auteur, source essentielle pour la fin de la troisième et de la quatrième partie des *Mémoires*. Collaborateur de diverses sociétés, dont la Société d'histoire de Paris et de l'Île-de-France, Champion commence brillamment sa carrière d'éditeur d'érudition. Il lance plusieurs collections, « Mémoires » en 1879, qui publie Longnon, Jules Cousin, Georges Picot, et « Documents ». En 1876, Léopold Delisle lui confie l'édition des « Catalogues de la Bibliothèque nationale » et en 1905, grâce à l'acquisition du fonds des Éditeurs Bouillon-Vieweg et à l'édition de l'*Atlas linguistique de la France*, il se spécialise dans les langues et littératures romanes et la littérature médiévale. La « Bibliothèque de l'École pratique des hautes études, section des sciences historiques et philologiques », ainsi qu'une « Collection linguistique » — publiant *Les Dialectes indo-européens* d'Antoine Meillet et les *Mélanges de linguistique offerts à Ferdinand de Saussure* — complètent son catalogue. Édouard Champion succède à son père et développe l'activité éditoriale par de nouvelles collections et périodiques (la *Revue des études slaves* et la *Revue de littérature comparée)*. En 1919, la maison Champion reprend le *Catalogue général de la librairie française*, placé sous la direction d'Henri Stein.

En 1973, Michel Slatkine rachète les éditions Champion et reprend les publications des grandes collections interrompues depuis 1933 : celle de l'École pratique des hautes études, les « Classiques français du Moyen Âge », la « Bibliothèque du quinzième siècle », la « Bibliothèque littéraire de la Renaissance », la « Nouvelle Bibliothèque du Moyen Âge », la « Bibliothèque de la *Revue de littérature comparée* ». La philologie romane et le Moyen Âge forment aujourd'hui, à nouveau, le noyau de la maison.

→ Jacques Monfrin, *Honoré Champion et sa librairie 1874-1978*, Champion, 1978. — Pierre Champion, *Mon vieux quartier*, Champion, rééd. 1978.

C.Z. — IMEC

Chamson André (1899-1983). Né le 6 juin 1899 à Nîmes, dans une famille cévenole et protestante, il n'a jamais voulu faire une carrière de romancier professionnel. Ancien élève de l'École des Chartes, il a été conservateur du Petit Palais, puis directeur des Archives de France de 1959 à 1971. Il est entré à l'Académie française en 1956. De ses origines familiales, ses romans tirent un décor et une tradition, et de sa formation, l'obsession de l'affrontement de l'homme et de l'Histoire. Pendant ses études à l'École des Chartes, il écrit les trois romans qui formeront la trilogie de la *Suite cévenole : Roux le bandit* (1925), *Les Hommes de la route* (1927), *Le Crime des justes* (1928), récits très sobres sur la vie des petites gens des Cévennes.

L'*Histoire de Tabusse* (1930) relève de la même inspiration. Ses essais (*L'Homme contre l'Histoire*, 1927 ; *L'Année des vaincus*, 1934 ; *Retour d'Espagne*, 1937) affirmaient un besoin d'engagement plus direct par la littérature, accru par l'expérience de la guerre (il a commandé la brigade Alsace-Lorraine lors de la campagne d'Allemagne, aux côtés de Malraux). D'où une série de romans orientés par ses réflexions de résistant : *Quatre mois* (1940), *Le Puits des miracles* (1945) ; ou par ses interrogations sur les hommes de son temps : *La Neige et la fleur* (1951). Suivent des textes d'inspiration autobiographique : *L'Homme qui marchait devant moi* (1948), *Le Chiffre de nos jours* (1954). La dernière période de l'œuvre de Chamson marque un net retour à la thématique cévenole et particulièrement à la tragédie des camisards : *La Superbe* (1967), du nom de cette galère à laquelle furent condamnés de nombreux protestants réfractaires ; *La Tour de Constance* (1970), du nom de la prison où furent enfermées de nombreuses camisardes ; *Castanet, le camisard de l'Aigoual* (1979). Chamson est mort le 8 novembre 1983.

ŒUVRES. — *Roux le bandit*, Grasset, 1925. — *Les Hommes de la route*, Grasset, 1927 — *Le Crime des justes*, Grasset, 1928. — *L'Histoire de Tabusse*, Horizons de France, 1930. — *L'Homme contre l'Histoire*, Grasset, 1927. — *Héritages*, Grasset, 1932. — *L'Auberge de l'abîme*, Grasset, 1933. — *L'Année des vaincus*, Grasset, 1934. — *Retour d'Espagne*, Grasset, 1937. — *La Galère*, Gallimard, 1929. — *Écrits en 40*, Gallimard, 1941. — *Le Puits des miracles*, Gallimard, 1945. — *L'Homme qui marchait devant moi*, Gallimard, 1948. — *La Neige et la fleur*, Gallimard, 1951. — *Le Chiffre de nos jours*, Gallimard, 1954. — *Adrienne Venician*, Grasset, 1956. — *Comme une pierre qui tombe*, Gallimard, 1964. — *La Superbe*, Plon, 1967. — *La Tour de Constance*, Plon, 1970. — *Les Taillons ou la terreur blanche*, Plon, 1974. — *La Reconquête*, Plon, 1975. — *Castanet*, Plon, 1979. — *Catinat*, Plon, 1982.

→ Yves Dantan, *La Longue Route d'André Chamson*, Plon, 1980. — Germaine Castel, *André Chamson et l'histoire*, Edisud, 1980. — Madeleine Berry, *Chamson, sa vie, son œuvre*, Fischbacher, 1984.

G.P.

Change (1968-1983). Revue littéraire fondée à Paris par Jean-Pierre Faye, Maurice Roche et Jacques Roubaud, publiée par les Éditions du Seuil, puis à partir de 1972 (le n° 10-11) par Seghers-Laffont jusqu'en janvier 1983. Membre du comité de rédaction de *Tel Quel*, Jean-Pierre Faye rompt en 1967 avec Philippe Sollers. Paul Flamand, qui dirige les Éditions du Seuil, lui propose alors la direction d'une collection où il pourrait publier des livres collectifs. C'est l'origine des cahiers du collectif Change, animés par un groupe d'écrivains. Les fondateurs, Jean-Pierre Faye, Jacques Roubaud, Maurice Roche, seront rejoints par Jean Paris, Léon Robel, Jean-Claude Montel et Jean-Noël Vuarnet, puis au n° 8 par Mitsou Ronat, Yves Buin et Philippe Boyer, enfin par Paul-Louis Rossi, Saul Yurkievich, Didier Pomerle. Le titre de cette revue, suggéré par Maurice Roche, reprend celui d'un texte que Jean-Pierre Faye venait d'écrire : « Le Change ». La revue s'est opposée ostensiblement à *Tel Quel*. Elle a cessé de paraître après le n° 42, à la mise en chantier de *Change international*, qui prend le relais, animé par un groupe réunissant Nanni Balestrini, Giairio Daghini, Jean-Pierre Faye, Jean-Paul de Gaudemar, Félix Guattari, et n'eut que trois livraisons (de l'automne 1983 à mai 1985).

« Théorie formelle ou critique idéologique, récit ou prosodie : tout ce qui va se produire ici développera un champ sans bornes où certains recoupements précis vont d'eux-mêmes désigner leurs effets. Nous habitons les sociétés du montage. Démonter leurs formes ne suffit pas : il faut aller jusqu'aux niveaux où elles se produisent elles-mêmes en engendrant ce jeu de formes — pour les *changer*. » Ce liminaire du premier numéro, dans la mouvance des événements de Mai, induira des interventions esthétiques et politiques, notamment sur le Printemps de Prague, la guerre du Vietnam et les dictatures militaires en Amérique latine. S'appuyant dès son premier numéro (« Le montage ») sur le « change de forme » (Marx), sur la linguistique transformationnelle de Noam Chomsky et sur Eisenstein, la revue a exposé son programme dans trois livraisons : « Manifestation divergence » (n°13), « Le mouvement du change des formes » (n° 18) et « Change de forme et transformationnisme » (nº 24). Elle a introduit en France des textes du Cercle de Prague (nºs 3 et 10), ou de la critique générative (nºs 16 et 17) et proposé des numéros thématiques sur l'Amérique latine (nº 21), l'Allemagne (nº 37), l'Italie (nº 39) et les États-Unis (« L'espace Amérique », nº 41).

La responsabilité des numéros est souvent confiée à l'un des membres du collectif : Jacques Roubaud est le maître d'œuvre du premier dossier, « La poétique, la mémoire » (nº 6). Le travail de traduction est important (Karel Teige, Jaroslav Seifert, Aïgui...) et aboutira à une tentative de théorisation (nºs 14 et 19). Le logo de la revue, dessiné par Françoise Rojare, illustre aussi les publications de la collection du même nom au Seuil puis chez Seghers-Laffont. Outre les textes des membres du collectif, y paraîtront notamment *Bains de sang* de Chomsky, *Hypothèses*, trois études et trois entretiens avec Roman Jakobson, Moris Halle et Chomsky, et des textes de Danielle Collobert (*Dire* I et II).

J.-D.W. — IMEC

Chappaz Maurice (1916). Né à Lausanne, il a défini dans son autobiographie abrégée, *L'Apprentissage* (1977), sa vie et son œuvre comme une « quête de l'origine » qui tend à se confondre avec le Valais tribal, pauvre et raffiné de son enfance. Après une « formation mythique » à Saint-Maurice, auprès d'une « Église qui enseignait la poésie », des études de droit et de lettres, refusant la voie que lui traçait une famille de juristes et de propriétaires terriens, il entreprend, dans *Les Grandes Journées de printemps* (1944) et *Verdures de la nuit* (1945), la recherche émerveillée d'un paradis qui s'incarne en une femme, rêvée puis rencontrée (Corinna Bille, qu'il épouse en 1947). Il entreprend de venger poétiquement son Valais des affronts destructeurs du progrès, dans *Testament du Haut-Rhône* (1953) et *Le Valais au gosier de grive* (1960). En 1965, père de famille aux abois, amoureux d'un pays qui opte pour ce qui l'anéantit, il participe comme aide-géomètre à la construction d'un barrage et en tire *Le Chant de la Grande-Dixence* (1965), sorte de *Germinal* alpin. La même année paraît *Le Portrait des Valaisans en légende et en vérité*, où il donne forme à « tout l'oral d'un pays », avec une profondeur telle que le régional en devient universel. Il publie ensuite *Le Match Valais-Judée* (1968), fabliau épique et rabelaisien, où le poète célèbre les 2 000 ans de la religion catholique, et un pamphlet, *Les Maquereaux des cimes blanches* (1976), dont l'expression ironique et mesurée cache la violence. Conscient de lutter contre un « progrès » fatal qui passe par le tourisme et l'industrialisation, Maurice Chappaz reste confiant, croyant et heureux ; c'est ce dont témoignent les vers libres de *Tendres Campagnes* (1966) et d'*Office des morts* (1966), où la douleur de la séparation s'accorde avec les rites et les traditions.

L'au-delà est une forme de cet ailleurs qui attire Chappaz : alpiniste et amateur de pays lointains, il cherche physiquement son origine, en se déplaçant. *La Haute Route* (1974) n'est pas seulement un itinéraire de skieur alpin passant par les plus hauts glaciers, mais également huit jours de défi permanent et de contact spirituel avec la montagne. Qu'il fasse à pied le tour de Suisse ou parcoure les crêtes du Jura (*La Haute Route du Jura*, 1977), qu'il se rende en Laponie, au Népal, en Russie, en Chine, au Liban ou au Canada (*L'Océan*, 1993), il entreprend chaque fois un voyage initiatique : l'Orient est une source mythique qui le fascine et le bouddhisme devrait, selon lui, éclairer le christianisme ; il le dit dans sa correspondance avec Jean-Marc Lovay (*La Tentation de l'Orient*, 1970).

Après la disparition de Corinna Bille en 1979, Maurice Chappaz reprend sa réflexion sur la mort. *À rire et à mourir* (1982) est une danse macabre intime où le rire est moins dérisoire que confiant. Dans *Le Livre de C.* (1986), le poète sonde sa solitude en explorant les manuscrits de l'œuvre inédite laissée par sa femme. Dans un récit autobiographique, il se désigne comme *Le Garçon qui croyait au paradis* (1989) ; cette croyance subsiste dans la sereine acceptation, dans la capacité d'émerveillement dont témoigne *La mort s'est posée comme un oiseau* (1993).

ŒUVRES. — *Un homme qui vivait couché sur un banc*, suivi de *L'Apprentissage*, 1939, rééd. Lausanne, Cahiers de la Renaissance vaudoise, 1966 ; suivi de *Verdures de la nuit*, 1945, et de *Les Grandes Journées de printemps*, 1944, préface de Marcel Raymond, postface de Jean-Luc Seylaz, Albeuve, Castella, 1988. — *Testament du Haut-Rhône*, 1953, rééd. Castella, 1989. — *Le Valais au gosier de grive*, 1960, rééd. Vevey, Bertil Galland, 1975. — *Le Chant de la Grande-Dixence*, 1965, rééd. Bertil Galland, 1975. — *Portrait des Valaisans en légende et en vérité*, 1965, rééd. Lausanne, L'Aire, 1983. — *Offices des morts*, 1966, suivi de *Tendres Campagnes*, présentation par Christophe Calame, La Différence, 1992. — *Le Match Valais-Judée*, Cahiers de la Renaissance vaudoise, 1968. — *La Tentation de l'Orient*, correspondance avec Jean-Marc Lovay, 1970, rééd. Lausanne, Favre, 1984. — *La Haute-Route*, 1974, suivi de *Journal des 4 000*, Lausanne, Empreintes, 1991. — *Lötschental secret*, Lausanne, 24 Heures, 1975. — *Les Maquereaux des cimes blanches*, 1976, précédé de *La Haine du passé*, Carouge-Genève, Zoé, 1984. — *À rire et à mourir*, Bertil Galland, 1983. — *Le Livre de C.*, Empreintes, 1986. — *Octobre 79*, Empreintes, 1986. — *Le Garçon qui croyait au paradis*, 24 Heures, 1989. — *La mort s'est posée comme un oiseau*, Empreintes, 1993. — *L'Océan*, Empreintes, 1993. — Rééd. Bertil Galland : *Poésie I*, 1980 ; *Poésie II*, 1982 ; *Poésie III*, 1982.

→ Étiemble, Préface à *Pages choisies*, Lausanne, Eibel, 1977, reprise dans *Quelques essais de littérature universelle*, Gallimard, 1982. — Manfred Gsteiger, *La Nouvelle Littérature romande*, Bertil Galland, 1978. — Jean-Paul Paccolat, *Maurice Chappaz : introduction et essai critique*, [pages choisies, inédits, bibliographie], Fribourg, Éditions universitaires, 1982. — Jacques Chessex, « Lettre à Maurice Chappaz », *Les Saintes Écritures*, Lausanne, L'Âge d'homme, 1985. — *Écriture*, n° 27, 1986. — Roger Francillon (dir.), *Histoire de la littérature en Suisse romande*, Lausanne, Payot, t. 3, 1998.

D.Ba.

Chappuis Pierre (1930). Né à Tavannes (dans le Jura bernois, en Suisse), il vit à Neuchâtel où il a enseigné la littérature française. Depuis 1969, il a publié dix recueils, des notes réflexives (*La Preuve par le vide*, 1992) et plusieurs ouvrages hors commerce en collaboration avec des peintres, ses compagnons de route. Mouvants, discontinus, rebelles à toute fixité, jetés au-dessus du silence et du vide, ses poèmes engagent le lecteur dans une aventure du regard et du langage, qui laisse hors-jeu le concept et le sujet et sollicite l'eau, les nuages, la neige, l'éboulis, l'instant, le souvenir, le rêve. La poésie, miroir de cette réalité fuyante et éclatée, se fragmente et se métamorphose ; elle se veut cependant « élan vers un sens manquant ». Dans le suspens de ces poèmes, complexe et aérienne organisation de bribes, blancs, parenthèses, décalages, italiques, une cohérence affleure, à saisir au vol, perdue aussitôt que donnée, le temps de la lecture.

ŒUVRES. — *Michel Leiris, étude et choix de textes*, Seghers, coll. Poètes d'aujourd'hui, 1973. — *La Poésie d'André Du Bouchet*, Seghers, 1979. — *Décalages*, Genève, La Dogana, 1982. — *Éboulis et autres poèmes*, Fontenay-sous-Bois, Liasse, 1984. — *Un cahier de nuages*, Fribourg, Le Feu de nuict, 1989. — *Soustrait au temps*, Lausanne, Empreintes, 1990. — *La Preuve par le vide*, Corti, 1992. — *D'un pas suspendu*, Corti, 1994. — *Dans la foulée*, Empreintes, 1996. — *Pleines Marges*, Corti, 1997.

M.Gr.

Char René (1907-1988). Né le 14 juin 1907 à l'Isle-sur-la-Sorgue, dans le Vaucluse, il restera fortement marqué par les paysages de son enfance, en particulier par l'énigme de la Sorgue : image d'une terre féconde, mais aussi, plus angoissante et prédominante dans les premiers textes de la période présurréaliste et surréaliste, présence de l'eau et de ses pièges. Très tôt apparaît l'obsession de la noyade, dans « Lola Abba » ou encore le rêve « Eaux-mères ». Les débuts de Char sont sous le signe de la mort, celle du père, survenue alors que l'enfant n'a que dix ans. Les premiers recueils s'intitulent symboliquement *Les Cloches sur le cœur*, *Le Tombeau des secrets*, et il faudra au jeune homme de nombreuses années pour se libérer et s'affirmer, pour renaître et mériter son prénom. La mère, détestée, obscurément tenue pour responsable de la disparition du père, représente l'ordre bourgeois. Ici se déclare la violence si caractéristique de René Char. Selon ses propres mots, il y a en lui un « boucher secret », et cette agressivité s'est épanouie à l'époque surréaliste. Les titres mêmes des recueils en portent la trace : *Arsenal*, *Poèmes militants*, *Le Marteau sans maître*. La poésie est définie par son pouvoir de destruction, elle est « phosphore poétique autonome meurtrier ». C'est à coups de marteau que le poète écrit et se construit, « marteau sans maître », marteau volant, qui brise tout sur son passage. Le poème naît du désastre.

Ce goût de la violence constitue sans doute le plus sûr terrain d'entente entre René Char et les surréalistes, qu'il fréquente depuis qu'en 1929 il a été appelé à Paris par Eluard, à qui il avait adressé une première version d'*Arsenal*. Comme Aragon, Char célèbre la Terreur et participe avec tous les membres du groupe à l'hommage que rend régulièrement à Sade *Le Surréalisme au service de la révolution*. Char cependant se sentira plus proche de cet illustre voisin — Sade était châtelain de Lacoste et Saumanes, limitrophes de l'Isle — et son rapport à la femme et à l'œuvre sera très fortement marqué par cette parenté spirituelle : le corps du texte est morcelé, le style éclate en fragments. Cette discontinuité, présente également dans sa prose, se manifeste par l'emploi de l'aphorisme, hérité d'Héraclite. Certes, dans les textes de l'époque surréaliste, principalement *Le Marteau sans maître* et *Moulin premier*, Char ne s'est pas encore pleinement trouvé. Mais ces débuts incertains ont nourri l'œuvre à venir. Les premiers aphorismes surgissent ; l'auteur commence à méditer sur la poésie, sur ce qui deviendra, selon la belle formule de Blanchot, « poème de l'essence du poème ». Et son œuvre est hantée déjà par ces femmes mystérieuses, revenantes, sur les lèvres desquelles on peut éventuellement distinguer « la chimère de l'humidité de la Nuit ».

En 1935, Char prend ses distances avec le surréalisme, en particulier par la publication d'une *Lettre à Benjamin Péret*. Mais ce détachement progressif est essentiellement géographique. Le poète est fatigué de Paris, de son agitation vaine, et par-delà les raisons réelles de son départ pour la Provence (René Char devait reprendre en main les affaires de famille), il opère un retour aux sources, découvrant ou redécouvrant ce qu'il n'avait jusqu'alors jamais su voir : la nature qui l'entoure. Toutefois, ce n'est qu'en 1938 que commencera à se manifester dans l'œuvre cette attention au monde si caractéristique du poète. L'univers du Char des années trente est essentiellement métallique, fruit du forgeron infernal rivalisant avec le créateur légitime. Si par hasard un élément naturel surgit, il est aussitôt détourné de son environnement ordinaire et produit un effet d'angoisse : ainsi, « le citronnier des murailles » donne « des fruits buboniques ».

En 1936, Char, cloué au lit par une septicémie, est à nouveau plongé dans la nuit. Au terme de ce cauchemar, relaté dans *Dehors la nuit est gouvernée*, se dessinent les prémices d'une nouvelle poétique, avec en particulier « Biens égaux » et peut-être plus encore les premiers textes sur la peinture, « Une Italienne de Corot » et « Courbet : les casseurs de cailloux », où se mêlent la fraternité et l'amour du monde. Du fond de sa chambre, l'écrivain a partagé l'espérance des ouvriers, et pour lui comme pour les travailleurs les plus humbles, une nouvelle époque s'annonce, soleil à l'embouchure des eaux noires. Certes prochainement va s'abattre la nuit hitlérienne, mais désormais le poète n'est plus seul. Il partage l'existence des hommes simples, et lui le savant, le Parisien, va tout apprendre d'eux : l'alphabet des plantes et des étoiles, la beauté d'une langue spontanément communiquante et poétique. Char, en 1938, a enfin pleinement assumé sa rupture avec le surréalisme ; il fait ses débuts aux *Cahiers d'art*, qui donneront une impulsion décisive à sa collaboration avec les peintres. Néanmoins, la plupart des textes écrits à cette époque (« Congé au vent », « Éléments », l'argument de *Seuls demeurent*) ne seront publiés qu'après la guerre, éventuellement remaniés, dans le recueil qui révéla Char au public, *Fureur et mystère*. La guerre aurait pu être une parenthèse, voire un arrêt momentané. En réalité, la Résistance a permis à René Char de mûrir son identité. Maquisard, il a eu un contact journalier avec la violence, et de ce fait celle-ci s'atténue progressivement dans sa parole poétique. La terreur étant devenue l'apanage du nazisme, il faut lui opposer la « contre-terreur ». L'amour, la tendresse, le rêve d'harmonie apparaissent pour la première fois à la lumière. L'autre, la femme ou le monde, n'est plus haï mais célébré. Alexandre (pseudonyme de Char pendant la guerre) prend des notes au jour le jour, brèves, lapidaires, allant au plus urgent. Hypnos veille, qui n'oublie pas la poésie. En permanence au mur de la chambre du poète, une reproduction du *Prisonnier* de Georges de La Tour, découvert à l'occasion d'une exposition en 1938, rappelle qu'au cœur des ténèbres brûle la flamme, signe d'espoir.

L'autre figure capitale de ces années difficiles est Héraclite, mentionné pour la première fois en 1938. De ce lointain ascendant, Char a surtout retenu le salutaire principe dialectique. L'un se renverse toujours en son contraire, demain sera nécessairement nouveau. Du conflit et des tensions jaillit l'étincelle vitale. Chez La Tour, la nuit est inséparable du jour. De même, Héraclite permet de restituer une logique à l'apparente incohérence de la condition humaine. La dialectique est au départ tout entière orientée vers la libération et l'espérance d'un monde meilleur. Mais rapidement s'accumuleront les désillusions politiques, et la dialectique, tout en gardant une signification fondamentalement éthique, sera le moteur même de l'œuvre.

Au lendemain de la guerre, René Char tire les leçons de son expérience. Sa parole se fait moins hautaine, et sa proximité avec la nature se double d'une proximité avec les hommes, sous la tutelle insaisissable des dieux. Auprès de ses amis du maquis, il a retrouvé le paradis de l'enfance, pays d'artisans plutôt que d'ouvriers, d'hommes de savoir, qui lui enseignent le vocabulaire des plantes, des animaux, des pierres, poétique indépendamment de toute intervention artistique. Le poète leur donne la parole dans des tentatives théâtrales comme *Le Soleil des eaux* ou *Claire, la rivière*. C'est aussi l'époque des chansons venues de Lorca, « pièces presque banales, d'un coloris clément, d'un contour arriéré, dont le tissu cependant porte une minuscule plaie », située sur le « versant tempéré » du poète, « ailes de communication entre [son] souffle reposé et [ses] fièvres les plus fortes ».

L'autre mode d'expression avec lequel Char dialogue est la peinture : comme d'autres poètes du XXe siècle, il est fasciné par l'art muet du peintre. Même si par aventure les « lèvres incorrigibles » tentent de trouver un équivalent verbal au tableau, il ne s'agit que d'une illusion. Bien plus que le poète encombré par les idées, le peintre a la possibilité de remonter à la « nudité première » des choses. Char fut l'ami de Braque, Miró, Picasso, Nicolas de Staël, Giacometti, Vieira da Silva. Il a préfacé des catalogues d'exposition et noué des relations privilégiées avec les peintres, réalisant des livres avec eux. Il a lui-même pratiqué la peinture, ou plutôt la gravure, plus proche de l'écriture, au moment de la crise de la Nuit Talismanique. De 1955 à 1958, le poète, à la suite de la perte de sa maison natale et du suicide de Nicolas de Staël, connut une longue période d'infécondité : la nuit fertile s'était retirée de lui, lui « laissant les sables et l'insomnie ». C'est par des moyens artisanaux, « précaires outils » : encre de Chine de couleur, bâtons de cire, pointes rougies au feu, écorces de bouleau, plumes, couteaux, crayons, clous, poinçons, pinceaux, cartons, bois, buvards humides, que René Char réapprivoisa l'écriture.

Les années 1960 à 1980 voient paraître encore de grands textes comme *Retour amont* et *Aromates chasseurs*, où le poète précise son trajet : « *Retour amont* ne signifie pas retour aux sources. Il s'en faut. Mais saillie, retour aux aliments non différés de la source, et à son œil, amont, c'est-à-dire au pire lieu déshérité qui soit ». Au terme de l'âpre itinéraire à la logique initiatique, il n'y a pas régression mais pulvérisation féconde : « Amont éclate. Et en bas le delta verdit ». Quant à Orion, chasseur géant surgi dans *Le Nu perdu*, « pigmenté d'infini et de soif terrestre », il chemine de constellation en constellation, et l'on ne sait jamais si l'on est sur terre ou au ciel, dans un miracle de la nuit transfigurée. Dans *Les Voisinages de Van Gogh* (Gallimard, 1985), le poète prend congé. *Éloge d'une soupçonnée* (Gallimard, 1988 ; Poésie-Gallimard, 1989) paraîtra après sa mort, le 19 février 1988, et dit l'épuisement de l'inspiration.

ŒUVRES. — *Œuvres complètes*, Bibliothèque de la Pléiade, 1983.

→ Maurice Blanchot, *La Part du feu*, Gallimard, 1949 (« René Char »). — Gaëtan Picon, *L'Usage de la lecture*, Mercure de France, 1959. — *L'Arc* (Aix-en-Provence), été 1963. — Georges Poulet, *Le Point de départ*, Plon, 1964. — *Liberté*, Montréal, 1968. — Maurice Blanchot, *L'Entretien infini*, Gallimard, 1969 (« René Char et la pensée du neutre » ; « Paroles de fragments »). — Georges Mounin, *La*

Communication poétique précédé de « Avez-vous lu Char ? », Gallimard, 1969. — Jean-Pierre Richard, *Onze Études sur la poésie moderne*, Le Seuil, 1969. — *Cahier de l'Herne* n° 15, dir. Dominique Fourcade, 1971, rééd. L'Herne-Fayard, 1997. — Jean Onimus, *Expérience de la poésie*, Desclée De Brouwer, 1973. — Philippe Jaccottet, *L'Entretien des muses*, Gallimard, 1973 (« Brève remarque à propos de Char »). — *Sud*, 1985 (colloque de Tours, juin 1983). — Jean-Claude Mathieu, *La Poésie de René Char ou le sel de la splendeur*, Corti, t. I : *Traversée du surréalisme*, 1984 ; t. II : *Poésie et Résistance*, 1985. — Christine Dupouy, *René Char*, Belfond, 1987. — Danièle Leclair, *Lecture de René Char : aromates chasseurs et chants de la balandrane*, Minard, 1988. — Éric Marty, *René Char*, Le Seuil, coll. Les Contemporains, 1990. — Paul Veyne, *René Char en ses poèmes*, Gallimard, 1990. — *Lectures de René Char*, Groningue, Pays-Bas, CRIN 22, 1990. — Marie-Claude Char, *Faire du chemin avec...*, Gallimard, 1991. — *Revue d'histoire littéraire de la France*, janvier-février 1991. — *Autour de René Char*, Presses de l'École normale supérieure, 1992. — *Revue des sciences humaines* (Lille), janvier-mars 1994 (Patrick Née, « Dix articles de critique sur Char »). — Marie-Claude Char, *Dans l'atelier du poète*, Gallimard Quarto 1996 (contient surtout *Les Cloches sur le cœur*, jusque-là introuvables). — Fonds René Char à la Bibliothèque littéraire Jacques Doucet.

C.Du.

Chardonne Jacques (1884-1968), pseudonyme de Georges, Jean-Jacques Boutelleau. Né le 2 janvier 1884 à Barbézieux-Saint-Hilaire, dans une famille de la prospère bourgeoisie viticole de Charente, il associe en 1938, dans un de ses titres, le nom de sa ville natale et le mot de *bonheur*, Barbézieux demeurant pour lui un havre débordant de souvenirs d'enfance. Après le baccalauréat, il étudie le droit et les sciences politiques à Paris. Au service militaire, il contracte la tuberculose et doit séjourner en Suisse, où il retournera souvent tout au long de sa vie, en particulier durant les deux guerres mondiales. C'est d'ailleurs à sa ville de résidence helvétique, Chardonne, qu'il empruntera son nom de plume. De retour en France, il travaille chez Stock, maison d'édition dont il est co-propriétaire. Il se marie en 1910, mais le couple ne tarde pas à se séparer. Ce n'est cependant pas cet échec conjugal qui explique que l'analyse des rapports entre la femme et l'homme dans le mariage soit devenu le thème central, voire unique, de l'œuvre du romancier. Toute la pensée et le ton de Chardonne sont déjà présents, en effet, dans un court roman, *Catherine*, écrit au cours de sa vingtième année (publié seulement dans sa quatre-vingtième, en 1964).

La carrière littéraire officielle de Chardonne commence en effet assez tard : il a trente-sept ans lorsqu'il publie son premier roman *L'Épithalame* (1921), écrit en Suisse pendant la Grande Guerre. Le succès est immédiat et le roman reçoit le prix Femina. Le personnage central, Berthe, est une délicate jeune fille, qui ne vit que pour le mariage : si elle remarque Albert, elle en est d'abord tout effrayée. Les deux jeunes gens ne tardent pourtant pas à se marier. Après les quelques doutes et émois qui accompagnent nécessairement le passage de l'état de jeune fille à celui de femme, le couple se stabilise et s'installe dans le bonheur. L'auteur s'en tient à l'analyse psychologique et semble exclure la possibilité même d'une intrigue ou d'un travail sur le style ou la composition. Les romans suivants vont prolonger cette thématique, le ton se nuançant parfois de tragique. *Le Chant du bienheureux* (1927) propose ainsi le roman du divorce. *Les Varais* (1929), où une histoire d'héritage se mêle à l'intrigue amoureuse, constitue peut-être le seul roman de Chardonne où l'action dramatique occupe une place privilégiée. Les romans courts qui suivent, *Éva ou le journal interrompu* (1930) et *Claire* (1931), semblent éloignés de toute préoccupation de renouvellement, mais restent toujours aussi superbement écrits. Chardonne n'a sans doute connu qu'un seul échec littéraire : *Les Destinées sentimentales* (1934-1936). Non que l'œuvre soit sans intérêt, mais, en cherchant à écrire son roman-fleuve, Chardonne obéit plus à l'air du temps qu'à l'exigence d'une intrigue : les trois volumes de ce cycle court (*La Femme de Jean Barnery*, 1934 ; *Pauline*, 1935 ; *Porcelaine de Limoges*, 1936) n'en ont guère, même si la thématique amoureuse présente une toile de fond un peu différente du simple décor bourgeois : une entreprise en péril. Dans *Romanesques* (1938), peut-être le chef-d'œuvre de Chardonne, le ton est légèrement plus amer. L'auteur y étudie la place de l'imaginaire dans l'amour (c'était aussi le thème d'*Éva)* et l'impossibilité de communiquer vraiment avec l'autre alors qu'on l'aime, parce qu'on l'aime. Si Octave et Armande ne sont pas très différents de Berthe et Albert dans *L'Épithalame*, la question est abordée ici du point de vue de l'homme.

À l'exception de *Chimériques* (1948), la guerre met un terme à la production romanesque de Chardonne. Il doit pendant un temps s'éloigner de la scène littéraire. Quelques publications du début de la guerre, comme *Voir la figure* ou *Chroniques privées de l'an quarante* (1941), attestant une certaine compromission avec le régime de Vichy, il est emprisonné pendant quelques mois à la Libération. Il revient alors à un genre auquel il s'était déjà essayé avant la guerre, dans *L'Amour du prochain* (1932) et le célèbre *Bonheur de Barbézieux* (1938), celui de l'« essai » librement composé autour d'un thème moral, ou plutôt du « propos » sous des formes variées : *Vivre à Madère* (1953), *Lettres à Roger Nimier* (1954), *Matinales* (1956), *Le Ciel dans la fenêtre* (1959), *Demi-jour* (1964), *Femmes* (1966), *Propos comme ça* (1966). En 1957, il complète un recueil de pensées publié en 1937 : *L'Amour c'est beaucoup plus que l'amour*.

La cohérence de l'œuvre de Chardonne se reflète dans les trois cercles concentriques où elle a développé son influence : les amis, intimes et fidèles (Jacques Delamain, l'autre copropriétaire de Stock, et sa femme Germaine ; Henri Fauconnier, l'ami d'enfance, et sa femme Geneviève, tous deux romanciers) ; le groupe de la *NRF* (Rivière, Gide, Larbaud...), au sein duquel Chardonne contribue, dans les années trente, à faire revivre l'idéal classique ; enfin, les romanciers de la droite « buissonnière » de la génération de 1950 (Déon, Nimier, etc.) qui se réclameront de lui. Chardonne est mort à La Frette le 30 mai 1968.

ŒUVRES. — La plupart sont publiées chez Stock et disponibles en collections de poche. Les premiers romans ont été repris dans *Œuvres complètes*, Albin Michel, 1951, 6 t. — *L'Épithalame*, 1921. — *Le Chant du bienheureux*, 1927. — *Les Varais*, 1929. — *Éva ou le journal interrompu*, 1930. — *Claire*, 1931. — *L'Amour du prochain*, 1932. — *Les Destinées sentimentales*, 1934-1936. — *L'Amour c'est beaucoup plus que l'amour*, 1937. — *Romanesques*, 1938. — *Le Bonheur de Barbézieux*, 1938. — *Chroniques privées de l'an quarante*, 1941. — *Attachements*, 1942. — *Chimériques*, 1948. — *Vivre à Madère*, 1953. — *Matinales*, 1956. — *Le Ciel dans la fenêtre*, 1959. — *Demi-jour*, 1964. — *Correspondance avec Roger Nimier 1950-1962*, 1964. — *Propos comme ça*, 1966. — *Détachements*, 1969.

→ Ginette Guitard-Auriste, *Chardonne*, Olivier Orban, 1984. — Il existe depuis 1971 des *Cahiers Jacques Chardonne* (Association des Amis de Jacques Chardonne, La Frette-sur-Seine). — Fonds Jacques Chardonne à la Bibliothèque nationale.

G.P.

Charles Jean-Claude (1949). Né à Port-au-Prince (Haïti), il vit en exil à Paris. Il est l'auteur d'un recueil poétique, *Négociations* (Oswald, 1972), et de trois romans remarqués par la critique : *Bamboola Bamboche* (Barrault, 1984), *Manhattan Blues* (Barrault, 1985) et *Ferdinand, je suis à Paris* (Barrault, 1987). On lui doit également des essais, *Les Corps noirs* (Hachette, 1982) et *De si jolies petites plages*.

J.C.

Charles-Roux Edmonde (1922). Fille de diplomate, de famille marseillaise, épouse du ministre Gaston Deferre, elle passe une enfance cosmopolite, essentiellement à Prague et à Rome. Adolescente, elle découvre la littérature italienne, notamment par le biais des œuvres d'Elio Vittorini, et se prend de passion pour ce pays. Ambulancière en 1939, elle sera blessée et décorée, et prendra une part active à la Résistance. La guerre terminée, elle mène une carrière de journaliste, d'abord au magazine *Elle*, puis à *Vogue*, dont elle sera rédactrice en chef. Son premier roman, *Oublier Palerme* (1966) obtient le prix Goncourt. Elle y évoque sa nostalgie des fastes de l'Italie du sud, rappelant le monde du romancier sicilien Lampedusa, mais aussi les contrastes d'une Sicile en proie à l'américanisation. Avec *Elle Adrienne*, paru en 1971, c'est l'autre versant du monde de son enfance qu'elle choisit de ranimer, celui des aristocrates décadents d'Europe centrale, et d'une société animée de préoccupations esthétiques. Elle y met en scène une couturière dont elle prend le modèle dans un monde qu'elle connaît bien, et notamment chez Coco Chanel, personnage à qui elle consacrera une biographie quelques années plus tard (*L'Irrégulière*, 1974). Elle continue à pratiquer le genre de la biographie dans *Stèle pour un bâtard : Don Juan d'Autriche* (Grasset, 1980) et *Un désir d'Orient : jeunesse d'Isabelle Eberhardt 1877-1899* (Grasset, 1989) puis *Nomade, j'étais : les années africaines d'Isabelle Eberhardt* (Grasset, 1995). Elle a également signé l'adaptation d'un ouvrage du romancier italien Fulco di Verdura, *Une enfance sicilienne* (1981). Edmonde Charles-Roux a été élue à l'Académie Goncourt en 1983.

G.Si.

Charlot *(Éditions Edmond)* (1936-1950). Maison fondée à Alger par Edmond Charlot. Né en 1915 à Alger, il est l'élève de Jean Grenier et le condisciple de Camus au lycée Bugeaud. Edmond Charlot débute en 1936 sous l'enseigne des Éditions de la Maurétanie et ouvre la même année une librairie à Alger, « Les Vraies Richesses », qui propose des livres neufs ou anciens et un cabinet de prêt. Ces quelques mètres carrés deviennent un lieu de rencontres qui en fait le pôle de ce qu'on a pu appeler « l'école d'Alger ». À la fin de 1936, Charlot publie *L'Annonciation à la licorne* de René-Jean Clot, dans la collection « Méditerranéennes », puis en 1937 *L'Envers et l'endroit* de Camus. La culture méditerranéenne est, dès la fondation, un axe éditorial fort, influencé par Gabriel Audisio, qui y fait paraître *Jeunesse de la Méditerranée et Sel de la mer*. Diffuseur des *Cahiers du Sud* de Jean Ballard, Charlot lance avec Gabriel Audisio, Albert Camus, René-Jean Clot, Claude de Fréminville, Jacques Heurgon et Jean Hytier la revue *Rivages*, en décembre 1938, qui n'aura que deux numéros ; la revue *Fontaine* (succédant à *Mithra)*, de Max-Pol Fouchet, qui paraîtra jusqu'en 1947, accompagnée de sa collection d'ouvrages.

En mai 1939, Edmond Charlot publie *Noces*, de Camus. Mais la déclaration de guerre et la mobilisation l'obligent à cesser ses activités. Pendant quelques mois, les Éditions Cafre, créées par Camus et Fréminville, assureront le relais. À son retour, Charlot associera Camus au destin de sa maison d'édition, comme lecteur et conseiller littéraire ; il y dirigera la collection « Poésie et théâtre ». De la même façon, en 1945, Philippe Soupault animera la collection « Les Cinq Continents ».

En 1942, Charlot est emprisonné par les autorités de Vichy, et libéré quelques semaines plus tard. Après le débarquement américain en Afrique du Nord, il devient l'adjoint de l'amiral Barjot, dirige le service des publications au ministère de l'Information et participe à la création des Éditions France, qui publieront Rivière, Duhamel, Péguy, Suarès. L'année suivante, il publie *Le Silence de la mer* de Vercors et, en février 1944, le premier numéro de *L'Arche* dont le comité de rédaction réunit Gide, Blanchot, Camus et Jacques Lassaigne.

En décembre 1944, les Éditions Charlot s'installent à Paris et deviennent une société. Charlot confie à Pierre Faucheux le soin d'unifier la présentation de ses collections, qui comptent près de quatre cents titres. Malgré l'attribution du prix Renaudot à Henri Bosco en 1945 et à Jules Roy en 1946, puis du Femina à Emmanuel Roblès en 1948, les difficultés financières s'accumulent, d'autant que la maison doit résister à une tentative d'asphyxie de la part de certains confrères. Privées du soutien des banques et coupées des approvisionnements en papier, les Éditions Charlot s'éteignent en 1950. Edmont Charlot poursuivra sa vocation en fondant d'autres maisons d'édition : Méditerranée vivante (1949-1953), Rivages (1949-1961), Tanger (1973-1980) et depuis 1981, Le Haut-Quartier à Pézenas (Hérault), où il tient aujourd'hui encore une librairie.

→ Michel Puche, *Edmont Charlot éditeur*, préface de Jules Roy, Pézenas, Domens, 1995.

J.-D.W. — IMEC

Charron François (1952). Après des études de lettres à Montréal, où il obtient une maîtrise en 1976, il abandonne en 1977 un poste d'enseignant à Montmorency pour se consacrer à la littérature. De 1975 à 1980, il pratique la peinture et participe à plusieurs expositions. Son œuvre est marquée par les contradictions et l'inquiétude. Luttant contre toute certitude et tout dogme, y compris ceux qu'il s'invente, Charron expérimente sans cesse, au prix de revirements esthétiques et idéologiques. Pour avoir inspiré plusieurs courants d'avant-garde québécoise, on en a fait le « chef de file de sa génération ». Il a collaboré à des revues d'inspiration marxiste (*Stratégies*, *Chroniques*), ouvertes à la contre-culture (*Hobo-Québec*) ou au formalisme (*La Nouvelle Barre du jour*). Son nom est surtout lié à la revue et à la maison d'éditions Les Herbes rouges, où il a publié presque tous ses livres. Dès ses premiers recueils, plusieurs tendances s'affirment. Irrévérencieux, les *18 assauts* (1972) donnent le ton à une série de livres (*Littérature/obscénités*, 1973 ; *Pirouette par hasard poésie*, 1975) qui, par citations parodiques et collages, s'attaquent à la « grande » poésie et à ses valeurs considérées comme conservatrices. D'autres ouvrages pratiquent la déconstruction politique, par l'insertion du joual dans la réflexion (*Projet d'écriture pour l'été 76*, 1973), par le mélange de discours théorique et d'invective contre le capitalisme (*Interventions politiques*, 1974) ou par l'exhortation militante (*Propagande*, 1977). Mais ce sont les recueils les plus lyriques, *La Traversée/Le Regard* (1973, publié sous le pseudonyme d'André Lamarre) et *Persister et se maintenir dans les vertiges de la terre qui demeurent sans fin* (1974), qui, dans ces années, distinguent la personnalité de Charron, car ils renouent, à contre-courant, avec la subjectivité amoureuse, la nature, la sexualité. Suit une période dominée par la passion, la recherche d'un langage « corporel » apte à libérer le désir. Influencé par le féminisme, *Blessures* (1978) exprime dans un style discontinu la difficulté de communiquer. *Le Temps échappé des yeux* (1979) et *Peinture automatiste* (1979) invitent à méditer sur l'expérience du geste et de la vision surrationnels dans l'acte de peindre. Après *1980* (1981), long poème incantatoire qui rappelle Saint-John Perse et Grandbois, la démarche de Charron devient mystique (*Mystère*, 1981) ou existentielle (*Je suis ce que je suis* ; *François*, 1984), avec des accents philosophiques (*Le Fait de vivre ou d'avoir vécu*, 1986 ; *La Fragilité des choses*, 1987), multipliant les aphorismes, cherchant une métaphysique du quotidien dans « le non-être du chant » (*La vie n'a pas de sens*, 1985). Cette tension vers la simplicité aboutit, dans *L'Intraduisible Amour* (1991) et *Pour les amants* (1992), à une innocence sentimentale qui a dérouté la critique, comme l'avaient fait les mutations antérieures de cette œuvre en perpétuel renouvellement.

L.B.

Chasles Raymond (1930). Né à Brisée Verdière (Île Maurice), il a occupé des fonctions d'ambassadeur auprès de la Communauté européenne, et fondé avec deux de ses compatriotes la revue *L'Étoile et la clef*, qui publie surtout les textes poétiques d'écrivains originaires de l'Île Maurice. On lui doit plusieurs recueils : *Le Corailleur des limbes* (précédé de *Versos interdits*, Oswald, 1970) *Vigiles irradiés* (Saint-Germain-des-Prés, 1973), *L'Alternance des solstices* (Saint-Germain-des-Prés, 1975), *Le Rite et l'extase* (Bruxelles), *L'Étoile et la clef* (1976), où se déploie une inspiration cosmique intégrant des éléments de connaissance relevant aussi bien de la géologie, de l'astrophysique que des rites Vaudou ou de la mythologie indienne. Écrivain profondément attaché à la langue française, il n'estime pas moins nécessaire le métissage linguistique et culturel, tel qu'il s'opère dans le creuset mauricien.

J.C.

Chastenet de Castaing Jacques (1893-1978). Né le 20 avril 1893 à Paris, fils d'un juriste réputé, il est licencié ès lettres en 1911, diplômé de l'École des sciences politiques en 1913, docteur en droit en 1918. Reçu premier au concours des Affaires étrangères en 1919, il entame une carrière diplomatique d'attaché, puis de secrétaire, d'ambassade, avant de prendre la tête de la banque fondée par les Houillères de France. Au même moment, il devient chroniqueur diplomatique à *L'Opinion* (1924-1930), puis à la *Revue politique et parlementaire* (1930-1931). De 1931 à 1942, il est co-directeur du *Temps*, où il s'occupe de politique étrangère.

Ses ouvrages d'histoire regorgent de portraits et de croquis satiriques. Son premier livre, *William Pitt* (1941), révélait déjà l'un de ses thèmes de prédilection, l'Angleterre. *Wellington* (1945), *Le Parlement d'Angleterre* (1946), *Élisabeth Ire* (1953) ont fait de lui un expert de l'histoire britannique. L'histoire, selon lui, touche à la littérature en ce qu'elle s'intéresse aux hommes et aux grands acteurs de la politique. Ses biographies ne se bornent jamais à la seule vie du personnage : il sert plutôt de figure de proue *(Winston Churchill*, 1956) ou de symbole (comme Fallières pour la France de 1910). L'agilité d'esprit de l'auteur, son discernement et son expérience diplomatique, financière et journalistique ont servi son travail d'historien, en particulier lorsqu'il s'est intéressé à l'époque contemporaine. Son *Histoire de la Troisième République* (1952-1963, 7 t.) forme une grande fresque, poursuivie en 1970 avec *De Pétain à de Gaulle, 1940-1944*. L'ensemble est repris la même année sous le titre *Cent ans de République*. Il a également publié ses mémoires : *Quatre fois vingt ans, 1893-1973*.

D.H.-M.Ber.

Châteaubriant Alphonse de (1877-1951). Né à La Prévalaye (Ille-et-Vilaine) le 22 mars 1877, issu d'une famille de musiciens et de peintres, il obtient le prix Goncourt avec *Monsieur des Lourdines* (Grasset, 1911) et le grand prix du Roman de l'Académie française avec *La Brière* (Grasset, 1923). Ces deux romans témoignent d'un classicisme attentif à la peinture de l'attachement des hobereaux ou des paysans pour leur terre. Avec *La Réponse du Seigneur* (1933), son œuvre s'oriente dans un sens politique et mystique qu'elle ne quittera plus. Voyageant longuement en Allemagne en 1935, il s'éprend du national-socialisme pour lequel il plaide dans *La Gerbe des forces* (Grasset, 1937), y voyant l'ultime rempart contre la déchristianisation bolchevique, qui représente à ses yeux l'effondrement de l'Europe. En fondant l'hebdomadaire *La Gerbe* (1939), il s'engage sans réserve pour la défense de la collaboration avec l'Allemagne. Condamné en 1945, il se réfugie au monastère autrichien de Kitzbühel, où il compose ses derniers essais (*Écrits de l'autre rive*, A. Bonne, 1950 ; *Lettre à la chrétienté mourante*, Grasset, 1951). La publication de certains textes après sa mort (*Procès posthume d'un visionnaire*, 1987) a pu alimenter un débat sur une éventuelle réhabilitation de l'auteur, dont les premiers romans n'ont nul besoin et à laquelle le versant politique de l'œuvre ne se prête évidemment pas.

C.C.

Chateaureynaud Georges-Olivier (1947). Né à Paris, Breton d'origine, il a contribué au renouveau de la nouvelle en France, comme en témoignent les recueils *Le Fou dans la chaloupe* (Grasset, 1973 ; Julliard, 1993), *Le Héros blessé au bras* (Grasset, 1987), *Nouvelles 1972-1988* (Julliard, 1993), *Le Styx* (Littéra, 1995) ou *Les Ormeaux* (Rocher, 1996), récits évoquant l'abîme entre rêve et réalité, l'inadéquation du langage à dire le temps et l'avenir. Ses romans sont de la même veine : *Mathieu Chain* (1978, Pocket, 1993) est l'histoire d'une fuite dans l'isolement et le silence. *La Faculté des songes* (1982, prix Renaudot, Pocket, 1995) et *Le Congrès de fantomologie* (Grasset, 1985) évoquent un entre-deux, une « pénombrie » au charme ironique. *Le Château de verre* (1994, Pocket, 1996) raconte l'aventure d'un ménestrel breton au temps des croisades. L'écrivain revient à l'onirisme avec *Les Messagers* (Actes Sud, 1997).

I.M.

Chaurette Normand (1954). Son *Rêve d'une nuit d'hôpital* (1980), qui s'inspire très librement de la biographie d'Émile Nelligan, lui vaudra une reconnaissance immédiate. Mais c'est *Provincetown Playhouse*, juillet 1919, j'avais 19 ans (1981), qui le consacrera comme un des meilleurs dramaturges de sa génération. Ce texte éclaté joue, comme toutes les pièces de Chaurette, sur le dédoublement du personnage et des données spatio-temporelles et l'effacement de la frontière entre réalité et fiction. Les thèmes de la folie et de la mort réapparaîtront dans les textes suivants, dont *Fêtes d'automne* (1982) et *La Société de Métis* (1983). On souligne la dimension métathéâtrale et la forte littérarité de l'œuvre de Chaurette, qui rendent son théâtre, dont *Fragments d'une lettre d'adieu lue par des géologues* (1986) et *Les Reines* (1991), difficile à représenter. Son intérêt pour la musique sacrée et l'opéra est manifeste dans *Je vous écris du Caire* (1993). Il a aussi publié un roman, *Scène d'enfants* (1988), qui reprend les mêmes *leitmotive*.

A.J.

Chauvet Marie (1916-1973). Née à Port-au-Prince (Haïti), elle est l'auteur de cinq romans, *Fille d'Haïti* (Fasquelle, 1954), *La Danse sur le volcan* (Plon, 1957), *Fonds des nègres* (Port-au-Prince, 1961), *Amour, colère et folie* (Gallimard, 1968) et *Les Rapaces* (Port-au-Prince, 1986), dans lesquels, sur fond de société rurale traditionnelle, elle évoque les tragédies d'un monde hanté par la violence et la terreur.

J.C.

Chavannes Fernand (1868-1936). Né le 15 août 1868 à Lausanne. Après avoir soutenu une thèse de philologie à Berlin, de retour à Lausanne, il enseigne durant quatre ans, et a notamment Ramuz comme élève. Il fait de longs séjours à Paris. En 1905, il y apprend l'horticulture, puis s'établit à Pully, où il cultive un verger, et poursuit la recherche d'une dramaturgie originale, antipsychologique et « gestuelle ». Il participe à l'aventure des *Cahiers vaudois*, de 1913 à 1920, qui publient, en 1916, les trois premières pièces de son théâtre. *Le Mystère d'Abraham*, « premier mystère protestant », dont les audaces narratives inspireront Ramuz pour l'*Histoire du soldat*, est représenté à Pully. Puis, en juin 1916, Jacques Copeau monte *Guillaume le Fou* à la Comédie de Genève, pièce où Guillaume Tell, individualiste immergé dans une prudente démocratie en travail, est finalement tué par les siens. En 1919 paraît *Musique de tambour*, subtil collage de deux de ses pièces créées l'année précédente par les Pitoëff. Ceux-ci représentent, en 1920, *Bourg-Saint-Maurice* (Genève, Georg, 1922), dont le héros est le libertaire Farinet. Ils traduisent aussi, avec Chavannes, *Oncle Vania*, de Tchekhov, en 1921. Enfin, évocation d'un soir de délires et d'ivresses, *Vendanges ! Vendanges !* (Lettres de Lausanne, 1928) est représenté à Lausanne en 1928. Chavannes s'est éteint à Paris en mars 1936.

ŒUVRES. — *Théâtre*, rééd. Lausanne, Bibliothèque romande, 1972. — « Journal 1903-1909 », *Études de lettres*, 1970, n°s 3-4.

→ Corinne Giroud, « *Guillaume le Fou*, de Fernand Chavannes », *La Licorne* (Poitiers), n° 16, 1989.

J.A.

Chavée Achille (1906-1969). Né à Charleroi (Belgique) le 6 juin 1906, fondateur du groupe hennuyer du mouvement surréaliste belge, il a vécu une enfance tumultueuse, marquée par un passage au petit séminaire. Engagé dans le mouvement socialiste à partir de 1927, il fonde, pendant ses études de droit à l'Université de Bruxelles, l'« Union fédéraliste wallonne » *(Ode à la Wallonie*, 1931). Après ses études il ouvre un cabinet d'avocat à La Louvière en 1930 ; son engagement social et politique se radicalise à la suite de grèves dans le bassin minier. Il découvre alors l'œuvre de Breton, fonde, en 1934, le groupe « Rupture » d'orientation marxiste, et publie son premier recueil d'inspiration surréaliste l'année suivante, *Pour cause déterminée* : pratiquant avec mesure l'écriture automatique, il y stigmatise avec violence et cynisme l'aliénation sociale et la pauvreté, non sans regards vers « le vide et l'absolu » (voir aussi *Le Cendrier de chair*, 1937). En 1937, il rejoint les Brigades internationales en Espagne *(Une fois pour toutes*, 1938) ; malade, il revient à La Louvière l'année suivante et fonde en 1939 le « Groupe surréaliste en Hainaut ». Lorsque la guerre éclate, il se réfugie dans la clandestinité ; à la Libération, avec Pol Bury et les anciens fondateurs du « Groupe surréaliste en Hainaut », il crée le groupe « Haute nuit ». Toujours militant communiste, il devient président des « Amitiés belgo-soviétiques », et adhère au « Groupe surréaliste révolutionnaire » dirigé par Christian Dotremont.

Fortement marquée par la guerre, la poésie de Chavée porte son poids de cruauté et de sang, tantôt passage nécessaire vers la liberté, tantôt exutoire dans une quête de la pureté (voir *D'ombre et de sang*, 1946 ; *Écorces du temps*, 1947 ; *De neige rouge* et *Écrit sur un drapeau qui brûle*, 1948 ; *Au jour la vie*, 1950). Exploitant « le collage des contrastes/ le colloque des contraires », il prépare avec soin l'effet de surprise dans des textes souvent courts, ouvrant des perspectives insolites où prévalent les sentiments de liberté et d'indépendance : il s'agit d'« écrire aux fins de déchirer les apparences ». Mais si *Éphémérides* (1951), *Cristal de vivre* (1954), *Entre puce et tigre* (1955) témoignent d'une recherche de l'être inscrite dans le temps et l'espace universels, l'angoisse existentielle est souvent masquée par l'humour ou l'imprécation. En 1956 il fonde le groupe « Schéma » et publie entre autres *Catalogue du seul* (1956) et *Les Traces de l'intelligible* (1957). Il poursuit une intense activité poétique, principalement avec les Éditions du Daily-Bul, animées par André Balthazar et Pol Bury : sa poésie se fait alors plus ludique, plus insouciante, à la recherche de « l'exacte nuance du dérisoire » *(L'Enseignement libre*, 1958 ; *Le Prix de l'évidence*, 1960 ; *L'Éléphant blanc*, 1961 ; *Le Sablier d'absence*, 1964). Avec les années, contemplateur immobile des êtres et des choses, notamment par le truchement de métamorphoses entomologiques, il développe une ironie teintée de sagesse où la saisie du temps se fait toujours plus urgente. Elle éclaire ses derniers textes : *De vie et de mort naturelles* (1965) ; *Adjugé* (1966) ; *Le Grand Cardiaque* et *Au demeurant* (1969). Suivant la tradition surréaliste belge, il a pratiqué l'aphorisme, un genre qui lui a permis d'exprimer son goût de l'insolite et du quotidien à travers jeux de langage et déformations verbales : *Laetare 59* (1959) ; *Au demeurant* (1969) ; *Décoctions II* (1974, posth.) ; *Petit Traité d'agnosticisme* (1979, posth.). Achille Chavée est mort le 4 décembre 1969.

ŒUVRES. — *Œuvre*, La Louvière, Les Amis d'Achille Chavée, t. I *(1935-1946)*, 1977 ; t. II *(1947-1950)*, 1978 ; t. III *(1951-1956)*, 1984 ; t. IV *(1957-1961)*, 1986 ; t. V *(1964-1969)*, 1994 ; t. VI *(1974-1991)*, 1994. — *Journal 1944*, Morlanwez, Les Marées de la nuit, 1994.

→ André Miguel, *Achille Chavée*, Seghers, coll. poètes d'aujourd'hui, 1969. — Ernest Pirotte, *Achille Chavée avocat ou la mammifération des libellules*, La Louvière, Daily-Bul, 1969. — *Achille Chavée (1906-1969)*, Mons, Centre culturel du Hainaut, 1979. — *Regards*, nº 3, 1987.

O.Bi.

Chawaf Chantal (1948). Née le 15 septembre 1948 à Boulogne-sur-Seine, elle conte, dès *Retable-Rêverie* (Des Femmes, 1974), l'histoire de la femme, que menace la violence masculine (*Rédemption*, Flammarion, 1989), qui devient mère (*La Vallée incarnate*, Flammarion, 1984), goûte les saveurs domestiques (*Cercœur*, Mercure de France, 1976 ; *Blé de semences*, Mercure de France, 1976), retrouve sa plénitude sur fond de guerre (*Le Soleil et la terre*, Pauvert, 1977), lutte contre la maladie (*Rougeâtre*, Pauvert, 1978), recherche l'aimé (*Landes*, Stock, 1980 ; *Les Surfaces de l'orage*, Ramsay, 1982 ; *L'Éclaircie*, Flammarion, 1990 ; *Vers la lumière*, Des Femmes, 1993) et voit mourir son père (*Crépusculaires*, Ramsay, 1981). Comme elle l'explique dans *Le Corps et le verbe* (Renaissance, 1992), Chantal Chawaf s'inscrit dans un féminisme de la différence qui cherche à rompre avec le langage masculin pour retrouver une parole archaïque comme celle du mythe ou du conte (*Fées de toujours*, Plon, 1988) et une écriture de l'épanchement qui fait circuler l'intime et permet un envahissement sans effraction.

→ *Lendemains*, nº 30, Berlin, 1983. — Nicole Lamboley Konde, *L'Écriture et les femmes : structure de l'espace dans l'œuvre romanesque de Chantal Chawaf*, thèse, Paris-X, 1985. — Marianne Bosshard, *Chantal Chawaf, la mise en question de la bipolarisation*, thèse, Maryland, 1988. — Brigitte Heymann, *Textform und weiblisches Selbstverständnis : die Romane von Hélène Cixous und Chantal Chawaf*, Berlin, Humboldt Universität, 1988.

J.P.

Chazal Malcolm de (1902-1981). Né le 12 septembre 1902 à Vacoas (île Maurice), dans une famille d'origine française et d'obédience swedenborgienne, il fait des études d'ingénieur sucrier avant d'entrer dans l'administration des téléphones et de l'électricité. Son parcours est celui d'un « excentrique », d'ailleurs toujours considéré comme tel en sa patrie. Après avoir publié deux traités d'économie politique, il fait paraître chez un libraire de Port-Louis (capitale de l'île Maurice), entre 1940 et 1944, six petits volumes de *Pensées* tirés chacun à cent exemplaires. L'auteur est un moraliste dans la lignée de La Rochefoucauld, mais déjà inspiré par une conception unitaire du monde sensible et du monde moral. Cette tendance prend tout son sens dans un septième volume, *Pensées et sens plastique* (1945) suivi de *Sens plastique II* (1947). La préface du second volume développe une théorie de l'unisme dont le but est de « raccorder les notions antinomiques de la vie, en se servant perpétuellement de l'humain comme truchement » : il en résulte un jeu vertigineux de correspondances entrecroisées, fondées sur les sensations et souvent incongrues. Admiré par les surréalistes et par Paulhan, le second *Sens plastique* est réédité chez Gallimard en 1948, conférant une certaine notoriété au penseur et poète, qui se croit appelé à un grand destin prophétique. Sa pensée se fait déjà plus ésotérique dans *La Vie filtrée* (1949). Il a alors la révélation des théories de Jules Hermann (1846-1924), notaire à La Réunion, inventeur du mythe de la Lémurie, vaste continent englouti dont les îles de l'océan Indien seraient les derniers vestiges et qui serait le berceau de l'humanité. Chazal se met à lire dans les montagnes de son île natale des signes modelés par les Lémuriens et il participe de leur monde spirituel par des visions qui lui inspirent, entre 1950 et 1951, un cycle mythique de la pierre, d'inspiration manichéenne et biblique : *La Pierre philosophale* (1950), *Petrusmok* (1951), *Mythologie de crève-cœur ou les hommes de la pierre* (1951), *Le Rocher de Sisyphe* (1951). À partir de 1951 et jusqu'en 1954, les publications ésotériques se multiplient : *Le Livre de conscience*, *La Bible du mal*, *L'Évangile de l'eau*, *Les Dieux ou les consciences-univers*. La pensée centrale demeure celle de l'unisme, mais Chazal tente de combiner les diverses traditions ésotériques et symboliques d'une manière qui reste obscure. Parallèlement, il essaie de donner un théâtre métaphysique qui repense le rôle du Christ : *Iésou* (1950), *Judas* (1954), et continue à produire de courts poèmes fondés sur des correspondances inattendues : *Sens magique* (1956), *Apparadoxes* (1958), *Poèmes* (1968). Il a ramassé l'essentiel de son parcours et de son message dans *L'Homme et la connaissance* et *Sens unique* (1974). Il est mort à Port-Louis le 1er octobre 1981.

ŒUVRES. — *Sens plastique*, 1948, rééd. L'Imaginaire, 1985. — *La Vie filtrée*, Gallimard, 1949. — *Poèmes*, Jean-Jacques Pauvert, 1968. — *Ma révolution, Lettre à Alexandrian*, Le Temps qu'il fait, 1983. — *Sens unique. Correspondances avec Jean Paulhan*. — *Le Premier Sens plastique*, L'Éther Vague, Toulouse, 1985-1986.

→ Jean Paulhan, « Malcolm de Chazal, l'homme des passages », préface à *Sens plastique*, 1948.

S.M.

Chedid Andrée (1920). Née le 20 mars 1920 au Caire (Égypte) où elle a passé son enfance, attachée au Liban où elle a vécu, fixée à Paris depuis 1946, Andrée Chedid traduit dans son œuvre cette triple appartenance, avec le vif sentiment que peut inspirer le destin cruel du Proche-Orient, terre à laquelle font allusion certains de ses recueils poétiques : *Cérémonial de la violence* (1975) est un cri poussé devant les malheurs du Liban. Plusieurs de ses romans se déroulent en ces pays : *Le Sixième Jour* (1960) est l'histoire du tenace voyage d'une grand-mère qui, pour sauver son petit-fils du choléra, va de l'Égypte intérieure à la mer ; *La Maison sans racines* (1985) fait se retrouver au Liban, dans une marche dramatique à travers Beyrouth, une grand-mère venue de Paris et sa petite-fille venue d'Amérique. Dans *L'Enfant multiple* (1989), l'auteur réunit ses trois terres en mettant en scène Omar-Jo, petit Égyptien qu'une explosion à Beyrouth a rendu orphelin et infirme, et qui, à Paris, ne trouve de vrai lieu à lui que la rue. Il y rencontre un forain qui s'apprête à vendre son manège ; il réussit à lui rendre tendresse et confiance.

Cependant, il serait réducteur de dire qu'Andrée Chedid est inspirée par un exotisme, ou par une politique dans laquelle elle a toujours refusé de s'engager. Elle-même, n'ayant jamais souffert de l'exil, affirme qu'elle ne vit pas les diverses civilisations auxquelles elle appartient comme des différences hostiles, mais comme des points de jonction. Son œuvre est sous le signe de l'universel : son recueil de poèmes, *Double pays* (1965), se situe non plus dans deux patries distinctes, mais dans l'essentiel de l'homme, qui est un balancement constant entre ombre et lumière, caverne et soleil, bonheur et tourment. Non pas contradiction, mais preuve que nous vivons dans l'ouvert, dans une attente. Les romans les plus « situés » d'Andrée Chedid dépassent l'accidentel, si terrible soit-il, pour présenter l'homme en général.

Cette pensée ne s'installe pas dans le confort. Destruction du spirituel par la guerre, destruction de l'enfance : « Enfant enfant de nos guerres / Au fond de ta poitrine j'ai mis un oiseau mort » (*Textes pour une figure*, 1949). Menaces de la maladie, de la mort : un poème qui commence par des litanies d'amour maternel ne s'intitule pas moins « Brève invitée » (*Textes pour le vivant*, 1953). Mais l'éphémère nous permet précisément (sauf dans le cas extrême de l'enfant annulé) de savourer les choses dans un éclair : « Nous ne pouvons bâtir / Qu'adossés à la mort » (*Contre-chant*, 1969). « Je ne parle qu'au présent », dit le poète de *Double Pays*, qui se fait apprivoiseur de la vie : « Je t'aime, hostile oiseau ». À travers le sentiment de la fragilité transparaît toujours une confiance dans le départ vers quelque chose de nouveau.

Une telle démarche, fondée sur l'énigme de notre vie, exclut le ton moralisateur comme la mièvrerie. La poésie d'Andrée Chedid, par laquelle elle est entrée en littérature, se caractérise par un aller et retour entre le mot très dominé et le silence, entre les termes concrets et abstraits. La langue en est limpide. Sans cesser d'être poète, Andrée Chedid a ensuite écrit des romans, par besoin d'être proche d'un quotidien qui peut devenir intemporel. À partir de personnages et de paysages qui s'imposent à elle, elle œuvre dans le sens de l'expression la plus simple, évitant le pathétique gratuit. Elle fait place au mythe dans son œuvre en prose : ce mythe peut être le fleuve Nil, ou bien le recul à demi imaginaire dans le temps (le XVe siècle avant notre ère de *Nefertiti*, 1974 ; le IVe siècle des *Marches de sable*, 1981 ; le contexte biblique de *La Femme de Job*, 1993). Ainsi se dit l'éternelle fragilité de l'amour, de la vie, pourtant sans cesse recommencés à travers malentendus et tragédies. Quand elle aborde la forme brève des nouvelles, Andrée Chedid utilise la malice ou le fantastique. Enfin, le théâtre donne lieu à des stylisations en farce ou en tragédie d'un univers littéraire très cohérent, dont on aime la pudeur et la justesse.

ŒUVRES. — Publiées chez Flammarion. — **Poésie** : deux livres réunissent la plupart des poèmes et les complètent, *Textes pour un poème 1949-1970*, 1987. — *Poèmes pour un texte 1970-1991*, 1991. — **Romans** : cités ci-dessus, sauf *Le Sommeil délivré*, 1952. — **Nouvelles** : *Les Corps et le temps*, 1979. — *Mondes miroirs magies*, 1988. — *À la mort, à la vie*, 1992. — **Théâtre** : réuni en deux volumes, I, 1981 ; II, 1993.

→ Jacques Izoard, *Andrée Chedid*, 1977. — Numéro spécial *Andrée Chedid*, *Sud*, 1991. — *Andrée Chedid*, Vénissieux, Paroles d'aube, coll. Rencontrer l'inespéré.

M.-C.B.

Chemin vert (Le) (1980-1989). Maison d'édition fondée à Paris par Raymonde Branger-Nave. En publiant *Vert Paradis* de Max Rouquette (1981, prix Eugène Le Roy), Henri Giordan lance une collection « Commune Présence » destinée à donner la parole aux minorités culturelles. Il y publiera des auteurs occitans comme Jean Badou (*Le Livre de Cotoïa* et *Le Livre des grands jours*). Textes et documents littéraires tombés dans l'oubli alimentent sa collection « Littératures » : *Les Fiancés* de Manzoni, préfacé par Italo Calvino, ou *Les lauriers sont coupés* d'Édouard Dujardin. *Une enfance irlandaise* de Sean O'Casey (1985) devient le titre-phare de la maison, qui s'ouvre d'autre part à la musique et aux arts plastiques. L'entreprise de publication des trois autres volumes autobiographiques de l'auteur irlandais (mentionnant le nom de l'éditeur, à l'exception du dernier, *Rose et couronne*) se poursuit jusqu'en 1993, malgré le rachat du Chemin vert, pour un franc symbolique, par Pierre Belfond, en 1989.

J.S. — IMEC

Chêne (Le). Maison d'édition fondée à Paris en 1941 par Maurice Kahane. Les Éditions du Chêne voient le jour sur le site d'Obelisk Press, maison d'édition fondée à Paris par l'Anglais Jack Kahane en 1931 et qui compta, jusqu'en 1939, parmi les trente-six titres de son catalogue de publications en anglais, l'œuvre « scandaleuse » de l'Américain Frank Harris, *My Life and Loves* (1933), la première partie de l'œuvre autobiographique d'Henry Miller, *Tropic of Cancer* (1934), et des textes d'Anaïs Nin ou de Lawrence Durrell fournis par le groupe littéraire international avant-gardiste du XIVe arrondissement, « Villa Seurat ». En 1941, deux ans après la mort de Jack Kahane, Maurice Kahane fonde la SARL des Éditions du Chêne, qui se spécialise dans le livre d'art. Entre 1942 et 1944, la collection de poche « Unicorn Press », créée par Maurice Girodias-Kahane et par Kurt Enoch, qui fut le distributeur pour l'étranger d'Obelisk Press, tourne la censure qui frappe les auteurs anglais en faisant passer les cinq titres publiés (un recueil de nouvelles et des ouvrages de Somerset Maugham, George Blake, Laurence Housman et Joseph Conrad) pour des classiques scolaires, distribués en exclusivité chez Hachette. Le Chêne conserve un catalogue de littératures française et étrangère jusqu'en 1951, révélant notamment des auteurs comme Nina Berberova et Nikos Kazantzákis. Lancée en 1946, la revue de Georges Bataille, *Critique*, est revendue un an plus tard aux Éditions Calmann-Lévy.

En 1948, Hachette filialise les Éditions du Chêne, en créant la Société d'exploitation des Éditions du Chêne (SEDEC), qui prend le risque d'éditer *Sexus*, le roman d'Henry Miller, inaugurant *The Rosy Crucifixion* en 1949. Après l'interdiction du livre en 1950, la suite de la trilogie paraît en 1953 chez Olympia Press, nouvelle maison que Maurice Girodias avait fondée au moment de l'arrivée d'Hachette au Chêne. En 1955, la série de poche « Traveller's Companion » y réunit, sous une unique couverture verte, une collection littéraire de bibliophilie en anglais, et l'« Atlantic Library », des petits pornographes anglo-saxons, avec un tirage moyen de cinq mille exemplaires. Girodias est le premier à publier en anglais des auteurs comme Beckett, Burroughs, Chester Himes, James Donleavy, Bataille, Genet et Queneau. On lui doit aussi l'édition en anglais d'*Histoire d'O* (1954). La commercialisation d'Olympia Press bénéficie de l'ancien réseau international de diffusion d'Obelisk Press et du stationnement des troupes américaines en Europe. En décembre 1956, la mise à l'index de vingt-cinq livres d'Olympia Press met l'éditeur au bord de la faillite ; il réussit encore à lancer brillamment *Lolita* aux États-Unis (1958) et à imaginer, avec Bataille, une revue érotique, *Genèse*. Interdit d'édition en France, il s'exile en 1964 aux États-Unis, où il réédite ses « classiques ». Expulsé en 1974, il s'associe à Christian Bourgois pour faire reparaître ses meilleurs titres, au risque d'affronter à nouveau la censure.

→ Jack Kahane, *Memoirs of a Booklegger*, Londres, Michael Joseph, 1939. — Hugh Ford, *Published in Paris : American and British Writers, Printers and Publishers*, Londres, Garnstone Press, 1975 ; trad. fr. IMEC-Éditions, 1996. — Maurice Girodias, *Une journée sur la terre*, La Différence, 1990, 2 t.

A. de R. — IMEC

Chenevière Jacques (1886-1976). Fils d'Adolphe Chenevière, écrivain genevois installé à Paris, et d'une mère languedocienne, il a fait ses études au lycée Condorcet, puis à la Sorbonne. C'est à Paris qu'il publie ses premiers poèmes et plus tard ses romans. En 1914, il s'installe à Genève, où sa famille possède des biens considérables. Il joue un rôle important au Comité international de la Croix-Rouge, pour lequel il effectue plusieurs missions dans l'entre-deux-guerres et durant la Seconde Guerre. Il est également très actif au sein de la *Revue de Genève* (1920-1930). Il s'est avant tout illustré dans la nouvelle (*Daphné*, 1927) et dans le roman psychologique (*Connais ton cœur*, 1935 ; *Les Captives*, 1943 ; *Le Bouquet de la mariée*, 1955). L'univers de Jacques Chenevière est fait de contrastes, à l'image de l'écrivain lui-même : ses nouvelles évoquent sur un ton humoristique et tendre la beauté des corps, l'éveil du désir et la pureté de la chair innocente. Mais la société empêchant l'être innocent de vivre selon la nature, l'humour léger de Chenevière devient grinçant lorsqu'il évoque le monde genevois engoncé dans les préjugés et se réclamant d'une religion dégradée en pur moralisme et vidée de sens.

ŒUVRES. — Rééd. : *Les Captives*, Poche suisse, 1991.

R.F.

Cherpillod Gaston (1925). Né à Lausanne le 24 octobre 1925, dans une famille ouvrière, il obtient une licence de lettres et se consacre à l'enseignement. Il publie plusieurs recueils poétiques, dont *L'Insurgent* (1961) et *Agreste Agression* (1965), mais c'est un récit autobiographique, *Le Chêne brûlé* (1969, rééd. 1981), qui le révèle au public et introduit un ton nouveau dans la littérature romande. Ce livre violent, truculent et chaleureux, raconte l'enfance d'un fils de prolétaire durant les années de crise, et le déchirement que constituent pour lui l'accès aux études et l'entrée dans le monde de la bourgeoisie. Cette dualité fondatrice, traduite dans un style mêlant le parler populaire à une certaine préciosité, se retrouvera, quoique apaisée, dans la suite d'une œuvre engagée (l'auteur fut membre du parti communiste au début des années cinquante) : celle-ci va du roman de critique sociale teinté d'autobiographie (*Le Collier de Schanz*, 1975 ; *Les Changelins*, 1981) aux écrits proches du fantastique (*La Bouche d'ombre*, 1977) en passant par des écrits politiques (*Promotion Staline*, 1970), des contes (*Le Gour noir*, 1976), des récits (*La Nuit d'Elne*, 1985) et une pièce de théâtre (*Les Avatars de Juste Palinod*, 1973). Gaston Cherpillod a aussi publié deux essais, *Ramuz ou l'alchimiste* (1958), lecture critique et polémique de l'écrivain vaudois, et *Jules Vallès : peintre d'histoire* (1991).

→ Manfred Gsteiger, *Verweigerung und Identität : die Figur des Vaters bei Cherpillod und Geiser*, Zurich, Amann, 1988.

P.A.

Chessex Jacques (1934). Né à Payerne, en Suisse, en 1934, il a d'abord publié des recueils de poèmes, *Le Jour proche* (1954), *Une voix la nuit* (1957), *Batailles dans l'air* (1959) : « Dans la forêt pure / Les harpes du vent / Avivent l'obscure / Terreur du vivant. » Ses premières nouvelles (*La Tête ouverte*, 1962 ; *La Confession du pasteur Burg*, 1967, rééd. L'Âge d'homme, 1981 ; *Reste avec nous*, 1967, rééd. B. Campiche, 1997), au style volontairement épuré, sont déjà hantées par le sens de la faute et l'angoisse de la mort. Dans le *Portrait des Vaudois* (1969, rééd. Actes Sud-Labor-L'Aire, 1990), tableau truculent, pulpeux, chaleureux, de ce qui est au sens propre « la terre du père », et *Carabas* (Grasset, 1971), autoportrait plein de drôlerie, de violence et de tendresse ; brûlant sur les brasiers de l'amour, de l'alcool et de la transgression, il multiplie les exubérances baroques et défie joyeusement la mesure. Pour *L'Ogre* (Grasset, 1973), roman dominé par la figure d'un père écrasant, Chessex reçoit le prix Goncourt. La figure inaccessible d'un Dieu de colère imprègne tous ses ouvrages : « J'écris des romans parce qu'il y a Dieu le Père. Ou son absence. Ou la toute présence du père. Ou la décision de le fuir. » L'ensemble des romans et nouvelles qu'il écrit au cours des années suivantes : *L'Ardent Royaume* (Grasset, 1975, rééd. Le Livre de Poche, 1991), *Le Séjour des morts* (Grasset, 1977), *Les Yeux jaunes* (Grasset, 1979), *Judas le transparent* (Grasset, 1982, rééd. Le Livre de Poche, 1990), *Jonas* (Grasset, 1987, rééd. Le Livre de Poche, 1989), *Morgane Madrigal* (Grasset, 1990, rééd. Le Livre de Poche, 1992), *La Trinité* (Grasset, 1993), *Feux d'Orée* (1995), *Dans la buée de ses yeux* (1995), *Le Rêve de Voltaire* (1995), *La Mort d'un juste* (1996), *L'Imparfait* (1996), *L'Imitation* (Grasset, 1998), mélanges d'élégance et de vigueur, sont liés entre eux par la fatalité obscure de la chair et de la matière, le désir omniprésent, lié à la figure du squelette qui apparaît sous les corps lisses des femmes, le vertige de la chute, la présence inéluctable et terrifiante du mal.

Calviniste de culture et catholique de nature, cet agnostique, dont les personnages ont « le profil hiératique des grands protagonistes de la Bible » et sont « des avatars des figures antiques et mythologiques », manifeste dans toute son œuvre l'intuition de la transcendance et la présence universelle du mystère et du sacré. Lyrique d'une grande intensité dramatique, il n'a jamais cessé d'écrire des poèmes. Ses différents recueils : *Le Jeûne de huit nuits* (1966), *L'Ouvert obscur* (1967), *Élégie soleil du regret* (1976), *Le Calviniste* (Grasset, 1983), *Comme l'os* (1988), *Les Aveugles du seul regard* (PAP, 1991, prix Mallarmé 1992), *Les Élégies de Yorick* (1994), *Cantique* (1996), ont pour interrogation première la mort et la recherche de la lumière avant l'ombre inéluctable. L'ensemble forme une œuvre dense et forte, où se mêlent la révélation et le secret, la tendresse et la violence, l'humour et la terreur, l'érotisme et la mort. Jacques Chessex, qui a collaboré à de nombreuses revues littéraires, est également l'auteur d'essais sur *Charles-Albert Cingria* (1967), sur *Les Saintes Écritures* (1992) ou sur de grands écrivains français : *Maupassant et les autres* (Ramsay, 1981), *Flaubert ou le désert en abîme* (Grasset, 1991). On lui doit également des écrits sur la peinture contemporaine, en particulier sur Jean Lecoultre, Antonio Saura, Pietro Sarto, Olivier Charles. Son œuvre de poète a été réunie sous le titre *Poésie*, en trois tomes (Bernard Campiche, 1997).

A.-M.J.

Chevillard Éric (1964). Né le 18 juin 1964 à La Roche-sur-Yon. Après de brèves études littéraires à Nantes et un passage dans une école de journalisme, il publie dès 1987 un premier « roman », aux Éditions de Minuit : *Mourir m'enrhume*. Ce court récit fait alterner monologues et dialogues d'un vieillard approchant de la mort. *Le Démarcheur* (1988) joue aussi, sur le ton de l'humour noir, avec les rapports du langage et de la mort ; le personnage principal est « rédacteur funéraire » dans une entreprise de pompes funèbres, son art consistant à écrire des épitaphes pour ses clients. L'œuvre de Chevillard s'enfonce toujours plus loin dans les territoires de la contradiction, et se donne des objets impossibles, prétextes à d'infinis jeux de langage. *Palafox* (1990) est le nom d'un animal dont on ne parvient jamais à se débarrasser, Protée zoologique, tantôt caniche, tantôt oiseau, tantôt reptile. Dans *Le Caoutchouc décidément* (1992) un certain Furne entreprend, du fond d'un asile psychiatrique, de réformer toutes les lois établies de l'univers, depuis la météorologie jusqu'aux conventions littéraires. Il étudie ainsi la supériorité du caoutchouc sur l'homme. Contre tout ce qui est rigide et figé, le caoutchouc est en effet le matériau souple, sensible et transformable par excellence. *La Nébuleuse du crabe* (1993) va plus loin que tous les textes précédents dans le refus des conventions et de la logique traditionnelle. À l'image du « personnage » de Crab, entité éclatée, susceptible d'être tout et rien, l'ouvrage se présente comme une juxtaposition de fragments apparemment contradictoires.

Le terme de roman convient mal pour désigner de tels textes, qui ne racontent rien et ont à peine des personnages, au point qu'il est difficile de savoir qui parle, discours et récit se mêlant de façon inextricable. Presque tous les personnages de Chevillard sont des figures de l'écrivain ou du langage. Il s'agit de faire un livre qui tienne par la seule force du style, condensé, riche de trouvailles verbales et de métaphores ingénieuses, mais toujours sur le mode plaisant : si la littérature est l'unique sujet de ces textes, elle ne s'y prend pas au sérieux.

Le matériau travaillé par Chevillard comporte une large proportion de clichés, de stéréotypes et d'idées reçues. Car si tous ces récits correspondent à une entreprise de démolition des systèmes établis, des langages tout faits, de tout ce qui en l'homme tend à la rigidité et à la répétition, ils tentent de mener à bien ce projet non seulement en refusant les conventions, mais en jouant avec elles, en les retournant, en développant leur logique. L'aphorisme — ceux de Lautréamont ont sans doute exercé une certaine influence sur Chevillard — est une tension permanente, qu'il s'agisse d'en défaire ou d'en reconstruire ; ce qui donne à ces ouvrages l'apparence d'un jeu brillant, baroque, avec toutes les ressources de la rhétorique. Le rire y a au moins pour fonction stratégique de « faire aussi tomber les défenses intellectuelles de l'adversaire » — le lecteur.

Dans cette rhétorique combative l'incongru domine, jouant des causalités délirantes et des ruptures dans les continuités attendues. Mais l'entreprise de Chevillard n'est pas purement ludique. Chacun de ses ouvrages vise à constituer une sorte d'être idéal, ouvert, ductile, insaisissable, infiniment réceptif au monde dans sa perpétuelle nouveauté, et non, comme la plupart des hommes, pris dans les redites et les formules préfabriquées. Pour le représenter, Chevillard fait appel au monde de l'enfance, de la folie, voire aux animaux, non pas ceux qui ont été classifiés par le savoir zoologique moderne, mais ceux de l'Histoire naturelle de Buffon ou de Cuvier.

ŒUVRES. — Éditions de Minuit. *Mourir m'enrhume*, 1987. — *Le Démarcheur*, 1988. — *Palafox*, 1990. — *Le Caoutchouc décidément*, 1992. — *La Nébuleuse du Crabe*, 1993. — *Préhistoire*, 1994. — *Un Fantôme*, 1995. — *Au plafond*, 1997.

→ Pierre Jourde, « Les petits mondes à l'envers d'Éric Chevillard », *NRF*, juillet-août 1993. — Olivier Bessard-Banquy, « Chevillard écrivain », *Critique*, décembre 1993.

P.J.

Cheynet Anne (1938). Née à Saint-Denis de la Réunion, elle appartient au courant autonomiste et créolisant de la littérature réunionnaise. Après un premier recueil de poèmes écrits en français et en créole, *Matanans et Langoutis* (Saint-Denis, 1972), elle a publié un roman, *Les Muselés* (L'Harmattan, 1977), consacré aux exclus d'une société rongée par la misère, l'analphabétisme et l'alcoolisme.

J.C.

Chiasson Herménégilde (1946). Né

à Saint-Simon (Nouveau-Brunswick), il inaugure la nouvelle poésie acadienne, avec *Mourir à Scoudouc* (1974), recueil salué pour le mélange de prose poétique et de poésie aux vers longs et rythmés à la Cendrars. Le thème de l'Acadie humiliée y apparaît, parfois voilé d'onirisme ou distancé par des procédés qui rompent une émotion à fleur de peau, aux accents romantiques. En 1976 paraît *Rapport sur l'état de mes illusions*, livre d'anti-poésie et de dérision. Suit un long silence poétique pendant lequel Herménégilde Chiasson se consacre à des expositions de peinture et de photographie, écrit des textes dramatiques et réalise plusieurs films. Entre 1986 et 1992, il revient à la poésie et publie *Prophéties* (1986), *Vous* (1991), *Existences* (1991), *Vermeer* (1992), et trois autres recueils en collaboration avec Gérald Leblanc et Claude Beausoleil. L'intérêt de Chiasson pour les arts visuels transparaît dans tous ses livres de poésie, non seulement par les illustrations, photographies et dessins, mais aussi dans la transposition verbale d'images cinématographiques ou picturales. Son style moderne peut naître d'une forme linguistique, comme la deuxième personne du pluriel dans *Vous*, ou d'une contrainte technique, comme dans les textes d'*Existences*, délimités par un écran d'ordinateur. Volontiers expérimentale, cette forme n'est jamais froide, mais au contraire chargée d'émotion, dans un univers où le rêve a toujours une large part. Chiasson a su aussi bien en poésie qu'au théâtre, dans des pièces comme *Pierre, Hélène et Michael* (inédite, créée en 1990) et *L'Exil d'Alexa* (1993), élever des thèmes propres à l'Acadie, comme l'errance et la quête d'identité, au rang d'interrogations universelles.

R.Bo.

Chiha Michel (1891-1954). Maître à penser de toute une génération au Liban, il est surtout connu dans son pays pour son activité d'éditorialiste politique dans le journal de langue française *Le Jour,* dont il fut le fondateur et qu'il dirigea de 1934 à sa mort. Ses principaux articles, essais et conférences, influencés par Emmanuel Mounier et le personnalisme, traduisent dans l'ordre politique une vision esthétique du monde. Ils ont commencé à être rassemblés, de son vivant, aux Éditions du Trident à Beyrouth : *Essais* (1950 et 1952) et *Plain-Chant* (1954). Il s'était d'abord fait connaître comme l'une des figures prééminentes du groupe de *La Revue phénicienne,* par un recueil de poèmes, *La Maison des champs* (1934, aux Éditions du même nom), composés dans une langue dépouillée, au lyrisme contenu et au charme mélancolique, où perçait déjà sa vocation de moraliste.

A.D.

Cholodenko Marc (1950). Né le 11 février 1950 à Paris, poète précieux et sensuel dans *Parcs* (Flammarion, 1971), *Le Prince* (Flammarion, 1974), *Cent chants à l'adresse de ses frères* (Flammarion, 1975), *Deux odes* (POL, 1981), et *1983 m'éloignant, m'en revenant 1986* (Sables, 1990), hanté par Hölderlin (*Dem folgt deutscher Gesang*, POL, 1979) et Rimbaud (*La Tentation du trajet Rimbaud*, POL, 1980), il devient le romancier de l'onirisme et du désir obsédant avec *Le Roi des fées* (Bourgois, 1974), *Les États du désert* (Flammarion, 1976, prix Médicis), *Histoire de Vivant Lanon* (POL, 1985), et *Quasi una fantasia* (POL, 1996). En même temps se dessine dans *Les Pleurs ou le Grand Œuvre d'Andrea Bajarsky (Loin de Dieu I)* (POL, 1979), *Meurtre* (POL, 1982) et *Mordechai Schamz (Loin de Dieu II)* (POL, 1982) une quête d'absolu qui expose à la folie et au néant.

J.P.

Chopin Henri (1922). Après avoir fait partie du groupe de la revue *La Tour de feu* (ses *Chants de la nuit* paraissent en 1957, aux Éditions de la Tour de feu, à Jarnac), il se tourne vers la poésie phonétiste et lettriste, associant cette expérience à l'utilisation du magnétophone. Les premiers « audiopoèmes », en 1957, exploitent la possibilité offerte par la technique de libérer le poème de la page et de le projeter dans l'espace, par le souffle et la voix. Dès lors, les manipulations de la bande magnétique constituent l'axe majeur du travail d'Henri Chopin, qui s'intéresse aux sons, aux bruits du corps, et aux modifications ultimes par l'enregistrement (mixages, variation de vitesse, etc.). Contrairement à d'autres praticiens de la poésie sonore, le son n'est jamais laissé à l'état brut.

Reconnu comme l'un des fondateurs de la poésie sonore (dite aussi électro-acoustique ou électronique), Henri Chopin, se distinguant par exemple de Bernard Heidsieck, est partisan d'une poésie asémantique, où le souffle et la voix l'emportent sur le verbe. Son œuvre, en outre, ne se limite pas à la poésie sonore : pratiquant volontiers « l'alternance entre l'écrit et le sonore », et se distinguant en cela des lettristes, il a fait imprimer des poèmes, publié des romans, du théâtre, produit des livres-objets.

ŒUVRES. — *L'Arriviste, poème de gestes supporté, œuvre d'air*, Hautefeuille, 1958. — *Le Dernier Roman du monde*, Cyanur, 1970. — *Poésie sonore internationale*, Jean-Michel Place, 1979. — *Audiopoèmes 1956-1980* (cassette), Hundertmark, 1980. — *Graphèmes en vibrance*, Les petits classiques du grand pirate, 1991. — *Les Riches Heures de l'alphabet*, avec Paul Zumthor, Éditions Traversières, 1992.

B.V. — CIPM

Chraïbi Driss (1926). Né à El Jadida (Maroc), il se fait connaître à grand fracas dès *Le Passé simple* (1954), son premier livre autobiographique : le jeune héros dénonce le poids écrasant de la figure du père, dans un Maroc encore féodal, à l'époque de la Seconde Guerre mondiale. Le seigneur dispose du droit de vie et de mort sur sa femme et sur ses enfants et n'hésite pas à en user. Cependant, en dépit de la haine qu'il ressent, le narrateur, paralysé par le respect qu'il éprouve pour son père, ne peut trouver son salut que dans la fuite. L'ambiguïté au sujet de l'Islam n'est pas moins grande puisqu'il est à la fois une force d'oppression masquée d'hypocrisie et une référence omniprésente dans l'imaginaire et dans l'action. Livre de la révolte, *Le Passé simple* ne trouvera de suite que huit ans plus tard, dans *Succession ouverte* (1962). Après un long séjour en Occident, plein de nostalgie, de doute et cherchant la paix, le héros tente un retour au pays, mais comprend qu'il est encore trop tôt pour revenir à « la réalité marocaine et arabe ».

Dès son premier séjour en France, Driss Chraïbi découvre la condition de vie des travailleurs immigrés : c'est le sujet de son second roman, *Les Boucs* (1955), témoignage aux aspects bouleversants, qui décrit une misère morale et affective plus grande encore que la misère physique. Pendant ses séjours dans plusieurs pays d'Occident, Chraïbi s'intéresse aux effets de la modernité sur les relations entre les gens et notamment à l'intérieur du couple (*Un ami viendra vous voir*, 1967 ; *Mort au Canada*, 1975). De retour au Maroc, il retrouve avec bonheur des traces, certes rares, du mode de vie archaïque, surtout dans les villages de montagne peuplés de paysans berbères, mais aussi chez certaines femmes dont l'une, sans doute plus ou moins rêvée, est l'héroïne de son roman, *La Civilisation, ma mère* (1972). Après avoir peint un personnage de mère misérable et opprimée dans *Le Passé simple*, l'auteur en évoque ici une autre, merveilleusement libre et joyeuse. Avec autant de nostalgie que de savoir historique, il revient, dans *La Mère du printemps* (1982), aux temps d'un Maroc berbère et païen, jusqu'à la conquête arabe dont il décrit les suites dans *Naissance à l'aube* (1986). Le premier de ces livres lui donne l'occasion d'évoquer la confrontation du conquérant arabe Oqba Ibn Nafi avec l'océan Atlantique, point ultime de sa marche vers l'Ouest, en l'an 681. Le second montre les convulsions qui conduiront bientôt à une rupture entre l'Ouest et l'Est, les deux parties du monde musulman. Évitant tout discours idéologique, Chraïbi laisse apparaître une position personnelle nuancée, faisant place, pour comprendre la société marocaine contemporaine, aussi bien aux Berbères qu'aux Arabes, au paganisme qu'à l'islam. Cette largeur de vue, qui fait de la tolérance une vertu première, apparaît aussi dans *L'Homme du Livre* (1994), consacré au prophète Mohammed et reconstituant le moment où celui-ci va entrer en contact avec la parole de Dieu. De manière discrète, l'écrivain s'arrête à ce seuil, comme si la présomption était trop grande de vouloir décrire celui qui, après avoir été un homme comme les autres, va devenir un prophète.

La qualité de cette réflexion et le savoir qu'elle implique n'empêchent pas qu'au même moment, dans un tout autre genre, Driss Chraïbi raconte les aventures pittoresques et joyeuses d'un personnage de son invention, l'inspecteur Ali, lancé pour ses enquêtes dans les arcanes du Maroc contemporain. Ce personnage haut en couleurs et drolatique est le héros d'*Une place au soleil* (1993), livre aussi léger et ironique que *L'Homme du Livre* est fervent et sérieux.

D.B.

Ciantar Maurice (1915-1990). Né à Asnières le 4 mars 1915. Son premier roman, *Jacques Vorageolles* (La Nouvelle Édition, 1947) inaugurait un cycle autobiographique qu'il a poursuivi avec *Mongolique* (Gallimard, 1949). Collaborant à *Combat* (1949-1955), à *Europe 1* (1955-1957), il fut longtemps journaliste, publiant en 1971, chez Gallimard, la chronique de son voyage en Chine, *Mille Jours à Pékin*, qui prenait le contre-pied du maoïsme ambiant. D'autres volumes de son autobiographie viendront plus tardivement, sous la forme d'extraits de carnets *(Maman salope,* Julliard, 1973) ou d'une déambulation méditative *(Un bouton dans la rue,* Éditions du Lérot, 1983).

ŒUVRES. — Rééd. de ses œuvres complètes aux Éditions du Lérot, où paraît également sa correspondance *(Lettres au Mexicain,* 1994).

A.G.

cinéma et littérature. Dire que la littérature et le cinéma ont, en France, depuis la naissance du septième art, entretenu des rapports complexes, tantôt venimeux et hypocrites, tantôt émulateurs et féconds, tient de l'euphémisme. Dans un pays tapissé par un héritage littéraire immense et prestigieux, le cinéma a eu du mal à s'affirmer. La comparaison avec les États-Unis se révèle parlante. Le cinéma américain nourrit une révérence extrême envers la grande littérature, nationale et européenne. Complexe culturel d'un pays récent, cette tendance se manifeste dans les génériques, les films-annonces où se détachent les noms de l'auteur et du livre. En outre, les deux arts entretiennent des relations artistiques et commerciales très étroites. Il existe non seulement toute une littérature mécanique consistant à tirer un livre de tout film à succès, mais, de plus, dès leur publication, les œuvres littéraires sont mises sur le marché du cinéma ; à l'âge d'or de Hollywood, les firmes aidaient à la promotion des œuvres, avant même leur publication, se réservant ainsi les droits d'adaptation.

En France, la littérature domine, et le cinéma s'en trouve dévalorisé. Des modèles littéraires ont servi aux études et histoires cinématographiques (modèles historique, linguistique). Le cinéma n'existe pas *ex nihilo* ; il s'est nourri du théâtre dont il a d'abord épousé le mode de représentation, mais aussi des sujets et situations de la littérature.

Pourtant, quand commence en France l'histoire parallèle des deux arts, elle se place sous le signe d'un émerveillement moderne de l'écrivain qui voit dans le cinématographe la marque d'un renouveau de la littérature. Dans son poème *Avant le Cinéma* (dans *Il y a)*, Apollinaire voit le nouvel art saper le vieux monde. Le poète s'approprie une technique à laquelle il rend ainsi hommage (*Fusée-signal*, *Allons plus vite)* : cortège d'images du cinéma burlesque, simultanéité et rapidité de ces instantanés. Pour lui, le septième art sera ce livre d'images « lu et entendu de l'avenir », qui supplantera le livre. Cendrars, admirateur lucide de la magie hollywoodienne (*Hollywood, la Mecque du cinéma)* succombe comme Apollinaire à la fascination de cet art des espaces simultanés, des photographies mouvantes, du flux (*Prose du Transsibérien et de la petite Jeanne de France*, 1913 ; *Sonnets dénaturés*, 1916 ; *Documentaires*, 1924). Les surréalistes ont retenu la leçon de ces premiers visionnaires. *Nadja* (1928) et *L'Amour fou* (1937) rêvent à une disparition de la littérature établie, à un renouveau descriptif par et avec l'image, qui trouve dès lors une place justifiée dans l'économie et la présentation du livre lui-même : contre la raison littéraire, l'image ouvre le royaume de l'aléatoire total, et Breton fantasme sur des films choisis au hasard, un soir d'errance, par exemple le *Peter Ibbetson* de Henry Hathaway (1935). La relation de Cocteau au cinéma ne sera pas différente : l'image convoque les puissances poétiques du monde comme la poésie, donne corps aux métaphores et aux visions (*Le Sang d'un poète*, 1930, d'inspiration surréaliste ; *Orphée*, 1950 ; *Le Testament d'Orphée*, 1960), fait accéder à l'existence un temps, un espace proprement féeriques (*La Belle et la Bête*,

1946). Pour Cocteau, l'image de cinéma, orphique, souvent remplie d'effets spéciaux délibérément archaïsants, entraîne une révélation.

Pourtant un tel enthousiasme, dans les années vingt et trente, demeure isolé. L'opinion d'ensemble des milieux littéraires et des écrivains eux-mêmes sur le cinéma reste assez négative. Le cinéma leur apparaît d'abord comme une menace, un produit de substitution destiné à toucher un public plus vaste grâce à des formes de récits plus directement accessibles. « Je n'aime pas le cinéma. C'est un art déplorable », déclare Guitry dans *Le Cinéma et moi* (rééd. Ramsay, 1984). L'auteur du *Roman d'un tricheur* (1936) de *Remontons les Champs-Élysées* (1938) ou de *La Poison* (1951), entend protéger le génie national des assauts d'un art trop populaire, qui aplanit les subtilités. Duhamel ne dira pas autre chose dans ses *Scènes de la vie future* (1930), où il raconte son voyage en Amérique. Et nous ne saurons rien des films que voit l'écrivain ; le cinéma, ce « divertissement d'ilotes », est un aspect de la gigantesque robotisation du corps et de l'esprit, qu'il dénonce.

La critique des écrivains se porte aussi sur le milieu même du cinéma et rejoint en cela la xénophobie et l'antisémitisme ambiants. Paul Morand, dans *France la Doulce* (Gallimard, 1934) brosse un tableau très noir du milieu cinématographique, phagocyté par les capitaux étrangers. Dans *Aurore*, il exprime son mépris pour « les ouvriers à qui il faut du cinéma et des apéritifs ». Sa vision, née d'une déception (il aurait voulu faire des films), se fonde sur une opposition entre l'art et l'industrie. Car Morand demeure fasciné par la magie de l'image de cinéma. De même, Guitry, qui a commencé par le critiquer de sa voix aristocratique, au nom du théâtre, lui reconnaîtra d'abord une valeur scientifique : la caméra enregistre des données brutes et c'est certainement dans ce but qu'il l'utilisera pour ses films tirés de pièces de théâtre. Mais, comme on le sait, au théâtre, on joue, au cinéma, on a joué : Guitry comprend peu à peu l'essence d'un art foncièrement autre.

Les réactions négatives au cinéma sont donc d'abord motivées par des raisons idéologiques ou par des réflexes de défense de la part des écrivains. Ce mépris s'estompera peu à peu, à partir des années quarante surtout. Une période d'apaisement fait suite aux années de malentendu et, comme pour sanctifier cette nouvelle entente, la littérature accorde une mission culturelle au cinéma à travers les grandes adaptations, piliers de la réflexion sur les statuts respectifs des deux arts. Il existe des adaptations depuis les années dix, mais leur importance n'apparaît vraiment qu'à partir des années trente et après 1950.

L'*adaptation* est une transposition : l'écriture filmique se fonde sur une fidélité à l'œuvre. Au lieu de créer un équivalent filmique de l'œuvre initiale, les cinéastes ont souvent préféré la servilité à une originalité d'inspiration. Pour l'essentiel, le cinéma puise dans l'héritage du XIXe siècle : Balzac, Hugo, Zola, Flaubert, parfois dans d'autres époques (*La Princesse de Clèves*, Jean Delannoy, 1961 ; *La Religieuse*, Jacques Rivette, 1966). Ces films sont parfois confiés à des cinéastes importants. Même si l'on retrouve dans son adaptation du *Rouge et le noir* (1954) l'inspiration antibourgeoise de Claude Autant-Lara, et si l'on peut rattacher au naturalisme de René Clément sa *Gervaise* (1955), la plupart de ces œuvres souffrent de la même paralysie littéraire. Chaque séquence du *Rouge et le noir* s'ouvre par une page de Stendhal cadrée en gros plan, comme pour créer une impression de durée romanesque. Le *Pot-Bouille* de Julien Duvivier (1957) offre peut-être une intéressante utilisation du décor par la caméra du cinéaste, mais qui se trouvait déjà dans Zola. L'intérêt du film réside dans les caractères et l'interprétation plutôt que dans la mise en scène terne et lente, bref dans le littéraire et le dramatique. Le prestige des acteurs (Jean Gabin en Jean Valjean, Anthony Quinn en Quasimodo, Gérard Philipe en Julien Sorel ou en Fabrice del Dongo...) et celui du livre sont supposés faire un bon film. En 1958, le film de Jean-Paul Le Chanois, *Les Misérables*, tâche de se rapprocher au plus près de Victor Hugo : la voix d'un narrateur accompagne les principaux épisodes de l'histoire. La scène la plus hugolienne, celle de la tempête sous un crâne, se révèle plus inspirée, plus forte : le narrateur y lit le texte de Hugo accompagné de plans de ciel et d'océan. *Notre-Dame de Paris* de Jean Delannoy (1956) suscite le même commentaire. Le meilleur moment du film se trouve au début lorsque la voix de Pierre Fresnay lit le texte du romancier sur l'*anankè*. La couleur, censée apporter dans ces films une ampleur supplémentaire, ne fait que souligner l'absence de recherche visuelle. L'adaptation de *Nana* par Christian-Jaque (1954) souffre, malgré une réelle invention filmique, de l'édulcoration technicolorisée, qui transforme le naturalisme de Zola sans proposer une autre vision.

Certaines œuvres échappent au naufrage. Dans l'ensemble mieux servie par les Américains (*Les Misérables*, 1935, et surtout *Quasimodo*, 1939), l'œuvre de Victor Hugo inspire une grande œuvre française, *Les Misérables* de Raymond Bernard (1933). La fidélité s'y conjugue avec l'ampleur épique, des statues grotesques de l'ouverture aux scènes ganciennes de la barricade. En quatre heures et demie, Bernard préserve une originalité visuelle. Brillante également, l'adaptation de *Poil de Carotte* par Duvivier (1932), où le cinéaste donne un équivalent des saynètes enchaînées de Jules Renard. Flaubert et Zola avec *Madame Bovary* (1934) et surtout *La Bête humaine* (1938) connaissent un traitement de faveur sous la caméra de Jean Renoir. Dans ce dernier film, Renoir transforme le fatalisme zolien en une acceptation tantôt tendue, tantôt apaisée de l'univers. Balzac, quant à lui, a eu moins de chance avec le cinéma, que ce soit dans *La Duchesse de Langeais* (1942) de Jacques de Baroncelli, sur un scénario de Giraudoux, *Vautrin* (1943) de Pierre Billon ou même *Le Colonel Chabert* (1943) de René Le Hénaff. Malgré de bonnes scènes (la vision du champ de bataille) et une réelle fluidité de la caméra, ce dernier film tombe dans le même travers que les autres adaptations balzaciennes : la puissance épique s'y résout dans la déclamation feutrée et lisse de dialogues psychologiques. Travers que l'on retrouve dans les feuilletons télévisés et les téléfilms (*Splendeurs et misères des courtisanes*, *César Birotteau*...) qui imposent à la caméra une vassalité absolue, et plus récemment, dans de grandes productions populaires à gros budgets : *Madame Bovary* de Chabrol (1991), *Germinal* de Claude Berri (1993) ou l'intéressant *Colonel Chabert* d'Yves Angelo (1994).

Des films comme *Le Journal d'un curé de campagne* de Robert Bresson (1950) d'après Bernanos, ou les adaptations de Diderot (*La Religieuse)* et de Balzac (*Histoire des Treize* devenant *Out One*, 1971, *Le Chef-d'œuvre inconnu* donnant *La Belle Noiseuse*, 1991, de Rivette) n'appartiennent pas à la même catégorie. Bresson par exemple, à rebours du remplissage dramatique du plan et du dialogue psychologique, se livre à un travail d'élimination descriptive. *Le Journal d'un curé de campagne* comporte bien un texte et une histoire, mais l'image enveloppe le texte, le visualise (plans du buvard, du cahier), et le fond dans un réseau de signes. Rivette reprend les motifs balzaciens du complot et de la création laborieuse pour construire des édifices tortueux (*Out One*, d'une durée de douze heures quarante) ou plus linéaires (*La Belle Noiseuse)*, d'accès difficile. Le texte y occupe une part, mais ce n'est pas celui de Balzac : une nouvelle perméabilité des rapports entre cinéma et littérature s'est installée avec la Nouvelle Vague des années soixante.

Le cinéma français a trouvé l'harmonie avec la littérature au cours des années du « réalisme poétique ». Les films qui en sont nés, malgré bien des critiques, ont fini par représenter tout le cinéma français. Comment reprocher au *Quai des Brumes* (1938), à *Hôtel du Nord* (1938), au *Jour se lève* (1939), aux *Visiteurs du soir* (1942), aux *Enfants du paradis* (1945), aux *Portes de la nuit* (1946), tous réalisés par Marcel Carné et écrits par Jacques Prévert ou Henri Jeanson et Jean Aurenche (*Hôtel du Nord)*, leurs dialogues littéraires ? Les intrigues et les personnages en sont délibérément antiréalistes. Carné choisit des mondes irréels, poétiques (aspect accentué par le tournage en studio) : le métro et les rues expressionnistes des *Portes de la nuit*, le Paris des *Enfants du paradis*. Le roman, le théâtre sont partout, et le film concentre la variété des formes, roman balzacien, tragédie shakespearienne, comédie, poésie intime, mélodrame.

La Nouvelle Vague a ensuite instauré un nouveau type de relation entre la littérature et le cinéma. A l'instar d'Apollinaire et des surréalistes prenant d'assaut l'édifice littéraire en place, Godard, Truffaut, Chabrol visent à détruire la « qualité française », la tradition stérile des grandes adaptations érigées en modèles. En outre, en cette ère moderne, l'image et le texte ont perdu leur innocence. L'un n'est plus au service de l'autre, mais ils connaissent, en théorie et en pratique, une forme d'interaction. Des auteurs avaient déjà travaillé pour le cinéma, écrivant des scénarios (Giraudoux pour *La Duchesse de Langeais* et *Les Anges du péché*, 1943 ; Apollinaire qui devait collaborer avec le producteur Serge Sandberg) ou devenant cinéastes (Guitry, Malraux avec *L'Espoir*, 1939, Cocteau). Mais le passage par la littérature devient une nécessité pour la génération des Rivette, Truffaut et Godard. Ces cinéastes sont d'abord des critiques, des analystes passionnés du cinéma, en particulier des films américains. Pour eux, le cinéma donne lieu à une littérature, et la littérature, sa culture et son caractère écrit, trouvent une place naturelle dans le cinéma. Truffaut se place certainement au point d'équilibre de cette pratique. Brillant critique, défenseur de Guitry, il tournera essentiellement des chroniques, des tableaux de mœurs fins et discrets, de la série des Antoine Doinel au *Dernier Métro* (1980), que certains voient comme un hommage à Guitry, en somme des films où l'emportent finalement la caractérisation psychologique, le dialogue, la formule, bref le génie littéraire français. Admirateur de Max Ophüls, Truffaut voyait en lui « le plus balzacien » des cinéastes, un cinéaste « de chevet », soulignant l'âme française du réalisateur de *La Ronde* et de *Madame de*. Mais Truffaut lui-même n'était-il pas cet observateur amoureux de ses caractères, cet homme qui aimait la littérature ?

Dans *Le Mépris* (1963), Jean-Luc Godard fait de la référence littéraire une clef de lecture du film, l'odyssée d'Ulysse expliquant et renforçant l'attente de Pénélope-Bardot. Mais dès *Le Petit Soldat* (1963), le cinéaste intègre de nombreuses références : le Cocteau de *Thomas l'Imposteur*, Aragon, Du Bellay, Drieu. À partir des années quatre-vingt, avec *Passion* (1982) par exemple, l'esthétique de Godard se complique. Il fait se chevaucher plans de paysages, de personnages, de tableaux, avec des phrases de dialogues et des citations nombreuses, produisant une épaisseur temporelle et culturelle codée. Si bien que le cinéma de ce briseur de formes est aussi, paradoxalement, un hommage constant à la tradition littéraire française.

Pour Robbe-Grillet, romancier et cinéaste, la pratique filmique ne se sépare pas de la théorie littéraire. Les films dont il écrit le scénario (*L'Année dernière à Marienbad* d'Alain Resnais, 1961) ou qu'il réalise (*Trans-Europ-Express*, 1966 ; *Glissements progressifs du plaisir*, 1974) présentent la même construction que ses livres : puzzle labyrinthique (*Dans le labyrinthe*, 1959), regard intrigué devant des images opaques figées dans un temps apparemment immobile, croisement mécanique des intrigues et des personnages (*Les Gommes*, 1953). Qu'il s'agisse de perversions sorties de Sade ou d'enquêtes quasi policières, le pouvoir d'étrangeté des images, des mythes intéresse surtout Robbe-Grillet. On ne soulignera jamais assez le caractère cinématographique moderne du Nouveau Roman, son attention au temps, aux objets, à la fulgurance ou à l'opacité d'une image, ce qui devait conduire des écrivains comme Robbe-Grillet ou Duras (scénariste de *Hiroshima mon amour* d'Alain Resnais, 1958 ; auteur d'*India Song*, 1975, et du *Camion*, 1977) à passer derrière la caméra. Elle écrira pourtant : « le cinéma n'est qu'un leurre ; seule demeure la chose écrite » (*Des femmes*, septembre 1981).

Un examen plus attentif permet de trouver, bien avant le Nouveau Roman, une littérature précinématographique. On a vu dans Balzac un cinéaste du XIXe siècle, par ses techniques de découpage, et le génie visuel de Hugo peut nous sembler cinématographique, avec ses descriptions panoramiques, ses changements d'échelle (flagrants dans les tableaux de *Notre-Dame de Paris)*, sa manière de totaliser les pans d'une scène en une métaphore visuelle. La tempête à la Convention dans *Quatre-vingt-treize* donne naturellement naissance à l'image liquide de la mer déchaînée dans le *Napoléon* d'Abel Gance (1927). Et l'on trouverait aussi bien chez Flaubert, dans *Salammbô* ou dans *Madame Bovary*, des exemples de cadrages déjà très filmiques. De manière plus délibérée, l'intérêt que certains écrivains du XXe siècle portent au septième art les amène à intégrer des techniques cinématographiques dans leurs œuvres. Ennemi de l'industrie du cinéma, Morand acclimate le procédé du fondu enchaîné ou se sert en quelque sorte du ralenti dans *Le Voyageur et l'amour*. Dans *New York*, il fait référence à un type cinématographique (les bas-fonds filmés par Sternberg dans *Les Nuits de Chicago)* pour décrire les *speakeasys*, tandis que le synopsis *Fils du Soleil*, jamais tourné, se place dans l'esprit de Méliès, suivant Phaéton dans son voyage vers le Soleil. Adepte de l'exercice de style, Raymond Queneau ne se contente pas de raconter des situations de cinéma. *Pierrot mon ami* (1942) comporte un raccord sonore (changement d'espace avec persistance du dialogue) et *Loin de Rueil* (1944) se sert du montage simultané des scènes. En revanche, lorsqu'il écrit le scénario de *Monsieur Ripois* pour René Clément, en 1953, il crée en la personne de Cadet-Chenonceaux, le professeur de français, une caricature amusée du littéraire. Ailleurs, c'est la construction de la vision, le découpage des actions, l'attention aux signes visuels ou la respiration épique qui caractérisent le style des *Conquérants* d'André Malraux (1928) et annoncent sa pratique filmique et historique de *L'Espoir*.

L'exemple de Guitry reste le plus complexe et le plus riche. Cet ennemi du cinéma est finalement devenu un grand cinéaste. Parfois, la caméra lui sert, on l'a dit, à enregistrer la pièce de théâtre. Apparemment, il multiplie les affirmations du littéraire, se pose en écrivain qui signe les pages du film (*Le Roman d'un tricheur*, 1936), ouvre le livre d'images (*Si Versailles m'était conté*, 1953). En fait, ce jeu aboutit chez Guitry à un double caractère filmique. D'une part, il poursuit brillamment la veine d'un cinéma très écrit, reposant sur le dialogue et la caractérisation psychologique. D'autre part, la parole, le son, se mettent à jouer avec l'image. La voix omniprésente du narrateur annonce les situations, en donne une autre version que celle de l'image, manipule des marionnettes (*Le Roman d'un tricheur)*, énonce des vérités historiques au fil d'un montage baroque (la série des films historiques). Ce cinéma-là est littéraire sans perdre de son génie filmique. Et Guitry a fini par trouver la reconnaissance des milieux de la littérature et du cinéma.

La lutte féroce et remplie de préjugés qui a opposé les deux arts dans les années vingt et trente s'est donc bien apaisée. Mais certaines frontières demeurent nettement tracées. Le milieu littéraire français, malgré des collaborations diverses, reste assez fermé. La production cinématographique actuelle continue de se diviser entre les films qui se réclament d'un héritage littéraire, émanant d'une conscience culturelle formée par le livre, moderne ou désuet, et d'autres, plus « populaires », distinction très française, sinon européenne.

→ Jean Cocteau *Du cinématographe*, Belfond, 1973, rééd. 1988. — *Entretiens sur le cinématographe*, Belfond, 1973, rééd. Ramsay, 1986. — André Malraux, *Esquisse d'une psychologie du cinéma*, Gallimard, 1946, rééd. Association française du festival international du film, 1976. — Jeanne-Marie Clerc, *Écrivains et cinéma*, Presses universitaires de Nancy, 1985. — André Gaudreault, *Du littéraire au filmique*, Klincksieck, 1989. — François Jost, *L'Œil-caméra. Entre film et roman*, Presses universitaires de Lyon, 1987. — Francis Vannoye, *Récit écrit, récit filmique*, Nathan, 1989. — Anne-Marie Baron, *Balzac cinéaste*, Méridiens-Klincksieck, 1990.

P.Be.

Cingria Alexandre (1879-1945). Né à Genève le 22 mars 1879, d'origine dalmate par son père et polonaise par sa mère, il a fait ses études à l'École des Beaux-Arts et à la faculté des lettres, avant de voyager en Allemagne, en Italie et en Turquie. Il a défendu l'idée d'une Suisse romande d'essence latine et catholique, s'opposant à toute vision folklorique du pays. Cette conviction l'a engagé dans la création de la revue *La Voile latine* et à collaborer aux *Cahiers vaudois*. De 1911 à 1914, il a été le rédacteur en chef des *Idées de demain*, organe de presse des partisans de Maurras en Suisse. Écrivain de talent, il a publié des articles de critique d'art, des essais, des carnets et un récit de voyage autour de Locarno. Mais c'est surtout dans le domaine de la peinture qu'Alexandre Cingria est devenu célèbre. Il a d'abord cherché sa propre expression dans l'art figuratif : entre 1907 et 1914, il a participé régulièrement au Salon des indépendants et affirmé son art dans des expositions personnelles, au Musée Rath à Genève en 1911 et en 1913 au Salon Biedermann à Lausanne. Il a contribué aussi au renouveau de l'art religieux, dont il a exprimé sa conception, moderne et controversée à l'époque, dans *La Décadence de l'art sacré* (1917), qui enthousiasma Claudel. Il a lancé la revue *Ars sacra*, a été un remarquable verrier — ses vitraux ornent de nombreuses églises en Suisse romande —, créant par ailleurs des décors et des costumes de théâtre. Après avoir régulièrement collaboré avec Le Théâtre du Jorat, il a fondé en 1936 à Genève une troupe d'inspiration chrétienne, la Compagnie de Romandie. Il est mort à Lausanne le 8 novembre 1945.

→ Alfred Berchtold, *La Suisse romande au cap du XXe siècle*, Lausanne, Payot, 1963. — *Alliance culturelle romande*, n° 29, novembre 1983.

D.Ru.

Cingria Charles-Albert (1883-1954). Né à Genève le 10 février 1883, fils d'Albert Cingria (originaire de Raguse et de Constantinople, récemment naturalisé), et de Caroline Stryienska (d'ascendance polonaise et française), il interrompt ses études secondaires à l'abbaye de Saint-Maurice et à Engelberg, et se consacre à la musique, à Genève et à Rome. Il se tourne résolument vers la littérature dès 1903, collabore aux *Pénates d'argile* (1904) avec son frère Alexandre, qui est peintre, Ramuz et Adrien Bovy, puis à *La Voile latine* (1904-1910), notamment avec Gonzague de Reynold, Henry Spiess, Maurice Baud-Bovy. Il lutte pour un catholicisme triomphant et exubérant contre ceux qui, dans la même revue, ne récusent pas une tradition germanique et protestante plus dépouillée. S'il se laisse tenter par le maurrassisme, c'est pour en retenir surtout les options artistiques et défendre la culture antique. Il voyage beaucoup, à Constantinople, en Italie ou en Afrique du Nord. Sa première plaquette, *À propos de l'espéranto, dit langue universelle* (1906), est une protestation véhémente contre l'idiome artificiel. Son nom figure sur le registre des *Cahiers vaudois* dès leur fondation en 1913. Après la mort de sa mère, la même année, il resserre ses liens avec la France, correspond avec Paul Claudel dès 1914 et va vivre à Paris en 1915. Il mène alors une vie de bohème, à Montmartre, avec Ortiz, Modigliani, Utrillo, et rencontre Cendrars, Max Jacob, Cocteau, Marinetti. En 1918, il s'installe rue Bonaparte, fréquente les réunions chez Kahnweiler avec Artaud, Satie, Desnos et séduit l'assistance par sa conversation éblouissante.

Son premier livre paraît en 1928 : *Les Autobiographies de Brunon Pomposo*, suivi de *Pendeloques alpestres* (1929), du *Seize Juillet* (1929) et d'un grand ouvrage d'érudition, *La Civilisation de Saint-Gall* (1929 ; prix de la Fondation Schiller), dans lequel il expose sa théorie de l'interprétation des neumes, se rangeant du côté des mensuralistes en faveur d'une lecture qui accentue le rythme et s'oppose par là aux équalistes de Solesmes.

Les années trente sont fertiles : Cingria publie des articles dans la revue *Aujourd'hui* (1929-1932), des opuscules : *Impressions d'un passant à Lausanne*, *L'Eau de la dixième milliaire*, et un livre sur *Pétrarque* (1932). Grâce à l'estime de Paulhan, il donne à la *NRF* une chronique intitulée « Air du mois » (1933-1939). Il passe les années de la guerre à Fribourg, fait paraître des propos et des notules qu'il recueille dans des livres illustrés par René Auberjonois ou Géa Augsbourg (*Stalactites*, 1941 ; *Florides helvètes*, 1944 ; *Le Camp de César* et *Musiques de Fribourg*, 1945). Dans son dernier ouvrage d'érudition, *La Reine Berthe et sa famille* (1947 ; prix de la Fondation Schiller), Cingria aborde le haut Moyen Âge, son époque de prédilection, opposant au renanisme jugé stérile et sec une conception poétique de l'histoire privilégiant la légende et le merveilleux, à ses yeux plus profondément humains et représentatifs d'une civilisation que les alignements de faits et de dates. Il se montre néanmoins sensible aux sources savoureuses des chroniqueurs, qu'il cite abondamment.

De retour à Paris dans son deux-pièces du Quartier latin, il se voit proposer par Paulhan la publication de ses œuvres complètes, dont pour cause de mévente un seul tome paraîtra, *Bois sec bois vert* (1948). Jusqu'à la fin, il continue de donner de nombreux textes à *La Parisienne*, aux *Cahiers de la Pléiade* et à la *NRF*. Cingria s'éteint le 1er août 1954 à Genève, dans le dénuement et l'anonymat.

Si l'on excepte les trois ouvrages du poète érudit (du musicologue, de l'historien et du philologue hantant les bibliothèques, de Saint-Gall à Bologne et de Turin à Bamberg), la grande majorité des écrits de Cingria est formée de courtes improvisations, parfois groupées en plaquettes. Elles déconcertent par leur titre énigmatique, par l'absence de projet narratif (histoire ou romance), par la prédominance d'une poétique fragmentée. Un fil conducteur est donné par le déplacement du narrateur, dont les observations font office de récit. La description ambulatoire a pour objet les spectacles de la rue, l'herbe fraîche, les chalands sur la Seine, les pluies torrentielles, les chats, « les hommes humains »... Les multiples digressions historiques, culturelles ou poétiques du narrateur l'emportent souvent sur la scène évoquée. Néanmoins, loin d'être une littérature d'idées, l'œuvre de Cingria, authentique et fervent thomiste, demeure proche du réel. Les sensations nées de la substance sont rendues par des adjectifs qui précèdent le nom, et dont le foisonnement constitue, avec les contrastes rythmiques, une originalité de son style. Fréquemment, l'auteur joue avec le lecteur, pris à partie, le dialogisme et la polyphonie devenant les éléments essentiels d'une esthétique de la surprise.

ŒUVRES. — Rééditées à L'Âge d'homme (Lausanne), sauf indication contraire. — *Œuvres complètes*, 1967-1981, 17 t. (dont 5 t. de correspondance). — *Les Autobiographies de Brunon Pomposo*, 1928, rééd. 1997. — *La Fourmi rouge*, 1931, rééd. 1978. — *Florides helvètes*, 1944, rééd. 1983. — *La Reine Berthe*, 1947, rééd. 1992. — *Bois sec bois vert*, 1948, rééd. Gallimard, coll. L'Imaginaire, 1983. — *Vingt-cinq lettres à Adrien Bovy*, 1967. — *Portraits*, 1994. — *Lettre au vérificateur des eaux* (chroniques), La Différence, 1995. — *Charles-Albert Cingria* (anthologie), Bordeaux, L'Escampette, 1995.

→ Jacques Réda, *Le bitume est exquis*, Montpellier, Fata Morgana, 1984. — *Amis des Cahiers bleus* (Troyes), nº 24, 1982. — *Revue de Belles-Lettres* (Lausanne) 1966, nº 3. — Jacques Chessex, *Charles-Albert Cingria*, Seghers, coll. Poètes d'aujourd'hui, 1967. — *La Nouvelle Nouvelle Revue française*, 1er mars 1955. — *NRF*, décembre 1993.

M. de C.

Cioran Émile Michel (1911-1995). Né à Rasinari (Roumanie) le 8 avril 1911, d'un père appartenant au clergé orthodoxe, il fait des études de philosophie à Bucarest entre 1928 et 1932, pendant lesquelles il s'intéresse à Bergson et à Simmel. Une période de crise intérieure, d'insomnies épuisantes et, semble-t-il, de grand désarroi le conduit à composer en roumain son premier livre, assez proche de Kierkegaard : *Sur les cimes du désespoir* (1933). D'autres ouvrages suivront, teintés de mysticisme et de nationalisme, qui commencent à lui donner rang dans l'intelligentsia roumaine de l'avant-guerre, aux côtés de Mircea Eliade par exemple. Après un séjour en Allemagne en 1934-1935, Cioran vient en 1937 comme boursier à Paris. Il y vivra jusqu'à sa mort. C'est le moment en effet où il choisit de rompre ses attaches avec son pays natal et de s'installer dans la condition de marginal et d'exilé. Mais il ne commence à écrire en français qu'en 1946. Il publiera alors en 1949 *Précis de décomposition*, qui retient l'attention de quelques connaisseurs, puis divers essais ou recueils de réflexions et d'aphorismes, comme *De l'inconvénient d'être né* (1973) — son livre préféré — ou les *Syllogismes de l'amertume* (1952). Après avoir connu longtemps une audience assez confidentielle, son œuvre lui a valu, tardivement, une relative et surprenante notoriété.

Influencé par la littérature mystique, par le bouddhisme, par des penseurs de l'existence comme Chestov, mais aussi par un théoricien de l'histoire comme Spengler, ou par des écrivains comme Dostoïevski, Baudelaire ou Pascal, Cioran apparaît comme un écrivain inclassable, entre la littérature et la philosophie, situable dans une filiation nietzschéenne, mais aussi dans une certaine tradition dérivant des « moralistes » français, attentifs à démasquer les faux-semblants et les illusions. Empruntant à ces derniers une langue de plus en plus sobre et incisive, méfiant envers la « pléthore des vocables » de la « littérature » et le « cancer des mots », Cioran tend volontiers vers le fragment et l'aphorisme, comme autant de « pensées étranglées », échappant de surcroît à l'imposture de la philosophie systématique. Se présentant comme un « penseur d'occasion », refusant la superstition de la continuité, la fausseté intrinsèque de la cohérence de construction et l'imaginaire prétentieux de cet « absolu du vulgaire » qu'est l'« œuvre », Cioran fait du fragment — « seul genre compatible avec [ses] humeurs » — le truchement favori d'une réflexion qui renaît régulièrement de ses cendres, dans « l'orgueil d'un instant transfiguré ».

Cette réflexion naît d'un « mécontentement », comme l'a montré Clément Rosset. Mécontentement à l'égard de l'être que l'on est, que l'on est obligé d'être ou de faire semblant d'être, et que le malheur de la naissance a précipité dans le temps, pour y faire l'expérience conjointe de l'horreur et de l'extase, celle de l'ennui, de la mélancolie — mais « dans un monde sans mélancolie, les rossignols se mettraient à roter » —, et d'un savoir, mortel, de sa propre insignifiance et finitude, de sa « décomposition » en acte. C'est d'une passion négatrice, sinon nihiliste, que naît l'œuvre de Cioran, c'est d'elle que procède sa force inentamable d'insolence et de sarcasme, voire d'anathème. Virtuose du ressentiment métaphysique, il y trouve le principe d'unité qui rend compte de l'apparente diversité de ses livres. Se faisant le « secrétaire de ses sensations », il exprime un malaise ou un « mal-être » toujours renouvelé, mais issu de la même source vécue, quasiment « organique ».

L'œuvre de Cioran tient donc de l'« aveu », mais toujours replacé dans la perspective plus large du drame singulier de l'existence. Cioran ne confesse guère que ce qui fait de lui un dissident par lucidité, un « monstre » parfois ricaneur, cynique ou humoristique, souvent saturnien, qui dénonce inlassablement à ses congénères humains l'enfer dérisoire où ils sont jetés. Proche en cela de Beckett ou de Michaux, il fait en lui-même l'expérience d'une carence radicale : « Je ne me suis jamais pris pour un être ; un non-citoyen, un marginal, un rien du tout qui n'existe que par l'excès, par la surabondance de son néant. » De ce singulier *cogito* inversé, il tire quelques conséquences cruellement sceptiques. Ce « mystique » qui « ne croit à rien », comme il se définit lui-même, cet être qui ne se voit guère que comme une vibration du néant, n'a de cesse qu'il n'ait formulé — exorcisé ? — sa nullité essentielle, et celle du monde dans lequel il se trouve jeté à son corps défendant. Exercices d'irréalité, ses livres tendent à persuader le lecteur qu'il convient de se dessiller, de s'initier au néant et au vide, « au ridicule d'être vivant », et à une frivolité secrètement subversive, qui permet d'esthétiser ce sentiment d'« inutilité » de la vie, de donner une « saveur » à ce « désenivrement ».

Puisque « l'être lui-même n'est qu'une prétention du Rien », l'on est condamné à parcourir la « gamme du vide ». Et la Genèse est une fiction pompeuse : « Un moment d'inattention, d'infirmité au sein du Rien : les larves en profitèrent ; une lacune dans sa vigilance : et nous voilà. » « Homme vermoulu », dans un « univers démodé » : tel est notre destin, ou ce qui en tient lieu. Cioran avoue le caractère viscéral de son refus de ce qui est : « Le Réel me donne de l'asthme. » Hanté par la perspective de la mort et par le non-sens qu'elle projette sur la « tentation » d'exister, sur tous nos désirs et nos projets, s'appuyant sur l'idée du suicide pour persévérer toutefois dans cette « erreur » qu'est la vie, Cioran ressent l'existence comme une provocation incessante à en dénoncer la honte, l'« immonde fragilité », sans pour autant parvenir à articuler ce sentiment persistant de « vacuité » avec une « tentation de l'absolu » qui le taraude en vain, et fait de lui, selon ses propres termes, un « mystique sans absolu ». Ni l'homme ni le monde ne sont sauvables ; ils relèvent d'une même catégorie, celle du « saboté », de l'incurable ou de l'irrémédiable, et Dieu apparaît comme un « mauvais Démiurge », qui a ordonné cet univers « si magistralement raté ».

Si l'homme, cet « être raté », est soumis au maléfice du temps, il est placé dans un monde « taré », un « scandale » où règnent le mal et la douleur. Une dépréciation métaphysique du monde, enracinée dans la tradition gnostique, conduit Cioran à voir en particulier dans l'histoire le champ électif de manifestation d'une infamie généralisée, du « ratage » du monde. L'histoire, « ironie en marche », témoigne d'un non-sens que méconnaissent les utopistes et révolutionnaires dénoncés dans *Histoire et utopie* (1960), ce qui conduit Cioran à s'intéresser à Joseph de Maistre (*Essai sur la pensée réactionnaire*, 1977). Fasciné par le thème spenglérien de la décadence, par l'idée d'une fin de l'histoire à laquelle n'est sans doute pas étrangère la fin, qu'il a en partie vécue, de l'empire austro-hongrois dans les Balkans, mais aussi par la signification profonde des tyrannies, en réfléchissant à l'évolution désastreuse de la Russie, ou de la Roumanie après la guerre, Cioran a développé une réflexion sur le destin de l'Europe qui l'a rendu longtemps atypique et suspect aux yeux de nombreux intellectuels progressistes, réflexion par laquelle se confirme l'inactualité provocante de son œuvre. Il est mort à Paris le 20 juin 1995.

ŒUVRES. — Chez Gallimard, sauf indication contraire : *Précis de décomposition*, 1949. — *Syllogismes de l'amertume*, 1952. — *La Tentation d'exister*, 1956. — *Histoire et utopie*, 1960. — *La Chute dans le temps*, 1964. — *Le Mauvais Démiurge*, 1969. — *De l'inconvénient d'être né*, 1973. — *Écartèlement*, 1979. — *Exercices d'admiration*, 1986. — *Aveux et anathèmes*, 1987. — *L'Élan vers le pire*, photographies d'Irmeli Jung et textes de Cioran, 1988. — *Entretiens*, Corti, 1990. — *Entretiens*, 1995. — **Traductions des œuvres de la période roumaine** : *Sur les cimes du désespoir* (1934), 1990. — *Le Livre des leurres* (1936), 1992. — *Le Crépuscule des pensées* (1937), 1991. — *Des larmes et des saints* (1937), 1986. — *Le Bréviaire des vaincus* (1940), 1993.

→ Mariana Sora, *Cioran jadis et naguère*, Éditions de l'Herne, 1988. — Sylvie Jaudeau, *Cioran ou le dernier homme*, Corti, 1990. — Philippe Tiffreau, *Cioran ou la dissection du gouffre*, Veyrier, 1991. — Gabriel Liceanu, *Itinéraire d'une vie : E.M. Cioran*, Michalon, 1995. — *Cahiers* [1957-1972], éd. Simone Boué, Gallimard, 1997. — Fonds Cioran à la Bibliothèque littéraire Jacques Doucet.

J.D.

Cixous Hélène (1937). Née à Oran (Algérie) le 5 juin 1937, elle fait entendre la voix d'une femme engagée dans le mouvement féministe, reconnue grâce au prix Médicis (*Dedans*, 1969). Elle interroge la singularité de la parole féminine à laquelle la part du corps doit être faite (*Souffles*, Éditions des Femmes, 1975). Son rapport conflictuel, passionné et charnel à la langue, marqué par l'étrangeté ambiguë de la langue maternelle, l'allemand, donne lieu à un plaisir pris à la libre manipulation du signifiant. Le jeu sur les mots est aussi l'occasion d'une interrogation sur l'identité — de la mère, de la femme — et sur l'origine — sociale, culturelle, religieuse. Ses recherches sur Joyce (*L'Exil de Joyce ou l'art du remplacement*, Grasset, 1985) et son activité de critique littéraire (*Prénoms de personne*, Le Seuil, 1974) confirment les orientations de son œuvre. Elle a aussi écrit des pièces de théâtre : *Portrait de Dora* (1976), *La Prise de l'école de Mdhubaï* et, pour le Théâtre du Soleil, deux épopées scéniques : *L'Histoire terrible mais inachevée de Norodom Sihanouk, roi du Cambodge* (Théâtre du Soleil, 1985) et *L'Indiade* (Théâtre du Soleil, 1987).

N.P.

Clancier Georges-Emmanuel (1914). Né le 3 mai 1914 à Limoges (Haute-Vienne). Très attaché à ses racines paysannes (enfant, il apprit à lire à sa grand-mère), aux paysages du Limousin et au « trobar-cluz » des poètes médiévaux, ses compatriotes. Il exprime cet attachement dans la tétralogie romanesque, *Le Pain noir* (Laffont, 1956-1961), où ses souvenirs sont projetés en archétypes, tandis qu'ils sont évoqués directement dans la série autobiographique *Ces ombres qui m'éclairent* (Albin Michel, 1984-1991). Dès avant la guerre, il collabore à *Esprit* et aux *Cahiers du Sud*. Il est pendant la guerre le correspondant de la revue *Fontaine* ; ensuite, homme de radio (de là son recueil de poèmes *Journal parlé*, Rougerie, 1949) et auteur d'ouvrages sur la poésie. Sa propre poésie dit, avec une simplicité apparente, l'instabilité et la fragilité des choses : « Vivre, cette panique douce-amère ». S'il incarne fortement le monde dans le Limousin, dans la femme, dans l'espoir né de la Résistance (*Le Paysan céleste*, Laffont, 1945 ; *Une voix*, Gallimard, 1956 ; *Évidences*, Mercure de France, 1960), c'est, dès ces débuts, pour sentir aussi l'éparpillement du sacré, le manque de transcendance. Il pratique les énumérations de substantifs, mais en séries non homogènes. Sa prosodie s'éloigne des symétries, en utilisant le rythme irrégulier et l'*e* muet. Il constate qu'il y a, dans le monde et dans le moi, du « jeu » aux deux sens du terme : une fraîcheur de la mémoire qui produit l'émerveillement, mais aussi une béance, une menace de nostalgie et de chaos (*Les Arènes de Vérone*, nouvelles, Laffont, 1964 ; *Oscillante Parole*, poèmes, Gallimard, 1977). Le train des événements, auxquels, depuis la Résistance, il est attentif, n'est pas fait pour apporter un démenti à cette impression de fragmentation et de dédale énigmatique (*Le Poème hanté*, 1982, *Passagers du temps*, 1991 ; chez Gallimard).

→ Christine Burucoa, *Georges-Emmanuel Clancier*, Rodez, Subervie, 1964. — Michel-Georges Bernard, *Georges-Emmanuel Clancier*, Seghers, 1967. — *Clancier, Guillevic, Tortel, Sud*, 1983, I.

M.-C.B.

Clarté *(Mouvement, journal, revue).* Conçu pour être un vaste rassemblement international, le mouvement « Clarté » se réduisit très vite au journal *Clarté*, puis à la revue du même nom. Son histoire, jalonnée de multiples crises et réorganisations, est très révélatrice de l'évolution de certains intellectuels français des années vingt. Le projet d'une revue internationale remonte à l'hiver 1916-1917, lorsque Henri Barbusse, encore auréolé du prix Goncourt reçu pour *Le Feu*, rencontre deux jeunes soldats, Raymond Lefebvre et Paul Vaillant-Couturier. Leur projet reste en sommeil jusqu'à la fin de la guerre. Barbusse présente alors dans *L'Humanité* (le 10 mai 1919) le « Groupe Clarté » dont le manifeste, « Contre la paix injuste », est rendu public le 22 juillet 1919, accompagné des signatures des premiers adhérents : Anatole France, Barbusse, Cyril, Dorgelès, Lefebvre, Magdeleine Marx, Tailhade, Vaillant-Couturier. Ils protestent contre les traités de paix qui viennent d'être signés et appellent « à l'internationalisme qui un jour réalisera l'unité des foules ». Le 11 octobre 1919, paraît le premier numéro du journal *Clarté*, sous-titré *Bulletin français de l'Internationale de la pensée.* « Clarté » veut être un mouvement international, dont ce journal n'est que la partie visible ; de nombreux groupes, en France et à l'étranger, devraient en constituer l'armature et en assurer l'activité et le rayonnement. Cette parution marque l'échec de plusieurs semaines de négociations avec Romain Rolland et ses proches (Chennevière, Duhamel, Vildrac, Bazalgette). Dès 1920, le groupe Clarté et son journal prennent position pour l'adhésion à la IIIe Internationale, rejetant les « internationalistes-réformistes et pacifistes sentimentaux qu'inquiète toute destruction, indispensable pourtant à la construction de l'unité humaine ». Cette radicalisation du mouvement entraîne de nombreuses démissions (Henri Bataille, Tristan Bernard, Dorgelès, Hamp, entre autres) et s'accompagne de graves difficultés matérielles. Le journal cesse de paraître le 20 septembre 1921 et cède la place, le 19 novembre, à une revue, *Clarté*, présidée par un comité de rédaction comprenant deux des trois fondateurs, Barbusse et Vaillant-Couturier (Lefebvre est mort en 1920), mais en fait dirigée par Jean Bernier et Marcel Fourrier, rejoints en 1922 par Édouard Berth et Georges Michaël. Dans le deuxième numéro, Barbusse reproche aux rollandistes de n'accomplir qu'une moitié de leur devoir d'intellectuel : ils dénoncent mais hésitent à s'engager aux côtés des révolutionnaires. Rolland prend leur défense dans *L'Art libre* au nom de l'« indépendance de l'esprit ». Cette polémique, qui se poursuit durant plusieurs semaines, est l'une des dernières contributions de Barbusse à *Clarté*, qui progressivement s'éloigne de l'esprit et des hommes qui ont présidé à son lancement. Certes, la revue lutte contre l'oubli des horreurs de la guerre et fait connaître au public français la nouvelle littérature russe (Alexandre Blok, Biély, Pilniak) ; Victor Serge y publie de remarquables *Chroniques de la vie intellectuelle en Russie.* Mais l'équipe dirigeante néglige les groupes, se redéfinit comme un « laboratoire d'idées nouvelles », qui s'adresse à l'« élite prolétarienne » et se veut à l'avant-garde du mouvement intellectuel. Elle s'attaque aux principales manifestations de la « culture bourgeoise » (« Barrès, fossoyeur et faussaire », janvier 1924), mais dénonce aussi les représentants d'un humanisme de gauche jugé dépassé. Anatole France, célébré dans *L'Humanité*, est traité dans *Clarté* de « parasite et sybarite des lettres qui incarne éminemment l'ancienne culture » (novembre 1924). « Vous le voulez ? Prenez-le donc et gardez-le ! » titre *Clarté* lors du transfert au Panthéon des cendres de Jaurès, symbole d'un « idéalisme démocratique, naïf et oratoire » (décembre 1924).

Cette évolution trouve un aboutissement logique dans le rapprochement avec le groupe surréaliste, lors des manifestations contre la guerre du Maroc (juillet-août 1925). Les deux groupes font paraître un manifeste : « La révolution d'abord et toujours » (octobre 1925), puis un numéro commun de *Clarté* (novembre 1925), avant d'envisager de remplacer *Clarté* par une revue commune, *La Guerre civile*, qui ne verra pas le jour. Après une interruption de quelques mois, *Clarté* reparaît en juin 1926, sous la direction de Marcel Fourrier et Pierre Naville. La revue est alors très proche de l'opposition trotskiste. La violente attaque (mai-juin 1927) contre le *Jésus* de Barbusse, responsable des pages littéraires de *L'Humanité* et fondateur de « Clarté », marque la rupture avec le parti communiste et le chemin parcouru depuis 1919. *Clarté* cesse de paraître en décembre 1927.

Ph.B.

Claudel Paul (1868-1955). Claudel commettait une erreur significative, qu'elle fût ou non consciente, sur le moment de sa naissance, « un dimanche, par un grand soleil, au moment où sonnaient les cloches de la grand-messe » : version liturgisée de l'événement qui se produisit le jeudi 6 août 1868 à l'aube, à Villeneuve-sur-Fère (Aisne), dans cette terre du Tardenois, « un des plus anciens terroirs de la Gaule » plus tard décrit dans « Mon pays » (1937), qui ne cessa de nourrir l'imagination du poète. Claudel est issu d'une lignée de fonctionnaires, qu'il prolongera brillamment. Enfant de « la bonne province », il vit à Bar-le-Duc, où des religieuses lui révèlent une Bible imagée, puis à Wassy-sur-Blaise avant de se retrouver, entraîné par sa sœur, « superbe jeune fille, dans l'éclat triomphal de la beauté et du génie », le sculpteur Camille Claudel, dans cette « Babylone » qu'est le Paris des années 1880, où il fréquente le lycée Louis-le-Grand, a pour professeur le kantien Burdeau et pour compagnons Marcel Schwob, Léon Daudet et Romain Rolland qui l'emmène au concert écouter du Beethoven et du Wagner. En 1885, reçu au baccalauréat, il s'inscrit en licence de droit, l'année des funérailles de Hugo qu'il qualifie de « défilé de Mardi gras » — ce qui ne l'empêche pas d'admirer *L'Homme qui rit* et *Quatre-vingt-treize*, mais aussi *La Tentation de saint Antoine*, Leconte de Lisle et surtout Baudelaire, en même temps qu'il se nourrit de vies de saints et de la *Vie de Jésus* de Renan : bagage intellectuel mélangé, sur fond de sensibilité paysanne et d'imagination passionnée, en attente de l'explosion intérieure de 1886.

1886 est une date fondamentale dans la vie de Claudel, celle de la double illumination d'où jaillira toute son œuvre. C'est d'abord, en juin, dans la petite revue symboliste *La Vogue*, la découverte stupéfaite et émerveillée des *Illuminations* de Rimbaud, « fissure dans le bagne matérialiste », « impression vivante et presque physique du surnaturel », qui prélude à la révélation liturgique du *Magnificat*, à Notre-Dame, aux vêpres de Noël. Aussi paradoxal que cela puisse paraître, ces deux initiations sont intimement liées, et la conversion religieuse se fait dans le prolongement de la lecture de ce « mystique à l'état sauvage » qu'est Rimbaud ; dans les deux cas, c'est l'ouverture sur autre chose : d'un côté, « décantation spirituelle des éléments de ce monde » par un langage fulgurant, de l'autre, irruption dans l'univers symbolique du catholicisme, confirmée par la découverte, le même soir, de deux textes bibliques fondateurs : la prosopopée de la Sagesse (Proverbes, VIII) et les Pèlerins d'Emmaüs (Luc, XXIV). C'est pour Claudel la double révélation d'une vocation : « Un être nouveau et formidable avec de terribles exigences pour le jeune homme et l'artiste que j'étais s'était révélé que je ne savais concilier avec rien de ce qui m'entourait. »

Claudel est le contraire d'un artiste enfermé dans sa tour d'ivoire. La richesse et l'équilibre de sa personnalité font de lui un homme aussi ouvert sur le monde que concentré sur sa création : « belle organisation », conjonction effective d'« Animus » et d'« Anima », travaillant pour lui deux heures le matin après la messe, et ensuite pour l'« épicerie », il sait concilier carrière diplomatique et vocation d'artiste. Diplômé en 1888 de l'École libre des sciences politiques, il est reçu le 1er février 1890 au « grand concours » pour l'admission dans les carrières diplomatiques et consulaires ; jusqu'en 1893, il reste attaché au ministère, puis est envoyé comme vice-consul à New York, « ville rouge et chocolat », et à Boston. Les impressions d'Amérique sont fortes : « entassement extravagant de tours, de coupoles, d'énormes bâtisses à 10, 15, 20 et 25 étages, banques, bureaux, *office buildings* ». En 1895, ce sera Shanghai, en 1896 Fou-Tchéou, en 1897 Hank'éou, puis à nouveau Shanghai et Fou-Tchéou, avec la coupure d'un voyage au Japon, émerveillé, en 1898, et le retour en France par la Palestine en 1899. En Amérique, il découvre le génie des hommes d'affaires, en Chine celui d'« un peuple qui fait tout par lui-même et avec ses mains », en même temps qu'il est fasciné par le « pittoresque étourdissant » des mœurs chinoises.

Ce sont des années d'intense évolution spirituelle ; les quatre années qui suivent la conversion à Notre-Dame sont qualifiées, en citant Rimbaud, de « combat spirituel [...] aussi brutal que la bataille d'hommes ». La raison, formée à l'école positiviste, résiste à la foi, et ne se rend qu'en 1890, avec une bonne confession, la communion et le retour à la pratique religieuse. Pendant dix ans, Claudel s'exercera avec la plus grande sincérité à la « vie parfaite ». Ce sont aussi des années de lectures, profanes — Shakespeare, Eschyle, Dante, Virgile, Dostoïevski, les « Écritures posthumes » de Baudelaire — et sacrées — les *Pensées* de Pascal, Bossuet (les *Élévations sur les Mystères* et les *Méditations sur l'Évangile*) ; la sœur Emmerich, saint Thomas d'Aquin, patiemment annoté pendant les années chinoises ; et surtout le grand livre de la liturgie, fréquentée quotidiennement. Ce sont enfin des rencontres, notamment celle de ce « professeur d'attention » qu'est Mallarmé : le « paysan » Claudel admire la subtilité de cet « esprit parisien » qui exerce la « magistrature de l'intelligence », et retiendra toujours, comme il le lui confie dans les belles lettres qu'il lui envoie de Chine, ses leçons sur le langage comme signe. L'Église a éveillé l'âme, Mallarmé a aiguisé l'esprit, Rimbaud a été l'« étincelle séminale » : ainsi formé, le jeune poète peut se livrer à son propre don.

C'est une période d'intense création qui s'ouvre avec quelques poèmes de facture classique (*Premiers Vers*, 1950), deux courts drames, dont l'un détruit (*L'Endormie*, publiée en 1925 ; *Une mort prématurée*), et surtout *Tête d'or* (1890), dont la publication eut un effet foudroyant : « livre extraordinaire et déroutant » d'un inconnu, salué par Mauclair, Mirbeau, Maeterlinck, écrit dans la forme de ce vers-alinéa, « haleine intelligible », c'est l'histoire d'un conquérant, aventurier paysan qui s'empare du pouvoir, tue l'Empereur et chasse sa fille la Princesse, puis, dans sa marche vers les confins de l'Europe, la retrouve ; dans sa déroute, elle lui révèle le prix du sacrifice et de l'amour, et l'immensité du désir qui, évanoui le bonheur, seul subsiste : ces grands thèmes claudéliens ne cesseront de parcourir l'œuvre. De ce drame, Claudel donnera en 1894 une seconde version (publiée dans *L'Arbre*, 1901), enrichie de la très forte symbolique de l'arbre. En 1891, il écrit la première version de *La Ville* (1893), où transparaissent ses sympathies anarchistes ; violence et révolte habitent les deux premiers actes, tandis que le troisième, liturgique et apaisé, laisse entrevoir un idéal théocratique. La seconde version, de 1898 (publiée dans *L'Arbre)*, resserre les mêmes thèmes sur un plus petit nombre de personnages et met en évidence, au cœur du drame, l'allégorie du poète. En 1892, c'est *La Jeune Fille Violaine* (publiée en 1926), drame paysan où se côtoient la rudesse et la joie dans le sacrifice, sur fond de pèlerinage en Terre sainte ; la seconde version, de 1899 (publiée dans *L'Arbre*), plus mystique, se fait l'écho d'une vocation que ressent Claudel. Le séjour américain suscite en 1893 *L'Échange* (*L'Arbre*, 1901), pièce à quatre personnages, les quatre faces de l'auteur : le jeune sauvage rimbaldien, l'« âme en ce qu'elle a de meilleur », le génie païen d'une imagination déréglée, l'« intendant infidèle ». La Chine à son tour inspirera en 1896 *Le Repos du septième jour* (*L'Arbre*, 1901), drame syncrétique à visée missionnaire dont le thème, également hérité de Dante et de Virgile, est une descente aux Enfers.

C'est donc un grand début, dans la variété des thèmes et l'unité des formes. Il convient encore de mentionner une traduction de l'*Agamemnon* d'Eschyle en 1893 (publiée en 1896), modèle essentiel où Claudel admire les « agencements sibyllins d'images » et les « épithètes et régimes suspendus dans le vide », et, outre les *Agendas de Chine* (posth., 1991), les admirables poèmes qui seront insérés dans *Connaissance de l'Est* (1900), dont le style est redevable à la fois à l'exigence thomiste de définition, à la fulgurance rimbaldienne des images, à la syntaxe lacunaire et concentrée apprise chez Mallarmé. Mais les *Agendas* de 1899 traduisent une crise intérieure, qui éclatera l'année suivante.

Sur le chemin du retour en France, en 1899, Claudel visite les Lieux saints sans l'émotion attendue. Il vit une période d'accablement, d'ennui, de déréliction. Une fois en France, il compose un texte en prose, « Développement de l'Église », qui deviendra la fin d'*Art poétique* (1907). Il fait trois séjours successifs dans des monastères, croyant déchiffrer en lui une vocation monastique. Lors du premier séjour à Solesmes, il écrit le début de l'ode *Les Muses* (1905) : signe d'une dramatique hésitation qui se retrouvera à l'automne à Ligugé, et se résoudra dans un « non » mystérieux mais ferme : « Ce sacrifice du don principal qui constituait sans doute ma vocation personnelle était trop grand pour mes forces », écrira-t-il plus tard. Sur le coup, l'épreuve est dure, c'est l'agonie morale : « J'ai été trouvé manquant. J'ai perdu mon sens et mon propos. » *Les Muses* sont laissées en suspens ; le poète est habité par l'acédie. En octobre 1900, il s'embarque sur l'*Ernest Simons* pour regagner la Chine. À l'escale de la Réunion monte une femme avec qui il a dîné un soir d'octobre 1899. C'est elle qui va devenir l'inspiratrice, la Muse et la paradoxale Sagesse. Comme l'écrit Gérald Antoine : « Lorsqu'un jeune homme passé par l'école du poète Voyant, puis par celle de Notre-Dame et de la Sagesse divine, brûlant de désirs, mais refusant pendant des années d'y succomber, venant de manquer l'ultime marche d'une ascension mystique, découvre soudainement devant lui une femme qui lui impose un nom, l'irrésistible douceur de sa main, le charme d'une voix venue d'ailleurs, l'éclat de son rire, de son regard, de sa chevelure dans le vent de la mer — alors ce n'est pas une femme parmi tant d'autres qu'il rencontre, mais LA femme "sur le front de qui est inscrit le mot : MYSTÈRE" » : c'est Lâla dans *La Ville*, Marthe et Lechy dans *L'Échange* et la Princesse de *Tête d'or*, dans tout le prestige de la présence.

Arrivé à Fou-Tchéou, le consul héberge sous son toit la belle Rosalie Vetch, ainsi que son époux et ses quatre fils. Il s'intéresse aux affaires et placements de Francis Vetch, qui, voyageant en Chine, laisse sa famille à la garde de Claudel : « le Cheval de Troie que j'introduis dans ma maison ». La liaison est si passionnée qu'en 1902 il refuse l'offre du consulat de Hong-Kong. Les soupçons vont commencer à peser sur lui, mais grâce à la puissante protection de Philippe Berthelot, fin lettré et attaché à la direction des consulats, « ange gardien laïc », Claudel évite les ennuis de carrière. Il n'en va pas de même de sa vie privée. Le 1er août 1904, Rosalie, enceinte, quitte définitivement Fou-Tchéou. Désespéré, sur le conseil d'un confesseur, Claudel commence à tenir un carnet spirituel, qu'il remplit de citations de saint Grégoire le Grand — et qui deviendra son *Journal* (posth., 1968-1969). En janvier 1905 naît une petite fille que Claudel ne verra que des années plus tard. De cette période nous reste un poème, « Ténèbres » (publié dans *Corona*, 1915), souvenir de l'« affreuse nuit de la Sexagésime à Fou-Tchéou ». Rentré en France en avril, Claudel connaît six mois de combat intérieur, après lesquels il prend la décision d'« oublier » et de rentrer dans le rang : à Noël, il se fiance avec la fille de l'architecte lyonnais Sainte-Marie Perrin.

Ces années de Fou-Tchéou sont aussi des années de création. En 1901, Claudel entreprend de traduire des poèmes de Coventry Patmore, dont les recherches rythmiques coïncident avec ses propres préoccupations. Il compose neuf nouveaux poèmes, qui seront ajoutés dans l'édition de 1907 de *Connaissance de l'Est*. C'est en 1903 et 1904 qu'il tire la leçon « poïétique » de ses lectures d'Aristote et de saint Thomas, dans les traités d'*Art poétique*, réflexion ardue sur la création, étroitement articulée à une méditation sur la connaissance après la mort, et d'où jaillit une théorie de la métaphore, « iambe fondamental, rapport d'une grave et d'une aiguë ». Ces écrits sont contemporains de la découverte de Pindare, que lui a révélé André Suarès. Mais l'année 1905 est celle d'une plus belle éclosion encore : outre un grand texte en prose sur sa sœur Camille (« Camille Claudel statuaire », *L'Occident*, août 1905), c'est en même temps que *Partage de midi* (1906, édition limitée à cent cinquante exemplaires et non commercialisée) l'admirable fin de l'ode *Les Muses*, l'invocation à Érato et à l'« amie sur le navire ». *Partage de midi*, composé à l'automne 1905, est la transposition dans un drame à la fois classique par son architecture et wagnérien par son écriture, de la passion vécue ; drame à la fois solaire (la rencontre sur le navire) et ténébreux (l'acquiescement dans le cimetière de Happy Valley), qui se résout, après la splendeur liturgique du « Cantique de Mesa », dans le « partage de minuit » qui est aussi « transfiguration de Midi », assomption des amants dans le sacrifice et dans la mort, nouvelle naissance — pierre d'attente pour *Le Soulier de satin*. Très longtemps Claudel refusera la représentation de *Partage de midi*, qui ne sera que lu sous forme de fragments (notamment par l'actrice Ève Francis, en 1916), ou joué, rarement, sans autorisation, avant qu'en 1948 la pièce ne soit créée au théâtre Marigny par Jean-Louis Barrault.

Marié le 15 mars 1906, Claudel repart immédiatement pour la Chine, où il est nommé consul à T'ien-tsin. Il y restera trois ans, puis sera consul à Prague, où il découvre avec émerveillement l'architecture baroque. De 1911 à 1913, il est consul à Francfort, puis à Hambourg, qu'il doit quitter en août 1914, à la déclaration de guerre. En 1915, il fait deux voyages en Italie, l'un pour des conférences, l'autre en mission économique : c'est la seconde rencontre avec l'art baroque, que Claudel voit comme un accomplissement des transpositions d'art symbolistes : « Dans l'architecture dite baroque alliance étroite de la sculpture, de l'architecture et de la peinture », en attendant l'illumination brésilienne : Claudel part au début de 1917 pour le pays aux « églises pareilles à des grottes toutes tapissées d'une espèce de grosse mousse d'or ». Ces dix années sont marquées par la naissance de ses quatre premiers enfants, la mort de son père et l'internement de sa sœur Camille, pour qui l'abandon de Rodin est « la catastrophe totale, profonde, définitive ».

Installé dans le devoir d'état, Claudel produit beaucoup : des textes en prose, comme la préface aux *Œuvres* de Rimbaud (1912), la « Lettre sur Coventry Patmore » (1914), « Ma conversion » (1913), « La physique de l'Eucharistie » (1913) qui inaugure les écrits théologico-poétiques. En poésie, c'est la composition des quatre autres *Odes* (1906-1908) qui font suite aux *Muses*, grandes variations lyriques sur des thèmes philosophiques et religieux, célébrant la liberté dans la contrainte *(L'Esprit et l'Eau)*, la naissance *(Magnificat)*, l'inspiration sacrée *(La Muse qui est la Grâce)*, le mariage et l'acceptation d'un monde fini *(La Maison fermée)*, et publiées avec un « Processionnal pour saluer le siècle nouveau », « espèce de poème assonancé dans le rythme des anciennes séquences » (1910). C'est le « prélude d'une série de nouvelles études rythmiques », qui voient le jour avec les pièces composant le recueil au beau titre biblique *Corona benignitatis anni Dei* (1915), « cycle de chants naissant sous les pas des heures sacrées » au rythme inspiré à la fois des séquences liturgiques et du long vers anglais de Tennyson et de Swinburne. Enfin, c'est la belle *Cantate à trois voix*, transposition poétique du somptueux paysage d'Hostel, dans l'Ain, la nuit de la Saint-Jean, instant symbolique et privilégié où s'installe le puissant récitatif de trois femmes célébrant trois conceptions de l'amour et du « bonheur dans le moment ».

Dès 1908, Claudel songe à « un ensemble de drames de la famille et de la terre » situé dans son terroir. Ainsi naîtra la « trilogie » de *L'Otage* (1911), *Le Pain dur* (1918), *Le Père humilié* (1920), « vaste action extérieure », grande fresque sur l'Histoire et le mal, en triptyque, qui se déroule sur un siècle, des suites de la

Révolution à l'unité italienne et à la perte des États pontificaux, en passant par le règne de Louis-Philippe. Claudel y laisse transparaître une pensée profonde et ambiguë sur les événements, à la fois nostalgique de la grandeur de l'Ancien Régime incarnée par Sygne de Coûfontaine qu'humilie le roturier parvenu, l'usurpateur Turelure, mais aussi entraînée par le mouvement de l'Histoire et sa nécessité : déchéance et déclin impliquent renaissance, surgissement du « vieil esprit risque-tout d'aventure et d'invention » qui perpétue la vie, tandis que la figure omniprésente du Pape, autour de qui tourne l'ensemble des trois drames, garantit par-dessus l'Histoire la référence à l'Éternel. L'Histoire est mise en personnages : « le capitalisme, issu de la Révolution, qui est Toussaint Turelure ; le colonialisme, qui est son fils ; le nationalisme, qui est Lumîr ; le féminisme, qui est Sichel ; le matérialisme économique, qui est Ali Habenichts, et enfin l'image d'un Dieu crucifié qu'on a descendue du mur pour y mettre l'image d'un souverain temporel ». C'est sur la « figure harmonieuse et voilée » de Pensée, l'aveugle, « l'âme humaine, l'âme souffrante et incarcérée à la recherche de son Sauveur », que s'achève cet ensemble dramatique.

Entre *L'Otage* et *Le Pain dur*, Claudel a composé sa pièce préférée, le plus souvent portée à la scène et à la représentation de laquelle il travaillera jusqu'à la veille de sa mort, *L'Annonce faite à Marie* (1911), aussitôt mise en scène, et avec succès, au théâtre de l'Œuvre en 1912. C'est une transposition « médiévale » de *La Jeune Fille Violaine*, drame mystique régi par le thème de la résurrection de l'enfant et de la maternité mystique, accomplie par l'amour parfait, de Violaine. Aussitôt après, soit comme pendant à sa traduction des *Choéphores* d'Eschyle (1920), soit pour faire contrepoids aux tristes événements familiaux de 1913, Claudel écrit *Protée* (1914), bouffonnerie sur le modèle des drames satyriques antiques, histoire de phoques et de nymphes dont Darius Milhaud, rencontré en 1912, composera l'accompagnement musical, comme il l'a fait pour l'*Agamemnon* et comme il le fera pour *Les Choéphores* : c'est le début d'une collaboration qui est aussi « professionnelle » puisque Claudel emmène Milhaud au Brésil comme secrétaire.

C'est donc un joyeux tandem qui s'embarque pour Rio de Janeiro en janvier 1917 pour s'y occuper du *Brazil Railway* et du commerce du café. Le paysage est à la hauteur : « Le tout fait un chaos extravagant et difforme. Je n'ai jamais vu une telle collection de cornes, de trompes, de goitres, de tétons, de tumeurs et de bedaines ! » C'est là, en août 1917, que va se produire un événement déterminant, au retour d'un voyage dans le Sud : « À mon arrivée j'apprends la naissance d'une superbe fille. Et je trouve sur ma table une lettre de R. » La « lettre à Rodrigue » allait engendrer *Le Soulier de satin* (1925/1928-1929). Entre-temps, Claudel rentre en France en passant par New York, il séjourne à Copenhague d'août 1919 à mars 1921, avant de recevoir sa nomination d'ambassadeur et de partir pour le Japon. L'arrivée dans ce pays est exprimée dans le *Journal*, outre le bonheur de retrouver l'Asie, par des impressions délicieuses de paysages associées à des notations spirituelles : le Japon est un pays de mystère, de surprise continuelle, de délicate union de la nature et de la surnature : contrepoint intérieur à l'exubérance baroque, intronisation d'« Anima ».

Claudel continue d'écrire d'importants textes en prose : la « lettre à Alexandre Cingria sur les causes de la décadence de l'art sacré » (1919) ; la très intéressante « Introduction à un poème sur Dante » (1921) ; des méditations sur le Japon, qui seront consignées dans *L'Oiseau noir dans le soleil levant*. Ce recueil contiendra d'ailleurs aussi des poèmes composés à cette époque, notamment *Le Vieillard sur le mont Omi*. En même temps, Claudel écrit des « images » (« L'architecte », « Sainte Geneviève », « Saint Louis ») qui deviendront *Feuilles de saints* (1925), assez longs poèmes à visée prosélytique : « Un Saint a ordre et mission d'intervenir [...] au regard de groupes humains tout entiers, dont il est en quelque sorte le type complet et le représentant accepté au milieu d'effigies molles et d'exemplaires manqués. » *La Messe là-bas* est un poème en forme d'ordinaire de la messe, composé en 1917, en même temps que son contrepoint, la « farce lyrique » *L'Ours et la Lune* (1919).

Au Brésil, Claudel compose encore, avec la collaboration de Darius Milhaud et d'Audrey Parr, un scénario de ballet, *L'Homme et son désir* (1921), suscité par la rencontre du danseur Nijinski et inspiré par l'atmosphère de la *floresta* brésilienne. Mais la grande œuvre de ces années est *Le Soulier de satin*, composé entre 1919 et 1924. Plusieurs idées président à son invention : l'atmosphère coloniale qui suggère à Claudel « un petit drame espagnol où l'on verra un vieux conquistador de retour du Maroc où il a délivré mille captives et de l'Amérique du Sud » — qui deviendra la Quatrième Journée ; la légende chinoise des deux amants stellaires, « qui chaque année après de longues pérégrinations arrivent à s'affronter, sans jamais pouvoir se rejoindre » — version mythifiée de l'aventure que Claudel est en train de vivre ; la découverte du théâtre japonais et de ses ressources scéniques, qui inspirera les magnifiques scènes de l'Ombre Double et de la Lune. Ce *Soulier*, que Claudel déclare « avoir aimé comme un être », mêle des tonalités très diverses : épique et romanesque, lyrique et picaresque, bouffonne et théologique, comique et tragique, symbolique et mystique. Sur fond d'histoire fantaisiste et de chronologie approximative, c'est toute la grande fresque de la conquête de nouvelles terres à évangéliser qui se dessine, avec un héros, Rodrigue, en qui se superposent les figures de Christophe Colomb, de saint Ignace, des missionnaires jésuites, et de Rimbaud. Ce conquérant est aussi un grand amoureux, qui ne peut accomplir sa mission que grâce au sacrifice de la femme aimée, Dona Prouhèze. Sur le drame intime, qui trouve ici sa résolution métaphysique et poétique, des amants séparés, se greffe une rêverie théologico-politique d'un monde uni dans la foi catholique : telle est la pensée baroque du *Soulier* qu'illustre un art foisonnant, constamment inventif, extravagant, transposition écrite de l'architecture pour laquelle Claudel, allant à l'encontre du « bon goût » français de son temps, dit avoir la plus grande admiration. Injouable tel quel, avant qu'Antoine Vitez ne relevât le défi, le *Soulier* a tant séduit Jean-Louis Barrault qu'il obtint de Claudel une version pour la scène créée à la Comédie-Française en 1943. Enfin, ses recherches japonaises inspirent à Claudel un mimodrame imité des principes du nô, écrit en 1922 et joué au Théâtre Impérial de Tokyo en 1923, *La Femme et son ombre* (publié dans *L'Oiseau noir dans le soleil levant*, 1927).

En 1925, Claudel bénéficie d'un congé en France, après lequel il retournera un an au Japon. L'été 1927, il acquiert le château de Brangues dans le Dauphiné, avec l'indemnité reçue en compensation des pertes subies lors du tremblement de terre de Tokyo en 1923. De 1927 à 1933, il est envoyé dans « ce grand Luna Park qu'est l'Amérique », pour y régler la question épineuse des dettes contractées par la France envers les États-Unis pendant la Première Guerre mondiale. À cela s'ajoutent toutes les difficultés entraînées par la crise de 1929. Mais il continue d'écrire de la poésie. Le Japon lui inspire notamment les *Cent phrases pour éventails* (1927), « où l'auteur a essayé d'appliquer, en les transformant suivant son propre goût, les principes de la poésie japonaise » : poèmes très courts, une phrase seulement, grand rôle joué par la calligraphie, souci « mallarméen » de la typographie et des blancs. L'écriture hagiographique, quant à elle, se poursuit avec des poèmes qui seront rassemblés dans le recueil *Visages radieux* (1945). Claudel écrit encore pour le théâtre, mais dans un esprit de recherche d'une écriture dramatique nouvelle : *Le Livre de Christophe Colomb* (1927), manière de prolongement du *Soulier* en même temps qu'hommage discret à Léon Bloy, présente l'intérêt de mettre en scène deux Christophe, celui de la vocation profonde et celui d'une légende ambiguë, qui dialoguent devant un livre qui est le Livre de Vie. L'utilisation d'un écran et la musique de Milhaud soulignent la modernité de l'œuvre. Suit l'oratorio *Le Festin de la sagesse* (1939), composé en 1934, essai d'adaptation du nô sur thème biblique, commandé par la danseuse Ida Rubinstein et mis en musique par Milhaud. C'est toujours Ida Rubinstein, mais cette fois accompagnée par Arthur Honegger, qui préside à la composition de *Jeanne d'Arc au bûcher* (1934), oratorio dramatique en onze scènes.

Mais surtout, le grand prosateur s'affirme. Après le *Soulier*, « œuvre tout à fait extravagante qui achèvera de me perdre dans l'esprit des classiques », Claudel règle ses comptes avec eux dans « Réflexions et propositions sur le vers français » (1925), qui contient la célèbre « Parabole d'Animus et d'Anima ». Les textes d'esthétique littéraire se succèdent : « La philosophie du livre », « Une promenade à travers la littérature japonaise », « La catastrophe d'Igitur », « Religion et poésie », « Lettre à l'abbé Bremond sur l'inspiration poétique », etc., qui paraîtront dans des recueils, *Positions et propositions* (1928 et 1934), *Accompagnements* (1949) ; on y trouve aussi de beaux textes d'esthétique générale, sur la danse (« Nijinski »), sur « Le drame et la musique ». Entre 1925 et 1928, lors de ses séjours en France, il écrit les quatre *Conversations dans le Loir-et-Cher* (publiées en revue, en 1929-1930 et 1931), consacrées au problème de la société idéale, de la famille et de la civilisation. En 1935 paraît l'admirable *Introduction à la peinture hollandaise*, méditation sur des tableaux vus en Hollande en 1933. Dans un autre genre, mais tout aussi empreints de spiritualité, même si elle se veut humoristique, les textes qui seront rassemblés en 1936 dans *Figures et paraboles* : citons « Mort de Judas », « Le point de vue de Ponce Pilate », « La légende de Prâkriti ». Enfin, émergent des textes « diplomatiques », réflexions fines et parfois fantaisistes sur les pays observés : ainsi « L'élasticité américaine », « Le regard français vers l'Amérique », « Adieu à l'Amérique », qui nous rappellent opportunément à quel point Claudel est engagé dans le monde contemporain.

Parallèlement commence ce qui sera la grande œuvre de sa vieillesse. En 1927, un imprimeur demande à Claudel une préface pour une réédition de l'Apocalypse : il en sortira un gros livre, *Au milieu des vitraux de l'Apocalypse*, écrit entre 1927 et 1932 (posth., 1966), « exégèse » pleine de fantaisie et d'invention, et interrogation essentielle sur ce que sont l'image et la figure, que l'Apocalypse nous livre à l'état pur, non encore déchiffrées : le poète fasciné y voit l'idéal d'une poésie parfaite. Suivront « La sensation du divin », repris dans *Présence et prophétie* (1941), *Un poète regarde la Croix* (1938), méditation sur la Passion et les Sept dernières paroles, les commentaires du Livre de Tobie et du Psaume CXLVII, et l'essai sur « La science chrétienne » qui seront rassemblés dans *Les Aventures de Sophie* (1937). Ce travail sur la Bible, Claudel ne le considère pas comme annexe : au contraire, la méditation sur le Livre des Livres, le Livre de l'Esprit-Saint, lui fournit les clés métaphysiques pour élaborer une grande pensée esthétique.

Claudel est mis à la retraite en 1935, l'année où il subit un échec à l'Académie française. Quittant la « Flandre active et recueillie » qu'il a célébrée dans l'« Hommage à Anvers » (1933), il va désormais vivre entre Brangues, qui lui sera un refuge pendant la guerre, et Paris, faisant aussi de petits voyages : ainsi en juin 1940 se rendra-t-il de son propre chef à Alger. Bien que sourd et de plus en plus adonné à sa méditation biblique, il ne se détache pas pour autant des affaires du monde : le prouve le dialogue avec de Gaulle, à la fin et au lendemain de la guerre. Mort le 23 février 1955, à quatre-vingt-six ans, au moment de la mise en scène de l'*Annonce*, du commentaire d'*Isaïe dans le mot à mot* (posth., 1974) et de la polémique sur « La messe à l'envers » (1955), il sera enseveli dans le parc du château de Brangues, après des obsèques nationales à Notre-Dame.

Dans sa vieillesse, Claudel a écrit encore un peu pour le théâtre : *L'Histoire de Tobie et de Sara* (1942), *La Lune à la recherche d'elle-même*, « extravaganza radiophonique » (1948), *Le Ravissement de Scapin* (1952) ; mais surtout il s'occupe activement de mise en scène (il a rencontré Barrault en 1937) et compose des textes importants, préfaces ou entretiens, sur ses propres œuvres, dont il donne parfois de nouvelles versions (*Le Soulier de satin*, 1943 ; *Partage de midi*, 1949). Il écrit de nombreux textes en prose, diplomatiques ou autres, des préfaces, des discours, des articles nécrologiques, tous pleins de la sève qui le caractérise, dont beaucoup seront repris dans *Accompagnements* (1949). Surtout, il compose une somme esthétique où se fait la synthèse de tous les arts, *L'œil écoute* (1946). Enfin, Claudel continue patiemment son grand travail sur l'Écriture, qui est en même temps réflexion sur le statut du poète en tant que créateur, en état d'analogie avec Dieu Créateur du monde. Plusieurs ensembles se distinguent, dans une grande unité stylistique : le grand « poème » jamais achevé à la gloire de la Vierge, « *Assumpta est Maria* », donne d'admirables méditations mariales, hommage rendu au *Magnificat* de Noël 1886 : ce sont *L'Épée et le miroir* (1939), *Paul Claudel interroge le Cantique des Cantiques* (1948), *La Rose et le Rosaire* (1946), « La liturgie, l'Église et la Sainte Vierge » (1947), « La théologie de l'Immaculée Conception » (posth., 1986), « *Fulgens Corona* » (posth., 1955) ; les lectures allégoriques de l'Ancien Testament, dans la lignée des pèlerins d'Emmaüs : *Emmaüs* (1949) et *Emmaüs II* (posth., 1955), *L'Évangile d'Isaïe* (1951), les écrits sur les prophètes : *Jérémie* (posth., 1974), la reprise de la méditation sur l'Apocalypse : *Paul Claudel interroge l'Apocalypse*, 1952, qui est aussi un grand texte sur la guerre, et deux « Suppléments à mon livre sur l'Apocalypse » (posth., 1978) ; enfin, des textes essentiels sur la manière dont il convient de lire l'Écriture, qui sont de véritables arts poétiques : *J'aime la Bible* (1955), précédé par « Du sens figuré de l'Écriture » (1938), ou des méditations, comme *Seigneur, apprenez-nous à prier* (1942). Ensemble admirable et malheureusement fort peu connu, où l'on retrouve la forme qui a toujours été celle de Claudel, ce mélange savoureux de termes concrets, de métaphores particulièrement justes et choisies, et de beaux latinismes qui donnent au texte son poids théologique, l'œuvre dite « exégétique » — mais que Claudel appelait ses « poëmes bibliques » — est, de son propre aveu, le prolongement sur une autre scène, celle de l'Éternité, de tous ses autres écrits, leur aboutissement et le lieu où se recèle leur véritable sens.

ŒUVRES. — Les *Œuvres complètes* de Claudel ont été publiées chez Gallimard, 29 t., 1950-1986, avec 4 suppléments aux Éditions L'Âge d'homme, Lausanne. En outre, dans la Bibliothèque de la Pléiade : *Théâtre*, éd. Jacques Madaule et Jacques Petit, t. I, 1967 ; t. II, 1965. — *Œuvre poétique*, éd. Jacques Petit, 1967. — *Œuvres en prose*, éd. Jacques Petit et Charles Galpérine, 1965. — *Journal*, éd. François Varillon et Jacques Petit, t. I : 1968 ; t. II : 1969, complété par les *Mémoires improvisés*, Gallimard, 1954, rééd. coll. Idées, 1969. — Les *Annales littéraires de l'université de Besançon* (Les Belles Lettres) ont publié d'importantes éditions critiques, notamment de la première version de *L'Échange* (éd. Pierre Brunel, 1974) et de *Tête d'or* (éd. Michel Lioure, 1984) ainsi qu'une *Bibliographie des œuvres de Paul Claudel* (1973). — Les *Cahiers Paul Claudel* (Gallimard) ont publié de nombreux volumes de correspondances. — Ont paru également les correspondances de Claudel avec Jacques Rivière (Plon, 1926). — avec Gide (éd. Robert Mallet, Gallimard, 1949). — avec Suarès (éd. Robert Mallet, Gallimard, 1951). — avec Gaston Gallimard (éd. Bernard Delvaille, Gallimard, 1995). — avec Saint-Fumet (L'Âge d'homme, 1997).

→ Ernest Friche, *Études claudéliennes*, Porrentruy, 1943. — Marius-François Guyard, *Recherches claudéliennes : autour des « Cinq Grandes Odes »*, Klincksieck, 1963. — Paul-André Lesort, *Paul Claudel par lui-même*, Le Seuil, 1963. — André Vachon, *Le Temps et l'espace dans l'œuvre de Paul Claudel*, Le Seuil, 1965. — *Entretiens sur Paul Claudel*, Mouton, 1968. — *La Pensée religieuse de Claudel*, DDB, 1969. — Pierre Brunel, *Claudel et Shakespeare*, Armand Colin, 1971. — Michel Lioure, *L'Esthétique dramatique de Paul Claudel*, Armand Colin, 1971. — *Hommages à Jacques Petit*, Les Belles Lettres, 1985. — Gérald Antoine, *Paul Claudel ou l'enfer du génie*, Laffont, 1988. — Dominique Millet-Gérard, *Anima et la Sagesse : pour une étude comparée de l'exégèse claudélienne*, P. Zech-Lethielleux, 1990. — Christopher Flood, *Pensée politique et imagination historique dans l'œuvre de Paul Claudel*, Les Belles Lettres, 1991. — Actes de colloques publiés par l'université de Franche-Comté et L'Âge d'homme. — Numéros spéciaux : *La Nouvelle Revue française*, 1er septembre 1955 ; *Question de*, n° 94 (sur Claudel et la Bible) ; *Cahier de l'Herne*, dir. Pierre Brunel, 1997. — Fonds Paul Claudel à la Bibliothèque nationale et à la Bibliothèque littéraire Jacques Doucet. — Il existe un *Bulletin de la société Paul Claudel* (Paris) ; des *Cahiers Paul Claudel* (Gallimard) ; une série *Claudel* de la *Revue des lettres modernes* ; des *Archives des lettres modernes* (Minard) ; une revue, *Claudel Studies* (université de Dallas).

D.M.-G.

Clavel Bernard (1923). Né à Lons-le-Saunier (Jura) le 29 mai 1923. Apprenti pâtissier à quatorze ans, puis manœuvre, ses « universités » sont les petits emplois, dans un atelier de gravure, à la Sécurité sociale ou comme journaliste au *Progrès* de Lyon. *L'Ouvrier de la nuit*, son premier roman, paraît en 1956, bientôt suivi de *Voragine* (1957) et *Qui m'emporte* (1958). *L'Espagnol* obtient le prix Eugène-Le Roy en 1959. Avec *La Grande Patience*, il entreprend un cycle autobiographique : *La Maison des autres* (1962, prix Populiste), *Celui qui voulait voir la mer* (1963), *Le Cœur des vivants* (1964), *Les Fruits de l'hiver* (1968, prix Goncourt). Les nombreuses adaptations de ses œuvres au cinéma et à la télévision contribuent à son succès. Membre du jury Goncourt en 1971, il démissionne en 1977. Le cycle historique des *Colonnes du ciel* (cinq romans écrits de 1976 à 1981) retrace la tragédie des Francs-Comtois pendant la guerre de Trente Ans. Si ses premiers romans sont inspirés des lieux où il a vécu, le Jura et la région lyonnaise *(Le Seigneur du fleuve*, 1971), Clavel reste attentif aux problèmes de son temps : la peine de mort, l'objection de conscience. *Le Massacre des innocents* (1970) est consacré au tiers-monde, *Le Silence des armes* (1974) évoque la guerre d'Algérie. Il donne aussi des livres pour la jeunesse, des contes, des chansons, des chroniques et des reportages. Éternel vagabond qu'un besoin de découverte entraîne toujours vers de nouveaux horizons, il trouve au Canada le souffle épique qui inspire *Le Royaume du Nord*, cycle de six romans parus entre 1983 et 1989. *Meurtre sur le Grandvaux* (1991) renoue avec l'histoire comtoise et *Cargo pour l'enfer* (1993) traite de la pollution des déchets toxiques. Son engagement social et chrétien s'exprime encore dans *La Révolte à deux sous* (1992), *Les Roses de Verdun* (1994), *Jésus, le fils du charpentier* (1996), *La Guinguette* (1997). Auteur de soixante-dix ouvrages traduits dans vingt langues et vendus à quinze millions d'exemplaires, Clavel se définit modestement comme un « conteur d'histoires ». « Ma patrie, confie-t-il, c'est partout où il y a des hommes, mais ma province d'élection, celle qui gonfle mon cœur à le faire éclater, c'est le temps disparu. » *(Terres de mémoires*, 1981).

J.G.

Clavel Maurice (1920-1979). Né le 10 novembre 1920 à Frontignan, normalien, agrégé de philosophie, il s'engage dans la Résistance en 1942. Il y rencontre Silvia Monfort, qu'il épouse à la Libération et pour laquelle il écrit *Les Incendiaires* (NRF, 1946). Contribuant à la création du festival d'Avignon aux côtés de Jean Vilar (1948), il écrit de nombreuses pièces mais rencontre plus de succès pour ses adaptations (*Balmaseda*, Nagel, 1954 ; *Les Albigeois*, 1965). Journaliste à *Combat* de 1955 à 1970, puis au *Nouvel Observateur,* « gaulliste de cœur », il se révèle un polémiste de talent dont les engagements et la passion se retrouvent dans ses essais (*Combat de franc-tireur pour une libération*, Pauvert, 1968) et ses romans sur la Résistance (*Le Temps de Chartres*, Julliard, 1960), le « problème algérien » (*Le Jardin de Djemila*, Julliard, 1957) ou l'affaire Lip (*Les Paroissiens de Palente*, Grasset, 1974). Se défendant d'être un écrivain catholique, il exprimera sa foi dans des essais (*Ce que je crois*, Grasset, 1975 ; *Dieu est Dieu, Nom de Dieu !*, Grasset, 1976) qui affirment l'indépendance de sa pensée. Maurice Clavel est mort le 23 avril 1979 à Vézelay.

S.R.

Cliff William (1940), pseudonyme de André Imberecht. Né à Gembloux (Belgique) le 27 décembre 1940, découvert par Raymond Queneau, il s'est fait d'abord le chantre de la différence sexuelle, en accentuant ses côtés parfois sordides dans un style mêlant le lyrisme et la trivialité *(Homo sum*, 1973 ; *Écrasez-le*, 1976 ; *Marcher au charbon*, 1978). La dérision (« dans la crasse de mon plancher j'écris ton nom... »), l'extrême banalité du quotidien donnent à ses textes des allures de promenade, tandis que son prosaïsme côtoie parfois une certaine préciosité : l'apparente facilité de sa versification ménage souvent la surprise d'une cheville ou d'un enjambement. Profondément citadin, il ne cache pas ses liens avec Bruxelles et la Belgique, tout en projetant un regard sur le monde à travers des voyages, des errances, des impressions *(America*, 1983 ; *En Orient*, 1986 ; *Le Pain austral*, 1990 ; *Fête nationale*, 1993). Il a retracé les épisodes de sa jeunesse et de son adolescence dans une suite de sonnets *(Autobiographie*, 1993), et a livré, avec les vers de *Journal d'un innocent* (1996), son livre le plus abouti : le souvenir, le rythme des saisons, la perception des éléments et le voyage sont les refuges d'un moi désemparé à la recherche de l'émotion et de la pureté. William Cliff a aussi consacré un hommage en vers à son ami l'écrivain Conrad Detrez (1990).

ŒUVRES. — Chez Gallimard.

→ Anne-Marie La Fère et André Janssens, *Autour de ma chambre : entretiens avec onze écrivains et un peintre*, Bruxelles, Labor, 1984.

O.Bi.

Closson Herman (1901-1982). Né à Bruxelles le 11 janvier 1901. Mis à part deux romans *(Le Cavalier seul*, 1925 et *Le Scribe accroupi*, 1937) qui révèlent déjà un certain goût pour la mystification, c'est au théâtre qu'il a consacré toute son œuvre, contribuant au renouveau du drame populaire en Belgique dans les années trente et quarante. Puisant ses sujets dans les légendes médiévales, dans la mythologie ou dans l'histoire, Closson s'attache surtout à confronter ses héros à leur propre aventure, retrouvant l'essence du tragique dans la victoire finale des mythes, au-delà des conflits psychologiques. Ainsi l'action et le personnage principal dans *Godefroid de Bouillon* (1933, prix triennal de littérature dramatique en 1936) sont dans un premier temps désacralisés, au prix d'une rédemption finale ; ainsi le Barbe-bleue flamand, héros d'*Halewijn* (1954), d'abord prisonnier de sa légende, conscient qu'il ne peut que tuer les femmes qu'il aime, réclame la mort de la main de celle qu'il a élue. Le rapport de l'homme à l'histoire et au temps est au centre de la problématique de Closson : dans *Le Sang de l'amazone* (créé en 1957) la reine des Amazones, voulant changer les règles de la société, provoque un tel bouleversement dans la conduite de ses guerrières qu'elle doit se suicider, pour rétablir le cours de la fable. La tension interne entre le personnage et ses actes demeure fondamentale ; le thème du double est exploité dans plusieurs pièces, où le héros fait généralement figure d'imposteur : *Hélène ou la dissemblance* (créée en 1943) provoque la rencontre de deux princesses de Sparte ; *L'Épreuve du feu* (1944) met en scène une fausse Jeanne d'Arc.

Tablant sur un théâtre de tensions, Closson privilégie les silences, les ellipses, les regards et les gestes au détriment de longues tirades : sa langue est rigoureuse et ses répliques souvent contenues. Son théâtre populaire, évoquant des épisodes du passé national ou des légendes flamandes, a beaucoup contribué à sa renommée : *Le Jeu des quatre fils Aymon* (créé en 1941, interdit par l'occupant) est une épopée aux tonalités médiévales, évoquant la lutte des Ardennais contre Charlemagne (voir aussi *Le Jeu de Han*, 1948, et *Yolande de Beersel*, 1949). Professeur d'histoire du théâtre au Conservatoire royal de Bruxelles, auteur d'essais *(Musique et drame*, 1939 ; *Le Comédien*, 1942 ; *De l'art dramatique*, 1944 ; *Le Théâtre, cet inconnu*, 1945 ; *Shakespeare ou la comédie de l'aventure*, 1945), d'adaptations de Shakespeare, Miller, Dürrenmatt, il a aussi composé une pièce sur le thème du théâtre, sorte de mise en abyme de la construction dramaturgique, où l'on voit un Shakespeare en quête de faits réels cherchant à renouveler son répertoire : *William ou la comédie de l'aventure* (créé en 1938). Herman Closson a été élu à l'Académie royale de langue et de littérature françaises de Belgique en 1974 ; il est mort le 16 septembre 1982.

ŒUVRES. — *Œuvres*, Bruxelles, Les Éperonniers, 1972.

→ David Scheinert, *Écrivains belges devant la réalité*, Bruxelles, La Renaissance du livre, 1964.

O.Bi.

Clouard Henri (1885-1973). Né à Constantine le 7 octobre 1885, il s'oriente rapidement vers la critique littéraire. Après avoir consacré ses premières études à Barrès, il devient un fervent admirateur de Maurras. Entre 1909 et 1910, *La Phalange*, la revue de Jean Royère à laquelle Clouard ne collabore pas habituellement, publie une enquête cherchant à déterminer l'existence d'une littérature proprement française : le dialogue, souvent polémique, s'y engage entre néo-classicistes et collaborateurs de la *NRF*. De plus en plus doctrinal, Clouard publie *La Disciplines. Nécessité littéraire et sociale d'une renaissance classique* (Marcel Rivière, 1913). La même année, *la Revue critique des idées et des livres*, fondée en 1908 pour relayer le *Bulletin critique* de l'Action française, publie un numéro spécial consacré à Stendhal, prétexte à l'expression d'un idéal républicain et antiparlementaire opposé au monarchisme maurrassien. Cette date de 1913 est celle du ralliement d'Henri Clouard au groupe du Divan animé par le stendhalien Henri Martineau. Après un roman (*Vains enfants du loisir*, Le Divan, 1926), Clouard publie un essai sur Nerval (*La Destinée tragique de Gérard de Nerval*, Grasset, 1929). Il édite par ailleurs les œuvres d'André Chénier et de Maurice de Guérin. Son œuvre la plus marquante demeure son *Histoire de la littérature française du symbolisme à nos jours* (Albin Michel, 1947 et 1949, revue et corrigée en 1962), empreinte de partialité et révélatrice des engagements passés de l'auteur.

S.B.

Cluny Claude Michel (1930). Né le 2 juillet 1930 à Charleville. Romancier (*La Balle au bond*, Denoël, 1961 ; *Un jeune homme de Venise*, Denoël, 1966, éd. revue avec une *Note de l'auteur*, Folio, 1983 ; *L'Été jaune*, Balland, 1981, rééd. La Différence, 1992), nouvelliste (*On dit que les gens sont tristes*, Gallimard, 1992), il a recueilli ses œuvres narratives et des textes inédits dans *Œuvres romanesques* (La Différence, 1994). Claude Michel Cluny se veut surtout poète. (*Inconnu passager*, Gallimard, 1978 ; *Poèmes du fond de l'œil*, Gallimard, 1989 ; *Les dieux parlent*, La Différence, 1993, d'abord publié sous le titre *Hérodote Eros*, Fata Morgana, 1984) ; son *Œuvre poétique* (volume premier, La Différence, 1991), qui réunit les poèmes, inédits ou publiés, composés entre les années cinquante et 1990, sauf *Hérodote Eros*, montre la variété des formes auxquelles s'essaie ce poète qui aime écrire en dehors des modes. Il est aussi éditeur, critique et dirige la collection Orphée aux Éditions de la Différence depuis 1989.

M.Ber.

Cobra. Mouvement international d'art expérimental créé à Paris en 1948 par le Danois Asger Jorn, les Belges Christian Dotremont et Joseph Noiret, les Hollandais Karel Appel, Constant et Corneille. Si Cobra (*Co*penhague-*Br*uxelles-*A*msterdam) se pose en héritier de divers groupes d'avant-garde nés pendant ou juste après la guerre (« La Main à plume » de Noël Arnaud, ou le « Surréalisme révolutionnaire »), il s'en détache par son refus des dogmes et des théories préconçues. La spontanéité est son mot d'ordre, et sa conception de l'art est inséparable d'une perception directe du quotidien ; c'est pourquoi il s'ouvre par exemple aux traditions populaires, à l'ethnographie, à l'art brut. L'aventure collective est à la base du mouvement, qui se dote d'une revue (*Cobra*, 10 numéros, et *Le Petit Cobra*, 4 numéros), organise des expositions, publie des monographies et des plaquettes illustrées (Pierre Alechinsky, *Les Poupées de Dixmude* ; Joseph Noiret, *L'Aventure dévorante* ; Marcel Havrenne, *La Main heureuse*, 1950). La grande diversité des artistes qui forment le groupe favorise la pluralité des langages, éliminant les barrières entre les genres, écartant toute idée de spécialisation ; si les arts plastiques dominent, la littérature fait aussi l'objet de recherches expressives, et le poème peut prendre corps dans la matière brute, telles ces peintures-mots expérimentées par Jorn et surtout par Dotremont, qui en fera la pierre de touche de son œuvre (les logogrammes). Rejoint par de nombreux artistes au moment de sa création (Alechinsky, Bury, Raine, Reinhoud, Ubac, Vandercam...), le groupe s'est dissous en 1951, après l'hospitalisation de deux de ses fondateurs, Jorn et Dotremont.

→ *Cobra* (1948-1951), Jean-Michel Place, 1980 (reprint). — *Cobra*, Musée d'art moderne de la ville de Paris, 1982. — Jean-Clarence Lambert, *Cobra : un art libre*, Anvers, Fonds Mercator, 1983.

O.Bi.

Cocteau Jean (1889-1963). Né à Maisons-Laffitte, le 5 juillet 1889, dans la maison de campagne de ses grands-parents maternels. Eugène Lecomte (1828-1906), son grand-père maternel, est agent de change et collectionneur. Une chanteuse, Émilie Renaud (1827-1899), a quitté le théâtre pour l'épouser. Cocteau n'a pas connu son grand-père paternel, Athanase Cocteau (1798-1865), notaire et maire de Melun. Son père Georges (1842-1898), un temps avocat, est rentier et peintre amateur lors de son mariage avec Eugénie Lecomte (1855-1943) qui lui donnera trois enfants. Cocteau a une sœur et un frère aînés : Marthe

(1877-1958) et Paul (1881-1961), futur agent de change. Cette famille bourgeoise fortunée, férue de musique et de peinture, demeure à Paris, 45, rue La Bruyère, dans le quartier de la Nouvelle-Athènes. Cocteau y passe une enfance protégée et heureuse, brutalement perturbée, dans sa neuvième année, par le suicide inexpliqué de son père. Des études médiocres s'ensuivent et l'échec au baccalauréat. Cependant, depuis l'enfance, Jean Cocteau dessine et, à partir de 1906, compose des poèmes. Il partage alors le goût de son milieu familial et social pour l'art officiel. Il admire et rencontre Catulle Mendès, Edmond Rostand, puis Anna de Noailles et subit leur influence. Ses poésies, présentées par Laurent Tailhade, lues par Édouard de Max et Mme Segond-Weber, sont révélées au public le 4 avril 1908, à la salle Femina, sur les Champs-Élysées. Il qualifiera plus tard de « niaiseries » ses trois premiers recueils de vers : *La Lampe d'Aladin* (Société d'Éditions, 1909), *Le Prince frivole* (Mercure de France, 1910), *La Danse de Sophocle* (Mercure de France, 1912). En 1909, il fonde avec Maurice Rostand et l'imprimeur François Bernouard la revue *Schéhérazade*, dont six numéros paraîtront jusqu'en 1911. Il publie dans la revue de Paul Iribe, *Le Témoin*, en même temps que dans *Comœdia*, ses premiers dessins : caricatures dans la manière incisive de Sem et de Cappiello. Il ne cessera plus de cultiver l'intensité synthétique de la ligne pour construire une œuvre graphique et plastique tout entière consacrée à la figure humaine : portraits ou personnages imaginaires.

Les rencontres amicales ont eu sur l'orientation de l'œuvre de Cocteau une influence déterminante. Au début des années 1910, après que Lucien Daudet lui a fait connaître Jules Lemaitre et Marcel Proust, les valeurs de l'art officiel lui paraissent dévaluées. Il hante les coulisses des Ballets russes et collabore avec leur directeur Serge de Diaghilev. En 1911, il signe deux réussites de l'art de l'affiche pour annoncer la création du ballet *Le Spectre de la rose*. En 1912, il fournit l'argument du ballet *Le Dieu bleu*, dont le rôle-titre est dansé par Vaslav Nijinski. Après la publication de *La Danse de Sophocle*, la réserve d'André Gide, avec qui il correspond depuis peu — l'enthousiasme de Gide pour l'Afrique du Nord a incité Cocteau à séjourner à Alger, en compagnie de Lucien Daudet, en mars-avril 1912 —, et celle de Diaghilev lui montrent qu'il se fourvoie dans une production conventionnelle. En 1913, il accompagne l'essai d'Arsène Alexandre, *L'Art décoratif de Léon Bakst* (Éditions Maurice de Brunoff), de notes sur les Ballets russes, mais c'est surtout la plus récente création de la troupe, *Le Sacre du printemps*, d'Igor Stravinski, qui le bouleverse par sa nouveauté. Il se lie avec le compositeur et termine à Leysin, auprès de lui, un ouvrage composite, *Le Potomak* (Société littéraire de France, 1919), où proses, poèmes et dessins dressent le constat d'une mue : « J'avais monté vite l'échelle des valeurs officielles [...]. J'appris l'échelle des valeurs secrètes. Là on s'enfonce vers soi-même, vers le diamant et le grisou. » Il découvre que le poème naît de l'exploration de la nuit du corps humain, des noces du conscient et de l'inconscient. Dans son œuvre poétique alterneront la clarté classique et le clair-obscur des expériences intérieures et de la quête métaphysique.

En 1913, Cocteau rencontre l'aviateur Roland Garros (1888-1918), qui lui fait partager, à bord de son Morane, ses « escapades célestes ». Garros est à l'origine du thème de l'ange, qui dominera la mythologie personnelle de Cocteau. De cette rencontre résulte *Le Cap de Bonne-Espérance* (Éditions de la Sirène, 1919), poème de l'aviation et de l'amitié, où se manifeste dans l'écriture une équivalence du cubisme pictural.

En 1914-1915, Cocteau fonde et dirige avec Paul Iribe *Le Mot*, revue de guerre dont vingt numéros paraîtront et où il publie maints dessins et articles. L'esprit cocardier du *Mot* se trouve tempéré par son admiration pour Nietzsche, qu'il vient de découvrir et qui aura sur sa pensée une influence profonde. Convoyeur de la Croix-Rouge jusqu'en 1916, il passe quelques mois sur le front belge, auprès des fusiliers marins. Cette approche de la guerre lui inspirera un poème, *Le Discours du grand sommeil* (Gallimard, 1920), et un roman, *Thomas l'Imposteur* (Gallimard, 1923), où la mort s'impose définitivement comme un thème majeur de son œuvre.

De retour à Paris, où il habite chez sa mère, 10, rue d'Anjou, Cocteau fréquente les peintres de Montparnasse, rencontre Picasso, Satie, Max Jacob, Apollinaire, Cendrars, Valentine et Jean Hugo, etc. Avec Picasso il prépare à Rome le ballet *Parade*, dont il a composé le livret et Erik Satie la musique. Sa création à Paris par les Ballets russes, le 18 mai 1917, fait scandale. Apollinaire, pour qualifier le spectacle dans le programme, invente l'épithète « sur-réaliste ». L'année suivante, dans *Le Coq et l'arlequin* (Éditions de la Sirène), notes autour de la musique, Cocteau exalte la simplicité et la clarté prônées par Satie en réaction contre l'influence de Wagner et de Debussy. Il devient le porte-parole des jeunes musiciens réunis autour de lui sous le nom de groupe des Six (Georges Auric, Louis Durey, Arthur Honegger, Darius Milhaud, Francis Poulenc, Germaine Tailleferre). Deux spectacles d'avant-garde : *Le Bœuf sur le toit* (musique de Darius Milhaud) en 1920 et *Les Mariés de la tour Eiffel* (Gallimard, musique des Six, sauf Durey) en 1921, lui permettent d'expérimenter une poésie de théâtre, de peindre comme les cubistes « plus vrai que le vrai » afin de révéler le « miracle de la vie quotidienne ». Le recueil *Poésies 1917-1920* (Éditions de la Sirène) répond à la même préoccupation.

En 1919, Cocteau rencontre Raymond Radiguet (1903-1923). Le compagnonnage qui s'ensuit réunit les deux écrivains sur les rives de l'Atlantique ou de la Méditerranée (Piquey, 1920, 1921, 1923, Carqueiranne, 1921, Lavandou et Pramousquier, 1922) pour des séjours qui sont de fécondes périodes de travail. Sous l'influence de Radiguet, Cocteau se détourne de l'avant-garde. *Le Secret professionnel* (Stock, 1922), traité du style et art poétique, marque son retour au classicisme ; *Vocabulaire* (Éditions de la Sirène, 1922) prolonge en vers réguliers *Poésies 1917-1920* ; *Plain-chant* (Stock, 1923), sa grande réussite dans l'ordre du poème classique, développe en une ample vague lyrique les thèmes de la création poétique, de l'amour, de la mort, du sommeil qui déjà la préfigure et sépare les amants.

Le retour au classicisme oriente Cocteau vers la tragédie grecque. Il adapte ou plus exactement contracte, pour Charles Dullin, l'*Antigone* de Sophocle (Gallimard, 1922). À l'exemple de Radiguet, il aborde la forme romanesque. Pendant l'été de 1922, il écrit *Le Grand Écart* (Stock), une « éducation sentimentale » presque autobiographique où il transpose sa brève liaison de 1909 avec l'actrice Madeleine Carlier (1882-1935), et *Thomas l'Imposteur* où, dans une tradition stendhalienne du récit, il mêle à ses souvenirs de guerre les aventures d'un premier « enfant terrible » mythomane.

La mort de Radiguet, en décembre 1923, laisse Cocteau profondément désemparé. D'abord par le recours à l'opium, puis dans un retour aux pratiques du catholicisme, encouragé par Jacques Maritain, il cherche à surmonter un deuil cruel. En 1924, il publie l'album *Dessins* (Stock) où, dans sa dédicace à Picasso, il définit sa manière graphique : « Les poètes ne dessinent pas. Ils dénouent l'écriture et la renouent ensuite autrement. » Il joue le rôle de Mercutio dans son adaptation du *Roméo et Juliette* de Shakespeare (Plon). Depuis *Le Cap de Bonne-Espérance*, l'ange représentait pour lui le messager de l'inconnu. Radiguet va s'assimiler à ce messager et devenir poème, en mars 1925, sous le nom de *L'Ange Heurtebise* (Stock). Des agencements de rythmes et d'homophonies neufs et singuliers structurent cette matérialisation d'une visitation angélique. La même année, les dessins de l'album *Maison de santé* (Éditions Briant-Robert) témoignent d'une première cure de désintoxication de l'opium, tandis que les autoportraits de l'album *Le Mystère de Jean l'oiseleur* (Édouard Champion) manifestent une tentative de ressaisie d'une identité.

De 1924 à 1929, Cocteau effectue de longs séjours à l'hôtel Welcome de Villefranche-sur-Mer. En 1926, il réunit ses premiers essais critiques sous le titre *Le Rappel à l'ordre* (Stock) — le « retour à l'ordre » est alors dans l'air du temps. Il publie sa *Lettre à Jacques Maritain* (Stock), retour à la ferveur religieuse. Les Pitoëff représentent *Orphée* (Stock). À la suite de son héros, qui « traque l'inconnu » et pénètre dans le domaine de la mort, Cocteau consomme à nouveau « les noces du conscient et de l'inconscience » dans son recueil *Opéra* (Stock, 1927) : « Toute ma poésie est là : je décalque / L'invisible (invisible à vous). » Un hellénisme magique et onirique s'exprime dans les poèmes d'*Opéra*, écrits en même temps que le texte de l'oratorio *Œdipus rex*, pour Stravinski. L'hellénisme « métaphysique » de Giorgio De Chirico s'y apparente. Cocteau consacre au peintre deux essais : *Le Mystère laïc* (Éditions des Quatre Chemins, 1928) et *Essai de critique indirecte* (Grasset, 1932). À Noël 1926, il rencontre le jeune écrivain Jean Desbordes (1906-1944). En 1928, le soutien qu'il apporte au premier livre de son nouveau compagnon, *J'adore* (Grasset), qui scandalise les milieux catholiques, et la publication du *Livre blanc* (Éditions des Quatre Chemins), récit où il traite ouvertement de l'homosexualité, entraînent sa rupture avec ces milieux. En 1929, au cours d'une deuxième cure de désintoxication de l'opium, il écrit et illustre de dessins expressionnistes un essai lucide sur les bienfaits et méfaits de la drogue, *Opium* (Stock), puis le roman *Les Enfants terribles* (Grasset), où l'inaptitude des héros à quitter le « vert paradis des amours enfantines » leur est fatale.

En 1930, grâce au mécénat du vicomte Charles de Noailles, Cocteau tourne son premier film, *Le Sang d'un poète*, emblématique de sa mythologie. Dès lors, il a prouvé sa maîtrise des différents moyens d'expression grâce auxquels son œuvre s'enrichira durant plus de trois décennies.

En 1932, une liaison de quelques mois unit Jean Cocteau à la princesse Nathalie Paley (1905-1981), nièce du tsar Alexandre III et épouse du couturier Lucien Lelong. La bisexualité (elle apparaît dans *Le Livre blanc)*, voire une sexualité polymorphe, semblait à Cocteau la voie de la nature. Il écrit dans *Opium* : « Un homme normal, au point de vue sexuel, devrait être capable de faire l'amour avec n'importe qui et même avec n'importe quoi [...]. Le vice commence au choix. » « Mon œuvre entière tourne autour du drame de la solitude et des tentatives de l'homme pour la vaincre », écrit Cocteau dans la préface d'une réédition du *Grand Écart* (Club des éditeurs). À partir de 1930, la scène et l'écran seront les lieux privilégiés d'un contact direct avec le public. En 1937, il rencontre Jean Marais (né en 1913), qui d'emblée lui apparaît comme l'interprète idéal de ses personnages. La même année, en conseillant le boxeur noir Al Brown (1902-1951), en devenant le héraut de son retour victorieux sur le ring, il mène une expérience qu'il considère comme théâtrale, le spectacle sportif étant peut-être le seul vrai théâtre populaire.

« La sourde horreur de l'irréciprocité » dans les rapports amoureux, qu'il dénonçait déjà dans *Le Potomak* en 1919, l'amour qui peut conduire les êtres au sacrifice de leur vie, les conflits de l'ordre (parfois impur) et du désordre (parfois pur) sont les principaux ressorts de ses pièces, ballets et films. *La Voix humaine* (Stock, 1930), ultime communication téléphonique d'une femme amoureuse avec l'homme qui l'abandonne, est un solo pour une actrice qui trouvera son pendant dans *Le Bel Indifférent* (Paul Morihien, 1940), créé par Édith Piaf, où la femme se heurte au mur de silence que son compagnon lui oppose. Mythes et légendes, où Cocteau trouve un écho à sa propre mythologie, lui inspirent *La Machine infernale* (Grasset, 1934), montée par Louis Jouvet, où l'aventure d'Œdipe illustre « la grande énigme du destin fatal et du libre arbitre », *Les Chevaliers de la Table ronde* (Gallimard, 1937), allégorie morale d'une désintoxication, *Renaud et Armide* (Gallimard, 1943), « quatuor à cordes vocales » pour les quatre personnages de cette tragédie en alexandrins. *Les Parents terribles* (Gallimard, 1938), pièce centrée sur l'amour d'une mère abusive pour son fils, *Les Monstres sacrés* (Gallimard, 1940) et *La Machine à écrire* (Gallimard, 1941), où la mythomanie d'« enfants terribles » conduit l'action, forment une trilogie de « portraits » de pièces de boulevard. En 1946, c'est le théâtre de Kleist et les destins tragiques d'Élisabeth d'Autriche et de Louis II de Bavière qui inspirent *L'Aigle à deux têtes* (Gallimard) ; en 1951, *Bacchus* (Gallimard) s'affirme comme la pièce de la contestation par la jeunesse des hypocrisies sociales et du pharisaïsme.

Le librettiste de *Parade* continue à créer pour le ballet : *Le Jeune Homme et la mort* (1946) est un *Spectre de la rose* dramatique et baudelairien, composé pour le danseur Jean Babilée. Dans *Phèdre* (1950), chorégraphié par Serge Lifar sur une musique de Georges Auric, les « parents terribles » rejoignent le mythe, tandis que *La Dame à la licorne* (1953) illustre la légende.

Cocteau a porté à l'écran deux de ses pièces, *L'Aigle à deux têtes* (1947) et *Les Parents terribles* (1948), réussite exemplaire de théâtre filmé, où se manifestent les exceptionnelles qualités de comédienne d'Yvonne de Bray. Deux films écrits par Cocteau, *L'Éternel Retour* (1943), réalisé par Jean Delannoy, transposition à l'époque moderne de la légende de Tristan et Iseut, et *Les Enfants terribles* (1950), d'après son roman, réalisé par Jean-Pierre Melville, portent très fortement sa marque de cinéaste. Dans *La Belle et la bête* (1945), aidé par le génie de décorateur de Christian Bérard, Cocteau pare la féerie d'une magnificence baroque. Le conte devient l'expression tragique de l'incommunicabilité. Dans *Orphée* (1949), film différent de la pièce de 1926, méditation plus approfondie sur la mort, il utilise toutes les possibilités techniques du cinéma pour donner forme plastique à ses intuitions du mystère.

Ni la scène ni l'écran ne détournent Cocteau du poème ou de l'essai. Il publie *Allégories* (Gallimard, 1941), dont le poème central, *L'Incendie*, exprime son angoisse à l'approche de la guerre, *Léone* (Gallimard, 1945), qui déploie les alexandrins d'une longue pérégrination onirique, *La Crucifixion* (Morihien, 1946), où s'opère dans une forme voisine de celle de *L'Ange Heurtebise* (Stock) une cristallisation de la douleur, *Le Chiffre sept* (Pierre Seghers, 1952), manifestation lyrique de son pessimisme, *Appogiatures* (Monaco, Éditions du Rocher, 1953), poèmes en prose qui prolongent ceux d'*Opéra* (Stock).

En 1935, il avait publié dans *Le Figaro* les articles de *Portraits-souvenir* (Grasset), où il traçait de l'époque 1900-1914 des images synthétiques et étincelantes, et en 1936, dans *Paris-soir*, les articles réunis sous le titre *Mon premier voyage* (Gallimard), un tour du monde en quatre-vingts jours effectué avec Marcel Khill (1912-1940), son compagnon depuis 1933, en suivant l'itinéraire de Jules Verne. En 1939, avec *La Fin de Potomak* (Gallimard), il complète l'ouvrage de 1919. *La Difficulté d'être* (Paul Morihien, 1947), *Journal d'un inconnu* (Grasset, 1953) et *Démarche d'un poète* (Munich, Bruckmann, 1953) sont des ouvrages de réflexion essentiels où il précise les règles de son éthique individuelle.

En 1947, Cocteau rencontre Édouard Dermit (1925-1995), mineur en Lorraine et peintre, qu'il considérera comme son fils adoptif et qui deviendra son légataire universel, et, en 1950, Francine Weisweiller (née en 1916), longtemps l'amie parfaite chez qui il résidera à la villa Santo Sospir du Cap-Ferrat, lorsqu'il n'habitera pas son entresol parisien du Palais-Royal (36, rue de Montpensier) ou la maison de campagne qu'il a acquise, en 1947, à Milly-la-Forêt. Avec Édouard Dermit et Francine Weisweiller, il voyage en Grèce, en Italie et plusieurs fois en Espagne. De sa réflexion sur le sens de la corrida naît son essai tauromachique *La Corrida du 1er mai* (Grasset, 1957). Dans ses poèmes de *Clair-obscur* (Monaco, Éditions du Rocher, 1954) alternent la veine lumineuse et classique de *Plain-chant* (Stock) et un hermétisme inspiré de Góngora et de Mallarmé. *Paraprosodies* (Monaco, Éditions du Rocher, 1958) et *Cérémonial espagnol du phénix* (Gallimard, 1961) font progresser sa poésie sur la voie de l'ésotérisme. Il se montre de plus en plus curieux des recherches parascientifiques sur l'invisible, s'interroge sur les phénomènes de perspective et les mirages de l'espace-temps, qu'il utilisera plaisamment dans *L'Impromptu du Palais-Royal* (Gallimard, 1962), un divertissement pour la Comédie-Française en tournée au Japon.

Chez Cocteau, qui a toujours dessiné, l'expression graphique s'épanouit peu à peu en expression plastique multiforme : cartons de tapisseries (*Judith quitte le camp d'Holopherne*, 1948, etc.), décorations murales (villa Santo Sospir, 1950-1951 ; chapelle Saint-Pierre de Villefranche-sur-Mer, 1956-1957 ; salle des mariages de l'hôtel de ville de Menton, 1957-1958 ; chapelle Saint-Blaise-des-Simples de Milly-la-Forêt, 1959 ; chapelle de la Vierge à Notre-Dame-de-France à Londres, 1959-1960 ; théâtre de plein air du Cap-d'Ail, 1960-1962), peintures de chevalet, pastels, céramiques, cartons de vitraux pour l'église Saint-Maximin à Metz (1962).

En 1955, Jean Cocteau est élu à l'Académie française et à l'Académie royale de langue et de littérature françaises de Belgique. En 1959, il tourne son dernier film, *Le Testament d'Orphée*, qu'il interprète lui-même avec Édouard Dermit, film-poème allégorique qui ferme la boucle ouverte avec *Le Sang d'un poète*. En 1961, il écrit *Le Cordon ombilical* (Plon), essai sur ses personnages. À partir de 1959 il rassemble et orchestre pour la dernière fois tous ses thèmes et livre en 1962, dans le vaste poème *Le Requiem* (Gallimard), son testament poétique. Victime d'un premier infarctus du myocarde en 1954 et d'une seconde attaque cardiaque en avril 1963, Cocteau meurt à Milly-la-Forêt le 11 octobre 1963, laissant deux journaux inédits : *Journal 1942-1945* (Gallimard, 1989) et *Le Passé défini* (1951-1963) dont la publication a commencé en 1983 (Gallimard).

→ André Fraigneau, *Cocteau par lui-même*, Le Seuil, coll. Écrivains de toujours, 1957. — Jean-Jacques Kihm, Elizabeth Sprigge, Henri C. Béhar, *Jean Cocteau, l'homme et les miroirs*, La Table ronde, 1968. — Pierre Chanel, *Album Cocteau*, Tchou, 1970. — Francis Steegmuller, *Cocteau*, Buchet-Chastel, 1973. — Pierre Chanel, *Jean Cocteau, poète graphique*, Chêne-Stock, 1975. — Jean Touzot, *Jean Cocteau, qui êtes-vous ?*, La Manufacture, 1990. — Il existe depuis 1969 des *Cahiers Jean Cocteau* (Gallimard). — Fonds Cocteau à la Bibliothèque historique de la ville de Paris.

P.Ch.

Cohen Albert (1895-1981). Né à Corfou le 16 août 1895, dans une famille juive issue de la communauté vénitienne dont il parle le dialecte, il n'a passé que les cinq premières années de sa vie dans l'île dorée aux saveurs orientales. Il la redécouvrira à treize ans, le temps d'un été, gravant dans sa mémoire l'univers pittoresque du ghetto, qui resurgira dans la Céphalonie de ses romans. De ce paradis, c'est pourtant l'antisémitisme qui chasse les Cohen ainsi que quelques autres coreligionnaires, « débarqués comme en rêve » en 1900 à Marseille, dont personne ne sait rien, sauf le chef de l'expédition qui « avait entendu dire que [c']était une grande ville ». Enfant unique et solitaire de cette famille perdue en Occident et quelque peu ridicule par manque d'expérience, Cohen exerce déjà son imagination pour se préserver d'un ennui que seul son attachement à sa mère rend supportable. Ne sachant pas un mot de français, il entre dans une école tenue par des sœurs dont il gardera un souvenir attendri. Le jour de ses dix ans, il découvre l'antisémitisme : on le traite de « sale youpin » en pleine rue. Il retracera cet épisode dans *Ô vous, frères humains*. Sa solitude s'en accroît, quoiqu'un ami vienne l'égayer pendant les années de lycée : Marcel Pagnol. Cette période marseillaise, Cohen la décrira dans *Le Livre de ma mère* (1954), œuvre de repentir et de tendresse d'un fils qui a compris trop tard que sa mère est mortelle, première d'une série de méditations autobiographiques, complétée plus tard par *Ô vous, frères humains* (1972) et *Carnets 1978* (1979). Puis Cohen s'éloigne encore de son Orient natal : à dix-neuf ans, il arrive à Genève, ville d'ordre et de propreté. Il y étudie le droit et découvre l'amour. En 1919, il épouse Élisabeth Brocher, fille de pasteur, qui mourra cinq ans plus tard. En 1921, pendant qu'il travaille en Égypte, naît son seul enfant, Myriam. La même année, il publie un recueil de poèmes, *Paroles juives*. L'engagement sioniste de Cohen est suscité par Chaïm Weizmann, futur président de l'État d'Israël, qu'il rencontre en revenant d'Égypte. C'est à son instigation qu'il accepte, en 1925, la direction de la *Revue juive*, dont le comité de rédaction comprend Einstein et Freud, et qui ne connaîtra que six numéros. À partir de 1926, il fait une carrière de haut fonctionnaire au Bureau international du travail à Genève et une carrière d'écrivain : son premier roman, *Solal* (1930), est publié chez Gallimard, son unique éditeur (depuis 1922, Cohen collabore régulièrement à la *NRF). Ézéchiel* (1930), pièce en un acte, est publié la même année dans *Palestine, nouvelle revue juive*, et sera repris en volume en 1956. Représenté à la Comédie-Française en 1933, le dialogue entre deux vieux juifs est mal compris par la critique : « bouffonnerie idéologique », « pantalonnade », « salmigondis de contes juifs », rien n'est épargné à l'auteur, même pas l'accusation d'antisémitisme.

Son second roman, *Mangeclous* (1938)

apparaît, durant la période trouble d'avant-guerre, comme un éclat de rire jeté à la face du monde. Extrait de la saga des Solal, dont la version initiale de *Belle du seigneur* (ultérieurement détruite) devait être le second volet, *Mangeclous* se présente comme la face comique de l'univers romanesque cohénien. Cette bipartition entre comique et sérieux se retrouvera, trente ans plus tard, dans la suite de ce cycle entre-temps interrompu. À la version publiée de *Belle du seigneur* (1968), roman de l'amour absolu et parodie des romans d'amour traditionnels, dont le héros est le splendide Solal, font pendant les aventures des burlesques *Valeureux* (1969).

En 1932, Cohen quitte Genève et s'installe à Paris en compagnie de sa deuxième femme. À l'approche de la guerre, ses activités politiques s'intensifient ; il devient le bras droit de Chaïm Weizmann. En 1940, il fuit la France pour s'installer à Londres, où il travaille comme représentant de l'Agence juive pour la Palestine, puis comme conseiller juridique du Comité intergouvernemental pour les réfugiés, et collabore à *La France libre*. De retour à Genève en 1947, séparé de sa deuxième femme, il poursuit sa mission à l'Organisation internationale pour les réfugiés, mais refuse le poste d'ambassadeur d'Israël qu'on lui propose en 1950, afin de se consacrer à ses projets littéraires. À partir de 1951, la biographie et la carrière littéraire de Cohen se confondent. En 1968 paraît son chef-d'œuvre, *Belle du seigneur*, salué par la critique et récompensé par le grand prix du Roman de l'Académie française. Commencé en 1935, ce roman montre le héros, Solal, partagé entre ses dénonciations de la force et sa soif de conquête, entre ses émerveillements amoureux et sa lucidité sur une passion inapte à défier le temps. Le dernier texte, *Carnets* (1978), lourd d'angoisse et de nostalgie, est le signe d'adieu d'un homme qui sent « derrière [lui] la mort, compagne de [sa] vie, vieille compagne aux longs voiles ».

Albert Cohen avouait avoir toujours écrit le même livre. À quelques exceptions près, les mêmes personnages habitent en effet ses quatre romans : de *Solal* à *Belle du seigneur*, « romans d'amour », jumeaux dans leur structure et leur narration, en passant par *Mangeclous* et *Les Valeureux*, consacrés à un groupe de cinq figures carnavalesques (Saltiel le sage, Mangeclous le bavard, Mattathias l'avare, Michaël le séducteur et Salomon le naïf), immuables dans leurs costumes grotesques et leur langage foisonnant, les textes communiquent par-delà les années qui les séparent. Fortement imprégnée de l'expérience personnelle de l'auteur, avec laquelle on peut tracer des parallèles multiples, l'œuvre de Cohen a par ailleurs un statut ambigu, qui a suscité quelques dérapages interprétatifs. Les textes autobiographiques faisant souvent écho aux romans, les glissements ne sont que plus tentants. Bella Cohen, fidèle compagne et collaboratrice de l'écrivain depuis 1947, travaille à rectifier erreurs biographiques et identifications abusives. Albert Cohen s'est éteint à Genève le 17 octobre 1981.

ŒUVRES. — Publiées chez Gallimard : *Œuvres*, éd. Christelle Peyrefitte et Bella Cohen, Bibliothèque de la Pléiade, 1993. — *Solal* 1930, rééd. Folio, 1981. — *Solal et les Solal*, 1930, rééd. 1987. — *Ézéchiel* 1930, coll. Le Manteau d'Arlequin, 1986. — *Mangeclous* 1938, rééd. Folio, 1983. — *Le Livre de ma mère* 1954, rééd. coll. Mille Soleils, 1984. — *Belle du seigneur* 1968, éd. Christelle Peyrefitte et Bella Cohen, Bibliothèque de la Pléiade, 1986 ; Folio, 1998. — *Les Valeureux* 1969, rééd. Folio, 1986. — *Ô vous, frères humains* 1972, rééd. Folio, 1988. — *Carnets 1978* 1979, rééd. Folio, 1992. — Aux Éditions Lieu commun : *Churchill d'Angleterre*, 1985.

→ D.R. Goitein-Galperin, *Visage de mon peuple : essai sur Albert Cohen*, Nizet, 1982. — Jean Blot, *Albert Cohen*, Balland, 1986. — Alain Schaffner, *L'Enjeu sacré de la littérature dans l'œuvre d'Albert Cohen*, thèse, Paris IV, 1993. — E. Lewy-Bertaut, *Albert Cohen mythobiographe ?*, thèse, Grenoble III, 1994. — Philippe Zard, *La Fiction de l'Occident. La figuration romanesque de l'Occident dans les œuvres de Thomas Mann, Franz Kafka et Albert Cohen*, thèse, Paris IV, 1995. — Alain Schaffner, *Albert Cohen*, Memini, coll. Bibliographie des écrivains français, 1995. — Carole Auroy-Mohn, *Albert Cohen, une quête solaire*, Presses de l'université de Paris-Sorbonne, 1996. — Il existe depuis 1991 des *Cahiers Albert Cohen* (Atelier Albert Cohen, Paris).

M.Ca.

Colette (1873-1954), pseudonyme de Sidonie Gabrielle Colette. Le nom de Colette reste associé à Saint-Sauveur-en-Puisaye — le village de l'Yonne où elle est née le 28 janvier 1873 et qui apparaît comme le symbole des paradis perdus de l'enfance — et au Palais-Royal, à Paris, où elle est morte le 3 août 1954 et où des funérailles nationales consacrèrent une réputation de sagesse victorieuse de la vieillesse, de la douleur et de la maladie. Un nom-prénom, deux lieux, il ne manque plus qu'un vrai prénom, celui d'un personnage né avec le siècle : *Claudine à l'école* (1900), *Claudine à Paris* (1901), *Claudine en ménage* (1902), *Claudine s'en va* (1903), *La Retraite sentimentale* (1907) ; la mort du mari de Claudine ferme le cycle et coïncide avec la séparation légale de Colette et de Willy, son mari (de son vrai nom Henri Gauthier-Villars). Les quatre premiers romans de la série étaient signés du seul Willy, le dernier le fut de Colette Willy, étrange hybride composé d'un nom de famille sonnant comme un prénom et d'un pseudonyme — celui d'un homme soucieux d'imposer son image au public. Colette avait avec Claudine créé le type de la jeune fille et de la jeune femme modernes, et dans le même temps, l'auteur et la femme, le littéraire et l'intime, se confondaient dans une aura quelque peu scandaleuse. Rude leçon pour une jeune femme qui allait devoir gagner elle-même sa vie. Bien plus tard, en 1922, quand est publié *La Maison de Claudine*, où Colette évoque ses propres souvenirs d'enfance, le prénom de Claudine est imposé dans le titre par l'éditeur, les raisons commerciales primant sur les raisons littéraires. Il est des prénoms dont on ne se débarrasse pas facilement, et l'œuvre est signée « Colette (Colette Willy) » : à l'exception de quelques articles ou de quelques très courts textes, il faut attendre *Le Blé en herbe* (1923) pour que le nom de Colette apparaisse seul en première de couverture : l'auteur ne dépendait plus que de lui-même. La femme qui avait été mime et actrice ne vécut plus que de sa seule plume : elle poursuivit son œuvre littéraire, mais écrivit aussi pour la presse, engageant ici son nom pour quelque publicité, le vendant là, en Europe, en Afrique du Nord ou aux États-Unis, comme conférencière. Elle affecta même de n'avoir ressenti aucune vocation d'artiste et revendiquait un modeste statut d'artisan, travaillant au jour le jour. Mais l'essentiel n'était-il pas le souci de ne livrer à son public que des pages dont elle n'ait jamais à rougir ? On se découvre écrivain en écrivant, et ce qui n'est au départ que nécessité, celle de gagner sa vie, devient conquête de sa liberté et de sa propre estime sans laquelle il n'est point d'image publique qui vaille. Celle qui commença à écrire, effacée dans l'ombre de Willy, devint peu à peu Colette, « la seule personne, avouait Montherlant, à propos de qui j'ai parlé de génie ».

Sido, la mère, eut deux maris, et de chacun d'eux, deux enfants : du premier — Jules Robineau-Duclos, le « sauvage » —, une fille, Juliette, « la sœur aux longs cheveux » (1860-1908), et un fils, Achille, qui s'installera comme médecin à Châtillon-Coligny, et qui fut le préféré de Sido, le « très beau » (1863-1913) ; du second — Jules Colette, capitaine pensionné pour avoir perdu une jambe au combat en 1859 —, une fille, Gabrielle Sidonie, la future Colette, et un fils, Léo (1866-1940) : ce dernier, à la différence de sa sœur, grandit et vieillit mal, incapable d'échapper à son passé et à son enfance. Un père amoureux fou de sa femme, une mère à la fois libérale et possessive, une sœur qui ne songe qu'à échapper à sa famille et qui, mariée en 1885, se pendra en 1908 après avoir reçu la communion, la grande complicité des deux frères, — les bonheurs réels de l'enfance de Colette n'allèrent pas sans troubles ni douleurs, et elle n'affronta littérairement ses souvenirs qu'à partir de *La Maison de Claudine*, en 1922, faisant peu à peu de sa mère un personnage essentiel de son œuvre, dans *Sido* (1929), *La Naissance du jour* (1928), *Journal à rebours* (1941) ou *En pays connu* (1949). Ce tardif affrontement impliquait une conquête préalable de la lucidité, une juste distance prise par rapport à ce que lui livrait sa mémoire, et la volonté de garder le meilleur de l'héritage de Sido, ce qui n'exclut pas la sincérité mais témoigne d'un choix et d'un art de laisser dans l'ombre, d'estomper ce qui à ses yeux doit l'être, dans un mélange de retenue et de suggestion. Témoigne *a contrario* de cet art ce qu'elle s'autorise à mettre en pleine lumière quand l'œuvre est de pure fiction, et c'est, publié en

1925 mais écrit bien avant *La Maison de Claudine*, *L'Enfant et les sortilèges*, où l'accent est mis sur l'envers du royaume de l'enfance et sur ses ombres. La jeune Colette se devait d'échapper à l'emprise de sa mère et, rêvant d'évasion, rêva tout naturellement à l'amour. Cet amour, Colette l'attendait d'autant plus qu'une mauvaise gestion des biens familiaux par le père et des dissensions survenues entre Juliette et son beau-père obligèrent la famille à quitter Saint-Sauveur. Certes cette maison de Saint-Sauveur restait la propriété d'Achille, mais la dignité exigeait un déménagement : on alla s'installer à Châtillon-Coligny, où Achille venait de s'établir médecin. Ce fut pour Colette un exil, autant valait s'ouvrir à une vie nouvelle.

Depuis 1889, la jeune Colette connaissait Henri Gauthier-Villars, « Willy » ou « Maugis », homme à la fois secret et avide d'occuper le public de son image. Né le 10 août 1859, il avait aimé une femme mariée qui mourut le 31 décembre 1891 en lui laissant un fils, Jacques, né en 1889, qui fut mis en nourrice en 1892 chez les Colette ; ce drame intime et la séduction quelque peu clinquante de quelqu'un dont l'ambition était d'être l'homme du Paris fin-de-siècle ne pouvaient qu'aveugler une jeune provinciale rêvant d'échapper à sa province. Le mariage, provocant, d'une personnalité parisienne épousant sans dot un tendron anonyme, fut célébré à Châtillon-Coligny le 15 mai 1893. L'année suivante, la jeune mariée découvre que son mari a une maîtresse : elle supporta plus que difficilement l'épreuve et se résigna, en en payant le prix. Mondanités, festivals de Bayreuth, liaison avec une femme, encouragée par le mari lui-même, il ne manque plus à Colette que de devenir le « nègre » de Willy — un nègre parmi d'autres nègres. C'est la série des *Claudine*, dont le succès est tel que Willy le prolonge par des adaptations théâtrales. Le succès épuisé, Willy partit avec une autre et de longs démêlés les conduisirent, en 1910, au divorce, tandis que Colette trouva une sorte de remède dans une liaison avec la marquise de Morny, dite Missie. Dès 1906, c'est la séparation de fait des époux ; en 1907, la séparation légale ; en 1910, le divorce. Dès 1906, soutenue par Missie, Colette doit gagner sa vie et fait ses débuts de mime, puis d'actrice, cependant que l'écrivain, en elle, s'affirme. En 1904, elle avait publié quatre *Dialogues de bêtes*, devenus sept en 1905 : modeste prologue à une veine animalière qui donnera *La Paix chez les bêtes* (1916) ou *Prisons et paradis* (1932). Deux nouvelles avaient suivi, *Minne* (1904) et *Les Égarements de Minne* (1905), regroupés sous un titre unique en 1909 : *L'Ingénue libertine*. Enfin, *Les Vrilles de la vigne* (1908), suite de textes courts et de nouvelles, constitue le premier bilan de sa vie, où l'évocation des fêlures et des douleurs s'accompagne d'une volonté de reconquérir une dignité perdue. Plus tard, *Mes apprentissages* (1936), écrit après la mort d'Henri Gauthier-Villars, qui s'était éteint le 12 janvier 1931, poursuivra le même but introspectif. Pour Colette, à l'approche de la quarantaine, tout est à refaire.

À la fin de 1910, Colette commence à collaborer au journal *Le Matin* : elle y devient reporter et, à partir d'octobre 1911, y publie un conte par semaine ; ce seront *Les Contes des mille et un matins*, sous-titrés *Journal de Colette* à partir du 30 octobre 1913. Ce nouveau métier, qui ne l'empêche pas de poursuivre ses activités de mime, va aider à sa façon au renouveau sentimental de Colette, puisqu'un des deux rédacteurs en chef du *Matin* est Henry de Jouvenel : né en 1876, il a d'un premier mariage un premier fils, Bertrand (né en 1903), et un second, Renaud, de sa maîtresse en titre dans ces années 1910, Isabelle de Comminges, dite « la Panthère ». Cette vie sentimentale agitée, Colette accepta d'y entrer. Jusqu'au mariage, jusqu'à un nouveau mariage. Après la mort de Sido, le 25 septembre 1912, Colette épouse Henry de Jouvenel, le 19 décembre 1912, et le mariage est rapidement suivi, le 3 juillet 1913, de la naissance d'une fille qui se prénommera Colette et qu'on surnommera Bel-Gazou. La nouvelle mère s'appelle donc Gabrielle Sidonie Colette de Jouvenel des Ursins. Devenue baronne, elle témoigne une dernière fois de son univers professionnel de mime dans *L'Envers du music-hall* (1913), et surtout tente la transposition romanesque de ces années mouvementées dans deux romans centrés sur une unique héroïne, *La Vagabonde* (1910) et *L'Entrave* (1913). Le premier raconte le lent travail de deuil d'un amour déçu, celui d'une femme au « sang monogame » abandonnée par son mari et qui reprend goût à la vie malgré son désarroi ; le second, la naissance d'un nouvel amour une fois le travail du deuil accompli. Mais les difficultés de la guerre, la brillante carrière diplomatique d'un mari trop séduisant et séducteur, tout cela ruine le fragile équilibre du couple ; le fossé se creuse entre eux jusqu'à l'irrémédiable : à trop vouloir s'occuper de Bertrand de Jouvenel, le fils d'Henry, Colette s'engage dans son initiation sentimentale. En décembre 1923, c'est la séparation, Colette cessant en outre de collaborer au *Matin* ; au printemps de 1925, c'est le divorce, et la rupture entre Bertrand et Colette. La page « Jouvenel » est tournée. Devenu en 1920 chevalier de la Légion d'honneur, l'écrivain Colette est alors pleinement reconnu, et son œuvre prend de l'ampleur : textes sur la guerre et la société contemporaine *(Les Heures longues*, 1917 ; *Les Enfants dans les ruines*, 1917 ; *Dans la foule*, 1918 ; *La Chambre éclairée*, 1920), nouvelles et romans *(Mitsou*, 1919 ; *Chéri*, 1920 ; *Le Blé en herbe*, 1923 ; *La Femme cachée*, 1924), et bien évidemment, en 1922, *La Maison de Claudine*.

En 1913, Colette avait mis un terme à sa carrière de mime ; en 1926, elle effectue ses dernières tournées théâtrales en jouant dans des adaptations de deux de ses romans, *Chéri* et *La Vagabonde*, sur les scènes de Monte-Carlo, de Marseille, de Paris, de Bruxelles et de quelques villes d'eaux. Elle s'en tiendra désormais à la critique dramatique, recueillant l'essentiel de ses articles, écrits de 1933 à 1938, dans *La Jumelle noire*. Mais elle ne renonce pas au cinéma : elle s'y était intéressée dès la Première Guerre mondiale et poursuit ses activités de scénariste et de dialoguiste *(Lac aux dames*, de Marc Allégret, 1934 ; *Jeunes Filles en uniforme*, de Léontine Sagan, 1932 ; *Divine*, de Max Ophüls, 1934). Remplie d'énergie novatrice, elle ouvre en 1932 un magasin de produits de beauté, qui n'aura qu'une existence éphémère. Aux modestes mais épuisantes tournées de music-hall et de théâtre en France, succèdent de grands voyages au Maroc (février 1926), en Espagne et à Tanger (mars 1929), à Anvers (juin 1929), à Berlin (février 1930), en Autriche et en Roumanie (février-mars 1931), en Afrique du Nord (avril 1931), à New York (juin 1935), à Fez (1938). La Seconde Guerre mondiale met un terme à cette vie de voyages, que Colette ne reprit guère en 1945 : le 5 septembre 1931, elle s'était fracturé le péroné et s'en était bien remise ; mais ce fut sans doute l'accident à partir duquel se mit lentement en place une arthrose de la hanche qu'on ne savait pas alors opérer ; à partir de 1939, Colette est condamnée à une immobilisation progressive, qui devient complète en 1946 : elle ne pouvait plus compter que sur son fauteuil roulant. Elle devient alors la dame du Palais-Royal : après avoir tiré Saint-Sauveur de l'anonymat et glorifié la Treille Muscate, sa propriété de Saint-Tropez achetée en 1926 et revendue en 1938, elle achète la même année un appartement à Paris, 9 rue de Beaujolais. Cadre historique pour une vieille dame glorieuse et couverte d'honneurs : officier de la Légion d'honneur (1928), commandeur (1936), grand officier (1953), membre de l'Académie royale de langue et de littérature françaises de Belgique (1936), membre puis présidente de l'Académie Goncourt (1945, 1949), elle reçoit aussi la Grande Médaille de la Ville de Paris (1953) et le diplôme du National Institute of Arts and Letters des États-Unis (1953). Tout cela, activités, honneurs, souffrances de l'arthrose... et poursuite d'une œuvre dont le meilleur fut produit après 1925, supposait une vie intime apaisée, propice à cette descente en soi qu'impose la création : par Marguerite Moreno, son amie de longue date, qu'elle avait connue dans les années 1900, Colette avait fait la connaissance de Maurice Goudeket : il fut son dernier et fidèle compagnon. Elle l'épousa le 3 avril 1935. De 1925 à 1954, ils ne se quittèrent pas, si l'on ne tient pas compte de l'arrestation de Goudeket par les Allemands et de son incarcération du 12 décembre 1941 au 6 février 1942 : il était juif et dut peut-être à la gloire de Colette de revenir auprès d'elle ; il alla se cacher en zone libre jusqu'en 1944. L'œuvre écrite pendant cette dernière période comprend d'abord des romans et des nouvelles : *La Fin de Chéri* (1926), *La Naissance du jour* (1928), *La Seconde* (1929), *La Chatte* (1933), *Duo* (1934), *Bella-Vista* (1937), *Le Toutounier* (1939), *Chambre d'hôtel* (1940), *Julie de Carneilhan* (1941), *Le Képi* (1943), *Gigi* (1944). Parallèlement à cette veine qu'on pourrait dire traditionnelle n'était l'originalité de Colette, s'en développe une autre où la première personne occupe le devant de la scène, une scène conçue comme un lieu de confidence où se mêlent souvenirs, réflexions, anecdotes ou très courtes nouvelles, dans une sorte de capricieuse et libre démarche de la pensée, qui n'est pas sans rappeler celle des *Essais* de Montaigne. Tout semble jaillir de soi sans qu'on quitte jamais le quotidien mais renouvelé et présenté comme au hasard des jours et des rencontres : *Ces plaisirs* (1932) devenu *Le Pur et l'Impur* (1941), *Journal à rebours* (1941), *Nudité* (1943), *Paris de ma fenêtre* et *Trois... six... neuf* (1944), *Belles Saisons* (1945), *L'Étoile Vesper* (1946), *Le Journal intermittent* (1949), *Le Fanal bleu* (1949), *En pays connu* (1949). « Ni mémoires ni journal. Que mon lecteur s'y résigne : lampe de jour et de nuit, bleue entre des rideaux rouges, étroitement collée contre la fenêtre comme un des papillons qui s'y endorment le matin, en été, mon fanal n'éclaire pas d'événements de taille à l'étonner » *(Le Fanal bleu)*, ce fanal n'étant que la lampe entourée d'un papier bleu de l'écrivain cloué à son « radeau-divan » : « [le] lit sur lequel naviguer ». — « La Chatte Dernière, qui se mourait, indiquait, d'un geste de la patte, d'un sourire de son visage, qu'une ficelle traînante était encore objet de jeu, aliment de la pensée et de l'illusion féline. Chez moi, on ne me laissera pas manquer de bouts de ficelle. » Colette s'est éteinte le 3 août 1954. Elle avait écrit dans *La Naissance du jour* : « La mort ne m'intéresse pas — la mienne non plus ».

ŒUVRES. — *Œuvres complètes*, Flammarion, édition dite du Fleuron, 1948-1950, 15 t. (dont 5 de correspondance). — *Œuvres complètes*, Flammarion, édition dite du Centenaire, 1973-1976, 16 t. — *Romans, récits, souvenirs*, éd. Françoise Burgaud, Laffont, coll. Bouquins, 1989, 3 t. — *Œuvres*, Claude Pichois *et al.*, Bibliothèque de la Pléiade, t. I, 1984, t. II, 1986, t. III, 1991, t. IV à paraître. — Colette a publié quelques milliers d'articles dont bon nombre n'ont pas été repris dans son œuvre. Les *Cahiers Colette* en publient régulièrement (notamment n° 2, 1979 ; n° 12, 1990). — Quelques volumes de correspondance se sont ajoutés à ceux de l'édition du Centenaire : *En tournée... Cartes postales à Sido*, Persona, 1984. — *Lettres inédites* et Sido, *lettres à sa fille*, Des Femmes, 1984. — *Lettres à Moune et au Toutounet*, Des Femmes, 1985. — *Lettres aux Petites Fermières*, Le Castor astral, 1992. — *Lettres à Annie de Pène et Germaine Beaumont*, Flammarion, 1995.

→ Thierry Maulnier, *Introduction à Colette*, La Palme, 1954. — Jean-Pierre Duquette, *Colette, l'amour de l'amour*, Québec, Hurtebise, 1984. — *Album Colette*, iconographie réunie et commentée par Claude et Vincenette Pichois, Bibliothèque de la Pléiade, 1984. — *Colette : nouvelles approches critiques*, Nizet, 1986. — Marie-Françoise Berthu-Courtivron, *Mère et fille : l'enjeu du pouvoir. Essai sur les écrits autobiographiques de Colette*, Genève, Droz, 1993. — Jacques Dupont, *Colette ou l'univers concentré*, Hachette, coll. Portraits littéraires, 1995. — Donna M. Norell, *Colette : an Annotated Primary and Secondary Bibliography*, New York-London, Garland, 1993. — Il existe, depuis 1977, des *Cahiers Colette* (Société des Amis de Colette), qui ont publié en particulier les actes des colloques de Dijon (n°s 3-4), de Cerisy (n° 11) et de la Sorbonne (n° 15). — Fonds Colette à la Bibliothèque nationale.

M.M.

Colinet Paul (1898-1957). Autodidacte par la force des choses — il perdit son père très jeune et dut quitter l'école pour travailler —, il étudie la comptabilité et devient fonctionnaire communal à Uccle (Bruxelles), fonction qu'il « s'amuse » à remplir de façon exemplaire jusqu'en 1945. Parallèlement, il mène, avec le même mélange de fantaisie et de rigueur, une expérience poétique personnelle, héritière selon ses propres dires de la 'Pataphysique autant que du surréalisme. Dès 1934, il se lie avec les surréalistes bruxellois, sans perdre pour autant son indépendance d'esprit : il ne signera pas les tracts tapageurs qui émanent du groupe, leur préférant des modes de subversion plus discrets, mais non moins radicaux. Sa vie entière révèle néanmoins une passion pour l'invention collective : ami de Magritte, il invente le titre de nombreux tableaux peints par celui-ci ; avec Paul Magritte, le frère du peintre, il compose une fantaisie musicale, *Marie Trombone Chapeau Buse* (1936) ; plus tard, il collabore avec les frères Piqueray et Robert Willems. Plus significatif encore est le rôle qu'il joue dans la création de revues : *Le Ciel bleu* (neuf numéros, de février à avril 1945), qu'il crée avec Christian Dotremont et Marcel Mariën, et dont André Blavier dira qu'elle « dissimule sous les dehors rassurants d'une publication des familles à la veillée les pièges à bonne conscience et à certitudes tranquilles », et *Vendredi* (cent numéros, de novembre 1949 à octobre 1951 ; rééd. partielle dans *Phantomas*, en 1962), hebdomadaire tiré à un seul exemplaire destiné à Robert Willems, le neveu de Colinet, alors au Congo. Par ailleurs, il participe entre autres à *Cobra*, à *La Feuille chargée*, à *La Carte d'après nature*, à *Phantomas* et témoigne ainsi d'une réflexion aiguë sur les modes d'écriture collective.

Ce goût de l'expérimentation collective va de pair avec l'effacement du moi. Paul Colinet n'a publié que confidentiellement, bien qu'il ait été question, suite à l'intervention de Scutenaire auprès de Queneau, de le rééditer chez Gallimard. En 1942 paraissent *Les Histoires de la lampe* (Anvers, Ça ira), où il déploie une poétique apte à exprimer des souvenirs d'enfance ou, mieux, à les ressusciter : mythologie de l'évidence, refus de l'analytique, travail implacable sur le langage, en particulier sur le mot, auquel il s'agit de rendre sa coloration enfantine et son pouvoir de suggestion. Par diverses techniques qui, toutes, confèrent à l'inattendu un rôle régénérateur, il cherche à « dépayser le langage », pour le rendre apte à son objet. L'expérience sera poursuivie dans *La Nuit blanche* (Fontaine, 1945), récit poétique, et dans *La Manivelle du château* (Bruxelles, George Houyoux, 1954), qui prolonge *Les Histoires de la lampe*.

ŒUVRES. — *Œuvres*, Bruxelles, Lebeer Hossmann, 1980-1989, 4 t.

→ Marcel Lecomte, « L'univers poétique de Paul Colinet », *Le Journal des poètes*, nº 2, février 1958. — Edmond Kinds, « Portrait-souvenir de Paul Colinet », dans Montagnet et Desgosses, *Dictionnaire de médecine amusante*, Bruxelles, André De Rache, 1971. — Pierre Piret, « Un jardin suscité comme du fond des sables », *Textyles*, nº 8, novembre 1991.

P.Pi.

Collin Isi (1878-1931), pseudonyme de Isidore Collin. Né à Liège, le 25 novembre 1878. Un des premiers collaborateurs de la revue *Antée*. On lui doit quelques recueils de vers, d'un symbolisme musical et bucolique *(Des vers*, 1898 ; *Les Baisers*, 1899 ; *L'Étang*, 1900) et un ensemble de lieder sur la fuite du temps, situés dans le cadre d'une Arcadie perdue *(La Vallée heureuse*, 1903). Il a aussi publié des apologues en prose, *La Divine Rencontre* (1903) et *Sisyphe et le Juif errant* (1914), ainsi qu'un récit d'aventures en mer, *Quinze âmes et un mousse* (1928). Isi Collin fut journaliste au *Soir* de Bruxelles ; ses chroniques ont été réunies dans l'*Almanach de Compère Guilleri* (1931, posth.). Il est mort à Uccle (Bruxelles), le 9 janvier 1931.

→ Luca Rizzardi, *Isi Collin*, Anvers, Éditions générales d'imprimerie, 1936.

O.Bi.

Collobert Danielle (1940-1978). Née à Rostrenen (Côtes-du-Nord) le 24 juillet 1940, elle a passé son enfance en Bretagne. Dès la fin de l'adolescence, elle se tourne vers la poésie. Vivant de petits boulots, elle travaille ensuite dans une galerie de peinture, impasse Hautefeuille à Paris, et entreprend *Meurtre*. Ses premiers poèmes paraissent à compte d'auteur en 1961, aux Éditions P.-J. Oswald, en une plaquette intitulée *Chant des guerres* qu'elle détruit aussitôt. Engagée dans un réseau soutenant le Front de libération nationale algérien, elle s'éloigne alors de l'activité littéraire, mais y revient pour achever *Meurtre*, qui paraît chez Gallimard en 1964. Elle entre en même temps dans un journal algérien, *Révolution africaine*, puis achève son deuxième livre, *Parler seul*, qui s'intitulera ensuite *Dire I*. Son œuvre suivante, *Film*, deviendra *Polyphonie* et sera diffusée sur France-Culture. Tout en poursuivant son action militante, elle entreprend de grands voyages, comme par désir de fuite, et part ainsi, en 1970, pour l'Indonésie, Bali et Bornéo. Elle compose *Dire II* et un poème radiophonique, *Bataille*, qui sera diffusé par une radio allemande. Sa rencontre avec Jean-Pierre Faye, directeur de la revue *Change* et de la collection du même nom aux Éditions Seghers-Laffont, lui permet de publier *Dire I-II*, en 1972, dans cette collection.

Après un nouvel essai, en collaboration, d'une pièce radiophonique, *Discours* (1976), également diffusée en Allemagne, elle publie *Il donc* (Seghers-Laffont, collection Change, 1976). Tandis que la succession de ses voyages s'accélère, elle écrit *Survie* (Orange Export, 1978), plaquette tirée à 60 exemplaires. Elle se suicide le 23 juillet 1978, dans une chambre d'hôtel de la rue Dauphine, à Paris. Deux livres paraîtront après sa mort : *Cahiers 1956-1978* (Seghers-Laffont, collection Change, 1983) et *Recherche* (Fourbis, 1990). Le style de cette œuvre unique, au rythme haché par l'usage du tiret, est en accord avec l'exigence et l'extrême tension qui l'anime.

→ Uccio Esposito-Torrigiani, postface aux *Cahiers 1956-1978*, cités.

V.V. — CIPM

Colombi Jean-Pierre (1941). Né le 12 février 1941 à La Ciotat. Deux recueils composent l'œuvre de ce poète épris d'absolu, à l'écoute de soi et de « l'énigme du monde » : « J'écoute la musique immobile des choses ». La grande limpidité formelle de ces poèmes sans titre, sans ponctuation, à l'écriture lisse, à la syntaxe fluide, composés de strophes privilégiant l'alexandrin, porte cette quête, qui est à la fois recueillement et célébration. La perspective diffère pourtant de façon assez sensible d'un texte à l'autre. Dans *Leçons de ténèbres* (Gallimard, 1980), une certaine angoisse (« Le flux et le reflux de l'ombre est en moi-même ») accompagne une large ouverture à « l'amour du monde ». L'ample et patiente contemplation devient communion, émerveillement et se dit en termes de paix, de douceur, de repos fugaces mais absolus : « La lumière parfois se pose sur mes yeux / comme un oiseau sans taches ». On retrouve dans *Allégories de l'automne et des autres saisons* (Gallimard, 1985) la présence d'une intériorité qui écoute. On y décèle encore d'insistants oiseaux blancs ou noirs, puissance d'un nom et d'un prénom. Mais on n'y entend plus le vaste chant du monde. La paix s'y montre plus précaire (« ma paix toujours inachevée »), la souffrance plus aiguë (« Je suis si malheureux que j'ai envie de rire »). L'érotisme y perce par moments, non sans nostalgie de « la solitude sans désirs ». Surtout, c'est dans l'infiniment petit, menus événements ponctuant la vie, vers eux-mêmes parfois très courts, que Jean-Pierre Colombi cherche ici la note pure de sa poésie.

F.J.

Comment Bernard (1960). Né à Porrentruy (Jura), après des études de lettres à Genève et un séjour de plusieurs années en Italie, il montre une prédilection pour la culture italienne (Renaissance, maniérisme), exprimée dans son premier roman, *L'Ombre de mémoire* (1990), dont le protagoniste est un homme déchiré entre son amour pour une jeune femme et sa passion du savoir, entre la soif des jouissances immédiates et le désir de durer. Ses deux livres suivants, les récits réunis sous le titre *Allées et venues* (1992) et le roman *Florence, retours* (1994), sont traversés par la même contradiction.

D.Ma.

Commerce (1924-1932). Revue fondée à Paris par Paul Valéry, Léon-Paul Fargue et Valery Larbaud. *Commerce*, dont le nom doit être entendu dans le sens de « commerce des idées » est sous-titré « Cahiers trimestriels publiés par les soins de Paul Valéry, Léon-Paul Fargue et Valery Larbaud ». C'est au cours des déjeuners dominicaux du couple italo-américain Roffredo Caetani de Bassiano et sa femme, née Marguerite Gibert-Chapin, dans leur villa romaine de Versailles, qu'est née l'idée d'une revue publiant principalement des textes inédits. Parmi les habitués de ces déjeuners, à côté des trois fondateurs composant le comité de rédaction, figuraient Paulhan, Alexis Léger (Saint-John Perse) et, à l'occasion, Joyce, Eliot, Rilke, mais aussi des peintres et des compositeurs. La princesse de Bassiano, rédactrice en chef, finance la publication, se charge de la correspondance et décide, en accord avec le comité de rédaction, souvent aussi avec Paulhan et Saint-John Perse, de la composition des sommaires, et se réserve un droit de *veto* dans le choix des textes.

N'étant affiliée à aucune doctrine littéraire par quelque manifeste ou programme que ce soit, *Commerce* ne livre ses intentions qu'à travers la composition de son comité de rédaction ou les déclarations qu'échangent, dans leur correspondance, les rédacteurs et les collaborateurs. Ainsi, selon une lettre adressée par la princesse de Bassiano à Elisabeth Foerster-Nietzsche pour obtenir des textes inédits de son frère, le sens d'une revue comme *Commerce* tient dans l'union de ce qui est resté jeune, et le restera toujours, avec ce que notre époque apporte de nouveau. Le programme implicite de la revue réside dans le choix de textes traditionnels à côté de textes nouveaux, dans le parti pris de n'imprimer que des inédits et dans un intérêt marqué pour la littérature non française. Un comité officieux de rédacteurs étrangers, composé de Rilke, Hofmannsthal, Rudolph Kassner, Eliot, Ungaretti et Dmitri Mirskij, contribue à l'internationalisation de la revue. Le comité français travaille dans le même sens : Larbaud introduit la littérature hispanophone dans sa langue originelle et Bernard Groethuysen choisit les textes anciens. Pour la princesse de Bassiano, la qualité de l'œuvre fonde la sélection. Sont publiés des textes de Claudel, Michaux, Suarès, Ribemont-Dessaignes, Gide, Jouve, Virginia Woolf, Kafka, Emilio Cecchi, Pasternak et, parmi les auteurs plus anciens, Hölderlin, Thomas Wyatt, Leopardi ou Pouchkine. Le krach de la bourse de New York en 1929 rend de plus en plus difficile le financement de la revue, qui cesse de paraître en 1932, après un numéro XXIX.

→ Sophie Levie, *Commerce 1924-1932 : une revue internationale moderniste*, Fondazione Camillo Caetani, 1989 ; « Marguerite Caetani et *Commerce* : un cas de mécénat revuiste », *La Revue des revues*, n° 18, 1994.

S.L. — IMEC

Commère Pascal (1951). Né le 17 décembre 1951 à Semur-en-Auxois, attaché à un cabinet comptable, il dit envier aux bilans leur nécessaire équilibre. Poète, il a publié depuis 1971 une douzaine de recueils, dont *Les Commis* (Folle Avoine, 1982), *Jardins tout au fond du jaune les yeux* (Bouchard, 1985), *Fenêtres la nuit vient* (Folle Avoine, 1987), *Ode à l'absence (encore) et à l'herbe du soir* (Hautécriture, 1990), *Lointaine Approche des troupeaux à vélo le soir* (Folle Avoine, 1995), *De l'humilité du monde chez les bousiers* (Obsidiane, 1996). L'attention portée aux paysages quotidiens et une syntaxe savamment disloquée visant à restituer les perceptions dans leur immédiateté apparentent sa poésie à celle de James Sacré. Fondateur de la revue *Noah* (1978-1988), auteur d'une anthologie inspirée : *Des poètes pour demain la soif* (Revue Noah, 1981), il a également publié un roman : *Chevaux* (Denoël, 1987) et des nouvelles : *Solitude des plantes* (Le Temps qu'il fait, 1996).

O.M.

Commune (1933-1939). Revue de l'Association des écrivains et artistes révolutionnaires, fondée à Paris, devenue « Revue littéraire française pour la défense de la culture » en 1936. La conférence internationale des écrivains révolutionnaires, réunie à Kharkov en 1930, voulait engager les écrivains du monde entier aux côtés de l'Union soviétique dans sa lutte contre le fascisme et la guerre, et constituer dans chaque pays des groupes d'écrivains révolutionnaires, pour mener le combat politique « sur le front littéraire » en s'entourant de compagnons de route. Est ainsi créée en mars 1932, à Paris, l'Association des écrivains et artistes révolutionnaires, section française de l'Union internationale des écrivains révolutionnaires fondée à Moscou en 1927. Elle se dote, à partir de juillet 1933, d'une revue, *Commune*, qui comptera soixante-treize livraisons. Ces petits cahiers mensuels, dont le titre est trouvé par Paul Vaillant-Couturier à la mémoire de la Commune de Paris (1870), sont publiés par les Éditions sociales internationales, maison d'édition du parti communiste. Le comité directeur, réduit à une fonction représentative, est composé de Barbusse, de Gide jusqu'en 1937 et son *Retour de l'URSS*, de Romain Rolland et de Paul Vaillant-Couturier, auxquels Aragon se joindra en 1937. C'est ce dernier qui, dans la première phase de la revue, en sera le véritable artisan au secrétariat de rédaction, en compagnie de Paul Nizan, puis de Vladimir Pozner, Pierre Unik, Gérard Servèze, seul enfin, d'octobre 1935 à décembre 1936.

La revue met en œuvre une politique littéraire conforme à la ligne du *Proletkult*, culture prolétarienne, définie à Kharkov. L'art prolétarien que défend *Commune*, contrairement à Henry Poulaille, se caractérise par l'attitude idéologique du créateur : cet art n'est autre que l'art révolutionnaire, au sens de l'orthodoxie communiste. Dès lors, la politique littéraire de *Commune* se situe dans le cadre de cette « pratique de classe », où l'œuvre est au service direct de la classe ouvrière. « Pour qui écrivez-vous ? » demande *Commune* dans une enquête auprès des écrivains. À côté d'écrits des pères du socialisme scientifique et de textes politiques ou d'essais destinés à faire connaître ou à situer le marxisme, la revue s'ouvre à la poésie prolétarienne, aux romans, reportages, témoignages d'écrivains professionnels ou d'« ouvriers créateurs » et aux traductions d'écrivains étrangers, soviétiques surtout. Une partie critique, à laquelle collaborent nombre de grandes plumes de gauche de l'époque, commente aussi bien l'actualité des livres, y compris dans les sciences et sciences humaines, que des revues, avec la chronique de Georges Sadoul. La rubrique cinéma est tenue par Claude Aveline et celle des disques par Robert Desnos.

Lorsque le mouvement communiste international s'oriente en 1935 vers une stratégie de front unique de la gauche contre le fascisme, suscitant en France la politique du Front populaire, *Commune* change de sous-titre et s'intitule dès septembre 1936 : « Revue littéraire française pour la défense de la culture ». Le secrétariat de rédaction est assuré par René Blech, puis par René Lelu, jusqu'à ce que Jacques Decour en devienne le rédacteur en chef en décembre 1938. La question de l'art prolétarien passe à l'arrière-plan et le cède à une approche plus souple de la culture, mais fidèle à l'idée d'un art engagé et d'inspiration socialiste. La revue est interdite en 1939.

→ Nicole Racine, « L'Association des écrivains et artistes révolutionnaires (AEAR) : la revue *Commune* et la lutte idéologique contre le fascisme (1932-1936) », *Le Mouvement social*, nº 54, janvier-mars 1966. — François Pérus, *Recensement analytique des articles de critique littéraire dans « Commune »*, Éditions du CNRS, 1981-1983, 3 t. — Wolfgang Klein, *« Commune », revue pour la défense de la culture 1933-1939*, Éditions du CNRS, 1988.

N.Ra. — IMEC

Comœdia (1907-1944). Périodique fondé à Paris par Georges de Pawlowski. Son rédacteur en chef engage le pari audacieux de publier quotidiennement un journal de quatre pages illustré, en vue de « susciter la renaissance active et efficace du seul éducateur des foules qui vaille qu'on s'en occupe, je veux dire du Théâtre ». « Nous prouverons, ajoute-t-il, que si le théâtre sincère est une nécessité, un journal honnête était une possibilité qu'il suffisait en France de vouloir réaliser pour qu'elle fût aussitôt très populaire. » Le succès du journal est immédiat, son ironie mordante, sa plume toujours allègre. *Comœdia* rassemble les signatures de François Coppée, Tristan Bernard, Jean Richepin, Octave Mirbeau, Jules Renard, Georges Courteline. Il publie dans ses colonnes des critiques de spectacles, des reportages sur les acteurs et les actrices, sur les directeurs et les auteurs, une chronique d'échos mondains, et des feuilletons à épisodes.

Comœdia aura connu un destin mouvementé : interrompue en août 1914, la publication reprend de 1919 jusqu'à 1937, date à laquelle, touchée par la crise des quotidiens, elle se saborde. Le 21 juin 1941, grâce à René Delange, elle renaît une nouvelle fois de ses cendres, sous forme d'hebdomadaire « des arts, des spectacles et des lettres », et devient l'un des magazines culturels les plus actifs et les plus prisés de l'Occupation. Très vite, elle rassemble les plus éminentes collaborations du monde artistique, littéraire et théâtral, celle notamment de Marcel Arland, qui dirige la section littéraire, mais également celles de Montherlant, Honegger, Giono, Paulhan, Audiberti, Valéry, Carné, Copeau ou Jean-Louis Barrault. Sartre y accepte la responsabilité d'une chronique littéraire, mais, saisi d'un doute clairvoyant, y renonce rapidement. Sous couvert d'apolitisme, *Comœdia* jouait, en effet, un rôle collaborationniste subtil : si l'hebdomadaire conservait une liberté de ton qui pouvait donner l'impression d'une certaine indépendance, l'une de ses six pages était régulièrement consacrée à l'« Europe », et plus précisément, à la littérature d'outre-Rhin et aux liens entre les cultures française et germanique. Définitivement fermée à la Libération, *Comœdia* aura ainsi associé à une entreprise douteuse les plus grands noms de la vie intellectuelle française.

→ Herbert Lottman, *La Rive gauche*, Le Seuil,

1981. — Pascal Ory, *Les Collaborateurs*, Le Seuil, 1976.

N.L. — IMEC

Compère Gaston (1924). Né le 27 novembre 1924, après des études littéraires à l'université de Liège et musicales au Conservatoire de la même ville, il soutient une thèse sur le théâtre de Maeterlinck (publiée en 1955) ; professeur de français dans un établissement d'enseignement secondaire de l'agglomération bruxelloise jusqu'à sa retraite, en 1987, il a produit une cinquantaine d'ouvrages, onze recueils de poésie *(Le Sagittaire*, 1952 ; *Europe mon amour*, 1960 ; *Le Signe infortuné*, 1964 ; *Géométrie de l'absence*, 1979 ; *Écrits de la caverne*, 1976 ; *Un millénaire de patience d'ange*, 1979 ; *Le Grand Bestiaire*, 1952 ; *Profération de la parole perdue*, 1983 ; *Songes de l'œil bleu*, 1985 ; *Sol majeur, montagne d'or*, 1985 ; *Licornes*, 1989 ; *Lieux de l'extase*, 1994), onze romans *(Le Fort de Gleisse*, 1975 ; *Portrait d'un roi dépossédé*, 1978 ; *L'Office des ténèbres*, 1979 ; *Les Griffes de l'ange*, 1981 ; *La Constellation du serpent*, 1983 ; *Je soussigné Charles le Téméraire, duc de Bourgogne*, 1985 ; *Dieu dans le trou*, 1986 ; *Robinson 86*, 1986 ; *Anne de Chantraine ou la naissance d'une ombre*, 1988 ; *Bloemardinne ou du séraphique amour*, 1991 ; *Cimmérie*, 1992), des nouvelles *(Sept machines à rêver*, 1974 ; *La Femme de Putiphar*, 1975 ; *Derrière l'œil*, 1979 ; *Les Eaux de l'Achéron*, 1985 ; *Le Fouille-merde*, 1988), des ouvrages de critique littéraire et musicale *(Jean-Sébastien Bach*, 1980 ; *Maurice Maeterlinck*, 1990), du théâtre *(Le Rempart de Babylone*, 1989), des adaptations d'ouvrages dramatiques étrangers, des traductions (dont *Le Livre d'heures* de Rilke), un opéra *(Sarah*, en collaboration avec Paul Uy, créé au festival de Spoleto en 1989), un quatuor, créé à Bruxelles au printemps 1994 et qu'accompagne un *Journal du quatuor*, où l'auteur développe les problèmes posés par la composition musicale.

L'œuvre de Compère, hantée par l'horreur de l'existence et l'angoisse du néant, est profondément désespérée. Toutefois, l'artiste en lui est toujours à la hauteur des hantises de l'homme, maîtrisées par l'invention formelle et par une écriture d'une grande originalité. Quel que soit le genre qu'il pratique, la puissance verbale s'accommode parfaitement d'une construction très concertée et où le musicien a souvent une large part. De l'aveu même de l'auteur, un roman comme *Portrait d'un roi dépossédé* est construit selon le schéma de la fugue. Quant au recueil *Sol majeur, montagne d'or*, il prend pour départ les variations en sol majeur de Bach sur un thème de Goldberg (nom qui signifie *montagne d'or)*. Il en constitue à la fois une transposition et un commentaire. La recherche des équivalences formelles est très poussée. Les connaisseurs ont le plaisir de découvrir telle correspondance entre les deux systèmes. Les amateurs de poésie se rendront au pouvoir de ces poèmes, où la musique manifeste les contradictions qui fondent ici l'existence : rayonnement du néant, révélation d'une vérité que l'homme n'habitera jamais. Compère a reçu le grand prix biennal des Littératures françaises en 1989.

C.A.

concentrationnaire *(littérature)*. Le camp d'Auschwitz est libéré par l'Armée Rouge le 27 janvier 1945, et Dachau le 29 avril par les troupes américaines (voir O. Wormser-Migot, *Quand les alliés ouvrirent les portes*, Laffont, 1965). Paris accueille, fin avril, les premiers rescapés en même temps que paraissent les premiers documents photographiques sur la libération de Buchenwald. C'est ensuite, à partir du 10 juin, le retour massif des déportés (voir Marguerite Duras, *La Douleur*, POL, 1985). Chaque rescapé, dira Charlotte Delbo, avait « rapporté son camp avec lui » : les témoignages rassemblés par l'Amicale des déportés d'Auschwitz paraissent en 1946, en même temps que *L'Univers concentrationnaire* de David Rousset. La première tentative d'analyse systématique de l'« État SS » vient d'Allemagne, avec le livre d'Eugen Kogon, traduit en 1947, *L'Enfer organisé*. La « littérature » semble s'incliner d'abord devant le « témoignage » et les tentatives d'analyse, mais les *Poèmes de la nuit et du brouillard*, de Jean Cayrol, avaient paru dès 1946, avant *L'Espèce humaine*, « récit », de Robert Antelme, et *Les Jours de notre mort*,

« roman », de David Rousset (1947). Le plaidoyer de Cayrol « pour un romanesque lazaréen » peut alors passer pour le manifeste d'une *littérature concentrationnaire.* À l'« effort de mémoire », dont relèvent aussi bien le « récit » d'Antelme que le « roman » de Rousset, correspond la volonté, chez le héros ressuscité d'entre les morts ou « lazaréen » de *Je vivrai l'amour des autres* (1947), d'éclairer les « ténèbres du présent » à la lumière de l'expérience acquise, dans un monde réputé « normal », mais qui n'échappe pas à la contagion du mal : victoire posthume de la loi SS, en ce qu'elle a rendu la terre à jamais « inhabitée » (Charlotte Delbo). Antelme ne manque pas non plus de rappeler qu'à ses yeux « il n'y a pas de différence de nature entre le régime "normal" de l'exploitation de l'homme et celui des camps ». Le monde des camps n'aura jamais été que « l'envers du monde, concentré et mis en ordre », ce que suggèrent les titres de Micheline Maurel : *Un camp très ordinaire* (1957) et *La Vie normale* (1958). L'universalisation du propos contribuait ainsi à fonder en droit la *littérature concentrationnaire*, à partir de la singularité des anecdotes et de l'exactitude des témoignages. « Il ne faut pas décrire, il faut donner à voir, dira Charlotte Delbo. Seuls les poètes donnent à voir. La photo est exacte. Le poème est vrai. » André Breton se déclara « bouleversé » par l'étude de Cayrol sur les rêves concentrationnaires, recueillie dans *Lazare parmi nous* (1950). La littérature, au demeurant, ne manquait pas de répondant, et l'on n'a pas manqué d'évoquer alors les plus folles constructions de l'« humour noir », représenté dans l'*Anthologie* d'André Breton (1945) par Swift, Sade, Jarry ou Kafka. David Rousset s'y réfère explicitement. Reste que c'est par « méfiance des mots » qu'il déclare recourir à la « technique du roman », pour raconter Buchenwald. Il y va donc des moyens et de la légitimité de toute littérature. La métaphore poétique pour Delbo, l'« écriture blanche » pour Antelme, la dramatisation pour Rousset, l'ascèse de l'écriture pour Maurel, la confusion des temps pour Semprun, sont autant de moyens « littéraires » pour imaginer et donner à voir l'inimaginable. C'est aussi l'expérience concentrationnaire qui conduisit Armand Gatti « à faire éclater le théâtre traditionnel ». La « méfiance des mots », des mots usés, ne va pas sans cette confiance renouvelée dans les ressources de la littérature. Elle n'est pas étrangère non plus à « l'ère du soupçon », du soupçon dans les lettres, alors diagnostiqué par Nathalie Sarraute. Louis-René des Forêts, qui allait devenir l'ami de Robert Antelme, publie en 1946 l'histoire du *Bavard* (Gallimard). Méfiance des mots : le bavard ne parle jamais que pour ne rien dire. Reste qu'« on ne peut lire ce livre qu'en y entendant une voix » (Yves Bonnefoy) : comme la revendication en ces temps de détresse, sur une terre en effet « inhabitée », de l'appartenance à « l'espèce humaine ».

ŒUVRES. — Robert Antelme, *L'Espèce humaine*, Robert Marin, 1947, éd. revue et corrigée, Gallimard, 1957. — Jean Cayrol, *Poèmes de la nuit et du brouillard*, Seghers, 1946. — *Je vivrai l'amour des autres*, « Aux Cahiers du Rhône », la Baconnière-Le Seuil, 1947 ; prix Renaudot 1947. — *Lazare parmi nous*, « Aux Cahiers du Rhône », la Baconnière-Le Seuil, 1950. — *Nuit et brouillard*, « texte » du court-métrage d'Alain Resnais, 1955, *L'Avant-scène Cinéma*, 15 février 1961. — Charlotte Delbo, *Le Convoi du 24 janvier*, Éditions de Minuit, 1966 ; *Auschwitz et après*, t. I : *Aucun de nous ne reviendra*, Éditions de Minuit, 1970 ; t. II : *Mesure de nos jours*, Éditions de Minuit, 1971. — Armand Gatti, *Œuvres théâtrales*, Verdier, 1991. — *L'Enclos*, dans *L'Avant-scène Cinéma*, nº 5. — Micheline Maurel, *Un camp très ordinaire*, préface de François Mauriac, Éditions de Minuit, 1957 ; *La Vie normale*, Éditions de Minuit, 1958. — David Rousset, *L'Univers concentrationnaire*, Éditions du Pavois, 1945, prix Renaudot 1946 ; rééd. Hachette, coll. Pluriel, 1993 ; *Les Jours de notre mort*, Éditions du Pavois, 1947, rééd. Hachette, coll. Pluriel, 1993. — Jorge Semprun, *Le Grand Voyage*, Gallimard, 1963.

→ *Témoignages sur Auschwitz*, préface de Jean Cassou, Amicale des déportés d'Auschwitz, 1946. — Eugen Kogon, *L'Enfer organisé*, La Jeune Parque, 1947 (*L'État SS*, Le Seuil, coll. Points-Histoire, 1993). — Olga Wormser-Migot et Henri Michel, *Tragédie de la déportation* [recueil de textes empruntés aux récits concentrationnaires], Hachette, 1959. — Claude Prévost, « La tragédie c'est la politique (notes sur les camps nazis dans la prose française) », *La Nouvelle Critique*, juin 1965. Voir, dans le même numéro, les entretiens avec Charlotte Delbo, Armand Gatti et l'article de Henri Pouzol sur « La poésie concentrationnaire ». — Yves Reuter, « L'anecdote dans les témoignages concentrationnaires », *L'Anecdote* (colloque de Clermont-Ferrand), Publications de la Faculté des lettres de Clermont-Ferrand, 1990. — Jacques Rolland, « Matriochki : remarques sur la littérature des camps », *Études*, mai 1991. — Marie-Pascale Huglo, « Opacité et lumière : l'anecdote dans les récits concentrationnaires », *Diogène*, octobre-décembre 1993. — Alain Parau, *Écrire les camps*, Belin, 1995. — On trouvera, dans la *Revue d'histoire de la Deuxième Guerre mondiale* (PUF), le compte rendu systématique, à partir de 1950, des témoignages et récits de la déportation.

B.L.

Condé Maryse (1937). Née à Pointe-à-Pitre (Guadeloupe), elle illustre les désillusions engendrées par le mythe du retour à l'Afrique-mère, qui a inspiré une bonne partie de sa génération. Mariée à un Guinéen rencontré à Paris, fascinée par Sékou Touré, l'homme du non catégorique au référendum du général de Gaulle en 1958, elle découvre à son arrivée à Conakry, en 1961, la cruelle réalité du pouvoir africain, dont témoigne son premier roman, *Heremakhonon.* Expulsée du Ghana et revenue à Paris, elle est journaliste à RFI et à *Présence africaine,* publie un second roman, *Une saison à Rihata,* puis la grande fresque de *Ségou,* qui raconte l'histoire de l'ancien empire du Mali. Le succès populaire remporté par cette saga correspond paradoxalement à la fin de l'aventure africaine de la romancière qui s'installe à Petit-Bourg, dans son île natale, avant de reprendre le chemin de l'exil, américain cette fois. Elle publie alors plusieurs romans consacrés à la Caraïbe et à l'Amérique noire, *Moi, Tituba, sorcière noire de Salem, Traversée de la mangrove, La Vie scélérate,* entre autres. Comme l'écrivent Patrick Chamoiseau et Raphaël Confiant, « avec Maryse Condé le miroir africain dans lequel se regardaient maints intellectuels antillais s'est brisé ».

ŒUVRES. — *Dieu nous l'a donné,* Oswald, 1972. — *La Mort d'Oluwemi Ajumako,* Oswald, 1973. — *Heremakhonon,* 10/18, 1976. — *La Civilisation du Bossale,* L'Harmattan, 1978. — *La Parole des femmes,* L'Harmattan, 1979. — *Une saison à Rihata,* Laffont, 1981. — *Ségou,* t. I : *Les Murailles de terre,* t. II : *La Terre en miettes,* Laffont, 1984-1985. — *Pays mêlé,* Hatier, 1985. — *Moi, Tituba, sorcière...,* Mercure de France, 1986. — *La Vie scélérate,* Mercure de France, 1987. — *Traversée de la mangrove,* Mercure de France, 1989. — *Les Derniers Rois Mages,* Mercure de France, 1992. — *La Colonie du nouveau monde,* Laffont, 1993. — *La Migration des cœurs,* Laffont, 1995. — *En attendant le bonheur,* Laffont, 1996. — *Desideradae,* Laffont, 1997.

→ Françoise Pfaff, *Entretiens avec Maryse Condé*, Karthala, 1993.

J.C.

Confiant Raphaël (1951). Né au Lorrain (Martinique), il a longtemps milité en faveur d'une littérature martiniquaise en langue créole, dont témoignent ses premiers titres, *Bitako-A* (Fort-de-France, GEREC, 1985), *Marisosé* (Presses universitaires créoles, 1987), avant le succès de *Le Nègre et l'Amiral* (Grasset, 1988), chronique cocasse de la vie quotidienne à Fort-de-France au début des années quarante, sous Vichy, et celui d'*Eau de café* (Grasset, 1991, rééd. Le Livre de Poche), de *L'Allée des soupirs* (Grasset, 1994, rééd. Le Livre de Poche), du *Gouverneur des dés* (Stock, 1995) et de *La Vierge du grand retour* (Grasset, 1996). Il est aussi l'auteur d'un récit autobiographique, *Ravines du devant-jour* (Gallimard, 1993), et a collaboré à deux ouvrages collectifs, *Éloge de la créolité* (avec Patrick Chamoiseau et Jean Bernabé, Gallimard, 1989) et *Lettres créoles* (avec Patrick Chamoiseau, Hatier, 1991). On lui doit enfin un essai controversé, *Aimé Césaire, une traversée paradoxale du siècle* (Stock, 1993).

J.C.

Congrès pour la Défense de la Culture. Manifestation marquante de l'engagement antifasciste des intellectuels, ce Congrès réunit du 21 au 25 juin 1935 à Paris, salle de la Mutualité, des écrivains venus du monde entier. Parmi les plus célèbres : Gide, Malraux, Nizan, Aragon, Barbusse, Jean-Richard Bloch, Benda, Guéhenno, Emmanuel Mounier, André Chamson pour la France ; E.M. Forster, Aldous Huxley pour la Grande-Bretagne ; Henrich Mann, Klaus Mann, Bertold Brecht, Anna Seghers pour l'Allemagne ; Ehrenbourg, Pasternak, Isaac Babel, Alexeï Tolstoï, Vsevolod Ivanov pour l'URSS. Cette grande manifestation s'accompagna de polémiques et de confusions. Tout d'abord sur son objectif. L'un des principaux organisateurs, l'écrivain russe Ilia Ehrenbourg, souhaitait mobiliser les écrivains les plus prestigieux contre la menace fasciste.

Henri Barbusse voulait en faire le congrès constitutif de la nouvelle association internationale d'intellectuels progressistes. Quoi qu'il en soit, les deux projets avaient l'aval de Staline et permettaient de regrouper les compagnons de route du communisme. La solennité fervente de cette manifestation fut ternie par de graves incidents. Une violente algarade ayant opposé Ehrenbourg et Breton, les surréalistes furent interdits de parole. René Crevel se suicida la veille du Congrès. L'incident le plus significatif fut l'intervention des défenseurs de Victor Serge : Charles Plisnier, Henry Poulaille et Magdeleine Paz, qui réussit à prendre la parole malgré les efforts des organisateurs. Ils montrèrent l'ambiguïté majeure de cette manifestation : défense de la culture, ou en réalité défense de l'URSS présentée comme le seul rempart de la culture menacée par le fascisme ?

Ph.B.

Connaissance (La) (1919-1963). Maison d'édition fondée à Paris par René-Louis Doyon. Créé peu après la Première Guerre, La Connaissance s'installe 9, galerie de la Madeleine, dans la librairie que leur fondateur a ouverte en 1913, après avoir travaillé aux Éditions Figuière et qui disparaît en 1963. Conformément à sa devise, « On se lasse de tout excepté de connaître », il mise sur l'érudition. Assisté d'André Malraux à partir de 1919, il publie des textes historiques et des inédits de Barbey d'Aurevilly, Isabelle Eberhardt, Fagus, Stendhal, Laforgue, en apportant un grand soin à la typographie. En 1920, il lance avec Édouard Willermoz *La Connaissance*, qui deviendra en 1923 *Les Livrets du mandarin* : six séries voient le jour jusqu'en 1963. Rédigés par Doyon lui-même, ces fascicules sont alimentés par ses propres travaux de romancier (*Géronte aux assises*, La Connaissance, 1932), d'essayiste (*Barbey d'Aurevilly, amoureux et dupe*, Corrêa, 1934), et de bibliographe (*Le Christ au roman*, La Connaissance, 1943). Confronté en 1935 à des difficultés financières, Doyon s'installe 2, impasse Guemenée et devient directeur de collection chez les éditeurs Denoël (« La Connaissance dans les années 1930 »), A. Leconte (« Joie de lire », 1942-1944) et Rasmussen (« Reflets », 1946-1948), pour lesquels il publie des classiques de la littérature française et étrangère. Il meurt dans la misère en 1966.

→ René-Louis Doyon, *Mémoire d'un homme, souvenirs irréguliers d'un écrivain qui ne l'est pas moins*, La Connaissance, 1954.

E.D. — IMEC

Conod François (1945). Né à Bâle, professeur de français dans un lycée de Lausanne, il a fait son entrée dans la littérature suisse romande en 1987 avec le recueil de nouvelles *Ni les ailes ni le bec* (prix Nicole). Entre pastiche et parodie, ces exercices de style explorent avec humour les mécanismes narratifs de différents genres littéraires. Le même esprit ludique caractérise la création ultérieure de Conod. Le roman *La Fin des Bellini-Ponte* (1989) retrace la chronique de la fin d'une dynastie princière imaginaire. Dans *Janus aux quatre fronts* (1991), l'auteur s'essaie au récit historique. Le roman *Le Tyrannosaure* (1993) fait vivre un aristocrate anglais tiraillé entre son idéal de pureté et des exigences triviales.

D.Ma.

Constantin Ilie (1939). Né le 16 février 1939 à Bucarest, il entreprend des études de littérature italienne. En 1974, il choisit l'exil et s'établit à Paris où, malgré des difficultés matérielles, il poursuit son activité littéraire. Il collabore aux *Cahiers de l'Est* et commence à publier en français : *L'Ailleurs* (Silex, 1983) et *Rivages antérieurs* (Le Méridien, 1986). Ses principaux motifs sont l'autre et l'ailleurs ; il les développe en particulier dans *La Chute vers le zénith* (Gallimard, 1989), transposition d'un conte roumain qui est en fait la parabole du voyage considéré comme expérience initiatique. Ilie Constantin a traduit en français des textes des poètes roumains les plus importants de l'après-guerre (*Poètes roumains*, anthologie, Bucarest, Éditions de la Fondation culturelle roumaine, 1996, 2 t.).

L.V.

Copeau Jacques (1879-1949). Jusqu'à la mort de son père, en juin 1901, il mène une existence de dilettante, songeant, pour complaire à sa famille, à l'École normale supérieure et à l'agrégation de philosophie. Mais les contraintes que cela implique ne lui conviennent guère, et la Sorbonne le retient moins que la vie artistique et politique. Et moins que l'œuvre personnelle, qu'il sent palpiter en lui : il a composé, en quelques mois, une comédie en trois actes, *Brouillard du matin*, jouée fin mars 1897 pour l'Association des anciens élèves du lycée Condorcet, et Francisque Sarcey a parlé de lui dans *Le Temps*. Il a en chantier une multitude de pièces, dont *La Sève*, que le critique danois Georg Brandes lira en 1900, et *La Maison natale*, commencée en mars 1901 (qu'il achèvera et montera en 1923). En outre, à dix-sept ans, il a rencontré une étudiante danoise, Agnès Thomsen, et il lui paraît impossible de vivre sans elle. Agnès deviendra sa femme et la mère de ses trois enfants, et ne lui survivra que quelques mois. Copeau a pu se disperser en multiples liaisons satisfaisant son « goût des êtres », il est toujours revenu vers sa femme comme vers une puissance tutélaire.

La mort de son père lui confère des responsabilités auxquelles il n'était pas préparé : sa mère et ses deux sœurs attendent qu'il reprenne l'usine, ce qu'il tentera au lendemain de son mariage et de la naissance de sa fille Marie-Hélène. Mais l'affaire périclite, et il procède à la vente en 1905. Copeau, qui a découvert *Les Nourritures terrestres* et *L'Immoraliste* avant de rencontrer Gide, se tourne définitivement vers les arts et la littérature. Chargé de la critique dramatique au *Théâtre* d'avril 1905 à mai 1914 et à *La Grande Revue* (où il succède à Léon Blum) d'avril 1907 à juin 1910, employé pour vendre des tableaux à la galerie Georges Petit d'août 1905 à mai 1909, critique d'art, il entreprend, avec son ami Jean Croué, d'adapter pour la scène *Les Frères Karamazov* ; la première a lieu au Théâtre des Arts le 6 avril 1911, avec Charles Dullin.

En octobre 1908, Copeau participe avec Gide, Schlumberger, Ruyters, Ghéon et Marcel Arnauld (Drouin) à la fondation de *La Nouvelle Revue française*, dont il sera nommé directeur en mai 1912. Il voyage beaucoup, en Suisse, en Angleterre, en Russie, en Espagne, en Belgique, et tente de fonder un théâtre : au printemps 1913, la décision est prise, la salle est trouvée : « L'Athénée-Saint-Germain », rue du Vieux-Colombier ; les comédiens sont engagés, et l'été se passe en répétitions. Copeau publie dans la *NRF* de septembre son « Essai de rénovation dramatique » et lance par affiches son « Appel » à la jeunesse « pour réagir contre toutes les lâchetés du théâtre mercantile », au public lettré « pour entretenir le culte des chefs-d'œuvre classiques, français et étrangers », à tous « pour soutenir une entreprise qui s'imposera par le bon marché de ses spectacles, par leur variété, la qualité de leur interprétation et de leur mise en scène ». Le petit théâtre du Vieux-Colombier ouvre ses portes le 22 octobre 1913.

Réformé pour prédisposition à la tuberculose en avril 1915, Copeau est chargé par Clemenceau et Philippe Berthelot de la propagande française. Après avoir rencontré Gordon Craig, Pitoëff et Adolphe Appia, il part en éclaireur en janvier 1917 pour New York, où il obtient la direction du « Théâtre-Français », lequel débarque en Amérique le 11 novembre 1917. Les deux saisons qui s'ouvrent sont une épreuve pour Copeau, qui n'est pas homme de rentabilité ni de profit. Lorsqu'il revient en France en juin 1919, ayant dû se séparer de Dullin, « cabotinisé » à l'excès par l'Amérique, il n'est plus le même homme. Prématurément vieilli, ébranlé dans ses convictions, se demandant si les réalités du théâtre ne viendront pas toujours à la traverse de ses rêves, il se remet pourtant à l'œuvre, rouvre le Vieux-Colombier en février 1920 avec un dispositif scénique nouveau, sur un plateau en ciment et un système de praticables : ainsi s'approche-t-il de son idéal du « tréteau nu ». En décembre 1920, il crée une École professionnelle du comédien, prolongement de l'école dramatique qu'il avait ouverte en novembre 1915. Dirigée par Jules Romains à partir de septembre 1921, l'École se double de « cours publics » et de conférences : Romains, Gide, Valéry, Rivière, Jaloux, Valery Larbaud, Ghéon y prendront la parole.

En décembre 1923, Copeau publie *Critiques d'un autre temps* (Éditions de la NRF), recueillant les meilleurs de ses articles, et le Vieux-Colombier crée *La Maison natale*. L'échec de cette pièce qu'il portait en lui depuis 1901 le meurtrit. Las d'un combat qui a cessé de l'intéresser parce qu'il a le sentiment de n'y plus pouvoir apporter de neuf, il annonce en avril 1924 la fermeture de son théâtre, transmettant la direction de la troupe à Jouvet (qui, en octobre 1922, était passé à la Comédie des Champs-Élysées). Il se retire en Bourgogne avec les élèves qui le souhaitent, mais, faute d'argent, il est contraint de prononcer la dissolution de l'École, en février 1925. Michel Saint-Denis, son neveu, dirige alors un petit groupe de fidèles, « les Copiaus ». Installés à Pernand-Vergelesses, ils « tournent » dans la région et en Suisse, en Belgique, en Hollande, en Italie, avec un franc succès. La troupe ne se dissociera qu'en 1929, et Michel Saint-Denis fondera l'année suivante la « Compagnie des Quinze ».

L'activité de Copeau lecteur est prodigieuse entre 1926 et 1937. Il est en outre critique dramatique aux *Nouvelles littéraires* de novembre 1933 à février 1935. À partir de 1933, il retrouve son rôle de metteur en scène, appliqué cette fois au plein air, avec le sentiment de se replonger aux sources du vrai théâtre : d'avril à juin 1933, il monte *Santa Uliva*, un miracle, pour le mai florentin, suivi, deux ans plus tard, de *Savonarole* et, en mai-juin 1938, de *Comme il vous plaira*. En août 1936, il est nommé metteur en scène à la Comédie-Française, avec Baty, Dullin et Jouvet. Il va y monter *Le Misanthrope*, *Bajazet*, *Asmodée* et *Le Testament du père Leleu*. En mai 1940, il devient administrateur provisoire de la Comédie-Française. Il y mettra notamment en scène *Le Cid* avec Jean-Louis Barrault. En mars 1941, il donne sa démission. Il publie *Le Théâtre populaire* en août et termine, en mai 1942, *Le Petit Pauvre*, histoire de saint François d'Assise. Les dernières années, au cours desquelles il projette d'écrire ses *Registres*, gros volumes où il exploiterait l'histoire de sa vie, sont illuminées par son ultime mise en scène, celle du *Miracle du pain doré*, sous l'occupation, dans la cour des Hospices de Beaune, en juillet 1943 ; son assistant est André Barsacq. Il meurt en octobre 1949, à soixante-dix ans.

ŒUVRES. — *Journal*, éd. Claude Sicard, Seghers, 1991, 2 t. — *Registres*, Gallimard, coll. Pratique du théâtre, 1974-1993, 5 t. — **Correspondance** : avec Roger Martin du Gard, Gallimard, 1972, 2 t. ; avec Jules Romains, Flammarion, 1978 ; avec André Gide, Gallimard, t. I, 1987 ; t. II, 1988.

→ Norman H. Paul, *Bibliographie Jacques Copeau*, Les Belles-Lettres, 1979. — Paul-Louis Mignon, *Jacques Copeau*, Julliard, 1993.

C.S.

Copi (1939-1987), pseudonyme de Raoul Damonte. Né à Buenos Aires, il arrive à Paris en 1962 et s'illustre comme dessinateur, créant un personnage de « Femme assise » dans *Le Nouvel Observateur* à partir de 1964, avant de se révéler comme dramaturge. *Journée d'une rêveuse* (Christian Bourgeois, 1968) et *Eva Peron* (Christian Bourgeois, 1969), placent d'emblée son théâtre entre poésie et provocation. *L'Homosexuel, ou la difficulté de s'exprimer* (Christian Bourgeois, 1971) aborde un thème qui reviendra de façon obsessionnelle dans cette œuvre où s'aiment et se tuent, avec violence et dérision, marginaux et travestis. Il se plaisait à interpréter en personne ces « parades sauvages » hallucinées que sont *Cachafaz* (Actes Sud, 1993) ou *Les Escaliers du Sacré-Cœur* (Christian Bourgeois, 1993). L'inversion sexuelle n'est d'ailleurs qu'une des ambiguïtés qu'il explore puisqu'il aborde aussi la gémellité (*Les Quatre Jumelles*, Christian Bourgeois, 1973) ou la théâtralité (*La Nuit de Mme Lucienne*, Christian Bourgeois, 1985). Ses nouvelles et ses romans (*L'Uruguayen*, Christian Bourgeois, 1973 ; *Le Bal des folles*, Christian Bourgeois, 1976 ; *La Vie est un tango*, Albin Michel, 1979 ; *La Cité des Rats*, Belfond, 1979 ; *La Guerre des pédés*, Albin Michel, 1982 ; *L'Internationale argentine*, Belfond, 1988, posth.) ont les mêmes qualités, se jouant du mélodrame, du fantastique et du burlesque avec une ironie ravageuse. Fonds Copi à l'IMEC.

S.R.

Corm Charles (1894-1963). Né à Beyrouth, fondateur et principal animateur de *La Revue phénicienne,* créée en 1920, l'année où, au Liban, s'achevait l'occupation ottomane et s'instaurait le Mandat français, il est le chef de file et l'éditeur du plus important mouvement littéraire d'expression française de la première moitié du XXe siècle au Liban. Son œuvre poétique la plus connue, *La Montagne inspirée – Chansons de geste* (1934), véritable épopée patriotique, écrite en hommage à Maurice Barrès, exalte le passé glorieux du Liban en l'identifiant à la civilisation phénicienne. Elle fut chaleureusement accueillie par ceux qui promouvaient la particularité libanaise, suscitant en retour la critique des partisans d'un nationalisme arabe. Inégale dans son inspiration, prisonnière de formes et de traditions littéraires désuètes, l'œuvre de Charles Corm a joué un rôle culturel déterminant au Liban et ouvert de nouvelles voies d'inspiration aux écrivains qui lui ont succédé, y compris dans la littérature de langue arabe. Elle comprend d'autres recueils poétiques, *L'Enfant de la montagne* (1938), *La Symphonie de la lumière* (1946) et *Le Mystère de l'amour* (1948), et des contes, *Les Miracles de la Madone aux sept douleurs* (1948).

ŒUVRES. — Aux Éditions de *La Revue phénicienne,* à Beyrouth.

A.D.

Cormann Enzo (1953). Né le 25 avril 1953 à Sos, ce dramaturge distingue dans son œuvre trois périodes. Si *Credo* (Éditions de Minuit, 1984) et *Noises* (Tapuscrit-Théâtre ouvert, 1984) participent encore d'un certain naturalisme, viennent ensuite des pièces qui stylisent l'histoire du monde : *Corps perdu* (*L'Avant-Scène Théâtre*, n° 770, 1985) dévoile la violence familiale, *Ké Voï* (*L'Avant-Scène Théâtre*, n° 777, 1985) peint une communauté utopiste, *Le Roman Prométhée* (Actes Sud, 1986) montre l'humanité après l'âge d'or, tandis que *Berlin, ton danseur est mort* (Éditions théâtrales, 1994) et *Diktat* (Éditions de Minuit, 1995) renvoient à la Seconde Guerre mondiale. Il célèbre enfin les figures de l'excès comme Sade (*Sade, concert d'enfers*, Minuit, 1989), Donald Mingus (*Takiya ! Takiya !*, Éditions de Minuit, 1992) et surtout Gilles de Rais dont l'image gouverne *La Plaie et le couteau* ainsi que *L'Apothéose secrète* (Éditions de Minuit, 1993).

J.P.

Cornière François de (1950). Né à Caen le 8 mars 1950, il y organise, depuis 1980, des lectures publiques : les « Rencontres pour lire ». « Je ne vois pas de différence entre un poème et une poignée de mains », écrivait Paul Celan ; peu de poètes contemporains ont pu établir, comme François de Cornière, cette forme de fraternité avec le lecteur. Dès son premier recueil, *C'est à cause du titre* (L.O. Four, 1981), il affirme son originalité. Ses poèmes, d'une précision photographique, s'attachent aux événements les plus quotidiens (*Tout doit disparaître*, Le Dé bleu, 1984 ; *Tout cela*, 1992). Qu'il évoque le football (*Talonnades*, Le Castor astral, 1986), l'album de photos de famille (*Mais où sont ces photos ?*, Le Castor astral, 1987), les promenades (*J'ai beau marcher*, L'Échoppe, 1988 ; *Caen, des pages, des pas*, Atelier du gué-Au Brouillon de culture, 1994), la pêche ou les vacances (*Boulevard de l'Océan*, Seghers, 1990 ; *En principe*, L'Échoppe, 1991 ; *La Terre ronde,* Atelier du gué-Au Brouillon de culture, 1994), la vie palpite dans ses proses brèves au style simple et concis. Pourtant, sous le bonheur et l'apparence ordinaire des jours, une douce tragédie affleure : celle du temps, qui met un terme à toutes choses, et l'écriture, qui se donnait pour projet de retenir le temps dans la gangue du texte, le dévore et se désavoue elle-même : « On regrette même d'avoir passé trop d'heures à noircir trop de pages, loin des griffes réelles du bonheur qui, contrairement aux poèmes et aux mots, arrachent, pour de bon, des jours inoubliables aux pages de la vie. » *(En principe).*

N.R.

Corti *(Librairie José).* Maison d'édition fondée à Paris en 1927 par José Corti. C'est à l'issue d'un long compagnonnage avec les surréalistes, de 1929 à 1937, que le libraire José Corti commence une carrière d'éditeur originale, qu'il poursuivra jusqu'à sa mort le 25 décembre 1984. Conçu par Eluard, le catalogue de la Librairie José Corti de 1931 est en lui-même une création surréaliste : en couverture, un collage de Max Ernst représente la façade et la vitrine hallucinées du 6, rue de Clichy, le tout surmonté de l'enseigne « Livres et publications surréalistes » ; à l'intérieur, des citations complètent la bibliographie de douze surréalistes dont on a tiré le portrait ; en quatrième de couverture, le tableau « Lisez, Ne lisez pas ». José Corti a des relations suivies avec Breton, Eluard, Char et Dali, parce qu'il est le dépositaire de leur revue et des Éditions surréalistes, émanation directe du mouvement. Ces éditions, nées en mars 1926 lors de l'ouverture de la Galerie surréaliste, sont relancées dans les années trente. Le label Éditions surréalistes est parfois suivi de la mention « Chez José Corti » : pour *L'Immaculée Conception* de Breton et Eluard, *Le Marteau sans maître* de René Char, *De derrière les fagots* de Benjamin Péret.

Le libraire José Corti, agent des « Revues de l'esprit et de la littérature moderne », spécialiste des livres surréalistes à tirage limité, publie quelques ouvrages sous son propre nom, de 1932 à 1936, dont *Les paris sont ouverts* de Claude Cahun. La véritable aventure éditoriale commence en 1937, au moment où le libraire éditeur s'installe rue de Médicis, près du jardin du Luxembourg, non loin de la Sorbonne. L'année suivante, il publie un *Lautréamont* enrichi de plusieurs préfaces, tiré à trois mille exemplaires, et surtout *Le Château d'Argol* de Julien Gracq, premier livre d'un auteur qui restera fidèle à son éditeur, au point que les noms de Corti et de Gracq, deux personnalités littéraires fuyant la frivolité et la gloire, paraissent indissociables. Sous l'Occupation, le fils unique des époux Corti est arrêté dans la librairie, lieu de résistance. Ses parents ne le reverront plus.

Publiant Bachelard, Gracq, des romantiques allemands, des romans noirs anglais, de solides éditions et études critiques, José Corti sympathise avec les courants imaginatifs, les écrivains secrets, à l'écart des modes, les universitaires de la Sorbonne qui lui rendent visite. La présentation typographique est soignée. Justifiant la devise « Rien de commun », trois à neuf titres sont publiés chaque année entre 1945 et 1960. Les années soixante connaissent une envolée, avec une quinzaine de titres annuels. Les tirages à deux mille exemplaires deviennent la règle. Bertrand Fillaudeau, successeur de José Corti, poursuit la politique éditoriale de la maison dont il a accru le nombre de titre annuels.

→ José Corti, *Souvenirs désordonnés*, Corti, 1983. — *José Corti 1938-1988, 50 ans d'édition*, anthologie établie par Bertrand Fillaudeau et Jean-Philippe de Tonnac, 10/18, 1988. — Georges Sebbag, *Les Éditions surréalistes*, IMEC Éditions, 1993.

G.Se. — IMEC

Cossery Albert (1913). Égyptien, né au Caire le 3 novembre 1913, issu d'une famille chrétienne aisée, il part à dix-sept ans continuer ses études à Paris. Mais c'est dans sa ville natale qu'il publie son premier roman, *Les Hommes oubliés de Dieu* (1940). Y apparaît le menu peuple des grandes cités orientales, mendiants, travailleurs faméliques englués dans un dénuement et une profondeur de désespoir que l'auteur évoque en un langage cru. Henry Miller assure la publication de l'ouvrage aux États-Unis. C'est à nouveau une humanité écrasée qui est dépeinte dans *La Maison de la mort certaine* (1942) : avec un humour féroce, mais non dénué de tendresse, l'écrivain met en scène les locataires d'une maison prête à s'effondrer, prisonniers de la menace suspendue sur leur tête comme ils le sont, plus généralement, de leur propre misère. Face à un propriétaire qui tire profit de leur pauvreté, l'un d'eux s'éveille à la conscience de l'injustice qui les frappe, et de la force collective qui pourrait être la leur.

Pendant la guerre, en Égypte, Cossery se lie d'amitié avec Lawrence Durrell. Dans les années qui suivront, il nouera des relations avec Giacometti, Genet, Camus, Queneau. Il se fixe définitivement à Paris en 1945 ; il y publie en 1948 *Les Fainéants dans la vallée fertile*. Pendant un demi-siècle, il occupe la même chambre, à l'hôtel de la Louisiane, dans le quartier de Saint-Germain-des-Prés. Par ce choix, il se place délibérément en marge des repus de l'existence, et conteste discrètement l'ordre établi. C'est précisément une dénonciation des nantis qui éclate dans son chef-d'œuvre : *Mendiants et orgueilleux* (1955), où un mendiant fait de son état la voie de la sagesse ; l'ouvrage sera adapté au cinéma, par Asma El Bakri, et en bande dessinée par Golo. Suivra en 1964 *La Violence et la dérision*, dont le titre à lui seul illustre bien la sensibilité de l'écrivain aux aspects tragiques et burlesques de l'existence. Les jeunes gens dont *Un Complot de saltimbanques* (1975) relate la vie de joyeux divertissement refusent eux aussi de prendre place dans une société qu'ils considèrent avec une distance ironique : cultivant le plaisir et l'oisiveté, jaloux de leur liberté, ils savourent toutes les occasions de découvrir, derrière la façade étriquée d'une petite ville de province, le saugrenu, l'étrange, l'absurde ; l'un d'eux, qui revient de l'étranger avec un faux diplôme, découvre que partout l'humanité offre les mêmes prétextes à se gausser. La police suspecte en eux de dangereux révolutionnaires ; mais s'ils applaudissent toute action visant à déstabiliser l'ordre établi, couvrant même de leur silence des crimes crapuleux, ils se gardent bien quant à eux de vouloir changer le monde ; aux absurdités de la société ne saurait répondre, chez eux, qu'une attitude ludique et narquoise. Cossery a reçu le grand prix de la francophonie de l'Académie française (1990) et le prix Jacques Audiberti (1995).

ŒUVRES. — *Les Morsures*, Le Caire, Imprimerie G. Karouth, 1931. — *Les Hommes oubliés de Dieu* (1940), Honfleur, P.-J. Oswald, 1971. — *La Maison de la mort certaine* (1942), Nouvelles Éditions Oswald, 1979. — *Les Fainéants dans la vallée fertile* (1948), Laffont, 1975, rééd. Folio, 1977. — *Mendiants et orgueilleux*, Julliard, 1955, rééd. Folio, 1979. — *La Violence et la dérision* (1964), Godefroy, 1981. — *Un complot de saltimbanques*, Laffont, 1975. — *Une ambition dans le désert*, Gallimard, 1984.

→ Ragaâ Yacout Saleh, « Un romancier égyptien de langue française : Albert Cossery », *Culture française*, été 1979. — Jean-François Fourny, « Laziness and Technology According to a Storyteller of Cairo », *Yale French Studies*, nº 82, 1993.

C. A.-M.

Couchoro Félix (1900-1968). Né à Ouidah (Bénin), il publie son premier texte, *L'Esclave* (La Dépêche africaine) en 1929, à un moment où les lettres africaines ne comptaient que deux titres, *Les Trois Volontés de Malick* et *Force-Bonté*. Auteur d'une vingtaine de romans-feuilletons, il est considéré comme l'un des pionniers de la littérature africaine francophone. Publiés pour la plupart dans *Togo-Presse*, ses récits trahissent l'influence du milieu catholique dans lequel il a grandi et constituent un témoignage important sur une période qui s'échelonne des années trente jusqu'après l'indépendance. Seuls quatre de ces romans ont paru en volumes, *L'Esclave*, *Amour de féticheuse* (Ouidah, Imprimerie de Mme d'Almeida, 1941), *Drame d'amour à Anecho* (d'Almeida, 1950) et *L'Héritage, cette peste* (Lomé, Editogo, 1963).

→ Alain Ricard, *Naissance du roman africain : Félix Couchoro*, Présence africaine, 1987.

J.C.

Couroubble Léopold (1861-1937). Né à Bruxelles, le 3 février 1861, créateur du roman « bruxellois », il a fait des types populaires de la capitale belge la matière principale de son œuvre. Dans le cycle romanesque *La Famille Kaekebroeck*, il met en scène le milieu populaire et petit-bourgeois de Bruxelles au gré d'anecdotes et de portraits bon enfant, émaillant ses propos d'expressions dialectales savoureuses *(Pauline Platbrood*, 1902 ; *Les Noces d'or de M. et Mme Van Poppel*, 1902 ; *Les Cadets du Brabant*, 1903 ; *Le Mariage d'Hermance*, 1905 ; *Mme Kaekebroeck à Paris*, 1910 ; *Le Roman d'Hippolyte*, 1927). Magistrat au Congo belge, il a publié des romans coloniaux et des impressions de son séjour en Afrique *(En plein soleil*, 1900 ; *Profils blancs et frimousses noires*, 1902) et tiré de ses nombreux voyages des récits d'aventure *(Images d'Outremer*, 1903 ; *Les Deux Croisières*, 1928 ; *À bord du « Jacques Van Artevelde »*, 1931). Il fut élu à l'Académie royale de langue et de littérature françaises de Belgique en 1921 ; il est mort à Bruxelles le 17 mars 1937.

ŒUVRES. — *La Famille Kaekebroeck : mœurs bruxelloises*, rééd., Bruxelles, Libro-Sciences, 1978 (reprint).

O.Bi.

Courtade Pierre (1915-1963). Né le 3 janvier 1915 à Bagnères-de-Bigorre, il passe son enfance à Paris et à Sceaux, fait ses études secondaires au lycée Lakanal, où il rencontre Pierre Hervé et Jean Desanti et où il a Jean Guéhenno comme professeur. Mobilisé en 1939, il connaît le combat à Corbeil. À l'armistice, il est nommé professeur à Nantua et commence à avoir des contacts avec le monde littéraire et journalistique de Lyon. Il y fait la connaissance de Vailland, Rolland, Morin et Aragon et entre dans la Résistance. Aragon recommande une nouvelle, « La Salamandre », à René Tavernier, qui la publie dans *Confluences*. Elle sera reprise dans *Les Circonstances* (1946). À la Libération, il fait partie de l'équipe d'*Action* et, en juillet 1946, est invité par Maurice Thorez à entrer à *L'Humanité*, où il tiendra la rubrique internationale, obligé dès lors d'adhérer au parti. *Elseneur* (1949), roman philosophique quasi autobiographique, raconte en partie la Résistance. Pendant les dix années suivantes, Courtade écrit régulièrement dans la presse communiste et publie deux romans : *Jimmy* (1951), sur l'influence américaine, et *La Rivière noire* (1953), sur la guerre au Vietnam, et un second recueil de nouvelles, *Les Animaux supérieurs* (1956). Après les révélations de Khrouchtchev sur Staline en 1956, il éprouve des difficultés avec le parti communiste et demande à être nommé à Moscou. Il s'y rend comme envoyé permanent de *L'Humanité* en juillet 1960. Il publie bientôt *La Place rouge* (1961), roman dans lequel il retrace son évolution politique et intellectuelle, et *Le Jeu de paume*, resté inédit. Il meurt à Paris après une crise cardiaque et une intervention chirurgicale, le 15 mai 1963.

ŒUVRES. — *Pour connaître la pensée de Darwin*, Grenoble, Éditions françaises nouvelles, 1945. — *Les Circonstances*, 1946, rééd. La Bibliothèque française-Éditions Le Temps des Cerises, 1995. — *Essai sur l'antisoviétisme*, Raison d'être, 1946. — *Elseneur*, La Bibliothèque française, 1949. — *L'Affaire Rajk*, Éditeurs français réunis, 1949. — *Jimmy*, Éditeurs français réunis, 1951. — *L'Albanie*, Éditions sociales, 1951. — *La Rivière noire*, Éditeurs français réunis, 1953. — *La Nouvelle Chine est à nous*, Éditions du PCF, 1953. — *Les Animaux supérieurs*, Julliard, 1956. — *Khrouchtchev inédit*, Éditions sociales, 1960. — *La Place rouge*, Julliard, 1961.

→ David Caute, *Communism and the French Intellectuals*, London, Deutsch, 1964. — Claude Roy, *Nous*, Gallimard, 1972. — Jacques-Francis Rolland, *Un dimanche inoubliable près des casernes*, Grasset, 1988. — John E. Flower, *Pierre Courtade : the Making of a Party Scribe*, Oxford-Washington, Berg, 1995.

J.F.

Cousture Arlette (1948). Elle s'est fait connaître des deux côtés de l'Atlantique avec une suite romanesque, *Les Filles de Caleb* comprenant *Le Chant du coq* (1985) et *Le Cri de l'oie blanche* (1987), grand succès de librairie adapté ensuite à la télévision. Cette saga, dont l'action se déroule dans le Québec rural de la fin du XIXe siècle jusqu'au milieu du XXe, raconte la vie d'Émilie Bordeleau, fille de cultivateur devenue institutrice et femme au caractère exceptionnel. Par l'accent mis sur les événements et le nombre des dialogues, le style d'Arlette Cousture s'apparente à celui des téléromans et des *best-sellers*. Elle a également publié un roman, *Ces enfants d'ailleurs* (*Même les oiseaux se sont tus*, 1992 ; *L'Envol des tourterelles*, 1994), qui dépeint le destin d'une famille polonaise immigrée au Canada après la Seconde Guerre.

S.Ma.

Cravan Arthur (1887-1918 ?), pseudonyme de Fabian Avenarius Lloyd. Né le 22 mai 1887 à Lausanne, son enfance est marquée par la figure d'Oscar Wilde dont il est le neveu par sa mère, Clara Hutchinson, mariée à un Suisse. Après avoir fréquenté plusieurs collèges où il s'intéresse surtout à la boxe, qui sera avec la littérature sa grande passion, il abandonne ses études et mène une vie aventureuse. Durant cette période il prend le pseudonyme d'Arthur Cravan en combinant le prénom de Rimbaud à un nom de village et signe ainsi quelques poèmes verlainiens. De 1909 à 1914, il se fixe à Paris où il devient le légendaire « poète et boxeur », champion de France des mi-lourds en 1910 et créateur en 1912 de la revue *Maintenant* qu'il rédige seul sous des pseudonymes divers et vend lui-même dans les rues (quatre numéros parus à Paris, d'avril 1912 à mars-avril 1914 ; un numéro paru à Barcelone en mars-avril 1915). Dès le premier numéro, Arthur Cravan évoque Oscar Wilde dont il s'estime le fils naturel, mais cette fidélité au passé va de pair avec la provocation. Son compte rendu du Salon des Indépendants est un catalogue d'injures sur chacun des peintres, des plaisanteries grossières accablent Marie Laurencin et c'est une parodie poétique qui termine le dernier numéro. Enfin, il multiplie les scandales comme ces conférences où il tire des coups de pistolet, annonce qu'il va se dévêtir et tient sur l'art des propos blasphématoires. Lorsque la guerre éclate, il est dans les Balkans. Il se réfugie alors à Barcelone où se constitue une petite colonie de déserteurs et c'est là qu'il rencontre en 1916 le champion Jack Johnson dans un match de boxe annoncé à grand renfort de publicité. Ecrasé par l'Américain, ridiculisé par de présomptueuses déclarations, en proie à des problèmes d'argent, il part en 1917 pour les États-Unis où il écrit son plus beau texte, *Notes*, que révélera André Breton (*VVV*, nº 1, New York, juin 1942 et nº 2-3, mars 1943). Dans ce poème en vers libres, Cravan hurle son dégoût de l'art et des artistes et il exalte la jeunesse, la force physique et le monde moderne en multipliant des images hardies qui se succèdent en cascades. Peu après, le manque de ressources l'oblige à fuir au Mexique, où il est rejoint par Mina Loy, peintre et écrivain, sa maîtresse depuis un an. À Mexico il l'épouse, mais pressé par les problèmes matériels il repart vers le Nord pour trouver quelque argent. C'est là qu'on perd sa trace, et cette disparition mystérieuse à la fin de 1918 ou au début de 1919, dans le golfe du Mexique peut-être, est pour beaucoup dans l'élaboration du mythe.

Arthur Cravan reste dans l'histoire littéraire un écrivain discuté. Tandis que Christian Prigent voit en lui un « pétard mouillé » et un « mirliton merdrique », il est pour José Pierre une manière d'annonciateur. Proche du futurisme malgré ses sarcasmes contre Marinetti, il préfigure le dadaïsme par son goût de la provocation et surtout le surréalisme par l'utilisation qu'il fait de l'image. Malgré des réserves quant à son anti-intellectualisme dans son *Anthologie de l'humour noir* (Le Sagittaire, 1950), André Breton aidera à lui donner sa juste place en estimant dans l'*Almanach surréaliste du demi-siècle* (*La Nef*, mars 1950) que ses pages respirent le climat « du génie à l'état brut ».

ŒUVRES. — *J'étais cigare*, Le Terrain vague, 1971 ; *Maintenant*, fac-similé Jean-Michel Place, 1977 ; *Œuvres*, Gérard Lebovici, 1987.

→ Alain et Odette Virmaux, *Cravan, Vaché, Rigaut*, Mortemart, Rougerie, 1982. — *Arthur Cravan, poète et boxeur* (collectif), Le Terrain vague, 1992. — José Pierre, *Arthur Cravan le prophète*, Paris-Cognac, Actual-Le Temps qu'il fait, 1993. — Maria Lluisa Borras, *Arthur Cravan, une stratégie du scandale*, suivi du fac-similé de *Maintenant* (1912-1915), Jean-Michel Place, 1996. — Fonds Arthur Cravan à la Bibliothèque littéraire Jacques Doucet.

J.P.

Crémieux Benjamin (1888-1944). Originaire du sud de la France, il s'est d'abord essayé, sans succès, au roman (*Le Premier de la classe*, 1921), puis s'est fait connaître par une série d'articles consacrés à la littérature italienne et par *Panorama de la littérature italienne contemporaine* (sa thèse de doctorat publiée en 1925). On lui doit d'avoir très tôt fait connaître en France le théâtre de Pirandello, dont il publie la première traduction en 1926. Son *Essai sur l'évolution littéraire de l'Italie de 1870 à nos jours* (1930) et ses *Romanciers italiens* (1931) le confirmeront dans ce rôle d'introducteur de la littérature italienne. Entré à la *NRF* en 1920, il y devient vite l'un des principaux spécialistes de littérature contemporaine. Il recueillera ses critiques dans *XXe siècle* (1924 et 1925) et *Inventaire 1918-1930* (1931). Le souci premier de Crémieux est de remonter à l'intention qui fonde l'œuvre et de la situer dans l'histoire littéraire. Il dresse des bilans et dégage des vues d'ensemble sur l'immédiatement contemporain (voir, par exemple, *Inquiétude et reconstruction, essai sur la littérature d'après-guerre*, 1931). Son essai sur Proust dans le premier volume de *XXe siècle* est particulièrement intéressant ; il sera complété en 1929 par *Du côté de Marcel Proust*. Benjamin Crémieux est mort en déportation à Buchenwald en 1944.

G.P.

Crevel René (1900-1935). Né le 10 août 1900. Il occupe dans la constellation surréaliste une place à part, toute de paradoxe et de défi. Il est surréaliste, certes, mais à la différence de Péret, inscrit au parti communiste depuis 1926, et de Breton, Aragon, Eluard et Unik, engagés en janvier 1927 dans les rangs du même parti avec prudence et pour une période limitée, René Crevel jette sa fougue et sa générosité sans réserve dans l'utopie socialiste et l'engagement au parti. Homosexuel ou bisexuel, et respecté dans cette « différence » par un groupe réputé intolérant sur ce chapitre, il cherche sans fin à comprendre et à se comprendre, par le détour de fictions semi-autobiographiques qui l'engagent dans une littérature de l'aveu et de l'auto-analyse. Atteint de tuberculose depuis 1926, il passe de nombreux mois en Suisse, comme Eluard, et parfois en sa compagnie, puis, de retour à Paris, il se jette dans une activité mondaine frénétique.

Le style — baroque — et la réflexion caustique de Crevel sur son temps n'ont guère d'équivalent en ce siècle. Ses modèles littéraires sont empruntés au XVIIIe siècle : à Sade, et à Diderot, comme écrivain d'idées et comme prosateur, à qui il consacre un ouvrage, *Le Clavecin de Diderot* (1932). Diderot y devient le grand ancêtre du matérialisme léniniste. Ainsi, Crevel règle son compte à l'humanisme, masque de toutes les démagogies, selon lui, à tous les théologiens et à tous les psychanalystes professionnels. Les autres ouvrages d'idées, *L'Esprit contre la raison* (1927) et *Dali ou l'anti-obscurantisme* (1931), sont des pamphlets où s'exprime une théorie que Breton a reconnue comme « surréaliste », notamment dans les *Entretiens* (1958), malgré leurs dissensions. Nous devons pourtant dissocier la théorie de Crevel du système de pensée surréaliste sur quelques points fondamentaux : il ne croit pas que l'écriture automatique donne accès à une « exploration de l'inconscient » (*Carnet* 1920-1921 d'André Breton). Il écrit au contraire : « Un état premier se suffit à soi-même [...] et ne demande secours ni à la philosophie ni à la littérature. Il se subit et n'a d'autre expression qu'un chant affectif interne et sans syllabes » *(Mon corps et moi)*. D'autre part, Crevel ne prend pas comme référence la pensée de Freud, quelles que soient les distorsions que le groupe de Breton lui fait subir — il faut peut-être attribuer cette distance à un début d'analyse avec le Dr Allendy, en 1926 —, mais plutôt celle de Jung, à qui Crevel rend visite en 1934, à Bollingen, près de Zurich, et dans l'œuvre de qui il trouve un écho à ses réflexions sur l'inconscient collectif et sur la double orientation sexuelle *(animus* et *anima)* qui présiderait à la formation de la personnalité. Crevel ne déteste pas rêver à une initiation spirite, et en tout cas il aime à fréquenter les cartomanciennes.

Dans les récits qu'il publie entre 1924 et 1933, la réflexion d'idées est enchâssée dans une trame narrative, en une proportion qui s'est accrue au fil du temps. *Détours* (1924) et *La Mort difficile* (1926) sont l'expression du « mentir-vrai » autobiographique. La part de la réflexion y est faible. Méditation introspective sur l'éthique, *Mon corps et moi* (1926) élargit le cours de ses interrogations douloureuses à l'esthétique. En moraliste de tradition française, Crevel se préoccupe ici de savoir quel crédit on peut accorder à l'introspection pour offrir une image véridique de soi. *Babylone* (1927), *Êtes-vous fous ?* (1929) et *Les Pieds dans le plat* (1933) sont des romans dont la trame est repérable dans un système de référence spatio-temporel, mais truffés de longues digressions pamphlétaires : le chapitre VII du dernier de ces récits, couvrant un tiers du volume, est une longue diatribe de morale politique gouailleuse, coruscante, d'une vulgarité délibérée.

L'écriture romanesque de Crevel est d'une extrême originalité. Méfiant, comme tous les surréalistes, à l'égard du roman, qui facilite les solutions imaginaires face aux problèmes éthiques ou politiques que nous avons à affronter, Crevel invente un style en pot-pourri qui conjugue le ton pamphlétaire et l'interrogation introspective dépourvue de complaisance. Il y ajoute une aptitude étrange à jouer avec les mots pour leur faire produire des épisodes narratifs. Parfois, des métaphores donnent lieu à des tableautins : ainsi dans *Babylone*, un grand-père, déchu de son autorité débonnaire, frissonne comme la Grèce à l'annonce de la mort de Pan. Dans le même roman, une petite fille reste perplexe devant le mot *roulure*, par lequel les adultes stigmatisent la conduite de la femme de chambre : il s'ensuit une séquence de cosmologie rêveuse, où la terre *roulant* dans l'espace se laisse amputer de copeaux fabuleux. Dans *Êtes-vous fous ?*, nombreux sont les épisodes construits sur des métaphores filées. Le roman en acquiert une dimension fantastique. Ainsi les poumons du narrateur, désigné sous le nom de Vagualame, sont assimilés à des oiseaux que la Ville essaie d'empoisonner. La toux est une flamme : dès lors les oiseaux doivent être des Phénix. Pas du tout, s'écrie la Ville, terrible mégère, ce sont des dindes. Si encore ils étaient des cygnes, lesquels, au moins, avant de mourir, produisent des chants réputés si beaux ! Dans *Les Pieds dans le plat*, ce mode d'écrire prend une dimension plus provocatrice encore, quand les refrains, chansons et proverbes servent de tremplins à des rêveries masturbatoires. Mêlant le goût de la cocasserie et celui du sarcasme, ce style débouche souvent sur des pages lyriques où l'émotion visionnaire l'emporte. À ce titre, Crevel est proche de certaines pages des poètes du *Grand Jeu*, dont il a fugitivement été l'ami. Ainsi, dans *Les Pieds dans le plat*, l'évocation d'un fait divers — des Africains qu'un capitaine peu scrupuleux a embarqués comme passagers clandestins, grillant près des chaudières, puis jetés à la mer — laisse surgir comme une apothéose la vision d'une métamorphose : « Jambes de noyés, usées par le caprice invisible des lames, dans les précipices sous-marins, vous vous mettez à refleurir d'une vie transparente de nageoires. S'allument les monstres électriques. Points d'interrogation à tête de cheval, des hippocampes montent verticaux. Les algues s'élèvent en arcs de triomphe. »

L'interrogation sur l'« échange », aussi bien l'échange entre personnes humaines que l'échange économique dans la société, fonde peut-être l'unité de cette œuvre attachante. La douleur des échanges humains s'étale dans les premiers récits, notamment dans *Mon corps et moi*. La douleur de blesser ceux qu'on aime est exprimée de façon lancinante, non moins que la douleur de savoir d'où procède cette impulsion qui ressemble à une fatalité. Durant sa courte vie, quand elle est parisienne, Crevel explore le jeu des rapports mondains, il fréquente les salons, notamment ceux d'Étienne de Beaumont, de Marie-Laure de Noailles, de Violette Murat, de Jean-Louis de Faucigny-Lucinge. C'est une façon pour lui de dénier l'existence des « classes sociales », tout en restant fidèle à ses amis surréalistes, qui feignent d'ignorer cette fascination, et à ses convictions antifascistes, qui le rendent toujours proche des communistes. Depuis l'année 1933 jusqu'à sa mort, il soutient énergiquement les intellectuels allemands qui fuient le nazisme, et apporte son aide aux collectes et aux comités qui œuvrent pour la libération des antifascistes allemands emprisonnés, ainsi qu'en faveur des insurgés des Asturies, en 1934 : il part alors pour Madrid, où il retrouve Buñuel et rencontre Pablo Neruda.

Persuadé que Breton, dont il s'est pourtant éloigné en 1934, doit parler au nom du groupe surréaliste, proche alors politiquement de Victor Serge, lors de la réunion d'un grand Congrès international des écrivains organisé par diverses formations de gauche en juin 1935, il se trouve pris entre des intérêts divergents. Les tenants de l'esthétique du réalisme socialiste lui infligent une humiliation publique parce qu'il défend ses amis peintres surréalistes : il le faisait en toute conscience et en toute ignorance de l'importance du courant de Jdanov, qui l'a emporté en URSS en août 1934 ; il s'élevait contre la répression nazie de la peinture moderne. Une réunion de conciliation ayant échoué, pour débattre de la présence de Breton à ce congrès, réunion qui lui a fait rencontrer les plus proches de la ligne du parti communiste, Tzara, Malraux, Aragon, Ilya Ehrenbourg, il se suicide le 18 juin 1935, accomplissant ainsi le destin qu'il avait inconsciemment construit.

ŒUVRES. — Depuis 1974, les œuvres de René Crevel ont été rééditées chez Pauvert, le plus souvent avec des appendices (lettres, textes divers) constitués par M. Carassou et J.-C. Zylberstein. — Correspondance : *Lettres de désir et de souffrance*, éd. É. Le Bouvier, Fayard, 1996. — *Lettres à Mopsa*, éd. Michel Carassou, Paris-Méditerranée, 1997.

→ Claude Courtot, *René Crevel*, Seghers, coll. Poètes d'aujourd'hui, 1969. — Myrna Bell-Rochester, *René Crevel, le pays des miroirs absolus*, Saratoga, Anima Libri, 1978. — *Masques*, n° 17, printemps 1983. — Étienne-Alain Hubert, « Essai de bibliographie des écrits de René Crevel », *Bulletin du bibliophile*, 1983, IV et 1984, II. — François Buot, *René Crevel, biographie*, Grasset-Fasquelle, 1991.— Fonds René Crevel à la Bibliothèque littéraire Jacques Doucet.

J.C.-G.

Crickillon Jacques (1940). Né à Ixelles (Bruxelles), le 13 septembre 1940, auteur d'une vingtaine de recueils de poèmes, de romans, de nouvelles et d'essais, il a édifié une œuvre ambitieuse par sa portée, puissante par sa forme, ample par son lyrisme. De *La Défendue* (1968) à *L'Indien de la gare du Nord* (1985), sa poésie est celle d'un révolté qui se libère avec force de toute tutelle, se fondant sur l'amour ou la solitude pour gagner les régions élevées de la pureté et de la virginité. Il condamne l'absurdité et la médiocrité de nos sociétés urbaines dans des textes violents, et, visionnaire, annonce d'autres mondes et prévoit des catastrophes ; il sait aussi glorifier la femme dans de longs versets passionnés, soutenu par une langue torrentielle : ses chants, qui tendent à dévoiler l'inconnu, à révéler le non-dit, se délient, se reprennent et s'évanouissent *(L'Ombre du prince*, 1971 ; *La Barrière blanche*, 1974 ; *La Guerre sainte*, 1975, prix triennal de poésie ; *À visage fermé*, 1976 ; *Régions insoumises*, 1978 ; *Région interdite*, 1979 ; *Colonie de la mémoire*, 1979 ; *Nuit la neige*, 1981 ; *Retour à Tawani*, 1983). Dans *Grand Paradis* (1988), sa poésie, plus méditative, peut-être plus hautaine, aspire à la contemplation, embrassant un dessein cosmique. « La poésie est un positionnement existentiel », affirme-t-il : *Sphère* (1991) consacre l'ouverture de l'esprit à la forme parfaite et au vide ; *Neuf Royaumes* (1991) propose, avec des accents parfois mystiques, des clés pour appréhender l'espace, tandis que *Vide et voyageur* (1993) et *Ténébrées* (1993) marquent le passage initiatique du voyageur dans les univers de la connaissance et de la création (voir aussi *Ode à Lorna Lherne*, 1994, *Élégies d'Évolène*, 1995 et *Talisman*, 1995).

Son œuvre en prose est constituée principalement de nouvelles : celles de *Supra-Coronada* (1980, prix Rossel) ont pour cadre une société future livrée à elle-même, sans autres règles que la violence et l'instinct, qui condamne à mort les solitaires et les réfractaires (voir aussi *Parcours 109*, 1982 ; *La Nuit du seigneur*, 1983). Un roman, *Le Tueur birman* (1987), est le récit éclaté d'une enfance malheureuse annulée par une dérive dans l'imaginaire. On lui doit aussi des pièces radiophoniques *(Sommeil blanc*, 1980 ; *Le Cobra noir*, 1981 ; *La Ronde du chevalier*, 1982 ; *Le Cri de Tarzan*, 1984), et des monographies *(L'Œuvre romanesque d'Albert Ayguesparse*, 1970 ; *André Miguel*, 1977). Il a publié, sous le pseudonyme de Frank Paradis, des poèmes et récits destinés à la jeunesse *(Les Oreilles-coquillages*, 1989 ; *Contes de la plume et du papier*, 1993), ainsi que des souvenirs d'enfance *(Enfant avec cravate et peintures de guerre*, 1992). Jacques Crickillon a été élu à l'Académie royale de langue et de littérature françaises de Belgique en 1993.

ŒUVRES. — Aux Éditions De Rache (Bruxelles), L'Âge d'homme (Lausanne), Identités Wallonie-Bruxelles (Amay, coll. L'Arbre à paroles).

→ Éric Brogniet, « Jacques Crickillon : la littérature en instance d'oubli », *Marginales*, n° 213, avril-juin 1985.

O.Bi.

Crisinel Edmond-Henri (1897-1948). Né à Faoug, au bord du lac de Morat, en Suisse, il vit à Lausanne à partir de 1905. En 1917-1918, précepteur à Zurich, il écrit ses premiers vers, qu'il détruira par la suite. À trente-neuf ans, devenu entretemps journaliste à la *Nouvelle Revue de Lausanne*, il retrouve l'inspiration poétique et crée une œuvre dense et tragique : quelque cinq cents vers et deux volumes. Avec une limpidité et un détachement saisissants, cette poésie conjure l'angoisse et les hantises qui conduiront l'auteur dans un hôpital psychiatrique à trois reprises, puis au suicide. Chaque œuvre parcourt la même spirale : à la joie de la parole retrouvée succède l'appel dangereux des « demeures profondes », dans lesquelles le poète descend, les sens aiguisés jusqu'à l'hyperesthésie, avec un mélange d'épouvante et de fascination ; il sera le témoin lucide des combats qui s'y livrent : « Ma loi, c'est de veiller, homme ou fantôme » ; la possession, l'égarement, agissant comme une catharsis, permettent le retour au désert de la normalité (« Que dirai-je encore ? — Je n'ai plus de visions »), jusqu'au nouvel appel des forces noires. Entre culpabilité et expiation, l'œuvre de Crisinel obéit à deux exigences contradictoires : voyance, expérience d'une aliénation, d'une part, clarté, maîtrise, mise à distance, de l'autre : la forme, rigoureuse, sauve le poète de l'anéantissement. Dans les proses d'*Alectone* (1944) et dans quelques poèmes, la voix de ce veilleur atteint une poignante sobriété : « Sachant que, jamais plus, la fleur ne sera fleur, / Par-delà les œillets je regarde la terre. »

ŒUVRES. — *Œuvres*, Lausanne, L'Âge d'homme, 1979.

M.Gr.

Critique. Revue fondée à Paris en juin 1946 par Georges Bataille, publiée depuis 1950 par les Éditions de Minuit. Après *Documents* (1929-1931), les *Cahiers de contre-attaque* (1936) et *Acéphale* (1936-1939), *Critique*, « revue générale des publications françaises et étrangères », résulte de l'expérience accumulée par Bataille en matière de revues. L'idée est née pendant la guerre : « Je reste préoccupé par les questions que nous avons soulevées l'autre jour à propos de revue (plus que de revue à proprement parler). Je donnerais beaucoup en ce moment pour que nous puissions en reparler avec Sartre et Camus. Je pense que la partie qui se jouera après la guerre sera d'une réelle importance » (Bataille à Michel Leiris, 1944). À la Libération, Sartre crée *Les Temps modernes*, qui réunit toutes les conditions du succès. De son côté, Bataille soumet à Maurice Girodias, directeur des Éditions du Chêne, le projet d'une revue mensuelle qui deviendra *Critique*. Après des débuts difficiles, un passage chez Calmann-Lévy et une interruption d'un an, elle trouve son équilibre aux Éditions de Minuit à partir d'octobre 1950.

Animée par Georges Bataille, Eric Weil et Jean Piel, *Critique* se propose de recenser les ouvrages les plus importants parus en France et à l'étranger, dans les domaines de la littérature, de l'art, de la politique, de l'économie, des sciences, de l'histoire et de la philosophie. Elle s'appuie sur un groupe de collaborateurs réguliers, parmi lesquels Georges Ambrosino, Georges-Albert Astre, Maurice Blanchot, Roger Caillois, Pierre Germain, Alexandre Koyré, Jean Maquet, plus rarement Alexandre Kojève et Pierre Klossowski. À une époque dominée par le débat entre existentialisme et marxisme, la revue de Bataille occupe une place à part. Elle assume la diffusion de la pensée allemande contemporaine et suit de près le développement de la critique littéraire et des sciences humaines, surtout la linguistique, l'anthropologie et la psychanalyse. En politique, elle adopte, après quelques hésitations, une position détachée dont elle ne se départira plus. Dans tous les domaines, *Critique* est « cette revue dont le caractère sérieux fit la fortune », comme l'écrit Bataille dans l'avant-propos de *La Littérature et le mal*.

À la mort de Bataille, en juillet 1962, Jean Piel prend la direction de la revue ; il s'entoure d'un conseil de rédaction composé de Roland Barthes, Michel Deguy et Michel Foucault, qui sera élargi et modifié par la suite. Sans rien renier de ses origines (voir « Hommage à Georges Bataille », août-septembre 1963 et le numéro consacré à Blanchot, juin 1966), *Critique* se situe de plus en plus dans le champ de l'avant-garde ; elle encourage le projet intellectuel d'auteurs comme Barthes, Foucault, Deleuze, Derrida, Michel Serres, regroupés sous l'étiquette du structuralisme. Influencée par le groupe de *Tel Quel*, elle s'engage à la fin des années soixante dans la voie de la théorisation. En 1967, les Éditions de Minuit créent une collection sous le titre de « Critique », dirigée par Jean Piel et alimentée par les principaux collaborateurs de la revue. À partir de 1972, pour échapper à la contrainte bibliographique qui pèse sur les numéros courants, Piel multiplie les numéros spéciaux, dont le plus célèbre reste « Vienne, début d'un siècle » (août-septembre 1975). *Critique* connaît un épisode polémique en publiant « L'année politico-philosophique : le comble du vide » (janvier 1980). Les numéros des années quatre-vingt : « Les philosophes anglo-saxons par eux-mêmes » (août-septembre 1980), « Vingt ans de pensée allemande » (octobre 1981), « Confrontations philosophiques » (janvier-février 1986), témoignent d'une volonté d'ouverture vers l'étranger : la revue devient un forum où des philosophes français, allemands et anglo-saxons sont appelés à discuter. Après un numéro consacré à Pierre Bourdieu (septembre 1995), Jean Piel disparaît le 1er janvier 1996. Philippe Roger assure aujourd'hui la direction, à la tête d'un comité de rédaction renouvelé.

→ Jean Piel, *La Rencontre et la différence*, Fayard, 1982. — Pierre Prévost, *Pierre Prévost rencontre Georges Bataille*, Jean-Michel Place, 1987. — Sylvie Patron, « *Critique*, la rhétorique des commencements », *La Revue des revues*, n° 17, 1994. — *Critique : cinquante ans, 1946-1996*, [n'anniveraire], août-septembre 1996. — Sylvie Patron, *Critique : une encyclopédie de l'esprit moderne*, thèse de l'université Paris VII, 1996.

S.P. — IMEC

critique littéraire. Divers modèles critiques ont tour à tour dominé la scène depuis le début du XXe siècle. Leur succession semble réglée par la loi de l'éternel retour et un rythme alternatif : on met l'accent sur le texte, et puis sur le contexte, on aborde la littérature du dedans, et puis du dehors, on met au point un modèle d'explication intrinsèque, et puis extrinsèque. Pour aller vite, on peut résumer l'histoire de la critique littéraire en France au XXe siècle comme ceci : le modèle philologique ou positiviste qui s'était imposé avant la Grande Guerre (voir HISTOIRE LITTÉRAIRE) a suscité par réaction entre les deux guerres un modèle intuitif dénonçant l'insuffisance de la méthode historique et prêchant la sympathie pour les œuvres et les écrivains. Ensuite, refusant à la fois le positivisme et l'intuition, des explications externes se sont appuyées sur des paradigmes intellectuels puissants après 1945, comme le marxisme ou la psychanalyse. Ces points de vue contextuels ont provoqué dans les années 1960 un retour à des modèles immanents, cherchant les lois propres de la littérature dans une analyse de ses structures. Et ainsi de suite. Mais la situation de cette fin de siècle est particulière car aucun paradigme n'exerce plus de monopole. Tous les modèles précédents ont survécu et le champ critique est aujourd'hui très ouvert, très éclectique. Tout est possible, semble-t-il.

Modèles contextuels ou explicatifs. Philologie et histoire littéraire sont citées ici pour mémoire, puisqu'un article séparé leur est consacré. Mais elles restent au fondement de toute critique explicative. Le déterminisme historique rapportait l'individu à ses conditions sociales. C'est ensuite le principe de la critique marxiste, faisant de la littérature et de l'art un reflet de la situation économique. De G. Lukacs à L. Goldmann, cette doctrine s'est faite plus complexe, voyant les sujets de la création dans les groupes et non plus dans les individus. Moins réductrices, les socio-critiques contemporaines postulent une autonomie relative des formes esthétiques par rapport aux déterminations socio-économiques. Comme le *structuralisme génétique* de Goldmann, elles tentent une synthèse avec l'approche intrinsèque du texte. Sous l'impulsion de P. Bourdieu, une sociologie de l'institution littéraire s'est développée — les écrivains, les académies, l'édition —, fondée elle aussi sur l'idée de l'autonomie du champ littéraire et entreprenant l'étude non de la production de l'œuvre mais de la production de sa valeur.

Comme la socio-critique s'est adossée au marxisme, on a adapté la psychanalyse à une approche contextuelle pour proposer une variante de la critique biographique, par exemple M. Bonaparte dans son livre sur Edgar Poe. Bien sûr, là aussi, on a passé des compromis avec la critique intrinsèque, inventé une psychocritique avec Ch. Mauron, ensuite une psychanalyse du texte, ou encore une sémanalyse, affichant moins d'intérêt pour l'écrivain que pour la textualité. Les critiques marquées par le freudisme, ou par le lacanisme, modifient ainsi les conceptions du sujet et du langage qui présidaient au positivisme, mais le principe de l'approche psychanalytique de la littérature reste l'explication contextuelle.

Modèles profonds ou interprétatifs. Comme la philologie et l'histoire littéraire, la critique créatrice est apparue avec le romantisme. L'apologie de l'intuition et de l'empathie était alors dirigée contre le rationalisme classique et demandait de contempler chaque œuvre dans son unicité. Mais dès ses débuts, la critique historique a suscité l'hostilité des écrivains comme Baudelaire ou Flaubert. Proust insistera sur la différence essentielle qui sépare le moi créateur du moi social : à ses yeux, l'artiste n'a rien à voir avec l'homme, ni l'intuition créatrice, fondée sur la mémoire et la sensation, avec l'intelligence. Bergson et Valéry sont les précurseurs de la critique antipositiviste de l'entre-deux-guerres en France, attachée aux mécanismes de la création. Aux études historiques, qu'il ne juge pas inutiles mais dont il déplore le caractère statique, A. Thibaudet veut substituer une analyse du mouvement même de la création, par une méthode intuitive et métaphorique. Avec Ch. Du Bos, cette mobilité critique devient une soumission métaphysique ou même une communion mystique. Enfin, les critiques de l'École de Genève — A. Béguin, M. Raymond, G. Poulet —, inspirés à la fois par la critique créatrice française et la phénoménologie allemande, parlent de transposition d'un univers mental dans un autre, de saisie d'une conscience par une autre conscience. Cette identification ne se fait pas avec un texte mais avec une conscience, qui n'est accessible qu'à travers la totalité des écrits d'un auteur. Le temps et l'espace sont les catégories privilégiées de l'interprétation. J. Rousset et J. Starobinski ont tenté d'intégrer le structuralisme et la psychanalyse à la critique créatrice.

Cette psychologie des profondeurs rejoint la critique thématique de G. Bachelard et de J.-P. Richard, fondée sur l'étude des sensations. La catégorie fondamentale reste *l'imaginaire* et l'hypothèse essentielle est toujours l'unité d'une conscience créatrice, donc de l'œuvre entière d'un écrivain. Toutes les variantes de la critique interprétative ont en commun l'idée qu'une subjectivité profonde, cohérente et unifiée, préside à la totalité d'une œuvre.

La critique existentialiste a préservé les notions d'individu et de subjectivité promues par les écrivains eux-mêmes. Les grandes monographies de Sartre, sur Baudelaire, Genet et Flaubert, empruntant au marxisme et à la psychanalyse, maintiennent la primauté de l'homme à travers une série de médiations, comme la famille et les groupes, qui font passer de la totalité à l'unicité. La relation de l'individu à la totalité est pensée d'une façon singulière et dynamique qui n'est pas si éloignée de Thibaudet, moins l'intuition, ou de Du Bos, moins le spiritualisme. Mais les présupposés sur le sujet et le langage restent les mêmes.

Malgré les assauts répétés contre l'auteur, l'homme et le sujet conduits par le structuralisme et le poststructuralisme, l'hypothèse d'une conscience créatrice, fût-ce sur le modèle d'une intentionnalité transcendantale, demeure l'idéologie la plus commune de la critique littéraire. On la partage spontanément dès qu'on imagine une unité de l'œuvre d'un écrivain, une unité du livre. Or l'auteur et le livre sont encore les croyances les plus répandues lorsqu'on parle de littérature. C'est pourquoi la critique interprétative entre moins dans la polémique que la critique historique ou la critique textuelle.

Modèles textuels ou analytiques. Contre l'histoire littéraire et la critique interprétative, se sont violemment dressés, à partir des années 1960, sous le nom de nouvelle critique, des modèles contestant tout empire du sujet, sous sa forme rationnelle ou transcendantale, cartésienne ou phénoménologique, et lui substituant le primat du langage. Une nouvelle conception du langage, venue de Saussure, mettant l'accent sur l'arbitraire de la langue et sur son absence de référentialité, a favorisé une nouvelle conception du sujet, pensé comme assujetti au langage ou à la structure, et de la critique, dénonçant l'intention ou l'intentionnalité, refusant de considérer l'auteur comme une instance présidant au sens. Tout cela, en fait, n'était pas si nouveau. D'une part la parenté est évidente avec les anciennes rhétorique et poétique ; d'autre part ce retour au texte avait déjà eu lieu ailleurs depuis plusieurs décennies, mais on l'ignorait à Paris.

La *Rhétorique* d'Aristote, ou art du discours public, et sa *Poétique*, ou art de l'imitation, restent les traités fondamentaux pour toute grammaire du discours ou du texte. Rhétorique et poétique étaient des grammaires prescriptives décrivant tous les discours acceptables dans un genre donné et les offrant comme des modèles à suivre. Cette tradition éminente a été peu à peu démantelée et la rhétorique, réduite à une seule de ses cinq parties, est devenue un traité des figures et des tropes. Le projet d'une science du texte apparu dans les années 1960 renoue avec la tradition aristotélicienne, moins son aspect prescriptif, par la volonté d'atteindre des invariants ou des universaux de la littérature, par le souci généraliste et théorique opposé au relativisme historique et herméneutique dominant depuis le romantisme et s'attachant aux œuvres et aux écrivains dans leur particularité. Non seulement la nouvelle critique a remis en vigueur le terme *poétique* pour désigner autre chose que la stylistique et prosodie d'un écrivain — la « poétique de Chénier » —, mais R. Barthes a même contribué, deux ou trois générations après la mort de la rhétorique, à sa réhabilitation.

Pour le textualisme français, il y a deux ou trois autres références plus proches que l'aristotélisme : la linguistique saussurienne, le formalisme russe et le *New Criticism* anglo-américain, tardivement découverts. Quelques principes, extraits du *Cours de linguistique générale* de Saussure, sont devenus les articles de foi du structuralisme : l'opposition langue/parole, la conception de la langue comme système de signes, le signe comme opposition de l'image acoustique et du concept (signifiant et signifié), l'arbitraire du signe, la définition du signe comme valeur (comme différence avec les autres signes découpant le monde phénoménal), enfin l'opposition de la synchronie et de la diachronie. Saussure insérait la linguistique dans une sémiologie future qui traiterait des autres systèmes de signes : les principes du saussurianisme vont être ainsi transposés à l'analyse de la littérature et de la culture.

Les formalistes russes, deux groupes de linguistes et de poéticiens formés en 1915 et 1916, puis le Cercle linguistique de Prague (1926-1939) — R. Jakobson fut de tous — avaient entrepris l'étude systématique de la littérature. Un article de 1917 de V. Chklovski, « L'art comme procédé », leur servait de manifeste. Sous l'influence du futurisme, le formalisme proclame l'autonomie de l'œuvre littéraire et de la science de la littérature. La littérature étant définie comme ensemble de procédés formels, leur étude scientifique nie sa dimension représentative ou expressive, dénonce l'humanisme de la croyance en l'unité essentielle du texte et de sa signification. Les formalistes ont substitué, comme objet de la critique, la *littérarité* à la littérature, c'est-à-dire ce qui fait qu'un texte est un texte littéraire, ou encore le système de procédés formels qui rend la littérature possible. La *défamiliarisation* du langage ordinaire caractérise la littérature, un ensemble de procédés qui bloquent la perception automatique et provoquent une perception poétique du langage. Mais les procédés littéraires ne restent pas étranges, ils s'automatisent eux-mêmes. La tradition littéraire n'est donc pas immobile ni continue, mais faite de ruptures formelles qui renouvellent le système. Malgré son scientisme, le formalisme ne voit pas la littérarité en termes absolus, mais comme un système relationnel évolutif. Au-delà de l'étude intrinsèque du texte individuel et de ses contenus, la visée est le système synchronique et ses transformations.

Le *New Criticism* anglo-américain avait également remis en question l'hégémonie de l'histoire littéraire biographique et sociale dès les années 1930. Négativement, le *New Criticism* se définit par le rejet de l'illusion génétique (*genetic fallacy)*, expliquant l'œuvre par des causes externes, de l'illusion intentionnelle (*intentional fallacy)*, la référant à son auteur, et de l'illusion affective (*affective fallacy)*, l'abordant à partir des émotions qu'elle éveille. Positivement, les *New Critics* prônent le retour au texte et sa lecture microscopique (*close reading)*, l'analyse des propriétés structurales du poème isolé et considéré comme objet verbal et système clos.

Ainsi, la critique textuelle et analytique moderne retrouve d'anciennes notions de la littérature, comme le généralisme ou l'universalisme de l'Antiquité et du classicisme — c'est un retour aux Anciens contre les Modernes —, mais aussi des modèles formalistes déjà répandus en Europe et en Amérique du Nord. En France, seuls la *Poétique* de Valéry et les efforts confus de Jean Paulhan vers l'analyse d'une rhétoricité non normative de la littérature, leur commune insistance sur le langage par opposition à tous autres paramètres de la littérature, anticipaient, mais de manière programmatique et abstraite, la nouvelle critique des années 1960.

Entre Saussure, Jakobson, et la critique structurale, Lévi-Strauss a tenu un rôle essentiel de médiateur, appliquant le modèle linguistique à d'autres systèmes culturels, d'abord la parenté, puis les mythes. L'analyse du récit pouvait suivre (R. Barthes, A.G. Greimas, U. Eco, T. Todorov, G. Genette, J. Kristeva). Le programme d'une sémiologie figurait chez Saussure, et sa théorie du langage a servi de modèle pour l'étude de tous les phénomènes culturels conçus comme systèmes de différences, où la signification dépend des relations entre les éléments. Structuralisme et sémiologie, poétique et narratologie — toutes ces appellations recouvrent des variantes de la même approche analytique — ont décrit les conditions de la signification littéraire sur le patron de la signification linguistique, à savoir un code sous-jacent aux réalisations individuelles, comme la langue s'oppose à la parole.

La poétique et la narratologie visent l'établissement d'une grammaire générale, descriptive et non normative, de la littérature dans son immanence, l'équivalent de la langue dont les œuvres seraient la parole ; elles mettent au jour les « catégories qui permettent de saisir à la fois l'unité et la variété de toutes les œuvres littéraires » (Todorov). L'intention est de découvrir les principes généraux dans les œuvres individuelles plutôt que d'interpréter des œuvres individuelles à partir des principes généraux. En ce sens, les expériences les plus réussies sont le système du récit établi par Barthes à partir d'une nouvelle de Balzac (*S/Z*,1970), ou le petit traité de narratologie dégagé par Genette de l'œuvre de Proust (« Discours du récit », *Figures III*, 1972).

Apparue au XIXe siècle, la stylistique s'est opposée à la rhétorique comme une discipline historique à une théorie générale. Stylistique de la parole plutôt que de la langue, elle a occupé le vide laissé par la rhétorique et la poétique. Mais la stylistique phénoménologique de L. Spitzer remontait des faits de style à la compréhension d'une conscience, et très tôt, avant le structuralisme, la stylistique saussurienne de Ch. Bally s'est présentée comme une stylistique de la langue par opposition à la stylistique de la parole. En ce sens, la stylistique a disparu avec le retour de la poétique et de la narratologie. Mais une approche de la productivité textuelle comme celle de M. Riffaterre, s'opposant à la ligne Jakobson — Lévi-Strauss, montre qu'après le structuralisme, c'est dans le domaine de la stylistique que le formalisme reste le plus pertinent.

Modèles gnostiques ou indéterminés. Faut-il ajouter un quatrième paradigme pour la critique littéraire contemporaine ? Les précédents — explicatif, interprétatif, analytique — relèvent de conceptions du sujet et du langage — positiviste, phénoménologique, structurale — rivales. Mais le modèle textuel ne se situe pas sur le même plan que les autres : il s'intéresse moins aux textes réels qu'au système des textes possibles. La textualité, refusant l'histoire et l'herméneutique, a voulu se garder d'expliquer et d'interpréter. Or on ne peut pas s'en empêcher et la textualité entraîne un *indéterminisme* absolu de l'explication et de l'interprétation. Cet indéterminisme réagit contre le paradigme textuel comme le poststructuralisme (à la fois néo- et antistructuralisme) contre le structuralisme : il le porte à ses limites et, ce faisant, le renverse.

On peut aussi rendre compte de l'émergence de modèles critiques indéterministes à partir de l'herméneutique. La philologie jugeait possible la reconstruction du contexte historique de l'œuvre (et nécessaire et suffisante) ; la phénoménologie supposait que le trajet de la précompréhension à l'explicitation pouvait être reparcouru en sens inverse par l'interprète : le cercle herméneutique permettait de passer du présent au passé, ou de l'œuvre à la conscience. Mais avec Heidegger le cercle devient vicieux : l'interprète est enfermé dans son propre horizon de précompréhension sans espoir d'en sortir. Aucune communication n'a plus lieu entre des contextes historiques séparés.

La critique indéterministe doit enfin beaucoup à Nietzsche, qui réduisait le langage à la rhétorique et la vérité au jeu des figures et des tropes. Dans la lignée nietzschéenne du poststructuralisme français, le langage n'est plus en relation avec la réalité, ni le signe avec le référent, car le monde est un texte. Le point d'application de la critique se déplace de la production à la réception des textes, car leur sens est tenu pour indéterminé : nous leur en imposons qu'ils n'ont pas par eux-mêmes. Aussi l'interprétation devient libre. L'indéterminisme poststructuraliste et l'herméneutique postheideggérienne se rejoignent dans un nihilisme critique pour lequel toute interprétation est contresens ou malentendu. Du coup, il n'y a plus de différence non plus entre critique et littérature.

L'esthétique de la réception est un compromis entre l'histoire littéraire et la philosophie herméneutique. À la question : comment faire encore de l'histoire littéraire après Heidegger ? elle répond : avec le lecteur. Le critique allemand W. Iser s'appuie sur l'esthétique phénoménologique de R. Ingarden, faisant du texte une structure potentielle que le lecteur *concrétise* : il met le texte en rapport avec des normes et valeurs par l'intermédiaire desquelles il donne sens à son expérience textuelle. Iser ne précise pas quelle liberté a le lecteur pour remplir les structures textuelles à partir de ses propres normes, ni quel contrôle a le texte sur la façon dont il est lu. Lorsque nous lisons, notre attente est fonction de ce que nous avons déjà lu, mais les événements nouveaux nous contraignent à la reformuler et à réinterpréter ce que nous avons déjà lu. La lecture procède vers l'avant et l'arrière à la fois, un critère de cohérence guidant la recherche du sens et des révisions continuelles garantissant qu'un sens totalisant se dégage du texte.

Sur la base de la phénoménologie d'Ingarden, H.R. Jauss a historicisé, ou contextualisé, le procès de la lecture. La concrétisation du texte par la lecture est historique, car elle dépend des *horizons d'attente* selon lesquels on lit et évalue les textes à une date donnée. Les horizons d'attente originaux ne constituent pas des significations absolues et universelles comme pour la philologie. Jauss prend appui sur l'herméneutique de H.G. Gadamer, pour qui le sens du texte dépend d'un dialogue sans fin entre passé et présent, la position relative de l'interprète influençant la réception et la compréhension du passé. Nous ne connaissons jamais le passé qu'à la lumière du présent, dans une *fusion d'horizons*. La signification et la valeur d'un texte sont donc inséparables de l'histoire de sa réception.

On appelle *déconstruction* les lectures de textes littéraires qui s'inspirent de la réflexion philosophique de J. Derrida sur la phénoménologie et le structuralisme, jouant l'un contre l'autre et vice versa. Le passage au poststructuralisme a lieu par la critique et la radicalisation du saussurianisme, l'insistance sur la textualité et la différence au détriment du prétexte et de la référence. Le point de départ consiste dans la critique du *phonocentrisme* et du *logocentrisme* de la tradition occidentale. Derrida lui reproche de reposer sur la primauté de la parole dans une métaphysique idéaliste de la présence, derrière le langage ou sous le texte : l'idée, l'intention, la vérité, le sens, la référence que le langage exprimerait. Pour cette tradition, les mots seraient transparents, la communication possible. Derrida veut montrer que la voix n'est pas première mais présuppose une écriture, une institution ou un système de différences : la langue de Saussure est une écriture sans laquelle il n'y a pas de parole. L'écriture, la différence sont partout, et il n'y a jamais d'origine assignable. L'écriture et la textualité défont les volontés logocentriques à travers les figures et les tropes, la figuralité de tout fait de langage. De signe en signe ou de signifiant en signifiant, le glissement du sens ne s'arrête jamais.

Cette réflexion avait été annoncée par la métaphysique littéraire de M. Blanchot. En s'appuyant sur Mallarmé, Blanchot critiquait l'idée du *livre* comme totalité présupposant un créateur garant de l'unité du sens, c'est-à-dire l'axiome même de la critique de la conscience. Derrida rencontre également la déconstruction américaine (l'École dite de Yale, avec P. de Man), dans l'idée d'indétermination du sens : le langage et le texte ne vont jamais comme on voudrait, l'écriture et la textualité font dérailler le « vouloir-dire » comme signifié, comme présence à représenter. Après le livre, depuis Mallarmé, on est passé à la textualité, au travail du texte comme production de signifiants sans origine et sans auteur. La déconstruction rejoint ainsi les positions de Barthes à partir de son rejet du scientisme structuraliste (« La mort de l'auteur » [1968], « De l'œuvre au texte » [1971], *Le Plaisir du texte* [1973]), dans une sorte de comble du structuralisme se dévorant lui-même. Mais Barthes, moins absolu que les déconstructeurs, ne décide pas si la pluralité du sens dépend du texte ou de la lecture, et tend à distinguer deux sortes de textes : ceux de simple plaisir, en somme les vieux livres, et ceux de jouissance, qui minent la production du sens.

L'œuvre de M. Bakhtine, enfin, est contemporaine du formalisme russe mais son influence s'est fait sentir plus tard, après le structuralisme. Bakhtine se démarquait des formalistes en décrivant le fait linguistique comme procès social et situation communicationnelle. Cette insistance sur l'énonciation a pour conséquence de faire apparaître la pluralité de sens des énoncés, que Bakhtine appelle *hétéroglossie*. Par les notions de *dialogisme* et de *carnaval*, qui repèrent la polysémie inhérente au langage en action, Bakhtine anticipait le mouvement de la linguistique vers la parole, par exemple chez Benveniste, après qu'on avait privilégié la langue depuis Saussure.

Bakhtine continue à envisager le texte par le biais de sa production et décrit le roman comme juxtaposition de systèmes de signification, ou encore actualisation dialogique de l'hétéroglossie sociale : il s'agit de rendre une place au réalisme dans le formalisme, au monde dans le texte. Mais les thèses de Bakhtine seront réinterprétées du côté de la réception, confirmant les théories de l'indétermination du sens, notamment à travers Kristeva, qui répandit en France le *dialogisme* bakhtinien sous le nom d'*intertextualité*. L'idée devient que tout texte est le produit d'autres textes. Comme le langage n'a pas d'autre référent que lui-même, la littérature ne parle jamais que de la littérature, et la poésie est poésie de la poésie. Le dialogisme et l'intertextualité aboutissent ainsi à la notion d'*autoréférentialité*, analysant tout texte comme texte du texte.

→ Albert Thibaudet, *Physiologie de la critique*, Nizet, 1930. — Roger Fayolle, *La Critique littéraire*, Colin, 1964. — Roland Barthes, *Critique et vérité*, Le Seuil, 1966. — Georges Poulet éd., *Les Chemins actuels de la critique*, Plon, 1967. — Georges Poulet, *La Conscience critique*, Corti, 1971. — Aron Kibédi Varga éd., *Théorie de la littérature*, Picard, 1981. — Maurice Delcroix et Fernand Hallyn éd., *Méthodes du texte. Introduction aux études littéraires*, Paris-Gembloux, Duculot, 1987. — Jean-Yves Tadié, *La Critique littéraire au XXe siècle*, Belfond, 1987.

A.C.

Crommelynck Fernand (1886-1970). Né à Paris le 19 novembre 1886 de parents belges, il a vécu entre la Belgique et la France, quittant et rejoignant sa famille au gré des circonstances. Fils de comédien, acteur dès son adolescence, il compose très tôt ses premières pièces : *Nous n'irons plus au bois* (1906), sa première œuvre représentée, est une comédie en vers dans la manière des fantaisies de Banville. Il se fait metteur en scène pendant la Première Guerre, crée avec sa femme une compagnie, le « Théâtre volant » (1916-1917) ; ses premières pièces se situent dans la lignée du théâtre symboliste, celui de Maeterlinck en particulier : *Le Sculpteur de masques* (version en vers, 1908 ; en prose, 1918) et *Le Marchand de regrets* (1913) révèlent cependant un penchant pour la déformation des caractères et pour les ruptures de ton. Après la guerre, il fait du journalisme (à *L'Homme libre*, à *L'Éclair)*, et s'inscrit au Parti communiste en 1919. Il avait commencé à écrire *Les Amants puérils* (créé en 1918, publié en 1921) vers 1911 : dans un climat toujours symboliste, se superposent les relations dramatiques de deux couples, l'un jeune, l'autre vieux, le premier choisissant la mort pour conserver la pureté et l'innocence d'un rapport sublimé, le second s'abîmant dans la rancœur d'une liaison sans amour. Mais c'est la création, le 18 décembre 1920 au Théâtre de l'Œuvre, à Paris, par Lugné-Poe, du *Cocu magnifique* (1921) qui le consacre comme dramaturge aux yeux du public : la « farce » est montée dans toute l'Europe, et notamment à Moscou, en 1922, par Vsevolod Meyerhold, dans une des premières mises en scène constructivistes. La pièce dissèque jusqu'à la folie le sentiment de la jalousie : un homme, pour se convaincre de la malhonnêteté de sa femme, la pousse à le trahir ; il précipite seul sa propre déchéance, possédé entièrement par le sentiment qui le taraude. La modernité de la pièce est étonnante : alliant les procédés du théâtre expressionniste à la tradition shakespearienne de la combinaison des genres, Crommelynck construit une œuvre limite, alternant les niveaux de langue, mêlant les caractères, exacerbant les figures jusqu'à la caricature. Tragique, grotesque, lyrique, réaliste, merveilleux, *Le Cocu magnifique* est un exemple de théâtre fondé sur l'outrance et la démesure. Les personnages, maniaques pour la plupart, vivent leur psychose de manière absolue : une double logique préside au déroulement de l'intrigue, fuyant et subvertissant la norme, bouleversant l'ordre de la réalité. C'est dans cette perspective que se situe aussi *Tripes d'or* (1925), où un Harpagon de village, entré en possession d'un gros héritage, en vient à ingurgiter son or pour mieux le conserver, sa mort étant la conséquence directe de son avarice : les propos scatologiques, la verdeur des dialogues et les excès en tous genres du personnage principal donnent à la pièce un tour rabelaisien, l'auteur construisant une barrière linguistique et comportementale pour isoler et contenir le monde de la folie. Ce système est aussi à la base du dénouement de *Carine ou la jeune fille folle de son âme* (1929, prix triennal de littérature dramatique) : pour échapper aux allusions scabreuses et aux grossièretés de son entourage qui pourraient entacher la pureté de son amour, une jeune fille prend le voile, et réussit à maintenir sa virginité intacte jusqu'à la mort.

En 1932, Crommelynck s'installe en France pour une longue période. Il rassemble en volume quelques contes et souvenirs pour la plupart publiés en revue (*Miroir de l'enfance*, 1933) et fait paraître deux comédies : *Une femme qu'a le cœur trop petit* (1934) et *Chaud et froid ou l'idée de M. Dom* (1936, créé en 1934). Dans la première, il exploite le thème de la femme vertueuse mais bégueule, craignant les relations amoureuses par manque d'expérience ; dans la seconde, avec un humour macabre, il met en scène la lutte entre deux femmes se disputant l'honneur des faveurs d'un homme mort. Bâtie sur une double intrigue, cette pièce est aussi une satire sociale, fondée sur le prix qu'accordent les personnes aux rumeurs, presque toujours privées d'intérêt et vides de sens. Nommé directeur du théâtre des Galeries, à Bruxelles, en 1940, Crommelynck met en scène et interprète ses propres pièces, se consacre à des adaptations, écrit des scénarios et des dialogues pour le cinéma. Ce n'est qu'en 1950 qu'il fait paraître un nouveau volume, *Monsieur Larose est-il l'assassin ?*, parodie de roman policier fondée sur la variante de l'enquêteur-assassin, un système compliqué de martingale portant à la résolution de l'enquête. Le personnage principal, comédien raté, est encore un monomane : il poursuit son objectif jusqu'aux ultimes conséquences. Une dernière pièce est publiée en 1954, *Le Chevalier de la lune ou sir John Falstaff*, adaptation du *Henry IV* de Shakespeare : elle ne sera pas montée du vivant de l'auteur. En 1960, Crommelynck se fixe définitivement en France ; il meurt à Saint-Germain-en-Laye le 18 mars 1970.

ŒUVRES. — *Théâtre complet*, Gallimard, 3 vol., 1986-1990. — *Textes inconnus et peu connus de Fernand Crommelynck*, éd. Jeanine Moulin, Bruxelles, Palais des Académies, 1974. — *Monsieur Larose est-il l'assassin ?*, rééd., Bruxelles, Les Éperonniers, coll. Passé-présent, 1984.

→ Gisèle Feal, *Le Théâtre de Fernand Crommelynck, érotisme et spiritualité*, Minard, coll. Lettres modernes, 1976. — Jeanine Moulin, *Fernand Crommelynck ou le théâtre du paroxysme*, Bruxelles, Palais des Académies, 1978. *Fernand Crommelynck 1886-1970*, éd. Charles Dierick, Bruxelles, Bibliothèque royale Albert Ier, 1980. — Jean-Pol De Cruyenaere, *Fernand Crommelynck : « Le Cocu magnifique », « Tripes d'or »*, Bruxelles, Labor, coll. Un livre, une œuvre, 1987.

O.Bi.

Cuneo Anne (1936). D'origine italienne, née à Paris en septembre 1936, elle quitte la France au début de la guerre, et vit en Italie, à Lausanne, puis, adolescente, à Londres (*Station Victoria*, 1989). Après des études de lettres à Lausanne, elle enseigne et sillonne l'Europe. Journaliste, elle est l'auteur de reportages, portraits, enquêtes (*Le Piano du pauvre*, 1975 ; *La Machine fantaisie*, sur le cinéma suisse, 1976 ; *Art, rupture et résistance*, 1978 ; *Le Monde des forains*, 1985 ; *Benno Besson et « Hamlet »*, 1987), de films et de pièces de théâtre. Elle a publié un recueil poétique, *Au bas de mon rêve*, 1995. Mais c'est dans le domaine du récit que son œuvre est la plus importante. Deux périodes peuvent y être distinguées ; ses premiers livres (*Gravé au diamant*, 1967 ; *Passage des Panoramas*, 1978 ; *Une cuillerée de bleu*, 1979 ; *Les Portes du jour*, 1980 ; *Le Temps des loups blancs*, 1982) sont autobiographiques, intimistes et relatent souvent une crise personnelle (maladie, crise psychologique), sur le fond d'une perpétuelle préoccupation sociale ; depuis les années quatre-vingt, elle semble être engagée dans un travail où la fiction l'emporte, bien que nettement située dans l'Histoire (*Prague aux doigts de feu*, 1990). Cette tendance a trouvé son achèvement dans *Le Trajet d'une rivière* (1993), autobiographie fictive et romancée d'un musicien anglais du début du XVIIe siècle, puis *Objets de splendeur : Mr Shakespeare amoureux* (1996).

P.A.

Curtis Jean-Louis (1917-1995), pseudonyme de Louis Laffite. Né à Orthez (Pyrénées-Atlantiques) le 22 mai 1917, il enseigne l'anglais à Bayonne puis à Paris et fait de longs séjours en Angleterre et dans les pays méditerranéens, dont certains lui inspireront les nouvelles du *Thé sous les cyprès* (Julliard, 1969). Mais c'est le romancier qui s'impose d'abord avec *Les Jeunes Hommes* et *Siegfried* (Julliard, 1946). Son troisième roman, *Les Forêts de la nuit* (Julliard, 1947), obtient le prix Goncourt. Suivront avec plus ou moins de succès beaucoup d'autres romans, tous indifférents à la révolution du Nouveau Roman, et qui, tout en privilégiant l'analyse psychologique, font le tableau de la société contemporaine. *Les Jeunes Hommes* évoque l'avant-guerre et la guerre, premier volet d'un triptyque que compléteront *Les Forêts de la nuit*, peignant la vie d'une petite ville située sur la ligne de démarcation sous l'Occupation, et *Les Justes Causes* (Julliard, 1954), décrivant les lendemains de la Libération. On retrouvera dans *La Quarantaine* (Julliard, 1966) les héros des *Jeunes Hommes*, devenus pères de famille et confrontés cette fois à la société de consommation, également représentée dans *Un jeune couple* (Julliard, 1967) et *Le Roseau pensant* (Gallimard, 1971). Dans une trilogie constituée de *L'Horizon dérobé* (Flammarion, 1978), *La Moitié du chemin* (Flammarion, 1980) et *Le Battement de mon cœur* (Flammarion, 1981), de jeunes héros de Mai 68 reviennent progressivement aux valeurs de leurs parents. Le romancier peint avec ironie des personnages en proie aux événements politiques et sociaux du siècle, en particulier Gilles Ferrus, dans le *Cygne sauvage* (Julliard, 1962) qui grandit pendant la guerre d'Algérie. Nombre de ses romans ressemblent ainsi à des romans d'apprentissage, même si Curtis a également abordé la science-fiction (*Un saint au néon*, Denoël, 1956) et le policier psychologique ; ainsi, *Le Temple de l'amour* (Flammarion, 1990) multiplie les coups de théâtre et joue sur plusieurs registres avec un art consommé. Le maintien d'une forme traditionnelle contre tous les « alibis du romancier » n'interdit en rien les recherches et les innovations techniques (*La Parade*, Julliard, 1960).

Curtis a aussi publié des essais sur la littérature, comme *Haute École* (Julliard, 1950), où il commente notamment *Les Chemins de la liberté* de Sartre ; *Un miroir le long du chemin* (Julliard, 1969), en forme de carnet de route rédigé entre juin 1950 et novembre 1958 ; *Questions à la littérature* (Stock, 1973 ; prix de la critique de la Société des gens de lettres, 1974) ; *Une éducation d'écrivain* (Flammarion, 1985), sur le mode autobiographique ; ou *Lectures en liberté* (Flammarion, 1991), ensemble d'études écrites entre 1952 et 1990 sur les auteurs qu'il aime ou qu'il admire, Saint-Simon, Joyce, Shakespeare, Dickens et Proust, sans dévotion excessive. C'est en effet toujours avec humour qu'il aborde la littérature, comme en témoignent ses brillants pastiches : *La Chine m'inquiète* (Grasset, 1972), *La France m'épuise* (Flammarion, 1982), *Un rien m'agite* (Flammarion, 1985), ou le spirituel *À la recherche du temps posthume* (Fasquelle, 1957), démarquage du roman de Proust faisant revivre le Narrateur proustien dans un salon tenu par la fille de Saint-Loup et de Gilberte Swann où il rencontre les personnalités littéraires de l'après-guerre, Mauriac, Malraux, Paulhan, Breton.

Angliciste, Jean-Louis Curtis est également l'auteur de traductions de Shakespeare, de John Osborne (*Témoignage irrecevable)* et de Philip Toynbee (*Le Thé de Mrs Goodman)*. Membre de l'Académie française depuis 1986, Jean-Louis Curtis est mort le 11 novembre 1995 à Paris.

→ Paulette Roy, *Jean-Louis Curtis romancier*, Julliard, 1971.

S.R.

Curtius Ernst Robert (1886-1956). Né à Thann, dans l'Alsace annexée, issu, par sa mère, d'une famille de l'aristocratie allemande et fils d'un important dignitaire de l'Église protestante, il entreprend des études de philologie romane à Strasbourg, à Berlin puis à Heidelberg (1903-1910), couronnées par une édition critique des *Quatre livres des Reis* (1910). Il écrit ensuite une thèse d'habilitation : *Ferdinand Brunetière. Beitrag zur Geschichte der französischen Kritik* [*Contribution à l'histoire de la critique en France*] (1913), réflexion épistémologique sur les méthodes et les fins de la critique, examinant tour à tour la vision du monde de Brunetière, ses présupposés esthétiques, sa conception de la critique et de l'histoire littéraires, ses jugements de valeur. Ces deux travaux préludent à une longue carrière universitaire consacrée à la littérature médiévale française et provençale ainsi qu'aux courants littéraires contemporains.

Mobilisé en 1914, Curtius combat en France puis en Pologne. Après la guerre, il enseigne à Marbourg (1920-1924), à Heidelberg (1925-1929) et à Bonn (1929-1951). Fasciné par le climat culturel et littéraire français, il y voit une des raisons de la supériorité de la France sur l'Allemagne, et s'essaie à définir une sorte de « génie des nations » (« On n'apprend qu'en France ce qu'est la littérature », écrit-il par exemple) dans une série d'ouvrages qui le font remarquer sur les deux rives du Rhin : *Die literarischen Wegbereiter des neuen Frankreich* [*Les Précurseurs littéraires de la France moderne*] (1919), dont le chapitre sur Gide est à l'origine de son amitié avec l'écrivain ; *Maurice Barrès und die geistigen Grundlagen des französischen Nationalismus* [*Barrès et les fondements spirituels du nationalisme français*] (1921) ; *Französischer Geist im neuen Europa* [*L'Esprit français dans la nouvelle Europe*] (1925) ; *Die französische Kultur. Eine Einführung* (1930), trad. *Essai sur la France*, Grasset, 1932, rééd. La Tour d'Aigues, Éditions de l'Aube, 1990. Ces essais s'accompagnent de pénétrantes monographies littéraires : *Balzac* (1923, trad. 1933) et *Marcel Proust* (trad. partielle de *Französischer Geist...*, 1928). Curtius ne se désintéresse pas pour autant de la situation de l'Allemagne : en 1932, inquiet de la montée du radicalisme politique, il publie *Deutscher Geist in Gefahr* [*L'Esprit allemand en péril*], qui reçut un accueil très réservé, et fut à l'origine d'un isolement intellectuel qui persista même après la guerre.

Le maître livre de Curtius est sans nul doute *Europäische Literatur und lateinisches Mittelalter* (1948, trad. *La Littérature européenne et le Moyen Âge latin*, PUF, 1956, rééd. Presses Pocket, 1991), somme d'érudition brillante, fruit de seize ans de travail. Son ambition : aider à comprendre la tradition littéraire occidentale en revenant à ses sources latines médiévales, en montrant comment se sont mises en place ses pratiques culturelles et rhétoriques, ses formes, ses catégories esthétiques (classicisme, maniérisme...) et sa topique (système des grandes métaphores classiques) ; mettre au jour l'unité première des littératures européennes dans la référence constante aux modèles de l'Antiquité gréco-latine. Ce passionnant travail d'histoire littéraire avait aussi une autre fin : « Ce livre ne vise pas que des buts scientifiques. Il témoigne aussi d'un souci de maintenir la civilisation occidentale. »

Ce souci fut celui de toute la vie de Curtius, qui caressait l'utopie d'une vaste Europe spirituelle, d'une « République des Lettres » unie par ses origines culturelles communes et enrichie par le génie propre des nations qui la composent. De ce rêve témoignent ses échanges intellectuels avec André Gide et Charles Du Bos (*Deutsch-französische Gespräche, 1920-1950*, Francfort, Dieckmann, 1980 ; la plupart des lettres sont en français). L'abondante correspondance avec Gide (de 1920 à la mort de celui-ci), surtout, donne à voir un Curtius fin lettré, passionné de culture française, à l'affût des nouveaux courants de pensée, trouvant son unique consolation aux troubles du siècle dans « l'indéfectible plaisir des lettres ».

Marginalisé dans l'Université pour ses positions intellectuelles, Curtius recueille encore à la fin de sa vie *Kritische Essays zur europäischen Literatur* (1950, trad. *Essais sur la littérature européenne*, Grasset, 1954) avant de prendre sa retraite en 1951. Il est mort à Rome en 1956.

→ *Ernst Robert Curtius et l'idée d'Europe* (Colloque de Mulhouse et Thann, 1992), éd. Jeanne Bem et André Guyaux, Champion, 1995 (ce volume comprend des lettres inédites de Curtius à Catherine Pozzi, 1928-1934).

B.Do.

Curvers Alexis (1906-1992). Né à Liège, le 24 février 1906. Si ses études de philologie classique à l'université de Liège, sa rencontre et son mariage avec l'helléniste Marie Delcourt ont fait d'Alexis Curvers un chercheur et un essayiste, il quitte assez rapidement l'enseignement pour se consacrer à la littérature. Directeur, dans l'entre-deux-guerres, des *Cahiers mosans*, il anime des cercles littéraires dans sa région natale et fonde une revue de poésie, *La Flûte enchantée* (1953-1958). Son premier roman, écrit en collaboration avec Jean Hubaux, paraît en 1937 : *Bourg-le-Rond* est une satire contre les nouveaux marchands du temple, dont l'intrigue se déroule dans un petit village secoué par de prétendues apparitions divines. Avec *Printemps chez les ombres* (1939) qui raconte l'éclatement d'un groupe de jeunes gens sans idéaux, minés par les jalousies et les tromperies, Curvers reflète l'atmosphère inquiète et désabusée d'avant guerre. Il publie des contes, nouvelles et chroniques *(La Famille Passager*, 1942 ; *Le Massacre des innocents* et *Le Ruban chinois*, 1954 ; *Entre deux anges*, 1955) puis son chef-d'œuvre, *Tempo di Roma* (1957, prix Sainte-Beuve, porté à l'écran par Denys de la Patellière en 1963). « Depuis Stendhal, personne, en vérité, n'a écrit un roman plus pénétré d'authenticité italienne en même temps que plus ouvert à toute réalité humaine », écrira Emilie Noulet : dans la Rome de l'année sainte 1949, un jeune guide se laisse peu à peu pénétrer par le charme de l'Italie, profitant des enseignements d'un mystérieux Anglais, secrètement amoureux de lui. Le récit combine, avec beaucoup de grâce, d'humour et de nonchalance, un art de vivre au jour le jour et une conduite libre et indépendante. Après un long silence pendant lequel il se consacre à l'histoire de l'art (Van Eyck) et à la théologie morale (il collabore à la revue catholique intégriste *Itinéraires)*, Alexis Curvers fera paraître un dernier récit, *Le Monastère des deux saints Jean* (1967), parabole aux accents mystiques où sont posés conjointement les problèmes de la solitude et de la sensualité. On lui doit aussi des poèmes *(Cahier de poésies 1922-1949*, 1949 ; *Le Démon de midi*, 1993, posth.), un drame satirique consacré à un vieil Œdipe devenu atrabilaire *(Ce Vieil Œdipe*, 1947), des traductions *(Le Roman de Renart*, 1930 ; *Guibert de Tournai et le traité de la paix*, 1944), ainsi que des essais, dans lesquels il affirme son attachement aux valeurs traditionnelles et au catholicisme *(Pie XII, le pape outragé*, 1964). Il est mort à Liège le 7 février 1992.

ŒUVRES. — *Tempo di Roma*, rééd., Arles, Actes Sud, coll. Babel, 1991. — *Le Démon de midi, épigrammes siciliennes, autres poèmes*, Verviers, La Dérive, 1993.

→ David Scheinert, *Écrivains belges devant la réalité*, Bruxelles, La Renaissance du livre, 1964. — Catherine Libens, « In memoriam Alexis Curvers (1906-1992) », *Vie wallonne*, n° 417-418, 1992.

O.Bi.

Cuttat Jean (1916-1993). La personnalité solide et contrastée de ce poète de Porrentruy (Jura suisse) assure la cohérence de son œuvre, reflet fidèle de ses passions et de ses convictions. C'est peut-être avec l'engagement religieux que sa vocation de poète offre le plus de ressemblance : formé par les chanoines de Saint-Maurice, il en subit l'influence dans son premier recueil, *Le Sang léger* (1940). Le mysticisme débouche, dans *Malin Plaisir* (1941), sur la sensualité et la volupté douloureuse de l'acte créateur. Jean Cuttat restera voué à la poésie : le renoncement, la pauvreté qu'elle implique, les souffrances et les bonheurs de l'œuvre forment un enchaînement thématique qui parcourt ses livres, rompu çà et là par des hymnes à la jouissance. *Les Chansons du mal au cœur* (1942), premier ouvrage publié aux Éditions des Portes de France, fondées par Jean Cuttat, Roger Schaffter et Pierre-Olivier Walzer, marquent un changement de ton : du jeu sur les mots naît la profondeur et Cuttat découvre un style répétitif tenant de l'incantation et de la rengaine, qui sera désormais celui de ses sujets favoris. *Les Couplets de l'oiseleur* (1967), *Frère lai* (1968), *Poèmes du chantier* (1970), *Bravoure du mirliflore* (1970), *À quatre épingles* (1971) en témoignent. Ce trop-plein de vie distillé par l'art résulte de toute une période de silence poétique, où les vicissitudes affectives, sociales et commerciales avaient pris le pas sur l'écriture. La confiance de l'éditeur Bertil Galland, qui imprime ses recueils, lui permet de poursuivre et de donner quatre œuvres, publiées en 1972 : *Lamento de l'oiseleur*, *Le Poète flamboyant*, *Vive la mort* et *Feu profond.*

Entre-temps, le Jura, luttant pour son indépendance, réclame la participation de tous ses poètes. Cuttat s'engage contre la mainmise germanique. Cette conjoncture, liée à la douleur causée par la mort de sa mère, lui inspire *Noël d'Ajoie* (1974), où il ose davantage être de chez lui et aborde ses thèmes habituels à partir d'une expérience douloureuse. Quant à la forme, Cuttat décide d'explorer la tradition. Son style se coule spontanément dans ses moules favoris : sections de sept poèmes, quatrain, octosyllabe alternant avec l'heptasyllabe.

ŒUVRES. — Aux Cahiers de la Renaissance vaudoise (Lausanne) ou, depuis 1971, aux Éditions Bertil Galland (Lausanne, puis Vevey). L'ensemble de l'œuvre est rassemblé dans *Les Poèmes de Jean Cuttat*, Delémont, Bibliothèque jurassienne, 1989, à l'exception du *Baladin du troisième âge*, Lausanne, L'Âge d'homme, 1993.

D.Ba.

D

D'Amour Francine (1950). Née à Beauharnois, elle a publié une première œuvre, forte et violente, *Les dimanches sont mortels* (1987), histoire d'un parricide relatée par une narratrice dont le regard aigu et cruel dissèque un milieu familial mortifère. Une ironie non dépourvue d'amertume permet cependant à la romancière de garder une certaine distance vis-à-vis de ce nœud de vipères qui distille l'ennui, de ce monde clos où les personnages se retrouvent le dimanche dans une maison dont les placards recèlent autant de secrets inavouables que de bouteilles d'alcool. Francine D'Amour a publié deux autres romans, *Les Jardins de l'enfer* (1990), trouble histoire d'amour dont l'action se situe aux îles Galapagos, et *Presque rien* (1996), situé dans un quartier « branché » de Montréal. Elle est également l'auteur d'un recueil de nouvelles, *Écrire comme un chat* (1994).

S.Ma.

Dabit Eugène (1898-1936). Né le 21 septembre 1898 à Mers-les-Bains (Somme), il n'en est pas moins un authentique gamin de Paris : enfance à Montmartre, père cocher-livreur, mère femme de ménage puis concierge d'immeuble. Il fréquente la maternelle de la Goutte-d'Or et la communale de la rue Championnet. Après le certificat d'études, il entre en apprentissage dans le Marais (serrurerie, puis ferronnerie d'art). Il montre un goût très vif pour le dessin, fréquente un atelier et peint ses premières aquarelles (1912-1914). Au début de la guerre, il trouve à s'embaucher au Nord-Sud comme garçon d'ascenseur. Chômeur en 1916, il devance l'appel pour s'engager dans l'artillerie, connaît l'horreur des carnages en Champagne, puis participe à l'occupation de la Rhénanie. Dans les tranchées, il lit Charles-Louis Philippe, qui lui donne le goût d'écrire. Démobilisé en 1919, il rentre à Paris. En 1923, ses parents prennent la gérance d'un petit établissement honnête et décent : L'Hôtel du Nord, au 102 quai de Jemmapes. Eugène Dabit envisage de devenir artiste-peintre : il fréquente les académies de dessin, vend quelques toiles, obtient des commandes de décoration. Mais Vlaminck, à qui il montre régulièrement ses toiles, le dissuade de poursuivre.

Il se tourne vers l'écriture pour communiquer ses émotions, « se mêler activement aux hommes » et entreprend de raconter ses souvenirs de guerre, dont il soumet une première version à Gide. Il reçoit les encouragements de Roger Martin du Gard et de Léopold Chauveau. En 1928, il épouse une jeune artiste, Béatrice Appia. À cette date, il commence à tenir son *Journal*. En 1929, paraît *L'Hôtel du Nord*, son premier roman, récompensé par le prix Populiste en 1931. La peinture des locataires de ce petit hôtel tenu par le couple Lecouvreur donne lieu à une suite de portraits saisis sur le vif. Dans cet hôtel voué à la pioche des démolisseurs, c'est tout le petit peuple de Paris qui souffre, condamné à une existence morne et précaire. Marcel Carné donnera de ce roman une célèbre adaptation cinématographique en 1938. *Petit Louis* (1930) est le roman d'apprentissage d'un jeune homme qui, après les années paisibles du Paris populaire de l'avant-guerre, découvre pendant la guerre, entre tranchées et bordel, toute la laideur du monde.

À partir de 1930, commence pour Eugène Dabit une période de grande activité intellectuelle et littéraire. Il côtoie Guéhenno, Malraux, Barbusse, Romain Rolland. Signataire du Manifeste de l'École prolétarienne en juin 1932, il adhère à l'Association des écrivains et artistes révolutionnaires dès sa création (décembre 1932). Mais il ne s'inscrit à aucun parti politique. De 1931 à 1936, il collabore régulièrement à quelques revues et quotidiens : la *NRF*, *Marianne*, *Esprit*, *Nouvel Âge*, *Europe*, *Commune*, *L'Humanité*... En 1932, il publie *Villa Oasis ou les faux bourgeois*, où il évoque le monde de la petite bourgeoisie et des nouveaux riches. Irma et Julien, issus du milieu ouvrier, après avoir tenu le Montbert-Hôtel, dans un « quartier de plaisirs », aspirent à vivre bourgeoisement dans une maison de banlieue. *Faubourgs de Paris* (1933) contient une suite de tableaux parisiens consacrés aux lieux qu'il a parcourus et aimés dans sa jeunesse : Les Buttes-Chaumont, Les Grandes-Carrières, La Villette, Belleville, mais aussi la grande banlieue sud. Dabit y déplore l'évolution de l'urbanisme qui rend la vie des gens plus triste et plus laide : « Je n'ai plus d'attaches avec mon ancien quartier, je me trouve perdu comme un provincial. Ma ville a changé, elle est plus menaçante, inhumaine, artificielle, presque monstrueuse. » Dans *Un mort tout neuf* (1934), il décrit avec simplicité et vérité les réactions de la famille et de l'entourage du défunt, Alfred Singer ; il dénonce, en fait, chez ces gens médiocres la perte des vraies valeurs et la déshumanisation. Cette même année paraissent *Au Pont-tournant*, adaptation scénique de *L'Hôtel du Nord*, et *L'Île*, recueil de trois nouvelles. Dabit y évoque le cadre tranquille et pittoresque de l'île de Minorque où, depuis 1932, il a pris l'habitude de se rendre chaque année, de mai à septembre. C'est dans ce refuge qu'il ébauche la plupart de ses œuvres, loin de l'agitation parisienne : « Ces bruits, je les connais, cette odeur puante de goudron et d'essence, l'ai-je respirée ! et ces hommes pressés, soucieux, tous mortels et indifférents à leur misère, les ai-je assez vus ! » Il se rend aussi à Madrid où, au Musée du Prado, il admire Velazquez, Greco et Goya auxquels il consacre un essai : *Les Maîtres de la peinture espagnole* (posth., 1937). *Les Poèmes d'un été* (1935) célèbrent Minorque et ses habitants. Dans *La Zone verte* (1935), le Parisien Leguen fuyant la capitale, « une ville faite pour vous désespérer », parcourt la banlieue nord ; il succombe à ses charmes et finit par se fixer dans cette « cambrousse ». *Trains de vie* (1935), recueil de douze nouvelles, essentiellement consacré à Paris (mis à part quelques scènes espagnoles ou provinciales), est une suite de tableaux douloureux de la vie populaire : prostitution, désespoir, déchéances et suicides.

En juin 1936, Dabit part pour l'URSS en compagnie d'un groupe d'écrivains. La veille de son départ, il note : « Je ne suis pas "au bout du rouleau", je n'ai écrit que "mes œuvres de jeunesse", bien entendu si je vis... » Il se désintéresse rapidement de cette visite guidée officielle. Le 12 août, à Sobatchi, il est pris de coliques et de fièvre. Le 17, à Sébastopol, il doit s'aliter. On le soigne pour une scarlatine alors qu'il a probablement le typhus. Transféré à Moscou, il meurt à l'hôpital le 21 août 1936. Le 7 novembre, ses cendres sont inhumées au Père-Lachaise. Aragon et Vaillant-Couturier lui rendent hommage.

Eugène Dabit est plus qu'un écrivain populiste, appellation qu'il récusait lui-même et que les critiques lui appliquent trop facilement. Son œuvre, autobiographique à ses débuts, prétend atteindre « le drame et le général de [s]on temps ». Elle témoigne de la crise morale, intellectuelle et sociale des années trente. « Je ne puis être sensible à autre chose qu'au tragique de notre destin », notait-il dans son *Journal*. Sa pensée se partage entre un profond pessimisme et une véritable célébration de la vie : « Je ne sais s'il m'est possible d'espérer vivre encore vingt ans. Je le souhaiterais. Pour assister au triomphe des éternels vaincus. Et aussi parce que j'aime la lumière, les arbres, la mer, tant de spectacles merveilleux dont on ne se rassasie jamais. Assez de choses indépendantes de l'homme, nous apprennent à croire et à aimer. » *(Journal intime)*.

ŒUVRES. — Chez Gallimard, sauf indication contraire. — *L'Hôtel du Nord*, Denoël et Steele, 1929. — *Petit Louis*, 1930. — *Villa Oasis*, 1932. — *Faubourgs de Paris*, 1933. — *Un mort tout neuf*, 1934. — *L'Île*, 1934. — *La Zone verte*, 1935. — *Trains de vie*, 1936. — **Œuvres posthumes :** *Le Mal de vivre* (récit autobiographique inachevé), 1939. — *Journal intime 1928-1936*, 1939. — « L'Aventure de Pierre Sermondade » (nouvelle), *Revue des lettres modernes*, n° 4, 1973. — « La Rue » et « Un dimanche dans la banlieue sud » (nouvelles), *Revue d'histoire littéraire de la France*, n° 3, mai-juin 1976. — *Correspondance avec*

Roger Martin du Gard, éd. Pierre Bardel, CNRS, 1986. — *Ville lumière*, Le Dilettante, 1987.

→ *Cahiers de Paris*, n° 23, septembre 1938. — Maryvonne Baurens, *Eugène Dabit, dimension et actualité d'un témoignage*, Rome, università di Macerata, 1986. — Pierre-Edmond Robert, *D'un « Hôtel du Nord » l'autre, Eugène Dabit, 1889-1936*, université Paris VII-BLFC, 1987. — Fonds Eugène Dabit à la Bibliothèque nationale.

J.G.

Dada. Le mouvement Dada s'est d'abord constitué à Zurich en février 1916, mais un état d'esprit similaire, sceptique voire nihiliste, règne au même moment à différents endroits : à New York, autour de Marius de Zayas, Stieglitz, Man Ray et surtout Duchamp, dont les premiers *ready-made* datent de 1914 ; à Barcelone, où Picabia lance *391* ; à Berlin, parmi les artistes spartakistes ; à Cologne, avec Max Ernst ; en France, avec Vaché. Tristan Tzara a cristallisé cet état d'esprit et lui a donné le nom de *Dada*, aléatoirement choisi dans le Petit Larousse pour son caractère volontairement puéril et parce que ces deux syllabes sont prononçables, voire signifiantes, dans la plupart des langues européennes. Dada oppose l'éphémère et le gratuit à « la petite cuisine artistique », la création aléatoire au génie individuel, la destruction publique à la gloire. En lui-même dépourvu de sens, il se présente comme l'instrument d'un « grand travail négatif » de déblaiement, visant la ruine de toutes les illusions artistiques humanistes dont la guerre vient de rappeler la tragique inefficacité.

De Zurich, où il se constitue autour de Hugo Ball, Tristan Tzara, Hans Arp, les frères Janco, Richard Huelsenbeck, Dada s'élance à la conquête de l'Allemagne et de Paris en janvier 1920, cultivant l'injure dans des revues où une typographie novatrice désoriente les parcours visuels. Les poèmes tiennent du collage de matériaux verbaux hétéroclites ; fragmentés, ils se prêtent à l'exhibition scénique et se débitent à plusieurs voix sur fond de bruits divers devant un public exaspéré. Les années 1920-1922 voient l'éclosion de revues, de scandales organisés, de réunions groupusculaires qui dynamitent le paysage artistique et proclament la caducité de toute innovation poétique. L'humour et le scepticisme radical sont le commun terreau de Dada et du surréalisme, « deux vagues dont tour à tour chacune va recouvrir l'autre », dira Breton. Dans les revues *Dada* (Tzara), *391* (Picabia), *Littérature* (à partir de mai 1920), *Proverbe* (Eluard), reviennent les mêmes signatures, celles de Tzara, Picabia, Ribemont-Dessaignes et Pierre de Massot, dadaïstes dans l'âme, associées à celles de Breton, Eluard, Aragon, Péret, Desnos, Soupault, qui se reconnaissent circonstanciellement dans le procès de l'Art, l'apologie de la réclame et de la spontanéité. Papillons, tracts, annonces, propagent des rumeurs pour manipuler l'opinion en une surenchère provocatrice. Le premier « Vendredi de *Littérature* » (23 janvier 1920) inaugure une série de manifestations mouvementées au printemps 1920 (salon des Indépendants, Théâtre de l'Œuvre, salle Gaveau) où les quolibets, les bagarres, les bancs désertés par le public au milieu des proclamations cacophoniques sont l'indice de la réussite. Dès 1919, *Les Champs magnétiques* de Breton et Soupault avaient ouvert la voie de l'automatisme et du rêve, dont l'exploration continue allait conduire vers le surréalisme. Les grandes manifestations de 1921 (visite à Saint-Julien-le-Pauvre, procès Barrès, salon Dada) montrent que Dada a déjà vécu ses derniers beaux jours. Si les échecs, les éreintages de la presse et des milieux artistes réjouissent toujours Tzara, Picabia, Massot et Ribemont-Dessaignes, ils exaspèrent Breton, qui préfère la subversion à la provocation répétée ; les conflits d'humeur et d'autorité cachent mal les dissensions sur les enjeux mêmes, le rapport au langage et les moyens d'action. Les pamphlets et livraisons d'aphorismes injurieux et de graffiti *(La Pomme de pins*, *Cannibale*, le *Pilhaou-Thibaou*, *Le Cœur à barbe)* annoncent la rupture entre Breton et Tzara, consommée en 1922 : « Lâchez tout, lâchez Dada », clame Breton ; mais déjà, lors du procès Barrès, dont Breton a pris l'initiative en 1921, Tzara et Ribemont-Dessaignes refusent de jouer le jeu de l'accusation ; la réunion, suscitée par Breton en mars 1922, d'un Congrès pour la détermination des directives et de la défense de l'esprit moderne »

(Congrès de Paris), rend définitive la séparation.

Malgré son but avoué de désagréger la pensée, de tuer l'Art et les « pohètes », Dada a laissé une trace paradoxale et décisive dans le siècle : poèmes de Tzara, dessins et poèmes de Picabia, *ready-made* de Duchamp, collages de Schwitters, photo-montages de Haussmann, pièces et saynètes de Vitrac, Ribemont-Dessaignes, Tzara, Breton et Soupault, préfigurant le théâtre de l'absurde, ont fondé un état d'esprit anarchiste, iconoclaste et nihiliste, qui resurgit vigoureusement dans les années soixante, à travers l'*Action Painting*, les *happening* et autres « performances » ou « événements » marquants de l'histoire récente du théâtre et de la peinture.

Détruire ce qui lie en affirmant les contradictions, contester par la surenchère et la réclame ce qui a été érigé en valeur par ladite réclame, défier les forces de récupération de la société bourgeoise en la condamnant à s'annexer et à digérer des œuvres scatologiques ou ineptes, marquent le passage de Dada, à une époque où la démoralisation paraissait la seule réponse radicale au désastre. La poétique s'est trouvée bouleversée par cette intuition de Tzara : « La pensée se fait dans la bouche », qui rencontre certaines investigations contemporaines de la linguistique : collusions verbales insolites dans une syntaxe dynamitée par le mot, coqs à l'âne fondés sur l'association spontanée, aphorismes paradoxaux, lieux communs réinvestis ou concassés, ont abouti à certains traitements ludiques de la langue. Version frénétique du mal du siècle romantique dans une société où le capitalisme bourgeois a confisqué à l'art sa fonction d'exutoire sublime, Dada radicalise le désespoir par l'autodérision et tire les leçons de l'Histoire, érigeant en valeurs la jeunesse et la révolte.

ŒUVRES. — Georges Ribemont-Dessaignes, *Déjà jadis ou du mouvement Dada à l'espace abstrait*, Julliard, 1958, rééd. UGE, coll. 10/18, 1973. — Tristan Tzara, *Lampisteries : sept manifestes Dada*, Pauvert, 1978. — *Littérature* (1re série : 1919-1921 et nouvelle série : 1922-1924), réimpression J.-M. Place, 1978, 2 t. — *391* (Barcelone, New York, Paris, 1917-1924, rééd. Michel Sanouillet, Losfeld, 1966, 2 t. — *Dada* (Zurich et Paris, 1917-1922), rééd. J.-M. Place, 1981.

→ Michel Sanouillet, *Dada à Paris*, Pauvert, 1965, rééd. Flammarion, 1993. — Georges Hugnet, *L'Aventure Dada*, Seghers, 1971. — *Documents Dada*, réunis par Y. Poupard-Lieussou et M. Sanouillet, Weber, 1974. — Georges Hugnet, *Dictionnaire du dadaïsme*, J.-C. Simoën, 1976. — Henri Béhar, *Le Théâtre dada et surréaliste*, Gallimard, coll. Idées, 1979. — Richard Huelsenbeck, *En avant Dada : l'histoire du dadaïsme*, Allia, 1983. — *Vitalité et contradictions de l'avant-garde, Italie-France, 1909-1924*, Corti, 1988. — Marc Dachy, *Journal du mouvement Dada*, Skira, 1989. — Henri Béhar et Michel Carassou, *Dada : histoire d'une subversion*, Fayard, 1990. — Marc Dachy, *Dada et les dadaïsmes*, Gallimard, Folio-essais, 1994. — **Numéros de revues** : *Dada/Surrealism* : *Anniversary Issue*, nos 10-11, 1982 ; *Visual Poetics*, no 12, 1983 ; *Dada and Surrealist Art*, no 13, 1984 ; *Dada and Surrealist Film*, no 15, 1986 ; *Berlin Dada*, no 19, 1991 ; *Dada in Zurich*, no 20, 1992 (Publications de l'Association for the Study of Dada and Surrealism, dir. Mary-Ann Caws et Rudolph Kuenzli, Iowa University). — Voir également la bibliographie de la notice TZARA.

M.-P.B.

Dadelsen Jean-Paul de (1913-1957). Né le 20 août 1913, à Strasbourg, d'un père notaire à Muttersholtz, près de Sélestat, puis à Hirsingue, dans le Sundgau, et d'une mère bâloise, il est reçu premier en 1936 à l'agrégation d'allemand. Il collabore en 1937 au numéro des *Cahiers du Sud* sur le romantisme allemand (article sur Friedrich Schlegel). Quelques poèmes nous sont parvenus, des années trente, qui témoignent d'une précoce vocation (« Poème pour la naissance de Jean-Louis Hoffet » ; « La folie de Hölderlin »). Mobilisé, il participe dans une unité de chars à la bataille de Belgique (mai 1940). Professeur au lycée d'Oran (1941), il se lie d'amitié avec Camus, puis rejoint à Londres les services d'information du général de Gaulle. À la Libération, il est correspondant à Londres du journal *Combat* et suit pour *Franc-tireur* les grandes conférences internationales. En 1951, il retrouve à Genève Denis de Rougemont, au Centre européen de la culture, et devient conseiller de Jean Monnet au pool charbon-acier. Il renoue alors avec la poésie, abandonnée depuis les années trente. Il meurt d'un cancer à Zurich le 22 juin 1957.

En partie rassemblée sous un titre factice en 1962, l'œuvre, pour l'essentiel, est posthume, marquée par l'inachèvement et la mort prématurée de l'auteur. L'inachèvement, au demeurant, est chez lui naturel. Il ne cessait de reprendre ses poèmes, dont les versions publiées de son vivant ne constituent que les états « provisoirement définitifs ». Il s'était habitué à considérer comme « perpétuellement inachevé », à force de « retouches trimestrielles », le poème « Bach en automne », avant de consentir à sa publication dans *La Nouvelle Revue française*, en novembre 1955. Il en existe plusieurs versions, restées inédites, comme il existe au moins « cinq états » du poème que lui inspira la mort de sa mère, deux ans avant la sienne. La version retenue par lui pour être publiée (« Mort de la pharmacienne », *Preuves*, juillet 1957) appartient donc à la série de ces états qu'on peut lire aujourd'hui dans *Jonas*. La trace existe cependant d'un projet d'envergure, en forme de triptyque, dont « Jonas », « Bach en automne » et le poème en prose dont la sextine de « La femme de Loth » peut passer pour l'ultime réduction, auraient composé les volets. Ils ne sont pas étrangers non plus au projet d'un roman autobiographique, dont « Oncle Jean » constituerait l'un des chapitres. L'inaboutissement chez lui relève d'une certaine perplexité quant aux moyens (prose ou vers) et à la légitimité de la poésie : « Rien à dire — tout à attendre / d'ailleurs ce qu'est la poésie, qui le sait, le sait vraiment ? » (« Pâques 1957 »). Reste, sous peine de « radoter », à « bâtir indéfiniment la réalité », qui ne peut être que de mémoire. Mémoire d'une enfance retrouvée, ressurgie d'« entre les joncs où glissent les eaux dormantes », parmi « les gens de la plaine » (« Femmes de la plaine »), avec pour « matériau » à plus ample questionnement le souvenir très précis de la lecture des Écritures et du *Petit Catéchisme* de Luther. « Le fond, disait Dadelsen, n'est que matériau », celui entre autres de la dramaturgie chrétienne, qui inspire la plupart des poèmes. L'inquiétude qu'ils expriment ne va pas sans sarcasme. Elle s'autorise d'une pensée de l'« entre-deux » et de la « séparation » : « Celui qui vit dans l'entre-deux / celui qui n'aime assez ni son moi ni Dieu / celui qui a été craché des ténèbres de la baleine personnelle / sur un rivage vide où il n'a pas su parler à Dieu / celui-là, que fera-t-il ? » (« Cantique de Jonas »). Poétique de la séparation, qui se retrouve dans le boitement d'une diction parfois burlesque, et qui hésite entre lyrisme et prosaïsme, dans l'abrupt d'une syntaxe volontiers parataxique et dans l'impossibilité de jamais pouvoir lier sa gerbe : « Il faut couper », disait Dadelsen.

ŒUVRES. — *Jonas* précédé d'une étude par Henri Thomas, éd. François Duchêne, Gallimard, 1962, rééd. Poésie-Gallimard, 1986. — *Goethe en Alsace et autres textes*, éd. Baptiste-Marrey, Le Temps qu'il fait, 1982.

→ *Cahiers des saisons*, été 1961. — *Saisons d'Alsace*, nos 2 et 4, 1962.

B.L.

Dadié Bernard Binlin (1916). Né à Assinie (Côte-d'Ivoire), il appartient à cette génération d'Africains « évolués » pour lesquels le passage par l'École normale William Ponty, alors située à Gorée, fut déterminant. Sorti de Ponty en 1936, il travaille pendant dix ans à l'Institut fondamental d'Afrique noire de Dakar, avant de devenir, en 1947, responsable de l'information au sein du parti démocratique de la Côte-d'Ivoire ; il sera, deux ans plus tard, lors des événements de Treichville, arrêté et condamné à passer seize mois dans les geôles coloniales de Grand Bassam, incarcération qu'il relate dans ses *Carnets de prison* (Abidjan, CEDA, 1981). Sa carrière politique s'est poursuivie sous de plus heureux auspices au lendemain de l'indépendance — il a été plus de vingt ans ministre de la Culture — sans nuire à une carrière littéraire bien remplie, tournée vers le roman autobiographique : *Climbié* (Présence africaine, 1956), souvenir des années de William Ponty ; la chronique : *Un nègre à Paris* (Présence africaine, 1959), *Patron de New York* (Présence africaine, 1964), *La Ville où nul ne meurt* (Présence africaine, 1968) ; la nouvelle : *Les Jambes du fils de Dieu* (Hatier, 1980), *Commandant Taureault et ses nègres* (CEDA, 1980) ; et surtout le théâtre : il est l'auteur de deux drames historiques, *Béatrice du Congo* (Présence africaine, 1970) et *Îles de tempêtes* (Présence africaine, 1973), et de deux satires grinçantes de la société postcoloniale, *Monsieur Thogo-Gnini* (Présence africaine, 1970) et *Papassidi maître-escroc* (Dakar, NÉA, 1975). Prenant pour cible les coloniaux obtus côtoyés lors de ses années sénégalaises, aussi bien que les parvenus de l'indépendance exhibant une richesse insolente, il s'est aussi exprimé dans le domaine poétique : *Afrique debout* (Seghers, 1950), *La Ronde des jours* (Présence africaine, 1956), *Hommes de tous les continents* (Présence africaine, 1967). On lui doit également des *Légendes africaines* (Seghers, 1954) et un recueil de contes, *Le Pagne noir* (Présence africaine, 1955), où il restitue avec sobriété la parole traditionnelle Agni.

→ B. Kotchy, *La Critique sociale dans l'œuvre théâtrale de Bernard Dadié*, L'Harmattan, 1984. — Jacques Chevrier, « De *Béatrice du Congo* à *Îles de tempêtes* : la république est-elle un jeu pour les Nègres ? », dans *Images et mythes d'Haïti*, L'Harmattan, 1984. — N. Vincileoni, *Comprendre l'œuvre de Bernard Dadié*, Saint Paul, 1987. — *Bernard Dadié : hommages et études*, dir. U. Edebiri, Nouvelles du Sud, 1992.

J.C.

Daeninckx Didier (1949). Né le 27 avril 1949 à Saint-Denis, dans la banlieue parisienne. Ouvrier imprimeur en 1966, puis animateur, il est journaliste de chroniques locales en 1975. En 1977, sans emploi, il écrit *Mort au premier tour*, publié en 1982. Il donne ensuite six romans à la *Série Noire* de Gallimard. Dès *Meurtres pour mémoire* (1984), au-delà des conventions du genre policier, il fait vivre des personnages sans illusions, tel l'inspecteur Cadin, héros d'une comédie humaine où l'on perd à tout coup : ces personnages sont des gens ordinaires qu'une faille anodine dans un quotidien banal conduit à la tragédie, dans des décors urbains sans chaleur. Au détour du fait divers, il dévoile une société indifférente à son passé et à ceux qu'elle exclut. Les énigmes, au fond, ne sont jamais résolues. Les communautés se replient sur leurs secrets, écartant les « corps étrangers », policiers, journalistes, enquêteurs de hasard, héros sans grandeur, aiguillonnés pourtant par des valeurs morales qui n'ont plus cours. Daeninckx met au jour les souvenirs enfouis : ainsi, *La Mort n'oublie personne* (1989) dénonce la parodie de justice qui fait d'un résistant un assassin. Le goût de l'auteur pour le fait divers se traduit, à la fin des années quatre-vingt, par de nombreuses nouvelles. En 1990, *Le Facteur fatal*, biographie de l'inspecteur Cadin, marque la transition ; *À louer sans commission* (1991) est inspiré par des petites annonces ; *Zapping* (1992) dénonce avec un humour acide les abus des médias ; *Hors-limites* (1992) et *Autres lieux* (1993) sont voués aux zones d'ombre de la vie urbaine, comme *En marge* et *Main courante* (1994), qui s'inspirent de dépêches d'agences et de registres de police. Daeninckx redonne une histoire aux anonymes et se nourrit de ces existences banales, qui sont parfois des destins. Il est également scénariste (la série policière *Novacek* en 1994), s'est vu attribuer de nombreux prix littéraires. Il vit à Aubervilliers.

ŒUVRES. — *Mort au premier tour* (1982, Denoël, 1997). — Chez Gallimard : *Meurtres pour mémoire*, 1984, 1996. — *Le Géant inachevé*, 1984, 1993. — *La Der des ders*, 1984, 1995. — *Métropolice*, 1985, 1997. — *Le Bourreau et son double*, 1986, 1996. — *Lumière noire*, 1987, 1993. — *La Mort n'oublie personne*, 1989, 1990. — *Le Facteur fatal*, 1990, 1991. — *À Louer sans commission*, 1991. — *Zapping*, 1992, 1994. — Autres éditeurs : *La Fête des mères*, Syros Alternatives, 1986. — *Play-Back*, 1988, 1994. — *Quartier du globe*, Folies d'encre, 1989. — *Non-lieux*, Instant, 1989. — *Le Chat de Tigali*, 1989, Syros Alternatives, 1992. — *Arcadius Cadin*, Encrage, 1991. — *Hors Limite*, 1992 (Pocket, 1994). — *Autres Lieux*, Verdier, 1993 (extraits de *Quartier du globe* et de *Non-lieux)*. — *Le Papillon de toutes les couleurs*, La Farandole, 1993. — *Main courante*, Verdier, 1994. — *En marge*, Denoël, 1994 (Gallimard, 1995). — *Jirinovski, le Russe qui fait trembler le monde* (avec Pierre Drachline), Le Cherche-midi, 1994. — *Un château en Bohême*, Denoël, 1994 (Gallimard, 1996). — *Les Figurants*, Verdier, 1995. — (en coll.) *Une histoire d'amour, roman de groupe*, Hors Collection, 1995. — *Nazis dans le métro*, Baleine, 1996. — *À nous la vie !* (avec W. Ronis), Hoëbeke, 1996. — *Écrire en contre*, Paroles d'aube, 1997.

I.M.

Daigle France (1953). Née à Moncton au Nouveau-Brunswick, elle offre la figure la plus originale du roman acadien par la facture avant-gardiste et postmoderne de ses récits. Ses trois premiers romans, *Sans jamais parler du vent* (1983), *Film d'amour et de dépendance* (1984), *Histoire de la maison qui brûle* (1985), imposent un récit minimaliste, sans chronologie ni intrigue, dont les personnages sont réduits à des pronoms personnels. La typographie aérée — le blanc occupe une place plus importante que le texte — s'accorde au laconisme et à la fragmentation du propos, souvent transmis par une phrase elliptique aux incantations itératives. Par une oscillation constante entre l'univers du langage et celui de la réalité, le style de France Daigle tend à abolir la frontière entre les mots et les choses, dans un univers fictif où de nombreux objets deviennent les supports d'une représentation métaphorique de la création, mais sans cesser de porter de manière très réaliste leur charge d'émotion. La littérature, le jeu avec les mots, comportent les mêmes angoisses et les mêmes plaisirs que la vie et la mort et on ne saurait les distinguer. *Film d'amour et de dépendance* est le roman du scénario d'un film, dont les trois « textes » se confondent inextricablement, non sans exprimer la tendresse d'une histoire d'amour. Dans *Histoire de la maison qui brûle*, l'autodérision l'emporte. *Variations en B et K* (1985) poursuit ces exercices scripturaux dans les légendes énigmatiques de photos, dessins et graphiques inexistants. De *La Beauté de l'affaire* (1991), le sous-titre, « Fiction autobiographique à plusieurs voix et son rapport tortueux au langage », donne une idée assez juste. *La Vraie Vie* (1993) présente le texte suivi d'une fiction à six personnages, s'étalant sur cent paragraphes titrés et numérotés. Ces personnages d'abord isolés par paires voient graduellement leurs destins se croiser dans un récit déséquilibré par l'autoreprésentation et la mise en abyme.

R.Bo.

Daily-Bul (Le). Revue fondée à La Louvière (Belgique) en 1957 par André Balthazar et Pol Bury, dans la lignée du courant hennuyer du mouvement surréaliste belge. Elle naît après la création de l'« Académie de Montbliart » en 1954 et réunit autour de ses fondateurs les poètes Achille Chavée, Paul Colinet et Marcel Havrenne. Très vite, malgré une périodicité aléatoire, elle devient le point de rencontre d'artistes plasticiens (Dotremont, Alechinsky) et de poètes (notamment le groupe de *Phantomas)*, et s'ouvre vers l'étranger, surtout la France (André Martel, Gaston Chaissac, Pierre David, Noël Arnaud) où s'est installé Pol Bury. Sans prétentions dogmatiques, les animateurs du *Daily-Bul* cultivent l'humour et la dérision : *Le Daily-Bul* allait nous donner l'occasion de rire de tout avec sérieux, et de ne pas prendre l'humour trop à la lettre », écrira Pol Bury.

Fondées en même temps que la revue, les Éditions du Daily-Bul sont animées par André Balthazar et ont publié dans la meilleure tradition typographique (voir entre autres la collection des « Poquettes volantes »), des œuvres de Chavée, Topor, Joyce Mansour, Arrabal, Tardieu, etc.

O.Bi.

Daive Jean (1941). Producteur à France Culture, il est aussi l'auteur d'une œuvre poétique inaugurée dans la revue *L'Éphémère* (dirigée par Yves Bonnefoy et André du Bouchet) et poursuivie avec la publication des recueils *Décimale blanche* (Mercure de France, 1967) ; *Fut bâti* (Gallimard, 1973) ; *1, 2, de la série non aperçue* (Flammarion, 1976) ; *Le Cri cerveau* (Gallimard, 1976) ; *Narration d'équilibre* (Hachette, 1982, puis POL, 1985-1990, 4 t.) ; *Un transitif* (Spectres familiers, 1984). Cette poésie frappe par une fascination du néant, du silence, du blanc, qui se traduit sur la page imprimée. Mots, pensées, notations concrètes (parfois même photographies) apparaissent au fil du texte comme à la surface de la conscience, pour former des séries allusives, des fragments de récits qu'il appartient au lecteur de reconstituer. L'écriture dense, aphoristique ou elliptique, n'est pas sans évoquer parfois le grand poète allemand Paul Celan, que Jean Daive a traduit (*Strette*, Mercure de France, 1971). Il a également dirigé la revue *Fragment*, et publié deux romans qui s'inscrivent dans la continuité de sa poésie. Dans *Le Jeu des séries scéniques* (Flammarion, 1976), des voix féminines, d'âges différents, se croisent dans un récit qui tourne autour de quelques questions fondamentales : qu'est-ce que la parole, qu'est-ce que le moi, l'intériorité ? Les mêmes interrogations se retrouvent dans *La Condition d'infini* (POL, 3 t. parus, 1995-1996), série de fragments narratifs, de dialogues et de monologues contant les dérives, les aventures, les rencontres et les « saisons en enfer » d'un personnage baptisé Jonathan Goofo.

B.Do.

Dakeyo Paul (1948). Né à Bafoussam (Cameroun), exilé en France depuis 1969, il conduit une double carrière de poète et d'éditeur. Fondateur des Éditions Silex et de la revue *Nouvelles du Sud*, il défend les littératures africaines et exprime dans ses poèmes la solidarité de l'homme de plume avec exploités et opprimés d'Afrique et d'ailleurs (*Les Barbelés du matin*, 1973 ; *Le Cri pluriel*, 1975 ; *Chant d'accusation* suivi de *Espace carcéral*, 1976 ; *Soweto soleils fusillés*, 1977 ; *J'appartiens au grand jour*, 1979 ; *La Femme où j'ai mal*, 1989 ; *Les Ombres de la nuit*, 1994). On lui doit également trois compilations poétiques aux Éditions Silex : *L'Aube d'un jour nouveau* (1981, en collaboration avec Catherine Belvaude), *Poèmes de demain* (1982) et *Poésie d'un continent* (1985).

J.C.

Dalle Nogare Pierre (1934-1984). Écrivain contemporain du désespoir, il publie son premier recueil de poèmes, *Cellules* (Gallimard), en 1958, suivi de *L'Autre hier* (Gallimard, 1963). Dans ses poèmes comme dans ses récits, il met en scène un motif unique : celui d'un être confronté au chaos du réel, dont le sens lui a définitivement échappé. Entreprise tragique où le corps, privé d'assises, disloqué et béant, s'offre, se dédouble ou se répand (*Hauts-fonds*, Flammarion, 1967 ; *Corps imaginaire*, Flammarion, 1970 ; *Motrice*, Fata Morgana, 1970). La perte de l'identité, la chute participent d'une expérience du sacré dans laquelle la femme et l'érotisme mortifère ont leur part (*Mémoire d'autre*, Flammarion, 1972 ; *Récits des images*, Belfond, 1977 ; *Érosion, usure*, Thot, 1981) : l'univers de Dalle Nogare n'est pas sans rappeler celui de Hans Bellmer, dessinateur qu'il admirait. Dans ses récits, il ne cesse jamais d'être poète. L'intrigue y est aussi inexistante que l'action ; les personnages, anonymes, sont des concepts, des végétaux ou des minéraux, quand ils ne sont pas tout cela à la fois au cœur d'une fantasmagorie funeste (*La Mort assise*, Pauvert, 1971 ; *Déméter*, Flammarion, 1972 ; *Les Sentiments furtifs*, Julliard et *L'Étoile double*, Atelier de l'Agneau, 1976 ; *Le Grand Temps*, Belfond, 1977 ; *Mourir ailleurs*, La Différence, 1977 ; *Ouvert au-dedans*, 1982 ; *Mal-être*, La Différence, 1985). Pierre Dalle Nogare, qui était correcteur d'imprimerie, a disparu à l'âge de cinquante ans, le 16 novembre 1984. Il avait signé une pièce de théâtre, *Les Gus* (1958), et un oratorio, *Pour un espace de l'amour,* mis en musique par Alain Bancquart.

N.R.

Damas Léon-Gontran (1912-1978). Né le 28 mars 1912 à Cayenne (Guyane), il a fait ses classes au lycée Victor-Schœlcher de Fort-de-France et restera marqué par son enfance au sein d'une famille de mulâtres plus épris d'assimilation que d'authenticité. Après une adolescence protégée en raison d'une santé fragile et d'une sensibilité exacerbée, il est envoyé en France pour y faire des études de droit. Si le premier contact avec Paris est rude, il lui fait prendre conscience de sa négritude et l'oriente vers des études d'ethnologie. Il fréquente les surréalistes, Aragon, Desnos, et tous les Africains ou négro-africains qui se pressent alors à Paris, Léopold Senghor, Aimé Césaire, Langston Hughes. Sa famille lui ayant coupé les vivres, il est successivement débardeur aux Halles, ouvrier et plongeur, avant d'obtenir, sous la pression de ses compatriotes, une bourse qui lui permet de continuer ses études. Ces expériences alimentent une œuvre importante dont les premiers textes sont publiés en 1934 dans la revue *Esprit.* En 1937 paraît *Pigments* (préfacé par Robert Desnos), premier recueil poétique à exprimer la négritude avant la lettre. Une double inspiration nourrit les poèmes réunis sous ce titre-manifeste : l'écœurement de l'assimilé devant le saccage de son être le plus profond par une culture étrangère imposée, et la nostalgie, teintée d'amertume, de l'Afrique perdue. Léon Damas y dénonce les faux prestiges et les clowneries de l'exotisme nègre : « Trêve de blues / de martèlement de piano / de trompette bouchée / de folie claquant des pieds / à la satisfaction du rythme », ou se livre à une pathétique autocritique (« Solde »). Enfin, prophétisant la montée du fascisme qui va bientôt submerger l'Europe, il condamne le massacre des troupes coloniales aux avant-postes d'une guerre qui ne les concerne pas *(« Et coe-*

tera »). L'allure volontiers désinvolte de sa poésie ne doit pas masquer sa souffrance, qui préfère l'humour et la tendresse aux éclats de voix, mais ne laisse jamais le lecteur indifférent. Son dernier recueil, *Névralgies,* date de 1966. Il s'est éteint le 22 janvier 1978 à l'hôpital de l'université Washington, où il avait terminé sa carrière. Il avait également été l'un des promoteurs du mouvement de la Négritude, aux côtés de Senghor et Césaire, et comme ses compatriotes, connu une période d'engagement politique entre 1949 et 1955, période où il siégea à l'Assemblée nationale comme député de la Guyane. Il est aussi l'auteur d'un essai, *Retour de Guyane,* qui fit quelque bruit au moment de sa publication, en 1938.

ŒUVRES. — *Pigments,* GLM, 1937, rééd. Présence africaine, 1962. — *Retour de Guyane,* Corti, 1938. — *Veillées noires,* Stock, 1943. — *Poètes d'expression française,* Le Seuil, 1947. — *Poèmes nègres sur des airs africains,* GLM, 1948. — *Black Label,* Gallimard, 1956. — *Graffiti,* Seghers, 1952. — *Névralgies,* Présence africaine, 1966.

→ D. Racine, *Léon-Gontran Damas,* Présence africaine, 1984.

J.C.

Daniel-Rops (1901-1965), pseudonyme de Henri Petiot. Né à Épinal le 19 janvier 1901, il poursuit des études de droit puis passe avec succès l'agrégation d'histoire en 1922. Il enseignera cette discipline dans différents lycées jusqu'en 1945. Sa carrière intellectuelle publique commence lorsque, avec Arnaud Dandieu, Robert Aron, Denis de Rougemont, il participe, autour de la revue *Ordre nouveau*, à la recherche d'une troisième voie, ni libéraliste, ni marxiste. Mais dès les années trente il trouve dans le catholicisme les réponses à l'angoisse métaphysique qui hante ses premiers essais : *Notre inquiétude* (1927), *Éléments de notre destin* (1934), *La Misère et nous* (1935), *Ce qui meurt et ce qui naît* (1937), *Le monde sans âme* (1932), *Par-delà notre nuit* (1943), *Vouloir* (1948).

De facture traditionnelle, ses romans, qui veulent dire le nouveau mal du siècle, puisent leur inspiration à la même source : *Deux hommes en moi* (1930), *Mort, où est ta victoire ?* (1934), *L'Âme obscure* (1938), *L'Épée de feu* (1939), *L'Ombre de la douleur* (1941). Mais c'est surtout comme historien de la religion qu'il se fait reconnaître. *Jésus en son temps* (1945) remporte un succès mondial, et les différents volumes de l'*Histoire de l'Église du Christ* (1948-1963), s'imposent comme un ouvrage de référence. Il est également l'auteur d'une série d'essais religieux : *Mystiques de France* (1942), *Les Évangiles de la Vierge* (1942), *Toi aussi, Nathaniel* (1950), *Saint Bernard et son message* (1943), *Saint Paul, aventurier de Dieu* (1954), et de plusieurs monographies littéraires : *Rimbaud, le drame spirituel* (1931), *Péguy* (1933), *Psichari* (1942).

De 1948 jusqu'à sa mort, Daniel-Rops dirige la revue *Ecclesia.* Si l'on a pu parler de vulgarisation à propos de son œuvre, elle a contribué à l'amélioration de la culture religieuse de ses nombreux lecteurs, notamment des plus jeunes d'entre eux, auxquels il a destiné plusieurs ouvrages (*Histoire sainte*, 1943 ; *Évangile de mes filleuls*, 1962). Élu à l'Académie française en 1955, Daniel-Rops est mort à Chambéry le 27 juillet 1965.

ŒUVRES. — Chez Fayard et Plon.

Cl.D.

Daninos Pierre (1913). Né à Paris le 26 mai 1913, après des études au lycée Janson-de-Sailly, il devient journaliste et se fait engager en 1938 par Pierre Lazareff dans les journaux du groupe Prouvost. Mobilisé en 1939, il évoquera « la drôle de guerre » dans son premier roman, *Le Sang des hommes* (Payot, 1941), suivi de *Méridiens* (Plon, 1945), d'*Eurique et Amérope* (Plon, 1946), qui met en évidence l'art de la contrepèterie qu'on retrouve dans *Passeport pour la nuit ou le Roi Sommeil* (Plon, 1946), essai aux allures de roman. *Les Carnets du Bon Dieu* (Plon, 1947, prix Interallié) affirme sa notoriété, tandis que *L'Éternel Second* (Plon, 1949) voit apparaître le personnage de Sonia, qui reviendra dans *Sonia, les autres et moi, ou le dictionnaire des maux courants*, (Plon, prix Courteline, 1952), et dans *Comment vivre avec (ou sans) Sonia* (Plon, 1953), manuel drolatique et satirique du bon usage, que viendront compléter les jugements caustiques du major W. Marmaduke Thompson : né dans *Le Figaro*, cet « Anglais nourri à la française, à la découverte de la France et des Français » devient célèbre avec *Les Carnets du major Thompson* (Hachette, 1954) que prolongeront *Le Secret du major Thompson* (Hachette, 1956), *Le Major tricolore* (Hachette, 1968) et *Les Nouveaux Carnets du major Thompson* (Hachette, 1973). Le ton est donné et la satire peut aller jusqu'à la caricature comme en témoigne *Un certain Monsieur Blot* (Hachette, 1960), qui permettait à un petit employé de gagner le « Concours du Français moyen » et d'acquérir une certaine renommée en devenant « Le Français moyen n° 1 ». L'humour, parfois teinté d'amertume comme dans *Le 36e Dessous* (Hachette, 1966), qui fait l'histoire et la critique d'une psychanalyse, est en effet le meilleur moyen de dénoncer les travers et les conformismes du monde moderne que brocardent *Vacances à tous prix* (Hachette, 1958), *Le Jacassin* (1962), « nouveau traité des idées reçues », *Snobissimo* (Hachette, 1964), *Ludovic Morateur* (Plon, 1970), *Les Touristocrates* (Denoël, 1974), *La Première Planète à droite en sortant de la voie lactée* (Fayard, 1975) ou *La Galerie des glaces* (Hachette, 1983). Sous la verve comique et le mordant de la diatribe, Daninos exerce son sens aigu de l'observation à l'occasion sur lui-même (*Le Pyjama*, Grasset, 1972 ; *Profession écrivain*, Hachette, 1988), mais surtout dans les portraits de ses contemporains (*Made in France*, Julliard, 1977 ; *La France dans tous ses états*, Le Livre de Poche, 1985 ; *La France prise aux mots*, Calmann-Lévy, 1986), les plus savoureuses de ses observations lui ayant inspiré *Le Daninoscope* (Presses de la Cité, 1963).

S.R.

Dannemark Francis (1955). Né à Macquenoise (Belgique) le 13 avril 1955, fondateur de la revue de poésie *La Vigie des minuits polaires* (deux séries, 1976, 1978-1980), il a publié une trentaine de recueils de poèmes et de « textes courts », parmi lesquels *Heures locales* (1977), *Antarctique* (1978), *Manœuvres* (1979), *Distances* (1980), *Périmètres* (1981), *Les Eaux territoriales* (1983), *Une saison de grands vents* (1990), *L'Incomparable Promenade* (1993, recueil de poèmes publiés entre 1988 et 1991). La concision et la brièveté des « clichés » photographiques de Francis Dannemark répondent à une fragmentation du réel : autant de cadrages, d'instants, de « vues » qui forment un univers où l'espace et le temps ne sont plus des bornes nécessaires, mais des trouées dans le réel. Qualifié de postmoderne ou de cinématographique, son style adopte les rythmes du rock, des clignotements des néons ou du défilement des images télévisées. Son œuvre agit ainsi, presque malgré elle, sur le monde : Francis Dannemark déconstruit dans ses romans des univers éclatés qui partent à la dérive, des lieux fuyants où les personnes perdent leur identité. Autoroutes sans fins dans *Le Voyage à plus d'un titre* (1981), désert dans *La nuit est la dernière image* (1982), brouillard de la mer du Nord dans les *Mémoires d'un ange maladroit* (1984), l'histoire d'un personnage parti à la recherche d'une absence de vie. De petits faits, comme volés au hasard, donnent à la mémoire à peine le temps du souvenir : ce sont des *Choses qu'on dit la nuit entre deux villes* (1990), et qui s'évanouissent avec le matin ; quelques traces musicales, des silences et des gestes dans la Bruxelles de *Les Agrandissements du ciel en bleu* (1992), le périple absurde et la dérive des sentiments dans *La Longue Promenade avec un cheval mort* (1993). Écrivain de l'errance et de l'infini *(Dans les jardins mouillés*, 1995 ; *La Tombe d'un jeu d'enfant*, 1995), Francis Dannemark a aussi publié un récit érotique *(Zone de perturbations*, 1994), en collaboration avec Étienne Reunis.

ŒUVRES. — *L'Incomparable Promenade*, Cadex, 1993. — *Mémoires d'un ange maladroit*, rééd., Bruxelles, Labor, coll. Espace Nord, 1993.

O.Bi.

Dantzig Charles (1961). Né le 7 octobre 1961 dans les Hautes-Pyrénées, il est conseiller littéraire aux Belles Lettres, où paraissent ses ouvrages. Il aborde des genres variés. Sa première œuvre est un essai : *Remy de Gourmont*, *Cher vieux daim !* (Le Rocher, 1990). Il consacre également un pamphlet à la politique culturelle de la Ve République : *Le Style cinquième* (Les Belles Lettres, 1992), où il brocarde l'emphase moderniste et la culture officielle. Son œuvre poétique (*Le* *chauffeur est toujours seul*, La Différence, 1991 ; *Que le siècle commence*, Les Belles Lettres, 1996), alternant vers libres et réguliers, rapporte des impressions de voyages, des sensations fugaces, des anecdotes parfois infimes. Mais il y est aussi question de la beauté, de la littérature et de la mort. Vive, jamais obscure, cette poésie cultivée, qui ne dédaigne pas la satire, joue avec élégance, sur un ton apparemment désinvolte, de prosaïsmes voulus et de rythmes funambulesques. Son humour rappelle par moments celui de Laforgue. Le roman *Confitures de crimes* (Les Belles Lettres, 1993) fait monologuer une sorte de Néron fantaisiste devenu président de la République française, se livrant à une chasse impitoyable au mauvais goût et aux idées convenues. L'originalité de Dantzig apparaît plus nettement encore dans les chroniques qu'il a réunies dans *Il n'y a pas d'Indochine* (Les Belles Lettres, 1995), déambulation érudite et drôle à travers la culture et la littérature.

P.J.

Darbellay Claude (1953). Né au Sentier (canton de Vaud), enseignant à La Chaux-de-Fonds, il publie depuis 1983 des poèmes (*Si les crabes changeaient de direction*, 1983 ; *L'horizon n'a qu'un côté*, 1993) et des récits (*L'Île*, 1987 ; *La Cité*, 1991). Hanté par la cruauté et l'horreur de la société contemporaine, l'auteur évoque les différentes formes de vice et d'obsession d'une humanité au bord du gouffre. Son dernier roman, *Le Ciel plié* (1996), écrit sur un ton distant, mêle enquête policière et récit d'horreur pour dénoncer une civilisation victime de ses propres fantasmes.

D.Ma.

Darras Jacques (1939). Né en Ponthieu, il est professeur de littérature anglo-américaine à l'université de Picardie. Fondateur de la revue *In'hui*, il dirige également « Les Trois Cailloux », service d'édition de la Maison de la culture d'Amiens. S'affirmant comme un poète polyglotte, il refuse de s'inscrire dans l'héritage postmallarméen et le « malentendu » de la poésie pure. Son écriture jongle avec les idiomes, travaillée par une double référence : poésie médiévale et auteurs de langue anglaise dont il est aussi le traducteur (Walt Whitman, Malcom Lowry, Basil Bunting, David Jones ou Geoffrey Hill). Le liminaire de *Arpentage de la poésie contemporaine* (Trois Cailloux, 1987) énonce la nécessité de reconstruire « une langue capable de voyager à travers l'éternité des espaces infinis, une langue capable d'hiberner aux couches cryogéniques pour claquer comme un drapeau de mémoire ». Ce programme est exemplairement actualisé par *La Maye* (Trois Cailloux, 1988) somme poétique où, au fil des « chants », l'expérience personnelle se mue en une aventure du langage et par *Autobiographie de l'espèce humaine* (Trois Cailloux, 1991). Le brassage des unités du discours et la pluralité des voix sont là pour susciter une « polyphonie d'au-delà des langues ». Jacques Darras est l'auteur de plusieurs essais dans lesquels la question du lieu et de « nos marques dans l'espace » dialogue avec les thèmes de la mémoire et de la parole : *Le Génie du Nord* (Grasset, 1988), *La Mer hors d'elle-même* (Hatier, 1991) et *Joseph Conrad ou le veilleur de l'Europe* (Marval, 1991).

J. de S.

Daudet Léon (1867-1942). Né à Paris le 16 novembre 1867, fils aîné d'Alphonse Daudet, il côtoie les célébrités de la fin du XIXe siècle dans le salon brillant de ses parents (rue de Bellechasse, à partir de 1885), rencontre Victor Hugo à dix ans, accompagne régulièrement son père chez Zola à Médan, croise Flaubert, Barbey, Goncourt, etc. Élève à Louis-le-Grand, il fait ensuite des études de médecine. Médecin auxiliaire durant son service militaire en 1887, il échouera en 1891 au concours de l'internat. Cet échec lui inspirera *Les Morticoles* (1894), une satire de la corporation médicale. Après un premier mariage civil, le 12 février 1891, avec Jeanne Hugo, petite-fille du poète et sœur de l'un de ses amis, Georges, et un divorce en 1895, il se remariera en août 1903 avec Marthe Allard, doublement (par sa mère et par son père) sa cousine germaine.

Parallèlement à son œuvre de pamphlétaire, de journaliste et de témoin de son temps, Léon Daudet n'a cessé d'écrire des romans de mœurs. Après l'avoir fait paraître en feuilleton dans *La Nouvelle*

Revue de Juliette Adam, où il avait fait ses débuts en 1891, il publie son premier roman, *L'Héritier*, en 1892, suivi de *L'Astre noir*, en 1893. Mettant son imagination au service d'idées psychosociologiques, il publiera jusqu'à la fin de sa vie des romans à thèse et des essais tombés dans un juste oubli, sur des sujets tels que l'inceste, l'adultère, le divorce ou la condition des enfants de parents séparés : *Suzanne*, 1896 ; *Deux étreintes*, 1900 ; *Le Partage de l'enfant*, 1905 ; *La Mésentente*, 1911 ; *L'Hérédo, essai sur le drame intérieur*, 1916, et *Le Monde des images*, 1919 (deux livres que Proust qualifiera d'« admirables ») ; *L'amour est un songe*, 1920 ; *L'Entremetteuse*, 1922 ; *Le Rêve éveillé*, 1926 ; *La Femme et l'amour*, 1930 ; *Les Bacchantes*, 1931 ; *Phryné, ou Désir et remords*, 1937.

Daudet n'a pas poursuivi dans une autre veine qu'il avait illustrée en 1896 avec *Le Voyage de Shakespeare* : la fresque historique truculente qui eût peut-être fait de lui un Dumas rabelaisien. Cette truculence, cette imagination verbale, il la versera à flots intarissables dans son œuvre de polémiste. C'est, semble-t-il, la lecture de Drumont qui l'a fait basculer dans la politique, et qui fera bientôt de lui, au moment de l'Affaire, un anti-dreyfusard inconditionnel et virulent, adhérant à la Ligue de la patrie française dès sa fondation en 1899. Chroniqueur de théâtre au journal *Le Soleil* (1899), puis collaborateur du *Gaulois* et de *La Libre Parole* (1900), il publie en 1901 une satire de la démocratie (*Le Pays des parlementaires*), se rallie au mouvement maurrassien en 1904 et deviendra rédacteur en chef du quotidien *L'Action française* en mars 1908, défendant les valeurs traditionnelles et pourfendant avec une faconde de bretteur ceux qu'il considère comme les ennemis de la France éternelle dans des éditoriaux quotidiens, impitoyables et brillants. Les têtes de la IIIe République, Doumergue, Poincaré, Barthou, et surtout Aristide Briand, dans lequel il voit une synthèse de l'opportunisme, de la mollesse et de l'indécision républicaines, lui offrent le sujet de portraits corrosifs, où s'accumulent les métaphores, les épithètes et les sobriquets : la formule consiste à mêler les registres politique, psychologique et physiologique, à impliquer une appréciation morale ou politique dans une apparence, un maintien, une manie, une disgrâce physique.

Collectionnant les duels, tribun ardent (il est député du XVIe arrondissement de 1919 à 1924), Léon Daudet a toujours choisi les positions extrêmes : en 1920, il est partisan de l'occupation de la Ruhr ; en février 1934, il pense à prendre d'assaut la Chambre des députés. Un triste événement a donné à ses engagements et à sa rage polémiste une dimension tragique : le 22 janvier 1923, son fils de quatorze ans, Philippe, est retrouvé mort dans un taxi. Croyant d'abord au suicide, selon l'interprétation officielle — l'adolescent se disait anarchiste et faisait de fréquentes fugues —, Daudet se ravise, accuse la Sécurité d'assassinat et met en cause le chauffeur de taxi, qui l'attaque en diffamation. Condamné en novembre 1925 à cinq mois de prison (peine confirmée en appel), incarcéré en juin 1927, il est délivré par les camelots du roi dans des conditions rocambolesques et passe la frontière. Il connaîtra deux ans d'exil à Bruxelles (jusqu'en décembre 1929). Bien que rallié aux positions pacifistes de l'Action française, il appelle à la lutte contre l'Allemagne en 1939, mais se réjouit de l'arrivée au pouvoir de Pétain. Malade, il abandonne en 1941 sa collaboration à *L'Action française* et meurt à Saint-Rémy-de-Provence le 1er juillet 1942.

Entre le romancier conformiste et le polémiste incendiaire (qui a aussi pris pour cible le siècle où il est né dans son célèbre *Stupide* XIXe *Siècle*, sous-titré *Exposé des inanités meurtrières qui se sont abattues sur la France depuis cent trente ans [1789-1919]*, en 1922, et a rassemblé ses fulminations politiques en 1930 dans trois volumes intitulés *Nouveaux Châtiments*), il faut faire sa part à l'irremplaçable témoin de son temps que fut Léon Daudet. Ses *Souvenirs des milieux littéraires, politiques, artistiques et musicaux*, paraîtront en six tomes, de 1914 à 1921 : *Fantômes et vivants* (1914) ; *Devant la douleur* (1915) ; *L'Entre-deux-guerres* (1915) ; *Salons et journaux* (1917) ; *Au temps de Judas* (1920) ; *Vers le roi* (1921). Il prolongera cette entreprise historico-autobiographique, qui n'échappe pas non plus à la tentation pamphlétaire, en évoquant la guerre de 1914 dans *L'Hécatombe* (1923) et dans *La Pluie de sang* (1932), la période de l'après-guerre dans *Moloch et Minerve* (1924) et en racontant ses années à la Chambre dans *Député de Paris* (1933). La suite de cette fresque fragmentée oscillera entre la veine polémiste (*L'Agonie du régime*, 1925 ; *Magistrats et policiers*, 1935 ; *Sauveteurs et incendiaires*, 1941) et l'autobiographie plus sensible (*Paris vécu*, 1929-1930 ; *Vingt-neuf mois d'exil*, 1930 ; *Quand vivait mon père*, 1940). Léon Daudet avait publié un premier livre de souvenirs, sur son père, mort en décembre 1897 (*Alphonse Daudet*, 1898). Il lui succédera à l'académie Goncourt en 1900. En décembre 1919, il contribuera efficacement à faire décerner le prix, pour *À l'ombre des jeunes filles en fleurs*, à Marcel Proust, lié à son frère, Lucien Daudet. Au même jury, il a également soutenu Bernanos et Céline, mais avec moins de succès.

ŒUVRES. — Rééd. récentes : *Souvenirs et polémiques (Souvenirs des milieux littéraires, politiques, artistiques et musicaux ; Député de Paris ; Paris vécu ; Le Stupide* XIX*e Siècle)*, éd. Bernard Oudin, Laffont, coll. Bouquins, 1992. — *Le Voyage de Shakespeare*, Gallimard, 1974. — *Paris vécu*, Gallimard, 1969. — *Souvenirs littéraires*, Grasset, 1974. — *Deux idoles sanguinaires : La Révolution et son fils Bonaparte*, Albin Michel, 1988.

→ Paul Dresse, *Léon Daudet vivant*, Laffont, 1948. — Jean-Noël Marque, *Léon Daudet*, Fayard, 1971. — Éric Vatré, *Léon Daudet ou le libre réactionnaire*, France-Empire, 1987. — François Broche, *Léon Daudet, le dernier imprécateur*, Laffont, 1992.

A.G.

Daudet Lucien (1883-1946). Né le 11 juin 1883, fils d'Alphonse Daudet et frère cadet de Léon, il pouvait difficilement connaître un autre destin que celui d'homme de lettres. Ses études s'arrêtèrent pourtant au baccalauréat. Il se dirigea d'abord vers la peinture, avant de publier coup sur coup trois romans psychologiques : *Le Chemin vert* (1908), *La Fourmillère* (1909), *Le Prince des cravates* (1910). Mais il est surtout connu pour sa rencontre, en 1895, avec Marcel Proust dont il devint le meilleur ami et l'un des principaux correspondants. Dès 1928, il publie une soixantaine des lettres reçues de Proust qui commencent presque invariablement par « Mon cher petit ». Figure du Paris de la Belle Époque, Lucien Daudet fut aussi le confident de l'impératrice Eugénie, à laquelle il consacra un premier ouvrage dès 1911 (*L'Impératrice Eugénie*). Après *La Dimension nouvelle* (1919), *Évidences* (1920), *Les Yeux neufs* (1921), et surtout après la mort d'Eugénie en 1920 et de Proust en 1922, son inspiration semble se tarir. Demeuré un homme du monde en vue, pour qui le chic est la valeur première, fréquentant les fidèles du *Bœuf sur le toit*, il donnera encore une belle biographie de son père (*Vie d'Alphonse Daudet*, 1941).

G.P.

Dauguet Marie (1860-1942). Née en Haute-Saône, elle s'est passionnée pour la musique et la peinture avant d'écrire ses premiers poèmes. Remy de Gourmont, qui a préfacé *Par l'amour* (1904), a salué en elle un poète original. Chantre de la campagne (*Les Pastorales*, 1908), éprise d'idéal et assoiffée de bonheur, elle a exalté le quotidien de la ferme. Son lyrisme sensuel et son vocabulaire enrichi de formes dialectales servent l'évocation des joies rustiques. Son dernier livre, *Ce n'est rien, c'est la vie*, a paru en 1924.

D.H.-M.Ber.

Daumal René (1908-1944). Né à Boulzincourt, dans les Ardennes, le 16 mars 1908, il aborde dès quinze-seize ans l'exploration des limites, entre veille et sommeil, entre vie et mort, en faisant « toutes sortes d'expériences *pour voir*, avec des camarades — sujets *brillants* au lycée, mais un peu détraqués — alcool, tabac, noctambulisme, etc. », essayant par exemple « de [s']asphyxier (C CL4 ou benzine) pour étudier comment disparaît la conscience et quel pouvoir j'ai sur elle ». Outre le goût potache pour les canulars — ils se nomment entre eux « Phrères simplistes » et invoquent « saint Pliste » —, c'est aussi une vive passion pour la poésie qui unit d'emblée René Daumal, Roger Vailland, Robert Meyrat et Roger Gilbert-Lecomte. Suivant l'exemple de Rimbaud et de Nerval, qu'ils vénèrent, ils comprennent la poésie, moins comme une pratique littéraire que comme une attitude fondamentale face à l'existence, soucieuse d'en percer le mystère et même d'en franchir les limites connues par le moyen de ce qu'ils nomment alors « la métaphysique expérimentale ». En 1925, Daumal prépare l'École normale supérieure au lycée Henri-IV à Paris, où il a pour professeur le philosophe Alain. Il continue à correspondre avec Roger Gilbert-Lecomte, resté à Reims et auquel il rend compte de ses lectures multiples, occultistes, théosophiques, mystiques, et de ses rencontres avec des opiomanes. Après son échec à l'École normale, il entreprend une licence de philosophie à la Sorbonne et écrit l'un de ses premiers textes, *Mugle* (posth., 1978). De nouvelles amitiés (le peintre tchèque Joseph Sima, André Rolland de Renéville, Joseph Cramer) font naître le projet d'une revue qui servirait d'organe à ce groupe de jeunes écrivains, artistes et philosophes. Daumal venait de lire avec admiration les numéros 3 et 4 de *La Révolution surréaliste* dont Artaud, éphémère directeur, avait écrit un grand nombre de textes. Puisque l'appel à la révolte était lancé, il fallait y répondre, mais en mettant en avant d'autres idées que celles des surréalistes et sans se laisser annexer par eux. La revue, qui devait initialement s'intituler *La Voie*, paraît finalement en juin 1928 sous le titre *Le Grand Jeu*. Elle n'eut que trois numéros. Un quatrième, achevé et destiné à paraître en 1932, ne put être imprimé faute d'argent. Comme dans *La Révolution surréaliste*, chaque numéro du *Grand Jeu* rassemblait des essais programmatiques illustrant les positions du groupe, des enquêtes, des textes en prose ou des poèmes de chacun des membres. Les illustrations, dessins ou photographies, étaient de Sima, André Masson, Maurice Henry, Man Ray et Artür Harfaux. Daumal y donna quelques-uns des poèmes de son premier recueil, *Le Contre-ciel* (1936).

Le Grand Jeu, qui est plus qu'une revue, entend définir une tendance fondamentale commune à tous les membres du groupe. Dès l'avant-propos du premier numéro, Gilbert-Lecomte annonçait : « Le Grand Jeu est irrémédiable ; il ne se joue qu'une fois. Nous voulons le jouer à tous les instants de notre vie. C'est encore *à qui perd gagne*. Car il s'agit de se perdre. Nous voulons gagner. Or le Grand Jeu est un jeu de hasard, c'est-à-dire d'adresse, ou mieux de *grâce* : la grâce de Dieu, et la grâce des gestes. » La recherche de la pureté, qui seule permet la réceptivité entière, le souci de l'authenticité, qui exige une constante remise en question de tout, constituent les principes de ce qui ressemble fort à une mystique, mais une mystique qui refuse les carcans des religions.

Dès 1929, Breton propose à Daumal et à Gilbert-Lecomte de former avec les surréalistes un mouvement unique en raison de la convergence de leurs options révolutionnaires et politiques. La réponse que lui adresse Daumal reflète l'idéalisme quelque peu hautain que partageaient les membres du *Grand Jeu* : « Si bien qu'aujourd'hui j'irais vers vous pour me livrer à vos petits jeux de sociétés, à ces dérisoires et piétinantes recherches vers ce que vous nommez improprement le *surréel* ? Pour les trouvailles divertissantes du “Cadavre exquis”, de l'écriture automatique seul ou à plusieurs, je laisserais tout l'appareil technique que le Grand Jeu travaille à construire et auquel chacun de nous apporte sa part de ressources ! Nous avons, pour répondre à votre *science amusante*, l'étude de tous les procédés de dépersonnalisation, de transposition de conscience, de voyance, de médiumnité ; nous avons le champ illimité (dans toutes les directions mentales possibles) des yogas hindous ; la confrontation systématique du fait lyrique et du fait onirique avec les enseignements de la tradition occulte (mais au diable le *pittoresque* de la magie !) et ceux de la mentalité dite primitive... et ce n'est pas fini. » *(Le Grand Jeu*, n° 3, 1930)

Daumal n'en est pas moins confronté au sein du groupe à des dissensions qui tiennent pour l'essentiel à la difficulté de concilier son adhésion tout intellectuelle au matérialisme dialectique, que le contexte politique de l'époque rend de plus en plus exigeante, et les préoccupations spirituelles vers lesquelles le portent ses intérêts les plus profonds. *Le Grand Jeu* se disloque et Daumal, souvent malade, en proie à des crises de découragement, cherche alors dans l'enseignement d'Alexandre de Salzmann, un élève du philosophe Gurdjieff, les moyens de poursuivre sa recherche spirituelle. Sous l'influence de Salzmann, il se consacre à l'étude des sources de la pensée orientale et apprend le sanscrit pour accéder aux textes védiques sacrés et profanes. Il atteindra rapidement une grande compétence dans cette langue, au point de lui consacrer un ouvrage : *La Langue sanscrite : grammaire, poésie, théâtre* (publié en 1985 par son frère, Jack Daumal, et la Société des amis de René Daumal). Ses études sur la culture et les grands textes hindouistes l'occuperont d'ailleurs jusqu'à sa mort, et sa traduction du *Nâtya-Câstra* (Gallimard, 1970) laissera sa trace dans *Le Théâtre et son double* d'Artaud, ouvrage écrit également entre 1931 et 1933 et dans lequel Artaud fait l'éloge du théâtre oriental. Les compétences acquises dans ce domaine permettront à Daumal d'être, en 1932, le secrétaire de la troupe des danseurs sacrés d'Uday Shankar.

Mais le véritable centre de sa réflexion, à cette époque, reste l'enseignement de Salzmann, que Jeanne de Salzmann, après la mort de son mari, continue à transmettre au poète ainsi qu'à son épouse Véra. Cette soumission volontaire à une doctrine qui, par-delà Salzmann, devait beaucoup à Gurdjieff, est sans doute déconcertante de la part d'un homme qui, jusqu'alors, avait toujours pourfendu les idéologies fumeuses. N'écrivait-il pas dans une de ses *Lettres à ses amis* : « Tout ce qu'on adore est cadavre, sauf Dieu [...]. C'est pourquoi je dis : mon corps est mort, ma voix est morte ; toute science est cadavre, toute œuvre est un cadavre » ? Mais cet enseignement, visant essentiellement à la maîtrise du corps, des instincts et de l'intellect sous le contrôle du maître, l'aide à trouver son équilibre et à jeter un regard critique sur ses erreurs passées. Un roman, *La Grande Beuverie* (1939), est le produit de l'examen sans complaisance de ses illusions de jeunesse et des impostures littéraires dont il avait été victime ou témoin. Avec une verve qui doit plus à la 'Pataphysique qu'à l'ésotérisme, il y dénonce les paradis artificiels, qu'il s'agisse de la drogue à laquelle son ami Gilbert-Lecomte s'était abandonné, ou de toutes les formes d'évasion banale et d'activisme vain comme les pratiquent « Pwatts », « Ruminssiés » et « Kiritiks ». Les philosophies orientales elles-mêmes n'échappent pas à l'éreintement.

Pourtant, chez ce dialecticien, la phase de la démolition ne fait que préparer une initiation plus constructive. La voie permettant d'atteindre à la connaissance de soi devait faire l'objet du *Mont Analogue* (posth., 1952), conte philosophique et allégorique que Daumal, rattrapé par la tuberculose dont il souffrait depuis plusieurs années, laissa inachevé. Grand marcheur, passionné d'altitudes, l'auteur imagine dans ce roman l'ascension d'une montagne plus haute que toutes les autres, mais située dans un continent invisible, bien que réel. L'équipe d'alpinistes qui s'est constituée autour du professeur Sogol (anagramme de *Logos)* doit d'abord admettre la réalité de ces sommets insoupçonnés et en reconnaître la position avant de s'y risquer. Pour l'ascension proprement dite, elle devra renoncer à son matériel et s'engager sans aucune des garanties habituelles. C'est l'humilité du maître, saisi de doute et avouant ses faiblesses qui permettra au groupe d'acquérir un « peradam », petite pierre scintillante de vérité, seule monnaie en usage sur ces hauteurs. Le roman devait raconter ensuite l'abandon des « dégonfleurs », ces faux chercheurs dont la curiosité ou la cupidité ne résiste pas aux premières difficultés sérieuses. L'ascension du Mont Analogue, comme la traversée du désert que raconte Farid Attar dans *Le Langage des oiseaux*, ne se fait pas d'une seule traite : on progresse de refuge en refuge et les alpinistes ont à cœur, avant de quitter le refuge, de préparer ceux qui doivent venir l'occuper à leur place. L'ascension n'est pas le symbole d'une quête individuelle, mais d'un enseignement que l'on partage dans l'espoir que d'autres pourront la mener plus haut. L'inachèvement du récit ne permet pas de dire si Daumal croyait à la possibilité de parvenir au sommet et de s'y maintenir. Bien qu'il paraisse souvent juger l'entreprise désespérée, elle n'en est pas moins utile, selon lui, comme l'avaient été les expériences de métaphysique concrète de son adolescence : « On monte, on voit. On redescend, on ne voit plus ; mais on a vu. Il y a un art de se diriger dans les basses régions, par le souvenir de ce qu'on a vu lorsqu'on était plus haut. Quand on ne peut plus voir, on peut du moins encore savoir... » (cité par Jean Biès, *René Daumal).* Constamment sous-tendu par l'allégorie, ce récit est aussi une description très juste des péripéties d'une ascension en haute montagne. Grâce à cette forme d'imagination précise et concrète, qui est aussi celle de Conrad et de Kafka, Daumal aurait pu offrir avec *Le Mont Analogue* un grand mythe moderne.

Pendant la guerre, afin de soigner ses poumons de plus en plus atteints, Daumal séjourne longuement dans les Alpes et les Pyrénées. Sa connaissance de la tradition hindoue lui vaut l'amitié de Lanza del Vasto, tandis que son activité poétique est relancée par les collaborations que lui demande Max-Pol Fouchet pour diverses revues. Jusqu'à sa mort, le 21 mai 1944, il cherche à faire partager le déracinement radical, la certitude abrupte de « l'Expérience fondamentale » qui fut au centre de sa vie et de sa création.

ŒUVRES. — *Poésie noire, poésie blanche*, Gallimard, 1954. — *Le Mont Analogue*, Gallimard, coll. L'Imaginaire, 1981. — *La Grande Beuverie*, Gallimard, coll. L'Imaginaire, 1986. — *Le Contre-ciel*, coll. Poésie-Gallimard, 1990.

→ Jean Biès, *René Daumal*, Seghers, coll. Poètes d'aujourd'hui, nouv. éd., 1973. — *René Daumal*, L'Âge d'homme, coll. Les Dossiers H., 1993. — Il existe depuis 1987 des *Cahiers Daumal* (Éditions éoliennes, Arcueil). — Fonds Daumal à la Bibliothèque littéraire Jacques Doucet.

M.Co.

Davignon Henri (1879-1964). Né à Saint-Josse-ten-Noode (Bruxelles), le 23 août 1879, il s'essaie d'abord au théâtre *(On jouera la comédie*, 1901, sous le pseudonyme de Chantemerle), puis au roman psychologique et aristocratique dans un style quelque peu maniéré *(Le Courage d'aimer*, 1906 ; *Croquis de jeunes filles*, 1907, nouvelles ; *Le Prix de la vie*, 1909). Il s'impose comme écrivain « national », s'efforçant de cerner au plus près les caractères de l'âme et de la patrie belges dans des romans barrésiens *(L'Ardennaise*, 1911, nouvelles ; *Un Belge*, 1913 ; *Jan Swalue*, 1919 ; *Aimée Collinet*, 1922). Il exprime son attachement à un catholicisme traditionaliste dans *Un pénitent de Furnes* (1925), *Le Vieux Bon Dieu* (1927), *Un plus grand amour* (1929), *Vent du Nord* (1932), *Bérinzenne* (1934), suite de romans où les héros sont reconduits dans le droit chemin grâce à la morale chrétienne. Élu à l'Académie royale de langue et de littérature françaises de Belgique en 1932, Henri Davignon est aussi l'auteur de nombreux essais et monographies : *Le Roman de Louis Veuillot* (1936), *Charles Van Lerberghe et ses amis* (1952), *Souvenirs d'un écrivain belge* (1954), *L'Amitié de Max Elskamp et d'Albert Mockel* (1955). Il est mort le 14 novembre 1964.

→ Marguerite-Félicie Inial, *Henri Davignon : écrivain belge*, Washington, The Catholic University of America Press, 1948.

O.Bi.

Davreu Robert (1944). Né à Castres, il vit à Paris. Membre du comité de rédaction de la revue *Po&sie*, il est poète et traducteur. On lui doit notamment la traduction de poèmes de John Keats dans la collection *Orphée (Seul dans la splendeur*, La Différence, 1990) et un recueil de textes du poète romantique Percy Shelley *(De l'amour : essais et préfaces choisis*, Métaillié, 1991). La poésie de Robert Davreu est un cheminement où le mot à mot, parfois répétition du même, parfois basculement vers le mot le plus proche, figure une avancée sur le monde, dont le poème semble peu à peu prendre possession, s'appropriant avant tout les puissances, la pierre, le vent, le sel, l'océan, comme s'il s'agissait de places fortes. Ainsi, *Marelles du scorpion* (Seghers, 1978), *Charnière* (Seghers, 1985) sont autant de terrains conquis sur le dehors par une contagion du mot : « les mots raclent le dos l'endroit/bleu qu'ils nomment/lorsque la charrue passe », ou encore par un glissement sonore : « il meurt quand la nuit / de l'estampe s'estompe / dans l'écume des lampes ». Plus théorique parfois, le recueil *Il ne voulait rien peindre...* (Seghers, 1990) donne les éléments d'une conduite d'écriture : « il ne voulait pas faire image et moins encore / message / mais embrun. » Et plus loin : « pour tromper le gris qui m'habite un peu / en le trempant d'un peu de bleu ».

C.F. — CIPM

De Bock Paul-Aloïse (1898-1986). Né à Schaerbeek (Bruxelles) le 13 septembre 1898, ouvrier pâtissier, inscrit au parti socialiste dès 1919, puis avocat, il s'engage dans la défense des causes politiques et publie son premier livre à cinquante-cinq ans, *Terres basses* (1953, prix Rossel). Ce recueil de nouvelles, dans le décor naturel des Flandres, doit son caractère onirique à la superposition des univers réel et fantastique. Il est l'auteur de pièces de théâtre *(Litanies pour les gisants*, 1957 ; *Le Monologue conjugal*, 1957), d'un roman historique sur l'action des militants antifascistes dans l'Italie d'avant-guerre *(Les Chemins de Rome*, 1961), de mémoires *(Le Sucre filé*, 1976). Élu à l'Académie royale de langue et de littérature françaises de Belgique en 1977, il devait encore publier un roman, *Le Pénitent* (1981), portrait d'un paysan flamand voué à la prêtrise qui ne réussit pas à départager les mondes de la religion et de la violence, ou ceux de l'amour et de la mort. On lui doit aussi une monographie de *Paul Delvaux* (1967). Il est mort à Boitsfort (Bruxelles), le 28 avril 1986.

ŒUVRES. — *Terres basses*, rééd., Bruxelles, Les Éperonniers, coll. Passé-présent, 1984. — *Le Sucre filé : souvenirs 1900-1913*, rééd. Bruxelles, Académie royale, coll. Histoire littéraire, 1994.

→ « Discours de M. Jacques-Gérard Linze », *Bulletin de l'Académie royale de langue et de littérature françaises*, t. LXV, n° 2, 1987.

O.Bi.

De Ghelderode Michel, voir GHELDERODE.

De Haes Frans (1948). Né à Etterbeek (Bruxelles), le 26 janvier 1948, d'origine flamande. Le travail poétique sur la langue est au centre de son itinéraire : éclatement de la parole à la recherche du signe, jeu sur les potentialités des deux langues nationales, dialogues d'auteurs sont autant de facettes d'une poétique de la diffraction. Il a publié *Gamme* (1972), *Livrets 1975-1979* (conjointement avec *L'Herbe seule* de Marc Quaghebeur, 1979), *Bréviaire d'un week-end avec l'ennemi* (1982), *Quatre veilles* (1986), *Terrasses et contre-terrasses* (1992), *Occasions d'un jour* (1995). Conservateur au Musée de la littérature à Bruxelles, il est codirecteur, avec Fernand Verhesen, du *Courrier du Centre international d'études poétiques*. Outre son activité d'éditeur et de préfacier, on lui doit des essais, notamment une étude de la réception des *Chants de Maldoror (Images de Lautréamont*, 1970), des entretiens *(Le Rire de Rome*, 1992, avec Philippe Sollers) et de nombreux articles sur la littérature belge.

O.Bi.

De Richaud André, voir RICHAUD.

De Roux Paul, voir ROUX.

De Traz Robert (1884-1951). Fils d'une bonne famille genevoise, né à Paris, il suit les cours de l'École des hautes études administratives et, après un séjour bancaire à Londres, s'installe à Genève en 1905. Il joua dès lors un rôle important comme critique littéraire. Parallèlement, il publie des romans et obtient le prix Rambert pour *La Puritaine et l'amour* (1917), qui dépeint le caractère des Genevois. Il dirige plusieurs périodiques : de 1906 à 1910, *La Voile latine*, où il soutient les positions helvétistes de Gonzague de Reynold ; avec celui-ci, de 1911 à 1913, *Les Feuillets*, revue nationaliste ; de 1920 à 1930, avec Jacques Chenevière, *La Revue de Genève*, où il fait dialoguer les idées, les mœurs, la littérature et la politique des différents nationalismes qui viennent de s'affronter.

G.R.

Deauville Max (1881-1966), pseudonyme de Maurice Duwez. Né à Bruxelles le 31 août 1881, ancien président du Pen Club de Belgique, romancier pour qui la vie, avec son cours parfois monotone, est prétexte à des réflexions teintées d'ironie, il a publié une vingtaine de volumes *(La Fausse Route*, 1907 ; *Le Fils de ma femme*, 1909 ; *L'Amour dans les ruines*, 1910, nouvelles ; *Le Métier d'homme*, 1914). Médecin engagé volontaire durant le premier conflit mondial, il en retirera trois récits, témoignages d'une exceptionnelle lucidité sur la réalité de la guerre, mais aussi ferme réquisitoire contre l'armée : *Jusqu'à l'Yser* (1917), *La Boue des Flandres* (1922) et *Dernières Fumées* (1936). Il poursuivra sa veine traditionnelle dans des romans où un humour mélancolique apporte un peu de fantaisie dans les existences mornes qu'il se plaît à mettre en scène *(Jonas*, 1923 ; *Arsène et Chrysostome*, 1931 ; *La Tournée Albéroni*, 1931 ; *Le Crime d'Isidore*, 1938 ; *La Soledad*, 1950). Auteur de contes *(Le Cavalier blanc*, 1913 ; *Au clair de lune*,

1922 ; *Prières d'un incroyant*, 1923), on lui doit aussi des comédies *(Un confident*, 1908 ; *Rien qu'un homme*, 1928 ; *Ecce Homo*, 1931). Il est mort à Ixelles (Bruxelles), le 1er février 1966.

O.Bi.

Deblüë François (1950). Né à Pully (Vaud), il enseigne la littérature dans un lycée lausannais. Dans ses poèmes, *Lieux communs* (1979), *Travail du temps* (1985), *Poèmes de la nuit venue* (1992), il rappelle sans cesse que la faux de Chronos menace nos travaux et nos jours. Il est aussi l'auteur d'un roman, *Troubles fêtes* (1989, prix Dentan), où un journaliste envoyé dans une cité de province découvre l'envers du décor de ce « non lieu », et d'un recueil de récits, *Entretiens d'un sentimental avec son mur* (1994), où il scrute les relations humaines et leurs décalages.

D.Ma.

Deblüë Henri (1924-1988). Né à Montreux (canton de Vaud), il fait des études de lettres, soutient en 1965 une thèse sur Bernanos, puis se consacre à l'enseignement. Au début des années cinquante, il dirige la revue *Rencontre* avec Jean-Pierre Schlunegger et Yves Velan. Son œuvre littéraire est sous-tendue par l'engagement politique ; elle est constituée de cinq pièces de théâtre, dont *Le Procès de la truie* (1962) et *La Passion de Job* (1981), de récits (*La Visite*, 1971), d'un roman autobiographique (*Et Saint-Gingolph brûlait*, 1977) et d'un roman de formation (*Les Cerises noires*, 1988). Il est en outre l'auteur du livret de la *Fête des Vignerons 1977* (1976), où il renouvelle l'esprit de cette fête populaire.

P.A.

Debord Guy-Ernest (1931-1994). Né le 28 décembre 1931 à Paris, dans une famille d'industriels ruinés par la crise, il refuse d'effectuer des études supérieures et rejoint dès 1951 le groupe lettriste d'Isidore Isou. Son premier film, *Hurlements en faveur de Sade*, film sans images, entrecoupé de longs silences, qui fait scandale le jour de sa sortie, le 30 juin 1952, annonce la rupture définitive avec Isou, concrétisée en octobre 1952 par la fondation de l'Internationale lettriste, dont Debord est le principal animateur. Elle s'intéresse particulièrement à l'environnement matériel (dénonciation de l'urbanisme fonctionnaliste) et s'allie avec le Comité psychogéographique de Londres, et le Mouvement international pour un Banhaus imaginiste, pour fonder l'Internationale situationniste (Debord, Gianfranco Sanguinetti, Raoul Vaneigem, Jorn Asger...) en juillet 1957. L'I.S. s'attache à dépasser l'art comme activité sociale séparée en l'intégrant dans la vie quotidienne, ce par la création de « situations » composées aussi bien par la lumière, l'alcool, la musique, le jeu, la rencontre, la poésie, la dérive urbaine.

La réflexion de Debord s'oriente ensuite vers une critique de la vie quotidienne dans les sociétés modernes. *La Société du spectacle* (1967), s'inspirant des analyses de Hegel, Feuerbach, du jeune Marx et de Lukacs, explore en 221 thèses le concept de spectacle, vu essentiellement sous l'angle de l'aliénation et de la domination. Aliénation, le spectacle correspond à l'hypertrophie de l'univers de la représentation et ses corollaires : dévaluation des valeurs, promotion de rôles prédéfinis, appauvrissement de la vie quotidienne, séparation généralisée. Notamment, la solitude réelle, issue pour partie de l'urbanisme fonctionnaliste, coïncide avec l'unification des représentations et l'abstraction du lien social. Le spectacle, phénomène, est également le lieu où se recomposent illusoirement les fragmentations de la vie réelle : séparation des activités, des individus, inattention à la vie quotidienne. Il est inséparable de l'accumulation capitalistique (transformation de la marchandise en image) parvenue à un stade autonome et sans finalité. Il est donc commun aux régimes capitaliste et soviétique. Domination, « le spectacle est la conservation de l'inconscience dans le changement pratique des conditions d'existence » ; par la maîtrise de la connaissance autorisée, il rétroagit sur la finalité (qu'il falsifie), empêche la formation d'une conscience de classe et masque les inégalités et exploitation réelles. Il contraint l'homme et la société à l'anhistoricité (notion de « temps spectaculaire »). La destruction du spectacle passe alors par la praxis, la fusion de l'action et de la connaissance dans la lutte prolétarienne.

L'Internationale situationniste a joué un rôle prépondérant en Mai 1968 : elle a fourni la base théorique de la contestation (Marcuse était encore très peu connu), en a empêché la récupération par les syndicats et a prôné la création de conseils ouvriers (Debord animera le CMDO). Mais l'échec du conseillisme et le phénomène « pro-situ » (prestige de l'I.S. et perte de sa puissance critique) entraînent l'autodissolution par Sanguinetti et Debord en 1972. Ce dernier n'interviendra plus qu'en son nom propre et de manière ponctuelle : dénonciation de la collusion de l'État italien avec les Brigades rouges, actualisation de la notion de spectacle (*Commentaires sur la société du spectacle*, 1988), autobiographie (*Panégyrique*, 1989). Il refusera toujours de se confier à la presse, mais en commentera longuement les articles (*Considérations sur l'assassinat de Gérard Lebovici*, 1985 ; *Cette mauvaise réputation*, 1993). Atteint d'une maladie incurable, Guy Debord se suicide le 30 novembre 1994 dans sa propriété de Bellevue-la-Montagne, en Haute-Loire.

Malgré une vie marquée par la réflexion théorique et l'action directe, la boisson et le cinéma, Guy Debord est avant tout un homme de lettres pour qui écriture, lecture et vie sont inséparables. Que ce soit pour les ouvrages théoriques ou les textes autobiographiques, l'utilisation massive de citations (Balthasar Gracian, Clausewitz, etc.) et la pratique du détournement (renversement de célèbres formules de Max, Hegel) veulent moins fournir de l'autorité à une démonstration qu'inciter à la lecture, à la dérive intertextuelle. Par ailleurs, les références fréquentes (explicites ou implicites) à des philosophes, mémorialistes, stratèges militaires, faites à l'occasion de la condamnation de l'aliénation de la vie moderne, tendent à occulter des influences moins déclarées mais plus prégnantes quant à l'ontologie historiciste et organiciste implicitement développée par Debord. Ce dernier tente d'amener à la conscience générale les problématiques soulevées par Rimbaud, Proust, Artaud et Céline notamment, qui consistent en de quadruples exploration et réappropriation du temps, de l'espace, de la langue et du corps. Il en dénonce l'expropriation contemporaine par le temps spectaculaire, le « village planétaire » et le tourisme, l'appauvrissement linguistique et la constitution de désirs stéréotypés ; et tente de les unifier dans la création de situations. Il dénonce aussi les avant-gardes artistiques dont la virulence première (contre la culture sérieuse, contre le référent, contre le langage) est vite récupérée par le spectacle. D'où sa critique du structuralisme, de la littérature autoréférentielle que constitue le Nouveau Roman, et son utilisation par la critique que fait Philippe Sollers de la littérature et de l'usage linguistique aujourd'hui.

Debord concrétise cette double approche de dénonciation d'une aliénation et d'affirmation d'une ontologie, certes par des encouragements explicites à l'historicité, à l'imagination et à la réalisation de tous les désirs, à la dérive urbaine et intertextuelle, mais aussi par un usage délibéré de la langue. Son style froid, sobre, cassant et dogmatique se veut « littérature insurrectionnelle » et utilise à plein les principes de la rhétorique (non paraphrase, fermeture, transfert) : obscur par crainte de la récupération (caractéristique de la « consommation spectaculaire »), souvent comparé au style du cardinal de Retz, il lui permet d'éviter le mysticisme isouïen (et des avant-gardes artistiques en général) et surtout d'allier subversion et invitation à la lecture et à l'exploration de la langue.

ŒUVRES. — *La Société du spectacle*, Buchet-Chastel, 1967, rééd. Gallimard, 1992. — *Considérations sur l'assassinat de Gérard Lebovici*, Gérard Lebovici, 1985, rééd. Gallimard, 1993. — *Commentaires sur la société du spectacle*, Gérard Lebovici, 1988, rééd. Gallimard, 1992. — *Panégyrique*, Gérard Lebovici, 1989, rééd. Gallimard, 1993. — *Cette mauvaise réputation*, Gallimard, 1993.

→ Anselm Jappe, *Guy Debord*, Marseille, Via Valeriano, 1995.

B.D.

Decaunes Luc (1913). Né le 2 janvier 1913 à Marseille, fondateur de la revue *Soutes*, organisateur de festivals culturels, animateur du Théâtre de l'Est parisien, critique littéraire et surtout poète. Proche des surréalistes et de la poésie d'Eluard, de Char ou de Reverdy, son œuvre exalte l'amour, la révolte et la liberté : *L'Indicatif présent ou l'infirme tel qu'il est* (1938), *Le Feu défendu* (1938), *À l'œil nu* (1941), *Le Camphre et l'amadou* (1942), *Le Cœur en ordre* (1943), *L'air natal, poèmes de captivité* (1944), *Le Sens du* *mystère* (1946), *Sourde Oreille* (1948), *Droit de regard* (1950), *L'Amour lui-même* (1952), *L'Amour sans preuves* (1960), *Récréations* (1977). Il est également l'auteur de monographies de poètes : *Eluard* (1965), *Baudelaire* (1969, rééd. 1992) et d'anthologies : *La Poésie parnassienne* (Seghers, 1976), *Le Poème en prose 1842-1945* (Seghers, rééd. 1984), *Chagrin d'amour : poèmes de l'amour triste* (Le Cherche-Midi, 1992).

→ Jean-Marie Auzias, *Luc Decaunes*, Seghers, coll. Poètes d'aujourd'hui, 1969.

F.O.

Decoin Didier (1945). Né le 13 mars 1945 à Neuilly-sur-Seine, fils du cinéaste Henri Decoin, il s'est d'abord consacré au journalisme comme reporter, puis comme critique littéraire et cinématographique. Sa carrière littéraire s'est ouverte par l'écriture théâtrale (*Soyez un ange*, 1963), mais c'est comme romancier que Decoin s'impose : *Le Procès à l'amour* (1966), *Laurence* (1969), *Élisabeth ou Dieu seul le sait* (1971). La découverte de l'Amérique, à la fin des années soixante, constitue pour lui un véritable choc, qui lui inspirera ses deux romans les plus célèbres : *Abraham de Brooklyn* (1972), réflexion sur les clivages sociaux et culturels illustrée par l'opposition Manhattan/Brooklyn, et *John l'enfer* (1977, prix Goncourt), terrifiant portrait de New York à travers les yeux de John, le laveur de carreaux, et selon une technique séquentielle à la fois inspirée du cinéma et de Dos Passos. Derrière cette thématique sociale se profile la préoccupation religieuse d'un écrivain redécouvrant la foi de son enfance (voir son essai de 1975, *Il fait Dieu)*. Que le décor soit une île du Pacifique avec *L'Enfant de la mer de Chine* (1981) ou la côte normande dans *Les Trois Vies de Babe Azouf* (1983), il s'agit toujours de trouver un point de vue innocent sur les tragédies contemporaines. Signalons encore : *Un policeman* (1975), *La Dernière Nuit* (1978), *Béatrice en enfer* (1984), *Les Éléphants de Rabindra* (1984), *Meurtre à l'anglaise* (1988), *Élisabeth Catez ou l'obsession de Dieu* (1991), *La Femme de chambre du Titanic* (1991), *Docile* (1994) et *La Promeneuse d'oiseaux* (1996). Didier Decoin est aussi l'auteur de nombreux livres pour enfants.

G.P.

Deguy Michel (1930). Né à Paris le 25 mai 1930, il s'est créé un style propre où le travail de pensée ne se sépare jamais du travail des mots. La grande question qui unit les diverses facettes et les moments successifs de son œuvre serait de faire comprendre ce que signifie, pour nous, « habiter poétiquement cette terre », selon la formule de Hölderlin, étant entendu que la poésie ne se contente pas de se rapporter au monde mais qu'elle devrait être en mesure de faire monde. Le poète commence par interroger des paysages d'enfance et de jeunesse, arpentés par un marcheur qui pense encore à l'aune de son pas (*Fragment du cadastre*, 1960 ; *Poèmes de la presqu'île*, 1962). Bientôt, les poèmes seront plutôt scandés par le pas de la pensée zigzaguant entre de multiples repères entrecroisés philosophiques, esthétiques, géographiques, historiques, politiques, culturels, et accompagnant les tours et figures dits « poèmes » (*Ouï dire*, *Actes*, 1966 ; *Figurations*, 1969 ; *Donnant donnant,* 1981 ; *Gisants*, 1985 ; *Brevets,* 1986). Un auteur peut devenir le « prétexte » du critique : *Tombeau de Du Bellay* (1973), *La Machine matrimoniale ou Marivaux* (1982). Dans les essais récents, la question centrale se retourne en celle de « l'inhabitabilité croissante de cette terre » et prend l'allure d'une réaction contre ce que l'auteur appelle le « tout culturel » et qui est pour lui la négation même de la pensée voire l'interdit porté sur elle : *Choses de la poésie et affaire culturelle* (1986), *La poésie n'est pas seule* (1987), *Arrêts fréquents* (1990), *Aux heures d'affluence* (1993).

S.M.

Deharme Lise (1898-1980), pseudonyme d'Anne-Marie Hirtz. Née à Paris, elle fonde une revue, *Le Phare de Neuilly*, qui accueille aussi bien certains surréalistes que des auteurs marginaux (Desnos, Vitrac, Claire Goll, Alejo Carpentier, Lacan). Sa rencontre avec Breton — elle est la « dame aux gants » de *Nadja* — la rapproche d'un mouvement, dont elle devient l'« égérie ». Elle publie de nombreux recueils, est à l'origine de

Farouche à quatre feuilles (1955, rééd. Grasset, 1985), ouvrage collectif auquel ont participé Breton, Gracq et Tardieu, signe des contes de fées pour adultes, où l'érotisme se mêle à une poésie du merveilleux *(Laissez-nous tranquilles,* 1959 ; *Pierre de la Mermorte,* 1961 ; *L'Enchanteur*, 1964 ; *L'Amant blessé*, 1966 ; *Violette ou la politesse des végétaux*, 1969 ; *La Caverne*, 1984), et laisse un journal *(Les Années perdues, 1939-1949*, 1961). Elle est morte à Neuilly.

D.H.

Dekobra Maurice (1885-1973), pseudonyme de Maurice Tessier. Né à Paris en 1885, il parcourt très tôt l'Europe et l'Amérique, s'exerce à la traduction (Daniel Defoe, Jack London, Mark Twain) et multiplie les articles pour des journaux étrangers ou français (il collabore entre autres à *La Revue des deux mondes*, au *Courrier littéraire*, au *Figaro)*. Esprit débordant d'imagination, il choisit rapidement la voie du succès populaire : titres nombreux, énormes tirages, lecteurs assidus dans tous les pays. Le public de l'entre-deux-guerres est friand d'exotisme et de rêve : Maurice Dekobra lui offre des romans « cosmopolites » non dénués d'humour, dont le tirage dépasse parfois le million d'exemplaires. De retour en France après la Seconde Guerre mondiale durant laquelle il séjourne aux États-Unis, il tente sa chance, avec un certain succès, du côté du genre policier. Parmi ses très nombreux romans : *Les Mémoires de Rat-de-Cave ou du cambriolage considéré comme un des beaux-arts* (1913), *Les Liaisons tranquilles* (1920), *Prince ou pitre* (1920), *Mon cœur au ralenti* (1924), *La Madone des sleepings* (1925), *La Vénus à roulettes* (1925), *La Gondole aux chimères* (1926), *Flammes de velours* (1927), *Sérénade au bourreau* (1928), *La Volupté éclairant le monde* (1932), *Macao, enfer du jeu* (1938), *La Pavane des poisons* (1950), *L'Amazone de Pretoria* (1963), *Anicia, l'espionne de Moukden* (1964).

F.J.

Del Castillo Michel (1933). Né le 2 août 1933 à Madrid, fils d'un riche propriétaire français et d'une mère espagnole farouchement républicaine, Del Castillo a connu dans son enfance les camps pour étrangers exilés créés par Pétain, puis ceux que l'Espagne franquiste réservait aux enfants des républicains. Il s'en évade à seize ans, vit d'expédients, puis rejoint la France en 1953 et y entreprend des études. Son premier roman, *Tanguy* (1957), conte l'histoire d'un enfant dans une Europe devenue folle. Qu'ils mettent en scène un nain, une jeune femme en quête de liberté, une enseignante acculée au suicide par l'opinion publique, les romans suivants développent ce thème de l'affrontement de l'individu et du monde. *Le Vent de la nuit* (1972, prix des Libraires) marque le début d'une reconnaissance littéraire qui n'a depuis cessé de se confirmer. Les romans qui suivent seront plus poétiques et peut-être plus optimistes : *Le Silence des prairies* (1972), *Sortilège espagnol* (1977), *Les Louves de l'Escurial* (1980). Parmi ses œuvres des années quatre-vingt, *La Nuit du décret* (1981, prix Renaudot), offrant un tableau de la police sous Franco, s'impose comme le plus réussi. La production romanesque de Michel del Castillo reste abondante et continue à rencontrer un écho très fort dans le public : *Gerardo Laïn* (1982), *La Gloire de Dieu* (1984), *Le Démon de l'oubli* (1987), *Mort d'un poète* (1989), *Le Crime des pères* (1993), *Une femme en soi* (1991), *Rue des archives* (1994), *Mon frère l'idiot* (1995), *Le Sortilège espagnol* (1996).

→ Willy Dinkelmann, *La Représentation de l'Histoire chez Michel del Castillo*, Berne, Peter Lang, 1992.

G.P.

Delarue Claude (1944). Né le 10 août 1944 à Genève ; avant de s'établir à Paris, en 1972, il habite Vienne, où il fait des études de musicologie, puis Hambourg, Berlin et Londres. Après ses débuts littéraires (*Les Collines d'argent*, 1974, et *La Lagune*, 1974, prix Hermès), il ne se désintéresse pas de la musique, comme en témoigne l'essai *Vivre la musique* (1977). S'exprimant dans un langage travaillé, il aime à mettre en scène des personnages surdoués et exposés aux tourments du surnaturel. Ce goût explique sa biographie consacrée à l'écrivain américain *Edgar Poe* (1984), et le choix du sujet dans *Le Grand Homme* (1979, prix de la Nouvelle de l'Académie française), où un vieil écrivain vénéré dans le monde littéraire tente désespérément d'accomplir son destin. En proie au même mal mystérieux, les chercheurs, dans *Le Dragon dans la glace* (1983), se heurtent aux limites de la condition humaine. La recherche dont les personnages ne peuvent se délivrer prête au récit une remarquable tension dramatique : ainsi dans *La Mosaïque* (1986, prix Dentan), où le lecteur est invité à recomposer les chapitres du roman comme les pièces d'un puzzle. En créant des univers romanesques parfois farfelus (*En attendant la guerre*, 1989), Claude Delarue montre un autre aspect de son imagination. *Le Triomphe des éléphants* (1992), qui propose une nouvelle version de *L'Herméneute* (1982), atteste que l'auteur, semblable à ses personnages, ne cesse de chercher la perfection. De même, *La Faiblesse de Dieu* (1955) met en scène un peintre mystérieux habité d'une force démoniaque, dont l'œuvre ne cesse d'interpeller le pouvoir créateur de l'homme.

F.H.

Delarue-Mardrus Lucie (1880-1945). Née à Honfleur le 3 novembre 1880, elle s'est attachée à peindre sa Normandie dans ses poèmes, ses romans et ses pièces de théâtre. C'est en vers qu'elle commence à écrire (*Occident*, 1900), mais elle publie également des contes à partir de 1905 dans *Le Journal*, sans plus de succès que ses poèmes qui exaltent les paysages, normands, maritimes ou champêtres, avant de s'intéresser à la passion (*Ferveur,* 1902 ; *Horizons,* 1904). En 1900, son mariage avec le docteur Mardrus, orientaliste, traducteur des *Mille et une Nuits*, lui permet de réaliser son aspiration au voyage, affirmée dans *La Figure de proue* (1908) : « Je m'en irai/ Hors de vos glas européens et de vos fêtes/ Ouvrir ailleurs mes yeux de Pharaon doré », en parcourant l'Afrique du Nord, le Sahara, la Turquie, la Syrie, la Palestine, l'Égypte et plus tard l'Amérique (*L'Amérique chez elle*, 1933). *Par vents et marées* (1910) revient pourtant à la mer et à la terre natale. Dans un recueil patriotique : *Les Souffles de la tempête* (1914), elle chante le « mobilisé », le « drapeau » et la « Croix Rouge » avec une tristesse que l'on retrouvera dans *À maman* (1920), où elle définit son « Art poétique » : « sois simple, aussi, comme bonjour, /Ce n'est pas si commode ». Lyrisme, candeur et naturalisme se conjuguent encore dans ses nombreux romans : *Marie, fille-mère* (1908), *Le Roman de six petites filles* (1909), inspiré de ses souvenirs d'enfance, le plus célèbre peut-être de ses romans, qui brosse un portrait de l'enfance et de l'adolescence, thème que reprendront *La Monnaie de singe* (1911), *Un cancre* (1914), *L'Âme aux trois visages* (1919), *Toutoune et son amour* (1919), *L'Apparition* (1921), *L'Enfant au coq* (1934). Son œuvre dramatique est également empreinte de lyrisme, surtout sa première pièce : *Sapho désespérée* (1906), tragédie en deux actes et en vers. Dans *Thorborge, reine de mer* (1909), drame viking, elle retrouve sa province en évoquant la conquête de la Normandie, qu'elle explore également dans sa biographie de *Sainte Thérèse de Lisieux* (1926). Ses *Mémoires* (1938) témoignent de son expérience artistique diverse, de poétesse, de romancière, d'auteur dramatique, de traductrice (*Six poèmes d'Edgar Poe*, 1923), de conférencière, mais aussi de peintre, sculpteur et compositeur. Lucie Delarue-Mardrus est morte à Château-Gontier le 26 avril 1945.

ŒUVRES. — Publiées chez Fasquelle.

→ Emilie Sirieyx de Villers, *Lucie Delarue-Mardrus*, Sansot, Chiberre, 1923. — Paul Leroy, *Femmes d'aujourd'hui. Colette. Lucie Delarue-Mardrus*, Maugard, 1936.

S.R.

Delattre Louis (1870-1938). Né à Fontaine-l'Évêque (Belgique), le 24 juin 1870, médecin, écrivain régionaliste, conteur, il est l'auteur d'une quarantaine de livres. Élu à l'Académie royale de langue et de littérature françaises de Belgique (1921) comme représentant des « conteurs wallons ». La plus grande partie de son œuvre reflète sensibilité, optimisme et joie de vivre ; ses contes (*Les Contes de mon village*, 1890, préface par Georges Eekhoud ; *Avril*, 1908 ; *Contes à Saint-Christophe, patron de mon village*, 1912) et ses romans traduisent émotion et tendresse, même si les situations souvent naïves dénotent parfois un excès de sentimentalisme (*Une rose à la bouche*, 1896 ; *Les Marionnettes rustiques*, 1899 ; *La Loi du péché*, 1899 ; *Le Roman du chien et de* *l'enfant*, 1907 ; *Le Jeu des petites gens*, 1908). À l'opposé de cette veine optimiste, il a décrit des ambiances macabres où règnent maladie et misère *(Le Parfum des buis*, 1911) ; une certaine brutalité transparaît dans les récits de *Du côté de l'ombre* (1925), témoignage sur le milieu carcéral qu'il fréquenta en tant qu'inspecteur de l'hygiène, et la mort est au centre des chroniques réalistes des *Carnets d'un médecin de village* (1910). Il est mort à Uccle (Bruxelles), le 18 décembre 1938.

→ Auguste Vierset, *Louis Delattre*, Bruxelles, Société belge de librairie, 1911. — Arthur Cantillon, *Louis Delattre*, Bruxelles, Savoir et beauté, 1924.

O.Bi.

Delaveau Philippe (1950). Son premier recueil de poèmes, *Eucharis* (Gallimard, 1989, prix Guillaume Apollinaire), rend hommage à Dieu à travers la célébration de la nature en quête du sacré et se veut aussi délivré de Mallarmé et de son influence, comme de celle du surréalisme. Un second recueil, *Le Veilleur amoureux* (Gallimard, 1992), creuse cette inspiration autour du thème de la veille. Avant d'entrer en poésie, Philippe Delaveau avait organisé en 1986, à l'Institut français de Londres, un colloque sur la poésie française contemporaine, présentant quelques poètes d'une sensibilité proche de la sienne, notamment Jean-Claude Renard, Pierre Oster, Jean-Pierre Lemaire, Paul de Roux *(La Poésie française au tournant des années 80*, Corti, 1988).

O.G.

Delay Florence (1941). Née le 19 mars 1941 à Paris, fille du professeur Jean Delay, elle est Jeanne d'Arc dans le film de Robert Bresson. Universitaire, elle a traduit Bergamin, Rojas ou La Serna et tiré de ses cours des essais tels que *Petites formes en prose après Edison* (Hachette, 1987) ou *La Séduction brève* (Gallimard, 1997). Romancière, elle évoque l'éveil des sens dans la bourgeoisie (*Minuit sur les jeux*, Gallimard, 1973), le quartier du Sentier (*Le Aïe Aïe de la corne de brume*, Gallimard, 1975), l'Italie (*Course d'amour pendant le deuil*, Gallimard, 1986), l'Andalousie (*Riche et légère*, Gallimard, 1983), le pays basque (*Etxemendi*, Gallimard, 1990) ou Belleville (*La Fin des temps ordinaires*, Gallimard, 1996), mais elle sait aussi renouveler les techniques narratives (*L'Hexaméron*, collectif, Le Seuil, 1990 ; *Catalina*, Le Seuil, 1994), peindre la Renaissance (*L'Insuccès de la fête*, Gallimard, 1980 ; *Les Dames de Fontainebleau*, en collaboration, Ricci, 1988), évoquer les toreros disparus (*Œillet rouge sur le sable*, avec Francis Marmande, Fourbis, 1994) et ressusciter les mythes (*Graal Théâtre*, 2 t., Gallimard, 1977-1981).

J.P.

Delbo Charlotte (1913-1985). Après avoir milité dans les jeunesses communistes et été l'assistante de Louis Jouvet, elle s'engage dans la Résistance aux côtés de son mari Georges Dudach. Déportée à Auschwitz, puis à Ravensbrück, elle a témoigné de l'horreur des camps dans *Le Convoi du 24 janvier* (Minuit, 1965) et dans sa trilogie *Auschwitz et après* (Minuit, 1970-1971). Elle a également dénoncé la guerre d'Algérie (*Les Belles Lettres*, Minuit, 1961), l'Espagne franquiste, les colonels grecs et les goulags staliniens, dans des pièces politiques, notamment *La Sentence* (Oswald, 1972). *La Mémoire et les jours* (Berg. International, 1985, posth.), entre récit et poème, garde trace de ses fantômes.

S.R.

Delétang-Tardif Yanette (Anne, dite) (1902-1976). Née le 18 juin 1902 à Roubaix. Familière des cercles littéraires parisiens, amie de Cocteau et d'Eluard, elle fit partie du comité de rédaction des *Lettres françaises*. Son premier recueil, *Éclats* (1929), révèle une poésie classique, vibrante de nostalgie. Son goût de la lumière méditerranéenne, qui la rapproche de Valéry, s'exprime en images puisées dans l'enfance et exaltant l'union de l'être et du monde *(Briser n'est rien*, 1934). Mais sa poésie est aussi traversée par les ombres du passé, le rêve, les interrogations sur l'avenir. Yanette Delétang-Tardif a tenté de définir une éthique de l'acte poétique commandé par la nécessité. Sa poésie confond son propre mystère avec l'indicible dont elle veut se faire la langue. Ses *Sept chants royaux* (1945), élaborés durant plus de dix ans, et ses *Emblèmes* (1957) témoignent de son constant souci de perfection formelle.

Dans *Les Éléments perdus* (1963), elle médite sur les *Preuves de la théorie de la terre* de Buffon et dit son pessimisme au sujet de l'évolution. Elle a traduit les *Poésies* de Goethe (avec Maurice Betz) et les *Poésies complètes* de Nietzsche (avec Paul Arnold).

D.H.-M.Ber.

Delève Ernest (1907-1969). Né à Ixelles (Bruxelles) le 13 octobre 1907, docteur en droit, un temps avocat, puis chômeur, cet isolé volontaire peu enclin aux compromissions a fini sa vie dans le dénuement, la maladie et la misère, et n'a publié que trois recueils de poèmes, qui lui ont assuré une place dans la poésie d'après-guerre. La publication incidente de quelques textes dans des revues d'étudiants, en 1927, devait seule précéder celle de son premier recueil, *La Belle Journée* (1953) : constat brutal du vide aux lendemains de guerre (voir la section « L'écume et la lie ») après la découverte des camps d'extermination *(Hiéronymus)*, la « belle journée » est aussi une leçon d'espoir, un appel à la résurrection de la beauté. Héritier d'un surréalisme attentif aux associations d'images, Delève est avant tout un poète lyrique qui a le sens du rythme et du mouvement ; sa langue, sensuelle et violente, porte le poème à l'incantation comme au paroxysme. Dans *Pura seta* (1959), recueil né d'une importante crise personnelle due à une déconvenue amoureuse, il arrive à l'anéantissement du désespoir à travers la sublimation du désir ; les trente-deux strophes de *Pura seta* traduisent *crescendo* ce passage du réel au transcendant. *Je vous salue chéries* (1961), dont les vers sont imprimés horizontalement sur toute la hauteur de la page, est un double hymne à l'amour mêlant le désir sensuel à la glorification de la femme : « cantique des cantiques » selon M. Thiry, le poème *Entre toutes les femmes* est un chant dédié à une « beauté noire », où se mêlent élans de fraternité universelle et pulsions vitales. Rigoureux et discret pour la publication et la destination de ses textes, Delève a laissé de nombreux inédits. Il est mort à Ransart (Belgique), le 14 juillet 1969.

→ Edmond Kinds, *Ernest Delève*, Seghers, coll. Poètes d'aujourd'hui, 1973.

O.Bi.

Della Faille Pierre (1906-1989). Né à Deurne (Belgique) le 21 juillet 1906, poète solitaire établi en Corse depuis les années soixante, il a dénoncé les principales tares du monde moderne dans des poèmes aux accents pamphlétaires et révoltés. S'élevant contre tous les pouvoirs *(Sa Majesté l'écorché*, 1956 ; *Volturno*, 1958), fustigeant les dictatures du progrès et de la technique *(Autopsie de Sodome*, 1964 ; *Mise à feu*, 1968 ; *Requiem pour un ordinateur*, 1970 ; *Folie Robot*, 1974) s'insurgeant contre la tyrannie de l'argent *(Le Mythe de Gold Archibald*, 1979), dénonçant la déshumanisation progressive de la planète *(Le Grand Alléluia*, 1966 ; *L'Homme glacial*, 1970 ; *U.S.A./S.O.S*, 1973), il se veut avant tout un « déplaceur de bornes ». Mais cette remise en question péremptoire et cette vision parfois apocalyptique du monde d'aujourd'hui n'est pas sans réponse : l'amour, qui sous les traits de Belle, la muse absolue et compagne du poète *(Regarde l'eau noire*, 1953), ouvre à l'homme des horizons intérieurs, la place redonnée à l'homme dans l'univers *(L'Homme inhabitable* 1961 ; *Le Royaume d'eau très vaste*, 1979), la création de contre-mythes (le Mardouk de *Folie Robot* ; *Cobalt John*, 1977, etc.), et bien sûr la poésie et le langage *(Poésie et connaissance*, 1985 ; *Esquisses pour une métapoésie*, 1986 ; *Le Poète en lambeaux*, 1986) sont autant de paravents nécessaires à la survie de l'être ; « orgiaque » selon Fernand Verhesen, la poésie de Della Faille peut aussi s'élever vers d'autres sphères, où tout espoir de liberté n'est peut-être pas perdu.

ŒUVRES. — Aux Éditions Caractères et Le Cormier (Bruxelles).

→ André Miguel, *L'Homme poétique*, Éditions Saint-Germain-des-Prés, 1974. — Georges Mounin, *Camarade poète*, Galilée-Oswald, 1979.

O.Bi.

Delly (1875-1947), pseudonyme de Jeanne-Marie Petitjean de La Rosière, et de son frère Frédéric (1876-1949). Le nom de Delly résume à lui seul les fastes et les limites du roman à l'eau de rose, qui peint, avec un grand luxe de décors et de costumes, des situations immuables et d'une étonnante pauvreté. Après un temps de souffrances et d'épreuves, une jeune héroïne belle et pure finit par vaincre les froideurs d'un orgueilleux prince charmant. Proches du monde de Perrault (*Ma robe couleur du temps*, 1933 ; *Un marquis de Carabas*, 1935 ; *L'Héritage de Cendrillon*, 1941) mais aussi marqués par le goût de l'exotisme (*Le Roi des Andes*, 1910 ; *Des plaintes dans la nuit*, 1937), ces romans véhiculent des clichés sentimentaux et sociaux dont ils ne s'affranchissent jamais. Pourtant, leurs innombrables lectrices attestent que l'émancipation de la femme n'a pas entamé certains ressorts de l'imaginaire. Auteurs d'une centaine de romans, les Delly connurent un immense succès dès 1907. Constamment republiée (et très souvent imitée), leur œuvre rencontre toujours un accueil impressionnant : lorsque *La Lune d'or* reparut en 1966, les 150 000 exemplaires tirés par l'éditeur furent épuisés en une seule journée.

C.C.

Delteil Joseph (1894-1978). Né le 20 avril 1894 à Villar-en-Val, élevé par une mère patoisante, il étudie au petit séminaire de Carcassonne, puis au lycée de Limoux avant d'être mobilisé en 1914 à Saint-Raphaël où il passe la guerre à écrire des poèmes publiés grâce à Hélène Vacaresco (*Le Cœur grec*, Saint-Raphaël, Les Tablettes, 1919 ; *Le Cygne androgyne*, Images de Paris, 1921). Mais déjà il est à Paris. Oubliant la poésie, à laquelle il reviendra juste pour *Ode à Limoux* (Cahiers libres, 1927), il laisse inachevé *Les Roses adultères* et publie des contes comme *Elyud* (*Images de Paris*, n° 20, juin 1921) ou *Iphigénie* (la *NRF*, n° 108, 1922, repris dans *En robe des champs*, Grasset, 1934), dont l'humour annonce les textes à venir. Grâce à Mac Orlan paraît alors *Sur le fleuve Amour* (La Renaissance, 1922), invraisemblable roman qui montre sur fond de guerre civile russe la belle Ludmilla s'éprenant des bolcheviks Boris et Nicolas et vivant avec eux des amours frénétiques ponctuées de viols, d'incestes et de métaphores burlesques. Le succès et le scandale se renouvellent avec *Choléra* (Kra, 1923). Alors que Delteil la jugera « mal foutue », Céline, Desnos et Drieu encensent cette histoire et Breton fait de lui le romancier du groupe surréaliste en voie de constitution : il est cité dans le *Manifeste* (Sagittaire, 1924), on le voit sur le montage « Les Surréalistes entourant Germaine Berton » et il participe aux séances d'écriture automatique. Pourtant, dès *Les Cinq Sens* (Grasset, 1924), il peine à retrouver sa verve première.

En 1925, sa *Jeanne d'Arc* (Grasset) entérine la rupture. Amoureux de la sainte dont il reparlera en 1927 dans *La Passion de Jeanne d'Arc* (Trémois), Delteil s'empare d'une figure à la mode et lui redonne sa dimension charnelle, ce qui lui vaut d'être exclu par Breton et encensé par Claudel qui le traitait naguère de « fouille-merde ». Ayant dit adieu à la modernité avec *Allô ! Paris !* (Les Quatre Chemins, 1926) et à la pure fiction avec *La Jonque de porcelaine* (Grasset, 1927), il devient l'auteur de récits épiques et picaresques comme *Les Poilus* (Éditions du loup, 1926), *La Fayette* (Grasset, 1928), *Il était une fois Napoléon* (Hachette, 1929) et *Don Juan* (Grasset, 1930). En même temps, il redécouvre les paysages (*La Belle Aude*, Carcassonne, Joly, 1930) et la culture d'Occitanie (*De Jean-Jacques Rousseau à Frédéric Mistral*, Capitole, 1928 ; « Essais et possibilités pour une traduction de *Mireille* », la *NRF*, n° 200, mai 1930).

Au moment où il connaît une célébrité dont témoigne la parution de *Vie de saint Delteil* d'André de Richaud (Nouvelle Société d'Édition, 1928) et de *Delteil tout nu* de Maryse Choisy (Montaigne, 1930), commencent quatorze années de silence. Il vient de rencontrer Caroline Dudley, créatrice de la Revue nègre, quand la pleurésie l'oblige à suspendre toute activité. Il achète alors la Tuilerie de Massanne, près de Montpellier, s'y installe avec Caroline en 1937 et passe là la guerre, ne rencontrant guère que Henry Miller (Miller et Delteil, *Correspondance privée*, Belfond, 1980). Lorsque, à la Libération, il décide de faire paraître *À la belle étoile* (Flammarion, 1944), il se heurte à l'indifférence, puis avec *Jésus II* (Flammarion, 1947, rééd. Grasset, Les Cahiers rouges, 1998) aux sarcasmes. Le succès revient pourtant avec *François d'Assise* (Flammarion, 1960), biographie romancée de son double idéal où, reprenant le *Discours aux oiseaux de saint François d'Assise* de 1926 (Cahiers libres), il exalte celui en qui se réunissent foi en Dieu et amour des créatures. Encouragé, il publie ses *Œuvres complètes* (Grasset, 1961) pour lesquelles il sélectionne six textes (*Sur le fleuve Amour*, *Choléra*, *Jeanne d'Arc*, *Saint Don Juan, Jésus II* et *François d'Assise)*, demandant d'abord que le reste soit brûlé avant de songer à une édition intégrale. Enfin, *La Cuisine paléolithique* (Le Jas du Revest-Saint-Martin, Morel, 1964) et *La Delteillerie* (Grasset, 1968) l'amènent à se constituer en mythe alors que vient le temps de la reconnaissance, comme le montrent les entretiens avec Pierre Lhoste (France-Culture, 1969), le tournage par Jean-Marie Drot d'une série d'émissions pour les « Archives du XXe siècle » (1970), et la publication posthume de courts textes inédits (*Le Maître ironique*, Grasset, 1995). Il s'éteint à Massanne le 12 avril 1978, laissant de lui l'image d'un provocateur devenu franciscain.

→ André Lebois, *Joseph Delteil, l'homme et l'œuvre*, L'Amitié par le livre, 1961. — Françoise Geneste, *Une langue et un style paléolithiques*, thèse, Montpellier, 1970. — Jean-Marie Drot, *Vive Joseph Delteil*, Stock, 1974. — Pierre Tesquet, *Clefs pour « Choléra »*, Oswald, 1974, et *Portrait de Joseph Delteil*, Morel, 1978. — Bob Ter Schiphorst, *Joseph Delteil* (photographies), Éditions CLT, 1977. — Claude Schmitt, *Delteil est au ciel*, Lausanne, Alfred Eibel, 1979. — Marie-France Carrera, *Le Thème de l'innocence dans l'œuvre de Joseph Delteil*, thèse, Toulouse, 1981. — Karine Ciupa, *Les Variantes dans l'œuvre de Joseph Delteil*, thèse, Paris-IV, 1982. — Robert Briatte, *Sémiologie de la violence dans l'œuvre de Delteil*, thèse, Montpellier, 1982, *Delteil inventaire*, La Jonque, 1984 et *Joseph Delteil, qui êtes-vous ?*, Lyon, La Manufacture, 1988. — Jean-Marie Drot, *Joseph Delteil, prophète de l'an 2000*, Presses du Languedoc, 1990. — Pierre James, *L'Art, le sujet, la mort. L'univers esthétique de Joseph Delteil*, thèse, Toulouse-II, 1990. — Jean-Louis Malves, *Delteil en habit de lumière*, F. Loubatières, 1992. — Claire Pascal-Brocardi, *L'Amour, la femme, Dieu pour Joseph Delteil*, Lacour, 1993. — Jean-Louis Malves, *Sol y sombra : Joseph Delteil et André de Richaud*, F. Loubatières, 1994. — Guy Darol, *Tombeau de Joseph Delteil*, L'Incertain, 1994. — Jacques Laurans, *L'Habitation d'un poète, lectures de Joseph Delteil*, L'Atelier du gué, 1995. — Robert Briatte éd., *Les Aventures du récit chez Joseph Delteil* (colloque de Cerisy, 1994), La Jonque, 1996. — *Cahiers Joseph Delteil*, 1984.

J.P.

Deluy Henri. Né le 25 avril 1931. Sans doute faut-il distinguer plusieurs Henri Deluy. Il existe tout d'abord un Henri Deluy qui, depuis *L'Avenir dès aujourd'hui* (Marseille, 1957), mais aussi avec le plus récent, *L'Infraction* (Seghers, 1974), dédié « à la mémoire de Jean Lafitte, flibustier, ami de Karl Marx et qui finança l'impression du *Manifeste* », s'est ouvertement engagé pour le communisme, jusqu'à la dissidence d'*Action poétique*, la revue qu'il dirige depuis 1955, et aux chroniques de *Révolution*. En même temps, Deluy est un poète clair et dépouillé, d'inspiration méditerranéenne. Il est né à Marseille, qu'il évoque dans *Les Goudes* (Flammarion, 1991), recueil dédié à la mémoire de son père. Ses ancêtres sont les troubadours. Sa poésie est dans la filiation de Tortel plutôt que d'Aragon (il a préfacé un choix de poèmes de Tortel, *Limites du corps*, Gallimard, 1993). Il s'est également livré à des tentatives audacieuses, comme le dialogue avec Élisabeth Roudinesco dans *La Psychanalyse mère et chienne* (coll. 10/18, 1979), et a pratiqué la recherche textuelle dans *La Substitution autrement l'obstination* (Nîmes, La Répétition, 1984), où la langue est dépecée et le texte espacé par de grands blancs, avec des variations typographiques. Il en est de même, dans une moindre mesure, dans *La Répétition autrement la différence* (Fourbis, 1992) ou dans *Les Mille* (Poésie 80, Seghers) où le vers est remis en cause. Dans son *Anthologie arbitraire d'une nouvelle poésie 1960-1982* (Flammarion, 1983), cet ami de Jacques Roubaud se réclame de l'avant-garde et sélectionne les auteurs de l'*Action poétique*, *Tel Quel*, *Po&sie*. Pour autant son hommage à Pérec *(Premières Suites*, Flammarion, 1991) est d'une lumineuse simplicité. Deluy aime la polémique, les déclarations fracassantes — il s'en prend par exemple à René Char —, et le plus étonnant dans ses textes théoriques — la préface de l'*Anthologie* ou celle du *Temps longtemps* (Messidor, 1990) — est qu'il persiste à s'opposer au surréalisme, que dénonçaient déjà ses aînés Jaccottet et Bonnefoy. Comme eux, il refuse la métaphore à laquelle il préfère l'évidence du « il y avait ». Enfin, cet ancien instituteur, devenu bibliothécaire à Ivry, est un inlassable traducteur des poètes russes et tchèques, mais aussi néerlandais ou portugais, et cette activité a pu le conduire jusqu'à l'élaboration de traductions imaginaires. Ainsi, dans *Le Temps longtemps*, il présente un texte comme la traduction possible avec F.P. (Fernando Pessõa) « d'un poème apocryphe de F.P. ». *L'Amour charnel* (Flammarion, 1994), à la suite de *Vingt-quatre heures d'amour en juillet, puis en août* (Ipomée, 1987), est d'inspiration plus érotique, et dans *Je ne suis pas un autre* (Fourbis, 1994), il rend hommage à Georges Bataille. Un essai lui a été consacré par Claude Adelem sous le titre *Henri Deluy, une passion de l'immédiat* (Fourbis, 1995).

C.Du.

Delvaille Bernard (1931). Né en décembre 1931 à Bordeaux (voir son *Bordeaux*, Champ Vallon, 1985), il a consacré sa vie à la poésie, exprimant le désespoir, l'errance et l'ennui *(Blues*, 1951 ; *Train de vie*, 1952 ; *Enfance, mon amour*, 1957 ; *Désordre*, 1963 ; *Faits divers*, 1976 ; *La Dernière Légende lyrique*, 1979 ; *Blanche est l'écharpe d'Yseut*, 1980). Ces œuvres seront recueillies en 1982, dans *Poèmes 1951-1981* (Seghers). Toutes les formes de poésie, poèmes en prose, poèmes brefs, poèmes aux strophes régulières, sont requises pour que naisse un monde nocturne en demi-teintes, où la rêverie s'accroche à un lieu incarnant la difficulté d'être, la précarité et la fugacité des choses. Bernard Delvaille a édité les *Œuvres complètes* de Toulet (Laffont, coll. Bouquins, 1986), un choix de *Poèmes de Vielé-Griffin* (Mercure de France, 1983) et publié, chez Seghers, deux anthologies : *La Poésie symboliste* (1971) et *La Nouvelle Poésie française* (1974).

F.O.

Demolder Eugène (1862-1919). Né à Molenbeek-Saint-Jean (Bruxelles), le 16 décembre 1862. Ses débuts dans *La Jeune Belgique* sont à l'enseigne de cette peinture flamande qui devait orienter toute son œuvre, tant dans le sens du picturalisme littéraire que par l'intérêt des sujets, de la mise en scène spatiale que de l'origine géographique *(Impressions d'art*, 1889). Auteur d'essais sur James Ensor (1892) ou sur Félicien Rops (1894) — dont il deviendra le gendre —, il emprunte à ses contemporains leur goût de la truculence, du mysticisme, de la légende. Proche de Georges Eekhoud et de Hubert Krains, il participe à la fondation du *Coq rouge* en 1895. Depuis ses contes bibliques *(La Légende d'Yperdamme*, 1896, qui reprend *Les Contes d'Yperdamme* de 1891, et *Les Récits de Nazareth*, 1893) et ses romans d'inspiration légendaire *(Le Royaume authentique du grand Saint Nicolas*, 1896), jusqu'à ses nouvelles *(Quatuor*, 1897) et ses récits « historiques », il puise dans le fonds de l'imaginaire pictural pour élaborer ses textes. *La Route d'émeraude* (1899), son meilleur roman, développe son intrigue dans les milieux artistes du XVIIe siècle, par l'entremise de Rembrandt ou de Frans Hals, en une véritable exposition de l'école hollandaise : Demolder utilise la scène picturale dans des transpositions d'art où il manie lumière, couleurs et profondeur. Son style baroque s'épanouit dans la langue et dans la trame fantastique des *Patins de la Reine de Hollande* (1901), récit se déroulant dans des Pays-Bas mythiques, traversé de rites symboliques et magiques. Installé au Plessis-Chenet, près de Paris, après une brève carrière de magistrat en Belgique, Demolder y invite en 1900 Alfred Jarry et collaborera au scénario de *Pantagruel* (1911). Il publie en 1904 *Le Jardinier de la Pompadour*, roman qui raconte les tourments malheureux d'un jardinier entiché de la maîtresse du roi, dans un décor qui doit beaucoup à Watteau, ou à Fragonard. La même année paraît encore *L'Arche de Monsieur Cheunus*, divertissement hédonique dans le goût de la peinture hollandaise du XVIIe siècle. On lui doit également des contes pour enfants *(Le Cœur des pauvres*, 1901), ainsi que des notes de voyage *(L'Espagne en auto*, 1906). Il est mort à Essonnes, le 8 octobre 1919.

→ Hubert Krains, *Portraits d'écrivains belges*, Liège, Thone, 1930. — Claire Callewaert, *Eugène Demolder*, Bruxelles, Office de publicité, 1943.

O.Bi.

Demouzon Alain (1945). Son premier livre, *Gabriel et les primevères* (1975), une affaire de mœurs et de meurtre dans un pensionnat de jeunes filles, relève de la tradition du roman populaire. Les romans criminels, où l'étude des personnages et des milieux importe autant que la résolution de l'énigme, ont fait sa réputation. Il a inventé un monde gris et angoissant, peuplé de petites gens, qui parlent une langue courante, et non un argot qu'il juge stéréotypé. En 1976, Demouzon a inauguré, avec *Mouche*, une série de romans policiers chez Flammarion. Dans *Un coup pourri* (1977), il crée un détective privé, Nicolas Placard, dont *Adieu la Jolla* (1978) propose la deuxième aventure. En 1979, il reçoit le prix du Mystère de la critique pour *Mes crimes imparfaits*, pastiche de Monteilhet. La diversité des personnages — de l'anarchiste accusé à tort dans *Le Retour de Luis* (1977) au vieux rentier paisible, devenu pour trois jours un « privé » d'un genre nouveau, dans *Monsieur Abel* (1979) — et le milieu provincial se prêtent à de multiples études de mœurs. Demouzon a aussi publié des nouvelles, *La Petite Sauteuse* (1989, prix de littérature gourmande), et des livres pour la jeunesse *(Contes du gobe-mouches*, 1990). En 1992, il a reçu le prix Paul Féval de littérature populaire, pour l'ensemble de son œuvre.

D.H.-M.Ber.

Denis Philippe (1947). Révélé par la revue *L'Éphémère*, Philippe Denis reste proche, à ses débuts, de la poésie d'André du Bouchet (*Cahier d'ombres*, Mercure de France, 1974). Discret sur la scène littéraire jusqu'à l'effacement (« Plus d'absence est ce que nous choisissons », écrit-il dans *Cahier d'ombres)*, il fut lecteur dans des universités aux États-Unis, en Turquie et désormais au Portugal. Ses poèmes, aux multiples rejets, aux parenthèses jamais refermées, utilisent au mieux l'espace de la page pour affirmer leur blancheur ascétique et cerner la vérité de l'être. Les recueils suivants, avec le même souci ontologique (*Revif*, Maeght, 1978 ; *Carnet d'un aveuglement*, Flammarion, 1982 ; *Autour d'une absence*, Brandes, 1986), dévoilent une préoccupation plus attentive à animer les éléments : « Je n'ouvre mes fenêtres dans cette pièce si haut que pour faire entrer un nuage. » (*Surface d'écueil*, Clivages, 1980). Le poète établit un dialogue avec la nature, à la fois reflet et espace de dissolution de son moi. La concision éthérée et la délicatesse des formes brèves de Philippe Denis, leur respiration quasi orientale (il a traduit Masaoka Shiki) rappellent la sensualité pastorale des haï-kaï (*Églogues*, Mercure de France, 1988) : « Je m'arrête pour laisser le paysage reprendre souffle. » (*Matière du jour*, Thierry Bouchard, 1985). *Divertimenti* (Mercure de France, 1991) rassemble pêle-mêle un ensemble de textes, lettres et traductions où Philippe Denis confesse notamment son goût pour Emily Dickinson, auteur américain qu'il a traduit. Il a également traduit Paul Auster.

N.R.

Denoël *(Éditions)*. Maison d'édition fondée à Paris en 1930 par Robert Denoël et Bernard Steele sous le nom de Denoël & Steele. Elle connaît un essor rapide grâce à Robert Denoël, qui publiera Aragon, Artaud, Barjavel, Bousquet, Cendrars, Vialar, et les premières œuvres de Céline, Sarraute, Dabit, Dominique Rolin ou Elsa Triolet.

Né en 1902 près de Bruxelles, Robert Denoël avait collaboré dès les années vingt à *La Gazette de Liège*, avec Simenon, et fondé à la même époque la revue *Créer* (six livraisons). Entre 1924 et 1927, il écrit, sous le pseudonyme de Robert Martin, des articles pour *Sélection* et *Le Disque vert* (Bruxelles). Dès 1925, il correspond avec Max Jacob, Delteil, Paulhan, Jaloux. Il arrive en 1926 à Paris, travaille dans une galerie et rencontre de nombreuses personnalités artistiques et littéraires. En février 1928, il ouvre une librairie avenue de La Bourdonnais, *Les Trois Magots*, et publie ses premiers titres : une édition bibliophilique de *L'Âne d'or* d'Apulée, puis des textes d'Artaud et de Vitrac, à compte d'auteur. L'*Hôtel du Nord* d'Eugène Dabit (1929) et le *Voyage au bout de la nuit* de Céline (1932) contribuent au succès de la maison. Dans la même période, Denoël rachète le fonds des Éditions des Cahiers libres et des Éditions de la Connaissance. Au début des années trente, plusieurs de ses publications obtiennent des prix (notamment le prix Renaudot entre 1931 et 1938, attribué à Philippe Hériat, Céline, Charles Braibant, Jean Malaquais, Aragon, Jean Rogissart, P.-J. Launay). Parallèlement, les Éditions Denoël & Steele fondent leur notoriété sur des ouvrages de psychanalyse (en particulier Otto Rank et Marie Bonaparte). En 1937, Bernard Steele retire son nom et sa participation, à la suite de la publication du premier pamphlet antisémite de Céline, *Bagatelles pour un massacre*.

Fermée en juin 1940, la maison est autorisée à reprendre ses activités en octobre. Elle crée alors, en novembre, les Nouvelles Éditions françaises, qui diffuseront des textes antisémites, et publie en 1942 *Les Décombres* de Rebatet. Inculpé en février 1945, Denoël est assassiné le 2 décembre, sur l'esplanade des Invalides, dans des circonstances mal élucidées, quelques jours avant le procès (fixé au 8 décembre).

Après la guerre, c'est la maîtresse de l'éditeur, Jean Voilier (pseudonyme de Jeanne Loviton), qui hérite des Éditions Denoël, qu'elle revendra à Gallimard en octobre 1951. Devenue filiale, la maison se spécialise alors dans les textes fantastiques et de science-fiction. La collection Présence du futur publiera d'abord de nombreux écrivains anglo-saxons (Ray Bradbury, H.P. Lovecraft, Isaac Asimov, Philip K. Dick), puis des auteurs français (J.-P. Andrevon, Philippe Curval, Alain Dorémieux, Pierre Pelot, Jacques Sternberg). Dans le domaine de la littérature générale, la direction sera assurée durant une vingtaine d'années par Philippe Rossignol, Alex Graal et Robert Kanters, qui publieront notamment dans la Collection grise des œuvres de Louis Calaferte, René Fallet, Lanza del Vasto, Henri Vincenot, et lanceront, outre quelques beaux livres, plusieurs collections de rééditions (dont la collection « Relire »), de sciences humaines (à partir du rachat du fonds Gonthier au début des années soixante-dix), de traductions (la collection « Empreinte ») et de romans policiers. Fortes d'un catalogue de 2 500 titres, les Éditions Denoël ont, après plusieurs changements d'orientations, réduit sensiblement le rythme de leurs publications depuis vingt ans, aboutissant actuellement à une centaine de volumes par an.

→ *Céline et les Éditions Denoël, 1932-1948*, correspondances et documents présentés par Pierre-Edmond Robert, IMEC – Éditions, 1991.

A.De. — IMEC

Déon Michel (1919). Né à Paris le 4 août 1919. Il est élève aux lycées de Monaco et de Nice, et à Janson-de-Sailly, avant d'entreprendre des études de droit. Mobilisé de 1939 à 1942, il entre ensuite à *L'Action française* et collabore deux années durant au journal de Maurras. Après la guerre commence pour lui une vie de voyages, en Allemagne, en Suisse, en Italie, aux États-Unis, entrecoupée de publications. Après quelques essais mineurs, son premier vrai roman, *Je ne veux jamais l'oublier*, paraît en 1950. À partir de 1961 il travaille aux Éditions de La Table ronde comme adjoint au directeur littéraire, puis comme directeur des services étrangers. Dès 1964 il s'installe dans l'île grecque de Spetsaï, dont les paysages et l'atmosphère se reflètent dans plusieurs de ses livres. En dépit d'un large succès public, Michel Déon ne se plaît qu'hors de France et, avec la Grèce, l'Irlande séduit cet écrivain amoureux de contrées préservées.

Sa carrière littéraire a commencé au sein du groupe des hussards, selon le nom attribué par Bernard Frank aux jeunes écrivains rassemblés autour de Roger Nimier qui, dans les années cinquante, se sont élevés contre l'hégémonie intellectuelle de l'existentialisme et ont refusé l'idée d'une littérature engagée. Déon, parmi eux, revendique un « certain anarchisme de droite, un pessimisme qui vise à la lucidité ». À cette « école de la désinvolture », selon la formule d'Émile Henriot, il emprunte une liberté d'esprit et un irrespect qui sont la marque des écrivains de la « jeune droite ». Son œuvre comprend des romans, des récits, des essais qu'il nomme des libelles (*Lettre à un jeune Rastignac*, 1956 ; *Mégalonose*, 1967), et des écrits de circonstance (*L'Armée d'Algérie et la pacification*, 1959). Contre les innovations du siècle, elle se caractérise par le retour du romanesque, d'un certain classicisme et de l'analyse psychologique. Peintre habile, il saisit la moindre parcelle de beauté pour donner du monde une image irisée, un reflet, trompeur peut-être, mais dont l'illusion est charmante. Dans ses premiers romans les femmes, par exemple, sont belles et fatidiques, les hommes hardis et mystérieux, et la vie est une aventure dont on jouit sans la prendre au sérieux. Ce dilettantisme apparent, Michel Déon sait ne point en abuser. *Les Trompeuses Espérances* (1956), en décrivant le naufrage d'un amour conjugal, redonne leur épaisseur aux passions humaines. À l'épicurisme stendhalien des premiers textes a succédé une vision désenchantée de l'amour, le pessimisme foncier de l'auteur l'emportant sur son goût du bonheur.

L'exil volontaire qui le fait voyager de par le monde avant de le fixer en Grèce puis en Irlande est d'abord, chez Michel Déon, une attitude intérieure. Hostile à la civilisation moderne, il fait de la société contemporaine qu'il désapprouve, dans *Mégalonose* (1967), une peinture apocalyptique, où plane la menace de la catastrophe finale. Pourtant, l'homme parvient à conjurer cette perspective affreuse en trouvant refuge dans les derniers havres de beauté et d'harmonie que recèle notre planète. Michel Déon peint remarquablement les paysages des contrées qu'il aime, réceptacles de civilisations presque évanouies. La Grèce lui permet de se rafraîchir aux antiques sources. *Le Balcon de Spetsaï* (1961), *Le Rendez-vous de Patmos* (1965), *Mes arches de Noé* (1978) montrent une Grèce préservée, fidèle à sa grandeur, où survit un ordre que les utopies du XXe siècle ne sont pas venues troubler. La célébration du soleil, des mœurs simples, des sites à l'immuable beauté ne va pas sans la conscience de leur fragilité dans un monde où la loi du nombre s'acharne contre l'exception. À la Grèce succède l'Irlande et son romantisme, qui servent de cadre à des romans comme *Les Poneys sauvages* (1970, prix Interallié) et *Un taxi mauve* (1973, grand prix du Roman de l'Académie française). En 1978, Michel Déon a rejoint Félicien Marceau, et quelques autres « juvéniles vieillards », comme les appelait Albert Béguin, à l'Académie française.

ŒUVRES. — Aux Éditions de La Table ronde, chez Plon et chez Gallimard. — **Romans** : *Je ne veux jamais l'oublier*, 1950. — *La Corrida*, 1952. — *Le Dieu pâle*, 1954. — *Les Trompeuses Espérances*, 1956. — *Les Gens de la nuit*, 1958. — *La Carotte et le Bâton*, 1960. — *Les Poneys sauvages*, 1970. — *Un taxi mauve*, 1973. — *Le Jeune Homme vert*, 1975. — *La Montée du soir*, 1987. — **Récits** : *Tout l'amour du monde*, 1955. — *Fleur de colchique*, 1957. — *Le Balcon de Spetsaï*, 1961. — *Le Rendez-vous de Patmos*, 1965. — *Un parfum de jasmin*, 1967. — *Mes arches de Noé*, 1978, suivi de *Bagages pour Vancouver*, *Le Prix de l'amour*, 1992. — **Libelles** : *Lettre à un jeune Rastignac*, 1956. — *Mégalonose*, 1967.

→ Pol Vandromme : *La Droite buissonnière*, Les Sept Couleurs. — Félicien Marceau, *Réponse au discours de réception de Michel Déon à l'Académie française*, Gallimard, 1979.

Cl.D.

Depestre René (1926). Né à Jacmel (Haïti), il a fondé, avec Gérard Chenet et Jacques-Stephen Alexis, la revue opposée au pouvoir haïtien, *La Ruche*, dont l'interdiction causera son exil parisien. C'est à Cuba, où il séjourne ensuite pendant plus de vingt ans, qu'il s'oriente vers la poésie militante, publiant *Traduit du grand large* (Seghers, 1952), *Minerai noir* (Présence africaine, 1956) et surtout *Un arc-en-ciel pour l'Occident chrétien* (Présence africaine, 1967), recueil où il paraît encore hésiter entre réalisme socialiste et réalisme merveilleux (voir *Poète à Cuba*, Oswald, 1976). Cette deuxième dimension l'emporte dans ses romans, *Le Mât de cocagne* (Gallimard, 1979, rééd. Gallimard, 1981), *Alleluia pour une femme-jardin* (Léméac, 1973), *Hadriana dans tous mes rêves* (Gallimard, 1988) et *Éros dans un train chinois* (Gallimard, 1990), dont la prose somptueuse sert un imaginaire qui emprunte l'essentiel de ses ressources au terroir haïtien, et notamment au Vaudou. Ce recentrement sur la culture caraïbe se confirme dans l'essai par lequel l'écrivain prend congé de l'Afrique, *Bonjour et adieu à la négritude* (Laffont, 1980).

→ G. Benelli, « René Depestre : l'érotisme comme carrefour culturel », *Congrès mondial des littératures de langue française*, Universitá di Padova, 1984.

J.C.

Derème Tristan (1889-1941), pseudonyme de Philippe Huc. Né à Marmande, le 13 février 1889. Lycéen, il collabore à quelques revues poétiques et fait paraître ses premières plaquettes. En 1911, *Le Petit Cahier* regroupe les signatures de ceux qui formeront le noyau de l'école fantaisiste : Carco, Pellerin, Vérane, Derème. Les fantaisistes, qui se réclament d'une longue tradition, de Charles d'Orléans et Villon jusqu'à Corbière et Toulet, entendent en finir avec les « vieux clichés », les « procédés usés jusqu'à la corde » et l'« incroyable charabia » de la poésie contemporaine. L'œuvre abondante de Derème est consacrée à la défense et à l'illustration de la poésie fantaisiste. Citons, parmi ses œuvres, des recueils poétiques : *La Verdure dorée* (1922), *L'Enlèvement sans clair de lune* (1924), *Le Zodiac ou les étoiles sur Paris* (1927), *Poèmes des colombes* (1929), *Le Violon des muses* (1935) ; des réflexions mêlées de vers : *Le Poisson rouge* (1934), que suivront *L'Escargot bleu* (1936), *La Tortue indigo* (1937), *L'Onagre orange* (1938) et *La Libellule violette* (1942) ; des réflexions théoriques : *L'Étoile de poche* (1929), *La Rime de Virgile et des Japonais* (1930), *Tourments, caprices et délices ou les poètes et les mots* (1941). Attaché à la forme régulière, Derème pense « qu'il n'est pas de poésie sans une règle, et que l'expression *vers-libre* est synonyme de *rond-carré.* » Il renouvelle cependant de façon originale prosodie et rimes : *tu n'as qu'* rime avec *hamac*, *le pouf*, *le* avec *pantoufle* ; ou bien, selon le principe de la contre-assonance, il apparie *cœurs* et *décors*, *héroïnes* et *troènes*. Dès 1913, Derème avait défini la « fantaisie » comme « une manière de douce indépendance et parfois comme un cri mélancolique que voile un sourire ambigu. [...] Un souci agréable de liberté individuelle et sentimentale qui permette de donner au monde des aspects imprévus. » Tristan Derème s'est éteint à Oloron-Sainte-Marie (Pyrénées) le 24 octobre 1941.

J.G.

Deriex Suzanne (1926), pseudonyme de Suzanne Piguet-Cuendet. Née à Yverdon (canton de Vaud) le 16 avril 1926, elle perd sa mère à douze ans, fait des études de théologie et de mathématiques à Lausanne et Bâle, et du journalisme. Son œuvre comprend des pièces radiophoniques et des romans (*Corinne*, 1961 ; *Pour dormir sans rêves*, 1980 ; *Les Sept Vies de Louise Croisier, née Moraz*, 1986), autobiographiques pour la plupart. Le dernier évoque sa grand-mère, mais à travers le destin de cette femme, c'est l'histoire de tout un pays, le Lavaux, et de ses habitants qui est retracée, avec ses bouleversements écologiques, sociaux et économiques.

P.A.

Des Cars Guy (1911-1993). Né à Paris le 6 mai 1911, fils d'un duc et d'une milliardaire chilienne, Guy de Pérusse des Cars est un personnage fantasque dont la place, au sein des lettres françaises, est quelque peu paradoxale. De retour d'un voyage en Amérique du Sud, il compose en douze jours une comédie, *Croisière pour dames seules*, créée aussitôt au théâtre de la Potinière (1931). Il entame alors une carrière de journaliste (au *Pantagruel* d'Henri-Louis Mill, puis au *Jour* de Léon Bailby) et devient ensuite secrétaire général d'un cirque. Son premier roman, *L'Officier sans nom* (1941), lui vaut des encouragements de la critique, qui voit dans cette œuvre la promesse d'un jeune talent. Il la déçoit aussitôt : avec *La Dame du cirque* (1942), histoire rocambolesque d'une aristocrate viennoise devenue écuyère, qui, s'étant brisé la colonne vertébrale, tombe dans la folie, il s'oriente vers le genre moins honorable du *best-seller* dont, après une cinquantaine d'ouvrages, il est aujourd'hui encore le maître incontesté. La plupart de ses livres atteignent en effet le million d'exemplaires l'année de leur sortie, puis, réédités en collection de poche, connaissent une nouvelle carrière auprès d'un vaste public populaire. Celui-ci se laisse séduire par l'utilisation des stéréotypes sociaux ou psychologiques, les situations paradoxales ou scabreuses, les rebondissements ou les dénouements moraux couronnant des récits sulfureux. Les titres, mi-sensuels, mi-moralisants, ressemblent aux manchettes de journaux à scandales. Caractérisés par l'outrance du sentiment (*L'amour s'en va-t-en guerre*, 1953 ; *Amour de ma vie*, 1956 ; *Je t'aimerai éternellement*, 1985), le sens du macabre et du spectaculaire (*Le Crime de Mathilde*, 1983 ; *Le Faiseur de morts*, 1984) ou le manichéisme et la misogynie (*La Corruptrice*, 1952 ; *La Maudite*, 1955 ; *La Vipère*, 1969), ils proposent au lecteur des clichés saisissants, que l'auteur exploite sans retenue. Les thèmes de l'œuvre sont ceux que brassent presse, radio ou télévision : le cancer (*La Corruptrice)*, l'ambiguïté sexuelle (*La Maudite)*, l'adoption (*La Révoltée*, 1968), la prostitution (*L'Entremetteuse*, 1970), la chirurgie esthétique (*L'Insolence de sa beauté*, 1972), l'insémination artificielle (*Le Donneur*, 1973), la sorcellerie (*L'Envoûteuse*, 1975), etc. Mais le sujet de société s'ancre dans une réalité humaine qui laisse moins place à la réflexion qu'à une forme de voyeurisme exaltée par le caractère extrême des situations. Dans *La Brute* (1951), un infirme sourd-muet et aveugle, d'une repoussante laideur, s'accuse par amour d'un crime qu'il n'a pas commis. Dans *La Tricheuse* (1957), une femme qui se sent vieillir subit un mystérieux traitement chirurgical et se fait passer pour sa propre fille pour reconquérir l'amant qui l'avait délaissée. Dans *Les Filles de joie* (1959), deux sœurs jumelles connaissent des destins opposés : l'une entre chez les Petites Sœurs des pauvres, tandis que l'autre se prostitue. Écrit dans un style journalistique volontairement dénué de recherche littéraire, le roman de Guy des Cars se veut accessible et palpitant : « Je ne suis là que pour distraire », déclare-t-il. « Je n'ai pas de message. Quand j'ai un message, je vais à la poste. » Au terme d'un parcours jalonné de succès de librairie, l'auteur a réfléchi sur son œuvre (*De cape et de plume*, 1965 ; *J'ose*, 1974). Considérant tour à tour sa popularité, et le silence de la critique à son sujet, il se pose tantôt en confesseur de la société, tantôt en écrivain maudit.

ŒUVRES. — D'abord publiés chez Fayard, aux Presses de la Cité ou chez Flammarion, les romans de Guy des Cars reparaissent une dizaine d'années plus tard en format de poche, aux Éditions J'ai Lu. — *Croisière pour dames seules*, 1931. — *L'Officier sans nom*, 1941. — *La Dame du cirque*, 1942. — *L'Impure*, 1946. — *La Brute*, 1951. — *Le Boulevard des illusions*, 1952. — *La Corruptrice*, 1952. — *L'amour s'en va-t-en guerre*, 1953. — *La Maudite*, 1955. — *Amour de ma vie*, 1956. — *La Tricheuse*, 1957. — *Les Filles de joie*, 1959. — *Cette étrange tendresse*, 1960. — *De cape et de plume*, 1965. — *L'Habitude d'amour*, 1966. — *La Révoltée*, 1968. — *La Vipère*, 1969. — *L'Entremetteuse*, 1970. — *L'Insolence de sa beauté*, 1972. — *Le Donneur*, 1973. — *J'ose*, 1974. — *L'Envoûteuse*, 1975. — *Le Crime de Mathilde*, 1983. — *Le Faiseur de morts*, 1984. — *Je t'aimerai éternellement*, 1985. — *La Mère porteuse*, 1986. — *La Tueuse*, 1993.

C.C.

Des Femmes *(Éditions)*. Maison d'édition fondée à Paris en 1973 par Antoinette Fouque. En créant une maison d'édition, la cofondatrice du Mouvement de libération des femmes (MLF) voulait, dans la mouvance de Mai 1968, « mettre l'accent sur la force créatrice des femmes, faire apparaître qu'elles enrichissent la civilisation ». Organe de ce combat, les Éditions Des Femmes, installées rue de Mézières, sont la première maison d'édition féministe en Europe, sujette à de nombreuses oppositions. Une Librairie des femmes, située aujourd'hui rue de Seine, lui est aussitôt adjointe ; d'autres s'ouvrent à Lyon et à Marseille. Par leurs écrits, des femmes en butte aux répressions les plus diverses peuvent alerter la communauté internationale : les Espagnoles Lidia Falcon et Eva Forest sont les premières d'une longue liste. L'attention portée à l'actualité va de pair avec une orientation littéraire. Certains auteurs-maison sont présents dès la création : Chantal Chawaf y publie en 1974 son premier livre, *Rétable, la rêverie*, comme Elena Gianini Belotti dont l'essai, *Du côté des petites filles*, devient, la même année, une des meilleures ventes : elle donnera son nom à une collection pour enfants (1975). D'autres auteurs rejoignent la maison, comme Hélène Cixous, dont *Souffles* (1975) inaugure une liste de plus de vingt titres, ou Jeanne Hyvrard à partir des années quatre-vingt. Une part belle est faite aux auteurs étrangers : Anaïs Nin, Virginia Woolf (*Trois guinées*, 1977), Lou-Andréas Salomé, Marina Tsvetaeva, ou Clarice Lispector dont Des Femmes entreprend de publier les œuvres complètes à partir de 1978. Le domaine littéraire se développe au fur et à mesure avec les collections « Fictions », « Écrits d'hier » (1979 ; rééditions de Mme de Staël ou de George Sand ; inédits de femmes moins connues) ; « Correspondances » (1985, correspondance Colette-Sido). Elle-même psychanalyste, la directrice de la maison crée en 1986 la collection « La Psychanalyse », où elle publie notamment Hanna Segal.

Avec « La Bibliothèque des voix » naissent en 1980 les premiers livres-cassettes européens (une centaine en 1995), qui permettent la découverte d'œuvres lues par leur auteur (Duras, Gracq, Sarraute) ou par des comédiens de renom et qui accueillent davantage de voix masculines que les autres collections. En 1995, Des Femmes compte environ cinq cents titres à son catalogue. L'activité de la maison, accentuée sur le plan politique, se poursuit grâce à une équipe soudée (Marie-Claude Grumbach, Florence Prudhomme, Jacqueline Sag, Michèle Muller, Thérèse Reveillé) autour de la personnalité d'Antoinette Fouque, fondatrice de l'Alliance des femmes pour la démocratie en 1989, député au Parlement européen en 1994.

A.S. — IMEC

Des Forêts Louis-René (1918). Né à Paris le 28 janvier 1918, il passe entre le Berry et Paris une enfance marquée par l'éducation religieuse. Un engagement actif dans la Résistance ; un rôle important au comité de lecture de Gallimard ; un deuil familial et une période de silence littéraire où la peinture prend le premier pas entre 1967 et 1977 : telles sont les étapes apparentes d'une vie volontairement discrète.

En épigraphe du premier roman de Louis-René Des Forêts, *Les Mendiants* (1943), on peut lire ces vers d'une chanson inventée par l'auteur : « ... Et le plus ardent mendiait un cœur cruel / Et celui-ci un pouvoir que la nature même lui refusait / Et cet autre ce qu'un homme ne doit point trouver ». Les héros de cette œuvre, car ce sont bien des héros à la recherche du moment glorieux qui fondera leur existence, sont bien des « mendiants ». Leur univers secret est le théâtre d'une lutte contre la corruption d'un langage dont ils veulent maintenir la force vive. Leur première expérience est celle de la solitude. Les adolescents des *Mendiants*, comme le narrateur du *Jeune Homme qu'on surnommait Bengali (Cahier des Forêts)* et celui du *Bavard*, parlent dans l'urgence du besoin impérieux de s'adresser à l'autre, de se raconter pour s'unir à leur semblable, tout en sachant qu'ils entrent par là dans les arcanes d'une impossible réconciliation avec eux-mêmes. Ils sont les jouets d'une parole qui les éloigne du for intérieur que le silence mythique de l'enfance préservait.

La force des romans de Des Forêts vient du drame qui a lieu dans la parole et qui donne sa structure au premier roman polyphonique : trois parties, où se croisent les voix de plusieurs personnages qui racontent deux intrigues mêlées, celle d'Hélène, tragédienne blessée que son amant délaisse, et celle de Guillaume, enfant témoin de la déchéance de son prestigieux modèle, Sani. Dans un port que brûle le sel marin, symbole de la vigueur acide et de l'énergie de l'être, la parole se consume en une passion débouchant sur le meurtre et la fuite. Cette énergie se retourne en rage pour le bavard : voici un homme qui a décidé de nous exposer les causes de son « mal », le bavardage. Il ne cache rien de son humiliation dans un dancing, de la raclée que lui inflige un proxénète, de l'exaltation de la rédemption qui semble lui échoir quand il entend le chœur des voix enfantines. Ce moment de grâce est pourtant balayé par la troisième partie du récit, qui efface ou tente d'effacer tout ce qui précède ; nous n'avons lu qu'une affabulation ; la vérité de ce discours sarcastique reste en souffrance. Parodie d'autobiographie, ce monologue fictif, qui a influencé le Camus de *La Chute*, illustre les tourments de tout parleur moderne ayant pris conscience du pouvoir séparateur du langage. *Le Bavard* est ainsi devenu, à juste titre, le symbole d'une réflexion sur la littérature, aussi bien pour Blanchot que pour Bonnefoy. Les nouvelles de *La Chambre des enfants* explorent encore ce « pouvoir de la voix » (Pingaud) et le mystère d'une présence qui se dérobe. Moliéri, l'étonnant chanteur d'opéra à la carrière éclair, nous fascine par le silence qu'il oppose à nos conjectures. Comment attester ce que nous sommes ? Qu'est-ce qui se cache « dans le miroir » (titre de la dernière nouvelle) ? Récits à la fois abstraits et très romanesques, ces fictions vertigineuses ne sont pas des allégories désincarnées, mais le chiffre d'une expérience douloureuse et vitale.

Il faut la fiction pour dire la vérité de l'être intime : telle est la loi paradoxale de cette œuvre. Il faut s'éloigner de la proximité d'un illusoire *je* et passer à l'affabulation d'un *il* pour se retrouver. Ou bien il faut, par un détour, surprenant en France où rares sont les écrivains venus à la poésie après le roman, confier à une diction poétique inouïe une expérience débordant le sujet qui tente de la nommer. *Les Mégères de la mer* évoque ainsi, avec une éloquence emportée, la découverte bouleversante de la sexualité, et les *Poèmes de Samuel Wood*, dans une prosodie plus apaisée, disent la douleur du deuil et de la trahison du « vœu de silence » (Quignard). Dépassant les facilités du lyrisme, ces deux recueils montrent la voie d'une catharsis toujours incertaine. Des Forêts s'est engagé depuis les années quatre-vingt dans une entreprise originale : écrire une autobiographie fragmentaire à la troisième personne. L'être se montre ainsi au présent, mais dans la distance d'une altérité maintenue. Le titre, *Ostinato*, indique l'importance de la musique, qui hante toute l'œuvre. Une même tenue rythmique s'impose aux suites de fragments. Y alternent, dans une prose poétique, des évocations de l'enfance, et les moments de doute et de renoncement d'un écrivain qui réconcilie son lecteur avec le désir d'une parole taciturne.

ŒUVRES. — *Les Mendiants*, Gallimard, 1943, rééd. revue 1986. — *Le Bavard*, Gallimard, 1946, rééd. coll. L'Imaginaire, 1978. — *La Chambre des enfants*, Gallimard, 1960, rééd. coll. L'Imaginaire, 1983. — *Les Mégères de la mer*, Mercure de France, 1967. — Aux Éditions Fata Morgana : *Voies et détours de la fiction*, 1985. — *Le Malheur au Lido*, 1987. — *Poèmes de Samuel Wood*, 1989. — *Face à l'immémorable*, 1993. — *Ostinato*, Mercure de France, 1997.

→ Bernard Pingaud, *L'Expérience romanesque*, Gallimard, 1983. — Pascal Quignard, *Le Vœu de silence*, Fata Morgana, 1985. — Yves Bonnefoy, *La Vérité de parole*, Mercure de France, 1988. — Dominique Rabaté, *Louis-René des Forêts : la voix et le volume*, Corti, 1991. — *Cahier Louis-René des Forêts*, dir. J.-B. Puech et D. Rabaté, Le Temps qu'il fait, 1991. — Maurice Blanchot, *Une voix venue d'ailleurs*, Ulysse fin de siècle, 1992. — Jean Roudaut, *L.-R. des Forêts*, Les Contemporains, Seuil, 1995.

D.R.

Desarzens Corinne (1952). Née à Sète, journaliste de profession et passionnée de voyages, elle a publié son premier roman en 1989, *Deux doigts de prunelle dans un verre à bourbon*, suivi de récits de voyage réunis sous le titre de *Carnet madécasse* (1991), inspirés par un séjour à Madagascar. La force de certains lieux imprègne les nouvelles du *Pain trouvé* (1995) évoquant le Tessin, la Guadeloupe, où se mêlent des figures d'artistes, peintres ou écrivains. Chronique d'une famille paysanne, le roman *Aubeterre* (1993) décrit les travaux des champs et les conflits entre générations.

S.J.-M.Ri

Desbordes Jean (1906-1944). Né à Rupt-sur-Moselle (Vosges) le 3 mai 1906, il est le fils d'un pharmacien protestant qui décède, en 1920, des suites de la guerre. Avec sa mère et ses deux sœurs, il vit son adolescence à « La Ronce », une vieille maison près de Dormelles (Seine-et-Marne), s'enthousiasmant pour l'œuvre de Jean Cocteau, qu'il rencontre, pendant son service militaire au ministère de la Marine, à Noël 1926. Il s'ensuivra une amitié qui durera jusqu'en 1933. En 1928, Desbordes publie *J'adore* (Grasset), préfacé par Cocteau. Ce recueil de proses lyriques qui mêle une sensualité exaltée à un christianisme hors dogme scandalise les milieux catholiques, dont Cocteau s'est rapproché depuis 1925. Mais le poète soutient l'œuvre du jeune écrivain, en qui il croit reconnaître un nouveau Radiguet. En 1929, il fait paraître un album de portraits de Desbordes, *25 portraits d'un dormeur* (Lausanne, Mermod). En 1930, Desbordes joue dans le film de Cocteau *Le Sang d'un poète* le rôle du Camarade Louis XV.

L'œuvre de Desbordes est d'inspiration largement autobiographique. Les rapports d'amour et d'orage qui unissent et déchirent la famille ou le couple sont les ressorts de ses romans, *Les Tragédiens* (Grasset, 1931), *Les Forcenés* (Gallimard, 1937), et de sa pièce, *La Mue* (Stock, 1936), représentée à la Comédie-Française, sous le titre *L'Âge ingrat*, le 25 avril 1938. Après son mariage en 1937, il se livre à des travaux de journalisme et publie encore un roman policier, *Le Crime de la rue Royale* (Gallimard, 1938), et une biographie, *Le Vrai Visage du marquis de Sade* (Éditions de la Nouvelle Revue critique, 1939), pour laquelle ses amis Charles et Marie-Laure de Noailles (descendante du marquis) lui ont communiqué des manuscrits de famille. Engagé dans la Résistance et arrêté par la Gestapo, il meurt sous les tortures, à Paris, rue de la Pompe, le jour du 55e anniversaire de Jean Cocteau, le 5 juillet 1944.

P.Ch.

Descaves Lucien (1861-1949). Né à Montrouge (Paris) le 19 mars 1861, il commence sa carrière comme romancier naturaliste *(Le Calvaire d'Héloïse Pajadou*, 1882 ; *Une vieille rate*, 1883 ; *La Teigne*, 1886), obtenant en 1889 un succès de scandale avec un roman antimilitariste, *Sous-offs*, pour lequel il sera poursuivi en justice et acquitté. Membre de l'académie Goncourt depuis sa fondation en 1900, ami et exécuteur testamentaire de Huysmans, il essaiera en vain, en 1932, de faire attribuer le prix Goncourt au *Voyage au bout de la nuit* de Céline, qui lui dédiera *Mort à crédit* (1936). Témoin de deux siècles, il a laissé des souvenirs *(Souvenirs d'un ours*, 1946). Il est mort à Paris le 6 septembre 1949.

A.G.

***Desjonquères** (Éditions).* Maison fondée à Paris en 1983 par Chantal et Emmanuel Desjonquères. La première collection de la maison d'édition est consacrée au XVIIIe siècle et dirigée par Henri Coulet. Les ouvrages sont présentés et annotés par des universitaires. La collection s'ouvre peu à peu à des genres variés : pamphlets, essais, correspondance (notamment celle, en cinq tomes, de Galiani et Mme d'Épinay). La collection « Les Chemins de l'Italie » publie de son côté des textes italiens du XXe siècle qui n'avaient pas été traduits : Claudio Magris, *Enquête sur un sabre* (1987), Tommaso Landolfi, *La Bière du pêcheur* (1989) ou Luciano Canfora, *La Véritable Histoire de la bibliothèque d'Alexandrie* (1988). Des essais de Giovanni Macchia et de Luciano Canfora sont publiés dans la collection « Le Bon Sens ». Orientée vers les deux pôles culture et civilisation, la collection « La Mesure des choses » propose des synthèses sur un sujet donné par un spécialiste : en 1994 paraît une importante *Histoire de la littérature grecque d'Homère à Aristote* de Luciano Canfora. Les Éditions Desjonquères ont par ailleurs ouvert leur catalogue aux littératures allemande (quatre romans de Johannes Urzidil) et espagnole (traduction de romans de Torquemada).

F.D. — IMEC

Desmeth Paul (1883-1970). Né à Bruxelles le 27 avril 1883. Sa mère est la cousine d'Émile Verhaeren (dont il réunira des *Poèmes choisis*, en 1948). Apparenté à André Fontainas, ami des peintres Spilliaert et Ensor (il consacrera à ce dernier une monographie en 1926), de Paulhan, qui l'introduit à la *NRF*, d'Hellens, qui lui ouvre les colonnes du *Disque vert*, il compose des poèmes et des proses dans le ton des « réalités magiques » *(Dans l'attente de toutes les possibilités*, 1910 ; *Les Rites*, 1919). Il fait de fréquents séjours à Saint-Cloud, chez les Verhaeren ; il y rencontre Crommelynck et Marie Gevers, avec qui il entretiendra une longue correspondance. Poète discret, d'une grande sobriété, perfectionniste à l'excès, il a repris, corrigé, augmenté et remanié ses textes tout au long de sa vie : *Avec la nuit* (1923, 1926, 1939, 1948), *Nord-Sud* (1932), *Simplifications* (1932, 1939, 1948, 1968), *Passages à l'intimité* (1966), *Poèmes* (1968). Sa poésie tire de son angoisse de la précision et de la rigueur une impression d'attente, parfois de malaise, qui rappelle l'atmosphère des tableaux métaphysiques de De Chirico : faubourgs, villes désertes, campagnes brûlées, rabotées par le vent, y sont traversés par des personnages anonymes en quête d'oubli ou de départ. Paul Desmeth est mort à Cortenberg le 6 juin 1970.

ŒUVRES. — *Simplifications*, *Avec la nuit*, rééd., Bruxelles, Les Éperonniers, coll. Passé-présent, 1988.

→ Franz Hellens, « Paul Desmeth », *La Nouvelle Revue française*, no 218, février 1971.

O.Bi.

Desnos Robert (1900-1945). Né à Paris le 4 juillet 1900 dans une famille enrichie dans le commerce, installée près des Halles, où son père est mandataire. Il quitte l'école après l'enseignement primaire supérieur, rompt avec ses parents et vit de petits travaux. Devenu en 1919 secrétaire de Jean de Bonnefon, il est introduit dans les milieux d'avant-garde par Louis-de-Gonzague Frick ; il écrit ses premiers poèmes sous l'inspiration d'Apollinaire et de Tailhade, oscillant entre mythologie burlesque *(Le Fard des argonautes)* et fantaisie quotidienne *(Prospectus)*. Il rencontre dès 1919 Roger Vitrac et Benjamin Péret ; mais il ne s'intègre au groupe de *Littérature* qu'en 1922, à son retour du service militaire. Breton vient de rompre avec Tzara, et Desnos lui apparaît comme l'incarnation même du « lyrisme nouveau » qui est le premier visage du surréalisme. Desnos commence par un roman automatique, *Nouvelles Hébrides*, dont il ne publiera que le début ; comme sur un film mental défilant à toute allure, on y voit ses amis qui s'agitent, aux prises avec des diamants volés, des femmes fatales et des métamorphoses. C'est un prélude à l'épisode des « sommeils » : devant le groupe dont il est le médium, Desnos tout en dormant « parle surréaliste », dessine et écrit. Il s'approprie l'invention et le pseudonyme de Marcel Duchamp : Rrose Sélavy, et compose sous ce nom une série d'« étonnantes équations poétiques », où la contrepèterie donne naissance à des aphorismes ou des fables. Il expérimente aussi de façon systématique les ressources des jeux de langage, en mettant en œuvre une nouvelle machine rhétorique : la « rime portée à son comble » dans *L'Aumonyme*, la manipulation des expressions toutes faites et des relations grammaticales dans *Langage cuit*. L'équation formelle se développe en poème en prenant appui sur quelques scénarios marqués par un érotisme masochiste, allant d'une rencontre à un naufrage ; une fantasmagorie très intime, que l'on retrouve tout au long de l'œuvre, s'objective ici à la faveur du procédé.

Desnos a contribué plus que tout autre à cristalliser le surréalisme encore flou autour de la notion d'« automatisme psychique » ; il a porté à un moment décisif l'élan vital du mouvement. Lorsque Breton met fin en février 1923 à l'expérience des sommeils, il le dépossède du rôle de sa vie. L'œuvre de Desnos se développe cependant sur cette lancée, tandis que les relations avec Breton se distendent. Cette œuvre comprend un versant narratif : *Deuil pour deuil* (1924) est une suite d'historiettes issues de l'écriture automatique ; un petit nombre de motifs et de personnages semblent se recroiser sur des spirales invisibles autour d'un invisible dolman bleu. L'automatisme se déploie à l'intérieur de longues phrases où la syntaxe multiplie les possibilités de rencontre tout en maintenant un fil narratif. Desnos usera du même style dans *La Liberté ou l'amour !* (1927), mais il s'agit d'un roman découpé en épisodes et construit autour d'un couple héroïque, Louise Lame et Corsaire Sanglot ; c'est une des belles réussites de l'érotisme surréaliste. Parallèlement naît une œuvre lyrique mince et fragile, où le deuil de la « voix » surréaliste que Desnos a incarnée se formule à travers un amour sans espoir pour la chanteuse Yvonne George. *À la mystérieuse* (1926) et *Les Ténèbres* (1927) renferment quelques poèmes admirables qui mettent en évidence les « balances sentimentales » du réel et du désir. Mais la poésie de Desnos traverse ensuite une crise profonde, qui touche son écriture même, et qui se manifeste dans des poèmes comme *Sirène-Anémone* (1928) ou *The Night of Loveless Nights* (1929) par les alexandrins « faux, chevillés et creux », le développement confus d'une mythologie personnelle et une impudeur gênante dans l'effusion. Desnos reprend ses poèmes de 1919 à 1929 dans *Corps et biens* (1930), au moment même où Breton l'exclut du groupe surréaliste avec la charrette du *Second Manifeste*. À Breton, qui lui reproche de déroger aux principes de l'avant-garde (notamment par ses vers), Desnos répond avec une justesse prémonitoire que « le surréalisme est tombé dans le domaine public ».

La vie de Desnos change à ce tournant des années 1930. Yvonne George est morte, et Youki, ex-femme du peintre Foujita, est devenue sa compagne. Ce sont des années d'activité intense, mais où la littérature a peu de place. Desnos travaille avec Paul Deharme ; il crée des slogans pour les produits pharmaceutiques de Salacrou, des émissions de radio (*Le Salut au monde*, adaptation de Whitman, *La Clé des songes)* ; il écrit des chansons pour Fréhel et Damia, des livrets pour Darius Milhaud (*Cantate pour l'inauguration du Musée de l'Homme*, 1937), des scénarios d'opéras, dont un *Fantômas*. Pendant cette période, il ne publie qu'un bref recueil poétique, *Les Sans-cou* (1934). Il y fait l'essai d'un ton « à la fois familier et lyrique », mais sous un populisme de surface le recueil est incertain et amer. Les sans-cou sont le fruit monstrueux de la guillotine ; ils représentent aussi l'innocence d'un corps sans mémoire, mais le motif est traité dans le registre du grand-guignol, comme si le désir d'idéalisation faisait long feu. A travers la figure de Don Juan (*La Ville de Don Juan*) l'éthique individuelle est atteinte par la même dépression. Desnos réunira en 1940 les essais inégaux et dispersés de cette décennie dans un second recueil, *Fortunes*.

Le dernier visage de Desnos est celui d'un poète renaissant. De cette période on ne connaît guère que les *Chantefables* (1944), maintenant intégrées au folklore enfantin. Issue de la comptine, la chantefable se déploie dans une structure simple, entre un appel et un écho. La légèreté désintéressée de ces textes contraste avec la « manie des moralités » que Desnos lui-même se reproche. En revanche le grand lyrisme de *Calixto* ou de *Contrée* est resté dans l'ombre ; ces textes écrits en 1943-1944 n'ont paru qu'au début des années 1960. Desnos y raffermit son vers, moins pour renouer avec la tradition comme Aragon, que pour affirmer par son beau langage la dignité du poète. Dans ses « odes », *Calixto* et *Le Bain avec Andromède*, se mêlent vers et vers libre, langage noble et argot. L'argument est tiré des *Métamorphoses* d'Ovide : captivité, délivrance, métamorphose, font du texte une allégorie de circonstance. Mais c'est une poésie de l'Occupation plus qu'une « poésie de la Résistance ». Elle dit que nous sommes « dans le bain », que l'ennemi et la délivrance sont en nous. Desnos, qui travaillait à *Aujourd'hui* sans « collaborer » pour autant, savait de quoi il parlait. Dans les poèmes clandestins qu'il écrit sous des pseudonymes, il use au contraire de l'éloquence unanimiste dont il avait trouvé le modèle chez Walt Whitman. Le lyrisme se détache alors du discours amoureux pour devenir, comme dans l'exemplaire *Sol de Compiègne*, la présence de tous. Nul ne peut dire où cet effort aurait abouti. Desnos participait à un réseau de Résistance ; il fut arrêté le 22 février 1944, détenu à Compiègne, puis déporté à Auschwitz, Buchenwald, Flossenburg, Floha. Épuisé, il meurt du typhus le 8 juin 1945, peu après sa libération.

ŒUVRES. — *Corps et biens*, Gallimard, 1968. — *Calixto* suivi de *Contrée*, Gallimard, 1962. — *Chantefables et Chantefleurs*, Gründ, 1970. — *Destinée arbitraire*, éd. Marie-Claire Dumas, Gallimard, 1975. — *Nouvelles Hébrides* et autres textes (1922-1930), éd. Marie-Claire Dumas, Gallimard, 1978. — *Fortunes*, Gallimard, 1980. — *La Liberté ou l'amour !* suivi de *Deuil pour deuil*, Gallimard, 1982. — *Écrits sur les peintres*, éd. Marie-Claire Dumas, Flammarion, 1984. — *Les Voix intérieures* (chansons), éd. Lucienne Cantaloube-Ferrieu, Nantes, Le Petit Véhicule, 1987. — *Les Rayons et les Ombres. Cinéma*, éd. Marie-Claire Dumas, Gallimard, 1992.

→ *Europe*, n°s 517-518, mai-juin1972. — Marie-Claire Dumas, *Robert Desnos ou l'exploration des limites*, Klincksieck, 1980. — *Moi qui suis Robert Desnos*, études réunies par Marie-Claire Dumas, Corti, 1987. — *Cahier de l'Herne*, n° 54, dir. Marie-Claire Dumas, 1987. — Michel Murat, *Robert Desnos : les grands jours du poète*, Corti, 1988. — Il existe depuis 1996 des *Cahiers Robert Desnos : L'Étoile de mer* (Association des Amis de Robert Desnos, Paris). — Fonds Robert Desnos à la Bibliothèque nationale et à la Bibliothèque littéraire Jacques Doucet.

M. Mu.

Desnoues Lucienne (1921). Née à Saint-Gratien (Seine-et-Oise), le 16 mars 1921, dans une famille d'artisans, secrétaire d'avocat à Paris jusqu'en 1947, elle épouse le poète Jean Mogin, qu'elle suit à Bruxelles. Introduite dans le groupe « La Bouteille à la mer » par Charles Vildrac, qui préface son premier recueil (*Jardin délivré*, 1947), elle développe une poétique du concret, puisant dans ses origines paysannes son amour des objets, des gestes, des petits faits, des travaux quotidiens, à travers lesquels elle exalte la fraîcheur et l'essentialité de la vie et de ses dons (*Les Racines*, 1952 ; *La Fraîche*, 1958 ; *Les Ors*, 1966). Elle retrouve encore dans la nature, et notamment dans sa passion pour la Provence (Giono demeure une de ses principales références littéraires), le sens éternel de l'histoire et des hommes, qu'elle exprime dans une langue claire et dépouillée (*La Plume d'oie*, 1971 ; *Le Compotier*, 1982 ; *Quatrains pour crier avec les hiboux*, 1984). On lui doit en outre une « histoire » de la patate (*Toute la pomme de terre*, 1978) et des contes pour enfants : *L'Œuf de plâtre*

(1964) et *L'Orgue sauvage et autres contes de Noël* (1980).

→ Adrien Jans, « Lucienne Desnoues ou la grandeur dans la simplicité », *Revue générale belge*, 15 mai 1958.

O.Bi.

Desrochers Alfred (1901-1978). Ouvrant par son régionalisme (*L'Offrande aux vierges folles*, 1928, et surtout *À l'ombre de l'Orford*, 1929) le chemin vers ce qui allait s'appeler quelque trente ans plus tard « la poésie du pays », mais projetant cette thématique vers le mythe et l'universel, la poésie d'Alfred Desrochers est énergique et rigoureuse. Moins doué pour célébrer *Le Retour de Titus* (stances composées avant la Seconde Guerre mondiale, publiées en 1963) que pour réinventer la liberté du coureur des bois, le courage des ancêtres et la ballade des draveurs, moins à l'aise dans l'expression des sentiments que dans l'évocation de l'ivresse des *shantymen*, Desrochers manie une langue drue intégrant des archaïsmes et des mots anglais, usant de l'ancien et du nouveau, et d'une tension entre les mètres classiques et les rythmes variés. Son traditionalisme n'est qu'apparent : il travaille la tradition bien plus qu'il ne la reconduit. Sereines, quoique douloureuses, les *Élégies pour l'épouse en allée* (1967) présentent un autre aspect de cette œuvre, qui comprend également un intéressant volet critique (*Paragraphes*, 1931).

P.Po.

Detrez Conrad (1937-1985). Né à Roclenge-sur-Geer (Belgique), le 1er avril 1937, il entame en 1959 des études de théologie à l'université de Louvain, mais la découverte du marxisme et du tiers-monde le détournent de sa vocation, et il se rend au Brésil, où il s'engage dans la clandestinité contre la dictature militaire (*Pour la libération du Brésil*, 1970 ; *Les Mouvements révolutionnaires en Amérique latine*, 1972 ; *Les Noms de la tribu*, 1981, essais). Emprisonné, il regagne la Belgique après un passage en Algérie, et publie ses deux premiers romans, *Ludo* (1974) et *Les Plumes du coq* (1975), retraçant des épisodes de son enfance et de son adolescence dans le pays de Liège. *L'Herbe à brûler* (1978, prix Renaudot) le consacre en France : il s'installe à Paris, et collabore comme critique littéraire au *Matin* et au *Magazine littéraire*. Toujours autobiographique, *L'Herbe à brûler* met en place les principaux thèmes de son œuvre : l'engagement politique en faveur des peuples opprimés, la passion de l'Amérique latine, et l'affirmation de l'homosexualité ; amour et révolution sont ainsi au centre de *La Lutte finale* (1980) et de *La Ceinture de feu* (1984). Dans un autre registre, *Le Dragueur de Dieu* (1980) et *La Guerre blanche* (1982) empruntent à Voltaire le ton et le personnage de *Candide* dans une recherche de l'absolu, où la ville et la civilisation modernes font figure de démon ; *La Mélancolie du voyeur* (1986, posth.) est une manière de récapitulation, vue de l'hôpital, d'une vie donnée à la vie, envers et contre tout. On lui doit aussi des poèmes (*Le Mâle apôtre*, 1982) ainsi que des traductions du portugais (Jorge Amado, Dom Helder Camara, Antonio Callado). Naturalisé français en 1982, Conrad Detrez est mort du sida, à Paris, le 11 février 1985.

ŒUVRES. — *Les Plumes du coq*, rééd., Arles, Actes Sud, coll. Babel, 1995. — *La Lutte finale*, rééd., Balland, 1996.

→ Christian Panier, « Du Brésil à Paris et détours : entretiens avec Conrad Detrez », *Revue nouvelle*, n° 9, septembre 1981. — William Cliff, *Conrad Detrez*, Le Dilettante, 1990.

O.Bi.

Deutsch Michel (1948). Né le 20 mars 1948, dramaturge au Théâtre national de Strasbourg, ville dont il est originaire, il s'interroge sur l'identité de l'Alsace (*Indes*, Seghers, 1980 ; *Parhélie*, Bourgois, 1988), de sorte qu'il regarde à la fois l'Allemagne (*Sit venia verbo*, Bourgois, 1988) et la France, dont il retrace l'histoire (*Thermidor*, Bourgois, 1986 ; *Germinal*, Bourgois, 1975 ; *Convoi*, Stock, 1980 ; *L'Empire*, L'Arche, 1991) et décrit le médiocre quotidien (*Dimanche*, Stock, 1974 ; *La Bonne Vie*, Stock, 1975 ; *Partage*, Bourgois, 1982 ; *La Négresse bonheur*, L'Arche, 1995), sur fond de rêves (*Le Chanteur*, Bourgois, 1979 ; *Féroé, la nuit...*, Bourgois, 1989) et de chaos (*Tamerlan*, dans *Théâtre*, UGE, 1987 ; *Imprécation dans l'abattoir*, L'Arche, 1991). Il a également réécrit Shakespeare (*John Lear*, L'Arche, 1996) et collaboré à des écritures plurielles (*Lumières (I) près des ruines*, avec Jean-

Christophe Bailly et Jean-François Duroure, Bailly, 1995).

→ Michel Deutsch, *Inventaire après liquidation*, L'Arche, 1991.

J.P.

Deval Jacques (1899-1972), pseudonyme de Jacques Boularan. Né à Paris, il entre en contact avec le milieu du théâtre dès son enfance : son père est directeur de l'Athénée. Auteur de comédies, il connaît le succès dès sa première pièce, écrite en 1920 : *Une faible femme*. Suivront *La Beauté du diable* (1924), *Dans sa candeur naïve* (1926), *Mademoiselle* (1932). Il triomphe avec *Tovaritch* (1933) et *KMX Labrador* (1948). Son comique, qui masque souvent une certaine gravité, s'appuie sur de nombreux mots d'auteur. Il sut s'entourer des plus grands comédiens, comme Elvire Popesco. En marge de la scène, Deval publie des romans (*Marie Galante*, 1931 ; *Les Voyageurs*, 1964) et des recueils de souvenirs.

N.R.

Devaulx Noël (1905-1995), pseudonyme de René Forgeot. Né à Brest le 9 décembre 1905, il a renoncé à une carrière maritime pour des raisons de santé (*Sainte Barbegrise*, Gallimard, 1952 ; *Avec vue sur la mer*, Corti, 1974) et, devenu ingénieur, a choisi d'évoquer le mystère des choses dans de brefs récits qui peignent l'enfance (*Compère, vous mentez !...*, Gallimard, 1949 ; *Le Lézard d'immortalité*, Gallimard, 1977) et des mondes étranges (*Frontières*, Gallimard, 1966 ; *Le Visiteur insolite*, Gallimard, 1985), où guettent le dédoublement (*Bal chez Alféoni*, Gallimard, 1955), la mort (*L'Auberge Parpillon*, Gallimard, 1945 ; *Le Pressoir mystique*, la Baconnière-Le Seuil, 1948 ; *Le Manuscrit inachevé*, Gallimard, 1981) et la sorcellerie (*La Dame de Murcie*, Gallimard, 1961 ; *Mémoires du perroquet Papageno*, Crès, Dumerchez, 1993). Il est mort le 9 juin 1995.

J.P.

Dewalhens Paul (1902-1991). Né à Anvers, le 7 juillet 1902, flamand d'origine, il reçoit une éducation française. Poète impétueux, familier d'« une rhétorique déchirée et barbare », selon les termes de Robert Vivier, quelquefois prolixe, il a dénoncé les humiliations de l'homme, « la rage du monde dans le cœur », dans une trentaine de recueils (*Le Cri sous la tente*, 1935 ; *D'amour et de rage*, 1937 ; *Stigmates*, 1939 ; *Saintes*, 1941 ; *Les Cendres chaudes*, 1950 ; *Morsures*, 1952 ; *Delvauxiana*, 1955 ; *Répertoire*, 1959 ; *Paysages intérieurs 1965-1968*, 1969 ; *Cymbalum mundi*, 1970 ; *Les Eupatoires*, 1975 ; *Météorologie des sens*, 1978 ; *Amour couturé d'étoiles*, 1979 ; *Parterres possessifs*, 1984). Ancien archiviste de la ville de Tirlemont, on lui doit aussi de nombreux ouvrages à caractère régionaliste et historique. Il est mort à Jodoigne (Belgique), le 21 juillet 1991.

→ Joseph Delmelle, « Paul Dewalhens, poète d'amour et de rage », *Le Thyrse*, n° 3, 1958.

O.Bi.

Dewarrat Marie-Claire (1949). Née à Lausanne, elle évoque, dans les nouvelles de *L'Été sauvage* (1985) et dans son premier roman *Carême* (1987, prix Dentan) les travaux et les drames de la campagne suisse. Dans *Carême*, le récit sobre d'un deuil se transforme en un hymne à la vie. Après plusieurs recueils de nouvelles ou de brefs textes en prose, dont *En enfer, mon amour* (1990), Marie-Claire Dewarrat est revenue au genre romanesque avec *Les Territoires indiens* (1993) où elle met en scène un couple d'homosexuels américains.

D.Ma.

Dhainaut Pierre (1935). Il rencontre Breton en 1959 et fréquente le groupe surréaliste. La célébration de la femme dans *Bulletin d'enneigement* (1974), qui recueille les poèmes des années 1956-1966, est influencée par Eluard et par Breton. Dans *Jour contre jour* (1967-1970), il fragmente la langue et multiplie parenthèses et ajouts greffés sur prose et vers alternés. Au centre de son œuvre, plusieurs livres témoignent d'une longue crise, parmi lesquels *Efface éveille* (1974) et *Au plus bas mot* (1980). *L'Âge du temps* (1984) marque, selon l'aveu de l'auteur, « une sortie du noir ». La forme brève caractérise *Pages d'écoute* (1986). Dans *Fragments d'espace ou de matin* (1988), Dhainaut reprend le sujet du livre unique, œuvre de toute une vie, qu'il avait élaboré dans *Le Poème commencé* (1969). Il a également publié *Un livre d'air et de mémoire* (1990), *Prières errantes : trois séquences de veille*

(1990), *Le Don des souffles* (1990), *Mise en arbre d'échos* (1991), *Fragments et louanges* (1993), *Dans la lumière inachevée* (1996).

D.H.-M.Ber.

Dhôtel André (1900-1991). Né à Attigny, dans les Ardennes, le 1er septembre 1900, il gardera toujours de son enfance dans cette région un souvenir propre à faire d'elle la source de toute poésie. Il fait ses études au collège d'Autun, puis à Paris, passe une licence de philosophie et s'oriente vers l'enseignement, notamment à l'Institut supérieur d'études françaises d'Athènes, où il s'établit de 1924 à 1928. Rentré en France en 1928, il enseigne la philosophie pendant trente-cinq ans, à Béthunes, Provins, Valognes, Coulommiers. Sa vie sédentaire se confondra dès lors avec l'exercice de son métier et avec la composition de son œuvre romanesque. Auteur d'une importante littérature pour enfants, Dhôtel a écrit de nombreux romans, récits, poèmes et contes, ainsi que des essais sur Rimbaud.

Au service militaire, il s'est lié avec Marcel Arland, René Crevel, Roger Vitrac, Georges Limbour. Sa carrière littéraire commence en 1930 avec *Campements*. Marié en 1932 et installé à Provins, il fonde avec Arland et Vitrac la revue *Aventure*, puis la revue *Dés* avec André Malraux et Pierre Mac Orlan. Ce sont ensuite dix ans de silence, assortis de nombreux refus d'éditeurs pour son roman *David*, qui provoquèrent chez lui de profondes dépressions. En 1943, *Le Village pathétique* est accepté chez Gallimard grâce à l'appui de Jean Paulhan. *David* paraît en 1948 aux Éditions de Minuit. Sa production prend alors son véritable départ. En 1955, un roman, *Le Pays où l'on n'arrive jamais*, reçoit le prix Femina et lui attire un immense public. Le personnage principal, Gaspard, fils de forains bohèmes, accomplit un voyage étrange et poétique sur les traces d'un autre enfant en fuite, dont il découvrira plus tard qu'il s'agit d'une fille, Hélène, en quête de sa mère disparue. Après de multiples épisodes, les deux enfants finissent par retrouver la mère d'Hélène, Jenny, lors d'une fête de forains, et Gaspard décide qu'il épousera Hélène. Plus que le dessein d'ensemble du roman, très souple, c'est l'atmosphère du livre qui frappe le lecteur, les petits chemins de village, les campagnes baignées par l'aube, les fêtes calmes et douces.

Revendiquant l'héritage littéraire de Gorki, influencé par Jack London, Panaït Istrati, proche de Marcel Aymé et d'Henri Bosco, Dhôtel ne cherche rien d'autre comme but à son œuvre que de transmettre le sens de l'énigme et d'un merveilleux librement accepté. Ses romans s'organisent souvent autour d'une quête qui finit toujours, par-delà les obstacles et le vagabondage, par atteindre son but. Dans *Nulle part* (1956), il raconte un roman d'amour entre deux adolescents de Béthune ; dans *La Maison du bout du monde* (1970), Florent, qui vit chez sa marraine, une vieille dame charmante, doit partir, à la suite du vol d'une chaîne d'or, à la recherche d'une jeune fille perdue ; de même, *La Route inconnue* décrit la traversée par Valentin, pour retrouver la trace d'une jeune fille, de toutes sortes de campagnes, souterrains et châteaux. Dhôtel décrit avec talent la recherche de quelque chose d'enfoui, de vague, souvent lié à un souvenir qui, découvert, provoque, selon ses termes, un « coup de foudre à l'envers ». Les lieux sont très importants dans cette œuvre. Les Ardennes en représentent d'ailleurs la quintessence. « Ce n'est pas le voyage qui est le rêve, c'est l'endroit où vous êtes à un moment donné ». Amateur de fleurs et de champignons, Dhôtel laisse libre cours à son goût pour la zoologie, la botanique et la géologie dans des ouvrages tels que *Rhétorique fabuleuse,* où fleurs et champignons sont observés par l'œil du philosophe fictif Stanislas Pencédan, qui essaie de reconstituer leur mode de fonctionnement. Cette observation attentive est pour lui le point de départ de toute extrapolation littéraire. À travers le reflet des apparences animées par le concours d'événements fortuits, se dégage la voix d'une autre réalité, qui s'approche fugitivement de nous. C'est ce qui apparaît dans *Nouvelle Chronique fabuleuse*, recueil de « contes où les légendes s'associent à une banale réalité », ou dans *Retour*, qui retrace l'émotion du pays natal retrouvé en 1919, et évoque chez l'auteur « cette assurance que nous sommes dans une nature où l'essentiel est inexploré et où s'éveillent d'impossibles féeries autrement bouleversantes que les châteaux de pierreries si faciles à imaginer dans nos contes ». « Il ne faut espérer que des reflets » : telle semble être l'unique leçon de ce monde romanesque dominé par l'abandon tranquille à la poésie. En 1974, il reçoit le grand prix de Littérature de l'Académie française, suivi en 1975 du prix national des Lettres. André Dhôtel est mort à Paris le 22 juillet 1991.

ŒUVRES. — Sauf indication contraire, publiées chez Gallimard. *Campements*, 1930. — *Nulle part*, 1943, rééd. Horay, 1978. — *Le Plateau de Mazagran*, Éditions de Minuit, 1947. — *Ce jour-là*, 1947. — *David*, Éditions de Minuit, 1948. — *Ce lieu déshérité*, 1949. — *L'Homme de la scierie*, 1950. — *Les Premiers Temps*, 1953. — *Le Pays où l'on n'arrive jamais*, Horay, 1955, rééd. Gallimard, Folio Junior, Mille-soleils. — *Mémoires de Sébastien*, Grasset, 1955. — *Les Voyages fantastiques de Julien Grainebis*, Horay, 1956. — *L'Île aux oiseaux de fer*, Grasset, 1956. — *Dans la vallée du chemin de fer*, Horay, 1957. — *La Chronique fabuleuse*, Mercure de France, 1960. — *Idylles*, 1961. — *Ma chère âme*, 1961. — *Les Mystères de Chartres-sur-Bar*, 1962. — *La Tribu bécaille*, 1963. — *Les Lumières de la forêt*, Nathan, 1964. — *Le Mont Damion*, 1964. — *Lumineux rentre chez lui*, 1967. — *L'Azur*, 1969. — *Un jour viendra*, 1970. — *La Maison du bout du monde*, Horay, 1970. — *L'Honorable Monsieur Jacques*, 1972. — *Le Soleil du désert*, 1973. — *Le Couvent aux pinsons*, 1974. — *Le Village pathétique*, 1974. — *Le Train du matin*, 1975. — *Les Disparus*, 1976. — *Un jour*, 1977. — *Un soir*, 1977. — *Bonne nuit Barbara*, 1978. — *L'Île de la croix d'or*, 1978. — *L'Enfant qui disait n'importe quoi*, 1978. — *La Route inconnue*, Phébus, 1980. — *Des trottoirs et des fleurs*, 1981. — *Je ne suis pas d'ici*, 1982. — *Rhétorique fabuleuse*, 1983. — *Nouvelle chronique fabuleuse*, Horay, 1984. — *Bernard le paresseux*, coll. L'Imaginaire, 1984. — *Les Chemins du long voyage*, 1984. — *Le Ciel du faubourg*, Grasset, 1984. — *Histoire d'un fonctionnaire*, 1984. — *L'École buissonnière*, entretiens avec Jérôme Garcin, Horay, 1984. — *Vaux étranges*, 1986. — *Le Bois enchanté et autres contes*, Hachette, 1991.

→ Patrick Reumaux, *L'Honorable Monsieur Dhôtel*, Lyon, La Manufacture, 1984.

G. Si.

Diabaté Massa Makan (1938-1988). Malgré des études supérieures en France, où il s'est frotté aux sciences humaines, il a toujours exprimé, dans sa vie comme dans son œuvre, un attachement profond à sa ville natale, Kita, située au cœur du Mandé, berceau du fabuleux empire du Mali. Pour ce descendant d'une illustre famille de griots — Kele Monson Diabaté, son oncle, passait pour un maître de la parole — la voie était toute tracée. Ainsi les premiers textes publiés par Diabaté, *Si le feu s'éteignait* (Bamako, Éditions populaires, 1967), *Kala Jata* (Bamako, Éditions populaires, 1970), *La Dispersion des Mandeka* (Bamako, Éditions populaires, 1970), *Janjon et autres chants populaires du Mali* (Présence africaine, 1970), s'emploient à restituer avec bonheur la tradition Malinké. La ville de Kita, à peine déguisée, sert aussi de cadre à la trilogie *Le Lieutenant de Kouta*, *Le Coiffeur de Kouta* et *Le Boucher de Kouta* (Hatier, 1982), chronique villageoise aux accents clochemerlesques, où Diabaté fait vivre des personnages pittoresques et truculents, de l'ancien combattant converti à l'Islam, au vieil aveugle colporteur de tous les scandales de Kouta. Mais derrière le rire, la gravité est sensible, en particulier dans un récit largement autobiographique, *Comme une piqûre de guêpe* (Présence africaine, 1980), évoquant à partir du rituel de la circoncision les règles complexes qui régissent l'organisation de la société Mandingue. Les derniers textes renouent avec la célébration de la tradition Malinké. *Le Lion à l'arc* (Hatier, 1986) rend hommage à la grande figure épique de Sunjata, l'empereur du Mali célébré par tous les griots, tandis qu'*Une hyène à jeun* (Hatier, 1988) évoque un épisode tragique de la vie de Samory, symbole de la résistance africaine à la pénétration coloniale. Par-delà la figure emblématique de Samory Touré, *Une hyène à jeun* illustre le drame personnel vécu par un créateur partagé entre deux cultures, qu'il possédait et admirait pareillement, et entre lesquelles il aura cherché à trouver un difficile équilibre.

ŒUVRES. — En outre : *Une si belle leçon de patience*, théâtre, ORTF. — *L'Aigle et l'épervier*, Honfleur, Oswald, 1975. — *L'Assemblée des djinns*, Présence africaine, 1985.

J.C.

Diakhaté Lamine (1928-1987). Né à Saint-Louis du Sénégal, il a occupé d'importantes fonctions administratives et politiques, avant d'entrer dans la carrière diplomatique et de représenter son pays à l'UNESCO, à New York, Lagos et Paris. Subtil et courtois, il est l'auteur d'une œuvre poétique importante : *La Joie d'un continent*, *Primordiale du sixième jour* (Présence africaine, 1963), *Temps de mémoire* (Présence africaine, 1967), *Nigérianes* (Dakar, NÉA, 1974) et *Terres médianes* (Saint-Germain-des-Prés, 1984). Disciple de Léopold Senghor, il se sent proche des sources de la poésie traditionnelle. Chacune des étapes parcourues par ce grand voyageur est l'occasion de célébrer l'homme noir, d'Amérique, des Caraïbes ou d'Afrique. Il est aussi l'auteur de deux romans, *Chalys d'Harlem* (NÉA, 1978, grand prix d'Afrique noire) et *Le Sahélien de Lagos* (NÉA, 1984), et d'un recueil de nouvelles intitulé *Prisonnier du regard* (NÉA, 1975).

J.C.

Diallo Nafissatou (1941-1982). Née à Dakar (Sénégal), sage-femme et puéricultrice, elle est l'auteur d'un récit autobiographique, *De Tilène au Plateau* (Dakar, NÉA, 1975), où elle évoque son enfance, et de romans : *Le Fort maudit* (Hatier, CEDA, 1980) et *Awa la petite marchande* (NÉA-EDICEF, 1981).

J.C.

Dib Mohammed (1920). Né dans l'ouest de l'Algérie à Tlemcen, issu d'un milieu modeste, il dut dès son plus jeune âge survivre en exerçant plusieurs métiers, dont ceux de journaliste et d'enseignant. Influencé par sa rencontre avec Cayrol et Camus, il se met lui-même à écrire. Son premier livre, *La Grande Maison* (1952), est le début d'une trilogie qui comprend *L'Incendie* (1954) et *Le Métier à tisser* (1957). Alors sous l'influence du communisme et du militantisme syndical, il ressent vivement la misère du peuple algérien, dans les villes, comme à Tlemcen, ou dans les campagnes soumises au pouvoir sans limites des grands colons. Il exprime le pressentiment d'une révolte future, peut-être très proche, dont apparaissent déjà les premiers signes. Son œuvre témoigne de l'existence d'un nationalisme algérien clandestin avant la Deuxième Guerre mondiale et de l'hostilité générale du peuple au pouvoir colonial. Expulsé d'Algérie en 1959, il vient s'installer en France.

Après la première trilogie, d'écriture réaliste, voire naturaliste, tout comme les nouvelles publiées dans *Au café* (Gallimard, 1955), Mohammed Dib s'oriente peu à peu vers une autre manière, plus poétique, riche en figures allégoriques dont le sens est laissé à l'interprétation du lecteur. À cette nouvelle veine appartiennent des romans comme *Qui se souvient de la mer* (1962), *Cours sur la rive sauvage* (1964), *La Danse du roi* (1968), *Dieu en Barbarie* (1970). Cependant, Dib écrit aussi des poèmes, *Ombre gardienne* (1961), *Formulaires* (1970), des contes pour enfants, *Baba Fekrane* (1959), et de nombreux articles témoignant de la continuité de son engagement qui, direct et explicite au moment de la guerre d'Algérie, prend ensuite des formes littéraires variées, vision apocalyptique, paysages de science-fiction, humour plus ou moins grinçant.

Sa poésie se caractérise par une recherche subtile des sonorités et par une transparence exceptionnelle du langage (*Omneros* en 1975, *Feu, beau feu* en 1979, *Ô vive* en 1987). Des circonstances anecdotiques mais surtout les recherches et explorations de Dib dans le champ de l'imaginaire l'induisent à concevoir une seconde trilogie romanesque, qui semble rompre avec son inspiration algérienne et se situe en Finlande ; il s'agit des *Terrasses d'Orsol* (1985), suivi de *Le Sommeil d'Ève* (1989) et de *Neiges de marbre* (1990). L'auteur éprouve un évident plaisir littéraire à évoquer des paysages et des mœurs très différents de ceux qu'il décrivait auparavant. Ces romans sont aussi l'occasion d'une analyse psychologique aiguë des relations familiales et amoureuses, traitées avec un mélange de tendresse et de cruauté, et avec cette sagesse née de l'expérience que donne le long déroulement d'une vie. Cependant, on y retrouve des thèmes ou des personnages présents dans toute l'œuvre, et le même intérêt passionné pour la femme et l'enfant, pour la relation maternelle et pour le dérapage, en particulier celui de la femme, vers le délire ou la folie. *L'Infante maure* (1994) montre comment Dib s'oriente, du fait de l'exil, et pour les nouvelles générations, vers l'idée d'une Algérie imaginaire, bien différente des conceptions banales mais dangereuses de l'identité. Ses vues en la matière sont influencées par sa connaissance du soufisme, qui ne cesse de remettre en cause l'idée du Moi. Dans la postface de *La Nuit sauvage* (1995), il rappelle que l'onirisme lui-même ne dispense pas l'écrivain de sa responsabilité. Son roman *Si Diable veut* (1998), dont l'histoire se situe dans un village algérien à l'heure des massacres, illustre ce principe.

D.B.

Diesbach Ghislain de (1931). Né au Havre, le 6 août 1931, dans une famille d'ancienne noblesse bernoise et fribourgeoise, élève des jésuites au Mans, puis du lycée Thiers de Marseille, il a fait des études de droit à l'université d'Aix-en-Provence. Auteur d'un premier recueil de nouvelles, *Iphigénie en Thuringe* (Julliard, 1960, rééd. 1988), suivi d'un roman : *Un joli train de vie* (Julliard, 1962), collaborateur dans les années soixante de *La Revue de Paris*, des *Nouvelles littéraires* et des *Cahiers des saisons*, il s'est surtout fait connaître par une série de biographies publiées à la Librairie académique Perrin : *Necker* (1978), *Mme de Staël* (1983, prix Goncourt de la biographie), *La Princesse Bibesco* (1986), *La Duchesse Colonna* (1988), *Proust* (1991, grand prix de la Biographie de l'Académie française), *Chateaubriand* (1995), à quoi il faut ajouter une évocation biographique de son ami Philippe Jullian *(Philippe Jullian*, Plon, 1993). Très libre de ses jugements sur les sujets qu'il aborde, historien de tempérament et de vocation (il est l'auteur d'une importante *Histoire de l'émigration 1789-1814*, Grasset-Fasquelle, 1975, rééd. Perrin, 1984), Ghislain de Diesbach regarde la société contemporaine en aristocrate complice et amusé *(Les Secrets du Gotha*, Julliard, 1962) ou critique *(Le Grand Mourzouk*, Julliard, 1969). Il est revenu récemment à la fiction en publiant un recueil de nouvelles *(Au bon patriote*, Plon, 1996).

A.G.

Dietrich Luc (1913-1944). Né à Dijon le 17 mars 1913, il est l'auteur d'une œuvre brève, que l'on a redécouverte aujourd'hui. Dès 1931, il publie un mince recueil de poèmes, *Huttes à la lisière* (hors commerce, rééd. Éolienne, 1995), avant de rencontrer Lanza del Vasto, qui l'encourage et le conseille. Dietrich signe deux romans autobiographiques, *Le Bonheur des tristes* (Denoël 1935, rééd. Le Temps qu'il fait-Éolienne, 1995) et *L'Apprentissage de la ville* (Denoël, 1942, rééd. Le Temps qu'il fait-Éolienne, 1995), ainsi que des poèmes, réunis dans *Poésies* (posth., Éditions du Rocher, 1996). Mystique et sentimental, il se révèle attentif aux mouvements de l'âme et du cœur, qu'il rend d'un style sobre et acéré. Conjointement, il se consacre avec talent à la photographie comme l'attestent deux albums poétiques, *Terre* (Denoël, 1936) et *Emblèmes végétaux* (1993, posth.). Blessé sous les bombardements de Saint-Lô, il disparaît à Paris le 12 août 1944, laissant de nombreux inédits.

N.R.

Différence *(Éditions de la)*. Maison fondée en 1976 à Paris par Joaquim Vital, Patrick Waldberg et Marcel Paquet. Les Éditions de la Différence ont pour vocation de « présenter des ouvrages sur les artistes et les différentes manifestations de l'art, des poèmes et des textes philosophiques, dans des éditions luxueuses ou plus modestes ». Vingt ans plus tard, la maison a rempli son programme en offrant au lecteur un catalogue de plus d'un millier d'ouvrages, qui vont de l'histoire et de la critique d'art (Alain Bonfand, Pierre Cabanne, Bernard Lamarche-Vadel, Pierre Restany) à la poésie au format de poche (la collection « Orphée », créée en 1989 et dirigée par Claude Michel Cluny, plus de deux cents titres en 1995) et de la littérature française à un fonds important de traductions.

Dirigées et animées par Joaquim Vital et Colette Lambrichs, les Éditions de la Différence ont une vocation originale : l'art contemporain (Botero, Arman, Jean-Luc Parant, Bernard Combas et les « nouveaux réalistes »), abordé sous des formes diverses : livres d'artistes, monographies, catalogues, albums. Certaines collections adoptent de nouvelles formes éditoriales, comme « L'Autre Musée », qui publie des monographies au format de poche, « La Vue le texte », qui poursuit le dialogue entre littérature, philosophie et arts plastiques (Deleuze, Lyotard), ou « Tableaux vivants », qui juxtapose un tableau et une fiction qui s'en inspire. La photographie est en bonne place, avec la collection « Mission photographique transmanche » (Bernard Plossu, Joseph Koudelka) et les essais de Régis Durand.

La ligne littéraire de La Différence a privilégié dans un premier temps des textes expérimentaux, atypiques, ne ressortissant plus aux genres traditionnels. La fin des avant-gardes n'a pas effacé cette vocation, mais a orienté la maison vers la publication de textes francophones oubliés (Isabelle de Charrière, Charles-Albert Cingria, Max Elskamp, Jacques Mercanton, Malcolm de Chazal) et celle de jeunes écrivains (Jacques-François Piquet, Marie-Florence Ehret, Christophe Bourdin, Jacques Bellefroid, Wilfrid Simon).

De Henry James à José Emilio Pacheco, de Samuel Johnson et James Boswell à Ezra Pound et Ladislav Klima, inconnu jusqu'à la traduction d'Erika Abrams, le secteur étranger obéit au même esprit. La littérature de langue portugaise y est très représentée, notamment par les œuvres complètes de Fernando Pessõa, les textes de Mario de Sa-Carneiro, Maria Judite de Carvalho, Eça de Queiroz, Vergilio Ferreira, Sophia de Mello Breyner, occasion d'un véritable travail éditorial qui a conduit à la publication parallèle de nombreux essais.

La Différence a aussi accueilli des revues littéraires : *Café* (deux numéros, 1983), *Les Cahiers de la Différence* (dix numéros, 1988-1990) et *Nota bene*, fondée chez Luneau-Ascot par Alain Bosquet, qui atteint en 1995 sa cinquantième livraison.

J.-D.W. — IMEC

Digot Jean (1912-1995). Né le 19 juin 1912 à Saint-Céré (Lot), il suit l'enseignement de l'École des hautes études commerciales de l'Institut catholique de Lille, puis étudie la philosophie à la Sorbonne. Il revient à Rodez après son service militaire et y crée successivement plusieurs revues : *L'Aube artistique et littéraire* en 1931, *Cumul* en 1934, et surtout, en 1937, *Les Feuillets de l'îlot*, qu'il anime en proche collaboration avec Denys-Paul Bouloc et qui accueillent les représentants de la jeune poésie des lendemains du symbolisme et du surréalisme. René Guy Cadou, notamment, y fait ses débuts. Citons encore les revues *Baltique*, que Digot fonde en captivité, en 1943, *Chantiers du temps*, publication née en 1953, et *Entretiens*, dont il sera directeur littéraire jusqu'en 1970. Il est aussi à l'origine des collections « Frontons » et « Visages du temps ».

Son œuvre personnelle compte de multiples recueils : *Prélude poétique* (1932), *Équateur de l'amour* (1937), *Plus beau que la terre* (1948), *Franchir le pas* (1949) *Le Feu et l'ombre* (1952), *Don Juan désert* et *Passé simple* (1953), *Les Jours sont seuls* (1955), *Légende* (1958), *La Ville sainte* (poèmes en prose, 1960), *Le Lieu et la formule* (1962). Certains titres sont révélateurs d'une poésie recueillie, porteuse d'une haute exigence de vérité et soucieuse de faire sa place au silence, pour atteindre plus d'authenticité : *Le Pays intérieur* (1967), *Solitude glanée* (1973), *Vérité du silence* (1979). Aux hommes, le poète veut livrer, au-delà de toute gratuité esthétique, une parole d'espoir et de foi. Il meurt le 5 septembre 1995.

C. A.-M.

Digraphe, voir RISTAT.

Dimitriu Petru (1924). Né à Bazias, en Roumanie, le 8 mai 1924, il choisit l'exil en 1960 et s'établit à Paris, où il souffre de l'ostracisme de ses compatriotes et vit dans des conditions pénibles. C'est de cette expérience que naissent ses romans en français : *Rendez-vous au Jugement dernier* (Le Seuil, 1961) et *Incognito* (Le Seuil, 1962), qui dénoncent le régime communiste roumain. Dans *L'Extrême Occident*, il décrit ensuite, de manière lucide et avec le regard d'un Européen de l'Est, le monde occidental où il demeure désormais. La trilogie de *L'Homme aux yeux gris* (Le Seuil, 1969), relecture de la parabole du Juif errant, est suivie d'un silence de dix ans consacré à une introspection douloureuse et à une réflexion sur la foi. En 1979, Dimitriu publie un volume d'essais, *Au Dieu inconnu* (Le Seuil), qui témoigne de sa quête spirituelle. Son œuvre sera désormais inspirée par le mysticisme (*Zéro ou le point de départ*, 1982 ; *Essai de dévotion moderne*, 1984). Dans *Moisson* (La Table ronde, 1989), roman, la mémoire autobiographique s'unit à la thématique de l'expérience métaphysique. Après 1990, il s'est remis à publier en Roumanie.

L.V.

Diop Birago (1906-1989). Né à Ouakam (Sénégal) le 11 décembre 1906, ancien élève du lycée Faidherbe de Saint-Louis, il fait ses études supérieures à l'École nationale vétérinaire de Toulouse, suivies en 1933 d'un stage à Maisons-Alfort. Ce séjour parisien lui a donné l'occasion de renouer avec quelques-uns de ses compatriotes et de participer, aux côtés de Senghor, Césaire et Damas, aux premières rencontres du groupe de « L'étudiant noir », avant de rejoindre Kayes (Soudan), en qualité de vétérinaire itinérant. Homme de terrain, Birago Diop a également exercé ses fonctions en Côte-d'Ivoire et en Haute-Volta, où il profite de ses tournées en brousse pour se mettre à l'écoute de la tradition orale et recueillir les récits des conteurs et des bergers rencontrés au bivouac. Mais c'est à Paris, où il est revenu en 1942, et à l'instigation de Léon Damas, qu'il écrit son premier livre, *Les Contes d'Amadou Koumba* (Fasquelle, 1947, rééd. Présence africaine, 1961), du nom du griot de sa famille maternelle. Ce premier recueil le fait connaître comme l'un des meilleurs transcripteurs d'une tradition orale qu'il entendait réhabiliter aux yeux de l'Occident, et dont, avec un réel talent d'écrivain, il a su rendre l'humour et la sagesse. Il poursuit sa carrière de conteur dans *Les Nouveaux Contes d'Amadou Koumba* (Présence africaine, 1958) et *Contes et Lavanes* (Présence africaine, 1963, grand prix de l'Afrique noire). Il a également fait œuvre de poète (*Leurres et lueurs*, Présence africaine, 1960) et donné une comédie satirique (*L'Os de Mor Lam*, Dakar, NÉA, 1977). Après sa nomination en qualité d'ambassadeur du Sénégal à Tunis, au lendemain de l'indépendance, il aurait pu, selon sa plaisante expression, « casser sa plume ». Au contraire, et à l'heure de la retraite, le mémorialiste a repris le dessus et organisé ses souvenirs en cinq volumes (Présence africaine, 1978), *La Plume raboutée* (Présence africaine, 1982), *À rebrousse-temps*, *À rebrousse-gens, épissures, entrelacs et reliefs* (Présence africaine, 1985), *Sénégal du temps de* (L'Harmattan, 1986), *Et les yeux pour me dire* (Présence africaine, 1989). Il est mort à Dakar, le 25 novembre 1989.

→ M. Kane, *Birago Diop, l'homme et l'œuvre*, Paris, 1971. — *Les Contes d'Amadou Koumba : du conte traditionnel au conte moderne d'expression française*, Dakar, 1981. — Bernard Mouralis, *Les Contes d'Amadou Koumba : parcours de lecture*, Paris, 1991.

J.C.

Diop Boubacar Boris (1946). Né à Dakar (Sénégal), de formation universitaire et journalistique, il veut d'emblée renouveler le genre romanesque africain en publiant *Le Temps de Tamango* (L'Harmattan, 1991), dont le titre renvoie à la nouvelle de Prosper Mérimée. L'entrelacement des modes narratifs et la référence au mythe de la reine Johanna Simentho, personnage mi-réel mi-imaginaire, se retrouvent dans *Les Tambours de la mémoire* (Nathan, 1987). Dans *Les Traces de la meute* (L'Harmattan, 1993), il montre les limites et les dangers des mythes fondateurs. Son dernier roman s'intitule *Le Cavalier et son ombre* (Stock, 1997).

J.C.

Diop Cheikh Anta (1923-1986). Avec Alioune Diop, fondateur de la revue *Présence africaine*, il a contribué à la réhabilitation de la pensée nègre. Dans un ouvrage controversé, *Antériorité des civilisations nègres : mythe ou vérité historique* (Présence africaine, 1967), il tente d'établir une filiation entre civilisations africaine et égyptienne. Directeur de recherches à l'IFAN, il est également l'auteur d'ouvrages d'anthropologie : *Nations nègres et culture* (Présence africaine, 1954), *L'Afrique noire précoloniale* (Présence africaine, 1960), *L'Unité culturelle de l'Afrique noire* (Présence africaine, 1960). Homme politique, fondateur du « Bloc des masses sénégalaises », puis militant du Rassemblement national démocratique, il a publié un essai : *Les Fondements culturels, techniques et industriels d'un futur État fédéral d'Afrique noire* (Présence africaine, 1960).

ŒUVRES. — *Parenté génétique de l'Égyptien pharaonique et des langues négro-africai-*

nes, Dakar, IFAN-NÉA, 1977. — *Civilisation ou barbarie*, Présence africaine, 1981.

J.C.

Diop David (1927-1960). Infortuné passager de l'avion qui disparut en mer au large de Dakar le 29 août 1960, ce poète sénégalais, né à Bordeaux le 9 juillet 1927, avait passé la plus grande partie de sa vie en France, notamment à Paris, où il participa aux côtés d'Alioune Diop, son beau-frère, à la création de la revue *Présence africaine*. Il laisse un unique recueil, *Coups de pilon* (Présence africaine, 1956, rééd. augmentées, 1973 et 1980), œuvre au lyrisme vibrant où ce rebelle dénonce l'hypocrisie du système colonial.

J.C.

Disque vert (Le). Revue littéraire franco-belge fondée et dirigée par Franz Hellens. Essentiellement moderne sans être d'avant-garde, elle fut, dans l'entre-deux-guerres, le reflet d'une littérature préoccupée d'actualité et de nouveauté, attentive à toutes les manifestations de la pensée, avant tout soucieuse de qualité : « ouvert[e] à tous, difficile, cependant, à ouvrir », elle accueillit des écrivains de pays et d'horizons différents, unis dans leur volonté de repenser l'art en fonction des exigences de l'époque. Le futur *Disque vert* paraît d'abord sous le titre *Signaux de France et de Belgique* en mai 1921 ; la revue est alors codirigée par André Salmon et Franz Hellens. Elle aura 12 numéros (mai 1921-juin 1922) ; on trouve au sommaire les noms de Paulhan, Malraux, Morand, Cocteau, Max Jacob, Mac Orlan, Cendrars, André Baillon, Mélot du Dy, Odilon-Jean Périer, Paul Desmeth mais aussi Maïakovski ou Ilya Ehrenbourg. *Le Disque vert* proprement dit commence à paraître en mai 1922, sous la direction d'Hellens : il fusionnera un moment avec *La Lanterne sourde* de Paul Vanderborght sous le titre *Écrits du Nord* (de novembre 1922 à janvier 1923), pour reprendre son appellation d'origine jusqu'en 1925, codirigé cette année-là par Hellens et Henri Michaux. S'appuyant toujours sur un comité de rédaction franco-belge dont Paulhan fait partie, la revue est à son apogée : elle fait le point sur les littératures étrangères (allemande, néerlandaise, anglaise, américaine, russe, espagnole, yiddish), donne des chroniques sur l'art, le cinéma, la musique contemporaine, lance des enquêtes *(Le Symbolisme a-t-il dit son dernier mot ?)*, publie des numéros spéciaux *(Max Jacob* ; *Charlot* ; *Freud et la psychanalyse* ; *Sur le suicide* ; *Des rêves* ; *Le Cas Lautréamont)* ; son sommaire s'enrichit des collaborations de Michaux, Artaud, Larbaud, Pia, Crevel, Goemans, Ponge, Vialatte, Leiris, Supervielle. Après une interruption de quatre années, Hellens fonde *Nord* (avril 1929-novembre 1930), principalement axé sur les littératures septentrionales, réunissant notamment d'anciens collaborateurs du *Disque vert* et de *Sélection*, revue moderniste fondée en 1920 par Paul-Gustave Van Hecke et André De Ridder, tous deux membres du comité de rédaction de l'ancien *Signaux de France et de Belgique*. Un numéro anthologique préparé par Mélot du Dy, intitulé *Au Disque vert*, paraît en 1934 ; l'année suivante les *Écrits du Nord* resurgissent, le temps de deux livraisons, tandis qu'un numéro isolé du *Disque vert* est publié par Hellens en 1941. Après la guerre, Franz Hellens et René de Solier lanceront une dernière série de la revue, cette fois exclusivement française, publiée de 1953 à 1957 (avec entre autres les numéros spéciaux sur *Proust* et sur *Jung)*.

→ *Le Disque vert*, reprint, 4 vol. Bruxelles, Jacques Antoine, 1970.

O.Bi.

Djaout Tahar (1954-1993). Né en Algérie, il est le symbole d'une génération de jeunes écrivains algériens à l'esprit libre et ouvert sur le monde. Collaborateur régulier à des journaux et à des revues, il est aussi l'auteur d'une œuvre romanesque qui s'étend sur une dizaine d'années. Le roman qui l'a fait connaître, *Les Chercheurs d'os* (1984), illustre l'opposition à l'idéologie officielle de l'Algérie, qui affirme une filiation directe entre les héros morts pour l'Indépendance et les Algériens en général mais surtout leurs dirigeants quelques décennies plus tard. Djaout montre à quel point cet héritage est incertain et ne correspond plus à aucune réalité. *L'Invention du désert* (1987), roman historique sur les dynasties médiévales au Maghreb, lui permet surtout de s'interroger sur le sens de toute entreprise visant la résurrection du passé.

Dans *Les Vigiles* (1991), il s'attaque à la société algérienne d'aujourd'hui et à ses dysfonctionnements burlesques mais aussi dangereux. Tahar Djaout, homme lucide et sans concession, a été assassiné par les terroristes d'Alger le 2 juin 1993.

D.B.

Djebar Assia (1936). Née à Cherchell en Algérie, elle est la fille d'un instituteur qui choisit de la mettre à l'école française contrairement à l'usage dominant. De brillantes études et sa passion pour la lecture la conduisent en 1955 à Paris, où elle est reçue à l'École normale supérieure. C'est alors la guerre d'Algérie, dans laquelle elle s'engage, aux côtés de son mari. Son expérience de ces années-là sert de point de départ à son œuvre, qui explore sous des aspects variés, physiques et mentaux, sentimentaux et sexuels, l'émancipation d'une jeune Maghrébine née en milieu musulman. Assia Djebar n'a guère plus de vingt ans lorsqu'elle écrit ses premiers romans, *La Soif* (1957), *Les Impatients* (1958), *Les Enfants du nouveau monde* (1962). On peut considérer comme l'œuvre de sa maturité le roman qu'elle publie en 1967, *Les Alouettes naïves*. Ce livre a fait date parce qu'on y a vu le témoignage d'une Maghrébine sur la découverte de son corps.

Après des épisodes personnels douloureux, Assia Djebar revient à la littérature au début des années 1980, dans une perspective plus féministe ; elle tente d'examiner la vie des femmes traditionnelles, leur réclusion — elle a toujours dénoncé le port du voile — et les menaces qui pèsent sur les femmes contemporaines, dont les efforts d'émancipation sont encore mal acceptés par une part du corps social (*Femmes d'Alger dans leur appartement*, Des Femmes, 1980). À son expérience personnelle s'ajoute une connaissance, en particulier historique, de son propre pays et des apports de l'orientalisme. Dans *L'Amour, la fantasia* (1986), elle aborde aussi bien la conquête de l'Algérie à partir de 1830, la guerre d'indépendance jusque dans ses retombées après 1962 que sa propre histoire jusqu'à son mariage. *Ombre sultane* (1987) traite de la solidarité féminine. *Vaste est la prison* (1995) complète ce qu'elle considère comme une trilogie. Elle y parle surtout de sa mère et de ses grand-mères, alors que les livres précédents mettaient en relief la figure du père. Les événements tragiques qui se passent en Algérie lui inspirent deux livres, *Le Blanc de l'Algérie* (1996) et *Oran, langue morte* (1997). Cependant elle revient au roman avec *Les Nuits de Strasbourg* (1997) qui font une place importante à l'érotisme. Cinéaste, elle a donné un long métrage, *La Nouba des femmes du mont Chenoua*, où il est question du rapport différent de l'homme et de la femme à l'espace, et de la difficulté que cette différence crée pour la vie du couple.

D.B.

Djian Philippe (1949). Né à Paris, fils d'un artisan arménien, il fait très tôt l'expérience du monde. Après avoir été docker, marchand de livres, comédien, reporter en Amérique du Sud, il devient péagiste près du Mans et rédige là des récits qui, grâce à Christiane Baroche, seront publiés jusqu'en 1992 par Bernard Barrault, après avoir été refusés par Gallimard. Ses premiers romans, *50 contre 1* (1981), *Bleu comme l'enfer* (1982), correspondent à une période « américaine » qui, à travers les archétypes du roman noir, plonge le lecteur dans la violence du monde moderne, évoquée en un style tour à tour soutenu et argotique. À partir de 1984, l'atmosphère se transforme. Dans *Zone érogène* (1984), *37° 2 le matin* (1985, film de Jean-Jacques Beineix, 1986), *Maudit Manège* (1986) et les nouvelles de *Crocodiles* (1989) apparaît la figure du marginal qui se retire loin des villes pour écrire et qui éprouve un sentiment nouveau de culpabilité devant la mort de l'aimée. Enfin, l'œuvre connaît une troisième tonalité à mesure que s'impose le sens de la durée : *Échine* (1988) met en scène un écrivain âgé qui se souvient de ses débuts, *Lent Dehors* (1991) suit un couple pendant plusieurs années, *Sotos* (Gallimard, 1993) dépeint la grandeur et la fin d'un éleveur de taureaux mis à mort par son petit-fils, tandis qu'avec *Assassins* (Gallimard, 1994) resurgit le motif du solitaire qui finit par tuer la femme qu'il a aimée. *Criminels* (1997) offre le deuxième volet de la trilogie commencée avec *Assassins* et qui doit être complétée par *Sainte-Bob*.

→ Jean-Pierre Richard, « 40° d'écriture », *L'État des choses*, Gallimard, 1990.

— Mohammed Boudjedra, *Philippe Djian*, Monaco, Éditions du Rocher, 1992. — Philippe Djian, *Entre nous soit dit*, entretiens avec Jean-Louis Ezine, Plon, 1996.

J.P.

Dobzynski Charles (1929). Né le 8 avril 1929 à Varsovie (Pologne), il vit en France depuis son enfance. Il est artisan, puis journaliste, puis rédacteur en chef de la revue *Europe*, ainsi que traducteur : une importante anthologie de la poésie yiddish (Gallimard, 1971, rééd. Le Seuil, 1987). Eluard présenta ses premiers poèmes en 1949, dans *Les Lettres françaises*. Dobzynski est alors nettement engagé à gauche ; mais s'il tombe parfois dans le moralisme politique, dans le même temps, il écrit des poèmes au ton libre, aux images pénétrantes et intimes (*Au clair de l'amour*, Seghers, 1955).

Il s'oriente vers l'évocation à la fois rêveuse et réaliste de notre terre de demain : harmonies, dissonances aussi, qui se formulent sous les espèces si rares en français d'une poésie de science-fiction, dans *L'Opéra de l'espace* (Gallimard, 1963). Cette inspiration cosmique le porte à affirmer, dans une prosodie libérée, son intérêt pour les malheurs des peuples de la planète dans *Capital terrestre* (EFR, 1975). L'écrivain se montre ainsi attiré par ce qui se métamorphose et métamorphose, temps, espace, mots (*Délogiques*, Belfond, 1981). Dans *L'Escalier des questions* (Bedou, 1988), c'est le présent éphémère qui est pris par la magie et l'humour, et dans *La vie est un orchestre* (Belfond, 1992), c'est le passé de sa génération, superposé au présent, qui est ainsi évoqué. Dobzynski a également écrit des nouvelles de la même inspiration que ses poèmes (*Le Commerce des mondes*, Temps actuels, 1985 ; *Que jeunesse se passe*, Scandéditions, 1993).

M.-C.B.

Documents (1929-1930). Cette revue (quinze numéros en deux ans) est l'organe suscité par Georges Bataille au moment où Michel Leiris, Georges Limbour, André Masson et lui se convainquent que pensée et action ne peuvent plus converger vers Breton et ses fidèles (tel Paul Eluard) ni ses nouveaux amis (Salvador Dali, par exemple). Certes, l'action politique les réunira quelques années plus tard, notamment dans les *Cahiers de contre-attaque*, mais, en 1929, l'opposition est forte, dans la pensée et dans l'orientation esthétique. Le côté scientiste de *La Révolution surréaliste* reparaît dans *Documents*, mais c'est une science de la subversion ou de la déconstruction. Sous le couvert d'un comité de rédaction constitué de savants, les amis de Bataille s'interrogent sur le « document » marginal, sur les « œuvres d'art les plus irritantes » et sur « les faits dont les conséquences ne sont pas encore définies ». Ainsi la liste des peintres présentés est peu orthodoxe : à côté de la modernité reconnue par tous (Picasso, Braque, Gris, Léger, ainsi que Masson, Miró, Arp, plus jeunes), des peintres de l'étrange, du barbare, du grotesque : Piranèse, Antoine Caron, Hercule Seghers. Ainsi, la rubrique « Dictionnaire critique », à partir du numéro 2, place en tête le mot « architecture », suggérant que le modèle spatial de l'architecture est impropre à penser l'homme des années trente. Cette attitude n'est pas isolée dans l'histoire des idées ; elle répond à une interrogation de type épistémologique propre à l'époque et portant sur le mode d'appréhension des savoirs, sur le choix des faits scientifiques qui doivent être analysés par l'histoire, l'histoire de l'art, l'anthropologie, bref sur le fondement des savoirs.

La maquette, très raffinée dans sa discrétion, est empruntée au néo-constructivisme majoritaire dans le bon goût de l'époque, tel que l'avaient modelé la revue *De Stijl* aux Pays-Bas, le constructivisme de Tatline et Gabo, et le Bauhaus en Allemagne. Elle s'ordonne suivant les principes de l'angle droit et de l'illustration le plus souvent en pleine page. Mais, pour reprendre des métaphores propres au groupe, l'ordre « apollinien » de cette maquette est subverti par le principe de la juxtaposition des articles, qui semble obéir à une recherche des effets de disparate : aucun thème, aucun fil conducteur sous-jacent, comme dans *Minotaure*. D'autre part, entre l'image et le texte, un décalage est souvent perceptible, l'illustration tendant à être démonstrative : quand Georges Bataille parle du « gros orteil », dans un article célèbre, il n'exprime nulle part l'idée de la démesure ni de la monstruosité ; c'est la photographie qui neutralise l'échelle en nous présentant, en pleine page, un gros orteil humain de dimensions géantes.

À la fin de l'aventure, les conservateurs du cabinet des médailles qui avaient accepté de faire partie du comité de rédaction s'enfuirent, et le marchand d'art Wildenstein, qui en était l'éditeur, décida d'interrompre la publication qui tendait à déstabiliser ses lecteurs, au contraire de son autre revue, élégante et sans histoire, la *Revue des beaux-arts*.

Documents, reprint (préface de Denis Hollier), J.-M. Place, 1991.

→ Michel Leiris, *Brisées*, Mercure de France, 1966 (« De Bataille l'Impossible à l'impossible *Documents* »). — *Le Collège de sociologie 1937-1939*, textes de Georges Bataille *et al.*, présentés par Denis Hollier, rééd. Gallimard, coll. Folio-essais, 1995. — Catherine Maubon, « *Documents*, une expérience hérétique », *Pleine Marge*, n° 4, décembre 1986.

J.C.-G.

Doff Neel (1858-1942), pseudonyme de Cornelia-Hubertina Doff. Née à Buggenum (Pays-Bas), le 27 janvier 1858, issue d'une famille de neuf enfants, elle connaît une situation d'extrême misère en Hollande et en Belgique avant de rencontrer Fernand Brouez (1861-1900, fondateur de *La Société nouvelle)*, qui la remarque alors qu'elle pose dans des ateliers de peinture : il l'épousera, assurera son éducation, lui apprendra le français. Après la mort de Brouez, elle se remarie avec un avocat anversois. Elle ne prend la plume qu'à l'âge de cinquante ans, pour témoigner de ces années d'adversité et d'indigence. Largement autobiographiques, ses trois premiers récits *(Jours de famine et de détresse*, 1911 ; *Keetje*, 1919 ; *Keetje trottin*, 1921) racontent l'itinéraire d'une jeune fille, des taudis d'Amsterdam aux bouges d'Anvers, dans sa lutte quotidienne pour la survie jusqu'à ce qu'elle obtienne une place de servante dans une maison bourgeoise : faim, promiscuité, prostitution, chantages et tromperies y sont autant d'épreuves surmontées grâce à une volonté et une énergie extraordinaires. L'extrême simplicité de ton, l'horreur des situations, la cruauté sans fard de cette chronique en font un récit poignant, d'« une primitive sincérité » (selon les termes de Franz Hellens), qui va bien au-delà du document naturaliste. Exutoire nécessaire de l'abjection, expression de sentiments authentiques, la révolte et le désir de vie éloignent ces textes de toute complaisance : on peut y voir un exemple d'une vraie littérature populaire, engagée contre la pauvreté et l'exploitation de l'individu. Auteur de contes *(Contes farouches*, 1913) et de nouvelles *(Angelinette*, 1923 ; *Une fourmi ouvrière*, 1935) dans lesquels elle a continué de développer un cruel tableau des classes défavorisées, Neel Doff a aussi exposé la misère des paysans dans *Campine* (1926) et *Elva* suivi de *Dans nos bruyères* (1929). Elle a laissé des souvenirs désabusés *(Quitter tout cela,* suivi de *Au jour le jour*, 1937), ainsi que quelques traductions du néerlandais ; elle est morte à Ixelles (Bruxelles), le 14 juillet 1942.

ŒUVRES. — *Keetje*, rééd., Bruxelles, Labor, coll. Espace Nord, 1987. — *Contes farouches*, rééd., Bassac, Plein Chant, 1988. — *Jours de famine et de détresse*, rééd., Arles, Actes Sud, coll. Babel, 1994.

→ Walter Ravez, *Femmes de lettres belges*, Bruxelles, Éditions de Belgique, 1939. — Marianne Pierson-Piérard, *Neel Doff par elle-même*, Bruxelles, Esseo, 1965. — *Neel Doff 1858-1942*, éd. Evelyne Wilwerth, Bruxelles, Bibliothèque royale Albert Ier, 1992. — Evelyne Wilwerth, *Neel Doff : biographie*, Bruxelles, Pré aux sources, 1992.

O.Bi.

Dongala Boundzeki Emmanuel (1941). Né à Alindao (République centrafricaine), de formation scientifique — il enseigne la chimie à la faculté des sciences de Brazzaville —, il compte parmi les romanciers les plus novateurs du Congo, son pays d'adoption où, dès 1973, il s'est imposé à la critique par son premier roman, *Un fusil dans la main, un poème dans la poche* (Albin Michel). Son recueil de nouvelles, *Jazz et vin de palme* (1982), petit chef-d'œuvre d'ironie et de dérision envers le régime marxiste-léniniste qui sévissait alors à Brazzaville, lui valut les rigueurs de la censure. Son dernier roman, *Le Feu des origines* (Albin Michel, 1987), remonte le temps pour dire le destin d'une Afrique cruellement marquée par l'Histoire.

→ J. -J. Séwanou Dabla, « *Jazz et vin de palme* », Nathan, 1986.

J.C.

Dorgelès Roland (1885-1973), pseudonyme de Roland Lécavelé. Né à Amiens le 15 juin 1885, élève de l'École des Beaux-Arts, il fréquente la bohème littéraire et artistique de Montmartre et devient journaliste au *Sourire*, à *Paris-Journal*, à *Fantasio* et à *Excelsior,* où ses articles se réclament souvent de « l'école fantaisiste ». Mais cette insouciance partagée avec ses amis Carco et Mac Orlan s'interrompt en 1914 avec la déclaration de guerre et sa décision de s'engager dans l'infanterie. L'horreur des tranchées lui inspirera un roman, *Les Croix de bois* (1919, prix Femina). Cette peinture sans complaisance de la réalité quotidienne des poilus, éclairée seulement de cette « blague divine » qui rend soldats et écrivain plus forts au moment du combat : « Pour raconter votre longue misère, j'ai voulu rire aussi, rire de votre rire », trouvera une suite dans *Le Cabaret de la Belle Femme* (1919) et dans *Le Réveil des morts* (1923) qui porte un regard amer sur la reconstruction. Parallèlement, *Saint-Magloire* (1922) inaugure une veine satirique en montrant des personnages désabusés qui peuplent aussi *Si c'était vrai ?* (1934), roman de science-fiction qui se désole de ce que « l'espèce humaine n'est pas perfectible », conclusion à laquelle aboutira également le baroudeur de *Tout est à vendre* (1956), confronté à une corruption que dénoncera finalement *À bas l'argent* (1965). Le romancier tentera de s'échapper dans le récit de voyage (*La Caravane sans chameaux*, 1928). Mais l'exotisme se teinte de colonialisme (*Sur la route mandarine*, 1925 ; *Sous le casque blanc*, 1942 ; *Route des tropiques*, 1944). Le pittoresque et la nostalgie des années d'insouciance semblent d'ailleurs un meilleur exorcisme (*Montmartre mon pays*, 1928 ; *Le Château des brouillards*, 1932 ; *Quand j'étais montmartrois*, 1936 ; *Bouquet de bohème*, 1948 ; *Portraits sans retouches*, 1952 ; *Au beau temps de la butte*, 1963 ; *Le Marquis de la dèche*, 1971), sans parvenir toutefois à chasser les fantômes revenus en 1939 et qu'il rencontre cette fois comme correspondant de guerre pour *Gringoire* (articles recueillis dans *La Drôle de guerre*, 1958). *Carnet d'identité* brosse le portrait de la France occupée, en 1945, au moment où Dorgelès devient président de l'Académie Goncourt (dont il était membre depuis 1929). Il meurt à Paris le 19 mars 1973.

ŒUVRES. — Publiées chez Albin Michel.
→ Micheline Dupray, *Roland Dorgelès, un siècle de la vie littéraire française*, Presses de la Renaissance, 1986.

S.R.

Dorin Françoise (1928). Née à Paris, fille du chansonnier René Dorin (1891-1969), elle est d'abord comédienne et parolière de chansons *(Que c'est triste, Venise*, 1964). Après le succès de sa première pièce, *Comme au théâtre* (1967), elle écrit pour le Boulevard, puisant son inspiration dans le quotidien et visant à faire rire, tout en s'interrogeant sur la société moderne et son avenir *(Le Tube*, 1974 ; *L'Autre Valse*, 1975 ; *L'Intoxe*, 1983 ; *L'Étiquette*, 1984, grand prix du théâtre de la Société des auteurs et compositeurs dramatiques ; *Le Retour en Touraine*, 1993, adaptation de son roman *Au nom du père et de la fille*, 1992). Romancière à succès, elle observe le monde moderne et peint, avec tendresse et humour, les relations au sein du couple ou entre les générations *(Va voir maman, papa travaille*, 1976 ; *Les Lits à une place*, 1980 ; *Les Miroirs truqués*, 1982 ; *Les Jupes-culottes*, 1988 ; *La Mouflette*, 1994 ; *Les Vendanges tardives*, 1997).

D.H.

Dormann Geneviève (1933). Née le 24 septembre 1933 à Paris, journaliste, elle a publié des romans : *La Première Pierre* (Le Seuil, 1957), *La Fanfaronne* (Le Seuil, 1959), *Le Chemin des dames* (Le Seuil, 1964), *La Passion selon saint Jules* (Le Seuil, 1967), *Je t'apporterai des orages* (Le Seuil, 1971), *Le Bateau du courrier* (Le Seuil, prix des Deux Magots, 1974), *Mickey l'ange* (Le Seuil, 1977) et *Fleur de péché* (Le Seuil, 1980). Suivront plusieurs adaptations cinématographiques et deux biographies (*Le Roman de Sophie Trébuchet,* Albin Michel, 1982 ; *Amoureuse Colette*, Herscher, 1984). Elle revient au roman avec *Le Bal du dodo* (Albin Michel, 1989), *Paris est une ville pleine de lions* (Albin Michel, 1991) et *La Petite Main* (Albin Michel, 1993), où l'on retrouve l'humour et la dérision qui caractérisent cette œuvre oscillant entre la fantaisie et la provocation, pour ramener le lecteur en poésie avec *La Gourmandise de Guillaume Apollinaire* (Albin Michel, 1994).

S.R.

Dorros Théodore (1885 ?-1954). Fils d'un riche commerçant originaire du Péloponnèse, il est né à Paris où il fait des études de lettres tout en ayant toujours travaillé dans la filiale parisienne des entreprises de son père. Son unique recueil de poèmes, *Stou glytomou to hazi* (1930), écrit en vers libres dans un langage influencé par le surréalisme, est considéré par les critiques grecs comme la première œuvre surréaliste des lettres grecques. Peu connu par ses collègues grecs de l'entre-deux-guerres et de l'après-guerre, il est aussi l'auteur d'un essai écrit en français : *Intelligence* (1936). Il s'est suicidé avec sa femme, Suzanne, en octobre 1954, dans un petit village de France où il s'était retiré durant les dernières années de sa vie.

A.Vl.

Dorsinville Roger (1911-1992). Né à Port-au-Prince (Haïti), il a vécu le traumatisme de l'exil. Diplomate en poste à Dakar, il découvre l'Afrique, décide de rompre avec le régime de Duvalier et amorce une seconde carrière, littéraire cette fois, qui ne tarde pas à faire de lui une figure dominante de l'intelligentsia haïtienne réfugiée sur le continent. Outre plusieurs essais et recueils poétiques, son œuvre romanesque est consacrée à l'évocation d'une Afrique qu'il a appris à mieux connaître et à aimer, notamment à la faveur de son séjour au Libéria. Il est mort à Dakar en 1992.

ŒUVRES. — *Kimby ou la loi de Niang*, Présence africaine, 1973. — *L'Afrique des rois*, UGE, coll. 10/18, 1975. — *Un homme en trois morceaux*, 10/18, 1975. — *Gens de Dakar*, NEA, 1978. — *Jacques Roumain*, essai, Présence africaine, 1982. — *Accords perdus*, Montréal, 1987. — *Ils ont tué le vieux Blanc*, Port-au-Prince, 1988.

J.C.

Dotremont Christian (1922-1979). Né à Tervueren (Belgique) le 12 décembre 1922 ; fils du romancier Stanislas d'Otremont. Il entre en contact avec le groupe bruxellois du mouvement surréaliste belge à partir de 1940 et publie un recueil de poèmes en prose dialoguée, *Ancienne Éternité*. À Paris en 1941, il rencontre Eluard et Picasso, et participe aux activités du groupe « La main à plume ». Il fonde les Éditions du Serpent de mer en 1943. Des années de guerre sont issus entre autres *Le Corps grand ouvert* (1941), *Oléossonne ou le moment spéculatif* (1942) et *Lettres d'amour* (1943), Dotremont y montre déjà son intérêt pour les formes, tout comme il développe quelques-uns des thèmes fondamentaux de son œuvre future : la duplicité de l'être, la sublimation de l'amour, l'errance. Après la guerre, il est corédacteur, avec Paul Colinet et Marcel Mariën, de l'hebdomadaire *Le Ciel bleu* (1945). Il crée la revue *Les Deux Sœurs* (1946-1947), et se rapproche du groupe surréaliste du Hainaut, en raison d'affinités idéologiques : avec Paul Bourgoignie et Jean Seeger, il fonde le « Centre surréaliste-révolutionnaire » (1947) qui, réuni l'année suivante aux groupes d'avant-garde danois et hollandais, donnera naissance à Cobra. L'expérience durera trois ans (1948-1951), pendant lesquels Dotremont déploie une activité débordante (expositions, publications diverses) ; le mouvement, international et polyvalent, plus proche de l'expressionnisme que du surréalisme, réaffirme l'importance de l'expérience immédiate et de la spontanéité dans l'art *(Karel Appel, Constant, Corneille,...*, 1950 ; *Quelques observations au sujet d'une exposition « Cobra »*, 1966, et *10 rue de la Paille, Bruxelles*, 1968). En contact étroit avec Asger Jorn, il voyage au Danemark (1951) ; atteint de la tuberculose, il est hospitalisé dans un sanatorium *(Les Grandes Choses*, 1953, et le récit autobiographique *La Pierre et l'oreiller*, 1955). Attiré par le Grand Nord, il se rend en Norvège, en Laponie *(Vues, Laponie*, 1957 ; *Hors blanc*, 1958) : la perception de l'espace-paysage, vécu comme anéantissement du moi et support d'écriture à la fois, prend une importance toujours plus grande dans son parcours individuel et poétique *(Fagnes*, 1958 ; *Digue*, 1959). Poursuivant son travail sur le langage *(Moi, qui j'avais*, 1961 ; et, plus tard, *Ltation exa tumulte* 1970), il élabore ses premiers « logogrammes » *(Dessins-mots*, 1962), tentatives simultanées de fusion graphique-linguistique qui restent la partie la plus originale et la plus riche de son œuvre. Tirant leur origine des potentialités plastiques du langage, les logogrammes sont autant de « peintures-mots » tracées sur le papier conjointement à une phrase, à un bref récit : visible et lisible, le poème est alors un signe immédiat *(Logogrammes I*, 1964 et *II*, 1965 ; *Le Oui ou le nom, le peut-être*, 1968 ; *Typographismes*, 1971 ; *Les Transformes*, 1972 ; *Logbook*, 1974 ; *Logogrammes*, 1976 ; *J'écris, donc je crée*, 1978 ; *Logbookletter*, 1979). Il a représenté la Belgique à la Biennale de Venise en 1972. Il est mort le 21 août 1979.

ŒUVRES. — *Traces*, Bruxelles, Les Éperonniers, coll. Passé-présent, 1980. — *Isabelle*, Bruxelles, La Pierre d'alun, 1985. — *Des logogrammes*, Ubacs, 1991.

→ Max Loreau, *Dotremont, logogrammes*, Fall, 1975. — Michel Butor et Michel Sicard, *Dotremont et ses écrivures*, Jean-Michel Place, 1978. — *Grand Hôtel des valises, locataire Dotremont : les entretiens de Tervueren*, Galilée, 1981. — Pierre Alechinsky, *Dotremont et Cobra-forêt*, Galilée, 1988. — *L'Estaminet* (Bruxelles), nº 5, 1995.

O.Bi.

Doubrovsky Serge (1928). Né le 22 mai 1928 à Paris, normalien, il est devenu professeur à New York University. Après une thèse sur Corneille (1963), il a apporté son soutien à la nouvelle critique : *Pourquoi la nouvelle critique ?* (1966) et proposé une lecture psychanalytique de Proust : *La Place de la madeleine* (1974). Ses essais : *Parcours critique* (1980), *Autobiographiques* (1988), alternent avec des récits autobiographiques : *La Dispersion* (1969) conte la vie clandestine de sa famille juive. Dans trois « autofictions », pour reprendre un de ses mots *(Fils*, 1977 ; *Un amour de soi*, 1982 ; *Le Livre brisé*, 1989, prix Médicis), l'auteur se dit à partir d'un texte — *Phèdre*, *Un amour de Swann*, *La Nausée* et *Les Mots* — fournissant une trame : recherche des liens avec la mère, illusions de l'amour, névrose d'un enfant prodige et naissance d'un « Narcisse romancier ». Le style allie l'intertextualité aux anagrammes et calembours qui orientent les bifurcations de sens. *L'Après-vivre* (1994) exprime la difficulté de survivre à l'être aimé et de supporter l'affaiblissement de la sexualité.

M.Mi

Doucet Jacques (1853-1929). Né le 19 février 1853 à Paris, rue de la Paix, dans une famille de la dynastie lingère, il est devenu l'un des plus grands couturiers de la Belle Époque, et un exceptionnel collectionneur de manuscrits et d'œuvres d'art. D'abord amateur de tableaux impressionnistes et du XVIIIe siècle, fondateur en 1909, rue Spontini, d'une « Bibliothèque d'art et d'archéologie » dont il fera don à l'Université de Paris en 1917, il s'adjoint André Suarès comme conseiller en 1913, et constitue une « Bibliothèque littéraire » de livres et de manuscrits d'auteurs modernes des XIXe et XXe siècles, subventionnant de jeunes auteurs, tels que Max Jacob ou Reverdy, en achetant leurs œuvres et leurs manuscrits. À partir de 1920, Doucet engage André Breton comme bibliothécaire salarié. Le jeune chef de l'école surréaliste intéresse ses amis, en particulier Aragon, à cet extraordinaire mécénat et réoriente l'esprit du collectionneur vers d'excellents achats, celui en particulier des *Demoiselles d'Avignon* de Picasso en 1924. Mais les relations avec leur protecteur s'interrompent en 1927, au moment où Breton et Aragon entrent au parti communiste. Desnos prend alors le relais, mais avec moins d'influence, comme conseiller littéraire de Jacques Doucet, qui aura le temps de fonder la première cinémathèque et d'achever la décoration de son studio de Neuilly, archétype du style art-déco, avant de mourir, le 30 octobre 1929, léguant sa « Bibliothèque littéraire » à l'Université de Paris. Voir aussi BIBLIOTHÈQUE LITTÉRAIRE.

→ Marie Dormoy, *Jacques Doucet*, Giraud-Badin, 1930. — François Chapon, *Mystère et splendeurs de Jacques Doucet (1853-1929)*, Lattès, 1984, rééd. sous le titre *Jacques Doucet ou l'art du mécénat*, Perrin, 1996.

A.G.

Drevet Patrick (1948). Né à Saint-Étienne, il a rapidement été considéré par le public et par la critique comme l'un des romanciers les plus prometteurs des années quatre-vingt. Si l'on excepte un roman historique (*Le Rire de Mandrin*, 1993) et une série d'essais sur la poésie du quotidien (deux séries de *Petites études sur le désir de voir*, 1991 et 1996), son œuvre est d'une rare cohérence. Ses principaux romans, magistralement écrits (*La Cour des abeilles*, 1985 ; *Le Visiteur de hasard*, 1987 ; *Micheline*, 1990 ; *Une chambre dans les bois*, 1991 ; *Dieux obscurs*, 1994 ; *Le Miroir aux papillons*,

1995), évoquent la nostalgie de la première adolescence, la découverte émerveillée du corps et les désirs interdits, celui de l'enfant pour l'homme, par exemple.

G.P.

Drieu La Rochelle Pierre (1893-1945). Né le 13 janvier 1893 à Paris, élève à l'École libre des sciences politiques, il échoue en 1913 à l'examen de sortie, ce qui lui ferme la carrière diplomatique et l'empêche aussi d'intégrer le personnel politique par la voie traditionnelle. Il admire Barrès, lit Nietzsche, avant de partir, la fleur au fusil, pour le front d'une guerre qui doit laver la défaite de 1870. Il combat à Charleroi, puis à Verdun. Blessé et hospitalisé, il écrit des vers : *Interrogation* (1917). C'est après sa démobilisation qu'il affiche le plus clairement ses contradictions. Barrès avait tenu à s'incliner sur la dépouille de Jaurès, adversaire politique et personne admirable ; Drieu fréquentera aussi bien les surréalistes que l'Action française, Maurras qu'Aragon. Ses œuvres se succèdent alors à un rythme soutenu : *Fond de cantine* (1920), *État civil* (1921), *Mesure de la France* (1922).

Après des nouvelles, *Plaintes contre inconnu* (1924), il écrit « une œuvre plus achevée », *L'Homme couvert de femmes*, qui paraît l'année de la mort de sa mère (1925). Il y conte la déception des temps et celle de l'amour. Hôte aux champs de Finette et de son frère, Gille, à vingt-sept ans, trouve au plus fort de ses conquêtes l'indice d'une impuissance. Au bout du séjour, le dégoût de soi et le bilan des échecs. Le roman est dédié à Aragon, complice en déambulations nocturnes et urbaines. Il se recommande moins par la description que par des dialogues justes. Chez Drieu, à ce moment déjà, le don du style s'oppose victorieusement à la maladie de l'âme. Doué malgré lui, il échoue à peindre le monde en gris tristes parce qu'il le peint trop bien.

À la fin des années vingt et au début des années trente, son engagement s'affirme dans ses articles et dans les livres qui les recueillent : *Le Jeune Européen* (1927), *Genève ou Moscou* (1928), *L'Europe contre les patries* (1931). Dès ses débuts, en 1919 exactement, il collabore au *Crapouillot*, à *Littérature*, à *La Nouvelle Revue française* et à *L'Europe nouvelle*. Dans les années d'activité politique plus intense, le rythme s'accélère. Il donne des contributions régulières à *L'Émancipation nationale*, le journal de Jacques Doriot, à partir de 1936. En mai 1934, il perd son père. *Rêveuse bourgeoisie* (1937), le roman qu'il entreprend aussitôt, s'inspire de son enfance et du couple formé par ses parents. Le héros Camille Le Pesnel a épousé vers 1890 Agnès Ligneul, qu'il n'aime pas. Il conserve bien sûr son ancienne maîtresse. L'épouse est attachée par la chair à son mari, jusqu'à refuser, la ruine venue, une proposition avantageuse. Puis la parole passe à la fille d'Agnès, Geneviève. Le frère aîné, Yves, n'en finit pas de prolonger les conduites d'échec paternelles. Il mourra au front, en héros.

Vingt ans après la fin de la Première Guerre, Drieu compose six nouvelles qui retracent le parcours du soldat, depuis Charleroi (août 1914) jusqu'aux Dardanelles et à Verdun. Il met en scène des témoins et des contemporains de ce passé. La plus longue de ses nouvelles, « La Comédie de Charleroi », montre le narrateur en quête de son semblable disparu en compagnie de la mère de ce dernier, insupportable survivante. À la fin, le héros refuse le siège de député qu'on fait glisser vers lui. Dans « Le Voyage des Dardanelles », la guerre est chaos et mort de l'identité des hommes. « Le Déserteur » complète cette nouvelle comédie humaine, qui s'achève toutefois sur les velléités d'héroïsme du narrateur. La virtuosité d'une plume kaléidoscopique, dure et précise, contraste avec la déploration de l'absurde.

Après avoir tenté d'analyser la « décadence » de son époque en de brèves « autopsies » d'une conscience : *Le Feu follet* (1931), *Journal d'un homme trompé* (1934), *Rêveuse bourgeoisie* (1937), et après avoir hésité tout au long des années vingt sur sa voie politique, Drieu, à partir de 1934, choisit son camp : il opte pour le fascisme, fasciné par la théâtralité de sa version nazie et voyant en elle le remède pour une Europe vieillie. *Gilles* voit le jour en 1939 ; on en lira une version non censurée, à la réserve de quelques lignes, en 1942. Le roman fut écrit à un moment où Drieu militait assidûment depuis cinq ans. À Paris, en permission, « un soir de l'hiver de 1917 », le jeune sous-officier Gilles décide de profiter de ce « pays de femmes ». Au détour d'une visite intéressée dans la famille de camarades tués au front, il rencontre Myriam, fille de financier. Il l'aime mais l'épouse pour son argent. Grâce à la femme du ministre de la Défense, il entre aux Affaires étrangères. Après la tentation du cynisme, celle de l'honnêteté et de l'authenticité, Gilles prend une maîtresse et retourne chercher la mort au front. Survivant, il fréquente dans le Paris des années vingt le groupe avant-gardiste « Révolte », conduit par Cael, décalque de Breton. Femmes et mondanités, scandale et intrigues : Gilles est sali de toutes parts ; et les surréalistes, ces « Tartarins de la Révolution », ne valent pas plus cher que les pourris de la « démocratouille » que dénonce Maurras. Une troisième partie campe Gilles en agitateur spirituel, directeur du journal *L'Apocalypse*. La femme aimée, Pauline, enceinte, atteinte d'un cancer, avorte. Elle meurt comme la France. Gilles, devenu Walter, quitte la plume du journaliste pour l'épée du militant nationaliste, au service du « catholicisme mâle, celui du Moyen Âge ».

Le Feu follet (1931) prend place entre la rupture avec Breton et le militantisme ; le roman perpétue la mémoire de Jacques Rigaut (1898-1919) et continue cette littérature des petits matins tristes qui va d'Hemingway – cette même année, Drieu préface *L'Adieu aux armes* – à Sagan. Alain, amant de la riche Lydia, tente de renoncer à l'héroïne. Il se tirera une balle de revolver. *Le Feu follet* résume les thèmes et les obsessions de Drieu : la méfiance envers les femmes, l'ubiquité des sodomites et l'hostilité envers les juifs. L'*Adieu à Gonzague* s'achève comme s'achèvera la vie de son auteur.

Le *Journal d'un homme trompé* (1934) est un recueil de dix nouvelles. Elles reprennent la comédie du couple, la jalousie qui mine le rapport amoureux. La plus longue revient sur les incertitudes du jugement chez un être mobile, inquiet, palinodique. « Défense de sortir », la dernière nouvelle, raconte comment, en 1963, une poignée d'habitants de la Terre, en quête d'un « ailleurs » édénique, défend le droit de quitter la « prison » planétaire : est-ce une figuration de la prison charnelle de Platon ?

Outre ses romans, Drieu a laissé une quarantaine d'essais et quelque six cents articles où son talent, formé à l'école de Léon Daudet et des polémistes de l'entre-deux-guerres, tient aussi à sa verve et à sa causticité. Au cœur de cet activisme, une passion politique complexe, qui lui interdit de s'investir tout à fait dans la doctrine ou dans le parti auxquels il adhère. Celui qui confie dans son *Journal* qu'il a essayé en vain de devenir communiste, qui souhaite la mort à ces bourgeois dont il partage trop souvent la table et dont il prend les femmes, milite dans le Parti Populaire Français de Doriot et assiste, ahuri, au triomphe vichyssois de la petite bourgeoisie contre laquelle s'insurgeait son engagement fasciste. Dès 1935, Nizan avait prédit à Drieu que, politiquement, il mourrait seul parce qu'il n'avait jamais partagé la condition des pauvres.

Écrit au cours du printemps 1943, *Les Chiens de paille* (1944) est le roman des illusions perdues dans le fascisme. Face à toutes les dérisions, Drieu renoue avec le mysticisme et la méditation sur la condition humaine. Il fait sauter ses personnages non comme ils l'attendaient, par l'action d'un jeune Français pur et désespéré, mais au moyen d'une bombe semée par un avion. Gilles tenait du personnage de la *commedia dell'arte*, auquel il devait son nom, quelque part entre Protée et Circé. Le héros des *Chiens de paille* se prénomme Constant. Il ne croit plus au salut par la politique et préfère Lao-Tseu aux idéologies, comme son auteur. C'est dans un paysage déchiré, pendant l'hiver de 1944, alors qu'il est recherché par la police, après une première tentative de suicide, que Drieu écrit les *Mémoires de Dirk Raspe* (1966, posth.), où l'on a voulu voir son chef-d'œuvre.

Romancier persévérant, Drieu fut aussi tenté par le théâtre. Les esquisses et plans inédits qu'il a laissés témoignent même d'une réelle ambition dans ce domaine. *L'Eau fraîche*, une comédie en trois actes, fut jouée à la Comédie des Champs-Élysées en 1931. Il tâte du théâtre politique avec *Le Chef* (1944). C'est toutefois dans *Charlotte Corday* (1944) qu'il tente de constituer ce théâtre historique et national qui, à ses yeux, manquait à la France.

Protégé par des amis fidèles à la Libération, Drieu a préféré, le 15 mars 1945, la liberté de la mort aux effets du mandat d'arrêt lancé contre lui. Les racines de son désespoir étaient anciennes et profondes. Fuir l'homme, tel est le point commun que Brasillach trouvait à plusieurs écrivains de la génération de 1920. Morand l'aurait fui dans le voyage, Cocteau et les surréalistes dans les bars, Drieu dans la drogue. Borgès voyait en lui un « fasciste par indifférence ».

ŒUVRES. Chez Gallimard, sauf indication contraire. — *Interrogation*, 1917. — *Fond de cantine*, 1920. — *État civil*, 1921. — *Mesure de la France*, Grasset, 1922. — *Plaintes contre inconnu*, 1925. — *L'Homme couvert de femmes*, 1925. — *Blèche*, 1928. — *Une femme à sa fenêtre*, 1930. — *Le Feu follet*, 1931 ; rééd. Folio, 1972. — *Journal d'un homme trompé*, 1934 ; rééd. Folio, 1986. — *La Comédie de Charleroi*, 1934 ; rééd. Folio, 1982. — *Socialisme fasciste*, 1934. — *Doriot ou la vie d'un ouvrier français*, Saint-Denis, Les Éditions populaires françaises, [1936]. — *Rêveuse bourgeoise*, 1937. — *Gilles*, 1939 (édition censurée) ; 1942 (édition intégrale). — *L'Homme à cheval*, 1943. — *Les Chiens de paille*, 1944 (édition supprimée) ; rééd. 1964. — *Mémoires de Dirk Raspe*, 1966.

→ Pierre Andreu, *Drieu, témoin et visionnaire*, Grasset, 1952. — Frédéric Grover, *Drieu La Rochelle*, Gallimard, 1962. — Pierre Andreu et Frédéric Grover, *Drieu La Rochelle*, Hachette, 1979. — R. Soucy, *A Fascist Intellectual : Drieu La Rochelle*, Berkeley-Los Angeles-London, University of California Press, 1979. — *Drieu La Rochelle, Cahier de l'Herne*, dir. Marc Hanrez, n° 42, 1982. — Marie Balvet, *Itinéraire d'un intellectuel vers le fascisme*, PUF, 1984. — Jean Lansard, *Drieu La Rochelle ou la passion tragique de l'Unité*, Aux amateurs de livres, 1991, 3 t.

M.S.

Droguet Henri (1944). Né à Cherbourg, il enseigne les lettres à Saint-Malo. La mer et les paysages bretons battus des vents et des flots sont au cœur de son œuvre. Dans *Le Bonheur noir* (1972), les souvenirs d'enfance et le terroir inspirent une poésie de sensations, surtout visuelles et olfactives. Dans *Champ rapace* (1980), le paysage occupe tout l'espace du poème. *Le Contre-dit* (1982, prix Charles Vildrac) recueille huit ans de poésie : carnet de voyage où l'auteur mêle ses lieux de passage et son trajet existentiel. La Bretagne intérieure, âpre, y apparaît comme un chaos d'énergies où l'homme est infime. Dans sa poésie, les choses familières deviennent étranges. Son lyrisme ne chante pas l'accord de l'homme avec la nature, mais dit le désir de le réaliser. *Le Passé décomposé* (1994) situe à Saint-Malo le récit d'une expérience intérieure.

D.H.-M.Ber.

Drouet Minou (1947), pseudonyme de Marie-Noëlle Drouet. Née en Bretagne en 1947, elle fit sensation en publiant, à huit ans, et sous un pseudonyme qui insistait sur son jeune âge, des recueils de poésie pleins de fraîcheur et de délicatesse, *Poèmes et extraits de lettres* (1955) et *Arbre mon ami* (1956). Face à l'engouement manifesté par la presse devant cette enfant prodige, un certain nombre de critiques et d'écrivains, parmi lesquels Breton et Cocteau, exprimèrent leur scepticisme quant à l'authenticité de ces poèmes et soulignèrent les influences poétiques qui s'y faisaient jour. Outre un autre recueil de poèmes, *Le Pêcheur de lune* (1959), Minou Drouet publia un roman : *Du brouillard dans les yeux* (1966), et une autobiographie : *Ma vérité* (1993).

W.M.

Drouin Marcel (1871-1943), il signe du pseudonyme Michel Arnauld ses articles de revue. Né à Saint-Nicolas-de-Port (Meurthe-et-Moselle) le 6 février 1871, il est autour de son beau-frère André Gide l'un des six pères fondateurs de la *NRF* en 1908-1909. Brillant élève au lycée de Nancy, puis à Janson-de-Sailly, où il a pour condisciple le futur Pierre Louÿs, grâce à qui il rencontre Gide et débute dans le milieu littéraire, il publie quelques poèmes dans des revues de jeunes comme *La Conque* (1891). Ses succès (il est major du Concours général, du concours d'entrée à la rue d'Ulm et de l'agrégation de philosophie) et une curiosité élargie à tous les domaines du savoir le poussent vers la carrière universitaire aux dépens de l'œuvre littéraire que ses amis attendent de lui. Boursier à Berlin, puis pensionnaire à la Fondation Thiers, il étudie la philosophie allemande du XIXe siècle, découvre Nietzsche et projette une thèse sur Goethe, non sans se passionner pour le mouvement littéraire contemporain. Intellectuel de son temps, fasciné par Mallarmé et par Péguy, il entretient avec Barrès et Gide une riche correspondance encore inédite. Éloigné de Paris de 1897 à 1906 par le hasard des nominations, il affiche son dreyfusisme dans les journaux locaux et, sous l'impulsion de Gide, participe aux revues littéraires d'avant-garde. La signature de Michel Arnauld apparaît souvent entre 1900 et 1914 dans *L'Ermitage*, où il publie plusieurs chapitres de son étude sur la « sagesse de Goethe » (1900-1905), dans *La Revue blanche*, où il tient la chronique des livres (1900-1903), et dans la *NRF* où il écoule jusqu'à la guerre une abondante production. Cette œuvre critique n'a jamais été réunie en volume, bien qu'elle témoigne d'une grande cohérence esthétique. Sa formation de normalien et sa vaste culture l'orientent vers un classicisme fait d'ordre et de mesure et semblent le prédisposer à « la critique des attitudes morales » (Anglès). Mais son examen des œuvres consiste surtout à en éclairer la visée, non à les enfermer dans une formule. La littérature de fiction l'intéresse par la maîtrise formelle et les moyens destinés à produire le sentiment du réel. Ses chroniques des idées montrent sa défiance envers la politique active, mais son intérêt constant pour les questions sociales.

Mobilisé en 1915, il obtient d'être affecté à Rechesy, au bureau de l'état-major chargé de dépouiller la presse allemande, auprès du Dr Bucher, mais dès 1917, il doit réintégrer son poste de professeur à Paris où il enseigne jusqu'à sa retraite en 1936. À la reprise de la *NRF*, en 1919, il participe au débat qui oppose les pères fondateurs sur la place à donner à la pensée de la guerre dans la nouvelle revue. En désaccord avec Rivière, qui souhaite promouvoir la gratuité de l'art, il s'en éloigne peu à peu et ne publie plus que dans les revues de philosophie. *La Sagesse de Goethe*, recueil d'études publiées en revue, paraît après sa mort, en 1949, avec une longue préface de Gide. Cette œuvre testamentaire, qui décrit l'effort d'un homme pour se construire lui-même en harmonie avec le monde, porte en elle l'idéal apollinien d'une domination de la culture sur l'instinct et la barbarie. Il est mort le 1er juillet 1943.

ŒUVRES. — *La Sagesse de Goethe*, préface d'André Gide, Gallimard, 1949.

→ Auguste Anglès, *André Gide et le premier groupe de « La Nouvelle Revue française »*, Gallimard, 1978-1986, 3 t. — « Hommage à Marcel Drouin pour le cinquantenaire de sa mort, 1943-1993 », *Bulletin des amis d'André Gide*, n° 99, juillet 1993. — Michel Drouin, « Marcel Drouin (Michel Arnauld) 1871-1943 », *Bulletin des amis d'André Gide*, n° 100, octobre 1993.

P. L.

Drouot Paul (1886-1915). Lorrain par sa mère, ardennais par son père, né à Vouziers le 21 mars 1886, élève au lycée Janson-de-Sailly, il publie à vingt ans *La Chanson d'Eliacin* (1906), d'inspiration postsymboliste, puis *La Grappe de raisin* (1908), recueil d'une poésie fraîche, mais où perce l'inquiétude. Journaliste, collaborateur du *Gaulois* et de *L'Opinion* entre 1910 et 1914, il est envoyé au front dès 1914 et meurt en Artois le 9 juin 1915, laissant des œuvres inédites, en particulier un long poème en prose fragmenté, *Eurydice deux fois perdue*, qui paraîtra après la guerre avec une préface d'Henri de Régnier (Société littéraire de France, 1921 ; rééd. Plon, 1930, Les Belles Lettres, 1951 et Charleville-Mézières, L'Étoile des limites, 1986). Composée en 1909-1910, cette œuvre atypique, d'un romantisme angoissé, renouvelle le mythe d'Eurydice en le décalquant sur la souffrance vécue après la perte d'un être aimé.

A.G.

Droz Maison d'édition fondée en 1924 à Genève par Eugénie Droz (1893-1976). Née à La Chaux-de-Fonds, fille de l'éditeur Frédéric Zahn, Eugénie Droz obtient la licence ès lettres à l'université de Neuchâtel, puis se spécialise en littérature médiévale, passionnée par les enseignements d'Arthur Piaget. À l'occasion de la publication de son édition critique de Jean Régnier, elle se rapproche de Pierre Champion (le fils d'Honoré Champion), qui la soutiendra lorsqu'elle décide d'ouvrir sa propre librairie à Paris. Si les littératures des XVe et XVIe siècles sont privilégiées, les Éditions Droz publient également de nombreuses thèses de doctorat soutenues à la Sorbonne. En 1934, Droz crée sa revue, consacrée à la

Renaissance, *Bibliothèque d'Humanisme et Renaissance*. Aux lendemains de la guerre, Eugénie Droz s'installe à Genève pour continuer ses activités d'historienne et d'éditrice. Après son décès, la maison d'édition est restée fidèle à son orientation érudite : philologie romane, critique littéraire, linguistique, littérature française, histoire, antiquité, droit, économie.

B.Z.

Druon Maurice (1918). Né le 23 avril 1918 à Paris, dans une famille dont les origines se partagent entre le Languedoc, les Flandres, le Brésil et la Russie. Après des études de sciences politiques, il entre à l'École de cavalerie de Saumur. En 1942, il rejoint les Forces françaises libres à Londres. D'abord aide de camp du général d'Astier de la Vigerie, il participe aux émissions « Honneur et patrie » diffusées par la BBC. Avec son oncle Joseph Kessel, il compose en 1943 les paroles du *Chant des partisans*. Sa carrière d'écrivain commence à la Libération. Il reçoit le prix Goncourt en 1948 pour *Les Grandes Familles*, premier tome de la trilogie *La Fin des hommes*. L'auteur y retrace, dans la grande tradition naturaliste, l'ascension sociale d'un fils de paysans agrégé des lettres. L'œuvre connaît un grand succès, amplifié par l'adaptation cinématographique qui en est faite, avec Jean Gabin dans le rôle du banquier Schoulder (1958). Se tournant ensuite vers le roman historique, il donne la série des *Rois maudits*, dont les sept tomes racontent l'histoire romancée des rois de France au XIVe siècle. En 1966, le grand prix littéraire de Monaco couronne l'ensemble de son œuvre et il devient membre de l'Académie française. Cette réussite apparaît comme le résultat d'un effort tendu vers la rencontre avec le public. Druon refuse toute conception élitiste de la littérature. Son style coloré, le sens de l'intrigue et du pittoresque lui permettent d'atteindre le grand public. Il rejette délibérément toute spéculation sur la littérature, qui est pour lui un instrument dont il sait tirer le meilleur parti. Du reste, à la manière des grands sculpteurs, il sait travailler en atelier et diriger une équipe mettant en chantier les œuvres que le maître parachèvera.

Ministre de la culture en 1973-1974, sous la présidence de Georges Pompidou, puis député de Paris de 1978 à 1981, il a tenu un rôle actif dans la vie publique. Il est aussi l'auteur d'une critique de l'idéologie de Mai 68 (*L'Avenir en désarroi*, 1968). Ses interventions publiques comme ministre ont été regroupées dans *La Parole et le pouvoir* (1974). On lui doit également de vigoureuses prises de position (*Attention la France*, 1981 ; *Réformer la démocratie*, 1982).

ŒUVRES. — Chez Julliard : *La Fin des hommes*, 3 t. : *Les Grandes Familles*, 1948 ; *La Chute des corps*, 1950 ; *Rendez-vous aux enfers*, 1951. — *La Volupté d'être*, 1954. — *Les Rois maudits*, Del Duca, 1955-1977, 7 t. : *Le Roi de fer* ; *La Reine étranglée* ; *Les Poisons de la Couronne* ; *La Loi des mâles* ; *La Louve de France* ; *Le Lis et le Lion* ; *Quand un roi perd la France*. — *Les Mémoires de Zeus*, Grasset, 1963, rééd. Plon, 1967. — *Le Bonheur des uns...*, nouvelles, Julliard, 1962. — *Le Pouvoir*, maximes, Hachette, 1965. — *Lettre d'un Européen*, Plon, 1970.

Cl.D.

Du Bos Charles (1882-1939). Né le 27 octobre 1882, il est issu de la grande bourgeoisie parisienne, ce qui le dispensera longtemps de gagner sa vie et lui permettra d'acquérir à loisir une immense culture littéraire et artistique. Charles Du Bos avait une mère anglaise, ce qui contribua à lui donner une remarquable familiarité avec la langue et la littérature anglo-saxonnes. Après avoir découvert la pensée de Bergson à dix-sept ans — sa date de naissance intellectuelle —, Du Bos connaît dans sa jeunesse une formation très européenne, grâce à des séjours à Oxford, à Berlin (où il s'initie à la philosophie de Georg Simmel), en Italie (où il découvre l'œuvre de Berenson). Lié au groupe de la *NRF*, en particulier à Jacques Rivière et André Gide (il publie en 1929 un *Dialogue avec André Gide)*, mais aussi à des intellectuels comme Bernard Groethuysen ou Ernst Robert Curtius, à des écrivains comme Rilke, Valéry ou Proust (auquel il consacre une des premières études importantes), il occupe rapidement une position à la fois discrète et essentielle dans le milieu littéraire de l'entre-deux-guerres, en particulier par sa participation assidue aux décades de Pontigny (entre 1922 et 1934), ses conférences et de nombreux articles.

Ce qu'on a appelé son « cosmopolitisme littéraire » l'a conduit à animer chez Plon une collection d'auteurs étrangers, à faire publier des auteurs aussi divers que Tchekhov ou Joyce, mais aussi à consacrer des études critiques de grande qualité à Byron, Hoffmansthal ou Goethe, notamment dans ce qui deviendra peu à peu, de 1922 à 1937, ses *Approximations*. Dans cette série, mais aussi grâce à diverses analyses consignées dans son *Journal* (commencé dès 1908, dont il ne publie de son vivant que la période de 1921 à 1939), il apparaît comme un des derniers grands humanistes européens, laissant les matériaux dispersés d'une histoire de la littérature européenne aux XIXe et XXe siècles, en particulier du romantisme, qui ouvre la voie aux futurs travaux d'Albert Béguin.

Du Bos apparaît aussi comme un des « diaristes » les plus remarquables du XXe siècle. C'est son *Journal* qui l'a sauvé du « désespoir en face de l'acte d'écrire », en lui permettant d'opérer un « trajet intérieur », par un travail quasi quotidien de réflexion sur la culture (y compris la peinture et la musique), mais aussi dans l'approfondissement d'un exercice spirituel, à mesure qu'il avance. À sa conversion définitive au catholicisme en 1927, sa réflexion s'infléchit vers les problèmes spirituels et religieux, lui inspirant un livre sur *François Mauriac et le problème du romancier catholique* (1933) ou le conduisant à ébaucher ce qui est, de ce point de vue, son testament, *Du spirituel dans l'ordre littéraire* (posth., 1967). Outre l'aspect religieux, dans ce *Journal*, dont Du Bos dit lucidement qu'il est « [sa] forme », parce que « ce n'est pas une forme du tout », apparaît une « météorologie intime » qui en fait le sismogramme d'une sensibilité raffinée, la fonction expressive d'un « jaillissement tout spontané », d'une « éjaculation » de l'âme et de l'esprit qui se transforme, à mesure qu'elle est dictée, en improvisation sinueuse et modulante, au débit jamesien, pleine de parenthèses, traitant de questions intimes ou de problèmes littéraires.

On y saisit ainsi *in statu nascendi* une méthode critique dans laquelle se reconnaîtront Georges Poulet ou Jean-Pierre Richard. Cette méthode refuse précisément le terme de « critique », soucieuse qu'elle est de « rendre hommage », de se faire celle d'un « desservant » qui se livre, au sens fort, à un acte de « compréhension » et d'élucidation du « centre d'un être », grâce à une attitude de réceptivité qui vise à une « exploration de certaines régions obscures de la vie spirituelle », mais aussi à l'examen quasi sensoriel du « pas », du « pouls » ou du « battement », du « rythme spirituel » de chaque écrivain, de son *tempo* particulier : « soudaineté et allongement du bond » chez Bernanos ; *prestissimo* ou *adagio* des phrases de Benjamin Constant ; « stupeur comblée de la sensation » chez Hoffmansthal ; « milieu intérieur » de Flaubert. Charles Du Bos est mort le 5 août 1939, à La Celle-Saint-Cloud.

ŒUVRES. — *Journal*, 3 t., 1921-1928, Corrêa, 5 t., 1929-1939, Éditions de la Colombe. — *Approximations*, 1922-1937, rééd. Fayard, 1965. — *Qu'est-ce que la littérature ?*, 1945, rééd. L'Âge d'homme, 1989. — *Grandeur et misère de Benjamin Constant*, Corrêa, 1946.

→ Jean Mouton, *Charles Du Bos : sa relation avec la vie et avec la mort*, Desclée De Brouwer, 1954. — Jacques Bossière, *Perception critique et sentiment de vivre chez Charles Du Bos*, Nizet, 1969. — Charles Dédeyan, *Le Cosmopolitisme littéraire de Charles Du Bos*, SEDES, 6 t., 1965-1971. — *Permanence de Charles Du Bos* (colloque de Cerisy), Desclée De Brouwer, 1976. — Michèle Leleu, *Charles Du Bos : approximation et certitude*, Desclée De Brouwer, 1976. — Georges Poulet, *Entre moi et moi : essais critiques sur la conscience de soi*, Corti, 1977. — Michel Crépu, *Charles Du Bos ou la tentation de l'irréprochable*, Éditions du Félin, 1990. — Il existe des *Cahiers Charles Du Bos*, 1956-1985, 27 t.

J.D.

Du Bouchet André (1924). Né à Paris le 7 mai 1924, il fait des études à Harvard. Dès son premier recueil, *Air* (1951), suivi de *Sans couvercle* (1953), s'affirmait un espace, toujours ouvert et toujours en tension. Paysage réduit à ses seuls éléments (terre, air, roche), circulation et tourbillonnement d'une présence qui échappe, qu'il faudrait *traduire* : on pressent là les linéaments d'une poétique encore hantée à cette date par la possibilité de transcrire dans le langage la réalité extérieure. *Dans la chaleur vacante* (1961) marque un tournant dans cette recherche : plus hérissés encore, morcelés, les textes n'espèrent plus un achèvement du langage, ne croient plus que la poésie puisse véritablement atteindre le réel. Dans ses ruptures, ses ressassements, une « parole perçante vouée à se perdre » s'essaie donc à rendre compte d'une dynamique. La réalité ne nous apparaît que pour disparaître, la présence ne peut être fixée, la quête d'un « lieu » ne saurait être stable : le poème ne pourra donc prétendre contenir ni réverbérer le monde, mais simplement marcher vers lui, d'un pas qui contient son propre échec. Comme André Du Bouchet l'explique à partir de Baudelaire *(Baudelaire irrémédiable*, 1956), l'impossibilité de toucher au but, de mettre un terme au cheminement poétique est cependant le moyen de sa réussite : « C'est [...] par ce défaut persistant, ce vide toujours réitéré dont Baudelaire peut faire état dans son œuvre, que se manifeste le plus évidemment sa prise sur l'essentiel ». Dès lors les poèmes s'évident, paraissent s'arracher au blanc du papier avec lequel le poète joue dans un souci typographique inégalé depuis Mallarmé. *Où le soleil* (1968), *L'Incohérence* (1979), *Laisses* (1979) ou *Rapides* (1980) poursuivront cette ascèse, dans des textes hachés, où le peu d'éléments et de mots retenus s'affrontent : « la laine de la route / tire / et s'enflamme ». La démarche refuse de donner à la poésie, et à l'homme avec elle, davantage que ce qu'ils peuvent tenir ou obtenir du monde. « Avoir vocation d'éclat », c'est en effet se confronter sans concession au mouvement d'apparition et de disparition du réel. C'est également forcer la langue, en s'opposant à son habituelle propension à solidifier les apparences, à les contenir, à donner l'illusion d'un espace stable à partir d'un jeu de tensions.

Hanté par l'œuvre de Hölderlin (telle du moins que l'a donnée à entendre Heidegger dans ses commentaires), la poésie de Du Bouchet revendique donc sa réitération. *Aujourd'hui c'est* (1984), *Des hauts de Bühl* (1989) ou *Désaccordée comme par de la neige* (1989), dont le titre est emprunté à un vers de Hölderlin, poursuivent le même chemin escarpé et accomplissent le même mouvement de réduction du paysage à quelques éléments. L'aridité y est soutenue par l'excès, dans un recours constant à l'oxymore, puisque des mouvements contradictoires constituent justement le fonctionnement de l'apparition : « je rejoins — comme je m'y pulvérise — l'épaisseur où tu m'as dit éclat ». Par sa crispation obstinée, sa nervosité de trait, l'œuvre de Du Bouchet évoque celle du sculpteur Giacometti, avec laquelle il a régulièrement dialogué *(Alberto Giacometti*, 1969 ; *Qui n'est pas tourné vers nous*, 1972), comme il a réfléchi sur Poussin, faisant du tableau *Orion aveugle à la recherche du soleil levant* une allégorie du poète, déchiré entre l'invisible et le visible *(Sur un tableau de Poussin*, 1959).

Refusant le « moi » lyrique, décapant la chair du monde, brisant la syntaxe, hachant la logique de la phrase au profit d'une respiration heurtée, cette « parole de rupture » pourrait cependant finir par rompre aussi avec les lecteurs. L'éparpillement, la perpétuelle reprise, la scintillation du langage rendent en effet ces poèmes d'un abord difficile. Peut-être faut-il essayer d'entendre d'abord les ressacs, sursauts et répétitions projetant un rythme haletant qui vise moins à se servir des mots qu'à les pulvériser : « un sens que par le moyen de l'écriture on aura voulu fixer, se révèle, en vérité, aussi volatile que la voix, et cela, c'est ce que la voix, justement, met en lumière dans l'écrit ».

André Du Bouchet est cofondateur, avec Yves Bonnefoy, Jacques Dupin, Louis-René Des Forêts et Michel Leiris, de la revue *L'Éphémère* (1965-1972).

ŒUVRES. — Au Mercure de France : *Dans la chaleur vacante*, 1961. — *Où le soleil*, 1968. — *Qui n'est pas tourné vers nous*, 1972. — **Traductions** de Shakespeare : *La Tempête*, 1983 ; Hölderlin, *Poèmes*, 1963 ; Celan, *Strette*, 1971. — Chez Hachette : *Laisses*, 1979. — *L'Incohérence*, 1961. — Aux Éditions Fourbis : *Des hauts de Bühl*, 1989. — *Le Surcroît*, 1990.

→ Jean-Pierre Richard, *Onze études sur la poésie moderne*, Le Seuil, 1964, rééd. coll. Points, 1981. — Pierre Chappuis, *André Du Bouchet*, Seghers, coll. Poètes d'aujourd'hui, 1979. — Franc Ducros, *Le Poétique, le réel*, Méridiens-Klincksieck, 1987.

O.B.

Dubé Marcel (1930). Né dans un quartier ouvrier de Montréal, il fonde avec des amis, en 1950, une troupe, la Jeune Scène, et fait jouer sa première pièce, *Le*

Bal triste (inédite), l'année suivante. En 1952, *De l'autre côté du mur*, prix du Festival national d'art dramatique, sera aussi sa première œuvre dramatique présentée à la télévision. En 1953, *Zone* met en scène, au milieu des arrière-cours et des hangars désaffectés, une bande de jeunes délinquants au cœur tendre, dont le couple Tarzan-Ciboulette. Le premier cycle de l'œuvre de Dubé est populaire, juvénile — même *Le Temps des lilas* montre la nostalgie d'un vieux couple pour la campagne, la passion, la jeunesse —, romantique et réaliste à l'américaine. On y sent à la fois l'influence des classiques européens depuis les Grecs, du théâtre américain contemporain (Arthur Miller, Irving Shaw, Tennessee Williams), du cinéma, de la télévision, que pratiquera régulièrement Dubé, et des nouveaux romanciers urbains du Québec, Roger Lemelin et Gabrielle Roy. Mais Dubé a sa voix à lui, émue, parfois naïve, souvent lucide, qui correspond bien au changement de mentalités qu'on a baptisé la Révolution tranquille.

Florence est une sorte d'Antigone révoltée contre sa condition d'employée de bureau, de femme soumise, de petite fille modèle. *Un simple soldat*, pièce souvent reprise, peut être rapprochée de *Tit-Coq*, de Gratien Gélinas, par les difficiles retours de guerre (de Corée, cette fois) : Tit-Coq était un bâtard orphelin, le soldat de Dubé a d'insolubles problèmes d'identification et de communication avec son père. Le cycle « adulte » et « bourgeois » de Dubé est celui des bilans négatifs, des *Beaux Dimanches*, gâchés, des amours amères. Aux conflits de générations, de classes, de sexes, s'ajoutent les luttes (ou les démissions) idéologiques et politiques. C'est en lui-même que le personnage de Dubé est déchiré. Déçu, coupable, il devient irresponsable, impuissant malgré son agitation et ses discours. « Le Monde de Marcel Dubé », titre d'une série à la télévision (1968-1972), est désormais peuplé de quadragénaires velléitaires, plus préoccupés par leurs problèmes, alcool, sexe, argent, que par ceux d'une collectivité en émergence. Durant une vingtaine d'années, Marcel Dubé a dominé la scène et la télévision québécoises auxquelles il a donné des bases professionnelles. Son œuvre est un exercice d'observation, d'analyse, de dénonciation. Il ne cherche pas d'abord à plaire, mais à connaître. C'est en moraliste qu'il construit sa petite comédie-tragédie humaine. Il innove en utilisant au théâtre des techniques télévisuelles (découpage, éclairage, insertions...). Prématurément interrompue, son œuvre demeure le chaînon essentiel entre celles de Gélinas et de Tremblay, et constitue avec celles-ci le trio fondateur de la dramaturgie québécoise contemporaine.

ŒUVRES. — Chez Leméac, à Montréal (la date de création, à la télévision ou à la scène, est donnée entre crochets) : *De l'autre côté du mur* [1952] *suivi de cinq courtes pièces*, 1973. — *Zone* [1953], 1968. — *Octobre* [1954], 1977. — *Le Naufragé* [1956], 1971. — *Florence* [1957], 1970. — *Un simple soldat* [1957], 1967. — *Le Temps des lilas* [1958], 1969. — *Médée* [1958], 1973. — *La Cellule* [1959], 1973. — *Bilan* [1960], 1968. — *Les Beaux Dimanches* [1965], 1968. — *Textes et documents*, 1968. — *Au retour des oies blanches* [1966], 1969. — *Pauvre Amour* [1968], 1973. — *Un matin comme les autres* [1968], 1971. — *La tragédie est un acte de foi*, 1973. — *Le Réformiste ou l'honneur des hommes*, 1977.

→ Edwin C. Hamblet, *Marcel Dubé and French-Canadian Drama*, New York, Exposition Press, 1970. — Maximilien Laroche, *Marcel Dubé*, Montréal, Fides, 1970.

L.M.

Dubillard Roland (1923). Né à Paris le 2 décembre 1923, il a fait des études de philosophie, puis débuté sur scène dans le cadre du théâtre universitaire pendant l'Occupation. C'est avec les sketches radiophoniques de « Grégoire et Amédée » (1953) avec Philippe de Chérisey, dans lesquels il interprète Grégoire, que Dubillard trouve un ton personnel, influencé par Vian, Ionesco, et surtout Tardieu. Certains de ces sketches sont repris dans *Les Diablogues*, recueil de saynètes pour deux personnages (nommés « un » et « deux ») qui ont été interprétés par l'auteur et Claude Pieplu, ou Jacques Seiler et Marc Dudicourt. Sur tous les thèmes (émission littéraire, tragédie classique, restaurant, interrogatoire, ping-pong, leçon de piano...), le duo tourne au délire à froid, aux raisonnements méticuleusement insensés, et souvent à l'agressivité. L'absurde et le sentiment de l'échec règnent : *Naïves Hirondelles* met en scène deux commerçants incapables de choisir une activité, du raccommodage de porcelaine à l'horlogerie. *La Maison d'os* décrit l'étrange intérieur d'un vieillard, hanté par des serviteurs inquiétants. Dans *Le Jardin aux betteraves*, un quatuor prépare, à la demande d'un certain M. Schwartz, un récital de Beethoven dans une Maison de la culture qui est aussi une boîte à violon et qui devient sous-marin. Les références constantes à la culture procèdent chez Dubillard à la fois de la fascination et de l'iconoclasme, dans une sorte de travail d'exténuation de l'image académique. Il s'agit tantôt de Rimbaud, à qui *Où boivent les vaches* fait allusion, tantôt de Goethe, tantôt de Beethoven (« Musicologie » dans *Les Diablogues)*, tantôt de Racine, dont les alexandrins se réduisent à une musique mécanique : « Quoi ! vous na na na na, seigneur, en vos alarmes, / Le na na na des pleurs et le nana des larmes ? » La difficulté de vivre, exprimée sur un ton à la fois burlesque, pathétique et pointilleux, est aussi le sujet de ses récits : *Méditation sur la difficulté d'être en bronze* fait parler une statue, qui s'avère être celle de Condillac ; *Olga ma vache* raconte un amour impossible entre un homme et un ruminant. Dubillard a également écrit des poèmes, *Je dirai que je suis tombé*. Il y a en lui du clown triste, clown destructeur, rêveur, musicien, dont le langage dérape sans cesse, pour rien, parce qu'il faut faire du bruit, et peut-être retrouver, au-dessous de l'ordre, de la culture, des constructions toutes faites du langage, les mouvements profonds de l'être et le sentiment nu de l'existence. Se saisir, prendre conscience d'un moi étrangement absent, à travers les dédoublements, les distractions, et la vanité des activités humaines, tel est peut-être le but des personnages de Dubillard, qui dans cette entreprise s'approchent souvent de la folie.

ŒUVRES. — Chez Gallimard, sauf indication contraire. **Théâtre** : *Naïves hirondelles* suivi de *Si Camille me voyait*, 1962. — *La Maison d'os*, 1966. — *Le Jardin aux betteraves*, 1969. — *Où boivent les vaches*, 1973. — *Les Diablogues, et autres inventions à deux voix*, Décines, L'Arbalète, 1976. — *La Boîte à outils*, Décines, L'Arbalète, 1985. — **Récits** : *Méditation sur la difficulté d'être en bronze*, Julliard, 1972. — *Olga ma vache, Les Campements, Confessions d'un fumeur de tabac français*, 1974. — **Poèmes** : *Je dirai que je suis tombé*, 1966.

→ Robin Wilkinson, *Le Théâtre de Roland Dubillard : essai d'analyse sémiologique*, Berne, Peter Lang, 1989. — Fonds Roland Dubillard à l'IMEC.

P.J.

Dubois Hélène (1893-1965). Née à Ixelles (Bruxelles), le 3 juillet 1893. Dès son premier recueil, *Les Tentations* (1929, prix Verhaeren), elle met en place son univers poétique : « les jours, les nuits et leurs immenses plages, les mouvements du temps sur le silence et le dessein toujours caché des grandes solitudes » (Norge). Suivront *Plages* (1929), *Prométhée* (1929), *Les Poésies du voyageur perdu* (1953), réunis en partie dans *Patience d'Orphée* (1957). Elle a également publié un roman, *Le Bel Eté* (1953) ainsi qu'une longue nouvelle située à mi-chemin entre le fantastique et le réel, *Scandale pour une sirène* (1962), où elle raconte le détachement progressif d'une femme pour son mari après une rencontre, à la mer du Nord, avec un mystérieux capitaine et une sirène.

→ *Synthèses* (Bruxelles), n° 140-142, 1958.

O.Bi.

Dubois Hubert (1903-1965). Né à Liège le 14 octobre 1903, il collabore à *Marie*, revue fondée par E.L.T. Mesens, et participe en 1926 aux manifestations du groupe surréaliste bruxellois. Il ne s'attardera cependant que quelque temps aux jeux de langage *(Baptême des tropiques*, 1924 ; *Pour atteindre à la mort*, 1926 ; *L'Heure entre chien et loup*, 1931), même si l'on retrouve encore son goût des interpolations dans *La Poésie au bois dormant* (1941). « Tout se passe dans son œuvre comme si un grand poète symboliste avait réussi à s'assimiler les délires du surréalisme », écrit Pol Vandromme. Dès *La Neige et les blés* (1937), sa poésie évolue dans une direction hiératique ; la mise en cause du monde devient prétexte à une interprétation des signes qui régissent son organisation, à une réflexion sur les grands pouvoirs, la vie et la mort en particulier *(Le Massacre des innocents*, 1942 ; *Douze Poèmes de la blessure*, 1950 ; *Stances de la mortelle mort*, 1951). En 1953, paraît *Le Danseur du sacre* : autant de poèmes, autant de « danses » visant à placer les hommes devant la réalité de la mort. Dans *Blasons* (1961), les quatre éléments, les sept couleurs, le grenier, le miroir, l'arbre, l'épée et la poésie annoncent la mort et la disparition de l'être : chaque élément est ici le symbole du passage naturel dans un autre monde, passage lucidement reconnu dans une suite majestueuse d'alexandrins qui figurent le testament spirituel du poète. Il est mort à Liège le 27 avril 1965.

→ *Cahiers du midi*, n° spécial, mars 1964.

O.Bi.

Dubois René-Daniel (1955). L'originalité de son œuvre vient de son caractère excessif, baroque, de sa théâtralité exacerbée. Ce dramaturge a souvent recours aux procédés comiques, comme dans sa première pièce, *Panique à Longueil* (1980). La nature pléthorique de son œuvre, regorgeant de références culturelles disparates et de commentaires autocritiques, est visible dans deux monologues débridés, *Adieu, docteur Münch* (1982) et *26 bis, Impasse du colonel Foisy* (1983). Encore plus déconcertante et délirante, reposant sur l'esthétique de la bande dessinée, la pièce *Ne blâmez jamais les bédouins* (1984) était interprétée par René-Daniel Dubois lui-même, qui, avec sa formation de comédien et sa pratique de la mise en scène, incarnait une vingtaine de personnages fantaisistes. *Being at home with Claude* (1986), moins représentative de la manière de l'auteur, sera portée à l'écran et causera tout un émoi. À travers *Le Printemps, monsieur Deslauriers* (1987), Dubois aborde les enjeux politiques et sociaux du Québec. Puis, dans *Et Laura ne répondait rien* (1989), *Le Troisième Fils du professeur Yourolov* (1990), *Anne est morte* (1992), la communication devient impossible.

A.J.

Dubrau Louis (1904-1997), pseudonyme de Louise Scheidt. Née à Bruxelles, le 19 novembre 1904, indépendante dès sa majorité, elle fréquente à Paris les cours de la Sorbonne et du Collège de France. Elle publie son premier roman, *Zouzou*, en 1936, et son premier recueil de poèmes, *Présences*, l'année suivante. Si elle est avant tout romancière, Louis Dubrau a continué jusqu'à la fin des années cinquante à publier des poèmes (*Abécédaire*, 1939, prix Verhaeren ; *Pour une autre saison*, 1947 ; *Le Temps réversible*, 1958). Pendant la guerre, elle s'engage dans la clandestinité : elle est présidente de l'Union des femmes et membre du parti communiste. Elle publie deux romans policiers, dans la collection « Le Jury » dirigée par Stanislas-André Steeman (*Le Destin de Madame Hortense* et *L'Arme du crime*, 1943). Un recueil d'aphorismes, *Amour, délice et orgue* (1940), livre quelques-unes des clés de son œuvre romanesque : jugements sévères et caustiques sur les rapports homme-femme, méfiance à l'égard des institutions telles que le mariage ou la famille, revendication de la liberté individuelle. Si la femme reste bien souvent la victime des hommes, et ne peut que rarement exprimer ses véritables sentiments (*Louise*, 1938, contes ; *Un seul jour*, 1947 ; *La Part du silence*, 1949), aucun personnage n'est cependant épargné dans ce monde quotidien de petitesses et de mesquineries que Louis Dubrau excelle à disséquer. La vie de couple (*Le Bonheur cellulaire*, 1967 ou *Le Cabinet chinois*, 1970) repose sur des méprises, des non-dits, découverts peu à peu, soit après la fin d'une liaison (*L'Autre Versant*, 1954), soit après la mort d'un des protagonistes (*À la poursuite de Sandra*, 1963, prix Rossel ; *À part entière*, 1974). L'incommunicabilité entre les êtres (*La Belle et la bête*, 1961) peut révéler l'inanité de leur relation et provoquer une angoisse et un manque dus au leurre de l'amour partagé (*Comme des gisants*, 1964) : mais l'absence de pitié, le constat de faillite des relations amoureuses est aussi un appel à la sincérité. Louis Dubrau n'a cessé de le clamer dans ses romans, ses nouvelles (*Double jeu*, 1952 ; *Les Passantes*, 1958 ; *Jeu de massacre*, 1977 ; *Les Imaginaires*, 1982 ; *la Femme forcée*, 1985) et ses contes (*L'Arbre de connaissance*, 1951). Élue à l'Académie royale de langue et de littérature françaises de Belgique en 1972, elle a été secrétaire du Pen Club de Belgique, et vice-présidente de l'Alliance française dans son pays.

ŒUVRES. — *Le Clown vend ses lunettes : amour, délice et orgue*, Bruxelles, Le Cormier, 1991.

→ Frédéric Kiesel, *Louis Dubrau*, Bruxelles, De Meyère, coll. Portraits, 1971. — Marie

Nicolaï, « Louis Dubrau », *Marginales*, n° 162, septembre 1974.

O.Bi.

Duchamp Marcel (1887-1968). Né le 28 juillet 1887 à Blainville (Seine-Maritime) dans une famille où l'on a de particulières dispositions pour l'art, ses frères et sœur sont les peintres Jacques Villon, Suzanne Villon et le sculpteur Raymond Duchamp-Villon. Il est initié par ses frères à la peinture et au jeu d'échecs et participe aux réunions de la Section d'Or cubiste, où il rencontre Picabia. Après son premier grand tableau, *Nu descendant un escalier* (1912), il délaisse la carrière de peintre pour des spéculations abstraites. Sa vie se partage entre l'Europe et les États-Unis, où les avant-gardes new-yorkaises l'ont très vite accueilli. Dès 1913-1914, il introduit ses *ready-made*, objets de série signés et parfois dotés d'un titre qui en subvertit la fonction. Entrent ainsi dans le commerce de l'art et les musées « La roue de bicyclette » (1913), « Le porte-bouteilles » (1914), un urinoir baptisé « Fontaine », signé Richard Mutt, et qui, refusé à la Grand Central Gallery de New York, remporte un beau succès de scandale en 1917 ; d'autres réalisations suivront, qui permettent de limiter la création artistique à une intervention minimale et décisive. Cette pratique, d'une conception prédadaïste, conteste la notion d'auteur, et donc la valeur marchande de l'objet d'art ; elle montre aussi, au-delà de la provocation, que notre perception de l'objet change avec ce simple geste qui l'arrache à la série des objets semblables. La plupart des objets *ready-made* mettent en jeu des expressions toutes faites, elles-mêmes détournées de leur sens, des métaphores « réalisées ». Les calembours et contrepets de Rrose Sélavy (pseudonyme de Duchamp) qui ont inspiré ceux de Desnos relient le jeu de mots traditionnel à une philosophie de l'énergie contenue et de l'approximation productives. Dans ses énoncés, Duchamp intervient par le choix lexical et le déplacement d'un seul phonème, parfois, susceptible de produire un écart sémantique maximal : en ce sens, comme le *ready-made*, les jeux de mots de Duchamp travaillent sur les limites de l'intervention productrice de sens.

De 1915 à 1923, il se consacre à la réalisation du « Grand Verre », *La Mariée mise à nu par ses célibataires mêmes* : cette œuvre inachevée, montrée seulement dix ans plus tard, éveille l'intérêt de Breton, qui en publie les notes préparatoires dans *Le Surréalisme au service de la révolution*, en 1933, et rend hommage à l'auteur dans « Le Phare de la mariée » *(Minotaure*, n° 6). Abstraites, parfois hermétiques, ces formules, réunies en 1934 dans *La Boîte verte*, témoignent de recherches liées aux mathématiques. Nulle dispersion dans ces domaines d'exploration : que ce soit dans ses recherches plastiques, dans le jeu d'échecs (il a été champion, auteur de traités, puis entraîneur de l'équipe américaine), dans ses réflexions sur les jeux de casino, ou encore ses collaborations avec le musicien John Cage, sa pensée est tendue vers la mise en œuvre de l'aléatoire, et le réglage du hasard, en amont de toute réalisation. Duchamp semble précéder d'une longueur les avant-gardes : son *Nu descendant l'escalier* dépasse le cubisme et l'obsession de vitesse du futurisme ; sa démarche artistique anticipe sur le dadaïsme, mais il se récuse quand Dada cherche à l'annexer. Il participe à la conception des expositions internationales du surréalisme, à Paris en 1938, en 1947, en 1959 ; à New York en 1942, où il contribue à la revue *VVV* (1942-1944) avec Breton et Max Ernst. Mais, malgré l'estime de Breton, il se tient à l'écart de toute appartenance : la distinction fait partie de son éthique dandy, et l'esquive est chez lui une attitude morale. Écarter, séparer, retarder, mettre au repos sont les opérations majeures par lesquelles il se propose d'agir directement sur l'espace et le temps. Duchamp décompose le mouvement, cumule la « puissance-timide », isole l'« infra-mince », retient les énergies ou met en conserve l'air de Paris tout comme ses notes préparatoires ou ses œuvres, qui sont miniaturisées pour tenir dans la *Boîte en valise* (1942). *Étant donné la chute d'eau et le gaz d'éclairage* constitue à quelque trente ans d'intervalle une reprise cynique et agressive de *La Mariée mise à nu*. Dans cette version où s'exhibe, violé, le sujet du tableau, l'amateur est condamné à un rôle de voyeur pervers. Sans complaisance, l'œuvre de Duchamp peut apparaître comme une critique radicale de la peinture et de l'art ; toute de contention, elle relève de l'humour froid et tente le passage à l'indifférence. Marcel Duchamp est mort le 2 octobre 1968.

ŒUVRES. — *Marchand du sel*, écrits présentés et réunis par Michel Sanouillet, Le Terrain vague, 1958. — *Duchamp du signe*, écrits réunis et présentés par Michel Sanouillet, Flammarion, 1975.

→ Pierre Cabane, *Entretiens avec Marcel Duchamp*, Belfond, 1967. — Arturo Scwharz, *La Mariée mise à nu chez Marcel Duchamp*, Belfond, 1974. — *L'Arc*, nº 59, 1974. — Jean Clair, *Marcel Duchamp ou le grand fictif*, Galilée, 1975. — Jean-François Lyotard, *Les TRANSformateurs DUchamp*, Galilée, 1977. — Octavio Paz, *Marcel Duchamp : l'apparence mise à nu*, Gallimard, 1977. — *Marcel Duchamp, tradition de la rupture ou rupture de la tradition ?* (colloque de Cerisy), dir. Jean Clair, coll. 10/18, 1979.

M.-P.B.

Ducharme Réjean (1941). Né à Saint-Félix-de-Valois (Québec). Parce qu'il aime se cacher ou refuse d'être un personnage public, l'œuvre et la personne de Ducharme sont devenues un mythe. Il a publié sept romans et deux pièces de théâtre, deux autres pièces restant inédites. On connaît de lui également deux scénarios de films, *Les Bons Débarras* et *Les Beaux Souvenirs*, et plusieurs chansons interprétées par Robert Charlebois. Quatorze ans séparent *Les Enfantômes* (1976) et *Dévadé* (1990). Sous le pseudonyme de Roch Plante, il est aussi l'auteur d'une œuvre picturale centrée sur l'utilisation de rebuts et de matériaux hétéroclites.

Réjean Ducharme a fait ses études secondaires à Joliette, puis est entré à l'École polytechnique de Montréal, qu'il quitte avant la fin de sa première année. Il est tour à tour vendeur, commis de bureau, correcteur d'épreuves, typographe, chauffeur de taxi. En 1966, à la publication de *L'Avalée des avalés* (Gallimard), on parle de lui pour le Goncourt. Raymond Queneau a dit de lui qu'il avait, à vingt-cinq ans, la maturité littéraire d'un homme de quarante ans. On l'a souvent comparé à Lewis Carroll, à Rimbaud, à Lautréamont, à Kafka, à Salinger ou à Beckett. Son premier roman est un coup d'envoi magistral. Les héros sont des enfants qui refusent le conformisme social et dénoncent la cruauté des rapports humains : « Je suis avalée par le fleuve trop grand, par le ciel trop haut [...], par le visage trop beau de ma mère », déclare Bérénice Einberg, la narratrice-protagoniste de neuf ans, née d'un père rabbin et d'une mère polonaise. « Illusions » ou « mirages », les autres n'apparaissent dans le champ de vision de Bérénice que pour raviver sa solitude. Aussi invente-t-elle un nouveau langage, le « bérénicien », où le verbe être ne se conjugue pas sans le verbe avoir. « Me casse pas : je suis tout ce que j'ai », dira plus tard le protagoniste de *Dévadé*.

C'est du langage que l'œuvre de Ducharme tire sa singularité : l'invention verbale s'affirme déjà dans les titres (*L'Océantume*, *Les Enfantômes*, *Dévadé*) et se poursuit dans les noms des personnages, les références contrastées, les calembours de toutes sortes, les néologismes, — tout ce qui a fait dire à Le Clézio que Ducharme est « l'un des très rares poètes apparus maintenant dans la langue ». Mais l'exploration ducharmienne concerne également les formes du récit. Après *Le Nez qui voque*, journal éclaté d'un adolescent, *L'Océantume*, récit des aventures d'Iode Ssouvie, héroïne de dix ans, et de son frère Ino, installés dans un bateau imaginaire au bord du Saint-Laurent, et *La Fille de Christophe Colomb*, longue épopée versifiée, *L'Hiver de force* (1973) est la chronique quotidienne d'un couple fasciné par la présence du petit écran : le narrateur décrit une culture clinquante et médiatisée et rêve d'un monde plus lisse, symbolisé par le savoir contenu dans *La Flore laurentienne, répertoire des plantes du Québec*. Dans *Dévadé*, plus baroque encore, on ne s'évade pas, on « dévade », on dégringole, on dérape, on avale. Cette histoire de paumés, que Ducharme appelle des « radas », ponctuée de fulgurances langagières et d'éclairs de tendresse, décrit à nouveau une humanité en proie au mal de vivre et au vide existentiel. Mais ce désespoir est un espoir, malgré tout : entre Bottom et la patronne aux jambes paralysées se noue une belle histoire d'amour. *Va savoir* (1994) appartient à ce cycle des paumés, sur fond de désespoir et d'amour fou, illuminé par la grâce d'une petite fille et les feux d'artifices du langage

Aussi bien dans son théâtre (*Le Marquis qui perdit, Le Cid maghané, Ines Pérée et Inat Tendue, Ha ! Ha !)* que dans ses romans, Ducharme propose un monde de grand-guignol, tragi-comique, dans lequel les rituels parodiques rejoignent une certaine forme de sacré. Se réclamant de l'héritage de ses prédécesseurs, de Nelligan en particulier, il sert à son tour de modèle aux générations qui lui succèdent.

ŒUVRES. — **Romans**, tous publiés chez Gallimard : *L'Avalée des avalés*, 1966. — *Le Nez qui voque*, 1967. — *L'Océantume*, 1968. — *La Fille de Christophe Colomb*, 1969. — *L'Hiver de force*, 1973. — *Dévadé*, 1990. — *Va savoir*, 1994. — **Théâtre** : *Ines Pérée et Inat Tendue*, Lemère, 1976. — *Ha ! Ha !*, Lacombe, 1982.

→ Anne Élaine Cliche, *Le Désir du roman*, Montréal, XYZ, 1992. — Françoise Laurent, *L'Œuvre romanesque de Réjean Ducharme*, Montréal, Fides, 1988. — Renée Leduc-Park, *Réjean Ducharme, Nietzsche et Dionysos*, Québec, Presses de l'université Laval, 1982. — Franca Marcato-Falzoni, *Du mythe au roman : une trilogie ducharmienne*, VLB, 1992. — Michel Van Schendel, *Ducharme l'inquiétant*, Presses de l'université de Montréal, 1967.

L.G.

Duché Jean (1915). Né le 17 mars 1915 à Chabanais (Charente) ; quand la Seconde Guerre éclate il est journaliste, puis membre du secrétariat particulier du cabinet du général de Gaulle (1944-1945) ; il revient au journalisme en 1946 et collabore en particulier au *Figaro littéraire* jusqu'en 1951. Il s'adonne au roman et à l'essai avec un égal bonheur. Ses premiers récits s'inspirent de sa vie : *Elle et Lui* (1951, prix de l'Humour), *Trois sans toit* (1952). Comme essayiste, on lui doit en particulier *Liberté européenne* (1949), *Deux siècles d'histoire de France par la caricature* (1961), *Les Grandes Routes du commerce* (1972), ainsi qu'une volumineuse *Histoire du monde* (1958-1966, 4 t.). Il a publié en 1985 un livre aussi spirituel qu'érudit, *Mémoires de Madame la langue française*. Il s'est aussi fait connaître comme auteur pour la jeunesse, notamment par *L'Histoire de France racontée à François et Caroline* (1955), *Thésée : comment tuer le Minotaure* (1981), *Les Douze Travaux d'Hercule* (1997).

D.H.-M.Ber.

Ducoté Édouard (1870-1929). Né à Douai le 29 octobre 1870, il fut de 1896 à 1906 le directeur et le bailleur de fonds de la revue *L'Ermitage*. Très lié à Gide, il publie ses œuvres et crée autour de lui une équipe de jeunes écrivains qu'unit le même idéal artistique. Venue du symbolisme, la revue ouvre la voie à un renouvellement des genres et de l'esthétique littéraire en publiant des œuvres de jeunes auteurs et en développant les pages de critique, dont Ghéon est l'infatigable pourvoyeur à côté de Gide (« Lettres à Angèle »). Claudel *(L'Échange)* y côtoie Gide *(Le Prométhée mal enchaîné)* et Francis Jammes, mais *L'Ermitage* accueille aussi Remy de Gourmont, qui appartient à un autre groupe. Ducoté est également l'auteur d'une œuvre abondante, souvent ironique, mais empreinte de sagesse confiante. De formation classique, admirateur des Anciens, il cultive les genres traditionnels (fables, épîtres, élégies), mais pratique aussi le vers libre et met en œuvre un lyrisme moderne qui caractérise également ses contes. Son théâtre comprend des tragédies et des comédies héroïques. Il est enfin l'auteur de romans d'analyse dont l'un, *Une belle vue*, est publié dans les premiers numéros de la *NRF* (1909-1910). Édouard Ducoté est mort à Paris le 26 juin 1929.

ŒUVRES. — *La Première Étape*, Lemerre, 1895. — *Aux écoutes*, vers, Librairie de l'Art indépendant, 1896. — *Circé*, poème, Mazeyrie, 1896. — Traduction d'Ausone, *Poèmes divers*, Librairie de l'Art indépendant, 1897. — *Aventures*, Mercure de France, 1897. — *Fables*, Perrin, 1897. — *Renaissance*, Mercure de France, 1898. — *Le Chemin des ombres heureuses*, poèmes, Mercure de France, 1899. — *Hercule chez Omphale*, comédie héroïque en 3 actes, Petite collection de l'Ermitage, 1900. — *Merveilles et moralités*, Mercure de France, 1900. — *Le Barbier de Midas*, comédie en 3 actes en vers, Éditions de l'Ermitage, 1901. — *Le Songe d'une nuit de doute*, poème, Mercure de France, 1902. — *En ce monde ou dans l'autre*, contes, Dujarric et Cie, 1903. — *La Prairie en fleurs 1895-1902*, Mercure de France, 1904. — *Le Servage*, roman, Calmann-Lévy, 1905. — *L'Amour sans ailes*, Calmann-Lévy, 1907. — *Une belle vue*, *NRF*, nos 10-13, novembre 1909-février 1910. — *Cendres*, poèmes, Bibliothèque de l'Occident, 1914. —

Monsieur de Cancaval, roman, Bernard Grasset, 1923.
→ [sur *L'Ermitage*] Kevin O'Neill, « Gide et *L'Ermitage* 1896-1906 », *Aumla*, nº 20, novembre 1963. — Henri Ghéon, « Un souvenir : le second *Ermitage* » [1929], *Bulletin des amis d'André Gide*, nº 31, juillet 1976. — Claude Martin, *La maturité d'André Gide, de « Paludes » à « L'Immoraliste »*, Klincksieck, 1977. — Auguste Anglès, *André Gide et le premier groupe de « La Nouvelle Revue française »*, Gallimard, 1978, t. 1.

P.L.

Duhamel Georges (1884-1966). Né le 30 juin 1884 à Paris, d'un père fantasque, avide de s'instruire, qui deviendra docteur en médecine à l'âge de cinquante ans, et d'une mère, humble et dévouée. Il aborde résolument l'avenir, après une enfance très tourmentée ; en 1909, il est docteur en médecine et déjà connu comme poète. *Des légendes, des batailles* (1906), son premier recueil, est publié quelques mois avant l'installation de l'Abbaye de Créteil, à laquelle Duhamel prend une part active. Il y rencontre Blanche Albane, pensionnaire à l'Odéon, qu'il épouse en 1909. Il écrit alors des pièces de théâtre et participe à la création du Vieux-Colombier. Plus attiré par la littérature que par la médecine, il entre au Mercure de France, où il assure la chronique poétique.

Engagé dans le service de santé des armées, il opère dans une autochir de 1914 à 1918. *Vie de Martyrs* (1917) et *Civilisation* (1918, prix Goncourt), recueils de témoignages sur les forces vives de l'homme en butte aux pouvoirs mortels des engins de guerre, valent à l'auteur une célébrité retentissante. L'expérience de la guerre lui a révélé sa vocation de médecin des âmes. Les cinq volumes de *Vie et aventures de Salavin* présentent, dans ce pauvre diable épris de sainteté, la part de modernité anxieuse qui occupe secrètement le cœur d'un homme comblé : *La Possession du monde* (1919), *Les Plaisirs et les jeux* (1922), *Fables de mon jardin* (1936) constituent ce qu'il a appelé « les livres du bonheur ».

Admirateur de Romain Rolland, Duhamel regarde avec intérêt l'évolution de l'URSS *(Le Voyage de Moscou*, 1927) et s'intéresse à l'aventure américaine. *Scènes de la vie future* (1930) est un *best-seller* avant l'heure. Couronné par l'Académie française, cet ouvrage est un tournant dans la carrière de Duhamel, qui s'engage désormais dans un combat sans relâche contre l'automatisme *(L'Humaniste et l'automate*, 1933), l'étatisme et l'aliénation insidieuse qu'induit une forme incontrôlée de progrès. *La Chronique des Pasquier*, dont le premier tome, *Le Notaire du Havre*, paraît en 1933, donne à ce thème fondamental une figure romanesque et symbolique : l'éclatement de la famille Pasquier, dans le dernier tome, sanctionne la perte de substance de chacun de ses membres. Le romancier se double alors d'un chroniqueur qui dénonce, dans *Le Figaro*, *Candide* ou *Marianne*, tout ce qui sape la civilisation.

En 1935, il prend la direction du Mercure de France. En 1936, il entre à l'Académie française. *Mémorial de la guerre blanche* (1939), *Positions françaises* et *Lieu d'asile* (1940), condamnés au pilon, lui valent d'être interdit de publication par les Allemands. Élu secrétaire perpétuel de l'Académie en 1942, il assure, avec loyauté et finesse, l'indépendance de la culture française. Il se démet de ses fonctions en 1946 et se consacre, dans le cadre de l'Alliance française, à des voyages à travers le monde, qu'il a depuis toujours exploré passionnément. Les cinq tomes de *Lumières sur ma vie* (1944-1953) relatent ses souvenirs depuis l'enfance jusqu'en 1930. Georges Duhamel est mort à Valmondois (Val-d'Oise) le 13 avril 1966. Cet écrivain, généreux et clairvoyant, ne plaisait guère à la génération des *Temps modernes* et des *Lettres françaises*. Après une période d'oubli, il suscite depuis 1975 un regain d'intérêt qu'attestent les colloques qui lui sont consacrés.

ŒUVRES. — Au Mercure de France, sauf indication contraire. *Des légendes, des batailles*, Éditions de l'Abbaye, 1907. — *L'Homme en tête*, vers et prose, 1909. — *Selon ma loi*, Figuière, 1910. — *La Lumière*, Figuière, 1911. — *Compagnons*, Gallimard, 1912. — *Dans l'ombre des statues*, NRF, 1912. — *Le Combat*, 1913. — *Paul Claudel*, 1913. — *Les Poètes et la poésie*, 1914. — *Vie des martyrs*, 1917. — *Civilisation*, 1918. — *La Possession du monde*, 1919. — *Entretiens dans le tumulte*, 1919. — *Confession de minuit*, 1920. — *Les Hommes abandonnés*, 1921. — *Les Plaisirs et les jeux*, 1922. — *Deux hommes*, *Le Prince Jaffar*, 1924. — *Essai sur le roman*, 1925. — *La Pierre d'Horeb*, 1926. — *Journal de Salavin*, 1927. — *Le Voyage de Moscou*, 1927. — *La Nuit d'orage*, 1928. — *Le Club des lyonnais*, 1929. — *Scènes de la vie future*, 1930. — *Géographie cordiale de l'Europe*, 1931. — *Querelles de famille*, 1932. — *Tel qu'en lui-même*, 1932. — *Chronique des Pasquier*, t. I : *Le Notaire du Havre*, 1933. — *L'Humaniste et l'automate*, Hartmann, 1933. — *Remarques sur les mémoires imaginaires*, NRF, 1933. — *Chronique des Pasquier*, t. II : *Le Jardin des bêtes sauvages*, 1934 ; t. III : *Vue de la terre promise*, 1934 ; t. IV : *La Nuit de la Saint-Jean*, 1935. — *Fables de mon jardin*, 1936. — *Chronique des Pasquier*, t. V : *Le Désert de Bièvres*, 1937. — *Défense des lettres*, 1937. — *Chronique des Pasquier*, t. VI : *Les Maîtres*, 1937 ; t. VII : *Cécile parmi nous*, 1938. — *Mémorial de la guerre blanche*, 1939. — *Chronique des Pasquier*, t. VIII : *Le Combat contre les ombres*, 1939. — *Positions françaises*, *Lieu d'asile*, 1940. — *Chronique des Pasquier*, t. IX : *Suzanne et les jeunes hommes*, 1941. — *Paroles de médecin*, Monaco 1944. — *Chronique des Pasquier*, t. X : *La Passion de Joseph Pasquier*, Montréal, Éditions de l'Arbre, 1941, rééd. Mercure de France, 1944. — *Chronique des saisons amères*, Hartmann 1944. — *La Musique consolatrice*, Monaco, 1944. — *Lumières sur ma vie*, t. I : *Inventaire de l'abîme* ; t. II : *Biographie de mes fantômes*, Hartmann 1944 ; t. III : *Le Temps de la recherche*, Hartmann 1947. — *Chronique des Pasquier*, 1ère édition collective, 1947. — *Semailles au vent*, Monaco, 1947. — *Vie et aventures de Salavin*, 1re édition collective, 1948. — *Le Bestiaire et l'herbier*, 1948. — *Lumières sur ma vie*, t. IV : *La Pesée des âmes*, 1949. — *Le Voyage de Patrice Périot*, *Cri des profondeurs*, 1951. — *Lumières sur ma vie*, t. V : *Les Espoirs et les épreuves*, 1953. — *Les Compagnons de l'Apocalypse*, 1956. — *Le Complexe de Théophile*, 1958. — *Travail, ô mon seul repos !*, 1959. — *Nouvelles du sombre empire*, 1960. — *Le Livre de l'amertume*, 1983.

→ Pierre-Henri Simon, *Georges Duhamel ou le bourgeois sauvé*, Éditions du temps présent, 1946. — César Santelli, *Georges Duhamel*, Bordas, 1947. — Marcel Saurin : *Les Écrits de Georges Duhamel. Essai de bibliographie générale*, Mercure de France, 1951. — Jacques J. Zéphir, *Psychologie de Salavin*, Éditions universitaires, 1970. — Jacques J. Zéphir, *Bibliographie duhamélienne*, Nizet 1972. — Arlette Lafay, *La Sagesse de Duhamel*, Minard, 1984. — *Correspondance Roger Martin du Gard - Georges Duhamel*, Minard, 1987. — Chantal Fouché, *Clés pour une chronique. Les Pasquier de Georges Duhamel*, CDU-SEDES, 1987. — Richard Bourcier, *L'Humanisme de Georges Duhamel*, Presses universitaires de Scranton, USA, 1992. — Jean-Jacques Hueber, *Correspondance François Mauriac - Georges Duhamel*, Klincksieck, 1997. — *Cahiers Georges Duhamel*, nos 1 et 2. — Il existe depuis 1975 des *Cahiers de l'Abbaye de Créteil* (Association des Amis de Georges Duhamel et de l'Abbaye de Créteil). — Fonds Georges Duhamel à la Bibliothèque nationale.

Ch.F.

Duhamel Marcel (1900-1977). Né le 16 juillet 1900 à Paris. Après une enfance pénible, il mène une vie aventureuse jusqu'à son enrôlement durant la guerre. Missionné à Istanbul, il y rencontre Prévert dont il restera l'ami fidèle jusqu'à sa mort. Après avoir adhéré au groupe surréaliste, il crée la « Roebuck Films » et, devenu metteur en scène, s'associe Prévert comme scénariste. Vers 1935, il découvre la littérature américaine et traduit pour Gallimard Himes, Hammett, Steinbeck, Hemingway... Dix ans plus tard, il fonde la Série Noire, collection aux importantes répercussions sur le paysage littéraire. Enfin, sous le titre *Raconte pas ta vie* (1972), il publie ses mémoires, témoignage précieux d'un écrivain qui compte moins par son œuvre personnelle que par son rôle dans son époque littéraire.

D.H.-M.Ber.

Dumont Fernand (1906-1945), pseudonyme de Fernand Demoustier, né à Mons (Belgique) le 28 décembre 1906. Lié à la mouvance hennuyère du mouvement surréaliste belge, il rejoint le groupe « Rupture » en 1935. Il pratique l'écriture automatique dans son premier recueil de poèmes, *A ciel ouvert* (1937), et publie, en 1939, les proses surnaturalistes de *La Région du cœur* ; il participe la même année à la création du « Groupe surréaliste en Hainaut ». Membre du comité des intellectuels anti-fascistes, il est arrêté en avril 1942, juste après la publication de son *Traité des fées* ; il est déporté et meurt au camp de concentration de Bergen-Belsen en 1945. La plus grande partie de son œuvre sera publiée après sa mort : *La Liberté* (1948, écrit pendant sa période de détention en 1942), *L'Étoile du berger* (1955, écrit en 1943), *Film surréaliste* (1970, écrit en 1935). Composée de 1938 à 1942, sa *Dialectique du hasard au service du désir* (1979, posth.) retrace la genèse de ses œuvres à la lumière du hasard objectif et du désir inconscient, révélant la soif intense de merveilleux qui caractérise l'ensemble de sa production.

ŒUVRES. — *Dialectique du hasard au service du désir*, Bruxelles, Brassa, 1979. — *La Région du cœur et autres textes*, rééd., Bruxelles, Labor, coll. Espace Nord, 1985

→ Paul Émond, « De la dictée du texte au hasard apprivoisé : l'œuvre de Fernand Dumont », dans *Surréalisme en Hainaut (1932-1945)*, Bruxelles, Palais des Beaux-Arts, 1980.

O.Bi.

Dupin Jacques (1927). Né le 4 mars 1927 à Privas (Ardèche), dans un pays abrupt et maigre. Mais « chemin frugal », « cailloux, torrent », « arbre brûlé » sont dans ses textes les signes de l'essai intérieur d'une connaissance toujours renvoyée à l'« approfondissement du manque ». Son premier recueil, *Cendrier du voyage* (GLM, 1950), est remarqué par René Char. La poésie est le fruit d'une énergie excédente et ressassée venue d'une douleur. Elle se dit par le meurtre du regard et du corps de l'autre. Elle déchire la syntaxe et s'exprime par un vide qui suscite une présence du monde. Son cheminement difficile, c'est l'ascension de *Gravir* (Gallimard, 1963), toujours suivie de chute (une pièce de théâtre s'intitule *L'Éboulement*, Galilée, 1977), ou la chute directe de « Moraines » (*L'Embrasure*, Gallimard, 1969). Le poète est celui qui renouvelle « le pacte fragile qui maintient l'homme ouvert dans sa division et lui rend le monde habitable » : mais les encoches, embrasures, elles-mêmes sont fragiles (*Une apparence de soupirail*, Gallimard, 1982). Dupin est attiré par l'inexprimé, il se tient au bord du silence (*Échancré*, POL, 1991). Il a été l'un des fondateurs de la revue *L'Éphémère*. Codirecteur de la Galerie Maeght, il a écrit de beaux textes sur des peintres et des sculpteurs en relation avec sa propre création (*L'Espace autrement dit*, Galilée, 1982 ; *Miró*, Flammarion, 1993 ; *Giacometti*, Maeght, 1962-1992).

→ Georges Raillard, *Jacques Dupin*, Seghers, 1974. — Dominique Viard, *L'Écriture seconde. La pratique poétique de Jacques Dupin*, Galilée, 1982.

M.-C.B.

Duprey Jean-Pierre (1930-1959). Né le 1er janvier 1930. Poète et sculpteur, proche du surréalisme, il adresse son premier manuscrit *(Derrière son double*, 1950) à André Breton, qui en salue la qualité : « Vous êtes certainement un grand poète, doublé de quelqu'un d'autre qui m'intrigue. Votre éclairage est extraordinaire. » En 1950, Duprey figure dans l'*Anthologie de l'humour noir* de Breton. Ses textes d'alors *(La Forêt sacrilège*, posth., 1970 ; *Spectreuses*, posth., 1964) se donnent pour un théâtre mental éclaté, saturé de jeux verbaux. Il pratique ensuite la sculpture et se tient éloigné du groupe surréaliste. En 1959, par des poèmes où s'exprime une voix sinon apaisée du moins unifiée, il revient à la poésie *(La Fin et la manière*, posth., 1965). Sévices, emprisonnement, puis internement à Sainte-Anne sont la conséquence de son geste de protestation contre la guerre d'Algérie (il avait uriné sur la flamme du Soldat inconnu). Le 2 octobre 1959, il envoie à André Breton son dernier manuscrit et se suicide.

ŒUVRES. — *Œuvres complètes*, Bourgois, 1990.

M.-C.D.

Dupuis Sylviane (1956). Née à Genève, où elle enseigne au Collège Calvin, elle exprime dans sa poésie sa relation à des lieux ou à des figures chargés d'histoire et porteurs de mythologies (*D'un lieu l'autre*, 1985 ; *Figures d'égarées*, 1989). Le recueil *Creuser la nuit* (1985) lui a valu le prix Ramuz de poésie 1986. Sa pièce *La Seconde Chute* (1993) est comme la suite de *En attendant Godot*. Rome, la Grèce, la Turquie lui ont inspiré *Travaux du voyage* (1992), méditation intime et critique sur le voyage, réel ou mystique.

D.Ma.

Duras Marguerite (1914-1996), pseudonyme de Marguerite Donnadieu. Née le 4 avril 1914 à Gia Dinh, en Cochinchine, où son père était professeur de mathématiques et sa mère institutrice, elle perd son père alors qu'elle a quatre ans ; sa mère, réduite avec ses trois enfants à l'existence d'une famille de blancs pauvres, achète une concession incultivable, inondée malgré ses efforts héroïques pour construire des barrages : c'est la ruine. Cet épisode marquera fortement l'œuvre de Marguerite Duras, où l'on retrouve les tensions entre une mère névrotique, un frère aîné adonné à la drogue et à la violence et un frère cadet légèrement retardé mais que la jeune fille aime passionnément. En

1932, elle quitte l'Indochine définitivement pour faire des études à Paris. Elle y rencontre Robert Antelme, qu'elle épousera en 1939, et Dionys Mascolo, dont elle aura un fils en 1947.

Elle publie son premier roman, *Les Impudents*, en 1943, suivi de *La Vie tranquille* (1944), histoires de familles de province que l'on rapprochera des romans de Mauriac. Elle les signe « Duras », du nom de la région où son père avait été propriétaire. En 1950, elle aborde pour la première fois le drame de son enfance dans *Un barrage contre le Pacifique* : à travers le portrait d'une famille dominée par la figure de la mère, ce roman rappelle la veine romanesque américaine par ses innovations techniques et exprime une sympathie marquée envers les opprimés du système colonial (René Clément en tirera un film). Les quatre romans qui suivent : *Le Marin de Gibraltar* (1952), *Les Petits Chevaux de Tarquinia* (1953), *Des journées entières dans les arbres* (1954) et *Le Square* (1955) sont autant de tentatives vers un allégement radical des procédés narratifs. Dans *Le Square*, dialogue d'un homme d'un certain âge et d'une jeune nurse qui se rencontrent par hasard sur un banc, la rencontre est de courte durée et la signification de l'œuvre reste floue. *Moderato Cantabile* (1958), qui établit définitivement la réputation de l'écrivain, accélère ce processus ; la voix durassienne s'impose, avec ses ambivalences, ses silences et ses désirs perturbateurs. C'est à cette époque qu'Alain Resnais lui demande d'écrire le scénario de *Hiroshima mon amour*. Tourné en 1960, le film connaît un grand succès et lui ouvre de nouvelles perspectives. Sa première œuvre pour le théâtre, *Les Viaducs de la Seine-et-Oise* (1960), abordant le cas énigmatique d'un crime macabre, est publiée la même année. Le motif du crime restera très présent dans son œuvre : on le retrouve dans un roman, *L'Amante anglaise* (1967), récit illustrant la manière de Duras, sa façon de retravailler le même matériau selon des formules narratives différentes. Considérée en marge du nouveau roman, elle produit dans les années 1960 des récits et des pièces de théâtre où les éléments formels sont de plus en plus réduits. Les personnages y demeurent indéterminés et l'intrigue est remplacée par une orchestration répétitive de phrases, de détails et de motifs. Le silence, l'hésitation et la syntaxe hachée qui donne tout son poids au non-dit, deviennent des éléments caractéristiques.

Le Ravissement de Lol. V. Stein (1964) marque un nouveau tournant : le cas de Lol, dont l'équilibre chancelle lorsque son fiancé la quitte pour Anne-Marie Stretter, est présenté dans un style squelettique. Ce roman ouvre un cycle d'œuvres qui ont entre elles des rapports étroits mais énigmatiques : *Le Vice-consul* (1965), où le personnage d'A.-M. Stretter reparaît et celui d'une mendiante apparemment sans rapport avec elle ; *India Song* (1973, texte et film), qui reprend la même histoire avec un dénouement différent ; *L'Amour* (1971), récit fragmentaire dominé par la folie ; et *La Femme du Gange* (1973), film et scénario tirés de *L'Amour*, et où revient l'histoire de Lol. En 1965, trois pièces de Duras sont publiées et jouées : une adaptation du *Square* ; *Les Eaux et forêts*, comédie relevant d'une esthétique de l'absurde ; *La Musica*, dialogue entre les deux partenaires d'un couple divorcé faisant le bilan de leur passé.

Les événements de 1968 raniment les espérances révolutionnaires de Marguerite Duras (qui avait été membre du parti communiste de 1944 jusqu'à son exclusion en 1950). Les œuvres publiées dans les années qui suivent reflètent cette thématique. *Détruire, dit-elle* (1969, texte et film) oppose la force subversive du désir aux conventions sociales ; *Nathalie Granger* (1972, texte et film), récit consacré aux femmes, lie la violence des jeunes à leurs frustrations. Certains critiques, comme Marcelle Marini, ont vu dans l'œuvre de Duras un exemple de l'écriture féminine ; *Les Parleuses* (1974), où elle dialogue avec Xavière Gauthier, est en effet un texte ouvertement féministe. Mais bien que les femmes, leurs aliénations et leurs transgressions, soient au centre de ce qu'elle a écrit, il est tout aussi abusif de rattacher son œuvre au féminisme qu'à n'importe quelle autre école.

Au cours des années 1970 et 1980, Marguerite Duras a continué à écrire des récits et à tourner des films, qui se répondent et se mettent mutuellement en question. Avec le temps, les liens entre l'œuvre et la vie deviennent de plus en plus difficiles à démêler. Dans *Les Lieux de Marguerite Duras* (1977), on la voit passer sa vie en revue dans un dialogue avec Michelle Porte. Depuis 1980, son œuvre est marquée par la présence de son compagnon, Yann Andréa. Dans *L'Été 80* (1980), il regarde à côté de Duras un enfant sur la plage ; dans *Yann Andréa Steiner* (1992), Duras raconte leur rencontre et leur vie commune. Lui-même produit en 1983 un *M.D.* qui rend compte de la cure de désintoxication au cours de laquelle elle a failli mourir. En retour, Duras publie *L'Amant* (1984, prix Goncourt), récit autobiographique qui remonte à son adolescence en Indochine et qui atteint enfin le grand public. Cependant, elle met en garde le lecteur : « L'histoire de ma vie n'existe pas », écrit-elle dans *L'Amant de la Chine du Nord* (1991), où elle reprend la même histoire d'une manière différente. L'un de ses derniers textes, *Écrire* (1993), évoque ce qu'écrire a représenté pour elle, mais confesse une sorte d'échec : « Je peux dire ce que je veux, je ne trouverai jamais pourquoi on écrit et comment on n'écrit pas ». Marguerite Duras est morte le 3 mars 1996.

ŒUVRES. — Chez Gallimard, sauf indication contraire : *Romans, cinéma, théâtre [...] 1943-1993*, coll. Quarto, 1997. — *Les Impudents*, Plon, 1943. — *La Vie tranquille*, 1949. — *Un barrage contre le Pacifique*, 1950. — *Le Marin de Gibraltar*, 1952. — *Les Petits Chevaux de Tarquinia*, 1953. — *Des journées entières dans les arbres*, 1954. — *Le Square*, 1955. — *Moderato Cantabile*, Éditions de Minuit, 1958. — *Les Viaducs de la Seine-et-Oise*, 1959. — *Dix-heures et demie du soir en été*, 1960. — *Hiroshima mon amour*, 1960. — *L'Après-midi de M. Andesmas*, 1962. — *Le Ravissement de Lol. V. Stein*, 1964. — *Théâtre I* : *Les Eaux et forêts*, *Le Square*, *La Musica*, 1965. — *Le Vice-consul*, 1965. — *L'Amante anglaise*, 1967. — *Théâtre II* : *Suzanna Andler*, *Des journées entières dans les arbres*, *Yes, peut-être*, *Le Shaga*, *Un homme est venu me voir*, 1968. — *Détruire, dit-elle*, Éditions de Minuit, 1969. — *Abahn Sabana David*, 1970. — *L'Amour*, 1971. — *Ah ! Ernesto*, Harlin Quist, 1971. — *India Song*, 1973. — *Nathalie Granger* suivi de *La Femme du Gange*, 1973. — *Le Camion* suivi de « Entretien avec Michelle Porte », Éditions de Minuit, 1977. — *L'Éden Cinéma*, Mercure de France, 1977. — *Le Navire Night* suivi de *Césarée*, *Les Mains négatives*, *Aurélia Steiner*, Mercure de France, 1979. — *Vera Baxter ou les plages de l'Atlantique*, Albatros, 1980. — *L'Homme assis dans le couloir*, Éditions de Minuit, 1949. — *L'Été 80*, Éditions de Minuit, 1949. — « Les yeux verts », *Cahiers du cinéma*, n°s 312-313, 1980. — *Agatha*, Éditions de Minuit, 1981. — *Outside*, Albin Michel, 1981. — *L'Homme atlantique*, Éditions de Minuit, 1982. — *Savannah Bay*, Éditions de Minuit, 1982. — *La Maladie de la mort*, Éditions de Minuit, 1982. — *Théâtre III* : *La Bête dans la jungle*, *Les Papiers d'Aspern*, *La Danse de mort*, 1984. — *L'Amant*, Éditions de Minuit, 1984. — *La Douleur*, POL, 1985. — *La Musica deuxième*, 1985. — *Les Yeux bleus cheveux noirs*, Éditions de Minuit, 1986. — *La Pute de la côte normande*, Éditions de Minuit, 1986. — *La Vie matérielle*, POL, 1987. — *Emily L.*, Éditions de Minuit, 1989. — *La Pluie d'été*, POL, 1990. — *L'Amant de la Chine du Nord*, 1991. — *Le Théâtre de l'amante anglaise*, 1991. — *Yann Andréa Steiner*, POL, 1992. — *Écrire*, 1993. — *Le Monde extérieur*, POL, 1993.

→ Marguerite Duras, Jacques Lacan *et al.*, *Marguerite Duras*, Albatros, 1975. — Marcelle Marini, *Territoires du féminin*, Éditions de Minuit, 1977. — Yann Andréa, *M.D.*, Éditions de Minuit, 1983. — Madeleine Alleins, *Marguerite Duras médium du réel*, Lausanne, L'Âge d'homme, 1984. — *L'Arc*, nº 98, 1985. — *Esprit*, juillet 1986. — Trista Selous, *The Other Woman : Feminism and Feminity in the Work of Marguerite Duras*, Yale University Press, 1988. — Aliette Armel, *Marguerite Duras et l'autobiographie*, Le Castor astral, 1990. — Christiane Blot-Labarrère, *Marguerite Duras*, Le Seuil, 1992. — Fonds Marguerite Duras à l'IMEC.

E.F.

Durry Marie-Jeanne (1901-1980). Née le 25 mars 1901 à Paris, elle a été professeur à la Sorbonne (1947) et directrice de l'École normale supérieure de jeunes filles (1956). À côté d'importants travaux consacrés à Flaubert *(Flaubert et ses projets inédits*, 1950), Stendhal, Nerval, Laforgue, Apollinaire, Giraudoux *(L'Univers de Giraudoux*, 1976), Chateaubriand *(La Vieillesse de Chateaubriand*, reprint Slatkine, 1986), elle a publié plusieurs recueils de poèmes : *Soleils de sable*, *Mon ombre*, *Le Huitième Jour* (Corti, 1949), *La Cloison courbe*, *Effacé* (Seghers, 1968), *Éden*, *Près des sources* (Saint-Germain-des-Prés, 1974), *Orphée* (Flammarion, 1976).

M.Ber.

Durtain Luc (1881-1959), pseudonyme d'André Nepveu. Né à Paris, fils d'un éminent biologiste, il fait des études médicales et se spécialise en laryngologie. L'exercice de la médecine ne l'empêche pas de conquérir la renommée en littérature, sous le pseudonyme de Luc Durtain. Poète, il fait partie du groupe de l'Abbaye, puis du noyau d'amis qui en résulte, et se lie avec Charles Vildrac, Georges Duhamel, Jules Romains. Il publie *L'Étape nécessaire* (1907), *Pégase* (1908), *Kong Harald* (1914). Il poursuivra son œuvre de poète avec notamment *Le Retour des hommes* (1920), y joindra des contes, et une comédie *(Le Donneur de sang*, 1928). Mais c'est surtout comme essayiste et romancier qu'il s'affirme : tout en soulignant les différences entre les mondes, le moraliste vise à dégager des vicissitudes géographiques, sociales ou historiques, l'homme éternel. Parmi ses essais ou romans : *Ma Kimbell* (1925), *Quarantième étage* (1927), *Hollywood dépassé* (1928), *Quelques notes d'U.S.A.* (1928), *Le Globe sous le bras* (1936). Il est mort le 29 janvier 1959.

F.J.

Dutourd Jean (1920). Né à Paris le 14 janvier 1920, il a commencé sa carrière d'écrivain au lendemain de la guerre. Dans *Les Déjeuners du lundi* (1947) et *Le Demi-solde* (1965), il revient sur ses débuts de jeune plumitif et de père de famille. De 1947 à 1950, il travaille pour les services français de la BBC. Il a publié son premier livre, un essai, *Le Complexe de César*, en 1946, puis un roman, *Une tête de chien* (1950). Mais le succès lui vient avec *Au bon beurre* (1952, prix Interallié). Ce roman qui raconte, comme l'indique le sous-titre, *Dix ans de la vie d'un crémier*, fait la satire des profiteurs sous l'Occupation. Dutourd déclare avoir pour ambition de « ressusciter le style noble » : la poésie « consiste à transmuer de la crotte en azur », affirme-t-il contre ceux qui lui reprochent un style trop imagé. La veine satirique parcourt son œuvre (*Les Taxis de la Marne*, 1956) ; il fait le procès d'une société dont l'anticonformisme déclaré aboutit à un nouveau conformisme, et affirme non sans provocation sa fidélité aux valeurs traditionnelles. *L'École des jocrisses* (1970), *Le Paradoxe du critique* (1972), *Un ami qui vous veut du bien* (1982) s'inscrivent dans cette lignée. L'auteur exprime ses idées avec esprit, se désignant lui-même comme un « vieux don Juan des idées », dans des recueils tels que *Le Fond et la forme* (1965) ou *Le Bonheur et autres idées* (1980). S'il a publié de nombreux essais, le roman demeure son genre de prédilection : *Les Horreurs de l'amour* (1963), *Pluche ou l'amour de l'art* (1967), *Le Printemps de la vie* (1972). Dans *Mémoires de Mary Watson* (1980), il propose une autobiographie imaginaire de l'épouse de Watson, le compagnon de Sherlock Holmes. Écrivain infatigable et homme de vaste culture, Jean Dutourd, qui a traduit Hemingway, Truman Capote et Chesterton, a été élu à l'Académie française en 1978.

ŒUVRES. — Chez Gallimard et Flammarion.

Cl.D.

Duvert Tony (1945). Né à Villeneuve-le-Roi. Avec violence (*Le Bon Sexe illustré*, 1973) ou humour (*L'Enfant au masculin*, 1980 ; *Abécédaire malveillant*, 1989), il s'en prend dans ses essais à une morale aseptisée et au mythe de la pureté enfantine. À travers une écriture audacieuse (*Le Voyageur*, 1970 ; *Paysage de fantaisie*, 1973, prix Médicis), puis progressivement apaisée (*L'Île atlantique*, 1979), ses romans dépeignent des enfances amorales, cruelles (*Récidive*, 1967) et redonnent à un désir homosexuel qui conduit souvent au meurtre (*Portrait d'homme au couteau*, 1969 ; *Un anneau d'argent à l'oreille*, 1982) une scandaleuse innocence (*Interdit de séjour*, 1969 ; *Le Voyageur*, 1970 ; *Journal d'un innocent*, 1976 ; *Quand mourut Jonathan*, 1978). Changeant d'écriture, il a également publié *Les Petits Métiers* (Fata Morgana, 1978), où il évoque des professions imaginaires, et perverses.

ŒUVRES. — Publiées aux Éditions de Minuit.

J.P.

Duvignaud Jean (1921). Né à La Rochelle le 22 février 1921, docteur ès lettres, il a enseigné à l'université de Tunis et animé le festival de théâtre de Hammamet, avant de devenir professeur à l'université de Tours et directeur de l'Institut de sociologie de l'art. Animateur de revues comme *Arguments* ou *Cause commune* et créateur en 1982 du *Scarabée international*, il est surtout l'auteur de nombreux essais : parti d'une réflexion sur le théâtre (*Sociologie du théâtre*, PUF, 1965 ; *L'Acteur, sociologie du comédien*, Gallimard, 1965), il élabore une *Sociologie de l'art* (PUF, 1967), avant d'étendre ses investigations : *Chebika* (Gallimard, 1968), enquête sociologique sur un village tunisien ; *Le Langage perdu* (PUF, 1973) ; *Fêtes et civilisations* (Weber, 1973) ; *La Planète des jeunes* (en collaboration avec J.-P. Corbeau, Stock, 1975), publiant aussi des essais de critique littéraire : *Büchner dramaturge* (L'Arche, 1954) ; *Perec ou la cicatrice*, (Actes Sud, 1993). Le sociologue côtoie en effet un écrivain dont l'œuvre apparaît surtout comme une réflexion sur l'engagement, dans son théâtre : *Marée basse* (Gallimard, 1956), inspiré par le bagne de Rochefort ; dans ses romans : *Le Sommeil de juillet* (Raisons d'Être, 1947) ; *Les Idoles sacrifiées* (Gallimard, 1951) ; *L'Or de la république* (Gallimard, 1957) ; *L'Empire du milieu* (Gallimard, 1971) ; *Le Favori du désir* (Albin Michel, 1982) ; ou dans un récit autobiographique : *Le Ça perché* (Stock, 1976).

S.R.

E

Echenoz Jean (1947). Né à Orange en le 26 décembre 1947, il a vécu plusieurs années à Aix-en-Provence avant de poursuivre des études de sociologie à Paris. Personnage discret, il ne livre guère d'informations sur sa vie. Tout au plus a-t-on relevé parfois sa signature dans *L'Humanité* et appris qu'il avait travaillé pendant quelques années dans des institutions thérapeutiques. Si dans *Le Méridien de Greenwich* (1979), l'esprit expérimental et le goût des constructions abstraites, qu'il a hérités du Nouveau Roman, étouffent encore sa spontanéité, l'univers de ses romans à venir est déjà en place : une humanité interlope de gagne-petits, de vauriens fatigués et de détectives ringards, déambulant entre des quartiers populaires de Paris et une banlieue indéfinie et chaotique. *Cherokee* (1983, prix Médicis) emprunte son titre à un célèbre morceau de jazz, et son intrigue compliquée au plus fameux des « polars », *Le Faucon maltais*. Mais de la grande geste policière, ce roman ne garde que le principe narratif et quelques poncifs dérisoires, tandis que le décor prend le pas sur l'histoire, explore les temps morts et les espaces intermédiaires qui tissent le vécu contemporain, s'attarde sur une multitude d'objets modernes d'apparence banale mais qui deviennent étranges ou drôles sous le regard ironique de l'auteur. L'usage ambigu des formes narratives et des *topoi* de la littérature de grande consommation est un des principaux ressorts de cette drôlerie, comme le confirme, dans *L'Équipée malaise* (1986), la référence aux romans exotiques de Joseph Conrad et dans *Lac* (1989) les emprunts au roman d'espionnage, dans le style de John Le Carré. Mais cette drôlerie tient aussi à l'intrusion de l'élément sonore dans le récit : Echenoz prête l'oreille au fond sonore qui accompagne et rythme en permanence la vie moderne ; il découpe dans cette bande-son des séquences qu'un habile collage fera interférer avec son récit, créant des effets stylistiques inédits. À cet égard, la description du tremblement de terre de Marseille, imaginée dans *Nous trois* (1992), est une démonstration de l'influence que ces voix collectives et anonymes ont désormais sur notre perception de l'événement.

Loin de tout discours théorique et de tout engagement militant, Echenoz construit une œuvre qui, tout en reprenant le matériau littéraire au point d'extrême élaboration où l'a conduit le Nouveau Roman, renoue avec la fonction critique de la littérature et cherche à rétablir une communication exigeante avec le lecteur en piratant tous les vecteurs de la nouvelle et omniprésente culture de masse.

ŒUVRES. — Aux Éditions de Minuit.

→ Pierre Brunel, *Transparences du roman*, Corti, 1997 (chap. X : « Le transparent glacier des lacs qui n'ont pas fui » [sur *Lac*]).

M.Co.

Écrire (1956-1967). Revue fondée à Paris par Jean Cayrol. Assurant la publication intégrale de textes signés d'auteurs débutants (nouvelles, roman, mais aussi poèmes et parfois pièces de théâtre), la revue se double d'une collection du même nom aux Éditions du Seuil, où sont publiées parallèlement ces premières œuvres. *Écrire* est une entreprise éditoriale originale, dont le souci majeur est le jeune auteur (sur cinquante auteurs publiés, vingt-sept ont moins de 25 ans, vingt moins de 35 ans). La revue prétend remédier à leur exclusion des circuits éditoriaux traditionnels et promouvoir une littérature différente. Jean Cayrol, qui sélectionne les textes, précise dans un texte de présentation : « Nous voulons faire entrer le lecteur non pas dans ces basiliques que sont devenus journaux et revues littéraires mais dans la chambre de bonne, dans l'appentis, dans les coins déshérités où le jeune inspiré [...] prépare, souvent à l'insu de ses proches, [...] son chef-d'œuvre. » En réalité, comme le souligne François Nourissier, *Écrire* est une « collection de recrutement » qui permet aux Éditions du Seuil d'avoir sous contrat de jeunes auteurs sans pour autant assumer le risque de publier leur premier livre. La formule originale de lancement de jeunes auteurs est saluée par la presse littéraire. Avec au sommaire Marcelin Pleynet (n° 2, 1957), Jean-Pierre Faye (n° 3, 1957), Jacques Coudol (n° 7, 1959), Pierre Guyotat (n° 10, 1961) et Denis Roche (n° 11, 1962), *Écrire* remplit son rôle de découvreur, contribuant à rassembler un groupe d'écrivains que l'on retrouvera dans la revue *Tel Quel*, et collection. En 1957, « Le Défi » de Philippe Sollers est remarqué par Mauriac. En 1959, « Autre chose » de Boisrouvray est couronné par l'Acamédie française. La revue *Écrire* s'interrompt en 1964 après quinze numéros ; la collection lui survivra. En 1967, Claude Durand, qui fut le collaborateur de Cayrol, en prend la direction. « Écrire » devient alors une collection de poche où les premières œuvres sont présentées par des écrivains connus : Barthes, Jean-Louis Bory, Pieyre de Mandiargues et Cayrol patronnent les quatre premiers volumes de la collection, qui s'interrompt en 1969.

A.Si. — IMEC

Écriture. Revue fondée en 1964 par Bertil Galland et Jacques Chessex, dirigée depuis 1986 par Françoise Fornerod, Daniel Magetti et Sylviane Roche. Annuelle jusqu'en 1981, puis semestrielle, elle paraît en livraisons de trois cents pages environ : romanciers, poètes, essayistes s'y côtoient. Elle publie des dossiers consacrés aux écrivains de Suisse romande, ainsi qu'à d'autres littératures, suisse et francophone. Décernant tous les trois ans le prix Georges-Nicole qui récompense un premier ouvrage, elle a lancé des auteurs tels qu'Anne-Lise Grobéty ou Jean-Marc Lovay.

F.Fo.

Éditeurs français réunis (Les) (1949-1979). Maison d'édition fondée à Paris par Louis Aragon, reprise par le groupe Messidor (1979-1992). En 1949, trois maisons d'édition, Hier et aujourd'hui, la Bibliothèque française et France d'abord, créées dans la clandestinité et publiant des textes politiques issus du parti communiste clandestin, fusionnent et deviennent, à l'initiative du parti communiste, les Éditeurs français réunis. La maison d'édition est présidée par Mireille Hilsum, rejointe par Madeleine Braun au début des années cinquante. Les EFR se consacrent à la publication d'ouvrages littéraires engagés et gagnent rapidement un public progressiste. Dès le début sont lancées les collections les plus importantes : « Domaine russe et soviétique », « Domaine d'Amérique latine », « Romans d'ici », « Romans d'ailleurs », « Les Tréteaux de l'écran ». *La Chute de Paris* d'Ilya Ehrenbourg, publié aux Éditions Hier et aujourd'hui en 1945, est réimprimé à 500 000 exemplaires en 1949. Sous la direction de François Monod, les EFR développent dans les années soixante un programme de littérature française comprenant romans policiers, romans de science-fiction, essais et ouvrages historiques. En 1968, ils vivent leur apogée littéraire avec la collection de poésie intitulée « Petite Sirène », qui publie Jean-Louis Bory, Jean Marcenac, Pablo Neruda, Elsa Triolet, Pierre Seghers, Paul Eluard, sous la forme de petits livres-objets de facture artisanale et à tirage limité. En 1970, éditeurs de Gorki et de Jules Vallès, et de la revue *Europe*, les EFR maintiennent leur place parmi les éditeurs de littérature étrangère et française. En 1972 paraissent *Électre*, adapté par Yannis Ritsos, et *Les Lettres de Sophocle* par Antoine Vitez. En 1971, la maison publie une traduction des œuvres complètes de Tchekhov en vingt-deux volumes, *L'Île Sakhaline* (sur les camps de déportation russes à la fin du XIXe siècle), *La Tempête* d'Ilya Ehrenbourg et *La Mère* de Gorki. En 1979, les EFR sont transformés et prennent l'appellation de groupe Messidor. Les principaux collaborateurs conservent leur fonction au sein du groupe jusqu'en 1989. La production, s'élevant alors à une trentaine de titres par an, est élargie en 1979 par la publication d'essais, de reportages et de biographies historiques (*L'Histoire du Far West*, 1972). En 1992, après plusieurs péripéties financières et politiques, le groupe Messidor a déposé son bilan.

An.B. — IMEC

Ehni René Nicolas (1935). Écrivain et dramaturge, scribe errant entre le Sundgau et la Grèce, il a connu le succès dès son premier roman, *La Gloire du vaurien* (1964). Son héros, libre, sans vocation, fier de son oisiveté, accumule de voyage en voyage des objets inutiles qui masquent fugitivement le sentiment de culpabilité qui le ronge. L'écrivain s'est d'abord voué à provoquer l'intelligentsia parisienne dont il moque les mœurs, les velléités révolutionnaires — dans sa pièce *Que ferez-vous en novembre ?* (1968), il met en scène des intellectuels en vacances débattant des grands thèmes de la gauche — et les prétentions à l'universalité *(Eugénie Kopronine*, 1970). Un drame villageois *L'Amie Rose* (1970) dénonce les collusions avec le patronat, les faux-semblants politiques, le mirage du progrès. *Babylone vous y étiez nue parmi les bananiers* (1971) raconte les vendanges dans un vignoble menacé par le feu, les glissements de terrain, la percée d'une route touristique, et annonce, avant l'heure, le retour de l'écrivain dans son Alsace natale. En 1973, le « folkloriste sundgaurien » quitte Paris, célèbre sa région, et s'engage en faveur du dialecte et des mœurs locales. Ses récits le montrent soucieux de créer une langue qui lui soit propre, semée de digressions, d'alsacianismes, de mots puisés dans différentes langues ou inventés. La dimension ludique n'est pas absente de cette recherche, exprimée aussi dans les jeux de mots et dans une orthographe très personnelle. En 1988, il a publié *Le Voyage en Belgique*, récit d'un parcours extravagant et sans fin dont les personnages ne parviennent pas plus à leur destination qu'ils ne peuvent rentrer chez eux ; le récit est interrompu de manière abrupte et trompe l'attente du lecteur. La même année paraît *L'Enchanteur pourrissant*, qui préfigure sa conversion et sa retraite sur le mont Athos. Il rompt un long silence en 1994, en publiant *Vert-de-gris : traité autobiographique*, essai sans complaisance sur son siècle.

D.H.-M.Ber.

Eigeldinger Marc (1917-1991). Né le 19 décembre 1917 à La Chaux-de-Fonds, il a été professeur à l'université de Neuchâtel. Ses essais (une vingtaine de titres) sont consacrés aux grands mythes et à leurs formes littéraires, dans une visée thématique (Green, Breton, Baudelaire, Rimbaud, Racine, Balzac). Poète salué par Pierre Emmanuel et Yves Bonnefoy, il a publié une dizaine de recueils réunis dans *Poèmes 1942-1987* (1987), où une certaine ascèse et une tension vers l'absolu sont tempérées par la présence du paysage et de l'humain, « la notation sincère et aimante qui délivre la vibration de la chose simple » (Y. Bonnefoy). Marc Eigeldinger est mort à Neuchâtel le 2 décembre 1991.

P.A.

El Maleh Edmond Amran (1917). Né à Safi (Maroc), dans une famille juive. À partir de 1945, date de son adhésion au parti communiste, sa carrière politique le contraint à la clandestinité, au sein de laquelle il lutte pour l'indépendance marocaine. En 1959, il quitte le parti et cesse toute activité politique. Il s'installe en France en 1965 et commence à écrire vers soixante ans. Il publie en 1980 son premier livre, *Parcours immobile* (Maspero), récit autobiographique orienté vers la réflexion plus que vers les faits. Son style témoigne de sa grande admiration pour *Ulysse* de Joyce. Son deuxième livre, *Aïlen ou la nuit du récit* (1993), évoque un Maroc enfoui dans le refuge de la mémoire personnelle et historique. *Mille ans un jour* (La Pensée sauvage, 1986), récit elliptique selon l'auteur lui-même, est consacré aux mille ans de coexistence entre la communauté des Juifs arabes et celle des musulmans du Maroc, détruite en une seule nuit, celle du départ des Juifs marocains dans leur quasi-totalité. Bien qu'il ne soit pas religieux, Edmond El Maleh subit l'influence de la mystique juive, qui apparaît comme un moyen de lutter contre la déshumanisation du monde contemporain.

D.B.

Eliade Mircea (1907-1986). Né à Bucarest le 9 mars 1907, il est avec Cioran et Ionesco l'une des principales figures de la littérature roumaine de notre siècle à avoir choisi le français comme langue d'expression. À Bucarest, il fait des études marquées par un fort intérêt pour les philosophies orientales, l'Inde, le sanskrit, le yoga, et manifeste un goût pour l'écriture romanesque, pour la mystique et la philosophie, ce dont témoigne le *Fragmentarium*. De 1928 à 1932, il va aux Indes, sur les traces du professeur Dasgupta, et achève sa thèse sur les techniques du yoga. Il enseigne ensuite à l'université de Bucarest, publie de nombreuses études sur la philosophie indienne et fonde la revue *Zalmoxis* consacrée à la mythologie comparée et à l'étude des religions. Il part pour Londres, puis pour Lisbonne, où il exerce des fonctions d'attaché culturel, puis en France et aux États-Unis. En 1945, il est professeur à l'École des hautes études à Paris, et commence à écrire directement en français. Son activité intellectuelle est débordante, il publie de très nombreux ouvrages dans cette discipline de l'étude comparée des religions et des mythes à laquelle son nom progressivement devient attaché, sans pour autant négliger le roman. À partir de 1957, il occupe la chaire d'Histoire des religions à l'université de Chicago, chaire qui portera son nom, et fonde la revue *History of Religions*. Son activité d'enseignement le conduit à voyager dans de nombreux pays, et il se consacre à de vastes entreprises comme son *Histoire des croyances et des idées religieuses* (Payot, t. I, II, 1976 ; t. III, 1983) et la direction de l'*Encyclopaedia of Religion* en seize volumes chez Macmillan.

La nature synthétique du point de vue de Mircea Eliade sur l'étude des religions peut mieux se comprendre si on le rapproche des travaux réalisés à la même époque par Georges Dumézil. Comme pour Dumézil, il s'agit pour Eliade de parvenir, au moyen de vastes synthèses, à l'identification de processus ou de fonctionnements pouvant constituer des racines communes entre des activités structurées d'origines géographiques et historiques très diverses. À cet égard, l'idée fondamentale qui gouverne la pensée de Mircea Eliade est qu'il existe, à la base de toutes les formes de religion ou de mythologie observables dans l'histoire de l'humanité, un fonctionnement de ce qu'il appelle « le sacré », défini à l'aide de la conceptualisation du « tout-autre » (*ganz andere)* de son maître Rudolf Otto (1860-1937), et qui serait descriptible grâce à l'observation de ses manifestations variées. Ce fonctionnement serait particulièrement observable dans les formes primitives des religions. D'où son intérêt marqué pour les rites initiatiques et le chamanisme, formes de culture religieuse où il se propose d'étudier les structures, images et symboles auxquels a donné naissance ce qu'il appelle « la dialectique du sacré et du profane ». À l'instar de celle de Jung, sa démarche suppose en effet l'existence d'archétypes de la conduite religieuse de l'homme, qui peuvent faire l'objet d'une reconstitution au moyen d'un comparatisme herméneutique. Cette permanence de l'*homo religiosus* à travers les époques, qu'Eliade conçoit comme consubstantielle à l'histoire de l'humanité, le conduit, dans *Le Sacré et le profane,* à mettre en évidence la façon dont celui-ci s'exprime dans les pratiques culturelles en apparence dépourvues de religion des temps modernes et à les interpréter de manière similaire à celle des paganismes les plus reculés.

L'œuvre comprend d'autre part une importante production romanesque, centrée autour d'un genre qu'on pourrait appeler le « policier mystique », où la résolution d'une énigme s'apparente souvent au dénouement d'intrigues métaphysiques engageant toute l'humanité. À travers elle, un thème original de l'univers d'Eliade, présent par ailleurs dans son œuvre d'historien, s'offre à nous d'une manière différente : celui de la nostalgie du jardin des origines, du paradis perdu, de l'harmonie avec l'aurore originelle, à laquelle il a consacré un livre synthétique : *La Nostalgie des origines* (1971). Mircea Eliade est mort à Chicago le 22 avril 1986.

ŒUVRES. — Chez Gallimard. *Technique du yoga*, 1948. — *Le Mythe de l'éternel retour*, 1949. — *Images et symboles*, 1952. — *Mythes, rêves et mystères*, 1972. — *Naissances mystiques*, 1959. — *Méphistophélès et l'androgyne*, 1962. — *Aspects du mythe*, 1963. — *Le Sacré et le profane*, 1965. — *La Nostalgie des origines*, 1971. — *Fragments d'un journal*, 1973. — *Occultisme, sorcellerie et modes culturelles*, 1978. — *Les Promesses de l'équinoxe* :

Mémoire I, 1980. — *Fragments d'un journal II*, 1981. — *Briser le toit de la maison*, 1986. — *Les Moissons du solstice : Mémoire II*, 1988. — *Fragments d'un journal III*, 1991. — **Romans et récits** : *La Nuit bengali*, 1950. — *Forêt interdite*, 1955. — *Le Vieil Homme et l'officier*, 1977. — *Uniformes de général*, 1981. — *Le Temps d'un centenaire* suivi de *Dayan*, 1981. — *Les Dix-neuf Roses*, 1982. — *Les Trois Grâces*, 1984. — *À l'ombre d'une fleur de lys*, 1985.

Chez d'autres éditeurs : *Traité d'histoire des religions*, Payot, 1949. — *Le Chamanisme et les techniques archaïques de l'extase*, Payot, 1954. — *Minuit à Sérampore*, Stock, 1956. — *Forgerons et alchimistes*, Flammarion, 1956. — *Histoire des croyances et des idées religieuses I, II et III*, Payot, 1976 et 1983. — *L'Épreuve du labyrinthe*, entretiens avec C.-H. Rocquet, Belfond, 1978. — *Mademoiselle Christina*, L'Herne, 1979. — *Noces au Paradis*, L'Herne, 1981. — *Les Hooligans*, L'Herne, 1987. — *L'Inde*, L'Herne, 1988. — *Fragmentarium*, L'Herne, 1989.

G.Si.

Elskamp Max (1862-1931). Né à Anvers le 5 mai 1862, d'un père armateur d'origine scandinave et d'une mère wallonne, il entretiendra toute sa vie des rapports conflictuels entre les deux cultures dont il est issu, flamande et française. Après une enfance surprotégée, n'entamant des études dans un établissement public qu'à l'âge de quatorze ans, il fait des études de droit à l'université de Bruxelles, et ouvre un cabinet d'avocat à Anvers en 1884, qu'il dirige sans grand enthousiasme pendant deux ans. En 1886, Elskamp publie *L'Éventail japonais*, suite de six sonnets parnassiens, en fait calligraphiés et reproduits sur fond d'estampes japonaises et tirés à une quinzaine d'exemplaires : ce « bouquin d'un luxe insensé », « d'un chic inouï » reflète son goût pour la typographie, les livres illustrés, les objets rares. Ces textes, plus tard reniés, ne seront pas réimprimés. Des déboires sentimentaux provoquent alors une série de crises existentielles qu'Elskamp ne surmontera jamais complètement ; sa rencontre avec Albert Mockel en 1889 est cependant déterminante (voir leur *Correspondance*, Bruxelles, 1955) : engagé dans le courant symboliste, il publie en 1891 dans *La Wallonie*, dirigée par Mockel, un « récit lyrique » à la limite du décadentisme : *Le Stylite*. Quand paraît son « premier » recueil imprimé, *Dominical* (1892), la critique est déconcertée : simplicité, naïveté, tournures populaires, gaucheries syntaxiques, paraissent constituer autant de traits d'une poésie que l'on rapproche volontiers de celle de Verlaine, de Laforgue ou de Gustave Kahn. Avec la publication de *Salutations, dont d'angéliques* (1893) et de *En symbole vers l'apostolat* (1895), Elskamp semble annoncer une veine religieuse ; mais ces hymnes à Marie, construits sur le modèle des litanies, font surtout partie d'un projet esthétique : célébrer la vie dans ce qu'elle a de plus authentique, de plus immédiatement perceptible. Ainsi Les *Six chansons de pauvre homme pour célébrer la semaine de Flandre* (1895), premier recueil illustré de bois par l'auteur, déclinent-elles les métiers, les usages ou les fêtes associés à chaque jour de la semaine, témoignant d'un perception aiguë de l'instant, envisagé à travers la tradition. Ces quatre recueils sont réunis en 1898 au Mercure de France, sous le titre *La Louange de la vie*, tandis que la même année paraît *Enluminures*, sommet de la première période d'Elskamp : le volume, richement orné, concentre les thèmes d'une poésie ouverte sur la vie, les coutumes et les paysages des Flandres, atteignant au lyrisme à force de candeur et de naturel.

Comme les autres symbolistes belges, Elskamp s'est efforcé de trouver des modèles expressifs originaux qui se distinguent en partie de la tradition française ; mais contrairement à ses confrères, il les a surtout choisis dans l'ancienne langue, usant d'un lexique, de tournures et d'une métrique confinant parfois à l'archaïsme, et qui donnent à ses poèmes leur ton de ballade, de complainte ou de litanie. Sa langue n'est pas exempte d'une certaine préciosité : les mots rares ou techniques se mêlent à un vocabulaire essentiel, constitutif de l'œuvre ; une syntaxe complexe voisine avec les constructions les plus élémentaires. Quant à ses sources d'inspiration, si elles se situent dans une perspective mêlant l'imagerie traditionnelle au quotidien, accordant les paysages aux gestes et aux dits qui rythment les saisons, elles constituent les fondements de sa poésie, tendue vers la création d'un univers idéal. L'effet de simplicité ou de naïveté qui peut résulter d'une telle conjonction, mi-populaire, mi-savante, ne doit pas masquer sa principale qualité : celle d'une voix nouvelle dans le panorama symboliste, fruit de la rencontre entre mysticisme et tradition, exprimée par exemple dans l'intérêt pour le folklore. Une telle conjonction, mais aussi le caractère historique des modèles choisis et le détachement progressif de la réalité, porteront peu à peu Elskamp dans les voies de l'idéalisme.

Une excessive attention accordée à l'accueil réservé à son œuvre poétique, mal comprise par ses contemporains, une extrême sensibilité (la mort brutale de sa sœur en 1903, puis celle de son père en 1911, laisseront des marques ineffaçables) et une recherche constante d'absolu l'éloignent un temps du souci de publication. Il se consacre à ses collections, à ses recherches sur le folklore, à son activité d'artisan ; il grave et enlumine *L'Alphabet de Notre-Dame la Vierge* (1901), fonde, avec Edmond De Bruyn et Charles Dumercy, le « Conservatoire de la tradition populaire », premier musée d'Anvers consacré au folklore. Le bouddhisme répond alors à ses exigences spirituelles ; sa rencontre avec Jean de Boschère en 1913 lui apporte un réconfort moral et intellectuel (voir leur *Correspondance*, Bruxelles, 1963). Anvers est bombardé en 1914 : Elskamp fuit en Hollande, se réfugie à Bergen-op-Zoom, exerce les fonctions de secrétaire de chancellerie au consulat de Belgique de Roosendael. Il regagne sa ville l'année suivante : sa bibliothèque et ses collections ont été pillées. À la fin de la guerre, il publie *Les Commentaires et l'idéographie du jeu de loto dans les Flandres* (1918, antidaté 1914 pour échapper à la censure allemande). Mais son expérience de réfugié l'engage à revenir à la poésie : *Sous les tentes de l'exode* (1921, prix triennal de littérature) exprime les monotones journées d'exil en Hollande, passées dans le froid et la solitude. Albert Mockel, qui est à l'origine de l'attribution à Elskamp du prix triennal, favorise aussi l'élection de son ami à l'Académie royale de langue et de littérature françaises de Belgique, créée l'année précédente ; mais Elskamp, déjà misanthrope et peu enclin aux compromissions, n'y siégera jamais. Vivant isolé et reclus dans sa maison du boulevard Léopold, à Anvers, malade, en proie à des crises nerveuses de plus en plus nombreuses, il développe une activité créatrice frénétique, remaniant d'anciens vers, préparant et publiant en quatre ans près d'une dizaine de recueils : *Chansons désabusées*, *La Chanson de la rue Saint-Paul* (1922) ; *Les Sept Notre-Dame des plus beaux métiers*, *Les Délectations moroses*, *Chansons d'amures*, *Maya* (1923) ; *Remembrances*, *Ægri somnia* (1924). Les évocations de métiers manuels ou de parties de pêche dans le grand Nord ne parviennent plus à tempérer une insatisfaction et une mélancolie exacerbées par les souvenirs et les regrets, précipitées par la maladie et l'approche de la mort : l'autobiographie se fait prégnante *(La Chanson de la rue Saint-Paul* ; *Maya)*, l'exotisme, oriental ou nordique, ressortit toujours plus au désir et à l'imaginaire, tandis que la ville, espace central de l'œuvre, échappe peu à peu à la réalité : le poème s'idéalise, se déploie, s'ouvre à l'absolu. Hanté par la faute, Elskamp cherche en vain une garantie d'innocence, tantôt morale, tantôt spirituelle. Ce « Spinoza sentimental », selon les termes de Jean de Boschère, qui n'abdique pas devant les anciens plaisirs de la chair, atteint à la pureté à travers la confession poétique : la délicatesse et l'authenticité sont au centre de son chant, même si le caractère obsessionnel de certaines pièces n'en garantit pas toujours l'originalité. Il y a un ton Elskamp, une musique, une manière : la fluidité du vers, l'harmonie dans la dissonance, l'émerveillement constant qui s'y développent font de ses textes un des modèles de l'héritage symboliste de langue française. La fin des années vingt marque aussi la fin de son activité. Sa santé se détériore, il est interné pendant deux ans à Jette, un faubourg de Bruxelles. Atteint par un délire de persécution, frappé d'ataxie, il ne quitte plus sa chambre, ne recevant que de rares visites, sans parfois reconnaître ses plus chers amis. Il meurt le 10 décembre 1931. Albert Mockel fait paraître les *Huit Chansons reverdies dont quatre pleurent et quatre rient*, précédées d'une notice sur Elskamp, dans *La Nouvelle Revue française* du 1er août 1932, tandis que ses héritiers publient deux recueils posthumes, *Les Joies blondes* et *Les Fleurs vertes*, en 1934.

ŒUVRES. — *Œuvres complètes*, avant-propos de Bernard Delvaille, Seghers, 1967. — *Effigies*, Fontfroide, Fata Morgana, 1989. — *Chansons et Enluminures*, rééd. Bruxelles, Les Éperonniers, coll. Passé-présent, 1980. — *La Chanson de la rue Saint-Paul*, rééd., Bruxelles, Labor, coll. Espace Nord, 1987. — *La Louange de la vie*, rééd. La Différence, 1990.

→ Jean de Boschère, *Max Elskamp* (1914), rééd., La Différence, 1990. — Robert Guiette, *Max Elskamp*, Seghers, coll. Poètes d'aujourd'hui, 1955. — Christian Berg, *Max Elskamp et le bouddhisme*, Nancy, Centre européen universitaire, 1969 et « Max Elskamp et la syntaxe de la ville », *Les Lettres romanes*, 1986, n° 3-4.

O.Bi.

Eluard Paul (1895-1952), pseudonyme d'Eugène Émile Paul Grindel. Né à Saint-Denis le 14 décembre 1895, d'une mère couturière, catholique et d'un père marchand de biens, socialiste et athée, il est fils unique et passe son enfance à la campagne, jusqu'à l'installation de la famille à Paris dans le Xe arrondissement. Il écrit à l'âge de douze ans sa première nouvelle, intitulée « Volé ! ». Adolescent, il s'essaie à quelques poèmes qui seront rassemblés dans *Premiers Poèmes* (1913, à compte d'auteur). À seize ans, atteint de tuberculose, il interrompt ses études — il a passé son brevet supérieur — et part pour le sanatorium de Clavadel, où il séjournera deux ans. Il y fera la connaissance de Gala, une jeune Russe de dix-neuf ans, de son vrai nom Helena Diakonova, qui allie l'intelligence au charme slave ; il l'épousera en 1917 et en aura un an plus tard une fille, Cécile. L'aventure sentimentale au sanatorium se double d'une commune passion pour la poésie : paraît une petite suite de poèmes en prose, *Dialogues des inutiles*, en 1914, sous le nom de Paul-Eugène Grindel, avec une préface de Gala, signée : Reine de Paleùglnn. Guéri — mais il restera toute sa vie de santé fragile —, Eluard quitte Clavadel, où il a engrangé, avec une belle voracité d'autodidacte, une somme impressionnante de lectures.

Mobilisé en décembre, versé d'abord dans le service auxiliaire en 1915, il est muté sur sa demande dans l'infanterie, non par goût pour le métier de soldat — il sera toute sa vie antimilitariste et pacifiste — mais pour être aux côtés de ceux qui souffrent. En 1916, substituant à son nom de famille celui de sa grand-mère maternelle, il signe Paul Eluard un recueil publié chez Gonon : *Le Devoir d'inquiétude* (1917) ; il y exprime son horreur de la guerre avec une émotion dépourvue d'effets. L'année suivante paraissent les *Poèmes pour la paix* (1918), qui lui vaudront l'admiration de Paulhan. Celui-ci sera pour lui un lecteur attentif et un conseiller averti ; en 1919, à la démobilisation d'Eluard, il le met en contact avec Aragon, Breton et Soupault, qui font paraître en mars de la même année le n° 1 de la revue *Littérature*. Eluard prend alors la direction de la revue *Proverbe* (1919-1920) qui comptera cinq numéros. De cette époque date son goût pour la formule lapidaire.

De 1920 à 1922, la vie publique et poétique d'Eluard est placée sous le signe du scandale et de la provocation dadaïstes. Cependant qu'il participe à de bruyants *happenings*, il publie des textes d'une concision déjà caractéristique de sa manière, et où l'absurde est roi : *Les Animaux et leurs hommes* (1920), *Les Nécessités de la vie et les conséquences des rêves* (1921). En 1922, paraît *Les Malheurs des immortels*, coécrit dans l'euphorie avec Max Ernst et accompagné de collages de ce dernier, première manifestation d'une collaboration qui ne devait jamais s'interrompre entre Eluard et les peintres : de nombreux artistes illustreront ou inspireront ses poèmes, Chagall, De Chirico, Delvaux... Mais, pour l'heure, la rencontre avec Ernst ne se limite pas au domaine de l'art : Gala tombe amoureuse du peintre et le trio affronte d'orageuses passions.

En 1924, se situe un épisode marquant dans la vie d'Eluard : en conflit avec son père qui aurait voulu l'associer à ses affaires, perturbé par sa vie sentimentale, en proie au doute, il s'embarque pour un voyage autour du monde qui durera sept mois. Au lendemain de cette fugue, paraît *Mourir de ne pas mourir* (1924), recueil qu'il présente comme son dernier livre. De retour de Saigon — Gala et Max Ernst y étaient venus le chercher —, il rentre à Paris où Breton vient de faire paraître le *Premier Manifeste du surréalisme* (1924) et où règne une atmosphère insurrectionnelle : « Ouvrez les prisons, licenciez l'armée ! » Eluard est de quasiment toutes les manifestations, participant à de houleuses réunions, cosignant des textes qui font scandale : « Adresse au Pape », « Lettre aux médecins-chefs des Asiles de fous », etc. Un événement, cependant, va transformer ce qui n'était jusqu'alors qu'attitude anticonformiste en prise de position politique : la guerre du Rif, qui suscitera de la part des surréalistes des réactions violemment anticolonialistes. En 1926, Eluard adhère au parti communiste et collabore à la revue *Clarté*. Peu de temps auparavant, il publie son premier grand livre, *Capitale de la douleur* (1926), dont Breton loue sans réserve « les déchirants mouvements du cœur ». Si ce texte à l'évidence est dans le droit fil de l'orthodoxie surréaliste formulée par Breton, il n'en va pas de même du recueil suivant, *Les Dessous d'une vie ou la pyramide humaine* (1926), dont la « division par genres », récits de rêve, textes automatiques et poèmes, est considérée par Breton comme contraire à l'esprit surréaliste. Quoi qu'il en soit, Eluard a trouvé un ton qui est le sien, de limpide évidence, éloigné des artifices de la rhétorique surréaliste. Tombé à nouveau gravement malade, il est hospitalisé au sanatorium d'Arosa en Suisse, où il met la dernière main à *L'Amour la poésie* (1929), livre douloureux dédié à Gala, dont il se séparera l'année suivante, après que celle-ci eut rencontré Dali. Cette même année pourtant, il fait la connaissance de celle qui allait devenir sa compagne et qu'il épousera en 1934, Nusch, de son vrai nom Maria Benz, fille de saltimbanque et elle-même enfant de la balle, que Picasso et Man Ray immortaliseront dans sa fragile et lumineuse beauté.

Les événements politiques des années trente (montée des fascismes, Front populaire, guerre d'Espagne) et les questions brûlantes qu'ils posent aux poètes (comment être révolutionnaire sans cesser d'être surréaliste ?) vont trouver sous la plume d'Eluard un écho vibrant. Il publie un texte polémique : *Certificat* (1932), dans lequel il reproche à Aragon, qui sera désavoué par le groupe, d'avoir opté pour le communisme au congrès de Karkhov. Ce qui lui vaudra d'être lui-même exclu du parti. Il participe au congrès d'Amsterdam-Pleyel contre la guerre, signe *L'Appel à la lutte* (1934), entre au Comité de vigilance des intellectuels (1935) et rompt avec Breton en 1938, à la suite du rapprochement de ce dernier avec Trotski.

L'activité poétique d'Eluard durant cette même période ne fait que s'affermir au contact de la réalité : le lyrisme incantatoire est toujours à son plus haut degré *(La Vie immédiate*, 1932, *La Rose publique*, 1934, *Les Yeux fertiles*, 1936), mais la vibration intimiste se charge peu à peu des accents de la colère et du refus dans ce que l'on peut déjà nommer les « poèmes de circonstance » *(Victoire de Guernica*, 1938). En 1939, il est à nouveau mobilisé, l'année où paraît *Donner à voir*, sorte d'anthologie — il est coutumier du genre — composée d'une mosaïque de citations, destinées à illustrer sa conception de la poésie, comprise d'abord comme une éthique de la lucidité. Démobilisé, il est de retour à Paris où il fait paraître *Le Livre ouvert* (1938-1940). En 1942, inscrit une nouvelle fois au parti communiste, qu'il ne quittera plus, il entre dans la clandestinité, occupant désormais avec Nusch, jusqu'en 1944, un petit appartement proche du Luxembourg, qui deviendra l'un des P.C. de la résistance intellectuelle en zone Nord. Plusieurs publications clandestines verront le jour, tantôt signées sous le pseudonyme de Maurice Hervent, tantôt sous celui de Jean de Haut : *Poésie et vérité 1942*, *L'Honneur des poètes*, anthologie des poètes de la Résistance (1943 et 1944), *Au Rendez-vous allemand* (1944). Eluard y affirme, en des pages qui circuleront dans le monde libre, le devoir du poète de restaurer la liberté d'expression pour dire la haine de l'occupant, la souffrance de l'innocent, l'imminence de la vengeance.

L'après-guerre lui apporte la gloire. Il ne cesse d'être sollicité, prononçant des conférences sur la poésie au service de la vérité, en Tchécoslovaquie, en Italie et en Grèce. Il publie *Le Dur Désir de durer* (1946) et surtout *Poésie ininterrompue I* (1946), livre-bilan. Cette même année, paraît *Le temps déborde*. En effet, Nusch est morte subitement, alors qu'il était parti se reposer en Suisse. Il manque y perdre la raison, et les poèmes qu'il compose quelques mois plus tard comptent parmi les plus déchirants de son œuvre. Pourtant, c'est à un couple de jeunes amis, Alain et Jacqueline Trutat, qu'il devra son salut ; il fera de Jacqueline Trutat la dédicataire du recueil *Corps mémorable* (1947), d'un érotisme superbe : « L'amour la mort la vie » : jamais autant peut-être dans la vie et l'œuvre d'Eluard ces trois termes, qui forment le titre d'un poème à Dominique, sa troisième femme, qu'il épousera en 1951, n'auront été aussi solidaires.

Les dernières années se déploient sous le signe d'une intense activité itinérante et militante, en compagnie de Dominique, communiste elle aussi : invité dans de nombreux pays d'Europe et d'Amérique, il prend la parole pour défendre la poésie et la paix. En 1951, paraît un recueil de poèmes d'amour : *Le Phénix*. En septembre de l'année suivante, alors qu'il se trouve en Dordogne où il achève *Poésie ininterrompue II* (posth., 1952), il est atteint d'une crise d'angine de poitrine qui le force à rentrer précipitamment à Paris. Il y mourra trois mois plus tard, à cinquante-huit ans. Il est inhumé au Père-Lachaise.

ŒUVRES. — *Œuvres complètes*, éd. Marcelle Dumas-Lucien Scheler, Bibliothèque de la Pléiade, 1968, 2 t., rééd. t. I, 1971, t. II, 1976. — *Anthologie des écrits sur l'art*, Le Cercle d'art, 1972. — *Lettres de jeunesse*, Seghers, 1962. — *Lettres à Joë Bousquet*, Éditeurs français réunis, 1973. — *Lettres à Gala 1924-1948*, Gallimard, 1984. — Les principaux recueils : dans la collection Poésie-Gallimard et chez Seghers.

→ Louis Parrot, *Paul Eluard*, Seghers, coll. Poètes d'aujourd'hui, 1944. — *Cahiers du Sud*, nº 315, 2e semestre 1952. — *Europe*, nos 91-92, juillet-août 1953 et nos 403-404, novembre-décembre 1962. — Louis Aragon, *L'Homme communiste*, Gallimard, 1963 (t. II, p. 113-205). — Jean Onimus, *Les Images d'Eluard*, Annales de la Faculté des lettres d'Aix-en-Provence, 1963. — Georges Poulet, *Études sur le temps humain*, Plon, 1964 (t. III, p. 128-160). — Jean-Pierre Richard, *Onze Études sur la poésie moderne*, Le Seuil, 1964 (p. 105-139). — *Album Eluard*, iconographie réunie et commentée par Roger-Jean Ségalat, Bibliothèque de la Pléiade, 1968. — Raymond Jean, *Eluard par lui-même*, Le Seuil, coll. Écrivains de toujours, 1968. — Atle Kittang, *D'amour et de poésie : essai sur l'univers des métamorphoses dans l'œuvre surréaliste de Paul Eluard*, Minard, 1969. — Jean-Charles Gateau, *Paul Eluard et la peinture surréaliste 1910-1939*, Genève, Droz, 1982 ; *Eluard, Picasso et la peinture 1936-1952*, Genève, Droz, 1983. — Nicole Boulestreau, *La Poésie de Paul Eluard*, Klincksieck, 1985. — Jean-Charles Gateau, *Paul Eluard, ou le frère voyant*, Laffont, 1988. — Il existe des *Cahiers Paul Eluard*, 1972, qui sont devenus, depuis 1980, *Les Mots la vie*, dir. C. Guedj, Université de Nice. — Fonds Eluard au Musée de Saint-Denis et à la Bibliothèque littéraire Jacques Doucet.

C.G.

Émié Louis (1900). Né à Bordeaux d'un père français et d'une mère espagnole. D'une certaine poésie française, il adopte la rigueur, la métrique classique, la transparence. De son origine espagnole lui vient peut-être son obsession de la mort et son sens mystique. Il subira par ailleurs l'influence d'Apollinaire, de Cocteau, de Max Jacob. D'abord journaliste, Louis Émié est venu tardivement à la poésie. À partir de 1936, il publie régulièrement (*Relations humaines*, 1936 ; *Quatre poèmes*, 1939 ; *Amour de notre amour*, 1941 ; *Les Dormeuses*, 1948 ; *Romancero du profil perdu*, 1951 ; *La Forme humaine*, 1953 ; *L'Ange*, 1958 ; *Invention de l'amour*, 1961 ; *Espagnes*, Climats, 1991 ; *Dialogues avec Max Jacob*, Bordeaux, Le Festin, 1994).

F.O.

Emmanuel Noël Matthieu, puis Pierre (1916-1984). Né le 3 mai 1916 à Gan près de Pau (Pyrénées-Atlantiques), il passe son enfance à New York, puis en France, à Jurançon et à Gan ; il poursuit ses études à Lyon chez les lazaristes. En 1932, alors qu'il prépare Polytechnique, il a la révélation de la poésie (Mallarmé, Valéry) grâce à l'un de ses professeurs. Il enseigne les mathématiques et la philosophie à Cherbourg, puis à Pontoise. En 1937, la rencontre avec Pierre Jean Jouve oriente définitivement son destin. En quarante ans, Pierre Emmanuel a construit une œuvre de poète chrétien engagé dans sa foi et dans son temps, en particulier pendant la Résistance (il participe alors, sous le nom de Jean Amyot, à *L'Honneur des poètes*). Tournée vers la spiritualité sans être cérébrale, sa ferveur n'exclut pas une certaine violence portée par une grande richesse verbale. Deux figures dominent : le Christ au tombeau, entre le vendredi saint et le jour de Pâques, entre vie et mort, état dont il est tiré par le Verbe ; Orphée aux enfers, figure du poète qui retrouve, grâce au Verbe, une Eurydice dont la quête est sans cesse reprise. *Babel*, œuvre centrale, constitue selon lui « une épopée spirituelle de l'histoire humaine, non point dans sa nouveauté, mais dans sa sempiternelle répétition ». Pierre Emmanuel est toujours demeuré en liaison avec les poètes de son temps : poète de la foi comme Patrice de La Tour du Pin, Loÿs Masson, Jean-Claude Renard, Claude Vigée, il fut également l'ami de Jean Tardieu, de Pierre Seghers et de Georges-Emmanuel Clancier. Considéré comme un maître par certains de ses jeunes contemporains, il est l'auteur de préfaces à de nombreux recueils comme ceux de Gérard Bayo, de Georges Sédir et de Gabriel Cousin. Élu à l'Académie française en 1968, il est mort à Paris le 22 septembre 1984.

ŒUVRES. — *Le Christ au tombeau*, 1938. — *Élégies*, 1940. — *Tombeau d'Orphée*, 1941. — *Le Poète et son Christ*, *Jours de colère*, *Combats avec tes défenseurs*, 1942, rééd. 1969. — *Cantos*, 1942. — *Orphiques*, 1942. — *La Colombe*, 1942. — *Chansons du dé à coudre*, 1944, rééd. 1971. — *Sodome*, 1944, rééd. 1972. — *La Liberté guide nos pas*, 1945. — *Prière d'Abraham*, 1947. — *Qui est cet homme ? ou le singulier universel*, 1948, rééd. 1970. — *Car enfin je vous aime*, roman, 1950, rééd. 1983. — *Babel*, 1951. — *Poésie, raison ardente*, 1953. — *L'Ouvrier de la onzième heure*, 1954, rééd. 1970. — *Visage nuage*, 1955. — *Versant de l'âge*, 1958. — *Évangéliaire*, 1961. — *Le Goût de l'Un*, 1963. — *La Nouvelle Naissance*, 1954. — *La Face humaine*, 1965. — *Baudelaire*, 1967. — *Jacob*, 1970. — *Autobiographie*, 1970. — *Choses dites*, 1970. — *Sophia*, 1973. — *La Révolution parallèle*, 1975. — *La Vie terrestre*, 1976. — *Una ou la Mort la vie*, 1978. — *Tu*, 1978. — *Duel*, 1979. — *Culture, noblesse du monde*, 1980. — *L'Autre*, 1980. — *Baudelaire, la femme et Dieu*, 1982. — *L'Arbre et le vent : feuilles volantes 1980-1981*, 1982. — *Une année de grâce : feuilles volantes 1981-1982*, 1983. — *Le Grand Œuvre : cosmogonie*, 1984.

→ Alain Bosquet, *Pierre Emmanuel : une étude*, Seghers, coll. Poètes d'aujourd'hui, 1959, rééd. 1971. — Anne-Sophie Andrieu-Constant, *L'Œuvre poétique de Pierre Emmanuel : l'enfantement de soi*, thèse, Paris-X, 1987. Il existe des *Cahiers Pierre Emmanuel* (Association des amis de Pierre Emmanuel). — Fonds Pierre Emmanuel à la Bibliothèque nationale.

M.A.

Émond Paul (1944). Né à Bruxelles le 8 juillet 1944. Son premier roman, *La Danse du fumiste* (1979), fait d'une seule et interminable phrase, est un véritable tour de force : parole et discours y règnent en maîtres, dévidant anecdotes et réflexions au gré d'associations plus ou moins ténues. La bouffonnerie et l'humour, l'usage de l'intertextualité et de la parodie, la langue concrète et parfois truculente de la Belgique francophone sont ses moyens d'expression privilégiés. Émond, à qui l'on doit une thèse sur Jean Cayrol *(La Mort dans le miroir*, 1974), a exploité le thème du double dans la plupart de ses romans : *Plein la vue* (1981), *Paysage avec un homme nu dans la neige* (1982, publié en parallèle avec un recueil de Werner Lambersy), histoire de deux artistes que la mort seule réussit à départager ; *Tête à tête* (1989), monologue hallucinant qu'une femme adresse à son mari aphasique, dans un réquisitoire contre la vie du couple. Auteur dramatique, il a donné plusieurs pièces où éclatent sa verve et son goût de la mystification : mise en abyme du spectacle dans *Les Pupilles du tigre* (1986), jeu des personnalités cachées dans *Convives* (1990, prix triennal de littérature dramatique). Il a mis en scène d'*Inaccessibles Amours* (1992) entre un homme et sa maîtresse, entre un boucher et sa mère, il a traité un épisode de l'histoire de Belgique dans *Moi, Jean-Joseph Charlier dit Jambe de bois* (1994), ironisant sur les déboires administratifs d'un héros de la révolution belge de 1830. On lui doit aussi des préfaces, articles et essais sur le théâtre, ainsi que des adaptations *(Les Châteaux magnifiques* d'O'Neill, 1990 ; *Le Roi Lear*, 1994).

ŒUVRES. — *Paysage avec homme nu dans la neige*, rééd., Bruxelles, Les Éperonniers, coll. Passé-présent, 1989. — *La Danse du fumiste*, rééd., Bruxelles, Labor, coll. Espace Nord, 1993.

O.Bi.

Empreintes. Maison d'édition fondée en 1984 à Lausanne par François Rossel et Alain Rochat, elle se spécialise dans la poésie et publie notamment Maurice Chappaz, Pierre Chappuis, José-Flore Tappy.

B.Z.

En Bas *(Les Éditions d')*. Maison d'édition fondée en 1976 à Lausanne, elle a maintenu sa ligne d'engagement politique définie par ses premières collections (« La parole au peuple », « Histoire populaire », « Contre les murs ») tout en élargissant son champ à d'autres thèmes d'actualité (écologie, féminisme, rapports Nord-Sud).

B.Z.

Entr'acte (1927-1934). Revue fondée à Paris par Louis Jouvet et Valentin Marquetty, publiée par la Comédie des Champs-Élysées. Un peu plus de quatre ans après l'installation de Jouvet et de sa compagnie à la Comédie des Champs-Élysées, la fondation de la revue *Entr'acte* coïncide avec la constitution du « cartel des quatre » (association des metteurs en scène Louis Jouvet, Gaston Baty, Charles Dullin et Georges Pitoëff), dont elle publie le manifeste dans son premier numéro, en octobre 1927. Initialement revue-programme, *Entr'acte* reste très lié à la production dramatique du théâtre de l'avenue Montaigne : elle publie des commentaires sur les œuvres, les auteurs, les interprètes des pièces programmées (articles de Jules Romains ou Jean Sarment sur Jouvet ; de Giraudoux sur Valentine Tessier ; de Marcel Achard sur Michel Simon ; de Jouvet sur Christian Bérard ; de Martin du Gard sur Romain Bouquet ; d'Édouard Bourdet sur Drieu La Rochelle). Par ailleurs, la revue propose une réflexion sur l'esthétique et l'histoire du théâtre dans des articles tels que « Vérité de théâtre », « La tragédie en France », « L'acte de théâtre », « Des origines de la mise en scène » ou « Sur les origines du théâtre moderne en France ». Elle consacre deux numéros spéciaux aux « Auteurs d'aujourd'hui », contribue à l'étude des rapports du théâtre et du cinéma grâce aux interventions de René Clair, de Léon Chancerel ou de Jean Cocteau. Elle publie également notices et catalogues des expositions organisées dans les foyers du théâtre, ainsi que des chroniques régulières sur la danse, le cinéma, la peinture, l'édition. La périodicité d'*Entr'acte* est irrégulière de septembre-octobre 1927 à avril 1934 ; le nombre de pages varie de cinquante à cent ; les trente fascicules qui composent la revue se présentent de façon identique tout au long de la publication, qui cessera au départ de Jouvet pour le Théâtre de l'Athénée.

N.L. — IMEC

Éphémère (L') (1966-1972). Revue fondée à Paris par Yves Bonnefoy, André Du Bouchet, Louis-René Des Forêts et Gaëtan Picon, publiée par la Fondation Maeght (Saint-Paul-de-Vence et Paris). Ce périodique trimestriel, qui comptera une vingtaine de numéros, voit le jour à l'initiative d'écrivains et de poètes réunis par leurs affinités au lendemain de la disparition, en 1965, du *Mercure de France*, dont les deux dernières années de publication avaient été dirigées par Gaëtan Picon. Sa création répond aussi à la volonté de mécénat de la galerie Maeght, qui publie par ailleurs deux autres périodiques, *Derrière le miroir* et des *Chroniques de l'art vivant*. Sur sa couverture figure un dessin du sculpteur Alberto Giacometti, mort peu de temps avant la sortie du premier numéro, qui lui rend hommage.

Proche de Malraux, Gaëtan Picon quitte en 1968 un comité de rédaction composé de Jacques Dupin, Michel Leiris et Paul Celan, qui mourra en 1970. Si l'on excepte Louis-René Des Forêts qui ne publie que très peu dans la revue, la plupart des quadragénaires du comité présentent en avant-première quelques pages de leurs œuvres majeures : *Dans le leurre du seuil* d'Yves Bonnefoy, *Qui n'est pas tourné vers nous* d'André Du Bouchet ou encore des fragments posthumes du *Strette* de Celan. À côté de textes inédits de Freud, Bataille ou Artaud, on découvre les premiers textes de Jean Daive, Philippe Denis, Pascal Quignard et Alain Veinstein. Char, Frénaud et Ponge y sont moins souvent publiés que Michaux. *L'Éphémère* propose aussi de grandes traductions de Matsuo Basho, Emily Dickinson, Joyce, Hofmannsthal, Hölderlin, Kafka, Kleist, Lycophron, Ossip Mandelstam, Rilke, Marina Tsvetaeva et Robert O. Walser.

Malgré l'absence de chroniques et de textes critiques, *L'Éphémère* ne reste pas étrangère à quelques-uns des grands débats politiques de son temps : Du Bouchet, Jacques Dupin et Louis-René Des Forêts y défendent l'esprit de mai 1968 ;

Leiris s'y montre favorable au régime castriste ; enfin, un extrait du manifeste des écrivains tchécoslovaques est introduit dans la revue au lendemain des événements d'août 1968. Située dans la lignée du premier *Commerce*, *L'Éphémère* accueille en outre des travaux d'artistes comme Christian Dotremont, Lam, Morandi, Antonio Tapiès, Sima, Tal-Coat, Bram Van Velde.

Al.P. — IMEC

Épiscopopoulos Nicolas (1874-1944). Né à Zante, il vient très jeune à Athènes et travaille comme chroniqueur au journal *Asty* et comme critique littéraire aux revues *Panathinéa* et *Techni*. Son premier livre en grec, un recueil de poèmes intitulé *Récits du crépuscule* (1898), est suivi du poème en prose *Cantique des cantiques* (1900) et du poème dramatique *Âmes désertes* (1901). En 1902, il s'installe définitivement à Paris et publie ses textes, écrits désormais en français, sous le pseudonyme de Nicolas Ségur. La première publication aux Lettres françaises d'un essai sur l'œuvre de Barrès lui gagne l'estime d'Anatole France, qui le recommande comme critique littéraire au *Figaro* et au *Matin*. Peu après, il fait paraître *Le Génie européen*, recueil d'essais sur Bergson, Nietzsche, Taine, Ibsen, Maeterlinck, Tolstoï, Loti, France, etc. *Conversations avec Anatole France* (1925), *Anatole France anecdotique* et *Dernières Conversations avec Anatole France* (1927) le consacrent comme critique et essayiste. Ses nombreux romans, publiés après la Première Guerre mondiale (*Naïs au miroir, Une île d'amour, Le Secret de Pénélope, L'amour passe, La Belle Venise, Le Lac de Vénus, Platon cherche l'amour, Le Voluptueux Printemps, Le Rideau rouge, Le Mariage charnel, L'Anneau sensuel, La Chair, Baiser mortel, Le Lit conjugal, Fantôme de volupté, L'Appel du désir, La Fleur du mal, Marie-Madeleine, Le Paradis des hommes)* lui vaudront une grande réputation de romancier auprès du public français. Après sa mort, son épouse a fait paraître son *Histoire de la littérature européenne en deux volumes* (1948-1952).

A.Vl.

Esprit nouveau (L') (1920-1925). Revue fondée à Paris par Paul Dermée, Amédée Ozenfant et Charles-Édouard Jeanneret. Cette publication généraliste s'intéresse aux arts et à l'architecture, mais aussi à la littérature, aux techniques et aux sciences. Dès le cinquième numéro, Dermée est évincé par Ozenfant et Le Corbusier, qui lui reprochent ses sympathies dadaïstes. Les rapports entre *L'Esprit nouveau* et le mouvement Dada n'offrent toutefois pas la franche hostilité à laquelle peut laisser croire un tel événement : des dadaïstes (Arnauld, Tzara, Aragon, Picabia, Ribemont-Dessaignes, Vicente Huidobro, Pierre Albert-Birot...) ont collaboré à certains de ses vingt-huit numéros. *L'Esprit nouveau* reconnaissait en Dada l'utile destructeur des traditions esthétiques sur les ruines desquelles la revue et ses animateurs pourraient construire un nouvel ordre. Mais loin de constituer une publication progressiste ou d'avant-garde, la revue défend plutôt une modernité accomplie sur laquelle elle jette un regard rétrospectif de type positiviste. *L'Esprit nouveau* semble le modèle le plus achevé de ce retour à l'ordre plus d'une fois constaté dans les années vingt.

→ *L'Esprit nouveau*, réimpression, New York, Da Capo Press, 1969. — *« L'Esprit nouveau » : Le Corbusier et l'industrie 1920-1925*, Zürich, Museum für Gestaltung-Wilhelm Ernst & Sohn Verlag, 1987. — Yves Chèvrefils Desbiolles, *Les Revues d'art à Paris 1905-1940*, Ent're-vues, 1993.

Y.C.-D. — IMEC

Estang Luc (1911-1992), pseudonyme de Lucien Bastard. Né à Paris le 12 novembre 1911, il fait ses études dans des collèges religieux d'Artois et de Belgique, puis passe péniblement par divers petits emplois avant de travailler au journal *La Croix*, au *Figaro littéraire* et aux Éditions du Seuil. À partir de 1938, il construit une œuvre de poète, de romancier et de critique. La quête spirituelle qui occupe ses livres est intime, ouverte au monde autant qu'à l'au-delà. Dans une prosodie classique, dès *Le Mystère apprivoisé* (Robert Laffont, 1943) il associe simplement la nature aux mystères sacrés. Dans *Les Quatre Éléments* (Gallimard, 1956), la quête a des résonances cosmiques, un souffle souvent plus ample, sans perdre son caractère concret. La *Naissance du poème* s'y associe au

« flot irrépressible » de tout l'univers. Parmi ses nombreux romans, *Charges d'âmes* (Le Seuil, 1950-1954) est une vaste trilogie où les personnages vivent autant d'approches différentes de la foi et de l'existence dans le monde. *Celle qui venait du rêve* (Le Seuil, 1989) continue de montrer que cette foi reste inquiète et que les rapports entre la vie de ce monde et la religion sont une tension permanente. Luc Estang a aussi témoigné de son expérience dans divers essais.

A.P.-de B.

Estaunié Édouard (1862-1942). Né à Dijon le 4 février 1862, orphelin de père à sa naissance, il est élevé par son grand-père, « Monsieur Monthieu », qu'il évoque dans *Tels qu'ils furent* (Perrin, 1927) et dans ses *Souvenirs* (Genève, Droz, 1973). Après le collège de Dole, chez les jésuites, puis à Dijon, il étudie au lycée Saint-Louis à Paris, entre à l'École polytechnique, puis à l'École des sciences politiques avant de se diriger vers l'École d'application des PTT, dont il sort ingénieur (*Les Sources de l'énergie électrique*, Librairies-Imprimeries réunies, 1895 ; *Principes généraux de télécommunication électrique*, Dunod, 1904). Commence alors une carrière de haut fonctionnaire qui le fera inspecteur général des PTT, et en 1919 président de la commission de liquidation des biens allemands en Alsace-Lorraine.

Mais très tôt il se tourne vers la littérature. Critique littéraire à *La Gazette diplomatique* (1888), auteur de nouvelles dans *La Revue générale* sous le pseudonyme de Paul Ferny, critique d'art (*Petits Maîtres*, Perrin, 1893), il est aussi un romancier d'inspiration naturaliste, qui montre le suicide d'un étudiant (*Un simple*, Perrin, 1891), le sacrifice d'une mère (*Bonne Dame*, Perrin, 1891), le parcours d'un arriviste (*Le Ferment*, 1899), et surtout le combat d'un homme contre la marque imprimée en lui par les jésuites durant ses années de collège (*L'Empreinte*, Perrin, 1896).

Pourtant une rupture s'annonce. Ayant dépassé la tentation de l'agnosticisme avec *L'Épave* (Perrin, 1902), Édouard Estaunié s'interroge, dans ses romans suivants, sur la place du divin (*La Vie secrète*, Perrin, 1908) et sur le sens du mal (*L'Appel de la route*, Perrin, 1922). Toujours confrontés à eux-mêmes (*Solitudes*, Perrin, 1917), ses personnages se rachètent par le don de soi (*L'Infirme aux mains de lumière*, Grasset, 1923) ou l'ouverture aux autres (*L'Ascension de M. Baslèvre*, Cyral, 1926), ou s'arrachent à un monde en proie au vol (*Le Labyrinthe*, Perrin, 1924), au suicide (*Madame Clapain*, Perrin, 1932) ou à une violence passionnelle dont les objets domestiques sont les ultimes témoins (*Les choses voient*, Perrin, 1913).

Parti de positions éloignées du christianisme, ce romancier de la petite ville silencieuse a, comme l'écrit Daniel-Rops préfaçant *Roman et province* (Marseille, Laffont, 1943), « dessiné une courbe qui devait le ramener de plus en plus vers la lumière ». Édouard Estaunié est mort à Paris le 1er avril 1942.

→ Antoinette Züblin, *Édouard Estaunié, le penseur et l'artiste*, Genève, Georg, 1929. — Lucie Labrousse, *Essai sur l'œuvre d'Édouard Estaunié*, Niort, Martin, 1931. — Daniel-Rops, *Édouard Estaunié*, Alcan, 1931 et *Hommage à Édouard Estaunié*, Firmin-Didot, 1962. — Edmond Wampach, *Édouard Estaunié, son monde et ses idées*, Luxembourg, Linden, 1932. — John Charpentier, *Estaunié*, Firmin-Didot, 1932. — Camille Cé, *Regards sur l'œuvre d'Édouard Estaunié*, Perrin, 1935. — Renato Tullio de Rosa, *Édouard Estaunié*, Napoli, Liguori Editore, 1973. — Georges Cesbron, *Édouard Estaunié, romancier de l'être*, Genève, Droz, 1977. — Fonds Estaunié à la Bibliothèque municipale de Dijon.

J.P.

Esteban Claude (1935). Né à Paris de parents espagnols, élevé en France, il a raconté dans un essai autobiographique (*Le Partage des mots*, Gallimard, 1990) son enfance et son adolescence marquées par la dualité des langues — expérience qui fit naître en lui une certaine méfiance envers le langage, et le sentiment qu'un travail était nécessaire pour reconquérir les mots. Élève des jésuites, puis de l'École normale supérieure où il entre en 1955, il passe d'abord par le refus de sa langue maternelle, se consacre au français et aux langues anciennes avant de revenir vers l'espagnol et sa littérature, auxquels il décide de se consacrer et qu'il enseigne désormais à la Sorbonne.

Faire coïncider le langage, les signes et les sons avec l'expérience concrète, telle est l'ambition de la poésie de Claude Esteban. Ses principaux recueils : *Terre, travaux du cœur*, poèmes 1968-1978 (Flammarion, 1979), *Le Nom et la demeure* (Flammarion, 1985), *Élégie de la mort violente* (Flammarion, 1989), *Quelqu'un commence à parler dans une chambre* (Flammarion, 1995). Il a publié un volume de traductions de poètes classiques et contemporains : Quevedo, Gongóra, Paz, Pessoa (*Poèmes parallèles*, Galilée, 1980) et dirigé la revue *Argile*.

Également critique et essayiste, Claude Esteban a surtout parlé des artistes qui partagent sa vision de la création poétique : retrouver, loin de tout formalisme, le chemin du sens à travers le pouvoir d'expression et d'échange du monde sensible. Témoignent de cette réflexion *Un lieu hors de tout lieu* (Galilée, 1979), *Traces, figures, traversées* (essais sur des peintres contemporains, Galilée, 1985), *Critique de la raison poétique* (Flammarion, 1987), et *Le Travail du visible* (Fourbis, 1992), recueil de textes consacrés à des peintres classiques.

B.Do.

Etcherelli Claire (1934). Née à Bordeaux, fille de docker, elle travaille à la chaîne pendant deux ans, expérience qu'elle raconte dans son livre le plus célèbre, *Élise ou la vraie vie* (Denoël, 1967, prix Femina, rééd. Le Livre de Poche, 1971), qui fut porté à l'écran par Michel Drach. Dans ses romans (*À propos de Clémence*, Denoël, 1971 ; *Un arbre voyageur*, Gallimard, 1978), elle évoque la vie quotidienne sur fond d'interrogations politiques (à propos de la guerre d'Algérie, du franquisme ou de l'invasion de la Tchécoslovaquie par les Soviétiques). Mais son style, d'une extrême simplicité, évite les clichés du misérabilisme ou les lourdeurs de la littérature engagée.

C.C.

Éthier-Blais Jean (1925-1995). Né à Sturgeon Falls (Ontario), collégien à Sudbury, étudiant à Montréal, Paris, Munich, diplomate en poste à Paris, Varsovie et Hanoï, avant de faire carrière comme professeur à l'université McGill à partir de 1962, il est très connu comme chroniqueur au *Devoir*, conférencier, président ou membre actif de sociétés littéraires. Outre des poèmes, discours, portraits ou monographies impressionnistes, son œuvre comprend essentiellement des essais très personnels (*Signets*, 5 vol., de 1967 à 1993), des romans nourris de lectures, de souvenirs et de combats idéologiques. La fiction narrative et la prose d'idées sont chez lui des genres qui se touchent jusqu'à confondre leurs personnages (l'abbé Groulx, le peintre Borduas, l'écrivain François Hertel), leurs thèmes (la décadence), leur style tantôt acéré, ironique, néo-classique, tantôt sensuel, emporté, romantique ou baroque. C'est visible dans les récits d'apprentissage de *Mater Europa* (1968), les nouvelles du *Manteau de Rubén Dario* (1974), la fresque des *Pays étrangers* (1982), située à Montréal dans l'immédiat après-guerre. Les plus grandes réussites d'Éthier-Blais sont sans doute son *Dictionnaire de moi-même* (1976), « glissement continu vers la mort, une mort qui est refusée et que l'écriture cherche à neutraliser » (Gilles Thérien), son récit d'un *Voyage d'hiver* (1986) en Italie, ses *Fragments d'une enfance* (1989) et *Le Seuil des vingt ans* (1992).

L.M.

Étiemble René (1909). Né à Mayenne le 26 janvier 1909, romancier (*L'Enfant de chœur*, 1947 ; *Blason d'un corps*, 1961, *Trois femmes de race*, 1981), poète (*Le Cœur et la cendre : soixante ans de poésie*, Les Deux Animaux, 1984), traducteur (T.E. Lawrence, Borgès), dramaturge (*Cœurs doubles*, 1948), il s'est surtout fait connaître par son œuvre d'essayiste et par le rayonnement qu'il a donné à la nouvelle discipline universitaire de la littérature comparée. Après un premier *Rimbaud* écrit en collaboration avec Yassu Gaudère (Gallimard, 1936), il soutient en 1952 une thèse sur *Le Mythe de Rimbaud* publiée en deux tomes chez Gallimard (I, 1954 ; II, 1952, suivis d'un t. V, 1961, les tomes intermédiaires étant restés inédits). Étiemble s'est consacré à la carrière universitaire en s'attachant à démystifier le narcissisme de la littérature et de la critique en France (essais regroupés en cinq tomes sous le titre *Hygiène des lettres*), à dénoncer l'invasion de la langue française par l'anglais (*Parlez-vous franglais ?*, 1964), et à essayer d'ouvrir l'horizon français aux littératures étrangères, en particulier asiatiques. Si tout un volet de son œuvre est en effet consacré aux langues et à leur utilisation dans le monde (*Le Babélien*, 1960-1962, 3 t. ; *Le Jargon des Sciences*, 1966), sa curiosité et son cosmopolitisme militant l'ont poussé à explorer les littératures japonaise, arabe, et plus spécialement la Chine à laquelle il a consacré plusieurs ouvrages (*Connaissons-nous la Chine ?*, 1964 ; *Les Jésuites en Chine*, 1966 ; *L'Europe chinoise*, 1988-1989, 2 t.). Enfin, l'essor qu'il a donné à la littérature comparée grâce à son enseignement (Chicago, Mexique, Alexandrie, Paris) s'est aussi manifesté par la publication d'*Essais de littérature (vraiment) générale* (1974), de *Quelques essais de littérature universelle* (1982), suivi d'*Ouverture(s) sur un comparatisme planétaire* (1988) et de *Nouveaux Essais de littérature universelle* (1992).

ŒUVRES. — Publiées principalement chez Gallimard.

→ *Le Mythe d'Étiemble : hommages, études et recherches*, Paris, Didier, 1981. — A. Mariano, *Etiemble ou le comparatisme militant*, Gallimard, 1982.

G.Si.

Étudiant noir (L'). Revue fondée en 1935, succédant à *Légitime Défense* (créée en 1932). Les rédacteurs de ce petit périodique corporatif sous-titré « Journal de l'association des étudiants martiniquais », Aimé Césaire, Léopold Senghor, Léonard Sainville, entendaient se démarquer de leurs fougueux prédécesseurs, tout en affirmant leur spécificité culturelle. On sait peu de chose des activités de *L'Étudiant noir*, sinon que la revue se proposait, si l'on en croit Léon Gontran Damas, de « mettre fin au système clanique en vigueur au Quartier latin » et de rattacher les Noirs à leur histoire, leurs traditions et leurs langues. Organe officiel de la négritude naissante — le mot apparaîtra quatre ans plus tard, sous la plume de Césaire —, *L'Étudiant noir* ne publia aucune des œuvres de ses fondateurs, mais fut un intense foyer de fermentation intellectuelle, dont on trouve un écho indirect dans le roman du Sénégalais Ousmane Socé, *Karim*, publié la même année 1935, à Paris.

J.C.

Europe. Revue fondée à Paris en 1923 par un groupe de jeunes écrivains, publiée par les Éditions Rieder, puis par Les Éditeurs français réunis (1949-1979) et le groupe Messidor (1979-1994). Paul Colin, Jean-Richard Bloch, Georges Duhamel, René Arcos, Charles Vildrac, Luc Durtain, Léon Bazalgette et Georges Chennevière créent leur revue littéraire mensuelle le 15 février 1923. Ils sont tous marqués par l'expérience de la guerre et le pacifisme de Romain Rolland, qui accepte de patronner le projet d'une revue internationale, lorsque Paul Colin propose de transformer son journal *L'Art libre* (Bruxelles) en une nouvelle revue, placée sous le signe de l'indépendance d'esprit. Les fondateurs d'*Europe* ont vécu plusieurs expériences littéraires avant 1914, comme celle de l'Abbaye de Créteil (1905-1907) ou celle du groupe « vitaliste », réuni autour de *L'Effort libre* de Jean-Richard Bloch. Romain Rolland fait bénéficier *Europe* de son réseau de correspondants, comme Rabindranath Tagore, Maxime Gorki, Stefan Zweig ; en 1923, il réserve à la revue la primeur de son *Mahatma Gandhi* et impose la même année la publication d'un écrivain roumain inconnu, Panaït Istrati. L'ouverture aux littératures étrangères fait alors la singularité d'*Europe* : dès les années vingt, sont publiés Ivan Bounine, Isaac Babel, Boris Pilniak et des romanciers américains comme John Dos Passos. La revue est résolument internationaliste : « Nous disons aujourd'hui « Europe », écrit Arcos, parce que notre vaste presqu'île, entre l'Orient et le nouveau monde, est le carrefour où se rejoignent les civilisations. Mais c'est à tous les peuples que nous nous adressons [...] dans l'espoir d'aider à dissiper les tragiques malentendus qui divisent actuellement les hommes. »

Dirigée à ses débuts par Paul Colin et René Arcos, *Europe* connaît quelques difficultés ; Albert Crémieux, codirecteur des Éditions Rieder, en prend la direction en 1924 et Paul Colin est remplacé par Léon Bazalgette en 1925. Bien qu'attirés par le modèle de la *NRF*, les collaborateurs d'*Europe* en refusent l'idéal esthétique, à leurs yeux trop détaché des réalités sociales. À la différence de la *NRF*, *Europe* s'intéresse peu aux avant-gardes artistiques. À partir de 1927, le directeur littéraire des Éditions Rieder, Jacques Robertfrance, devient secrétaire de rédaction de la revue, aidé de Jean Prévost. Une nouvelle génération d'auteurs entre à *Europe*, André Chamson, Philippe Soupault, Emmanuel Berl, Paul Nizan. À la fin de 1928, après la mort de Léon Bazalgette, Jean Guéhenno devient rédacteur en chef. Sous son impulsion et celle de Jacques Robertfrance, *Europe* publie Victor Serge, Giono, Silone. Les « Commentaires » mensuels de Jean-Richard Bloch élargissent son audience. En 1936, Guéhenno démissionne pour deux raisons : il refuse les nouvelles exigences de l'éditeur, victime de difficultés économiques, et considère par ailleurs que la revue doit garder son indépendance par rapport au parti communiste. Jean Casson lui succède à la tête d'un comité de rédaction, où dominent les « compagnons de route » : Romain Rolland, Pierre Abraham, Aragon, René Arcos, Jean-Richard Bloch, Dominique Braga, André Chamson, Luc Durtain, Georges Friedmann, René Lalou, René Maublanc. Devenue compagnon de route du communisme dans le combat antifasciste, la revue, où l'influence d'Aragon est sensible, devient l'une des tribunes de l'Association internationale des écrivains pour la défense de la culture. Elle publie notamment des textes d'émigrés allemands comme Heinrich Mann ou Anna Seghers. À l'annonce de la signature du Pacte germano-soviétique, le 23 août 1939, Jean Cassou, en accord avec Romain Rolland, décide de suspendre la revue.

Sous l'impulsion d'Aragon, *Europe* reparaît en 1946, publiée par la Bibliothèque française. Elle a pour rédacteur en chef, puis directeur, Jean Cassou, qui sera remplacé par Pierre Abraham en 1949. Le comité de rédaction est composé de compagnons de route et de résistants comme Louis Martin-Chauffier ou Vercors. La guerre froide radicalise la revue en la liant davantage au parti communiste. La Bibliothèque française est absorbée en 1949 par les Éditeurs français réunis, maison d'édition littéraire du parti. Les années cinquante sont jalonnées de plusieurs départs : Cassou en 1950, mis en cause pour ses positions titistes, suivi de Georges Friedmann, Claude Aveline, Martin-Chauffier et Vercors. En 1951, Elsa Triolet entre au comité. Après la crise hongroise de 1956, René Arcos quitte la revue, suivi en 1957 par Louis de Villefosse. Cet engagement politique s'exprime par exemple dans le numéro « Lyssenko », décidé par Aragon, et dans le numéro d'hommage à Staline en avril 1953.

Poussée à repenser sa politique éditoriale en 1949, la revue commence à paraître sous la forme de numéros spéciaux, illustrant à la fois son engagement politique (littérature d'Afrique, de Chine, du Viêtnam) et son goût des auteurs classiques (Rabelais en 1953, Diderot en 1962, Shakespeare en 1964). Après le décès de Pierre Abraham en 1974, Pierre Gamarra devient directeur. La revue s'intéresse à la littérature sous toutes ses formes (Tzara en 1975, Jules Verne en 1978, Cubisme et littérature en 1982). *Europe* est devenue peu à peu une revue littéraire de référence et s'affirme toujours comme une revue de gauche, ouverte sur le monde, et ouverte à la littérature, vivant grâce au « Cahier de création » figurant dans chaque numéro. À partir d'août 1994, animée par Charles Dobzynski et Jean-Baptiste Para, elle quitte le groupe Messidor et devient indépendante sous l'égide de la Société des amis d'*Europe* (créée en fait en 1936).

→ Joseph Kvapil, *Romain Rolland et les amis d'Europe*, Prague, 1971. — Nicole Racine, « La revue *Europe* (1923-1939). Du pacifisme rollandien à l'antifascisme compagnon de route », *Matériaux pour l'histoire de notre temps* (Nanterre), nº 30, janvier-mars 1993. — Marie-Cécile Bouju, « Histoire de la revue *Europe* », maîtrise dirigée par Jean-Yves Mollier, université Paris X, 1993.

M.-C.Bo. — N.Ra. — IMEC

Exbrayat Charles (1906-1989) pseudonyme de Charles Durivaux. Né à Saint-Étienne, il vient à Paris pour y préparer l'agrégation puis commence à Genève une carrière d'auteur dramatique avec *Aller et retour* qui se poursuit à Paris avec *Cristobal* et *Annette ou la chasse aux papillons*. Le romancier ne se révèle qu'après 1945, alors qu'il est devenu journaliste au *Journal de Nevers* : il obtient en 1958 le grand prix du roman d'aventures pour *Vous souvenez-vous de Paco ?* Abordant aussi bien le roman psychologique (*Jules Matrat*, 1975), le roman historique (*Les Bonheurs courts*, 1980 ; *La Lumière du matin*, 1981 ; *Le Chemin perdu*, 1982 ; *Les Soleils de l'automne*, 1983 ; *La Désirade*, 1984), il invente une forme nouvelle, le roman policier humoristique, qui lui apporte la notoriété. Depuis *Elle avait trop de mémoire* (1957), plus d'une centaine de romans, publiés pour la plupart au Club des Masques ou dans Le Livre de Poche, témoignent de sa productivité et de sa popularité, tout comme les nombreuses adaptations pour la télévision et le cinéma (*Une ravissante idiote*, 1962). Lui-même s'est essayé au scénario et au dialogue de films (*L'Homme de Londres* ; *Le Soleil de minuit*). Sa verve et son sens du cocasse ont fait enfin le succès de la série des Imogène (*Les Imogène*, Librairie des Champs Elysées, 1990).

ŒUVRES. — Publiées chez Albin Michel, Le Club des Masques, Le Livre de Poche.

S.R.

existentialisme. Parmi les courants intellectuels français du XXe siècle, l'existentialisme peut être considéré comme le dernier mouvement dont le retentissement ait dépassé le cercle étroit des spécialistes. Amplifiée, et souvent déformée, par une attention médiatique sans précédent pendant la décennie qui suivit la Libération, la vision du monde dite existentialiste fut, surtout pour le grand public, l'objet d'une mode faite d'attitudes éthiques et esthétiques, de prédilections littéraires, de goûts musicaux (le jazz, les chansonniers), de façons de s'habiller, de lieux tels que les cafés, les caves et les bistrots de Saint-Germain-des-Prés, du Quartier latin et de Montparnasse. À l'origine de ce phénomène jouait beaucoup la fascination exercée notamment sur la jeunesse estudiantine par Sartre, dont le succès à partir de 1945 prit des proportions étonnantes, et qui devint, avec Simone de Beauvoir, le centre d'une constellation d'artistes de talent. Une partie d'entre eux collabora en 1945 à la fondation des *Temps modernes*, qui accrut l'audience du groupe, dont les compétences s'étendirent ainsi aux problèmes historiques et politiques, vus à travers une optique de gauche non communiste, même si les collaborateurs de la revue ne pouvaient pas tous être rassemblés sous l'étiquette « existentialiste », qui d'ailleurs au cours des années suivantes perdra toute signification univoque.

Du point de vue philosophique, il vaudrait mieux parler d'« existentialismes français » au pluriel et distinguer une tendance chrétienne, où se situeraient Gabriel Marcel, Emmanuel Mounier, Jean Wahl, et une tendance athée, représentée par Jean-Paul Sartre et Maurice Merleau-Ponty. Au-delà des différences profondes et des parcours respectifs, ces deux orientations eurent en commun d'être sensibles à l'exemple de Kierkegaard, et de s'adresser à l'expérience vécue de l'être singulier, irréductible à tout savoir généralisateur et à tout système impersonnel. Elles placent au centre de la réflexion l'angoisse de l'homme, jeté dans le monde, aux prises avec une liberté vertigineuse dont l'envers est la contingence.

Le tournant le plus important fut pris à l'occasion du débat philosophique entre Sartre et Merleau-Ponty, en opposition à l'hégémonie néo-kantienne et néo-spiritualiste de la pensée française officielle des années vingt et trente. Influencés par la phénoménologie husserlienne, ils ont l'un et l'autre cherché à élaborer une philosophie concrète interrogeant l'être dans ses manifestations, à savoir la conscience en tant qu'elle vise le monde et le monde tel qu'il apparaît à la conscience. À partir de ces présupposés communs, et à travers des itinéraires divergents, l'œuvre de Sartre a suscité des échos plus vastes que celle de Merleau-Ponty, dès lors qu'elle empruntait de multiples formes, traité de philosophie, roman, nouvelle, essai, théâtre, critique littéraire : beaucoup plus que l'investigation conceptuelle, la fiction permet une saisie plus souple et rapprochée de l'être à travers les situations particulières. Ainsi des concepts sartriens destinés à être développés théoriquement dans *L'Être et le néant* (1943) sont déjà exploités dans *La Nausée* (1938), la constatation de la contingence, par exemple, qui constitue le facteur décisif déclenchant les malaises du protagoniste, Roquentin. Certains passages du roman font la satire de l'« esprit de sérieux » qui caractérise les comportements des « salauds », qui refoulent leur injustifiable gratuité dans la certitude exhibée de leur bon droit d'exister. Cette attitude est illustrée également dans une des nouvelles du recueil *Le Mur* (1939), « L'Enfance d'un chef ». Quant au principe husserlien de l'intentionnalité, selon lequel la conscience est toujours conscience de quelque chose, il se traduit dans la structure textuelle de *La Nausée*, qui prend la forme d'un journal où Roquentin note scrupuleusement les détails de son existence monotone, enregistrant la présence opaque des choses.

L'implication mutuelle de la conscience humaine et du monde constitue le pilier sur lequel repose tout l'échafaudage de *L'Être et le néant*. Le domaine de l'être se partage en effet en deux catégories, le pour-soi et l'en-soi, dont le fonctionnement est tout à fait différent. L'être de l'en-soi correspond à celui des choses, massif, inerte, coïncidant avec lui-même, tandis que le pour-soi, en tant qu'être de la conscience fondée sur l'intentionnalité, se projette toujours vers ce qu'il n'est pas : présent aux choses, il se transcende vers les choses, dont il se distingue ; présent à lui-même, il ne coïncide pas avec lui-même et il a donc à être lui-même, puisqu'il n'est pas ce qu'il est et qu'il est ce qu'il n'est pas. Négativité, la conscience introduit le néant au cœur de l'être en-soi et le transforme en phénomène se décalant de soi. L'être en-soi, en effet, n'est pas fondement de lui-même : pour le devenir, il lui faudrait se reprendre, se dédoubler, se néantiser et devenir être pour-soi, conscience de soi. De son côté la conscience, étant pour-soi, vise cette plénitude d'être, cet en-soi dont elle manque pour être. Le projet fondamental de l'homme conçoit alors un être qui serait en même temps conscience et plénitude, décalage et coïncidence, pour-soi et en-soi : l'en-soi-pour-soi. Mais il s'agit d'une limite asymptotique, car une telle entité ne saurait être que Dieu, dont l'idée est selon Sartre contradictoire et vaine.

Puisqu'elle est ontologiquement séparée des choses, la conscience est libre : aucun facteur extérieur ne lui impose telle ou telle attitude. Ne pouvant déléguer ses options à aucune nécessité qui le dépasserait, l'être humain est forcé de choisir à tout instant ; il est condamné à être libre et à assumer la responsabilité perpétuelle de ses actes. C'est là l'un des principes fondamentaux de ce qu'on a appelé l'engagement. Il est vrai que cette liberté n'est jamais exempte de conditionnements, et qu'elle ne s'identifie pas à un pouvoir absolu de changer les données existantes ou d'en créer de nouvelles : elle n'existe qu'en relation avec une situation de départ dont la conscience doit décider ce qu'elle veut faire. Pourtant, aucune situation n'est pourvue d'un sens objectif *a priori* : sa fonction d'appui ou d'obstacle par rapport à un projet individuel ne peut se mesurer qu'en relation avec les buts que celui-ci poursuivra.

Parmi les facteurs auxquels tout être singulier est confronté, l'existence d'autrui constitue un phénomène impossible à refouler. En tant que subjectivité individuelle, le pour-soi perçoit d'autres présences qui ne sont pas assimilables aux choses, puisqu'elles le regardent, l'objectivent et le dépossèdent d'une partie de son contrôle de lui-même et de l'horizon qui l'entoure : ce côté de nous-mêmes qui nous échappe est ce que Sartre appelle l'être-pour-autrui. La dimension de l'intersubjectivité est en général caractérisée par un climat d'hostilité et de conflit qui rappelle la dialectique hégélienne du maître et de l'esclave. Mais le jugement d'autrui n'est pas fatalement délétère car il peut parfois aider le sujet à assumer une identité et à la stabiliser : c'est par exemple le cas de l'amour.

L'articulation de ces arguments ontologiques dans *L'Être et le néant* repose sur un agencement textuel très suggestif. De même que les premiers écrits de fiction de Sartre se chargeaient de véhiculer des notions philosophiques, son premier grand écrit philosophique est d'une grande puissance évocatrice, proche de ses textes de fiction. Plusieurs chapitres témoignent ainsi d'une attention à la vie et au corps peu habituelle dans les ouvrages théoriques, et des pages envoûtantes sont consacrées aux passions : amour, sadisme, masochisme, indifférence, haine. D'autres passages montrent certains comportements de mauvaise foi : le garçon de café qui joue à être le garçon de café, l'attitude d'une femme à un premier rendez-vous.

Ainsi que l'indique le titre, dans le cycle des *Chemins de la liberté* (1945-1949), Mathieu, le protagoniste, s'emploie à donner un contenu à cette liberté abstraite et passive qu'il défend contre toute atteinte. Dans ce but, il se mesure d'abord avec autrui, perçu comme source de fascination, juge imprévisible ou obstacle gênant, et ensuite avec la situation historique, dont la guerre représente la manifestation la plus écrasante pour l'individu. Les procédés narratifs répondent assez fidèlement aux présupposés métaphysiques. Le monde ne se dévoilant chez Sartre qu'à travers la perspective d'une conscience individuelle, l'univers romanesque, écartant tout témoin omniscient hors situation, se fonde sur la focalisation interne et donc sur le point de vue subjectif du héros principal ou d'autres personnages pris temporairement comme foyers de perception. D'où l'utilisation fréquente du monologue intérieur et du discours indirect libre, qui ne débouche jamais sur une analyse psychologique traditionnelle, car Sartre ne croit pas à l'existence d'une « psyché » et d'un « caractère » stables qui coïncideraient avec le fonctionnement primaire et spontané de la conscience individuelle. Celle-ci est montrée plutôt comme projet toujours tendu vers un avenir ouvert et problématique. Ce refus du psychologisme inspire également la conception sartrienne du théâtre, où ce qui compte n'est pas le « caractère » d'un individu mais son attitude concrète face à des situations extrêmes, susceptibles de lui dévoiler sa vérité à l'épreuve des faits.

La sensibilité de Sartre narrateur caractérise aussi ses biographies critiques de Baudelaire (1947), Genet (1952), Flaubert (1941-1942). La méthode existentialiste, qu'il préconise notamment dans *Questions de méthode* (1960), tente de répondre à la question : que peut-on savoir d'un homme aujourd'hui ? Le poids des conditionnements historiques, politiques, sociaux, économiques, culturels, dont Sartre reconnaît de plus en plus l'importance à partir des années cinquante, ne saurait à lui seul expliquer une personnalité individuelle : il faut aussi interroger la façon dont celle-ci a vécu les données extérieures, en les intériorisant et en les réextériorisant jusqu'à les dépasser. Le processus historique lui-même reste incompréhensible si on le coupe des projets humains, individuels ou collectifs, qui concourent à le façonner quitte à être débordés par son développement et à ne plus se reconnaître dans les résultats. Cette tentative de raccorder la pression des composantes matérielles de l'histoire (le pratico-inerte) et des mécanismes supra-individuels à la praxis humaine, dont la *Critique de la raison dialectique* (1960) marque le temps fort, se situe à une époque où l'influence de l'existentialisme sur le débat culturel français s'est désormais réduite, au profit du structuralisme. Le succès de l'existentialisme dans les années cinquante est également en relation avec le témoignage et la critique des positions théoriques sartriennes de Simone de Beauvoir, dont les premiers essais, *Pyrrhus et Cinéas* (1944) et *Pour une morale de l'ambiguïté* (1947), s'ingénient à démentir toute apparence d'impossibilité d'une morale existentialiste, et même à affirmer que l'existentialisme est la seule doctrine où la morale ait sa place dès lors qu'il s'oppose à toute philosophie de la transcendance, où le mal se réduirait à l'erreur, ou à tout humanisme selon lequel l'homme n'aurait qu'à suivre des chemins inscrits dans son essence.

Dans la perspective existentialiste, l'homme est manque d'être et il a à être. Il pose l'être en s'en décalant et en même temps il tend vers cet être qu'il n'est pas. Il n'y a d'être que si l'homme le dévoile ; il n'y a de valeurs que par le désir de l'homme d'atteindre cet être manqué dont il se fait manque. Loin de se conformer à un ordre divin ou naturel qui déterminerait ou inspirerait ses conduites, l'homme n'a affaire qu'à lui-même : il est libre et il dépend de lui seul de se vouloir libre jusqu'au bout ou d'abdiquer cette liberté. Seront donc moralement positives les actions qui, tout en poursuivant des fins particulières, prennent la liberté pour fin dernière. Il faut donc privilégier les comportements susceptibles de ne pas arrêter le mouvement perpétuel de la liberté. C'est en raison de cette exigence permanente de dépassement que l'histoire humaine ne peut connaître de conclusion définitive.

Mais c'est surtout le problème de l'intersubjectivité qui a inspiré Simone de Beauvoir dans les années quarante et cinquante : l'existence d'autrui, loin de constituer un danger ou une hantise, est la condition indispensable d'une subjectivité singulière. Si celle-ci existait seule, ou si elle coïncidait avec la totalité, elle n'aurait pas de points de repère. La multiplicité des existants peut déformer et frustrer les entreprises individuelles, en leur opposant des obstacles et en pervertissant les résultats attendus, mais tout projet singulier n'échappe à la contingence que s'il implique un appel à la reconnaissance d'autrui. Cette vision constructive des relations entre les individus manifeste son envers sombre dans les romans de Beauvoir, *L'Invitée* (1943) et *Le Sang des autres* (1945). Il n'y a pas d'issue équilibrée pour Françoise, protagoniste de *L'Invitée*, face à l'alternative entre la sujétion à l'autre et la domination de l'autre ; d'où le choix de supprimer sa rivale, cet être insaisissable qui la hante par sa transcendance. Dans *Le Sang des autres*, Jean éprouve avec une cruelle intensité ce qu'il définit comme la malédiction d'être un autre, à savoir l'impossibilité de se reconnaître dans l'idée que les autres se font de lui ; en même temps il ressent douloureusement sa responsabilité à l'égard des êtres qui l'entourent, dont par sa seule existence il modifie sans le vouloir les destinées. D'où un sentiment de culpabilité qui s'étend à son rapport avec le monde entier : la subjectivité singulière, recréant le monde à chaque instant par sa présence, porte le poids de tout ce qui se passe, même dans les recoins du monde les plus éloignés. C'est la logique de l'engagement, personnifiée par les intellectuels dans *Les Mandarins* (1954), qui se sentent individuellement concernés par les grandes tensions politiques et planétaires de l'immédiat après-guerre.

Dans l'optique romanesque de Beauvoir, l'altérité constitue moins une énigme insupportable incarnée par une conscience étrangère qu'une donnée problématique vécue par chaque subjectivité individuelle comme une modalité insurmontable de sa présence au monde. Ce décalage perpétuel caractérise d'abord le pour-soi : l'autre que chacun est d'abord pour soi-même se traduit par l'oscillation entre *je* et *il*, entre une première et une troisième personnes, même pour désigner un seul personnage. Il s'agit là d'un exemple parmi d'autres de l'attention des auteurs existentialistes aux formules et aux formes narratives. La thématique de la subjectivité et de l'intersubjectivité leur a inspiré des procédés visant à restituer les multiples aspects de l'être partagé entre dehors et dedans, totalité et singularité. Mais cette tension formelle a subi un tarissement rapide, la veine littéraire de Sartre et Beauvoir s'épuisant assez vite au profit de leur engagement.

Un tel danger menaçait également la pratique esthétique et romanesque de Camus, qui sut l'éviter en écrivant *La Chute* (1956), œuvre où la crise de l'intellectuel engagé, au lieu de paralyser la création, devient le sujet d'une inspiration amère et goguenarde. Il est inévitable de citer Camus à propos de l'existentialisme français, ne serait-ce que pour mettre en doute la pertinence d'un tel rattachement, formulé bien souvent par le grand public et même par la critique. La notion camusienne d'*absurde* n'est d'ailleurs pas éloignée du *délaissement* analysé par Sartre ; elle désigne la solitude de l'homme aux prises avec un monde étranger et incompréhensible résistant à son exigence de familiarité et de clarté. Mais Camus n'a pas attendu la rupture politique avec Sartre, à l'occasion de la querelle de *L'Homme révolté* (1951), pour prendre ses distances avec l'existentialisme. Après avoir déclaré en 1945 que son *Mythe de Sisyphe* (1942) était dirigé contre les philosophes dits existentialistes, il précise ses griefs tant à l'égard de l'existentialisme chrétien (Kierkegaard et Jaspers), accusé de supprimer la tension de l'absurde en acceptant l'incompréhensible, qu'à celui de l'existentialisme athée (Husserl, Heidegger, Sartre), auquel il reproche d'avoir divinisé l'histoire en la substituant à Dieu. Camus n'a d'autre part jamais partagé le refus sartrien de la notion de nature humaine. Au contraire, montrant les limites au-delà desquelles l'individu refuse de se plier à toute oppression historique et politique, la révolte ainsi conçue dessine en creux une identité morale et métaphysique de l'homme. Peu enclin à une pensée systématique, Camus, qui ne s'est jamais prétendu philosophe, s'interroge surtout sur les déchirements de la condition humaine, sans aborder ni l'ontologie ni la phénoménologie de la conscience. Mais sa sensibilité aux instances de l'être singulier, dont il valorise le rôle central par rapport à toute interrogation et à toute généralisation métaphysique, éthique et politique, le rapproche de l'attitude existentialiste dans son ensemble. Portant sur l'existence concrète, sa réflexion emprunte des moyens d'expression variés, roman, théâtre, nouvelle, essai, prose lyrique, témoignage journalistique, engagement politique, saisissant la vie individuelle dans son irréductibilité à l'intérieur de l'histoire et contre l'histoire.

→ Benjamin Fondane, *La Conscience malheureuse*, Denoël, 1936. — Rachel Bespaloff, *Cheminements et carrefours*, Vrin, 1938. — Simone de Beauvoir, *Pyrrhus et Cinéas*, Gallimard, 1944. — *L'Existence*, Jean Grenier, Gallimard, 1945. — Emmanuel Mounier, *Introduction aux existentialismes*, Denoël, 1946. — Jean-Paul Sartre, *L'existentialisme est un humanisme*, Nagel, 1946. — Simone de Beauvoir, *Pour une morale de l'ambiguïté*, Gallimard, 1947. — Julien Benda, *Tradition de l'existentialisme ou les philosophies de la vie*, Grasset, 1947. — Emmanuel Lévinas, *De l'existence à l'existant*, Fontaine, 1947. — Jacques Maritain, *Court Traité de l'existence et de l'existant*, Hartmann, 1947. — Simone de Beauvoir, *L'Existentialisme et la sagesse des nations*, Nagel, 1948. — Régis Jolivet, *Les Doctrines existentialistes de Kierkegaard à Sartre*, Éditions de Fontenelle, 1948. — Maurice Merleau-Ponty, *Sens et non sens*, Nagel, 1948. — Jean Wahl, *La Pensée de l'existence*, Flammarion, 1951 ; *Les Philosophies de l'existence*, Colin, 1954 ; *Marxisme et existentialisme : controverse sur la dialectique*, Plon, 1962. — Emmanuel Lévinas, *En découvrant l'existence avec Husserl et Heidegger*, Vrin, 1967. — Jean Beaufret, *Introduction aux philosophies de l'existence*, Denoël-Gonthier, 1971. — Claude-Edmonde Magny, *Littérature et critique*, Payot, 1971. — Jean Beaufret, *De l'existentialisme à Heidegger*, Vrin, 1986. — Jacques Colette, *L'Existentialisme*, PUF, 1994.

G.Ru.

exotisme. On constate chez quelques écrivains du domaine poétique français l'existence, entre 1900 et 1914, d'une communauté d'inspiration fondée, en marge de toute préoccupation d'école, sur une expérience du voyage. C'est au retour de Tahiti que Victor Segalen ébauche, en 1908, le scénario d'un « essai sur l'exotisme », avant de s'embarquer pour la Chine en 1909. Paul Claudel, à cette date, en revient. La première édition de *Connaissance de l'Est* avait paru en 1900. Valery Larbaud publie en 1908 des « poésies » qu'il attribue à un « riche amateur » du nom de Barnabooth ; il avait lui-même parcouru l'Europe, du nord au sud et d'est en ouest. Suivront, de Blaise Cendrars, et coup sur coup, *Les Pâques à New York* (1912) et *Prose du transsibérien* (1913), poèmes du dépaysement intercontinental, rassemblés en 1919 sous un titre qui vaut tout un programme : *Du monde entier*.

L'expérience n'est pas étrangère au sentiment, lui aussi partagé, de la « décadence », celle d'un monde « fini » où « l'entropie, selon Segalen, tend vers un maximum », avec pour conséquence la « dégradation du divers » ou du « taux d'exotisme. » C'est à relever ce défi que s'emploiera « l'exote », « l'adepte du divers », étonné d'être là. Paul Valéry reviendra souvent sur ce « commencement de soi » qui passe par l'étonnement d'être là. L'expérience de cette « violence » provoque l'intérêt « pour toute circonstance où nous ne comprenons pas » : « Le *ne-pas-comprendre* doit engendrer une activité et une lucidité, comme une trouvaille. » Il ne s'agit que de « s'éveiller de l'habitude », pour se « trouver *devant* les choses comme inconnues », appréhendées dans leur diversité et leur singularité première, ou, comme aurait dit Mallarmé, « naïve ». Ce fut aussi le programme du philosophe Husserl, dont les *Recherches logiques* commencent à paraître en 1901. Il appela « réduction » cette technique de retour aux choses d'un « spectateur désintéressé » *(uninteressiert Zuschauer)*. Bien des poèmes de Valéry sont des « exercices » de « réduction » phénoménologique et notamment ses « petits poèmes abstraits » : « Toute chose, disait-il, me devient phénomène. Je vois phénomène. » C'est la « vision Teste ».

Le propre de « l'exote » était de se placer « *devant* les choses comme inconnues », à charge pour lui d'en provoquer la rencontre en se portant, en se déportant, comme Segalen ou Claudel, aux limites de l'univers « connu ». Claudel entendait rattacher son entreprise aux leçons de Mallarmé : « Ce que j'apporte dans la littérature, lui aurait dit Mallarmé, c'est que je ne me place pas devant ce spectacle en disant : — qu'est-ce que c'est ? mais en disant : — qu'est-ce que cela veut dire ? » Les proses de *Connaissance de l'Est* sont composées à cette distance de l'ici-maintenant que permet l'exil, depuis ce lieu, l'Orient, où se manifeste l'envers de toute chose. Il ne s'y agit pas tant de décrire que de connaître cela *devant* quoi l'on est. La rencontre du monde « comme inconnu » favorise aussi l'expérience du « manque » ou de la « faute », de ce qui fait défaut à cette « merveille », cette « plénitude » qu'est le monde.

Valery Larbaud choisit d'attribuer ses poèmes, publiés en 1908, à un « riche amateur » qu'il appelle Barnabooth. Le portrait qu'il en fait est celui d'un adepte de l'exotisme, de « l'exote » idéal. Le choix d'un « hétéronyme » est une première marque d'altérité consentie. La fortune de Barnabooth, « la plus importante peut-être du monde moderne », fait de lui un être à part pour qui l'argent n'aurait plus de sens. Ce milliardaire enfin est polyglotte, étranger à sa propre langue et à celle dans laquelle il a choisi de s'exprimer, « *étrangement* attiré par la France ». C'est le prix à payer pour « voir phénomène », « sans art et sans métaphores », pour posséder la Vie, la « Vie réelle ». Le maître de Larbaud est ici Walt Whitman. Il s'en explique dans une conversation avec Léon-Paul Fargue, datée par lui du 2 mars 1911 et reproduite en tête d'une édition qu'il procura en 1921 des poèmes d'Henry-Jean-Marie Levet : « Amenés par nous, les Barbares entraient dans la littérature. Plus exactement : le Barbare ! Walt Whitman. [...] Nous nous tournions vers l'étranger, pour voir s'il n'y avait pas là quelque chose de plus neuf, ou du moins quelque chose de tout différent de ce que nous connaissions. » Reste que tout est exotique ou que tout peut l'être. Point n'est besoin d'aller très loin : l'« ancienne gare de Cahors », « au cœur frais de la France », prend alors l'apparence du jamais-vu.

Blaise Cendrars peut passer aussi pour un « exote » dans *Les Pâques à New York* et la *Prose du transsibérien et de la petite Jeanne de France*. La célébration, dans les rues de New York, de la Passion et du jour de Pâques marque l'écart constamment préservé, non pas tant de l'ici et de l'ailleurs, que de l'ancien et du nouveau, de ce que, d'une part, on sait par cœur et que donnent à voir « les Christs qui pendent dans les musées » et de ce que, d'autre part, laissent entrevoir de la Face du Christ, « souillée par les crachats », les rues d'une métropole moderne. La « dramaturgie chrétienne » y devient, pour ainsi dire, exotique. À moins que ce ne soit l'inverse : notre cadre de vie et les habitudes que nous y avons prises s'en trouvent bouleversés, et comme rendus à eux-mêmes étrangers. *Prose du transsibérien* est le récit d'un voyage dans l'espace (de Moscou à la frontière chinoise, et, par la pensée, de Moscou à Paris) et dans le temps, car les temps se mêlent : celui du voyage lui-même, en 1905, et, par le souvenir, celui de la première enfance. Un poète, à sa table, se souvient d'un voyage au cours duquel il se souvient... Voyage immobile, à travers l'écriture. Cendrars procède par « images associations », en se plaçant « devant » les choses, « comme inconnues ». L'indicible en menace l'inventaire. Il ne saurait y avoir que de « faux accords », dans un monde qui « s'étire, s'allonge et se retire », entre les « déchirures du ciel » et « les trous » par lesquels, au dire de Valéry, « le rien perce ». La morale consiste en ce que l'on ne puisse jamais, au bout du voyage, qu'être rendu à la précarité de sa condition : « C'est terrible, avait conclu Cendrars, d'être un homme avec une femme. »

ŒUVRES. — Blaise Cendrars, *Du monde entier*, rééd. Poésie-Gallimard, 1967. — Paul Claudel, *Connaissance de l'Est*, rééd. Poésie-Gallimard, 1974 ; *Mémoires improvisés*, Gallimard, 1954. — Valery Larbaud, *Les Poésies de A. O. Barnabooth*, rééd. Poésie-Gallimard, 1966. — Henry-Jean-Marie Levet, *Poèmes*, précédés d'une conversation de Léon-Paul Fargue et Valery Larbaud, Gallimard, coll. Métamorphoses, 1943. — Victor Segalen, *Essai sur l'exotisme : une esthétique du divers*, Fata Morgana, 1978. — Paul Valéry, *Ego scriptor. Petits poèmes abstraits*, rééd. Poésie-Gallimard, 1992. — Walt Whitman, *Feuilles d'herbe*, préface de Valery Larbaud, rééd. Poésie-Gallimard, 1992.

B.L.

F

Fall Malick (1920-1979). Né à Dakar, prématurément disparu, il est l'auteur d'un recueil de poèmes, *Reliefs* (Présence africaine, 1964), et surtout d'un très beau roman, *La Plaie* (Albin Michel, 1967), dont le héros, un clochard philosophe vivant de la charité publique, est une allégorie de la condition humaine.

J.C.

Fallet René (1927-1983). Né le 4 décembre 1927 à Villeneuve-Saint-Georges, fils de cheminot, il quitte l'école assez jeune, exerce divers petits métiers et découvre la littérature en autodidacte. Vers seize ans, influencé par Rimbaud et Apollinaire, il écrit ses premiers poèmes et les envoie à Blaise Cendrars, qu'il admire alors entre tous. Celui-ci, touché par la fraîcheur d'écriture de ce très jeune homme, se prend d'amitié pour lui, l'encourage à persévérer et le recommande pour une place de rédacteur au journal *Libération*. En 1946 Fallet fait paraître une plaquette de vers, *Le Périscope*.

Mais la suggestion d'un éditeur vient infléchir sa vocation : pourquoi ne pas mettre ce bonheur d'expression et cette vivacité de ton au service du roman, plus accessible que la poésie ? Relevant brillamment le défi, Fallet publie en 1947 *Banlieue sud-est*, évocation romancée de l'univers qui lui est familier — la banlieue des années trente, ni tout à fait ville, ni tout à fait campagne, avec son petit peuple et ses paumés errant parmi les bicoques et les bistrots, où seuls l'amour et l'amitié ont le pouvoir d'illuminer l'existence. Le style du livre convenait à merveille au sujet : phrases courtes, imagées, semées d'expressions populaires ; descriptions transfigurées par la puissance onirique des métaphores ; dialogues vifs, narration à la première personne partagée entre verve et tendresse, coupée de réflexions lapidaires et ironiques. Le succès critique et populaire fut considérable ; le roman devint vite un de ceux dans lesquels une génération se reconnaît. Fallet mit une dizaine d'années avant de retrouver un accueil comparable : ses deux romans suivants (*La Fleur et la souris*, 1948 ; *Pigalle*, 1949), s'ils valurent à cet auteur de vingt-trois ans le prix populiste « pour l'ensemble de son œuvre », ne connurent pas la même faveur. Le romancier traversa alors une période difficile, vivant d'une chronique littéraire au *Canard enchaîné* (à partir de 1952) et profitant de ces années de bohème pour tisser un réseau d'amitiés avec Jacques Prévert, André Hardellet, Guy Béart, Georges Brassens... Également lié au scénariste Michel Audiard et à des acteurs comme Jean Carmet, il collabora à cette époque à plusieurs scénarios de films ; son style est d'ailleurs très proche du cinéma d'atmosphère des années 1950-1960, avec ses décors, ses ambiances, ses personnages populaires et ses dialogues pittoresques.

Poursuivant son exploration romanesque de Paris et de ses faubourgs (*Le Triporteur*, 1951 ; *Les Pas perdus*, 1954 ; *Paris au mois d'août*, 1964), Fallet renoua avec le succès en 1956 (*La Grande Ceinture)*. Il se maria cette même année, sans se ranger pour autant : incorrigible séducteur, il avouait lui-même que bon nombre de ses livres lui avaient été inspirés par des femmes aimées. Et certes l'amour tient une place centrale dans ses récits (*Rouge à lèvres*, 1955 ; *Mozart assassiné*, 1963 ; *Comment fais-tu l'amour, Cerise ?*, 1969 ; *L'Amour baroque*, 1971) comme dans ses poèmes, recueillis en 1973 (*Chromatiques*, Mercure de France).

À côté de ce qu'il appelait sa veine

« whisky » — ses ouvrages relevant d'une inspiration amoureuse et parisienne —, il explora à partir de 1958 une veine « beaujolais », provinciale, qui doit beaucoup à ses racines bourbonnaises. Comme il s'était fait l'écrivain du petit peuple parisien dans son parler tissé de formules argotiques, il usa dans ces romans d'une langue pétrie d'expressions locales pour mettre en scène une sympathique humanité rurale : *Les Vieux de la vieille* (1958), *Le Braconnier de Dieu* (1973), *Le beaujolais nouveau est arrivé* (1975), *La Soupe aux choux* (1980). Au fil des années, l'apologie de la « qualité de vie » provinciale évolua vers une critique du progrès et des rythmes de la vie moderne.

Fallet n'était nullement prisonnier de ces deux univers de prédilection : il s'amusa à les mettre en contact (projetant un personnage de villageois simplet dans la capitale : *Un idiot à Paris*, 1966) et sut s'en évader pour évoquer l'atmosphère du Londres des années vingt (*Charleston*, 1967) ou pour imaginer, dans une fiction cocasse, Hitler coulant une paisible vieillesse de garde champêtre dans un petit bourg d'Allemagne après avoir simulé son suicide (*Ersatz*, 1974). On lui doit encore deux petits livres consacrés à ses distractions favorites, la bicyclette et la pêche (*Le Vélo*, 1973 ; *Les Pieds dans l'eau*, 1974). Il observait avec humour qu'il ne manquait que la pétanque ! Ajoutons l'amitié, sans doute la principale source de son bonheur ; on la retrouvera à chaque page d'un petit essai consacré à un grand ami, *Georges Brassens* (1967). René Fallet est mort à Paris le 25 juillet 1983.

ŒUVRES. — Les romans de René Fallet ont été publiés chez Denoël ; beaucoup ont été repris chez Gallimard dans la collection Folio. Outre les ouvrages cités, il faut mentionner les *Carnets de jeunesse*, Denoël, 1990-1994, 3 t.

→ Jean-Paul Liégeois, *Splendeur et misères de René Fallet* [entretiens, témoignages, documents], Denoël, 1978.

B.Do.

Fanchette Jean (1932-1992). Né à Rose-Hill (Île Maurice), neuropsychiatre, il a passé le plus clair de sa vie en France. Il a publié plusieurs recueils poétiques : *Les Midis du sang* (Debresse, 1956), *Archipels* (Voyelles, 1958), *Identité provisoire* (Two Cities, 1966), où les thèmes de l'exil et de la quête de l'enfance se conjuguent avec l'expression de ce que Jean-Georges Prosper appelle le « romantisme mauricien » de Fanchette, qu'obsèdent la fuite du temps et la pensée de la mort. Écrivain bilingue, fondateur avec sa femme, Anaïs Nin, de la revue et des Éditions Two Cities, ayant publié *Je m'appelle Sommeil* (1977), il est également l'auteur d'essais consacrés au théâtre (*Psychodrame et théâtre moderne*, Buchet-Chastel, 1971), et d'un roman, *Alpha du Centaure* (Buchet-Chastel, 1975), récit d'amour et de mort partagé entre les deux espaces qui définissent son univers cosmopolite, Paris et Maurice.

J.C.

Fanlac *(Éditions Pierre)*. Maison fondée à Périgueux en 1943 par Pierre Fanlac. Née pendant la guerre, cette maison d'édition s'affirme à la Libération en publiant des auteurs issus de la résistance : Jean Bart, *Histoire d'un groupe franc du maquis de Dordogne* ; Golski, *Un Buchenwald français sous le règne du Maréchal* ; Robert Morel, *La Littérature clandestine 1940-1944*. Installé à Paris pour les besoins de son activité d'éditeur de presse (de l'hebdomadaire satirique *L'Essor)*, Pierre Fanlac y lance une collection de demi-luxe, « Les Classiques de demain », avant de regagner sa région d'origine, étroitement liée à son travail d'éditeur et d'écrivain. Sa maison accueille les auteurs de l'École de Rochefort, René-Guy Cadou, Luc Bérimont, Marcel Béalu. Sous une fausse adresse, Pierre Fanlac est le premier éditeur du livre de François Augiéras, *Le Vieillard et l'enfant* (1949), signé du pseudonyme d'Abdallah Chaamba. Jean Giono, Hervé Bazin, André Maurois, Henri Pourrat, Georges Perros et Jacques Réda figurent également à son catalogue. Maintenant sa vocation régionale, Fanlac affronte des difficultés financières, se tourne vers l'imprimerie et se lance avec succès dans l'édition d'art à tirage limité (Dunoyer de Segonzac, Zao Wou-Ki, Maurice Albe, Antoni Clavé). En 1984, il vend son imprimerie et passe la main. La production de la maison d'édition se recentre alors sur les publications régionales.

→ Pierre Fanlac, *Les Choix d'une vie*, Périgueux, Pierre Fanlac, 1991. — *50 ans Éditions*

Fanlac 1943-1993, catalogue de l'exposition des Archives départementales de la Dordogne, Périgueux, Fanlac, 1993.

J.S. — IMEC

Fanon Franz (1925-1961). Né à Fort-de-France, il est l'auteur d'une trilogie *(Peau noire, masques blancs* ; *L'An V de la révolution algérienne* ; *Les Damnés de la terre)* qui offre à la fois le témoignage passionné d'une expérience singulière et une sorte de petit catéchisme des révolutions tiers-mondistes. Par un étonnant détour du destin, ce médecin féru de philosophie s'est en effet trouvé, ses études achevées, médecin-chef de la clinique psychiatrique de Blida-Joinville, en Algérie. C'est dans ce cadre qu'il entreprend d'appliquer à ses malades arabes des méthodes thérapeutiques destinées à leur permettre une meilleure réinsertion sociale, mais l'expérience se solde par un échec dû en grande partie aux conditions particulières que connaît alors l'Algérie française. Cet échec lui a toutefois permis de prendre la mesure de la situation coloniale et des désastreuses séquelles psychologiques qu'elle entraîne aussi bien pour les colonisés que pour les colonisateurs. Expulsé d'Algérie en 1956, il rejoint le gouvernement provisoire de la république algérienne (GPRA) à Tunis. C'est le point de départ d'une intense activité diplomatique et politique qui le conduit à Accra, au Caire et à Addis-Abeba, où il incarne le type du révolutionnaire engagé en même temps qu'il symbolise le lien entre les deux Afriques traditionnelles. L'épuisement et la maladie qui le frappent ne ralentissent pas son activité : alors que la fin de la guerre d'Algérie est en vue, il continue d'assurer la formation politique des cadres de l'armée de libération nationale. Après sa mort à Washington le 6 décembre 1961, son corps est ramené en Algérie et enterré au milieu des combattants du FLN.

ŒUVRES. — *Peau noire, masques blancs,* Le Seuil, 1952. — *L'An V de la révolution algérienne,* Maspero, 1959, rééd. 1966, sous le titre *Sociologie d'une révolution.* — *Les Damnés de la terre,* Maspero, 1961. — *Pour la révolution africaine,* Maspero, 1964.

→ R. Zahar, *L'Œuvre de F. Fanon*, Maspero, 1970. — *Actualité de F. Fanon*, colloque de Brazzaville, 1984, dir. E. Dacy, Karthala, 1986.

J.C.

fantaisiste *(École)*. À partir de 1907, en province, de jeunes poètes, Francis Carco (1886-1958), Tristan Derème (1889-1941), Jean Pellerin (1885-1921), Jean-Marc Bernard (1881-1915), Léon Vérane (1885-1954), Claudien (pseud. de Robert de la Vaissière) (1880-1937) se lient d'amitié. Ainsi se constitue peu à peu le groupe qui, en 1912, autour de Francis Carco *(La Bohème et mon cœur*, 1912 ; *Chansons aigres-douces*, 1913), prendra le nom d'École fantaisiste. Étiquette lancée par Tristan Derème qui retient immédiatement l'attention des chroniqueurs et désigne assez bien ce qui réunit le groupe : « une sorte de poésie fantaisiste dont le sourire, quelquefois aigu, quelquefois charmant, dissimulerait un très grand trouble » (Francis Carco, « Indépendants et fantaisistes », *Le Cahier des poètes*, Nice, n° 1, novembre 1912). Leur maître est Paul-Jean Toulet (1867-1920), dont les *Contrerimes* ne seront publiées qu'en 1921.

L'esprit de l'École fantaisiste — car on ne peut pas parler de doctrine, les fantaisistes n'ayant jamais rédigé de manifeste, ni possédé vraiment de revue — réside dans le regard ironique et sans illusions qu'ils portent sur toutes choses. Ils ne se prennent pas au sérieux : Tristan Derème, par exemple, a le souci « de n'être point dupe des choses et de ne pas donner à sa douleur le ridicule de la vouloir égaler au monde ». Aussi les fantaisistes traitent-ils en mineur, ce qui ne veut pas dire superficiellement, les grands thèmes que le XIXe siècle leur a légués. Hostiles au lyrisme, à l'emphase romantiques aussi bien qu'à la métaphysique et au « charabia » (Francis Carco) symbolistes, ils incarnent un nouveau classicisme, où la tradition fantaisiste française (Villon, Marot, Maynard, Régnier, Scarron, La Fontaine) se conjuguerait avec l'humour de Verlaine, de Corbière et de Laforgue, où les vieux thèmes des joies rustiques (Jean-Marc Bernard, *Sub tegmine fagi*, 1913), de l'amitié, de l'amour ou du temps qui passe se marieraient à ceux, plus modernes, de la grande ville. Francis Carco évoque le milieu louche des prostituées et des souteneurs. Tristan Derème a un accès de mélancolie dans une « chambre d'hôtel où flotte une odeur de benzine » *(La Verdure dorée*, 1922). Jean Pellerin *(Le Bouquet inutile*, posth., 1923) est sensible au spectacle d'une automobile qui démarre.

D'esprit classique, les fantaisistes le sont surtout parce qu'ils ont le goût du poème bien fait : ils se méfient au moins autant du laisser-aller de l'expression que des élans du cœur. Aussi pratiquent-ils peu le vers libre ou le poème en prose : Carco, dans *Au coin des rues* (1912) ou Claudien, dans *Labyrinthes* (1925) ont pourtant exploré ce genre. En revanche, ils aiment, comme les précieux, les pièces courtes où ils se montrent maîtres de la prosodie et de la rime jusqu'à la virtuosité, ce qui est encore une façon de « sourire des sentiments graves qu'au même instant il[s] chante[nt] » (Tristan Derème, préface à *La Verdure dorée)*, et même jusqu'au pastiche (Jean Pellerin, *Le Copiste indiscret*, 1919). Les *Contrerimes* de Toulet sont l'exemple le plus achevé de l'esprit et de l'art des fantaisistes. La strophe appelée contrerime (quatre vers : 8 syllabes/rime A, 6/B, 8/B, 6/A) fait jouer en décalage les mètres croisés et les rimes embrassées, ce qui introduit le désordre dans l'ordre, — et là réside la fantaisie : « Est-ce moi qui pleurais ainsi / — Ou des veaux qu'on empoigne — / D'écouter ton pas qui s'éloigne, / Beauté mon cher souci ? »

L'École fantaisiste ne survécut pas aux bouleversements intellectuels qu'entraîna la guerre. Certes, Philippe Chabaneix (1898-1982) rejoint le groupe en 1920, mais Jean-Marc Bernard est tué au front, en 1915, et Jean Pellerin, très éprouvé par la guerre, meurt en 1921. Dès 1914, avec *Jésus-la-Caille*, Francis Carco trouve une nouvelle voie dans le roman. De toutes manières, Dada, le surréalisme et la poésie pure rendaient désuète l'inspiration fantaisiste, produit de l'avant-guerre.

ŒUVRES. — *Les Poètes fantaisistes*, anthologie présentée par Michel Décaudin, Seghers, 1982.

→ Marcel Raymond, *De Baudelaire au surréalisme*, Corti, 1940 (p. 137-152). — *Jean Pellerin et l'École fantaisiste*, textes réunis par Jean Burgos, *L'Avant-siècle 3*, Minard, 1984.

J.-F.D.

Fantouré Alioum (1938), pseudonyme de Mohammed Alioum Touré. Né à Forécariah (Guinée), ce spécialiste des problèmes du développement a fait carrière dans plusieurs organisations internationales, aboutissant à l'Office africain et malgache de la production industrielle, à Vienne. Depuis son exil forcé, il poursuit une carrière littéraire qui l'a conduit du réalisme de ses premiers romans, *Le Cercle des Tropiques* (Présence africaine, 1972), *L'Homme du troupeau du Sahel* (Présence africaine, 1979), à des œuvres plus élaborées. Si la cible est demeurée la même, l'imposture des indépendances et leur cortège de trahisons et d'iniquités, la structure des œuvres romanesques les plus récentes, *Le Récit du cirque de la vallée des morts* (Présence africaine, 1975), *Le Voile ténébreux* (Présence africaine, 1985), les apparente à des récits allégoriques rappelant la tyrannie sanguinaire dont a pâti, pendant près de trente ans, la Guinée de Sékou Touré. Son dernier roman s'intitule *Le Gouverneur du territoire* (1995).

→ G. Midiohouan, *L'Utopie négative d'Alioum Fantouré : essai sur « Le Cercle des Tropiques »*, Silex, 1984.

J.C.

Fardoulis-Lagrange Michel (1910-1994). Né au Caire le 9 août 1910, de son vrai nom Michel Fardoulis, après des études au lycée français il vient en France, milite au parti communiste, s'en fait exclure en 1936, s'engage dans la Résistance sous le nom de Lagrange, qu'il gardera, et est incarcéré de 1943 à 1944. Comme il le raconte dans *Un art divin : l'oubli* (Calligrammes, 1988), il devient en 1942 l'ami de Georges Bataille, auquel il consacrera un livre, *G.B. ou un ami présomptueux* (Le Soleil noir, 1969 ; rééd. Corti, 1996), fonde avec Jean Marquet la revue *Troisième Convoi* (cinq numéros, 1945-1951) à laquelle collaborent Picabia, Bataille et Artaud, participe à la revue *Le Point d'être* (1970), et il dialogue avec la philosophie (*Volonté d'impuissance*, Fontaine, 1944 ; *Théodicée*, Calligrammes, 1984) et les arts plastiques (*Les Voix*, Le Point cardinal, 1964 ; *Sur Matta*, Belfond, 1970). Dans son autobiographie, *Memorabilia* (Belfond, 1968), et dans ses romans poétiques, influencés par le surréalisme et salués par Eluard, il peint l'innocence cruelle de l'enfance (*Sébastien, l'enfant et l'orange*, Debresse, 1942 ; *Le Grand Objet extérieur*, Pro-Francia, 1948), et évoque l'énigmatique transparence du monde dans ses proses brèves (*Le Texte inconnu*, Minuit, 1948 ; *Les Hauts Faits*, Nouvelles Éditions Debresse, 1956 ; *L'Observance du même*, Genève-Paris, Puiraymond, 1977 ; *Elvire, figure romantique*, Rosporden, Éditions Hôtel Continental, 1985 ; *Les Enfants d'Édom et autres nouvelles*, Corti, 1996). Michel Fardoulis-Lagrange est mort à Paris le 26 avril 1994.

→ Hubert Haddad, *Michel Fardoulis-Lagrange et les évidences occultes*, Présence, 1978.

J.P.

Fargue Léon-Paul (1876-1947). Né à Paris, rue Coquillière, dans le quartier des Halles, le 4 mars 1876, il ne fut reconnu par son père, Léon Fargue, ingénieur chimiste sorti de l'École centrale, que seize années plus tard, car la famille Fargue s'opposait à son mariage avec Marie Aussudre, modeste couturière originaire de la campagne berrichonne. C'est auprès des animaux que le petit garçon trouve l'affection qui lui manque : tout jeune, il s'amuse à élever des vers à soie et un rat blanc, pour lequel il compose la *Chanson du rat*, reprise plus tard dans *Ludions* (1930). Au collège Rollin (actuel lycée Jacques Decour), il est l'élève, en anglais, de Mallarmé ; puis, après un passage au lycée Condorcet, on le retrouve au lycée Janson-de-Sailly, où enseignait le célèbre critique Émile Faguet. Bachelier ès lettres, il hésite entre l'École normale supérieure et la peinture. À tout hasard, il opte pour la première voie. Le voici donc, en 1892, sur les bancs du lycée Henri-IV, mais ses études ne l'intéressent guère, et son professeur de philosophie, Henri Bergson, lui déconseille de persévérer. La décision est prise : désormais, Léon-Paul Fargue se consacrera à la littérature.

Au lycée Henri-IV, il fait la connaissance de Charles-Louis Philippe, d'Albert Thibaudet, et surtout il emporte avec lui l'indéfectible amitié d'Alfred Jarry, avec qui il entretint des relations très étroites jusqu'à la mort prématurée de ce dernier, en 1907. C'est Jarry, d'ailleurs, qui l'introduit dans les milieux littéraires. Il publie des articles de critique et ses premiers vers dans une jeune revue, *L'Art littéraire*, qui eut peu d'avenir. Aussitôt s'ouvrent les portes du petit monde des avant-gardes artistiques. Le jeune Léon-Paul Fargue retrouve Mallarmé, non plus derrière son bureau du collège Rollin, mais chez lui, rue de Rome, aux « mardis », dont Fargue devint l'un des plus fervents habitués. Dès 1895, il fait paraître son premier texte important, *Tancrède* (en volume en 1911), dans la revue franco-allemande *Pan* et, peu après, *Le Mercure de France* publie d'autres poèmes de sa composition. Toutes ces œuvres de jeunesse, avec quelques autres, furent rassemblées plus tard dans *Poèmes* (1912) et *Pour la musique* (1914). On y découvre peut-être moins l'influence de Mallarmé que celles de Laforgue ou de Rimbaud. *Tancrède*, récit lyrique mêlant vers et prose, met déjà en pratique une technique poétique particulière, que l'auteur appelle *variantes* : modulations très simples autour d'un même objet ou même thème poétique, ces « variantes » évoquent le tremblement inhérent à un univers onirique. Elles produisent aussi par leur caractère lancinant une incantation d'ordre musical et relèvent en cela du projet mallarméen de faire de la poésie la seule musique. Fort de cette technique, qu'il devait plus tard approfondir dans un recueil ultérieur : *Épaisseurs* (1928), Fargue abandonne rapidement le vers, se consacrant désormais à développer les ressources du poème en prose.

L'importance de Fargue ne se limite pas aux seules qualités de son œuvre. Il occupa, dans la société littéraire du début de ce siècle, une position exceptionnelle. Brillant causeur, mondain impénitent, il fut le compagnon de peintres comme Bonnard, Vuillard, Maurice Denis, de musiciens tels que Debussy, Satie, Florent Schmitt ou Stravinski, sans compter Diaghilev et, du côté des écrivains, Claudel, Valéry, Gide, Henri de Régnier, Tristan Klingsor. Parmi tous ces noms célèbres, il faut faire une place à part à Valery Larbaud, compagnon de voyage privilégié, avec qui il visita l'Europe, partageant avec lui le goût des avant-gardes : tous deux, dans les années vingt, défendent Joyce avec vigueur et contribuent à lancer son *Ulysse* sur la scène littéraire. Car cet homme aimable et accommodant ne transige pas quand il s'agit d'art. En solitaire ou au sein d'un groupe, il s'engage en faveur des mouvements novateurs, ce qui lui vaut une mention élogieuse de Breton dans le *Manifeste du surréalisme* (1924). Avant-guerre déjà, il avait formé avec Stravinski et Satie la bande des « Apaches d'Auteuil », partisans des Ballets russes, de Van Gogh, des impressionnistes et des Nabis. Après la Grande Guerre, à laquelle il ne put participer, ayant été réformé, c'est le groupe fantaisiste des Potassons qui prend le relais, autour de figures telles que Larbaud et Sylvia Beach, promouvant, entre autres, Picasso et le cubisme. En 1923, Fargue fonde, toujours avec Larbaud, mais aussi avec Paul Valéry, la belle revue *Commerce*, qu'il dirigea pendant plus de dix ans. Dès 1927, *Feuilles libres* publie un numéro d'hommage, où l'on retrouve, outre les signatures d'amis déjà cités, celles de Ravel, Marcel Achard ou Drieu La Rochelle. En 1932, le prix de la Renaissance est attribué à son recueil *D'après Paris* (1931) et, en 1937, il entre à l'Académie Mallarmé. Les honneurs pleuvent, que Fargue s'amuse à collectionner comme un enfant ; mais aussi le malheur : en 1943, marié depuis peu avec le peintre Chériane, la fille du critique Ernest-Charles, il est frappé d'hémiplégie alors qu'il dîne avec Picasso à la terrasse d'un café, ainsi qu'il le raconte dans *Méandres* (1946). Désormais enfermé dans son appartement du boulevard Montparnasse, il reçoit ses amis le dimanche, mais ses jours sont comptés. Il meurt le 24 novembre 1947.

Quelle image retenir de cet arlequin des lettres ? Celle, d'abord, du plus parisien des poètes. Nul plus que l'auteur du *Piéton de Paris* (1939) ne méritait de recevoir le grand prix littéraire de la Ville de Paris (décembre 1946). La tragique ironie du sort voulut que ce noctambule invétéré qui, quand il ne flânait pas dans son arrondissement préféré, le Xe, entre la gare du Nord et le boulevard de la Chapelle, passait son temps à faire l'aller-retour entre la librairie d'Adrienne Monnier, rue de l'Odéon, et la brasserie Lipp, boulevard Saint-Germain, dont les carreaux de céramique proviennent de la fabrique paternelle, se vit clouer au lit, paralysé, pendant la dernière partie de sa vie. Il en profita pour accomplir d'autres promenades, non plus dans l'espace, mais dans le temps et les souvenirs, avec *Lanterne magique* (1944) ou *Portraits de famille* (1947). Car ce mondain qui se plaisait à n'arriver à une soirée qu'avec pas moins de deux heures de retard cachait sous sa bonhomie un drame familial : celui de son enfance et de la mort de son père, en 1909, et de sa mère, en 1935. L'angoisse sous-jacente à la plupart de ses poèmes en prose, petits récits fantasmagoriques et hallucinatoires qui le rapprochent à bien des égards du surréalisme, ne cesse de proclamer cette « haute solitude », titre d'un de ses plus beaux recueils.

ŒUVRES. — Publiées pour la plupart chez Gallimard : *Tancrède*, 1911. — *Poèmes*, 1912. — *Pour la musique*, 1914. — *Banalité*, 1928. — *Espaces* (reprend les recueils parus en 1928, *Épaisseurs* et *Vulturne)*, 1929. — *Suite familière*, 1929. — *Sous la lampe* (reprend *Suite familière* et *Banalité)*, 1930. — *Ludions*, 1930. — *D'après Paris*, 1931. — *Le Piéton de Paris*, 1939. — *Haute Solitude*, 1941. — *Trois Poèmes* (repris plus tard dans *Poèmes)*, 1942. — *Fantôme de Rilke*, 1942. — *Déjeuners de soleil*, 1942. — *Refuges*, 1942. — *Bagatelle sur la beauté*, 1943. — *Lanterne magique*, 1944. — *Contes fantastiques*, 1944. — *Composite*, en collaboration avec André Beucler, 1944. — *Charme de Paris*, 1945. — *De la mode*, 1945. — *Une saison en astrologie*, 1945. — *Rue de Villejust*, 1946. — *Méandres*, 1946. — *Poisons*, 1946. — *Les Quat'Saisons*, 1947. — *Portraits de famille*, 1947. — *Cirque*, 1947. — *Les Grandes Heures du Louvre*, 1948. — *La Flânerie à Paris*, 1948. — *Music Hall*, 1948. — *Maurice Ravel*, 1949. — *Côtes rôties*, 1949. — *Etc.*, 1949. — *Les XX Arrondissements de Paris*, 1951. — *Textes*, 1951. — *Dîners de lune*, 1952. — *Illuminations nouvelles*, 1953. — *France toujours attendue*, 1953. — *Rencontres* (repris dans *Pour la peinture)*, 1954. — *Petit Diagnostic de Paris*, 1955. — *Pour la peinture*, 1955. — *Louise Labé*, Liège, Dynamo, 1956. — *Correspondance avec Valery Larbaud 1910-1946*, 1971. — *Chère Lilita : dix lettres à Lilita Abreu*, Balbec, 1988. — *Théâtres (chronique)*, Le Fourneau, 1994.

→ Louise Rypko Schub, *Léon-Paul Fargue*, Genève, Droz, 1973. — Jean-Claude Walter, *Léon-Paul Fargue ou l'homme en proie à la ville*, Gallimard, 1973. — Henri Thomas, *À la rencontre de Léon-Paul Fargue*, Saint-Clément, Fata Morgana, 1992. — Jean-Paul Goujon, *Léon-Paul Fargue, poète et piéton de Paris*, Gallimard, coll. Biographies, 1997. — André Beucler, *Dimanche avec Léon-Paul Fargue*, Le Temps qu'il fait, 1997. — Il existe depuis 1996 un *Bulletin de la Société des lecteurs de Léon-Paul Fargue : Ludions* (Issy-les-Moulineaux).

W.M.

Farrère Claude (1876-1957), pseudonyme de Frédéric-Charles Bargone. Né le 27 avril 1876 à Lyon, d'une mère anglaise et d'un père officier d'infanterie de marine. Après des études à Marseille et à Toulon, il entre à l'École navale en 1894. Il prend part aux campagnes militaires de Chine, du Tonkin et du Maroc (1899-1914). La publication d'une nouvelle, *Le Cyclone* (1903), sous le nom de Claude Farrère, le signale à Pierre Louÿs, qui s'offre à l'aider pour sa carrière littéraire. Un premier recueil de nouvelles, *Fumée d'opium* (1904), est remarqué par son commandant, Pierre Loti. Son roman *Les Civilisés*, qui décrit la vie des Français d'Indochine affranchis des traditions européennes et avides de sensations fortes, obtient le prix Goncourt en 1906. La même année, paraît *Pour vaincre sur mer*. Le roman *L'Homme qui assassina* (1907) retrace, sous forme de journal intime, une aventure amoureuse dramatique à Constantinople. *Mademoiselle Dax, jeune fille* (1907) se situe dans la riche société des milieux industriels. *La Bataille* (1909) évoque les traditions héroïques des Japonais en guerre contre les Russes. La notoriété de Claude Farrère est dès lors bien assurée. Sa production ne ralentit pas : *Trois hommes deux femmes* (1909), recueil de contes ; *Les Petites Alliées* (1910), peinture du demi-monde toulonnais ; *La Maison des hommes vivants* (1913), inspirée par la figure énigmatique du comte de Saint-Germain ; *Thomas l'Agnelet, gentilhomme de fortune* (1913) ; *Dix-sept histoires de marins* (1914), ensemble de récits héroïques.

Au cours de la guerre de 1914, il demande à être muté dans l'artillerie d'assaut et quitte définitivement la marine en 1919, avec le grade de capitaine de corvette. Il partage alors son activité littéraire entre le théâtre, l'histoire de la marine, les récits de voyage et les romans. Au théâtre, il présente une tragédie, *Roxélane* (1920), des comédies, dont *La Vieille Histoire* (1920), ainsi qu'une adaptation des *Tribulations d'un Chinois en Chine* de Verne (1931). *L'Extraordinaire Aventure d'Achmet Pacha Djemaleddine, pirate, amiral, grand d'Espagne et marquis* (1921) illustre un épisode de l'histoire maritime. Parmi les récits de voyages, citons *Croquis d'Extrême-Orient* (1921), *Mes Voyages* (1924-1926), *L'Atlantique en rond* (1932). Mais dans cette abondante production, contes et romans prévalent : *La Dernière Déesse* (1920), *Contes d'outre-mer et d'autre monde* (1921), *L'An 1937* (1924), *Le Dernier Dieu* (1926), *Cent millions d'or* (1927), *L'Autre Côté, contes insolites* (1928), *La Marche funèbre* (1929), *La Porte dérobée* (1929). En 1930, comme président de l'Association des anciens combattants, Farrère se trouve aux côtés du président Doumer, au moment de son assassinat ; s'élançant pour le protéger, il est blessé de deux balles. En 1936, il est reçu à l'Académie française par son ami Pierre Benoit. Romans et livres de souvenirs alternent ensuite, sans véritable renouvellement : *Sillages* (1936), *La Onzième Heure* (1940), *La Seconde Porte* (1945), *Escales d'Asie* (1947), *La Sonate tragique* (1950), *Je suis un marin* (1951), *Les Petites Cousines* (1953), *Le Juge assassin* (1954). Quelques essais : *Lyautey l'Africain* (1922), *Loti* (1929), *Mon ami Pierre Louÿs* (1953). Claude Farrère est mort à Paris le 23 juin 1957.

→ Alain Quella-Villéger, *Le Cas Farrère : du Goncourt à la disgrâce*, Presses de la Renaissance, 1989.

J.G.

Fata Morgana. Maison d'édition fondée à Fontfroide-le-Haut (Saint-Clément), près de Montpellier, en 1966, par Bruno Roy. À la croisée de l'excellence artisanale et de l'exigence littéraire, les Éditions Fata Morgana, au nom de fée et à l'effigie de sirène, ont construit en trente ans leur image et leur succès : une typographie soignée sur un papier luxueux (vergé ivoire généralement), des tirages limités (de sept cents à mille exemplaires), la collaboration d'artistes tels qu'Alechinsky ou Zao Wou-Ki. Publiant des textes courts, parfois à l'origine des articles de revues, ou des œuvres épuisées, mis en valeur sous la forme d'élégantes plaquettes (une cinquantaine de pages en moyenne, à de rares exceptions près), la maison offre une sorte de bibliothèque idéale. Les auteurs choisis par Bruno Roy, que leur célébrité soit depuis longtemps acquise, comme Henri Michaux (quinze titres), ou que la ferveur qu'ils suscitent soit plus secrète, comme Victor Segalen (dix-neuf titres), ont tous une réputation élitiste : Roger Gilbert-

Lecomte et Michel Leiris, André Du Bouchet et François Augiéras, Edmond Jabès et Philippe Jaccottet ou, parmi les écrivains qui font profession de retrait, Maurice Blanchot (qui rompra avec Fata Morgana en 1996 à la suite de la publication d'un livre d'Alain de Benoist), Roger Laporte ou Louis-René Des Forêts (*Poèmes de Samuel Wood*, 1988). La discrétion n'empêche pas la fidélité : Charles Juliet et Gérard Macé apparaissent près de vingt fois au catalogue ; et Jacques Réda donne douze textes en douze ans. La présence moins affirmée de la littérature étrangère présente les mêmes caractéristiques. La part la plus belle y est réservée aux poètes grecs (Odysseus Elytis, Georges Seferis, Yannis Ritsos et surtout six titres de Constantin Cavafy traduits par Bruno Roy lui-même) à côté d'œuvres de Nathaniel Hawthorne, W.B. Yeats, Luis Cernuda ou Abdelkader Khatibi. C'est encore la politique de la rareté qui anime la pratique commerciale de Fata Morgana : proposant ces ouvrages en vente ferme, l'éditeur s'assure le circuit choisi de librairies attentives à leur image littéraire.

→ *Fata Morgana 1966-1976*, 10/18, 1976. — *Fata Morgana, vingt-sept ans d'édition*, catalogue de l'exposition de la Bibliothèque municipale d'Alès, 1993.

A.Ch. — IMEC

Faure Henri Simon (1923). Né le 1er octobre 1923 à Saint-Étienne, il mêle, dans une œuvre poétique originale, l'inspiration anarchisante et autobiographique, évoquant un vieux quartier de sa ville natale *(Mézigue ou le métèque du Panassa,* 1966), la mort de sa mère *(Tombeau de Marine Valentin,* 1963, rééd. 1985) ou le village du Lubéron où il aime à se réfugier *(Au mouton pourrissant dans les ruines d'Oppède,* 1955, rééd. 1983). Sa poésie, oscillant entre lyrisme et réalisme, renoue volontiers avec des formes anciennes, telles que le pamphlet en vers *(Enfer de libelles,* 1989) ou l'esprit médiéval du *Roman de la Rose (Où le point de rencontre des deux branches de la Croix,* 1987). Il dirige une revue dont il est le rédacteur unique et qui a porté plusieurs titres *(Le Bougre, L'Homme de lettres,* etc.).

ŒUVRES. — Aux Éditions du Lérot.

A.G.

Fayard *(Librairie Arthème).* Maison d'édition fondée à Paris en 1857 par Jean-François Lemerle, dit Arthème Fayard. Arrivé à Paris en 1855, Arthème Fayard, d'abord employé au ministère des Finances, débute dans l'édition en participant à la publication d'une biographie de l'historien populaire Camille Leynadier, *Mémoires de Béranger*, avant de s'installer rue de Beaune puis rue des Noyers. Propriétaire et rédacteur en chef de journaux littéraires et historiques à dix ou quinze centimes, il s'intéresse aux figures républicaines de son époque, aux mouvements nationaux à l'étranger et écrit des ouvrages d'actualité et d'histoire, qu'il publie lui-même. Après deux faillites, en 1862 et 1867, il développe sa production en constituant un fonds éclectique, qui comprend surtout des romans populaires illustrés, des ouvrages de vulgarisation scientifique et historique, très bon marché, pour un public populaire. En 1894, Jean-François Fayard s'associe à son fils aîné, Joseph-Arthème, puis à son second fils, Georges-Octave, avant de mourir en juin 1895. Les deux frères rachètent alors le fonds populaire de l'éditeur royaliste Dentu. En 1902, Joseph, dit Arthème II, reprend seul la maison paternelle. Ami de Léon Daudet depuis leur rencontre au lycée Louis-le-Grand, il publie l'œuvre d'Alphonse Daudet, puis celles d'Hector Malot et de Jules Claretie en fascicules à dix centimes. Soucieux de rendre la littérature accessible à tous, il crée en 1904 une grande collection littéraire, la « Modern Bibliothèque », qui publie Paul Bourget, Paul Hervieu, Maurice Barrès, Henri Bordeaux. Ces volumes joliment illustrés ne coûtent que 95 centimes. Un an plus tard, « Le Livre populaire », à 65 centimes, regroupe les grands auteurs populaires de l'époque, tels que Charles Mérouvel, Pierre Decourcelle ou Xavier De Montépin. Pour vendre ces romans à des prix aussi bas, il les fait imprimer à des centaines de milliers d'exemplaires, amorçant l'ère des grands tirages. En 1913, il poursuit avec « Les Meilleurs Livres » la même politique éditoriale, en proposant des traductions des grandes œuvres antiques en fascicules à 10 centimes.

À partir de 1924, la maison Fayard affirme son soutien à l'Action française. La collection des « Grandes Études historiques », dirigée par Pierre Gaxotte, réunit des disciples de l'« école capétienne », Jacques Bainville, Jacques Chastenet, Pierre Gaxotte, Mermeix ; et les hebdomadaires *Candide* (1924) et *Je suis partout* (1931, cédé en 1936) diffusent les idées de ces intellectuels. L'engagement de la librairie Fayard et sa spécialisation dans le roman populaire n'empêchent pas la publication d'une littérature de qualité, française et étrangère. Les collections « Le Livre de demain », qui publie René Boylesve, Henri Bordeaux, Colette, Henri Duvernois, « Les Œuvres libres », recueil littéraire mensuel », et « Univers », qui présente Thomas Mann, Sinclair Lewis ou Edna Ferber, le confirment.

En 1936, à la mort d'Arthème II, son fils Jean, journaliste et prix Goncourt (*Mal d'amour*, 1931), dirige avec son beau-frère Fernand Brouty la maison d'édition dont l'activité, surtout consacrée au roman policier, se ralentit durant la Deuxième Guerre. Jean Fayard s'occupe de la librairie à Paris et Fernand Brouty se charge de la publication de l'hebdomadaire illustré *Ric et Rac* à Clermont-Ferrand. *L'Histoire sainte*, de Daniel-Rops, commencée en 1942, sera tirée à 250 000 exemplaires. Affrontant des problèmes financiers, la maison est reprise par Hachette en 1962. Le nouveau directeur, Charles Orengo, ancien éditeur de Plon, oriente la production vers les sciences humaines et l'histoire contemporaine jusqu'en 1965, où il est remplacé par Alex Grall, directeur littéraire d'Hachette. Après une *Histoire de l'Église*, Daniel-Rops développe un secteur religieux avec la revue *Ecclesia* et les collections catholiques « Le Livre chrétien » et « Bibliothèque Ecclesia ». Les « Grandes Études historiques », toujours dirigées par Gaxotte, poursuivent un parcours honorable. La traduction de la biographie de *Louis XI* de Paul Murray Kendall (1974) remporte un énorme succès. En 1980, Claude Durand, ancien directeur de collection au Seuil, puis directeur général adjoint chez Grasset, rétablit l'équilibre financier de la maison, qui devient l'une des plus prospères du groupe Hachette-Livre. Dans la collection « Le Temps des sciences », dirigée par Odile Jacob, sont publiés des ouvrages qui présentent au grand public des sujets de réflexion nouveau : le *Traité du vivant* de Jacques Ruffié (1982) ou *L'Homme de paroles* de Claude Hagège (1985). Le secteur historique de la maison se renforce avec une *Histoire de la France* dirigée par Jean Favier en six tomes et par la constitution d'une « écurie » d'historiens reconnus : Jean Delumeau, Georges Duby, Daniel Roche, Jean Tulard, Marc Ferro, Eugen Weber. En 1990, les Éditions Fayard publient environ 130 titres, consacrés à l'histoire, la politique, la musique, la littérature étrangère, le roman policier. La venue d'Olivier Bétourné en 1993, qui apporte notamment l'œuvre de Julien Green, et celle de Jean-Marc Roberts en 1994, confirment la volonté d'enrichir le fonds littéraire de la maison.

→ Rieffel Rémy, *La Tribu des clercs : les intellectuels sous la Ve République*, Calmann-Lévy — CNRS Éditions, 1993.

S.G. — IMEC

Faye Jean-Pierre (1925). Né à Paris le 19 juillet 1925, philosophe de formation, il publie en 1958 sa première œuvre : *Entre les rues* suivi de *La Cassure* (1961), *Battement* (1962), *Analogues* (1964), *L'Écluse* (1964) et *Les Troyens* (1970), six romans qui composent un ensemble que l'auteur intitule : *L'Hexagramme* et qui relatent des histoires largement indépendantes. Deux d'entre eux, cependant, *Analogues* et *Les Troyens*, permettent de saisir la logique du fonctionnement de l'ensemble. D'un roman à l'autre, les personnages de Faye explorent un univers intérieur et extérieur profondément divisé. D'où, par exemple, le héros lobotomisé d'*Entre les rues* et la ville de Berlin, coupée en deux, qui sert de cadre à *L'Écluse*. Toute une mythologie de l'espace et de la métropole moderne se développe dans cette œuvre d'avant-garde : fragmentaire, allusif, jouant avec la chronologie, le récit ne se refuse pas à la psychologie ou à la fiction et ne perd jamais le contact avec la réalité historique et politique. Avec notamment *Inferno, versions* (1975) et *La Grande Nap* (1992), Faye poursuivra son œuvre de romancier. Auteur de textes poétiques (*Fleuve renversé*, 1959 ; *Couleurs pliées*, 1965 ; *Ver-*

res, 1978), il a également développé une théorie du récit qui, exposée dans *Le Récit hunique* (1967), est inséparable de sa pratique poétique et de son engagement politique, insistant sur l'efficacité propre du pouvoir de narrer : « En narrant le geste, je le change. Le pouvoir de narrer change le monde. L'homme, animal narrant : changé par ce qu'il conte. » Au terme d'une monumentale étude des discours politiques dans l'Allemagne de l'entre-deux-guerres, exposée notamment dans *Langages totalitaires* (1972), il analyse le fonctionnement de la « chaîne des langues d'idéologies » et la manière dont celles-ci, par le pouvoir des mots, agissent sur l'histoire. Faye fut membre du comité de rédaction de *Tel Quel* (1964-1967) et fonda en 1968 la revue *Change*. Fonds Jean-Pierre Faye à l'IMEC.

Ph.F.

Femina *(prix)*. Créé en 1904 par un groupe de collaboratrices de *Vie heureuse*, dont la revue *Femina* a pris la suite, et décerné chaque année le premier mercredi de novembre.

1904 : Myriam Harry, *La Conquête de Jérusalem*
1905 : Romain Rolland, *Jean-Christophe*
1906 : André Corthis, *Gemmes et moires*
1907 : Colette Yver, *Princesses de science*
1908 : Édouard Estaunié, *La Vie secrète*
1909 : Edmond Jaloux, *Le reste est silence*
1910 : Marguerite Audoux, *Marie-Claire*
1911 : Louis de Robert, *Le Roman du malade*
1912 : Jacques Morel, *Feuilles mortes*
1913 : Camille Marbo, *La Statue voilée*
1914-1916 : pas de prix décerné
1917 : René Milan, *L'Odyssée d'un transport torpillé*
1918 : Henri Bachelin, *Le Serviteur*
1919 : Roland Dorgelès, *Les Croix de bois*
1920 : Edmond Gojon, *Le Jardin des dieux*
1921 : Raymond Escholier, *Cantegril*
1922 : Jacques de Lacretelle, *Silbermann*
1923 : Jeanne Galzy, *Les Allongés*
1924 : Charles Derennes, *Le Bestiaire sentimental*
1925 : Joseph Delteil, *Jeanne d'Arc*
1926 : Charles Silvestre, *Prodige du cœur*
1927 : Marie Le Franc, *Grand-Louis l'innocent*
1928 : Dominique Dunois, *Georgette Garou*
1929 : Georges Bernanos, *La Joie*
1930 : Marc Chadourne, *Cécile de la Folie*
1931 : Antoine de Saint-Exupéry, *Vol de nuit*
1932 : Ramón Fernandez, *Le Pari*
1933 : Geneviève Fauconnier, *Claude*
1934 : Robert Francis, *Le Bateau-refuge*
1935 : Claude Silve, *Bénédiction*
1936 : Louise Hervieu, *Sangs*
1937 : Raymonde Vincent, *Campagne*
1938 : Félix de Chazournes, *Caroline ou le Départ pour les îles*
1939 : Paul Vialar, *La Rose de la mer*
1940-1943 : pas de prix décerné
1944 : Éditions de Minuit (Collection Sous l'oppression, inaugurée par *Le Silence de la mer*, de Vercors)
1945 : Anne-Marie Monnet, *Le Chemin du soleil*
1946 : Michel Robida, *Le Temps de la longue patience*
1947 : Gabrielle Roy, *Bonheur d'occasion*
1948 : Emmanuel Roblès, *Les Hauteurs de la ville*
1949 : Maria Le Hardouin, *La Dame de cœur*
1950 : Serge Groussard, *La Femme sans passé*
1951 : Anne de Tourville, *Jabadao*
1952 : Dominique Rolin, *Le Souffle*
1953 : Zoé Oldenbourg, *La Pierre angulaire*
1954 : Gabriel Veraldi, *La Machine humaine*
1955 : André Dhôtel, *Le pays où l'on n'arrive jamais*
1956 : François-Régis Bastide, *Les Adieux*
1957 : Christian Mégret, *Le Carrefour des solitudes*
1958 : Françoise Mallet-Joris, *L'Empire céleste*
1959 : Bernard Privat, *Au pied du mur*

1960 : Louise Bellocq, *La Porte retombée*
1961 : Henri Thomas, *Le Promontoire*
1962 : Yves Berger, *Le Sud*
1963 : Roger Vrigny, *La Nuit de Mougins*
1964 : Jean Blanzat, *Le Faussaire*
1965 : Robert Pinget, *Quelqu'un*
1966 : Irène Monesi, *Nature morte devant la fenêtre*
1967 : Claire Etcherelli, *Élise ou la Vraie Vie*
1968 : Marguerite Yourcenar, *L'Œuvre au noir*
1969 : Jorge Semprun, *La Deuxième Mort de Ramón Mercader*
1970 : François Nourissier, *La Crève*
1971 : Angelo Rinaldi, *La Maison des Atlantes*
1972 : Roger Grenier, *Ciné-roman*
1973 : Michel Dard, *Juan Maldonne*
1974 : René-Victor Pilhes, *L'Imprécateur*
1975 : Claude Faraggi, *Le Maître d'heure*
1976 : Marie-Louise Haumont, *Le Trajet*
1977 : Régis Debray, *La neige brûle*
1978 : François Sonkin, *Un amour de père*
1979 : Pierre Moinot, *Le Guetteur d'ombre*
1980 : Jocelyne François, *Joue-nous « España »*
1981 : Catherine Hermary-Vieille, *Le Grand Vizir de la nuit*
1982 : Anne Hébert, *Les Fous de Bassan*
1983 : Florence Delay, *Riche et légère*
1984 : Bertrand Visage, *Tous les soleils*
1985 : Hector Bianciotti, *Sans la miséricorde du Christ*
1986 : René Belletto, *L'Enfer*
1987 : Alain Absire, *L'Égal de Dieu*
1988 : Alexandre Jardin, *Le Zèbre*
1989 : Sylvie Germain, *Jours de colère*
1990 : Pierrette Fleutiaux, *Nous sommes éternels*
1991 : Paula Jacques, *Déborah et les Anges dissipés*
1992 : Anne-Marie Garat, *Aden*
1993 : Marc Lambron, *L'Œil du silence*
1994 : Olivier Rolin, *Port-Soudan*
1995 : Emmanuel Carrère, *La Classe de neige*
1996 : Geneviève Brisac, *Week-end de chasse à la mère*
1997 : Dominique Noguez, *Amour noir*

féministe *(littérature)*. Les années soixante-dix ne constituent pas l'origine absolue d'une revendication féministe, dont l'histoire, sous sa forme collective, a commencé dès la période révolutionnaire, mais elles font apparaître une rupture radicale, non seulement d'un point de vue socio-politique, mais aussi, dès le milieu de la décennie, dans le domaine intellectuel. En 1974 naissent les éditions Des Femmes. Dans la suite, nombre d'éditeurs créeront des collections spécialisées. Des femmes écrivains manifestent leur refus d'être perçues comme des exceptions qui confirmeraient la règle de la précellence du génie masculin. Il ne s'agit pas là d'un désir de neutralité — cacher la femme derrière l'artiste pour accéder à la reconnaissance institutionnelle — mais de la volonté d'assumer une parole propre à la femme, un « territoire du féminin », qu'il faut désormais rendre visible. Théoriciennes et artistes, qui sont souvent les mêmes, s'interrogent sur le concept d'objet littéraire et récusent la notion de *littérature*, qui appartient à l'ordre patriarcal, au profit de l'*écriture*, celle-ci étant avant tout une pratique singulière, le discours d'un sujet autre, que la psychanalyse freudienne ou lacanienne n'a pu circonscrire. C'est le sens de l'œuvre de Luce Irigaray. Xavière Gauthier, Catherine Clément et Julia Kristeva ont également procédé à une relecture de l'orthodoxie psychanalytique. La *féminitude* (terme créé par Simone de Beauvoir sur le modèle de *négritude)*, née de l'oppression exercée par l'ordre masculin, est réinterprétée dans le sens d'une remise en cause radicale de la langue et de ses jeux signifiants. Des écrivains comme Hélène Cixous ou Monique Wittig, récusant les cloisonnements, y compris celui des genres, cherchent à instaurer un rapport spécifique de la parole et du corps.

La littérature féministe émerge du silence ; d'où le caractère autobiographique de bon nombre d'œuvres, comme celle de Marguerite Duras. Dans cette mouvance, les grandes figures de la littérature féminine sont réévaluées, dans le cadre d'une généalogie à reconstruire, d'une histoire que les femmes veulent se restituer à elles-mêmes, tant sur le plan de la pratique de l'écriture que sur celui de la théorie. La littérature féministe revendique sous les formes les plus diverses — essai, roman, poésie, théâtre — un projet précis : donner à la femme son statut de sujet autonome. Les thèmes traités : maternité, rapports entre mères et filles, couple, maladie, travail au quotidien, soulignent l'importance de cet accès à la parole. À l'évidence, les femmes ont toujours pris part à la production artistique et intellectuelle, mais les œuvres féminines ne sont pas féministes pour autant. Et le féminisme n'est qu'au début de son histoire.

ŒUVRES. — **Essais** : Simone de Beauvoir, *Le Deuxième Sexe* : t. I : *Les Faits et les mythes* ; t. II : *L'Expérience vécue*, 1949, rééd. Folio-essais, 1986. — Hélène Cixous, *Entre l'écriture*, Des Femmes, 1986. — Hélène Cixous et Catherine Clément, *La Jeune Née*, UGE, coll. 10/18, 1975. — Hélène Cixous, Madeleine Gagnon et Annie Leclerc, *La Venue à l'écriture*, UGE, coll. 10/18, 1977. — Catherine Clément, *Les fils de Freud sont fatigués*, Grasset, coll. Figures, 1978. — Monique David-Ménard, *L'Hystérique entre Freud et Lacan : corps et langage en psychanalyse*, Éditions universitaires, 1983. — Marguerite Duras et Xavière Gauthier, *Les Parleuses*, Éditions de Minuit, 1974. — Xavière Gauthier, *Surréalisme et sexualité*, Gallimard, coll. Idées, 1971. — Luce Irigaray, *Speculum : de l'autre femme*, Éditions de Minuit, coll. Critique, 1974 ; *Ce sexe qui n'en est pas un*, 1977 ; *Éthique de la différence sexuelle*, 1984 ; *Parler n'est jamais neutre*, 1985 ; *Je, tu, nous*, 1990, rééd. Le Livre de Poche, coll. Biblio-essais, 1992 ; *J'aime à toi*, Grasset, 1992. — Sarah Kofman, *Le Respect des femmes*, Galilée, 1982. — Julia Kristeva, *Polylogue*, Le Seuil, coll. Tel Quel, 1977. — Annie Leclerc, *Parole de femme*, Grasset, 1974. — Michèle Montrelay, *L'Ombre et le nom : sur la féminité*, Éditions de Minuit, coll. Critique, 1977. — **Fictions** : Marie Cardinal, *Les Mots pour le dire*, Grasset, 1983. — Hélène Cixous, *Souffles*, Des Femmes, 1975 ; *Angst*, 1977 ; *Ananké*, 1979 ; *Illa*, 1980 ; *Déluge*, 1992 ; *La Fiancée juive : de la tentation*, 1995. — Jeanne Hyvrard, *La Meurtritude*, Éditions de Minuit, 1977 ; *Auditions musicales certains soirs d'été*, Des Femmes, 1984 ; *Le Cercan : essai sur un long et douloureux dialogue de sourds*, 1987 ; *La Jeune Morte en robe de dentelle*, Des Femmes, 1990. — Luce Irigaray, *Et l'une ne bouge pas sans l'autre*, Éditions de Minuit, 1979 ; *Passions élémentaires*, Éditions de Minuit, 1982 ; *Le Corps à corps avec la mère*, Éditions de la Pleine Lune, 1982. — Annie Leclerc, *Épousailles*, Grasset, 1976 ; *Le Mal de mère*, Grasset, 1986. — Sophie Podolski, *Le Pays où tout est permis*, 1973, rééd. Transédition, 1980. — Claude Pujade-Renaud, *La Ventriloque*, Des Femmes, 1978 ; *La Chatière, nouvelles*, Actes Sud, 1993. — Emma Santos, *J'ai tué Emma S. ou l'écriture colonisée*, Des Femmes, 1976 ; *La Malcastrée*, Des Femmes, 1976 ; *Écris et tais-toi*, Stock, 1978. — Monique Wittig, *L'Opoponax*, 1964, rééd. Éditions de Minuit, 1983 ; *Les Guérillères*, Éditions de Minuit, 1969 ; *Le Corps lesbien*, Éditions de Minuit, 1973 ; *Virgile, non*, Éditions de Minuit, 1985.

I.M.

Fénéon Félix (1861-1944). Né à Turin, le 29 juin 1861, dans une famille d'employés, il est élève au lycée de Mâcon. En 1881, il entre comme employé au ministère de la Guerre, à Paris. À partir de 1883, il collabore à diverses revues, publie de nombreux textes critiques, fréquente les milieux symbolistes (Mallarmé) et néo-impressionnistes (Seurat, Signac), mouvements esthétiques en accord avec son dandysme et son individualisme profond.

Hormis quelques contes, Fénéon, qui disait « n'aimer que les travaux indirects », a surtout mis son talent dans ses critiques d'art (brèves monographies, Salons) : il se voulait le porte-parole des peintres qu'il aimait, mettant à leur service sens de la description, style concis, syntaxe elliptique, vocabulaire à la fois précis et évocateur semé de néologismes et de termes scientifiques. On lui doit aussi de fines analyses d'écrivains symbolistes, la publication des *Illuminations* de Rimbaud (dans *La Vogue*, en 1886) et de nombreux inédits de Laforgue.

À partir de 1890, il collabore, souvent anonymement, à de nombreuses revues anarchistes, et se lie avec des auteurs d'attentats ; arrêté en 1894, il est finalement acquitté au « procès des Trente », où sa morgue et ses mots d'esprit font le bonheur de la presse, mais il perd son emploi au ministère. Il devient alors rédacteur en chef de *La Revue blanche*, puis, brièvement, journaliste au *Figaro* (il y publie ses célèbres *Nouvelles en trois lignes*, récits de faits divers lapidaires et grinçants). En 1906, il abandonne le journalisme pour travailler à la galerie Bernheim Jeune où il accueille Matisse, Van Dongen, l'Exposition futuriste en

1912... Quoique diminué par la maladie dès les années 1930, il ne cessa jamais de s'intéresser à l'art de son temps. « F.F. » meurt le 29 février 1944, sans s'être jamais soucié de rassembler ses écrits dispersés en revues ; c'est Jean Paulhan, ami des dernières années, qui publia un choix d'*Œuvres*, chez Gallimard, en 1948.

ŒUVRES. — *Œuvres plus que complètes*, éd. J. U. Halperin, Genève-Paris, Droz, 1970, 2 t.

→ Joan U. Halperin, *Félix Fénéon*, Gallimard, 1991.

B.Do.

Feraoun Mouloud (1913-1962). Né dans une famille très pauvre de paysans kabyles, il l'évoque dans son premier livre autobiographique, *Le Fils du pauvre* (1950, grand prix littéraire de la ville d'Alger). Il fait partie de ces jeunes Algériens formés par la France au métier d'instituteur, à l'École normale de la Bouzareah, près d'Alger. Il ne cessera d'exercer ce métier, menant une vie modeste de père de famille, jusqu'à son assassinat, le 15 mars 1962, dans les dernières convulsions de la guerre d'Algérie. Sa présence au nombre des cinq victimes de l'OAS ce jour-là prend une valeur symbolique : il est de ceux qui ont voulu croire, et parfois contre eux-mêmes, à la possibilité de maintenir un contact entre les deux communautés algérienne et française, notamment en luttant contre la misère qui fut souvent à l'origine de la violence chez les plus démunis. Mouloud Feraoun commence à écrire sous l'impulsion d'Emmanuel Roblès. Il gagne aussi l'amitié d'Albert Camus. *La Terre et le sang* (1953) et *Les Chemins qui montent* (1957) sont publiés au Seuil. Son *Journal* (1962) ainsi que ses *Lettres à ses amis* (1969) sont des documents essentiels pour comprendre l'état d'esprit et les tourments de ceux qui étaient alors des Algériens de bonne volonté, aussi attachés à la culture française qu'à leurs origines. Suivant le conseil d'Emmanuel Roblès, Feraoun entend « montrer que les Kabyles étaient précisément des hommes » débordant le cadre d'une étude ethnographique. Le souci de voir au plus près ce qu'il en est de la dignité humaine lorsqu'elle est menacée par quelque forme d'oppression l'a conduit à examiner la condition humaine tant dans les villages kabyles pauvres qu'en France, dans les milieux de l'émigration. Il est l'un des premiers à avoir étudié, dans *La Terre et le sang*, le problème du couple mixte tel qu'il se constitue lorsque le Kabyle émigré épouse une Française et la ramène au pays. À la différence de beaucoup d'Algériens, Feraoun a salué le courage et la lucidité d'Albert Camus, dans « Lettre d'un Algérien musulman à Albert Camus » (*Preuves*, 1958).

D.B.

Ferenczi *(Éditions)* (1879-1950). Maison fondée à Paris par Joseph Ferenczi. Les Éditions Ferenczi reflètent la mutation de l'édition à la charnière des XIXe et XXe siècles. Maison familiale, elle est dirigée par Joseph Ferenczi jusqu'à sa mort en 1934, date à laquelle ses fils Henri et Alexandre prennent sa succession. Les Éditions Ferenczi sont constituées de deux sociétés en nom collectif : la maison d'édition, qui porte le nom du fondateur, et une imprimerie, L'Imprimerie moderne, à Montrouge. C'est l'un des facteurs qui ont permis à la maison de s'adapter à l'évolution rapide du marché du livre au cours de cette période. L'Imprimerie moderne ainsi que les Éditions Ferenczi ont fait le choix de l'Ouest parisien, moins coûteux, pour installer leurs locaux. L'Imprimerie moderne s'est rapidement dotée d'un matériel performant, qui lui a permis d'assurer de gros tirages pour un prix de revient réduit.

Dès la fin du XIXe siècle, Joseph Ferenczi se lance sur la voie ouverte par les Éditions Fayard, en éditant à grands tirages des ouvrages populaires vendus dans la collection « Les Petits Livres » pour moins d'un franc. En 1920, il réalise un coup commercial en créant une nouvelle collection très bon marché, « Les Romans complets inédits », qui propose tous les mois deux volumes à 95 centimes : on y trouve des romans de Rosny aîné, d'Edmond Jaloux ou de Marcel Prévost. Cette formule, qui offre à des romanciers souvent renommés la possibilité de publier des nouvelles rapidement écrites ou des extraits de livres à venir, semble intermédiaire entre le feuilleton et le roman proprement dit ; son succès immédiat conduit Fayard à l'imiter dès 1921 (avec la collection des « Œuvres libres »).

Les Éditions Ferenczi présentent dans l'entre-deux-guerres une double spécialisation dont témoignent les catalogues de cette période. Plus de la moitié de la production y est en effet rassemblée sous l'appellation générique de « Collections populaires » : aux côtés des « romans choisis », tels ceux d'Eugène Sue, figurent des publications moins littéraires, comme les « romans-cinémas », qui offrent une version romancée des « derniers grands succès de l'écran ». D'autres titres, comme ceux du « Livre épatant » vendus entre 35 centimes et 1,45 franc, *La Môme Coco*, *Rage d'amour*, *Cœur qui soupire*, « romans captivants où la passion est décrite sous sa forme la plus fidèle », reflètent la prospérité du marché du livre populaire. Dans ce domaine, il faut signaler aussi la collection de romans policiers, « Les Mystères de demain », célèbre pour ses couvertures illustrées, ainsi que des ouvrages pour la jeunesse.

Les collections littéraires, deuxième champ d'activité des Éditions Ferenczi, se signalent essentiellement par une série qui a fait la renommée de la maison. « Le Livre moderne illustré », « véritable livre de luxe pour tous » : de grands succès éditoriaux y sont repris en un volume vendu 2,50 francs, orné d'illustrations inédites, à la fois en couverture et sous la forme de vignettes placées en tête de chapitres. Tous les auteurs marquants de l'entre-deux-guerres trouvent leur place dans cette collection : Céline *(Voyage au bout de la nuit)*, Carco, Maurois, Radiguet *(Le Bal du comte d'Orgel)*, Malraux *(La Voie royale)*, Cendrars, Giono, Guilloux, Bourget, et surtout Colette, qui marquera les Éditions Ferenczi en dirigeant elle-même une collection portant son nom. Enfin, une collection d'« Histoire et critique » accueille les essais d'Édouard Herriot, tandis qu'Henry de Jouvenel, second mari de Colette, y dirige la collection des « Petits Guides politiques » où paraît le *Comment faire payer l'Allemagne* de Georges Barnich (1924). L'Occupation allemande entraîne l'aryanisation de l'entreprise et, en 1940, Alexandre et Henri Ferenczi se réfugient en zone libre ; les autorités allemandes organisent la vente des deux sociétés à un éditeur berlinois, qui les rebaptise Éditions du Livre moderne et Société franco-européenne d'imprimerie. À la Libération, Jean de La Hire, directeur d'édition depuis 1941, est emprisonné et exclu de la profession d'éditeur.

Entre 1945 et 1950, la maison reprend son activité et son dernier catalogue propose toujours les « jolies collections populaires », enrichies de guides pratiques, et de la « Bibliothèque Mystéria », mais seuls les nouveaux titres du « Livre moderne illustré » (Joseph Kessel, Marcel Aymé, Colette toujours) témoignent d'une splendeur qui appartient désormais au passé.

A.W. — IMEC

Fernandez Dominique (1929). Né à Neuilly le 25 août 1929, fils du critique et homme politique Ramon Fernandez (1894-1944) évoqué dans *Porfirio et Constance* (Grasset, 1991), normalien, agrégé d'italien, après deux premiers romans, *L'Écorce des pierres* (Grasset, 1959) et *L'Aube* (Grasset, 1962), il entreprend de rendre compte de l'homosexualité, persécutée (*L'Étoile rose*, Grasset, 1978 ; *Dans la main de l'ange*, biographie de Pasolini, prix Goncourt, Grasset, 1982 ; *Tribunal d'honneur*, Grasset, 1997) ou menacée (*Une fleur de jasmin à l'oreille*, Grasset, 1980 ; *La Gloire du paria*, Grasset, 1987), rêvant de lieux plus propices comme l'Antiquité (*Le Rapt de Ganymède*, Grasset, 1989) ou l'Italie (*Porporino*, Grasset, 1974 ; *L'Amour*, Grasset, 1986 ; *Le Dernier des Médicis*, Grasset, 1994), en un désir d'ailleurs qui sous-tend sa méditation sur le baroque (*Le Banquet des anges : L'Europe baroque de Rome à Prague*, Plon, 1984 ; *L'Or des Tropiques : Promenades dans le Portugal et le Brésil baroques*, Grasset, 1993 ; *La Magie blanche de Saint-Pétersbourg*, Gallimard, 1994 ; *La Perle et le croissant*, Plon, 1995), son amour de l'art (*Le Musée idéal de Stendhal*, Stock, 1995) et son attirance constante pour le Sud (*Le Radeau de la Gorgone*, sur la Sicile, Grasset, 1988 ; *Séville*, Stock, 1992). Cette quête de soi l'a conduit à interpréter le monde et la littérature dans une lumière freudienne grâce à la « psychobiographie » (*Mère Méditerranée*, Grasset, 1965 ; *L'Échec de Pavese*, Grasset, 1967 ; *L'Arbre jusqu'aux racines*, Grasset, 1972).

→ Fonds Dominique Fernandez à la Bibliothèque nationale.

J.P.

Fernandez Ramon (1894-1944). Né à Paris d'un père mexicain, il s'est d'abord révélé par le roman (*Le Pari*, 1932, prix Femina ; *Les Violents*, 1935). Mais cet ami de Proust et de Rivière est vite devenu une figure importante de la *NRF*. On lui doit une série d'essais (*Messages*, 1926 ; *De la personnalité*, 1927 ; *L'homme est-il humain ?*, 1936 ; *Itinéraire français*, 1943) et d'importantes monographies sur Gide (1931), Proust (1943), Barrès (1943) et Balzac (1944). L'œuvre de ce critique proche de *L'Action française* perdit une grande partie de son crédit à la Libération.

G.P.

Ferron Jacques (1921-1985). Né à Louiseville (Maskinongé) près de Trois-Rivières, fils de notaire, médecin généraliste qui exerça sa profession en Gaspésie, dans une banlieue ouvrière de Montréal et dans des institutions psychiatriques, il est aussi original par sa personnalité que par son œuvre. Nationaliste de gauche, puis indépendantiste, engagé dans la lutte contre le conservatisme clérical de Duplessis, puis contre le centralisme bureaucratique de Trudeau — il a fondé par dérision le Parti rhinocéros —, le Dr Ferron fut mêlé de près aux négociations d'octobre 1970 avec les terroristes du Front de libération du Québec. Son activité publique et son intense collaboration à des périodiques, dont *Parti pris* et *L'Information médicale et paramédicale*, où il publia de nombreuses chroniques, ont donné lieu à plusieurs recueils : *Escarmouches* (instantanés, caricatures, polémiques), *Lettres aux journaux*. De la même origine, ses *Historiettes* vont plus loin, jusqu'au conte, jusqu'à l'histoire, la « petite » histoire, celle des petits, des silencieux, et la « nouvelle », officieuse, contestataire, quotidienne, multidisciplinaire.

Après la farce rabelaisienne de *L'Ogre* (1949), où « le conte fait un pied de nez au théâtre », l'apprenti écrivain, l'amateur éclairé fait ses gammes dans de brillants dialogues classiques et modernes entre maîtres, maîtresses, valets et soubrettes, où il y a toujours un prix à payer pour la virginité, l'amour, le bonheur. De cela se détache *Le Cheval de Don Juan* (1957), qui deviendra un *Don Juan chrétien* peu orthodoxe. Les deux pièces les plus connues de Ferron sont *Les Grands Soleils*, épopée des patriotes de 1837, et *La Tête du roi* (1963), fable ironique sur la schizophrénie des terroristes.

Mais c'est comme conteur que Ferron s'est imposé, en 1962. Ses *Contes du pays incertain* et ses *Contes anglais et autres* s'inspirent de la tradition orale, populaire, pour la métamorphoser. Ce sont des contes pour adultes, irrévérencieux et « philosophiques », d'une simplicité trompeuse, savante, qui se prolongent et s'épanouissent dans des romans qu'on a vus comme de grands contes initiatiques et fondateurs : *La Charrette*, les allégories de *Papa boss* (américain) et de *La Nuit* (montréalaise), où « la réalité se dissimule derrière la réalité » ; sous ce titre comme sous celui des *Confitures de coings*, nouvelle version à laquelle ni un « Appendice » prétendument explicatif, ni « La Créance » autobiographique n'enlèvent son secret. *Le Ciel de Québec* — est-ce à cause de la mythologie, des figures et des discours amérindiens qui le traversent ? — a quelque chose du grand roman sud-américain. Cette fresque baroque est un tournant dans l'œuvre de Ferron : le renversement hiérarchique du monde, des mots, au profit d'une tribu composite, d'un village purement fictif, utopique, animé par une vieille « capitainesse » autochtone et fondé sur un Rédempteur, Fauché. Il y a un « autre côté des choses », tout près de la maison, dans *L'Amélanchier*, comme chez Lewis Carroll.

Après *Le Salut de l'Irlande*, clin d'œil républicain complice, *Les Roses sauvages*, croisement d'une déportation contemporaine en Acadie, d'un exil onirique à Casablanca, d'un enfermement psychiatrique et d'une solitude suicidaire, inaugure le dernier cycle, la phase ultime de l'œuvre, rongée par le doute et en même temps ouverte à l'altérité la plus radicale. Les essais intitulés *Du fond de mon arrière-cuisine* sont consacrés à l'examen et à la transformation de mythes, légendes ou figures littéraires, mais surtout à une autocritique désespérée (« Les Salicaires »). Le confidentiel *Gaspé-Mattempa*, le double *Rosaire* précédé de *L'Exécution de Maski*(nongé) annoncent l'impossible *Pas de Gamelin*, impubliable et pourtant publié en partie, dans *La Conférence inachevée*, testament littéraire et humain. Jacques Ferron est mort le 22 avril 1985.

ŒUVRES. — *Théâtre I*, 1968, comprenant *Les Grands Soleils*, *Don Juan chrétien*, etc. — *Théâtre II*, 1975, comprenant *Le Dodu*, *La Tête du roi*, etc. — *Contes*, 1968, comprenant *Contes du pays incertain* et *Contes anglais et autres*. — *Les Confitures de coings*, 1972, rassemblant de nouvelles versions de *La Nuit*, 1965 et de *Papa boss*, 1966. — *La Charrette*, 1968. — *Le Ciel de Québec*, 1969. — *L'Amélanchier*, 1970. — *Le Salut de l'Irlande*, 1970. — *Les Roses sauvages*, 1971. — *La Chaise du maréchal-ferrant*, 1972. — *Le Saint-Élias*, 1972. — *Du fond de mon arrière-cuisine*, 1973. — *Escarmouches*, 1975. — *Gaspé-Mattempa*, 1980. — *Rosaire* précédé de *L'Exécution de Maski*, 1981. — *Lettres aux journaux*, 1985. — *La Conférence inachevée*, *Le Pas de Gamelin et autres récits*, 1987. — *Le Contentieux de l'Acadie*, 1991. — *Les Pièces radiophoniques*, 1993.

→ Jean Marcel, *Jacques Ferron malgré lui*, Montréal, Parti pris, 1978. — Jean-Pierre Boucher, *Jacques Ferron au pays des amélanchiers*, Presses de l'université de Montréal, 1973. — *Les Contes de Jacques Ferron*, Montréal, L'Aurore, 1974. — Pierre L'Hérault, *Jacques Ferron cartographe de l'imaginaire*, Presses de l'université de Montréal, 1980. — Pierre Cantin, *Jacques Ferron polygraphe*, Montréal, Bellarmin, 1984. — Betty Bednarski, *Autour de Jacques Ferron : littérature, traduction, altérité*, Toronto, Éditions du GREF, 1989. — *Littératures* (université McGill), n°s 9-10, 1992. — Ginette Michaud (dir.), *L'Autre Ferron*, Fides-CÉTUQ, 1995.

L.M.

Ferry Jean (1906-1976), pseudonyme de Jean André Lévy. Homme de cinéma (chef de plateau à la société Pathé-Nathan dès 1932, après avoir été opérateur radio dans la marine marchande), homme de théâtre (dans les années trente, il anime avec Jacques Prévert, Marcel Duhamel et Max Morise le groupe de recherches théâtrales « Octobre »), Jean Ferry, lecteur passionné et écrivain discret, a collaboré aux publications surréalistes avant comme après la Deuxième Guerre mondiale (*Documents* n° 34, *Minotaure*, puis l'*Almanach surréaliste du demi-siècle*, en 1950). Exégète de Raymond Roussel, il publie en 1953 aux Éditions Arcanes un livre étudiant dans l'œuvre de celui-ci le système des parenthèses. Après avoir réalisé de nombreux films avec Luis Buñuel, Louis Malle, Georges Franju, il écrit un scénario, *Fidélité*, qu'il tente de réaliser, sans succès. Ses positions esthétiques, toutes ludiques qu'elles soient, sont animées d'une grande exigence : le cinéma devient à ses yeux, après la guerre, un art industriel avec lequel il ne veut plus se compromettre ; il refuse pour cette raison de collaborer au numéro sur le surréalisme de *L'Âge du cinéma*, en 1951. Le sarcasme est son arme favorite : dans un « Hommage à Homais » (*Médium*, feuille, 1953), il se gausse de la revue *Réalités* qui sollicitait des dons pour une œuvre sacerdotale. Il deviendra à la fin de sa vie un pataphysicien assidu.

Du point de vue littéraire, le recueil *Le Mécanicien et autres contes* (Gallimard, 1953) reste son ouvrage le plus important, précédé d'une longue préface d'André Breton, qui portait à Jean Ferry une grande amitié. Dans cette préface, qui reprend des éléments venus de la notice sur Ferry de l'*Anthologie de l'humour noir*, Breton souligne la place de l'humour et l'importance de la thématique de la fatigue : le sommeil n'est pas présenté comme un moyen dont dispose l'homme pour réparer ses forces (ce serait encore se situer dans une logique de l'économie capitaliste, ou socialiste) : c'est l'énigme d'un temps « inexploitable ». Il faut noter enfin l'intérêt de Ferry pour Kafka, dont il n'est pas loin, quand il s'insurge contre l'interprétation psychanalytique qu'en propose Marthe Robert dans *Les Temps modernes*. Son goût pour une certaine forme d'absurde et la coloration pataphysicienne ou légèrement fantastique de certaines de ses pages font de lui un de ces écrivains que les arts du spectacle ou la fête foraine relient au surréalisme, et dont il représente le versant modeste, sympathique, populaire.

J.C.-G.

Festin d'Ésope (Le) (1903-1904). Revue fondée à Paris par Guillaume Apollinaire, Nicolas Deniker et André Salmon. Cette revue des belles lettres, mensuelle, est destinée à publier les textes de ses fondateurs et ceux des jeunes écrivains refusés par le *Mercure de France* ou *La Revue blanche*. Elle a pour siège social l'appartement d'André Salmon. Le manifeste indique : « N'étant l'organe d'aucune école, [*Le Festin* *d'Ésope*] sera seulement soucieux de mériter, par l'équité de sa critique et la qualité des œuvres qui le composeront, son sous-titre de *Revue des belles-lettres*. » Nicolas Deniker, fils du conservateur de la Bibliothèque du Muséum d'histoire naturelle, admirateur de Mallarmé et ses symbolistes, est le gérant de la revue. Il sera remplacé en avril 1904 par Jean Mollet, dit le baron, secrétaire d'Apollinaire. Ce dernier assure la rédaction en chef des neuf livraisons de la revue, de novembre 1903 à août 1904. À partir d'avril 1904, René Dardenne le rejoint à ce poste. Aux sommaires de cette revue, où sont publiés prose, poésie, essais critiques, apparaissent Apollinaire, Paul Géraldy, Mécislas Goldberg, Jean de Gourmont, Alfred Jarry, Ernest Raynaud, Han Ryner, André Salmon, Alphonse Séché.

M.I. — IMEC

Feuilles libres (Les) (1918-1928). Revue fondée à Paris par Maurice Raval. Littéraire et artistique, mêlant des hors-texte d'illustrateurs prestigieux : Picasso, Chagall, Modigliani, André Lhote, Fernand Léger, Frans Masereel, Robert Delaunay, Giorgio De Chirico, Hans Arp, Paul Klee ; des photographies de Man Ray ; des partitions originales de compositeurs : Honegger, Satie, Stravinski, Poulenc, Milhaud, la revue a connu deux séries : la première, de 1918 à 1921, pour les numéros 1 à 24 paraissant dix mois sur douze, avec au sommaire Claude Aveline, Luc Durtain, Jules Romains ; la deuxième, de 1922 à 1928, pour les numéros 25 à 48 paraissant tous les deux mois. Dans cette seconde série, littérature et poésie sont représentées par le meilleur échantillon des auteurs français de l'époque : Artaud, Cendrars, Claudel, Cocteau, Crevel, Drieu La Rochelle, Eluard, Epstein, Fargue, à qui un numéro double est consacré, Max Jacob, Jouhandeau, Morand, Benjamin Péret, Reverdy, Soupault, Tzara, Valéry.

M.I. — IMEC

Feuillets (Les) (1911-1913). Revue dirigée par Robert De Traz. Comme l'indique le sous-titre, « Revue mensuelle de culture suisse », les rédacteurs s'efforçaient de promouvoir une culture suisse. Les questions politiques et idéologiques l'emportent sur la littérature. La revue est l'organe d'une doctrine homogène nationaliste : l'helvétisme.

G.R.

Feydeau Georges (1862-1921). Né à Paris le 8 décembre 1862, dans une famille de vieille noblesse, les Feydeau de Marville, qui avaient abandonné la particule sous le Premier Empire. Son père, Ernest (1821-1878), coulissier en Bourse, directeur de journal, essayiste, auteur de pièces de théâtre et de romans, dont *Fanny* (1858), qui fit scandale, était l'ami de Flaubert et de Théophile Gautier. Georges, né du second mariage de son père avec Lodzia Zélewska, grandit dans un milieu littéraire et bohème, manifestant à l'âge de sept ans une irrésistible vocation pour le théâtre. Dès ce moment, il écrit des vaudevilles, des drames, des tragédies. Au lycée Saint-Louis, dont il est pensionnaire, il fonde le Cercle des castagnettes, qui sert de banc d'essai à des jeunes gens entichés de théâtre. Il y joue avec talent du Molière et du Labiche et déclame des monologues de sa composition.

À dix-neuf ans, en 1882, il donne sa première pièce, *Par la fenêtre*, dans un casino de station balnéaire, tout en continuant à écrire des monologues qu'il interprète ou fait interpréter dans des salons mondains. C'est à ce moment-là que, mettant un terme à ses hésitations, il opte pour la comédie et le vaudeville. Mais le succès tarde, et jusqu'en 1890, il n'écrit pas moins de onze pièces qui, à l'exception de *Tailleur pour dames* (1886), sont autant d'échecs. Aux limites du découragement, sans ressources, alors qu'il a épousé la fille du peintre Carolus-Duran, il songe un moment à se faire comédien. Mais en 1892 enfin c'est le succès et même le triomphe avec trois pièces : *Monsieur chasse*, au Palais-Royal ; *Champignol malgré lui*, aux Nouveautés ; *Le Système Ribadier*, au Palais-Royal encore. Au lendemain de la création de *Champignol*, le critique du *Temps*, Francisque Sarcey, rend compte de l'accueil réservé à ce vaudeville : « Je ne vous décrirai pas le public, écrit-il, il était mort de rire, il n'en pouvait plus. À la fin de la pièce, le fou-rire qui avait saisi et qui secouait la salle était si bruyant qu'on n'a pas entendu ce que disaient les acteurs en scène : l'acte s'est achevé en pantomime. »

Désormais, c'est pour Feydeau une série ininterrompue de succès, en France, en Europe et même outre-Atlantique. En 1894, il triomphe avec *Un fil à la patte* et *L'Hôtel du Libre-Échange*, en 1896 avec *Le Dindon*. À cette date, Feydeau a déjà mis au point sa formule, celle des grands vaudevilles en trois actes. C'est elle qui assurera en 1899, aux Nouveautés, le triomphe de *La Dame de chez Maxim*, pièce plus longue utilisant tous les procédés comiques existant ou ayant existé depuis la naissance du théâtre. Jouée plus de mille fois, *La Dame de chez Maxim* est, en 1900, avec la tour Eiffel, la principale attraction des provinciaux et des étrangers venant à Paris, grâce aussi à l'actrice Cassive dans le rôle de la môme Crevette, le personnage de « cocotte » qui est au centre de l'intrigue : elle sera la comédienne fétiche de l'auteur, qui aura bien des fois encore recours à son talent. Les revenus que Feydeau tire de sa production théâtrale lui permettent de se livrer à ce qui est devenu son activité favorite : la peinture. Mais il est aussi collectionneur et achète des tableaux impressionnistes, de Monet, Boudin, Pissaro, Jongkind. Il possède environ deux cents toiles, qu'il devra vendre à l'Hôtel Drouot, couvert de dettes de jeu, son autre passion.

Après une suite à *La Dame de chez Maxim* : *La Duchesse des Folies-Bergère* (1902), il donnera entre autres *La Main passe* (1904), *La Puce à l'oreille* (1907) et *Occupe-toi d'Amélie* (1908), qui obtiendront un vif succès. Mais il se lasse du vaudeville. Comme il ne s'entend plus avec sa femme, Marie-Anne, puisant dans sa douloureuse expérience, il inaugure un nouveau genre dramatique, que l'on pourrait appeler la farce conjugale et qui évoque avec une férocité burlesque les dissensions du couple. Plus d'intrigue complexe, plus de quiproquos ; simplement la transcription réaliste de détails sordides, vrais et drôles. Relèvent de cette inspiration nouvelle : *Feu la mère de Madame* (1908), *On purge bébé* (1910), *Mais n'te promène donc pas toute nue* (1910), *Léonie est en avance* (1911), *Hortense a dit : « je m'en fous ! »* (1916).

Pendant la guerre de 1914, Feydeau, vieillissant, voit peu à peu faiblir sa puissance créatrice : il est incapable d'achever deux pièces commencées avant le conflit, *Cent millions qui tombent* et *On va faire la cocotte*. En 1919, syphilitique, il est atteint de troubles neuropsychiques graves ; ses fils le font interner dans une maison de santé à Rueil-Malmaison, où il s'éteindra le 5 juin 1921.

Pour caractériser l'originalité de Feydeau, il faut se référer à la situation du vaudeville au cours des années 1880, lorsqu'il aborde la scène. À cette époque, Labiche (né en 1815) avait cessé de produire. Le vaudeville, qui avait perdu ses couplets chantés depuis la fin du Second Empire, était fortement concurrencé par l'opérette. Désignant alors une pièce gaie où le comique était fondé sur la situation des personnages, il était en pleine crise. Feydeau ne tenta nullement d'inventer un genre nouveau, mais il prit le parti d'en exploiter à fond toutes les possibilités. L'intrigue n'était le plus souvent qu'une trame légère reliant tant bien que mal une succession de sketches : il en fit une machine savante et complexe, d'une rigueur mathématique et d'une logique imparable. Auparavant, les personnages du vaudeville étaient des fantoches à l'existence desquels on ne pouvait pas croire : il était impossible de s'intéresser à leur sort. Feydeau, sans prétendre en faire de véritables « caractères », comme dans le théâtre classique, sut les rendre vivants, grâce à quelques traits qui les rendaient vrais. Mais surtout, comme l'a écrit Marcel Achard, « le miracle de Feydeau, c'est le mouvement, l'allègre mouvement qui remue, entraîne, emporte et finalement balaie les malheureux personnages ». Le mouvement est d'ailleurs « la condition essentielle du théâtre » et « le principal don du dramaturge ». Feydeau l'obtient à l'aide de deux procédés : le quiproquo et la péripétie, qu'il n'a pas inventés, mais qu'il utilise avec une adresse inégalée. Le quiproquo, en plaçant les personnages dans des situations fausses, les contraint à réagir immédiatement. La péripétie se présente la plupart du temps sous la forme de la rencontre intempestive : « Quand je fais une pièce, disait Feydeau, je cherche parmi mes personnages quels sont ceux qui ne devraient pas se rencontrer. Et ce sont ceux-là que je mets aussitôt que possible en présence. » Il enchaîne alors ces méprises et ces péripéties d'une manière si rigoureuse qu'elles semblent provoquées par un destin auquel les personnages ne peuvent pas plus s'opposer que les héros de la tragédie grecque.

Le décor semble exclusivement agencé pour servir la pièce et s'interdit toute recherche de pittoresque. Il est disposé de façon à permettre une action mouvementée, rapide et ménageant des surprises : portes, paliers, escaliers, placards, associés à certaines « machines » comme le lit tournant de *La Puce à l'oreille*, le fauteuil extatique de *La Dame de chez Maxim* ou le gramophone enregistreur de *La Main passe*, sont là pour multiplier les péripéties.

Homme de scène, l'auteur le reste dans sa conception du dialogue : ne lui demandons pas sur ce point les qualités proprement littéraires auxquelles il n'a jamais prétendu : « Le seul fait de faire parler ses personnages littérairement suffit à les figer et à les rendre inexistants » (*Lettre à Basset*, 1905). Le dialogue est donc essentiellement subordonné à l'action, mais ne se prive pas pour autant des ingrédients habituels du langage vaudevillesque : jeux de mots, équivoques, grivoiseries, pataquès, « cuirs », jargons d'étrangers, parlers paysans et populaires. Il est une ressource, cependant, que Feydeau s'interdit absolument, ce sont les « mots » d'auteur : « Mort d'avance, disait-il, est le dramaturge qui fait une scène pour aboutir à un mot. »

Un homme de théâtre aussi méticuleux que Feydeau ne pouvait laisser à d'autres le soin de mettre en scène ses propres pièces. Il fut peut-être le seul, si l'on excepte Sardou, à procéder de la sorte. Redoutant de voir ses pièces mal interprétées, il n'hésitait pas à se rendre à Bordeaux, Marseille ou Bruxelles, pour surveiller les répétitions. Pour avoir une idée des soins maniaques qu'il apportait à ce travail, il suffit de lire les indications dont il accompagnait le texte d'œuvres comme *La Dame de chez Maxim*, et qui dépassent en volume le dialogue lui-même.

On prétend couramment que Feydeau a subi entre les deux guerres une période de purgatoire. Il n'en est rien : *La Dame de chez Maxim*, par exemple, a été l'objet de nombreuses reprises ; maintes pièces ont été radiodiffusées ; seize adaptations filmiques de ses pièces ont été tournées entre 1919 et 1935, notamment à Hollywood. Mais il est vrai que certains l'ont considéré comme un simple « amuseur », et ce n'est qu'à la veille de la Seconde Guerre que l'on assiste dans les milieux intellectuels à une réhabilitation de son œuvre. Artaud le compte parmi ceux qui ont influencé sa conception du Théâtre Alfred Jarry, fondé avec Vitrac. Robert Kemp, en 1938, observe les aspects surréalistes de *La Dame de chez Maxim*, qu'on vient de reprendre à l'Odéon. En 1941, la Comédie-Française inscrit à son répertoire *Feu la mère de Madame*, et en 1948 la compagnie Renaud-Barrault donne *Occupe-toi d'Amélie* au Théâtre Marigny ; cette reprise, assurée par une troupe spécialisée dans le répertoire littéraire, contribuera largement à faire de Feydeau un classique de la scène française. On considère volontiers aujourd'hui l'auteur du *Dindon* comme un précurseur du théâtre de l'absurde et des pièces de Ionesco. Les représentations de son œuvre se multiplient à tel point en France et dans le monde qu'il devient impossible de les dénombrer. Est-ce parce que, comme l'écrivait Marcel Achard, Feydeau est réellement « notre plus grand auteur comique après Molière » ?

ŒUVRES. — *Théâtre complet* [quarante-quatre pièces dont cinq inédites et vingt-quatre monologues dont deux inédits], éd. Henry Gidel, Classiques Garnier, 1988-1989, 4 t. — Éditions séparées avec commentaires et notes d'Henry Gidel : *Le Dindon*, 1989 et *Occupe-toi d'Amélie*, 1994, Le Livre de poche classique. — Choix de pièces : *Feydeau*, Presses de la cité, coll. Omnibus.

→ *Cahiers du théâtre*, nº 8, 1973. — Henry Gidel, *La Dramaturgie de Georges Feydeau*, Champion, 1978 ; *Le Théâtre de Georges Feydeau*, Klincksieck, 1979. — Manuel Esteban, *Feydeau*, Boston, Twayne, 1983. — Henry Gidel, *Feydeau*, biographie, Flammarion, 1991. — Jacqueline Blancart, « L'irréalisme comique de Georges Feydeau », *Cahiers de l'Association internationale des études françaises*, mai 1991.

H.G.

Figaro littéraire (Le). Fondé en 1826, *Le Figaro* était à ses débuts un journal essentiellement littéraire et satirique, qui sut s'attacher la collaboration de grands auteurs du XIXᵉ siècle, de Balzac à Zola. En 1906, le journal relance un supplément littéraire de quatre pages réservé à la littérature, sans abandonner la publication quotidienne d'articles et chroniques consacrés à la vie des lettres et des idées (Proust, par exemple, y publiera une chronique en 1907). Ce supplément littéraire, où se retrouvent Colette, Giraudoux, Valéry, Montherlant, suspendu en 1942, reparaît en 1946. Mais en dépit du *Bloc-Notes* de Mauriac au début des années soixante, il n'a plus de littéraire que le nom. De ses seize pages, à peine cinq sont réservées à la littérature. Des chroniques sur la mode y côtoient des annonces immobilières. *Le Figaro littéraire,* lancé en 1967 sous la forme d'un magazine hebdomadaire d'une cinquantaine de pages vendu séparément, constituera durant cinq ans, jusqu'en 1971, le seul vrai magazine littéraire français associé à un journal. Après 1972, le nombre de pages littéraires ne cessera de se réduire à l'intérieur du journal jusqu'à ne plus couvrir que deux pages dans l'édition du vendredi à la fin des années soixante-dix.

Un nouveau *Figaro littéraire,* relancé au début de l'année 1986 par Jean-Marie Rouart, publie, dans l'édition du jeudi, des portraits, feuilletons et dépêches à côté d'articles d'actualité littéraire. Assez proche de la ligne générale du journal, il s'intéresse plus à des hommes de lettres confirmés tels que Félicien Marceau ou François Nourissier qu'à des écrivains novateurs.

O.B.-B.

Fignolé Jean-Claude (1942). Né à Jérémie (Haïti), il est d'abord auteur d'ouvrages consacrés à Oswald Durand et à Etzer Vilaire, comme lui natif de Jérémie, et d'un essai, *Pour une poésie de l'authentique et du solitaire*, où il jette les bases du mouvement spiraliste, fondé avec René Philoctète et Frankétienne. Le spiralisme, comme l'indigénisme de Jean Price-Mars (*Ainsi parla l'oncle)*, se présente comme un refus des modèles occidentaux et définit une recherche formelle adaptée aux conditions particulières de la production littéraire en Haïti. C'est dans ses œuvres romanesques, *Les Possédés de la pleine lune* (Le Seuil, 1987) et *Aube tranquille* (Le Seuil, 1990), que Jean-Claude Fignolé se révèle l'un des écrivains les plus inventifs de la nouvelle génération.

J.C.

Flammarion *(Librairie Ernest)*. Maison d'édition fondée à Paris en 1874 par Ernest Flammarion et Charles Marpon, libraires sous les galeries de l'Odéon. Les deux hommes s'associent et créent rapidement deux succursales de leur librairie sur les grands boulevards : ils rachètent en 1876 l'important fonds de la Librairie internationale Albert Lacroix et Cⁱᵉ, et impriment leur premier catalogue comprenant des auteurs tels que Hugo, Zola ou Michelet. C'est en 1877 que Marpon et Flammarion réalisent une édition illustrée par Frappa, Gill, Degas, Renoir et Clairin de *L'Assommoir*. En 1878, ils publient *L'Astronomie populaire* de Camille Flammarion, frère d'Ernest. En 1880, la maison ouvre son catalogue aux livres pratiques et crée la collection des « Auteurs célèbres » à 60 centimes, regroupant les ouvrages à succès du fonds, classiques ou modernes.

À la mort de Charles Marpon, en 1890, Ernest Flammarion prend seul les rênes de la maison et développe le domaine scientifique à l'intention d'un public cultivé mais non spécialiste. Il lance deux collections, la « Bibliothèque Camille Flammarion » et, en 1902, la « Bibliothèque de philosophie scientifique », dirigée par Gustave Le Bon et proposant des ouvrages de synthèse signés des grands noms de l'Université. La production de la maison s'organise toutefois principalement autour de la publication d'ouvrages de littérature choisis parmi les auteurs les plus divers, pour répondre aux goûts et aux préoccupations du public. Le catalogue Flammarion est « bon ton » : il ne laisse de place ni aux avant-gardes littéraires, ni aux opinions trop marquées. Les classiques, tombés dans le domaine public, sont regroupés dans la collection des « Meilleurs Auteurs classiques français et étrangers » (environ cent titres en 1914) ; les modernes comptent Guy de Maupassant, Alphonse Daudet, Jules Renard, auxquels s'ajoutent les auteurs hérités du fonds Lacroix ; les écrivains populaires sont très largement représentés

(Pierre Maël, Alexis Bouvier, Pierre Sales, Hector Malot) et collaborent au *Bon Journal*, lancé en 1914. Quant à la « Collection des auteurs gais », elle réunit Alphonse Allais, Georges Courteline, Tristan Bernard ainsi que des auteurs venus de la presse satirique ou théâtrale. Suivant l'exemple de Fayard, une collection in-8°, illustrée et bon marché (95 centimes), est créée en 1910 (premier titre, *Tartarin de Tarascon)*. En 1913, Flammarion innove avec les éditions de luxe et définitives des grands romanciers modernes. Le premier titre en vente est *L'Automne d'une femme* de Marcel Prévost, suivi de *La Retraite sentimentale* de Colette. *Les Ballades françaises* de Paul Fort y paraissent avec une préface de Pierre Louÿs et, en collaboration avec Fasquelle, sous la direction de l'Académie Goncourt, les œuvres des frères Goncourt. En 1914, la « Select Collection » voit le jour et publie des romans à 50 centimes, de Gyp ou de Léon Daudet. Pendant la guerre, le catalogue Flammarion s'enrichit de titres qui touchent de près l'actualité : Henri Barbusse obtient le prix Goncourt en 1916 pour *Le Feu, journal d'une escouade*, et un jeune auteur, Maurice Genevoix, publie successivement *Les Nuits de guerre*, *Hauts de Meuse* (1917), et *Au seuil des guitounes* (1918).

Depuis 1909, Ernest Flammarion s'est associé avec ses deux fils, Albert et Charles, la direction littéraire étant assurée depuis 1913 par les frères Alex et Max Fischer. Dans l'entre-deux-guerres, Max Fischer, seul à partir de 1933, va devenir la figure de proue de la maison. Dans le domaine de la vulgarisation scientifique, la « Bibliothèque des connaissances médicales » voit le jour en 1922 ; dans celui de la littérature, « Une heure d'oubli » propose pour 45 centimes soixante-quatre pages choisies d'un auteur à succès (*Profil d'une veuve*, de Paul Bourget, inaugure cette nouvelle formule) ; quant à la collection « Les Bons Romans », elle regroupe des « ouvrages pouvant être mis en toutes les mains ». À travers des titres tels que *Révision des valeurs de la femme* ou le *Bréviaire d'une jeune fille*, les publications de Flammarion reflètent l'évolution des mœurs. Le scandale que suscite la parution de *La Garçonne* de Victor Margueritte en 1922 en est la meilleure preuve. La maison ouvrira d'ailleurs son catalogue à deux secteurs nouveaux : le livre catholique, avec François Mauriac, Daniel-Rops, René Bazin, Henri Ghéon, et le livre pour enfants en 1931 avec la fameuse collection des albums du « Père Castor », dirigée par Paul Faucher. En mars 1932, Flammarion annonce les deux premiers volumes des *Hommes de bonne volonté* de Jules Romains.

À partir de 1933, les livres d'actualité se multiplient et, pendant la Seconde Guerre, la maison poursuit ses activités au ralenti. Henri Flammarion, fils de Charles, y travaille depuis 1933 ; sous son impulsion vont naître deux collections à succès. En 1958, en collaboration avec Frédéric Ditis, il crée les Éditions « J'ai lu », relais de la « Select Collection » auprès du grand public et berceau des auteurs à « grands tirages », tels que Paul Vialar ou Henri Troyat. Du côté des classiques, Henri Flammarion et Jean Grenier lancent la collection de poche « Garnier-Flammarion », destinée à la constitution d'un fonds d'œuvres, textes philosophiques et littéraires, relevant du domaine public. Cette collection sera rachetée en 1979 par Flammarion, qui la poursuivra sous l'appellation « GF ».

De Platon à Guy des Cars, ou de la philosophie au roman en passant par le livre d'art, le livre pour enfants ou le livre pratique, sans oublier les domaines de la vulgarisation scientifique et de la médecine, le catalogue Flammarion dessine un ensemble vaste d'auteurs et de collections qui donnent à la maison une place primordiale dans l'édition française, qui sera confortée dans les années soixante-dix par l'acquisition des Éditions Arthaud (1977) et Aubier (1978), ainsi que de quelques grandes librairies, dont La Hune à Paris.

En 1967, Henri Flammarion prend la succession de son père ; il est secondé d'Armand Flammarion, responsable des librairies. Il maintient la tradition familiale et développe les départements de littérature (publiant Jean Dutourd ou Andrée Chedid), d'art, les livres étrangers et les livres pour la jeunesse. Il crée de nouvelles collections qui publieront de jeunes auteurs (Rezvani, Yves Navarre,

Françoise Sagan). Au souci de vulgarisation qui gouverne la politique éditoriale depuis près d'un siècle, s'ajoute la volonté de donner accès aux travaux universitaires ou aux œuvres littéraires plus difficiles. La collection « Textes », créée en 1973 par Paul Otchakovsky-Laurens, accueille des recherches romanesques comme *Le Détail révélateur* de Diane de Margerie, *Les États du désert* de Marc Cholodenko ou des essais poétiques comme ceux de Bernard Noël. Dans la collection « L'Âge d'or », Henri Parisot publie Grimm, Lewis Carroll ou Villiers de L'Isle-Adam. Yves Bonnefoy lance la collection « Idées et recherches » en 1973. Les Éditions Flammarion suivent la formidable extension des sciences humaines dans la collection « Champs », qui rassemble les textes de grands historiens des trente dernières années.

Depuis 1985, Charles-Henri Flammarion, quatrième du nom, dirige la maison, où il appelle Françoise Verny, chargée du département de littérature française et étrangère. Elle quittera la maison en 1995. Le département de littérature générale de Flammarion publie une centaine d'ouvrages par an, romans, biographies, documents. Aux noms de Françoise Dorin, Flora Groult, Françoise Mallet-Joris et Catherine Clément s'ajoutent ceux de Marc Lambron (*L'Œil du silence*, 1993, prix Femina) et de Vincent Ravalec (*Cantique de la racaille*, 1994, prix de Flore). La collection « Rue Racine » regroupe de jeunes auteurs qui publient leur premier roman, et la collection « Grandes Biographies » propose, entre autres, un *Boris Vian* de Philippe Boggio ou un *George Sand* de Jean Chalin.

→ Élisabeth Parinet, *La Librairie Flammarion 1875-1914*, IMEC Éditions, 1992.

H.Fa. — IMEC

Flers Robert de (1872-1927). Né à Pont-l'Évêque le 25 novembre 1872, après une scolarité au lycée Condorcet et des études de droit et de lettres, il entre comme journaliste au *Soleil*, puis devient directeur littéraire au *Figaro*. Des souvenirs de voyage (*Vers l'Orient*, 1896) ont été suivis de quelques nouvelles et romans (*La Courtisane Taïa et son singe vert*, 1896). Patronné par son beau-père Victorien Sardou, Robert de Flers débute au théâtre avec la collaboration d'Arman de Caillavet : les opérettes se succèdent (*Le Sire de Vergy*, 1901, *Monsieur de La Palice*, 1905), puis les vaudevilles et les comédies sentimentales (*Miquette et sa mère*, 1906, *L'Amour veille*, 1907, *Le Roi*, 1908, *L'Âne de Buridan*, 1909, *Le Bois sacré*, 1910, *Primerose*, 1911, *L'Habit vert*, 1913, *La Belle Aventure*, 1913). Dans ces œuvres légères et faciles se trouve croquée, en une joyeuse satire, la société bourgeoise de la Belle Époque. Composées pour les acteurs en vogue des Variétés, elles connaissent toutes les faveurs du public du Boulevard. Pendant la guerre, dans laquelle il fut engagé volontaire, Robert de Flers perd Arman de Caillavet ; avec son nouveau collaborateur Francis de Croisset, il peine après l'armistice à s'adapter aux goûts d'une société renouvelée. Mais, académicien depuis 1920, il remporte avec *Les Vignes du Seigneur* (1923) un vif succès comique. Citons encore *Les Nouveaux Messieurs* (1925). Robert de Flers meurt le 30 juillet 1927.

C. A.-M.

Fleuret Fernand (1883-1945). Né le 1er avril 1883 à Gondrecourt en Lorraine, Normand de souche maternelle et d'adoption, il fut à la fois un poète volontiers satirique et libertin, un conteur, un romancier et un grand érudit, pour qui le Moyen Âge, non plus que les XVIe, XVIIe ou XVIIIe siècles, n'avaient pas de secrets. Son destin fut tragique : interné en 1938 pour troubles psychiques, il devait mourir en 1945 à Sainte-Anne. Installé à Paris en 1904, il y connut Dufy, puis Apollinaire, dont il devint l'ami. Tout comme celui-ci, il était épris de livres rares et curieux, de folklore, d'érudition et de singularités humaines. On lui doit d'excellentes éditions de Ronsard, Sigogne, Berthelot et du *Cabinet satyrique*. Son esprit, qui se tournait de préférence vers le passé, et un tempérament porté à la mystification lui inspirèrent *Le Carquois du sieur Louvigné du Dézert* (1912), admirable pastiche de la poésie satyrique du XVIIe siècle. Fleuret usa de nombreux pseudonymes : Dr Ludovico Hernandez, Louvigné du Dézert, Prosper Bricole, Pierre Charron, etc. Il établit également, en collaboration avec Apollinaire et Louis Perceau, le catalogue de *L'Enfer de la Bibliothèque* *nationale* (1913). Plus que les poèmes de *Friperies* (1907), on retiendra *Falourdin* (1916), « macaronnée satirique » contre la presse. Son roman le plus remarquable, *Les Derniers Plaisirs* (1924), conte la vieillesse de Don Juan. L'*Histoire de la bienheureuse Raton, fille de joie* (1926) est un piquant pastiche du XVIIIe siècle libertin. Trois recueils rassemblent essais, portraits, souvenirs : *De Ronsard à Baudelaire* (1935), *La Boîte à perruque* (1935) et *Serpent-de-mer et Cie* (1936). Il est mort en juin 1945.

J.-P.G.

Folch-Ribas Jacques (1928). Né à Barcelone, dans une famille qui a fui en France le régime de Franco, il s'installe à Montréal en 1956. Diplômé en architecture et en urbanisme, il poursuit aussi une carrière de romancier et de critique. Ses romans, sans être autobiographiques, s'inspirent de son itinéraire personnel. *Le Démolisseur* (1970) et *Le Greffon* (1971) forment un diptyque placé sous le signe du déracinement et de l'exil. L'Amérique des grands espaces vierges, baignés par une lumière de début du monde, est le cadre de l'histoire d'amour entre deux enfants, dans *Une aurore boréale* (1974). Après *Le Valet de plume* (1983), roman ironique dont le personnage central est un écrivain, et *Le Silence ou le parfait bonheur* (1988), qui explore l'univers d'un musicien, *La Chair de pierre* (1989) fait revivre le premier architecte de la Nouvelle-France, Claude Baillif, dans un récit au style rigoureux et à l'architecture solide. *Première nocturne* (1991) renoue avec l'inspiration autobiographique. Après *Marie Blanc* (1994), *Un homme de plaisir* (1997) est une variation sur le donjuanisme et la recherche de la Beauté.

S.Ma.

Follain Jean (1903-1971). Né le 29 août 1903 à Canisy (Manche), c'est dans ce village de Basse-Normandie, dans la maison de sa grand-mère maternelle, veuve du notaire Jean Heussebrot, ou chez son grand-père paternel, instituteur, qu'enfant, il passe ses vacances. Il fait ses études secondaires au collège de Saint-Lô où son père enseigne les sciences naturelles. La mort de son grand-père, la mobilisation de son père et un séjour linguistique en Angleterre opèrent des ruptures successives avec le monde de l'enfance, anéanti ensuite par les bombardements en 1945. Après des études de droit à la faculté de Caen, il s'inscrit en 1927 au barreau de Paris. Il sera avocat jusqu'en 1952, date à laquelle il est nommé juge de grande instance à Charleville.

Follain entre en littérature au début des années trente en fréquentant le groupe Sagesse où il rencontre notamment Jacob, Reverdy et Salmon qui préface le premier recueil du poète, *La Main chaude* (1933). En 1934, il épouse la fille du peintre Maurice Denis, Madeleine Dinès selon son nom de peintre. Pendant la guerre il se rapproche un temps de l'École de Rochefort, et c'est en 1942 qu'avec l'appui de Jean Paulhan est publié son premier volume chez Gallimard. Il laissera ensuite de lui une image de notable des lettres, doublé d'un irréductible original.

Poète singulier, sans être « absolument » moderne, il ne tranche pas entre le sujet et l'objet, l'enfance et la mort, l'espace et le temps, Dieu ou non, le mot et la chose. N'ayant appartenu à aucun groupe en particulier, ni pris de position réductible à une théorie, il a pu passer pour l'inventeur d'un réalisme nouveau selon Salmon ou le poète d'une « ontologie ondulante » selon Bachelard, d'autres l'estimant inclassable. La poésie de Follain, aimée des poètes, ses premiers lecteurs, vit pourtant dans celle de Guillevic, Tardieu, Frénaud, Dhôtel ou Réda, et bien d'autres encore. Son œuvre est vaste, alors qu'il est un poète de la concision, et variée même si c'est un poète de la répétition. À partir de *Paris* (1935), dont le début (« Un jour je sentis que sous le pavé de Paris il y avait la terre ») révèle une vision de la ville plus paradoxale que nostalgique, il emprunte les détours sinueux de la prose pour rappeler des origines tirant de la séparation même leur charme poétique. Il récusera pour ses recueils d'inspiration autobiographique la dénomination de « souvenirs » : ils ne retracent pas en effet l'histoire d'une personne, mais évoquent tout un monde disparu. *L'Épicerie d'enfance* (1938), avec la collection de boîtes vides entreprise par « l'enfant » contient déjà le projet de l'œuvre à venir (« détenir un grand et à la fois très précis catalogue armorié de toute la terre, mais qu'en même temps tout fût confondu dans l'exquise minute »). *Canisy*

(1942) élargit le territoire de l'enfant de la maison à la commune en formant le projet d'une carte imaginaire, impossible en réalité, « sur quoi tous les sentiers eussent été indiqués, où l'on eût fait état de tous les lieux-dits ». Dans *Chef-lieu* (1950) enfin, la terre n'apparaît plus qu'en un rêve emprunté à Novalis, sous la forme d'« un plat décoré de fines sculptures » parmi lesquelles « une minuscule fleurette [...] serait la ville aujourd'hui morte ». Pareil plat se retrouve cassé parmi les débris de la décharge, lieu emblématique du recueil. Follain se révèle ainsi le poète du *reste* que son œuvre pare d'une aura merveilleuse jusqu'à ce que l'image se brise, découvrant le bord nu, étrangement inquiétant, du symbole, destiné cependant à recomposer une unité seconde rassurante, où une fêlure entrevue devient source de poésie. Les choses peuvent tomber, en effet, le poème les relève, la poésie ayant pour mission de « tout sauver par un verbe le plus exactement pur », ce qui, selon Tortel, est la « traduction non désespérée » de la quête mallarméenne. S'il sait bien que le poème est « fait avec des mots », Follain pense que « le mot est lié avec la chose, fait corps » avec elle. Ainsi peut-il revendiquer une poésie sans métaphore. Mais il ne suffit pas de nommer la chose dans une langue maternelle adoucie par l'usage, pour qu'elle parvienne au poème, Follain en fait le sujet d'un verbe conjugué au présent. Tandis que la prose, suspendant les gestes, immobilisant les allées et venues en une sorte de rituel, célèbre la durée à l'imparfait, c'est dans l'instant que la chose peut avoir lieu et faire signe, comme il est dit dans *Tout instant* (1957), recueil de proses poétiques. Les catégories abstraites de l'espace et du temps, conjuguées pour faire un monde, résultent de la composition par montage du poème et de sa structure syntaxique qui, par le biais des conjonctions et des anaphores, est fondée sur la concomitance et l'enchâssement. La métaphore fait retour dans la conception du poème comme un objet, empruntée au *Cornet à dés* de Max Jacob. La forme réduite du poème de Follain, d'où le blanc est exclu, est comme fixée une fois pour toutes : surmontée d'un titre, articulée à la chute et terminée par un point final. Depuis *Usage du temps* (1943) qui rassemble les premiers recueils, dès *Exister* (1947) et *Territoires* (1953), elle est reconnaissable du premier coup d'œil, rappelant les boîtes de *L'Épicerie d'enfance* et annonçant la pierre tombale. L'écriture en est pourtant vibrante, affectée de multiples dérèglements : versification ni libre ni régulière, présence-absence de la ponctuation, alternance d'articles génériques et d'indéfinis, inversions, gauchissement des tournures, etc. Selon une genèse très lente, le poème vieillit, comme « mis en cave », si bien que la limite entre manuscrit et poème est brouillée. Nombre de recueils ont pu ainsi paraître après la mort de l'auteur. Jean Follain est mort écrasé par une voiture, à Paris, le 10 mars 1971.

ŒUVRES. — La plupart des recueils sont publiés chez Gallimard. Principales rééditions : *Exister* suivi de *Territoires*, Poésie-Gallimard, 1969. — *Paris,* Phébus, 1978. — *Usage du temps* suivi de *Transparence du monde*, Poésie-Gallimard, 1983. — *Présent jour*, Fata Morgana, 1985. — *L'Épicerie d'enfance*, Fata Morgana, 1986. — *Canisy* suivi de *Chef-lieu*, Gallimard, 1986. — En outre : *Les Uns et les autres* [portraits], Rougerie, 1981. — *La Table* [écrits culinaires], Fata Morgana, 1984. — *Le Magasin pittoresque* [articles divers], Amiot-Lenganey, 1991. — *Agendas*, éd. Claire Paulhan, Seghers, 1993.

→ André Dhôtel, *Follain*, Seghers, coll. Poètes d'aujourd'hui, 1956. — *NRF*, n° 222, juin 1971. — *Sud,* n° hors série, printemps 1979. — Serge Gaubert éd., *Lire Follain*, Presses universitaires de Lyon, 1981. — Jean-Yves Debreuille, *Jean Follain, un monde peuplé d'attente,* Autres Temps, 1995. — Françoise Rouffiat, *Jean Follain : le même autrement*, Champ Vallon, 1996. — Fonds Jean Follain à la Bibliothèque littéraire Jacques Doucet et à l'IMEC.

F.R.

Fombeure Maurice (1906-1981). Né à Jardzes (Vienne) le 23 septembre 1906, il goûte, jeune normalien, l'audace des surréalistes sans partager leurs objectifs. Attaché à la vie telle qu'elle est, concrète et banale, il aime la campagne et les gens simples, qu'il chante avec tendresse et truculence. Les poèmes de *Silences sur le toit* (1930) et les souvenirs de *La Rivière aux oies* (1932) célèbrent le Poitou, son terroir, et ses légendes. En 1939, la revue *Fontaine* publie « Routes » et Jean Bouhier, en 1941, le sollicite pour les *Cahiers de Rochefort*, auxquels il collabore à condition de rester dans « la cour de récréation » de l'École. Préfaçant le recueil

J'apprivoise par jeu (1947), Claudel écrit : « Il faut lire Maurice Fombeure ; c'est quelqu'un qui parle français, un certain vers français clair et gai comme du vin blanc, et aussi adroit et prompt que le meilleur Verlaine ». Professeur au lycée Lavoisier, Fombeure fut un habitué de la brasserie Lipp, où sa désinvolture allègre apportait au monde parisien ce que lui-même attend de la poésie : « un peu de fraîcheur sur la terre ». Ses poèmes, proches de la comptine et de l'air à danser, l'ont désigné comme un authentique trouvère moderne. (*À dos d'oiseau*, 1942 ; *Pendant que vous dormez*, 1953 ; *Une forêt de charme*, 1955 ; *Sous les tambours du ciel*, 1959). Il est mort à Paris le 1er janvier 1981.

Ch.F.

Fondane Benjamin (1898-1944). Né à Jassy (Roumanie) le 14 novembre 1898. Benjamin Wechsler choisit le nom de B. Fundoianu pour faire son entrée en littérature. Écrivain précoce, il laisse une œuvre considérable en langue roumaine. Aujourd'hui, il est considéré en Roumanie comme un grand poète moderne et un brillant essayiste. Fondane appartient à cette lignée d'écrivains roumains qui se laissèrent séduire par le rayonnement de la littérature française. C'est ainsi qu'en 1923, à l'âge de vingt-cinq ans, B. Fundoianu débarque à Paris, où il devient Benjamin Fondane. Malgré les espoirs qu'il avait mis en lui, Fondane n'a jamais rallié le surréalisme, à qui il reproche de vouloir « explorer rationnellement l'inconscient ». De surcroît, il ne pardonne pas à certains surréalistes leur adhésion au communisme. En 1928, il se rapproche du groupe Discontinuité animé par Claude Sernet, et éprouve de la sympathie pour le Grand Jeu de Roger-Gilbert Lecomte et de René Daumal. Mais c'est la rencontre de Léon Chestov qui fut déterminante pour Fondane, infléchissant sa vie et son œuvre. Pour Chestov, point de paix possible entre la raison et la foi, entre Athènes et Jérusalem. La lutte de Chestov contre les évidences de la raison sert de support à la pensée de Fondane, et oriente sa poésie. Dès lors il s'initie sérieusement à la philosophie, écrivant de nombreux articles qui firent connaître la pensée de Chestov en France. (Le « journal » de leurs conversations : *Rencontres avec Chestov*, constitue aussi un document intéressant pour la vie intellectuelle des années 1930.) De 1930 à 1940 : dix années d'intense activité littéraire. En 1933 paraissent simultanément son poème *Ulysse* et son essai *Rimbaud le voyou*, fort remarqué : lecture existentielle de Rimbaud, s'inscrivant en faux contre l'interprétation de Breton et des surréalistes, réfutant le « dogme » de la voyance rimbaldienne. Quant au *Faux Traité d'esthétique* (1938), s'il contient une vive critique du surréalisme, il présente une poétique existentielle. Pour Fondane la poésie est une fonction existentielle, à laquelle il convient de restituer sa valeur première, qui est une valeur sacrée. À l'origine, la poésie faisait partie d'une expérience du réel, de cette réalité tenue aujourd'hui pour honteuse ou périmée. Il appartient à la poésie de « redresser un équilibre tordu », de nous affermir dans « l'obscure certitude que l'existence a un sens ». La poésie de Fondane, telle qu'on la découvre dès *Ulysse* (1933) et *Titanic* (1938), est une poésie âpre, prophétique, proche du cri. Tous ses poèmes forment une sorte d'odyssée existentielle où domine la figure d'un poète errant qui incarne le destin de l'homme, du poète et du Juif. En 1936 paraît *La Conscience malheureuse*, son premier livre philosophique, contenant des essais consacrés à Chestov, à Kierkegaard, à Husserl, à Heidegger, précédés d'une importante « Préface pour l'aujourd'hui », où l'auteur précise sa philosophie du concret, sa philosophie de l'irrésignation.

Le théâtre a toujours passionné Fondane. À Bucarest, en 1922, il avait fondé un théâtre d'avant-garde : « Insula », inspiré par Copeau ; à Paris, il suivit les spectacles d'Artaud au Théâtre Alfred-Jarry. Il écrivit plusieurs pièces : poèmes dramatiques, drames métaphysiques (*Le Festin de Balthazar* ; *Philoctète*). Lié aux auteurs les plus significatifs de son époque, Fondane eut un commerce intellectuel avec les philosophes : Bachelard, Croce, Lupasco, Maritain, Wahl, avec les écrivains : Artaud, Caillois, Cioran, Lescure, Paulhan, Tzara. Il collabora aux *Cahiers du Sud*, où il tint la rubrique de la « Philosophie vivante ».

Ayant obtenu la nationalité française

en 1938, Fondane fut mobilisé en 1940. Fait prisonnier, il s'évade ; repris, il est libéré pour raison de santé. Les années de guerre furent fécondes : il travaillait énormément, remaniant ses poèmes, en écrivant d'autres (*L'Exode* et *Au temps du poème)* pour les réunir sous le titre *Le Mal des fantômes*. Il passe l'hiver 1942 à écrire *Baudelaire et l'expérience du gouffre*, resté inachevé et publié à titre posthume. Véritable somme, testament esthétique, cet essai modifia la perception de Baudelaire, suscitant une réflexion nouvelle à son sujet auprès des critiques de l'après-guerre. En même temps il met en chantier *L'Être et la Connaissance*, essais sur Lévy-Bruhl, Chestov et Lupasco. Son dernier essai : *Le Lundi existentiel et le dimanche de l'histoire* (publié en 1945 dans *L'Existence* chez Gallimard) constitue un testament philosophique. Opposant une dernière fois l'univers d'Athènes, celui de la logique absolue, à la pensée de la Bible, il expose sa philosophie de la liberté, du possible, éclatante victoire sur l'Histoire conçue comme nécessité. Malgré les exhortations de sa femme et de ses amis, Fondane ne changea pas de domicile durant la guerre. Il fut arrêté en mars 1944. Interné à Drancy, il fut déporté à Auschwitz, où il fut assassiné dans la chambre à gaz le 2 ou 3 octobre 1944. Écrivain français et roumain, poète et penseur existentiel, essayiste, dramaturge et critique, Fondane, tout en étant résolument « moderne », s'est tenu à distance des systèmes littéraires ou politiques de toute nature. « Ma demeure est hors du camp », cette sentence du Lévitique qui s'applique aux lépreux, citée dans sa poésie tant française que roumaine, caractérise l'homme autant que l'œuvre. « Nous verrons bien vers 1980 », écrivait-il en 1943 à Ribemont-Dessaignes. C'est en effet à partir de 1980 que son œuvre, rééditée, fut rendue accessible au grand public.

ŒUVRES. — *Ulysse*, Bruxelles, Cahiers du Journal des poètes, 1933. — *Rimbaud le voyou*, Denoël, 1933, rééd. Plasma, 1979 et Complexe, 1989. — *La Conscience malheureuse*, Denoël, 1936, rééd. Plasma, 1979. — *Titanic*, Cahiers du Journal des poètes, 1937. — *Faux Traité d'esthétique*, Denoël, 1938, rééd. Plasma, 1980. — *Baudelaire et l'expérience du gouffre*, Seghers, 1947, rééd. Complexe, 1994. — *Le Mal des fantômes*, Plasma, 1980, rééd. Paris-Méditerranée, 1996. — *Rencontres avec Léon Chestov*, Plasma, 1982. — *Écrits pour le cinéma*, Plasma, 1984. — *Le Festin de Balthazar*, Arcane 17, 1985. — *Le Lundi existentiel et le dimanche de l'histoire*, Éditions du Rocher, 1989. — *Brancusi*, Fata Morgana, 1995. — *Le voyageur n'a pas fini de voyager*, Paris-Méditerranée, 1996. — *L'Écrivain devant la Révolution* (1935), Paris-Méditerranée, 1997. — *Correspondance Benjamin Fondane - Jacques Maritain*, éd. Michel Carassou et René Mougel, Paris-Méditerranée, 1997.

→ *Cahiers du Sud*, 1947, n° 283. — *Non-Lieu*, éd. Michel Carassou, 1979, n°s 2-3. — Michel Carassou, « Fondane-Artaud, même combat ! », *Europe*, novembre-décembre, 1980. — Mircea Martin, *Introducere in opera lui B. Fundoianu*, Bucarest, Minerva, 1984. — Monique Jutrin, *Benjamin Fondane ou le périple d'Ulysse*, Nizet, 1989. — Léon Volovici, « Benjamin Fondane : Judaism as Individual Experience and Existentialist Philosophy », *Proceedings of the Tenth World Congress of Jewish Studies*, Jérusalem, 1990. — Gisèle Vanhese, « Benjamin Fondane et la parole ulyssienne », *Euresis, Cahiers roumains d'études littéraires*, n°s 1-2, Bucarest, 1993. — *Cardozo Studies in Law and Literature VI*, dir. Eric Freedman, New York, 1994. — Ann Van Sevenant, *Il filosofo dei poeti : l'estetica di Benjamin Fondane*, Milan, Mimesis, 1994. — Il existe depuis 1994 un *Bulletin de la Société d'études Benjamin Fondane* (Kfar-Saba, Israël).

M. Ju.

Fonson Frantz (puis Jean-François, 1870-1924) et **Wicheler** Fernand (1874-1935). Tous deux nés à Bruxelles, travaillant dans le milieu du spectacle, ils ont popularisé le dialecte (factice) de la capitale belge et donné une image caricaturale de la petite bourgeoisie bruxelloise dans une pièce qui fit le tour du monde, *Le Mariage de Mademoiselle Beulemans* (1910). Comédie de mœurs à la Labiche, son succès est dû au comique de situation, à la verve du langage, à son caractère réellement populaire. Le genre « Beulemans » fit recette ; on leur doit encore, écrites en commun, les pièces suivantes : *Le Feu de la Saint-Jean* (1912), *La Demoiselle de magasin* (1917), *Beulemans à Marseille* (1918), ainsi que deux opérettes, *Les Moulins qui chantent* (1911) et *Beulemans marie sa fille* (1913). Fonson est, de son côté, l'auteur de *La Kommandantur* (1917), *Les Nouveaux Pauvres* (1917), *Le Sergent Beulemans* (roman, 1918). On doit à Wicheler *L'Histoire du crocodile* (1925), *Beulemans réfléchit* (1925), *Meulemeester* *s'apprivoise !* (1928), *Des fleurs aux soldats* (1935).

ŒUVRES. — *Le Mariage de Mademoiselle Beulemans*, rééd., Bruxelles, Labor, coll. Espace Nord, 1991.

O.Bi.

Fontaine. Revue fondée en novembre 1938, publiée à Alger jusqu'en décembre 1944, puis à Paris jusqu'en 1947, dirigée et animée par Max-Pol Fouchet. Trimestrielle, puis mensuelle à partir de 1941, elle a principalement publié de la poésie. Son rôle de tribune ouverte à la liberté d'expression, pendant la Seconde Guerre, a favorisé son rayonnement et accru son influence. Aragon, Eluard, Artaud, Cocteau, Daumal, Max Jacob, Ponge, Soupault, Jouve y ont collaboré, sous le signe de la plus libre diversité.

M.Ber.

Fontanet Jean-Claude (1925). Né à Genève, il y a fait ses études à l'université et à l'École des Beaux-Arts. À vingt-deux ans, sa vie est marquée par la maladie, tuberculose d'abord, graves troubles psychiques et état dépressif plus tard, contre lesquels il luttera par la création romanesque. Ses héros, vulnérables, angoissés et obsédés par une exigence d'authenticité, sont rachetés parfois par l'amour de la femme et trouvent la sérénité dans l'acceptation forcenée et lucide du mal et de la perte.

ŒUVRES. — *Qui perd gagne*, Neuchâtel, la Baconnière, 1959. — *La Mascogne*, la Baconnière, 1962. — *Tu es le père*, la Baconnière, 1965. — *La Montagne*, La Table ronde, 1970. — *L'Effritement*, la Baconnière, 1975. — *Mater dolorosa*, Lausanne, L'Âge d'homme, 1977. — *Les Panneaux*, la Baconnière, 1978. — *Printemps de beauté*, L'Âge d'homme, 1983. — *L'Espoir du monde*, L'Âge d'homme, 1989. — *Mater dolorosa* suivi de *L'Écrivain* et *Printemps de beauté*, L'Âge d'homme, 1987.

M.G.

Forêts Louis René, voir DES FORÊTS.

Fort Paul (1872-1960). Né le 1er février 1872 à Reims, d'origine champenoise, il a vécu la plus grande partie de son existence à Paris, où son père, minotier, s'établit en 1878. Il poursuit ses études au lycée Louis-le-Grand et se lie dès cette époque avec Pierre Louÿs et André Gide, amitié qui orientera sa vie : alors qu'il envisage de préparer Saint-Cyr, il fréquente le café Voltaire, où il retrouve le milieu littéraire symboliste, et écrit un manifeste pour la création d'un théâtre symboliste, ce qui lui vaut d'être renvoyé du lycée. À dix-huit ans, avec des fonds qu'il réunit lui-même, il crée un théâtre d'avant-garde, d'abord Théâtre mixte (1890) qui fusionne avec le Théâtre idéaliste de Louis Germain, pour former enfin le Théâtre d'Art (1891-1893) qui privilégie une mise en scène très dépouillée, où prime hautement le texte, en réaction violente contre le naturalisme et le réalisme du théâtre d'Antoine, le Théâtre-Libre (créé en 1887). Son programme, à la fois fantaisiste et ambitieux, va de drames restés injoués à de vastes épopées en passant par les dialogues de Platon. Il y donne des pièces comme *La Fille aux mains coupées* de Pierre Quillard, *Les Cenci* de Shelley, *La Tragique Histoire du docteur Faust* de Marlowe, mais y représente aussi des poèmes de ses contemporains, Catulle Mendès, Laforgue, Mallarmé, Maeterlinck ou Verlaine. Le décor de grandes toiles stylisées est de Gauguin, Vuillard, Bonnard ou Maurice Denis ; les acteurs, bénévoles, sont Marguerite Moréno, Lucien Guitry ou Lugné-Poe. Mais ce foisonnement créatif se heurte à un échec, et au moment de représenter *Pelléas et Mélisande*, c'est Lugné-Poe et son Théâtre de l'Œuvre (1893-1929) qui prennent la suite.

Paul Fort, qui avait épousé une jeune marchande de fleurs en 1891, avec comme témoins Verlaine et Mallarmé, crée une revue, *Le Livre d'art*, en 1892. Il publie ses premiers vers à partir de 1894 au *Mercure de France* et à *L'Ermitage* ; mais c'est en 1896-1897 qu'il commence la suite monumentale des *Ballades françaises*, qui comportera une cinquantaine de recueils : citons *Montagne, forêt, plaine, mer*, 1898 ; *Idylles antiques*, 1900 ; *Paris sentimental ou le Roman de nos vingt ans*, 1902 ; *Coxcomb ou l'homme tout nu tombé du Paradis*, 1906 ; *Ile-de-France*, 1908 ; *Mortcerf*, 1909 ; *Chansons pour me consoler d'être heureux*, 1913 ; *La Ronde autour du monde*, 1922 ; *La Tourangelle*, 1925 ; *Les Fleurs de lys*, 1926 ; *Le Livre des visions*, 1941 ; *Un jardinier du jardin de France*, 1943 ; *On loge à pied et à cheval*, 1947 ; *Mon grand pays*, 1950 ; *Empire de France*, 1953. Les « ballades » de Paul

Fort, qui reprennent une ancienne tradition, s'en écartent pourtant par la forme et par l'esprit : le poète n'a pas recours à la forme fixe fondée sur trois strophes et un envoi liés les uns aux autres par un même refrain, ni même au vers, puisqu'il adopte un verset en prose rythmé par des schémas métriques reconnaissables, où domine l'alexandrin, par des jeux d'assonances et d'allitérations, des anaphores et des répétitions. L'esprit de ces ballades ne se réclame pas non plus de celles que le romantisme avait mises à l'honneur. Au contraire, la tonalité d'ensemble est plutôt celle de la chanson populaire, proche de la complainte, où se mêlent la fantaisie ironique, un lyrisme aimable et un prosaïsme léger, dans une langue toujours très facilement accessible. Les poèmes présentent des tableaux sensuels, pleins d'émotion, qui évoquent la vie quotidienne, des paysages presque mythiques de la province française, mais esquissent aussi de petits récits comme dans la *Complainte du petit cheval blanc*, mise en musique et chantée par Georges Brassens.

Parallèlement à cette création poétique continue, qui à partir de 1922 donnera lieu à la publication d'*Œuvres complètes* chez Flammarion, Paul Fort fonde en 1905 une nouvelle revue, *Vers et prose*, qui paraît jusqu'à la guerre de 1914, publiant Valéry et la fine fleur du symbolisme. Il tentera de la faire revivre en 1927, avec l'aide de Valéry, mais seuls deux numéros pourront voir le jour. À la Closerie des Lilas, où il anime des réunions poétiques, il est élu en 1912 « prince des poètes » en remplacement de Léon Dierx, après un référendum organisé par le *Gil Blas* ; lui-même se définissait comme un « arbre à poèmes ». Il fréquente de très près les milieux littéraires et artistiques de son temps ; à Montmartre il voit Picasso et Apollinaire, et c'est à Montparnasse, en 1956, qu'il fait la connaissance de Germaine Tourangelle, qu'il épousera après le décès de sa première femme. Toujours au service de la poésie, il fait des conférences en Suisse (1914), en Belgique (1920), en Amérique du Sud (1921), en Grande-Bretagne (1925). Pour le théâtre, il écrit des légendes dramatiques en vers rassemblées dans ses *Chroniques de France* : *Louis XI, curieux homme*, 1921 ; *Ysabeau*, créé à l'Odéon en 1924 ; *Les Compères du roi Louis*, joué à la Comédie-Française en 1927.

En 1921, il fait l'acquisition d'une propriété à Argenlieu, près de Montléry. Il s'y installera pendant l'Occupation, puis durant les dernières années de sa vie. Il y mourra le 20 avril 1960. Tout en poursuivant la publication des *Ballades*, il avait aussi écrit des mémoires (1944) et reçu en 1952 le grand prix de l'Académie française.

ŒUVRES. — *Ballades françaises* et *Chroniques de France*, Flammarion, 1922-1958, 17 t. — *Ronde : 80 poésies pour la jeunesse choisies parmi les « Ballades françaises »*, Saint-Germain-des-Prés, 1979. — *Ballades inédites*, Grassin, 1980. — *Ballades françaises : choix, 1897-1960*, 1963, rééd. Flammarion, 1984. — *Ballades du beau hasard : poèmes inédits et autres poèmes*, éd. Daniel Leuwers, Flammarion, GF, 1985.

→ Pierre Béarn, *Paul Fort*, Seghers, coll. Poètes d'aujourd'hui, 1960, rééd. 1975.

M.A.

Foucault Michel (1926-1984). Né à Poitiers le 15 octobre 1926. Son œuvre relève, pour l'essentiel, de la philosophie : de l'*Histoire de la folie* au *Souci de soi*, elle est une méditation sur les formes historiques du *transcendantal*. Il s'agit pour lui de déterminer comment se sont constituées les dichotomies qui semblent aller de soi : raison/folie, objet/sujet, loi/illégalismes. Mais ces recherches, contrairement au marxisme, n'aboutissent pas à l'analyse des déterminations sociales des faits de raison, mais à une investigation au sein même des champs discursifs, qui interroge l'évidence des *limites* : ce qui est raison, ce qui ne l'est pas ; ce qui est œuvre, ce qui ne l'est pas. C'est précisément ce parti pris méthodologique d'immanence qui a conduit Foucault à une réflexion sur la notion d'*auteur*, en ce qu'elle introduit un principe de transcendance dans la lecture et la compréhension d'un texte — réflexion nourrie par des livres ou des articles, consacrés à Roussel, Klossowski ou Bataille, et par un souci permanent du style dans ses propres livres.

Après des études secondaires à Poitiers, Paul-Michel Foucault entre à l'École normale supérieure en 1946. Il étudie la philosophie et la psychologie, et est reçu à l'agrégation de philosophie en 1951. Ses premiers travaux importants, publiés en 1954, sont consacrés à la psychologie et à la psychanalyse. Mais c'est en 1961, avec l'*Histoire de la folie à l'âge classique* que commence son œuvre. Écrit en Suède, à Uppsala, où il dirige la Maison de France de 1955 à 1958, puis en Pologne et en Allemagne où il fut lecteur jusqu'en 1960, ce long texte, qui constituait sa thèse principale, étudie d'un point de vue philosophique, mais aussi historique et sociologique, le passage d'une société et d'une pensée qui excluent les fous (de la ville, de la raison) à une société et une pensée qui les encadrent et les analysent : passage de la *folie* (comme altérité absolue) à la *déraison* (le fou possède la raison, mais la détourne). Pour ce premier livre, Foucault a déjà élaboré sa méthode, en se fondant moins sur les textes philosophiques que sur les *archives*, et en considérant, sans la médiation des philosophes, la folie à l'œuvre, chez des écrivains comme Nerval, Artaud ou Nietzsche : « là où il y a œuvre, il n'y a pas de folie ; et pourtant la folie est contemporaine de l'œuvre, puisqu'elle inaugure le temps de sa vérité ».

L'*Histoire de la folie* propose aussi de longues analyses de Sade, de Diderot ou de Cervantes : jusqu'en 1970, le dialogue de Foucault avec la littérature se poursuit, dans une perspective philosophique, ou littéraire. En témoignent son étude de 1963 sur *Raymond Roussel* (contemporaine de *Naissance de la clinique*, qui développe un point annoncé dans l'*Histoire de la folie* : l'histoire du regard médical), et une série d'articles sur Bataille (*Préface à la transgression*, 1963), Klossowski (*La Prose d'Actéon*, 1964) et Blanchot (*La Pensée du dehors*, 1966). Ces quatre textes mettent bien en lumière le lien intime, selon Foucault, entre la littérature et la philosophie : chez Roussel, en particulier, il rencontre un art du *dispositif* d'écriture, que son étude décrit avec précision, annonçant les agencements qu'il découvrira dans le pouvoir, le savoir et la sexualité au cours de ses recherches ultérieures. Cette étude offre aussi une méditation sur le *double*, notion essentielle pour l'auteur, qui sera au cœur des *Mots et les choses*. D'ailleurs, le livre de Foucault redouble le livre de Roussel, *Comment j'ai écrit certains de mes livres*, en approfondissant les « explications » données par Roussel lui-même sur ses écrits. Quant aux articles consacrés à Bataille, à Klossowski et à Blanchot, outre l'hommage rendu aux inspirateurs de l'*Histoire de la folie*, ils éclairent le tutoiement entre la raison et ses Autres (au premier chef : la folie), que la philosophie a pour devoir de penser mais que la littérature a su, elle aussi, formuler.

Quand paraît, en 1966, le livre qui lui apporte la célébrité : *Les Mots et les choses*, Michel Foucault enseigne à l'université de Clermont-Ferrand, où il a été nommé professeur en 1962. Ce texte, austère par son sujet, mais d'un style luxuriant et provocant, rencontre un succès inattendu, dû moins à l'ouvrage lui-même qu'à la violente polémique qu'il suscite dans le camp marxiste. Deux phrases, surtout, ont choqué. L'une à propos de l'« actualité » du marxisme : « Le marxisme est dans la pensée du XIXe siècle comme poisson dans l'eau : c'est-à-dire que partout ailleurs il cesse de respirer. » L'autre à propos d'une prétendue « mort de l'homme » : « L'homme est une invention dont l'archéologie de notre pensée montre aisément la date récente. Et peut-être la fin prochaine. » Cette dernière formule ne voulait dire qu'une chose : l'homme, objet d'étude des *sciences humaines* est un phénomène récent, dont Foucault indique l'origine historique, et dont il est permis de supposer qu'il ne sera pas toujours étudié. En effet, *Les Mots et les choses*, en dépit des simplifications qui en furent contemporaines, attestent un minutieux travail d'*archéologie*, selon le mot de l'auteur, c'est-à-dire inventorient les différents champs de représentation au sein desquels les théories se sont développées. Il s'agit, pour Foucault, de déterminer l'*épistémè*, le lieu de savoir, à partir duquel les sciences se forment. La prudence s'impose à qui rapproche les travaux de Foucault du *structuralisme*, puisque celui-ci n'est pour Foucault que l'*épistémè* de notre temps, et c'est bien l'homme des « sciences humaines » chères aux structuralistes qui s'effacera un jour « comme à la limite de la mer un visage de sable. »

En septembre 1966, Foucault quitte Clermont-Ferrand pour l'université de

Tunis, où il restera, à l'exception d'un bref passage à l'université de Vincennes, jusqu'à sa nomination au Collège de France, en 1970. En 1969, il publie *L'Archéologie du savoir*, son livre le plus important pour le champ littéraire : il expose ses doutes sur son travail passé, souligne ses divergences avec le structuralisme (il oppose l'*a priori* formel, qui lui semble renouer avec le transcendantalisme, à l'*a priori* historique), et propose une analyse originale de l'énoncé qui engage une nouvelle conception du rôle de l'auteur : il s'agit de redonner à un énoncé sa valeur discursive indépendamment de tout référent (historique, biographique ou linguistique) et indépendamment de l'opposition du signifiant et du signifié. Définir l'énoncé revient à chercher l'irréductible d'un texte, ce qui fait sa force propre et sa densité, sans que les travaux historiques, linguistiques, sémiologiques soient rejetés ; au contraire, ils permettent précisément de définir ce qui dans le texte n'est pas de l'ordre de l'énoncé. Cette théorie de l'énoncé engage à lire *L'Archéologie du savoir* non seulement comme le travail d'un philosophe, mais aussi comme la confession d'un écrivain ; Foucault finit ainsi sa préface : « Plus d'un, comme moi, sans doute, écrivent pour n'avoir plus de visage. Ne me demandez pas qui je suis et ne me dites pas de rester le même : c'est une morale d'état civil ; elle régit nos papiers. Qu'elle nous laisse libres quand il s'agit d'écrire. » Sa leçon inaugurale au Collège de France (*L'Ordre du discours)* complète cette reflexion en s'intéressant aux modes de production et de diffusion des *discours*.

À partir de 1970, et jusqu'à la fin de sa vie, Michel Foucault n'écrira plus beaucoup sur la littérature, s'intéressant en priorité à la question du pouvoir, puis à celle de la subjectivité à travers le prisme de la sexualité. Il publie d'abord *Surveiller et punir* (1975), où il décrit dans un style encore proche de celui de l'*Histoire de la folie*, fiévreux et violent, le passage d'un ordre pénal cruel, spectaculaire mais diffus et laissant une grande place aux illégalismes, à une pénalité plus douce, apparemment plus humaine, mais exhaustive et normative. *La Volonté de savoir* (1976), tome premier de l'*Histoire de la sexualité*, revient sur ces dispositifs de pouvoir, mais en cherchant leur articulation avec les dispositifs du savoir et de la subjectivité : il s'agit, à travers les notions de *bio-pouvoir* et d'*hypothèse répressive*, de montrer comment se constitue celle de *sexualité*, dont l'auteur indique le caractère récent, et le rôle stratégique dans la mécanique du pouvoir.

Après la publication de *La Volonté de savoir*, Foucault traverse une période de crise, revenant sur le travail engagé, à l'occasion de ses cours au Collège de France et de conférences données dans les universités américaines (particulièrement à Berkeley). Il décide, vers 1980, de renoncer à la première forme de son *Histoire de la sexualité* et centre désormais sa recherche sur l'Antiquité et le christianisme primitif. Il publie, un mois avant de mourir (le 25 juin 1984), les deuxième et troisième tomes de l'*Histoire de la sexualité* : *L'Usage des plaisirs* et *Le Souci de soi*, qui étudient, par un minutieux retour aux textes anciens, la constitution, non d'un sujet, mais d'une subjectivité dans le rapport de soi à soi, et, dans l'élaboration de techniques du corps et de l'âme (diététique, pratiques sexuelles, exercices spirituels), les dispositifs subjectifs et vitaux qui permettent d'élaborer un soi. Le quatrième tome (*Les Aveux de la chair)* est toujours inédit. Le style de Foucault, selon un mot de Deleuze, s'est « apaisé » dans les derniers textes : une écriture sèche, précise, sans rapport avec le baroquisme de l'*Histoire de la folie* ou de *Surveiller et punir*.

ŒUVRES. — À l'exception de *Naissance de la clinique* (PUF), tous ses ouvrages sont publiés chez Gallimard, dont quatre tomes de *Dits et écrits* (éd. Daniel Defert et François Ewald, 1994) regroupant articles et entretiens. Les cours du Collège de France sont en cours de publication dans la collection Hautes études (Seuil-Gallimard).

→ Maurice Blanchot, *Michel Foucault tel que je l'imagine*, Fata Morgana, 1986. — Gilles Deleuze, *Foucault*, Éditions de Minuit, 1986. — Didier Eribon, *Michel Foucault*, Flammarion, 1986. — Jeannette Colombel, *Michel Foucault : la clarté de la mort*, Odile Jacob, 1994. — Fonds Michel Foucault à l'IMEC.

P.-Y. Q.

Fouchet Max-Pol (1913-1981). Né le 1er mai 1913 à Saint-Vaast-la-Hougue (Manche). Après Paris et Bruxelles, la famille se fixe en Algérie (1923). Il fait des études à la faculté des lettres d'Alger et à l'École française d'Athènes, obtient son diplôme d'études supérieures de lettres et devient attaché aux Musées nationaux (1938). Dès le début de la guerre, pour faire entendre la voix de la France, il fonde la revue *Fontaine* (avril 1939-novembre 1947), qui devient un des pôles essentiels de la résistance intellectuelle. En 1940, il épouse Jeanne Ghirardi qu'il aura la douleur de perdre deux ans plus tard. En 1944, il s'installe à Paris, où il a déjà acquis une réputation de poète par ses publications antérieures : *Simples sans vertu* (1936), *Vent profond* (1938), *Les Limites de l'amour* (1942). Curieux de l'art et de la vie des peuples, il part à la découverte des civilisations de la terre entière : *Les Peuples nus* (1953), *Terres indiennes* (1955), *L'Art amoureux des Indes* (1957), *Portugal des voiles* (1959), *L'Art de Carthage* (1961), *Nubie, splendeur sauvée* (1965), *Liban, lumière des siècles* (1967), *Les Éloges de Sidi Bou Saïd* (1976). Excellent pédagogue, il tire parti des ressources du disque et présente des émissions de radio et de télévision : *Le Fil de la vie* (1953-1958), *Lectures pour tous* (1953-1968), *Italiques* (1971-1973), *Terre des arts* (1959-1977). En 1958, paraît son *Anthologie thématique de la poésie française* et, en 1961, il regroupe sa production poétique sous le titre *Demeure le secret*. Il publie aussi des nouvelles, *Les Évidences secrètes* (1972), et trois romans : *La Rencontre de Santa-Cruz* (1976), *La Relevée des herbes* (1980), *Histoires pour dire autre chose* (1980). Il est mort à Vézelay le 22 août 1980.

J.G.

Foulon Roger (1923). Né à Thuin (Belgique), le 3 août 1923. Directeur de la revue *Les Feuillets du Spantole*, il imprime et édite lui-même ses poèmes (une soixantaine de plaquettes, parmi lesquelles *L'Exil terrestre*, 1946 ; *Naissances*, 1948 ; *Prières pour un vivant*, 1950 ; *Concerto pour une ville*, 1961 ; *L'Envers du décor*, 1967 ; *Rites pour conjurer la mort*, 1969 ; *Le Dénombrement des choses*, 1973 ; *Le Temps des sorbes*, 1981 ; *Senteurs sauvages*, 1989). D'inspiration panthéiste, sa poésie, qui fait une large part à la terre et aux végétaux, établit un dialogue constant entre la vie et la mort. Il a publié des romans *(L'Espérance abolie*, 1977 ; *Barrages*, 1982 ; *Déluge*, 1984), du théâtre, des monographies *(Marcel Thiry*, 1969 ; *Charles Plisnier*, 1971 ; *Robert Vivier*, 1974) et de nombreux travaux sur sa région. Roger Foulon a été élu président de l'Association des écrivains belges de langue française en 1973.

ŒUVRES. — Aux Éditions du Spantole (Thuin).

→ Alain Cléry, *Roger Foulon ou l'accomplissement du temporel*, Thuin, Éditions du Spantole, 1965.

O.Bi.

Fourcade Dominique (1938). Né à Paris le 1er mai 1938, il publie après sa rencontre avec René Char son premier livre : *Épreuves du pouvoir* (José Corti, 1961), suivi de *Lessive du loup* (GLM, 1966) et d'*Une vie d'homme* (GLM, 1969). *Nous du service des cygnes* (Claude Aubry, 1970) clôt une première période de création. Puis Fourcade s'adonne à une réflexion sur l'esthétique, centrée sur la question du moderne autour de figures phares : Manet, Cézanne, et surtout Matisse dont il édite les *Écrits et propos sur l'art* (Hermann, 1972) et devient l'un des grands exégètes. Les inventions des plasticiens et des chorégraphes de notre temps lui suggèrent des rapprochements et des transferts entre la grammaire des autres arts et celle de l'écriture.

Depuis *Le Ciel pas d'angle* (POL), il fait de la langue un corps plastique, une matière à laquelle il donne de multiples formes à l'intérieur même du poème : « Il est à espérer que l'on a maintenant bien admis ce que Matisse entendait par “découper à vif dans la couleur”. Ma taille directe à moi, je dois l'opérer dans la langue. Mais la langue est du zinc. Découper à vif dans le zinc brûlant » *(Xbo*, POL, 1988). L'invention d'une écriture ouverte, qui désire révéler tous les possibles du langage, permet d'explorer le lieu de l'expérience. L'audace de la composition s'exprime dans des variations de tempos, des collages, des incises, des irruptions de l'anglais. Le poète, pour échapper à l'enfermement dans sa propre langue, se tourne vers une autre langue, non pour chercher un surcroît de sens mais pour que les mots tendus vers l'indicible trouvent une densité supplémentaire pour atteindre l'inexprimable de la poésie. Ainsi se fonde une écriture poétique où le vers s'infléchit à la mesure du réel. Il s'étend du simple phonème à une structure élargie qui se moule sur le rythme de l'émotion en osmose avec les stratifications du monde. Le poème se veut perméable au quotidien et semble absorber la vie *(Xbo ; Outrance, utterance et autres élégies*, POL, 1990 ; *Décisions ocres*, Michel Chandeigne, 1992 ; *Au travail ma chérie*, illustré par Pierre Buraglio, Imprimerie nationale, 1992 ; *Tiré à quatre épingles*, illustré par Frédérique Lucien, Michel Chandeigne, 1995). Le poème tente aussi de coïncider avec l'espace du livre : le « mono-poème » dont la forme devient vers l'objet même de l'écriture fourcadienne et la libère *(Rosedéclic*, POL, 1984 ; *Son blanc du un*, POL, 1986 ; *Il*, POL, 1994).

En 1996, il obtient le grand prix national de poésie. Dans *Le Sujet monotype* (POL) publié à l'automne 1997, il tente pour la première fois un livre informe où le pôle poétique incarné par Degas n'est qu'un prétexte à l'exploration et à la mise en œuvre de toutes les écritures et de tous les thèmes dont Dominique Fourcade est à ce jour porteur.

N.R. – M.Ha.

Fourcade *(Éditions J.O.)* (1929-1931). Maison fondée à Paris par Jacques Fourcade, devenue Le Parchemin d'antan (1948-1952). En 1927, avec l'appui financier de son père, Jacques Fourcade (1904-1966) s'installe 24, rue de Passy et publie en mars 1929 un manifeste dans la revue du Sans Pareil, *Plaisir du bibliophile* : « Nous voulons remettre en honneur le goût de la sélection. C'est pourquoi nous avons tout d'abord accueilli la plus excessive et la plus libre de toutes les spéculations littéraires : la Poésie. » Il signe, le 15 février 1929, un contrat avec Léon-Paul Fargue, pour l'ensemble de sa production littéraire mais ne publie que *Ludions* (illustré par Marie Monnier, sœur de la libraire Adrienne Monnier). L'éditeur s'assure la collaboration de Jean Cassou et, le 5 juillet 1929, s'installe 22, rue de Condé. C'est là qu'il publiera vingt-deux des vingt-cinq ouvrages de son catalogue. Fourcade demande des textes aux membres du *Grand Jeu*. La plupart des publications fait l'objet d'un envoi de fiches de souscription auprès de la clientèle de la librairie. Chacun des titres, objet d'une publication sur beau papier, est souscrit à hauteur d'une centaine de volumes.

En octobre 1929, Adrienne Monnier, responsable de la première édition française d'*Ulysse*, signe avec Fourcade un contrat d'association pour une édition courante du livre, mis en vente en décembre 1931. Ne pouvant assumer les charges du contrat, Fourcade cède ses droits à la libraire. En mars 1931 paraît *L'Homme approximatif* de Tzara, accompagné, pour les exemplaires de tête, d'une gravure de Paul Klee. En octobre 1931 est annoncée la création de la revue *Échanges*, « organe de rapprochement de l'activité littéraire anglaise et française », financée par Allanah Harper. Les trois premiers numéros sont publiés chez Fourcade avec, aux sommaires, Gide, Giono, Jouve, Michaux, Paulhan, Rilke, Supervielle, Tzara, Virginia Woolf.

Jacques Fourcade, très lié à Henri Michaux, l'appointe comme lecteur peu avant la parution de *Mes propriétés*. Dès la fin de 1929, Fourcade publie *Ulysse bâtit son lit* de Jean de Boschère, *Jeux cosmiques* de Pierre Guéguen, les *Poèmes de la folie* de Hölderlin, traduits par Pierre Jean Jouve avec la collaboration de Pierre Klossowski et un avant-propos de Bernard Groethuysen. La même année, Paulhan salue la parution des *Infortunes de la vertu* de Sade. Les *Dix eaux-fortes pour Aurélia de Gérard de Nerval*, de Louis Marcoussi, paraissent dans la collection « Le Blanc et le noir », qui, destinée à mettre en valeur des illustrateurs, annonce de nombreuses autres publications (dont les *Dix eaux-fortes pour Gaspard de la nuit d'Aloysius Bertrand*, de Gromaire) qui ne verront pas le jour. Fin mars 1930, le premier tirage des ouvrages de Mariano Azuela, *Ceux d'en bas*, et de Guzman, *L'Aigle et le serpent*, est presque épuisé. Fort de ce succès, Fourcade publie à la suite *Jardin des plantes* d'Eugénio d'Ors (en mai 1931), *Félix Vargas*, d'Azorin, et *Élégance des temps endormis*, du vicomte Lascano Tégui. Ces trois traductions sont dues à Francis de Miomandre, qui en juin 1931 publie *Samsara*, dernier ouvrage édité sous le nom de J.O. Fourcade.

Le 1er octobre 1930, Auguste Dewavrin, administrateur du quotidien *Paris-*

soir, devient gérant de la société. Il apporte avec lui *La Revue nouvelle* et reprend le fonds en juin 1931. Après la guerre, Fourcade redevient libraire au Parchemin d'antan, 122, rue de Rennes et renoue avec l'édition par amitié pour Henri Michaux et Jean de Boschère. Sous le nom de Jean Lambert, ancien propriétaire de la boutique, il publie en 1948 *Nous deux encore* d'Henri Michaux, *Héritiers de l'abîme* de Jean de Boschère et, en 1952, un volume d'hommage, *Jean de Boschère, l'admirable poète de demain.*

M.I. — IMEC

Fourest Georges (1867-1945). Né le 6 avril 1867 à Limoges, il suit des études de droit qui font de lui un « avocat loin de la cour d'appel », comme il aime à se nommer, vient à Paris, où il fréquente les milieux littéraires, collabore à plusieurs revues (*La Connaissance*, *Le Décadent)* et se rend célèbre avec *La Négresse blonde* (Messein, 1909, rééd. Corti, 1986), préfacé par Willy. Placé sous le patronage de Rabelais, « le Duc, le Roi, le Maître », ce recueil qui aime la plaisanterie scatologique, l'allusion gaillarde et la métaphore burlesque cultive en fait l'intellectualisme puisqu'il ne cesse de travestir d'autres textes, en résumant parodiquement les grandes pièces du théâtre classique (« Carnaval de chefs-d'œuvre ») ou en pastichant les poètes du XIXe siècle comme Verlaine, Laforgue ou Mallarmé dont il est nourri (les « pseudo-sonnets »). Constant dans la futilité et indifférent aux transformations de la littérature d'après-guerre, Georges Fourest fait encore paraître *Contes pour les satyres* (Messein, 1923, rééd. Corti, 1990) et *Le Géranium ovipare* (Corti, 1935, rééd. 1984), qui respirent une même atmosphère ludique et lubrique. Il meurt à Paris le 25 janvier 1945, mais après une période de désaffection, il est peu à peu redécouvert à mesure que se manifeste un regain d'intérêt pour la littérature 1900 : à la lumière des préoccupations contemporaines, ce « Fol de Cour » (Willy) devient un précurseur de l'hypertextualité et son culte de la dérision apparaît comme une ultime parade opposée au néant du monde.

→ Gérard Genette, *Palimpsestes*, Le Seuil, 1981.

J.P.

Fournel Paul (1947). Né à Saint-Étienne le 20 mai 1947, assistant de cinéma puis éditeur, membre de l'Oulipo depuis 1972 (*Clefs pour la Littérature Potentielle*, Denoël, 1972), il a publié des romans (*L'Équilatère*, Gallimard, 1972 ; *Un homme regarde une femme*, Le Seuil, 1994), mais s'est surtout illustré comme auteur de nouvelles, explorant avec humour et poésie les mondes les plus différents (*Les petites filles respirent le même air que nous*, Gallimard, 1978 ; *Les Grosses rêveuses*, Le Seuil, 1982 ; *Un rocker de trop*, Balland, 1983 ; *Les Athlètes dans leur tête*, Ramsay, 1986). Passionné par les marionnettes et le Guignol lyonnais (*L'Histoire véritable de Guignol*, Fédérop, 1975), il a aussi beaucoup écrit pour la jeunesse (série des Superchat, Nathan ; des Guignol ; *Les Aventures très douces de Thimothée le rêveur*, Hachette, 1978).

S.R.

Fourré Maurice (1876-1959). Ce conteur, qui avait publié en 1907 une nouvelle néo-naturaliste, dans la très conventionnelle *Revue hebdomadaire*, a acquis une notoriété tardive en publiant, grâce au soutien de Julien Gracq puis de Jean Paulhan, *La Nuit du Rose-Hôtel* (Gallimard, 1950), *La Marraine du sel* (1955), *Tête-de-Nègre* (1960), *Le Caméléon mystique* (posth., Calligrammes, 1981). L'étrangeté formelle et thématique de cette œuvre l'a servie, à l'époque du Nouveau Roman et de l'existentialisme. Julien Gracq en goûte le style précieux jusqu'au fantasme, Jean Paulhan l'érotisme seulement suggéré, et Breton, qui préface le livre de 1950, la description des rituels d'une communauté repliée sur elle-même. Faut-il voir dans ces récits la dernière ou l'avant-dernière vague du surréalisme ? Aucun des principes éthiques ou politiques du mouvement surréaliste ne s'y perçoit. *Reconnu* par Gracq et Breton, Fourré n'est en rien surréaliste. Le climat de son œuvre, d'un érotisme feutré, appartient bien plus à une certaine *Tradition* qu'aux accents frénétiques du surréalisme, issus du roman noir anglais ou de l'Allemagne romantique. On n'y voit pas davantage le surgissement d'un art brut. Apparenté à la famille Bazin, ami de P.-L. Couchoud, qui dirigeait la collection « Mythes et religions » aux Presses universitaires de France, et lié à des magistrats, ce provincial venu de la petite-bourgeoisie aisée s'affirme dans une certaine continuité de la culture et de la parole.

L'œuvre de Fourré met en scène les rites des rapports humains quand ces derniers sont exacerbés par l'enfermement (l'hôtel de Rose du premier roman), par la passion *(La Marraine de sel)*, l'Œdipe *(Tête-de-Nègre)* ou le fantasme de l'inceste *(Le Caméléon mystique)*. Les situations et les relations propres à la vie quotidienne petite-bourgeoise, peu propice à l'éclosion d'effets tragiques, y sont décrites en termes burlesques ou précieux. En revanche, si les rapports humains sont tissés de tendresse et de complicité, une violence sournoise apparaît, ainsi que la magie, toute proche. On croirait, parfois, lire les enquêtes ethnographiques que Jeanne Favret-Saada a tirées de son observation de la campagne française, qui est d'ailleurs la même, géographiquement : celle du bocage de l'ouest de la France, la Mayenne. C'est cet aspect qui le rapproche du courant surréaliste. André Breton et Julien Gracq ont aimé chez lui l'esprit du lieu celtique et la qualité de l'observation ethnographique. En bon naturaliste, il fut observateur jusqu'à atteindre la justesse scientifique : observateur jusqu'au fantasme.

→ Philippe Audoin, *Maurice Fourré, rêveur définitif*, Le Soleil noir, 1978. — Jacqueline Chénieux-Gendron, *Le Surréalisme et le roman*, Lausanne, L'Âge d'homme, 1983.

J.C.-G.

Fraigneau André (1907). Né à Nîmes, venu très tôt conquérir Paris, il n'obtint qu'un succès d'estime avec son premier roman (*Val de Grâce*, 1930), qui lui permit néanmoins de s'introduire dans le monde littéraire. C'est un cycle romanesque, dans la tradition française de l'entre-deux-guerres, qui l'imposa : *L'Irrésistible* (1935), *Camp volant* (1937), *La Fleur de l'âge* (1942). L'ensemble devait être réédité en 1960 sous le titre de *Les Étonnements de Guillaume Francœur*. Mais il convient aussi de lui adjoindre un recueil de nouvelles, *La Grâce humaine* (1938), où l'on retrouve le même héros. L'ensemble de ces textes raconte l'initiation d'un jeune homme « rapide, allusif, toujours au pas de charge », dévoré par un « mépris viscéral » et dans lequel se reconnaîtront les jeunes romanciers de droite de l'après-guerre. Si elles n'ont pas la profondeur des *Étonnements*, les nouvelles de *La Grâce humaine*, sans susciter cette gêne que peut provoquer la peinture sociale de Fraigneau, révèlent le meilleur de son talent : rapidité du récit, absence de complaisance dans l'analyse psychologique, goût de l'allusion (sensuelle notamment). Fraigneau s'est projeté dans son Francœur au nom symbolique. L'unité thématique de l'œuvre romanesque est d'ailleurs frappante : recherche de la liberté à tout prix, notamment face à l'amour, passion pour le monde méditerranéen, fascination pour la jeunesse et pour les sommets de la société. Les termes d'*élégance* et de *grâce* qui reviennent constamment sous sa plume résument bien son univers romanesque et son éthique sociale. Guillaume Francœur reste pourtant assez éloigné du héros du *Coup de grâce* (1939) de Marguerite Yourcenar, Éric, pour qui Fraigneau servit de modèle. L'ensemble de ce roman s'inspire de la passion que Yourcenar avait conçue pour Fraigneau, passion qui lui avait inspiré *Feux* (1936).

En 1949, dans *L'Amour vagabond*, Guillaume laisse la place à Cynthia, jeune modéliste d'un grand couturier parisien, parcourant la Méditerranée, fréquentant la haute bourgeoisie italienne ou grecque pour séduire les hommes les plus beaux. Dans ce roman où il n'y a guère de morale à chercher, on retrouve toute la vivacité d'un récit sans autre consistance narrative et une qualité de style qui accentue encore la légèreté délibérée du propos. Passé inaperçu à sa première publication, *L'Amour vagabond* fut salué par les Hussards, lors de sa réédition en 1956.

Parallèlement Fraigneau s'était essayé, dès la fin de la guerre, à une autre forme littéraire, le journal fictif. Les figures en furent choisies parmi les plus fascinantes de l'Histoire : un janséniste (*Journal profane d'un solitaire*, 1947), Louis II de Bavière (*Le Livre de raison d'un roi fou*, 1947), l'empereur Julien l'apostat (*Le Songe de l'empereur*, 1952). Le choix d'une fiction intime ne marque cependant pas un intérêt pour l'analyse psychologique et l'on retrouve dans ces journaux la prestance et le dilettantisme des premiers romans de Fraigneau. À contre-courant des mouvements littéraires de l'après-guerre, exaltée par les Hussards, l'œuvre de Fraigneau a connu un récent retour d'intérêt.

ŒUVRES. — Les principaux romans ont été republiés par les Éditions Granit et les Éditions du Rocher. — *Val de Grâce*, Carrefour, 1930. — *L'Irrésistible*, Gallimard, 1935. — *Camp volant*, Gallimard, 1937. — *La Grâce humaine*, Gallimard, 1938. — *La Fleur de l'âge*, Gallimard, 1942. — *L'Amour vagabond*, Froissart, 1949. — *Journal profane d'un solitaire. Monsieur de Ponchâteau*, La Table ronde, 1947. — *Le Livre de raison d'un roi fou. Louis II de Bavière*, Janin, 1947. — *Le Songe de l'empereur. Julien l'apostat*, La Table ronde, 1952. — *Cocteau par lui-même*, Le Seuil, 1957. — *Les Étonnements de Guillaume Francœur* [reprend *L'Irrésistible*, *Camp volant*, *La Fleur de l'âge*], Plon, 1960.

→ On trouvera de précieux renseignements biographiques dans Josyane Savigneau, *Marguerite Yourcenar*, Gallimard, 1990. — *Jean Cocteau-André Fraigneau : entretiens*, Éditions du Rocher, 1988.

G.P.

Frain Irène (1950). Née à Lorient le 22 mai 1950, elle fait des études de lettres avant de se passionner pour l'histoire de la Bretagne, passion qui inspire ses premiers ouvrages (*Quand les Bretons peuplaient les mers,* Fayard, 1979 ; *Contes du cheval bleu les jours de grand vent,* Picollec, 1980) et la conduit en Inde, sur les traces de René Madec, dont elle racontera les aventures dans un roman, *Le Nabab* (Lattès, prix des Maisons de la presse, 1982). Suivront *Modern Style* (Lattès, 1984), *Désirs* (Lattès, 1986) et *Secrets de famille* (Lattès, 1989) qui consacrent la romancière. Tentée de se dévoiler dans *Histoire de Lou* (Régine Deforges, 1990), autobiographie, elle aborde après *La Guirlande de Julie* (Laffont, 1991), l'histoire extraordinaire d'une femme-bandit indienne (*Devi*, Fayard, 1992), dont la postface, intitulée « Quai des Indes », évoque la « mémoire indienne » de la romancière et les étapes de sa « route des Indes ». Elle se risque aussi, avec bonheur, au roman à suspense avec *L'Homme fatal* (Fayard, 1995).

S.R.

France Anatole (1844-1924), voir DICTIONNAIRE DES LETTRES FRANÇAISES : LE XIXᵉ SIÈCLE.

Francillon Clarisse (1899-1976). Née à Saint-Imier (dans le Jura bernois), elle partage sa jeunesse et ses études entre Nice et Aix-les-Bains, avant de s'installer à Paris. En 1934, la publication de *Chronique locale* aux Éditions de la NRF marque les débuts d'une production romanesque riche d'une vingtaine de titres. Multipliant les points de vue et les voix, privilégiant les associations libres, elle choisit une forme narrative polyphonique et elliptique pour évoquer les *Nuits sans fêtes* (1942) dans le Paris de l'après-guerre et de la guerre d'Algérie. Peu doués pour le bonheur, les personnages de ses romans et nouvelles, souvent des femmes engagées dans la vie professionnelle, endurent les souffrances de la jalousie (*La Lettre*, 1958), de l'amour non partagé (*Les Graines de l'orage*, 1966) ou de l'échec d'une vocation (*Le Plaisir de Dieu*, 1938).

A.-L.D.

franco-ontarienne (*littérature*). — La littérature moderne de l'Ontario français est née à Ottawa en 1865, dans un milieu culturel qui se développe avec une rapidité étonnante, si l'on considère que cette nouvelle capitale du Canada ne comptait pas quatre mille francophones en 1861 et atteint presque vingt mille en 1901 : grâce à leur volonté de vivre en français, les fondements institutionnels d'une littérature franco-ontarienne se sont établis ; auteurs, éditeurs, imprimeurs, libraires, sociétés et périodiques littéraires, activités théâtrales, qui vont se libérer progressivement de leurs liens avec l'institution littéraire québécoise.

La première décennie littéraire du XXᵉ siècle se rattache encore en partie à la période précédente. Alfred Garneau (1836-1904 ; *Poésies*, 1906, posth.) évoque ses souvenirs intimes et projette son âme inquiète dans les paysages qu'il décrit. William Chapman (1850-1917) chante sa patrie catholique, la nature canadienne et la langue française dans trois recueils qu'il publie à Paris (*Les Aspirations*, 1904 ; *Les Rayons du Nord*, 1909 ; *Les Fleurs de givre*, 1912) ; deux de ses poèmes l'ont immortalisé : *Notre langue* et *Arriérés*, dans lequel, croisant le fer avec le critique suisse Virgil Rossel, le poète définit l'art de ses confrères canadiens-français comme celui de « primitifs sévères » qui luttent pour leur langue. L'économiste Errol Bouchette (1863-1912) incarne ses thèses dans un roman, *Robert Lozé* (1903), qui contredit le *Jean Rivard* (1874-1876) d'Antoine Gérin-Lajoie (1824-1882) : l'industrie doit supplanter l'agriculture comme source de production et moyen de survie collective. Régis Roy (1864-1944) publie des pièces de théâtre et des contes, et Sylva Clapin (1853-1928), des nouvelles.

L'année 1910 marque le début d'une autre période. Jusque-là, seuls de petits groupes outaouais s'étaient manifestés. Désormais tout l'Ontario français est concerné : 1 250 délégués des diverses localités de la province se réunissent en congrès à Ottawa et forment l'Association canadienne-française d'éducation d'Ontario, pour revendiquer les droits des 235 000 francophones ontariens et défendre leurs intérêts. La littérature s'engage alors dans une lutte qui durera jusqu'en 1927 et qui aura surtout porté, à partir de 1912, sur le droit de l'enseignement en français. La campagne se fera principalement dans les journaux, entre autres dans *Le Droit*, fondé en 1913. C'est dans les actes des congrès et les pages des journaux que se trouvent les textes essentiels, qui en appellent à la justice. Au service de la collectivité, les écrivains n'ont guère le temps d'écrire des livres. Le journaliste Jules Tremblay (1879-1927) réussit pourtant à publier cinq recueils de poésie. L'influence parnassienne est visible dans *Des mots, des vers* (1911), mais le régionalisme domine dans *Les Ferments* (1917) et *Arômes du terroir* (1918). Le livre le plus important de l'époque est un roman : *L'Appel de la race* (1922), de l'historien québécois Lionel Groulx (1878-1967). Il a pour sujet un drame familial situé sur le fond des luttes menées de 1912 à 1917 pour la survie des écoles françaises : Jules de Lantagnac, canadien-français qui a renoncé à sa langue, mais non à sa foi, en épousant une Anglaise qui lui donnera quatre enfants, décide de revenir à la culture de ses ancêtres, puis de militer pour la défense de ses compatriotes franco-ontariens ; le sentiment du devoir accompli le consolera difficilement du départ de sa femme et de deux de ses enfants, mais ce patriote porte l'auréole du héros.

La période suivante (1928-1959) est une sorte d'âge d'or. La paix scolaire étant revenue en 1927, le travail sur la langue devient, avec le développement de la culture canadienne-française, la première préoccupation des écrivains. Une quarantaine de romans paraissent. Les meilleurs s'inspirent de l'histoire du Canada français. Pierre Daviault (1899-1964) romance la vie d'un chef abénaquis de la fin du régime français (*Le Baron de Saint-Castin*, 1939), tandis que Pierre Benoît (1906-1989) emprunte sa matière aux origines de la Nouvelle-France et met en relief l'attraction exercée sur les colons par la grande nature et les mœurs indiennes (*Martine Juillet, fille du roi*, 1945). Léo-Paul Desrosiers fait plutôt valoir l'héroïsme quotidien des premiers défricheurs (*Les Opiniâtres*, 1941), après avoir décrit le mirage doré que fut la Californie pour les jeunes Canadiens français vers 1850. Sa grande fresque, *Les Engagés du Grand Portage* (1938), est un sommet du roman historique. À travers l'affrontement de deux personnages, un honnête homme et un arriviste et rusé, l'auteur décrit la vie difficile des engagés des grandes compagnies de l'Ouest canadien qui rivalisèrent férocement pour contrôler le commerce des fourrures pendant la première décennie du XIXe siècle.

La poésie apparaît également à cette période, plus moderne et plus diversifiée. La quête d'amour de Simone Routier (1901-1987) se termine par une expérience spirituelle qu'elle exprime en vers claudéliens (*Le Long Voyage*, 1947). L'amour de la femme et l'amour du pays canadien fusionnent dans les vers libres du *Combat contre Tristan* (1951), de Pierre Trottier (né en 1925) ; la nostalgie des origines et la hantise de la mort nourriront ses œuvres suivantes. En révolte contre le dualisme manichéen, Maurice Beaulieu (né en 1924) rêve d'un retour aux sources élémentaires (*Il fait clair de glaise*, 1958). Le plus original est sans doute Guy Lafond (né en 1925), qui n'a cessé de renouveler la forme, depuis *J'ai choisi la mort* (1958) et *Poèmes de l'Un* (1968) jusqu'à son sixième recueil, *Car-*

net de cendres (1992) ; aucun Franco-ontarien n'a travaillé le langage de façon mallarméenne comme il l'a fait dans *La Nuit émeraude* (1986).

De 1960 à 1972, les institutions d'enseignement de tous les niveaux font une place plus large aux francophones et les gouvernements, fédéral et provincial, sont plus généreux. Professeurs et étudiants publient tellement que l'on peut qualifier d'universitaire la littérature de ces treize années. Les poètes sont les plus nombreux, mais seule Cécile Cloutier (né en 1930), poète de l'instant (*L'Écouté*, 1986), peut prendre place auprès des grands de la période précédente. Auteur de six romans, Gérard Bessette (né en 1920) s'interroge sur la forme et sur la langue de ses compatriotes (*La Bagarre*, 1958), s'inspire de Sartre et de Camus (*Le Libraire*, 1960), s'essaie au Nouveau Roman (*L'Incubation*, 1965) et exploite le monologue intérieur (*Le Cycle*, 1971). Claire Martin (née en 1914) utilise la narration indirecte (*Doux-amer*, 1960), travaille à partir de trois points perspectifs différents (*Quand j'aurai payé ton visage*, 1962), se limite à un dialogue continu à deux voix (*Les Morts*, 1970). Elle avait d'abord donné l'envol à la nouvelle en publiant *Avec ou sans amour* (1958). D'Adrien Thério (né en 1925), romancier prolifique, la critique retient surtout *Ceux du Chemin-Taché* (1963), recueil de contes campagnards. Jacqueline Martin (née en 1930) connaît le succès avec trois pièces sur l'incommunicabilité (*La Quintaine*, *Les Murs des autres*, *Le Charnier*, 1966). Les ouvrages de critique universitaire abondent pour la première fois. Jean Éthier-Blais (1925-1995), qui a rendu compte de ses lectures au grand public pendant une vingtaine d'années dans un quotidien, rassemble ses meilleurs articles dans *Signets* (1967-1993, 4 t.).

Jusqu'en 1969, la littérature franco-ontarienne est le produit d'une élite consciente de faire partie d'un pays linguistique dit canadien-français. Le Québec se retirant dans ses terres, les Franco-ontariens, comme tous les autres francophones hors Québec, conscients de leur identité propre, prennent en main les destinées de leur littérature et s'emploient à restaurer leur patrimoine. Le mouvement prend naissance dans le Nord, puis s'étend au reste de la province. Depuis 1973, année de fondation des Éditions Prise de parole, l'une des sept maisons qui existent en 1994, plus de 225 recueils de poésie ont paru. Deux poètes dominent : Paul Savoie (né en 1946 ; *Nahanni*, 1976 ; *Soleil et ripaille*, 1987) et Patrice Desbiens (né en 1948 ; *L'Espace qui reste*, 1979 ; *Sudbury*, 1983). On compte une centaine de romans et une quarantaine de recueils de contes et nouvelles. Les trois tomes de *Chroniques du Nouvel Ontario* (1981-1986), d'Hélène Brodeur (née en 1923), forment une fresque réaliste de la vie quotidienne dans le nord ontarien entre 1913 et 1968. En quête d'une seconde naissance à travers une exploration métaphysique, les personnages féminins des six romans de Gabrielle Poulin (née en 1929 ; *Cogne la caboche*, 1979 ; *Le Livre de déraison*, 1994) ont conduit l'auteur, critique littéraire par ailleurs, à la poésie proprement dite (*Nocturnes de l'œil*, 1993). Dans *L'Obomsawin* (1987), Daniel Poliquin (né en 1953) s'interroge sur l'identité linguistique franco-ontarienne à travers l'histoire fictive d'un peintre métis du nord-ouest ontarien. *Visions de Jude* (1990), dont l'action se situe à Ottawa, se divise en quatre parties qui auraient pu être autant de nouvelles. À l'inverse, les vingt-sept nouvelles que Maurice Henrie (né en 1936) a tirées du terroir de l'est ontarien auraient pu faire un roman (*La Chambre à mourir*, 1988). André Paiement (1950-1978) a révolutionné le théâtre franco-ontarien en utilisant les techniques modernes de production et de mise en scène (*Lavalléville*, 1975 ; *La Vie et les temps de Médéric Boileau*, 1978). Mais c'est à Jean-Marc Dalpé (né en 1957) que revient le mérite d'avoir haussé le niveau du texte théâtral tout en se servant de la langue populaire (*Le Chien*, 1987). Enfin, depuis 1975, de plus en plus d'universitaires étudient et enseignent la littérature franco-ontarienne.

→ René Dionne, *Anthologie de la poésie franco-ontarienne, des origines à nos jours*, Sudbury, Prise de parole, 1991. — « La littérature franco-ontarienne : esquisse historique (1610-1987) », *Les Franco-ontariens*, dir. Cornelius C. Jaenen, Presses de l'université d'Ottawa, 1993. — *Histoire de la littérature franco-ontarienne, des origines à nos jours*, t. I, Sudbury, Prise de parole, 1997. — *Anthologie de la littérature franco-ontarienne, des origines à nos jours*, t. I, Sudbury, Prise de parole, 1997.

R.D.

Frank Bernard (1929). Né le 11 octobre 1929 à Neuilly-sur-Seine. Après des études à l'École des langues orientales, il est sollicité par Sartre et collabore aux *Temps modernes*. Son parcours de journaliste et chroniqueur hors des normes, angoissé, mordant, nonchalant et digressif, le conduit entre autres au *Matin*, au *Monde* et au *Nouvel Observateur*. Dès 1953, deux ouvrages illustrent son esprit d'indépendance. Découpé en sept capricieux chapitres qui sont autant de noms de pays européens, sa *Géographie universelle* musarde dans le monde imaginaire. Dans cette libre allure, dans cette écoute attentive de moments minuscules, dans ce bonheur à approcher de soi par l'écriture, Bernard Frank trouve sa manière. Paru la même année, un roman ironique, *Les Rats*, parvient à brouiller son auteur avec beaucoup de monde. Deux ans plus tard, paraissent *Israël* (appendice oriental de sa *Géographie)* et un roman très sage, récit à la française dans l'esprit de Benjamin Constant, *L'Illusion comique*. Suivent des ouvrages d'humeur en forme de chroniques intimistes, mondaines, insolentes et enjouées, sur l'univers littéraire et politique : après *Le Dernier des Mohicans* (1956) et *La Panoplie littéraire* (1958, comprenant un essai sur Drieu), *Un siècle débordé* (1970) et *Solde* (1980) confirment un style méditatif et primesautier. Écrivain-chroniqueur et chroniqueur-écrivain, Bernard Frank a donné en 1993 un recueil de ses articles des années cinquante : *Mon siècle*.

ŒUVRES. — Chez Flammarion.

F.J.

Frankétienne (1936). Personnalité hors normes des lettres haïtiennes, cet écrivain, doublé d'un peintre aux compositions délirantes et baroques, est, avec René Philoctète et Jean-Claude Fignolé, le fondateur du spiralisme, mouvement littéraire qui rompt avec les modèles esthétiques occidentaux et propose le mélange des genres comme principe de la création artistique en Haïti. Insulaire dans l'âme — il a longtemps refusé de quitter son île natale, Haïti, même au plus fort de la dictature duvaliériste —, il est l'auteur d'une œuvre singulière alternant l'usage du français et du créole. Outre une série de recueils poétiques (*Au fil du temps*, 1964 ; *Vigie de verre*, 1965 ; *Les Chevaux de l'avant-jour*, 1966), il est également l'auteur de plusieurs romans (*Ultravocal*, 1972 ; *Les Affres d'un défi*, 1979, version française de *Dézafi*, d'abord écrit en créole ; *Fleurs d'insomnie*, 1986) et d'une série de pièces de théâtre en créole (*Kaselezo*, 1985 ; *Totola mannwèl*, 1986 ; *Melovivi*, 1987 ; *Kalibofobo*, 1987).

ŒUVRES. — Publiées pour la plupart à Port-au-Prince.

J.C.

Frapié Léon (1863-1949). Né à Paris le 27 janvier 1863, élève d'une institution privée puis de grands lycées parisiens, employé à la préfecture de la Seine où il se lie avec Charles-Louis Philippe, il découvre en épousant une institutrice le monde de l'enfance malheureuse. Il l'évoque avec réalisme et sensibilité dans son roman *La Maternelle* (1904, prix Goncourt). Ses autres romans portent sur les humbles le même regard plein de sympathie : *L'Institutrice de province* (1897), *La Figurante* (1908), *Les Filles à marier* (1923). Par son souci de décrire les petites gens dans leur milieu, sans négliger la dimension de leur vie intérieure, son œuvre se rattache à la veine populiste. Frapié est également l'auteur de quelques pièces de théâtre, dont une adaptation, en 1920, de *La Maternelle*. Il est mort le 29 septembre 1949.

C. A.-M.

Frédéric Chambriand *(Éditions)*. Maison d'édition (1949-1951), fondée en novembre 1949 à Paris par Pierre Monnier, connue principalement pour ses publications de textes de Céline *(Casse-pipe,* 1949 ; *Mort à crédit,* 1950 ; *Scandale aux abysses,* 1950).

→ Jean-Paul Louis, « Frédéric Chambriand éditeur de Céline », *Le Lérot rêveur* (Tusson), nº 33, février 1982.

A.G.

Frédérique André (1915-1957). Né à Nanterre le 27 février 1915, il promènera, tout au long de son existence, une difficulté d'être au monde qui se masquera derrière l'humour. En 1941, il ouvre une pharmacie. En 1944, il se signale comme poète en publiant sa première plaquette, *Ana*. Il entre à *Paris-Match* en 1945. Plusieurs recueils suivent : *Histoires blanches* (1946), proses imprégnées d'humour noir, jouant sur les registres du bizarre et du fantastique, *Aigremorts* (1947). Parallèlement, Frédérique préface les *Œuvres poétiques complètes* de Jarry, puis un choix de contes d'Alphonse Allais. Si l'on ajoute aux noms de ces prédécesseurs ceux de Desnos, Prévert ou Queneau, qu'il fréquenta, et celui de Tardieu, qui dirigeait le « Club d'essai » de la radiodiffusion française où il entra en 1948, on se représente bien un univers poétique où la cocasserie va de pair avec un sentiment d'absurdité, et où les trésors d'invention propres au surréalisme flattent le goût de l'insolite. Écrire, pour Frédérique, est un divertissement contre l'ennui et le désespoir, mais le jeu n'exclut pas la lucidité d'un humour parfois féroce. Le rire ne s'attaque pas seulement aux cruautés du destin humain ; il vise aussi les contemporains, gens d'Église et militaires, commerçants et notables, cuistres et imbéciles. Son irrévérence n'épargne pas d'illustres devanciers, lorsqu'il s'amuse à parodier *Le Lac* de Lamartine. En 1954, il ouvre une nouvelle pharmacie, mais le 17 mai 1957, peu après avoir livré son dernier recueil, *Poésie sournoise* (1957), il met fin à ses jours, laissant un roman inachevé, *La Grande Fugue* (1980), et divers écrits rassemblés en 1980 sous le titre de *Non-lieu*.

C. A.-M.

Frémon Jean (1946). Né à Asnières le 25 novembre 1946, il travaille dans l'édition avant de devenir galeriste. Il publie son premier roman, *Le Miroir, les alouettes* en 1969 (Le Seuil), bientôt suivi de *L'Origine des légendes* (Le Seuil, 1972), *Discours de la fatigue* (Fata Morgana, 1972) et de *Ce qui n'a pas de visage* (Flammarion, 1976). Une réflexion sur l'absence forme la clé de voûte d'une correspondance avec Bernard Noël dans *Le Double jeu du tu* (Fata Morgana, 1978), tandis que Raymond Roussel lui inspire *L'Exhibitionnisme et sa pudeur* (Fata Morgana, 1980). Le style de Frémon, fragmentaire, d'un lyrisme mesuré et mélancolique, se situe aux frontières de la prose et de la poésie. Son œuvre se place volontairement sous les auspices bienveillants de figures qu'elle salue et perpétue : ce sont d'abord les fantômes qui la hantent, mais aussi les esquisses d'êtres et de rêves qui la peuplent (*Théâtre*, Unes, 1989 ; *Éclipses*, Fourbis, 1990 ; *Silhouettes*, Unes, 1991). Les textes « nés de la sollicitation exercée par une œuvre, écrite ou peinte » participent de ce même désir, de cette même humilité : *Proustiennes* (Fata Morgana, 1991) se veut flânerie « au pied de la grande pyramide » de l'œuvre de Proust, *Le Singe mendiant* (POL, 1991) rassemble une série d'hommages à des peintres et écrivains contemporains. En 1988, Frémon revient au roman en publiant le premier volet d'un diptyque, *Le Jardin botanique* (POL), complété par *L'Île des morts* (POL, 1994). Il a également signé des essais sur la peinture : *Degottex* (Éditions du Regard, 1986), *Robert Ryman, le paradoxe absolu* (L'Échoppe, 1991) et *Antoni Tàpies, la substance et les accidents* (Unes, 1991).

N.R.

Frénaud André (1907-1993). Né le 26 juillet 1907 (la même année que René Char), à Montceau-les-Mines, « ville natale exécrée dès l'enfance », recouverte par « le charbon qui marque jusqu'aux façades » (« Port du canal à Montceau-les-Mines », « Où est mon pays ? », *Il n'y a pas de paradis*, 1962), où son père tenait une pharmacie. Il passe une enfance partagée entre Montceau et cet ailleurs que constituent pour lui la résidence à Sennecey-le-Grand du grand-père paternel et la maison d'une tante à Saint-Vallerin (« Enfance », *ibid.)*. Après le baccalauréat, il entreprend à Dijon des études de philosophie (1924-1925), avant de venir à Paris pour y faire son droit. Son père le voudrait avocat. Il prend le temps de lire ou de relire les romantiques allemands, Baudelaire et Rimbaud, Dostoïevski et Kierkegaard, et déchiffre, sous la conduite de Charles Singevin, la *Phénoménologie* de Hegel (Charles Singevin, « Au cœur du tragique, une dialectique en travail », *Sud*, 1981). Il interrompt son stage d'avocat pour prendre un poste de lecteur à l'université de Lwow en Pologne (1930) et multiplie les voyages dans l'Europe du Nord, en Italie et jusqu'en URSS (1935). Il connaît, comme Valéry, sa nuit de Gênes, mais à Florence, en 1934, l'année de la mort de son père, à qui seront dédiés *Les Rois mages* (« Cette nuit-là à Florence... », *Haeres*, 1982 ; voir « Tombeau de mon père », daté de « 1939-1952 », dans *Il n'y a pas de paradis)*. Il entre comme fonctionnaire au ministère des Travaux publics (1937-1967). « Revenu du désert », il lit à Giacometti, en 1938, son premier poème, qui décide de sa vocation pour la poésie et la « connaissance négative » (« Épitaphe », *Les Rois mages*, 1943). Les *Cahiers du Sud* publient ses premiers vers (décembre 1940). Fait prisonnier, il passe deux ans (1940-1942) dans un stalag, jusqu'à sa libération, comme infirmier, grâce à de faux papiers. Il y compose les « Poèmes de Brandebourg » et notamment la « Plainte du roi mage », que présente Aragon dans le n° 10 (juillet-septembre 1942) de la revue de Pierre Seghers, *Poésie 42*. Son premier recueil *(Les Rois mages)* paraît l'année suivante chez le même éditeur. De retour à Paris, André Frénaud, sous l'Occupation, entre dans la Résistance. Il fait aussi partie avec Jean Tardieu, Michel Leiris et Raymond Queneau du comité de rédaction de la revue *Messages*, dirigée par Jean Lescure. En 1943, il fait la connaissance d'Eluard, dont il considère l'œuvre, depuis toujours, comme un « trésor nourricier ». À la Libération, il quitte assez vite le Comité national des écrivains et se lie d'une amitié durable avec Elio Vittorini. Tous deux se retrouvent en 1956 à la *Comunità europea dei scrittori*, lieu de rencontre entre écrivains de l'Est et de l'Ouest et mouvement d'aide aux écrivains de l'Est. Il signe, en 1960, la Déclaration sur le droit à l'insoumission dans la guerre d'Algérie. L'œuvre trouve peu à peu sa logique architecturale dans les livres qui se succèdent à partir de 1962. Elle s'accompagne d'une réflexion critique (« Note sur l'expérience poétique », *Il n'y a pas de paradis*, 1962 ; « Réflexion sur la construction d'un livre de poèmes », *La Sainte Face*, 1968), qui culmine en 1977 dans les entretiens accordés à Bernard Pingaud (*Notre inhabileté fatale*, 1979). Le prix de Poésie de l'Académie française est décerné en 1973 à l'auteur, cette même année, de *La Sorcière de Rome*, successivement augmentée de « gloses ». Il se partage, à compter des années 1970, entre Paris et la « maison idéale » de Bussy-le-Grand, à la limite de l'Auxois et du Châtillonnais. André Frénaud est mort à Paris le 21 juin 1993.

On notera d'abord le souci de « construction » qui préside à l'organisation des livres publiés, visant à ressaisir l'unité contradictoire de poèmes toujours datés, composés souvent simultanément et « l'un contre l'autre ». C'est ainsi que les « poèmes du petit vieux » en viennent, dans *La Sainte Face* (1968), à contester l'idée de la poésie dont s'inspirent les « poèmes de dessous le plancher ». L'idée de les publier ensemble est à l'origine de la composition du livre, à partir de variations contradictoires sur un thème (« Haineusement mon amour la poésie ») qui n'est pas donné, mais induit de cet effort de construction. « Quel que soit le souci d'authenticité du poète, il n'est pas de poésie sans le sentiment, au minimum, de son imposture » : c'est donc avec l'« énergie du désespoir », du « non-espoir assumé », que le poète « s'efforce » de « changer la vie » : « Et du moins il s'efforce, je vous affirme qu'il s'efforce. »

On notera d'autre part l'alternance de la forme brève et de la forme longue, et la préférence avouée, à contre-courant de la *doxa*, pour la « grande forme », représentée par une vingtaine de poèmes, dont *La Sorcière de Rome*, en dix « mouvements ». C'est que « les longs poèmes permettent plus aisément une remise en question ou une mise à la question plus globale ». « Formations mythiques » plutôt qu'« allégories narratives », ils empruntent souvent à la « dramaturgie chrétienne » — « Plainte du roi mage », 1941, rééd. 1943 ; « La noce noire » [1941-1945], 1968 ; « Chuchotements aux Oliviers » [1962-1963], 1968 ; « La Sainte Face révélée dans les baquets » [1965-1968] — ou à la matière des « antiques légendes » — « L'étape dans la clairière » [1964], 1966 ; « La mort d'Actéon » [1967], 1970. Ils se font parfois écho, comme « L'étape... » et la « Plainte du roi mage ». Les tragédies de notre temps inspirent les grands poèmes « civiques » — « Énorme figure de la déesse Raison » [1943-1944], 1962 ; « Agonie du général Krivitski » [1941-1942, 1956], 1968 — jusqu'à la mise en perspective, dans *La Sorcière de Rome*, d'une histoire millénaire, où se confondent l'« énorme figure de la déesse Raison » et celle, immémoriale, de la Grande Mère. « Ménerbes » ([1953], 1962) et « Le silence de Genova » ([1961], 1968) tentent de répondre globalement à la question : « Où est mon pays ? », posée en tête du cycle de poèmes rassemblés sous ce titre dans *La Sainte Face.* Cette terre est-elle habitable ? Et saurons-nous cesser d'y enterrer les morts ? Ce titre, dans sa forme qui doit rester interrogative, est celui du dernier grand poème d'André Frénaud, « en treize mouvements ». Le troisième est « composé en grande partie de groupes de vers tirés des poèmes de l'auteur », comme s'il s'agissait pour lui de lier, une dernière fois, sa gerbe, en conclusion de son avant-dernier recueil, *Haeres* (1982) : « Je passe et je repasse, assurant ma faction. Je balbutie — poète. »

ŒUVRES. — Sauf indication contraire, chez Gallimard. — *Les Rois mages*, Seghers, 1943, rééd. 1966, éd. définitive, Gallimard, 1977. — « Bazaine », dans *Bazaine, Estève, Lapicque*, Louis Carré, 1945. — *Il n'y a pas de paradis*, 1962. — *L'Étape dans la clairière*, 1966. — *La Sainte Face*, 1968. — *Depuis toujours déjà*, 1970. — *La Sorcière de Rome*, 1973. — *Notre inhabileté fatale : entretiens avec Bernard Pingaud*, 1979. — *Haeres*, 1982. — *Ubac et les fondements de son art*, Maeght, 1986. — *Nul ne s'égare*, 1986. — *Gloses à la Sorcière*, éd. Bernard Pingaud, 1995.

→ Georges-Emmanuel Clancier, *André Frénaud*, Seghers, coll. Poètes d'aujourd'hui, 1953, rééd. 1989. — *Sud* (Marseille), n°s 39-40, 1981 et n°s 50-51, 1984. — Roger Munier, « L'être et son poème », *Revue de métaphysique et de morale*, octobre 1979. — *Lire Frénaud*, Presses universitaires de Lyon, 1985. — Peter Broome, *André Frénaud*, Amsterdam, Rodopi, Lyon, 1986. — *La Nouvelle Revue française*, novembre 1988. — *Europe*, n°s 734-735, 1990. — *Pour André Frénaud*, Obsidiane, Le Temps qu'il fait, 1993. — Fonds André Frénaud à la Bibliothèque littéraire Jacques Doucet.

B.L.

Frère Maud (1923-1979). Née à Bruxelles, le 13 octobre 1923. Elle fait des études d'assistante sociale. Ses romans développent des situations de frontières, où se reflètent quelques-unes des difficultés qu'elle a rencontrées dans sa jeunesse : la maladie, l'absence du père, la recherche d'un frère-confident sont au centre d'un univers confiné entre le monde de l'enfance et celui de l'adolescence. Encouragée par Marie Gevers, elle publie d'abord deux romans autobiographiques sous forme de journal, *Vacances secrètes* (1956) et *L'Herbe à moi* (1957) : ces petits tableaux au quotidien laissent transparaître le rejet du milieu familial défavorisé, la jalousie et l'envie d'un monde différent, idéalisé. Le mépris de la misère est au centre de *La Grenouille* (1960), où elle dénonce la cruauté et l'incompréhension d'enfants délaissés par leur père pour l'amour d'une servante laide. À partir de *La Délice* (1961), elle s'engage plus avant dans l'analyse des mécanismes psychiques et relationnels (ici le problème du suicide du père, celui du viol refoulé puis affirmé). *Les Jumeaux millénaires* (1962, prix Rossel) raconte l'intrusion pendant la guerre d'une jeune fille pauvre dans une famille aisée, dégageant une incapacité à exprimer la différence entre l'amitié et l'amour, après une difficile initiation à la vie ; la découverte de la trahison s'exprime dans *Guido* (1965) ; le thème délicat des relations amoureuses entre frère et sœur est traité dans *Le Temps d'une carte postale* (1967) ; l'affirmation de la sexualité est le sujet de *L'Ange aveugle* (1970) et *Des nuits aventureuses* (1972). Maud Frère crée des ambiances intimes et nostalgiques qui préservent l'excessive fragilité de ses personnages, menacés par le monde des adultes. Elle est morte le 17 octobre 1979.

ŒUVRES. — Aux Éditions Gallimard. — *Les Jumeaux millénaires*, rééd., Bruxelles, Labor, coll. Espace Nord, 1988.

→ Marie Nicolaï, « Maud Frère, romancière belge », *Présence francophone*, n° 1, automne 1970. — Jacques-Gérard Linze, « Maud Frère, romancière des vibrations intimes », *Revue générale*, mars 1977.

O.Bi.

Freustié Jean (1914-1983), pseudonyme de Pierre Teurlay. Né à Libourne, après une enfance heureuse (*Aux balcons du ciel*, Grasset, 1963) et des études de médecine à Bordeaux, il connaît la « drôle de guerre » (*Les Collines de l'est*, nouvelles, Grasset, 1967), se réfugie en 1940-1942 à l'hôpital de Philippeville (*Ne délivrer que sur ordonnance*, La Table ronde, 1952), puis participe à la campagne d'Italie (*Harmonie ou les horreurs de la guerre*, Grasset, 1973) et au débarquement de Provence (*Les Filles*, La Table ronde, 1959). Démobilisé en

1945, il s'installe comme médecin à Paris (*Auteuil*, La Table ronde, 1954 ; *Un autre été*, La Table ronde, 1962 ; *Le Médecin imaginaire*, Grasset, 1978), collabore à plusieurs journaux (*Chronique d'humeur*, Mercure de France, 1969), écrit un *Prosper Mérimée* (Hachette, 1982), et construit une œuvre qui évoque à la fois les plaisirs des sens (*Marthe ou les amants tristes*, La Table ronde, 1958 ; *Isabelle ou l'arrière-saison*, La Table ronde, 1970, prix Renaudot), le passage du temps (*La Passerelle*, Grasset, 1963 ; *Le Droit d'aînesse*, Grasset, 1968 ; *Loin du paradis*, Grasset, 1975 ; *La Maison d'Albertine*, Grasset, 1977 ; *Proche est la mer*, Grasset, 1976 ; *La Dernière Donne*, Grasset, 1980), et la mémoire des siens (*L'Aventure familiale*, La Table ronde, 1975 ; *L'Héritage du vent*, Stock, 1979 ; *Les Proches*, Balland, 1982 ; *L'Entracte algérien*, Balland, 1982). Après sa mort, survenue à Paris en 1983, sa femme, Christiane Teurlay, a raconté les derniers mois de sa vie dans *Pierre* (Grasset, 1984).

J.P.

Frison-Roche Roger (1906). Né à Paris le 10 février 1906, dans une famille savoyarde, il a quitté cette ville à dix-sept ans pour s'établir à Chamonix, où il est devenu guide de haute montagne. En 1935, il effectue une première expédition dans le Hoggar et reste fasciné par cette région. Il y retourne à plusieurs reprises et s'installe comme journaliste à Alger en 1938. C'est là qu'il écrit *Premier de cordée*, où le personnage de Pierre Servettaz, son double romanesque, fait l'apprentissage de la responsabilité et du courage dans le métier de guide. *Premier de cordée*, paru en 1941 avec un grand succès, recevra plus tard une suite avec *La Grande crevasse* (1948) et *Retour à la montagne* (1957). Correspondant de guerre sur le front de Tunis en 1942, il s'en évade et rejoint le maquis savoyard pour finir la guerre comme lieutenant de chasseurs alpins. Cette expérience sera racontée dans *Les Montagnards de la nuit*. Après la guerre, il retourne en Afrique pour tourner un film en compagnie de Georges Tairraz, réaliser un album, *Le Grand Désert*, et produire sa trilogie africaine, *La Piste oubliée* (1950), *La Montagne aux écritures* (1952), *Le Rendez-vous d'Essendilène* (1954). Les années soixante vont être consacrées à des voyages dans le Grand Nord, d'abord en Laponie, dont il rapporte deux romans, *Le Rapt* (1971) et *La Dernière Migration* (1973), puis dans le Nord canadien, où il part en 1966 avec Pierre Tairraz partager pendant trois mois la vie des Indiens et des Eskimos. Il fera le récit de cette expédition dans *Peuples chasseurs de l'Arctique*. Trois ans plus tard, c'est une autre expédition dans l'Ouest canadien, dont il tire *Nahanni*, en hommage à une rivière affluent du Mackenzie. Ainsi se constitue le troisième pôle géographique d'une œuvre consacrée, entre les Alpes françaises, le Hoggar et le Grand Nord, à la communion avec la nature et avec les peuples. À travers ses romans comme à travers les reportages qu'il a réalisés, souvent avec la complicité du photographe Pierre Tairraz, s'exprime toujours la nostalgie de l'homme moderne pour la pureté des grands espaces et le contact privilégié avec les racines primitives de l'homme.

ŒUVRES. — Sauf indication contraire, publiées chez Arthaud et dans la coll. J'ai lu. *Premier de cordée*, 1941. — *La Grande Crevasse*, 1948. — *La Piste oubliée*, 1950. — *La Montagne aux écritures*, 1952. — *Retour à la montagne*, 1957. — *Les Montagnards de la nuit*, 1968. — *Le Rapt*, 1971. — *Nahanni*, 1972. — *La Dernière Migration*, 1973. — *Les Terres de l'infini*, 1973. — *Cinquante ans en montagne* (avec P. Tairraz), 1974. — *Cinquante ans de Sahara* (avec P. Tairraz), 1976. — *Carnets sahariens : l'appel du Hoggar et autres méharées*, 1978. — *Djebel Amour*, Flammarion, 1978. — *Le Versant du soleil*, 1981. — *L'Esclave de Dieu*, Flammarion, 1985. — *Peuples chasseurs de l'Arctique*, 1987.

G.Si.

Furor (1980). Revue littéraire genevoise, semestrielle, fondée en 1980 (elle porte en sous-titre *Esthétique et rhétorique*), elle a publié aussi bien des articles de théorie et de critique littéraires que des cahiers poétiques ou photographiques. À l'écoute de l'actualité, notamment parisienne (dans ses premiers numéros, on remarquait les signatures de Derrida, ou de Jean-Pierre Richard), quoique se réclamant de courants de pensée nés dans les années soixante et soixante-dix, elle entend défendre, dans des numéros exigeants, une esthétique fondée sur l'échange et l'interdisciplinarité.

P.A.

G

Gachon Lucien (1894-1984). Issu d'une famille de petits paysans installée à La Chapelle Agnon (Puy-de-Dôme), où il naît le 21 septembre 1894, il fait ses études à l'École normale de Clermont-Ferrand d'où il sort instituteur en 1914. Il enseigne d'abord en milieu rural, puis comme professeur à l'École normale de Clermont. Passionné de géographie, il obtient sa licence et soutient ses thèses en 1939. Il sera nommé maître de conférences à Besançon puis professeur à Clermont en 1952. Il est l'auteur de nombreux manuels scolaires ainsi que d'essais parmi lesquels *L'Auvergne et le Velay* (Gallimard, 1948, rééd. Maisonneuve et Larose, 1994), *La Vie rurale en France* (PUF, Que sais-je ?, 1967, rééd. 1976) et surtout *L'Écrivain paysan* (Valois, 1932, rééd. Cahiers bourbonnais, 1970). Son premier roman, *Maria*, est une peinture sans complaisance de la vie d'un jeune couple de paysans (Paris, 1925, rééd. Limoges, Souny, 1994). « Pas la moindre glose : des hommes qui parlent et qui se peignent en parlant », dira Henri Pourrat. Gachon, qui correspond régulièrement avec Émile Guillaumin, entre aussi en contact, vers 1930, avec Henry Poulaille et les membres du Groupe des écrivains prolétariens. Il fait partie du comité de rédaction de *Nouvel Âge*, puis de *Prolétariat* et *À contre-courant*. Ses autres romans, parmi lesquels *Monsieur de l'Enramas* (1929), *Jean-Marie homme de la terre* (1932, rééd. Slatkine, 1981), *La Rose des vents* (1935), *La Première Année* (1943, rééd. Volcans, 1973) et *Henri Gouttebel instituteur* (Clermont-Ferrand, G. de Bussac, 1971) forment un ensemble consacré au monde paysan. Lucien Gachon est mort le 6 mars 1984.

Ph.B.

Gadenne Paul (1907-1956). Né le 4 avril 1907 à Armentières, fortement marqué par son enfance dans le nord de la France et la Première Guerre mondiale, il entreprend des études de lettres qui le conduisent à l'agrégation et à l'enseignement. Mais en 1940, il contracte la tuberculose et ne peut plus enseigner que pour de brèves périodes entrecoupées de séjours au sanatorium. Pendant l'Occupation allemande, il se réfugie à Bayonne, où il se marie, puis se retire à Cambo-les-Bains, où il mourra en 1956. Toute l'œuvre de Paul Gadenne se fonde sur deux expériences : l'amour pour une femme et la maladie. D'où la profonde unité de thèmes (la maladie, l'amour fou, la quête de l'absolu) et de ton (tendresse pour l'humanité, nostalgie doucement entretenue), qui unit ses sept romans par-delà les recherches narratives auxquelles a pu se livrer l'auteur. Il est vrai que la plupart d'entre eux, le premier et le dernier surtout, sont d'une inspiration largement autobiographique et que tous mettent en scène une figure de jeune homme toujours identique sous divers états civils. En 1941, *Siloé* est aussitôt remarqué par Marcel Arland. Simon Delambre, le héros de ce roman, est un jeune intellectuel que la maladie contraint à un long séjour en sanatorium. Après une période de désarroi, Simon prend conscience qu'au-delà de la culture, il y a les vérités profondes du monde ; puisque rien ne se passe, puisque l'on ne peut quitter le lieu clos et isolé du sanatorium, le temps et l'espace sont abolis et il ne reste plus rien que le sentiment d'exister. De cette découverte naissent une libération et la possibilité du bonheur. L'amour qu'il conçoit alors pour Ariane permet à Simon d'atteindre une véritable extase. Purifié par la maladie, il redescend parmi les hommes. Les romans suivants reprennent et développent les thèmes de *Siloé*.

Mais *Le Vent noir* (1947) présente une technique plus élaborée (avec un continuel changement de perspective narrative) au service d'une intrigue plus forte : l'amour fou de Luc pour Marcelle le conduit à un étrange crime passionnel. *La Rue profonde* (1948) offre un récit moins dramatique et plus contemplatif, consacré aussi à une quête de l'absolu : absolu de l'art (un jeune homme essaie d'écrire un poème parfait) et de l'amour (une femme entrevue semble incarner toutes ses aspirations). *L'Avenue* (1949) reprend et précise ces thèmes : Antoine Bourgoin essaie de réaliser son chef-d'œuvre, la statue d'une Ève parfaite, hors du temps et de l'espace. La ville de province où il s'installe est habitée par une étrange rumeur au sujet d'une construction, elle aussi parfaite, qui ornerait une de ses avenues. Antoine croit l'apercevoir, sculpte son Ève, se détache de tout, et est libéré. Le titre du tableau de Ruysdaël qui donne son nom au cinquième roman de Gadenne, *La Plage de Scheveningen* (1952), met encore en relation l'art et l'amour : en souvenir d'un tableau aimé, deux êtres que la passion liait autrefois font un pèlerinage vers la mer du Nord. Mais l'amour ne renaît pas et chacun retourne à sa solitude. Après un récit de la même veine, *L'Invitation chez les Stirl* (1955), Gadenne entreprend un roman autobiographique, *Les Hauts-Quartiers*, qu'il achève avant de mourir et qui ne sera publié qu'en 1973. On y assiste à la lente déchéance physique et sociale d'un jeune professeur malade, mystique et lucide, jetant un regard plein de pitié sur la médiocrité des êtres qui l'entourent. Longtemps oublié, réhabilité depuis les années soixante-dix, Paul Gadenne apparaît comme l'un des romanciers importants de l'après-guerre. Il est également l'auteur d'un important recueil de nouvelles, *Scènes dans le château* (1986, posth.), et de critiques et chroniques publiées dans les *Cahiers du sud* ou dans le *Figaro*.

ŒUVRES. — *Siloé*, Gallimard, 1941. — *Le Vent noir*, Julliard, 1947. — *La Rue profonde*, Gallimard, 1948. — *L'Avenue*, Julliard, 1949. — *La Plage de Scheveningen*, Gallimard, 1952. — *L'Invitation chez les Stirl*, Gallimard, 1955. — *Les Hauts-Quartiers*, Le Seuil, 1973. — *Poèmes*, Actes Sud, 1983. — *A propos du roman*, Actes Sud, 1983. — *Scènes dans le château*, Actes Sud, 1986. — Quelques rééditions en collections de poche.

→ James B. Davis, *La Quête de Paul Gadenne, une morale pour notre temps*, York S.C., French Literature Publication Company, 1979.

G.P.

Gagnon Madeleine (1938). Elle a enseigné à l'université du Québec à Montréal, de 1969 à 1982, avant de retourner vivre à Amqui, son village natal de Gaspésie. Son premier livre est un recueil de nouvelles, *Les Morts-vivants* (1964). De 1974 à 1976, elle collabore à la revue *Chroniques* et publie des manifestes : *Poélitiques* et *Pour les femmes et tous les autres*, ensuite réunis sous le titre *Autographie 1* (1982). Engagée dans la lutte contre la bourgeoisie et le capitalisme, elle milite pour la reconnaissance de la femme comme sujet dans l'Histoire et contre un certain discours logocentrique qui a imposé aux femmes durant des siècles d'être « représentées » et non « produites ». En 1976, elle publie, avec Hélène Cixous et Annie Leclerc, *La Venue à l'écriture*, puis, avec Denise Boucher, *Retailles* (1977). Dans *Lueur* (1979), sous-titré « roman archéologique », elle retrace un voyage initiatique qui passe par l'obscurité, voire la mort, pour conduire à l'écoute de ce « corps d'elle », voilé et tué sous l'abondance des discours étrangers, de façon à rapatrier « sa plus lointaine étrangeté ». Ce « roman de nuit, de rêve » bouscule la syntaxe et propose une nouvelle écriture de l'Histoire, une nouvelle histoire du commencement et une interrogation sur l'écriture comme fiction. À partir de cette date, les textes de Madeleine Gagnon deviennent autoréflexifs et centrés sur l'expérience poétique comme telle (*Pensées du poème*, 1983) : « J'écris pour raconter les temps et les espaces entre les riens, les lieux entre les trous, instants vides, néants d'où l'on aurait pu ne jamais revenir et n'en jamais parler. » Ce langage de « l'impouvoir », qui rejoint l'intime et le pulsionnel, donne lieu à une poésie mêlée de récit (*La Lettre infinie*, 1984 ; *Les Fleurs du Catalpa*, 1986 ; *L'Infante immémoriale*, 1986 ; *Chant pour un Québec lointain*, 1990) et d'autobiographie fictive (*Les Cathédrales sauvages*, 1994) pour interroger le vertige du sens et dire que *Toute écriture est amour* (1989). À travers la vie d'un peintre dans le Québec contemporain, *Le Vent majeur* (1993) propose une reflexion sur la création.

L.G.

Galey Matthieu (1934-1986). Né à Paris le 9 août 1934. Après des études à la Sorbonne et à l'Institut d'études politiques de Paris, il devient critique littéraire de la revue *Arts* (de 1959 à 1967), puis à *L'Express* (à partir de 1967). Mais il fut surtout un critique dramatique influent et redouté, collaborant tour à tour aux *Nouvelles littéraires* (1967), à *Combat* (1968-1974), puis au *Quotidien de Paris* et à *L'Express*. Outre des traductions et des adaptations à la scène qui connurent un vif succès (*Zoo Story*, 1965 ; *Equus*, 1976 ; *Wings*, 1979), il réalisa avec Marguerite Yourcenar, qui reçut rarement d'autres journalistes, un livre d'entretiens (*Les Yeux ouverts*, Tallandier, 1980). Il laisse aussi un remarquable journal (posth., Grasset, 1987) offrant un témoignage critique sur le monde du théâtre et de la vie littéraire parisienne entre 1953 et 1986, qui rappelle parfois la vivacité, la causticité et la misanthropie d'un Léautaud, dressant des portraits comiques et pitoyables. Mais son journal est également riche d'une méditation sur la mort, qui s'affirme au fur et à mesure que l'auteur sent la maladie progresser en lui.

C.C.

Galilée *(Éditions)*. Maison fondée à Paris en 1971 par Michel Delorme. Promouvoir la pensée contemporaine dans le domaine des sciences humaines (sociologie, philosophie, psychanalyse), de l'art contemporain et de la littérature, telle est la vocation de Galilée. Michel Delorme demeure aux commandes de sa maison d'édition et dirige lui-même deux des collections qui en ont fait le renom, « Débats » et « Écritures-Figures », à côté de « La Philosophie en effet », dirigée par Jacques Derrida, Jean-Luc Nancy, Philippe Lacoue-Labarthe et Sarah Kofman, aujourd'hui disparue, et de « L'Espace critique » dirigé par Paul Virilio. La plupart des directeurs de collection sont également auteurs de cette maison, qui accueille les textes d'écrivains situés à la frontière entre les sciences humaines et la littérature, tel Jean Baudrillard, qui y a publié entre autres *De la séduction* et les trois tomes de ses *Cool Memories*.

C.Z. — IMEC

Galland Bertil (1931). Né à Leysin le 15 octobre 1931, de père suisse et de mère suédoise, journaliste et grand reporter, il s'est fait connaître par des récits de voyage où se mêlent avec bonheur les vues panoramiques et les récits personnels. Il a également traduit des auteurs scandinaves. De 1960 à 1983, sa passion d'éditeur a donné un bel élan aux lettres de Suisse romande.

F.Fo.

Galland *(Éditions Bertil)*. Maison d'édition suisse qui s'est employée à publier les écrivains romands. De 1960 jusqu'à la cessation de ses activités éditoriales en 1983, Bertil Galland a contribué à créer un champ littéraire autonome en Suisse romande. D'autre part, en collaborant avec des coéditeurs parisiens tels que Grasset ou Gallimard, il a permis à quelques auteurs romands d'atteindre le public français (Jacques Chessex, Corinna Bille). Initiateur de l'*Encyclopédie illustrée du Pays de Vaud* (1973-1987, 12 t.), il a fondé la revue *Écriture* en 1964 avec Jacques Chessex.

F.Fo.

Gallimard. Maison d'édition fondée en mai 1911 à Paris par Gaston Gallimard, André Gide et Jean Schlumberger sous le nom d'Éditions de la Nouvelle Revue française. La maison devient Librairie Gallimard en juillet 1919. De toutes les sociétés éditoriales fondées en ce siècle, elle est la plus prestigieuse par la richesse et la diversité de son catalogue. On ne peut comprendre les raisons de cet impressionnant succès si l'on oublie qu'elle fut fondée à l'initiative d'un groupe d'écrivains, relayés par la grande maîtrise professionnelle d'une famille qui aura toujours su attirer à elle les grands esprits du temps et d'excellents techniciens du livre.

Pourtant, la création du « comptoir d'éditions » au début de 1911 frappe surtout par sa modestie. Se conformant à une habitude, très répandue autour de 1900, selon laquelle les revues se dotaient d'un appendice d'éditions, les deux piliers de *La Nouvelle Revue française*, André Gide et Jean Schlumberger, s'allient avec un jeune bibliophile enthousiaste, Gaston Gallimard, pour publier sous la couverture blanche ornée d'un liseré rouge appelée à devenir célèbre, des livres d'auteurs proches de la revue, Claudel, Larbaud, Saint-John Perse ou Charles-Louis Philippe. À lire les correspondances de l'époque, on comprend qu'il s'agit avant tout de régénérer le commerce de la librairie par une entreprise désintéressée et une éthique littéraire rigoureuse qui se traduit par un refus affiché, exceptionnel à l'époque, du « compte d'auteur ». Cette exigence éthique explique en partie la préférence accordée à *Jean Barois* de Roger Martin du Gard, premier succès d'estime d'avant 1914, et le refus de *Du côté de chez Swann*, erreur célèbre qui sera réparée plus tard.

L'activité, ralentie par le premier conflit mondial, reprendra à un tout autre rythme et avec des objectifs renouvelés après 1919. Gaston Gallimard, inspiré par les observations qu'il avait pu faire auprès de ses confrères américains en 1918 — il avait alors suivi la troupe de Jacques Copeau à New York —, s'impose comme le seul maître à bord. Il convainc l'un de ses frères, Raymond, de le seconder dans la gestion et plusieurs amis et parents de le soutenir financièrement. La stabilité financière de la maison explique sa pérennité. Avec de tels atouts, Gaston Gallimard peut dès lors se consacrer à la recherche d'auteurs nouveaux et publie Aragon, Breton, Eluard, mais aussi Jouhandeau. Il lance des collections très diverses, la « Collection catholique », la populaire « Série noire », l'essentielle « Collection blanche » ou l'exotique « Du monde entier », qui imposeront sa marque de fabrique.

Le succès de Gallimard, en particulier dans le domaine des prix littéraires, devait susciter quelques polémiques, comme celles conduites par Henri Béraud dans *La Croisade des longues figures*, ou par Édouard Bourdet, dans sa pièce *Vient de paraître*, où Gaston Gallimard est brocardé sous les traits d'un certain Chamillard. Mais ces critiques, pas plus que celles du début de l'Occupation ou d'après la Libération, n'interféreront dans le développement de la maison qui, grâce à un fructueux accord de diffusion avec Hachette, connaîtra entre 1930 et 1960 une remarquable expansion. Aux noms d'auteurs déjà cités s'ajoutent bientôt ceux de Marcel Aymé, Michaux, Saint-Exupéry, Malraux, Giono, Sartre, Camus, Blanchot, Montherlant, Prévert, Céline, Genet, Yourcenar et beaucoup d'autres dans le domaine étranger. Un certain nombre d'« auteurs Gallimard » reçoivent le prix Nobel : Camus, Gide, Martin du Gard, Saint-John Perse, Sartre. L'arrivée de la « Bibliothèque de la Pléiade », fondée par Jacques Schiffrin, allait constituer un précieux aiguillon pour lier les grands écrivains contemporains, soucieux d'immortaliser leur œuvre sous cette sobre et classique reliure que Sartre a pu qualifier de « pierre tombale ». Ayant, au fil des ans, enrichi son catalogue d'auteurs venus d'ailleurs, comme Péguy, Gallimard a pu en outre racheter des concurrents en difficulté comme le Mercure de France et les Éditions Denoël.

Même si l'on a pu louer l'infaillible « flair » de Gaston Gallimard, le rayonnement de ses collections vient aussi des collaborateurs qu'il a su s'attacher. Marcel Arland, Dominique Aury, Roger Caillois, Benjamin Crémieux, Bernard Groethuysen, Raymond Queneau, Brice Parain et Jean Paulhan, ont tous contribué à plus d'un titre (en particulier en figurant au célèbre « comité de lecture » de la maison) à diversifier une production qui rassemble les plus grands noms de la littérature contemporaine. Sur un tout autre plan, la présentation graphique des livres a été talentueusement renouvelée par Massin.

À la fin des années 1960, parvenu à faire de cet artisanal « comptoir » l'une des plus solides institutions de la culture nationale, Gaston Gallimard a transmis les responsabilités de la maison à son fils Claude, qui travaillait depuis longtemps à ses côtés et qui a consolidé l'entreprise, accueillant une nouvelle génération d'écrivains tels que Le Clézio, Kundera, Tournier, Modiano. C'est sous son administration que naîtra, après la rupture avec Hachette, la collection « Folio » et qu'un département « Jeunesse » sera créé. En 1977 naît la collection « L'Imaginaire », destinée à rééditer (en reprint) des livres « méconnus, oubliés ou épuisés » appartenant au fonds Gallimard. En choisissant en 1988 son plus jeune fils, Antoine, pour lui succéder, il a réussi à sauvegarder l'indépendance de la maison.

→ Pierre Assouline, *Gaston Gallimard : un demi-siècle d'édition française*, Balland, 1984 rééd. Le Seuil, coll. Point, 1985. — Michel Deguy, *Le Comité : confessions d'un lecteur de grande maison*, Champ Vallon, 1988. — René de Ceccaty, *L'Étoile rubis*, Julliard, 1990. — Françoise Verny, *Le Plus Beau Métier du monde*, Olivier Orban, 1990. — *Correspondances* de Gaston Gallimard avec Proust (1989), Céline (1991), Jacques Rivière (1994) et Claudel (1995), publiées chez Gallimard. — *Bibliographie des éditions de la Nouvelle Revue française (mai 1911-juillet 1919)*, Henri Vignes, 1997.

P.Me. — IMEC

Gamaleya Boris (1930). Né à Saint-Denis de la Réunion, d'un père d'origine russe et d'une mère créole, il s'est engagé très tôt au parti communiste réunionnais, ce qui lui valut en 1960 d'être assigné à résidence en France. Depuis son retour à la Réunion, en 1972, il se passionne pour la collecte des contes créoles, dont il a procuré un premier recueil, *Les Contes populaires créoles* (Saint-Denis). Ses recueils successifs, publiés à Saint-Denis, *La Mer et la mémoire* (1978), *Les Langues de Magma* (1978), *Le Fanjan des pensées* (1987), *Zanaar parmi les coqs* (1987), forment une contribution au mouvement de la créolité engagée. Fasciné par Madagascar, qui inspire le poème-oratorio *Vali pour une reine morte* (Saint-Denis, 1972), il tente de dire la violence de l'Histoire dans une langue où se télescopent bribes et fragments détachés des parlures française, africaine, indienne, créole, traces toujours vivantes de l'étonnante archéologie culturelle de la Réunion.

ŒUVRES. — En outre : *Le Volcan à l'envers ou Madame Desbassyns*, Saint-Leu, 1983. — *Le Diable ou le Bondieu*, Saint-Leu, 1983.

J.C.

Ganem Chékri (1861-1929). Les historiens s'accordent à reconnaître en lui le père de la littérature d'expression française au Proche-Orient. Né à Beyrouth, où il fait ses études comme boursier du gouvernement français dans un collège lazariste, il s'installe à Paris en 1895, après divers séjours en Tunisie et en Italie. Il s'était déjà fait connaître des milieux littéraires par un recueil de poèmes d'inspiration parnassienne, *Ronces et fleurs* (1890), premier ouvrage de littérature libanaise publié en français. Devenu en 1908 directeur de la revue *Correspondance d'Orient,* où il manifestera un grand talent d'éditorialiste politique, il publie la même année un roman, *Daad,* puis se tourne vers le théâtre et compose des drames romantiques, nourris de légendes nationales. Le succès retentissant, en 1910, des représentations au Théâtre national de l'Odéon de *Antar,* dont le héros fut considéré comme le Cyrano de Bergerac des Arabes et où s'annonçait symboliquement la révolte arabe contre quatre siècles de domination ottomane, lui assura une renommée que ses œuvres ultérieures, notamment un ambitieux drame lyrique, *La Giaour (L'Infidèle)* (1928), évoquant les massacres des Arméniens par les Turcs, ne surent perpétuer.

ŒUVRES. — *Œuvres complètes,* Beyrouth, An-Nahar, 1994, 2 t.

A.D.

Ganzo Robert (1898-1995). Né à Caracas (Venezuela) le 22 août 1898, il passe son adolescence à Bruxelles, où il apprend le français. Il se fixe à Paris en 1920, devient bouquiniste sur les quais, puis libraire rue Guénégaud (« Au Vice impuni ») et plus tard rue de Vaugirard. Résistant, arrêté par la Gestapo le 8 juin 1942, prisonnier, puis évadé, cerné par les Allemands dans un petit bois de La Ferté-Allais, il est délivré par l'armée américaine le 22 août 1944. Après deux premières publications restées confidentielles *(Moi, danseur*, 1924 ; *Le Génie prisonnier*, Au Vice impuni, 1928), il se fait connaître avant la guerre par un poème illustré par Fernand Léger, *Orénoque* (Bernouard, 1937). D'autres recueils suivront : *Lespugue* (1940), illustré par Fautrier et Zadkine, qui tient son titre du nom d'une statuette préhistorique ; *Rivière* (Lyon, Barbezat, 1941), *Domaine* (1942) ; *Poèmes* (Gallimard, 1942), puis, après la guerre : *Langage* et *Tracts* (1947), *Colère* (1951) et enfin *Résurgences* (1954), poème de la mort et son dernier livre de poésie. Après s'être aussi laissé tenter par le théâtre *(Plutôt qu'une autre*, monté au théâtre de l'Atelier en juillet 1949 ; reprise en 1953 au théâtre de l'Œuvre), il abandonne la littérature après 1954 pour se tourner vers la peinture et se consacrer à son autre passion, la préhistoire (*Histoire avant Sumer*, 1963 ; *Livres de pierre, ou la Préhistoire reconsidérée*, Marabout, 1974). Lauréat du grand prix des Poètes français en 1990, il est mort le 6 avril 1995.

→ ŒUVRES. — *L'Œuvre poétique*, Grasset, 1956 ; rééd. Gallimard, 1997. — Fonds Robert Ganzo à la Bibliothèque nationale.

A.G.

Gardel Louis (1939). Né en Algérie dans une famille installée de longue date dans le pays ; après des études de lettres à Louis-le-Grand, puis à l'Institut des sciences politiques, il devient assistant du professeur Luchaire à l'Institut des hautes études d'outre-mer. L'histoire de son pays natal, sa conquête par les Français et plus tard la guerre d'indépendance qui a contraint les siens à l'exil sont au cœur de sa production romanesque dès le premier livre : *L'Été fracassé* (1973). L'écrivain ne cède cependant pas au pittoresque ou à la nostalgie, s'efforçant plutôt d'exprimer sa propre singularité d'Européen du Maghreb. *Fort Saganne* (1980, grand prix du Roman de l'Académie française) retrace à partir de souvenirs familiaux l'épopée d'un officier saharien entre 1911 et 1914. Louis Gardel renoue ainsi avec la fascination du désert qu'il retrouvera dans *Dar Baroud* (1993), récit de la recherche du père, aventurier parti en Afrique. Dans *L'Aurore des bien-aimés* (1997), dont le cadre est l'empire ottoman au temps de Soliman le Magnifique, Gardel se relie à la tradition du grand roman historique.

D.H.

Garelli Jacques (1931). Poète et philosophe, il n'a jamais séparé la création poétique de la réflexion. Ainsi, le moment poétique ou esthétique n'est pas l'un des à-côtés de notre expérience globale, mais le cœur de notre présence au monde. En 1966, paraissent un livre de poèmes *Brèche*, et un essai, *La Gravitation poétique*, avers et revers de la même inspiration. L'écriture poétique doit être considérée comme le mouvement constitutif même de la vision de « l'être-au-monde » et les analyses de Garelli sont fortement marquées par l'analyse du *Dasein* élaborée par Heidegger. De ce point de vue il relit Kant et Hegel, et place ses propres poèmes comme ceux qu'il commente dans une perspective où l'imagination poétique rejoint l'imagination transcendantale, pour inviter le lecteur à participer à une expérience d'être. Le poète-philosophe déploie alors avec brio une approche fine et ouverte du temps et du monde à l'œuvre dans le champ poétique : « le monde recèle », c'est-à-dire retient, thésaurise, fige en strates sédimentaires ; « le temps disperse », c'est-à-dire émiette, volatilise et rend productives les réserves amassées par le monde en son activité propre. C'est l'entrecroisement de ces deux dimensions qui dynamise le poème tout comme l'essentiel des actions proprement humaines (*Le Recel et la dispersion*, 1978 ; *Le Temps des signes,* 1983). Dans le prolongement de cette analyse du mouvement fondamental, ressaisi à même le poème, Garelli devient progressivement plus sensible au monde du corps et à ses diverses implications, à la manière cette fois de Merleau-Ponty : il pense la « question du lieu » à partir d'expériences comme celle d'Artaud et questionne poétiquement ce qu'il en est du « séjour » de l'homme au monde (*Artaud et la question du lieu*, 1982 ; *L'Ubiquité d'être* suivi de *Difficile Séjour*, 1986). Plus récemment, sa pensée et sa poésie semblent élargir encore le champ et tenter d'embrasser la dimension cosmique et stellaire où se déploient les ambitions de l'humanité (*Archives du silence* suivi de *Récurrences du songe*, 1989). L'identité humaine et la situation de l'individu, personne ou chose, s'en trouvent délibérément projetées sur fond de monde(s), et une pensée de la pluralité en acte, déconsidérant toute conception trop nettement dialectisée du même et de l'autre, impose désormais le pluriel aux rythmes et aux mondes qui sont nôtres et plus que tels (*Rythmes et mondes*, 1991).

ŒUVRES. — **Poésie** : *Brèche*, Mercure de France, 1966. — *Les Dépossessions*, Mercure de France, 1968. — *Lieux précaires,* Mercure de France, 1972. — *L'Ubiquité d'être* suivi de *Difficile séjour,* Corti, 1986. — *Archives du silence* suivi de *Récurrences du songe*, Corti, 1989. — **Essais** : *La Gravitation poétique,* Mercure de France, 1966. — *Le Recel et la dispersion,* Gallimard, 1978. — *Artaud et la question du lieu,* Corti, 1982. — *Le Temps des signes,* Klincksieck, 1983. — *Rythmes et mondes,* Grenoble, Jérôme Millon, 1991.

S.M.

Garnier Pierre (1928). Né le 9 janvier

1928 à Amiens où il a longtemps enseigné l'allemand, traducteur de Nietzsche, de Gottfried Benn et de Novalis, d'abord proche de l'École de Rochefort, il a dirigé, avec sa femme Ilse, la revue *Les Lettres, Poésie nouvelle* (aux Éditions André Silvaire). Il a fait de cette revue l'organe de l'école de poésie concrète sonore et visuelle qu'il a fondée en 1963, le spatialisme. La poétique spatialiste, fondée sur la notion d'espace-énergie, « ne signifie pas seulement, explique Pierre Garnier, mettre en valeur les possibilités visuelles et acoustiques de la langue, mais lui communiquer une vibration mettant en mouvement et en action les particules » (*Spatialisme et poésie concrète*, Gallimard, 1968). À côté de son œuvre spatialiste, composée de poèmes mécanistes, sonores, géométriques (*Vues de Marseille, poésies spatialistes*, Marseille, CIPM-Spectres familiers, 1993), Pierre Garnier est resté attaché à des formes lyriques plus traditionnelles, proches du haïku comme dans *Ornithopoésie* (André Silvaire, 1986), où il écrit : « Je souhaite qu'il y ait des poètes qui répondent aux savants, et rendent l'oiseau et pourquoi pas le monde à son espace la poésie. »

E.G. — CIPM

Garnir Georges (1868-1939). Né à Mons (Belgique), le 12 avril 1868. Après ses études de droit à l'université de Bruxelles, il fréquente dans la capitale belge les milieux du théâtre populaire, écrivant les textes de nombreuses chansons, revues et opérettes *(Souvenirs d'un revuiste*, 1926). Il se lance dans le journalisme, collaborant à plusieurs journaux ; il est, avec Louis Dumont-Wilden, le fondateur de l'hebdomadaire *Pourquoi pas ?* (1910). Si sa carrière littéraire débute par la publication de poèmes dans *La Wallonie* et dans *Le Parnasse de La Jeune Belgique*, c'est dans le roman régionaliste qu'il se distingue. Suivant le courant dit du « roman rustique », il décrit la vie et les mœurs du pays wallon dans une dizaine de volumes *(Les Charneux*, 1891 ; *Contes à Marjolaine*, 1893 ; *La Ferme aux grives*, 1901 ; *Les Dix-Javelles*, 1910 ; *la Chanson de la rivière*, 1920). Son activité à Bruxelles détermina également le cadre de quelques-uns de ses romans, qui mettent plaisamment en scène les milieux populaires de la capitale, dans une langue simple *(À la Boule plate, brasserie-estaminet*, 1907 ; *Le Conservateur de la Tour noire*, 1908). Après la guerre, il poursuivit son œuvre d'humoriste avec la publication du cycle des Gardedieu (1927-1932, 3 tomes). Georges Garnir a été élu à l'Académie royale de langue et de littérature françaises de Belgique en 1926 ; il est mort à Bruxelles, le 26 décembre 1939.

ŒUVRES. — *Baedeker de physiologie bruxelloise à l'usage des étrangers*, rééd., Bruxelles, Labor, coll. Bruxelles-Capitale, 1994.

→ Auguste Vierset, *Trois écrivains belges : Louis Delattre, Georges Garnir, James Vandrunen*, Bruxelles, Labor, 1948. — Paul Delsemme, *Georges Garnir*, Bruxelles, La Renaissance du livre, 1956.

O.Bi.

Gary Romain (1914-1980), pseudonyme de Romain Kacew. Né le 8 mai 1914 dans une famille d'acteurs à Vilnius, en Lituanie. Sa vie entière peut être considérée comme le prélude, puis le doublage des romans qu'il va écrire : après l'installation de sa famille en France, il poursuit ses études à Nice, puis à Paris. En 1938, il s'engage dans l'aviation ; il participera, aux côtés des combattants de la France libre, aux batailles d'Angleterre, d'Afrique et de Normandie. Après la guerre, il commence une carrière diplomatique, qui le conduira notamment à Sofia, en Bolivie, à Los Angeles. Il l'interrompt en 1961, tourne deux films et se consacre à l'écriture. Cette existence peu commune s'achève en 1980, par le suicide de ce « clown lyrique », dont l'angoisse face à la mort et au déclin, la révolte quelque peu désabusée face aux scandales du racisme et de la guerre apparaissaient dans ses derniers livres (*Au-delà de cette limite, votre ticket n'est plus valable*, 1975).

Par la création romanesque, Romain Gary pouvait assouvir son goût de la dissimulation et du jeu, sa passion pour la métamorphose de soi : la fiction lui permet en effet de « changer un peu d'identité, de se séparer un peu de soi-même, l'espace d'un livre ». Mais chez lui, l'adoption de pseudonymes aboutit, bien au-delà du simple jeu (*Les Têtes de Sté-*

phanie avait paru sous le nom de Shatan Bogat et *L'Homme à la colombe* sous celui de Fosco Sinibaldi), à la plus grande supercherie éditoriale française du siècle : c'est l'institution littéraire en tant que telle, avec ses conventions, ses médias, ses prix, qui fut manipulée par le dédoublement de Romain Gary en Émile Ajar, auteur inconnu, suscitant d'autant plus la curiosité que ses textes jouirent d'un grand succès auprès du public. Il fallut attendre la mort de Romain Gary pour que l'identité secrète d'Ajar soit révélée et mette fin à six ans d'hypothèses et d'intrigues qui constituèrent une sorte de roman policier à rebondissements. Publié un an après sa mort, son dernier livre, *Vie et mort d'Émile Ajar* (1981), s'achève sur une ultime provocation, par ces termes : « Je me suis bien amusé ; au revoir et merci ». L'identité d'Émile Ajar et de Romain Gary est d'autant plus troublante que leur style est dissemblable, même si, après la révélation posthume du pseudonyme, on a pu envisager des rapprochements qui n'étaient pourtant pas apparus auparavant. Romain Gary fut ainsi le seul auteur à remporter deux prix Goncourt, l'un pour *Les Racines du ciel*, signé Gary (1956), et l'autre pour *La Vie devant soi* (1975), signé Emile Ajar.

La fécondité de l'œuvre se mesure à sa capacité de renouvellement autant qu'à la production de vastes sagas (*La Comédie américaine*, *Frère Océan)*. Mais c'est surtout dans *Éducation européenne* (1945), qui, avec le personnage de Janek, a pour thème la guerre en Pologne, et dans *Les Racines du ciel* (1956), où Morel combat pour la défense des éléphants en Afrique équatoriale, que s'exprime la générosité du talent de Romain Gary. Celle-ci sera confirmée par *La Promesse de l'aube* (1960), portrait d'une mère abusive inspiré par sa propre mère. Le récit de l'enfance du petit émigré qu'il a été et l'évocation de sa mère, de ses passions, de ses idéaux font la chaleur de ce texte. Dans *Chien blanc* (1970), Romain Gary s'élève contre le racisme. Un humanisme à l'écoute des grands problèmes contemporains se développe donc dans tous ses romans ; l'ironie du narrateur évite tout moralisme et donne aux œuvres une tonalité humoristique certaine qui peut aller jusqu'au burlesque (*Lady L.*, 1963). La même attention aux problèmes sociaux, le choix de personnages simples caractérisent également les livres publiés par Emile Ajar. Si le public a réservé un accueil plus que favorable à ses textes, la critique s'est souvent montrée sévère ; dans *Pour Sganarelle* (1965), Gary répond aux attaques dirigées contre lui, revendique son autonomie en récusant toute obédience aux écoles, courants ou idéologies littéraires. Dans ce texte souvent virulent, Gary s'inscrit en faux contre ceux qui annoncent la mort du roman, s'enferment dans le narcissisme ou le formalisme et se coupent du monde réel comme de l'imagination et de la fantaisie. Il revendique avec force un « appétit sain du picaresque », issu des couches sociales « inférieures », « basses », sorti de la « canaille » et de la « racaille », « où palpite cette vitalité irrésistible de ceux à qui la vie n'a pas encore tout pris en leur donnant tout ».

Renouvelant son style et sa technique romanesque, Gary, sous le masque d'Ajar, répond également aux critiques. Le style de *Gros Câlin* et de *La Vie devant soi* (1975) est moins classique, plus marqué par l'oralité. Dans ce dernier roman, le narrateur est le petit Arabe, Momo, orphelin élevé par Madame Rosa (incarnée par Simone Signoret dans le film tiré de l'œuvre) : son point de vue et son langage d'enfant des quartiers juifs et arabes de Belleville dominent l'ensemble du récit. Fortement ancré dans la réalité populaire, urbaine et contemporaine, ce roman, dont le tirage dépassa les 800 000 exemplaires, développe également une philosophie de la tolérance et une leçon d'humanité pleine d'humour. L'imagination et la verve souvent délirante d'Ajar caractérisent également *Pseudo* (1976), autobiographie fictive, puisant dans l'imposture encore mystérieuse de son auteur. Romain Gary est mort à Paris le 2 décembre 1980.

ŒUVRES. — De Romain Gary : publiées chez Gallimard, en général dans la collection Folio. — *Éducation européenne*, 1945, rééd. coll. Biblos, 1990. — *Le Grand Vestiaire*, 1948. — *Les Racines du ciel*, 1956, rééd. coll. Biblos, 1990. — *L'Homme à la colombe*, 1958. — *La Promesse de l'aube*, 1960, rééd. coll. Biblos, 1990. — *Johnnie Cœur*, 1961. — *Gloire à nos illustres pionniers*, 1962. — *Lady L.*, 1963, rééd. coll. Biblos, 1990.

— *Frère Océan, Pour Sganarelle*, 1965. — *La Danse de Gengis Cohn*, 1967. — *La Tête coupable*, 1968. — *La Comédie américaine, Les Mangeurs d'étoiles*, 1966. — *Adieu Gary Cooper*, 1969. — *Les Trésors de la mer Rouge*, 1971. — *Les Enchanteurs*, 1973. — *Les Têtes de Stéphanie*, 1974. — *La nuit sera calme*, 1974. — *Au-delà de cette limite, votre ticket n'est plus valable*, 1975. — *Clair de femmes*, 1977. — *Charge d'âmes*, 1977. — *Clowns lyriques*, 1979. — *Les Cerfs-volants*, 1980. — *Vie et mort d'Émile Ajar*, 1981.

Sous le pseudonyme d'Émile Ajar (au Mercure de France) : *Gros Câlin*, 1974. — *La Vie devant soi*, 1975. — *Pseudo*, 1976. — *L'Angoisse du roi Salomon*, 1979.

→ Fonds Romain Gary à l'IMEC.

N.P.

Garzarolli Richard (1945). Né à Vevey, il partage sa vie entre Lausanne et Paris. Critique littéraire pendant de nombreuses années à la *Tribune de Lausanne*, quotidien rebaptisé *Le Matin*, il a pris une part active au lancement de la revue romande *Repères* (1981-1985). Auteur de cinq romans, il fait souffler l'esprit de mai 1968 sur l'histoire vaudoise en saluant avec un lyrisme violent *Les Brigands du Jorat* (1968), bandits de grand chemin pourchassés par les seigneurs bernois à la fin du XVIIe et au début du XVIIIe siècle dans le pays de Vaud. *Mémoires d'un carnassier* (1980) et *Belmont-sur-Mer* (1986), romans à clés sur la vie culturelle et politique locale, lui ont valu un succès de scandale auprès du public suisse.

A.-L.D.

Gascar Pierre (1916), pseudonyme de Pierre Fournier. Né le 13 mars 1916 à Paris, d'abord journaliste, il donne en 1949 son premier roman important, *Les Meubles*, où il analyse l'impossibilité maladive de se détacher du passé. Le cauchemar de la guerre hante *Le Temps des morts* (1953, prix Goncourt) : l'auteur y transpose sa terrible expérience d'un « camp de représailles » en Ukraine, où il fut transféré pour une double tentative d'évasion. Son premier recueil de nouvelles, *Les Bêtes* (1953, prix des Critiques), met en scène la violence du rapport entre l'homme et l'animal. *La Graine* (1955) et *L'Herbe des rues* (1957), toujours d'inspiration autobiographique, évoquent cette fois son adolescence. La veine humaniste et le thème obsédant de l'écrasement de l'individu par l'Histoire réapparaissent dans *Le Fugitif* (1961), récit picaresque d'une évasion, et dans *Les Moutons de feu* (1963), évocation du drame algérien. Avec *Soleil* (1960) et surtout avec *Les Charmes* (1965), *Les Chimères* (1969), *L'Arche* (1971), la dimension narrative devient secondaire, le style moins froid et plus dépouillé, la volonté de témoigner moins nette. La nature, particulièrement les règnes minéral et végétal, devient le thème central. Gascar est aussi l'auteur de monographies historiques ou littéraires consacrées à Rimbaud (1971), Charles VI (1977), Robespierre (1979), Nerval (1981), Buffon (1983), Humboldt (1984), Pasteur (1986), Montesquieu (1989).

G.P.

Gaspar Lorand (1925). Né en Transylvanie orientale, province de langue et de culture hongroises annexée depuis au territoire roumain, il a pratiqué le français dès son plus jeune âge. Venu en France en 1945, après son évasion d'un camp de prisonniers en Allemagne, il fait des études de médecine, devient chirurgien et part exercer à Jérusalem (Jordanie), où il vivra durant seize ans. À partir de 1970, il travaille à Tunis. Le premier moment de son œuvre est placé sous le signe des grandes et lentes métamorphoses géologiques, lisibles à nu dans le désert, susceptibles pourtant de nous composer une âme (*Le Quatrième État de la matière*, Flammarion, 1966 ; *Gisements,* Flammarion, 1968). Le chirurgien poète, qui n'éprouve aucune solution de continuité entre les règnes non plus qu'entre matière et pensée, cherche, par son travail sur les mots, le rythme unique qui « tient » le tout du monde et l'anime. *Sol absolu* (Gallimard, 1972) fait la synthèse poétique de cette expérience en réintroduisant l'histoire et les hommes dans l'univers minéral du désert : aventures tribales, sciences naturelles, commerce et religions. En contrepoint, apparaît la clarté grecque et méditerranéenne : une conception de l'homme, corps, esprit et âme, émane et irradie à partir d'un éclairement singulier où le soleil fait affleurer parole et vie à même la chair des terres, des eaux et des pierres (*Corps corrosifs*, Fata Morgana, 1978 ; *Égée* suivi de *Judée,* Gallimard, 1978 ; *Approche de la parole,* Gallimard, 1980 ; *Feuilles d'observation,*

Gallimard, 1986 ; *La Maison près de la mer*, Suisse, Pierre-Alain Pingoud, 1992).

S.M.

Gatti Armand (1924), pseudonyme de Sauveur Dante Gatti. Né à Monaco le 26 janvier 1924 de parents immigrés italiens : d'une mère femme de ménage et d'un père balayeur. Blessé par la police au cours d'une grève, son père meurt en 1938. Résistant, Armand Gatti est arrêté par la Gestapo et interné au camp de Linderman ; il s'évade et gagne l'Angleterre, où il s'engage dans les sections spéciales de parachutistes. En 1945, il entre au *Parisien libéré* comme chroniqueur judiciaire. Devenu grand reporter (1946-1961), il obtient le prix Albert Londres (1954) pour *Envoyé spécial dans la cage aux fauves*. Il signe d'autres reportages, *Sibérie, moins zéro plus l'infini* (1954), *Chine* (1956). Sa rencontre avec Chris Marker l'oriente vers le cinéma politique : *L'Enclos* (1961), *L'Autre Cristobal* (1963), *Le Passage de l'Èbre* (1969). Mais il consacre l'essentiel de son activité au théâtre.

Sa première pièce, *Le Poisson noir* (1957) est récompensée par le prix Fénéon. *Le Crapaud-buffle* (1959), pièce satirico-fantastique, est moins bien reçue. Réagissant contre le théâtre de l'absurde, il se situe résolument dans la lignée de Brecht, Piscator et Meyerhold et se prononce pour un théâtre social engagé, où fusionnent l'acte théâtral et l'action politique : *L'Enfant-rat* (1960), *Le Voyage du Grand Tchou* (1960). Planchon monte *La Vie imaginaire de l'éboueur Auguste G.* en 1962. La même année paraissent *Chroniques d'une planète ordinaire* et *La Deuxième Existence du camp de Tatenberg*. Suivent *Chant public devant deux chaises électriques* (sur l'affaire Sacco-Vanzetti) en 1964, et *V comme Vietnam* en 1967. « Nous ne voulons pas d'un théâtre qui unisse, mais qui divise », déclare-t-il, mais ce théâtre social est transcendé par des résonances poétiques et mythiques. Il est également à la recherche de formes dramaturgiques nouvelles : utilisation des moyens audio-visuels, plateaux tournants, décors multiples, éclatement des structures spatio-temporelles traditionnelles. *La Passion du général Franco* (1965), écrite pour une troupe d'amateurs émigrés espagnols, devenue *Passion en violet jaune et rouge*, est censurée par le gouvernement. La pièce (spectacle-manifestation) ne sera jouée qu'en 1976. Après *La Naissance* (1968), sur la guérilla du Guatemala, *La Cigogne* (1968), et *Un homme seul* (1969), sur un militant chinois, le théâtre de Gatti s'oriente avec prédilection vers un travail collectif, par exemple, avec les habitants d'un quartier de Paris menacé par des promoteurs immobiliers : *Les Treize Soleils de la rue Blaise* (1968).

À partir de 1972, date à laquelle il met en scène *La Colonne Durruti* avec les étudiants de Bruxelles et *Rosa collective* (1973), Gatti déserte les théâtres pour travailler sur les lieux de vie et de production des gens, qu'il associe activement à ses spectacles, au sein de l'Institut de recherche des mass media et des arts de diffusion. Il travaille ainsi avec des paysans belges (1973-1974) : *L'Arche d'Adelin*, des collégiens de Ris-Orangis (1975) : *Le Chat guérillero*, ou des habitants de Saint-Nazaire (1976-1977) : *Le Canard sauvage qui vole contre le vent*. Un séjour en Irlande lui inspire une pièce : *Le Labyrinthe*, et un film réalisé en collaboration avec l'IRA : *Nous étions tous des noms d'arbre*. En 1982, il s'installe à Toulouse, où il dirige « un atelier de création populaire » : vidéo, cinéma, théâtre, poésie, maison d'édition, et crée un journal, *L'Archéoptéryx et son œuf géant* (1983-1985), et une radio, Radio Astrolabe. Il poursuit son œuvre dramatique : *Opéra avec titre long* (1986), *Les 7 Possibilités du train 713 en partance d'Auschwitz* (1989), *Le Chant d'Amour des alphabets d'Auschwitz* (1992), *La Journée d'une infirmière ou pourquoi les animaux domestiques* (1993).

ŒUVRES. — *Œuvres théâtrales*, éd. Michel Séonnet, Lagrasse, Verdier, 1991, 3 t. [44 pièces dont près de la moitié étaient inédites].

→ Gérard Gozlan et Jean-Louis Pays, *Gatti aujourd'hui*, Le Seuil, 1970. — Stéphane Gatti et Michel Séonnet, *Armand Gatti : journal illustré d'une écriture*, Artefact, 1987. — Marc Kravetz, *L'Aventure de la parole errante*, Toulouse, L'Éther vague, 1987. — *Théâtre sur paroles* (colloque), dir. Philippe Tancelin, Toulouse, L'Éther vague, 1989. — *Armand Gatti, les films : 1960-1991*, Association pour le développement des images de la culture, Arcanal, 1992.

J.G.

Gauchez Maurice (1884-1957), pseudonyme de Maurice Gilles. Né à Chimay (Belgique), le 31 juillet 1884. Ses premiers volumes de vers rappellent tantôt Baudelaire *(Simples Croquis*, 1907 ; *Les Symphonies voluptueuses*, 1908), tantôt Hugo *(L'Hymne à la vie*, 1920). Volontaire durant la Première Guerre, il en rapporte un journal, *De la Meuse à l'Yser : ce que j'ai vu* (1914), et deux romans : *La Glorieuse Retraite* (1917) et *Tignasse* (1938). Mais c'est en tant qu'écrivain régionaliste que Gauchez se révèle au public. De ses années à Anvers, il tire le cadre flamand de *Cacao* (1925), *La Maison sur l'eau* (1926), *La Servante au grand cœur* (1931), *Marées de Flandre* (1935), *Le Démon* (1937), *Par-dessus les moulins* (1938), romans où des personnages brutaux et frustes évoluent dans un milieu qui détermine leur nature. La Wallonie est à son tour la toile de fond dans *Le Roman du grand veneur* (1930), *Le Baron des Robaux* (1933), *Au cœur des Fagnes* (1935), *La Grange-au-bois* (1939), *Les Espions du ciel* (1942), *l'Aventurier sans envergure* (1943). Les cinq tomes d'un roman fleuve retraçant les principaux épisodes de l'occupation nazie paraissent en 1948 et 1949 sous le titre *Quand soufflait l'ouragan...* Directeur de *La Renaissance d'Occident*, Maurice Gauchez poursuivra toute sa vie une intense activité d'essayiste *(Le Livre des masques belges*, 1909-1911 ; *Essai sur Don Juan*, 1936 ; *Camille Lemonnier*, 1943). Professeur de littérature française à l'Académie des Beaux-Arts d'Anvers, il a publié une *Histoire illustrée des lettres françaises de Belgique des origines à nos jours* (1922) ; il est mort à Saint-Gilles (Bruxelles), le 24 novembre 1957.

ŒUVRES. — *Le Roman du grand veneur*, rééd., Mons, Fédération du tourisme de la Province du Hainaut, 1970.

→ Georges Dopagne, *Maurice Gauchez*, Bruxelles, Le Livre belge d'aujourd'hui, 1937.

O.Bi.

Gaulis Louis (1932-1978). Né à Londres de parents genevois, il participe à la fondation du Théâtre de Carouge (1958), qui crée cinq de ses pièces, dont *Capitaine Karagheuz* en 1960 (Lausanne, L'Aire, 1968, prix Schiller 1961), peinture épique d'un petit monde opportuniste et bon vivant, dans un quartier pauvre d'Athènes, et *Le Serviteur absolu* en 1967 (Lausanne, L'Aire, 1967), qui montre la déréliction d'un bonheur petit-bourgeois. Il est aussi l'auteur de contes (*La Fin d'une corvée de bois*, Lausanne, L'Âge d'homme, 1974) et, en 1976, d'un roman inspiré d'une mission à Chypre, *Zig-zag Street* (Paudex, Fontainemore, 1979). En mission au Liban pour la Croix-Rouge, il est mort à Tyr le 29 mars 1978.

J.A.

Gaulle Charles de (1890-1970). Né le 22 novembre 1890 à Lille, il est issu d'une famille catholique et patriote. Entré à Saint-Cyr en 1910, il se comporte de façon héroïque lors de la Première Guerre mondiale. Ses premiers écrits révèlent ensuite un militaire moderne. Dans *La Discorde chez l'ennemi* (Berger-Levrault, 1924), il analyse l'effondrement de l'Allemagne à partir des liens entre l'armée et le pouvoir. Dans *Le Fil de l'épée* (Berger-Levrault, 1932), il brosse le portrait du chef. Mais c'est surtout dans *Vers l'armée de métier* (Berger-Levrault, 1934) et *La France et son armée* (Plon, 1938) qu'il expose des conceptions stratégiques, notamment l'utilisation des blindés, qui vont à l'encontre des principes d'un état-major confiant dans l'efficacité de la ligne Maginot. Ces positions novatrices ne rencontrent alors aucun écho.

La Deuxième Guerre mondiale marque son entrée dans l'histoire. Refusant l'abdication de la France, de Gaulle part pour Londres, d'où il lancera, le 18 juin 1940, son célèbre appel à la Résistance. Rassemblant les Français Libres autour de lui, il parvient à se faire accepter par les Alliés comme le représentant légitime de la France. Acclamé comme un sauveur à la Libération, il se retire de la scène politique, en désaccord avec le nouveau régime. La crise algérienne le ramène au pouvoir en 1958. Il obtient la modification de la constitution et l'accroissement du pouvoir exécutif du chef de l'État. Il est élu président de la République en 1959. Désormais, la grandeur et l'indépendance nationales sont ses lignes de conduite. Réaffirmant le rôle de la France dans le monde, il la dote d'une force nucléaire de dissuasion tout en s'efforçant de la soustraire à la tutelle américaine. La décolonisation de l'Afrique du Nord et la fin de la guerre d'Algérie sont les faits marquants de son « règne ». Mis en ballottage aux élections de 1965, il ne résiste pas à la tourmente de Mai 68 et se retire en 1969. Il meurt le 9 novembre 1970 à Colombey-les-Deux-Églises, où il est enterré.

Le général de Gaulle s'inscrit dans la tradition française qui associe littérature et politique. Il tenta en vain de faire venir Bernanos et Maritain auprès de lui lorsqu'il était à Londres, et n'eut pas de plus fidèle soutien que celui de Malraux, qu'il fit ministre de la Culture, et de Mauriac, son fervent admirateur. Sa conception de la France, qui fait de la nation une personne et l'investit d'une vocation, est tout entière héritée de Michelet et de Péguy. Dans un pays qui accorde peut-être plus de prestige aux hommes de plume qu'aux hommes d'épée, il rejoint ceux qui, associés un moment au pouvoir, ont voulu laisser à la postérité le témoignage de leur vie, de leur pensée et de leur action. On a pu parler à propos de ses *Mémoires* de reconstruction de l'Histoire, de mise en valeur de sa trajectoire personnelle, mais le lyrisme, le souffle, le sens du portrait font le style même de ces *Mémoires*. On accorde aujourd'hui une importance grandissante aux discours du Général, rassemblés dans cinq volumes (*Discours et messages*, 1970). L'étude de leur forme met en lumière la reprise systématique des groupes ternaires, et l'analyse des enregistrements permet de déceler les caractères d'un art oratoire incomparable. Son mérite est peut-être d'avoir su mettre les médias modernes au service d'une conception toute classique du discours, à l'heure où leur usage servait plutôt à vider la parole de sens. En utilisant les mots comme moyen de gouvernement, il a réaffirmé la solidarité du beau langage et de la grandeur de la France.

ŒUVRES. — *La Discorde chez l'ennemi*, Berger-Levrault, 1924, rééd. Plon, 1972. — *Le Fil de l'épée*, Berger-Levrault, 1932, rééd. Plon, 1971. — *Vers l'armée de métier*, Berger-Levrault, 1934, rééd. Plon, 1971. — *Trois études*, Berger-Levrault, 1934, rééd. Plon, 1971. — *La France et son armée*, Plon, 1938, rééd. 1971. — *Articles et écrits*, Plon, 1925. Ces six œuvres ont été réunies, avec le *Memorandum* du 26 janvier 1940, en un seul volume : *Le Fil de l'épée et autres écrits*, Plon, 1990. — *Mémoires de guerre*, Plon, 3 t. : *L'Appel 1940-1942*, 1954 ; *L'Unité 1942-1944*, 1956 ; *Le Salut 1944-1946*, 1959. — *Mémoires d'espoir*, Plon, 2 t. : *Le Renouveau 1958-1962*, 1970 ; *L'Effort 1962*, posth. 1971. — *Discours et messages, juin 1940-avril 1969*, Plon, 1970, 5 t. — *Lettres, notes et carnets*, Plon, 1980-1987, 12 t.

→ André Malraux, *Les Chênes qu'on abat*, Gallimard, 1971. — *Cahier de l'Herne*, n°21, dir. Michel Cazenave et Olivier Germain-Thomas, 1973. — Jacques Boly, *De Gaulle écrivain*, Cercle d'études Charles de Gaulle, 1978. — Jean Lacouture, *De Gaulle*, Le Seuil, 1966, rééd. 1969, 3 t. — Il existe depuis 1972 une *Revue de la Fondation et de l'Institut Charles de Gaulle : Espoir* (Paris). — Fonds Charles de Gaulle à la Bibliothèque nationale.

Cl.D.

Gauthier Louis (1944). Son œuvre commence sur le mode ludique, avec des récits parodiques, loufoques, comme *Anna* (1967), *Les Aventures de Sivis Pacem et Para Bellum* (1970) et *Les grands légumes célestes vous parlent* (1973), multipliant les jeux de mots de toute sorte, désamorçant la fiction par l'expérimentation du langage. *Souvenir du San Chiquita* (1978), un roman fantaisiste d'espionnage, sera l'œuvre de transition. *Voyage en Irlande avec un parapluie* (1984) et *Le Pont de Londres* (1988) sont incontestablement les deux ouvrages les plus achevés : l'auteur délaisse son style facétieux dans ces récits de voyage épurés de toute intrigue. Il nous livre, avec une étonnante sobriété, les états d'âme du narrateur, un écrivain velléitaire en route pour l'Orient, qui voit ses beaux projets s'effilocher sous des ciels pluvieux, dans cette fiction au ton vaguement autobiographique. Le protagoniste se sent piégé par des mots vides de sens, sans prise sur le réel.

A.J.

Gautier-Languereau. Maison d'édition fondée à Paris en 1917 par Maurice Languereau et Henri Gautier. À l'origine, Maurice Languereau s'associe à son oncle Henri Gautier, propriétaire de la Librairie Charles Blériot, pour créer les Éditions Gautier-Languereau. Il reprend alors la majorité des auteurs publiés depuis 1885 dans les magazines *La Veillée des chaumières*, *La Semaine de Suzette* et *L'Ouvrier* : Madeleine H.-Giraud, Berthe Bernage et Jacqueline Duché gardent ainsi leur public, essentiellement féminin, de tous âges, amateur de romanesque. Pour les plus jeunes, Maurice Languereau crée, sous le pseudonyme de Caumery, le personnage de Bécassine, paru pour la première fois dans *La Semaine de Suzette*. Henri Gautier lance l'ancêtre du livre à dix francs, la « Bibliothèque populaire », collection d'ouvrages de littérature française et étrangère publiant Villon, Racine, Goethe, Walter Scott ou Molière. Une deuxième collection, « Les Récits des grands jours de l'histoire », regroupe les extraits d'ouvrages historiques avec illustrations hors texte. Après la mort d'Henri Gautier (1938) et celle de Maurice Languereau (1941), la maison abandonne progressivement les collections littéraires et se tourne vers la jeunesse, notamment avec la « Bibliothèque de ma fille », les aventures de Bécassine ou celles de Brigitte (jusqu'en 1972). Racheté en 1988 par le groupe CIBLE, en 1989 par le groupe CAPD, Gautier-Languereau devient en 1991 une filiale du groupe Hachette et est associée à la maison d'édition Aux Deux Coqs d'or, spécialisée dans la traduction d'ouvrages pour enfants. Les deux maisons conservent leur identité, continuant à publier chacune sous leur nom ; elles offrent un catalogue de plus de trois cents titres, qui complète les publications du département Hachette Jeunesse.

An.B. — IMEC

Gauvin Axel (1944). Né à Saint-Denis de la Réunion, son œuvre est une défense et illustration de la langue et de la culture créoles de la Réunion. Dans un essai, *Du créole opprimé au créole délivré* (L'Harmattan, 1977), il prend position en faveur de l'authenticité de la langue réunionnaise, dont il met en œuvre les multiples et savoureuses ressources dans ses trois romans, *Quartier Trois Lettres* (L'Harmattan, 1980), *Faims d'enfance* (Le Seuil, 1987) et *L'Aimé* (Le Seuil, 1990). Dans *Quartier Trois Lettres*, le héros, Ti-Pierre, narre la chronique d'une famille de pêcheurs du village de Saint-Leu ; dans *Faims d'enfance*, qui a pour cadre une école des Hauts de la Réunion, un jeune Tamoul, le seul de sa classe, confie à son journal les menus incidents de sa vie d'écolier confronté aux « petits Blancs » ; *L'Aimé* relate l'histoire pathétique d'un jeune enfant tyrannisé par sa mère, qui retrouvera goût à la vie auprès de sa grand-mère, figure admirable de vieille Réunionnaise incarnant le génie tutélaire de l'île.

ŒUVRES. — En outre : *Romans Po Detak La Lang Demay Le Ker*, Saint-Denis, Presses du Développement, 1983. — *Po Lodèer Flèr Bibas*, Presses du Développement, 1984.

J.C.

Gauvreau Claude (1925-1971). Actif dans les milieux d'avant-garde montréalais à partir de 1942, violemment critique à l'égard d'une société dominée par le clergé, nationaliste et stérile, il apparaît, dès les « objets dramatiques » réunis sous le titre *Les Entrailles* (1944-1946), comme un écrivain singulier. Signataire du manifeste *Refus global* et polémiste attitré, dans les journaux et aussi dans ses œuvres, du groupe des automatistes rassemblés autour de Paul-Émile Borduas, il tente d'adapter à la littérature le programme esthétique de ses amis peintres. Il radicalise le surréalisme, qui avait fortement influencé ses débuts, et rêve d'exprimer le désir, les pulsions, l'inconscient, la matière vive, sans l'intercession des facultés raisonnantes ni de l'intention. Il invente à cette fin une langue, « l'exploréen », à base de syllabes, de jeux et de suggestions phoniques et rythmiques, qui rompt avec les règles de la communication ordinaire. Le suicide en 1952 de la comédienne Muriel Guilbeault, à qui il avait consacré un « roman moniste », *Beauté baroque* (dont l'échec illustre à lui seul le désarroi de son auteur), est pour lui une véritable tragédie, aboutissant à plusieurs séjours dans des hôpitaux psychiatriques. Son théâtre (*L'Asile de la pureté*, 1953 ; *La Charge de l'orignal épormyable*, 1958 ; *Les oranges sont vertes*, 1958), multipliant les fantasmes paranoïdes, dénonce l'expérience asilaire et met en scène un poète incompris, en proie à l'angoisse, entouré d'une communauté hostile. Longtemps marginalisé, ce théâtre trouva un premier public avec la pièce *La Charge de l'orignal épormyable* (représentée par la troupe Zéro en 1970), puis peu après son suicide en 1971, avec le succès de *Les oranges sont vertes* (au Théâtre du Nouveau Monde, à Montréal). Après la publication de ses *Œuvres créatrices complètes* (1977), sous la forme d'un gros volume de format biblique, ainsi qu'il l'avait désiré, et grâce à l'intérêt porté par les groupes formalistes des années 1970 aux jeux de langage, l'œuvre de Gauvreau est à présent reconnue. Il a laissé de nombreux articles de critique littéraire et artistique, et une importante correspondance (Claude Gauvreau — Jean-Claude Dussault, *Correspondance 1949-1950*, 1993).

P.Po.

Gebeyli Claire (1935). Née à Alexandrie, d'origine grecque, vivant au Liban, elle a manifesté, dès ses premiers poèmes, *Poésies latentes* (1968) et *Mémorial d'exil* (Éditions de Saint-Germain-des-Prés, 1975), un talent lyrique personnel, tourné vers des thèmes intimistes. Avec *La Mise à jour* (Éditions de Saint-Germain-des-Prés, 1980), la guerre civile libanaise fait irruption dans son œuvre et transforme son langage poétique : tissée d'images fulgurantes, la langue de Claire Gebeyli déchiffre « la version neuve des signes » de la tragédie, décrit « la toux monocorde des armes » et le « goût de gazoline » de la guerre. L'auteur a également fait publier une sélection de ses « billets » quotidiens (parus dans le journal de Beyrouth *L'Orient-Le Jour)*, sous le titre *Dialogue avec le feu, Carnets du Liban* (1986).

A.D.

Gélinas Gratien (1909). Né à Saint-Tite (Québec), il a fait des études classiques, puis commencé une carrière de comédien au théâtre et à la radio, créant en 1937 le personnage de Fridolin, gamin pauvre et autodidacte que son langage, ses manières et son costume identifient à la société populaire du Canada français. Ce personnage est porté sur scène l'année suivante dans une revue d'actualité intitulée *Fridolinons*, dans la tradition du burlesque : le succès est éclatant auprès de la critique et du public. Gélinas proposera un *Fridolinons* annuel jusqu'en 1946, glissant insensiblement de la parodie à la satire, de l'anecdote à la peinture de mœurs, créant des types et des situations qu'il reprendra ensuite en les développant et explorant les thèmes qui seront au centre de son œuvre : sexualité, relations conflictuelles entre culture savante et culture populaire, vie familiale des petites gens. Véritable événement dans l'histoire du théâtre au Québec, *Tit-Coq* (1948) met en scène un conscrit « bâtard », Tit-Coq (joué par Gélinas lui-même), qui devient amoureux de Marie-Ange, une jeune fille de milieu modeste mais honnête, et rêve de l'épouser afin d'entrer dans une vraie famille. Mais Marie-Ange est faible et durant l'absence de Tit-Coq, parti au front, sa famille la convainc d'épouser un bon parti. À son retour, Tit-Coq, brisé, renonce à fuir avec Marie-Ange, qui l'aime encore, pour préserver son rêve d'avoir un enfant légitime. La pièce recrée la vie populaire de l'époque, met en lumière, avec des accents tragiques, le rôle central de la famille dans l'imaginaire québécois, et fonde un théâtre populaire. Dans *Bousille et les Justes* (1959), l'œuvre la plus forte de Gélinas, Bousille, un simple d'esprit, est malgré lui opposé à sa famille préoccupée de sauver sa réputation. La tragédie entrecroise deux lieux, Montréal et Saint-Tite, deux comportements structurant l'action, la violence des hommes et la passivité des femmes, et dessine à petits traits féroces le portrait d'une famille étouffante. Obligé de choisir entre deux parjures, Bousille se suicide. La langue est drue, les personnages complexes, le tragique sans issue. Dans *Hier les enfants dansaient* (1966), dont le thème est directement issu des débats sur l'indépendance du Québec, le dramaturge délaisse les milieux populaires pour peindre la bourgeoisie. La coloration cornélienne des conflits — les fils doivent choisir entre leurs convictions indépendantistes et la carrière politique fédéraliste de leur père — ne suffit pas à rendre convaincante la joute oratoire à laquelle se réduit l'action dramatique. Enfin, *La Passion de Narcisse Mondoux* (1986) a permis à Gélinas de revenir avec humour aux thèmes à la fois graves et légers qui caractérisaient *Tit-Coq* et *Les Fridolinades*. Les conflits entre Narcisse et la belle veuve qu'il courtise, future mairesse d'un village, se concluent sur une note d'espoir.

Parallèlement à son travail d'écrivain, Gratien Gélinas a poursuivi une carrière de comédien, de metteur en scène et de cinéaste. Il a contribué, par la création de la Comédie-Canadienne (1957) et de l'École nationale de théâtre du Canada (1960) et par sa participation aux conseils d'administration de nombreux organismes culturels, à l'émergence d'une identité nationale dans les arts de la scène. Il a reçu sept doctorats honorifiques d'universités canadiennes et de nombreux prix.

ŒUVRES. — *Tit-Coq*, 1950. — *Bousille et les Justes*, 1960. — *Hier les enfants dansaient*, 1968. — *Les Fridolinades*, 1980-1981-1987. — *La Passion de Narcisse Mondoux*, 1987.

→ Jean-Cléo Godin et Laurent Mailhot, *Théâtre québécois I*, Montréal, Hurtubise-HMH, 1988.

M.C.

Genet Jean (1910-1986). Né à Paris le 19 décembre 1910, de père inconnu, abandonné par sa mère quelques mois après sa naissance, il sera toujours à la recherche d'un regard fondateur, multipliant les fugues, pratiquant le vol ou la prostitution, pour le solliciter. L'interrogation qu'il porte sur sa propre image, ombre aux contours incertains, l'engage dans la voie de l'écriture. De cette image idéale, construction pure vers laquelle l'être tend et qui toujours se dérobe, il nourrit ses fictions. Secrètement il espère saisir ainsi un reflet baroque de lui-même. L'œuvre, née d'une nécessité intérieure, retrace ce parcours singulier. Épopée de la souffrance, elle répond à une double nécessité : se dire pour approcher de l'image qui se dérobe, tout en se dissimulant constamment derrière la fiction.

Genet a composé son œuvre au cours de deux brèves périodes : 1942-1947 et 1957-1961. À partir de 1942, fiévreusement, il compose quelques poèmes, genre qu'il abandonne vite mais dont sa prose lyrique portera la marque, et écrit ses cinq grands romans et ses premières pièces de théâtre. Son œuvre narrative se constitue au rythme d'un roman par an. Se succèdent, de 1942 à 1946, *Notre-Dame-des-Fleurs, Miracle de la rose, Pompes funèbres, Querelle de Brest, Journal du voleur.* La question de l'identité sexuelle est au cœur de toute l'œuvre de Genet. C'est la question lancinante que posent crûment tous ses personnages romanesques, qui cherchent leur image, dans la perversion, à travers le travestissement, la sodomisation, la prostitution. Dans ses cinq romans qui intègrent tous des souvenirs, de manière plus ou moins fidèle, Genet varie les formes : roman autobiographique, journal, roman à la troisième personne. S'il se met en scène, c'est toujours pour brouiller les pistes. Sa présence semble fonder l'authenticité du récit, comme pour créer un effet de vérité. Elle en mine cependant pernicieusement la crédibilité, l'univers fantasmatique l'emportant toujours sur le réel. La dimension autobiographique est partiellement masquée par ce mélange constant de réalisme et de stylisation. Ce sont d'apparents romans de mœurs, dans la tradition de Flaubert. *Notre-Dame-des-Fleurs* peint le milieu haut en couleur des « petites tantes de Pigalle », dans le Paris de l'entre-deux-guerres. Introduisant dans le champ littéraire cet univers de réprouvés, Genet poursuit l'œuvre des Goncourt ou de Zola, qui ont donné la parole au petit peuple. *Pompes funèbres* recrée le Paris glauque de la Libération, son atmosphère de peur et de délation, la présence terrifiante de la Milice et des soldats allemands. Dans *Querelle de Brest*, l'auteur, fasciné par les ports, révèle les mœurs de la pègre. Dans ce monde de gouapes, les rixes sont fréquentes, le trafic de drogue, le vol et la prostitution, monnaie courante. La description de l'univers carcéral, dans *Miracle de la rose* et dans le *Journal du voleur*, est si minutieuse que Michel Foucault lui demandera d'écrire avec lui, dans *Surveiller et punir*, en 1975, le chapitre consacré à Mettray, colonie pénitentiaire où Genet séjourna de 1925 à 1928. Le réalisme apparent, la vraisemblance n'ont pas cours chez cet auteur ; le réel, reconstruit, masque la souffrance intime. La fantasmagorie transmue le trivial en théâtre. Une esthétique baroquisante, qui saisit l'existence dans sa théâtralisation, donne au style de Genet toute sa singularité.

Alors que son dernier roman est encore en gestation, Genet se tourne vers la scène. Fasciné par les arts de l'espace, peinture, sculpture, funambulisme, il va rendre l'image plus lointaine encore, en la matérialisant. Admirateur de Giacometti, de Rembrandt et d'Abdallah, l'ami funambule à qui il dédie plusieurs de ses œuvres maîtresses, il sait que leur art s'est rapproché de l'image ; il s'est longuement interrogé sur eux dans *L'Atelier d'Alberto Giacometti* (1958), *Le Secret de Rembrandt* (1958) et *Le Funambule* (1958). Modelant l'espace à la manière du sculpteur qui cherche à fixer l'essence de l'être, adepte d'une esthétique irréaliste, il crée des personnages hiératiques, constitués tout autant de signes visuels, maquillage, costume, gestes, que de leurs discours. Il les installe sur le plateau, dans des postures symboliques, à des places qui les caractérisent, les rehaussant parfois de cothurnes, à la manière antique. Il excelle dans l'esthétique du tableau. Si ses trois premières pièces, *Haute Surveillance* (1947), *Les Bonnes* (1947), *Splendid's* (1993, posth.), portent des traces de l'univers romanesque, comme la hantise carcérale, une orientation nouvelle s'y dessine. Depuis ses séjours en prison et les multiples récits recueillis de la bouche de certains meurtriers, Genet médite sur l'énigme qui sous-tend le crime, sans l'expliciter. Une même question se pose, qui confère à ces trois pièces une dimension tragique. Quel est le ressort qui meut le criminel ? Pourquoi, dans *Haute Surveillance*, l'un des prisonniers étrangle-t-il le nouveau venu dans la cellule ? Pourquoi dans *Les Bonnes* l'une des deux sœurs force-t-elle l'autre à l'empoisonner ? Pourquoi dans *Splendid's* le Policier, qui a rejoint les rangs d'un groupe de gangsters, abat-il le chef de la bande ? Genet découvre, dans ce passage à la scène, les forces démoniaques à l'œuvre dans la quête de l'image. L'homme est poussé à tuer, pour préserver son image en danger. Il ne peut, alors, que rencontrer la mort, comme le montre l'argument pour le ballet *'adame Miroir*, créé en 1948 sur une musique de Darius Milhaud.

Après cinq années de silence et de dépression, Genet revient à la scène en 1957. Commence la deuxième période qui s'achèvera en 1961. *Elle* (1989, posth.) et *Le Balcon* (1956), deux pièces composées simultanément, témoignent de préoccupations analogues. Genet y interroge le rôle pernicieux de l'image, non seulement pour l'individu mais au sein du groupe social. Vulgaire appât brandi par des mains invisibles, elle sert à manipuler les masses. Iconoclaste, le dramaturge démonte, dans *Elle*, les pièges religieux par lesquels l'homme se laisse abuser. La pièce est à lire tant comme une démystification de l'apparition dans les Mystères, que comme une dénonciation de la manipulation des masses. Si *Elle* n'est qu'une pochade burlesque, *Le Balcon* est un tournant important. Après avoir porté à la scène le sadisme individuel dans *Haute Surveillance, Les Bonnes, Splendid's*, Genet dans *Le Balcon*, plus que dans *Elle*, élargit à toute une société, son questionnement sur l'individu. *Le Balcon* met en lumière le passage, en période de crise, de la perversion individuelle à la perversion collective. La révolution fait rage dans la ville, tandis que les clients du « Grand Balcon », – maison de prostitution ou théâtre ? – jouent leurs scénarios pervers. Quoique calfeutrés dans le huis clos du bordel, les Figures de la loi, l'Évêque, le Juge, le Général, se sentent menacés. Leur monde, ils le savent, est sur le point de s'écrouler. Aussi le pouvoir va-t-il exploiter de façon occulte leurs fantasmes pervers et leur peur pour faire d'eux des agents de la répression. Avec *Les Nègres* (1958) et *Les Paravents* (1961), le théâtre de Genet prend un tour résolument politique. La question de l'image, liée au problème de l'exclusion, y est posée en termes d'identité raciale. Même si dans *Le Balcon* transparaissent quelques allusions à la guerre d'Espagne, la révolution de palais, traitée sous un mode farcesque, revêt un aspect intemporel. Dans *Les Nègres* et dans *Les Paravents*, en revanche, la colonisation française en Afrique est directement mise en cause, et les affrontements entre colons et colonisés ont lieu sur scène. Le conflit politique n'est pas réglé à la fin des deux pièces, mais les forces révolutionnaires, vaincues dans *Le Balcon*, sont en position de force et l'emporteront tôt ou tard. L'imaginaire n'a plus autant de prise sur elles.

Le finale des *Paravents* peut être lu rétrospectivement comme un adieu à la scène. Genet y montre l'inanité de la recherche de l'image à laquelle tous les hommes sont voués, et qui débouche sur la mort. L'essentiel ne peut être atteint à travers les formes perçues dans le monde sensible, où l'œil ne capte que des leurres. Pour Genet, comme pour nombre de ses contemporains, il est illusoire d'espérer dévoiler l'être, qui restera de l'ordre de l'inconnaissable. Le moment où l'homme croit s'élever jusqu'à son image ne peut être qu'hallucinatoire. Genet s'est toujours montré fasciné par ce qui, dans le registre du sacré, est de l'ordre de l'élévation, moment où l'invisible se donne à voir. Si pour le mystique, derrière le visible, il y a Dieu, Genet pressent qu'il n'y a rien à voir dans l'invisible et que toute Figure, si elle est image, est une image vide. Faut-il obstinément chercher au-delà ? Les paravents ne cachent que le vide, tout comme les rideaux de velours noir des *Nègres* ou la porte dans *Elle*, qui ouvre sur le rien. Si Genet a multiplié, dans toute son œuvre, les écrans, paravents, gaze, dentelles, tulle, voiles, et autres objets occultant le réel, c'est pour différer le moment de la révélation, car lever le voile, c'est découvrir le néant.

Après avoir tant poursuivi son image, lassé, Genet s'en détourne en même temps que de la littérature, qui lui était apparue comme le moyen de la saisir. Ayant médité, dans ses deux dernières pièces, sur le rôle de l'image dans les rapports de servitude instaurés par la colonisation, il se place aux côtés du colonisé. Sa vie, désormais, à partir des années soixante, est orientée vers l'action politique. Il partagera, aux États-Unis, la cause des Black Panthers et, jusqu'à la fin de sa vie, celle des Palestiniens au Moyen-Orient. Ses deux derniers livres témoignent de cet engagement : *Le Captif amoureux*, auquel il mettait la dernière main lorsqu'il est mort, le 13 avril 1986, et *L'Ennemi déclaré* (posth.), recueil d'articles, d'interviews, de déclarations, écrits ou prononcés entre 1964 et 1986.

ŒUVRES. — *Œuvres complètes*, Gallimard, 1951-1979, 5 t. — Poésie, romans, essais : *Notre-Dame-des-Fleurs*, Monte-Carlo, 1944. — *Miracle de la rose*, Lyon, Barbezat, 1946. — *Querelle de Brest*, Morihien, 1947 (adapté au cinéma, sous le titre *Querelle*, par R.W. Fassbinder, en 1981). — *Poèmes*, Lyon, Barbezat, 1948. — *Pompes funèbres*, Bikini, Morihien, 1948. — *Journal du voleur*, Gallimard, 1949. — « Le Secret de Rembrandt », *L'Express*, n° 377, 4 septembre 1958. — *L'Atelier d'Alberto Giacometti*, L'Arbalète, 1958. — *Le Funambule*, L'Arbalète, 1958. — *Lettres à Roger Blin*, Gallimard, 1966. — *Le Captif amoureux*, Gallimard, 1986. — *Fragments... et autres textes*, Gallimard, 1990. — *L'Ennemi déclaré*, Gallimard, 1991. — Théâtre : *Haute Surveillance, La Nef*, n° 28, 1947. — *Les Bonnes*, 1re version, L'Arbalète, n° 12, 1947 ; 2e version, Jean-Jacques Pauvert, 1954. — *Le Balcon*, 1re version, L'Arbalète, 1956 ; 2e version, 1960 ; 3e version, 1962. — *'adame Miroir*, Morihien, 1949. — *Les Nègres*, L'Arbalète, 1958. — *Les Paravents*, 1re version, L'Arbalète, 1961 ; 2e version, *Œuvres complètes, t. V*. — *Elle*, L'Arbalète, 1989. — *Splendid's*, L'Arbalète, 1993. — *Le Bagne*, L'Arbalète, 1994.

→ Jean-Paul Sartre, *Saint-Genet comédien et martyr* (t. I des *Œuvres complètes* de Genet), Gallimard, 1952. — Lucien Goldmann, « Le théâtre de Genet. Essai d'étude sociologique », *Structures mentales et création culturelle*, Anthropos, 1970. — *Obliques*, n° 2, 1972. — Odette Aslan, *Jean Genet*, Seghers, Poètes d'aujourd'hui, 1973. — Jacques Derrida, *Glas*, Galilée, 1974. — Albert Dichy et Pascal Fouché, *Jean Genet. Essai de chronologie 1910-1944*, Université de Paris-VII, 1988. — Jean-Baptiste Moraly, *La Vie écrite*, La Différence, 1988. — Arnaud Malgorn, *Jean Genet Qui êtes-vous ?*, Lyon, La Manufacture, 1988. — Edmond White, *Jean Genet*, Gallimard, 1993. — Marie-Claude Hubert, *L'Esthétique de Jean Genet*, S.E.D.E.S., 1996. — Fonds Genet à l'IMEC.

M.-C.H.

Genève *(Salon international du livre et de la presse de)*. Créé en 1986 par l'éditeur Pierre Marcel Favre, il est la principale vitrine de la production littéraire de la Suisse romande. Il réunit des exposants de toute l'Europe et de tout l'espace francophone. Chaque année y est attribué le prix Jean-Jacques Rousseau de l'essai.

A.G.

Genevoix Maurice (1890-1980). Né le 29 novembre 1890 à Decize, sur une île de la Loire dans la Nièvre, il se souviendra toujours de la région qui l'a vu naître et l'utilisera comme source d'inspiration pour une grande partie de ses romans. Après des études au lycée d'Orléans puis à Paris, il est élève de l'École normale supérieure et se prépare à une carrière universitaire. Pendant la première guerre, il combat aux Hauts-de-Meuse et aux Éparges. Blessé le 25 avril 1915, rapatrié à Châteauneuf-sur-Loire, il y écrit son premier livre, *Sous Verdun*, qui paraît l'année suivante. À la fin de la guerre, il renonce à l'enseignement pour se consacrer à la littérature. Il aborde le roman, avec *Rémi des Rauches* (1922), puis *Raboliot*, qui lui vaut en 1925 le prix Goncourt et la notoriété. Il y raconte la lutte impitoyable que se livrent, sur fond d'étangs de Sologne, le braconnier Raboliot et le gendarme Bourrel. La fin du livre, qui voit Bourrel tué par un Raboliot menant au fond des bois la vie d'une bête traquée, illustre bien l'attrait exercé sur Genevoix par les origines les plus animales de la destinée humaine. D'autres romans auront pour cadre la vallée de la Loire : *La Boîte à pêche* (1926), *Le Jardin dans l'île* (1936), *La Loire, Agnès et les garçons* (1962). En 1928, Genevoix s'installe aux Vernelles, dans cette même région, et voyage dans un certain nombre de pays qui inspireront plusieurs romans : le Canada, pour *Éva Charlebois* (1944) et *Laframboise et Bellehumeur*, recueil de nouvelles (1942) ; l'Afrique, pour *Fatou Cissé* (1954). En 1946, il est élu à l'Académie française, dont il sera le secrétaire perpétuel de 1958 à 1973. En 1970, il reçoit le grand prix national des Lettres pour l'ensemble de son œuvre. Ses études, la guerre, la Loire, ses voyages, l'Académie, forment l'essentiel de son autobiographie, *Trente mille jours* (1980).

Deux adjectifs ont souvent contribué à réduire la personnalité littéraire de Genevoix, celui de romancier ancien combattant et celui de romancier régionaliste. Le second le rapproche de Giono et de Ramuz. À l'école de Maupassant, auquel il avait consacré à la fin de ses études un mémoire de maîtrise, et dont il revendique l'héritage aux dépens de celui, trop « suffoquant », de Balzac, de Zola ou de Tolstoï, il a le goût du réalisme romanesque, de la poésie de la terre, des « impressions descriptives », et surtout de la fidélité absolue à la vie. Le romancier entretient un dialogue constant avec la nature, avec les signes qu'elle dispense, et avec leur possible valeur humaine : dialogue avec les bêtes, dialogue avec les paysages de la Loire, auxquels il consacrera plusieurs livres documentaires. La Loire est « un monde où les signes ne répondent qu'à la patience de la quête et à la ferveur de l'appel », écrit-il dans *Trente mille jours*. Les héros de Genevoix sont souvent des êtres simples, proches de la nature, parfois au ban de la société, qui savent comprendre ces signes, s'en faire les voyants attentifs et progresser ainsi vers une plus grande connaissance d'eux-mêmes : « Il faut fixer cet au-delà des apparences qui ressemble à ce qu'on sent », dit Genevoix. Dans une série de « Bestiaires » (*Tendre Bestiaire*, 1969, *Bestiaire enchanté*, 1970, *Bestiaire sans oubli*, 1971), Genevoix se révèle un naturaliste d'une extrême précision en même temps qu'un rêveur qui aime développer les visions fugitives que lui procurent les bêtes. Le monde de Genevoix est avant tout un monde de sources, d'étangs, de gîtes, de hases, de mousses... *La Dernière Harde* est une description étonnante de la chasse vue du côté du gibier, de même que *Rrôu* est une tentative de reconstruction du monde sous les yeux d'un chat.

De l'ancien combattant, on retiendra une vision protestataire de la guerre et de la société qui le rapproche de Barbusse, Céline ou Dorgelès. L'ensemble des souvenirs de guerre rassemblés sous le titre *Ceux de quatorze* occupe à ce titre une place particulière dans son œuvre, et en constitue comme la matrice. C'est sans doute au travers de la nécessité, face aux atrocités et aux épreuves, de retrouver son énergie humaine fondamentale que l'auteur a perçu quelle était sa tâche principale de romancier : la description de cette énergie et des moyens de la régénérer.

L'univers littéraire de Genevoix se caractérise essentiellement par son refus de l'approche intellectuelle des phénomènes de la vie. C'est surtout par l'attention et la mémoire que se construit l'homme pour Genevoix, non par l'intellect et la doctrine. Le monde est un ensemble de sèves, de parfums, de souvenirs, et non une idéologie. Dans *Jeux de glaces*, il donnera quelques indications sur sa méthode romanesque et les priorités qui s'y expriment, refus de l'abstrait, de la conceptualisation, de l'analyse. « Je ne voudrais point déborder le domaine des constatations », écrit-il dans *Bestiaire enchanté* (1970). Maurice Genevoix est mort à Javea, en Espagne, le 8 septembre 1980.

ŒUVRES. — *Œuvres complètes*, Genève, Édito-Service, 22 t. — *Jeanne Robelin*, 1920. — *Rémi des Rauches*, Flammarion, 1922, rééd.1983. — *Raboliot*, Grasset, 1925, rééd. Le Livre de Poche, 1961. — *L'Assassin*, Flammarion, 1930, rééd. Plon, 1983. — *La Dernière Harde*, Flammarion, 1938, rééd. 1984. — *Éva Charlebois*, 1944, rééd. Flammarion, 1955. — *L'Aventure est en nous*, Flammarion, 1952.

— *Fatou Cissé*, 1954, rééd. Flammarion, 1966. — *Laframboise et Bellehumeur*, Flammarion, 1959. — *Jeux de glaces*, Wesmael-Charlier, 1961. — *La Loire, Agnès et les garçons*, Presses de la Cité, 1962, rééd. Presses Pocket. — *Rrôu, autour d'un chat*, Flammarion, 1964. — *La Forêt perdue*, Presses de la Cité, 1967, rééd. Plon, 1982. — *Images pour un jardin sans murs*, 1968, rééd. Plon, 1986. — *Bestiaires*, 1969-1971, rééd. Presses Pocket, 1989. — *Défendre la vie*, Didier, 1972. — *La Mort de près*, Le Seuil, 1972. — *Un jour*, Le Seuil, 1976. — *Lorelei*, Le Seuil, 1978. — *La Boîte à pêche*, Grasset, 1979. — *Au cadran de mon clocher*, Plon, 1979. — *La Motte rouge*, Le Seuil, 1979. — *Routes de l'aventure*, Plon, 1980. — *Je serai, si tu veux, les pays de la neige*, Flammarion, 1980. — *Trente mille jours*, Le Seuil, 1980. — *Ceux de quatorze : Sous Verdun*, 1916 ; *Nuits de guerre*, 1917 ; *La Boue*, 1921 ; *Les Éparges*, 1923 ; rééd. Flammarion, 1981. — *Marcheloup, Un homme et sa vie*, Plon, 1981. — *La Maison du Mesnil*, Le Seuil, 1982. — *Beau François*, Plon, 1982, rééd. Presses Pocket, 1991. — *Deux fauves, L'Assassin, Gai l'amour*, Plon, 1983. — *Derrière les collines*, Plon, 1986. — *Forêt voisine*, Flammarion, 1986.

→ Paul Vernois, *Le Roman rustique de G.Sand à Ramuz*, Nizet, 1962.

G.Si.

Géraldy Paul (1885-1983), pseudonyme de Paul Le Fèvre. Né à Paris le 6 mai 1885, il souffre aujourd'hui d'une réputation de mièvrerie qui attache son nom à une sentimentalité légère et démodée résumée dans l'expression de « poésie d'abat-jour ». Il eut pourtant un succès considérable entre la Première et la Seconde Guerre mondiale (*Toi et moi*, 1913, 1 500 000 exemplaires vendus en Livre de Poche). Son œuvre s'étend au théâtre (*Noces d'argent*, 1914, représenté à la Comédie-Française en 1917 ; *Aimer*, 1921 ; *Robert et Marianne*, 1925) et au roman (*La Guerre, Madame*, 1916 ; *Le Prélude*, 1923). Né d'un père poète et émule de Banville, il écrit d'abord sous l'influence d'Henry Bataille et d'Edmond Rostand, puis sera proche de Giraudoux et de Colette, dont il adapte pour le théâtre *Duo* en 1938. Divorcé de la cantatrice Germaine Lubin, il dira du mariage qu'il est « la seule aventure intégrale ». C'est en effet la difficulté des relations entre l'homme et la femme qui forme le thème prédominant de son œuvre : difficulté d'unir amour et amitié (« On ne peut pas aimer les femmes tout à fait »), difficulté d'entretenir l'illusion qu'on aime vraiment autrui (« L'amour n'est que l'amour de soi, et c'est peut-être sa grandeur, mais on n'en convient pas, et c'est là sa misère »). Sa technique poétique est extrêmement simple, empruntant au Victor Hugo des *Confessions*, à Banville et à Verlaine. Pour Géraldy, la poésie est une voix intime qui s'incarne dans chaque lecteur et touche au plus profond de sa vie. Il est mort à Neuilly le 10 mars 1983.

ŒUVRES. — **Théâtre** : *Tragédies légères*, t. I : *Noces d'argent* ; *Les Grands Garçons* ; *Aimer* ; Julliard, 1950. — *Tragédies légères*, t. II : *Robert et Marianne* ; *Duo* ; Julliard, 1952. — *Trois Comédies sentimentales* : *Gilbert et Marcellin* ; *Vous qui passez* ; *Perrette* ; Stock, 1961. — **Poésie** : *Toi et Moi*, Stock, 1913. — *Vous et Moi*, Stock, 1960, rééd. Le Livre de Poche, 1965.

G.Si.

Gérard d'Houville, voir HOUVILLE.

Gerber Alain (1943). Né à Belfort le 31 août 1943, docteur en psychologie, il enseigne (1961-1969), devient critique à *Jazz-Magazine* et à *Compact*, réalise des émissions pour France-Musique et consacre deux livres à sa passion musicale, *Le Cas Coltrane* (1985) et *Portraits en jazz* (1990). Auteur de pièces de théâtre *(Un oiseau au plumage de fumée*, 1985) et de nouvelles *(Les Jours de vin et de roses*, 1984 ; *Ce qu'on voit dans les yeux d'Iliyana Karogi*, 1996), il s'impose surtout comme romancier. Évoquant tour à tour les jeux de l'écriture *(Les Débuts difficiles de l'écrivain Nathan Typpesh*, 1996), l'univers de l'enfance *(Le Faubourg des coups-de-trique*, 1979), la tentation de l'héroïsme *(L'Aile du temps*, 1994), il aime à peindre des régions imaginaires *(La Porte d'oubli*, 1993 ; *Milenya ou la maison du silence*, 1991) et renoue avec le romanesque de l'initiation *(Le Jade et l'obsidienne*, 1981 ; *Le Lapin de lune*, 1982).

D.H.

Germain Jean-Claude (1939). Fondateur et animateur du Théâtre du Même Nom, il inaugure un théâtre populaire ancré dans la culture québécoise, qui va sonner le glas du répertoire classique. Ses premières productions, *Diguidi, diguidi, ha ! ha ! ha !* suivi de *Si les Sansoucis s'en soucient, ces Sansoucis-ci s'en soucieront-ils ?*, *Bien parler, c'est se respecter*

(1972), *Le Roi des mises à bas prix* (1972), s'attaquent à la religion et à la famille, clefs de voûte de la société québécoise, par le biais de la parodie et de l'humour le plus corrosif. Mais ce dramaturge veut aussi libérer le théâtre de ses conventions en recourant à la forme épique et en établissant une transcription plus ludique que phonétique de la langue parlée au Québec. Dans *Les Hauts et les bas de la vie d'une diva : Sarah Ménard par eux-mêmes* (1976), il essaie d'insuffler au théâtre un esprit dionysiaque. D'autres œuvres sont plus ouvertement politiques (*Un pays dont la devise est je m'oublie*, 1976 ; *A Canadian Play / Une plaie canadienne*, 1983).

A.J.

Gevers Marie (1883-1975). Née à Edegem (Anvers), le 30 décembre 1883, elle a vécu son enfance et son adolescence à l'écart du monde, confinée dans le domaine de Missembourg, près d'Anvers, dans une famille flamande de langue française. Le bonheur de la vie familiale, l'observation de la nature, le quotidien sont les sources principales de son inspiration, et la plupart de ses grands textes seront autobiographiques. En relation avec Émile Verhaeren, chez qui elle séjourne en 1907, et avec Max Elskamp, elle s'essaie d'abord à la poésie : c'est à Elskamp qu'elle doit la publication de son premier recueil, *Missembourg* (1917). On y trouve déjà la symbolique de la nature, la conscience des cycles et le goût pour la culture populaire qui seront autant d'axes portants de son œuvre. Elle consacre ensuite tout un recueil à la nature, *Les Arbres et le vent* (1923), suivant le rythme des saisons, tandis que les poèmes d'*Antoinette* (1925) développent le thème de l'amour maternel. Viendront ensuite *L'Almanach perpétuel des jeux d'enfants* (1930), recueil de chansons d'inspiration populaire, et *« Brabançonnes » à travers les arbres* (1931) qui illustrent une poésie du quotidien, de la famille, de la musique, du folklore flamand (voir aussi l'*Almanach perpétuel des fruits offerts aux signes du Zodiaque*, 1965).

Si son premier récit, *Ceux qui reviennent* (1922), exploite le monde des souvenirs d'enfance, c'est avec *Madame Orpha ou la sérénade de mai* (1933), son chef-d'œuvre, que la mémoire et les souvenirs sont sollicités, notamment par le processus de la réminiscence. Fragmentation, ellipses, bouleversements temporels constituent la mosaïque que la narratrice s'efforce de recomposer : une petite fille découvre l'histoire de deux amants malheureux (une riche bourgeoise et un jardinier) à travers les petits faits, les on-dit et les indices que lui livrent les personnes ou même les phénomènes naturels, ceci progressivement, selon une architecture secrète et harmonieuse. Marie Gevers situe ses romans dans sa région, la Flandre anversoise, sans tomber dans le provincialisme : *La Comtesse des digues* (1931) est à la fois un roman régional et populaire, décrivant le monde de l'Escaut, et un roman social, qui raconte une confrontation de classe et dénonce l'hypocrisie bourgeoise (voir également *La Grande Marée*, 1943) ; *Guldentop, histoire d'un fantôme* (1935) utilise, dans le registre du fantastique, un thème de légende. En adhérant en 1937 au Manifeste du Groupe du Lundi, Marie Gevers prenait d'ailleurs position sur la question du régionalisme, vu comme médiation dans la recherche de l'harmonie entre les êtres et le monde : *La Ligne de vie* (1937), qui se déroule dans la Campine anversoise du siècle passé, laisse le soin aux hommes d'atteindre le bonheur en accord avec la nature et leur nature, tout en suivant leur destin (voir aussi *Paix sur les champs*, 1941). *Plaisir des météores ou le livre des douze mois* (1938) reprend la progression cyclique des mois de l'année déjà exploitée par l'écrivain dans ses recueils de poèmes, et y associe le devenir de l'homme : l'accord fondamental des êtres et des phénomènes est une source constante de bonheur et de rêve (voir aussi *L'Amitié des fleurs*, 1941 ; *L'Herbier légendaire*, 1949, et *Parabotanique*, 1964).

En 1938, Marie Gevers est élue à l'Académie royale de langue et de littérature françaises de Belgique. Quand la guerre éclate, elle se réfugie à Saint-Rémy de Provence : elle perd son fils aîné en 1943, son mari en 1945. Elle se consacre à la littérature pour la jeunesse, qu'elle avait déjà pratiquée dans les années trente (*L'Oreille volée*, 1943 ; *Le Voyage sur l'Escaut*, 1947). Renouant avec ses grands textes d'inspiration autobiographique, elle publie, en 1950, *Vie et mort d'un étang* (rééd. augmentée en 1961), récit divisé en trois parties symbolisant les différentes étapes de la vie de la narratrice : transparent, gelé, opaque ou vaseux, ou même vidé de son eau, l'étang y est métaphore de la mémoire, réceptacle du souvenir, symbole du cycle de la vie. Marie Gevers est la mère de l'écrivain Paul Willems ; elle est morte le 9 mars 1975.

ŒUVRES. — *La Comtesse des digues*, *Guldentop : histoire d'un fantôme*, *La Grande Marée*, rééd., Bruxelles, Labor, coll. Espace Nord, 1983, 1991, 1996. — *Paix sur les champs*, *Vie et mort d'un étang*, *Madame Orpha ou la sérénade de mai*, *La Ligne de vie*, *Plaisir des météores ou le livre des douze mois*, rééd., Bruxelles, Les Éperonniers, coll. Passé-présent, 1976, 1979, 1981, 1983, 1986. — *Correspondance 1917-1974*, éd. Cynthia Skenazi, Bruxelles, Labor, coll. Archives du futur, 1986.

→ Adrien Jans, *Marie Gevers*, Bruxelles, De Meyère, 1964. — Cynthia Skenazi, *Marie Gevers et la nature*, Bruxelles, Académie royale, 1983. — *Textyles : Lectures de Marie Gevers*, n° 3, mai 1986. — Anne-Marie Mercier et Xavier Deutsch, *Marie Gevers : La Comtesse des digues*, Bruxelles, Labor, coll. Un livre, une œuvre, 1987.

O.Bi.

Ghata Khoury Vénus (1935). Née dans le village de Bcharré, au Liban, elle publie dans son pays son premier recueil, *Les Visages inachevés* (1968). Installée à Paris à partir de 1972, elle a les yeux tournés vers le Liban. Ses livres, romans et recueils poétiques, gardent l'empreinte de son pays natal, certains d'entre eux faisant écho à la guerre civile qui l'a ravagé, comme le recueil *Les Ombres et leurs cris* (1979 ; prix Apollinaire), d'autres se déplaçant vers d'autres cadres comme le roman *Les Fiancés du cap Ténès* (1995), qui se déroule en Algérie, ou les récits qu'elle a tirés de ses nombreux séjours au Mexique. Collaborant à plusieurs revues (notamment *La Sape, Corps écrits, Méditerranéennes)*, Vénus Ghata Khoury, lauréate du grand prix de la Société des gens de lettres en 1993, est l'une des représentantes les plus en vue de la littérature libanaise d'expression française à Paris.

A.D.

Ghelderode Michel de (1898-1962), pseudonyme, puis patronyme officiel d'Adémar Martens. Né à Ixelles (Bruxelles) le 3 avril 1898, d'origine flamande mais ayant reçu une éducation française, il fait ses débuts comme critique musical, utilisant pour la première fois son pseudonyme en 1918 : il publie cette année-là des contes dans la revue de Clément Pansaers, *Résurrection*, et fait représenter une pièce, *La mort regarde à la fenêtre*, pour laquelle il ne cache pas sa dette à l'égard de Maeterlinck (voir aussi, dans ce registre, *Piet bouteille* et *Les Vieillards*, 1925). C'est cependant dans le récit qu'il forge ses premières armes, usant d'une langue truffée d'archaïsmes et de flandricismes, héritée en partie de Charles De Coster, à qui sont dédiés les récits épiques et triviaux de *L'Histoire comique de Keizer Karel* (1922 et 1923), une série d'épisodes construits autour de la figure de Charles Quint. Ghelderode a déjà trouvé les points de référence de son œuvre future : la Flandre breughelienne et une langue française exubérante, mêlant tous les registres, comme à marquer ses racines tout en affirmant son indépendance culturelle. Il poursuit dans cette voie avec les contes de *La Halte catholique* (1922), les nouvelles réalistes de *L'Homme sous l'uniforme* (1923) et *Kwiebe-Kwiebus* (1926, réédité en 1947 sous le titre *Voyage autour de ma Flandre)*, fragment d'une tentation de saint Antoine flamande dénonçant pharisiens et autres tartuffes « sans souci de morale ni de beau langage ».

Employé dans une administration communale, marié, Ghelderode cherche à s'affirmer : il collabore à *La Flandre littéraire*, à *La Renaissance d'Occident*, organise des conférences, exerce la présidence d'un cercle artistique. Il publie de petites pièces pour marionnettes qu'il prétend tirées du fonds folklorique bruxellois, mais qu'il a en réalité composées lui-même (entre autres *Le Mystère de la passion de Notre Seigneur Jésus-Christ*, 1925 ; *La Tentation de Saint Antoine*, 1925 ; *Le Massacre des innocents*, 1926). Le metteur en scène du Théâtre populaire flamand, Johan de Meester, est enthousiasmé par une « tragédie pour le music-hall » que Ghelderode fait paraître en 1926, *La Mort du Docteur Faust*, qui démythifie le personnage de Faust à travers une condamnation de la science et de la raison (voir aussi une autre démythification : *Don Juan ou Les Amants chimériques*, 1928, créé en 1962), prévoyant pour la réalisation de la pièce un grand nombre de moyens techniques, notamment des projections cinématographiques. Le Théâtre flamand, nationaliste et catholique, est aussi un théâtre d'avant-garde, favorable à l'expressionnisme, attentif à l'expérimentation ; son directeur décide de commander une pièce à Ghelderode. Les *Images de la vie de saint François d'Assise* (1927) sont un succès, malgré les protestations de quelques catholiques intransigeants. Ghelderode est alors attaché à la compagnie ; à partir de ce moment, et tout le temps que durera sa collaboration, ses pièces seront traduites et jouées en néerlandais avant de paraître dans leur version originale française.

Le dramaturge développe peu à peu l'esthétique du faux-semblant qui reste une des formes-clefs de son œuvre, où les références aux masques, aux marionnettes, au guignol ou au carnaval sont autant de signes de sa défiance vis-à-vis de la société. Par une inversion des rôles qui lui permet d'exprimer tous les excès, toutes les pulsions, mais qui le met aussi en mesure de se confronter avec le pouvoir, de quelque nature qu'il soit, il donne d'abord la parole à l'individu, soutient l'imagination contre les systèmes : farouche individualiste, il collabore au *Bulletin libertaire* en 1921 et au mensuel anarchiste *Haro !* en 1927 et 1928, sous le pseudonyme de Babylas. De son aventure avec le Théâtre flamand naissent, entre autres, *Escurial* (1928, créé en 1929, prix triennal de littérature dramatique 1938), drame du pouvoir fondé sur la substitution des figures classiques du bouffon et du roi ; *Barabbas* (1931, créé en 1929), illustrant la passion du Christ du point de vue du voleur, révolté contre la société, et *Pantagleize* (1934, créé en 1930), « vaudeville » dressé contre tout ordre, ridiculisant la foi révolutionnaire et l'idéal de la fraternité universelle.

En 1932, le Théâtre populaire flamand est dissous. Ghelderode écrit une série de petits drames et compose des pièces radiophoniques. N'étant plus lié à la troupe, il développe un théâtre plus personnel, investi par ses propres obsessions : sa haine de l'hypocrisie éclate en une véritable « dramaturgie de l'instinct » (Roland Beyen), exprimée sans détours par un érotisme morbide associé à une profonde hantise de la mort. *Le Siège d'Ostende* (1933, publié en 1980), « épopée militaire pour marionnettes » écrite en hommage à James Ensor, violente diatribe antimilitariste et anticléricale, illustre cette libération : au-delà d'une certaine complaisance dans l'ordure ou dans la scatologie, Ghelderode y fait montre d'une verve sans pareille et d'une exubérance verbale qui caractérisent d'ailleurs toute sa production des années trente, la plus riche de son œuvre. De la même façon qu'il campe dans *Magie rouge* (1935, créé en 1934) une figure d'avare rongé par la folie, obsédé par le sexe, poursuivi par la peur de mourir, avec *Sire Halewijn* (1936, créé en 1934 pour la radio) et *Hop Signor !* (1938, créé en 1942) il met en scène une sexualité instinctive liée à la cruauté et à la mort, ses héroïnes étant dévorées par la concupiscence et ses héros trouvant dans le sang un remède à leur impuissance. Car c'est bien la mort qui reste au centre de l'œuvre, de *La Ballade du grand macabre* (1935, créé en 1953) farce apocalyptique et dérisoire mettant à mal les puissants d'une « Breughellande » idéale, à *Mademoiselle Jaïre* (1942, créé en 1949), mystère biblique angoissant, ponctué d'appels, de chants et de cris libérateurs lancés à l'adresse de la grande faucheuse. Alors qu'il engage une réflexion sur le théâtre avec *Sortie de l'acteur* (1942, créé en 1960 ; voir aussi *Trois Acteurs, un drame*, 1928), c'est toujours par rapport à la mort que Ghelderode situe son drame, seule réalité capable de battre en brèche un monde d'illusions et d'hypocrisies.

Les premières années de guerre sont aussi les dernières de Ghelderode dramaturge, décidé à abandonner le théâtre : tirant parti de sa veine caustique et profanatrice, il publie encore quelques pièces (écrites pour la plupart avant-guerre), où prévalent les sentiments de l'instinct et de l'impulsion (*D'un diable qui prêcha merveilles*, 1942, créé en 1964 ; *La Farce des ténébreux*, 1942, créé en 1952 ; *Fastes d'enfer*, 1943, créé en 1949), attribuant toujours plus d'importance au mal et à la cruauté, exploitant toujours le procédé du travestissement *(L'École des bouffons*, 1943, créé en 1953). Entre-temps, Ghelderode est aussi revenu au récit. Les nouvelles fantastiques de *Sortilèges* (1941 et 1947), « contes crépusculaires », se déroulent dans une atmosphère de désolation et d'abandon, propice à l'irruption de l'étrange, laissant la part belle à la transformation du réel et à l'hallucination. À la Libération, il est inquiété pour avoir diffusé des chroniques folkloriques sur Radio-Bruxelles, alors contrôlée par l'occupant (rassemblées sous le titre *Choses et gens de chez nous*, 2 tomes, 1943). Malade, aigri, il prend sa retraite en 1946. De 1947 à 1954, la France le découvre : il y fait l'objet d'un véritable engouement et acquiert peu à peu une renommée internationale. Les metteurs en scène sont attirés par ce théâtre baroque et luxuriant, séduits par la force et la richesse de son langage ainsi que par la brutalité et l'impulsivité des situations qu'il propose, à l'opposé du théâtre psychologique ou du théâtre d'idées. En 1952, il écrit sur commande une dernière pièce, un mystère à jouer en plein air dans la tradition médiévale *(Marie la misérable*, 1955, prix triennal de littérature dramatique 1954) ; il remanie les textes d'une série d'interviews effectuées pour la radio en 1951, éclairant les étapes de sa carrière dramatique *(Les Entretiens d'Ostende*, 1956). Alors que l'intérêt pour son œuvre va croissant, il meurt dans la solitude à Schaerbeek (Bruxelles) le 1er avril 1962, laissant plus de soixante-dix pièces, des œuvres radiophoniques, des poèmes (la plupart publiés sous le pseudonyme de Philostène Costenoble), des contes, des articles, des chroniques et une abondante correspondance. Précurseur à plus d'un titre de Genet, de Dario Fo ou d'Arrabal, il a donné au théâtre français le sens de la démesure qui lui était étranger, privilégiant l'immédiateté, accordant toute leur importance aux ressources verbales, visuelles et sonores du spectacle dramatique.

ŒUVRES. — *Théâtre*, Gallimard, 6 tomes, 1950-1982. — *Les Entretiens d'Ostende*, recueillis par Roger Iglésis et Alain Trutat, rééd., Toulouse, L'Éther vague, 1992. — *Sortilèges, Voyage autour de ma Flandre*, rééd., Bruxelles, Les Éperonniers, coll. Passé-présent, 1983, 1988. — *Correspondance de Michel de Ghelderode*, éd. Roland Beyen, Bruxelles, Labor, coll. Archives du futur, 4 tomes, 1991-1994.

→ Pol Vandromme, *Michel de Ghelderode*, Éditions universitaires, 1963. — Jean Decock, *Le Théâtre de Michel de Ghelderode : une dramaturgie de l'anti-théâtre et de la cruauté*, Nizet, 1969. — Roland Beyen, *Michel de Ghelderode ou la hantise du masque : essai de biographie critique* (1971), rééd., Bruxelles, Palais des Académies, 1980. — *Michel de Ghelderode dramaturge et conteur*, éd. Raymond Trousson, Bruxelles, Éditions de l'université de Bruxelles, 1983. — Roland Beyen, *Bibliographie de Michel de Ghelderode*, Bruxelles, Palais des Académies, 1987.

O.Bi.

Ghéon Henri (1875-1944), pseudonyme d'Henri Vangeon. Né à Bray-sur-Seine le 15 mars 1875, mort à Paris le 13 juin 1944. Pendant près de vingt ans (1897-1915), il fut le compagnon d'aventure et de création de Gide qui lui dédie *L'Immoraliste* (1902). Ensemble, ils s'emploient à la rénovation de la littérature par leurs œuvres et par leur participation aux revues d'avant-garde qui, comme *L'Ermitage*, préfigurent la fondation de la *NRF*. Il s'essaie à tous les genres et tente dans ses essais critiques d'en définir l'esthétique. Sous l'influence de Vielé-Griffin, il publie d'abord des poèmes en vers libres (*Chansons d'aube*, 1897 ; *Algérie*, 1906) en pratiquant ce qu'il nomme la « strophe analytique ». Il écrit des pièces de théâtre poétiques (*Le Pain* et *L'Eau de vie)* où il met en œuvre les théories développées dans ses articles de *L'Ermitage* (1900-1902), mais qui ne seront jouées qu'en 1911 et 1914 ; un roman d'aventure, *La Vieille Dame des rues* (1899, rééd. 1994), où le sérieux du genre est contrebalancé par la verve burlesque de la sotie, et un roman aprioriste, *Le Consolateur* (1903). Mais sa production est principalement de critique littéraire : il tient une chronique à *L'Ermitage* (1897-1906), notamment dans ses « Lettres d'Angèle » (1899), à *La Revue blanche* (1900-1901) et à la *NRF* où, en dehors de sa rubrique des poèmes (1912-1913), il est le plus abondant fournisseur de textes (près de deux cents entre 1909 et 1914). Son œuvre critique est, comme pour Gide, dont l'influence se fait souvent sentir, « prétexte » à la création pure, mais elle témoigne aussi de l'esthétique du groupe littéraire qui crée la *NRF* (*Nos directions*, 1911). Médecin de campagne, contraint de gagner sa vie, doté d'une insatiable curiosité artistique, il disperse son talent dans divers domaines. Dès 1906, il compose des toiles inspirées par l'esthétique de Vuillard et exposées au Salon des Indépendants et au Salon d'Automne. Mélomane, il écrira plus tard un livre sur Mozart.

À la veille de la guerre, « l'épreuve de Florence » (1912) et l'amitié avec Péguy préparent son retour à la foi chrétienne, que déclenche la rencontre sur le front belge du lieutenant Dupouey, ami de Gide et lui-même converti. Au terme d'un long parcours (*L'Homme né de la guerre*, 1919), Ghéon communie à Noël 1915 et rompt avec son passé gidien et nietzschéen. En 1919, il s'éloigne de la *NRF* et adhère à l'Action française ; malgré son patriotisme intransigeant, il n'en épouse pas le nationalisme intégral. Il destine désormais son œuvre à la défense de sa foi et déclare écrire pour le « peuple fidèle ». Une certaine continuité s'observe cependant dans sa création, par exemple dans les romans (*Les Jeux de l'Enfer et du Ciel*, 1929 ; *Les Détours imprévus*, 1937). À partir de 1919, il publie une abondante œuvre théâtrale, où il s'emploie à renouveler les mystères et les miracles médiévaux, en recourant au merveilleux chrétien et aux représentations en plein air. Auteur, metteur en scène, acteur, costumier, Ghéon assume tous les métiers de l'art dramatique et prend la suite de Copeau au Vieux-Colombier, où, de 1925 à 1931, il dirige une troupe d'amateurs, les Compagnons de Notre Dame. Il s'essaie à toutes les formes du théâtre chrétien aux antipodes certes de l'art de Claudel, mais riche d'une invention qui lui est propre. D'un bout à l'autre de son parcours, Ghéon brille par sa générosité et par sa capacité d'invention poétique. Son œuvre entière doit être relue à cette lumière, débarrassée des clichés qui la trahissent. C'est en ce sens que s'est tenu le colloque du cinquantenaire de la mort de Ghéon en 1994.

ŒUVRES. — *Chansons d'aube*, Mercure de France, 1897. — *La Solitude de l'été*, Mercure de France, 1898. — *La Vieille Dame des rues*, préoriginale dans *L'Ermitage*, juin à décembre 1899 (préface de Michel Drouin, Flammarion, 1930, rééd. 1994). — *Le Consolateur*, Fasquelle, 1903. — *Algérie*, Mercure de France, 1906. — *Nos directions*, NRF, 1911. — *Le Pain*, NRF, 1912. — *Foi en la France*, NRF, 1916. — *L'Homme né de la guerre*, NRF, 1919, rééd. Bloud & Gay, 1926. — *L'Eau de vie*, La Vie des lettres, 1919. — *La Farce du pendu dépendu*, Crès, 1920. — *Le Pauvre sous l'escalier*, NRF, 1921. — *Les Trois Miracles de sainte Cécile*, Crès, 1922. — *Le Débat de Nicolazic entre sainte Anne et le recteur*, Stock, 1922. — *Saint Maurice ou l'obéissance*, Revue des jeunes, 1922. — *Jeux et miracles pour le peuple fidèle*, Revue des jeunes, t. I, 1922 ; t. II, 1923. — *La Merveilleuse Histoire du jeune Bernard de Menthon*, Blot, 1924. — *Triomphe de saint Thomas d'Aquin*, Vie spirituelle, 1924. — *Le Miracle des pauvres Claires et de l'homme au képi brodé*, Revue des jeunes, 1924. — *La Joyeuse Farce des Encore*, Stock, 1925. — *Le Comédien et la grâce*, Plon, 1925. — *Partis pris, réflexions sur l'art littéraire*, Nouvelle Librairie nationale, 1925. — *La Parade du pont au diable*, Blot, 1926. — *L'Impromptu du charcutier*, Blot, 1926. — *La Vie profonde de saint François d'Assise*, Blot, 1926. — *La Rencontre de saint Benoît et de sainte Scholastique*, Blot, 1927. — *Les Trois Sagesses du vieux Wang*, Blot 1927. — *Justine et Cyprien*, Blot, 1927. — *Triomphe de Notre-Dame de Chartres*, Blot, 1927. — *La Fille du sultan et le bon jardinier*, Blot, 1928. — *Le Damné pour manque de confiance*, Blot, 1929. — *Les Jeux de l'Enfer et du Ciel*, Flammarion, 1929, 3 t. — *Bernadette devant Marie*, Blot, 1931. — *Promenades avec Mozart*, Desclée De Brouwer, 1932 et 1993. — *Le Jeu de l'Épiphanie ou le voyage des trois rois*, Desclée De Brouwer, 1932. — *Le Mystère de l'invention de la croix*, La Pensée catholique, 1932. — *Le Mystère de la messe*, La Vie liturgique, 1934. — *Le Mystère du roi Saint-Louis*, Blot, 1935. — *Le Noël sur la place*, Blot, 1935. — *Féeries*, Desclée de Brouwer, 1935. — *Chants de la vie et de la foi*, Flammarion, 1936. — *Les Détours imprévus*, Flammarion, 1937. — *La Quête héroïque du Graal*, Blot, 1938. — *La Jambe noire*, Flammarion, 1941. — *L'Art du théâtre*, Montréal, Serge, 1944, rééd. sous le titre *Dramaturgie d'hier et d'aujourd'hui, essai sur l'art du théâtre*, Vitte, s.d. — *Judith, Œdipe ou le crépuscule des dieux*, Plon, 1952. — *Correspondance Henri Ghéon-André Gide* (1897-1944), éd. Jean Tipy et Anne-Marie Moulènes, Gallimard, 1976, 2 t. — *Correspondance Francis Jammes-Henri Ghéon 1897-1938*, éd. Jean Tipy, Publication des amis de Francis Jammes, Orthez, 1988. — *Correspondance Henri Ghéon-Jacques Rivière 1910-1925*, éd. Jean-Pierre Cap, Centre d'Études gidiennes, université Lyon II, 1988. — Ghéon a écrit près d'une centaine de pièces dont beaucoup sont inédites. Il a encore publié des hagiographies et de très nombreux articles dans les revues entre 1896 et 1944.

→ Henri Brochet, *Henri Ghéon*, Les Presses de l'Île-de-France, 1946. — Maurice Deléglise, *Le Théâtre d'Henri Ghéon, contribution à l'étude du renouveau théâtral*, Sion, Florina et Pellet, 1947. — Jacques Reynaud, « Henri Ghéon 1875-1944, étude et bibliographie », Association des amis d'Henri Ghéon, supplément de la revue *Nos spectacles*, n° 75, 1960. — Auguste Anglès, *André Gide et le premier groupe de « La Nouvelle Revue française »*, Gallimard, 1978-1986, 3 t. — Pierre Lachasse, « *La Vieille Dame des rues* d'Henri Ghéon : un roman à l'aventure », *Roman 20-50*, juin 1995. — *Henri Ghéon, d'une scène à l'autre* (colloque, à paraître). — Fonds Henri Ghéon à la Bibliothèque nationale.

P. L.

Gheorghiu Virgil (1916-1992). Né en septembre 1916 à Razboeni (Roumanie) dans une famille sacerdotale (il sera lui-même ordonné prêtre orthodoxe en 1963), il fait des études de philosophie à Bucarest avant de devenir haut fonctionnaire. Nourri de valeurs chrétiennes et humanistes, il ne peut supporter l'instauration du régime communiste et quitte la Roumanie dès 1947. Il se réfugie en France en 1948 et y demeurera jusqu'à sa mort. Le conflit entre les dimensions spirituelle et historique de l'humanité constitue le thème essentiel de son œuvre abondante. C'est en France et en français que paraît en 1949 son grand roman, *La Vingt-cinquième Heure*. La traduction de Monique Saint-Côme est précédée d'une préface de Gabriel Marcel, qui met d'emblée en valeur la signification philosophique et théologique du roman : une lecture chrétienne des fourvoiements des idéologies issues de l'hégélianisme. « La part de fiction est à peu près négligeable », écrit Gabriel Marcel à propos de la destinée de Iohann Moritz, jeune paysan roumain d'abord considéré comme juif et incarcéré, puis comme aryen et incorporé. Considéré à la Libération comme un ami par les alliés (il a sauvé des soldats français), il est ensuite traité comme un ennemi. La destinée de l'homme se confond donc avec les vicissitudes d'une Histoire sur laquelle il n'a aucune influence. Dans cette œuvre très pessimiste, deux personnages incarnent la survivance des valeurs humanistes et chrétiennes : l'écrivain Traian, qui tire si brillamment les leçons de l'Histoire, et son père, le prêtre Koruga, qui clame au milieu du désespoir la présence de Dieu. Virgil Gheorghiu restera sans doute l'homme d'un seul livre, mais on lira avec intérêt, parmi ses autres romans, tant en français qu'en roumain (traduits par Livia Lamoure), *La Condottiera* (1973), ou ses réflexions autobiographiques : *De la vingt-cinquième heure à l'heure éternelle* (1965), *Mémoires* (1986) et *Pourquoi m'a-t-on appelé Virgile ?* (1990) ou encore les méditations de *Christ au Liban* (1979).

ŒUVRES. — Sauf mention contraire, publiées chez Plon ; les principales ont été reprises aux Presses Pocket. — **Écrits roumains** : *La Vingt-cinquième Heure*, 1949. — *La Seconde Chance*, 1952. — *L'Homme qui voyagea seul*, 1954. — *Le Peuple des immortels*, 1955. — *Les Sacrifiés du Danube*, 1957. — *Saint Jean Bouche d'or*, 1957. — *Les Mendiants de miracles*, 1958. — *La Cravache*, 1960. — *Perahim*, 1961. — *La Maison de Petrodava*, 1961. — *La Vie de Mahomet*, 1962. — *Les Immortels d'Agapia*, 1964. — *Le Meurtre de Kyralessa*, 1965. — *La Jeunesse du docteur Luther*, 1965. — **Écrits français** : *De la vingt-cinquième heure à l'heure éternelle*, 1965. — *La Condottiera*, 1967. — *Pourquoi m'a-t-on appelé Virgil ?*, 1968. — *L'Espionne*, 1971. — *L'Œil américain*, 1973. — *Dieu ne reçoit que le dimanche*, 1975. — *Les Inconnus de Heidelberg*, 1977. — *Le Grand Exterminateur*, 1978. — *Christ au Liban*, 1979. — *La Couronne de pierres*, 1980. — *Dieu à Paris*, 1980. — **Mémoires** : *Le Témoin de la vingt-cinquième heure*, 1986.

G.P.

Gibeau Yves (1916-1994). Né à Bouzy (Marne), enrôlé à l'école des enfants de troupe des Andelys, puis de Tulle, comme Simon, héros insoumis de son célèbre roman *Allons z'enfants* (1952), il a passé une partie de sa vie sous l'uniforme. Militaire de carrière (1934-1939), fait prisonnier par les Allemands en 1940, rapatrié d'Allemagne un an plus tard, il évolue dans le monde littéraire, se faisant chansonnier, journaliste (à *Combat*), critique, puis rédacteur en chef de la revue *Constellation* (1963) avant de devenir secrétaire de rédaction à *L'Express* (1968-1981). *Allons z'enfants* fit scandale : l'auteur, réfractaire dans l'âme, prête à son héros des propos qui illustrent son sentiment d'absurdité face à la guerre et à l'embrigadement. La guerre reste le grand sujet de ses autres romans, tous publiés chez Calmann-Lévy : *Les Gros Sous* (1953, prix Populiste), qui raconte l'invasion allemande dans la Meuse, l'exode, puis le retour en pays conquis ; *La Ligne droite* (1956, grand prix de littérature sportive 1957), qui montre, dans l'Allemagne de l'après-guerre, un athlète mutilé revenant progressivement à la compétition ; *La guerre, c'est la guerre* (1961). Gibeau excelle à maintenir l'intensité dramatique, à créer des personnages attachants et à leur prêter un ton et un vocabulaire authentiques. Il est mort le 14 octobre 1994.

D.H.

Gide André (1869-1951). Né le 22 novembre 1869 à Paris, dans la haute bourgeoisie protestante, fils unique tôt privé d'un père cultivé et sensible, il fut élevé par sa mère selon une morale austère, qu'il prolongea à travers son amour mystique pour sa cousine Madeleine. C'est pour elle qu'il écrit son premier livre, *Les Cahiers d'André Walter* (1890), plaidoyer étrange où s'opposent ses aspirations et ses inhibitions. À cet adolescent angoissé et maladif la littérature apparaît d'abord comme un refuge narcissique, à l'image des lieux symbolistes où il débute en compagnie de Pierre Louÿs et de Paul Valéry. Cependant, il se distingue déjà par une écriture ironique qui fait de lui un disciple critique de Mallarmé : *La Tentative amoureuse* (1893) et *Paludes* (1895), entre autres textes courts qu'il commence à publier de façon presque confidentielle, et qui confondent habilement ses propres blocages et l'enfermement dans un idéalisme stérile. Mais à l'époque de ses vingt-cinq ans, deux voyages en Algérie, marqués par une convalescence heureuse, puis la rencontre d'Oscar Wilde, lui font découvrir l'hédonisme et l'homosexualité, sans pour autant le détourner de sa cousine, qu'il épouse en 1895, quelques mois après la mort de sa mère.

Son œuvre se développe alors comme une enquête sur le besoin et le danger du bonheur individualiste, et comme une réflexion sur l'écriture romanesque chargée d'organiser ce débat contradictoire. À la loi du père trop tôt disparu, à celle de la mère trop écrasante pour ne pas être contestée, il lui fallait substituer une autre loi qui lui fût propre et qui donnerait, à cette nostalgie et à cette révolte, un cadre où il les regarderait s'affronter. De sa capacité à construire l'édifice le plus équilibré, dépendraient sa liberté et son aptitude à vivre. Critique envers toute morale établie et envers toute bonne conscience, son œuvre est aussi critique d'elle-même et, parallèlement à la réalisation de ses livres, Gide va porter toute sa vie une attention passionnée à ceux des autres, tenant tribune dans des revues *(L'Ermitage, La Revue blanche)*, fondant en 1909 avec quelques amis *La Nouvelle Revue française*, correspondant avec de nombreux écrivains français et étrangers, se faisant leur propagateur (Dostoïevski, Simenon ou Henri Michaux) ou leur traducteur (Conrad, Whitman, Rilke, Tagore, Shakespeare, Kafka, Goethe, Pouchkine). Il soutient de ses deniers les premières publications de Francis Jammes et de Charles-Louis Philippe, persuade Valéry de revenir sur son renoncement à la littérature, encourage les débuts du dadaïsme, entretient avec Roger Martin du Gard une réflexion prolongée sur la création romanesque. Au sein de la *NRF*, mais aussi dans la librairie d'Adrienne Monnier et lors des décades de Pontigny, il joue ce rôle de propagateur des lettres qui contribue à faire de lui à partir des années 1920, selon le mot d'André Rouveyre, le contemporain capital.

Gide prétend avoir eu très tôt la vision de ses œuvres complètes, et ne les avoir développées successivement que par impossibilité de les élaborer simultanément. Chargeant chaque livre d'explorer une des tentations de son esprit, il se fait l'ordonnateur souverain d'un dialogue où chaque intrigue est une réplique qui corrige ou complète la précédente, dispensant l'auteur d'aller aussi loin que ses héros sur les chemins du ciel ou de l'enfer.

Les Nourritures terrestres, qui exaltent en 1897 la disponibilité, l'ouverture aux jouissances multiples du monde, sont ainsi contrebalancées sur le plan théâtral par *Saül* (écrit en 1898) et, dans le domaine romanesque, par *L'Immoraliste* (1902), qui soulignent l'un et l'autre le danger de voir la personnalité se dissoudre au gré des influences. Mais le recours à la ferveur religieuse n'est pas non plus sans risques, comme le montre l'histoire d'Alissa et de Jérôme, dans *La Porte étroite* (1909). Et il appartient au puîné, dans *Le Retour de l'enfant prodigue* (1907), de rouvrir la fable biblique sur les chemins de la ferveur hédoniste. Avec *Les Caves du Vatican* (1914), le balancier revient en sens inverse : à vouloir construire son être indépendamment de toute contrainte, Lafcadio se grise d'une liberté dangereuse qui le pousse à devenir assassin sans raison. Précipitant un inconnu d'un train en marche, il se découvre prisonnier de cet *acte gratuit* et de ses conséquences en cascade.

En 1917, la vie de Gide prend un tournant décisif. Jusque-là divisée entre amour et plaisir, enracinement et vagabondage, lucidité affichée et tentations secrètes, elle trouve son unité avec la rencontre de Marc Allégret, dans une relation amoureuse dont Madeleine Gide a bientôt conscience. Le conflit intérieur, le besoin de suggérer ses désirs et de s'en justifier en même temps, s'estompent. *La Symphonie pastorale* (1919) est comme une voie moyenne entre les deux étapes précédentes : un pasteur, amoureux de sa protégée, qui est aveugle, calque sa conduite sur les préceptes évangéliques, mais en les interprétant comme une invitation à la liberté d'aimer. Aveugle à sa manière, il provoque le suicide de la jeune fille et la ruine de son propre foyer. Mais l'échec est dépassé dans *Les Faux-Monnayeurs* (1925), roman où pour la première fois l'affirmation d'indépendance d'un héros n'entraîne pas sa déroute. Gide, à cette époque, a acquis une confiance qui lui permet à la fois de revendiquer au grand jour son homosexualité, et de connaître l'expérience de la paternité.

À force de faire dialoguer les voix opposées de sa conscience, Gide est ainsi arrivé à une relative sérénité. Ayant partiellement exorcisé ses démons, il s'engage, dans les années 1930, en faveur du communisme comme nouveau modèle de justice sociale ; ayant découvert les limites du système judiciaire (*Souvenirs de la cour d'assises*, 1914), puis, au cours d'un grand voyage en Afrique, du système colonial (*Voyage au Congo*, 1927), il se rapproche progressivement d'un communisme idéalisé dont il imprègne ses *Nouvelles Nourritures* (1935). Militant antifasciste aux côtés de Malraux et d'Aragon, il devient une figure des réunions publiques, donnant l'impression qu'en lui l'ombre et le doute ont disparu.

Toutefois, ses héros auraient tort de se croire désormais en possession d'une autorité morale incontestable : le drame d'*Œdipe* (1931) est là pour rappeler où conduit un excès de confiance en soi. Gide lui-même, qui n'a pas réussi à plier son inspiration au dogme du réalisme socialiste, dénonce le communisme après un voyage en URSS, qui lui fait mesurer les limites de ce système (*Retour de l'URSS*, 1936). Lui que son audience, devenue célébrité vers 1925, a incité à prendre position sur les problèmes d'actualité, en particulier grâce à son *Journal*, dont la *NRF*, à partir de 1932, publie régulièrement des parties, va désormais s'abstenir de tout engagement, suivant de Tunisie l'évolution de la Seconde Guerre mondiale. Maître à penser de l'entre-deux-guerres, il est mis à l'index par le régime de Vichy.

Avec *Thésée* (1946), son œuvre ultime, il reprend son magistère pour faire triompher un idéal de mesure. L'aspiration individualiste n'est plus battue en brèche par l'exigence religieuse, mais par un engagement réaliste au service de la collectivité. Cet humanisme serein trouve sa consécration dans l'attribution du prix Nobel en 1947. C'est en sceptique amoureux de la vie qu'il meurt, le 19 février 1951.

En laissant ses personnages explorer jusqu'à leurs limites des chemins où lui-même était tenté de s'engager, Gide n'a pas seulement créé des figures littéraires originales ; il a construit un univers homogène où ces diverses destinées finissent par refléter des lois générales, et par faire de l'auteur le véritable maître de sa création. Au-delà de l'analyse psychologique, qui triomphe avec l'emploi du récit introspectif — Ménalque, Michel, Jérôme, même Lafcadio et Œdipe se racontent avec une complaisance suspecte, qui nous incite à douter de leur totale sincérité ; quant à Alissa, au pasteur et à Édouard, c'est leur journal intime qui tient lieu de miroir tout aussi déformant —, se développe un système narratif original, où les mots et les choses semblent détenir le véritable pouvoir, bien plus que les individus. Gide, qui avait une âme de naturaliste, observe les hommes comme les insectes dans un bocal, et nous prouve que, malgré leur désir de liberté, ils n'échappent ni à leur milieu, ni à leur nature profonde. Œdipe, qui s'était cru fort, voit revenir à lui comme un démenti l'enquête qu'il a lui-même ordonnée. L'histoire d'Alissa, dans *La Porte étroite*, est celle d'une jeune fille qui, ayant pris en horreur la sensualité en découvrant l'inconduite de sa mère, s'enferme dans un idéalisme qui lui fait repousser les avances de Jérôme. Mais lorsqu'elle découvre que l'hérédité la rapproche de sa mère, sa nature refoulée se réveille. Avec Bernard Profitendieu, elle s'affirme assez tôt pour lui montrer que son angélisme ne pouvait résister à sa sensualité. Qu'elle soit tragique ou comique, comme dans le cas d'Amédée Fleurissoire, héros dérisoire des *Caves du Vatican*, la leçon est toujours la même : on n'échappe pas à soi-même. Mais ce qui fut sans doute à l'origine un prolongement du protestantisme se transforme progressivement en un déterminisme presque matérialiste, les lois de la psychologie humaine suffisant à exercer sur les personnages une sorte de justice immanente.

Le mécanisme qui s'enclenche alors est le retour du refoulé, manifesté au moyen de mots ou d'objets révélateurs : Michel s'était sciemment laissé dérober des ciseaux appartenant à sa femme ; Lafcadio, en guise d'adieu, offre à sa maîtresse des boutons de manchettes ; Édouard avait jeté le ticket de consigne de sa valise. Or, tous trois voient, plus tard, ces objets revenir à eux, signes de l'échec de ces tentatives de délestage. Pour chacun, se connaître est donc une nécessité absolue, et la lucidité est la qualité première, mais elle est presque impossible. Réelle ou métaphorique, la cécité est un des principaux thèmes gidiens, illustré par Coclès, éborgné par un vautour dans *Le Prométhée mal enchaîné*, par Gertrude l'aveugle dans *La Symphonie pastorale*, par Rachel qui, dans *Les Faux-Monnayeurs*, perd la vue. Tous sont frères et sœurs d'Œdipe. Mais la vue ne suffit pas, car, au cœur de ce labyrinthe, l'invisible est présent. Les romans de Gide ne sont pas seulement des enquêtes sur les mécanismes psychiques, mais aussi la quête d'un idéal qu'il ne faut pas confondre avec l'aspiration religieuse. Qu'il cherche Dieu partout, comme Nathanaël et l'enfant prodigue, ou nulle part, comme Michel ou Lafcadio, c'est toujours à lui-même que le personnage gidien est ramené, à cette coupure initiale qui est celle de la conscience, incapable de s'appréhender totalement, et celle de l'enfance, avec la nostalgie d'un père auprès de qui la vie était un jeu fascinant.

Cette exploration des limites et des insuffisances de l'homme aurait peut-être conduit Gide à s'enfermer à son tour dans une écriture répétitive, si le besoin de s'affirmer en résistant à son milieu et à son époque n'avait fait de son œuvre un instrument offensif, évoluant en fonction de cet environnement. Dès sa petite enfance, il eut la certitude de sa différence, et la volonté de la cultiver et de la préciser l'incita à tenir toute sa vie son *Journal*. Cette pratique, assez proche de l'examen de conscience, devint le moyen de maintenir l'unité d'un moi éparpillé, miroir à multiples facettes, où Gide, littérairement et humainement, « s'essayait » à la façon de Montaigne, au point de composer peu à peu ce que beaucoup considèrent comme son ouvrage le plus important. Et lorsque cette différence s'affirma, en particulier sur le plan sexuel, son œuvre, à partir des *Nourritures terrestres*, devint une entreprise de justification, envers sa mère dont il oubliait l'enseignement, envers sa femme dont il trahissait l'amour, envers la société dont il bafouait les valeurs austères, envers lui-même porté à douter en dépit de son audace.

Par ce biais, l'œuvre de Gide est ancrée dans son époque. S'étant dégagé de sa formation religieuse, puis des préjugés sociaux, Gide organise des fictions de plus en plus actualisées, où se reflètent mentalités et problèmes modernes : le sort des adolescents, la condition féminine, le pouvoir des maîtres à penser. Des problèmes moraux aux problèmes sociaux, le glissement était favorisé par l'actualité. *L'Immoraliste* et surtout *Les Caves du Vatican* pouvaient déjà se lire comme des remises en question des notions, sacro-saintes avant 1914, d'enracinement, d'héritage et de tradition. L'éloge de la bâtardise à travers Lafcadio, Bernard et Geneviève ne fait qu'accentuer cette inclination. On comprend que Gide ait pu, un moment, se sentir proche du communisme, dans la mesure où celui-ci pouvait apparaître comme une contestation générale de tous les tabous égoïstes.

Mais l'idée qu'il se faisait de la création artistique, instrument de libération, lui interdisait de la traiter comme un simple miroir du monde réel, où il ne pourrait plus se voir évoluer. Il la chargeait de manifester son originalité certes, mais il ne songeait pas à s'y enfermer. Tout en jouant, il faut donc faire sentir la facticité du rôle, la vérité de l'auteur étant de toute façon insaisissable en un seul personnage. De l'autodérision infligée à Tityre, son double dans *Paludes*, aux intrusions d'auteur qui critiquent le comportement de Lafcadio ou de Bernard, Gide pratique une écriture ambiguë, chargée de décevoir le lecteur paresseux qui voudrait croire seulement aux histoires qu'on lui raconte. Ce regard critique triomphe avec le fameux procédé de la *mise en abyme*, appliqué aux *Faux-Monnayeurs* : le récit ainsi nommé a pour héros un romancier occupé à écrire un roman portant le même titre, et qui doit lui-même présenter un romancier au travail. Cette répétition transforme l'intrigue en sujet de réflexion, Gide visant, en esthétique comme en morale, à *inquiéter* son lecteur.

Il joue ainsi sur plusieurs tableaux : créateur, il s'affirme supérieur à son œuvre, univers clos où s'exerce la seule transcendance de l'auteur. Homme, il s'appuie sur elle pour évoluer, se libérant de ses tentations en les insérant dans une réalisation qu'il peut considérer avec recul. L'esthétique n'est plus, dans cette perspective, un luxe, mais un enjeu capital, car de la perfection de l'œuvre dépend son efficacité à favoriser la liberté de son auteur.

On voit bien, à suivre le fil de cette œuvre, comment Gide parvient à neutraliser la morale maternelle et sa propre situation conjugale. Dans *L'Immoraliste*, Michel se marie mais s'emploie à saccager son couple. Dans *La Porte étroite*, Jérôme et Alissa ne parviennent pas à s'unir, et dans *Isabelle* et *Les Caves du Vatican* cette tentation est dénoncée comme un leurre. À force de se rejouer le drame de sa vie, Gide en érode ainsi les contours et finit par le ramener aux dimensions d'une farce. Progressivement déculpabilisé, il peut alors laisser resurgir en son œuvre le souvenir de l'influence paternelle, et remplacer ses angoisses d'adolescent par les bonheurs de l'enfance retrouvée, telle qu'elle rayonne dans *Si le grain ne meurt*, quand le petit garçon, la main dans celle de son père, s'aventure dans un monde d'innocence et de jeu. Préparée par l'ironie, la sérénité s'introduit alors, qui va permettre à Édouard, à Œdipe et surtout à Thésée d'affirmer avec une assurance croissante le droit au bonheur.

ŒUVRES. — *Les Cahiers d'André Walter*, Perrin, 1891. — *Le Traité du Narcisse, entretiens politiques et littéraires*, 1891. — *Les Poésies d'André Walter*, Librairie de l'Art indépendant, 1892. — *La Tentative amoureuse*, Librairie de l'Art indépendant, 1893. — *Le Voyage d'Urien*, Librairie de l'Art indépendant, 1893. — *Paludes*, Librairie de l'Art indépendant, 1895. — *El Hadj*, Le Centaure, 1896. — *Les Nourritures terrestres*, Mercure de France, 1897. — *Le Prométhée mal enchaîné*, Mercure de France, 1899. — *Philoctète*, Mercure de France, 1900. — *Le Roi Candaule*, Éditions de la Revue blanche, 1901. — *Oscar Wilde*, *L'Ermitage*, 1902. — *L'Immoraliste*, Mercure de France, 1902. — *Prétextes*, Mercure de France, 1903. — *Saül*, Mercure de France, 1903. — *Amyntas*, Mercure de France, 1906. — *Le Retour de l'enfant prodigue*, *Vers et prose*, 1907, publié en 1909. — *Bethsabé*, 1908. — *Dostoïevski d'après sa correspondance*, Jean et Berger, 1908. — *La Porte étroite*, Mercure de France, 1909. — *CDRN*, The St-Catherine Press, 1911. — *Isabelle*, Éditions de la NRF, 1911. — *Nouveaux Prétextes*, Mercure de France, 1911. — *Les Caves du Vatican*, Éditions de la NRF, 1914. — *Souvenirs de la cour d'assises*, Éditions de la NRF, 1914. — *La Symphonie pastorale*, Éditions de la NRF, 1919. — *Numquid et tu... ?*, Imprimerie Sainte-Catherine, 1922. — *Dostoïevski*, Plon, 1923. — *Incidences*, Éditions de la NRF, 1924. — *Les Faux-Monnayeurs*, Éditions de la NRF, 1926. — *Le Journal des Faux-Monnayeurs*, Éditions Éos, 1926. — *Voyage au Congo*, Éditions de la NRF, 1927. — *Retour du Tchad*, Éditions de la NRF, 1928. — *Suivant Montaigne*, Éditions de la Pléiade, 1929. — *L'École des femmes*, Éditions de la NRF, 1929.

— *Robert*, Éditions de la NRF, 1930. — *L'Affaire Redureau. Divers*, Gallimard, 1930. — *La Séquestrée de Poitiers*, Gallimard, 1930. — *Divers*, Gallimard, 1931. — *Œdipe*, Éditions de la Pléiade, 1931. — *Pages de journal 1929-1932*, Éditions de la NRF, 1934. — *Perséphone*, Gallimard, 1934. — *Les Nouvelles Nourritures*, Gallimard, 1935. — *Geneviève*, Éditions de la NRF, 1936. — *Retour de l'URSS*, Gallimard, 1936. — *Retouches à mon Retour de l'URSS*, Gallimard, 1937. — *Notes sur Chopin*, *Revue internationale de musique*, 1938. — *Deux récits*, Jacques Schiffrin, 1938. — *Journal 1889-1939*, Bibliothèque de la Pléiade, 1939. — *Découvrons Henri Michaux*, Gallimard, 1941. — *Interviews imaginaires*, Gallimard, 1943. — *Journal 1939-1942*, Gallimard, 1946. — *Thésée*, Jacques Schiffrin, 1946. — *Et nunc manet in te*, Richard Heyd, 1947. — *Poétique*, Ides et Calendes, 1947. — *Éloges*, Ides et Calendes, 1949. — *Anthologie de la poésie française*, Bibliothèque de la Pléiade, 1949. — *Feuillets d'automne*, Mercure de France, 1949. — *Littérature engagée*, Gallimard, 1950. — *Ainsi soit-il ou les jeux sont faits*, Gallimard, 1952. — *Journal 1939-1949 et souvenirs*, Bibliothèque de la Pléiade, 1954. — *Romans, récits et soties, œuvres lyriques*, Bibliothèque de la Pléiade, 1958.

Outre une œuvre critique considérable (préfaces, études, notices, conférences), qui n'est pas encore complètement rassemblée en volumes, et de nombreuses traductions, Gide a laissé une énorme correspondance, dont une partie seulement a été publiée (notamment avec Claudel, Valéry, Jammes, Martin du Gard, Ghéon, Copeau, Ruyters, Schlumberger, Rilke, Larbaud, Giono, Mauriac, Simenon) chez Gallimard et aux Presses universitaires de Lyon.

→ Germaine Brée, *André Gide l'insaisissable Protée*, Les Belles Lettres, 1953. — Jean Delay, *La Jeunesse d'André Gide*, Gallimard, t. I : 1956, t. II : 1957. — Claude Martin, *André Gide par lui-même*, Le Seuil, 1963. — Daniel Moutote, *Le Journal de Gide et les problèmes du Moi*, PUF, 1968. — Roger Bastide, *Anatomie d'André Gide*, PUF, 1972. — Maria van Rysselberghe, *Les Cahiers de la petite dame*, Gallimard, t. I : 1973, t. II, 1974, t. III : 1975, t. IV : 1977. — Philippe Lejeune, *Exercices d'ambiguïté*, Minard, 1974. — Martine Maisani-Léonard, *André Gide ou l'ironie de l'écriture*, Presses de l'université de Montréal, 1976. — Claude Martin, *La Maturité d'André Gide*, Klincksieck, 1977. — Auguste Anglès, *André Gide et le premier groupe de la NRF*, Gallimard, t. I : 1978, t. II et III : 1986. — Pierre Masson, *André Gide : voyage et écriture*, Presses universitaires de Lyon, 1983. — Éric Marty, *L'Écriture du jour : le « Journal » d'André Gide*, Le Seuil, 1985. — *Album Gide*, iconographie choisie par Philippe Clerc, texte de Maurice Nadeau, Bibliothèque de la Pléiade, 1985. — Alain Goulet, *Fiction et vie sociale dans l'œuvre d'André Gide*, Minard, 1986. — Peter Schnyder, *André Gide et la tentation de la critique*, Intertextes, 1988. — Jean Claude, *André Gide et le théâtre*, Gallimard, t. I et II, 1993. — Daniel Moutote, *André Gide : esthétique de la création littéraire*, Honoré Champion, 1993. — Pierre Lepape, *André Gide, le messager*, Seuil, 1997. — Il existe un *Bulletin des amis d'André Gide* (Presses universitaires de Lyon), depuis 1968 ; des *Cahiers André Gide* (Gallimard), depuis 1969 ; une série *André Gide* (Minard), depuis 1970. — Fonds André Gide à la Bibliothèque littéraire Jacques Doucet.

P.M.

Giguère Roland (1929). Né à Montréal, il fait de 1949 à 1953 des études d'imprimeur à l'Institut des arts graphiques de Montréal. Au contact de ses maîtres, Arthur Gladu et Albert Dumouchel, il développe le goût des relations entre texte et image, et fonde, en 1949, les Éditions Erta, spécialisées dans des livres à faible tirage réunissant un artiste et un poète québécois. Il y publie ses premiers recueils, illustrés par Albert Dumouchel (*Faire naître*, 1949 ; *Les Nuits abat-jour*, 1950), Conrad Tremblay (*3 pas*, 1950), Gérard Tremblay (*Midi perdu*, 1951) ou lui-même (*Images apprivoisées*, 1953), car il est également peintre et ira étudier la gravure chez Friedlaender à Paris en 1954-1955. D'ailleurs, il se conçoit davantage comme artisan que comme écrivain : pour lui, le poème est un objet que l'on façonne au même titre qu'un tableau ou un livre.

Tout le travail de Giguère est animé par le désir de *donner à voir* cher à Eluard, dont la lecture l'a bouleversé. Le poète-graveur collabore avec le mouvement surréaliste durant son second séjour en France de 1957 à 1963, partageant avec lui une vision de la poésie comme façon d'être au monde et d'« intervenir dans l'ordre des choses » : « carrefour de tous les possibles », elle se nourrit de révolte et vise l'exploration de l'imaginaire et de l'inconscient. Si la révolte prend volontiers chez Giguère un caractère social, et si l'on a pu lire certains de ses textes comme des critiques de la situation politique québécoise, le poème n'est jamais réductible chez lui à une dénonciation ponctuelle ; il est plutôt porteur d'une colère contre l'oppression et d'un espoir de fraternité universelle. On retrouve dans l'œuvre de Giguère les principaux procédés du surréalisme. « L'invasion du monde extérieur par le monde du dedans » s'exprime dans le détournement des représentations verbales. Le poète pratique les rapprochements insolites produits par divers jeux graphiques et sonores, anagrammes, paronomases, calembours, retrouvant parfois un humour proche de Desnos au cœur d'un langage lyrique dans l'ensemble. Il s'inspire de la veine parodique du surréalisme et travaille le cliché comme Breton et Péret les proverbes, ou détourne de leurs fins divers discours tels la lettre, le bulletin de nouvelles, le conte. S'il pratique le récit de rêve, il ne croit pas à l'écriture entièrement automatique. Il privilégie néanmoins la spontanéité du premier jet, préférant les aspérités au poli et au figé. L'ordre des trois livres qui réunissent la majeure partie de ses poèmes — plaquettes, textes en revue, inédits — est peu concerté. Seul un principe générique souple a groupé les poèmes en vers dans *L'Âge de la parole, poèmes 1949-1960* (1965), les poèmes en prose dans *La Main au feu 1949-1968* (1973), et un mélange de poèmes, notes, collages, objets surréalistes, dessins et gravures dans *Forêt vierge folle* (1978). L'unité perceptible dans ces ouvrages est celle de l'œuvre, qui reste au cours des années fidèle à son univers et à sa manière, comme en témoigne encore *Temps et lieux* (1988) ?

Issues d'une même démarche, les œuvres plastiques et poétiques de Roland Giguère connaissent une égale réussite. L'artiste ne cesse d'exposer au Canada et à l'étranger, et obtient, en 1982, le prix du Québec Paul-Émile Borduas pour sa production picturale, alors qu'il est la même année nominé pour le prix Athanase David, destiné à couronner une œuvre littéraire. Outre quelques réserves émises sur le caractère improvisé de ses poèmes plus narratifs, une égale estime fut témoignée par la critique et les poètes à l'ensemble de sa poésie. *L'Âge de la parole* lui a valu le prix France-Canada, le prix de Poésie des concours littéraires du Québec et le grand prix littéraire de la ville de Montréal.

ŒUVRES. — Aux Éditions de l'Hexagone, à Montréal. — *L'Âge de la parole, poèmes 1949-1960*, 1965, rééd. 1991. — *La Main au feu 1949-1968*, 1973, rééd. revue et corrigée 1987. — *Forêt vierge folle*, rééd. revue, corrigée et augmentée 1988. — *Temps et lieux*, 1988.

→ *La Barre du jour*, décembre 1967 et mai 1968. — Paul Chanel Malenfant, *La Partie et le tout : lecture de Fernand Ouellette et Roland Giguère*, Québec, Presses de l'université Laval, 1983. — *Voix et images*, hiver 1984.

L.B.

Gilbert Oscar-Paul (1898-1973). Né à Wanfercée-Baulet (Belgique), le 21 septembre 1898. S'il débute par des poèmes (*Les Clartés intimes*, 1917 ; *L'Humble Bonheur*, 1919) et des pièces de théâtre (*La Lumière entrevue*, 1918 ; *Le Triomphe de la haine*, 1920 ; *La Force déchaînée*, 1921), c'est dans le roman d'aventures qu'il s'illustrera, tirant de sa carrière de journaliste international les thèmes de récits haletants, dont la plupart furent portés à l'écran (*Nord Atlantique*, 1934 ; *Fièvre blanche*, 1935 ; *Mollenard*, 1936 ; *Pirates du rail*, 1937 ; *La Piste du Sud*, 1937 ; *Le Drame de Shanghai*, 1938). Son cycle *Bauduin des mines* a connu un vif succès au moment de sa publication : dans le style cursif qui caractérise son œuvre, Gilbert raconte la saga d'une famille de patrons houillers et leurs démêlés avec les syndicats, les monopoles, la concurrence (*Bauduin des mines*, 1939 ; *Madeleine Bauduin*, 1943 ; *La Citadelle Bauduin*, 1946 ; *La Fin des Bauduin*, 1947-1948, 2 tomes). On lui doit encore une série de romans mêlant aventure, histoire, politique et journalisme (*L'Horizon de minuit*, 1948-1958, 5 tomes). Il est mort le 1er janvier 1973.

ŒUVRES. — *Bauduin des mines*, rééd., Bruxelles, Labor, coll. Espace Nord, 1996.

→ Constant Burniaux, « Hommage au romancier O.-P. Gilbert », *Bulletin de l'Académie royale de langue et littérature françaises* (Bruxelles), t. XXXII, nº 4, 1954.

O.Bi.

Gilbert-Lecomte Roger (1907-1943), pseudonyme de Roger Lecomte, né le 18 mai 1907. Poète halluciné, il traîne avec lui une réputation sulfureuse, qui le poursuivit au-delà de la mort. Son œuvre est inséparable de l'aventure du *Grand Jeu*, née au lycée de Reims de l'amitié passionnée de quatre adolescents, en 1925 : Roger Lecomte, qui deviendra en 1927 Roger Gilbert-Lecomte, René Daumal, Roger Vailland, Robert Meyrat. L'exigence est commune, mais les destins divergent. Tandis que Meyrat devient un médecin réputé et rompt avec le groupe avant la première livraison de la revue, tandis que Vailland montre son opportunisme dès 1929, pour être finalement rejeté par le groupe, et que Daumal échappe par son œuvre et par le soutien de divers amis à la dépendance des hallucinogènes auxquels le groupe l'avait initié, Gilbert-Lecomte s'isole, à partir de 1934, dans une dépendance de plus en plus étroite à l'opium puis à l'héroïne. D'autres amis se relaieront auprès de lui : Pierre Minet, figure étonnante de poète vagabond, qui préfacera la *Correspondance* ; Léon Pierre-Quint, codirecteur avec Philippe Soupault des Éditions Kra, grâce à qui la publication de la revue *Le Grand Jeu* a été possible, qui envisage une collection réservée aux membres du groupe, dirigée par Roger Gilbert-Lecomte, et qui ne cessera de le soutenir par de menues commandes alimentaires ; Arthur Adamov, qui s'était lié à lui dès l'époque du *Grand Jeu*, accompagne ses dernières années, signe avec lui des articles de circonstance dans *Comœdia* durant la guerre, et établira l'édition posthume d'inédits *(Testament*, 1955), dont le texte est aujourd'hui contesté.

Le rôle de Roger Gilbert-Lecomte fut essentiel dans la parution du *Grand Jeu*. Aidé de Léon Pierre-Quint, il prépare les sommaires et la maquette, tandis que René Daumal s'occupe avec doigté d'élargir les contributions, grâce à des rencontres capitales : celles du peintre tchèque Joseph Sima, de l'écrivain tchèque Richard Weiner, du Hollandais Hendrick Cramer, de l'avocat tourangeau André Rolland de Renéville. Gilbert-Lecomte signe quatre textes et plus par livraison. Il collabore en outre à d'autres revues et publie des recueils de poèmes, donne en 1929 à *Bifur*, la revue de Georges Ribemont-Dessaignes, une apologie de la drogue sous le titre « Monsieur Morphée empoisonneur public », publie des textes sur l'œuvre du peintre Sima, une plaquette *La Vie, l'Amour, la Mort, le Vide et le Vent* (1933) et *Le Miroir noir* (1938).

Gilbert-Lecomte cultive « cette forme de lyrisme violent, noueux, torride, ce lyrisme en cris d'écorché qui se pare de mots abrupts », écrit Artaud (*NRF*, décembre 1934), lequel a cru reconnaître là « cet air de spasmes mal calmés qui appartiennent par exemple à la poésie thibétaine ». Conformément à une conception plus centrale du haut lyrisme : « voir et faire voir », la poésie de Gilbert-Lecomte prend ses modèles chez les poètes voyants : Novalis et Rimbaud. Dans la deuxième livraison du *Grand Jeu*, il consacre à ce dernier deux textes et préface sa *Correspondance inédite* en développant ce thème : « L'inspiration poétique exactement créatrice est la forme occidentale de la voyance ». Pendant la guerre, les pages rapides qu'il donne à *Comœdia* contiennent un bel éloge de Novalis, qui « savait que tout ce qui en l'homme vaut la peine de vivre tend vers un seul but inéluctable et monotone : passer outre aux frontières personnelles, jaillir hors de la gangue des corps séparés » (1942). La peinture, comme celle de Sima, atteint elle aussi cette aptitude à servir de miroir à l'homme : « Ce que voit et ce que fait voir Sima aujourd'hui », c'est « une œuvre exposée pour qu'on ne la voie point ». Point aveugle où le peintre devient « médiateur entre l'homme et image de l'homme ».

Les accents du *Grand Jeu* et de l'œuvre de Gilbert-Lecomte peuvent paraître spiritualistes, voire mystiques. Certes, comme Artaud, Gilbert-Lecomte cherche du côté de l'Orient la révélation-révolution par laquelle sera promu à la conscience « le grand esprit humain primitif, jusqu'ici enfermé, subjectif et rarement conscient, dans les hommes, qui alors explosera ». Mais il ne se réclame pas moins d'une philosophie moniste, écartant tout spiritualisme dualiste, et d'une pensée soumise d'autre part à un déterminisme absolu (*Le Grand Jeu*, n° 3). On ne saurait donc établir de passerelles trop simples entre des œuvres pourtant proches, celle du dernier Daumal et celle de Gilbert-Lecomte, toute de fulgurance et de crispation. Roger Gilbert-Lecomte est mort durant la guerre, le 31 décembre 1943.

ŒUVRES. — *Œuvres complètes*, Gallimard, 2 t. : *Proses*, 1974 ; *Poésies*, 1977. — *Correspondance*, Gallimard, 1971.

→ Roland Dumas, avec la collaboration de Christine Piot, *Plaidoyer pour Roger Gilbert-Lecomte* suivi de « Cristal pour l'éclair » de Serge Sautreau, Gallimard, 1985.

J.C.-G.

Gille Élisabeth (1937-1996). Née le 20 mars 1937 dans une famille juive aristocratique de Saint-Pétersbourg, traductrice de l'anglais, éditrice (chez Denoël, Flammarion, Julliard et Rivages), elle laisse trois romans : *Le Mirador* (Presses de la Renaissance, 1992), autobiographie imaginaire de sa mère morte à Auschwitz en 1942 ; *Le Crabe sur la banquette arrière* (Mercure de France, 1994) qui traite avec humour et insolence le thème de la maladie mortelle ; *Un paysage de cendres* (Le Seuil, 1996), tableau de la France contemporaine couverte des « cendres » des derniers conflits, guerre mondiale et guerre d'Algérie. Elle est morte le 30 septembre 1996.

A.G.

Gille Valère (1867-1950), puis Valère-Gille. Né à Anderlecht (Bruxelles), le 3 mai 1867. Son nom est inséparable de l'histoire de *La Jeune Belgique*, dans les colonnes de laquelle, avec Albert Giraud et Iwan Gilkin (le groupe des trois « G »), il a défendu en Belgique la poésie classique d'inspiration parnassienne : il collabore à la revue dès 1887, et en devient directeur deux ans plus tard (1889-1891). Si ses vers sont d'une facture irréprochable, ses modèles d'expression sont variés : son premier recueil, *Le Château des merveilles* (1893), est plutôt verlainien, tandis que *La Cithare* (1897, couronné par l'Académie française) se construit sur le modèle des antiques dans la tradition classique, et évoque les paysages de la Grèce dans une atmosphère bucolique et mythologique ; quant au *Collier d'opales* (1899) et au *Coffret d'ébène* (1900), ils relèvent de l'esthétique romantique, et laissent transparaître le tempérament élégiaque et quelquefois pessimiste du poète. C'est avec *La Corbeille d'octobre* (1902) qu'il donne son meilleur recueil : sur un ton ample et lyrique, il y exprime la lente reconquête de la femme aimée. Signalons enfin *Le Joli Mai* (1905), *La Victoire ailée* (1921), inspirée par la Grande Guerre, et la *Transfiguration d'Eros* (posth., 1953), recueil animé par le thème de la communion de l'homme avec la nature, dans un style parfois ampoulé. On lui doit également des essais, ainsi que des souvenirs sur l'expérience de *La Jeune Belgique*. Conservateur à la Bibliothèque royale, il sera l'un des membres fondateurs de l'Académie royale de langue et de littérature françaises de Belgique (1920). Il est mort à Haasdonk (Belgique), le 1er juin 1950.

→ Albert Giraud, *Portraits du prochain siècle*, Girard, 1894. — Ernest Warlop, *Valère-Gille et* La Jeune Belgique *: lettres d'écrivains et d'artistes*, Bruxelles, Société royale des bibliophiles et iconophiles de Belgique, 1978.

O.Bi.

Gillès Daniel (1917-1981), pseudonyme de Daniel Gillès de Pélichy. Né à Bruges (Belgique), le 7 mai 1917, il passe son enfance dans un village des Flandres, élevé par des Bénédictins. Il tirera de ces années de collège la matière d'un récit, *L'État de grâce* (1958). Résistant durant la Seconde Guerre, il fait part de son expérience dans les nouvelles de *Mort la douce* (1952, prix Rossel), où la sublimation et l'idéalisation de l'amour vont de pair avec la dénonciation de l'hypocrisie bourgeoise. Daniel Gillès doit à ses origines, à sa formation d'avocat et à ses activités professionnelles dans le monde de la haute finance d'avoir pu construire une œuvre en grande partie centrée sur les problèmes socio-politiques de la Belgique d'après-guerre. De *Jetons de présence* (1954) et *Le Coupon* (1956) illustrant les relations entre pouvoir et argent dans la haute bourgeoisie et l'aristocratie belges, à *La Termitière* (1960), qui montre la société coloniale de l'ancien Congo belge, son œuvre romanesque suit les détours de l'histoire contemporaine, sacrifiant parfois les ressorts fictionnels aux détails historiques. Si les mesquineries de la province flamande sont encore le sujet de *Les Brouillards de Bruges* (1962), c'est dans une grande fresque historique que Gillès a donné le meilleur de son œuvre : *Le Cinquième Commandement* (inachevé, cinq tomes), retrace la période la plus sombre de l'histoire du XXe siècle, de l'Anschluss *(Le Festival de Salzbourg*, 1974) à la Résistance *(Laurence de la nuit*, 1981), en passant par la guerre d'Espagne (*Nés pour mourir*, 1976), l'exode et la capitulation (*La Tache de sang*, 1977), et l'incarcération (*Le Spectateur brandebourgeois*, 1978). On lui doit aussi des biographies, de *Tolstoï* (1959), *Lawrence* (1964), et *Tchekhov* (1967, grand prix de la Critique). Il est mort le 8 mai 1981.

ŒUVRES. — Aux Éditions Albin Michel. — *Nés pour mourir*, rééd., Bruxelles, Labor, coll. Espace Nord, 1995.

→ *Marginales* (Bruxelles), n° 66-67, juin-juillet 1959.

O.Bi.

Gilliard Edmond (1875-1969). Après des études de lettres à l'université de Lausanne et un séjour de trois ans à Paris, il revient en 1904 à Lausanne, où il enseigne la littérature française jusqu'à sa retraite en 1935. Il est le fondateur avec Paul Budry, en 1914, des *Cahiers vaudois*, qui publieront entre autres Ramuz, Cingria, Matthey. L'œuvre de Gilliard comprend des essais d'ésotérisme et de philosophie (*La Croix qui tourne*, 1929 ; *La Dramatique du moi*, 1936-1940), de la poésie (*La Passion de la mère et du fils*, 1928), un pamphlet (*L'École contre la vie*, 1942), un journal et de la critique littéraire. Avec Ramuz, il sera l'un des premiers à revendiquer, contre les tenants d'une littérature nationale « helvétique », l'autonomie d'une littérature authentiquement suisse romande, voire vaudoise (*Du pouvoir des Vaudois*, 1926). Singulière par un style que caractérise la virtuosité du jeu sur la langue, l'œuvre de Gilliard témoigne d'une quête personnelle en même temps que d'une volonté de critique sociale.

ŒUVRES. — *Œuvres complètes*, Genève, Trois collines, 1965.

P.-A.R.

Gilson Étienne (1884-1978). Né à Paris, d'ascendance bourguignonne, il fait d'abord des études secondaires au petit séminaire de Notre-Dame-des-Champs. Il hésite entre la littérature et la philosophie, pour laquelle il finit par opter. Ses positions s'écartent alors du cartésianisme régnant de Léon Brunschvicg. Au même moment, Lévy-Bruhl l'initie à la lecture de Thomas d'Aquin et lorsqu'il soutient sa thèse sur Descartes en 1913, c'est déjà dans l'optique d'une relecture à la lumière de la philosophie médiévale. En 1913-1914, il donne à Lille ses premiers cours sur le thomisme, travail qui prélude à la publication d'une somme intitulée *Le Thomisme*, qui subira, de 1920 à 1943, de considérables remaniements et augmentations. Dans les années vingt, Gilson rencontre celui qui sera son éditeur et l'un de ses plus chers amis, Joseph Vrin. Son intérêt s'élargit aux figures de saint Bonaventure, de saint Bernard, de saint Augustin, et c'est bientôt l'ensemble de la philosophie médiévale qu'il parvient à dominer. En témoigne *L'Esprit de la philosophie médiévale* (1930), écrit à la suite de cours donnés à Aberdeen. Une équation controversée y est posée entre le thomisme et la « philosophie chrétienne », qui fait du « révélable » l'objet de la philosophie. Dans la ligne de cet effort d'articulation entre temporel et spirituel, *Le Philosophe et la théologie* affirme le « primat de la parole de Dieu, même en philosophie ». « La cité des hommes ne peut s'élever que comme le faubourg de la cité de Dieu ». Dans les années cinquante, son principal dessein sera d'essayer de se définir par rapport à la « nouvelle philosophie de l'être » de Heidegger, notamment avec *L'Être et l'essence* (1948). Recherchant chez Kierkegaard et Hegel « l'origine religieuse de l'existentialisme contemporain », Gilson conclut à une dérive de la version athée de l'ontologie existentielle, qui conduit à une théologie du désespoir et au nihilisme. Dans les années soixante, il élargit encore son champ de recherches, et publie plusieurs études sur le domaine artistique, ainsi que des analyses de la société contemporaine. Lorsqu'il meurt, en 1978, il est considéré comme l'esprit qui aura essayé avec le plus de rigueur et d'engagement de donner du christianisme une vision philosophique cohérente de même que le redécouvreur d'un continent intellectuel oublié, la philosophie du Moyen Âge.

ŒUVRES. — *Matières et formes : poiétiques particulières des arts majeurs*, Vrin, 1964. — *La Théologie mystique de saint Bernard*, Vrin, 1934. — *D'Aristote à Darwin et retour : essai sur quelques constantes de la biophilosophie*, Vrin, 1971. — *Dante et la philosophie*, 3e éd., Vrin, 1972. — *Peinture et réalité*, 2e éd., Vrin, 1972. — *Saint Thomas moraliste*, Vrin, 1974. — *Études sur le rôle de la pensée médiévale dans la formation du système cartésien*,

4e éd., 1975. — *L'Esprit de la philosophie médiévale*, Vrin, 1978. — *Index scolastico-cartésien*, Vrin, 1979. — *L'Athéisme difficile*, Vrin, 1979. — *Introduction à l'étude de saint Augustin*, 5e éd., Vrin, 1982. — *Constantes philosophiques de l'Être*, Vrin, 1983. — *Le Thomisme, introduction à la philosophie de saint Thomas d'Aquin*, 7e éd., Vrin, 1983. — *Réalisme thomiste et critique de la connaissance*, Vrin, 1983. — *La Philosophie au Moyen-Âge : des origines patristiques à la fin du* XIVe *siècle*, Payot, 1986. — *De la Bible à François Villon ; Rabelais franciscain*, Vrin, 1986. — *L'Être et l'essence*, 2e éd., Vrin, 1987. — *Correspondance avec Jacques Maritain*, Vrin, 1991.

G.Si.

Giono Jean (1895-1970). Né le 30 mars 1895 à Manosque, en Provence, d'une mère d'origine picarde et d'un père d'origine piémontaise, il s'est enraciné dans sa province et dans sa ville, qu'il n'a quittées que pour quelques voyages (en Italie, en Écosse, aux Baléares), y travaillant comme employé de banque, s'y mariant en 1920 avec Élise Maurin (professeur au collège), s'installant en 1930 dans une petite maison aux abords de la ville. C'est à Manosque qu'il écrira toute son œuvre, et qu'il mourra le 9 octobre 1970.

Envoyé sur le front en 1916, participant à la bataille de Verdun, il en revient pacifiste et militera pour cette cause dans les années 1930. S'étant déclaré « déserteur » pour le prochain conflit quel qu'il soit, il sera arrêté deux fois sans véritable raison : en novembre 1939 (libéré sur l'intervention de Gide auprès de Daladier) et en août 1944, quelques jours après le débarquement (libéré le 2 février 1945).

On aurait tort de se fier à l'apparente facilité de l'œuvre de Giono et au seul plaisir immédiat de lecture qu'elle donne. Il est de ces écrivains dont l'image a évolué au fil du temps. Désormais, il est au premier rang de cette grande génération des romanciers de l'entre-deux-guerres, comme en témoignent l'édition de ses œuvres en huit volumes dans la Bibliothèque de la Pléiade, la publication en recueil de ses textes posthumes ou dispersés, et la multiplication des études qu'il suscite. L'originalité de cette œuvre est de reposer tout entière sur le rapport que l'homme entretient avec le monde naturel, rapport changeant, ambivalent et même contradictoire, mais fondamental.

Giono a été longtemps identifié à ses premiers romans, perçus comme romans « paysans » et exaltant la vie paysanne. En réalité, ces romans sont gouvernés par un sentiment panique double, la joie n'y allant jamais sans terreur. *Colline* (1928) raconte l'histoire d'hommes qui sauvent leur village en répondant aux agressions de la nature. Le héros de *Regain* (1930) fait revivre le sien qui avait été déserté, mais en dominant d'abord en soi des instincts de sauvagerie. Dans *Que ma joie demeure* (1935), les hommes et les femmes du plateau Grémone ont à se défendre contre l'ennui, et l'espoir de vie nouvelle que leur apporte un inconnu qui survient, Bobi, finit par échouer. Les personnages de *Batailles dans la montagne* (1937) luttent ensemble contre une catastrophe naturelle, mais, l'ayant maîtrisée, ils ne viennent pas à bout de leurs égoïsmes.

Si la vision de l'homme et du monde qui se dégage de ces romans est loin d'être idyllique, il est vrai qu'elle ne cesse d'être sous-tendue par le rapport que le premier a avec le second, et que ce rapport est souvent euphorique. Le plaisir de la sensation y tend par moments vers l'ivresse. Ce même contact avec le monde est encore le principe régulateur d'autres romans de la même période dont il n'est pas le seul sujet : *Un de Baumugnes* (1929), histoire d'une amitié en même temps que d'un amour, où la pureté du héros ne fait qu'un avec celle de ses montagnes natales ; *Le Grand Troupeau* (1931), où c'est par référence au monde que la guerre est condamnée ; *Jean le Bleu* (1932), une autobiographie transformée en roman d'apprentissage, dont la partie centrale est consacrée à la découverte de la vie dans les collines ; *Le Chant du monde* (1934), qui a des aspects de roman d'aventures, mais reste construit selon le rythme des saisons.

L'interprétation simplifiée ou gauchie que l'on a pu faire de ces romans tient à ce que, durant ces mêmes années trente, Giono écrivait des essais bientôt prolongés par une action, qui allaient un temps dominer dans l'image conservée de lui dans l'opinion. Il s'appuyait sur le succès rencontré par ses romans, en particulier sur l'audience de *Que ma joie demeure* dans la jeunesse, pour dire à ses lecteurs ce qu'étaient la vraie vie et la vraie poésie — ce qu'il appelait, dans le premier de ces essais, qui prit en 1936 les dimensions d'un volume, *Les Vraies Richesses*. Cette dynamique devait aboutir aux rencontres bisannuelles tenues dans un hameau de la montagne de Lure, le Contadour. Du fait des événements, l'entreprise de rénovation poétique au contact du monde s'y trouva bientôt associée à une croisade pacifiste que Giono menait dans une autre série d'essais, de *Refus d'obéissance* (1937) à *Recherche de la pureté* (1939).

Mais dans le même temps où Giono se donnait cette figure de maître à penser, il faisait prendre à son œuvre romanesque un tournant décisif avec *Les Deux Cavaliers de l'orage*. Ce roman, dont les circonstances devaient retarder jusqu'en 1965 la publication en volume, bien qu'il ait été écrit dans sa presque totalité de 1938 à 1943, peut être considéré, sans en avoir le titre, comme la première des « Chroniques » de Giono. On y trouve avant la lettre les traits qui les définissent : une narration nouvelle qui fait la part belle, aux dépens de la description, à toutes les formes orales d'une chronique villageoise, des héros qui sont moins sensibles aux joies et aux terreurs du monde qu'à sa présence muette et au défi que son indifférence lance à des hommes soucieux de donner un sens à leur vie. Seuls des désirs irréalisables et transgressifs, en l'occurrence l'orgueil d'une suprématie de force physique impossible à maintenir, et un amour incandescent de frère à frère, ont ici pour les héros la démesure qu'il faut pour relever ce défi.

Diverses expériences personnelles dont une première incarcération en 1939 pour pacifisme ouvrent à l'œuvre une autre voie nouvelle avec *Pour saluer Melville* (1940), à l'origine essai biographique et critique consacré à l'auteur de *Moby Dick* (à la traduction duquel Giono venait de participer), mais qu'il a vite fait de transformer en roman. Se font jour ici tout un romanesque du sentiment et toute une psychologie jusqu'alors très étrangers à Giono, ainsi qu'un ton par moments stendhalien. En 1944-1945, Giono subit une seconde incarcération, cette fois sur des soupçons, sans véritable fondement, de collaboration (l'essai *Triomphe de la vie* n'était en 1941 qu'une reprise momentanée et comme la clôture de la série des essais d'avant-guerre, et la publication en feuilleton des *Deux cavaliers de l'orage* dans un journal collaborateur était contrebalancée par l'action personnelle de Giono en faveur de victimes, juives et autres, de la persécution). À cette expérience amère, Giono réagit en 1945 par un redoublement d'exaltation de la passion et de stendhalisme en concevant le personnage d'Angelo, qui fera en 1951 une apparition flamboyante dans *Le Hussard sur le toit*. Avec ce roman, Giono retrouve après des années de mise à l'écart un très vaste public, mais sous un visage apparemment tout différent de celui que lui avait donné son œuvre d'avant-guerre. Le jeune aristocrate piémontais, fils naturel d'une duchesse, *carbonaro* exilé en France après avoir tué un espion autrichien, se trouve confronté en Provence à une épidémie de choléra et aux réactions qu'elle provoque. Pour supporter tant d'horreurs physiques et morales, il lui faut toute sa bravoure et sa générosité naturelles. Il y est aidé, à partir du moment où il la rencontre au cours de sa fuite sur les toits de Manosque, par la compagnie d'une jeune femme, Pauline, dans laquelle il a trouvé une âme sœur.

Le Hussard sur le toit faisait partie, dans le premier projet de Giono, d'un ensemble de dix romans, en deux séries parallèles de cinq, dont l'une devait raconter l'histoire d'Angelo au milieu du XIXe siècle, et l'autre celle de son petit-fils Angelo II dans le courant du XXe. De la première n'ont été écrits, outre le *Hussard*, qu'*Angelo* (rédigé avant le *Hussard*, mais publié seulement en 1958), qui montre le héros à son arrivée en France, mêlé à un complot légitimiste et rencontrant une première fois Pauline, et *Le Bonheur fou* (1958), où le même héros, de retour en Italie après avoir échappé au choléra, prend part aux combats et affronte les intrigues de la révolution de 1848. De la seconde série n'a été écrit qu'un roman, *Mort d'un personnage* (1949), qui est un des chefs-d'œuvre de Giono. On y accompagne Pauline, avec les yeux d'Angelo II, dans la vieillesse et jusqu'au moment de sa mort.

Pendant la rédaction du *Hussard*, Giono s'était à plusieurs reprises interrompu pour écrire des récits réunis sous le nom de « Chroniques ». Passions impossibles, tentations criminelles et actions frappées de démesure y répondent à l'ennui existentiel et sont rapportées, toujours sous forme de récits oraux, par les héros eux-mêmes, des témoins ou la tradition locale. Le plus célèbre est *Un roi sans divertissement* (1947), dans lequel l'officier de gendarmerie chargé d'identifier et d'arrêter l'auteur de plusieurs meurtres finit par se tuer, parce qu'il a reconnu en lui-même la même tentation de verser le sang. *Les Âmes fortes* (1949) est le roman de Giono le plus moderne, par la rupture qui y est faite avec un principe de la narration traditionnelle. L'histoire y est racontée selon deux versions des mêmes faits, également possibles, mais contradictoires, entre lesquelles, le lecteur reste dans l'impossibilité de choisir. *Les Grands Chemins* (1951), chronique du temps présent, suit de sa naissance à sa fin inéluctable l'amitié condamnée d'un homme de la route pour un « Artiste » qu'il rencontre, artiste non moins en tours de cartes et en tricherie que sur sa guitare. *Le Moulin de Pologne* (1952), histoire des catastrophes dont la fatalité semble poursuivre une même famille à chaque génération, est aussi celle des défis que lui opposent certains de ses membres. Dans les années 1955-1965, Giono jettera un pont entre le cycle du Hussard et ses Chroniques en écrivant une série de courtes histoires qui montrent l'officier de gendarmerie aux prises avec les complots évoqués dans *Angelo* (*Les Récits de la demi-brigade*, recueil posthume, 1972).

Au milieu de ces Chroniques et intégré à elles, *Noé* (1947) est une entreprise unique dans l'œuvre de Giono, et qui témoigne elle aussi de préoccupations modernes. C'est le roman de l'invention romanesque. Giono n'y raconte pas une histoire, mais fait participer le lecteur à une succession d'histoires qu'il invente au fur et à mesure, chacune abandonnée pour la suivante, autant de romans virtuels dans l'intervalle qui sépare deux romans réellement écrits.

Dans les dix dernières années de sa vie, Giono se partage entre divers projets. Il annexe l'histoire au roman dans *Le Désastre de Pavie* (1963). Il touche au cinéma, qui était pour lui une tentation depuis la fin des années trente, par la réalisation de *Crésus* (1960) et plusieurs scénarios, dont le plus important est celui qu'il tire lui-même d'*Un roi sans divertissement*, à la mise en scène duquel il s'intéresse de très près (1963). Il conçoit et rédige des parties de *Dragoon*, qui eût été la plus ample de ses Chroniques, histoire de deux familles, sur plusieurs générations, qui s'achève sur les difficultés d'un amour incestueux entre un frère et une sœur (posth., 1982). Il esquisse sous le titre *Cœurs, passions, caractères* une série de courtes histoires dans lesquelles il se sert, de façon neuve et provocante, d'une apparence de psychologie (posth., 1982). Une seule de ces histoires aboutira à un volume publié, *Ennemonde et autres caractères* (1968). Mais l'œuvre se terminera sur un dernier roman dans l'esprit des Chroniques, *L'Iris de Suse* (1970), histoire d'une cavale heureusement conclue par la passion du héros pour une « absente », dernier exemple d'attachement impossible, cette fois non seulement accepté, mais source d'apaisement. Dans ces derniers romans, l'histoire des personnages est indissociable de la présence de ce même monde naturel qui était déjà dans les premiers, non un décor, mais le témoin et le révélateur de la condition humaine.

ŒUVRES. — *Œuvres romanesques complètes*, éd. Robert Ricatte *et al.*, Bibliothèque de la Pléiade, 1978-1983, 6 t. — *Récits et essais*, éd. Pierre Citron *et al.*, Bibliothèque de la Pléiade, 1989. — *Journal, poèmes, essais*, éd. Pierre Citron *et al.*, Bibliothèque de la Pléiade, 1995. — *Œuvres cinématographiques*, éd. Jacques Meny, Gallimard, t. I, 1980. — Jean Giono-Jean Guéhenno, *Correspondance 1928-1969*, éd. Pierre Citron, Seghers, 1991. — La plupart des romans sont réédités dans les collections Blanche, Folio ou au Livre de Poche.

→ *Album Giono*, iconographie réunie et commentée par Henri Godard, Bibliothèque de la Pléiade, 1980. — Pierre Citron, *Jean Giono*, Le Seuil, 1990. — Jacques Chabot, *L'Imagionaire*, Actes Sud, 1990. — Marcel Neveux, *Giono ou le bonheur d'écrire*, Éditions du Rocher, 1990. — Henri Godard, *D'un Giono l'autre*, Gallimard, 1995. — *19/20*, n° 5, mars 1998. — Il existe depuis 1973 un *Bulletin des amis de Jean Giono* : *Giono* (Association des amis de Jean Giono, Aix-en-Provence).

H.Go.

Giovannoni Jean-Louis (1950). Assistant social dans un hôpital psychiatrique de la région parisienne, il publie son premier recueil à vingt-cinq ans, *Garder le mort* (1975), dans une langue dépouillée, sans images, serrant au plus près la mort. Poète du fragment, il est volontiers elliptique. Dans *Les mots sont des vêtements endormis* (1983), il compose des aphorismes. Recueil formé de textes brefs, *Ce lieu que les pierres regardent* (1984) rappelle les haïkus japonais. Sa poésie, réfractaire à la contemplation du visible, exprime une quête obstinée de l'au-delà des choses. *Les choses naissent et se referment aussitôt* (1985) recueille dix ans de poésie (1974-1984). *L'immobile est un geste* (1990) reprend les recueils publiés entre 1982 et 1989. *Pas japonais* (1991) poursuit la quête du silence dans les mots et éclaire les mouvements contradictoires qui animent l'acte créateur : « Écrire, c'est appeler, appeler surtout pour que rien ne vienne. » Dans *L'Invention de l'espace* (1992), il interroge le rapport des êtres et des choses avec leur matérialité et celui de la langue avec l'existence : « Nos mots sont l'espace qui manque à ce monde. » Il a été codirecteur des *Cahiers du double* (avec Raphaële George, 1977-1981) et a traduit Pessoa et Miguel Hernandez.

D.H.-M.Ber.

Girard Pierre (1892-1956). Agent de change, il a passé toute sa vie à Genève, préférant la littérature aux affaires. Auteur de chroniques spirituelles publiées dans plusieurs journaux de Suisse romande, il s'est illustré dans le roman poétique et la nouvelle (une vingtaine de volumes). Son ton ironique, le plaisir qu'il prend à jouer avec les mots, sa prédilection pour les paradoxes l'apparentent à Giraudoux. Rien de moins sérieux que les jeunes filles et les banquiers qui évoluent dans *Lord Algernon* (1925), *Syrup de Cassis* (1941), *Amours au palais Wilson* (1942) ou *Charles dégoûté des beefsteaks* (1944). Pour eux, la vie n'est supportable qu'au prix d'un refus des valeurs conformistes et grâce à une connivence joyeuse avec la nature et les choses.

F.Fo.

Giraudon Liliane (1946). Née le 13 avril 1946 à Cavaillon, professeur de lettres, auteur d'une thèse sur Jean Tortel, auquel elle rend hommage dans *Fragment personnel* (Fourbis, 1993), collaboratrice de *Critique*, *Java*, *TXT*, elle a codirigé *Banana Split* et co-fondé *If* (Marseille, 1992). D'emblée elle se situe en marge des genres, mêle des vers à de « petits tas de prose » (*Têtes ravagées*, La Répétition, 1979 ; *Je marche ou je m'endors*, POL, 1982 ; *La Réserve*, POL, 1984 ; *Divagation des chiens*, POL, 1988), s'adonne au récit court (*« La Nuit »*, POL, 1986 ; *Pallaksch, Pallaksch*, POL, 1990, prix Maupassant ; *Fur*, POL, 1992 ; *Les Animaux font toujours l'amour de la même manière*, POL, 1995), et cherche à réconcilier l'écriture avec la musique (*Billy-the-Kid*, Manicle, 1982) et la peinture (*La Lettre*, Brémont, 1983 ; *Cinq poèmes au format de l'éventail*, Ecbolade, 1983).

J.P.

Giraudoux Jean (1882-1944). Né à Bellac (Haute-Vienne) le 29 octobre 1882, il ne connaîtra « de grande ville qu'à [sa] majorité », les déplacements d'un père fonctionnaire (des Ponts et Chaussées d'abord, des Finances ensuite) lui procurant le « curriculum » Bessines-Pellevoisin (Indre) - Cérilly-Cusset (Allier) « qu'aucun voyage Cook ne prévoit ». Cette enfance provinciale nourrit ses premières œuvres, une province tendrement raillée, une enfance fêtée avec pudeur, et non sans ambivalence : les premiers souvenirs sont ceux d'un père taciturne et bourru, d'une vie villageoise étroite et mesquine dont on rêve de s'évader. Plus tard, l'écrivain vantera avec ironie les bienfaits de ce « stage », de ce « circuit par de petits bourgs et de gros cantons » qui donne à l'enfant « son volume, et plus de confiance dans la vie ». De son enfance il construira alors un mythe, un âge d'or ; son passage coïncidera dans l'histoire de Bellac ou de Cérilly avec une période de « haute civilisation », une « époque de Périclès ». Issus de telles « capitales florissantes », les petits Limousins et les petits Berrichons de sa génération s'élanceront à la conquête de Paris et du monde. En attendant, c'est dans les livres que s'effectuent ses premiers voyages. Sa mère lui fait tôt apprendre à lire. Il sera, dès l'école communale de Pellevoisin, où il entre en 1890, un élève modèle. Une bourse lui permet de poursuivre ses études au lycée de Châteauroux ; il y connaît pendant sept ans (1893-1900) la solitude de l'internat, avec pour unique consolation le travail et les récompenses ; il en sortira couvert de lauriers, pour rejoindre, toujours boursier, le lycée Lakanal à Sceaux, où il prépare le concours de l'École normale supérieure. Reçu treizième en 1902, lauréat du concours général en version grecque, il n'entre à la rue d'Ulm qu'en novembre 1903, après avoir accompli son service militaire.

Les années 1904-1907 sont cruciales dans sa formation. Certes, le palmarès n'est plus aussi brillant : le licencié ès lettres avec mention « bien » de 1904 obtiendra péniblement son diplôme d'études supérieures et échouera à l'agrégation (1907). Mais le jeune normalien découvre la littérature allemande grâce aux cours de Charles Andler ; après la licence, il bascule dans la section d'allemand ; une bourse d'étudiant germaniste lui vaut un séjour d'un an (1905-1906) à Munich, où il fréquente moins l'université que les théâtres et les cafés. Il parcourt l'Allemagne et l'Europe centrale, collectionne à Munich, à Berlin et à Paris les amitiés littéraires et artistiques. Lorsqu'il revient, en mars 1908, d'une année à Harvard, la plupart des nouvelles qui formeront le recueil des *Provinciales* sont déjà écrites.

En 1909, Giraudoux tente, sans succès, le « grand concours » des Affaires étrangères. Atteint par la limite d'âge, il se rabat, un an plus tard, sur le « petit » concours des chancelleries. Ainsi débute, en juin 1910, une curieuse carrière diplomatique qui se déroulera tout entière à l'administration centrale, bien qu'il ait accédé au « grand corps » en 1919. C'est en 1909 encore qu'il rencontre Bernard Grasset, alors à ses débuts, qui lance le jeune écrivain en publiant les *Provinciales*. Commence une collaboration qui durera, non sans heurts, jusqu'à la mort. Grasset façonnera la carrière de Giraudoux écrivain, lui assurant un soutien financier bien au-delà de ce que justifiaient ses tirages, l'imposant peu à peu au public, publiant les trois quarts de sa production. Les quelques titres confiés par Giraudoux à l'éditeur Émile-Paul rejoindront le catalogue Grasset en 1935.

Gide avait salué les *Provinciales* comme un coup de maître. À la veille de la Première Guerre, se précisait l'image d'un jeune écrivain orgueilleux mais timide, sûr de son talent, mais cherchant encore ses assises dans la vie. Sans doute ressemblait-il alors aux jeunes hommes de son second livre de nouvelles, *L'École des indifférents* (1911), ou au héros de *Simon*, le roman qui commençait de paraître en feuilleton en 1914. Son indifférence en fait un dandy, qui se protège contre les échecs, les déceptions sentimentales, les blessures d'amour-propre. Son cœur sec cache une sensibilité extrême. Une protection lui viendra aussi, sous une autre forme, de Philippe Berthelot, puissant directeur au Quai d'Orsay et qui apprécie son talent (que Claudel lui avait signalé). C'est l'époque où Giraudoux entretient des amitiés qui seront celles de toute sa vie : Paul Morand (rencontré en 1905 à Munich), Jean-Louis Vaudoyer, Edmond Jaloux lui ouvrent les salons littéraires, le monde des artistes et des musiciens, rendent compte de ses premiers livres. C'est l'époque aussi des grandes amours : pendant deux ans il ne respire que pour une riche héritière cubaine, Rosalia Abreu (*Lettres à Lilita*, 1989) ; en 1913, il rencontre Suzanne Boland, qu'il épousera en 1921 et dont il aura un fils.

La guerre sera pour Giraudoux comme un « voyage dans l'imagination et dans la sensibilité ». Deux campagnes, deux blessures : de la Marne (septembre 1914) aux Dardanelles (mai-juin 1915), il connaît « toutes les plus grandes beautés et horreurs de la guerre ». Suivent de longs séjours à l'hôpital, des missions militaires au Portugal (1916), à Harvard (1917), des mois d'arrière pendant lesquels on l'emploie à la Maison de la Presse, organe de propagande qui dépend du ministère des Affaires étrangères. De cette période naissent des récits d'un charme particulier, tout en nuances. Ils seront recueillis dans *Lectures pour une ombre* (1917), *Amica America* (1918) et *Adorable Clio* (1920). Ce dernier volume contient « Nuit à Châteauroux », que Proust avait déjà lu dans la *NRF* de 1919, et admiré au point d'y faire allusion dans *Sodome et Gomorrhe*.

Ses amis espéraient la suite de *Simon*, abandonné depuis 1914. *Simon le Pathé-*

tique, publié un mois avant l'armistice mais daté de 1913, devait répondre à leur attente. Giraudoux devenait romancier, sans rupture apparente : il s'agissait de trois nouvelles soudées autour d'un même héros. Ce premier « roman », presque entièrement récrit entre 1915 et 1917, donnait le tracé d'un parcours sentimental d'avant-guerre revu et corrigé par un homme devenu, dans l'intervalle, adulte. Le livre allait connaître d'autres métamorphoses, jusqu'à son édition définitive en 1926.

Mais en attendant, fêter la victoire, c'était surtout pour Giraudoux fêter la littérature : « C'est la paix. C'est le printemps. Les éditeurs éditent, les boutiques des libraires vont mettre une toile pour protéger les livres du soleil ». On ne s'étonnera donc pas de découvrir dans *Elpénor* (1919, éd. augmentée en 1926) et dans *Suzanne et le Pacifique* (1921) une célébration des joies de l'écriture. Tout, dans ces deux volumes, annonce les procédés romanesques de Giraudoux. D'abord, un mode d'écriture « palimpsestique ». Non seulement *Elpénor* « refait » l'*Odyssée* selon presque tous les modes de transformation possibles, pastiche, burlesque, parodie, mais il fournit aussi, toujours d'après l'*Odyssée*, un schéma que *Suzanne* reprendra et que tant d'autres textes imiteront : un départ, puis, au terme d'un périple au cours duquel le héros s'est révélé à lui-même, un retour. Bref, le schéma de la fugue, si familier aux lecteurs de Giraudoux. En second lieu, ces œuvres frappent par leur dédain des conventions. Tout paraît concourir dès *Elpénor* et *Suzanne* à détruire l'illusion romanesque, à créer des personnages pirandelliens, « en quête d'auteur », conscients de leur statut littéraire, errant comme Ulysse de livre en livre, de légende en légende. De cette conscience, tous les personnages de Giraudoux tireront une force : ils affirment leur indépendance, s'échappent de la vie médiocre, de leur propre légende ou du destin qui les écrase. Mais le jeu est, bien entendu, truqué : le fugueur ne peut rencontrer en route que d'autres légendes, d'autres schémas littéraires (celui de *Robinson Crusoé* pour *Suzanne)*, qui le renvoient au point de départ. Le monde du livre, où le héros entretient l'illusion d'évoluer librement, l'enferme et le tient prisonnier. La plus belle variation sur ce thème est sans doute *Juliette au pays des hommes* (1924).

Tout expérimentaux qu'ils sont, les romans de Giraudoux ne sont pas de simples divertissements de normalien attardé. L'écrivain qui, de 1921 à 1926, dirigea au Quai d'Orsay le service des Œuvres françaises à l'étranger et le service d'Information et de presse ne pouvait rester indifférent aux problèmes de l'Europe d'après-guerre. Dans *Siegfried et le Limousin* (1922), un écrivain français, relevé amnésique sur le champ de bataille, est rééduqué par une infirmière allemande et devient le premier penseur de la République de Weimar. Mais ce mythe permet à Giraudoux de confronter des tableaux d'actualité avec ses souvenirs d'étudiant et d'engager une méditation sur les nationalités et les conflits entre les peuples qui, de l'aveu même de l'auteur, est moins un roman qu'un « pamphlet », composé « pour attirer l'attention d'un certain public français sur la nécessité de reprendre contact avec l'Allemagne littéraire ». Couronné par le prix Balzac, le livre lui valut la notoriété et son premier vrai succès en librairie.

L'un des thèmes qui allait dominer les romans de la maturité était ainsi trouvé : le désarroi de l'Europe après la guerre. L'autre devait être l'amour. Dès 1924, Giraudoux songe à les mêler dans une œuvre allégorique, *L'Europe sentimentale*. Peu à peu, cependant, ce projet se transforme ; seule *Bella* (1926) y reste plus ou moins fidèle, en opposant deux familles politiques (les Rebendart et les Dubardeau : les contemporains reconnaissaient Poincaré et Berthelot), deux idées de la France et de l'Europe, deux amants qui refusent de se voir dans le miroir de la littérature. Avec *Églantine* (1927), histoire d'une jeune fille tentée par l'amour de deux hommes plus âgés, l'Europe s'efface quelque peu derrière d'autres symbolismes, d'autres oppositions : jeunesse et vieillesse, noblesse et argent, Occident et Orient se mêlent dans ce roman des liaisons illicites.

À la suite d'*Églantine*, en effet, la mésentente conjugale envahit l'œuvre de Giraudoux. Les problèmes du couple, de la séparation, la hantise de la faute, le mystérieux appel d'un bonheur surhumain constituent la problématique essentielle des derniers romans, des *Aventures de Jérôme Bardini* (1930) au *Choix des élues* (1939), même si l'allégorie européenne reparaît brièvement dans *Combat avec l'ange* (1934). Le mythe devient le véhicule privilégié d'une matière autobiographique. Sans doute par pudeur, Giraudoux laissera inédit son roman le plus secret, *La Menteuse* (1958-1969).

« Je pense, écrira Giraudoux en 1939, que c'est le privilège de l'écrivain digne de ce nom de trouver, pendant les temps heureux, ses concitoyens dotés d'une vision par trop réelle et pratique, ce qui lui donne l'occasion de les approvisionner en fantaisie, et, dans les moments fatidiques, de les voir illuminés et imaginaires, ce qui lui permet de distribuer la vérité » ; sa confiance dans la mission de l'écrivain, sa foi dans « l'éclat, la vérité, la loyauté de notre littérature » conduisent Giraudoux, à partir de 1927, à devenir journaliste et conférencier. Il éprouve le besoin de faire passer un message ; le sport, l'urbanisme, les droits de la femme, la protection de la nature et des animaux, l'état moral de la France seront ses sujets préférés, quand ce n'est pas la littérature et les écrivains.

Le même besoin, et le même sens de sa mission, le conduisent aussi, fatalement, au théâtre. L'événement décisif fut sans doute, au printemps de 1927, la rencontre de Louis Jouvet, qui débouche sur une amitié et une féconde collaboration. Mais bien avant cette date, Giraudoux avait rêvé de toucher les foules, de faire « méditer » de vastes sujets dans ces « assemblées générales que sont les théâtres ». C'est dire toute la dignité qu'il confère à cet art où il fit d'emblée figure de rénovateur. Sa première pièce, *Siegfried* (1928), adaptée du roman de 1922, fut contre toute attente un succès éclatant. Giraudoux s'imposant comme le digne héritier de Racine, de Marivaux, de Musset, refusant la facilité, le « divertissement » (notion boulevardière qu'il exécrait), les « ficelles » du « métier », ne négligeant aucune ressource de la langue littéraire ; son théâtre a beau se situer à l'opposé des théories de Baty ou d'Artaud, il n'en est pas moins une entreprise de « rethéâtralisation ». Aussi peu respectueux des conventions que ses romans, le théâtre de Giraudoux appelle le rapprochement avec Pirandello en même temps qu'il annonce Beckett et Ionesco.

Ayant débuté au théâtre par « la seule question grave de l'univers » — c'est ainsi qu'il qualifiait la « question franco-allemande » —, Giraudoux n'hésitera pas à y aborder par la suite, et pour ainsi dire parallèlement, les grands sujets de ses romans et de ses conférences. Il le fera souvent par le biais des mythes, dont il retient le canevas mais bouleverse le contenu et la signification. Le titre d'*Amphitryon 38* (1929) annonce ironiquement la trente-huitième version d'une légende dont s'étaient servis Plaute, Molière et Kleist, tandis que la pièce explore les ambiguïtés de la fidélité et de l'infidélité conjugales et illustre plaisamment la dignité et la fragilité de la condition humaine. *Judith* (1931), *Intermezzo* (1933) et *Tessa* (1934, adapté de *La Nymphe au cœur fidèle* de Margaret Kennedy) dramatisent les thèmes et les conflits de *Combat avec l'ange* : la fabrication des légendes et des personnages légendaires, la tentation de la vie héroïque ou de la mort, les difficiles relations entre amants. Mais le théâtre de Giraudoux est aussi un théâtre d'actualité. *La guerre de Troie n'aura pas lieu* (1935) peut sembler une réflexion sur la guerre et sur la notion antique de fatalité ; en réalité, il s'agit du « problème français », tout comme dans *Électre* (1937) et dans les nombreux articles de presse que Giraudoux réunit dans *Pleins Pouvoirs* (1939), avec cette conséquence que Daladier le nomme commissaire général à l'Information. Jusqu'en mars 1940, il explique à la radio « pourquoi nous faisons la guerre et pourquoi nous ne la faisons pas ». L'actualité dépasse d'ailleurs pour Giraudoux la simple politique : depuis *L'Europe sentimentale*, le sort de la France et celui de l'Europe restent liés symboliquement à celui des couples heureux. Or la séparation, l'infidélité dominent *Cantique des Cantiques* (1938), *Ondine* (1939) et *Sodome et Gomorrhe* (1943), où l'échec du couple annonce la fin du monde.

Mis à la retraite par le régime de Vichy en janvier 1941, Giraudoux, toujours à la recherche d'un porte-voix, écrit à deux reprises pour le cinéma. Quand il disparaît le 21 janvier 1944, il laisse deux pièces inédites : *La Folle de Chaillot* et *Pour Lucrèce*, ainsi que plusieurs récits inachevés.

ŒUVRES. — *Théâtre complet*, éd. Jacques Body *et al.*, Bibliothèque de la Pléiade, 1982. — *Œuvres romanesques complètes*, éd. Jacques Body *et al.*, Bibliothèque de la Pléiade, 2 t., 1990 et 1994 [contient les œuvres cinématographiques]. — *Théâtre complet*, éd. Guy Teissier, La Pochothèque, 1991. — *Œuvres littéraires diverses*, Grasset, 1955, contenant : *Lectures pour une ombre* (1917), *Amica America* (1918), *Adorable Clio* (1920), *Berlin* (1932), *Les Cinq Tentations de La Fontaine* (1938), *Littérature* (1941), *Combat avec l'image* (1941), *Visitations* (1947), *Portugal* (1958) ; à l'exclusion de : *Les Hommes-tigres* (1926), *Le Sport* (1928), *Pleins Pouvoirs* (1939), *Sans pouvoirs* (1945), *La Française et la France* (1951), *Or dans la nuit* (recueil d'articles sur la littérature, 1969). — Les *Cahiers Jean Giraudoux*, Grasset (annuels depuis 1972), ont publié, outre *Le Sport* et *Les Hommes-tigres*, la *Correspondance Giraudoux-Jouvet* (1980), ses *Interviews* (1985 et 1990), les *Messages du Continental* (allocutions du commissaire général à l'Information, 1987) et les articles consacrés à l'urbanisme (1993). Correspondance : *Lettres*, Klincksieck, 1975. — *Lettres à Lilita*, Gallimard, 1989. — *Correspondances littéraires*, Grasset, 1995. — Pour plus de détails : Brett Dawson, *Bibliographie de l'œuvre de Jean Giraudoux 1899-1982*, Bellac, Association des amis de Jean Giraudoux, 1982.

→ René Marill Albérès, *Esthétique et morale chez Jean Giraudoux*, Nizet, 1957. — Jacques Body, *Giraudoux et l'Allemagne*, Didier, 1975. — Jacques Robichez, *Le Théâtre de Giraudoux*, SEDES, 1976. — *Cahiers de l'Association internationale des études françaises*, mai 1982. — *Revue d'histoire littéraire de la France*, septembre-décembre 1983. — Jacques Body, *Jean Giraudoux : la légende et le secret*, PUF, 1986. — Pierre d'Almeida, *L'Image de la littérature dans l'œuvre de Jean Giraudoux*, Grasset, 1988. — Sylviane Coyault, *Le Personnage dans l'œuvre romanesque de Jean Giraudoux*, Berne, Peter Lang, 1992. — L'Association des Amis de Jean Giraudoux (AAJG) et la Société internationale des études giralduciennes (SIEG) collaborent avec la Maison natale à Bellac (87300) pour aider les chercheurs. — Il existe depuis 1972 des *Cahiers Jean Giraudoux* et un *Bulletin des amis de Jean Giraudoux* (Grasset). — Fonds Jean Giraudoux à la Bibliothèque nationale.

J.Bo. et B.D.

Giroux Roger (1925-1974). Né à Meximieux (Ain), le 3 février 1925. « Blancheur qui tombe sur les nerfs », l'œuvre de Roger Giroux se tient aujourd'hui encore dans le quasi-secret. L'expérience poétique française contemporaine lui doit pourtant beaucoup, et d'abord une redéfinition de l'espace poétique dans sa matérialité première, la page, instance dynamique dont le vers ne peut sortir *indemne*.

Hormis la parution au Mercure de France de *L'Arbre le temps* (1964, prix Max Jacob, rééd. 1979, augmenté alors de deux textes importants, « Lieu-Je » et « Lettre »), tous ses textes ont été publiés, après sa mort, par des maisons d'édition artisanales : Le Collet de Buffle (*Voici*, 1974), Orange Export Ltd (*Théâtre*, 1976 ; *S*, 1977) et, créées et dirigées par Jean-Pierre Sintive, lui-même poète, les Éditions Unes (*Et je m'épuise d'être là*, 1982 ; *L'Autre Temps*, 1984 ; *Ptères*, 1985 ; *Journal du poème*, 1986 ; *Sois donc cela*, 1987 ; *Blank*, 1990), seules attachées désormais, sous la responsabilité d'Hervé Piekarski, à la publication des inédits de Giroux.

Bredouiller / chuchoter / murmurer / articuler / prononcer / psalmodier / hurler Roger Giroux : ces titres de dessins, courant dans un album du peintre et graveur François Deck dédié au poète, formulent la meilleure critique possible, le meilleur code d'usage de l'œuvre de Giroux. À partir d'une méditation sur les formes classiques, au premier chef l'alexandrin, interrogées dans leur pertinence, Giroux en arrive à un éclatement concerté de tous les constituants poétiques, du mot en dernière instance, disposés alors sur la feuille comme autant de traces impossibles à colliger, ouvrant, avec le vide chargé que figure la page presque blanche, à ce que Bataille aurait nommé un silence violent.

Au plus vrai de l'autobiographie (ne trahissant jamais rien de soi, sachant abstraire le singulier et donner ainsi à sa voix valeur pour tous, rappelant en cela un autre resserrement poétique, celui de Paul Celan), le travail de Giroux cherche à *dire* : « Qui d'autre que ma voix peut dire je vis / Si je rêve ou je doute avec elle ? / Parler n'est vivre, / Et vivre hors de la voix m'est une double mort. » (*L'Arbre le temps*).

Ses derniers poèmes sont saisis par la dislocation : ils ne peuvent être cités, sinon dans la page en tant qu'unité visuelle ; ils échappent à l'oralisation, sinon comprise dans une logique de « représentation contrariée » du texte en diction étouffée, étranglée. Toujours portée à ses limites, vivant sans réserve le refus de l'esthétisme — la « haine de la poésie » —, la poésie de Giroux, lieu d'abandon, d'amenuisement, d'absorption du texte par le blanc de la page, revient incessamment sur elle-même : « Travailler un texte, c'est lui ôter : des mots, des phrases... le rétrécir le plus possible », confiait-il à son ami Jean Laude. « L'absence d'écrire est mon travail », disait-il encore. L'œuvre de Giroux, comme le note Georges Perros *(Papiers collés III)*, est « en creux, comme celle de Kafka, en plein air, en quête d'une autre justice. À la recherche mortelle d'un angle privilégié. D'un regard. » Roger Giroux est mort à Paris le 26 janvier 1974.

C.T.

Gleize Jean-Marie (1946). Né à Paris le 2 avril 1946, poète et critique de la poésie, il s'est d'emblée situé dans l'avant-garde en abordant l'œuvre de Francis Ponge *(Actes ou textes,* en collaboration avec Bernard Veck, Presses universitaires de Lille, 1984 ; *Francis Ponge,* 1988) et en s'intéressant à l'évolution de la poésie moderne, de Lamartine à Denis Roche *(Poésie et figuration,* 1983) et à la poésie contemporaine *(A noir : poésie et littéralité,* 1992). Auteur de plusieurs livres de poésie dont *Léman* (1990) et *Le Principe de nudité intégrale, manifestes* (1995), il dirige la revue de poésie *Nioques.* Observateur de la poésie vivante, il lui trace trois directions : restauration, invention, négation, lui-même se déterminant plutôt pour la troisième, dont la notion de *littéralité* constitue le versant positif.

ŒUVRES. — Aux Éditions du Seuil, sauf indication contraire.

A.G.

Glesener Edmond (1874-1951). Né à Liège, le 26 août 1874. Si son premier roman, *Histoire de M. Aristide Truffaut, artiste découpeur* (1898) était encore d'inspiration naturaliste, *Le Cœur de François Remy* (1904) montre de réelles qualités d'introspection : l'auteur y raconte l'aventure d'un jeune velléitaire abandonnant le confort rassurant de son milieu pour rejoindre des gitans et vivre la vie des gens du voyage. La veine régionaliste à laquelle on a souvent réduit son œuvre dépasse cependant le simple pittoresque : la *Chronique d'un petit pays (M. Honoré* et *Le Citoyen Colette*, 1913) décrit les milieux populaires, politiques et intellectuels liégeois avec une ironie parfois mordante. La guerre lui inspire des nouvelles patriotiques : *Le Chant des veuves* (1921), *La Chevauchée des Walkyries* (1921), *Les Dytiques* (1922). Il revient au roman avec *Une jeunesse (La Rose pourpre* et *La Flamme du cyprès*, 1927), qui décrit trois destinées opposées dans la Belgique d'avant-guerre, occasion pour l'auteur de croquer des « types ». On retrouve cet intérêt pour les caractères marqués dans *Marguerite* (1931), *L'Ombre des sapins* (1934), *Entre les coteaux bleus* (1937), *Le Joug de feu* (1940). Élu à l'Académie royale de langue et de littérature françaises de Belgique en 1922, il reçut le prix quinquennal de littérature en 1945, et termina sa carrière comme directeur au ministère de l'Instruction publique. Il est mort à Ixelles (Bruxelles), le 25 avril 1951.

→ Gustave Vanwelkenhuyzen, *L'Influence du naturalisme français en Belgique de 1875 à 1900*, Bruxelles, Académie royale, 1930. —

O.Bi.

Glissant Édouard (1928). Né le 21 septembre 1928 au Morne-Bezaudin (Martinique). On chercherait en vain dans ses premiers textes l'exaltation mystique d'une Afrique édénique, contrepoids à la misère et à l'affaissement des Antilles que dénonçait déjà le *Cahier* de Césaire. Comme il l'écrira plus tard dans *Le Sel noir* (« une autre terre déjà m'appelle. C'est l'Afrique, et ce ne l'est pas »), le poète prend conscience de son identité : « l'antillanité », à la fois désir d'enracinement dans sa terre natale, refus de toute forme d'assimilation, fût-ce à l'Afrique-mère – ou marâtre ? – et consentement à la différence. C'est ce programme que développe inlassablement l'auteur de *La Lézarde* et dont le recueil *Les Indes* offre l'expression poétique la plus achevée. Organisé en six chants successifs, le poème se construit autour de la chronique relatant la découverte, puis la colonisation, de l'Amérique par Christophe Colomb et ses compagnons. S'il s'appuie sur le Journal de Colomb, il se réfère aussi au Saint-John Perse d'*Images à Crusoë,* d'*Éloges* et de *Pour fêter une enfance* en instaurant un dialogue inouï entre le Blanc créole guadeloupéen et le petit-fils d'esclaves martiniquais. Au mémorial du colon répond celui du colonisé, où sont évoquées tour à tour la brutalité de la conquête et l'horreur de la traite.

Mais Glissant refuse de se complaire dans le ressassement d'une histoire sanglante, et s'il admet que « l'appel » vers des terres nouvelles est aussi fort qu'autrefois, seule la confrontation des races et des cultures née du « bouillon de culture » des Antilles peut ouvrir la voie vers une humanité nouvelle. Le poète juge donc nécessaire d'assumer son passé, tout en réaffirmant l'urgence de la lutte, dont son premier roman, *La Lézarde* (1958, prix Renaudot), se fera bientôt l'écho. Membre fondateur l'année suivante du « Front antillo-guyanais pour l'indépendance », Édouard Glissant entreprend de mettre en œuvre les idées révolutionnaires énoncées dans *La Lézarde* et développe sa réflexion autour de la notion d'« antillanité », qui nourrit aussi bien ses différents essais que son œuvre poétique et romanesque. Ainsi, de *L'Intention poétique* (1969) au *Discours antillais* (1981), et dans *Poétique de la relation* (1990), puis récemment dans son *Traité du Tout-Monde* (1997), l'écrivain creuse l'idée que la modernité ne peut se fonder que sur l'acceptation de la diversité des langues et des cultures. Récusant le discours universaliste occidental, Glissant estime que « tout homme est né pour dire la vérité de sa terre », à condition toutefois de refuser la sacralisation de l'origine et d'accepter une vision dynamique du monde dans laquelle « chacun est changé par l'Autre et le change ».

Les romans de Glissant, *Le Quatrième Siècle, Malemort, La Case du Commandeur, Mahagony* apparaissent, à la lumière des essais, comme autant de jalons de l'histoire des Antilles, une histoire qui trouve son origine dans la violence du premier vaisseau négrier (« Il me semble que notre projet littéraire se noue au ventre de la bête : dans l'antre du bateau négrier. C'est de si loin qu'il faut venir », déclarait l'auteur en réponse à une enquête de la revue *Caré)*, et se poursuit jusqu'au non-dit de la folie ou de la violence molle de la départementalisation finalement acceptée. Dans *Le Quatrième Siècle,* le romancier tente de restituer quatre siècles d'une histoire tragique marquée par la déportation, la traite, l'abolition de l'esclavage et ce qu'il qualifie aujourd'hui de « colonisation réussie ». L'intrigue du roman se noue autour du destin de deux esclaves, Longuoué et Béluse, qui débarquent le même jour de la *Rose-Marie*, navire négrier, mais dont l'un choisit la liberté et s'enfuit dans les « mornes », tandis que l'autre accepte sa condition servile et devient la propriété du Béké Senglis. Durant quatre siècles, les deux lignées des Longuoué et des Béluse se croisent et s'affrontent jusqu'au face-à-face final, qui oppose Papa Longuoué, dernier descendant du « marron » primordial et « quimboiseur » de son état, à Mathieu Béluse, jeune lettré issu de l'autre branche, que dévore la passion de savoir. Au fil du récit, l'ancêtre dévoile à Mathieu la longue filiation qui, depuis leur arrivée sur l'île du Nouveau Monde, les a portés jusqu'à cet aujourd'hui agonisant, sur ce morne écrasé de chaleur où le passé se laisse enfin élucider. Dire la « mémoire vraie », contrepoids de l'histoire officielle des Antilles, consiste pour Édouard Glissant à écrire « la somme de ce qui fut souffert, l'éparpillement des herbes sur l'argile brûlée, le dessin de la côte au fur et à mesure découverte, l'enracinement dans la motte de terre noire, et le rêve rendu possible après le marronnage et le combat ». Il s'agit à la fois de donner forme à une mémoire collective inexistante, d'assainir la relation de l'Antillais à son histoire tour à tour néantisée, falsifiée et refusée, et par-delà l'élucidation de ce présent antillais qui est une véritable débâcle, de permettre au Martiniquais d'entrer dans ce qu'il appelle « le champ du monde ». Dans un autre roman, *Tout-Monde,* Glissant ébauche pourtant l'utopie d'une société nouvelle, sinon réconciliée avec elle-même, du moins ouverte à l'inlassable et bienheureuse « opacité » de l'Autre.

ŒUVRES. — Au Seuil, sauf indication contraire. — *Soleil de la conscience,* 1955. — *Les Indes,* 1956. — *La Lézarde,* 1958. — *Le Sel noir,* 1960. — *Monsieur Toussaint,* 1961. — *Le Quatrième Siècle,* 1964. — *L'Intention poétique,* 1969. — *Malemort,* 1975. — *Le Discours antillais,* 1981. — *La Case du*

Commandeur, 1981. — *Pays rêvé, pays réel,* 1985. — *Mahagony,* 1987. — *Poétique de la relation,* 1990. — *Fastes,* Toronto, GREF, 1991. — *Tout-Monde,* 1993. — *Faulkner Mississippi,* Stock, 1996. — *Malemort,* Gallimard, 1997. — *Traité du Tout-Monde,* Gallimard, 1997. Les Éditions Gallimard ont entrepris la réédition complète des œuvres d'Édouard Glissant.

→ A. Baudot, *Bibliographie annotée d'Édouard Glissant,* Toronto, GREF, 1993. — *Horizons d'Édouard Glissant,* colloque de Porto, J. et D. Éditions, 1992. — *Figures et fantasmes de la violence dans les littératures francophones de l'Afrique subsaharienne et des Antilles* (t. II, *Les Antilles,* Bologne, Cooperativa libraria universitaria editrice, 1992). — D. Radford, *Édouard Glissant,* Seghers, coll. Poètes d'aujourd'hui, 1982.

J.C.

GLM (1933-1974). Maison d'édition fondée à Paris par Guy Lévis Mano. Derrière ces trois initiales, GLM, qui ornent plus de cinq cents ouvrages et auxquelles bibliophiles associent volontiers les noms de Breton, Char, Jouve, Michaux ou Schehadé, se cache l'un des éditeurs de poésie les plus raffinés de son temps, Guy Lévis Mano (1904-1980). Lui-même, poète dès l'âge de vingt ans, il s'est tourné vers l'édition et l'animation de revues pour publier ses œuvres. Cinq ou six revues précèdent donc, sans laisser de traces marquantes dans le paysage littéraire, la création des Éditions GLM : de *La Revue sans titre* (1923) à *Minutes* (1930) ou *Directions* (1932), elles ont surtout servi à initier le jeune homme au monde éditorial dont il ignorait tout. Sa véritable école fut sans doute la fréquentation des ateliers d'imprimeurs, en particulier celui de Louis Beresniak, qui lui a inculqué le goût du métier de typographe. Au terme de cet apprentissage, il devient lui-même imprimeur et débute en 1933, en tirant ses propres textes, *Il est fou* ou *Ils sont trois hommes*, dans des caractères soigneusement choisis et sur une presse à bras installée dans sa chambre.

À partir de 1935, année de leur installation définitive dans un petit local situé au 6 rue Huyghens, à Paris, dans le quartier de Montparnasse, les Éditions GLM, dotées d'un atelier d'imprimeur, prennent leur essor. Guy Lévis Mano tire au départ profit des difficultés rencontrées par des maisons comme Le Sagittaire ou Au Sans Pareil, où étaient publiés les surréalistes. L'éditeur-imprimeur, qui partage avec ces derniers le souci d'une présentation élégante et d'une adéquation entre texte et illustration, et qui accepte, pour peu qu'ils lui plaisent, des écrits difficiles, va trouver en Eluard, Tzara, Char dont il restera longtemps le principal éditeur, Gisèle Prassinos, Péret, Man Ray, Duchamp ou Dali les auteurs et illustrateurs qui feront plus tard sa gloire. La période la plus féconde des Éditions GLM se situe sans doute dans l'immédiate avant-guerre, entre 1936 et 1939 : outre un catalogue exceptionnel qui présente un éventail de collections à prix divers (« Repères », « Habitude de la poésie » ou « Poètes d'aujourd'hui »), l'éditeur dispose d'une revue, les *Cahiers GLM*, qui lui permet de promouvoir ses auteurs, et d'une librairie, située en face de l'atelier. C'est également une période de recherches et d'expérimentations hardies, dont témoigne l'interprétation typographique du poème de Nerval, *El Desdichado*, ou de celui d'Eluard, *Quelques-uns des mots* (1937).

Après la guerre — Guy Lévis Mano est en captivité —, la maison reprend mais ne connaîtra plus la même effervescence. Si Char ou Jouve lui restent fidèles, si elle accueille encore de jeunes poètes, Jacques Dupin, Andrée Chedid ou André Du Bouchet, Guy Lévis Mano perd petit à petit ses auteurs, peu sensibles à son sens de la discrétion et à la confidentialité de ses tirages. Les deux dernières décennies voient ses activités se ralentir et s'orienter vers l'édition de textes anciens (Gongora, Jean de la Croix, Lope de Vega) ou de traductions. À la modernisation des procédés d'imprimerie et de diffusion, il oppose jusqu'au bout, avec une obstination aussi héroïque que suicidaire, la conception hautement artisanale qui fit le prestige de sa maison avant d'en provoquer le déclin.

→ Antoine Coron, *Les Éditions GLM 1933-1974,* Bibliothèque nationale, 1981. — *GLM,* Fata Morgana, 1982.

A.D. — IMEC

Godbout Jacques (1933). Né à Montréal, il a fait ses études au collège Brébeuf et à l'université de Montréal, puis enseigné en Éthiopie de 1954 à 1957. Réalisateur à l'Office national du film depuis 1958, il a tourné une douzaine de longs métrages. Il a participé à la fondation de la revue *Liberté* (1959), du Mouvement laïque de langue française (1962) et de l'Union des écrivains québécois (1977), dont il fut le premier président. Sa carrière littéraire a commencé à la fin des années 1950 par la publication de plusieurs recueils de poèmes, mais ce sont ses romans qui lui ont valu de figurer parmi les principaux écrivains québécois au moment de la Révolution tranquille. *L'Aquarium* (1962), *Le Couteau sur la table* (1965) et surtout *Salut Galarneau !* (1967) répondent à l'attente des lecteurs en mal d'identité. Un quart de siècle après *Salut Galarneau !*, l'auteur a donné un second volet à son roman : *Le Temps des Galarneau* (1993), où le héros, devenu gardien de nuit, se montre très éloigné des ambitions du vendeur de *hot dogs* qui incarnait les espoirs du Québec en 1967. Dans *D'Amour P.Q.* (1972), le romancier Thomas D'Amour, transformé en personnage par le secrétaire qui frappe son manuscrit, traverse les codes de la littérature pour redécouvrir sa langue « maternelle » et l'espace socioculturel qui l'a façonnée sous l'influence de la bande dessinée et du cinéma américain. À l'heure de la querelle du joual, ce récit singulier faisait le point d'une manière ironique sur un sujet brûlant. L'actualité a souvent inspiré l'imagination romanesque de Jacques Godbout : les dossiers écologiques et constitutionnels sont soumis à la loi d'une affabulation fantaisiste dans *L'Isle au dragon* (1976) et *Les Têtes à Papineau* (1981). *Une histoire américaine* (1986), tout en renouant avec des éléments de l'intrigue africaine de *L'Aquarium*, raconte les mésaventures californiennes de Grégory Francœur, un militant nationaliste qui fuit son passé et le Québec postréférendaire dans les fumeux horizons de la côte Ouest.

Journaliste et essayiste, Jacques Godbout s'est constamment intéressé aux débats qui ont agité l'opinion publique au cours des trente dernières années. Tout en favorisant le courant de modernisation qui a transformé rapidement la société où il a grandi, l'auteur du *Réformiste* (1975) et du *Murmure marchand* (1984) conserve une attitude critique à l'endroit du nationalisme et du nouveau pouvoir des médias. Son style se caractérise par la formule percutante, le paradoxe et le brio des analyses sociales. Le cinéaste de *Deux épisodes dans la vie d'Hubert Aquin*, d'*Alias Will James* et du *Mouton noir* propose un commentaire vif sur des sujets qui revêtent une importance symbolique.

ŒUVRES. — Les romans, aux Éditions du Seuil et la plupart de ses essais, aux Éditions du Boréal (Montréal). — *Carton-pâte*, poèmes, 1956. — *Les Pavés secs*, poèmes, 1958. — *C'est la chaude loi des hommes*, poèmes, 1960. — *L'Aquarium*, roman, 1962. — *Le Couteau sur la table*, roman, 1965. — *Salut Galarneau !*, roman, 1967. — *D'Amour P.Q.*, roman, 1972. — *Le Réformiste*, essai, 1975. — *L'Isle au dragon*, roman, 1976. — *Les Têtes à Papineau*, roman, 1981. — *Le Murmure marchand*, essai, 1984. — *Souvenirs Shop*, 1985 [réunit les trois recueils de poèmes antérieurs et *Souvenirs Shop*]. — *Une histoire américaine*, roman, 1986. — *Plamondon, un cœur de rockeur*, essai, 1988. — *L'Écran du bonheur*, essai, 1990. — *L'Écrivain de province*, journal, 1991. — *Le Temps des Galarneau*, roman, 1993.

→ André Belleau, « Une histoire d'amour (P.Q.)... », *Le Romancier fictif*, Montréal, Presses de l'université du Québec, 1980. — Gilles Marcotte, « La faute de François-Thomas Godbout », *Le Roman à l'imparfait*, Montréal, La Presse, 1976. — Jacques Michon, « L'œuvre romanesque de Jacques Godbout », *Le Roman contemporain au Québec 1960-1985*, Archives des Lettres canadiennes, Montréal, Fides, t. VIII, 1992. — Jacques Pelletier, « La problématique nationaliste dans l'œuvre romanesque de Jacques Godbout », *Le Roman national*, Montréal, VLB, 1991.

R.B.

Godeau Georges-Louis (1921). Ingénieur des Travaux publics, il s'est tourné vers la poésie. Épris de liberté, il vit retiré dans un bourg des Deux-Sèvres, non loin de son village natal. Sa poésie, de plain-pied avec le quotidien, parle d'hommes et de femmes qui travaillent, de leurs peines ou de leurs joies ordinaires, sans racolage idéologique. *Les Mots difficiles*, préfacé par Mounin (1962, prix Aloysius Bertrand), présente des reportages en prose, incisifs, sans lyrisme ni bavardage. Ses poèmes allient le concret et le métaphysique dans un style sans emphase ni fioritures. *Foules prodigieuses* (1970), recueil de courtes proses, propose des instantanés de la vie courante. Dans *Après tout* (1991) comme dans ses précédents recueils (*Déjà*, 1983 ; *C'est comme ça*, 1988 ; *L'Œil vivant*, 1989), Godeau apparaît comme un poète rural. En 1992, il a reçu le prix Poitou-Charentes pour l'ensemble de son œuvre, dont de nombreux textes ont été traduits et publiés au Japon et en Russie. Il est en outre l'auteur d'un essai, *Avec René Char* (1989), et a animé la revue ronéotée *Le Pain du pauvre*.

D.H.-M.Ber.

Godel Vahé (1931). Né le 16 août 1931 à Genève, d'un père suisse et d'une mère arménienne, il a fait des études de lettres et enseigné à Genève. Il a séjourné en Arménie soviétique. Son œuvre se nourrit de la richesse de sa double origine : « mi-ceci, mi-cela, je me sens perpétuellement et partout un peu déraciné, exilé — divisé, dispersé ». Diverse quoique orientée par une recherche rigoureuse et cohérente, elle se compose principalement de poèmes et de « récits-poèmes » : plus d'une quinzaine de recueils à ce jour (notamment *Quelque chose, quelqu'un, poèmes 1966-1986*, 1987, préface de Jean Starobinski ; *Du même désert à la même nuit*, 1978, préface de Michel Butor et 1990, préface de N. Bouvier ; *Qui parle ? Que voyez-vous ?*, 1982 ; *De plus belle*, 1993), mais aussi des romans (*Ov*, 1992 ; *Arthur autre*, 1994), d'un récit érotique (*Vous*, 1990) et d'essais sur Spiess, Patocchi ou la poésie de Suisse romande. Il a également traduit de nombreux textes de l'arménien. L'unité de son œuvre, écrit Jean-Marie Le Sidaner, tient « du rite, ou plutôt du mythe. Le lien entre les éléments fictionnels et poétiques réside dans les intermittences du souffle, ses halètements, ses syncopes, ses reprises acharnées, ses explosions de rire, de terreur, sa "terrible" nécessité ».

→ Jean-Marie Le Sidaner, *Vahé Godel*, Fribourg, Éditions universitaires, 1981.

P.A.

Godin Gérald (1938-1994). Né à Trois-Rivières (Québec), connu comme « député poète » depuis qu'il a enlevé sa circonscription montréalaise au Premier ministre Robert Bourassa en 1976, il fut longtemps journaliste. Après des *Chansons très naïves* (1960) en mémoire de l'enfance, des *Poèmes et cantos* (1962) pour « faire péter la cerise des mots / au boutoir d'un cri », puis de *Nouveaux Poèmes* (1963), où l'on remarque déjà une section intitulée « les Cantouques », il se fait largement connaître par d'autres *Cantouques, poèmes en langue verte, populaire et quelquefois française* (1967) où, malgré une utilisation systématique et politique du joual, le poète se distingue de l'école des romanciers de *Parti pris*. Sa langue est moins « cassée », plus savoureuse, plus littéraire, avec des échos de Villon ou de Rutebeuf aussi bien que des clichés publicitaires ou populaires. Le mot « cantouque », de l'anglais *canthook*, gaffe pour manier les billes de bois, évoque aussi le « cantique », chant sacré, chant du malheur et de la solidarité. Le poète aime tous les mots, du plus humble au plus savant, y compris les archaïsmes, anglicismes et jurons. Sa violence n'est pas sans tendresse et son populisme a quelque chose d'aristocratique — d'antibourgeois —, d'érudit et de ludique. « Je fais une poésie de piéton », dit-il, faisant parler les « mots citoyens ». La vie quotidienne, pour lui, n'est pas vécue passivement, isolément, mais dans une présence intense, multipliée, baroque. Ami et jusqu'à un certain point émule de Réjean Ducharme, qui préfacera la rétrospective des poèmes de 1960 à 1986 : *Ils ne demandaient qu'à hurler*, Godin représente, tout près de la chanson, un courant important de la poésie québécoise.

ŒUVRES. — *Écrits et paroles*, 1993, t. I : *Politique, culture* ; t. II : *Traces pour une autobiographie*.

L.M.

Goemans Camille (1900-1960). Né à Louvain (Belgique), le 23 janvier 1900, il est un des fondateurs du groupe bruxellois du mouvement surréaliste belge. De 1922 à 1924, avec ses anciens condisciples Henri Michaux et Éric de Hauleville, il collabore au *Disque vert* ; il désavouera son premier et unique recueil publié de son vivant, *Périples* (1924), orienté vers la métaphysique. Il participe la même année au lancement de *Correspondance*, qui marque les débuts du groupe surréaliste de Bruxelles. En 1925, il s'installe à Paris et fréquente régulièrement le cénacle de Breton ; il dirige une galerie d'art de 1927 à 1930, dans laquelle il expose des œuvres de Magritte, Tanguy, Dali et Arp, et où il organise la première grande exposition de collages. En 1928, il fonde avec Paul Nougé la revue *Distances*. Un an après, il lance, à partir de Paris, une série de tracts co-rédigés avec Magritte, comprenant chacun un poème et une reproduction de tableau, réunis sous le titre *Le Sens propre* ; il fonde la revue philosophique *Hermès* (1933), collabore à la revue *Le Ciel bleu* (1945). Goemans ne cessera de s'intéresser à la peinture, restant en marge du mouvement surréaliste, ne se souciant guère de publier ses textes ; son œuvre ne paraîtra en grande partie qu'après sa mort, survenue le 4 juin 1960 *(Poèmes pour la guerre* ; *Grand comme une image* ; *De la fausse ressemblance*, 1968 ; *Arsène* ; *Le Bonheur des rois ou quelques précisions pour un adolescent*, 1969 ; *La Fille perdue* ; *Interrogeons notre destin*, 1970). Attentif aux formes et aux rythmes, il a composé entre autres des poèmes en prose constitués en réalité d'alexandrins mis à la suite, ainsi que de petits textes-placards découpés au hasard du mot ou de la lettre *(Lxtrohp...)* : la surprise et la légèreté sont au cœur de ses poèmes, souvent provoquées par la rencontre inopinée des êtres et des objets ; ses réflexions critiques demeurent une partie importante de son œuvre.

ŒUVRES. — *Œuvre 1922-1957*, éd. Marcel Mariën, Bruxelles, De Rache, 1970. — *Écrits*, rééd., Bruxelles, Labor, coll. Espace Nord, 1992.

O.Bi.

Goffette Guy (1947). Né à Jamoigne (Belgique), le 18 avril 1947. Pratiquant une poésie transparente en prise avec le réel, il a publié une dizaine de recueils où s'affirme son attachement aux objets et aux espaces, cherchant dans le quotidien les traces d'une vie « à venir » *(Quotidien rouge*, 1971 ; *Nomadie*, 1979 ; *Prologue à une maison sans murs*, *Huit muses neuves et nues*, *Solo d'ombres*, 1983 ; *Le Dormeur près du toit*, 1986 ; *Le Relèvement d'Icare*, en collaboration avec Yves Bergeret, 1987). Dans la lignée d'Elskamp, du premier Francis Jammes et d'Umberto Saba, il utilise une langue familière mais non prosaïque, atteignant à l'émotion par petites touches, en évoquant un geste ou un souvenir, une habitude oubliée, un usage désuet. Nostalgique et tendre, sa poésie sonne juste par son authenticité *(Éloge pour une cuisine de province*, 1988, prix Mallarmé 1989) ; tendu vers l'avenir, projeté vers l'ailleurs, son imaginaire mêle la réalité au désir et à l'espoir *(La Vie promise*, 1991 ; *Mariana, Portugaise*, lettres, 1991 ; *Chemin des roses*, en collaboration avec Bernard Noël, 1991 ; *Le Pêcheur d'eau*, 1995 ; *Partance*, récit, 1995)). Animateur de la revue *Triangle* (1980-1987), lauréat du prix Henri Mondor en 1992, il est aussi l'auteur d'un livre sur Verlaine, parcours poétique et biographique inscrit dans la réalité ardennaise *(Verlaine d'ardoise et de pluie* (1995).

ŒUVRES. — Aux Éditions Champ Vallon, L'Apprentypographe, Gallimard.

→ *Sept poètes en quarantaine, Cahier de poésie* (Bruxelles), n° 1, 1985.

O.Bi.

Goffin Robert (1898-1984). Né à Ohain (Belgique), le 21 mai 1898. Si son premier recueil de vers *(Le Rosaire des soirs*, 1918), est d'inspiration post-symboliste, dès 1922 il trouve sa manière en publiant les poèmes de *Jazz-Band* (préfacé par Jules Romains), consacrés au jazz, à propos duquel il écrira cinq essais (voir *Aux frontières du jazz*, 1932 ; *Histoire du jazz*, 1946). Cosmopolite, il doit à Cocteau et à Cendrars, avec lesquels il est en contact, son éclectisme et son goût de l'évasion. Auteur d'une trentaine de recueils, il mêle des thèmes très différents (le cyclisme, la boxe, le cinéma, la musique, le spectacle, la publicité, les faits divers), dans une langue riche, parfois prolixe. Poésie concrète où la femme est au premier plan *(La Proie pour l'ombre*, 1935), problèmes sociaux, poésie de l'actualité ou de l'Histoire *(Sang bleu*, 1939), tout est matière pour cet écrivain sans retenue, sans véritable domicile littéraire. Tenté par le surréalisme, fidèle aux poètes symbolistes (on lui doit des essais sur Rimbaud, Verlaine et Mallarmé), il mêle de grandes périodes incantatoires à un vers libéré et le plaisir de la suggestion à la poésie brute ; *Le Voleur de feu* (1950), reprenant des poèmes écrits depuis les années quarante, reste son recueil le plus significatif. La thématique scientifique ne le rebute pas *(Romans des anguilles*, *des rats* et *de l'araignée*, 1936-1937 ; *Filles de l'onde*, 1954 ; *Sablier pour une cosmogonie*, 1965). Parmi les recueils de la maturité, on retiendra *Le Versant noir* (1967), *Faits divers* (1969) *Phosphores chanteurs* (1970), *L'Envers du feu* [1971], *Chroniques d'outre-chair* (1975), *Enfance naturelle* (1977) et *Le Chant de* *mai* (1982). Élu à l'Académie royale de langue et de littérature françaises de Belgique en 1953, il devint vice-président du Pen Club international. On lui doit aussi des romans d'espionnage *(Chère Espionne* 1938 ; *Le Fusillé de Dunkerque*, 1941 ; *Le Nouveau Sphinx*, 1941 ; *La Colombe de la Gestapo*, 1943) ainsi que des mémoires *(Souvenirs à bout portant*, 1979 ; *Souvenirs avant l'adieu*, 1980). Il est mort le 28 juin 1984.

ŒUVRES. — *Œuvres poétiques 1918-1954*, Éditions universitaires, 1958.

→ Alain Bosquet, *Robert Goffin*, Seghers, coll. Poètes d'aujourd'hui, 1966. — Jean-Marie Horemans, *Robert Goffin : le poète au sang qui chante*, Charleroi, Institut Jules Destrée, 1976.

O.Bi.

Goll Yvan (1891-1950), pseudonyme d'Isaac Lang. Né à Saint-Dié le 29 mars 1891 d'un père alsacien et d'une mère lorraine, il apprend l'allemand, publie dans cette langue ses premiers recueils (*Lothringische Volkslieder*, Metz, Müller-Verlag, 1912 ; *Der Panamakanal*, Berlin, Meyer, 1912), mais, la guerre venue, part pour la Suisse, y rencontre Claire Studer, qui deviendra sa femme, et se réapproprie le français (« Élégies internationales », *Cahiers expressionnistes*, Lausanne, 1915 ; *Requiem pour les morts de l'Europe*, Genève, Demain, 1916).

En 1919, Yvan et Claire Goll s'installent à Paris. Là, il renoue avec l'Allemagne par ses poèmes (*Der Torso*, Munich, Roland Verlag, 1918 ; *Die Chaplinade*, Dresde, Kämmerer Verlag, 1919), ses essais (*Die drei Guten Geister Frankreichs*, Berlin, Reise Verlag, 1919), et ses « surdrames » (*Die Unterblicken*, Berlin, Kiepenheuer Verlag, 1920 ; *Mathusalem*, Berlin, Kiepenheuer Verlag, 1922), qu'il traduit lui-même (*Mathusalem*, La Sirène, 1923). Dans le même temps, il fonde la revue *Surréalisme* (un seul numéro, octobre 1924), écrit avec Claire Goll le cycle de l'amour (*Poèmes d'amour* ; *Poèmes de jalousie* ; *Poèmes de la vie et de la mort*, Jean Budry, 1925-1926-1927), dénonce par ses romans le monde moderne (chez Emile-Paul : *Le Microbe de l'or*, 1927 ; *A bas l'Europe*, 1928 ; *Agnus Dei*, 1929 ; *Sodome et Berlin*, 1929, rééd. Circé, 1995 ; chez Corrêa : *Lucifer vieillissant*, 1934), et transpose sa crise spirituelle dans le cycle de Jean sans Terre (*La Chanson de Jean sans Terre* ; *Deuxième livre de Jean sans Terre* ; *Troisième livre de Jean sans Terre*, Poésie et Cie, 1936-1938-1939).

Parti en 1939 avec sa femme pour les États-Unis, Yvan Goll crée la revue *Hémisphère* (New York, six numéros, 1943-1945) et publie *Chansons de France* ainsi que *Le Mythe de la roche percée* (New York, Hemisphere Editions, 1946 et 1947). Atteint de leucémie, il revient en France (1947) où il poursuit sa quête poétique en chacune de ses langues (*Das Goldene Tor*, Lahr, Verlag Schauenburg, 1948 ; *Élégie d'Ihpetonga*, Hémisphères, 1949 ; *Le Char triomphal de l'antimoine*, Hémisphères, 1949 ; *Les Géorgiques parisiennes*, Seghers, 1951 ; *Dix mille aubes*, Falaize, 1951 ; *Les Cercles magiques*, Falaize, 1951). Il meurt à Paris le 27 février 1950.

ŒUVRES. — Émile-Paul, 1968 et 1970, 2 t.

→ Jules Romains *et al.*, *Yvan Goll*, Seghers, 1956. — Dietrich Schaefer, *Die Frühe Lyrik Yvan Goll's*, thèse, Kiel, 1965. — Winfried Hauck, *Die Bildwelt bei Y. Goll*, thèse, München, 1965. — Karin Spriegel, *Untersuchungen zum dramatischen Werk Yvan Goll's*, thèse, Salzburg, 1970. — Vivien Perkins, *Yvan Goll : an Iconographical Study of His Poetry*, Bonn, Bouvier, 1970. — Vera Barbara Profit, *Death and the Poet : Interpretation of Yvan Goll's Late Poetry*, thèse, Rochester, 1974. — Margaret Parmée, *Yvan Goll : the Developement of His Poetic Themes and Their Imagery*, Bonn, Bouvier, 1981. — James Phillips, *Yvan Goll and Bilingual Poetry*, Stuttgart, Akademischer Verlag Heinz, 1984. — Pierre Georges Pouthier, *Yvan à Claire — Yvan an Claire — Yvan to Claire*, Bern, Lang, 1987. — Philippe Brun, *Édition critique de la « Trilogie de la pierre » d'Yvan Goll*, thèse, Paris-XII, 1989. — Michel Grunewald et Jean-Marie Valentin éd., *Yvan Goll 1891-1950 : situations de l'écrivain*, P. Lang, 1995.

J.P.

Gomez Arcos Agustín (1939). Né le 15 janvier 1939 à Enix, en Espagne, d'une famille républicaine, il compose quatorze pièces de théâtre en espagnol, se heurte à la censure et vient en France. Il peint dans ses romans, écrits en français, les débuts du franquisme (*L'Agneau carnivore*, Stock, 1975 ; *L'Enfant pain*, Le Seuil, 1983), ou l'Espagne des années soixante, à travers une prostituée (*Maria Republica*, Stock, 1976), une paysanne

(*Ana non*, Stock, 1977), une veuve (*Scènes de chasse [furtive]*, Stock, 1978), ou une fille de soldat (*Un oiseau brûlé vif*, Le Seuil, 1984). Il déplore la permissivité du monde moderne (*Bestiaire*, Le Préaux-clercs, 1988) tout en s'en prenant à la religion (*L'Enfant miraculée*, Fayard, 1988) et à l'armée (*La Femme d'emprunt*, Le Seuil, 1993), au risque de ne trouver au bout de la route que le vide, comme le héros de *L'Ange de chair* (Stock, 1995).

J.P.

Goncourt *(Académie)*. Soucieux de sa postérité — « C'est chez moi une occupation perpétuelle à me continuer après ma mort [...] », *Journal*, 7 juillet 1883 —, Edmond de Goncourt décida dès 1874 de léguer ses biens à une « société » dont le but est notamment de décerner « un prix annuel [...] à un ouvrage littéraire ». Il souhaitait aussi faire pièce à l'Académie française : son testament stipule que les membres de la société à venir sont interdits de Coupole ; seuls des hommes de lettres peuvent prétendre faire partie des Dix (le mot est de Jules Vallès) ; le prix doit couronner « la jeunesse [...], l'originalité du talent, [les] tentatives nouvelles et hardies de la pensée et de la forme ». En 1900, la procédure entamée par la famille contre les écrivains désignés par Edmond de Goncourt prend fin au bénéfice de ces derniers. Le 26 janvier 1902, les statuts de la « Société littéraire des Goncourt » sont enregistrés au *Journal officiel*. L'association est reconnue d'utilité publique l'année suivante. Le premier prix Goncourt est décerné, le 21 décembre 1903, à John-Antoine Nau pour *Force ennemie*. Les jurés sont : Élémir Bourges, Léon Daudet, Lucien Descaves, Gustave Geffroy, Léon Hennique, Joris-Karl Huysmans, Paul Margueritte, Octave Mirbeau, Joseph et Séraphin Rosny (ce dernier absent). À partir de 1914, c'est au restaurant Drouant que les Dix déjeunent une fois par mois, conformément aux statuts, prolongeant ainsi la tradition des cénacles où s'allient bel esprit et bonne chère.

Le prix, attribué en décembre, est l'un des plus importants. C'est pourquoi, depuis les origines, le choix des « Goncourt » a souvent fait l'objet d'ardentes polémiques alimentées par les journaux et les médias, qui contribuent volontiers à la pérennisation d'un certain folklore littéraire. Mais les enjeux sont plus importants : le lauréat est assuré de connaître un grand succès de librairie *(La Condition humaine* de Malraux s'est vendu à plus de trois millions d'exemplaires) et, si elle n'est déjà acquise, la notoriété. L'un des premiers scandales fut l'attribution du prix à Proust, pour *À l'ombre des jeunes filles en fleurs* en 1919, devant *Les Croix de bois* de Dorgelès. Si le choix des jurés est indiscutable d'un point de vue littéraire, la presse se déchaîne contre l'âge et la fortune du lauréat, et le caractère inopportun de son œuvre dans une France épuisée par la guerre. En 1948, l'Académie Goncourt a perdu trois de ses membres, accusés de collaboration : Jean Ajalbert, Sacha Guitry et René Benjamin. Dans les années cinquante, elle connaît une première vague médiatique (reportages radiophoniques en direct), amplifiée à partir des années soixante-dix par la télévision. Les rivalités entre les jurys des prix Femina (fondé en 1905), Renaudot (en 1925), Interallié (en 1930) nuisent parfois aux lauréats potentiels. Le trio Gallimard-Grasset-Le Seuil triomphe si régulièrement que l'attribution du prix 1994 à Didier van Cauwelaert, écrivain publié chez Albin Michel, a fait figure d'événement. Malgré erreurs et oublis, l'Académie Goncourt, institution largement reconnue, se remet sans mal des critiques récurrentes sur la valeur des prix littéraires. Elle diversifie ses activités en octroyant diverses bourses Goncourt : de la nouvelle (depuis 1974), du récit historique (depuis 1974), de la biographie (depuis 1980), de la poésie (depuis 1985), du premier roman (depuis 1990), essayant de faire revivre l'idéal du fondateur, qui souhaitait permettre à de jeunes talents d'échapper aux contingences matérielles.

Membres actuels : Daniel Boulanger (élu en 1983), Jean Cayrol (élu en 1973), Françoise Chandernagor (élue en 1994), Edmonde Charles-Roux (élue en 1983), Didier Decoin (élu en 1994), Françoise Mallet-Joris (élue en 1970), François Nourissier (élu en 1977), Robert Sabatier (élu en 1971), André Stil (élu en 1977), Michel Tournier (élu en 1972).

→ Michel Caffier, *Des mets et des mots :*

80 ans d'histoire littéraire chez Drouant, Nil, 1994 ; *L'Académie Goncourt*, PUF, coll. Que sais-je ? — Jacques Robichon, *Le Défi des Goncourt*, Denoël, 1975.

I.M.

Goncourt *(prix)*. Créé le 21 décembre 1903, conformément aux dispositions testamentaires d'Edmond de Goncourt (mort le 16 juillet 1896), à la mémoire de son frère Jules (mort le 20 juin 1870), et décerné en novembre à un ouvrage en prose publié dans l'année.

1903 : John-Antoine Nau, *Force ennemie*
1904 : Léon Frapié, *La Maternelle*
1905 : Claude Farrère, *Les Civilisés*
1906 : Jérôme et Jean Tharaud, *Dingley, l'illustre écrivain*
1907 : Émile Moselly, *Terres lorraines*
1908 : Francis de Miomandre, *Écrit sur de l'eau*
1909 : Marius et Ary Leblond, *En France*
1910 : Louis Pergaud, *De Goupil à Margot*
1911 : Alphonse de Châteaubriant, *Monsieur des Lourdines*
1912 : André Savignon, *Les Filles de la pluie*
1913 : Marc Elder, *Le Peuple de la mer*
1914 : André Bertrand, *L'Appel du sol* (décerné en 1916).
1915 : René Benjamin, *Gaspard*
1916 : Henri Barbusse, *Le Feu*
1917 : Henri Malherbe, *La Flamme au poing*
1918 : Georges Duhamel, *Civilisation*
1919 : Marcel Proust, *À l'ombre des jeunes filles en fleurs*
1920 : Ernest Pérochon, *Nêne*
1921 : René Maran, *Batouala*
1922 : Henri Béraud, *Le Martyre de l'obèse*
1923 : Lucien Favre, *Rabevel ou le mal des ardents*
1924 : Thierry Sandre, *Le Chèvrefeuille*
1925 : Maurice Genevoix, *Raboliot*
1926 : Henri Deberly, *Le Supplice de Phèdre*
1927 : Maurice Bedel, *Jérôme, 60° latitude nord*
1928 : Maurice Constantin-Weyer, *Un homme se penche sur son passé*
1929 : Marcel Arland, *L'Ordre*
1930 : Henri Fauconnier, *Malaisie*
1931 : Jean Fayard, *Mal d'amour*
1932 : Guy Mazeline, *Les Loups*
1933 : André Malraux, *La Condition humaine*
1934 : Roger Vercel, *Capitaine Conan*
1935 : Joseph Peyré, *Sang et lumières*
1936 : Maxence van der Meersch, *L'Empreinte du dieu*
1937 : Charles Plisnier, *Faux Passeports*
1938 : Henri Troyat, *L'Araigne*
1939 : Philippe Hériat, *Les Enfants gâtés*
1940 : prix réservé à un prisonnier de guerre ou un déporté politique, décerné en juin 1946 à Francis Ambrière pour *Les Grandes Vacances*
1941 : Henri Pourrat, *Vent de mars*
1942 : Marc Bernard, *Pareils à des enfants*
1943 : Marius Grout, *Passage de l'homme*
1944 : Elsa Triolet, *Le premier accroc coûte deux cents francs* (décerné en 1945)
1945 : Jean-Louis Bory, *Mon village à l'heure allemande*
1946 : Jean-Jacques Gautier, *Histoire d'un fait divers*
1947 : Jean-Louis Curtis, *Les Forêts de la nuit*
1948 : Maurice Druon, *Les Grandes Familles*
1949 : Robert Merle, *Week-end à Zuydcoote*
1950 : Paul Colin, *Les Jeux sauvages*
1951 : Julien Gracq, *Le Rivage des Syrtes* (l'auteur refuse le prix)
1952 : Beatrix Beck, *Léon Morin, prêtre*
1953 : Pierre Gascar, *Les Bêtes, Le Temps des morts*
1954 : Simone de Beauvoir, *Les Mandarins*
1955 : Roger Ikor, *Les Eaux mêlées*
1956 : Romain Gary, *Les Racines du ciel*
1957 : Roger Vailland, *La Loi*
1958 : Francis Walder, *Saint-Germain ou la négociation*
1959 : André Schwartz-Bart, *Le Dernier des justes*
1960 : Vintila Horia, *Dieu est né en exil* (le prix n'est pas décerné)
1961 : Jean Cau, *La Pitié de Dieu*
1962 : Anna Langfus, *Les Bagages de sable*

1963 : Armand Lanoux, *Quand la mer se retire*
1964 : Georges Conchon, *L'État sauvage*
1965 : Jacques Borel, *L'Adoration*
1966 : Edmonde Charles-Roux, *Oublier Palerme*
1967 : André Pieyre de Mandiargues, *La Marge*
1968 : Bernard Clavel, *Les Fruits de l'hiver*
1969 : Félicien Marceau, *Creezy*
1970 : Michel Tournier, *Le Roi des aulnes*
1971 : Jacques Laurent, *Les Bêtises*
1972 : Jean Carrière, *L'Épervier de Maheux*
1973 : Jacques Chessex, *L'Ogre*
1974 : Pascal Lainé, *La Dentellière*
1975 : Émile Ajar, *La Vie devant soi*
1976 : Patrick Grainville, *Les Flamboyants*
1977 : Didier Decoin, *John l'Enfer*
1978 : Patrick Modiano, *Rue des boutiques obscures*
1979 : Antonine Maillet, *Pélagie-la-Charrette*
1980 : Yves Navarre, *Le Jardin d'acclimatation*
1981 : Lucien Bodard, *Anne-Marie*
1982 : Dominique Fernandez, *Dans la main de l'ange*
1983 : Frédérick Tristan, *Les Égarés*
1984 : Marguerite Duras, *L'Amant*
1985 : Yann Quéffelec, *Les Noces barbares*
1986 : Michel Host, *Valet de nuit*
1987 : Tahar Ben Jelloun, *La Nuit sacrée*
1988 : Érik Orsenna, *L'Exposition coloniale*
1989 : Jean Vautrin, *Un grand pas vers le Bon Dieu*
1990 : Jean Rouaud, *Les Champs d'honneur*
1991 : Pierre Combescot, *Les Filles du Calvaire*
1992 : Patrick Chamoiseau, *Texaco*
1993 : Amin Maalouf, *Le Rocher de Tanios*
1994 : Didier van Cauwelaert, *Un aller simple*
1995 : Andreï Makine, *Le Testament français*
1996 : Pascale Roze, *Le Chasseur zéro*
1997 : Patrick Rambaud, *La Bataille*

I.M.

Gonzague-Frick Louis de (1883-1961). Poète et dandy, il fit la guerre de 1914 en gants blancs et monocle à l'œil. Il signait volontiers « le préconsul », créa l'école de Lurain (nom de sa rue) et fonda le druidisme, dont il était à la fois le prêtre et le fidèle. Il caricatura avec malice le style de ses contemporains. Ami de Jean Royère et d'Apollinaire, il fut un familier des cercles littéraires où il noua de nombreuses amitiés. Il cherchait à refaire le monde à sa fantaisie. Son œuvre mêle tradition et nouveauté : dans ses vers, travaillés de toutes sortes de subtilités, il ménage des effets inattendus, cultive les néologismes tirés du grec et du latin, ou les mots rares et obscurs chargés de significations secrètes (*Girandes,* 1919). Il a aussi donné, dans divers journaux et revues (notamment à *Comœdia)*, des chroniques savoureuses, encourageant souvent les jeunes auteurs.

D.H.-M.Ber.

Goossens Roger (1903-1954). Né à Bruxelles le 22 décembre 1903. Professeur à l'université de Bruxelles, helléniste, spécialiste du sanscrit, auteur d'une thèse sur *Euripide et Athènes* (1962, posth.). Il participe avec Denis Marion, Paul Nougé et Robert Mathy, à la rédaction de *Chemins privés*, revue manuscrite d'orientation surréaliste (1941). Il est, en littérature, l'auteur d'un seul livre, *Magie familière* (1956, posth.) publié aux Éditions de Minuit par Denis Marion. Constitué pour moitié de textes écrits entre 1934 et 1951, et pour l'autre d'un « Poème » en vingt-quatre mouvements composé durant les dernières années de sa vie, ce recueil tranche sur la production poétique du temps par son caractère introspectif, une mise en question progressive de la société, de la représentation, une pratique d'écriture en acte. « *Je déteste cet univers*. Je suis celui qui n'a pas d'habitude », proclame Goossens : de l'œuvre entendue comme prosaïque magie familière « créatrice de pain et de beurre » à la poésie, véritable Magie et miroir de l'être, son itinéraire passe par la libération des contraintes sociales, le dégagement de toute tutelle métaphysique, le renversement des idoles, l'abandon du « temps de toutes les merveilles : flamme, soleil, amour et parole ». La liberté de « perdre son chemin » n'est concevable qu'au prix d'un dépouillement radical des anciennes valeurs, la solitude étant l'unique condition permettant à l'homme d'être « à l'écoute » de soi-même et de son devenir, de s'élever à la hauteur de l'univers, face à la mort, au néant : « Je ne suis qu'un homme debout parmi les vagues, un homme au milieu de la forêt, un homme seul sous les étoiles, et qui tend l'oreille à la nuit ». De l'énumération des réalités quotidiennes aux cris lancinants affirmant la perte de l'identité sociale, la langue de son poème se fait litanie, s'ouvrant sur la fusion des contraires, cultivant les antinomies, dans une tentative désespérée d'échapper à la réalité. Roger Goossens est mort à Bruxelles, le 7 mars 1954.

ŒUVRES. — *Magie familière*, rééd., Bruxelles, Le Cormier, 1983.

→ Denis Marion, « Portrait d'un poète », *Le Flambeau*, n° 3, 1957. — Tom Gutt, « Un homme et une légende, Roger Goossens », *Le Journal des poètes*, n° 8, 1958.

O.Bi.

Goyémidé Étienne (1942-1997). Né à Ippy, il est l'un des rares écrivains centrafricains à avoir franchi le mur de silence auquel le vouait l'enclavement à la fois politique et culturel de son pays. Il a su conjuguer la passion de la littérature et une carrière dans l'enseignement, qui le vit instituteur et ministre de l'Éducation nationale. Auteur de nouvelles distinguées par le concours de Radio France internationale, *La Fille du ciné-bar*, *La Vengeance noire*, il est surtout connu par ses deux romans, *Le Dernier Survivant de la caravane* (Hatier, 1985), où il relate sur le mode épique l'histoire des razzias menées au siècle dernier par les esclavagistes soudanais en direction de l'actuelle Centrafrique, et *Le Silence de la forêt* (Hatier, 1984), qui évoque en termes rousseauistes la redécouverte du monde primitif de la grande forêt équatoriale, domaine d'élection des Pygmées auxquels l'auteur rend un hommage appuyé. Plusieurs de ses pièces de théâtre, dont les *Mangeurs de poulets crevés*, ont été représentées dans le cadre de la Semaine franco-centrafricaine, à Bangui.

J.C.

Gracq Julien (1910), pseudonyme de Louis Poirier. Né le 27 juillet 1910, à Saint-Florent-le-Vieil (Maine-et-Loire), entre Angers, « cité pataude » qu'il n'aimera jamais (*Lettrines 2*, 1974), et Nantes, ville qui l'attirera toujours, il entre en 1921 au lycée de cette ville, qu'il décrira dans *La Forme d'une ville* (1985), livre de la « présence » en lui de lieux à magie durable (le théâtre Graslin, le passage Pommeraye, les campagnes des alentours). Issu d'une vieille famille commerçante, Gracq connaît une enfance paisible, rythmée par les promenades au bord de la Loire, les lectures de Verne et les vacances à Pornichet. Verne et l'eau lui donnent le goût du grand large, et le séjour à Nantes, qui dure jusqu'en 1928, celui de Poe. Et surtout de Stendhal, son « premier » et plus constant « amour » (*Lettrines 2)*. En 1928, en hypokhâgne au lycée Henri-IV, il a pour professeur Alain, dont il trouve l'humanisme un peu court. C'est le temps, il est vrai, d'autres découvertes : celles de Paris et de Londres ; celle de l'opéra de Wagner (*Parsifal,* en 1929). Reçu en 1930 à l'École normale supérieure, il choisit l'histoire et la géographie. Le *Tableau géographique de la France*, de Vidal de La Blache, exerce alors sur lui une grande influence et explique la présence de paysages dans tous ses romans. Autre admiration : André Breton, lu vers 1930-1931 dans le *Premier Manifeste* et *Nadja*. En 1931, Gracq se rend à Venise puis en Bretagne : voici trouvés, avec la « ville morte » et l'âpre paysage arthurien, deux de ses futurs lieux romanesques. Après l'agrégation d'histoire-géographie (1934), et le service militaire, Gracq enseigne à Nantes, puis à Quimper (1936-1939). Un moment tenté par une carrière universitaire, ou, comme nombre d'intellectuels du temps, par le parti communiste, dont il est membre jusqu'en 1939, il l'est davantage par la littérature et écrit en 1937 *Au château d'Argol* (Corti, 1939).

Au château d'Argol est l'histoire d'une union et d'une désunion. Albert et Herminien, que tout rapproche, sont épris de la même jeune fille, Heide, et rencontrent la mort. Sujet qui paraîtrait banal, n'étaient son cadre — une lande isolée de Bretagne, un manoir qui attend d'être « visité » —, et la signification mystérieuse de cette mort, précédée du suicide de Heide, que des signes venus de la mer ou de la forêt avaient prédit. Le héros gracquien est dès 1937 un guetteur de signes. Ceux-ci poussent Albert à graver le nom de Heide sur une tombe déjà prête ; puis, pendant que les arbres font cercle dans la nuit, à accepter son baiser. Le charme ténébreux d'Argol fera le reste, puisque Herminien et Heide s'enfoncent dans la forêt. Albert y trouvera Heide violée par son ami, qui a disparu et qu'on reverra plus tard, blessé d'une chute de cheval. Sa mort est proche : Albert l'a rêvée, et une gravure de la chambre de Herminien (la souffrance du roi Amfortas) l'annonce plus précisément encore. Elle survient après le suicide de Heide, quand Albert enfonce un poignard entre les épaules de celui qui fut plus que son double.

Au château d'Argol n'a en 1939 que peu de lecteurs ; mais parmi eux André Breton, qui dira en 1942 que le surréalisme y mesure l'« étendue de sa conquête ». Rare éloge : Breton a dressé en 1924 la liste des défauts du roman jugé agonisant, et *Au château d'Argol* n'a aucun de ces défauts. Il n'est ni réaliste, ni psychologique, ni logique. Ce n'est pas non plus un roman, mais un « récit » (« Avis au lecteur »). Un récit comme Breton l'entend (relation d'un fait exceptionnel et vrai) ? Certes non, mais il partage avec le surréalisme, loué dans l'« Avis au lecteur », le goût du style hermétique, l'attrait du roman noir ou merveilleux, et la préférence pour une aventure hors du commun. Œuvre d'un jeune écrivain soucieux de marquer sa différence, *Au château d'Argol* avoue d'autres influences : Poe, Wagner, la légende du Graal, et ouvre à la critique bien des pistes, dont celle du drame allégorique de la connaissance, symbolisée par Albert, et qui naît de la confrontation de la nature (l'attrait érotique de Heide) et de l'esprit pur (Herminien). Ce premier roman serait-il un récit hégélien ? Hegel, dont Gracq cite longuement la *Logique*, confronte la nature et l'esprit ; et l'homme du vrai savoir apparaît lorsque nature et esprit, cessant d'être contradictoires, s'éclairent mutuellement. Ainsi s'expliqueraient la mort de Heide, celle de Herminien, et la survie d'Albert.

En 1939, à la déclaration de guerre, Gracq part avec son régiment pour la Lorraine, puis les Flandres. *Un balcon en forêt* (1958) retracera en partie, en déplaçant les lieux, son expérience de la « drôle de guerre ». Fait prisonnier en juin 1940, il est interné dans un camp de Silésie, qu'il quitte en mars 41 pour redevenir professeur de lycée jusqu'en 1942, puis assistant de géographie à l'université de Caen. *Liberté grande*, recueil de descriptions de paysages (1946), et *Un beau ténébreux* (1945) datent de cette période où Gracq esquisse également *Le Roi pêcheur* (drame) et lit pour la première fois *Sur les falaises de marbre*, d'Ernst Jünger, écrivain dont il se sentira tout de suite l'allié (même goût du roman allégorique, même conception exigeante de l'écriture, même recul face au monde de la technique).

Un beau ténébreux est le seul roman de Gracq à ne pas avoir pour titre un toponyme, bien qu'il se déroule en Bretagne comme *Au château d'Argol* ; c'est aussi le plus simple, dans l'opposition qu'il trace entre Irène, la paisible, et Allan, qui défait « le réseau trop restreint des chances raisonnables que la vie autorise ». Contraste, donc, entre une existence bornée à la contingence, qui veut durer à tout prix, et une manière d'être tenu à hauteur de mort. Car Allan à la fin se suicide : il n'était venu à l'hôtel des Vagues que pour montrer le scandale d'une mort voulue. D'où la construction de ce roman dont les deux tiers sont formés du journal de Gérard et le reste des notes d'un second témoin : Allan n'y parle pas directement, ses propos sont toujours rapportés et il ne nous apparaît jamais qu'à travers le regard des autres, effrayés ou fascinés.

En juin 1946, après son départ de l'université de Caen, Gracq écrit son *André Breton*, sous-titré *Quelques aspects de l'écrivain.* Sous-titre bien modeste. Démarche initiatique d'un groupe à la fois fermé et ouvert (une « cellule sur un théâtre »), rayonnement sur lui de la pensée de Hegel, vertus salvatrices de la révolte, écriture sans concession, retour des valeurs du sacré, c'est, homme et œuvre mêlés, tout le surréalisme que salue Gracq. Au centre de ce mouvement, l'homme magnétique rencontré en 1939 et à qui le lie, parce qu'il a remis la littérature dans sa bonne orientation, une « immense dette de reconnaissance » (*Carnets du grand chemin*).

Commence ensuite la période parisienne. Gracq, nommé au lycée Claude-Bernard (1947), y restera jusqu'à sa retraite, en 1970. Il y aura comme élèves Jean-René Huguenin, Roger Nimier, Jean-Edern Hallier. *Le Roi pêcheur* est publié en 1948 et joué un mois au théâtre Montparnasse, avec Maria Casarès, dans le rôle de Kundry. Mais la critique, au courant de la légende du Graal, juge le canevas trop connu et la pièce trop précieuse. Trop inactuelle aussi : le théâtre veut alors des sujets plus engagés. Gracq, qui sait sortir de sa réserve quand l'essentiel est en cause, répond l'année même par *La Littérature à l'estomac,* pamphlet pour un triple refus : des prix littéraires, condamnés pour incompétence ; du vedettariat des écrivains exhibés, avec leur accord, comme des bêtes de foire ; de la critique qui, jamais en retard sur l'histoire littéraire, a toujours un train d'avance, et préjuge de la valeur des œuvres.

Mais la vraie réponse est sans doute dans *Le Rivage des Syrtes*, en gestation depuis 1946 et achevé, sauf la conclusion, durant l'été de 1949. Ce roman sort en septembre 1951 et reçoit le prix Goncourt, que Gracq, qui a au préalable informé le jury de sa décision, refuse pour des raisons éthiques qu'il redira plus tard : les prix désignent à l'attention du public moins l'œuvre que l'homme et sont une affaire de « librairie », non de « littérature ». Et la littérature est bien dans *Le Rivage des Syrtes* qui, hors du temps et de l'espace, ne décrit rien qui soit immédiatement utile tout en ouvrant une perpective rayonnante de sens.

Le titre suggère que l'action se passe en Libye ; mais l'onomastique (Aldo, Carlo) et la toponymie (Orsenna, Maremma) sont plutôt italiennes. On songe naturellement à Venise, à ses rapports ambigus avec l'Orient, d'autant plus qu'un long conflit a jadis opposé Orsenna au Farghestan, la puissance d'au-delà de la mer. La ville s'est depuis trois siècles engourdie dans la quiétude d'un armistice jamais rompu ; la terre des Syrtes louée à des fermiers a tourné le dos à la mer et l'Amirauté n'est plus militaire que de nom. Aldo rendra l'une et l'autre à leur vocation en rénovant l'Amirauté et en violant la frontière de la mer des Syrtes. Il sera aidé dans cette tâche par Vanessa, fille d'une grande famille d'Orsenna connue pour ses transfuges. Si Aldo, fasciné par la carte des Syrtes, est l'œil d'Orsenna, Vanessa, qui écoute le murmure de la foule lasse de l'immobilisme, est son oreille. Tous deux sont portés par le relief ondulant des Syrtes qui veut le changement et la guerre. L'action avance par descriptions successives — le roman n'est qu'une topographie sans cesse reprise —, et l'« esprit de l'histoire », selon un mot de Gracq, est saisi par le regard d'un géographe rêveur. Ce beau roman oscille entre l'Histoire et la philosophie de l'Histoire, entre la décadence de Venise et *Le Déclin de l'Occident* de Spengler (1918) : d'un côté, des faits ; de l'autre, un mouvement nécessaire, qui conduit la *culture*, phase de création artistique individuelle, à la *civilisation* des techniques sans visage ni âme. Puis à l'extinction. De toute manière, le passage est nécessaire, car la vie ne se maintient que grâce à la destruction des structures figées. La mort d'Orsenna est donc « bonne », dit Danielo, le guide d'Aldo ; elle restitue les Syrtes à l'énergie universelle.

Un balcon en forêt (1958), roman à deux personnages (l'aspirant Grange et son amie Mona), n'a pas ce souffle épique. Son paysage (la forêt ardennaise, que Gracq décrit sans l'avoir jamais vue), et sa temporalité (quelques mois, de septembre 1939 à mai 1940) sont plus restreints, et son sujet plus intimiste. *Un balcon en forêt* parle d'une attente devant des arbres. Mais les arbres l'emportent longtemps sur l'attente, parce que Grange, qui vit au rythme des bois, ne voit qu'eux et y rencontre Mona. Toutes les héroïnes de Gracq sont vues parmi les plantes et comme des plantes : elles sont des « reines du jardin ». Mona, dont le sang est de la sève, est cependant le plus végétal et le plus végétatif de ses personnages : là où Heide, dans *Au château d'Argol*, apporte le savoir, et Vanessa, dans *Le Rivage des Syrtes*, la guerre, Mona ne donne que les plaisirs d'une sieste entre l'automne et l'hiver : *Un balcon en forêt* est le seul vrai roman d'amour de Gracq. Et son dernier roman. *La Route*, ébauche d'une fiction abandonnée (1963), reprise avec *Le Roi Cophétua* dans *La Presqu'île* (1970), *Les Eaux étroites* (1976), *Autour des sept collines* (1988), traitent, comme des romans, de la magie des paysages ou des villes ; mais ce sont, pour reprendre le dernier titre de la série, des *Carnets du grand chemin* (1992), prises de vue, et de sens, glanées au fil des voyages. Gracq adopte maintenant d'autres formules, dans des livres aux titres discrets : *Lettrines* (1967), *Lettrines 2* (1974), qui, tous, relèvent de la veine de *Préférences* (1961). Préférences variées, où les éléments biographiques, toujours choisis pour leur valeur universelle (ici, le souvenir n'est pas l'impudeur), voisinent avec les relevés géographiques et les « marines » ; mais où dominent les lectures passées ou présentes, ainsi que la figure de quelques grands auteurs vus moins comme modèles que comme « exemples ». Car pour Gracq, la littérature n'ouvre pas de routes, mais seulement des directions. Voici donc un autre Gracq, un Gracq lecteur de Chateaubriand, de Balzac et de Stendhal ; un Gracq plus mordant, et plus critique envers la production contemporaine : il a y a chez certains écrivains actuels trop d'esprit de système et pas assez de création, si bien que « la théologie s'installe et que la foi s'en va » (*Lettrines*). Restent tout de même de vrais inventeurs : Huguenin trop tôt disparu, Modiano. Et le lecteur, pour qui le livre est « provocation à tous les désirs ». C'est à son intention que Gracq lit pour écrire (*En lisant en écrivant*, 1981) ; il lui rappelle que le roman où l'on se raconte (mode de l'autobiographie) est un roman sans personnages et donc un roman creux ; que Stendhal et la « Stendhalie » — monde sans vérité historique ou sociale, psychologie « féerique », imagination pure — sont toujours là, et que le plaisir de lire dépend moins de la structure de l'œuvre que du « mouvement », rythme secret que l'auteur y a coulé et auquel le lecteur doit se laisser prendre.

Gracq est, malgré sa fougue, un écrivain secret. On le voit peu à la télévision, et il préfère au journal intime, qui se perd dans la vie, le « journal de bord » qui signifie la vie (*André Breton*). Il a voulu redonner à la littérature, dont il estime qu'elle « respire mal », son air des *hauteurs* ; c'est la raison pour laquelle son œuvre a mis tant de temps à être reconnue.

ŒUVRES. — Chez Corti. — *Œuvres complètes*, éd. Bernhild Boie (et Claude Bourguin pour le t. II), Bibliothèque de la Pléiade, t. I, 1982, t. II, 1995.

→ Jean-Louis Leutrat, *Gracq*, Éditions universitaires, 1967. — Annie-Claude Dobbs, *Dramaturgie et Liturgie dans l'œuvre de Julien Gracq*, Corti, 1972. — *Cahier de l'Herne*, n° 20, dir. Jean-Louis Leutrat, 1973, rééd. Le Livre de Poche, 1987 et L'Herne-Fayard, 1997. — *Julien Gracq. Actes du colloque international d'Angers*, mai 1981, Presses de l'université d'Angers. — Ruth Amossy, *Parcours symboliques chez Julien Gracq : « Le Rivage des Syrtes »*, CDU-SEDES, 1982. — Michel Murat, *« Le Rivage des Syrtes » de Julien Gracq. Étude de style*, Corti, 1983, 2 t. — Hubert Haddad, *Julien Gracq. La Forme d'une vie*, Le Castor astral, 1986. — Jean-Louis Leutrat, *Julien Gracq*, Le Seuil, coll. Les Contemporains, n° 12, 1991.

G.E.

Grainville Patrick (1947). Né à Villers-sur-Mer le 1er juin 1947, après des études au lycée Henri-IV et à la Sorbonne, il passe l'agrégation et devient professeur de lettres à Sartrouville. Dès la trilogie à demi autobiographique constituée par *La Toison* (Gallimard, 1972), *La Lisière* (Gallimard, 1973) et *L'Abîme* (Gallimard, 1974) s'élabore une œuvre dont les personnages sont gouvernés par la nostalgie de l'adolescence et la sacralisation d'éros (*Images du désir*, Playboy-Filipacchi, 1978). Refusant le réel en sa médiocrité, tous vivent une sorte de rêve à la façon de Tokor, le roi fou des *Flamboyants* (Le Seuil, 1976, prix Goncourt) que hante un peuple perdu, ou de Martel qui, dans *Le Dernier Viking* (Le Seuil, 1980), tente de renouer avec la mythologie scandinave. De là, ces départs pour les édens païens que sont le labyrinthe secret (*Les Forteresses noires*, Le Seuil, 1982), le sud (*La Caverne céleste*, Le Seuil, 1984), l'Égypte (à la fin du *Paradis des orages*, Le Seuil, 1986), l'Amérique (*L'Atelier du peintre*, Le Seuil, 1988 ; *Colère*, Le Seuil, 1992), le Sri-Lanka (*Le Lien*, Le Seuil, 1996), l'animalité (*L'Ombre de la bête*, Balland, 1981), où l'on espère retrouver la trace de l'aimée disparue (*La Diane rousse*, Le Seuil, 1978) et le moment magique de l'initiation (*L'Orgie, la* *neige*, Le Seuil, 1990 ; *Les Anges et les faucons*, Le Seuil, 1994). Et comme cette innocence est à jamais perdue, c'est à l'écriture que revient, dans sa luxuriance et son ruissellement métaphorique, de restaurer le dionysiaque et de laisser entrevoir les primitives splendeurs.

J.P.

Grall Xavier (1930-1981). Né le 22 juin 1930 à Landivisiau (Finistère), issu d'une famille de paysans des Monts d'Arrée, il vient à Paris pour y faire carrière dans le journalisme et collabore à *La Vie*, aux *Nouvelles littéraires*, au *Monde*, puis à *Témoignage chrétien* et à *Croissance des jeunes nations*. Fortement marqué par la guerre d'Algérie, il lui consacre un essai : *La Génération du Djebel* (Cerf, 1962) et deux romans : *Africa Blues* (Calligrammes, 1962), et *Cantique à Mellila* (Calligrammes, 1964, prix des Écrivains de l'Ouest). Revendiquant désormais une identité bretonne, il consomme la rupture en publiant *Keltia Blues* (Kelenn, 1969), brûlot contre l'État français, et revient en Bretagne en 1973, après avoir accompli une sorte de marche initiatique dans *Barde Imaginé* (Kelenn, 1968) et *La Fête de Nuit* (Kelenn, 1972, prix Bretagne). La révolte de ce « Fou d'Armorique », qui avait contribué à l'essor de la nouvelle poésie bretonne (*Le Rituel breton*, Calligrammes, 1963 ; *La Sône des pluies et des tombes*, Kelenn, 1976 ; *Solo*, Calligrammes, 1981) devint plus radicale encore dans *Le Cheval couché* (Hachette, 1977), violent réquisitoire contre *Le Cheval d'orgueil* de Pierre Jakez-Hélias et son folklore. Se sachant malade, il fit enfin « le point de [ses] propres et anciennes bourlingues » dans *Arthur Rimbaud : la marche au soleil* (Mazarine, 1980), après avoir livré son testament spirituel dans *L'Inconnu me dévore ou la lettre à mes filles sur l'amour de Dieu* (Calligrammes, 1984, posth.). Xavier Grall est mort le 11 décembre 1981 à Quimperlé.

S.R.

Grand Jeu (Le) (1928-1930). Revue fondée en 1928 par un groupe de jeunes lycéens de Reims, formé à l'automne de 1922 : René Daumal, Roger Lecomte, Roger Vailland, Robert Meyrat, réunis dans une sorte de confrérie secrète, les « Simplistes », placée sous le signe de la pataphysique d'Alfred Jarry et sous celui d'Arthur Rimbaud, dont ils pratiquent l'« immense et raisonné dérèglement de tous les sens ». Après 1925, à Paris, ils découvrent *La Révolution surréaliste*, en face de laquelle ils souhaitent se placer. L'éditeur Pierre-Léon Quint les soutient, ainsi que le peintre d'origine tchèque, de seize ans leur aîné, Josef Sima. Trois numéros du *Grand Jeu* parurent en 1928-1929 et 1930 ; un quatrième est resté à l'état d'épreuves. Déjà Robert Meyrat, avant la sortie du premier numéro, puis Roger Vailland, après le deuxième, avaient quitté le groupe tout en restant en relation de grande affection avec René Daumal, dont le sens de l'amitié était exceptionnel. Pierre Minet, Maurice Henry, Artür Harfaux, André Rolland de Renéville, ainsi que Monny de Boully ou Zdebko Reich, partageant leur éthique, ont collaboré à la revue.

Le Grand Jeu dialogue avec d'autres entreprises collectives, tels *Les Cahiers du Sud*, dirigés à Marseille par André Gaillard, et avec des publications exprimant les remous des milieux proches du surréalisme (à la suite de l'échec de la réunion de la rue du Château, en mars 1929, par laquelle André Breton avait tenté maladroitement de fédérer diverses tendances) : *Discontinuité* fondé en mai 1928 ; la revue *Chantiers*, publiée par Joë Bousquet à Montpellier (1928-1930) ou *Bifur*, la revue de Georges Ribemont-Dessaignes (1929-1931). *Le Grand Jeu* est lié à la crise du surréalisme en 1929. Breton, qui avait mis en accusation Roger Vailland en mars 1929, lui ouvre les portes de son groupe en décembre de la même année, dans le *Second Manifeste*. Mais Daumal, sans s'associer à la curée contre Breton, garde ses distances et publie dans le n° 3, à l'automne de 1930, une « Lettre ouverte à André Breton sur les rapports du Surréalisme et du Grand Jeu ». Les deux hommes poursuivront un dialogue privé.

La variété typographique de la revue et son format élégant, presque carré, attestent la collaboration d'artistes et d'hommes de métier dans sa conception. Subversion et ironie y sont constantes. Le « point de fuite » à l'infini, dessiné par Sima sur la couverture (une spirale logarithmique), rappelle la gidouille du père

Ubu. Inversement, la révolte la plus flamboyante manifeste un sens de la « grâce » qui donne sa tonalité propre au message du *Grand Jeu.* C'est sous cet éclairage contrasté qu'il faut lire tel texte de Monny de Boully dans le n° 2 (« Genèse des monstres »), tels autres de René Daumal (écrits sous l'empire hallucinatoire du tétrachlorure de carbone : « Rires jaunes », « Entrée des larves », etc., telles réflexions sur la « Nécessité de la révolte » et sur « L'Univers des mythes » de celui qui signe désormais Roger Gilbert-Lecomte. Les contributions les plus importantes de cette riche série sont peut-être les éditoriaux des deux premiers numéros : l'*Avant-propos* de Roger Gilbert-Lecomte, dans le numéro 1, commence par ces mots : « Le Grand Jeu est irrémédiable ; il ne se joue qu'une fois. Nous voulons le jouer à tous les instants de notre vie [...] le Grand Jeu est un jeu de hasard, c'est-à-dire d'adresse, ou mieux de « grâce » : « la grâce de Dieu, et la grâce des gestes » ; dans le numéro 2, René Daumal publie une « Mise au point ou Casse-Dogme », dont l'attaque violente emprunte aussi à la pensée de Lautréamont une sorte de révélation à rebours : « Si *le Grand Jeu* a voulu qu'en le regardant les hommes se trouvassent enfin en face d'eux-mêmes, *ce fut pour faire leur désespoir.* » On peut comprendre que René Daumal ait poursuivi seul la démarche spirituelle, dans la voie éthique mais aussi ésotérique, d'Alexandre de Salzmann et de Gurdjieff.

→ *Le Grand Jeu*, fac-similé (avertissement de C. Rugafiori et documents inédits), Jean-Michel Place, 1977. — *Cahier de l'Herne*, n° 10, 1968. — *Europe*, juin-juillet 1994. — M. Random, *Le Grand Jeu*, Denoël, 1970, 2 t. — Catalogue *Sima*, Musée d'Art moderne de la ville de Paris, 1992.

J.C.-G.

Grandbois Alain (1900-1975). Né à Saint-Casimir-de-Portneuf, il fait des études de droit à l'université Laval (Québec) et est admis au barreau. Un héritage lui permet de parcourir le monde durant les années vingt et trente, tout en séjournant à Paris et à l'île de Port-Cros, ses lieux de prédilection. En France, il fait la connaissance de Blaise Cendrars et du peintre Alfred Pellan, qui illustrera l'édition originale des *Îles de la nuit.* Grand voyageur, il séjourne en Russie, en Afrique et en Chine, à Hankéou, où ses *Poèmes* sont publiés en 1934. Un premier ouvrage, *Né à Québec*, récit inspiré de la vie de Louis Jolliet, découvreur du Mississippi, est publié à Paris, en 1933. De retour au Québec en 1939, il travaille comme bibliographe à la bibliothèque Saint-Sulpice de Montréal, puis au Musée provincial à Québec. Il publie *Les Voyages de Marco Polo* (1941), récit romancé des voyages du Vénitien et « des événements qui touchent plus particulièrement son époque », ainsi qu'un recueil de nouvelles, *Avant le chaos* (1945), portant sur la période de l'entre-deux-guerres. Des chroniques radiophoniques, relatant des épisodes de ses voyages et décrivant des lieux et paysages admirés entre 1919 et 1940, sont réunies en 1971 dans *Visages du monde.*

Le recueil *Les Îles de la nuit* (1944), qui reprend certains des poèmes d'Hankéou, signale d'emblée l'originalité de cette poésie, son lyrisme intime et cosmique. Le vers de Grandbois est un vers libre, au rythme souple, modulé par un souffle puissant. Sa poésie se déploie dans un vaste registre ; elle parle du glissement imperceptible du temps, des souvenirs toujours présents, des îles de l'enfance et de leur perte irrémédiable : « cherchant en vain au bout de nos doigts crispés / ce mortel instant d'une fuyante éternité ». Il y est question du corps féminin dans ce que celui-ci a de fragile et de virtuel : « Et les courbes de ton corps plongeant / toutes vers ton frêle secret / Et ce pur mystère que ton sang guette / pour des nuits futures » (*Avec ta robe).* La géographie amoureuse, associant la femme au destin du monde, se prolonge dans les recueils suivants : *Rivages de l'homme* (1948) et *L'Étoile pourpre* (1957), où plusieurs poèmes disent l'incantation du désir et la joie des retrouvailles, dans une véhémence et une sérénité qui contrastent avec le pessimisme existentiel des *Îles de la nuit.*

Deux ouvrages posthumes, *Lettres à Lucienne* (1980) et *Délivrance du jour* (1987), complètent cette œuvre dans laquelle se joignent en d'étranges « noces » l'amour et la solitude, l'exil et la familiarité, les images débordantes et le dépouillement le plus pur. Dans cette poésie du mysticisme charnel, de la recherche souvent déçue mais jamais abandonnée, qui emprunte tour à tour le parcours litanique ou la forme de l'ellipse, la lucidité apparaît comme l'envers du songe, son double obligé. Rassemblée pour la première fois en 1963, l'œuvre poétique de Grandbois a été saluée par des générations d'écrivains comme l'une des premières manifestations de la littérature moderne au Québec.

ŒUVRES. — *Poèmes I et II*, 1990. — *Visages du monde*, 1989. — *Avant le chaos*, 1991. — *Proses diverses*, 1996. Ces titres renvoient à des éditions critiques publiées aux Presses de l'université de Montréal.

→ Jacques Brault, *Alain Grandbois*, Montréal-Paris, L'Hexagone-Seghers, 1968. — Jacques Blais, *Présence d'Alain Grandbois*, Presses de l'université Laval, 1974. — Madeleine Greffard, *Alain Grandbois*, Montréal, Fides, 1975. — Sylvie Dallard, *L'Univers poétique d'Alain Grandbois*, Sherbrooke, Cosmos, 1975. — Yves Bolduc, *Alain Grandbois, le douloureux destin*, Presses de l'université de Montréal, 1982.

L.G.

Grandmont Dominique (1941). Né le 25 janvier 1941 à Montauban, ancien élève de Saint-Cyr, chroniqueur de presse et de radio, il a dirigé la collection Lumière ouverte (chez Messidor). Traducteur (de Vladimir Holan, Jaroslav Seifert, Yannis Ritsos), il a consacré à cette activité un livre où il définit la traduction comme un franchissement, un effacement même de la frontière des langues (*Voyage de traduire*, Dumerchez, 1997). Son œuvre poétique reflète cet esprit d'ouverture et de liberté, à l'écart des modes. Depuis ses premiers recueils (*Mémoire du présent*, Oswald, 1975 ; *Pages blanches*, EFR, 1976 ; *Contrechant*, Orange Export, 1978 ; *Ici-bas*, Temps actuels, 1983, prix Max Jacob 1984), il s'exprime dans une langue apparemment fluide, voilant la difficulté d'être. Dominique Grandmont est également l'auteur de chroniques, qu'il a rassemblées dans *Le Visage des mots* (Dumerchez, 1997) et qui témoignent de son engagement pour la poésie, de sa réflexion sur le sens de la poésie et de sa situation dans la société.

V.V. — CIPM

Grangaud Michèle (1941). Née le 11 octobre 1941 à Alger, membre de l'Oulipo, elle a publié des recueils jouant sur l'anagramme, le haïku et sur d'autres principes formels (*Mémento-Fragments*, 1987 ; *Stations*, 1990 ; *Poèmes fondus, traduction de français en français*, 1997) ou offrant des formes de récit versifié (*Geste*, 1991) ou de journal imaginaire (*Jours le jour*, 1994) qui écrivent « l'aventure » du quotidien dans la réalité infime et banale.

ŒUVRES. — Aux Éditions POL.

E.G. — CIPM

Grasset et Fasquelle *(Société des Éditions)*. Maison fondée à Paris en 1907 sous le nom Éditions nouvelles par Bernard Grasset. Le fondateur, jeune diplômé en sciences économiques, a compris dès ses débuts que pour vendre un livre, il faut que l'auteur soit connu. habile à jouer de ses relations mondaines et de la presse ; « créer l'événement » sera le *credo* de toute sa carrière et la clef d'une réussite rapide et tumultueuse.

Dès 1910, la maison devient les Éditions Bernard Grasset et s'installe définitivement 61, rue des Saints-Pères. Elle publie Giraudoux *(Provinciales*, *L'École des indifférents)* et crée sa première collection, « Les Études contemporaines ». Le succès commercial vient avec *À la manière de...*, recueils de pastiches de grands écrivains, dont la formule se poursuivra jusqu'en 1960 ; les *Œuvres choisies* de Péguy, le maître spirituel de Bernard Grasset, apportent le succès littéraire. *Monsieur des Lourdines*, d'Alphonse de Châteaubriant, donne à la maison son premier prix Goncourt en 1911 ; le jeune François Mauriac y publie ses premiers romans, *L'Enfant chargé de chaînes* (1913), *La Robe prétexte* (1914), qui n'ont alors aucun succès, pas plus que *La République des camarades* de Bertrand de Jouvenel.

Refusé par plusieurs éditeurs, Proust demande à Grasset de publier *Du côté de chez Swann* à compte d'auteur, pratique assez courante dont la maison a largement usé dans les premières années. Grasset acceptera les innombrables corrections, les retards, l'allongement du texte et prendra tous ces frais à sa charge. En 1913, six cents exemplaires sont envoyés en hommages et en service de presse. Ensuite, Proust donnera à Gallimard les tomes suivants de la *Recherche.*

Les Silences du colonel Bramble,

d'André Maurois, seront un des grands succès de l'après-guerre, annonçant les années vingt, « les années Grasset ». L'éditeur a su imposer sa maison et, sachant exploiter les mentalités nouvelles, fidéliser ses lecteurs en créant en 1921 les « Cahiers verts », collection dirigée par Daniel Halévy, à tirage limité et numéroté, vendue par abonnement. Il réussit un lancement exceptionnel du premier titre de la série, *Maria Chapdelaine*, le roman de Louis Hémon, qui connaîtra un succès mondial. La collection publie notamment Gabriel Marcel, Edmond Jaloux, Julien Benda, André Chamson, Mauriac, Montherlant, Maurois, Thibaudet.

Passionné par son métier, Bernard Grasset mènera une lutte acharnée et amicale contre Gaston Gallimard, son grand rival, pour attirer les auteurs et décrocher les prix littéraires. Clairvoyant dans ses découvertes et dans ses choix, il constituera un fonds où figurent les plus grands noms de la littérature du XXe siècle. Précurseur des nouvelles techniques de production, développant l'usage intensif de la publicité, inventant l'image-maison en s'attachant le graphiste Maximilien Vox, il fait entrer la profession dans le monde moderne.

En 1922, *Le Diable au corps* de Radiguet bénéficie d'un lancement exceptionnel, accompagné d'un film publicitaire. Mauriac revient et confie à Grasset *Le Baiser au lépreux*, puis *Génitrix*, *Le Désert de l'amour*, *Thérèse Desqueyroux*, *Destins*, *Le Nœud de vipères*. Genevoix reçoit le Goncourt en 1925 pour *Raboliot*. Guéhenno dirige la collection « Les Écrits », Maurois bat les records de vente avec *Climats*, Malraux publie *La Tentation de l'Occident*, *Les Conquérants*, *La Voie royale*, Cocteau *Les Enfants terribles*, et Cendrars *L'Or*. La liste des autres auteurs du catalogue est longue et prestigieuse : Chardonne, Delteil, Giono, Soupault, Zweig... Mais la gloire de la maison est surtout celle des « quatre M », Mauriac, Maurois, Montherlant, Morand, dont les œuvres seront retirées des « Cahiers verts » pour former une collection à part.

La croissance très rapide de la maison appelle des capitaux : en 1930, elle devient société anonyme. André Fraigneau, entré comme lecteur, a découvert Chardonne, Nizan et Yourcenar. Entre 1935 et 1940, Giraudoux publie *La guerre de Troie n'aura pas lieu* et *Ondine* ; Montherlant, *Les Jeunes Filles* et *Pitié pour les femmes*. Mais si le catalogue continue de s'enrichir, les longues absences et les décisions incohérentes de Bernard Grasset, dont la santé est fragile, compromettent l'image et les finances de la maison. Avant la guerre, la maison publie des auteurs pro-nazis, et même un texte de Hitler, puis, pendant l'Occupation, des auteurs collaborationnistes, Grasset écrivant lui-même des textes complaisants envers Vichy. Il est dépossédé de sa maison en 1948.

La même année Hervé Bazin, son dernier « poulain », publie *Vipère au poing*. En 1949, Bernard Privat, neveu de Grasset, entre dans la maison et crée en 1952 la collection « Ce que je crois... ». En 1953, Grasset perd un long procès l'opposant à Montherlant, qui reprend tous ses titres. Un an plus tard, Hachette prend le contrôle de la maison, qu'elle fusionnera avec Fasquelle en 1959. À la mort de Bernard Grasset, en 1955, Bernard Privat devient directeur général et le restera jusqu'en 1980. Lui-même poète et écrivain, il rallie de grands auteurs contemporains, remonte une équipe et, en dix ans, refait de la maison l'un des plus importants éditeurs littéraires.

Jean-Claude Fasquelle, petit-fils de l'ancien éditeur Eugène Fasquelle et collaborateur de longue date de Bernard Privat, succède à ce dernier à la tête de la maison, et nomme Yves Berger directeur littéraire. En 1983, naissent les « Cahiers rouges » (en hommage aux fameux « Cahiers verts »), où sont réédités des textes rares ou oubliés de grands auteurs (plus de deux cents titres). Les écrivains découverts par Bernard Grasset : Giraudoux, Mauriac, Maurois, Ramuz font toujours la gloire de la maison, le catalogue « moderne » s'étant enrichi de nombreux contemporains : Christine Arnothy, Yves Berger, Alain Bosquet, Edmonde Charles-Roux, Maurice Clavel, Dominique Fernandez, Gabriel Garcia Marquez, Françoise Mallet-Joris, François Nourissier, Louis Nucera, René de Obaldia, Christiane Rochefort, Jules Roy, entre autres. En 1995, Françoise Verny fait son retour chez l'éditeur qu'elle avait quitté en 1982.

→ Gabriel Boillat, *La Librairie Bernard Grasset et les lettres françaises*, Champion, 1974, 1988, 3 t. — Jean Bothorel, *Bernard Grasset : vie et passions d'un éditeur*, Grasset, 1989.

M.H. — IMEC

Grédy Jean-Pierre, voir BARILLET.

Green Julien (1900). Né à Paris le 6 septembre 1900, de parents originaires du Sud des États-Unis qui, à la suite de revers de fortune, se sont exilés en France en 1893, il est le septième enfant d'Edouard Green et de Mary Hartridge. Choyé par cinq sœurs dont l'aînée, Eleonore, a vingt ans de plus que lui, il est élevé dans une atmosphère de gaieté et de tendresse. Si son père, âgé de quarante-sept ans à sa naissance, lui paraît un « éternel absent-présent », il est extrêmement attaché à sa mère, qui lui communique la ferveur de sa foi religieuse. Très tôt, elle lui apprend à aimer la Bible, dont elle lui fait la lecture en anglais, langue qui restera pour lui celle de la prière ; elle éprouve une puritaine méfiance à l'égard de la sexualité et veille sur son fils avec une inquiétude d'autant plus sourcilleuse que son jeune frère très aimé, Willie, est mort de la syphilis.

Au lycée Janson-de-Sailly, où il entre en 1908, il se sent isolé et différent des autres. L'univers du lycée et l'univers familial sont séparés par une barrière linguistique. Non seulement sa mère parle peu le français, mais elle fait vivre son fils dans le souvenir de la patrie perdue et mythique, ce Sud des États-Unis dépossédé de son identité par la guerre de Sécession. Sans doute est-ce là que s'enracinent son sentiment d'exilé perpétuel et le thème de « l'étranger » qui hante son œuvre. Mais s'il est solitaire et rêveur, il n'est pas mélancolique. C'est un enfant heureux, parfois facétieux, qui délire de joie « à en avoir mal aux dents » lorsque vient le temps des vacances à Andrésy, où ses parents louent une villa au bord de la Seine. Il connaît aussi des moments d'extase inexplicable, qui l'arrachent à lui-même et lui donnent le sentiment d'un ailleurs mystérieux. L'imagination anglo-saxonne de ses sœurs développe en lui une sensibilité à l'invisible. Familiarisé avec les fantômes et autres phénomènes surnaturels, il va jusqu'à invoquer le diable dans la penderie.

Le 27 décembre 1914, la mort brutale de sa mère lui fait connaître pour la première fois la douleur. En 1916, il se convertit au catholicisme, peu de temps après son père, et forme le projet d'entrer au monastère bénédictin de l'île de Wight. Son directeur spirituel, le père Crété, le pousse dans cette voie sans avoir conscience du divorce qui s'instaure entre les aspirations mystiques et les désirs charnels de l'adolescent. L'année suivante, après le baccalauréat, Edouard Green le fait entrer dans l'American Field Service. Il est envoyé comme ambulancier sur le front d'Argonne, puis l'American Red Cross l'affecte sur le front italien. Un jour, dans une grange, il éprouve une révolte mêlée de compassion devant le corps d'un très jeune soldat tué et découvre l'horreur de la guerre contre laquelle il ne cessera jamais de s'insurger. À peine rentré dans sa famille, il perd sa sœur Retta, morte à vingt-deux ans d'une maladie pulmonaire contractée comme infirmière durant la guerre. Il repart pour l'Amérique cette fois, où son oncle Walter de Savannah l'invite à venir poursuivre ses études. Il restera trois ans à l'université de Charlottesville, en Virginie, s'enfermant dans une solitude sauvage, partagé entre des accès de piété fervente, un peu ostentatoire, et une attirance douloureuse pour la beauté charnelle dont les étudiants américains aux cheveux dorés lui offrent l'image. Peu à peu, il découvre son homosexualité et tombe amoureux secrètement d'un de ses camarades, Mark. Son chagrin est allégé par l'accueil chaleureux de ses cousins de Virginie et de Géorgie, qu'il évoquera dans *Terre lointaine* (1966). Les propriétés familiales, en particulier la maison du Lawn, qui brûla accidentellement pendant son séjour, fourniront le décor de plusieurs romans, et la séduisante université aux portiques grecs revivra dans *Moïra* (1950).

Première expérience d'écrivain, il publie une nouvelle en mai 1922 dans la revue de l'université *L'Apprenti psychiatre*, en anglais. En 1924, revenu en France, il fait ses vrais débuts littéraires en publiant, sous le pseudonyme de Théophile Delaporte, un *Pamphlet contre les catholiques de France* auxquels, « au nom de la foi », il reproche leur tiédeur, avec une violence pascalienne. Il doit à ce pamphlet de connaître Jacques et Raïssa Maritain, dont l'amitié et l'influence spirituelle seront importantes. La même année, il rencontre le compagnon de toute sa vie, Robert de Saint-Jean, et découvre le bonheur d'un amour partagé.

Premier roman publié, *Mont-Cinère* (août 1926) est salué par Bernanos : « Courage, Green ! Votre œuvre est bonne ». Ce roman très sombre inaugure la première période de l'œuvre, où triomphent la violence et la cruauté des passions dans un univers clos. *Adrienne Mesurat* (1927) et *Léviathan* (1929) confirment cette veine du désespoir. La démesure et la folie qui habitent ces romans, qualifiés de néo-réalistes par les critiques d'alors, tracent une image expressionniste, agrandie et déformée, de l'angoisse humaine. Toutefois, dans un espace romanesque resserré, où l'amour et la haine conduisent également au désastre, ce sont bien la violence et la peur de notre monde contemporain qui s'expriment. Les amateurs de psychanalyse se penchent avec intérêt sur cet abîme qu'entrouvre Julien Green, fasciné lui-même par les profondeurs de ses personnages : « Si je ne mettais pas cette folie dans mes livres, écrit-il en 1933, qui sait si elle ne s'installerait pas dans ma vie ? » Dans le reflet grimaçant de l'impuissance humaine que présentent ces romans, les personnages fuient sur des routes qui ne mènent qu'à la démence ou à la mort. Ces êtres primitifs ne parviennent pas à exprimer leur douleur par la parole. Le désir, la peur, la colère se traduisent chez eux par des cris et des gestes désordonnés. Le meurtre y apparaît comme une maladresse pathétique.

Lorsqu'il écrit ses premiers livres, Green habite avec sa famille, désormais réduite, au 16 rue Cortambert à Paris, où il demeurera jusqu'en 1932. Le jeune écrivain connaît vite le succès, mais l'homme est emprisonné dans le milieu familial où il doit dissimuler ses passions secrètes : « Adrienne Mesurat, dira-t-il, c'était moi, entouré d'interdits qui me rendaient fou ». Après la mort de son père, le 4 juillet 1927, sa sœur Anne demeurera à ses côtés jusqu'à sa mort, en 1979. La période qui suit *Léviathan* (1928) est marquée par l'éloignement de la religion et l'abandon aux attraits de la vie charnelle. Son succès lui a valu l'aisance, mais il refuse la facilité et tente d'autres voies romanesques. *L'Autre Sommeil* (1931), qui aborde avec une discrétion rêveuse le thème de l'attirance homosexuelle, et *Épaves* (1932), le roman qu'il appelle le plus *grown up* (adulte), correspondent à un tournant de l'œuvre, après cette première époque où il a également publié des nouvelles d'une tonalité fantastique : *Le Voyageur sur la terre* (1927), *Christine* (1928) et *Les Clefs de la mort* (1928), des essais consacrés à des auteurs anglais (réunis sous le titre *Suite anglaise*, 1927), ainsi qu'une étude sur Nathaniel Hawthorne *(Un puritain homme de lettres*, 1928) pour lequel Green, très sensible à l'influence des romanciers et des poètes anglais et américains, éprouve une prédilection.

Lors d'un voyage en Amérique, de novembre 1933 à février 1934, il retrouve ses souvenirs d'étudiant et renoue avec ses racines familiales. Il projette d'écrire *Les Pays lointains*, mais ce roman, dont il reprendra le sujet cinquante ans plus tard, reste alors inachevé. Entre 1934 et 1940, son intérêt pour le spiritualisme oriental détermine une évolution de son inspiration romanesque, qui devient onirique avec *Le Visionnaire* (1934), *Minuit* (1936) et *Varouna* (1940). Une vision originale du monde se précise alors, constituant la véritable unité de son œuvre. Le rêve pénètre la structure romanesque et en altère la linéarité ; des glissements s'opèrent d'un plan à l'autre de l'imaginaire, estompant les frontières entre le rêve et le réel. Une fiction au second degré dans *Le Visionnaire*, un long rêve de l'héroïne dans *Minuit*, une histoire de métempsycose dans *Varouna* produisent un effet de brouillage. Le lecteur perçoit une réalité invisible au-delà des apparences. La présence continuellement suggérée d'un « envers du réel » sape insidieusement la cohérence et la solidité du monde sensible. Déjà dans *L'Autre Sommeil*, l'épigraphe empruntée à Pascal donnait la clé de cette étrange vision : « Qui sait si cette autre moitié de la vie où nous pensons veiller n'est pas un autre sommeil un peu différent du premier, dont nous nous éveillons quand nous pensons dormir ? »

Depuis 1926, Julien Green tient régulièrement un *Journal*, qui deviendra l'un des plus longs et des plus célèbres du siècle. Le premier tome en est publié en 1938. Sans doute est-ce dans ce *Journal* qu'il faut chercher l'expression d'une foi religieuse dont les romans, jusqu'à cette date, ne donnent qu'un témoignage atténué et ambigu. Cependant, loin de se réduire à une méditation spirituelle, pittoresque, fourmillant d'anecdotes, il fera de Green un témoin essentiel de son époque.

Durant la Seconde Guerre mondiale, Julien Green, citoyen américain, doit rejoindre les États-Unis. Il donne des cours et des conférences, traduit Péguy, écrit un livre de souvenirs en anglais qui obtient le prix Harper, *Memories of Happy Days*. Mobilisé, il est rattaché à l'Office of War Information. De retour en France après la guerre, il publie un roman fantastique, *Si j'étais vous...* (1947), mais son évolution spirituelle — il est revenu à l'Église en 1939 — provoque en lui de grands déchirements. Un troisième cycle romanesque reflétera ces préoccupations religieuses, en particulier le drame que constitue pour lui l'incompatibilité entre vie charnelle et foi chrétienne. Avec le Joseph Day de *Moïra* (1950) qui tue par fanatisme religieux, il tente d'exorciser son propre puritanisme. Puis, dans *Le Malfaiteur* (1955), il aborde sans détour le thème de l'homosexualité, ébauché dans *L'Autre Sommeil* et allusif dans *Moïra*. La symétrie des deux destinées d'Hedwige et de Jean qui, tous deux épris du même être méprisable, finissent par se suicider, souligne l'équivalence des deux formes d'amour et de souffrance : homosexuel ou non, l'amour ne peut trouver son accomplissement et l'interdit pèse sur le désir. Le romancier peint la passion que nulle tendresse humaine ne vient adoucir. L'effacement de la vie intellectuelle et sociale confère à l'affrontement sans merci du corps et de l'âme le caractère cruel de la tragédie racinienne. Il en est de même dans *Sud*, sa première pièce de théâtre, montée par Louis Jouvet en 1953, et dont l'extrême densité dramatique déconcerte le public français. Elle est suivie de *L'Ennemi* (1954) qui, de l'aveu du dramaturge, recèle la clé de sa conversion définitive. Cette carrière théâtrale est marquée par une longue interruption entre *L'Ombre* (1956), *Demain n'existe pas* et *L'Automate* (1985).

Sur le plan romanesque, c'est avec *Chaque homme dans sa nuit* (1960) que Julien Green atteint le sommet de son art. Il s'y est, dit-il, véritablement « rejoint » : la foi s'y exprime sans ambiguïté et l'amour vrai trouve enfin sa place. Le pardon du héros à son meurtrier est la seule preuve que nous ayons de son salut, mais il éclaire le dénouement de ce beau livre où s'expriment les angoisses et la grandeur d'une foi vivante. Cette veine spiritualiste se poursuit avec *L'Autre* (1971). Comme dans *Moïra* et *Chaque homme dans sa nuit*, le mystère de l'invisible a perdu son caractère onirique pour se muer en mystère d'une surnaturelle présence. Souvent désignés par l'ambivalent indéfini « l'autre », Dieu et le démon s'affrontent obscurément. Le drame de Joseph, la fin tragique de Wilfred et de Karin donnent l'impression d'un désastre incompréhensible, rebelle à toute interprétation, même si la déréliction finale des protagonistes semble le critère de la rencontre du divin.

À partir de 1963, Green franchit un nouveau pas dans la confidence personnelle en inaugurant une autobiographie pleine de naturel et de poésie, où il met en lumière la genèse de sa vie spirituelle et le conflit charnel qui se trouve à la source de son inspiration romanesque : *Partir avant le jour* (1963), suivi de *Mille Chemins ouverts* (1964), *Terre lointaine* (1966) et *Jeunesse* (1974), *Fin de jeunesse* (1984).

Après avoir reçu le grand prix de l'Académie pour *L'Autre*, Julien Green est élu à l'Académie française le 3 juin 1971, au fauteuil de François Mauriac. Désormais installé avec son fils adoptif rue Vaneau, il se consacre à des publications plus variées : essai spirituel *(Ce qu'il faut d'amour à l'homme*, 1978), correspondance avec Jacques Maritain *(Une grande amitié*, 1979), biographie de saint François d'Assise *(Père François*, 1983), recueil de nouvelles écrites antérieurement *(Histoires de vertige*, 1984). En 1977, un roman symbolique, *Le Mauvais Lieu*, développe le thème de l'enfance en danger dans un monde d'adultes où règne le désir impur. Le *Journal*, dont quinze tomes ont été publiés, s'enrichit d'une édition illustrée des années 1926-1976 : *Dans la gueule du Temps* (1978), et d'un journal de voyage, *Villes* (1985). Sa double appartenance linguistique lui fournit l'occasion d'une réflexion sur l'expression en français et en anglais, dans deux livres bilingues : *Le Langage et son double* (1987) et *L'Homme et son ombre* (1991). Renouant avec ses rêves d'enfant bercé par les récits nostalgiques de Mary Hartridge, il se décide à reprendre le livre abandonné sur le Sud américain avant la guerre de Sécession, et publie les deux premiers volets d'une vaste fresque historique, *Les Pays lointains* (1987) et *Les Étoiles du Sud* (1989). Rappelant qu'il est américain et souhaitant s'écarter des honneurs officiels, Julien Green a fait savoir, le 14 novembre 1996, qu'il considérait qu'il « ne fai[sait] plus partie de l'Académie française ».

ŒUVRES. — Publiées au Seuil, puis, à partir de 1992, chez Fayard. — *Œuvres complètes*, Bibliothèque de la Pléiade, 7 t. parus (t. 8 en préparation), où ne figurent pas : *L'Arc-en-ciel, journal 1981-1984*, t. XIII, Le Seuil, 1988. — *L'Expatrié, journal 1984-1990*, t. XIV, Le Seuil, 1990. — *L'Avenir n'est à personne, journal 1990-1992*, t. XV, Fayard, 1993. — *La Fin d'un monde, journal juin 1940*, Le Seuil, 1992. — *On est si sérieux quand on a 19 ans, journal 1919-1924*, Fayard, 1993. — *Dans la gueule du Temps*, journal illustré, Plon, 1978. — *Villes, journal de voyage*, La Différence-Frédéric Birr, 1985. — *Le Mauvais Lieu*, Le Seuil, coll. Points, 1988. — *Liberté chérie*, essai, Le Seuil, 1989. — *L'Homme et son ombre*, essai, Le Seuil, 1991. — *Une grande amitié*, correspondance, Gallimard, coll. Idées, 1982. — *Histoires de vertige*, nouvelles, Le Seuil, 1984. — *La Nuit des fantômes*, conte, Le Seuil, 1990. — *Ralph ou la quatrième dimension*, nouvelle, Flammarion, 1991. — *Demain n'existe pas*, *L'Automate*, théâtre, Le Seuil, 1985. — Traduction des *Merveilles et démons* de Lord Dunsany, Le Seuil, 1991.

→ Marc Eigeldinger, *Julien Green et la tentation de l'irréel*, Aux Portes de France, 1947. — Jean Sémolué, *Julien Green ou l'obsession du mal*, Éditions du Centurion, 1964. — Brian T. Fitch, *Configuration critique de Julien Green*, Minard, 1966. — Janine Carrel, *L'Expérience du seuil dans l'œuvre de Julien Green*, Zurich, Juris, 1967. — Georges Poulet, *Études sur le temps humain*, t. IV : *Mesure de l'instant*, Plon, 1968. — Robert de Saint-Jean, *Julien Green par lui-même*, Le Seuil, coll. Écrivains de toujours, 1968, rééd. 1990. — Jacques Petit, *L'Homme qui venait d'ailleurs*, Desclée De Brouwer, 1969 ; *Julien Green*, Desclée De Brouwer, coll. Les Écrivains devant Dieu, 1972. — Antonio Mor, *Julien Green témoin de l'invisible*, Plon, 1973. — Jean-Pierre Piriou, *Sexualité, religion et art chez Julien Green*, Nizet, 1976. — Annette Tamuly, *Julien Green à la recherche du réel*, Québec, Sherbrooke, 1976. — Marcel Jullian, *Julien Green en liberté*, Atelier Marcel Jullian, 1980. — Michèle Raclot, *Le Sens du mystère dans l'œuvre romanesque de Julien Green*, Aux Amateurs de livres, 1988. — Pierre-Henry Parias, *Julien Green corps et âme*, Fayard, 1994. — Philippe Derivière, *Julien Green, les chemins de l'errance*, Bruxelles, 1994. — Annie Brudo, *Rêve et fantastique chez Julien Green*, PUF, Paris, 1995. — *Actes du colloque de l'université Lyon III*, CEDIC, 1989. — *Roman 20-50*, P.U. de Lille III, décembre 1990. — *Actes du colloque de l'université du Maine*, Le Mans, 1994. — Actes du colloque de Paris-IV Sorbonne, P.U. de l'université de Géorgie, Athens, 1997.

M.R.

Gregh Fernand (1873-1960). Il participe précocement à la vie littéraire de son temps, fondant *Le Banquet* (1892-1893) avec Jacques Bizet, Robert Dreyfus, Daniel Halévy, auxquels viendra très rapidement s'ajouter un autre élève du lycée Condorcet : Marcel Proust (*Mon amitié avec Marcel Proust*, 1958). Il collabore ensuite à *La Revue blanche*, *La Vogue*, *La Plume* et à *La Revue de Paris* dont il devient secrétaire de rédaction. Avant tout poète, son œuvre est celle d'un élégiaque : *La Maison de l'enfance* (1896), *La Beauté de vivre* (1900), *Les Clartés humaines* (1904), *L'Or des minutes* (1905), *La Chaîne éternelle* (1910), *La Couronne douloureuse* (1910), *La Couleur de la vie* (1927), *La Gloire du cœur* (1932), *Le Mot du monde* (1957). Les thèmes en sont la nature, le temps, l'amour, les voyages. Gregh prêche un « humanisme » et se méfie des excès « artistes » : « Nous voulons une poésie qui dise l'homme, et tout l'homme, avec ses sentiments et ses idées, et non seulement ses sensations. Nous sommes las d'une certaine insensibilité et d'une certaine incohérence », lance-t-il dans son « Manifeste de l'humanisme », qui paraît dans *Le Figaro* du 12 décembre 1902. Également auteur dramatique (*Théâtre féerique*, 1950) et critique (*Portrait de la poésie moderne de Rimbaud à Valéry*, 1936 ; *Étude sur Victor Hugo*, 1954), ce sont peut-être ses précieux Mémoires qui méritent le plus d'être lus : *L'Âge d'or* (1947), *L'Âge d'airain* (1951), *L'Âge de fer* (1956). Élu à l'Académie française en 1953.

→ M.S. Druon, *Fernand Gregh et son œuvre*, 1937. — A. Figueras, *Fernand Gregh poète moderne*, 1946.

Pa.B.

Grenier Jean (1898-1971). Né à Paris le 6 février 1898, il passe sa jeunesse à Saint-Brieuc, où il rencontre Louis Guilloux, avec qui il se lie d'amitié. Agrégé de philosophie, il commence une carrière dans l'enseignement qui le conduit en 1962 à occuper une chaire d'esthétique et de sciences de l'art de la Sorbonne. Entre-temps, au début des années 1930, il a été à Alger le professeur d'Albert Camus, suscitant chez son élève une admiration qui ne devait jamais se démentir. À la même époque, avec *Les Îles* (1933), il élabore, dans une langue pleine de poésie, une réflexion sur l'humain, qui prit plus tard un tour philosophique plus canonique (*L'Existence malheureuse*, 1957 ; *La Vie quotidienne*, 1968). L'*Essai sur l'esprit d'orthodoxie* (1938), *Le Choix* (1941) et les *Entretiens sur le bon usage de la liberté* (1948) sont l'occasion pour ce catholique qui se sent aussi attiré par le taoïsme de célébrer la vertu d'indifférence. Grenier se méfie des systèmes trop rigides : aussi accorde-t-il tout son poids à la vie, relatant ses souvenirs de jeunesse (*Les Grèves*, 1957), mais surtout à l'art (*L'Esprit de la peinture contemporaine*, 1951). Le grand prix national des Lettres a couronné son œuvre en 1968. Jean Grenier est mort le 5 mars 1971 à Vernouillet, près de Dreux, dans l'Eure-et-Loir.

ŒUVRES. — *Cum apparuerit*, 1930. — *Les Îles*, 1933. — *La Philosophie de Jules Lequier*, 1936. — *Santa Cruz et autres paysages africains*, 1937. — *Essai sur l'esprit d'orthodoxie*, 1938. — *Sagesse de Lourmarin*, 1939. — *Le Choix*, 1941. — *Inspirations méditerranéennes*, 1941. — *Braque : peintures, 1909-1947*, 1948. — *Entretiens sur le bon usage de la liberté*, 1948. — *Lexique*, 1949. — *L'Esprit de la peinture contemporaine*, 1951. — *À propos de l'humain*, 1955. — *L'Esprit du Tao*, 1957. — *L'Existence malheureuse*, 1957. — *Les Grèves*, 1957. — *Sur la mort d'un chien*, 1957. — *Essais sur la peinture contemporaine*, 1959. — *André Lanskoy*, 1960. — *Absolu et choix*, 1961. — *Borès*, 1961. — *Lettres d'Égypte 1950* suivi d'*Un été au Liban*, 1962. — *Entretiens avec dix-sept peintres non figuratifs*, 1963. — *L'Imitation et les principes de l'esthétique classique*, 1963. — *Célébration du miroir*, 1965. — *Prières*, 1965. — *Vicissitudes de l'esthétique et révolutions du goût*, 1965. — *Albert Camus*, 1968. — *La Vie quotidienne*, 1968. — *Entretiens avec Louis Foucher*, 1969. — *L'Art et ses problèmes*, 1970. — *Music*, 1970. — *Quatre prières*, 1970. — *Mémoires intimes de X.*, 1971. — *Réflexions sur quelques écrivains*, 1973. — *Jacques*, 1979. — *Portrait de Jean Giono*, 1979. — *Correspondance avec Georges Perros*, 1980. — *Correspondance avec Albert Camus*, 1981. — *Écrire et publier*, 1982. — *Vie de Saint-Gens*, 1983. — *Correspondance avec Jean Paulhan*, 1984. — *Écrits sur le quiétisme*, 1984. — *Premier Voyage en Italie*, 1986. — *Ombre et lumière*, 1986. — *Mes candidatures à la Sorbonne*, 1987. — *Les À-peu-près*, 1987. — *La Dernière Page*, 1988. — *Correspondance avec Étiemble*, 1989. — *Carnets 1944-1971*, 1991. *Voir Naples*, Gallimard, coll. L'Imaginaire, 1997.

→ J.S.T. Garfitt, *The Work and Thought of Jean Grenier, 1898-1971*, London, Modern Humanities Research Association, 1983. — *Jean Grenier*, dir. Jacques André, Romillé, Folle Avoine, 1990. — *Les Instants privilégiés : Jean Grenier* (colloque de Cerisy), dir. Jacques André, Folle Avoine, 1992. — Fonds Jean Grenier à la Bibliothèque nationale.

W.M.

Grenier Roger (1919). Né à Caen le 19 septembre 1919, journaliste à *Combat* (1944-1947), puis à *France-Soir* (1948-1963) et à la Radiodiffusion-Télévision française (à partir de 1945), il est depuis 1964 conseiller littéraire chez Gallimard, où il a publié une œuvre abondante et diverse. Dans le genre romanesque, après *Les Monstres* (1953), il a connu le succès avec *Les Embuscades* (1958, prix des Quatre-Jurys ; rééd. Folio, 1980), évocation mélancolique de Paris pendant la Seconde Guerre, puis donné *La Voie romaine* (1960), *Le Palais d'hiver* (1965 ; rééd. Folio, 1973), *Avant une guerre* (1971), *Ciné-roman* (1972, prix Femina ; rééd. Folio, 1995), *Il te faudra quitter Florence* (1985), *Le Pierrot noir* (1986), *Partita* (1991). Après *Une maison place des Fêtes* (1972) et *Le Silence* (1961 ; rééd. 1984), il s'est illustré comme nouvelliste avec *Le Miroir des eaux* (1975, grand prix de la Nouvelle de l'Académie française) et a publié ensuite, entre autres recueils, *La Fiancée de Fragonard* (1982), *La Marche turque* (1993) et *Quelqu'un de ce temps-là* (1997).

Essayiste, il a consacré des études à Pascal Pia, Tchekhov (coll. L'un et l'autre, 1992 ; rééd. Folio, 1997), Scott Fitzgerald (coll. L'un et l'autre, 1995), et auparavant à Camus, dont il fut l'ami *(Albert Camus, soleil et ombre : une biographie intellectuelle*, 1987, prix Albert Camus ; rééd. Folio, 1991), dont il fut l'éditeur pour le Club de l'honnête homme *(Œuvres complètes*, 9 t., 1983-1985). Roger Grenier a reçu en 1985 le grand prix de Littérature de l'Académie française pour l'ensemble de son œuvre.

Gripari Pierre (1925-1990). Né Le 7 janvier 1925 à Paris, d'un père grec et d'une mère normande, il a été successivement commis agricole, expéditionnaire, pianiste, engagé volontaire dans les troupes aéroportées et a travaillé à la *Mobil Oil* française de 1949 à 1957. Son premier roman, *Pierrot la lune* (1963), récit autobiographique, retrace sa jeunesse et la découverte de son homosexualité ; dans les romans et les nouvelles qui suivent, il crée un étonnant fantastique moderne où se mêlent étrangeté et satire, à travers un regard « martien » jeté sur le monde : *L'Incroyable Équipée de Phosphore Noloc* (1964, rééd. Folio, 1985), *La Vie, la mort et la résurrection de Socrate-Marie Gripotard* (1968, rééd. Folio, 1984), *Frère Gaucher ou le voyage en Chine* (1975), *Les Vies parallèles de Roman Branchu* (1978) — récit qui tente d'épuiser toutes les solutions narratives possibles —, *Diable, Dieu et autres contes de menteries* (1965, rééd. Folio, 1980), *Rêveries d'un martien en exil* (1976), *Paraboles et fariboles* (1980), *La Rose réaliste* (1985), *Monoméron* (appendice, 1991). S'y ajoutent des recueils de poèmes, *Le Solilesse* (1977) ; des pièces de théâtre, *Lieutenant Tenant* (1962, rééd. 1982), *Café-Théâtre* (1979) ; et des contes pour enfants, *Contes de la rue Broca* (1967, rééd. Grasset, 1990), *Patrouille du conte* (1983), *Les Contes de la Folie Méricourt* (1987). Pierre Gripari est mort le 23 décembre 1990.

Gripari a profondément renouvelé le genre du conte pour enfants par sa verve et son esprit cocasse et peut, à juste titre, être appelé le Perrault ou l'Andersen moderne. L'ensemble de son œuvre est traversée par une fantaisie débridée et par un humour corrosif qui remet en question les systèmes philosophiques et religieux. Écrivain polyvalent connu pour son goût de la provocation, il a construit, avec une totale liberté de langage et de pensée, une chronique délirante de notre siècle.

ŒUVRES. — Pour la plupart à L'Âge d'homme, à Lausanne.

→ Il existe depuis 1991 un *Bulletin des amis de Pierre Gripari* (Paris).

A.-M.J.

Grobéty Anne-Lise (1949). Née à La Chaux-de-Fonds, elle a publié son premier roman à vingt ans ; *Pour mourir en février* (1969) raconte comment Aude, supportant mal sa famille, est séduite par Gabrielle, l'amie-mère rêvée ; leur affection sera tuée par la médisance. *Zéro positif* (1975) est l'histoire d'une passion qui s'enlise dans le mariage : Laurence ne veut pas d'un avenir de servante mère et fuirait dans l'alcool si les souvenirs et la nature ne l'assuraient de sa propre permanence. Accaparée par ses trois filles, Anne-Lise Grobéty recueille néanmoins, dans *Contes-gouttes* (1986), vingt-cinq charmants récits d'une mère écrivain qui poétise la réalité quotidienne pour son lecteur enfant. Dans *Infiniment plus* (1989), une jeune femme, professeur de lycée, tombe amoureuse d'un couple d'élèves qu'elle observe et imagine dans leur intimité pour compenser ses échecs affectifs. À la littérature et à la maternité, Anne-Lise Grobéty joint la politique. Ce triple registre lui fournit la matière de *La Fiancée d'hiver* (1992), quatorze nouvelles où la vie déclenche l'élan vers l'imaginaire. *Belle Dame qui mord* (1992) contient quatorze portraits de femmes, entre rêve et récit, teintés de féminisme.

ŒUVRES. — Aux Cahiers de la Renaissance vaudoise (Lausanne) ou aux Éditions Bertil Galland, puis aux Éditions Bernard Campiche (Yvonand).

D.Ba.

Gros Léon-Gabriel (1905-1985). Journaliste et « poète provençal d'expression française », selon ses propres termes. Tous ses recueils, depuis *Fards pour notre jeunesse* (1926) jusqu'à *Élégies augurales* (1954), ont été rassemblés sous le titre *Expériences à la portée de tous* (Marseille, Sud, 1986). Proche à ses débuts du surréalisme — il fut un grand ami d'André Gaillard —, il se tint à l'écart des mouvements littéraires. Poète chrétien dont l'inspiration est ensuite souvent biblique, il est attentif à l'humain. Lié aux *Cahiers du Sud* dès leurs débuts, il en fut le rédacteur en chef de 1937 à 1962. À une grande activité de critique littéraire *(Poètes contemporains*, Sud, 1951, rééd. 1988) il a joint celle de traducteur (en particulier des poètes métaphysiques anglais). Il est mort le 29 juillet 1985.

J.G.-T.

Grosjean Jean (1912). Né le 21 décembre 1912 à Paris de parents originaires de l'Est, « Austrasie » qui lui est chère, il perd sa mère en 1915. Il comprend la puissance de l'écriture quand, à dix ans, il est délivré du cauchemar de l'inexistence des choses par un poème de Maupassant (« La lune est large et pâle et semble se hâter »). Il passe ses vacances dans le Doubs ; les dialogues nocturnes entre sa grand-mère aveugle et son grand-père qui lui « montre » les choses et les événements serviront de référence pour son œuvre, d'une écriture épurée, simple, qui cherche à recréer « cette nuit où on voit ». Son trajet est atypique. Élève d'une école d'agriculture en 1926, ajusteur en 1927, à l'école des Frères en 1928, la découverte de la Bible l'oriente vers les études classiques, puis vers le séminaire, où il entre en 1933. Il fait son service militaire au Proche-Orient, qui devient l'autre patrie de son esprit. Il y revient en 1936-1937. Il connaît l'arabe et l'hébreu. « Mon cœur et mon esprit sont Asiates d'Asie antérieure ; ma langue est française de l'Est. »

Ordonné prêtre en 1939, mobilisé, fait prisonnier, il rencontre André Malraux au camp de Poméranie. Rentré en France en 1942, il exerce son ministère à Port-l'Anglais, puis commence le cheminement spirituel très indépendant qui le conduit à quitter l'Église. Il se marie en 1950. Lecteur chez Gallimard, il donne de nombreux articles critiques à la *NRF* qu'il codirige à partir de 1967. En 1946, il avait publié *Terre du temps*, recueil venu des phrases amassées depuis vingt-quatre ans. En 1950, ce seront les poèmes d'*Hypostases*, consacrés à des personnages de l'Ancien Testament, d'Adam à Daniel, pour finir par une « Pieta ». Viendront ensuite *Le Livre du juste* (1952), *Fils de l'homme* (1954), *Majestés et passants* (1956), *Austrasie* (1960), *Apocalypse* (1962), *Hiver* (1964), *Élégies* (1967), et *La Gloire* (1969). Parallèlement, il entreprend la traduction d'Eschyle et de Sophocle parue en 1967, et celle de L'Évangile selon saint Jean, de L'Apocalypse, des Épîtres.

Cette période est importante dans la formation poétique de Grosjean, qui, à partir de 1971, tout en continuant à travailler à la traduction de La Genèse et de L'Évangile selon saint Jean (traduction parue en 1988, suivie d'un commentaire, *L'Ironie christique*, en 1991) et en traduisant *Le Coran* (Lebaud, 1988), se tourne vers le récit en prose : *Clausewitz* (1971), *Le Messie* (1974), *Élie* (1982), *Darius* et *Pilate* (1983), *Kleist* (1985), *La Reine de Saba* (1987), *Samson* (1989), *Adam et Ève* (1997). Ces récits sont plus apaisés que les poèmes, dans lesquels des mots abrupts, des vers heurtés aux coupes irrégulières, soulignent l'incertitude d'une difficile recherche de Dieu, éternellement fuyant, au milieu d'un univers en proie à un mouvement continuel. Univers en même temps très présent, saisi dans la seconde, avec des allusions à un quotidien qui n'appartient qu'un peu à l'Orient (le chacal, le sycomore), mais tire sa substance de l'« Austrasie » paysanne : poirier, œuf, vigne... La première œuvre que médita Grosjean était une autobiographie d'Abraham, qui vécut dans une civilisation pastorale proche de celle que l'auteur a connue dans le Doubs.

La langue poétique de Grosjean prend appui sur les consonnes, met en valeur le substantif et affirme le caractère aspectuel de l'action, toujours en état d'inachèvement. Poésie fortement appuyée sur les convictions religieuses : le Messie est venu, et par sa vie il a empli toute l'Écriture d'une présence atemporelle. Mais pour chacun de nous il n'est pas tout à fait là : « L'Écriture est comme l'horizon que la vie doit atteindre et qui semble se modifier à mesure qu'on avance ». Seules comptent les expériences que nous tirons de la durée de notre propre vie : de là l'importance du détail en apparence banal, qui est « la vie même ».

Les récits en prose procèdent de la

même certitude que Dieu est « en avant », et l'a toujours été : la reine de Saba ou Élie sont aussi « chrétiens » que Kleist, assoiffé d'absolu jusqu'à la mort, ou que Clausewitz, qui appelle à un entretien entre les âmes. Chacun « préfigure » le Messie à sa manière. Ces personnages sont loin de leur image convenue. Pilate comprend mal et trop tard ce qui se passe, mais il finira saintement. Jonas est un homme de bons principes ; aussi n'admet-il pas facilement que des Barbares sans moralité comprennent la parole de Dieu. Daniel est mis en scène dans *Darius* ; mais le récit ne porte pas son nom, parce que Daniel a été trop proche des puissants pour proclamer quelque chose : il ne peut que laisser entendre.

Contre théologiens et philosophes, qui pratiquent l'« urbanisme des choses », Jean Grosjean loue l'écrivain qui tente d'éclairer la vie par une démarche d'imagination indépendante, tout en employant un langage usuel. Limpidité, parfois familiarité de l'écriture, importance des dialogues, une ironie qui travaille le personnage : ces récits intenses évoquent une sagesse qui méprise les puissances et les cultes établis, mais se met en relation avec la transparence du monde, feuilles, fourmis, chuchotement des sources : « Les étoiles scintillaient. Le roi se retira en silence. Le pontife délié suivit ses accusateurs déboutés qui suivaient le vizir derrière le roi. Élie s'étendit sur le sol. » Cette transparence, cette sérénité acquises par le travail d'une existence sur elle-même transparaissent aussi dans le dernier recueil de poèmes, *La Lueur des jours*, 1991.

Une œuvre sans cesse opposée à la sclérose culturelle ou morale, sans concession aux modes. Elle peut captiver tout lecteur par la singularité d'un ton à la fois familier et distancié, et parce qu'elle est « soluble dans la vie » et rendue nécessaire par la marche d'une vie.

ŒUVRES. — Publiées chez Gallimard, sauf autre indication.

→ Conversations de Grosjean avec R. Bouhéret, D. Bourg et O. Mangin, *Araméennes*, Le Cerf, 1988. — Michel Léturmy, *Mon camarade*, Quimper, Calligrammes, 1992.

M.-C.B.

Groult Benoîte (1920) et Flora (1924). Toutes deux journalistes et romancières, les sœurs Groult ont consacré leur vie à l'étude, assez conformiste mais non sans charme, du quotidien et de la *nature* de la femme. Elles ont d'abord travaillé ensemble (*Journal à quatre mains*, 1962 ; *Féminin pluriel*, 1967). Puis Benoîte a produit des romans plus intellectuels et plus revendicatifs (*Ainsi soit-elle*, 1975 ; *Les Trois Quarts du temps*, 1983 ; *Les Vaisseaux du cœur*, 1987 ; *Pauline Roland*, 1991 ; voir aussi son testament intellectuel *Histoire d'une évasion*, 1997), tandis que Flora obéissait à une inspiration plus sentimentale (*Maxime ou la déchirure*, 1972 ; *Ni tout à fait la même, ni tout à fait une autre*, 1979 ; *Belle Ombre*, 1989 ; *Le Coup de la reine d'Espagne*, 1992). Elles ont occasionnellement repris leur collaboration littéraire (avec la participation épisodique du mari de Benoîte, Paul Guimard).

G.P.

Guégan Gérard (1940). Né à Marseille le 20 juillet 1940, il est journaliste, traducteur, romancier et fondateur des Éditions Champ Libre. Écrivain engagé, notamment pendant les événements de 1968, il est révélé au public par *La Rage au cœur* (Champ Libre, 1974), puis s'impose avec un roman initiatique, *Père et fils* (Grasset, 1977). Il publie de nombreux romans sous son nom et sous divers pseudonymes (*À feu vif*, Jean-Claude Lattès, 1976 ; *Le Sang dans la tête*, Presses de la Renaissance, 1980 ; *Le Dernier des rêveurs*, Flammarion, 1990 ; *Game over*, Gallimard, 1993 ; *Eurydice ne répond plus*, L'Olivier, 1995). On lui doit aussi des recueils de poésie et des « histoires » (*L'avenir est en retard*, Albin Michel, 1978) qui, avec ses romans, brossent le tableau souvent noir de la vie quotidienne et servent de trame à la construction pierre à pierre d'un « manuel de savoir-vivre à l'usage des jeunes générations ».

N.R.

Guéhenno Jean (1890-1978), pseudonyme de Marcel Guéhenno. Fils d'un cordonnier, il est né à Fougères, en Bretagne, le 25 mars 1890. Il quitte le collège à quatorze ans pour travailler dans une fabrique de chaussures. Sa première formation est celle d'un autodidacte : il prépare seul le baccalauréat et l'obtient.

Admis à l'École normale supérieure en 1911, il passe l'agrégation de lettres et entame une carrière dans l'enseignement et de journaliste. Son souci est alors de combattre les inégalités culturelles et sociales, qu'il dénonce dans *Caliban parle* (1928). De 1929 à 1936, il est rédacteur en chef de la revue *Europe*, placée alors sous l'autorité de Romain Rolland. Henry Poulaille cherche à le rattacher au courant de l'ouvriérisme, mais le trouve trop esthétisant à son goût. C'est le début d'une controverse sur la signification de la « littérature prolétarienne ». Son engagement de soutien au Front populaire est cependant très manifeste, comme en témoignent les textes réunis plus tard sous le titre *Entre le passé et l'avenir* (1979). Il crée avec André Chamson, à la suite d'un différend avec le parti communiste, la revue *Vendredi*. Son credo est l'enseignement, auquel il attribue la mission de « maintenir ensemble la défense de l'aristocratie de l'esprit et le principe de l'égalité des chances ». Dans les années trente, il participe ardemment, avec Gide et Valéry notamment, aux débats sur le statut de l'intellectuel et sur sa place dans la société.

Pendant la guerre, il rejoint la Résistance sous le nom de « Cévennes », sous lequel paraît clandestinement *Dans la prison* (1941). Il collabore à la création du Comité national des écrivains, en 1942. On peut lire ses souvenirs de cette période dans son *Journal des années noires*. Mais l'enseignement est, comme il l'a souvent dit lui-même, la préoccupation majeure de sa vie, et il poursuit sa carrière au ministère de l'Éducation nationale, devenant inspecteur général de l'instruction publique en 1949. Parallèlement, il voyage aux États-Unis et en Afrique, d'où il rapporte, en 1954, *La France et les noirs*. En 1962, il est élu à l'Académie française. L'essai et l'écriture autobiographique demeurent ses moyens d'expression privilégiés, et il y consacre ses dernières années. (*Sur le chemin des hommes*, 1959 ; *Changer la vie*, 1961). Dans *Carnets du vieil écrivain* (1971), il aborde l'apprentissage de l'indifférence et de la sagesse, et la difficulté de vieillir.

Jean Guéhenno a occupé sa vie durant une position à la fois enviée et marginale dans l'univers littéraire français. Le conflit majeur de sa personnalité littéraire est sans doute le déchirement entre sa fidélité à ses origines prolétariennes et son appartenance à l'élite intellectuelle, d'où l'ironie de Sartre parlant de « pauvre Guéhenno » dans *La Nausée* (1939). Son absence de parti pris, d'engagement et d'idéologie ont pu le faire apparaître comme traître à toutes les causes. Son opposition aux écoles littéraires, en particulier au surréalisme, sa résistance aux idéologies, son extrême souci de probité et d'authenticité (« l'authenticité, pour moi, c'est le mot qui commande tout ») lui ont attiré l'admiration, mais aussi une certaine réserve. On l'a souvent représenté comme un intellectuel pur, un professeur, alors qu'il a toujours considéré cette dimension comme insuffisante et réductrice. « Le bonheur n'est pas dans les livres, qui compliquent tout, écrit-il dans *Dernières Lumières, derniers plaisirs* (1977). C'est une grande limite de n'être qu'un intellectuel ».

L'essentiel de son œuvre se présente sous la forme d'essais, de fragments autobiographiques et de notes de lecture. Dans son *Journal d'un homme de quarante ans* (1934), il raconte son enfance bretonne, évoque son attachement pour cette région, et fait l'inventaire des rencontres qui ont compté pour lui. Ce sera également le cas de *Changer la vie* (1962). Une phrase particulièrement a marqué sa jeunesse, celle que Gide a inscrite sous forme de mot d'ordre dans *Les Nourritures terrestres* : « assumer le plus possible d'humanité ». De tous les débats des années trente portant sur l'avenir de la civilisation et de l'humanisme, aucun ne lui fut étranger. Formé à l'école de Michelet, de Renan, de Romain Rolland, et à celle de Rousseau auquel il consacre une importante étude : *Jean-Jacques, histoire d'une conscience* (1962), Guéhenno professe ce qu'il appelle la « religion de l'homme ». En 1936, *Jeunesse de la France* dénonce la pente dangereuse sur laquelle l'excès de technicité fait glisser l'humanité (« Nous faisons la guerre parce qu'il y a des canons »), et porte un message d'espoir à une génération frappée par le doute. La protestation contre la guerre, nourrie d'un abondant dialogue avec Romain Rolland, se trouve à nouveau exprimée dans *La Mort des autres* (1968), qui tente de retrouver, contre la banalisation du souvenir, la mémoire la plus vive des événements de la première guerre mondiale. *Aventures de l'esprit* (1954), recueille des essais autour de quelques figures de la culture française, Voltaire, Rousseau, Renan, etc. La méthode de pensée de Jean Guéhenno se définit par la confrontation avec autrui et par le dialogue avec les morts illustres comme dans *Dernières Lumières, derniers plaisirs* (il faut également compter Nietzsche parmi ses interlocuteurs privilégiés), ou avec les contemporains : Gide, Romain Rolland, ou encore Julien Benda sur le problème de l'Europe. Son œuvre est tout entière axée autour de la défense de l'« indépendance de l'esprit », seule capable de lutter contre la trahison de l'humanisme dénoncée dans *Caliban et Prospero* (1969). Sa foi dans les vertus de l'éducation populaire, dans la diffusion des valeurs de liberté et d'honnêteté demeure le moteur principal de cette réflexion profondément engagée.

ŒUVRES. — *L'Évangile éternel : étude sur Michelet*, Grasset, 1927. — *Voyages*, Gallimard, 1952. — *Jean-Jacques, histoire d'une conscience*, Gallimard, 1962, 2 t. — *Ce que je crois*, Grasset, 1964. — *Caliban et Prospéro*, Gallimard, 1969. — *Caliban parle : conversion à l'humain*, Grasset, 1969. — *Changer la vie*, Grasset, 1970. — *La Mort des autres*, Grasset, 1970. — *Journal des années noires*, 1940-1944, Gallimard, 1974. — *Correspondance avec Romain Rolland 1919-1944*, préface d'André Malraux, Albin Michel, 1975. — *Dernières Lumières, derniers plaisirs*, Grasset, 1977. — *Entre le passé et l'avenir*, Grasset, 1979. — *Journal d'un homme de quarante ans*, Grasset, 1980. — *Correspondance avec Jean Giono 1928-1969*, Seghers, 1991. — Fonds Jean Guéhenno à la Bibliothèque nationale.

G.Si.

Guérin Raymond (1905-1955). Né à Paris le 2 août 1905, il songe très tôt à une carrière littéraire, mais son père, qui tient la Taverne Daumesnil, 75 boulevard du Montparnasse, préfère voir son fils travailler dans la restauration. Employé dans de grands hôtels parisiens, il est tour à tour caviste, plongeur, garçon d'étage, serveur. En 1927, il rejoint ses parents à Bordeaux et fonde *La Revue libre*, qui aura sept numéros. Son père, devenu agent général d'assurances, lui confie un poste d'agent principal. En 1930, il publie ses premiers essais : *Petite Lettre sur la luxure* ainsi que *Lettre sur le bonheur*. Marié en 1928, il divorce en 1933. *Zobain* (1936), roman par lettres, entre confidence et fiction, évoque cette douloureuse faillite amoureuse. *Quand vient la fin* (1941) est le journal de la mort de son père, dont il trace un portrait sans complaisance, mêlant humour et cruauté. Mobilisé en 1940, aussitôt prisonnier, il reste en captivité en Allemagne jusqu'en 1944. Il y poursuit son œuvre romanesque : *L'Apprenti* (1946), récit de ses dures années d'apprentissage dans l'hôtellerie, à travers la conscience d'un narrateur désenchanté, M. Hermès, et *Parmi tant d'autres feux*... (1948), suite des aventures de M. Hermès, son double littéraire, où il transpose nombre d'expériences personnelles grâce auxquelles son héros, en marche vers la maturité, fait la découverte patiente de l'amour vrai et de la littérature. *Les Poulpes* (1953) forme le troisième volet de cette vaste fresque romanesque qui devait en comporter cinq, et que Guérin a placée sous le titre : *Ébauche d'une mythologie de la réalité*. M. Hermès, devenu le Grand Dab, y dépeint la vie des camps : la faim, la promiscuité, la violence, la dégradation morale et l'abjection, et conclut que « tout ne serait désormais, toujours et partout, que cauchemar et fantasmagorie ».

À la Libération, Guérin reprend son activité d'assureur à Bordeaux, qui lui garantit des revenus réguliers, et poursuit son activité littéraire : *Après la fin* (1945), *La main passe* (1947), *La Peau dure* (1948). Il renoue des relations épistolaires avec Jean Grenier, Jean Paulhan, Marcel Jouhandeau, Henri Miller, et Marcel Arland à qui il consacre un essai *(Marcel Arland*, 1946). Pour se défendre d'être trop hâtivement classé parmi les romanciers réalistes, voire naturalistes, il se justifie dans quelques publications théoriques : *Un romancier dit son mot* (1948), *Roman et réalité* (1948), *Fragment testamentaire* (1950). Il prétend vouloir écrire en moraliste et peindre la réalité par le biais d'une conscience. Il se consacre aussi à la rédaction de quelques essais philosophiques ou littéraires : *La Confession de Diogène* (1947), qui est un autoportrait, *Empédocle* (1950), *Du côté de chez Malaparte* (1950). En 1952, il commence une dernière œuvre de confession : *La Tête vide*. Atteint de pleurésie, il est longuement soigné et meurt le 12 septembre 1955.

ŒUVRES. — *Ébauche d'une mythologie de la réalité* : *L'Apprenti*, rééd. Gallimard, 1982 ; *Parmi tant d'autres feux*, rééd. Gallimard, 1983 ; *Les Poulpes*, 1953, Le Tout sur le tout, rééd. 1983. — *Le Pus de la plaie : journal de maladie* précédé de *Lettre à Maurice Toesca* et suivi d'*Entretien avec Claude-Henri Rocquet*, Le Tout sur le tout, 1982. — *La Tête vide*, Bordeaux, Assoc. La Tête vide, 1985. — *Le Temps de la sottise*, Le Dilletante, 1988 [souvenirs de guerre].

→ *Grandes Largeurs*, n°s 5 à 8 et 11 [partiellement consacrés à Guérin].

J.G.

Guerne Armel (1911-1980). Poète et fervent traducteur, il ne fait pas de différence entre son travail de traduction et son œuvre poétique. Traducteur, entre autres, de Melville, James, Woolf, Kawabata, et surtout des romantiques allemands, Guerne place son œuvre sous le signe d'une double filiation spirituelle : française (Nerval, Baudelaire, Rimbaud) et allemande (Hölderlin, Novalis). Dans *La Cathédrale des douleurs* (1945), *La nuit veille* (1954), *Jours de l'Apocalypse* (1967), sa poésie, sous-tendue par un mysticisme visionnaire et par une conscience du mal et de la fin du monde, se veut « chasse spirituelle », « poésie d'assaut » : parole qui a pour tâche de désigner la voie de l'esprit, de l'espérance et de la vie intérieure. Son verbe dépouillé est traversé d'accents prophétiques. Il est mort le 9 octobre 1980.

M.F.

guerre *(roman de)*. On a appelé *romans de guerre* les récits où des écrivains, soldats de la Grande Guerre, ont raconté leur expérience du front. Le genre, hybride puisqu'il tient du témoignage et de la fiction, a connu un succès considérable entre 1916 et 1930, et même au-delà, auprès du public des anciens combattants, mais aussi d'un grand nombre de lecteurs enthousiasmés par la victoire et avides d'émotions. Parmi tous les livres inspirés par la guerre, les romans sont le genre qui a connu le succès le plus large. Succès déjà pour *Gaspard* de René Benjamin (prix Goncourt 1915), succès surtout pour *Le Feu* d'Henri Barbusse (prix Goncourt 1916). La même année, Maurice Genevoix donne, avec *Sous Verdun*, le premier volume d'une série de cinq romans (1916-1923), qu'il réunira plus tard sous le titre *Ceux de 14* (1950). En 1917, Georges Duhamel, chirurgien sur le front, évoque dans la *Vie des martyrs* l'existence des « poilus », puis, en 1918, il obtient le prix Goncourt pour un autre roman de guerre, *Civilisation*. L'année suivante, *Les Croix de bois* de Roland Dorgelès ont un immense retentissement. La paix revenue, le genre ne s'épuise pas, mais, dans l'euphorie des années vingt, la manière se diversifie. Un petit noyau d'écrivains : Montherlant *(Le Songe*, 1922), Joseph Kessel *(L'Équipage*, 1923), Philippe Barrès *(La Guerre à vingt ans*, 1924), traitent la guerre comme une aventure héroïque qui permet au soldat de se dépasser, et au nom de laquelle les valeurs de la paix sont finalement jugées. Sur un tout autre ton, Jean Cocteau, dans *Thomas l'imposteur* (1923), aborde le sujet avec une apparente fantaisie.

Dans leur majorité, les romans de guerre sont d'inspiration pacifiste et dénoncent les malheurs de la guerre, dans un style hérité du naturalisme (beaucoup ont été écrits d'après des notes prises sur le front). Dans *Le Feu*, la dénonciation s'apparente à la révolte et remet en cause le système social qui a conduit à la guerre. D'autres romanciers, apparemment plus neutres, se contentent de laisser parler les faits, qui suffisent à condamner la guerre sans appel : tels Genevoix, au point que ses romans méritent plutôt le nom de chroniques, ou même Dorgelès, bien qu'il cède parfois à la tentation du romanesque. Duhamel, lui, met l'accent sur la pitié. D'un événement aussi complexe que la Grande Guerre, le roman, qu'il soit centré sur un ou plusieurs personnages, n'offre qu'un point de vue limité. Mais c'est toujours la guerre des soldats qui constitue le sujet, non celle des états-majors ; plutôt que l'épopée des hauts faits d'armes, il nous montre la vie sordide des « poilus », leurs souffrances et « cette espèce de courage désespéré qui a été l'héroïsme de cette guerre » (Duhamel, *Guerre et littérature*, 1920). Même dans les romans les moins hostiles à la guerre, celle-ci apparaît comme une duperie absurde ; aussi est-elle souvent décrite comme une farce, un théâtre, un jeu, un songe. À ce titre, les romans de guerre préfigurent la dénonciation, si fréquente dans les années vingt, des impostures et de ceux que Gide appellera les faux-monnayeurs. Les romans de guerre marquent aussi une étape dans l'évolution du genre romanesque. En effet, c'est par le biais des romans de guerre que la langue populaire et l'argot font une entrée en force dans le roman. Limité d'abord aux dialogues, comme dans *Le Feu* ou *Les Croix de bois*, le parler populaire investit la voix même du narrateur dans le *Voyage au bout de la nuit* de Céline (1932), roman qui débute comme le roman d'une guerre dont l'auteur fut un valeureux soldat.

En 1929, les romans de guerre ont encore la faveur du public, si l'on en juge par le triomphe que les lecteurs font à la traduction en français de *À l'Ouest rien de nouveau* du romancier allemand Erich Maria Remarque. Pourtant, dès cette époque, on s'intéresse moins aux témoignages qu'aux approches historiques de la guerre. C'est alors que Jean Norton Cru dénonce, en historien positiviste, la fausseté de la plupart des romans de guerre (*Témoins*, 1929). Quant à la production romanesque, elle s'oriente vers de larges reconstitutions historiques : *L'Été 14* de Roger Martin du Gard (1936) ou *Verdun* de Jules Romains (1938) n'ont plus rien à voir avec le roman de guerre. Les auteurs de ces reconstitutions n'ont pas connu le front, et elles sont écrites à la lumière du nouveau conflit qui s'annonce.

ŒUVRES. — *Les Grands Romans de la guerre 14-18*, Presses de la Cité, 1994.

→ Jean Norton Cru, *Témoins*, 1929, rééd. Presses universitaires de Nancy, 1993. — René Pomeau, « Guerre et roman dans l'entre-deux-guerres », *Revue des sciences humaines*, janvier-mars 1963. — Maurice Rieuneau, *Guerre et révolution dans le roman français de 1919 à 1939*, Klincksieck, 1974.

J.-F.D.

Guèvremont Germaine (1893-1968). Pseudonyme de Germaine Grignon, née dans les Basses-Laurentides (Québec), d'une famille lettrée, elle collabore tôt à quelques journaux sous le pseudonyme de « Janrhêve ». Mariée en 1916, elle habite Ottawa, puis Sorel, petit port du Saint-Laurent près du lac Saint-Pierre et d'innombrables îles. Ce paysage plat, bleu et vert, rebutera puis séduira la jeune femme. Établie à Montréal à partir de 1935, elle recueille sous le titre *En pleine terre* (1942) ses principaux contes paysans, dont *Les Survenants*, devenu ici *Chauffe, le poêle !*, matrice du roman qui fera sa renommée. On y observe un retour balzacien des personnages du clan Beauchemin, et surtout les deux pôles de la maison et du fleuve, de la terre ferme et de l'archipel, du « lacis des chenaux et des passes », d'où se détache le Chenal du Moine, lieu d'enracinement et de tentations, sinon de départs.

Le Survenant (1945) obtient un succès immédiat au Québec et à Paris, où l'édition française reçoit le prix Sully-Olivier de Serres (1947), accordé pour la première fois à un écrivain étranger, et à une femme. En 1950 paraissent simultanément à Londres, New York et Toronto les traductions anglaise (*The Monk's Reach)* et américaine (*The Outlander)* du *Survenant* et de sa suite, *Marie-Didace* (1947). De 1952 à 1960, l'auteur adapte ses deux romans pour la radio, puis pour la télévision. Le Survenant est un héros construit à partir de plusieurs figures masculines : d'abord celle du père, Jean-Jérôme Grignon, avocat poète, bohème, « amant du vin et de la lumière » ; plus tard, la figure amicale, fraternelle d'un poète et critique doublé d'un « fils déchu », Alfred Desrochers, « centre et censeur » du roman, que l'auteur dans ses lettres appelle « cher Survenant » ou « cher père Didace » ; le Survenant garde aussi l'empreinte de Bill Nyson, journaliste d'origine norvégienne, qui avait fasciné l'adolescente avant de devenir son beau-frère. « Mon Survenant aurait pu être beatnik », dit Germaine Guèvremont. « Plus qu'un homme, le Survenant est l'île de nostalgie, de déraison, d'inaccessible, d'inavouable — et pourtant d'humain, que chacun porte en soi. L'île perdue. » À l'instar de l'éphèbe de *Teorema* de Pasolini, ce bel homme-enfant à la chevelure de flamme, par sa seule présence, agite les esprits et les corps, éclaire et assombrit la vie quotidienne. Il laisse après lui deux cœurs brisés mais révélés à eux-mêmes : celui d'Angélina, l'infirme, amoureuse désespérée, et celui de Didace, « père » abandonné.

Le second volet de la trilogie romanesque de Guèvremont, *Marie-Didace*, du nom de la petite-fille qui finira par naître chez les Beauchemin, est construit sur l'absence, le souvenir, la nostalgie du Survenant. Le père Didace s'est remarié à celle qu'on appelle l'Acayenne. Phonsine, bru dépossédée de son rôle de maîtresse de maison, est enceinte d'Amable, son paresseux mari, qui meurt d'un accident le lendemain de la naissance de sa fille. Le père Didace, puis Phonsine mourront quelques années plus tard. Restent une fillette chétive mais volontaire, « avec des cheveux noirs et drus, et le nez large, incomparable pour prendre l'erre du vent », et, dans les journaux, les photos d'un soldat, « Glorieux disparu », qui ressemble au Survenant et même au père Didace dans sa jeunesse. Les questions de filiation, d'héritage et d'avenir demeurent posées.

Germaine Guèvremont élève jusqu'au mythe l'image traditionnelle du nomade canadien-français, que *Maria Chapdelaine* opposait à la « race » des colons sédentaires. Elle a écrit le premier grand roman féminin du Québec. Elle est morte le 21 août 1968.

ŒUVRES. — *En pleine terre*, Paysana, 1942. — *Le Survenant*, Beauchemin, 1945, rééd. Plon, 1946 et 1948. — *Marie-Didace*, Beauchemin, 1947. — *Le Survenant*, éd. critique par Yvan G. Lepage, Presses de l'université de Montréal, 1989.

→ Jean-Pierre Duquette, *Germaine Guèvremont : une route, une maison*, Presses de l'université de Montréal, 1973. — Rita Leclerc, *Germaine Guèvremont*, Fides, 1963. — Robert Major, « Le Survenant et la figure d'éros dans l'œuvre de Germaine Guèvremont », *Voix et images*, n° 2, 1976.— *Marie-Didace*, édition critique par Yvan G. Lepage, Presses de l'université de Montréal, 1996.

L.M.

Guez Ricord Christian Gabrielle (ou Gabriel) (1948-1988). Né en janvier 1948. Sculpteur, peintre et poète (il a séjourné à la Villa Médicis), il a donné des fragments au *Nouveau Commerce* (1972-1973), suivis de publications dans d'autres revues (« Rosace », *Sud*, 1975. — « La Lettre sous le manteau », *Solaire* n° 37, 1982. — « L'Annonciation », *L'Ire des vents*, n°s 9-10, 1983). D'une œuvre abondante, on retiendra l'hermétisme et le mysticisme : le poète questionne l'Incarnation et l'androgynie à travers les grandes religions monothéistes. Cherchant le chiffre qui ferait coïncider « les deux versants » de l'être, son œuvre est hantée par l'indicible. Il meurt le 6 juin 1988.

ŒUVRES. — *La Monnaie des morts*, 1979. — *Le Dernier Anneau*, 1981. — *L'Annoncée*, Le Revest, Spectres familiers, 1981. — *Maison-Dieu*, Granit, 1982. — *La Secrète*, Fata Morgana, 1988.

I.M.

Guibbert Jean Paul (1942). Né à Béziers le 30 août 1942, il construit depuis le début des années 1960 une œuvre poétique rare et forte. Dès *Veines* (1964, repris dans *Alyscamps*, Mercure de France, 1966), il est salué par Gaëtan Picon comme « la voix la plus personnelle et la plus persuasive qui ait surgi depuis une dizaine d'années ». Hantés par une figure féminine mystérieuse, ses poèmes en ont la tendresse et la carnation pâle (*Haut Lieu du cœur*, Fata Morgana, 1976 ; *Hermines*, Fata Morgana, 1978 ; *Pierre et non pierre*, Fata Morgana, 1978). Oniriques et tragiques comme les mythes anciens, des épitaphes inscrites sur les stèles forment les *Images de la mort douce* (Clivages, 1974) et les *Images de la mort amère* (Brandes, 1986). En 1987, *La Chair du monde* (Phébus) rassemble les poèmes écrits entre 1962 et 1982. Jean Paul Guibbert est également sculpteur et a donné, en 1995, un livre de calligraphie (*Carrés sans angles,* Arkadin).

N.R.

Guibert Armand (1906-1990). Né le 11 mars 1906 à Azas (Haute-Garonne), il fut aussi éditeur et journaliste, et son œuvre poétique est peut-être aujourd'hui occultée par son important travail de traducteur et d'essayiste. Armand Guibert fut certes l'un des premiers à présenter au public français, par de belles traductions et d'utiles monographies, la poésie de Federico García Lorca (*Lorca*, 1947, rééd. Seghers, 1962) et l'œuvre diverse et multiforme de l'écrivain portugais Fernando Pessoa (*Pessoa*, Seghers, 1960) ; le désir de faire partager des œuvres admirées fit aussi de lui un traducteur éclectique des littératures anglophones et hispaniques (de Shakespeare à une anthologie des poètes brésiliens) et un critique à qui l'on doit notamment de fines études consacrées à La Tour du Pin (Tunis, Mirages, 1934) et à Senghor (1962, rééd. Seghers, 1967). Cette humilité ne devrait cependant pas faire oublier qu'il fut l'auteur de quelques beaux recueils de poèmes (*Transparence*, 1926 ; *Enfants de mon silence*, 1931 ; *Palimpsestes* ; *Oiseau privé*, 1939 ; *Microcosmies*, 1969 ; *Australes*, 1972) et d'un curieux texte consacré au prince Henri de Portugal, *Méditation sur un timbre-poste* (1940). Le plus connu de ces ouvrages, *Oiseau privé* (1939, rééd. Belfond, 1984) porte la marque d'un Orient de légendes que Guibert, infatigable voyageur, connaissait bien pour avoir longtemps vécu à Tunis (1930-1941). Une série d'odes très rythmées, presque incantatoires, conte la quête de l'Oiseleur, sa rencontre avec l'Oiseau et leur séparation. Quête mythique, qui promène le lecteur à travers la beauté éblouissante de paysages désertiques ; quête intérieure aussi bien, poursuite d'un absolu qui ne se dévoile que dans l'émerveillement de la rencontre.

→ « Dossier Armand Guibert », dans Fernando Pessoa, *Visages avec masques*, Lausanne, Eibel, 1978.

B.Do.

Guibert Hervé (1955-1991). Né le 14 décembre 1955 à Saint-Cloud, critique à *Combat*, aux *Nouvelles littéraires*, à *Cinéma* et au *Monde*, il crée le scandale en affichant dans *La Mort propagande* (Régine Deforges, 1979) une homosexualité qu'il exprimera avec innocence dans *Voyage avec deux enfants* (Éditions de Minuit, 1982) et *Les Lubies d'Arthur* (Éditions de Minuit, 1983), ou avec crudité dans *Les Chiens* (Éditions de Minuit, 1982), *L'Homme blessé* (Éditions de Minuit, 1983, film de Patrice Chéreau), *Fou de Vincent* (Éditions de Minuit, 1989), au point de faire oublier la tendresse qu'il ressent pour l'enfance meurtrie (*Des aveugles*, Gallimard, 1985) et pour sa famille (*Suzanne et Louise*, Éditions de Minuit, 1980 ; *Mes parents*, Gallimard, 1986 ; *Les Gangsters*, Éditions de Minuit, 1988). Lorsque, en 1988, il se découvre atteint par le sida (*À l'ami qui ne m'a pas sauvé la vie*, Gallimard, 1990), il fait de la maladie le centre de son œuvre en montrant le corps condamné à la dégradation (*Le Protocole compassionnel*, Gallimard, 1991 ; *Cytomégalovirus*, Le Seuil, 1992, posth.), en même temps qu'il nie la réalité par des fictions comme *Mon valet et moi* (Le Seuil, 1991), *L'Homme au chapeau rouge* (Gallimard, 1992, posth.) et surtout *Le Paradis* (Gallimard, 1992, posth.). L'angoisse du temps explique son amour de la photographie (*Le Seul Visage*, Éditions de Minuit, 1984 ; *L'Image de soi*, avec Hans Georg Berger, William Blake, 1988 ; *Vice*, Jacques Bertoin, 1991 ; *Photographies*, Gallimard, 1993, posth.) et le souci qu'il eut de se filmer peu avant sa mort, survenue à Paris le 27 décembre 1991 (*La Pudeur et l'impudeur*, diffusé sur TF1 le 30 janvier 1992). On a publié depuis une pièce de théâtre sur la découverte de la différence (*Vole mon dragon*, Gallimard, 1994), ainsi que des nouvelles et un roman inachevé (*La Piqûre d'amour et autres textes*, Gallimard, 1995).

→ Jean-Pierre Boulé (dir.), *Hervé Guibert*, *Nottingham French Studies*, printemps 1995. — Fonds Hervé Guibert à l'IMEC.

J.P.

Guigues Louis-Paul (1902-1996). Né à Gênes le 28 mars 1902, Louis-Paul Guigues fut remarqué vers la fin des années 1940 par Jean Paulhan, qui lui fit publier chez Gallimard deux brefs romans (*Labyrinthes*, 1947 ; *Lisbeth*, 1953) et un recueil de trois récits (*La Dernière Chambre*, 1958). Sensualité, richesse et élégance de l'écriture ; intrigues insolites ponctuées de scènes et de tableaux hiératiques : telles sont les principales qualités de ces textes, qui fascinent par leur profondeur presque allégorique — comme s'ils ne prenaient tout leur sens que par les résonances spirituelles et cosmiques qu'ils éveillent. Il connurent un oubli injuste jusqu'à leur réédition en 1987 chez André Dimanche, qui fit paraître aussi plusieurs récits inédits (*Le Château bégayant*, 1984 ; *Mes agonies*, 1984 ; *Exeunt*, 1991) ainsi qu'un recueil de poèmes, *Le Chemin des apocalypses* (1993). Entre-temps, Louis-Paul Guigues n'avait publié que de rares textes en revues et deux importantes traductions : *Le Livre des dialogues* de Catherine de Sienne

(1953), la *Vita Nova* de Dante (1974). Il est mort à Paris, le 14 juillet 1996.

B.Do.

Guilde du livre (La). Maison d'édition fondée en 1936 par Albert Mermoud à Lausanne, elle fut le premier club de livres dans le monde francophone, offrant sous forme d'abonnement à un large public une vaste littérature romanesque en volumes reliés et illustrés. Elle a publié également de nombreux auteurs romands : C.-F. Ramuz, C.-F. Landry, Jacques Mercanton, Alice Rivaz, Catherine Colomb. Outre des collections telles que « Classiques » (1941), « Musiciens de tous les temps » (1965), « La Petite Ourse » (1954), elle a publié des récits, romans courts ou longues nouvelles, de grands auteurs, dans un format de poche et sous une couverture élégante. Par la suite, Mermoud ouvrit des maisons de diffusion à Paris, Bruxelles, Milan, Florence, Turin, Lisbonne et Montréal. La Guilde du livre a fermé ses portes en 1977, rachetée par France-Loisirs.

B.Z.

Guillaume Louis (1907-1971). Né le 18 décembre 1907 à Paris, d'un autre Louis Guillaume, poète lui aussi, il passe les jours les plus heureux de son enfance à Bréhat ; il en gardera l'obsession de la mer, le goût du silence et des humbles et un profond penchant à la rêverie que viendra confirmer, dans les années 1940, l'influence d'Albert Béguin et de Bachelard. Instituteur en 1926, puis directeur d'école à Paris (1948-1963), il prend sa retraite à Biarritz sans cesser d'écrire des poèmes : *Sônes d'Armor* (1928), *Coffret sous cendres* (1938), *Pleine Absence* (1947), *Noir comme la mer* (1949), *Étrange Forêt* (1956), *La Feuille et l'épine* (1956), *La nuit parle* (1961), *La Hache du silence* (1971) ; et deux romans, *Le Rivage désert* (1946) et *Hans ou les songes vécus* (1958). Il est mort le 24 décembre 1971.

Ch.F.

Guillaumin Émile (1873-1951). Né le 10 novembre 1873 à la ferme de la Neverdière, près d'Ygrande (Allier), il est le premier authentique écrivain paysan. Autodidacte, il entre en littérature avec ses *Dialogues bourbonnais* (1889), bientôt suivi par *Les Tableaux champêtres* (1901) et un recueil de poèmes, *Ma cueillette* (1903). *La Vie d'un simple* (1904) le révèle au grand public ; ces mémoires fictifs d'un métayer disent avec justesse et sobriété la vie d'une famille paysanne, entre 1820 et 1870 : la rudesse de l'existence et des travaux, les servitudes et les joies du monde rural. Il publie ensuite d'autres romans : *Près du sol* et *Albert Manceau, adjudant* (1906), *Rose et sa « Parisienne »* (1907), *La Peine aux chaumières* (1909), *Baptiste et sa femme* (1911), *Au pays des ch'tits gas* (1912). À partir de 1908, il est aussi l'un des pionniers du syndicalisme paysan. *Le Syndicat de Baugignoux* (1912) est le témoignage amer et lucide de cette difficile entreprise. Après la guerre, il collabore à de nombreux journaux et revues pour défendre la cause paysanne. Ces articles sont réunis dans *Notes paysannes et villageoises* (1925), *À tous vents sur la glèbe* (1931) et *Six ans de luttes syndicales* (posth., 1977). En 1936, il publie un *Panorama de l'évolution paysanne de 1875 à 1935* et, en 1937, un dernier roman : *François Péron, enfant du peuple*. Président de la société des Amis de Charles-Louis Philippe, il a rendu hommage à la mémoire de celui qui fut son protecteur dans *Mon compatriote Charles-Louis Philippe* (1942). Guillaumin est mort à Ygrande, où il avait toujours vécu et travaillé, le 27 septembre 1951.

J.G.

Guillemin Henri (1903-1992). Normalien, agrégé, docteur ès lettres (*Le « Jocelyn » de Lamartine : étude historique et critique*, 1936), il enseigne au Caire (1936-1938), à Bordeaux jusqu'en 1942, puis à Genève jusqu'en 1945. Conseiller culturel à l'ambassade de France à Berne jusqu'en 1962, il est nommé professeur extraordinaire à l'université de Genève jusqu'en 1973. Il publie quelques essais et récits (*Une histoire de l'autre monde*, 1942 ; *Rappelle-toi, petit*, 1945), mais c'est comme historien et critique surtout qu'il sera connu. Par des enquêtes destinées à bouleverser les idées reçues sur un certain nombre d'écrivains, il souligne la distance qui sépare l'homme et l'œuvre (*À vrai dire*, Gallimard, 1956 ; *Éclaircissements*, Gallimard, 1961 ; *Pas à pas*, Gallimard, 1969 ; *Précisions*, Gallimard,

1973). Excepté Lamartine pour lequel il garde de l'indulgence (*Lamartine, l'homme et l'œuvre*, Le Seuil, 1940 ; *Connaissance de Lamartine*, Librairie de l'Université, 1945), peu de grands hommes échappent à son entreprise de démystification, qui s'étend de Rousseau (*Un homme, deux ombres : Rousseau, Julie, Sophie*, Milieu du monde, 1943) à Péguy et qui s'attaque en particulier à Hugo (*L'Humour de Victor Hugo*, la Baconnière, 1951 ; *Victor Hugo par lui-même*, Le Seuil, 1954 ; *Hugo et la sexualité*, Gallimard, 1954), Vigny (*M. de Vigny, homme d'ordre et poète*, Gallimard, 1955), et Zola (*Zola, légende et vérité*, Utovie, 1960), sans oublier Flaubert, Benjamin Constant, Chateaubriand ou Claudel. La polémique se retrouve d'ailleurs dans ses ouvrages d'histoire (*Le Coup du 2 décembre*, Gallimard, 1951 ; *L'Énigme Esterhazy*, Gallimard, 1962 ; *L'Arrière-pensée de Jaurès*, Gallimard, 1966), mais c'est sur une histoire plus personnelle qu'il revient dans *Parcours* (Le Seuil, 1989), défini comme « la déposition émiettée et sans éclat, d'un témoin de notre temps ». Henri Guillemin est mort le 4 mai 1992 à Neuchâtel.

S.R.

Guillevic Eugène (1907-1997). Né le 5 août 1907 à Carnac, en Bretagne. Son père, fonctionnaire de gendarmerie, est affecté en 1919 en Alsace, où Guillevic fait ses études secondaires. Il pratique donc dès son enfance et sa jeunesse, concurremment au français officiel senti avec une certaine distance, deux langues étrangères au français. Il est initié vers 1925, par le poète alsacien Nathan Katz, aux romantiques allemands, aux poètes français du vers libre et à Georg Trakl. Ce début de vie est marqué par la froideur rigoriste de sa mère, et une vive piété, empreinte à la fois d'un sentiment de culpabilité et d'un attachement païen aux choses. Guillevic est d'autre part profondément marqué par la mort subite d'une jeune fille de dix-sept ans, dont l'évocation traverse son œuvre. « Partout l'espace est vide », écrit-il en 1925, en proie déjà à cette angoisse qui va être la dominante de sa vie.

Sa carrière dans l'Enregistrement l'amène à Paris en 1935. Il a perdu la foi. Mais depuis 1934, il milite dans l'antifascisme ; il sympathise en 1936 avec le Front populaire. Il rencontre Follain. En 1938, il publie chez Tschann *Requiem*, poèmes qui évoquent dans une écriture austère la mort inéluctable et la disparition des êtres. En 1942, il adhère au parti communiste, sympathise avec Eluard, écrit dans *L'Honneur des poètes*. Il publie d'autre part *Terraqué*, où il fait entendre une voix originale. Poète dense et sobre de l'objet, il n'est pas juste de comparer son propos, comme on l'a fait, avec celui de Ponge, qui publie la même année *Le Parti pris des choses*. Guillevic communique, communie avec les objets, ses compagnons de solitude. Il sent aussi les sourdes menaces qu'ils contiennent. Si l'on avait ouvert l'armoire, « Peut-être qu'il en serait tombé des morts. / Peut-être qu'il en serait tombé du pain. // Beaucoup de morts / Beaucoup de pain. »

Après la guerre, Guillevic fait partie de cabinets ministériels, avant de reprendre sa carrière interrompue par la guerre froide. Il joue un grand rôle dans le Comité national des écrivains. Dans *Exécutoire* (1947) et *Terre à bonheur* (1952), il célèbre l'homme qui non seulement comble la distance avec les choses, mais les dépasse dans le triomphe futur du communisme ; espoir qui s'exprime aussi dans la célébration de la femme amoureuse. En 1954, Guillevic adopte les principes de la « poésie nationale » d'Aragon, et écrit les très politiques *Trente et un sonnets* en vers réguliers, fort peu en accord avec son tempérament poétique.

Le rapport Khrouchtchev, en 1956, l'atterre et le réduit à un silence dont il réussit à sortir après s'être ressourcé dans Trakl. C'est alors *Carnac* (1961), recours à un sacré matérialiste, à un primitivisme des éléments, mais aussi à une inquiétude et au sentiment de l'instabilité du présent. Guillevic adopte une forme de plus en plus elliptique ; à propos de son recueil *Du domaine* (1977), il appelle ces grains d'énergie que sont chacun des poèmes des *quanta* ; les blancs qui les séparent servent à les unir dans l'ensemble verbal que constitue le recueil. Depuis les années 1960, Guillevic mesure les territoires de son accord et de son écart avec le cosmos : rapports avec le plan, la courbe et le livre dans *Euclidiennes*

(1967), avec un monde urbain ambigu dans *Ville* (1969). *Paroi* (1970) et *Inclus* (1973) marquent une certaine sérénité de l'instant présent. Puis la solitude, le sentiment de l'ambivalence d'un monde pourtant brillant de sensualité reviennent dans *Du domaine*, *Étier* (1979), *Requis* (1983), jusqu'à *Le Chant* (1990) et *Maintenant* (1993). Guillevic est mort à Paris le 19 mars 1997.

Un lyrisme concret et bref (« La poésie, c'est les noces de la parole et du silence ») ; l'usage d'une prosodie régulière dans ses éléments, mais fragmentée ; un monde souvent obscur et instable, mais cerné, avec une méfiance de l'image qui met le substantif en exergue : la poésie de Guillevic est à la fois exploration et questionnement, inquiétude et conjuration incessante de l'inquiétude.

ŒUVRES. — Publiées chez Gallimard.

→ *Vivre en poésie*, entretien avec Lucie Albertini et Alain Vircondelet, Stock, 1980. — Jean Tortel, *Guillevic*, Seghers, 1962. — Serge Gaubert *et al.*, *Lire Guillevic*, Presses universitaires de Lyon, 1983. — Jean Pierrot, *Guillevic ou la sérénité gagnée*, Champ Vallon, 1984. — Gavin Bowd, *Guillevic, sauvage de la modernité*, University of Glasgow, 1992. — Numéros spéciaux : *Sud*, mai 1983, et 1987. — *Nouvelle Revue française*, mai 1977. — *Europe*, juin-juillet 1990.

M.-C.B.

Guilloux Louis (1899-1980). Né à Saint-Brieuc le 15 janvier 1899, issu d'une famille très modeste, il vit son enfance dans un milieu militant : son père cordonnier est secrétaire de la section socialiste de la ville. Boursier, il entreprend avec succès des études secondaires. Il lit Rousseau, Vallès, Romain Rolland et commence ses premiers essais littéraires. En 1915, il a comme professeur de philosophie Georges Palante, avec qui il entretiendra une correspondance suivie, jusqu'au suicide de ce dernier en 1925 (voir *Souvenirs sur Georges Palante*, 1931). De 1916 à 1918, il est maître d'internat au lycée de Saint-Brieuc, puis abandonne ses études et exerce divers petits emplois : comptable, voyageur de commerce, répétiteur au collège Gerson à Paris. Il entre ensuite au journal *L'Excelsior*, puis à *L'Intransigeant*, où il est lecteur d'anglais. Il se marie en 1924.

La fréquentation de Daniel Halévy, Max Jacob, André Chamson, Jean Guéhenno le décide à se consacrer à la littérature. En 1927, *La Maison du peuple* évoque son enfance et la figure de son père militant socialiste. Suivront d'autres romans et récits. *Dossier confidentiel* (1930) rappelle l'adolescence révoltée de Guilloux. *Compagnons* (1931) est le récit dépouillé de la mort d'un ouvrier plâtrier. *Hyménée* (1932) évoque les amours de l'adolescence, tandis qu'*Angelina* (1934) s'inspire de la jeunesse de sa mère. Louis Guilloux refuse d'être classé parmi les écrivains prolétariens ou populistes, pas plus qu'il n'accepte de s'inscrire à un parti politique. Revenu à Saint-Brieuc à partir de 1930, il prend néanmoins part aux luttes sociales bretonnes et devient un compagnon de route du parti communiste. Résolument antifasciste, il accepte le secrétariat du Congrès international des écrivains pour la défense de la culture (juin 1935). Cette même année paraît *Le Sang noir* : sur fond de révolution bolchevique et de mutinerie, ce roman raconte vingt-quatre heures de la vie d'un médiocre professeur de philosophie surnommé Cripure, misanthrope douloureux et contrefait, victime d'une société hargneuse et grotesque. En 1936, paraissent des nouvelles : *Histoires de brigands*. Il accompagne Gide et Dabit en URSS. Il en revient déçu et choqué par les procès politiques, mais refuse de se prononcer publiquement. En 1937, il tient la page littéraire de *Ce soir*. Responsable du Secours rouge international à Saint-Brieuc de 1935 à 1940, il aide les réfugiés espagnols. *Le Pain des rêves* (1942, prix Populiste) propose une transposition de l'enfance pauvre et rêveuse de l'auteur : le narrateur fait l'apprentissage de la vie entre la présence ferme et bienveillante de son courageux grand-père et Zabelle, sa fantasque cousine. Il passe le temps de la guerre à Saint-Brieuc et contribue à l'unification de la Résistance communiste et non communiste.

À la Libération, Guilloux est interprète auprès de l'armée américaine et adhère au Front national. Le Haut-Commissariat aux réfugiés lui confie une mission concernant les personnes déplacées en Allemagne et en Italie. *Le Jeu de patience* (1949) est récompensé par le prix Renaudot. Cette œuvre, qui tient du journal intime, du roman et du reportage, est une somme qui orchestre les grands thèmes chers à Guilloux et où se croisent les destinées des personnages de ses romans précédents. Dans les années cinquante, il travaille pour la radiodiffusion et pour la télévision naissante. Il poursuit son œuvre avec *Absent de Paris* (1952), *Parpagnacco ou la conjuration* (1954), roman d'aventures vénitiennes, puis renoue avec la chronique sociale. *Les Batailles perdues* (1960), roman foisonnant qui rappelle *Le Jeu de patience*, évoque, à travers l'itinéraire d'une foule de gens, les luttes ouvrières de la fin de 1934 à l'été 1936. *La Confrontation* (1967), sous forme d'enquête policière, est l'histoire d'un homme à la recherche de son passé. Louis Guilloux reçoit le grand prix international des Lettres en 1967, pour l'ensemble de son œuvre. C'est l'année où est créé *Cripure* (au Théâtre du Cothurne à Lyon), adaptation scénique du *Sang noir*. En 1969, il devient membre du jury du prix Max Jacob. Il publie encore quelques récits : *Salido* (sur le destin d'un réfugié espagnol), *O.K. Joe* (sur les décisions iniques d'un tribunal militaire américain à la Libération) en 1976, *Coco perdu* en 1978. Louis Guilloux a laissé des chroniques autobiographiques : *Carnets 1921-1944* (1978) et *Carnets 1944-1974* (posth., 1982). Il est aussi l'auteur de nombreuses traductions de romanciers anglo-saxons : Chesterton, Cecil Scott Forster, Margaret Kennedy, Mac Kay, Steinbeck. Il meurt dans sa ville natale, le 14 octobre 1980. *L'Herbe d'oubli*, dernière œuvre d'inspiration autobiographique, a été publiée en 1984. Albert Camus écrivait : « J'admire et j'aime l'œuvre de Louis Guilloux, qui ne flatte ni ne méprise le peuple dont il parle et qui lui restitue la seule grandeur qu'on ne puisse lui arracher, celle de la vérité. »

ŒUVRES. — Chez Gallimard, et chez Grasset pour *La Maison du peuple*, 1927, rééd. 1983. — *Compagnons*, 1931, rééd. 1983. — *Dossier confidentiel*, 1930, rééd. 1987. — *Angelina*, 1934, rééd. 1991.

→ Édouard Prigent, *Textes choisis*, Saint-Brieuc, Presses universitaires de Bretagne, 1970. — Yannick Pelletier, *Thèmes et symboles dans l'œuvre romanesque de Louis Guilloux*, Klincksieck, 1979. — Jean-Louis Jacob, *Louis Guilloux : romancier du peuple*, Éditions du Noroît, 1983. — *Louis Guilloux* (colloque), Quimper, Calligrammes, 1986. — *19/20*, n° 4, octobre 1997. — Il existe depuis 1994 un *Bulletin de la Société des amis de Louis Guilloux : Confrontations* (Saint-Brieuc).

J.G.

Guimard Paul (1921). Né le 3 mars 1921 à Saint-Mars-la-Jaille, journaliste, résistant, proche de François Mitterrand — en 1981-1982, il a été chargé de mission à la présidence de la République — mari de Benoîte Groult (*Des nouvelles de la famille*, Mazarine, 1980), il s'affirme comme dramaturge (*Un garçon d'honneur*, avec Antoine Blondin, La Table ronde, 1960), essayiste (*Giraudoux ? Tiens...*, Grasset, 1988), et surtout romancier avec *Les Faux Frères* (Denoël, 1955), où apparaît l'omnipotence du hasard. Décalage horaire (*Rue du Havre*, Denoël, 1957, prix Interallié), démarreur en panne (*L'Ironie du sort*, Denoël, 1961), carrefour mal venu (*Les Choses de la vie*, Denoël, 1967, prix Goncourt), tempête en mer (*Le Mauvais Temps*, Denoël, 1976), mort d'une maîtresse (*Un concours de circonstances*, Grasset, 1990), le destin humilie un héros vieillissant qui dans *L'Âge de Pierre* (Grasset, 1992) accède à la sérénité. *Les Derniers Venus* (Grasset, 1997) reprennent le mythe d'Adam et Ève.

J.P.

Guitry Sacha (1885-1957), pseudonyme d'Alexandre Guitry. Né à Saint-Pétersbourg le 21 février 1885. Son père, Lucien Guitry, qui devait devenir un des plus grands comédiens de son époque, jouait dans cette ville, au Théâtre Michel, où il avait été engagé pour neuf saisons d'hiver. En 1889, séparé de sa femme, à laquelle a été confiée la garde de l'enfant, Lucien enlève son fils et lui donne le goût du théâtre, lui faisant tailler des copies en réduction de tous ses costumes de scène. Il lui fait jouer une pantomime en présence du tsar Alexandre III, dont Sacha est le filleul. Au retour en France, rendu à sa mère, l'enfant est mis en pension. Sans goût pour les études, il effectue des séjours de durée variable dans une dizaine d'établissements : à dix-sept ans, il est encore en sixième. Craignant qu'il ne « se marie en sixième » et même ne « meure en sixième », ses parents renoncent définitivement à prolonger sa vie scolaire.

Dès 1902, Sacha parvient à faire jouer

aux Mathurins, sous forme d'opérette, *Le Page*, qui obtient un certain succès. À cette époque, il mène déjà une vie de dandy noctambule avec Jean, son frère aîné. Il rêve d'être comédien. Mais Lucien ne met guère de zèle à l'aider : mauvais acteur, Sacha déshonorerait le nom de son père ; excellent, il finirait par lui porter ombrage. Lucien, alors directeur de La Renaissance, confie un petit rôle à son fils dans *L'Escalade* de Maurice Donnay, à condition qu'il prenne le pseudonyme de Lorcey. L'année suivante, le voici, toujours à La Renaissance, dans un acte de Jules Lemaitre, *La Bonne Hélène*, où il interprète le rôle du beau Pâris. Mais un incident (il arrive très en retard au théâtre) provoque avec son père une brouille qui durera treize ans. Il se lie avec une ancienne maîtresse de Lucien, l'actrice Charlotte Lysès, qui désormais l'aide de ses conseils et lui procure de petits rôles au casino de Dieppe (été 1905), où il se ridiculise. Désespérant de se faire un nom comme acteur, il écrit une comédie en trois actes, *Nono*, créée aux Mathurins à l'automne. À vingt ans, il montre une maîtrise et une verve spirituelle que peuvent lui envier maints auteurs chevronnés, et qui étonnent les amis de Lucien : Jules Renard, Tristan Bernard, Octave Mirbeau et Alfred Capus. Nono, l'héroïne, est une jeune femme entretenue, une croqueuse de diamants. La pièce évoque ses démêlés avec Robert, son amant, et Jacques, l'ami de ce dernier. Tous ces personnages ont été inspirés à Sacha par ceux qu'il a vus de près au cours de ses nuits parisiennes. Ces types feront longtemps partie de son répertoire.

En 1906, il donne au Théâtre Antoine une nouvelle pièce, *Chez les Zoaques*, qui récolte un franc succès. Par suite de la défection d'un acteur, il est amené à prendre le principal rôle masculin : pour la première fois, le 3 janvier 1907, Sacha Guitry joue du Sacha Guitry. Il s'acquitte honorablement de cette tâche. Le souvenir de ses échecs passés s'estompe. Désormais, il s'estime le mieux placé pour dire ses propres textes.

En 1907, il épouse Charlotte Lysès. Tout paraît lui réussir, mais il n'est pas à l'abri des échecs, comme celui de *La Clef* (1907) ou du *Scandale de Monte Carlo* (1908). À cette époque, malgré les revenus assez importants dont bénéficie sa femme, il doit donner des conférences (comme celle sur l'art birman qui est un canular présurréaliste) ou même vendre des slogans publicitaires (comme la formule LSKCSKi vantant le cacao Elesca). Ses difficultés financières ne l'empêchent pas de recevoir ses amis, rue d'Anjou : Cocteau, le caricaturiste Sem, Georges Feydeau, Colette. Après une tournée désastreuse en Europe en 1910, voici enfin le succès avec *Veilleur de nuit* en 1911. Un vieux professeur du Collège de France a une très jeune maîtresse, Madeleine, à laquelle il n'a guère de temps à consacrer ; mais il a remarqué qu'elle aime Jean, un peintre, qui lui est d'ailleurs personnellement sympathique. Plutôt que de la voir fréquenter les fêtards qui sont sa compagnie habituelle, il la confie à Jean, qui deviendra son « veilleur de nuit ». Au lendemain de la première, Sacha est célèbre. On aime qu'il ait pu traiter avec autant d'aisance et d'esprit un thème aussi délicat. Mais on n'admire pas moins le comédien et sa voix de violoncelle, dont il joue avec maîtrise, donnant à son texte une clarté et des nuances particulières. Bientôt, les cachets et les droits d'auteur vont lui permettre de vivre dans un faste d'abord semblable, puis supérieur à celui de son père. Et aussi de se construire un personnage célèbre. Ses costumes, ses cravates, ses chapeaux sombres à larges bords, ses somptueuses voitures, vont faire le bonheur des échotiers. Sa silhouette est le pain quotidien des caricaturistes.

Encouragé par le succès du *Veilleur de nuit*, Guitry compose pièce sur pièce : dix à douze heures de travail quotidien ne le rebutent pas. *La Pèlerine écossaise* (1914) est l'œuvre la plus marquante de cet immédiat après-guerre, avec *Deux couverts*, un acte joué au Théâtre-Français. Il donne ensuite *La Jalousie* (1915), *Faisons un rêve* (1916), *Jean de La Fontaine* (1916) et *L'Illusionniste* (1917). C'est à cette époque qu'il se sépare de Charlotte Lysès pour vivre avec Yvonne Printemps, jeune chanteuse de revue dont il fera une remarquable actrice et qu'il épousera en 1919. Dans *Deburau*, pièce en vers libres (1918), Sacha, toujours brouillé avec son père, évoque la vie du célèbre mime et ses rapports avec son fils Charles. Il lance ainsi un émouvant appel à une réconciliation que profondément les deux hommes n'ont cessé de souhaiter. Désormais, père et fils ne se quitteront plus. Sacha n'a de cesse qu'il n'ait écrit un rôle pour Lucien : ce sera celui de *Pasteur*, œuvre austère — elle ne comporte aucun rôle féminin — qui raconte la vie du grand savant. Guitry réalise un autre vœu : *Mon père avait raison* (1919), pièce dans laquelle il expose sa philosophie de l'existence, et qui réunit Lucien Guitry et Yvonne Printemps. *Le Comédien* (1920) lui permet d'offrir un grand rôle à son père et de dire son amour du théâtre, auquel l'acteur doit sacrifier toutes ses autres passions. *Faisons un rêve* (reprise en 1921) et *L'Amour masqué* (1923), opérette où sa femme obtient un triomphe, sont les pièces marquantes de la période qui suit. Elle se termine en 1925 par la disparition de Lucien. « Fais *Mozart* », lui avait-il dit sur son lit de mort. Sacha s'exécute et donne un spectacle musical (avec partition de Reynaldo Hahn), dans lequel Yvonne Printemps tient en travesti le rôle du compositeur.

C'est à cette époque que Sacha s'établit dans l'hôtel particulier de l'avenue Élisée-Reclus qu'avait fait construire son père : il y installe somptueusement ses collections, manuscrits d'écrivains, souvenirs de personnalités historiques, tableaux de Renoir, de Monet, de Toulouse-Lautrec, de Pissaro. Jusqu'à la Seconde Guerre, il profite de la gloire : il donne, entre autres, *Désiré* (1927), *Franz Hals ou l'admiration* et *Le Nouveau Testament* (1935). Il se consacre à la reprise de nombreuses pièces à Paris, en province, mais aussi en Angleterre et aux États-Unis. Il organise des galas et donne des conférences. Sa vie privée est marquée par son divorce avec Yvonne Printemps et son remariage avec Jacqueline Delubac (1935), dont il fait une actrice, et dont il se sépare en 1939 pour épouser Geneviève de Séréville, qui jouera également sous sa direction.

Il entame alors une carrière de cinéaste. En 1915 déjà, dans *Ceux de chez nous*, il avait filmé Renoir, Monet, Rodin, Saint-Säens, Lucien Guitry... Plus tard, il écrira, jouera et réalisera une trentaine de films parmi lesquels, avant la guerre : *Pasteur* et *Bonne Chance* (1935), *Le Roman d'un tricheur* (1936), *Remontons les Champs-Élysées* (1938) et *Ils étaient neuf célibataires* (1939). Durant l'Occupation, il poursuit sa carrière d'homme de théâtre, notamment avec *N'écoutez pas, mesdames*. À la Libération, victime de jalousies, il est accusé de collaboration, arrêté sans mandat et emprisonné pendant deux mois. Il lui faudra attendre l'été 1947 pour que l'affaire soit définitivement classée et qu'il puisse à nouveau se produire sur la scène. En 1946, il écrira *Soixante Jours de prison* et *Quatre ans d'occupations*, où, en homme blessé, il règle ses comptes. Divorcé de Geneviève de Séréville, il contracte un cinquième mariage avec Lana Marconi (1949), dont il fera également une actrice. Sa rentrée théâtrale est marquée par la création du *Diable boiteux* (1948), libre évocation du personnage de Talleyrand, puis par *Tu m'as sauvé la vie* (1949). Les épreuves l'ont affecté, sa santé se dégrade. Il se consacre au cinéma et donne notamment une adaptation filmée du *Comédien*, dans laquelle il reprend le rôle de son père, de même que dans *Deburau* (1950). Puis c'est *La Poison* (1951, avec Michel Simon), *Si Versailles m'était conté* (1953), *Napoléon* et *Si Paris m'était conté* (1955). Il ne paraît plus sur une scène de théâtre depuis 1953. Terrassé par une polyarthrite, bourré de morphine, ne se déplaçant plus que sur une chaise roulante, il tourne encore *Assassins et voleurs* (1956) avec Poiret et Serrault. Il meurt à Paris le 24 juillet 1957.

Guitry laisse une production abondante et variée, quelque cent quarante pièces, plus de trente films, des romans : *Bloompott* (publié dans *Gil Blas* en 1906), *Mémoires d'un tricheur* (1934, transformé en film sous le titre *Le Roman d'un tricheur* en 1936) ; des souvenirs : *Lucien raconté par son fils* (1930), *Si j'ai bonne mémoire* (1934) ; des réflexions : *Jusqu'à nouvel ordre* (1913), *La Maladie* (1914), *Toutes réflexions faites* (1947) ; des recueils de maximes.

Son œuvre s'ordonne autour de trois thèmes : l'amour et ses dérives, infidélité et jalousie, l'histoire incarnée par quelques grandes figures du patrimoine français, le théâtre et l'illusion sur laquelle il est fondé. Qu'il s'agisse de comédies d'intrigue ou de mœurs, de pièces biographiques ou historiques, Guitry fait œuvre de moraliste, plaçant dans la bouche de ses personnages des réflexions, des aperçus souvent ingénieux et profonds, qui donnent à ses pièces, dont le sujet est apparemment léger, un autre sens. Il a d'ailleurs écrit des drames psychologiques, comme *Jacqueline* (1921), ou des pièces qui traitent de l'angoisse de la création littéraire ou artistique, comme *Un sujet de roman* (1923) et *Franz Hals* (1931). Spécialiste de l'amour, il met en scène des hommes voués à la chasse au plaisir et des femmes fragiles et charmantes qui font payer cher aux hommes le besoin qu'ils s'imaginent avoir d'elles. Dans les pièces biographiques ou historiques, il se transforme volontiers en pédagogue et fait partager son enthousiasme pour les grands artistes, écrivains ou hommes politiques qu'il admire. Il procède sans parti pris, mais prend maintes libertés avec l'histoire, qu'il subordonne entièrement à l'efficacité de son évocation. Il possède l'art de faire revivre ces personnages à l'aide de brefs tableaux, choisis pour résumer de façon frappante leurs mérites essentiels.

Le problème de l'acteur tient une place considérable dans ses pièces, par exemple dans *Le Comédien*, *Deburau* ou *L'Illusionniste*. Il est moins un acteur qui joue ses pièces qu'un auteur qui écrit ses rôles. Et même quand ils ne sont pas des comédiens professionnels, ses personnages ont toujours quelque chose de théâtral. Ne quittant jamais l'univers dramatique, constamment en représentation, il va jusqu'à faire transporter sur le plateau ses propres meubles, ses tableaux, ses bibelots. Sa fantaisie, ses boutades, ses paradoxes, ses répliques, ses « mots » en situation l'ont imposé à une époque où le texte théâtral est parfois tenu pour négligeable.

ŒUVRES. — *Théâtre complet*, Club de l'honnête homme, 1973-1975, 12 t. — *Sacha Guitry* [choix de textes], Presses de la cité, coll. Omnibus, 1993-1994, 4 t.

→ Jacques Lorcey, *Sacha Guitry*, La Table ronde, 1971. — *Sacha Guitry par les témoins de sa vie*, France-Empire, 1976. — Dominique Desanti, *Sacha Guitry, cinquante ans de spectacles*, Grasset, 1982. — Henri Jadoux, *Sacha Guitry*, Perrin, 1982. — Henry Gidel, *Les Deux Guitry*, Flammarion, 1994. — Patrick Buisson, *Sacha Guitry et ses femmes*, Albin Michel, 1996.

H.G.

Gurdjieff Georges (1877-1949). Né le 13 janvier 1877 à Alexandropol, en Russie, Georgui Ivanovitch Gurdjieff fonde en Russie en 1917, après un voyage qui l'a mené jusqu'au Tibet, un « Institut pour le développement harmonique de l'homme ». Après la Révolution, en 1922, il s'installe en France au prieuré d'Avon, puis à Paris en 1933, où il meurt le 29 octobre 1949. Il aura eu entre-temps de nombreux disciples de par le monde, Petr Demianovitch Ouspenski, Katherine Mansfield, Aldous Huxley, René Daumal, à qui il enseignait une doctrine ascétique et ésotérique dont témoignent, écrits d'abord en russe, les *Récits de Belzébuth à son petit-fils : critique objectivement impartiale de la vie de l'homme* (1956) et *Rencontre avec des hommes remarquables* (1960).

W.M.

Guth Paul (1910-1997). Né le 5 mars 1910 à Ossun (Hautes-Pyrénées), issu d'un milieu modeste, il fait de brillantes études à Villeneuve-sur-Lot puis à Paris, jusqu'à l'agrégation de lettres. Entre 1934 et 1945, il est professeur à Dijon, à Rouen, puis à Paris. À partir de 1945, il devient critique littéraire, chroniqueur, et trouve sa voie d'écrivain humaniste, défenseur, sur le mode léger, piquant ou franchement polémique, d'un idéal de culture et de générosité. La célébrité lui vient à la publication des *Mémoires d'un naïf* (1953, prix Courteline), œuvre humoristique inaugurant, avec le personnage d'un candide face aux perfides, une série à succès qu'il poursuit avec *Le Naïf aux quarante enfants* (1955), *Le Naïf locataire* (1956, grand prix du Roman de l'Académie française), *Le Naïf amoureux* (1958), jusqu'à l'essai *Ce que je crois du naïf* (1982). L'audience est aussi vaste pour la série des « Jeanne la Mince » : *Jeanne la Mince à Paris* (1961), *Jeanne la Mince et l'amour* (1962), *Jeanne la Mince et la jalousie* (1963). À côté d'œuvres plus personnelles comme *Une enfance pour la vie* (1984) ou d'autres romans *(La Tigresse*, 1985), on doit à Paul Guth une *Histoire de la littérature française* (1967), une *Histoire de la* *douce France* (1968), diverses biographies historiques destinées à un large public *(Mazarin*, 1972 ; *Moi*, *Joséphine*, *impératrice*, 1979 ; *Saint Louis*, 1980) et des œuvres d'humeur côtoyant des pamphlets de plus en plus virulents sur les travers d'une société incapable de transmettre sa culture *(Lettre à votre fils qui en a ras le bol*, 1976 ; *Lettre ouverte aux futurs illettrés*, 1980). Paul Guth est mort à Ville-d'Avray, le 29 octobre 1997.

ŒUVRES. — Principalement chez Albin Michel, Flammarion et Plon.

F.J.

Guyon Marc (1946). Il publie son premier recueil, *Volis agonal*, en 1973 (chez Gallimard, comme les recueils suivants). Les poèmes graves de *Nefas* (1974) disent la séparation de l'homme et du divin, la solitude et la mort, et énoncent le thème majeur de son œuvre : l'être absent à lui-même. L'amour inquiet et menaçant, l'érotisme tourmenté de *Ce qui chante dans le chant* (1977) se mêlent à l'aspiration au silence qu'exprime une langue concise et épurée : « Ne pas cesser de travailler/les mots/afin de s'en effacer. » Cette volonté de dissolution de soi s'illustre dans *Le Principe de solitude* (1979) dont le héros, enfermé dans un asile psychiatrique, non pour guérir, mais pour se retirer du monde, cultive la haine de soi et de l'existence. La poésie des *Purifications* (1982) accentue encore l'économie verbale. *Le Voleur de souffle* (1991), qui ne veut ni se connaître ni s'appartenir, est aspiré par le vide avec lequel il s'efforçait de se confondre. *Le Voyage transparent* (1994) est le récit d'un amour destructeur, où l'auteur exprime les sensations d'effacement de soi nées des courses effrénées de son héros à travers la campagne. Marc Guyon a reçu, pour son œuvre, le prix Fénéon et le prix de l'Académie Mallarmé.

D.H.-M.Ber.

Guyotat Pierre (1940). Né en 1940 à Bourg-Argental (Loire), il est appelé en Algérie en 1962. Il y est arrêté, inculpé d'atteinte au moral de l'armée et muté dans une unité disciplinaire. En 1964, dans le numéro 10 de la revue *Écrire*, il livre, sous le pseudonyme de Donalbain, son premier texte : « Sur un cheval ». Puis, gagnant sa vie comme journaliste, il publie un premier roman, *Ashby* (1965). C'est avec *Tombeau pour cinq cent mille soldats* (1967) que Guyotat fait une entrée remarquée dans le monde des lettres. Ce livre fascine dans le paysage romanesque français des années 1960 en y faisant surgir « une littérature épique, une littérature du geste, des besoins ». Le texte qui raconte l'affrontement d'Ecbatane et de sa colonie Inaménas, loin de tout réalisme conventionnel, transforme l'histoire de la guerre d'Algérie en une épopée moderne. Tout y est viol, massacre, sang versé. La langue parvient à un lyrisme exaltant la violence sexuelle de toute société : « Le monde, c'est un bordel : tous les enfants sont à vendre. »

Avec *Eden, Eden, Eden* (1970), tournant consciemment le dos à la poésie qui habitait son livre précédent, Guyotat creuse cependant le même sillon sanglant. En une seule longue phrase d'une monotonie calculée, le texte fait défiler toutes les figures de l'acte sexuel et se donne pour thème unique la prostitution et l'esclavage. Scandaleux par son contenu et plus encore par sa forme, le livre, défendu par Leiris, Barthes, Foucault, Sollers, suscite l'hostilité d'une partie de la critique et est interdit par le ministre de l'Intérieur. *Littérature interdite* (1972) relate l'histoire de cette censure et du combat qui fut mené en vain pour que celle-ci soit levée : *Eden, Eden, Eden* ne sera autorisé qu'en 1981 et réédité en 1985.

En 1973, le Festival international de musique de La Rochelle présente une œuvre dramatique de Guyotat : *Bond en avant,* reprise en conclusion de *Prostitution* (1975). Dans ce texte, Guyotat invente une langue si déroutante et d'un abord si difficile que lorsque l'ouvrage sera réédité en 1987, il s'accompagnera d'un résumé détaillé de l'intrigue et d'un appendice comportant un glossaire, une grammaire et la traduction des séquences en arabe. L'auteur s'en expliquera : « Accentuée, rythmée, lexicalisée de toutes les langues réprimées, refoulées par la langue officielle française, cette écriture (laissez faire, votre bouche se mettra à la parler), constituée de tout ce qu'il m'a été interdit de vivre, rentrée en moi, inconscient, histoire, ancien, animal, par les parties vacantes de mon appareil sexuel, ressort en nouveau, en futur (déstructuration de la langue bourgeoise et petite-bourgeoise), par ma bouche, après respiration illégale dans le poumon-Loi. »

Sous le titre d'*E.P.Q.* (Encore plus que) s'ébauche ensuite ce qui deviendra *Le Livre* (1984), rédigé entre 1977 et 1979. Le travail de déconstruction et de reconstruction de la langue progresse encore. Le texte, remontant aux sources les plus lointaines de la civilisation, donne à entendre un chant épique unique dans la littérature romanesque contemporaine. Auteur également de l'*Histoire de Samora Michel* (à ce jour inédit) et de *Bivouac*, œuvre dramatique présentée à Paris en novembre 1987, Guyotat construit une œuvre d'une tonalité prophétique et qui, explorant répétitivement le thème de l'esclavage sexuel, se veut « mise en tableaux, en voix voluptueuses, des effets de la déculturation coloniale et de la dépossession du corps ».

ŒUVRES. — Chez Gallimard. Ses principaux articles et entretiens sont rassemblés dans *Littérature interdite*, Gallimard, 1972, et *Vivre*, Denoël, 1984. — Fonds Guyotat à l'IMEC.

Ph.F.

H

Hachette. Maison d'édition fondée à Paris en 1826 par Louis Hachette. Ce jeune normalien de vingt-six ans aux idées libérales reprend la modeste Librairie Brédif et publie aussitôt des ouvrages d'enseignement et des revues. Dès 1827, il commande à Charles Alexandre un *Dictionnaire grec-français*, qui sera imprimé avec douze ans de retard, connaîtra trente-huit éditions et restera en usage durant soixante-quinze ans.

Innovant dans la distribution, Louis Hachette imagine, vers 1835, de laisser en dépôt dans les librairies et écoles les principaux ouvrages de son fonds. En 1852, sur le modèle anglais, il lance les « Bibliothèques des chemins de fer », petites boutiques de gares où sont vendus des livres à prix modérés et des journaux. Ce vaste réseau, en prise directe sur le grand public, allait élargir la diffusion des grands auteurs de la maison (Sand, Lamartine, Michelet, Hugo, Gobineau, Fromentin, Taine...) et multiplier des collections de guides : les « Guides Joanne » qui deviendront, en 1919, les « Guides bleus », les « Guides-interprètes », les « Itinéraires », le *Dictionnaire des communes*, etc.

En 1855, Louis Hachette est le premier en France à imprimer un magazine illustré pour le grand public, *Le Journal pour tous*, suivi de *La Semaine des enfants*, et de l'hebdomadaire *Le Tour du monde*, dont le succès immédiat rapporte des sommes considérables. À partir de 1856, il publie la comtesse de Ségur, qui inaugure « La Bibliothèque rose ». La même année, il signe un contrat avec Dickens pour la traduction de onze de ses romans, dans la collection « Romans étrangers ». Après plus de vingt ans de péripéties rédactionnelles et techniques, commence en 1863 la publication du *Nouveau Dictionnaire de la langue française* de Littré. En 1864, Louis Hachette meurt sans avoir vu l'achèvement de l'œuvre, dont le dernier tome paraît en 1872. Il laisse à ses héritiers et associés une entreprise d'édition considérée comme la plus importante du monde.

Depuis l'origine, la géographie est un des domaines d'édition privilégiés d'Hachette. À partir des années 1870, de nouvelles connaissances scientifiques obligent à revoir et à modifier livres et cartes, et l'engouement du public incite Hachette à développer ce département. Élysée Reclus, qui collaborait déjà aux guides, publie une première *Géographie universelle moderne* (1875) en dix-neuf tomes. La publication de nombreux atlas répond aux besoins de l'enseignement primaire et secondaire. Pour les spécialistes, une nouvelle revue est créée, *L'Année géographique*. La maison publie de nombreux récits de voyages, surtout ceux des grands explorateurs (Livingston, Barton, Stanley...). En 1893, naît l'*Almanach Hachette (petite encyclopédie de la vie pratique)*, tandis que sont lancés trois hebdomadaires, *Mon journal*, *La Mode pratique*, et, promis à un immense succès, *Lecture pour tous*. Pour dominer cette expansion est créé, en 1897, le centre de distribution des Messageries Hachette.

À la veille de la guerre de 1914, Hachette absorbe le fonds Hetzel, spécialisé dans la littérature pour la jeunesse, dont les principaux auteurs sont George Sand, Erckmann-Chatrian et surtout Jules Verne (soixante-six titres). Hetzel avait confié l'illustration de ses publications à de grands artistes, Gustave Doré en particulier, dont les gravures seront reprises par Hachette. Entre les deux guerres, la littérature générale et la jeunesse connaissent un nouveau développement avec la création des collections : « L'Encyclopédie par l'image », « Vies quotidiennes », « Bibliothèque verte », « Bibliothèque de la jeunesse » et les albums Disney. Le secteur de l'enseignement et des classiques ne cesse de s'enrichir d'ouvrages qui resteront célèbres, parmi lesquels l'*Histoire de la littérature française* de Lanson, la *Littérature latine* de Pichon, le *Dictionnaire grec-français* de Bailly, le *Dictionnaire latin-français* de Gaffiot, les *Cours d'Histoire* de Malet et Isaac, *L'Anglais vivant* de Carpentier-Fialip, et bien d'autres. À partir de 1927, le secteur international est en forte expansion avec la création du Département étranger Hachette, puis s'instaure la pratique des coproductions avec les éditeurs étrangers, d'où naîtra la collection « Les Classiques de l'art ». Après la Seconde Guerre, l'événement le plus marquant du monde de l'édition française sera la création de la collection « Le Livre de poche », en 1953.

En un siècle et demi, Louis Hachette et ses successeurs ont absorbé nombre de maisons concurrentes. Dès le début de la décennie 1950, cette pratique s'amplifie avec la prise de contrôle de Grasset (1954), Fayard (1958) et Grasset-Fasquelle (1959) ; puis viendront le tour de Stock (1961), Pauvert (1972), Lattès (1981), Harlequin (1985), Calmann-Lévy (1993). Toutes ces maisons filialisées représentent l'essentiel du secteur littérature d'Hachette, qui a conservé un département de littérature générale publiant régulièrement des romans et des essais littéraires. Enfin, Hachette développe une nouvelle étape dans sa stratégie d'internationalisation par l'acquisition des éditeurs d'encyclopédies, Grolier aux États-Unis, Difedi en Amérique latine, Salvat en Espagne (1988). Le développement de l'édition électronique n'est pas étranger à cette nouvelle orientation. Hachette est entré dans le groupe Matra en 1981. En 1995, Hachette Livre quitte le Quartier latin pour s'installer quai de Grenelle, dans le XVe arrondissement. À l'automne 1997, la maison d'édition retrouve sa place dans l'édition littéraire en créant un département de littérature générale dirigé par Louis Audibert.

→ Jean Mistler, *La Librairie Hachette de 1826 à nos jours*, Hachette, 1964.

M.H. — IMEC

Haddad Malek (1927-1978). Né dans l'est de l'Algérie, il a d'abord été journaliste, inspiré par les idées communistes, notamment dans ses poèmes où l'on trouve des réminiscences d'Eluard et d'Aragon (*Le Malheur en danger*, 1956). Durant la guerre d'Algérie, il est en France et publie chaque année un roman, chez Julliard : *La Dernière Impression* (1958), *Je t'offrirai une gazelle* (1959), *L'Élève et la leçon* (1960), *Le quai aux fleurs ne répond plus* (1961). En 1961, il donne un recueil de poèmes, *Écoute et je t'appelle*, et un essai, *Les zéros tournent en rond*, qui contient une réflexion sur l'usage du français en Algérie et sur ce qu'il dénomme, pour les écrivains algériens francophones, l'exil de la langue. De retour en Algérie après l'indépendance, Malek Haddad occupe des postes officiels jusqu'à sa mort. Il participe notamment à l'organisation du premier festival culturel panafricain, en 1959, à Alger.

D.B.

Haedens Kléber (1913-1976). Né le 11 décembre 1913 à Équeurdreville (Manche), dans une famille à la fois flamande et charentaise, il passe sa petite enfance au Sénégal, dans l'île de Gorée, en face de Dakar, où son père est officier d'artillerie. Il poursuit ses études élémentaires chez les Pères blancs du Saint-Esprit à Dakar, puis passe cinq ans au prytanée de La Flèche sans toutefois être reçu au baccalauréat. Inscrit par ses parents dans une école de commerce de Bordeaux, il écrit des poèmes en prose, publiés dans *Les Cahiers du Sud* et salués par Morand et Miomandre. Il entre comme journaliste à *Paris-Presse* d'abord, au *Nouveau Candide*, à *Elle* et au *Journal du Dimanche* par la suite ; le journalisme sera l'emploi de toute sa vie et l'occasion de suivre au plus près la vie littéraire.

À vingt-cinq ans, Haedens compte trois romans publiés : *L'École des parents* (1933), *Magnolia-Jules* (1938), *Une jeune serpente,* 1940. Mais c'est à *Une histoire de la littérature française* (1943) qu'il convient de s'arrêter. Cette œuvre hardie – l'auteur, à peine âgé de trente ans, n'a aucun titre à prétendre embrasser une aussi riche matière – suit d'un an une anthologie de la poésie, où il s'est fait la main. Conçu alors qu'il est replié à Lyon, où il fréquente Jean Mistler (de là une collaboration à *Présent)*, René

Julliard et Henri Béraud, écrit dans un style tendre et incisif, ce « grand livre » (Déon), plusieurs fois réédité, sert encore de viatique à ceux qui ne savent pas encore que les livres sont faits pour nous apprendre à danser. Aux adeptes du Nouveau Roman, Haedens servira en 1964 un tonique *Paradoxe sur le roman*, où il s'emploie à dénoncer une imposture particulière et à vanter (après Léon Daudet défendant Proust) la liberté pour un genre qui ne s'en donne jamais assez. Il est vrai qu'il croit avec Chardonne que « pour les cinq cents personnes qui savent lire en France, il paraîtra un ou deux romans par siècle. Un accident. »

Comment dès lors oser mêler ses propres pages à cette « écrivaillerie fort débordée », pour reprendre l'expression de Montaigne ? Ainsi *Adieu à la rose*, discret hommage à Fitzgerald, voire à Hemingway, bâti sur l'improbable personnage de Ludovic, avec son cortège de putains frigides sur fond de petits matins parisiens, peut paraître en retard sur les œuvres contemporaines de Nimier. Si, après une pause de plus de dix ans, le romancier fournit à nouveau de la copie, c'est que, suivant l'un de ses maîtres, Nerval, à qui il a consacré un essai, il a opté pour le pastiche. *L'été finit sous les tilleuls* offre en Florence Frazé une Emma méridionale, tandis que les marais de l'Aunis imitent ceux de Guérande. Haedens ne se prend ni pour Balzac, ni pour Flaubert ; il les a lus ; il ne feint pas de ne pas s'en souvenir : il s'évite le reproche par lui adressé à Robbe-Grillet et quelques autres de ne pas reconnaître leur dette envers Faulkner.

Haedens s'en fût-il tenu là, son bagage littéraire n'eût-il été accru que d'un *Salut au Kentucky* (prix Interallié, 1966), sorte d'*Éducation sentimentale* dont le héros aurait choisi la générosité et un goût beyliste du bonheur, qu'il n'y aurait guère à parier sur la longévité de sa gloire. Mais il y eut, livre ultime, livre des derniers temps, *Adios* (1974, grand prix du Roman de l'Académie française). Haedens a-t-il pressenti, à l'approche de sa fin, qu'à ses trop immédiats dons de plume, il devait un accomplissement à leur mesure ? En voyage au pays de Galles, Jérôme ne doute pas d'y rencontrer la femme toujours recherchée. Une enfance privée de tout plaisir avant que son père ne soit nommé gouverneur de Gorée. À quinze ans, c'est la découverte de l'amour, des livres et de la nature. Le bateau ramène Jérôme d'Angleterre ; il se souvient d'Oléron, après le retour en métropole, où il tente en vain de se faire aimer de la belle Josette. Défilent les images de Libourne, théâtre des joies de l'amitié et surtout de celles du rugby, qui lui vaudront de monter à Paris en qualité de journaliste sportif. Au terme de son voyage, Jérôme dîne auprès d'une jeune femme d'origine galloise : il vivra quelques années avec Marie-Louise près de Toulouse, au milieu de leurs amis, dans un bonheur longtemps poursuivi, avant qu'elle ne le quitte, emportée par un cancer foudroyant.

Le dernier livre de Kléber Haedens chante, dans la clarté blafarde de la mort de l'être le plus cher, un hymne aux joies de la vie qui va bientôt s'éclipser. La fiction de l'autobiographie sert le dessein de mieux se dire, comme si, après Jacques Laurent, Haedens avait tenu à faire savoir que la complexité et la virtuosité de construction n'appartenaient pas en exclusivité aux fantassins de l'École du regard. Jérôme tente de réaliser à l'âge adulte les rêves de l'enfant : la vraie vie, « poétique, sensuelle et folle », est dehors, dans le plein air du ballon ovale, la ferveur rouge et or des arènes et les mains expertes de l'initiatrice aux accents d'*Adios muchachos*. Si Marie-Louise a connu Jérôme, elle a ignoré les secrets de son enfance, dont le lecteur devient ainsi dépositaire, comme de l'adieu (ultime raison du titre) que Jérôme lui adresse avant de mourir lui-même. C'est dans le village d'Aureville (Haute-Garonne), où il vivait depuis vingt ans, que Kléber Haedens, mort le 13 août 1976, est enterré.

ŒUVRES. — *L'École des parents*, Corrêa, 1933 ; rééd., précédé de *Magnolia-Jules*, Grasset, coll. Les Cahiers rouges, 1996. — *Magnolia-Jules*, Corrêa, 1938. — *La France que j'aime*, Sun, 1964. — *Paradoxe sur le roman*, Grasset, 1964. — *L'été finit sous les tilleuls*, Grasset, 1966 ; rééd. coll. Les Cahiers rouges, 1988. — *Salut au Kentucky*, Grasset, 1967. — *Adieu à la rose*, Gallimard, 1955 ; rééd. Grasset, 1969. — *Adios*, Grasset, 1974 ; rééd. coll. Les Cahiers rouges, 1985. — *L'Air du pays*, Albin Michel, 1986. — *Une histoire de la litté-*

rature française (1943), Grasset, coll. Les Cahiers rouges, 1988.

→ Étienne de Montety, *Salut à Kléber Haedens*, Grasset, 1996.

M.S.

Haik Farjallah (1909). De son enfance à Beit-Chebab, le village du mont Liban où il est né, il a conservé l'empreinte profonde, apparaissant à maints égards comme un écrivain du terroir libanais. La plupart de ses quatorze romans, notamment *Abou-Nassif* (Plon, 1948), *La Fille d'Allah* (Plon, 1949) et *La Prison de la solitude* (Plon, 1951) qui composent la trilogie des « Enfants de la Terre », racontent de violents drames villageois, qui comme l'a écrit Gabriel Venaissin, « sentent la terre, le sang et la sueur ». Habités de personnages fortement charpentés, ils décrivent une société orientale prisonnière de tabous ancestraux, déchirée entre l'archaïsme de la vie paysanne et les séductions corruptrices de la vie moderne. Hanté par une mystique terrienne, le romancier exalte, dans un style naturaliste, peu encombré de fioritures, puissances telluriques et passions primitives. Seule la révolte, thème récurrent, particulièrement présent dans *L'Envers de Caïn* (Stock, 1955), permet à l'homme, dans son combat inégal contre la nature et la fatalité, d'accéder à une brève souveraineté.

Doté du sens de la tragédie, observateur moraliste de la société libanaise, Farjallah Haik développe dans des paraboles à peine voilées une vision sombre de l'Orient moderne et, de façon plus générale, du monde contemporain. Attentif aux problèmes sociaux, il a consacré plusieurs romans à des questions telles que la querelle religieuse en Orient *(La Croix et le Croissant,* Fayard, 1959) ou le rôle de l'intellectuel et de l'artiste dans la société *(La Crique,* Calmann-Lévy, 1964 ; *De chair et d'esprit,* Promotion et Édition, 1968). Lauréat du prix Rivarol en 1957 pour *Jumana,* et du prix Monceau en 1968 pour l'ensemble de son œuvre, il a également publié des pamphlets : *Dieu est libanais* (1945) et *Lettre d'un barbare aux civilisés* (1971).

A.D.

Haïti *(littérature d').* La littérature haïtienne doit son ancienneté au statut particulier de cette moitié d'île qui, à la suite de la révolte victorieuse conduite par Toussaint Louverture, proclama son indépendance le 1er janvier 1804. À Haïti, écrit Aimé Césaire, « la Négritude se mit debout pour la première fois et dit qu'elle croyait en son humanité ». Cette indépendance, en partie irréelle car hypothéquée tant par les rivalités intérieures que par les appétits des puissances étrangères (la France, l'Espagne, puis le puissant voisin américain), a permis une riche et abondante littérature. Si les premières œuvres littéraires haïtiennes portent l'empreinte du modèle français, classique puis romantique, des poètes, des essayistes et des romanciers comme Etzer Vilaire, Charles Moravia, Fernand Hibbert ou Justin Lhérisson, groupés autour de la revue *La Ronde*, tentent progressivement d'élargir leur inspiration à l'histoire et à la vie nationale haïtienne. Le traumatisme provoqué par l'occupation américaine de 1915 se traduit par une double réaction des intellectuels haïtiens : rejet des modèles occidentaux et volonté de retour aux sources. Ce mouvement triomphe en 1927 avec la création de la *Revue indigène*, suivie un an plus tard par la publication de l'ouvrage fondateur de Jean Price-Mars, *Ainsi parla l'oncle*, où l'auteur invite ses contemporains à se tourner vers l'héritage africain et à faire confiance à leurs propres richesses culturelles, au nombre desquelles le Vaudou. Cette tendance se confirme quelques années plus tard, à la naissance de la revue *Les Griots*, qui s'efforce de définir le champ d'inspiration des poètes autochtones par l'entremise de l'un de ses fondateurs, Carl Brouard : « Nous autres, griots haïtiens, déclare-t-il, nous devons chanter la splendeur de nos paysans, la douceur des aubes d'avril bourdonnantes d'abeilles, la beauté de nos femmes, les exploits de nos ancêtres, étudier passionnément notre folklore et nous souvenir que changer de religion, c'est s'aventurer dans un désert inconnu. »

Mais sous la pression des événements tragiques dont Haïti devient le théâtre quasi permanent, l'indigénisme — qui inspire des poètes tels que Félix Morisseau-Leroy (*Natif-natal*, 1949), Jacques Roumain (*Bois d'ébène*, 1945), Jean-François Brierre (*Black Soul*, 1947 ; *Images d'or*, 1956) ou René Depestre (*Étin-

celles, 1945 ; *Traduit du grand large*, 1952 ; *Minerai noir*, 1956) — va s'infléchir vers l'expression de la révolte, de la lutte politique, de l'exaltation de la race et de l'exil auquel les uns après les autres sont contraints nombre de poètes et de romanciers haïtiens. Ces différents ancrages idéologiques ne vont naturellement pas sans quelques contradictions : ainsi la négritude est revendiquée à la fois par Jacques Roumain, immortalisé par l'une des œuvres les plus révolutionnaires de la littérature haïtienne, *Gouverneurs de la rosée*, et par le dictateur en place, Duvalier, inventeur du « noirisme » et qui fut un temps membre de l'école des Griots. De même le débat sur l'importance du Vaudou divise les écrivains, qui y voient tantôt une forme d'obscurantisme, tantôt le symbole de la résistance haïtienne aux religions importées (voir Edris Saint-Amand, *Bon Dieu rit)*. Enfin, le choix lui-même de la langue est un problème, les zélateurs du créole se heurtant ici aux partisans inconditionnels d'une langue française fragilisée par les pressions nord-américaines. La littérature haïtienne reste cependant bien vivante, tant à l'intérieur qu'à l'extérieur : ce pays déchiré et exsangue, l'un des plus pauvres de la planète, a multiplié les foyers de production, alternant les voix de l'exil américain ou européen (Anthony Phelps, Jean Métellus, Émile Ollivier) et celles d'écrivains comme Frankétienne, Jean-Claude Fignolé, René Philoctète, Edris Saint-Amand, qui ont choisi de demeurer sur place et de témoigner.

→ G. Gouraige, *Histoire de la littérature haïtienne*, Port-au-Prince, 1963. — *Europe*, nº 501, janvier 1971. — R. Berrou et P. Pompilus, *Histoire de la littérature haïtienne*, Port-au-Prince, 1975-1977. — M. Laroche, *La Littérature haïtienne : identité, langue, réalité*, Léméac, 1981. — L.-F. Hoffman, *Le Roman haïtien*, Naaman, 1982. — *La Double Scène de la représentation : oraliture et littérature dans la Caraïbe*, Université Laval, 1991. — *Sapriphage*, nº 22, été-automne 1994.

J.C.

Haldas Georges (1917). Né à Genève d'un père grec et d'une mère romande. Après des études de grec et de latin, il se convertit au catholicisme, se marie, travaille comme journaliste et éditeur, notamment aux Éditions Rencontre, où il s'occupe entre 1958 et 1971 des collections de littérature étrangère. Depuis lors, il se consacre exclusivement à son œuvre littéraire. Entre 1942 et 1963, il publie des vers qui expriment son émotion face aux objets et aux phénomènes du monde ; il y dit aussi la communion fraternelle ainsi que la solitude intérieure. Dans la chronique *Gens qui soupirent, quartiers qui meurent* (1963), il sonde avec humour tout ce qui affleure à la conscience : souvenirs, sensations, perceptions, images associatives, recréant ainsi le climat de l'enfance et des jeunes années, où s'est manifestée sa vocation poétique, et essayant de saisir l'être caché de l'autre, de « l'Homme [son] père », de « la petite mère » ou des habitués d'un café, tout en maniant avec virtuosité des phrases tantôt hachées, saccadées, tantôt longues et savamment rythmées. Depuis 1977, il publie, sous le titre *L'État de poésie*, des *Carnets* où il note les moments de grâce où la réalité paraît transfigurée, baignée d'une lumière mystique, nous intégrant dans le tout, mais aussi les moments d'angoisse et de désespoir. Dans ses méditations, Georges Haldas renonce à tout ce qui est purement personnel ou anecdotique, soucieux de donner à son expérience une portée universelle où chacun puisse se reconnaître.

ŒUVRES. — **Poèmes** publiés aux Éditions de la Baconnière (1942, 1948, 1956), aux Éditions Rencontre (1952, 1957, 1959, 1962), aux Éditions de l'Aire (1968, 1974) et à L'Âge d'homme (1976, 1982, 1990). — **Chroniques** : *Gens qui soupirent, quartiers qui meurent*, la Baconnière, 1963. — *Boulevard des Philosophes*, Rencontre, 1966, rééd. L'Age d'homme, 1978. — *La Maison en Calabre*, Rencontre, 1970, rééd. L'Âge d'homme, 1983. — *Chronique de la rue Saint-Ours*, Denoël, 1973, rééd. L'Âge d'homme, 1987. — *La Légende des cafés*, L'Âge d'homme, 1976. — *Le Livre des passions et des heures*, L'Âge d'homme, 1979. — *La Légende du football*, L'Âge d'homme, 1983, rééd. 1989. — *La Confession d'une graine*, L'Âge d'homme, 1983, 1986, 1992, 1994, 4 t. — *La Légende des repas*, L'Âge d'homme, 1987. — *L'Intermèdemarocain*, L'Âge d'homme, 1988. — *Mémoire et résurrection*, L'Âge d'homme, 1991. — *L'État de poésie, Carnets*, L'Âge d'homme, 1977, 1982, 1984, 1988, 1990 (2 t.), 1992. — **Entretiens** : *Les Entretiens de l'aube*, avec Étienne Sordet, Genève, Labor et Fides, 1993.

→ Jean Vuilleumier, *Georges Haldas ou « L'État de poésie »*, L'Âge d'homme, 1982.

M.G.

Halévy Daniel (1872-1962). Né à Paris, issu d'une double lignée juive et protestante, il est allié aux dynasties républicaines des Bréguet et des Berthelot. On doit à son père, Ludovic, des livrets pour Offenbach. Son frère Élie, normalien, fut historien de l'Angleterre. Loin des frivolités de la scène et de la vie universitaire, Daniel Halévy se veut un observateur de l'actualité politique et culturelle. Dreyfusard, il prend part à l'expérience des Universités populaires (*Essai sur le mouvement ouvrier*, 1901). C'est au cours de cette période qu'il rencontre Péguy dont il devient le collaborateur, mais qui, en désaccord sur l'interprétation désenchantée qu'il fait de l'affaire Dreyfus dans *Apologie pour notre passé* (1910), réplique dans *Notre jeunesse* (1910). Halévy ne lui en tint pas rigueur (voir *Péguy et les « Cahiers de la Quinzaine »*, 1918), mais s'oriente de plus en plus vers la droite, comme en témoignent ses prises de position dans l'entre-deux-guerres, son admiration pour Maurras et son anticommunisme. À la veille de la Seconde Guerre, il affirme sa confiance en Édouard Daladier (1938).

Directeur des *Cahiers verts* chez Grasset, Halévy publie Drieu La Rochelle, Benda, Thibaudet, Guéhenno et Malraux, et se lie d'amitié avec Proust. Il écrit dans de nombreux journaux. Grand voyageur, il rend compte de ses observations dans *Visite aux paysans du Centre* (1921), *Courrier de Paris* (1932) et *Courrier d'Europe* (1933). Il s'intéresse également à l'art, mais l'histoire le retient particulièrement. On lui doit deux études sur la IIIe République à ses débuts (*La Fin des notables*, 1930, et *La République des ducs*, 1937) ainsi que plusieurs biographies (*Vie de Frédéric Nietzsche*, 1909 ; *Vauban*, 1923 ; *Michelet*, 1928). Son *Essai sur l'accélération de l'histoire* (1948) rassemble ses réflexions sur les illusions de la civilisation du progrès. Sa dernière biographie, une *Vie de Proudhon* (1948), montre sa fidélité admirative pour l'anarchiste français.

→ Pierre Guiral, « Daniel Halévy, esquisse d'un itinéraire », *Contrepoint*, n° 20, 1976. — Marcel Proust, *Correspondance avec Daniel Halévy*, éd. Anne Borrel et Jean-Pierre Halévy, de Fallois, 1992. — Alain Silvera, *Daniel Halévy and His Time, a Gentleman Commoner in the Third Republic*, Cornell University Press, 1966. — Catalogue de l'exposition *Les Halévy*, musée d'Orsay, 1996.

Cl.D.

Hallier Jean-Edern (1936-1997). Né le 1er mars 1936 à Saint-Germain-en-Laye, il compte en 1960 parmi les fondateurs de la revue *Tel Quel*. Il en fut le secrétaire de rédaction, ainsi que le principal animateur aux côtés de Philippe Sollers, jusqu'à son exclusion en 1963. Son premier roman, *Les Aventures d'une jeune fille* (Le Seuil, 1963) est salué par Michel Foucault. Ce livre étrange, qui évoque le film d'Alain Resnais et Alain Robbe-Grillet, *L'Année dernière à Marienbad*, emprunte largement aux artifices narratifs mis à la mode par le Nouveau Roman afin de raconter une très romantique histoire de séduction et de mort, où le fantastique et le rêve ont leur part. Avec *Le Premier qui dort réveille l'autre* (Le Sagittaire, 1977), Hallier livre une belle fable funèbre mettant en scène deux jeunes garçons qui tentent d'oublier et de transfigurer, par le rêve et l'imagination, la maladie incurable qui emportera l'un d'eux. *Fin de siècle* (Albin Michel, 1980) est le récit d'un amour fou se déroulant en Asie du Sud-Est sur fond de désordres mondiaux et d'atrocités historiques.

Mais c'est à sa propre légende qu'Hallier consacre ses plus nombreux ouvrages, sans qu'il soit toujours facile de distinguer ce qui relève chez lui du désir de se construire une mythologie propre et la pure mythomanie. Dans *La Cause des peuples* (Le Seuil, 1972) puis dans *Chagrin d'amour* (Éd. libres Hallier, 1974), Hallier se retourne vers sa jeunesse et raconte l'histoire de sa conversion au gauchisme. Dans *L'Enlèvement* (Pauvert-Alésia, 1983), il livre sa version du retentissant fait divers dont il fut à l'époque la victime et, disent certains, l'instigateur (son enlèvement par un groupe terroriste). Dans *Je rends heureux* (Albin Michel, 1992), il évoque la mémoire de son ami Jean-René Huguenin et présente son histoire de la revue *Tel Quel*. Pamphlétaire et polémiste plus que romancier, il fut directeur de *L'Idiot international*, revue gauchiste qu'il fonda au lendemain de 1968 avec la caution de Jean-Paul Sartre et de Simone de Beauvoir. Recréé en 1989, *L'Idiot* fut pour Hallier une tribune d'où lancer de violentes croisades politiques qui ont dégénéré souvent en règlements de comptes. Jean-Edern Hallier est mort à Deauville le 12 janvier 1997.

ŒUVRES. — *Œuvres complètes*, Ramsay, 1994. — *Journal d'outre-tombe, Journal intime 1992-1997*, Michalon, 1998.

→ Dominique Lafon, *Le Dernier des Mohicans*, Michel Lafon, 1996.

Ph.F.

Hama Boubou (1906-1982). Né à Foneko (Niger), il est, avec Amadou Hampaté Bâ, l'un des plus ardents défenseurs de la tradition orale. Il a dominé la vie politique de son pays pendant plus de trente ans : militant de la première heure au sein du RDA, élu en 1947 à l'Assemblée territoriale, il a présidé aux destinées de l'Assemblée nationale du Niger jusqu'à la chute d'Hammani Diori en 1974. *Kotia-Nima* (Présence africaine, 1969, grand prix de l'Afrique noire), son unique roman, exprime la riche expérience de cet homme de culture, à la fois historien, ethnologue et philosophe, qui a consacré l'essentiel de son œuvre à l'apport africain dans l'édification de la civilisation de l'universel. Outre une série de recueils de contes, publiés en collaboration avec Andrée Clair et parmi lesquels *Les Baobabs merveilleux* (La Farandole, 1971), *La Savane enchantée* (La Farandole, 1972), *L'Aventure d'Albarka* (Julliard, 1972), *Contes et légendes du Niger* (Présence africaine, 1972-1976), on lui doit également plusieurs récits initiatiques, *Le double d'hier rencontre aujourd'hui* (10/18, 1973), *Aujourd'hui n'épuise pas demain* (Oswald, 1973), *Cet « autre » de l'homme* (Présence africaine, 1972), où, avec une maîtrise du dialogue qui rappelle *Jacques le fataliste*, Boubou Hama s'interroge sur l'avenir des relations entre un Occident matérialiste et une Afrique qui a su préserver son âme. Il est également l'auteur d'une *Histoire du Songhoï* (Présence africaine, 1968).

J.C.

Hamoir Irène (1906-1994). Née à Saint-Gilles (Bruxelles), le 23 juillet 1906, elle fut liée au groupe bruxellois du mouvement surréaliste belge à partir de 1930, date à laquelle elle rencontre Louis Scutenaire, qui deviendra son mari. Auteur de poèmes publiés sous le pseudonyme d'Irine (*Œuvre poétique*, 1945), elle a publié aussi des contes, des nouvelles fantastiques (*La Cuve infernale*, 1944) et un roman dont l'intrigue croise le milieu surréaliste bruxellois (*Boulevard Jacqmain*, 1953). Chroniqueur au journal *Le Soir* (Bruxelles), ses billets ont été réunis dans *Croquis de rue* (1992). Elle est morte le 17 mai 1994.

ŒUVRES. — *Corne de brume (1925-1976)*, Bruxelles, Brassa, 1976. — *Boulevard Jacqmain*, rééd., Bruxelles, Devillez, 1996.

O.Bi.

Hamp Pierre (1876-1962), pseudonyme de Henri Bourrillon. Né le 23 avril 1876 à Nice, ouvrier pâtissier, il acquiert, seul, tout en exerçant de nombreux métiers, puis grâce à l'université populaire de Belleville, une solide instruction qui lui permettra de s'élever socialement : sous-chef de gare, ingénieur puis inspecteur du travail et chef-adjoint de Cabinet pour les problèmes du transport. Hamp est l'auteur d'une œuvre littéraire dont le projet est sans équivalent. Tournant le dos à une littérature qu'il juge trop « psychologique », il entreprend d'écrire le roman du travail. La production en serait le principal ressort dramatique et les objets, les différents personnages. *Le Rail* (1912, rééd. Slatkine, 1980) est l'histoire d'un réseau de chemin de fer, de son organisation, de sa hiérarchie, de ses difficultés. Il fait, de même, dans *Marée fraîche* (1908), le roman du poisson, de la pêche à la distribution, et celui du *Vin de Champagne* (1913), dont les épisodes sont, successivement, la verrerie et les souffleurs de bouteilles, les vendanges, le pressoir, les cuves, l'embouteillage, jusqu'à la consommation. Vingt-quatre romans (le dernier est *Kilowatt*, Plon, 1957) sont ainsi regroupés dans le cycle de *La Peine des hommes* (la plupart chez Gallimard), une des principales œuvres de référence des théoriciens français (Poulaille) ou étrangers de la littérature prolétarienne, même si les liens que Hamp entretint avec les milieux d'affaires lui attirèrent méfiance et critiques. Pierre Hamp est mort au Vésinet le 19 novembre 1962.

Ph.B.

Hardellet André (1911-1974). Né le 13 février 1911 à Vincennes, il a gardé de ses premières années dans la villa de sa grand-mère la nostalgie de l'enfance et des jardins. Ses parents installés à Paris, il va à Louis-le-Grand, brillant mais marginal ; après d'éphémères études de médecine, il entre en 1931 dans l'entreprise familiale, où il restera jusqu'en 1970. Au lendemain de la guerre, il envoie des poèmes à Mac Orlan, qui l'encourage et l'aide à publier *La Cité Montgol* (Seghers, 1952) ainsi que *Le Luisant et la Sorgue* (Seghers, 1954), faits de petits textes qui évoquent sur le mode onirique un Paris hanté par Nerval et des jardins mystérieux auxquels on n'accède plus. Ce goût de l'étrange, salué par une lettre admirative d'André Breton, se retrouve en 1958 dans *Le Seuil du jardin* (Julliard) qui, à partir d'éléments prévus pour un premier roman, concentre les thèmes clés de l'œuvre, comme la duplicité de la femme, la quête de l'absolu par l'art, et la volonté de s'emparer des rêves pour accéder au bonheur. Avec un arrière-plan politique, pareils motifs reviennent dans *Le Parc des archers* (Julliard, 1962), qui montre dans une Galicie imaginaire menacée par la dictature un écrivain hésitant entre la quête du jardin perdu, l'amour pour une femme hantée par le « Parc » de ses premiers émois et l'engagement aux côtés de l'insurrection. Sous le pseudonyme de Steve Masson, il publie en 1969 *Lourdes, lentes...* où le narrateur cherche à travers diverses expériences sexuelles un simulacre de son initiation amoureuse, ce qui lui vaut en 1973, malgré le témoignage du prince Murat et de Julien Gracq, une condamnation pour outrage aux bonnes mœurs, amnistiée en 1974. Revenu à sa veine première, il fait paraître *Lady Long Solo* (Pauvert, 1971), où l'on croise dans un Paris fantomatique les Fédérés, Labrunie, une femme évanescente, et il peut encore écrire *Donnez-moi le temps* (Julliard, 1973) avant d'être emporté par la maladie, le 24 juillet 1974 à Paris.

ŒUVRES. — *Œuvres I, II, III*, L'Arpenteur, 1990-1991-1992.

→ Hubert Juin, *André Hardellet*, Seghers, 1975. — Françoise Dumont-Demougin, *Étude de l'œuvre d'André Hardellet*, thèse, Angers, 1987. — Guy Darol, *André Hardellet ou le don de double vie*, Presses de la Renaissance, 1990.

J.P.

Harmattan *(Éditions L')*. Maison fondée à Paris en 1975 par Denis Pryen. La maison d'édition se dote d'emblée d'une librairie et se spécialise dans le christianisme contemporain et les questions de politique internationale. Elle diversifie progressivement ses secteurs géographiques : à la France, le monde francophone et l'Asie s'ajoutent l'Afrique (collection « Encres noires » notamment) et l'Amérique latine. En 1990, les sciences humaines (histoire, psychologie, psychanalyse) représentent un tiers des publications annuelles. Éditeur de revues (vingt-deux titres en 1994), L'Harmattan en consacre deux à la littérature, *Itinéraire et contacts de cultures* et *Théâtre Sud*. Au cours des années 1980, les collections « Écritures arabes » puis « Lettres turques » et « Lettres kurdes » développent cette politique, poursuivie en 1992 avec la collection « Poètes des cinq continents ». Avec l'apparition de « L'Harmattan jeunesse », la littérature pour enfants et adolescents fait son entrée au catalogue, où apparaissent des contes en édition bilingue à partir de 1984 ; la publication d'œuvres réalisées dans des ateliers d'écriture, par des adolescents notamment, alimente la collection « Vivre et l'écrire jeunes ». En 1991, L'Harmattan s'associe à l'éditeur Noël Blandin pour développer son orientation purement littéraire, mais cette collaboration ne dure que deux ans. La maison diffuse et distribue elle-même sa production, ainsi que celles des Éditions caribéennes et des Éditions Desormeaux, et entretient des relations suivies avec des libraires français et étrangers.

Sa.S. — IMEC

Hart Robert-Edward (1891-1954). Né à l'Île Maurice, descendant de Pontus de Tyard, il est l'auteur d'une œuvre abondante, influencée par le romantisme français, mais fortement enracinée dans le terroir mauricien auquel il est toujours demeuré très attaché. Bon connaisseur des écrivains de Madagascar, où il a séjourné à plusieurs reprises, l'auteur de *Mer indienne* a toujours refusé l'exil parisien, lui préférant son île natale, dont *Le Cycle de Pierre Flandre* tente de restituer l'univers surnaturel quotidien sous la forme d'une recherche éperdue du royaume de l'enfance. L'un des premiers écrivains mauriciens à dire sa fascination pour l'Inde, il développe dans l'ensemble de son œuvre une mystique qui est, dans une large mesure, à l'origine du mythe de la Lémurie, ce continent imaginaire autour duquel s'articule la poésie de Malcom de Chazal. Il est mort à Souillac le 6 novembre 1954.

ŒUVRES. — À Port-Louis : *Les Voix intimes*, 1920. — *L'Ombre étoilée*, 1924. — *Mer indienne*, 1925. — *Insula Beata*, 1929. — *Mémorial de Pierre Flandre*, 1928. — *Le Cycle de Pierre Flandre*, 1932-1934. — *Ténèbres*, 1938. — *Plénitudes*, 1948.

→ *Pages choisies de R.-E. Hart* présentées par K. Hazareesingh, Éditions de l'Océan indien, 1981.

J.C.

Harvey Jean-Charles (1891-1967). Né à La Malbaie (Québec), il a commencé sa carrière de journaliste à *La Patrie* en 1915. Après un premier roman, *Marcel Faure* (1922), il a fait paraître des nouvelles (*L'Homme qui va*, 1929). Mais on retient surtout de son œuvre *Les Demi-civilisés* (1934), roman de critique sociale qui fit scandale et attira la condamnation du cardinal Villeneuve, archevêque de Québec, qui fit mettre le livre à l'index. L'auteur perdit son emploi de rédacteur en chef au journal *Le Soleil*. En 1937, il fonde le journal *Le Jour*, qu'il dirigera jusqu'à ce qu'il cesse de paraître en 1946. Il sera ensuite commentateur à la radio et directeur des publications d'une entreprise de presse populaire. Il est mort à Montréal en 1967.

R.B.

Harvey Pauline (1950). Née à Chicoutimi (Québec), elle a étudié la littérature, le journalisme et la philosophie. Auteur d'un recueil de poèmes (*Ta dactylo va taper*, 1978), elle s'est ensuite consacrée au roman. *Le Deuxième Monopoly des précieux* (1981) rapporte les annales d'un pays fabuleux ; le récit tire ses conventions du jeu de cartes et du conte de fées. *Encore une partie pour Berri* (1982) allie le réalisme urbain au jeu fictif d'une « adéquation parfaite du roman et de la vie ».

R.B.

Hatzilazarou Matsi (1914-1987). Née à Salonique, fille d'un riche commerçant, elle a, pendant la Première Guerre, suivi ses parents en France et à Rome. Rentrée à Athènes en 1919, elle rencontre Andréas Embirikos, psychanalyste et poète surréaliste, qu'elle épouse en 1939. Après la publication de ses deux premiers recueils de poèmes en grec, *Mai, juin et novembre* (1944) et *Deux poèmes disparates* (1945), publiés sous le pseudonyme de Matsi Andréou, elle part pour Paris. Dès lors, sa vie est partagée entre Paris et Athènes, et dans l'usage de la langue entre le grec, l'anglais (sa grand-mère paternelle était américaine) et le français. En 1949, elle fait paraître à Paris son premier recueil poétique en français, *Cinq fois*, qui sera suivi d'un second recueil, *Frange des mots* (1954). Entre-temps, elle publie une plaquette en grec : *Kryphohori* (1951), et traduit un choix de chansons populaires : *Chants populaires des Grecs* (1951), ainsi que des extraits de Pindare pour *Le Mercure de France* (janvier-avril 1956). Les poèmes inédits de son recueil *Là-bas ici* seront traduits en grec longtemps après et publiés dans *Éros mélahrinos* (1978). Rentrée à Athènes définitivement en 1973 et éprouvant toujours le même besoin de s'exprimer de façon authentique dans les trois langues auxquelles elle se sent appartenir, elle publie le recueil *7X3* (1984), qui comprend sept poèmes écrits parallèlement en grec, en français et en anglais. Le caractère autobiographique et érotique de sa poésie se confirme dans son recueil, *Andistrophi Aphiérossi. Dédicace à rebours* (1985), dont le titre bilingue renvoie à sa perpétuelle oscillation entre le grec et le français. Une édition posthume de l'ensemble de son œuvre a paru en 1989 sous le titre *Poèmes 1944-1985*.

A.Vl.

Hauleville Éric de (1900-1941). Né à Etterbeek (Bruxelles) le 13 septembre 1900. Il participe à l'aventure du *Disque vert* à partir de 1921 ; sa rencontre avec Odilon-Jean Périer l'année suivante déterminera en grande partie l'orientation de ses choix littéraires. L'humour, le goût de l'insolite et du folklore caractérisent son premier recueil, *Dénoûment* (1923), « livre poétique » mêlant proses et vers libres en effusions lyriques, légères ou insouciantes. Mais la fantaisie cache, chez lui, une préoccupation plus intime, celle du malaise provoqué par les faux-semblants d'une époque au sourire parfois forcé : ainsi, plus grave, *Le Genre épique* (1930, dédié à Périer) avec ses « mythologies » en prose (voir *Tramon-*

tane sur son grand cheval) dénonce les exclusions d'une société malade. C'est un « poème romanesque », *Le Voyage aux îles Galapagos* (1934), qui constitue le sommet de son œuvre : ce roman surréalisant, truffé de pastiches et de citations cachées, rend compte d'une traversée dans les contrées de l'imaginaire et de la littérature. Tout en dénonçant les poncifs du genre, Hauleville plonge avec humour dans les domaines du rêve, de l'exotisme, de l'aventure, laissant le dernier mot à l'ennui et à la déception. Un dernier recueil, *L'Anneau des années* (1941, posth.) laisse percer, au-delà du ludisme faussement naïf de la plupart des textes, les réels motifs de la poésie d'Éric de Hauleville : « la quête de cette société — la fuite de la solitude ». Il est mort à Saint-Paul-de-Vence, le 19 mars 1941, après l'exode.

ŒUVRES. — *Œuvres*, Bruxelles, Le Cri, coll. Les évadés de l'oubli, 1993.

→ *In memoriam Éric de Hauleville*, Bruxelles, La Maison du poète, 1941. — Robert Poulet, *La Fleur de l'imagination : nouveaux romanciers belges*, Bruxelles, La Toison d'or, 1944. — Franz Hellens, *Style et caractère*, Bruxelles, La Renaissance du livre, 1956.

O.Bi.

Haulot Arthur (1913). Né à Angleur (Belgique), le 15 novembre 1913. Promoteur des mouvements ouvriers d'avant-guerre, sa poésie reflète ses idéaux de militant *(Nous*, 1933 ; *Chansons rouges*, 1937 ; *Matins du monde*, 1937 ; *Adolescence*, 1939 ; *D'un monde à l'autre*, 1941). Résistant, il sera déporté *(J'ai voulu vivre : Dachau 1943-1945, journal de camp*, 1987). Il fonde en 1951 avec Paul-Louis Flouquet les « Biennales internationales de Poésie », et assure la codirection du *Journal des poètes*. On lui doit une trentaine de recueils poétiques, parmi lesquels *Si lourd de sang* (1947), *Départs* (1963), *Espaces* (1967), *Dérives* (1969), *Genèse* (1972), *Poèmes du sang* (1976), *Magie* (1979), *Le Temps intérieur* (1981), *Présences* (1989), *Poèmes* (1993) et des contes pour enfant.

→ *Les Étoiles*, n° spécial, août 1959.

O.Bi.

Haumont Marie-Louise (1919). Née à Woluwé-Saint-Lambert (Bruxelles) le 19 janvier 1919, établie à Paris après la guerre, elle fut journaliste à *Combat*, et travailla pour la télévision scolaire française. Elle a publié trois romans : *Comme ou la journée de Madame Pline* (1974), étude de la vie d'un couple évoluant dans un monde clos ; *Le Trajet* (1976, prix Femina), qui expose en quatre journées l'éclatement de l'univers d'une femme, jusque-là réglé par les habitudes ; *L'Éponge* (1981), où un jeune homme en quête d'identité se révèle à travers son jeu d'acteur de théâtre. Marie-Louise Haumont excelle dans l'introspection ; la précision parfois clinique de son style et la froideur apparente de ses conclusions sont autant de marques d'une lucidité qui n'exclut cependant pas l'humour.

ŒUVRES. — Aux Éditions Gallimard.

O.Bi.

Haumont Thierry (1949). Né à Auvelais (Belgique), le 9 janvier 1949, bibliothécaire, il débute par un recueil de poèmes, *Ravanastron* (1967). La question des racines culturelles et géographiques est au centre de son premier roman, *Les Petits Prophètes du Nord* (1980), qui raconte le parcours initiatique d'un jeune Lapon dans le grand Nord ; il ironise sur le retour à la nature préconisé par notre société, en décrivant la tentative de survie d'un groupe d'individus dans des conditions similaires à celles de la préhistoire dans *Les Forêts tempérées* (1982). Avec *Le Conservateur des ombres* (1984, prix Rossel) et *Mémoires d'un chasseur d'échos* (1989), Haumont s'engage dans le domaine de l'illusion : l'étude de phénomènes sensoriels tels que les ombres ou les sons, objets des recherches de ses héros, illustre leur volonté de se dégager de l'histoire et de la réalité. Wallon convaincu et engagé, il a soulevé le problème des dissensions entre les communautés linguistiques de Belgique dans une fable écologique, *Les Peupliers* (1991).

ŒUVRES. — Aux Éditions Gallimard.

→ « Conversation avec Thierry Haumont, prix Rossel 1985 », *Revue nouvelle*, t. LXXXIII, mars 1986.

O.Bi.

Havrenne Marcel (1912-1957). Né à Jumet (Belgique), le 27 avril 1912, lié au groupe hennuyer du mouvement surréaliste belge, il adhère au groupe « Rupture » en 1934, collabore à l'unique numéro de *Mauvais Temps*. En 1947, il rejoint le « groupe surréaliste révolutionnaire » de

Christian Dotremont, et, deux ans plus tard, le mouvement Cobra. Il fonde, en 1953, avec Théodore Koenig et Joseph Noiret, la revue *Phantomas*. Suivant une tradition bien établie par le surréalisme en Belgique, il a surtout publié des aphorismes et des maximes *(La Main heureuse*, 1950 ; *Pour une physique de l'écriture*, 1953, repris dans *Du pain noir et des roses*, 1957), programme esthétique et moral d'une œuvre en gestation, tendue vers l'appropriation du réel et du langage comme matériaux du rêve, ébauché dans quelques proses et poèmes *(Ripopées*, 1956, sous le pseudonyme de Désiré Viardot ; *En marge d'un dictionnaire sensible*, 1974, posth.). Il est mort à Etterbeek (Bruxelles), le 1er juin 1957.

ŒUVRES. — *Du pain noir et des roses*, rééd., Bruxelles, Kumps, 1984.

→ *Phantomas*, n° spécial, automne 1957. — *L'Estaminet* (Bruxelles), n° spécial (1), 1993.

O.Bi.

Hazoumé Paul (1890-1980). Né à Porto-Novo (Bénin), auteur d'un essai remarqué sur *Le Pacte de sang au Dahomey* (Travaux et mémoires de l'Institut d'ethnologie, 1937, prix du Gouvernement général de l'AOF), il a, comme beaucoup d'« évolués » de sa génération, partagé l'essentiel de sa longue vie entre l'engagement politique et la défense de la tradition orale africaine. Après des débuts dans l'enseignement, il est élu conseiller à l'Assemblée de l'union française en 1947, date à laquelle il contribue à fonder la revue *Présence africaine*. Résidant à Paris jusqu'en 1958, il regagne alors le Dahomey, où il devient conseiller général, puis président du Conseil des anciens. Son œuvre maîtresse demeure *Doguicimi* (Larose, 1938, rééd. 1978, prix de langue française de l'Académie), roman historique consacré au Royaume d'Abomey à l'époque précoloniale.

→ *« Doguicimi » de Paul Hazoumé*, dir. Adrien Huannou et R. Mane, L'Harmattan, 1987.

J.C.

Hébert Anne (1916). Née à Québec, elle grandit dans un milieu d'écrivains et d'artistes, guidée par son père, le critique Maurice Hébert, et son cousin, le poète Saint-Denys Garneau. Surtout connue comme poète et romancière, elle a écrit aussi pour le théâtre et travaillé comme scénariste à l'Office national du film du Canada au cours des années cinquante. Malgré un long séjour parisien, son œuvre reste profondément marquée par l'imaginaire et les lieux de son enfance, par ce « pays familier pareil à un long courant de mousse que l'on tire à soi, plein de terre et d'odeur ».

Publié en 1950 à compte d'auteur, *Le Torrent*, recueil de nouvelles, signale d'emblée la portée tragique de l'œuvre d'Anne Hébert. Le livre s'ouvre sur cet aveu du protagoniste : « J'étais un enfant dépossédé du monde. Par le décret d'une volonté antérieure à la mienne, je devais renoncer à toute possession en cette vie. Je touchais au monde par fragments... ». Dans une prose souple et un langage sobre, Anne Hébert dresse l'inventaire de destins sur lesquels règnent la fatalité aussi sûrement que la passion. Des *Chambres de bois* (1958) aux *Fous de Bassan* (1982) et à *L'Enfant chargé de songes* (1991), ses romans rendent compte, avec la rigueur d'un diagnostic, de la violence subie ou provoquée par des êtres soumis à des forces inéluctables. Dans *Kamouraska* (1970), Élisabeth d'Aulnières, au chevet de son second mari, revoie son amour pour le Dr Nelson et les épisodes du drame qui en est résulté. Le silence feutré de la chambre, les veilles prolongées, les chuchotements des proches, une certaine atmosphère de suspicion accompagnant la proximité de la mort n'en font que mieux ressortir la démesure et les excès passés. Une culpabilité sourde anime l'héroïne, que ni les maternités successives ni la respectabilité acquise n'ont atténuée. Cette « histoire de neige et de fureur » est exprimée en phrases brèves, au rythme haletant, et en une succession de courts paragraphes qui donnent à l'ensemble une allure de rituel.

Dans *Les Enfants du sabbat* (1975), l'évocation des mœurs des religieuses prend une coloration fantastique, soutenue par un style à la fois luxuriant et ironique. *Les Fous de Bassan* retrace en six récits, représentant autant de subjectivités, les antécédents d'un événement dramatique qui a bouleversé la communauté anglophone d'un village de pêcheurs, Griffin Creek, situé quelque part sur les rives, réelles ou rêvées, du Saint-Laurent et de ses îles. Sous l'œil ébahi du pasteur et de ses ouailles, deux jeunes filles disparaissent dans la mer. On retiendra des différents témoignages entourant l'événement, celui d'Olivia de la haute mer, ondine livrée à des instincts carnassiers dont la parole reprend la plainte originelle : « Il y a certainement quelqu'un qui m'a tuée. Puis s'en est allé. Sur la pointe des pieds. »

Après *Le Premier Jardin* (1989), autre récit construit à partir de la mémoire affective, celle d'une comédienne retournant sur les lieux de sa jeunesse, *L'Enfant chargé de songes* évoque l'inquiétante étrangeté d'adolescents qui, comme dans *Le Torrent*, sont tourmentés par quelque mal secret et insidieux. Là encore, la complicité des éléments naturels amplifie la dimension mythique du récit et accentue le contraste entre la première partie du livre et la seconde, dont le cadre est Paris. *Aurélien, Clara, Mademoiselle et le lieutenant anglais* (1995) ramène le lecteur dans cette âpre nature au bord de la « rivière sauvage ».

Mis à part *Les Songes en équilibre* (1942), l'œuvre poétique d'Anne Hébert se compose essentiellement de deux recueils : *Le Tombeau des rois* (1953) et *Mystère de la parole* (1960). Dans ces poèmes, que Pierre Emmanuel disait « comme tracés dans l'os par la pointe d'un poignard », l'auteur plonge au cœur de la douleur et de la dépossession. *La Fille maigre*, *Petit Désespoir*, *Les Chambres de bois* font entendre des voix singulières, que la prose romanesque reprendra ensuite comme en écho. Le poème *Le Tombeau des rois* clôt le premier recueil par une descente symbolique dans le royaume des morts et l'annonce d'une renaissance. Adoptant la forme du verset ample, *Mystère de la parole* célèbre l'aventure conjuguée de la vie et de la poésie. Dans un texte liminaire, l'auteur précise : « Je crois au salut de toute parole juste, vécue et exprimée. Je crois à la solitude rompue comme du pain par la poésie. » Un long poème, *Ève*, interpelle cette « mère aveugle » afin qu'elle explique « la naissance et la mort et tout le voyage hardi entre deux barbares ténèbres, pôles du monde, axes du jour ». Les textes d'un recueil plus récent, *Le jour n'a d'égal que la nuit* (1992), disent le bonheur serein d'être là, tel un nageur, « de l'autre côté du monde, dans l'étirement de [l]a joie ». Anne Hébert a reçu le prix des Libraires pour *Kamouraska* (1970), le prix Femina pour *Les Fous de Bassan* (1982) et les prix David et Gilles Corbeil pour l'ensemble de son œuvre.

ŒUVRES. — **Romans et nouvelles**, tous les romans sont publiés au Seuil : *Le Torrent*, 1950. — *Les Chambres de bois*, 1958. — *Kamouraska*, 1970. — *Les Enfants du sabbat*, 1975. — *Héloïse*, 1981. — *Les Fous de Bassan*, 1982. — *Le Premier Jardin*, 1988. — *L'Enfant chargé de songes*, 1991. — *Aurélien, Clara, Mademoiselle et le lieutenant anglais*, 1995. — **Théâtre** : *Le Temps sauvage* suivi de *La Mercière assassinée* et de *Les Invités au procès*, 1967. — *La Cage* suivi de *L'Île de la demoiselle*, 1990. — **Poésie** : *Poèmes*, Le Seuil, 1960, comprenant *Le Tombeau des rois* (1953) et *Mystère de la parole*. — *Œuvre poétique*, Boréal, 1993, comprenant les recueils précédents et *Le jour n'a d'égal que la nuit*, 1992. — *Poèmes de la main gauche*, Boréal, 1997.

→ Guy Robert, *La Poétique du songe, introduction à l'œuvre d'Anne Hébert*, Montréal, AGEUM, 1962. — Pierre Pagé, *Anne Hébert*, Montréal, Fides, 1965. — René Lacôte, *Anne Hébert*, Seghers, 1969. — Jean-Louis Major, *Anne Hébert et le miracle de la parole*, Presses de l'université de Montréal, 1976. — Robert Harvey, *« Kamouraska » d'Anne Hébert, une écriture de la passion*, Montréal, HMH, 1982. — Maurice Émond, *La Femme à la fenêtre*, Presses de l'université Laval, 1984. — *Anne Hébert, parcours d'une œuvre*, L'Hexagone, 1997.

L.G.

Heidsieck Bernard (1928). Né à Paris, diplômé de l'Institut d'études politiques, il est l'un des promoteurs, à partir de 1955, de la poésie sonore, et à partir de 1962 de la poésie action. Il a lancé en 1976 le festival de poésie sonore internationale et en 1980, avec Michèle Métail, les Rencontres internationales 1980 de poésie sonore. Auteur dès 1955 de poèmes-partitions, il utilise le magnétophone comme instrument de composition et de transmission à partir de 1959, et donne successivement treize « biopsies », vingt-neuf « passe-partout », puis, entre 1978 et 1986, vingt-six poèmes sonores sous le titre *Derviche/Le Robert*. Il a souvent édité ses textes : *Sitôt dit* (Seghers, 1955), *B32 B33* (Castel rose, 1964), *Portraits-pétales* (Guy Schraenen, 1973), *Partition V* (Soleil noir, 1973), *Encoconnage* et

Foules (Guy Schraenen, 1975), *Dis-moi ton utopie* (Eter, 1975). Il a réuni ses poèmes expérimentaux dans *Poésie action, poésie sonore 1955-1975* (Annick Le Moine, 1976). Il est également l'auteur de planches d'écritures-collages et a enregistré lui-même de nombreux textes, faisant diffuser plus de soixante disques et cassettes. Les enregistrements lui permettent d'approfondir les techniques de respiration, l'entrelacement et la juxtaposition des voix. Les lectures publiques restent le mode essentiel de création chez ce représentant éminent de la poésie sonore et visuelle, dont les prestations, saisissantes et d'une théâtralité simple, bouleversent la vision normalisée de la langue et lui donnent une ampleur inattendue.

V.V. — CIPM

Hélias Pierre Jakez (1914-1995). Né à Pouldreuzic (Finistère), il est l'auteur d'une œuvre abondante, tant en breton qu'en français, visant à nous faire découvrir et à maintenir vivace l'héritage de la culture bretonne. Fils d'ouvriers agricoles dont la langue maternelle était le breton, il n'apprit le français qu'à l'école. Il fit ses études au lycée de Quimper, puis à la faculté de lettres de Rennes. Agrégé de lettres, il se consacre d'abord à l'enseignement, en collège et à l'École normale de Quimper. Il devient rédacteur en chef de la revue *Vent d'Ouest* en 1945. De 1946 à 1958, il travaille à Radio-Bretagne avant de se voir confier la chaire de celtique à l'université de Brest en 1971. C'est à la publication en 1975, dans la collection « Terre humaine » (Plon) dirigée par Jean Malaurie, du *Cheval d'orgueil* sous-titré : *Mémoires d'un Breton du pays bigouden* qu'il conquiert un large public. Dans ce qu'on a considéré comme l'un des principaux livres parus sur la paysannerie française, il présente l'image, vue par l'enfant qu'il était, des mœurs et des travaux quotidiens d'un petit coin de pays breton dans la première moitié du XXe siècle. Un film en sera tiré par Claude Chabrol. Son inspiration est essentiellement puisée aux sources du conte et de la tradition orale, et comme il le dira dans *Le Quêteur de mémoire*, suite autobiographique résumant sa méthode, il arpente les villages pour construire, de témoignage en témoignage, un recueil de la mémoire de la civilisation celtique, mémoire sur le point de disparaître en l'absence d'écriture. Aux côtés de Xavier Grall et de Jean Markale, on le considère comme l'un des principaux artisans de la renaissance celtique et bretonne en France, tout comme il est sans doute l'un des plus grands conteurs français du XXe siècle. D'un genre dont il emprunte la forme à la tradition de son enfance, et qu'illustre par exemple la réputation de la conteuse Marharid Fulup, il a fait le cœur d'une œuvre alliant une description réaliste des mœurs et des soucis des gens de la vie réelle aux schémas les plus poétiques et métaphysiques de l'imaginaire. Dans *L'Herbe d'or*, récit élargi aux dimensions du roman, les éléments de la fable se joignent à la mythologie symbolique pour tenter une approche de la spiritualité celtique.

ŒUVRES. — **En breton** : *Le Passe-vie*, Brest, Emgleo Breiz, 1979, trad. franç., Le Signor, 1979. — **En français** : *Théâtre*, Galilée, 1977-1978, 3 t. — *Le Cheval d'orgueil*, Plon, 1975. — *Les Autres et les miens*, Plon, 1977. — *La Sagessse de la terre : petite anthologie des croyances populaires*, avec Jean Markale, Payot, 1978. — *L'Herbe d'or*, Julliard, 1982. — *La Colline des solitudes*, Julliard, 1984. — *Midi à ma porte*, Ouest-France, 1988. — *La Nuit singulière*, Fallois, 1990. — *Le Quêteur de mémoire*, Plon, 1990. — *L'Esprit du rivage : légendes de la mer*, Folio Junior, 1981.

G.Si.

Hellens Franz (1881-1972), pseudonyme de Frédéric van Ermenghem. Né à Bruxelles le 8 septembre 1881, de son enfance et de son adolescence passées près de Gand, il conservera un attachement particulier pour la Flandre, tout en s'affirmant comme un des défenseurs de la culture et de la littérature françaises en Belgique. La ville de Gand, où il fait ses études de droit, constitue d'ailleurs le cadre de son premier livre, *En ville morte* (1906) ; les nouvelles qui le composent restent fortement tributaires de l'esthétique symboliste, comme le sont encore celles de *Les Hors le vent* (1909), à propos desquelles Edmond Picard devait pourtant forger ce concept de « réalisme fantastique » qui allait caractériser un grand nombre des ouvrages d'Hellens, ainsi que tout un courant de l'école belge de l'étrange. C'est surtout avec *Nocturnal* (1919), *Mélusine* (1920) et

Réalités fantastiques (1923) qu'Hellens s'engage dans les méandres du surnaturel et du rêve, tirant l'insolite du quotidien, traquant l'inconnu dans les fissures du réel, s'attachant principalement à créer une dimension spatio-temporelle qui investisse la réalité à l'improviste, la rendant objectivement malléable. Quant à *Mélusine*, « rêve écrit en style morceau d'homme, en style rêve » (Henri Michaux), roman onirique pré-surréaliste à mi-chemin entre l'*Aurélia* de Nerval et l'*Anicet* d'Aragon, sa composition originale, et notamment la particularité de ses points de vue narratifs, en font un des récits charnière de l'époque.

Hellens est un écrivain fécond, d'une grande variété : il touche au roman « africain » *(Bass-Bassina-Boulou*, 1922), parodie le genre policier *(Œil-de-Dieu*, 1925), se penche sur le monde de l'enfance pour composer une série de récits autobiographiques particulièrement suggestifs *(Le Naïf*, 1926 ; *Les Filles du désir*, 1930 ; *Frédéric*, 1935 ; et, plus tard, *Naître et mourir*, 1948), donne des romans réalistes *(La Femme partagée*, 1929 ; *Le Magasin aux poudres*, 1936), plonge dans l'horreur des familles avec les contes fantastiques de *Fraîcheur de la mer* (1933) ou exploite le thème du double dans les nouvelles inquiétantes de *Fantômes vivants* (1944). De son abondante production de l'après-guerre *(Les Saisons de Pontoise*, 1956 ; *Entre toutes les femmes*, 1960 ; *Les Yeux du rêve*, 1964 ; *La Comédie des portraits*, 1965 ; *Le Dernier Jour du monde*, 1967) se détachent deux romans représentatifs de ces courants qui, orientés tantôt vers le réalisme, tantôt vers le fantastique, forment l'essence de son œuvre en prose. *Moreldieu* (1946) décrit un personnage cultivant et exerçant le mal avec volupté et cynisme, en conflit perpétuel avec la société et avec Dieu ; les *Mémoires d'Elseneur* (1954) retrace le parcours initiatique et œdipien du héros dans un récit inscrit aux limites du réel. Ces deux récits exposent le conflit intérieur d'hommes déchirés entre leurs aspirations et le poids étouffant de la réalité, tentés par le mal tout en ayant conscience du bien, partagés entre vie et destin, à la recherche d'un impossible accomplissement de l'être.

De son intérêt pour l'art, de la rencontre, lors d'un voyage dans le Sud de la France pendant la Première Guerre, de Modigliani et de Matisse, de sa découverte de la poésie d'Apollinaire ou de Cendrars, Hellens a tiré les matériaux d'une vingtaine de recueils poétiques. Après les textes cubistes de *La Femme au prisme* (1920, repris dans l'Anthologie de « La lanterne sourde », *Poètes belges d'esprit nouveau*, en 1924), de ceux de *Notes prises d'une lucarne* (1925, poèmes en prose) et d'*Éclairages* (1926), recueils dans la composition desquels la lumière et les volumes jouent un grand rôle, il délaissera encore la poésie pour se consacrer au roman (voir cependant *Variations sur des thèmes anciens*, 1941). À partir de 1950, les recueils se succèdent à nouveau : sans renoncer au vers libre, Hellens contient sa pensée dans les limites d'une prosodie traditionnelle, où le contenu cède rarement le pas au jeu du langage. Toujours plus sceptique à l'égard du monde, il exprime alors dans une langue très sobre, exempte de lyrisme, ses aspirations au silence, aux valeurs retrouvées de l'enfance, telles l'innocence ou l'amour *(Miroirs conjugués*, 1950 ; *Testament*, 1951 ; *Liturgies*, 1952). La sérénité et la plénitude caractérisent les poèmes du grand âge, méditations rigoureuses sur le temps, la vieillesse et la mort *(L'Âge dur*, 1961 ; *Arrière-saisons*, 1967 ; *Suite*, 1971). Il est mort à Bruxelles le 20 janvier 1972.

Hellens a également joué un rôle important dans la promotion de la littérature et de la culture de son époque. En mai 1921, il fonde la revue *Signaux de France et de Belgique*, dont il assure la codirection avec André Salmon ; attentif à saisir tous les signes d'une modernité entendue au sens large, il se refuse notamment à défendre la particularité d'une littérature « belge » d'expression française, partie intégrante selon lui, ne fût-ce que par sa langue, des lettres françaises : il est parmi les signataires du manifeste du « Groupe du lundi », en mars 1937, qui pourfend le régionalisme littéraire. Quant à la création du *Disque vert* avec Mélot du Dy en mai 1922, elle est à l'origine d'une aventure qui se conclura trente ans plus tard, symbole d'une ouverture hors du commun sur le monde des arts et de la pensée européens. Son œuvre critique rassemble des essais sur la littérature, la musique, la peinture *(Style et caractère*, 1956 ; *Poétique des éléments et des mythes*, 1966 ; *Le Fantastique réel*, 1967 ; *Essais de critique intuitive*, 1968). Il laisse des mémoires *(Documents secrets 1905-1956*, 1958) et un important journal, encore inédit. Il est mort à Bruxelles le 20 janvier 1972.

ŒUVRES. — *Réalités fantastiques*, rééd., Gallimard, 1966. — *Mélusine*, rééd., Bruxelles, Les Éperonniers, coll. Passé-présent, 1987. — *Le Naïf*, rééd., Bruxelles, Labor, coll. Espace Nord, 1987. — *Le Fantastique réel*, rééd., Bruxelles, Labor, coll. Poteau d'angle, 1991. — *Notes prises d'une lucarne*, rééd., Bruxelles, Palais des Académies, 1992. — *Un balcon sur l'Europe*, Bruxelles, Labor, coll. Archives du futur, 1992.

→ *Le Dernier « Disque vert » : hommage à Franz Hellens*, Albin Michel, 1957. — *Albert Ayguesparse, Franz Hellens : essai critique*, Bruxelles, La Renaissance du livre, 1961. — Raphaël De Smedt, *La Collaboration de Franz Hellens aux périodiques de 1899 à 1972*, Bruxelles, Archives et bibliothèques de Belgique, 1978. — *Franz Hellens entre mythe et réalité*, Louvain, University Press, 1988. — Robert Frickx, *Franz Hellens ou le temps dépassé*, Bruxelles, Palais des Académies, 1992.

O.Bi.

Hénault Gilles (1920-1997). Journaliste, traducteur, éditeur (les Cahiers de la file indienne), syndicaliste ouvrier, directeur du Musée d'art contemporain de Montréal de 1966 à 1971, cet esthète est aussi un écrivain engagé. Publié en revue en 1941, son premier poème, *L'Invention de la roue*, entonne un chant à la gloire du cercle, « forme pure », abstraite mais aussi astre cosmique, révolution fraternelle, historique plutôt qu'éternel retour. Dans *Théâtre en plein air* (1946), composé de monologues, de contes, de poèmes et de « proses postiches », Hénault étudie encore le spectacle du monde, nature et culture confrontées. *Totems* (1953), ensuite, construit une genèse « apocryphe » dans laquelle Adam et Ève ne sont que « mirages » ; le seul totem digne de l'homme est l'homme lui-même, « et le doigt de Dieu, c'est la main de l'homme ». *Sémaphore* suivi de *Voyage au pays de mémoire* (1962) se présente comme une profession de foi en l'homme et pose la question de la modernité, de la communication et du sens. En 1972, *Signaux pour les voyants* rassemble les poèmes et recueils de 1941 à 1962. Chez Hénault, pour bien voir l'univers, il faut en faire l'équivalent d'un poème, lui donner les figures mêmes du style : « litanies neigeuses », « débâcles d'énigmes ». *« Signaux pour les voyants »* signifie éclairage intermittent, rythmé, violemment lumineux. Dans *À l'orée de l'œil* (1981) un monde en miettes se refait, dans *À l'inconnue nue* (1984) s'énoncent les rapports entre la mémoire érotique et les citations ou allusions, entre les « cicatrices » corporelles et les coupures et coutures textuelles. Gilles Hénault a reçu le prix David en 1993.

L.M.

Hénoumont René (1922). Né à Herstal (Belgique) le 7 novembre 1922, journaliste de la presse écrite et de la télévision, il a obtenu un large succès avec la publication d'une série d'albums *(Un oiseau pour le chat*, 1974-1976, 3 tomes) retraçant une enfance et une adolescence liégeoise pendant les années trente, jusqu'à la campagne de 1940. Ses récits, le plus souvent régionalistes *(Mes bien-aimés bandits d'Ardenne*, 1978 ; *Café liégeois*, 1984 ; *Au bonheur des Belges*, 1992), sont composés dans une prose rapide et imagée. Hénoumont associe au respect de l'histoire et des traditions une conscience écologique aiguë *(La Maison dans le frêne*, 1979 ; *Le Vieil Indien*, 1982 ; *Les Étonnements d'Henri-Léon*, 1983 ; *La Boîte à tartines*, 1984 ; *L'Été d'Eva Brialmont*, 1986 ; *Le Neveu d'Emma*, 1991). Ses mémoires *(Des amours de papier, mémoires impertinentes*, 1990) et quelques romans policiers (les enquêtes du commissaire Fluet : *La Mort d'Irma*, 1986 ; *Le Libraire de la Place Saint-Paul*, 1987 ; *Les Vieux Fusils*, 1987) viennent compléter une œuvre aussi riche que variée.

ŒUVRES. — *L'Ardenne aux loups*, Bruxelles, Racines 1995. — *Le Vieil Indien*, rééd., Bruxelles, Labor, coll. Espace Nord, 1996. — *Un oiseau pour le chat*, rééd., Bruxelles, Racine, 1996.

O.Bi.

Henriot Émile (1889-1961). Né à Paris le 3 mars 1889, diplômé en sciences politiques, il entre au journal *Le Temps* en 1911, comme rédacteur, puis, à partir de 1919, comme critique littéraire. En 1944, il tient la même rubrique au *Monde*. Il est élu en 1945 à l'Académie française. D'abord poète, disciple d'Henri de Régnier, il publie notamment *La Flamme et les cendres* (1909) et des *Églogues imitées de Virgile* (1912). Mais il se consacre également au roman, avec, en 1919, *Le Diable à l'hôtel ou les plaisirs imaginaires* (Plon, 1920) suivi en 1924 d'*Aricie Brun ou les vertus bourgeoises*, une étude de mœurs de facture classique qui lui vaut le grand prix du Roman de l'Académie française. Sur fond de chronique sociale, il évoque l'histoire d'une famille française de province entre 1817 et 1914. Aricie, l'héroïne, sacrifie sa vie à sa famille, et gagne la sérénité par son renoncement, incarnant alors ces « vertus » qui cimentent la société.

Henriot rassemble ses nombreux articles dans une série intitulée *Courrier littéraire* (La Renaissance du livre, 1922), qu'il prolongera jusqu'en 1959 avec notamment *Livres et portraits (Courrier littéraire*, 1re et 2e séries, Plon, 1923-1925, 2 t.) et *Courrier littéraire : le XVIIe siècle* (Édition de la Nouvelle Revue critique, 1933). Il a également consacré un recueil aux écrivains mineurs et petits maîtres des XVIIe et XVIIIe siècles, *Les Livres du second rayon : irréguliers et libertins* (Le Livre, 1925), et, dans la même veine, aux *Épistoliers et mémorialistes* (1931) et aux *Portraits de femmes* (1935-1937). Il a publié de nombreuses études littéraires : *Stendhaliana* (Crès, 1924), *Alfred de Musset* (Hachette, 1928), *D'Héloïse à Marie Bashkirtseff* (1935), *De Marie de France à Katherine Mansfield* (1937), *De Turold à Chénier* (1944), *De Lamartine à Valéry* (1946), *Chateaubriand* (1948). Il fait également œuvre de mémorialiste, avec *Le Livre de mon père* (1938), *Au bord du temps* (1958), *On n'est pas perdu sur la terre* (1960). Il est mort à Paris, le 15 avril 1961.

ŒUVRES. — **Romans**, outre les titres cités : *L'Enfant perdu*, 1926. — *Les Occasions perdues*, 1931. — *La Rose de Bratislava*, 1948. — **Poésie :** *Poèmes à Sylvie*, 1906. — *Petite Suite italienne*, 1909. — *Jardins à la française*, 1911. — *Aquarelles*, 1922. — *Vignettes et allégories*, 1925. — *Poésies*, recueil, 1928. — *Tristis exsul*, 1945. — *Les Jours raccourcissent*, 1954. — **Correspondance** : *Lettres de Paul-Jean Toulet et d'Émile Henriot 1910-1919*, Mercure de France, 1959.

I.M.

Herbart Pierre (1903-1974). Né le 23 mai 1903 à Dunkerque dans une des grandes familles de la ville, dont le représentant le plus atypique semble bien avoir été son père, un noctambule désinvolte et tourmenté qui, peu de temps après son mariage et la naissance de son fils, abandonne sa famille, sa ville et son milieu pour mener une vie vagabonde sur les routes de France. Dans *Souvenirs imaginaires* (1968), Herbart évoque longuement ce personnage fascinant que ses pérégrinations ramenaient une fois l'an dans sa ville natale, au grand scandale de sa famille et de ses anciens amis, mais pour le plus grand bonheur de son fils qui, pressentant de douloureux secrets enfouis, cherchait passionnément à mériter son affection. Rien de mieux, semble-t-il, qu'une telle ascendance pour donner le goût du destin : Herbart fut toute sa vie le digne héritier de son père et, avec l'élégance nonchalante qui le caractérisait, il sut manifester sans faiblir une insolente liberté, faite d'indifférence aux normes et d'attention à toutes les sollicitations de la vie.

Après avoir passé sa jeunesse dans les Flandres françaises et obtenu son baccalauréat, il rejoint Paris en 1921 pour travailler dans une compagnie d'électricité dirigée par un ami de la famille. Le travail de bureau et les rites de la sociabilité bourgeoise sont si peu conformes à son tempérament qu'il n'y reste qu'un an, le temps de goûter à l'atmosphère parisienne. Les années qui suivent sont consacrées à des vagabondages à travers la France au gré d'amours entre garçons, toutes placées sous le double signe d'un bonheur intense et du sens aigu, presque tragique, de la catastrophe. *L'Âge d'or* (1953) célèbre avec un art inné de l'ellipse ce temps poignant de la jeunesse que suffisent à caractériser la beauté, l'innocence et une transparente réciprocité.

En 1923, c'est la découverte du continent africain et une première expérience de la réalité coloniale française. Fasciné par l'étrangeté d'un monde où subsiste encore un lien profond entre les hommes, les choses et l'espace qu'ils habitent, mais révolté par l'irresponsabilité des blancs, Herbart décide d'approfondir et de vérifier ses intuitions en accompagnant la journaliste Andrée Viollis en Indochine au cours de l'année 1931. *La Ligne de force* (1958), bref récit autobiographique centré sur les engagements politiques de l'auteur à partir des années trente, propose quelques vues saisissantes sur ce voyage qui confirme son anticolonialisme et le décide, lors de son retour en France, à rejoindre les rangs du parti communiste. Commence alors une période d'intense activité journalistique et politique, pendant laquelle il renonce à développer les thèmes plus personnels qui apparaissaient dans son premier récit, *Le Rôdeur* (1931), pour devenir un témoin engagé de son temps : il collabore à différents journaux dont *Marianne* et *L'Humanité*, publie un roman engagé, *Contre-ordre* (1935) et part peu après pour l'URSS diriger la revue *Littérature internationale*.

L'épisode soviétique est un moment clé dans la vie d'Herbart, une épreuve qui l'oblige à choisir entre la soumission aveugle à une volonté politique supérieure et la fidélité à une liberté individuelle qu'il a toujours revendiquée comme sienne et dans laquelle il a puisé jusqu'alors la force des ses dénonciations. Les aberrations d'un système voué au culte de la personnalité et à une informe médiocrité ont tôt fait de le dégoûter et de lui ouvrir les yeux sur une réalité politique qu'il avait créditée d'une force subversive capable de secouer l'ordre ancien. Ami de Gide depuis 1929, Herbart le suit sans illusion lors de son voyage très officiel à travers l'Union soviétique et lui laisse le soin de découvrir par lui-même les failles du régime. Après leur retour en France, il convainc Gide de différer, à cause de la guerre d'Espagne, la publication de son *Retour de l'URSS*, mais une fois Herbart en Espagne, Gide passe outre. En 1937, Herbart fait paraître *En URSS 1936*, notes de voyage qui donnent un écho contrasté au témoignage de son ami et confirment sa rupture définitive avec les communistes. Pendant les deux années qui suivent, il continue à voyager et à faire œuvre de témoin. Il accompagne Gide en Afrique et publie *Le Chancre du Niger* (1939), livre exemplaire de rigueur et de fermeté qui dénonce sans détour les aberrations d'une entreprise coloniale en Afrique occidentale française, dégage nettement les responsabilités et en appelle à une prise de conscience.

Pendant la guerre, Herbart rejoint les rangs de la Résistance et prend une part active à la libération de Rennes sous le nom de général Le Vigan. Il collabore alors à *Combat* et fonde l'hebdomadaire *Terre des Hommes*, qui paraît jusqu'en 1946. Au même moment, il revient à la fiction avec *Alcyon* (1945), récit poétique dans lequel l'évocation d'un paradis perdu de l'enfance est inséparable d'une confuse menace qui en compromet la divine innocence et finalement le voue à la destruction. En fait, dès cette époque, même s'il reste attentif à l'actualité et particulièrement à tous les problèmes de la décolonisation, il adopte une attitude de plus en plus détachée et recentrée sur ce qui lui apparaît désormais comme l'essentiel. À la « ligne d'échec » des hommes de sa génération, qui ont cherché illusoirement une réponse à leur mal du siècle dans une participation active à l'Histoire, il oppose une « ligne de force » qui relie entre eux certains souvenirs apparemment insignifiants mais riches d'une puissance de régénération secrète et salutaire : à chaque fois, il s'agit d'une image arrachée au temps, qui ouvre sur un espace agrandi où rêve et réalité ont cessé leur guerre pour conjuguer leurs forces et proposer à l'homme un sens à sa vie. C'est de cet Herbart mobile, inquiet, félin, sensible à des accords cachés, à des musiques secrètes au cœur du visible, qu'Henri Thomas a tracé le portrait dans son roman *Le Goût de l'éternel* (1986). C'est cet homme que nous révèlent, après *À la recherche d'André Gide* (1952), hommage irrévérencieux où il fait le point, avec une lucidité féroce, sur une amitié compliquée, les derniers livres de *La Ligne de force* (1958) à *Histoires confidentielles* (nouvelles, Grasset, 1970) en passant par *La Licorne* (Gallimard, 1964) et des *Souvenirs imaginaires* suivis d'une nouvelle, *La Nuit*, qui est peut-être le sommet de son art du récit (1968). Quand il meurt hémiplégique et dans le plus grand dénuement à Grasse, le 3 août 1974, Herbart est certes un écrivain très méconnu si on le compare aux autres intellectuels de sa génération qui ont participé comme lui à tous les combats majeurs de la première moitié du siècle. Il a néanmoins son cercle de fidèles lecteurs, soucieux de faire mieux connaître un écrivain aux dons exceptionnels de conteur et de maintenir vivante la mémoire d'un homme qui a donné l'exemple de la liberté d'esprit la plus profonde, à la fois instinctive et méditée, née d'une inquiétude aiguë face à la vie, jointe au désir aristocratique de n'en rien laisser paraître, si ce n'est sous la forme d'une affirmation qui associe, sans les confondre, l'engagement, l'amour et l'intuition d'une déchirante plénitude.

ŒUVRES. — Chez Gallimard. Rééditions : *Le Rôdeur*, 1931, coll. L'Imaginaire, 1984. — *Alcyon*, 1945, coll. L'Imaginaire, 1980. — *La Ligne de force*, 1958, Folio, 1980. — *L'Âge d'or*, Gallimard, 1953, rééd. Le Dilettante, 1992. — *Inédits*, Le Tout sur le tout, 1986.

H.F.

Hériat Philippe (1898-1971), pseudonyme de Raymond-Gérard Payelle. Né à Paris le 15 septembre 1898 dans la haute bourgeoisie, il entreprend des études de lettres. Engagé volontaire en 1916, il s'oriente dès sa démobilisation vers le cinéma : il est assistant et metteur en scène auprès de Marcel l'Herbier et Louis Delluc, acteur, puis en 1937 conseiller technique de la Metro Goldwyn Mayer à Hollywood. Il a déjà, alors, publié plusieurs romans. *L'Innocent* (1931, prix Renaudot) évoque les complexités d'une affection fraternelle. Il lance aussi un thème que reprendront les œuvres suivantes, celui de l'amitié juvénile, îlot d'idéalisme dans une société bourgeoise frelatée. *La Main tendue* (1933) peint les milieux du cinéma. Viennent ensuite *L'Araignée du matin* (1933), *En présence de l'ennemi* (1933), *Le Départ du Valdivia* (1933), *La Foire aux garçons* (1934), qui a pour cadre l'univers du music-hall, *Miroirs* (1936). Avec *Les Enfants gâtés* (1939, prix Goncourt) s'ouvre la grande fresque des Boussardel, décrivant une famille bourgeoise sur un ton souvent acerbe, et qui se poursuivra avec *La Famille Boussardel* (grand prix du Roman de l'Académie française 1947), *Les Grilles d'or* (1957) et *Le Temps d'aimer* (1960). Membre de l'Académie Goncourt en 1949, Hériat a publié un récit historique, *Le Secret de Mayerling* (1949) et un recueil de souvenirs, *Retour sur mes pas* (1959). Il a fait jouer des pièces de théâtre : *L'Immaculée* (1947), *Belle de jour* (1950), *Les Noces de deuil* (1953), *Les Joies de la famille* (1960), *Voltige* (1967) et composé des arguments de ballets : *Piège de lumière* (1952), *Conte cruel* (1960). Il est mort le 11 octobre 1971.

C. A.-M.

Hermant Abel (1862-1950). Né le 8 février 1862 à Paris dans une famille bourgeoise, comme il le raconte dans *Confession d'un enfant d'hier*, il fait ses études au lycée Condorcet et, en 1880, est reçu premier à l'École normale supérieure, d'où il démissionne rapidement pour être précepteur dans une famille princière de Russie. Après un recueil poétique assez conventionnel (*Les Mépris*, Ollendorff, 1883), il devient romancier d'inspiration naturaliste, influencé par les Goncourt et par Alphonse Daudet. Dans des textes souvent satiriques, il peint l'éducation universitaire (*Monsieur Rabosson*, Dentu, 1884), les mœurs militaires (*Le Cavalier Miserey*, Charpentier, 1887, roman qui crée un scandale et lui vaut un duel), la prostitution (*Nathalie Madoré*, Charpentier, 1888) et les milieux de la bourgeoisie (*La Surintendante*, Charpentier, 1889).

A partir de 1890, il rompt avec le naturalisme (*La Journée brève*, Lemerre, 1920), et sous l'influence de Bourget écrit des romans d'analyse comme *Cœur à part* (Charpentier, 1890), *Amours de tête* (Charpentier, 1890), *Serge* (Charpentier et Fasquelle, 1891), *Cœurs privilégiés* (Ollendorff, 1903), ainsi que des récits à caractère libertin (*Les Confidences d'une aïeule*, Ollendorff, 1893). Il devient le peintre des mœurs en de grands cycles : *Scènes de la vie des cours et des ambassades* (chez Ollendorff : *La Carrière*, 1894 ; *Le Sceptre*, 1896 ; *Le Char de l'État*, 1900), *Mémoires pour servir à l'histoire de la société* (chez Ollendorff : *Confession d'un enfant d'hier*, 1903 ; *Confession d'un homme d'aujourd'hui*, 1904 ; *Souvenirs du vicomte de Courpières, par un témoin*, 1901 ; *Monsieur de Courpières marié*, Flammarion, 1906 ;

chez Lemerre : *Les Grands Bourgeois*, 1906 ; *Les Affranchis*, 1908 ; *Les Confidences d'une biche*, 1909 ; *La Biche relancée*, 1911 ; chez Michaud : *Histoire d'un fils de roi*, 1910 ; *Les Renards*, 1911 ; chez Juven : *Chronique du cadet de Coutras*, 1909 ; *Coutras soldat*, 1909), *Scènes de la vie cosmopolite* (chez Lemerre : *Le Joyeux Garçon*, 1914 ; *La Petite Femme*, 1914 ; *L'Autre Aventure du joyeux garçon*, 1916 ; *Le Caravansérail*, 1917 ; *Le Rival inconnu*, 1918), *Le Cycle de Lord Chelsea*, inspiré du personnage d'Oscar Wilde (chez Gallimard : *Le Suborneur*, 1923 ; *Le Loyal Serviteur*, 1923 ; *Dernier et Premier Amour*, 1923 ; *Le Procès du très honorable Lord*, 1923), ainsi que des *Chroniques anglaises* (*L'Excentrique* et *Les Bargain Sisters*, Lemerre, 1924 et 1927).

Dans le même temps, il connaît un grand succès comme dramaturge (chez Ollendorff : *La Meute*, 1896 ; *Théâtre des deux mondes*, 1899 ; *Le Faubourg*, 1899 ; *L'Empreinte*, 1900 ; *Sylvie ou la curieuse d'amour*, 1901 ; *L'Esbroufe*, Flammarion, 1904 ; chez Lemerre : *La Belle Madame Héber*, 1905 ; *Les Jacobines*, 1907 ; *Trains de luxe*, 1908 ; *La Semaine folle*, 1914), il multiplie les ouvrages de réflexion (*Essais de critique*, Grasset, 1913 ; *Chroniques françaises*, Renaissance du livre, 1916 ; *Eloge de la médisance*, Hachette, 1925 ; *Platon*, Grasset, 1926 ; *Dialogues socratiques*, Paillart, 1928). Elu à l'Académie française en 1927, il se consacre à la défense de la langue (*Xavier ou les entretiens sur la grammaire française*, Le Livre, 1923 ; *Lettres à Xavier sur l'art d'écrire*, Hachette, 1925) et tient sur ce sujet des chroniques dans *Le Temps*, sous le pseudonyme de Lancelot (*Les Samedis de Monsieur Lancelot*, Flammarion, 1931 ; *Ainsi parla Monsieur Lancelot*, Albin Michel, 1932 ; *Défense de la langue française*, Larousse, 1936).

L'Occupation lui sera fatale. Devenu membre du groupe Collaboration en décembre 1940, il écrit dans des journaux pro-allemands comme *Voix française*, *Le Petit Parisien* ou *Les Nouveaux Temps*, de Jean Luchaire, et fait partie du jury du prix de la Nouvelle France, créé en 1941 pour remplacer le Goncourt. Arrêté en 1944, exclu de l'Académie, avec Maurras, Pétain et Abel Bonnard (« Les deux Abel »), il est condamné en 1945 à la réclusion à perpétuité. Il sera libéré quelques semaines avant sa mort, le 22 septembre 1950 à Chantilly (*Le Treizième Cahier. Rêveries et souvenirs d'un philosophe proscrit*, Amiot-Dumont, 1949).

→ Roger Peltier, *Abel Hermant et son œuvre*, Éditions de la Nouvelle Revue critique, 1924. — André Thérive, *Essai sur Abel Hermant*, Le Livre, 1926. — *Hommage à Abel Hermant*, *Le Divan*, février 1927.

J.P.

Herne *(Éditions de l')*. Maison fondée à Paris en 1961 par Georges Bez. Ce passionné de littérature et de cinéma est bientôt rejoint par Dominique de Roux, écrivain et spécialiste de Céline. Au début, L'Herne, ainsi nommé par référence à l'hydre de l'Herne, a pour siège l'appartement de Georges Bez, puis s'installe dans un petit magasin de la rue de Verneuil, où elle est encore aujourd'hui. Sa vocation est de réhabiliter les écrivains méconnus du public, de faire découvrir des auteurs particuliers ou venus d'ailleurs. Les *Cahiers de l'Herne*, première et principale collection de la maison, se présentent sous la forme de grands dossiers sur un auteur, constitués de textes de lui, de documents, d'études critiques et de témoignages. Le premier numéro est consacré au poète René Guy Cadou (1961). Ce sont les deux *Cahiers* successifs sur Céline, en 1963 et 1964, qui attirent l'attention du public et de la critique. Depuis, les *Cahiers de l'Herne* ont été consacrés entre autres à Karl Krauss, Beckett, Raymond Abellio, Huysmans, Bloy, Simon Bolivar, Heidegger, Hölderlin, René Char, de Gaulle, Rimbaud, Schopenhauer. Sous la houlette de Constantin Tacou, qui dirige la maison depuis 1972, de nouvelles collections comprenant un nombre limité de textes se sont créées dans les domaines de la stratégie, de la philosophie (« Bibliothèque de philosophie et d'esthétique », dirigée par Michel Haar ; « Bibliothèque des mythes et religions, dirigée par Jean-Louis Chrétien) et du roman : « Romans », « Les Livres noirs », « Collection blanche, « Glose », « L'Envers », « Méandres », « Mémorables, « Confidences ». Très souvent, L'Herne a souhaité associer l'œil d'un artiste à ses études de référence ;

ainsi sont nés les tirages de tête avec gravures : Jean Dubuffet *(Cahier Dubuffet)*, Max Ernst *(Cahier Lewis Carroll)*, Dall *(Cahier Raymond Queneau)*, Hans Hartung *(Cahier Thomas Mann)*, Pierre Soulages *(Cahier Pierre Jean Jouve)*, Zoran Music *(Cahier Hölderlin)*, Antonio Tapiès *(Cahier Thoreau)*. En juillet 1997, la maison a passé un accord avec Claude Durand, président des Éditions Fayard, pour la réédition de vingt *Cahiers de l'Herne*.

C.Z. — IMEC

Hertz Henri (1875-1966). Cet auteur méconnu, que son ami Max Jacob tenait pour « l'un des plus singuliers écrivains du moment », laisse une œuvre courte mais variée. En une douzaine de livres, il s'est essayé à la poésie, au roman, à la nouvelle, à la dramaturgie et à la critique. Après plusieurs années de recherches poétiques (en grande partie inédites), il publie *Les Mécréants* (1909), drame réputé injouable par la figuration colossale qu'il implique. Dans *Les Apartés* (1911) transparaissent ses sombres pressentiments. Son souci de perfection le retient souvent de publier ses textes, repris inlassablement. Derrière son humour railleur, il cherche à ruiner les impostures et à délivrer un message de fraternité. *Sorties* (1921) le rapproche d'Apollinaire et de Max Jacob, mais le laisse en marge des courants littéraires. Dans l'entre-deux-guerres, sa production, plus régulière, est contrastée : poèmes, nouvelles et « romans syncopés » se succèdent. Si ses premiers livres disaient l'aventure d'une vie, dans ses derniers romans, dépouillés, il procède par images et ellipses, réduisant l'histoire aux faits *(Le Jeu du paradis*, 1927). En 1938, il publie *Passavant*, recueil de poèmes en écho aux *Apartés*, et reçoit le prix Mallarmé pour l'ensemble de son œuvre. Mais la guerre et les activités de Hertz au service de la résistance juive font oublier cette distinction. Découragé, il a vécu la fin de sa vie dans une solitude complète.

D.H.-M.Ber.

histoire littéraire. Avant que l'histoire et la littérature reçoivent leurs définitions modernes au XIXe siècle, on a écrit des chroniques de la vie des écrivains et des livres, belles-lettres et sciences comprises, comme la monumentale *Histoire littéraire de la France* en douze volumes de Dom Rivet et Dom Clémencet (1733-1763). Mais la conscience historique de la littérature comme institution sociale relative dans le temps et dépendant du sentiment national, n'apparaît pas en France avant que Mme de Staël, dans *De la littérature* (1800), ouvrage influencé par le romantisme allemand, souligne l'influence de la religion, des mœurs et des lois sur la littérature. À sa naissance, la critique historique et positiviste, fille du romantisme, est relativiste et descriptive. Elle s'oppose à la tradition absolutiste et prescriptive, classique ou néoclassique, jugeant toute œuvre par rapport à des normes intemporelles. Elle fonde à la fois la philologie et l'histoire littéraire, qui partagent l'idée que l'écrivain et son œuvre doivent être compris dans leur situation historique.

Sainte-Beuve, dans ses « portraits littéraires », explique les œuvres par la vie des auteurs et la description des groupes auxquels ils appartiennent. Taine, plus positif dans son déterminisme, explique les individus par trois facteurs nécessaires et suffisants : la race, le milieu et le moment. Brunetière ajoute aux déterminations biographique et sociale, celle de la tradition littéraire elle-même, représentée par le genre, qui agit sur une œuvre, ou auquel elle réagit. Au tournant du siècle, Gustave Lanson (1857-1934), marqué par l'histoire positiviste mais aussi par la sociologie de Durkheim, formula l'idéal d'une critique objective, opposée à l'impressionnisme de ses contemporains. Il établit l'histoire littéraire, connue sous le nom de *lansonisme*, comme substitut de la rhétorique et des belles-lettres à la fois au lycée, où elle fut introduite peu à peu à partir des programmes de 1880, et à l'université, qui fut réformée en 1902. Alors que la rhétorique servait censément à reproduire la classe sociale des orateurs, l'histoire littéraire formerait tous les citoyens de la démocratie moderne.

L'histoire littéraire s'identifie dès lors à la littérature comme discipline scolaire et universitaire. Elle la définit à la fois comme objet d'enseignement et de recherche depuis le début du XXe siècle jusque bien après la Seconde Guerre mondiale. Comme discipline, elle fonde sa légitimité sur l'histoire positiviste de la fin du XIXe siècle — Péguy se moque de la « bande bien organisée » des historiens qui réformèrent le système éducatif à l'époque de l'affaire Dreyfus —, mais elle emprunte aussi à la sociologie et à la critique. Comme branche de l'histoire préoccupée par la méthode et l'établissement des faits, l'histoire littéraire étend le champ d'application des outils de la philologie classique et médiévale aux textes modernes. Les faits littéraires du passé sont des textes : l'histoire littéraire procède au recueillement et à l'identification des documents, à l'établissement rigoureux des textes, à la publication des inédits.

Ce qu'on appelle une *édition critique* — comprenant l'établissement du texte, c'est-à-dire le choix d'un texte de base, l'établissement des variantes par rapport à ce texte de base, et toute l'information disponible sur les différents états du texte — reste fidèle au sens premier du mot *critique*, lorsqu'il est apparu en français au XVIe siècle : *grammairien*, *critique*, *philologue* désignaient alors l'éditeur des textes anciens. Il s'agit du modèle le plus ancien et incontestable de la critique littéraire, perpétué depuis la redécouverte des lettres à la Renaissance, étendu aux textes du Moyen Âge au XIXe siècle, puis aux littératures classique et moderne. Le principe de la philologie en France demeure le respect de la dernière édition revue par l'auteur, mais on s'est aussi intéressé à la version la plus ancienne d'un texte. L'histoire de la philologie balance sans cesse entre ces deux visions finalisées : respect de l'intention dernière de l'auteur selon une idée classique valorisant l'achèvement, ou privilège romantique accordé à la première inspiration.

À côté de la *critique externe*, qui établit le texte, la tradition philologique distingue la *critique interne*, qui restitue le contexte, car le sens du texte se déduit à ses yeux des circonstances de son apparition. Cet axiome a été formalisé par l'herméneutique philologique, dont Schleiermacher fut le fondateur en Allemagne, expliquant le texte par son contexte d'origine, et postulant qu'on peut reconstruire ce contexte par la discipline historique.

La philologie n'est plus dominante dans les études littéraires mais nous dépendons bien évidemment d'elle, et des éditions dans lesquelles nous avons accès aux textes. La vieille discipline a été réhabilitée récemment sous le nom de *critique génétique*, laquelle, marquée par l'approche synchronique et structuraliste, s'intéresse moins au produit qu'à la production, à l'édition critique qu'au processus des états du texte, refusant la vision téléologique qui privilégie l'inspiration première ou l'achèvement parfait.

Après l'établissement des textes, l'histoire littéraire procure des biographies et bibliographies, compare les œuvres aux courants afin de mesurer leur originalité et de distinguer les écoles. Mais Lanson n'a jamais voulu borner la nouvelle discipline à l'érudition et il a toujours prétendu qu'elle devait, comme partie de la sociologie, décrire et expliquer tous les phénomènes et institutions littéraires, qu'ils relèvent de la production ou de la réception des livres. Une fois que des monographies sur les auteurs et les œuvres seraient disponibles, il faudrait entreprendre ce qu'il appelait le « tableau de la vie littéraire dans la nation, l'histoire de la culture et de l'activité de la foule obscure qui lisait, aussi bien que des individus illustres qui écrivaient ». L'histoire littéraire confronterait la littérature à la vie sociale, politique, morale et intellectuelle de la nation (l'histoire littéraire lansonienne se mettait expressément au service de la patrie), et, au-delà de la nation, aux autres littératures et cultures européennes (la littérature comparée a été encouragée par l'histoire littéraire). Un tel programme devait séduire les marxistes et fut approuvé par Plekhanov en 1897.

Enfin, indissociable de la critique, l'histoire littéraire n'est pas censée réduire les œuvres à des documents d'archives, mais doit aussi rendre compte de la valeur littéraire et expliquer pourquoi certaines œuvres, dites classiques, continuent de nous émouvoir et deviennent pour ainsi dire immortelles, tandis que d'autres ne survivent pas à leur temps. L'accent sur la relativité historique de la littérature n'exclut pas l'étude de la permanence du goût et de l'émotion. L'objet de l'histoire littéraire, écrivait Lanson, n'est pas d'éliminer l'impression et la sympathie, mais de « réduire au minimum indispensable et légitime la part du sentiment personnel dans notre connaissance, en lui donnant toute sa valeur ».

En conséquence de ce programme ambitieux et probablement utopique, l'histoire littéraire est toujours restée un domaine de recherche ambigu. Elle s'est vite identifiée à la quête des sources et des influences, lesquelles réconciliaient superficiellement le souci de l'originalité et l'idéologie de la causalité, parce qu'elles résolvent apparemment les faits individuels en séries sociales. Mais les historiens de la littérature ont été souvent accusés de se contenter d'accumuler faits et dates autour des textes. Leurs analyses, disait Lanson, sont « au génie près », concevant ainsi le génie comme le résidu des déterminismes historique et générique. « Les matériaux d'une œuvre de génie ne sont pas le génie lui-même, écrivait Lanson en 1920, mais en faisant l'inventaire de ces matériaux, on arrive à isoler par analyse un élément irréductible, où consisteront la nouveauté et la personnalité de l'œuvre. » Dénoncée à l'origine dans les milieux de l'Action française, qui y virent une imitation de l'érudition germanique et un rejet des humanités classiques, de la culture, et du goût, l'histoire littéraire fut ensuite attaquée par les historiens qui, tel Lucien Febvre, réclamaient une vraie histoire sociale et culturelle et jugeaient que l'admirable projet lansonien d'une « histoire provinciale de la vie littéraire en France » avait été abandonné par ses disciples, ainsi que par les écrivains qui, comme Péguy et Proust, réagirent contre la réduction de la signification littéraire multiple au sens original ou au sens de l'auteur.

Mais les attaques les plus vigoureuses vinrent de la nouvelle critique dans les années 1960 : celle-ci voulait fonder les études littéraires sur de nouveaux paradigmes empruntés aux sciences sociales qui avaient remplacé l'histoire positiviste, et condamnait le principe de l'intelligibilité rationnelle et historiciste de la signification littéraire. Après que Roland Barthes eut publié *Sur Racine* (1963), où il démontait le mythe du classicisme de Racine au nom de l'anthropologie psychanalytique, Raymond Picard, auteur de *La Carrière de Jean Racine* (1956) et défenseur de la Sorbonne lansonienne, lança une contre-attaque dans *Nouvelle critique ou nouvelle imposture* (1965). Barthes soutenait que la littérature était étrangère à l'histoire : si une vaste histoire sociale de la vie littéraire était en effet souhaitable, sur le modèle de l'excellent programme formulé par Lanson et repris par Febvre et les historiens des *Annales*, celle-ci n'aurait pas de pertinence pour le sens de la littérature. Mais la contestation de l'histoire littéraire traditionnelle comme idéologie dissimulée a eu pour résultat paradoxal, revenant des textes comme documents aux textes comme monuments, de consolider l'héritage idéologique le plus clair du lansonisme, à savoir le canon des grands écrivains français. Par ailleurs, après les attaques de H.R. Jauss contre l'histoire littéraire traditionnelle, dans son article « L'histoire littéraire comme défi à la théorie littéraire » (1967), on a cherché à remplacer une histoire littéraire écrite du point de vue de la production par une « esthétique de la réception », c'est-à-dire une histoire écrite du point de vue de la réception et un essai de combiner histoire et littérature par le moyen de la lecture.

Après un succès initial de la nouvelle critique, on a dit que l'histoire littéraire était revenue au premier plan des études littéraires, comme si son emprise sur le système scolaire était si forte que la nouvelle critique ne l'avait jamais mise sérieusement en danger, et après une parenthèse, les études littéraires seraient retournées aux mêmes méthodes qui les avaient servies entre 1890 et 1960. Mais l'histoire littéraire d'aujourd'hui n'est plus exactement celle de Lanson. Elle tient compte du changement du paradigme historique. Une histoire de la littérature ne peut plus tenir pour acquis la périodisation romantique divisant la chronologie en siècles conçus comme des entités vivantes, ou le canon des grands écrivains transmis par la tradition. Même si les révisions du canon n'ont pas été radicales, elles illustrent la nécessité de tenir compte de l'ensemble de la production littéraire d'une époque, y compris la littérature populaire. La vaste histoire sociale de la vie littéraire a été entreprise dans des travaux collectifs comme ceux de Henri-Jean Martin et Roger Chartier, *Histoire de l'édition française* (1983-1986), introduisant les outils de la statistique dans l'histoire littéraire. Mais de telles descriptions de la littérature comme activité sociale laissent de côté, ce qui vaut peut-être mieux, ce qui fait de certains textes de la littérature.

→ Gustave Lanson, *Essais de méthode, de critique et d'histoire littéraire*, Hachette, 1965. — Antoine Compagnon, *La Troisième République des lettres*, Le Seuil, 1983. — Clément Moisan, *Qu'est-ce que l'histoire littéraire ?*, PUF, 1987. — Henri Béhar et Roger Fayolle éd., *L'Histoire littéraire aujourd'hui*, Colin, 1990.

A.C.

Hocquard Emmanuel (1940). Né à Cannes, il a enseigné jusqu'en 1972, puis a fondé en 1973, avec le peintre Raquel, la revue et maison d'édition *Orange Export Ltd.* ; il dirige depuis 1977 la section de poésie de *L'ARC* au Musée d'Art moderne de la ville de Paris. Sa poésie se réclame d'une nouvelle façon d'appréhender et de transcrire le réel dans l'*entre* de fragments éclatés, avec une disposition par décrochements et un usage constant des blancs dans la page. Ce parti pris d'extrême modernité ne va pas sans l'expression d'une certaine nostalgie, accompagnée de nombreuses références aux langues anciennes et aux auteurs latins et grecs.

ŒUVRES. — **Poésie** : *Le Portefeuil.* — *Les espions thraces dormaient près des vaisseaux*, 1975. — *Une*, 1976. — *Album d'images de la villa Harris*, Hachette, 1978. — *Les dernières nouvelles de l'expédition sont datées du 15 février 17..* suivi de *Élégies et autres pièces...*, Hachette, 1979. — *Une ville ou une petite île*, Hachette, 1981. — *Tum color*, 1983. — *Deux étages avec terrasse et vue sur le détroit*, Royaumont, 1989. — *Les Élégies*, POL, 1990. — *Théorie des tables* suivi de *Un malaise grammatical*, POL, 1992. — **Récits et romans** : *Une journée dans le détroit*, Hachette, 1980. — *Aerea dans les forêts de Manhattan*, POL, 1984. — *Des nuages et des brouillards*, 1985. — *Un privé à Tanger*, POL, 1987. — *Le Cap de Bonne-Espérance*, POL, 1988. — **Essai** : *La Bibliothèque de Trieste*, Royaumont, 1988.

M.A.

Horem Élisabeth (1955). Son premier roman, *Le Ring* (1994), lui a valu deux prix littéraires suisses, le Georges-Nicole et le Dentan. Dans un style sobre, elle retrace la lente déchéance d'un jeune Français résidant dans une petite ville du Maghreb. Le même décor exotique est repris dans le roman suivant, *Congo-océan* (1996), dont la narratrice évoque l'atmosphère trouble d'une ville portuaire imaginaire.

S.J.-M.Ri

Horia Vintila (1915-1992). Né à Segarcea, en Roumanie, il débute comme poète et entre dans la diplomatie. À partir de 1940, il est attaché de presse aux ambassades de Rome et de Vienne. Déporté dans un camp de concentration allemand en 1944, il choisit l'exil à la Libération. Il vit d'abord en Italie, puis en Argentine, où il enseigne la littérature roumaine à l'université de Buenos Aires, puis à Madrid. Ces pérégrinations se reflètent dans son œuvre, écrite en trois langues : la poésie en roumain, les romans en français, les essais en espagnol. Considéré comme l'un des modèles culturels de la diaspora roumaine, il accède à la célébrité internationale grâce à *Dieu est né en exil* (Fayard, 1960, prix Goncourt) : dans ce roman, composé comme le journal fictif d'Ovide exilé à Tomis, la documentation historique s'allie à l'expérience personnelle de l'auteur pour créer une parabole existentielle centrée sur le mythe de l'exilé, qui d'ailleurs traverse toute l'œuvre narrative d'Horia, véritable illustration de la « psychologie de l'exilé ». *Le Chevalier de la résignation* (1961) dessine l'image archétypale de l'homme roumain, prolongée dans le *Journal d'un paysan du Danube* (La Table ronde, 1966) et *Persécutez Boèce !* (1983), où l'exilé est incarné par un homme politique persécuté et déporté. Horia a rétabli des liens avec sa patrie à partir de 1990, avant de mourir à Madrid, en 1992.

L.V.

Hoss Marwan (1948). Imprégné de la lecture de Max Jacob et des premiers écrits de Georges Schehadé, il a d'abord publié à Beyrouth, où il est né, plusieurs recueils de poèmes : *Une passion* (1968), *Capital amour* (1969), pleins d'humour, d'exubérance, et teintés d'une légère mélancolie. Sans disparaître, les jeux de langage se sont faits plus graves à partir du *Tireur isolé* (1971) jusqu'à s'ordonner en une savante et parfois abrupte recomposition verbale du monde *(Messine où je* *passe,* Fata Morgana, 1980 ; *Le Retour de la neige,* Paris, Arfuyen, 1982). Après avoir dirigé la revue littéraire *L'Autre,* de 1990 à 1992, il tient une galerie d'art à Paris.

A.D.

Hougron Jean (1923). Né à Colombelles (Calvados), le 1er juillet 1923. Licencié en droit, il est embauché en 1946 par une maison de commerce à Marseille. C'est par ce biais qu'il part en Indochine, où il séjourne entre 1947 et 1951, s'exerçant à tous les métiers, chauffeur de camion, planteur, chercheur de rubis et reporter (en 1959, il devient rédacteur à Radio-France-Asie). Son périple à travers la Thaïlande, le Laos, la Chine et le Viet-nam lui inspire de nombreux romans d'aventures qu'il compose, à partir de 1950, à un rythme très dense : *Tu récolteras la tempête* (1950), *Rage blanche* (1951), *Mort en fraude* (1953), *Soleil au ventre* (1953), *Les Portes de l'aventure* (1954), *Les Asiates* (1954), *La Terre du barbare* (1958). Rassemblés sous le titre *La Nuit indochinoise*, ces récits qui n'ont en commun que leur décor connaissent un vif succès tant en France qu'à l'étranger. Rejetant l'exotisme onirique ou le discours colonial officiel, Hougron choisit de montrer une réalité pouilleuse et pittoresque. Il peint un monde de baroudeurs et de petits Blancs, déclassés, cupides et corrompus qui affrontent la suspicion des Européens et le mépris des indigènes, quand ils ne sont pas en butte aux partisans d'Hô Chi Minh. Car l'univers où ils vivent s'effrite lentement sous leurs yeux, en proie au pourrissement interne autant qu'à la pression communiste. L'auteur use d'un style sobre, fait de notations sèches et de dialogues abrupts. Le plus souvent, il emprunte les ingrédients du roman policier : chasse à l'homme, crime mystérieux, faisceau de conjectures... Pourtant, ce monde est plus complexe qu'il n'y paraît d'abord, et l'organisation du récit est souvent subtile. La composition d'un roman comme *Les Asiates*, qui retrace la vie d'une famille française à Saïgon pendant près de quarante ans, entremêle de façon savante les plans chronologiques : échos et contrastes apparaissent à travers la description alternée de deux époques différentes. Mais toute l'œuvre de Jean Hougron ne relève pas de la même veine. Avec *Histoire de Georges Guersant* (1964), *Les Humiliés* (1965), *La Chambre* (1982), Hougron s'attache à une réflexion plus générale sur l'insatisfaction ou l'échec des êtres. Ailleurs, le recours à la science-fiction donne la vigueur de la fable à une incursion dans l'imaginaire (*Le Signe du chien*, 1960 ; *Le Naguen*, 1980).

ŒUVRES. — *Tu récolteras la tempête*, Domat, 1950 ; *Rage blanche*, Domat, 1951 ; *Mort en fraude*, Domat, 1953 ; *Soleil au ventre*, Domat, 1951 ; *Les Portes de l'aventure*, Domat, 1953 ; *La Terre du barbare*, Domat, 1958 [réunis sous le titre *La Nuit indochinoise*, Robert Laffont, 1989]. — *Le Signe du chien*, Denoël, 1960. — *Histoire de Georges Guersant*, Stock, 1964, rééd. Le Livre de Poche, 1980. — *Les Humiliés*, 1965, rééd. Le Livre de Poche, 1971. — *L'Homme de proie*, Plon, 1974. — *L'Anti-jeu*, Plon, 1977. — *Le Naguen*, Plon, 1980, rééd. J'ai Lu, 1995. — *La Chambre*, Hachette, 1982. — *Beauté chinoise*, Hachette, 1987.

C.C.

Houville Gérard d' (1875-1963), pseudonyme de Marie de Régnier, née de Heredia. Née le 20 décembre 1875, fille du poète des *Trophées*, mariée en 1895 à Henri de Régnier, elle consacrera sa vie à la littérature. Son œuvre poétique, d'inspiration nostalgique et mélancolique, illustre « le Romantisme féminin », expression créée par Maurras pour caractériser l'œuvre de Gérard d'Houville, de Renée Vivien et de Lucie Delarue-Mardrus. Ses premiers vers paraissent vers 1900 dans *La Revue des deux mondes* ; plus tard, elle rassemblera ses poèmes dans *Les Poésies de Gérard d'Houville* (Grasset, 1931). Comme Anna de Noailles, elle participe à la vie mondaine et littéraire des années 1900-1920. Elle publie aussi des romans : *L'Inconstante* (1903), *Le Temps d'aimer* (1908), *Le Séducteur* (1914), *Tant pis pour toi !* (1921), *L'Enfant* (1925), *Je crois que je vous aime* (1927), *Esclave amoureuse* (1927), *Enfantines et amoureuses* (1946), des biographies de fantaisie : *La Vie amoureuse de l'impératrice Joséphine* (1925) et des chroniques littéraires dans *La Revue des deux mondes*. Elle est morte le 6 février 1963.

→ Robert Fleury, *Marie de Régnier l'inconstante*, Plon, 1991.

F.O.

Hubin Christian (1941). Né à Marchin (Belgique), le 18 septembre 1941. Depuis *Orphéon* (1962), il a publié une quarantaine de recueils de poèmes, poursuivant un objectif rigoureux, exprimant les limites de l'homme dans le temps et l'espace universels. Si l'apprentissage du réel est au centre de *Soleils de nuit* (1964), *Le chant décapite la nuit* (1968), *Messe pour une fin du monde* (1969) et *Prélude à une apocalypse* (1970), avec la publication de *Terre ultime* (1970), *Coma des sourdes veillées* (1973) et surtout de *La Parole sans lieu* (1975) il se dégage des contingences matérielles en déplaçant l'être aux bornes extrêmes du devenir ou de la mort, face à sa propre absence. L'attente et l'immobilité sont au centre de sa recherche, fondée sur l'intuition et le pressentiment *(Dans le blanc*, 1978 ; *Éclaireur*, 1979 ; *Afin que tout soit de retour*, 1981 ; *À perte de vue*, 1983) ; la parole supportant le signe, la poésie devient le témoin privilégié de l'existence : traces, mouvements, cris, éclairs sont autant de manifestations de l'univers, autant de garanties de l'éternité et de la permanence *(La Salutation aux présences*, 1984 ; *Personne*, 1986 ; *Le Point radiant*, 1986 ; *La Forêt en fragments*, 1987 ; *Hors*, 1989 ; *Continuum*, 1991, *Parlant seul*, 1993 ; *Ce qui est*, 1995).

ŒUVRES. — Aux Éditions José Corti.

→ Jean Royer, *Écrivains contemporains : entretiens I (1976-1979)*, Montréal, L'Hexagone, 1982.

O.Bi.

Hugnet Georges (1906-1974). Né à Paris, il est d'abord proche des dadaïstes, auxquels il consacrera *L'Aventure Dada* (1957) et un *Dictionnaire du dadaïsme* (1976), réalise un film, *La Perle* (1929), rejoint les surréalistes (1932-1939) qu'il évoque dans *Petite anthologie du surréalisme* (1936), écrit des œuvres dramatiques *(Le Droit de varech*, 1930 ; *La Justice des oiseaux*, 1939) et publie des recueils *(Œillades ciselées en branches*, *La Hampe de l'imaginaire* et *La Septième Face du dé*, 1936) où, avec la contribution de Duchamp et de Bellmer, le jeu de mots et d'images crée un climat onirique et sensuel. Après la guerre, il manifestera son désaccord avec *Le Déshonneur des poètes* de Benjamin Péret. Après *Le Chèvrefeuille* (1944), il publiera d'autres recueils, *Les Revenants futurs* (1952), *Ici la voix* (1954) et signera avec Cocteau *La Nappe du Catalan* (1953). Il laisse un volume d'essais et de souvenirs *(Pleins et déliés*, 1972).

D.H.

Huguenin Jean-René (1936-1962). Né à Paris le 1er mars 1936, il est au lycée Claude-Bernard l'élève de Julien Gracq qui en fait dans *Lettrines* le portrait suivant : « Il y avait quelque chose en lui qui rappelait obstinément le plein vent [...]. Il paraissait plutôt de la race qui brûle ses cahiers et ne s'inscrit pas aux associations d'anciens élèves » (Corti, 1967). Devenu étudiant à l'Institut de sciences politiques, il consacre l'essentiel de son temps à la littérature. Dès 1956, il écrit plusieurs nouvelles (*Le Miroir*, *La Bataille de Waterloo*, *Le Jeune Homme sur la grève)*, et commence un roman qu'il abandonne l'année suivante, textes publiés par Michka Assayas dans *Le Feu à sa vie* (Le Seuil, 1987). Surtout, durant cette période, il collabore à plusieurs journaux et revues comme *Le Figaro littéraire*, *Les Nouvelles littéraires*, *Art*, *Les Lettres françaises* et *Réalités*. Réunis en 1965 sous le titre *Une autre jeunesse* (Le Seuil), ses articles prennent pour cible les intellectuels de gauche, Sartre, le monde de la technique et le Nouveau Roman, et ils invitent à retrouver le sens de l'énergie et de l'intensité. Enfin, avec cinq amis dont Philippe Sollers et Jean-Edern Hallier, il fonde la revue *Tel Quel*, qu'il quitte au bout de quelques mois à la suite de désaccords. C'est en 1960 que le grand public le découvre avec la publication de *La Côte sauvage* (Le Seuil). Dans ce roman très autobiographique, un jeune homme orgueilleux et fragile, sensible et « impuissant à aimer », n'accepte pas que sa sœur, avec qui il entretient une complicité des plus ambiguës, épouse un ami d'enfance ; au terme du récit, la jeune fille se réfugie dans le mariage en ayant perdu tout amour. Le succès de ce court récit est immense, et Huguenin se voit reconnu par Aragon, Gracq et surtout Mauriac, qui entreprend de le parrainer. Il commence alors un second roman, mais son travail s'interrompt lorsqu'il est incorporé à la fin de 1960 au service cinématographique des armées. Ce dernier texte restera à l'état d'ébauche puisque le 22 septembre 1962 il se tue en voiture entre Paris et Chartres alors qu'il revenait d'une permission.

Deux ans plus tard, préfacé par Mauriac, son *Journal* paraît, publié d'abord sous une forme abrégée (Le Seuil, 1964) avant d'être réédité trente ans plus tard en version intégrale (Le Seuil, 1993). C'est le journal d'une œuvre — nous voyons naître *La Côte sauvage* — et d'un jeune homme que tout éloigne de son époque. À rebours des années soixante où il se sent « en exil », Jean-René Huguenin lit Bernanos et Valéry, affirme sa foi en certaines valeurs et exalte une conception aristocratique de l'homme. Confronté à l'indifférence de son époque, anxieux de voir retomber « la tension de l'existence », il se définit comme un véritable « romantique » qui désire « mettre le feu à sa vie ». Avant de disparaître, il venait d'écrire : « Ne plus hésiter, ne reculer devant rien [...]. N'écouter que mon impérialisme ».

J.P.

Hussards. Il n'y eut pas à proprement parler d'« école hussarde ». Cette appellation, allusion au titre du second roman de Roger Nimier (*Le Hussard bleu*, 1950), est apparue dans un article des *Temps modernes* (« Hussards et grognards », décembre 1952), où Bernard Franck polémiquait contre trois jeunes romanciers de droite, Roger Nimier, Antoine Blondin et Jacques Laurent. René-Marill Albérès imposa cette dénomination en 1956 dans *Bilan littéraire du XXe siècle* ; selon lui, ce n'est pas l'orientation politique qui liait ces jeunes romanciers mais une obsession de la jouissance immédiate et un choix esthétique, celui d'écrire des romans désinvoltes et légers. Il leur adjoignit d'ailleurs Françoise Sagan dont le *Bonjour tristesse* (1954) venait de faire grand bruit. Les contours du groupe restent assez flous : on fit de Jacques Perret, de Kleber Hædens puis de François Nourissier des Hussards avant ou après la lettre. Et il reste difficile de définir ce qui lie exactement l'œuvre du quatuor de base : Nimier, Blondin, Laurent, Déon. Ce dernier, en 1956, provoqua le « seul rassemblement hussardien » (André Fraigneau) : une sorte de préface-hommage à huit mains du meilleur roman de Fraigneau, *L'Amour vagabond*. Pour le reste, l'œuvre de ces quatre romanciers reste trop personnelle pour que l'on puisse parler d'« école ».

Le premier but de ces jeunes romanciers fut de réévaluer l'œuvre d'un certain nombre d'écrivains que la guerre et la Libération avaient discrédités : Morand, Chardonne ou Montherlant. Cette reconnaissance de modèles communs, qui constitue le fond de leur identité, se fit essentiellement dans le cadre de deux revues : *La Parisienne*, réplique aux *Temps modernes*, fondée par Jacques Laurent en 1953, et *Arts* que le même Laurent dirigea de 1954 à 1959 et dont Nimier, lui-même rédacteur en chef d'*Opéra*, fut longtemps un chroniqueur régulier. Les Hussards publièrent aussi des critiques d'humeur dans d'autres revues, telles que *Carrefour* ou *Les Cahiers de la Table ronde*.

Roger Nimier apparaît comme la tête du mouvement. *Le Hussard bleu*, constitué d'une suite de monologues intérieurs à la Larbaud, avait obtenu un succès considérable : parmi les personnages du roman se détache François Sanders, incarnation des valeurs hussardes, qui était déjà le héros du premier roman de Nimier, *Les Épées* (1948). Toute la haine de Nimier pour l'idéologie issue de la Libération s'exprime à travers lui : dans *Les Épées*, Sanders, passant de la résistance à la collaboration, avait fait le mauvais choix ; dans *Le Hussard bleu*, il affirmait ensuite, mi-cynique, mi-romantique, le droit à la jouissance face à l'Histoire. L'adage qui clôt le roman, « Tout ce qui est humain m'est étranger », résume sa philosophie mais certainement pas celle de tous les Hussards. Ainsi, les personnages d'Antoine Blondin (*L'Europe buissonnière*, 1949 ; *Les Enfants du Bon Dieu*, 1952 ; *L'Humeur vagabonde*, 1955 ; *Un singe en hiver*, 1959) n'ont pas la morgue que l'on prête si communément aux Hussards : ce sont des gens simples, ballottés par la vie, qui ne partagent guère le mépris aristocratique qui sied aux personnages de Nimier. Mais comme ce dernier, Blondin se plaît à ridiculiser le caractère bien-pensant des valeurs issues de la Libération.

Le culte de la jouissance rapproche Jacques Laurent de Roger Nimier, mais le goût des recherches formelles le sépare du « néo-clacissicisme » de celui-ci et de Blondin. Si, historiquement, Laurent fut au cœur de la mouvance hussarde, esthétiquement tout l'en éloigne : son premier roman, *Les Corps tranquilles*, paru comme *Les Épées* en 1948, élabore une recherche complexe sur les techniques simultanéistes. Quant à Michel Déon, malgré *Je ne veux jamais l'oublier* (1950), *Le Dieu pâle* (1954) ou *Les Trompeuses Espérances* (1956), il fallut attendre les années soixante-dix pour le voir publier des romans plus proches de l'esprit hussard (*Les Poneys sauvages*, 1970 ; *Un taxi mauve*, 1973 ; *Le Jeune Homme vert*, 1975), hymnes à la jouissance ou du moins au bonheur individuel. Sans doute, avait-il été trop marqué par la guerre et par *L'Action française* pour entrer pleinement, dès les années cinquante, dans la mouvance.

Le mouvement hussard correspondait bien à la génération de ceux qui sortaient de l'adolescence au moment de la guerre : en 1940, Nimier a quatorze ans, Blondin dix-sept, Laurent et Déon vingt. Ils eurent le sentiment d'avoir été privés d'un droit à l'insouciance. Aussi leur analyse de la guerre et de la Libération est-elle en tout point opposée à celle de leurs aînés. Alors que la fin des années quarante avait marqué le triomphe des valeurs de gauche, les Hussards illustrent le retour du dilettantisme stendhalien, de l'insolence et de la jouissance. Leur positionnement à droite ne correspond pas à des velléités réactionnaires, mais à un anarchisme qu'ils ne se sont guère préoccupés de fonder idéologiquement. Face à Sartre, qui fut leur bête noire, ils se firent les chantres de l'élégance, de la désinvolture, de la soumission absolue de l'éthique à l'esthétique. Si, sur le plan politique, leurs œuvres se confrontèrent aux productions de la littérature engagée, sur le plan littéraire, elles s'opposèrent avant tout, à la notable exception de Jacques Laurent, au Nouveau Roman. Les Hussards se sont reconnus dans l'antimodernisme que revendiquait Fraigneau : le plaisir de la lecture est le seul critère de qualité de l'œuvre littéraire ; le roman doit raconter et non expérimenter ; le héros doit faire rêver et non inquiéter. Mais leurs positions divergent parfois : on s'en avise en lisant leurs contributions critiques, réunies par exemple dans *L'Élève d'Aristote* de Nimier (1981) et dans *Certificats d'études* de Blondin (1977).

Le mouvement hussard s'est éteint avec Nimier, mort à trente-sept ans au volant de sa voiture. Laurent, Blondin et Déon poursuivirent alors une carrière littéraire personnelle : le premier se maintint sur la double voie des romans sentimentaux de Cécil Saint-Laurent et des romans difficiles de la lignée des *Corps tranquilles* ; le second délaissa le roman au profit de la chronique sportive ; le troisième se laissa tenter par le roman engagé de droite (*La Carotte et le bâton*, 1960 ; *Mégalonose*, 1967) avant de revenir à ses premières amours.

→ Marc Dambre, *Roger Nimier, hussard du demi-siècle*, Flammarion, 1989.

G.P.

Huttin Geneviève (1951). Philosophe de formation, elle a publié en 1981 son premier recueil de poèmes, *Seigneur* (Seghers), marqué par la lecture des *Tragiques* d'Agrippa d'Aubigné. Les questions adressées au Tout-Puissant, la passion du Christ, son absence et son retour, sont au cœur de cette œuvre où la parole est mise à l'épreuve. Prière, amour et mystique s'y rencontrent. En 1983, elle publie *Lascaux des peintres* (en collaboration avec divers auteurs), où entrent en résonance les voix du peintre, du sculpteur, de l'écrivain et du savant. Dans *Paris, litanie des cafés* (Seghers, 1991), l'auteur entraîne son lecteur dans une course à travers la ville, semée de fragments de physionomie captés au passage, en quête d'un amour absolu, ou seulement d'un signe de reconnaissance.

D.H.-M.Ber.

Hyvernaud Georges (1902-1983). Né près d'Angoulême le 22 février 1902, agrégé de lettres, professeur d'École normale, auteur dans les années trente d'articles dans *Les Marges*, *Monde* et *Soutes*, il est prisonnier en Allemagne de 1940 à 1945 (*Carnets d'Oflag*, 1987). De cette expérience naissent ses deux romans, *La Peau et les os* (Scorpion, 1949) et *Le Wagon à vaches* (Denoël, 1953), où il peint la misère et le dénuement ; devant l'échec, il abandonne en 1954 un troisième récit, *Lettre anonyme* (1986), et se consacre à des ouvrages scolaires. Il meurt à Paris le 24 mars 1983. Son œuvre sera redécouverte à partir des années quatre-vingt, quand paraissent ses *Œuvres complètes* (Ramsay, 1985-1987, 4 t.) et de nombreux inédits comme *L'Ivrogne et l'emmerdeur* (lettres envoyées à sa femme pendant la « drôle de guerre », Seghers, 1991) ou *Feuilles volantes* (avant-propos d'Andrée Hyvernaud, Le Dilettante, 1995).

J.P.

Hyvrard Jeanne (1945). Née à Paris, elle a d'abord enseigné à Fort-de-France. De ce séjour naquit une trilogie publiée aux Éditions de Minuit : *Les Prunes de Cythère* (1975), *Mère la mort* (1976), *La Meurtritude* (1977). Parallèlement au troisième volet où le tarot est présent, elle donne en 1977 une « parole » poétique : *Les Doigts du figuier*. La trilogie est une autobiographie fictive : Jeanne-la-Folle refuse la dépossession d'une terre, d'une langue (trop rationnel, le français ne l'exprime pas), d'un corps. Elle souffre de la « séparance » divisant dès l'origine masculin et féminin, et rêve à Caïn, Judas, Lilith. La plupart de ses ouvrages ultérieurs ont paru aux Éditions des Femmes, traduisant son engagement en partie féministe. L'expérience de l'enseignement nourrit les nouvelles d'*Auditions musicales certains soirs d'été* (1984). Le refus de la « séparance », dans *Canal de la Toussaint* (1986), va jusqu'à déplorer les partitions du monde. Dans un essai, *Le Cercan* (1987), elle regrette la marginalisation des cancéreux. Sa nostalgie de la fusion anime *La Pensée-corps* (1989). En 1990, *La Jeune Morte en robe de dentelle* exprime les conflits d'une adolescente.

M.Mi

I

Ibrahim Kamal (1942). Né à Lattaquié, en Syrie, il est agrégé de philosophie et vit en France depuis 1968. Mandiargues a préfacé son premier recueil *Babylone, la vache, la mort* (Flammarion, 1967). Il n'a cessé ensuite d'affirmer un style de plus en plus personnel, disloquant la forme poétique traditionnelle, créant de nouvelles sonorités, faisant, comme le dit le titre de l'un de ses poèmes, *inouïr* la langue. De ses savantes distorsions lexicales sourd un chant rauque, aux intonations souvent brutales, mais non dépourvues d'une secrète douceur. Outre ses nombreux recueils poétiques *(Corps en friche,* Éditions de Saint-Germain-des-Prés, 1974 ; *Vivre en cas de terre,* Nicaise, 1975 ; *L'Existerie,* 1978), il a publié des romans *(Le Voyage de cent mètres,* Nouvelles Éditions Oswald, 1979 ; *La Firance,* Le Sycomore, 1980), où il prolonge la même expérience langagière.

A.D.

Ikellé-Matiba Jean (1936-1984). Camerounais, il est l'auteur d'un unique ouvrage, *Cette Afrique-là* (Présence africaine, 1963), chronique retraçant la vie de l'un de ses compatriotes, Franz Nomha (1890-1955), qui fut témoin et acteur d'une période mouvementée, marquée successivement par la pénétration et la colonisation allemande au Cameroun, la Première Guerre mondiale et la colonisation française, le régime de l'indigénat et du travail forcé et, enfin, les premières élections à l'Assemblée constituante de 1945.

J.C.

Ikor Roger (1912-1986). Né à Paris le 28 mai 1912, de père lituanien et de mère polonaise, élève à l'École normale supérieure et agrégé de grammaire, il est professeur jusqu'à la seconde guerre mondiale. Arrêté à Lille, il est interné en Poméranie, d'où il s'évade. Arrêté à nouveau au début de 1945, il sera libéré par les Anglais au camp de Wietzendorf. De tous ces événements, il fera le récit, poussé par l'urgence de transmettre la mémoire à son fils, dans *Pour une fois écoute, mon enfant* (1975). Journaliste au *Figaro*, puis maître-assistant à l'université de Paris, Roger Ikor se lance dans le roman (*À travers nos déserts*, 1950 ; *Les Grands Moyens*, 1951 ; *Les Eaux mêlées*, l'un des volets de son cycle *Les Fils d'Avrom*, récompensé par le prix Goncourt en 1955). À la fin des années trente, déjà, il avait donné quelques essais, en particulier sur l'insurrection ouvrière de 1848 (1936) et sur Saint-Just (1937). La prédilection de Roger Ikor va aux grands cycles romanesques où les destins de plusieurs personnages se croisent et se mêlent, selon la technique perfectionnée par son maître, Zola. En 1960, il entreprend une grande série : *Si le temps...* (*Le Semeur de vent*, 1960 ; *Les Murmures de la guerre,* 1961 ; *La Pluie sur la mer*, 1962 ; *La Ceinture du Ciel*, 1964 ; *Les Poulains*, 1966 ; *Frères humains*, 1969). Roger Ikor y manifeste une grande attention aux problèmes de la jeunesse et s'attache à décrire de manière drôle et pathétique la comédie de la violence humaine. Parallèlement, il milite ardemment contre le racisme et l'antisémitisme, affilié à de multiples comités internationaux, et s'exprimant dans des conférences, des lettres ouvertes et des essais tels que *La Nef* (1964). En 1980, son fils meurt d'une *overdose*, ce qui suscite en lui un déchirant *Je porte plainte* contre l'organisation du trafic de drogue. Il est mort à Paris le 17 novembre 1986.

ŒUVRES. — Chez Albin Michel.

G.Si.

IMEC. L'Institut Mémoires de l'édition contemporaine est créé à Paris en 1988 à l'initiative de chercheurs et de professionnels de l'édition, association régie selon la loi de 1901, présidée successivement par Claude Durand, par Antoine Gallimard et, depuis 1995, par Christian Bourgois, située au 25, rue de Lille, à Paris. Dirigé depuis sa création par Olivier Corpet, l'IMEC met à la disposition de la recherche des fonds d'archives consacrés aux différents acteurs de la vie éditoriale et littéraire du XXe siècle, venant de maisons d'édition (Hachette, Larousse, Flammarion, La Table ronde, Aubier-Montaigne, Christian Bourgois, La Découverte, etc.), d'écrivains ou d'intellectuels contemporains (Althusser, Audiberti, Barthes, Beckett, Camus, Céline, Dubillard, Duras, Follain, Foucault, Gary, Genet, Guibert, Guyotat, Kateb Yacine, Leduc, Nizan, Paulhan, Schehadé, Tardieu), d'artistes (Vitez, Héliaz, Faucheux), de libraires (La Maison des amis des livres, la Librairie Martin Flinker), de revues (*Change, Confluences, Critique, Esprit, La Revue des deux mondes,* etc.).

Fondé sur un principe simple — le dépôt d'archives par des particuliers, des entreprises ou des institutions, qui restent propriétaires de leurs fonds et consentent l'accès aux chercheurs —, l'IMEC constitue une mémoire du livre, de l'édition et de la création littéraire, et permet des recherches interdisciplinaires sur l'histoire éditoriale des œuvres et les rapports auteur-éditeur.

L'IMEC met en valeur ces fonds, qui ne cessent de s'accroître, grâce à des colloques, des expositions et des publications. Le catalogue des Éditions de l'IMEC comporte des collections telles que « L'Édition contemporaine » (Bernard Gheerbrant, *Le Club des Libraires de France 1953-1966,* 1997 ; Hugh Ford, *Published in Paris. L'édition américaine et anglaise à Paris,* 1996 ; François Lachenal, *Éditions des Trois Collines : Genève-Paris,* 1995, etc.) ; « Pièces d'archives » (Marc Bloch, *Écrire « La Société féodale ». Lettres à Henri Berr 1924-1943,* 1992 ; Valery Larbaud, *Lettres à Adrienne Monnier et à Sylvia Beach 1919-1933,* 1991, etc.), « Empreintes » (qui publie les catalogues des expositions réalisées par l'IMEC) et « In Octavo » (*Livre et lecture en Russie,* dir. Alexandre Stroev, 1996 ; *Le Commerce de la librairie en France au XIXe siècle (1789-1914),* dir. Jean-Yves Mollier, 1997, etc.). L'IMEC publie un bulletin international d'information sur l'histoire du livre et de l'édition, *In Octavo* (2 numéros par an), avec la Fondation Maison des sciences de l'homme et le Max-Planck-Institut für Geschichte de Göttingen. Par ailleurs, *La Lettre de l'IMEC* informe régulièrement les déposants, chercheurs, bibliothèques, instituts de recherche, de l'accueil de nouveaux fonds, des activités et des projets de l'Institut. À partir de l'an 2000, l'IMEC installera l'ensemble de ses collections et services dans un nouveau site, l'Abbaye d'Ardenne, tout près de Caen. Ce nouveau développement permettra d'offrir à la communauté scientifique et professionnelle un lieu et les moyens de recherche adaptés à ses exigences et de développer une politique active de valorisation du patrimoine littéraire réuni par l'Institut dans le cadre d'un centre culturel de rencontres à vocation multidisciplinaire et internationale, centré sur le livre et l'écrit dans l'histoire contemporaine.

A.D. — IMEC

Inquisitions. Revue créée à Paris en 1936 par Louis Aragon, Roger Caillois, Jules Monnerot et Tristan Tzara. Le premier et unique numéro de cette revue littéraire, organe du groupe d'études pour la phénoménologie humaine, paraît en juin 1936. C'est en 1935, quelque temps après sa rupture avec le groupe surréaliste, que Caillois a l'idée de cette revue dont il veut faire le support d'un groupe de réflexion. On trouve là des surréalistes marxistes, Aragon et Tzara, et d'autres plus indépendants, Roger Caillois et Jules Monnerot. Un bulletin de souscription est envoyé, comportant cet avertissement : « La revue *Inquisitions* se propose de réunir et de confronter les résultats de ceux des travaux scientifiques ou para-scientifiques modernes qui, dans quelque domaine qu'ils aient été entrepris, se sont avérés susceptibles de concourir à une cristallisation capable de répondre aux principales des questions présentement agitées. » Le sommaire de l'unique numéro, ouvert par Gaston Bachelard, comporte des notes de lecture, des exposés, des comptes rendus de débats d'Aragon, Jean Audard, Caillois, Crevel, Étiemble, Monnerot, Tzara. Des divergences apparaissent rapidement entre Caillois et Aragon, mettant fin à cette expérience.

→ *Inquisitions*, « Du surréalisme au Front populaire », fac-similé de la revue augmenté de documents inédits présenté par Henri Béhar, Éditions du CNRS, 1990.

M.I. — IMEC

Intentions (1922-1924). Revue fondée à Paris par Pierre André-May. En 1922, ce jeune homme de vingt ans, passionné de littérature, décide de « faire » une revue. Client régulier de la Maison des amis des livres, la librairie d'Adrienne Monnier, rue de l'Odéon, il y côtoie des écrivains déjà célèbres et des jeunes gens qui militent pour une nouvelle littérature. Il réunit les premiers textes et arrête son choix sur le titre *Intentions*, détaché en lettres noires sur la couverture grise. Aidé par son père, directeur du *Journal de médecine interne*, il entre en contact avec un imprimeur, et le 1er janvier 1922 la revue est en librairie. Bien accueillie, elle a d'emblée ses partisans et remporte un succès durable. Ses familiers la définissent comme une « revue de bon aloi et de bonne tenue » avec une pincée d'originalité. Le premier numéro s'ouvre sur une « préface » où Pierre André-May, qui se défend d'avoir écrit un « manifeste », exprime ses préférences littéraires et donne le ton qui prédominera dans les vingt-neuf livraisons, celui du nouveau classicisme : il se reconnaît des maîtres, tels que Proust, Valéry, Jules Romains ou Valery Larbaud. Classique, *Intentions* le sera, mais sans empêcher la publication côte à côte de Breton, Valéry, Péret, Leiris, Proust, Larbaud et Claudel. Il est difficile d'assigner à cette revue une place dans le panorama littéraire de l'époque. Proche de la *NRF*, assez ouverte aux littératures étrangères pour être associée par l'esprit à *La Revue européenne*, elle oscille entre revue d'amateur au sens noble du terme et revue d'élite. À plusieurs reprises, *Intentions* a excité des convoitises. Jules Romains aurait aimé en faire la tribune privilégiée de l'unanimisme, Adrienne Monnier envisage elle aussi de s'associer à ce jeune homme audacieux. Si les directives sont rejetées, conseils et amitiés sont bienvenus. Dans un numéro d'hommage à Valery Larbaud, se retrouvent nombre des « Amis des livres ». Libre et indépendant, Pierre André-May a publié les premiers poèmes et traductions de Michel Leiris, il a soutenu les débuts de Jouhandeau et su dresser, dans un numéro spécial consacré à la « Jeune littérature espagnole » où l'on trouve, pour la première fois en France, la signature de Federico Garcia Lorca, le panorama littéraire d'un pays où la liberté d'expression était déjà menacée.

→ Pierre André-May, « *Intentions*, novembre 1922, Valery Larbaud », *Cahiers des amis de Valery Larbaud*, n° 6, novembre 1970. — Béatrice Mousli, *« Intentions », histoire d'une revue littéraire des années vingt*, Ent'revues, 1995.

B.M. — IMEC

Interallié *(prix)*. Créé le 3 décembre 1930 par trente journalistes qui en avaient conçu l'idée au cercle Interallié pendant les délibérations sur le prix Femina, décerné chaque année en novembre à un roman.

1930 : André Malraux, *La Voie royale*
1931 : Pierre Bost, *Le Scandale*
1932 : Simone Ratel, *La Maison des bories*
1933 : Robert Bourget-Pailleron, *L'Homme du Brésil*
1934 : Marc Bernard, *Anny*
1935 : Jacques Debu-Bridel, *Jeunes Ménages*
1936 : René Laporte, *Chasses de novembre*
1937 : Romain Roussel, *La Vallée sans printemps*
1938 : Paul Nizan, *La Conspiration*
1939 : Roger de Lafforest, *Les Figurants de la mort*
1940 à 1944 : pas de prix décerné
1945 : Roger Vailland, *Drôle de jeu*
1946 : Jacques Nels, *Poussière du temps*
1947 : Pierre Daninos, *Les Carnets du Bon Dieu*
1948 : Henry Castillou, *Cortiz s'est révolté*
1949 : Gilbert Sigaux, *Les Chiens enragés*
1950 : Georges Auclair, *Un amour allemand*
1951 : Jacques Perret, *Bande à part*

1952 : Jean Dutourd, *Au bon beurre*
1953 : Louis Chauvet, *Air sur la quatrième corde*
1954 : Maurice Boissais, *Le Goût du péché*
1955 : Félicien Marceau, *Les Élans du cœur*
1956 : Armand Lanoux, *Le Commandant Watrin*
1957 : Paul Guimard, *Rue du Havre*
1958 : Bertrand Poirot-Delpech, *Le Grand Dadais*
1959 : Antoine Blondin, *Un singe en hiver*
1960 : Henry Muller, *Clem*
Jean Portelle, *Janitzia ou la dernière qui aima d'amour*
1961 : Jean Ferniot, *L'Ombre portée*
1962 : Henri-François Rey, *Les Pianos mécaniques*
1963 : Renée Massip, *La Bête quaternaire*
1964 : René Fallet, *Paris au mois d'août*
1965 : Alain Bosquet, *La Confession mexicaine*
1966 : Kléber Haedens, *L'été finit sous les tilleuls*
1967 : Yvonne Baby, *Oui, l'espoir*
1968 : Christine de Rivoyre, *Le Petit Matin*
1969 : Pierre Schoendoerffer, *L'Adieu au roi*
1970 : Michel Déon, *Les Poneys sauvages*
1971 : Pierre Rouanet, *Castell*
1972 : Georges Walter, *Des vols de Vanessa*
1973 : Lucien Bodard, *Monsieur le consul*
1974 : René Mauriès, *Le Cap de la Gitane*
1975 : Voldemar Lestienne, *L'Amant de poche*
1976 : Raphaële Billetdoux, *Prends garde à la douceur des choses*
1977 : Jean-Marie Rouart, *Les Feux du pouvoir*
1978 : Jean-Didier Wolfromm, *Diane Lanster*
1979 : François Cavanna, *Les Russkoffs*
1980 : Christine Arnothy, *Toutes les chances plus une*
1981 : Louis Nucera, *Chemin de la Lanterne*
1982 : Éric Ollivier, *L'Orphelin de mer*
1983 : Jacques Duquesne, *Maria Vandamme*
1984 : Michèle Perrein, *Les Cotonniers de Bassalane*
1985 : Serge Lentz, *Vladimir Roubaïev*
1986 : Philippe Labro, *L'Étudiant étranger*
1987 : Raoul Mille, *Les Amants du Paradis*
1988 : Bernard-Henri Levy, *Les Derniers Jours de Charles Baudelaire*
1989 : Alain Gerber, *Le Verger du diable*
1990 : Bruno Bayon, *Les Animals*
1991 : Sébastien Japrisot, *Un long dimanche de fiançailles*
1992 : Dominique Bona, *Malika*
1993 : Jean-Pierre Dufreigne, *Le Dernier Amour d'Aramis ou les vrais mémoires du chevalier René d'Herblay*
1994 : Marc Trillard, *Eldorado 51*
1995 : Franz-Olivier Giesbert, *La Souille*
1996 : Eduardo Manet, *Rhapsodie cubaine*
1997 : Éric Neuhoff, *La Petite Française*

Ionesco Eugène (1909-1994). Eugen Ionescu — tel est son nom d'origine — est l'un des représentants de la diaspora roumaine, qui, comme Tristan Tzara, Mircea Eliade, Emil Cioran et Stéphane Lupasco, débutèrent leur carrière en Roumanie et la terminèrent dans leur pays d'adoption après avoir accédé à la célébrité. Il est né à Slatina le 26 novembre 1909, à 150 km à l'ouest de Bucarest, d'un père également prénommé Eugen et d'une mère d'origine française, Thérèse Ipcar. On situe généralement sa naissance en 1912. L'erreur s'explique par la « coquetterie » d'un Ionesco affabulateur qui se rajeunit après avoir lu un article du critique Jacques Lemarchand saluant, à l'aube des années cinquante, l'avènement d'une nouvelle génération de *jeunes* dramaturges parmi lesquels il figurait aux côtés de Beckett. Nous connaissons assez bien les méandres de la vie et de la carrière d'un auteur ayant un penchant pour la confidence et une prédilection pour l'introspection et le journal intime. Il suffit de consulter « Printemps

1939 » *(La Photo du colonel*, 1962), *Journal en miettes* (1967), *Présent passé, passé présent* (1968), *Souvenirs et dernières rencontres* (1986), *La Quête intermittente* (1987) et les entretiens qu'il a accordés aux chroniqueurs et aux exégètes (notamment au poète Claude Bonnefoy et au Canadien Gilbert Tarrab), et les travaux de divers chercheurs dont Gelu Ionesco, Ecaterina Cleynen-Serghiev et Gilles Plazy, auteur d'une histoire un tantinet romancée de l'œuvre (*Eugène Ionesco*, 1994). Signalons enfin notre édition critique du *Théâtre complet* publiée dans la Bibliothèque de la Pléiade en 1991.

C'est en 1911 que les parents d'Ionesco s'installent à Paris. En 1916, son doctorat en droit achevé, son père rentre à Bucarest, où il assume les fonctions d'inspecteur de la sûreté, avant d'exercer son métier d'avocat une fois la guerre terminée. Sa mère reste à Paris jusqu'en 1922 avec ses deux enfants qui feront toutefois un séjour prolongé dans une ferme en Mayenne, à La Chapelle-Anthenaise, de 1917 à 1919 ; séjour heureux, loin d'une mère de nature inquiète, dans un lieu champêtre qui restera pour Ionesco synonyme du paradis perdu. C'est sur ces lieux mythifiés que le réalisateur Heinz von Cramer tournera la plus grande partie du film intitulé *La Vase* (vers 1971), écrit et interprété par Ionesco lui-même.

Après avoir appris le roumain, fréquenté le lycée orthodoxe Saint-Sava et obtenu son baccalauréat, le jeune Ionescu entreprend une licence de lettres qui le conduit à la *capacitate* en français (1934), diplôme lui donnant accès à l'enseignement. C'est à l'université qu'il rencontre sa future femme, Rodica Burileanu, fille du directeur d'un journal influent, *Ordinea* (« L'Ordre ») et qu'il s'engage dans des joutes oratoires avec son professeur d'esthétique, qu'il contredit systématiquement pour le plus grand plaisir de ses condisciples. Il acquiert alors une réputation de contestataire outrancier et original. En fait, la contestation, il l'a vécue dès l'adolescence en s'opposant à un père irascible, violent, étroit d'esprit, arriviste et opportuniste tout au long de sa carrière, qui épousa la cause des divers régimes qui se succédèrent en Roumanie : royauté, fascisme, stalinisme ; père haï plutôt qu'aimé, méprisé plutôt qu'admiré, qui sans vergogne avait eu recours à des faux pour obtenir le divorce et la garde des enfants.

La contestation, c'est toute l'époque qui la vit, avec l'éclosion du dadaïsme et du surréalisme, dont Ionesco découvre avec plaisir les principaux représentants : Tzara, Breton, Soupault, Crevel, qu'il lit avidement. Pourtant son premier, et dernier, recueil de poésie, *Élégies pour êtres minuscules* (1931), assez médiocre, publié en roumain, porte l'empreinte de Samain, de Jammes et de Maeterlinck. Trois ans plus tard, en 1934, il publie *Non* (éd. franç., Gallimard, 1986), recueil d'articles percutants consacrés à des écrivains roumains, dont le jeune Mircea Eliade, orientaliste et romancier, chef de file de la nouvelle génération. Il croise le fer avec les célébrités d'alors, affectionnant le paradoxe, les formules brillantes et cocasses, la « virtuosité dans l'art de la contradiction », le sarcasme et la loufoquerie. Ionescu apprécie déjà « *l'extraordinaire*, élément essentiel de toute œuvre de valeur ». Cet essai, qui obtient un succès de scandale escompté et le prix des Éditions des Fondations royales, laisse pressentir l'auteur de *La Cantatrice chauve* (1950), de *Notes et contre-notes* (1962, 1966) et les polémiques avec les critiques français des années 1950-1980.

Dans la même veine contestataire, Ionescu, qui enseigne à Cernavoda, consacre à Victor Hugo une série d'articles caustiques et drôles, qu'il compte réunir en volume ; Victor Hugo vu comme l'emblème de l'autorité idolâtrée de l'*Establishment* français, de l'éloquence facile et creuse, du règne de la grandeur factice et du paraître *(Hugoliade*, trad. Dragomir Costineanu, Gallimard, 1982).

Mais la montée en puissance de la Garde de Fer, la métamorphose de son entourage en fascistes (l'une des sources de *Rhinocéros*, 1960) l'inquiètent au point qu'il veut quitter la Roumanie. L'occasion se présente en 1938, lorsqu'il obtient une bourse de doctorat pour préparer une thèse sur « le péché et la mort dans la poésie française depuis Baudelaire », thèse jamais achevée, ni sérieusement commencée, mais qui lui permet de s'installer à Paris où il fréquente le groupe de la revue *Esprit*, donc du personnalisme.

Après un retour forcé en Roumanie (1940-1942), il s'installe à Marseille, exerçant les fonctions de secrétaire de presse du ministère roumain de la Propagande auprès du gouvernement de Vichy. Il traduit, avec Ilarie Voronca et Jean Tortel, quatre poèmes de Lucien Blaga pour *Les Cahiers du Sud* puis, avec Gabrielle Cabrini, *Le Père Urcan* de Pavel Dan (Jean Vigneau, 1945).

Sa seconde carrière littéraire commence au début des années cinquante. Une ébauche de *La Cantatrice chauve*, traduite et adaptée de la version roumaine *(L'Anglais sans professeur)* est mise au point et jouée le 11 mai 1950 au Théâtre des Noctambules, dans une mise en scène de Nicolas Bataille. La pièce n'obtient aucun succès, même si elle plaît à Breton et à Soupault, qui y reconnaissent une inspiration surréaliste, à Queneau et à Jacques Lemarchand qui, plus tard, préfacera le tome I du *Théâtre*, chez Gallimard où il est lecteur. Le succès viendra ultérieurement : puisque de 1957 à ce jour (1997), *La Cantatrice chauve* et *La Leçon* sont jouées quotidiennement au Théâtre de La Huchette.

Membre du Collège de 'Pataphysique, auteur comique et caustique, Ionescu, devenu Ionesco, écrit d'abord des pièces qui rejettent le théâtre de tradition et le théâtre engagé et mettent en œuvre la parodie, la satire, la caricature ou le *nonsense* : *La Leçon* (1951), *Jacques ou la soumission* (écrite en 1950, créée en 1955) et sa suite *L'avenir est dans les œufs* (1951, créée en 1957). Mais, qu'on ne s'y trompe pas, le comique s'accompagne de *dérision* ; le rire grince et traduit un malaise, un dégoût pour le conformisme, pour la société et l'absurdité de ses normes, et s'allie même au tragique, comme dans *Les Chaises* (1952). Dans la tradition de l'avant-garde et du surréalisme dont il se réclame, dynamiteur des conformismes et des autorités, l'auteur pratique les jeux avec la logique et l'illogique dont la langue fournit une composante privilégiée.

Bientôt, dans le climat idéologique des années cinquante, le marxisme et le brechtisme gagnent une partie de l'intelligentsia. Farouche antistalinien, Ionesco, qui flaire un danger semblable à celui qu'il connut dans les années trente en Roumanie lors de la montée du fascisme, prend part aux controverses, rompt avec son ami Adamov séduit par le marxisme, et ridiculise Roland Barthes et Bernard Dort (mais aussi Jean-Jacques Gautier, critique au *Figaro*) dans *L'Impromptu de l'Alma* (1956). Il se trouve bientôt amené à imaginer un porte-parole, Bérenger, sorte de Candide moderne aux allures chaplinesques, qui met en question le monde, la société et la condition humaine. En témoignent des pièces comme *Tueur sans gages* (1959), *Rhinocéros* (1959-1960), cette dernière écrite contre le fascisme et le stalinisme, *Le roi se meurt* (1962) et *Le Piéton de l'air* (1963). Par ces œuvres, Ionesco acquiert une réputation d'auteur classique qui a pris ses distances avec l'avant-garde dont il préserve cependant le ferment novateur. Il se pose également en juge de l'Histoire, dont il dit : « C'est du mauvais théâtre. L'Histoire est bête et vulgaire, elle est le déchaînement des passions les plus sordides, les plus trompeuses. » Et d'ajouter en une autre occasion : « Les passions politiques sont la déchéance et la honte de l'humanité, sa médiocrité et sa bêtise » *(Le Figaro*, 30 septembre 1976). Aussi ne s'étonne-t-on pas de lire sous la plume de cet anti-conformiste invétéré des déclarations comme celle-ci : « Je me suis toujours méfié des vérités collectives. » On comprend donc sa méfiance envers les intellectuels-rhinocéros, de gauche ou de droite, férus de beaux et grands systèmes qui, *en pratique*, engendrent l'absurde et la tyrannie, son aversion pour Marx, Nietzsche, Brecht et Sartre, et son admiration pour Boris Pasternak et Vaclav Havel.

Ses héros, les successeurs de Bérenger — Jean dans *La Soif et la faim* (1966) et *Voyages chez les morts* (1980), le Personnage dans *Ce formidable bordel !* (1973), le Premier Homme dans *L'Homme aux valises* (1975) —, se détournent donc de « l'engagement ». Caractérisés par une volonté implicite de distanciation semblable à celle de K., Roquentin ou Meursault, ils perçoivent le monde avec recul. Exemptés du regard aveugle de l'habitude, ils voient avec l'œil neuf de l'étranger, enfants de l'absurde ou de la désillusion en quête de spiritualité, comme l'auteur lui-même, refusant un futur sans avenir. Marqué par son éducation catholique et orthodoxe et par la vision bouddhiste de l'existence, Ionesco cherche une transcendance. En témoignent son dernier journal, *La Quête intermittente* (1987) et, dans son théâtre, l'image récurrente de l'envol ou de l'illumination mystique, signe d'une accession à la spiritualité. Mais quand la transcendance prend un malin plaisir à se dérober, des images négatives surgissent : ténèbres, boue (voir le scénario *La Vase)*, matérialité, pesanteur ou vide.

L'œuvre oscille donc entre deux pôles : « Deux états de conscience fondamentaux sont à l'origine de toutes mes pièces : tantôt l'un, tantôt l'autre prédomine, tantôt ils s'entremêlent. » Cette dualité de point de vue et de tonalité se maintient même dans le domaine de la métaphysique. À preuve la dernière déclaration significative (1991) de l'auteur : « Je cherche Dieu, c'est une préoccupation permanente. Je n'arrive pas à croire, en voulant croire cependant. » Il écrivait déjà dans *Le Blanc et le noir* (1981) : « Peut-être suis-je moi-même un incroyant plein de foi. »

En résumé, vu globalement, le théâtre d'Ionesco a pour thèmes principaux les conformismes et les dogmatismes, le langage, le couple, la culpabilité, la mort, l'enfermement, l'onirisme, l'idéologie et le pouvoir, la quête spirituelle et le tragicomique de la condition existentielle. Sur ce dernier point, l'auteur affirme d'ailleurs n'avoir jamais compris « la différence que l'on fait entre comique et tragique » car « pour l'esprit critique moderne, rien ne peut être pris tout à fait au sérieux, rien tout à fait à la légère ». Mais cela ne l'empêche nullement de radicaliser la forme dramatique, de « pousser tout au paroxysme », de « faire un théâtre de violence : violemment comique, violemment dramatique ». Le théâtre apparaît donc comme un art du superlatif, servi par ses techniques de prédilection : la recherche de l'insolite et de l'extraordinaire ancré dans la réalité quotidienne, l'activité ludique, la désarticulation du langage et les ruptures de ton, l'image matérialisée, la métamorphose, la prolifération, le contrepoint, l'accélération du *tempo*, le paroxysme, l'étonnement profond, naïf mais lucide devant l'existence, le recours aux archétypes ainsi qu'aux mythes. On retiendra aussi qu'avec Beckett et quelques autres, Ionesco rénova le théâtre de l'après-guerre en faisant de la scène, comme l'exigeait Artaud, un lieu *physique*, où « les mots, les gestes, les objets, l'action elle-même » doivent être matérialisés, « car tout sert à exprimer, à signifier ». En cela, il fut remarquablement servi par des metteurs en scène tels que Jacques Mauclair, Jean-Louis Barrault et Jorge Lavelli.

Homme de théâtre principalement, mais aussi poète et critique, Ionesco a également publié un roman, *Le Solitaire* (1973), des nouvelles qui pour la plupart servirent d'ébauches à ses pièces, des contes pour enfants, des journaux intimes, des articles consacrés à la politique, à la culture et au théâtre, rassemblés en volumes *(Antidotes*, 1977 ; *Un homme en question*, 1979), les dialogues d'un manuel de français, des scénarios, un ballet et un livret d'opéra *(Maximilien Kolbe*, inédit), ainsi que des ouvrages et des articles sur la peinture. Bref, son œuvre est une œuvre carrefour qui marqua son temps et qui est traduite en une trentaine de langues. Clown triste et mystique, prince de l'absurde et de la dérision, Ionesco est l'un des maîtres et des enfants terribles de notre époque. Il est mort à Paris le 28 mars 1994.

ŒUVRES. — Chez Gallimard, sauf indication contraire. — *Théâtre*, t. I-VII, 1954-1981. — *Théâtre complet*, éd. Emmanuel Jacquart, Bibliothèque de la Pléiade, 1991. — **Récits** : *La Photo du colonel, récits*, 1962. — *Le Solitaire*, Mercure de France, 1973, rééd. Folio, 1976. — *Contes, n°s 1, 2, 3, 4* illustrés, coll. Folio benjamin, 1983-1985. — **Journaux intimes** : *Journal en miettes*, Mercure de France, 1967, rééd. coll. Idées, 1973. — *Présent passé, passé présent*, Mercure de France, 1968, rééd. coll. Idées, 1976. — *La Quête intermittente*, 1987. — **Critique, esthétique, politique** : *Notes et contrenotes*, coll. Pratique du théâtre, 1962, rééd. coll. Idées, 1966 et « Folio essais », 1991. — *Découvertes*, Genève, Skira, coll. Les Sentiers de la création, 1969. — *Antidotes*, 1977. — *Pour la culture, contre la politique*, Saint-Gall, Erker, 1979. — *Le Blanc et le noir*, Saint-Gall, Erker, 1981, rééd. Gallimard, 1985. — *La main peint*, Saint-Gall, Erker, 1987.

→ Claude Bonnefoy, *Entretiens avec Eugène*

Ionesco, Belfond, 1966, rééd. *Entre la vie et le rêve*, Gallimard, 1996. — Jean-Hervé Donnard, *Ionesco dramaturge ou l'artisan et le démon*, Minard, 1966. — Gilbert Tarrab, *Ionesco à cœur ouvert*, Montréal, Le Cercle du livre de France, 1970. — Claude Abastado, *Ionesco*, Bordas, 1971. — Paul Vernois, *La Dynamique théâtrale d'Eugène Ionesco*, Klincksieck, 1972, rééd. 1992. — Raymond Laubreaux, *Les Critiques de notre temps et Ionesco*, Garnier, 1973. — Saint Tobi, *Eugène Ionesco, ou à la recherche du paradis perdu*, Gallimard, 1973. — Emmanuel Jacquart, *Le Théâtre de dérision : Beckett, Ionesco, Adamov*, Gallimard, coll. Idées, 1974. — Marie-France Ionesco et Paul Vernois, *Ionesco : situations et perspectives* (colloque de Cerisy), Belfond, 1980. — *The Dream and the Play : Ionesco's Theatrical Quest* (colloque de l'université de South California), dir. Moshe Lazar, Malibu, Undena Publications, 1982. — Giovanni Lista, *Ionesco*, Henri Veyrier, 1989. — Gilles Plazy, *Eugène Ionesco* [biographie], Julliard, 1994. — **Sur la période roumaine** : Gelu Ionesco, *Les Débuts littéraires roumains d'Eugène Ionesco 1926-1940*, trad. franç. Heidelberg, Karl Winter, 1989. — Ecaterina Cleynen-Serghiev, *La Jeunesse littéraire d'Eugène Ionesco*, PUF, 1993.

E.J.

Ire des vents (L') (1978-1987). Revue fondée à Riom (Puy-de-Dôme) par Yves Peyré, installée ensuite à Chateauroux (Indre). En dix ans, sous la houlette d'un jeune poète de vingt-cinq ans en 1978, neuf livraisons ont paru, dans la lignée des deux revues des Éditions Maeght, *L'Éphémère* et *Argile*. Hormis quelques exceptions comme Yves Bonnefoy, Pascal Quignard ou Claude Esteban, les auteurs qui figurent aux sommaires relèvent d'une « communauté introuvable », proche des fidélités de *L'Éphémère* : on y lit, imprimés avec un grand soin, des textes de Beckett, Blanchot, Cioran, Bernard Collin, Jacques Dupin, Louis-René Des Forêts, Emmanuel Lévinas, Ossip Mandelstam, Michaux, Claude Simon ou Robert Walser, auxquels se confrontent au fil des numéros une autre génération d'écrivains comme Sylvia Baron Supervielle, Charles Juliet, Claude-Louis Combet, Gérard Macé et Gilles Quinsat. Chaque numéro présente une contribution du directeur de la revue, qui ensuite publiera lui-même des recueils de poèmes aux Éditions Verdier, Le Temps qu'il fait ou au Mercure de France, avant de devenir, en 1994, conservateur de la Bibliothèque littéraire Jacques Doucet.

Le titre de la revue est une citation de Maurice Scève, reproduite en épigraphe de chaque numéro. *L'Ire des vents* se distingue par une périodicité espacée et par la mise en œuvre d'« exercices d'admiration » consacrés à Michel Leiris (n°s 3-4, 1981) et à André Du Bouchet (n°s 6-8, 1983) : le numéro sur Du Bouchet est un volume de 456 pages composé d'hommages de François Chapon, Philippe Jaccottet, Henri Maldiney, Francis Ponge et Jean Tortel, des hors-texte d'Alberto Giacometti, Tal-Coat et Bram Van Velde. On doit également porter au crédit de la revue d'importantes traductions du poète allemand Erich Arendt, des hommages à des peintres comme Francis Bacon, Maurice Estève, Haas, Pastor et Josef Sima. Dans son ultime numéro, qui comporte un index récapitulatif, Yves Peyré explique la suspension de sa revue, dont le financement était pour une grande part assuré par ses abonnés et l'aide du Centre national des lettres : « Je sentais que pouvait naître une lassitude et je voulais échapper à pareil sentiment. »

→ Yves Peyré, *L'Ire des vents*, catalogue publié par la Médiathèque de Chateauroux, 1994.

Al.P. — IMEC

Isou Isidore (1925), pseudonyme de Jean-Isidore Goldstein. Né à Botosani, en Roumanie, le 31 janvier 1925, il est avant tout l'inventeur du « lettrisme », terme qu'il lance dès 1942. Il en fait la théorie en 1947 dans son *Introduction à une nouvelle poésie et une nouvelle musique* et devient le chef d'un mouvement qui relaie le dadaïsme et le futurisme, avec manifestes, revues, expositions, mais aussi beaucoup de polémique et de pittoresque. Très jeune, il quitte la Roumanie pour l'Italie, puis pour Paris, où il fait la connaissance de Gaston Gallimard, Jean Paulhan, André Gide, Jean Cocteau, Max-Pol Fouchet. Il édite ses œuvres et crée une revue : *La Dictature lettriste*. Ses premiers amis lettristes sont Gabriel Pomerand et Gaston Criel ; se joindront à eux Maurice Lemaître, François Dufrêne, Roberto Altmann, Jean-Louis Brau, Charles Dobzinsky, Jacques Scapagna. Le lettrisme affirme le primat de la lettre comme matériau de base de la poésie, avant même la formation de mots reliés à un sens. La lettre devient ainsi une donnée purement musicale (onomatopées, néologismes) et purement typographique (idéogrammes, dessins). Avec le temps, la recherche d'Isidore Isou se diversifie et gagne d'autres domaines : cinéma (films expérimentaux comme *Traité de bave et d'éternité*, 1951), affiche, peinture, théâtre, et même économie et politique. En 1987, fidèle à son intuition première, il met au point une théorie de l'« hypergraphie » (« ensemble de tous les signes alphabétiques, lexiques et idéographiques, acquis ou possibles »), qu'il met au service de la « kladologie » (« première conception intégrale de la Culture et de la vie »). Cette vision générale de l'homme à partir de la créativité (il baptise cette activité créatrice la « créatique ») est à la mesure de l'abondance et de l'allégresse qui marquent l'œuvre d'Isou, où se bousculent traités d'esthétique, manifestes, romans, sciences, érotisme et poésie.

ŒUVRES. — *Principes poétiques et musicaux du mouvement lettriste*, 1946. — *Introduction à une nouvelle poésie et à une nouvelle musique*, 1947. — *Dix Poèmes graves et dix poèmes joyeux*, 1947. — *La Guerre*, 1947. — *Essai sur la définition et le bouleversement total de la prose et du roman*, 1950. — *Précision sur une poésie et moi*, 1950. — *Dix Poèmes magnifiques*, 1950. — *Le Centre de plein emploi : 1955*, 1956. — *Traité d'économie nucléaire*, 1958, rééd. 1971. — *Les Véritables Créateurs et les falsificateurs de dada, du surréalisme et du lettrisme*, 1963. — *Chapitres et colonnes polyautomatiques*, 1964. — *Œuvres aphonistiques*, 1967. — *Fondements pour la transformation intégrale du théâtre*, 1970. — *Les Bases de la culture scolaire ou introduction à la kladologie*, 1972. — *De l'impressionnisme au lettrisme : l'évolution des moyens de réalisation de la peinture moderne*, 1974. — *L'Héritier du « Château »*, roman, 1976. — *Initiation à la haute volupté*, interdit en 1960, rééd. 1977. — *Notre métier d'amant : confidences d'un séducteur moderne*, 1979. — *L'Internationale situationniste*, 1981. — *Concerto pour œil et oreille, sept poèmes*, 1984. — *L'Hyper-créatique ou l'hyper-novatique*, 1985, rééd. 1992. — *Histoire du roman : des origines au roman hypergraphique et infinitésimal, 1944-1989*, 1990.

→ Frédérique Devaux, *Entretiens avec Isidore Isou*, Bartavelle, 1992.

M.A.

Istrati Panaït (1884-1935). Né à Braïla (Roumanie) le 11 août 1884 d'un contrebandier grec qui meurt alors que l'enfant a neuf mois et d'une jeune blanchisseuse. Braïla, port fluvial ouvert sur l'Orient, habité par les ethnies les plus diverses, lui donne très tôt le goût des voyages. Après une série de métiers de fortune, il rencontre l'ami de sa vie, Mikhaïl, un noble russe qui a tout abandonné pour mener une existence errante. Tantôt seul et tantôt avec lui, vivant des travaux les plus humbles, il sillonne la Méditerranée orientale (Égypte, Liban, Syrie, Turquie) ; Mikhaïl l'initie à la lecture. Son expérience de la misère rapproche le jeune marginal du socialisme : il collabore au journal *La Roumanie ouvrière*, il est secrétaire du syndicat des dockers de Braïla ; il reste surtout un être tourmenté et hypersensible. La France, sa littérature et sa « généreuse pensée » l'attirent pardessus tout : après un premier séjour à Paris en 1913, il s'établit trois ans plus tard en Suisse, où il soigne sa tuberculose, en exerçant toujours les métiers les plus divers. Entre la langue de sa mère et celle de son père, il en choisira une troisième, le français, langue d'adoption. En France, à Nice, à trente-sept ans, il tente de se suicider, convaincu d'avoir raté sa vie. Mais une lettre de lui atteint Romain Rolland, qui le presse de dire dans une œuvre romanesque tout ce qu'il a vécu et connu.

C'est le début d'une publication régulière au long des dix années qui vont suivre. En 1924, il publie chez Rieder *Kyra Kyralina* (sorti d'abord en 1923 dans la revue *Europe*, avec une préface de Rolland) et *Oncle Anghel* ; il passe ensuite au cycle des *haïdoucs* (les hors-la-loi roumains luttant contre l'oppression de Turcs et boyards) : *Présentation des haïdoucs* paraît en 1925, *Domnitza de Snagov* en 1926. Il aborde enfin la transposition romanesque de sa propre vie dans le cycle d'Adrien Zograffi (Adrien « le Peintre », en grec) : *Codine* paraît en 1926, *Mikhaïl* l'année suivante. Rolland le compare à Gorki : dans la foule anonyme des misérables, Istrati crée des personnages hors ligne, imprégnés d'inquiétudes morales ; son monde est doublement inhabituel, Orient et bas-fonds prolétaires. Istrati, dira Barbusse, a fait « entrer dans la maison des lettres l'air du grand jour ». Sa prose française rappelle les cadences et les formules des contes traditionnels de sa terre natale.

Marque du succès, Gallimard publie en 1927 *La Famille Perlmutter* (écrit en collaboration avec Josué Jéhouda), en 1928 *Mes départs* (épisode de la jeunesse d'Adrien). *Nerrantsoula* paraît en 1927 (Éditions de France), *Les Chardons du Baragan* (Grasset) en 1928.

À la fin de 1927, Istrati est en URSS pour un séjour de seize mois ; son témoignage soviétique, *Vers l'autre flamme*, violemment critique, paraît aux Éditions Rieder (1929), premier volet d'une trilogie dont les autres auteurs sont des opposants connus : Victor Serge et Boris Souvarine. Le charme est rompu : l'ancien sympathisant se fait éreinter par l'intelligentsia de gauche. Istrati se retrouve seul. Rentré en Roumanie, il interroge dans des formes de plus en plus pressantes son destin, publiant chez Rieder la suite du cycle d'Adrien Zograffi : *Le Pêcheur d'éponges* en 1930, *La Maison Thüringer* et *Le Bureau de placement* en 1933 (après l'interlude, en 1931, d'un roman sans Adrien, *Tsatsa-Minnka)*, *Méditerranée-lever du soleil* en 1934 et *Méditerranée-coucher du soleil* en 1935. *Pour avoir aimé la terre*, réflexion sur le sens de la révolte solitaire, paraîtra un an après sa mort (Denoël et Steele), survenue le 16 avril 1935 à Bucarest. « L'homme qui n'adhère à rien » (titre d'un article de 1933) prolonge la parabole du conteur *haïdouc* ; cette œuvre apparemment picaresque est en fait dirigée par une lancinante préoccupation éthique. Dans une terre de plus en plus dominée par les appétits sauvages et aveugles, ses vagabonds cherchent désespérément des aliments spirituels.

ŒUVRES. — Rééd. chez Gallimard, coll. Folio : *Kyra Kyralina*, 1980. — *Oncle Anghel*, 1981. — *Présentation des haïdoucs*, 1983. — *Domnitza de Snagov*, 1983. — *La Jeunesse d'Adrien Zograffi (Codine*, *Mikhaïl*, *Mes Départs*, *Le Pêcheur d'éponges)*, 1984. — *Vie d'Adrien Zograffi* (*Préface à Adrien Zograffi ou les aveux d'un écrivain de notre temps*, *La Maison Thüringer*, *Le Bureau de placement*, *Méditerranée-lever du soleil*, *Méditerranée-coucher du soleil)*, 1984. — *Nerrantsoula*, *Tsatsa-Minnka*, *La Famille Perlmutter*, *Pour avoir aimé la terre*, *Confiance*, 1984. — Dans la collection Folio-essais : *Vers l'autre flamme*, 1987. — *Le Pèlerin du cœur*, textes autobiographiques, Gallimard, 1984. — *Les Chardons du Baragan*, Grasset, coll. Les Cahiers rouges, 1984.

→ Édouard Raydon, *Panaït Istrati, vagabond de génie*, Éditions municipales, 1968. — Monique Jutrin-Klener, *Panaït Istrati, un chardon déraciné*, Maspero, 1970. — Alexandru Oprea, *Panaït Istrati*, Bucarest, Minerva, 1973. — *L'Arc*, n°s 86-87, 1983. — Boris Souvarine, *Souvenirs sur Isaac Babel, Panaït Istrati, Pierre Pascal*, Lebovici, 1985. — *Panaït Istrati notre contemporain* (collectif), Aix-en-Provence, Édisud, 1986. — Elisabeth Geblesco, *Istrati et la métaphore paternelle*, Anthropos, 1989. — Il existe des *Cahiers Panaït Istrati*, première série 1976-1984, deuxième série depuis 1985 (Les Amis de Panaït Istrati, Valence).

S.S.

Izoard Jacques (1936), pseudonyme de Jacques Delmotte. Né à Liège, le 29 mai 1936, il y dirige la revue *Odradek* et anime les Éditions de « l'Atelier de l'agneau ». Héritier tardif d'une certaine esthétique surréaliste, sa poésie (une quarantaine de recueils) en a conservé le goût des jeux de langage, de la formule frappante, des associations d'images. Parfois obscur sans être abstrait, son art plonge ses racines dans le quotidien, objets et lieux, pour atteindre à l'imaginaire ; sensuelle, sublimant l'amour physique, sa poésie se caractérise par un va-et-vient constant entre les données du réel et leur transformation verbale, Izoard ne dédaignant pas les manipulations de langage. Son style, souvent concis, fait appel aux sonorités, aux répétitions, à l'accumulation verbale, dans une tentative de recouvrement du réel par le matériau même de l'expression *(Ce manteau de pauvreté*, 1962 ; *Les Sources du feu brûlent le feu contraire*, 1964 ; *Des lierres, des neiges, des chats*, 1968 ; *Aveuglément, Orphée*, 1969 ; *Un chemin de sel pur*, 1969). À partir des années soixante-dix, le travail de la représentation est au centre de ses recherches : toujours plus épuré, le signe doit se suffire à lui-même pour dire l'essentiel, l'originel ; la création devient graphique, et le verbe isolé assure seul le sens du texte, sens panique, tendu vers la disparition. Parmi son abondante production : *Voix, vêtements, saccages* (1971) ; *La Patrie empaillée* (1973) ; *Bègue, bogue , borne* (1974) ; *Poulpe, papiers* (1975) ; *La Chambre d'Iris* et *Rue obscure* (1976) ; *Vêtu, dévêtu, libre* (1978, prix de l'Académie Mallarmé) ; *Frappé* *de cécité dans sa cité ardente* (1980) ; *Langue* (1980) ; *Pavois du bleu* (1983) ; *Voyage sous la peau* (1983) ; *Corps, maison, tumulte* (1990), *Traquenards, corps perdus* (1996).

ŒUVRES. — *La Patrie empaillée, Vêtu, dévêtu, libre*, rééd., Bruxelles, Labor, coll. Espace Nord, 1992.

→ *Jacques Izoard : 18 février 1984*, hommage présenté par Émile Kesteman, Bruxelles, Grenier Jane Tony, 1984.

O.Bi.

J

Jabès Edmond (1912-1991). Né au Caire, il doit s'exiler en 1956 et choisit de s'installer à Paris. En 1957, il rassemble en un ouvrage intitulé *Je bâtis ma demeure* les textes qu'il a écrits depuis 1943. Se sentant doublement errant et exilé, par son histoire personnelle et par le fait d'être juif, il place son œuvre sous le signe de la déchirure et de l'interrogation : « N'ayant plus d'appartenance, je pressentais que c'est à partir de cette non-appartenance qu'il me fallait écrire. Peu à peu émergeaient, mais d'une mémoire pour ainsi dire antérieure, des lambeaux de phrases, de dialogues. J'étais, sans le savoir, à l'écoute d'un livre qui rejetait tous les livres et que, bien évidemment, je ne maîtrisais pas. Un livre que j'interrogeais en même temps que je l'écrivais et dont j'attendais qu'il se fît à travers cette interrogation même » *(Le Livre des questions*, 1975).

La première interrogation est celle du genre : un même ouvrage réunira poèmes en vers libres ou en versets, aphorismes, lettres, fragments de journal, d'essais, de citations, dialogues littéraires, articles, hommages, etc. Le ton lui aussi varie, de la fantaisie à la gravité didactique. Diversité de genres et de tons, mais unité et continuité d'une œuvre qui forme une vaste construction d'ensemble, douée d'une signification unique liée aux questions convergentes de Dieu, de la judéité, du livre, de l'écriture, et à l'extrême, du mot avant la mort : « Mot juste. Mort juste » *(Le Livre des marges)*. C'est là aussi la quête lucide et âpre d'une sagesse, dont la référence principale est la Bible et la culture judaïque, mais dans un dialogue permanent avec les penseurs, critiques, philosophes et poètes contemporains.

Les sept livres dont la série commence en 1963 et auxquels Jabès donnera en 1973 le titre global de *Livre des questions (Le Livre des questions*, *Le Livre de Yukel*, *Le Retour au Livre*, *Yaël*, *Elya*, *Aely* et *El, ou le dernier livre)* se présentent comme la vision en lambeaux, éclatée, de l'œuvre pressentie, interrogeant l'homme, l'histoire, les éclatements du signe : « L'infini avec chaque vocable, fait éclater les limites du livre. L'écrivain vit dans l'atmosphère de la lettre pulvérisée. » *(Aely)* La fragmentation même du signe est manifestée dans les trois titres : *Yaël*, *Elya* et *Aely* qui, exploitant l'anagramme, font naître trois personnages poétiques auxquels s'ajoute Yukel. L'auteur recevra le prix des Critiques en 1970 pour *Le Livre des questions.*

Jabès poursuit cet itinéraire arraché au silence dans *Le Livre des ressemblances* (1976-1980), qui lui aussi rassemble plusieurs livres : *Le Livre des ressemblances*, *Le Soupçon le désert*, *L'Ineffaçable L'inaperçu*, et offre l'image d'une éternelle tentative de l'écrire, sans cesse à reprendre, toujours insaisissable.

Avec *Le Livre des marges*, Jabès fait porter son interrogation sur le souci qu'a la poésie moderne de se situer entre l'implicite et l'explicite, entre le dit et le non-dit. Les interlocuteurs sont alors Maurice Blanchot, Jacques Derrida, Jean Starobinski, Emmanuel Lévinas, Roger Caillois, Michel Leiris.

Dans l'œuvre de Jabès, le désert est le lieu d'exil par excellence, où apparaît et disparaît la présence de l'homme : « Le désert, excluant la demeure, ouvre l'infini de l'ailleurs à l'errance fondamentale de l'homme. Ici, aucun ici n'a de sens. Et quand la voix humaine s'élève dans ce milieu nul, c'est toujours un combat de la Présence et de l'Absence qui se livre au sein de chaque mot avec victoire de l'Absence. » (Gabriel Bounoure, « Edmond Jabès, la demeure et le livre », *Mercure de France*, janvier 1965). C'est cette évocation d'un espace déserté après l'ultime épreuve de son existence et de sa disparition qu'Edmond Jabès met en épigraphe de son dernier livre, *Le Livre de l'hospitalité* : « Écrire, maintenant, uniquement pour faire savoir qu'un jour j'ai cessé d'exister : que tout, au-dessus et autour de moi, est devenu bleu, immense étendue vide pour l'envol de l'aigle dont les ailes puissantes, en battant, répètent à l'infini les gestes de l'adieu au monde. / Oui, uniquement pour confirmer que j'ai cessé d'exister le jour où l'oiseau rapace a occupé seul l'espace de ma vie et du livre, pour régner en maître et dévorer ce qui, une fois encore, cherchait, en moi, à naître et que je tentais d'exprimer. » Edmond Jabès est mort à Paris le 2 janvier 1991.

ŒUVRES. — *Je bâtis ma demeure*, poèmes, 1957, rééd. Gallimard, 1975. — *Le Livre de Yukel*, Gallimard, 1964, rééd. L'Imaginaire, 1988. — *Le Retour au livre*, Gallimard, 1965, rééd. L'Imaginaire, 1988. — *Yaël*, Gallimard, 1967. — *Elya*, 1969. — *Le Livre des questions*, Gallimard, 1970, rééd. L'Imaginaire, 1988. — *Aely*, Gallimard, 1972. — *El, ou le dernier livre*, Gallimard, 1973 ; les sept derniers livres réédités en trois tomes sous le titre *Le Livre des questions*, Gallimard, 1990. — *Ça suit son cours*, 1975. — *Le Livre des ressemblances*, 1976. — *Le Soupçon le désert*, 1978. — *L'Ineffaçable L'inaperçu*, 1980 ; les trois derniers livres réédités en un seul tome sous le titre *Le Livre des ressemblances*, L'Imaginaire, 1991. — *Dans la double dépendance du dit*, 1984, réédité avec *Ça suit son cours* dans *Le Livre des marges*, Le Livre de Poche, 1987. — *Du désert au livre : entretiens avec Marcel Cohen*, 1981, rééd. Belfond, 1991. — *Récit*, 1982 et 1987. — *Le Petit Livre de la subversion hors de soupçon*, Gallimard, 1982. — *Le Livre du dialogue*, Gallimard, 1984. — *Le Parcours*, Gallimard, 1985. — *Le Livre du partage*, Gallimard, 1987. — *La Mémoire et la Main*, Fata Morgana, 1988. — *Un étranger avec, sous le bras, un livre de petit format*, Gallimard, 1989. — *Le Seuil, le sable : poésies complètes 1943-1988*, Poésie-Gallimard, 1990. — *Petites Poésies pour jours de pluie et de soleil*, Gallimard, 1991. — *Désir d'un commencement, Angoisse d'une seule fin*, Fata Morgana, 1991. — *Le Livre de l'hospitalité*, Gallimard, 1991. — *Cela a eu lieu*, Fourbis, 1993.

→ Julien Guglielmi, *La Ressemblance impossible : Edmond Jabès*, 1978. — *Edmond Jabès*, Capitales-Les Cahiers Obsidiane, 1982. — Gabriel Bounoure, *Edmond Jabès, la demeure et le livre*, 1965, rééd. Fata Morgana, 1985. — *Écrire le livre, autour d'Edmond Jabès* (colloque de Cerisy, août 1987), Champ Vallon, 1989. — Didier Cahen, *Edmond Jabès*, Belfond, 1991.

M.A.

Jaccottet Philippe (1925). Né le 30 juin 1925 à Moudon, dans le canton de Vaud, en Suisse, après des débuts littéraires dans son pays *(Requiem*, 1947), il s'installe définitivement à Grignan, dans la Drôme, en 1953. Il s'y consacre à son œuvre et à un remarquable travail de traducteur (Musil, Rilke, Ungaretti). C'est de 1953 que date aussi la naissance de la véritable voix de Jaccottet, avec le recueil *L'Effraie* : voix murmurante, basse, cherchant à se faufiler parmi les apparences, à inventer de furtifs équilibres entre la perte, l'angoisse et d'intermittentes splendeurs. *L'Ignorant* (1957) confirme cette pesée, comme sur une délicate balance, de la nuit et du jour : « Tel est le monde. / Nous ne le voyons pas très longtemps : juste assez / Pour en garder ce qui scintille et va s'éteindre, / Pour appeler encore et encore, et trembler / de ne plus voir. »

Humilité et patience s'imposent donc face aux éblouissements fugitifs devant le monde : « L'effacement soit ma façon de resplendir ». Se défiant des images trop belles, des lyrismes trop sûrs, qui ne laissent leur place ni à l'hésitation ni à l'anxiété, le poète travaille à s'estomper, à se fragiliser. Philippe Jaccottet a expliqué cette morale de la poésie (effacement de soi-même, réticence devant les pièges et les facilités de l'enthousiasme, ouverture aux plus infimes éclaircies du visible) dans des notes et carnets *(Journées*, 1977 ; *La Semaison*, 1984 ; *Autres Journées*, 1987) ainsi que dans des chroniques de poésie d'une singulière limpidité *(L'Entretien des Muses*, 1968 ; *Une transaction secrète*, 1987). Un récit *(L'Obscurité*, 1961), racontant les retrouvailles douloureuses d'un jeune élève et de son ancien maître, a tenté de mettre en scène ces oppositions. « Rien n'est vrai, rien n'est, hormis le mal de le savoir », affirme le maître hanté par l'horreur de la mort. « Ce sont peut-être les légers, les téméraires qui ont raison... ceux qui acceptent de se perdre sans espoir de compensation », répond l'élève. Si le récit n'est peut-être pas la forme la plus adaptée à la voix de Jaccottet, la confrontation de ces deux personnages éclaire de l'intérieur toute son œuvre : devant l'effroi comme devant la beauté, « toute affirmation est trompeuse ». L'honnêteté consiste ainsi à s'en tenir au plus proche, qui est aussi le plus précaire, le moins sûr, à essayer de prêter sa voix à une « clarté inattendue dans l'air ». Des proses poétiques *(Éléments d'un songe*, 1961 ; *Paysages avec figures absentes*, 1970, rééd. 1976 et Poésie-Gallimard 1998), faites de descriptions et de retours sur ce qui a été vu, tentent elles aussi de heurter sur ces « navettes aveuglantes » qui circulent parfois à l'occasion d'une promenade et paraissent recoudre le monde. Mais il faut toujours « faire une place à ce qui se dérobe », sous peine de laisser s'échapper ce qui fut entrevu dans le « petit jour » instable, devant « la longue plainte de la mer ».

Défiant à l'égard de toute théorie et de toute doctrine, Jaccottet trouve donc, dans une « attention modeste aux choses limitées » (ciel sur un verger, couleur d'une fleur), un « instant de joie », « un étonnement profond d'être là », la preuve qu'« être là fût possible ». L'attention au plus frêle (« Je me suis gardé léger / pour que la barque enfonce moins »), en progressant, apparaît dans l'évolution formelle : les rimes, discrètes déjà dans les premiers recueils, disparaissent, les formes brèves (notes, haïku) allègent encore une parole qui voudrait s'inscrire dans l'air *(Airs*, 1967), flotter à mi-chemin du ciel et de la terre *(Pensées sous les nuages*, 1983). La poésie dès lors se dissimule de mieux en mieux dans la prose. Avec *À travers un verger* (1984) ou *Cahier de verdure* (1990), le poète invente une forme originale mêlant poèmes et proses réflexives, descriptions et notules, où les parenthèses et les points d'interrogation se font nombreux et butent chaque fois sur la même énigme : « Qu'est-ce qui naît à la rencontre du ciel et des yeux ? » Ainsi s'installe un double mouvement, dont les hésitations sont en cohérence avec un poète qui trouve dans la beauté du monde un signe ou pressentiment d'« autre chose », d'une réalité plus pure, d'une réconciliation possible de l'horreur et de la lumière, mais qui craint toujours d'en dire trop, d'être dupe d'une vision, ou de mots qui, en prétendant l'expliquer, risquent toujours de lui donner trop de sens et de valeur. Cependant, aussi fragmentée soit-elle, la poésie de Jaccottet ne renonce pas à l'équilibre, se refusant aux facilités de la brisure et de la rupture permanente. L'unité de ton, de souffle, chaque fois se préserve dans une syntaxe maintenue et dans une discrète musicalité. Une poésie prospective, faite d'assemblages, d'approximations, d'incessantes reprises de la touche, de repentirs, de précisions, construit une harmonie aérée, sans jamais sombrer dans l'informe.

En référence à Hölderlin, à la recherche d'une pondération de la limite et de l'illimité, l'originalité de la poésie de Jaccottet réside alors dans son attention au visible, dans son refus de quitter la matérialité des choses, dans son obstination à faire jouer ensemble ce que la plupart des œuvres désormais séparent, vouées exclusivement à l'élan ou au gouffre, à la célébration ou à la perte. La fréquentation du romantisme allemand, l'espérance en une Totalité — ce que Rilke a nommé l'Ouvert — où le fini et l'infini se répondraient, ne font donc pas exploser le texte sur un Dehors. C'est à travers le visible, dans la chair restituée des apparences, que l'infini peut s'inscrire.

Sous la ténuité d'une poétique de l'insaisissable s'affirme ainsi une voix d'une grande force, irremplaçable dans la poésie contemporaine, parce qu'elle refuse tout à la fois les pièges de l'abstraction intellectuelle et ceux de la pure immanence. Dans l'ambiguïté des clairs-obscurs, entre l'atrocité de la mort et la caresse du visible, entre la « nuit » et les « filtres du feuillage », à partir de l'incertitude s'esquisse ainsi « une tendre accalmie », s'édifient des « cloisons de paille » proposant, loin des « surcroîts » et des « excès », la justesse pour toute demeure.

ŒUVRES. — Chez Gallimard : *Poésie 1946-1967* [anthologie], coll. Poésie-Gallimard, 1971. — *Éléments d'un songe*, 1961. — *L'Obscurité*, 1961. — *Paysages avec figures absentes*, 1976. — *Pensées sous les nuages*, 1983. — *La Semaison*, 1984. — *À travers un verger*, 1984. — *Cahier de verdure*, 1990. — *La Seconde Semaison*, 1996. — Chez d'autres éditeurs : *Requiem*, 1947, rééd. Fata Morgana, 1991. — *Chants d'en bas*, Payot, 1977. — *Autres Journées*, Fata Morgana, 1987. — *La Promenade sous les arbres*, Lausanne, Bibliothèque des Arts, 1980. — **Traductions** : *D'une* *lyre à cinq cordes 1946-1995*, Gallimard, 1997. — *Haïku*, traduit du japonais, Fata Morgana, 1997. — **Essais** : *L'Entretien des Muses*, 1968. — *Une transaction secrète*, 1987. — *Gustave Roud*, Seghers, coll. Poètes d'aujourd'hui, 1968. — *Rilke*, Le Seuil, coll. Écrivains de toujours, 1970.

→ Alain Clerval, *Philippe Jaccottet*, Seghers, coll. Poètes d'aujourd'hui, 1976. — *Sud*, nos 32-33, 1981. — Jean Onimus, *Philippe Jaccottet, une poétique de l'insaisissable*, Champ Vallon, 1982. — *Faire-part*, nos 10-11, 1988.

O.B.

Jacob Max (1876-1944). Né à Quimper le 11 juillet 1876, il restera profondément influencé par les paysages et légendes de la Bretagne, quittée à vingt ans, et que l'on retrouve dans son œuvre : *La Côte* (1913) est un recueil de chants bretons. Après de brillantes études à Quimper, il part pour Paris et entre à l'École coloniale, qu'il abandonne deux ans plus tard. Tourné vers la critique d'art, il veut être peintre et mène une vie de bohème dans le Montmartre des premières années du siècle, fréquentant le Bateau-Lavoir, et à Montparnasse. Il exerce les métiers les plus divers et les plus saugrenus, comme de tirer les cartes aux gens du quartier. Il rencontre Picasso, Apollinaire, Francis Carco, André Salmon, Roland Dorgelès. Il publie alors des contes pour enfants *(Histoire du roi Kaboul Ier et du marmiton Gauvain, Le Géant du soleil)*. D'origine juive, il se convertit au catholicisme (son parrain est Picasso) en 1909, à la suite d'une vision du Christ le 7 octobre (vision qui se renouvelle en 1915). Cette révélation bouleverse sa vie. Il écrit des ouvrages d'inspiration religieuse, comme *Saint Matorel*, roman mystique, suivi des *Œuvres burlesques et mystiques de frère Matorel [...]*, illustré par Picasso et où il commence à insérer des poèmes en prose, et du *Siège de Jérusalem*, drame symbolique. À une date relativement tardive, en 1917, il fait imprimer à compte d'auteur un recueil de poèmes en prose composés depuis le début du siècle, *Le Cornet à dés*. En 1921, il publie *Le Laboratoire central*, un roman, *Cinématoma [...]*, un recueil de nouvelles, et *Le Roi de Béotie* où se manifeste son don d'observation. Sa production abondante comportera, outre des poèmes et des romans, des gouaches, des dessins et des méditations.

À partir de 1921, il fait, à côté de l'abbaye de Saint-Benoît-sur-Loire, une retraite de six ans consacrée à son œuvre et à la méditation religieuse, et entrecoupée de voyages en Bretagne, en Italie, en Espagne. En 1927, il s'installe à Paris. Dégoûté par la vie factice de dandy qu'il y mène, il se retire définitivement en 1937 à Saint-Benoît afin de s'y livrer à la méditation, vivant de ses peintures et de ses dessins et poursuivant son œuvre poétique. Le 24 février 1944, après une dénonciation, il est raflé par les Allemands, et meurt d'une broncho-pneumonie au camp de concentration de Drancy, le 5 mars 1944.

Pittoresque par son allure (veste de garçon boucher et monocle) et ses manières (grand bavard conteur d'anecdotes), généreux de lui-même (ami fidèle et épistolier infatigable), pince-sans-rire fantaisiste et mystique profond, doué et subtil, Jacob a exercé une influence déterminante sur nombre de poètes parmi lesquels Maurice Fombeure, René Guy Cadou, Jean Follain. Son talent d'enchanteur offre une gamme très variée de tonalités : poésie à prosodie régulière, en vers libres, en prose, romans mêlés de vers *(La Défense de Tartuffe)*, anecdotes, lettres imaginaires *(Le Cabinet noir [...])*, fantaisie blagueuse (contrepèteries, calembours), méditation. Avec lui comme avec Apollinaire se manifeste, au début du XXe siècle, un nouvel esprit poétique. Jacob laisse la logique formelle du langage agir à sa guise, le sens se greffant ensuite. Ainsi dans cet extrait d'un de ses plus célèbres poèmes, *Avenue du Maine*, tiré des *Œuvres burlesques et mystiques de frère Matorel [...]* : « Ménage ton ménage / Manège ton manège / Ménage ton manège / Manège ton ménage. / Mets des ménagements / Au déménagement. » Fantaisie et cocasserie caractérisent la première poésie de Max Jacob : il se laisse guider par des associations libres qui préfigurent le surréalisme.

Le Cornet à dés, recueil de poèmes en prose, est partagé entre une fantaisie verbale pleine d'imprévu et la gravité d'un esprit en proie à ses propres contradictions. Le lecteur est contraint de rebondir sans cesse de mot en mot, d'idée en idée, suivant les caprices savants d'un itinéraire dont l'aboutissement peut être une nouvelle pirouette, comme dans *Genre biographique* : « Déjà, à l'âge de trois ans, l'auteur de ces lignes était remarquable : il avait fait le portrait de sa concierge en passe-boule, couleur terre-cuite, au moment où celle-ci, les yeux pleins de larmes, plumait un poulet. Le poulet projetait un cou platonique. Or, ce n'était ce passe-boule, qu'un passe-temps. En somme, il est remarquable qu'il n'ait pas été remarqué : remarquable, mais non regrettable, car s'il avait été remarqué, il ne serait pas devenu remarquable ; il aurait été arrêté dans sa carrière, ce qui eût été regrettable. Il est remarquable qu'il eût été regretté et regrettable qu'il eût été remarqué. Le poulet du passe-boule était une oie. »

Le même ton, mais dans des poèmes en vers libres ou libérés, caractérise *Le Laboratoire central*, qui rassemble des textes écrits entre 1903 et 1921. La grande liberté de Jacob lui permet d'allier mysticisme, prière, atmosphère onirique, chanson populaire et humour, dans une poésie pleine d'aisance, de rythme, de légèreté et d'émotion : « On fut reçu par la fougère et l'ananas / L'antilope craintif sous l'ipécacuanha. / Le moine enlumineur quitta son aquarelle / Et le vaisseau n'avait pas replié son aile / Que cent abris légers fleurissaient la forêt. / Les nonnes labouraient. L'une d'elles pleurait / Trouvant dans une lettre un sujet de chagrin. / Un moine intempérant s'enivrait de raisin. / Et l'on priait pour le pardon de ce péché / On cueillait des poisons à la cime des branches / Et les moines vanniers tressaient des urnes blanches. »

Mais la veine de Max Jacob n'est pas uniquement fantaisiste ; il a écrit des poèmes religieux d'une spiritualité élevée, qui disent son amour de Dieu : « Mort de Dieu / Est-il possible qu'Il soit Mort sans que le fleuve / paisible de la vie se change en cataractes. Et moi / puis-je songer à Votre Terrible Mort sans me changer / en cataractes. Ô Mort de l'Unique, d'où vient que / je sois vivant après Votre Mort. » Dans les dernières années qu'il passe à Saint-Benoît, poésie et mysticisme sont intimement liés et répondent pour lui à des élans contradictoires. Il écrit dans une note du 19 juin 1941 : « La poésie est un état d'âme à la fois terrestre et supraterrestre, accompagné d'un besoin d'extériorisation. L'état mystique est une volupté en Dieu qui ne saurait s'exprimer sans se détruire. L'une est le contraire de l'autre ! L'extériorisation détruit la vie intérieure. / Cependant, les exercices mystiques en élevant l'homme élèvent aussi le poète, car tant vaut l'homme, tant vaut le poète, et il ne faut pas chercher ailleurs qu'en Dieu un petit supplément d'intelligence. La méditation laïque ne nous fait découvrir que nous-même sans y rien ajouter ; mais la grâce de Dieu est vraiment une ajouture au potentiel. C'est pourquoi la Robe de Dieu qui est en symbolique, cette grâce, est collée à la chair et enlève le sang. »

ŒUVRES. — *Histoire du roi Kaboul Ier et du marmiton Gauvain*, 1904, rééd. Folio Junior, 1977. — *Le Géant du soleil*, 1904. — *Saint Matorel*, 1909. — *Les Œuvres burlesques et mystiques de frère Matorel, mort au couvent de Barcelone*, 1911. — *Le Siège de Jérusalem*, 1912. — *La Côte*, 1913. — *Le Cornet à dés*, 1917, rééd. Poésie-Gallimard, 1988. — *Le Phanérogame*, 1918. — *La Défense de Tartuffe*, 1919. — *Le Cinématoma, fragments de mémoires des autres*, 1920. — *Le Dos d'Arlequin*, 1921. — *Le Laboratoire central*, 1921, rééd. Poésie-Gallimard, 1980. — *Le Roi de Béotie* suivi de *La Couronne de Vulcain*, 1921, rééd. Gallimard, 1972. — *Le Terrain Bouchaballe*, 1922, rééd. Gallimard, 1964 et Rougerie, 1982. — *Le Cabinet noir : lettres avec commentaires*, 1922, rééd. L'Imaginaire, 1977. — *Art poétique* suivi de *Notes à propos des Beaux-Arts*, 1922, rééd. Élocoquent, 1987. — *Filibuth, ou la montre en or*, 1922. — *L'Homme de chair et l'homme reflet*, 1924. — *Visions infernales*, 1924. — *Les Pénitents en maillots roses*, 1925. — *Fond de l'eau*, 1927. — *Sacrifice impérial*, 1929. — *Tableau de la bourgeoisie*, 1930. — *Rivage*, 1931. — *Morceaux choisis*, 1936. — *Ballades*, 1938 ; ces six derniers recueils ont été réunis sous le titre *Ballades*, Gallimard, 1970. — *Conseils à un jeune poète* et *Derniers Poèmes en vers et en prose*, Gallimard, 1945. — *Méditations religieuses*, 1945, rééd. Calligrammes, 1986. — *L'Homme de cristal*, 1947, rééd. Gallimard, 1967. — *Miroir d'astrologie*, 1949. — *Poèmes de Morven le Gaélique*, Gallimard, 1953, rééd. Poésie-Gallimard, 1991. — *Le Cornet à dés II*, 1955. — *Récit de ma conversion*, 1959. — *Chroniques d'art : 1898-1900*, Lettres modernes, 1987. — *Saint-Benoît et l'abbaye de Fleury*, Zodiaque, 1988. — *Les Propos et les jours : lettres 1904-1944*, Zodiaque, 1989.

→ André Billy, *Max Jacob*, Seghers, coll. Poètes d'aujourd'hui, 1945. — Marcel Béalu, *Dernier Visage de Max Jacob*, Lyon, Vitte, 1946, rééd. Vrin, 1974. — René Plantier, *L'Univers poétique de Max Jacob*, Klincksieck, 1963. — Robert Guiette, *La Vie de Max Jacob*, Nizet,

1976. — Pierre Andreu, *Vie et mort de Max Jacob*, La Table ronde, 1982. — *Les Cahiers Max Jacob*, 1951.

M.A.

Jacob Suzanne (1943). Elle poursuivait déjà une carrière dans la chanson en tant qu'auteur-compositeur-interprète, avant d'aborder la littérature avec *Flore Cocon* (1978), roman dont les personnages féminins apparaissent comme des êtres insaisissables, en constante mutation, aux amours volatiles, à l'imagination sans bornes. Dans *La Survie* (1979), recueil de nouvelles, dans *Poèmes 1* (1980) et dans ses romans postérieurs, *Laura Laur* (1983), *La Passion selon Galatée* (1987), *Maude* (1988), *Les Aventures de Pomme Douly* (1988), récit plus humoristique, et finalement *Plages du Maine* (1989), Suzanne Jacob fait apparaître un monde étrange et poétique. Le texte s'élabore au hasard des images, des mots, entrelaçant des scènes oniriques. Avec *L'Obéissance* (1991), la romancière met en scène le problème toujours actuel de la responsabilité et de la soumission.

A.J.

Jacqmin François (1929-1992). Né à Horizon-Hozémont (Belgique), le 22 septembre 1929. Exilé en Angleterre avec sa famille durant la guerre, il ne revient en Belgique qu'en 1948. Il rejoint le groupe de *Phantomas* en 1950 ; mais contrairement à l'orientation principale de la revue, centrée sur les divertissements du langage, Jacqmin construit une poétique rigoureuse aux accents métaphysiques, son intérêt pour la psychanalyse et son bilinguisme français-anglais le portant à une double interrogation, à la fois posée sur le monde et sur le langage. De *L'Amour, la terre* (1954) au *Coquelicot de Grétry* (1978) (*La Rose de décembre*, 1959 ; *L'Employé*, 1967 ; *Poèmes*, 1969 ; *Camera oscura*, 1976), il affine progressivement son instrument, qui culmine avec les « poèmes en prose » des *Saisons* (1979). Dans une tentative désespérée de ne pas dire le monde avec les mots qu'il nous livre (« les propos du monde sont gênés par un lapsus qui ramène tout à l'humide »), de petites phrases essentielles précipitent chacun de ses tableaux dans une rencontre insolite entre un sujet et son objet : « nul art de l'esprit/ n'achève/ la chose achevée ;/ la dialectique du réel/ n'est jamais atteinte ». Il s'agit ainsi de reconquérir par le langage les végétaux, la nature, les éléments, les cycles, dans leur devenir même, comme « site[s] intouché[s] de l'être » (voir aussi *Particules*, s.d. ; *Le Domino gris*, 1984, prix triennal de poésie ; *Le Livre de la neige*, 1990, prix Max Jacob 1991). Il est mort à Liège le 13 février 1992.

ŒUVRES. — *Les Saisons*, rééd., Bruxelles, Labor, coll. Espace Nord, 1988. — *Le Livre de la neige*, rééd., La Différence, coll. Littérature, 1993.

→ François Jacqmin, *Le Poème exacerbé*, Louvain, Université catholique, coll. Chaire de poétique, 1993 (posth.).

O.Bi.

Jacques Lucien (1891-1961). Né à Varennes-en-Argonne le 2 octobre 1891. Passionné par la danse, la sculpture, le tissage, artiste de talent et un esprit libre, installé dans le midi, il a créé en 1920 une revue, *Les Cahiers de l'artisan*, dans laquelle il fait paraître ses premiers poèmes réunis sous le titre de *Fontaines* (publiés en volume sous le même titre, Malfère, 1924, avec *La Pâque dans la grange)*. D'autres suivront, *Jardin sans murs* (Valois, 1931) et, après la guerre, les poèmes de la *Suite française* (« La Pantoufle perdue ou Cendrillon », « Une fille de Lorraine », « Pastorale de Noël »). Une amitié profonde le lie à Giono (voir leur correspondance, *Cahiers Giono 1 et 3*, Gallimard 1981 et 1983), dont il publie, en août 1924, dans le n° 6 des *Cahiers de l'artisan*, la première œuvre : *Accompagnés de la flûte*. Jacques l'encourage à écrire *Naissance de l'Odyssée*, l'entoure de ses conseils et, grâce à son ami Henry Poulaille, contribue à l'introduire chez Grasset. Il participe très activement auprès de Giono à l'aventure du Contadour. Toujours avec Giono, il entreprend, en 1937, la traduction de *Moby Dick*. Son œuvre la plus intéressante est son journal de la guerre 1914-1918, *Carnets de moleskine*, publié dans les *Cahiers du Contadour* (1938) puis chez Gallimard avec une préface de Giono (1939). Lucien Jacques est mort le 11 avril 1961.

Ph.B.

Jaloux Edmond (1878-1949). Né à Marseille le 19 juin 1878, il consacre ses premières économies enfantines à l'achat des contes d'Hoffmann et de Poe ; l'amour du merveilleux comme celui de la littérature anglaise et allemande ne le quitteront plus. Sa première œuvre, d'inspiration symboliste, *Une âme d'automne* (publiée à compte d'auteur en 1896), fut saluée par Paul Adam, Gide et Mallarmé. De 1890 à 1900, sa petite chambre de la rue des Tonneliers devint la capitale de la vie littéraire marseillaise : Francis de Miomandre, Camille Mauclair, Stuart Merrill, Jean-Louis Vaudoyer, Henri de Régnier s'y retrouvaient. Monté à Paris, Jaloux se mit à collaborer à *L'Ermitage*, au *Gaulois* et à *L'Opinion*. Un de ses premiers romans, *Le reste est silence*, reçut le prix Femina en 1909. Stock et le Mercure de France se mirent à publier la plupart de ses œuvres, qui se succédaient à un rythme soutenu, avant que Plon ne devienne son éditeur attitré. La création des *Nouvelles littéraires*, le 2 octobre 1922, marque son entrée dans la critique littéraire. Sous le titre « L'Esprit des livres », il y tint une chronique régulière jusqu'à la suspension provisoire de cette publication en 1940. Nommé directeur du catalogue de Stock en 1924, il dirigea également une collection chez Grasset et chez Émile-Paul, où il publia entre autres Radiguet, Giraudoux, Montherlant, Cassou. À partir de 1929, il tint une chronique bimensuelle dans *Le Temps*, où il abordait les sujets les plus divers. Il fut élu à l'Académie française en 1936.

Inlassable découvreur de jeunes talents, messager en France du romantisme allemand et du fantastique anglais, conteur inépuisable, il n'est plus guère lu aujourd'hui. Son œuvre romanesque, une des plus prolifiques de l'entre-deux-guerres, compte cependant quelques chefs-d'œuvre, tels que *L'Âge d'or* (Rasmussen, 1926). Ses souvenirs constituent un des plus précieux témoignages pour l'histoire des lettres françaises entre 1890 et 1940 (*Les Saisons littéraires*, Éditions de l'université de Fribourg, 1942 ; Plon, 1950). À l'arrivée des troupes allemandes, ne voulant pas écrire sous les directives de l'occupant, il se réfugie en Suisse, où il collaborera à la *Gazette de Lausanne* et au *Journal de Genève*. Il est mort le 15 août 1949 à Lutry (Suisse), laissant inachevée son histoire littéraire de la France, qu'il abandonnait avec Descartes.

→ Yanette Delétang-Tardif, *Edmond Jaloux*, La Table ronde, 1947. — Jack Kolbert, *Edmond Jaloux et sa critique littéraire*, Droz-Minard, 1962.

S.B.

Jamme Franck-André (1947). Dans ses poèmes sans complaisance, il veut témoigner du monde dans son immédiateté extérieure : *Absence de résidence et pratique du songe* (1985) compte six textes de prose fragmentée, consacrés chacun à un élément naturel (poisson rouge, pierre, etc.) : une poésie elliptique née d'images discontinues. *Pour les simples* (Fata Morgana, 1987) joue sur l'alternance du poème en prose et du poème en vers.

D.H.-M.Ber.

Jammes Francis (1868-1938). Né à Tournay (Béarn) le 2 décembre 1868, il s'est toujours tenu à l'écart des influences parisiennes et a passé toute sa vie au pied des Pyrénées, mis à part quelques brefs séjours à Paris et un voyage en Algérie en 1896. Après des études à Pau puis à Bordeaux, il s'installe comme clerc de notaire à Orthez, auprès de sa mère. Sa vocation littéraire s'affirme très vite ; en 1895, quand Gide publie dans *Le Mercure de France* son poème *Un jour*, la simplicité de ce chant pour la vie et la nature séduit un public lassé par les subtilités des symbolistes. Le « jammisme » devient une mode dans les années qui précèdent la Première Guerre. Dès son premier grand recueil, *De l'angélus de l'aube à l'angélus du soir*, il utilise l'alexandrin dit « libéré », dans lequel le nombre des syllabes est douze, mais à l'*e* caduc près, avec syncopes, apocopes, élisions étrangères à la prosodie classique, dans un rythme parfois décalé qui met en avant l'impair, cher à Verlaine. Il utilisera aussi volontiers le vers libre.

Sa poésie est caractérisée par une transparence de l'expression dénuée d'artifices mais non d'ironie, et par le caractère très quotidien des thèmes (la nature campagnarde, les animaux familiers, la vie de tous les jours, l'enfance, les jeunes filles) pimentés d'un éventuel exotisme qui rappelle parfois certains poèmes parnassiens. Il cultive ingénuité et affectivité avec une certaine complaisance mais aussi un charme nostalgique qui évoque le cadre paradisiaque et la sécurité de la vieille maison familiale de province, aux meubles bien cirés, au parfum de lavande, au jardin généreux : « Il y a une armoire à peine luisante / qui a entendu les voix de mes grand'tantes, / qui a entendu la voix de mon grand'père, / qui a entendu la voix de mon père. / À ces souvenirs l'armoire est fidèle. / On a tort de croire qu'elle ne sait que se taire, / car je cause avec elle. » Cette simplicité et cette apparente naïveté lui ont valu quelques sarcasmes, comme d'être qualifié de « Douanier Rousseau de la poésie ». Il donne ensuite, dans la même veine, *Le Deuil des primevères*, où certains poèmes sont frappés d'un humour narquois : « Lorsque Guadalupe qui a dix-sept ans / en aura quatre-vingts, elle s'en ira souvent / dans le jardin aux forts parfums, aux fleurs gluantes, / jouer de la guitare avec de petits gants. / Elle aura le nez crochu et le menton croche, / les yeux troubles des vieux enfants, la maigreur courbe, / et une chaîne d'or à longues émeraudes / qui, roide, tombera de son col de vautour. »

Il publie également des romans post-symbolistes, sentimentaux et mélancoliques : *Clara d'Ellébeuse*, *Almaïde d'Etremont*, *Pomme d'anis* et un poème en prose, *Le Roman du lièvre*. Au début du siècle, il fait la connaissance du jeune Alexis Léger, futur Saint-John Perse, qu'il encourage dans la voie de la poésie. Le jeune exilé de ses Antilles natales et le poète d'Orthez sont rapprochés par l'existence d'un grand-père de Jammes, ancien aventurier enterré à la Guadeloupe.

En 1905, sous l'influence de Claudel, il revient à la foi catholique, qui lui inspire une poésie religieuse : c'est de *L'Église habillée de feuilles* qu'est extraite la prière célèbre, plus tard mise en musique par Brassens : « Par le petit garçon qui meurt près de sa mère / tandis que des enfants s'amusent au parterre ; / Et par l'oiseau blessé qui ne sait pas comment / son aile tout à coup s'ensanglante et descend ; / par la soif et la faim et le délire ardent : / Je vous salue, Marie. » Sur le même mode, après *Clairières dans le ciel*, *Les Géorgiques chrétiennes* sont des poèmes divisés en sept chants et en distiques qui racontent, avec parfois un certain didactisme, l'histoire d'une famille de paysans. Jammes se marie en 1907 et fonde tardivement une nombreuse famille.

En 1917, il reçoit le grand prix de littérature de l'Académie française, mais ses tentatives pour y entrer seront vaines. Après la Première Guerre, établi à Hasparren, il devient un patriarche provincial hostile aux nouveautés en matière de poésie *(De tout temps à jamais)*. À partir de 1935, il assure la rubrique « L'Air du mois » dans la *NRF*. Il est mort à Hasparren (Pyrénées-Atlantiques) le 1er novembre 1938.

Malgré son relatif isolement géographique, Francis Jammes a toujours été en relation avec de nombreux écrivains. On a publié sa correspondance avec Colette (1945), Albert Samain (1946), Valery Larbaud (1947), Gide (1948), Claudel (1952), Vielé-Griffin (1966). Son inspiration, fondée sur un réalisme familier, l'amour de la vie, de la nature campagnarde et de la province française, influencera nombre de poètes contemporains comme René Guy Cadou, Charles Le Quintrec, François Cariès ou Serge Wellens.

ŒUVRES. — *Œuvres complètes*, Slatkine, 1978, 3 t. — *Vers*, 1892. — *Vers*, 1893. — *Vers*, 1894. — *Un jour*, 1895. — *La Naissance du poète*, 1897. — *De l'angélus de l'aube à l'angélus du soir*, 1898, rééd. Poésie-Gallimard, 1971. — *Quatorze Prières*, 1898. — *La Jeune fille nue*, 1899. — *Clara d'Ellébeuse ou l'histoire d'une ancienne jeune fille*, 1899. — *Le Poète et l'oiseau*, 1900. — *Le Deuil des primevères*, 1898-1900, comprenant les trois recueils précédents, à quoi s'ajoutent *Élégies* et *Poésies diverses*, 1901, rééd. Poésie-Gallimard, 1967. — *Almaïde d'Etremont ou l'histoire d'une jeune fille passionnée*, 1901. — *Le Triomphe de la vie 1900-1901*, 1902 ; rassemble *Jean de Noarrieu* et *Existences*. — *Le Roman du lièvre*, 1903. — *Pomme d'anis ou l'histoire d'une jeune fille infirme*, 1904. — *Tristesses*, 1905. — *Pensée des jardins*, 1906. — *L'Église habillée de feuilles*, 1906. — *Clairières dans le ciel 1902-1906*, 1906, rééd. Poésie-Gallimard, 1980. — *Poèmes mesurés*, 1908. — *Rayons de miel*, 1908. — *Ma fille Bernadette*, 1910. — *Les Géorgiques chrétiennes*, 1912. — *Feuilles dans le vent*, 1913. — *Le Rosaire au soleil*, 1916. — *Monsieur le curé d'Ozeron*, 1918. — *La Vierge et les sonnets*, 1919. — *Le Poète rustique*, 1920. — *Épitaphes*, 1921. — *Le Tombeau de Jean de La Fontaine* suivi de *Poèmes mesurés*, 1921. — *Quatre Livres de quatrains*, 1923-

1925. — *Cloches pour deux mariages*, 1924. — *Les Robinsons basques*, 1925. — *Ma France poétique* et *Trente-six femmes*, 1926. — *Le Rêve franciscain*, 1927. — *Janot poète*, 1928. — *Diane*, 1928. — *Champêtreries et méditations*, 1930. — *L'Antigyde ou Élie de Nacre*, roman 1932. — *Alouette*, 1935. — *De tout temps à jamais*, 1935. — *Le Crucifix du poète*, 1935. — *Sources*, 1936. — *Feux*, 1937. — *Sources et feux*, 1944. — *Prends nos vieux souvenirs*, 1948. — *Le Poème d'ironie et d'amour*, 1950. — *Mémoires*, t. I : *De l'âge divin à l'âge ingrat*, 1921 ; t. II : *L'Amour, les muses et la chasse* ; t. III : *Les Caprices du poète*, 1923, rééd. 1971. — *Correspondance 1898-1937*, Bruxelles, Académie royale, 1972. — *Correspondance Francis Jammes-Henri Ghéon 1897-1938*, Pau, J. & D., 1988.

→ Robert Mallet, *Francis Jammes*, Seghers, coll. Poètes d'aujourd'hui, 1950, rééd. 1969 ; *Francis Jammes, sa vie, son œuvre*, Mercure de France, 1961. — Ivan Gobry, *Francis Jammes : le poète rustique de la foi*, Téqui, 1988. — Yves-Alain Favre, *Jammes et la terre*, Sang de la terre, 1988. — *Francis Jammes poète* (colloque de Pau-Orthez, novembre 1988), Pau, J. & D., 1989. — Il existe depuis 1983 un *Bulletin [de l']Association Francis Jammes* (Orthez). — Fonds Francis Jammes à la Bibliothèque de Pau.

M.A.

Jans Adrien (1905-1973). Né à Edegem (Belgique), le 22 octobre 1905. Sur les traces de Claudel et de Péguy, cet avocat, journaliste, a développé ses conceptions spiritualistes dans des poèmes au ton grave et mesuré : solitude, angoisse et inquiétude de l'homme sont au centre de son œuvre, sublimées dans sa foi (*Clairs-obscurs*, 1933 ; *Chant des âmes*, 1942 ; *La Colonne ardente*, 1954 ; *D'arrache-cœur*, 1961 ; *La Tunique de Dieu* 1965 ; *Ivoiriennes*, 1968 ; repris dans *Poésie 1924-1967*, paru en 1969). On lui doit quelques romans, où il défend la place de l'homme dans la nature (*La Jeune Fille aux sortilèges*, 1943 ; *Échec à l'homme*, 1949 ; *Le Manant*, 1953 ; *D'un autre sang*, 1956), des essais (*La Pensée de Jacques Rivière*, 1938 ; *Érasme*, 1942 ; *Paul Claudel et la Belgique*, 1946) et des souvenirs littéraires (*De Montmartre à Montparnasse*, 1968). Élu à l'Académie royale de langue et de littérature françaises de Belgique en 1965, il est mort le 24 septembre 1973.

→ David Scheinert, *Écrivains belges devant la réalité*, Bruxelles, La Renaissance du livre, 1964.

O.Bi.

Janvier Ludovic (1934). Après une étude sur le Nouveau Roman (*Une parole exigeante*, Minuit, 1984), c'est en spécialiste de Beckett qu'il se fait connaître puisqu'il l'a traduit (*Têtes mortes*, Minuit, 1967), a écrit sur lui des articles (voir *Samuel Beckett*, *Cahiers de l'Herne*, 1976) et lui a consacré deux essais : *Pour Samuel Beckett* (Éditions de Minuit, 1966) et *Beckett par lui-même* (Le Seuil, 1979), qui dépeint un imaginaire en voyageant dans le lexique. Pareille imprégnation se retrouve dans l'écriture syncopée de son premier roman, *La Baigneuse* (Gallimard, 1968), où un observateur suit les évolutions d'une nageuse tout en l'imaginant faisant l'amour, et dans le paroxysme de *Face* (Gallimard, 1975) qui explore des fantasmes sexuels en une langue proliférante et désarticulée. Il faut attendre *Naissance* (Gallimard, 1984) et *Monstre, va* (Gallimard, 1988) pour que des personnages prisonniers de leur enfance racontent en un style apaisé comment, nés à eux-mêmes par l'écriture ou le meurtre, ils ont accompli la solitude qui gouverne *Brèves d'amour* (Gallimard, 1993) et *En mémoire du lit. Brèves d'amour, 2* (Gallimard, 1996). Comme pour répondre au héros de *Monstre, va*, qui se demande s'il « aurai[t] pu faire poète », Ludovic Janvier est également l'auteur de deux recueils, *La Mer à boire* (Gallimard, 1985) et *Entre jour et sommeil* (Seghers, 1992), où il arpente les lieux de son passé en quête des figures qu'il a aimées, cherchant sans cesse où s'origine cette exigence d'écriture et quelle est cette « soif » qui « s'ancre au fond de mots amers ».

J.P.

Japrisot Sébastien (1931) pseudonyme de Jean-Baptiste Rossi. Né à Marseille, il publie son premier roman, *Les Mal partis* (Laffont, 1948), à dix-sept ans, avant de se faire connaître avec *Compartiment tueurs* (Denoël, 1962), *Piège pour Cendrillon* (Denoël, 1962, grand prix de littérature policière 1963), et *La Dame dans l'auto avec des lunettes et un fusil* (Denoël, 1966), qui ont tous été adaptés à l'écran. Écrivant lui-même pour le cinéma, il rencontre avec *Adieu l'ami*

(Denoël, 1968), *La Course du lièvre à travers les champs* (Denoël, 1972) et *Le Passager de la pluie* (Denoël, 1992) le succès qui accueille la réédition de son premier roman en 1966 (prix de l'unanimité). Mais c'est avec *L'Été meurtrier* (Denoël, 1977) qu'il acquiert la célébrité, confirmée par *La Passion des femmes* (Denoël, 1986) et *Un long dimanche de fiançailles* (Denoël, 1991). Le choix de l'intrigue policière, conforme au goût de l'insolite qu'il avait exprimé en tant que publicitaire, révèle surtout la volonté de démonter les modèles du genre : il s'agit de subvertir la logique narrative pour remettre en jeu la maîtrise du lecteur et le pouvoir des héros, obligés de reconstruire leur identité, comme l'amnésique de *Piège pour Cendrillon*, en confondant progressivement les rôles de l'enquêteur, du témoin, de la victime et de l'assassin, au risque d'être eux-mêmes condamnés ou de perdre la raison.

S.R.

Jardin Pascal (1934-1980). Né le 14 mai 1934. Journaliste, puis dialoguiste de films, il a publié dans les années 1970 une série d'ouvrages attachants où se mêlent souvenirs, anecdotes et portraits, traités sans ordre apparent mais avec talent et humour. Outre un roman autobiographique *(Toupie la rage*, 1972), il écrivit en tout quatre livres sur son père, chef de cabinet de Pierre Laval : *La Guerre à neuf ans* (1971), évocation de son enfance à Vichy durant la guerre ; *Guerre après guerre* (1973) ; *Le Nain jaune* (1978) ; *La Bête à bon dieu* (1980). Il est mort le 31 juillet 1980.

O.G.

Jarry Alfred (1873-1907), voir DICTIONNAIRE DES LETTRES FRANÇAISES : LE XIXe SIÈCLE.

Jaurès Jean (1859-1914). Né à Castres (Tarn) le 3 septembre 1859, brillant élève, il est reçu premier à l'École normale supérieure (1878), où il est le condisciple de Bergson. Agrégé de philosophie, chargé de cours à l'université de Toulouse (1883-1885), il est élu, dans la circonscription ouvrière de Carmaux, député du Tarn (1885-1889) et siège au centre gauche aux côtés de Jules Ferry. En 1892, il soutient sa thèse secondaire : *De primis socialismi germanici lineamentis*, et sa thèse principale : *De la réalité du monde sensible*. La lecture de Marx, la rencontre de Jules Guesde, le soutien actif aux mineurs grévistes de Carmaux contribuent à le rapprocher de la classe ouvrière. Réélu député (1893-1898), il rejoint à la Chambre les nouveaux élus se réclamant du socialisme. Orateur brillant et redouté des ministères bourgeois, il est le « saint Jean Bouche-d'Or » de la gauche. Théoricien, il réfléchit sur la construction du socialisme qui « va vers un ordre nouveau sans rompre la profonde unité républicaine » (voir les articles recueillis dans *Études socialistes)*. Homme d'action et militant, il aide les verriers de Carmaux au chômage à fonder une coopérative ouvrière et prend fait et cause en faveur de Dreyfus *(Preuves*, 1898). De 1901 à 1904, paraît son *Histoire socialiste de la Révolution française* où, « marxiste avec Marx et mystique avec Michelet », il analyse les déterminismes économiques de la Révolution. En 1902, il retrouve son siège de député de Carmaux, auquel il sera réélu jusqu'à sa mort. Il est l'un des artisans de la difficile unification des « sectes » socialistes, enfin réalisée en 1905, au congrès de Chalon (fondation de la SFIO). Dans *L'Humanité* (qu'il crée en 1904), il défend les débuts de la Révolution russe. Dans *L'Armée nouvelle* (1910), conciliant l'Internationale et la Nation, il défend l'idée d'une armée « vraiment défensive, populaire et efficace ». Partisan d'un « socialisme démocratique et syndical », il fait voter des lois en faveur de la classe ouvrière, milite pour un rapprochement des syndicats et des partis révolutionnaires. Inquiet de la montée des impérialismes, il se bat pour la paix au sein de l'Internationale socialiste. Au congrès de Bâle (1912), il dénonce les fauteurs de guerre et, en France, mène campagne contre la loi des Trois Ans. Au congrès socialiste de Paris (juillet 1914), il en appelle à « la grève générale ouvrière simultanée et internationalement organisée » pour lutter contre la guerre. Il est assassiné le 31 juillet 1914. Parlementaire réformiste mais penseur marxiste, attaché à la France et à son histoire mais révolté contre le capitalisme, il laisse en héritage une œuvre théorique féconde et l'exemple d'un lutteur d'une rare énergie. L'orateur et le prosateur, au verbe puissant et imagé, fut unanimement salué, de Péguy à Barrès et d'Anatole France à Martin du Gard.

ŒUVRES. — *Œuvres de Jean Jaurès*, éd. Max Bonnafous, Rieder, 1931-1939, 9 t. — Rééd. : *La Classe ouvrière*, La Découverte, Maspero, 1976. — *Études socialistes*, Toulouse, Éd. Histoire et politique, 1995. — *Histoire socialiste de la Révolution française*, Scandéditions-Éditions sociales, 1983, 6 t. — *Libertés*, EDI-Ligue des droits de l'homme, 1987. — *L'Armée nouvelle*, Toulouse, Éd. Histoire et politique, 1995.

→ Charles Rappoport, *Jean Jaurès, l'homme, le penseur, le socialiste* (1915), Paris, Anthropos, 1984. — Marcelle Auclair, *La Vie de Jean Jaurès*, Le Seuil, 1954. — André Robinet, *Jaurès et l'unité de l'être*, Seghers, 1964. — Henri Guillemin, *L'Arrière-pensée de Jean Jaurès*, Gallimard, 1966. — Jean Rabaut, *Jean Jaurès*, Perrin, 1981. — *Jaurès et la classe ouvrière* (colloque), Éditions ouvrières, 1981. — Max Gallo, *Le Grand Jaurès*, Laffont, 1985. — Lucien Silvain, *Jaurès, le révolutionnaire de notre temps : un socialisme réel à la française*, La Pensée universelle, 1988. — *Jaurès*, dir. Marie-France Audouard, Compagnie générale d'édition et de presse, 1989. — Camille Grousselas, *Jaurès écrivain*, Espace européen, 1990. — *Jaurès et les écrivains* (colloque), Orléans, Centre Ch. Péguy, 1993. — *Jaurès et les intellectuels* (colloque), Paris, Les Éd. de l'Atelier et les Éd. ouvrières, 1994. — Madeleine Rebérioux, *Jaurès : la parole et l'acte*, Gallimard, 1994.

J.G.

Jean Raymond (1925). Né à Marseille le 21 novembre 1925, longtemps professeur à l'université d'Aix-en-Provence, collaborateur de *L'Arc*, *Europe*, *La Quinzaine littéraire*, il a publié des essais sur la poésie (*La Poétique du désir*, Le Seuil, 1974 ; *Eugène Guillevic*, Seyssel, Champ Vallon, 1982 ; *Jean Tortel*, Seghers, 1984) et sur le roman (*La Littérature et le réel*, Albin Michel, 1965 ; *Pratique de la littérature*, Le Seuil, 1978 ; *Un portrait de Sade*, Actes Sud, 1989). Avec ses récits, il poursuit une démarche plus politique en décrivant les États-Unis (*Les Ruines de New York*, Albin Michel, 1959), le Maroc postcolonial (*La Conférence*, Albin Michel, 1961), la Tchécoslovaquie du coup de Prague (*Les Deux Printemps*, Le Seuil, 1971), les banlieues racistes (*La Ligne 12*, Le Seuil, 1973), les révolutions du Tiers-Monde (*Photo souvenir*, Le Seuil, 1980), le Proche-Orient dans la guerre du Golfe (*L'Attachée*, Actes Sud, 1993), ainsi que l'Ancien Régime soumis aux lois du commerce (*L'Or et la soie*, Le Seuil, 1983). Et pour mettre à nu une société, rien ne vaut l'irruption d'une femme, comme dans *La Vive* (Le Seuil, 1968) où se démasque une bourgade, *La Rivière nue* (Le Seuil, 1978) inspirée de l'affaire Gabrielle Russier (*Pour Gabrielle*, Le Seuil, 1970), et surtout *La Fontaine obscure* (Le Seuil, 1976), où l'histoire du curé Gaufridy (1618) devient le miroir d'une époque. Ce sens du plaisir, Raymond Jean le trouve enfin dans la mise en scène du pouvoir érotique de la lecture (*La Lectrice*, Actes Sud, 1986 ; *La Cafetière*, Actes Sud, 1995 ; *Le Clou*, Le Temps des cerises, 1995 ; *Le Dessus et le dessous ou l'érotique de Mirabeau*, Actes Sud, 1997) et dans le jeu avec l'écriture (*Mademoiselle Bovary*, Actes Sud, 1991).

J.P.

jeunesse *(littérature de).* Peut-on considérer la littérature de jeunesse comme un domaine à part ? Ne devrait-on pas plutôt présenter les auteurs de bons livres accessibles aux enfants et aux adolescents sans les distinguer des autres écrivains, et écarter l'abondante production stéréotypée de livres pour enfants ? Ce n'est pas certain. La littérature de jeunesse, malgré sa diversité, sa disparité même, existe bien en tant que telle. Elle s'adresse à des lecteurs ne disposant pas encore des facultés de compréhension que l'on prête aux adultes (compétences linguistiques et intellectuelles, expérience, maturation culturelle et affective), sans faire de ces contraintes autant de limitations, car elles dessinent aussi les *fonctions* propres de cette littérature : répondre à un besoin d'expérience que le réel immédiat ne peut suffire à combler, peindre les conflits affectifs propres à l'enfance et à l'adolescence, accompagner le jeune lecteur dans sa découverte du monde, des hommes et de sa propre sensibilité. Littérature de transition, enfin, elle a pour mission d'éveiller à la gamme infiniment riche des plaisirs que procure la lecture : plaisirs du sentiment, de la connaissance, de l'imaginaire et du langage.

Les collections de livres pour enfants. Au début du siècle, la littérature pour enfants et adolescents vient d'accéder au rang de production originale ; assouplissant l'idéal pédagogique et moralisateur qu'incarne encore un ouvrage tel que *Le Tour de France par deux enfants* (1877) de G. Bruno, l'éditeur Pierre-Jules Hetzel (mort en 1886, mais dont la maison d'édition demeure active jusqu'en 1915) considère déjà ses jeunes lecteurs comme un véritable public et leur propose une combinaison harmonieuse d'« éducation et de récréation », incarnée par les *Voyages extraordinaires* de Jules Verne (mort en 1905), puis par les *Voyages excentriques* de Paul d'Ivoi. Héritière de cette ambition, la Bibliothèque verte (créée en 1924) se propose de rendre accessibles par des versions abrégées et une large diffusion les premiers « classiques » de la jeunesse : Verne, Dumas, la comtesse de Ségur, Daudet, George Sand... À la même époque paraissent les premières bandes dessinées. La réflexion sur la spécificité des ouvrages pour enfants et adolescents s'amorce vraiment en 1931 avec les Albums du père Castor, collection novatrice fondée par Paul Faucher : destinés aux jeunes enfants, mettant l'accent sur certains apprentissages élémentaires et utilisant l'image comme un instrument de découverte, ces albums, sans donner naissance à de véritables œuvres littéraires, orientent largement la conception ultérieure du livre pour la jeunesse.

Une révolution toute différente suit la guerre de 1939-1945 : la traduction de nombreux ouvrages anglo-saxons importe en France le goût des « séries » aux personnages et aux intrigues souvent stéréotypés. La Bibliothèque verte, à partir de 1955, infléchit son esprit en ce sens, influençant aussi ses concurrents. Désormais, il faudra chercher l'originalité du côté des albums illustrés que publient certains éditeurs inventifs : Delpire, L'École des loisirs, Denoël (réussite exemplaire, les récits pleins d'humour et de tendresse du *Petit Nicolas* de Goscinny et Sempé, 1960), Quist & Ruy-Vidal. C'est grâce à eux qu'apparaît au début des années 1970 une génération d'illustrateurs (Nicole Claveloux, Étienne Delessert, Henri Galeron, Claude Lapointe, Georges Lemoine, Puig-Rosado...) soucieux d'exploiter pleinement la puissance de suggestion de l'image pour servir le texte tout en donnant à rêver ; leur talent contribue d'abord à rajeunir les albums destinés aux jeunes enfants, puis trouve une application idéale au service des meilleurs textes de la littérature pour adolescents publiés en format de poche : c'est Folio Junior (Gallimard), créée en 1977 et qui demeure le modèle de la plupart des collections pour la jeunesse. Seule véritable nouveauté, au début des années 1990, le lancement de collections présentant des textes plus originaux, en prise directe sur l'univers quotidien des adolescents et le monde moderne (Page blanche chez Gallimard ; les collections des Éditions Bayard).

Contes et récits. Les recueils classiques de contes et de fables (Perrault, Grimm, *Les Mille et Une Nuits,* les récits mythologiques de toutes cultures) gardent un pouvoir de fascination intact sur l'enfance ; ils sont constamment réédités, adaptés, imités. Il est donc naturel que des écrivains contemporains aient tenté de se situer dans cette prestigieuse lignée par l'atmosphère poétique ou symbolique de récits très épurés : citons les nouvelles de Marcel Aymé *(Les Contes du Chat perché,* 1934-1958 ; *Le Passe-muraille,* 1943), *Le Petit Prince* (1943) de Saint-Exupéry, *Tistou les pouces verts* (1967) de Maurice Druon, les romans de Henri Bosco *(L'Enfant et la rivière,* 1953 ; *L'Âne Culotte,* 1954 ; *Le Renard dans l'île,* 1956) ; sans oublier l'*Histoire de Babar* (1931) de Jean de Brunhoff ou, plus récemment, *Le Nom sur le bout de la langue* de Pascal Quignard (1993). Avec humour, certains se sont essayés à faire revivre la tradition du conte merveilleux (Pierre Gripari, *Les Contes de la rue Broca,* 1967 ; Robert Escarpit, *Contes de la Saint-Glinglin,* 1973) ; d'autres ont voulu subvertir le genre par l'absurde ou par les jeux de langage, créant de véritables « anti-contes » (Ionesco, *Contes numéro 1, 2, 3 et 4,* 1970-1976 ; Pef, *La Belle Lisse Poire du prince de Motordu,* 1980). Enfin, par un juste retour des choses, les études savantes sur les structures du conte ont incité quelques auteurs malicieux, issus de l'Oulipo, à créer des œuvres qui jouent avec les conventions du récit (Queneau, *Un conte à votre façon,* 1967 ; Jacques Roubaud, *La Princesse Hoppy,* 1990).

Énigmes, aventure et anticipation. En dehors des contes proprement dits, la plupart des œuvres destinées à la jeunesse doivent leur séduction à l'efficacité de la narration. Le plaisir de curiosité et d'attente que créent le mystère et les rebondissements d'une intrigue constitue un moyen sûr de gagner l'attention du jeune lecteur. D'où la profusion des romans fondés sur des énigmes policières, qui mettent en scène un ou plusieurs enquêteurs astucieux et intrépides, d'un âge souvent proche de celui du lecteur pour faciliter l'identification au personnage. La traduction, à partir de 1955, des récits de la romancière anglaise Enid Blyton *(Le Club des cinq)* a suscité en France plusieurs séries bâties sur le même principe : *Les Six Compagnons* de Paul-Jacques Bonzon (créés en 1961), *Les Quatre As* et *Fantomette* de Georges Chaulet (créés en 1958 et 1962), *Sans-Atout* de Boileau et Narcejac (créé en 1971). Leur succès n'a cependant pas éclipsé les romans de Maurice Leblanc et de Gaston Leroux (respectivement créateurs d'Arsène Lupin et de Rouletabille), très appréciés des adolescents depuis les années vingt et trente, ni quelques classiques plus originaux comme *Les Disparus de Saint-Agil* (1939) de Pierre Véry ou *Le Cheval sans tête* (1955) de Paul Berna.

Le romanesque, c'est aussi l'aventure, vécue ou idéalisée, exaltation moderne des valeurs épiques et héroïques telles que courage, endurance, ingéniosité, grandeur de l'homme face à la nature ou au destin. Dans ce registre, retenons les romans aéronautiques de Saint-Exupéry *(Vol de nuit,* 1931), les récits que Lionel Terray consacra aux pionniers de l'alpinisme *(Les Conquérants de l'inutile,* 1961) et, sur le même thème, les fictions de Roger Frison-Roche *(Premier de cordée,* 1941). Autre forme d'aventure, la robinsonnade, tout à la fois mythe pédagogique célébrant l'industrie humaine et récit symbolique de la découverte de soi et de l'autre : Michel Tournier en a donné la version moderne la plus célèbre avec *Vendredi ou la vie sauvage* (1971). L'univers des récits de science-fiction est tout à l'opposé du retour aux origines incarné par Robinson ; curieusement, peu d'auteurs français ont tenté de rivaliser avec les traductions d'ouvrages anglais et américains en vogue dès les années 1940-1950 (citons toutefois la série *Bob Morane,* créée en 1953 par le romancier belge Henri Vernes et, dans les années 1970, les récits d'anticipation de Christian Grenier) : les progrès de la science inspirèrent en France moins de visions futuristes que d'interrogations humanistes sur des thèmes tels que la fragilité de la civilisation ou la part d'animalité en l'homme (Barjavel, *Ravage,* 1943 ; Pierre Boulle, *La Planète des singes,* 1963 ; Vercors, *Les Animaux dénaturés,* 1952).

Roman historique, autobiographie et roman de formation. Le roman n'a pas pour unique fonction de captiver ou de faire rêver : il doit aussi accompagner l'enfant dans sa découverte du réel. Le roman historique apparaît comme un genre idéal pour transmettre certaines leçons, certaines expériences. Proposer une vision mythique des valeurs qui fondent humanité et civilisation : tel est le sens des récits préhistoriques, dont l'archétype est *La Guerre du feu* (1911) de Rosny aîné. Exalter des hommes et des actions hors du commun : voir les évocations de la période napoléonienne par Claude Manceron *(Le Citoyen Bonaparte,* 1969 ; *Austerlitz,* 1973). Éveiller, enfin, la conscience de l'adolescent aux grands problèmes politiques : les ouvrages de Bertrand Solet consacrés à l'esclavage ou à l'affaire Dreyfus *(Les Révoltés de Saint-Domingue,* 1969 ; *Il était un capitaine,* 1970) s'y emploient.

L'autobiographie et les souvenirs d'enfance transmettent parfois de tels enseignements avec plus d'intensité : témoin le succès du roman de Joseph Joffo, *Un sac de billes* (1973), qui raconte l'occupation allemande à travers le regard d'un jeune narrateur. Les enfants sont réceptifs à ces récits qui leur apportent sur la vie un point de vue qu'ils peuvent comprendre et partager, tels les romans autobiographiques de Pagnol, *Jean le bleu* (1932) de Giono, ou même ce chef-d'œuvre héroï-comique qu'est *La Guerre des boutons* (1912) de Louis Pergaud. Certains romans d'adolescence font même figure de romans de formation ou d'éducation sentimentale, peignant l'abandon de l'univers familier, des rêves et des illusions de l'enfance pour la découverte du monde et de l'amour : que l'on pense au *Grand Meaulnes* (1913) d'Alain-Fournier, au *Pays où l'on n'arrive jamais* (1955) d'André Dhôtel.

Poésie et jeux de langage. Il faut aussi, dans ce cadre, évoquer la poésie pour enfants, souvent dévaluée par l'effet d'un malentendu : cette « poésie », en effet, moins apparentée aux grands genres lyriques qu'à des formes populaires et paralittéraires très anciennes telles que comptines, formulettes ou *nursery rhymes,* se caractérise par un usage ludique du langage et un humour teinté d'absurde. Les principaux recueils de poèmes destinés aux enfants naissent à partir des années 1930 sous la plume d'auteurs influencés de près ou de loin par le surréalisme (qui a fait connaître en France Lewis Carroll et le *nonsense* anglais grâce aux traductions d'Henri Parisot) : Maurice Carême, Robert Denos *(Chantefables et Chantefleurs,* 1944-1952), Paul Eluard, Jacques Prévert ou Claude Roy *(Enfantasques,* 1974). On doit y ajouter certains poèmes de Guillevic, de Michaux, de Supervielle, et noter que Queneau a su s'éloigner des formes pseudo-poétiques pour communiquer cette folie des mots (explorée systématiquement dans ses *Exercices de style,* 1947) à son récit *Zazie dans le métro* (1959). Il avait certes été précédé par Boris Vian, dont les romans *(L'Écume des jours,* 1947) sont toujours aimés des adolescents pour leur atmosphère absurde et onirique. Cette « poésie » constitue donc un éveil aux charmes et aux bizarreries du langage, voire une forme de réflexion sur la logique et les rapports entre la réalité et le discours, plutôt qu'une initiation à la poésie lyrique. Les enfants et les adolescents découvriront celle-ci dans des anthologies regroupant habilement quelques grandes œuvres autour de thèmes qui s'accordent à leur sensibilité (par exemple la collection « Folio Junior en poésie »).

→ Paul Hazard, *Les Livres, les enfants et les hommes,* Flammarion, 1932. — Marc Soriano, *Guide de la littérature pour la jeunesse,* Flammarion, 1975. — François Caradec, *Histoire de la littérature enfantine en France,* Albin Michel, 1977. — *Histoire du livre de jeunesse d'hier à aujourd'hui, en France et dans le monde,* Gallimard-jeunesse, 1993.

B.D.

Joachim Paulin (1931). Né à Cotonou (Bénin), journaliste de profession — à *France-soir*, puis comme directeur de l'hebdomadaire *Bingo* de 1960 à 1971 —, il est l'auteur de trois recueils poétiques, *Un nègre raconte* (1954), *Anti-grâce* (1967) et *Oraison pour une re-naissance* (Silex, 1984), où il retrace la chronique chaotique d'une Afrique qui le désespère et dans laquelle il place pourtant tous ses espoirs. Ce poète qui fut un temps le secrétaire de Philippe Soupault, son « nègre » comme il le dit plaisamment lui-même, fait entendre dans la poésie africaine une voix singulière, moins par les thèmes abordés que par un style associant étroitement l'influence surréaliste à la sûreté du rythme.

J.C.

Jones Philippe (1924), pseudonyme de Philippe Roberts-Jones. Né à Ixelles (Bruxelles), le 8 novembre 1924. Ancien conservateur des Musées des Beaux-Arts de Belgique, il a publié de nombreux essais sur la caricature et la peinture. Sa connaissance des arts a orienté sa recherche poétique ; depuis *Le Voyageur de la nuit* (1947) et *Grand Largue* (1947), il développe une poésie visuelle et tactile, dont les lignes de composition demeurent essentielles *(Jaillir saisir* et *Graver au vif*, 1971 ; *Être selon*, 1973 et *De pas et de pierre*, 1974). Si la référence picturale est très souvent présente dans une œuvre qui allie à une structure rigoureuse une langue souple et claire, attente et retenue sont à la base d'un discours centré sur l'être, prêt à saisir les moindres signes du réel, à capter les modifications temporelles et spatiales de l'univers *(D'un espace renoué*, 1979 ; *Paroles données*, 1981 ; *Image incendie mémoire*, 1985 ; *La Mort éclose*, 1991 ; *Toi et le tumulte*, 1993). On lui doit aussi des nouvelles où se mêlent mystère et réalité *(L'Embranchement des heures*, 1991) et des récits fondés sur des rapprochements fortuits *(Le Double du calendrier*, 1993). L'ensemble de son œuvre a été couronné par l'Académie française en 1980 ; élu à l'Académie royale de langue et de littérature françaises de Belgique en 1983, il est aussi secrétaire perpétuel de l'autre académie belge, l'Académie royale de Belgique.

ŒUVRES. — *Racine ouverte, poèmes 1944-1975*, préface de René Char, Bruxelles,

Le Cormier, 1976. — *D'encre et d'horizon, poèmes 1981-1987*, La Différence, 1989.

→ Jean Tordeur, « Réception de M. Philippe Jones », *Bulletin de l'Académie royale de langue et de littérature françaises*, t. LXI, n° 3-4, 1983.

O.Bi.

Joostens Paul (1889-1960). Né à Anvers, le 18 juin 1889, il y fréquente l'Académie des Beaux-Arts ; vers 1919, il réalise ses premiers collages et assemblages d'inspiration cubiste, qu'il expose dans sa ville l'année suivante. Il collabore dès 1920 à la revue *Ça ira !*, publie *Salopes, le quart d'heure de rage ou soleil sans chapeau* (1922), fantaisie débridée d'influence dadaïste mêlée d'injonctions et d'imprécations variées, où langage parlé et jeux phonétiques sont le support d'une dérive libertaire. En 1925, il collabore à *Œsophage*, la revue de Magritte et Mesens. Il évoluera plus tard du dadaïsme vers l'art abstrait, en passant par une période de mysticisme, participant à de très nombreuses expositions. On lui doit aussi *Histoire de Mérinof et Mérédoc ou les Hérodes selon le genre humain* (1925), *La Vierge boréale* suivi de *Christ retrouvé* (1939), *Elles se refusent à sortir de l'armoire* (1950), textes où il affirme violemment ses fantasmes sexuels et son anticléricalisme, non sans autodérision. Il est mort à Anvers le 24 mars 1960.

ŒUVRES. — *Salopes, le quart d'heure de rage ou soleil sans chapeau*, rééd., Anvers, Pandora, 1995 (reprint).

→ *Fantasmagie*, n° 1 spéciaux, octobre 1950 et décembre 1961. — Paul Neuhuys, *Paul Joostens*, Bruxelles, Elsevier, 1961.

O.Bi.

Joubert Jean (1928). Après des études d'anglais à la Sorbonne et des séjours en Allemagne, en Angleterre et aux États-Unis, il a enseigné la littérature américaine à l'université Paul-Valéry de Montpellier. Auteur de nombreux recueils poétiques *(Les Lignes de la main*, 1955 ; *Poèmes d'absence*, 1959 ; *Oniriques*, 1965), regroupés dans *Les Poèmes, 1955-1975* (1977, prix de l'académie Mallarmé), il a également publié des récits pour enfants *(Hibou blanc et souris bleue*, 1981), des nouvelles *(Le Sphinx et autres récits*, 1979 ; *L'Assistant français et autres nouvelles*, 1988) et des romans où le réel se mêle à l'imaginaire *(Les Neiges de juillet*, 1963 ; *La Forêt blanche*, 1969 ; *Un bon sauvage*, 1972 ; *L'Homme de sable*, 1975, prix Renaudot).

D.H.

Jouet Jacques (1947). Né à Viry-Châtillon (Essonne), il vit à Paris. Poète, auteur de pièces de théâtre, romancier, nouvelliste, il est membre de l'Oulipo depuis 1983. En oulipien, il exploite, souvent d'une manière ludique, les potentialités formelles ou narratives du texte. *107 âmes* (Seghers, 1991) est composé de 107 portraits rédigés selon une même contrainte formelle, à partir des éléments biographiques contenus dans un questionnaire. *La Montagne R* (Seuil, 1996) évoque le destin d'un pays qui, jugeant son territoire trop plat, décide de construire une montagne près de sa capitale. D'autres livres cherchent à épuiser leur motif pour en révéler toute la richesse : c'est le cas d'un musée dans *Le Directeur du musée des cadeaux des chefs d'État de l'étranger* (Seuil, 1994), ou d'une personne dans *Romillat* (Ramsay, 1996), recueil de douze nouvelles écrites autour d'un seul personnage. Jacques Jouet s'intéresse également aux contes, qu'il utilise parfois dans son théâtre *(La scène est sur la scène,* t. 1, Limon, 1994) alors que le théâtre devient la scène d'un drame dans une de ses nouvelles *(La Scène usurpée*, Éditions du Rocher, 1997). Il est également l'auteur d'un dictionnaire thématique, *Les Mots du corps dans les expressions de langue française* (Larousse, 1991) et d'un essai sur Queneau (La Manufacture, 1988).

C.F. — CIPM

Jouffroy Alain (1928). Né à Paris, il rencontre André Breton en 1947 et publie ses premiers poèmes dans *Néon*. Dès 1948, il prend ses distances avec le mouvement surréaliste, mais son œuvre en porte durablement la marque, dans ses thèmes (le rêve, l'amour, la révolution) et par son intention (une poésie qui change la vie). Plusieurs de ses recueils ont été illustrés par des peintres (Matta, Lam, Magritte ou Miró), témoins de son intérêt pour l'image *(Une révolution du regard*, 1964). Poète de la lutte, de l'amour et du défi, il publie notamment : *Attulima* (1954) ; *Les Quatre Saisons d'une âme* (1955) ; *À toi* (1958) ; *L'Antichambre de* *la nature* (1966) ; *Les Anagrammes du corps* (1973) ; *New York* (1977). Il a manifesté sa passion pour la jeune poésie en faisant connaître, en France, les poètes de la « Beat Generation » américaine ou en publiant dans *Les Lettres françaises* les poètes du manifeste électrique. Romancier *(Le Mur de la vie privée*, 1960, prix Combat ; *Un rêve plus long que la nuit*, 1964) et essayiste *(La Fin des alternances*, 1970 ; *L'Incurable Retard des mots*, 1972), il anime également des revues comme *Opus international*, *Change* ou *Combat*.

ŒUVRES. — En outre, rééd. : *De l'individualisme révolutionnaire* (1975), *Le Gué, Correspondance avec Philippe Sollers*, Gallimard, coll. Tel, 1998.

F.O.

Jouhandeau Marcel (1888-1979). Né le 26 juillet 1888 à Guéret, dans la Creuse, où ses parents tiennent une boucherie, il passe une enfance entourée de femmes, dans sa famille d'abord, avec la mère, la future « Agnès Binche », sa grand-mère Blanchet, sa tante Alexandrine (son père lui inspirera longtemps de l'éloignement) ; avant d'entrer au lycée de Guéret, il est, seul garçon du pensionnat, élevé chez les sœurs de la Croix. Parmi ces influences féminines décisives, il faut compter celle d'une jeune fille qui avait été carmélite, et plus tard celle d'une femme mûre, Mme Alban, qui cherche à faire de Jouhandeau un prêtre. Ainsi, très tôt, Jouhandeau est marqué par un climat de spiritualité, de catholicisme un peu exalté, voire mystique, qui explique le prénom de « Théophile » qu'il se donnera dans un de ses premiers livres, et les préoccupations religieuses qui seront les siennes jusqu'à la fin de ses jours. La vie provinciale, dont il est aussi le témoin fasciné et attentif, nourrira toute la partie de son œuvre consacrée aux habitants de sa ville natale, qu'il rebaptisera « Chaminadour ».

Après le baccalauréat, Jouhandeau vient en 1908 à Paris, en rhétorique supérieure au lycée Henri-IV, puis à la Sorbonne, où il commence une licence de lettres ; il fréquente assidûment les futurs « Pincengrain » : la famille Passemart et ses trois filles, « Éliane » la religieuse, « Véronique », figure sublime d'abnégation et de dévouement, qui inspirera notamment *Veronicana* (1933), puis *Dernières années et mort de Véronique* (1953), et « Prisca ». Il commence à écrire vers 1909 ; ces écrits (réflexions, poèmes, contes et récits) qui représentaient sa « vie intérieure », ses « expériences [...] les plus poignantes », de 18 à 26 ans, seront brûlés en 1914, lors d'une grave crise religieuse et morale, liée notamment à la prise de conscience douloureuse de son homosexualité, évoquée à mots couverts dans *Monsieur Godeau intime* (1926). Parallèlement, sommé par son père de choisir un métier, il devient professeur de lettres au pensionnat libre de Saint-Jean de Passy en 1913 ; il y enseignera jusqu'en 1949 (voir *Ma classe de sixième*, 1949, et *Carnets du professeur*, 1953). S'étant ainsi assuré une relative indépendance matérielle, il se remet à écrire, après l'autodafé de 1914.

Sa carrière d'écrivain commence véritablement après la guerre, qu'il passe à Guéret. Le milieu de *La Nouvelle Revue française* (Gide, avec qui il entretient une correspondance, publiée en 1958, Paulhan, Martin du Gard) accueille favorablement *La Jeunesse de Théophile*, que Gallimard publie en 1921. Il en ira de même pour *Les Pincengrain* (1924). Avec ce dernier livre, et quelques autres comme *Prudence Hautechaume* (1927) et *Chaminadour* (1934), et grâce à une correspondance quasi quotidienne avec sa mère qui le garde en contact avec sa terre natale — correspondance partiellement publiée par Jouhandeau lui-même (*Lettres d'une mère à son fils*, 1971) —, il met en scène les personnages de Guéret, non sans y créer du scandale, fait de ce qui peut sembler, à première vue, une simple série d'anecdotes et de récits brefs une sorte de miroir concentrique de l'humanité, et développe peu à peu ce qu'on a rapidement considéré comme une « comédie humaine » de l'époque 1900, ou ce qu'il a lui-même appelé, y revenant encore en 1950, *Un monde*, d'un réalisme visionnaire, dessinant au burin des figures inoubliables par leur singularité souvent monstrueuse, parfois sublime : Clodomir l'assassin, Mme Pô et son crucifix de porcelaine, Prudence Hautechaume dans son magasin de confection, puis siégeant, munie d'une lorgnette de théâtre, dans son observatoire nocturne,

Mlle Zéline et sa conception particulière de l'amour de Dieu, Mme Bodeau, l'honorable tenancière d'une maison de rendez-vous, etc.

Parallèlement, Jouhandeau poursuit l'investigation de son personnage qui s'était d'abord faite sous le masque de « Théophile », puis sous celui de « Juste Binche », avant que ne surgisse un troisième double : « Monsieur Godeau ». Après l'enfant et l'adolescent, Jouhandeau met désormais en scène, par le biais de la fiction, l'homme qu'il est devenu : Monsieur Godeau, le plus remarquable de ce que Milan Kundera appellerait ses « ego expérimentaux », incarne le drame luciférien de l'orgueil, de la solitude et du désir, et apparaît comme un virtuose de la « damnation ». Cette fascination de Jouhandeau pour des zones interdites et infernales se traduira aussi par les premiers de ses *Contes d'enfer*. C'est une période où il est marqué par Lautréamont, où il s'intéresse à l'occultisme et à la magie (il y consacrera des *Notes* en 1952), et où, attentif aux composantes obscures et oniriques de l'existence, il apparaît relativement proche des surréalistes.

Certains de ces aspects se retrouvent dans *Opales* (1928), qui ouvre le cycle de « la Duchesse », cette veuve d'un camarade de Jouhandeau, avec laquelle une relation intense s'installe, et qu'évoqueront encore *Don Juan* (1948) et *Les Argonautes* (1959). En épousant, en 1929, Élisabeth Toulemon, qui s'était fait, sous le nom de Caryathis, une petite réputation de danseuse, Jouhandeau ouvre une nouvelle période de sa vie et de sa carrière d'écrivain. Désormais, celle qu'il nommera « Élise » occupera une place de choix dans la galerie des monstres jouhandéliens : une virulence exceptionnelle et fascinante dans la jalousie, l'avarice et la férocité inspireront, aussi longtemps que durera ce « lien de ronces » (Élise meurt en 1971), une imposante série, vouée à la chronique des innombrables péripéties de ce drame conjugal : *Monsieur Godeau marié* et *Élise* (1933), les célèbres *Chroniques maritales* (1938), les neuf volumes des *Scènes de la vie conjugale* (à partir de 1948). Ces turbulences domestiques étaient d'autant plus violentes que Jouhandeau, « amateur d'imprudences », ne tarde guère à reprendre des relations amoureuses hétérodoxes, qui inspirent une part notable de son œuvre : si *De l'abjection* (1939) décrit encore les affres d'un homme écartelé entre sa religion et ses désirs, assumant avec une certaine propension pénitentielle sa condition damnable et condamnable, *Chronique d'une passion* (1944) évoque un épisode brûlant, en marge du mariage ; peu à peu, Jouhandeau devient l'homme qui écrit les *Carnets de Don Juan* (1947), cette magistrale « somme du plaisir » homosexuel, l'*Éloge de la volupté* (1951), et divers textes érotiques, tel *Tirésias*, rassemblés dans un volume d'*Écrits intimes* (posth.), et qui, par la constante maîtrise du style — non exempte de préciosité —, restent à l'écart des obscénités faciles. L'éros jouhandélien se teintant aussi volontiers de mysticisme, la rencontre d'un jeune homme dans le train donnera naissance à *Du pur amour* (1955). D'autres aventures, plus mineures, mais poursuivies fort tardivement, seront consignées, et publiées à partir de 1961 dans les *Journaliers*.

L'ensemble de ses expériences diverses, voire contradictoires, ne pouvait qu'inciter Jouhandeau à appliquer, non seulement à lui-même (dans l'important *Essai sur moi-même*, 1946), mais plus généralement au champ de la réflexion morale, la même acuité de regard que celle qui avait fait naître le monde de Chaminadour. C'est ainsi tout un aspect de l'œuvre qui donne à Jouhandeau une stature inattendue de moraliste, quelque peu hétérodoxe, mais toujours attentif à préserver la part de singularité et d'authenticité qui définit son être propre, et donc soucieux de réinventer une morale à son usage personnel, une morale pour cet être « terriblement impair », comme l'avait très tôt défini Jacques Rivière : son *Algèbre des valeurs morales*, dès 1935, préludait à un ensemble de réflexions qui font de lui un continuateur inattendu de la tradition fragmentaire ou aphoristique des moralistes classiques : *Éléments pour une éthique* (1955), *Réflexions sur la vieillesse et sur la mort* (1956), etc. Mêlant les références antiques et chrétiennes, faisant dialoguer audacieusement sa liberté de créature et d'« hérésiarque » avec la perspective maintenue du jugement de Dieu, Jouhandeau donne ainsi à sa réflexion morale une portée dramatique et sotériologique, qui fait à la fois son originalité et son inactualité.

À mesure que son œuvre progresse et que sa vie avance, Jouhandeau semble toutefois de plus en plus désireux de revenir sur ses pas et d'interroger son passé ; il rédige ainsi la petite somme autobiographique du *Mémorial* (1948-1972), où il renonce aux transpositions antérieures. Et parallèlement, il donne sa forme définitive à un genre qu'il a pratiqué toute sa vie, en entreprenant ces *Journaliers* qui l'occuperont, à partir de 1957, jusqu'à ses dernières années. Se faisant le « notaire » de la vie, de sa vie, de celle d'Élise, puis de Céline, leur fille adoptive, et de Marc, le fils de Céline, dont il finit par assurer l'éducation, Jouhandeau fait aussi de ces *Journaliers*, non seulement le signe d'un égocentrisme obsessionnel et l'effet d'une constante analyse de soi par soi, mais surtout le moyen d'une observation non moins constante du réel, mue par une « curiosité passionnée », une « lucidité implacable », qui vise à extraire l'essentiel du contingent ou de l'accidentel, à définir, grâce à des notations — « traits » ou anecdotes — la singularité mystérieuse et ineffable d'autrui comme de soi. L'observation s'y prolonge donc par la méditation, et le *Journalier* se fait parfois exercice spirituel, une façon de « faire oraison », chez le dernier Jouhandeau qui conquiert peu à peu cette grâce qu'est la sérénité. Marcel Jouhandeau est mort à Rueil-Malmaison, le 8 avril 1979.

ŒUVRES. — Chez Gallimard, sauf indication contraire : *La Jeunesse de Théophile*, 1921. — *Les Pincengrain*, 1924. — *Monsieur Godeau intime*, 1926. — *Prudence Hautechaume*, 1927. — *Opales*, 1928. — *Le Parricide imaginaire*, 1930. — *Éloge de l'imprudence*, Marseille, Cahiers du Sud, 1932. — *Monsieur Godeau marié*, 1933. — *Bincheana*, 1933. — *Chaminadour I, II, III*, 1934, 1936, 1941. — *Images de Paris*, 1934, 1956, 2 t. — *Algèbre des valeurs morales*, 1935. — *Chroniques maritales*, 1938. — *De l'abjection*, 1939. — *Requiem... et Lux*, 1940. — *Nouvelles Chroniques maritales*, 1943. — *Chronique d'une passion*, 1944. — *Carnets de Don Juan*, Éditions Paul Morihien, 1947. — *Essai sur moi-même*, 1947. — *Mémorial*, 1948-1972, 7 t. — *Scènes de la vie conjugale*, 1948-1959. — *Un monde*, 1950. — *Portraits de famille*, 1951. — *Éloge de la volupté*, 1951. — *Éléments pour une éthique*, Grasset, 1955. — *Contes d'enfer*, t. I, 1955 et t. II, 1960. — *Du pur amour*, 1955, éd. augmentée en 1969. — *Réflexions sur la vieillesse et sur la mort*, Grasset, 1956. — *Théâtre sans spectacle*, Grasset, 1957. — *Carnets de l'écrivain*, 1957. — *Réflexions sur la vie et le bonheur*, 1958. — *Journaliers 1957-1974*, 1961-1983, 28 t. — *Trois crimes rituels*, 1962. — *Journal sous l'Occupation*, 1980. — *Pages égarées*, Pauvert, 1980. — *Écrits intimes*, Arléa, 1988. — *La Vie comme une fête*, entretiens, Pauvert, 1977.

→ Henri Rode, *Marcel Jouhandeau et ses personnages*, Chambriand, 1950, rééd. Éditions de la Tête de feuilles, 1972. — José Cabanis, *Jouhandeau*, Gallimard, 1959. — Jean Gaulmier, *L'Univers de Marcel Jouhandeau*, Nizet, 1959. — Jacques Danon, *Entretiens avec Élise et Marcel Jouhandeau*, Belfond, 1966. — *Actualité de Jouhandeau*, CEDIC-université Lyon III, 1987. — *Carnets Marcel Jouhandeau*, t. I, Tallandier, 1988. — *Sur Marcel Jouhandeau*, Presses universitaires de Limoges, 1992. — Bernard Meyer, *Éros jouhandélien*, L'Harmattan-université de Saint-Denis de la Réunion, 1994. — Fonds Marcel Jouhandeau à la Bibliothèque littéraire Jacques Doucet.

J.D.

Jouve Pierre Jean (1887-1976). L'œuvre de Pierre Jean Jouve, née de l'obscur combat que le poète ne cessa de mener contre lui-même et contre ses doubles projectifs, reste aujourd'hui encore difficile à circonscrire : l'auteur, en 1928, renia publiquement sa production antérieure à 1925 (« Postface » à *Noces)*. Vers la fin de sa vie, il travailla à établir la version définitive de son œuvre romanesque, puis de son œuvre poétique, retranchant impitoyablement, avant de laisser des instructions *post mortem* sous la forme d'un « plan pour Œuvre ». Dès lors que pouvons-nous appeler l'œuvre de Jouve ? S'agit-il de l'ensemble de ses publications ou bien des seuls textes qu'il a souhaité transmettre à la postérité ? Nous pouvons lire Jouve dans une édition établie par Jean Starobinski qui respecte les retranchements ponctuels opérés par le poète en vue de l'œuvre rêvée, mais les fait réapparaître en fin de volume et publie en annexe les principaux ouvrages d'avant 1925 (les deux tomes parus, I : *Poésie* ; II : *Œuvres en prose et traductions*, en laissent attendre un troisième qui réunira les essais sur les peintres et les poètes, les études sur les opéras de Mozart et de Berg, les traductions d'œuvres théâtrales). Jouve a retracé lui-même son parcours et livré certains secrets dans *En miroir, journal sans date* (1954).

Né à Arras le 11 octobre 1887, il vécut une adolescence bourgeoise, assombrie par de graves ennuis de santé et traversée par des éclairs d'enthousiasme : séances d'improvisation au piano, découverte de Gourmont, de Rimbaud, de Mallarmé, et surtout de Baudelaire que lui avait fait lire un camarade plus âgé. Jusqu'en 1925, Jouve ne cessa de s'en remettre pour son apprentissage d'écrivain à une figure du père qu'il nomma « le personnage exerçant l'ascendant » *(En miroir)*. En 1906, il fonde *Les Bandeaux d'or*, revue qui témoigne de son évolution jusqu'en 1914, du néo-symbolisme à l'idéal de la Renaissance classique, puis à l'unanimisme, et enfin à l'« art social » de Jean-Richard Bloch, et qui accueille des poètes tels que Verhaeren, Régnier, Duhamel et Vildrac. Après s'être installé à Paris et intéressé aux travaux du groupe de l'Abbaye, Jouve subit l'influence profonde de Jules Romains. Plusieurs ouvrages, marqués par l'unanimisme, paraissent alors : *Les Ordres qui changent* (1911), poèmes inspirés par son expérience de l'éther ; *La Rencontre dans le carrefour* (1911), roman de la rencontre avec Lisbé ; *Les Aéroplanes* (1911), poèmes ; *Les Deux Forces* (1913), pièce de théâtre. À Poitiers, où il s'installe avec sa femme à partir de 1910, il se lie avec Jean-Richard Bloch, dont il s'éloigne en 1914 pour rallier le pacifisme de Romain Rolland. Jusqu'en 1920, le poète s'affichera comme un disciple fervent de l'auteur d'*Au-dessus de la mêlée*, période pendant laquelle il publiera *Poème contre le grand crime* (1916), *Danse des morts* (1917) et *Hôtel-Dieu, récits d'hôpital en 1915* (1918). Mais en achevant son *Romain Rolland vivant* (1920), Jouve règle sa dette envers son maître pour bientôt rompre avec lui. Plus tard, il regardera avec mépris les textes engagés signés à l'époque de la Grande Guerre : « la passion de l'événement gagnant sur ma pensée, m'éloignait de plus en plus cruellement de mon domaine, et inspirait des œuvres dont la bonne conscience et la générosité ne tempéraient pas l'affreuse médiocrité. » *(En miroir)*. À partir des recueils suivants : *Heures, livre de la nuit* (1919) et *Heures, livre de la grâce* (1920), dégagé du pacifisme, Jouve a le sentiment d'explorer davantage sa propre voie en se livrant avec plus d'abandon à son obsession de la mort et en partant à la découverte de son enfance. L'année 1921 inaugure une crise décisive qui se prolongera jusqu'en 1925 : racontée dans *Le Voyage sentimental* (1922), la rencontre de Blanche Reverchon, qui lui fera découvrir la psychanalyse et qu'il épousera en 1925 après s'être séparé de sa femme, est capitale pour l'évolution du poète.

L'œuvre reniée de Jouve est donc déjà très variée puisque récits et essais côtoient des poèmes et même des pièces de théâtre où son intelligence dramaturgique commence à s'affirmer. Elle contient aussi en germe les thèmes favoris de l'auteur de *Sueur de sang* (1933) : érotisme, fascination morbide, célébration des humeurs du corps, révolte enfiévrée. Cependant, ces thèmes vont trouver à s'ordonner sous le coup d'une double révélation : l'inconscient et la mystique. À la veille de sa *vita nuova*, Jouve lit Ruysbroeck, l'Ecclésiaste, Catherine de Sienne, Thérèse d'Avila, François d'Assise, et se laisse imprégner par le thème Nada de l'Espagne mystique. *Les Mystérieuses Noces* (1925), repris dans *Noces* (1928), témoignent alors de cette fascination nouvelle. Le poète revient également à Baudelaire — auquel il consacrera plus tard un monument : *Tombeau de Baudelaire* (1942), repris dans *Défense et illustration* (1943) —, à Rimbaud, à Nerval, à Mallarmé. Mais il s'initie également aux textes freudiens, aux côtés de Blanche Reverchon qui traduit alors *Les Trois Essais sur la théorie sexuelle* (1923). Plus tard, il signera avec elle *Moments d'une psychanalyse* (1933).

Dans deux textes, Jouve explique sa conversion. Dans la « Postface » à *Noces* (1928), il renie son œuvre d'avant 1925 : « Si, comme je le crois, la plus grande poésie et la véritable est celle que le rayon de la Révélation est venu toucher, on me laissera le droit au moment où je livre au public le poème de *Noces*, de dire que l'esprit comme la source des livres que j'avais écrits antérieurement me paraissent à présents “manqués”. Et sauf un petit nombre de pièces, mais surtout pour le principe de la poésie, le poète est obligé de renier son premier ouvrage. » Et dans « Inconscient, spiritualité, catastrophe », avant-propos de *Sueur de sang* (1933), il définit les principes auxquels il obéit désormais : « Nous avons connaissance à présent de milliers de mondes à l'intérieur du monde de l'homme, que tout l'œuvre de l'homme avait été de cacher, et de milliers de couches dans la géologie de cet être terrible qui se dégage avec obstination et peut-être merveilleusement (mais sans jamais y bien parvenir) d'une argile noire et d'un placenta sanglant. »

Posant comme donnée essentielle le conflit du ça et du surmoi qui creuse l'abîme de l'homme, Jouve le proclame résolu par les mystiques et appelle la sublimation des désirs inconscients, qu'il associe tragiquement au péché. Le règne de la spiritualité est cependant menacé par la « catastrophe », victoire de l'instinct de mort que Jouve, au moment de la montée du nazisme, semble à la fois craindre et prophétiser.

Il est singulier que Jouve, accédant en 1925 à sa parole propre, ait fait pendant les dix premières années de sa production reconnue, œuvre de romancier autant que de poète. Certes *La Rencontre dans le carrefour* annonçait cette disposition, et un goût pour le théâtre qui allait façonner entre 1925 et 1935 cinq romans très dramatisés répondant à un « fort désir de “réel” ». Le premier, *Paulina 1880* (1925), qui lui valut immédiatement un grand succès, est composé en une succession de courts chapitres qui s'articulent autour de quatre époques : Paulina, qui s'est donnée clandestinement à Michele, le fuit lorsque, après la mort de son père et de l'épouse de son amant, leur union deviendrait possible ; le goût de la mort et le sentiment de la faute la poussent à se retirer dans un couvent de visitandines où, devenue sœur Blandine, elle se heurte à la règle ; chassée, elle retombe dans les bras de son amant, et le tue ; après la prison, elle est Marietta, une vieille paysanne solitaire, usée mais apaisée. Dans le roman suivant, *Le Monde désert* (1927), le personnage de Luc Pascal est appelé vers la poésie ; ses poèmes seront plus tard insérés dans *Noces*. L'œuvre du tournant des années trente, *L'Aventure de Catherine Crachat*, tient en deux romans : *Hécate* (1928), où Catherine, « pure en dépit de sa perversité » est « Hécate, Diane infernale, face fatidique de la lune » ; et *Vagadu* (1931), où le même personnage est soumis à l'épreuve de la psychanalyse. *La Scène capitale* (1935), qui contient *Histoires sanglantes* (1932) et *Dans les années profondes*, est le livre où apparaît sous le nom de la comtesse Hélène de Sannis la figure mythique d'Hélène.

Jouve n'écrit plus de romans après *La Scène capitale*. Sa parole poétique peut alors atteindre sa plénitude. Les poèmes de *Matière céleste* (1937), l'un des sommets du lyrisme jouvien, chantent le personnage d'Hélène « après qu'elle est morte » et rencontrent le thème Nada (« Rien ne s'accomplira sinon dans une absence »). Dans *Kyrie* (1938), tourné vers les périls, ni Salzbourg ni Mozart ne couvrent le galop tonitruant des « quatre cavaliers » qui annoncent la guerre. *La Vierge de Paris* (1946) reprend tous les poèmes de la guerre (1939-1944) : s'y affirme encore le mysticisme de Jouve, qui fit étape à Dieulefit au moment de l'exode, avant de s'établir à Grasse puis à Genève, acquis à l'esprit de la Résistance. Les recueils suivants, toujours rigoureusement construits, creusent un imaginaire désormais bien reconnaissable. Cependant, dans *Ode* (1950) et *Lyrique* (1956), le poète se laisse tenter par la forme ample du verset, avant de retrouver, dans ses derniers recueils, la concision et le style saccadé et fiévreux par lequel il se singularisa. *Mélodrame* (1957), *Moires* (1962) et *Ténèbre* (1965) sont les recueils d'un poète qui, après s'être confessé dans *En miroir* (1954), regarde vers sa fin, dans l'intranquillité, fait encore remonter des morceaux d'enfance et convoque à nouveau ses mythes personnels, pour s'efforcer parfois de les synthétiser. C'est aussi l'époque où Jouve tâche, sans illusion, de revoir l'ensemble de son œuvre : « J'avais rêvé l'unité [...]. À présent les choses créées, écrites d'une seule plume, se sont égarées entre ces monstres, chacun ayant saisi un morceau de moi-même pour l'abandonner ou pour l'enfouir. [...] Il faudra bien cinquante ans pour que mon ordre soit rétabli. Je ne verrai jamais mon ordre. » *(Moires)*.

L'œuvre poétique de Jouve, qui reflète

à maints égards sa passion pour le théâtre, l'opéra et la musique, et invoque souvent les noms de Mozart — dont il a analysé magistralement le *Don Giovanni (Le « Don Juan » de Mozart*, 1942) — et d'Alban Berg — dont il célébra *Wozzeck* et *Lulu* —, donne vie à plusieurs personnages de femmes qui s'intègrent à sa mythologie personnelle. Hélène est la superposition de l'image de « la belle Capitaine H. », qui provoqua chez l'adolescent de profonds émois amoureux, et de Lisbé, croisée en 1909, héroïne de *La Rencontre dans le carrefour* (1911), retrouvée par hasard vingt-quatre ans plus tard, et dont Jouve prophétisera la mort dans un de ses récits *(Dans les années profondes)*. Yanick, la prostituée d'*En miroir*, qui peut faire penser à la Lulu de Berg, incarna pour le poète « Éros lui-même, aussi vivante et infirme que lui ».

Jouve a publié en outre de belles traductions de Shakespeare *(La Tragédie de Roméo et Juliette*, 1937 ; *Les Sonnets*, 1955 ; *Macbeth*, 1958 ; *Othello*, 1961), de Tchekhov *(Les Trois Sœurs*, 1958), de Wedekind *(Lulu*, 1959), de Hölderlin *(Poèmes de la folie*, 1930), de Tagore *(Cygne*, 1923), de saint François d'Assise *(Cantique du soleil*, 1926), de sainte Thérèse d'Avila *(Glose*, 1939). Au-delà du « cas » Jouve — le reniement littéraire, le recours provisoire et fécond au roman, la découverte de la psychanalyse à l'écart du surréalisme —, on pourra être sensible au dépassement de la douleur et de la faute et à une écriture poétique fiévreuse et maladive, mais se plaçant très au-dessus de la plainte. Pierre Jean Jouve est mort à Paris, le 9 janvier 1976.

ŒUVRES. — *Œuvre*, éd. Jean Starobinski, préface d'Yves Bonnefoy, Mercure de France, 1987, 2 t.

→ René Micha, *Pierre Jean Jouve*, Seghers, 1971. — *Cahier de l'Herne* n° 19, dir. Robert Kopp et Dominique de Roux, 1972, rééd. L'Herne-Fayard, 1997. — *Bousquet, Jouve, Reverdy...* (colloque de Cerisy, 1980), *Sud*, 1981. — Martine Broda, *Jouve*, Lausanne, L'Âge d'homme, 1982. — Daniel Leuwers, *Jouve avant Jouve ou la naissance d'un poète*, Klincksieck, 1984. — Kurt Schärer, *Thématique et poétique du mal dans l'œuvre de P. J. Jouve*, Minard, 1985. — *Pierre Jean Jouve et ses curiosités esthétiques*, éd. C. Blot-Labarère, Minard, 1988. — Jean Decottignies, *Pierre Jean Jouve romancier ou l'expérience de l'abîme*, Corti, 1994. — *Pleine Marge*, n° 6, 1995. — Fonds Pierre Jean Jouve à la Bibliothèque nationale.

O.G.

Jouvenel Bertrand de (1903-1987). Il se dira « né de l'affaire Dreyfus » : c'est à cet événement qu'il doit en effet la rencontre de ses parents et l'union d'une vieille maison corrézienne et d'une riche famille de négociants juifs. Ce lignage insolite est peut-être à l'origine d'une trajectoire peu conventionnelle. Grandi dans un milieu mondain où se croisent personnalités politiques et littéraires — son père Henry est rédacteur en chef du *Matin*, puis ambassadeur de France à Rome ; sa mère tient un salon boulevard Saint-Germain —, il est d'abord journaliste. Passé le temps de son amitié d'adolescent pour Colette, la seconde femme de son père, que la romancière raconte dans *Le Blé en herbe* (1923), il entame une carrière qui reflète assez bien l'évolution de la presse au cours du siècle. Publiant d'abord des articles d'opinion dans des journaux radicaux, prêchant la réconciliation franco-allemande et la construction de l'Europe, il devient « grand reporter », et fait de nombreux voyages, notamment aux États-Unis. Dès cette époque il accorde une importance particulière aux problèmes économiques (*L'Économie dirigée*, 1928 ; *La Crise du capitalisme américain*, 1933). Sa *Vie de Zola* (Valois, 1931, rééd. Julliard, 1979) témoigne encore de cet intérêt. Une nouvelle étape commence, celle du « journalisme spectaculaire », quand *Le Petit Journal* lui demande des interviews. En 1936, son entrevue avec Hitler, qui paraîtra dans *Paris-Midi*, le fait taxer de complaisance, d'autant qu'il écrit dans *Candide* et *Gringoire*. Mais il adhère au parti populaire français, dans lequel il voit une rénovation du communisme. Ayant rompu avec Doriot dès Munich, sous l'Occupation il fraie avec les Allemands et les milieux collaborationnistes, travaillant en réalité pour les services de renseignement de l'Armée française. Repéré par la Gestapo, il s'exile en Suisse, où il écrit des essais (*Après la défaite*, 1941 ; *Napoléon et l'économie dirigée*, 1942 ; *L'Économie mondiale au XX*e *siècle*, 1944 ; *Du pouvoir*, 1945).

Après la guerre, reconnu comme un grand économiste, il commence une carrière dans l'Université, enseignant dans les plus prestigieux établissements d'Europe et des États-Unis, Oxford, Cambridge, Yale, Chicago, Berkeley. En France, il est professeur à la faculté de droit et de sciences économiques de Paris de 1966 à 1973, puis à l'INSEAD et au CEDEP. Il est par ailleurs membre de multiples organismes tant aux États-Unis et en Grande-Bretagne que dans son propre pays. Spécialisé dans la prospective, Bertrand de Jouvenel diffuse ses idées grâce au comité international « Futuribles », dont il est le fondateur, ainsi qu'à travers de nombreux ouvrages. Il publie ses souvenirs dans *Un voyageur dans le siècle* (1979) ; cette « descente aux Enfers » d'un homme qui vécut les tribulations de l'époque contemporaine se veut une mise en garde pour la jeune génération.

ŒUVRES. — *Vers les États-Unis d'Europe*, Valois, 1928. — *D'une guerre à l'autre*, Calmann-Lévy, 1940. — *Quelle Europe ?*, Le Portulan, 1947. — *De la souveraineté*, Médicis Génin, 1957. — *L'Art de la conjecture*, Éditions du Rocher, 1964. — *Les Débuts de l'État moderne*, Fayard, 1976. — *Un voyageur dans le siècle* (avec le concours de Jeannie Malige), Robert Laffont, 1979.

Cl.D.

Juin Hubert (1926-1987), pseudonyme de Hubert Loescher. Né à Athus (Belgique), le 5 juin 1926. Après la guerre, il collabore à diverses revues et journaux *(Combat, Esprit, Les Lettres françaises)* et s'installe à Paris au début des années cinquante ; il devient le secrétaire d'Aragon. Il travaille aux Éditions Marabout, puis il dirige la collection « Fins de siècle » de 10/18, exerçant une inlassable activité de biographe *(Jean-Paul Sartre*, 1946 ; *Aimé Césaire*, 1956 ; *Léon Bloy*, 1957 ; *Aragon*, 1960 ; *Pouchkine*, 1962 ; *Charles van Lerberghe*, 1969 ; *Charles Nodier*, 1970 ; *Marcel Arnould*, 1973 ; *Alain Bosquet*, 1979 ; *Victor Hugo*, 1980-1986, 3 tomes), et de critique *(Écrivains de l'avant-siècle*, 1972 ; *Lectures du XIXe siècle*, 1977 ; *Lectures fins de siècle*, 1992, posth.). Renouant avec la tradition du récit régionaliste, il publie cinq romans formant le cycle *Les Hameaux*, évocation réaliste de la Gaume rurale, repliée sur elle-même, menacée par la civilisation industrielle *(Les Sangliers*, 1958 ; *La Cimenterie*, 1962 ; *Chaperon rouge*, 1963 ; *Le Repas chez Marguerite*, 1966 ; *Les Trois cousines*, 1968). Ses poèmes (une vingtaine de recueils) évoquent principalement l'univers concret de la terre et de l'enfance dans un rythme ample et une langue incisive *(L'Automne à Lacaud*, 1972 ; *Les Guerriers du Chalco*, 1976 ; *Nous*, 1978 ; *Le Rouge des loups*, 1981 ; *La Destruction des remparts*, 1987, posth.). Il est mort le 3 juillet 1987.

ŒUVRES. — *Le Repas chez Marguerite*, *Les Sangliers*, rééd., Bruxelles, Labor, coll. Espace Nord, 1983, 1991.

→ Camille Lecrique, *Hubert Juin*, Araxes, coll. Les Contemporains, 1962. — Jean Mergeai, *Hubert Juin*, Bruxelles, De Meyère, 1972. — *L'Arbre à paroles* (Amay), n° 90, mai-juin 1996.

O.Bi.

Juliet Charles (1934). Né le 30 septembre 1934 à Jujurieux (Ain) dans une famille de paysans, il est enfant de troupe à douze ans, puis élève à l'École militaire d'Aix-en-Provence, où il commence ses études de médecine. Sa vie bascule de l'armée à la littérature en 1957.

C'est du silence, et du murmure impérieux d'une voix intérieure arrachée au silence, que parle son œuvre simple et poignante. Pendant quinze ans, il travaille dans la solitude et l'anonymat, avant de commencer à publier quelques *Fragments* puis, à partir de 1978, l'intégralité de son *Journal* dont les notes heurtées sont à la fois l'instrument et le résultat d'une interminable naissance à soi-même et à l'écriture, entre suffocation d'être et douloureux désir de dire. Jalonnant cette expérience d'élucidation qui confine au dénuement, « chaque phrase est un moment de vérité » (*Journal* I). L'introspection conduit à l'abolition du moi, hanté par le désir d'une délivrance dans l'universalité.

La publication de *L'Année de l'éveil*, plébiscitée en 1989 par le grand public, marque la fin des « années lentes ». L'auteur, en confiant la narration de son roman autobiographique à l'enfant de troupe qu'il fut, emmuré dans l'ennui à l'École militaire d'Aix, débâillonne un double lointain et obsédant. Conquise sur l'impossibilité de la parole, l'œuvre s'amplifie, sans pour autant cesser de coïncider avec sa propre attente (« je sais que je n'ai toujours pas commencé »). L'acheminement vers la « source » intime emprunte conjointement les voies de la poésie (*Affûts*, *Fouilles*, *Approches*, *L'Autre chemin*...), en des vers brefs et intenses, tranchés dans le vif de la phrase, comme à la recherche d'un vocable qui échappe au moment d'être proféré. De rencontres pétries d'amitié avec quelques artistes et écrivains (Bram Van Velde, Jean Reverzy, Leiris, Beckett) dessinant une famille élective, restent aussi des entretiens où l'excès d'émotion déborde les mots.

Poème, essai, nouvelle (*Retour*, 1984), théâtre *(Écarte la nuit)*, journal, le foisonnement des genres est continûment alimenté par une même exigence, formelle et éthique, d'aridité : « Ceux qui ont été travaillés par une profonde souffrance, ils savent que seule est tolérable une parole nue » (*Accueils*, 1994).

ŒUVRES. — *Journal*, t. I : *1957-1964*, Hachette, 1978. — *Rencontres avec Bram Van Velde*, Fata Morgana, 1978. — *Journal*, t. II : *1965-1968*, Hachette, 1978. — *Journal*, t. III : *1968-1981*, Hachette, 1982. — *Giacometti*, F. Hazan, 1985. — *Rencontre avec Samuel Beckett*, Fata Morgana, 1986. — *Accords*, L'Échoppe, 1987. — *L'Année de l'éveil*, POL, 1989. — *Pour Michel Leiris* et *L'Incessant*, Fourbis, 1989. — *Approches* et *Fouilles*, Fata Morgana, 1989. — *Affûts*, POL, 1990. — *Entretien avec Pierre Soulages*, L'Échoppe, 1990. — *Écarte la nuit*, Fourbis, 1991. — *Dans la lumière des saisons*, POL, 1991. — *L'Autre chemin*, Arfuyen, 1991. — *L'œil se scrute*, Fata Morgana, 1991. — *Prophète en buste lisant*, William Blake, 1991. — *Bribes pour un double*, Arfuyen, 1992. — *L'Inattendu*, POL, 1992. — *Trouver la source*, Paroles d'Aube, 1992. — *Ce pays du silence*, POL, 1992. — *Jean Reverzy*, L'Échoppe, 1992. — *Une lointaine lueur*, Fata Morgana, 1992. — *L'Exploration par l'écriture*, Calligrammes, 1993. — *Journal*, t. IV : *Accueils*, POL, 1994. — *Entretien avec Raoul Ubac*, L'Échoppe, 1994. — *Carnets de Saorge*, POL, 1994. — *Une vie cachée*, Fata Morgana, 1994.

→ *Rencontres avec Charles Juliet*, *Entailles*, n° 17, printemps 1984. — *Faire-part*, n°s 8-9, 1986. — *Jungle*, n° 13, mai 1990. — *Mes chemins*, entretiens avec Francesca Piolot, Arléa, 1995.

J. de S.

Jullian Philippe (1919-1977), pseudonyme de Philippe Simounet. Né le 19 juillet 1919 à Bordeaux, il prend le nom de sa mère à vingt ans, lorsqu'il publie ses premiers textes, peu de temps avant son installation à Paris, en 1940. Mystificateur de talent, il fait alors des conférences sur des personnages imaginaires et donne à une petite revue, *La Parisienne,* des pastiches, des nouvelles, des chroniques d'art. Il publie ensuite trois romans fantaisistes signés Julian Philip, sur les mœurs du temps, aux Éditions de Paris *(Prix de vertu,* 1956 ; *Une grande cocotte,* 1956 ; *Une blonde au Mexique,* 1957), un recueil de nouvelles, *Gilberte retrouvée* (Plon, 1956) et un roman sur un travesti *(La Veuve du baronnet,* Éditions de Paris, 1957). Auteur d'un *Dictionnaire du snobisme* (Plon, 1958, rééd. Bartillat, 1992), il s'est passionné pour la fin du XIXe siècle, donnant l'une des premières études d'ensemble sur l'époque décadente *(Esthètes et magiciens,* Perrin, 1969), un ouvrage sur *Les Symbolistes* (Neuchâtel, Ides et Calendes, 1973) et une série de monographies de figures littéraires de cette époque *(Robert de Montesquiou, prince 1900,* Perrin, 1965, rééd. 1987 ; *Oscar Wilde,* Perrin, 1967 ; *D'Annunzio,* Fayard, 1971 ; *Jean Lorrain ou le Satyricon 1900,* Fayard, 1974 ; *Sarah Bernhardt,* Balland, 1977). Marginal et mondain, excentrique et mélancolique, exerçant avec talent plusieurs arts, en particulier le dessin (il a illustré Dickens, Emily Brontë, Proust, Baudelaire ; voir aussi *Les Meubles équivoques,* Grasset, 1947, préfacés par Fargue, et *Les Styles,* Plon, 1961, rééd. Éditions du Promeneur, 1992), cet esthète romanesque a fasciné ceux qui l'ont connu. Installé à Chaumes, près de Senlis, à partir de 1960, dans une demeure de campagne, il y rassemble ses collections et y réunit ses amis, à l'occasion de fêtes brillamment improvisées. Sa santé psychologique ayant été très éprouvée par l'incendie de cette maison, puis par la perte d'un ami, il se suicide le 25 septembre 1977.

→ Ghislain de Diesbach, *Philippe Jullian, un esthète oublié,* Plon, 1993.

A.G.

Julliard. Maison d'édition fondée à Paris en 1944 par René Julliard. Issu d'une famille de la grande bourgeoisie genevoise, René Julliard commence par s'occuper de commerce avec la Pologne, où il ouvre bientôt des librairies françaises. En 1923, il crée le comité Sequana, premier club de livre français, qui publie un choix de titres à paraître chez les principaux éditeurs, vendus par abonnement dans le monde entier. La guerre freine brutalement cette expansion. Replié à Vichy, Julliard se lance véritablement dans l'édition et publie les discours du maréchal Pétain. Avec *Voici la France de ce mois*, *digest* mensuel à la manière américaine, en février 1940, puis *Littérature*, en 1942, il lance des revues où de jeunes auteurs comme Maurice Druon, Paul Gadenne, René Laporte et Robert Kanters font leurs débuts. C'est dans ce vivier que l'éditeur puisera ses futurs auteurs à succès. Ayant quitté Vichy, il publie en 1944 à Monaco des poèmes d'Eluard et des auteurs de la Résistance. Entouré d'amis lettrés, Henri de Pereira, François Le Grix et Maurice Hugot, il s'installe en septembre 1944 à Paris et décide de consacrer sa nouvelle maison d'édition aux jeunes auteurs. Son mariage avec Gisèle d'Assailly lui procure d'utiles relations mondaines. En publiant Pierre Daninos et Maurice Chevalier, il obtient un succès immédiat qui lui permet de conduire une stratégie dynamique et audacieuse : il lance de nombreux romanciers parmi lesquels il espère trouver les écrivains de demain. Suivent trois années fastes : Julliard obtient le prix Goncourt grâce à Jean-Jacques Gautier en 1946, à Jean-Louis Curtis en 1947 et à Maurice Druon en 1948, année où la maison s'installe rue de l'Université, en face de son prestigieux rival, Gallimard, et s'associe aux jeunes Éditions Laffont.

Julliard publie Françoise d'Eaubonne et Élisabeth Barbier, auteurs de *best-sellers*. Le succès des romans de Georges Arnaud et Pierre Boulle est amplifié par leurs adaptations cinématographiques. En 1951, Julliard lance Françoise Mallet-Joris, qui, à la fin des années cinquante, assurera la relève dans la maison avec Christian Bourgois, Jean-Claude Brisville et Olivier de Magny. En 1954, Julliard découvre un auteur de dix-huit ans, Françoise Sagan, qui avec *Bonjour tristesse* fera la fortune de la maison. Les poèmes d'une fillette de huit ans, Minou Drouet, connaissent un grand succès et provoquent un scandale littéraire très parisien.

Julliard fut aussi, un moment, l'éditeur des *Temps modernes* de Sartre, chassés par Malraux de chez Gallimard, celui de la gauche mendésiste (de Pierre Mendès France lui-même et de Jean-Jacques Servan-Schreiber), de communistes notables comme Hélène Parmelin et Pierre Daix, et du courant antigaulliste militant pour la décolonisation : Charles-André Julien, François Mitterrand, Maurice Pons, Jules Roy, Claude Faux, Georges Buis ou Jean-François Revel se retrouvent dans la maison, où Revel se voit confier une collection de livres d'histoire de l'art.

Julliard publie par ailleurs des revues comme *La Gazette des lettres*, *La Nef* de Lucie Faure, les *Cahiers Renaud-Barrault*, *Les Lettres nouvelles* de Maurice Nadeau et la *Revue française de sociologie*. Avec la collection « Capricorne », tournée vers la littérature étrangère et la collection des « Lettres nouvelles » (dirigée par Maurice Nadeau), Mikhaïl Cholokhov, Constantin Simonov, Witold Gombrowicz, ainsi qu'Adrienne Monnier, Jean Reverzy et Bernard Clavel entrent au catalogue.

René Julliard meurt brutalement en 1962. Sa veuve, Gisèle d'Assailly, partage la direction de la maison avec Christian Bourgois, qui s'est imposé comme dauphin depuis son arrivée en 1959. Gisèle d'Assailly meurt en 1969. Christian Bourgois assume la direction jusqu'en 1971, publiant Vladimir Pozner, Jacques Lanzmann, Marie Cardinal, Andrée Chedid, Maurice Rheims ou Olivier Todd. À la même époque, Alexandre Soljenitsyne, dont on traduit *Le Pavillon des cancéreux*, et Gabriel Garcia Marquez, dont on publie le premier roman, contribuent au prestige de la maison.

Rachetée par les Presses de la Cité en 1965, la maison d'édition est absorbée par le groupe en 1972. Sous la direction de Marcel Jullian à partir de 1971, puis de Bernard de Fallois de 1975 à 1987, Julliard réalise plusieurs coéditions avec L'Âge d'homme (dont *Vie et Destin*, de Vassili Grossman) et publie Hugo Claus, Volkoff, Jacques Perret et Alexandre Vialatte. Catherine Blanchard en 1988, Christian Bourgois en 1989 se succèdent à la direction, publiant notamment Jean Guerreschi, Linda Lê et Régine Detambel, puis Élisabeth Gilles en 1992, année qui marque le retour de Sagan dans la maison. En 1993, les Éditions François Bourin fusionnent avec Julliard au sein du Groupe de la Cité. Cette association prend fin en avril 1995, lorsque Julliard est rattaché à Laffont-Fixot. Bernard Barrault remplace François Bourin, il a pour mission de développer un fonds de littérature générale de haute qualité avec des auteurs français.

→ Jean-Claude Lamy, *René Julliard*, Julliard, 1992.

O.Bu. — IMEC

Juminer Bertène (1927). Né à Cayenne (Guyane), de père guyanais et de mère guadeloupéenne, il a donné dans son œuvre romanesque une place centrale au métissage. Ainsi, dans *Au seuil d'un nouveau cri* (Présence africaine, 1963 ; rééd. 1978), il voit dans l'union de l'homme noir et de la femme blanche le moyen de juguler la domination occidentale sur le monde ; la réflexion sur le mélange des races se prolonge dans *Les Bâtards* (Présence africaine, 1961), *La Revanche de Bozambo* (Présence africaine, 1968), récit de politique-fiction, et dans *Les Héritiers de la presqu'île* (Présence africaine, 1979) qui est aussi une chronique de la vie dakaroise.

J.C.

Junod Roger-Louis (1923). Né le 21 septembre 1923 à Corgémont (canton de Berne), après des études de lettres, il a été professeur à Neuchâtel, où il vit. Ses premières œuvres romanesques (*Les Enfants du roi Marc*, 1980 ; *Parcours dans un miroir*, 1962 ; *Une ombre éblouissante*, 1968, rééd. 1989) ont pour protagonistes des intellectuels à la recherche d'un difficile équilibre entre leur moi et l'engagement social, entre le réel et l'imaginaire. Ses deux derniers ouvrages, *Dans le cerveau du monstre* (1987) et *Nouvelle donne en Arkadia* (1993), s'apparentent au roman à thèse, mettant en accusation le système bancaire suisse et les rapports Nord-Sud, ou proposant un système économique alternatif au libéralisme capitaliste. Roger-Louis Junod est également critique littéraire, spécialiste de la littérature romande.

→ Jean Vuilleumier, *Le Complexe d'Amiel*, Lausanne, L'Âge d'homme, 1985.

P.A.

K

K Éditeur (1945-1949). Maison fondée à Paris par Alain Gheerbrant. C'est en publiant clandestinement *Le Déshonneur des poètes* de Benjamin Péret sous le faux label de « Poésie et révolution, Mexico », que débute K Éditeur, à Saint-Germain-des-Prés. D'abord conseillé par Jean Arp pour la typographie et la mise en pages, puis par Pierre Faucheux, qui crée les maquettes à partir de 1947 et en assure la direction technique, Alain Gheerbrant publie seize titres, dont deux livraisons de *K, revue de la poésie*, codirigée par Henri Parisot. Simone Lamblin prend en charge la gestion de l'entreprise et Bernard Amouroux s'occupe de la distribution. Visant avant tout un public de bibliophiles, avec des éditions de tête sur grands papiers, les tirages vont de 175 exemplaires (*La Poésie naturelle*, documents réunis par Camille Bryen et Alain Gheerbrant, avec huit photographies de Brassaï) à 3 000 (*Van Gogh, le suicidé de la société*, d'Antonin Artaud). En cinq ans, K Éditeur, dans le prolongement du dadaïsme et du surréalisme, publie Arp, Artaud, Bataille, Bryen, Césaire, Henri Noverraz, Péret, Henri Pichette, Vaché. Oublieuse d'une véritable gestion et d'un plan de développement commercial, la maison disparaît en 1949.

→ Alain Gheerbrant et Léon Aichelbaum, *K Éditeur*, Le Temps qu'il fait, 1991.

P.F. — IMEC

Ka Abdou Anta (1931). Né à Ziguinchor (Sénégal), auteur de plusieurs nouvelles, *L'Envers du masque* (*Présence africaine*, nº 13, 1955), *Mal* (Dakar, NÉA, 1975), il est surtout connu pour le recueil intitulé *Théâtre* (Présence africaine, 1972), qui réunit plusieurs adaptations — dont celle du roman de Jacques Roumain, *Gouverneurs de la rosée* — et une œuvre originale, *Pinthioun Fann*. Dédié au professeur Collomb qui, en associant la thérapeutique classique appliquée aux malades mentaux à un rituel Wolof, le *n'doep*, cherchait à recréer les cadres traditionnels de la société africaine dans l'enceinte de l'hôpital psychiatrique, *Pinthioun Fann* évoque, sur le ton de la farce, les dysfonctionnements d'une société sénégalaise où les fous ne sont pas forcément ceux que l'on croit.

J.C.

Kaddour Hédi (1945). Né le 18 avril 1945 à Tunis, poète, il enseigne la littérature française du XXe siècle à l'École normale supérieure de Fontenay-Saint-Cloud et collabore à la *NRF* et à *Action poétique*. Il a publié plusieurs recueils de poésies (*Le Chardon mauve*, Ipomée, 1988 ; *La Fin des vendanges*, Gallimard, 1989 ; *La Chaise vide*, Obsidiane, 1993 ; *Jamais une ombre simple*, Gallimard, 1994) et *L'Émotion impossible* (Le Temps qu'il fait, 1994), recueil d'études littéraires et de réflexions sur « la forme-poésie » où il définit le poème comme « un champ pour quelques forces et quelques normes, un lieu de formes en tension », brocardant au passage les asthénies poétiques et la fausse-monnaie de certains « modernes ».

S.R.

Kadima-Nzuji Mukala (1947). Né à Mobaya (Zaïre), formé à l'université Lovanium de Kinshasa, puis à la faculté de philosophie et de lettres de Liège, il enseigne la littérature africaine à l'université Marien Ngouabi de Brazzaville. Essayiste de talent, à qui l'on doit deux ouvrages de critique littéraire, *Jacques Rabemananjara, l'homme et l'œuvre* (Présence africaine, 1981), et *La Littérature zaïroise de langue française* (Karthala, 1984), il est également poète. Ses trois recueils (*Les Ressacs*, Kinshasa, Les Lettres congolaises, 1969 ; *Prélude à la terre*, Kinshasa, Le Mont noir, 1971 et

Redire les mots anciens (Saint-Germain-des-Prés, 1977) s'ordonnent autour d'une quête exigeante de soi et des autres, servie par une écriture lyrique élaborée. On lui doit aussi une *Bibliographie littéraire de la République du Zaïre 1932-1972* (Presses de l'université de Lubumbashi, 1973).

J.C.

Kagamé Alexis (1912-1981). Prêtre, théologien, philosophe et poète, il domine de sa stature les lettres rwandaises. Il a joué un rôle considérable en faveur des traditions orales en Kinyarwanda. En témoignent plusieurs recueils en langue vernaculaire, *Icara Nkumare Irungu* (1947), *Iyo Wiliwe Nta Rungu* (1949), *Imigani Y' Imigenurano* (1950). Ce folkloriste est également un essayiste (*La Poésie dynastique du Rwanda* ; *Les Institutions politiques du Rwanda précolonial* ; *Les Organisations socio-familiales de l'ancien Rwanda).*

ŒUVRES. — En outre : *La Divine Pastorale*, 1952. — *La Naissance de l'univers*, 1956. — *La Philosophie bantoue-rwandaise de l'être*, 1956. — *Introduction aux genres lyriques de l'ancien Rwanda*, 1969. — *La Philosophie bantoue comparée*, Présence africaine, 1976.

J.C.

Kalisky René (1936-1981). Né à Bruxelles le 20 juillet 1936, journaliste indépendant, puis dramaturge, il a contribué au renouveau théâtral contemporain. Si le rôle du théâtre reste bien celui d'interpeller directement les consciences à l'époque des totalitarismes, il ne s'agit cependant pas de délivrer sur scène un message moralisateur ou idéologique. « Brecht est mort, Brecht c'est le passé », affirme Kalisky. Ni réaliste ni didactique, son théâtre cherche la confrontation directe entre les protagonistes qui ont précipité, ensemble, la faillite des idéaux au XXe siècle. Stalinisme, fascisme, nazisme ou sionisme sont au centre d'un projet dramaturgique jouant sur l'ambivalence des discours, sur l'ambiguïté des bonnes ou mauvaises causes. Dérangeant et provocateur, son jeu s'appuie d'abord sur la séduction : en utilisant l'humour, la perversité, le mélange du tragique et du dérisoire, Kalisky tente de « tuer le mensonge », libérant le théâtre du texte, et du théâtre lui-même. En mêlant les registres, en ramenant l'histoire à la réalité du jeu, en dissociant à l'extrême la personnalité des personnages, Kalisky porte la notion de spectacle à son paroxysme, là où il se désagrège dans la conscience même du spectateur, lui interdisant toute espèce d'identification. Si, depuis la publication de *Trotsky, etc.* (1969), il a privilégié les situations dramatiques à fond historique (comme *Charles le Téméraire ou l'autopsie d'un prince*, 1984, posth.), il a surtout concentré ses choix sur des périodes de transition violente. Ainsi l'Italie post-fasciste est-elle le lieu d'une réflexion dans trois pièces : *Skandalon* (1970) met en scène, à travers la figure de Fausto Coppi, le mythe du surhomme créé par le sport ; *Le Pique-nique de Claretta* (1974) tourne autour de la figure du Duce à peine tombé en disgrâce ; dans *La Passion selon Pier Paolo Pasolini* (1977), le poète des *Cendres de Gramsci,* à la recherche d'un sous-prolétariat idéal inexistant, organise sa propre fin tragique en reconstituant le tournage de *La Passion selon saint Matthieu.* Taraudé par son identité (son père est mort à Auschwitz), Kalisky a surtout puisé ses thèmes dans l'histoire du judaïsme et dans la Shoah *(Dave au bord de mer*, 1977 ; *Sur les ruines de Carthage*, 1980 ; *Aïda vaincue*, 1982, posth. et *Falsch*, 1983, posth.). *Jim le téméraire* (1972), une de ses pièces les plus controversées, oppose et réunit dans un ballet infernal victimes juives et bourreaux nazis en soulevant le problème du messianisme, tout en bouleversant celui de l'identité, définie paradoxalement à partir de sa propre négation (voir également le récit *L'Impossible Royaume*, 1979). On lui doit aussi un essai *(L'Islam : origine et essor du monde arabe*, 1980) ; il est mort le 2 mai 1981.

ŒUVRES. — Principalement aux Éditions Gallimard et Stock. — « Du surjeu au surtexte », dans *La Passion de Pier Paolo Pasolini*, Stock, 1977. — *Sur les ruines de Carthage*, suivi de *Falsch*, rééd., Bruxelles, Labor, coll. Espace Nord, 1991. — *Dave au bord de la mer*, rééd., L'Arche, coll. Scène ouverte, 1993.

→ Marc Quaghebeur, *Lettres belges entre absence et magie*, Bruxelles, Labor, 1990.

O.Bi.

Kane Cheikh Hamidou (1928). Né le 3 avril 1928 à Matam (Sénégal), dans une grande famille de nobles Peuls originaires de la région du fleuve Sénégal, élevé dans la tradition musulmane et à l'école coranique, il est envoyé par sa famille à l'école française du chef-lieu de cercle, où, trois ans plus tard, il obtient le certificat d'études primaires, point de départ d'une brillante carrière scolaire qui le conduira jusqu'à Paris, où il suit des cours de philosophie à la Sorbonne et les enseignements de l'École de la France d'outre-mer. Ces années parisiennes ont été décisives pour sa formation. De cette expérience solitaire et douloureuse devait naître *L'Aventure ambiguë* (Julliard, 1961, grand prix d'Afrique noire ; rééd. 10/18, 1971), récit pathétique dont le héros, Samba Diallo, double malheureux de l'auteur, incarnera pour toute une génération de jeunes Africains, confrontés à un Occident frénétique et déboussolé, la difficile mutation d'un monde à l'autre.

L'histoire de Samba Diallo, jeune aristocrate Diallobé (c'est-à-dire Toucouleur), qu'un destin imprévu conduit des rives du fleuve Sénégal jusqu'aux bancs de la Sorbonne, illustre l'aventure des écrivains et intellectuels de la seconde génération, formés à l'école occidentale. Alors que Thierno, le maître de l'école coranique, voudrait faire de Samba Diallo son disciple et successeur, la Grande Royale, sa tante, estime que « le temps est venu d'apprendre aux enfants à vivre, non plus seulement à mourir » ; elle exige qu'on l'envoie à l'école des Blancs, où, pense-t-elle, non content d'apprendre à « lier le bois au bois », il aura accès à la connaissance occidentale, ce secret qui permet de « vaincre sans avoir raison ». D'abord fasciné par ce nouveau savoir, Samba Diallo ne tarde pas à comprendre qu'il l'exile chaque jour un peu plus de lui-même. Engagé dans la quête impossible d'une identité devenue problématique, le héros se définit alors comme un individu hybride, à la métamorphose inachevée. Faute d'avoir su concilier en lui le double système de valeurs où il a été formé, il retourne au pays natal où l'attend une mort violente qui ressemble beaucoup à un suicide.

Cheikh Hamidou Kane a donné une suite à ce premier livre en 1995 : *Les Gardiens du temple* (Stock).

→ J. Getrey, *Comprendre « L'Aventure ambiguë »*, Les Classiques africains, 1982.

J.C.

Karapanou Margarita (1946). Née à Athènes, fille de l'écrivain Marguerite Limbéraki, elle a fait ses études en Grèce et en France. Son premier roman, *Cassandre et le loup*, paru en France (1975) puis en Grèce (1976), est suivi d'un roman, *Le Somnambule* (1985), dont la version française écrite par l'auteur (1987) a obtenu le prix du meilleur Roman étranger en France (1988). Son troisième roman, écrit en grec sous le titre français *Rien ne va plus* (1991), a paru en France (1994), traduit par Jacques Bouchard.

A.Vl.

Karone Yodi (1954), pseudonyme d'Alain Ndongo Ndiye. Né en France, d'origine camerounaise, il est l'auteur de quatre romans : *Le Bal des caïmans* (Karthala, 1980), *Nègre de paille* (Silex, 1982, grand prix de l'Afrique noire), *Les Beaux Gosses* (1988) et *À la recherche du cannibale amour* (1988) et *Les Beaux Gosses* (1988).

J.C.

Katcha Vahé (1928). D'origine arménienne, né à Alep, en Syrie, il a passé son enfance et son adolescence à Beyrouth. Journaliste au quotidien libanais de langue française *Le Soir,* il publie à Paris son premier roman, *Les Mégots du dimanche* (Gallimard, 1953), puis obtient le prix Rivarol pour *Œil pour œil* (1955), où il établit la formule qui va désormais valoir le succès à la plupart de ses romans : un mélange d'intrigue policière et de drame tragique, d'amour violent et de métaphysique. Tous ces récits développent des histoires remarquablement construites, menées à un train d'enfer vers une inéluctable catastrophe et fortement nouées autour d'une obsession centrale : vengeance, désir, ambition, haine ou jalousie. Avant de s'installer à Paris au début des années soixante, il publie *L'Hameçon* (1957), *Ne te retourne pas, Kipian* (1958), *Les Poings fermés* (1959), *Le Huitième Jour du Seigneur* (Plon, 1960). Suivront une vingtaine d'autres romans dans la même veine, notamment, *L'Homme qui trouble la fête* (1962), *Se réveiller démon* (1964), *La Mort d'un Juif* (Julliard, 1968), *Un nègre sur la sta-*

tue de Lincoln (Julliard, 1970), *Un homme tombé dans la rue* (Fayard, 1975), *La Revanche des seigneurs* (Fayard, 1977), *Un poignard dans ce jardin* (1981). Fortement influencé par les techniques narratives du roman américain moderne et du cinéma, Katcha a vu un grand nombre de ses livres adaptés à l'écran et s'est lui-même engagé dans une carrière de scénariste et de dialoguiste de films.

A.D.

Kateb Yacine (1929-1989). Né à Constantine, dans l'est de l'Algérie. Son œuvre évoque la région qui s'étend de Constantine à Annaba et Sétif, et reflète les voyages d'un écrivain qui a su incarner à la fois l'identité algérienne et une conception nomade de la littérature. Issu d'une famille de musulmans lettrés, il est mis par son père à l'école française, pour apprendre à maîtriser la langue du colonisateur. En 1945, alors qu'il se trouve pris dans les événements politiques de Sétif et emprisonné quelque temps, sa mère devient folle et fera de longs séjours en hôpital psychiatrique. Passionné par la poésie et la tragédie grecque, il n'adhère pas moins au marxisme. Dès son adolescence, il croit découvrir en Abdelkader, héros de la résistance à la conquête française, un champion du nationalisme algérien. Plusieurs traits de sa vie personnelle alimenteront son œuvre, et notamment *Nedjma* (1956). On y trouve évoqué son amour malheureux pour une cousine plus âgée que lui et déjà mariée, ainsi que sa rencontre avec un personnage étonnant de vieil aventurier mythomane. Devenu journaliste à *Alger républicain*, comme l'était Mohammed Dib, Kateb Yacine fréquente alors un milieu très lié au parti communiste algérien. En 1948 paraît au Mercure de France *Nedjma ou le poème ou le couteau*, qui appartient au vaste cycle de ses élaborations littéraires poétiques, romanesques ou théâtrales, autour du personnage de Nedjma. À partir de 1951, il vit surtout en France, où il rencontre des écrivains, notamment Bertolt Brecht. Pendant la guerre d'Algérie, il voyage dans divers pays et publie *Le Cercle des représailles* (1959), œuvre théâtrale complexe, épique et poétique, mais aussi comique. Plusieurs parties de cet ensemble sont jouées en 1963 et 1967. En 1966 paraît *Le Polygone étoilé*, mélange d'inédits et de textes plus anciens. Son engagement politique s'exprime dans de nouvelles pièces, comme *L'Homme aux sandales de caoutchouc* (1970), consacré à la guerre du Vietnam et à la personnalité d'Ho Chi Minh, et *Mohammed, prends ta valise* (1971), joué en arabe parlé. Il décide alors de retourner en Algérie, pour y écrire et y mettre en scène un théâtre à la portée du peuple, c'est-à-dire en arabe dialectal. Il parvient à fonder une troupe, mais se heurte aux réticences du pouvoir. Kateb Yacine assume alors en Algérie et jusqu'à sa mort un rôle d'opposant, s'engageant en faveur de la langue et de la culture berbères, qui lui semblent constituer une identité algérienne méconnue par l'État arabo-musulman. La continuité et l'importance de son œuvre apparaissent plus clairement encore dans un livre d'inédits recueillis et publiés par Jacqueline Arnaud, sous le titre *L'Œuvre en fragments* (1986), gros livre qui sera complété par la publication posthume d'entretiens donnés par l'auteur entre 1958 et 1989, *Le Poète comme boxeur* (1994).

→ Fonds Kateb Yacine à l'IMEC.

D.B.

Kattan Naïm (1928). Né à Bagdad, il a grandi au carrefour de trois civilisations, arabe, juive et chrétienne. Après des études de droit en Irak et en France, il émigre en 1954 au Canada, où il travaille d'abord comme journaliste et chargé de cours à la Faculté des sciences sociales de l'université Laval et fonde le *Bulletin du Cercle juif de langue française*. À partir de 1967, il dirige le service des Lettres et de l'Édition au Conseil des Arts du Canada. Ce « voyageur du transculturel » montre sa hantise de l'idée de partage et de passage entre l'Orient et l'Occident dans ses essais, entre *Le Réel et le théâtral* (1971), *La Mémoire et la promesse* (1979), *Le Désir et le pouvoir* (1983), *Le Repos et l'oubli* (1987), *Idoles et images* (1996). *La Réconciliation* (1993) propose une réflexion sur les notions de métissage et d'altérité, ainsi que sur la fascination de l'unique et de l'identique, qui se fait jour à certaines époques de l'humanité. Celui qui a choisi d'écrire en français et de vivre à Montréal se déclare « toujours oriental » et « écrivain québécois ». Ses nouvelles (*Dans le désert, La Traversée, Le Rivage, Le Sable de l'île, La Distraction)* retracent des destins marqués par le voyage, la fugacité des sentiments, les malentendus divers. Son roman, *Adieu Babylone*, raconte les années d'apprentissage d'un jeune Irakien et décrit la communauté juive de Bagdad. Il est suivi de *Les Fruits arrachés* (1977), *La Fiancée promise* (1983), *La Fortune du passager* (1989), *Farida* (1991) et *La Célébration* (1997). Critique, Naim Kattan a consacré deux ouvrages aux *Écrivains des Amériques* (1972 et 1976).

L.G.

Kayo Patrice (1942). Né à Bandjoun (Cameroun), universitaire, observateur attentif de la vie littéraire camerounaise — il a longtemps présidé aux destinées de l'Association des poètes et écrivains camerounais, tout en animant deux revues, *Le Cameroun littéraire* et *Ozila* —, il est l'auteur d'une *Anthologie de la poésie camerounaise de langue française* (Yaoundé, Le Flambeau, 1977) et d'un *Panorama de la littérature camerounaise* (Bafoussam, Littérature africaine, 1978). Le lyrisme de ce poète fécond, proche de la tradition orale Bamiléké, s'exprime dans quatre recueils, *Chansons populaires Bamiléké* (Yaoundé, Saint-Paul, 1968), *Hymnes et sagesse* (Oswald, 1970), *Paroles intimes* (Oswald, 1972) et *Déchirements* (Silex, 1983). Il est également l'auteur d'un recueil de nouvelles, *Tout le long des saisons* (Silex, 1983).

J.C.

Kazantzaki Nikos (1883-1957). Né à Héraklion, en Crète, il y fait ses études secondaires avant d'étudier le droit à l'université d'Athènes. De retour en Crète, il publie un roman, *Le Serpent et le lys* (1906), sous le pseudonyme Karma Nirvani, et sa thèse de doctorat sur Nietzsche (1909), puis s'installe définitivement à Athènes, en 1910. Les enseignements de Nietzsche et le vitalisme de Bergson (à qui il dédie un essai en 1912) l'aident à définir ses propres principes métaphysiques exprimés dans *Ascèse* (1927), sa profession de foi. En même temps, il publie des pièces de théâtre : *Petros Psiloreitis* (1910), *Nikiphoros Phokas* (1927), *Le Christ et Ulysse* (1928) et plus tard *Melissa* (1939), *Kapodistrias* (1946) et *Sodome et Gomorrhe* (1949). En 1924, il entreprend l'*Odyssée*, poème épique en 33 333 vers, qui sera publié en 1938. Son œuvre touche tous les genres littéraires et comprend des récits de voyage : *Voyages : Espagne, Italie, Égypte, Sinaï* (1927), *Ce que j'ai vu en Russie* (1928), *Voyages : Chine, Japon* (1938), *Voyages : Angleterre* (1941). S'y ajoute une *Histoire de la littérature russe* en deux tomes (1930). Lors de son séjour dans l'île d'Égine (1933-1944), il traduit *La Divine Comédie*, écrit un roman en français, *Toda-Raba* (1934), qui, publié à Paris sous le pseudonyme Nikolaï Kazan, sera suivi d'un autre roman en français : *Le Jardin des rochers* (1939). Candidat à l'Académie d'Athènes (1945) et pressenti pour le prix Nobel (1946), il s'installe définitivement en France, d'abord à Paris (1946-1948), puis à Antibes, où il passe les dernières années de sa vie. Son œuvre acquiert une célébrité mondiale grâce à ses romans d'après-guerre : *Alexis Zorba* (1946), *Le Capitaine Michalis* (1953, écrit en 1936 en français, sous le titre *Mon père*, jamais publié), *Le Christ recrucifié* (1954), *La Dernière Tentation* (1955), qui lui vaudra l'excommunication, et *Le Pauvre d'Assise* (1956). À quoi il faut ajouter ses deux romans posthumes *Lettre au Greco* (1961), *Les Frères ennemis* (1963), et sa *Correspondance avec Panaït Istrati* (1973), en français. Mort le 26 octobre 1957 à Fribourg-en-Brisgau, il est inhumé en Crète.

→ Aziz Izzet, *Nikos Kazantzaki*, Plon, 1965. — Colette Janiaud-Lust, *Nikos Kazantzaki, sa vie, son œuvre 1883-1957*, Maspero, 1970. — Ja Hatem, *Nikos Kazantzaki, masque et chaos*, Cariscript, 1987. — Pierre Sipriot, *Entretiens avec Nikos Kazantzaki*, Monaco, Le Rocher, 1990. — Il existe depuis 1989 un bulletin de la Société des amis de Nikos Kazantzaki : *Le Regard crétois* (Saint-Genis-Pouilly).

A.Vl.

Kédros André (1917), pseudonyme de Virgile Solomonidis. Né à Bucarest dans une famille d'origine corfiote, il y suit des études de lettres. Inscrit à l'université de Prague, il y obtient un doctorat ès lettres (1938). Arrivé en Grèce peu après, il participe à la Résistance, ce qui l'oblige à quitter le pays juste après la publication de son premier livre, *Dialogues avec un pseudo-démocrate* (1945). Boursier du gouvernement français, il s'installe à Paris et collabore avec le professeur Henri Wallon comme spécialiste de la psychologie de l'enfant. Avec l'aide d'Aragon, il publie en 1948 son premier roman, *Le Navire en pleine ville*, en français. Suivent d'autres romans : *L'Odéon* (1949), *Peuple roi* (1952), *La Fleur nouvelle* (1954), *Les Carnets de M. Ypsilante* (1955), *Le Lit de Procuste* (1957), *Le Dernier Voyage du Port Polis* (1959), *Le Verrou* (1961), *Même un tigre* (1967), *Le Soleil de cuivre* (1972), *L'Absence à vif* (1975), *Le Rendez-vous du lac Majeur* (1981), *Le Feu sous la mer* (1985), *L'Homme à l'œillet* (1990) ; un essai, *Les Socialistes au pouvoir en Europe 1981-1985* (1986), et une *Histoire de la Résistance grecque 1940-1944* (1966). Pour le compositeur Joseph Kosma, il écrit le livret d'un opéra bouffe, *Un amour électronique* (1960), tandis que, sous le pseudonyme André Massepain, il fait paraître une dizaine d'ouvrages pour la jeunesse, dont *La Fusée mystérieuse, Le Derrick aux abeilles, Les Secrets de l'Étang, La Grotte aux ours, Les Légendes de la Grèce antique, Les Plus Belles Légendes de l'Odyssée, L'Île aux fossiles vivants* et *Le Rayon des étoiles*. Lauréat de plusieurs prix littéraires, membre de la Société des gens de lettres de France, il est lecteur aux Éditions Robert Laffont.

A.Vl.

Kegels Anne-Marie (1912-1994). Née à Dunes (Tarn-et-Garonne), le 26 novembre 1912, dans un milieu de viticulteurs, elle se fixe en Belgique au moment de son mariage. Poète du verbe rare et précieux, des souvenirs et de la joie de vivre *(Douze poèmes pour une année*, 1950 ; *Rien que vivre*, 1951), elle sait aussi traverser le réel avec humilité, apprivoiser les éléments pour mieux s'en pénétrer. Exprimant « le sens de la fragilité de l'heure, de la rondeur dorée des choses, de la solitude bienheureuse ou mortelle » (Émilie Noulet), sa poésie gagne bientôt en concision et en sensibilité. Dans les *Chants de la sourde joie* (1955), l'âme participe de la nature avec exubérance ; au-delà de l'illusion romantique de communion, Anne-Marie Kegels élabore une poésie vécue, appréhendant les phénomènes naturels avec une sensualité parfois exacerbée. Ainsi les sensations vivent-elles au rythme des éléments et des saisons dans *Haute Vigne* (1962), touchés par la grâce et la sensibilité dans *Les Doigts verts* (1967). Plus proches d'une vision panthéiste de l'univers, et donc du spirituel, l'espérance et le défi de la vie à la mort s'expriment dans *Lumière adverse* (1970), et la nostalgie du passé et la solitude pénètrent le parcours naturel des *Chemins sont en feu* (1973) ; le temps, vaincu par la magie de l'instant, est sublimé dans les éclairs parfois meurtriers de *Porter l'orage* (1978). Refusant tout sentimentalisme, sa poésie classique est à la mesure de son ambition : tracer le mouvement des éléments, placer l'homme au plus profond de l'espace qui le contient.

ŒUVRES. — *Poèmes choisis*, Bruxelles, Académie royale, 1991.

→ Frédéric Kiesel, « Anne-Marie Kegels : saisons et métamorphoses », *Revue générale*, n° 5, mai 1984.

O.Bi.

Keita Fodéba (1921-1969). Né à Siguiri (Guinée), il s'est rendu célèbre par la fondation de la troupe des Ballets africains, qu'il dirigera dans une série de tournées triomphales à travers le monde entier. Écrivain, il s'est voulu également proche des formes traditionnelles africaines. *Poèmes africains* (Seghers, 1965) et *Aube africaine* (1965 ; rééd. sous le titre *Aube africaine et autres poèmes africains*, Présence africaine, 1994)), ses deux recueils publiés reflètent fidèlement ce projet : sous couvert de légendes contées et chantées dans les villages, le poète restitue le fonds populaire d'une manière à la fois simple et évocatrice. Il a disparu en 1969, dans des circonstances non élucidées, sans doute victime de la répression sanguinaire de Sékou Touré.

J.C.

Keita Modibo (1948). Né à Bamako (Mali), journaliste, il est l'auteur d'un roman, *L'Archer Bassari* (Karthala, 1984, grand prix d'Afrique noire), dont l'intrigue policière sert à dénoncer et à démasquer les affameurs du Sahel, qu'un justicier impitoyable, l'archer Bassari, exécute systématiquement les uns après les autres : du temps de la grande sécheresse qui s'abattit sur le Sahel, au début des années soixante-dix, on montrait aux voyageurs passant par Bamako ce que les Maliens appelaient alors ironiquement les « châteaux de la sécheresse », de somptueuses villas édifiées par quelques dignitaires du régime, qui n'avaient pas hésité à détourner l'aide internationale destinée aux plus démunis de leurs compatriotes.

J.C.

Kessel Joseph (1898-1979). Né à Clara, en Argentine, le 10 février 1898, de parents juifs lituaniens, il passe plusieurs de ses vacances d'enfant chez ses grands-parents dans l'Oural. En 1914, il est à Paris, au lycée Louis-le-Grand, élève brillant et dissipé. Sa soif de vivre est intense. Il passe très rapidement une licence de lettres à la Sorbonne, s'inscrit au Conservatoire d'art dramatique, et fait des débuts d'acteur à l'Odéon. Mais c'est bientôt la guerre, et en 1916 il s'engage dans l'aviation. Cette expérience radicale, qui lui fait tout abandonner, est transposée dans *L'Équipage*, sa première œuvre (1923). Dans ce roman quasi autobiographique, le personnage principal, Jean Herbillon, quitte sa famille et sa maîtresse pour servir ; il fait l'apprentissage des risques et de l'action aux côtés d'un autre pilote avec lequel il se lie d'amitié, jusqu'au jour où celui-ci lui confie une lettre pour sa femme : Jean s'aperçoit qu'il s'agit de sa propre maîtresse. À la fin de la guerre, « Jeff » Kessel poursuit avec succès une carrière dans le journalisme, et effectue son premier grand reportage en 1919. Il est très jeune et devient l'une des signatures les plus remarquées du *Journal des débats*. Sa vie à Paris est tumultueuse, toujours à la recherche d'émotions fortes. Alcool, femmes, équipées. En 1925, il part au Moyen Orient pour un reportage dont il tirera deux livres : *La Palestine* et *En Syrie*. C'est l'occasion pour lui de s'intéresser, aux côtés de Weizman, à la progressive résurrection de l'État juif (cf. *Terre de feu*, 1948, écrit au moment de la création d'Israël). Dans les années trente, sa vie prend le rythme qu'elle conservera jusqu'à la fin : voyages, action, livres. Sa réputation de romancier s'affirme après le grand prix du Roman de l'Académie française, décerné en 1927 pour *Les Rois aveugles*. *Belle de jour* (1928), que Buñuel adaptera à l'écran, traite de la prostitution d'une épouse de médecin, à l'insu de son mari. En 1936, il participe à la guerre d'Espagne ; en 1940, il est correspondant de guerre, puis passe clandestinement en Angleterre, où il est capitaine d'escadrille. En compagnie de son neveu Maurice Druon, il écrit le « Chant des Partisans », et devient l'un des chantres de la Résistance. *L'Armée des ombres*, en 1943, fera la chronique de tous ces événements.

À la fin de la guerre, Kessel reprend la route des terres inconnues, et accomplit plusieurs voyages, notamment en Inde et au Brésil. Son œuvre se tourne vers les déshérités, les victimes, les marginaux, les personnages broyés par diverses circonstances historiques ou personnelles. *Au Grand Socco* (1952) raconte l'histoire d'un petit mendiant bossu ; *La Tour du malheur* (t. I, 1950), d'après ses souvenirs des années vingt et trente, fait le portrait d'individus ravagés par la drogue, drogue contre laquelle il a lui-même dû lutter. *Avec les alcooliques anonymes* (1960) appartient à la même veine. Kessel connaît son plus grand succès en 1958 avec *Le Lion*, écrit à la suite d'un voyage au Kenya. La scène se situe dans une réserve au pied du Kilimandjaro, où une famille de blancs s'est installée, entourée d'animaux et côtoyant les tribus Masaï. Le personnage principal est une fillette de dix ans, Patricia, fille du maître des lieux, le géant Bull Bullit et de sa femme Sybil, européenne raffinée. Patricia a élevé au biberon un jeune lion qui a grandi et a rejoint la brousse, mais avec lequel elle conserve une relation intense faite de rendez-vous secrets et quotidiens. Une fois de plus, c'est l'histoire d'une passion excessive, d'un attachement jaloux, indéfectible, exclusif : celui d'une petite fille pour un lion. C'est aussi un portrait magnifique de la vie sauvage, de ses bruits, de ses guerres, de ses lois. En 1966, Kessel entreprend pour le compte de l'Organisation mondiale de la santé sa dernière grande enquête, dans les montagnes d'Afghanistan. Il en rapportera un de ses livres les plus inspirés : *Les Cavaliers* (1967), où le personnage d'Ouroz reçoit une définition propre à refléter l'itinéraire de Kessel lui-même : « le seul à courir sans autre but que sa course ». Entre-temps, il a consacré un livre à l'un de ses plus chers amis, l'aviateur Mermoz, et cette biographie est une nouvelle occasion de glorifier le courage et l'abnégation. En 1963, il est élu à l'Académie française.

À sa mort le 23 juillet 1979, il laisse plus de quatre-vingts volumes témoignant de son énergie et de son amour de la vie. Tous sont marqués par une expérience humaine réelle, qui lui a permis d'affirmer, au-delà des chaos engendrés par les structures sociales, les événements, les amours, le caractère inaltérable et toujours renaissant du dépassement de soi dans l'action : « Ma vie est plus importante que mon œuvre, mais on peut vivre et écrire à la fois ». Sa sympathie va aux nomades, aux errants, aux personnages qui éprouvent avec violence la force de leurs instincts et de leurs désirs. La plupart de ses œuvres décrivent des individualités se heurtant à la vie et contraintes de se forger leurs propres lois. Aussi a-t-il une prédilection pour les milieux sans structures *a priori* : celui des émigrés russes à Paris (*Nuits de princes*, 1927), des nomades Masaï (*Le Lion)*, des combattants de guerre, des révolutionnaires irlandais (*Marchés d'esclaves ; l'Irlande révolutionnaire)*, des truands et des marginaux parisiens (*Nuits de Montmartre*, 1932).

ŒUVRES. — *Les Captifs*, 1925, rééd. Folio, 1992. — *Au Grand Socco*, Gallimard, 1952. — *Le Coup de grâce,* 1953, Presses Pocket, 1988. — *Le Lion*, 1958, rééd. Folio. — *La Tour du malheur*, Gallimard, 1950-1970, 4 t. — *Mermoz*, 1966, rééd. Folio, 1972. — *Stavisky, l'homme que j'ai connu*, 1974. — *Témoin parmi les hommes*, Plon, 1968. — *Les Enfants de la chance*, 1934, rééd. Folio, 1980. — *Une balle perdue*, Gallimard, 1982. — *Les Cavaliers*, Folio, 1982. — *L'Équipage*, 1923, rééd. Folio, 1980. — *Fortune carrée*, 1977, Presses Pocket, 1985. — *Les Amants du Tage*, Presses Pocket, 1986. — *Pour l'honneur*, Presses Pocket, 1987. — *La Nagaïka*, *Les Rois aveugles*, *Tous n'étaient pas des anges*, *Nuits de princes*, UGE, 1988. — *Nuits de Montmartre*, *Basfonds de Berlin*, UGE, 1990. — *Mémoires d'un commissaire du peuple*, Gallimard, 1992.

→ Roger Vailland, *Livres de France*, 1959. — Yves Courrière, *Joseph Kessel ou la piste du lion*, Plon, 1985.

G.Si.

Khaïr-Eddine Mohammed (1941-1995). Né dans le sud du Maroc, il est d'abord poète, admirateur de Rimbaud comme le jeune Kateb Yacine, et écrit en arabe et en français. En 1961, nommé à Agadir comme fonctionnaire du gouvernement marocain, il découvre la ville bouleversée par le tremblement de terre du 29 février 1960. Dans son livre, *Agadir* (1967), ce séisme devient le symbole des violences et des ruptures qui lui paraissent caractériser l'histoire et la société marocaines et de ce fait le psychisme d'un Marocain tel que lui. Il publie un recueil de poèmes, *Soleil arachnide* (1969) et consacre plusieurs textes en prose à la révolte dégoûtée, ou horrifiée, que lui inspire le monde : *Corps négatif* (1968), *Moi l'aigre* (1970), *Le Déterreur* (1973). Lautréamont lui inspire des images souvent érotiques ou scatologiques, et son bestiaire, réel ou fantastique, le rattache au surréalisme. Après une phase de révolte contre le père, incarné par le roi du Maroc, Khaïr-Eddine revient dans son pays, dont il exprime la dimension archaïque et poétique dans *Une vie, un rêve, un peuple, toujours errants* (1978). Il explore les richesses de son Sud originel, qui lui fournit le sujet de *Légende et vie d'Agoun'Chich* (1984). C'est dans la tradition orale qu'il trouve son personnage, plus positif que les précédents, bien que la tonalité du livre soit nostalgique. Il constate en effet, comme Driss Chraïbi, que, même au Maroc, la tradition ne survit qu'à l'état de traces aujourd'hui menacées de disparition. Mais si les personnages et leur environnement meurent, la littérature orale porte témoignage de ce qu'ils ont été.

D.B.

Khatibi Abdelkébir (1938). Né à El Jadida, au Maroc. Au terme de sa scolarité, à Marrakech, il étudie la sociologie à la Sorbonne et soutient une thèse, *Le Roman maghrébin*, en 1968. Il dirige l'Institut de sociologie de Rabat de 1966 à 1970 et occupe un poste de chercheur à l'université Mohammed V. Sa thèse est le manifeste d'une nouvelle génération d'écrivains maghrébins et fait entrer la littérature maghrébine dans une nouvelle ère. Il s'agit, selon lui, d'éviter la tendance purement sociologique, de type réaliste-socialiste, pour prendre conscience des caractéristiques propres à la langue et de ses rapports avec l'inconscient. Du côté littéraire, après un premier roman autobiographique, *La Mémoire tatouée* (1971), il publie *Le Livre du sang* (1979), puis *Amour bilingue* (1973). Ce dernier livre situe sur un terrain très inhabituel, linguistique, poétique et mystique, le problème du couple mixte constitué par un Maghrébin et une étrangère. Poète en même temps que romancier, Khatibi publie en 1976 *Le Lutteur de classe à la manière taoïste*, où s'exprime dès le titre la volonté d'opérer une rencontre inattendue et paradoxale. Il prend dans ses essais des positions politiques tranchées, mais en se situant toujours dans une perspective qui doit plus à Freud qu'à Marx. C'est dans cet esprit qu'en 1974 il consacre à la question palestinienne un livre, *Vomito blanco*, repris en 1990 avec une série d'articles dans *Paradoxes du sionisme*. En 1983, *Maghreb pluriel* rassemble plusieurs études consacrées en dix ans aux courants de pensée présents au Maghreb. Le souci de *Penser le Maghreb* (1993), pour reprendre le titre d'un de ses essais, est chez lui un trait constant, qui n'exclut pas un souci symétrique de penser l'étrange et l'étrangeté, comme dans le recueil d'analyses intitulé *Figures de l'étranger* (1987). Par sa collaboration à la revue *Intersignes*, Abdelkébir Khatibi est au cœur de la réflexion intellectuelle sur les relations entre le monde arabe et l'Occident.

D.B.

Klat Hector (1888-1977). Né à Alexandrie, il quitte l'Égypte pour s'installer définitivement au Liban, d'où sa famille est originaire, en 1932. Il sera successivement secrétaire au cabinet du président de la République, conservateur à la Bibliothèque nationale de Beyrouth, consul général du Liban à São Paulo. Deux recueils, *Du cèdre aux lys* (1964) et *Ma seule joie* (1966), regroupent l'essentiel de ses poèmes, publiés d'abord en plaquettes à Beyrouth entre 1935 et 1964. Représentant, aux côtés de Charles Corm, du « courant phénicien », patriote exalté, il est l'une des figures littéraires marquantes de la génération dite « du Mandat français », qui a connu la libération de la tutelle ottomane en 1920. Ses poèmes célèbrent l'indépendance du Liban, sa gloire éternelle, et les liens d'amitié qui l'unissent à la France. Composés dans une langue souvent maniée avec virtuosité, ils témoignent, parfois à l'excès, de son admiration pour François Coppée ou Edmond Rostand. Le prix de la langue française lui a été décerné en 1963 par l'Académie française.

A.D.

Klein Gérard (1937) Né le 27 mai 1937 à Paris, il a publié des récits de science-fiction, des romans et des nouvelles, parmi lesquels *L'Écume du soleil* (nouvelles, 1958), *Les Perles du temps* (nouvelles, Denoël, 1958 ; rééd. 1996), *Le temps n'a pas d'odeur* (Denoël, 1963), *Les Seigneurs de la guerre* (Laffont, 1971 ; rééd. Le Livre de Poche, 1991), *La Loi du talion* (nouvelles, Laffont, 1973 ; rééd. Le Livre de Poche, 1992), dont le récit intitulé *Réhabilitation* a obtenu le grand prix de la science-fiction française, *La Saga d'Argyre*, composé de *Le Rêve des forêts* (1987), *Les Voiliers du soleil* (1987) et *Le Long Voyage* (1988). On lui doit aussi plusieurs anthologies : *Ce qui vient des profondeurs. Anthologie de la science-fiction française 1965-1970* (avec Jacques Goimard, Seghers, 1977), et, avec Ellen Herzfeld et Dominique Martel, au Livre de Poche (coll. La Grande Anthologie de la science-fiction), *Les Mondes francs* (1988), *L'Hexagone halluciné* (1988), *La Frontière éclatée* (1989), *Les Mosaïques du temps* (1990).

M.Ber.

Klingsor Tristan (1874-1966), pseudonyme de Léon Leclère. Né à La Chapelle-aux-Pots, dans l'Oise, il fait ses débuts poétiques en 1894 en participant à un concours. Son admiration va alors à Nerval et à Aloysius Bertrand, et s'il apparaît, notamment par sa collaboration à la revue des *Ibis* (fondée en 1894), dans une mouvance symboliste où l'on retrouve aussi le jeune Gide, il se signale très tôt par son goût pour l'exotisme et les légendes, que reflète particulièrement le choix de son pseudonyme aux connotations médiévales et wagnériennes. Les thèmes néo-médiévaux se remarquent dans *Triptyque des Châtelaines* (1892), *Triptyque à la Marguerite* (1894), et *Filles-Fleurs* (1895), et demeureront présents dans toute son œuvre. Outre cette inspiration de départ, c'est à l'Orient qu'il emprunte, à un Orient de rêve et de légendes, (*Schéhérazade*, 1903). Sa poésie donne naissance à tout un monde de fées, de lutins, de filles-fleurs, dont il se voit l'organisateur et le prince : « *Je suis Klingsor, le roi des magiciens, / Je sais tous les sortilèges de demain* ». L'humour, autre caractéristique de sa poésie, anime ce monde à l'apparence wagnérienne d'une fantaisie et d'une légèreté qui ont permis de voir également en lui l'un des représentants de ce que l'on a appelé avant 1914 l'école des « fantaisistes ». Le recueil où l'on voit d'ordinaire la meilleure synthèse des inspirations du poète est à cet égard celui des *Humoresques* (1921), au titre évocateur de l'Allemagne romantique. Sa technique poétique représente assez bien les héritages verlainien, rimbaldien ou symbolistes par son utilisation privilégiée du vers de 11 syllabes ou du vers libre. Tristan Klingsor est aussi une personnalité éclectique de l'histoire littéraire française : compositeur de chansons, d'œuvres pour piano et violon, dessinateur, et critique d'art. Sa production dans ce domaine est importante, et après avoir dirigé la troisième série de *La Vogue*, tenu la chronique de l'« Art ancien » au *Mercure de France*, été sociétaire au Salon d'Automne, et participé à de nombreuses revues, expositions, il a publié des livres sur des peintres tels Hubert Robert, Vinci, Chardin, Cézanne, etc.

→ P. Menanteau, *Tristan Klingsor*, Seghers, coll. Poètes d'aujourd'hui, 1965. — Lester J. Pronger, *La Poésie de Tristan Klingsor 1890-1960*, Minard, 1965.

G.Si.

Klossowski Pierre (1905). Né à Paris le 9 août 1905, dans une famille d'origine polonaise vouée à la peinture — son père est peintre et historien d'art ; sa mère, élève de Bonnard ; son frère Balthasar deviendra le grand peintre Balthus — il se tourne d'abord vers le dessin, et fréquente les milieux artistiques. À partir de 1914, il mène une vie itinérante en Allemagne, en Suisse, en Italie, dans cette « configuration lotharingienne » au confluent de la tradition latine et de la philosophie allemande, du christianisme et du polythéisme antique qui forme sa sensibilité. Il revient à Paris en 1923, parrainé par Rilke, Gide et Jouve, et découvre l'œuvre de Sade et la psychanalyse. En 1934, il rencontre Bataille, Caillois, Masson, et participe à l'aventure du Collège de sociologie et de la revue *Acéphale* ; il se familiarise avec la philosophie de Nietzsche et de Kierkegaard.

Les années qui suivent sont marquées par l'expérience religieuse : études de théologie, noviciat abandonné, conversion au luthéranisme, puis retour au catholicisme ; premiers essais, très divers : traduction et préface des *Méditations bibliques* de Hamann (1946), *Sade, mon prochain* (1947). De cet itinéraire spirituel complexe naît *La Vocation suspendue* (1950), fiction à tonalité autobiographique qui suscita de vives polémiques. Ce « roman » se présente comme la recension critique d'un récit fictif portant le même titre, résumé allusivement, dont sont commentés les personnages et l'intrigue. Cette mise en abyme permet à l'auteur d'intégrer son expérience au récit — le personnage principal, le séminariste Jérôme, oscille entre deux courants antagonistes de l'Église, le parti inquisitorial et le parti de la dévotion ; un complot destiné à le mettre à l'épreuve entraîne son défroc — le livre aboutissant aussi à une réflexion théologique sur la réalité de la Vocation et l'efficacité de la Grâce.

En 1947, Pierre Klossowski se marie, événement qui constitue une véritable « renaissance » à partir de laquelle son œuvre se place « sous le signe de Roberte », figure centrale de la trilogie des *Lois de l'hospitalité* (recueillie en 1965). Dans les deux premiers volets, *Roberte, ce soir* (1954) et *La Révocation de l'édit de Nantes* (1959), reparaissent les mêmes protagonistes : un vieux professeur de théologie, Octave, et sa jeune épouse, Roberte. Les « lois » consistent, pour le mari, à livrer Roberte à un « invité » de façon à approcher l'inconnaissable essence de sa femme en l'« actualisant » dans cette situation imprévue. Le thème se décline en brèves séquences variant style et point de vue (fragments de journaux intimes, controverses théologiques, description de tableaux) entrecoupées de scènes érotiques révélant Roberte surprise par des inconnus et par ses propres désirs. Le style, épuré, la syntaxe classique, l'obscurité abstraite des raisonnements laissent deviner la souveraine ironie de l'auteur, qui s'attache avant tout à faire sentir l'*incommunicabilité* de l'émotion qu'Octave recherche, et que le langage ne saurait analyser. Le troisième volet, *Le Souffleur* (1960), est à la fois plus complexe et plus ludique : les mêmes personnages semblent se dédoubler dans d'improbables situations où réalité et fiction se mêlent, au gré d'un « théâtre de société ».

Klossowski s'était entre-temps attaché, dans *Le Bain de Diane* (1956), à l'analyse d'un mythe (le chasseur Actéon, qui a vu Diane en son bain, est transformé en cerf et dévoré par sa propre meute), pour méditer en une série de brefs développements sur la vision, la connaissance et sa communication. Puis, l'année même où il donne une remarquable traduction de l'*Énéide* de Virgile (1964), fidèle à l'ordre des mots latins et à leurs sonorités aux dépens de la syntaxe traditionnelle comme pour donner à voir le *spectacle* de la phrase avant son organisation logique, il publie *Le Baphomet* (1965). Ce nouveau roman superpose à une trame « historique » (la destruction de l'ordre des Templiers par Philippe le Bel) l'étonnante mise en scène d'un problème théologique : dans l'attente du Jugement, quelle vie mènent les âmes séparées des corps ? Klossowski nous les montre réduites à l'état de souffles, mais disputant entre elles pour savoir si elles demeurent dans leur identité (c'est la position du Grand Maître du Temple), ou bien si elles peuvent parcourir tout le cercle des vies possibles (c'est la thèse que défend le jeune Ogier : page du Temple, exécuté pour y avoir semé le désordre et la concupiscence, il apparaît ensuite transfiguré, prêtant sa forme au Baphomet, prince des modifications). Interviennent aussi les âmes de Thérèse d'Avila, de Nietzsche, ainsi qu'une ultime incarnation du personnage d'Octave. Ponctuée de scènes intenses (rituels étranges, symboliques ou pervers), l'œuvre ne se livre qu'au fil des relectures.

Au début des années 1970, après un dense essai philosophique (*Nietzsche et le cercle vicieux*, 1969), Klossowski a délaissé la littérature pour se tourner vers le dessin, et composer au crayon de couleur de vastes fresques hiératiques et énigmatiques. Il reprit cependant la plume pour écrire, sur commande, une pièce de théâtre « imaginaire » qui ne fut jamais représentée : *L'Adolescent immortel* (1994), subtile variation sur l'intrigue et les motifs du *Baphomet*, inscrite aussi dans la continuité de nombreux dessins. Les thèmes de l'œuvre graphique de Klossowski ne s'éloignent guère, en effet, de la « monomanie » de ses romans ; on y retrouve souvent les mêmes personnages et les mêmes scènes, figures obsessionnelles d'une œuvre profondément cohérente et personnelle.

ŒUVRES. [Les dates indiquées ici sont celles des rééditions les plus récentes.] — *Sade, mon prochain*, Le Seuil, 1967. — *La Vocation suspendue*, Gallimard, 1990. — *Le Bain de Diane*, Gallimard, 1980. — *Un si funeste désir* [recueil d'articles], Gallimard, 1994. — *Les Lois de l'hospitalité : Roberte, ce soir ; La Révocation de l'édit de Nantes ; Le Souffleur* ; Gallimard, 1995. — *Le Baphomet*, Gallimard, 1987. — *Nietzsche et le cercle vicieux*, Mercure de France, 1991. — *La Monnaie vivante*, Losfeld, 1970. — *Les Derniers Travaux de Gulliver*, Montpellier, Fata Morgana, 1974. — *La Ressemblance* [recueil d'articles], Marseille, André Dimanche, 1984. — *L'Adolescent immortel*, Lettres vives, 1994. — *L'Énéide* de Virgile, Marseille, André Dimanche, 1989.

→ Gilles Deleuze, « Pierre Klossowski ou les corps langages », dans *La Logique du sens*, Éditions de Minuit, 1969. — *L'Arc*, n° 43, 1969. — Maurice Blanchot, « Le rire des dieux », dans *L'Amitié*, Gallimard, 1971. — *Cahiers pour un temps*, Centre Pompidou, 1985. — *Revue des sciences humaines*, n° 197, 1985. — Jean Decottignies, *Klossowski*, Veyrier, 1986. — Jacques Henric, *Klossowski*, Adam Biro, 1989. — Alain Arnaud, *Pierre Klossowski*, Le Seuil, 1990. — Alain Jouffroy, *Le Secret Pouvoir du sens* [entretiens], Écriture, 1994. — Jean Decottignies, *Pierre Klossowski : biographie d'un monomane*, Presses universitaires du Septentrion (Lille), 1996.

B.Do.

Koenig Théodore (1922). Né à Liège, le 7 avril 1922, chimiste de formation. En 1947, il rencontre Paul Colinet et Marcel Lecomte, liés au mouvement surréaliste belge. Parti au Canada, il y devient correspondant du groupe Cobra ; de retour en Belgique, il fonde avec Marcel Havrenne et Joseph Noiret, en décembre 1953, la revue *Phantomas*. Collaborateur de nombreuses revues, il a publié une trentaine de plaquettes *(Les Pains d'Isopie (1947-1950),* 1955 ; *Dix manières dans l'art de considérer la vache*, 1959 ; *États d'imagi-*

nation ou la littérature en pan de chemise, 1966 ; *Le Subjectif présent*, 1973 ; *La Métamorose*, 1980 ; *Envols de nuit, suite d'envols*, 1991). Ludique, sa poésie décompose et exploite à l'infini les potentialités verbales du langage (néologismes, mots-valise, calembours), dans des œuvres qu'il a qualifiées lui-même de « sémantiques » *(Aphorismose*, 1973 ; *La Loco-émotive*, 1973 ; *Le Logos-émotif*, 1975 ; *Apophtegmes sur Un*, 1978 ; *Rembées*, 1979 ; *Gérance d'avril*, 1980).

O.Bi.

Koltès Bernard-Marie (1948-1989). Né le 9 avril 1948 à Metz, de père officier, il s'émancipe très tôt du milieu familial ; il entre à l'école du Théâtre national de Strasbourg, où il écrit pour les élèves comédiens de courtes adaptations de romans russes et américains (inédites). Il voyage en URSS, en Afrique surtout, aux États-Unis, en Amérique du Sud, et prend conscience de la misère des exclus, dont il partage la révolte et la culture (le *reggae*, le *negro-spiritual)*.

Son premier texte important, *La Nuit juste avant les forêts*, est un long monologue qui clame la soif d'une rencontre avec un Autre imaginaire. Il sera porté au théâtre par Yves Ferry en 1972, avant d'être repris au Petit-Odéon par les Comédiens français (Richard Fontana, 1981). Mais c'est Lucien Attoun qui publie sa première pièce, *Combat de nègre et de chien* (Stock, coll. Théâtre ouvert, 1980), récit des noces manquées entre l'Europe et le continent noir. Elle contient un extraordinaire dialogue entre un Noir qui parle ouolof et une Blanche qui lui répond dans la langue de Goethe sur fond de bruissements d'insectes et de forêt africaine. C'est l'utopie de la langue métissée : elle dit, dans un langage universellement audible, l'impossibilité d'aimer et de survivre dans un monde réglé par le pillage et l'oppression. La création de la pièce en 1983 au Théâtre des Amandiers de Nanterre impose Koltès, qui deviendra l'auteur fétiche de Patrice Chéreau.

Quai ouest se déroule dans un entrepôt maritime abandonné, véritable cour des miracles. C'est le cadre d'un sombre trafic entre un vieil homme d'affaires, venu y chercher la mort, et une bande de truands qui espèrent, à coup de bluff et de chantage, négocier leur survie. Pièce ambitieuse dont la mise en scène, trop complexe, a déconcerté les spectateurs. *Dans la solitude des champs de coton* a été salué, en revanche, comme la plus grande réussite de Chéreau et de Koltès. Ce dialogue est l'affrontement nocturne entre deux protagonistes qui entament un combat dont l'enjeu reste obscur : le *deal* est la métaphore économique de l'échange généralisé, désiré et redouté, où les deux adversaires finissent par se confondre. C'est la plus écrite des pièces de Koltès, la rhétorique étant le voile nécessaire de l'allégorie.

Avec *Le Retour au désert*, la comédie prend le dessus, malgré la gravité du contexte politique (les attentats de l'OAS) : Mathilde, la sœur spoliée, revient d'Algérie porter la guerre au foyer d'Adrien. C'est l'Histoire, mais vue de loin, dans une perspective oblique et déformée ; ou plutôt, transposé dans l'univers du conte, un conflit archétypal et burlesque avec tous ses dérapages et de vertigineux raccourcis. Mal reçue en France, desservie par la distribution, cette pièce est néanmoins la préférée des traducteurs, à cause de la variété des registres de langage. Plus simple, plus efficace, plus lyrique, *Roberto Zucco* est son œuvre testamentaire. Fondée sur un fait divers, la pièce suit le parcours d'un assassin, jusqu'à sa chute et sa transfiguration. À travers le héros, version moderne de Raskolnikov, Koltès semble protester contre l'absurdité de la mort et la violence meurtrière de la société. Créée en Allemagne par Peter Stein, l'œuvre est en passe de devenir le cheval de bataille des metteurs en scène, qui y voient un miroir de notre temps.

Koltès a également écrit deux romans et des nouvelles : *La Fuite à cheval très loin dans la ville*, écrit en 1976, et surtout *Prologue*, ouverture d'un magnifique récit d'initiation, inachevé. Il est mort le 15 avril 1989.

ŒUVRES. — Publiées aux Éditions de Minuit. — *La Fuite à cheval très loin dans la ville*, roman, 1984. — *Quai ouest*, 1985. — *Dans la solitude des champs de coton*, 1986. — *Le Conte d'hiver*, traduction de Shakespeare, 1988. — *La Nuit juste avant les forêts*, 1988. — *Le Retour au désert*, 1988. — *Combat de nègre et de chien*, 1989. — *Roberto Zucco* suivi de *Tabataba*, 1990. — *Prologue* suivi de deux nouvelles, 1991. — *Sallinger*, 1995. — Fonds Koltès à l'IMEC.

→ *Alternatives théâtrales (Odéon-Théâtre de l'Europe)*, 1990. — *Théâtre/public*, nº 105, 1992. — *Europe*, nºs 823-824, novembre-décembre 1997.

J.-C.L.

Koné Amadou (1953). Auteur d'un premier roman, *Les Frasques d'Ebinto* (La Pensée universelle, 1975, rééd. Hatier, 1979), publié à vingt-deux ans, cet universitaire en poste aux États-Unis a écrit une série d'œuvres romanesques et de pièces de théâtre qui en font l'un des écrivains les plus féconds de la Côte-d'Ivoire, son pays d'adoption. Distingué en 1975 au Concours théâtral interafricain de Radio France internationale, pour *De la chaire au trône* (RFI, 1975, rééd. Hatier 1980), où il dénonce la corruption du pouvoir, il s'intéresse aussi aux effets de la sécheresse dans *Les canaris sont vides* (NÉA, 1984). Le projet moralisateur qui définit son théâtre régit aussi ses romans : *Jusqu'au seuil de l'irréel* (NÉA, 1976), récit sur la persistance de la sorcellerie dans le monde rural, complété par une trilogie inachevée, *Sous le pouvoir des Blakoros*, chronique de la société postcoloniale et *Les Coupeurs de tête* (1989).

ŒUVRES. — En outre : *Le Respect des morts*, Hatier, 1980. — *Traites*, NÉA, 1980. — *Courses*, NÉA, 1981.

J.C.

Kourouma Ahmadou (1927). Né à Togobala (Guinée), il a effectué ses études primaires à Boundiali en Côte-d'Ivoire, confié, selon la tradition Malinké, à l'âge de sept ans à son oncle maternel, infirmier dans cette ville, qu'il devait ensuite quitter pour entrer à l'École supérieure de Bamako, dans l'ex-Soudan français. Renvoyé de cet établissement en raison de ses activités politiques et syndicales jugées subversives, il est enrôlé de force dans l'armée coloniale et envoyé en Indochine, où il verra l'agonie de l'un des derniers bastions de l'empire français. Ses études supérieures le conduisent bientôt à Lyon, où il suit à la faculté de droit une formation d'actuaire, spécialité qu'il exerce d'abord en Côte-d'Ivoire, avant d'en être exilé à la suite de l'affaire des « complots », qui affecte gravement la vie politique de ce pays en 1963. Arrêté, emprisonné, relâché faute de preuves, Kourouma, dont la carrière se poursuit en Algérie, au Cameroun et au Togo, se souviendra de cet épisode dans son premier roman, *Le Soleil des indépendances*, qui narre sur le mode ironique les tribulations d'un prince déchu confronté à la caste des politiciens et bureaucrates issus des indépendances.

Ces « soleils » métaphoriques désignent, dans l'histoire mouvementée de l'Afrique, la période de turbulences au cours de laquelle, au tournant des années soixante, les anciennes colonies d'AOF et d'AEF ont accédé au statut d'États souverains. À travers les destins croisés de son héros, Fama, un prince Malinké déchu, et de son épouse Salimata, désespérément stérile, Kourouma évoque les bouleversements politiques, économiques et idéologiques qui accompagnent l'indépendance de la République des Ébènes et montre comment les ruptures des équilibres antérieurs bénéficient au parti unique, entraînant la confiscation du pouvoir par une caste de politiciens et de bureaucrates, dont la soif de pouvoir n'a d'égale que la cupidité. La satire du romancier n'épargne pas davantage les nostalgiques d'une tradition qu'incarne son héros malheureux, proie facile des griots et féticheurs de tout acabit.

La publication de *Soleils des indépendances* (Presses de l'université de Montréal, 1968), puis à Paris (Le Seuil, 1970), fut saluée par la critique comme le premier grand roman qui, en mettant un terme définitif à la rhétorique anticoloniale, osait formuler les griefs que les déçus de l'indépendance se hasardaient à murmurer en catimini. Vingt ans après son premier roman, Kourouma a publié *Monnè, outrages et défis* (Le Seuil, 1990), œuvre forte écrite dans une langue aussi savoureuse que la précédente et prenant pour cible les acteurs de la période coloniale, de la prise de Samory à Bori-Bana jusqu'à l'aube des indépendances.

→ *Essai sur « Les Soleils des indépendances »* (collectif), Abidjan, NÉA, 1977.

J.C.

Krains Hubert (1862-1934). Né à Les Waleffes (Belgique) le 30 novembre 1862, dans un milieu rural, autodidacte, empêché de poursuivre ses études en raison de l'indigence de sa famille, il réussit néanmoins le concours des Postes en 1879 : c'est dans cette administration qu'il fera toute sa carrière, assurant le secrétariat général de l'Union postale universelle, à Berne, de 1895 à 1911 (période pendant laquelle il promeut activement les lettres belges à l'étranger) et la direction générale des Postes en Belgique, de 1925 à 1927. Il collabore aux principales revues belges de la fin du XIXe siècle *(La Wallonie, La Jeune Belgique, L'Art moderne)* avant de publier son premier recueil de nouvelles, *Les Bons Parents,* en 1891. Inspirés par l'art de Georges Eekhoud, avec qui il fonde la revue *Le Coq rouge* (1895-1897), ces premiers essais se situent dans une perspective naturaliste, comme les *Histoires lunatiques* (1895). C'est avec les *Amours rustiques* (1899, rééd. 1925) que Krains trouve sa manière : enracinés dans la réalité sociale et géographique de sa région, la Hesbaye, ces récits annoncent le pessimisme et le fatalisme qui caractériseront son chef-d'œuvre, *Le Pain noir* (1904). Paru d'abord dans *Le Mercure de France*, ce roman, qui raconte le déclin d'une auberge de campagne et la mort tragique de ses propriétaires après l'arrivée du chemin de fer dans la région, dénonce le malheur et la pauvreté qui s'abattent sur des êtres défavorisés, sans défense ; une triste histoire d'amour court en parallèle : la misère et l'hypocrisie brisent le cours naturel de la vie et interdisent l'expression des sentiments. L'ancrage du récit dans la province wallonne, la sobriété du style et le réalisme des descriptions rangeront Krains parmi les maîtres du roman régionaliste belge. Son pessimisme social sera tempéré dans ses récits ultérieurs : les nouvelles de *Figures du pays* (1908) laissent entrevoir des perspectives plus humaines, plus harmonieuses. Rentré en Belgique, il devient en 1918 président de l'Association des écrivains et est l'un des membres fondateurs, en 1920, de l'Académie royale de langue et de littérature françaises. *Mes amis* (1921, prix triennal de littérature) constitue un ensemble de brefs récits ayant pour cadre un village où vivent d'humbles paysans en accord avec la nature, d'où ils tirent sagesse et bonté. Cet idéalisme ne survivra pas dans le dernier roman de Krains, *Au cœur des blés* (1934) : le thème du clan, l'avarice, l'attachement à la terre débouchent sur une vision impitoyable de la réalité rurale. Hubert Krains est mort à Bruxelles, écrasé sous un train, le 10 mai 1934.

ŒUVRES. — *Mes amis*, rééd., Bruxelles, Les Éperonniers, coll. Passé-présent, 1978. — *Les Conteurs de Wallonie*, Bruxelles, Labor, coll. Espace Nord, 1985. — *Le Pain noir*, rééd., Bruxelles, Labor, coll. Espace Nord, 1989.

→ Gaston-Denys Périer, *Hubert Krains conteur rustique*, Bruxelles, Office de publicité, 1943. — *Hubert Krains 1862-1934*, éd. René Chauvaux, Bruxelles, Bibliothèque royale Albert Ier, 1959.

O.Bi.

Kranaki Mimica (1922). Née à Lamia (Grèce) dans une famille mêlée à la vie politique, elle perd très tôt sa mère et s'installe à Athènes, fait des études de droit et de piano, et adhère au parti communiste. Boursière du gouvernement français, elle part en 1945 pour Paris où elle fait des études de philosophie et entre au CNRS. Un roman, *Contre-temps* (titre français, 1947), et un recueil de nouvelles, *Cirque* (1950), sont les seuls livres écrits en grec avant d'entamer une carrière universitaire comme professeur de philosophie à l'université de Paris X-Nanterre (1967-1985). Entre-temps, elle obtient la nationalité française. Hormis les livres écrits en français : *Grèce* (1955), *Îles grecques* (1956), *Méditerranée* (1957), *Grèce byzantine* (1962), *Lire Marcuse, l'ontologie de Hegel* (1972), *Le Maître, l'esclave et la femme (Ernst Bloch)* (1976), *Les Îles de la Méditerranée* (1978), elle publie des articles et des essais dans *Les Temps modernes* et *Critique*, et produit des émissions à France-Culture. Éloignée des lettres grecques, sauf pour quelques articles dans des revues littéraires et savantes, elle y réapparaît avec un essai, *En lisant Freud* (1986), et un roman, *Philhellènes : vingt-quatre lettres d'une véritable odyssée* (1992).

A.Vl.

Kristof Agota (1936). Romancière d'origine hongroise et résidant en Suisse, elle est l'auteur en français d'une trilogie romanesque, *Le Grand Cahier*, *La Preuve* et *Le Troisième Mensonge*, décrivant, dans un pays d'Europe centrale aux contours indéterminés, mais ravagé par la guerre, les aventures de deux jumeaux tenant d'abord un journal commun de leur résolution et de leurs techniques pour faire face à la réalité cruelle qui les entoure (*Le Grand Cahier)*, puis vivant des existences séparées de part et d'autre d'une frontière hermétique (*La Preuve)*, avant de se retrouver après un demi-siècle dans le pays de l'un d'eux, à l'organisation de fer *(Le Troisième Mensonge)*. *Hier* (Le Seuil, 1995) se déroule dans le même climat oppressant, et se présente comme le journal intime d'un homme soumis à une succession d'événements qui lui retirent petit à petit toute faculté émotive. On peut lire dans cette œuvre une réflexion inquiétante et troublante sur la gémellité, sur l'Histoire, ou sur l'organisation sociale, tout comme une fable sur le destin de l'Europe divisée d'après-guerre, et son univers, qui peut rappeler celui de Kafka, est décrit par le biais d'une écriture laconique, d'une brutalité glacée. La trilogie de romans d'Agota Kristof est éditée au Seuil (1986, 1989 et 1991), et a été réunie en un volume en 1991. Agota Kristof est également l'auteur de pièces de théâtre : *L'Épidémie*, *Un rat qui passe* (Amiot-Leuganay, 1993).

G.Si.

Kundera Milan (1929). Né à Brno, en Bohême, dans une famille cultivée (son père est poète et pianiste), il occupe une place importante dans la littérature et l'édition françaises, depuis son installation en France en 1974. En 1973, *La vie est ailleurs* (1973, rééd. et trad. nouv., 1985) avait reçu le prix Médicis étranger. Déchu de la nationalité tchèque en 1979, il est naturalisé français depuis 1981. Il s'est très tôt intéressé à la littérature française (il a traduit en 1958 des textes d'Apollinaire), qui occupe une place importante dans ses romans : Rimbaud dans *La vie est ailleurs*, Rabelais dans *La Valse aux adieux* (1976, rééd. dans une nouvelle trad., 1987). Mais c'est plus généralement à la littérature européenne qu'il s'attache ; il a enseigné la littérature comparée à l'université de Rennes, puis à l'École des Hautes Études en sciences sociales, à Paris. Il accorde une grande importance dans ses écrits à la littérature allemande et à celle d'Europe centrale : Lermontov dans *Risibles Amours* (1970, rééd. dans une nouvelle traduction, 1981) Nietzsche dans *L'Insoutenable Légèreté de l'être* (1984, rééd. dans une nouvelle traduction, 1987), Bettina von Arnim et Goethe dans *L'Immortalité* (trad. française, 1990).

La position frontalière de son œuvre est confirmée par l'entreprise de révision de ses premières traductions dont les nouvelles versions, contrôlées par l'auteur, sont rééditées à partir de 1981. Kundera considère qu'elles ont la même authenticité que le texte tchèque. Consacré internationalement (il reçoit le grand prix Europa en 1982, le prix littéraire du *Los Angeles Times* pour *L'Insoutenable Légèreté de l'être* en 1984, le prix Jérusalem en 1985), Kundera n'a cessé de dénoncer la perversion du communisme tout en refusant l'étiquette de dissident : selon lui, ce n'est pas seulement la culture d'opposition que mettent en cause les régimes totalitaires mais, plus fondamentalement, toute culture authentique. Cette dimension politique est développée dans *L'Art du roman* (1986), recueil d'essais écrits en français, qui reçut en 1987 le prix de la Critique. Le roman y est considéré comme une modalité de résistance au totalitarisme ; en tant que forme privilégiée de la culture occidentale (« la grande forme de la prose où l'auteur, à travers des *ego* expérimentaux, examine jusqu'au bout quelques grands thèmes de l'existence »), il doit constituer le terreau commun d'une culture européenne qui fasse fi du clivage entre l'Europe de l'Est et l'Europe occidentale. Kundera revendique la dimension existentielle, et non psychologique, du roman : l'Histoire n'y importe que si elle crée une situation particulière, du point de vue existentiel. La méfiance de l'auteur envers l'Histoire, « force occulte, inhumaine », se confirme dans son second ouvrage de réflexion sur la littérature, *Les Testaments trahis*, publié lui aussi en français (1993). Mais l'histoire du roman échappe à cette condamnation, précisément parce qu'elle est œuvre de liberté. Kundera y poursuit également la défense et l'illustration du roman européen, qui, de Rabelais à Kafka, dessine une lignée dépassant les frontières nationales et linguistiques et forme une communauté d'esprit.

Dans ces deux essais, l'auteur accorde une place primordiale à la musique, motif romanesque important dans *La Valse aux adieux* et *L'Immortalité*, modèle de composition : nombre de ses textes (*Le Livre du rire et de l'oubli*, *L'Insoutenable Légèreté de l'être*) sont construits sur un modèle polyphonique qui fait alterner les voix et se répondre thèmes et variations. Par ailleurs, les hommages à Stravinski et Janacek ressortissent pleinement à la défense d'un héritage culturel. L'affinité de Kundera avec la littérature française se traduit également dans l'hommage qu'il rend à Diderot, dans une pièce écrite en français, *Jacques et son maître* (1982, prix Georges Pitoëff).

ŒUVRES. — Publiées chez Gallimard. *Jacques et son maître*, Le Manteau d'Arlequin, 1981. — *L'Art du roman*, 1986. — *Les Testaments trahis*, 1993. — *L'Inquiétude*, 1998.

→ Maria Nemcova Banerjee, *Paradoxes terminaux*, essai traduit de l'anglais par Nadia Akrouf, Gallimard, 1993.

N.P.

Kuttel Mireille (1928). D'origine piémontaise, elle est née à Renens, près de Lausanne (Suisse). Tournée vers les problèmes sociaux et la situation de la femme, son œuvre se nourrit de ses origines et des répercussions de l'émigration italienne en Suisse dans les années trente. Elle développe les thèmes de l'italianité et de l'exil autour d'une figure féminine, victime d'une oppression à la fois économique et sexuelle (*La Malvivante*, 1979 ; *La Pérégrine*, 1983 ; *La Maraude*, 1986). Ses derniers livres font vivre des femmes venues de Suisse et (re)découvrant l'Italie : *Un balcon sur la mer* (1990), *La Rizière* (1993).

C.D.

L

L'Anselme Jean (1919), pseudonyme de Jean-Marc Menotte. Né à Longueau, près d'Amiens, il fait paraître à ses débuts une revue, *Peuple et poésie*, qui fusionnera avec les *Cahiers du Peuple*. Partisan, comme son ami le peintre Jean Dubuffet, d'un « art pauvre » opposé à l'art « culturel », il cherche à retrouver dans sa poésie, notamment à travers des expressions populaires, la fraîcheur et la naïveté de l'enfance. Il cherche une écriture gauche qui le rapprocherait des choses et des gens simples *(Poèmes à la sourieuse rose*, 1947 ; *Cahiers d'histoires naturelles*, 1950 ; *Chansons à hurler sous les toits*, 1950 ; *Le Chemin de lune*, 1952 ; *Il fera beau demain*, 1953). Sa poésie, libre de ton, l'apparente à Prévert et à Queneau *(L'Enfant triste*, 1955 ; *Au bout du quai*, 1959 ; *Très cher Onésime Dupan de Limouse*, 1966 ; *Mémoires inachevés du général Duconneau*, 1969). Dans certains textes cependant, l'humour devient sarcasme, tendresse, révolte ; l'incongruité et l'outrance des calembours y dénoncent la misère et l'absurdité du monde *(La Foire à la ferraille*, 1974 ; *Les Poubelles*, 1977 ; *Pensées, proverbes de Maxime Diction. Éloge du laid*, Rougerie, 1991).

F.O.

L'Infini. En 1982, Philippe Sollers, qui s'apprête à publier son nouveau roman, *Femmes*, quitte Le Seuil pour les Éditions Gallimard. Le titre de la revue qu'il animait depuis 1960, *Tel Quel*, restant la propriété de son ancien éditeur, il fonde aux Éditions Denoël *L'Infini*, dont le premier numéro paraît à l'hiver 1983 et qui, à partir du n° 17 (hiver 1987), sera publié par Gallimard. À bien des égards, *L'Infini* se présente d'abord comme la continuation du *Tel Quel* de la dernière période. Le format, la présentation et la périodicité (trimestrielle) sont identiques. Le secrétaire de rédaction reste le poète Marcelin Pleynet. La liste des collaborateurs les plus réguliers demeure largement inchangée qui, outre Sollers et Pleynet, compte notamment Julia Kristeva, Philippe Muray, Jean-Louis Houdebine, Bernard Sichère. La revue se double également d'une collection de romans, poèmes et essais, dirigée par Philippe Sollers, et qui, chez Denoël, publiera notamment : *Vivre* (1984) de Pierre Guyotat et les *Fragments du chœur* (1984) de Marcelin Pleynet. Dans l'éditorial qui ouvre le premier numéro de la revue, Sollers définit ses intentions : « Elles sont excellentes et méchantes. Au passage, je vous prie de remarquer que *L'Infini* peut être aussi tout et rien, mais absolument nécessaire, comme la littérature. C'est en somme un mot qui permet d'insister sur la forme conçue comme réel ultime. »

Après quelques années d'existence, *L'Infini* trouve sa vitesse de croisière et s'affirme comme l'une des principales revues intellectuelles et littéraires. Parmi les numéros remarquables, on notera ceux sur Voltaire (n° 25, printemps 89), La Chine toujours (n° 30, été 90), Du nouveau à l'Est (n° 33, printemps 91), Défense de *Tel Quel* (n° 39, automne 1992), Céline (n° 42, automne 93), De *Tel Quel* à *L'Infini* (nos 49-50, printemps 95). Jouant la carte d'un certain éclectisme, *L'Infini*, comme l'explique son directeur, entend opposer au « nihilisme diffus de la “fin du monde” — repli sur soi, néo-académisme, dépression avant-gardiste, morosité, affaissement du désir » — un pari sur la littérature qui repose sur « une désinvolture calculée, obstinée, une pensée nouvelle des formes ». Chaque numéro est pour Sollers l'occasion de rassembler ses multiples textes, articles et interventions sur la littérature, l'art ou la société. C'est dans *L'In-*

fini, également, que Kundera a choisi de faire paraître la plupart des essais qui composent la matière de *L'Art du roman* (1986) et des *Testaments trahis* (1993). Parmi les autres signatures : Dominique Rolin, Marc-Édouard Nabe, Emmanuelle Bernheim ou Gabriel Matzneff. *L'Infini* constitue également un lieu de publication privilégié pour beaucoup de jeunes romanciers et essayistes. Ont ainsi paru dans la collection : *Vétérinaires* de Bernard Lamarche-Vadel (prix Goncourt du Premier Roman, 1994), *L'Enfant éternel* de Philippe Forest (prix Femina du Premier Roman, 1997) ou *Les Intérêts du temps* (1996) de Stéphane Zagdanski.

Ph.F.

La Rochefoucauld Edmée de (1895-1991). Née le 28 avril 1895 à Paris, fille d'Edmond comte de Fels, directeur de *La Revue de Paris*, mariée en 1917 au duc de La Rochefoucauld, elle se tourne d'abord vers la peinture et entre à l'atelier de Lévy-Dhurmer. C'est du nom de Gilbert Mauge qu'elle signe son premier recueil de poésies. Dans *Concert* (1937), comme dans *Nombre* (1926), les thèmes de la mort et de la mutation perpétuelle de la vie se répondent. Ses œuvres en prose reprennent les thèmes de sa poésie. Dans *Vus d'un autre monde* (1950), l'auteur propose le bilan de notre époque et de ses inconséquences. Elle a connu une amitié longue et féconde avec Valéry, dont l'influence est sensible dans sa poésie : *Plus loin que Bételgeuse* (1952). Elle a écrit plusieurs essais, *Léon-Paul Fargue* (1958), *En lisant les « Cahiers Paul Valéry »* (1964-1967, 3 t., prix Bordin de l'Académie française 1968) et laissé de précieux recueils de « feuilles de carnet », publiés sous le titre de *Courts-métrages* (1970), puis de *Flashes* (1982-1990, 3 t.), premier ouvrage où elle écrit sur les siens, sur sa vie et ses combats (elle a notamment été la fondatrice de l'Union nationale pour le vote des femmes) ; elle y raconte aussi les nombreuses rencontres que son salon littéraire, l'un des derniers de ce siècle, a suscitées : Einstein, de Gaulle, Montherlant, et bien d'autres, surgissent au fil des pages. En 1962, elle est devenue membre de l'Académie royale de Belgique et a reçu en 1969 le grand prix de la critique poétique de la Société des poètes français.

D.H.-M.Ber.

La Tailhède Raymond Gagnabé de (1867-1938). Né à Moissac le 14 octobre 1867. Ses premiers vers, publiés dans les revues *Les Chroniques* et *La Plume*, obtiennent un grand succès. Avec Maurice du Plessys, Charles Maurras, Ernest Raynaud, Jean Moréas, il participe à la fondation de l'École romane, qui promeut le retour aux valeurs classiques, à la prosodie traditionnelle, à la culture gréco-latine. Le premier recueil de vers de La Tailhède (*De la métamorphose des fontaines*, La Plume, Bibliothèque artistique et littéraire, 1895) témoigne de cet idéal classique ; son lyrisme pastoral, ses formes poétiques (hymnes, odes, sonnets) évoquent la poésie de la Renaissance et notamment celle de Ronsard. Dans *Les Triomphes* (1905), il puise à la même veine. En 1917, paraissent des poèmes patriotiques, *L'Hymne pour la France* (Émile-Paul). Un recueil, *Poésies* (Émile-Paul), rassemble en 1926 l'essentiel de ses odes et sonnets. L'œuvre de La Tailhède échappe à l'archaïsme et à l'académisme de l'École romane, et garde une certaine vigueur. Il est mort à Montpellier le 25 avril 1938.

F.O.

La Tour du Pin Patrice de (1911-1975). Né à Paris le 16 mars 1911, dans une famille de vieille aristocratie catholique, Patrice de La Tour du Pin est une haute figure de la poésie chrétienne française. Privé très tôt de son père mort au combat en 1914, il vit son enfance entre sa mère, sa grand-mère, sa sœur Phylis (appelée à devenir religieuse) et son frère Aymar, tantôt à Paris, tantôt dans sa demeure ancestrale du Bignon-Mirabeau, en Sologne. Ses études se déroulent à Paris, d'abord au lycée Janson-de-Sailly, puis en Sorbonne où il obtient un certificat de Lettres, enfin à l'École des sciences politiques (1930-1932). Mais déjà son choix est fait d'une carrière poétique, et *La Quête de joie* paraît, d'abord en fragments dans des revues (Jules Supervielle avait fait publier *Les Enfants de septembre* dans la *NRF* en 1932), puis dans son entier en 1933. Dès le début, le poète fait le projet d'un vaste ensemble où intégrer cette *Quête* : « je rêvais d'une Somme où toute ma musique et toutes mes idées seraient rassemblées » *(Lettre aux confidents)*. En attendant la réalisation de ce plan, le succès accueille ce premier recueil, salué par Gide et Montherlant. Le mouvement symbolique essentiel de l'œuvre est donné : c'est celui d'une *quête* sans cesse à reprendre.

Après son service militaire, Patrice de La Tour du Pin opte pour une vie retirée et régulière, dans la propriété familiale de Sologne. C'est alors que voient le jour *L'Enfer* et le cycle de l'école de Tess avec *Le Don de la passion*, *Saint Élie de Gueuce*, les *Psaumes* et *La Vie recluse en poésie*. Mais cet élan est interrompu par la guerre : mobilisé, Patrice de La Tour du Pin est blessé à la tête et fait prisonnier par les Allemands le 16 octobre 1939. Durant sa captivité, il écrit : *La Genèse*, *Le Jeu du seul*, *Les Concerts sur terre*, *Thème*, *Andicelée*, *Poèmes d'enfants*, *Mort au donateur*, *Poème de Bélivanie*, *Naissance d'Ellor*, *Retour à Tess*, *Office secret de Lorenquin*, qui trouveront leur place dans la première *Somme*. Libéré en 1943, il retrouve le Bignon-Mirabeau et épouse sa cousine, Anne de Bernis, qui lui donnera quatre filles. Tout en s'occupant de ses terres, il est conseiller municipal et, pour un temps, lecteur dans une maison d'édition. Cette vie retirée de gentilhomme campagnard lui laisse la disponibilité spirituelle nécessaire pour poursuivre son entreprise poétique : *Une somme de poésie*, recueil de 600 p. (1946), *Le Second Jeu* (1959), qui marque la reprise de la « quête », *Petit Théâtre crépusculaire* (1963), complétant une *Somme* dont la réédition par Gallimard après la mort du poète mettra en lumière la progression spirituelle, lisible dans les sous-titres : *Le Jeu de l'homme en lui-même*, *Le Jeu de l'homme devant les autres*, *Le Jeu de l'homme devant Dieu*.

Dans cette vaste composition poétique nourrie de références bibliques et de théologie (saint Thomas d'Aquin, saint Jean de la Croix), la portée métaphysique et mystique est essentielle, fondée sur une vision de l'homme suspendu entre deux réalités qui le transcendent : « Le royaume de l'homme est une chose immense / Qui tremble doucement entre le monde et Dieu. » Mais tout un monde fictif y est créé, dans une atmosphère de merveilleux celtique rappelant les ancêtres irlandais auxquels le poète doit son prénom. Quêtes et drames s'y déroulent hors du temps, dans un vaste mythe allégorique où l'on peut se perdre malgré la forte structuration spirituelle de l'ensemble. Dans des landes brumeuses et humides évoluent quantité de personnages fictifs aux noms porteurs d'un charme étrange et médiéval, surprenants parfois comme des anagrammes : Borlonge, le prince Ullin, Ellor, Enselieure, Undeneur, Jean de Flaterre, Lorenquin, Foulc, Benoît Gorphoncelet, Fiellouze, Le Cortinaire, André Vincentenaire, etc. Chacun d'eux incarne un aspect de la vie intérieure du poète, et trois composantes fondamentales de l'homme s'y expriment : l'amour de la nature, incarné par les Enfants sauvages ; la passion poétique, représentée par les Chanteurs ; et la foi religieuse, désir de connaître Dieu que portent les Paradisiers. L'école de Tess, fondée par Lorenquin, est le foyer de méditation d'où est lancée la « Quête » et où elle revient ; ses règles sont exposées dans *La Vie recluse en poésie*. Cette Quête aboutit elle-même à ce que le poète appelle une « théopoésie », union de la poésie et de la liturgie. La Tour du Pin varie beaucoup les procédés qu'il adopte, moins classiques qu'il n'a été dit : il recourt le plus souvent à un alexandrin à consonance verlainienne avec des rythmes très divers, mais utilise aussi le décasyllabe et l'octosyllabe ; il emploie également le vers libre, le verset, la prose, selon la nécessité du poème.

Membre permanent de la Commission de traduction du Missel lors du Concile Vatican II, en 1964, La Tour du Pin est également l'auteur d'une vingtaine d'hymnes liturgiques, qui figurent dans le Bréviaire.

ŒUVRES. — *La Quête de joie*, 1933, rééd. Gallimard, 1939 et Poésie-Gallimard, 1967. — *L'Aventurier*, 1934. — *L'Enfer*, 1935. — *Le Lucernaire*, 1936. — *Le Don de la passion* suivi de *Saint Élie de Gueuce*, 1937. — *Psaumes*, 1938. — *La Vie recluse en poésie*, 1938. — *Les Anges*, 1939. — *Deux chroniques intérieures*, 1945. — *La Genèse*, 1945. — *Le Jeu du seul*, *Les Concerts sur terre*, *Les Contes de soi*, *Une somme de poésie*, 1946, rééd. Gallimard, 1981, avec en sous-titre *I. Le Jeu de l'homme en lui-même*. — *La Contemplation errante*, 1948. — *Un bestiaire fabuleux*, 1950. — *Noël des eaux*, 1951. — *Pépinière de sapins de Noël*, 1957. — *Les Saisons et la mer*, *Une somme de poésie : le second jeu*, 1959, rééd. revue et corrigée Gallimard, 1982, avec en sous-titre *II. Le Jeu de l'homme devant les autres*. — *Lettre aux confidents*, 1960. — *Une somme de poésie : petit théâtre crépusculaire*, 1963, rééd. revue et corrigée Gallimard, 1983, avec en sous-titre *III. Le Jeu de l'homme devant Dieu*. — *Une lutte pour la vie*, 1970. — *Concert eucharistique*, Desclée De Brouwer, 1972. — *La Nuit, le jour*, 1973. — *Psaumes de tous mes temps*, 1974, rééd. Le Cerf, 1990.

→ Eva Kushner, *Patrice de La Tour du Pin*, Seghers, coll. Poètes d'aujourd'hui, 1961. — *Patrice de La Tour du Pin* (colloque de la Sorbonne, novembre 1981), Nizet, 1983. — *Cahiers Patrice de La Tour du Pin*, 1982. — Jacques Gauthier, *La Théopoésie de Patrice de La Tour du Pin*, Le Cerf, 1989. — Isabelle Chamska, *Patrice de La Tour du Pin, biographie spirituelle*, Desclée De Brouwer, 1992. — Luca Pietromarchi, *La Quête de joie di Patrice de La Tour du Pin*, Trente, Dipartimento di scienze filologiche, 1995. — Il existe des *Cahiers Patrice de La Tour du Pin* (Paris).

M.A.

La Varende Jean de (1887-1959). Né le 29 mai 1887, au château du Chamblac (Eure), près de Broglie, orphelin de père à quelques mois, il vit à Rennes, élevé par sa mère et son grand-père maternel, l'amiral Fleuriot de Langle, qui lui raconte ses navigations autour du monde et lui parle de la Restauration, contribuant à le mettre en rupture avec le monde contemporain. La séparation de l'Église et de l'État, la loi sur les inventaires des biens de l'Église vont, en 1905, approfondir cette rupture. Il prend parti pour l'Église, contre la République. La condamnation de l'Action française, en 1926, le rangera définitivement parmi les « Manants du Roi ».

Après des études à l'école des Beaux-Arts de Rennes, où ses talents de portraitiste s'affirment, il retourne s'installer seul dans le château paternel, où il vit de la vente de ses tableaux. Il ne quittera plus Le Chamblac, sauf pour de rapides voyages. Dès son mariage avec une jeune veuve d'origine havraise et protestante, Jeanne Latham Roederer, qui lui donnera un fils, il entreprend la réfection de sa demeure et commence une collection de maquettes de bateaux, qui racontent l'histoire de la marine dans le monde (collection conservée au château du Chamblac).

Son premier recueil de nouvelles, *Pays d'Ouche*, paraît alors qu'il a quarante-sept ans. Mais en réalité ses tiroirs sont pleins d'œuvres déjà écrites. Son premier roman, *Nez de cuir*, est l'histoire d'un jeune noble blessé sur les champs de bataille napoléoniens, qui revient dans sa province avec un masque de cuir et séduit toutes les femmes pour s'assurer qu'il peut encore, malgré sa laideur, aimer et être aimé. *Le Centaure de Dieu*, couronné par l'Académie française, raconte l'histoire d'un jeune homme qui se consacre à la prêtrise, au désespoir de ses parents. D'autres romans vont suivre, poursuivant le récit de l'existence du marquis de La Barre, homme de la Restauration essayant de survivre aux temps modernes. *Les Manants du Roi*, son plus célèbre recueil de nouvelles avec *Heureux les humbles*, décrit la souffrance des vieux catholiques royalistes, à la nouvelle de la mort de Louis XVI, puis à la condamnation de l'Action française en 1926 : l'auteur exprime la tristesse et la fidélité de ces catholiques exclus des sacrements. Pour lui, en effet, la société est fondée sur le trône et l'autel ; tout pouvoir vient de Dieu et le roi, entouré de ses vassaux, fait régner l'ordre selon un modèle féodal. Ces livres sont une réplique au Front populaire.

À côté de son œuvre romanesque, Jean de La Varende poursuit une œuvre d'historien, publiant des biographies de Guillaume le Conquérant, de Saint-Simon, du héros chouan Cadoudal, de grands officiers de marine, Tourville et Suffren, de saint Vincent, de Don Bosco, du curé d'Ars, d'Anne d'Autriche, de Charlotte Corday, des maîtresses royales *(Les Belles Esclaves)* et d'écrivains normands tels que Maupassant, Flaubert et Barbey d'Aurevilly. Toutes ces biographies ne sont ni des hagiographies ni des biographies scientifiques mais de vivantes reconstitutions, comme il l'explique dans la préface d'une étude sur Jean Bart : « Je tiens à m'occuper de toi fraternellement. Tu dois en avoir plein le dos des savants chargés de couronnes en papier vert, et qui n'ont jamais lové une glène ; des érudits lourds de science qui n'ont jamais piqué dans la houle, et des écrivains de métier qui te rappellent les commissaires. Mon livre aura valeur de bourrade, d'affectueuse bourrade. »

La Seconde Guerre mondiale le surprend au Chamblac, en même temps que la mort de sa femme. Son château sera occupé et les bombardements de la Normandie lui feront craindre le pire pour lui-même, sa belle demeure et sa province. À la Libération, exclu par le Conseil national des écrivains, il démissionne de l'Académie Goncourt parce que Sacha Guitry en a été exclu, et signe dorénavant avec insolence « Jean de La Varende, hors Goncourt ». Seul et malade, il reçut alors la visite d'une jeune admiratrice, qui vint s'installer au Chamblac, l'aidant dans son travail et lui rendant sa belle énergie.

Son œuvre, plus d'une centaine de livres, sur l'amour, pour Dieu et pour les femmes, sur la terre normande et sur la fidélité au roi, reflète son âme fougueuse et ardente. Ses héros, nobles ou paysans, sont tendus vers la perfection morale et religieuse. Fidèle à ses ancêtres vikings et à sa foi, il meurt le 8 juin 1959 à Paris, laissant cet autoportrait : « Je crois à la poésie. J'aime les mots plus que tout, les grands, les gros, les petits. J'ai aimé la vie. Je tâche à commencer d'aimer la mort. Être généreux, puissant pour venir en aide ; décidé pour agir vite et bien ; indifférent, un peu pour ne pas garder rancune ; courageux pour mourir... et faire croire aux gens que c'est facile de mourir. Savoir mourir, le plus aristocratique des savoir-vivre. »

ŒUVRES. — **Romans et nouvelles** : *L'Amour sacré, l'amour profane, roman*, Flammarion, 1959. — *Bric-à-brac, suite romanesque*, Le Rocher, 1952 suivi de *L'Objet aimé*, rééd. Plon, 1972. — *Le Cavalier seul*, Flammarion, 1956. — *Le Centaure de Dieu*, Grasset, 1938, Hachette, 1962, Lausanne-Paris, Rencontre, 1970. — *Cœur pensif, roman*, Flammarion, 1947, rééd. Le Cercle du bibliophile, 1964. — *La Comtesse de Barville, chouanne*, Les Amis de La Varende, 1985. — *Dans le goût espagnol, suite romanesque*, Le Rocher, 1946, rééd. Plon, 1968. — *De bric et de broc*, Les Amis de La Varende, 1981. — *De tout un peu*, Les Amis de La Varende, 1989. — *La Dernière Fête*, Flammarion, 1953. — *L'Empreinte*, Aux dépens de deux amateurs, 1959. — *Heureux les humbles, suite romanesque*, Gallimard, 1942. — *L'Homme aux gants de toile*, Grasset, 1943. — *Indulgence plénière, roman*, Grasset, 1951. — *M. le Duc, roman*, Flammarion, 1958. — *Man'd'Arc*, Grasset, 1939. — *Les Manants du roi 1793-1950*, nouvelles, Plon, 1938 précédé de *Pays d'Ouche*, 1971, rééd. Le Livre de Poche, 1993. — *Des marins, de l'honneur et des dames*, nouvelles, Plon, 1970, rééd. 1984. — *Nez de cuir*, Rouen, Mangard, 1936, rééd. Plon, 1937, Le Club de la femme, 1970 et Rombaldi, 1973 suivi de : *Les Masques*, Le Livre de Poche, 1993. — *L'Objet rare, la femme unique*, nouvelles, Les Amis de La Varende, 1985. — *La Partisane, roman*, Club des éditeurs, 1960. — *Pays d'Ouche 1740-1933*, nouvelles, Plon, 1936, rééd. Stock, 1981. — *Provinciales* [« Monsieur Dodo », 1955 et « La Belle et la bête », 1956], Les Amis de La Varende, 1976. — *Ratapoil et C°*, nouvelles, Les Amis de La Varende, 1975. — *Rudes Histoires*, Les Amis de La Varende, 1979. — *Terre sauvage* [*Contes sauvages, Contes fervents, Contes amers*]. — *Tilly d'Orceau*, Les Chevau-légers, 1992. — *La Tourmente, suite romanesque*, Le Rocher, 1948. — *Le Troisième Jour : les ressuscités, roman*, Grasset, 1947, rééd. 1974. — **Autres œuvres** : *Les Broglie*, Les Amis de La Varende, 1979. — *Barbey d'Aurevilly*, Les Amis de La Varende, 1982. — *Les Broglie*, Les Amis de La Varende, 1979. — *Le Curé d'Ars et sa passion*, Bloud & Gay, 1958, rééd. Le Chalet, 1986. — *Esquisses littéraires*, Les Amis de La Varende, 1984. — *Flaubert par lui-même*, Le Seuil, coll. Écrivains de toujours, 1951, rééd. 1959. — *Grands Normands : Barbey d'Aurevilly, Gustave Flaubert, Guy de Maupassant*, Rouen, Defontaine, 1939. — *Guillaume le Bâtard, conquérant*, Flammarion, 1951. — *Jean Bart pour de vrai*, Flammarion, 1957, rééd. 1994. — *M. le duc de Saint-Simon et sa comédie humaine*, Hachette, 1955, rééd. Perrin, 1983. — *Le Maréchal de Tourville et son temps*, Les Éditions de France, 1943, rééd. Étrepilly, Bartillat, 1992. — *Le Mont-saint-Michel*, Étrepilly, Presses du village, 1992. — *Le Roi d'Écosse, provinciale*, Grasset, 1941. — *Surcouf corsaire*, Marcus, 1946. — **Correspondance** : *Lettres à Michel de Saint-Pierre*, La Meyze, Anglard, 1983. — *Printemps de La Varende : lettres inédites de La Varende*, Dynamo, 1961.

→ Philippe Brunetière, *La Varende, le visionnaire*, Flammarion, 1959. — Michel Herbert, *Bibliographie de l'œuvre de Jean de La Varende*, Bernay, L'Auteur, 1964, rééd. 1971. — Anne Brassié, *La Varende pour Dieu et le roi*, Perrin, 1993. Association des Amis de La Varende : Présence de La Varende, 16 rue La Varende, 14250 Tilly-sur-Seulles.

A.Br.

Laâbi Abdellatif (1942). Né à Fès au Maroc, il se marie avec une Française en 1964, alors qu'il écrit ses premiers poèmes. En 1969, il publie un récit poétique, un « itinéraire », *L'Œil et la nuit*. En 1966, il fonde la revue *Souffles* avec d'autres poètes marocains, Khaïr-Eddine et Nissaboury. *Souffles* jouera un grand rôle dans le développement de la vie littéraire et politique au Maroc, et dans le Maghreb tout entier. La revue est interdite en 1972, et Abdellatif Laâbi est condamné à dix ans de prison pour délit d'opinion. Libéré en 1980 à la suite d'une campagne internationale, il publie *Le Chemin des ordalies* (1982), récit inspiré par l'épreuve de sa détention. *Chroniques de la citadelle d'exil* (1983) est un choix de ses lettres de prison. En 1985, il s'installe en France pour un séjour qui durera près de dix ans et pendant lequel il publie de nombreux ouvrages, dans des genres variés : un roman, *Les Rides du lion* (1989), deux recueils de poèmes, *Le soleil se meurt* (1992) et *L'Étreinte du monde* (1993), une pièce de théâtre, *Exercices de la tolérance* (1993). Comme traducteur (de l'arabe en français), en 1970, il donne une anthologie de poèmes, *La Poésie palestinienne de combat*, et, en 1982, *Rires de l'arbre à palabre* d'Abdallah Zrika. En 1996, dans *Le Spleen de Casablanca*, le poète tente de dire, après son « impossible retour » au Maroc, ce qu'il en est de son « double exil ».

D.B.

Laberge Marie (1950). Née à Québec, elle s'est d'abord fait connaître comme auteur dramatique, comédienne et metteur en scène, avant d'entreprendre une carrière de romancière. De *C'était avant la guerre à l'anse de Gilles* (1981), sa première pièce publiée, à *L'Homme gris* (1986), représenté au Québec et à Paris, son théâtre n'a cessé d'inventorier la violence larvée qui préside à l'éclosion des passions. Qu'il s'agisse de reconstitution historique (*Ils étaient venus pour...*, 1981) ou de scènes contemporaines (*Deux tangos pour toute une vie*, 1985), ce théâtre dit l'impossibilité pour l'être de coïncider avec son désir et ses rêves d'existence, certains personnages allant jusqu'à oublier le souvenir même du rêve (*Oublier*, 1987). Le roman exprime l'observation aiguë des moindres soubresauts des sentiments, là où l'intime se confond avec le tragique (*Juillet*, 1989 ; *Quelques adieux*, 1992 ; *Le Poids des ombres*, 1994 ; Annabelle, 1997).

L.G.

Labor. Département éditorial de l'Imprimerie coopérative ouvrière de La Louvière (Belgique) en 1926, constitué en maison d'édition en 1947 à l'initiative d'Alexandre André, les Éditions Labor ont leur siège à Bruxelles. Actives dans le domaine du livre scolaire et universitaire (elle furent longtemps partenaire des Éditions Nathan), elles publient aussi plusieurs collections de littérature, axées principalement sur les lettres belges de langue française. La collection « Espace Nord », qui réunit plus de cent titres en format de poche, constitue actuellement le principal fonds d'œuvres, passées et présentes, de la littérature belge. La collection est supportée sur le plan critique par les petits volumes de la collection « Un livre, une œuvre » et surtout par l'importante série des « Archives du futur » (essais, correspondances, biographies, bibliographies), publiée sous la responsabilité des Archives et Musée de la littérature à Bruxelles. La collection « Périples » rassemble des inédits, « Poteau d'angle », présente des essais littéraires et « Babel » réunit de grands textes des littératures européennes du XXe siècle, coédités avec les Éditions de l'Aire (Suisse) et Actes Sud.

O.Bi.

Lacarrière Jacques (1925). Né le 2 décembre 1925 à Limoges, passionné très tôt par les langues anciennes, comme il le raconte dans *Chemin d'écriture* (Plon, 1988), il rejoint à la Sorbonne le Groupe de Théâtre Antique qui lui fait découvrir la Grèce et l'incite à repartir seul vivre la vie des moines (*Mont Athos, montagne sainte*, Seghers, 1954 ; *L'Été grec*, Plon, 1976 ; *Visages athonites*, Le Temps qu'il fait, 1995). Cette imprégnation lui fait relire les tragiques (*Sophocle*, L'Arche, 1960) et traduire Hérodote (*Découverte du monde antique*, Club des Libraires, 1965), Pausanias (*Promenades dans la Grèce antique*, Balland, 1967), ainsi que des modernes comme *Poèmes* de Georges Séféris (Mercure de France, 1963) ou *Grécité* de Yannis Ritsos (Fata Morgana, 1968). En sa quête des origines, il interroge le christianisme primitif, avec ses ermites (*Les Hommes ivres de Dieu*, Arthaud, 1961 ; *Marie d'Égypte*, Lattès, 1983) et ses hérésies (*Les Gnostiques*, Gallimard, 1973), ainsi que les mythologies comparées (*En suivant les dieux*, Lebaud, 1984 ; *Le Livre des genèses*, Lebaud, 1990), car les mythes continuent selon lui d'habiter la technique (*Ce bel aujourd'hui*, Lattès, 1989 ; *L'Envol d'Icare*, Seghers, 1993). En 1970, il s'installe à Sacy, dans l'Yonne, et retrouve une campagne qu'il arpente dans *Chemin faisant* (Fayard, 1974), métamorphose dans *Le Pays sous l'écorce* (Le Seuil, 1980) et sur laquelle il rêve (*Sourates*, Fayard, 1982). Son goût de l'espace se retrouve dans *La Poussière du monde* (Nil Éditions, 1997).

→ *Jungle*, nº 8, Bordeaux, Le Castor astral, 1985.

J.P.

Laclavetine Jean-Marie (1954). Né à Bordeaux, romancier et traducteur, chantre de la province, de ses fleuves, de ses rives, de sa flore et de sa faune, il est aussi poète de Paris dont il s'attache à fixer, en photographe du temps passé, les vieux quartiers promis à la démolition, les cafés et les ruelles de La Bastille ou de Tolbiac. Écrivain très classique, représentatif du style NRF, il a su se renouveler à chaque livre : politique fiction (*Loin d'Aswerda*, 1982), roman familial (*La Maison des absences*, 1984), psychodrame (*Donnafugata*, 1987), humour noir (*En douceur*, 1991). Fasciné par l'origine et par le mécanisme du récit, il a su mettre en scène de façon très naturelle le dialogue avec la Muse. Dans *Conciliabule avec la reine* (1989), la Der, figure inquiétante de déesse-mère, est ratatinée dans son alcôve à la manière des personnages de Beckett. Le récit se perd dans les sables et le roman remonte à sa source, la bouche d'ombre intarissable, pourvoyeuse de rêves, maîtresse de l'imaginaire.

J.-C.L.

Lacour José-André (1919). Né à Gilly (Belgique), le 27 octobre 1919, il fonde en 1939 avec Alain Bosquet la revue *Pylône*, où il publie quelques poèmes, puis il se tourne vers le roman : avec *Panique en Occident* (1943), il décrit l'écroulement de la société au moment de la déclaration de guerre et pendant l'exode. Le désarroi et la fatalité sont au centre de ce livre à la structure fragmentée, proche des techniques du cinéma. Soupçonné à tort de collaboration, il quitte la Belgique et s'installe à Paris en 1945 ; il est directeur littéraire aux Écrits de France. La guerre, vue à travers le renversement des valeurs traditionnelles et les réactions instinctives des hommes, est un sujet qu'il traitera encore dans *Châtiment des victimes* (1949, 2 tomes) et *Le Rire de Caïn* (1980). Auteur de nombreux romans publiés aux Éditions Fleuve noir (sous les pseudonymes de Henry Langon, Lise Lacour, Sarah Lee...) dans la collection « Western » (sous le pseudonyme de Johny Sopper) et dans la collection « Angoisse » (sous le pseudonyme de Benoît Becker), il exploite les règles du genre dans des récits alertes où s'affrontent des personnages fortement typés : *La Mort en ce jardin* (1954, porté à l'écran par Buñuel) est un roman d'aventures se déroulant en Amazonie, dans lequel règnent tension et cruauté. Lacour privilégie l'action, anime des conflits, crée des situations violentes. Son style est parfois proche de la langue parlée (*La Malsamine*, 1951 ; *Confession interdite*, 1955 ; *Venise en octobre*, 1958, *Le Zoiseau ivre*, 1977, et un roman autobiographique, *Opéra conjugal*, 1978). Il est également dramaturge : après *Tristan* (1944) et *Notre peau* (1950), il remporte un grand succès avec *L'Année du bac* (1959) : traduite en douze langues, cette pièce illustre le conflit traditionnel entre parents et adolescents (voir aussi *Mascarin*, 1959 et *Le Dixième Homme*, 1961).

ŒUVRES. — *Panique en Occident*, rééd., Bruxelles, Labor, coll. Espace Nord, 1994. — *Venise en octobre*, Bruxelles, Le Cri, coll. Les évadés de l'oubli, 1996. — Benoît Becker, *Expédition épouvante*, *Le Chien des ténèbres*, *Laisse toute espérance*, *Château du trépas*, rééd., Fleuve noir, 1996.

→ Robert Poulet, *La Fleur de l'imagination : nouveaux romanciers belges*, Bruxelles, La Toison d'or, 1944.

O.Bi.

Lacretelle Jacques de (1888-1985). Né le 14 juillet 1888 au château de Cormatin (Saône-et-Loire), fils de diplomate, il passe son enfance entre Salonique, Alexandrie et Florence. Sa jeunesse voyageuse se prolonge par des études à

Paris puis à Cambridge. De ce cosmopolitisme formateur devaient naître des livres débordants de souvenirs de voyages et de confidences (*Lettres espagnoles*, 1927 ; *Le Demi-dieu ou le voyage en Grèce*, 1931). Pourtant l'œuvre de Lacretelle développe une thématique austère et est empreinte d'un ton pessimiste. Par la sobriété du style, l'intérêt porté aux personnages de femmes et la peinture de luttes cruelles contre le destin et la passion, son œuvre a quelque chose de racinien.

Son premier roman, *La Vie inquiète de Jean Hermelin* (1920), est autobiographique et propose une réflexion grave sur l'adolescence et la peur de l'autre. C'est encore un très jeune homme que dépeint *Silbermann* (1922, prix Femina), que l'on tient parfois pour le meilleur livre de Lacretelle et où le thème de l'identité et de l'altérité est illustré par la destinée d'un jeune israélite, mis à l'écart en raison de ses origines et de sa supériorité intellectuelle. Peut-être la montée de l'antisémitisme en France incita-t-elle l'auteur à donner une suite, *Le Retour de Silbermann* (1930). Avec les quatre nouvelles d'analyse psychologique qui forment *L'Âme cachée* (1925), l'œuvre de Lacretelle prend une tournure plus moraliste, tout en prolongeant l'enquête sur la solitude des êtres : dans *La Bonifas* (1925), cette solitude est celle d'une femme indépendante et marginalisée dans la société de province. Avec le cycle des *Hauts-Ponts* (1932-1935), il a voulu réaliser son grand-œuvre : quatre tomes relatent la rapide décadence d'une famille vendéenne. Le personnage central, ici encore, est une femme, Lise Darembert, hantée par le souvenir du domaine familial, les Hauts-Ponts, que durent vendre ses parents. Mère possessive, elle compte sur son fils Alexis pour réaliser le but de sa vie, le rachat du domaine, mais en vain : Alexis veut être missionnaire et Lise sombre dans la démence. Élu à l'Académie française en 1936, Lacretelle abandonna la création romanesque pour se consacrer désormais aux récits de voyage et aux études littéraires. Il est mort le 2 janvier 1985.

ŒUVRES. — *La Vie inquiète de Jean Hermelin*, Grasset, 1920. — *Silbermann*, Gallimard, 1922. — *La Bonifas*, Gallimard, 1925. — *Lettres espagnoles*, Gallimard, 1927. — *Album napolitain*, Hazan, 1928. — *L'Âme cachée*, Gallimard, 1928. — *L'Amour nuptial*, Gallimard, 1929. — *Le Retour de Silbermann*, Gallimard, 1930. — *Le Demi-dieu ou le voyage en Grèce*, Grasset, 1931. — *L'Enfance d'une courtisane*, Éditions de France, 1932. — *Les Hauts-Ponts*, Gallimard, 1932-1936. — *Portraits d'autrefois, figures d'aujourd'hui*, Perrin, 1973. — *Les Vivants et leur ombre*, Grasset, 1977. — *Quand le destin nous mène*, Grasset, 1981.

→ Douglas Alden, *Jacques de Lacretelle. An Intellectual Itinerary*, New Brunswick (New Jersey), Rutgers University Press, 1958. — Françoise Bayle-Petrelli, *« Silbermann » et « Le Retour de Silbermann » de Jacques de Lacretelle*, Toulouse, Messages, 1994.

G.P.

Lacrosil Michèle. Née à Basse-Terre (Guadeloupe), elle appartient à la génération de l'après-guerre, engagée dans la recherche d'une personnalité guadeloupéenne qui hésite entre le régionalisme et l'affirmation d'une identité culturelle autonome. Directrice d'école au Moule, collaboratrice de la *Revue guadeloupéenne,* elle contribue par ses articles et ses récits brefs à donner de son île une image débarrassée des oripeaux folkloriques habituels. Ses deux premiers romans, *Sapotille ou le serin d'argile* (Gallimard, 1960), puis *Cajou* (1961), dont la publication coïncide avec son départ en France, expriment le mal de vivre propre à une société rongée par la ségrégation raciale. L'amertume qui les marque de son empreinte n'exclut pas un regard lucide sur le petit monde de Basse-Terre, ville natale de la romancière, et cette acuité de l'analyse lui a permis de brosser dans *Demain, Jab-Herma* (Gallimard, 1967) une fresque sans indulgence de la Guadeloupe contemporaine en proie à ses éternels démons.

J.C.

Laederach Monique (1938). Née dans le canton de Neuchâtel, en Suisse, elle fait des études de lettres à Lausanne et à Neuchâtel, puis elle enseigne. Elle est l'auteur de plusieurs œuvres pour la radio et pour la scène, ainsi que de traductions d'écrivains de langue allemande. Elle a publié des poèmes (*J'habiterai mon nom*, 1977 ; *La Partition*, 1982) et des romans où elle aborde le thème du couple (*Stéphanie*, 1978 ; *La Femme séparée*, 1982), celui de la guerre vue de la frontière d'un pays neutre (*Trop petits pour Dieu*, 1986), celui de l'étrangeté de l'autre, handicapé mental, marginal ou réfugié venu d'un pays lointain (*J'ai rêvé Lara debout*, 1990 ; *Les Noces de Cana*, 1996).

C.D.

Laffont *(Robert)*. Maison d'édition fondée en 1941 à Marseille par Robert Laffont. Lorsqu'il crée, le 1er avril 1941, sa propre maison d'édition à Marseille, Robert Laffont a vingt-quatre ans. Il commence par publier une traduction audacieuse d'*Œdipe roi* de Sophocle par Gabriel Boissy, puis, dès l'année suivante, des œuvres de Marcel Brion, Marie Mauron, François de Roux, Henri Pourrat, les deux livraisons d'une revue littéraire, *Fusées*, et un *Panorama de la jeune poésie française* par René Bertelé. L'image allégorique du dauphin qui sauva le poète Arion lui sert de vignette et préside à la naissance d'une collection de poésie, « Sous le signe d'Arion », qui publie à partir de 1943 Georges-Emmanuel Clancier, Lanza del Vasto, Toursky, Gabriel Audisio, Michel Manoll, René Guy Cadou et André Salmon. Avec l'aide de Pierre Guillain de Bénouville, Kléber Haedens, Louis Parrot, Roger Allard et Pierre Descaves, Robert Laffont s'affirme : au lendemain de la Libération, il constitue sa maison en société et s'installe à Paris, avenue du Maine, où il imprime son premier grand succès, *Le Sacrifice du matin* de Pierre Guillain de Bénouville. Il lance en 1945 une collection de littérature étrangère, dirigée par Armand Pierhal puis par Georges Belmont, « Pavillons » (aujourd'hui, cette collection comprend Evelyn Waugh, Adolfo Bioy Casares, Pa Kin, Francis Scott Fitzgerald, Tennessee Williams, Jerome David Salinger, Graham Greene, Dino Buzzati, Mikhaïl Boulgakov, Alexandre Soljenitsyne). En 1947, Laffont s'installe 30, rue de l'Université, institue son comité de lecture, composé de Kléber Haedens, Louis-René Des Forêts, Michel Mohrt, A. Clément, Morvan Lebesque et Georges Belmont ; il imprime six fois par an, depuis 1943, *Le Livre des lettres*, revue dirigée par Haedens, et crée un prix littéraire, le prix Stendhal. Le catalogue s'étoffe grâce à Audiberti, Bernanos, Emmanuel Bove, Gilbert Cesbron, Luc Decaunes, Michel Déon, Jean Dutourd, Bruno Gay-Lussac, Haedens, Patrice de La Tour du Pin, Robert Mallet, Michel Mohrt, Jean Orieux, André Pieyre de Mandiargues, et des traductions d'écrivains anglo-saxons.

En 1948, Robert Laffont doit accepter une alliance avec René Julliard, qui s'installe aussi rue de l'Université. Ils fondent leur société commune de vente, Sequana. L'association de ces deux personnalités, souvent opposées, aboutira selon Robert Laffont à la suppression du prix Stendhal et au départ d'un certain nombre d'auteurs. L'éditeur réagit en étendant son territoire à l'histoire, la politique, les voyages, les biographies et même les dictionnaires et encyclopédies : c'est ainsi qu'il fonde en 1952 une nouvelle société, avec Gallimard et Bompiani, la SEDE, chargée d'adapter en français le *Dictionnaire des œuvres de tous les temps et de tous les pays*, couramment appelé le « Laffont-Bompiani ». Une fois reconsidéré l'accord avec Julliard, une nouvelle ère peut commencer : les années cinquante voient la production passer de trente à soixante-dix titres par an : Bernard Clavel publie *L'Ouvrier de la nuit*, Georges-Emmanuel Clancier *Le Pain noir*, deux succès inaugurant un genre littéraire que Laffont saura promouvoir tout au long de sa carrière : le roman populaire de qualité. C'est aussi l'année du lancement de la collection « Best-seller ». Dès le début des années soixante, les nouveaux auteurs affluent et les anciens confirment leur audience, en particulier ceux qui feront la solidité de la maison, tels Gilbert Cesbron, Henri-François Rey (prix Interallié 1962), Bernard Clavel, Jean Anglade.

À la mort de René Julliard, Robert Laffont retrouve, en juillet 1962, sa liberté de mouvement et recommence l'aventure seul, avec l'aide du groupe financier Lambert : il crée une société d'investissement réunissant sa maison et les Éditions du Pont-Royal et commercialisant albums et ouvrages de référence. Profitant de l'appui d'Hachette et de la fin du contrat le liant à Sequana, il fonde alors sa propre société de diffusion-distribution, Forum, à parts égales avec deux associés, Stock et Albin Michel. Claude Mahias devient directeur général et la maison d'édition s'installe, en 1963, au 6, place Saint-Sulpice. La production passe de 93 titres par an en 1963 à 159 titres en 1969. Après le lancement de *La Revue de poche* en décembre 1964, Time-Life entre en 1966 dans le capital et offre une diffusion internationale à l'éditeur, qui fonde par ailleurs une société de vente par correspondance en 1967. L'année suivante, *Les Fruits de l'hiver* de Bernard Clavel obtient le Goncourt (Laffont refusera par la suite de jouer le jeu des prix littéraires). Fort du succès impressionnant de *Papillon*, d'Henri Charrière (au moins un million d'exemplaires) et de *Piaf* de Simone Berteaut en 1969, Laffont rachète à Pierre Seghers ses éditions et sa maison de diffusion-distribution, L'Intercontinentale, qu'il fusionne avec sa propre structure, fondant ainsi Inter-Forum. *Elle lui dirait dans l'île*, de Françoise Xénakis, remporte en 1970 un succès d'estime, qui incite l'éditeur à diversifier son image littéraire : deux ans plus tard, Jean-Pierre Faye lui confie sa revue, *Change*, et Nadeau les auteurs de sa collection « Les Lettres nouvelles ». Michel-Claude Jalard peut lancer « À l'écart », collection où il rassemble Didier Pemerle, Alain Gerber, Jean-Pierre Otte, Francis Dannemark, Dominique Noguez, cependant que Jacques Peuchmaurd fait des choix plus orientés vers le grand public avec la collection « Romans français ». En 1979, Guy Schoeller crée la collection « Bouquins », sorte de Pléiade populaire, maniable et bon marché. En 1984, l'Institut de développement industriel, organisme d'État actionnaire de la maison depuis 1978, la CLT et la banque Worms prennent le contrôle des Éditions Laffont, fragilisées par le dérapage financier qu'a provoqué la mise en œuvre du *Grand Quid illustré* (qui vient enrichir la lignée du *Quid*, « inventé » par Dominique et Michèle Frémy et repris par Laffont en 1975). Mais à partir de là, la production des « livres ouverts sur la vie », selon le slogan de Robert Laffont, ne cesse d'augmenter jusqu'à atteindre plus de deux cents titres par an. *Des Grives aux loups* de Claude Michelet (1979) atteint les 600 000 exemplaires, permettant à toute une littérature de terroir de se regrouper sous le titre d'« École de Brive » autour de Jacques Peuchmaurd, et où l'on trouve quelques écrivains réguliers, à fort tirage, comme Michel Peyramaure, Christian Signol, Denis Tillinac. Cette période faste est cependant marquée par le départ de certains auteurs comme André Pieyre de Mandiargues, Sébastien Japrisot, désireux d'obtenir la consécration par un prix littéraire.

Laffont quitte ses fonctions en 1986. La maison intègre le Groupe de la Cité en 1990 et passe sous le contrôle de Havas. En 1993, une nouvelle étape de la longue dépossession de Robert Laffont est marquée par sa fusion avec les Éditions Bernard Fixot, formant une nouvelle société, les Éditions Laffont-Fixot, dont ce dernier est actuellement le directeur.

→ Robert Laffont, *Éditeur*, Laffont, 1974.- *Robert Laffont 1941-1991 : cinquante ans d'édition, cinquante ans de passion*, Laffont, 1991.

C.P. — IMEC

Lainé Pascal (1942). Né le 10 mai 1942 à Anet, agrégé de philosophie, longtemps professeur en lycée technique (*B. comme Barrabas*, Gallimard, 1967 ; *L'Irrévolution*, Gallimard, 1971, prix Médicis), il est l'écrivain du malentendu (*La Dentellière*, Gallimard, 1974, prix Goncourt ; *L'Eau du miroir*, Mercure de France, 1979 ; *Dîner d'adieu*, Laffont, 1991 ; *L'Incertaine*, Fayard, 1993 ; *Collision fatale*, Stock, 1994 ; *Comme une image*, Stock, 1997). Parallèlement, *Si on partait...* (Gallimard, 1978) inaugure une veine ludique : *Tendres cousines* (Gallimard, 1979) imite le roman érotique, *Jeanne du bon plaisir* (Denoël, 1984) le XVIIIe siècle, *La Moitié du bonheur* (2 t., Fayard, 1994) la saga familiale, *Fleur de pavé* (Fayard, 1996) le feuilleton du XIXe siècle, et la série « Inspecteur Lester » le policier (Ramsay, 1985-1986-1987, 3 t.).

→ *Si j'ose dire*, entretiens avec Jérôme Garcin, Mercure de France, 1982.

J.P.

Lalonde Michèle (1937). C'est par un poème-manifeste, *Speak White* (1974), que Michèle Lalonde, poète et dramaturge, s'est fait connaître. Elle avait d'abord publié deux recueils de poésie, *Songe de la fiancée détruite* (1958) et *Geôle* (1959). Dans *La Deffence & illustration de la langue québecquoyse*

(1979), elle prend position pour une langue rejetant à la fois le joual et une imitation trop appuyée du français hexagonal. Collaboratrice à la revue *Liberté* durant plusieurs années, élue en 1982 présidente de l'Union internationale des écrivains de langue française (FIDELF), elle a publié, en collaboration avec Denis Monière, *Cause commune, manifeste pour une internationale des petites cultures* (1981).

S.Ma.

Lalonde Robert (1947). Son premier roman, *La Belle Épouvante* (1981) témoigne du caractère oral d'un style semé d'expressions colorées, puisées à même le répertoire québécois. La forêt comme décor mais aussi comme métaphore apparaît dans *Le Dernier Été des Indiens* (1982). Dans cette nature sauvage et primitive, le temps devient celui du mythe, tandis que s'accomplit la difficile réconciliation du monde sensible avec l'univers des mots. La fusion sensuelle de l'homme avec son environnement reviendra dans les romans suivants : *Une belle journée d'avance* (1986), *Le Fou du père* (1988), *Le Diable en personne* (1989), *L'Ogre du Grand Remous* (1992), *Sept lacs plus au nord* (1993) et *Le Petit Aigle à tête blanche* (1994). Robert Lalonde s'est aussi intéressé à la poésie (*Baie de feu*, 1991) et à l'essai (*Le Monde sur le flanc de la truite*, 1996). Il poursuit une carrière de comédien sur les scènes québécoises.

A.J.

Lambersy Werner (1941). Né à Anvers le 16 novembre 1941, un temps représentant de commerce, grand voyageur (États-Unis, Chine, Inde), il est attaché à la Promotion des lettres belges à Paris. Son premier recueil, *Radoub*, paraît en 1967 ; il s'y affirme d'emblée comme un artisan du langage, attentif au rythme, à la texture et à la sonorité des mots, ne s'épargnant aucune rencontre, fût-elle source d'obscurité. Un univers poétique en mouvement, composé de parcelles d'images, croise et superpose les thèmes de la femme ou du paysage dans des vers courts et fragmentés *(À cogne-mots*, 1968 ; *Silenciaires*, 1971 ; *Moments dièses*, 1972 ; *Groupes de résonances*, 1973 ; *Le Cercle inquiet*, 1974 ; *Protocole d'une rencontre*, 1975). Lambersy atteint à une certaine plénitude dans *Trente-trois scarifications rituelles de l'air* (1977) et surtout avec *Maîtres et maisons de thé* (1979), son recueil majeur : alliant déplacement et écriture, espace et conquête de la parole, il entend la poésie comme un cérémonial, la célébration d'un rite (l'amour), une discipline de vie. Sa langue, paradoxalement renforcée par l'absence de ponctuation, acquiert amplitude et corps, et le rythme règle les étapes de l'initiation. Attiré par les philosophies orientales, il a publié ensuite une série de recueils entre esquisses et murmures, en une manière d'ascétisme poétique où les objets et les sentiments sont toujours plus épurés *(Paysage avec homme nu dans la neige*, 1982), tandis que son intérêt pour les cultures et les mythes de la planète ont contribué à renforcer la dimension rituelle de ses textes *(Komboloï* suivi de *Chand-Mala*, 1985 ; *Géographies et mobiliers*, 1985 ; *Architecture, nuit*, 1988 ; *Cantus obscurior*, 1989 ; *Entrée en matière*, 1990 ; *Volti subito*, 1992 ; *Quinines*, 1993 ; *Stilb*, 1994, *Le Déplacement du fou*, 1995). Composé à partir de souvenirs et d'anecdotes sur sa ville natale, *Anvers ou les anges pervers* (1994) est une digression entre sens et mémoire.

ŒUVRES. — *Maîtres et maisons de thé*, rééd., Bruxelles, Labor, coll. Espace Nord, 1988. — *Le Déplacement du fou*, rééd., Amay, L'Arbre à paroles, 1996.

O.Bi.

Lambrichs Georges (1917-1992). Né à Saint-Josse-ten-Noode (Bruxelles), le 5 juillet 1917. Il entre en rapport avec le groupe surréaliste de Bruxelles dans les années trente et devient l'ami de Marcel Lecomte, qui reste une des références principales de son œuvre. Installé à Paris après la guerre, il travaille dans de grandes maisons d'édition (Minuit, Julliard, Grasset) : fondateur de la collection « Le Chemin » chez Gallimard, rédacteur en chef de *La Nouvelle Revue française* de 1977 à 1987, il a contribué à découvrir Beckett et Le Clézio. Son œuvre, écrite en sourdine, ne fait pas de concession au romanesque : les récits tournent court, ou sont dépourvus d'intrigues. Son univers est fait de sous-entendus, de pauses, d'ellipses : ses personnages tentent d'échapper à l'emprise du réel, sans pour autant cultiver l'imaginaire ; ils recherchent un point d'équilibre sur le fil de la vie, sans déroger à leurs principes *(L'Aventure achevée*, 1946 ; *Chaystre ou les plaisirs incommodes*, 1948 ; *Mégéries*, 1974 ; *Pente douce*, 1983). Sa conception exigeante du fait littéraire l'a conduit à se méfier des illusions du langage, tant réalistes qu'idéologiques : avec finesse et minutie, il s'est penché sur les liens unissant les mots aux choses dans des textes brefs, portant son attention sur les signes plutôt que sur les faits *(Les Rapports absolus*, 1949 ; *Les Fines Attaches*, 1957 ; *Se prendre aux mots*, 1991). Il est mort à Paris le 10 février 1992.

ŒUVRES. — *Chaystre ou les plaisirs incommodes*, rééd., préface d'André Pieyre de Mandiargues, La Différence, 1983.

→ *La Nouvelle Revue française*, n° 473, 1992.

O.Bi.

Lance Alain (1939). Traducteur de Volker Braun et de Christa Wolf, éditeur (en collaboration avec Chahrachoub Amirchahi) d'un choix de poèmes iraniens contemporains traduits en français : *Iran, poésie et autres rubriques* (1980), il a dirigé plusieurs instituts culturels en Allemagne, entre 1985 et 1995. En France, il dirige la Maison des écrivains depuis 1995 et siège au comité de rédaction d'*Action poétique*. Il a publié plusieurs recueils de poèmes : *Les gens perdus deviennent fragiles* (1970), *L'Écran bombardé* (1974), *Les Réactions du personnel* (1977). Le combat contre le vocabulaire, le resserrement du poème, le jeu des sonorités, parfois tranchantes, servent un regard désabusé sur les croyances et les idéologies. *Les Réactions du personnel* offre des tons variés, de l'ironie (« Le modèle allemand ») aux fantaisies peuplées d'animaux (« Fatrasies »). *Ouvert pour inventaire* (1984) regroupe poèmes et proses. Dans *Comme une frontière* (1989), d'étranges associations verbales expriment dans des vers sans ponctuation l'inquiétude du poète. *Distrait du désastre* (1995) pose la question de notre fin de siècle et de ses massacres, et conclut : « Notre intelligence/Un vaisseau rompu. »

D.H.-M.Ber.

Landry Charles-François (1909-1973). Né à Lausanne le 19 mars 1909, il est l'un des rares écrivains de Suisse romande de sa génération qui ait vécu de sa plume. Le Midi de la France, où il avait passé une partie de sa jeunesse, sert de cadre à quelques-uns de ses romans (*Diégo*, 1938 ; *Le Mas-Méjac*, 1943). Ayant trouvé en Ramuz un modèle, il peint un monde élémentaire et exprime la solitude de l'homme face à la nature. Il fait vivre des gens simples aux prises avec les difficultés de leur existence, et qui cherchent à conserver leur liberté et leur dignité. Il a écrit des romans, dont *La Devinaize* (1950), des nouvelles, des récits historiques et de nombreuses pièces radiophoniques.

D.Ru.

Lange Monique (1926-1996). Née le 11 septembre 1926, employée chez Gallimard à partir de 1949, amie de Faulkner, de Genet et de Violette Leduc, biographe d'Édith Piaf *(Histoire de Piaf*, Ramsay, 1988) et de Cocteau *(Jean Cocteau, prince sans royaume*, Lattès, 1989), scénariste, épouse de l'écrivain espagnol Juan Goytisolo, elle est aussi l'auteur de récits émouvants et nerveux, tendres et violents, pour la plupart autobiographiques *(Les Poissons-chats*, 1959 ; *Les Platanes*, 1960 ; *Rue d'Aboukir*, 1962 ; *Une drôle de voix*, 1966 ; *Cannibales en Sicile*, 1967 ; *Une petite fille sous une moustiquaire*, 1972 ; *Les Cabines de bains*, 1982 ; *Les Cahiers déchirés*, Nil, 1994). Elle est morte à Paris le 7 octobre 1996.

→ ŒUVRES. — Chez Gallimard, sauf indication contraire.

A.G.

Langevin André (1927). Né à Montréal dans un quartier populaire, orphelin à sept ans, il interrompra ses études classiques pour tâter de divers métiers. À dix-neuf ans, garçon de course, il devient chroniqueur et critique littéraire au *Devoir*, à *Notre temps*, puis rédacteur à l'information et réalisateur à Radio-Canada. Il fera jouer quelques pièces à la télévision, et d'abord au théâtre : en 1954, « Une nuit d'amour » légendaire, toujours inédite ; en 1957, une farce freudo-politique, *L'Œil du peuple*. Mais c'est comme romancier de l'existence malaisée, de la solitude, de l'absurde, de l'échec que Langevin s'est imposé. Il fait partie d'une génération d'intellectuels qui investissent les médias et prépareront la Révolution tranquille. Il n'est pas loin non plus, par son âge, sa culture, ses préoccupations, des jeunes personnalistes de *La Relève* et de *La Nouvelle Relève*, dont le poète Saint-Denys Garneau. Mais dans le monde, et en l'absence de Dieu, Langevin fait le lien entre les disciples de Mauriac et de Bernanos, ceux de Camus et de Sartre, ceux du Nouveau Roman français et ceux du roman québécois « décentré » des années soixante. Il n'intervient jamais publiquement, sauf à l'occasion d'un article pour la défense de la langue française. Dans son œuvre, forte et cohérente, le romancier ébranle l'édifice monolithique de l'idéologie canadienne-française traditionnelle (« duplessiste ») et des modes contemporaines, avec de longs silences (de 1958 à 1972 et depuis 1974).

Ses trois premiers romans, « existentialistes », sont plus ontologiques que psychologiques. *Évadé de la nuit* (1951), où un Moi problématique est mis à la troisième personne, est encore une œuvre adolescente, noire, funèbre, surchargée de morts, dont celle du père. *Poussière sur la ville* (1953) est une tragédie bourgeoise, bien construite, où un médecin charitable inonde sa femme et sa ville (minière) d'une charité dont elles ne veulent pas. Dans *Le Temps des hommes* (1956), cinq bûcherons règlent leurs comptes avec Dieu, la fraternité, le travail abrutissant, la nature et les femmes qu'ils aiment. Deux personnages, un prêtre défroqué et un criminel, dominent la distribution, tiraillés entre évasion et trahison. *L'Élan d'Amérique* (1972), novateur dans la forme (deux histoires symétriques et même « deux romans entrelacés »), s'inscrit dans la tradition canadienne-française où le « mal de vivre » est lié à des « facteurs nationaux » (André Brochu).

Une chaîne dans le parc (1974) montre la nature et l'enfance enclavées, menacées. Le paradis est forcément perdu ; restent sa mémoire, son image, sa nécessité. Pierrot, le petit héros, impose un moment sa vision du monde, sa désillusion : « dehors, dit-il, les gens se conduisent exactement comme s'il y avait des murs ».

→ *Études littéraires*, nº 2, 1973. — André Brochu, *L'Évasion tragique : essai sur les romans d'André Langevin*, Montréal, Hurtubise-HMH, 1985.

L.M.

Lanoux Armand (1913-1983). Né le 24 octobre 1913 à Paris dans un milieu modeste, élève du cours complémentaire de Meaux, il doit très tôt gagner sa vie, armé pour tout diplôme du brevet élémentaire ; il sera un autodidacte plein de ressources. Il connaît de multiples expériences professionnelles : employé de banque, représentant de commerce, artiste peintre — il ne renoncera définitivement à la peinture qu'en 1950 —, instituteur, journaliste. Il entre en littérature à trente ans, avec un roman policier, *La Canadienne assassinée* (1943). *La Nef des fous* (1948) reçoit le prix du roman populiste, *Les Lézards dans l'horloge* (1953), le Grand prix du roman de la Société des gens de lettres. Dans la trilogie de *Margot l'enragée* (*Le Commandant Watrin*, prix Interallié 1956 ; *Le Rendez-vous de Bruges*, 1958 ; *Quand la mer se retire*, 1963, prix Goncourt), l'écrivain évoque la guerre avec gravité. L'œuvre romanesque, réaliste, délivre un message humaniste, où s'expriment une revendication de liberté et une confiance dans la vie qu'alimente, dans un univers sans transcendance reconnue, la contemplation de la nature. Dans deux monographies d'écrivains : *Bonjour, Monsieur Zola* (1954) et *Maupassant le Bel-Ami* (1967), il fait revivre le XIXe siècle finissant. C'est aussi en romancier et en historien qu'il évoque l'existence au front de Roland Dorgelès, dans *Adieu la vie, adieu l'amour* (1976).

L'œuvre poétique d'Armand Lanoux, variée dans ses rythmes et ses sujets, échappe à toute classification. L'influence surréaliste se fait sentir dans des recueils pleins d'imagination et de féerie, empreints d'une fausse naïveté (*Colporteur*, 1953, prix Apollinaire ; *La Licorne joue de l'orgue dans le jardin*, 1954 ; *La Tulipe orageuse*, 1959). Mais le souci réaliste qui marque les romans s'affirme aussi dans les poèmes, leur donnant une tonalité populaire, et *Les Images d'Épinal* (1968), qui évoquent la guerre, sont bien l'œuvre d'un témoin de son temps. Dans *Le Montreur d'ombres, 1932-1982* (1982), Lanoux réunit « cinquante ans de poèmes » avant de mourir, le 23 mars 1983.

Responsabilités et distinctions se sont accumulées sur la carrière de ce notable des lettres : de 1958 à 1959, il est président du Comité de la télévision française ; de 1964 à 1970, il dirige la revue *À la page*. Membre depuis 1969 de l'Académie Goncourt, il en devient secrétaire en 1971. Il sera aussi membre du Conseil supérieur des lettres en 1974, du Haut Comité de la langue française en 1977, et président du Conseil permanent des écrivains en 1979.

C. A.-M.

Lanza del Vasto (1901-1981), pseudonyme de Joseph-Jean Lanza di Trabia-Branciforte. Né le 29 septembre 1901 à San Vito dei Normanni, dans les Pouilles, en Italie, il appartient à une famille d'aristocrates siciliens, mais sa mère est d'origine flamande et française. Ses études, à Paris, Florence et Pise, le conduisent jusqu'à un doctorat de philosophie. Converti au catholicisme en 1925, il rencontre en 1932 Luc Dietrich, qu'il guide vers la création romanesque. Parti pour l'Inde en 1936, devenu disciple de Gandhi, qui le surnomme Shantidas (« serviteur de paix »), il se fait connaître en France pendant la guerre par ses poèmes et son récit *Le Pèlerinage aux sources* (1943), avant de fonder en 1945 la communauté spirituelle de l'Arche. Lanza del Vasto parcourt alors le monde entier, en apôtre de la non-violence, dénonçant par ses écrits et des jeûnes la torture, l'énergie nucléaire et l'armement atomique, jusqu'à sa mort, le 5 janvier 1981, à Elche-de-la-Sierra, en Espagne.

ŒUVRES. — Sauf mention contraire, publiées chez Denoël. — *Judas*, 1938. — *Le Chiffre des choses, poésies*, 1942. — *Le Pèlerinage aux sources*, 1943. — *Le Dialogue de l'amitié* (en collaboration avec Luc Dietrich), Laffont, 1943. — *La Marche des rois, mystère de Noël*, Laffont, 1944. — *Principes et préceptes du retour à l'évidence*, 1944. — *La Baronne de Carins, poème populaire sicilien*, Le Seuil, 1946. — *Le Chansonnier populaire*, Le Seuil, 1947. — *La Passion, mystère de Pâques*, Grasset, 1951. — *Le Commentaire de l'Évangile*, 1951. — *Histoire d'une amitié* (introduction à *L'Injuste Grandeur* de Luc Dietrich), 1951. — *Vinôbâ ou le nouveau pèlerinage*, 1954. — *Les Quatre Fléaux*, 1959. — *Pacification en Algérie ou mensonge et violence*, L'Harmattan, 1960. — *Approches de la vie intérieure*, 1962. — *Noé, drame antédiluvien d'anticipation*, 1965. — *La Montée des âmes vivantes : commentaire de la Genèse*, 1968. — *La Fileuse à la rose, chansons populaires*, Presses d'Île-de-France, 1968. — *Technique de la non-violence*, 1971. — *L'Homme libre et les ânes sauvages*, 1971. — *La Trinité spirituelle*, 1971. — *L'Orée des trois vertus* (en collaboration avec Arnaud de Mareuil), Courrier du livre, 1971. — *Le Viatique* (*Enfances d'une pensée*, 1970 ; *Éclats de vie et Pointes de vérité*, 1973 ; *La Conversion par contrainte logique*, 1974 ; *Rien qui ne soit tout*, 1975 ; *Amitié d'intelligence et peines d'amour*, Monaco, Éditions du Rocher, 1991). — *Œuvres complètes : Les Pèlerinages*, 1973 ; *Commentaires bibliques*, 1977. — *Rendons grâce au Seigneur de la vie*, Presses d'Île-de-France, 1975. — *Pour éviter la fin du monde*, Montréal, La Presse, 1973. — *L'Arche avait pour voilure une vigne*, 1978. — *Les Facettes du cristal : entretiens avec Claude-Henri Roquet*, Le Centurion, 1981. — *David berger, mystère biblique*, Éditions du Lion de Juda, 1988.

→ René Doumerc, *Dialogues avec Lanza del Vasto : non-violence, Bible et communautés*, Albin Michel, 1983. — Jean Toulat, *Combattants de la non-violence : de Lanza del Vasto au général de Bollardière*, Le Cerf, 1983.

W.M.

Laplace Yves (1958). Né à Genève, il a publié des romans et des pièces de théâtre, dans le sillage du Nouveau Roman, exploitant les thèmes communs à une société en proie à la violence (*Lahore*, 1978 ; *Mes chers enfants*, 1986 ; *Fils de perdition*, 1989 ; *On*, 1992, prix Dentan). Il a également porté à la scène quelques-unes de ses intrigues (*Sarcasme* ; *Un homme exemplaire*, 1984), s'exerçant ainsi à une autre mise en forme des obsessions fantasmatiques de ses personnages. Dans *La Réfutation* (1996), il aborde l'autobiographie en centrant le récit de sa vie sur le personnage de son père.

D.Ma.

Lapointe Paul-Marie (1929). Né dans le village de Saint-Félicien, au Québec, dans la région du Lac-saint-Jean, il a poursuivi une carrière de journaliste dans divers quotidiens dont *L'Événement-journal*, *La Presse* et *Le Nouveau-Journal*, au magazine *Maclean*, puis à Radio-Canada. Ces activités, sollicitées par l'actualité et par une conscience historique du monde, semblent avoir influencé une œuvre délibérément contestataire dans son propos comme dans sa forme. Le premier recueil, *Le Vierge incendié*, paraît en 1948, la même année que le manifeste

Refus global. Déjà la poésie de Lapointe, comme celle de Claude Gauvreau et plus tard celle de Gaston Miron, rompt avec la convention et prétend fonder, dans le sillage de l'ébullition artistique des automatistes, la modernité poétique québécoise. Par le recours à la syncope et à la distorsion, Lapointe pratique une subversion langagière systématique. L'érotisme, la violence s'y expriment avec une euphorie dionysiaque : « Filles de laine filles de lit / de lys de lit / Tout lie des corps rêches / aux pêches de luxure dans le cou / zébré de veines ». Le poète se plaît à la discontinuité, aux développements interdiscursifs, à toutes les effractions verbales. La publication, à dix-neuf ans, de ces poèmes exacerbés sera suivie d'une période de silence durant laquelle il commente son expérience en regard de celle du Rimbaud des *Illuminations*. La réunion, en 1971, sous le titre *Le Réel absolu, poèmes 1948-1965*, dans l'importante collection rétrospective des Éditions de l'Hexagone, des quatre premiers recueils (*Le Vierge incendié*, *Nuit du 15 au 26 novembre 1948*, *Choix de poèmes* et *Pour les âmes)*, permet de mieux saisir l'unité de cette œuvre radicale. *Nuit du 15 au 26 novembre 1948* prolonge, en dénonçant la légendaire « Grande Noirceur » québécoise, le climat anarchique du premier livre. Le poème *Arbres*, dans *Choix de poèmes*, exprime un moment d'accalmie lyrique dans cette œuvre souvent abandonnée à la contemplation de la nature ou portée par l'effervescence de la nomenclature et l'improvisation incantatoire. On retrouve les mouvements que la poésie emprunte au jazz dans la composition de *Pour les âmes*. Outre les multiples allusions à la musique et aux « blues », la poésie s'y déploie dans la dissémination acoustique et la modulation sonore : « ainsi que la pierre la veine de verre / et la fille ses artères / l'angoisse polit sa terre ». Les recueils *Tableaux de l'amoureuse* (1974) et *Bouche rouge* (1976) suggèrent un dialogue avec la peinture et témoignent de l'intérêt de Lapointe pour la concertation avec d'autres arts. Le *Tombeau de René Crevel* (1979) souligne les affinités avec le surréaliste français. Enfin, dans *Écritures* (1979), qui compte près de mille pages réparties en deux tomes, l'auteur conduit à l'extrême les expériences de pulvérisation verbale amorcées dans les livres antérieurs. Cette immense machine à croiser les mots, à broyer le langage, sert à un virulent désaveu de tous les abus, de toutes les usures politiques et idéologiques et du langage courant.

ŒUVRES. — *Le Vierge incendié*, Saint-Hilaire, Mithra-Mythe, 1948. — *Choix de poèmes. Arbres*, Montréal, L'Hexagone, 1960. — *Pour les âmes*, L'Hexagone, 1964. — *Le Réel absolu. Poèmes 1948-1965*, L'Hexagone, 1971 [comprend *Le Vierge incendié*, *Nuit du 15 au 26 novembre 1948*, *Choix de poèmes. Arbres*, *Pour les âmes*]. — *Tableaux de l'amoureuse* suivi de *Une*, *Unique*, *Art égyptien*, *Voyage et autres poèmes*, L'Hexagone, 1974. — *Bouche rouge*, Outremont, L'Obsidienne, 1976. — *Arbres*, Montréal, Erta, 1978. — *Tombeau de René Crevel*, Outremont, L'Obsidienne, 1979. — *Écritures*, Montréal, L'Obsidienne, 1980.

→ *Études françaises*, avril 1980. — Jean-Louis Major, *Paul-Marie Lapointe : la nuit incendiée*, Presses de l'université de Montréal, 1978. — Pierre Nepveu, *Les Mots à l'écoute : poésie et silence chez Fernand Ouellette, Gaston Miron et Paul-Marie Lapointe*, Québec, Presses de l'université Laval, 1979. — Robert Mélançon, *Paul-Marie Lapointe*, Seghers, coll. Poètes d'aujourd'hui, 1987.

P.C.-M.

Laporte Roger (1925). Né le 20 juillet 1925 à Lyon, élève de Jean Beaufret, il découvre tôt Heidegger et devient agrégé de philosophie avant d'être directeur de programme au Collège international de Philosophie (1986-1992). Proche de Blanchot, qui joue un rôle essentiel dans son œuvre, il fait de son existence un livre à travers *La Veille*, *Une voix de fin silence*, *Pourquoi ?*, *Fugue*, *Supplément*, *Fugue 3*, *Codicille*, *Suite*, *Moriendo* (de 1963 à 1983), textes réunis sous le titre *Une vie* (POL, 1986), et il ne cesse de dialoguer avec Blanchot, Celan, Kafka, Joubert, comme lui partagés entre nostalgie du silence et exigence d'écriture (*Études*, POL, 1990 ; *Marcel Proust, le narrateur et l'écrivain*, Montpellier, Fata Morgana, 1994 ; *À l'extrême pointe, Bataille et Blanchot*, Fata Morgana, 1994).

→ *Digraphe*, avril 1979, n°s 18-19. — Philippe Lacoue-Labarthe et Maurice Blanchot, dans Roger Laporte, *Lettre à personne*, Plon, 1989.

J.P.

Larbaud Valery (1881-1957). Fils unique de Nicolas Larbaud, l'inventeur et le propriétaire des sources Saint-Yorre, et d'Isabelle Bureau des Étivaux, de petite noblesse bourbonnaise, Valery-Nicolas Larbaud est né à Vichy le 29 août 1881. Son grand-père maternel avait été secrétaire d'Armand Carrel, commissaire du gouvernement, puis préfet du département de la Creuse en 1848-1850. Arrêté et emprisonné au coup d'État de 1851, il fut condamné à l'exil, qu'il passa à Genève avec ses deux filles, Isabelle et Jeanne (voir « Rachel Frutiger » dans *Enfantines*, 1918). Né d'un père catholique et d'une mère protestante, Valery Larbaud y gagna de connaître deux religions, et la Bible. Son instruction religieuse a été protestante, mais ses sympathies sont allées très tôt au catholicisme, vers douze-treize ans selon lui, ce qui correspond à son séjour au collège « catholique et cosmopolite » de Sainte-Barbe-des-Champs, à Fontenay-aux-Roses (voir *Fermina Marquez*, 1911). Son « passage à Rome », aux « couleurs de Rome », date de son baptême, le 24 décembre 1910, en l'église Notre-Dame-de-Grâce à Paris. On peut y voir une réaction contre les platitudes de la libre pensée, et contre la froide éthique protestante de sa mère. Cette conversion, discrète sinon secrète, n'a rien à voir avec l'engagement militant d'un Claudel, que Larbaud évita toujours d'affronter, quelle qu'ait été son admiration pour l'écrivain. L'amour des lettres n'y fut pas étranger, qu'il assimilait aux vœux d'un clerc lié à son Dieu par la foi et la charité, dans la liberté et le détachement, et pour qui « ni Patrie ni Propriété n'ont de sens ». Nous sommes aux sources du « cosmopolitisme » de Larbaud et de sa volonté d'échapper à la condition d'« enfant riche », à une vie « faite d'avance ».

Après la mort de son père, en 1889, il est doté à sa majorité, comme naguère Baudelaire, et par la volonté de sa mère, d'un conseil judiciaire (5 novembre 1902). Il accepte non sans révolte de recevoir une pension annuelle de 400 000 francs, correspondant aux revenus de l'héritage de son père. La genèse de *Barnabooth* est liée à ce climat de révolte, inséparable de la haine de Larbaud pour sa ville natale, « enfer de fange froide et d'eau pourrissante », et de son goût pour la dissidence, pour ce qu'il appelle lui-même les « déplacements » ou « le vain travail de voir divers pays » (voir sous ce titre le « petit ouvrage » publié dans *Jaune bleu blanc*, 1927). Ce n'est pas contradictoire avec l'importance des « résidences », dont il garde la nostalgie et auxquelles il revient toujours, à Valbois, propriété de sa famille maternelle, ou dans la « Thébaïde » aménagée par lui dans le parc de la propriété de Mme Larbaud, avenue Victoria à Vichy. Il y faisait hisser, quand arrivait un ami, son pavillon personnel, « aux trois bandes horizontales jaune, bleue, blanche ».

Établi en 1926 à la demande d'A.A.M. Stols, jeune éditeur hollandais, son *Itinéraire* (publié en 1986) fait le bilan de ses « déplacements » et « résidences » en même temps que de ses « travaux littéraires », qui sont « ce qui l'a, de beaucoup, le plus préoccupé depuis l'âge de quatorze ans » : « Tout ce que je voyais, tout ce qui m'arrivait, s'y rapportait : vie sociale, vie sentimentale, vie sexuelle. » Il fait à dix-sept ou dix-huit ans ses premiers grands voyages, en Italie, en Espagne et, pour un « tour d'Europe », jusqu'en Russie et à Constantinople. Mais ce sont surtout l'Italie, l'Espagne et l'Angleterre qui lui furent l'occasion de se sentir « partout chez lui ». Réformé, il se fixa pendant la guerre à Alicante, où il passa quatre ans, entrecoupés de déplacements variés, à Paris, Londres et Valbois (1916-1920). Il s'y consacra à la traduction de l'œuvre de Samuel Butler. Il est alors connu pour sa collaboration à *La Phalange*, dirigée par Jean Royère, et comme l'auteur de *Barnabooth* (1908, 1913) et de *Fermina Marquez*, qui inaugura en 1911 sa collaboration à *La Nouvelle Revue française*. Il est l'ami de Charles-Louis Philippe, depuis 1906, de Léon-Paul Fargue, rencontré aux obsèques de Philippe, en 1909, et de Gide, rencontré à Londres en 1911. Il fait la connaissance, le 24 décembre 1920, dans la librairie de Sylvia Beach, de James Joyce. La révision de la traduction française d'*Ulysse* l'occupa de 1925 à 1929. C'est à Gênes enfin qu'il rencontra, en 1922, Maria Angela Nebbia, qui sera désormais sa compagne, à l'insu de sa mère. Un accident cérébral, en 1935, le laisse pratiquement sans voix et paralysé.

Ses derniers mots auraient été pour dire : « Bonsoir les choses d'ici-bas. » Il reçut, en 1952, le grand prix national des Lettres et mourut, à Vichy, le 2 février 1957.

On distinguera dans sa carrière d'écrivain entre deux périodes, avant et après 1914, mais la plupart des *Enfantines* rassemblées en 1918 avaient été conçues ou ébauchées avant cette date. La chronologie de ses ouvrages, de toute façon, est « pleine de pièges » : la genèse de chacun « comprend toute la vie antérieure » *(Mon itinéraire)*.

La découverte de Walt Whitman, à vingt ans, en 1901, fut une révélation. Larbaud l'évoque dans une « conversation » avec Léon-Paul Fargue, publiée en tête de l'édition qu'il procura en 1921 des poésies de Henry-Jean-Marie Levet, mais datée par lui du 2 mars 1911. Il y salue le « Barbare » qu'il avait ainsi « découvert », « après Laforgue et en même temps qu'un certain nombre de jeunes gens de mon âge » : « Nous avions épuisé tout ce qu'il y avait de neuf dans la littérature française [...] et nous nous tournions vers l'étranger, pour voir s'il n'y avait pas là quelque chose de plus neuf, ou du moins quelque chose de tout différent de ce que nous connaissions. » La découverte est donc identifiable à celle de l'« étranger », de la « différence » qui est en tout, de l'étrangeté de tout. Autant dire que tout est exotique, ou que tout peut l'être, ou que rien n'est exotique : « Je crois, disait encore Larbaud, que cela revient au même. » Il y suffit de ce que Valéry, vers la même époque, appelait la « vision phénomène » et d'« aller aux choses », de se placer devant elles « comme inconnues ». Point n'est besoin pour cela d'aller loin : l'« ancienne gare de Cahors », en France, prend alors l'apparence du jamais-vu, comme dans le poème que Larbaud lui a consacré, et qui fait partie de ceux qu'il attribue, en 1908, à son hétéronyme A.O. Barnabooth.

Les *Poèmes par un riche amateur*, ou « œuvres françaises de M. Barnabooth, précédées d'une introduction biographique », attribuée à « X.M. Tournier de Zamble », paraissent en 1908, chez Messein, à cent exemplaires et sans autre nom d'auteur. Celui-ci s'est inventé en la personne de son « milliardaire » un *alter ego*, qui lui permet d'être ironiquement lui-même et d'afficher une agressivité insolente d'« amateur », qui se voudrait sans patrie et sans propriété. La fortune de Barnabooth lui vient de l'exploitation du guano (« Là-bas, mes ouvriers sont dans le guano jusqu'au cou, les sales ! / À me gagner cet argent... », *Aspiration)*. Le premier *Barnabooth* se ressent de préoccupations qu'on pourrait dire sociales, faites paradoxalement de sympathies anarchistes et monarchistes, qui inspirent à Larbaud, en 1907, le projet d'un « Traité sur la suppression du prolétariat ». Son héros milliardaire en vient à régler « toutes ses affaires financières et commerciales » de façon à n'avoir plus à s'occuper que de lui-même, à ne se consacrer qu'à l'« étude », à la « vision phénomène ».

Le second *Barnabooth* (ses « Œuvres complètes, c'est-à-dire un Conte, ses Poésies et son Journal intime ») paraît en 1913, aux Éditions de la Nouvelle Revue française. Il corrige ce qu'avait d'agressivement provocateur la première version. Onze poèmes sont supprimés (dont *Aspiration)* et le « journal intime » de Barnabooth remplace la biographie héroï-comique attribuée naguère à « Tournier de Zamble ». La quête de soi et du monde y succède au regard ironique porté sur autrui par un hétéronyme au second degré. Mais un avertissement fait encore de Larbaud l'« exécuteur littéraire » de Barnabooth. Ébauché en 1901, rédigé méthodiquement à partir de 1908, son « journal » est évidemment la pièce maîtresse de ce second ensemble. L'auteur y a perdu son cynisme, dans l'inquiète recherche à laquelle il se consacre d'une véritable fraternité universelle. *Barnabooth* peut passer pour le massif central de l'œuvre de Larbaud. Les échos s'en répercutent ici et là dans les œuvres qui suivent (voir « ... Tan Callando », dans *Jaune bleu blanc*).

Les textes rassemblés après 1914, dans *Enfantines* (1918), *Beauté, mon beau souci...* (1923), *Jaune bleu blanc* (1927) et *Aux couleurs de Rome* (1938), se tiennent à la limite du récit autobiographique, de la nouvelle et de l'essai. Cette indécision fait toute la nouveauté de ces textes « déconcertés », de ces nouvelles qui « ne racontent pas d'histoire ». Leur rassemblement s'est fait « peu à peu », « avec les mieux venues, dit Larbaud, de mes pages écrites pour mon amusement » (à Marcel Ray, 15 février 1935). Il avait de toute façon « toujours plusieurs ouvrages en contemplation », et il arrivait qu'une œuvre particulière naquît de projets dispersés *(Amants, heureux amants)* ou que d'autres fussent sacrifiées *(L'Amour et la monarchie* ; *Violettes de Parme)*. Effets, si l'on veut, d'une « préméditation involontaire ». Une place à part doit être faite à *Allen* (1927), récit d'une excursion à plusieurs dans le Bourbonnais. Le titre est tiré de l'ancien datif de l'allemand *All*, « à tous » : « C'est un mot de ralliement, dont la signification est proche parente de termes tels que Union, Unité, Catholicité. » Larbaud y défend l'idée d'une « fédération des États-Unis d'Europe à l'intérieur de laquelle la “province” délivrée de ses petitesses serait rendue à sa place » (Françoise Lioure).

La maladie empêcha Larbaud de mettre la dernière main au recueil qu'il avait décidé de placer « sous l'invocation de saint Jérôme », patron des traducteurs (*Sous l'évocation de saint Jérôme*, 1946, rééd. coll. Tel, 1998). On y trouve formulés, sous couvert de « technique », les principes d'un art poétique fondé sur l'amour et le plaisir des lettres. Cela ne fait pas de Larbaud un « lettré ». Sous l'apparence un peu lisse de son œuvre et de sa manière se dissimule un épicurien inquiet, un moraliste à la recherche d'une ascèse sans laquelle le plaisir, en effet, n'est qu'un divertissement.

ŒUVRES. — Publiées principalement chez Gallimard : *Œuvres complètes*, 10 t., dont le *Journal inédit*, 1950-1955. — *Œuvres*, Bibliothèque de la Pléiade, 1957. — *Correspondance* avec Marcel Ray, éd. F. Lioure, Gallimard, 1979. — avec Léon-Paul Fargue, éd. Th. Alajouanine, 1971. — avec Georges Jean-Aubry, éd. F. Weissman, 1971. — avec A.A.M. Stols, éd. C. et M. Kopylov, Éditions des Cendres, 1986. — avec André Gide, éd. F. Lioure, 1989. — avec Adrienne Monnier et Sylvia Beach, éd. M. Saillet, IMEC Éditions, 1991. — *Mon itinéraire*, éd. M. Kopylov, Éditions des Cendres, 1986. — *De la littérature que c'est la peine*, articles de *La Phalange*, éd. J. Réda, Fata Morgana, 1991. — Walt Whitman, *Œuvres choisies*, avec l'étude de Larbaud qui ouvrait le volume en 1918, coll. Poésie-Gallimard, 1992. — *D'Annecy à Corfou, journal 1931-1932*, Claire Paulhan-Éditions du Limon, 1998.

→ G. Jean-Aubry, *Valery Larbaud, sa vie et son œuvre d'après des documents inédits : la jeunesse 1881-1920*, Monaco, Éditions du Rocher, 1949. — J.-Ph. Segonds, *L'Enfance bourbonnaise de Valery Larbaud*, Moulins, Cahiers Bourdonnais, 1967. — *Cahier de l'Herne*, n° 61, dir. Anne Chevalier, 1992. — Il existe depuis 1967 des *Cahiers des amis de Valery Larbaud* (Vichy). — Fonds Valery Larbaud à la Bibliothèque de Vichy.

B.L.

Larguier Léo (1878-1950). Né à La Grand-Combe dans le Gard, le 6 décembre 1878, il fait ses études à Alès puis vient à Paris, à dix-huit ans. Il y fréquente les milieux artistiques et publie en 1903 son premier recueil *(La Maison du poète)*. Il connaît avec cette première œuvre, couronnée par l'Académie française, une notoriété confirmée par le succès d'*Isolements* en 1906. Fidèle aux structures traditionnelles du vers, à une certaine rhétorique, la poésie de Larguier est plus proche de celle de Lamartine, auquel il a consacré un essai en 1929, ou de Victor Hugo, qu'il admire et imite *(Orchestres*, 1914), que des poètes de son temps. Son œuvre dit la nostalgie, le temps qui passe *(Les Ombres*, 1935), le souvenir, empruntant de préférence le rythme de l'alexandrin. En 1936, il entre à l'Académie Goncourt. Il a écrit également des romans *(Les Heures déchirées*, 1918 ; *L'An mille*, 1931), des pièces de théâtre *(Les Bonaparte*, 1928), des essais et recueils de souvenirs *(Cézanne ou le drame de la peinture*, 1936 ; *Petits Loyers et tours d'ivoire*, 1947). Sa dernière œuvre poétique, *Quatrains d'automne* (1950), paraîtra peu de temps après sa mort, le 31 octobre 1950.

F.O.

Larose Jean (1948). Essayiste, professeur de littérature à l'université de Montréal, il s'en prend aux idées reçues qui informent le monde littéraire (*Le Mythe de Nelligan*, 1981) ainsi que la société. Dans le recueil de textes parus sous le titre *La Petite Noirceur* (1987), il interroge les rapports qu'entretient la collectivité québécoise avec la France, le choc de la modernité sur les cultures traditionnelles, la question de l'américanisation et l'avenir du français au Québec. *L'Amour du pauvre* (1991), plaidoyer pour la littérature, dénonce un discours qui la réduit à être un pur instrument de communication, ce qui a conduit à l'élimination progressive des textes littéraires dans les programmes d'enseignement. Dans *La Souveraineté rampante* (1994), le pamphlétaire s'attaque à une certaine idée de la souveraineté qui, réduisant celle-ci à un simple calcul, en déplace les véritables enjeux.

L.G.

Larousse *(Librairie)*. Maison d'édition fondée à Paris en 1852 par Pierre Larousse et Augustin Boyer, d'abord associés pour publier eux-mêmes leurs ouvrages. En 1865, Pierre Larousse, ancien instituteur, disciple de Proudhon, entreprend la rédaction d'un *Grand Dictionnaire universel du* XIXe *siècle*, qui comptera dix-sept volumes. À la mort de Pierre Larousse, en 1875, la maison s'est spécialisée dans les ouvrages de grammaire et les périodiques pédagogiques. Les générations suivantes amplifieront et diversifieront l'œuvre du fondateur, le nom de Larousse devenant synonyme de dictionnaire.

Avant 1914, la société met en place une politique qui couvre le secteur des dictionnaires et des ouvrages de référence, publiant un *Nouveau Larousse illustré* en sept volumes et son supplément (1897-1904), un *Larousse pour tous* en deux volumes (1907) ; lançant une « Collection in-4° » (1898), un *Larousse mensuel illustré* (1907) et le premier des dictionnaires spécialisés, le *Larousse médical illustré* (1912). En 1905, Claude Augé conçoit et dirige le premier *Petit Larousse*, qui paraîtra en 1906 connaissant un succès immédiat (200 000 exemplaires vendus la première année) qui ne cessera de s'amplifier.

Dans les années trente, la nouvelle équipe directoriale veille au remaniement des ouvrages à la suite des transformations issues de la Première Guerre. En 1927 sort le premier des six tomes du *Larousse du* XXe *siècle* (achevé en 1933). Les dictionnaires pratiques ou méthodiques se multiplient, ainsi que les volumes de la « Collection in-4° ». Un périodique est créé : *Les Nouvelles littéraires, artistiques et scientifiques* et, pour les lycéens et collégiens, les fameux « Petits Classiques Larousse » dont le premier titre *La Mare au diable*, de George Sand, paraît en 1933. Les ouvrages de cette collection présentent un résumé de la vie de l'auteur, une analyse du texte, des notes historiques et critiques, un questionnaire et des sujets de devoirs. Dans les années cinquante et soixante, les « Petits Classiques » remportent un grand succès avant de subir la concurrence du livre de poche. Leur présentation reste quasiment inchangée jusqu'en 1990, moment où la conception de la collection est revue et adaptée.

Après la Seconde Guerre mondiale, Le *Nouveau Larousse universel* (1948) en deux volumes remplace le *Larousse universel*. En 1951, une quatrième génération prend les rênes de la maison. Au fil des années, de nouveaux types d'ouvrages vont s'ajouter au catalogue traditionnel : bandes dessinées, jeux pédagogiques, séries d'encyclopédies par fascicules. En 1971, les *Nouvelles littéraires* sont cédées à René Minguet, et une revue trimestrielle, *Littérature*, est créée avec le concours du département de littérature française de l'université Paris VIII (Vincennes). Deux collections voient le jour, qui prennent appui sur les méthodes de la critique littéraire moderne : « Thèmes et textes » et « L ». Alors que paraît la *Grande Encyclopédie Larousse* en vingt et un volumes, la maison se constitue en 1973 en société anonyme à directoire et conseil de surveillance et désigne comme président Jacques Hollier-Larousse. Celui-ci contribuera au succès du rapprochement de Larousse avec le Groupe de la Cité, qui devient actionnaire majoritaire de Larousse en juin 1984. En 1985, la publication du *Grand Dictionnaire encyclopédique Larousse* en dix volumes s'achève, tandis que la diversification des produits informatiques et audio-visuels se développe. En juillet 1996, Larousse se rapproche de Bordas. La société Larousse-Bordas ainsi constituée est présidée par Bertrand Eveno.

→ André Rétif, *Pierre Larousse et son œuvre 1817-1875*, Larousse, 1975. — *Pierre Larousse et son temps*, (collectif), dir. Jean-Yves Mollier et Pascal Ory, Larousse, 1995.

H.Fa. — IMEC

Larronde Olivier (1927-1965). Né le 2 août 1927 à La Ciotat. Poète, disciple de Cocteau, il tient peut-être son goût de la perfection formelle, sa préciosité, son hermétisme, de l'exemple de Mallarmé. *Les Barricades mystérieuses* (L'Arbalète, 1946, rééd. 1990) témoigne de cette double influence. Soucieux de la musicalité du vers, désireux de lui donner une présence incantatoire, il travaille le vers et notamment l'alexandrin à cette fin. En 1959, dans *Rien voilà l'ordre* (L'Arbalète, rééd. 1985), titre anagramme de son nom, la poésie plus légère, plus fantaisiste, libertine parfois. Encore jeune, il meurt à Paris le 31 octobre 1965 ; il est enterré au cimetière de Samoreau, près de la tombe de Mallarmé. Un recueil posthume, *L'Arbre à lettres*, paraîtra en 1966.

F.O.

LaRue Monique (1948). Dans *La Cohorte fictive* (1979), son premier ouvrage, le thème de la grossesse et de la venue au monde de l'enfant s'accompagne de la naissance d'un style. Son deuxième roman, *Les Faux-fuyants* (1982), raconte la dérive de deux jumeaux, Klaus et Élodie, leur fuite dans la drogue, l'alcool et leur errance à travers le continent américain. L'auteur évolue tranquillement du roman moderne, de l'esthétique du fragment et du télescopage des discours au roman postmoderne, avec *Copies conformes* (1989, grand prix littéraire de la ville de Montréal). L'intrigue policière et amoureuse se lit sur un arrière-plan composite, évoquant *The Maltese Falcon* et *Madame Bovary*. Le renouvellement des genres et des stéréotypes féminins se fait ici sur le mode ironique et parodique.

A.J.

Lasnier Rina (1915-1997). Née à Saint-Grégoire, dans le comté d'Iberville (Québec). Soutenue par une intense inspiration religieuse, portée par une vaste culture, son œuvre place son auteur au rang des grandes figures de la poésie québécoise contemporaine. Depuis la publication de *Féerie indienne* (1939), son premier livre, texte théâtral en hommage à Kateri Takekwita, l'héroïne indienne et chrétienne, en passant par *Images et proses* (1941) et *Madones canadiennes* (1944), la poésie de Rina Lasnier est habitée par une ferveur qui s'adresse tour à tour au Christ, aux saints, à la vierge Marie. Mais le recours à la transcendance ne relève pas d'un mysticisme désincarné ; il se fonde sur la source biblique et s'accompagne d'une célébration euphorique des choses de la terre. Les éléments de la nature, l'arbre, l'oiseau, la mer, la neige, y sont évoqués dans le faste d'une éloquence qui joue du mot rare, de la métaphore chatoyante ou du juste trait figuratif. Certains objets quotidiens, la lampe, l'épingle, le parachute ou l'automobile, y côtoient la gravité du gisant ou du vase étrusque en un fascinant « parti pris des choses », de leurs sens, de leur profondeur réflexive. Ainsi sollicitée par l'exaltation du sentiment religieux comme par l'émerveillement du monde, cette œuvre, sans concession aux stratégies formelles de la modernité, pourrait parfois paraître empreinte de quelque solennité. Mais le goût du haut langage et l'intransigeante conception du métier et de la vocation de poète conduisent au contraire, au fur et à mesure que viendront les denses recueils de la maturité, à une grande concentration, spirituelle et métaphysique, de la matière verbale. Des livres comme *Escales*, *Présence de l'absence*, *Mémoire sans jours*, *Les Gisants* et *L'Arbre blanc*, textes qui seront rassemblés en deux tomes de la collection Du Nénuphar des Éditions Fides, en 1972, participent d'une poétique où se joignent *eros*, *logos* et *thanatos*. Le souffle de Rina Lasnier se rapproche alors du lent déferlement de la Genèse et de l'Apocalypse. En témoigne l'incantation de *La Malemer*, poème inaugural de *Mémoire sans jours* (1960) et emblématique de toute l'œuvre : « Je descendrai jusque sous la malemer où la nuit jouxte la nuit — jusqu'au creuset où la mer forme elle-même son malheur, / sous cette amnésique nuit de la malemer qui ne se souvient plus de l'étreinte de la terre, / ni de celle de la lumière quand les eaux naissaient au chaos flexueux de l'air, / quand Dieu les couvrait du firmament de ses deux mains — avant la contradiction du Souffle sur les eaux. »

Dans cette œuvre contrapuntique, les livres se multiplient comme en une ample célébration verbale de l'univers, du Créateur et de la poésie même. Ainsi, dans le sillage des grandes rétrospectives de 1972, viendront d'autres recueils, tels que *La Salle des rêves* (1971), *Les Signes* (1976), *Matin d'oiseaux* (1978), *Paliers de paroles* (1978), *Entendre l'ombre* (1981), *Voir la nuit* (1981) et *Chant perdu* (1983), jalons d'un itinéraire poétique placé sous le signe de l'approfondissement du sens, d'une quête conjointe du sacré et du réel le plus tangible.

ŒUVRES. — *Féerie indienne*, Saint-Jean, Éditions du Richelieu, 1939. — *Images et proses*, Saint-Jean, Éditions du Richelieu, 1941. — *Madones canadiennes*, Montréal, Beauchemin, 1944. — *Le Chant de la montée*, Beauchemin, 1947. — *Escales*, Trois-Rivières, Imprimerie du Bien public, 1950. — *Présence de l'absence*, Montréal, Éditions de l'Hexagone, 1956. — *Mémoire sans jours*, Montréal, Éditions de l'Atelier, 1960. — *Miroirs*, L'Atelier, 1960. — *Les Gisants*, L'Atelier, 1963. — *L'Arbre blanc*, L'Hexagone, 1966. — *La Salle des rêves*, Montréal, HMH, 1971. — *Poèmes*, Montréal, Fides, 1972 (le t. I contient *Images et proses*, *Madones canadiennes*, *Le Chant de la montée*, *Escales*, *Présence de l'absence* ; le t. II contient *Mémoire sans jours*, *Les Gisants*, *L'Arbre blanc*, *Poèmes anglais*. — *L'Échelle des anges*, Fides, 1975. — *Les Signes*, HMH, 1976. — *Matin d'oiseaux*, t. I, HMH, 1978. — *Paliers de paroles*, t. II, HMH, 1978. — *Entendre l'ombre*, t. I, HMH, 1981. — *Voir la nuit*, t. II, HMH, 1981. — *Chant perdu*, Trois-Rivières, Écrits des Forges, 1983.

→ « Rina Lasnier », *Liberté*, novembre-décembre 1976. — Éva Kushner, *Rina Lasnier*, Seghers, coll. Poètes d'aujourd'hui, 1969. — Sylvie Sicotte, *L'Arbre dans la poésie de Rina Lasnier*, Sherbrooke, Cosmos, 1977.

P.C.-M.

Lattès *(Éditions Jean-Claude)*. Maison fondée à Paris en 1968 par Jean-Claude Lattès. La maison d'édition, à vocation généraliste, publie des romans, en particulier dans la collection « Elle », dont certains remportent un vif succès (Maurice Denuzière, *Comme un hibou au soleil*, 1974 ; Joseph Joffo, *Un sac de billes*, 1973), parallèlement à des collections documentaires et historiques. En 1980, Odile Cail, directrice éditoriale, ajoute une collection « Musiques et musiciens ». En 1981, les Éditions Lattès sont rachetées par le groupe Hachette et Jean-Claude Lattès prend la direction d'Hachette-Livre. Sa femme, Nicole Lattès, devient directrice générale de la maison d'édition, dont la production romanesque se développe dans les années quatre-vingt. Les Éditions Jean-Claude Lattès publient également les ouvrages d'Irène Frain, de Jacques Lanzmann ou de Jean d'Ormesson. Dans la collection « Lettres arabes » paraissent *Le Palais du désir* de Naguib Mahfouz (1987) et *Samarcande* d'Amin Maalouf (1988). Naguib Mahfouz obtient le prix Nobel de littérature en 1988.

Constituée de quatre-vingts titres dont dix-huit recueils de poésie, la « Bibliothèque Lattès » publie de 1987 à 1990 de nombreux auteurs classiques. La collection « Littératures allemandes », créée en 1990 et coéditée avec une petite maison d'édition de l'Est de la France, La Nuée bleue, se consacre à la réédition de grands textes allemands, classiques et contemporains, dont ceux de la RDA (Stefan Heym, *Une semaine en juin*, 1990). La collection « Iconothèque » est consacrée à des régions ou à des pays touristiques et s'accompagne d'une anthologie de textes littéraires. En 1991, le groupe Hachette se lançant dans une politique de restructuration, les Éditions Lattès s'orientent peu à peu vers la publication de documents liés à l'actualité. Dans le domaine littéraire, l'ouvrage d'Ève de Castro, *Ayez pitié du cœur des hommes*, reçoit le prix des Libraires en 1992. Depuis 1992, les Éditions Lattès continuent à créer de nouvelles collections : ouvrages historiques (« Les Traversées de l'Histoire »), romans policiers (« Suspens et Cie »), textes religieux, guides pratiques, études sur le monde industriel.

An.B. — IMEC

Laude Jean (1922-1984). Né à Dunkerque, il fait des études de lettres, voyage, devient ethnologue et travaille au Musée de l'Homme. Après la Seconde Guerre mondiale, il commence à écrire de la poésie ; son premier recueil, *Entre deux morts* (1947), inaugure une interrogation sur la mort, qui parcourra toute son œuvre (*Les Saisons et la mer*, 1959 ; *Le Grand Passage*, 1965 ; *Les Plages de Thulé*, 1964 ; *Diana Trivia*, 1972). Il a aussi établi le scénario, le commentaire et la sélection des œuvres pour un film consacré aux sculptures de l'Afrique Noire, *Art nègre*. Inspirée d'Héraclite et d'Empédocle, la poésie de Jean Laude développe, dans le mouvement de ses questions sans réponse, dans ses pauses, dans ses silences, une longue méditation sur l'être et la parole, sur le dit poétique. Cette réflexion se poursuit dans ses textes en prose (*Sur le chemin du retour*, 1967) et dans ses essais sur la création poétique (*Le Mur bleu*, 1965 ; *En attendant un jour de fête*, 1974).

Il a également publié un grand nombre d'études sur des poètes et des peintres, dans *Critique*, la *Revue d'esthétique* ou les *Cahiers du Sud*, et ses livres ont souvent été illustrés par des peintres contemporains, tels que Tanguy, Soulages, Ubac. Son œuvre est vouée à la recherche d'un lieu brûlant et inaccessible, où l'ivresse et la mort peuvent nous saisir à moins que l'extase du sens ne nous sauve. Il est mort le 8 décembre 1984.

F.O.

Laure (1903-1938), pseudonyme de Colette Peignot. Née à Paris, élevée dans un milieu très catholique marqué par les deuils de la Première Guerre, elle entre dès sa jeunesse en révolte contre les valeurs bourgeoises. À la fin des années vingt, elle milite pour la Révolution, partage la vie de Boris Souvarine, ancien compagnon de Lénine, puis effectue un long voyage en Russie ; à son retour, elle vit avec Léon Bourénine (un des fondateurs du parti communiste français) puis, à partir de 1934, avec Georges Bataille, qui la fait participer au groupe *Acéphale* aux côtés de Michel Leiris et Roger Caillois. Elle meurt en 1938, rongée par la tuberculose. Bataille a évoqué cette agonie terrible dans *Le Coupable* (1944), et a publié quelques œuvres de Laure : l'*Histoire d'une petite fille*, un récit autobiographique, et *Le Sacré*, ensemble de poèmes et de notes où se mêlent l'érotisme, la mort, et une quête spirituelle d'une intensité extrême.

ŒUVRES. — *Écrits* de Laure, préface de Jérôme Peignot, Pauvert, 1977. — *Écrits retrouvés*, Mont-de-Marsan, Cahiers des brisants, 1987.

→ Élisabeth Barillé, *Laure, la sainte de l'abîme*, Flammarion, 1997.

B.Do.

Laurent Jacques (1919). Écrite sous plus de douze pseudonymes, l'œuvre de Jacques Laurent-Cély, né le 15 janvier 1919 à Paris, est très abondante et aborde plusieurs genres : roman, critique, histoire. Sous le nom d'Albéric Varenne, Laurent est, par exemple, l'auteur d'un ouvrage très informé sur l'Empire, *Quand la France occupait l'Europe* (1948). Élu à l'Académie française en 1986, libertaire et libertin, esthète et conservateur, il reste une personnalité très atypique dans le monde littéraire.

Cécil Saint-Laurent a précédé Jacques Laurent lui-même. C'est sous ce pseudonyme, en effet, que parut en 1947 un roman qui devait se révéler l'un des plus grands succès éditoriaux du siècle : *Caroline chérie*. Le livre lança son éditeur (Froissart), des millions d'exemplaires furent vendus, il fut traduit dans de nombreuses langues et son succès s'accrut encore avec l'adaptation cinématographique de Richard Pottier (1951) avec Martine Carol dans le rôle-titre. *Caroline chérie* ne faisait qu'ouvrir une série de plus de trente romans, généralement organisés en cycles. Mêlant intrigues à suspense, érotisme et histoire, celui de Caroline (*Le Fils de Caroline chérie*, 1950 ; *Un caprice de Caroline chérie*, 1952) reste le plus célèbre avec celui d'*Hortense 14-18* (1963-1965). Parmi les autres romans du même Saint-Laurent : *Prénom Clotilde* (1957), *La Communarde* (1970), *La Bourgeoise* (1975), *L'Erreur* (1987, préfacé par Jacques Laurent).

C'est l'argent gagné par Cécil Saint-Laurent qui devait permettre à Jacques Laurent de poursuivre une autre carrière littéraire : *Caroline chérie* finança l'achèvement du premier et probablement du meilleur des romans de Laurent, *Les Corps tranquilles* (1948), gros livre appliquant la technique simultanéiste et jouant sur le mélange des registres (lyrisme, parodie, roman sentimental ou policier, etc.). Ce premier succès fut rapidement confirmé par celui du *Petit canard*, autre roman d'analyse — il s'agit ici d'un lycéen et de son père sous l'Occupation —, attestant un même souci de recherche narrative, tant dans le style que dans la composition, qui situait bien l'œuvre de Laurent au cœur des recherches qui allaient aboutir au Nouveau Roman.

Par son art et son souci de la forme, Jacques Laurent affirmait le primat du littéraire sur l'idée, de l'esthétique sur l'engagement. Ce début brillant se trouva vite confirmé par la publication d'un pamphlet contre Sartre, en 1951, *Paul et Jean-Paul* (comprenez « Bourget et Sartre », le second étant présenté comme le disciple du premier), chef-d'œuvre de polémique annoncé et prolongé par de nombreux articles anti-existentialistes. La création, en 1953, d'une revue littéraire,

La Parisienne, ouvertement opposée aux *Temps modernes*, et d'abord financée par le succès de Cécil Saint-Laurent, imposa son fondateur dans le jeu littéraire, attirant les signatures occasionnelles de Morand, Aymé, Chardonne, et celles plus régulières de Blondin, Nimier, Déon. Dès lors, Jacques Laurent, déjà classé à droite, ce qu'il ne renia jamais, fut rangé par les histoires littéraires parmi les « Hussards », dont il s'éloignait pourtant par ses recherches formelles. Parallèlement, il continua à diriger, de 1954 à 1959, la prestigieuse revue *Arts*, qui eut pour critiques de cinéma ceux qui deviendraient les grands noms de la Nouvelle Vague.

Tandis que Cécil Saint-Laurent continuait à prospérer, multipliant romans et scénarios, les années soixante furent moins propices à Jacques Laurent. Avec le *Mauriac sous de Gaulle* (1964), on put retrouver la plume du polémiste de *Paul et Jean-Paul* ; la cible avait changé, mais l'ennemi restait le même : la littérature d'idées. Le beyliste de toujours proposa ensuite une *Fin de Lamiel* (1966) ; et le maurrassien d'autrefois adressa, après les événements de mai 1968, une *Lettre ouverte aux étudiants* (1969). Cependant, Jacques Laurent travaillait depuis quinze ans à un énorme roman (on comprend mieux le sens de ce projet si l'on sait que Cécil Saint-Laurent écrivait vingt pages par jour et, sans même se relire, remettait plusieurs livres par an à l'imprimeur). En 1971, *Les Bêtises* virent enfin le jour, avec leur machinerie complexe qui témoignait de la même recherche formelle que les premiers romans. Ce livre est composé de quatre parties reliées par les avertissements d'un « éditeur », dont on ne connaît que les mystérieuses initiales et qui aurait recueilli les autres textes après la mort de leur auteur. La première partie, « Les Bêtises de Cambrai », est le début d'un roman d'amour et d'initiation sur fond d'occupation allemande. La deuxième se veut « L'examen » de la première : le romancier y raconte la rédaction tumultueuse et l'abandon de son roman. La troisième, « Le vin quotidien », se présente comme le journal intime du romancier devenu homme d'affaires après la traversée de la guerre d'Indochine. La quatrième, « Fin fond », est un recueil de méditations du romancier sur le monde et sur lui-même. *Les Bêtises* obtinrent le prix Goncourt et marquèrent le retour de Jacques Laurent sur la scène littéraire.

Jacques Laurent publia quelques années plus tard un recueil de souvenirs, *Histoire égoïste* (1976), où il retraçait son itinéraire littéraire, intellectuel et idéologique. Car il y a chez Laurent une conscience historique très forte qui assure l'unité de l'œuvre : l'Histoire est un objet de fantasme pour Cécil Saint-Laurent, d'érudition pour Albéric Varenne, de réflexion pour le romancier des *Bêtises*, dont le héros traverse toutes les vicissitudes de la France contemporaine. Ce livre fut vite suivi par un essai littéraire *Roman du roman* (1978) et de romans, *Le Nu vêtu et devêtu* (1980), *Les Dimanches de Mademoiselle Beaunon* (1982). Mais l'on retiendra surtout des années quatre-vingt ce complément des *Bêtises* que sont *Les Sous-ensembles flous* (1981), où l'angoisse de la mort imminente insuffle au héros un besoin de créer et d'aimer. On doit enfin à l'académicien paradoxal un livre d'humeur sur la nécessaire liberté du langage *Le Français en cage* (1988) et une anthologie de souvenirs « libres et légers », formant autant de « moments particuliers » que la mémoire aurait pu laisser échapper mais qui subsistent en elle et que l'écrivain recrée (*Moments particuliers*, 1997).

ŒUVRES. — Sous la signature de Jacques Laurent : *Les Corps tranquilles*, La Table ronde, 1948. — *Paul et Jean-Paul*, Grasset, 1951. — *Le Petit Canard*, Grasset, 1954. — *Mauriac sous de Gaulle*, La Table ronde, 1964. — *Fin de Lamiel*, Julliard, 1966. — *Au contraire*, La Table ronde, 1967. — *Lettre ouverte aux étudiants*, Albin-Michel, 1969. — *Les Bêtises*, Grasset, 1971. — *Histoire égoïste*, La Table ronde, 1976. — *Roman du roman*, Gallimard, 1977. — *Le Nu vêtu et dévêtu*, Gallimard, 1980. — *Les Sous-Ensembles flous*, Grasset, 1981. — *Les Dimanches de Mademoiselle Beaunon*, Grasset, 1982. — *Stendhal comme Stendhal ou le mensonge ambigu*, Grasset, 1984. — *Le Dormeur debout*, Gallimard, 1986. — *Le Français en cage*, Grasset, 1988. — *Le Regard trahi*, Arléa, 1988. — *Le Miroir aux tiroirs*, Grasset, 1990. — *Dix perles de culture*, Gallimard, 1992. — *Du mensonge*, Plon, 1994. — *L'Inconnu du temps qui passe*, Grasset, 1994. — *Moments particuliers*, Grasset, 1997.

→ Jean-François Bory, *Jacques Laurent*, Artefact, 1987. — Bernard de Saint-Vincent, *Jacques Laurent*, alias *Cécil Saint-Laurent*, Julliard, 1995. — Christophe Mercier, *Conversations avec Jacques Laurent*, Julliard, 1995.

G.P.

Laye Camara (1928-1980). Né à Kouroussa (Guinée), gros village sur les rives du fleuve Niger, berceau de sa famille depuis plusieurs générations, il se plaît à rappeler que son aïeul, Tabon-Wana-Fran Camara, fut le contemporain du fameux Soundjata Kéita, empereur du Mandé. Rattachée à la Guinée après le démantèlement du Soudan en 1899, la province natale de Camara Laye s'enorgueillit d'une longue résistance à la conquête française, mais, de son enfance partagée entre Kouroussa où officiait son père, forgeron et bijoutier de son état, et Tindican, le village de sa mère, il a surtout conservé le souvenir d'un mode de vie patriarcal traditionnel. C'est ce paradis perdu des premières années qu'il tente de recréer dans *L'Enfant noir* (Plon, 1983), récit d'une enfance et d'une adolescence heureuses au sein de son village natal, Kouroussa. L'enfance, c'est d'abord la magie de la case paternelle, le prestige du père forgeron et orfèvre qui communique avec les ancêtres par l'intermédiaire du petit serpent noir, génie de la forge, mais c'est aussi la figure tutélaire de la mère que ses pouvoirs surnaturels protègent des maléfices. Excellant dans la peinture d'une communauté rurale fortement soudée, Camara Laye en évoque avec bonheur les jours et les travaux, qu'il s'agisse du travail de l'or ou de la moisson à Tindican, le village maternel, mais la nostalgie qui le hante ne le rend pas aveugle aux premiers ferments de désagrégation de cette société menacée par la présence coloniale, et dont lui-même, tout enfant, avait déjà perçu les signes avant-coureurs.

Au terme de ses études secondaires en Guinée, le futur écrivain, comme beaucoup de jeunes intellectuels de sa génération, fait à Paris l'expérience douloureuse de l'exil et de la solitude. En 1954, il publie *Le Regard du roi* (Plon), qui trahit l'influence de Kafka. Rentré au pays en 1958, Camara Laye y occupera des fonctions au ministère de l'Information notamment, mais le régime dictatorial du président Sekou Touré le détermine au départ et, en 1963, il s'installe au Sénégal, où il achèvera son existence d'écrivain en exil. *Dramouss* (Plon, 1966), son troisième roman, évoque sous une forme allégorique le cauchemar totalitaire dans lequel la Guinée est en train de basculer, tandis que *Le Maître de la parole* (Plon, 1978), essai consacré à l'épopée de Soundjata, marque un retour vers la grande tradition Malinké dont Camara Laye n'a jamais cessé de se réclamer.

→ J. Bourgeacq, *« L'Enfant noir », de Camara Laye : sous le signe de l'éternel retour*, Sherbrooke, Naaman, 1984. — *Autour d'une œuvre : « L'Enfant noir »*, IPN Conakry-EDICEF, 1988.

J.C.

Le Bot Marc (1921). Né à Combrit le 9 septembre 1921. Critique d'art, il construit également une œuvre littéraire personnelle. Entre essai et poème en prose, ses livres sont hantés par la symbolique du corps, à la fois microcosme et lieu d'appréhension du réel (*L'Œil du peintre*, Gallimard, 1983 ; *La Main de dieu, la main du diable*, Fata Morgana, 1990). Son style, d'une grande concision, se caractérise par des effets d'écho et de répétition. La mythologie lui inspire, en 1989, une rêverie sur *Le Nom propre des dieux* (Fata Morgana). Depuis *Les Yeux de mon père* (POL, 1992), *La Partie du soprano solo dans le chœur* (POL, 1994) et *Quel ange n'est terrible ?* (POL, 1995), Marc Le Bot a choisi de poursuivre son travail sur le mode du récit autobiographique et intimiste. Il a également publié un recueil d'aphorismes poétiques, *Théâtre et théorèmes* (Fata Morgana, 1996).

N.R.

Le Breton Auguste (1913), pseudonyme d'Auguste Montfort. Né le 18 février 1913 à Lesvenen (Finistère), orphelin, il fait l'expérience d'un centre d'éducation surveillée à l'âge de quatorze ans, connaît le chômage et les difficultés d'une existence marginale. Pendant la guerre, il entre dans les Forces françaises combattantes, et commence à écrire après la Libération : des romans à fondement autobiographique (*Les Hauts Murs*, 1955, *La Loi des rues*, 1957), et des romans policiers. Trois ouvrages paraissent dans la célèbre « Série noire » : *Du rififi chez les hommes* (1953), *Razzia sur la chnouf* et *Le rouge est mis* (1954) ; citons aussi les séries de *L'As* et de *Bontemps*, ou encore *Fortifs* (1982) et *Deux Sous d'amour* (1986). Le Breton a participé à l'adaptation des nombreux films tirés de ses livres (*Le Clan des Siciliens*, 1969). Il a contribué à réinventer l'argot littéraire et publié un dictionnaire : *Langue verte et noirs desseins* (1960), réédité sous le titre *L'Argot chez les vrais de vrais* (1975).

C. A.-M.

Le Cardonnel Louis (1862-1936). Né à Valence, en dépit d'ancêtres irlandais, ce Provençal qui arpenta l'Italie demeure un Méditerranéen, chantre des paysages ensoleillés. Élevé dans une famille pieuse, il fait ses études au petit séminaire de Valence puis au séminaire de Romans. Sa jeunesse oscille entre l'attrait pour les lettres et une vocation religieuse problématique. En 1883, il monte à Paris et rencontre Verlaine, Mallarmé, Huysmans, Villiers de L'Isle-Adam. Il a publié ses premiers poèmes dans des revues locales. Admis au séminaire français de Rome, il est ordonné prêtre en 1896. Ni la vie paroissiale ni la vie monacale, dont il fait l'expérience de 1900 à 1902 chez les bénédictins de Ligugé, où il côtoie Huysmans, ne semblent lui convenir. En 1904 paraissent ses *Poèmes*. Partant pour l'Italie, il entame une vie errante qui le conduit d'Assise à Pérouse, de Florence à Rome. *Carmina sacra* paraît en 1912 et *De l'une à l'autre aurore* en 1924. De tempérament fragile, il passe par des crises de désespoir et des périodes de misère dont le sauve la sollicitude de ses amis. Devenu quasiment aveugle, il meurt des suites d'une attaque d'hémiplégie. L'influence du symbolisme et l'inspiration religieuse dominent une œuvre poétique caractéristique du renouveau catholique du début du XXe siècle.

Cl.D.

Le Clézio Jean-Marie Gustave (1940). Né le 13 avril 1940 à Nice, d'un père anglais issu d'une famille bretonne partie à l'île Maurice sous l'Ancien Régime et d'une mère française, il passe son enfance à Nice dont le cadre le marque définitivement. Au cours d'études de lettres où il soutient un mémoire sur *Le Thème de la solitude chez Henri Michaux* (1964), il écrit, pour dire sa révolte contre le monde et la littérature, des textes comme *Le Procès-verbal* (1963). Envoyé par défi à Gallimard, ce roman obtient le prix Renaudot et lui assure une notoriété immédiate, les lecteurs s'étant reconnus en Adam Pollo qui souhaite vivre au sein de la splendeur solaire et se perdre dans l'écoute des sensations premières. Durant les années qui suivent, son œuvre se partage entre une contemplation horrifiée du monde technologique et une exaltation de l'errance et de la marginalité. *Le Livre des fuites* (Gallimard, 1969), *La Guerre* (Gallimard, 1970), et *Les Géants* (Gallimard, 1973) lisent la modernité comme triomphe de la médiation sur l'immédiateté et du sigle sur l'affect. S'esquisse alors un rêve de fuite dans le silence et la folie qui traverse des œuvres comme *La Fièvre* (Gallimard, 1965), *Le Déluge* (Gallimard, 1966), *Terra amata* (Gallimard, 1967) et ces étranges essais que sont *L'Extase matérielle* (Gallimard, 1967) ou *L'Inconnu sur la terre* (Gallimard, 1978). Se défiant de la fiction comme de la théorie, Le Clézio invente un ton pour dire sa fascination envers l'infiniment petit (le grain de sable) et envers l'immensité, évoquant sur un mode parfois halluciné son rêve de dissolution dans l'éternité élémentaire.

Peu à peu, son œuvre s'infléchit. S'il continue à évoquer l'errance dans *Mondo et autres histoires* (Gallimard, 1978) et *Printemps et autres saisons* (Gallimard, 1989) ou le monde moderne à travers les nouvelles de *La Ronde et autres faits divers* (Gallimard, 1982), son regard se porte surtout vers les cultures non européennes entrevues enfant au Nigeria, retrouvées lors de sa coopération en Thaïlande et découvertes pleinement à l'occasion de séjours au Guatemala et au Mexique. Les Indiens étant les dépositaires d'une harmonie perdue (*Haï*, Genève, Skira, 1971), l'écrivain doit sauver leur mémoire menacée. Ainsi, *Les Prophéties de Chilam Balam* (Gallimard, 1976) et *Trois villes saintes* (Gallimard, 1980) restaurent ce que les conquistadors ont anéanti, tandis que *La Relation de Michoacan* (Gallimard, 1984), *Le Rêve mexicain* (Gallimard, 1988), d'une certaine façon *Diego et Frida* (Stock, 1993) *La Fête enchantée* (Gallimard, 1997) et *Gens de nuages* (en collaboration avec sa femme Jémia, Stock, 1997) tentent de penser l'Amérique du point de vue de l'Indien ; de même *Désert* (Gallimard, 1980, prix Paul Morand) rêve de voir renaître les « hommes bleus » dont la colonisation a signé la perte, et cette fascination pour les gens du désert se retrouve dans *Poisson d'or* (Gallimard, 1997).

Curieusement, ce détour par l'autre aboutit à un retour sur soi puisque dans ses derniers textes Le Clézio explore l'histoire de sa famille ainsi que son passé propre (*Ailleurs*, entretiens avec Jean-Louis Ezine, Arléa, 1995). Après *Le Chercheur d'or* (Gallimard, 1985), *Voyage à Rodrigues* (Gallimard, 1986) et *La Quarantaine* (Gallimard, 1995), où il peint la silhouette de son grand-père paternel partant pour les îles et hanté par un trésor, il évoque dans *Onitsha* (Gallimard, 1991) la découverte qu'il fait en 1948 du Nigeria lorsque sa mère et lui partent rejoindre le père en un voyage où le dégoût du colonialisme se mêle à la fascination pour une Afrique à demi imaginaire. *Étoile errante* (Gallimard, 1992) l'amène à s'interroger à partir d'un épisode situé près de Nice en 1943-1944 sur la destinée du peuple juif, comme lui à la recherche d'une identité et d'un territoire.

→ Pierre Lhoste, *Conversations avec Le Clézio*, Mercure de France, 1971. — Jennifer Waelti-Walters, *Icare ou l'évasion impossible*, Sherbrooke, Naaman, 1981. — Ruth Holzberg, *L'Œil du serpent*, Sherbrooke, Naaman, 1981. — Teresa Di Scanno, *La Vision du monde de Le Clézio*, Nizet, 1983. — Jacqueline Michel, *Une mise en récit du silence : Le Clézio, Bosco, Gracq*, Corti, 1986. — Maurice Blanchot, *Sur Lautréamont, J. Gracq, J.-M. G. Le Clézio*, Bruxelles, Complexe, 1987. — Marie-Annick Mayrand, *Le Rapport de l'homme au monde dans l'œuvre de Le Clézio*, thèse, Lyon II, 1988. — *Le Clézio*, *Sud*, Marseille, 1989, nos 85-86. — Germaine Brée, *Le Monde fabuleux de Le Clézio*, Amsterdam, Rodopi, 1990. — Elena Real et Dolores Jimenez, *Le Clézio*, Universidad de Valencia, 1992. — Simone Domange, *Le Clézio et la quête du désert*, Imago, 1993. — Jean Onimus, *Pour lire Le Clézio*, PUF, 1994. — François Marotin, *Mondo et autres histoires de Le Clézio*, Gallimard, coll. Foliothèque, 1995.

J.P.

Le Guillou Philippe (1959). Agrégé de lettres, professeur à Rennes, il a placé le monde celte au cœur de son œuvre. Le style retenu de son premier roman, *L'Inventaire du vitrail* (Mercure de France, 1983), le cède, dans *Portes de l'Apocalypse* (1984), à une langue riche d'images, de mots recherchés et de symboles. Ce roman, situé dans le troisième millénaire, met en scène six personnages qui attendent le déferlement de la guerre. *La Rumeur du soleil* (Gallimard, 1989 ; prix Méditerranée 1990) voue son héros à remonter aux sources du monde. *Le Donjon de Lonveigh* (Gallimard, 1991) montre un écrivain retiré dans la solitude de son château irlandais et dévoile le sentiment d'échec qui accompagne l'acte créateur. Dans *Le Passage de l'Aulne* (Gallimard, 1993), l'auteur se penche sur la naissance de l'écrivain. Le Guillou est aussi auteur d'essais : *Julien Gracq, fragments d'un visage scriptural* (1991), *L'Inventeur de royaumes : pour célébrer Malraux* (1996), *Chateaubriand* (1997). *Les Sept Noms du peintre* (Gallimard, 1997) a reçu le prix Médicis.

D.H.-M.Ber.

Le Lionnais François (1901-1984). Né le 3 octobre 1901. Cofondateur avec Raymond Queneau de l'Oulipo (Ouvroir de littérature potentielle, créé le 25 novembre 1960), il représente la composante plus proprement scientifique de ce groupe rassemblant poètes et mathématiciens. Directeur à l'UNESCO après 1945 de la division d'Enseignement et de Diffusion des sciences, président de l'association des Écrivains scientifiques de France, il a publié de nombreux livres traitant principalement des mathématiques (*Les Grands Courants de la pensée mathématique*, avec une lettre inédite de Valéry, 1948 ; direction du *Dictionnaire des mathématiques*, 1979) et du jeu d'échecs (*Les Prix de beauté aux échecs*, 1939 ; *Dictionnaire des échecs*, 1967), ainsi qu'un bel ouvrage intitulé *Le Temps* (1959). Ses publications oulipiennes, outre la postface à *Cent mille milliards de poèmes* de Queneau, sont réduites à deux manifestes. Il précise dans le premier (« La Lipo », 1962) qu'il veut seulement « proposer quelques remarques, simples amuse-gueules destinés à faire patienter les affamés en attendant le plat de résistance que sauront écrire de plus dignes que [lui]. »

François Le Lionnais fixe de la façon

suivante le programme de l'Oulipo : « Ce que certains écrivains ont introduit dans leur manière, avec talent (voire avec génie) mais les uns occasionnellement (forgeages de mots nouveaux), d'autres avec prédilection (contrerimes), d'autres avec insistance mais dans une seule direction (lettrisme), l'Ouvroir de littérature potentielle (Oulipo) entend le faire systématiquement et scientifiquement, et au besoin en recourant aux bons offices des machines à traiter l'information. » Il distingue alors l'*anoulipisme*, tendance analytique qui consiste à se pencher sur les œuvres du passé pour y découvrir des potentialités restées inaperçues, et le *synthoulipisme*, qui consiste à découvrir des potentialités entièrement nouvelles. « Le Second Manifeste », publié en 1973, confirme la mission de l'Oulipo, et, faisant le bilan des réalisations, propose de privilégier non plus seulement les recherches formelles, mais aussi les recherches sémantiques. Pour rendre hommage à son fondateur historique, l'Oulipo n'a pas publié le n° 30 de La Bibliothèque Oulipienne, réservant ce numéro à un troisième manifeste qui ne verrait jamais le jour. François Le Lionnais est mort le 13 mars 1984.

O.G.

Le Quintrec Charles (1926). Né à Plescop dans une famille de modestes paysans morbihanais, il a fait dès le lycée une rencontre fondamentale : celle de la poésie moderne. Quelques années après son baccalauréat, il monte à Paris et devient journaliste. On peut distinguer trois veines dans sa production littéraire. Les recueils de poésie : *Les Temps obscurs* (1953), *Les Noces de la terre* (1955), *La Lampe du corps* (1962), *Les Stances du verbe amour* (1966), où l'inspiration chrétienne cache un véritable culte du langage poétique, qui situe Le Quintrec parmi les grands poètes contemporains de l'immanence. Les romans, *Les Chemins de Kergrist* (1959), *Le Mur d'en face* (1965), *Le Chemin noir* (1968), *La Ville en loques* (1972) qui, sans être des romans à thèse, se présentent comme des portraits du monde contemporain et opposent, de façon parfois caricaturale, la ville délétère et la campagne vertueuse. L'errance constitue la base du schéma narratif ; le sentiment d'exil fonde l'analyse psychologique. Dans cette production romanesque se détachent *Pain perdu* (1974), *Le Château d'amour* (1977), *Des matins dans les ronces* (1980), *Les Ombres du jour* (1985), *La Querelle de Dieu* (1992). Enfin, les essais sur la Bretagne et sa littérature : *Les Grandes Heures littéraires de la Bretagne* (1978), *Bretagne est univers* (1988), *Littérature de Bretagne* (1992). Mais c'est désormais l'écriture intime qui semble intéresser Le Quintrec (*L'Espérance de la nuit 1985-1993*, 1996).

G.P.

Le Rouge Gustave (1867-1938). Né à Valognes (Manche) le 22 juillet 1867. Après des études de droit, il mène une existence contrastée qui le conduit à être journaliste, colon en Tunisie, animateur de cirque, polygraphe à la fois marginal et plébiscité par d'innombrables lecteurs. Lié à maints poètes, ami de Verlaine (il publie en 1928 un recueil de souvenirs littéraires, *Verlainiens et décadents*, rééd. Julliard, 1993), inspirateur d'un Cendrars fasciné par son œuvre, Gustave Le Rouge laisse un nom comme romancier populaire à la plume facile, à l'imagination foisonnante, à l'inspiration inépuisable, publiant plusieurs volumes par an. Jouant sur les différents registres de l'émotion, à partir de péripéties rocambolesques et haletantes, mâtinées de fantastique, ses romans éveillent tour à tour la terreur, la pitié, l'attente et une sentimentalité pour midinettes en mal de romantisme facile, d'amours malheureuses et de dénouements matrimoniaux : *Le Secret de la châtelaine* (1912), *L'Astre d'épouvante* (1913), *Le Naufragé de l'espace* (1913), *Cruelle Beauté* (1916) ; et dans la fameuse série du « Mystérieux Docteur Cornélius » (1918-1919) : *Le Sculpteur de chair humaine*, *Les Chevaliers du chloroforme*, *Le Cottage hanté*, *Le Buste aux yeux d'émeraude*, *La Dame aux scabieuses*. Viendront aussi, entre autres : *Le Secret de la marquise* (1928), *Le Tapis empoisonné* (1929), *Le Mystère de Blocqueval* (1929), *Un drame sous-marin* (1931), *Les Écumeurs de la Pampa* (1933). Gustave Le Rouge est mort le 25 février 1938, à Paris.

ŒUVRES. — Rééd. : *Le Mystérieux Docteur Cornélius* et autres romans, Laffont, coll. Bouquins, 1986. — *L'Amérique des dollars et du crime* [romans], Laffont, coll. Bouquins, 1993.

F.J.

Le Roy Grégoire (1862-1941). Né à Gand (Belgique), le 7 novembre 1862, poète symboliste, peintre, il débute en 1886 avec les *Chansons du soir*, publiés auparavant dans la revue *La Pléiade*. Usant de rythmes brisés, de références légendaires, d'images récurrentes, il exprime son regret de la vie dans *Mon cœur pleure d'autrefois* (1889) et *La Chanson du pauvre* (1907), poèmes où la douleur et la tristesse sont omniprésentes. Si le folklore apparaît dans son œuvre avec *Le Rouet et la besace* (1912, illustré par l'auteur), il continue cependant d'y exprimer ses méditations sur la fuite du temps ; tel sera également le thème de *La Couronne des soirs* (1911), qui débouchera, quelques années plus tard, sur l'acceptation du destin et de la réalité de la mort avec *Les Chemins dans l'ombre* (1920), *L'Ombre sur la ville* (1934) et *La Nuit sans étoiles* (1940), composés dans un style épuré, presque classique. On lui doit également des contes : *Joë Trimborn* (1913) et *Contes d'après minuit* (1913), fruits de conversations avec Charles van Lerberghe, ainsi qu'un essai sur le peintre James Ensor (1922). Il est mort à Ixelles (Bruxelles), le 5 décembre 1941.

→ Gaston Heux, *Grégoire Le Roy*, Bruxelles, La Renaissance d'Occident, 1923. — *Épîtres*, nº spécial, mars 1951.

O.Bi.

Le Sidaner Jean-Marie (1947-1992). Né à Reims le 24 mai 1947, il fait paraître très tôt ses premiers recueils de poèmes, *Soleil des voix* et *Justice immanente* (Encres Vives, 1965 et 1966), imprégnés de surréalisme. Ayant interrompu ses études secondaires, il travaille à l'usine pendant deux ans avant d'entrer à l'université pour enseigner ensuite la philosophie dans divers lycées (en dernier lieu à Charleville). Les textes qu'il publie pendant cette période (depuis *Environs* jusqu'à *Métaboles emblèmes mort*, Encres Vives, 1969 et 1975) le montrent sensible aux avant-gardes qui fleurissent alors. S'il en récusera par la suite certains excès idéologiques et formalistes, il n'en reniera pas l'ambition novatrice, ne cessant de plaider pour une « avant-garde repensée » dont *L'Effet de neige* (Temps actuels, 1982), publié juste après la mort de son père, offre le premier exemple important dans son œuvre. C'est dans cette perspective qu'il convient d'appréhender *Manuel de scène* et *Portraitures* (La Différence, 1984), qui inaugurent la manière de sa maturité : la « fable ». Ces courtes proses, soucieuses de déceler une permanence dans la temporalité déroutante du quotidien, témoignent de sa volonté d'ouvrir la poésie à d'autres horizons, d'en réinventer la forme et la place dans le monde, préoccupation qui constitue le thème central du *Roman pathétique*, autobiographie voilée (La Différence, 1989). Le même esprit de recherche, fidèle à l'héritage de Rimbaud — Le Sidaner a préfacé un volume de ses *Poésies* (La Différence, 1989) —, sous-tend son activité bouillonnante d'essayiste, de critique littéraire et de critique d'art. Nul intellectualisme gratuit dans tout cela, mais la présence d'une nécessité revendiquée par l'auteur : « Celle qui consiste à considérer l'écriture comme une expérience, une épreuve dans laquelle j'engage ma parole, ma mémoire, mon désir dans un voyage sans retour parmi des voyageurs et au milieu de paysages toujours proches et lointains qu'il faut découvrir, redécouvrir inlassablement comme la voix d'un mort » (*Encres Vives*, nº 135, juin 1988, p. 3). Jean-Marie Le Sidaner est mort brutalement à Reims le 25 février 1992.

ŒUVRES. En outre : *La Dislocation*, Encres Vives, 1971. — *Lexique les mains*, Encres Vives, 1972. — *Stratégiques*, Encres Vives, 1975. — *La Folie* (choix de textes), Larousse, 1975. — *Pierre Garnier*, Formes et langages, 1976. — *La Mort* (choix de textes), Larousse, 1978. — *Lagan*, Encres Vives, 1978. — *Face à l'orant*, Terriers, 1978. — *Dialogue au noir* suivi de *Sept portraits au noir*, Atelier du gué, 1979. — *Michel Butor, voyageur à la roue*, Encre, 1979. — *Élégie dans la ville*, La Différence, 1980. — *La Maison en poésie* (anthologie), Gallimard, 1980. — *Carnet de nuit*, Encres Vives, 1981. — *Jean Tardieu : un poète*, Gallimard, 1981. — *Vahé Godel*, Éditions Universitaires, Fribourg, 1981. — *Ballade en mémoire de Ker-Is*, Le Dé bleu, 1983. — *Je suis moi-même la guerre*, Alain Anseeuw, 1984. — *Fagniez*, La Différence, 1985. — *Hans Seiler*, La Différence, 1986. — *Je suis venu comme j'avais promis, adieu*, France-Culture, 1986. — *Les Cyniques* (anthologie), La Différence, 1989. — *Fables de maître*, Hôtel Continental, 1989. — *Boris Lejeune : cinq sculptures boulevard Pereire*, La Différence,

1990. — *L'Hiver à Tomes*, Rencontres, Charleville, 1991. — *Le Dormeur enjoué*, La Rivière échappée, 1991. — *Leçons d'apocalypse*, La Différence, 1991. — *Le Cercle de la rose* (texte d'un film de Jean Thomé), L'Heur de Laon, 1991. — *Michel Cosem*, Editions du Rouergue, 1992. — *Fragments de parole et de pierre*, La Différence, 1992. — *Laboureur*, Rencontres, 1993. — *Visages*, Rencontres, 1993.

→ Jean Miniac, « Le chemin de Jean-Marie Le Sidaner », *NRF*, n° 507, avril 1995. — Il existe depuis 1994 un bulletin de l'Association des Amis de Jean-Marie Le Sidaner : *Présages* (Reims).

J.Mi.

Léautaud Paul (1872-1956). Né à Paris, le 18 janvier 1872, fils d'un comédien et d'une de ses nombreuses maîtresses, qui abandonna son enfant aussitôt né, il fut élevé, d'assez loin, par son père, qui le rendit très tôt sensible au monde du théâtre et à celui des cafés-concerts, mais également lui inspira un ressentiment qui apparaîtra clairement à sa mort, en 1903. Il racontera ses années de jeunesse et de formation dans *Le Petit Ami* et *In memoriam*, ainsi que dans *Amours*. Sans grand bagage scolaire, il s'intéresse à la littérature, en particulier à Stendhal, dont il découvre à vingt ans les écrits intimes (la correspondance, les *Souvenirs d'égotisme*, la *Vie de Henry Brulard)* : cette forme de littérature le marquera durablement, ce qui ne l'empêche pas de publier, avec son ami Adolphe Van Bever, une anthologie des *Poètes d'aujourd'hui* (1880-1900) qui apparaît comme le bilan du symbolisme. Il exerce divers métiers d'occasion avant d'entrer au *Mercure de France*, pour y occuper, pendant plus de trente ans, des fonctions de secrétaire auprès de Vallette, le directeur, mais aussi pour tenir une chronique dramatique, à partir de 1907, sous le nom de Maurice Boissard. Il y témoigne d'une liberté de ton et d'une férocité de jugement qui conduisent la direction du *Mercure* à lui retirer cette chronique en 1920. Il continuera à exercer sa verve volontiers iconoclaste à *La Nouvelle Revue française*, puis aux *Nouvelles littéraires*. Parallèlement, dès 1893, il tient un journal, alimenté d'observations sur les nombreux personnages du monde des lettres qu'il croise au *Mercure* : ainsi écrit-il ce qui deviendra son monumental *Journal littéraire*, dont la publication ne commencera que deux ans avant sa mort. Lié avec Apollinaire (qui lui dédie *La Chanson du mal-aimé)*, avec Gide et Valéry, il garde pourtant une constante distance à l'égard du milieu littéraire, et sa propre activité d'écrivain demeure très longtemps confidentielle. Installé en 1911 dans sa « baraque », un pavillon de Fontenay-aux-Roses, il mène une vie modeste et discrète, mêlant le souci quotidien de la littérature à des expériences érotiques avec ses diverses maîtresses, dont Anne Cayssac, dite « le Fléau », et plus tard Marie Dormoy, qui jouera un rôle décisif dans la publication, pour l'essentiel posthume, de son *Journal* et de sa correspondance, et donc dans la réévaluation de son œuvre. Renvoyé du *Mercure* en 1941, il se contente pour vivre d'une petite pension du ministère de l'Instruction publique, et continue de recueillir dans son pavillon des cohortes de chiens et de chats abandonnés qui contribuent à la légende qui se développe autour de ce vieillard solitaire, cynique et misanthrope avec ostentation. En 1950, quarante entretiens radiophoniques avec Robert Mallet le font connaître tout à coup d'un public plus large, sensible à l'étonnant relief de cette personnalité dérangeante et souverainement indépendante, et à l'effet quasiment dramatique de sa « performance » face au micro. Il meurt, le 22 février 1956, à La Vallée-aux-Loups, dans l'ancienne demeure de Chateaubriand, transformée en maison de repos.

Indifférent aux faux-semblants d'une certaine gloire conventionnelle (« Ce mot : *postérité* me fait éclater de rire ! »), Léautaud s'est fixé un objectif qui fait de son œuvre une longue recherche intime, voire égotiste, dans la filiation de Stendhal, de ce « Monsieur Moi-Même » qu'il admirait tant : « Ce qu'il faut faire, c'est se chercher et pour se trouver [...] découvrir le particulier qu'on a, si restreint qu'il soit. » Ainsi définie, l'entreprise de Léautaud ne pouvait que le tenir éloigné de la « littérature commerciale » et de sa foire aux vanités. C'est précisément parce qu'il faut « oser être soi » que Léautaud écrit sans relâche. « Je n'écris pas pour des lecteurs. J'écris pour moi » ; ainsi se légitime une écriture en circuit fermé, fondée sur l'orgueil de la différence, sur une exigence de solitude et sur la haine du prochain, ricanante et désenchantée ; ainsi se fonde un exercice du langage qui se sépare du commun, comme il convient à un « anarchiste par l'esprit », comme il se définit lui-même, cultivant sa dissidence intérieure, hostile à l'ordre établi (« Aucun maître, ne rien servir »), au patriotisme, au militarisme, à la politique, au « peuple », à la démocratie, à l'instruction obligatoire, source de tant d'« ânes prétentieux », à la famille, à l'« aliénation mentale » du sentiment religieux. De ce *non serviam* général et constant procèdent un immoralisme qui n'hésite pas à choquer, en particulier dans le récit d'expériences scabreuses, mais aussi dans la dérision agressive dont sont frappés les « bons sentiments », une dénonciation ironique et méprisante de l'humanité, que vient seul compenser un amour pour les bêtes né, dit-il lui-même, d'une « tendresse neurasthénique et de misanthrope ».

Au-delà de cette pratique de la provocation et des « passages à tabac », du goût de « froisser » auquel on a parfois trop tendance à ramener l'essentiel de Léautaud, le seul salut, ambigu et précaire, réside dans la littérature, à condition d'y voir autre chose que les fausses valeurs qui, à l'instar d'un Flaubert, ou d'un Valéry jugé plus versificateur que poète, font prévaloir les « livres voulus » sur les « livres naturels », comme le sont, aux yeux de Léautaud, ceux de Colette, ou les poèmes d'Apollinaire, à la « forme heureusement la plus abandonnée ». L'esthétique et l'éthique sont inséparables pour Léautaud : s'il a davantage le goût du « beau langage » que celui du « beau style », s'il hait les « affectations de style », « cette pouillerie de la littérature », c'est qu'il s'agit à ses yeux d'une pratique mensongère. Or, la littérature ne peut être pour lui qu'une épreuve de vérité, le lieu de ce dévoilement de l'être qu'il cherche plus volontiers dans les mémoires, journaux intimes, autobiographies, correspondances. Sans tricher, au plus vif de l'instant, Léautaud traque sa vérité, celle d'autrui — et même celle de ses chats et chiens, ce qui a fait de lui un de nos bons écrivains animaliers. De là son inappétence pour les œuvres longues, forcément arrangées et falsifiées, son goût d'un art qui refuserait d'être « artiste » ou phraseur, qui se définit moins par la valeur de travail que par une inscription quasi physique du moi, attrapée et notée au vol (« on n'est jamais trop sec », « sauter sur sa plume et [...] courir à pleines pages, sans trop regarder »), bref un certain sens de l'*allure*, et aussi de l'improvisation, qu'attestent maintes digressions éblouissantes dans ses chroniques, un sens remarquable du « hors sujet », marque de liberté capricieuse et spontanée. « Écrire n'est pas un métier », et il faut « tout tir[er] de [soi]-même », « ton », « style », et même « défauts ». Autant d'instantanés pris sur le vif, ou d'éclats du moi, formulés parfois par le biais d'aphorismes : tels sont les traits qui rattachent Léautaud à l'héritage de Chamfort, ou à la tradition des grands anecdotiers du XVIIIe siècle, sans parler du sens aigu du plaisir physique auquel il tend à réduire l'amour.

Au total, cet homme qui ne croyait à rien, pas même à lui-même — il épingle volontiers sa propre médiocrité —, peut sembler incarner une certaine forme de nihilisme désenchanté, fasciné par la dérision du rien et de la mort, qui gagne toujours, et qu'il observe sans ciller, chaque fois qu'il en a l'occasion. Le paradoxe est sans doute qu'il a su en tirer un monde, étroit mais extrêmement singulier, et qu'il a pu, dans la fragmentation de la chronique ou du journal, et en choisissant ce degré zéro de la forme, construire une œuvre à partir de principes qui semblaient en exclure la simple possibilité. Dans son savant négligé qui va parfois jusqu'à l'exhibitionnisme, il crée un effet de présence et d'authenticité, qualités qui font que le lecteur se sent face à un auteur. Voué tout entier à la littérature (« Écrire d'abord. J'y sacrifierais l'univers » ; « J'ai toujours vécu littérairement » ; « Je n'ai vécu que pour écrire »), il a su ne pas céder au leurre autobiographique, s'empoisser dans la complaisance qui guette l'écrivain, substituant à la prétention d'une « littérature » qui se constituerait en valeur transcendante, un sens tranquillement souverain et désinvolte du plaisir, de son *bon plaisir* : « Je n'ai senti, vu, entendu les choses, les sentiments, les gens, que pour écrire [...] ce qui me faisait plaisir à écrire. » À sa façon, il retrouvait cette « qualité personnelle de la sensation » dont Proust faisait le critère du véritable écrivain.

ŒUVRES. — Mercure de France, sauf mention contraire : *Le Petit Ami*, 1903. — *In memoriam*, 1905. — *Amours*, 1906. — *Le Théâtre de Maurice Boissard*, 1907-1923, Gallimard, t. I, 1926, t. II, 1943. — *Passe-temps*, 1927 et *Passe-temps II*, 1964. — *Journal littéraire 1893-1956*, 1954-1966, 19 t., rééd. en 3 t., 1986. — *Entretiens avec Robert Mallet*, 1951. — *Correspondance générale 1878-1956*, Flammarion, 1972.

→ Marie Dormoy, *Léautaud*, Gallimard, 1958. — *La Vie secrète de Paul Léautaud*, Flammarion, 1972. — Raymond Mahieu, *Paul Léautaud, la recherche de l'identité 1872-1914*, Minard, 1974. — Édith Silve, *Paul Léautaud et « Le Mercure de France »*, 1985. — Jacques Brou, *Paul Léautaud, le sexe et la plume*, La Pensée universelle, 1985. — Claude Courtot, *Paul Léautaud*, Artefact, 1986. — Martine Sagaert, *Paul Léautaud*, Lyon, La Manufacture, 1988. — Il existe depuis 1987 des *Cahiers Paul Léautaud* (Association pour l'étude de Paul Léautaud et des revues littéraires de son époque, Paris).

J.D.

Leblanc Gérald (1945). Né à Bouctouche (Nouveau-Brunswick), il a publié ses premiers poèmes dans la revue *L'Acayen* au début des années 1970. Il incarnera avec violence la poésie d'un peuple qui prend la parole pour ne pas mourir : « poème sauvage », « poème tripes », « poème à tue-tête », « acte d'amour et de guérilla » pour « un pays de coups de poing ». Sa poésie est marquée depuis ses débuts — notamment dans ses trois premiers recueils : *Comme un otage du quotidien* (1981), *Géographie de la nuit rouge* (1984), *Lieux transitoires* (1986) — par l'excès et la provocation, transgressant les bienséances mais aussi les codes de la politique, de la sexualité, et de la langue par l'utilisation occasionnelle du *chiac*, langue orale du sud-est du Nouveau-Brunswick, qui mélange le français et l'anglais. Même quand elle renonce à sa hargne militante, sa poésie garde cette sauvagerie fondée sur la rupture et le morcellement, sur la surprise et la nouveauté, plus que sur la tradition ; ses rythmes empruntent davantage à la musique américaine qu'au lyrisme français.

L'Extrême Frontière (1988), recueil des poèmes écrits depuis 1972, montre l'évolution du poète depuis la poésie nationaliste des débuts au postmodernisme des années 1980, où dominent les thèmes de l'errance et de la ville, lieu de croisement d'influences diverses, fusion des expériences et des formes artistiques. *Les Matins habitables* (1991) et *Complaintes du continent* (1993) témoignent d'un apaisement aussi bien dans les thèmes que dans la forme. Le poète y fait retour sur lui-même et sur son art poétique, dans la sérénité d'une œuvre qui atteint sa maturité, sans renier la nudité de l'émotion, la quête de l'absolu, la passion, l'honnêteté et la sincérité qui ont fait sa force.

R.Bo.

Leblanc Maurice (1864-1941). Né à Rouen le 11 décembre 1864, dans une famille de la bourgeoisie aisée, il passe son enfance dans l'atmosphère provinciale et les paysages normands qui imprègnent une grande partie de son œuvre. Baccalauréat en 1882, séjours à l'étranger (Manchester, Berlin), service militaire dans l'artillerie : il évoque dans *L'Enthousiasme* (1901) cette jeunesse très ordinaire. Vers 1887, encouragé par ses amis, il s'essaie à écrire des contes. Il monte à Paris en 1888, côtoie quelques cercles littéraires naturalistes et symbolistes ; influencé par Maupassant, il publie à compte d'auteur un recueil de nouvelles, *Des couples* (1891), peinture acérée de la bourgeoisie rouennaise. Mais sa véritable carrière littéraire commence en 1892, lorsque le *Gil Blas* décide de publier régulièrement ses contes (recueillis dans *Ceux qui souffrent*, 1894). Il y cultive son talent pour l'introspection et l'analyse psychologique ; talent qu'il applique au roman avec *Une femme* (1893), caractère d'une « Bovary exaspérée », selon le jugement favorable de Jules Renard. Alphonse Daudet et Léon Bloy témoignent également leur intérêt au jeune écrivain, qui donne avec un certain succès dans la même veine *L'Œuvre de mort* (1895), *Les Heures de mystère* (1896, contes), *Armelle et Claude* (1897). Avec le déclin de la littérature psychologique, il connaît cependant une éclipse : ses nouvelles, *Les Lèvres jointes* (1899), et son roman autobiographique, *L'Enthousiasme*, ne rencontrent que l'indifférence ; il gagne sa vie en écrivant sur les sports à la mode : la bicyclette (*Voici des* *ailes !*, 1898) ou l'automobile (*Gueule-Rouge 80-chevaux*, 1904).

Mais en 1905, sa carrière prend un nouveau départ : il publie en revue *L'Arrestation d'Arsène Lupin*, une nouvelle qui met en scène un personnage de gentleman cambrioleur, charmeur, rusé, spirituel, et quasi insaisissable. Sous la pression du public et de l'éditeur Pierre Lafitte, il donne une suite à cette histoire, dans une série de récits recueillis en 1907 (*Arsène Lupin, gentleman cambrioleur*). Le succès est immense ; Leblanc devait se consacrer durant trente-six ans aux aventures de son héros !

Lafitte voulait faire de lui le Conan Doyle français, aussi les premières aventures de Lupin évoquent-elles d'assez près celles de Sherlock Holmes ; ce sont autant de petits problèmes, de mystères qui trouvent une solution brillante à la dernière page. Leblanc n'abandonna jamais cette forme de récit bref (*Les Confidences d'Arsène Lupin*, 1913 ; *Les Huit Coups de l'horloge*, 1923), conforme à ses goûts littéraires et aux impératifs de la prépublication ; mais il éprouva rapidement le désir de lancer son personnage dans des aventures plus développées pour lui opposer des adversaires à sa mesure (détectives comme dans *Arsène Lupin contre Herlock Sholmès* [*sic*], 1908, ou génies du crime...) et lui permettre d'abandonner la cambriole pour la recherche de trésors et l'élucidation de quelques grands mystères de l'histoire de France. Ces romans furent d'abord publiés en feuilletons, d'où le goût de leur auteur pour les intrigues ménageant rebondissements et coups de théâtre. Il est impossible de les évoquer tous en détail : *L'Aiguille creuse* (1909) conte l'âpre duel entre Lupin et un jeune lycéen d'une intelligence prodigieuse, avec pour enjeu la découverte du « secret des rois de France », une cachette imprenable dont Lupin a fait son repaire ; *Le Bouchon de cristal* (1912) se déroule sur fond de scandale politique ; dans *813* (1910), Lupin tente de découvrir avant un mystérieux assassin un document capital pour la diplomatie européenne : il pense un moment l'échanger contre l'Alsace-Lorraine ! Principal attrait du livre : le gentleman cambrioleur y agit à la fois pour son propre compte et, sous le masque, comme chef de la police. Avec la guerre de 1914, Leblanc adopte un ton nationaliste marqué : Lupin combat désormais des Allemands brutaux et dénués de scrupules. Outre *L'Éclat d'obus* (1916) et *Le Triangle d'or* (1918), signalons surtout *L'Île aux trente cercueils* (1919), pour son intrigue oppressante et fantastique ; les morts s'y succèdent dans l'inquiétant décor d'une île bretonne coupée du monde, et Lupin n'apparaît qu'*in extremis*, déguisé en vieux druide, pour déjouer les folles menées du criminel Vorski dans un finale éblouissant de drôlerie. Suit *Les Dents du tigre* (1920). Le personnage, insensiblement, se moralise, le voleur se fait justicier. Leblanc éprouve même le besoin de donner, avec *La Comtesse de Cagliostro* (1924), une sorte de roman de formation rétrospectif : Lupin, âgé de vingt ans, y définit son caractère (astucieux, ironique, un rien cabotin, et répugnant au crime) en luttant contre une tentatrice démoniaque et dénuée de scrupule.

Leblanc s'est essayé à créer d'autres personnages : *Dorothée, danseuse de corde* (1923), *La Vie extravagante de Balthazar* (1925), *La Demoiselle aux yeux verts* (1927), *L'Agence Barnett et Cie* (1928) ; il s'est lancé dans le roman d'anticipation avec *Les Trois Yeux* (1920) et *Le Formidable Événement* (1921), puis dans le roman d'amour ; il a tenté régulièrement de republier ses premières œuvres : peine perdue, le public réclamait Arsène Lupin ! Les dernières aventures du cycle sont très inégales : à côté de *La Barre-y-va* (1931) et de *La Cagliostro se venge* (1935), on trouve les médiocres *Victor, de la brigade mondaine* (1933) et *Les Milliards d'Arsène Lupin* (1941). Lupin vieillissant semble loin du merveilleux personnage des débuts, que d'autres romanciers tenteront de faire revivre après la disparition de Maurice Leblanc, le 6 novembre 1941.

Comment expliquer l'extraordinaire succès du cycle d'Arsène Lupin ? On peut d'abord y déceler une exaltation de l'esprit français dans tout son éclat : par son astuce, son humour, son panache, Lupin se distingue des froids raisonneurs anglais comme Sherlock Holmes (il réfléchit, lui, dans le feu de l'action) ; par sa bravoure et son sens de la justice, il est l'antithèse des

Allemands brutaux, cruels et amoraux qu'il croise souvent sur son chemin (concession à l'idéologie du temps). Mais le personnage n'est pas tout : Leblanc fut un maître dans l'agencement d'intrigues complexes et palpitantes, il sut varier avec habileté ambiances et situations d'un roman à l'autre, et désamorcer par l'humour l'emphase et les conventions du roman-feuilleton.

ŒUVRES. — *Arsène Lupin* (4 t.) et *Les Rivaux d'Arsène Lupin*, rééd. préfacée par Francis Lacassin, Laffont, coll. Bouquins, 1986-1988.

→ *Le Magazine Littéraire*, n°52, mai 1971. — *Europe*, novembre-décembre 1976 et août-septembre 1979. — *Bulletin de l'Association des Amis d'Arsène Lupin*, depuis 1986. — Jacques Derouard, *Maurice Leblanc. Arsène Lupin malgré lui*, Séguier, 1989.

B.Do.

Leblanc Raymond Guy (1945). Son *Cri de terre* (1972), le premier recueil et premier livre publié aux Éditions d'Acadie, reste l'une des plus belles réussites de la poésie acadienne, dont il exprime la prise de conscience identitaire : « Ce qui signifie / Multiplié fourré dispersé acheté vendu révolté / Homme déchiré vers l'avenir » (*Je suis Acadien*, poème final). Un autre poème, *Petitcodiac*, fondé sur la dislocation progressive du langage, traduit avec force la douleur, la révolte et l'espoir. Dans l'effervescence de ce qu'on a appelé la renaissance acadienne, ce livre reçut un accueil enthousiaste et son auteur s'est vu comparé à Gaston Miron. Une quinzaine d'années plus tard, la publication des *Chants d'amour et d'espoir* (1988) consacre Raymond Guy Leblanc comme poète de l'amour. En 1993, *La Mer en feu* réunit des poèmes composés entre 1964 et 1992.

R.Bo.

Leclerc Félix (1914-1988). Auteur-compositeur-interprète de chansons, il fut aussi comédien, dramaturge (*Le P'tit Bonheur* suivi de *Sonnez les matines*, 1959 ; *L'Auberge des morts subites*, 1964), romancier (*Moi, mes souliers*, 1955 ; *Le Fou de l'île*, 1958 ; *Carcajou ou le diable des bois*, 1973), conteur (*Adagio*, 1943) et poète (*Andante*, 1944 ; *L'Ancêtre*, 1974). Conjuguant l'imaginaire terrestre et le sens du merveilleux de la parabole et de la fable, il chante la femme, la nature, le pays, les menus faits de l'existence, puisant dans les fonds de la tradition orale et de la culture québécoise populaire. Retiré en 1970 à l'Île d'Orléans, où il cultivait l'espoir de « célébrer » un jour « l'Indépendance ».

P.Po.

Lecomte Marcel (1900-1966). Né à Saint-Gilles (Bruxelles) le 25 septembre 1900, lié au groupe bruxellois du mouvement surréaliste belge, il découvre le dadaïsme à la fin de la Première Guerre dans la revue de Clément Pansaers, *Résurrection*. Il collabore à *Signaux de France et de Belgique* (futur *Disque vert)* et publie son premier recueil, *Démonstrations*, en 1922. Avec Paul Nougé et Camille Goemans, il participe en 1924 à la fondation de *Correspondance*, coup d'envoi du mouvement surréaliste en Belgique, et fait paraître *Applications*, poèmes illustrés par Magritte (1925). Des dissensions internes provoquent son exclusion du groupe. Plus dadaïste que surréaliste, resté proche de Magritte et de Mesens, il collabore toutefois à *Marie* (1926), à *Distances* (1928), à *Documents 34* (1934), à *L'Invention collective* (1940), et participe à la plupart des manifestations du groupe. S'orientant progressivement vers le fantastique, il élabore une œuvre où le poids du hasard et le jeu des coïncidences s'ouvrent à l'univers métaphysique. La conciliation d'un certain « réalisme magique » avec les acquis du surréalisme donne à ses récits une empreinte originale d'une grande rigueur : son écriture, « lente, qui procède par répétitions, cherch[ant] le neutre, une sorte de blancheur » (Henri Ronse), évoque l'atmosphère des toiles de De Chirico *(L'Homme au complet gris clair*, 1931 ; *Les Minutes insolites* et *Le Vertige du réel*, 1936 ; *La Servante au miroir*, 1941 ; *Le Règne de la lenteur*, 1943 ; *L'Accent du secret*, 1944). Après la guerre, Lecomte s'oriente un moment vers l'ésotérisme et l'occultisme *(Le Sens des tarots*, 1948 ; *Univers et signes de Rem*, 1957 ; *Connaissance des degrés*, 1966), fait du journalisme et se consacre avec bonheur à la critique littéraire *(Les Voies de la littérature*, 1988, posth.). Sans exclusive, il collabore encore à quelques revues héritières de l'esprit surréaliste, telles *Empreintes* (1951), *Phantomas* (de 1952 à 1965), *Temps mêlés* (1953), *Rhétorique* (1963, 1966), et compose de nombreuses notices pour des catalogues d'exposition. Son dernier livre publié illustre toujours cette obsession du regard qui engage le narrateur dans une « fissure du réel » à la recherche de l'invisible *(Le Carnet et les instants*, 1964, préface de Jean Paulhan). Paraîtront encore après sa mort, survenue à Bruxelles le 19 novembre 1966 : *Le Cœur et la main* et *Le Sens de la vie* (1968), *Le Suspens* (1971), *Déchirure* (1974).

ŒUVRES. — *Œuvres*, rééd., Bruxelles, Les Éperonniers, coll. Passé-présent, 1980. — *Les voix de la littérature, Le Regard des choses*, éd. Philippe Dewolf, Bruxelles, Labor, coll. Archives du futur, 1988, 1992.

→ Fernand Verhesen, *Voies et voix de la poésie française contemporaine*, Bruxelles, Éditions des artistes, 1960. — *Fantasmagie*, n° spécial, n° 25, 1967.

O.Bi.

Leduc Violette (1907-1972). Née à Arras le 8 avril 1907 d'une femme de chambre et d'un jeune homme appartenant à une grande famille de Valenciennes, qui refusera de la reconnaître, elle est une figure des plus singulières de la littérature française du XXe siècle. Son enfance sans père se déroule à Valenciennes, marquée, outre les difficultés financières, par une éducation maternelle rigide et dénuée de tendresse. Pour la préserver de ses propres erreurs, sa mère lui inculque, dès l'âge de huit ans, la terreur des hommes et la met en garde contre les dangers du sexe. Le rejet de la maternité, un goût prononcé pour les homosexuels et les amours impossibles, qu'elle célèbre tout au long de son œuvre, caractériseront son univers. Seule la présence chaleureuse de la grand-mère maternelle, « l'ange Fidéline », vient adoucir le regard « bleu et dur » d'une mère qui fait porter à sa fille le poids de sa « faute ». La mort de Fidéline, en 1916, laisse l'enfant désemparée. Le premier livre de Violette Leduc, *L'Asphyxie* (1946), transposition lyrique et hallucinée de son enfance, sera centré sur ces deux personnages féminins antinomiques. Adolescente tourmentée par le poids de ses origines, obsédée par la laideur de son visage qui devient l'emblème de sa différence, elle se referme douloureusement sur elle-même. En 1920, interne au collège de jeunes filles de Valenciennes, elle découvre le monde des livres, s'enthousiasme pour les grands auteurs russes et la littérature française contemporaine. En 1925, au collège de Douai, une pensionnaire de son âge, Isabelle, lui inspire une violente passion charnelle ; elle s'éprend par la suite d'une jeune femme, surveillante au collège : Denise H. (Cécile dans *Ravages* et Hermine dans *La Bâtarde*). Cette liaison provoque un scandale et le renvoi des deux jeunes femmes du collège. Violette Leduc poursuit ses études au lycée Racine à Paris, mais les abandonne après son échec au baccalauréat. Engagée aux Éditions Plon comme rédactrice d'échos publicitaires, elle s'installe en banlieue avec Denise. À cette époque, elle se lie d'amitié avec un jeune représentant en mercerie, Jacques M. (Marc dans *Ravages* et Gabriel dans *La Bâtarde)*, et tente ainsi d'instaurer un trio affectif, l'une des figures constitutives de sa vie et de son œuvre. Pour des raisons de santé, elle vit aux dépens de sa compagne pendant plusieurs années. Sa passion pour la littérature ne l'a pas quittée : elle fréquente assidûment la librairie d'Adrienne Monnier avec laquelle elle établit une relation amicale. Lorsque sa liaison avec Denise se termine, elle trouve un emploi comme rédactrice de synopsis cinématographiques. C'est là, en 1932, qu'elle rencontre l'écrivain Maurice Sachs, aventurier homosexuel dont elle s'éprend, qui va jouer un rôle déterminant en décelant en elle un tempérament d'écrivain. En 1939, elle épouse son ami Jacques M., mariage désastreux qui ne durera qu'un an.

À l'instigation de Sachs, elle commence à écrire, pendant la guerre, des nouvelles et des reportages sur la mode publiés dans la revue *Pour elle* et le quotidien *Paris-Soir*. Mais c'est en 1942, dans un village de Normandie où elle s'est installée avec Sachs, que se confirme sa vocation d'écrivain. Exaspéré de l'entendre ressasser les malheurs de son enfance, Sachs lui conseille de les écrire. Ce dernier ayant quitté la Normandie pour Hambourg, d'où il ne devait jamais revenir, elle demeure seule à la campagne, et fait du marché noir, entre Paris et la Normandie, tout en continuant d'écrire.

En 1945, par l'intermédiaire de deux amies, elle soumet son manuscrit à Simone de Beauvoir. Enthousiasmée, celle-ci en fait paraître des extraits dans *Les Temps modernes*, et le propose à Camus, qui publie *L'Asphyxie*, en 1946, dans la collection « Espoir » de Gallimard. Écrit dans un style visionnaire, aux phrases haletantes et saccadées — qui resteront caractéristiques de toute l'œuvre de Violette Leduc —, *L'Asphyxie* est ignoré du grand public, mais salué par Cocteau, Genet, Jouhandeau, Sarraute, Sartre. L'écrivain a gagné ainsi l'estime d'une élite littéraire.

Son talent se confirme deux ans plus tard avec *L'Affamée* (1948), long monologue où elle transfigure sa passion pour Simone de Beauvoir, sans jamais citer son nom. Le foisonnement des images, des formules poétiques inattendues, la force d'une écriture qui « fore jusqu'au cœur sa matière » font de ce poème en prose une de ses œuvres les plus puissantes et originales. Le livre n'obtient aucun succès : pendant près de vingt ans, Violette Leduc restera dans l'ombre. Simone de Beauvoir la soutiendra jusqu'à la fin, en s'intéressant de près à son travail et en l'aidant matériellement. Pendant de nombreuses années, jusqu'au succès de *La Bâtarde*, Violette Leduc reçoit une mensualité de Gallimard, qu'en réalité Simone de Beauvoir verse pour elle. Grâce à cette aide, elle achève son premier roman, *Ravages* (1955), où elle transpose avec une audace dont n'avait encore fait preuve aucune romancière auparavant, ses amours de jeunesse. Les cent cinquante premières pages, consacrées à sa passion pour Isabelle, sont jugées trop osées, et censurées par Gallimard. Elles seront néanmoins publiées la même année, en tirage restreint (vingt-huit exemplaires), par Jacques Guérin, un ami et admirateur — dont elle est éprise — sous le titre *Thérèse et Isabelle*. La censure de son texte et l'absence de succès plongent Violette Leduc dans un délire de persécution. En 1956, elle entre dans une clinique de Versailles où elle subit des électrochocs, puis passe sa convalescence à La Vallée-aux-Loups, l'ancienne demeure de Chateaubriand. Pendant sa maladie, elle écrit néanmoins deux nouvelles : *La Vieille Fille et le mort*, transposition d'un amour impossible où se dévoile dans toute sa force le drame de l'incommunicabilité, et *Les Boutons dorés*. Ces deux textes sortiront des presses, sous le titre *La Vieille Fille et le mort*, en 1958.

Après la publication d'un journal de voyage, *Trésors à prendre* (1960), qu'elle avait écrit en 1951 dans le centre et le midi de la France, Violette Leduc s'attelle, sur le conseil de Simone de Beauvoir, à la rédaction de son autobiographie. À Faucon, un village du Vaucluse découvert en 1961, elle achève *La Bâtarde*, où elle raconte sa vie jusqu'en 1944. Publié chez Gallimard en 1964, avec une longue préface de Simone de Beauvoir, ce livre connaît un très grand succès aussi bien en France qu'à l'étranger. Violette Leduc sort brutalement de l'obscurité. Si le public est surtout attiré par le caractère scandaleux de l'œuvre, le retentissement de *La Bâtarde* correspond pour l'écrivain à une renaissance et à une reconnaissance. Une partie de la presse souligne la valeur littéraire de l'œuvre qui, jugée trop scabreuse, n'obtient cependant ni le prix Goncourt ni le prix Femina. Dans un style imagé, mais plus accessible que celui de ses premiers ouvrages, Violette Leduc raconte ses amours homosexuelles sans rien dissimuler, elle confesse avec un mélange de candeur et d'ironie un vol dans un grand magasin, son commerce de marché noir, son égoïsme, ses mesquineries. Mais cette « sincérité intrépide » dont Beauvoir lui faisait mérite dans sa préface lui a aussi probablement nui. La presse fit d'elle un « cas », et le public passa à côté de son talent.

Lasse de sa vie à Paris, Violette Leduc s'établit définitivement à Faucon, où elle écrit sans relâche. Gallimard publie *La Femme au petit renard* (1965), brève nouvelle centrée une fois encore sur le thème de la solitude, et *Thérèse et Isabelle* (1966), censuré quelques années plus tôt, qui remporte un large succès et sera adapté au cinéma. Elle poursuit également son autobiographie avec *La Folie en tête* (1970), livre riche en réflexions sur le rôle de l'écrivain et de la littérature. Elle meurt d'un cancer à Faucon, le 15 mai 1972, laissant inachevé le dernier volet de sa trilogie autobiographique : *La Chasse à l'amour* (1973). Les romans de Violette Leduc, considérés souvent comme « existentialistes » ou relevant de l'exhibition autobiographique, échappent en réalité, par leur complexité et leur force novatrice, aux catégories littéraires courantes.

ŒUVRES. — Publiées chez Gallimard, sauf indication contraire. — *L'Asphyxie*, 1946. — *L'Affamée*, Pauvert, 1948. — *Ravages*, 1955. — *Thérèse et Isabelle* (tirage restreint), 1955. — *La Vieille Fille et le mort* suivi de *Les Boutons dorés*, 1958. — *Trésors à prendre*, 1960. — *La Bâtarde*, 1964. — *La Femme au petit renard*, 1965. — *Thérèse et Isabelle*, 1966. — *La Folie en tête*, 1970. — *Le Taxi*, 1971. — *La Chasse à l'amour*, 1973. — *Lettres à Simone de Beauvoir*, *Les Temps modernes*, n° 495, 1987. — Fonds Violette Leduc à l'IMEC.

→ *Masques*, n° 11, automne 1981. — Jovette Marchessault, *La terre est trop courte, Violette Leduc*, Montréal, Éditions de la Pleine Lune, 1982. — Isabelle de Courtivron, *Violette Leduc*, Boston, Twayne, 1985. — *Ricerche d'identità*, Torino, La Rosa, 1985. — Pièr Girard, *Œdipe masqué, une lecture psychanalytique de « L'Affamée » de Violette Leduc*, Des Femmes, 1986. — René de Ceccatty, *La Sentinelle du rêve*, Michel de Maule, 1988. — Adelaide Ula Perilli, *Contresquisses, trois études sur Violette Leduc*, Roma, Bulzoni, 1991. — Hélène Jacommard, *Lecteur et lecture dans l'autobiographie française contemporaine*, Genève, Droz, 1993. — *Nord*, n° 23, juin 1994. — René de Ceccatty, *Violette Leduc : éloge de « La Bâtarde »*, Stock, 1994. — Alex Hughes, *Violette Leduc : Mothers, Lovers and Language*, London, W.S. Maney & Son Ltd, 1994. — *Autobiography and the Existential Self*, Liverpool, Terry Keefe and Edmund Smyth, 1995. — *Tangence*, n° 47, Montréal, 1995. — *Littérature*, n° 98, 1995. — Michele Zackheim, *Violette's Embrace*, New York, Riverhead Books, 1996. — *Europe*, n°s 808-809, 1996. — *Genèse textuelle, identités sexuelles*, Éditions du Lérot, 1997. — *Violette Leduc* (colloque de Lille), Septentrion, 1998. — Mireille Brioude, *Violette Leduc : la mise en scène du jeu*, Amsterdam, Rodopi, 1998. — Fonds Violette Leduc à l'IMEC.

C.J.

Lefebvre Raymond (1891-1920). Né le 24 avril 1891 à Vire, élevé dans un milieu protestant, il fait la connaissance, dès le lycée, de celui qui restera son grand ami, Paul Vaillant-Couturier. À l'École des sciences politiques, il se lie avec Drieu La Rochelle. Mobilisé en août 1914, il manifeste tout de suite ses convictions pacifistes et se rapproche des militants de *La Vie ouvrière*. Avec Vaillant-Couturier et Barbusse, il prend l'initiative du mouvement Clarté, puis de l'Association Républicaine des Anciens Combattants. Après la guerre, il milite très activement en faveur de l'adhésion du parti socialiste à la IIIe Internationale. Il disparaît dans l'océan Arctique, en octobre 1920, en quittant clandestinement la Russie où il venait d'assister au IIe Congrès de l'Internationale communiste. Son œuvre littéraire est placée sous le signe de la haine et de la révolte. Elle se compose de minces brochures, *L'Ancien Soldat* (1920), *La Révolution ou la mort* (Clarté, 1920), *L'Éponge de vinaigre* (Clarté, 1921). Lefebvre est aussi l'auteur de contes, *La Guerre des soldats*, écrit en collaboration avec Vaillant-Couturier (Flammarion, 1919) et surtout d'un roman, *Le Sacrifice d'Abraham* (Flammarion, 1920), dans lequel il montre l'opposition entre la génération des fils, sacrifiée au combat, et celle des pères enfermée dans un patriotisme étroit. Les articles, au ton très acerbe, qu'il fait paraître dans *Clarté* en 1919-1920, sous le titre « Chroniques de la vie intellectuelle en France », ont exercé une influence très importante sur l'esprit du mouvement.

Ph.B.

Leiris Michel (1901-1990). Né à Paris le 20 avril 1901, issu d'un milieu bourgeois et parisien, il fait des études classiques, avant de se lier au groupe surréaliste, en 1924. Il avait commencé dès 1922 à tenir un *Journal* (posth., 1992), qui peut être considéré comme la matrice de l'essentiel de son œuvre autobiographique à venir. Il publie ses premiers textes dans *La Revue surréaliste*, en 1925. Suivant un itinéraire qui n'est pas rare alors, il passe bientôt de la subversion surréaliste à la condition d'« intellectuel engagé » et volontiers pétitionnaire, proche des communistes et du mouvement anticolonialiste (il sera, aux côtés de Sartre, un des fondateurs de la revue *Les Temps modernes*, il signera le « Manifeste des 121 » pendant la guerre d'Algérie, il fera partie des « amis » du journal maoïste *La Cause du peuple*, etc.). De son premier engagement dans le surréalisme, il retiendra également un grand intérêt pour les rêves : il publiera d'ailleurs en 1946, sous le titre de *Nuits sans nuit*, un recueil de récits de rêve dont un bon nombre remontent à ces années-là. L'influence du surréalisme apparaît aussi dans le goût de Leiris pour des œuvres plastiques comme celles d'André Masson, qui illustre certaines de ses premières œuvres, et plus tard pour celles de Joan Miró ou de Wilfredo Lam. (Son intérêt pour le domaine plastique sera durablement alimenté par les activités de la galerie que dirigera sa femme Louise dès 1939, à la suite de Kahnweiler, ce qui lui inspirera des commentaires de Picasso, de Giacometti ou de Francis Bacon.) Cette influence surréaliste se traduit enfin par son attention au « tangage » du « langage », pour reprendre les éléments du titre d'un de ses derniers livres : le célèbre jeu de mots *Aurora/horrora* régit le développement d'une sorte de récit intitulé *Aurora*, qu'il rédige en 1928. Essentiellement poète à ses débuts, Leiris, qui réunit ses poèmes dans *Haut Mal* (1943, rééd. 1969) et dans *Mots sans mémoire* (1970), et qui revient à la poésie dans *Ondes* (1987) et dans *Images de marque* (1989), va toute sa vie garder un sens aigu des jeux de langage. Son intérêt constant pour Roussel en témoigne (voir les études rassemblées sous le titre *Roussel l'ingénu*, 1973), ainsi que l'expérience intime de la psychanalyse en 1929, trois ans après son mariage avec Louise Godon. De cette passion pour les mots en liberté dérive un de ses ouvrages les plus singuliers, *Glossaire j'y serre mes gloses*, qui rassemble en 1939 des textes écrits depuis 1925, et auquel il convient d'ajouter un « supplément » : « Souple mantique et simples tics de glotte », sur lequel s'ouvre *Langage tangage* en 1985 : « *art* — tare, retard, ou — hasard terrassé — très rare Ararat ? » ; « *autobiographie* — authentique obituaire, ta vie gribouillée à ta griffe ; photo de toi par toi offerte aux autres avec bien trop de gravité » ; « *mort* — me met hors », etc.

Ce poète, lié dès 1924 avec Georges Bataille et collaborant à l'aventure de *Documents* (les textes publiés par lui dans cette revue seront repris dans *Brisées*, en 1966), va s'intéresser de plus en plus à des questions centrales pour Bataille comme l'érotisme et la transgression ; il va aussi, par l'entremise du même Bataille, rencontrer l'ethnologue Marcel Griaule et découvrir ce qui devient rapidement sa spécialité « officielle » : il fera une carrière de chercheur au musée de l'Homme, de 1934 à sa retraite, en 1971. Auparavant, il aura participé à la mission Dakar-Djibouti, et traversé d'ouest en est le centre de l'Afrique : le récit de cette expédition se trouve dans *L'Afrique fantôme* (1934), à la fois journal intime et recueil de notes de terrain. Suivront divers ouvrages ethnographiques, consacrés au monde africain et antillais : *La Langue secrète des Dogons de Sanga* (Institut d'ethnologie, 1948, rééd. Jean-Michel Place, 1992), *Contacts de civilisation en Martinique et en Guadeloupe* (1955), *La Possession et ses aspects théâtraux chez les Éthiopiens de Gondar* (Polon, 1958, rééd. Fata Morgana), *Afrique noire : la création plastique* (1967), *Cinq études d'ethnologie* (Gonthier-Denoël, 1969).

Toutefois, la part la plus importante de l'activité de Leiris demeure son œuvre autobiographique, telle qu'elle s'amorce par la publication de *L'Âge d'homme* (1939), telle qu'elle se développe dans la monumentale *Règle du jeu* (1948-1976) et telle encore qu'elle se prolonge en 1981 *(Le Ruban au cou d'Olympia)*, puis en 1988 *(À cor et à cri)*. Sa vie dès lors se confond avec un obstiné cheminement vers la connaissance incertaine et la profération problématique de son *moi*, à travers le labyrinthe de phrases sinueuses ou hésitantes. Avec un mélange étonnant de rigueur et d'apparent narcissisme, Leiris entreprend donc en 1939 la première étape d'un long périple autobiographique. Dans le texte liminaire de *L'Âge d'homme*, « De la littérature considérée comme une tauromachie », il déplace vers le champ littéraire la fascination qu'exerce sur lui l'art de toréer, ce rituel érotique et funèbre auquel il avait consacré deux textes en 1937-1938, *Tauromachies* et *Miroir de la tauromachie*. La littérature la plus intime, celle qui dit le rapport de l'écrivain à l'angoisse de la mort et du sexe, tend ainsi à se définir sous le signe d'un cérémonial, d'un jeu sacrificiel qui le conduit à rêver sa propre mise à mort par l'effet de son auto-analyse, et à dramatiser son entreprise par la présence de figures mythico-fantasmatiques comme celles de Judith ou de Lucrèce. L'influence de la psychanalyse est évidemment très sensible dans cette façon de présenter le moi comme lieu d'apparition et de jeu pour de telles figures à la fois très intimes et saturées de culture (la Bible, Cranach, l'opéra).

Cette influence est encore perceptible lorsque Leiris se préoccupe de reprendre ce qu'il avait tenté dans *L'Âge d'homme*, en radicalisant son projet littéraire. *Biffures*, le premier volume de la tétralogie de *La Règle du jeu*, fait repartir de l'enfance cette « psychanalyse interminable » qui se développera dans un réseau dense et complexe d'associations psychiques et langagières. Empruntant à l'ethnologie un système de fiches qui lui fournit le soubassement à la fois actuel, poétique et fantasmatique de son livre, Leiris redistribue inlassablement ce « jeu » de cartes dont il cherche la « règle », se livre à d'incessantes arabesques interprétatives, tout en cédant, selon un modèle à la fois mallarméen, roussellien et surréaliste, l'initiative aux mots. Nouvelle « recherche du temps perdu », mais aussi enquête sur soi (à côté de l'enquête sur l'Autre de l'ethnographe), et quête de soi (et d'un remède au mal-être qui ne le quitte guère), ce livre associe étroitement, dans son intention même, rétrospection et, selon le terme de Leiris, « prospection », progression et bifurcation perpétuelle. Le volume suivant, *Fourbis*, peut sembler moins audacieux, formellement, associant l'effort de déchiffrement de soi à un répertoire de souvenirs plus récents, notamment le séjour en Afrique du Nord pendant la guerre, ou un voyage aux Antilles. *Fibrilles*, le troisième volume, évoque à la fois l'aventure de l'engagement politique (voyages dans le tiers-monde, et notamment en Chine, et un drame intime, une tentative de suicide transposée en expérience orphique. Quoiqu'un tel projet puisse être considéré comme interminable, Leiris tente d'y mettre un terme avec *Frêle bruit*, qui est, avec *Biffures*, le volume de la série le plus inventif, cette fois grâce aux ressources d'une poétique du fragment et du blanc, qui semble avoir renoncé, peut-être par essoufflement, aux savantes et retorses constructions précédemment tentées, comme si l'écriture même du livre suggérait le constat d'échec que fait Leiris, puisque lui paraît désormais inaccessible la combinaison indissociable d'un art poétique et d'un art de vivre qu'il avait jusque-là recherchée.

Les textes ultimes de Leiris, relativement dégagés des enjeux de cette tétralogie autobiographique, semblent renouer avec un rapport plus ludique, virtuose, et presque heureux, au langage et à son « tangage », le dernier style de Leiris semblant prendre pour modèle, par une sorte d'*allegria* formelle, le non moins tardif *Falstaff* de Verdi. Michel Leiris est mort à Saint-Hilaire (Essonne), le 30 septembre 1990.

ŒUVRES. — Chez Gallimard, sauf indication contraire (voir Louis Yvert, « Bibliographie des écrits de Michel Leiris : 1924-1974 », *Bulletin du bibliophile*, nos 1 et 3, 1974). — *L'Afrique fantôme*, 1934. — *Miroir de la tauromachie*, 1938, rééd. GLM, 1964. — *L'Âge d'homme*, 1939. — *Haut Mal*, 1943. — *Nuits sans nuit*, 1946. — *Aurora*, 1946. — *André Masson et son univers*, Éditions des Trois Collines, 1947. — *La Règle du jeu. I. Biffures*, 1948. — *La Règle du jeu. II. Fourbis*, 1955. — *Nuits sans nuit et quelques jours sans jour*, 1961. — *Grande Fuite de neige*, Mercure de France, 1964. — *Brisées*, Mercure de France, 1966. — *La Règle du jeu. III. Fibrilles*, 1966. — *Mots sans mémoire*, 1969 [reprend *Simulacre*, 1925 ; *Le Point cardinal*, 1927 ; *Glossaire j'y serre mes gloses*, 1939]. — *La Règle du jeu. IV. Frêle bruit*, 1976. — *Au verso des images*, Fata Morgana, 1980. — *Le Ruban au cou d'Olympia*, 1981. — *Langage tangage ou ce que les mots me disent*, 1985. — *Ondes*, Le Temps qu'il fait, 1987. — *Roussel l'ingénu*, Fata Morgana, 1987. — *Francis Bacon*, Albin Michel, 1987. — *À cor et à cri*, 1988. — *Images de marque*, Le Temps qu'il fait, 1989. — *Journal 1922-1989*, 1992. — *Zébrage*, 1992. — *Journal de Chine*, 1994. — Voir aussi *C'est à dire : entretien avec Sally Price et Jean Jamin*, J.-M. Place, 1992.

→ Maurice Nadeau, *Michel Leiris et la quadrature du cercle*, Julliard, 1963. — Robert Bréchon, *« L'Âge d'homme » de Michel Leiris*, Hachette, 1973. — Pierre Chappuis, *Michel Leiris*, Seghers, 1973. — Alain-Michel Boyer, *Michel Leiris*, Éditions universitaires, 1974. — Philippe Lejeune, *Le Pacte autobiographique*, Le Seuil, 1975 ; *Lire Leiris : autobiographie et langage*, Klincksieck, 1975. — Michel Beaujour, *Miroirs d'encre*, Le Seuil, 1980. — *Autour de Michel Leiris, L'Ire des vents*, printemps 1981. — André Clavel, *Michel Leiris*, Veyrier, 1984. — Roland-H. Simon, *Orphée médusé. Autobiographie de Michel Leiris*, L'Âge d'homme, 1984. — Gérard Cogez, *Leiris sur le lit d'Olympia*, PUF, 1993. — Catherine Maubon, *Michel Leiris. En marge de l'autobiographie*, Corti, 1994. — Fonds Michel

Leiris à la Bibliothèque littéraire Jacques Doucet.

J.D.

Lely Gilbert (1904-1985). De son vrai nom Pierre Raphaël Gilbert Lévy. Né le 1er juin 1904 à Neuilly dans une famille aisée. Son père, négociant en papiers, est souvent absent, et sa mère, élégante et rieuse, appartenant à une famille attestée en Avignon depuis le XIVe siècle, meurt en 1909. Lely lui vouera toute sa vie un culte hanté de fantasmes d'inceste. À l'internat du lycée Lakanal de Bourg-la-Reine, il supporte mal le remariage de son père et rompt avec sa famille à dix-sept ans. Seul à Paris, sans ressources, il se destine alors au théâtre, prend le pseudonyme de Lely (orthographié Lély jusqu'aux années trente) et mène une vie de bohème.

Il publie en 1921 une *Anthologie des poëtes galants du XVIIIe siècle*, suivie de deux recueils de poèmes, de facture classique mais d'un érotisme très libre, imprégnés de mythologie : *Aréthuse ou élégies* (1924) et *Allusions ou poèmes* (1927). Son adaptation des *Métamorphoses d'Ovide* (publiée en 1930 par l'éditeur d'art Devambez, chez lequel il est devenu chef de fabrication), puis la tragédie *Ne tue ton père qu'à bon escient*, illustrent la même inspiration grecque et latine dans une prose serrée, sensuelle, étincelante. Il rencontre Desnos puis Breton, qui admirent les poèmes de son nouveau recueil, *Arden*, et éditent l'un d'eux dans le no 5 du *Surréalisme au service de la révolution*. En 1936, les Éditions surréalistes publient *Je ne veux pas qu'on tue cette femme*, vers libres et poèmes en prose sans titre ni ponctuation : dans un univers à la fois onirique et quotidien, des héroïnes de l'histoire de la littérature, des ouvrières, des femmes rencontrées au rond-point des Champs-Élysées, de jeunes sorcières, se livrent aux « étreintes magiques » du poète et aux délices de la trahison. En 1938, dans *La Sylphide ou l'étoile carnivore*, Lely prend ses distances avec le surréalisme et renie toutes ses productions de facture classique. Devenu secrétaire de rédaction de la revue d'humanisme médical *Hippocrate*, il publie plusieurs articles sur l'histoire de la médecine « de 1830 à l'ère microbiologique », période qui le fascine par sa « poétique horreur » (« L'enfer d'Hippocrate »). Il rencontre le sadien Maurice Heine, qui disparaîtra en 1940 et dont il poursuivra l'œuvre, et René Char. L'amitié de Lely et Char, de 1934 jusqu'à la rupture de 1947, sera profonde et violente, comme en témoigne une correspondance où chacun commente et corrige les poèmes de l'autre. Lors de l'invasion allemande, c'est Char qui invitera Lely dans la zone Sud. Il retrouve Breton et Sylvain Itkine à Marseille, où il publie à douze exemplaires un recueil « dactylographique » illustré par Max Ernst et Man Ray, que certains surréalistes jugeront « d'une érotomanie délirante », et que les éditeurs de la Libération lui refuseront. Son titre, *Ma civilisation*, deviendra celui d'un livre différent, que Lely voudra unique, et qu'il remaniera à chacune de ses éditions. C'est Char encore qui dirige Lely vers La Coste où, dans une illumination métaphysique et charnelle, le fugitif découvre « le cœur du marquis de Sade » et l'amour de « Josée ». De nombreux poèmes tenteront de « rendre compte » de cet événement, ainsi qu'un passage de la *Vie du marquis de Sade* : « Lorsque, le samedi 21 novembre 1942, après avoir franchi vers quinze heures la ceinture fantomatique du haut village de La Coste, nous arrivâmes au pied de la façade orientale du château de Sade, un saisissement inconnu nous fit chanceler dans la blancheur ». À partir de là, rien n'est plus « épars », et le destin de Lely, « La volupté, le verbe, en un seul diamant », est scellé. Réfugié, pour fuir la Gestapo, dans le maquis des Basses-Alpes où Char continue à le protéger, il inscrira Sade et l'amour de Josée dans les poèmes du « Château-Lyre », qui s'agrégeront aux leçons corrigées d'*Arden* et de *Je ne veux pas qu'on tue cette femme* pour la version imprimée de *Ma civilisation*, publiée chez Maeght en 1947.

À la Libération, Lely rentre à Paris et trouve, à la Radiodiffusion française, un emploi de journaliste-speaker qui le soustrait à l'insécurité matérielle, tout en lui laissant le loisir de diriger une collection d'auteurs classiques et libertins (« Les Phares ») et surtout de mener à bien le gigantesque travail d'exégèse et d'édition de l'œuvre de Sade : le « hasard » lui fait découvrir d'importants manuscrits, en particulier des lettres. Lely publiera dix volumes d'inédits du « prisonnier de tous les régimes » et sera le maître d'œuvre de la prestigieuse édition de ses *Œuvres complètes*, préfacées par Bataille, Heine, Blanchot, Lacan, Klossowsky, etc. Sa *Vie du marquis de Sade*, remaniée jusqu'à la fin de sa vie, inspirera Mishima pour *Madame de Sade*, déclenchera chez Pierre Guyotat « une véritable crise de l'esprit » et sera considérée par Yves Bonnefoy (qu'il rencontre aussitôt après la Libération) comme un « immense poème » où « science et poésie peuvent s'avoisiner et par instants se confondre ». Un examen comparé de la *Vie du marquis de Sade* et des *Œuvres poétiques* met en évidence leur parenté : goût de la précision du langage, de sa clarté et de son laconisme ; attention fétichiste à la « dignité du réel » ; goût de l'histoire dans la poésie, de la poésie comme expression de la vérité de l'histoire ; révérence pour toutes les arborescences de l'érotisme qui devient chez lui un vecteur métaphysique traversant les strates du temps, rendant leurs couleurs troublantes aux « jeunes Pompéïennes, immobilisées à jamais dans l'attitude de l'amour ». Gilbert Lely recompose en octosyllabes *La Folie Tristan*, d'Oxford, qui rejoindra *L'Épouse infidèle* et *Ma civilisation* dans les *Œuvres poétiques*, et publie des plaquettes d'un érotisme plus direct : *L'Inceste l'été*, *Kidama Vivila*, *Solomonie la possédée* et *Clio*, *Sotadès*, *Charcot*, où certains poèmes socratiques, prohibés depuis la fin des années trente, sont rendus à la lumière. En 1979, Gilbert Lely épouse Marie-Françoise Le Pennec. Il est mort à Paris le 4 juin 1985.

La « liberté libre » de Lely, sa haine du puritanisme, de la Terreur jacobine, du nazisme, du communisme (« la lèpre confluente des dogmes de l'asservissement »), son mépris pour les modes littéraires (le structuralisme), sa méfiance vis-à-vis de tout fait d'école (il restera dans les lisières du surréalisme et entretiendra un lien avec Philippe Sollers et Marcelin Pleynet sans participer au groupe de *Tel Quel)*, sa rupture avec Char, ont contribué à élever un mur de silence autour d'une œuvre, subversive et brève, qui a paru compter pour rien aux yeux de la plupart de ses contemporains. La poésie de Lely confère à la sexualité vécue une fonction illuminante dans la recherche du pouvoir des mots, de la créativité et de la connaissance. N'a-t-il pas placé en épigraphe de *L'Épouse infidèle* : « La différence corporelle de l'homme et de la femme, ce luxe fabuleux m'éblouit », et effrayé les éditeurs de 1945 par ces vers qu'ils refusèrent d'imprimer s'ils n'étaient traduits en latin : « Ô luxe de mon sperme dans la nuit de tes cuisses ! Là-haut, la semence homologue de la Voie Lactée » ? L'incompréhension de ses contemporains aggrava sa propension aux « cruelles délices de rectifier et de polir ». Les éditions successives de ses recueils donnent la sensation d'un organisme vivant, qui se déplace, étend son aire, se recentre, se resserre, pour mieux « dévorer la réalité ». Les *Œuvres poétiques* constituent désormais le premier tome des *Poésies complètes* (posthumes). Le deuxième tome réunit les poèmes et le théâtre publiés entre 1921 et 1932. Un troisième tome recueillera les poèmes et fragments abandonnés de la période surréaliste, la version clandestine de *Ma civilisation*, les inédits et les *stupra*. La réunion ultérieure des préfaces de la collection « Les Phares », celle des articles sur les « curiosités d'Histoire de la médecine » et de la correspondance, donneront toute la mesure d'un poète qui protégea de l'abstraction, du puritanisme et du conformisme la « subjectivité seigneuriale de l'homme » pour « vêtir les ossements dispersés de l'amour ».

ŒUVRES. — *Poésies complètes*, éd. Jean-Louis Gabin, t. I, Mercure de France, 1990 ; t. II, 1996 ; t. III, à paraître. — *Aréthuse ou élégies*, Lemerre, 1924. — *Allusions ou poèmes*, Bristol, Cleverdon, 1927. — *Métamorphoses d'Ovide*, Devambez, 1930, rééd. Le François, 1946. — *Ne tue ton père qu'à bon escient*, La Centaine, 1932. — *Arden*, Librairie du Luxembourg, 1933. — *Je ne veux pas qu'on tue cette femme*, Éditions surréalistes, 1936. — *La Sylphide ou l'étoile carnivore*, Le François, 1938. — *Ma civilisation*, édition dactylographique, 1942, Maeght, 1947, rééd. revues CDL, 1949, La Hune, 1954, Pauvert, 1961 et 1967. — *René Char*, Cahiers de la vie menacée, 1942, rééd. revues Variété, 1947, *Cahier de l'Herne René Char*, 1973. — *Vie du marquis de Sade*, Gallimard, 1952-1957, rééd. revues Le Cercle du livre précieux, 1962, Pauvert, 1965 et 1982, Mercure de France, 1989. — *La Folie Tristan*,

Éditions d'Histoire et d'art, 1954, rééd. revues Hugues, 1959, Pauvert, 1964, 1967. — *L'Inceste l'été*, Lely, 1964. — *L'Épouse infidèle*, Pauvert, 1966. — *Œuvres poétiques*, Pauvert, 1969, rééd. revues La Différence, 1977, 1980. — *Kidama Vivila*, La Différence, 1977. — *Solomonie la possédée*, Carpentier, 1979. — *Clio, Sotadès, Charcot*, Bouchard, 1981.

→ Yves Bonnefoy, « La cent vingt et unième journée », *L'Improbable*, Mercure de France, 1959 ; « Un poète figuratif », *La Vérité de parole*, Mercure de France, 1990 ; « Crier le nom », préface aux *Poésies complètes*, éd. cit., t. I, 1990. — *Orac'l*, nº 13, 1985. — *L'Infini*, nº 18, 1987. — Jean-Louis Gabin, *Gilbert Lely, biographie*, Séguier, 1991.

J.-L.G.

Lemaire Jean-Pierre (1948). Loin de l'hermétisme et des audaces formelles, ses poèmes, coulés dans une forme versifiée trouvée assez tôt, sont d'une simplicité qui ne doit pas empêcher de voir le déchirement intime qui s'y joue. Le poète conjugue attention au réel quotidien et sentiment religieux, mais cette convergence qui se lit dès *Les Marges du jour* (1981) n'est pas anodine : Jean-Pierre Lemaire a éprouvé la nécessité impérieuse d'une « conversion au quotidien ». *L'Exode et la nuée* (1982) est le premier d'une série de recueils publiés chez Gallimard. Suivront : *Visitation* (1985, prix Max Jacob), *Le Cœur circoncis* (1989) et les poèmes plus graves du *Chemin du cap* (1993).

O.G.

Lemelin Roger (1919-1992). Né à Québec, journaliste et homme d'affaires, membre de la Société royale du Canada à partir de 1949, il est devenu en 1972 président-directeur général du quotidien *La Presse.* Avec ses romans, la ville et le prolétariat urbain font leur entrée dans la littérature québécoise. *Au pied de la pente douce* (1944) inaugure une suite romanesque qui se poursuivra dans *Les Plouffe* (1948) et se terminera avec *Le Crime d'Ovide Plouffe* (1982). Les couleurs, la vie, les espoirs et les misères d'un faubourg, où les protagonistes sont d'ex-ruraux jetés dans un monde qui se transforme rapidement, sont dépeints avec un réalisme sans complaisance, mais non dépourvu de tendresse. Roger Lemelin est mort le 16 mars 1992.

S.Ma.

Lenormand Henri-René (1882-1951). Né à Paris le 3 mai 1882, fils du compositeur René Lenormand, il reste quasiment inconnu jusqu'en 1919, année où il donne *Le temps est un songe*, joué au Théâtre des Arts par la compagnie Pitoëff, à laquelle il confiera la mise en scène de presque toutes ses pièces. Il donnera, jusqu'en 1942 une série d'œuvres qui lui assurent la célébrité : *Les Ratés* (1919), *Le Simoun* (1920), *Le Mangeur de rêves* (1923), *Le Lâche* (1925), *Une vie secrète* (1929), *Sortilèges* (1932), *La Maison des remparts* et *Terre de Satan* (1942). Ses *Confessions d'un auteur dramatique* sont un incomparable témoignage sur la vie théâtrale en France dans la première moitié du XXe siècle. Il est mort le 16 février 1951.

Lenormand se donne pour mission d'« élargir la vie psychique » des personnages de théâtre : « Toutes mes pièces, déclare-t-il, tendent vers l'élucidation du mystère de la vie intérieure, vers le déchiffrage de l'énigme que l'homme est pour lui-même. » Rompant avec le héros cartésien, totalement analysable, de la dramaturgie classique, il recourt éventuellement à la psychanalyse, comme dans *Le Mangeur de rêves*, et traite de préférence les cas médicaux, dans une atmosphère morbide. Les personnages de ces drames sont courbés sous le poids de fatalités multiples et ne parviennent jamais à échapper à un destin presque toujours tragique. Les décors sont choisis pour rendre l'atmosphère plus oppressante : chaleur torride du désert africain, brumes compactes des Pays-Bas, neiges éternelles du massif alpin. Le découpage des pièces en tableaux — au lieu des actes traditionnels — met en évidence la déchéance progressive de ces faibles, de ces ratés, de ces malades, que sont le plus souvent les personnages de ce théâtre.

H.G.

Lépidis Clément (1920-1997), pseudonyme de Clément Tsélépides. Né à Paris le 2 avril 1920, de père grec originaire d'Asie Mineure et de mère française, employé à la cordonnerie de son père dès son enfance à Belleville, il a exercé plusieurs métiers, photographe, commis d'agent de change, représentant en produits de beauté, ouvrier sur les chantiers de centrales thermiques, avant de commencer à écrire à trente-trois ans, après la lecture de *Tropique du Cancer* d'Henry Miller, auquel il consacre son essai *Mille Miller* (1981). Les poètes, Michaux, Eluard et Rimbaud, lui apprennent que « la route qui mène à la lumière est dangereuse ». Sa découverte de l'œuvre du peintre italien De Chirico est pour lui capitale. Poète et essayiste, Lépidis occupe une place unique dans le monde des lettres, disposant de deux manières de penser et d'écrire, orientale et occidentale. Son œuvre de romancier prend place dans un cycle méditerranéen : *La Fontaine de Skopelos* (1969), *Le Marin de Lesbos* (1972, prix Populiste), *L'Arménien* (1973, prix de l'Académie française), *La Rose de Büyükada* (1978, prix des Deux Magots), *La Conquête du fleuve* (1980, prix Roland Dorgelès), *L'Or du Guadalquivir* (1983), *Les Oliviers de Macédoine* (1985), ainsi que ses recueils de nouvelles : *Les Émigrés du soleil* (1976), *Sortilèges andalous* et son essai *Un itinéraire espagnol* (1985). Son travail de poète et de prosateur se situe plutôt dans un cycle parisien et de la banlieue : *Cyclones* (1981), *L'Amour dans la ville, Le Mal de Paris* (1980), *Belleville au cœur* (1980), *Marchés de Paris, Des dimanches à Belleville*, ainsi que certains romans : *La Main rouge* (1978), *Monsieur Jo* (1986), *La Vie en chantier* (1993). Le réalisme de son œuvre n'exclut pas la poésie et l'appel à l'imaginaire. Il est mort à Paris le 26 août 1997.

A.Vl.

Lérot *(Éditions du)*. Maison d'édition fondée en 1982 à Tusson (Charente) par Jean-Paul Louis. Elle a publié plusieurs volumes de correspondances de Céline et coédite (avec l'IMEC) la revue *L'Année Céline,* depuis 1991. Son catalogue comporte également des auteurs originaux ou marginaux du XIXe siècle (Duranty, Mirbeau, Monselet, Tillier, Vallès) et du XXe (Maurice Ciantar, Henri Simon Faure, Albert Paraz, Paul Vimereu).

A.G.

Lérot rêveur *(Le)*. Revue fondée en 1970, par Jean-Paul Louis. Elle est à l'origine des Éditions du Lérot, créées en 1982. D'abord trimestrielle, puis annuelle, elle publie des textes contemporains.

A.G.

Leroux Gaston (1868-1927). Né à Paris le 6 mai 1868, après un baccalauréat ès lettres et des études de droit, il exerce la profession d'avocat (1890-1893) puis de journaliste, publiant dans de petites revues de courts textes de fiction, des échos, des chroniques judiciaires. En 1894, le quotidien *Le Matin* s'assure sa collaboration régulière ; il couvre de nombreux procès criminels. Nommé grand reporter en 1901, il s'illustre par quelques « exclusivités » : en 1904, il recueille le récit de l'expédition Nordenskjold, de retour du pôle Sud, puis le témoignage des marins russes rescapés de la bataille de Chemulpo. Il sillonne ensuite la Russie prérévolutionnaire (1904-1905, reportages recueillis dans *L'Agonie de la Russie blanche*, posth., 1928), dont les paysages, l'atmosphère et la situation politique trouble inspirent plusieurs de ses romans.

Entre-temps, en 1903, il s'est lancé dans le roman-feuilleton en publiant, dans *Le Matin*, *La Double Vie de Théophraste Longuet* (un employé falot découvre, par une série de coïncidences troublantes, qu'il est la réincarnation du bandit Cartouche, et part à la recherche d'un fabuleux trésor). Malgré ce coup d'essai, où sont déjà sensibles l'imagination, l'art du récit et l'humour de Leroux, sa véritable carrière de romancier commence en 1907 avec *Le Mystère de la chambre jaune*, son roman le plus célèbre. L'intrigue policière se fonde sur un problème classique : un meurtre a lieu dans une chambre hermétiquement close sans qu'on ait vu personne entrer ni sortir. Un journaliste débrouillard de dix-huit ans à peine, nommé Rouletabille, résout l'énigme et découvre l'insaisissable bandit Larsan en se fiant au « bon bout de la raison ».

Le succès du feuilleton et de son personnage décida Leroux à se retirer à Nice pour se consacrer totalement à ses romans (mis à part quelques pièces de théâtre et scénarios de films), et à se lancer dans le cycle des « Aventures extraordinaires de Joseph Rouletabille, reporter » (9 volumes, 1907-1922). Si les deux romans suivants conservent intrigue policière et atmosphère oppressante, leur ton est assez différent : *Le Parfum de la dame en noir* (1908) tourne autour du mystère des origines de Rouletabille, qui se révèle le fils de Larsan ; *Rouletabille chez le tsar* (1913) se passe à Moscou, dans la terreur des attentats nihilistes. *Le Château noir* et *Les Étranges Noces de Rouletabille* (1914) tournent au roman d'aventures : Rouletabille part libérer sa fiancée des griffes d'un terrible bandit, au cœur des Balkans en guerre, qui servent de décor à une course-poursuite picaresque. Suivront *Rouletabille chez Krupp* (1917-1918), *Le Crime de Rouletabille* (1921), *Rouletabille chez les Bohémiens* (1922).

Soucieux de ne pas rester prisonnier du personnage de Rouletabille, Leroux éprouve vite le besoin d'explorer de nouveaux univers romanesques. Du roman populaire (dont le modèle reste *Les Mystères de Paris* de Sue), il apprécie les intrigues échevelées, les rebondissements innombrables, les personnages troubles et flamboyants, l'exaltation des sentiments, les décors (cryptes, souterrains, repaires secrets) et les thèmes privilégiés (conjurations, sociétés secrètes, vengeances) : il donne, dans cette veine, *Le Roi Mystère* (1908-1909), *Un homme dans la nuit* (1910), *La Reine du Sabbat* (1910-1911), *La Colonne infernale* (1916), *Les Mohicans de Babel* (1926) ; et surtout le cycle de *Chéri-Bibi* (5 t., 1913-1925). Envoyé au bagne à seize ans pour un meurtre qu'il n'a pas commis, Chéri-Bibi est poursuivi par la *fatalitas* ; il parvient pourtant à s'emparer du navire-prison qui le reconduit à Cayenne après une évasion, et, grâce à l'inquiétant « médecin » Le Kanak, revêt la peau du marquis du Touchais, qui se révèle l'auteur du crime qui l'avait fait condamner !

Les meilleurs romans de Leroux, cependant, relèvent du genre fantastique : si la nouvelle *L'Homme qui a vu le diable* (1908), variation sur le thème du pacte avec Satan, semble encore très classique, un style plus personnel mêlant atmosphère onirique et narration ironique s'impose dès *Le Fauteuil hanté* (1909-1910). Ce roman met en scène un mystère à l'Académie française (trois récipiendaires décèdent subitement, les uns après les autres, en prononçant leur discours de réception), sur un ton volontiers grinçant (l'histoire se clôt sur l'élection, au fauteuil hanté, de Gaspard Lalouette, un astucieux analphabète). L'année suivante, Leroux publie son chef-d'œuvre, un récit au charme unique, aux frontières du rêve et de la cruauté : *Le Fantôme de l'Opéra* (1910). Le fantôme, Erik, ange musicien prisonnier d'un corps monstrueux, tombe amoureux fou d'une diva, et l'emmène dans son royaume invisible : les coulisses de l'Opéra de Paris, décor irréel et labyrinthique avec ses trappes, ses passages secrets, son lac souterrain, et sa chambre de tortures...

On ne peut détailler la quarantaine de romans écrits par Leroux entre 1907 et sa mort, le 15 avril 1927, à Nice. Mentionnons : un roman de propagande anti-allemande qui se signale par sa puissance d'invention et sa discrète ironie vis-à-vis du ton patriotique obligé, *Le Capitaine Hyx*, suivi de *La Bataille invisible* (1917-1918), où un énigmatique personnage, aux commandes d'un sous-marin géant, « Le Vengeur », livre contre les Allemands un combat sans merci ; *Le Cœur cambriolé* (1920), ingénieux récit de spiritisme ; *La Poupée sanglante* et *La Machine à assassiner* (1923), qui combinent avec habileté deux thèmes classiques de la littérature fantastique revus par la science moderne : le vampirisme et l'automate échappant à son créateur ; enfin, les contes recueillis dans *Histoires épouvantables* (posth., 1977).

Même s'il s'est illustré dans des genres souvent considérés comme mineurs (roman policier, populaire ou fantastique), même si son style « flamboyant » et ses truculents dialogues semés d'argot du début du siècle ont un peu vieilli, Leroux éblouit toujours par la puissance de son imagination, par son art consommé de la narration et du suspense, par le parfum de mystère qui imprègne ses œuvres (que l'on pense aux formules énigmatiques, appréciées des surréalistes, qui font planer sur nombre de ses romans une sourde menace : « Le presbytère n'a rien perdu de son charme ni le jardin de son éclat », « Les parfums sont quelquefois plus tragiques qu'on ne pense »...), et par l'humour grinçant avec lequel il désamorce toujours l'emphase et la grandiloquence mélodramatiques inhérentes au roman-feuilleton.

ŒUVRES. — L'essentiel de l'œuvre de Leroux a été réédité chez Laffont, coll. Bouquins, par Francis Lacassin : *Le Fantôme de l'Opéra*, etc., 1984. — *Rouletabille*, 1988, 2 t. — *Chéri-Bibi*, 1990. — *Aventures incroyables*, 1992. — *Les Assassins fantômes*, 1993.

→ *Cahiers du cercle Gaston Leroux*, huit numéros, 1977-1981. — Jean-Claude Lamy et Pierre Lépine, *Le Vrai Rouletabille*, dans G. Leroux, *Histoires épouvantables*, Nouvelles Éditions Baudinière, 1977. — *Europe*, n° 626-627, juin-juillet 1981. — Francis Lacassin, « Gaston Leroux ou les Mille et une nuits d'un exclu du *Matin* », dans *À la recherche de l'Empire caché*, Julliard, 1991. — Alfu, *Gaston Leroux : parcours d'une œuvre*, Amiens, Encrage, 1996.

B.Do.

Lesort Paul-André (1915-1997). Né à Granville (Manche) le 14 octobre 1915, licencié en droit, il est d'abord attaché de banque ; pendant la Seconde Guerre mondiale, il sert comme sous-lieutenant d'infanterie et reste prisonnier en Poméranie de 1940 à 1945, où il rencontre Paul Ricœur et Roger Ikor. À son retour d'oflag, il est attaché aux Éditions du Temps présent et, depuis 1951, conseiller littéraire aux Éditions du Seuil où il dirigera le secteur religieux. Il se révèle au public dès son premier roman, *Les Reins et les cœurs* (Plon, 1947), non pas pour ses qualités d'écriture, mais pour l'originalité de sa technique qui, rompant avec la tradition des romanciers omniscients, présente à travers chacun des quarante-cinq chapitres le point de vue d'un personnage, dont la perception des choses ne peut se comparer à nulle autre, de sorte que se dégagent du roman deux idées majeures : celle que Lesort partage avec Jaspers et Kirkegaard de l'existence irréductible de « l'autre » et celle, propre au romancier, des forces mystérieuses qui président à nos échecs apparents. *Les Portes de la nuit* (Plon, 1948), *Le Fil de la vie* (t. I : *Né de la chair*, Plon, 1951 ; t. II : *Le vent souffle où il veut*, Plon, 1954), qui obtint le grand prix catholique de Littérature, et *Le Fer rouge* (1957), de facture traditionnelle, reflètent la tristesse d'un monde que ne réchauffe plus la présence de Dieu. C'est avec chaleur, en revanche, que Lesort célèbre, dans *Claudel par lui-même* (Le Seuil, 1963), le poète de l'Apocalypse et de l'Espérance. Romancier catholique et revendiquant cette qualité, Paul-André Lesort est mort le 5 mars 1997.

Ch.F.

Lettres françaises (Les) (1942-1972). D'abord organe clandestin d'écrivains et d'intellectuels de la Résistance, fondé en janvier 1942 par Jacques Decour (qui sera fusillé par les Allemands) et Jean Paulhan, *Les Lettres françaises* deviennent, après la Libération, l'hebdomadaire littéraire du parti communiste français, dirigé par Claude Morgan, puis à partir de 1953 par Louis Aragon, qui lui imprime une marque assez forte pour en faire aux yeux de tous « le journal d'Aragon ».

Les Lettres françaises se situent d'abord dans le droit-fil de la politique culturelle du PCF : défense du « réalisme socialiste », théorisé par Andreï Jdanov, dans le roman français (André Stil, Pierre Courtade) et en peinture (Fougeron) ; volonté de perpétuer l'esprit national issu de la Résistance, contre l'influence américaine dans le cinéma et la littérature (hostilité à la Série Noire ou à Henry Miller, aussi bien qu'à l'existentialisme, considéré comme l'expression de la décadence bourgeoise). La revue prend aussi nettement position en matière scientifique (affaire Lyssenko) ou politique (procès Kravchenko contre *Les Lettres françaises,* en 1949, perdu par le journal).

Au début des années cinquante, des contradictions se font jour, lorsqu'Aragon prend conscience de l'isolement intellectuel de son parti. Révélateur de ces tensions est le scandale suscité en 1953, à la mort de Staline, par la publication en première page d'un portrait dû à Picasso et jugé irrévérencieux à l'égard du « petit père des peuples ». Aragon fait son autocritique, mais, soutenu par Maurice Thorez, et accompagné par des journalistes et intellectuels comme Roger Garaudy ou Pierre Daix, il s'emploie désormais contre tout enfermement dogmatique et sectaire — politique prudente, trop, diront certains, qui conduit *Les Lettres françaises,* vers les années soixante, à s'ouvrir à l'art abstrait, à publier un compte rendu élogieux et remarqué d'*Une journée d'Ivan Denissovitch* de Soljenitsyne (1961), à soutenir les créateurs « d'avant-garde », Sollers, Butor, Deguy ou, un peu plus tard, Jean-Luc Godard. Aragon, qui joue un rôle clé au congrès communiste d'Argenteuil en 1965, dans l'abandon de toute théorie artistique officielle du parti, s'attache à acclimater dans l'aire communiste l'héritage venu du surréalisme : Rimbaud, Lautréamont (*Lautréamont et nous,* 1967), et André Breton lui-même, à qui il rend hommage à sa mort en 1965.

Dans le même esprit, en mai 68, Aragon ouvre publiquement ses colonnes aux contestataires, sans guère convaincre les intéressés, pour qui il demeure un « stalinien », au mieux un communiste trop discipliné. On ne saurait cependant juger *Les Lettres françaises* sans tenir compte des pays de l'Est, où elles constituent alors le seul journal culturel occidental autorisé, apportant à la jeunesse étudiante et aux intellectuels de là-bas une ouverture sur l'évolution intellectuelle et artistique du monde libéral. Soucieux de préserver cet acquis, Aragon se sait en liberté surveillée : son prestige personnel ne le dispense pas de donner des gages d'obéissance politique. Sa prise de position, catégorique cette fois-ci, contre l'invasion de la Tchécoslovaquie en août 1968 *(J'appelle un chat un chat),* son soutien de plus en plus marqué aux dissidents et contestataires de l'Est (London, Havel, Sakharov, Milan Kundera) aboutissent en 1969 à la suppression des abonnements soviétiques, manne financière sans laquelle le journal est condamné à brève échéance. Le dernier numéro paraît en octobre 1972. Tout au long de leur existence, *Les Lettres françaises* reflètent ainsi, et quelquefois précèdent, l'évolution de la sensibilité communiste, jouant entre esprit de parti et esprit critique un jeu ambigu qui est leur limite et leur intérêt.

F.T.

Lettres nouvelles (Les) (mars 1953-février 1977). Revue littéraire fondée par Maurice Nadeau qui écrivait en ouverture de la première livraison : « La revue *Les Lettres nouvelles* veut servir avant tout la littérature [...], une littérature en marche. » Journaliste à *Combat* à partir de 1945, où Pascal Pia lui a confié la responsabilité de la page littéraire, Nadeau avait quitté ce journal, collaboré à *L'Observateur*, et, directeur d'une collection chez Corrêa où il publie Malcolm Lowry, Henry Miller et Lawrence Durrell, il est appelé par René Julliard, qui accueillait déjà *Les Temps modernes* de Sartre, momentanément détaché chez Gallimard, pour fonder une revue, puis une collection. Nadeau prend conseil chez Adrienne Monnier et propose à Maurice Saillet « un attelage à deux », Nadeau, directeur, Saillet, rédacteur en chef. « Ensemble, écrira Nadeau, nous voulons une revue qui ne soit ni la *NRF* ni le *Mercure* qui renaissent de leurs cendres, ni *La Table ronde* protégée par Mauriac, ni *La Parisienne* de Jacques Laurent. Elle sera la revue d'une littérature qui se cherche sous nos yeux et qui dans cet après-guerre chaotique et tumultueux, se fraie difficilement une voie entre l'« engagement » de Sartre et l'esthétisme des "nouveaux hussards". »

Nadeau va conduire cette défense d'une littérature présente durant un quart de siècle, enrichissant considérablement le catalogue français. Dès le premier numéro, où figurent Artaud et Michaux, il introduit Dylan Thomas, premier d'une très longue série d'auteurs étrangers. Il s'entoure de collaborateurs comme Adrienne Monnier, Pierre Schneider, Georges Duthuit et le jeune critique Roland Barthes. Geneviève Serreau, dont le nom est indissociable de la revue, viendra le seconder jusqu'à la fin des *Lettres nouvelles*. Saillet, quant à lui, y redécouvre des « ancêtres de notre modernité » tels que Jarry, De Quincey, Daumal. Cette double orientation entre littérature la plus contemporaine et relecture « d'oubliés et de dédaignés » va conduire Nadeau et Saillet à se séparer sur un malentendu. Ils se retrouveront pour la création de *La Quinzaine littéraire* en mars 1966.

En 1958, devant l'essoufflement des revues littéraires mensuelles, Nadeau propose à Julliard une nouvelle formule : les *Lettres nouvelles* hebdomadaires. Nadeau s'entoure de ses amis, en particulier Bernard Pingaud, Jean-Jacques Mayoux, Albert-Marie Schmidt, Georges Limbour, Jacques Howlett, Maurice Henry qui y publiera ses dessins. Le premier numéro de la nouvelle série paraît le 4 mars 1959 avec au sommaire Beckett, Bonnefoy et José Bergamin. Les abonnements ont doublé et la revue touche trois fois plus de lecteurs. Mais un an plus tard, épuisés par la charge matérielle qu'ils portent à deux et confrontés à une actualité qu'il faut traiter sans avoir les mêmes moyens que les autres hebdomadaires, Geneviève Serreau et Maurice Nadeau demandent à leur éditeur de transformer *Les Lettres nouvelles* en bimestriel. Cette nouvelle série sort en mars-avril 1960. La revue va dès lors alterner livraisons ordinaires, numéros spéciaux et publication d'ouvrages. La collection fusionnant avec la revue offre la possibilité de réunir autour de la revue toutes les formes d'édition possibles. Cinq ans chez Julliard, douze chez Denoël, qui accueille la revue en 1965, feront des *Lettres nouvelles* un réservoir d'auteurs français et étrangers repris depuis lors chez d'autres éditeurs.

René Julliard déclarait que *Les Lettres nouvelles* étaient son laboratoire de recherche. De Fernando Arrabal à Andrea Zanzotto, Nadeau a publié, et souvent le premier, une liste impressionnante d'écrivains dont César Aira, Rachid Boudjedra, Louis Calaferte, Stig Dagerman, Jean Douassot, Witold Gombrowicz, Victor Hatar, John Hawkes, Felisberto Hernandez, Jack Kerouac, Osmans Lins, Malcolm Lowry, Harry Mathews, Pierre Naville, Cees Nooteboom, Pierre Pachet, Georges Perec, Manuel Puig, Jean Reverzy, Juan Rulfo, Juan José Saer, Arno Schmidt, Bruno Schulz, Leonardo Sciascia, Richard Wrig, sans compter les textes publiés exclusivement dans la revue et qui prennent part aux débats intellectuels et esthétiques des trente dernières années.

→ Maurice Nadeau, *Grâces leur soient rendues, mémoires littéraires*, Albin Michel, 1990. — Jean-Claude Lamy, *René Julliard*, Julliard, 1992.

J.-D.W. — IMEC

lettrisme. Théorie poétique fondée par Isidore Isou. À Paris en 1945, Isou, qui a déjà conçu le premier lettrisme et sa théorie de la culture intégrale, la « créatique » renouvelant sciences, art, philosophie, technique, intéresse un moment Paulhan et Max-Pol Fouchet à sa théorie. Avec Gabriel Pomerand et Maurice Lemaître, il suscite des scandales, écrit des manifestes, fonde une centrale lettriste (les Éditions des Escaliers de Lausanne) et inspire des revues au ton polémique : *La Dictature lettriste* en 1946 ; sous la direction de Maurice Lemaître, *Ur* (littéraire) et *Front de la jeunesse* (libertaire) à partir de 1950.

Cette virulence ne doit pas faire oublier qu'une vraie volonté de renouveau anime les lettristes, renouveau appelé par l'évolution même de la poésie selon Isou : d'Homère à Hugo, elle s'est développée dans une phase « amplique » par ses genres, ses thèmes, ses sujets. À partir de Baudelaire, elle s'est éloignée de l'événement comme du lyrisme facile : c'est la phase « ciselante », destructive, qui doit être menée à son épanouissement par l'abandon du mot, vidé déjà de son contenu conceptuel et artistique, au profit de la lettre (*Introduction à une nouvelle poésie et à une nouvelle musique*, Gallimard, 1947).

Le but du lettrisme est de faire naître une poésie fondée sur le rythme, les vibrations, le son des lettres, auxquelles on ajoute des signes indiquant aspiration, crépitement, ronflement. Poésie certes écrite, mais de caractère récitatif, qui part du cri et du silence. Selon Isou, les notes sont mortes, la musique est désormais fondée sur les bruits et sur la voix humaine, donc unie à la poésie sous le nom de *lettrie*. Quoi qu'on en pense, on ne peut méconnaître en l'entendant l'énergie et la présence de cette poésie phonique, qui utilise l'amplification, la répétition, le blanc : poèmes longs comme *La Guerre d'Isou*, ou *La Symphonie en K*, de Pomerand (1946), ou plus courts comme les *Poèmes magnifiques*, d'Isou (1950), *La Ballade des mordus*, de Lemaître (1957), les *Poèmes électriques*, de Satie (1964).

Vers les années 1955, Isou évolue vers le nihilisme, en préconisant l'emploi de lettres inexistantes et l'*aphonisme*, suppression du son. Aux yeux de certains lettristes, il compromet ainsi par égocentrisme la révolution dont il se dit le Messie, révolution totale portant sur la peinture, la photographie, le cinéma (expositions de peinture « hypergraphique » de 1954 et de 1968 ; « Syncinéma », de Lemaître), le théâtre, l'érotisme, et la société (*Traité d'économie nucléaire*, aux Escaliers de Lausanne, 1958).

En 1959, Isou, demeurant à la tête du groupe lettriste proprement dit, rompt avec l'Internationale situationniste (Guy Debord, Raoul Vaneigem), inspirée par un marxisme anarchisant, qui interviendra dans les événements de 1968. Il rompt également avec l'*ultralettrisme*, qui renoue avec l'idée d'un langage, le fondant sur le schème, réprimé dans le langage conventionnel. Le *schématisme* a donné naissance à une peinture et à des textes notables de Lattanzi et de Robert Estivals ; il s'exprime en 1960-1970 dans les revues *Grâmmes*, *Schéma*, *Schéma et schématisation*.

→ Maurice Lemaître, *Qu'est-ce que le lettrisme ?*, Fischbacher, 1954. — Robert Estivals, *L'Avant-garde culturelle parisienne depuis 1945*, Guy Le Prat, 1962. — Jean-Paul Curtay, *La Poésie lettriste*, Seghers, 1974.

M.-C.B.

Lévis Mano Guy (1904-1980). Poète, typographe, imprimeur et éditeur de poésie, il a consacré sa vie au livre sous toutes ses formes. Très jeune, il s'est passionné pour la poésie, pour la mise en pages et l'illustration des poèmes, créant plusieurs petites revues qui le conduisent peu à peu à de véritables recherches typographiques dans son propre atelier d'imprimerie. Dans la maison d'édition qu'il fonde en 1933 (G.L.M.), il édite ses poèmes mais aussi d'autres poètes contemporains : Eluard, Breton, Soupault, Char, Bataille, Jouve, Michaux, Prévert, Leiris ou Tzara, illustrés par Giacometti, Masson, Miró, Picasso, Max Ernst ou Man Ray. De 1933 à 1939, l'influence des surréalistes est sensible dans sa poésie, surtout dans l'emploi des images, des associations libres, de la discontinuité et de l'absurde. Mobilisé en 1939, il est fait prisonnier en 1940 et reste cinq ans en captivité, devenant « l'Homme immobile ». Cette captivité l'a beaucoup marqué, jusque bien après sa libération. Il rouvre cependant son atelier d'édition et crée une nouvelle revue, *Le Temps de la poésie*, mais connaît un silence poétique de plusieurs années, de 1948 à 1954. Il renoue ensuite avec la création de manière continue. Amoureux de la nuit, de l'intériorité, de nature pudique et secrète, il a toujours préféré, plutôt que de parler de lui, s'objectiver dans un autre lui-même, son double, qu'il appelle Jean, prénom qu'il conserve dans son pseudonyme pour les poèmes écrits en captivité : Jean Garamond (du nom d'un caractère d'imprimerie qu'il affectionnait). Sa poésie présente des formes diverses : le plus souvent le vers libre avec un usage concerté du blanc et des décrochements, mais aussi le récit en prose *(Jean et Jean)*, le verset *(L'Extrême Adversaire)* troué de blancs *(Crâne sans lois)*, et le poème en prose *(Le Dedans et le dehors)*. Guy Lévis Mano a traduit et édité de nombreux poètes espagnols, dont Garcia Lorca. Il est mort à Vendranges (Loire) le 25 juillet 1980.

ŒUVRES. — *Trois poèmes de la tristesse et de la mort*, 1924. — *C'est un tango pâmé*, 1925. — *Treize minutes*, 1927. — *Au coin de l'aventure qui n'a pas de nom*, 1931. — *Fait divers*, 1932. — *Il est fou. 11 minutes*, 1933. — *Ils sont trois hommes*, 1933. — *L'Homme des départs immobiles*, 1934. — *Jean et Jean*, 1935. — *Longueur des nuits où rien n'arrive*, 1935. — *Trois typographes en avaient marre*, 1935. — *Négatif*, 1936. — *Crâne sans lois*, 1937 et 1939. — Sous le nom de Jean Garamond : *Images de l'homme immobile*, et des poèmes dans *Cahier des écrivains prisonniers* et dans *Poètes prisonniers*, 1943. — *Images de l'homme immobile II*, 1945. — *Captif de ton jour et captif de ta nuit*, 1945. — *Homme exclu de la vie et de la mort*, 1945. — *Ont fait nos cœurs barbelés*, 1947. — *Captivité de la chair*, 1947. — De nouveau sous son nom : *Mal à l'homme*, 1948. — *L'Extrême Adversaire*, 1954. — *Il n'y a pas plus solitaire que la nuit*, 1957. — *Le Dedans et le dehors*, 1961 et 1966. — *Loger la source : poèmes écrits de 1945 à 1961*, Gallimard, 1971. — *Les Absences du captif*, 1974.

→ Andrée Chédid et Pierre Torreilles, *Guy Lévis Mano*, Seghers, coll. Poètes d'aujourd'hui, 1974, rééd. 1990.

M.A.

Lévi-Strauss Claude (1908). Né à Bruxelles le 28 novembre 1908, de parents français, il a consacré l'essentiel de ses recherches à des problèmes en marge du champ littéraire : la mise au jour des logiques complexes et inconscientes qui régissent, dans les sociétés dites « primitives », rapports de parenté, coutumes, organisation sociale, récits mythiques, figurations esthétiques, savoirs et classifications empiriques. Cette entreprise n'est cependant pas dépourvue de lien avec la littérature : la « méthode » élaborée par Lévi-Strauss, l'analyse structurale, dérive pour une part de la linguistique ; instrument heuristique de portée générale, elle peut en retour être appliquée, sous certaines réserves, aux œuvres littéraires. Enfin, si l'œuvre de ce maître de l'anthropologie sociale consiste principalement en essais spécialisés, la portée de ses thèmes de réflexion lui confère une dimension littéraire et philosophique, particulièrement sensible dans son ouvrage le plus célèbre : *Tristes Tropiques*.

La formation de Lévi-Strauss est d'abord orientée vers le droit et la philosophie ; mais la reconnaissance institutionnelle des disciplines sociologiques jointe à son admiration pour l'ethnologie anglo-saxonne décide vite de sa vocation. En 1935, il part pour le Brésil enseigner la sociologie à l'université de São Paulo, effectuant plusieurs expéditions dans le Matto Grosso et en Amazonie méridionale, et constituant une importante collection d'objets et d'observations ethnologiques. Ce sera son unique enquête « de terrain » : s'il attache à cette expérience une portée méthodologique, Lévi-Strauss envisage déjà son travail comme une mise en ordre intellectuelle des documents collectés en grand nombre par explorateurs et ethnologues depuis le début du siècle.

Il rentre en France en 1939 pour préparer une thèse : projet contrarié par la mobilisation, puis par les lois raciales de Vichy qui le forcent à émigrer vers les États-Unis. Professeur à la New York School for Social Research, il précise ses intuitions au contact des grands ethnologues américains et du linguiste Roman Jakobson ; la richesse des bibliothèques américaines favorise cette maturation, et Lévi-Strauss reste à New York jusqu'en 1947, le temps de terminer sa thèse. De retour à Paris, il travaille au musée de l'Homme avant d'enseigner à l'École pratique des Hautes Études.

Son premier ouvrage, *Les Structures élémentaires de la parenté*, paraît en 1949. Cette réflexion sur l'énigme de la prohibition universelle de l'inceste lui permet d'énoncer les fondements de sa méthode analytique et d'aboutir à quelques conclusions fortes : définition de la culture par les phénomènes de régulation et d'astreinte à une norme (et non par opposition à une prétendue nature) ; universalité des structures d'échange et de réciprocité qui fondent les rapports sociaux. Cette évaluation sans préjugé des sociétés « primitives » le conduit bientôt à critiquer l'« ethnocentrisme » dans *Race et histoire* (1952), où il défend l'idée que l'hétérogénéité des cultures interdit de les hiérarchiser de façon absolue, non sans verser parfois dans le dénigrement de la culture occidentale. Ce relativisme l'opposa longtemps aux défenseurs des arts et des sciences de l'Occident : le plus virulent fut sans doute Roger Caillois.

En 1955, à la demande de Jean Malaurie, Lévi-Strauss consigne les souvenirs de ses séjours parmi les ethnies amérindiennes dans un ouvrage alors mieux accueilli par la critique littéraire que par les ethnologues : *Tristes Tropiques*. Dès sa première phrase (« Je hais les voyages et les explorateurs »), le livre s'inscrivait de façon provocante contre le genre du « récit d'expédition » traditionnel, critiquant une ethnologie encore marquée par l'idéologie coloniale ; mais ses ambitions étaient plus vastes. Lévi-Strauss y dresse son autobiographie intellectuelle, passant en revue les influences, pour lui décisives, du marxisme, de la psychanalyse et de la géologie — trois disciplines qui enseignent à chercher, derrière la complexité et l'apparente irrationalité des phénomènes de surface, une structure, un ordre profond que la pensée peut retrouver. Il développe également dans ces pages quelques-uns de ses thèmes de réflexion privilégiés : la place de l'homme dans la nature, le sens de la civilisation, du progrès, les rapports entre l'Ancien et le Nouveau Monde, tentant de renouer ainsi avec une tradition littéraire remontant à la Renaissance, celle du voyage philosophique, où l'exploration géographique et anthropologique est inséparable d'une aventure intérieure.

Tristes Tropiques, malgré son importance au cœur de l'œuvre de Lévi-Strauss, ne constitua qu'une parenthèse au milieu de préoccupations plus théoriques, exposées dans *Anthropologie structurale*, important recueil d'études ordonnées autour de cinq grands thèmes (langage, organisation sociale, magie, art, méthode). Suivant une démarche étayée par la linguistique, l'analyse structurale y fait la démonstration de son pouvoir heuristique : extrêmement générale, elle s'applique à toutes sortes de systèmes, d'ensembles où les éléments comptent moins que les rapports qui les lient ; étudier le sens d'un élément, c'est observer de quelle façon et avec quels effets on peut le permuter dans tous les contextes possibles. Cette méthode, illustrée par ses travaux et la revue qu'il fonde en 1961, *L'Homme*, se diffusa bien vite au-delà de son premier champ d'application ; sa généralité incita notamment à l'utiliser en critique littéraire. En collaboration avec Jakobson, Lévi-Strauss s'essaya lui-même à analyser un sonnet de Baudelaire, *Les Chats* (étude publiée dans *L'Homme*, janvier-avril 1962). Cette dissection phonétique, linguistique et stylistique fut l'objet d'âpres controverses, qui opposèrent des années durant sectateurs et contempteurs de la critique structuraliste.

Loin de ces querelles, Lévi-Strauss, élu au Collège de France en 1960 (il y sera titulaire d'une chaire d'anthropologie sociale jusqu'en 1982) se concentre sur l'étude des cultures « primitives », et donne en 1962 *Le Totémisme aujourd'hui* et *La Pensée sauvage*. Réfutant la coupure épistémologique posée d'ordinaire entre mentalités logique et prélogique, l'anthropologue explique que la « pensée sauvage », si elle choisit d'autres objets que les sciences occidentales et d'autres modes d'action (la magie), n'en révèle pas moins une grande finesse d'observation et de classification logique des données de l'expérience. Ses réflexions se focalisent ensuite sur la pensée mythique, dont il cherche à identifier les éléments signifiants (« mythèmes ») et les règles de combinaison. À partir d'un corpus de récits amérindiens rattachés à des thèmes « culinaires », il met au jour cette logique du mythe (qui figure des solutions imaginaires et symboliques aux problèmes fondamentaux de l'organisation sociale et des rapports nature-culture) dans les quatre volumes de *Mythologiques* : *Le Cru et le cuit* (1964) ; *Du miel aux cendres* (1967) ; *L'Origine des manières de table* (1968) ; *L'Homme nu* (1971) — auxquels s'ajouteront deux ouvrages tardifs, *La Potière jalouse* (1985) et *Histoire de lynx* (1991).

Après son élection à l'Académie française (1973), Lévi-Strauss se tourne vers l'analyse esthétique avec *La Voie des masques* (Skira, 1975), importante étude des logiques et des fins dans les arts « primitifs », rattachée aux questions plus vastes de l'identité culturelle et des fonctions sémantiques de l'art. Avec le temps, cependant, l'anthropologue confronté au succès de ses théories se montre soucieux de les nuancer ou de les faire mieux comprendre : c'est l'objet du *Regard éloigné* (1983) et d'un recueil d'entretiens, *De près et de loin* (Odile Jacob, 1988). Il s'y montre assez critique vis-à-vis des aspects réducteurs d'une application mécanique du structuralisme, ainsi que des effets ravageurs du relativisme culturel qu'il a contribué à promouvoir : constater l'impossibilité objective de hiérarchiser les cultures, du fait de leur hétérogénéité, ne revient pour lui nullement à nier leur possible incommunicabilité, ni à affirmer que tout se vaut et qu'en matière artistique toute préférence est sans objet. *Regarder, écouter, lire* (1993) le démontre brillamment : le livre est consacré à quelques créateurs qu'il admire particulièrement (Proust, Poussin, Rameau, Diderot) pour leurs facultés de composition. Leurs œuvres, agencées ou remaniées avec le plus grand soin, se prêtent merveilleusement à une analyse structurale appliquée avec pénétration et souplesse, qui ne prétend plus épuiser les qualités de son objet. Nourri de références érudites, l'ouvrage prend le ton d'une subtile causerie, invitant le lecteur à suivre dans ses raisonnements un esprit toujours admirable pour sa finesse, son attention aux détails et aux singularités, autant que pour sa capacité de mise en évidence d'ordres cachés.

ŒUVRES. — Publiées pour la plupart chez Plon, et reprises dans la collection Presses Pocket.

→ José Guilherme Merquier, *L'Esthétique de Lévi-Strauss*, PUF, 1977. — Raymond Bellour et Catherine Clément, *Claude Lévi-Strauss* [recueil d'études], Gallimard, 1979. — Jean-Marie Benoist, *La Révolution structurale*, Paris, 1980. — Didier Éribon, *De près et de loin* [entretiens], Odile Jacob, 1988. — Marcel Hénaff, *Claude Lévi-Strauss*, Belfond, 1991. — Michel Paroff, *Les Frères ennemis : Roger Caillois et Claude Lévi-Strauss*, Payot, 1993. — Clifford Geertz, *Ici et là-bas. L'anthropologue comme auteur*, Métailié, 1996.

B.Do.

Lèvres nues (Les). Revue surréaliste belge, fondée et dirigée par Marcel Mariën de 1954 à 1958 (1re série, douze numéros, plus un no hors série en 1960) et de 1969 à 1975 (2e série, douze numéros). Dans la ligne du groupe bruxellois du mouvement surréaliste belge, elle a publié des textes de Nougé, Mariën, Scutenaire, Senecaut, De Rache, etc. Pratiquant le détournement de messages préexistants, présentant des collages publicitaires et des montages photographiques, elle a reflété l'anticléricalisme des années cinquante ou exalté la révolution prolétarienne, montrant une certaine complaisance dans la recherche du scandale. Il faut signaler son attention à la musique et au cinéma (voir les textes de Nougé et le scénario du film de Mariën, *L'Imitation du cinéma)*. À l'enseigne de la revue, son fondateur a édité un grand nombre de volumes et de plaquettes rassemblant les textes des principaux protagonistes du groupe (Nougé, Souris, Scutenaire, Magritte, Lecomte, Goemans, Mariën lui-même).

ŒUVRES. — *Les Lèvres nues*, n° 1-12, éd. Marcel Mariën, Allia, 1995 (reprint).

O.Bi.

Ley Madeleine (1901-1981). Née à Anvers (Belgique), le 5 mai 1901. Les années trente resteront la seule période active de Madeleine Ley sur le plan littéraire : après la publication de *Petites voix* (1930, poèmes), de *L'Enfant dans la forêt* (1932) et de *La Nuit de la Saint-Sylvain* (1935), destinés initialement aux enfants, elle participe aux décades de Pontigny et rencontre de nombreux écrivains. C'est de cette époque que date son chef-d'œuvre, *Olivia* (1936) : journal intime, mêlé de lettres, il relate une histoire d'amour vers 1850 entre une jeune veuve et un chanteur italien, en un pastiche raffiné des conventions du genre. Elle reçoit le prix Rossel en 1939 pour un recueil de nouvelles encore inédites, parmi lesquelles on trouve *Le Grand Feu*, qui raconte les contrecoups du destin d'une jeune fille après qu'elle a accidentellement incendié un village. Mais Madeleine Ley, malade, commence à accuser des troubles mentaux qui la porteront à effectuer plusieurs séjours en hôpital. Paraîtront encore *La Maison du ciel* (1941, pour enfants) et *Le Grand Feu* (1942) avant qu'elle ne cesse complètement toute activité d'écriture.

ŒUVRES. — *Olivia*, rééd., Bruxelles, Labor, coll. Espace Nord, 1986. — *Le Grand Feu*, rééd., Arles, Actes Sud, 1988.

O.Bi.

Lhérisson Justin (1873-1907). Né à Port-au-Prince (Haïti), il est surtout connu par ses deux romans, *La Famille des Pitite Caille* (1905) et *Zoune chez sa Ninnaine* (1906), dans lesquels il offre au lecteur une image pittoresque du petit peuple d'Haïti et de ses pratiques langagières à la fin du XIXe siècle. Il est mort à Port-au-Prince en 1907.

J.C.

Libbrecht Géo (1891-1976). Né à Tournai (Belgique), le 17 février 1891, volontaire pendant la Première Guerre, à l'armistice, une fois ses études de droit terminées, il part pour le Brésil tenter l'expérience coloniale. Il publie son premier recueil à quarante-six ans : c'est le début d'une œuvre prolifique qui devait comprendre une centaine de volumes et de plaquettes. D'autobiographiques *(Passages à gué*, 1937 ; *Palmiers du Taquouari*, 1938 ; *Comptoirs dans le vent*, 1940), ses textes vont évoluer dans une direction métaphysique, où la recherche de Dieu voisine avec les grandes interrogations sur le cosmos et l'univers *(À la rencontre de Dieu*, 1941 ; *Enchanteur de toi-même*, 1946 ; *Sacre de l'univers*, 1949 ; *Ma Sœur pour l'éternité*, 1954 ; *Les Mains trouées*, 1959). Tenté par l'ésotérisme, Géo Libbrecht cherche aussi une réponse dans les tarots et la Kabbale *(Abstrachromie*, 1960 ; *Le Fol*, 1970). À la fin de sa vie, il revient à une inspiration plus réaliste, plus régionaliste aussi *(Les Cloques*, 1964, en dialecte picard). La musique a une grande importance dans son œuvre, dont une partie « polyphonée » est écrite directement pour le chant *(Ishtar*, 1947 ; *Éclosions*, 1950 ; *Incantations*, 1955 ; *Chants incantatoires*, 1971). Il est mort le 20 septembre 1976.

ŒUVRES. — *Livres cachés*, *Œuvres complètes*, 11 vol., Bruxelles, L'Audiothèque, 1959-1973.

→ Roger Bodart, *Géo Libbrecht*, Seghers, coll. Poètes d'aujourd'hui, 1966.

O.Bi.

Libération *(cahier « Livres » de).* Le supplément littéraire du journal *Libération* est lancé en février 1988 sous la direction d'Antoine de Gaudemar, assisté alors principalement de Mathieu Lindon, Claire Devarrieux et Robert Maggiori, bientôt rejoints par Jean-Baptiste Harang et Jean-Baptiste Marongiu. Ce cahier « Livres », comme l'appelle la rédaction, comprend de huit à douze pages intégrées au journal et paraît le jeudi. Il comporte un reportage de deux ou trois pages, entre le portrait et la chronique, suivi d'articles critiques plus concis, proches du courrier. Le traitement, souvent alerte et amusé, des sujets témoigne d'une conception très libre de la critique littéraire, ouverte non seulement aux littératures étrangère et française et aux sciences humaines, en particulier à la philosophie, mais aussi à la parallittérature, au roman policier et à la vie éditoriale française. À côté des grands événements littéraires, tels que la découverte des papiers de Raymond Roussel ou la publication du journal de Queneau, le cahier « Livres » de *Libération* suit avec attention l'itinéraire de quelques grands auteurs comme Modiano, Pinget ou Simon, et s'intéresse de près à la littérature novatrice, encourageant la reconnaissance par le grand public de l'œuvre de Jean Echenoz, d'Éric Chevillard ou, plus récemment, de Mehdi Belhaj Kacem.

O.B.-B.

Liègme Bernard (1927). Né au Locle, en Suisse. En 1958 fut créée à Neuchâtel sa pièce, *Au bout du monde*. L'auteur est cofondateur du Théâtre populaire romand. Il montre, dans ses pièces, le pouvoir déstabilisé par la révolution en marche, avec ironie dans *Les Murs de la ville* (1961), indignation dans *Le Soleil et la mort* (1966) et désillusion dans le cirque des *Augustes* (1972). Le Théâtre des Trois Coups à Lausanne a monté *Tandem* (1976), séquences d'un amour médiocre, puis *Solo*, vie ratée, ordurière et pathétique, et *Les Archivistes*, où la jeunesse triomphe.

ŒUVRES. — *Théâtre complet*, Lausanne, L'Âge d'homme, 1972. — *Solo*, Lausanne, L'Aire, 1978. — *Les Archivistes*, L'Aire, 1983. — *Le Feu du théâtre* (entretiens avec C. Vallon), L'Aire, 1980.

J.A.

Liking Werewere (1950), pseudonyme d'Eddy Liking, Mé Njock. Née à Bondé (Cameroun), elle imprime à la vie culturelle en Côte-d'Ivoire — où elle s'est fixée à partir de 1979 et où elle exerce ses talents de peintre, d'écrivain et de metteur en scène — un indiscutable dynamisme. Elle est surtout connue à Abidjan pour son action en faveur de la création africaine dans le cadre de la Villa Ki-Yi, centre culturel créé en 1983 avec Marie-Josée Hourantier, et siège de la troupe « Ki-Yi M'Bock Théâtre », au sein de laquelle elle exprime sa conception du théâtre rituel. Ses recherches touchant la tradition orale l'ont en effet conduite à accorder une place privilégiée aux thèmes et aux formes puisés dans le fonds culturel ancestral de l'Afrique, aussi bien dans ses romans que dans son théâtre. *Orphée d'Afric* (L'Harmattan, 1981) et *Elle sera de jaspe et de corail* (L'Harmattan, 1983), qualifiés de « chants-romans », tentent d'opérer une synthèse entre l'Afrique d'hier et l'Afrique d'aujourd'hui. Son théâtre donne la pleine mesure de son talent d'écrivain dans *La Puissance de Um* (Abidjan, CEDA, 1979), *Une nouvelle terre* (Dakar, NÉA, 1980) et de réalisateur, notamment dans le cadre du Festival international des Francophonies de Limoges, où elle a écrit et monté en 1990 *Singué Mura : considérant que la femme*, vibrant plaidoyer féministe, et en 1992 *Un Touareg s'est marié à une Pygmée* (Bruxelles, Lansman). Elle est également l'auteur d'un recueil poétique, *On ne raisonne pas le venin* (Saint-Germain-des-Prés, 1977), et de plusieurs compilations de contes initiatiques, dont les *Contes d'initiation féminine*.

J.C.

Lilar Suzanne (1901-1992). Née à Gand (Belgique) le 21 mai 1901, à la croisée des cultures flamande et française, première femme entrée à la Faculté de droit de Gand, première avocate inscrite au barreau d'Anvers, elle a affirmé d'emblée une indépendance dont elle ne se départira jamais. Mariée à un avocat célèbre et futur ministre de la Justice, elle se consacre principalement à des études juridiques, avant de publier une pièce de théâtre, *Le Burlador* (1945), premier témoignage d'une « recherche du mixte » (Jean Tordeur), qui sera à la base de son œuvre future : les femmes y reconnaissent l'essence masculine de la nature de Don Juan et en tirent parti. Suivront, toujours au théâtre, *Tous les chemins mènent au ciel* (1947), « rapprochement de l'extase et de l'amour » et *Le Roi lépreux*

(1951), tentative de mise en abyme du jeu de scène. Ces pièces seront couronnées par un essai, *Soixante ans de théâtre belge* (1952), suivi par *Le Journal de l'analogiste* (1954 ; rééd. 1979 avec une préface de Julien Gracq), réflexion sur la nature de la poésie vue comme rencontre aléatoire et dynamique des éléments, tentative d'union à travers les analogies : Suzanne Lilar y exprime la valeur absolue de la poétisation du monde dans une tentative d'ouverture et de décloisonnement des concepts artistiques. Élue à l'Académie royale de langue et de littérature françaises de Belgique en 1956, elle publie simultanément, en 1960, deux récits : *La Confession anonyme* (sans nom d'auteur, porté à l'écran par André Delvaux en 1985) et *Le Divertissement portugais*, miroir ludique et galant du premier. Tous deux exposent l'histoire de la séduction et de la passion d'une femme de quarante ans en dehors de son univers géographique. *La Confession anonyme*, exaltation de la transgression et de l'érotisme, est bien plus qu'une histoire d'amour : c'est le récit d'un jeu amoureux, une manière de cérémonial pleinement assumé et goûté par une femme, y compris dans la douleur ou la violence provoquées par ses rapports avec son amant. Délaissant la fiction, Suzanne Lilar s'est ensuite consacrée à l'essai, publiant *Le Couple* (1963), une apologie de la passion, « dernière chance de notre civilisation » : elle y affirme la transcendance de l'amour physique, à l'encontre des positions existentialistes du temps en matière de sexualité. Celles-ci seront d'ailleurs réfutées dans *À propos de Sartre et de l'amour* (1967) et *Le Malentendu du deuxième sexe* (1969) : à la négation de l'authenticité de l'amour ou de l'essence du féminin, l'auteur oppose la reconnaissance de la nature bi-sexuelle de l'être humain et la reconquête de l'amour dans la compréhension des différences. Lauréate du prix quinquennal de la critique et de l'essai en 1969, elle a donné des mémoires en 1976 *(Une enfance gantoise)* où elle allie, dans une langue somptueuse, la découverte du merveilleux et la reconnaissance des clivages socio-culturels, l'apprentissage des différences avec la richesse des confrontations, entrecoupés de nombreuses interrogations métaphysiques et morales (voir aussi *Les Moments merveilleux* et *Journal en partie double*, 1986). Anoblie par le roi Baudouin en 1976, elle est morte le 11 décembre 1992. Suzanne Lilar est la mère de Françoise Mallet-Joris.

ŒUVRES. — Aux Éditions Grasset. — *La Confession anonyme*, *Le Couple*, rééd., Bruxelles, Les Éperonniers, coll. Passé-présent, 1980, 1988. — *Le Divertissement portugais*, rééd., Bruxelles, Labor, coll. Espace Nord, 1990.

→ *Autour de Suzanne Lilar*, *Bulletin de l'Académie royale de langue et de littérature françaises*, n° 2, 1978. — *Cahiers Suzanne Lilar*, Gallimard, 1986. — Collette Nys-Mazure, *Suzanne Lilar*, Bruxelles, Labor, coll. Un livre, une œuvre, 1992.

O.Bi.

Limbéraki Marguerite (1919). Née à Athènes, elle est élevée par son grand-père, l'éditeur Féxis, qui l'initie à la littérature. Très jeune, elle séjourne à Paris, apprend le français et s'adonne à la peinture. Peu après ses études de droit à l'université d'Athènes, elle publie un premier roman, *Les Arbres* (1945), suivi de *Les Chapeaux de paille* (1946), *Trois étés* en français, dont le succès la consacre. Elle s'installe ensuite à Paris et partage sa vie entre la France et la Grèce, et entre les deux langues. Le sujet de son troisième roman, *L'Autre Alexandre* (1950), porté à la scène française par l'auteur (1957), marque le début d'une carrière prometteuse dans le genre théâtral. Quelques-unes de ses pièces sont écrites en français : *Les Danaïdes* (1963), *Le Saint Prince* (1963), *Sparagmos* (1967), *Erotica* (1974). D'autres en grec, traduites par elle en français, *La Femme de Candaule* (1954), *Pour l'absent* (1972), *Le Rire* (1976), *Vie* (1985). S'y ajoute son dernier roman, *Le Mystère* (1976), et les scénarios de deux films : *Ville magique* (mise en scène de Nikos Koundouros, 1954) et *Phèdre* (mise en scène de Jules Dassin, 1962).

A.Vl.

Limbour Georges (1900-1970). Né à Courbevoie le 12 août 1900, il grandit au Havre, la ville de sa famille maternelle. C'est au lycée du Havre qu'il fait plusieurs rencontres marquantes : Jean Dubuffet, Raymond Queneau, Armand Salacrou s'y trouvent en même temps que lui. En 1918, bachelier, il s'installe à Paris en compagnie de Jean Dubuffet pour préparer

PCM à la faculté de médecine. Il écrit des poèmes et renonce aux études médicales ; il s'inscrit en 1919 à la Sorbonne et prépare une licence de philosophie. Introduit par Salacrou et Dubuffet dans les milieux intellectuels et artistiques parisiens, il fait la rencontre déterminante de Max Jacob, autour duquel se réunissent les poètes et les peintres de Montmartre. Incorporé en 1920 au 104e régiment d'Infanterie, il a comme compagnons François Baron, René Crevel, André Dhôtel, Roger Vitrac. Sans qu'il le sache encore, il est ainsi mêlé au groupe naissant des surréalistes : bientôt il est introduit rue Fontaine, chez Breton. Une amitié durable se noue avec Aragon. Limbour est reconnu par Max Jacob qui voit en lui « un nouveau Rimbaud ». En 1922, introduit par Dubuffet dans l'atelier d'André Masson, il rencontre Michel Leiris. Il collabore à plusieurs revues littéraires dirigées par Marcel Arland : *L'Université de Paris*, *Aventure*, *Dés*, et publie en 1922 son premier récit, *L'Enfant polaire*. La revue *Littérature* (créée en 1919 par Breton, Aragon et Soupault) réunit trois de ses poèmes sous le titre *Le Passage des oiseaux* (1923). À cette époque, Limbour est partagé entre l'intérêt qu'il porte aux surréalistes et l'attirance exercée par le groupe de la rue Blomet. Dès 1924, il écrit un texte de présentation, *Histoire de l'homme plume*, pour la première exposition d'André Masson à la Galerie Simon dirigée par Daniel-Henry Kahnweiler. Un recueil de huit poèmes, *Soleils bas*, illustré de quatre eaux-fortes de Masson, est achevé à la même époque. Signataire du *Premier Manifeste* du surréalisme (1924), Limbour quitte la France pour Mayence, où il occupe temporairement un poste de journaliste de l'armée à *L'Écho du Rhin*, mais il est rapidement expulsé pour avoir insulté l'armée française. Soutenu par Paulhan (alors rédacteur au ministère de l'Instruction publique), il obtient des postes d'enseignant à l'étranger (Albanie, Égypte, Pologne). Pendant les vacances scolaires, il sillonne l'Europe : son œuvre puise dans ces lieux d'exil, source de nombreux récits réunis après sa mort dans les recueils *Soleils bas* (1972) et *Contes et récits* (1973).

Exclu du mouvement surréaliste, Limbour s'associe au pamphlet contre Breton, « Un cadavre » (1929). Il écrit depuis 1923 des récits : *L'Acteur du Lancashire* (daté de 1923) paraît dans la *NRF* en 1925. Il sera repris dans le recueil *L'Illustre Cheval blanc* (1930) avec *Le Cheval de Venise* (1924) et *Histoire de famille* (1930). La décennie suivante sera celle des romans : *Les Vanilliers* (1938), d'abord publié en épisodes dans la *NRF* ; *La Pie voleuse* (1939), dont les deux premiers chapitres paraissent dans *Mesures* ; *Le Bridge de Madame Lyane* (1948) paraît en feuilleton dans le quotidien *Action* en 1945. Le dernier roman de Limbour, *La Chasse au mérou* (1963) avait de même été précédé par deux extraits publiés dans *Le Mercure de France*. Les romans ont été nourris par les premiers récits qui contiennent une part de la mythologie limbourienne : tantôt fables de la quête, tantôt saisie de l'instant, saturés de métaphores, habités par le merveilleux : « Il n'y a que le merveilleux qui soit beau », disait Breton.

À partir de 1944 et jusqu'à la fin de sa vie, Limbour se consacre à la critique d'art : à la fin de la guerre, il écrit sur l'œuvre de son ami Jean Dubuffet. La critique telle qu'il la conçoit se prête à la réflexion philosophique et à l'invention narrative : l'art et la critique picturale ont puissamment influencé son dernier roman, *La Chasse au mérou*, où la poésie et la peinture échangent leurs pouvoirs au sein même de l'écriture, tandis que tremblent les frontières entre le rêve et le réel : « Ce qui a été vécu peut devenir symbolique, et le récit symbolique peut donner l'émotion d'une chose vécue. Ce qui est bien est de passer de l'un à l'autre de ces mondes ».

Couronné en 1956 par le prix de la Nuit de la Poésie (sur la proposition d'Aragon pour ses poèmes de jeunesse, *Soleils bas*), Limbour entre en 1960 au Collège de 'Pataphysique. Double consécration, sérieuse et souriante, pour un écrivain complet qui fut poète, traducteur, critique d'art, auteur dramatique, librettiste et épistolier, et dont l'œuvre entière est habitée par l'idée de la réversibilité entre le rêve et la vie, dont la scène est l'écriture, cette « terre aveugle, hors du temps ». Il est mort à Cadix, le 19 mai 1970.

ŒUVRES. — Chez Gallimard pour la plupart : *Les Vanilliers*, 1938. — *La Pie voleuse*, 1939. — *Le Bridge de Madame Lyane*, 1948. — *La Chasse au mérou*, 1963. — *Soleils bas, suivi de poèmes, de contes et de récits 1919-1968*, 1972. — *Contes et récits*, 1973. — *Dans le secret des ateliers, Le Carnaval et les civilisés*, L'Élocoquent, 1986.

→ Les chroniques artistiques et littéraires sont recensées dans la bibliographie de Georges Limbour établie par Martine Colin-Picon, *Georges Limbour : le songe autobiographique*, Lachenal & Ritter, coll. Pleine Marge, 1994. — Daniel Bougnoux, « S/X » (Georges Limbour, *La Chasse au mérou)*, Silex, 1977. — Jacqueline Chénieux, « Georges Limbour : la fable du surgissement du sens », *Le Surréalisme et le roman*, L'Âge d'homme, 1983. — « La Fantaisie, pudeur du merveilleux : une lecture d'*Histoire de famille* de Georges Limbour », *Le Siècle éclaté 3*, 1985. — Michel Décaudin, « Du poème au roman : l'exemple de Georges Limbour », *Le Renouvellement des techniques romanesques dans la littérature française 1920-1940*, Katowice, Uniwersytet Slaski, 1983. — Robert Jouanny, « Jeu et réalité dans l'œuvre romanesque de Georges Limbour » et Daniel Lefort, Féerie et jeu dans l'œuvre narrative de Georges Limbour, *Pleine Marge*, 1993. — *Colloque Dubuffet 91* (dir. Hubert Darnish), Martine Colin, *Georges Limbour le grand zélateur*, Galerie Nationale du Jeu de Paume, 1992. — *Atoll*, Georges Limbour, 1968. — *Les Lettres nouvelles*, Georges Limbour, 1971. — *Critique*, Georges Limbour, 1976. — *Cahiers Georges Limbour*, Association des Amis de la Bibliothèque municipale du Havre, 1985.

M.C.-P.

Linze Georges (1900-1993). Né à Liège le 12 mars 1900. « La machine est un ordre, une esthétique » : principal représentant du courant futuriste en Belgique, il a développé, à partir des années trente, une dynamique du poème fondée sur l'alliance entre l'homme et la technique, résumée plus tard dans sa formule « poésie = béton ». Simultanéité des actes, multiplications des plans, ruptures prosodiques sont alors quelques-uns des traits saillants de son écriture (voir *Les Forces comparées*, 1922 ; *Pont*, 1929 ; *Danger de mort*, 1934). Si la faille irréparable apportée par les désastres de la guerre le pousse à se réfugier dans une poésie plus proche de l'homme *(Poème de la ville survolée par les rêves*, 1948) et plus attentive à la reconquête du bonheur *(Poème du miracle d'exister*, 1951), son retour vers la confiance dans le progrès technique *(Poème de la patience de l'univers*, 1963 ; *Poème de la grande invention*, 1968) se situe désormais dans une perspective humaniste (voir *Poème énigme des objets et du temps*, *Poème manifeste de fraternité et de métal*, 1980). Animateur de la revue *Anthologie* (1920-1940) et du « Groupe moderne d'art de Liège », il a exposé les grandes lignes de sa poétique dans de nombreuses études *(Méditations sur la machine*, 1931 ; *Manifestes poétiques (1930-1936)* et *(1951-1961)* ; *Problèmes d'un art nouveau*, 1939). On lui doit aussi des essais sur la peinture et l'architecture *(Propos d'art contemporain*, 1923), des romans *(Les Enfants bombardés*, 1936 ; *Sébastien ou le jeu magique*, 1940 ; *Marthe ou l'âge d'or*, 1946) ainsi que de nombreux livres de littérature enfantine. Il est mort le 28 janvier 1993.

ŒUVRES. — Aux Éditions Anthologie (Liège).

→ Marcel Hennart, *Georges Linze*, Tournai, Le miroir des poètes, 1970. — *Georges Linze et son époque (1920-1940)*, Bruxelles, Malgré-tout, 1974.

O.Bi.

Linze Jacques-Gérard (1925-1997). Né à Liège le 10 septembre 1925, neveu du poète Georges Linze. Musicien, docteur en droit, publicitaire, il a publié des romans dénonçant l'illusion romanesque, l'incapacité des narrateurs à fixer des repères et celle des personnages à retrouver les traces du passé. Depuis *La Conquête de Prague* (1965), exil intérieur d'un être dans sa tentative inaboutie d'approcher ou de reconstituer un espace, depuis *Le Fruit de cendre* (1966) où l'impossibilité de vérifier la réalité des faits plonge le narrateur dans un délire d'identité, Linze a construit une œuvre romanesque originale adoptant certaines des techniques du nouveau roman. Ainsi le triple système structurel contradictoire de *L'Étang-cœur* (1967, prix triennal du roman 1970) empêche-t-il le lecteur de reconstruire l'intrigue, tandis que dans *La Fabulation* (1968), c'est le narrateur qui, en enlevant au personnage principal sa fonction d'enquêter sur un meurtre, saborde sa propre histoire. Linze utilise aussi la technique de la fragmentation en donnant trois versions d'un même fait dans *Au Nord d'ailleurs* (1982) : la narration y est parasitée par des descriptions, des ellipses, des décalages temporels constants ; avec *Le Moment d'inertie* (1993) et *La Trinité Harmelin* (1994), il se penche sur la destinée d'êtres à la merci de leur entourage, accentuant le côté psychologique de ses récits. On lui doit aussi des poèmes, autres tentatives de reconstitution de la mémoire *(Confidentiel*, 1960 ; *Trois Tombeaux*, 1963 ; *Passé midi*, 1974 ; *Terre ouverte*, 1988 ; *Graffiti*, 1991 ; *Au bord du monde*, 1994) et des monographies littéraires *(Mieux connaître Constant Burniaux*, 1972 ; *Humanisme et judaïsme chez David Scheinert*, 1976). Jacques-Gérard Linze a été élu à l'Académie royale de langue et de littérature françaises de Belgique en 1987. Il est mort en mai 1997.

ŒUVRES. — *La Fabulation*, rééd., Bruxelles, Les Éperonniers, coll. Passé-présent, 1988. — *La Conquête de Prague*, rééd., Bruxelles, Labor, coll. Espace Nord, 1986.

→ Jean Muno, « réception de M. Jacques-Gérard Linze », *Bulletin de l'Académie royale de langue et de littérature françaises*, t. LXV, nº 2, 1987.

O.Bi.

Littérature (1919-1924), voir SURRÉALISTES (REVUES).

littérature comparée. Claude-Edmonde Magny présentait la critique littéraire comme « une vaste entreprise de *déréclusion* de la littérature ». L'auteur des *Sandales d'Empédocle*, de l'*Histoire du roman français depuis 1918* aurait pu reprendre ces termes pour définir la littérature comparée. En 1950, il est vrai, cette discipline s'affirmait plus comme une science que comme une forme possible de critique littéraire. Le passage d'une ambition à l'autre correspond au passage d'un demi-siècle à l'autre, laissant ouvert un avenir encore incertain. *Littérature comparée* : ce « petit monstre lexicologique », comme l'ont écrit plaisamment Claude Pichois et André-Michel Rousseau, est une création française qui remonte au début du XIXe siècle. C'était alors la mode de comparer — la grammaire, la géographie, l'anatomie, pourquoi pas la littérature ? L'expression est passée de François Noël à Abel Villemain et à Jean-Jacques Ampère. Sainte-Beuve lui-même parlait d'« histoire littéraire comparée ». Mais il n'existait pas encore de professeurs de littérature comparée : Claude Fauriel ou Frédéric Ozanam, Philarète Chasles ou Edgar Quinet enseignaient plutôt les « littératures étrangères ». Il revient au XXe siècle d'avoir fait entrer officiellement la littérature comparée à l'Université. Joseph Texte à Lyon, Fernand Baldensperger à la Sorbonne, où une chaire est créée en 1910, furent les premiers comparatistes officiels. Avec Paul Hazard (1878-1944), Baldensperger fonda en 1921 la *Revue de littérature comparée*, encore vivace aujourd'hui, et une collection qui, productive avant 1939, s'est malheureusement tarie. Hazard entra bientôt au Collège de France, mais pour y enseigner la littérature italienne. Deux maîtres eurent alors une influence considérable : Paul van Tieghem, malgré un statut universitaire modeste, et Jean-Marie Carré (1887-1958), dont l'enseignement à la Sorbonne eut un grand rayonnement. « La littérature comparée n'est pas la comparaison littéraire », expliquait Jean-Marie Carré. On comprend cette méfiance à l'égard des parallèles des anciennes rhétoriques. Mais qu'était-elle donc ? On pourrait la définir, dans ce premier demi-siècle, comme une superhistoire littéraire, à beaucoup d'égards héritière du lansonisme, mais se faisant un dogme de l'ouverture des frontières et du multilinguisme. Car l'autre paradoxe de la littérature comparée, c'est qu'elle s'exprime au singulier alors qu'elle tend à envisager les littératures au pluriel.

Dans cette littérature comparée « à la française », les relations, et en particulier celle d'influence, sont l'essentiel. En 1951, faisant le bilan du premier demi-siècle, Marius-François Guyard prenait soin d'exclure toute « coïncidence » au profit des liens de « dépendance » : « Là où il n'y a plus *relation*, que ce soit d'un homme à un texte, d'une œuvre à un milieu récepteur, d'un pays à un voyageur, cesse le domaine de la littérature comparée ». Il en est sorti une série d'études de fortune littéraire (Fernand Baldensperger, *Goethe en France*, 1904 ; Jean-Marie Carré, *Goethe en Angleterre*, 1920 ; Charles Dédéyan, *Montaigne chez ses amis anglo-saxons*, 1947 ; Roland Mortier, *Diderot en Allemagne*, 1954 ; Jacques Voisine, *Jean-Jacques Rousseau en Angleterre à l'époque romantique*, 1956). On ne saurait toutefois réduire cette abondante production ni à ces études de fortune ni aux études d'influence. Paul van Tieghem, épris de synthèse, introduisit la notion de « littérature générale », entendant par là l'étude des mouvements et des modes littéraires qui transcendent les limites nationales. Jean-Marie Carré ouvrit l'immense domaine de la littérature de voyages. Paul Hazard proposait, dans le domaine de l'histoire des idées, des modèles durables *(La Crise de la conscience européenne*, 1935 ; *La Pensée européenne de Montesquieu à Lessing*, posth., 1946). Héritier de Baldensperger, Charles Dédéyan (né en 1910), au fil d'un enseignement à la Sorbonne d'une rare générosité et d'une exceptionnelle durée, allait illustrer dans ses nombreux livres toutes les orientations de la littérature comparée « à la française », auxquelles il faut ajouter les études d'images *(L'Italie dans l'œuvre romanesque de Stendhal*, 1963) et les études de thèmes *(Le Thème de Faust*, 1954).

Au moment où ce comparatisme devenu traditionnel semblait triompher, il allait subir des assauts qui firent parler bientôt de « querelle » et de « crise ». En 1954, en même temps qu'une Société française de littérature comparée, avait été créée une Association internationale de littérature comparée (AILC ou, en anglais, ICLA), qui semblait répondre aux exigences de la discipline. Mais les débats furent agités en 1958 au Congrès de Chapel Hill, opposant à l'école française, essentiellement historienne, l'école américaine, appelant de plus vastes horizons, une réflexion théorique et critique, une poétique comparée. La notion d'influence, en particulier, devint la bête noire des comparatistes américains. François Jost (Suisse enseignant aux États-Unis) lui a reproché d'être du domaine de l'incontrôlable et d'aboutir à des résultats incertains. Bientôt, en Allemagne, Hans Robert Jauss allait voir dans la question de l'influence un signe de ce qu'il a appelé dédaigneusement « l'histoire littéraire positiviste », opposant à l'explication causale de l'histoire une esthétique de la création comme irrationalité et cherchant la cohérence de l'univers poétique dans le retour d'idées et de motifs transtemporels. En France même, le détonateur fut posé par Étiemble (né en 1909). Celui qui fut souvent considéré comme l'enfant terrible du comparatisme français, et qui fut en même temps un maître éminent de la Sorbonne, exerça sa verve et sa sagacité dans un essai aux allures de pamphlet, *Comparaison n'est pas raison : la crise de la littérature comparée* (1963). On ne peut comprendre ce livre décisif si on ne voit à la source le Congrès de Chapel Hill, la querelle des deux écoles, mais aussi les choix d'Étiemble : l'affirmation des exigences du goût, de la culture, d'un humanisme large, la nécessité d'évoluer vers une littérature universelle, vers une réalisation authentique de la *Weltliteratur* promue par Goethe dès 1827 et depuis lors compromise par les chauvinismes de toute sorte. L'honneur d'Étiemble est d'avoir ouvert la littérature comparée à tous les continents, tant dans son enseignement que dans ses livres *(Essais de littérature (vraiment) générale*, 1974 ; *Quelques essais de littérature universelle*, 1982).

Pour toute une génération de nouveaux comparatistes, ce fut l'heure du tiraillement. Généralement formés à la discipline la plus stricte et reprenant dans leurs thèmes les formules canoniques (Claude Pichois, *L'Image de Jean-Paul Richter dans les lettres françaises*, 1963 ; Michel Cadot, *La Russie dans la vie intellectuelle française de 1839 à 1856*, 1967 ; Jacques Body, *Jean Giraudoux et l'Allemagne*, 1975 ; André-Michel Rousseau, *L'Angleterre et Voltaire*, 1976), ils se voyaient contraints à l'ouverture sous la poussée des événements (1968), des progrès des sciences humaines, d'une évolution nationale et internationale de la discipline. À partir de 1970, se manifeste l'intention plus nette de développer en les modernisant et en les renouvelant les grands secteurs du comparatisme traditionnel. Daniel-Henri Pageaux s'attache à faire évoluer l'étude des images vers une « imagologie » plus soucieuse de ses assises théoriques, Pierre Brunel, à substituer aux études de thèmes des travaux sur les mythes littéraires qui tiennent davantage compte de l'acquis de l'anthropologie et de l'histoire des religions, Yves Chevrel, rejoignant les préoccupations de l'École de Constance, à développer les études de réception. En cette fin du XXe siècle, les jeunes comparatistes sont sollicités en des sens divers. Plus attirés que leurs aînés vers la théorie littéraire, souvent spécialisés dans un domaine linguistique ou dans une période, ils ont parfois aussi tendance à amalgamer à la littérature comparée des sujets de préoccupation quelque peu hétérodoxes (les arts, le cinéma, la bande dessinée, la francophonie). L'important est sans doute de maintenir, comme le voulait Étiemble, les droits de la littérature et de faire évoluer la littérature comparée vers une véritable critique littéraire. Des livres de poétique comparée (Jean-Louis Backès), de mythocritique (Pierre Brunel), des ouvrages comme *Le Roman de la conscience malheureuse* (1982) de Philippe Chardin, ou comme *Nietzsche et Artaud* (1992) de Camille Dumoulié, ouvrent la voie.

Au tournant du XXe et du XXIe siècle, la question de l'européocentrisme reste posée. La littérature comparée ne peut pas se contenter d'une géographie minimale (les pays voisins de la France, ou ceux de la Communauté européenne) ; elle manque encore du souffle qui correspondrait à la littérature universelle. Peut-être a-t-elle, par ses contradictions mêmes, sa place dans la postmodernité qui, comme l'a écrit Antoine Compagnon, n'est pas seulement une crise de plus parmi celles qui ont jalonné l'histoire de la modernité, mais résulte de « la prise de conscience que le "projet moderne" ne sera jamais achevé » *(L'Esprit de l'Europe*, 1993).

→ Paul van Tieghem, *La Littérature comparée*, Armand Colin, 1931. — Marius-François Guyard, *La Littérature comparée*, PUF, 1951. — Claude Pichois et André-Michel Rousseau, *La Littérature comparée*, Armand Colin, 1967. — Pierre Brunel, Claude Pichois et André-Michel Rousseau, *Qu'est-ce que la littérature comparée ?*, Armand Colin, 1983. — Yves Chevrel, *La Littérature comparée*, PUF, 1989. — Pierre Brunel et Yves Chevrel, *Précis de littérature comparée*, PUF, 1989. — Didier Souiller, *Littérature comparée*, PUF, 1997.

P.B.

littérature et psychanalyse. Partageant un même objet d'étude, l'homme, un même support, le langage, et un même projet, rendre visibles des significations secrètes, la littérature et la psychanalyse vivent dans une proximité si troublante que leurs relations ont quelque chose de passionnel. Longtemps indifférente, la littérature française a profité des années folles pour s'éprendre d'un discours encore très jeune, envers lequel elle n'éprouve plus de nos jours qu'une amitié ironique et complice.

Dès la première décennie du siècle, Sigmund Freud avait posé les concepts et établi la première topique, montrant en quoi la psychanalyse est fille de la littérature, et ne cessant de reconnaître à l'écrivain un savoir dont il ne serait que l'héritier et l'interprète. C'est, en effet, la littérature qui fournit à la psychanalyse ses exemples, ses concepts et ses mots clés comme *catharsis* (*Études sur l'hystérie*, 1893), *roman* (« Le Roman familial des névrosés », 1909) et *scène* (l'inconscient décrit comme « l'autre scène »), similitudes qui permettent à Freud de développer dans *L'Interprétation des rêves* (1900) un parallèle entre le travail de l'inconscient en vue d'élaborer le rêve et le travail de l'artiste. Si le rêve est un texte, il est possible de lire le texte littéraire comme un rêve, ainsi qu'on le voit dans *Délire et rêve dans la « Gradiva » de Jensen* (1906), qui fonde la critique psychanalytique. Dans la même perspective, Otto Rank, avec *Le Double* (1913), montre combien notre compréhension de certains grands motifs peut se renouveler de la psychanalyse.

À cela, la France a réagi par le mépris ou le refus. Rien ne sert que Freud ait étudié à Paris ni que le mot *psychoanalyse* ait d'abord été créé en français (Freud, « L'hérédité et l'étiologie des névroses », *La Revue neurologique*, 1896). Les productions germaniques ont en France quelque chose de suspect, d'autant que la psychiatrie française possède depuis les années 1880 son outillage conceptuel avec l'inconscient collectif de Gustave Le Bon et le « subconscient » de Pierre Janet, insoucieux de refoulement et de sexualité. Un antifreudisme sommaire s'est donc développé, qui voit dans la psychanalyse l'avènement du « pansexualisme » et dans le psychanalyste un érotomane, caricatures facilitées par l'absence de traduction. Il a fallu attendre 1914 pour que le nom de Freud apparaisse pour la première fois sous la plume d'un écrivain (Guillaume Apollinaire, dans *Le Mercure de France).*

La guerre de 1914 a brisé les résistances et rendu possible l'accueil des idées nouvelles. Tandis que le corps médical français des années vingt est toujours hostile à un freudisme qu'il peine maintenant à contenir, les intellectuels se prennent de passion pour ce nouveau discours, au point qu'il est impossible de déterminer qui fut le premier à l'intégrer à son œuvre. Dès 1909, Romain Rolland a lu, à Zurich, *Die Traumdeutung* (*Le Voyage intérieur*, Albin Michel, 1942) ; en 1910-1911, à Berne, Blaise Cendrars découvre la psychanalyse (voir *Moravagine*, Grasset, 1926, et *L'Homme foudroyé*, 1945, rééd. Denoël, 1960) ; Paul Morand la rencontre à Londres dans les années 1912-1916, dit l'avoir appliquée à *Tendres Stocks* (Gallimard, 1921), mais ne la mettra en scène que plus tard (voir par exemple *East India and Company*, New York, ZA. C. Boni, 1927) ; et Paul Bourget, le premier, cite Freud dans un roman (*Némésis*, Plon-Nourrit, 1918) et dans un recueil de nouvelles (*Anomalies*, Plon-Nourrit, 1920) ; cependant, le tournant se produit dans les années 1921-1922, au moment où paraît grâce au Dr Jankélévitch la première traduction française de Freud (*Introduction à la psychanalyse*, Payot, 1921). Pendant que le grand public s'enthousiasme pour *Le Mangeur de rêves* de Henri-René Lenormand (Crès, 1922 ; voir aussi *Les Confessions d'un auteur dramatique*, 2 t., Albin Michel, 1949-1953), mélodrame où une patiente se suicide après s'être éprise de son analyste, les écrivains de la *NRF* accueillent Eugénie Sokolnicka, qui donne chaque semaine au « Club des Refoulés » (André Gide, Jacques Rivière, Gaston Gallimard et Roger Martin du Gard) des cours de psychanalyse. Dans le même temps se multiplient les articles et les numéros spéciaux : dès avril 1921, Thibaudet suggère dans la *NRF* d'appliquer les concepts analytiques à l'étude de la littérature ; en janvier 1922, Jules Romains, dans la même revue, expose la doctrine de Freud et en 1924 *Le Disque vert* (Bruxelles) consacre à « Freud et la psychanalyse » un numéro prestigieux.

Pareilles transformations bouleversent la création littéraire. Pour avoir découvert Freud, Gide décide de publier *Corydon* (*Journal*, 4 février 1922) et surtout, après avoir entrepris une cure avec Eugénie Sokolnicka, introduit dans *Les Faux-Monnayeurs* (Gallimard, 1925) la « Doctoresse Sophroniska » et le petit Boris, issu d'un cas authentique. Mais envers la psychanalyse il partage avec d'autres (Aragon, *Traité du style*, Gallimard, 1928) une ironie qui l'empêche de prendre en compte le freudisme autant que Julien Green, Jouve, Breton, Dali et Céline. Green, influencé par Myers et Stekel, écrit, peut-être en haine de la psychanalyse, le premier « roman psychanalytique » (*Adrienne Mesurat*, Plon, 1927) ; Jouve, à l'aide du matériau fourni par sa femme, Blanche Reverchon, analyste et chrétienne, achève l'histoire de Catherine Crachat, commencée dans *Hécate* (Gallimard, 1928), par l'histoire intérieure de son analyse avec Monsieur Leuven (Loewenstein) dans *Vagadu* (Gallimard, 1931) et finit par trouver Dieu au fond de l'inconscient (voir « Inconscient, spiritualité et catastrophe », avant-propos de *Sueur de sang*, Gallimard, 1933 ; *En miroir. Journal sans date*, Mercure de France, 1954). Pour Crevel (*Êtes-vous fous ?*, Gallimard, 1929) ou pour Breton, qui sacralise notamment l'hystérie (« Le Cinquantenaire de l'hystérie »), l'inconscient devient un royaume enchanté qui fournit à l'écrivain le thème du désir, la méthode de l'écriture automatique et une rhétorique de l'image, même si Freud refuse une lecture qui ignore la nécessité du refoulement et l'altérité de l'inconscient (*Manifeste du surréalisme*, Sagittaire, 1924 ; *Second manifeste du surréalisme*, *La Révolution surréaliste*, n° 12, 1929 ; correspondance de Freud et de Breton dans *Les Vases communicants*, Cahiers libres, 1932) (voir Marguerite Bonnet, *André Breton : Naissance de l'aventure surréaliste*, Corti, 1975). Enfin, chez Céline, qui cite Freud comme sa source essentielle, l'inconscient devient le lieu de l'horreur puisqu'il semble gouverné par le fameux « instinct de mort », introduit dans les *Essais de psychanalyse* (1927) et si mal compris : le *Voyage au bout de la nuit* (Denoël, 1932) pense l'histoire à travers les concepts freudiens et cherche à mimer le pulsionnel par l'outrance. À l'exception de Salvador Dali, qu'il rencontra avec intérêt (Dali, *La Vie secrète de Salvador Dali*, New York, 1942, La Table ronde, 1952), Freud ne se reconnut jamais dans tous ces auteurs qui se réclameront de lui : il n'entretint une relation passionnelle qu'avec Romain Rolland et poursuivit avec lui un débat théorique sur l'origine des religions et sur le « sentiment océanique », d'où devaient naître à la fois *Malaise dans la civilisation* (1929), *Un trouble de mémoire sur l'Acropole. Lettre à Romain Rolland* (1936), et *Essai sur la mystique et l'action de l'Inde vivante* (2 t., Stock, 1930) (voir Henri et Madeleine Vermorel, *Sigmund Freud et Romain Rolland : Correspondance 1923-1936*, PUF, 1993).

Pourtant, même si elle a souvent facilité le passage à l'écriture (voir Georges Bataille, début de *L'Abbé C*, Éditions de Minuit, 1950), la psychanalyse commence à être perçue comme une menace. Pierre Janet n'avait pas su comprendre Raymond Roussel, son patient (cas raconté par Pierre Janet, *De l'angoisse à l'extase*, Alcan, 1926) ; dès les années trente, Bataille, Queneau, Leiris ou Beckett s'aperçoivent qu'il faut choisir entre la cure et la littérature si l'on veut préserver l'espace du secret (voir Queneau, *Chêne et chien*, Denoël, 1937 ; *Journal 1939-1940*, Gallimard, 1986 ; Leiris, *L'Âge d'homme*, Gallimard, 1939 ; *Journal 1922-1989*, Gallimard, 1992 ; Didier Anzieu, *Beckett et le psychanalyste*, L'Aire-Archimbaud, 1992 ; Anne Clancier, *Raymond Queneau et la psychanalyse*, Éditions du Limon, 1994). De la même façon, des œuvres sont soumises aux premières lectures analytiques. Charles Baudouin (*Psychanalyse de l'art*, Alcan, 1929 ; *Psychanalyse de Victor Hugo*, Genève, Mont-Blanc, 1943), René Laforgue (*L'Échec de Baudelaire*, Denoël, 1931) et Marie Bonaparte (*Edgar Poe*, préface de Freud, Denoël et Steele, 1933) lisent les œuvres comme symptômes et ne cherchent au fond qu'à remonter des textes à l'homme (voir Jean-Pierre Bourgeron, *Marie Bonaparte et la psychanalyse*, Champion-Slatkine, 1993). Il faudra de longues années encore pour que les lectures analytiques se détournent de la biographie et lui préfèrent « l'inconscient du texte ».

La période qui s'ouvre en 1945 est pour la psychanalyse le moment de la consécration. Malgré les rapports conflictuels qu'elle entretient avec le marxisme (Louis Althusser, *L'avenir dure longtemps*, Stock-IMEC, 1992, et *Écrits sur la psychanalyse*, Stock-IMEC, 1993), la phénoménologie, l'existentialisme (Sartre, *L'Être et le néant*, Gallimard, 1943 ; Betty Canon, *Sartre et la psychanalyse*, PUF, 1993), puis le structuralisme, son langage s'impose et envahit le champ de la critique. Durant les cinquante dernières années ont coexisté tous les discours (Freud, Jung et Lacan) et toutes les relations possibles au texte. Des auteurs freudiens comme Jean Delay (*La Jeunesse d'André Gide*, Gallimard, 1956-1957), Jean Laplanche (*Hölderlin ou la question du père*, PUF, 1961), Dominique Fernandez (*L'Échec de Pavese*, Grasset, 1967 ; *L'Arbre jusqu'aux racines*, Grasset, 1972) ou Jeanne Bem (*Désir et savoir dans l'œuvre de Flaubert*, Neuchâtel, la Baconnière, 1979) voient dans l'œuvre le produit d'un événement biographique, à la différence de Charles Mauron, qui, avec *Des métaphores obsédantes au mythe personnel* (Corti, 1963), cherche à cerner par superpositions textuelles ce que peut être le « mythe personnel ». Plus radicalement, Jean Bellemin-Noël (*Vers l'inconscient du texte*, PUF, 1979 ; *Les Contes et leurs fantasmes*, PUF, 1983) ou Max Milner (*La Fantasmagorie*, PUF, 1982 ; *On est prié de fermer les yeux*, Gallimard, 1991) choisissent de percevoir le texte comme système clos dont il convient d'étudier « l'inconscient » spécifique. Enfin, la grille freudienne a permis de renouveler notre connaissance des genres : *Psychocritique du genre comique* (Corti, 1964) de Charles Mauron présente la comédie comme une revanche imaginaire sur l'œdipe ; *Un œil en trop* (Éditions de Minuit, 1969) d'André Green voit dans la scène tragique un reflet de « l'autre scène » ; Marthe Robert, dans *Roman des origines et origines du roman* (Grasset, 1972), explique l'avènement du genre romanesque à partir du concept de « roman familial ».

Alors que la terminologie freudienne est devenue vulgate, se répand à partir des années soixante le langage lacanien. Féru de littérature, Lacan a fréquenté les milieux surréalistes (son « cher Crevel »), entretenu des rapports étroits avec Dali dont le rapproche une conception voisine de la paranoïa (*La Vie secrète de Salvador Dali* ; *Oui*, 2 t., Denoël-Gonthier, 1971 ; voir aussi Ruth Amossy, *Dali ou le filon merveilleux de la paranoïa*, PUF, 1995), publié des articles dans *Le Minotaure*, appuyé parfois ses analyses sur les romans de ses patients (le cas Aimée, dans *De la psychose paranoïaque dans ses rapports avec la personnalité*, Le François, 1932), et infléchi sa pensée grâce à des concepts empruntés à des écrivains, comme « l'hétérogène » de Bataille (Élisabeth Roudinesco, *Lacan*, Fayard, 1993). Surtout, reprenant une tradition inaugurée par Édouard Pichon, grammairien et linguiste, auquel il emprunte le terme de « forclusion » (voir Michel Arrivé, *Langage et psychanalyse, linguistique et inconscient, Freud, Saussure, Pichon, Lacan*, PUF, 1994), il réinterprète Freud à la lumière de la philosophie, de la linguistique et des grands auteurs : ses *Écrits* (Le Seuil, 1966) s'ouvrent sur une relecture de *La Lettre volée* de Poe, et ses *Séminaires* (Le Seuil, à partir de 1975) ne cessent de revenir à Sophocle, Sade ou Claudel. Jugée parfois absconse, sa pensée a suscité les travaux de Marcelle Marini (*Territoires du féminin*, Éditions de Minuit, 1977), de Jean-Charles Huchet (*Le Roman médiéval*, PUF, 1984 ; *Psychanalyse et littérature médiévale*, PUF, 1990), de Daniel Sibony (*Avec Shakespeare*, Grasset, 1988) ou de Jean-Michel Rabaté (*La Beauté amère*, Champ Vallon, 1986).

Enfin il existe un courant jungien, représenté par Gilbert Durand (*Structures anthropologiques de l'imaginaire*, Grenoble, 1960 ; *Le Décor mythique de « La Chartreuse de Parme »*, Corti, 1961 ; *Figures mythiques et visages de l'œuvre*, Berg International, 1979 ; *Introduction à la mythodologie*, Albin Michel, 1996), Marc Eigeldinger (*Mythologie et intertextualité*, Genève, Slatkine, 1987) ou Michel Cazenave (*La Subversion de l'âme*, Seghers, 1981), montrant comment le texte littéraire se tisse à partir des mythes fondateurs.

Le foisonnement des approches est tel qu'il excède les courants consacrés. Des pensées atypiques se sont développées comme la psychanalyse des éléments de Gaston Bachelard (*Psychanalyse du feu*, Gallimard, 1938 ; *L'Eau et les rêves*, Corti, 1942 ; *L'Air et les songes*, Corti, 1943 ; *La Terre et les rêveries de la volonté*, Corti, 1948 ; *La Terre et les rêveries du repos*, Corti, 1948). Surtout, à l'instar de Sartre abordant le freudisme depuis l'existentialisme (*Saint Genet, comédien et martyr*, Gallimard, 1952 ; *L'Idiot de la famille*, Gallimard, 1971), des critiques venus d'horizons divers ont utilisé la psychanalyse parmi d'autres langages, comme Roland Barthes (*Sur Racine*, Le Seuil, 1963), Serge Doubrovsky (*La Place de la madeleine*, Mercure de France, 1974), Michel Serres (*Jouvences sur Jules Verne*, Éditions de Minuit, 1974) ou René Girard (*Le Bouc émissaire*, Grasset, 1982).

Face à cet assaut, la littérature peut se sentir menacée. Exposés au discours analytique lors même qu'ils s'en défient comme Gracq, Tournier ou Montherlant (*Un assassin est mon maître*, préface de Jean Delay, Gallimard, 1971), les écrivains modernes se voient interdits d'innocence et amenés à repenser le sujet (donc l'emploi du *je*), la mémoire et la sincérité (voir *L'Autobiographie*, VIes Rencontres psychanalytiques d'Aix-en-Provence, Belles Lettres, 1988). De la même façon, la psychanalyse fournit à la littérature un personnage romanesque, l'analyste (Jean-Pierre Chabrol, *Les Aveux du silence*, Laffont, 1995 ; Jean-Pierre Gattégno, *Neutralité malveillante*, Calmann-Lévy, 1992 ; Christine et Olivier Orban, *Une folie amoureuse*, Grasset, 1997), une mythologie (Henry Bauchau, *La Sourde Oreille ou le rêve de Freud*, L'Aire, 1981 ; *Œdipe sur la route*, Actes Sud, 1990), un lexique emblématique (Bernard Pingaud, *La Scène primitive*, Gallimard, 1965), de nouveaux *topoi* tels que la perversion (Paul Morand, *Hécate et ses chiens*, Flammarion, 1954), l'androgynie (Claude Louis-Combet, *Marinus et Marina*, Flammarion, 1979) ou le sadisme oral (Arrabal, *L'Architecte et l'empereur d'Assyrie*, Bourgois, 1967). La psychanalyse elle-même tend à se faire roman. Tandis que les analystes publient des romans (J.-B. Pontalis, *Loin*, Gallimard, 1980), cherchent comment raconter leur pratique (Jacqueline Rousseau-Dujardin, *Couché par écrit*, Galilée, 1980 ; *L'Imparfait du subjectif*, L'Harmattan, 1995), sont saisis par la littérature au sein même de la réflexion théorique (René Major, *Rêver l'autre*, Aubier-Montaigne, 1977), et que l'histoire de la psychanalyse engendre la fiction (Hélène Cixous, *Portrait de Dora*, Des Femmes, 1976 ; Octave Mannoni, *Fictions freudiennes*, Le Seuil, 1978 ; Catherine Clément, *Bildoungue*, Bourgois, 1978 ; Sartre, *Le Scénario Freud*, Gallimard, 1984 ; Éric-Emmanuel Schmitt, *Le Visiteur*, Actes Sud-Papiers, 1994 ; Michel Picard, *Freud à Nancy*, Autrement, 1997), le récit de cure devient un genre à part entière, pour Marie Cardinal (*Les Mots pour le dire*, Grasset, 1975 ; *Autrement dit*, Grasset, 1977), ou Michèle Manceaux (*Grand Reportage*, Le Seuil, 1980) qui racontent leurs propres analyses et leur trouvent une manière d'achèvement littéraire. Pourtant tous ces récits achoppent sur la question du style. De même que Freud, aveugle à sa propre modernité, raconte des cas selon les codes littéraires du XIXe siècle, aucun de ces textes n'ose toucher vraiment au signifiant. On parle de la psychanalyse et cependant tout se passe comme s'il n'y avait ni « écriture psychanalytique » ni « écriture de l'inconscient », et comme si l'acte même d'écrire relevait d'un autre ordre. Rares sont ainsi les théoriciens à avoir, comme Lacan, inventé une rhétorique et rares les auteurs, comme Doubrovsky dans *Fils* (Galilée, 1977), à avoir « laissé l'initiative aux mots/maux » de manière à faire retentir quelque chose de la pulsion.

Pourtant, le succès même de la psychanalyse a amené d'autres écrivains à cultiver à son propos la distance de l'ironie, à la façon d'un Sartre parodiant le cas de « L'Homme aux loups » dans « L'Enfance d'un chef » (*Le Mur*, Gallimard, 1939 ; voir aussi Isabelle Hausser, *Les Magiciens de l'âme*, Fallois, 1996). Sans le vouloir, Freud finit par jouer le rôle de père dont les textes contemporains répètent la mise à mort. Quand Butor dédie des récits de rêves « aux psychanalystes entre autres » (*Matière de rêves*, Gallimard, 1975), quand Modiano envoie un de ses héros à Vienne pour qu'il guérisse de sa judéité (*La Place de l'Étoile*, Gallimard, 1968) et quand Robbe-Grillet prête à ses personnages les propres rêves de Freud (« Ne vois-tu pas que je brûle ? », dans *Souvenirs du triangle d'or*, Minuit, 1978), quand Queneau met en scène l'affrontement pirandellien de « l'analyste 1900 » et du romancier en quête de personnage (*Le Vol d'Icare*, Gallimard, 1968), quand Dominique Fernandez imagine une « psychoscience » dans la Vienne du XVIIIe siècle (*Le Dernier des Médicis*, Gallimard, 1994) ou quand Antoine Volodine peint l'analyste sous les traits d'un chaman-dentiste au milieu de la forêt (*Le Nom des singes*, Éditions de Minuit, 1994), le « retour à Freud » résonne comme un adieu.

La psychanalyse a peut-être réduit l'opacité des choses, la littérature cependant continue, car comme le dit Georges Perec, analysé notamment par J.-B. Pontalis : « J'aurai beau traquer mes lapsus [...], ou rêvasser pendant deux heures sur la longueur de la capote de mon papa, ou chercher dans mes phrases, pour évidemment les trouver aussitôt, les résonances mignonnes de l'œdipe et de la castration, je ne retrouverai jamais, dans mon ressassement même, que l'ultime reflet d'une parole absente à l'écriture » (*W ou le souvenir d'enfance*, Denoël, 1975).

→ Jacques Derrida, « Freud et la scène de l'écriture », dans *L'Écriture et la Différence*, Le Seuil, 1967. — Bernard Pingaud, « L'écriture et la cure », *NRF*, n° 214, 1970. — André Berge, Anne Clancier et Paul Ricœur, *Entretiens sur l'art et la psychanalyse*, Mouton, 1970. — Jean Starobinski, *La Relation critique*, Gallimard, 1970. — Jeannine Chasseguet-Smirgel, *Pour une psychanalyse de l'art*, Payot, 1971. — Sarah Kofman, *L'Enfance de l'art. Une interprétation de l'esthétique freudienne*, Payot, 1970 ; *Quatre romans analytiques*, Galilée, 1973. — Anne Clancier, *Psychanalyse et critique littéraire*, Toulouse, Privat, 1973. — *Écrire la psychanalyse*, *Nouvelle Revue de psychanalyse*, n° 16, automne 1977. — Jean Le Galliot, *Psychanalyse et langage littéraire*, Nathan, 1977. — Jean Bellemin-Noël, *Psychanalyse et littérature*, PUF, 1978. — Max Milner, *Freud et l'interprétation de la littérature*, SEDES, 1980. — Serge Doubrovsky, « L'initiative aux maux : écrire sa psychanalyse », dans *Parcours critique*, Galilée, 1980. — Élisabeth Roudinesco, *La Bataille de cent ans. Histoire de la psychanalyse en France*, Ramsay, 1982 et Le Seuil, 1986, 2 t. — Roland Jaccard, *Histoire de la psychanalyse*, Hachette, 1982, 2 t. — Pamela Tytell, *La Plume sur le divan*, Aubier, 1982. — Bernard Daubigney, *La Psychanalyse et les lettres françaises 1919-1929*, thèse, Paris-VII, 1983. — Fabienne Hulak (dir.), *Folie et psychanalyse dans l'expérience surréaliste*, Nice, Z'Editions, 1992. — *Littérature et psychanalyse*, *Littérature*, n° 3, octobre 1971, et n° 90, mai 1993. — Jean-François Chiantaretto, *De l'acte autobiographique. Le psychanalyste et l'écriture autobiographique*, Champ Vallon, 1995. — Paul-Laurent Assoun, *Littérature et psychanalyse*, Ellipses, 1996. — Jean-François Chiantaretto (dir.), *Écriture de soi et psychanalyse*, L'Harmattan, 1996.

J.P.

Loba Aké (1927). Né à Abobo-Baoulé (Côte-d'Ivoire), il a passé plus de vingt ans en France avant d'entreprendre une carrière diplomatique au lendemain de l'indépendance de son pays. Il est surtout connu pour son premier roman, largement autobiographique, *Kocoumbo, l'étudiant noir* (Flammarion, 1960, grand prix de l'Afrique noire ; rééd. J'ai lu, 1983), où il narre avec humour la vie quotidienne des vrais comme des faux étudiants africains dans le Paris des années cinquante. On lui doit également deux autres romans, publiés en Belgique, *Les Fils de Kouretcha* (Nivelles, Éditions de la Francité, 1970), qui évoque la résistance des anciens à la construction d'un barrage hydro-électrique, et *Les Dépossédés* (même éditeur, 1973).

J.C.

Lomami-Tschibamba Paul (1914-1985). Né à Brazzaville (Congo), pionnier de la littérature zaïroise, il fait partie de l'élite d'intellectuels formés par les missionnaires belges, dans l'ex-Congo belge, les « évolués », qui ont joué dans un contexte difficile un rôle important en faveur de l'émancipation des « indigènes ». Son action s'est principalement exercée dans le domaine du journalisme ; après avoir collaboré à *La Voix des Congolais*, il franchit en 1950 le fleuve Congo pour cause d'exil politique et vient s'installer à Brazzaville, où le haut commissaire de l'AEF, Bernard Cornut-Gentil, lui confie la responsabilité de la revue *Liaison*, qui contribue à la diffusion des cultures Bantoues. Il est à Kinshasa en 1962, chargé par le gouvernement issu des indépendances de créer un quotidien, ébauche du futur *Salongo*. Principalement connu comme l'auteur de *Ngando le crocodile*, récit apocalyptique dans lequel il évoque la malédiction attachée à tous ceux, Blancs et Noirs, qui ont transgressé les interdits pour fonder la capitale, Léopoldville, sur un site sacré, il est également l'auteur d'un recueil de nouvelles, *La Récompense de la cruauté* (suivi de *N'Gobila des M'Swata*, Kinshasa, Éditions du Mont noir, 1972), et d'un témoignage sur la colonisation belge à l'aube des années cinquante, *Ngemena* (Yaoundé, CLE, 1981).

J.C.

Londres Albert (1884-1932). « Notre métier n'est pas de faire plaisir, non plus que de faire du tort. Il est de porter la plume dans la plaie », telle pourrait être la devise d'Albert Londres, journaliste fondateur du grand reportage en France. Né à Vichy le 1er novembre 1884, après des débuts au *Matin*, il passe au *Petit Journal* comme correspondant de guerre (1917-1919) avant de proposer ses services à *L'Excelsior* (1919-1922), pour lequel il rédige une série d'articles sur la Chine des seigneurs de la guerre, des mercenaires, des joueurs et des trafiquants : *La Chine en folie* (1922). Il travaille ensuite au *Petit Parisien* (1923-1931) et entreprend une suite de grands reportages qui vont asseoir sa réputation de journaliste courageux, intègre et généreux. Il dénonce quelques-uns des maux de son temps : les bagnes civils *(Au Bagne*, 1924) et militaires *(Dante n'avait rien vu*, 1924) ; l'enfermement psychiatrique *(Chez les fous*, 1925) ; la traite des blanches *(Le Chemin de Buenos Aires*, 1927). *Marseille porte du Sud* (1927) propose une exploration de la cité cosmopolite. *L'Homme qui s'évada* (1928) est le récit d'Eugène Dieudonné, bagnard évadé de Cayenne qu'Albert Londres contribua à réhabiliter. Cet infatigable voyageur parcourt tous les continents : *Terre d'ébène* (1929) dénonce les abus et les carences du colonialisme français en Afrique noire ; *Le Juif errant est arrivé* (1930) est un long reportage sur les communautés juives des ghettos d'Europe centrale ; *Pêcheurs de perles* (1931) alerte l'opinion sur ces nouveaux esclaves de la mer Rouge. Il enquête sur la guerre civile bulgare où communistes et ligues fascistes se déchirent *(Les Comitadjis : le terrorisme dans les Balkans*, 1932). Albert Londres meurt dans l'incendie du navire *Georges-Philippar* le 16 mai 1932, au large de la Somalie. Par la qualité et la précision de ses vues, exprimées dans un style nerveux, les reportages d'Albert Londres demeurent d'une étonnante actualité. Un grand prix du journalisme portant son nom perpétue sa mémoire et récompense les meilleurs journalistes de la presse écrite (ou télévisuelle, depuis 1987).

ŒUVRES. — *Œuvres complètes*, Arléa, 1992. — *Câbles et reportages*, Arléa, 1993.

→ Pierre Assouline, *Albert Londres : vie et mort d'un grand reporter*, Gallimard, 1990.

J.G.

Lopès Henri (1937). Né à Kinshasa mais de nationalité congolaise, il a su conduire parallèlement une carrière politique et diplomatique et une carrière littéraire qu'inaugure un recueil de nouvelles, *Tribaliques* (Yaoundé, CLE, 1974), et qui fut couronné en 1993 par le grand prix de la Francophonie décerné par l'Académie française. Cet ancien professeur d'histoire et de géographie a vite troqué la craie contre le maroquin : ministre de l'Éducation nationale, puis premier ministre, il est nommé en 1982 sous-directeur général de l'UNESCO. Il ne publie pas moins une série de romans, *La Nouvelle Romance* (Yaoundé, CLE, 1976), *Sans tam-tam* (Yaoundé, CLE, 1977), chroniques ordinaires de la décolonisation et de ses ratés, *Le Pleurer-rire* (Présence africaine, 1982), *Le Chercheur d'Afriques* (Le Seuil, 1990), récit en partie autobiographique et d'une facture plus intimiste dans lequel il s'interroge sur sa condition de métis, *Sur l'autre rive* (Le Seuil, 1992), qui relate le destin d'une femme résolue à changer de vie et *Le Lys et le flamboyant* (Seuil, 1997).

→ A. Rouch, *« Tribaliques » d'Henri Lopès*, Nathan, 1984. — D. Daninos, *Comprendre « Tribaliques »*, Yaoundé, Saint-Paul, 1987. — A.S. Malanda, *Henri Lopès et l'impératif romanesque*, Silex, 1987.

J.C.

Loranger Jean-Aubert (1896-1942). Poète méconnu de son vivant, arrière-petit-fils de Philippe Aubert de Gaspé, il a fait partie de l'École littéraire de Montréal et collaboré à la revue *Le Nigog*. Son goût pour la modernité, ses idées révolutionnaires sur le plan esthétique, ont contribué à l'éloigner du milieu littéraire de l'époque. Ses deux recueils, *Les Atmosphères* (1920), poèmes en prose jugés trop futuristes, et *Poèmes* (1922), où l'on sent l'influence des haïkai japonais, font de lui l'un des premiers poètes modernes du Québec. Loranger a aussi écrit des contes, d'inspiration plus traditionnelle, publiés dans diverses revues. Recueillis en 1978, ces contes lui vaudront le prix France-Québec 1979, à titre posthume. Il est aujourd'hui considéré comme un précurseur de la modernité poétique québécoise. Par sa liberté et certains de ses thèmes, sa poésie annonce celle d'Alain Grandbois et de Saint-Denys Garneau. Il est mort le 28 octobre 1942.

S.Ma.

Losfeld *(Éditions Éric)*. Maison créée en 1952 par Éric Losfeld sous le nom d'Arcanes, devenue Le Terrain vague en 1955. Natif des Flandres, autodidacte et bon vivant, aventurier flirtant avec l'illégalité, Éric Losfeld n'est ni un intellectuel ni un bureaucrate. Manutentionnaire à ses débuts, il a écrit à la hâte des dizaines de romans policiers, érotiques ou à l'eau de rose. Éditeur de contact, il ne met jamais ses convictions dans la poche et n'a publié que des auteurs qu'il estime. Surréaliste à sa manière, il a lui-même avoué qu'il ressemblait à son ami, Benjamin Péret, au poète fraternel et entêté. Éric Losfeld a financé plusieurs revues surréalistes, *Médium*, puis *Bief*, *La Brèche* et *L'Archibras*.

En 1952, il crée les Éditions Arcanes en référence à *Arcane 17* de Breton. Il publie Xavier Forneret, son auteur fétiche, dont il va recopier les textes à la Bibliothèque nationale, comme l'avait fait Breton pour les *Poésies* de Ducasse. Il réédite Sade et Sacher Masoch, publie les premières pièces de Ionesco, *Les Machines célibataires* de Michel Carrouges, *La Géométrie de l'impossible* de Jacques Sternberg, puis se lance dans la vente par correspondance d'ouvrages érotiques. Il doit ruser avec le fisc, la justice et la police. Condamnations et tracasseries l'assaillent. En 1955, il fonde, rue du Cherche-Midi, les Éditions Le Terrain vague, traduction littérale de son patronyme. La grande époque commence. Péret, Pieyre de Mandiargues, Bellmer, Duchamp, Picabia, les jeunes surréalistes Goldfayn et Legrand, mais aussi Boris Vian paraissent sous le label Terrain vague. Losfeld trouve la recette de son cocktail dans un mélange d'érotisme, de bande dessinée et de cinéma, ce qui lui permet sans abjurer le surréalisme de ne pas limiter ses productions à des tirages confidentiels. Du côté de l'érotisme pur, il publie *Emmanuelle* et *L'Anti-vierge* d'Emmanuelle Arsan, diffusés clandestinement en 1958, officiellement en 1967. Au succès commercial, parfois relayé par la critique, s'ajoutent les foudres de la censure et les procès qui, à terme, le ruineront. En 1962, il publie *Barbarella*, bande dessinée érotique de Jean-Claude Forest, et relance la reprise de la revue cinématographique *Positif*, qui aura une longue carrière chez lui, ainsi que la réimpression des ouvrages d'Ado Kyrou, *Le Surréalisme au cinéma* et *Amour, érotisme et cinéma*. Trois ans plus tard, il fonde la revue de cinéma *Midi-minuit fantastique*, dans laquelle il s'engage personnellement, et publie *L'Écran démoniaque* et le *Murnau* de Lotte H. Eisner.

En 1973, au moment où le droit se libéralise, Losfeld est asphyxié financièrement. C'est la rançon de ses procès et d'une gestion artisanale de ses éditions. Le Terrain vague mis en veilleuse, Losfeld travaille quelque temps chez Daniel Filipacchi. Il meurt en 1979, après avoir publié le récit alerte et savoureux de sa vie. Sa veuve, puis sa fille, Joëlle Losfeld, ont poursuivi l'aventure.

→ *La Légende du Terrain vague, « éditer c'est aussi créer »*, Le Dernier Terrain vague, 1977. — Éric Losfeld, *Endetté comme une mule ou la passion d'éditer*, Belfond, 1979.

G.Se. — IMEC

Lossier Jean-Georges (1911). Né à Genève, il y a fait des études de sciences sociales et travaillé au service du CICR. C'est avec *Du plus loin* (1966) qu'il trouve sa voix, grave, musicale, et que ses images poétiques, nourries d'une rêverie mystique de l'élémentaire, acquièrent leur force expressive. Sa poésie évoque un univers brillant d'un éclat sombre, parcouru de cris menaçants, et qui se résorbe dans le temps immobile « de l'autre côté », où se rejoignent origine et fin.

ŒUVRES. — *Saisons de l'espoir*, Corrêa, 1939. — *Haute Cité*, Genève, Kundig, 1943. — *Chansons de misère*, Seghers, 1952. — *Du plus loin*, Neuchâtel, la Baconnière, 1979. — *Le Long Voyage*, Lausanne, L'Âge d'homme, 1979. — *Lieu d'exil*, Lausanne, Empreintes, 1990. — *Poésie complète*, 1939-1994, Lausanne, Empreintes, 1995.

→ Alice Rivaz, *Jean-Georges Lossier*, Fribourg, Éditions universitaires, 1986.

M.G.

Loti Pierre (1850-1923), voir DICTIONNAIRE DES LETTRES FRANÇAISES : LE XIXe SIÈCLE.

Louis-Combet Claude (1932). Né à Lyon, philosophe, directeur d'un centre de formation à Besançon, il est traducteur d'Anaïs Nin (*La Maison de l'inceste*, Des Femmes, 1975) et d'Otto Rank (*L'Art et l'artiste*, Payot, 1976), éditeur chez Jérôme Millon de textes spirituels (Abbé Boileau, *Histoire des flagellants*, 1986 ; Jean Maillard, *Louise du Néant*, 1987 ; Berbiguier de Terre-Neuve, *Les Farfadets*, 1990), et auteur d'une « mythobiographie » du poète Trakl (*Blesse, ronce noire*, Corti, 1995) et de récits hantés par la dévoration et l'inceste (*Infernaux Paluds*, Flammarion, 1970 ; *Miroir de Léda*, Flammarion, 1971 ; *Tsé-tsé*, Flammarion, 1972 ; *Voyage au centre de la ville*, Flammarion, 1974 ; *Mémoire de bouche*, La Différence, 1977 ; *Figures de nuit*, Flammarion, 1988 ; *Augias et autres infamies*, Corti, 1993 ; *Rapt et ravissement*, Deyrolle, 1996). Ce goût pour la sensualité trouble le conduit à revisiter la mythologie païenne (*Le Roman de Mélusine*, Albin Michel, 1986 ; *Le Bœuf Nabu*, Lettres vives, 1992) ainsi que l'imaginaire chrétien (*Marinus et Marina*, Flammarion, 1979 ; *Mère des croyants*, Flammarion, 1983 ; *Beatabeata*, Flammarion, 1985 ; *Le Chef de saint Denis*, Dijon, Ulysse fin de siècle, 1987). Enfin, dans sa poésie (*La mort est une enfant*, Roubaix, Brandes, 1984 ; *Vacuoles*, Brandes, 1987) et dans ses essais (*L'Enfance du verbe*, Flammarion, 1976 ; *Du sens de l'absence*, Lettres vives, 1985 ; *Écrire de langue morte*, Rennes, Ubacs, 1986 ; *Le Péché d'écriture*, Corti, 1990 ; *Le Don de langue*, Lettres vives, 1992 ; *Miroirs du texte*, Deyrolle, 1995), il cherche à retrouver cette « langue des grands fonds » qui règne « entre le nid des entrailles et l'écume de la Voie lactée ». Il a publié en 1997 *L'Âge de Rose* (Corti), évocation de sainte Rose de Lima. Fonds Louis-Combet en cours de constitution à l'université de Besançon.

→ José-Laure Durrande, *L'Œuvre de chair : la question de l'écriture dans les proses de Claude Louis-Combet*, Presses universitaires du Septentrion, 1996.

J.P.

Louvet Jean (1934). Né à Moustier-sur-Sambre (Belgique), le 28 septembre 1934, fils de mineur, il réussit à mener des études universitaires grâce à un mécène. Après la publication d'un roman *(Soif de la terre*, 1955), il crée, au début des années soixante, le « Théâtre prolétarien », au moment des grandes grèves dans le bassin houiller belge ; il y fait représenter ses premières pièces, *Le Train du bon Dieu* (publié en 1976) et *L'An I*. S'il se veut d'abord engagé dans la réalité de sa région et s'il s'interroge sur les espoirs et les désenchantements de la classe ouvrière, il s'abstient cependant de tout didactisme, insistant sur les rapports dénaturés entre l'homme et la société. Un dualisme fondamental structure ses thèmes : peuple et culture s'affrontent et se confrontent à travers la vie quotidienne, l'histoire, les luttes ; le désir et la recherche du bonheur, au centre de sa réflexion, sont chez lui aliénés par les pouvoirs culturels, religieux, économiques et politiques. Il a traité à la scène des problèmes de l'utopie socialiste *(À bientôt, Monsieur Lang*, 1970), de la consommation et des biens matériels *(L'Aménagement*, 1970, publié en 1990 ; *Les Clients*, 1974), de l'immigration *(Le Bouffon*, 1974), du heurt des générations *(Conversation en Wallonie*, 1978), de la mémoire historique et de la perte des idéaux *(L'Homme qui avait le soleil dans sa poche*, 1982 ; *Le Grand Complot*, 1990), de la faim et de la pauvreté *(Un homme de compagnie*, 1993), du fédéralisme et de l'histoire de la Wallonie *(Le Coup de semonce*, 1995). Ses personnages en crise *(Un Faust*, 1986 ; *Jacob seul*, 1990) reflètent l'effondrement des valeurs humanistes dans la société moderne et technologique. Mêlant les registres linguistiques, Louvet donne à entendre la parole de l'*autre*, avec ses tics, ses déformations, de quelque classe qu'il provienne : le langage témoigne ainsi de l'incommunicabilité entre les individus, tout en accentuant le rapport conflictuel avec l'Histoire *(Au nom du père*, 1991 ; *La Nuit de Courcelles*, 1994 ; *L'Annonce faite à Benoît*, 1996). On lui doit aussi un essai, *Le Fil de l'histoire, pour un théâtre d'aujourd'hui* (1991).

ŒUVRES. — *Théâtre* : *À bientôt, Monsieur Lang*, *L'Homme qui avait le soleil dans sa poche*, rééd., Bruxelles, Labor, coll. Espace Nord, 1984.

→ *Textyles* (Bruxelles), n° 2, 1986. — Marc Quaghebeur, *Lettres belges entre absence et magie*, Bruxelles, Labor, 1990. — *Théâtre-action de 1985 à 1995 : itinéraires, regards, convergences*, Bruxelles, Le Cerisier, coll. Place publique, 1996.

O.Bi.

Louÿs Pierre (1870-1925), pseudonyme de Pierre Louis. Né le 10 décembre 1870 à Gand, en Belgique, où ses parents se sont réfugiés durant l'invasion prussienne, il appartient à une vieille famille champenoise et compte Junot, duc d'Abrantès, parmi ses ancêtres maternels. Dès 1882, il commence à tenir son *Journal intime*, puis à composer des poèmes. Élève de l'École alsacienne, il s'y lie d'amitié avec André Gide, en 1888. Une affection profonde l'attache déjà à son demi-frère aîné Georges Louis. Celui-ci, diplomate de carrière, aura sur lui un grand ascendant, l'aidera souvent matériellement et sera jusqu'à sa mort son plus constant et intime confident, comme en témoigne leur volumineuse correspondance. Après son baccalauréat, Louÿs, étudiant intermittent en lettres et en droit, fait successivement, en 1890, la connaissance de Verlaine, Mallarmé et Heredia ; mais la rencontre la plus durable sera, en mars, celle de Paul Valéry, à qui l'unira jusqu'au bout une grande amitié. Durant cette période, il accumule les lectures les plus diverses, ses préférences allant à Ronsard, Chénier, Hugo et *L'Imitation de Jésus-Christ*. Il se fait bientôt connaître en créant et dirigeant une revue poétique : *La Conque* (mars 1891-janvier 1892), à laquelle collaboreront Mallarmé, Verlaine, Leconte de Lisle, Heredia, Swinburne, mais aussi de jeunes auteurs comme Gide et Valéry. Suit une période de dandysme et de voyages (Bayreuth, Londres) au cours de laquelle Louÿs, tout en fréquentant Wilde, Mallarmé et Heredia, compose de nombreux textes érotiques, dont certains seront publiés sous le manteau après sa mort : *La Femme* (1938), *Douze douzains de dialogues* (1927). En 1892 paraît son premier livre,

Astarté, luxueuse plaquette rassemblant vingt-cinq poèmes. Ces compositions, où le mysticisme se teinte d'érotisme et où, par-delà des échos de Wagner et des préraphaélites, éclatent des vers sonores et des vocables rares, attestent une virtuosité qui vise essentiellement à l'évocation plastique et à la pure musique verbale. Très attiré par certains aspects de l'Antiquité grecque, il publie aussi des traductions : *Poésies* de Méléagre (1893), *Scènes de la vie des courtisanes* de Lucien de Samosate (1894).

En 1893, Louÿs fait la connaissance de Debussy, dont il devient l'intime et qu'il aidera de multiples façons ; l'année suivante, il se lie d'amitié avec André Lebey et Jean de Tinan. Délaissant provisoirement la poésie, il donne quatre plaquettes de contes symbolistes, à l'écriture fluide, véritables poèmes en prose : *Chrysis ou la cérémonie matinale* (1893), *Léda ou la louange des bienheureuses ténèbres* (1893), *Ariane ou le chemin de la paix éternelle* (1894) et *La Maison sur le Nil ou les apparences de la vertu* (1894), textes qui seront, avec *Danaë ou le malheur* (1895), réunis en 1925 dans *Le Crépuscule des Nymphes*. En Algérie, durant l'été de 1894, il rencontre une jeune Ouled-Naïl, Meryem bent Ali, qui lui inspirera en partie *Les Chansons de Bilitis* (1895), poèmes en prose qui doivent beaucoup à l'Antiquité ainsi qu'au folklore et à la poésie orientale. Bilitis n'avait jamais existé, et ce « petit livre d'amour antique » au saphisme audacieux était une mystification à laquelle certains universitaires se laissèrent prendre. Les 158 chansons du texte définitif (une seconde édition parut en 1898, considérablement augmentée) forment un « roman lyrique » qui déroule toute la vie de l'héroïne à Pamphylie, puis à Mytilène au temps de Sapho, enfin à Chypre, où elle est courtisane.

Sitôt parue la première édition, Louÿs fit un long séjour à Séville, puis gagna Alger, où, en mars 1895, a lieu la rupture définitive avec Gide. Au terme d'une longue genèse, paraît au *Mercure de France* (août 1895-janvier 1896) un roman intitulé *L'Esclavage*, qui sera publié peu après en volume sous le titre *Aphrodite*. Procédant de Gautier et de Flaubert, ce récit de « mœurs antiques » situé à Alexandrie relate la rencontre et les amours de la courtisane Chrysis et du sculpteur Démétrios. Par-delà la liberté de certaines peintures païennes, revendiquée dans la préface, *Aphrodite* illustre un thème cher à l'auteur : la supériorité du rêve sur la réalité, et de l'art sur la vie, antinomie incarnée ici par les deux personnages de l'artiste et de la courtisane. Grâce à un article de François Coppée, le livre connut rapidement un immense succès de vente, qui surprit Louÿs souffrant encore d'avoir vu, en juillet 1895, Marie de Heredia, qu'il aimait, épouser son ami Henri de Régnier. Il se consola à Alger avec une jeune Algérienne, Zohra bent Brahim, puis à l'automne de 1897 noua une liaison passionnée avec Marie de Régnier. Au Caire, début 1898, il termine *La Femme et le pantin*, « roman espagnol » ébauché à Séville en 1896. Se situant dans la lignée de Mérimée, mais aussi des *Mémoires* de Casanova, ce livre constitue l'une des meilleures expressions du thème de la femme fatale. Tout en évitant les pièges de l'exotisme grâce à une grande économie d'écriture, Louÿs met l'accent sur les différences séparant les deux protagonistes, le riche Sévillan Mateo Diaz et la jeune cigarière Concha Perez, et sur le masochisme inhérent à toute passion amoureuse qui entend dépasser la jouissance physique.

En juin 1899, Louÿs épouse Louise de Heredia, dont il divorcera en 1913. Le livre suivant, *Les Aventures du roi Pausole* (1901), est un roman philosophique et satirique dans le style du XVIIIe siècle libertin, à la fois utopie amoureuse et plaidoyer en faveur de la fantaisie et de la liberté individuelle. À partir de cette date, Louÿs sombre peu à peu dans une neurasthénie qui inhibera son inspiration. Sa curiosité universelle l'incline cependant à se consacrer à l'érudition et à la recherche littéraire, sans d'ailleurs rien publier de ses nombreuses recherches. Citons *Sanguines* (1903), qui montre un grand talent de conteur, et *Archipel* (1906), recueil de récits et d'articles, plus inégal. En 1902, il fait la connaissance de Claude Farrère, qui sera l'ami et le correspondant de la fin de sa vie ; vers la même époque, il rompt avec Debussy. Accumulant dettes et expédients, il va, à partir de 1903, travailler à un grand roman moderne, *Psyché*, qui devait transposer sa liaison avec Marie de Régnier, mais qui restera inachevé et qu'il ne publiera pas (posth., 1927). Il entre également en contact avec les érudits Frédéric Lachèvre et Louis Loviot, relations qui aboutiront à la création de la *Revue des livres anciens* (1913-1917) dirigée par Louÿs. Parallèlement à ces travaux bibliographiques, il écrit de nombreux textes érotiques : *Trois filles de leur mère*, *Manuel de civilité*, *Poésies érotiques*, *Pybrac*, *Histoire du roi Gonzalve et des douze princesses*, etc.

Durant la guerre, un sursaut inattendu de création donnera *Poëtique* (1916), puis le poème *Isthi* (1916), et enfin le grand poème *Pervigilium Mortis* (posth., 1945), recréation lyrique de la liaison avec Marie de Régnier. À la fin de 1916 et au début de 1917, Louÿs et Valéry échangent une importante correspondance à propos de leurs œuvres respectives, *Pervigilium Mortis* et *La Jeune Parque*. La mort de son frère Georges, en avril 1917, replonge Louÿs dans la dépression. Par une série d'articles publiés en 1919 dans *Le Temps* et *Comœdia*, il déclenche une querelle : ayant cru reconnaître l'écriture de Corneille dans la plupart des grandes comédies de Molière, il n'hésite pas à faire largesse de celles-ci à l'auteur du *Cid*, à qui il attribue également le *Francion* de Sorel. Devant le tollé qui s'ensuit, il renonce à publier le dossier de son argumentation, et ses notes à ce sujet resteront inédites. Les dernières années sont un naufrage. Confiné dans son hôtel du Hameau de Boulainvilliers, à demi aveugle, adonné aux stupéfiants, trompé par son entourage, il vit dans une solitude quasi complète. En 1922, il est interné pour troubles psychiques. L'année suivante, il se marie *in extremis* avec Aline Steenackers. Un ultime effort lui fait composer, en 1924, de déchirants poèmes, *Derniers Vers* (posth., 1945), cris d'un homme abandonné et désespéré. Il meurt le 4 juin 1925.

L'œuvre de Louÿs est diverse. Des poésies on retiendra surtout *La Forêt des Nymphes*, *Isthi* et *Pervigilium Mortis*, chef-d'œuvre de classicisme. *Les Chansons de Bilitis* occupent une place à part, en raison de la simplicité voulue et de leur lyrisme sans apprêt. Alors que le souci historique et l'apologie du paganisme tiennent une place importante dans *Aphrodite*, *La Femme et le pantin*, avec sa concision et sa pureté d'écriture, tient un point d'équilibre parfait. Drame âpre et rapide, ce roman d'analyse évoque les grands romans d'amour. *Psyché* est sans doute une œuvre moins vigoureuse, bien que Louÿs y ait voulu peindre un amour où le cœur et l'esprit parviennent à dépasser la chair. À côté de certains contes de *Sanguines (L'In-plano*, *La Persienne)*, on mentionnera *L'Homme de pourpre* (1901), conte antique, et la fantaisie *Une volupté nouvelle* (1899). Son *Journal intime* (posth., 1929) demeure un précieux témoignage sur le culte de l'art dont Louÿs était possédé ; mais sans doute l'homme et l'écrivain ne seront-ils connus dans toute leur diversité que lorsqu'on aura publié ses lettres à Gide, à Valéry et à son frère Georges Louis, encore inédites.

ŒUVRES. — *Œuvres complètes*, Montaigne, 1929-1931, 14 t., rééd. Genève, Slatkine, 1973, 7 t.

→ Robert Fleury, *Pierre Louÿs et Gilbert de Voisins : une curieuse amitié*, Tête de Feuilles, 1973. — Giorgio Mirandola, *Pierre Louÿs*, Milan, Mursia, 1974. — Jean-Paul Goujon, *Pierre Louÿs : une vie secrète*, Seghers-Pauvert, 1988. — L'Association des amis de Pierre Louÿs a publié seize bulletins et deux cahiers (1977-1980).

J.-P.G.

Lovay Jean-Marc (1948). Né à Sion, dans le Valais (Suisse), il quitte le collège à quinze ans. De cet autodidacte, grand lecteur dès le plus jeune âge, apprenti photographe, puis voyageur en Asie (1967-1969), les premiers textes sont influencés par la tradition de la route d'Orient et tiennent du récit initiatique (*Épître aux Martiens*, prix Georges-Nicole ; *La Tentation de l'Orient)*. Ami du poète Maurice Chappaz, son aîné, il vit pendant de nombreuses années de petits métiers, d'élevage, de collaborations à des journaux ou à la radio suisse. Durant cette période, il publie trois livres chez Gallimard, reçoit la bourse Del Duca et le prix de la Vocation pour *Les Régions céréalières*, puis le prix Rambert en Suisse. Trois ans plus tard, il publie *Le Baluchon maudit* et *Polenta*. Il fait périodiquement de longs voyages en Écosse, à Madagascar. Il publie désormais dans une petite maison genevoise, Zoé, ouverte aux avant-gardes : *Le Convoi du colonel Fürst* (prix Dentan), les *Conférences aux antipodes* et *Un soir au bord de la rivière*. Son livre le plus récent, *Midi solaire*, recueille des textes brefs imprégnés de la terreur de la guerre, où il laisse libre cours à une imagination débridée.

Le style de Jean-Marc Lovay tient d'un « laboratoire » langagier qui remet en cause les principales conventions narratives du roman et pratique la désagrégation de l'intrigue, l'auto-engendrement du texte par ses propres vocables et la subversion des structures logiques de la phrase. En cela, il est l'héritier de procédés kafkaïens et de certaines tentatives d'origine dadaïste ou de l'anti-roman contemporain. Il fait vivre cependant des mondes hors du commun, dans des décors où s'affrontent des personnages habités par la violence et l'élémentaire. Aux dialogues de sourds constants (*Un soir au bord de la rivière)* se substituent de savantes connivences avec les bêtes (*Le Convoi du colonel Fürst)*. Quant aux personnages contemplatifs des *Régions céréalières*, sortes d'anti-héros bouddhiques (en particulier dans *Le Baluchon maudit)*, ils acceptent l'ignorance et l'échec de la raison occidentale.

ŒUVRES. — *La Tentation de l'Orient*, correspondance avec Maurice Chappaz, Lausanne, Cahiers de la Renaissance vaudoise, 1970. — *Les Régions céréalières*, Gallimard, 1976. — *Le Baluchon maudit*, Gallimard, 1979. — *La Cervelle omnibus*, Genève, Luccheni, 1979. — *Polenta*, Gallimard, 1980. — *Le Convoi du colonel Fürst*, Genève, Zoé, 1985, rééd. de poche, Lausanne, L'Âge d'homme, 1991. — *Conférences aux antipodes*, Zoé, 1987. — *Un soir au bord de la rivière*, Zoé, 1990. — *Midi solaire*, Zoé, 1993. — *La Négresse et le chef des avalanches*, Zoé, 1996. — *Aucun de mes os ne sera troué pour en faire une flûte enchantée*, Zoé, 1998.

→ Georges Anex, *Le Lecteur complice : chroniques de littérature française 1965-1991*, Zoé, 1991. — Jérôme Meizoz, *Le Toboggan des images : lecture de Jean-Marc Lovay*, Zoé, 1994. — Jean-Paul Paccolat, « Entamer le récit... », *Versants*, n° 6, 1984.

J.M.

Lubin Armen (1904-1974) pseudonyme de Chahan Chahnour Kerestedjan. D'origine arménienne, né à Istanbul, il y fait ses études au lycée français, avant de suivre sa famille, qui émigre pour échapper aux persécutions. Son œuvre est placée sous le signe d'un double exil, géographique et linguistique, exacerbé par l'absence de la terre-mère et par une vie de pauvreté à Paris. Lubin, qui n'a jamais obtenu la naturalisation française, se cherche dans l'épreuve d'un bilinguisme difficile : à Paris, il choisit d'utiliser l'arménien en prose *(La Retraite sans musique*, 1929, récit racontant l'exode de son peuple) et le français en poésie *(Le Passager clandestin*, 1946 ; *Sainte Patience*, 1951 ; *Transfert nocturne*, 1955 ; *Les Hautes Terrasses*, 1957 ; *Feux contre feux*, 1968). Sa poésie ne se détache pas de son épreuve de la maladie, la tuberculose osseuse, aggravée par l'absence de protection sociale, et transmuée en moyen d'exploration du monde et des mots. Ami de Follain, Jacob, Salmon et Paulhan, Lubin se situe dans la lignée de Corbière et de Laforgue. Dans sa poésie, s'affrontent des procédés éprouvés, rimes, rythmes réguliers, refrain, distique, et une langue dense broyée par la souffrance. Le signe distinctif de la poésie de Lubin est l'alliance du « détachement ironique » (Henri Thomas), que lui permet la langue française, et de l'acuité verbale du « marteau de la souffrance » (Philippe Jaccottet) : « Pourquoi serpent et serpent qui mord ? / Pourquoi cette plaie pire que la mort » *(Sainte Patience)*. Armen Lubin est mort le 20 août 1974.

M.F.

Luca Gherasim (1914-1994). Né à Bucarest dans un milieu juif libéral, il fut dès ses jeunes années en contact avec plusieurs langues, en particulier le français, langue de la culture littéraire — culture contestée on le sait par un autre Roumain, Tristan Tzara, de près de vingt ans son aîné. La culture germanique, viennoise et berlinoise, est très présente à Bucarest au début des années trente, qui sont ses années de formation. Luca lit très tôt les philosophes allemands et connaît les débats qui nourrissent la réflexion sur la psychanalyse ; son ami Dolfi Trost, de formation psychanalytique, encourage cette découverte. Il collabore à différentes revues « frénétiques » d'orientation surréaliste, *Alge*, *Unu*, etc. À la fin des années trente, il concentre son intérêt sur la production du surréalisme parisien, auquel ses amis Jacques Hérold et Victor Brauner sont liés. Il correspond avec André Breton, mais, visitant Paris, il renonce à le rencontrer. La guerre l'y surprend : il parvient à regagner la Roumanie et à y survivre.

C'est dans l'immédiat après-guerre, et durant la brève période de liberté dont jouit la Roumanie avant le socialisme soviétique, que Luca renaît à la littérature et au dessin, suscitant un groupe surréaliste avec ses amis Dolfi Trost, Paul Paun, Gellu Naum et Virgil Teodorescu. Il dispose d'une imprimerie et d'un lieu d'exposition, multiplie les libelles, collectionne les objets d'art et, après deux livres publiés en roumain (*L'Inventeur de l'amour* et *La Mort morte*, qu'il traduira en français en 1993), il adopte la langue française, dans son désir de rompre avec la langue maternelle. En 1952, il parvient à quitter la Roumanie *via* Israël et s'installe à Paris. Ses poèmes, dessins ou collages (les « cubomanies ») sont publiés par la revue *Phases* (Édouard Jaguer). Il élabore des livres-objets auxquels contribuent Jacques Hérold, Max Ernst, Wifredo Lam, Piotr Kowalski. L'entreprise éditoriale du Soleil noir, au cours des années 1970, relance ce goût pour l'objet quasi magique qu'il cherche alors à réaliser, accompagné d'un disque du texte lu par sa propre voix.

Au travail sur la langue, roumaine ou française, avec ses effets de bégaiement décrits par Gilles Deleuze, il faut ajouter la mise en scène de ses écrits et le travail de tout le corps que représentait pour lui la lecture publique de ses écrits, lors de festivals de poésie, dont certains sont restés célèbres, dans les années 1960, à Amsterdam ou à New York. Les dérapages contrôlés et savants de sa langue poétique propagent les sons dans un espace qui n'a pas grand-chose à voir avec celui de la communication, et qui produit du « sens » poétique. Elle n'est ni « bégaiement » ni même « babillage », mais l'exemple, unique peut-être, d'un retournement de la langue sur son envers.

Dans sa solitude et sa recherche d'une pierre philosophale, d'une « clé » (titre d'un poème repris dans le volume *La Proie s'ombre)*, Luca, troublé par la montée de courants racistes et antisémites, s'est suicidé en janvier 1994.

ŒUVRES. — Toutes reprises aux Éditions Corti.

→ Dominique Carlat, *Gherasim Luca, une poétique de l'échange intempestif*, thèse, Paris-VII, 1996 ; à paraître aux Éditions Corti.

J.C.-G.

Lucot Hubert (1935). Né à Paris. Après avoir fait paraître en revue des « livres » comme *Jac Regrouper* (*Le Nouveau Commerce*, 1966 et 1968, Cahiers 13 et 20), il choisit de rompre en réalisant en 1970-1971 son œuvre la plus célèbre, *Le Grand Graphe*, où se déploie un art de l'éclatement et de la dissémination (reproduit sous la forme de huit rouleaux de cent cinq sur cent huit centimètres, Tristram, 1990), œuvre dont il réalise par la suite une version musicale (*Opéra pour un Graphe*, musique de Marcel Goldmann, France-Culture, avril 1972), ainsi qu'une version linéaire (*Le Graphe par lui-même*, Tristram, 1990). Il revient ensuite au livre par des textes dans lesquels il repense son rapport au langage, comme *Phanées les nuées* (Hachette-POL, 1981), dont il propose une « lecture rapide » (*Speed Writing*, *Le Nouveau Commerce*, 1979, Cahier 50), reprend « l'irréductible » (*Travail du temps*, Carte blanche, 1986) et « prolonge les lignes épaisses » (*Le Gato noir*, Tristram, 1990). Puis son œuvre se fait plus intime, à mesure qu'il évoque de façon originale la figure de ses parents et celle de sa femme, Anne-Marie (*Autobiogre d'A M 75*, précédé de *Hervé* et suivi de *Mê*, Hachette-POL, 1980 ; *Langst*, POL, 1984 ; *Simulation*, Imprimerie nationale, 1990 ; *Mêlangst*, sur cassette, Artalect, 1984), à l'image du souvenir qu'il convient de retrouver dans une ville sans cesse démantelée (*Sur le motif*, POL, 1995). Proche parfois d'Ezra Pound, qu'il cite dans *Le Gato noir*, il ne cesse de dire « la longue angoisse du langage » (*Langst)* : c'est avec des mots qui le « font », le « défont », le « défoncent » qu'il « traître » de l'« Autre » et de l'« Être ».

J.P.

Lunel Armand (1892-1977). Né le 9 juin 1892 à Aix-en-Provence, après des études à l'École normale supérieure et l'agrégation de philosophie, il poursuit une double carrière de professeur (1920-1953) et d'écrivain. Descendant d'un rabbin poète et formé par un grand-père qui lui parlait de Mistral et de l'histoire du comtat

Venaissin, il a puisé dans ses origines la double inspiration judaïque et provençale dont il a nourri son œuvre *(L'Imagerie du cordier*, 1924). Engagé contre le fascisme et l'antisémitisme *(Nicolo-Peccavi*, 1926, autour de l'affaire Dreyfus, prix Renaudot ; *Juifs du Languedoc, de la Provence et des États français du pape*, 1975), il peint les milieux israélites *(Esther de Carpentras*, 1926 ; *Jérusalem à Carpentras*, 1937), renoue avec l'art ancien du conteur *(Noire et grise*, 1930 ; *Le Balai de sorcière*, 1935 ; *Les Amandes d'Aix*, 1949) et écrit, en collaboration, plusieurs livrets d'opéra *(La Chartreuse de Parme*, avec Henri Sauguet, 1939 ; *Le Roi David*, avec Darius Milhaud, 1955). Un an après avoir reçu le grand prix national des Lettres, il meurt à Monte-Carlo, le 3 novembre 1977.

D.H.

Ly Ibrahima (1936-1989). Né à Kayes (Mali), il est l'auteur d'un roman, *Toiles d'araignées* (L'Harmattan, 1982, prix de la Fondation Senghor 1985), qui s'inspire pour une part de son expérience carcérale et témoigne des atteintes aux droits de l'homme dont sont victimes les intellectuels africains qui osent affronter les tyrans. Pour avoir participé à une distribution de tracts antigouvernementaux à Bamako, en juin 1974, Ibrahima Ly connaîtra l'enfer des prisons maliennes, d'abord au camp de parachutistes de Djikoroni, puis dans les mines de sel de Taoudénit, où fut naguère déporté l'écrivain Seydou Badian. *Toiles d'araignées* raconte la triste destinée de Mariama, condamnée à la prison pour avoir refusé d'épouser l'homme que sa famille lui destinait. Ibrahima Ly a publié un second roman, *Les Noctuelles vivent de larmes* (L'Harmattan, 1988), avant de mourir en exil à Dakar.

J.C.

M

Mabille Pierre (1904-1952). Né le 3 août 1904, médecin de grande culture, il est l'une des figures marginales majeures du surréalisme. Né à Reims, fils d'un médecin réputé, élevé par sa grand-mère et séparé de sa mère divorcée, très doué pour les études, il est lycéen à Amiens puis au lycée Carnot à Paris, pendant la Première Guerre. Interne des hôpitaux à l'âge où l'on termine un cursus scolaire, il excelle dans les notes de synthèse et publie très tôt des articles de médecine. On retrouvera ce goût de la synthèse et de la réflexion sur les différences entre les êtres humains, dans ses activités et publications des années postérieures à la Deuxième Guerre : il fonde une Société de morpho-physiologie humaine à Paris, en 1948, et coorganise à Royaumont un Congrès international d'anthropologie différentielle, en 1950 ; il est l'inventeur de techniques chirurgicales et améliore le test psychologique dit « du village », joignant à ce don pour la réflexion synthétique une intelligence concrète peu commune. Dans les années 1930, disciple de l'occultiste Pierre Piobb, il acquiert un savoir considérable sur l'histoire de l'alchimie et des sociétés secrètes depuis la Renaissance. Franc-maçon, il met au service de ses amis cette culture encyclopédique. Introduit dans les milieux de la peinture contemporaine par sa première femme, Hélène Détroyat, à partir de 1926, mais plus encore par la seconde, Jeanne Gromaire, rencontrée en 1936, il se lie aux surréalistes en 1934. Dès lors, ses livres, ses articles (notamment dans *Minotaure* et *VVV)* et ses conférences tournent autour de vastes réflexions sur le monde et l'avenir de l'homme *(La Construction de l'homme*, 1936 ; *Thérèse de Lisieux, une mystique décadente*, 1937 ; *Égrégores ou la vie des civilisations*, 1938 ; *La Conscience lumineuse*, 1938). Son œuvre littéraire culmine avec *Le Miroir du merveilleux* (1940), anthologie, établie avec Jeanne Gromaire, de textes issus de toutes cultures et présentés par de courts essais poétiques et suggestifs. Inquiété par Vichy en septembre 1940, il part pour Haïti, où il arrive en juillet 1941, en passant par la Martinique et la Guadeloupe. Il y reste trois ans, comme médecin et observateur attentif de la société, initié au culte vaudou par l'ethnologue Jacques Roumain. Il voyage au Mexique, rencontrant Benjamin Péret, Leonora Carrington, Remedios Varo. Après un bref séjour à Paris entre février et juin 1945, il revient en Haïti comme attaché culturel, puis directeur de l'Institut français. La révolution haïtienne, qui chasse le président Lescot au début de l'année 1946, et coïncide avec le passage d'André Breton, lui fait regagner la France en passant par Cuba. Fidèle à Breton, mais comme lui assez solitaire, il redevient un médecin praticien, s'attachant aux conséquences médicales de ses observations sur la diversité de la machine humaine. Il est mort prématurément, le 13 octobre 1952.

ŒUVRES. — Publiées d'abord chez Jean Flory, Corti et aux Éditions du Sagittaire dans les années trente ; rééditées chez de petits éditeurs dans le cours des années soixante-dix. En dehors des articles pour *Minotaure*, que l'on peut lire dans le *reprint* des Éditions Jean-Michel Place : *Le Merveilleux*, L'Harmattan, 1992. — *Thérèse de Lisieux*, Denoël, 1978. — *Conscience lumineuse, conscience picturale* [recueil posthume des textes sur la peinture], Corti, 1989.

→ Remy Laville, *Pierre Mabille, un compagnon du surréalisme*, Presses de l'université de Clermont II, 1983.

J.C.-G.

Mac Orlan Pierre (1882-1970), pseudonyme de Pierre Dumarchey. Né à Péronne, le 26 février 1882, dans une famille très modeste, il abandonne l'École normale de Rouen en 1899 pour gagner Paris, où il travaille comme peintre sur le chantier de l'Exposition. Commencent alors de dures années d'apprentissage d'où le sordide et la misère, à l'en croire, ne furent pas absents. Un emploi de correcteur à *La Dépêche de Rouen* lui révèle le monde de la presse, mais les récits de Stevenson et de Marcel Schwob, ses auteurs préférés, le poussent au voyage : trois ans durant, il vagabonde à travers les grands ports et les capitales de l'Europe, dans des conditions précaires. De retour à Paris en 1908, son talent de dessinateur lui permet de travailler comme illustrateur pour divers périodiques. À Montmartre, il est un assidu du « Lapin agile », le cabaret de Frédé (son futur beau-père), que fréquentent des peintres modernes. Il y devient l'ami de Max Jacob et d'André Salmon, proches d'Apollinaire, ainsi que de Francis Carco et de Roland Dorgelès, qui l'encouragent à publier ses premiers contes *(Les Pattes en l'air)*. Deux premiers romans *(La Maison du retour écœurant*, 1911 ; *Le Rire jaune*, 1913) révèlent une imagination farfelue, peu soucieuse de composition, et un style volontairement désinvolte et saugrenu.

Durant la guerre de 1914, il est fantassin en Lorraine, en Artois et à Verdun, d'où il reviendra avec blessure et décoration. Cette expérience va décider de l'orientation littéraire de sa carrière. La violence des hommes et la nostalgie du monde ancien précipité dans le chaos vont désormais dominer son univers. Le lyrisme qu'alimente pareille combinaison ne saurait se cantonner dans la forme poétique ; il déborde largement dans les romans que Mac Orlan publie après la guerre. *Le Chant de l'équipage* (1918) et *À bord de l'Étoile matutine* (1919) sont des récits d'aventures maritimes, où l'on retrouve, accommodés à l'époque contemporaine et disposés autour d'un personnage bien en relief, les ingrédients de la chasse au trésor et des histoires de corsaires, mais l'intrigue se délite trop vite pour être à la hauteur de celles de Stevenson et de Conrad. L'imagination de Mac Orlan a plus d'ampleur lorsqu'elle s'inspire de l'histoire contemporaine : *La Cavalière Elsa* (1921) et *La Vénus internationale* (1923) dressent en traits apocalyptiques le tableau d'une Europe sur laquelle déferlent les hordes russes et chinoises libérées par la révolution soviétique. Juive allemande, réfugiée en Russie, Elsa est une adolescente dont les commissaires politiques ont décidé de faire un symbole pour les masses, « une Jeanne d'Arc pouvant exprimer l'âme populaire pour le bien et pour le mal, indifféremment ». Mais sa soumission et son zèle militant cachent des ambitions plus féminines, qui se font jour lorsqu'elle rencontre, à Paris, Bogaert, un peintre et écrivain français, incarnation de l'intellectuel humaniste tel que Mac Orlan se le représente. Hamlet, le commissaire du peuple qui manipule Elsa, ne pardonne pas cette faiblesse contraire à ses plans et l'égorge au cours d'une orgie. Un dénouement aussi sordide ne suffit pourtant pas à venir à bout du mythe de la Cavalière. Le roman s'achève en une série de planches hallucinées, où Elsa, réduite à ses seules capacités, traverse Paris à la lueur des bibliothèques incendiées pour aller se donner une deuxième mort, en face de l'atelier de Bogaert. La même hantise visionnaire d'une révolution annoncée inspire *La Vénus internationale*, où l'on retrouve le tête-à-tête entre une jeune femme déracinée, agent des forces clandestines qui complotent la ruine du vieux monde, et deux hommes d'âge mûr, un écrivain et un peintre, retirés à la campagne et témoins impuissants de cette prise de pouvoir de la paysannerie, dans laquelle Mac Orlan voyait la pire menace pour les intellectuels. Certains tableaux comme celui du passage dans le village de bandes de clercs affamés ne manquent pas de relief. Avec humour, l'auteur y expose ses craintes sur le rôle dévolu aux intellectuels dans une société asservie aux seuls besoins matériels et s'interroge sur les chances de voir naître un nouveau mysticisme inspiré par la modernité technique.

Dans les romans suivants, Mac Orlan renonce à ces ambitieuses toiles de fond historiques et transpose ses thèmes familiers dans le cadre d'histoires policières plus traditionnelles : *Dinah Miami* (1924) campe le portrait d'une chanteuse de jazz à la tête d'une organisation clandestine de trafiquants d'alcool à destination des

États-Unis ; dans *Le Quai des brumes* (1927), une histoire de règlements de comptes entre bandes rivales lui permet d'évoquer à la fois le Montmartre de sa jeunesse et l'Allemagne rhénane où il avait séjourné longuement, après la guerre, comme reporter. La part de réalité contenue dans ce dernier roman est compensée par le fantastique de la violence et la magie du crime, qui, plus que dans ses autres œuvres, justifient l'étiquette de « fantastique social » sous laquelle Mac Orlan lui-même a parfois rangé son œuvre. Son intérêt pour les marginaux et les miséreux, sa tendance à idéaliser, comme son ami Francis Carco, la pègre et les prostituées, ne relèvent pas d'une curiosité sociologique et n'expriment pas davantage une révolte. Ce sont pour Mac Orlan les seuls milieux où les luttes et les souffrances quotidiennes provoquent encore de grandes passions et forgent de grands destins. *Mademoiselle Bambù*, dont il perfectionna la composition à travers quatre versions successives (1932-1950), poursuit cette exploration du « merveilleux social à l'usage des classes dangereuses ». Histoire d'espionnage située dans le sud de l'Italie, ce roman vaut surtout par l'étude de la fascination fétichiste que l'espionne, une prostituée mi-allemande mi-cubaine, exerce sur le narrateur, jeune homme faible et désœuvré.

L'œuvre de Mac Orlan, riche de cent trente ouvrages dont vingt-cinq romans, se déploie comme une vaste enquête sur la sentimentalité populaire et ses obsessions modernes : le sang, le sexe, les organisations clandestines, les foules innocentes. Ce nostalgique pessimiste manifeste une curiosité constante pour les formes nouvelles de création artistique issues de la technique : il fut l'un des premiers écrivains français à collaborer avec la TSF et à écrire des textes radiophoniques. Il connut les meilleurs photographes de son temps et s'intéressa très tôt au cinéma : il écrivit en particulier le scénario de *L'Inhumaine* de L'Herbier (1925), celui de *François Villon* d'André Zvoboda (1945) et collabora au film de Christian Jaques, *Le Voyage sans espoir* (1943). Plusieurs de ses romans d'aventures furent adaptés au cinéma : *La Bandera* par Julien Duvivier (1937), *Le Quai des brumes* par Marcel Carné et Jacques Prévert (1938), *La Tradition de minuit* par Génina *(Les Amours de minuit*, 1939). Le court essai sur *La Luxure* a fourni la matière d'un sketch à Rossellini (1952) et le récit *Marguerite de la nuit*, celle d'un film d'Autant-Lara (1955). Les *Poésies documentaires* nous rappellent que Mac Orlan fut aussi un poète dans la tradition de Jehan Rictus et d'André Salmon, mais elles contribuent sans doute moins à sa postérité que les soixante-cinq chansons qu'il écrivit, et dont Juliette Gréco, Germaine Montéro, Yves Montand, Léo Ferré et Catherine Sauvage furent les interprètes. Pierre Mac Orlan est mort à Saint-Cyr-sur-Morin, le 27 juin 1970.

ŒUVRES. — *Œuvres complètes*, éd. Gilbert Sigaux, Le Cercle du bibliophile, 1969-1971, 25 t. — *La Maison du retour écœurant*, 1911, rééd. Gallimard, 1970. — *Le Rire jaune*, 1913, rééd. Gallimard, 1960. — *Le Chant de l'équipage*, 1918, rééd. Folio, 1979. — *La Clique du café Brebis*, 1919, rééd. Gallimard, 1983. — *À bord de l'Étoile matutine*, 1919, rééd. Folio, 1983. — *La Cavalière Elsa*, 1921, rééd. Gallimard, 1980. — *La Vénus internationale*, 1923, suivi de *Dinah Miami*, 1924, rééd. Folio, 1997. — *Le Quai des brumes*, 1927, rééd. Folio, 1972. — *Poésies documentaires complètes*, 1954, rééd. Poésie-Gallimard, 1982.

→ Bernard Baritaud, *Pierre Mac Orlan : sa vie, son œuvre*, Droz, 1992. — *L'Avant-scène (cinéma)*, 1982. — Il existe depuis 1990 des *Cahiers Pierre Mac Orlan* (Comité des amis de Pierre Mac Orlan).

M.Co.

Macé Gérard (1946). Rêverie sur l'imaginaire du langage depuis *Le Jardin des langues* (Gallimard, 1974), l'œuvre de Gérard Macé, né à Paris le 4 décembre 1946, est vouée à susciter des *Vies antérieures* (Gallimard, 1990) comme celle de Champollion (*Les Trois Coffrets*, Gallimard, 1985 ; *Le Dernier des Égyptiens*, Gallimard, 1988). L'Orient et ses signes (*Leçon de chinois*, Fata Morgana, 1981 ; *Où grandissent les pierres*, Fata Morgana, 1985), les contes de fées et les souvenirs personnels (*Bois dormant*, Gallimard, 1983 ; *Les Petites Coutumes,* Fata Morgana, 1989) se mêlent, au détour d'un songe, dans une poésie éprise d'analogies. Avec *La mémoire aime chasser dans le noir* (Gallimard, 1993), la photographie lui inspire une réflexion sur la mort et l'image, qui trouve en *Cinéma muet* (Fata Morgana,

1995) un prolongement avec l'image animée. On lui doit deux essais, *Ex libris* (Gallimard, 1980) et *Rome ou le firmament* (Fata Morgana, 1983, nouvelle édition sous le titre *Rome l'invention du baroque* avec des photos d'Isabel Muñoz, Marval, 1997). Les grandes découvertes de la Renaissance et leurs conséquences forment le prétexte d'un vaste poème narratif (*L'Autre Hémisphère du temps*, Gallimard, 1995), mélancolique et cyclique, sur la mort des civilisations. Gérard Macé est également traducteur de l'italien (Leopardi, Saba).

N.R.

Maeterlinck Maurice (1862-1949). Né à Gand le 29 août 1862, dans une famille de la bourgeoisie aisée, il s'oriente vers la littérature après des études de droit. Avec d'anciens camarades de collège, Grégoire Le Roy et Charles van Lerberghe, il vit le réveil de la jeunesse intellectuelle belge de l'époque. Il fait quelques rencontres essentielles, comme celle de Georges Rodenbach en 1885. Lors d'un voyage à Paris l'année suivante, il participe à la création de la revue *La Pléiade* et fait la connaissance de Catulle Mendès, de Saint-Pol Roux, et de Villiers de l'Isle-Adam qui le confirme définitivement dans ses tendances symbolistes. Rentré en Belgique, il fait paraître plusieurs poèmes qui seront recueillis dans *Serres chaudes*, publié en 1889 à Gand, à compte d'auteur.

Composé de trente-trois poèmes alternant vers libres et mètres réguliers, le livre est très vite considéré comme une des œuvres clés du symbolisme. L'héritage baudelairien de la poésie décadente y est décanté et apuré de ses marques formelles les plus évidentes. Usant d'un lexique sobre et de métaphores choisies dans un registre relativement restreint, le recueil donne l'image d'une tension insatisfaite vers le réel. Scandé de longs appels à Dieu, plus rhétoriques que véritablement religieux, il dit l'impossibilité d'épuiser le mystère des choses. Maeterlinck aura tendance par la suite à minimiser l'intérêt de cette première œuvre, la réduisant à un amalgame de Verlaine, Rimbaud, Laforgue et Whitman. Si ces influences multiples sont bien réelles, le livre fait entendre une voix singulière, qui traque derrière le visible les forces obscures d'un autre monde.

À la fin de 1889 paraît également *La Princesse Maleine*, première pièce de Maeterlinck, publiée à trente exemplaires et imprimée sur presse à bras par l'auteur lui-même. Un article dithyrambique d'Octave Mirbeau dans *Le Figaro* lance alors un auteur dont l'écriture scénique va révolutionner le théâtre et appartient de plein droit au XXe siècle. *L'Intruse* et *Les Aveugles* (1890), puis *Les Sept Princesses* (1891) et *Pelléas et Mélisande* (1892) vont confirmer le mouvement amorcé par *La Princesse Maleine* vers une conception dégagée des codes du théâtre bourgeois. L'œuvre de Maeterlinck s'enracine dans une réflexion contestant les fondements de la pensée humaniste de la Renaissance (qui justifia l'émergence et le développement du drame comme expression d'une subjectivité libre, capable d'affronter le monde et de s'y objectiver par le biais du dialogue). Dans *Le Trésor des Humbles* (1896), il écrira : « Une vérité cachée est ce qui nous fait vivre. Nous sommes ses esclaves inconscients et muets, et nous nous trouvons enchaînés tant qu'elle n'a point paru. » Dans ces conditions, le dialogue traditionnel n'est plus possible. Les répliques se juxtaposent sans se répondre, comme pour laisser entre elles l'espace que l'invisible ouvre au cœur du monde. Le silence envahit la scène, désormais capable d'accueillir un « tragique quotidien », qui tranche sur les catégories abstraites de la pensée classique. Les essais réunis dans *Le Trésor des Humbles*, qui prolongent la réflexion de l'auteur sur ces matières, auront un grand écho.

Les « trois petits drames pour marionnettes » que sont *Alladines et Palomides*, *Intérieur* et *La Mort de Tintagiles*, publiés deux ans plus tôt, précisent le nouveau rapport du comédien à son texte que suppose une telle dramaturgie. Confirmant ce qu'il disait dans les *Menus Propos* (publiés dans *La Jeune Belgique* en septembre 1890), Maeterlinck rejette clairement un théâtre où le Moi limité d'un comédien trop présent sur la scène pourrait se superposer à la parole infinie du poème, lui imposer son poids de chair et sa (fausse) liberté. Ses personnages sont comme des marionnettes, ballottés par les soubresauts du visible, mais, comme elles, ils donnent l'idée des puissances cachées qui nous animent. Sur ce plan, l'écrivain anticipe la réflexion d'E.G. Craig telle qu'elle prendra corps quinze ans plus tard.

Aglavaine et Sélysette (1896) a souvent été lu comme une tentative pour revenir à un théâtre plus optimiste, moins marqué par la fatalité et l'obsession de la mort. Formellement, la pièce se rattache encore à la révolution initiale, mais ce qu'il est convenu d'appeler le « premier théâtre » de Maeterlinck prend fin avec elle. Dans *Monna Vanna* (1902) en effet, le dramaturge fortement influencé par l'actrice Georgette Leblanc — leur liaison dura de 1895 à 1918 — revient à ce qu'il nomme les « lois spéciales du théâtre ». La parole redevient la clef de voûte d'un système qui tourne parfois au verbalisme. *Joyzelle* (1903) ou *L'Oiseau bleu* (créé en 1908 par Stanislavski) sont des succès, mais sans doute aux dépens de l'extraordinaire renouvellement amorcé par le « premier théâtre ». Le symbolisme paraît dépérir en « allégorisme » ou en merveilleux de pacotille. La suite de la production du dramaturge n'en sera pas moins très abondante ; mais s'il n'y avait pas eu ce « premier théâtre », serait-on aujourd'hui conduit à évoquer *Le Bourgmestre de Stilmonde*, *Les Fiançailles*, *Jeanne d'Arc*, *Marie-Victoire*, *L'Abbé Sétubal*, ou même *La Princesse Isabelle* qui renoue avec un certain sens de l'irrationnel et de l'invisible ?

L'œuvre de Maeterlinck ne se limite pas au théâtre. Le poète et l'essayiste doublent le dramaturge. En 1896 paraît ainsi un recueil de *Douze Chansons*, qui, comme le théâtre dont elles sont contemporaines, laissent sourdre une inquiétude profonde et installent une atmosphère étrange où l'enfance le dispute à la mort. Écrites avec une apparente simplicité (répétitions, constructions en parallélisme), elles illustrent une évolution vers une poésie toujours plus épurée, si on les compare aux vigoureux appels de *Serres chaudes*. Après *Le Trésor des humbles*, Maeterlinck a également publié d'autres essais : *La Sagesse et la destinée* (1898), *Le Temple enseveli* (1902), *Le Double Jardin* (1904) et une série célèbre de livres consacrés à l'étude des insectes : *La Vie des abeilles* (1901), *La Vie des termites* (1926), *La Vie des fourmis* (1930), *L'Araignée de verre* (1932), où le travail de l'entomologiste est mis au service d'une réflexion sur le visible et l'invisible, sur les rapports des êtres entre eux et avec le monde. En connivence avec le reste de son œuvre, l'auteur y traque les forces qui mettent en branle ces sociétés animales et qui confèrent une âme à la moindre parcelle de réalité.

Écrivain consacré, sollicité par l'Académie française en 1910 — mais il refusa de prendre la nationalité française —, couronné par le prix Nobel en 1911, annobli par le roi des Belges en 1932, Maeterlinck voit pourtant son audience décroître au tournant des années trente. À sa mort, le 6 mai 1949, dans sa propriété d'Orlamonde aux dimensions fantastiques, surplombant la Méditerranée, il laisse près de soixante œuvres, dont un recueil de souvenirs, *Bulles bleues*, paru en 1948.

ŒUVRES. — La majeure partie de l'œuvre de Maeterlinck a été publiée chez Fasquelle. Rééditions récentes : *Œuvres*, Bruxelles, Jacques Antoine, 1980. — *Serres chaudes*, *Quinze Chansons*, *La Princesse Maleine*, Poésie-Gallimard, 1983. — *Introduction à une psychologie des songes et autres écrits (1886-1896)*, Bruxelles, Labor, 1985. — *Théâtre*, Genève, Slatkine, coll. Ressources, 1986. — *Le Trésor des Humbles*, Bruxelles, Labor, 1986. — *Pelléas et Mélisande*, éd. Pierre Citti, Le Livre de poche, 1989. — *L'Oiseau bleu*, Actes Sud-Labor, 1989. — *La Mort de Tintagiles*, Actes Sud-Labor, 1997.

→ *Maurice Maeterlinck 1862-1962*, dir. Joseph Hanse et Robert Vivier, Bruxelles, 1962. — Georges Hermans, *Les Premières Armes de Maurice Maeterlinck*, Gand, Erasmus, 1967. — Marcel Postic, *Maeterlinck et le symbolisme*, Nizet, 1970. — Paul Gorceix, *Les Affinités allemandes dans l'œuvre de M. Maeterlinck*, PUF, 1975. — Peter Szondi, *Théorie du drame moderne*, Lausanne, L'Âge d'homme, 1983. — Gaston Compère, *Maurice Maeterlinck*, Lyon, La Manufacture, 1990. — Arnaud Rykner, *Maurice Maeterlinck*, bibliographie, Memini, coll. Bibliographie des écrivains français, 1997. — Il existe des *Annales de la Fondation Maurice Maeterlinck* (Gand).

A.R.

Magazine littéraire. Mensuel fondé à Paris en 1966 par Guy Sitbon et François Bott. Le *Magazine littéraire* trouve sa forme actuelle à son troisième numéro.

François Bott, jusqu'alors rédacteur en chef, quitte le magazine et est remplacé par Jean-Jacques Brochier, qui tient depuis 1967 une « Chronique du Capricorne ». Trois ans plus tard, en avril 1970, Guy Sitbon vend à Nicky et Jean-Claude Fasquelle, actuel directeur de la publication, la revue, qui l'achètent à titre personnel. En juin 1972, Raymond Moretti dessine pour la première fois la couverture (en l'occurrence, un portrait de Philippe Sollers). La formule du *Magazine littéraire* est à la fois stable et souple : chaque livraison présente d'une part un dossier consacré à un écrivain (Proust, Sartre, Céline, Bataille, Baudelaire, Borges, Chandler, Cioran, Perec, Genet, Pessõa ou Paul Auster), un philosophe (de Hegel à Foucault) ou un grand thème, souvent lié à l'émergence d'une tendance ou d'une mode (baroque, surréalisme, littérature japonaise, littératures allemandes, suicidés de la littérature), enrichi depuis 1993 d'un inédit (correspondance Merleau-Ponty - Sartre dans le n° 320 consacré à l'existentialisme) ; d'autre part, un entretien (avec Gracq, Carlos Fuentes, Thomas Bernhard ou Ernst Jünger). Les événements de la vie littéraire sous toutes ses formes, et la critique de la production livresque au sens large du terme, occupent le reste du sommaire.

→ *Magazine littéraire 1966-1996 : la passion des idées*, n° hors-série, octobre 1996.

V.M. — IMEC

Maghreb *(littératures du).*

La langue. Écrire en français a souvent été vécu par les Maghrébins comme problématique, voire douloureux. Ils ont surtout exprimé ce sentiment à l'époque coloniale, lorsque le français était ressenti comme la langue imposée par le colonisateur, et de plus comme une langue réservée à l'élite cultivée, alors que la langue parlée était soit l'arabe dialectal, soit le berbère. C'est ainsi que le poète algérien Malek Haddad a pu dire : « Le colonialisme m'a donné un défaut de langue. » Ce ressentiment contre la langue française, subie et non choisie, est plus fort chez les écrivains algériens que chez les Tunisiens ou les Marocains, dont le pays est passé plus tardivement sous la tutelle de la France, en sorte que l'arabe, comme langue de culture, y a mieux survécu.

Après les indépendances, les écrivains maghrébins se réconcilient progressivement avec la langue française et s'emploient plutôt à tirer parti de ses riches possibilités. Il était difficile, en effet, d'imaginer qu'une langue puisse être violentée ou qu'on puisse en tirer vengeance en la malmenant. Le Marocain Khatibi considère la langue française comme une « belle étrangère », qu'il faut respecter et honorer pour mieux la séduire. Étant par ailleurs arabophone, il se passionne, comme d'autres, pour les problèmes du bilinguisme et intitule significativement l'un de ses ouvrages *Amour bilingue*.

Malgré certaines prédictions selon lesquelles la littérature maghrébine de langue française devait disparaître en quelques décennies après les indépendances, les écrivains maghrébins semblent s'orienter vers une autre conception, pluraliste et conforme à l'idée de métissage. Ils se sentent, comme d'autres dans le monde, voués à vivre dans la pluralité des langues, quitte à écrire dans celle qu'ils choisissent pour cela. Les autres langues du Maghreb leur posent d'ailleurs des problèmes difficiles à résoudre dans l'immédiat. La langue arabe écrite étant celle du Coran, elle est ressentie par tous les musulmans comme investie d'un caractère sacré, qui rend malaisé de l'utiliser à des fins profanes. Il n'est pas encore possible de considérer le berbère comme une langue écrite et permettant aisément l'écriture, malgré les travaux en ce sens de spécialistes comme l'écrivain et chercheur kabyle Mouloud Mammeri (la Kabylie est la principale région berbérophone de l'Algérie).

Quoi qu'il en soit, il est certain qu'aucun écrivain maghrébin ne peut ignorer le problème de la langue, qui de ce fait est souvent choisie comme l'un des thèmes ou comme sujet de l'écriture. On ne peut donc considérer comme écrivains *francophones* les écrivains français du Maghreb, dont l'exemple le plus connu est Albert Camus. Pour ceux-ci en effet, la question de la langue ne s'est jamais posée, même s'ils ont revendiqué les caractéristiques de leur « maghrébinité ». Et l'on peut dire la même chose des écrivains souvent appelés *beurs* ou « de la seconde génération », nés en France de parents maghrébins, et pour qui le problème du bilinguisme n'a aucun sens car ils n'ont de langue que le français.

→ Jean Déjeux, *Situation de la littérature maghrébine de langue française*, Alger, Office des publications universitaires, 1982.

Les genres. Les littératures francophones des trois pays du Maghreb (Algérie, Tunisie, Maroc) comportent beaucoup plus d'œuvres romanesques que d'œuvres poétiques ou théâtrales. Pourtant, le roman n'existe pas dans la tradition arabe et, dans les littératures arabophones, il n'apparaît qu'au XIXe siècle sous l'influence de l'Occident. La prédominance du genre romanesque reflète un trait contemporain, observable en France aussi bien. Le roman se publie et se vend mieux, ou moins mal, que les autres genres. On peut trouver cependant des explications propres à la situation culturelle et linguistique des pays maghrébins. La poésie arabe classique est si prestigieuse, antérieure même au Coran, et la langue arabe convient si bien à la poésie que tout Maghrébin désireux de s'exprimer dans ce genre a tendance à choisir la langue arabe, même s'il pratique et utilise aussi le français. C'est le constat qui s'impose pour l'écrivain et poète tunisien Tahar Bekri. Le théâtre est un genre populaire au Maghreb et ne rencontre son vrai public que s'il utilise les langues parlées. C'est pourquoi l'écrivain algérien Kateb Yacine, après avoir écrit en français une œuvre romanesque brillante et très remarquée, dont un roman célèbre, *Nedjma* (1956), s'est décidé à écrire en arabe dialectal des pièces qu'il mettait en scène lui-même pour le public algérien. À l'inverse, on ne peut que déplorer l'impossibilité pour Fatima Gallaire, Algérienne vivant en France, de faire connaître au public maghrébin ses pièces d'un comique très populaire, mais écrites en français. La pratique du genre romanesque par les Maghrébins présente un intérêt particulier, dû à leur absence de tradition en cette matière. Leurs éditeurs ont quelquefois apposé le mot « roman » sur des textes très composites, dotés de passages narratifs ou d'éléments de récit autobiographique, mais comprenant aussi des passages poétiques ou théâtraux, agencés selon une temporalité très particulière, ou sans lien de temporalité, comme *Le Polygone étoilé* de Kateb Yacine ou *Agadir* du Marocain Mohammed Khaïr-Eddine. Cette manière d'écrire apparente les Maghrébins à ce qu'on appelle ailleurs, à d'autres occasions, l'avant-garde. Dans les années 1970, plusieurs d'entre eux, dont l'Algérien Rachid Boudjedra, ont paru proches des écrivains dits du Nouveau Roman. Et l'on a reconnu chez l'Algérienne Assia Djebar des traits caractéristiques d'une écriture féminine dont elle est considérée, depuis les années 1980, comme une représentante éminente.

→ M. Bencheikh *et al.*, *Approches scientifiques du texte maghrébin*, Casablanca, Toubkal, 1987.

La littérature algérienne. La littérature algérienne de langue française se développe pendant la dernière phase de la période coloniale, après la Deuxième Guerre mondiale. Sans doute fallait-il attendre les effets de la scolarisation, exclusivement en français, et la formation d'une élite, même si elle fut d'abord modeste à tous égards et limitée dans ses possibilités d'expression. Sans doute fallait-il aussi que cette expression devînt urgente, nécessaire à la survie du peuple algérien tout entier. Cette littérature des années qui précèdent la guerre d'indépendance de l'Algérie vise à faire entendre la voix de ceux qu'on appelait alors les indigènes et tout d'abord à faire reconnaître leur existence. Leur volonté d'exprimer une originalité et une personnalité singulière, différente de celle des Français d'Algérie, explique qu'on ait parfois taxé ces récits de folklorisme, alors qu'il s'agissait pour leurs auteurs de dépasser l'autobiographie en élargissant la portée documentaire du témoignage. Il est vrai que dans les romans de Mouloud Feraoun ou de Mouloud Mammeri, les mœurs kabyles sont abondamment décrites, car elles sont au cœur de la situation vécue par les écrivains de leur génération, contraints de se battre à la fois contre la tradition et contre la modernité.

Après avoir dénoncé la misère et l'oppression, la littérature algérienne, pendant la guerre d'indépendance (1954-1962) et au-delà, exalte le courage de ceux qui luttent contre l'oppression ou pour la liberté ; elle chante le sacrifice de ceux et de celles qui sont morts pour la cause de ce qu'on appelle alors la Révolution. Telle est l'inspiration poétique de Bachir Hadj

Ali, ou celle qui donne son souffle aux premières œuvres théâtrales de Kateb Yacine. Mais comme cette littérature fait le jeu des pouvoirs officiels qui prennent la tête de l'État national, les écrivains dénoncent bientôt l'hypocrisie de l'État. Rachid Boudjedra, jeune homme en colère et puissant écrivain, s'y emploie activement. Apparaît une génération nouvelle, celle des « déçus de la Révolution ». Parmi eux se trouvent non seulement les démocrates de tout genre, mais aussi les femmes, qui, partie prenante dans la guerre de libération, ont été renvoyées à leurs foyers. L'évolution rapide des thèmes et des formes est perceptible chez des écrivains tels que Mohammed Dib ou Assia Djebar, dont l'œuvre s'étend et se renouvelle pendant plusieurs décennies. Cependant, un certain nombre d'attitudes caractéristiques des écrivains algériens ne changent pas : agressivité à l'égard des pouvoirs, force du réalisme, esprit critique. Jusque dans les années 1990, les écrivains savent qu'ils risquent de payer de leur vie le prix de leur engagement (Tahar Djaout est assassiné en 1993). La violence des événements qui jalonnent l'histoire de l'Algérie rend les lecteurs français sensibles surtout aux œuvres qui les évoquent. Reste que la littérature vit aussi d'une distance envers l'histoire immédiate, qu'il s'agisse d'une réflexion sur soi-même, sur l'enfance et le passé, comme dans l'œuvre de Rabah Belamri, ou sur les pouvoirs du langage et le lien entre tradition poétique et modernité, comme dans l'œuvre de Jamal Eddine Bencheikh.

→ *Europe*, juillet-août 1976. — *Anthologie de la littérature algérienne*, éd. Charles Bonn, Le Livre de Poche, 1990.

La littérature marocaine. Les lecteurs français et francophones découvrent la littérature marocaine en 1952, dans *Le Passé simple* de Driss Chraïbi, qui révèle que les jeunes écrivains marocains, désireux d'affirmer leur liberté individuelle, se heurtent à la puissance d'un régime encore féodal et d'un patriarcat archaïque. La dénonciation de ce système politique, social et culturel, au sens le plus large, s'exprime dans toute la littérature marocaine, chez Mohammed Khaïr-Eddine comme chez Abdelhak Serhane. Le livre de Driss Chraïbi a ouvert une voie qui restera celle de nombreux écrivains marocains. Les écrivains sont aussi nostalgiques des aspects de leur société qui échappent encore à la modernité occidentale. Ils retournent aux contes et aux légendes, d'origine berbère le plus souvent, omniprésents dans l'imaginaire marocain, et reprennent de façon romanesque des personnages issus de ce fonds ancien (*Moha le fou Moha le sage*, de Tahar Ben Jelloun ; *Légende et vie d'Agoun'Chich*, de Mohammed Khaïr-Eddine). Ainsi, dans *L'Enfant de sable*, Tahar Ben Jelloun détourne à des fins féministes un conte d'inspiration patriarcale, montrant la supériorité des garçons sur les filles. Il rejoint la réflexion et la lutte des femmes marocaines elles-mêmes, parmi lesquelles Fatima Mernissi. La littérature marocaine est influencée aussi par la linguistique, par Roland Barthes et par la psychanalyse, en particulier dans le domaine de l'autobiographie. Khatibi tire parti de l'apport des sciences humaines, joignant le travail du chercheur à celui de l'écrivain. Les écrivains marocains, malgré leur désir de dénoncer la brutalité des mœurs et la misère de leur peuple, ne sont pas engagés politiquement au sens où l'ont été et le sont encore nombre de leurs confrères algériens. Le poète et romancier Abdellatif Laâbi, après un combat politique qui lui a valu d'être emprisonné plusieurs années, semble avoir choisi lui-même désormais d'autres sujets et d'autres formes d'expression. Tahar Ben Jelloun, l'écrivain marocain le plus connu depuis deux décennies, donne l'exemple d'une attitude ouverte, qui ne le rend étranger à aucun problème mondial, mais préserve sa liberté d'écrivain.

→ *Europe*, juin-juillet 1979. — Abderrahman Tenkoul, *Littérature marocaine d'écriture française*, Casablanca, Afrique-Orient, 1985.

La littérature tunisienne. La Tunisie est le pays du Maghreb qui, par tradition et pour des raisons géographiques, a eu le plus d'échanges culturels avec les pays du Proche-Orient arabophone. La littérature francophone s'y est donc développée en même temps que les lettres arabes et sans les exclure. Le livre de référence des écrivains tunisiens contemporains, *Le Barrage*, de Mahmoud Messadi, souvent comparé au *Prophète* de Khalil Gibran, a été écrit en arabe au début des années 1940. Cette littérature s'est fait connaître, peu après la Deuxième Guerre mondiale, grâce à un écrivain d'origine juive, Albert Memmi. Comme ses confrères algériens et marocains à la même époque, il écrit d'abord un livre autobiographique et restera toujours fidèle à cette source d'inspiration dans son œuvre romanesque. Les écrivains tunisiens se caractérisent par la diversité de leurs références culturelles, la Tunisie ayant toujours été, depuis la fondation de Carthage par Didon en 814 avant J.-C., un lieu de rencontres et de brassage. Didon, encore appelée Élissa, a inspiré un roman à Fawzi Mellah, attaché à montrer le rôle des femmes dans sa société. En hommage à la pluralité des cultures et à la tolérance, d'autres écrivains, en particulier Tahar Bekri ou Nacer Khemir, se souviennent des beaux jours de l'Andalousie musulmane, *Al Andalous*, qui fut riche en savants, en écrivains de toute sorte et en admirables poètes tels que Ibn El Hazm, l'auteur du *Collier de la colombe*. La tradition tunisienne consiste à reconnaître aux écrivains une place de choix dans la société, au risque que se constitue une élite lettrée, étrangère à la conception de l'écrivain qui prévaut encore dans l'Algérie voisine. On trouve l'exemple de cette diversité linguistique et culturelle chez un auteur soucieux de préserver la plus haute exigence artistique, Abdelwahab Meddeb, poète même lorsqu'il est romancier. Les préoccupations très littéraires d'une femme comme Hélé Béji surprendront ceux qui n'imaginent la femme maghrébine que soucieuse de son statut dans la société islamique. En fait, les écrivains tunisiens séparent leurs différents ordres de préoccupations. C'est le cas d'Amina Saïd, sensible aux problèmes politiques mais poète d'une subtile intimité.

→ *Europe*, octobre 1987. — Taoufik Baccar et Salah Garmadi, *Écrivains de Tunisie*, Sindbad, 1981.

D.B.

Magnan Pierre (1922). Né à Manosque, autodidacte, apprenti typographe à l'âge de treize ans, il écrit des romans depuis l'adolescence. Remarqué après la guerre par l'éditeur André Julliard, il fit alors paraître cinq ouvrages (*L'Aube insolite*, 1945 ; *Ligne de force*, 1946 ; *Le Monde encerclé*, 1949-1950 ; *Périple d'un cachalot*, 1952 ; *La Mer d'airain*, 1961) sans trouver son public ; un long silence s'ensuivit. Ce n'est qu'à la fin des années soixante-dix qu'il s'essaie, cette fois, au roman policier : *Le Sang des Atrides*, la première des savoureuses *Enquêtes du commissaire Laviolette* (cinq volumes parus), le révéla en 1977, suivi par *La Maison assassinée* (1984), son premier grand succès, puis par *Les Charbonniers de la mort* (1982), *Les Courriers de la mort* (1986), *Le Mystère de Séraphin Monge* (1990) et *La Folie Forcalquier* (1995), où il donne libre cours à son goût pour les énigmes, l'aventure et l'histoire. Pierre Magnan a également publié une série de récits autobiographiques (*La Naine*, 1987 ; *L'Amant du poivre d'âne*, 1988) et un livre de souvenirs en hommage à Jean Giono (*Pour saluer Giono*, 1990). Il vit à Manosque et ses romans évoquent souvent la Provence et les Basses-Alpes, dont il donne une image tantôt lumineuse, tantôt chargée d'ombre et de secrets.

ŒUVRES. — Les romans récents de Pierre Magnan ont été publiés chez Denoël ou Fayard (*Enquêtes du commissaire Laviolette*). La plupart ont été réédités en poche chez Gallimard, collection Folio.

B.Do.

Magny Olivier Soufflot de (1929). Né à Neuilly le 17 mai 1929 dans la famille, anoblie sous Louis XV, de l'architecte du Panthéon, élève des jésuites au Mans, puis étudiant à l'Institut d'études politiques de Paris et à la Sorbonne pour une licence d'histoire, il devient au début des années cinquante l'un des plus brillants commentateurs et « éveilleurs » de la littérature contemporaine. À partir de 1954, durant plus de dix ans, il consacre dans *Les Lettres nouvelles* une chronique littéraire aux poètes et aux romanciers contemporains. Parallèlement, il tient la chronique littéraire du *Monde nouveau*, de 1955 à 1968, puis le « Calepin d'un mangeur de livres » du *Mercure de France*. Attaché en particulier à l'œuvre de Nathalie Sarraute, comme en témoigne sa postface à l'édition de poche de *Portrait d'un inconnu* (10/18, 1956), il fut l'un des premiers à dessiner le profil esthétique des Nouveaux Romanciers

(« Panorama d'une nouvelle littérature romanesque », *Esprit*, 1958), consacrant des articles et des préfaces à Pinget, Beckett, Butor, Sarraute. Très attentif également à la poésie vivante, commentant l'œuvre de du Bouchet, Bonnefoy, Grosjean, Jaccottet, Glissant (voir ses contributions au *Panorama des auteurs contemporains*, dir. Bernard Pingaud, Grasset, 1958), ou de Queneau dont il a préfacé *L'Instant fatal* (Poésie-Gallimard, 1965), contribuant à faire connaître des poètes étrangers comme Emily Dickinson, Georg Trakl ou Rafael Alberti, il a donné lui-même, tardivement, un recueil de poèmes : *Murmure* (Granit, 1993), qui allie des formes diverses (haï-kaï, vers libres, vers mesurés, rimés ou non, poèmes en prose) et compose, pour reprendre l'un des titres du recueil, un « Journal des jours sans date » où le poète s'éloigne de ses « impossibles frères » et remue les fils crépusculaires de l'invisible, du silence et du secret, « détachant la persévérante beauté » du désespoir d'exister.

A.G.

Magritte, Paul (1902-1975) Né à Gilly (Belgique) le 24 octobre 1902, frère du peintre René Magritte. Collaborateur de *L'Invention collective*, *Le Salut public*, *View*, *Rhétorique*. La plupart de ses textes ont paru dans la collection « Le Vocatif » ; ils ont été réunis par Tom Gutt sous le titre *Les Travaux poétiques* en 1974 (voir aussi *Le Coup d'épaule*, en collaboration avec Paul Colinet, 1974). Son humour purificateur et son irrévérence sont à la source de petits textes où le quotidien ouvre des perspectives parfois abyssales. Musicien, Paul Magritte a notamment composé la musique de *Marie Trombone chapeau buse*, poème de Paul Colinet (1936). Il est mort à Blankenberghe (Belgique), le 15 octobre 1975.

ŒUVRES. — *Les Travaux poétiques*, Bruxelles, La Passerelle en papier, 1974.

O.Bi.

Magritte René (1898-1967). Né à Lessines (Belgique) le 2 novembre 1898. À l'origine du groupe surréaliste de Bruxelles (il lance avec E.L.T. Mesens les revues *Œsophage* et *Marie)* dont il sera le principal représentant en matière d'arts plastiques, le grand peintre belge n'est pas seulement l'auteur de nombreuses réflexions sur l'art et la représentation (voir *La Ligne de vie*, 1938 et 1947) : des poèmes, aphorismes, textes et commentaires, la plupart publiés après sa mort (« Le Vocatif », « Les Lèvres nues »), constituent une œuvre où le dérisoire voisine avec l'absurde dans un climat souvent onirique. Fondateur des revues *La Carte d'après nature* (1952) et *Rhétorique* (1961-1966), il a fait paraître dans cette dernière une série de textes consacrés aux symboles, aux idées et au mystère dans la peinture. Il est mort le 5 août 1967.

ŒUVRES. — *La Destination : lettres à Marcel Mariën (1937-1962)*, Bruxelles, Les lèvres nues, 1977. — *Écrits complets*, éd. André Blavier, Flammarion, 1979. — *Lettres à André Bosmans (1958-1967)*, éd. Francine Perceval, Seghers, 1990.

→ Louis Scutenaire, *Avec Magritte*, Bruxelles, Lebeer Hossmann, 1977. — Jacques Meuris, *Magritte et les mystères de la pensée*, La Lettre volée, coll. Essais, 1992.

O.Bi.

Maheux-Forcier Louise (1929). Pianiste de formation, elle publie un premier roman, *Amadou* (1963), qui dénonce les tabous et les normes d'une société hypocrite et présente des héroïnes qui tentent de vivre en dehors des contraintes. *Une forêt pour Zoé* (1970), roman-poème, est une vertigineuse descente dans l'intimité d'une conscience et d'une sensibilité. *Appasionnata* (1978) et *En toutes lettres* (1980) mettent en évidence le style, tout en nuances, de l'écrivain, auteur également de plusieurs pièces pour la télévision (*Arioso*, 1981 ; *Un parc en automne*, 1982 ; *Un jardin défendu* suivi de *À la brunante*, 1988), où se retrouvent, exacerbés, les conflits déjà présents dans les romans, et d'un journal intime, *Le Sablier* (1984).

L.G.

Mailhot Michèle (1932). Les héroïnes de ses romans témoignent de la condition difficile des femmes dans la société. La femme mariée de *La Mort de l'araignée* (1972), qui explore son propre labyrinthe, la jeune religieuse du *Portique* (1967) ou l'enfant mal aimée qu'est la Cathy de *Béatrice vue d'en bas* (1988), souffrant de voir sa mère lui préférer son frère, toutes cherchent à ressaisir leur vie, se heurtent au pouvoir, au conformisme et au mensonge d'une société hypocrite. Toutes pourraient reprendre à leur compte le titre d'un de ses premiers romans, *Dis-moi que je vis* (1964). *Le Passé composé* (1990), où la narratrice découvre douloureusement la difficulté de créer, a pour cadre le monde de l'édition. Cette œuvre, qui refuse le dolorisme, est écrite dans un style sobre où l'humour, souvent corrosif, et la lucidité se conjuguent. Romancière et journaliste, Michèle Mailhot est également l'auteur de journaux intimes, *La Vie arrachée* (1984) et *Notes de parcours* (1986).

S.Ma.

Maillet Antonine (1929). Née à Bouctouche au Nouveau-Brunswick, elle a commencé sa carrière littéraire avec *La Sagouine* (1971), suite de monologues de théâtre où une vieille femme de ménage réfléchit tout haut, avec la fausse naïveté des paysans rusés, dans une langue verte et truculente. L'auteur réussit à élargir la matière puisée dans la tradition orale acadienne. La pièce, interprétée par une comédienne exceptionnelle, Viola Léger, et diffusée par la télévision et par ses traductions, connaîtra un succès international. Antonine Maillet publie ensuite six romans, parmi lesquels *Don l'Orignal* (1972) et *Crache à Pic* (1984), et huit pièces, dont *Les Crasseux* (1968) et *Garrochés en paradis* (1986), le tout composant une saga acadienne relatant la vie rurale des années trente, pimentée par les péripéties de la contrebande à l'époque de la prohibition, où s'affrontent, dans un univers manichéen, les pauvres et les nantis. La recherche des origines conduit la romancière à évoquer l'épopée du retour d'exil après la déportation, dans *Pélagie-la-Charrette* (1979, prix Goncourt), où elle adapte avec habileté la verve des conteurs populaires, dans une fête de la parole amplifiant jusqu'à l'épique les péripéties du microcosme acadien. Mais les prouesses de la narratrice, les procédés de retardement de l'action et de grossissement hyperbolique tendent à devenir trop visibles. Antonine Maillet qui, grâce à de brillantes conférences et prestations télévisées, a su faire aimer son œuvre, est en Acadie une figure quasi légendaire. Parmi ses détracteurs, les jeunes écrivains acadiens lui reprochent de forcer l'image d'une Acadie folklorique, passéiste et miséreuse, exotisme facile pour l'exportation. Avec *Le Huitième Jour* (1986) et *L'Oursiade* (1990), elle change d'univers en abandonnant ses personnages acadiens, mais non de registre, en ce qu'elle continue de s'inspirer des contes et légendes populaires imprégnés de fantastique. *Les Confessions de Jeanne de Valois* (1992), qui est plutôt un récit qu'un roman, révèle un écrivain plus sobre et plus intérieur, traitant un sujet d'intérêt plus local : l'histoire de la constitution et du développement d'une congrégation de religieuses enseignant en Acadie à travers la vie de sa fondatrice.

ŒUVRES. — Chez Leméac, à Montréal. — **Romans** : *Pointe-aux-Coques*, 1958, rééd. 1970, suivi de *On a mangé la dune*, Verviers (Belgique), Marabout, 1980. — *On a mangé la dune*, 1962, rééd. 1977. — *Don l'Orignal*, 1972. — *Mariaagélas*, 1973 ; Grasset, 1975 ; Verviers, Marabout, 1977. — *Emmanuel à Joseph à Dâvit*, 1975. — *Les-Cordes-de-bois*, 1977 ; Grasset, 1977. — *Pélagie-la-Charrette*, 1979 ; Grasset, 1979. — *Cent ans dans les bois*, 1981. — *La Gribouille* (version remaniée du précédent pour le marché européen), Grasset, 1982. — *Crache à Pic*, 1984. — *Le Huitième Jour*, 1986. — *L'Oursiade*, 1990. — *Les Confessions de Jeanne de Valois*, 1992. — *Le Chemin Saint-Jacques*, 1996. — **Théâtre** : *Les Crasseux*, 1968, rééd. 1974. — *La Sagouine*, 1971, rééd. 1974 ; Grasset, 1976. — *Gapi et Sullivan*, 1973. — *Évangéline Deusse*, 1975. — *Gapi*, 1976. — *La Veuve enragée*, 1977. — *Le Bourgeois gentleman*, 1978. — *La Contrebandière*, 1981. — *Les Drolatiques, Horrifiques et Épouvantables Aventures de Panurge, ami de Pantagruel*, 1983. — *Garrochés en paradis*, 1986. — *Margot la folle*, 1987. — *William S.*, 1991. — *La Fontaine ou la comédie des animaux*, 1995. — **Autres œuvres** : *Rabelais et les traditions populaires en Acadie*, thèse de doctorat, Presses de l'université Laval, 1971. — *Par-derrière chez mon père*, recueil de contes, 1972. — *L'Acadie pour quasiment rien. Guide historique, touristique et humoristique d'Acadie*, 1973. — *Christophe Cartier de la Noisette dit Nounours*, Hachette, coll. « Littérature de jeunesse », 1981. — *L'Île-aux-Puces*, 1996.

→ « Dossier Antonine Maillet », *Revue de l'Université de Moncton*, mai 1974. — Jean-Cléo Godin, « L'Évangéline selon Antonine », *Si que*, automne 1979. — *La Réception des œuvres d'Antonine Maillet* (colloque de Moncton, octobre 1988), Moncton, Chaire d'Études acadiennes, 1989. — Denis Bourque, « Le carnavalesque et ses limites dans *La Sagouine* », *Revue de l'Université de Moncton*, 1994.

R.Bo.

Maintenant (novembre 1945-juillet 1948). Recueil international illustré de littérature et d'art, fondé à Paris et publié par Henry Poulaille chez Grasset. Vingt ans après avoir créé *Le Journal sans nom*, Henry Poulaille lance *Maintenant*, non sans une certaine expérience en la matière puisque c'est la sixième revue qu'il fonde et la neuvième dont il assure la direction. Le titre est repris à la revue qu'Arthur Cravan fit paraître de 1912 à 1915, pour un projet tout aussi singulier : « *Maintenant*, précise Poulaille, n'est pas une revue, mais une formule neuve d'édition. Ces Cahiers ne se plient pas à l'actualité, mais sont une exposition libre des valeurs d'hier, d'aujourd'hui et de demain. *Maintenant*, c'est l'expression de l'humanisme vivant en face des snobismes et des routines. » Contrairement à ses aînées, *Nouvel Âge*, *Prolétariat*, *À contre-courant*, ce périodique n'est pas exclusivement d'inspiration « prolétarienne ». Poulaille continue à y défendre et à y promouvoir un art libre, indépendant, placé sous le signe de l'« authentique », mais il garde une perspective internationaliste. Sans que soit constitué de comité de rédaction à proprement parler, on y retrouve les compagnons habituels des précédentes revues, que la guerre a isolés et que Poulaille parvient à rassembler : René Bonnet, Charles Plisnier, Lucien Gachon, Léon Gerbe, Ludovic Massé, Édouard Peisson, Jean Prugnot, Tristan Rémy et Albert Soulillou. Publiée chez Grasset, où Poulaille est chef du service de presse, *Maintenant* dispose de ce fait de moyens importants. La revue se présente sous la forme de cahiers de plus de 250 pages, abondamment illustrés de dessins, bois ou lithographies, que Poulaille demande à ses amis ou qu'il puise dans ses archives, de Georges Cresson, Germain Delatousche, Otto Freundlich, Joseph Lacasse, Jean Lebédeff, Maximilien Luce, Bernard Naudin, F.-M. Salvat, Paul Signac, A. Steinlein, A. Willette, Wladi.

Chaque numéro comporte deux parties : des « Textes et études », qui sont aussi bien des contes, des nouvelles, des poèmes, que des études sur des écrivains, des artistes, des militants, ou des articles sur le théâtre ou le folklore ; et des « Documents et témoignages », où figurent par exemple des lettres inédites (de Valéry, de Bloy), des souvenirs, des notes, des chansons. De grands noms de la littérature : Cendrars, Katherine Mansfield, Ramuz, Upton Sinclair, Zweig, côtoient des écrivains moins connus comme Gaston Couté, Georges Darien, Émile Guillaumin, Lucien Jean ou Joseph Voisin. C'est dans les pages de *Maintenant* que des auteurs tels que Roger Boutefeu, Benigno Cacérès, Michel Ragon, Michel Maurette signent leurs premiers écrits. En 1948, la revue publie un dernier numéro double, de cinq cents pages, consacré au « Centenaire de 1848 ». Par sa durée, sa richesse et la qualité de ses collaborateurs, *Maintenant* reste avec *Nouvel Âge* la plus belle réussite de Henry Poulaille.

→ Jean Prugnot, « Les revues d'Henry Poulaille », *Entretiens* (Rodez, Subervie), n° 33, 1974.

P.R. — IMEC

Maison des amis des livres *(La)* (1915-1940). Maison d'édition fondée à Paris par Adrienne Monnier. C'est au 7 de la rue de l'Odéon qu'Adrienne Monnier (1892-1955) ouvre sa librairie. Cette boutique, qui est aussi une bibliothèque de prêt, devient rapidement un lieu de rencontre de lecteurs et d'écrivains. On y croise Jules Romains, Valéry, Gide, Larbaud, Fargue, Claudel, Léautaud, Apollinaire et la génération montante qui donnera naissance au surréalisme, Breton, Aragon, Soupault. La plupart d'entre eux participent aux séances de lecture organisées par Adrienne, qui en publiera quelques-unes sous forme de plaquettes dans la collection des « Cahiers des amis des livres ». Paraissent ainsi *Introduction à quelques œuvres* de Claudel (1920), *Guerre et Littérature* de Duhamel (1920), l'*Album de vers anciens* de Valéry (1920), le *Samuel Butler* de Larbaud, et l'entretien de ce dernier avec Fargue, la préface aux *Poèmes* d'Henry-Jean-Marie Levet.

Dans ce foisonnement intellectuel apparaît James Joyce. L'amitié d'Adrienne Monnier et de Sylvia Beach permet la publication d'*Ulysse* en anglais, en 1922, puis en français en 1929 : la traduction est d'Auguste Morel, traducteur d'*Une antienne de la terre* (1920) et du *Lévrier du ciel* de Francis Thomson (1922), assisté par Stuart Gilbert et Valery Larbaud. Jusque-là composé de vingt-cinq titres plutôt littéraires (*Deux chaumières au pays de l'Yveline* de Paul Fort, sa première publication, en 1916 ; *Les Quatre Saisons* de Jules Romains, 1917 ; *Littérature* de Valéry, 1919 ; *Fableaux* de J.-M. Sollier, pseudonyme de la libraire, 1932), le catalogue d'Adrienne Monnier s'ouvre désormais à d'autres types d'ouvrages : la thèse de Mary Paton Ramsay, *Les Doctrines médiévales chez John Donne* (1924), et celle de Gisèle Freund, *La Photographie en France au* XIXe *siècle* (1936).

L'éditeur fonde également deux revues, *Le Navire d'argent*, revue mensuelle de littérature et de culture générale, et *La Gazette des amis des livres*. Le secrétariat de rédaction du *Navire d'argent* est confié à Jean Prévost ; douze numéros paraissent en 1925 et 1926, au sommaire desquels figurent Cendrars, André Chamson, Claudel, E.E. Cummings, Joseph Delteil, Joyce, Larbaud, Prévost, Rilke, Jules Romains, Saint-Exupéry (qui publie là son premier texte), Supervielle, Italo Svevo, et William Carlos Williams qui n'a pas encore d'éditeur. *La Gazette des amis des livres* est fondée en 1938 ; les dix numéros publiés entre 1938 et 1940 sont rédigés en grande partie par Adrienne Monnier, le reste étant consacré à des lettres de lecteurs tels qu'Aragon, Artaud, Jean Bernard, Walter Benjamin, Breton, Poulenc, Maurice Saillet et Henri Thomas. La revue et l'activité éditoriale cessent en mai 1940, peu avant l'invasion allemande.

→ *Rue de l'Odéon, mémoires d'un libraire et de sa librairie*, Albin Michel, 1989. — *Adrienne Monnier et la Maison des amis des livres*, textes et documents réunis et présentés par Maurice Imbert et Raphaël Sorin, IMEC Éditions, 1991. — Valery Larbaud, *Lettres à Adrienne Monnier et à Sylvia Beach 1919-1933*, correspondance établie et annotée par Maurice Saillet, IMEC Éditions, 1991.

M.I. — IMEC

Major André (1942). Il a été lecteur aux Éditions du Jour, chroniqueur littéraire pour divers journaux et, depuis 1973, réalisateur d'émissions culturelles pour Radio-Canada. Son itinéraire d'écrivain illustre l'évolution récente de la littérature québécoise. Après deux recueils de poèmes, *Le froid se meurt* et *Holocauste à deux voix* (1961) et des nouvelles en collaboration avec Jacques Brault et André Brochu (1963), il publie son premier roman, *Le Cabochon* (1964) et un recueil de nouvelles, *La Chair de poule* (1965). En 1963, il participe à la fondation de la revue marxiste et indépendantiste *Parti pris*, qu'il quittera en 1965. Comme les autres écrivains groupés autour de la revue et des éditions du même nom, Major pratique alors une littérature engagée, refusant le salut esthétique par l'« œuvre » aussi bien que les artifices romanesques. Il décrit le plus directement possible la pauvreté, l'exclusion sociale, souvent grâce à un narrateur qui raconte une histoire à la première personne et interpelle violemment le lecteur bourgeois. Major a aussi recours au joual, à la fois par souci de réalisme et par solidarité avec les opprimés auxquels les écrivains de cette mouvance souhaitaient s'identifier. Dans une importante entrevue accordée en 1985 à la revue *Voix et images*, Major définit son récit *Le Vent du diable* (1968) comme « un roman de transition en même temps que la liquidation du lyrisme ». L'univers de légendes où semble se situer ce roman n'est pas étranger aux lectures que Major entreprend à ce moment-là : il publie la même année un essai sur l'écrivain Félix-Antoine Savard. Ainsi, peu à peu, et d'une manière plus sensible encore après 1981, il cesse de lier sa pratique littéraire au combat politique, pour se consacrer à une œuvre plus introspective et plus libre. Quel qu'en soit par ailleurs l'arrière-plan idéologique, *Histoires de déserteurs*, trilogie romanesque composée de *L'Épouvantail* (1974), *L'Épidémie* (1975) et *Les Rescapés* (1976), témoigne de cette évolution. Amorcé comme un roman policier autour du meurtre de Gigi, le récit déborde l'intrigue première pour devenir l'histoire d'une famille et, finalement, la chronique sombre du village de Saint-Emmanuel, qui semble frappé d'une sorte de malédiction. Major reprend et transforme quelques-uns des thèmes fondateurs de la littérature québécoise : l'opposition ville-campagne et la forêt, lieu de fuite et de perte. En 1975, une pièce de théâtre, *Une soirée en octobre*, fait reparaître les principaux personnages des *Histoires de déserteurs*. À partir de la publication, en 1981, du recueil *La Folle d'Elvis*, Major opte, momentanément, pour le genre de la nouvelle, qu'il adapte en *novella* dans *L'Hiver au cœur* (1987). Outre les textes parus depuis les années soixante dans des revues comme *Parti pris*, *Liberté*, *Québec français*, *Châtelaine*, *Europe*, il participe à plusieurs recueils collectifs, dont *Fuite et poursuites* (1982), *Dix contes et nouvelles fantastiques* (1983), *Nouvelles de la francophonie* (1987), *Nouvelles de Montréal* (1992). Ce choix d'un genre court correspond, pour Major, à un dépouillement stylistique de plus en plus net, par lequel il s'applique à saisir, à travers des instantanés souvent absurdes de banalité, ce que lui-même appelle dans sa « Préface pour la radio » le « petit monde passablement décevant des laissés-pour-compte de la société et des démunis de toutes espèces ». On a parlé à propos de cette esthétique austère d'« extase prosaïque ». André Major est aussi l'auteur de pièces de théâtre radiophonique (notamment *Le Désir* et *Le Perdant*, diffusées en 1972), de préfaces, de nombreux articles et billets, et d'un roman (*La Vie provisoire*, 1995).

E.N.-L.

Malaquais Jean (1908), pseudonyme de Malacki Jan Pavel. Né le 11 avril 1908 à Varsovie dans une famille juive, il quitte la Pologne à dix-sept ans, traverse l'Europe, l'Orient et l'Afrique, puis s'installe en France, où il exerce divers rudes métiers (mineur de fond en Provence, débardeur aux Halles, etc.). Lisant par hasard un texte de Gide où celui-ci faisait mine de regretter son état de bourgeois à l'écart du monde du travail, Malaquais lui adresse une lettre indignée : un travailleur de plus, c'eût été, probablement, un écrivain de moins ! Gide réagit en encourageant Malaquais à écrire. Un roman paraît chez Denoël en 1939 : *Les Javanais* (prix Renaudot, rééd. Phébus, 1995), histoire de parias venus des quatre coins du monde — d'où le titre —, et travaillant dans une mine du sud de la France. L'auteur en montre aussi bien les bassesses que la grandeur, et la mine atteint dans ce récit la dimension d'un véritable personnage collectif.

En 1939, Malaquais, qui est resté apatride (« Je n'aime pas demander », explique-t-il), est enrôlé dans la drôle de guerre. Il se met alors à tenir des carnets, qu'il expédie à sa compagne, Galy, et qui aboutiront à un *Journal de guerre* (New York, Éditions de la Maison française, 1943 ; rééd. Phébus, 1997), auquel il joindra un *Journal du métèque (juillet 1940-octobre 1942)* resté inédit (sauf quelques fragments publiés dans *Nota Bene*, printemps 1988). Cette phase autobiographique, qui restera unique dans son œuvre, manifeste sa lucidité, aussi bien politique qu'introspective, et sa révolte contre la guerre et la société.

Le 21 juin 1940, Malaquais s'échappe et rejoint Paris. Cinq mois plus tard, au moment où sont promulgués les premiers décrets contre les juifs, il s'enfuit avec Galy, séjourne à Banon, recueilli par Giono, gagne Marseille, et s'embarque en 1942 pour l'Amérique. Il vivra successivement au Venezuela, au Mexique et aux États-Unis. C'est là qu'il rencontre Norman Mailer, dont il traduira *Les Nus et les morts* (Albin Michel, 1950). Son *Journal de guerre* et un recueil de nouvelles, *Coups de barre* (Éditions de la Maison française, 1944), paraîtront à New York. Rentré en France après la guerre, il publie son chef-d'œuvre, *Planète sans visa* (Le Pré-aux-clercs, 1947), où se déploie un lyrisme visionnaire mêlé au plus sombre réalisme et peignant, avec l'intensité d'une grande fresque historique, des personnages de tous les milieux sociaux. Quelques années plus tard paraît *Le Gaffeur* (Buchet-Chastel, 1953), dernier roman de Malaquais. Il s'est aussi tourné vers le pamphlet (*Le Nommé Louis Aragon, ou le patriote professionnel*, 1945, rééd. Les Amis de Spartacus, 1970) et l'essai (*Sören Kierkegaard. Foi et paradoxe*, 10/18, 1971).

G.N.

Malaurie Jean (1922). Né à Mayence le 22 décembre 1922, il est spécialiste de géographie arctique. Au cours d'une expédition en 1950 à Thulé (nord du Groenland), il partage un an durant l'existence et l'isolement d'une tribu esquimau. Il en rapporte un vaste ensemble de notations sur la langue, la démographie, les coutumes, le milieu de vie, qu'il exploite dans des travaux érudits et dans *Les Derniers Rois de Thulé* (1955, 5e éd. 1989), premier ouvrage de la collection Terre humaine (Plon) qu'il dirige depuis lors, et fascinant témoignage ethnologique en même temps que méditation sur les origines de la civilisation et sur la confrontation d'un peuple avec le progrès. L'auteur n'a cessé d'enrichir son texte au fil des éditions ; il l'a accompagné d'une série de films et d'un album de photos, *Ultima Thule* (1989).

→ *Pour Jean Malaurie*, Plon, 1989.

B.Do.

Malègue Joseph (1876-1940). Né le 8 décembre 1876 à La Tour-d'Auvergne (Puy-de-Dôme), titulaire de plusieurs licences (lettres, sciences, philosophie, droit), inscrit au Barreau de Paris en 1913, il s'installe près de Nantes en 1922 pour se consacrer à un roman : *Augustin ou le maître est là* (Spes, 1933), pour lequel il reçoit le prix de la Littérature spiritualiste. Histoire d'un jeune homme dont la réussite intellectuelle et sociale s'accompagne d'une solitude enfermée dans les certitudes du positivisme et sourde aux vérités de la Révélation, ce roman est le récit d'un péché collectif plus encore qu'individuel. Joseph Malègue donne à *Vie intellectuelle*, *Revue des jeunes*, *Vie spirituelle* et *Temps présent* de nombreux articles sur Pascal, Newman, Claudel, Mauriac, Le Tintoret, sainte Thérèse de Lisieux, etc., où il cherche à établir une hagiologie qui permette de toucher expérimentalement l'absolu de Dieu, convaincu, comme Bergson, que seul le saint nous apprend ce qu'est la vie, car seul le saint veille à la collaboration de l'intelligence et du cœur. *Les Classes moyennes du salut* (posth., Spes, 1958) présente, sous forme romanesque, l'effort des âmes médiocres pour se libérer de leurs entraves. Joseph Malègue est mort à L'Essongère, près de Nantes, le 30 décembre 1940.

Ch.F.

Malet Léo (1909-1996). Né le 7 mars 1909 à Montpellier d'un père employé de commerce et d'une mère couturière, qui meurent de tuberculose quand il a quatre ans, il est confié à son grand-père, tonnelier de son état, qui l'initie au socialisme de Jaurès et à la littérature, en particulier au roman populaire du XIXe siècle. À seize ans, il se trouve à Paris, où il vit de petits travaux, fait la connaissance de l'anarchiste André Colomer, et bientôt d'André Breton. Il devient par la suite membre du groupe surréaliste. Déporté dans un camp de travail allemand en juin 1940, il revient à Paris huit mois plus tard et commence à publier des romans policiers à l'américaine sous les pseudonymes de Frank Harding et Léo Latimer. En novembre 1943, il signe de son vrai nom *120, rue de la Gare*, première enquête du « détective de choc » Nestor Burma, qui interviendra dans trente-huit autres romans (le dernier : *Nestor Burma court la poupée*, 1971). Dans cet ensemble, quinze épisodes, situés tous dans un arrondissement différent de la capitale, forment l'unité des *Nouveaux Mystères de Paris* (écrits entre 1954 et 1959). Depuis le milieu des années 1970, Léo Malet jouit des faveurs accordées aux auteurs renommés. Il a reçu plusieurs distinctions et vu certains de ses romans adaptés au cinéma, à la télévision et à la bande dessinée. En 1985 commence la publication de ses œuvres complètes dans la collection Bouquins (Laffont) et en 1988 paraissent ses mémoires sous le titre *La Vache enragée*.

C'est en lisant les romans d'E.S. Gardner, dans lesquels l'avocat Perry Mason se fait assister de la secrétaire Della Street et du détective Paul Drake, que Léo Malet conçoit à son tour l'idée de créer un investigateur privé opérant au sein d'une équipe. Nestor Burma, patron de l'agence Fiat Lux, compte en effet sur les services de sa secrétaire Hélène Châtelain et sur la collaboration régulière d'enquêteurs assistants, Roger Zavatter et Louis Reboul. Il coopère aussi avec le journaliste Marc Covet, responsable de la rubrique des faits divers au *Crépuscule*. Enfin, il entretient des contacts réguliers avec le représentant de la police officielle, le commissaire Florimond Faroux, à qui il inspire à la fois de la suspicion, de l'agacement et un sentiment de connivence.

Par son profil socio-professionnel, Burma ressemble à ses confrères américains dans le genre de Philip Marlowe. Dans la plupart de cas, ses clients le chargent d'une mission à première vue banale qui va le confronter cependant à une série d'assassinats et l'engager dans un combat souvent dangereux contre les auteurs de ces crimes. De plus en plus éloigné de l'objectif initialement fixé, il ne cherche plus qu'à élucider l'affaire dans laquelle il est empêtré. Il découvre progressivement que les crimes qui s'enchevêtrent dans l'action présente sont motivés par le besoin d'étouffer un scandale survenu dans le passé. À la fin, il réussit à dissiper complètement le mystère, mais sans en tirer le moindre profit. Ses anciens commanditaires ne sont plus en état de payer, la police rechigne parce qu'il lui a rappelé des dossiers compromettants, et lui-même s'apprête à affronter une fin de mois difficile.

S'il est incontestable que Burma emprunte fréquemment un itinéraire rodé par ses homologues américains, il est tout aussi évident que le personnage, par son enracinement dans une époque et dans un environnement particuliers, par son tempérament et par sa méthode d'investigation, accède au statut d'une figure littéraire autonome. Burma, comme Malet, est né à Montpellier (voir *Nestor Burma revient au bercail*, 1967), il a connu une période anarchisante (voir *Brouillard au pont de Tolbiac*, 1956) et a été prisonnier dans un stalag (voir *120, rue de la Gare)*. Quant à l'expérience surréaliste de son créateur, il l'a assimilée en ce sens qu'il prend souvent la réalité comme prétexte d'une vision onirique, à moins qu'il ne se mette simplement à rêver, ce qui lui arrive surtout après s'être fait tabasser dans une bagarre. Il n'est pas surprenant qu'ainsi disposé, Burma fasse preuve d'un talent de farceur qu'aucun de ses collègues enquêteurs ne saurait lui contester. Que ce soit en taquinant Hélène Châtelain, qui d'ailleurs le paye en retour, en provoquant Florimond Faroux, qui ne manque pas non plus d'à propos, ou en communiquant ses réflexions sur les événements qui lui arrivent, le « détective de choc » varie à l'infini le jeu de mots. Il suffit, pour apprécier ce genre d'humour, de songer aux titres que Malet a choisis pour certains des *Nouveaux Mystères de Paris* : *Les Rats de Montsouris* (1955), *Pas de bavards à La Muette* (1956), *Les Eaux troubles de Javel* (1957), *Boulevard... Ossements* (1957).

Malet, cependant, ne se contente pas comme certains surréalistes de sublimer la contingence du vécu par la trouvaille spirituelle ; il fait du jeu associatif pratiqué par son enquêteur un moyen propre à élucider les zones d'ombre d'une affaire criminelle. Burma, en effet, au lieu de se livrer à l'analyse déductive, cherche à imaginer sous les apparences prosaïques du monde un réseau de liens secrets, susceptibles de comporter la clé de l'énigme. C'est pourquoi il est constamment attentif aux détails physiques et vestimentaires des personnages, à l'espace où se déroule son investigation, aux particularités topographiques, architecturales et sociologiques d'un milieu en vue de les intégrer à une chaîne symbolique cohérente. Tous les moyens lui sont bons, du monologue au dialogue, en passant par la méditation et la rêverie, pour favoriser ce travail de l'association libre qui promet de faire surgir les implications latentes des phénomènes : « Quand je parle, mes pensées suivent parfois un cours différent, et il arrive qu'à l'occasion, bavardage et ruminations se confondent et donnent un résultat », déclare-t-il dans *Pas de bavards à La Muette*. On ne saurait mieux mettre au service de l'enquête policière les découvertes de Freud et des surréalistes. Mort en mars 1996, Léo Malet a laissé un *Journal secret : août 1982 - février 1984* (Fleuve noir, 1997), où il montre un autre personnage, obsédé par l'échec amoureux et par la mort.

ŒUVRES. — *Œuvres complètes*, éd. Francis Lacassin, Laffont, coll. Bouquins.

A.V.

Mallet Robert (1915). Né le 15 mars 1915 à Paris.[1] Très attaché à ses origines picardes ; prisonnier, évadé et résistant durant la guerre ; puis directeur littéraire chez Gallimard et homme de radio ; poursuivant, des années 1950 à 1980, une carrière universitaire, qu'il termine comme recteur de l'Académie de Paris ; militant pour le mondialisme. Sa poésie traduit sobrement son goût du destin de l'homme en relation avec un monde senti comme parcouru de forces. Mais elle exprime aussi une interrogation non résolue sur le mal et les fins dernières. Ses romans font une large place au décor, en symbiose avec certains personnages ; ce sont pourtant les rapports avec ces derniers qu'ils s'attachent à définir, non sans une finesse cruelle.

ŒUVRES. — Principales œuvres publiées chez Gallimard. — **Recueils** : *Lapidé-Lapi-*

1. † Paris le mercredi 4.12.02

daire, 1954. — *Quand le miroir s'étonne*, 1970. — *Le forgeron me l'avait dit*, 1982. — *Cette plume qui tournoie*, 1988. — **Romans** : *Ellynn*, 1985. — *Les Rives incertaines*, 1993. — **Essais** : *Entretiens* avec Léautaud, 1950. — *Une mort ambiguë*, essai sur Gide, 1955.

M.-C.B.

Mallet-Joris Françoise (1930). Née à Anvers, le 6 juillet 1930, fille de Suzanne Lilar, elle publie ses premiers vers sous le nom de Françoise Lilar en 1947 *(Poèmes du dimanche)*. Son premier roman, *Le Rempart des béguines* (1951), traitant librement d'amours féminines, fait scandale : il ouvre un cycle réaliste qui se terminera avec *La Chambre rouge* (1955) et *Les Mensonges* (1956). C'est avec *L'Empire céleste* (1958, prix Femina) qu'elle se dégage de son milieu d'origine et de sa première manière. Touchant aux thèmes et aux genres les plus variés (voir *Les Signes et les prodiges*, 1966 ; *Trois Âges de la nuit*, 1968), s'essayant à de nouvelles approches d'écriture, elle a élaboré une œuvre vaste, parfois autobiographique *(Lettre à moi-même*, 1963 ; *La Maison de papier*, 1970) où la femme, dans ses relations avec la famille et la société, tient la place la plus importante *(Allegra*, 1976 ; *Un chagrin d'amour et d'ailleurs*, 1981 ; *Le Rire de Laura*, 1985 ; *La Tristesse du cerf-volant*, 1988 ; *Adriana sposa*, 1990 ; *Divine*, 1991). C'est toujours sous l'angle féministe qu'elle s'est essayée à la biographie et au roman historique *(Les Personnages*, 1961 ; *Marie Mancini*, 1964 ; *Jeanne Guyon*, 1978 ; *Les Larmes*, 1993). Parolière de chansons, elle a analysé le milieu du spectacle dans *Dickie-Roi* (1980). Devenue française par son mariage, elle est membre de l'Académie Goncourt et a succédé à sa mère à l'Académie royale de langue et de littérature françaises de Belgique en 1994.

ŒUVRES. — Aux Éditions Flammarion, Julliard et Gallimard. — *Trois âges de la nuit*, rééd., Bruxelles, Labor, coll. Espace Nord, 1996.

→ M. Georis, *Françoise Mallet-Joris*, Bruxelles, De Meyère, coll. Portraits, 1964.

O.Bi.

Malonga Jean (1907-1985). Né à Miwé-Ngoyi (Congo), il est aujourd'hui considéré comme le fondateur des Lettres congolaises. Témoin et acteur des bouleversements qui affectent son pays au lendemain de la Seconde Guerre, il a représenté le Moyen-Congo au Sénat pendant huit ans — il en rend compte dans deux textes de facture inégale, « Cœur d'Aryenne » (Présence africaine, 1954), vigoureuse dénonciation du régime colonial, et *La Légende de M'Pfoumou Ma Mazono* (Présence africaine, 1954, rééd. 1973), récit en forme d'épopée tiré d'une tradition orale sur laquelle l'écrivain jette un regard critique.

J.C.

Malraux André (1901-1976). Né le 3 novembre 1901 à Montmartre, après le divorce de ses parents, il est élevé par sa mère et sa grand-mère à Bondy. Il y fréquente le collège, suit des cours à partir de 1919 au Musée Guimet et à l'École du Louvre et apprend le sanscrit. Gagnant sa vie dans le commerce du livre d'occasion, il est introduit auprès des milieux intellectuels et rencontre Gide, Max Jacob, Reverdy. En 1920, il publie son premier article dans la revue *La Connaissance* : « Des origines de la poésie cubiste ». L'année suivante, paraît chez Kahnweiler un récit fantastique que Malraux qualifie de « farfelu » : *Lunes en papier* (1921), illustré par Léger. Vlaminck, Derain et Picasso deviennent ses amis. La revue *Dés* publie, en 1922, « Des lapins pneumatiques dans un jardin français », texte inspiré par le principe d'une liberté formelle de l'imaginaire, cher à ses amis peintres. Il continue à Paris ses recherches sur l'art, fait paraître des études sur Gide, Gobineau, Max Jacob et préface *Mademoiselle Monk* de Maurras (1923). Poussé par le goût de l'aventure et des intérêts artistiques, il part en 1923 avec Clara Goldschmidt, sa jeune épouse, et L. Chevasson pour l'Indochine, chargé d'une mission archéologique. Lors d'une expédition à travers la jungle, il enlève quelques statues khmères dans un temple à Banteaï-Srey. Revenu à Pnom-Penh, il est inculpé le 24 décembre 1923 et condamné en juillet 1924 à trois ans de prison ferme. René-Louis Doyon, directeur de *La Connaissance*, entreprend alors à Paris une action en sa faveur à laquelle s'associent Marcel Arland, François Mauriac et Jean Paulhan. Grâce à la pétition des intellectuels, le jugement de Pnom-Penh est cassé en appel. L'absurdité d'un procès au cours duquel Malraux ressentit la dureté de l'administration coloniale renforce en lui le sentiment d'humiliation éprouvé au cours de sa jeunesse et le pousse vers une attitude de révolte sociale qui s'exprime lors de sa deuxième période indochinoise en 1925, plus engagée ; il participe au mouvement nationaliste Jeune Annam et lutte avec Paul Monin contre la politique d'asservissement du régime colonial dans le journal *L'Indochine*, qui deviendra après une interdiction *L'Indochine enchaînée*. Outre ses articles de lutte anticolonialiste, il y publie sous un pseudonyme « L'expédition d'Ispahan », qui clôture avec *Le Royaume farfelu*, paru en 1928 chez Gallimard, le cycle « farfelu ».

Parti en Asie comme aventurier et amateur d'art, Malraux quitte Saïgon en décembre 1925, malade, mais enrichi par l'expérience de la solidarité de l'action politique. Cette expérience asiatique trouve alors une première expression dans l'essai *La Tentation de l'Occident* (1926). Face à l'idéologie de l'Occident défendue par l'Action française et Henri Massis, il y évoque la crise de l'Europe et de ses valeurs, annonçant le nihilisme comme dernière phase de l'ère moderne. Mais il parle aussi de la crise de la culture chinoise, la lucidité au sens nietzschéen restant la seule valeur. Malraux constate en 1926, l'un des premiers, que l'Histoire a cessé de se jouer exclusivement en Europe : « En ce début de siècle, c'est le monde qui envahit l'Europe ».

Dans un autre essai, « D'une jeunesse européenne » (1927), il fait observer que les Européens interprètent le monde à travers les catégories inadéquates du passé. Quant à lui, il cherche à traduire l'expérience du présent par un « mythe cohérent », dont il donnera la première expression dans une série romanesque : *Les Conquérants* (1928), *La Voie royale* (1930) et *La Condition humaine* (1933, prix Goncourt). Dans *La Voie royale*, conçue et ébauchée avant *Les Conquérants*, il transpose son aventure en pays khmer. Conscient de leur contingence et de la pesanteur du destin, les héros y cherchent la liberté par le moyen de l'aventure. Dans *Les Conquérants* et *La Condition humaine*, il ébauche les attitudes possibles face à la révolution. Si sa conception de la révolution est influencée par le marxisme, elle ne l'est pas en tant qu'illustration d'une doctrine : elle médiatise les points de vue variés des personnages, qui ne se confondent pas avec celui de l'auteur. Ainsi le marxisme apparaît surtout comme une pratique révolutionnaire. Proche de la tradition anarchiste française, Malraux accentue la dimension volontariste face à une vision fataliste de la révolution. Si *Les Conquérants* commence par une grève générale, c'est justement que l'auteur attribue à l'action, non plus aventurière mais révolutionnaire, une importance primordiale. La signification que celle-ci revêt pour l'individu est davantage mise en relief que la finalité politique, qui reste provisoire dans *Les Conquérants*, où les masses organisées sont à peine évoquées : aux yeux de Malraux, l'héroïsme, moteur de l'Histoire, est le fait d'une élite, conception qui sera critiquée par Trotski. La lutte des classes n'est donc pas un concept clé, et les révolutionnaires cherchent moins à transformer les conditions économiques qu'à rendre la dignité aux opprimés. Le thème central de ces romans est la recherche de valeurs humaines qui se distinguent aussi bien de l'individualisme bourgeois que de la négation de l'homme par la société totalitaire. Cette recherche de l'humain et de son plein épanouissement sont incarnés par Garine dans *Les Conquérants*, et par le groupe des révolutionnaires de Shangaï dans *La Condition humaine*, qui illustre des valeurs authentiquement humaines actualisant par le combat une fraternité qui nie l'individualisme égoïste. Les figures *humaines* de l'univers romanesque de Malraux se différencient nettement des représentants de l'individualisme (d'obédience libertaire comme Hong et Tchen ou de la tendance libérale comme Tcheng-Daï ou Gisors) mais aussi des personnages totalitaires chez qui domine l'esprit de parti, comme Borodine dans *Les Conquérants*, ou le groupe de Hankéou dans *La Condition humaine*, qui sacrifie les révolutionnaires au nom d'un pragmatisme assez cynique. Malraux se distingue par son humanisme social, par son sens de l'Histoire, mais aussi par son obsession de la transcendance. Derrière l'injustice sociale se profilent chez lui la servitude métaphysique, la contingence de l'homme et l'absurdité de l'existence qui se manifeste dans la mort.

Malraux reconnaît que la suppression des servitudes sociales et économiques ne saurait libérer l'homme de sa misère métaphysique. Mais son engagement politique n'est pas moins authentique et réel : il entre en contact avec les organisations réunissant des écrivains engagés ; il adhère en décembre 1932 à l'Association des écrivains et artistes révolutionnaires. La prise de pouvoir de Hitler renforce cet engagement. Il prend la parole au meeting de l'AEAR en mars 1933 et plaide pour une alliance avec Moscou sous le signe de l'antifascisme. En janvier 1934, il se rend avec Gide à Berlin pour remettre à Goebbels la pétition des intellectuels demandant la libération de Dimitrov innocent de l'incendie du Reichstag. En août de la même année, il est invité comme seul membre non communiste de la délégation française au congrès des écrivains soviétiques à Moscou, où il oppose l'idée de la liberté créatrice, indispensable à l'artiste, au dogme du réalisme socialiste. Il est alors compagnon de route : sans abandonner ses propres idées, il croit devoir être aux côtés des communistes pour une action et un temps déterminés. Il se réclame de la dimension humaniste du communisme, qui concorde avec la certitude que les hommes unis par un but commun accèdent à des valeurs auxquelles ils n'accéderaient pas seuls. Il illustrera le thème de la fraternité virile dans un roman, *Le Temps du mépris* (1935), où il aborde la persécution nazie et montre, à travers l'exemple du communiste allemand Kassner, la force de la fraternité. Un camarade se sacrifie pour celui qui a des responsabilités politiques plus importantes. Malraux défend l'idée de la solidarité face au nationalisme fasciste lors du Congrès pour la défense de la culture, en juin 1935, à Paris.

Lorsque la guerre civile éclate le 18 juillet 1936 en Espagne, Malraux s'envole quelques jours plus tard en tant que coprésident du Comité mondial contre la guerre et le fascisme à Madrid. Il revient ensuite à Paris informer l'opinion publique que la cause des républicains espagnols n'est pas perdue. Il définit alors très lucidement le caractère particulier de la Révolution espagnole : dans ce mouvement de résurrection nationale, on voit, explique-t-il, pour la première fois, un peuple prendre les armes pour défendre son gouvernement contre l'armée. Malraux ne se contente pas du rôle de témoin engagé. Il intervient par l'action. Ayant compris que l'avantage des franquistes au sol est tel que seule une force aérienne peut les empêcher de prendre Madrid, il forme l'escadrille « España », composée d'une vingtaine d'appareils, qui d'août à décembre 1936 prend part au combat. Sans formation adéquate, Malraux participe aux vols avec un grand courage et dirige le groupe de son autorité naturelle. Quand l'escadrille est dissoute en février 1937, il passe six semaines aux États-Unis et au Canada pour informer l'opinion publique américaine et recueillir des fonds au profit de l'Aide médicale espagnole.

Le témoignage le plus durable de l'expérience espagnole reste son roman, *L'Espoir* (1937), composé très rapidement, de février à mai 1937. Il y dresse un tableau du combat républicain du début de la guerre civile jusqu'à la bataille de Guadalajara (mars 1937). *L'Espoir* semble à première vue l'envers de *La Condition humaine*. Si dans le roman de 1933 l'éthique marxiste était opposée à la discipline de parti, dans *L'Espoir* l'idéologie perd son importance face aux problèmes liés à l'organisation, ce qui implique une valorisation des communistes qui avaient mis au point, contrairement aux socialistes et aux anarchistes, des formes d'organisation efficaces. Les anarchistes sont critiqués par Garcia parce qu'ils préfèrent l'action en soi à la finalité politique. Lucien Goldman a ainsi pu considérer *L'Espoir* comme un livre écrit dans une perspective stalinienne, se plaçant uniquement sur le plan de la discipline et de l'organisation et sacrifiant toutes les autres valeurs. Cette interprétation réduit à une seule position, celle qui est défendue par les communistes orthodoxes, la complexité d'un roman qui exprime le conflit entre l'ordre et la passion, entre l'éthique et la politique, conflit fécond par son caractère insoluble et qui frémit à travers les pages de *L'Espoir*, comme l'observe Emmanuel Mounier. La réduction du communisme à une forme d'organisation est critiquée dans le roman par les socialistes et les anarchistes comme étant un appauvrissement de sa dimension humaniste. L'organisation de l'action ne se justifie pas par elle-même, mais par des valeurs éthiques : « Il y a des guerres justes [...], la nôtre en ce moment. » Les motifs qui informent le combat sont les mêmes que ceux de la communauté révolutionnaire dans *La Condition humaine.* Il s'agit d'arracher les hommes à leur situation absurde d'humiliés et d'opprimés en leur donnant confiance en eux. La fraternité, mot clé du roman, est opposée à l'humiliation. Elle implique l'espoir, et l'espoir, c'est la volonté de vaincre. Discipline et organisation ne sont que les moyens de parvenir à ce but. L'organisation disciplinée telle que la pratique Manuel repose sur la confiance, alors que la discipline fasciste agit par la contrainte et la hiérarchie. Si le protagoniste se soumet au parti, c'est qu'ici organisation et éthique se confondent, ce qui n'était pas le cas pour le héros des *Conquérants* et de *La Condition humaine*. Si Manuel est convaincu que le parti défend les intérêts des opprimés, le conflit entre sa conscience et les directives du parti lui est épargné. En contrepoint de son engagement politico-militaire aux côtés du parti, la musique qui résonne dans les dernières pages du roman peut être interprétée, en partant de Nietzsche, comme l'expression de la richesse dionysiaque de la vie, l'engagement communiste n'étant pour le héros qu'une, et non pas la seule, manifestation possible de la vie.

Mais la fin du roman n'incite pas à la résignation. Afin de toucher un public plus large, Malraux en tire un film intitulé *Sierra de Teruel*, qu'il tourne entre juillet 1938 et mai 1939, dans des conditions extrêmement difficiles. Pendant la guerre, l'unique copie du film ne tombe pas entre les mains des Allemands et, à sa sortie en 1945, sous le titre *L'Espoir*, le film reçoit le prix Louis Delluc. Si Malraux a commencé, dès 1937-1938, à se détacher du communisme, c'est surtout le choc du Pacte germano-soviétique qui l'en a éloigné. En mars 1940, il s'engage dans un régiment de blindés à Provins, participe aux batailles de mai 1940, est fait prisonnier en juin près de Sens, s'évade, gagne la zone libre et s'installe près de Nice sans encore s'engager dans la Résistance. Il se consacre à un ouvrage sur Lawrence d'Arabie dont ne paraîtra qu'un chapitre : *N'était-ce donc que cela ?* (1948), poursuit ses travaux sur l'art *(La Psychologie de l'art*, à laquelle il pense depuis 1935) et imagine un nouveau roman, *La Lutte avec l'ange*, qui n'est plus un récit de combat mais une méditation sur l'Histoire, l'art, la métamorphose des civilisations, la nature de la servitude. Le premier tome paraît en 1943 en Suisse sous le titre *Les Noyers de l'Altenburg*. Si ce livre souligne davantage les virtualités tragiques de l'action, on y trouve l'esquisse d'une autre réponse face au destin : le héros évoque Nietzsche en proie à la folie, chantant son dernier poème et découvrant que certains chefs-d'œuvre résistent au néant. L'art se révèle ainsi anti-destin au même titre que l'action : par l'art l'homme prend conscience de sa condition et échappe à la fatalité, pensée qui inspirera les ouvrages de l'après-guerre relevant d'une métaphysique de l'art. Ainsi, dans *Les Noyers de l'Altenburg*, Malraux fait implicitement l'autocritique de son engagement en Indochine et en Espagne. Le héros du roman, Vincent Berger, Alsacien allemand, éminence grise d'Enver Pacha, se bat pour la cause de la Turquie et échoue : « On ne fait pas la nation des autres », telle est la leçon que Malraux en tire, passant de l'engagement révolutionnaire au combat national.

Les deux frères de Malraux étaient entrés dans la Résistance dès les premières heures. Lui-même, installé en Corrèze depuis 1942, rejoint le combat en 1944 sous le nom de colonel Berger : il commande les FFI du Lot, de la Dordogne et de la Corrèze. Blessé et fait prisonnier, il est l'objet d'un simulacre d'exécution à Gramat. Incarcéré à Saint-Michel de Toulouse, il s'évade et prend le commandement de la brigade autonome Alsace-Lorraine, qui, en novembre 1944, prend Dannemarie et en janvier 1945, avec la première DFL, sauve Strasbourg de l'offensive von Runstadt. Pour une fois, Malraux est du côté des vainqueurs. « Dans la Résistance, j'ai épousé la France », écrira-t-il dans les *Antimémoires*. En 1945, il constate : « Dans le domaine de l'Histoire, le premier fait capital des dernières années est le primat de la nation. Dans ce domaine, ce n'est pas Marx qui a été prophète, c'est Nietzsche ». Mais l'idée de nation comporte essentiellement, en France, comme il le souligne dans *Les Chênes qu'on abat* (1971), une dimension universelle : « La France n'était grande que lorsqu'elle l'était pour le monde. » Le 10 août 1945, Malraux, fasciné, rencontre de Gaulle et, en novembre, il entre comme ministre de l'Information dans le cabinet que forme le Général. Il devient ensuite délégué à la propagande du RPF, le parti fondé par de Gaulle, pendant sa « traversée du désert ». À cette époque commencent à paraître les grands livres de Malraux sur l'art, où il cherche, par l'histoire des formes, ce qui, malgré l'Histoire, les rend éternelles. Chez Skira, à Genève, sont publiés successivement *Le Musée imaginaire* (1947), *La Création artistique* (1948), *La Monnaie dans l'absolu* (1949), regroupés dans *La Psychologie de l'art*, puis repris, remaniés, dans *Les Voix du silence* (1951). En 1950, Gallimard publie *Saturne : essai sur Goya*. La nécessité de donner une suite aux *Voix du silence* s'impose à Malraux à Lucerne. Il se consacre alors à un nouvel ouvrage, qui paraît en 1957 sous le titre *La Métamorphose des dieux I*. Un deuxième tome, en 1974, s'intitulera *L'Irréel* et le troisième, en 1976, *L'Intemporel*. Dans le sillage du *Musée imaginaire*, où il retraçait l'avènement de la notion moderne de l'art à la suite de l'apparition des musées et de la vulgarisation de la reproduction photographique, *La Métamorphose des dieux* développe, à travers une histoire des styles, la théorie de l'artiste-démiurge dont l'acte créateur fait surgir un monde autonome transcendant celui des apparences.

L'Histoire reprend Malraux au moment de la guerre d'Algérie. Lors de la saisie du livre *La Question*, d'Henri Alleg, qui, engagé aux côtés du FLN, a dénoncé la torture, Malraux signe en avril 1958, avec Martin du Gard, Mauriac et Sartre, une Adresse solennelle au président de la République. De Gaulle, revenu au pouvoir, appelle Malraux, qui restera auprès du fondateur de la Ve République jusqu'à son départ en 1969. Le 1er juin 1958, il est nommé ministre délégué à la présidence du Conseil, puis il devient ministre de l'Information, comme à la Libération. En 1959, il est nommé ministre chargé des Affaires culturelles. Il crée le service des fouilles, ordonne l'inventaire des monuments et richesses artistiques de France, fait restaurer des chefs-d'œuvre en péril et ouvre des maisons de la culture. Sous son impulsion, l'art retrouve, à travers les grandes expositions, une audience nouvelle. En 1963, il accompagne la *Joconde* à Washington. En 1964, il plaide, au Québec, pour une civilisation des héritiers de Rome et d'Athènes face à ceux de la Russie et de l'Amérique. En août 1965 enfin, en Chine, il remet un message de De Gaulle à Mao.

En 1967, il fait paraître ses *Antimémoires*, saluées comme un événement littéraire. L'ouvrage ne relève ni de la tradition des mémoires politiques ni de l'autobiographie. « L'homme qu'on trouvera ici, c'est celui qui s'accorde aux questions que la mort pose à la signification du monde. » La narration suit, d'une part, un voyage en Orient dont les escales sont celles d'un voyage antérieur ; elle s'adapte, d'autre part, aux titres des chapitres de l'ouvrage. En 1971, Malraux publie des *Oraisons funèbres* où sont rassemblés ses discours commémoratifs (la Libération de Paris, hommage à la Grèce, funérailles de Braque, de Le Corbusier, de Jean Moulin). L'un des seuls à être admis à Colombey-les-Deux-Églises après la retraite de De Gaulle, il publiera un hommage au général sous forme d'entretiens, sous le titre emprunté à Victor Hugo, *Les Chênes qu'on abat...* (1971). De Gaulle a été pour lui une de ces grandes incarnations du mythe où combattants et citoyens se reconnaissent. Pour Malraux, il y a une analogie entre l'homme d'action et l'artiste, tous deux créateurs, l'un créant l'Histoire, l'autre l'œuvre d'art. Une admiration analogue s'exprime dans l'ouvrage qu'il consacre en 1974 à Picasso : *La Tête d'obsidienne*. La même année paraît *Lazare* (1974), confrontation poignante avec la mort au moment d'un séjour à l'hôpital de la Salpêtrière. Après *Hôtes de passage* (1975), retraçant des entretiens avec Senghor, Georges Salles, et avec Maurice Torrès au sujet de mai

1968, il rend dans *L'Homme précaire et la littérature* (1977), son dernier ouvrage, un vibrant hommage à l'art, auquel il est toujours resté fidèle.

Malraux est mort le 23 novembre 1976, à l'hôpital Henri-Mondor de Créteil. Ses cendres ont été transférées au Panthéon vingt ans plus tard, le 22 novembre 1996.

ŒUVRES. — Chez Gallimard. *Œuvres complètes*, Bibliothèque de la Pléiade, t. I, éd. Pierre Brunel *et al.*, 1989 ; t. II, éd. Michel Autrand, Marius-François Guyard, Maurice Lazès, François Trécourt et Noël Burch, 1996 ; t. III, éd. Marius-François Guyard, Jean-Claude Larrat et François Trécourt, 1996.

→ Gaëtan Picon, *Malraux par lui-même*, Le Seuil, 1953. — André Vandegans, *La Jeunesse littéraire d'André Malraux*, Pauvert, 1964. — Walter Langlois, *André Malraux, l'aventure indochinoise*, Mercure de France, 1967. — Ileana Juilland, *Dictionnaire des idées dans l'œuvre d'André Malraux*, La Haye, Mouton, 1969. — Jeanine Mossuz, *André Malraux et le gaullisme*, Armand Colin, 1970. — Françoise Dorenlot, *Malraux ou l'unité de pensée*, Gallimard, 1970. — Geoffrey T. Harris, *André Malraux : l'éthique comme fonction de l'esthétique*, Minard, 1972. — Jean Lacouture, *André Malraux, une vie dans le siècle*, Le Seuil, 1973. — Philippe Carrard, *Malraux ou le récit hybride : essai sur les techniques narratives dans « L'Espoir »*, Minard, 1976. — Robert S. Thornberry, *André Malraux et l'Espagne*, Genève, Droz, 1977. — *Revue d'histoire littéraire de la France*, mars-avril 1981. — *Cahier de l'Herne* n° 43, dir. Michel Cazenave, 1982. — Christiane Moatti, *« La Condition humaine » d'André Malraux : poétique du roman*, Minard, 1983. — *Album Malraux*, iconographie réunie et commentée par Jean Lescure, Bibliothèque de la Pléiade, 1986. — Christiane Moatti et David Bevan éd., *André Malraux : unité de l'œuvre, unité de l'homme*, La Documentation française, 1989. — Henri Godard, *L'Autre Face de la littérature : essai sur André Malraux et la littérature*, Gallimard, 1990. — Curtis Catc, *Malraux*, Flammarion, 1994. — Fonds Malraux à la Bibliothèque littéraire Jacques Doucet.

J.J.

Malrieu Jean (1915-1975). Né à Montauban le 29 août 1915, instituteur et militant communiste, il fait ses débuts en 1950, grâce à Aragon et à Elsa Triolet, qui publient des poèmes de lui dans *Les Lettres françaises*, et grâce à Jean Tortel, qui l'introduit aux *Cahiers du Sud*. Avec Gérald Neveu, il fonde la revue *Action poétique* en 1951 et fait paraître un premier recueil, *Préface à l'amour* (Éditions des Cahiers du Sud, 1953, prix Apollinaire ; rééd. Oswald, 1971), aux accents mystiques. Les recueils et plaquettes ultérieurs, adoptant volontiers la forme du vers libre, manifestent une sensibilité apaisée, mais amère (*Vesper*, La Fenêtre ardente, 1962, prix Artaud 1963 ; *Le Nom secret*, suivi de *La Vallée des rois*, Oswald, 1968 ; *Nous ne voulons pas être heureux*, Encres Vives, 1969, rééd. 1981 ; *Le Château cathare*, Le Bouquet, 1970, rééd. Seghers, 1972 ; *Les Jours brûlés*, Le Club du poème, 1971 ; *Possible imaginaire*, Oswald, 1975 ; *Les Maisons de feuillages*, La Louve de l'hiver et Éditions de Saint-Germain-des-Prés, 1976). Un choix de poèmes a paru en 1995 (*Une ferveur brûlée*, Toulouse, Centre régional de documentation pédagogique). Jean Malrieu est également l'auteur d'un récit autobiographique, écrit dans l'hiver 1949-1950 et qui se reporte aux années de guerre et d'avant-guerre (1935-1945). Publié en plusieurs livraisons *Europe* en 1952, il n'a paru en volume qu'en 1992 (Le Castor astral). Éloigné du militantisme après l'intervention soviétique en Hongrie en 1956, Malrieu a continué de collaborer aux *Cahiers du Sud* jusqu'à leur disparition en 1966 et fondé la revue *Sud* à Marseille en 1970. Il est mort à Montauban le 24 avril 1975.

A.G.

Malva Constant (1903-1969), pseudonyme d'Alphonse Bourlard. Né à Quaregnon (Belgique), le 9 octobre 1903, mineur de fond dès l'âge de quinze ans, il reste le principal représentant de la littérature prolétarienne en Belgique. Membre du parti socialiste révolutionnaire, signataire du *Manifeste de l'École prolétarienne* d'Henry Poulaille en 1932, il fait paraître la même année *Histoire de ma mère et de mon oncle Fernand*, avec une préface d'Henri Barbusse. En 1934, il adhère au « Front littéraire de gauche » créé par Charles Plisnier et entre en contact avec le groupe « Rupture » d'Achille Chavée, qui présente les textes de *Borins* (1937) dans la revue du groupe, *Mauvais temps*. Ses nouvelles et son journal de mineur *(Ma nuit au jour le jour*, écrit en 1937-1938, publié en 1953) décrivent sans pathos les conditions de travail dans la mine : exempts de doctrine, réalistes, ils ont la force d'un témoignage, exprimé avec une grande économie de moyens. Malva quitte définitivement la mine en 1940 : déçu par le militantisme, conscient de ne pouvoir échapper à sa condition d'ouvrier, il exprime son désarroi dans *Un ouvrier qui s'ennuie* (1940). Seul, désargenté, sans appui, il travaille pendant la guerre dans une organisation syndicale contrôlée par l'occupant et fait paraître *Un de la mine* (1942), *Mon homme de coupe* (1943). Il sera inquiété pour faits de collaboration à la Libération. En 1948, il reprend le récit de sa vie dans *Un mineur vous parle*, et publie son seul vrai roman, *Le Jambot* (1951), une histoire d'amour dans le milieu des corons. S'il donne régulièrement des textes à la revue internationale de littérature ouvrière *Le Musée du soir* dans les années cinquante, publiant même un recueil de poèmes, *Mensuaires* (1954), il s'abstient de toute publication à partir de 1960. Paraîtront, après sa mort, survenue à Saint-Josse-ten-Noode (Bruxelles) le 15 mai 1969 : *Vie de pauvres* (1980) et *Le Brasier* (1982).

ŒUVRES. — *Le Jambot*, rééd., Bruxelles, Les Éperonniers, coll. Passé-présent, 1980. — *La Nuit dans les yeux*, rééd., Bruxelles, Labor, coll. Espace Nord, 1985. — *Correspondance 1931-1969*, éd. Yves Vasseur, Bruxelles, Labor, coll. Archives du futur, 1985. — *Un mineur vous parle*, rééd., Bassac, Plein chant, 1985.

→ Jacques Cordier, *Constant Malva, mineur et écrivain*, Bassac, Plein chant, 1980.

O.Bi.

Mamani Abdoulaye (1932-1993). Né à Zinder (Niger), il doit sa renommée à *Sarraounia* (L'Harmattan, 1980), roman historique consacré à la résistance opposée par la reine d'une petite ethnie animiste en pays Haoussa, les Aznas, à la colonne armée conduite par le tristement célèbre capitaine Voulet, au cours de la campagne de 1989. L'adaptation de *Sarraounia* à l'écran par Med Hondo a contribué à populariser la figure mythique de cette reine magicienne. Abdoulaye Mamani est également l'auteur d'un recueil poétique, *Poémérides* (Oswald, 1972).

J.C.

Mambrino Jean (1923). Né à Londres. Après des études de lettres, il entre dans la Compagnie de Jésus (1941), puis est ordonné prêtre (1954) tout en se consacrant à l'enseignement, jusqu'en 1968. À cette date, il devient rédacteur à la revue *Études*, où il tient la chronique littéraire et dramatique. Il a signé une vingtaine de recueils de poèmes, notamment *Le Veilleur aveugle* (Mercure de France, 1965), *La Ligne du feu* (Granit, 1974 ; rééd. Corti, 1986), *L'Oiseau-cœur* (Stock, 1979), *Ainsi ruse le mystère* (Corti, 1983), *Le Mot de passe* (Granit, 1983 ; rééd. Corti, 1987), *La Saison du monde* (Corti, 1986), *Le Chiffre de la nuit* (Corti, 1989), *Le Palimpseste* (Corti, 1991), *Casser les soleils* (Corti, 1993), *N'être pour naître* (Corti, 1996), *L'Odyssée inconnue* (L'Harmattan, 1996). Pour lui, « le moindre fragment de l'univers contient un message sacré » : son œuvre traduit cet émerveillement devant la beauté de la création, doublé d'une interrogation sur l'énigme de l'âme. Elle explore les formes les plus variées : aphorismes, poèmes brefs, dialogues, longues méditations lyriques. Jean Mambrino a également publié un recueil d'essais sur les écrivains qu'il admire, *Le Chant profond* (Corti, 1985), et de remarquables traductions du poète anglais G. M. Hopkins.

→ Il existe depuis 1990 un *Bulletin des amis de Jean Mambrino : Clairière* (Arles).

B.Do.

Mame *(Éditions)*. Maison fondée à Paris en 1807 par Charles-Mathieu et Louis Mame. Célèbre au XIXe siècle, Mame publie Chateaubriand, Mme de Staël, Fenimore Cooper, Walter Scott, Balzac. À la suite de faillites successives, le descendant de Louis Mame, Alfred, établit une imprimerie industrielle à Tours, réputée pour ses reliures et ses livres de prestige, à laquelle il associe une activité d'édition. Il publie de nombreux ouvrages religieux, des albums destinés à la jeunesse et des romans populaires. Devenues entreprise familiale, les Éditions Mame ont connu de nombreuses vicissitudes et subi notamment les bombardements de la Seconde Guerre. Leur production s'adresse à un lectorat jeune, conservateur et catholique. Parmi les romanciers contemporains, elles ont publié Paul Morand, René Bazin, Karl May, André Dhôtel, Rudyard Kipling et, parmi les essayistes, Marshall McLuhan (*La Galaxie Gutenberg*, 1967) et Abraham Moles. Le groupe Dollfus-Mieg a pris le contrôle de la maison en 1971.

→ *Mame : Angers, Paris, Tours : deux siècles du livre*, catalogue de l'exposition de Tours (octobre-novembre 1989), IMEC Éditions, 1989.

A.De. — IMEC

Mammeri Mouloud (1917-1989). Né en Algérie, il est d'origine berbère, sa langue maternelle est le kabyle, mais il apprend le français à l'école de son village, puis dans un lycée à Rabat. Il est mobilisé dans l'armée française pendant la Deuxième Guerre mondiale et ne rentre en Algérie qu'en 1947. Il commence à écrire en 1940, sans souci de publication, un livre qui paraît finalement en 1952, *La Colline oubliée*. Il y montre comment un groupe d'adolescents, dans un village kabyle, se trouve tragiquement pris entre les contraintes de la tradition berbère, très antérieure à l'Islam quoique renforcée par lui, et les impasses de la modernité occidentale, qui ne profite qu'au colonisateur. Le livre n'est lu que dans le contexte polémique des affrontement coloniaux : les nationalistes algériens tiennent pour renégat un auteur qui, en fait, s'engage alors dans une trilogie romanesque retraçant les étapes historiques qui constituent le passé récent de l'Algérie contemporaine. Dans *Le Sommeil du juste* (1955), on voit comment l'Algérie s'oriente inéluctablement vers la guerre d'indépendance, tant la conscience de l'oppression grandit chez ceux que l'auteur appelle les *Imann*, c'est-à-dire les indigènes musulmans non naturalisés. Le héros lui-même connaît une amère désillusion à l'égard des valeurs humanistes qu'on lui a inculquées, mais que personne ne respecte. La guerre de libération est abordée dans *L'Opium et le bâton* (1965) ; l'auteur y montre qu'aucun Algérien ne pouvait échapper à l'évidente nécessité de s'engager dans cette guerre, non sans exprimer un grand scepticisme sur les suites de l'indépendance. Parmi les combats qui lui semblent loin d'être gagnés, il en mène un, jusqu'à la fin de sa vie, pour la langue et la culture berbères. Il traduit et fait publier les *Isefra* (Maspero, 1969) de Si Mohand-ou-Mohand, ainsi que d'autres *Poèmes kabyles anciens*, en édition bilingue (Maspero, 1980), des contes berbères de Kabylie dans divers recueils et une *Grammaire berbère* (Maspero, 1976). Sa défense du kabyle est mal jugée par le pouvoir officiel, dans une Algérie qui se définit comme arabo-musulmane : Mouloud Mammeri en ressent une certaine amertume, perceptible dans son roman, *La Traversée* (1982), ou dans certaines des nouvelles recueillies dans *Escales* (posth., Maspero, 1991). Il meurt accidentellement en 1989.

D.B.

Manceaux Michèle (1933). Née le 17 février 1933 à Paris, marquée par mai 1968 (*Ce n'est qu'un début*, édition spéciale, 1968), elle analyse notamment dans ses essais le gauchisme (*Les Maos en France*, Gallimard, 1972), la société (*Les policiers parlent*, Le Seuil, 1969), le Tiers-Monde (*La Zone des tempêtes*, Autrement, 1986), et les relations entre les sexes (*Les Larmes des hommes*, Albin Michel, 1996). Souvent intimistes, ses romans mettent en scène le destin d'une femme, qui entrevoit un monde doré (*Un beau mariage*, Grasset, 1962), se suicide (*La nuit sera noire et blanche*, Gallimard, 1968), traverse une dépression et se fait analyser (*Grand Reportage*, Le Seuil, 1980), aime (*Pourquoi pas Venise ?*, Le Seuil, 1981 ; *Anonymus*, Le Seuil, 1982 ; *La Vie violente*, Albin Michel, 1993), retrouve sa fille (*Le Voyage en Afrique de Lara Simpson*, Le Seuil, 1985) et s'interroge sur la filiation (*Le Fils de mon fils*, Plon, 1989). Elle évoque Marguerite Duras dans *L'Amie* (Albin Michel, 1997).

J.P.

Manchette Jean-Patrick (1942-1995). Né le 19 décembre 1942 à Marseille, Manchette, après avoir enseigné le français, se lance dans des travaux de réécriture d'après des films et des séries télévisées. À partir de 1971, il publie chez Gallimard des romans policiers, qui vont contribuer à renouveler le genre en France. Ses personnages sont tantôt des « privés » (Eugène Tarpon dans *Morgue pleine*, 1973), tantôt des tueurs professionnels (*Fatale*, 1977 ; *La Position du tireur couché*, 1981), voire des cadres fatigués (*Le Petit Bleu de la côte ouest*, 1976) ou des journalistes (*La Princesse du sang*, Rivages, 1996), mais ils ont pour point commun de ne pas maîtriser les situations complexes dans lesquelles ils se trouvent impliqués, d'ignorer les manipulations dont ils sont l'objet. Chez Manchette, l'évidence de l'extrême violence se marie toujours avec l'obscurité : l'action se déploie à partir d'une zone d'ombre et d'inexpliqué. Ellipses, rapidité s'articulent avec des parties méditatives. En proie à un spleen tenace, ses héros, complexes, équivoques, subissent l'attraction d'un point secret où se défont les apparences, où ils échappent au monde et à eux-mêmes. Derrière la façade de satires socio-politiques d'une ironie acide (la raison d'État dans *L'Affaire N'Gustro*, 1971, inspirée de l'affaire Ben Barka ; le traitement du terrorisme dans *Nada*, 1972 ; la corruption de la bourgeoisie provinciale dans *Fatale)*, on peut lire ces romans noirs comme des poèmes sombres. Manchette fut également traducteur (de romans américains), directeur d'une collection de science-fiction aux Presses de la Cité, journaliste (à *Charlie)*, scénariste, auteur de bandes dessinées et d'une comédie musicale, *Cache ta joie* (1979).

ŒUVRES. — Chez Gallimard. — Ses chroniques cinématographiques ont été recueillies dans *Les Yeux de la momie*, Rivages-Écrits noirs, 1998.

P.J.

Mandin Louis (1872-1944). Orphelin de bonne heure, il n'arrive à Paris qu'en 1902. Esprit indépendant, il ne s'est rallié à aucune école. Son premier recueil important, *Ariel esclave* (1912), évoque sa vie longtemps étouffée loin des foyers intellectuels. Même dans le malheur, ses poèmes, vibrants d'amour et de lyrisme, refusent la résignation. *Les Saisons ferventes* (1914) sont de la même veine. Durant la Première Guerre, il se fait envoyer au front contre l'avis des médecins et en rapporte un livre de vers et de prose, *Notre passion* (1920). Il est aussi l'auteur d'une *Histoire de la poésie française depuis 1850* (en collaboration avec Paul Fort, 1926). En 1927, paraissent *L'Aurore du soir* et, en 1938, *Les Ténèbres sacrées*. Louis Mandin est mort en déportation.

D.H.-M.Ber.

Manoll Michel (1911-1984), pseudonyme de Michel Laumonnier. Né le 9 avril 1911 au Coudray-Plessé (Loire-Inférieure), initié à la poésie par la lecture de Reverdy, il entretiendra avec lui, puis avec Max Jacob, une correspondance régulière. À Nantes où il tient une librairie, il rencontre René-Guy Cadou. Son nom est associé à l'École de Rochefort qui publiera d'abord ses *Armes et bagages* (Les Amis de Rochefort, Debresse, 1942), puis les mouvants poèmes en prose d'*Astrolabe* (1945), enfin *Louisfert-en-poésie* (1952, rééd. Presses universitaires de Nancy, 1992), dédié à « l'ami disparu ». Manoll poursuit alors son errance dans Paris, sa quête éperdue du double dont témoigne *Thérèse ou la solitude dans la ville* (Seghers, 1953). En 1980 le titre d'une série d'aphorismes résume sa conception d'une « poésie, réalité intelligible parée d'une secrète révélation ».

F.R.

Manomètre (1922-1928). Revue fondée à Lyon par Émile Malespine, jeune médecin sensible aux idées nouvelles. Il est le seul rédacteur du premier numéro, dans lequel il manifeste son goût pour la déconstruction du langage et le mélange des langues (le « babélisme »). Grâce à Tzara, il entre rapidement en contact avec des animateurs de revues d'avant-garde. Les sept numéros suivants, publiés entre 1922 et 1925, réuniront des contributions de Tzara, De Torre, Soupault, Jean Arp, Borges, Walden, Schwitters, Lajos Kassak, Marinetti, Prampolini, et impriment de nombreuses publicités de revues (*Het Overzicht, Zenit, Der Sturm, Zwrotnica, Merz, De Stijl, Mecano, L'Effort moderne, Disk, Stavba, Noi, Ma...)*. Avant de rejoindre le surréalisme, Malespine élabore dans sa revue une théorie assez floue qui tente de prolonger l'esprit Dada : le « suridéalisme », défini comme « une conscience réveillée par des inconsciences [et que] modifient les subconsciences ». Le neuvième et dernier numéro de *Manomètre* rappelle la passion de Malespine pour le théâtre expérimental et son admiration pour l'architecture sociale de Tony Garnier.

→ *Manomètre*, fac-similé, Jean-Michel Place, 1977. — Marnix Bonnique, « *Manomètre* et l'avant-garde internationale à Lyon 1922-1928 », *La Revue des revues*, n° 8, hiver 1989-1990.

Y.C.-D. — IMEC

Mansour Joyce (1928-1986). Née en Angleterre, d'origine égyptienne et d'expression française, elle a fait partie du mouvement surréaliste. Tant par ses poèmes *(Cris*, 1953) que par ses récits *(Les Gisants satisfaits*, 1958), elle fait entendre dans le surréalisme une voix féminine d'une intensité exceptionnelle : « Je ne saurais vivre / Sans brûlant désir » *(Carré blanc*, 1965). On peut dire d'elle ce qu'elle dit de la mort : « Tout en elle crie » *(Astres et désastres*, 1969). Son œuvre est un cri continu, venu à la fois de l'excès érotique, de l'horreur fascinée de la mort et d'une trivialité du destin humain que l'humour noir dénonce. Les visions sadiques : « Ton cou tranché. / Ta tête qui saigne / Séparée de ton corps. [...] Et moi qui bois / Ta vie qui part » *(Cris)* n'ont d'équivalent que les images où le sujet jouit de sa propre destruction : « J'ai crevé dans ma peau / Ainsi qu'une enflure bleuâtre dans la boue » *(Phallus et momies*, 1969). De cette écriture du pire, du lâcher-tout, émane pour son auteur une vertu pacifiante : « Caractère magique de la défécation / Délivrance par l'écriture » *(Le Grand Jamais*, 1981). Les récits de Joyce Mansour sont des « histoires nocives » (selon le titre du dernier recueil, 1973). « Dans ce royaume cruel du faux-semblant », la négresse Jules César, au nom significativement masculin, est l'une de ces héroïnes monstrueuses dont les aventures paroxystiques n'ont d'issue que la mort. Cette œuvre ne s'englue pas dans un aveu personnel, même passé au filtre de l'imaginaire : les références à la littérature (Sade d'abord) et à la psychanalyse y sont présentes et parfois même insistantes *(Îles flottantes*, 1973). Joyce Mansour est morte le 25 août 1986.

ŒUVRES. — Joyce Mansour, *Prose et poésie, œuvre complète*, Actes Sud, 1991.

M.-C.D.

Maran René (1887-1960). Né le 5 novembre 1887 à Fort-de-France (Martinique), d'origine guyanaise, il a vécu l'essentiel de son enfance et de son adolescence en France, dans la région bordelaise. Après de bonnes études secondaires aux lycées de Talence, puis de Bordeaux, il est contraint d'accepter un modeste poste de fonctionnaire colonial et s'embarque à destination de Bangui, en Oubangui-Chari. C'est au fin fond de l'AOF qu'il entreprend de consigner ses impressions dans ce qui deviendra bientôt *Batouala,* « véritable roman nègre », auquel l'attribution du prix Goncourt en 1921 vaudra un succès de scandale, contraignant son auteur à démissionner des fonctions d'adjoint des services civils qu'il exerçait alors au Congo. *Batouala* se réclame de l'esthétique naturaliste : « ce roman est tout objectif. Il ne tâche même pas à expliquer : il constate. Il ne s'indigne pas : il enregistre » (Préface). Témoin de la vie quotidienne dans un village de l'Oubangui-Chari, l'auteur relate au jour le jour les joies et les peines de ses habitants et décrit leur mode de vie et leurs traditions, sans tomber dans le péché d'exotisme. Ainsi, pour la première fois, – si l'on excepte *Les Immémoriaux* de Victor Segalen – des « indigènes » cessent d'être regardés comme des bêtes curieuses aux coutumes aberrantes. Pour la première fois aussi, les Blancs cessent d'occuper le devant de la scène et ne font que des apparitions de comparses, d'ailleurs peu intéressants, saisis par le regard malicieux d'un Huron nègre, qui ne retient de leur incoercible agitation que ce qui est dommageable à son repos, leur brutalité ou leur ivrognerie. Mais derrière ces bouffons se profile une réalité coloniale impitoyable, faite d'exploitation systématique des autochtones et de mépris pour leurs traditions et leurs coutumes : le romancier cède alors la plume au pamphlétaire qui n'hésite pas, dans une retentissante préface, à dénoncer « tout ce que l'administration désigne sous l'euphémisme d'errements ». Généralement considéré par la critique comme le signe avant-coureur de la Négritude, *Batouala,* où il serait néanmoins erroné de voir une réelle dénonciation du système colonial, marque le point de départ d'une importante œuvre littéraire romanesque et poétique. René Maran est mort à Paris le 9 mai 1960.

ŒUVRES. — Chez Albin Michel, sauf indication contraire. — **Romans et récits** : *Batouala,* 1921. — *Youmba la mangouste,* 1922. — *Le Petit Roi de Chimérie,* 1924. — *Djouma, chien de brousse,* 1927. — *Le Cœur serré,* 1931. — *Le Livre de la brousse,* 1934. — *Un homme pareil aux autres,* Arc en ciel, 1947. — *Bacouya le cynocéphale,* 1953. — **Poésie** : *La Maison du bonheur,* Éditions du

Beffroi, 1909. — *Le Visage calme,* Le Monde nouveau, 1922. — *Le Livre du souvenir,* Présence africaine, 1958.

J.C.

Marceau Félicien (1913), pseudonyme de Louis Carette. Né à Cortenberg, en Belgique, le 16 septembre 1913, il a, dans *Les Années courtes* (1968), retracé son existence jusqu'à la rupture de la Deuxième Guerre mondiale : son enfance heureuse, ses études aux collèges religieux, puis à l'université de Louvain où il étudie le droit. En 1937, il entre à la radiodiffusion belge. Durant l'Occupation il publie deux romans et un essai sur la littérature de l'entre-deux-guerres. En 1942 il quitte la radio et fonde à Bruxelles une maison d'édition. Mais l'Histoire vient bousculer son existence : à la Libération, on lui reproche d'avoir, dans ses émissions radiophoniques, tenu des propos collaborationnistes. Il quitte le pays. Un procès par contumace le déchoie de la nationalité belge et le condamne à quinze ans de travaux forcés. Mais installé à Paris à partir de 1944, il entame une deuxième vie et une deuxième carrière, sous un nom promis à la célébrité : Félicien Marceau. Il fait d'abord partie d'un groupe de jeunes écrivains de droite gravitant autour de Jacques Laurent. Avec Roland Laudenbach, Roger Nimier, Antoine Blondin, Michel Déon, il signe des articles dans *Arts* et *La Parisienne*. Son premier roman publié en France, *Chasseneuil*, paraît en 1948 : un démon, ayant quitté l'enfer pour la douceur angevine, s'y trouve aux prises avec des hôtes payants peu conciliants. Charme, fantaisie, descriptions pittoresques font le succès de ce livre. Par la suite, Félicien Marceau se voit récompensé pour *Les Élans du cœur* (1955, prix Interallié) et *Creezy* (1969, prix Goncourt). Le théâtre, vers lequel il s'est tourné à l'instar de Marcel Aymé, lui apporte la popularité en sus de l'estime des critiques, avec *L'Œuf* (1956) et, entre 1958 et 1967, *La Bonne Soupe*, *La Preuve par quatre*, *Un jour j'ai rencontré la vérité*. Son élection à l'Académie française en 1975 vient couronner sa carrière.

Ce n'est pas par leur audace formelle que les romans de Félicien Marceau ont conquis le public, mais par la fidélité de l'auteur aux traditions du genre. Émule de Balzac, auquel il a consacré un volumineux essai (*Balzac et son monde*, 1955), il appartient à une famille d'écrivains hostiles à l'innovation mais dont les solides qualités font le succès. Une fantaisie toute personnelle fait le charme particulier de romans comme *Chasseneuil* et surtout *Bergère légère* (1953) : Marie-Jeanne, fraîche jeune fille, est au centre d'un petit monde bruxellois peuplé de personnages pittoresques qu'elle enchante, telle une fée gracieuse. Marceau peint avec talent la vie provinciale, comme dans *Les Élans du cœur*, dont l'intrigue se déroule à Bièvres, ou dans les nouvelles des *Belles Natures* (1957), qui ont pour cadre l'Italie. Il excelle dans le genre bref : *En de secrètes noces* (1953) est l'un de ses plus beaux livres. Pourtant, au-delà des apparences dont il sait si bien rendre le détail, un souci de la vérité conduit les personnages de ses romans à reconsidérer le monde dans lequel ils évoluent. L'innocence de Marie-Jeanne cède le pas au cynisme de Magis qui, dans *Chair et cuir* (1951), dévoile en un long monologue l'envers du quotidien. Point de révolte pourtant face aux mille contraintes qui briment l'individu : il suffit aux personnages de Marceau de savoir et de comprendre, pour accepter un « système » qu'il serait vain de vouloir réformer. Pas d'idéalisme chez l'auteur de *Chair et cuir*, mais un regard cynique sur le réel, le regard de Casanova, personnage auquel l'écrivain a consacré deux ouvrages : *Casanova ou l'Anti-Don Juan* (1954) et *Une insolente liberté* (1983). Dans ses romans les plus récents, Félicien Marceau montre une maîtrise technique : intrigue bien menée, personnages surprenants, péripéties, comme dans *Appelez-moi Mademoiselle* (1984), où, sur fond de contrebande et d'amours saphiques, les meurtres se succèdent.

Marceau poursuit cette vérité cachée sous les apparences dans son théâtre, mais sur le mode parodique : « Un jour j'ai rencontré la vérité », dit-il comme pour se moquer, dans le titre d'une de ses comédies (1967). *Caterina* (1954), son premier essai dramatique, était une pièce austère, qui se voulait shakespearienne. La veine plus légère qui a fait le succès de Félicien Marceau à la scène s'enracine dans la certitude que rien ne change et que la dérision seule peut libérer l'homme et rendre supportable le quotidien. Dans *L'Œuf*, le Magis de *Chair et cuir* égrène sur la scène ses griefs. L'auteur use du monologue et d'un langage proche de celui de tous les jours frisant parfois le procédé (*La Bonne Soupe*). Avec *Le Babour* (1969), le motif du rôle des sexes dans la société est traité sur un mode comique qui n'exclut pas la réflexion.

ŒUVRES. — Chez Gallimard. Outre les œuvres citées : **Romans** : *L'Homme du roi*, 1952. — *Le Corps de mon ennemi*, 1975. — **Théâtre** : *Théâtre I* (*Caterina, La Bonne Soupe, La Preuve par quatre*), 1964. — *Théâtre II* (*L'Œuf, L'Étouffe-chrétien, La Mort de Néron, Madame Princesse*), 1965. — *Un jour j'ai rencontré la vérité*, 1967. — *Le Babour*, 1969. — *Le Défi d'un irrégulier*, La Table ronde, 1996.

Cl.D.

Marcel Gabriel (1889-1973). Né le 7 décembre 1889 à Paris, dans un milieu agnostique, il se convertit au catholicisme en 1929. Se présentant comme « philosophe-dramaturge », en insistant sur le trait d'union, il apparut, malgré lui, par son souci des « situations » de la conscience, comme un représentant de l'existentialisme chrétien. La scène théâtrale fut le moyen de donner forme à ses doutes. Dans *La Grâce* (1911) et *Le Palais de sable* (1913) dialoguaient tentation mystique et crainte d'une imposture. Aux lendemains de la Première Guerre, *L'Iconoclaste* (1923), *La Chapelle ardente* (1925), *Le Regard neuf* (1931) prenaient la mesure des âmes ravagées par la catastrophe. *Le Monde cassé* (1933), *Le Dard* (1936) et *La Soif* (1938) opposaient au désenchantement du monde la profondeur de la foi. *Rome n'est plus dans Rome* (1951), *Mon temps n'est plus le vôtre* (1955) et *Le Signe de la croix* (1960) répondaient à la Seconde Guerre, à ses atrocités et déchirements. Limité par l'artificialité de l'intrigue, ce théâtre est surtout l'occasion d'un questionnement philosophique.

Orientée vers *Le Mystère de l'être* (1951), la pensée de Gabriel Marcel interroge l'ontologie à partir du concret et du quotidien (*Journal métaphysique*, 1927). La distinction entre *être* et *avoir* (*Être et avoir*, 1935) fit école, dénonçant l'aliénation d'une société hantée par la possession, et opposant à la déréliction le recours à l'intersubjectivité. Le dialogue théâtral était alors une solution « pour ne pas parler du *toi*, mais faire parler le *toi* », Dieu lui-même est ainsi un « Toi absolu », aimé parce qu'irréductible, comme autrui. Gabriel Marcel s'attacha aux inquiétudes existentielles, mais pour y répondre par la spiritualité (*L'Homo viator, prolégomènes à une métaphysique de l'espérance*, 1945 ; *Présence et immortalité*, 1959). Il est mort le 9 octobre 1973. — Il existe un bulletin annuel *Présence de Gabriel Marcel* (Paris).

O.B.

Marcel Jean (1941), pseudonyme de Jean Marcel Paquette. Né à Montréal, il est l'auteur d'une œuvre aux multiples facettes. Son *Jacques Ferron malgré lui* (1970) apporte un éclairage original sur l'œuvre de Ferron, en soulignant notamment le rôle qu'y joue le conte. *Le Joual de Troie* (1973, prix France-Québec), ouvrage érudit et polémique, a fait date dans les débats linguistiques au Québec. Il a également traduit *Le Chant de Gilgamesh* (1979), *La Chanson de Roland* (1980) et *Tristan et Yseut* de Wagner (1982). Ses *Pensées, passions et proses* (1992) font une large place à des réflexions sur l'opéra aussi bien que sur la langue et le statut de la littérature. Dans le domaine des essais, il faut aussi signaler *Fractions I* (1996). Mais c'est comme romancier que Jean Marcel s'est imposé ces dernières années, avec son *Triptyque des temps perdus* : *Hypatie ou la fin des dieux* (1989), *Jérôme ou de la traduction* (1990), *Sidoine ou la dernière fête* (1992), romans qui font revivre le ve siècle de notre ère, dans une fresque où la poésie se conjugue à l'érudition et à la réflexion philosophique, d'une manière qui rappelle l'auteur des *Mémoires d'Hadrien*. Jean Marcel est également l'auteur de savoureuses *Nouvelles de Nouvelle-France* (1994).

S.Ma.

Marcenac Jean (1913-1984). Né le 16 novembre 1913. « Poésie politique », telle est la définition que Jean Marcenac réclame pour son œuvre dans la préface à *L'Amour du plus lointain* (Julliard, 1970). Ami d'Aragon, et d'Eluard, auquel il a consacré de nombreux articles, il est dans la lignée du surréalisme militant. *Le Ciel des fusillés* (1945) ou *La Marche de l'homme* (1949) témoignent de son engagement de communiste militant. Ses œuvres ont été réunies en deux volumes : *Poésies 1932-1969* (1983), qui contient *Le Cavalier de coupe* (1945), *Le Ciel des fusillés* (1945), *Je me sers d'animaux* (1949) et *Les Petits Métiers* (1969) ; et *Les Ruines du soleil et autres poésies* (1985), qui rassemble les œuvres écrites entre 1970 et 1984. Pour Marcenac, la poésie, engagée dans l'action, est instrument de connaissance : elle cherche avec lucidité, dans un monde marqué par l'absurde et le tragique, un peu de vérité et d'espoir ; elle est aussi conscience morale, fondant un nouvel humanisme dans la fraternité qui unit malgré tout les hommes. Toutes les formes du langage poétique (images, allégories, proverbes) servent ce projet moral, qui retrouve le souffle du lyrisme d'idées.

F.O.

Marchessault Jovette (1938). Elle a exercé plusieurs métiers avant de se consacrer à la peinture, puis à la littérature. Après deux romans, *Le Crachat solaire* (1975) et *La Mère des herbes* (1980), elle se tourne vers le théâtre. *La Saga des poules mouillées* (1981) met en scène quatre romancières québécoises, qui sont en même temps des allégories. D'autres figures féminines contemporaines, rebelles ou scandaleuses, fournissent les héroïnes du théâtre de Jovette Marchessault : Violette Leduc (*La terre est trop courte, Violette Leduc*, 1982), Gertrude Stein (*Alice & Gertrude, Nathalie & Renée et ce cher Ernest*, 1984) ou Anaïs Nin (*Anaïs dans la queue de la comète*, 1985). En 1988 paraît *Demande de travail sur les nébuleuses* suivi par *Le Voyage magnifique d'Emily Carr* (1990) et *Le Lion de Bangor* (1993).

S.Ma.

Margerit Robert (1910-1988). Né le 25 janvier 1910 à Brive (Corrèze). Après des études de notariat, il fait à Limoges une carrière de journaliste (rédacteur, rédacteur en chef, puis chroniqueur au *Populaire du Centre)*. En 1942, il publie *L'Île des perroquets*, roman d'aventures sur fond de pirates, d'île déserte et de trésor. Julien Gracq est l'un des premiers à distinguer la facture puissante d'un romancier au style élégant et précis, amateur d'histoire et de lieux, analyste des passions troubles et de l'ambiguïté. Après la publication de *Mont-Dragon* (1945, rééd. Folio, 1973) et du *Vin des vendangeurs* (1946), *Le Dieu nu* (1951, rééd. Phébus, 1988) lui vaut le prix Renaudot et la célébrité. *Le Château des Bois-Noirs* (1954) et *La Terre aux loups* (1958) montrent l'unité de son inspiration. Le grand prix du Roman de l'Académie française couronne *La Révolution* (Gallimard, 1963-1968), cycle ambitieux confirmant des qualités d'historien que son *Waterloo* (Gallimard, 1964) illustrera de nouveau. Robert Margerit s'est éteint le 28 juin 1988.

F.J.

Margueritte Paul (1860-1918) et Victor (1866-1942). Les deux frères, fils d'un général mort héroïquement à Sedan en 1870, et nés tous les deux en Algérie, Paul, l'aîné, à Laghouat le 1er février 1860, Victor, le cadet, à Blida, le 1er décembre 1866, se destinèrent d'abord à la carrière militaire, qu'ils abandonnèrent l'un et l'autre assez rapidement. Paul, intégré d'abord au groupe de Médan, signe en 1887 le manifeste des Cinq dirigé contre *La Terre* de Zola. Influencé par l'humanisme tolstoïen, il se rapproche alors des Goncourt. Il est, du reste, membre de l'Académie Goncourt dès sa fondation, en 1902, et jusqu'à sa mort, à Paris, le 30 décembre 1918. À partir de 1896 et jusqu'en 1908, il est associé littérairement à son frère Victor. S'illustrant avec succès dans la littérature enfantine avec les aventures de *Poum* (1897) et *Zette* (1903), les frères Margueritte s'acquirent une célébrité internationale avec leur grande fresque de la guerre de 1870-1871 : *Une époque* (1898-1904), qui se voulait une réponse patriotique à *La Débâcle* de Zola. Dès 1907, avec *Prostituée*, Victor prend son indépendance. Il se lance alors dans le roman social à thèse et adopte la sexualité, le divorce ou l'émancipation féminine comme sujets de prédilection. Son roman le plus célèbre, *La Garçonne* (1922), en retraçant les aventures amoureuses d'une femme en rupture de ban, fit scandale par sa description crue de l'atmosphère des années folles. Militant pacifiste durant les années trente, Victor Margueritte meurt à Monestier le 23 mars 1942.

ŒUVRES. — De Paul Margueritte : pour la plupart publiées chez Plon ou Flammarion. — *Mon père*, 1884. — *Tous quatre*, 1885. — *La Confession posthume*, 1886. — *Pascal Géfosse*, 1887. — *Jours d'épreuve*, 1889. — *Maison ouverte*, 1890. — *Amants*, 1890. — *La Force des choses*, 1891. — *Le Cuirassier blanc*, 1892. — *Sur le retour*, 1892. — *Ma grande*, 1893. — *La Mouche*, 1893. — *La Tourmente*, 1894. — *L'Avril*, 1894. — *Âme d'enfant*, 1894. — *Fors l'honneur*, 1895. — *Simple Histoire*, 1895. — *L'Eau qui dort*, 1896. — *L'Essor*, 1897. — *À la mer...*, 1906. — *Les Pas sur le sable : souvenirs d'enfance*, 1906. — *Les jours s'allongent : souvenirs de jeunesse*, 1908. — *La Lanterne magique*, 1909. — *La Flamme*, 1909. — *La Faiblesse humaine*, 1910. — *Les Fabrecé*, 1912. — *La maison brûle*, 1913. — *Les Sources vives*, 1913. — *Nous, les mères...*, 1914. — *Contre les Barbares, 1914-1915*, 1915. — *L'Immense Effort, 1915-1916*, 1916. — *L'Embusqué*, 1916. — *L'Autre Lumière*, 1916. — *Jouir*, 1918. — *Pour toi, patrie !*, 1918. — *Sous les pins tranquilles*, 1919. — *Adam, Ève et Brid'oison*, 1920. — *Le Sceptre d'or*, 1921. — *Le Printemps tourmenté*, 1925. — *Tante Million*, 1925. — *La Cité des fauves*, 1928. — *L'Album secret*, s.d.

De Paul et Victor Margueritte : pour la plupart publiées chez Plon. — **Romans et nouvelles** : *La Pariétaire*, 1896. — *Le Carnaval de Nice*, 1897. — *Poum*, 1897. — *Une époque*, 1898-1904, 4 t. — *La Poste des neiges*, 1899. — *Femmes nouvelles*, 1899. — *Le Jardin du roi*, 1902. — *Les Deux Vies*, 1902. — *Vers la lumière*, 1902. — *L'Eau souterraine*, 1903. — *Zette*, 1903. — *Le Prisme*, 1905. — *Vanité*, 1905. — *Sur le vif*, 1906. — **Théâtre** : *Le Cœur et la loi*, 1903. — *L'Autre*, 1905. — *Nos tréteaux*, 1911. — **Essais** : *L'Élargissement du divorce*, 1902. — *Histoire de la guerre de 1870-1871*, 1903. — *Quelques idées*, 1905. — *Alphonse Daudet 1840-1897*, en collaboration, 1908.

De Victor Margueritte (la plupart publiées chez Flammarion). — **Romans et nouvelles** : *Prostituée*, 1907. — *Jeunes Filles*, 1908. — *Le Talion*, 1909. — *Le Petit Roi d'ombre*, 1909. — *L'Or*, 1910. — *Les Frontières du cœur*, 1912. — *La Rose des ruines*, 1913. — *Le Journal d'un moblot*, 1913. — *La Terre natale*, 1917. — *Ténèbres*, 1919. — *Du sang sur l'amour*, 1919. — *Un cœur farouche*, 1921. — *Le Soleil dans la geôle*, 1921. — *La Femme en chemin*, 3 t. (dont *La Garçonne*, 1922), 1922-1924. — *Vers le bonheur*, 1927-1930, 3 t. — *Non !*, 1931. — *Nos égales*, 1933. — *Babel*, 1934. — **Poésie** : *Brin de lilas*, 1883. — *La Chanson de la mer*, 1884. — *Au fil de l'heure*, 1898, rééd. augmentée, 1929. — *Nocturnes*, 1938. — *In memoriam : poèmes 1928-1939*, 1939. — **Théâtre** : *La Double Méprise ou le pire n'est jamais certain* (d'après Calderón), 1898. — *La Belle au bois dormant*, 1899. — *L'Imprévu*, 1910. — *La Maison de l'homme*, 1922. — *La Garçonne*, 1927. — *La Mère* (d'après Maxime Gorki), 1937. — **Essais** : *Pour mieux vivre*, 1910. — *La Misère sociale de la femme*, en collaboration, 1912. — *Jean-Baptiste Carpeaux*, 1914. — *La Dernière Guerre*, 1919-1936, 7 t. — *La Voix de l'Égypte*, 1919. — *Pour le peuple égyptien*, en collaboration, 1920. — *Vers la paix*, 1925. — *Jean-Jacques et l'amour*, 1926. — *Un grand Français : le général Margueritte*, 1930. — *Les Femmes et le désarmement*, 1932. — *Pages choisies*, 1936. — *Marché de dupes ? Dix-sept ans de politique étrangère*, 1937.

→ Edmond Pilon, *Paul et Victor Margueritte*, Sansot, 1905. — Patrick de Villepin, *Victor Margueritte : la vie scandaleuse de l'auteur de « La Garçonne »*, François Bourin, 1991.

W.M.

Mariën Marcel (1920-1993). Né à Anvers le 29 avril 1920, lié au groupe bruxellois du mouvement surréaliste belge qu'il rencontre en 1937. Il fonde en 1940 les Éditions de l'Aiguille aimantée : ce sera le début d'une exceptionnelle activité d'éditeur, qu'il poursuivra jusqu'à la fin de sa vie en dirigeant les collections « Le Miroir infidèle », « Les Lèvres nues » et « Le Fait accompli ». Après la guerre, il publie l'unique numéro de *La Terre n'est pas une vallée de larmes* (1945) et fonde la revue *Le Ciel bleu* (1945) avec Paul Colinet et Christian Dotremont. En 1954, il crée la revue *Les Lèvres nues*, où il publie de nombreux textes surréalistes. Parallèlement, Mariën a publié plus de cent ouvrages et plaquettes : des essais *(La Chaise de sable*, 1940 ; *L'Oiseau qui n'a qu'une aile*, 1941 ; *Quand l'acier fut rompu*, 1957 ; *Théorie de la révolution mondiale immédiate*, 1958), des poèmes *(Malgré la nuit*, 1940 ; *L'Ancre jetée dans le doute*, 1972 ; *Le Néné de Cléopâtre*, 1984 ; *la Coupeuse de souffle*, 1987), des aphorismes *(Héraclitorismes*, 1979), des nouvelles *(Figures de poupe*, 1979 ; *Les Fantômes du château de cartes*, 1981), des proses *(La Marche palière*, 1982 ; *Dans la peau du miroir*, 1988), etc. Son intransigeance et son cynisme l'ont porté à élaborer une poétique sans concession où éclatent son mépris de la bourgeoisie et son anticléricalisme. Son œuvre, traversée par un érotisme souvent très cru, laisse une grande part à l'humour et à la dérision : faisant feu de tout bois, Mariën a exploité dans ses textes aussi bien des faits divers que des personnages de l'histoire contemporaine. Il a réalisé un film *(L'imitation du cinéma*, 1959) et a présenté des photographies, dessins, collages et objets poétiques dans de nombreuses expositions. Il s'est fait enfin l'historien du surréalisme en Belgique *(L'Activité surréaliste en Belgique*, 1979 ; *Le Radeau de la mémoire* et *Le Radeau au radoub*, 1983). Il est mort à Bruxelles le 19 septembre 1993.

ŒUVRES. — Aux Éditions Les lèvres nues (Bruxelles). — *Les Fantômes du château de cartes*, rééd., Bruxelles, Labor, coll. Espace Nord, 1993. — *Figures de poupes*, rééd., Bruxelles, Devillez, 1996.

O.Bi.

Marin Auguste (1911-1940). Né à Châtelet (Belgique), le 10 août 1911, il appartient à la lignée des poètes dits « de la pureté ». Influencé par Odilon-Jean Périer, à qui il a consacré une étude (1939), il a composé une œuvre aux accents néoclassiques, qui s'accorde bien à son exigence de sobriété et de retenue. De *Statues de neige* (1931, publié aux Éditions Rex, avec un poème dédié à Léon Degrelle) à *Le Front aux vitres* (1934, prix Verhaeren), ce poète « à l'âme de cristal » (Armand Bernier) a pallié la fragilité et la précarité du réel par un détachement du monde orienté vers la lumière (« la clarté des purs désirs ») et la transparence. Son angélisme s'est cependant fait plus grave dans ses derniers textes, où il paraît s'être détaché de ses illusions (« je célèbre un règne désert »). On lui doit aussi un conte poétique, *Traces* (1949, posth.) ; il est mort à Ooigem, le 24 mai 1940, pendant la campagne de 1940.

ŒUVRES. — *Le Front aux vitres*, éd. André Gascht, Bruxelles, Jacques Antoine, 1977.

→ André Bernier, *Auguste Marin, le poète à l'âme de cristal*, Bruxelles, Labor, 1945.

O.Bi.

Maritain Jacques (1882-1973) et Raïssa (1883-1960). Héritiers de cultures très diverses — lui est issu d'une grande famille républicaine et protestante, elle est une émigrée russe d'origine juive —, ils se sont rejoints dans l'adhésion à la foi catholique. Jacques et Raïssa figurent parmi les convertis illustres auxquels on doit le renouveau catholique français du début du siècle.

Né le 18 novembre 1882 à Paris, Jacques Maritain est le petit-fils de Jules Favre, l'un des fondateurs de la IIIe République. Lorsqu'en 1900 il rencontre à la Sorbonne celle qui deviendra sa compagne, l'un et l'autre éprouvent ce vide métaphysique que leurs maîtres positivistes ne parviennent pas à combler et qui sera la marque de toute une génération. En leur faisant découvrir Bergson, Péguy, qui a pris le jeune Maritain sous son aile, est le premier à les orienter vers une pensée qui aille au-delà des faits. Le deuxième intercesseur sera Léon Bloy, dont la lecture et, à partir de 1905, la fréquentation assidue les conduisent à la conversion. Mariés en 1904, Jacques et Raïssa reçoivent le baptême en 1906. Mais l'événement le plus important de leur existence est la découverte de saint Thomas d'Aquin. Désormais le travail de Jacques sera consacré à l'approfondissement et à la diffusion de la pensée du Docteur angélique. Les Maritain trouvent en elle l'union de l'intelligence et de la foi, la réconciliation de la métaphysique et de la raison, qui leur permet de dépasser Bergson sans retomber dans l'ornière positiviste.

Agrégé de philosophie en 1905, Jacques Maritain avait renoncé à l'Université afin de conserver son indépendance. En fait, il enseignera au collège Stanislas puis à l'Institut catholique de Paris, où il sera nommé professeur en 1914. En 1922 paraît *Antimoderne*, qui rassemble ses premiers articles. Au cours des années trente, il continue à publier de nombreux travaux, voyage outre Atlantique et acquiert une renommée internationale. Son œuvre se déploie dans des champs très divers : épistémologie, métaphysique, théologie, philosophie morale et politique, esthétique. Mais l'ensemble reste placé sous le signe de saint Thomas d'Aquin, empruntant à la scolastique des outils intellectuels d'une rare précision. Le thomisme de Maritain revalorise l'intelligence tout en restituant à l'existence sa dimension métaphysique. La critique de l'idéalisme, dans des œuvres telles que *La Philosophie bergsonienne* (1914), *Le Songe de Descartes* (1932), *Réflexions sur l'intelligence et sur sa vie propre* (1924), aboutit à une théorie de la connaissance exposée dans *Distinguer pour unir ou les degrés du savoir* (1932). De *Primauté du spirituel* (1927) à *Humanisme intégral* (1936), il réfléchit aux relations du spirituel et du temporel et aux conditions de possibilité d'une nouvelle chrétienté. Enfin, l'art et son principe, que Maritain nomme poésie, suscitent très tôt son intérêt (*Art et scolastique*, 1920 ; *Frontières de la poésie*, 1935 ; *L'Intuition créatrice*, 1966).

En marge de cet important travail de philosophe, Jacques Maritain poursuit avec sa femme une œuvre apostolique qui en fait l'une des personnalités intellectuelles les plus influentes de son temps. À partir de 1919, le couple rassemble ses amis dans ce qui deviendra, en 1923, les Cercles d'études thomistes. De nombreuses personnalités du monde des arts et des lettres se retrouveront à Meudon pour des rencontres et des retraites organisées par Jacques et Raïssa. C'est alors que se nouent de grandes amitiés entre les Maritain et des écrivains tels que Julien Green ou Jean Cocteau. Si la correspondance entre Jacques et l'auteur d'*Adrienne Mesurat* témoigne d'une durable et tendre affection, leurs relations avec Cocteau seront plus complexes. Persuadé que ce dernier, en dépit de ses comportements, est habité par la grâce, Maritain s'efforce de l'attirer à Dieu. Il exerce du reste une influence réelle sur le poète, qui lui témoigne son admiration dans une *Lettre* parue en 1926, à laquelle Maritain répond publiquement, explicitant l'analogie qu'il perçoit entre l'art et la foi. Ce dialogue témoigne du rôle que Maritain tend à s'assigner alors : guider vers la religion catholique une élite intellectuelle et artistique désorientée. C'est ce qu'il ambitionne en prenant en 1925 la direction chez Plon, avec Henri Massis, de la collection du Roseau d'or, qui se veut la rivale de la *NRF*.

Dans la crise qui oppose l'Église et l'Action française, Jacques Maritain prend parti pour la première, au nom de la *Primauté du spirituel*. Ses prises de position contre Franco lors de la guerre d'Espagne ont un retentissement considérable. Lorsque éclate le second conflit mondial, les Maritain sont aux États-Unis où ils résideront pendant toute la durée de la guerre. Cet exil volontaire se double d'un soutien déclaré au général de Gaulle, qui cherchera à faire venir Maritain à Londres. Aux côtés de nombreux intellectuels français, il participe à la fondation de l'École libre des hautes études à New York (1942). En 1941 paraissent *Les Grandes Amitiés*, livre de souvenirs rédigé par Raïssa dont le second tome, *Les Aventures de la grâce*, sort en 1944. À l'issue de la guerre, Maritain accepte le poste d'ambassadeur de France au Vatican qu'il occupe de 1945 à 1948. Au cours de ces trois années il se lie d'amitié avec le futur Paul VI. En même temps il s'efforce d'attirer l'attention du Saint-Siège sur les problèmes qui lui tiennent au cœur, notamment l'attitude de l'Église envers le peuple juif. Désireux de retourner à la philosophie, il accepte la chaire que lui offre l'université de Princeton, où il enseignera jusqu'en 1960 tout en poursuivant son œuvre. De son côté, Raïssa fait succéder à ses ouvrages autobiographiques un essai sur l'*Histoire d'Abraham ou les Premiers âges de la conscience morale* (1957) et des poèmes rassemblés sous le titre *Au cœur du rocher* (1953). Sa relation au divin est à la source de sa poésie.

Raïssa meurt le 4 novembre 1960, au terme d'une existence minée par la maladie. En 1961, Maritain reçoit le grand prix de Littérature de l'Académie française ; en 1963, le grand prix national des Lettres. En 1965, à l'issue du concile Vatican II, Paul VI le choisit pour diffuser le message de l'Église destiné aux intellectuels. Retiré à Toulouse après la mort de sa femme, il publie en 1966 un livre de souvenirs et de réflexions personnelles, *Le Paysan de la Garonne*. En 1970, il entre chez les Petits Frères de Jésus et meurt le 28 avril 1973 dans la ville rose.

ŒUVRES. — Jacques Maritain, *Œuvres complètes*, Saint-Paul, 1984. — Jacques Maritain, *Œuvres (1912-1939)*, Desclée de Brouwer, 1975.

→ Henry Bars, *Maritain et notre temps*, Grasset, 1959. — *L'Humanisme intégral de Jacques Maritain* (colloque de Paris, 1986), Saint Paul,

1988. — *Jacques Maritain et ses contemporains*, dir. Bernard Hubert et Yves Floucat, Desclée de Brouwer, 1991. — Jean-Luc Barré, *Jacques et Raïssa Maritain, les mendiants du ciel*, Stock, 1995. — Il existe depuis 1980 des *Cahiers Jacques Maritain* (Cercle d'études Jacques et Raïssa Maritain, Kolbsheim).

Cl.D.

Marlow Georges (1872-1947). Né à Malines (Belgique), le 1er avril 1872, médecin, poète d'inspiration symboliste, après un premier recueil au ton parnassien *(Évohé !*, 1891), il publie *L'Âme en exil* (1895), où il chante la mélancolie des béguinages de sa ville natale dans des vers aux accents verlainiens. En 1900, paraît *Des vers*, plaquette de circonstance aux formes élégiaques et mélodieuses ; mais c'est avec *Hélène* (1926), dédié à son ami Albert Mockel, que Marlow donne le meilleur de son œuvre, et un exemple révélateur de la vitalité du mouvement symboliste en Belgique. En quatre mouvements rythmés par d'amples alexandrins aux coupes habiles, il y évoque « la défaite d'Hélène » : trahie par le temps, hiératique et solitaire (« je ne suis plus que l'ombre ardente d'un beau rêve »), la fille de Léda aspire à la délivrance et à la pureté. Succédant à Georges Eekhoud, Marlow a assuré la « Chronique de Belgique » au *Mercure de France* pendant de longues années ; il a été élu à l'Académie royale de langue et de littérature françaises de Belgique en 1932. Il est mort à Uccle (Bruxelles), le 31 mars 1947.

→ *Tombeau de Georges Marlow*, Bruxelles, La Maison du poète, 1951.

O.Bi.

Marteau Robert (1925). Né le 8 février 1925 à Villiers-aux-Bois (Haute-Marne), dès ses premiers livres, *Royaumes* (1962) et *Travaux sur la terre* (1966), il affirme son territoire : l'espace du marcheur, dans une proximité presque médiévale à la nature, à cette forêt où le poète voit la trace des origines simultanées de l'art gothique et de la littérature française. Les proses s'alimentent à la même source, qu'il s'agisse des romans *(Des chevaux parmi les arbres*, 1968 ; *Le jour qu'on a tué le cochon*, 1991) ou des journaux de ses nombreux séjours au Québec *(Mont-Royal*, 1981 ; *Fleuve sans fin*, 1986). Paysagiste d'une rigueur cézannienne, Robert Marteau n'a de cesse d'accomplir le même parcours mystique, « des lisières / flamboyantes jusqu'aux confins de l'infini ». Chaque poème forme une ascension, du sol à l'énigme illuminante du ciel. Prises, comme dit l'un de ses titres, *Sur le motif* (1986) dans un lyrisme rugueux, les « notes » sur le visible *(Voyage au verso*, 1989 ; *Forestières*, 1990 ; *Fragments de la France*, 1990) sont autant de moments d'une *Liturgie* (1992), où la lumière « nous donne don de musique ». Plénitude et jaillissements recueillent aussi vieux noms, mots savants et dialectes. Nulle place au doute, très peu à l'ombre : mais cette assurance que l'origine affleure en toute chose, que le monde et la langue s'accordent, ce don perpétuel de l'être à une âme qui paraît ne jamais subir les inquiétudes de la modernité, si elle peut paraître anachronique, donne à l'œuvre une splendeur de vitrail. À l'écart des poétiques contemporaines, elle y fait entendre un « angélus » d'une singulière pureté, « un silence, juste / Orné de criquets et de fleurs ».

O.B.

Martin Yves (1936). Son œuvre reprend des techniques propres au cinéma : ses récits en vers irréguliers procèdent par découpage et montage, par sélection d'images et prélèvement de sons. Poète de la vie ordinaire, il emprunte des mots aux vitrines ou aux affiches et fait surgir l'extraordinaire du quotidien, personnages de cinéma ou de légende. En 1964, il publie *Le Partisan*, poème autobiographique teinté d'érotisme et de féerie, qui raconte le départ d'un jeune homme de son pays natal vers Paris. Il évoque ses souvenirs dans *Biographies* (1966), *Le Marcheur* (1972), et *Je fais bouillir mon vin* (1978). Dans *Monsieur Williams* (1985), il met en scène avec humour un chômeur qui hante bars et cinémas et erre dans les rues propices aux rencontres. *Visions d'Anvers* (1987) propose une nouvelle excursion dans la ville. Dans *Le Pommier* (1993) se rencontrent le présent et les souvenirs d'enfance.

D.H.-M.Ber.

Martin du Gard Maurice (1896-1970). Cousin du célèbre auteur des *Thibault*, écrivain prolifique, chroniqueur, il fut aussi poète à ses débuts : en 1922, il publie *Signes du temps*. La même année, il fonde *Les Nouvelles littéraires*, dont il assure la direction (avec Jacques Guenne) jusqu'en 1936. Observateur du Tout-Paris artistique et politique, il fréquente de nombreux écrivains. Dès 1925, *Feux tournants* offre une galerie de portraits où il exerce ses dons de psychologue. Dans son premier essai de biographie critique, *Henri Bremond* (1927), il entreprend de figurer un homme d'Église. *Vérités du moment* (1928) recueille des textes consacrés à divers auteurs (Valéry, Fargue, Daudet, etc.). Sa *Chronique de Vichy* (1948) relate de façon pittoresque les « années noires » de la capitale. Parmi ses nombreux ouvrages consacrés aux écrivains, le plus riche est constitué de trois volumes intitulés *Les Mémorables* (1957-1978). À mi-chemin du journal et des mémoires, il constitue un précieux témoignage sur l'entre-deux-guerres. Le dernier tome porte sur les années qui ont précédé la Seconde Guerre, et va jusqu'à la quatrième République. *Les Libéraux* (1967) mêle écrivains personnellement connus (Barrès, Giraudoux, Roger Martin du Gard) et brèves études sur les grands esprits du siècle précédent. Maurice Martin du Gard est mort le 9 février 1970 à Versailles.

D.H.-M.Ber.

Martin du Gard Roger (1881-1958). Né à Neuilly le 23 mars 1881, dans un milieu aisé de gens de robe et de finances : son grand-père et son père sont avoués au tribunal de la Seine, sa mère est la fille d'un agent de change à la Bourse de Paris. Il n'a pas neuf ans, en janvier 1890, lorsque meurt à Clermont-de-l'Oise son arrière-grand-mère Adèle Wimy. Pour la première fois, il prend conscience, de manière brutale, du néant. Dans sa vieillesse, il avouait encore s'être voué à la littérature pour faire échec à la mort. L'année suivante, pendant l'été, au contact d'un gamin de deux ans son aîné, qui compose dans un « cahier gris » des tragédies en vers, l'enfant mesure la magie de la littérature, et le besoin d'écrire naît en lui. Une autre influence du jeune mystagogue se révèle non moins capitale : à dix ans, il découvre brusquement les réalités de la vie sexuelle. Il en restera « marqué au fer rouge », comme la plupart de ses personnages.

Élevé dans la religion catholique, il fait sa première communion au printemps de 1892, avant d'entrer en 5e, en octobre, au petit lycée Condorcet. Il est demi-pensionnaire à l'école Fénelon, institution tenue par des prêtres, où il choisit comme confesseur l'abbé Marcel Hébert, qui le prend en amitié, guide ses lectures et lui fera quelques années plus tard découvrir l'œuvre de Tolstoï. En 4e et en 3e, l'adolescent écrit de nombreux poèmes et, sous l'influence de Zola qu'il dévore en cachette, une nouvelle naturaliste, *Chair fraîche*, dont il ne reste que le titre. En février 1895, il joue avec plaisir dans *L'Avocat Patelin* : ce goût pour le théâtre ne le quittera plus.

Un an plus tard, devant ses résultats médiocres en seconde, ses parents le retirent du grand lycée Condorcet et le placent en pension chez un professeur, Louis Mellerio, qui, découvrant son appétit de lecture et son goût d'écrire, le dote pour la vie d'une méthode capable de mettre à profit ses connaissances, l'astreignant à la rigueur du plan, si bien qu'à la rentrée suivante, l'élève est au niveau de sa classe de rhétorique à Janson-de-Sailly. Admis à la première partie du baccalauréat en juillet 1897, il passe l'été à écrire un roman, *Le Journal de Germaine Exers, ou l'idéal*. Pendant son année de philosophie, il rêve à des études médicales (toute son œuvre sera dominée par de belles figures de médecins). Mais, bachelier, c'est vers la Sorbonne qu'il s'oriente. Étudiant d'Émile Faguet, il travaille à un mémoire sur le mal du siècle. Ajourné à la licence ès lettres en juillet 1900, il prépare en secret, pendant l'été, le concours de l'École des Chartes, où il entre en octobre. L'été suivant, il écrit un roman psychologique, *La Chrysalide* (dont le manuscrit, comme les précédents, sera détruit), et abandonne toute pratique religieuse.

En 1902-1903, le service militaire est l'un des événements majeurs de sa formation. S'il a peu de tendresse pour l'institution militaire, sa verve gaillarde s'y épanouit en chansons et en « revues » dont il est l'animateur. Et surtout, pour la première fois, il se lie avec de jeunes intellectuels issus de milieux différents du sien, affirmant déjà des goûts très sûrs fondés sur une vaste culture. Nul ici ne sourit des ambitions littéraires qu'il avoue sans fard ; chacun est à même de les comprendre. Martin du Gard trouve ainsi, à l'aube de sa carrière, d'irremplaçables conseillers, au premier rang desquels il faut placer Marcel de Coppet, avec lequel il a des discussions passionnées, en particulier sur le naturalisme, dont il mesure les faiblesses. C'est ainsi qu'il en vient à concevoir un nouveau style romanesque, un dialogue capable de donner au lecteur « une optique de spectateur » en évitant les intrusions d'auteur, les descriptions omniscientes, les digressions. C'est dans ce « style dialogué » qu'il compose *Jean Flers*, histoire d'un soldat dont l'infortune s'inspire de l'expérience vécue, et *La Méprise*, récit sur la confusion des sentiments, dont le manuscrit n'a pas été conservé. À la fin de ses études de chartiste, qui lui ont inculqué le goût de la recherche historique et le respect du document, il soutient une thèse d'archéologie sur les ruines de l'abbaye de Jumièges, et il épouse Hélène Foucault, catholique fervente qu'il pense pouvoir peu à peu, l'amour aidant, modeler à sa guise. Il mesurera bientôt sa naïveté.

Pendant deux ans, de février 1906 à février 1908, il travaille à une œuvre romanesque d'envergure, *Une vie de saint*, dont le manuscrit permet de se faire une idée exacte de ses thèmes clefs et de sa méthode : il aura en permanence le dessein d'embrasser la « courbe entière » d'une existence humaine, en la situant dans l'histoire de son temps. Le « saint » en question est un curé de campagne, Luc Hardel, dont il évoque l'enfance, la formation, les émois sensuels, la vie de séminaire et de caserne, l'expérience d'un ministère en Algérie puis en Normandie, où le héros revient en pleine crise, au moment de la séparation de l'Église et de l'État. Mais l'auteur se rend compte que ce dessein excède ses compétences et qu'il ne pourra jamais saisir de l'intérieur la personnalité d'un prêtre. On retrouvera certaines parentés entre *Une vie de saint* et *Le Lieutenant-colonel de Maumort* (posth., 1983).

Un doute s'est emparé du jeune romancier : a-t-il vraiment la vocation ? Depuis son service militaire, il est obsédé par le « bovarysme » que l'étude de Jules de Gaultier, en 1902, a défini comme la faculté de se tromper sur soi-même. Préoccupation permanente qui réapparaîtra chez plusieurs de ses personnages : « Il faut tâtonner longtemps avant de savoir *qui* l'on est », écrira Antoine Thibault pour son neveu Jean-Paul, dans l'*Épilogue* des *Thibault*.

De février à mai 1908, Martin du Gard suit les leçons de psychopathologie à l'Hôtel-Dieu, à Sainte-Anne et à la Salpêtrière et, de mai à juillet de la même année, il écrit, sous l'influence ironique et tendre du *Penses-tu réussir !* de Jean de Tinan, le roman d'un raté : *Devenir !* (Ollendorff, 1909), occasion pour lui d'un bilan sans complaisance sur lui-même et sur son époque. Aussitôt après, il entreprend, en « scènes dialoguées », un nouveau roman dont il ne gardera qu'un épisode, publié en avril 1910 sous forme de nouvelle, *L'Une de nous*.

Entre 1910 et 1913, après avoir réuni une abondante documentation philosophique et historique, il compose *La Prière des agonisants*, qui deviendra *S'affranchir*, avant de s'appeler *Jean Barois*. Le héros, après des études scientifiques, dirige un journal, *Le Semeur*. Il incarne le rationalisme moderne luttant, contre tous les préjugés, pour la libération de l'esprit, et s'engageant, le moment venu, pour la défense de Dreyfus. Martin du Gard reconstitue les épisodes marquants de l'Affaire jusqu'au verdict du second procès, celui de Rennes, en septembre 1899. Il le fait en quelques scènes remarquablement vivantes. Car l'idéologie, chez lui, est toujours en situation : ses personnages ont une réalité individuelle, une présence, une chaleur. C'est ce qui rend poignante l'évolution de Barois : au cours d'un accident, se croyant perdu, il se surprend à murmurer la prière de son enfance, « Je vous salue, Marie... ». Alors, pour démentir un éventuel reniement de toute sa vie sous l'effet possible de la vieillesse ou de la maladie, il rédige un testament spirituel, acte de foi dans la science et dans la matière. C'est ce texte que sa femme Cécile brûle le lendemain de sa mort, en présence de l'abbé Lévys, qui a permis à Barois une fin sereine et réconciliée.

Ce roman, dont la force et l'originalité séduisirent Gide, qui décida de sa publication chez Gallimard, marque les vrais débuts de Martin du Gard dans la vie littéraire de son temps. Introduit dans le groupe de la *NRF*, il va se lier à Schlumberger, à Rivière, à Gide, à Copeau surtout : de l'inauguration du Vieux-Colombier, en octobre 1913, date une amitié à laquelle seule la mort de Copeau, en 1949, mettra un terme. Martin du Gard partage pendant toute la saison 1913-1914 l'aventure du petit théâtre où Copeau monte en février 1914, avec Charles Dullin et Gina Barbieri, sa farce du *Testament du père Leleu*, divertissement après le long effort de *Jean Barois*. (Une autre farce paysanne, *La Gonfle*, sera écrite entre 1922 et 1924, et publiée en 1928.)

Survient la guerre, que Martin du Gard, affecté à un groupe automobile de transport, vit dans la révolte intérieure. Démobilisé, il collabore avec Copeau jusqu'au printemps 1920, date à laquelle, renonçant à ses espoirs de « rénovation théâtrale », il retrouve sa vraie vocation de romancier : de 1920 à 1939 s'édifie patiemment son œuvre maîtresse, *Les Thibault*, dont les premiers volumes recueillent d'emblée un succès considérable. Fidèle à un système binaire, il entreprend de raconter l'histoire de deux familles, le clan Thibault, dominé par la figure du *pater familias*, Oscar, dont les deux fils Antoine et Jacques ont été élevés sans mère, dans la pure tradition catholique, et la cellule protestante des Fontanin, où rayonne Thérèse, la mère indulgente de deux enfants, Jenny et Daniel, tandis que le père, Jérôme, court d'aventure en aventure. Au premier livre, *Le Cahier gris*, publié chez Gallimard en avril 1922, font suite *Le Pénitencier*, en mai 1922, *La Belle Saison*, en octobre 1923, *La Consultation*, en avril 1928, *La Sorellina*, en mai 1928, *La Mort du Père*, en mars 1929.

Plus de sept ans séparent la publication de la sixième partie des *Thibault* de la suite, *L'Été 1914*. Le romancier traverse, à partir de l'automne 1929, une crise aux causes multiples : sa fille unique épouse, en décembre, Marcel de Coppet, l'ami de Martin du Gard depuis 1902. En marge du grand œuvre, il écrit alors une nouvelle sur le thème de l'inceste entre frère et sœur, *Confidence africaine* (printemps 1931). En janvier 1931, après avoir repris la rédaction des *Thibault*, il est, avec sa femme, victime d'un accident d'automobile qui l'immobilise jusqu'à l'été, en Normandie puis dans une petite maison appartenant à son frère, à Sauveterre, près d'Avignon. Il décide à ce moment de modifier le plan initial de son roman pour en réduire l'ampleur et, pour laisser prendre la greffe, il écrit rapidement un drame psychologique, *Un taciturne*, que Jouvet crée en octobre 1931 à la Comédie des Champs-Élysées. C'est l'histoire d'un homme mûr qui, découvrant ses pulsions homosexuelles, se croit incapable de les assumer et préfère se suicider. Au printemps suivant, Martin du Gard compose *Vieille France* (publié en mars 1933), savoureux « album de croquis villageois » dont le pittoresque, l'émotion et l'esprit n'excluent pas une réflexion sur les chances de progrès social.

De mars à juillet 1933, après avoir établi un nouveau plan pour la fin des *Thibault*, Martin du Gard travaille à un scénario de film, qui ne sera jamais réalisé, d'après *La Bête humaine* de Zola. Puis, à partir de l'automne de la même année, ayant achevé le rassemblement de sa documentation historique, il reprend *Les Thibault* et rédige sans désemparer *L'Été 1914*, dont le premier tome est fini en mai 1935 et les deux autres en mars 1936. Les trois volumes paraissent ensemble en novembre 1936. Il s'agit cette fois d'une trame chronologique très précise, qui s'étend du 28 juin au 10 août 1914, et dont le tissu se resserre progressivement : alors que les premiers chapitres sont censés renvoyer le lecteur de dimanche en dimanche, du 28 juin au 19 juillet, à partir de cette date tous les jours sont mobilisés, au rythme de plus en plus haletant des événements. Martin du Gard réussit à évoquer, autour de Jacques et des milieux révolutionnaires qu'il fréquente à Genève ou des intellectuels qu'il croise chez son frère à Paris, la tension idéologique à la veille du conflit, le heurt des idéaux et des considérations pragmatiques, les espoirs ultimes des pacifistes dans l'internationale socialiste et leur désenchantement, tandis que se succèdent l'attentat de Sarajevo, la rupture entre l'Autriche et la Serbie, les rappels des réservistes, l'assassinat de Jaurès, le décret de mobilisation et les premiers départs.

En novembre 1937, le jury du prix Nobel distingue Martin du Gard « pour la force et la vérité artistique de son cycle *Les Thibault*, où il a peint des conflits humains et des aspects importants de la vie contemporaine ». Au printemps suivant, le romancier entreprend la rédaction d'*Épilogue*, huitième partie des *Thibault*, qu'il achèvera au printemps 1939, à La Martinique, et qui ne paraîtra qu'en janvier 1940. Le récit s'étend du 3 mai au 18 novembre 1918. Jacques est mort sans savoir que Jenny portait un enfant de lui. Antoine, gazé en novembre 1917, est soigné dans une clinique près de Grasse, mais il rentre à Paris pour les obsèques de la vieille Mlle de Waize. Il revoit Gise, infirmière, Mme de Fontanin, durcie dans ses fonctions de directrice d'un hôpital, Daniel, émasculé par un éclat d'obus, et Jenny qui élève seule son petit Jean-Paul. Antoine observe avec curiosité et tendresse cet enfant, héritier de « l'énergie des Thibault ». Mais une visite chez son vieux « patron », le Dr Philip, lui fait soupçonner la vérité sur son état : il est perdu. Alors commence le *Journal* d'Antoine, qui lui permettra d'assurer, en pleine lucidité, sa victoire sur l'absurde : il se donnera la mort pour n'être pas rejoint par elle, après avoir gravement tiré un bilan de sa vie et légué à son neveu ce témoignage de courage et d'espérance d'un « homme moyen ».

Pendant la guerre et l'occupation, Martin du Gard s'abstient de publier. Il travaille cependant à un nouveau grand roman, *Le Lieutenant-colonel de Maumort* (posth., Gallimard, 1983), biographie d'un militaire contemporain du romancier. Livre qui retrouve, au-delà de la guerre et du nazisme, de la Résistance et de la Libération, les thèmes de Martin du Gard : l'angoisse de la mort, le sens de la vie, l'importance essentielle de la sexualité, le normal et l'anormal, les rapports à la religion, le pacifisme, la tolérance et le danger des fanatismes.

Roger Martin du Gard est mort à Sérigny, dans l'Orne, le 22 août 1958. Avant 1919 et de 1919 à la mort de sa femme, en 1949, il a tenu un *Journal*, document sur l'époque, sur les décades de Pontigny, sur Gide, sur la création littéraire, sur l'homme et sur la famille.

ŒUVRES. — Sauf indication contraire, les œuvres mentionnées ont été publiées chez Gallimard. *Œuvres complètes*, Bibliothèque de la Pléiade, t. I : *Jean Barois*, *Les Thibault*, 1955 ; t. II : *Les Thibault*, *Confidence africaine*, *Le Testament du père Leleu*, 1955 ; t. III : *Le Lieutenant-colonel de Maumort*, éd. André Daspre, 1983. — *Journal*, éd. Claude Sicard, Gallimard, t. I, 1992 ; t. II et III, 1993. — **Correspondance** : avec Gide, Gallimard, 1968, 2 t. ; avec Copeau, Gallimard, 1972, 2 t. ; avec Dabit, Éditions du CNRS, 1986 ; et *Correspondance générale*, 8 t. parus, depuis 1980.

→ René Garguilo, *La Genèse des « Thibault » de Roger Martin du Gard : le problème de la rupture de construction entre « La Mort du père » et « L'Été 1914 »*, Klincksieck, 1974. — André Daspre, *Roger Martin du Gard romancier d'après « Jean Barois »*, thèse de doctorat, Paris III, 1976. — Claude Sicard, *Roger Martin du Gard : les années d'apprentissage littéraire 1881-1910*, Champion, 1976. — Bernard Alluin, *Martin du Gard romancier*, Paris IV, 1985. — *Revue d'histoire littéraire de la France*, septembre-décembre 1982. — *Roger Martin du Gard, son temps et le nôtre*, Klincksieck, 1984. — *Cahiers Martin du Gard*, Gallimard, n° 1, 1989 ; n° 2, 1991 ; n° 3, 1992 ; n° 4, 1994 ; n° 5, 1996. — Fonds Roger Martin du Gard à la Bibliothèque nationale.

C.S.

Martin-Chauffier Louis (1894-1980). Né le 24 août 1894 à Vannes, il suit d'abord la voie paternelle et fait des études de médecine à Rennes, puis à Paris. Externe des hôpitaux, il part pour l'armée comme médecin auxiliaire. Après la guerre, il entre à l'École des chartes, d'où il sortira archiviste-paléographe en 1921. Son premier roman, *La Fissure*, paraît en 1922 ; suivent *Patrice ou l'indifférent* (1924) et *L'Épervier* (1925). Dès la fin de ses études, il entre au *Figaro*. En 1927, il est nommé directeur littéraire aux Éditions Au Sans Pareil. En 1931, il devient rédacteur en chef d'un magazine d'information, *Vu*, et publie les *Œuvres complètes* de son ami Gide. Les années suivantes seront pour l'essentiel consacrées à des travaux de traduction (notamment *La Paix* d'Aristophane) et d'édition (*Les Confessions* et les *Rêveries* de Rousseau pour la Bibliothèque de la Pléiade ; *Œuvres complètes* de La Rochefoucauld).

Durant la Seconde Guerre mondiale, réfugié en zone libre, il prend la direction de *Vendredi*, organe de réflexion du Front populaire. Il est également l'un des fondateurs, dans la clandestinité, du journal *Libération*. En mai 1944, il est arrêté par la Gestapo et déporté. Il publiera le récit de son expérience concentrationnaire dans un livre dur et d'une admirable sérénité, *L'Homme et la bête* (1947). Son dernier roman, *Mon père n'est pas mort*, a paru en 1950. Profondément chrétien, il s'est battu pour une société meilleure. Il a reçu le grand prix national des Lettres en 1957 pour l'ensemble de son œuvre. En 1961, il s'est élevé contre les tortures en Algérie dans *Algérie an VII : l'examen des consciences*. Il fut membre de l'Institut à partir de 1964.

D.H.-M.Ber.

Martinet Marcel (1887-1944). Né le 22 août 1887 à Dijon, lycéen brillant, il entre à l'Ecole Normale Supérieure en 1907, mais, renonçant volontairement à l'agrégation et à une carrière universitaire, il occupera un poste de rédacteur à l'Hôtel de ville de Paris. Très tôt, il se préoccupe de la mission sociale de l'art et collabore à diverses revues, notamment *L'Effort libre* de Jean-Richard Bloch. Il y expose ses premières thèses sur l'art prolétarien (juin 1913). Réformé, il devient l'un des principaux animateurs de *La Vie ouvrière*, un des premiers îlots d'opposition à l'enthousiasme belliciste. Il entre alors en contact avec Rolland et compose ses principales œuvres : un recueil de poèmes, *Les Temps maudits* (qui paraît en Suisse dans la revue *Demain* en 1917), un roman, *La Maison à l'abri* (Ollendorf, 1919), et une pièce de théâtre, *La Nuit* (1921, rééd. avec *Les Temps maudits*, 10/18, 1975). Après la guerre, il se consacre au journalisme. En avril 1918, il fonde avec Fernand Després et Jean de Saint-Prix la revue *La Plèbe*. De 1921 à 1923, il est directeur littéraire de *L'Humanité,* où il développe ses réflexions sur l'art prolétarien, qui vont marquer la génération des écrivains prolétariens, notamment Poulaille (textes repris dans *Culture prolétarienne*, Maspero, 1976). Sa santé très fragile l'oblige à se ménager ; grâce à Jean-Richard Bloch, il entre comme directeur littéraire aux Éditions Rieder. En 1934, paraissent ses poèmes *Les Chants du passager* et *Hommes* (précédé d'un essai, *Défense à la poésie*, édition de la revue *Les Humbles*, 1938, rééd. en fac-similé Bassac, Plein Chant, 1975). En 1933, il prend la défense de Victor Serge et s'éloigne de Romain Rolland et de Jean-Richard Bloch quand ceux-ci soutiennent l'URSS de Staline. Son dernier roman, *Le Solitaire* (Corrêa, 1946), paraîtra après sa mort, survenue à Saumur le 18 février 1944.

Ph.B.

Mary André (1879-1962). Il débute à vingt-quatre ans avec *Symphonies pastorales* (1903), suivi trois ans plus tard par *Les Sentiers du Paradis*. Fondateur de l'École gallicane, il publie, en 1928, comme préface à ses *Poèmes, 1903-1928*, un manifeste où il expose ses idées sur la poésie. Attaché aux prosodies classique et romantique, il fonde son art sur une connaissance approfondie de la langue. Son amour des mots le fait se tourner vers l'ancien français et les parlers provinciaux, précieuses réserves où il puise un vocabulaire original. Outre de nouveaux recueils de vers, *Le Livre nocturne, Rimes et bacchanales, L'Arcadie* (1954), André Mary a publié un roman, *Les Profondeurs de la nuit.* Éminent médiéviste, il a adapté en français moderne le *Roman de la Rose*, des œuvres de Chrétien de Troyes, l'histoire de Tristan et Iseut, etc.

D.H.-M.Ber.

Massard Janine (1939). Née à Rolle, en Suisse, issue d'un milieu modeste, affrontée aux difficultés des plus démunis, elle publie des récits où la solitude, la pauvreté, l'exclusion sont abordés avec vigueur, tels *La Petite Monnaie des jours* (1986), chronique d'une enfance pauvre au bord du Léman, et *Terre noire d'usine* (1990), témoignage d'un paysan-ouvrier du Nord vaudois (région d'Yverdon). Les nouvelles de *Christine au dévaloir* (1981) évoquent les rapports difficiles entre les êtres, sans omettre le miracle parfois d'une vibration sensuelle, et *Trois mariages* (1992) décrit avec humour la famille, le couple et leurs conflits.

C.D.

Massis Henri (1886-1970). Né à Paris le 21 mars 1886, il s'est fait connaître par l'enquête sur *Les Jeunes Gens d'aujourd'hui* (Plon, 1913) qu'il réalisa avec Alfred de Tarde sous le pseudonyme d'Agathon. Lui-même fait partie de cette jeunesse intellectuelle ardemment patriote et séduite par la religion dont son enquête a brossé le portrait. En 1918, il se rapproche de l'Action française et son admiration pour Maurras ne se démentira jamais (*Maurras et notre temps*, 1951). En 1920, il devient le rédacteur en chef de la *Revue universelle* de Jacques Bainville. En 1925, il fonde avec Jacques Maritain la collection du Roseau d'or, chez Plon, qui publiera notamment *Sous le soleil de Satan* de Bernanos. Membre éminent de l'intelligentsia conservatrice, il est l'auteur du *Manifeste du parti de l'intelligence* publié dans *Le Figaro* en 1919, puis en 1935 du *Manifeste des intellectuels français pour la défense de l'Occident et de la paix en Europe*. Sous le régime de Vichy, Massis est un proche collaborateur de Pétain, dont il rédige les discours adressés à la jeunesse. L'œuvre de sa vie demeure la défense des valeurs traditionnelles de l'Occident, qu'il exalte dans de nombreux ouvrages : *Jugements* (1923-1924), *Défense de l'Occident* (1927), *Les idées restent* (1940), *L'Occident et son destin* (1956), *De l'homme à Dieu* (1959). Critique littéraire, il prône le classicisme, dont Barrès est le parangon (*Barrès et nous*, 1962). Élu à l'Académie française en 1960, il est mort à Paris le 17 avril 1970.

Cl.D.

Masson Arthur (1896-1970). Né à Rièzes-lez-Chimay (Belgique), le 22 février 1896, ce fils de douanier, professeur de français (auteur d'un manuel de vocabulaire), a exalté les vertus terriennes, traditionnelles et domestiques du petit peuple wallon dans une saga en cinq volumes, autour de la figure de Toine Culot, personnage haut en couleur, bourgmestre d'un village des Ardennes belges (*Vie du bienheureux Toine Culot, obèse ardennais*, 1938 ; *Toine, maïeur de Trignolles*, 1940 ; *Toine dans la tourmente*, 1946 ; *Toine chef de tribu*, 1965 ; *Toine retraité*, 1966). Son optimisme et sa morale terre-à-terre, l'attachement à sa région, sa langue imagée et émaillée de dialecte en ont fait un auteur très populaire. Collaborateur au journal namurois *Vers l'avenir*, outre sa « Toinade », il a exercé ses talents de conteur dans une vingtaine de volumes, dont *Thanasse et Casimir* (1942), *Cayauval, gai village* (1951), *Un homme pacifique* (1964) *Un gamin terrible* (1967) *Le Colonel et l'enfant* (1970). Il est mort à Namur, le 28 juillet 1970.

ŒUVRES. — *Petite ville* [chroniques], rééd., Bruxelles, Racine, 1996. — *Toine Culot*, rééd., Bruxelles, Racine, 5 t., 1996. — *Thanasse et Casimir*, rééd., Bruxelles, Racine, 1996.

→ Marcel Lobet, *Arthur Masson ou la richesse du cœur*, Bruxelles, Vanderlinden, coll. Figures de Wallonie, 1971.

O.Bi.

Masson Loys (1915-1969). Né à Rose-Hill (Île Maurice), il débarque à Marseille en 1939. Après sa rencontre avec Pierre Seghers, en 1941, il joue un rôle de premier plan dans la diffusion de la poésie de la Résistance. En 1942, ce catholique convaincu adhère au parti communiste français ; à la Libération, il deviendra secrétaire général du Comité national des écrivains, puis rédacteur en chef des *Lettres françaises*. Démissionnaire de ce poste en 1948, il se consacre à son œuvre, forte d'une dizaine de recueils poétiques, *La lumière naît le mercredi*, *Icare ou le voyage*, *Quatorze poèmes du cœur vieillissant*, *Les Vignes de septembre*, *La Croix de la rose rouge*, et de plusieurs romans dont le plus connu, *Le Notaire des noirs*, construit autour du récit de la mort d'un enfant, montre la mauvaise conscience larvée d'une société hantée par le souvenir de la traite. Toute l'œuvre de cet écrivain, qui n'a jamais voulu retourner à Maurice, est traversée par la nostalgie de l'océan Indien, cadre d'une série d'histoires de gens de mer, comme *Les Mutins*, *Tous les corsaires sont morts*, tandis que les textes dramatiques, *L'Illustre Thomas Wilson*, *La Résurrection des corps*, d'une fantaisie souvent débridée, semblent refléter les échos d'une crise intérieure liée à la difficulté de concilier des choix idéologiques contradictoires. Il est mort à Paris le 24 octobre 1969.

ŒUVRES. — *La lumière naît le mercredi*, Seghers, 1946. — *Tous les corsaires sont morts*, Ferenczi, 1947. — *Icare ou le voyage*, Seghers, 1950. — *Quatorze poèmes du cœur vieillissant*, Caractères, 1952. — *Les Vignes de septembre*, Seghers, 1955. — *Le Notaire des noirs*, Laffont, 1961. — *La Croix de la rose rouge*, R. Morel, 1969. — *Des bouteilles dans les yeux*, Laffont, 1970.

→ C. Moulin, *Loys Masson*, Seghers, 1962.

J.C.

Matthey Pierre-Louis (1893-1970). Né à Avenex-sur-Nyon (canton de Vaud) le 19 juillet 1893, il a étudié à Lausanne, puis à la Sorbonne et publié dans les *Cahiers vaudois* avant la Première Guerre. Il a voyagé, puis vécu à Paris et à Lausanne avant de s'installer à Genève. Bien que reconnu, il a vécu dans une grande solitude. Son œuvre poétique, héritière du classicisme (maintien de la structure strophique et de la rime, prédilection pour l'alexandrin) et du symbolisme, mais sans cesse renouvelée par des images fortes et hardies, joue sur de nombreux registres. De *Seize à vingt* (1914), qui fut un événement dans la poésie romande, à *Muse anniversaire* (1955), en passant par *Même sang* (1920) ou *Déméter sous la neige* (1942), cette poésie est habitée par une quête douloureuse et acharnée de l'harmonie et de l'apaisement, « de la pesanteur à la légèreté, de la culpabilité à l'innocence, de l'épaisseur à la transparence, du tourment à la merveille » (*Triade*, 1953). Il a aussi traduit Shakespeare, Blake, Keats, Wordsworth, Donne. Son œuvre a été couronnée par le grand prix C.F. Ramuz (1955). Il est mort à Genève en mars 1970.

ŒUVRES. — *Poésies complètes*, Cahiers de la Renaissance Vaudoise, 1968.

→ *Études de lettres*, avril-juin 1990. — Marcel Raymond, « L'ascension d'un poète », *La Revue de Belles-Lettres*, n° 1, 1971.

P.A.

Matzneff Gabriel (1936). Né à Neuilly le 12 août 1936 d'une famille d'émigrés russes, il étudie les lettres à la Sorbonne, se donne une culture éclectique en lisant saint Jean Climaque ou Chestov et dès 1953 entre en relation avec Montherlant, à qui il envoie un essai sur le suicide romain (publié dans *Le Défi*, La Table ronde, 1965 ; il évoquera les écrivains qui l'ont formé dans *Maîtres et complices*, Lattès, 1994). Retour d'Algérie, il tient à *Combat* puis au *Monde* une chronique (*Le Sabre de Didi*, La Table ronde, 1986) qui surprend par son registre anarchiste et russe blanc. Son attention aux autres (*Le Carnet arabe*, La Table ronde, 1971) se conjugue à un amour du moi qui fait de ses essais autant d'autoportraits (*Les Passions schismatiques*, Stock, 1977 ; *La Diététique de Lord Byron*, La Table ronde, 1984 ; *Le Taureau de Phalaris*, La Table ronde, 1987) et de ses héros des reflets dégradés (*Nous n'irons plus au Luxembourg*, La Table ronde, 1972) ou idéalisés (à La Table ronde : *L'Archimandrite*, 1966 ; *Isaïe, réjouis-toi*, 1974 ; *Ivre du vin perdu*, 1981 ; *Harrison Plaza*, 1988 ; *Les Lèvres menteuses*, 1992 ; *Les Aventures de Nil Kolytcheff*, Lattès, 1994). Enfin, la confession se fait directe quand il relate dans *Les Moins de seize ans* (Julliard, 1974) et dans un *Journal* très cru ses relations avec de tout jeunes gens (à La Table ronde : *Cette camisole de flammes*, 1976 ; *L'Archange aux pieds fourchus*, 1983 ; *Vénus et Junon*, 1979 ; *Elie et Phaéton*, 1991 ; *Un galop d'enfer*, 1985 ; chez Gallimard : *Mes amours décomposés*, 1990 ; *La Prunelle de mes yeux*, 1993).

→ Philippe Delannoy, *Gabriel Matzneff*, Monaco, Éditions du Rocher, 1992.

J.P.

Maulnier Thierry (1909-1988), pseudonyme de Jacques Talagrand. Né à Alès le 1er octobre 1909, il perpétue une tradition familiale en entrant à l'École normale supérieure. Son père fut le camarade de Péguy et de Jérôme Tharaud. Il a pour amis Roger Vailland, Maurice Bardèche et Robert Brasillach. Ce dernier, dans *Notre avant-guerre*, dresse le portrait du khâgneux de Louis-le-Grand : « Lui-même torturait les élèves de première ou de philosophie avec une réelle science des supplices chinois et un sérieux imperturbable. (...) En toute chose d'ailleurs, il était d'une rosserie froide qui nous enchantait. » Subissant l'influence, alors considérable dans le milieu étudiant, de *L'Action française*, il y deviendra chroniqueur au sortir de l'École. Il écrit également dans de nombreux journaux qui, d'obédience maurassienne, n'en prennent pas moins place parmi les tentatives non conformistes de la fin des années vingt. Pourtant, si l'anticapitalisme, l'antilibéralisme, l'antirationalisme sont de mise à *Réaction*, de Jean de Fabrègues, où Maulnier signe plusieurs articles, les coups de sonde en direction du monde ouvrier et les préoccupations sociales de *L'Insurgé*, dont il est, avec Jean-Pierre Maxence, le rédacteur en chef, s'assortissent d'un antisémitisme et d'une haine de la démocratie exprimés sans retenue. Signataire en 1935 du *Manifeste pour la défense de l'Occident* qui rassemble, autour du texte d'Henri Massis, la grande famille des intellectuels de droite, il y fait déjà figure d'extrémiste. On le retrouvera dans les colonnes de *Je suis partout*. S'il ne suit pas Brasillach dans la dérive fasciste, c'est d'abord par fidélité à Maurras. Dans les articles qu'il signe pour le journal de ce dernier à la veille du second conflit mondial, tout en refusant de partir en guerre contre l'Allemagne hitlérienne, il distingue cependant le nazisme et le fascisme du nationalisme prôné par l'Action française. En cela, il se conforme à l'attitude ambiguë de Maurras empêtré dans sa germanophobie, son anticommunisme et ses ambitions doctrinales. En outre, Thierry Maulnier s'avère moins tenté par l'action que par l'idéologie pure. Moins sensible que certains de ses camarades à l'aura des nouvelles dictatures, il méprise l'exaltation du grand air et de la virilité, donnant le pas à la révolution des esprits. Cet « aristocratisme intellectuel » est peut-être ce qui l'a retenu au bord du précipice. Il n'en exprime pas moins ses convictions antidémocratiques dans des essais sans concession : *La crise est dans l'homme* (1932), *Au-delà du nationalisme* (1937).

À l'issue de la guerre, on retrouve Thierry Maulnier à tous les rendez-vous de l'intelligentsia de droite, rassemblée désormais sous le drapeau de l'atlantisme : il participe à des revues comme *Preuves*, *La Table ronde*, ainsi qu'aux Congrès pour la liberté de la culture. Dans *Violence et conscience* (1945), il avait essayé de rechercher une voie médiane en condamnant le modèle capitaliste. Mais, dans le contexte de la guerre froide, où les intellectuels doublent les politiques, la critique, féroce, du communisme l'emporte (*La Face de Méduse du communisme*, 1952).

C'est surtout comme dramaturge que Thierry Maulnier se révèle alors. Il doit son intérêt pour le théâtre en partie à sa femme, l'actrice Marcelle Tassencourt, en partie à ses études littéraires, qui ont fait de lui un fin connaisseur de Racine (*Racine*, 1936 ; *Lecture de « Phèdre »*, 1943). Mais la scène lui procure aussi la possibilité de divulguer ses idées sur le monde contemporain dans un langage moins direct que celui des journaux. Le théâtre de Thierry Maulnier est un théâtre idéologique, qui met au service de l'auteur l'arsenal d'une dramaturgie traditionnelle : primauté du discours dans des pièces qui s'adressent à l'intelligence plus qu'à la sensibilité, rigueur classique du style, vraisemblance des situations. Dans *Jeanne et ses juges* (1949), il fait du procès de la Pucelle d'Orléans le prototype des procès politiques de l'ère moderne. *Le Profanateur* (1950), dont l'intrigue se situe dans l'Italie médiévale, met en scène un séducteur hésitant entre l'attrait du plaisir, le goût de la transgression, et le devoir d'engagement, qui somme les plus réticents de se rendre aux injonctions de l'Histoire. Cette pièce met en évidence l'ambiguïté d'une attitude qui est celle-là même de Thierry Maulnier, idéologue rebuté par l'action. Mais c'est surtout avec *La Maison de la nuit* (1953), « sorte de *Mains sales* spiritualiste », qu'il devient l'« anti-Sartre ». L'action se déroule dans le temps de la représentation. Elle met en scène la division idéologique de l'Europe, à travers le cas de conscience d'un haut dignitaire de l'Est, décidé à fuir son pays, mais que le fait que sa femme soit demeurée là-bas parvient à faire renoncer à son projet. Par la suite, Thierry Maulnier réalisera une adaptation pour la scène de *La Condition humaine* de Malraux.

Intellectuel converti au théâtre, Thierry Maulnier fut d'abord un homme de culture, pour lequel l'art est plus réel que l'histoire. Son adhésion à l'Action française procède autant de son goût marqué pour le classicisme que de convictions proprement politiques, ce en quoi il est véritablement maurrassien. Les auteurs du Grand Siècle, mais aussi de la Grèce antique, sont ses maîtres. Adepte, comme on a pu le dire, de la « révolution dans les mots » au temps de ses diatribes les plus violentes, c'est dans l'œuvre d'art, « contemporaine de l'éternité », qu'il s'évade d'un siècle dont il ne veut pas assumer les orages. Pour n'avoir pas cédé aux fascinations qui eurent raison d'un Brasillach, il eut la vie sauve. Élu à l'Académie française en 1964, il est mort à Marnes-la-Coquette le 9 janvier 1988.

ŒUVRES. — **Essais** : *La crise est dans l'homme*, 1932. — *Nietzsche*, 1933. — *Racine*, 1936. — *Lecture de « Phèdre »*, 1943. — *Violence et conscience*, 1945. — *La Face de*

Méduse du communisme, 1952. — *Cette Grèce où nous sommes nés*, 1965. — *Lettre aux Américains*, 1968. — *L'Honneur d'être juif*, 1970. — *Les Vaches sacrées*, 1977. — *L'Étrangeté d'être*, 1982. — *Le Dieu masqué*, 1985. — **Théâtre** : *La Course des rois*, 1947. — *Jeanne et ses juges*, 1949. — *Le Profanateur*, 1950. — *La Maison de la nuit*, 1953. — *Le Sexe et le néant*, 1960. — *La Défaite d'Annibal*, *La Ville au fond de la mer*, 1962. — *Le Soir du conquérant*, 1970. — *Celui qui n'avait rien fait*, 1983.

Cl.D.

Maulpoix Jean-Michel (1952). Auteur de deux études sur Henri Michaux et Jacques Réda, il enseigne à l'École normale supérieure et dirige la revue *Le Nouveau Recueil*. À l'écart de tout formalisme, il est l'un des poètes contemporains qui ont choisi de relever la gageure du lyrisme et pour qui « la défaite du chant ne paralyse pas pour autant [la] voix ». Délaissant la souveraineté de la prosodie, c'est par la prose qu'il donne à entendre l'abandon, les heures longues, les rêves effondrés, l'effritement de la mémoire et l'attente désirante d'un improbable recommencement. Son premier recueil, *Locturnes* (Nadeau, 1978), mêle poèmes et essais critiques. Rêvant à la fois « d'un mot unique et d'une très longue phrase », le poète œuvre entre « développement » et « exclamation », entre une lente et silencieuse intériorisation du monde et la délivrance de l'insupportable dans le cri. Ce mouvement d'une parole de poésie en quête de sa propre identité se poursuit à travers la forme ouverte, accordée à une « méditation sur l'intime », de *La Matinée à l'anglaise* (Seghers, 1982). Après *Un dimanche après-midi dans la tête* (POL, 1984) et *Dans la paume du rêveur* (Fata Morgana, 1984), *Ne cherchez plus mon cœur* (POL, 1986) est une « causerie » à la troisième personne sur la subjectivité divisée et diffractée du locuteur. Substituer la « vérité lyrique » aux enchantements effusifs de « l'illusion lyrique », selon les modalités définies par *La Voix d'Orphée : essai sur le lyrisme* (1989), c'est aussi donner voix à la mort et à la douceur de sa prescience (*Portraits d'un éphémère*, Mercure de France, 1990). Car, pour écrire, il faut avoir la « langue coupée ». Là où les mots défaillent, dans la béance vibrante de leur « cœur d'encre » (*Les Abeilles de l'invisible*, Champ Vallon, 1990), gît la merveille : infimes oboles pour le lecteur qui mûrira en lui leurs échos. Jean-Michel Maulpoix poursuit sa défense du lyrisme dans un « essai sur la relation lyrique » : *La Poésie comme l'amour* (Mercure de France, 1998 ; voir aussi son recueil *Domaine public*, Mercure de France, 1998).

J. de S.

Maunick Édouard (1931). Né le 23 septembre 1931 à Flacq (Île Maurice), il a d'abord été instituteur et bibliothécaire à Port-Louis avant de tenter sa chance à Paris. Journaliste à RFI, puis collaborateur du magazine *Demain l'Afrique*, il entre finalement à l'UNESCO. Homme d'écriture autant que de parole, il ne cesse, dans une dizaine de recueils, de pratiquer le « marronnage de la langue et du sang », comme l'observe Jean-Louis Joubert. Dans *Les Manèges de la mer* (Présence africaine, 1964), *Mascaret ou le livre de la mer et de la mort* (Présence africaine, 1966), *Fusillez-moi* (Présence africaine, 1970), *Ensoleillé vif* (Saint-Germain des Prés, 1976), *Paroles pour solder la mer* (Gallimard, 1988), *Anthologie personnelle* (Actes sud, 1989), il revendique son appartenance à la négritude : « je suis nègre de préférence » , et sa condition de sang-mêlé : « métis est mon état civil ». Mais cette volonté proclamée d'abolir les frontières qui divisent n'exclut pas le douleur de l'exil et la nostalgie de l'île natale, dont l'obsession se traduit par le retour d'un certain nombre d'images, de « mots-racines », la Femme, la Mer, toujours ambivalente, la Parole, la figure tutélaire du Père.

ŒUVRES. — En outre : *En mémoire du mémorable* suivi de *Jusqu'en terre yoruba*, L'Harmattan, 1979. — *Le Cap de désespérance*, Intertextes, 1985.

J.C.

Mauriac Claude (1914-1996). Né à Paris le 25 avril 1914, l'un des fils de François Mauriac, docteur en droit (1941), il est de 1944 à 1949 le secrétaire particulier du général de Gaulle. En 1949, il fonde la revue *Liberté de l'esprit*. Il a écrit en outre des articles de critique cinématographique pour *Le Figaro*, *L'Express* puis *Le Monde*. C'est par la critique littéraire qu'il aborde la littérature. À une approche d'abord centrée sur l'auteur (*Jean Cocteau ou la vérité du mensonge*, 1945 ; *Aimer Balzac*, 1945 ;

Malraux ou le mal du héros, 1946 ; *André Breton,* 1949 ; *Marcel Proust par lui-même*, 1953) il substitue une analyse de type structurel (*L'Alitérature contemporaine*, 1958, rééd. 1969). Cette évolution, due à l'influence du Nouveau Roman, débouche sur une œuvre romanesque rassemblée dans deux cycles : *Le Dialogue intérieur* (1957-1963), et *Les Infiltrations de l'invisible* (1966-1982). En 1959, *Le Dîner en ville* avait obtenu le prix Médicis. Refusant les conventions du roman traditionnel, il fait du temps et de sa perception le thème principal de ses livres. Mais l'essentiel de son œuvre est autobiographique : chacun des dix volumes de son journal, *Le Temps immobile* (1974-1988), reflète une existence qui n'est pas retracée dans sa chronologie, mais dont l'épaisseur est rendue par la juxtaposition des époques. S'y croisent les personnalités qui l'ont marqué : son père, François Mauriac, le général de Gaulle, Malraux mais aussi Gide, Valéry, ou Michel Foucault. Il est mort à Paris le 22 mars 1996.

Cl.D.

Mauriac François (1885-1970). Né à Bordeaux le 11 octobre 1885, dernier d'une famille de cinq enfants mais qui respirait une aisance bourgeoise, inconsolable de n'avoir pas connu son père, il est marqué par le climat de ferveur religieuse qu'entretient sa mère. Sa première communion est ressentie comme une date capitale dans son destin. Élève des Marianites, traumatisé par le collège, il vit dans l'attente des vacances avec ses frères dans le chalet landais de Saint-Symphorien, où son amour de la nature et de la lecture peut se donner libre cours. Au seuil d'une adolescence tourmentée, mais qui fécondera son œuvre, la seule ouverture sur le monde lui vient de la rencontre de Marc Sangnier en 1905. Même s'il se lasse vite de militer au Sillon, l'empreinte en restera profonde. Poursuivies à la Faculté de Bordeaux où il obtient une licence ès lettres, ses études s'achèvent à Paris, où il débarque en 1907. Mais à peine est-il admis à l'École des Chartes qu'il démissionne pour devenir « homme de lettres ».

En 1910, Barrès remarque et lance *Les Mains jointes* (1909). Classé parmi les poètes spiritualistes, Mauriac fréquente pourtant les salons littéraires, où il côtoie des mondains bien affranchis comme Jean Cocteau. En 1913, il épouse Jeanne Lafon, fille d'un haut fonctionnaire des Finances, trouvant plus vite l'équilibre dans sa vie affective que la confiance dans sa démarche d'écrivain, malgré l'amitié de Jammes, puis l'attention de Proust et de Gide. Bien que, réformé, il ait tenu à s'engager dans les ambulanciers et qu'en 1917 il soit revenu épuisé de Salonique, la guerre ne l'a pas interrompu dans ses tâtonnements. En 1922, le triomphe du *Baiser au lépreux* le consacre comme jeune maître du roman, mais l'audace du sujet indispose la critique catholique.

La course aux honneurs est ouverte. En lui décernant, en 1925, le grand prix du Roman pour *Le Désert de l'amour*, l'Académie lui avait entrouvert sa porte, qu'il franchira en 1933. Auparavant, une grave crise morale, puis la mort de sa mère bouleversent sa vie, menacée enfin par un cancer au larynx qui laissa une brisure définitive à sa voix. Ramené par ces épreuves à un christianisme exigeant, Mauriac se montre alors plus attentif aux violences de l'Histoire, aux injustices du monde. En Éthiopie, en Espagne, dans l'Europe en voie d'hitlérisation, il prend le parti des faibles et des exilés. La Libération le confirme dans son rôle de grande conscience nationale. Résistant, il défend les victimes de l'épuration. Démocrate-chrétien, il poursuit avec acharnement le MRP infidèle à sa mission. Il restera jusqu'au bout l'enfant terrible d'une Église dont il déplore l'immobilisme, puis le laxisme après Vatican II. Seul de Gaulle, qui l'élève en 1958 à la dignité de grand-croix de la Légion d'honneur, le fixe dans une attitude d'allégeance. Il précède le général de deux mois dans la mort.

Dans son œuvre, construite durant les soixante années les plus brillantes du siècle, le journalisme domine, mais c'est la fiction qui a fait la gloire de Mauriac. S'il obtient le prix Nobel, en 1952, c'est pour « son analyse pénétrante de l'âme, sous la forme du roman ». Il a pratiqué d'autres genres, comme la poésie ou le théâtre, mais sans parvenir à s'imposer. Moins méconnus, le mémorialiste ou l'essayiste ont pourtant besoin d'être réévalués. Si, dans le débat politique, Mauriac a pris une suprématie étonnante pour un non-professionnel, il lui a toujours manqué, pour faire figure de « pape des lettres », la direction d'une revue prestigieuse. De ses trois tentatives pour contrebalancer la *NRF* : *Les Cahiers de l'Amitié de France* avant la Première Guerre, *La Table ronde* après la seconde et *Vigile* dans l'entre-deux, toutes ont connu l'échec. Plus tard, il a régné toutefois du haut des colonnes du *Figaro* puis de *L'Express*, prêchant à contre-courant des modes, défendant les valeurs humanistes et chrétiennes au temps de Sartre et de Robbe-Grillet. Enfin, sa longévité lui a permis de rendre à chacun des grands disparus du siècle sa place dans une hiérarchie ouverte aux valeurs spirituelles.

Ses commencements sont classiques à l'aube du siècle : deux recueils poétiques marqués par un intimisme, un symbolisme attardés. Il en désavouera vite la mollesse de facture et d'esprit. Lorsque *Orages* (1925) renoue avec le vers, les lecteurs de Mauriac sont familiarisés avec la sensualité qui déborde de ses premiers romans. Et *Le Sang d'Atys* (1940), mythe tellurique régénéré par la foi, vient trop tard dans un monde que déchire la guerre. Dans l'intervalle, l'incantation mauriacienne a fait vibrer la prose d'une quinzaine d'histoires plutôt courtes. La poésie y vient d'un accord savant et secret. Les créatures sont assoiffées comme la terre capiteuse. Au gré du vent et des saisons, elles gémissent, saignent ou flambent à l'image des pins qui les obsèdent. Autant qu'au climat la réussite du créateur tient à la force des types qu'il immortalise : genitrix austères et ravageuses, époux désunis sous le joug, adolescents qui s'épuisent à réconcilier la nature avec la grâce. Au milieu des années vingt, Mauriac dit mieux que d'autres le désert qui s'explore en tout amour, l'échec d'une femme à atteindre la fin de sa libération. Il ne cessera d'étendre sa pitié sur les laids, les réprouvés : *Le Sagouin* (1951) répondra au lépreux du *Baiser*. Il fustige avec la même cruauté que Louis, l'avocat du *Nœud de vipères* (1932), le conformisme de la bourgeoisie dont il est issu. *La Pharisienne* (1941) analyse admirablement cette connivence.

En marge de son œuvre romanesque, Mauriac développe une sorte d'examen de conscience pour répondre aux censeurs ecclésiastiques qui n'ont jamais épargné un « catholique qui écrit des romans » mais qui redoute aussi de falsifier la vie, surtout s'il manque ses convertis ou si les saints qu'il met en scène sentent le fagot. Il s'interroge sur les monstres, dont l'héroïne de *Thérèse Desqueyroux* (1927) est le plus réussi, et dont, à l'école de Dostoïevski, il estime qu'elle est d'un meilleur rendement romanesque que les belles âmes. De cette chaîne d'essais justificatifs on retiendra surtout *Dieu et Mammon* (1929) qui, contre Gide cette fois, plaide la non-connivence du romancier de *Destins* (1928) avec le mal, et plus encore *Souffrances et bonheur du chrétien* (1931), journal d'un cœur mis à nu, qui saigne au plus fort de la crise. Il ne dédaignera cependant pas les biographies de commande : à travers Pascal ou Racine, c'est lui qui se découvre. De cette veine procède un chef-d'œuvre renouant avec un sujet séculaire, une *Vie de Jésus* que le chrétien inquiet de 1935 charge d'une brûlante actualité.

Lecteur friand d'autobiographies, mais trop lucide pour n'en pas percevoir les pièges, Mauriac se délivre de cette tentation par des mémoires imaginaires *(Le Mystère Frontenac*, 1933) ou réels, pourvu que la confidence reste à la périphérie de l'être secret, libéré par la seule confession catholique. Les *Mémoires intérieurs* (1959), suivis des *Nouveaux Mémoires intérieurs* (1965), surprennent d'autant plus par leur maîtrise que, pour l'essentiel, il s'agit d'un collage d'articles. Le premier livre surtout séduit, proposant un autoportrait saisi de profil, révélant l'être par les lectures d'une vie.

Lorsqu'en 1937, devant la pile de ses quinze romans et de ses nouvelles, l'écrivain cherche comment « se renouveler » — la formule figure dans le titre d'une chronique —, il répond immédiatement : « par le théâtre et le cinéma ». Double et malencontreuse réponse que le public ne ratifiera pas. Mieux vaut passer sous silence, non point ce que les romans de Mauriac ont donné à l'écran, entre les mains d'adaptateurs généralement bien inspirés, mais l'unique scénario signé du romancier : *Le Pain vivant* (1955). Quant au théâtre, si *Asmodée* (1938), avec l'appui de Bourdet et Copeau, est « monté aux nues » et s'il passe toujours la rampe, le public n'a pas consacré le Tchekhov de l'Aquitaine qu'ambitionnait d'être Mauriac. Injustement traité peut-être, *Le Feu sur la terre* (1951) a sonné la retraite du dramaturge. La régénération profonde, plutôt qu'un renouvellement, est venue d'un journalisme diversifié, conçu comme un témoignage à rendre au sein d'un monde menacé. Le *Bloc-notes*, chef-d'œuvre d'une vie engagée dans le siècle, a réussi à épanouir harmonieusement tous les possibles mauriaciens.

L'écrivain n'avait pas attendu d'avoir « des idées à défendre et des enfants à élever » pour s'intéresser au journalisme. Ses débuts de polémiste remontent à 1914, dans une feuille de chou paroissiale. La guerre finie, il poursuit plus glorieusement sa carrière au *Gaulois*, journal mondain qui se pique de recruter à l'Académie française et dans son antichambre. Chroniqueur touche-à-tout, il refuse de donner des « scories », soucieux de se mettre tout entier dans le moindre article. Seule une volonté de s'imposer dans le roman interrompt cette collaboration. Elle reprend au début des années trente, à l'*Écho de Paris*, puis au *Figaro*. L'ère des « journalismes parallèles » a commencé. Si le reportage est rare — maint démon hante ce casanier, mais point celui de l'aventure —, il donne ici une critique, là une « lettre », une chronique presque régulière au *Temps*. À l'approche de la guerre, le salarié du *Figaro* écrit à la fois un billet bénévole à *Temps présent*, l'hebdomadaire des dominicains, et plus épisodiquement au géant de la presse du moment : *Paris-Soir*, des « Libres opinions », trop hostiles à Hitler pour qu'on lui laisse la parole après la défaite. *Le Cahier noir* (1943), chef-d'œuvre de la prose clandestine, portera la griffe du grand polémiste. *Le Figaro* de 1944, en faisant de lui son éditorialiste, enrichira encore sa compétence.

Cette diversité d'emplois trouve son unité dans le creuset du *Bloc-notes*. En 1952, à *La Table ronde*, il se compose comme une suite de courts métrages qui résument les événements d'un mois. Jusqu'à l'affaire marocaine, les impressions de lecture prennent le pas sur les commentaires politiques. C'est à *L'Express*, « l'hebdomadaire de la Nouvelle Vague », que le *Bloc-notes* s'étoffera, entre 1954 et 1961, et trouvera son meilleur public. On aime surtout l'y entendre malmener les ténors de la IVe République, coupables de manquer les grands rendez-vous de la décolonisation. Ses têtes de Turc sont alors : Bidault, le ludion, et le massif Laniel. Il s'enthousiasme pour Mendès-France, hélas trop vite renversé, et il fait chèrement payer à Mollet la déception du Front républicain, alliance électorale vers laquelle il aurait détourné un million de voix catholiques par son prosélytisme. De Gaulle revenu au pouvoir, Mauriac se retourne, pour le défendre, contre ses alliés de la veille. Il lui consacrera en 1964 un essai appliqué. En se repliant au *Figaro littéraire*, le *Bloc-notes* perdra de sa combativité, les périodes électorales exceptées. Le chroniqueur luttera encore contre les fléaux du monde moderne : la pollution, la déshumanisation de la nature et de l'art, le relâchement moral et religieux, mais la méditation et la célébration du passé prendront de plus en plus de place dans son devoir hebdomadaire. Seule la mort, le 1er septembre 1970, interrompra ce « journal intime à l'usage du grand public », fresque de vingt années parmi les plus turbulentes de notre histoire.

L'octogénaire a pourtant renoué avec le genre romanesque. Écrit dans la jubilation, au lendemain de la révolte étudiante qu'il n'avait su ni mieux prévoir ni mieux comprendre que les autres, *Un adolescent d'autrefois* (1969) connut un tel succès que Mauriac crut pouvoir prolonger dans deux autres livres la formule éprouvée des « mémoires imaginaires ». Libéré des interdits de tous ordres et de ses propres scrupules, eût-il tout révélé de cette jeunesse, au seuil de laquelle s'était arrêté l'autobiographe de *Commencements d'une vie* (1932) ? Il n'en eut pas le temps. *Maltaverne*, second volet qui s'ouvre sur le récit des années parisiennes, n'est passé qu'à l'état d'ébauche à la postérité. Du moins le maître du roman de l'entre-deux-guerres avait-il affirmé une dernière fois l'efficacité d'une technique qui semblait condamnée par la mode.

Au-delà d'une œuvre dense et pourtant multiple, Mauriac reste une figure exemplaire de l'écrivain du XXe siècle, dominé par un christianisme inquiet, à l'opposé du triomphalisme claudélien. Le roman n'en présente que le versant tourmenté, ouvert sur l'abîme du péché. En revanche, le sentiment chrétien s'épanouit dans les prises de position publiques, car l'idéal de l'engagement s'approfondit et rejoint chez lui l'exigence du témoignage évangélique. Même si son esprit toujours jaillissant, sa verve volontiers cinglante ne le mettent pas à l'abri des injustices de la polémique, Mauriac a poussé très loin l'art pascalien de reconnaître le côté par où l'adversaire a raison. C'est l'homme d'un dialogue ininterrompu avec le monde des lettres : Gide et les augures de la *NRF*, du côté des aînés, Nimier, Sagan ou Sollers, du côté des cadets. Même en politique, dans un itinéraire sinueux, il a tenté de réconcilier en lui les voix ennemies de Maurras et de Péguy. Non content de commenter l'actualité pendant la seconde moitié de sa vie, il apparaît comme la mémoire vivante de notre histoire, de l'affaire Dreyfus à l'après-gaullisme.

ŒUVRES. — *Œuvres complètes*, Fayard, 1950-1956, 12 t. — *Œuvres romanesques et théâtrales complètes*, éd. Jacques Petit, Bibliothèque de la Pléiade, t. I, 1978 ; t. II, 1979 ; t. III, 1981 ; t. IV, 1985. — *Œuvres autobiographiques*, éd. François Durand, Bibliothèque de la Pléiade, 1990. — *Œuvres romanesques*, éd. Jean Touzot, La Pochothèque, 1992. — En outre : *La Vie de Jean Racine*, 1928, rééd. Perrin, 1983. — *Vie de Jésus*, 1936, rééd. Le Seuil, 1961. — *Mauriac avant Mauriac, textes retrouvés*, éd. Jean Touzot, Flammarion, 1977. — *Journal*, Flammarion, t. IV, 1950 ; t. V, 1953. — *De Gaulle*, Grasset, 1964. — *Mémoires politiques*, Grasset, 1967. — *Bloc-notes*, Le Seuil, 1993, 5 t. — Poèmes : *Le Feu secret*, titre et sélection de Jean-Louis Curtis, La Différence, coll. Orphée, 1993. — Correspondance : *Lettres d'une vie 1904-1969*, Grasset, 1981. — *La Vague et le rocher : correspondance Claudel-Mauriac 1911-1954*, Lettres modernes, 1988. — *Nouvelles Lettres d'une vie*, Grasset, 1989.

→ Keith Goesch, *François Mauriac : essai de bibliographie chronologique*, Nizet, 1965. — Bernard Chochon, *François Mauriac ou la passion de la terre*, Minard, 1972. — Claude Mauriac, *La Terrasse de Malagar : Mauriac et fils*, Grasset, 1977, rééd. 1986. — François Durand, *François Mauriac : indépendance et fidélité*, Champion, 1980. — Jean Lacouture, *François Mauriac*, Le Seuil, 1980-1990, 2 t. — Marie-Françoise Canérot, *Le Roman dénoué*, SEDES, 1985. — Jacques Monférier, *Du « Nœud de vipères » à « La Pharisienne »*, Champion, 1985. — Jean Touzot, *La Planète Mauriac*, Klincksieck, 1985 ; *François Mauriac : une configuration romanesque*, Minard, 1985. — *Cahier de l'Herne* n° 48, dir. Jean Touzot, 1985. — *Présence de Mauriac*, Presses universitaires de Bordeaux, 1986. — Jean Touzot, *Mauriac sous l'occupation*, 1990, rééd. Confluences, 1995. — François George, *La Traversée du désert de Mauriac*, Calligrammes, 1990. — José Cabanis, *Mauriac, le roman et Dieu*, Gallimard, 1991. — *Mauriac et le théâtre*, Klincksieck, 1993. — Claude Escallier, *Mauriac et l'Évangile*, Beauchesne, 1993. — Françoise Lalanne Trigeaud, *Itinéraire François Mauriac en Gironde*, Confluences, 1994. — Bernard Cocula, *Mauriac. Le Bloc-notes*, L'Esprit du temps, 1995. — John Flower et al., *François Mauriac. Psycholectures*, Presses universitaires de Bordeaux, 1995. — Richard Griffiths, *Le Singe de Dieu*, L'Esprit du temps, 1996. — Il existe des *Cahiers François Mauriac* (Grasset) depuis 1974, devenus en 1993 *Nouveaux Cahiers François Mauriac* (Grasset), une série *François Mauriac* (Minard) depuis 1986, des *Travaux du Centre d'études et de recherches sur François Mauriac* (Bordeaux) et des *Cahiers de Malagar* (Conseil régional d'Aquitaine). — Fonds Mauriac à la Bibliothèque littéraire Jacques Doucet et à la Bibliothèque municipale de Bordeaux.

J.T.

Mauriès Patrick (1952). Né à Saint-Raphaël, ancien élève de l'École normale supérieure de Saint-Cloud, disciple de Roland Barthes, il s'avoue lui-même fasciné par les « chapitres mineurs de l'histoire du goût » et les cultures italienne et anglo-saxonne, sur lesquels ses ouvrages brodent autant de variations esthétiques raffinées, érudites, parfois ironiques. Parallèlement à un travail universitaire consacré au maniérisme (*Maniéristes*, Éditions du Regard, 1983), il a publié une série d'essais constituant un brillant éloge de la mode, de l'élégance, du dandysme, de l'artifice, de la « rhétorique » au sens large : *Second manifeste camp* (Le Seuil, 1979), *Apologie de Donald Evans* (Le Seuil, 1982), *Le Mondain* (Le Seuil, 1984). Ce goût pour le transitoire et même le superficiel se retrouve dans les études *Quelques cafés italiens* (Quai Voltaire, 1987) et *Choses anglaises* (Le Seuil, 1989). Patrick Mauriès excelle aussi dans les monographies d'artistes confidentiels qu'il admire (*Gruau*, 1984, *Boldini*, 1987 et *Serebriakoff*, 1990, parus tous trois aux Éditions Franco Maria Ricci ; *Fornasetti*, Thames & Hudson, 1991), ainsi que dans l'art du portrait ou des « vies brèves » (*Vies oubliées*, Rivages, 1988 ; *Roland Barthes*, Le Promeneur, 1992 ; *Le Méchant Comte*, Gallimard, 1992). Il a animé la revue littéraire *Le Promeneur* et dirige les Éditions du même nom.

B.Do.

Maurois André (1885-1967), pseudonyme d'Émile Herzog. Né le 26 juillet 1885 à Elbeuf en Normandie dans une famille d'industriels, il raconte dans *Portrait d'un ami qui s'appelait moi* (1959) son enfance, puis ses études au lycée de Rouen, où il a été l'élève d'Alain. Il avait d'abord pensé reprendre l'entreprise familiale. Mais pendant la première guerre, comme agent de liaison en Normandie et dans les Flandres, il eut l'occasion d'entrer en contact avec des Anglais. De cette expérience, il tirera *Les Silences du colonel Bramble* (1918), bientôt suivi par *Les Discours du docteur O'Grady*, petits livres où, sous la forme libre de la conversation, il s'attache à décrire son étonnement devant les réactions britanniques à l'atmosphère des tranchées et aux conditions de vie de la guerre. Le succès de ces deux ouvrages, considérable et immédiat, contribua à populariser en France le flegme britannique, incarné dans le personnage du colonel Bramble, le devoir d'humour ainsi que les règles subtiles régissant la conversation anglaise.

Après le succès de ces deux livres, André Maurois hésite encore sur sa carrière : « Pendant cinq ans, je vécus sur la frontière du monde industriel et du monde littéraire ». Fasciné par le personnage de Shelley, il en adapte les problématiques dans un roman : *Ni ange ni bête* (1919) avant d'en écrire une biographie selon les règles, *Ariel ou la Vie de Shelley* (1923). De cette époque date aussi la publication de son premier roman, *Bernard Quesnay* (1926), deuxième version d'un texte écrit en 1922 sous le titre *La Hausse et la baisse*. D'une certaine manière, le thème dominant de l'œuvre d'André Maurois était déjà présent dans ses « dialogues anglais ». On pourrait l'appeler le « désir d'entente et d'honnêteté ». On retrouve ce thème dans ce premier roman qui suit les destins contrastés de deux frères et s'applique à étudier les relations entre patrons et ouvriers au sein d'une grande entreprise. Dans *Climats* (1928), que l'on considère comme son meilleur roman, et qui présente une technique narrative très sophistiquée, le même thème est appliqué aux relations conjugales partagées entre les exigences de la vie bourgeoise d'une part et l'absence de synchronie des passions d'autre part. D'autres romans suivront : *Le Cercle de famille* (1932), *L'Instinct du bonheur* (1934), *Les Roses de septembre* (1956). On y retrouve les mêmes qualités, qui firent alors le succès de Maurois, son sens de la mesure, sa pudeur, sa finesse, sa sensibilité, et qui, alliées à une langue élégante et simple, lui ouvrent l'Académie française en 1938.

Entre-temps, sa première femme, d'origine polonaise, est morte, et il a épousé en 1932 Simone de Caillavet, qui l'a introduit dans le monde littéraire parisien. Un an après E.M. Forster, il participe aux Clark Lectures à Cambridge et donne une série de conférences intitulée « Aspects de la biographie », définissant ainsi l'autre orientation essentielle de sa carrière littéraire. Pendant la Seconde Guerre mondiale, il quitte la France et s'installe avec sa femme aux États-Unis, donnant des semestres de cours dans des universités et se manifestant sur la scène diplomatique et politique. La guerre finie, il vit quelque temps aux États-Unis, puis en Afrique du Nord, avant que la nostalgie du pays ne le reconduise définitivement en France, où il reprend en main le domaine agricole de son beau-père dans le Périgord et entame une nouvelle carrière de journaliste, collaborant à différents journaux et magazines littéraires, et s'attachant au genre par lequel il demeure aujourd'hui le plus connu, celui de la biographie. Après la vie de Shelley de 1923, qui ouvrait une série d'ouvrages consacrés à de grandes figures du XIXe siècle, vinrent *La Vie de Disraëli* (1927), *Don Juan ou la Vie de Byron* (1930), *Tourgueniev* (1931), *René ou la Vie de Chateaubriand* (1938). Mais dans les années cinquante, cette production s'accroît ; l'auteur perfectionne une méthode intuitive qui n'exclut pas pour autant le recours à une documentation minutieuse, souvent rassemblée avec la collaboration de sa femme. André Maurois donne alors *À la recherche de Marcel Proust* (1949), *Lélia ou la vie de George Sand* (1952), *Olympio ou la vie de Victor Hugo* (1954), *Robert et Elizabeth Browning* (1957), *Adrienne ou la vie de Madame de La Fayette* (1961), *Prométhée ou la vie de Balzac* (1965).

Parallèlement, Maurois s'est consacré à de grandes fresques historiques, que son sens de la synthèse lui permet d'aborder avec le même bonheur : *Edouard VII et son temps* (1933), *Histoire d'Angleterre* (1937), *Histoire des États-Unis* (1943-1944), *Histoire de la France* (1944). À la fin de sa vie, il écrivit des *Mémoires* et publia quelques recueils de critique littéraire. Il est également l'auteur d'ouvrages pour enfants, *Patapoufs et filifers*, *Le Pays des 30 000 volontés*... Il est mort à Neuilly le 9 octobre 1967.

André Maurois occupe aujourd'hui une place un peu à part dans le panorama littéraire français du XXe siècle. Par sa fidélité à l'esprit d'Alain, son rationalisme ennemi de toutes les passions excessives, sa résistance à tous les courants d'avant-garde et son attachement à un humanisme qui peut paraître en décalage avec l'esprit de son temps, il passe pour le représentant d'un classicisme désuet et d'un conservatisme bourgeois. Auteur d'une œuvre immense, il disait lui-même du moment où il allait aborder la postérité : « Je me présente à la douane critique avec un excédent de bagages contraire au règlement ». Doté d'une philosophie de la vie à laquelle l'optimisme ne faisait pas défaut, il se voyait comme un « moraliste » dans le sens le plus positif du terme, le plus engagé dans la défense de l'action et du goût d'entreprendre. Reprenant la distinction d'Alain du pessimisme de raison et de l'optimisme de volonté, il défendait cette dernière avec une hardiesse et une modestie qui ont pu rappeler Montaigne. Se sentant lui-même les affinités à être toutes sortes d'hommes divers, il a choisi le genre de la biographie pour mieux se glisser dans leur peau. « Je me suis donné, par la biographie, quelques-uns des plaisirs de l'action ». Fleming lui fut un guide dans le monde scientifique, Disraëli dans le monde politique. Aussi bien dans le roman que dans la biographie, son approche littéraire est inspirée de celle des grands maîtres russes, Tolstoï, Gogol, Tchekhov, par construction concentrique d'un monde de personnages donnant de la figure centrale autant de vues différentes.

ŒUVRES. — Chez Grasset et Hachette, où les principales biographies ont été rééditées. *Les Silences du colonel Bramble*, Grasset, 1918. — *Les Discours du docteur O'Grady*, Grasset, 1968 (ces deux ouvrages réédités ensemble au Livre de Poche). — *Les Nouveaux Discours du docteur O'Grady*, Grasset, 1950. — *Bernard Quesnay*, Folio, 1973. — *Climats*, Le Livre de Poche, 1983. — *Dialogues sur le commandement*, Grasset, 1924. — *Ces mondes impossibles*, Gallimard, 1948. — *Ce que je crois*, Grasset, 1952. — *Portrait d'un ami qui s'appelait moi*, Wesmael-Charlier, 1959. — *Choses vues*, Gallimard, 1963. — *Le Côté de Chelsea*, Mercure de France, 1967. — *Histoire d'Angleterre*, Fayard, 1978. — *Ariel ou la Vie de Shelley*, Grasset, 1970. — *Don Juan ou la vie de Byron*, Grasset, 1969. — *Patapoufs et filifers*, Folio Junior, 1984. — *Pour piano seul*, Flammarion, 1985. — *Prométhée ou la vie de Balzac*, Flammarion, 1985. — *À la recherche de Marcel Proust*, Hachette, 1985. — *Lélia ou la vie de George Sand*, Hachette, 1985. — *Olympio ou la vie de Victor Hugo*, Hachette, 1985. — *Adrienne ou la vie de Madame de La Fayette*, Hachette, 1968. — *Mémoires*, Flammarion, 1970. — *Mes songes que voici*, Grasset, 1993. — *Balzac*, *Hugo* et *Dumas*, Laffont, coll. Bouquins, 1993.

→ Michel Droit, *André Maurois*, Éditions universitaires, 1953. — Fonds André Maurois à la Bibliothèque nationale.

G.Si.

Mauron Marie (1896-1986). Née à Saint-Rémy-de-Provence, le 5 avril 1896, dans une famille paysanne, institutrice en 1916, Marie Roumanille épouse Charles Mauron en 1919. Elle regagne Saint-Rémy en 1933 car son mari est gagné par la cécité. Le couple fréquente écrivains et artistes (le graveur Louis Jou, Roger Fry, E.M. Forster). En 1934, les Presses universitaires de Cambridge publient la chronique villageoise *Mount-Peacock, or The Progress in Prouvenço*, repris en 1937 sous le titre *Mont-Paon* chez Denoël (rééd. Atelier Marcel Jullian, 1979). Marie Mauron y décrit avec humour les tracas de son petit monde. En 1941, elle donne « l'histoire de [s]on quartier » dans *Le Quartier Mortisson* (Plon, 1970), suivi par *Le Sel des pierres* (Robert Laffont, 1942, rééd. 1996) et *Lisa de Roquemale* (1945). Ayant quitté l'enseignement, elle prend part à l'association pédagogique Lou Prouvençau à l'Escolo, fondée par son mari. En 1950, *Charloun Riéu dou Paradou* (1949, rééd. Raphèle-lès-Arles, Marcel Petit, 1981), vie romancée d'un poète des Alpilles, lui vaut le prix Mistral. En 1951, après son divorce, elle fréquente le Groupamen d'Estùdi Prouvençau. En 1952, *La Transhumance* obtient le prix Olivier de Serres (rééd. Perrin, 1970). Son activisme lui vaut le titre de Majorale du Félibrige (1969). D'une œuvre de cent trente titres vouée à la Provence, entre souvenirs et roman, on retiendra *La Camargo di Camarguen* (Marcel Petit, 1972), *Quand la Provence nous est contée* (Perrin, 1974), *Berbiguier de Carpentras* (Plon, 1979), *Ces lointains si présents* (Plon, 1980), *En Roulotte et à pied* (Plon, 1984), *Châteaux de cartes* (Laffont, 1997). Marie Mauron est décédée le 31 octobre 1986.

I.M.

Maurras Charles (1868-1952). Né à Martigues, le 20 avril 1868. À treize ans et demi, en 1882, il connaît le drame essentiel de sa vie devant le tableau noir du collège du Sacré-Cœur d'Aix-en-Provence : l'élève, atteint brutalement de surdité, n'entend plus les propos du maître. À celui qui envisageait une carrière d'officier de marine, la fatalité réserve le sort d'un infirme. Sa foi en est culbutée. Tentative de suicide : Octave de Fontclare, héros du conte *La Bonne Mort*, et Denys Talon dans *Le Mont de Saturne*, opteront pour la mort volontaire. Il a désormais la certitude d'être devenu « un monstre » (voir sa *Tragi-comédie de ma surdité*, Lanauve de Tartas, 1951). Kant, Hume, Schopenhauer le confirment dans sa dérision de solitaire. S'ensuivent une résignation agressive, un agnosticisme tenace que ne corrigent ni la lecture de Pascal ni la direction spirituelle de l'abbé Penon, ami de la famille. Dans sa quête ontologique, Maurras se trouve aux prises avec l'anarchisme moral. Le décès de son père, percepteur des impôts, plonge la famille dans la gêne. Marie Maurras part pour Paris et s'établit rue Cujas, en 1886. Dans la « forêt dantesque » de la capitale, le Martégal fréquente hammams, salles d'armes, et s'intéresse à l'occultisme. Surtout, il prend conscience de ses origines provençales et découvre la thématique de l'enracinement. Ses intercesseurs se nomment Mistral, auteur du *Trésor du Félibrige* (1878), dictionnaire créant les conditions d'un renouveau culturel provençal, et Barrès qui, dans *Sous l'œil des barbares* (1888), plaide en faveur de la « patrie psychique ». L'un et l'autre constituent dès lors les révélateurs de la pensée maurrassienne.

En contrepoint, Maurras entreprend la critique raisonnée du romantisme comme pour se délivrer d'une sujétion : critique non pas esthétique mais métaphysique, refus du désenchantement baudelairien et de son idéal torturant. Aux côtés de Raymond de La Tailhède et de Jean Moréas, il favorise l'essor de l'École romane et classique. C'est au clérical *Observateur français* qu'il porte ses premiers articles, des critiques littéraires, puis à *La Gazette de France*, légitimiste, et au *Soleil*, orléaniste (1888). Il fait alors grand cas d'Auguste Comte, se dit proche de Jules Lemaitre et d'Anatole France, rend une mémorable visite à Taine, dénonce le naturalisme de Zola, sourit devant les obscurités de Mallarmé et lance, dans le salon de Mme de Caillavet : « Je me sens nihiliste ». Critique littéraire à la *Revue encyclopédique* (où il consacre trois articles à Rimbaud, en 1891, 1895 et 1899), Maurras encourage Proust à ses débuts, soutient Valéry et Barrès, et révélera deux grands poètes provençaux, Joseph d'Arbaud (en 1926) et Max-Philippe Delavouët (en 1951).

Lorsque l'affaire Dreyfus éclate (1894), Maurras, à l'instar de Barrès, mais aussi de Valéry et de Gide, prend position contre « les contempteurs et destructeurs de l'armée » : le capitaine Dreyfus semble bientôt « absent de sa propre affaire », selon le mot d'Arthur Meyer, directeur du *Gaulois*. Maurras met en avant l'intérêt supérieur de l'État, et lance l'idée d'élever Dreyfus au maréchalat tandis que l'on passerait par les armes les agitateurs de tout acabit qui se réclament de lui. L'époque est aux bombes anarchistes, aux assassinats — le président Carnot, le nationaliste Syveton —, aux scandales — Panama, les « fiches » dénonçant les officiers catholiques.

Maurras commence à ce moment à réunir les éléments d'une doctrine. En 1896, envoyé de la *Gazette de France*, il part pour Athènes « couvrir » les Jeux olympiques ranimés par Pierre de Coubertin. Il y éprouve la révélation de l'ordre, de l'équilibre, de l'harmonie. Du berceau de la démocratie, il revient royaliste : « Car la démocratie est justement, dans la construction grecque, l'élément qui cédera et qui en causera l'effondrement. » (Voir les notes prises au cours de ce séjour, publiées en fac-similé : *Dossier Athènes 1896*, Association des amis de la Maison du Paradis, 1997.) L'axe central ainsi déterminé, Maurras prend langue, en 1898, avec un petit groupe animé par Henri Vaugeois et Maurice Pujo, le Comité d'Action française, antidreyfusard et encore républicain, qui se transforme l'année suivante en Ligue d'Action française. « Mes projets sont immenses », écrit Maurras à Barrès : il rêve de rebâtir la France, celle des « quarante rois », des républiques provinciales, des corps intermédiaires, des corporations. Il agrée le terme de nationaliste, mais avec réticence, et considère que c'est une misère de la modernité que d'avoir été contraint de « susciter un état d'esprit nationaliste » pour défendre la patrie. Il se veut « nationaliste intégral », opérant le mariage d'un jacobinisme blanc et de la contre-révolution.

Le jeune doctrinaire ouvre le siècle en publiant deux essais retentissants : *Enquête sur la monarchie* (1900-1909) et *L'Avenir de l'intelligence* (1905). Le premier, un sondage auprès du pays réel, fait, selon le duc d'Orléans, « ressurgir du néant » l'idée royale. Le second, d'ambition prophétique, annonce la mise sous tutelle de l'opinion, et son corollaire la conquête médiatique du pouvoir. Au fil des livraisons du *Bulletin*, puis de la revue grise puis bleue de *L'Action française*, l'argumentaire maurrassien se dessine comme une méthode analytique originale : de la Révolution de 1789 au sentiment romantique, court une même éthique individualiste. Or l'individu n'est rien ; il n'existe que par ses liens avec la famille, le clan, la région, la profession, l'histoire. Dans un deuxième temps, Maurras préconise la relégation des appareils partisans, afin que le souverain puisse maîtriser les différents aspects de la vie publique. Enfin, la renaissance provinciale des libertés concrètes appelle la décentralisation, seulement viable sous un État fort.

Dès lors, l'influence de Maurras grandit. Du Café de Flore, son quartier général à Saint-Germain-des-Prés, rayonne une « aura de vitalité, de volonté, de violence mal contenue ». Jaurès avertit ses proches : « Ne discutez jamais avec Maurras ! » Un premier cercle se réunit, qui comprend entre autres Léon Daudet et Jacques Bainville, d'origines politiques et de sensibilités différentes, mais tous deux « convertis ». Un don providentiel de Mme de Loynes et le désintéressement de la bénéficiaire, Mme Léon Daudet, rendent possible la création d'un quotidien royaliste : le 21 mars 1908, paraît le premier numéro de *L'Action française*. Les débuts sont difficiles : « Entreprise absurde, déclare Barrès. Elle ne durera pas six mois ! » Henri Rochefort lance en écho à Daudet, qui sollicite sa collaboration : « Vous êtes fous, vous ne durerez pas trois mois, et alors, qu'est-ce que je ferai ? » On ne pouvait se tromper davantage. Par son « altitude mentale » pour reprendre les termes de Proust, sa richesse, l'éclat de sa rédaction, *L'Action française* devient l'un des premiers journaux nationaux que le monde politique dépouille fébrilement. Inventeur de la revue de presse, titulaire à la une de la rubrique généraliste « La Politique », Maurras adopte pour conduite de tirer un enseignement de chaque événement. Georges Sorel, Édouard Berth témoignent leur intérêt. Répondant à la nécessité militante, des organisations prennent forme : cercles d'études (Cercle Fustel de Coulanges), associations professionnelles et, fer de lance, les Camelots du roi, troupe régie par Maurice Pujo organisant les manifestations, ventes à la criée, distributions de tracts, collages et bagarres en tout genre. Employés, bourgeois, agriculteurs, cheminots, fils de famille s'y côtoient. De quoi susciter une façon d'être où se mêlent, selon Pierre Monnier, « la moquerie jubilante, le dévouement et l'amitié ». Jusqu'à la Grande Guerre et bien au-delà, la ligue et le journal combattent l'inertie gouvernementale face au réarmement allemand. Campagnes de presse, publications de *L'Avant-guerre* de Daudet, de *Kiel et Tanger* de Maurras : Sedan et le spectre de la Revanche hanteront durablement l'imaginaire maurrassien. L'Allemagne est traitée de « chien enragé de l'Europe ». Répudiant toute opposition dès 1914, l'Action française défend le principe de l'union sacrée, traque ceux qui recherchent la paix séparée, notamment Caillaux et Malvy, et se range derrière Clemenceau. Après la guerre et la mort au front d'Augustin Cochin et de Léon de Montesquiou, entre autres, l'Action française triomphe, sinon sur le terrain institutionnel — la République sort renforcée de l'épreuve —, du moins dans sa capacité d'influence. En atteste l'occupation de la Ruhr (1923), que Maurras a souhaitée. Pourtant, dès 1920, Bainville dénonce dans *Les Conséquences politiques de la paix* les graves lacunes du traité de Versailles. Tensions, ruptures, meurtres jalonnent l'entre-deux-guerres : une anarchiste, Germaine Berton, tue Marius Plateau, président des anciens combattants d'Action française (1923). Elle est acquittée en assises. La même année, Philippe Daudet, fils de Léon, meurt dans de mystérieuses conditions. Le polémiste accuse la police et se voit, en retour, condamné à la détention. Son évasion de la Santé ridiculisera le régime.

En 1926, comme un coup de tonnerre, intervient la condamnation par Pie XI du journal et de certaines œuvres de Maurras : les catholiques d'Action française seront réputés pécheurs publics, jusqu'à la levée de l'excommunication par Pie XII, en 1939.

Le 6 février 1934, l'insurrection soulève la capitale, les droites sont dans la rue. Maurras, auteur de *Si le coup de force est possible*, ne délivre ce soir-là aucune consigne précise : *Les Décombres* de Rebatet rapporteront plus tard quelle fut la désillusion de nombreux Camelots du roi. En 1936, lors des obsèques de Bainville, différentes maladresses, et des provocations policières, conduisent à la dissolution de la ligue et des Camelots. Brochant sur le tout, le comte de Paris signifie publiquement son désaveu, en 1937. Le mouvement maurrassien pâtira, dans son histoire, d'une longue dissidence, où se succèdent les noms de Georges Valois, Louis Dimier, Jacques Maritain, Bernanos et, ultérieurement, Brasillach, Maulnier, Rebatet, Claude Roy.

De proche en proche, la crise de Munich se lève à l'horizon de la politique européenne. Partisan de la paix, convaincu de l'infériorité de notre armement et de la nécessité de temporiser, Maurras, la guerre déclarée, se rallie au maréchal Pétain : « Je soutiens Pétain comme j'ai soutenu tous les gouvernements pendant la guerre de 1914-1918. » À ceux qui, comme Pierre Gaxotte, l'incitent à suspendre la parution du journal lors de l'invasion de la zone sud, il objecte « l'acte de foi dans [les] réserves morales qui peuvent rassembler les ressources de l'avenir ». En 1945, exclu de l'Académie française, où il avait été élu en 1936, condamné pour intelligence avec l'ennemi en dépit de son antigermanisme, Maurras accomplit sept ans et sept mois de réclusion entre la prison de Riom et la centrale de Clairvaux. Il écrit alors, réconcilié dans le Christ, *La Prière de la fin*, et meurt le 16 novembre 1952.

ŒUVRES. — Principalement : *Enquête sur la monarchie*, Bibliothèque des œuvres politiques, 1901, rééd. avec d'autres textes aux Éditions du Porte-glaive, 1986. — *Anthinéa*, Juven, 1901. — *Les Amants de Venise : George Sand et Musset*, Flammarion, 1902, rééd. 1978. — *L'Avenir de l'intelligence*, Flammarion, 1905, rééd. avec d'autres textes aux Éditions du Trident, 1988. — *Romantisme et Révolution*, Nouvelle Librairie nationale, 1922. — *Les Vergers sur la mer*, Flammarion, 1937. — *Mes idées politiques*, Fayard, 1937, rééd. Albatros, 1986. — *De la politique naturelle au nationalisme intégral*, Vrin, 1972. — *Œuvres capitales*, Flammarion, 1954.

→ Roger Joseph et Jean Forges, *Nouvelle bibliographie de Charles Maurras*, Aix-en-Provence, L'Art de voir, 1980, 2 t. — Albert Thibaudet, *Les Idées de Charles Maurras*, Gallimard, 1919. — Jacques Maritain, *Charles Maurras et le devoir des catholiques*, Plon, 1926. — Léon Daudet, *Charles Maurras et son temps*, Flammarion, 1930. — Henri Massis, *Maurras et son temps*, Plon, 1951, 2 t. — Léon S. Roudiez, *Maurras jusqu'à « L'Action française »*, André Bonne, 1957. — Pol Vandromme, *Maurras : l'Église de l'ordre*, Éditions du Centurion, 1965, rééd. revue ; *Maurras, entre le légiste et le contestataire*, Téqui, 1991. — I.P. Barko, *L'Esthétique littéraire de Charles Maurras*, Genève-Paris, Droz-Minard, 1961. — Jacques Laurent, *Histoire égoïste*, La Table ronde, 1976. — Éric Vatré, *Charles Maurras : un itinéraire spirituel*, Nouvelles Éditions latines, 1978. — Pierre Boutang, *Maurras : la destinée et l'œuvre*, Plon, 1984. — Pierre Monnier, *À l'ombre des grandes têtes molles*, La Table ronde, 1987. — Yves Chiron, *La Vie de Maurras*, Perrin, 1991. — Victor Nguyen, *Aux origines de l'Action française : intelligence et politique à l'aube du XXe siècle*, préface de Pierre Chaunu, Fayard, 1991. — Jean-François Chiappe, *La France et le Roi de la Restauration à nos jours*, Perrin, 1994. — Stéphane Giocanti, *Charles Maurras félibre*, Les Amis de la langue d'oc, 1995. — Il existe des *Cahiers Charles Maurras*, depuis 1983.

E.V.

Maximin Daniel (1947). Né le 9 avril 1947 à Saint-Claude (Guadeloupe), il a fait une entrée remarquée dans le monde des lettres antillaises avec un premier roman, *L'Isolé Soleil* (Le Seuil, 1981), où, par un savant jeu de va-et-vient entre le passé et le présent, l'Afrique et la Guadeloupe, il brosse la fresque de deux siècles d'histoire des Antilles, « une histoire d'archipel, attentive à nos quatre races, nos sept langues et nos douzaines de sangs ». Cette conscience de la diversité des langues et des cultures de la Caraïbe, véritable Méditerranée tropicale, inspire également *Soufrières* (Le Seuil, 1977) et *L'Île et une nuit* (Le Seuil, 1995), roman relatant sept heures de la vie d'une jeune Antillaise terrée dans sa grande maison des Flamboyants alors que se déchaîne alentour l'un de ces formidables cyclones qui ravagent périodiquement cette partie du monde. Alternant l'écriture du constat et le lyrisme, ce récit en prose poétique confirme la vitalité d'un romancier qui, refusant les « enfers sucrés » de l'Europe, proclame son attachement à son île natale.

J.C.

Mayoux Jehan (1904-1975). Instituteur, professeur, puis inspecteur, le surréaliste Jehan Mayoux fut le grand ami de Tanguy et de Benjamin Péret. Dès 1934, il rallie le Front populaire. Il est emprisonné en 1939 pour refus d'obéissance à l'ordre de mobilisation. Sa poésie, laconique, traque le mystère dans l'évidence même. Rebelle à l'effusion, Mayoux a cependant célébré l'amour et les joies de l'existence : *Maïs* (1937), *Au crible de la nuit* (1948). Il a composé de « fausses fables » où il se montre peu soucieux de lier rationnellement images et idées : *Fatrasies* (1977). Il est également l'auteur d'un *Traité des fourchettes* (1978), qu'il a donné pour le résultat des travaux de fourchettologie de l'université de Millevache.

D.H.-M.Ber.

Mazarine *(Éditions)* (1978-1990). Maison fondée à Paris par Jean-Étienne Cohen-Séat. Dès le lancement, le fondateur s'associe à parts égales avec Hachette, qui assure la distribution. En 1982, où les Éditions Mazarine deviennent une filiale d'Hachette, Jean-Étienne Cohen-Séat s'entoure de Ronald Blunden, responsable du domaine anglo-américain, et d'un directeur littéraire, Olivier Cohen, normalien venu des Éditions du Sagittaire. Un récit de Marguerite Gurgand, *Nous n'irons plus au bois*, et un volume placé sous la direction de Benoîte Groult, *Les Nouvelles Femmes*, concrétisent les débuts de la maison. En 1979, les dix-sept titres du catalogue présentent des romans, des essais et des ouvrages collectifs. En 1981, la production passe à vingt-trois titres et *Les Demoiselles de Beaumoreau* de Marguerite Gurgand obtient le prix des Maisons de la Presse et le prix du livre Interallié. Le fonds littéraire s'enrichit grâce à Gérard Mordillat, Jean Vautrin, Arnold Mandel, Hervé Prudhon. La littérature anglo-saxonne s'impose entre 1982 et 1987 avec *Cosmos* de Carl Sagan (117 000 exemplaires vendus) et des livres de Thomas Thomson, P.D. James et Raymond Carver. Jean-Étienne Cohen-Séat voit aboutir sa politique éditoriale, axée sur le lancement d'auteurs de *best-sellers* non publiés en France. À la même époque, il crée une collection « Musique », dirigée par Pierre Ajame, qui publie des essais. Après le départ de Jean-Étienne Cohen-Séat en mai 1984, Claude Durand devient en 1985 directeur-gérant. Deux ans plus tard, Fayard rachète la maison. En 1988, Olivier Cohen la quitte. Elle est dissoute à la fin de l'année 1990. Jean Vautrin et P.D. James demeurent à ce jour des auteurs Fayard.

S.G. — IMEC

Meddeb Abdelwahab (1946). Né à Tunis, bilingue, bon connaisseur de la littérature arabe classique, il a été révélé par un premier roman, en français, *Talismano* (1979), où l'on assiste au surgissement d'un refoulé multiple, individuel et social, le refoulé de la société arabe comportant entre autres toutes les croyances et pratiques païennes. Meddeb rend hommage à la poésie arabe et à l'inspiration soufie, dans *Tombeau d'Ibn Arabi* (1987) et dans une série d'articles et d'essais où il tente de réduire le clivage entre francophonie et arabophonie. Dans son second roman, *Phantasia* (1986), il s'efforce, à partir d'une forme de description qui transfigure son objet, d'intégrer les principaux genres littéraires en une seule et même œuvre. En 1995, il fonde une revue, *Dédale*, dont le premier numéro s'intitule *Le Paradoxe des représentations du divin.* Ce penseur et poète ne s'éloigne jamais du fondement théologique des cultures, et notamment de la culture musulmane, qu'il aborde de manière originale.

D.B.

Médicis *(prix).* Créé en 1958 par Gala Barbisan et Jean-Pierre Giraudoux, décerné le même jour que le prix Femina à l'auteur d'un roman, d'un récit ou d'un recueil de nouvelles publié dans les douze mois précédents.

1958 : Claude Ollier, *La Mise en scène*
1959 : Claude Mauriac, *Le Dîner en ville*
1960 : Henri Thomas, *John Perkins*
1961 : Philippe Sollers, *Le Parc*
1962 : Colette Audry, *Derrière la baignoire*
1963 : Gérard Jarlot, *Un chat qui aboie*
1964 : Monique Wittig, *L'Opoponax*
1965 : René-Victor Pilhes, *La Rhubarbe*
1966 : Marie-Claire Blais, *Une saison dans la vie d'Emmanuel*
1967 : Claude Simon, *Histoire*
1968 : Élie Wiesel, *Le Mendiant de Jérusalem*
1969 : Hélène Cixous, *Dedans*
1970 : Camille Bourniquel, *Sélinonte ou la Chambre impériale*
1971 : Pascal Lainé, *L'Irrévolution*
1972 : Maurice Clavel, *Le Tiers des étoiles*
1973 : Tony Duvert, *Paysage de fantaisie*
1974 : Dominique Fernandez, *Porporino ou les Mystères de Naples*
1975 : Jacques Almira, *Le Voyage à Naucratis*
1976 : Marc Cholodenko, *Les États du désert*
1977 : Michel Butel, *L'Autre Amour*
1978 : Georges Perec, *La Vie mode d'emploi*
1979 : Claude Durand, *La Nuit zoologique*
1980 : Jean-Luc Benoziglio, *Cabinet-portrait*
Jean Lahougue, *Comptine des Height* (l'auteur refuse le prix)
1981 : François-Olivier Rousseau, *L'Enfant d'Édouard*
1982 : Jean-François Josselin *L'Enfer et Cie*
1983 : Jean Échenoz, *Cherokee*
1984 : Bernard-Henri Lévy, *Le Diable en tête*
1985 : Michel Braudeau, *Naissance d'une passion*
1986 : Pierre Combescot, *Les Funérailles de la sardine*
1987 : Pierre Mertens, *Les Éblouissements*
1988 : Christiane Rochefort, *La Porte du fond*
1989 : Serge Doubrovsky, *Le Livre brisé*
1990 : Jean-Noël Pancrazi, *Les Quartiers d'hiver*
1991 : Yves Simon, *La Dérive des sentiments*
1992 : Michel Rio, *Tlacuilo*
1993 : Emmanuèle Bernheim, *Sa femme*
1994 : Yves Berger, *Immobile dans le courant du fleuve*
1995 : Vassilis Alexakis, *La Langue maternelle*
Andreï Makine, *Le Testament français*
1996 : Jean Rolin, *L'Organisation*
Jacqueline Harpman, *Orlanda*
1997 : Philippe Le Guillou, *Les Sept Noms du peintre*

Mellah Fawzi (1946). Tunisien, né à Damas, il a fait des études de lettres, de philosophie et de droit, et vit à Genève. D'abord dramaturge, il est aussi l'auteur d'un essai, *De l'unité arabe, essai d'interprétation critique* (1985). Son premier roman, *Le Conclave des pleureuses* (1987), fait une place importante au monde des femmes. Le second, *Élissa, la reine vagabonde* (1988), consacré à l'histoire d'Élissa (Didon) et à la fondation de Carthage, propose également une histoire de femme, liée au sentiment que les Tunisiens peuvent avoir de leur identité.

D.B.

Mélot du Dy (1891-1956), pseudonyme de Robert Mélot. Né à Bruxelles le 27 octobre 1891, si ses premiers recueils de poèmes doivent encore beaucoup à Verlaine et à Heine *(Printemps*, 1910 ;

Butin fragile, 1912), dès *L'Idole portative* (1919) et *Le sot l'y laisse* (1920) il montre son savoir-faire dans une poésie de « paroles », hésitant entre amusement et désabusement, jonglant avec les clichés, variant les niveaux de langue, chantant l'amour et la littérature sur un ton moqueur et badin. Collaborateur de *Signaux de France et de Belgique*, fondateur du *Disque vert* avec Franz Hellens et Odilon-Jean Périer en mai 1922, il élabore une poésie fondée sur l'étonnement (« et tous les matins/ la vie à refaire »), l'inattention (« il faut être distrait pour que naisse la surprise, seul moyen de connaissance dans le trouble et la vélocité »), le hasard (« le hasard et l'habitude/ parlent comme au premier jour »). Dans une langue exempte d'éloquence et de sentimentalisme, ses vers aux formes classiques déploient une ironie tendre, faisant grande part à la fantaisie et donnant la primauté à la fraîcheur d'une rencontre. *Mythologies* (1921), *Diableries* (1922), *Hommeries* (1924) sont autant de recueils où il dénigre le conformisme, la perte de l'innocence, la honte du merveilleux (l'« hommerie »), au profit de l'originalité. Un certain raffinement, un goût de la simplicité et du dépouillement se font jour dans ses recueils ultérieurs *(Amours*, 1929 ; *À l'amie dormante*, 1935) où il mêle des pièces empreintes de nostalgie et des réflexions en vers, à la limite du prosaïsme *(Signes de vie*, 1936 ; *Lucile*, 1936 ; *Jeu d'ombres*, 1938). Poète solitaire, à l'écart de la vie publique, il aura déployé un art de la clairvoyance et de la netteté. Il a aussi publié un roman *(L'Ami manqué*, 1929) et des nouvelles *(Trois récits*, 1960, posth.) ; il est mort à Rixensart (Belgique), le 3 juin 1956.

ŒUVRES. — *Choix de poésies (1919-1956)*, préface de Philippe Jones, Éditions universitaires, 1960.

→ Robert Guiette, *Poètes français de Belgique de Verhaeren au surréalisme*, Bruxelles, Éditions Lumière, 1948. — Émile Potelle, *Le Poète Mélot du Dy et l'Ardenne*, Houfalize, Haut-Pays, 1988.

O.Bi.

Memmi Albert (1920). Né à Tunis, de parents juifs pauvres, il peut grâce à une bourse poursuivre ses études au lycée français, puis à l'université d'Alger, en philosophie. Après la guerre, il reprend ses études en France, puis revient s'installer à Tunis comme professeur de philosophie et journaliste. Lorsque la Tunisie devient indépendante, il est contraint à un choix douloureux et repart pour la France (1956). Il retrace ce parcours long et complexe dans une œuvre largement autobiographique. Son premier livre, *La Statue de sel* (1953), conduit le narrateur de sa petite enfance à la fin de la Deuxième Guerre mondiale : l'auteur y analyse surtout les déchirements et contradictions inhérents à la situation de son héros, colonisé, juif en pays musulman, pauvre dans un milieu bourgeois. Son deuxième roman, *Agar* (1955), est l'histoire des tribulations d'un couple mixte, un Tunisien et une Française, jusqu'à leur séparation douloureuse mais inéluctable. Le récit, loin de procéder d'une position idéologique de principe, présente un examen minutieux et lucide des situations concrètes. Albert Memmi adopte la même attitude dans un essai, *Portrait du colonisé, précédé du portrait du colonisateur* (1957, rééd. 1966, avec une préface de Sartre). Il poursuit son œuvre dans les deux voies, explorant son histoire personnelle et familiale dans *Le Scorpion* (1969) et *Le Pharaon* (1988), et publiant des essais sociologiques ou philosophiques, tels que *L'Homme dominé* (1968) ou *La Dépendance* (1979). De 1977 date *Le Désert ou la vie et les aventures de Jubaïr Ouali-el-Mammi*, roman historique qui se déroule dans le monde arabe du XIIIe siècle et propose une réflexion sur l'histoire des peuples, le pouvoir politique et la sagesse individuelle. Albert Memmi a vécu douloureusement le conflit israélo-palestinien et s'est souvent expliqué sur ce sujet. Sa réflexion l'a conduit à distinguer judaïsme, judaïcité et judéité. C'est surtout dans l'analyse de toutes les formes de domination que son apport se révèle précieux, joignant l'engagement personnel à l'objectivité sociologique.

D.B.

Ménard René (1908-1980). Né le 1er août 1908. L'inspiration de cet homme exigeant, soucieux d'élévation spirituelle, naît de l'expérience de la captivité au cours de laquelle il se consacra à la poésie, publiant *La Belle des cieux* (Cahiers de Paris, 1942) et *Granit des eaux vives* (Confluences, 1945). Suivent *L'Arbre et l'Horizon* (À l'enseigne de l'homme méditant, 1949), *Hymnes à la présence solitaire* (Cahiers du Sud, 1950) et *La Terre tourne* (Seghers, 1952). Ce poète sobre et attentif au monde, qui nomme Dieu et Notre-Dame, va progressivement passer à une forme plus ample, pour aboutir à une sorte de *Cantique des Cantiques*, alliant la célébration de la terre et de Dieu. Dans *La Condition poétique* (Gallimard, 1959), il développe une réflexion sur la poésie associée à une lecture de René Char. *Feuillage* (1965) contient : *L'Arbre et l'Horizon*, *Hymnes à la présence solitaire*, déjà publiés ; *L'Insolite, Coriandres ou les dons de Vaucluse*, dédié à René Char et saluant les différents lieux chers aux deux poètes ; *Conduite naturelle*, *Stèle pour un olivier* et *Le Roi de chèvrefeuille*. *Architecte de la solitude* (Rencontre, 1970, postface de Jacques Réda) est, à part quelques inédits, une sorte d'anthologie de sa poésie. Il est mort le 23 octobre 1980.

C.Du.

Menga Guy (1935). Né à Mankonongo (Congo), il a dirigé la Radio Télévision congolaise, puis s'est exilé en France, poursuivant sa carrière journalistique à Radio France internationale, avant de regagner le Congo, où il a occupé un temps d'importantes fonctions. Écrivain fécond, il est connu pour ses comédies, *La Marmite de Koka-Mbala* (Monte-Carlo, Regain, 1966) et *L'Oracle* (Yaoundé, CLE, 1967), dans lesquelles il relate sur le mode picaresque les mésaventures de personnages tiraillés entre modernité et tradition. Il a déployé la même verve ironique dans ses romans et dans ses recueils de nouvelles et de contes, *La Palabre stérile* (CLE, 1968), *Les Aventures de Moni-Mbambou* (CLE, 1971), *Kotawali* (Dakar, NÉA, 1977) et *Case de Gaulle* (Karthala, 1981), dominé par la figure mythique et providentielle de l'homme de la Conférence de Brazzaville.

J.C.

Mercanton Jacques (1910-1996). Né à Lausanne le 16 avril 1910, il y a fait toute sa carrière : études à la faculté des lettres achevées par un doctorat sur *Poésie et religion dans l'œuvre de Maurice Barrès* (1940), enseignant d'abord au collège classique cantonal, puis à l'université (1954-1979). Dans les années trente, il séjourne à Paris et en Allemagne, rencontre Joyce, dont il devient l'ami (*Les Heures de James Joyce*, 1967), et passe deux ans à Florence comme lecteur de français (1938-1940). À partir de 1944, il participe à l'aventure de *Labyrinthe*, revue fondée par Albert Skira à Genève, rencontre Giacometti, Malraux, Mauriac, Eluard. En 1947, il fait la connaissance à Sils-Maria de Thomas Mann, avec lequel il restera lié jusqu'à sa mort. La même année, il réunit dans un volume, *Poètes de l'univers*, ses études sur Bergson, Thomas Mann, Joyce, Rilke, T.S. Eliot, Valéry. À partir de 1949, il fait partie du comité de lecture de La Guilde du livre. De ses voyages en Espagne, au Portugal, au Maroc, en Allemagne, il rapporte de beaux textes qui témoignent de son ouverture au monde. L'amitié qui le lie au grand islamisant Louis Massignon lui permet de pénétrer au cœur de la civilisation arabe. Sa culture en fait l'un des plus éminents représentants, avec son compatriote et ami Denis de Rougemont, de l'esprit européen. Pour lui, le provincialisme qui nous menace, dans l'univers des médias, n'est pas un provincialisme dans l'espace, aboli par les moyens modernes de communication, mais dans le temps, où l'effacement de l'histoire entraîne la décadence de la civilisation.

Jacques Mercanton est l'un des meilleurs romanciers de la génération postramuzienne. Ses recueils de nouvelles (*Le Secret de vos cœurs*, 1942 ; *Christ au désert*, 1948 ; *Celui qui doit venir*, 1956 ; *La Sibylle*, 1967 ; *L'Amour dur*, 1980) et ses cinq romans (*Thomas l'incrédule*, 1943 ; *Le Soleil ni la mort*, 1948 ; *La Joie d'amour*, 1951 ; *De peur que vienne l'oubli*, 1962 et *L'Été des Sept-Dormants*, son chef-d'œuvre, 1974) ont pour cadre l'Italie, Prague, la Bretagne, le Maroc, l'Algarve, les paysages danubiens ou l'Engadine, qui correspondent aux états d'âme des personnages dont ils sont le miroir. Ils sont inscrits dans le temps historique, la Deuxième Guerre mondiale, la guerre froide, mais ce qui prévaut est le destin individuel de personnages qui incarnent ce que Mercanton appelle « la poésie des passions » et « le secret des cœurs ». Dans un univers tragique où il n'y a pas de place pour l'idylle, héros et héroïnes sont des êtres douloureux qui vivent leur relation à autrui dans la hantise de percer à jour le secret de l'être aimé par lequel ils sont à la fois fascinés et rejetés à leur solitude. À l'image de leur créateur, ce sont des hommes et des femmes qui cultivent la musique, les arts et la littérature, leur nourriture spirituelle. L'analyse des récits de Mercanton montrerait non seulement les jeux subtils de références implicites et explicites, les thèmes récurrents qui structurent la narration comme des motifs musicaux, mais aussi la manière dont chaque personnage vit son rapport à l'art et approfondit ainsi son interrogation sur son propre destin. Car dans cette œuvre, dont l'austérité est tempérée par l'humour, la visée du romancier n'est pas tant psychologique que métaphysique. Comme l'a dit Malraux, auquel Mercanton a consacré une étude, « l'homme est au-delà de ses secrets ». Chrétien — adolescent, il s'est converti au catholicisme —, il ne croit pas que l'art puisse assurer notre salut. Mais il nous aide à subjuguer nos terreurs et à mieux vivre. Ses romans fascinent grâce au timbre mystérieux d'un style qui donne aux êtres et aux paysages leur tonalité singulière. Jacques Mercanton est mort le 27 avril 1996.

ŒUVRES. — *Œuvres complètes*, Lausanne, Éditions de l'Aire, 1980-1988, 11 t.

→ Jean Romain, *Jacques Mercanton, un univers romanesque*, Fribourg, Éditions universitaires, 1991. — *Écriture*, n° 35, 1990. — Jacques-Étienne Bovard et André Jeanmonod, *Mystère et transcendance dans « La Sybille » et « L'Été des Sept-Dormants »*, Lausanne, 1991.

R.F.

Mercure de France (Le). Revue fondée à Paris en 1890 par Alfred Vallette, Jules Renard, Albert Samain, Gabriel-Albert Aurier, entre autres. Une maison d'édition du même nom naît en 1894. Le *Mercure de France* prend le relais de deux revues éphémères d'obédience symboliste, *Le Scapin* et *La Pléiade*. Leurs fondateurs ou collaborateurs se retrouvent en décembre 1889 aux côtés d'Alfred Vallette et de Jules Renard, pour créer une revue dont le nom rappelle l'ancien *Mercure françois*, et qu'ils financent avec leur maigres ressources. Le texte liminaire stigmatise la mode de l'obscurité volontaire et du décadentisme, tout en affirmant son goût pour les « formules inédites » et « les œuvres purement artistiques ». La revue se refuse par ailleurs à ne représenter qu'une « école ». Ce sérieux et ce goût pour une tradition ouverte à la nouveauté, apanages de son directeur Alfred Vallette, font du *Mercure* la revue des jeunes écrivains par excellence, Valéry, Proust, Maeterlinck, auxquels se joignent Mallarmé ou Heredia. Remy de Gourmont, qui rejoint l'équipe initiale au second numéro, sera l'autre pilier du *Mercure*, qu'il contribue à faire connaître en 1891 par le scandale que provoque son article « Le Joujou patriotisme ». Le succès engendre des changements : la revue triple son nombre de pages (une centaine après 1892) et les rubriques artistiques s'y développent. Son mode de financement s'améliore en 1894 en devenant celui d'une société anonyme. Et dès 1892, Vallette et Gourmont ressentent le besoin de disposer parallèlement d'une maison d'édition. À partir de 1892 paraissent des ouvrages de luxe, comme *Le Vigneron dans sa vigne* de Jules Renard, et des fac-similés de manuscrits de Marcel Schwob *(Mimes)* ou de Jarry *(Ubu roi)*. En 1894, la maison d'édition est fondée. L'emblème, sur une couverture jaune, apparaît un an plus tard : le caducée de Mercure, une baguette entourée de deux serpents entrelacés, surmontée de deux ailes. La notoriété de la maison d'édition et de la revue croît jusqu'en 1918. En 1896 naît la chronique « La Revue du mois », réservée à des critiques diverses, alors que l'autre moitié du *Mercure* est consacrée aux textes d'auteurs. La femme du directeur, Rachilde, pilier de la revue, y tient la rubrique du « Roman », Francis Vielé-Griffin celle des « Poèmes », Gourmont y donne des « Épilogues », jusqu'à sa mort en 1915. Apollinaire sera titulaire de la chronique « La Vie anecdotique » à partir de 1911. Le nombre de pages augmente encore. En 1903, les bureaux s'installent rue de Condé, dans la maison de Beaumarchais, et de 1905 à juillet 1914 la revue devient bimensuelle ; elle cesse de paraître de juillet 1914 à avril 1915, puis redeviendra mensuelle.

La maison d'édition se développe à partir de 1896 grâce au succès d'*Aphrodite* de Pierre Louÿs et à une politique honorable de droits d'auteur. La première collection naît en 1905 avec « Les plus belles pages », tandis que les poètes sont à l'honneur (en témoigne en 1896 *Le Livre des masques* de Gourmont, portraits de la génération symboliste, illustré de médaillons de Vallotton) : sont ainsi publiés Francis Jammes, Claudel *(Connaissance de l'Est, Art poétique)* et Apollinaire (*Alcools*, 1913, *Calligrammes*, 1918). Le Mercure ne néglige ni les essais (*Les Immémoriaux*, de Victor Segalen) ni la fiction, publiant Gide (*Les Nourritures terrestres*, 1897), Colette (*Dialogues de bêtes*, 1904), ou Cocteau (*Le Prince frivole*, 1910). Louis Pergaud obtient en 1910 le premier prix Goncourt du Mercure pour *De Goupil à Margot*, puis donne au même éditeur *La Guerre des boutons* (1912). Les lettres étrangères ne sont pas oubliées (H.G. Wells, Kipling, Mark Twain, Wilde, Whitman, Carlyle, et Nietzsche enfin publié en France). Mais dans les années 1910, le ralliement de Claudel à la *NRF*, qui supplante le *Mercure*, et l'essor de Gallimard et Grasset annoncent le déclin. Le Mercure ne devra sa survie qu'à la fidélité de Georges Duhamel (*Civilisation*, prix Goncourt 1918). De nombreux collaborateurs ont disparu, et Vallette refuse l'usage de la publicité malgré les crises des années vingt et trente. De nombreuses rééditions et quelques traductions (Lafcadio Hearn) n'empêchent pas le déclin. À la mort de Vallette en 1935, Duhamel le remplace, mais manquant de temps, il cède la place à Jacques Bernard en 1938 ; celui-ci entraînera le Mercure sur la voie de la collaboration, de l'antisémitisme et de l'anglophobie.

La revue cesse de paraître en juin 1940, malgré les désirs de Jacques Bernard, qui sera arrêté à la Libération. Paul Hartmann, résistant et éditeur d'art, va remettre l'entreprise sur pied. La revue est confiée à Samuel Silvestre de Sacy de 1946 à 1963 et, malgré le canular de *La Chasse spirituelle*, texte donné comme un inédit de Rimbaud que Pascal Pia présentait en termes lyriques dans une publication du Mercure, la revue retrouvera un nouveau souffle, grâce à des écrivains tels Reverdy (*Main-d'œuvre*, 1949) ou Jouve. Hartmann bénéficie de l'aide de la libraire Adrienne Monnier, qui lui présente Henri Michaux (*L'Infini turbulent*, 1957), Yves Bonnefoy (*Du mouvement et de l'immobilité de Douve*, 1953) ou Henri Pichette. Ne parvenant pas à augmenter le capital malgré le commencement de la publication du *Journal littéraire* de Léautaud, Hartmann démissionne en 1958. La maison est rachetée en 1957 par Gaston Gallimard : c'est alors Simone Gallimard, la femme de son fils Claude, qui en assure la direction à partir de 1962, jusqu'à sa mort en 1995. Gaëtan Picon, qui succède à Sacy en 1963, ouvre la revue aux arts plastiques et musicaux (Jean Dubuffet, Pierre Boulez), avant de boucler le dernier numéro, en août 1965, Gallimard ne pouvant soutenir à la fois la *NRF* et le *Mercure*. À partir des années soixante, la maison publie André Du Bouchet (*Dans la chaleur vacante*, 1961), Louis-René Des Forêts, Michel Leiris, Jacques Garelli, Ionesco ou Romain Gary (*La Vie devant soi*, prix Goncourt 1975 sous le pseudonyme d'Émile Ajar). Une attention particulière est portée au domaine étranger. Dirigé aujourd'hui par Isabelle et Antoine Gallimard, Le Mercure poursuit une politique éditoriale de qualité, publiant des poètes comme Jean-Michel Maulpoix ou Yves Leclair, et des romanciers comme Andreï Makine (*Le Testament français*, prix Goncourt 1995).

→ *Le Mercure de France, cent un ans d'édition*, Bibliothèque nationale de France, 1995. — *A rebours*, *« Les Fondateurs du Mercure de France »*, n° 50, 1990. — *Digraphe*, « Hommage au Mercure », n° 73, mars 1995. — *Mercure de France, anthologie 1890-1940*, éd. Philippe Kerbellec et Alban Cerisier, Mercure de France, 1997.

A.S. — IMEC

Merle Robert (1908). Né le 29 août 1908 à Tébessa (Algérie), agrégé d'anglais et docteur ès lettres, il a terminé sa carrière universitaire à Nanterre. Traducteur (de Webster, Swift, Caldwell et Che Guevara), auteur dramatique (*Flaminéo ; Sisyphe et la mort*, Gallimard, 1950 ; *Justice à Miramar* ; *L'Assemblée des femmes*, Gallimard, 1957), essayiste (*Oscar Wilde*, Hachette, 1948), biographe (*Ben Bella*, Gallimard, 1965 ; *Moncada, pre-*

mier combat de Fidel Castro, Laffont, 1965), il est connu surtout comme romancier, depuis *Week-end à Zuydcoote* (Gallimard, 1949, prix Goncourt), témoignage saisissant sur la bataille de Dunkerque. L'auteur y montre la violence et l'absurdité d'une guerre qui hante également *La Mort est mon métier* (Gallimard, 1953). Il dénoncera aussi la colonisation et le racisme (*L'Île,* Gallimard, 1962), les expérimentations douteuses (*Un animal doué de raison*, Gallimard, 1967 ; *Les Hommes protégés*, Gallimard, 1974) ou le risque nucléaire (*Malevil*, Gallimard, 1972 ; *Le jour ne se lève pas pour nous*, Plon, 1986), en recourant à la science-fiction. Mais il s'est également imposé comme un des maîtres du roman historique avec une grande fresque sur les guerres de religion et les premières décennies du XVIIe siècle : *Fortune de France* (Plon, 1977), *En nos vertes années* (Plon, 1979), *Paris ma bonne ville* (Plon, 1980), *Le Prince que voilà* (Plon, 1982), *La Violente amour* (Plon, 1983), *La Pique du jour* (Plon, 1985), *La Volte des Vertugadins* (Fallois, 1992), *L'Enfant Roi* (Fallois, 1993), *Les Roses de la vie* (Fallois, 1995) et *Le Lys et la pourpre* (Fallois, 1997).

S.R.

Mermod. Maison d'édition fondée en 1926 à Lausanne par Henri-Louis Mermod (1891-1961), homme d'affaires et amateur d'arts, elle a publié, jusqu'à sa disparition en 1962, des volumes soignés, parfois illustrés par de grands peintres. Dès le début, Mermod sera le grand mécène de Ramuz, qu'il placera à la tête de l'hebdomadaire *Aujourd'hui* (1929-1931) et dont il publiera les œuvres complètes (1940-1954). En 1936, Mermod a été l'un des cofondateurs de La Guilde du livre. Parallèlement à la promotion des écrivains romands déjà connus, Edmond Gilliard, Gustave Roud, Pierre-Louis Matthey, Charles-Albert Cingria, Mermod a découvert et soutenu Maurice Chappaz, Philippe Jaccottet, Jacques Chessex. Il a également publié des auteurs français tels que Valéry, Giraudoux, Larbaud, Cocteau.

B.Z.

Mertens Pierre (1939) Né à Bruxelles, le 9 octobre 1939, observateur pour la Ligue des droits de l'homme et sociologue, il a placé l'Histoire au cœur de son œuvre d'essayiste et de romancier. Depuis ses débuts autobiographiques (*L'Inde ou l'Amérique*, 1969, prix Rossel 1970 ; *Le Niveau de la mer*, 1970 ; *La Fête des anciens*, 1971), il a fait de la question de l'engagement le point central de sa réflexion : en dehors des causes à défendre ou des leçons de politique à donner, il s'agit essentiellement pour l'écrivain de prendre conscience de l'ancrage naturel de la fiction dans la réalité, et de donner à l'Histoire un rôle moteur dans le romanesque. Son roman *Les Bons Offices* (1974) illustre cette démarche à travers la dénonciation de l'inefficacité des organisations humanitaires, par l'assimilation du caractère de son héros à sa perception des événements historiques. Qu'il dénonce les horreurs de la torture (*Terreurs* 1983) ou le désarroi des exilés (*Terre d'asile*, 1978), Mertens met toujours en cause l'aliénation de l'individu par le monde dans lequel il vit. C'est avec *Les Éblouissements* (1987, prix Médicis), qu'il développe son propos avec le plus d'acuité : construisant une biographie fictive de Gottfried Benn, il constate la dérive inattendue du poète expressionniste allemand vers le nazisme après son expérience de médecin pendant la Première Guerre. Si la destinée de l'homme est le fruit de sa rencontre avec son époque, l'écrivain, lui, doit être un *Agent double* (essai, 1990) trahissant les angoisses de son temps dans son œuvre. Le problème du vécu au centre de la fiction, que Mertens avait violemment exacerbé dans la dérive amoureuse de *Perdre* (1983), est évoqué dans les nouvelles de *Les Phoques de San Francisco* (1991), et reste au centre d'*Une paix royale* (1995), roman autobiographique construit autour de la « Question royale » belge et du roi Léopold III. Signalons encore, parmi les recueils de nouvelles, *Nécrologies* (1977), *Ombres au tableau* (1982), *Les Chutes centrales* (1990) ; Mertens a aussi écrit pour la scène (*La Passion de Gilles*, 1982, opéra ; *Collision*, 1988 ; *Flammes*, 1993). Il a été élu à l'Académie royale de langue et de littérature françaises de Belgique en 1989.

ŒUVRES. — Aux Éditions du Seuil. *La Fête des anciens*, rééd., Bruxelles, Les Éperonniers, coll. Passé-présent, 1983. — *Terre d'asile*, rééd., Bruxelles, Labor, coll. Espace Nord, 1987. — *Les Éblouissements*, rééd., Seuil, coll. Points, 1989. — *Les Bons Offices*, rééd. préface de Régis Debray, Mons, Talus d'approche, 1994. — *Collision*, rééd., Bruxelles, Labor, coll. Babel, 1995.

→ *Pierre Mertens, l'arpenteur*, Bruxelles, Labor, coll. Archives du futur, 1989. — Natacha Michel, *Conversation avec Pierre Mertens sur le roman*, Bruxelles, L'Ambedui, 1991.

O.Bi.

Meschonnic Henri (1932). Poète, traducteur de la Bible, professeur de linguistique (ses travaux portent principalement sur le langage poétique, le rythme et la traduction), il a publié une dizaine de recueils de poésie dont les principaux sont : *Dédicaces proverbes* (Gallimard, 1972), *Dans nos recommencements* (Gallimard, 1976), *Légendaire chaque jour* (Gallimard, 1979), *Voyageurs de la voix* (Verdier, 1985), *Jamais et un jour* (Bedou, 1986), *Nous le passage* (Verdier, 1990). Ses poèmes, souvent brefs, ne dédaignant pas l'écriture gnomique, recourant abondamment au *je* et au *tu*, parlent autant du monde et des êtres que du langage qui les rend présents. Son œuvre poétique comprend aussi des traductions de textes bibliques (*Les Cinq Rouleaux*, Gallimard, 1970 ; *Jona et le signifiant errant*, Gallimard, 1981) qui tentent de retrouver l'impact du texte original en deçà de toute hellénisation et christianisation, par une transposition de la syntaxe, du rythme et des accents de l'hébreu. Parmi ses nombreux ouvrages de poétique et de linguistique, mentionnons, outre les cinq volumes de *Pour la poétique* (Gallimard, 1970-1978), vaste recueil d'études théoriques ou monographiques (un volume est consacré à Hugo) : *Le Signe et le poème* (Gallimard, 1975) ; *Modernité, modernité* (Verdier, 1988) ; *La Rime et la vie* (Verdier, 1989), réflexion sur la part du rythme dans le langage du point de vue poétique, historique et éthique ; *Des mots et des mondes* (Hatier, 1991), essai de poétique des dictionnaires et des encyclopédies ; *Politique du rythme* (Verdier, 1995).

B.Do.

Mesens Édouard Léon Théodore, dit E.L.T. (1903-1971). Né à Bruxelles, le 27 novembre 1903, lié au groupe bruxellois du mouvement surréaliste belge, porté vers la musique (*Danse*, 1920, *Garage*, 1926), la peinture et la poésie, ami de Satie, de Tzara et de Picabia, il perpétue l'esprit dada en Belgique, dirigeant les revues *Œsophage* (1925) et *Marie* (1926), avant de se rallier au groupe surréaliste proprement dit. Gérant d'une galerie d'art dès 1927, il organise en 1928 et 1931 des expositions d'œuvres de Magritte. Infatigable promoteur de l'art et de la pratique surréalistes, il est parmi les organisateurs de l'exposition « Minotaure » en 1934 à Bruxelles, et d'expositions surréalistes à La Louvière en 1935, à Londres en 1936, à Exeter en 1967. Établi à Londres en 1938, il y rencontre les surréalistes anglais et dirige jusqu'en 1951 la « London Gallery », dont l'activité est relayée par le *London Bulletin* (1938-1940 ; créé avec Roland Penrose). Auteur de montages photographiques, Mesens a aussi publié des poèmes inspirés par la technique du collage, accordant une grande importance à la typographie (*Femme complète*, 1933 ; *Alphabet sourd-aveugle*, 1933 ; *Troisième Front* suivi de *Pièces détachées*, 1944). Il est mort à Bruxelles, le 13 mai 1971.

ŒUVRES. — *Poèmes 1923-1958*, Le Terrain vague, 1959.

→ Michel Sanouillet, *Dada à Paris*, Jean-Jacques Pauvert, 1965.

O.Bi.

Messac Régis (1893-1943). Né le 2 août 1893 à Jonzac, il est mort en 1943 en déportation. Il a d'abord consacré une étude au roman policier, *Le « Detective novel » et l'influence de la pensée scientifique* (1929 ; réimpr. Slatkine, 1975), puis s'est tourné vers la science-fiction : *Le Miroir flexible* (nouvelle publiée dans la revue *Les Primaires*, 1933-1934), *Micromégas*, *Les Romans de l'homme-singe* (1935), *Quinzinzinzili* (1935 ; rééd. Lattès, 1972), *La Cité des asphyxiés* (1937 ; rééd. Lattès, 1972), *Les Hypermondes* (1935-1937, 3 t.). On lui doit aussi l'*Esquisse d'une chrono-bibliographie des Utopies* (1962, posth.).

M.Ber.

Messages (1939-1946). Revue fondée à Paris par Jean Lescure. Les cahiers de *Messages*, trimestriels, de formats différents et à la pagination variable ont succédé à la revue du même nom qu'avait créée André Silvaire en 1937. Dirigés par Jean Lescure, ces cahiers, qui n'ont plus rien en commun avec le recueil de poèmes que publiait Silvaire, vont connaître deux périodes. La première en 1939, année pendant laquelle paraissent deux numéros, l'un consacré à « William Blake » et comprenant des contributions de Jean Lescure, Denis Saurat, Jean Vagne, Jean Wahl, et le second intitulé « Métaphysique et poésie », et publiant des textes de Jean Wahl, Bachelard, Eluard, Eliot. La seconde période va de 1942 à 1943 : la publication de Jean Lescure se met alors au service de la Résistance. Devançant la censure, Lescure imprime sa revue en différents lieux de Belgique et de Suisse, chez différents éditeurs, antidate les numéros ou transmet pour approbation aux autorités le vrai sommaire et de faux manuscrits. Comme avant-guerre, chaque numéro porte un titre générique : « Éléments, n° 1 » (textes de Pierre Emmanuel, Jean Grenier, Jean Follain, Raoul Ubac, Benjamin Fondane), « Dramatique de l'espoir » (Claudel, Tardieu, Ponge, Eluard, Queneau, Masson), « Exercice de la pureté » (un texte de Lescure et des photos d'Ubac), « Exercice du silence » (Baudelaire, Eluard, Bachelard, Tardieu, Queneau, Leiris, Fardoulis-Lagrange, Sartre, Bataille, Gilbert-Lecomte et Ubac). En 1943, Lescure publie sous l'invocation de Walt Whitman, le numéro de *Messages* consacré au « Domaine français » et signe la préface. « Pendant des mois il a pu paraître que toute voix française en France serait condamnée au silence. Pourtant on a heureusement assez tôt connu un beau refus de se soumettre et de renoncer à proclamer la dignité d'une conception de l'homme qu'un événement militaire et politique — si écrasant fût-il — ne suffisait pas à ridiculiser. » S'ensuit l'un des plus beaux sommaires parus sous l'Occupation : Aragon, Mauriac, Jouve, Camus, Loys Masson, Sartre, Seghers, Claudel, Guillevic, Cayrol, Georges Hugnet, Georges Lambrichs, Pierre Emmanuel, Michaux, Paulhan, Eluard, Queneau, Ponge, Frénaud, Michel Fardoulis-Lagrange, Bataille, Leiris, Bachelard, Gide, Valéry, Jacques Decour, Fondane, Benda, Soupault, Jean Vaudal, etc. Ce numéro est publié et diffusé en collaboration avec la maison d'édition suisse Les Trois Collines, dirigée par François Lachenal. Le comité de rédaction s'étant réduit à cinq personnes (Char, Frénaud, Leiris, Queneau, Lescure), la treizième et dernière livraison de *Messages*, sous le titre « Les Mots et les Signes », paraît à l'automne 1946.

M.I. — IMEC

Messagier Matthieu (1949). Poète majeur du *Manifeste électrique aux paupières de jupes* (1971), qui propose de conjuguer l'écriture automatique et la technique du *cut-up*, il écrit des poèmes qui sont, de son propre aveu, « immédiats », consignant sensations physiques ou états psychiques, saisis dans l'instant. Des calligrammes aux cadavres exquis, sa poésie, souvent elliptique, procède par accumulation de mots. Son œuvre se cristallise autour du thème de l'enfance que chaque livre, à commencer par le roman *Sanctifié* (1974), éclaire d'un jour différent. Dans *Les Laines penchées* (1975), les jeux de l'enfance se mêlent à ceux du langage. L'humour s'y glisse par le biais d'allusions littéraires ou d'évocations historiques ou mythologiques. *Poèmes 67-71* (1977) est la sténographie d'une absence constituée d'instants sans liens précis entre eux. Le roman *Vic et Eance* (1978) participe de la même parole inhabitée et de la même rapidité d'écriture. Messagier a également publié un volumineux recueil intitulé *Orant* (Bourgois, 1990), *De la tanche et son principe complétif* (1993), *25 parfums pour un bal à n'os* (Fata Morgana, 1994), *Les Chants tenses et autres poèmes* (Flammarion, 1995), onze suites de poèmes et proses alternés.

D.H.-M.Ber.

Mesure. Revue fondée à Paris, par Michel Crouzet, aux Éditions José Corti, en 1989, sous-titrée « Revue semestrielle des études littéraires ». Reprenant, au singulier, le titre d'un périodique publié chez le même éditeur, elle n'eut que quatre numéros, de réflexion et de débat (*L'Histoire comme genre littéraire,* juin 1989 ; *La Mort de l'intellectuel,* octobre 1989 ; *La Rhétorique aujourd'hui,* mai 1990 ; *Culture et cultures,* octobre 1990).

A.G.

Mesures (1935-1940). Revue fondée à

Paris par Henry Church, publiée à la Maison des amis des livres d'Adrienne Monnier, puis chez José Corti. Le mécène américain Henry Church (1880-1947) concrétise un projet de revue littéraire dans l'été 1934. À partir de ce moment, *Mesures* apparaît dans les correspondances et souvenirs des collaborateurs de la *NRF* et autres revues, Paulhan, Ungaretti, Suarès, Adrienne Monnier, Sylvia Beach, Léautaud. La revue se propose de « publier hors de toute mode, école, doctrine, les œuvres des meilleurs écrivains français et étrangers et des textes philosophiques, mystiques ou anciens ». Le 15 janvier 1935, paraît le premier numéro de cette revue trimestrielle, qui paraîtra les 15 janvier, 15 avril, 15 juillet, 15 octobre de chaque année. Au comité de rédaction figurent Henry Church, Bernard Groethuysen, Henri Michaux, Jean Paulhan et Giuseppe Ungaretti. Par le contenu comme par la forme, la revue se présente comme prenant la succession de *Commerce* : absence de programme, diversité géographique et chronologique des textes, en particulier littéraires. La typographie des deux revues est presque identique. *Mesures* offre tous les textes traduits en français mais publie le plus souvent la poésie étrangère dans les deux langues. Elle se distingue de *Commerce* en ce que les auteurs étrangers y sont largement représentés. Elle publie aussi bien des contemporains que des auteurs comme Mallarmé, Tolstoï, Amiel ou des auteurs classiques. En 1936, elle organise trois concours, poésie, récit bref et traduction. Elle communique le nombre des participants, l'avis du jury et publie le texte des lauréats. Le troisième numéro de 1939 est consacré à l'Amérique et imprime des textes de Henry Miller, Marianne Moore, Wallace Stevens, Emily Dickinson et John Dos Passos. De nombreux textes sont traduits par Pierre Leyris et Raymond Queneau. Au long de ses vingt-deux livraisons, *Mesures* publiera des textes de Musil, Brecht, Heidegger, Martin Buber, Dostoïevski, Nabokov, Pirandello, Borges, Ramuz, Jouve, Eluard, Claudel, Sartre. En 1940, ne paraissent que les numéros 1 et 2, puis la revue cesse d'exister jusqu'en 1948, date à laquelle paraît un numéro spécial, consacré à Henry Church, décédé l'année précédente.

S.L. — IMEC

Métail Michèle (1950). Née le 8 juin 1950 à Paris, sinologue, auteur d'une thèse sur la poétique de la Chine ancienne, elle a rejoint l'Oulipo et n'a guère publié que dans les recueils collectifs de la Bibliothèque oulipienne, et cela volontairement, réservant ses performances à la poésie orale et produisant des « textes partitions pour voix parlées » dont les versions varient suivant le lieu de lecture (voir *Poésies sonores*, entretiens avec Vincent Barras, Orgemont, Contrechamps, 1993). Considérant la langue en tant que phénomène, et non comme instrument de communication, elle est l'auteur d'un texte expérimental, *Les Compléments du nom*, composé de séquences multipliant à l'infini la structure du complément de nom en utilisant une seule fois tous les substantifs de tous les dictionnaires de langue française et dialectale : « 9971 : l'antisèche du fraudeur de la supercherie de l'inconstance du double du tranchant / 9972 : la dissimulation de l'antisèche du fraudeur de la supercherie de l'inconstance du double / 9973 : la poche de la dissimulation de l'antisèche du fraudeur de la supercherie de l'inconstance ».

E.G. — CIPM

Métellus Jean (1937). Né le 30 avril 1937 à Jacmel (Haïti), il est l'un des représentants les plus actifs et les plus doués de la diaspora haïtienne en France. Son étonnante capacité de travail lui permet de mener de front une double carrière de neurologue, spécialiste des troubles de l'aphasie, et d'écrivain. Il s'est d'abord distingué par un long poème, *Au pipirite chantant* (Les Lettres nouvelles, 1978) ; on lui doit d'autres recueils poétiques, *Tous ces chants sereins*, *Hommes de plein vent* (Silex, 1981), *Voyance* (Hatier, 1984), *Voix nègres* (Le Bruit des autres, 1992), *Philtre amer* (La Rosa Editrice, 1996). Dans une large mesure, son œuvre dramatique, *Anacaona* (Hatier, 1986), *Le Pont rouge* (Nouvelles du Sud, 1991), *Colomb* (Éditions de l'Autre Mer, 1992), s'inscrit également, par la richesse et la beauté de la langue, dans le registre poétique. Commencée avec *Jacmel au cré-*

puscule (Gallimard, 1981), savoureuse chronique de sa ville natale, son œuvre romanesque s'est prolongée avec *La Famille Vortex* (Gallimard, 1982), qui évoque les déchirures de l'exil, puis *Une eau forte* (Gallimard, 1983) et *La Parole prisonnière* (Gallimard, 1986), récits dans lesquels il aborde les problèmes de la parole et de la création artistique. Il est aussi l'auteur d'un essai à caractère politique et historique, *Haïti, une nation pathétique* (Denoël, 1987).

ŒUVRES. — En outre : *L'Année Dessalines*, Gallimard, 1986. — *Les Cacos*, Gallimard, 1989. — *Charles Honoré Bonnefoy*, Gallimard, 1990. — *Voix nègres*, Le Bruit des autres, 1991.

→ F. Naudillon, *Jean Métellus*, L'Harmattan, 1994.

J.C.

Michaux Henri (1899-1984). Né à Namur (Belgique) le 24 mai 1899. « Ne pas laisser de trace » : telle fut toujours l'attitude de Michaux vis-à-vis de lui-même, concentré sur son œuvre, en dehors des écoles, fuyant la publicité. D'une enfance sans amour naîtra sa haine des familles ; d'un pays sans curiosité ni fantaisie, son désir d'infini. Après une année de médecine à l'université de Bruxelles, il s'engage comme matelot et voyage jusqu'en Amérique du Sud. En 1922, la lecture de Lautréamont, la rencontre de Camille Goemans et de Franz Hellens lui ouvrent les portes de la littérature : Hellens l'invite à collaborer au *Disque vert*, dans lequel il publie son premier texte : *Cas de folie circulaire*. La revue disparaît en 1925, il en est alors codirecteur et a préparé des numéros spéciaux, comme celui sur *Le Cas Lautréamont*. Son premier livre, *Les Rêves et la jambe* (1923), « essai philosophique et littéraire », est dédié à Hellens ; le second, *Fables des origines* (1923) paraît aux Éditions du *Disque vert* alors qu'il a quitté la Belgique et s'est installé à Paris, où il est en contact avec Paulhan, qui l'introduit à *La Nouvelle Revue française*. Il découvre alors la peinture de Klee, d'Ernst, de De Chirico, rencontres déterminantes pour son œuvre future, tant graphique que poétique. Michaux a écarté de son œuvre les volumes qui précèdent la publication de *Qui je fus* (1927), son premier recueil édité chez Gallimard, dans lequel il a posé les jalons de cette recherche de l'identité qui sera à la base de son itinéraire : éliminer le passé, tenter de « sortir de soi », mettre la création en face de l'individu. Et d'abord le refus, le détachement. Il a dix-neuf ans à la fin de la Première Guerre, il est contemporain des mouvements d'avant-garde ; mais si sa révolte a des origines communes avec celle des surréalistes, leur nature est différente : apolitique, individuelle et autonome, consciente et organisée, elle est d'abord un remède personnel : faire table rase, rechercher le lieu vierge où se retirer pour descendre en soi-même *(Mes Propriétés*, 1930), pour rebâtir par l'imagination ce que le réel ne peut pas donner : voilà son sens. Il faut s'accommoder du réel ou s'en abstraire : le héros d'*Un certain Plume* (1930) est une manière de réponse par l'indifférence et la dérobade aux agressions d'une société kafkaïenne : sa légèreté et son inaction en font un être supérieur, hors du commun. Ce droit à la différence et à la solitude toujours revendiqué dans *La nuit remue* (1935), Michaux l'exprime tantôt avec humour et fantaisie, tantôt par l'absurde ou le fantastique. Mais s'il y a chez lui du Swift ou du Lewis Carroll, il y a aussi du Fabre, dans sa manie de la description et dans son goût du discours scientifique, lorsqu'il élabore une faune et une flore imaginaire (voir *Notes de zoologie* et *Notes de botanique*, dans *Mes propriétés)*. S'échapper du quotidien et plus tard de la réalité, ne se fait pas sans *Difficultés* (1930) ; les textes de la fin des années trente témoignent de cette tentative d'arrachement, d'une volonté de disparaître, de trouver un lieu de plénitude où devenir soi-même l'objet de son désir, en dehors de l'espace et du temps *(Lointain intérieur* 1938).

Les voyages sont de prime abord, pour Michaux, le moyen d'évasion par excellence : il quitte pendant deux ans l'Europe pour l'Amérique latine (1927-1929), gagne l'Inde et l'Extrême-Orient (1932), et en rapporte des livres, *Écuador* (1929) ou *Un barbare en Asie* (1933). Il crée alors une poétique de l'ethnologie constituée de noms bizarres, de détails apparemment anodins, d'emprunts à des civilisations différentes, autant d'indices d'une rupture avec l'espace occidental et d'une approche positive de l'*autre* pour mieux se connaître. Mais le déplacement est aussi intérieur : « moi, je mets la Chine dans ma cour. Je suis plus à l'aise pour l'observer ». À partir de 1936, après un séjour en Argentine où il rencontre Borges, il compose des récits de voyages imaginaires, créant des pays et des peuples, leur attribuant une histoire et des coutumes *(Voyage en Grande Garabagne*, 1936 ; *Au pays de la magie*, 1941 ; *Ailleurs*, 1946 ; *Meidosems*, 1948). L'abondance des détails, la précision des descriptions, le bonheur de la nomination sont quelques-uns des aspects d'une œuvre apte à créer un « espace du dedans » qui protège du monde extérieur mais qui en reflète aussi l'absurdité ou l'intolérance, tandis que l'itinéraire imaginaire favorise la découverte des espaces cachés de la conscience. Cependant, la tension vers l'ailleurs appelle aussi d'autres techniques expressives, d'autres moyens de sonder la pensée. Depuis 1927, Michaux mêle la peinture et l'écriture, par la création d'alphabets, de pictogrammes, d'idéogrammes. En 1938, il expose pour la première fois des gouaches, se concentre sur le graphisme avec autant d'acuité que sur l'écriture. « Je peins comme j'écris » : inséparables, sans que l'on puisse parler de l'illustration de l'un par l'autre, ces registres sont exploités dans des travaux à l'encre de chine qui prolongent littéralement le texte écrit. Avec *Peintures* (1939), il inaugure une expression double, dont les modèles refléteront désormais l'évolution de son style et de sa pensée : dessins à l'encre et à l'aquarelle en 1954, créés sous l'influence de la mescaline à partir de 1956, taches, éruptions de couleurs vives dans les années soixante, et toujours une attention extrême pour les idéogrammes (entre autres *Exorcismes*, 1943 ; *Apparitions*, 1946 ; *Peintures et dessins*, 1946 ; *Mouvements*, 1951 ; *Misérable miracle*, 1956 ; *Parcours*, 1966 ; *Émergences, résurgences*, 1972 ; *Par la voie des rythmes*, 1974 ; *Saisir*, 1979 ; *Par des traits*, 1984).

La guerre, l'exode, l'occupation, exacerbent les tensions entre l'être et le monde. Si Michaux se réfugie encore un temps dans les contrées imaginaires *(Arbre des tropiques* et *Je vous écris d'un pays lointain*, 1942), sa défiance est totale : les poèmes d'*Épreuves, exorcismes* (1945) et de *La Vie dans les plis* (1949) illustrent, par un langage d'une extrême violence, une volonté de rompre radicalement avec tous les pouvoirs, avec une société qui porte en elle les marques de la stupidité et du grégarisme. Après cinq ans de mariage, sa femme meurt à la suite d'un accident (voir *Nous deux encore*, 1948) ; Michaux se réfugie dans la peinture, rassemble ses textes *(Passages*, 1950), remonte lentement la pente. Avec *Face aux verrous* (1954), le poète revient sur un de ses terrains favoris : aphorismes et anecdotes y dénoncent, par l'absurde et avec humour, la médiocrité et les stéréotypes du discours institutionnel. Combattre les motifs de l'angoisse signifie d'abord utiliser un langage à la mesure de la rupture : tantôt par saccades, tantôt froidement, comme un fait divers, trop naturel, Michaux se débarrasse du monde. Ses poèmes résultent d'un travail sur la langue visant à détruire sa composante référentielle, point de contact obligé avec la réalité. Mots isolés, cris, sons, échos témoignent d'une perception physique du code, appréhendée à partir du corps, tandis que l'invention lexicale et la création d'autres langues ne gardant avec le français qu'un semblant de structure résultent d'une véritable appropriation du discours. Le corps est un obstacle pour Michaux : il en éprouve un dégoût profond, qu'il exprime par des images brutales, souvent sanglantes ; c'est peut-être le désir de s'échapper de cette enveloppe qui le pousse, au milieu des années cinquante, à tenter l'expérience de la drogue. Ce n'est ni un signe d'abdication, ni une simple recherche du plaisir : assisté médicalement, Michaux s'adonne à la mescaline dans l'intention de rejoindre une dimension extatique, en dehors de toute contingence matérielle, et d'en rendre compte ; ici aussi, la connaissance de soi est à la base du « voyage ». L'écriture revêt un aspect clinique, s'attachant à décrire minutieusement les réactions du corps, la libération de la pensée, les régions de l'absence ; blanche et contrôlée, elle est à l'opposé du délire ou de l'incohérence *(Misérable miracle*, 1956 ; *L'Infini turbulent*, 1957 ; *Paix dans les brisements*, 1959 ; *Connaissance par les* gouffres, 1961 ; *Les Grandes Épreuves de l'esprit*, 1966). Michaux ne cessera jamais de s'interroger sur les rapports entre création et hallucination, dans son œuvre graphique et poétique (*Le Jardin exalté*, 1983 et *Par surprise*, 1983) ; il tirera même un film : *Images du monde visionnaire* (1963, avec Éric Duvivier).

À partir des années soixante, il atteint la consécration : toujours plus solitaire, il refuse le Grand prix national des lettres en 1965 ; un *Cahier de l'Herne* lui est consacré en 1966. Tandis qu'une lucidité sans faille le maintient constamment sur ses gardes face aux agressions du réel, il poursuit une recherche visant à inscrire le moi dans une dimension spatio-temporelle tout intérieure, se réfugiant dans l'intervalle qui sépare le monde matériel du monde des rêves (*Façons d'endormi, façons d'éveillé*, 1969 ; *Poteaux d'angle*, 1971), créant d'autres espaces, d'autres temps (*Moments*, 1973 ; *Face à ce qui se dérobe*, 1975). Ses derniers recueils semblent atteindre ces lieux de l'immobilité, de la contemplation et de la sérénité qu'il a inlassablement poursuivis, dans une voie plus proche de celle du Tao que d'une quelconque métaphysique occidentale (*Chemins cherchés, chemins perdus, transgressions*, 1981 ; *Déplacements dégagements*, 1985, posth. ; *Affrontements*, 1986, posth.). En 1983, un deuxième *Cahier de l'Herne* vient couronner une œuvre aussi intransigeante dans son développement intellectuel que dans son refus des modes, entièrement vouée à la connaissance des limites de l'être. Il meurt à Paris le 19 octobre 1984.

ŒUVRES. — Quelque quatre-vingts volumes et plaquettes, la plupart publiés et/ou recueillis aux Éditions Gallimard et Fata Morgana. La collection Poésie-Gallimard a publié une anthologie : *L'Espace du dedans, pages choisies 1927-1959* (1966, rééd. augmentée 1998).

→ André Gide, *Découvrons Henri Michaux*, Gallimard, 1941. — René Bertelé, *Henri Michaux*, Seghers, 1946, rééd. 1972. — Robert Brechon, *Michaux*, Gallimard, 1959, rééd. 1969. — Raymond Bellour, *Henri Michaux ou une mesure d'être*, Gallimard, 1965 et 1986. — *Cahiers de l'Herne*, éd. Raymond Bellour, 1966, rééd. L'Herne-Fayard, 1997. — *Henri Michaux*, Centre Georges Pompidou, 1978. — Jean-Michel Maulpoix, *Michaux, passager clandestin*, Seyssel, Champ Vallon, 1985. — Michel Butor, *Improvisations sur Henri Michaux*, Montpellier, Fata Morgana, 1985. — *Passages et langages de Henri Michaux*, Corti, 1987. — Pierre Jourde, *Géographies imaginaires*, Corti, 1991. — Jean-Pierre Martin, *Henri Michaux : écriture de soi, expatriation*, Corti, coll. Les essais, 1994. — *Les Ailleurs d'Henri Michaux*, éd. Éric Brogniet, *Sources* (Namur), n° 17, octobre 1996. — Il existe depuis 1993 un *Bulletin de la Société des lecteurs d'Henri Michaux : Plume* (Centre de recherches sur la création poétique, École normale supérieure Fontenay-aux-Roses). — Fonds Henri Michaux à la Bibliothèque littéraire Jacques Doucet.

O.Bi.

Michon Pierre (1945). Né le 28 mars 1945 dans la Creuse, d'ascendance paysanne mais fils d'une institutrice, lycéen à Guéret puis étudiant en lettres à Clermont-Ferrand, Pierre Michon a été un écrivain tardif. C'est qu'il fut un enfant sans père, que la vocation d'écrire s'enracina très tôt pour lui dans ce manque essentiel et que la découverte précoce de Rimbaud, enfant dépossédé lui aussi, l'avait persuadé que l'écriture pouvait lui rendre le monde, mais à condition d'être invention, miracle, présence absolue (« rien ne m'entiche comme le miracle », devait-il déclarer plus tard). Il fut donc, après 1968, de ceux qui crurent que la dérive sociale et l'usage des stupéfiants leur mériteraient ce moderne destin de Voyant mais n'aboutit alors qu'à l'impossibilité d'écrire. La lecture de Faulkner le libéra enfin en lui révélant qu'existait en chacun une « clé », un *incipit* à partir duquel le texte se déploie souverainement : cette clé, c'est le nœud biographique et familial dans lequel s'enracine un rythme, une « scansion despotique et sourde qui soutient ce qu'on écrit, l'alimente et l'épuise ». Son premier livre, *Vies minuscules* (1984), sondait donc en huit récits successifs le destin de figures, familiales ou de rencontre, qui lui composaient comme une généalogie mentale mais ne prenaient vie dans le texte que grâce à l'exploration de la mémoire par le travail de l'écriture. Ainsi s'explique que dans ses livres suivants Pierre Michon soit sans cesse revenu sur la question des racines de la création et sur la figure du créateur lui-même : dans la *Vie de Joseph Roulin* (1988), Van Gogh sera ainsi vu par les yeux d'un employé des Postes aux sympathies communardes, dont il fit le portrait et qui fut son ami ; *L'Empereur d'Occident* (1989), bref et admirable récit — où la querelle, si essentielle pour Michon, entre les Pères et les Fils, joue un rôle capital, — sera centré sur la figure d'Attalus, empereur fantoche au temps du Bas Empire, mais aussi poète ; *Maîtres et serviteurs* (1990) enfin, en mettant successivement en scène Watteau, Goya et un fictif disciple de Piero della Francesca, traquera chez chacun d'entre eux le manque essentiel qui se révélera être à la source de sa création. Tout cela devait aboutir à *Rimbaud le fils* (1991), éblouissante exploration des racines profondes de cette poésie, mais dont les véritables héros sont l'écriture, le monde, l'absence du Père et, pour tout dire, Michon lui-même. Avec ce livre, l'écrivain devait d'ailleurs rencontrer enfin le succès mais aussi, très vite, le malentendu : la majeure partie de son œuvre publiée étant formée de brefs récits, la critique allait en effet conclure, de la façon la plus moutonnière, qu'elle relevait du genre narratif et réclamer de lui l'ouvrage au goût du jour, c'est-à-dire un *véritable* roman. Or le travail de l'écriture chez Michon, sa densité même, ne relèvent que très secondairement de la logique narrative, tendent en tout cas indéniablement vers la forme brève (Michon a écrit aussi de la poésie, bien qu'il n'en ait guère publié). De là sans doute les avatars du projet connu d'abord sous le titre *L'Origine du monde*, souvent annoncé comme un roman de grande ampleur et auquel Michon, fidèle en définitive à lui-même, devait donner la forme d'un ouvrage de peu d'étendue, *La Grande Beune* (1996). Il livrait d'ailleurs en même temps au public, peut-être en manière de manifeste, le bref récit intitulé *Le Roi du bois*, texte concis et admirable dans la lignée de *Maîtres et serviteurs* dont, au demeurant, il devait à l'origine faire partie. Et c'est encore sur une série de textes courts, *Mythologies d'hiver* (1997), ainsi que sur *Trois auteurs* (1997), ouvrage critique évoquant sa dette envers Faulkner mais qui contient aussi un magnifique hommage à Balzac que s'achève à ce jour l'entreprise de Pierre Michon.

Œuvre somme toute relativement brève, par ambition sans doute et par refus des facilités du récit : le créateur et la littérature elle-même, cette « grosse voix d'outre-tombe par laquelle ce monde-ci apparaît dans sa terrible vie », en ont été jusqu'ici les seuls vrais personnages. Demeure une écriture unique et sans compromission, à coup sûr une des premières de notre temps.

ŒUVRES. — Publiées chez Verdier, sauf *Vies minuscules* (Gallimard), *Rimbaud le fils* (Gallimard) et *L'Empereur d'Occident* (Fata Morgana).

→ *Compagnies de Pierre Michon*, Verdier/ Théodore Balmoral, 1993.

Y.R.

Micone Marco (1945). Né à Montelongo en Italie, il s'installe à Montréal en 1958. Ce dramaturge qui milite pour la défense de la langue française au Québec et enseigne l'italien au collège, commence avec *Gens du silence* (1982), une trilogie sur la réalité de l'immigration. La vérité des dialogues, témoignant de la misère quotidienne des familles déracinées, contraste avec l'éclatement d'une construction dramatique en tableaux, juxtaposant temporalités et lieux distincts. Les mêmes procédés sont exploités dans *Addolorata* (1984), qui traite de la condition de la femme italienne, doublement exilée au sein de la communauté patriarcale. *Déjà l'agonie* s'intéresse aux liens idéologiques et affectifs qui se tissent entre les Québécois de souche et les immigrants. Dans cette pièce, les passages narratifs confirment le renoncement à l'esthétique réaliste. *Le Figuier enchanté* (1992) évoque aussi l'expérience de l'immigration sous la forme d'un récit hybride à mi-chemin entre la fiction et l'autobiographie.

A.J.

Miguel André (1920), pseudonyme de André Van Vlemmeren. Né à Ransart (Belgique) le 30 décembre 1920, il a élaboré dans une vingtaine de recueils poétiques une œuvre multiforme à partir d'un univers en continuelle métamorphose. Depuis *Orphée et les argonautes* (1949), *Onoo* (1954), puis *Temps pyramidal* (1967), il s'est dirigé vers une poésie prenant en compte les oppositions dualistes des grands principes de notre civilisation (voir *Boule androgyne*, 1972 ; *Liberté de figures*, 1976 ; *Œil immense*, 1977). Si la richesse inépuisable de la nature et le foisonnement des végétaux ont pu donner à son œuvre une dimension quelque peu baroque, l'excessive fragmentation du réel et le tourbillon incessant des éléments dans la réalité ont porté André Miguel, souvent en collaboration avec sa femme Cécile, à engager un processus de désécriture, d'éclatement du langage, de décomposition des paramètres verbaux *(Parler au dédale*, 1978 ; *L'imposcible*, 1988 ; *Les Fraises de l'an zéro*, 1992 ; *Chant de l'air et du labyrinthe*, 1993). André Miguel est aussi l'auteur d'un roman, *L'Équilibre* (1961), de récits *(Contes du dragon blanc*, 1974 et *L'Oiseau vespasien*, 1981), de nouvelles fantastiques *(Le Tableau rituel*, 1992) ; de nombreuses pièces radiophoniques, d'essais et de monographies *(Achille Chavée*, 1969 ; *L'Homme poétique*, 1974 ; *Le Multiple et l'un*, 1991).

→ Pierre Borgue, « André Miguel ou l'oiseau engouffré », *Courrier du centre international d'études poétiques*, n° 104, 1974. — André Marissel, *Poètes vivants*, José Millas-Martin, 1977.

O.Bi.

Millet Richard (1953). Né à Viam (Corrèze), il passe une partie de sa jeunesse à Beyrouth. Depuis 1977, il enseigne et dirige avec Jean-Michel Maulpoix la revue de poésie *Recueil*. Il est l'auteur de plusieurs romans, récits et « mélanges » qu'il définit dans « l'entretien de Brive » comme « des variations sur des itinéraires singuliers, des états excessifs ou extrêmes, heureux parfois — autant dire des variations sur moi-même ». De son premier roman, *L'Invention du corps de saint Marc* (POL, 1983), aux nouvelles de *Cœur blanc* (POL, 1994), l'intimité est mise en scène, avec retenue ou violence, passion ou cruauté (*L'Innocence*, POL, 1984 ; *Sept passions singulières*, POL, 1985), en particulier l'intimité trouble qui se crée entre un professeur et ses élèves (*Laura Mendoza*, POL, 1991 ; *Le Chant des adolescentes*, POL, 1993). Mais c'est peut-être dans ses « romans de formation », que les « cellules autobiographiques » sont les plus apparentes : *L'Angelus* (POL, 1988) et *L'Écrivain Sirieix* (POL, 1992) évoquant, à travers une histoire de composition, musicale ou littéraire, le désir fervent, mystique parfois, de l'œuvre et le sentiment d'impossibilité qui naît de son accomplissement, avec un extrême souci de la langue française (*Le Plus haut miroir*, Fata Morgana, 1986 ; *Le Sentiment de la langue*, I, II, III, La Table ronde, 1993). Les « lectures » d'*Accompagnement* (POL, 1991) y ajoutent l'autoportrait d'un lecteur.

S.R.

Milosz Oscar (1877-1939). De son vrai nom Oscar Vladislas de Lubicz-Milosz, il est né le 28 mai 1877 à Czeréia, village situé dans l'actuelle Biélorussie, d'un père appartenant à la vieille aristocratie lituanienne, grand propriétaire terrien, et de la fille d'un rabbin polonais, épousée par mésalliance. La question chez lui obsédante de l'origine se pose ainsi dès le début de sa vie. Sa famille s'installe à Paris en 1889. Le jeune Oscar y reçoit les leçons d'un étrange professeur de dessin, Germain Nouveau. Il suit des cours d'hébreu et d'épigraphie orientale, fréquente les milieux symbolistes. Son premier recueil poétique, *Le Poème des décadences* (1899), semble la manifestation d'un décadentisme attardé, et reprend les grands thèmes de salomé, de l'orgie désenchantée, de la lassitude, sur un ton à la fois lyrique et mélancolique. Mais la fascination des choses usées n'y est pas un simple poncif d'époque ; l'amour pour la créature, pour la déchéance obséderont toujours Milosz. *Les Sept Solitudes* (1906) exploite une veine similaire. Dès ces années de jeunesse, la Bible est au cœur de ses méditations, et il ne cessera d'en approfondir le sens.

Après une tentative de suicide à la fin de 1901, Milosz erre à travers l'Europe dans les premières années du siècle, et fait un séjour en Lituanie avant de regagner Paris. *L'Amoureuse Initiation* (1910) condense sous forme romanesque les thèmes épars dans les poèmes. Plus que d'un roman, il faudrait parler d'une longue confession lyrique. On y décèle l'influence de *Monsieur de Bougrelon*, de Jean Lorrain, que Milosz a fréquenté. L'histoire est située dans l'Italie du XVIIIe siècle. Le bizarre comte Pinamonte, vieillard bouffon et suranné, bavard torrentiel, y fait au narrateur le récit de ses amours passées avec une courtisane qui l'a bafoué. Mais il a trouvé, à s'enfoncer dans la dégradation et dans la volupté de la honte, une façon de transcender la passion pour la femme, de la métamorphoser en amour universel, qui s'adresse aux plus humbles choses, dans leur matérialité même : « L'amour habite le cœur des pierres, et c'est avec un pauvre galet tout pénétré de tendresse et ramassé sur un rivage solitaire que les dents du Mensonge et de l'Orgueil seront brisées au jour des jours. » Certains indices suggèrent que le narrateur a dû être le rival de Pinamonte dans son amour pour cette courtisane, et l'on se demande lequel des deux subit l'« amoureuse initiation ». À l'extrémité du négatif s'opère la métamorphose et le retournement des valeurs, la découverte que la vraie connaissance est « de la relation des choses et non des choses en elles-mêmes ». C'est cette relation que tâche de pénétrer le lyrisme de Milosz, qui, dans la poésie comme dans le récit, a besoin d'interlocuteurs, animés ou inanimés. Il semble qu'il n'y ait de vérité et de parole possible que par l'autre. Langue désuète brassant l'abstraction et le détail dérisoire, exténuation des sentiments et des objets creusés par l'amour donnent à ce roman une grande force d'émotion.

Logiquement, un écrivain éprouvant si fort la nécessité du dialogue devait en venir au théâtre. Milosz compose trois « mystères » : *Miguel Manara* montre un Don Juan repentant, qui devient une sorte de François d'Assise, amoureux, comme Pinamonte, de la poussière et de la pierre. Un « drame lyrique », sur une musique d'Henri Tomasi, en est tiré, qui ne sera créé à l'Opéra de Munich qu'en 1956. *Mephiboseth* (1914) et *Saül de Tarse* (écrit en 1913, inédit jusqu'en 1971) mettent également en scène une conversion. Le 14 décembre 1914, Milosz, au cours d'une nuit d'extase, reçoit une révélation mystique dont il rendra compte dans l'*Epître à Storge* (1917). Cet « enlèvement sur la montagne » oriente définitivement le cours de son œuvre. Il se plonge dans Swedenborg, la kabbale et les textes ésotériques, adhère à l'ordre initiatique de la Fraternité des Veilleurs.

En 1918, Milosz prend la nationalité lituanienne. Il participe à la délégation lituanienne à la conférence de la paix et devient chargé d'affaires en France pour son pays ressuscité. Il publie un essai, *L'Alliance des États baltiques*, et des traductions de poésies et de contes populaires lituaniens : *Daïnos* (1918), *Contes et Fabliaux de la vieille Lithuanie* (1930). Sa poésie prend, depuis l'illumination de 1914, un tour mystique, tout en conservant sa forme initiale, celle d'un vers libre lyrique. Dans *Nihumim* (1915) et *Adramandoni* (1917), l'imagerie des jardins morts, des murs lépreux et des êtres usés par le temps engendre une remontée vers « les sources voilées du mouvement » et la lumière du « Soleil de la mémoire ». « Le Cantique de la Connaissance » dans *La Confession de Lemuel* (1920) adopte un ton prophétique, développe une symbolique au service de la « science vraie », « la science amoureuse ». Il s'agit, pour retrouver une affirmation authentique et un lieu, de passer par « les grandes épreuves de la négation », car l'espace et le temps ne sont que la manifestation négative par laquelle le Créateur se connaît.

Ars Magna (1924) et *Les Arcanes* (1926) poursuivent la voie du « Cantique ». Milosz tente dans ces recueils d'opérer une synthèse entre poésie, métaphysique et science. Il élabore une forme nouvelle, qui doit répondre aux impératifs de la révélation d'une doctrine. Au cœur de celle-ci se trouve le *rien*. Pour Milosz, les choses n'ont de réalité que dans le mouvement, qui crée l'espace et le temps. Il n'y a ni vrai lieu ni vrai moment, chacun étant relatif à tous les autres, et Milosz crut d'ailleurs trouver dans les théories d'Einstein une confirmation de sa métaphysique. Le rien n'est que l'absence de mouvement : non un vide, mais l'immobilité. C'est lui qui permet la création : la divinité projette sa négation pour se connaître, le lieu devient extériorité et positions relatives. La relation apparaît ensuite comme chose, la qualité se perd dans la quantité où l'esprit égaré et la fausse science croient reconnaître la réalité, créant des infinis numériques qui sont les parodies grimaçantes de l'absolu. La gnose poétique de Milosz, nourrie de la Bible et de la kabbale, entend déjouer les perversions de l'intelligence, retrouver la mémoire de la Genèse en dégageant le véritable sens de la création, qui est l'amour.

Milosz se convertit au catholicisme en

1927. Dans les dernières années de sa vie, retiré à Fontainebleau, il demeure obsédé par la question de la Genèse. Le poète se veut prophète, et il en appelle, pour renouveler la poésie, étriquée selon lui depuis la fin du XIXe siècle, à un « grand inspiré », qui saura, sans être didactique, « réaliser la synthèse intérieure des grandes découvertes de la physico-chimie, de l'astronomie, et aussi de la préhistoire ». Au prix de manipulations philologiques et kabbalistiques complexes, il entreprend donc de situer dans une Ibérie mythique l'origine des juifs et des Lituaniens (*Les Origines ibériques du peuple juif*, 1933 ; *Les Origines de la nation lithuanienne*, 1937). Il se livre à une exégèse de l'*Apocalypse* et annonce la fin du monde pour 1944. Jouant sur l'anagramme de son nom, il se donne pour le *Schilo*, l'Envoyé du Christ, celui qui reçoit la *Schilom*, la récompense (*L'Apocalypse de saint Jean déchiffrée*, 1933). Son ultime poème, le « Psaume de l'étoile du matin », à la syntaxe brisée, troué de blancs, est l'un des plus beaux dans son austère obscurité. Il meurt à Fontainebleau le 2 mars 1939.

L'œuvre de Milosz, entre décadence attardée, ésotérisme romantique et mysticisme aux limites de la folie, paraît étrangement décalée dans la première moitié du XXe siècle. Il ne se rattache à aucun grand mouvement littéraire. On peut trouver son lyrisme facile et son prophétisme grandiloquent, mais son itinéraire est celui d'un créateur qui a voulu donner à la poésie — car son œuvre est d'abord poétique — tout le poids d'une quête métaphysique, et d'une recherche du sens de la souffrance.

ŒUVRES. — *Œuvres complètes*, Paris, André Silvaire, 1959-1972, 12 t.

→ Georges G. Place, *Bibliographie de Milosz*, Éditions de la Chronique des lettres françaises, 1971. — Geneviève Zidonis, *O.V. de L. Milosz, sa vie, son œuvre, son rayonnement*, Perrin, 1951. — Jacques Buge, *Milosz en quête du divin*, Nizet, 1963. — « Milosz et la notion sainte du rien », *Hermès*, no 6, 1969. — Jean Rousselot, *O.V. de L. Milosz*, Seghers, 1972. — Jean Bellemin-Noël, *La Poésie-philosophie de Milosz*, Klincksieck, 1977. — *Lire Milosz aujourd'hui* (colloque de Fontainebleau, juin 1977), André Silvaire, 1977. — *Milosz, racines et exil* (colloque de la Sorbonne), André Silvaire, 1990. — Alexandra Charbonnier, *Milosz, l'étoile au front*, Dervy, 1993. — Il existe depuis 1967 des *Cahiers* de la Société *Les amis de Milosz* (André Silvaire, Paris). — Fonds Milosz à la Bibliothèque littéraire Jacques Doucet.

P.J.

Mimouni Rachid (1945-1995). Né près d'Alger, fils de paysans pauvres, il fait des études de chimie et de gestion en Algérie et au Québec, devient responsable du développement d'une entreprise, puis enseigne à l'École supérieure de commerce d'Alger. Ayant écrit des nouvelles depuis l'adolescence, il publie en Algérie *Le printemps n'en sera que plus beau* (1978), puis écrit *Une paix à vivre*, son deuxième roman, paru seulement en 1983. Mais c'est avec *Le Fleuve détourné* (1982) qu'il s'impose véritablement. Dans ce roman, odyssée d'un maquisard qu'une blessure rend un temps amnésique et qui s'aperçoit, en regagnant son village à la fin de la guerre, que son nom a été inscrit sur le monument aux morts, et qu'il n'a plus sa place dans un pays où le fleuve de la révolution a été détourné de son but, Mimouni crée un univers à la fois allégorique et réaliste, marqué certes par l'influence de Kateb Yacine, mais néanmoins d'une puissante originalité. *Tombéza* (1984) confirme à la fois le talent de l'écrivain et la violence de sa dénonciation politique : on y voit un nabot, collaborateur des Français durant la guerre, acquérir une situation de pouvoir dans l'Algérie indépendante, en se faisant le complice d'un commissaire corrompu qui finira par le faire abattre. Viennent ensuite *L'Honneur de la tribu* (1989), récit au vitriol de l'intrusion brutale de la modernité dans un village bouleversé par sa promotion au rang de sous-préfecture et par l'arrivée d'un préfet aussi cynique que brutal ; *La Ceinture de l'ogresse* (1991), recueil de nouvelles d'inspiration satirique dont la bureaucratie fait le plus souvent les frais ; *Une peine à vivre* (1991), où se décèle l'influence du roman sud-américain, déroule devant le lecteur la vie du « maréchalissime », sanglant dictateur d'un pays anonyme, sur le point d'être fusillé et remplacé par un autre tyran peut-être pire. On ne s'étonnera pas après cela que l'intrusion de l'intégrisme sur la scène algérienne ait ensuite requis l'essentiel de l'activité de Mimouni : *De la barbarie en général et de l'intégrisme en particulier* (1992), virulent pamphlet, et *La Malédiction* (1993), peut-être son meilleur roman, témoignent d'un engagement dans la lutte qui contraignit l'écrivain, sans cesse menacé, à prendre le chemin de l'exil. Rachid Mimouni est mort à Paris le 12 février 1995.

Il ne faudrait pas croire que l'intérêt de son œuvre se réduise à sa valeur de témoignage. Il est vrai que, dans le débat qui l'a opposé à Rachid Boudjedra, il refusait une conception de la littérature comme monde autonome où apparaîtraient d'abord les pulsions de l'inconscient. Sans doute était-ce là, pour lui, affaire de morale et volonté de refuser tout narcissisme. Mais le développement de son œuvre a montré sa capacité à manier les styles avec une maîtrise grandissante, jusqu'à la perfection glacée de l'ultime *Malédiction*. À un critique qui lui demandait : « Acceptez-vous que je suggère brutalement que votre œuvre est une œuvre témoignage à base, essentiellement, de flashes et d'anecdotes prises sur le vif ? », Mimouni répondit simplement : « Vous en porterez la responsabilité ». On ne saurait mieux dire.

ŒUVRES. — *Le printemps n'en sera que plus beau*, Alger, SNED, 1978. — *Le Fleuve détourné*, Laffont, 1982. — *Une paix à vivre*, Alger, ENAL, 1983. — *Tombéza*, Laffont, 1984. — *L'Honneur de la tribu*, Laffont, 1989. — *La Ceinture de l'ogresse*, Seghers, 1991. — *Une peine à vivre*, Stock, 1991. — *De la barbarie en général et de l'intégrisme en particulier*, Le Pré aux Clercs, 1992. — *La Malédiction*, Stock, 1993.

Y.R.

Minotaure (1933-1939), voir SURRÉALISTES (REVUES).

Minuit *(Éditions de)*. Maison fondée à Paris en 1942 par Pierre de Lescure et Jean Bruller-Vercors. L'écrivain Pierre de Lescure, publié chez Gallimard, et l'illustrateur Jean Bruller ont fondé cette maison pendant la Seconde Guerre, dans la clandestinité. Le 20 février 1942, en pleine occupation allemande, sort à Paris leur premier volume, *Le Silence de la mer*, de Jean Bruller, sous le pseudonyme de Vercors. Tiré à quelque quatre cents exemplaires, imprimé avec soin sur beau papier, c'est le premier vrai livre clandestin d'actualité et d'ambition littéraire. Dès lors, Paulhan et quelques autres, dont Eluard, recherchent activement des manuscrits pour les Éditions de Minuit. À la fin de la guerre, celles-ci ont publié vingt-cinq titres parmi lesquels *Le Musée Grévin* d'Aragon, qui signe François la colère, deux anthologies de poèmes sous la direction d'Eluard : *L'Honneur des poètes* I et II, *Forez* de François Mauriac, ou *Trente-trois sonnets composés au secret* de Jean Cassou, qui signe Jean Noir. Poursuivant leur activité à la Libération, les Éditions de Minuit publient notamment *Au rendez-vous allemand* d'Eluard. Elles pensent pouvoir accueillir les auteurs prestigieux publiés pendant l'Occupation. Cet espoir sera vite déçu, les écrivains visés revenant chez leur éditeur d'origine. Au printemps 1945, Pierre de Lescure et Vercors se brouillent, le premier quittant définitivement la maison. À cette rupture s'ajoutent les difficultés d'insertion dans un monde éditorial peu désireux de faire une place à une entreprise issue de la Résistance. Jean Bruller est devenu écrivain pendant la guerre. Avec deux livres, *Le Silence de la mer* et *La Marche à l'étoile* (1943), il est, sous le nom de Vercors, l'auteur le plus célèbre de la Libération et défend des positions intransigeantes en matière d'épuration dans le domaine du livre. Très vite, les Éditions de Minuit se trouvent isolées. Sous la direction d'une équipe soudée par des liens affectifs, mais étrangère au monde des lettres, la maison se trouve bientôt au bord du dépôt de bilan.

En 1948, grâce à l'aide financière de sa famille, Jérôme Lindon, âgé de vingt-trois ans, ancien résistant et employé à la fabrication, en prend la direction. Jusqu'à la fin de 1954, il travaillera en collaboration avec Georges Lambrichs, d'origine belge, lié à Paulhan et entré dans la maison comme lecteur en 1945. Sous leur impulsion, les Éditions de Minuit infléchissent leur ligne éditoriale. Elles publient le pamphlet de Paulhan contre l'épuration, *Lettre aux directeurs de la Résistance* (1952), et plusieurs livres refusés par Gallimard : le *Lautréamont et Sade* (1949) et *Le Ressassement éternel* (1952) de Blanchot ; *Roberte ce soir* (1954) de Klossowski ; *La Part maudite* (1949) et *L'Abbé C* (1950) de Bataille.

Mais ces livres, salués par la critique, se vendent mal et leurs auteurs restent sous contrat chez Gallimard.

Tout change avec l'entrée de Samuel Beckett, dont Jérôme Lindon publie *Molloy* en 1951. Refusé auparavant par tous les éditeurs, il est le premier véritable auteur Minuit. À l'écart des grands circuits de diffusion, se constitue désormais un pôle littéraire qui publie les premières œuvres (*Les Gommes* de Robbe-Grillet, 1953 ; *L'Emploi du temps* de Butor, 1954). Le premier succède à Lambrichs et devient conseiller littéraire des Éditions de Minuit au printemps 1955, date à laquelle il publie son deuxième roman, *Le Voyeur* (prix des Critiques). Le livre confère à son auteur une notoriété amplifiée par ses prises de position dans la *NRF* (« Une voie pour le roman futur », juillet 1956) et dans *L'Express* (« Littérature d'aujourd'hui », novembre 1955-février 1956). Robbe-Grillet devient le principal représentant d'une école littéraire qu'en mai 1957 le critique du *Monde*, Émile Henriot, baptisera « nouveau roman ». Illustré, pour la seule année 1957, par des œuvres aussi différentes que celles de Beckett *(Fin de partie* et *Tous ceux qui tombent)*, Butor *(La Modification*, prix Renaudot), Robert Pinget *(Graal Flibuste)*, Robbe-Grillet *(La Jalousie)*, Nathalie Sarraute (*Tropismes*, réédition augmentée d'un texte paru en 1939 chez Denoël), Claude Simon *(Le Vent)*, le Nouveau Roman est sans doute moins une école littéraire qu'un phénomène éditorial. Traduits dans de nombreux pays, les « nouveaux romanciers » incarnent l'avant-garde littéraire des années soixante, marquée politiquement à gauche : la maison qui les publie, engagée dans la dénonciation de la guerre d'Algérie, comptera onze livres saisis jusqu'en 1962 ; les « nouveaux romanciers » de nationalité française seront signataires du « Manifeste des 121 ». Samuel Beckett recevra le prix Nobel de littérature en 1969, Claude Simon l'obtiendra à son tour en 1985, mais dans les années soixante-dix, la maison se consacre surtout à ses collections de sciences humaines et de philosophie. Cependant, Marguerite Duras, qui y a déjà publié *Moderato cantabile* en 1958 et *Détruire dit-elle* en 1969, donne désormais aux Éditions de Minuit l'essentiel de son œuvre à partir de 1977, et jusqu'à l'attribution du prix Goncourt à *L'Amant* en 1984. Le prix Médicis est attribué à Monique Wittig pour *L'Opoponax* (1964) et, en 1973, à Tony Duvert pour *Paysage de fantaisie*. En 1979, l'arrivée de Jean Echenoz, *Le Méridien de Greenwich*, est un nouveau départ. Autour de cet écrivain (*Cherokee*, prix Médicis, 1983), de Jean-Philippe Toussaint (*La Salle de bain*, 1985) et de Jean Rouaud (*Les Champs d'honneur*, prix Goncourt, 1990), une quinzaine de jeunes romanciers constituent une nouvelle génération dont on considère qu'elle a pris la suite des « nouveaux romanciers ».

→ Alain Robbe-Grillet, *Pour un Nouveau Roman*, Éditions de Minuit, 1963. — Anne Simonin, *Les Éditions de Minuit 1942-1955 : le devoir d'insoumission*, IMEC Éditions, 1994. — Vercors, *La Bataille du silence : souvenirs de Minuit*, Presses de la Cité, 1967, rééd. Éditions de Minuit, 1992.

A.Si. — IMEC

Miomandre Francis de (1880-1959), pseudonyme de François Durand. Né le 22 mai 1880 à Tours. Comme son nom d'écrivain, son œuvre évoque, dans sa diversité, une fantaisie élégante. Il obtient le prix Goncourt pour son roman, *Écrit sur l'eau*, en 1909. Il publiera son premier recueil de poésie, *Samsara*, en 1935 : la musicalité, la souplesse et la clarté du vers de ces poèmes en prose créent un lieu de paix, suggérant une sagesse. Dans ses *Humoresques* (1943), la poésie est plus légère. Il fut également critique littéraire, traducteur (de *Don Quichotte)* et romancier *(L'Aventure de Thérèse Beauchamp*, 1914 ; *Zombie*, 1935 ; *Direction Étoile*, 1937). Il est mort à Saint-Quay-Portrieux, en Bretagne, le 1er août 1959.

F.O.

Mirbeau Octave (1850-1917), voir DICTIONNAIRE DES LETTRES FRANÇAISES : LE XIXe SIÈCLE.

Miron Gaston (1928-1996). Né à Sainte-Agathe-des-Monts, dans les Laurentides, il suit des cours en sciences sociales à l'université de Montréal, de 1947 à 1950, tout en pratiquant divers métiers. En 1953, il publie *Deux sangs* et fonde avec cinq amis les Éditions de l'Hexagone. Jusqu'en 1958, il donne des récitals de poésie dans diverses villes du Québec, avec le groupe des poètes de L'Hexagone, et commence la rédaction de ses grands cycles poétiques : *La Vie agonique, La Marche à l'amour, La Batèche*, dont les fragments sont publiés dans des revues et journaux. En 1955-1956, il adhère au parti social démocratique et se porte candidat dans Outremont aux élections de 1957 et 1958. En 1957, il organise une rencontre de poètes, qui deviendra par la suite la Rencontre québécoise internationale des écrivains. En 1959-1960, il se rend à Paris pour étudier les techniques de l'édition à l'École Estienne. De retour au Québec, il milite au Rassemblement pour l'indépendance nationale et au parti socialiste du Québec. La rencontre de Jacques Berque, en 1962, sera déterminante. En 1963, il fonde, avec quelques autres intellectuels, la revue *Parti pris*, qui se donne un triple objectif : l'indépendance, le socialisme et le laïcisme au Québec, dans une perspective de décolonisation. En 1968, il participe à la soirée « Poèmes et chants de la résistance » au Gésu ; en 1970, il organise « La nuit de la poésie », qui fait entendre une cinquantaine de poètes devant une foule enthousiaste.

En 1970, *L'Homme rapaillé* regroupe des textes publiés dans diverses revues. Le livre sera réédité en 1981 chez Maspero. En 1976, Miron publie un nouveau recueil, *Courtepointes*, et en 1989 *À bout portant*, ensemble de lettres adressées à Claude Haeffely de 1955 à 1964. En 1989 paraît chez Seghers une anthologie d'*Écrivains contemporains du Québec* (en collaboration avec Lise Gauvin). En 1992, une autre anthologie réunit *Les Grands textes indépendantistes* du Québec (en collaboration avec Andrée Ferretti).

L'Homme rapaillé recueille des poésies et des essais écrits durant près de trois décennies. L'auteur justifie son long silence dans un texte intitulé : « Notes sur le poème et le non-poème », sorte d'essai ou de manifeste élaborant une poétique arrachée à l'impossibilité de faire surgir la poésie : le poème n'est possible que « dans l'unité refaite du dedans et du dehors ». La poésie de Miron est souvent proche de la protestation, dénonçant une situation vécue comme oppressive : « Voici les affiches qui me bombardent voici les phrases mixtes qui me sillonnent le cerveau verdoyant voici le garage les banques l'impôt le restaurant les employeurs avec leurs hordes et leurs pullulements de nécessités bilingues ». Poésie de résistance, au sens le plus noble du terme. Poésie de rébellion et de conscience : « Je n'ai jamais voyagé / vers d'autre pays que toi mon pays / un jour j'aurai dit oui à ma naissance ». Poésie d'amour également. Les plus beaux textes de Miron sont les poèmes qui font partie du cycle de *La Marche à l'amour* et en appellent à une femme mi-rêvée mi-réelle, témoin d'une nouvelle cosmogonie : « Tu viendras toute ensoleillée d'existence / la bouche envahie par la fraîcheur des herbes [...] ma ravie / frileuse aux pieds nus sur les frimas / par ce temps doucement entêté de perce-neige ». S'interrogeant sur la poésie, celui qui se dit « anthropoète » ne cesse de prendre à partie sa propre démarche et d'en dévoiler les fondements : « Avec les maigres mots frileux de mes héritages / avec la pauvreté natale de ma pensée rocheuse / j'avance en poésie comme un cheval de trait ».

Fruit d'un labeur patient et d'une grande rigueur, le projet de Miron a quelque chose de la recherche mallarméenne. Cette poésie faite de cycles et de fragments « rapaillés », constamment récrits, où les images quotidiennes et mythiques coexistent, réussit à se démarquer de la littérature française sans tomber dans un exotisme facile : « Je m'efforçais, écrit l'auteur, de me tenir à égale distance du régionalisme et de l'universalisme abstrait, deux pôles de désincarnation, deux malédictions qui ont pesé constamment sur notre littérature. » Miron serait, selon Albert Memmi, « une sorte de miracle québécois, parce qu'il a tenu le pari de faire une poésie du collectif ». Celui qu'on a appelé « Miron le magnifique », et dont l'un des poèmes s'intitule *L'Amour et le militant*, a été longtemps partagé entre l'action et la réflexion, l'engagement politique et l'œuvre littéraire. Cet homme à la parole innombrable, animateur de poésie, éditeur, harangueur et agitateur, reste pourtant l'homme d'un seul livre, *L'Homme rapaillé*, qui rassemble l'essentiel de ses textes et lui a valu le prix Apollinaire en 1981. Il meurt à Montréal le 14 décembre 1996.

ŒUVRES. — **Poésie** : *L'Homme rapaillé*,

PUM, 1970. — *Marpert*, L'Hexagone, 1981. — *Courtepointes*, 1976. — **Anthologies** : *Écrivains contemporains du Québec*, Seghers, 1989, en collaboration avec Lise Gauvin. *Les Grands Textes indépendantistes du Québec*, L'Hexagone, 1995, en collaboration avec André Ferretti. — **Correspondance** : *À bout portant*, Leméac, 1989.

→ Eugène Roberto, *Structures de l'imaginaire dans « Courtepointes » de Miron*, Éditions de l'université d'Ottawa, 1979. — Claude Filteau, *« L'Homme rapaillé » de Gaston Miron*, Paris-Montréal, Bordas-Trécarré, 1984.

L.G.

Mistler Jean (1897-1988). Né à Sorèze le 1er septembre 1897. Après de brillantes études de lettres, la publication d'un premier roman (*Châteaux en Bavière*, 1925) et de quelques essais, il se tourne vers la politique où il accomplit une carrière rapide (député en 1928, ministre en 1932). Il choisit cependant, après la guerre, de revenir à la littérature : critique à *L'Aurore*, il remplit d'importantes fonctions aux Éditions du Rocher et chez Hachette tout en publiant de nombreux livres. Il connut le succès avec son récit autobiographique : *Le Bout du monde* (1964), évocation d'une enfance et d'une adolescence au début du siècle dans sa province natale, le Tarn. Élu à l'Académie française en 1966, il en devint secrétaire perpétuel en 1973. Son œuvre comprend des romans (*Ethelka*, 1929 ; *La Route des étangs*, 1971 ; *Le Naufrage du Monte-Christo*, 1973 ; *Gare de l'Est*, 1975 ; *Faubourg Antoine*, 1982), des nouvelles marquées par son goût pour le fantastique et la musique (*Les Orgues de Saint-Sauveur*, 1966 ; *L'Ami des pauvres*, 1974), de nombreux essais consacrés à de grandes figures du romantisme européen (Hoffmann, Mme de Staël, Benjamin Constant, Hugo, Wagner, Kaspar Hauser...) et un livre de souvenirs, *Le Jeune Homme qui rôde* (1984). Jean Mistler est mort à Paris le 11 novembre 1988.

ŒUVRES. — La presque totalité de l'œuvre de Jean Mistler est publiée chez Grasset.

B.Do.

Mockel Albert (1866-1945). Né à Ougrée (Belgique) le 27 décembre 1866. Principal théoricien du symbolisme en Belgique, il exprime ses conceptions de la littérature nouvelle dans *La Wallonie* (1886-1892), revue qu'il fonde à Liège, en partie pour réagir contre le classicisme de *La Jeune Belgique*. Ouverte à la France, la revue verra les débuts d'André Gide et accueillera Verlaine, Mallarmé (Mockel fréquentera les « mardis » entre 1890 et 1898), Pierre Louÿs, Valery, et parmi les Belges, Verhaeren, Maeterlinck, Elskamp, Van Lerberghe. Son intérêt pour les penseurs germaniques lui permet d'unir aux concepts mallarméens du symbole les théories wagnériennes de la fusion des arts, et de poser l'idéalisme au premier plan de sa réflexion (« Poésie et idéalité », dans *Vers et Prose*, 1905). Partisan de la suggestion pure, il rapproche le langage verbal du langage musical (« Musique et poésie », *ibid.)*, et, à l'instar de Goethe, oppose le symbole à l'allégorie comme ouverture à une réception plurielle du texte *(Propos de littérature*, 1894). On lui doit, outre un grand nombre d'articles de presse publiés sous le pseudonyme de Paul Méran, des essais sur *Émile Verhaeren* (1895, 1917, 1933), *Stéphane Mallarmé* (1899), *Charles Van Lerberghe* (1904), *Max Elskamp* (1934).

Après quelques tentatives poétiques *(Poèmes minuscules*, 1886 et *L'Essor du rêve*, 1887), il met en œuvre ses théories dans *Chantefable un peu naïve*, « poème précédé d'un prélude musical » (1891) et *Clartés*, « poèmes suivis d'une conclusion musicale » (1901). Les textes de ces recueils demeurent, à ce titre, des exemples d'associations verbales où le vers libre a la part belle dans la recherche poétique ; mais un certain didactisme n'en est pas absent, qui alourdit parfois la construction de l'« idée ». Mockel va d'ailleurs s'éloigner progressivement de la poésie suggestive et un peu maniérée de ses débuts pour s'engager dans la voix du lyrisme, celle qui parle dans son recueil majeur, *La Flamme immortelle, la tragédie sentimentale* (1924). Il publie entre-temps les *Contes pour les enfants d'hier* (1908), où le thème de la recherche amoureuse se développe dans un pays de rêve qui rappelle l'atmosphère de légende du théâtre de Maeterlinck. Il aura fallu vingt-cinq ans à Mockel pour achever *La Flamme immortelle* : dialogue atemporel sous la forme de chants alternés entre « Elle » et « Lui » autour du caractère éternel de l'amour et de la beauté, ce grand poème, « oratorio plutôt que tragédie » (Robert Vivier) a l'ambition de parcourir toutes les étapes idéales de la « flamme », jusqu'à la joie suprême. Fixé en France dès 1890, il revint définitivement en Belgique en 1935. Membre de l'Académie royale de langue et de littérature françaises de Belgique depuis sa fondation (1920), il a milité pour l'identité wallonne, imposant le terme de « Wallonie » dans son acception actuelle, et s'engageant en faveur de la langue française et pour la promotion des lettres en Belgique. Il est mort à Ixelles (Bruxelles), le 30 janvier 1945.

ŒUVRES. — *L'Amitié de Max Elskamp et d'Albert Mockel*, correspondance publiée par Henri Davignon, Bruxelles, Palais des Académies, 1955. — *Esthétique du symbolisme*, éd. Michel Otten, Bruxelles, Palais des Académies, 1962. — *La Correspondance littéraire entre Albert Mockel et Roger Desaise*, éd. Nestor Miserez, Bruxelles-Luxembourg, Éditions de la Maison du poète, 1965.

→ Paul Champagne, *Essai sur Albert Mockel*, Champion, 1922. — *Albert Mockel, le centenaire de sa naissance*, Bruxelles, Bibliothèque royale Albert Ier, 1966. — Paul Gorceix, *Le Symbolisme en Belgique*, Heidelberg, Carl Winter, 1982. — *« La Wallonie », Albert Mockel et ses amis*, Liège, Les Chiroux, 1986.

O.Bi.

Modiano Patrick (1945). Né le 30 juillet 1945 à Boulogne-Billancourt, « mi-Juif, mi-Flamand », comme il le déclare à Jean-Louis Ezine (*Les Écrivains sur la sellette*, Le Seuil, 1981), il est hanté par la figure de sa mère, la comédienne belge Luisa Colpeyn venue à Paris en 1940, et surtout par celle de son père, Albert, israélite, dont les activités pendant la guerre sont entourées de ténèbres. Soumis à une éducation errante à travers collèges et cours privés, poursuivi « comme tous les gens qui n'ont ni terroir ni racines » par sa « préhistoire », qui est « la période trouble et confuse de l'Occupation », il renonce à des études de lettres à peine commencées (Sorbonne, 1965-1966) pour devenir le romancier de la mémoire interdite. Dès ses premiers romans, il transgresse un tabou encore vivace dans les années soixante en peignant de façon hallucinée les milieux de la collaboration et en faisant évoluer en leur sein des héros israélites. Après *La Place de l'Étoile* (Gallimard, 1968) où le juif antisémite Raphaël Schlémilovitch, inspiré de Maurice Sachs, croise Céline, Rebatet, et même Freud pour guérir de sa « névrose judaïque », *La Ronde de nuit* (Gallimard, 1969) montre Swing Troubadour-Lamballe jouant les agents doubles entre Gestapo et Résistance avant de finir en martyr pour n'avoir pas su être un véritable traître. Avec *Les Boulevards de ceinture* (Gallimard, 1972), où le personnage principal recherche son père, qui travaille incognito dans les milieux collaborationnistes, s'achève cette trilogie et s'estompent les représentations oniriques de la guerre dont Modiano reparle sur un mode plus réaliste dans le scénario de *Lacombe Lucien* (Gallimard, 1974, film de Louis Malle), dans les épisodes de *Voyage de noces* (Gallimard, 1990) ou de *Fleurs de ruine* (Le Seuil, 1991) et dans sa conversation avec Emmanuel Berl (*Emmanuel Berl, Interrogatoire par Patrick Modiano*, Gallimard, 1976).

En réalité, cette période n'existe que par rapport à une histoire familiale qu'il s'agit de faire revivre à la façon du très autobiographique *Livret de famille* (Gallimard, 1977) où l'auteur entreprend de retrouver, dans les années soixante-dix, ce que fut le parcours de ses parents pendant l'Occupation. Territoires d'une impossible mémoire, ses romans ont tous comme figure privilégiée l'enquêteur parti à la recherche d'un fantôme comme Guy Roland qui dans *Rue des boutiques obscures* (Gallimard, 1978, prix Goncourt) désire savoir ce que recouvre son étrange amnésie, le narrateur de *Chien de printemps* (Le Seuil, 1993) hanté par la figure du photographe Francis Jansen, inspiré de l'Allemand Wolf, qui a traversé son existence avant de disparaître ou l'auteur lui-même dans sa quête d'une jeune disparue (*Dora Bruder*, Gallimard, 1997). De la même façon, *Voyage de noces*, *Fleurs de ruine* ou *Un cirque passe* (Gallimard, 1992) cherchent à ressusciter le visage d'une morte qui a représenté le moment de l'intensité, et à retrouver le petit groupe cosmopolite dont le narrateur faisait partie avant d'être expulsé dans le monde, tandis que *Memory Lane* (Hachette, 1981), *De si braves garçons* (Gallimard, 1982) ou *Poupée blonde* (POL, 1983) répètent sous des formes diverses le mythe de la communauté heureuse qui a reproduit, avant que le temps n'amène la dispersion, quelque chose de cette enfance évoquée dans *Remise de peine* (Le Seuil, 1988). Mais la quête est si vaine et si grande la souffrance que d'autres personnages choisissent d'oublier. Dans *Villa triste* (Gallimard, 1975), *Dimanche d'août* (Gallimard, 1986), *Vestiaire de l'enfance* (Gallimard, 1989) ou *Du plus loin de l'oubli* (Gallimard, 1996), il s'agit de rompre avec un passé marqué par un crime, une lâcheté ou plus sûrement par la solitude, mais dans un univers clos il est illusoire de chercher à se fuir car le souvenir se fait plus obsédant d'avoir été occulté.

Fascinée par l'échec, cette œuvre n'a cessé de progresser à travers ses renoncements. Après une esthétique de la profusion et de la démesure, Patrick Modiano a fini par choisir une écriture lisse et transparente qui accentue curieusement l'opacité d'un monde dont l'art renonce ici à percer les mystères.

→ Olivier Tardy, *La Quête de l'identité chez Modiano*, thèse, Besançon, 1984. — Colin William Nettelbeck et Penelope Anne Hueston, *Modiano, pièces d'identité*, Minard, 1986. — Anne-Françoise Hazzan-Pattis, *La Nostalgie dans les trois premiers romans de Modiano*, thèse, North Western University, 1990. — Martine Guyot Bender, *L'Écriture plurielle de Modiano*, thèse, Oregon, 1991. — Anne-Marie Obajtek-Kirkwood, *L'Occupation « rêvée » de l'« autre vie » de Patrick Modiano*, thèse, Pennsylvania, 1992. — Kevin Telford, *Identity, memory and text in the novels of Patrick Modiano*, thèse, Georgia, 1992. — Jules Bedner, *Patrick Modiano*, Amsterdam, Rodopi, 1993. — Daniel Parocchia, *Ontologie fantôme : essai sur l'œuvre de Patrick Modiano*, Encre marine, 1996. — Thierry Laurent, *L'Œuvre de Modiano : une autofiction*, Presses universitaires de Lyon, 1997.

J.P.

Moerman Ernst (1897-1944), pseudonyme de Ernest Moerman. Né à Ixelles (Bruxelles) le 12 mars 1897, docteur en droit, musicien de jazz, poète, cinéaste, ce grand admirateur de Cocteau a cultivé le dandysme dans la vie comme dans les lettres : fasciné par le modernisme, il a recherché dans l'héroïsme l'expression d'une vie intense, à brûler par les deux bouts *(Toxic*, s.d.). Traversés par les présences de Fantômas, parfait « gentleman démoralisateur » *(Fantômas 1933*, 1933), d'Al Capone, de Louis Armstrong, de Jean Cocteau ou de Jésus-Christ *(Vie imaginaire de Jésus-Christ*, 1935), ses poèmes en vers libres, ses proses et ses aphorismes allient funambulisme et surréalisme dans une recherche constante de la diversion. Ayant fréquenté l'équipe du *Disque vert*, il collabore aux deux numéros d'*Écrits du Nord* (1935), précisant sa poétique dans « Le surréalisme et le monde invisible » (juillet 1935) : renouant avec la figure du poète-voyant, il fait de l'invisibilité et de son corollaire, l'aveuglement, le fondement de son esthétique, se jouant des perspectives, cultivant avec fantaisie l'immatérialité. En 1937, il publie son recueil le plus original, *37°5* : la fièvre, qui permet au poète de percevoir la réalité dans un état second, y est exaltée comme dérivatif à l'ennui. Hanté par la figure du héros de Pierre Souvestre, il réalisera un film en 1937, *Monsieur Fantômas, 280.000^e^ chapitre*. On lui doit également des pièces de théâtre : *Le Mari sarcastique* (1922) et *Tristan et Yseult* (1936). Il meurt de la tuberculose à Bruxelles, le 12 février 1944.

ŒUVRES. — *Œuvre poétique*, Bruxelles, De Rache, 1970.

→ Jean Cocteau, « Ernst Moerman », *Empreintes*, mai-juillet 1950.

O.Bi.

Mogin Jean (1921-1986). Né à Bruxelles le 25 avril 1921, il a cherché à conjuguer dans ses textes poétiques l'indépendance de la pensée et l'absolu, confiant dans l'authenticité et la spontanéité des sentiments. Ses poèmes, de l'ode lyrique de ses débuts au vers bref de la maturité, portent la trace d'une recherche lente et minutieuse, traversée d'appels et d'interrogations à Dieu : si dans *La Vigne amère* (1944), *Les Vigiles* (1950) et *Les Pâtures du silence* (1956), il « semble déchiré entre un scepticisme stoïcien et la nostalgie de la croyance » (Robert Vivier), avec *La Belle Alliance* (1963), *Le Naturel* (1973) et *Maison partout* (1984) sa pensée se tourne progressivement vers l'homme et son environnement, laissant poindre un sentiment de doute. Dramaturge, il s'est révélé au public dès sa première pièce, *À chacun selon sa faim* (1950, prix triennal de littérature dramatique) : à travers la résistance de l'abbesse d'un couvent espagnol à la hiérarchie ecclésiastique, au nom de l'absolu et de sa relation intime avec Dieu, Mogin a construit une œuvre puissante, aux ressorts dramatiques essentiels. Sa contribution au théâtre s'est poursuivie avec *Le Rempart de coton* (1953), *La Fille à la fontaine* (1956), *La Reine de neuf jours* (1963), *Les Archanges Gabriel* (1966), et des adaptations de Pirandello, Goethe et Kleist. Fils du poète Norge, mari de la poétesse Lucienne Desnoues, il a été directeur de la radiodiffusion belge ; il est mort à Bruxelles le 7 avril 1986.

ŒUVRES. — *Poèmes choisis*, Bruxelles, Académie royale, 1995.

→ Jacques Franck, « Visages et écrivains d'aujourd'hui : Jean Mogin », *Revue générale belge*, juillet 1957.

O.Bi.

Mohrt Michel (1914). Né le 28 avril 1914, élève dans un collège religieux à Brest, étudiant en droit à Rennes, éclaireur-skieur en 1939 sur le front italien, il romancera sa « drôle de guerre » dans *Le Répit* (Albin Michel, 1945), *Mon royaume pour un cheval* (1949, 1988) et *La Campagne d'Italie* (1965, 1973). En 1943, il publie un *Montherlant, homme libre* (rééd. La Table ronde, 1989). Après la guerre, il enseigne aux États-Unis, à Yale et en Californie *(Le Nouveau Roman américain*, 1955). À partir de 1952, il entre au comité de lecture de Gallimard. En 1961, *La Prison maritime* (1977) est couronné par le grand prix du Roman de l'Académie française. Traducteur, il réunit dans *L'Air du large* (t. I, 1970, grand prix de la Critique ; t. II, 1988) des préfaces et des essais sur le roman étranger. *La Maison du père* (1979, rééd. 1990) et *Vers l'Ouest* (Olivier Orban, 1988) évoquent l'enfance et la jeunesse. Ses romans, de facture classique, oscillent entre confusion des sentiments et regrets. Dans *La Guerre civile* (1986), le héros est partagé entre ses réminiscences et la nécessité de l'action. *Le Télésiège* (1989, 1992) et *Un soir à Londres* (1991, 1993) reprennent ces thèmes sur fond de nostalgie amoureuse. *On liquide et on s'en va* (1992, 1994), une « sotie », met en scène, autour des Tilleuls, propriété familiale livrée à ses héritiers, les effets des secrets de famille. Dans *Les Dimanches de Venise* (1996), il égrène ses souvenirs. Lauréat du grand prix de Littérature de l'Académie française en 1983, il y est élu en 1985.

ŒUVRES. — Chez Gallimard, sauf mention contraire.

I.M.

Moinot Pierre (1920). Né le 29 mars 1920 à Fressines (Deux-Sèvres), il est au lycée Henri-IV quand la guerre éclate. Mobilisé en juin 1940, envoyé dans un camp de jeunesse (1940-1941), il étudie le droit, prend part à la Résistance, part pour le Maroc (octobre 1942), puis participe aux campagnes d'Italie, de France et d'Allemagne. Il entre ensuite à la Cour des comptes (1946-1986), devient conseiller d'André Malraux (1959-1969), contribue à créer les maisons de la culture ainsi que la commission des avances sur recettes, pour le cinéma, et accomplit de nombreuses missions à l'étranger. Son premier roman, *Armes et bagages* (1951), s'inspire de ses souvenirs de la campagne d'Italie, puis *La Chasse royale* (1953) le consacre et lui vaut l'amitié de Jules Roy, de Louis Guilloux et surtout d'Albert Camus. Après *La Blessure* (1956) et *Le Guetteur d'ombre* (1979), qui prolongent le thème de la quête initiatique, *La Descente du fleuve* (1991) montre un couple en train de se défaire et *Attention à la peinture* (1997) la recherche du beau conduisant jusqu'au crime. Son expérience de l'histoire explique un goût des grandes figures, comme *Héliogabale* (théâtre, 1971), *Mazarin* (scénario et dialogues pour la télévision, 1978) ou *Jeanne d'Arc : le pouvoir et l'innocence* (1990). Il est membre de l'Académie française depuis 1982.

→ Pierre Moinot, *Tous comptes faits : Entretiens avec Frédéric Badré et Arnaud Guillon* (1993), Gallimard, 1997.

D.H.

Molfessis Blanche (1953). Née à Paris de parents grecs, elle considère le grec et le français comme ses deux langues maternelles, mais elle écrit en français. Ses premiers poèmes paraissent dans *Les Temps modernes* (avril 1977), présentés par Simone de Beauvoir. Elle publie ensuite un premier recueil, *Le Cerceau* (1982), puis *Croisière sur le Styx* (1987), et donne quelques poèmes aux revues *Errance* et *Poésie '89*. Après un long séjour à Bruxelles, elle s'installe en Grèce en 1990. Elle est également romancière, *L'Arme aux yeux* (1995) et traductrice d'œuvres littéraires grecques, entre autres *Loxandra* de Maria Iordanidou.

A.Vl.

Monde des livres (Le). Hubert Beuve-Méry est encore à la tête du *Monde* lorsque le supplément littéraire du journal est lancé, le 1er février 1967, sous la direction de Jacqueline Piatier. Autour de Pierre-Henri Simon, les colonnes de ce supplément offrent les signatures d'Yves Florenne, Ginette Guitard-Auviste, Bernard Féron, Paul Morel, François Bott, Yves Berger, Josyane Duranteau. Les articles sont d'une facture plutôt traditionnelle, mais défendent volontiers des œuvres peu accessibles, comme celles des auteurs issus du Nouveau Roman, qui ne sont pas encore pleinement reconnus.

Conçu sous la forme d'un supplément détaché d'environ huit pages, *Le Monde des livres* cherche à embrasser l'ensemble de la production éditoriale. Comprenant échos, articles sur l'actualité du livre et dossiers, il s'intéresse à la littérature, mais également aux sciences humaines, aux questions de société et d'actualité.

Plus tard, sous la direction de François Bott, publiant le feuilleton de Bertrand Poirot-Delpech et les articles de Patrick Kéchichian, *Le Monde des livres* propose jusqu'au début des années quatre-vingt-dix un tableau critique hebdomadaire de la littérature française vivante, soutenant de jeunes auteurs tels que Pierre Michon ou Jean Rouaud. Dirigé depuis avril 1991 par Josyane Savigneau, il s'est tourné vers les littératures étrangères jusqu'à rendre compte à l'occasion d'œuvres non traduites.

O.B.-B.

Mondor Henri (1885-1962). Né à Saint-Cernin, dans le Cantal, le 20 mai 1885, professeur à la faculté de médecine de Paris en 1938, il s'imposa non seulement comme chirurgien (à la Salpêtrière), mais aussi comme critique littéraire. Outre des travaux d'histoire de la médecine : *Dupuytren* (1945), *Anatomistes et chirurgiens* (1949-1950), il a laissé une *Vie de Mallarmé* (1940-1942), une édition de Mallarmé dans la Bibliothèque de la Pléiade (1945) et des essais : *Alain* (1953), *Précocité de Valéry* (1957) ou *Claudel plus intime* (1960), qui lui valurent d'être élu à l'Académie française en 1946. Il s'est éteint à Paris le 8 avril 1962.

ŒUVRES. — Principalement chez Gallimard. — Fonds Henri Mondor à la Bibliothèque nationale.

W.M.

Monénembo Tierno (1947), pseudonyme de Tierno Saïdou Diallo. Né à Podéraka (Guinée), il a très tôt connu l'exil ; l'essentiel de son existence s'est déroulé en France où, après avoir suivi dans des conditions matérielles difficiles des études de biochimie, il enseigne dans un lycée de Caen. Si son premier roman, au titre insolite, *Les Crapauds-brousse* (Le Seuil, 1979), se situe dans le courant du désenchantement postcolonial, les œuvres suivantes, publiées aux Éditions du Seuil, *Les Écailles du ciel* (1991), *Un rêve utile* (1991), *Un Attiéké pour Elgass* (1993), *Pelourinho* (1994), *Cinéma* (1996) témoignent d'un renouvellement de l'inspiration et du style, qui le désigne comme l'un des représentants les plus audacieux, avec Sony Labou Tansi et quelques autres, du « nouveau roman africain ». Le ressassement du passé auquel se livrent ses personnages, déracinés et désemparés, est l'occasion d'ironiser sur le destin d'une Afrique qui n'en finit pas de se décoloniser et sur laquelle le narrateur porte un regard sans indulgence.

J.C.

Monette Madeleine (1951). Née à Montréal, elle vit maintenant à New York. Son premier roman, *Le Double Suspect* (1980), entraîne le lecteur vers la fascination du double qui est aussi celle de la narratrice. Dans *Petites Violences* (1982), l'analyse psychologique, servie par une très grande maîtrise de la langue et de ses subtilités, contribue à créer un climat étouffant. Son troisième roman, *Amandes et melons* (1991), s'articule autour de la disparition d'un personnage à travers les figures d'un peintre, d'un poète et d'une traductrice. Dans *La Femme furieuse* (1997), une femme en visite chez sa fille, qui vit dans une grande métropole, rejette le conformisme et les fausses valeurs. Madeleine Monette a également publié quatre recueils de nouvelles, en collaboration.

S.Ma.

Monfreid Henry de (1879-1974). Né le 13 décembre 1879 à Leucate, dans une famille mi-bourgeoise mi-bohème (il est le fils de Daniel, peintre et ami de Gauguin), il part travailler en 1906 à Djibouti et passera plus de quarante ans à sillonner la mer Rouge. Sa position d'employé ne correspondant guère à son tempérament, il acquiert un bateau, embauche quelques matelots et se livre à de douteux négoces qui tournent souvent au trafic (d'armes essentiellement). Il se lie avec le père Teilhard de Chardin, voyage avec Kessel, couvre la guerre d'Éthiopie pour *France-soir*. Cette vie d'aventures et les paysages de la mer Rouge forment les thèmes essentiels de la très abondante œuvre romanesque de Monfreid. Si son premier roman est resté le plus connu (*Les Secrets de la mer Rouge*, 1932), il a été suivi par près de soixante autres. Parmi les plus célèbres : *La Croisière du haschisch* (1933), *Le Cimetière des éléphants* (1952), *Pilleurs d'épaves* (1955), *L'Homme aux yeux de verre* (1965), *Journal de bord* (1984), *L'Envers de l'aventure* (cycle de dix romans, 1953-1970). Généralement dépourvus de charpente ou d'unité dramatique forte, ces romans pleins de charme sont constitués par des ensembles de saynètes (folles poursuites dans des villes arabes, violentes tempêtes sur la mer Rouge, etc.). La réédition de l'autobiographie romancée d'Henry de Monfreid (*Mes vies d'aventure*, Laffont, 1992) a suscité un renouveau d'intérêt pour cette étrange figure de romancier-aventurier.

→ Daniel Grandclément, *L'Incroyable Henry de Monfreid*, Grasset, 1990.

G.P.

Monnerot Jules (1909-1995). Né à Fort-de-France le 28 novembre 1909, il est l'auteur d'une des rares œuvres intellectuelles de l'après-guerre politiquement engagée à droite : contempteur acharné des idéologies marxiste et communiste, il s'est appliqué à en démonter la logique suivant une démarche sociologique. Ses écrits, qui ne se limitent pas à ces visées polémiques et critiques, comprennent également plusieurs ouvrages de réflexion théorique qui abordent à l'occasion les problèmes de la littérature.

À ses débuts, son parcours intellectuel se rapproche sensiblement de celui de Roger Caillois et Georges Bataille : tous trois partagent peu ou prou la même fascination mêlée de déception à l'égard du surréalisme, et surtout la même admiration pour l'enseignement du sociologue Marcel Mauss sur la fonction du Sacré dans les sociétés humaines. Les recherches philosophiques de ce petit groupe trouvent leur expression dans diverses revues et sociétés : Monnerot collabore ainsi à *Acéphale*, animée par Bataille et Pierre Klossowski, fonde avec Caillois *Inquisitions* (1936), participe à la création du Collège de Sociologie (1937) avec les mêmes auxquels il faut adjoindre Michel Leiris et Jean Wahl. En 1946, on le retrouve, avec Bataille et Maurice Blanchot, parmi les fondateurs de *Critique*.

Pourtant, à la différence de la plupart de ces intellectuels qui s'orientent alors vers la pure littérature ou la réflexion métaphysique, Monnerot éprouve après la guerre (durant laquelle il avait participé à un réseau de résistance) la nécessité d'un engagement politique concret, dans la logique de ses convictions gaullistes. En 1949, à une époque où pour beaucoup l'URSS et le stalinisme incarnent encore un idéal politique sans faille, il fait paraître *Sociologie du communisme* (Gallimard). L'ouvrage fit grand bruit. Sa méthode constituait à elle seule une provocation : analyser le marxisme dans les termes mêmes de la philosophie marxiste afin de démontrer qu'il n'est rien d'autre qu'une idéologie explicable par des déterminants économiques et sociaux, une « secte religieuse de conquérants du monde » fondée sur une doctrine de type providentiel. Réédité et augmenté en 1963 et en 1979 (Hallier), ce livre fut le premier d'une série d'ouvrages voués à la ruine des idéologies de gauche (communisme, tiers-mondisme, antiracisme...) : *Sociologie de la révolution* (Fayard, 1968), *La France intellectuelle* (Raymond Bourgine, 1970), *Inquisitions* (Corti, 1974), *Désintox* (Albatros, 1987). Adoptant le même ton polémique et la même démarche intellectuelle, ces essais visent à démonter le « *continuum* culture politique » qui façonne nos représentations idéologiques en montrant comment le discours dominant des intellectuels de gauche prend appui sur de véritables « mythes politiques » pour asseoir son pouvoir médiatique et disqualifier tout engagement à droite. Monnerot a diffusé cette réflexion par ses cours à l'École supérieure de guerre de Paris, ses activités de journaliste à *La Nation française* et à *L'Esprit public*, ses liens avec le Club de l'Horloge. La radicalisation de ses convictions nationalistes l'a même conduit à présider durant quelques années le conseil scientifique du Front National, avant qu'il ne rompe avec éclat, en 1990, au moment de la guerre du Golfe.

À côté de ses écrits en prise directe sur l'actualité et les débats idéologiques de son temps, Monnerot a publié trois brefs récits de fiction (*On meurt les yeux ouverts*, Gallimard, 1949) ainsi que plusieurs ouvrages de réflexion théorique dont certains concernent le champ littéraire. Le plus important est sans doute *La Poésie moderne et le sacré* (Gallimard), publié en 1945, mais ébauché dès 1935. Cet essai sur la poésie et l'imaginaire analyse le besoin de rêve, d'insolite et de magie consubstantiel à notre existence, avant d'esquisser une « sociologie du surréalisme » en forme de constat d'échec : ces critiques et cette conception de la poésie exercèrent une influence certaine sur l'évolution du surréalisme après la guerre, sensible notamment chez Julien Gracq (voir son étude *André Breton : quelques aspects de l'écrivain*, Corti, 1948). Vingt ans plus tard, *Les Lois du tragique* (PUF, 1969) propose une méditation sur la tragédie grecque comme révélation extrême et exemplaire d'une vérité qui constitue le fond de notre humaine condition : « toute action entraîne dans le monde des conséquences dont l'agent ne s'était pas douté ». L'ouvrage se conclut sur une étude sociologique des « défenses » modernes contre cette vérité tragique : dogmatisme, mysticisme, toxicomanie, réfutant au passage les définitions du tragique par la notion d'*absurde*. Dernier de ces ouvrages de réflexion, la somme inachevée *Intelligence de la politique*, dont seuls deux volumes ont paru (Gauthier-Villars, 1977-1978). À partir du même constat d'écart entre *projets* et *actions* humaines, Monnerot se proposait de montrer comment l'histoire se constitue à partir d'actes individuels, mais sur le mode de l'*hétérotélie* (ou inconnaissance des effets et des fins) ; il jetait également les bases de la *doxanalyse*, recherche des lois et des « tropes » qui déterminent, en deçà de la pensée consciente, la part irrationnelle des comportements humains. Jules Monnerot est mort à Saint-Germain-en-Laye le 3 décembre 1995.

→ Georges Bataille, « Le sens moral et la sociologie », *Critique*, n° 1, juin 1946 ; rééd. *Critique : cinquante ans (1946-1996)*, août-septembre 1996. — Jean-Michel Heimonet, *Jules Monnerot ou la démission critique (1932-1990)*, Éditions Kimé, 1993.

B.Do.

Monnier Adrienne (1892-1955). Née à Paris le 26 avril 1892, après des études jusqu'au brevet supérieur, un séjour en Angleterre comme jeune fille au pair et l'apprentissage de la sténo-dactylo pour devenir « secrétaire littéraire », elle ouvre le 7 novembre 1915, rue de l'Odéon, sa librairie « La Maison des amis des livres », qu'elle tiendra jusqu'en 1951. Ce lieu devient vite un foyer intellectuel, qui réunit des écrivains que tout oppose, comme Valéry, Reverdy, Cocteau, Breton, qui y met en dépôt *Littérature* (1919-1921), Soupault, Beckett, Hemingway. Elle joue aussi un rôle important, avec son amie Sylvia Beach, dans la traduction par Valery Larbaud de l'*Ulysse* de Joyce (Valery Larbaud, *Lettres à Adrienne Monnier et à Sylvia Beach*, IMEC, 1991), fait paraître des revues (*Le Navire d'argent* et *Mesures*), écrit des recueils (*La Figure*, 1923 ; *Les Vertus*, 1926 ; réunis dans Adrienne Monnier, *Les Poésies*, Mercure de France, 1962) et de courtes proses (*Fableaux*, sous le pseudonyme de J.-M. Sollier, 1932, rééd. Mercure de France, 1960). Elle laisse des chroniques et des souvenirs (*Les Gazettes*, Julliard, 1953 ; *Dernières gazettes*, Mercure de France, 1961 ; *Souvenirs de Londres*, Mercure de France, 1957 ; *Trois agendas*, hors commerce, 1921-1940-1955 ; *Lettres des déserts*, Mercure de France, 1962 ; *Rue de l'Odéon*, Albin Michel, 1989), ainsi qu'une correspondance avec Henri et Marie-Louise Michaux (*Correspondance 1939-1955*, La Hune, 1995). Malade, Adrienne Monnier s'est suicidée à Paris le 18 juin 1955.

→ *Le Souvenir d'Adrienne Monnier*, *Le Mercure de France*, 1er janvier 1956. — *Adrienne Monnier et la Maison des amis des livres*,

IMEC, 1991. — Fonds Adrienne Monnier à la Bibliothèque littéraire Jacques Doucet.

J.P.

Monnier Jean-Pierre (1921). Né à Saint-Imier, dans le Jura bernois, le 20 décembre 1921, il a fait des études de lettres à l'université de Neuchâtel, et a enseigné le français pendant quarante ans à l'École de commerce puis au Gymnase cantonal de Neuchâtel. Il vit actuellement à Épautheyres (canton de Vaud). Il a obtenu le prix Charles Veillon pour son deuxième roman, *La Clarté de la nuit* (1956), le prix Schiller pour le suivant, *Les Algues du fond* (1960), le prix Suisse-Canada pour son essai, *Écrire en Suisse romande entre le ciel et la nuit* (1979). Outre six romans, un récit et trois essais, il a publié deux volumes, *Franches-Montagnes* et *Tramelan*, et une réflexion autobiographique, *Pour mémoire* (1992). Plusieurs de ses romans, *La Clarté de la nuit*, *La Terre première* (1965) et *L'Arbre un jour* (1971), ainsi que le récit *L'Allégement* (1975), ont pour cadre les « hautes terres du Jura ». Comme Ramuz, Monnier parle de l'universel à partir de sa terre d'origine. Le récit, qui part souvent de la mort, comme dans son premier roman, *L'Amour difficile* (1953), propose un questionnement sur le sens de la vie et de l'être. Monnier s'est imposé par le style et le ton qu'il a donné à ses récits, à la frontière entre roman et poème. Le dernier roman, dont le titre *Ces vols qui n'ont pas fui* (1986) est tiré d'un vers de Mallarmé, est venu couronner la recherche esthétique de l'écrivain.

ŒUVRES. — Chez Bernard Campiche (Yvonand).

G.R.

Monnier Thyde (1887-1967), pseudonyme de Mathilde Anna Monnier. Issue d'une famille bourgeoise de Marseille, elle étudie au lycée Montgrand, écrit de nombreux textes demeurés inédits, puis connaît la célébrité grâce à un premier roman, *La Rue courte* (1937). Elle publie alors une œuvre abondante, formée de quatre grands cycles *(Les Desmichels,* 1937-1947, rééd. J'ai lu, 1990 ; *Pierre Bacaud*, 1942-1954 ; *Les Petites Destinées*, 1937-1951 ; *Franches Montagnes*, 1948-1956), perpétuant la tradition naturaliste tout en prenant place, par son goût du terroir, dans la littérature régionaliste. Enfin, sous le titre *Moi*, elle fait paraître quatre volumes de souvenirs *(Faux départ*, 1949 ; *La Saison des amours*, 1950 ; *Sur la corde raide*, 1951 ; *Jetée aux bêtes*, 1955), avant de mourir à Nice.

D.H.

Monod Théodore (1902). Né à Rouen le 9 avril 1902, dans une famille de pasteurs, il est docteur en biologie en 1926. De 1922 à 1930, il explore l'Afrique occidentale. Il est nommé en 1936 directeur de l'Institut français d'Afrique noire. *Méharées* (1937) raconte ses voyages au désert. Pendant la guerre, Vichy censure *L'Hippopotame et le philosophe* (1943), ses chroniques radiodiffusées. Professeur au Muséum d'Histoire naturelle en 1942, il vit tantôt à Paris, tantôt à Dakar, qu'il quitte définitivement en 1965. De 1948 à 1954, il participe aux premiers essais de plongée profonde *(Bathyfolages*, 1954). Il retourne régulièrement au Sahara *(L'Émeraude des Garamantes*, 1984). Ce naturaliste de renommée internationale est aussi un militant de l'écologie *(Sortie de secours*, Seghers, 1991) et des droits de l'homme (*Le Chercheur d'absolu*, Le Cherche-Midi, 1997).

ŒUVRES. — Rééditions chez Actes Sud (Arles).

I.M.

Montebello Denis (1951). Né dans les Vosges, professeur de lettres à La Rochelle. Son premier livre, *Le Sentiment océanique* (1988), parcourt les espaces enlisés des côtes vendéennes et charentaises. Les poèmes de *Verrines* (1990) chantent la beauté du quotidien à partir d'objets qui parlent d'autrefois. Le passé occupe une place centrale dans son roman *Moi, Petturon, prince celte* (1992), où le héros, Petturon, tiré de son sommeil par une pelleteuse, parle avec mélancolie des siens, de la ligne de partage des eaux et de la forêt des Vosges. *Le Bateau de sauvetage* (1993), récit nourri de digressions sur le langage, montre un amour qui s'étiole au fil des pages. Il a publié en 1995 un second roman, *Bleu cerise*, et, en 1997, *Contes et légendes du Poitou et des Charentes*.

D.H.

Monteilhet Hubert (1928). Né à Paris dans une famille de magistrats, professeur d'histoire, converti au catholicisme traditionaliste *(Ce que je crois, et pourquoi*, avec Bernard de Fallois, 1993), il s'illustre dans le roman policier *(Les Mantes religieuses*, 1960, grand prix de littérature policière ; *Les Pavés du diable*, 1963 ; *Retour à zéro*, 1978 ; *Œdipe en Médoc*, 1993 ; *Le Taureau par les cornes*, 1996), le roman d'initiation *(Eudoxie ou la clef des champs*, 1992), le récit fantastique *(Les Queues de Kallinaos*, 1981), et l'essai *(Rome n'est plus dans Rome*, 1977 ; *Le Mythe de l'abbé Pierre*, 1996). Ses évocations historiques lui apportent le succès : *Néropolis* (1984) peint une Rome décadente qui nous renvoie notre reflet, *La Perte de vue* (1986) décrit le printemps 1944 à Clermont-Ferrand, tandis que *La Pucelle* (1988) renouvelle l'image de la sainte.

D.H.-M.Ber.

Montesquiou Robert de (1855-1921), voir DICTIONNAIRE DES LETTRES FRANÇAISES : LE XIXe SIÈCLE.

Montherlant Henry de (1895-1972). Né à Neuilly le 21 avril 1895, dans une famille noble d'origine catalane, il fait ses études à Sainte-Croix de Neuilly. Formé très tôt à la lecture des Anciens, il n'a cessé, durant toute sa vie, de relire les *Vies des hommes illustres* de Plutarque, les œuvres de Sénèque, et d'assimiler l'essentiel de la philosophie stoïcienne. L'amour des garçons, dont il fit l'expérience dès Sainte-Croix de Neuilly, et qui a motivé son renvoi du collège, a constitué une singularité qu'il n'a jamais osé avouer, à la différence de Gide et de Roger Peyrefitte : ce secret qu'il s'est attaché à préserver jusqu'à sa mort explique beaucoup de ses attitudes et l'a conduit à se réfugier dans un isolement orgueilleux. À partir de 1940, après la notoriété des années vingt et la gloire mondiale que lui apportèrent les quatre volumes des *Jeunes Filles* (1936-1939), il s'est consacré surtout au théâtre, et ses plus grands succès *(La Reine morte*, *Le Maître de Santiago*, *La Ville dont le prince est un enfant)* sont des œuvres sans concession : Montherlant lui-même a indiqué à plusieurs reprises que la faveur du public reposait sur un malentendu. Ses derniers romans, *Le Chaos et la nuit* (1963), *La Rose de sable* (1967), *Les Garçons* (1969), *Un assassin est mon maître* (1971), étaient certes de beaux livres, et on les saluait comme tels, mais on avait le sentiment qu'ils venaient trop tard : *Les Garçons*, roman de la pédérastie, *La Rose de sable*, roman anticolonialiste, auraient pu faire scandale à la veille ou au lendemain de la guerre ; à la date où ils étaient publiés, ils ne surprenaient que médiocrement. D'ailleurs, *La Rose de sable* avait été composé en 1931-1932, *Les Garçons*, commencé en 1914, était rédigé en grande partie en 1947, bref, dans ses dernières années, le grand écrivain vidait ses tiroirs, la critique saluait la qualité de ses œuvres, mais on était tenté de n'y voir que les restes d'une ancienne production.

Réfugié dans une hautaine solitude, Montherlant n'a pas négligé cependant les habiletés de la stratégie littéraire : il publie avec *Le Songe*, en 1922, un roman de guerre, qui lui valut une flatteuse notoriété ; les lettres à sa grand-mère que Pierre Sipriot a publiées montrent avec quel cynisme Montherlant a utilisé et transposé ses piètres souvenirs d'ancien combattant. L'année où les Jeux olympiques se tiennent à Paris (1924), il publie fort à propos *Les Olympiques*, un recueil de récits et de textes poétiques à la gloire du sport, et en particulier du sport féminin. En 1926, il dédie *Les Bestiaires*, roman de la tauromachie, à Gaston Doumergue, président de la République, qui venait d'autoriser les corridas sur le territoire français. Quel soin apporté à ne manquer aucune des occasions d'épouser l'actualité et de se mettre en avant ! Cela dit, il faut ajouter aussitôt que, la notoriété obtenue, Montherlant, après avoir vendu sa maison de Neuilly, abandonne la carrière littéraire parisienne et réside le plus souvent en Afrique du Nord, de même qu'il renonce à publier *La Rose de sable* en 1932, après en avoir achevé la rédaction.

Son œuvre, comme celle de beaucoup d'écrivains de son temps, procède de son moi. C'est le cas, bien sûr, des *Carnets* et des essais (par exemple *Aux fontaines du désir* ou *Service inutile)*, qui expriment directement ses impressions ou ses pensées devant tel événement de sa vie personnelle ou de la vie publique. Dans ses romans, comme dans son théâtre, son moi est pour ainsi dire distribué sous diverses espèces, on en retrouve les constantes sous de nombreux avatars. Il a su, lui aussi, par personnages interposés, faire dialoguer les lobes de son cerveau. Dans les propos du vieux Ferrante, de Jeanne la folle ou du Maître de Santiago, on reconnaît sa voix et la couleur même de ses pensées. Toute son œuvre a été écrite en marge de sa vie, elle transpose ses expériences, elle rend compte de son cheminement spirituel. Le renvoi de Sainte-Croix de Neuilly et les amitiés particulières ont alimenté *Les Garçons* et la *Ville* ; l'expérience de la tauromachie a été à l'origine des *Bestiaires*, où la corrida est célébrée avant d'être tournée en dérision dans une scène du *Chaos et la nuit*. Il a chanté dans *Le Songe* son expérience de la guerre et dans *Les Olympiques* sa pratique des sports. La connaissance qu'il avait de l'Afrique du Nord l'a conduit à un anticolonialisme exprimé dans la *Rose* autant que dans *Le Maître de Santiago*. Ses fiançailles bientôt rompues ont été le support de la série des *Jeunes Filles*. Sa connaissance de la spiritualité catholique, sa sensibilité à ce qu'il a appelé « les opérations mystérieuses », c'est-à-dire les effets cachés de la grâce de Dieu, son goût du retirement, de l'ascétisme, de la générosité, sont venus nourrir bien des scènes de la *Ville*, des *Garçons*, du *Maître de Santiago* ou de *Port-Royal*.

Sa culture classique et sa familiarité avec l'Antiquité grecque et romaine ont constitué les orientations essentielles de son esprit en même temps que la spiritualité chrétienne. Le stoïcisme se mêle en lui à un vif attrait pour les jouissances de la vie. Le culte du plaisir et la poursuite des êtres viennent le reposer de la création littéraire. L'idée que le monde n'est que confusion et qu'après le chaos, c'est la nuit qui attend, se trouve partout dans son œuvre. La hantise de la mort et la recherche du plaisir se rejoignent. Le texte « Syncrétisme et alternance », dans *Aux fontaines du désir*, en 1927, expose clairement le bon usage des contradictions et des sincérités successives qui permettent d'épouser tour à tour les diverses formes de l'humaine condition. Un moralisme désabusé se fonde sur le sentiment de la vanité de toute chose. C'est pourquoi il faut feindre de se prendre aux choses sans s'y prendre, regarder le monde, jouir de lui et s'en préserver. Le refus de l'engagement politique et social est le corollaire de cette indifférence hautaine : Franco et Staline, c'est la même chose. Celestino ne prend conscience de cette vérité qu'au moment de mourir. L'artiste doit tout connaître des mouvements de l'âme humaine. « J'ai été, écrit Montherlant, homme de plaisir d'abord, ensuite un créateur littéraire, et ensuite rien. Le plaisir est pris ; les œuvres, c'est pour me faire plaisir aussi que je les faisais et ce plaisir lui aussi est pris. C'est pourquoi tout est bien ainsi. »

Ce professeur d'énergie, chantre des vertus de la guerre et du sport, devait décevoir beaucoup de ceux qui avaient mis en lui leurs espoirs. L'attention à des êtres vieux, faibles, hésitants, charitables, victimes du sort, se substitue bientôt aux images flatteuses d'un héros intrépide. Dans *La Rose de sable*, livre éclairé par « le feu central de la charité », le lieutenant Auligny, jeune officier en poste dans le Sud marocain, en vient à remettre en question les principes patriotiques et colonialistes qu'on lui avait inculqués : il demande à être relevé de son commandement car il ne veut pas participer aux opérations militaires projetées par son colonel. Il rejoint Fez et, lors d'une émeute, est assassiné par les Arabes, alors qu'il se refusait à prendre les armes contre eux : ironie du sort, dérision de la bonne volonté, et, pour parler comme Montherlant, « sourire de la pensée la plus profonde ».

Si Auligny est finalement un vaincu, victime de son honnêteté et de sa charité, les deux héros des *Célibataires*, en 1934 (grand prix du Roman de l'Académie française), sont deux vieux nobles déchus, perdus dans le monde moderne, inadaptés aux conditions nouvelles de la vie, comme le sera, en 1963, Celestino, le héros du *Chaos et la nuit*, nouvel avatar de Don Quichotte, le patron des inadaptés. En 1971, *Un assassin est mon maître*, monographie d'un cas de névrose, est le dernier aboutissement romanesque de cette ligne d'ombre. La pitié pour les faibles n'est qu'un des aspects de ce génie du christianisme que Montherlant a tour à tour célébré et vilipendé, mais qui constitue sans doute, sous les foucades d'un nietzschéisme d'emprunt, l'assise la plus profonde de sa personnalité.

Il reste dans l'œuvre romanesque deux massifs qui s'équilibrent : *Les Jeunes Filles* (1936-1939) et *Les Garçons*, commencés en 1914, rédigés en partie en 1947, augmentés et mis au point en 1967-1968, publiés d'abord en 1969 sous une forme expurgée, puis sous leur forme définitive en 1973 dans une édition à tirage limité.

Montherlant abordait dans *Les Jeunes Filles* le problème des relations entre les hommes et les femmes. La façon provocante avec laquelle il traitait le problème, la désinvolture du ton, la variété des procédés romanesques avaient leur part dans l'immense succès que rencontrèrent ces quatre volumes : Montherlant prenait ses aises, s'attachait à débarrasser le roman des conventions qui l'encombraient, il présentait des documents, des scènes, il évitait le récit délayé, il présentait parfois une sorte de roman-dossier. En même temps, si agaçantes que fussent les provocations de ce que Pierre-Henri Simon appelait une « muflerie calculée », il réussissait à poser beaucoup de questions intelligentes sur les rencontres amoureuses, les liaisons, le mariage, la vie du couple. Le point de vue central était celui de Costals, romancier fictif, accablé de sollicitations féminines. Dès que Solange devient sa maîtresse, la question du mariage est posée : il consulte des hommes de loi qu'il interroge sur les précautions qu'il faudrait prendre pour pouvoir, le cas échéant, divorcer dans de bonnes conditions. Romancier, Costals a le sentiment qu'il se doit à son œuvre : s'il part brusquement pour Gênes, c'est pour briser le carcan dans lequel il se sent pris. Solange l'y rejoint, il finit par lui dire qu'elle a été un malentendu. Une fois qu'elle l'a quitté, il se jette sur son travail comme un forcené, tout en consacrant quelques heures à la chasse amoureuse.

On retrouve dans *Les Garçons* cet Alban de Bricoule qui participait à la guerre dans *Le Songe*, à la corrida dans *Les Bestiaires* ; il est ici au collège, il a une amitié particulière qui provoque son renvoi du collège. C'était le sujet qu'avait traité Roger Peyrefitte dans *Les Amitiés particulières* et que Montherlant reprenait dans *La Ville dont le prince est un enfant*. Autant *Les Jeunes Filles* présentait un aspect agressif et grinçant où triomphait le style d'une certaine presse brillante de l'entre-deux-guerres, autant *Les Garçons* est un livre religieux et grave où Montherlant aborde enfin le secret de toute sa vie. L'imbrication du spirituel et du sensuel, le triomphe de l'amour (de la mère pour son fils, de l'abbé pour les garçons), l'exaltation du sacrifice, le vertige de la générosité, le sens du mystère de la grâce dans les « opérations mystérieuses », tout cela confère au livre une gravité particulière. Il n'y a plus de place ici pour cet *alacritas scribendi*, qui est sans doute la caractéristique essentielle de ses autres romans. Autant Montherlant se sent bridé et contraint, on a pu dire parfois « empesé », dans l'expression dramatique, autant dans ses romans il se laisse volontiers aller à sa verve : il ne se prive pas d'intervenir dans son récit, assure avec aplomb ou désinvolture sa fonction de régisseur, prend à partie ses lecteurs, dénonce la société de son temps et, s'il cède parfois à la facilité, il sauve toujours l'essentiel par une certaine gaieté de l'écriture.

Parmi les images que le public s'est faites de Montherlant, la plus forte est sans doute celle d'un homme de théâtre, fournisseur attitré de la Comédie-Française, sorte de Corneille moderne qui aurait sa place entre Claudel et Giraudoux. Il n'est pourtant venu au théâtre qu'assez tard. Sa pièce, *L'Exil*, conçue en novembre 1914, n'a été publiée qu'en 1929, et, jusqu'en 1940, il s'est détourné de la création dramatique. C'est alors seulement qu'il rédige la première version de *Port-Royal* et que, sur la suggestion de Jean-Louis Vaudoyer, administrateur de la Comédie-Française, il écrit *La Reine morte*, créée en décembre 1942 : après des débuts un peu incertains, ce fut un immense succès, avec Jean Yonnel dans le rôle de Ferrante. Après la guerre, Montherlant est écarté de la scène parisienne. C'est seulement le 26 janvier 1948 qu'au Théâtre Hébertot triomphe *Le Maître de Santiago* : une critique de la colonisation espagnole au XVIe siècle se mêle au cheminement religieux des deux personnages principaux, le père et la fille, réunis à la fin dans une apothéose d'ascétisme. En 1953, Montherlant notait que cette pièce avait été jouée plus de huit cents fois.

Dans les années suivantes, il a donné, avec des succès variables, des créations de valeur inégale : *Demain il fera jour* fut un échec complet, *Celles qu'on prend dans ses bras* aussi, qui est sans doute sa plus mauvaise pièce. Montherlant supporta difficilement l'échec de *Malatesta*, créé en 1950 au Théâtre Marigny par la compagnie Renaud-Barrault : il s'est plaint alors d'une cabale, il était décidé à abandonner le théâtre, mais il voulait donner une dernière pièce qui fût une sorte de gageure : ce fut *Port-Royal* dans une version composée pendant l'été 1953 et créé en 1954 à la Comédie-Française. Curieusement le succès, qui n'avait pas été recherché, fut considérable. La comédie de *Brocéliande*, en 1956, qui montrait les ridicules auxquels conduit la prétention nobiliaire, reçut un accueil médiocre. Le héros se tue à la fin et le spectateur est ainsi averti qu'il avait tort de rire. « Pièce triste », disait Montherlant, « dans une enveloppe de demi-gaieté ». En 1958, le Théâtre de l'Athénée donnait *Don Juan* avec Pierre Brasseur dans le rôle principal : les représentations cessèrent au bout d'un mois : l'échec était plus cuisant encore que les précédents. En 1960, *Le Cardinal d'Espagne* suscitait à la Comédie-Française des manifestations qui ont à plusieurs reprises troublé le spectacle. *La Ville dont le prince est un enfant*, publiée en 1951, ne fut jouée qu'en 1967 au Théâtre Michel, et cette pièce (dont les scènes essentielles ont été reprises dans le roman *Les Garçons)* fut un des grands succès de Montherlant au théâtre.

Montherlant a déclaré que pour lui « la seule forme de théâtre digne de ce nom était “le théâtre psychologique” ». Il s'en remettait au metteur en scène pour ce qui est de l'agencement scénique. Il cherchait à exprimer avec le maximum de vérité, d'intensité et de profondeur un certain nombre de mouvements de l'âme humaine. Simplicité d'une action dramatique tout intérieure, rigueur de la composition, éclat de l'expression sont les traits dominants de son esthétique. Il faut ajouter que les pièces dont l'action n'était pas située de nos jours témoignent de connaissances historiques très poussées : Montherlant s'attachait à accumuler une documentation approfondie qui lui permettait de restituer la couleur de l'époque. D'autre part, il accordait son attention, malgré qu'il en eût, à des détails significatifs de mise en scène : la neige qui, dans *Le Maître de Santiago*, raie le ciel de la Castille est chargée de signification ; on la voie tomber au premier acte, elle cesse au deuxième, et cette éclaircie exprime l'espoir humain qui se forme dans le cœur de Mariana, elle reprend au troisième acte quand Alvaro et sa fille sont seuls en face de Dieu. Montherlant enfin aime achever ses pièces sur un tableau saisissant — ici cette union mystique du père et de la fille, ou bien, dans *La Reine morte*, le geste de Don Pedro qui pose une couronne sur le ventre de sa femme assassinée, pendant que le corps de Ferrante est abandonné de tous.

Ayant perdu la vue et se sentant très diminué, Montherlant a mis fin à ses jours le 21 septembre 1972, dans son appartement du quai Voltaire, à Paris.

ŒUVRES. — *Romans*, Bibliothèque de la Pléiade, t. I, 1959 ; t. II, éd. Michel Raimond, 1982. — *Théâtre*, Bibliothèque de la Pléiade, 1972. — *Essais*, Bibliothèque de la Pléiade, 1963 (comprenant les *Carnets* de 1930 à 1944). — *Va jouer avec cette poussière, Carnets 1958-1964*, Gallimard, 1966. — *La Marée du soir, Carnets 1968-1971*, Gallimard, 1972. — *Tous feux éteints, Carnets 1965-1967, Carnets sans date et 1972*, Gallimard, 1975.

→ Michel Mohrt, *Montherlant, homme libre*, Gallimard, 1943. — Pierre Sipriot, *Montherlant par lui-même*, Le Seuil, 1953. — Henri Perruchot, *Montherlant*, Gallimard, 1959, éd. revue par H. Mavit, Gallimard, 1969. — Philippe de Saint-Robert, *Montherlant le séparé*, Flammarion, 1969. — Jacques Robichez, *Le Théâtre de Montherlant*, SEDES, 1974. — *Album Montherlant*, iconographie réunie et commentée par Pierre Sipriot, Bibliothèque de la Pléiade, 1979. — Michel Raimond, *Les Romans de Montherlant*, SEDES, 1982. — Pierre Sipriot, *Montherlant sans masque*, Laffont, t. I : *1895-1932*, 1982 ; t. II : *1932-1972*, 1990. — Fonds Montherlant à la Bibliothèque nationale et à la Bibliothèque littéraire Jacques Doucet.

M.Ra.

Morand Paul (1888-1976). Né le 13 mars 1888, à quelques pas des Champs-Élysées, ce futur chantre du cosmopolitisme est d'abord un vrai Parisien, fier d'appartenir à cette bourgeoisie cultivée, qui recueillait alors les fruits de sa fidélité à la IIIe République. Sa mère, issue d'une famille de négociants et de magistrats parisiens, était une femme douce, très catholique, distante à force de discrétion ; son père Eugène Morand, artiste peintre entré dans l'administration des Beaux-Arts, menait parallèlement une carrière d'auteur dramatique, qui, le succès venant, le mettait en relation avec les célébrités littéraires, théâtrales et artistiques de Paris. Les familiers de son père avaient nom Stéphane Mallarmé, Marcel Schwob, Marguerite Moréno, Sarah Bernhardt, Henri de Régnier, Auguste Rodin. L'atelier du sculpteur jouxtait la demeure familiale dans le Dépôt des Marbres dont Eugène Morand était devenu directeur en 1902. Face à cette société, ce fils unique tend à se replier sur lui-même. Le sport, pratiqué au Racing Club dès 1902, les séjours en Angleterre et, chaque été, le pèlerinage familial dans les villes italiennes, compensent une scolarité médiocre au lycée Carnot, que viendra sanctionner l'échec au baccalauréat en juin 1905. C'est à Munich, où il a suivi son père pour un court séjour professionnel, qu'il préparera la seconde session avec pour répétiteur Jean Giraudoux, jeune normalien et apprenti germaniste. Cette rencontre le révèle à lui-même, à sa jeunesse et à ses capacités ; elle sera le point de départ d'une longue amitié entre les deux hommes, que renforcera le parallélisme de leurs carrières diplomatiques et littéraires. Des études de droit et, à l'Institut des sciences politiques, l'enseignement de maîtres renommés comme Émile Sorel, Élie Halévy, Louis Renault, le conduisent aux concours des ambassades, qu'il passe brillamment en 1912 et 1913. Entre-temps, versé dans le service auxiliaire pour insuffisance physique, il a fait ses deux ans de service comme archiviste à la préfecture de Caen. Il a mis à profit cette période pour lire abondamment, et entreprendre un roman : *Les Extravagants* (rééd. Gallimard, 1986), dont le cadre — Londres, Oxford, Venise — décline déjà les grandes étapes de sa géographie personnelle et dont le héros, Simon de Biéville, professe le même cosmopolitisme que son auteur, préférant aux liens de l'amour « la nostalgie de l'univers, le mal de tous les pays ».

Après un passage au service du protocole, Morand part comme attaché à Londres, auprès de l'ambassadeur Paul Cambon. Le travail du chiffre l'ennuie ; il court bibliothèques et salons. Dans cette ville qu'il connaît déjà, sa prestance de jeune diplomate et quelques amitiés puissantes, dont celles d'Antoine et Emmanuel Bibesco, le propulsent dans les milieux huppés. Les premières nouvelles de *Tendres Stocks*, composées à cette époque, tout comme le *Journal d'un attaché d'ambassade 1916-1917* (La Table ronde, 1947, rééd. Gallimard, 1996), scintillent des prestiges qu'il prête à cette société aristocratique et spirituelle, rencontrée chez Margot Asquith, l'épouse du premier ministre, chez Consuelo Vanderbilt, Catherine d'Erlanger ou Lady Cunard. À nouveau réformé en décembre 1914, il pourra cependant suivre d'assez près les péripéties du conflit lorsque, en 1916, il est rappelé de Londres pour assister Philippe Berthelot au Secrétariat général du Quai d'Orsay. La conduite de la guerre, subordonnée à d'obscurs calculs politiques et à de mesquines rivalités militaires, provoque chez lui une révolte et un dégoût, qu'il lui faut taire, mais qui sont sans doute à l'origine des positions antiparlementaires et pacifistes qu'il adoptera dans les années 1930. On trouvera l'écho de cette amertume, qui est celle de toute sa génération, dans plusieurs poèmes de *Lampes à arc* (1919) : « Pour que tant de choses mauvaises, / qui subsistent, soient détruites, / fallait-il briser / tant de bonnes choses qui ne sont plus ? »

Deux rencontres marquent ces années de guerre : en 1915, celle de Proust, dont il avait admiré *Du côté de chez Swann*, et qui écrira une préface pour son premier recueil de nouvelles, *Tendres Stocks* (Gallimard, 1921, rééd. coll. L'Imaginaire, 1996) ; celle, en 1916, d'Hélène Soutzo, fille d'un richissime banquier grec, polyglotte, cultivée et très spirituelle — « l'intelligence à l'état pur » —, qu'il épousera en 1927. Cet entourage exigeant le renforce dans la poursuite de ses projets littéraires : après plusieurs tentatives romanesques avortées, il cherche à mettre au point une forme de récit en accord, par son rythme rapide, avec la période d'accélération historique et de mutation sociale que représentait la guerre européenne ; elle devrait aussi tenir compte des nouvelles approches de la réalité que les artistes, et en particulier les peintres cubistes, étaient en train d'explorer. C'est ainsi que, dans ses premières nouvelles, Morand proposera des portraits de femmes constitués par le montage d'une série d'observations instantanées et de commentaires concernant la même personne : « J'imaginais, expliquera-t-il dans une lettre à Jacques Doucet, des superpositions de calques où, en éliminant l'anecdote, on arrive à composer parfois des portraits qui durent. Vivre des jours près d'une personne et n'en donner, bien plus tard, sous une forme aisée et sans travail apparent que l'essentiel, me paraissait le plus digne des jeux. »

Alors que les poèmes de *Feuilles de température* (Au Sans Pareil, 1920) n'avaient guère retenu l'attention, les héroïnes de *Tendres Stocks* suscitèrent l'intérêt de l'avant-garde : Breton vit dans Clarisse, l'héroïne d'une des nouvelles, une incarnation du « sens moderne », et Cocteau, qui, ayant connu Morand chez Berthelot et Misia Sert, l'avait déjà admis au sein de sa Société d'admiration mutuelle, salua avec discernement la « proportion » architecturale de ces récits. Mais c'est avec les recueils suivants, *Ouvert la nuit* (Gallimard, 1922, rééd. Gallimard, coll. L'Imaginaire, 1987) et *Fermé la nuit* (Gallimard, 1923, rééd. Gallimard, coll. L'Imaginaire, 1993), que Morand allait connaître le succès auprès du grand public. Les ellipses d'un style sec et percutant, les métaphores sidérantes et pourtant justes, la confusion habilement entretenue entre la perspective du personnage-narrateur et celle de l'auteur, illustraient la naissance de cette prose moderne que le cinéma et les multiples bouleversements de l'époque rendaient nécessaire. La génération de l'après-guerre trouvait dans ces nouvelles une vue synthétique et exacte du monde en rapide métamorphose dans lequel elle se débattait, avec ses attentes et ses frustrations.

Cette remarquable adéquation de Morand écrivain avec son époque se vérifie dans son premier roman, *Lewis et Irène* (Grasset, 1924). Dans le contexte minutieusement reconstitué du conflit gréco-italien de Corfou, en 1923, il montre l'affrontement de deux héros modernes : un jeune financier international et la femme d'affaires grecque dont il est épris mais dont les intérêts s'opposent aux siens. L'argent, la Bourse, les voyages, la rumeur des complots politiques et des révolutions composent le pittoresque au goût du jour des nouvelles de *L'Europe galante* (Grasset, 1925, rééd. 1985), série de coups de sonde pour dresser la carte sentimentale de l'Europe aux lendemains de la guerre et des traités.

L'année 1925 marque pour Morand la fin de l'après-guerre ; au sommet de sa gloire récente, il traverse une crise. Au Quai d'Orsay, le service des Œuvres françaises à l'étranger, que dirige Jean Giraudoux et dont il gère le département des livres, est en butte aux critiques et aux rivalités. Ses succès littéraires ont multiplié les contraintes et les sollicitations. Les termes du contrat obtenu chez Grasset lui imposent une production importante. Il décide de fuir Paris et accepte une affectation temporaire à Bangkok comme gérant de la légation. Il en profite pour passer aux États-Unis, où il signe un autre contrat pour un recueil de nouvelles en anglais, *East India and Co* (1927, rééd. franç. Arléa, 1987), traverse la Chine en révolution, rend visite à Claudel au Japon, reste en rade à Hong Kong, bloqué par la grève nationaliste, arrive enfin à Bangkok où il reste deux mois, et, prétextant une dysenterie, rentre par le Vietnam, l'océan Indien et Suez. Le récit de cette galopade planétaire, *Rien que la terre* (Grasset, 1926), un de ses meilleurs livres, accréditera dans le public le cliché de l'homme pressé qu'on accole désormais au nom de Morand. De fait, toujours inquiet et fuyant, il semble pris d'une fringale de voyages. S'étant fait mettre en disponibilité par son administration pour disposer de tout son temps, il boucle le manuscrit de *Bouddha vivant* (Grasset, 1927, rééd. 1988), roman dans lequel un jeune prince asiatique explore les coulisses de l'Occident avant de conclure que les valeurs qu'on y professe ne sont en rien supérieures à celles de son pays, et se lance dans une série de voyages qui le conduiront successivement aux Caraïbes, aux États-Unis, en Afrique occidentale française, en Amérique latine. « On peut voir rapidement, mais comprendre bien », réplique-t-il à ceux qui s'étonnent du succès de ces livres hâtifs qu'il publie à chacun de ses retours. Par le mélange de notations prises sur le vif, de commentaires originaux et suggestifs et de connaissances livresques rapidement acquises en chemin, des ouvrages comme *Paris-Tombouctou* (1928), *Hiver caraïbe* (Flammarion, 1929, rééd. 1991), *Air indien* (Grasset, 1932, rééd. 1988), *La Route des Indes* (1936, rééd. Le Livre de Poche, 1992), renouvellent la prose documentaire et comblent le public de « cols blancs » qui lisent les magazines et rêvent de voyages. Mêlant de la même façon le reportage, l'essai, le guide du routard et quelques zestes de lyrisme, Morand invente le portait de ville avec *New York* (1930), formule à succès reprise avec *Londres* (1933) et un *Bucarest* (1935), témoignant d'une société et d'un art de vivre aujourd'hui disparus. Cette fantaisie de l'exploration et de l'inventaire continue à le guider dans ses nouvelles : *Magie noire* (Grasset, 1928, rééd. 1986) fait un tour d'horizon désinvolte des négritudes ; dans quelques récits de *Rococo* (1932), il résume la mentalité asiatique en maigres anecdotes quelque peu stéréotypées.

Dans les années trente, Morand prend conscience que ce type de courtes nouvelles, s'il répondait à la demande de pittoresque de la période antérieure, ne correspond plus aux attentes du moment. Plutôt que le roman, dans lequel il s'essouffle parfois *(Champions du monde*, Grasset, 1930, rééd. 1990), il adopte la forme de la longue nouvelle, dont la centaine de pages lui permet une analyse psychologique plus poussée de son personnage, à travers plusieurs épisodes. *Bug O'Shea*, *Monsieur Zéro*, et surtout *Milady* (Gallimard, 1936), consacrent cette nouvelle manière à laquelle il restera fidèle jusqu'à sa mort. Cette volonté de renouvellement le conduit à s'intéresser au cinéma. Plusieurs de ses récits ont déjà été transposés avec succès *(La Glace à trois faces*, par Epstein, 1927 ; *La Mort du cygne*, par Benoît-Lévy, 1936). Déçu par le refus de ses scénarios et les avatars rencontrés par son adaptation de *Don Quichotte* (réalisée par Pabst, 1933), il dresse sous forme romanesque dans *France la douce* (1934) un réquisitoire amer contre le milieu cinématographique français. Il est vrai que les événements de février 1934 ont accéléré chez lui, comme chez beaucoup d'intellectuels de sa génération, un raidissement politique et idéologique qui le rapproche de la droite antiparlementaire. Son entrée au comité de rédaction du *Figaro* montre aussi un nouvel intérêt pour le journalisme ; refusant l'engagement partisan, il y pratique avec une profondeur discrète le commentaire et le pronostic à partir d'une actualité relue à la lumière des constantes historiques et géographiques, de la littérature ou de l'art *(Rond-point des Champs-Élysées*, 1934 ; *Réflexes et réflexions*, 1939 ; *Excursions immobiles*, 1944 ; *L'Eau sous les ponts*, 1954).

En 1935, alors que la montée de périls s'amorce en Europe, Morand accepte du gouvernement de Pierre Laval, dont il apprécie la personnalité et partage les positions pacifistes, une mission que l'arrivée du Front populaire interrompra. Favorable aux accords de Munich et le faisant savoir, il est réintégré en décembre 1938 aux Affaires étrangères et chargé de représenter la France aux commissions fluviales internationales. En août 1939, il est envoyé à Londres pour coordonner avec les Anglais le blocus économique de l'Allemagne, mission semblable à celle qu'il avait conduite en Espagne en 1918, mais que la défaite et l'armistice abrégeront. Refusant l'aventure politique auprès du général de Gaulle — pour lui un inconnu, alors qu'il connaissait Pétain et Laval de longue date —, persuadé que l'Angleterre sera à son tour envahie, il s'efforce de rapatrier rapidement le personnel de sa mission et rentre lui-même en France, ignorant la demande du nouveau gouvernement de Vichy de rester à Londres pour maintenir, dans des conditions qui auraient été sans doute très difficiles, un contact officieux avec les Anglais. Blâmé et mis à la retraite d'office, il se consacre à l'achèvement d'un roman, *L'Homme pressé* (Gallimard, 1941, rééd. coll. L'Imaginaire, 1990), dans lequel la confidence se devine sous le portrait plein d'humour d'un frénétique qui, pour devenir maître de sa vie, s'interdit tout repos, filant droit à l'infarctus et détruisant autour de lui tout amour et toute amitié. Sa *Vie de Maupassant*

(Flammarion, 1942), qui utilise les souvenirs inédits du docteur Blanche, frappe par son pessimisme. Il compose également quelques-unes de ses meilleures nouvelles : *Le Bazar de la Charité*, *Le Locataire*, *À la fleur d'oranger* (1946) et, avec *La Matrone d'Éphèse*, il renoue avec une expérience théâtrale déjà tentée avant-guerre, qui n'est pas l'aspect le moins intéressant de son œuvre *(Petit Théâtre*, 1942 ; *Le Lion écarlate*, Gallimard, 1959).

Revenu à Paris, Morand reçoit parfois chez lui l'écrivain allemand Ernst Jünger et d'autres responsables des forces d'occupation. Mais il saura se tenir à l'écart des voyages de propagande en Allemagne et se dérober aux sollicitations des écrivains collaborateurs. En revanche, après le retour de Pierre Laval au pouvoir, il préside pendant quelques mois la commission de censure cinématographique et accepte, en juillet 1943, de partir comme ambassadeur en Roumanie. À la Libération, il est révoqué et mis à l'index par le Comité national des écrivains. Il se retire en Suisse, où il avait été nommé ambassadeur en juillet 1944. Interdit de publication en France, troublé par les règlements de comptes, il voit avec tristesse la page se tourner sur ce personnel politique et cette société mondaine qu'il avait fréquentés depuis l'enfance.

Dans son confortable asile de Vevey, il s'absorbe dans un travail intense, cherchant dans l'histoire un dérivatif à l'indignité du moment : les violences de l'Inquisition *(Le Dernier Jour de l'Inquisition*, 1947), les turpitudes de la Révolution française *(Parfaite de Saligny*, 1947), les rêves déçus de la colonisation de l'Inde *(Montociel, rajah aux grandes Indes*, Gallimard, 1947, rééd. 1960), servent de prétexte à une sombre méditation sur les revers et l'ironie de l'histoire. Mais c'est surtout dans *Le Flagellant de Séville* (1951, rééd. Folio, 1982) qu'il parvient à la maîtrise du genre historique. Ce récit d'une autre occupation, celle de l'Espagne par les armées napoléoniennes, et d'une autre collaboration, celle des libéraux espagnols avec les supposés héritiers des Lumières, expose les déchirements intimes de ceux qui crurent alors prendre le parti de l'avenir. Ce roman à contre-courant relance Morand et lui vaut l'hommage de jeunes romanciers agacés par le nouveau dogme de la littérature engagée. Ces « Hussards », conduits par Roger Nimier, Jacques Laurent, Kleber Haedens et quelques autres à l'assaut de la forteresse sartrienne, aiment chez Morand comme chez Chardonne ou Céline le primat donné au style et le refus des facilités de la littérature d'idées. Fort de ces nouvelles amitiés, Morand veut alors marquer son retour sur la scène littéraire parisienne par un coup d'éclat : la publication, en 1954, d'un récit longuement peaufiné et d'une tonalité nouvelle, *Hécate et ses chiens* (rééd. GF, 1984). Cette histoire d'un amour comblé qui devient un enfer lorsque le narrateur découvre les fantasmes et la perversion de sa maîtresse, a surpris par son érotisme violent et sa noirceur. Les nouvelles de *La Folle amoureuse* (1956) et de *Fin de siècle* (1957, rééd. Folio, 1986) manifestent la même force d'invention. Les thèmes, les époques, les espaces géographiques les plus divers y sont abordés avec un art du récit profondément renouvelé.

En 1953, Morand a été réintégré dans l'administration et, en 1955, il se réinstalle à Paris et obtient sa retraite du Quai d'Orsay au titre de ministre plénipotentiaire. Ces retrouvailles avec Paris et son public incitent Morand à se présenter à l'Académie française en 1958, mais une campagne conduite par François Mauriac, reprenant les anciennes accusations de collaboration, fait échouer sa candidature. Il la renouvelle en 1959, mais l'annonce du veto formulé par le général de Gaulle le contraint à la retirer. Morand prend alors une leçon de stoïcisme auprès de Fouquet, auquel il consacre une monographie : *Fouquet ou le soleil offusqué* (1960, rééd. Folio, 1985). Continuant à voyager, il trouve le temps d'évoquer pour la radio le temps des Habsbourg *(La Dame blanche des Habsbourg*, 1963) et de préparer une anthologie de ses meilleures nouvelles *(Nouvelles du cœur, Nouvelles des yeux*, 1965). Le court roman qu'il publie en 1965, *Tais-toi*, est, pour la première fois, un essai d'introspection dont la part autobiographique est importante. Mais la véritable ligne de son destin, c'est aux reflets des canaux vénitiens qu'il ira la demander, dans un dernier livre, *Venises* (Gallimard, 1971, rééd. coll. L'Imaginaire, 1987), où, imitant le savant désordre de cette ville trop aimée, il éparpille souvenirs et anecdotes de toute une vie comme autant de signes légers adressés à la postérité. Membre très assidu de l'Académie française, où il a été finalement élu en 1968, cet abonné au bonheur voit s'ouvrir, la même année, l'ère des chagrins avec la mort de Jacques Chardonne, son correspondant quasi quotidien depuis plus de quinze ans, puis avec celle d'Hélène, son épouse, qui meurt en 1975. Les derniers textes de Morand évoqueront son amie Coco Chanel *(L'Allure de Chanel*, 1976) et rendront hommage à un navigateur vaudois qui l'avait précédé au XVIIIe siècle sur la voie de l'exotisme *(Monsieur Dumoulin à l'Isle de Grenade* (posth., 1977). Il est mort le 21 juillet 1976, à Paris.

ŒUVRES. — *Nouvelles complètes*, éd. Michel Collomb, Bibliothèque de la Pléiade, 1992, 2 t. — Outre les rééditions citées ci-dessus : *Poèmes 1914-1924*, Poésie-Gallimard, 1973. — *Œuvres*, Flammarion, 1981.

→ Ginette Guitard-Auviste, *Paul Morand, légendes et vérités*, Balland, 1994. — Pascal Louvrier et Éric Canal-Forgues, *Paul Morand*, Perrin, 1994. — Bernard Delvaille, *Paul Morand*, Seghers, coll. Poètes d'aujourd'hui, 1966. — Marcel Schneider, *Paul Morand*, Gallimard, 1971. — *Paul Morand écrivain*, dir. Michel Collomb, Montpellier, Presses de l'Université Paul Valéry, 1994. — Fonds Paul Morand à la Bibliothèque nationale et à la Bibliothèque de l'Institut.

M.Co.

Morax René (1873-1963). Né à Morges le 11 mai 1873. Dès ses premiers drames (*La Nuit des Quatre-Temps*, 1901 ; *La Dîme*, 1903) et comédies (*Les Quatre Doigts et le pouce*, 1902), il est reconnu pour sa maîtrise des « effets » et son style naturaliste appliqué aux légendes ou histoires de Suisse romande. Il est le concepteur et le « metteur en scène » de *La Fête des Vignerons* de Vevey en 1905. En 1908, il inaugure le Théâtre du Jorat, à Mézières, qu'il voue au théâtre populaire, dans le même esprit que celui de Pottecher à Bussang : il y crée douze de ses grands drames unanimistes, dont *Le Roi David* (1921), *Judith* (1925), *La Belle de Moudon* (1931), avec musique d'Arthur Honegger, et *Aliénor* (1910), *Tell* (1914), *La Servante d'Évolène* (1937), avec musique de G. Doret. Il est mort le 3 janvier 1963 à Morges.

ŒUVRES. — *La Nuit des Quatre-Temps*, Lausanne, Payot, 1902 ; nouv. éd., Paris et Lausanne, Fœtisch frères, 1912. — *La Dîme*, Payot, 1903. — *Les Quatre Doigts et le pouce*, Lausanne, Stock, [1902]. — *La Fête des Vignerons* (livret), Vevey, Klausfelder, 1905. — *Aliénor*, Lausanne, Librairie nouvelle, 1910. — *Tell*, Lausanne, Tarin, *Cahiers vaudois*, 1re série, n° 3, 1914. — *Le Roi David*, Lausanne, La Licorne, 1921. — *Judith*, Lausanne, Vaney-Burnier, 1925. — *La Belle de Moudon*, Gazette de Lausanne, 1931. — *La Servante d'Évolène*, Lausanne, Roth, 1937. — *Un théâtre à la campagne*, Imprimerie du *Journal de Genève*, 1907 ; rééd. dans *Visions*, textes sur le théâtre en Suisse réunis et édités par Louis Naef et Béatrice Perregaux, Bâle, Theaterkultur, Verlag, 1992-1993.

→ Jean Nicollier, *René Morax*, Fribourg, Panorama, 1958. — *Le Théâtre du Jorat et René Morax*, souvenirs recueillis par Stéphane Audel, Lausanne, Rencontre, 1963. — Pierre Meylan, *René Morax et Arthur Honegger au Théâtre du Jorat*, Lausanne, Cervin, 1966. — Pierre Meylan, *René Morax et son temps*, Morges, Cervin, 1973. — *Théâtre du Jorat, 75 ans d'images*, Denges, Verseau, 1983.

J.A.

Moréas Jean (1856-1910), voir DICTIONNAIRE DES LETTRES FRANÇAISES : LE XIXe SIÈCLE.

Moreau Marcel (1933). Né à Boussu (Belgique) le 16 avril 1933, fils d'ouvrier, il est contraint d'interrompre ses études pour travailler ; aide-comptable, correcteur de journal, il mettra l'univers de la bureaucratie au centre de son premier livre, *Quintes* (1962). Salué pour son extrême originalité stylistique, il inaugure une série de textes où le langage se fait le véhicule de la violence et de la démesure dans une vision paroxysmique de l'univers social *(Bannière de bave*, 1966 ; *La Terre infestée d'hommes*, 1966). Dans cette œuvre bâtie à l'écart de toute tradition, la révolte ou la mort au nom de l'amour et du sexe *(Écrits du fond de l'amour*, 1968 ; *Julie ou la dissolution*, 1971), le droit à la déchéance *(Orgambide, scènes de la vie perdante*, 1980) ou à l'abjection *(À dos de Dieu ou l'ordure lyrique*, 1980) sont autant de revendications physiologiques de la libido et le résultat d'une exacerbation obsessionnelle du langage *(Moreaumachie*, 1982 ; *Monstre*, 1986 ; *Mille voix* *rauques*, 1989 ; *Neung conscience fiction*, 1990 ; *Chant de la tombée des jours*, 1992 ; *Noces de mort*, 1993). « La fiction vise à la connaissance lyrique d'une réalité des tréfonds », annonce Moreau ; en se plaçant délibérément en dehors des genres, il a inventé le texte vif, long « ruissellement d'images » (Danièle Bajomée) au sein duquel l'organisation verbale avoisine l'autonomie. Dans un souci de libération totale, cet anarchisme littéral est pourtant aussi une manière de sublimation à rebours, repoussoir de la solitude, de l'exil, de l'incompréhension. Ses « essais » *(Le Chant des paroxysmes*, 1967 ; *La Pensée mongole*, 1972 ; *L'Ivre Livre*, 1973 ; *Les Arts viscéraux*, 1975 ; *Sacre de la femme*, 1977 ; *Discours contre les entraves*, 1979 ; *Kamalalam*, 1982 ; *Cahiers caniculaires*, 1982 ; *Le Charme et l'épouvante*, 1992 ; *La Compagnie des femmes*, 1996) sont avant tout des effusions lyriques où il crie sa haine du conformisme, son dégoût des règles pour y substituer une conduite de l'instinct, pour revendiquer dans la vie la place des pulsions, qu'elles soient dépressives, sexuelles ou meurtrières. Jaloux de son identité boraine, il a donné des textes sur sa région, illustré de photographies *(Saulitude*, 1982 ; *Tombeau pour les enténébrés*, 1993).

ŒUVRES. — *Incandescences*, rééd., Bruxelles, Labor, coll. Espace Nord, 1984. — *Julie ou la dissolution*, rééd., Bruxelles, Les Éperonniers, coll. Passé-présent, 1984.

→ Pol Vandromme, *Texte à l'appui*, Nivelles, Éditions de la francité, 1975. — Marcel Moreau, *L'Écrivain et le monde*, Liège, Atelier de l'agneau, coll. Archives, 1995.

O.Bi.

Morency Pierre (1942). Quoiqu'elle ne taise aucune des menaces qui pèsent sur l'homme contemporain (aliénation, guerre, instrumentalisation des corps et des esprits, misère sociale et physique), la poésie de Pierre Morency refuse de sombrer dans le désespoir. Elle se fait violence pour retrouver le chemin de la nature (*Au nord constamment de l'amour*, 1969 ; *Le Temps des oiseaux*, 1975). Réunie dans *Quand nous serons : poèmes 1967-1978* (1988), soutenue par un souffle lyrique (*Torrentiel*, 1978), la première partie de cette œuvre invite au voyage et au plaisir. *Effets personnels* (1987), publié après un silence de presque dix ans, et *Les Paroles qui marchent dans la nuit* (1994) disent une plus grave exigence. Morency a aussi exercé ses talents comme spécialiste des sciences naturelles, consacrant à la vie naturelle d'excellentes émissions radiophoniques, remaniées et publiées sous forme de disque (*Une journée chez les oiseaux*, 1981) ou de livre (*L'Œil américain*, qui formera triptyque avec *Lumière des oiseaux* et *L'Île au fanal)*. Il a traduit et adapté *Charbonneau et le chef*, de John Thomas McDonough (avec Paul Hébert), écrit des pièces pour enfants (*Marlot dans les merveilles*, créé en 1972) et pour adultes (*Les Passeuses*, 1978), contribué à fonder les revues *Estuaire* et *Inédits*.

P.Po.

Morhange Pierre (1901-1972). Né le 22 juin 1901 à Paris, après des études de philosophie à la Sorbonne, il crée la revue *Philosophies* (1924), publie *Billet de John Brown où l'on donne le « la »* (Dijon, Darantière, 1924), avant de devenir communiste, éditeur (*Poèmes d'ouvriers américains*, Les Revues, 1930), traducteur (*Lettres de Lénine à sa famille*, Rieder, 1936) et poète (*La vie est unique*, Éditions de la NRF, 1933). Radié de l'enseignement en 1940, il redécouvre sa judéité (*Le Blessé*, Au Colporteur, 1957), se détourne du stalinisme et cherche à dire poétiquement le quotidien dans *Autocritique* (Seghers, 1951), *Le Sentiment lui-même* (P.J.O., 1966) et *Le Désespoir clamant* (Monsieur Bloom, 1983). Pierre Morhange est mort à Paris le 3 juillet 1972.

→ Franck Venaille, *Pierre Morhange*, Seghers, coll. Poètes d'aujourd'hui, 1992.

J.P.

Morise Max (1900-1973). Né à Versailles, il a vingt ans quand Tzara arrive à Paris et il participe activement, à ses côtés, au mouvement Dada. Il est du petit groupe de la revue *Aventure* (1921-1922), collabore aussi à *Littérature* et entre, dès sa fondation, dans le groupe surréaliste. Il apporte une contribution assidue à *La Révolution surréaliste* (1924-1928) : récits de rêves, « cadavres exquis », poèmes, chroniques... En mai 1924, avec Aragon, Breton et Vitrac, il se lance dans un voyage à pied, « au hasard », pour vivre une expérience de l'errance dans un espace réel. Dans un article de décembre

1924, « Les yeux enchantés », il met en doute la possibilité d'une peinture surréaliste : « Les images sont surréalistes, leur expression ne l'est pas », et pense que le cinéma ouvre des voies nouvelles pour l'esthétique et la pensée surréalistes. Solidaire des exclus de 1929 et en réponse au *Second Manifeste du surréalisme*, il signe le pamphlet collectif dirigé contre Breton : *Un cadavre* (15 janvier 1930). Il rejoint le groupe Octobre (1932-1937) et travaille ensuite pour le cinéma, où il se spécialise dans le sous-titrage de films étrangers. Il est aussi le traducteur de quelques romanciers américains (Frank Buck, Erskine Caldwell, John Steinbeck, Don Tracy).

J.G.

Morisseau-Leroy Félix (1912). Né à Jacmel (Haïti), il est l'une des figures fondatrices de la littérature haïtienne contemporaine. Son destin s'infléchit à partir de 1960 : il prend le chemin de l'exil et entreprend une carrière africaine, qui le conduira au Ghana, puis au Sénégal où il a réalisé plusieurs adaptations et mises en scène en créole. Il vit actuellement aux États-Unis. L'essentiel de son œuvre, *Diacoute 1, 2 et 3* (Port-au-Prince, 1953 ; Montréal, 1971 ; Miami, 1983), *Ravinodiab* (Karthala, 1981), *Antigone*, est écrit en créole dont il demeure un militant actif, à côté de poèmes et de textes dramatiques rédigés en français, en particulier *Kasamansa* (NEA, 1977), publié à Dakar en 1971.

J.C.

Moulin Jeanine (1912). Née à Ixelles (Bruxelles), le 10 avril 1912. Si ses premiers recueils de poèmes *(Jeux et tourments*, 1947 ; *Feux sans joie*, 1957) évoquent en vers réguliers le temps de l'enfance, mêlant refrains et contes traditionnels dans une atmosphère empreinte de nostalgie, c'est avec *Rue Chair et pain* (1961) qu'elle trouve sa manière : le quotidien donnant corps au poème, elle affiche une sorte de pudeur dissimulée sans renoncer à la confidence. Sa prosodie se fait plus souple à partir de *La Pierre à feux* (1968), tandis qu'une angoisse diffuse s'affermit peu à peu dans *Les Mains nues* (1971), confinant au regret dans *Musée des objets perdus* (1982). On lui doit aussi des récits *(Les Yeux de la tête*, 1988) et des essais : élève d'Émilie Noulet, elle a consacré des études à Nerval (1937 et 1949), Apollinaire (1939 et 1952), Marceline Desbordes-Valmore (1955), Christine de Pisan (1962) et Fernand Crommelynck (1973, rééd. 1978) ; elle est également l'auteur d'une anthologie rassemblant *Huit siècles de poésie féminine* (1963, 1966, 1975). Jeanine Moulin a été élue à l'Académie royale de langue et de littérature françaises de Belgique en 1976.

ŒUVRES. — *De pierre et de songe, œuvres poétiques 1961-1991*, La Différence, 1991.

→ Jacques Crickillon, « Jeanine Moulin : la sensibilité de l'esprit », *Revue générale*, janvier 1983.

O.Bi.

Mounin Georges (1910-1993), pseudonyme de Georges Leboucher, adopté pendant la résistance. Professeur de linguistique à l'université de Provence, critique lié aux *Cahiers du Sud*, traducteur, entre autres de Machiavel, auteur de plusieurs essais sur la traduction *(Les Problèmes théoriques de la traduction*, 1963), son nom reste attaché à la diffusion de la linguistique *(Clefs pour la linguistique*, 1968) et de la stylistique dans la deuxième moitié du XXe siècle. La poésie constitua un de ses centres d'intérêt. Lié à René Char, il a publié en particulier *La Communication poétique* précédé de *Avez-vous lu Char ?* (1969) et *Sept poètes et le langage* (1992). Il est mort le 10 janvier 1993.

J.G.-T.

Mudimbe Vumbi Yoka (1941). Né à Likasi (Zaïre), ancien élève de l'université Lovanium de Kinshasa, puis de l'université catholique de Louvain, en Belgique, il poursuit depuis 1966 une carrière universitaire qui l'a conduit d'Afrique en France, puis aux États-Unis, où il réside depuis une dizaine d'années. Formé aussi bien à la théologie et à l'épistémologie qu'aux lettres, cet écrivain brillant, parfois difficile, est l'auteur d'essais acérés dans lesquels il s'interroge sur la condition de l'homme africain, *L'Autre Face du royaume* (L'Âge d'homme, 1973), *L'Odeur du père* (Présence africaine, 1976), de plusieurs recueils poétiques, *Déchirures* (Kinshasa, Éditions du Mont noir, 1971), *Entretailles* suivi de *Fulgurances d'une* *lézarde* (Saint-Germain-des-Prés, 1973), *Les Fuseaux, parfois* (Saint-Germain-des-Prés, 1974), et de quatre romans publiés par Présence africaine, *Entre les eaux* (1973), *Le Bel Immonde* (1976), *L'Écart* (1979) *Shaba deux* (1989). S'ils procèdent de stratégies narratives divergentes, ces récits ont en commun la réflexion angoissée d'un écrivain fortement influencé par la pensée chrétienne et engagé dans une recherche désespérée de l'absolu.

→ Bernard Mouralis, *Vumbi Yoka Mudimbe ou le discours, l'écart et l'écriture*, Présence africaine, 1988.

J.C.

Muller Charles, voir REBOUX.

Munier Roger (1923). Né à Nancy le 21 décembre 1923, après des études de philosophie, il a travaillé dans les organisations professionnelles de la métallurgie tout en poursuivant un itinéraire intellectuel d'une grande cohérence. Ami du philosophe allemand Heidegger à partir de 1949 (il lui a rendu hommage dans *Stèle pour Heidegger*, Arfuyen, 1992), il partage avec lui une réflexion sur le dévoilement de l'être : « C'est la merveille des merveilles : que l'étant soit. Et non pas seulement qu'il soit : qu'il *est*. En ce moment même. » Cet émerveillement se lit dans ses principaux ouvrages : *Le Seul* (Tchou, 1970, rééd. Deyrolles, 1993), *Le Moins du monde* (Gallimard, 1982), *Le Visiteur qui jamais ne vient* (Lettres vives, 1983), *Eurydice* (Lettres vives, 1986), *Mélancolie* (Le Nyctalope, 1989), *Requiem* (Arfuyen, 1989), *Proverbes* (La Feugraie, 1992), *Exode* (Arfuyen, 1993), *Dieu d'ombre* (Arfuyen, 1996). Si leur forme varie — poèmes brefs, longues méditations lyriques, aphorismes, proses —, on en reconnaît toujours le *ton* particulier, entre poésie et réflexion philosophique, et les thèmes privilégiés : l'énigme de la beauté sensible, l'attente du sens, le mystère de l'identité, la mort et le néant. Des essais accompagnent cette œuvre poétique : *Contre l'image* (Gallimard, 1963 ; rééd. 1989) analyse le statut ontologique de la photographie et sa place dans notre civilisation ; *Le Contour, l'éclat* (La Différence, 1977), l'« ouverture à l'être » ; *Le Parcours oblique* (La Différence, 1979), l'expérience du poème, son jaillissement, chez des auteurs comme Char, Rilke, Bonnefoy ; *L'Ardente Patience d'Arthur Rimbaud* (Corti, 1993) propose une interprétation de l'œuvre et du destin de Rimbaud comme « refus du réel effectif ». Roger Munier a traduit en français des textes de Heidegger, Héraclite, Octavio Paz, Angelus Silesius (poète mystique allemand du XVIIe siècle), et *Haïku*, un recueil de brefs poèmes japonais. Il dirige une collection de textes spirituels, L'Espace intérieur (Fayard).

B.Do.

Muno Jean (1924-1988), pseudonyme de Robert Burniaux. Né à Molenbeek (Bruxelles) le 3 janvier 1924, fils de l'écrivain Constant Burniaux, après quelques récits humoristiques (*Le Baptême de la ligne ou le hanneton dans l'encrier*, 1955 ; *Saint-Bedon*, 1959), il a construit une œuvre romanesque tout en demi-teinte, ouvrant sur des univers parallèles, sous-tendant un réseau complexe de significations. Son peu de confiance dans le sens commun et son pessimisme l'ont porté à créer des personnages en marge, presque transparents, dont l'existence semble vouée inéluctablement à l'échec et à la médiocrité, et qui évoluent dans un monde qui ne les comprend pas (voir *L'Homme qui s'efface*, 1963 ; *L'Île des pas perdus*, 1967). C'est le rêve, ou le pouvoir de s'abstraire du monde, qui peuvent sauver l'individu ; ainsi l'univers de Muno ménage-t-il des brèches où s'engouffrent ses personnages, des trouées vers l'imaginaire dans lesquelles se précipite le récit : un animal fantastique exutoire d'un malheureux professeur dans *L'Hipparion* (1962), un petit chien précipitant dans la réalité et l'hypocrisie sociales le héros effacé de *Le Joker* (1972). Le fantastique est partie prenante des nouvelles d'*Histoires singulières* (1979, prix Rossel) et d'*Histoires griffues* (1985). Il faut mettre à part la publication, en 1976, de *Ripple-Marks* : dénonciation sans complaisance du conformisme socio-culturel, ce roman est une réflexion sur la pratique de l'écriture, sur le rôle d'observateur que doit tenir l'écrivain. Qu'il ait été le témoin de sa propre vie (*Histoire exécrable d'un héros brabançon*, 1982), ou de celle des autres (*Jeu de rôles*, 1988), Muno a exercé ses qualités d'observateur avec détachement, finesse et inventivité *(Contes naïfs*, 1980 ; *Entre les lignes*, 1983). Professeur de français jusqu'en 1974, il a été élu à l'Académie royale de langue et de littérature françaises de Belgique en 1981. Il a également publié, sous son patronyme et en collaboration avec Robert Frickx, une brève histoire de *La Littérature belge d'expression française* (1973). Il est mort le 6 avril 1988.

ŒUVRES. — *Histoire exécrable d'un héros brabançon*, rééd., Bruxelles, Labor, coll. Espace Nord, 1982. — *L'Hipparion*, rééd., Bruxelles, Les Éperonniers, coll. Passé-présent, 1984. — *Le Joker*, rééd., Bruxelles, Labor, coll. Espace Nord, 1988.

→ *Phénix*, N° 5, 1987. — *Jean Muno 1924-1988*, éd. Robert Frickx, Lausanne, L'Âge d'homme, 1989.

O.Bi.

Muselli Vincent (1879-1956). Né à Argentan le 22 mai 1879, il a reçu une éducation classique et décidé très jeune de se consacrer à la poésie. Il vient vivre à Paris, où il publie des poèmes, *Les Travaux et les jeux* (1914), influencés par Baudelaire. Suivront *Les Masques* (1919), *Les Sonnets à Philis* (1930), *Les Sonnets moraux* (1934). Fidèle à la métrique traditionnelle, nourrie de culture antique et classique, la poésie de Muselli est à la fois simple et savante : les êtres, la nature nous introduisent au seuil d'un autre monde, plus vrai, « où la lyre en son effort / Fixe l'Olympe et le sort ». Les poèmes de Vincent Muselli ont été rassemblés dans deux recueils, *Poèmes* (1943) et *Œuvre poétique* (posth., 1957). Il est mort à Clichy le 28 juin 1956.

F.O.

N

Nadaud Alain (1948). Né à Paris le 31 juillet 1948, enseignant, puis conseiller littéraire aux Éditions Denoël, il a d'abord publié des nouvelles, réunies dans *La Tache aveugle* (E.F.R., 1980), puis un roman : *Archéologie du zéro* (Denoël, 1984). Les deux genres se livrant dans son œuvre à une « guérilla » dont témoignent *L'Envers du temps* (Denoël, 1985) et *Voyage au pays des bords du gouffre* (Denoël, 1986). Une vaste érudition lui permet de restituer époques et pays lointains propres à susciter l'imagination (*Désert physique*, Denoël, 1987 ; *La Mémoire d'Erostrate*, Le Seuil, 1992) avec une prédilection pour les temps de barbarie parce qu'ils forcent l'écrivain à « retrouver un peu de la conscience qu'il devrait avoir de lui-même ».

S.R.

Nadeau Maurice (1911). Né à Paris le 21 mai 1911. Normalien (Saint-Cloud), puis professeur à Paris, il abandonne son poste en 1945 et publie une *Histoire du surréalisme* (rééd. Le Seuil, 1970), premier essai qui considère le mouvement comme appartenant au passé, ce qui lui vaut les foudres de Breton. De 1945 à 1951, il devient directeur de *Combat*, auprès de Pia et de Camus, puis critique au *Mercure de France* (1948-1953), à *France-Observateur*, à *L'Express*. Il entre chez Julliard, puis chez Denoël, comme directeur de collection, fonde *Les Lettres nouvelles* et *La Quinzaine littéraire* et crée en 1979 sa propre maison d'édition, « Lettres nouvelles ». Grand lecteur, il rencontre, comme il le raconte dans *Grâces leur soient rendues* (1990), les grands écrivains de l'après-guerre, découvre de nouveaux talents comme Reverzy, Perec et Barthes, avec qui il publie *Sur la littérature* (1980), s'intéresse à Gombrowicz, Lowry, Miller, Sciascia, et encourage le Nouveau Roman. Son œuvre critique porte sur des écrivains fondateurs *(Gustave Flaubert, écrivain*, 1980) et sur la modernité *(La Littérature présente*, 1952 ; *Le Roman français depuis la guerre*, 1963, rééd. Le Passeur, 1992 ; *Michel Leiris et la quadrature du cercle*, 1963 ; *Obaldia poète tragique*, 1964).

D.H.

Naffah Fouad Gabriel (1925-1983). Secrète et comme enfermée dans sa perfection formelle, habitée d'un humour inquiétant qui ne rompt pas sa solennité, l'œuvre de ce poète libanais doit sans doute à son hermétisme hautain le paradoxe de sa situation : saluée par Bonnefoy, Paulhan ou Schehadé, elle demeure méconnue du public. De cette méconnaissance, vécue comme un « outrage » et dont il dira qu'elle a « bridé [sa] plume à mi-chemin », Naffah aura profondément souffert. Après la publication à compte d'auteur de son premier recueil de poèmes, *La Description de l'homme, du cadre et de la lyre* (1957), il n'a fait paraître qu'un seul autre livre, d'inspiration philosophique et relativement ésotérique, *L'Esprit-Dieu et les biens de l'azote* (1966). Ayant refusé durant presque toute son existence d'exercer une « activité secondaire » qui le détournerait de la poésie, il a vécu dans un extrême dénuement.

Ses débuts, pourtant, avaient été éclatants. À vingt-trois ans, après des études à l'École de la Sagesse, établissement tenu par des religieux français, il publie dans *La Revue du Liban,* puis au *Mercure de France,* des poèmes d'une étonnante sûreté, dégagés de toute influence, qui feront écrire à Salah Stétié : « Il est entré tout armé dans la poésie. Nous ne lui avons pas connu de remords, de balbutiements, de faux pas. En a-t-il eu jamais ? Nous lui avons toujours vu cette démarche impérative, le vers tendu comme un doigt. D'une assurance presque insolente, même dans l'humour, même dans la grâce. » Regroupés en 1950 dans une plaquette imprimée à Beyrouth sous le simple titre de *Poésies*, ces poèmes, repris et augmentés, reparaîtront sept ans plus tard dans *La Description de l'homme, du cadre et de la lyre* (Mercure de France, 1963 ; prix René Laporte), qui demeure son œuvre majeure. La plupart des poèmes de ce recueil sont composés de dix-sept alexandrins non rimés. Dans une langue à la fois archaïque et moderne, sur un mode tantôt tragique, tantôt ironique, mais toujours incantatoire, le livre traduit une tension vers l'unité, plus mystique que métaphysique et qui par les vertus du chant poétique (la « lyre »), seul capable de « marier le poème à la mer », parviendrait à réconcilier l'homme avec le monde (le « cadre »), à abolir la séparation de l'esprit et de la matière, l'exil de l'être au seuil de la présence. Tentée alternativement par le salut et le « sabordage », menée « un chapelet de larmes à la main », cette quête d'absolu, qui fait de Naffah un Nerval oriental, est, d'un bout à l'autre, soutenue par un vif sentiment de la magnificence du monde et par une ferveur violente. Le poète n'est-il pas doté, comme il l'écrit superbement, de « l'audace qui permet de boire un ciel réel » ?

ŒUVRES. — *Œuvres complètes*, Beyrouth, An-Nahar, 1987.

A.D.

Nanga Bernard (1934-1985). Né à Mbakomo (Cameroun), disparu prématurément dans des circonstances obscures, il s'est affirmé dès son premier roman, *Les Chauves-souris* (Présence africaine, 1980), comme un analyste lucide de l'Afrique postcoloniale et un maître dans l'art du récit. Portrait incisif d'une galerie de parvenus de l'indépendance, jouisseurs cyniques et corrompus évoluant dans l'univers glauque d'Eborzel, aux consonances suggestives, *Les Chauves-souris* figure parmi les romans qui ont marqué le renouveau de la littérature africaine. Nanga est également l'auteur d'un second roman, *La Trahison de Marianne* (Dakar, NÉA, 1984), et d'un recueil poétique, *Poèmes sans frontières* (Yaoundé, Agence littéraire africaine, 1987).

J.C.

Narcejac Thomas, voir BOILEAU.

Navarre Yves (1940-1994). Né à Paris le 24 septembre 1940, il évoque dans *Biographie* (Flammarion, 1981) le conflit qui l'opposa à son père, directeur de l'Institut français du pétrole, lorsque se manifesta l'homosexualité qu'affiche *Lady Black* (Flammarion, 1971), premier texte publié après dix-sept manuscrits refusés. Proche de la confession (*Une vie de chat*, Albin Michel, 1986), son œuvre, abondante (trente romans ; trois volumes de théâtre chez Flammarion, 1973-1976-1979), peint des familles bourgeoises (*Je vis où je m'attache*, Laffont, 1978), soucieuses de se garder des marginaux (*Le Cœur qui cogne*, Flammarion, 1974) comme des déviants (*Le Jardin d'acclimatation*, Flammarion, 1980, Goncourt). Cette normalisation échoue face à un rêve de fuite incarné par les homosexuels (*Les Loukoums*, Flammarion, 1973 ; *Niagarak*, Grasset, 1976 ; *Le Petit Galopin de nos corps*, Laffont, 1977 ; *Le Temps voulu*, Flammarion, 1979) et éprouvé par l'héroïne de *Fête des mères* (Albin Michel, 1987), celle de *Louise* (Flammarion, 1986) ou l'enfant d'*Évolène* (Flammarion, 1972). Cependant, le passage du temps et la menace du sida (*Ce sont amis que vent emporte*, Flammarion, 1991 ; *Poudre d'or*, Flammarion, 1993 ; *Dernier Dimanche avant la fin du siècle*, Flammarion, 1994) engendrent des mondes morcelés (*Hôtel Styx*, Albin Michel, 1989), d'où s'est enfuie la cohérence (*Premières Pages*, Flammarion, 1983 ; *L'Espérance des beaux voyages*, 2 t., Flammarion, 1984-1985 ; *Romans, un roman*, Albin Michel, 1988). Yves Navarre est mort à Paris le 24 janvier 1994. On a publié depuis *La Ville atlantique* (Actes Sud, 1996), courts textes où est dépeinte la ville de Montréal.

J.P.

Navel Georges (1904-1993), pseudonyme de Charles François Victor Navel. Né à Pont-à-Mousson le 30 octobre 1904, il est le dernier d'une famille de treize enfants. Son père est manœuvre aux fonderies de Pont-à-Mousson, mais la famille réside à Maidières, un village voisin. Sa prime enfance est lorraine et campagnarde. Pendant la guerre, il est « replié » en Algérie, puis à Lyon. Très jeune, guidé par ses frères aînés, l'enfant s'enthousiasme pour les réunions syndicales. Il est d'abord apprenti-ajusteur, puis il travaille comme ouvrier aux usines Berliet. Il commence à écrire ses premiers poèmes. À partir de 1922, il change fréquemment d'emploi, alternant le travail en usine (Renault, Citroën) et les travaux saisonniers, et choisit de devenir manœuvre itinérant. Il exerce alors mille et un métiers, carrier, paludier, jardinier, vendangeur, faucheur, bûcheron... et reste un lecteur assidu. Il entretient une correspondance régulière avec le philosophe communiste Grœthuysen, en qui il voit « l'homme fraternel de l'idéale société sans classe ». En 1936, prenant fait et cause pour les Républicains espagnols, il se rend à Barcelone. Il poursuit en autodidacte l'apprentissage de son métier d'écrivain. Un premier manuscrit : *Histoire d'un prolétaire* est refusé. Quelques textes paraissent cependant dans *L'Humanité*, *Commune* ou à la *NRF*. En 1945, il publie *Travaux* (1946, prix Sainte-Beuve). Dans ce récit autobiographique, qui a pour toile de fond la période de transition entre l'artisanat d'hier et la production de masse d'aujourd'hui, il raconte son expérience riche et originale de travailleur « libre » : « Celui qui avait dit : *Tu gagneras ton pain à la sueur de ton front*, n'avait pas tout dit. On pouvait relever le défi et faire du travail une joie. » Apiculteur à Seillons-Source d'Argens (1944-1954), Navel poursuit son œuvre autobiographique avec *Parcours* (1950) et *Sable et limon*, journal de la période 1934-1945, qui contient sa correspondance avec Bernard Grœthuysen. De 1954 à 1970, il est correcteur d'imprimerie à Paris. *Chacun son royaume* paraît en 1960 : Giono, dans sa préface, salue en Navel un « Hésiode syndicaliste ». Dans *Passages* (1982), il poursuit l'exploration de son passé et sa méditation sur la condition ouvrière, la mémoire et l'écriture. Il est mort le 1er novembre 1993.

→ *Georges Navel ou la seconde vue*, dir. Gérard Meudal, Cognac, Le Temps qu'il fait, 1982.

J.G.

Naville Pierre (1904-1993). Né le 1er février 1904 à Paris, il appartient à un milieu aisé et cultivé. D'abord l'un des animateurs de la revue d'avant-garde *L'Œuf dur* (1922-1924), il se joint au groupe des surréalistes, assurant avec Benjamin Péret la direction des deux premiers numéros de *La Révolution surréaliste*. Il publie en 1924 *Les Reines de la main gauche*. En 1926, dans *La Révolution et les intellectuels*, il invite ses amis surréalistes à s'engager résolument du côté de la révolution et, la même année, adhère au parti communiste. Il devient codirecteur de *Clarté* (1926-1927). Après sa rencontre avec Trotski (1927), il soutient l'opposition de gauche contre le communisme orthodoxe officiel. En 1928, il rompt avec Breton et est exclu du parti communiste. Militant actif, il contribue à la fondation de la IVe Internationale en 1938. Il publiera un *Trotzky vivant* en 1962 et une partie de la *Correspondance* de Trotski en 1982. Pendant la guerre, entre prison et hôpital, il s'initie à la sociologie et à la psychologie. Fondateur de *La Revue internationale* (1946-1951), il publie *La Guerre du Vietnam* (1949) et *La Chine future* (1952). Il milite au P.S.U. et devient membre de son comité national (1960-1969). Il se consacre cependant à une importante œuvre théorique sur le socialisme et la sociologie du travail. Il est directeur de recherches au CNRS à partir de 1951. *Le Nouveau Léviathan* regroupe ses textes majeurs : *De l'aliénation à la jouissance, la genèse de la sociologie du travail chez Marx et Engels* (1965), *Le Salaire socialiste I* et *II* (1970), *Les Échanges socialistes* (1974), *Bureaucratie et révolution* (1972), *La Guerre de tous contre tous* (1977). En 1976, il rassemble dans *Matériaux pour l'histoire du mouvement ouvrier en France* des articles parus entre 1927 et 1939. Avec *Le Temps du surréel* (1977), reprenant une partie de ses premiers écrits, il revient sur ses années de jeunesse et apporte une contribution originale sur cette période : le merveilleux poétique, selon lui, peut renouveler notre approche du monde. Parmi ses dernières œuvres : *Temps, travail et autogestion* (1980), *La Maîtrise du salariat* (1984), *Mémoires imparfaites : le temps des guerres* (1987), *L'Armée et l'État en*

France (1992), *Gorbatchev et la réforme de l'U.R.S.S.* (1992). Il est mort le 24 avril 1993.

J.G.

Navire d'argent (Le) (juin 1925-mai 1926). Revue fondée à Paris par Adrienne Monnier. Cette publication reflète bien l'esprit de la librairie de la rue de l'Odéon, La Maison des Amis des livres, et des amis les plus proches d'Adrienne Monnier, en particulier Sylvia Beach, Valery Larbaud, ou Jean Prévost qui en est le secrétaire de rédaction. Nombre de ses collaborateurs écrivent également pour la *NRF*. La revue vise un public de lettrés : le texte d'intention et « Paris de France » de Valery Larbaud insistent sur l'esprit parisien, international et généraliste de la revue. *Le Navire d'argent* publie des auteurs reconnus comme Jules Romains, Supervielle, Giraudoux ou Cendrars mais surtout en découvre, comme André Chamson et Saint-Exupéry, qui y fait ses débuts. De nombreuses études critiques (« La philosophie du livre » de Claudel, « Autobiographie et roman chez Stendhal » de Ramon Fernandez) côtoient des bibliographies de traductions françaises et une revue de la critique augmentée d'articles très personnels de Jean Prévost. Avant de publier deux poèmes dans le dernier numéro, Adrienne Monnier signe deux textes de son pseudonyme, J.-M. Sollier. Ses « Gazettes » apparaissent à partir du numéro 7. Après douze numéros, la situation financière d'Adrienne Monnier l'oblige, en mai 1926, à arrêter la publication. Elle donnera ses « Gazettes » à d'autres journaux et revues avant de lancer, en 1938, *La Gazette des amis des livres.*

So.R. — IMEC

Ndao Cheikh Aliou (1933), pseudonyme de Sidi Ahmed Cheikh Ndao. Né à Bignona (Sénégal), lauréat du premier prix du Festival culturel panafricain d'Alger, en 1969, pour *L'Exil d'Albouri* (Honfleur, Oswald, 1967), il a confirmé son intérêt pour le théâtre historique dans deux autres pièces, *Le Fils de l'Almany* (Oswald, 1973) et *Du sang pour un trône* (L'Harmattan, 1983), qui toutes deux situées à la fin du XIXe siècle ont pour thème la tragédie du pouvoir et les rivalités farouches qu'il suscite, dans une Afrique qui déjà ne s'appartient plus. On doit également à cet écrivain fécond deux recueils, marqués par la double influence de la poésie traditionnelle et du lyrisme de la poésie arabe, *Kairée* (Grenoble, Eymard, 1962) et *Mogarienne* (Présence africaine, 1970), une œuvre romanesque, *Buur Tilleen, roi de la Médina* (Présence africaine, 1970) et surtout *Excellences, vos épouses* (Dakar, NÉA, 1983), et un recueil de nouvelles intitulé *Le Marabout de la sécheresse* (NEA, 1979).

J.C.

N'debeka Maxime (1944). Né à Brazzaville (Congo), de formation scientifique, il a été un militant actif au sein du mouvement national de la révolution congolaise. Nommé en 1968 directeur général des Affaires culturelles, il connaît bientôt la disgrâce. Arrêté, incarcéré, condamné à mort, il est libéré, après dix-huit mois de prison, et exilé. Les trois recueils poétiques, *Soleils neufs* (Yaoundé, CLE, 1969), *L'Oseille, les citrons* (Honfleur, Oswald, 1975) et *Les Signes du silence* (Saint-Germain-des-Prés, 1978), reflètent l'engagement politique de l'écrivain. On lui doit aussi *La Danse de N'Kumba l'ensorcelée* (1988), trois pièces qui prennent pour objet le pouvoir néo-colonial, *Le Président* (Oswald, 1970), *Les Lendemains qui chantent* (Présence africaine, 1983), *Équatorium* (Présence africaine, 1987), et un recueil de nouvelles, *Vécus au miroir* (Publisud, 1991).

J.C.

N'Diaye Marie (1967). Née d'un père africain et d'une mère française, elle est l'auteur de cinq romans utilisant une technique de narration complexe, où se croisent les influences de Proust, du Nouveau Roman et du conte africain. *Comédie classique* (POL, 1987), est composé d'une seule phrase ininterrompue, sur le modèle de Georges Perec. Marie N'Diaye aime faire interférer les réflexions que plusieurs personnages se font les uns sur les autres, et éprouve une prédilection pour la description de la province française (*En famille*, 1991). *Un temps de saison* (1994), décrit la déliquescence d'un personnage progressivement gagné, après des infortunes personnelles, par l'atmosphère d'un petit village normand.

ŒUVRES. — Aux Éditions de Minuit.

G.Si.

Nef (La) (1944-1981). Revue fondée à Alger par Robert Aron et Lucie Faure (l'épouse d'Edgar Faure) et publiée, successivement chez Albin Michel, au Sagittaire, chez Julliard et chez Taillandier. Après avoir assisté Gide et le poète berbère Jean Amrouche dans l'élaboration de la revue *L'Arche*, Robert Aron et Lucie Faure décident de créer leur propre organe. Le premier numéro de *La Nef*, publié à Alger en juillet 1944, est aussitôt diffusé dans la France encore occupée. Dans l'esprit de Robert Aron, cette revue littéraire et philosophique doit mobiliser les forces intellectuelles et morales d'une France bientôt libre, comme en témoigne son manifeste fondateur : *La Nef*, Nouvelle Équipe Française, « n'entend pas se tenir à l'écart du combat qui se livre, ni de la reconstruction qui suivra et qui dès maintenant s'annonce [...] [Elle] recherchera les occasions de s'engager, en esprit et dans les faits ». On trouve au sommaire du premier numéro Maurice Druon, Pierre Jean Jouve, Julien Green, Maurice Schumann, et Robert Aron qui livre ses « Souvenirs des deux zones ». Dans les numéros suivants, sous-titrés « Le relais de la France », apparaissent Valéry, Aragon, Mauriac, Claudel, Eluard, Camus et Paulhan. Dès mars 1945, *La Nef* rejoint la métropole : « Dans Paris rendu à l'esprit, c'est aux forces d'esprit de briller maintenant, d'être le soleil levant qu'on a tant attendu. » Conçue sur le modèle des revues littéraires d'avant-guerre, *La Nef* publie également des numéros spéciaux en alternance avec ses livraisons ordinaires : « Les vrais problèmes français » (n° 4, mars 1945), « La littérature soviétique » (n° 5, avril 1945) ou « L'almanach surréaliste du demi-siècle » (n°s 63-64, mars-avril 1950).

Robert Aron abandonne *La Nef* en 1952, considérant que la revue se dévoie en s'engageant trop dans la politique, à l'instar des *Temps modernes*. Cette même année, la revue a en effet consacré un numéro retentissant au problème du protectorat au Maroc et en Tunisie, et publié un article de François Mitterrand évoquant les « Conditions d'une négociation ». Dès lors *La Nef* ne cessera de se transformer, adoptant tour à tour une périodicité mensuelle ou trimestrielle. Épaulée par Hector de Galard, Lucie Faure continue de publier des numéros spéciaux traitant des grandes questions politiques et sociales de l'époque. Edgar Morin analyse l'avenir du communisme lors du XXIIe congrès du parti communiste soviétique (n° 9, janvier-mars 1962), François Furet considère les conséquences de Mai 1968 et la nouvelle société qui en découle (n° 43, juillet-septembre 1972), Michel Foucault cosigne avec le Groupe information santé un manifeste condamnant la médecine du profit (n° 49, octobre-décembre 1972). De Pierre Mendès France à Emmanuel Berl, en passant par Jean Cau, Robert Badinter, Bernard Clavel, Jean-Denis Bredin et Edgar Faure, la longue liste des collaborateurs de *La Nef* témoigne, comme le souligne Rémy Rieffel, « de l'extrême diversité des personnalités ayant écrit dans *La Nef* et de la richesse des connexions existant entre des milieux aux intérêts divergents ».

F.He. — IMEC

négritude. En publiant en 1937, à compte d'auteur, son premier recueil, *Pigments*, le poète guyanais Léon-Gontran Damas inaugure avant la lettre le mouvement de la négritude. Ce néologisme apparaît en 1939 sous la plume d'Aimé Césaire, dans la version initiale de *Cahier d'un retour au pays natal*, publiée par la revue *Volontés*. Si la négritude, à la suite de ses pères fondateurs, Césaire, Senghor et Damas, peut être sommairement définie comme la redécouverte des valeurs noires et la prise de conscience par le nègre de sa situation au monde, elle se situe dans la mouvance d'une série de courants de pensée et de sensibilité qui marquent profondément le tournant du siècle. À la vogue de « l'art nègre » et du jazz, il faut ajouter le retentissement parmi les élites parisiennes de la publication de *The New-Negro*, anthologie-manifeste procurée par Alain Locke en 1920, l'influence du mouvement haïtien de l'indigénisme vulgarisé par l'ouvrage du Dr Jean-Price Mars, *Ainsi parla l'oncle*, publié en 1928, et l'impact du renouveau de l'ethnologie qui, sous l'impulsion de Léo Frobénius, de Maurice Delafosse, Robert Delavignette et Théodore Monod, impose peu à peu une nouvelle approche des sociétés sans écriture. C'est aussi l'époque où les apôtres du panafricanisme jettent les bases d'une croisade politique en faveur des Noirs, dont une série de périodiques comme *La Dépêche africaine* ou *La Race nègre* se font l'écho, tandis qu'à Paris un groupe d'étudiants antillais en colère publie *Légitime Défense*, bientôt suivi, en 1934-1935, par le lancement de *L'Étudiant noir*, « journal des étudiants martiniquais », dont le comité de rédaction rassemble une poignée d'étudiants africains et antillais, parmi lesquels se trouvent Aimé Césaire, Léopold Senghor, Léon Damas, Birago Diop, tous également désireux de rattacher les Noirs à leur histoire, leur tradition et leurs langues. Ainsi sont réunies les conditions propices à la grande épiphanie poétique de la négritude, mouvement polyphonique dans lequel les thèmes de l'exploration des origines et de la révolte voisinent avec la volonté affichée de célébration de l'Afrique perdue... et retrouvée. Si, sous l'effet de divergences et de dérives politiciennes, la négritude est par la suite devenue l'objet de vives polémiques, elle a joué pour beaucoup d'intellectuels africains le rôle du « signe de reconnaissance » dont parle Léopold Senghor, le plus illustre de ses champions, dans un poème des *Chants d'ombre*, « Le message ».

J.C.

Némirovsky Irène (1903-1942). Née le 11 février 1903 à Kiev, dans une famille fortunée, elle fuit la Russie en 1918, vient en France et publie des nouvelles (*L'Enfant génial*, Les Œuvres libres, 1927). Après le succès de *David Golder* (Grasset, 1929), elle peint les milieux d'affaires (*La Proie*, Albin Michel, 1938), les mauvaises mères (*Le Bal*, Grasset, 1930 ; *Le Vin de solitude*, Albin Michel, 1935 ; *Jézabel*, Albin Michel, 1936), son pays natal (*L'Affaire Courilof*, Grasset, 1933 ; *Les Chiens et les Loups*, Albin Michel, 1940) et les Russes blancs exilés (*Les Mouches d'automne*, Grasset, 1931). Réfugiée en Saône-et-Loire (*Les Biens de ce monde*, Albin Michel, 1947), elle est arrêtée en juillet 1942, quelques mois avant son mari, Michel Epstein, et déportée à Auschwitz où elle meurt dès son arrivée. Sa fille, Élisabeth Gille, née en mars 1937, a évoqué son destin dans *Le Mirador* (La Renaissance, 1992).

J.P.

Nepveu Pierre (1946). Professeur de littérature à l'université de Montréal depuis 1978, animateur de la revue *Ellipse* (1972-1975), chroniqueur aux *Lettres québécoises* puis à *Spirale*, il a publié deux essais : *Les Mots à l'écoute* (1979) et *L'Écologie du réel* (1988), fondés sur la philosophie, la théorie littéraire et la tradition herméneutique. Sa poésie, distribuée en quatre recueils : *Voies rapides* (1971), *Épisodes* (1977), *Couleur chair* (1980), *Mahler et autres matières* (1983), montre un être plongé dans les réalités urbaines et nord-américaines d'aujourd'hui, inquiet des limites de la pensée, mais qui cherche par les moindres émotions, les musiques, le désir, l'espace, l'accueil et la découverte de l'autre. Ses romans disent d'une autre manière combien les êtres sont fragiles au sein des relations qu'ils nouent : c'est d'une séparation amoureuse que les deux héros de *L'Hiver de Mira Christophe* (1986) tentent de se remettre, de la séparation d'un père et de sa fille que traite *Des mondes peu habités* (1992).

P.Po.

Neuhuys Paul (1897-1984). Né à Anvers le 16 septembre 1897. Fondateur, avec Maurice Van Essche, de la revue d'art et de littérature modernes *Ça ira !* (1920-1923) qui devait défendre entre autres les jeunes peintres expressionnistes anversois et accueillir un moment le mouvement dada, il fut l'éditeur de Plisnier, Pansaers, Lecomte, et publia le premier livre d'Henri Michaux. Condensé de malice, d'humour, de gaîté et de fantaisie, les poèmes recueillis dans *Le Canari et la cerise* (1921), *Le Zèbre handicapé* (1923), *L'Arbre de Noël* (1927) ou *Le Marchand de sable* (1931) traduisent la première manière de Paul Neuhuys, tout entière vouée à la recherche d'une perception nouvelle de la réalité, orientée vers le concret, tablant sur la surprise. Resté en marge des principaux mouvements d'avant-garde, Neuhuys publia par la suite des textes où les échos d'un surréalisme libéré se mêlent aux accents d'une fantaisie bon enfant, accordant ses découvertes ludiques à une langue simple et claire. Si *Le Secrétaire d'acajou* (1946), *La Joueuse d'ocarina* (1947), *L'Herbier magique d'Uphysaulune* (1949), *Les Archives du prieuré* (1953), *La Draisienne de l'incroyable* (1959) font montre d'une jubilation verbale, ils expriment aussi les aspirations de Neuhuys à la connaissance de l'homme, sa curiosité pour les espaces inconnus. Quant aux poèmes de la maturité, *Septentrion* (1967), *Octavie* (1977), *L'Agenda d'Agenor* (1984), ils allient à l'insouciance du ton une mélancolie diffuse et une pointe de nostalgie. Il est aussi l'auteur d'essais *(Poètes d'aujourd'hui : l'orientation actuelle de la conscience lyrique*, 1922), de contes, de récits, d'un roman *(La Conversion de Pittacus*, 1927), et d'une pièce de théâtre *(Le Carillon de Carcassonne*, 1960). Il est mort le 17 septembre 1984.

ŒUVRES. — *Le Pot-au-feu mongol*, choix de poèmes, Belfond, 1980. — *On a beau dire* (anthologie), Bruxelles, Labor, coll. Espace Nord, 1984. — *Prométhée*, rééd., Bruxelles, La Pierre d'alun, 1994. — *Les Extravagants*, Bruxelles, Le Cri, coll. Les Évadés de l'oubli, 1994. — *Mémoires à Dada*, Bruxelles, Le Cri, coll. Les Évadés de l'oubli, 1996. — *Œuvres poétiques complètes*, Anvers, Pandora, 1998.

→ Michel Crine, *Norge, Odilon-Jean Périer, Paul Neuhuys : remuer ciel et terre*, Bruxelles, Labor, coll. Un livre, une œuvre, 1986.

O.Bi.

Neveu Gérald (1921-1960). Né à Marseille le 10 août 1921, il échoue au baccalauréat, s'engage en 1941 dans l'armée de l'armistice (121e régiment d'infanterie coloniale basé à Toulon), poussé par le besoin matériel et les rêves d'aventure, avant d'être démobilisé un an après pour devenir auxiliaire des PTT, période durant laquelle il commence à écrire de nombreux poèmes réguliers où se manifeste l'influence de Rimbaud. À la Libération, il découvre le marxisme (il adhère au parti communiste français en 1945) et surtout le surréalisme. Après avoir publié, à partir de 1947, plusieurs textes aux *Cahiers du Sud* de Jean Ballard, il participe avec Nicole Cartier-Bresson, Jean-Noël Agostini et Jean Malrieu, son ami, à la création de la revue *Action poétique*. Malgré des troubles de santé qui le conduisent de plus en plus souvent dans des cliniques et des hôpitaux psychiatriques, malgré la misère matérielle qui le réduit bientôt à l'errance, il écrit les poèmes oniriques et sensuels qui vont constituer *Fournaise obscure* (Honfleur, Pierre-Jean Oswald, 1967), *Un poète dans la ville* (montage de Jean Malrieu et de Jean Todrani, Grenoble, Didier-Richard, 1961), *Les Sept Commandements* (Grenoble, Didier-Richard, 1963) et *Une solitude essentielle* (Guy Chambelland, 1972), « hymne crépitant au sommet du sommeil et de l'amour », selon Léon-Gabriel Gros. Il se suicide à Paris le 28 février 1960.

→ Jean Malrieu, *Gérald Neveu*, Seghers, coll. Poètes d'aujourd'hui, 1974.

J.P.

Neveux Georges (1900-1982). Né à Poltava en Ukraine, journaliste, avocat, secrétaire de la Comédie des Champs-Élysées de 1927 à 1930, il donne sa première pièce, *Juliette ou la clé des songes*, en 1930. Cette œuvre étrange se déroule dans une ville dont tous les habitants ont perdu la mémoire. L'influence des surréalistes, notamment de Roussel, de Desnos et de Vitrac, y est manifeste. Mais le mauvais accueil fait à la pièce pousse son auteur à renoncer au théâtre pour écrire des scénarios, des dialogues de films, des adaptations de pièces étrangères et des livrets de ballets ou d'opéras. La raison de cet échec est claire : Neveux est en avance sur son temps et les spectateurs ne sont pas encore familiarisés avec ce type de théâtre, malgré l'explication que l'auteur a pris soin de leur fournir au troisième acte de la pièce : ce monde fantastique est gouverné par le « bureau central des rêves ». Marcel Carné adaptera *Juliette* à l'écran (1951) : mal accueilli au festival de Cannes, le film connaîtra une première triomphale à Paris.

Revenu au théâtre, Georges Neveux donnera successivement *Ma chance et ma chanson* (1940) et *Le Voyage de Thésée* (1943), pièce allégorique reprenant l'antique thème du Minotaure : Thésée découvre que le monstre qu'il lui faut tuer n'est autre que lui-même. Viennent ensuite *Plainte contre inconnu* (1946), *Zamore* (1953) et *La Voleuse de Londres* (1960). Ce théâtre poétique et symboliste, animé d'un humanisme chaleureux, associe intimement la féerie et le rêve à la réalité de tous les jours. Georges Neveux est mort le 27 août 1982.

H.G.

Ngal Georges (1946). Né à Mayenda

(Zaïre), formé à l'université de Fribourg (Suisse), il est l'auteur d'un roman à ce jour sans équivalent en Afrique, *Giambatista Viko ou le viol du discours africain* (Lubumbashi, Alpha-Oméga, 1967, rééd. Hatier, 1984), où il se livre, sous le couvert d'une impitoyable satire de l'intellectuel colonisé, à une réflexion salutaire sur l'aliénation des élites, le détournement de la tradition et le mimétisme occidental : au « nouvel humanisme au visage de béton, au regard de fer », vitrine officielle de l'Afrique, Giambatista Viko et son compagnon Niaiseux opposent une Afrique libérée du catéchisme des idéologies occidentales et confiante en elle-même. Conduite à la manière d'un « yoga intellectuel », la quête douloureuse entreprise par les deux héros se poursuit dans un second récit, *L'Errance* (Yaoundé, CLE, 1979), occasion pour Ngal, frotté d'épistémologie contemporaine, de passer en revue les principaux éléments de la problématique africaine d'aujourd'hui. Il a également signé un essai pertinent sur *Aimé Césaire : un homme à la recherche d'une patrie* (Dakar, NÉA, 1975, réédition Présence africaine, 1994), ainsi qu'une réflexion intitulée *Lire le discours sur le colonialisme* (Présence africaine, 1994). Il a publié chez L'Harmattan un troisième roman, *Une saison de symphonie* (1994), et un ouvrage de critique, *Création et rupture en littérature africaine* (1994).

J.C.

Ngandu Nkashama Pius (1946). Né à Mbujimayi (Zaïre), formé à Lovanium puis à l'université de Strasbourg, il a longtemps enseigné à Annaba, en Algérie. Auteur prolixe, il a publié plusieurs essais, *Écritures et discours littéraire : études du roman africain* (L'Harmattan, 1989), *Littératures et écritures en langues africaines* (L'Harmattan, 1992), une anthologie, *Littératures africaines* (Silex, 1984) ; deux recueils poétiques, *Crépuscule équinoxial* (Lumumbashi, Folange, 1977) et *Khadidja* ; des pièces de théâtre, *La Délivrance d'Ilunga* (Honfleur, Oswald, 1977), *Bonjour monsieur le Ministre* (Silex, 1983) ; des romans, parmi lesquels *Le Fils de la tribu* (Dakar, 1983), *Le Pacte de sang* (L'Harmattan, 1984), *La Mort faite homme* (L'Harmattan, 1986), *Vie et mœurs d'un primitif en Essonne* (L'Harmattan, 1987), *Les Étoiles écrasées* (Publisud, 1988), *Le Doyen marri* (L'Harmattan, 1994), exprimant le désespoir et l'horreur qui composent un tableau sinistre et inquiétant de l'Afrique contemporaine.

J.C.

Niane Djibril Tamsir (1932). Né à Conakry (Guinée), passionné par l'histoire des grands empires de l'Afrique précoloniale et des personnalités qui contribuèrent à leur renommée, il a consacré son premier ouvrage, *Soundjata ou l'épopée Mandingue* (Présence africaine, 1960), à Soundjata Kéita, fondateur du prestigieux empire du Mali, dont l'épopée légendaire, recueillie auprès d'un griot de Djehba Koro, restitue la mémoire des temps anciens et offre à ses contemporains des modèles exemplaires. La même intention se discerne dans ses deux pièces de théâtre, *Sikasso ou la dernière citadelle* et *Chaka* (Honfleur, Oswald, 1971), qui raniment de grandes figures de la résistance africaine à la pénétration coloniale. Il est également l'auteur d'un recueil de nouvelles, *Méry* (Dakar, NÉA, 1975).

J.C.

Niel Jean-Baptiste (1962-1995). Né le 12 avril 1962 à Valréas où il passe son enfance et son adolescence, il fait des études de lettres, soutient une maîtrise à la Sorbonne sur Marie Noël, et après un séjour de quelques années à Bruxelles, revient vivre à Paris. Son premier roman, *Vous qui passez dans l'ombre* (Gallimard, 1989), raconte, en suivant « l'ombre » de ses rencontres, la ronde nocturne d'un transsexuel. Après *Ludion d'alcool* (Gallimard, 1991, prix de la Vocation), récit d'une séduction par l'alcool, il publie sous le titre *Ceci est mon sang* (Julliard, 1992) un livre plus étrange, pasolinien, de confession indirecte, derrière la figure du Christ, sur la maladie qui l'habite désormais. Lorsqu'il meurt le 12 février 1995, il venait d'achever son livre le plus sensible, aux formes claires, au ton apaisé : *La Maison Niel* (Gallimard, coll. Haute Enfance, 1995), hommage en sept chapitres portant leurs noms, à ses sept frères et sœurs, et à sa « maison ».

A.G.

Niger Paul (1917-1962), pseudonyme d'Albert Béville. Né en Guadeloupe, auteur d'un recueil poétique, *Initiation* (Seghers, 1954), il est surtout connu pour son roman *Les Grenouilles du mont Kimbo* (posth., Lausanne, Éditions de la Cité, 1964). Son itinéraire militant, proche de celui de Maryse Condé, illustre le rejet par une partie de l'intelligentsia antillaise du projet de la Négritude auquel elle s'était initialement ralliée. La déception engendrée par les premiers faux pas des États africains nouvellement indépendants fonde la révolte et la violence des personnages mis en scène dans *Les Grenouilles du mont Kimbo,* dont les revendications rejoignent celles de leur auteur, cofondateur avec Édouard Glissant du « Front antillo-guyanais pour l'indépendance ». Paul Niger est mort tragiquement dans l'accident du Boeing qui s'est écrasé sur les hauteurs de Sainte-Rose le 22 juin 1962.

J.C.

Nimier Roger (1925-1962), pseudonyme de Roger de La Perrière. Né à Paris le 31 octobre 1925, fils d'un ingénieur inventeur de l'horloge parlante – ses aïeux étaient corsaires malouins – et d'une violoniste premier prix du Conservatoire de Paris qui préféra le mariage à sa carrière, élève au lycée Pasteur de Neuilly où il a pour condisciple Michel Tournier, il fait, tout en gagnant sa vie, une licence de philosophie, discipline qui lui avait valu en 1942 un deuxième prix au Concours général. Engagé peu après la Libération dans le 2ᵉ régiment de hussards, blessé dans le combat pour la poche de Royan, il est démobilisé au printemps de 1945. Il écrit alors son premier roman, *L'Étrangère* (1968, posth.). C'est entre 1948, où *Les Épées* lui valent un succès immédiat, et 1953 qu'il publie les meilleurs de ses livres, *Perfide* et *Le Hussard bleu* (1950). Ce dernier roman raconte les tribulations, en mars 1945, d'un escadron de hussards qui fait route à travers la Rhénanie, évoquées à travers les monologues successifs d'une dizaine de personnages. Au centre, Saint-Anne, un très jeune engagé volontaire. À ses côtés, Sanders, ancien résistant auparavant milicien. L'un tente de conquérir l'amitié de l'autre. Vient l'armistice. Ils demeurent tous deux dans l'armée d'occupation, en résidence au château de Drecknaü. Saint-Anne est l'amant d'une mystérieuse Allemande, Rita. Il va de soi que ce partage de chair ne nuit en rien, même découvert, à l'amitié. Le beau-frère nationaliste de Rita menace alors Saint-Anne. C'est elle-même qui l'abattra avant de se suicider. Retour en France de Sanders, qui n'a pas renoncé au bonheur, mais à l'amour.

Le Hussard bleu est de ces romans mythiques où se mire une génération. C'est à ce livre, et au *Hussard sur le toit* de Jean Giono (1951), que des écrivains comme Antoine Blondin ou Jacques Laurent, unis par une même insolence, un même refus du sérieux de l'après-guerre, doivent leur nom de « hussards ». La mort accidentelle de Roger Nimier en 1962, au volant d'une élégante voiture de sport, a donné à son *Hussard* la portée d'un roman prémonitoire. Qualifié d'écrivain « fasciste » par Bernard Frank à une époque où seul l'« engagement » était une sorte d'uniforme, Nimier se veut l'héritier de Stendhal et de Céline. En témoigne sa peinture de la guerre, et en particulier le baptême du feu de Saint-Anne, double hommage à l'étonnement de Fabrice à Waterloo et à l'horreur de Bardamu dans le *Voyage au bout de la nuit*. « Ah Dieu, que la guerre est jolie ! », l'épigraphe d'Apollinaire donne le ton, celui d'un jeu pour « une enfance prolongée » où les « grandes personnes » se plaisent à imiter les enfants, et l'armée, une école avec ses premiers et ses cancres.

Dans *Les Enfants tristes* (1951), qui se déroule en 1939, Le Barsac, un bourgeois, tente vainement de prévenir le mariage de son fils Raoul avec Tessa, une jeune secrétaire, alors qu'il est lui-même remarié avec Odette. Olivier, son autre fils de quinze ans, s'amuse à jeter Odette dans les bras d'un avocat, dont elle n'est pas amoureuse. Le jeu prend fin. Olivier est désespéré et Odette meurt. C'est le début de la guerre. À ce détail près, on croirait lire un roman de Sagan avant l'heure. À son retour, en 1947, Olivier devient brièvement l'amant de Tessa et, à la fin de la liaison, prend la plume. Le succès le comble en 1950. Après quelques libertinages, il se suicide au volant de sa voiture. Provocation ? Fiction ? Ou anticipation ? Nimier a certainement mis beaucoup de lui-même dans le portrait de cet enfant solitaire, devenu écrivain au succès facile et journaliste au talent redouté. Et la définition donnée par Olivier du « roman moderne » : « présenter le Grand Meaulnes aux héros de Malraux », ne pas « laisser la mystique aux uns, la brutalité aux autres, l'ironie aux troisièmes », bref « aller de Céline à Valery Larbaud », caractérise assez bien l'atmosphère à la fois cynique et mélancolique des *Enfants tristes*. Ce roman est cependant d'abord celui d'une époque, et du climat de peur sociale et de décomposition qui précède la guerre. Roman de la frivolité des années d'après-guerre, où les jeunes filles portent des « poulovers », boivent des « coquetelles » et fument des Craven A, il est ainsi le roman de la fascination de la mort. Il y a plusieurs façons de mourir, la pire étant de mourir à soi-même, de renier sa jeunesse ; aussi vaut-il mieux mourir de mort violente, car « dans ces parties qu'on appelle ordinairement l'existence », il est clair que les gagnants meurent « jeunes ». Comme dans *Le Hussard bleu*, mais de façon plus troublante encore, on peut voir ici une programmation, par la fiction, de la propre mort de Nimier.

Directeur-fondateur du Livre de Poche classique, pour lequel il eut l'idée de demander à des écrivains de présenter les œuvres de leurs grands ancêtres, Nimier fut aussi journaliste, chroniqueur à *La Table ronde*, à *La Parisienne* et à *Arts*, qui se voulait « hebdomadaire de l'intelligence française » : l'insolence est dans l'épithète. Rédacteur en chef d'*Opéra* et du *Nouveau Fémina*, Nimier sera aussi conseiller littéraire chez Gallimard. Il fit aussi une brillante carrière de scénariste, collaborant avec Louis Malle, en 1957, pour un chef-d'œuvre, *Ascenseur pour l'échafaud*, et avec Alexandre Astruc en 1961 pour *L'Éducation sentimentale*. Il est mort à Garches (Hauts-de-Seine) le 28 septembre 1962.

ŒUVRES. — Pour la plupart, publiées chez Gallimard. — *Les Épées*, 1948. — *Le Hussard bleu*, 1950. — *Les Enfants tristes*, 1951. — *Histoire d'un amour*, 1953. — *Correspondance avec Jacques Chardonne (1950-1962)*, 1984. — *Les Indes galandes*, [*sic*], Rivages, 1992. — *La Nouvelle Année*, Le Dilettante, 1993. — *Journées de lecture*, 1995, 2 t. : t. I préfacé par Jouhandeau, d'abord intitulé *L'Élève d'Aristote* (1981), comprenant les articles publiés entre 1950 et 1960 ; t. II, éd. Marc Dambre. — *Traités d'indifférence*, Dilettante, 1996.

→ Marc Dambre, *Étude de bibliographie critique*, thèse de l'université Paris IV, 1976. — Pol Vandromme, *Roger Nimier*, Bruxelles, Les Éperonniers, 1977. — Robert Poulet, *Nimier, Écrits de Paris*, 1978. — Marc Dambre, *Roger Nimier, Hussard du demi-siècle*, Flammarion, 1989. — Olivier Frebourg, *Roger Nimier*, Le Rocher, 1989. — *Quarante ans après « Le Hussard bleu »* (colloque de Paris, mars 1995), éd. Marc Dambre, Association des Cahiers Roger Nimier et Bibliothèque nationale, 1996. Il existe des *Cahiers Roger Nimier* depuis 1980.

M.S.

Nioques. Revue de poésie fondée en 1990 par Jean-Marie Gleize, publiée d'abord par les Éditions de la Sétérée, près de Valence, puis, à partir de mars 1996 (n° 11), par les Éditions Al Dante, à Marseille, qui lui ont adjoint une collection du même nom. S'ouvrant, dans sa première livraison (1er trimestre 1990) sur un texte de Maurice Roche qui la relie aux avant-gardes des années soixante et soixante-dix, cette revue implantée dans le sud de la France est essentiellement tournée vers la découverte de nouvelles voies et voix poétiques. À côté de textes de Claude Royet-Journoud, elle a ainsi permis de découvrir de jeunes poètes tels que Nathalie Quintana ou Christophe Hanna. Substitut du mot *poésie,* le néologisme pongien qui lui tient lieu de titre évoque les mots de la racine *gnose* et renvoie à l'idée de « connaissance », rappelant que l'écriture poétique se relie directement à la connaissance du réel par la recherche de formes et de modes d'expression.

A.G.

Nizan Paul (1905-1940). Né le 7 février 1905 à Tours d'un père cheminot, petit-fils de métayer, il poursuit ses études au lycée Henri-IV, à Paris. Comme Sartre, son condisciple, il entre à l'École normale supérieure, où il passe l'agrégation de philosophie. Ces années d'École sont marquées par un malaise existentiel, des incertitudes politiques et une remise en cause assez virulente du milieu dans lequel il évolue et de la société dans son ensemble ; elles fournissent la matière de

La Conspiration. Son voyage à Aden, en 1926-1927, lui permet de se soustraire à l'étouffement ressenti dans le petit monde du Ve arrondissement universitaire et intellectuel. Toutefois, ce départ, qu'il qualifia lui-même d'« enfant de la peur », ne saurait être confondu avec quelque fuite rimbaldienne ; la fallacieuse liberté des voyageurs est au contraire dénoncée : « fuir, toujours fuir, pour ne plus penser que vous êtes mutilés ? » Il retrouve à Aden l'Europe qu'il espérait quitter, condensée dans une société coloniale dont il dénoncera la sclérose et le scandale, dans *Aden Arabie*. De retour à Paris, son activité se partage entre plusieurs revues (*Bifur*, entre 1929 et 1931, qui s'intéresse à Joyce, Varèse, Leiris, *La Revue marxiste* d'Henri Lefebvre). Il adhère au parti communiste en 1927 : à partir de là, son engagement sera total, jusqu'à la signature du pacte germano-soviétique. Il milite au plus près de la base ; son action dans la ville de Bourg-en-Bresse, où il enseigne la philosophie en 1931-1932, lui vaut d'être renvoyé du lycée. En 1934, pour participer au Congrès international des écrivains soviétiques il accomplit un voyage en URSS ; c'est au Tadjikistan qu'il entreprend la rédaction du *Cheval de Troie*.

Nizan collabore également à de nombreux journaux (*Monde*, dirigé par Henri Barbusse, *Europe*, par Jean Guéhenno), puis à *L'Humanité* à partir de 1932 et à *Ce soir*, fondé en 1937. Dans ces deux quotidiens, il est chargé de la politique internationale : la guerre d'Espagne puis la montée de la guerre (en particulier les accords de Munich qu'il analyse dans sa *Chronique de septembre*, 1939) retiennent son attention. Cet engagement sans réserve et son extrême vigilance envers les événements diplomatiques internationaux expliquent le coup de tonnerre que fut pour lui l'annonce de la signature du pacte germano-soviétique ; il quitte le parti, avant que celui-ci ne soit interdit. Cette prise de distance lui vaudra une longue haine de la part de ses anciens amis, qui l'assimilent sans réserve aux traîtres qui ont si souvent hanté son œuvre. Mobilisé en 1939, il réfléchit longuement sur les conséquences de ce pacte et sur le sens de son engagement politique, dont rend compte sa correspondance ; il est victime de la « drôle de guerre » en 1940.

Nizan laisse une œuvre inachevée, mais d'une grande cohérence, qui sera largement redécouverte après 1960, date à laquelle Sartre donne un Avant-propos à la réédition d'*Aden Arabie*. Tout entière placée sous le signe du politique et de l'engagement, l'œuvre de Nizan conjoint indissolublement fiction et action, invention et révolution. Dès *Aden Arabie* (1931), le cri est jeté : « J'avais vingt ans. Je ne laisserai personne dire que c'est le plus bel âge de la vie. » Dénonçant l'inauthenticité de l'existence confortable, l'illusion de l'exotisme et l'exploitation capitaliste des colonies, il fait d'Aden un lieu vide, habité par des caricatures de bourgeois désœuvrés : « Pas une miette de réalité, pas une démarche qui pût aboutir à quelque chose. Un ennui inefficace parmi les compagnons habitués par le temps à tout ce qui n'existe pas. » Le pamphlet a pour cible principale *Homo economicus*, « animal content de son économie du profit supplémentaire ». L'authenticité de l'attachement à la terre est revendiquée : Nizan cherche à retrouver, par-delà la génération du père, un héritage tolérable, celui du grand-père métayer ; « je suis un Français paysan ». Itinéraire spirituel, livre d'éducation politique, *Aden Arabie*, déjà profondément marqué par la culture classique de son auteur, le premier cri de révolte contre la trahison, celle des clercs, qu'à l'inverse de Benda, il voit dans le refus de se salir les mains et de s'intéresser au monde réel. À l'horizon de la France, symbolisé négativement par la prison du Château d'If et Notre-Dame de la Garde, « les deux objets les plus révoltants de la terre, une église et une prison », Nizan envisage encore pourtant une forme d'humanisme : « L'homme attend l'homme, c'est même sa seule préoccupation intelligente. »

L'œuvre pamphlétaire se poursuit avec *Les Chiens de garde* (1932), dont la cible principale est la philosophie abstraite et formelle, qui se dresse comme un paravent devant les jeunes gens, refusant d'ouvrir les yeux sur le monde et prenant pour alibi une quête fallacieuse de la vérité. Car c'est à la jeunesse, comme dans son précédent essai, que s'adresse le jeune Nizan : jeunesse qu'il faut ébranler, réveiller, inciter à l'action. Mais dans *Les Chiens de garde*, la parole menace de s'enliser dans la redite et de manquer d'écho, quelle que soit sa virulence. Dans son premier roman, *Antoine Bloyé* (Grasset, 1933), il poursuit sa dénonciation de l'aliénation et de la bourgeoisie. S'ouvrant sur l'évocation de l'enterrement du père, Antoine Bloyé, cette biographie de facture classique retrace l'ascension sociale d'un fils de cheminot et de femme de ménage ; empruntant beaucoup à la vie réelle du père de l'auteur, ce livre dresse une généalogie sociale des prises de position politiques et éthiques de Nizan et condense les grands thèmes de sa pensée et de son œuvre ; la trahison y occupe une position centrale : changer de classe, c'est non seulement rompre avec un lieu, — avec la terre —, un milieu et une culture, mais aussi trahir les siens et se trahir, en franchissant la ligne qui sépare les oppresseurs et les opprimés. Roman du père, *Antoine Bloyé* est aussi celui de la vengance du fils, qui dénonce l'existence de ces fonctionnaires « soumis à l'avancement », placés sur les rails d'une carrière qui ne laisse aucun temps à la méditation, au retour sur soi, sur son existence, et moins encore à l'ouverture aux autres. Les désirs de voyages étouffés, les nuits agitées de fantasmes avortés témoignent de l'aliénation d'Antoine Bloyé. L'importance des thèmes de l'héritage et de la lignée apparaît pleinement dans la pause que constitue la naissance de son fils Pierre (peu présent dans le texte), laps de temps pendant lequel la mécanique de la répétition, des gestes, des actions, des préoccupations est interrompue ; il délaisse l'usine et le travail pour envisager sa propre mort et considérer son passé : « Antoine pense souvent à sa propre mort, qui viendra, et il contemple ce fils qui n'est rien encore, qui le trahira, qui le détestera peut-être, ou qui mourra — comme la très grande puissance qui le délivrera lui-même, qui le sauvera de la mort. » Le monde du travail dessine « l'armature sociale » d'Antoine Bloyé, qui s'élève dans la hiérarchie de la compagnie, au fil des mutations et des déménagements, habite des demeures plus cossues et entre dans une bourgeoisie qu'il adopte, comme on ferait d'un vêtement emprunté. L'évocation des conflits, des relations de pouvoir (entre le chef et ses employés mais aussi entre celui-ci et Huet, ingénieur polytechnicien qui le méprise parce qu'il n'appartient pas au même monde et n'a pas la même culture que lui), la peinture de l'attachement de l'ouvrier à sa machine, sa passion pour son métier et son goût du travail bien fait ancrent le roman dans le XIXe siècle finissant : à bien des égards, le monde peint par Nizan est plus proche de l'univers d'un Zola que du taylorisme moderne. Coupé de ses racines, Antoine Bloyé est soudain reconnu coupable d'une faute qui motive son déplacement : dernier acte du roman, cette chute substitue à la logique de l'ascension et à l'univers du travail, l'errance, le désœuvrement, et à la satisfaction, même abrutie, donnée par la certitude du travail accompli, l'angoisse morbide, sorte d'aboutissement des nombreux épisodes marqués par la mort.

Le Cheval de Troie (1935) situe l'action dans le monde contemporain, celui de la crise qui conduit les ouvriers au combat et à l'union. Plus optimiste qu'*Antoine Bloyé*, plus conforme aussi à l'idéologie révolutionnaire du parti communiste, ce roman reste pourtant dans la continuité du précédent. Roman du fils (Pierre Bloyé en est le héros), il en est comme le double positif : la réussite de Pierre s'oppose à l'échec d'Antoine. La satire de la bourgeoisie provinciale, aiguisée par l'ironie de la narration, est manifeste dans l'évocation du personnage morbide de Lange. L'opposition des personnages négatifs (Lange représente la tentation du fascisme) et positifs (Pierre, et surtout Marie-Louise, qui incarne les valeurs de courage, de vertu, de foi en le bonheur) fait de cette œuvre un roman à thèse qui requiert l'engagement du lecteur et laisse peu de place à l'interprétation. Le dernier roman de Nizan, *La Conspiration* (1938) en revient à l'interrogation d'*Aden Arabie* (« L'homme ne sera-t-il toujours qu'un fragment d'homme, aliéné, mutilé, étranger à lui-même ? ») et aux imprécations à la jeunesse ; mais à la thèse développée dans le premier essai fait place désormais une écriture polyphonique qui accorde la première place aux personnages. En rupture avec le classicisme d'Antoine Bloyé, la narration est fragmentaire et hétérogène : récit autobiographique, récit intime, correspondance font varier les voix narratives et les points de vue et impliquent que le lecteur articule et recompose les divers éléments du puzzle. La trahison, incarnée par Pluvinage, est au cœur de l'œuvre dont l'originalité tient à la peinture d'une jeunesse avide et aveugle ; la réflexion sur les limites de l'engagement et sur les relations de pouvoir inhérentes à l'amitié qui lie les jeunes gens fait l'intérêt de ce roman aigu, alliant la violence et l'ironie. Paul Nizan est mort à à Audruicq, dans le Pas-de-Calais, le 23 mai 1940.

Après un moment de purgatoire après la guerre, son œuvre a connu un regain d'intérêt à partir de 1960, en raison de l'exigence éthique qu'elle porte et de la violence de la révolte qu'elle exprime. Mais les hommes de l'après-guerre, comme l'écrit Sartre, ne souhaitaient pas entendre la voix de ce trouble-fête, « qui n'avait rien à leur dire : il parlait peu de la condition de l'homme, beaucoup des choses sociales et de nos aliénations ; il connaissait la terreur et la hargne plutôt que les douceurs du désespoir. On garda son livre pour le temps de vaches maigres, et l'on fit bien. » La réédition des principales œuvres de Nizan, objets d'études littéraires, mais aussi politiques et historiques, a conduit à sa lente réhabilitation par le parti communiste et ont permis qu'on s'intéresse à ses écrits journalistiques (il est l'auteur de cent soixante chroniques littéraires, une trentaine d'articles politiques, sans compter ses contributions pour *L'Humanité)*, à ses traductions (de Marx, mais aussi d'Aristophane et des matérialistes de l'Antiquité) et à ses contes (*Hécate ou la méprise sentimentale*, 1923 ; *Histoire de Thésée*, 1937). Après une longue occultation, Nizan apparaît comme une figure importante de la littérature de l'entre-deux-guerres et comme un intellectuel communiste qui a subi les « conséquences de son refus ».

ŒUVRES. — *Aden Arabie*, Rieder, 1931, rééd. Maspero, 1960, préface de Sartre, puis La Découverte, 1987 et Le Seuil, coll. Points roman, 1990. — *Les Chiens de garde*, Rieder, 1932, rééd. Maspero, 1969. — *Antoine Bloyé*, Grasset, 1933, rééd. 1985. — *Le Cheval de Troie*, Gallimard, 1935. — *Les Matérialistes de l'antiquité, Démocrite, Épicure, Lucrèce*, ESI, 1937, rééd. Arléa, 1991. — *La Conspiration*, 1938, rééd. Folio, 1973. — *Chronique de septembre*, 1939, rééd. 1978. — *Paul Nizan, intellectuel communiste. Écrits et correspondance 1926-1940*, Maspero, 1967. — *Pour une nouvelle culture*, Grasset, 1971. — Fonds Nizan à l'IMEC.

→ Ariel Ginsbourg, *Paul Nizan*, Éditions universitaires, 1966. — Annie Cohen-Solal (avec la collaboration de Henriette Nizan), *Paul Nizan, communiste impossible*, Grasset, 1980. — Yossef Ishaghpour, *Paul Nizan, une figure mythique et son temps*, Le Sycomore, 1980, rééd. La Différence, 1991. — Pascal Ory, *Paul Nizan, destin d'un révolté*, Ramsay, 1980. — James Stell, *Paul Nizan, un révolutionnaire conformiste ?*, Presses de la Fondation nationale des sciences politiques, 1987. — *Paul Nizan écrivain*, Presses universitaires de Lille, 1988. — Thierry Altman, *Paul Nizan, les conséquences du refus*, Bruxelles, De Boeck, 1993. — Fonds Paul Nizan à l'IMEC.

N.P.

Noailles Anna de (1876-1933). Née à Paris le 15 novembre 1876, Anna-Elisabeth de Brancovan descend d'une grande famille cosmopolite. C'est dans les bras de son arrière-grand-père que Lord Byron, à Missolonghi, rendit son dernier soupir ; son grand-père paternel, le prince Démètre Bibesco, fut le dernier hospodar de Valachie ; son père, le prince Grégoire Bassaraba de Brancovan, appartenait à cette antique dynastie moldave d'où vient le nom de la Bessarabie. De nationalité grecque, sa mère Ralouka (dite Rachel) Musurus, née à Constantinople d'une ancienne famille d'humanistes crétois, était une excellente pianiste. L'enfance d'Anna fut partagée entre le chalet familial d'Amphion, à mi-chemin entre Thonon et Evian, où naquit son inspiration poétique sous le signe de la nature et du lac Léman, et le luxueux hôtel de l'avenue Hoche qui l'emplissait d'une mélancolie presque maladive. Elle lit Musset, puis Hugo : « Dès que je le lus, il me subjugua entièrement et je fus son enfant. » Ses dons poétiques sont découverts par son cousin Robert de Montesquiou, confirmés par sa rencontre avec Frédéric Mistral, encouragés par une visite à Sully Prudhomme. En août 1897, elle épouse à Publier (Haute-Savoie) le comte Mathieu de Noailles, dont elle aura un fils unique en septembre 1900. Le couple s'installe avenue Henri-Martin, dans un immeuble bâti à l'emplacement de la maison où mourut Lamartine.

Si les premiers poèmes de la comtesse de Noailles *(Litanies)* sont publiés dans la *Revue de Paris* (1er février 1898), c'est avec le siècle nouveau que paraît son premier recueil : *Le Cœur innombrable* (1901), qui remporte un succès inattendu. Ces soixante poèmes où domine un panthéisme vibrant sont salués par les commentaires enthousiastes d'Anatole France, de Jean Moréas et de Barrès. Le vieil alexandrin semble remotivé par un élan vital et lyrique teinté d'épicurisme nietzschéen. Les vers de la comtesse de Noailles deviennent vite classiques, à l'image du célèbre : « Nous n'aurons plus jamais notre âme de ce soir... » La fuite du temps — regret de la jeunesse, présence de la mort — est aussi le fil conducteur de son deuxième recueil, *L'Ombre des jours,* qui paraît l'année suivante (1902). Après ces deux succès poétiques, Anna de Noailles publie successivement trois romans d'analyse, de qualité inégale. L'héroïne de *La Nouvelle Espérance* (1903), Élisabeth de Fontenay, jeune femme du monde qui doit à la comtesse la plupart des traits de son caractère, se suicide à la suite d'un amour impossible. *Le Visage émerveillé* (1904), qui présente sous la forme d'un journal intime l'amour d'une jeune religieuse pour un peintre, fit scandale. *La Domination* (1905) évoque plus directement la liaison de l'auteur avec Barrès, que l'on reconnaît sans peine sous les traits d'Antoine Arnault, le héros du roman. Commencée deux ans plus tôt, cette liaison passionnée, mais dont la nature reste mystérieuse, exercera une influence prépondérante sur l'œuvre des deux auteurs. Séparés par leurs convictions politiques, ils partageaient une fascination pour l'Orient, un patriotisme exacerbé, une certaine attirance pour la gloire et la conscience du néant de toute chose. Maurice Barrès, qui dédia à son égérie *Le Voyage de Sparte* (1906), prit ses distances l'année suivante. En 1909, le suicide de son neveu Charles Demange, lui aussi épris d'Anna, déclenchera un scandale sans doute immérité. La guerre de 1914 rapprochera enfin les deux amants dans une commune exaltation de « l'énergie nationale ».

En 1907, Anna de Noailles publie *Les Éblouissements,* volumineux recueil qui connut un succès immédiat. Les quatre sections énumèrent les thèmes dominants : « Vie-joie-lumière », « Beauté de la France », « Les jardins », « La douleur et la mort ». Cette quatrième partie, dont l'effet est encore atténué par la fibre dionysiaque qui court dans les autres sections, annonce le sujet qui deviendra l'essentiel du recueil suivant : *Les Vivants et les morts* (1913). En 1920 paraît *Les Forces éternelles,* dont le lyrisme mélancolique célèbre la guerre, les paysages, l'esprit et l'amour. *Le Poème de l'amour* (1924), d'un genre beaucoup plus dépouillé, est un ensemble de brefs poèmes consacrés à cette « passion cruelle et vaine ». Anna de Noailles avait renoué avec la prose en 1923 en publiant des nouvelles : *Les Innocentes ou la sagesse des femmes* ; elle regroupera en 1926 divers articles sous le titre *Passions et vanités.* La mort et l'enfance sont les sujets de ses trois derniers recueils, où l'émerveillement devant la beauté du monde semble s'être définitivement effacé derrière une note plus grave et plus funèbre : *L'Honneur de souffrir* (1927), *Poèmes d'enfance* (1928), *Derniers Vers* (1933). Cette série est interrompue par deux volumes autobiographiques mêlés de confidences littéraires : *Exactitudes* (1930) et *Le Livre de ma vie* (1932).

La célébrité d'Anna de Noailles, dans les dix dernières années de sa vie, dépasse de loin le cercle des salons parisiens que sa grâce orientale et son éloquence intarissable fascinaient depuis plus de vingt ans. Après avoir reçu le prix de l'Académie française en 1921, elle est élue en 1922 à l'Académie royale de langue et de littérature françaises de Belgique, où son amie Colette lui succédera. Ardente républicaine, elle prit fait et cause pour Dreyfus, Jaurès, la révolution russe, avant de devenir l'égérie du Cartel des gauches. Elle reçoit en 1931, des mains de Bergson, la cravate de commandeur de la Légion d'honneur. Première femme à atteindre à cette distinction, nulle n'est mieux placée qu'elle pour plaider en faveur de la participation des femmes à la vie politique et professionnelle. De Rilke à Maeterlinck, de Valéry à Bernanos, de Gide à Mauriac, de Léon à Lucien Daudet, d'Edmond à Jean Rostand, l'admiration qu'elle suscite est universelle et prend quelquefois des formes dithyrambiques, comme en témoignent les lettres que lui envoie Proust. Cocteau, qu'elle avait rencontré dès 1911, lui consacrera son dernier livre : *La Comtesse de Noailles, oui et non* (Librairie académique Perrin, 1963). Elle s'éteint après une longue maladie à Paris, le 30 avril 1933. Figurant le partage de toute son existence entre Paris et le Chablais, son corps repose au Père-Lachaise et son cœur est enterré au cimetière de Publier. Sa vie, au carrefour de tout ce qui a compté dans le premier quart de ce siècle, a souvent inspiré les biographes, mais son œuvre poétique, plus proche du romantisme que du surréalisme, souffre d'une méconnaissance persistante que d'épisodiques rééditions fragmentaires ne parviennent pas à dissiper.

ŒUVRES. — Publiées chez Calmann-Lévy, de 1901 à 1907 ; chez Fayard, de 1913 à 1924 ; et de 1927 à 1934, principalement chez Grasset. — *Le Livre de ma vie : mémoires*, Hachette, 1932, rééd. Mercure de France, 1976. — *Choix de poésies* (Fasquelle, 1930), rééd. préfacée par Jean Rostand, Grasset, 1963, rééd. 1976. — *L'Offrande*, poèmes choisis, La Différence, coll. Orphée, 1991. — Anna de Noailles-Maurice Barrès, *Correspondance 1901-1923*, éd. Claude Mignot-Ogliastri, L'Inventaire, 1994.

→ Proust, *Lettres à la comtesse de Noailles, 1901-1919*, Plon, 1931. — Louis Perche, *Anna de Noailles*, Seghers, 1964, rééd. 1969. — Edmée de La Rochefoucauld, *Anna de Noailles*, Mercure de France, 1976. — Claude Mignot-Ogliastri, *Anna de Noailles*, Fondation Singer-Polignac-Méridiens-Klincksieck, 1986. — François Broche, *Anna de Noailles : un mystère en pleine lumière*, Laffont, 1989. — Élisabeth Higonnet-Dugua, *Anna de Noailles, cœur innombrable : biographie, correspondance*, Michel de Maule, 1989. — Angela Bargenda, *La Poésie d'Anna de Noailles*, L'Harmattan, 1995. — Fonds Anna de Noailles à la Bibliothèque nationale et la Bibliothèque de l'Institut.

N.L.-L. — J.-M.H.

Nobel de littérature *(prix)*. Conformément au testament du physicien suédois Alfred Nobel (1833-1896), cinq prix Nobel sont décernés chaque année (de physique, de chimie, de médecine, de littérature et de la paix), depuis 1901 ; un sixième fut ajouté en 1968 (de sciences économiques). Le prix de littérature est décerné par l'Académie de Stockholm et remis le 10 décembre, date anniversaire de la mort d'Alfred Nobel.

Quatorze écrivains de langue française ont reçu le prix Nobel de littérature (auxquels on peut ajouter un auteur français de langue provençale, Frédéric Mistral, couronné en 1904) :

1901 : Sully Prudhomme
1911 : Maurice Maeterlinck (Belgique)
1915 : Romain Rolland
1921 : Anatole France
1927 : Henri Bergson
1937 : Roger Martin du Gard
1947 : André Gide
1952 : François Mauriac
1957 : Albert Camus
1960 : Saint-John Perse
1963 : Georges Séféris (Grèce)
1964 : Jean-Paul Sartre (l'auteur refuse le prix)
1969 : Samuel Beckett (Irlande)
1985 : Claude Simon

Le bilan des prix Nobel de littérature est parfois controversé. On a pu reprocher au jury de Stockholm d'avoir couronné des œuvres que la postérité n'a guère confirmées, d'avoir systématiquement récompensé la littérature engagée, ou ignoré la littérature non engagée ou mal engagée, et surtout d'avoir boudé les plus grands écrivains du siècle, Joyce, Kafka, Musil ou Borges et, pour la France, Proust, Claudel, Valéry, Céline, Malraux, Bernanos ou Giono. Malgré ces oublis et en dépit de quelques couacs, le prix Nobel de littérature garde le prestige du seul grand prix littéraire international et le rayonnement qui lui vient, par contiguïté, des autres prix Nobel, dont le sérieux est moins contesté.

A.G.

Noël Bernard (1930). Né le 19 novembre 1930 à Aubrac, au sortir d'une adolescence provinciale il découvre la violence par son service militaire en Algérie. Cette expérience reste un temps secrète, car avec *Les Yeux chimères* (Éditions Caractères, 1953), son premier texte, puis *Extraits du corps* (Minuit, 1958) et *La Face de silence* (Flammarion, 1967) il se tourne d'abord vers la poésie qui permet à « la langue vivante » de cerner la relation entre le corps, le langage et l'identité. Les événements de mai 1968 le conduisent vers d'autres voies. À partir d'un texte de 1958, il rédige au début de

1969 son premier roman, *Le Château de Cène*, paru la même année chez Jérôme Martineau sous le pseudonyme d'Urbain d'Orlhac. Parabole sur cette violence du maître que reprennent sur un autre mode le *Dictionnaire de la Commune* (Hazan, 1971), sa pièce *La Reconstitution* (POL, 1988) et *La Castration mentale* (Dijon, Ulysse fin de siècle, 1994), ce récit initiatique inspiré d'*Aurélia* fut d'abord perçu comme un roman pornographique, pour la scène des chiens. Lorsque, en 1971, il réédite *Le Château* sous son nom, Bernard Noël, qui fait d'ailleurs paraître dans des revues plusieurs récits érotiques (trois textes regroupés dans *L'Espace du désir*, L'Écarlate, 1995), est poursuivi pour outrage aux bonnes mœurs et à la suite du procès de 1973 doit multiplier les explications (*L'Outrage aux mots*, Pauvert, 1975 ; *Le Château de Hors*, Fontfroide, Fata Morgana, 1979 ; *Le Sens la sensure*, La Rœulx, Talus d'approche, 1985). Il reprend alors son parcours poétique avec *Éros risqué outre*, *Vers le Daiveland*, *Le Livre de Coline*, *L'Été langue morte*, *La Rumeur de l'air* ou *Sur un pli du temps*, réunis dans *Poèmes 1* (Flammarion, 1983) et *La Chute des temps* (Gallimard, 1983), à quoi il faut ajouter *L'Ombre du double* (POL, 1993), ne cessant de questionner le nom et le corps en une langue qui aime à jouer avec les mots pour mieux atteindre au dépouillement. En même temps, son écriture romanesque s'infléchit. Dans *Les Premiers Mots* (Flammarion, 1973) une femme cherche à comprendre le suicide de son compagnon, dans *Le 19 octobre 1977* (Flammarion, 1979) le narrateur est hanté par un livre, l'image d'un corps mutilé et le thème de « l'arrêt de mort », et dans *Le Roman d'Adam et Ève* (Stock, 1996) on s'en va en Russie à la recherche des paradis promis et disparus. Proche de Blanchot et de Bataille, évoqué dans *Treize cases du je* (Flammarion, 1975), Bernard Noël s'interroge, tout comme dans *Onze romans d'œil* (POL, 1988) et *Le Syndrome de Gramsci* (POL, 1994), sur les relations entre la mémoire, l'image et la littérature, prolongeant les monographies que sont *Magritte* (Flammarion, 1976), *Gustave Moreau* (Hazan, 1979), *Matisse* (Hazan, 1983), *Les Peintres du désir* (Belfond, 1992) et *André Masson : la chair du regard* (Gallimard, 1993). À travers la représentation du sexe et de la violence, Bernard Noël cherche à réduire l'altérité, alors que son écriture se nourrit d'incomplétude.

→ Alain Jouffroy, « Un poète de la société secrète », dans *L'Incurable Retard des mots*, Pauvert, 1972. — Pierre Dhainaut, *Bernard Noël*, Rennes, Ubacs, 1977. — *Givre*, Charleville, 1977, n°s 2-3. — Jean Daive, *Bernard Noël aujourd'hui*, Flammarion, 1979. — Hervé Carn, *Bernard Noël*, Seghers, 1986. — *Bernard Noël, un écrivain en Seine-Saint-Denis*, Conseil général de Seine-Saint-Denis, 1987. — *Faire-Part*, 1989, n°s 12-13. — Steven Winspur, *Bernard Noël*, Amsterdam, Rodopi, 1991. — Fonds Bernard Noël à la Bibliothèque littéraire Jacques Doucet.

J.P.

Noël Francine (1945). Son premier roman, *Maryse* (1983), chronique montréalaise des années 1970, qui oscille entre l'hyperréalisme et le merveilleux, joue avec les niveaux de langue, offre une critique fantaisiste des milieux intellectuels et dépeint avec humour les désillusions d'une génération, est vite devenu un *best-seller*. *Myriam première* (1987), fresque sociale des années 1980, reprend à peu près les mêmes thèmes. Le dernier ouvrage de Francine Noël, *Babel, ou Nous avons tous découvert l'Amérique* (1992), se présente sous forme de journal intime. Les rapports interethniques, les relations entre hommes et femmes occupent le premier plan. Francine Noël s'est aussi illustrée dans le domaine du théâtre en tant que comédienne, metteur en scène et dramaturge avec *Chandeleur* (1985). Elle a été membre de la rédaction de la revue théâtrale *Jeu*, de 1978 à 1981 et enseigne l'art dramatique à l'université du Québec à Montréal.

A.J.

Noël Marie (1883-1967), pseudonyme de Marie-Mélanie Rouget. Née le 16 février 1883 à Auxerre, elle y a passé sa vie, dans une famille attachée au terroir. De santé fragile, elle doit à son père, agrégé de philosophie, esprit positif et méthodique, une solide culture, et à son parrain Raphaël Périé, érudit et poète, la reconnaissance de son génie poétique. À huit ans, elle compose ses premières chansons. Excellente pianiste, dotée d'un sens aigu du rythme et de la danse, elle doit tout à la musique. La lecture de la

Bible et de *L'Imitation de Jésus-Christ* développe en elle une vie intérieure intense, qui trouve dans la littérature du Moyen Âge et dans La Fontaine son nécessaire contrepoids de réalisme et de gaillardise. Mais les peines du cœur, très vives chez cette enfant angoissée, creusent la source de sa création poétique. Noël 1904, marqué par le double chagrin d'un amour évanoui et de la mort d'un jeune frère, lui donne son nom de poète : mystère joyeux, la Nativité n'est-elle pas le prélude au mystère douloureux de la Crucifixion ? L'œuvre de Marie Noël, perpétuel alliage de mysticisme et de réalité humaine, chante incessamment le mystère de l'Amour, incarné et déchirant.

Son premier recueil, *Les Chansons et les heures* (1920), révèle au public « un poète », célébré par Victor Giraud *(La Revue des jeunes*, 25 février 1921). L'abbé Mugnier puis Henri Bremond l'exhortent à laisser librement s'exprimer son génie. Elle obtient, en 1929, le prix Heredia de l'Académie française. *Les Chants de la merci*, *Le Rosaire des joies* (1930) contiennent d'anciens poèmes : *Chant de la passion* et *Chant de la compassion*, dédiés aux morts de la Marne. Le premier recueil de *Contes* (1942) transpose les drames de l'enfance comme « Le chemin d'Anna Bergeton ». Dame d'œuvres de la cathédrale d'Auxerre, réputée pour sa bonté, Marie Noël sait aussi montrer ses « cornes de bique ». En 1940, elle tient tête aux autorités de Vichy, qui la sommaient d'entrer dans le conseil municipal *(Le Cru d'Auxerre*, 1977). *Chants et psaumes d'automne* (1947) sont le sommet d'une œuvre que viendront confirmer *Les Chants d'arrière-saison* (1961). Dans *Études* (mai 1957), André Blanchet voit « le secret de Marie Noël » dans « ces oscillations puissantes de l'océan intérieur [...] qui se moquent de la volonté sans échapper à la conscience ». En 1957, le Comité national des écrivains lui décerne le prix de l'Unanimité. Elle est morte le 23 décembre 1967.

ŒUVRES. — Chez Stock. *Les Chansons et les heures*, 1920. — *Les Chants de la merci*, *Le Rosaire des joies*, 1930. — *Contes*, 1942. — *Chants et psaumes d'automne*, 1947. — *Petit Jour*, 1951. — *Œuvre poétique*, 1956. — *Notes intimes*, 1959. — *Chants d'arrière-saison*, 1961. — *Les Chants des quatre temps*, 1972. — *Le Cru d'Auxerre*, 1977.

→ René Fourrey : « Au pays de Marie Noël », *Les Amis de saint François*, 1941. — Raymond Escholier, *Marie Noël, la neige qui brûle*, Fayard, 1957. — Henri Gouhier, *Le Combat de Marie Noël*, Stock 1971. — *Cahiers Marie Noël*, 1969.

Ch.F.

Nokan Kouamé Charles (1936). Né à Yamoussoukro (Côte-d'Ivoire), il mêle prose, poésie et réflexion philosophique dans ses œuvres romanesques de jeunesse, *Le soleil noir point* (Présence africaine, 1962) et *Violent était le vent* (Présence africaine, 1966), consacrées aux années d'apprentissage d'un héros qui ressemble à l'auteur. Écrivain engagé, il se réclame d'une littérature populaire et didactique dans ses œuvres plus récentes, *Les Petites Rivières* (Abidjan, CEDA, 1983), *Le matin sera rouge* (Yaoundé, CLE, 1984) et *Mon chemin débouche sur la grand'route* (CEDA, 1985). Il est également l'auteur de pièces de théâtre, *Les Malheurs de Tchakô* (Honfleur, Oswald, 1968), *Abraha Pokou* (Oswald, 1972), *La Traversée de la nuit dense* (Oswald, 1972) et *Johore* (Nubia, 1982).

J.C.

Nord-Sud (mars 1917-octobre 1918). Revue créée à Paris par Pierre Reverdy. De présentation sobre, cette revue « à l'esprit grave et cohérent », selon Adrienne Monnier, est dirigée par Pierre Reverdy (1889-1960). De grand format, comprenant huit à douze pages, ses seize livraisons affichent une grande homogénéité. Le nom s'inspire de la dénomination de la compagnie Nord-Sud ayant ouvert la ligne de métro Montmartre-Montparnasse, qui fait le lien entre deux pôles d'activité culturelle parisienne du début du siècle. Conçue par Reverdy, Paul Dermée et Max Jacob, la revue se place sous le patronage d'Apollinaire. Dans le préambule du n° 1, on peut lire : « Naguère les jeunes poètes allèrent trouver Verlaine pour le tirer de l'obscurité. Quoi d'étonnant que nous ayons jugé le moment venu de nous grouper autour de Guillaume Apollinaire. Plus que quiconque aujourd'hui, il a tracé des routes neuves, ouvert de nouveaux horizons. Il a droit à toute notre ferveur, à toute notre admiration. » Aux sommaires de la revue, on trouvera, outre les trois fondateurs, Apollinaire, Vicente Huidobro dans le second numéro, Paulhan, Hélène d'Œttingen sous les pseudonymes de Roch Grey et Léonard Pieux, et les surréalistes, Aragon, Breton, Soupault, rejoints par Tzara à la cinquième livraison. Pierre Reverdy, principal animateur, est aussi le plus grand contributeur sous son nom ou sous les pseudonymes de Clément Milart et S. Laforet. La revue cesse faute de moyens fin 1918.

→ Rita Staiano, *« Nord-Sud » de Pierre Reverdy*, Naples, Edizioni scientifiche italiana, 1994.

M.I. — IMEC

Norge (1898-1990), pseudonyme de Georges Mogin, dit aussi Géo Norge. Né à Bruxelles le 2 juin 1898, il a été, sa vie durant, un poète aux ressources multiples, au visage double : sa réputation d'écrivain populaire, de fantaisiste, de manipulateur du langage, ne doit pas occulter une partie importante de son œuvre, plus secrète, en contact avec l'homme et le spirituel. Il a commencé à écrire après la Première Guerre, dans un climat d'effervescence, justifiant par avance toute tentative de renouvellement ; plus proche du modernisme que de l'expérience surréaliste, il se lance dans l'élaboration d'une poésie en vers libres en prise sur le monde moderne, non sans révéler une certaine attirance pour le merveilleux *(Vingt-sept poèmes incertains*, 1923 ; *Plusieurs malentendus*, 1926 ; *Avenue du ciel*, 1929 ; *Souvenir de l'enchanté*, 1929). Il anime le Théâtre du Groupe libre avec Raymond Rouleau (il y fait représenter une de ses pièces, *Tam-tam*, en 1926), participe à la fondation du *Journal des poètes* (1931), crée une revue, *Les Cahiers blancs* (1937), ouvre un « grenier poétique » : activité intense qui débouche sur une interrogation regardant le rôle de la poésie, la mission du poète, sa place dans le monde *(Le Sourire d'Icare*, 1936 ; *Joie aux âmes*, 1941). Textes graves, écrits en versets aux accents prophétiques, essentiels pour l'œuvre à venir : « j'appartiens à tous les vents du ciel, à mes pierres très sèches, à des clameurs de foudre, à cette rage qui me donne le Verbe [...] Et je demeure aux écoutes ».

Cette esthétique du réel, du tangible, qui se charge peu à peu du quotidien et de l'authentique *(L'Imagier*, 1942), qui redonne au verbe poétique sa fonction première de chant est exprimée dans *Les Râpes* (1949), *Famines* (1950), et surtout dans la série des *Oignons* (1953, 1956 ; continuée en 1971 et 1979), égrenant en forme de comptines, de chansonnettes, de proverbes ou de contes les aventures merveilleuses des objets, des végétaux ou des animaux dans un ballet étourdissant d'humour et de fantaisie. Travaillant les formes, le poète utilise les procédés de la poésie populaire : répétitions, ruptures, collages ; il exploite niveaux et registres linguistiques, cherche le calembour, dégage les potentialités sémantiques du lexique, cultive mots-valises et néologismes : *La Langue verte : charabias et verdures* (1954) est un témoignage essentiel de cette recherche expressive. Mais il y a aussi chez Norge des univers parallèles, qui donnent la parole tantôt à l'humour et à l'insouciance, tantôt à la révolte et au malaise *(Le Gros Gibier*, 1953). Naturalisé français, établi à Saint-Paul de Vence où il exerce, avec sa femme Denise Perrier, le métier d'antiquaire, Norge se réfugie dans un silence relatif (rompu en 1962 par les poèmes angoissés des *Quatre Vérités)* jusqu'en 1968, date à laquelle il fait paraître *Le Vin profond*, renouant avec le lyrisme et la métaphysique dans une profession de foi idéaliste adressée à l'homme et à la beauté (voir aussi *Les Cerveaux brûlés*, 1969 et *Eux les anges*, 1978). Une vingtaine de recueils caractérisent sa production des vingt dernières années, donnant simultanément à voir et à penser, à écouter et à déguster, à rire et à sourire dans des textes irrémédiablement tournés vers l'homme et vers la vie *(La Belle Saison*, 1973 ; *Le Pense-bête*, 1977 ; *Ne me lâchez pas la main*, 1982 ; *Le Sac à malices*, 1984 ; *Les Coq-à-l'âne*, 1985 ; *Le Stupéfait*, 1988, *Feuilles de chou*, 1989). Norge est mort le 25 octobre 1990.

ŒUVRES. — *Œuvre poétique (1923-1973)*, Seghers, 1978. — *Poésies (1923-1988)*, Gallimard, 1990. — *Remuer ciel et terre*, anthologie, Bruxelles, Labor, coll. Espace Nord, 1994.

→ Marc Alyn, *Norge*, Seghers, coll. Poètes d'aujourd'hui, 1956 et 1986. — Michel Crine, *Norge, Odilon-Jean Périer, Paul Neuhuys :*

remuer ciel et terre, Bruxelles, Labor, coll. Un livre, une œuvre, 1986. — Jacques Ferlay, *Norge*, Marseille, Le Temps parallèle, 1990. — Michèle Monbalin, *Découvrir Norge*, Namur, Facultés universitaires, 1992.

O.Bi.

Nothomb Paul (1913). Né à Bruxelles, fils de l'écrivain et homme politique belge Pierre Nothomb. En réaction contre son milieu d'origine, il choisit la voie du communisme et de l'action : il participe à la guerre d'Espagne aux côtés de Malraux (il figure dans *L'Espoir* sous le nom de D'Attignies), s'engage dans la Résistance pendant la guerre. Arrêté par la Gestapo, il relatera son expérience de la torture dans *Le Délire logique* (1948), admettant des faiblesses que l'idéologie n'a pu conjurer. Il rompt avec le parti communiste et s'établit en France ; sous le pseudonyme de Julien Segnaire, il publie quatre romans : *N'y être pour rien* (1949), récit d'incarcération et réflexion sur l'héroïsme de l'immédiat après-guerre, *La Rançon* (1952), *Les Dieux du sang* (1955) et *Le Rendez-vous des vivants* (1962). Mais la lecture de Kierkegaard l'éloigne de la littérature : il apprend l'hébreu et se consacre à l'exégèse biblique, et plus particulièrement à l'interprétation et à la traduction des premiers chapitres de la *Genèse* (*L'Homme immortel*, 1984 ; *L'Image de Dieu*, 1985 ; *La Mémoire de l'Éden*, 1987 ; *Les Tuniques d'aveugle*, 1990 ; *Les Récits bibliques de la création*, 1991), cherchant dans les textes sacrés une réponse aux problèmes et aux angoisses de notre temps, en particulier celle de la mort (*L'Imagination captive : essai sur l'homme immortel*, 1994 ; *Non lieu*, 1996).

ŒUVRES. — *N'y être pour rien*, rééd., Phébus, coll. D'aujourd'hui, 1994.

O.Bi.

Nothomb Pierre (1887-1966). Né à Tournai (Belgique) le 28 mars 1887, sénateur catholique, partisan d'une politique nationaliste et occidentale dans la Belgique de l'entre-deux-guerres, il a mené parallèlement à son activité politique une carrière d'écrivain partagée entre poèmes, romans, et l'élaboration de nombreux essais consacrés principalement à l'histoire et à la politique belges et européennes. D'inspiration chrétienne, sa poésie s'inscrit dans le sillage de Francis Jammes par sa simplicité et la confiance qu'elle exprime dans la nature et dans la foi. Depuis *L'Arc-en-ciel* (1909) et *L'Âme du purgatoire* (1913), il a élaboré une œuvre rigoureuse où les élans de la passion et de la douleur trouvent une réponse sereine dans la présence du divin (*Ans de grâce : poèmes 1923-1957*, 1958). Ses romans, souvent inspirés par des épisodes de l'histoire de Belgique (entre autres *Le Roman de 1830*, 1930), reflètent ses idéaux moraux et ses aspirations politiques, partagés entre noblesse et patriotisme (*Risquons-tout*, 1926 ; *Chevalerie rustique*, 1927 ; *Les Dragons de Latour*, 1934 ; *La Dame du Pont d'Oye*, 1935). Élu à l'Académie royale de langue et de littérature françaises de Belgique en 1945, il entame alors la publication d'un roman-fleuve, *Le Prince d'Olzheim*, histoire d'une principauté imaginaire située aux confins de la Belgique et de l'Allemagne de l'invasion de 1940 à la construction d'une Europe prise sous la menace de l'athéisme et du communisme (*Le Prince d'Olzheim*, 1944 ; *Les Élie-Beaucourt*, 1945 ; *La Visite au Prince d'Olzheim*, 1949 ; *Le Prince d'Europe*, 1959 ; *Le Prince du dernier jour*, 1960). Il est mort à Habay-la-Neuve, le 29 décembre 1966.

→ Marcel Clémeur, *L'Esprit créateur de Pierre Nothomb*, Virton, La Dryade, 1964. — Jean Mergeai, *Pierre Nothomb ou les paradis perdus*, Virton, La Dryade, 1965.

O.Bi.

Notre Librairie. Revue qui, à l'origine, en 1969, n'est qu'un simple bulletin de liaison destiné aux bibliothécaires des centres culturels français d'Afrique noire et de l'océan Indien, elle est aujourd'hui une revue à part entière et rencontre une audience grandissante en raison de la diversité et de la qualité de ses contributions. Sans perdre de vue son objectif premier (plusieurs livraisons font le point des publications récentes et proposent des bibliographies), *Notre librairie* publie également des numéros à thème, consacrés soit à des études spécialisées (« Images du Blanc dans la littérature africaine », « Nouvelles tendances », « Regards croisés sur les littératures africaines », « Théâtres », « Nouvelles écritures féminines »), soit à des littératures nationales ou régionales (les littératures zaïroise, malienne, guinéenne, camerounaise, malgache, littérature du Mozambique, de l'Angola, du Cap-Vert), et propose des comptes rendus analytiques des ouvrages récents, des études et articles de fond, des entretiens avec des écrivains et spécialistes des littératures africaines et caraïbes.

J.C.

Nougé Paul (1895-1967). Né à Bruxelles le 13 février 1895, fondateur et principal animateur du groupe bruxellois du mouvement surréaliste belge. Biochimiste, il a exercé son métier de 1919 à 1953. En 1924, il lance avec Camille Goemans et Marcel Lecomte la revue *Correspondance*, coup d'envoi du mouvement surréaliste en Belgique. D'emblée, Nougé se démarque des surréalistes français : sa méfiance vis-à-vis des automatismes, son dédain de la publicité et des cénacles, sa volonté de séparer art et politique l'engagent à poursuivre une démarche rigoureuse où la responsabilité de l'action poétique demeure au premier plan. Il publie peu ; en 1927 paraissent *Quelques écrits et quelques dessins*, sous le pseudonyme de Clarisse Juranville, du nom d'une institutrice auteur d'un manuel dont il a soustrait et subverti une série d'exemples de grammaire. Il collabore à *La Révolution surréaliste* (1927 et 1929), participe à la création de la revue *Distances* (1928), qui marque la réunion des courants dadaïste et surréaliste à Bruxelles. En 1929, il prononce à Charleroi une importante conférence (publiée en 1946) sur la musique, dans laquelle il définit la portée de l'acte surréaliste : « Ou bien nous nous en remettrons aux jeux du hasard et de la destinée, desquels, sans doute, l'on peut, assez raisonnablement attendre des prodiges. Ou bien, nous ne renoncerons pas à ce que nous tenons pour essentiel à l'esprit : un certain pouvoir d'action délibérée ».

Sa méfiance à l'égard de la littérature comme unique instrument de révolte le maintient à l'écart de l'institution littéraire. Ami intime de Magritte, avec qui il élabore la théorie des « objets bouleversants », il donne une série de préfaces (1927, 1928, 1931, 1938, 1939) avant de consacrer au peintre une monographie, *René Magritte ou les images défendues* (1943). La création, en 1954, de la revue *Les Lèvres nues* lui permet de publier plus régulièrement interventions, poèmes et textes ; en 1956 paraît *Histoire de ne pas rire*, qui rassemble son œuvre théorique et critique (rééd. 1980), et en 1966 *L'Expérience continue*, qui réunit son œuvre poétique (rééd. 1981). La rigueur de sa démarche le met à l'abri de la facilité et des grands effets ; son style sobre, souvent minutieux sert efficacement ses aspirations. Le détournement est un de ses procédés poétiques favoris : il intervient directement sur des messages préconstitués (littéraires ou non), pour en dévoiler les potentialités cachées *(La Publicité transfigurée, La Parole est à Baudelaire, Un miroir exemplaire de Maupassant)*. Il a le sens de la formule et de la concision : ses phrases frappent par leur caractère d'évidence, ouvrant en même temps des perspectives insoupçonnées, suscitant l'étonnement *(L'Écriture simplifiée)*. Nougé est mort à Bruxelles, le 6 novembre 1967.

ŒUVRES. — Aux Éditions Les lèvres nues (Bruxelles) Cistre et L'Âge d'homme (Lausanne). — *Fragments*, Bruxelles, Labor, coll. Espace Nord, 1983. — *Érotiques*, Bruxelles, Devillez, 1994.

→ Denis Marion, *Paul Nougé encore et toujours*, Bruxelles, Le Vocatif, 1978. — *Le Courrier du centre international d'études poétiques* (Bruxelles), n° 208, octobre-décembre 1995. — Olivier Smolders, *Paul Nougé : écriture et caractère à l'école de la ruse*, Bruxelles, Labor, coll. Archives du futur, 1995.

O.Bi.

Noulet Émilie (1892-1978). Née à Auderghem (Bruxelles), le 2 mai 1892, professeur de littérature française à l'université de Bruxelles (thèse sur *Léon Dierx*, 1925), son intérêt pour la poésie moderne et pour les mécanismes de la création littéraire s'est porté sur les poètes symbolistes, et en particulier sur Mallarmé *(L'Œuvre poétique de Mallarmé*, 1940 ; *Dix poèmes de Stéphane Mallarmé*, 1948 ; *Suite mallarméenne*, 1959 ; *Vingt poèmes de Stéphane Mallarmé*, 1967) et sur Rimbaud *(Le Premier Visage de Rimbaud*, 1953). Amie de Paul Valéry, elle a consacré au poète de *La Jeune Parque* un ensemble d'études *(Paul Valéry*, 1927, rééd. 1938, 1950 ; *Suite valéryenne*, 1959 ; *Album d'idées*, 1971, *Un portrait de Valéry*, 1977). Rejetant l'interprétation biographique, elle fonde sa méthode d'analyse sur le seul texte, à partir duquel elle reconstitue le parcours du sens tout en dégageant l'originalité de chaque « voix poétique » *(Le Ton poétique*, 1971). Mariée au poète catalan Josep Carner, elle est l'auteur de traductions de l'espagnol (castillan et catalan) ; poursuivant sa vie durant une activité de critique, elle a publié plusieurs centaines d'articles et de comptes rendus *(Alphabet critique*, 4 t., 1964-1966). Elle a été élue à l'Académie royale de langue et de littérature françaises de Belgique en 1953. Elle est morte le 7 juillet 1978.

O.Bi.

Nourissier François (1927). Né à Paris, le 18 mai 1927, dans une famille lorraine et flamande, il fait ses études à Paris. Diplômé de l'Institut de sciences politiques, il voyage à travers l'Europe, les États-Unis, le Moyen-Orient ; il est commissaire aux réfugiés et aux personnes déplacées. *L'Homme humilié* (1951), fruit de son expérience, traite des déplacements de populations entre 1912 et 1950. La même année, un premier roman d'une mélancolie subtile, *L'Eau grise*, attire l'attention sur lui. En 1952, il devient secrétaire général chez Grasset, rédacteur en chef de la revue *La Parisienne*, journaliste et critique littéraire. *Les Nouvelles littéraires*, *Paris-Match*, *Le Nouvel Observateur*, *Le Figaro* (depuis 1975), *Le Point* publient régulièrement ses articles. En 1977, il est élu à l'Académie Goncourt, dont il devient le secrétaire général en 1983. Dès ses premières œuvres, l'élégance du récit et la finesse de l'analyse séduisent. Ce « hussard » ne répugne ni au récit de soi ni à l'ironie. Entre confession désabusée, mépris du corps et silences de l'âme, il ne cesse d'« en finir avec [ses] comédies » *(Un petit bourgeois*, 1963). La facture classique de ses grands romans *(Une histoire française*, 1965, grand prix de l'Académie française ; *La Crève*, 1970, prix Femina) favorise la violence secrète de ses tableaux contemporains. Il s'autorise parfois, comme dans *Lettre à mon chien* (1975) ou dans *Autos graphie* (1990) des éclats d'humour jubilatoire, mais la tonalité dominante de son œuvre est la lucidité souriante et spleenétique de l'introspection, l'ascèse sans aigreur d'un individualiste dans les tourments et les artifices de son siècle.

ŒUVRES. — *L'Eau grise*, 1951, Stock, 1986. — *Lorca dramaturge*, L'Arche, 1955. — *Les Orphelins d'Auteuil*, Plon, 1956. — *Les Chiens à fouetter*, Julliard, 1956. — *Le Corps de Diane*, Julliard, 1957. — *Portrait d'un indifférent*, 1957, rééd. Grasset, 1967. — *Un malaise général, chroniques : I : Bleu comme la nuit*, 1958, rééd. Le Livre de Poche, 1983 ; *II : Un petit bourgeois*, 1963, Grasset, 1992. — *Une histoire française*, 1965, rééd. Le Livre de Poche, 1979. — *La Suisse que j'aime* (avec Paul Morand), Sun, 1966. — *Le Maître de maison*, 1968, rééd. Le Livre de Poche, 1980. — *Les Français*, Rencontre, 1968. — *La Crève*, 1970, rééd. Le Livre de Poche, 1988. — *Allemande*, 1973, rééd. Le Livre de Poche, 1974. — *Lettre à mon chien*, 1975, rééd. Gallimard, 1976. — *Lettre ouverte à Jacques Chirac*, Albin Michel, 1977. — *Le Musée de l'homme*, 1978, rééd. Le Livre de Poche, 1980. — *L'Empire des nuages*, 1981, rééd. Le Livre de Poche, 1982. — *La Fête des pères*, 1986, rééd. Le Livre de Poche, 1987. — *En avant, calme et droit*, 1987, rééd. Éditions du Rocher, 1993. — *Au marbre : chroniques retrouvées 1952-1962* (avec Françoise Sagan et Guy Dupré), 1987, Quai Voltaire, 1988. — *Bratislava*, 1990, Le Livre de Poche, 1991. — *Autos graphie* (1990), Le Livre de Poche, 1992. — *Le Gardien des ruines*, 1992, Le Livre de Poche, 1994. — *BB60*, Le Dilettante, 1996. — *Roman volé*, Grasset, 1996. — *Le Bar de l'escadrille*, Grasset, 1997. — **Albums** : *Hébrides*, photographies de Paul Strand, Guilde du livre, 1962. — *Vive la France*, photographies d'Henri Cartier-Bresson, Laffont, 1970. — *Du bois dont on fait les Vosges* (avec Christine et Patrick Weisbecker, 1978, rééd. Éditions du Chêne, 1989. — *Metz la fidèle*, photographies de Jean-Luc Tartarin, Denoël/Serpenoise, 1982. — *Moments de mode* (avec Dominique Fernandez et Patrick Mauriès, photos de David Seidner et Fabio Palamidese), Herscher, 1986.

→ Pol Vandromme (avec F. Nourissier), *Portait-vérité*, La Table ronde, 1993. — Jean-Luc Delblat, *Le Métier d'écrire*, Le Cherche-Midi, 1994. — *Mauvais genre*, entretiens, Gallimard, 1996.

I.M.

Nouveau Commerce (Le). Cahiers trimestriels de littérature, fondés à Paris en 1963 par André Dalmas et Marcelle Fonfreide. À la mort d'André Dalmas en février 1989, Marcelle Fonfreide assure seule la direction de la revue, qu'elle maintient dans la ligne intellectuelle de la revue *Commerce* des années vingt. Le mot « commerce » qui évoque le « commerce des lettres » (Littré) postule la nécessité de l'échange entre auteur et lecteur, et sa qualité, que l'on retrouve dans la présentation des cahiers, le papier et la typographie.

Les premiers collaborateurs, Paulhan, Gracq, Blanchot, Henri Thomas ou Maurice de Gandillac, accompagnent la démarche du *Nouveau Commerce* hors de toute école ou groupement littéraire. Depuis plus de trente ans, mêlés à leurs aînés, *Le Nouveau Commerce* a révélé des poètes contemporains : Georges Perros, Paul Celan, Kenneth White, Guennadi Aïgui, Claude Mouchard, Michel Deguy, et a contribué à redécouvrir Pindare ou Segalen. La revue favorise aussi la découverte, la relecture ou la traduction nouvelle d'œuvres anciennes, comme *Le Chant des chants*, le *Livre des morts égyptien*, ou de textes de Nicolas de Cues, Raymond Lulle, Érasme, Humbolt, Louise Colet, Henri Corneille Agrippa, Mme de la Sablière ou Félix Fénéon. Les penseurs, comme Massignon, Levinas, Heidegger, Walter Benjamin, Marie-José Mondzain, Michel Henry, les critiques, comme Jean Starobinski, Brice Parain ou Gérard Genette sont également présents dans les sommaires. Les choix s'affirment aussi bien dans le domaine français que dans le domaine étranger, les textes étant donnés en version bilingue pour la poésie. Ainsi peut-on lire dans leur langue et en traduction française des textes de William Butler Yeats, John Clare, Stephen Crane, Strindberg, Achim von Arnim, Nietzsche, Melville, Shakespeare, Anna Akhmatova, Reinhard Priessnitz. La fabrication même de la revue, non massicotée, et le tirage à mille exemplaires contribuent à son image de marque.

L'Association des amis des Cahiers du Nouveau Commerce (ACNC), à travers une publication, *Le Nouveau Commerce de la lecture*, petits « cahiers trimestriels de critique et de lectures » rédigés par ses écrivains, tente, en 1971, d'engager son public dans la voie d'une diffusion de ses publications selon des affinités électives. En 1976, l'ACNC-Éditeur ajoute aux cahiers du *Nouveau Commerce* une collection d'ouvrages, les « Suppléments », où l'on trouve Artaud, Nicole Debrand, Pascal, Djuna Barnes, Rudolph Kassner, Jane Bowles, Robert Walser, Segalen ou Melville, le *Traité des tropes* de Du Marsais ou l'*Évariste Galois* d'André Dalmas.

C.P. — IMEC

Nouveau Roman. Si personne aujourd'hui ne conteste plus son existence et si le « Nouveau Roman » a désormais sa place dans les manuels de littérature, on continue à mettre en doute sa validité, on le rend responsable de la perte de prestige du genre romanesque, et on lui dénie toute postérité. En outre, pour compenser cette molle acceptation *de facto*, il s'est créé, avec la complicité de Robbe-Grillet lui-même, le père fondateur, une légende des origines qui tend à minimiser la cohérence du groupe et à lui refuser tout projet d'ensemble : le Nouveau Roman ne serait en somme que la réunion aléatoire de personnalités hétérogènes, sans autre lien qu'une maison d'édition, Minuit, et sans autre principe fédérateur que la passion de la nouveauté et le goût de la polémique de son directeur Jérôme Lindon, son animateur infatigable (voir A. Robbe-Grillet, *Les Derniers Jours de Corinthe*, 1994).

On connaît l'origine du label. Son inventeur involontaire est le critique Émile Henriot, qui avait intitulé « Le nouveau roman » (sans majuscules) un compte rendu hostile du troisième livre de Robbe-Grillet, *La Jalousie*, et du premier ouvrage de Nathalie Sarraute, *Tropismes*, datant d'avant-guerre, réédité en 1957 aux Éditions de Minuit. L'autre icône du Nouveau Roman est une photographie, mille fois reproduite, souvent imitée, qui rassemble devant la maison mère, rue Bernard-Palissy, une petite troupe disparate d'écrivains ou de critiques autour de leur éditeur, une prise de vues dans une série d'instantanés qui n'a jamais été intégralement publiée (voir *La Quinzaine littéraire*, 16-31 mai 1989). Il n'existe pas de liste officielle des membres du groupe, la critique ne se faisant pas faute d'y englober tel écrivain qui lui semble donner des gages de modernité (Modiano, Le Clézio, Perec), quand ce ne sont pas certains auteurs eux-mêmes qui tentent de s'introduire subrepticement dans l'équipe. D'autant que tour à tour les revues du collectif, *Change*, animé par Jean-Pierre Faye, et *Tel Quel*, dirigé par Philippe Sollers, ont prétendu à la succession après un semblant d'allégeance, cette période de radicalisation théorique et de surenchère verbale aboutissant à une « science de la littérature » et au dogme de la « production textuelle », alimenté par la linguistique structurale ou générative.

La bonne fortune du Nouveau Roman, en l'absence d'une tribune où il pût défendre son identité, a été le soutien indéfectible de la Nouvelle Critique, en particulier de Roland Barthes *(Essais critiques*, 1964) et de Gérard Genette *(Figures*, 1966), qui ont donné au groupe sinon des consignes — car les œuvres ont heureusement précédé la *doxa*, mot péjoratif pour « corps de doctrine », remis en circulation par Barthes —, du moins des concepts et des outils rhétoriques permettant de fonder une interprétation. La percée de cette nouvelle littérature s'est appuyée sur le triomphe du structuralisme, qui a trouvé dans le Nouveau Roman le matériau dont il avait besoin : une œuvre close sur elle-même, coupée du référent, n'ayant d'autre objet que son propre système. Succès d'époque attesté par la reprise dans la collection de poche 10/18 de Christian Bourgois, en deux campagnes successives (1962-1964 et 1972-1973), des principaux titres du Nouveau Roman, encadrés de postfaces de critiques célèbres où deux générations d'étudiants ont pu faire leurs classes.

On imagine mal aujourd'hui l'impact qu'a pu avoir sur la critique académique et sur le grand public la publication des articles de Nathalie Sarraute dans *Les Temps modernes* ou ceux de Robbe-Grillet dans *L'Express* et la *NRF*, véritables manifestes abondamment relayés par la grande presse et les médias. Même une revue comme *La Nouvelle Critique*, d'obédience marxiste, a participé au combat pour la matérialité de l'écriture. En ce temps-là, une conférence de Michel Butor à la Sorbonne sur « le roman comme recherche » remplissait l'amphithéâtre *(Répertoire*, 1960). Le Nouveau Roman s'inventait lui-même et devait former son Nouveau Lecteur et lui faire perdre des habitudes routinières héritées de cent cinquante ans de réalisme. Il prenait pour cible à la fois « le Musée Grévin de la littérature » (Sarraute, *L'Ère du soupçon*, 1956) et la littérature engagée qui avait le tort d'assigner à l'œuvre un autre but qu'elle-même. Pour Robbe-Grillet, l'artiste travaille « pour rien », il n'est à la solde d'aucun parti, parce qu'il considère que « l'Art est tout » *(Pour un Nouveau Roman*, 1963). En arrière-plan de ces protestations, le réalisme socialiste. Sans cesse, les nouveaux romanciers ont eu à se défendre contre l'accusation de formalisme, synonyme de gratuité et d'ennui. « L'œuvre d'art est une *forme vivante* », affirmait Robbe-Grillet. Le mouvement de l'écriture et la composition du roman comptaient davantage que les contenus. Il en tirait imprudemment la conséquence : le Nouveau Roman ne contient « rien ». Il n'exprime rien que lui-même.

Cette affirmation de « littéralité » devait conduire le groupe à sa phase la plus radicale, exprimée par la redondance : le Nouveau Nouveau Roman. Les auteurs se mirent à accroître la complexité, à multiplier les jeux de miroir, les fausses pistes et les contradictions, à rendre le roman « impossible » — la critique disait « illisible » — à force d'abstraction. Comme si le romancier avait à cœur de prémunir son lecteur contre le charme de la fiction en rendant visibles son code et son programme, en insérant même au sein du livre un dispositif de rupture qui le conduise au bord de l'implosion. Roman sans épilogue, autodestructif, qui vise plus à transformer le lecteur par le travail du déchiffrage qu'à l'alourdir d'un monde imaginaire. Ce durcissement du Nouveau Roman a néanmoins produit quelques grands textes, comme *Histoire* de Claude Simon (1967) ou *Le Libera* de Pinget (1968).

Le dernier virage du Nouveau Roman prouverait, s'il en était besoin, la vitalité du mouvement : son intrusion dans le domaine autobiographique, où la chronique journalistique a vu un reniement. Robbe-Grillet prend la critique à contrepied : « Je n'ai jamais parlé d'autre chose que de moi », et il s'invente une jeunesse bourgeoise et réactionnaire, à l'opposé de son image de marque initiale, dans les trois volumes intitulés *Romanesques*. *Enfance* de Nathalie Sarraute est bien l'aboutissement de son œuvre et non le préambule. Les souvenirs de la petite

Tcherniak conduisent à l'essentiel, qui est de l'ordre du langage : la découverte des tropismes et leur traduction métaphorique. Autobiographie critique, qui refuse tout attendrissement sur une enfance que l'on considère à tort comme à l'écart du mal. Autobiographie stylisée, qui trouve une forme fictive dans le dédoublement du narrateur. Robert Pinget confie à un *alter ego* le soin d'écrire ses mémoires et ses aphorismes, un double distrait de l'écrivain qui s'empêtre dans les calculs et le symbolisme *(Monsieur Songe* et la série des Carnets : *Charrue*, *Le Harnais*, *Du nef)*. Monsieur Songe est un antiportrait à valeur allégorique, — ce que serait resté le « diariste » épris de tournures familières et saugrenues s'il n'était passé par l'épreuve du Nouveau Roman.

La force du Nouveau Roman, son exigence, c'est sa lutte contre la naïveté, la spontanéité, l'inspiration, le « bavardage », le mythe de l'écrivain « imbécile » (Robbe-Grillet, *Pour un Nouveau Roman)*, et en contrepartie sa rigueur, sa méthode, sa volonté de maîtriser le mouvement de l'écriture par des prescriptions et des procédés contraignants. Le Nouveau Roman est un livre qui se lit soi-même et invente à mesure ses propres règles. S'il n'a pas eu de postérité directe, c'est que l'éditeur a soigneusement veillé à écarter les épigones, sans parvenir à recréer, avec les écrivains dits « impassibles », une aussi fabuleuse constellation.

En mai 1989, *La Quinzaine littéraire* interroge une vingtaine d'écrivains (parmi lesquels Michon, Nadaud, Bénoziglio) sur l'avenir de la littérature. Ils se réjouissent tous de la fin du terrorisme critique et de la disparition des maîtres à penser. Mais ils gardent pour la plupart une intense nostalgie de l'époque de théorie vivante qui a sorti le roman de son sommeil. Le Nouveau Roman reste pour eux comme la mauvaise conscience de l'écrivain affranchi, sur lequel il exerce encore une autocensure qui lui interdit la facilité, le narcissisme ou le pathos. Quant au méfait des théories, voici ce qu'en dit Renaud Camus : « Je les ai toujours envisagées, peu ou prou, comme des récits parmi d'autres, mieux balancés que plus d'un, des espaces de fiction, de pulsion, de tension dramatique ou romanesque, de passion flamboyante même, où je ne suis pas sûr qu'atteignent couramment les mieux léchés de nos romans d'aérogare, ni même leurs rivaux d'Harlequin, malgré le formalisme outrancier dont ils sont en douce bétonnés. »

→ Nathalie Sarraute, *L'Ère du soupçon*, Gallimard, 1956. — Michel Butor, *Répertoire*, Éditions de Minuit, 1960, rééd. dans *Essais sur le roman*, Gallimard, 1969. — Alain Robbe-Grillet, *Pour un Nouveau Roman*, Gallimard, 1963. — *Nouveau Roman, hier, aujourd'hui*, UGE, 1972. — « L'aventure du Nouveau Roman », *Le Monde*, avril 1994. — Alain Robbe-Grillet, *Les Derniers Jours de Corinthe*, Éditions de Minuit, 1994.

J.-C.L.

Nouvel Âge. Revue fondée à Paris en 1931 par Georges Valois. Mensuelle, elle ne connaîtra que douze livraisons. Henry Poulaille, rédacteur en chef, dispose d'une entière liberté, notamment dans le choix du comité de rédaction, composé d'Eugène Dabit, Lucien Gachon, Jean Giono, Lucien Jacques, Édouard Peisson et Tristan Rémy. La revue est l'œuvre du seul Poulaille et le reflet de ses choix personnels, y compris dans l'illustration, confiée à Georges Cresson, Gloutchenko, Maximilien Luce, Franz Masereel, Diego Rivera, François-Martin Salvat ou F.W. Seifert. « Revue de littérature et de culture, *Nouvel Âge* sera une revue d'avant-garde, elle sera aussi une "revue de combat" et de "parti pris" », écrit Poulaille, qui entend réunir un « ensemble cohérent » et de dimension internationale, dans le domaine d'une littérature écrite par des non-professionnels. L'idée de littérature prolétarienne telle que la défend Poulaille, c'est-à-dire libre de tout enjeu révolutionnaire au sens où on l'entend à Moscou, est alors violemment critiquée par les communistes. Une campagne de dénigrement sera systématiquement menée tant dans la presse communiste internationale que dans *L'Humanité*.

Durant son unique année d'existence, la revue publiera des auteurs issus du peuple ou qui en parlent avec sympathie (Neel Doff, Lucien Bourgeois, Andreas Latzko), des écrivains réalistes inspirés par le peuple, comme Ramuz ou Cendrars, et des poètes et romanciers étrangers comme Maïakovski, Pasternak, Dos Passos, Cholokov, Upton Sinclair, Georg Trakl. Après une réunion tenue en décembre 1931 sur l'avenir de la revue, la décision est prise de suspendre la publication de *Nouvel Âge*, dont le bilan sera présenté par Georges Valois et Henry Poulaille dans le n° 118 des *Cahiers bleus*, en février 1932.

→ Karl-Anders Arvidsson, *Henry Poulaille et la littérature prolétarienne des années 1930*, Göteborg, Acta Universitatis Gothoburgensis, 1988. — Jean-Pierre Morel, *Le Roman insupportable : l'internationale littéraire et la France 1920-1932*, Paris, Gallimard, 1985.

P.R. — IMEC

Nouvelle Revue française (La). Revue fondée à Paris en 1908 par André Gide et ses amis, Eugène Montfort et les siens ; puis plus durablement en février 1909 par Jacques Copeau, Marcel Drouin, André Gide, André Ruyters, Jean Schlumberger et Henri Ghéon ; publiée par Gallimard. Mis à part deux longues éclipses (de septembre 1914 à juin 1919 et de juillet 1943 au début de 1953), cette « revue mensuelle de littérature et de critique » a battu tous les records de longévité parmi les revues littéraires dont on a justement souligné le caractère éphémère. La fascination qu'elle a exercée sur tant d'écrivains s'explique par sa double exigence éthique et esthétique, caractérisée par un retour aux valeurs classiques en art, où l'on a pu voir un nouveau jansénisme, et par la consécration de jeunes auteurs bientôt publiés par les Éditions Gallimard.

Le premier numéro 1, daté du 15 novembre 1908 et issu de l'alliance du groupe d'André Gide et de celui d'Eugène Montfort, a provoqué d'emblée d'insurmontables divergences. Si le prétexte à la séparation fut une louange outrancière de D'Annunzio et un éreintement de Mallarmé par des émules de Montfort, la véritable cause était un antagonisme personnel entre Montfort et Gide, qui ne fut à aucun moment directeur en titre, mais entendait conserver son influence. Pour présider au second numéro 1, le 1er février 1909, fut constitué un triumvirat, composé de Jacques Copeau, André Ruyters et Jean Schlumberger. C'est ce dernier, signataire de « Considérations », en forme de charte ouvrant le numéro, qui assurait la direction effective de la revue. À la fin de 1911, à la faveur d'une nouvelle organisation, Copeau, assisté d'un secrétaire efficace, Jacques Rivière, devint directeur en titre jusqu'en 1914. Pendant ces années d'apprentissage, où les noms d'Alain-Fournier, Claudel, Larbaud, Proust, Suarès, Thibaudet et Valéry apparaissent aux sommaires, la diffusion de la revue reste assez confidentielle (1 400 exemplaires en 1914).

En 1919, Jacques Rivière devient directeur. Les débats sont houleux, à ce moment, entre les pères fondateurs, sur les orientations. Diversement sensibles aux épreuves de la Grande Guerre, Gide et ses amis lui faisaient une place plus ou moins grande dans leurs préoccupations. Rivière, tout en maintenant l'éthique de la revue, allait lui donner une nouvelle impulsion. Ouvrant ses pages aux dadaïstes, dialoguant avec Artaud, il sut aussi réunir autour de lui une équipe de collaborateurs fidèles parmi lesquels Alain, Marcel Arland, Julien Benda, Benjamin Crémieux, Ramon Fernandez, Jean Prévost, Jules Supervielle. Après la disparition de Rivière en 1925, sous la férule de Jean Paulhan, secrétaire depuis juillet 1920, et qui sera rédacteur en chef de 1925 à 1934 sous la tutelle de Gaston Gallimard, puis seul directeur jusqu'en 1940, la *NRF* allait toucher un plus large public et dépasser parfois les 10 000 exemplaires. Sans trop s'embarrasser des principes des fondateurs, Paulhan lui fera faire, à la suite de Gide, quelques incursions dans « l'air du temps » — inaugurant par exemple la rubrique « l'air du mois » — et, comme le notera Schlumberger, dans le « saugrenu ». Doué d'un sens inné de l'équilibre et d'un jugement littéraire très solide, Paulhan composait des numéros brillants en sollicitant et stimulant les écrivains proches de la revue.

Dans l'histoire de la revue, la période de la fin 1940 à juin 1943, constitue une parenthèse. La direction incombe alors à Pierre Drieu La Rochelle, qui a rallié la Collaboration. Gaston Gallimard avait été contraint de donner ce gage à l'Occupant pour sauvegarder sa maison. Avec lucidité, Drieu reconnut lui-même l'échec de sa tentative dans un article intitulé « Bilan », au début de 1943.

Au terme d'un long purgatoire de dix ans, interrompu par des hommages à Gide (novembre 1951) et Alain (septembre 1952), la revue eut l'autorisation de reparaître en janvier 1953 grâce à l'artifice, durant quelques années, d'un nouveau titre : *Nouvelle NRF*. Conduite par le trio composé de Marcel Arland, Dominique Aury et Jean Paulhan (jusqu'à la mort de ce dernier en 1968), la *NNRF* s'est ouverte à une génération d'écrivains parmi lesquels Beckett, Blanchot, Butor, Char, Grosjean, Jaccottet, Pieyre de Mandiargues, Perros, Robbe-Grillet, Sarraute. Toutefois il est plus difficile, pour cette période et jusqu'à la fin des années 1980, de discerner ce qui constitue l'apport original de la revue de la simple prépublication de livres à paraître aux Éditions Gallimard. Sous la direction de Marcel Arland, un numéro thématique annuel, depuis octobre 1970, s'efforçait de répondre aux interrogations de l'époque (« L'Image », ou « Survie de la littérature »).

La succession de Marcel Arland fut assurée en 1977 par Georges Lambrichs, qui fusionna sa propre revue, *Les Cahiers du chemin*, avec la *NRF*, où certains de ses auteurs comme Jude Stéfan, Henri Thomas et Jean-Loup Trassard, étaient déjà bien connus. C'est un ancien du *Chemin*, Jacques Réda, qui allait poursuivre la tâche de Georges Lambrichs, en 1987. Adoptant un style plus personnel, Réda fit accomplir une métamorphose à la *NRF*, faisant peu à peu disparaître la rubrique la plus emblématique, celle des notes critiques. Cette révolution consacrait la primauté du texte sur la glose critique (même si cette dernière subsiste sous la forme de « Reconnaissances »). Le faible écho rencontré par cette transformation montre le désintérêt qui s'est abattu sur la plus célèbre revue littéraire du XXe siècle, mais la *NRF* a peut-être gagné la liberté de ton qui pourrait être le gage de sa survie. Depuis janvier 1996, Bertrand Visage, lié aux Éditions du Seuil, en a repris la direction, privilégiant désormais la publication de textes de romanciers et insérant des photographies.

→ Fac-similés des années 1909 à 1943, Kraus Reprint, 1968. — *Index de « La Nouvelle Revue française » 1919-1943*, établi par Claude Martin, Lyon, Centre d'études gidiennes, 1975-1977, 4 t. — Auguste Anglès, *André Gide et le premier groupe de « La Nouvelle Revue française »*, Gallimard, 1978-1986, 3 t. — Pierre Hebey, *L'Esprit NRF*, Gallimard, 1990. — *Correspondance André Gide-Jean Schlumberger*, Gallimard, 1993.

P.Me. — IMEC

Nouvelles littéraires, artistiques et scientifiques (Les). Revue fondée en 1922 à Paris par André Gillot et Charles Peignot. Le 21 octobre 1922, Larousse inaugure la mode des hebdomadaires de grande diffusion en créant *Les Nouvelles littéraires, artistiques et scientifiques*. Les fondateurs de ce titre sont assistés dans leur entreprise par Berger-Levrault et Gallimard. Leur ambition est de renouveler le journalisme littéraire français en proposant un périodique à mi-chemin du quotidien et de la revue et qui suivra l'actualité au plus près tout en assurant au lecteur fidèle une base de réflexion. *Les Nouvelles littéraires* présentent ainsi toutes les semaines un reflet vivant et varié de l'actualité culturelle : articles de critiques, entretiens, nouvelles du monde des lettres, des arts, des spectacles, textes originaux. Le rédacteur en chef, Frédéric Lefèvre, publie notamment ses fameux entretiens dans la chronique « Une heure avec ». Dirigées par Maurice Martin du Gard et Jacques Guenne de 1922 à 1936, puis par André Gillon, auquel succédera son fils Étienne en 1966, *Les Nouvelles littéraires* se saborderont en 1940 pour reparaître en 1945. En 1971, l'hebdomadaire est cédé à René Minguet et entame une seconde carrière par un important effort de rajeunissement : l'aspect en est modernisé, le format transformé, l'équipe renouvelée et le titre s'ouvre à de nouveaux sujets. En 1975, *Les Nouvelles littéraires* sont à nouveau cédées à Philippe Tesson du groupe Quotidien de Paris-Journal du Médecin, puis, en 1983 aux Éditions Ramsay : dirigée par Jean-Pierre Ramsay, la revue devient *Les Nouvelles*, avant de disparaître en 1988.

H.Fa. — IMEC

Novarina Valère (1942). Écrivain et dessinateur français, né à Genève. Son œuvre, publiée chez POL, outrepasse tous les genres : le roman, par la prolifération des personnages *(Le Drame de la vie*, 1984), l'autobiographie, par l'indétermination des circonstances et des lieux *(Le Discours aux animaux*, 1987), le théâtre, par le refus de l'artifice et des conventions *(Le Théâtre des paroles*, 1989). Le style de Novarina est une radioscopie de la langue, une danse du verbe, une peinture des mots. L'écrivain veut donner à voir la genèse du langage : devant l'assemblée médusée (« les corps animaux »), l'acteur fait irruption pour proférer une parole adamique, capable de baptiser un monde en formation. Son art poétique, ou plutôt « pneumatique », s'insurge contre la pratique actuelle du théâtre et vitupère, de façon parfois un peu démagogique, mise en scène et dramaturgie contemporaines *(Pour Louis de Funès*, Actes Sud, 1986). Il veut débarrasser la diction des scories du sens et la pièce, des couches d'interprétation qui l'oblitèrent. Ce n'est plus le cœur ni le cerveau qui doivent régir la parole, mais la langue, les dents et les muscles du ventre. Il invite l'acteur à se vider, au prix d'une vertigineuse ascèse, à devenir « un trou qui parle », un orifice spasmodique. Un seul acteur, André Marcon, a su relever ce défi et donner voix au poète.

J.-C.L.

Nucéra Louis (1928). Né à Nice, il est téléphoniste dans une banque en 1944, puis journaliste. En 1964, il est attaché de presse d'une maison de disques à Paris. *L'Obstiné* paraît en 1970 chez Julliard, préfacé par son ami Kessel. En 1973, il est directeur littéraire chez Lattès. Romancier, il donne *L'Ami* (1974), hommage fraternel à un compagnon de jeunesse ; *Avenue des diables bleus* (1979) évoque son enfance niçoise et ses origines humbles ; *Chemin de la lanterne* (1981, prix Interallié) retrace l'amour impérissable de l'oncle Antoine pour Rose, sa fiancée ; *La Chanson de Maria* (1989, Le Livre de Poche, 1991) dit la vengeance d'un fils contre les assassins de sa mère. *Le Ruban rouge* (Grasset, 1991 ; prix Jacques Chardonne 1992, prix du Sud-Jean Baumel 1992) retrace la vie des Ombriens immigrés depuis 1925. Louis Nucéra est également l'auteur d'une autobiographie : *Mes ports d'attache* (Grasset, 1994). Il a reçu en 1993 le grand prix de Littérature de l'Académie française pour l'ensemble de son œuvre.

I.M.

O

Obaldia René de (1918). Né à Hong Kong le 22 octobre 1918, de père panaméen et de mère française, il s'installe en France avec sa mère et fait ses études au lycée Condorcet. Naturalisé français, mobilisé, fait prisonnier en 1940, il passe quatre ans dans un camp de Silésie. C'est à son retour qu'il embrasse la carrière littéraire, collaborant au *Mercure de France* ou à *Contemporain.* Le prix Louis Parrot récompense son premier recueil de poèmes, *Midi* (1949), d'inspiration surréaliste. Son originalité apparaîtra davantage dans les « récits-éclairs » des *Richesses naturelles* (1952) et dans ses romans. Composé dans le cadre du Centre culturel international de Royaumont dont il est le directeur-adjoint de 1952 à 1954, son premier roman, *Tamerlan des cœurs* (1955) est suivi de *Fugue à Waterloo* (1956), étrange escapade amoureuse de Zilou et Alouette, couronnée par le grand prix de l'Humour noir. On retrouve en effet l'humour dans *Le Graf Zeppelin ou la Passion d'Emile* (1979) à travers l'insolite « couvade » qui se révèle chez son héros pendant la grossesse de sa femme, ainsi que dans les étonnantes divagations du vieillard dans *Le Centenaire* (1959), qui lui vaut le prix Combat et la célébrité.

Mais c'est surtout comme dramaturge qu'il sera reconnu avec *Génousie* (1960), « un pseudo-drame en un éclair », monté par Jean Vilar au T.N.P. et consacré par le prix des critiques. Le succès au théâtre sera confirmé par *Le Satyre de la Villette* (1963), *Du vent dans les branches de sassafras* (1965) et, plus tard, *Monsieur Klebs et Rozalie* (1975). Son œuvre théâtrale, commencée avec *Sept impromptus à loisir,* petites pièces écrites entre 1952 et 1960 (*Le Grand Vizir*, 1956 ; *Le Défunt*, 1957), est considérable, et très diversifiée. Obaldia, dont les pièces sont jouées dans le monde entier, s'est aussi intéressé au théâtre radiophonique (*Le Damné*, 1962 ; *Les Larmes de l'aveugle*, 1964 ; *Urbi et Orbi*, 1967 ; *Le Banquet des Méduses*, 1971 ; *L'Obscur Procès de Monsieur Ménard*, 1980). Consacrée par le grand prix du Théâtre de l'Académie française en 1985 et par le grand prix de Littérature dramatique de la Ville de Paris en 1991, son œuvre dramatique ne doit pas pour autant faire oublier les poèmes « pour enfants et quelques adultes » des *Innocentines* (1969) ou sa ludique *Exobiographie* (1993, prix Novembre).

C'est en effet le jeu qui semble faire l'unité de cette œuvre protéiforme : jeu avec le langage d'abord, dans la lignée de Queneau pour les calembours, ou de Michaux pour les créations verbales, jeu reflété dans les titres mêmes, comme *Grasse matinée* (1981) pour désigner l'histoire de deux squelettes, *Le Satyre de la Villette* qui dit d'emblée que le héros sera conduit à l'abattoir ou... *Et à la fin était le bang* (1968), qui prend le contrepied de la parole biblique. Il s'agit toujours d'évincer le verbe et la loi, le plus souvent en pastichant des phrases célèbres ou en transformant les genres codés en genres hybrides, comme dans *Du vent dans les branches de sassafras*, surprenant mélange de western archétypal et de tragédie, pour raconter l'histoire des Rockefeller. Le langage lui-même est en jeu dans la création du « Genousien » ou dans la liberté poétique que réclament les élèves de *Classe terminale* (1973) en revendiquant le droit d'« inventer des poèmes que personne ne pourra expliquer », après avoir trucidé leur professeur. Il est en effet des moments où le jeu se transforme en critique violente, pour dénoncer les institutions et tourner en dérision leurs représentants : l'ecclésiastique incarné par l'hystérique sœur Épine du Saint-Esprit dans *La Baby-Sitter*

(1971), le militaire dans *Le Général inconnu* (1964), ou le bourgeois dans *Les Bons Bourgeois* (1980). La science n'échappe pas davantage à ce procédé de démystification, que ce soit dans le retour à la terre du *Cosmonaute agricole* (1965) ou dans le meurtre du savant par sa créature dans *Monsieur Klebs et Rozalie*. L'ironie sera aussi celle des romans, qui font étrangement intervenir les événements historiques dans la fiction : dans *Fugue à Waterloo*, les fantômes des héros de la « morne plaine » défilent sous les fenêtres des amants, annonçant la débâcle de leurs amours ; l'explosion du Graf Zeppelin, fixée sur une vieille bande d'actualités, que le héros ne cesse de se repasser, préfigure sa noyade finale ; l'histoire des grands conquérants, dans *Tamerlan des cœurs*, anticipe celle du bourreau des cœurs, Jaime Salvador, mis en échec par le suicide d'une maîtresse avant d'être tué à la guerre. Ainsi se brouillent les limites du rêve et de la réalité, de la fiction et de la vérité.

ŒUVRES. — *Midi*, La Pipe en écume, 1949. — Chez Grasset : *Théâtre*, 1966-1981, 7 t. — *Les Richesses naturelles*, 1970. — *Fugue à Waterloo*, suivi de *Le Graf Zeppelin ou la Passion d'Emile*, 1976. — *Chez moi*, 1977. — *Tamerlan des cœurs*, 1986. — *Les Innocentines*, 1991. — *Exobiographie*, 1993.

→ Gérard-Denis Farcy, *Encyclobaldia : petite encyclopédie portative du théâtre de René de Obaldia*, Jean-Michel Place, 1981.

S.R.

Obenga Théophile (1936). Né à Brazzaville (Congo), historien attaché à la défense et à l'illustration des civilisations Bantoues, longtemps directeur du CICIBA à Libreville, il est l'auteur d'un ouvrage consacré à la *Littérature traditionnelle des Mbochi* (Présence africaine, 1984), de plusieurs recueils poétiques, *Stèles pour l'avenir* (Présence africaine, 1978), *Astres si longtemps* (Présence africaine, 1985), où il exprime sa foi dans la renaissance africaine, et d'une étude sur la philosophie négro-africaine, *La Philosophie africaine de la période pharaonique* (L'Harmattan, 1990).

J.C.

Obey André (1892-1975). Né à Douai le 8 mai 1892, d'abord romancier (*Le Gardien de la ville*, Librairie des Lettres, 1919 ; *L'Enfant inquiet*, Librairie des Lettres, 1920 ; *L'Orgue du stade*, Gallimard, 1924, remarqué par Montherlant, et *Le Joueur de triangle*, Grasset, 1928), c'est comme auteur dramatique qu'il est reconnu avec *La Souriante Madame Beudet* (l'illustration), pièce adaptée d'une de ses nouvelles et écrite en collaboration avec Denys Amiel, créée en 1921 par le groupe du canard sauvage. Copeau surtout s'intéresse à lui et lui commande deux pièces pour la toute jeune « Compagnie des Quinzes » : *Noé* (Les Étincelles, 1929) ; *Le Viol de Lucrèce* (Nouvelles Éditions Latines, 1930) ; et *La Bataille de la Marne* (Gallimard, 1931), inspiré par la tragédie grecque ; *Vénus et Adonis* (Gallimard, 1932), d'après le poème de Shakespeare ; *Loire* (Nouvelles Éditions Latines, 1933). Président du syndicat clandestin des auteurs et compositeurs pendant l'Occupation, il est nommé administrateur de la Comédie-Française à la Libération. Il démissionne en 1947 pour se consacrer à son œuvre de dramaturge : *Maria* (Devenir, 1946) ; *Revenu de l'Étoile* (Devenir, 1947) ; *L'Homme de cendres* (Opéra, Supplément théâtral n° 16, 1949), variation sur le thème de Don Juan, déjà abordé dans *Le Trompeur de Séville* (1937) ; *Lazare* (Fayard, 1951) ; *Laure* (1951) ; *Une fille pour du vent* (Mauclaire, 1953) ; *Les Trois Coups de minuit* (Fayard, 1958) ; *La Fenêtre* (Devenir, 1959) ; *Le Jour du retour* (1972), où l'auteur affirme son goût pour les grands mythes et les « drames simples ». André Obey fut aussi l'adaptateur brillant d'Eschyle (*L'Orestie*, 1955), de Shakespeare (*Richard III*, 1933), de Tennessee Williams, de Sydney Lumet et de Reginald Rose, à la demande de Charles Dullin, Jean-Louis Barrault ou Michel Vitold. André Obey est mort à Montsoreau le 12 avril 1975.

S.R.

Océan Indien *(littératures de l')*. En dehors de leur situation géographique, au large du continent africain, les îles de l'océan Indien (Madagascar, Réunion, Maurice, Rodrigues, Seychelles) présentent de notables différences, tant du point de vue de leur histoire géologique que de leur diversité culturelle, mais toutes, à des degrés divers, ont été le lieu géométrique d'un métissage biologique, linguistique et culturel. « Au fil des siècles, écrit Jean-Louis Joubert, les migrations ont façonné les visages particuliers de chaque île. Pré- ou proto-Malgaches lointainement venus d'Insulinde et d'Afrique. Expansion de l'Islam à partir des rivages musulmans de l'océan Indien. Courants discrets que l'on devine depuis la Perse et l'Inde. Débarquement tonitruant des Européens et de la colonisation. Traite des esclaves. Recrutement de travailleurs engagés dans la péninsule indienne. Diaspora chinoise. Sans oublier les pirates, les naufragés, les exilés, les chercheurs d'or, les coopérants techniques (...) » Cet étonnant brassage, qui ne se rencontre guère ailleurs, sinon dans les Caraïbes, est à l'origine d'une abondante littérature, longtemps exogène, due aux voyageurs de passage ou aux colons (voir *Paul et Virginie*, de Bernardin de Saint-Pierre), et qui l'emporte en nombre sur la production autochtone. Elle a contribué à façonner ces îles, alimenté leur imaginaire et œuvré, fût-ce dans la controverse, à leur identité. Souvent, les écrivains nés dans l'une de ces îles lui restent attachés, comme Loys Masson, qui n'a pourtant jamais voulu retourner à l'Île Maurice, ou le Malgache Jacques Rabemananjara. Pour plusieurs d'entre eux, Boris Gamaleya, Axel Gauvin, Jean-François Sam-Long, l'expérience de l'exil a souvent été l'occasion d'une prise de conscience plus aiguë de leur identité insulaire — notion encore fragile en raison de la diversité des langues, des usages, des religions. Mais ils ne sont que plus déterminés à faire valoir leur héritage culturel ancestral. La collecte des contes populaires à laquelle se consacre Boris Gamaleya, ou la réhabilitation du créole, en faveur duquel militent des écrivains comme le Réunionnais Axel Gauvin, auteur d'un essai intitulé *Du créole opprimé au créole libéré*, disent le souci des écrivains de l'océan Indien de se réapproprier un patrimoine trop longtemps dispersé ou méconnu.

→ J.-L. Joubert, *Littératures de l'océan Indien*, EDICEF-AUPELF, 1991.

J.C.

Œuf dur (L') (1921-1924). Revue fondée à Paris par Gérard Rosenthal, Pierre Villoteau, Georges Duvau, Jean Albert-Weil et Mathias Lubeck. Le premier numéro paraît en mars 1921 et sera suivi de quinze autres, où le nom des directeur et rédacteur en chef n'est jamais mentionné. Le seizième et dernier numéro paraît dans le dernier trimestre 1924. Un douzième numéro, envoyé à quelques abonnés, est retiré de la vente et republié un peu plus tard, en janvier 1923 : il comprenait le texte d'Henri Béraud, « La nature a horreur du Gide », supprimé lors de la republication. Le premier numéro, outre une contribution d'André Salmon, est composé de textes des fondateurs, sous leur nom ou sous un pseudonyme. Les sommaires s'enrichissent des noms d'Aragon, Marcel Arland, Carco, Cendrars, Cocteau, Joseph Delteil, Drieu La Rochelle, Georges Fourest, Max Jacob, Larbaud, Mac Orlan, Mauriac, Montherlant, Morand, Naville, Pia, Reverdy, Radiguet, Soupault. Le dernier numéro verra son sommaire réduit à Francis Gérard, qui signe la plupart des articles de son nom ou de son prénom, à Pierre Naville et à Mathias Lubeck.

M.I. — IMEC

Ofaire Cilette (1891-1964), pseudonyme de Cécile Houriet. Née à Couvet, près de Neuchâtel, elle étudie la peinture à l'École des Beaux-Arts de Bâle et s'installe à Paris en 1914. En 1920, avec son mari Charles Hofer, elle achète un petit chaland et fait le voyage des canaux jusqu'en Méditerranée, périple qu'elle raconte dans *Le San Luca* (1934). Puis elle achète un nouveau bateau, l'Ismé, sur lequel elle navigue seule, avec l'aide de son second Ettorè. Dès 1939, elle s'installe à Sanary, où elle mourra. Atteinte d'une affection des yeux, elle abandonne la peinture et se met à écrire. Elle publie des romans autobiographiques et raconte ses aventures de navigatrice dans *L'Ismé* (1940).

C.D.

Ohnet Georges (1848-1918), voir DICTIONNAIRE DES LETTRES FRANÇAISES : LE XIXe SIÈCLE.

Oldenbourg Zoé (1916). Née à Saint-Pétersbourg le 31 mars 1916, fille de l'historien Serge Oldenbourg, elle arrive en France à neuf ans et se tourne d'abord vers la peinture. Son premier roman, *Argile et cendres* (1946), raconte la vie d'une châtelaine au temps des croisades,

Aalaïs de Linnières, aux prises avec toutes sortes de malandrins et un mari possessif, Ansiau, qui reviendra, vieilli, dans *La Pierre angulaire* (1953, prix Femina). Suivent deux romans aux sujets plus contemporains : *Réveillés de la vie* (1956), dont l'action se situe entre 1936 et 1940, la guerre venant exaspérer les conflits rencontrés par Elie Lanskoï, fils d'un officier de l'armée blanche exilé à Paris, et Stéphanie Lindberg, fille d'un réfugié politique allemand, représentants d'une jeunesse déracinée et désabusée qui ne peut vivre pleinement sa passion ; *Les Irréductibles* (1958). Mais l'Histoire, celle des Cathares en particulier, ne la quitte pas, lui inspirant *Le Bûcher de Montségur* (1959), premier volet d'une trilogie historique que viendront compléter *Les Brûlés* (1960) et *Les Cités charnelles ou l'histoire de Roger de Montbrun* (1961). Histoire et fiction paraissent étroitement liées dans cette œuvre qui semble soutenue par un projet ambitieux, exposé dans l'avant-propos des *Croisades* (1963) : « analyser [...] le côté humain de cette aventure longue, tragique, complexe et malgré tout glorieuse », et qui vaudra en fait pour toutes ces aventures, qu'elles soient collectives (*L'Épopée des Cathédrales*, 1973) ou individuelles (*Catherine de Russie*, 1966 ; *Saint Bernard*, 1969), réelles ou imaginaires (*La Joie des pauvres*, 1970, roman médiéval). C'est une histoire plus personnelle qu'aborde Zoé Oldenbourg dans *La Joie-souffrance* (1980), où se dessinent les passions et les tensions qui déchirent la communauté russe dans le Paris des années trente, l'époque de sa jeunesse. Un livre de souvenirs : *Visages d'un autoportrait* (1977) tente « d'esquisser l'histoire de la naissance d'une vocation littéraire ». *Le Procès du rêve* (1982) revient sur son héritage imaginaire et sur le « virus de la fabulation » transmis par son père. Zoé Oldenbourg s'est aussi essayée avec succès au genre dramatique (*L'Evêque et la vieille dame,* 1983 ; *Aliénor*, 1992), à l'essai (*Que vous a donc fait Israël ?*, 1974 ; *Que nous est Hécube ou un plaidoyer pour l'humour*, 1984) et à la nouvelle avec *Déguisements* (1989), recueil de trois nouvelles qui sont aussi des fantaisies, au sens littéraire du terme, se jouant du roman noir (« P.S. ou les dix ou onze morts de Penthesilea Singing-bells »), de la mythologie (« Cassandre ») et de l'histoire encore dans « Déguisements », savante mise en abyme qui fait avec humour, puis horreur, l'histoire d'un spectacle d'amateurs, monté dans un château, reprenant le sanglant épisode du « Bal des ardents » dans une troublante mise en scène.

ŒUVRES. — Publiées chez Gallimard.

S.R.

Ollier Claude (1922). Né à Paris le 17 décembre 1922, après des études de droit et une déportation en Allemagne dont le souvenir nourrit *Déconnection* (Flammarion, 1988), il part comme fonctionnaire pour l'Afrique du Nord (1950) où il écrit *La Mise en scène* (Éditions de Minuit, 1958, prix Médicis), « histoire arabe » qui conte par bribes l'errance d'un géologue dans un désert géométrique. Point de départ d'un cycle de huit romans, *Le Jeu d'enfant*, ce premier texte est suivi par *Le Maintien de l'ordre* (Gallimard, 1961), qui évoque un pays colonial à la fin des années cinquante, puis par *Été indien* (Éditions de Minuit, 1963) et *L'Échec de Nolan* (Gallimard, 1967) où disparaît le héros, Morel. Dans la seconde moitié, les événements se répètent : *La Vie sur Epsilon* (Gallimard, 1972) transpose *La Mise en scène* dans un décor de science-fiction, *Enigma* (Gallimard, 1973) fait de même avec *Le Maintien de l'ordre*, après quoi *Our ou vingt ans après* (Gallimard, 1974) et *Fuzzy sets* (UGE, 1975) ramènent le héros au lieu de l'origine, en un jeu avec les codes où se reflètent les théories du Nouveau Roman (*Nouveau Roman hier et aujourd'hui*, t. II, UGE, 1972).

Puis l'écriture se fait plus autobiographique. Après les fragments de *Navettes* (Gallimard, 1967), il oppose dans *Mon double à Malacca* (Flammarion, 1982) et dans *Marrakech Medine* (Flammarion, 1979) l'espace asiatique saturé à l'espace du désert, proche du vide dont l'écriture a besoin. Mais en même temps, il est l'homme d'une terre, l'Île-de-France (*Nébules*, Flammarion, 1981 ; *Une histoire illisible*, Flammarion, 1986), et il explique dans son *Journal*, chez Flammarion, combien deux rêves se superposent en lui (*Cahiers d'écolier 1950-1960*, 1984 ; *Fables sous rêves : 1960-1970*,

1985 ; *Les Liens d'espace : 1970-1980*, 1989), ce qui l'amène à délaisser son investigation de l'espace, poursuivie encore dans *Feuilletons* (Julliard, 1990) et *Outback ou l'arrière-monde* (POL, 1995) où passe un désir de fuite et de solitude, au profit d'une enquête sur le passé (*Truquage en amont*, Flammarion, 1992) et sur l'impossibilité d'y échapper (*Feuilleton*, Julliard, 1990). Enfin, son goût pour le franchissement des frontières l'a conduit vers d'autres territoires comme la gravure (*Lubéron*, Manus Presse, 1968 ; *Réseau de blets rhizomes*, Fontfroide, Fata Morgana, 1969), la radio (vingt pièces) et surtout le cinéma, en tant que critique (*Souvenirs écran*, Cahiers du Cinéma-Gallimard, 1981) et coscénariste (*L'Accompagnement*, Fieschi, 1966 ; *Écoute voir...*, H. Santiago, 1978).

→ Jean Ricardou, *Pour une théorie du Nouveau Roman*, Le Seuil, 1971. — *Encres vives*, printemps 1978, nº 86. — Robin Knee, *Claude Ollier's « Le Jeu d'enfant » : an intertextual reading*, thèse, Pennsylvania, 1983. — Sjef Houppermans (textes réunis par), *Recherches sur l'œuvre de Claude Ollier*, Groningen, 1985. — Nicole Aas-Rouxparis, *L'Espace fictionnel dans « La Mise en scène » de Claude Ollier*, New York-Bern, Lang, 1990. — Cecile Lindsay, *Reflexivity and Revolution in the New Novel : Claude Ollier's fictional cycle*, Columbus, University Press, 1990. — Andrea Calli, *Autobiographie et rêve chez Claude Ollier*, Lecce, Milella, 1991. — Claude Ollier, *Cité de mémoire*, entretiens avec Alexis Pelletier, POL, 1996.

J.P.

Ollivier Émile (1940). Né à Port-au-Prince, celui qui se dit « Québécois le jour » et « Haïtien la nuit » a su tirer parti de ses appartenances multiples, puisant dans son exil la matière même d'une œuvre inspirée par les divers *Passages* (1991) qui ont traversé sa vie. Émile Ollivier quitte Haïti à vingt-cinq ans et, après un bref séjour à Paris, vient s'établir au Québec, où il est professeur à l'université de Montréal. Déjà, *Paysage de l'aveugle* (1977), son premier livre, met en relation deux nouvelles et deux lieux, Haïti et une ville d'accueil, qui pourrait être Montréal. Alors que *Mère-solitude* (1983) retrouve le pays d'origine pour l'interroger de l'intérieur, sans complaisance, *La Discorde aux cent voix* (1986) traduit, à la manière du réalisme merveilleux sud-américain, l'imaginaire haïtien dans ses manifestations familières et concrètes. « En Haïti, les gens parlent toujours à différents niveaux et dans la pluralité des voix », déclare le romancier, qui propose une identité plurielle, métissée, faite d'itinéraires complexes et d'inventions formelles et langagières. *Les Urnes scellées* (1995) évoque à travers la figure d'un archéologue l'impossible retour au pays natal.

L.G.

Ombiaux Maurice des (1868-1943), pseudonyme de Maurice Desombiaux. Né à Beauraing (Belgique) le 16 mars 1868, écrivain régionaliste, conteur, mais aussi épicurien et gastronome *(Le Petit* et *Le Nouveau Manuel de l'amateur de bourgogne*, 1908 et 1921 ; *Petit Traité du havane*, 1913 ; *Le Gotha des vins de France*, 1925 ; *L'Art de manger et son histoire*, 1928), des Ombiaux célèbre la vie dans une œuvre portée par une langue aux accents parfois rabelaisiens. Collaborateur de *La Jeune Belgique*, il débute par des poèmes dans le ton décadent *(Chants des jours lointains*, 1888 ; *Vers de l'espoir*, 1891 ; *La Ronde du trouvère*, 1893) et par un drame symboliste *(Les Amants de Taillemark*, 1892). Son passage au *Coq rouge*, dont il devient rédacteur en chef en 1896, l'oriente vers les questions sociales *(Nos rustres* et *La Maison d'or*, 1901), puis régionales *(Contes de Sambre et Meuse*, 1904 ; *Contes du pays wallon*, 1939). Ses romans se partagent entre des évocations historiques gouailleuses *(Histoire mirifique de saint Dodon*, 1899 ; *Le Joyau de la mitre*, 1901, *Guidon d'Anderlecht*, 1905) et des drames réalistes, entre autres *Tête de houille* (1902), *Mihien d'Avène* (1904) et *Le Maugré* (1911), qui met en scène des épisodes de sorcellerie pour la possession des terres dans la campagne wallonne. Chef de cabinet du gouvernement belge en exil durant la Première Guerre, il fonde *La Revue belge* et publie des essais patriotiques. Installé à Paris à partir de 1918, il partage son activité entre son œuvre littéraire et sa passion pour la peinture. Des romans de mœurs et des récits historiques viendront compléter une œuvre abondante (près d'une centaine de volumes). Correspondant de guerre en 1940, il meurt à Paris le 23 septembre 1943.

ŒUVRES. — *Traité de la table*, rééd. Bruxelles, Legrain, 1975. — *Le Maugré*, rééd., Bruxelles, Labor, coll. Espace Nord, 1986.

→ *Maurice des Ombiaux et son temps*, éd. Jean-Marie Horemans, Thuin, Grawez, 1968. — Jean-Marie Horemans, *Maurice des Ombiaux prince des conteurs wallons*, Gilly, Institut Jules Destrée, 1968.

O.Bi.

Orbes (1928-1935). Revue fondée à Paris par Jacques-Henry Levesque et Olivier de Carné. On présente souvent *Orbes* comme la « revue de Cendrars ». Certes, il y collabora et eut l'idée d'emprunter au savant Flammarion le « petit cliché planétaire » qui figure sur la couverture, mais sans y prendre aucune part active et en estimant même désagréable d'y être imprimé en compagnie de gens qu'il évitait. Que l'histoire d'*Orbes* lui soit liée tient à l'amitié entre l'auteur de *Bourlinguer* et Jacques-Henry Levesque (1899-1971), fondateur et principal animateur de la revue, né dans un milieu d'artistes, fils de l'acteur Marcel Levesque, poète, écrivain, homme de grand rayonnement et ami des peintres.

Publiée d'abord Au Sans Pareil, puis à partir du n° 3 chez Corti, la revue paraît en quatre livraisons de 1928 à 1932, suivie d'une deuxième série de quatre numéros entre 1933 et 1935, portant le seul nom de Jacques-Henry Levesque comme directeur. Durant huit ans, *Orbes* accueille quelques-unes des plus prestigieuses signatures de l'avant-garde littéraire et artistique des années trente : Cendrars, Duchamp, Picabia, Joseph Delteil, Fernand Léger, Reverdy, Ribemont-Dessaignes, Satie, Soupault, Gertrude Stein, et le Douanier Rousseau dont le drame, *La Vengeance d'une orpheline*, paraît en plusieurs livraisons. Proche du surréalisme et de l'esprit Dada, *Orbes* n'est cependant pas l'organe d'un clan. L'équipe de la revue (Olivier de Carné, Max Fontaine, Jean van Heeckeren et Jacques-Henry Levesque) se préoccupe moins d'instaurer des dogmes ou de fonder une chapelle que d'expérimenter de nouvelles formes littéraires. *Orbes* a également publié l'unique numéro d'une sorte de petit journal, *Midi à midi* (février 1930) et s'est doté d'une collection, « Orbes », où paraîtront entre 1928 et 1932 une série de quatre plaquettes, ainsi que, hors numérotation, un cahier de seize dessins de Picabia, accompagnés d'une introduction de Jean van Heeckeren (1930). En 1963, un cahier-souvenir, *Francis Picabia 1879-1954*, voit le jour « sous le signe d'Orbes ».

→ Claude Leroy, « Cendrars et la revue *Orbes* », *Marché des lettres*, n° 1, été 1988. — *« J'écris, écrivez-moi » : correspondance Blaise Cendrars - Jacques-Henry Levesque 1924-1959*, éd. Monique Chefdor, Denoël, 1991.

J.Pl. — IMEC

Orcel Michel (1952). Né à Marseille, ancien pensionnaire de l'Académie de France à Rome, il s'est attaché à faire connaître en France deux grandes voix de la poésie romantique italienne : Leopardi et Foscolo, par de belles traductions et une étude, *Langue mortelle* (L'Alphée, 1987). On lui doit également un essai sur le romantisme français, *Ces imbéciles croyants de liberté* (Hatier, 1990), ainsi que des versions françaises des poèmes de Michel-Ange et des livrets d'opéras de Da Ponte. Ses recueils de poèmes retrouvent le lyrisme retenu de cette poésie néo-classique qu'il admire : *Le Théâtre des nues* (L'Alphée, 1981), *Les Liens* (L'Alphée, 1982), *Élégie* (La Dogana, 1984), *Destin* (Le Temps qu'il fait, 1987), *Odor di femmina* (Le Temps qu'il fait, 1989). M. Orcel dirige la revue littéraire *L'Alphée* et a publié plusieurs récits : La *Chute d'Orlando Marino* (Obsidiane, 1984), *N. N. ou l'Amour caché* (Grasset, 1989), *Une baignoire à l'Opéra-Comique* (Obsidiane, 1990), *La Lunette de Stendhal* (Grasset, 1991).

B.Do.

Orient Alice (1886- ?). Née à Paris le 4 juillet 1886, elle fait ses études à Bucarest, où elle publie, jeune, des vers qui l'imposent dans le monde de la poésie roumaine de l'époque. Elle retourne à Paris en 1908 pour y poursuivre son activité littéraire, tout en entretenant des liens étroits avec les lettres roumaines et en écrivant aussi bien en roumain qu'en français. En 1914, elle obtient la seconde place au prix Femina pour son recueil de poèmes lyriques *Les Perles*. Après son mariage avec l'écrivain Louis Constant Müller, elle suit son mari dans ses voyages et l'on perd sa trace. On ignore même où et quand elle est morte, probablement en Suisse, avant 1940. Figure mystérieuse, elle a laissé un roman, *La Tunique verte* (Amiens, Malfère, 1924), nettement autobiographique. Si sa production poétique, influencée par le symbolisme, frappe par la sensibilité moderne et l'intensité, *La Tunique verte* est un roman d'analyse, composé dans un style lyrique.

L.V.

Orieux Jean (1907). Né à Duras le 20 mai 1907. Après des études à Bordeaux et à l'École normale supérieure de Saint-Cloud, il est professeur de lettres à Beauvais et à Bourges, inspecteur de l'enseignement à Saint-Yrieix, puis séjourne une quinzaine d'années en Algérie, à Oran, et au Maroc, à Rabat et à Marrakech. Son premier roman, *Fontagre*, écrit en 1940, a été publié à Alger par Max-Pol Fouchet (Éditions de la revue *Fontaine*, 1944 ; grand prix du Roman de l'Académie française, 1946 ; rééd. Ditis, 1961). Ses nouvelles, *Menus plaisirs* (Laffont, 1946), *Tiburce ou un déjeuner de soleil* (« Mademoiselle Inquiétude et le cirque », « Amanites printanières ou les perfections répétées », Flammarion, 1948), et son roman, *Les Ciseaux d'argent*, forment le cycle intitulé *Les Trois Piliers* (rééd. Flammarion, 1980). Dans *L'Aigle de fer* (Flammarion, 1949 ; rééd. Folio, 1985), il évoque l'époque hitlérienne. Son séjour au Maroc inspire *Kasbahs en plein ciel* (Flammarion, 1951) et *Petit Sérail* (Flammarion, 1952). *Cinq filles et un fusil* (Flammarion, 1950), *La Mal-mariée* (Flammarion, 1953) et *Les Bonnes Fortunes* (Flammarion, 1955) complètent le cycle romanesque des *Fontagre*. Dans *Souvenirs de campagnes* (Périgueux, Fanlac, 1972 ; rééd. Flammarion, 1978), il rappelle ses années dans le Limousin. Poète, il a publié *L'Étoile et le chaos* (Flammarion, 1977). Depuis sa première biographie, *Bussy-Rabutin, le libertin galant homme* (Flammarion, 1958 ; rééd. 1969), il a donné *Voltaire ou la royauté de l'esprit* (Flammarion, 1966 ; rééd. 1977 et Le Livre de Poche, 1994), *Talleyrand ou le sphinx incompris* (Flammarion, 1970), *La Fontaine ou la vie est un conte* (Flammarion, 1976 ; rééd. 1995) et *Catherine de Médicis ou la reine noire* (Flammarion, 1986).

Orizet Jean (1937). Né à Marseille le 5 mars 1937, poète et journaliste, il est aussi éditeur, cofondateur de la revue *Poésie 1* (1969). Son œuvre est d'un voyageur, inquiet du sens du monde sous ses diverses apparences : *En soi le chaos* (Saint-Germain-des-Prés, 1975, prix Max Jacob), *Niveaux de survie* (Belfond, 1978), *Le Voyageur absent* (Grasset, 1982), *Dits d'un monde en miettes* (Saint-Germain-des-Prés, 1982), *La Peau du monde* (Belfond, 1987), *Le Miroir de la méduse* (Le Cherche-Midi, 1994). Ses principaux recueils composés entre 1974 et 1989 sont réunis dans *Poèmes* (Le Cherche-Midi, 1990). On lui doit aussi une *Histoire de l'entretemps* (La Table ronde, 1985) et plusieurs anthologies poétiques.

M.Ber.

Ormesson Jean d' (1925). Né le 16 juin 1925 à Paris. Ancien élève de l'École normale supérieure, agrégé de philosophie, il a d'abord travaillé dans divers cabinets ministériels avant de se consacrer à la littérature et d'exercer d'importantes activités dans la presse, en particulier comme éditorialiste et chroniqueur au *Figaro* et rédacteur en chef de la revue *Diogène* (fondée par Roger Caillois). Ses premiers romans, *L'amour est un plaisir* (Julliard, 1956), *Un amour pour rien* (Julliard, 1960) et *Les Illusions de la mer* (Julliard, 1968) explorent le domaine de l'étude psychologique et poétique ; bonheur et mélancolie s'y mêlent subtilement. Avec *Du côté de chez Jean* (Julliard, 1959), il invente une manière personnelle pour parler de lui-même avec lucidité et humour, entrelaçant souvenirs, introspection et fiction : il reviendra sur ce sujet qui lui réussit dans *Au revoir et merci* (Julliard, 1966), *Le Vagabond qui passe sous une ombrelle trouée* (Gallimard, 1978), et les conversations de *Garçon, de quoi écrire* (Gallimard, 1989). Autre aspect de cette fascination pour l'autobiographie, son admiration pour Chateaubriand, dont il a retracé librement la vie sentimentale : *Mon dernier rêve sera pour vous* (Lattès, 1982).

Mais que l'on n'imagine pas Jean

d'Ormesson seulement préoccupé de lui-même. Nombre de ses romans sont de grandes fresques où se déploient les passions humaines : *La Gloire de l'Empire* (Gallimard, 1971), chronique d'un pays imaginaire partagé entre deux familles rivales ; *Au plaisir de Dieu* (Gallimard, 1974), chronique familiale fictive ; *Le Vent du soir* (Lattès, 1985), *Tous les hommes en sont fous* (Lattès, 1986) et *Le Bonheur à San Miniato* (Lattès, 1987), trilogie au ton plus léger qui met en scène les destins entrecroisés de quatre familles du milieu du XIXe siècle aux années 1960 ; enfin, l'*Histoire du Juif errant* (Gallimard, 1990), dont le sujet est l'histoire de l'humanité. La fiction tourne parfois à la causerie philosophique : *Dieu, sa vie, son œuvre* (Gallimard, 1981) ; *La Douane de Mer* (Gallimard, 1993), conversation enjouée entre deux esprits sur l'homme, le monde, l'univers... et la littérature, inépuisable source de bonheur ; *Presque rien sur presque tout* (Gallimard, 1996). *Casimir mène la grande vie* (Gallimard 1997) marque le retour à une manière plus allègre, et au goût pour la satire sociale. Jean d'Ormesson est membre de l'Académie française depuis 1973.

→ Philippe Dufay, *Jean d'Ormesson*, Bartillat, 1997.

B.Do.

Orsenna Érik (1947), pseudonyme d'Érik Arnoult. Né le 22 mars 1947 à Paris, professeur d'économie politique à l'université Paris-I et à l'École normale, maître des requêtes au Conseil d'État, il raconte dans *Grand amour* (Le Seuil, 1993) son rôle de conseiller et de « nègre » auprès de Jean-Pierre Cot, puis de François Mitterrand. Cette carrière explique le rôle de la politique dans ses romans (*Loyola's blues*, Le Seuil, 1974 ; *La Vie comme à Lausanne*, Le Seuil, 1977, prix Roger Nimier 1978 ; *Une comédie française*, Le Seuil, 1980 ; *L'Exposition coloniale*, Le Seuil, 1988, prix Goncourt), où la confrontation entre la France conformiste des années trente-cinquante et l'espace exotique du romanesque engendre des aventures qui réinterprètent l'Histoire avec humour et désinvolture. En collaboration, il a signé en outre *Villes d'eaux* (Ramsay, 1981), *Rêves de sucre* (Hachette, 1990), *Docks* (Balland, 1995) et *Mésaventure du paradis : mélodie cubaine* (Le Seuil, 1996). Sur un ton différent, il conte l'étrange aventure, dans une île atlantique, d'un traducteur de Nabokov (*Deux étés*, Fayard, 1997).

J.P.

Orville Xavier (1932). Né à Case-Pilote (Martinique), agrégé d'espagnol, un temps conseiller culturel à la présidence de la République du Sénégal aux côtés de Senghor, ce romancier talentueux est encore injustement méconnu, en dépit d'une production importante qui donne sa pleine mesure à la notion de « réalisme merveilleux » chère à Alejo Carpentier. Qu'il s'agisse de *Délice et le fromager* (Grasset, 1977), de *La Tapisserie du temps présent* (Grasset, 1979), de *L'Homme aux sept noms et sept poussières* (Grasset, 1981), du *Marcheur de larmes* (Grasset, 1985), de *Laissez brûler Laventura* (Grasset, 1989), ou des nouvelles disséminées dans différents recueils (par exemple « Le géranium », dans *La Descente aux enfers,* Hatier, 1983), toutes ces proses romanesques, où la fantaisie se donne libre cours, transportent le lecteur dans un monde enchanté, dont la dimension poétique doit sans doute beaucoup au style jubilatoire d'un conteur nourri aux sources de la tradition créole. L'auteur a aussi publié *Cœur à vie* (Stock, 1993), *La Voie des cerfs-volants* (Stock, 1995) et *Moi Trésilien-Théodore Augustin* (Stock, 1996).

J. C.

Oster Soussouev Pierre (1933). Né à Nogent-sur-Marne le 6 mars 1933, il s'est tourné vers l'ensemble des choses qui composent *le* monde, *notre* monde. Son attitude de poète est d'abord volontariste : il prend l'initiative du mouvement et se heurte à la résistance de la Nature comme du Tout, rebelles à son effort et à son mètre encore quelque peu étroit (*Le Champ de mai*, 1955). Cet effort revêt dans *Solitude de la lumière* (1957) la forme de l'invocation claudélienne, impérieuse et trop sûre de sa foi : le poète se sent élu et a le dessein d'élire à son tour les éléments qu'il élève à la puissance symbolique par l'emploi insistant de la majuscule. Il parle encore d'un point de vue transcendant dans *Un nom toujours nouveau* (1960), mais son mètre s'est élargi et assoupli : il adopte un type de vers ou de verset de quatorze à dix-huit syllabes, rimé ou non, accentué selon les modulations toniques liées au sens et à la syntaxe, qui accueille mieux ce qui vient de la Nature. Le monde des choses ne prend l'initiative de l'ouverture et de l'élan qu'à partir de *La Grande Année* (1964), où basculent définitivement le rapport de l'homme au monde et le rapport à l'être. Le monde de la nature afflue, irradie et place l'homme sous son ordre et dans son mouvement. L'année avec ses quatre saisons est en correspondance avec « la grande année » cosmique, et carrière est ouverte aux « dieux », qui ne sont plus des puissances transcendantes imposant leur éternité et leur justice, mais ces potentialités impondérables qui, à même les choses, veillent à leur éclosion en elles-mêmes et pour nous. Une amitié est donc possible avec ces « dieux » et l'essor et le ton du poète sont ceux de l'éloge et de la réconciliation de toutes choses (*Les Dieux,* 1970). Pourtant ces étranges déités nous révèlent aussi notre précarité : vivre dans leur aura implique que nous assumions une part d'ombre, de déréliction et de mort au moins égale à la part de lumière qu'elles nous offrent. Toute présence, tout désir de totalité s'accompagnent du sentiment et de la conscience vive d'un manque foncier, d'un creusement qui mine toute plénitude et sépare inéluctablement du souffle inaugurateur, de l'inspiration vitale. Les deux derniers poèmes publiés (*Vingt-neuvième poème : les morts*, 1985 ; *La Terre*, 1990) font avec lucidité une place digne à la « face obscure » et fragmentaire du monde, et célèbrent le retrait, le silence et l'abstention à égalité avec la lumière et la splendeur, l'activité aimantée du vivant.

ŒUVRES. — Principalement chez Gallimard. — *Pratique de l'éloge,* Neuchâtel, La Baconnière, 1977. — *Vingt-neuvième poème*, L'Alphée, 1985. — *La Terre, NRF*, n° 453, 1990. — *L'Ordre du mouvement,* Mazamet, Babel, 1991. — *Une machine à indiquer l'univers*, Obsidiane, 1992. — *Requêtes. Pour un art poétique*, Le Temps qu'il fait, 1992.

S.M.

Otremont Stanislas d' (1893-1969). Né à Boussu-lez-Mons (Belgique) le 8 août 1893, musicien, juriste, fondateur de *La Revue latine* (1920), de *La Revue internationale de musique* (1938, 1950), de *La Revue internationale du théâtre* (1947), de *La Revue internationale de psychopédagogie* (1954), du *Mouvement de mobilisation des consciences* (1962), il a développé ses idéaux en faveur de la pensée occidentale et chrétienne dans des essais *(Manifeste aux intellectuels de Belgique*, 1945 ; *Manifeste aux hommes de bonne volonté*, 1964). Son premier roman, *Dolloway ou la vie intense* (1944), paru sous la signature de Stan Dotremont, met en scène un personnage décidé subitement à construire et à assumer une nouvelle vie, tout comme le héros de *Thomas Quercy* (1953) qui, à l'annonce de sa mort prochaine, choisit de prendre sa vie en main et de faire l'expérience de l'existence et de la passion. C'est l'amour, étape nécessaire vers le salut et la grandeur humaine, cet amour fustigé comme trahison et devoir dans *L'Amour déraisonnable* (1956, prix Rossel), comme seul plaisir des sens dans *La Polonaise* (1957), qui sera la garantie de la survie de Thomas Quercy. D'Otremont a aussi publié des poèmes, dans lesquels il exalte la sincérité des sentiments et la noblesse du cœur *(Féminités essentielles*, 1941 ; *Plainte de la femme mariée*, 1942 ; *Plainte de la jeune fille inutile*, 1946). Il est mort à Woluwé-saint-Pierre (Bruxelles) le 4 octobre 1969 ; un roman inachevé, *La Vie absurde*, a paru en 1974 (posth.).

ŒUVRES. — *Thomas Quercy*, rééd., Bruxelles, Les Éperonniers, coll. Passé-présent, 1980.

O.Bi.

Otte Jean-Pierre (1949). Né à Ferot-Ferrières (Belgique) le 10 septembre 1949, il oppose à la civilisation contemporaine la redécouverte de la nature, des paysages, des légendes, des hommes et des femmes de sa région ; depuis sa « trilogie du ressourcement » *(Le Cœur dans sa gousse*, 1976 ; *Julienne et la rivière*, 1977 ; *Blaise Menil mains de menthe*, 1979), il a redonné vigueur à la tradition des écrits régionalistes, en concentrant surtout son attention sur les moyens d'expression. Dans une langue faisant d'abord appel aux sensations, il plonge ses racines littéraires dans l'expérience de l'amour *(Le Ravissement*, 1987 ; *L'Éternel Fiancé*,

1989), mais aussi dans l'étude des mythes : sous le titre collectif *Les Matins du monde*, il a rassemblé en trois volumes une série de mythes puisés aux sources de la création, du Cercle polaire à l'Océanie *(Les Aubes sauvages*, 1994 ; *Les Aubes enchantées*, 1995 ; *Les Naissances de la femme*, 1996). La nature reste pour lui le principal témoin des grandes lois de l'univers : elle est source de réflexion pour l'auteur dans *L'Amour au jardin* (1995) et *L'Amour en eau dormante* (1996). On lui doit aussi des chroniques ardennaises *(Nicolas Gayoûle*, 1980 ; *Les Gestes du commencement*, 1982 ; *Celui qui oublie où conduit le chemin*, 1984) ; des poèmes *(Pouhon bleu la veillée*, 1971 et *Premiers Émois : poésie et proses*, 1988) et une pièce de théâtre : *Cette nuit est l'intérieur d'une bogue* (1979).

ŒUVRES. — *Blaise Menil mains de menthe*, rééd., Bruxelles, Labor, coll. Espace Nord, 1991.

O.Bi.

Ouellette Fernand (1930). Né à Montréal le 24 septembre. Tôt attiré par un idéal spirituel, il étudie dès 1943 au collège séraphique des capucins à Ottawa, qu'il quitte en 1947, après avoir constaté que la prêtrise ne lui convenait pas. Il s'inscrit en 1949 à la faculté des sciences sociales de l'université de Montréal et y obtient une licence en 1952. Durant cette période, il lit Bloy, Rilke, Dostoïevski, Maritain et Sertillanges, dont *L'Idée d'éternité* provoque « le choc de l'illumination », déterminant cette recherche de la lumière qui animera toute son œuvre. Son travail à Radio-Canada comme rédacteur de textes sur des écrivains (à partir de 1955), puis comme réalisateur d'émissions culturelles (de 1960 à 1991), l'entraîne à une fréquentation assidue de la littérature, de la musique et de la peinture, qui alimentent son œuvre. Cofondateur de la revue *Liberté* (1960) et de la Rencontre québécoise internationale des écrivains (1972), auteur-pionnier de la maison d'édition de poésie L'Hexagone, membre de la Commission d'enquête sur l'enseignement des arts au Québec (1966-1968), il ne cesse de s'intéresser aux problèmes culturels et politiques de notre temps, en particulier dans la société québécoise. *Les Actes retrouvés* (1970), recueil d'articles sur la poésie, la langue et la tolérance, lui vaut le prix du Gouverneur général du Canada, qu'il refuse pour protester contre la loi des mesures de guerre durant la crise d'octobre.

Auteur d'essais et de romans remarqués, Fernand Ouellette est d'abord poète, et la recherche d'une fulgurance médiatrice entre l'indicible et le monde sensible traverse toute son œuvre. L'un des thèmes de sa poésie est l'épanouissement amoureux et charnel comme voie d'accès à une dimension spirituelle de l'être. Son premier recueil, *Ces anges de sang* (1955), témoigne d'une tentative de libération d'un idéalisme manichéen, hérité de son éducation religieuse. La fréquentation, par l'œuvre et par la correspondance, de Henry Miller et de Pierre Jean Jouve le conduira à un lyrisme plus érotique (*Dans le sombre*, 1967), tantôt ouvert sur l'espace cosmique (*Séquences de l'aile*, 1958), tantôt assombri d'angoisses politiques (menaces de guerre nucléaire, dictatures, dans *Le Soleil sous la mort*, 1965). Ces divers recueils, repris dans *Poésie 1953-1972*, manifestent une prédilection pour le choc de l'image et recherchent dans la synthèse des contraires — ombre et lumière, érotisme et spiritualité — une puissance de métamorphose. Quand Ouellette réédite des textes, il en aiguise toujours la précision pour trouver une densité de sens qui permette au lecteur d'accéder à l'ouverture poétique. Ce souci d'épuration atteint un sommet dans *Les Heures* (1987), lente méditation sur l'agonie du père, composée de 81 poèmes dont les vers brefs, presque hachés, retracent un amenuisement du corps et une entrée progressive dans la sérénité.

Ses essais et ses romans sont aussi orientés vers l'aventure artistique, amoureuse et spirituelle. Plusieurs essais sont consacrés à la poésie (*Les Actes retrouvés* et *Écrire en notre temps*, 1979), à la peinture (*Commencements*, 1992) ou à la musique (*Edgar Varèse*, 1996). Le plus souvent, même dans le commentaire, ils composent des « variations » sur un cheminement intérieur. *Depuis Novalis, errances et gloses* (1973) est consacré à l'expérience de l'illumination, à travers une lecture des *Hymnes à la nuit*. Le *Journal dénoué* (1974) reprend les notes d'une vingtaine de carnets, qu'il condense en une structure articulée autour d'une alternance de pronoms. Cette composition efface le diarisme au profit d'un parcours intellectuel, affectif et spirituel et trace un autoportrait plutôt qu'une autobiographie. On pourrait qualifier aussi d'autoportrait *Tu regardais intensément Geneviève* (1978), récit de la crise du couple écrit à la seconde personne, dans une langue plus crue qu'à l'accoutumée. *La Mort vive* (1980) relate le cheminement d'un peintre décidé à poursuivre la lumière dans la terre nordique de Povugnituk. *Lucie ou Un midi en novembre* (1985) montre un personnage emporté vers la mort par une passion lumineuse.

ŒUVRES. — Aux Éditions de l'Hexagone, sauf indication contraire. — *Ces anges de sang*, 1955. — *Séquences de l'aile*, poésie, 1955. — *Visages d'Edgar Varèse*, essais, dir. F.O., 1960. — *Le Soleil sous la mort*, poésie, 1965. — *Edgar Varèse*, Seghers, 1966, rééd. Bourgois, 1989. — *Dans le sombre*, 1967. — *Les Actes retrouvés*, essais, HMH, 1970. — *Poésie 1953-1971*, 1972. — *Depuis Novalis, errances et gloses*, HMH, 1973, rééd. dans *Ouvertures*, Librairie bleue, 1988 et L'Hexagone, 1993. — *Journal dénoué*, Presses de l'université de Montréal, 1974, rééd. L'Hexagone, 1988. — *Errances*, Bourguignon +, 1975. — *Ici, ailleurs, la lumière*, 1977. — *Tu regardais intensément Geneviève*, Quinze, 1978, rééd. L'Hexagone, 1990. — *Écrire en notre temps*, HMH, 1979. — *À découvert*, Éditions parallèles, 1979. — *La Mort vive*, Quinze, 1980, rééd. L'Hexagone, 1992. — *En la nuit, la mer 1972-1980*, 1981. — *Éveils*, L'Obsidienne, 1982. — *Lucie ou un midi en novembre*, Boréal, 1985. — *Les Heures*, L'Hexagone-Champ Vallon, 1987, rééd. L'Hexagone, 1988. — *Commencements*, 1992.

→ Pierre Nepveu, *Les mots à l'écoute : poésie et silence chez Fernand Ouellette, Gaston Miron et Paul-Marie Lapointe*, Québec, Presses de l'université Laval, 1979. — *Voix et images*, printemps 1980. — Paul Chanel Malenfant, *La Partie et le tout : lecture de Fernand Ouellette et Roland Giguère*, Presses de l'université Laval, 1983.

L.B.

Ouellette-Michalska Madeleine (1930). Elle s'est surtout fait connaître par un essai ambitieux, *L'Échappée des discours de l'œil* (1981) : l'anthropologie, la philosophie, la littérature sont conjuguées pour démonter le discours patriarcal. Le refoulement et l'occultation du féminin, sous l'emprise de l'œil, organe du savoir et du pouvoir, sont dénoncés dans une écriture où le lyrisme et l'humour le disputent à l'érudition. Un deuxième essai, *L'Amour de la carte postale, impérialisme culturel et différence* (1987), remet en question les notions de centre et de périphérie. Les romans de Madeleine Ouellette-Michalska ont souvent une trame historique, comme *La Maison Tresler ou le 8e jour d'Amérique* (1984) et *L'Été de l'île de Grâce* (1993), rappel de la terrible épidémie de choléra qui, en 1847, jeta des milliers d'Irlandais sur les rives du Saint-Laurent.

S.Ma.

Oulipo (Ouvroir de littérature potentielle). Groupe de recherches fondé en novembre 1960 par François Le Lionnais, sous le nom de SLE (Séminaire de littérature expérimentale, la première réunion eut lieu le 24 novembre, dans le sous-sol d'un restaurant, « Le Vrai Gascon », 82 rue du Bac). Jean Queval, Raymond Queneau, Jean Lescure, François Le Lionnais, Jacques Duchateau, Claude Berge, Jacques Bens furent bientôt rejoints par Noël Arnaud et Albert-Marie Schmidt, qui inventa le nom actuel à la réunion du 19 décembre 1960. Dans les années suivantes, de nouveaux membres apparurent : Marcel Benabou, François Caradec, Luc Étienne, Paul Fournel, Jacques Jouet, Michèle Métail, Hervé Le Tellier, Georges Perec, Pierre Rosenthiel, Jacques Roubaud. Le groupe se proposait, à l'origine, d'inventorier les formes littéraires et d'inventer des structures nouvelles à disposition des créateurs. Ces deux taches donnent lieu à deux lipos : « une analytique et une synthétique. La lipo analytique recherche des possibilités qui se trouvent chez certains auteurs sans qu'ils y aient pensé. La lipo synthétique [...] ouvre de nouvelles possibilités inconnues des anciens auteurs » (Le Lionnais). En mettant en avant une littérature en puissance, l'Oulipo pose la question de « l'efficacité et la viabilité des structures littéraires artificielles » (Raymond Queneau) et s'inscrit à contre-courant des esthétiques de l'inspiration. « Il n'y a de littérature que volontaire » (Raymond Queneau) : l'Oulipo dénonce le lyrisme de l'aléatoire et préfigure le structuralisme. Les mythes romantiques, renouvelés par un surréalisme encore dominant, forment sa principale cible. La littérature serait donc affaire de procédés. Cette défense de la technique, depuis les rhétoriqueurs jusqu'à Paul Valéry, n'est pas une idée nouvelle. L'originalité de l'Oulipo consiste à systématiser les réflexions des créateurs et à privilégier la loi plutôt que l'œuvre qui en résulterait. La lipo analytique a ainsi remis au jour des procédés de la poésie médiévale et renchéri sur leur complexité ; elle rénove des textes, compose des poèmes brefs à partir des rimes de Mallarmé, permute les adjectifs dans les alexandrins de Racine, etc. D'autres recherches tentent, par une analyse comparée des romans policiers, d'établir le tableau de toutes les possibilités narratives du genre. Le lipogramme s'interdit d'utiliser telle ou telle lettre de l'alphabet : dans *La Disparition* (1969), Georges Perec évite tout au long d'un épais roman d'écrire la lettre « e », dominante en français. La lipo synthétique veut pour sa part renouveler les structures littéraires, en se fondant principalement sur des recherches mathématiques. La célèbre « méthode de transformation automatique des textes » appelée S+n, qui consiste à remplacer chaque mot d'un texte par le $n^{ième}$ qui le suit dans le dictionnaire, n'en est que la forme la plus rudimentaire. L'Oulipo est né plutôt du génie combinatoire de Queneau, qui fit paraître en 1960 *Cent mille milliards de poèmes*, livre composé de dix sonnets superposés, à rimes identiques. Chaque vers étant inscrit sur une bande de papier coupée, le lecteur peut soulever la bande et faire apparaître un autre vers, composant au total 10^{14} sonnets différents. Ces jeux littéraires ouvrent à une littérature ludique : Jacques Roubaud s'inspirera du jeu de go pour son recueil Σ (1967) composé de 361 textes qui peuvent être lus suivant le déroulement d'une partie inachevée. Avec *La Vie mode d'emploi* (1978), Perec applique dans le roman le « bi-carré orthogonal ». Structures en arbres, ruban de Möbius (permettant une métamorphose de poèmes écrits sur l'une et l'autre face du ruban), logique des ensembles (composition d'un texte à partir des seuls mots communs à deux textes différents) : il va de soi que l'application a souvent valeur métaphorique, que l'œuvre littéraire s'inspire d'un concept qu'elle est obligée de transposer. En plus de créations notables (celles de Jacques Roubaud et d'Italo Calvino entres autres) et d'une décapante démystification des esthétiques métaphysiques, l'Oulipo réunit de belles intelligences qui ne croient pas à elles-mêmes. Aimant le mot de Jarry (« L'Absolu, dont les clichés sont l'armature »), le groupe laisse alors affleurer, sous ses canulars érudits, un désespoir souriant.

ŒUVRES. — Oulipo, *La Bibliothèque oulipienne*, Ramsay, 1987, 2 t., Seghers, 1990, 3 t. — Oulipo, *La Littérature potentielle*, Gallimard, coll. Idées, 1973, Folio, 1988. — Oulipo, *Atlas de littérature potentielle*, Gallimard, coll. Idées, 1981, Folio, 1988.

O.B.

Ouologuem Yambo (1940). Il a traversé les lettres africaines à la manière d'une comète puisque, après le succès retentissant et controversé de son premier roman, il a disparu de la scène littéraire. Publié en 1968 (la même année que *Les Soleils des indépendances)* et couronné par le prix Renaudot l'année suivante, *Le Devoir de violence* (Le Seuil) est un tournant dans la création romanesque africaine, offrant de l'Afrique précoloniale un portrait au vitriol qui rompt avec la représentation idyllique qu'en donnaient Senghor et ses thuriféraires. Contre le confort idéologique du procès intenté au seul colonialisme français, bouc émissaire tout désigné, Ouologuem montre que l'utopie de l'Afrique mère dissimule la réalité d'un pouvoir despotique dont les origines remontent à l'époque de la conquête arabe. « L'aventure sanglante de la négraille » que narre l'auteur du *Devoir de violence* lui sert à dénoncer, avec une âpreté qui n'exclut pas l'humour, dans l'islam et dans le christianisme, l'appétit de pouvoir et de lucre caché sous le couvert de l'action missionnaire. Il est aussi l'auteur d'un pamphlet, *Lettre à la France nègre* (Nalis, 1969), et d'un récit érotique, *Les Mille et Une Bibles du sexe* (Éditions du Dauphin, 1969), publié sous le pseudonyme d'Otto Rudolph.

J.C.

Ousmane Ahmadou (1948). Né à Tibiri (Niger), successivement rédacteur en chef du *Sahel*, directeur de l'agence de presse nigérienne et attaché de presse du président Kountché, il est l'auteur de trois romans, *Quinze ans ça suffit* (Dakar, NÉA, 1977), *Le Nouveau Juge* (NÉA, 1981) et *L'Honneur perdu* (Nouvelle

Imprimerie du Niger, 1993). Dans le premier, un récit inspiré par la réalité dont il a été le témoin sur le terrain, l'auteur dénonce le détournement de l'aide internationale accordée au Niger, ravagé par la sécheresse et la famine. *Le Nouveau Juge* relate les déboires d'un jeune magistrat, qui se heurte au pouvoir corrompu des notables locaux. Dans *L'Honneur perdu*, Ahmadou Ousmane évoque les turbulences d'un régime dans lequel les partisans de la démocratie affrontent les apparatchiks prêts à tout pour conserver leurs privilèges.

J.C.

Owen Thomas (1910), pseudonyme de Gérald Bertot. Né à Louvain (Belgique) le 22 juillet 1910, ce maître de « l'école belge de l'étrange », juriste, journaliste, critique d'art (sous le pseudonyme de Stéphane Rey) a commencé sa carrière littéraire en publiant des romans policiers dans la collection « Le jury » dirigée par Stanislas-André Steeman *(Ce soir, 8 heures*, 1941 ; *Destination inconnue*, 1942 ; *Un crime « swing »*, 1942). La fréquentation de Jean Ray, qu'il rencontre à la fin des années vingt, détermine en partie le glissement de son œuvre vers l'univers fantastique : c'est avec *Hôtel meublé* et *Les Espalard* (1943) que des personnages inquiétants et des phénomènes bizarres apparaissent dans ses récits. *Les Chemins étranges* (1943, préfacé par Jean Ray) et surtout *La Cave aux crapauds* (1945) marquent l'entrée d'Owen dans le monde de la littérature fantastique : si les nouvelles de ce recueil exploitent encore les thèmes traditionnels du genre (monastères hantés, fantômes et autres vampires), si un certain goût baroque apparaît dans les décors, une atmosphère d'anxiété naît des ruptures de ton et d'un détachement stylistique ramenant brusquement le texte à la neutralité : pour Owen, « le fantastique a sa source dans le quotidien, comme le ruisseau dans le sol ». Ainsi l'ordinaire est-il la matière même de l'étrange dans les contes de *Cérémonial nocturne* (1966), mais Owen ne se prive pas de susciter l'effroi ou la répulsion, qu'il montre la pourriture et le mal dans les récits de *La Truie* (1972), ou qu'il établisse un lien entre le monde des vivants et celui des ombres *(Pitié pour les ombres*, 1961 ; *Le Rat Kavar*, 1975). Sa rencontre avec le peintre Gaston Bogaert lui fournit l'occasion d'un dialogue autour de l'angoisse et des mondes clos *(Bogaert et les maisons suspectes*, 1976, rééd. 1978 ; *Les Chambres secrètes*, 1983 ; *Les Sept Péchés capitaux*, 1984, à partir de peintures de Marie Noppen de Matteis) ; poursuivant une œuvre où ses propres fantasmes transparaissent toujours plus (la femme tentatrice et cruelle), il s'est engagé dans l'univers surnaturel, créant des monstres terrifiants qui sèment la panique et la mort *(Le Tétrastome*, 1990 ; *Carla Hurla*, 1991). Thomas Owen a été élu à l'Académie royale de langue et de littérature françaises de Belgique en 1975.

ŒUVRES. — *Œuvres complètes*, Bruxelles, Lefrancq, t. I, 1994 ; t. II, 1995. — *La Truie et autres histoires secrètes*, rééd., Bruxelles, Labor, coll. Espace Nord, 1994.

→ *Littérature fantastique*, Bruxelles-Paris, Labor-Nathan, 1974. — *Cyclope*, n° 16, printemps 1977. — *Hommage à Thomas Owen*, Mons, Séries B, 1985. — Frédéric Kiesel, *Thomas Owen : les pièges du grand malicieux*, Ottignies, Quorum, 1995.

O.Bi.

Owondo Laurent (1948). Né à Libreville (Gabon), il fait ses études primaires et secondaires dans son pays, et universitaires en France et aux États-Unis, avant de regagner Libreville où il enseigne désormais la littérature et la civilisation britanniques à l'université Omar Bongo. Il est l'auteur d'un roman, *Au bout du silence* (Hatier, 1985), où, dans un style incisif, incantatoire et volontiers allégorique, il évoque le cheminement initiatique d'un personnage brusquement arraché à son village et confronté à l'enfer de « Petite Venise », le sordide bidonville où l'a conduit son destin de « déguerpi ». Contrairement à bon nombre de ses prédécesseurs, Laurent Owondo refuse d'obéir au principe d'opposition tradition-modernité et revendique simultanément la pleine compréhension des valeurs ancestrales et l'ouverture à la modernité. Fondateur de la troupe « Le théâtre de la rencontre », il dirige également le Théâtre national du Gabon, et il est l'auteur d'une pièce, *La Folle du gouverneur* (Lansman, 1990).

J.C.

Oyono Ferdinand (1929). Né à N'Goulémakong (Cameroun), il a publié trois romans entre 1956 et 1960, avant d'abandonner la littérature au profit d'une carrière diplomatique et politique. Ses romans, *Une vie de boy* (Julliard, 1956, rééd. Pocket, 1974), *Le Vieux Nègre et la médaille* (UGE, 1956, rééd. 10/18, 1972) et *Chemin d'Europe* (Julliard, 1960, rééd. 10/18, 1971), en font cependant l'un des plus grands écrivains de sa génération, et l'on oublie difficilement la cérémonie burlesque et pathétique au cours de laquelle Meka, le vieux paysan décoré, reçoit des mains du haut commissaire la médaille qui symbolise son assujettissement au pouvoir colonial. Quant à Toundi, héros pitoyable d'*Une vie de boy*, le regard faussement naïf qu'il porte sur une société finissante, marquée des stigmates de la médiocrité, du racisme et de la ségrégation, témoigne de la lucidité et du courage d'un écrivain dont le récit se situe dans la tradition voltairienne.

→ Jacques Chevrier, *« Une vie de boy », étude critique*, Hatier, 1977. — M.F. Minyono-Nkodo, *« Le Vieux Nègre et la médaille »*, Les Classiques africains, 1978. — G. Mendoze, *La Prose romanesque de F. Oyono*, université de Yaoundé, 1984. — Ph. Delmas, *Une œuvre, un auteur : « Le Vieux Nègre et la médaille »*, Nathan, 1986.

J.C.

Oyono-Mbia Guillaume (1939). Né à Mvoutessi (Cameroun), il excelle dans la peinture des mœurs rurales contemporaines, inspirée par son village natal qui sert de cadre aux truculentes *Chroniques de Mvoutessi* (CLE, 1971-1972, 3 t.). Il y brosse avec bonheur une galerie de portraits pittoresques, paysans, collégiens, « grands hommes qui reviennent du pays des Blancs », tous confrontés aux contradictions d'une société en pleine mutation. Cette veine populaire nourrit son théâtre, plusieurs fois primé au Concours théâtral interafricain de RFI : *Trois prétendants, un mari* (CLE, 1964), *Notre fille ne se mariera pas* (ORTF-DAEC, 1971), *Jusqu'à nouvel avis* (CLE, 1970), *Le Train spécial de son excellence* (CLE, 1979), dont les titres évoquent intrigues et transactions liées au mariage et à la dot qui en demeure la condition.

J.C.

P

Pache Jean (1933). Né à Lausanne, où il a fait ses études, professeur de littérature française, chroniqueur littéraire et animateur de revues ou de collections, il a publié une quinzaine de recueils poétiques (*L'Œil cérémonial*, 1983 ; *Théodolite*, 1993 ; *Dans l'œil du silence, 1997),* cinq ouvrages de fiction (*La Straniera*, 1991) et plusieurs livres à tirage limité en collaboration avec des peintres ou des graveurs. La violence et le morcellement figurent ici la réalité fondamentale de notre condition, dans ses aspects passionnel, politique, érotique. Y répondent la jubilation charnelle, capable de réunifier le monde, et le goût de formes poétiques très élaborées, qui visent à faire de cette effervescence un cérémonial, une approche du sacré.

M.Gr.

Pagnard Rose-Marie (1943). Née à Delémont (Jura), journaliste à ses débuts, elle publie en 1985 un premier recueil de nouvelles, *Séduire, dit-elle*, suivi d'un récit romanesque, *La Période Fernandez* (1988, prix Dentan), où la narratrice relate sa poursuite d'un mystérieux écrivain qu'elle identifie inconsciemment à son père. Dans les récits suivants, l'auteur fait vivre des personnages-artistes, privilégiant le dialogue avec la peinture (*Les Objets de Cécile Brokerhof*, 1992) et la musique (*La Leçon de Judith*, 1993). L'enjeu romanesque de l'œuvre de Rose-Marie Pagnard est la confrontation vécue par le protagoniste (souvent une femme) entre sa passion pour l'art et son attrait sensuel pour la vie.

D.Ma.

Pagnol Marcel (1895-1974). Né le 28 février 1895 à Aubagne (Bouches-du-Rhône), il est le fils d'un instituteur et d'une directrice d'école. Au lycée Thiers à Marseille, il est le condisciple d'Albert Cohen. Passionné de littérature latine et française dès l'âge de quinze ans, il publie des vers dans la revue *Massilia*, lit et relit Rostand mais aussi Virgile, Properce, Ovide, Catulle, décidé à embrasser une carrière de professeur qui, par les loisirs qu'elle comporte, lui permettra d'écrire. Il entre en hypokhâgne et suit les cours de la faculté des lettres d'Aix-en-Provence, tout en fondant une revue, *Fortunio*, qui deviendra *Les Cahiers du Sud*. En 1914, il est maître d'internat, puis répétiteur d'anglais au lycée de Tarascon. Réformé, il occupera divers postes à Aix, à Marseille et à Paris, où il est nommé professeur-adjoint au lycée Condorcet. *Fortunio* lui permet de nouer d'utiles relations dans les milieux littéraires et théâtraux de la capitale, où il retrouve son ami, le journaliste marseillais Paul Nivoix. En collaboration avec ce dernier, il écrit et fait représenter *Les Marchands de gloire* (1925) : un petit fonctionnaire, Bachelard, a perdu son fils Henri, disparu dans les tranchées de Verdun et considéré comme un héros ; Bachelard père se sert alors du nom de son fils pour se hisser vers le pouvoir et mener une carrière politique : habile, jouant sans scrupules de l'émotion qu'il entretient dans le public, faisant résonner la fibre patriotique, il devient député et ministre. Autour de lui gravite une série de fripouilles croquées avec beaucoup de talent. C'est au *summum* de la réussite que se produit un coup de théâtre : Henri Bachelard revient ; il n'était pas mort mais amnésique. On lui fera vite comprendre qu'il est importun. D'abord il s'indigne, refuse de partir, puis finit par accepter et par monnayer sa seconde disparition. Cette comédie-pamphlet d'une ironie corrosive, au sujet certes daté, contient en germe les thèmes qui resurgiront dans l'œuvre de Pagnol.

Jazz, représenté l'année suivante, en 1926 (devenu plus tard *Phaéton)*, est l'histoire faustienne d'un vieux savant, Gilbert Blaise, qui a bâti sa carrière sur la découverte d'un inédit de Platon, lequel se révèle un document sans intérêt, dû à un obscur pasticheur du Ier siècle. Il comprend tardivement que les seules vérités sont sensuelles et non intellectuelles : « Il y a plus d'intelligence et de poésie dans la cheville d'une vierge, dit-il, que sous le crâne de Sully Prudhomme ». Il cherche alors en vain l'amour et se suicide aux accents d'une musique de jazz. Cette comédie, gâtée par la rhétorique, ne reçoit qu'un médiocre accueil. En revanche, *Topaze*, comédie satirique créée en 1928, tient l'affiche pendant deux ans aux Variétés, avant d'être jouée des milliers de fois et traduite dans tous les pays du monde : un pion candide et niais, après avoir été scandaleusement exploité, prend sa revanche en devenant un escroc de haut vol, riche et respecté depuis qu'il a abandonné tout principe moral. Cette pièce à la structure solide, à la facture soignée, au style ferme, est devenue au fil du temps un classique, et le personnage de Topaze, un type littéraire.

À *Topaze* succède la trilogie marseillaise : *Marius* (1929), *Fanny* (1931) et *César* (1937), qui raconte la touchante histoire des amours de Marius et de Fanny. Marius est le fils de César, un cabaretier du Vieux-Port, Fanny, une petite marchande de coquillages. Le jeune homme, qui ne peut résister à l'appel de la mer, part, laissant Fanny enceinte. Un brave homme, Panisse, l'épouse et accepte d'élever l'enfant comme le sien. Au retour de Marius, Fanny refuse de trahir son mari. Une vingtaine d'années plus tard, après la mort de Panisse, Marius et Fanny, qui n'ont jamais cessé de s'aimer, pourront enfin se marier. Ces pièces, servies par la remarquable interprétation de Raimu (César), Pierre Fresnay (Marius) et Orane Demazis (Fanny), obtiennent un succès éclatant et durable.

Des romanciers comme Alphonse Daudet (les *Tartarin)* ou Jean Aicard *(Maurin des Maures)* avaient déjà dépeint les Méridionaux avec justesse, mais les dramaturges ne semblaient pas capables de restituer aussi fidèlement leurs mœurs. Avec Pagnol, le Vieux-Port, sa vie grouillante, ses bistrots, l'art de verser le Picon-citron, les parties de manille, le « ferry-bôate », sont devenus la légende dorée d'un Marseille perdu. Les personnages humbles, les sentiments simples et le cadre pittoresque donnent à Pagnol l'idée de porter son sujet à l'écran : il le fait avec *César*, qui fut d'abord un film (1933) avant d'être une pièce (1937), puis avec *Marius* (1931) et *Fanny* (1933). Séduit par le « parlant », Pagnol, désormais, se tourne surtout vers le cinéma, « moyen d'expression qui englobe tous les autres et qui donne au dramaturge la plus entière liberté ». Il adapte trois pièces de Giono, *Jofroy*, *Angèle* et *Regain*, puis donne *La Femme du boulanger*, *La Fille du puisatier* et *Manon des sources*. Pagnol est revenu au théâtre en 1956 avec *Judas*, défense paradoxale du personnage biblique, et *Fabien*. Mais il n'a pas retrouvé les succès d'autrefois. Pagnol laisse des souvenirs d'enfance : *La Gloire de mon père*, *Le Château de ma mère* (1957), *Le Temps des secrets* (1959), *Le Temps des amours* (posth., 1977) et des romans : *Jean de Florette*, *Manon des sources* (1964). Élu à l'Académie française en 1946, il est mort à Paris le 18 avril 1974.

ŒUVRES. — Chez Fasquelle. — *Œuvres complètes*, Le Club de l'honnête homme, 1970.
→ Yvan Audouard, *Audouard raconte Pagnol*, Stock, 1973. — Cl. Beylie, *Marcel Pagnol*, Seghers, coll. Cinéma d'aujourd'hui, 1974. — R. Castans, *Il était une fois Marcel Pagnol*, Julliard, 1978.

H.G.

panafricanisme. L'idée panafricaine est étroitement liée à la personnalité de W.E. Burghardt Du Bois, professeur de sociologie à l'université d'Atlanta, qui, dès 1903, dans un ouvrage intitulé *The Soul of Black Folk*, appelait les Noirs des Antilles et des États-Unis à renouer avec leurs racines africaines. Dans le sillage de ce précurseur s'inscrivent les noms de Marcus Garvey, charlatan illuminé partisan d'un sionisme noir, et surtout l'Haïtien Jean-Price Mars auquel on doit *Ainsi parla l'oncle* (1928), essai ethnographique rejetant l'assimilation et mettant en relief l'apport des cultures nègres à la civilisation mondiale. Toutes ces idées se concrétisent au lendemain de la Première

Guerre mondiale, lorsque Du Bois devient le maître d'œuvre des grands congrès panafricains qui, de Paris (1919) à Manchester (1945), militent en faveur de la reconnaissance du droit des peuples noirs à disposer d'eux-mêmes ; cette idée prend corps dès 1957 avec l'accession à l'indépendance du Ghana, dont le leader, le Dr Nkrumah sur les conseils de Georges Padmore, entend donner au concept de panafricanisme un contenu essentiellement politique.

L'esprit panafricain s'est perpétué à travers nombre de rencontres qui, d'Accra au Caire, en passant par le congrès constitutif du parti du regroupement africain à Cotonou, en juillet 1958, aboutissent en mai 1963, lors du sommet d'Addis-Abeba, à la création de l'Organisation de l'unité africaine (OUA), dont la charte réaffirme la nécessité d'une solidarité agissante entre les États membres afin d'améliorer les conditions générales d'existence des pays africains. En dépit de nombreux obstacles, au nombre desquels il faut compter les particularismes tribaux, les rivalités personnelles, les controverses idéologiques, le phénomène des développements inégaux et surtout l'irrésistible montée des nationalismes, l'esprit d'Addis-Abeba continue de prévaloir dans les moments graves et contribue, dans une large mesure, à accréditer le panafricanisme.

Philippe Decraene, *Le Panafricanisme*, PUF, Que sais-je?, 1964.

J.C.

Pancrazi Jean-Noël (1949). Né le 28 avril 1949 à Sétif, en Algérie, il vit à Paris. Critique littéraire, il collabore au *Monde*. *La Mémoire brûlée* (1979, rééd. Le Seuil, 1994), son premier roman, fait découvrir son lyrisme sensuel et sombre. Dans *L'Heure des adieux* (Le Seuil, 1985), il revient sur son Algérie natale, rêvée à travers la quête d'un vieillard, littérature et souvenirs mêlés. *Le Passage des princes* (Ramsay, 1988) évoque l'exil, la guerre et les vies qu'ils détruisent. *Les Quartiers d'hiver* (1990, rééd. Gallimard, 1992 ; prix Médicis) raconte les dérives nocturnes d'un narrateur désabusé qui retrouve chaque soir au Vagabond, un bar à la clientèle ambiguë, des amours de passage et des figures du passé, sur fond de « mal mauve ». *Le Silence des passions* (Gallimard, 1993, prix Valery Larbaud 1994, rééd. 1995) reprend ces thèmes familiers : les « égarés de la nuit » parisienne, leur solitude, leur faim d'amour.

I.M.

Pansaers Clément (1885-1922). Né à Neerwinden (Belgique), le 1er mai 1885, principal représentant du mouvement dada en Belgique. Installé à Bruxelles à partir de 1908, il fréquente le milieu moderniste du « Diable au corps » et découvre le futurisme. En pleine guerre, il fonde la revue *Résurrection* (1917-1918) prônant entre autres la révolution sociale et la confraternité des peuples, se faisant le porte-parole du mouvement expressionniste allemand, accueillant des écrivains unanimistes ; il y publie ses premiers textes, *Méditations de Carême* et *Novénaire de l'attente*, diatribes anti-bourgeoises fustigeant les idéaux qui ont porté au conflit. Accusé de collaboration et de défaitisme, il est poursuivi par les autorités belges. L'année 1920 le voit engagé à Berlin, où il donne une série de conférences sur Dada, et à Paris, où il rencontre Tzara, Picabia, Breton et Aragon ; il publie alors *Le Pan pan au cul du nu nègre*, manifeste primitiviste exprimant la destruction des valeurs traditionnelles. Lié au groupe de *Ça ira !* à Anvers, il fait paraître *Bar Nicanor* (1921), frénésie rabelaisienne « d'une insolence extrême » (Aragon) ; installé à Paris, il organise le numéro spécial de la revue *Ça ira !* intitulé *Dada sa naissance sa vie sa mort* (novembre 1921), dans lequel il critique violemment la volte-face artistique des dadaïstes « officiels » tout en annonçant la disparition du mouvement ; il publie la même année *L'Apologie de la paresse*, posant l'inertie et le détachement comme vertus sociales. En remettant systématiquement en cause le langage, cultivant l'erreur ou désarticulant la syntaxe (son bilinguisme flamand-français n'y est pas étranger), en élaborant une poétique en mouvement visant à libérer une personnalité tourmentée, Pansaers a traversé les avant-gardes en solitaire, sans jamais prendre véritablement de parti ; atteint de la maladie de Hodgkin, il meurt à Bruxelles le 31 octobre 1922.

ŒUVRES. — *Sur un aveugle mur blanc et autres textes*, éd. Marc Dachy, Transédition, 1972. — *Bar Nicanor et autres textes Dada*, éd. Marc Dachy, Champ-Libre, 1986. — *L'Apologie de la paresse*, rééd., Allia, 1996.

→ *Temps mêlés* (Verviers), n° 31-33, mars 1958. — Michel Sanouillet, *Dada à Paris*, Jean-Jacques Pauvert, 1965. — *Plein chant*, n° spécial, 1988.

O.Bi.

PAP. Maison d'édition fondée en 1987 à Lausanne par Pierre-Alain Pingoud, elle se spécialise dans la poésie et publie entre autres Jacques Chessex, Eugène Guillevic, Jean Pache.

B.Z.

Parain Brice (1897-1971). Né le 10 mars 1897 à Courcelles-sous-Jouarre (Seine-et-Marne), normalien, agrégé de philosophie, ce fils d'instituteur s'est tôt passionné pour le langage en général (il lui consacre sa thèse de philosophie) et pour les langues slaves en particulier (il séjourne en URSS en 1925-1926), ce qui lui vaut d'entrer chez Gallimard comme spécialiste de littérature russe. Lié avec Paulhan et Queneau, il commence à collaborer à la *NRF*. Ses tout premiers essais (*Essai sur la misère humaine*, 1934 ; *Retour en France*, 1936) interrogent la faillite des systèmes contemporains de droite et de gauche et l'expliquent par l'omniprésence du mensonge dans le jeu langagier et social. Ce dernier thème dominera jusqu'à la fin l'œuvre de Parain, particulièrement ses grands livres de philosophie : *Essai sur le logos platonicien* (1942), sa thèse de doctorat ; *Recherches sur la nature et les fonctions du langage* (1942), réflexion globale et médicale sur le langage et ses troubles ; *Sur la dialectique* (1953). Toute la pensée de Parain est résumée dans *Petite Métaphysique de la parole* (1969). Mais l'écriture littéraire a tôt pris le pas sur la philosophie avec deux magnifiques petits récits : *La Mort de Socrate* (1950) et *Joseph* (1964), une pièce de théâtre : *Noir et blanc* (1961), un essai autobiographique : *De fil en aiguille* (1963). Malgré un talent éblouissant, il n'a touché qu'indirectement le grand public : par l'article que lui a consacré Sartre en 1944 (« Aller et retour », repris dans *Situations 1)* et par son interprétation du rôle du « philosophe » dans *Vivre sa vie* (1962) de Jean-Luc Godard. Il est mort à Brévannes le 20 mars 1971.

G.P.

Parant Jean-Luc (1944). Né à Tunis, écrivain et sculpteur, il vit dans l'Ariège et se dit « fabricant de boules et de textes sur les yeux ». Son œuvre est guidée par l'aspiration à créer une « forme vivante », intimement liée à l'harmonie céleste. Fasciné par les yeux de sa femme Titi, il ne cesse, depuis leur rencontre en 1961, d'écrire sur ce thème *(Les Yeux CIII CXXV*, 1976 ; *Les Yeux MM DVII*, 1976), qui nourrit aussi son œuvre de sculpteur. Ses procédés engendrent des effets de circularité qui l'ont rendu célèbre dans l'avant-garde. Chacun de ses livres pourrait être considéré comme une coupe dans un texte sans fin. En 1980, il compose des livres jumeaux, *Le Mot boules* et *Le Mot yeux*, qui comptent le même nombre de mots (9074). *L'Adieu aux animaux* (1988), bien qu'obéissant au même système de composition, est un tournant dans son œuvre : le récit reprend ses droits. Son intérêt porte aussi sur les relations de l'homme avec le monde animal ; *Nuit : livre jumeau* (1990), *Oiseau : livre jumeau* (1990), ainsi que *Les Animaux, les enfants, les femmes, les hommes* (1991), poursuivent la voie ouverte par *L'Adieu aux animaux*. *Dix chants pour tourner en rond* (1994) repose sur la reprise de fragments.

D.H.-M.Ber.

Paraz Albert (1899-1957). Né à Constantine, en Algérie, le 10 décembre 1899, d'un père gendarme d'origine savoyarde et d'une mère jurassienne d'ascendance catalane et qui avait vécu à Kiev, il habite Neuilly à partir de 1906, sa famille étant venue s'installer à la retraite de son père. Après des études à l'École supérieure de physique et de chimie industrielles, où il est le condisciple de Frédéric Joliot, il est mobilisé à la fin de la guerre. Il mène ensuite, dans le Paris des années vingt, une vie instable, exerçant plusieurs métiers et fréquentant les milieux anarchistes. Marié en 1920, il divorce quatre ans plus tard. Sa première œuvre romanesque paraît chez Denoël et Steele en 1936, *Bitru ou les vertus capitales*, premier volet situé dans la France des années vingt, dont *Les Repues franches de Bitru* *et de ses compagnons* (Denoël, 1937) constitue le second volet, prolongeant l'histoire sous le Front populaire. Le héros, Bitru, regarde le monde où il vit avec le sens de l'humour et du paradoxe et l'insolence qui sont ceux de l'auteur lui-même. Une suite sera donnée à cette geste dans *Le Roi tout nu* (Denoël, 1941).

Mobilisé en 1939, Paraz est affecté comme ingénieur chimiste au Centre de recherche de Béni-Bouzid, dans le Sahara algérien, où il respire accidentellement des émanations toxiques au cours d'expérimentations de gaz de combat. Réformé, il rentre en France et s'installe à Monte-Carlo, avec Katherine de Poroda, sa marraine de guerre, d'origine autrichienne. À la fin de 1942, il achève *Le Lac des songes*, dernier épisode de la geste de Bitru racontant l'épopée de Béni-Bouzid, aux frontières du lyrisme et du récit (Bateau ivre, 1945). De la fin de la guerre à sa mort, le 2 septembre 1957, dans la luxueuse villa « Grand Siècle » que Mme de Poroda a fait construire pour lui à Vence, condamné à la vie d'hôpital et de maison de repos, il écrit inlassablement : des nouvelles (*Le Couteau de Jeannot*, Pavois, 1946) ; des romans d'amour exalté que l'on a dits inspirés de Barbey d'Aurevilly (*Remous*, Bateau ivre, 1947) et sa suite (*Vertiges*, Bateau ivre, 1948) ; des récits de série noire (chez Martel : *Une fille du tonnerre*, 1952 ; *Petrouchka*, 1953 ; *Villa Grand Siècle*, 1955 ; *Schproum à Casa*, 1956) ; et surtout des pamphlets (*Valsez saucisses*, Amiot-Dumont, 1950 ; *Le Menuet du haricot*, posth., 1958) où l'auteur, sur des cibles analogues, se montre aussi impitoyable que Céline, mais dans un style et des registres d'ironie très différents.

Car la grande aventure de la vie d'Albert Paraz fut sa rencontre avec un autre grand pamphlétaire, Louis-Ferdinand Céline. Il est sans doute abusif de comparer leurs deux œuvres, et Bitru à Bardamu, mais le reflet de la personnalité de Céline dans l'œuvre de Paraz, ne fût-ce que par la publication de lettres du premier dans les pamphlets du second (*Le Gala des vaches*, L'Élan, 1948), est incontestable. Les deux hommes s'étaient rencontrés une première fois, très brièvement, en 1934. Entre 1947 et 1957, Céline adresse plus de 350 lettres à Paraz, dont il fait le témoin de ses pensées et de sa vie (Céline, *Lettres à Albert Paraz*, éd. Jean-Pierre Louis, Gallimard, Cahiers Céline VI, 1980).

Collaborateur régulier de *Rivarol* à partir de 1951, Paraz s'est aussi laissé étrangement fasciner par l'Afrique, manifestant sa foi en une civilisation métissée, en particulier dans *L'Adorable Métisse* (Martel, 1953), préfacé par le maréchal Juin.

→ « Albert Paraz, à contre-courant », *Le Lérot rêveur*, n° 42, mai 1986.

G.S.

Parépou Alfred. Sous ce pseudonyme se cache l'auteur anonyme d'*Atipa* (Paris, A. Ghio, 1885) dans lequel on a cru voir tantôt un certain Alfred de Saint-Quentin, Blanc créole guyanais, tantôt un bourgeois mulâtre de Cayenne, Alfred Meteyrand, qui aurait voulu, dans ce texte entièrement rédigé en créole, manifester la revendication identitaire, culturelle et politique de la Guyane, au moment où, en cette fin du XIXe siècle, se met en place la politique d'assimilation chère à la IIIe République. L'ouvrage, introuvable pendant près d'un siècle, était devenu un véritable mythe quand, dans les années soixante-dix, une linguiste canadienne, Marguerite Saint-Jacques Fauquenoy, a déniché un exemplaire d'*Atipa* à la bibliothèque du Congrès de Washington, permettant ainsi sa réédition par les soins de l'UNESCO en 1980.

J.C.

Parisienne (La) (1953-1958). Revue mensuelle fondée à Paris par Jacques Laurent et André Parinaud. Le comité de lecture réunit François Michel, André Fraigneau, Jean Renon, et François Sentein en devient rédacteur en chef fin 1954. Déficitaire, la revue sera suspendue en novembre 1955, avant de reparaître en mai 1956 avec François Nourissier comme rédacteur en chef jusqu'en avril 1958. Le succès de la saga des *Caroline chérie*, amplifié par l'interprétation de Martine Carol au cinéma, permet à Jacques Laurent (alias Cécil Saint-Laurent) de lancer cette revue en janvier 1953. Sur la couverture grise se détache le profil mutin de la Crétoise de Cnossos, redessiné par Cocteau : « Voici une nouvelle revue littéraire qui ne souhaite servir rien d'autre que la littérature [...]. Elle se présente comme une revue d'humeur, de caprices et de curiosités non dirigés. [Elle] s'obstinera à demander à ses collaborateurs ce presque rien qu'on a remplacé par le zèle : le talent [...]. La littérature n'est point un sport d'équipe. D'écrire sous la même couverture n'engage pas plus ici que s'abriter sous le même porche [...] Nous ne serons peut-être pas une revue en situation. C'est que notre ambition n'est pas de guider mais de séduire. Ni témoin, ni directeur de conscience, *La Parisienne* est une imprudente qui touche à tout par amour de l'art. » Le ton est donné. Prenant le contre-pied de Sartre et des *Temps modernes*, Jacques Laurent entend délivrer la république des Lettres d'un certain couvercle idéologique et politique. Aucun sujet n'est tabou. On y traitera aussi bien de poésie, d'histoire, de philosophie, que de mathématiques. Seuls les témoignages et rendez-vous imposés par l'actualité littéraire ou artistique sont prohibés.

Le sommaire du premier numéro (janvier 1953) est un festival où se côtoient Jouhandeau, Léautaud, Blondin, Pierre Seghers, Cocteau, Morand, Pierre Lazareff, Roger Peyrefitte, Marcel Aymé, Audiberti, Jules Roy, Gaston Bachelard, André Fraigneau... Les articles sont à l'image de l'éclectisme qui anime l'esprit de la revue : pastiches et pamphlets alternent avec des textes de fiction. Marcel Aymé signe un vibrant plaidoyer pour la réouverture des maisons closes (n° 3, mars 1953), Paul Morand évoque la vitesse (n° 5, mai 1953) ou le snobisme (n° 47, septembre 1957) ; des numéros sont consacrés à des figures littéraires : Radiguet (n° 12, décembre 1953), Drieu La Rochelle (n° 32, octobre 1955), Mauriac (n° 33, mai 1956), Camus (n° 48, novembre 1957). Un an après le lancement de *La Parisienne*, Jacques Laurent insuffle le même esprit contestataire à l'hebdomadaire *Arts*, qu'il dirigera jusqu'en 1958. *La Parisienne* disparaît cette année-là. Un lourd déficit avait déjà provoqué une suspension de quelques mois. Jacques Laurent se tourne alors, à la veille de l'arrivée du général de Gaulle au pouvoir, vers des activités éditoriales plus engagées aux Éditions de La Table ronde.

→ Jacques Laurent, *Les Années 50*, Lyon, La Manufacture, 1989. — Olivier Corpet, « La Revue », dans *Histoire des droites en France*, dir. Jean-François Sirinelli, Gallimard, 1992, t. II.

F.He. — IMEC

Paron Charles (-Louis) (1914-1986). Né à Etterbeek (Bruxelles), le 19 septembre 1914. Journaliste, après un premier roman autobiographique (*... Et puis s'en vont*, 1944), il exprime ses convictions humanitaires et internationalistes dans *Zdravko le cheval* (1944, nouvelles) et les romans *Marche-avant* (1949) et *Cette Terre !* (1954). Attiré par la Chine communiste, il se rend à Pékin en 1959 ; il y restera jusqu'en 1967, au moment de la publication de son chef-d'œuvre, *Les vagues peuvent mourir* (1967, prix Rossel). Roman de la conscience individuelle contre l'Histoire opposant la destinée d'un individu aux intérêts de la collectivité au moment du Grand Bond, Paron y décrit l'itinéraire halluciné d'un jeune homme ayant tué la femme qu'il aimait et qui refuse de livrer, jusqu'à la mort, les motivations de son acte. Paron exerça longtemps le métier de libraire ; on lui doit aussi des essais (*Charles De Coster et Thyl Ulenspiegel*, 1954 ; *La Deuxième Révolution de Mao Tsé-Toung*, 1970). Il est mort à Woluwé-Saint-Pierre (Bruxelles), le 5 novembre 1986.

ŒUVRES. — *Les Vagues peuvent mourir*, rééd., Bruxelles, Labor, coll. Espace Nord, 1988.

→ David Scheinert, *Écrivains belges devant la réalité*, Bruxelles, La Renaissance du livre, 1964.

O.Bi.

Pasquali Adrien (1958). Né à Bagnes (Valais), dans une famille d'immigrés italiens, il interroge ses origines et son identité. L'Italie est au centre de plusieurs de ses récits (*Éloge du migrant*, 1984 ; *Les Portes d'Italie*, 1986 ; *La Matta*, 1994). Dans *L'Histoire dérobée* (1988), l'auteur poursuit sa recherche d'un style personnel en pastichant quelques grands écrivains de Suisse romande. L'importance existentielle qu'il accorde au voyage et à l'exil lui a inspiré une étude sur les récits de voyage et une monographie sur le « bourlingueur » suisse Nicolas Bouvier.

D.Ma.

Passeur Stève (1899-1966), pseudonyme d'Étienne Morin. Né à Sedan le

24 septembre 1899, journaliste, il devient précocement dramaturge. De 1924 à 1954, il fera jouer vingt-cinq pièces. Lugné-Poe monte *La Maison ouverte* en 1924, suivie de cinq autres pièces. Dullin et Jouvet créent *Suzanne* en 1929 à l'Atelier. Suivent d'autres succès : *L'Acheteuse* (Théâtre de l'Œuvre, 1930), *La Chaîne* (1931), *Les Tricheurs* (monté par Dullin au Théâtre de l'Atelier, 1932), *Je vivrai un grand amour* (monté par Pitoëff au Théâtre des Mathurins, 1935), qui sera joué mille fois. Servi par ses interprètes, il fait figure d'auteur d'avant-garde. Influencé par le freudisme, considérant avec Artaud que le théâtre est paroxysme, il crée des personnages passionnés : Élisabeth Fontanelle, « l'acheteuse », vieille fille laide et riche, « se paye un mari » ; torturant Jacques, dont la lâcheté lui a ôté ses illusions, elle finit par se suicider pour se punir d'avoir rêvé. Le héros des *Tricheurs*, un idéaliste, résiste à l'amour d'Agathe, par peur de la déception. Passeur ne cherche pas la cohérence des caractères, mais analyse avec un cynisme brutal au ton grinçant des sentiments exacerbés par les nombreux coups de théâtre et dans une atmosphère d'une tension extrême : guerre des sexes, amour, haine, masochisme veule, férocité animale des personnages sous le vernis social. Malgré d'autres pièces *(Le Château de cartes*, 1937 ; *Le Vin du souvenir*, 1942 ; *Traîtresse*, 1946 ; *107 Minutes*, 1948 ; *N'importe quoi pour elle*, 1954), il est oublié après la guerre. Ses pièces, publiées chez Gallimard, n'ont jamais été rééditées. Il est mort à Paris, le 16 octobre 1966.

→ B. Ratiu, *L'Œuvre dramatique de Stève Passeur*, Didier, 1964.

I.M.
J.G.

Pastoureau Henri (1912-1996). Né à Alençon, philosophe de formation, il a pour maîtres Sade, Hegel, Marx et Freud. Il rencontre Sadoul, Thirion et Unik au sein de la Ligue anti-impérialiste, en 1931, et adhère au parti communiste l'année suivante. Il s'enthousiasme pour le mouvement surréaliste de Breton, rencontré en 1932 et préfacier de son premier recueil poétique : *Le Corps trop grand pour un cercueil* (1936). Suivent, en 1937, *Cri de la méduse* et, en 1938, *La rose n'est pas une rose*. Fidèle parmi les fidèles, il participe à toutes les activités du groupe. Pendant la guerre, il est en captivité à Berlin (1943-1944) où il rédige un essai : *La Blessure de l'homme* (1946). En 1947, il assure collégialement le secrétariat de « Cause », bureau surréaliste d'information et de liaison, et rédige un texte important pour le surréalisme de l'après-guerre : *Rupture inaugurale*. En 1951, il anime une violente campagne contre Breton, suspecté de sympathie et de complaisance envers le philosophe chrétien Michel Carrouges (auteur de *André Breton et les données fondamentales du surréalisme*, Gallimard, 1950). Après cette date, la rupture est consommée. Henri Pastoureau se rapproche de la revue *Phares* à partir de 1954 et poursuit son parcours poétique : *Entre vos lèvres pures* (1964), *Le Cycle de Berlin* (1988). En 1992, paraît *Ma Vie surréaliste*, suivi de *André Breton, les femmes et l'amour*, témoignage capital d'un acteur essentiel du mouvement. Henri Pastoureau est mort le 17 avril 1996.

'Pataphysique. Ce terme apparaît pour la première fois en 1890 dans *La Chasse au polyèdre* d'Henri Morin, mais c'est Alfred Jarry (1873-1907) qui le rend populaire et qui donne à la nouvelle science son texte fondateur, le chapitre « 'Pataphysique » dans *Les Jours et les Nuits* (1897), complété par les *Gestes et opinions du docteur Faustroll, pataphysicien* (posth., 1911). Le terme a trois acceptions. Il désigne d'abord, selon Jarry, une « science des solutions imaginaires » qui proclame l'identité des contraires, l'universelle analogie, le droit à l'indifférence. Il correspond ensuite à un ensemble de trouvailles langagières permettant l'« engendrement du rire », trouvailles dont se souviendront les oulipiens. Enfin, il évoque tout un folklore, centré sur la mythologie personnelle de Jarry et notamment sur les figures emblématiques d'Ubu et de Faustroll. Malgré *La 'Pataphysique ou la révélation du rire* (1929) de René Daumal, ce n'est que bien plus tard que la 'Pataphysique a donné naissance à un véritable mouvement littéraire, autour du « Collège de 'Pataphysique », créé en 1948, dont Boris Vian, sacré « Grand Satrape », et Raymond Queneau furent d'ardents animateurs. L'esprit pataphysique s'est alors exprimé dans les multiples publications du Collège : dans les *Cahiers du Collège de 'Pataphysique* (1950-1957), dans les *Dossiers acénonètes* (1957-1965), puis dans les *Organographes du Cymbalum pataphysicum* (1975-1985).

G.P.

Paulhan Jean (1884-1968). Né à Nîmes le 2 décembre 1884, dans une famille de petite bourgeoisie protestante. Son père, Frédéric, libre penseur et philosophe reconnu, est conservateur de la Bibliothèque municipale. Les difficultés rencontrées auprès de la municipalité le décident à quitter Nîmes pour Paris, où Jeanne Paulhan tient une pension de famille. Jean Paulhan y fait la connaissance de sa future épouse, Saloméa Prusak. Parmi les autres pensionnaires, quelques jeunes filles russes ou polonaises l'introduisent dans les milieux anarchistes. Licencié en 1904, il suit l'enseignement, à Sainte-Anne, de Georges Dumas. Il échoue en 1907 au concours de l'agrégation et s'embarque, le 10 décembre, pour Madagascar, où l'attend un poste de professeur au collège européen de Tananarive. Il y passe trente-trois mois, qui le confirment dans le sentiment qu'il a de l'« étrangeté » du monde, de ce que la réalité peut avoir d'« improbable ». Achevé en 1921, publié en 1943, le conte d'*Aytré qui perd l'habitude* transpose une part restée énigmatique de cette expérience. Paulhan se consacre d'autre part à recueillir les *haintenys*, poèmes ou proverbes de tradition orale merina, « poèmes de sagesse, de querelle et d'amour », « proverbes de disputes », qui feront l'objet d'une publication académique en 1913, et n'en finiront plus de nourrir sa réflexion langagière, sur le proverbe ou le lieu commun, comme sur le « fait divers » (*Entretien sur des faits divers*, 1945), ou les « causes » plus ou moins célèbres (*Les Causes célèbres*, 1950). Ils font la preuve que les mots peuvent n'être pas que des signes (*Jacob Cow le pirate*, 1921).

De retour en France, Paulhan épouse Saloméa Prusak (6 juin 1911). En janvier 1912, il dépose, auprès de Lucien Lévy-Bruhl et d'Antoine Meillet, deux sujets de thèse (« Sémantique du proverbe » et « Essai d'une classification linguistique des phrases proverbiales malgaches »). Mobilisé le 1er août 1914 au 9e régiment de Zouaves, blessé le 25 décembre et désormais inapte au combat, il est affecté dans l'Aisne, près de Beauvais, à un poste de « guetteur d'avions » (25 août 1915-25 juillet 1916). Il fait alors la connaissance de celle qui sera sa seconde épouse, Germaine Pascal. Il ébauche la rédaction de *Lalie* (1916), du *Pont traversé* (1921) et du *Guerrier appliqué* (édition à compte d'auteur, Sansot, 1917). Le « guerrier » vit sa guerre « comme une sorte d'enfance », par la « légèreté » qu'elle autorise à l'égard de l'ancien ordre social, celui des « sentiments qui nous avaient trompés ». Son « application » à faire la guerre est à la mesure de l'« irritation » et de la « rancune » qu'ils lui inspirent. Elle est aussi celle de l'écrivain qui s'applique à ne pas élever la voix devant l'événement, à faire preuve de « ce don à peu près unique de tranquillité dans la parole » que lui reconnaîtra Aragon. Paulhan passe la fin de la guerre à Orléans, puis à Tarbes, affecté à l'instruction de bataillons malgaches. Il achève, le 22 octobre 1917, les « Trois récits d'amour utile » *(Progrès en amour assez lents)*. Démobilisé en mars 1919, il se retrouve à Paris, au centre d'un réseau d'amitiés littéraires. C'est Aragon qui le présente à Gide. C'est Paulhan qui avait fait se rencontrer Eluard et Breton, avant que Breton ne présentât Aragon à Eluard. Paulhan participe à l'aventure de *Littérature*, qui publie dans son premier numéro (mars 1919) des fragments de *La Guérison sévère* (1925). Il collabore aussi à l'éphémère revue de Paul Eluard, *Proverbe* (« Syntaxe », février 1920). Il devient surtout, en juillet 1920, secrétaire de rédaction de *La Nouvelle Revue française*, dirigée par Jacques Rivière, à qui il succède, après sa mort le 14 février 1925, avec le titre de rédacteur en chef, puis de directeur (1er janvier 1935). Une première version des *Fleurs de Tarbes* paraît dans la revue en 1936 (juin-octobre). Le livre, dédié à André Gide, ne verra le jour qu'en 1941. Il s'agit du premier volet (« La Terreur dans les lettres », ou *l'illusion des grands mots)* d'un diptyque, dont le second volet (« La Rhétorique », ou *les illusions du grand penser)* ne paraîtra jamais.

La revue, entre-temps, s'était sabordée le 1er juin 1940. Elle reparaîtra le 1er décembre, sous la direction de Drieu La Rochelle. Paulhan était entré en résistance : « La France est partout où l'on ne consent pas » (*Résistance*, Bulletin du Comité national de salut public, 1er mars 1941). Arrêté, puis relâché sur l'intervention de Drieu, il passe en mai 1941 « une semaine au secret ». Ses camarades du réseau dit « du musée de l'Homme » sont exécutés (23 février 1942). Il participe à la fondation des *Lettres françaises* clandestines et du Comité national des écrivains, dont il démissionnera, à la Libération, le 23 novembre 1946 : « Il s'agit de savoir si l'honneur d'un écrivain lui permet, lui ordonne de dénoncer d'autres écrivains. Moi, je ne le crois pas. C'est tout » (à Paul Eluard, 1er octobre 1944). Ce fut le début d'une longue polémique avec les « directeurs de la Résistance ». Chargé par la Commission d'épuration de l'édition de veiller à ce que *La Nouvelle Revue française* ne reparaisse pas, il fonde en 1946 *Les Cahiers de la Pléiade* (treize numéros, 1946-1952), avant de devenir codirecteur, avec Marcel Arland, de *La Nouvelle Nouvelle Revue française* (1er janvier 1953). Jean Paulhan a été élu à l'Académie française, au fauteuil de Pierre Benoit, le 24 janvier 1963. Il est mort le 9 octobre 1968.

Paulhan est aujourd'hui victime d'un double malentendu, qui tient à son image d'éminence grise des lettres et de l'édition, et à une réputation qui n'est fondée que sur un seul livre, *Les Fleurs de Tarbes*, au demeurant peu ou mal lu. L'importance de son rôle éditorial n'est plus à démontrer, que ce soit à la direction de *La Nouvelle Revue française* (voir *L'Esprit NRF*, éd. Pierre Hebey, Gallimard, 1990) ou à celle des revues qu'il contribua à animer *(Commerce*, *Mesures)*. Quant à la façon dont il crut devoir poser la « question rhétorique », elle est inséparable chez lui de l'affirmation d'une poétique, d'une politique et d'une éthique. Il n'y a pas de désordre dans l'opinion qui ne vienne à ses yeux d'une « erreur sur le langage », et il n'est pas non plus de meilleur acheminement vers sa « bonne entente » qu'une bonne littérature. Il n'est pas de question *littéraire* qui ne soit l'aspect grossi d'une question *humaine*. Il y va de la possibilité de « distinguer le vrai du faux en toute observation ». Tel est l'enjeu, précisément, de *Clef de la poésie* (1944). Le passage du premier au second volume des *Fleurs de Tarbes*, de la « terreur » à la « rhétorique », n'aurait pu que reconduire aux antinomies de la raison, aux fausses fenêtres d'une composition en diptyque. La question dès lors se déplace, à l'avantage de cette « tache aveugle » finalement reconnue par Paulhan au terme d'une réflexion sur l'« art informel » (1962). Le dialogue avec Braque (*Braque le patron*, 1946) et Jean Fautrier sur la « vérité » de la peinture fut l'occasion de cette nouvelle recherche, qui interdit de ne considérer en Paulhan que l'auteur du premier volume des *Fleurs de Tarbes*. Maître, plutôt, en l'art de vivre : « La vie en général est joyeuse. Joyeuse dans les pires moments. Ce qui nous rend injustes à son égard, c'est que la joie ne fait pas souvenir. Elle est trop mêlée à tout le reste, elle est trop naturelle, elle est insaisissable. Au lieu que l'inquiétude, elle, demeure » *(Les Incertitudes du langage)*.

ŒUVRES. — *Œuvres complètes*, éd. Pierre Oster, Jean Schwartz et Jean-Claude Zylberstein, Le Cercle du livre précieux-Claude Tchou, 1966-1970, 5 t. — *Rasoutolane, conte malgache traduit et retranscrit par Jean Paulhan* [1909], Prat-Europa, 1990. — *Le Repas et l'Amour chez les Merinas* [1909], Fata Morgana, 1990. — *Les Hain-tenys merinas, poésies populaires malgaches, recueillies et traduites par Jean Paulhan*, Librairie orientaliste Geuthner, 1913. — *Le Guerrier appliqué* [1917] suivi de *Progrès en amour assez lents* et de *Lalie*, coll. L'Imaginaire, 1982. — *Traité du ravissement* [1933], Périple, 1983. — *Les Fleurs de Tarbes* suivi d'un dossier établi par Jean-Claude Zylberstein, Gallimard, coll. Idées, 1973. — *Les Incertitudes du langage*, entretiens avec Robert Mallet [1952], Gallimard, coll. Idées, 1970. — *La vie est pleine de choses redoutables. Textes autobiographiques*, éd. Claire Paulhan, Seghers, 1989. — *Chroniques de Jean Guérin* [pseudonyme de Jean Paulhan à *La Nouvelle Revue française*], éd. Jean-Philippe Segonds, Éditions des Cendres, 1991. — *Choix de lettres*, éd. Bernard Leuilliot, Gallimard, t. I : *1917-1936*, 1986 ; t. II : *1937-1945*, 1992 ; t. III : *1946-1968*, 1996. — **Correspondance** : *Correspondance* avec Étiemble, éd. Janine Étiemble, Klincksieck, 1975. — avec Guillaume de Tarde, *Cahiers Jean Paulhan*, nº 1, 1980. — avec Georges Perros, Calligrammes, 1982. — avec Jean Grenier, Calligrammes, 1984. — avec Francis Ponge, éd. Claire

Boaretto, Gallimard, 1986, 2 t. — avec André Suarès, *Cahiers Jean Paulhan*, nº 4, 1987 et Rougerie, 1992. — avec Giuseppe Ungaretti, *Cahiers Jean Paulhan*, nº 5, 1989. — avec Audiberti, *Cahiers de la NRF*, Gallimard, 1993. — avec Aragon et Elsa Triolet, *Cahiers de la NRF*, 1994. — avec Alexandre Vialatte, Julliard, 1995. — Fonds Paulhan à l'IMEC.

→ Christian Liger, *Histoire d'une famille nîmoise : les Paulhan, Cahiers Jean Paulhan*, nº 3 bis, 1984. — *Jean Paulhan et Madagascar*, *Cahiers Jean Paulhan*, nº 2, 1982. — *La Nouvelle Revue française*, mai 1969. — *Jean Paulhan à travers ses peintres*, éd. A. Berne Joffroy, Éditions des Musées nationaux, 1974. — *Jean Paulhan le souterrain* (colloque de Cerisy), 10/18, 1976. — *Cahier du centenaire*, *Cahiers Jean Paulhan*, nº 3, 1984. — André Dhôtel, *Jean Paulhan*, « Qui suis-je ? », Lyon, La Manufacture, 1986. — Frédéric Badré, *Paulhan le juste*, Grasset, 1996. — *L'Infini*, nº 55, automne 1996. — Fonds Jean Paulhan à l'IMEC. — La Société des lecteurs de Jean Paulhan publie un bulletin (depuis 1980) et supervise les *Cahiers Jean Paulhan*.

B.L.

Pauvert *(Jean-Jacques)*. Maison d'édition fondée à Paris en 1945 par Jean-Jacques Pauvert, d'abord appelée Éditions du Palimugre. Libraire, courtier en livres rares et d'occasion, Jean-Jacques Pauvert, à dix-neuf ans, publie en 1945 un texte de Jean-Paul Sartre sur Albert Camus, « Explication de l'Étranger », découvert dans *Les Cahiers du Sud*. Il publiera ensuite des textes de Montherlant, de Sade *(Idées sur les romans)* et, à tirage limité, de Cocteau et de Genet. Parallèlement, il ouvre en 1950 une librairie d'occasion, qui est aussi un relais de diffusion et accompagnera son activité éditoriale jusqu'en 1973. Aux Éditions du Palimugre succèdent, en 1948, les Éditions Jean-Jacques Pauvert. La maison publie les premiers volumes des œuvres complètes de Sade (1951), qui lui vaudront un procès pour outrage aux mœurs et de nombreuses condamnations ; le jugement ne sera cassé qu'en 1958. En 1954, la publication d'*Histoire d'O* provoque un scandale. La préface est de Jean Paulhan, mais le secret sur l'identité de l'auteur, Dominique Aury, qui signe Pauline Réage, contribue au succès. Toute cette publicité autour des publications érotiques a forgé l'image d'un éditeur sulfureux, même s'il s'intéresse d'abord à la résurrection de textes mal connus et à la publication d'auteurs inédits.

Dans le catalogue de Pauvert figurent aussi bien les surréalistes, en particulier Breton, que Barbey d'Aurevilly, Georges Darien *(Le Voleur)*, Pieyre de Mandiargues, Vian, Albertine Sarrazin *(L'Astragale)*, Jean Carrière *(L'Épervier de Maheux)* ou que René Crevel, Apollinaire, Raymond Roussel, la comtesse de Ségur, l'*Album zutique*, les *Œuvres complètes* de Victor Hugo et le dictionnaire de Littré. Sa production est riche aussi de plusieurs revues (*Bizarre*, *Le Surréalisme même*, *Présence du cinéma*, *Sinémassacre*, *Giff-Wiff* et *L'Enragé)*. Il a lancé de nombreuses collections : « Bibliothèque d'érotologie », dirigée par Joseph-Marie Lo Duca ; « Libertés » devenue « Libertés nouvelles », collection de pamphlets dirigée par Jean-François Revel et fameuse par la maquette de Pierre Faucheux ; « L'Accès », ouverte aux auteurs inédits, ou « J.-J. P. » Les livres d'art occupent une place importante (Ernst, l'Art fantastique, Dali, Léonor Fini, Dubuffet), ainsi que les publications humoristiques, les productions de dessinateurs, de Grandville à Wolinski en passant par Maurice Henry, Siné ou Topor.

Aux procès et scandales qui jalonnent la carrière de Jean-Jacques Pauvert s'ajoutent les déboires financiers. Malgré une période de prospérité, que signale le rachat en 1965 des Éditions La Jeune Parque fondées par Jean Galtier-Boissière, les Éditions Jean-Jacques Pauvert ne se relèveront jamais de la crise financière traversée en 1968. Le Goncourt, attribué en 1971 à *L'Épervier de Maheux* de Jean Carrière, ne peut sauver la maison d'édition, mais a favorisé l'association avec Hachette qui détient, dès 1973, 99,5 % des parts de la Société nouvelle des Éditions Jean-Jacques Pauvert. De 1973 à 1979, Pauvert est ainsi associé à Hachette, qui diffuse près d'un millier de ses titres. En 1979, lassé des conflits inhérents à un grand groupe, Jean-Jacques Pauvert recherche de nouvelles bases de collaboration et quitte finalement Hachette pour devenir un « entrepreneur d'édition » qui placerait ses livres chez les éditeurs. Il fonde, en 1980, la Compagnie Jean-Jacques Pauvert et poursuit dès lors ses activités, proposant à d'autres éditeurs (Ramsay, Laffont, Grasset, Julliard, Carrère-Laffont, Garnier, Simoën, Harpo, Stock, Fayard ou encore Mazarine) la coédition de livres qu'il a lui-même choisis après avoir signé les contrats avec les auteurs ou les ayants droit. Il est lui-même l'auteur d'anthologies de lectures érotiques et d'un essai sur la censure.

→ Maurice Garçon, *L'Affaire Sade*, Pauvert, 1963. — Youl Belhomme, *L'Enfer du sexe*, préface de Jean-Jacques Pauvert, Pauvert, 1971. — Jean-Jacques Pauvert, *Nouveau (et moins nouveau) visage de la censure*, Les Belles Lettres, 1994.

J.L. — F.L. — IMEC

Pauwels Louis (1920-1997). Né le 2 août 1920 à Paris, d'un père belge, il fut instituteur de 1941 à 1944, puis reporter et rédacteur en chef à *Combat* de 1949 à 1955 et producteur de télévision. En 1961, dans le sillage du succès du *Matin des magiciens* (en collaboration avec Jacques Bergier, Gallimard, 1960), il fonde la revue *Planète*, qui se veut la vitrine d'une pensée de type ésotérique se réclamant plus ou moins de Gurdjieff, et que l'on retrouve dans ses romans, comme *Saint quelqu'un* (Le Seuil, 1946), et ses essais (*Blumroch l'admirable ou le déjeuner du surhomme*, Gallimard, 1976). Rédacteur en chef du *Figaro-magazine* à partir de 1978, où il a déployé ses talents de pamphlétaire, il a été élu à l'Académie des Beaux-Arts en 1985. Il est mort le 28 janvier 1997.

W.M.

Payot. Fondée en 1875 à Lausanne par Fritz Payot, elle devient très vite la première maison d'édition de Suisse romande, publiant aussi bien des manuels scolaires qu'une collection de lectures populaires « Le Roman romand ». En 1923, Gustave Payot crée une succursale à Paris, dont la collection de sciences humaines acquiert dans l'entre-deux-guerres, surtout grâce à ses traductions d'auteurs étrangers, une solide réputation. La maison lausannoise est prise en mains par un autre fils de Fritz Payot, Samuel Payot, qui mise notamment sur le livre d'enseignement et les publications universitaires, tout en développant une intense activité de libraire. Après la guerre, Marc Payot et après lui Jean Hutter visent aussi bien le grand public, en publiant des ouvrages de vulgarisation illustrés, que le public spécialisé en publiant des sommes encyclopédiques (*Histoire et civilisation des Alpes*, *Nouvelle Histoire de la Suisse et des Suisses*). Rachetées en 1986 par le groupe Lamunière, les Éditions Payot deviennent un département d'Édipresse-Livres S.A., renonçant ainsi à leurs activités de librairie. Dirigées depuis 1985 par Jacques Scherrer, qui les a reprises à son compte en 1995, elles se concentrent sur la publication universitaire. Parmi leurs principales entreprises éditoriales, signalons l'*Histoire de la littérature en Suisse romande* dirigée par Roger Francillon.

B.Z.

Paysan Catherine (1926). Née le 4 août 1926 à Aulaines-en-Sarthe, elle est retournée y vivre en 1974, après vingt-cinq ans d'enseignement à Paris. Trois récits autobiographiques : *Comme l'or d'un anneau* (Denoël, 1972), *Pour le plaisir* (Denoël, 1976), *La Colline d'en face* (Balland, 1987), exaltent le mystère des origines et les audaces de l'émancipation. Mais son génie poétique, un peu à l'étroit dans ses recueils de poèmes, explose dans les romans où se déploient son imagination, sa verve et une justesse infaillible dans la pénétration psychologique. La rapidité des enchaînements, la verdeur concrète des comportements, l'ampleur des descriptions de paysages ou de mœurs mettent en mouvement des mondes très divers, d'aujourd'hui et d'antan : le Mexique (*Nous autres les Sanchez*, Denoël, 1961), Harlem et la Sarthe (*Le Nègre de Sables*, Denoël, 1968), l'Alsace et le Maghreb (*Le Rendez-vous de Strasbourg*, Denoël, 1984), le Jura suisse (*Dame suisse sur un canapé de reps vert*, Grasset, 1991), la Gaule et la Germanie (*La Route vers la fiancée*, Albin Michel, 1991), etc. Chacun des personnages déroule autour de lui la terre gonflée des coutumes et des émois dont les générations antérieures l'ont chargée. Par-delà leur saveur d'épopées fascinantes, les romans de Catherine Paysan valent par la recherche tourmentée d'un équilibre entre l'enracinement de l'individu et son désir d'élargir ses limites pour assumer le choc des cultures. Deux de ses romans sont devenus des films : *Je m'ap-*

pelle Jéricho, en 1964, et *Les Feux de la Chandeleur*, en 1966. Le grand prix de la Société des gens de lettres, en 1977, a couronné l'ensemble de l'œuvre.

Ch.F.

Péguy Charles (1873-1914). Né le 7 janvier 1873 dans un faubourg populaire d'Orléans, orphelin pauvre, favori de ses maîtres de l'école primaire, boursier du lycée, puis élève de l'École normale supérieure, avant de devenir dreyfusard et fondateur d'une revue, Péguy est un écrivain multiple auquel la postérité, outre une gloire littéraire, en accorde trois autres : celle de son engagement républicain, celle de sa foi de converti au catholicisme et celle de sa mort à la guerre, le 5 septembre 1914, au début de la contre-offensive de Gallieni préparant la bataille de la Marne.

Dans *Pierre* (1898), récit de son enfance, l'auteur suppose qu'âgé de vingt ans, il « se fait confidence à lui-même de son histoire ». Un ton naïf a fait oublier l'amère étrangeté du sous-titre *(commencement d'une vie bourgeoise)* et inspira les tableaux d'une hagiographie souvent reprise : le père menuisier mort à vingt-huit ans, humilié par la défaite, a laissé pour toute relique un morceau du pain dur des « mobiles » de 1870. L'enfant apprend à lire auprès d'une mère sévère qui rempaille des chaises, aidée de la grand-mère racontant des fabliaux de diables et de curés, et des histoires du temps passé quand elle gardait les moutons dans le Bourbonnais et qu'il y avait des loups.

En octobre 1880, quand l'enfant est présenté à l'école annexe de l'École normale d'instituteurs d'Orléans, il pénètre dans un ordre sérieux et bienveillant, réglé comme une utopie. Les maîtres y enseignent que toute satisfaction naît du travail bien fait et du devoir accompli. Là s'arrête le « commencement d'une vie bourgeoise ». Reçu premier Orléanais au certificat d'études, boursier de la Ville, il entre en sixième classique en 1885 et obtient tous les prix. Cours d'instruction révolutionnaire auprès des artisans du faubourg de Bourgogne ; khâgne à Lakanal en 1891 ; échec à l'oral du concours de la rue d'Ulm ; service militaire à Orléans ; deuxième échec à l'École normale ; pensionnaire boursier à Sainte-Barbe en 1893, enfin réussite à l'entrée de la rue d'Ulm. Au lycée d'Orléans, où il avait fondé une association sportive, à Lakanal, dans l'armée, à Sainte-Barbe, rue d'Ulm, il cultive de fortes amitiés, avec Louis Baillet, futur bénédictin, Albert et Lucien Lévy, Albert Mathiez, Jérôme et Jean Tharaud, Charles Lucas de Peslouän, Jules Isaac et bien d'autres, juifs, catholiques, protestants, fils d'ouvriers, de bourgeois, de généraux. La carrière et la personne de Péguy seraient incompréhensibles sans cette « bande », avec sa « morale de bande ». Non qu'il soit l'ami de tout le monde : sourcilleux dans ses choix, il ne tolère pas qu'on le lâche, même pour mourir. Et quand le plus cher, Marcel Baudouin, est emporté par la typhoïde en 1896, il devient son frère, « Pierre », signe Marcel et Pierre Baudouin une *Jeanne d'Arc* et nombre de textes, et épouse la sœur de son ami, Charlotte, en 1897.

À l'École normale, Péguy fonde un cercle socialiste et thésaurise des souscriptions pour un futur « journal vrai ». Lucien Herr, bibliothécaire de l'École (de 1888 à 1926), l'appuie, et c'est avec le « caïman » de philosophie, Lucien Lévy-Brühl, dreyfusard de la première heure, qu'il s'engage : il revendiquera lui-même un engagement dans l'Affaire, antérieur au *J'accuse* de Zola et à la pétition des intellectuels de janvier 1898. Du procès Zola à celui de Rennes, Péguy encadre la troupe de ses camarades. Ces années d'« héroïsme » et de « béatitude » révolutionnaire décident de sa vie et de sa carrière. Au début de 1898, grâce à un petit capital provenant de sa belle-famille, il achète, 17 rue Cujas, la boutique devenue la Librairie Georges Bellais ; centre de propagande dreyfusard, la librairie n'en publie pas moins les frères Tharaud, Romain Rolland, Charles Andler et Jaurès. En août 1899, la faillite menace, et grâce à Lucien Herr, une Société nouvelle de librairie et d'édition reprend l'entreprise, dont Péguy n'est plus que l'employé du conseil d'administration, composé notamment de Herr, Léon Blum, François Simiand.

Les frictions avec les socialistes se multiplient alors. Péguy obtient de justesse un mandat de délégué au congrès fondateur du parti socialiste unifié

(1899), qui le révolte par sa décision de n'admettre aucune polémique interne dans les publications reconnues par le parti, et d'ainsi « supprimer la liberté de la presse ». Après cette expérience de « la censure socialiste », son projet de « journal vrai » lui apparaît comme une nécessité et, en décembre 1899, il propose à la Société nouvelle d'éditer des *Cahiers de la Quinzaine.* Se méfiant de l'indocile, et obéissant à la ligne nouvelle du parti, Herr refuse : « Vous êtes un anarchiste : nous marcherons contre vous de toutes nos forces ». Pourtant, durant trois années encore, Péguy présente ses *Cahiers* comme une publication socialiste, il est vrai indépendante et souvent polémique.

Jeune, inconnu, sans l'aveu de personne, il est seul à entreprendre en janvier 1900 la publication des *Cahiers*, jusqu'en août 1914, ou plutôt seul à mobiliser les dévouements et les contributions indispensables. Sa force vient de là, du sentiment impérieux d'obligation qu'il impose à ceux qu'il choisit. Anatole France échappe sans peine à cette réquisition, moins bien Barrès, moins encore Rolland et Sorel, et Daniel Halévy en fut déchiré. À ceux qui ont rejeté ou trahi son dévouement, Herr ou Jaurès, ou plus passagèrement Halévy, il adresse un jet d'amertume qui blesse en inoculant le ressentiment et la honte du ressentiment. Avec ses vieux amis Joseph Lotte, les Tharaud, Jules Isaac, le Père Baillet et de jeunes fidèles, Maritain, Ernest Psichari ou Alain-Fournier, les relations sont toujours passionnelles, dans une fraternité singulière et conflictuelle dont l'histoire serait fascinante à écrire.

Mais les *Cahiers* sont aussi une épuisante entreprise : le « gérant » Péguy veille à leur fabrication matérielle et à leur diffusion commerciale, il relit les épreuves, rédige les prospectus et d'innombrables lettres, quête les fonds, obsessionnellement. En quatorze ans et demi, il aura publié deux cent trente-neuf *Cahiers*, où apparaissent des auteurs comme Anatole France, Romain Rolland, les frères Tharaud, André Spire et tant d'autres, sans parler de Péguy lui-même. Les *Cahiers* ont abordé les questions politiques et l'actualité tragique (pogroms contre les juifs, question arménienne, la paix, la guerre), les questions de société (l'école, l'alcoolisme, la colonisation) et la littérature.

Avant les *Cahiers*, Péguy avait publié plusieurs articles dans *La Revue socialiste*, *Le Mouvement socialiste* et *La Revue blanche*. En 1898, la Librairie Georges Bellais imprime *Marcel, premier dialogue de la cité harmonieuse*, cité à laquelle et dans laquelle nul n'est étranger. Et dès 1897 paraît *Jeanne d'Arc*, « drame en trois pièces », antimilitariste, internationaliste, totalement passé inaperçu (on n'en vendit qu'un exemplaire), publié par la Librairie socialiste sous la double signature de Marcel et Pierre Baudouin. Cette Jeanne « socialiste » n'est-elle qu'une œuvre de jeunesse, de normalien, de militant, ou la pierre d'attente d'un édifice futur, comme l'auteur nous invite à le penser ? Comme écrivain, Péguy adopte d'emblée une position très anticonformiste. Pour lui, la personne de l'écrivain est multiple et différente de celle de l'« homme » : ils ne coexistent pas dans la même temporalité et ne vivent plus de la même vie. Ainsi, comme l'ami mort, le jeune Marcel, *Marcellus*, n'est plus le contemporain de Charles Péguy, de même l'auteur naissant qui signe du nom d'un mort, Pierre Baudouin, accepte de renoncer à soi, au prix d'une « partance » analogue à celle de Jeanne, et pour une mission dont on ne sait pas où elle le conduira sur cette terre, sinon au pays de la littérature, en compagnie de celui qui fit mine de s'appeler Victor-Marie comte Hugo. Et le cahier du même nom (octobre 1910), suivant de peu la publication du *Mystère de la charité de Jeanne d'Arc* (janvier 1910), marque le terme de l'appropriation d'une identité littéraire, inséparable de la découverte, dans *Notre jeunesse* (1910), de l'ordre « mystique » de l'action.

Les étapes de cette construction de la « personne » littéraire de Péguy jalonnent treize ans de publications, de *Jeanne d'Arc* à *Victor-Marie, comte Hugo* et des œuvres de jeunesse à *Notre jeunesse*. Les pseudonymes se multiplient dans les articles d'avant 1900 (Pierre Baudouin, Jacques Daube, Jacques Lantier, Pierre Deloire) et quelques-uns de ces noms reparaissent dans les premiers *Cahiers*, inaugurés par une *Lettre du provincial* adressée à « Péguy », lettre supposée d'un lecteur, à laquelle « Péguy » répond brièvement : l'auteur se construit un interlocuteur et mobilise son destinataire. En 1910 encore, après avoir rudement répondu dans *Notre jeunesse* à un essai rétrospectif sur l'Affaire qui ne le satisfait pas (l'*Apologie pour notre passé*, d'Halévy), il décide de *se* répondre au nom de son ami blessé et rédige *Victor-Marie, comte Hugo*. Ainsi, nombre de figures réelles ou imaginaires composant la fraternité des *Cahiers* parlent à travers le texte de Péguy, mais par sa voix.

Entre 1900 et 1901, dans *De la grippe*, puis *Entre deux trains* et *Casse-cou*, par l'usage du dialogue, de l'allusion, de la citation, les pseudonymes deviennent des personnages : « Il va falloir que moi Baudouin, que Deloire, que Péguy et tous ses abonnés nous soyons matérialistes et athées avec le citoyen Vaillant ». L'auteur parle à la fois pour les abonnés et pour le gérant Péguy. À la fin de 1900, les *Cahiers* publient *Pour ma maison*, puis *Pour moi*. En octobre 1901, *Vraiment vrai* signé Charles Péguy, expose le programme des *Cahiers*. Enfin, *De la raison*, en décembre 1901, préface admonestatrice à des écrits de Jaurès, fait entendre la voix de toutes ces figures, à la première personne du pluriel, pour avertir celui que les dieux perdent ou qui perd ses dieux. De même dans *Notre patrie*, *Notre jeunesse*. Rappelons d'ailleurs que l'entreprise des *Cahiers* réunit une multiplicité d'auteurs.

Ce pluriel est peut-être une fiction fondatrice de l'œuvre et la condition fixée à sa mission de chef de chœur assemblant les voix populaires et mystiques qui s'adressent aux puissants ou vont prier Dieu *(Les Suppliants parallèles*, 1905). Ainsi Péguy parle-t-il toujours *pour* quelqu'un, y compris pour lui-même, c'est-à-dire à la place de quelqu'un, et d'abord à la place de lui-même. Mais aussi *en faveur* de quelqu'un, et donc contre d'autres, et puis *in memoriam* et *ad intentionem* (épigraphe du *Mystère de la charité de Jeanne d'Arc)*. Il y puise le sentiment d'être autorisé à parler, son autorité et, parfois, son autoritarisme.

Jusqu'en 1905 environ, Péguy tient son autorité d'être le garant fidèle d'un socialisme et d'un dreyfusisme trahis par Jaurès, Téry et les socialistes. En juin 1903, dans *Reprise politique parlementaire* (à propos d'une intervention de Jaurès à la Chambre en faveur de la révision du procès de Rennes), Péguy affirme que lui et les siens n'ont jamais varié dans leur dreyfusisme, antérieur à celui de Jaurès : l'autorité de Jaurès s'est « altérée », « corrompue » en autorité « politique et parlementaire », toute « l'autorité révolutionnaire et morale » appartenant désormais à une « compagnie d'hommes libres », Péguy, Bernard-Lazare, les abonnés de la revue. La célèbre distinction qui sera formulée dans *Notre jeunesse* entre mystique et politique s'annonce : il ne faut pas la comprendre seulement comme une opposition du pur et de l'impur, mais séparant deux ordres d'autorité. Le premier système de représentations donne cohérence aux *Cahiers* : leur gérant, Péguy, fait « un métier misérable » (« tout le monde ne peut pas être une bouche d'ombre », dit-il en faisant allusion à un poème de Hugo), avec la mission d'assurer aux *Cahiers* et à leurs collaborateurs une liberté inconnue ailleurs, et ainsi de « former un public » puisqu'il n'y a plus de vrai public dans la France moderne : « donner de l'air aux œuvres et au peuple étouffé », écrit-il dans *Personnalités* (5 avril 1902), expliquant que toute autorité littéraire vient de la personne et que celle des *Cahiers* peut légitimement s'éprouver en mettant en cause la personne des adversaires. *De Jean Coste* (novembre 1902) révèle alors où Péguy place sa légitimité : la misère, celle du gérant, est une grandeur de situation qui donne autorité à sa personne.

De *Notre patrie* (1905) à *Notre jeunesse* (1910), un second système d'autorité reposera sur la dénonciation de l'adversaire que désigne déjà *Zangwill* (octobre 1904) : le monde moderne, dont « la pensée de derrière la tête », formulée par Taine et Renan, est de s'attribuer toute légitimité grâce à la science déterministe. L'enjeu de cette bataille est la conquête du Temps : toute l'Université, tout le « parti intellectuel », tout Herr et tout Simiand, tout le monde moderne visent à une domination intellectuelle, à un impérialisme qui présente l'avenir comme tout fait. À cela, Péguy oppose une intuition d'espérance, de liberté et de grâce : la pensée bergsonienne et (inséparablement) une « voix de mémoire » française et chrétienne que sa prose dévoile méthodiquement, à travers la série des « situations » (1906-1907), jusqu'au moment enfin où sa conversion s'avère, à partir de 1910 et du *Mystère de la charité de Jeanne d'Arc*.

Péguy a toujours affirmé qu'il n'avait jamais varié. Sa personne finit par comprendre « l'immense océan de sa silencieuse race », tous les Français illettrés, fils d'Adam à qui parlait Dieu et qui parlent Dieu en France et en vers avec *Le Porche du mystère de la deuxième vertu* (l'espérance) en 1911, *Le Mystère des saints innocents* (1912), *La Tapisserie de sainte Geneviève* (1912), *La Tapisserie de Notre-Dame* (1913) et les quatrains d'*Ève* (1913).

Parallèlement, les œuvres en prose : *Victor-Marie, comte Hugo* (1910), la *Note sur M. Bergson* (1914), qui concerne aussi Descartes, et la *Note conjointe sur M. Descartes* (1914), qui parle de Bergson, délimitent le terrain stratégique où Péguy se place enfin : le « présent », neuf, jaillissant, déshabitué du passé et des programmes intellectuels d'un avenir tout fait. L'homme du présent, éternellement jeune, est aussi l'homme des légendes, l'homme de la mémoire non écrite, de l'instinct vital et de l'intuition, et sa personne s'est « incarnée » dans un peuple, élu lui aussi, dans un moment ressenti comme sacré — le présent, dont il est le témoin sacrificiel et le combattant.

ŒUVRES. — *Œuvres poétiques complètes*, éd. Marcel Péguy-Julie Sabiani, Bibliothèque de la Pléiade, 1954. — *Œuvres en prose complètes*, éd. Robert Burac, Bibliothèque de la Pléiade, 1986, 1988 et 1992, 3 t.

→ André Suarès, *Charles Péguy*, Émile-Paul, 1915. — Daniel Halévy, *Péguy et les « Cahiers de la quinzaine »*, 1918, rééd. Le Livre de poche, coll. Pluriel, 1979. — Jérôme et Jean Tharaud, *Notre cher Péguy*, Plon, 1926, 2 t. — Romain Rolland, *Péguy*, Albin Michel, 1944, 2 t. — Jules Isaac, *Expériences de ma vie*, t. I : *Péguy*, Calmann-Lévy, 1960. — Robert Burac, *Charles Péguy, la Révolution et la Grâce*, Robert Laffont, 1994. — Simone Fraisse, *Péguy et le monde antique*, Armand Colin, 1973. — Bernard Guyon, *Péguy*, Hatier, 1973. — *Cahier de l'Herne* n° 32, dir. Jean Bastaire, 1977. — Françoise Gerbod, *Écriture et histoire dans l'œuvre de Péguy*, Service de reproduction des thèses de Lille III, 1985. — Géraldi Leroy, *Péguy entre l'ordre et la révolution*, Fondation nationale des sciences politiques, 1981. — Alain Finkielkraut, *Le Mécontemporain : Péguy lecteur du monde moderne*, Gallimard, 1971. — Il existe depuis 1978 un *Bulletin d'information et de recherches, L'Amitié Charles Péguy* (Association « L'Amitié Charles Péguy », Paris).

P.Ci.

Peisson Édouard (1896-1963). Né à Marseille le 7 mars 1896, capitaine de la marine marchande pour la Compagnie Générale Transatlantique (1914-1923), puis employé à la préfecture des Bouches-du-Rhône, il révélera dans *Le Cavalier nu* (Grasset, 1964) combien ses romans se nourrissent de son expérience. A travers ses récits d'aventure maritime (*Gens de mer*, Grasset, 1934 ; *La Carte marine*, Grasset, 1939 ; *L'Homme de mer*, Flammarion, 1943), il célèbre le combat contre des mers hostiles (*Le Courrier de la mer Blanche*, Portiques, 1929 ; *Mer Baltique*, Ferenczi, 1940) et l'héroïsme du petit groupe (*Le Chalutier 304*, Grasset, 1936 ; *Les Rescapés du Nevada*, Flammarion, 1949) ou bien du solitaire (*Le Pilote*, Grasset, 1937 ; *Le Voyage d'Edgar*, Grasset, 1938 ; *L'Aigle de mer*, Grasset, 1941). L'évocation de grandes figures héroïques prolonge d'ailleurs cette veine (*Jacques Cartier navigateur*, Didier, 1942 ; *L'Étonnante Aventure de Roald Amundsen*, France-Illustration, 1951). Mais l'océan n'est pas le seul ennemi. Engagé politiquement (il signe en 1932 le Manifeste de l'École prolétarienne et rejoint la même année l'AEAR), il montre le marin victime des lois du commerce (*Parti de Liverpool*, Grasset, 1932 ; *Le Sel de la mer*, Grasset, 1934, rééd. 1995) et dépeint le naufrage d'une société, soumise à la violence (*Hans le marin*, Grasset, 1929, rééd. 1993, dédié à Henry Poulaille), à la prostitution (*Une femme*, Ferenczi, 1938 ; *Le Garçon sauvage*, Fayard, 1950), et à l'argent (*L'Homme couvert de dollars*, Fayard, 1945). Il est mort à Ventabren le 2 septembre 1963.

J.P.

Pellerin Jean (1885-1921). Né à Pontcharra, près de Grenoble, il a fait ses études à Chambéry et rencontré Francis Carco pendant son service militaire. Il publie alors des poèmes dans diverses revues, *La Phalange*, *Le Divan*, et notamment dans l'*Oliphant*, dirigé par Tristan Derème. À son arrivée à Paris, il devient journaliste. Ses romans (*La Jeune Fille aux pinceaux*, 1919 ; *La Dame de leurs pensées*, 1920 ; *Sous le règne du débauché*, 1921 ; *Tartine*, 1923) le rattachent également à l'École fantaisiste. À l'instar de Carco et de Derème, il prend ses distances avec le symbolisme et recherche la sobriété ; ce désir de simplicité n'exclut pas la virtuosité d'une poésie qui se joue d'elle-même et s'amuse de ses innovations formelles. L'ironie, le burlesque, la fantaisie (*Le Copiste indiscret*, 1919) mais aussi la mélancolie et le désenchantement (*La Romance du retour*, 1921) la caractérisent. Très affaibli physiquement par la guerre, Jean Pellerin meurt en 1921. Ses poèmes ont été recueillis après sa mort, avec une préface de Carco, sous le titre *Le Bouquet inutile* (1923).

F.O.

Pennac Daniel (1944). Né à Casablanca le 1er décembre 1944, il exerce divers métiers (coupeur de bois en Côte d'Ivoire, chauffeur de taxi, dessinateur à *La Quinzaine littéraire*) puis devient professeur de français. Après quelques romans et récits pour enfants, il publie en 1985 un roman dans la Série noire, *Au bonheur des ogres*. C'est la première apparition de Benjamin Malaussène, le personnage central de la tétralogie policière de Pennac. Le deuxième volet de celle-ci, *La Fée Carabine* (1987), portrait de Belleville en proie à la spéculation immobilière, remporte un énorme succès. Il est suivi de deux autres, publiés en dehors de la Série noire : *La Petite Marchande de prose* (1989), *Monsieur Malaussène* (1995). Pennac, après Manchette, joue un rôle essentiel dans le renouvellement du roman policier en France à partir des année 80. Ses intrigues très complexes, menées avec virtuosité, foisonnent de personnages souvent atypiques ou marginaux. Avec humour, Pennac renouvelle le *topos* du monde à l'envers, prend le contre-pied des stéréotypes psychologiques ou sociologiques du genre policier. L'effet de surprise est au service d'une volonté de critique sociale qui vise à remettre en cause les préjugés, la représentation traditionnelle des femmes, des vieillards ou des immigrés. Dans son essai *Comme un roman* (1992), Pennac s'attaque au problème de la lecture chez les jeunes.

ŒUVRES. — Chez Gallimard.

P.J.

Pépin Ernest (1950). Né au Lamantin (Guadeloupe), il s'est d'abord affirmé par la publication de recueils poétiques, dont *Au verso du silence* (L'Harmattan, 1984) et *Boucan de mots libres* (Casa de las Americas, 1990). Il s'est aussi essayé avec succès au roman dans *L'Homme au bâton* (Gallimard, 1994) et *Tambour-Babel* (Gallimard, 1997).

J.C.

Perec Georges (1936-1982). Né le 7 mars 1936 à Paris, il a laissé de lui une image ambiguë auprès du grand public qui ne sait s'il faut le voir en formaliste atemporel ou en écrivain de l'impossible mémoire, hanté par le souvenir de ses parents, juifs polonais venus en France et anéantis par la guerre. Après des études d'histoire et de sociologie menées sans grande conviction, il décide de se consacrer à la littérature. Entre 1957 et 1963 il rédige trois romans, *L'Attentat de Sarajevo*, *Gaspard pas mort* et *J'avance masqué* (inédits), publie des notules dans la *NRF*, *Les Lettres nouvelles*, et surtout entreprend avec Marcel Bénabou et Claude Burgelin de fonder une revue, *La Ligne générale*, qui ne verra pas le jour mais dont nous connaissons l'esprit par les articles suscités (Georges Perec, *L.G.*, Le Seuil, 1992). Contre l'absurde et le Nouveau Roman, un Perec marxisant tente de concevoir ce nouveau réalisme que le public découvre avec *Les Choses* (Julliard, 1965, prix Renaudot). Contemporain de *La Ligne générale* puisque entrepris dès 1961, clos par une citation de Marx, ce roman évoque un moment collectif à travers l'histoire de Jérôme et Sylvie, couple vaguement estudiantin pour qui le bonheur est un intérieur de *L'Express* : ulcérés par le quotidien, mais incapables d'action, rêvant de grands départs à condition de ne pas quitter Paris, ils se refusent à voir que leur goût de la prolifération ne cesse de désigner le vide absolu qui les constitue.

À peine reconnu comme « romancier-sociologue », Perec s'échappe. Sur le mode humoristique, il montre dans *Quel petit vélo à guidon chromé au fond de la cour ?* (Denoël, 1966) un groupe d'amis cherchant en vain à empêcher un soldat de partir pour l'Algérie. Dédié à *L.G.*, ce texte pseudo-politique représente un tournant car l'index fournit la liste des figures de rhétorique qui l'ont engendré. La même année, Perec rejoint l'Oulipo dont il partage le goût du jeu et l'amour de la règle, et contribue à l'élaboration théorique en participant aux ouvrages fondateurs que sont *Oulipo. La littérature potentielle* (Gallimard, 1973), *Atlas de littérature potentielle* (Gallimard, 1981), *La Bibliothèque oulipienne* (Ramsay, 1987 ; Seghers, 1987 ; Seghers, 1990, 3 t.), illustrés de façon éblouissante par *La Disparition* (Denoël, 1969), où Perec s'interdit d'employer la lettre E. Cette contrainte tyrannique retire à la langue le tiers de ses termes, sa marque du féminin, le je et le présent, mais en même temps elle fournit à l'œuvre son sujet ainsi que sa tonalité. Plongé dans un monde où tout signale l'absence d'un signe qu'on ne peut nommer sous peine de mort, le lecteur est emporté dans une enquête extravagante où il croise une grande famille poursuivie par une malédiction-maldiction, des espions albanais, des réécritures de poèmes célèbres et d'innombrables allusions à la littérature mondiale. En rémunérant un défaut qu'il a lui-même introduit, Perec élabore sa première grande somme textuelle par quoi la littérature accède à la totalité au prix de sa clôture. À côté de diverses recherches comme *Les Revenentes* (Julliard, 1972) écrit grâce au seul E, *What a man !* (Le Castor astral, 1996) écrit tout en A, *Alphabets* (Galilée, 1976) fait de sizains hétérogrammatiques, et *L'Augmentation* (1970, dans *Théâtre I*, POL, 1981) sur les figures de rhétorique, il entreprend un second roman-somme avec *La Vie mode d'emploi* (POL, 1978, prix Médicis. Voir *Le Cahier des charges de « La Vie mode d'emploi »*, Orveilhan-Paris, Zulma-CNRS, 1993). Dans ce texte structuré par un immeuble comme par un échiquier géant, une série de contraintes engendre une foule d'histoires autour de Bartlebooth (Bartleby et Barnabooth) qui, après vingt années consacrées à peindre cinq cents toiles devenues puzzles, consacre vingt nouvelles années à les reconstituer pour enfin les détruire jusqu'à ce qu'une pièce imprévue, en W, vienne interdire l'achèvement. Entouré de figures secondaires comme le tueur de mots ou le marchand de verroterie, Bartlebooth est une allégorie de l'écriture perecquienne qui se désigne elle-même comme entreprise désespérée dans sa prétention à vouloir nommer la totalité des choses et des livres. À la façon de son personnage, Perec, poursuivi par une volonté d'ordonnancement (*Penser/Classer*, Hachette, 1985), s'éteint alors qu'il construit un dernier puzzle, *« 53 jours »* (POL, 1989), qui se proposait de réécrire *La Chartreuse de Parme* un peu comme *Les Choses* avait repris *L'Éducation sentimentale*. Un romancier qui disparaît dans la ville de Grianta, un texte de lui, *La Crypte*, où se dissimulent des indices, un narrateur-détective et bien sûr une foule d'allusions à l'œuvre et à la vie de Stendhal, voilà qui s'inscrit dans la pure tradition oulipienne. Pourtant, dans ce roman désinvolte et aristocratique passe l'ombre de la biographie dès lors que la quête du vrai nom ramène à la Seconde Guerre mondiale.

Délaissant l'accent mis longtemps sur la surface (*Espèces d'espaces*, Galilée, 1974), Perec laisse entendre que la clef réside dans le passé, comme le montre *W ou le souvenir d'enfance* (Denoël, 1975). À la façon de toute autobiographie, le texte évoque un certain nombre d'anecdotes mais dès l'incipit (« Je n'ai pas de souvenirs d'enfance ») ce passé s'affiche comme dévasté car « l'Histoire avec sa grande hache » a frappé le père, tué au front en juin 1940, et emporté la mère, disparue à Auschwitz en 1942. Comme de l'holocauste rien ne peut être dit, Perec recourt à la fiction du jeune homme parti retrouver un enfant naufragé et découvrant en réalité l'île W dans laquelle règne une dictature sportive, où s'évoque sur le mode oblique ce que le texte ne pouvait révéler directement. Capitale, la référence à la judéité et à Auschwitz permet donc de comprendre à quoi renvoient la disparition, le blanc, le pseudonyme et pourquoi dans cet univers privé de signification il convient de restaurer une illusion de sens en se fixant des règles. Perec est ainsi partagé entre le désir de tout effacer (*Un homme qui dort*, Denoël,

1967) et la volonté de ne rien laisser perdre de ce qu'il a vécu (*Je suis né*, Le Seuil, 1990), comme le montrent les grandes recensions que sont *Tentative d'épuisement d'un lieu parisien* (UGE, 1975), *Tentative d'inventaire des aliments liquides et solides que j'ai ingurgités au cours de l'année 1974* (*Action poétique*, nº 65, 1976) et surtout *Je me souviens* (POL, 1978) où s'énumèrent 480 souvenirs communs à une époque ou à une génération, la vérité trouvant alors refuge au cœur de l'inessentiel.

Enfin, le goût de la modernité propre à Perec l'a conduit à écrire de nombreux textes radiophoniques (*Tagstimmen*, Sarrebruck, 1971 ; *Souvenir d'un voyage à Thouars*, 1972), et à réaliser seul ou en collaboration plusieurs films, qui prolongent souvent la quête autobiographique (*Un homme qui dort*, avec Bernard Queysanne, 1974 ; *Les Lieux d'une fugue*, 1975 ; *Récits d'Ellis Island. Histoires d'errance et d'espoir*, avec Robert Bober, 1979). Georges Perec est mort à Ivry le 3 mars 1982. Fonds et association Perec à la Bibliothèque de l'Arsenal, Paris.

→ *L'Arc*, nº 76, 1979. — *Littératures*, nº 7, Toulouse, 1983. — *Cahiers G. Perec* (nº I, POL, 1985 ; nº II, *Textuel*, nº 21, université Paris VII, 1988 ; nºs III et suivants, Éditions du Limon, 1989...). — Jean-Michel Raynaud, *Pour un Perec lettré, chiffré*, Lille, PUL, 1987. — Claude Burgelin, *Georges Perec*, Le Seuil, 1988. — Bernard Magné, *Perecollage*, Toulouse, Presses universitaires, 1989. — *Parcours Perec* (colloque de Londres), Lyon, Presses universitaires, 1990. — *Études littéraires*, t. XXIII, nºs 1-2, Québec, 1990. — Bernard Magné, *Écrire/transformer*, Québec, Presses de l'université Laval, 1990. — Philippe Lejeune, *La Mémoire et l'Oblique*, POL, 1991. — Stella Béhar, *Georges Perec. Écrire pour ne pas dire*, Los Angeles, University of California, 1991. — Jean-François Chassay, *Le Jeu des coïncidences dans « La Vie mode d'emploi » de Georges Perec*, Le Castor astral, 1992. — *Le Cabinet d'amateur*, revue d'études perecquiennes, nº 1, printemps 1993. — Jean Duvignaud, *Perec ou la cicatrice*, Actes Sud, 1993. — Jacques Neefs et Hans Hartje, *Perec Images*, Le Seuil, 1993. — Bernard Magné, *Tentative d'inventaire pas trop approximatif des écrits de Georges Perec*, Toulouse-Le Mirail, Presses universitaires, 1993. — *Le Magazine littéraire*, nº 316, décembre 1993. — David Bellos, *Georges Perec : une vie dans les mots* (biographie), Le Seuil, 1994. — Sylvie Rosienski-Pellegrin, *PERECgrinations ludiques : étude de quelques mécanismes du jeu dans l'œuvre romanesque de Georges Perec*, Toronto, Éditions du Gref, 1995. — Claude Burgelin, *Les Parties de dominos chez Monsieur Lefèvre. Perec avec Freud-Perec contre Freud*, Saulxures, Circé, 1996. — Ali Magoudi, *La Lettre fantôme*, Éditions de Minuit, 1996. — G. Perec et J. Lederer, *Cher, très cher, admirable et charmant ami...*, Flammarion, 1997. — Il existe depuis 1985 des *Cahiers Georges Perec* (Association des amis de Georges Perec, Bibliothèque de l'Arsenal, Paris) et depuis 1993 une *Revue d'études perecquiennes : Le Cabinet d'amateur* (Toulouse).

J.P.

Péret Benjamin (1899-1959). Né à Rezé (Loire-Atlantique) le 4 juillet 1899, ce « primitif », qui consacra sa vie à la cause surréaliste et révolutionnaire, eut très tôt la conviction que les forces de l'imagination et celles de l'action révolutionnaire, loin d'être incompatibles, devaient se soutenir et se dépasser mutuellement. C'est de Nantes, la ville dont Jacques Vaché et Jacques Baron allaient faire un des « champs magnétiques » du surréalisme, que Péret déboula en 1920 dans le cercle des dadaïstes parisiens. Né dans une famille modeste (son père était fonctionnaire) et désunie, il fut élevé par sa mère, qui tenta vainement de lui faire acquérir une formation professionnelle dans une école de dessin industriel. Certaines facéties picturales sur une statue de la ville lui valurent, en 1917, un départ précipité pour le « casse-pipes », dans un régiment de cuirassiers qui le conduira jusqu'à Salonique. De cette expédition guerrière au retour de laquelle il fit plusieurs séjours dans les hôpitaux militaires, il rapportera une aversion définitive pour l'armée, et des poèmes de facture mallarméenne, dont quelques-uns parurent dans *Les Tablettes littéraires et artistiques*, mais qu'il reniera plus tard. Sa rencontre avec les jeunes poètes de la revue *Littérature* fut saluée par Breton comme un de ces hasards objectifs qui scellent un destin. Débarquant à Paris, au début de 1920, il est immédiatement associé aux premières manifestations du groupe Dada. Lors du « procès Barrès », Péret, revêtu d'une capote de soldat français, mais parlant allemand, incarne le « soldat inconnu » venant témoigner contre l'illustre propagandiste. Cette provocation exprimait théâtralement ce qui allait être le caractère constant, et le plus controversé, de la personnalité de Péret : un engagement absolu à la cause révolutionnaire, une hostilité inflexible à tout ce qui s'y oppose : l'armée, l'Église et, bientôt, les staliniens.

Étroitement associé à la phase expérimentale du surréalisme naissant, collaborant à tous les numéros de *La Révolution surréaliste*, signant la plupart des déclarations du groupe, Péret n'en poursuit pas moins la recherche d'une poésie originale, dont la première manifestation, timide encore et proche du style « farfelu » de Max Jacob, sera, en 1921, *Le Passager du transatlantique*. Dans les recueils suivants : *Immortelle maladie* (1924), *Dormir, dormir dans les pierres* (1927) et *Le Grand Jeu* (1928), l'écriture automatique est à l'œuvre, mais son principe moteur, plus que l'association d'idées et la métaphore, chères à Breton et à Eluard, est le saugrenu syntaxique de la phrase, indéfiniment prolongée dans ses parallélismes, ses bifurcations et ses saccades : « Soleil route usée pierres frémissantes / Une lance d'orage frappe le monde gelé / C'est le jour des liquides qui frisent / des liquides aux oreilles de soupçon / dont la présence se cache sous le mystère des triangles / Mais voici que le monde cesse d'être gelé / et que l'orage aux yeux de paon glisse sous lui / comme un serpent qui dort sa queue dans son oreille / parce que tout est noir ». La tentation du récit, qui caractérise nombre de poèmes de Péret *(Aventures d'un orteil)*, se donne libre cours dans ses contes et ses scénarios. La poésie s'y dilue dans des aventures cocasses, où l'onirisme se conjugue avec l'humour *(Pulchérie veut une auto* ; *Le Gigot, sa vie, son œuvre*, 1957 ; *La Brebis galante*, 1959).

En 1927, Péret apporte son concours à la réorientation politique du surréalisme : il adhère, lui aussi, au parti communiste et collabore à *L'Humanité*, le temps de comprendre que l'espoir révolutionnaire a déserté un parti en cours de bureaucratisation. Il décide alors de suivre son épouse, la cantatrice Elsie Houston, au Brésil, d'où il sera expulsé en 1931, en raison de ses activités politiques. À Paris, il retrouve le groupe surréaliste en proie aux dissensions qu'accentue encore la « trahison » d'Aragon. Signe de cette radicalisation, les poèmes de *Je ne mange pas de ce pain-là* (1936) sont une bordée d'invectives contre ses cibles préférées, prêtres, militaires, bourgeois. Les années 1934-1936 sont aussi celles de la collaboration avec Picasso pour *De derrière les fagots* (1934), Ernst pour *Je sublime* (1936), Tanguy pour *Trois cerises et une sardine*. Mais la littérature ne lui suffit plus : l'insurrection militaire en Espagne, en août 1936, requiert tous les adeptes des thèses trotskistes. Il gagne la Catalogne en tant que délégué du parti ouvrier internationaliste, travaille à la radio du POUM à Barcelone, puis s'engage dans la division Durruti et gagne le front d'Aragon. Ramené à Paris par la mise à l'écart des communistes oppositionnels, il prend un emploi de correcteur-typographe. En 1939, il est mobilisé à Nantes, affecté à la surveillance des suspects, et bientôt incarcéré lui-même pour activités subversives. Libéré sous caution, il ne tarde pas à franchir la ligne de démarcation pour rejoindre, à Marseille, André Breton et nombre d'artistes étrangers en attente d'un visa pour les États-Unis. Ce refuge lui étant interdit par son passé politique, il s'embarque en octobre 1941 pour le Mexique, où il séjournera six ans avec sa compagne, le peintre Remedios Varo. Menant une existence proche du dénuement, il continue à écrire des articles politiques dans des revues trotskistes, sous le nom de Peralta. Les poèmes de cette époque sont plus amples *(Dernier Malheur dernière chance*, 1946), empruntant leurs images à la mythologie indienne et évoquant des visions d'apocalypse *(Air mexicain*, 1952). Son intérêt croissant pour la culture indienne le conduit à traduire *Le Livre de Chilam Balam de Chumayel* (1955) et à établir une *Anthologie des mythes, légendes et contes populaires d'Amérique* (posth., 1960).

Rentré en France en 1948, Péret tente avec Breton de réactiver et renouveler le groupe surréaliste, mais à l'heure où les chantres de la Résistance prolifèrent, son pamphlet, *Le Déshonneur des poètes* (1945), dirigé contre toute forme de poésie militante, lui retire beaucoup de sympathies. Les astreintes de son emploi de correcteur de presse et des conditions de vie difficiles altèrent sa santé. Il meurt le 28 septembre 1959. Sur sa tombe, au cimetière des Batignolles, figure cette épitaphe : « Je ne mange pas de ce pain-là. »

ŒUVRES. — *Œuvres complètes*, en cours de publication par les soins de l'Association des amis de Benjamin Péret, Éric Losfeld, t. I, 1969 ; t. II, 1971 ; t. III, 1979 et Corti, t. IV, 1987 ; t. V, 1989 ; t. VI, 1992 ; t. VII, 1995.

→ Jean-Louis Bédouin, *Benjamin Péret*, Seghers, coll. Poètes d'aujourd'hui, 1961. — Claude Courtot, *Introduction à la lecture de Benjamin Péret*, Le Terrain vague, 1965. — *Benjamin Péret*, dir. Jean-Michel Goutier, Veyrier, 1982. — Fonds Benjamin Péret à la Bibliothèque littéraire Jacques Doucet.

M.Co.

Pergaud Louis (1882-1915). Né à Belmont, dans le Doubs, le 22 janvier 1882, dans une famille paysanne, fils d'instituteur et instituteur lui-même, ce Jurassien gardera l'amour de la campagne et des enfants. Entré à l'École normale de Besançon en 1898, il est nommé en 1902 stagiaire à Durnes. Il y compose *L'Aube*, un recueil de vers publié à compte d'auteur en 1904. Après son mariage, il quitte l'enseignement. Venu tenter sa chance à Paris en 1907, il obtient un emploi à la Compagnie des Eaux. Son second recueil poétique, *L'Herbe d'avril*, est publié en 1908. À la fin de 1909, il réintègre l'enseignement, d'abord à Arcueil, puis à Maisons-Alfort. C'est là qu'il trouve sa voie en composant *De Goupil à Margot, histoires de bêtes* (Mercure de France, 1910, prix Goncourt) : ces huit nouvelles inspirées par sa jeunesse franc-comtoise, racontent avec une lucidité parfois cruelle les gens et les bêtes de la campagne, la lutte pour la vie des animaux affrontant les pièges et le sadisme des humains. Pergaud y fait preuve d'un don unique d'observation, d'une passion pour les sciences naturelles et d'un sens très sûr de la psychologie animale, qu'il humanise sans pour autant la caricaturer. Nommé au service des beaux-arts de la préfecture de la Seine à la suite d'un concours administratif, il donne en quatre ans l'essentiel de son œuvre : en 1911, il publie *La Revanche du corbeau*, puis, en 1912, son chef-d'œuvre, *La Guerre des boutons*, épopée enfantine dont les héros sont des enfants âgés de dix à quatorze ans. Formant deux clans ennemis, ils se livrent un combat sans merci pour maintenir une tradition vivifiée par leur goût enfantin des hauts faits et des légendes. Dans les moments de liberté que leur laissent les adultes (du maître d'école aux parents qui exigent de leur progéniture une contribution efficace aux travaux de la campagne), ils se lancent dans de féroces batailles où la victoire change régulièrement de camp : les prisonniers, déshabillés, fessés et dépouillés de tous les boutons qui retiennent leurs vêtements, n'ont plus qu'à recevoir une correction supplémentaire à leur retour au foyer. Mais tous deviennent solidaires face aux adultes, élaborant des conspirations pleines d'imagination pour se protéger les uns les autres de l'autorité. Courage, fougue, goût naïf de l'interdit (ils émaillent leurs propos de joyeuses obscénités), sentiment de l'honneur et de l'amitié, mais aussi cruauté sans frein et plaisir d'humilier les plus faibles : tous ces traits sont mis en scène par un subtil connaisseur de l'univers enfantin, avec un sens aigu du comique et du pittoresque. Le sous-titre du roman, *Histoire de ma douzième année*, révèle avec humour ce que l'auteur doit à sa propre expérience. Le cinéma popularisera *La Guerre des boutons* en 1962, grâce au film d'Yves Robert.

En 1914, *Le Roman de Miraut, chien de chasse* offre une atmosphère nettement plus sombre. Un couple de paysans se voit offrir un jeune chien de chasse, Miraut, qui devient rapidement objet de discorde entre le mari, passionné par la chasse, la solitude de la forêt et la vie secrète de ses habitants, et la femme vouant son existence à son foyer et aspirant à la modeste aisance qui la mettrait à l'abri du besoin. L'animal, objet de faveurs sans nombre, commet méfait sur méfait. Ses maîtres se résignent à s'en séparer, mais Miraut revient sans cesse à son ancien foyer. Battu, chassé, il persévère jusqu'au moment où il comprend enfin qu'il a été abandonné. Ses hurlements de faim et de tristesse font écho au sentiment de culpabilité de ses maîtres. Dans ce roman, la peinture de la vie campagnarde, d'un réalisme sans concession, s'allie à une émotion retenue. Sur le point d'être mobilisé, Pergaud remet au Mercure de France le manuscrit d'un nouveau recueil de nouvelles, *Les Rustiques* (posth., 1921). En août 1914, il est à Verdun. Il est porté disparu le 8 avril 1915 à Marchéville (Meuse). Son corps ne sera jamais retrouvé. Il laisse un roman inachevé, *Lebrac bûcheron*, qui fait revivre l'un des personnages de *La Guerre des boutons*. Après sa mort au front seront encore publiés *La Vie des bêtes* (1923), des *Mélanges* (1938) et une *Correspondance* (1955).

ŒUVRES. — *Œuvres complètes*, Mercure de France, 1987. — *Œuvres complètes*, Le Club de l'honnête homme, 5 t., t. I : *De Goupil à Margot, histoires de bêtes - La Revanche du corbeau - L'Aube*, 1970 ; t. II : *La Guerre des boutons - L'Herbe d'avril*, 1975 ; t. III : *Le Roman de Miraut, chien de chasse - Mélanges*, 1975 ; t. IV : *Les Rustiques - La Vie des bêtes - Lebrac bûcheron*, 1976 ; t. V : *Correspondance 1901-1915*, 1976.

→ Marie Lemaître, *Louis Pergaud 1882-1915*, CNDP, 1982.

I.M.

Périer Odilon-Jean (1901-1928), pseudonyme de Jean Périer. Né à Bruxelles le 9 mars 1901. « La pureté n'est pas humaine. Mais je ne puis adorer qu'elle : et de telle façon que tout ce que j'aime me soit enfin inaccessible » : une telle déclaration de principe, prononcée à une époque où la nouveauté fait figure de credo, alors que le surréalisme prépare sa « révolution » poétique, ne laisse pas d'étonner, venant d'un jeune citadin pourtant profondément ancré dans la réalité de son temps. En dépit de la brièveté de son œuvre (il meurt à 27 ans), la rigueur de sa démarche poétique associée à l'authenticité et à la lucidité de son propos place Périer au côté des grandes voix de l'entre-deux-guerres. Son inscription en droit à l'université de Bruxelles en 1919 coïncide avec la publication de ses premiers textes en revue (dans *La Patrie belge)* ; mais abandonnant rapidement l'inspiration symboliste et mythologique de ses débuts, il fait paraître une plaquette hors commerce intitulée *Le Combat de la neige et du poète* (1920) : fortement influencée par le courant moderniste (Cendrars, Apollinaire, Cocteau), cette « louange du froid » simultanéiste constitue déjà une étape vers la transparence du moi qui caractérisera sa poésie. Il publie la même année un recueil de poèmes, *La Vertu par le chant* (1920) : sous l'égide de Segalen, Périer y cherche une voix, celle de la poésie d'abord, qu'il veut simple et agile, épousant les mouvements d'une pensée en gestation, prête à l'émerveillement *(Pour le printemps)* ; celle de l'intimité aussi, exprimée à travers les valeurs de l'amitié *(Certains anges)* et de la sincérité *(Petit jour)*. *La Vertu par le chant* consacre enfin la poésie au rang de gardienne de la pureté *(Églogue désolée)* : l'art y devient l'enjeu de la vie.

La rencontre de Périer avec Franz Hellens, en 1921, marque le début de sa collaboration à *Signaux de France et de Belgique*, la revue fondée par Hellens en mai de la même année ; ses interventions y sont régulières jusqu'à la création du *Disque vert* en mai 1922 : il fait désormais partie du comité de rédaction et participera à toute l'aventure de la revue *(Écrits du Nord, Nord)*, y publiant poèmes, théâtre, réponses à des enquêtes, chroniques et comptes rendus. C'est pendant son service militaire, en 1922, que se manifestent les premières atteintes du mal qui allait l'emporter : il séjourne trois mois à l'hôpital après une crise de rhumatisme articulaire. Son recueil *Notre mère la ville* paraît aux Éditions du « Disque vert » en août 1922 ; suite à son *Éloge du parti pris (Signaux de France et de Belgique*, octobre 1921), Périer place désormais le point de départ de son expérience dans le monde, celui d'une réalité urbaine à mesure d'homme (ou d'ange), ramenant la poésie au réel. Si le poète s'interroge (« comment prouver que tout ce monde existe ? »), il revient quelquefois de cette escapade dans la ville avec « les ailes cassées » : la légèreté, la fantaisie, la recherche d'un ton paient parfois leur tribut à la littérature du temps, en cédant à la recherche de l'effet ; mais Périer ouvre la voie à cette synthèse entre le moi et le monde qu'il tentera de réaliser dans ses recueils ultérieurs, *Le Citadin* (1924) et surtout *Le Promeneur* (1927).

En 1923, il est invité à collaborer à *La Nouvelle Revue française* : il se lie avec Jean Paulhan, rencontre Jacques Rivière et Marcel Arland. L'année suivante, il est reçu docteur en droit (il n'exercera jamais sa profession), et fait paraître une plaquette, *Le Citadin*, condamnant par la même occasion sa production antérieure. « Je t'offre un verre d'eau glacée/ N'y touche pas distraitement/ Il est le prix d'une pensée/ Sans ornement [...] Regarde je suis pur et vide/ Comme le verre où tu as bu/ Il ne fait pas d'être limpide/ Une vertu » : ainsi s'ouvre le texte liminaire du *Citadin, poème ou Éloge de Bruxelles*, poème de forme classique, en alexandrins, nouvelle étape de son parcours (« je compose ces vers pour me sentir vivant »), poème de l'angoisse discrète et de la sérénité (« Poésie, Amitié, mes lois sont les plus belles »), où la ville prend corps par la fluidité d'un vers qui semble en épouser naturellement le tracé, où le bonheur d'écrire s'épanouit dans la transparence de la langue. Il participe à l'anthologie de « La lanterne sourde » éditée par Paul Vanderborght, *Poètes belges d'esprit nouveau* (1924), y publiant un florilège de ses recueils antérieurs ; il poursuit sa collaboration à la *NRF*, publie des poèmes dans *Sélection*.

En février 1925, il fait représenter une comédie au théâtre du Marais, à Bruxelles : *On s'amuse comme on peut ou Les Indifférents* (1977, posth.), qui n'est pas son unique contribution à l'écriture théâtrale (il laisse notamment un drame inédit composé en 1925, *Jacques Branders ou Qui est vivant ?*, une « tragédie » publiée dans *Nord* en 1929, *Pierre ou les bûcherons*, un divertissement en un acte, paru en 1933 dans *Sang nouveau* : *Comme vous et moi)*. Dans cette pièce, trois hommes aiment la même femme, mais leurs conceptions de l'amour s'opposent, partagés qu'ils sont dans leur relation entre une exigence idéale de pureté et une attitude moins platonique ; un drame et la trahison des idéaux conduisent finalement à la banalisation des rapports et à l'indifférence. Le goût du masque et de l'élégance, le dandysme même, dissimulent derrière ces paravents d'insouciance une double nécessité : jouer le jeu de la vie avec rigueur et respect des règles, accéder au bonheur en conservant une innocence originelle.

Cette fracture entre l'ingénuité et « la vraie vie » est encore au centre de l'unique roman de Périer : *Le Passage des anges* (1926), féerie entrecoupée de poèmes, de chansons, de digressions. L'angélisme de Périer doit peut-être plus à celui de Rilke qu'à celui de Cocteau : la grâce, l'insolite, l'humour et le merveilleux y dénoncent sans cesse l'urgence du questionnement sur l'être, sur le monde et la vie ; la rencontre des anges et des hommes illustre ici un conflit permanent entre finesse et vulgarité, liberté et pouvoir, poésie et action, rêve et réalité. C'est aussi un roman moderne, illustrant « l'emprise de la poésie sur la vie par la prise du langage sur la réalité » (Madeleine Defrenne) : lieux communs et métaphores actualisés, pris à la lettre, y font sens contre le réel, servant le merveilleux au-delà du récit ; sans être à proprement parler surréaliste, le roman se situe dans une perspective donnant au rêve et au hasard la primauté sur la réalité.

Le dernier recueil de vers que Périer ait publié, *Le Promeneur* (1927), est aussi son chef-d'œuvre. Mêlant des pièces en vers brefs à des poèmes en alexandrins, il rend compte de l'ouverture du poète à la vie et de la pleine possession de ses moyens d'expression. La perception fragmentée mais sereine du quotidien *(Plein air*, *Pour vivre)* alterne avec la détermination grave et mesurée de l'être attentif à se préserver de toute souillure *(Sans les hommes)* ; les trois derniers poèmes du recueil, *La Route*, *Le Paysage*, *La Liberté*, retracent un itinéraire spirituel allant de la crainte de la dégradation à l'acceptation définitive du pouvoir de la poésie en un chant d'une humilité et d'une délicatesse extrêmes. La même année, Périer fonde, avec son ami Robert de Geynst, la revue *Livrets* ; prenant parti « pour l'esprit de plaisir et de découverte, contre l'inquiétude et l'ennui », elle n'aura que deux livraisons (1927 et 1928). Marié en 1926, il meurt à Bruxelles, d'une péricardite rhumatismale, le 22 février 1928, avant la naissance de son seul fils. Quelques textes paraîtront après sa mort, des poèmes : *La Visite* et *La Maison de verre* (1928) ou des essais : *Notes sur le dessin* (1928) et *Les Mains vides* (1933).

ŒUVRES. — *Poèmes*, *Le Passage des anges*, rééd., Bruxelles, Les Éperonniers, coll. Passé-présent, 1973, 1979. — *Les Indifférents*, rééd., Bruxelles, Cahiers du rideau, 1977. — *Le Promeneur*, anthologie, La Différence, coll. Orphée, 1989. — *Premier livret, deuxième livret* (en collaboration avec Robert De Geynst), rééd., Les Silènes, 1995.

→ Auguste Marin, *Odilon-Jean Périer*, Bruxelles, L'Avant-poste, 1939. — *Le Thyrse*, nº spécial, février 1948. — Madeleine Defrenne, *Odilon-Jean Périer*, Bruxelles, Palais des Académies, 1957. — *Cahiers du*

Sud, n° 351, 1959. — Franz Hellens, *Portrait d'Odilon-Jean Périer*, Liège, Dynamo, 1962.

O.Bi.

Pérochon Ernest (1885-1942). Issu d'une famille de paysans, il est né le 14 février 1885 à Courlay (Deux-Sèvres). La campagne vendéenne domine son existence et son œuvre de romancier. C'est dans ce cadre que l'ancien élève de l'École normale de Parthenay devient instituteur, avant d'achever sa carrière comme directeur d'école. Écrivain pédagogue, il publie des romans et des contes destinés aux enfants : *Contes des cent et un matins* (1930), *Nicolas et Nicolette au bois charmant* (1937). Le monde vendéen, son histoire, ses mœurs et la vie paysanne constituent l'objet principal de ce romancier de la simplicité, plus soucieux de descriptions que d'analyses psychologiques. En 1920, le prix Goncourt consacre un de ses romans rustiques : *Nêne* (rééd. Le Rocher, 1989), qui vaudra à l'auteur, sorti de l'obscurité, une bonne part de sa renommée ultérieure. Parmi ses nombreux romans : *Le Chemin de plaine* (1920, publié, comme *Nêne*, à compte d'auteur), *Les Creux-de-Maisons* (1921, rééd. Geste, 1989), *La Parcelle 32* (1922), *Les Ombres* (1923), *Les Gardiennes* (1924), *Huit gouttes d'opium* (1925), *Les Hommes frénétiques* (1925), *Le Crime étrange de Lise Balzan* (1929), *Marie-Rose Méchain* (1931), *Les Fils de Madagascar* (1932), *Barberine des genêts* (1933, rééd. Le Rocher, 1986), *Milon* (1936), *Babette et ses deux frères* (1939), *Le Chanteur de villanelles* (posth., 1943). Ernest Pérochon laisse également un essai *(L'Instituteur*, 1927) et des poèmes *(Poésies : chansons alternées*, *flûtes et bourdons*, 1922). Il s'est éteint à Niort, le 10 février 1942.

F.J.

Pérol Jean (1932). De son enfance pauvre dans le Rhône, il gardera des impressions de paysages, de guerre, mais aussi de liberté, qui nourriront son œuvre poétique. Il passera une partie de sa vie en Afghanistan, aux États-Unis, et surtout au Japon, dont il fait son deuxième univers socioculturel. Ses premiers poèmes réunis dans *Sang et raisons d'une présence* (1953), partagés entre espoir et révolte, donnent le ton d'une œuvre qui cherche moins à enrichir le champ des idées que celui des sonorités et du rythme. Dans *Le Feu du gel* (1959), il oscille entre solitude et besoin de fraternité, angoisse (souvent exprimée par des images de vide et de chute) et apaisement. Le Japon lui a inspiré *D'un pays lointain* (1965), recueil élaboré avec le poète Kusano Shinpei pour la calligraphie. Loin de céder aux facilités d'une imagerie exotique, cette poésie est nourrie de tensions contradictoires. Dans *Ruptures* (1970), Pérol se livre avec virtuosité aux acrostiches et calembours. Les volumes suivants, *Maintenant les soleils* (1972), *Morale provisoire* (1978) et *Histoire contemporaine* (1982) prolongent la voie des recueils précédents.

D.H.-M.Ber.

Perrault Pierre (1927). Né à Montréal, il poursuit une œuvre polysémique et disponible à tous les domaines du savoir, du droit à l'anthropologie, des études folkloriques à la géographie. Peut-être le grand retentissement de son œuvre cinématographique a-t-il porté ombrage à son œuvre poétique, dont l'essentiel est recueilli dans deux livres, *Chouennes, poèmes 1961-1971* (L'Hexagone, 1975) et *Gélivures* (L'Hexagone, 1977). Certes, des films comme *Le Règne du jour* (1966), *Les Voitures d'eau* (1969) et *L'Acadie, l'Acadie* (1971) procurent de précieux documents sur l'âme québécoise et l'univers imaginaire d'un peuple. Le discours poétique de Pierre Perrault, volubile, parfois légèrement emphatique, mais bien ouvert aux réalités de la faune et de la flore, contient aussi un fervent éloge du territoire et exprime l'inconsolable nostalgie du pays perdu. Barde naturaliste dont la voix s'adonnerait à toutes les rêveries élémentaires décrites par Gaston Bachelard, à la parole drue, sans autre concession aux parures poétiques qu'un recours passionné au lexique des « neigeries », de la « froidureté » ou des « cornouailles », il infléchit son œuvre vers la recherche des origines, d'où son attention au fil généalogique, aux pionniers, aux ancêtres, et son indéfectible solidarité à l'endroit des cultures amérindiennes.

P.C.-M.

Perret Jacques (1901-1992). Celui qui fut peut-être l'un des derniers écrivains baroudeurs de la littérature française, et dont le franc-parler était célèbre, naquit à Trappes, dans les Yvelines, le 8 septembre 1901. Fils de fonctionnaire, il fait ses études à Paris, aux lycées Montaigne et Louis-le-Grand, puis à la Sorbonne, qu'il quitte avec un diplôme d'études supérieures en lettres. C'est alors que commence la vraie vie. Il part d'abord pour le Maroc comme caporal de tirailleurs, et traverse ensuite l'Atlantique, cherchant l'aventure à travers les deux Amériques et passant pour survivre par toutes sortes de métiers. Il tira de cette expérience ses deux premiers romans, *Roucou* (1936) et *Ernest le rebelle* (1937). C'est la Seconde Guerre qui constitue l'épreuve déterminante pour sa formation humaine. Mobilisé en 1939, prisonnier en 1940, il s'évade en 1942 et prend le maquis. La matière de ses deux livres les plus célèbres est déjà là. Dans *Le Caporal épinglé* (1947, adapté au cinéma par Jean Renoir, 1962), qui se présente non comme un roman, mais comme un recueil de souvenirs, l'auteur raconte la vie quotidienne dans les camps de captivité allemands ainsi que ses multiples et obstinées tentatives d'évasion. C'est l'occasion pour lui de jeter sur l'humanité un regard ironique et désabusé, apte à mettre en lumière la cocasserie de toute situation, aussi sombre qu'elle puisse sembler. Le second volet de ce diptyque consacré à la guerre est d'une tonalité plus polémique : dans son roman *Bande à part* (1951, prix Interallié), Perret montre ce que furent les résistants, sans les idéaliser et sans cacher non plus ses propres sympathies politiques, qu'il conserva toute sa vie, et qui le portent vers la droite royaliste, peu en accord avec les idéologies qui prévalurent à la Libération. Toutefois, ce qui frappe avant tout en Perret, plus que ses opinions politiques qui, surtout pendant la guerre d'Algérie, le mirent au ban de la scène littéraire française, c'est la force du conteur, sa gouaille parisienne, sa prodigieuse puissance d'invention verbale et sa vision à la fois souriante et onirique du monde, telles qu'elles s'expriment dans ses recueils de nouvelles comme *La Bête mahousse* (1951) ou *Le Machin* (1955), et ses chroniques hétéroclites rassemblées dans *Bâtons dans les roues* (1953), *Cheveux sur la soupe* (1954) ou *Salades de saisons* (1957). Publiant ses souvenirs à partir des années 1970, le vieil aventurier partagea son temps entre l'écriture, dans son appartement du Ve arrondissement parisien, les promenades au Jardin des Plantes avec ses petits-enfants, et la mer, qui fut toujours sa passion, jusqu'à sa mort, le 10 décembre 1992 à Paris.

ŒUVRES. — Sauf mention contraire, publiées chez Gallimard : *Roucou*, 1936. — *Histoires sous le vent*, 1936. — *Ernest le rebelle*, 1937. — *Le Caporal épinglé*, 1947. — *L'Oiseau rare*, 1947. — *Le Vent dans les voiles*, 1948. — *Objets perdus*, 1949. — *Un homme perdu*, Robert Cayla, 1950. — *Comme Baptiste... ou les tranquillisants à travers les âges*, 1950, rééd. Le Dilettante, 1992. — *Bande à part*, 1951. — *La Bête mahousse*, 1951. — *Mutinerie à bord*, Amiot-Dumont, 1953. — *Le Machin*, 1955. — *Bâtons dans les roues*, 1953. — *Cheveux sur la soupe*, 1954. — *Les Collectionneurs*, Hubert Baille, 1954. — *La Mort de Maximilien d'Autriche*, L'Avant-Scène, 1955. — *Rôle de Plaisance*, 1957. — *Salades de saison*, 1957. — *Les Biffins de Gonesse*, 1961. — *Le Vilain Temps*, Le Fuseau, 1964. — *Trois pièces*, 1964. — *Le Couteau*, L'Avant-Scène, 1965. — *Rapport sur le paquet de gris*, Aspects de la France, 1965. — *L'Île de France*, Sun, 1966. — *Paquets de mer*, Denoël, 1966. — *Les Sept Péchés capitaux*, La Belle Page-La Diane française, 1967. — *La Compagnie des eaux*, 1969. — *Grands Chevaux et dadas*, 1975. — *Rôle de plaisance*, 1975. — *Souvenirs*, 1975. — *Raisons de famille*, 1976. — *Un marché aux puces*, Julliard, 1980. — *Tirelires*, Julliard, 1981. — *Belle Lurette*, Julliard, 1982. — *Le Jardin des Plantes*, Julliard, 1984. — *Articles de sport*, Julliard, 1991.

→ Pierre Assouline, « Bonjour, Monsieur Perret ! », dans Jacques Perret, *Comme Baptiste...*, Le Dilettante, 1992.

W.M.

Perrier Anne (1923). Née à Lausanne, où elle vit, elle demeure influencée par le renouveau de la poésie spirituelle d'après-guerre et par quelques lectures essentielles : les grands mystiques, Rilke, Tagore, Emily Dickinson. Dans *Le Petit Pré* (1960), l'expérience religieuse, à la source de l'œuvre, devient implicite ; la forme s'affine pour atteindre une extrême concentration et une musique plus libre : « Gardez vos mots vos lueurs vos lucioles / En dormant je me suis tournée / Vers la pente ombrée / Des paroles ». Par les images, les rythmes, cette parole transparente nous relie au passé et à des traditions qu'elle renouvelle avec discrétion et profondeur. Onze recueils jalonnent ce parcours qui conduit du jardin au désert, d'une voix enchantée à un art aérien et dépouillé. Solidaire de la condition humaine, mais animée d'une intense soif d'absolu, cette poésie est à la fois vibrante participation à un monde de beauté et de brûlure (l'été, les paysages grecs) et puissant désir d'un ailleurs. Les éléments, l'oiseau, la rivière, l'abeille, les arbres, le chemin, l'herbe, partagent l'élan qui jette la poétesse aux confins du temps et de l'espace, faisant alterner les instants de plénitude et la désillusion. De là, dans ces poèmes souvent très brefs, une intensité dramatique qui culmine dans *Le Livre d'Ophélie* (1979) : en un geste expiatoire et tragique, l'héroïne dit son adieu au monde, à sa violence et à sa cruauté autant qu'à sa tendresse.

ŒUVRES. — *Poésie 1960-1986*, préface de Philippe Jaccottet, Lausanne, L'Âge d'homme, 1994. — *Œuvre poétique* (1952-1994), Bordeaux, L'Escampette, 1996.

→ Jean-Charles Potterat, « Cette neige d'été... », dans *L'Œuvre absoute*, Albeuve, Castella, 1989.

M.Gr.

Perros Georges (1923-1978), pseudonyme de Georges Poulot. Né à Paris le 23 août 1923, il vit ensuite à Reims, à Belfort, puis à Rennes, où il prend ses premiers cours d'art dramatique. De retour à Paris en 1941, il abandonne rapidement sa préparation au baccalauréat pour se consacrer au théâtre et à sa passion dévorante de la lecture. Il fréquente le Collège de France, où il suit avec assiduité les cours de Valéry, auquel il vouera toute sa vie une admiration profonde et retorse. En 1946, il entre au Conservatoire et en 1948 à la Comédie-Française, mais pour prendre presque aussitôt en horreur le métier de comédien et saborder sa carrière naissante. En 1951, grâce à l'amitié ancienne qui le lie à Gérard Philipe, il obtient un travail de lecteur au T.N.P. et, l'année suivante, par l'entremise de Jean Grenier, auquel il a confié quelques pages de notes, il se lie avec les principaux animateurs de la *NRF*, Paulhan, Brice Parain et quelques autres qui lui ouvrent les portes de la revue. C'est une époque fructueuse en amitié — sa rencontre avec Michel Butor —, en amour — sa rencontre avec Tania — et en lectures ferventes. Pourtant, dès 1954, il ressent la nécessité de séjours de plus en plus fréquents loin de Paris, essentiellement en Bretagne, où il s'installe définitivement, avec Tania, en 1959. De cette période bretonne, qui va jusqu'à sa mort le 24 janvier 1978 d'un cancer à la gorge, datent les quelques livres qu'il ait écrits.

En 1960, paraissent *Papiers collés I*, suivis en 1973, année où il reçoit le prix Valery Larbaud pour l'ensemble de son œuvre, de *Papiers collés II* et en 1978 de *Papiers collés III* (posth.). Reprenant aux peintures leur bien, Perros fait du collage une technique littéraire adaptée à la paresse active qu'il revendique et à son refus de faire une œuvre : les notes, brèves ou longues, dont la mise bout à bout constitue l'essentiel de ces « papiers collés », traduisent une façon résolue de se mettre hors-jeu dans l'écriture, comme il s'est mis hors-jeu dans la vie ; elles ne concluent pas, elles restent délibérément à hauteur d'homme et en appellent à l'amitié du lecteur. L'inachèvement de la forme contribue à rendre sensible le rythme du vivant et il n'est pas indifférent, à cet égard, qu'un des thèmes les plus constamment développés soit les démêlés quotidiens de l'amour et de l'amitié, les difficultés d'un rapport toujours passionné à autrui, que l'approche douloureuse de la mort n'a fait qu'approfondir. Outre les *Papiers collés*, Perros a publié, en 1962, des *Poèmes bleus* et, en 1967, *Une vie ordinaire*, suite de poèmes octosyllabiques, qui dessine une autobiographie à la fois burlesque et grinçante, un « testament » où se mêlent prosaïsme volontaire et méditation mélancolique sur la vie. Il est mort le 24 janvier 1978.

ŒUVRES. — Chez Gallimard. *Papiers collés I*, 1960. — *Poèmes bleus*, 1962. — *Une vie ordinaire*, 1967. — *Papiers collés II*, 1973. — *Huit poèmes*, 1974, rééd. 1978. — *Échancrures*, 1977. — *Notes d'enfance*, 1977. — *L'Ardoise magique*, 1978. — *Papiers collés III*, 1978. — *Lexique* précédé de *En vue d'un éloge de la paresse*, 1981. — *Lectures*, 1981. — *Je suis toujours ce que je vais devenir*, 1983. — *Lettres à Michel Butor 1968-1978*, Lebacs, 1983. — Jean Grenier-Georges Perros, *Correspondance 1950-1971*, Calligrammes, 2e éd.,

1985. — *Lettres à Lorand Gaspar*, Picquier, 1989.

H.F.

Peské Antoinette (1901-1985). Descendante de princes mongols par sa mère, elle est la fille du peintre Jean Peské. Apollinaire, qui la découvrit alors qu'elle avait dix ans, fut séduit par ses poèmes au point de vouloir les publier, ce que la mort l'empêcha de faire. Délaissant la poésie, Antoinette Peské compose des contes. En 1924, *La Grande Revue* publie le journal romancé qu'elle avait écrit à dix-huit ans. Dans les années trente elle écrit un roman, *La Boîte en os*, qui sera publié en 1941 avec une préface de Mac Orlan : ce livre, inspiré par la rencontre d'un homme qui avait failli devenir fou par amour, traite des sentiments les plus troubles avec une audace et une franchise à la fois innocentes et provocantes. Elle a publié ensuite, en collaboration avec son mari, Pierre Marty, *Les Terribles* (1951), *Ici le chemin se perd* (1955), *Le Bal des angoisses* (1957).

D.H.-M.Ber.

Pestelli Lorenzo (1935-1977). D'origine florentine, anglaise et belge, il est né à Londres et mort accidentellement au Maroc en septembre 1977. Après des études à Florence, Louvain, Montréal et Paris, il a voyagé et enseigné à travers l'Europe, au Maghreb, en Orient (Chine, Indochine), en Amérique, puis s'est installé à Genève en 1970. Écrivain cosmopolite, au style flamboyant et baroque, il a publié en 1970-1971 *Le Long Été* (2 t.), récit de réflexions et de voyage à travers l'Asie, et *Piécettes pour un paradis baroque* (1975), qui retrace ses pérégrinations en Afrique du Nord et aux Indes, auxquelles se mêlent des souvenirs d'enfance et d'expérience amoureuse. Abandonnant la « littérature de voyage », il a laissé un manuscrit *(Pour une décollation de saint Soi-même,* 1984) qui tente de dresser une sorte d'inventaire des rapports entre hommes et femmes et de « découvrir une nouvelle poétique de l'amour » (Jean Richard).

P.A.

Petit Henri (1900-1978). Né à Avallon le 23 février 1900, essayiste, critique et penseur, Henri Petit a eu une carrière variée. Dès ses études à la Sorbonne et à la faculté de droit naissent ses grandes amitiés avec Louis Guilloux, Jean Grenier, André Chamson, André Malraux et Jean Guéhenno. Très tôt il se lie avec Romain Rolland, qui l'aidera à publier *Descartes et Pascal*. Secrétaire à *L'Œuvre*, il collabore au *Petit Journal* et, en 1925, part pour Beyrouth, puis Damas, où il est attaché au Haut-Commissariat. De 1933 à 1939, il travaille aux émissions littéraires de la radio. Résistant pendant toute la guerre, il est réintégré ensuite à la Radiodiffusion. Il est aussi critique littéraire au *Parisien libéré* et aux *Nouvelles littéraires*. Son œuvre, toujours grave, reflète, dans un style en forme de maximes, un humanisme pessimiste et maintient avec la vie et les hommes une constante distance, teintée d'amertume, de révolte et de lucidité. Elle a été couronnée en 1972 par le grand prix national des Lettres. Henri Petit est mort à Paris le 10 octobre 1978.

ŒUVRES. — *Vézelay*, 1927, rééd. Granit, 1986. — *Descartes et Pascal*, 1930. — *Derniers Combats de Don Quichotte*, 1931. — *Un homme veut rester vivant*, 1936. — *De la tête au cœur*, 1958. — *L'Honneur de Dieu : Jésuites et Jansénistes*, 1958. — *Le Bonheur*, 1960. — *Les Justes Solitudes*, 1962. — *La Foi des hommes*, 1964. — *Ordonne ton amour*, 1966. — *La Route des hommes*, 1968. — *Sursis au désespoir*, 1972. — *Les Visages*, 1973. — *Paysages*, Camille Sautet, 1977. — *Le Journal d'une pensée.* — *Arc-en-ciel*, 1990.

→ *Cahiers Henri Petit*, 1981.

M.A.

Petit Marc (1947). Né à Paris, ancien élève de l'École normale supérieure, il enseigne l'histoire de la littérature allemande et s'est d'abord fait connaître par ses traductions des poèmes de Georg Trakl ainsi que par un remarquable florilège des *Poètes baroques allemands* (Maspero, 1977). À côté de l'écriture poétique (*Le Temps des traces*, P.-J. Oswald, 1976 ; *Pierres d'attente, poèmes 1967-1981*, Dumerchez, 1996), il se consacre à la fiction narrative et publie de nombreux romans (*La Grande Cabale des Juifs de Plotzk*, Christian Bourgois, 1976 ; *La Morenada*, Le Seuil, 1979 ; *Le Dernier des Conquistadores*, Fayard, 1982), parmi lesquels on retiendra une « épopée de la connaissance et de l'imaginaire à l'âge baroque », *Ouroboros* (Fayard, 1989) ; une parodie de roman-feuilleton brodant sur les thèmes de l'automate et du Golem, *Le Nain géant* (Fayard, 1993) ; une parabole étincelante sur la Tour de Babel en forme d'« autobiographie fictive », *Architecte des glaces* (Éditions de l'Aube, 1993) ; enfin, *Le Troisième Faust* (Fayard, 1994), allègre fiction où s'affrontent Goethe et Méphisto. On retrouve dans presque tous ces livres un goût prononcé pour l'érudition, pour l'histoire (dans ses réalités comme dans son imaginaire), pour la complicité malicieuse avec le lecteur ; mais l'intelligence brillante du narrateur ne tourne jamais au pur jeu littéraire, et l'on se laisse prendre par l'intrigue de ses récits pleins d'imprévu, l'on s'attache à ses personnages à la poursuite de rêves inaccessibles. Également fasciné par les formes du récit bref — anecdote, parabole, conte, sans oublier la tradition juive des récits hassidiques —, Marc Petit a publié plusieurs recueils de nouvelles : *La Chasse à l'hermine* (Fayard, 1983), *Le Montreur et ses masques* (Mazarine, 1986) — tous deux partiellement repris dans *Rue de la mort et autres histoires* (Critérion, 1992) —, *Lettres de l'antiméridien* (Critérion, 1992).

B.Do.

Peyré Joseph (1892-1968). Né à Aydie le 13 mars 1892, fils d'instituteur, il passe son enfance dans la campagne béarnaise, poursuit ses études à Bordeaux, exerce divers métiers et devient journaliste à *Gringoire*. Grâce aux récits de son frère, officier saharien, il conte le combat des méharistes dans *L'Escadron blanc* (Éditions des Portiques, 1930 ; rééd. Grasset, 1987), dont le succès engendre une véritable saga du désert (*Le Chef à l'étoile d'argent*, Grasset, 1933 ; *Sous l'étendard vert*, Grasset, 1934 ; *La Légende du goumier Saïd*, Flammarion, 1950). Envoyé par l'*Excelsior* dans l'Espagne de 1934, il découvre l'atmosphère de *Sang et lumières* (Grasset, 1935, Goncourt), dont le cadre se retrouve dans *Roc-Gibraltar* (Grasset, 1937), *Guadalquivir* (Flammarion, 1952), ainsi que dans les romans historiques sur les guerres napoléoniennes de la péninsule (*Une fille de Saragosse*, Flammarion, 1957 ; *Les Lanciers de Jerez*, Flammarion, 1961 ; *Les Remparts de Cadix*, Flammarion, 1962 ; *L'Alcalde de San Juan*, Flammarion, 1962). En même temps, il trouve dans la montagne un espace où poursuivre son goût de l'héroïsme (*Xénia*, Calmann-Lévy, 1930 ; *Matterhorn*, Grasset, 1939 ; *Mont Everest*, Grasset, 1942 ; *Mallory et son dieu*, Genève-Paris-Montréal, Éditions du Milieu du Monde, 1947), avant de faire retour au pays de son enfance (*De mon Béarn à la mer basque*, Flammarion, 1952 ; *Jean le Basque*, Flammarion, 1953 ; *Le Puits et la maison*, Flammarion, 1955 ; *Le Pont des sorts*, Flammarion, 1959). Il meurt à Cannes le 26 décembre 1968.

→ Pierre Delay, *Joseph Peyré*, Biarritz, J. et D. Editeurs, 1992. — *Les Voyages romanesques de J. Peyré*, catalogue de l'exposition du centenaire, Bibliothèque municipale de Pau, 1992. — *Joseph Peyré, l'homme de ses livres*, actes du colloque de 1992, J. et D. Editeurs, 1994. — Fonds Peyré à la Bibliothèque municipale de Pau.

J.P.

Peyrefitte Roger (1907). Né à Castres le 17 août 1907, en poste à Athènes de 1933 à 1938, puis à l'administration centrale, révoqué en 1945, le diplomate s'est ensuite effacé devant l'écrivain, dont le premier roman, *Les Amitiés particulières* (Flammarion, prix Renaudot 1944), est unanimement salué. Récits de voyage (*L'Oracle*, Flammarion, 1948 ; *Du Vésuve à l'Etna*, Flammarion, 1952), et récits autobiographiques (*La Mort d'une mère*, Flammarion, 1950) reprennent le thème homosexuel, ainsi que *Notre amour*, Flammarion, 1967 ; *La Coloquinte*, Flammarion, 1971 ; *L'Enfant de cœur*, Albin Michel, 1978 ; *Le Dernier des Sivry*, Rocher, 1993, avec moins de bonheur peut-être. Entre confession et exhibition (*Propos secrets*, Albin Michel, 1977), l'auteur de *La Muse garçonnière* (Flammarion, 1973) sacrifie souvent au scandale, érigé en principe, pour s'attaquer, par exemple, aux diplomates (*Les Ambassades*, Flammarion, 1951 ; *La Fin des ambassades*, Flammarion, 1953), à l'Église (*Les Clés de Saint- Pierre*, Flammarion, 1955 ; *La Soutane rouge*, Gallimard, 1987), à l'ordre de Malte (*Les Chevaliers de Malte*, Flammarion, 1957), aux francs-maçons (*Les Fils de la lumière*, Flammarion, 1961), ou à ses contemporains (*Les Juifs*, Flammarion, 1965 ; *Les Américains*, Flammarion, 1968 ; *Les Français*, Flammarion, 1970). Ce pamphlétaire qui prétend faire œuvre de moraliste et de justicier, s'est enfin essayé à la biographie romancée d'Alexandre le Grand (Albin Michel, t. I, 1977 ; t. II, 1979 ; t. III, 1981) et de Voltaire (*Voltaire et Frédéric II*, Albin Michel, 1992).

S.R.

Phantomas. Revue littéraire belge fondée en 1953, sur les traces de Cobra, par Joseph Noiret, Marcel Havrenne et Théodore Koenig, auxquels devaient se joindre Marcel et Gabriel Picqueray, Pierre Puttemans, François Jacqmin et Paul Bourgoignie. Publiée jusqu'en 1980, elle se fait l'héritière d'une certaine tradition dadaïste et surréaliste centrée sur les jeux de langage et l'anticonformisme : on y retrouve entre autres les noms de Tzara, Pansaers, Joostens. Miroir de la « Belgique sauvage », elle se situe dans une perspective anti-dogmatique qui lui font ouvrir ses colonnes à tout artiste porté vers la « transcréation ». Si tous les modes d'expression sollicitent son intérêt, le langage et ses virtualités ludiques sont au centre de ses préoccupations : « cette curiosité des sonorités mêmes qui révèlent des sens parfois incongrus et rebondissant à leur tour sur le poème, le goût de l'amalgame et du contrepet, le jeu de mots et le détournement ou l'extension des significations s'[y] retrouvent à presque chaque page » (Pierre Puttemans). Internationale (voir entre autres les numéros sur l'Italie), accordant une grande importance à la peinture et à ses liens avec la création littéraire, sa collection constitue une véritable anthologie, de l'art brut à l'art naïf (Broodthaers, Baj, Dangelo, Marti, Dotremont...). Une trentaine de volumes, la plupart émanant des proches collaborateurs, ont paru dans une collection associée à la revue, la « Bibliothèque de *Phantomas* ».

→ *Phantomas*, Ixelles, Musée d'Ixelles, 1975. — Théodore Koenig, *Histoire de la peinture chez « Phantomas »*, Bruxelles, Lebeer Hossmann, 1990.

O.Bi.

Phelps Anthony (1928). Né à Port-au-Prince (Haïti), il vit en exil depuis 1964, occupant dans le panorama des lettres haïtiennes une place à part, due sans doute au fait que, comme son compatriote René Depestre, il refuse l'hégémonie de la négritude et entend donner à son entreprise poétique une dimension universelle. Ses recueils en témoignent : *Éclat de silence* (Port-au-Prince, 1962), *Points cardinaux* (Montréal, 1966), *Mon pays que voici* (Oswald, 1976), *Motifs pour le temps saisonnier* (Oswald, 1976), *La Bélière caraïbe* (Montréal, 1980) et *Orchidée nègre* (Montréal, 1985), auxquels s'ajoute un roman, *Mémoire en colin-maillard* (Montréal, 1976), qui renoue avec le thème de l'exil et des luttes de l'écrivain haïtien.

J.C.

Philipe Anne (1917-1990). Née à Bruxelles, elle s'installe en France en 1939 et publie en 1955 *Caravanes d'Asie* (Julliard), récit d'un voyage entrepris en 1948 et qui l'avait menée de la Chine à l'Inde en empruntant la Route de la soie, itinéraire dont elle se souviendra également dans *Ici, là-bas, ailleurs* (Gallimard, 1974). Cette passion pour les voyages la conduit aussi à réaliser des documentaires et à fonder avec Jean Rouch le Comité du film ethnographique. Mais elle revient à la littérature pour raconter dans *Promenade à Xian* (Gallimard, 1980) un séjour dans la Chine d'après Mao, après avoir publié un essai, *Spirale* (Gallimard, 1971). Après la mort de son mari, l'acteur Gérard Philipe (épousé en 1951), elle évoquera sa mémoire dans *Gérard Philipe, souvenirs et témoignages* (Gallimard, 1978), écrit en collaboration avec Claude Roy. *Le Temps d'un soupir* (Julliard, 1963) révèle l'intensité de cet amour autant que la douleur d'une séparation qui hante encore *Les Rendez-vous de la colline* (Julliard, 1966) et qui résonnera dans *Un été près de la mer* (Gallimard, 1977), *Les Résonances de l'amour* (Gallimard, 1982), *Je l'écoute respirer* (Gallimard, 1984) et *Le Regard de Vincent* (Gallimard, 1987), romans qui rappellent la fragilité du bonheur avec une lucidité et une pudeur que l'on retrouve dans ses entretiens (*La Demeure du silence*, Gallimard, 1975 et *L'Éclat de la lumière*, Gallimard, 1978).

S.R.

Philippe Charles-Louis (1874-1909). Il est né le 4 août 1874 à Cerilly, dans l'Allier, d'une mère qui a été domestique et d'un père sabotier. À sept ans, il est atteint d'une ostéite du maxillaire qui, mal soignée, lui laisse une cicatrice indélébile qu'il cachera au moyen de sa barbe. Il sera plus tard exempté du service militaire, non pour sa petite taille comme on l'a dit parfois (petite taille qu'il attribue à plusieurs de ses personnages), mais pour une nécrose du maxillaire. À douze ans, il est enlevé à son milieu d'origine et transporté dans l'univers hostile du lycée comme boursier et comme interne, d'abord à Montluçon jusqu'au baccalauréat, puis à Moulins en classe de mathématiques spéciales. Il échoue aux concours de Polytechnique et de Centrale. Il lit les poètes symbolistes, entretient une correspondance avec Mallarmé, avec Jammes qui bientôt lui fera connaître Gide, avec René Ghil qui le met en contact avec les écrivains et les artistes proches d'une revue socialisante, *L'Enclos*. Ses premiers vers sont publiés dans une revue belge. Il abandonne ses études et cherche du travail à Paris.

En 1896, il est reçu à un concours de la Ville de Paris ; il sera employé municipal jusqu'à la fin de sa vie, menant une existence très modeste. Il poursuit cependant une carrière d'écrivain et fait paraître trois livres à compte d'auteur : *Quatre Histoires de pauvre amour* (1897), recueil encore imprégné de l'atmosphère symboliste ; *La Bonne Madeleine et la pauvre Marie* (1898), où se mêlent souvenirs lyriques et notations objectives ; *La Mère et l'enfant* (1900), dans une version écourtée — le texte complet n'en sera publié qu'après sa mort, par les soins de Gide et de Bachelin — est le récit de la vie de Philippe lui-même, romancée sous la forme de tableaux chronologiques de la naissance à la vingtième année. Ce roman est d'abord un hommage à sa mère : « Tu prendras des lunettes pour lire ces phrases. Tu épèleras *(sic)* mot à mot en disant : C'est un gros livre plein de mots. Eh bien, maman, chacun de ces mots est pour toi. » Mais l'œuvre vise aussi à faire accepter à sa mère celui qu'il est devenu : un homme qui gagne sa vie. En décevant les souhaits d'ascension sociale de ses parents, il a en fait refusé la « trahison » individuelle pour revenir auprès des pauvres, transformant l'échec en réussite, mais une réussite ambiguë, car ce nouveau déraciné, cet autre bachelier pauvre n'a pas appris à creuser les sabots. Une place dans un bureau ne correspond guère à la vision d'un heureux retour au pays, même s'il affirme : « Je reviens auprès des miens avec des désirs sages comme un travailleur revient auprès de son travail. » Entre les premiers textes et *La Mère et l'enfant*, l'auteur s'est éloigné progressivement de « l'écriture artiste » pour acquérir un style plus proche de son langage d'origine. Ses amis, lorsqu'ils entendirent, après sa mort, parler sa mère, eurent l'impression qu'elle parlait comme lui.

Une autre expérience personnelle, la rencontre d'une prostituée, lui fournit le matériau de *Bubu de Montparnasse* (Éditions de *La Revue blanche*, 1901) qui assurera son renom. Pour l'écrire, Philippe a mené une enquête sur le milieu de la prostitution, s'intéressant en particulier à ses causes économiques et sociales. Dans cette évocation des bas-fonds de la Butte et du boulevard Sébastopol, plus proche des romanciers russes que des naturalistes français, un jeune idéaliste, Pierre Hardy, essaie d'arracher une prostituée, Berthe Méténier, à la domination d'un souteneur, « petit mais costaud », Maurice Bélu, dit Bubu. Le livre fait alterner chapitres consacrés à Pierre et chapitres consacrés à Bubu, la liaison étant assurée par Berthe, ballottée entre les deux univers, obligée finalement de suivre Bubu. Sans doute Pierre incarne-t-il un pauvre dont les idées généreuses sont bafouées par les forces de l'argent et de la violence, mais Bubu n'est pas jugé selon des critères moraux : « Il devint souteneur parce qu'il vivait dans une société pleine de riches qui sont forts et déterminent les vocations. Ils veulent des femmes avec leur argent. Il faut bien qu'il y ait des souteneurs pour leur en donner. » Dans sa correspondance, Philippe s'est expliqué sur ce personnage à qui va toute sa sympathie. À travers lui, il a fait l'expérience fictive de la force. Depuis 1885, il fréquente des milieux anarchisants. Il n'est lui-même ni un tribun ni un violent, et il n'aura jamais d'activité proprement anarchiste, mais sa vision de la société conserve des traces de la théorie anarchiste.

La fascination qu'exerce sur lui le comportement des « forts » a pour corollaire le refus du travail et de l'ordre, comme on le voit dans *Le Père Perdrix* (1902), qui faillit obtenir le premier prix Goncourt en 1903 : un vieil ouvrier que la maladie empêche de travailler est accompagné, dans son itinéraire tragique vers le suicide, par un jeune homme, Jean Bousset, qui a démissionné de son poste d'ingénieur à l'occasion d'une grève et a entraîné le père Perdrix à Paris. Philippe manque une nouvelle fois de peu le Goncourt avec *Marie Donadieu*, en 1904, qui reprend le personnage de Jean ainsi que le schéma de la femme prise au faible par le fort dans le milieu de la Butte, puis encore avec *Croquignole*, en 1906 : un employé de bureau se croit devenu riche parce qu'il a fait un petit héritage ; dans une relation triangulaire qui rappelle celle de *Bubu*, Croquignole fait le malheur de son meilleur ami, Claude Buy, en détruisant la vie d'Angèle, la sage couturière. C'est donc encore l'homme fort qui l'emporte, sans même l'avoir voulu, sur le faible. Mais l'homme fort se transforme en héros nihiliste : lorsque, ruiné, il rentre au bureau et que ses collègues lui disent : « Il faut bien vivre ! », il répond : « J'y ai beaucoup réfléchi. Eh bien, ça n'est pas sûr ! »

La mort de son père, en 1907, pousse Philippe à évoquer celui qui, jusqu'alors, en retrait dans son œuvre, n'avait pas occupé dans la trinité familiale la même place que la mère et l'enfant. Il entreprend *Charles Blanchard* : « Je travaille à un nouveau livre qui sera sur mon père [...] Je suis sa vie pas à pas ; il me semble que je l'accompagne ; je retrouve ses idées, sa façon de voir les choses [...] Je me rappelle tout ce qu'il me racontait ». Contrastant idéologiquement avec *Croquignole*, *Pierre Blanchard* revient, par une oscillation caractéristique, à une mystique du travail. Le livre, inachevé, ne sera publié qu'en 1913, aux éditions de la NRF — juste retour des choses puisque Philippe appartient à l'équipe qui, autour de Gide, a fondé la *NRF* en 1908.

En ces années, parmi diverses activités littéraires, il publie des chroniques et des contes. Les chroniques, parues dans *Le Canard sauvage*, et les « Faits divers », dans *La Revue blanche*, ont une violence provocatrice qui éclaire certains aspects de Bubu : ils présentent souvent la défense de ceux, voleurs ou assassins, qui s'attaquent aux institutions et aux riches : « Et ce n'est pas une épicière, ce n'est pas une logeuse que l'on attaque, c'est tout un monde, avec des chefs, avec le téléphone, avec la mensuration, avec le bagne ou le bourreau ». Ils seront recueillis après sa mort dans *Les Chroniques du Canard sauvage*. Ses contes feront aussi l'objet d'une double publication posthume : *Dans la petite ville* et *Les Contes du matin*.

Atteint d'une typhoïde qui dégénère en méningite, Philippe meurt à trente-cinq ans, le 21 décembre 1909. Il laisse une œuvre marquée par une sympathie pour les pauvres, dont il a réussi à faire entendre la voix en littérature. Il occupe une place particulière entre le naturalisme et le populisme qui l'a annexé de façon un peu abusive et réductrice. Par un mouvement de va-et-vient entre soumission et révolte, évangélisme et anarchisme, il illustre bien les idées qui agitent l'entre-deux-siècles.

ŒUVRES. — *Œuvres complètes*, Éditions Ipomée et les Amis du Théâtre populaire de Montluçon, 1985. — Rééditions récentes : *Bubu de Montparnasse*, éd. Bruno Vercier, GF, 1978. — *La Mère et l'enfant* et *Le Père Perdrix*, éd. Bruno Vercier, Folio, 1983. — *Croquignole*, éd. Jean-Pierre Le Dantec, Balland, coll. Renaissances, 1992.

→ *Europe*, septembre 1960. — Il existe, depuis 1936, un *Bulletin de l'Association des amis de Charles-Louis Philippe*.

P.P.

Philombé René (1930), pseudonyme de Philippe-Louis Ombede. Né à Ngaoundéré (Cameroun), fondateur de l'Association des poètes et écrivains camerounais, il a consacré l'essentiel de sa carrière à la littérature. Comme Guillaume Oyono-Mbia, son compatriote, il se montre sensible au destin des petites gens, dont il narre avec humour et sympathie les tracasseries quotidiennes dans une série de chroniques réunies sous le titre *Lettres de ma cambuse* (Yaoundé, CLE, 1964) et *Histoires queues-de-chat* (CLE, 1972). *Sola ma chérie* (CLE, 1969) aborde le douloureux problème du mariage forcé, tandis qu'*Un sorcier blanc à Zangali* (CLE, 1969) évoque la figure pathétique d'un missionnaire, le R.P. Marius, dont les efforts pour se mettre à l'écoute de ses ouailles seront désavoués par l'administrateur colonial. René Philombé est également l'auteur de deux pièces de théâtre, *L'Amour en pagaille* (Yaoundé, Semences africaines, 1970), *Africapolis* (Semences africaines, 1979), et de plusieurs recueils poétiques, *Hallalis et chansons nègres* (chez l'auteur, 1970), *Petites Gouttes de chant pour créer l'homme* (Semences africaines, 1977), *Chocs anti-chocs* (Semences africaines, 1978) et *Espaces essentiels* (Silex, 1983).

J.C.

Pia Pascal (1903-1979), pseudonyme de Pierre Durand. Né à Paris le 15 août 1903, orphelin de père en 1915, il doit très jeune gagner sa vie : d'abord employé, puis quelque temps (paraît-il) chanteur de rue avec son ami Malraux, il devint en 1918 le collaborateur discret de l'érudit Frédéric Lachèvre pour ses ouvrages consacrés aux origines de l'athéisme en France. Dès son adolescence, Pia fréquentait le milieu des libraires, éditeurs d'art, érudits, peintres et poètes qui firent la gloire du Montmartre des années vingt ; il passait ses journées à la Bibliothèque nationale, s'occupant pour le compte de tel ou tel d'éditions savantes ou clandestines de poésie licencieuse des XVIIe et XVIIIe siècles. Sans doute cette période fut-elle la seule de sa vie où il ressentit, fugitivement, une vocation littéraire : quelques poèmes, *L'Aurore en pluie*, parurent en 1922 dans *La Nouvelle Revue française* ; mais Pia retira au dernier moment le manuscrit d'un recueil annoncé en 1924, *Le Bouquet d'orties*. Dans le même temps, son ami le romancier néerlandais Eddy Du Perron publiait un *Complément du Bouquet d'orties*, « poésies de Pascal Pia dérobées à l'auteur », lequel nota plus tard avec délectation que ce supplément... ne s'ajoutait à rien. On retrouve dans ces poèmes l'influence d'Apollinaire et de Toulet, deux écrivains qu'il ne cessa jamais d'admirer. La veine licencieuse n'y était pas négligée : la plaquette fut rééditée en 1928 sous le titre *La Muse en rut*. Pia ne reprit ensuite la plume que pour écrire sur les autres : études consacrées au peintre André Masson, au sculpteur Manolo (1930) ; plus tard, monographies littéraires (*Baudelaire*, Le Seuil, 1952 ; *Apollinaire*, Le Seuil, 1954).

Si, durant les années 1925-1930, il semble s'être occupé surtout d'édition clandestine, il est probable qu'il fut aussi l'auteur de certains des textes qu'il publia sous de prestigieuses signatures, notamment des poèmes érotiques d'Apollinaire et de Pierre Louÿs. Il confectionna même un faux Baudelaire, *Les Années de Bruxelles*, abusant quelques érudits avant de l'être lui-même par *La Chasse spirituelle* (1949), faux Rimbaud de Akakia-Viala et Nicolas Bataille, qu'il préfaça en le prenant pour une œuvre perdue et retrouvée de l'auteur d'*Une saison en enfer*. Pia trouvait du plaisir à mystifier et à s'identifier par le style à ses écrivains favoris ; aujourd'hui encore, on n'a pas fait la part de tout ce qui lui revient dans ce domaine. Les années 1930 virent son entrée dans le monde du journalisme : il participa à la création d'*Alger républicain* (1937), à l'origine de sa rencontre avec Camus, alors inconnu. Lorsqu'en 1940 les difficultés politiques et la guerre l'obligèrent à rentrer en France pour devenir rédacteur à *Paris-Soir*, il n'oublia pas son ami resté à Oran : c'est lui qui, en 1941, transmit à Gallimard le manuscrit de *L'Étranger*. Son goût naturel pour l'ombre le prédisposait à entrer dans la Résistance : il y dirigea à partir de 1943 le secteur « propagande » et le journal clandestin *Combat*, qu'il ne quitta qu'en 1947 pour fonder une agence de presse qui périclita rapidement.

Pia vécut alors de travaux d'édition, rédigeant préfaces et notes pour toutes sortes d'ouvrages classiques (on lui doit notamment la redécouverte, en 1943, puis l'édition, en 1962 chez Pauvert, de l'*Album zutique*, qui contient quelques poèmes inédits de Rimbaud). À partir du milieu des années soixante, une chronique hebdomadaire dans *Carrefour* lui permit de parler avec sensibilité, érudition ou ironie de la littérature qu'il aimait dans d'admirables chroniques qu'il ne prit jamais la peine de recueillir lui-même, mais dont Maurice Nadeau publia une anthologie, *Romanciers, poètes et essayistes du XIXe siècle* (Denoël-Lettres nouvelles, 1971). Son goût pour la face cachée de la littérature lui faisait évoquer tour à tour auteurs confidentiels, détails biographiques et bibliographiques oubliés sur de grands écrivains, textes érotiques. Il a d'ailleurs préfacé l'important *Dictionnaire des œuvres érotiques (domaine français)* du Mercure de France (1971), et son dernier ouvrage fut une bibliographie critique de l'ancien « Enfer » (réserve d'ouvrages licencieux) de la Bibliothèque nationale, *Les Livres de l'Enfer* (Coulet et Faure, 1978).

Mort à Paris le 27 septembre 1979, Pia ne se laissa jamais rattacher à rien, sinon au Collège de 'Pataphysique, et mena une existence laborieuse éclairée seulement par l'érudition littéraire vécue comme une activité de l'ombre ou comme une mystification ; une trop vive conscience de l'absurde de la condition humaine le dissuada de laisser une œuvre. Mais sa philosophie de l'existence influença Camus qui, juste retour des choses, lui dédia *Le Mythe de Sisyphe* et le peignit peut-être dans *La Peste* sous les traits du personnage de Tarrou ; Malraux, lui aussi marqué par ses idées, lui dédia un essai sur Goya, *Saturne*. La postérité littéraire de Pascal Pia sera sans doute à l'image de sa vie : placée sous le signe du secret.

OEUVRES. — *Poèmes et textes retrouvés, 1921-1924*, éd. Jean-José Marchand, Les Lettres Nouvelles, 1982.

→ *Pascal Pia*, Maurice Nadeau-Les Lettres nouvelles, 1981 [recueil de témoignages, biographie et bibliographie]. — Roger Grenier, *Pascal Pia ou le droit au néant*, Gallimard, 1989. — Fonds Pascal Pia à l'IMEC.

B.Do.

Picabia Francis (1879-1953). Né le 22 janvier 1879 dans une famille fortunée, d'un père attaché à la légation de Cuba à Paris, élève à l'École nationale supérieure des Beaux-Arts, il inaugure vers 1905 une brillante carrière de peintre néo-impressionniste. Mais sa forte personnalité, nourrie de lectures de Nietzsche et d'un besoin irrésistible de mobilité, le poussent hors de ce chemin tout tracé d'artiste reconnu, dès 1907. Les tableaux qu'il présente aux côtés de son ami Marcel Duchamp en février 1913 à l'Armory Show de New York éveillent la curiosité d'Alfred Stieglitz, directeur de *Camera Work*, qui le consacre peintre d'avant-garde. Sans s'arrêter longtemps au cubisme ni à l'orphisme, Picabia, investi pendant la guerre d'une mission à Cuba, fait une longue escale à New York en 1915 : la Modern Gallery accueille ses œuvres et la revue *291* lui consacre un numéro double. En reconnaissance, Picabia baptise *391* sa propre revue, qu'il lance de Barcelone où il lutte contre la dépression. Maximes, jeux typographiques, inscriptions caustiques témoignent d'un esprit Dada avant la lettre, de même que les toiles de cette époque, barrées de paraphes, émaillées d'aphorismes ; dès 1915, il signe des épures d'ingénieur parfois rehaussées de couleurs et de calembours où il dénonce le « goût », alibi au commerce de l'art, et défie le regard de l'amateur par ses tableaux peints au ripolin. Ces provocations s'exaspèrent au moment où Dada tente de bousculer les avant-gardes en voie de consécration. À ce titre, la rencontre avec Tzara, à Zurich, en 1918 lui redonne l'énergie de vivre et confirme ses orientations antérieures. De retour à Paris en 1919, Picabia répand Dada comme une traînée de poudre, grâce à l'équipe de la jeune revue *Littérature*, et accueille bientôt Tzara chez lui. Signant de noms divers des échos et pensées, il écorche tous ceux qui, sur la scène artistique des années vingt, prétendent sérieusement incarner l'avant-garde, et délègue à ses fidèles (Georges Ribemont-Dessaignes et Pierre de Massot) le soin de poursuivre ses polémiques lorsqu'il est sur la côte d'Azur ; il lance des feuilles assassines *(Cannibale*, mars et juillet 1920 ; le *Pilhaou-Thibaou*, juillet 1921 ; *La Pomme de pins*, 1922), dessine des couvertures iconoclastes (pour *Littérature*, nouvelle série) et participe à *Little Review*, qu'il codirige de 1921 à 1922 avec Ezra Pound, sans jamais renoncer malgré une fortune un peu entamée, à une vie mondaine éclatante.

Picabia, qui proclame que « notre tête est ronde pour permettre à la pensée de changer de direction », s'amuse des conflits d'autorité qu'il aiguise pour mieux les stigmatiser dans les revues qui accueillent ses critiques au vitriol. Depuis 1914, il poursuit l'offensive sur un autre plan : ses nombreux poèmes et pensées publiés dans les revues Dada sont réunis dans *Cinquante-deux miroirs* (1917), *Poèmes et dessins de la fille née sans mère* (1918), *L'Athlète des pompes funèbres* (1918), *Pensées sans langage*

(1919), *Unique Eunuque* (1920), *Jésus-Christ Rastaquouère* (pamphlet, 1920). Les thèmes de la machine (la « fille née sans mère »), l'affirmation du mouvement et de l'instant s'expriment en maximes philosophiques paradoxales ; les calembours et allusions privées tiennent encore du collage cubiste, mais Picabia, démontant la phrase puis le mot, pour les remonter à l'envers dans *Pensées sans langage*, à la façon de ces rouages de réveille-matin trempés dans l'encre pour une couverture de *Dada*, brouille la direction usuelle de la lecture en un jeu qui retrouve celui du peintre mêlant lisible et visible sur l'espace de la toile. L'amour de la vitesse et du changement incessant le projette hors des trajectoires attendues en poésie comme en peinture. Ainsi, les automobiles de luxe et les folles soirées, le mépris des littérateurs et artistes de métier l'écartent des contraintes morales comme des mots d'ordre révolutionnaires. En 1922, il entraîne Breton pour une conférence à l'Ateneo de Barcelone, où il expose, et participe à quelques séances de sommeil hypnotique, mais il supporte mal la constitution d'un « groupe » surréaliste autour de Breton et tente bientôt de lui faire pièce en lançant un mouvement sans lendemain : l'Instantanéisme (1924). Celui que le *Manifeste* de 1924 compte encore parmi les hôtes de passage fuit la discipline de clan pour les fêtes mondaines, passe de l'anarchisme à une idéologie de droite et se réfugie en 1925 à Mougins ; il continue la série des « Monstres » (1922-1925) et entre dans une période de peinture onirique par laquelle il renoue avec un métier plus traditionnel : ses « transparences », superpositions de corps sculpturaux, de motifs d'architecture et de végétaux, lui attirent un nouveau public. Quant à son intense activité poétique, elle se réduit après 1920 à *La Loi d'accommodation chez les borgnes* (scénario de 1928), *Thalassa dans le désert* (1945) et à des plaquettes d'aphorismes *(591*, publié un an avant sa mort). Picabia ne se satisfait d'aucune formule, ne se reconnaît aucun interdit, ce qui le conduit à se perdre parfois, s'abandonnant aux facilités d'un art abstrait moins inventif pour nourrir expositions et galeries. Ne présumait-il pas de sa révolte lorsqu'il écrivait : « Picabia a trouvé un gyroscope pour cerveaux contre les vertiges de la célébrité » ? Il est mort le 30 novembre 1953.

ŒUVRES. — *Caravansérail*, Belfond, 1974. — *391* (1917-1924), rééd. intégrale présentée par Michel Sanouillet, Belfond-Losfeld, 1960, 2 t. — *Écrits* de Francis Picabia, réunis par Olivier Revault d'Allones, Belfond, 1975, 2 t.

→ Michel Sanouillet, *Picabia*, L'Œil du temps, 1964. — Marc Le Bot, *Francis Picabia et la crise des valeurs figuratives*, Klincksieck, 1968. — Line Reissen, « Francis Picabia peintre et poète », *Europe*, juillet-août 1976.

M.-P.B.

Pichette Henri (1924), pseudonyme de Harry Paul Pichette. Né le 26 janvier 1924 à Châteauroux, d'un père américain d'origine québécoise et d'une mère française, il connaît après la séparation de ses parents une enfance instable et turbulente. Apprenant le bombardement de Marseille où vit sa mère, il rejoint en 1944 les FFI, puis s'engage dans l'armée de libération. La création des *Épiphanies* (1947) sur la scène des Noctambules, par Gérard Philipe, Maria Casarès et Roger Blin, fait grand bruit. Ce « mystère profane » représente le théâtre de la guerre et célèbre l'amour libre avec une jubilation iconoclaste et dans une explosion verbale qui paraît salvatrice. En même temps, la revue *Fontaine* édite les *Apoèmes*, autobiographie poétique qui ne se veut ni « impoésie », ni « non-poésie », ni « anti-poésie », mais l'équivalent en poésie de la musique atonale, soit une écriture libérée des règles. C'est aussi en 1947 qu'Artaud fait de Pichette un célèbre portrait. Dès lors, chaque recueil, genèse poétique et élémentaire (*Le Point vélique*, 1950) ou utopie politique (*Les Armes de justice*, dernière partie des *Revendications*, 1958) refait le monde. Poète « artisan et partisan », engagé et croyant, Pichette revient assez vite à une métrique traditionnelle, le lyrisme l'emportant sur le délire. Traversée des influences les plus diverses, Rimbaud, Artaud, Breton, Joyce, Hugo, Péguy, Claudel, Whitman, cette poésie est vouée aux invocations, aux litanies sans fin dans l'espoir d'un nous où le moi s'accomplirait en s'effaçant dans la communion universelle. Du Canada où il retourne sur les traces de son père, Pichette rapporte *Odes à chacun* (1961), où l'on trouve, par exemple, un catalogue des métiers manuels en plus de cinq cents alexandrins. Cet encyclopédisme, dont relève une passion pour l'ornithologie allant jusqu'à l'identification lyrique avec le rossignol, se retrouve dans la bibliographie et le lexique qui accompagnent le recueil, orné de bois gravés du XVe siècle extraits du *Spera mundi* ou du *Dyalogue des créatures*. L'expérience du théâtre (collaboration avec le TNP dans les années cinquante) explique en partie la dimension visuelle de l'œuvre poétique, dans la mise en page et la typographie des *Épiphanies* d'abord, puis grâce aux illustrations emblématiques des recueils, celles de James Pichette pour *Dents de lait dents de loup* (1962), de Calder et de Lurçat dans *Poèmes offerts* (1982).

ŒUVRES. — *Apoèmes*, Fontaine, 1947, rééd. revue, Granit, 1979. — *Les Épiphanies*, K, 1948, rééd. Poésie-Gallimard, 1969, 1998. — *Rond-Point* suivi de *Joyce au participe futur* et de *Pages pour Chaplin*, Mercure de France, 1950. — *Lettres Arc-en-ciel*, L'Arche, 1950. — *Nucléa*, L'Arche, 1952. — *Les Revendications*, Mercure de France, 1958. — *Odes à chacun*, Gallimard, 1961, rééd. revue, 1988. — *Tombeau de Gérard Philipe*, Gallimard, 1961. — *Dents de lait dents de loup*, Gallimard, 1962. — *Poèmes offerts*, Granit, 1982.

F.R.

Picon Gaëtan (1915-1976). Né le 19 septembre 1915 à Bordeaux, passionné de littérature classique et moderne, Gaëtan Picon entreprend de brillantes études de philosophie et se destine à l'enseignement. Le choc qu'il éprouve en 1933 à la lecture de *La Condition humaine* de Malraux décide de sa vocation de critique littéraire : il se lie avec l'auteur, et publie une monographie (*Malraux*, Gallimard, 1945) qu'il ne cessera de revoir (dernière édition : Le Seuil, 1976). Cette admiration initiale ne limite nullement ses centres d'intérêt : il écrit parallèlement des articles sur divers auteurs classiques et contemporains et fait paraître une anthologie critique (*Panorama de la nouvelle littérature française*, Point du Jour, 1950) cependant que s'affirme son goût pour les arts plastiques. En 1959, Malraux, ministre des Affaires culturelles, le nomme directeur général des Arts et des Lettres, poste qu'il occupe jusqu'en 1966, sans cesser de publier de nombreux articles et ouvrages (dont trois volumes d'essais, *L'Usage de la lecture*, Mercure de France, 1960-1963), de diriger revues littéraires (*L'Éphémère*, *Le Mercure de France)* et collections (Les sentiers de la création chez Skira), de coordonner de vastes synthèses sur la littérature et les idées. Après quelques années consacrées à réfléchir sur la peinture (*Ingres*, Skira, 1967 ; *Admirable tremblement du temps*, Skira, 1970 ; *1863, Naissance de la peinture moderne*, Skira, 1974, rééd. Gallimard, 1988 ; *Journal du surréalisme*, Skira, 1976 ; monographies sur Miró, Picasso, Dubuffet...), il amorce tardivement une œuvre de fiction plus personnelle avec *Un champ de solitude* (Gallimard, 1968), confidence lyrique et méditation sur la mort en forme de long monologue, puis *L'Œil double* (Gallimard, 1970), récit d'une quête de soi figurée par la poursuite entre un *je* et un *il* qui finissent par se confondre. Gaëtan Picon meurt le 6 août 1976, alors qu'il s'apprêtait à prendre la direction de l'Académie de France à Rome (Villa Médicis).

→ *L'Œil double de Gaëtan Picon*, Centre Pompidou, 1979.

B.Do.

Pierre-Quint Léon (1895-1958). D'abord auteur de *La Femme de paille* (1924), roman qui le situe dans la lignée des romanciers psychologues et moralistes, puis de *Déchéances aimables* (1924), recueil de contes, c'est comme critique et essayiste qu'il s'est fait connaître. Dès 1925, son livre *Marcel Proust, sa vie, son œuvre* lui apporte une grande notoriété. Plusieurs rééditions (1928, 1936) lui donneront l'occasion d'enrichir et d'affiner son analyse de l'œuvre proustienne, notamment en en soulignant la dimension comique. Suivront *Le Comte de Lautréamont et Dieu* (1930), *André Gide, l'homme, sa vie, son œuvre. Entretiens avec Gide et ses contemporains* (1952), *Proust et la stratégie littéraire* (1954). Critique à la *Revue de France*, il y soutint de jeunes écrivains : outre Breton et les surréalistes dont il se sentait proche, il faut citer Malraux, Gide et plus tard Sartre, Adamov, Claude Simon. Il collabora aux Éditions du Sagittaire dont il assura, d'abord avec Philippe Soupault, puis seul, la direction. Il y publia notamment les *Manifestes du surréalisme* et *Arcane 17* d'André Breton. Plutôt proche de la gauche, à la Libération membre du CNE, il intervint néanmoins discrètement en 1945 en faveur de Montherlant. Son texte, demeuré inédit jusqu'en 1960, figure depuis 1976 en appendice du volume regroupant *L'Équinoxe de septembre* et *Le Solstice de juin*. Pierre-Quint est aussi l'auteur d'ouvrages autobiographiques : *En personne* (1926) et, sous le pseudonyme de Jean Basque, *Journal d'une double libération* (1954).

Pa.B.

Pieyre de Mandiargues André (1909-1991). Né à Paris le 14 mars 1909, dans un milieu aisé, il commence puis abandonne une licence de lettres avant de voyager en Europe et en Orient afin d'assouvir sa passion pour l'archéologie. D'abord poète, il entreprend en 1934 la rédaction des premiers textes de *L'Âge de craie*, qui ne seront rassemblés en recueil qu'en 1961. Pendant la guerre, il se retire à Monaco. La publication, en 1943, de *Dans les années sordides* précède son retour à Paris.

Sa liberté onirique et érotique, aux confins de l'imaginaire et du désir, recoupe les aspirations du surréalisme. Ce n'est toutefois qu'à partir de 1947, et de sa rencontre avec André Breton, qu'il collabore aux activités du groupe. Son œuvre, plus particulièrement proche par ses thèmes de l'univers pictural de Léonor Fini, comme en témoigne l'un de ses premiers essais (*Les Masques de Léonor Fini*, 1951), se voue à la célébration ambiguë d'une féminité vénéneuse et protéiforme. Sur fond de décors exotiques ou labyrinthiques, où chaque élément se charge d'une valeur symbolique, se déroulent des fêtes secrètes dont la barbarie a des relents d'inquiétante étrangeté. La théâtralité délibérément accusée de ces scènes transfigure l'aventure charnelle en destin tragique.

Le liminaire du *Musée noir* (1946), premier recueil de nouvelles, annonce une échappée vers les « coulisses vertigineuses » du « panorama dressé par les sens dans la conscience de l'homme ». Des héroïnes aussi perverses qu'ingénues obéissent à d'étranges rituels qui déchaînent et règlent à la fois les « minutes orageuses de l'existence ». Chacun de ces brefs récits bascule à l'instant où pulsions et fantasmes lézardent le réel et où un merveilleux trouble envahit la scène quotidienne. Sensualité et violence s'associent encore dans *Soleil des loups* (1951, prix des Critiques), et *Feu de braise* (1959), dont les sept nouvelles forment une succession de tableaux fantastiques. On a souvent parlé du style baroque et luxuriant de Pieyre de Mandiargues : le choix de la nouvelle est précisément pour lui le moyen de rendre « acceptable au lecteur des outrances de sujet et des recherches de langage chargé qu'il supporterait difficilement dans le cas du roman ».

C'est pourtant vers le genre romanesque, auquel il devra sa renommée, qu'il s'achemine depuis *Marbre ou les mystères d'Italie* (1953), parabole sur l'effacement de l'auteur et du lecteur dans le récit contemporain. Le personnage principal, Ferréol Buq, découvre un matin une statue qui n'est autre que la « charogne d'un dieu » : c'est le corps mort du lecteur. Une voix lui murmure que, symétriquement, l'auteur a lui aussi disparu. « Piteux héros », abandonné dès lors à une intrigue sans cause ni fin, il se dissout dans l'inachèvement du roman, auquel tout dénouement est refusé. *Le Lis de mer* (1956), aux antipodes de ces jeux sophistiqués de réfraction entre des instances absentes, renoue avec les jeunes filles sulfureuses et leurs cérémonies initiatiques, dans l'éblouissement solaire de la Sardaigne. Mais le motif de la quête dionysiaque du plaisir et de la dissolution orgiaque des limites trouve sa pleine mesure et son versant obscur avec *La Motocyclette* (1963). Une moderne amazone traverse l'Allemagne en quête de son amant, chevauchant une machine infernale qui la conduit à la mort. L'accident fatal s'identifie au spasme d'une étreinte avec l'univers. Le frisson voluptueux d'une mort à laquelle on consent sauvagement : telle est la réponse fictionnelle qu'oppose également *La Marge* (1967, prix Goncourt) au scepticisme théorique de *Marbre...* sur l'évolution du personnage romanesque. « J'ai vécu en marge », se dit le héros. Afin de combler ce défaut d'existence, il choisit de s'inventer « maître du temps et de l'espace » en se suicidant, et finit dans un éclat de rire au destin vaincu.

Jusqu'à sa mort en décembre 1991, l'auteur, tout en continuant à écrire des nouvelles, s'essaie au théâtre (*Isabella Morra*, 1973 ; *Arsène et Cléopâtre*, 1981) et multiplie les essais consacrés à des artistes dont les préoccupations esthétiques croisent les siennes : *Bona, l'amour et la peinture* (1971), sur l'œuvre de Bona Tibertelli, la femme aimée ; *Chagall* (1975) ; *Arcimboldo le merveilleux* (1977) ; *Le Trésor cruel de Hans Bellmer* (1979). Surtout, il se tourne à nouveau vers la poésie (*Ruisseau des solitudes*, 1968 ; *L'Ivre œil*, 1979 ; *Cuevas Blues*, 1986 ; *Moi-même*, 1988). Privilégiant le plus souvent les rythmes courts, les termes rares et une syntaxe élaborée, ces « pierreries » verbales, émaillées de jeux et calembours, enclosent des images de rêve, des instantanés érotiques, auxquels se mêlent signes ésotériques et allusions mythologiques.

Après *Le Deuil des roses* (1983), un dernier roman (*Tout disparaîtra*, 1987) synthétise les ressources thématiques et narratives accumulées au fil des expériences précédentes. Hugo Arnold rencontre dans le métro une comédienne-courtisane, avatar d'une créature syncrétique issue du fond des âges. De l'« avertissement fantastique » des premières pages jusqu'au piège sacrificiel qui lave le héros d'un « semblant de passé », les scènes de soumission sexuelle et d'humiliation sanglante se complexifient. Elles instaurent un dispositif où l'égarement progressif du héros et du lecteur ouvre sur une forme visionnaire de certitude. La « beauté scandaleuse », chère à Mandiargues, trouve ici son accomplissement en même temps que se réalise la prédiction obsédante : « Tout doit disparaître ». André Pieyre de Mandiargues est mort à Paris le 13 décembre 1991.

ŒUVRES. — Publiées chez Gallimard, Laffont et Grasset. *Dans les années sordides*, 1943, rééd. 1967. — *Hédéra ou la persistance de l'amour*, 1945, rééd. 1967. — *L'Étudiante*, 1946. — *Le Musée noir*, 1946, rééd. 1974. — *Les Incongruités monumentales*, 1948, rééd. 1969. — *Les Sept Périls spectraux*, 1950. — *Les Masques de Léonor Fini*, 1951. — *Soleil des loups*, 1951, rééd. 1979. — *Marbre ou les mystères d'Italie*, 1953, rééd. 1985. — *Contes fantastiques*, 1956. — *Le Lis de mer*, 1956, rééd. 1972. — *Astyanax*, 1957, rééd. 1964. — *Les Monstres de Bomarzo*, 1957. — *Le Cadran lunaire*, 1958, rééd. 1972. — *Le Belvédère*, 1958, rééd. 1990. — *Feu de braise*, 1959. — *La Marée*, 1959, rééd. 1970. — *Sugaï*, 1960. — *Cartoniles et dédicaces*, 1960. — *L'Âge de craie*, 1961, rééd. 1967. — *Deuxième Belvédère*, 1962, rééd. 1990. — *La Nuit l'amour*, 1962. — *La Motocyclette*, 1963, rééd. 1973. — *Saint-John Perse. À l'honneur de la chair*, 1963. — *Le Point où j'en suis*, 1964. — *Sabine*, 1964. — *Beylamour*, 1965. — *Les Corps illuminés*, 1965. — *Larmes de généraux*, 1965. — *Porte dévergondée*, 1965. — *Critiquettes*, 1967. — *Jacinthes*, 1967, rééd. 1968. — *La Marge*, 1967. — *Le Marronnier*, 1968. — *Ruisseau des solitudes*, 1968. — *La Magnanerie de La Ferrage*, 1969. — *Le Lièvre de la lune*, 1970. — *Éros solaire*, 1970. — *Chapeau-gaga*, 1970. — *Bona, l'amour et la peinture*, 1971. — *La Nuit de mil neuf cent quatorze, ou le style liberty*, 1971. — *Troisième Belvédère*, 1971. — *Mascarets*, 1971. — *Croiseur noir*, 1972. — *Miranda*, 1973. — *Isabella Morra*, 1973. — *Terre érotique*, 1974. — *Chagall*, 1975. — *Le Désordre de la mémoire*, entretiens avec Francine Mallet, 1975. — *Sous la lame*, 1976. — *Parapapillonneries*, 1976. — *Des jardins enchantés*, 1977. — *Arcimboldo le merveilleux*, 1977. — *L'Ivre œil*, 1979. — *La Nuit séculaire*, 1979. — *Le Trésor cruel de Hans Bellmer*, 1979. — *L'Anglais décrit dans le château fermé*, sous le pseudonyme de Pierre Morion, 1979. — *Crachefeu*, 1980. — *Arsène et Cléopâtre*, 1981. — *Un Saturne gai*, entretien avec Yvonne Caroutch, 1982. — *Le Deuil des roses*, 1983. — *Des cobras à Paris*, 1983. — *Aimer Michaux*, 1984. — *Cuevas Blues*, 1986. — *Tout disparaîtra*, 1987. — *Moi-même*, 1988. — *Gris de perle*, posth., 1993.

J. de S.

Pilhes René-Victor (1934). Né à Paris le 1er juillet 1934, élevé par sa grand-mère maternelle en Ariège, il travaille d'abord à Air-France, puis dans une grande entreprise de publicité. Dès son premier roman, *La Rhubarbe* (1965, rééd. Le Seuil, 1983), il obtient le prix Médicis. Urbain Gorenfant, bâtard, vient à Paris retrouver sa famille paternelle. Sa quête drolatique et pitoyable le conduit à vivre par procuration le passé dont il a été privé, avec pour toile de fond les champs de rhubarbe « ceinturés de mamelons épineux » de Torlu, son village pyrénéen. On retrouve ce décor mythifié dans le deuxième roman de Pilhes, *Le Loum* (1969, rééd. Le Seuil, 1991), « liquidation » d'une mère par son fils lors de leur ascension du mont éponyme, mais aussi folle métaphore des puissances de l'écriture. À partir de *L'Imprécateur* (1974, rééd. Le Seuil, 1980 ; prix Femina), l'auteur, sans oublier ses thèmes fondateurs (l'origine, le pouvoir, la mort, le témoignage) change de cadre et dénonce avec passion et ironie l'âpreté inhumaine de la société postindustrielle, qu'il s'agisse des multinationales, des idéologies *(La Pompéï : I. La Mort inouïe de la comtesse*, 1985 ; *II. Les Démons de la cour de Rohan*, 1987), de la dérive des militantismes *(L'Hitlérien*, 1988), de la perversion mégalomane des médias *(La Médiatrice*, 1989) ou de la haute finance *(La Position de Philidor*, Mercure de France, 1992, Gallimard, 1995 ; *La Faux*, 1993, Le Livre de Poche, 1995).

I.M.

Pilon Jean-Guy (1930). Né à Saint-Polycarpe, fervent porte-parole de la littérature québécoise, il a participé à la fondation de la revue *Liberté*, a assumé des responsabilités dans la promotion des arts et des lettres québécois, dont le secrétariat général de la Rencontre québécoise internationale des écrivains et la direction du service des émissions culturelles à Radio-Canada. Successeur de Roger Duhamel, il anime, depuis 1982, l'Académie canadienne-française, devenue l'Académie des lettres du Québec. Ses principaux recueils, *Les Cloîtres de l'été* (1954), *L'Homme et le jour* (1957), *La Mouette et le large* (1960), *Recours au pays* (1961) et *Pour saluer une ville* (1963), ont été réunis en 1969 dans *Comme eau retenue* (L'Hexagone, 1969), où est repris l'avant-propos de René Char à la première édition des *Cloîtres de l'été* : le poète français reconnaît le vœu de dialogue international qui porte la voix de Jean-Guy Pilon. Qu'elle se déploie dans le lyrisme en sourdine du discours amoureux : « Ô ma présente / Je recrée tes rives à l'image de ton abandon », ou qu'elle s'exalte, comme chez la plupart des poètes dits de L'Hexagone, dans l'urgence du territoire à posséder et à nommer : « Je murmure le nom de mon pays / Comme un secret obscène / Ou une plaie cachée », cette poésie s'ouvre sur la célébration de l'universalité et du cosmopolitisme. L'éloge des villes du monde, d'Amsterdam à Buenos Aires, de Stockholm à Florence, culmine dans *Pour saluer une ville*, recueil consacré à l'évocation de l'esprit des lieux multiples de la terre.

P.C.-M.

Pineau Gisèle (1956). Née à Paris, d'origine guadeloupéenne, elle a passé sa jeunesse en France, où elle a accompli l'essentiel de ses études de lettres, puis d'infirmière spécialisée en psychiatrie. Depuis 1980, elle vit en Guadeloupe, et en 1987 elle a remporté le premier prix du concours « Écritures d'îles » avec une nouvelle intitulée *Paroles de terre en larmes* (Hatier, 1988). Elle a poursuivi son œuvre romanesque par la publication d'*Un papillon dans la cité* (Sépia, 1992), de *La Grande Drive des esprits* (Le Serpent à plumes, 1993), de *L'Espérance-macadam* (Stock, 1995) et de *L'Exil selon Julia* (Stock, 1996). Elle est également l'auteur de nouvelles publiées dans des recueils collectifs.

J.C.

Pingaud Bernard (1923). Né à Paris le 12 octobre 1923, normalien, secrétaire de séance à l'Assemblée nationale (1945-1974), conseiller culturel au Caire, cofondateur de *L'Arc* (1958), il publie de nombreux ouvrages, sur l'histoire littéraire (avec Robert Mantéro, *Les Infortunes de la raison : 1774-1815*, Hatier, 1992), ou la théorie de l'écriture (*Les Anneaux du manège*, Gallimard, 1965 ; *L'Expérience romanesque*, Gallimard, 1983) et a édité *Gloses à la sorcière* d'André Frénaud (Gallimard, 1995). Romancier, il est d'abord l'auteur de récits d'analyse psychologique comme *Mon beau navire* (La Table ronde, 1946), *L'Amour triste* (La Table ronde, 1950) et *Le Prisonnier* (La Table ronde, 1958), puis avec *La Scène primitive* (Gallimard, 1965), *L'Imparfait* (Gallimard, 1973) et *La Voix de son maître* (Gallimard, 1973), il transpose sa profonde connaissance de la psychanalyse, tandis que *Adieu Kafka* (Gallimard, 1989), jeu sur l'œuvre d'un certain « Franz Klaus », et *Bartoldi le comédien* (Le Seuil, 1996), vrai clin d'œil à Melville et fausse fiche de lecture, font de la littérature l'ultime objet de l'écriture.

J.P.

Pinget Robert (1919-1997). D'ascendance savoyarde, né le 19 juillet 1919 à

Genève, où il étudie le droit tout en s'adonnant à la poésie, à la musique et à la peinture, il renonce à la profession d'avocat en 1946 et entre aux Beaux-Arts à Paris dans l'atelier de Souverbie, un disciple de Braque : période de vaches maigres où il voyage beaucoup, dans des conditions souvent précaires (Espagne, Afrique du Nord, Yougoslavie, Israël). Il fait ses adieux à la peinture en 1950 lors d'une exposition boulevard Saint-Germain, survit grâce à des travaux de rédaction (la révision du *Dictionnaire des Œuvres* de Laffont-Bompiani), participe à la création de *Jours de France*. Ses débuts littéraires sont cahotiques : après un premier livre assez composite : *Entre Fantoine et Agapa*, à compte d'auteur à La Tour de feu en 1951, il est publié successivement chez Robert Laffont *(Mahu ou le matériau)* et chez Gallimard *(Le Renard et la boussole)*, avant de trouver son havre aux Éditions de Minuit. Jérôme Lindon publie une version abrégée de *Graal flibuste* en 1956, rachète les droits des premiers ouvrages et publiera l'ensemble de son œuvre. Désormais, Robert Pinget défend les couleurs du Nouveau Roman ; il participera aux colloques de Cerisy (1971) et de New York (1982) sur ce sujet. Il reçoit le prix des Critiques pour *L'Inquisitoire* (1962) et le prix Femina pour *Quelqu'un* (1965). Mais c'est le théâtre qui le fait vivre, et les commandes de la radio. Jean Vilar accepte sa première pièce, *Lettre morte*, pour le Théâtre Récamier en 1960, Beckett adapte *La Manivelle* en anglais pour la BBC la même année. *Architruc* est repris au Théâtre-Français en 1971, à l'initiative de Pierre Dux, et *L'Hypothèse* est joué par Pierre Chabert à l'Odéon-Théâtre de France, dans une mise en scène de Beckett. Le Festival d'Avignon lui apporte la consécration en 1987 : la Comédie-Française présente deux pièces, *La Manivelle* et *Abel et Bela*, Chantal Morel reprend *Lettre morte*, David Warrilow recrée *L'Hypothèse* dans une mise en scène de Joël Jouanneau. En 1990, le dramaturge reçoit le grand prix national des Lettres. Il est mort à Tours, le 25 août 1997.

Les premières œuvres de Robert Pinget sont capricieuses et fantaisistes. Il cherche sa voie dans la nouvelle *(Entre Fantoine et Agapa)*, la relation de voyage, réel ou parodique *(Le Renard et la boussole*, *Graal flibuste)*, la fausse confession *(Baga*, *Clope au dossier)*. *Le Fiston* amorce l'évolution formelle du roman : la seconde partie du récit reprend la première en la récrivant et la décomposant. *L'Inquisitoire*, *Quelqu'un*, *Autour de Mortin*, *Le Libera* constituent l'épine dorsale de l'œuvre et fabriquent un monde à la fois cohérent et improbable, greffé sur la tradition réaliste — le roman balzacien, avec sa géographie, sa sociologie, son système généalogique, la récurrence des personnages —, mais dévoyé par les contradictions internes, la multiplication des sources de la parole qui gauchissent le récit, embrouillent l'intrigue à plaisir et dissolvent peu à peu un univers à la dérive, balisé fortement toutefois par la permanence des noms propres qui séduisent et accrochent le lecteur (la Lorpailleur, Latirail, Mortin, Levert, Ariane de Bonne-Mesure). Dans *Passacaille*, *Fable*, *Cette voix*, *L'Apocryphe* et *L'Ennemi*, les noms se raréfient, le paysage tend vers le symbolisme (la Ville, la Maison), le calendrier se fait liturgique, le paragraphe devient verset. L'écriture s'exhibe et se représente sous la forme d'un gigantesque chantier dont le dernier mot reste à écrire. *Monsieur Songe* et la série de ses Carnets *(Le Harnais*, *Charrue*, *Du nerf*, *Taches d'encre)* présente sous une forme humoristique un autoportrait narquois de l'écrivain-moraliste et des affres de l'écriture.

Le théâtre a popularisé l'œuvre romanesque de Pinget. Nombre de pièces sont une adaptation des romans, soit littérale *(La Manivelle*, extrait de *Clope*, *L'Inquisitoire)*, soit ingénieusement recomposée : *Lettre morte*, issue du *Fiston* ; *Architruc*, tiré de *Baga*. On peut considérer *L'Hypothèse* comme la seule grande pièce représentative du Nouveau Roman, avec la mise en scène vertigineuse de l'écriture et de ses apories. Le drame de l'écrivain forme aussi la trame d'*Identité* et de *Paralchimie* que complète un ironique traité de la dramaturgie sous forme de dialogue, *Abel et Bela*. Pinget est également l'auteur d'un important théâtre radiophonique, partiellement regroupé dans *Un testament bizarre*. On fera une place à part à *Autour de Mortin*, porté à la scène par Jacques Seiler en 1979 : évocation d'un écrivain disparu, à travers des interviews contradictoires, complétés vingt ans plus tard par un ultime démenti *(Mortin pas mort)*. Que reste-t-il de l'écrivain après sa mort ? Un tissu de rumeurs, d'insinuations, un vaste malentendu sur une « gloire » dont on s'efforce de le dépouiller. Heureusement, sa vie est passée dans ses livres, l'écriture est l'instrument de la survie.

ŒUVRES. — Publiées aux Éditions de Minuit, à l'exception des trois premières et de *Cette chose* et *De rien* (éditions de luxe illustrées). — *Entre Fantoine et Agapa*, Jarnac, La Tour de feu, 1951, rééd. Éditions de Minuit, 1956. — *Mahu ou le matériau*, Robert Laffont, 1952, rééd. Éditions de Minuit, 1956. — *Le Renard et la boussole*, Gallimard, 1953, rééd. Éditions de Minuit, 1971. — *Graal flibuste*, 1956 ; 1966 (édition complète). — *Baga*, 1958. — *Le Fiston*, 1959. — *Lettre morte* suivi de *La Manivelle*, 1959. — *Clope au dossier*, 1961. — *Ici ou ailleurs* suivi de *Architruc* et de *L'Hypothèse*, 1961. — *L'Inquisitoire*, 1962. — *Autour de Mortin*, 1965. — *Quelqu'un*, 1965. — *Cette chose*, Denise René, 1967, illustré par Jean Deyrolle, rééd. Deyrolle, 1990. — *Le Libera*, 1968. — *Passacaille*, 1969. — *Identité* suivi de *Abel et Bela*, 1971. — *Fable*, 1971. — *Paralchimie* suivi de *Architruc*, *L'Hypothèse*, *Nuit*, 1973. — *Cette voix*, 1975. — *L'Apocryphe*, 1980. — *Monsieur Songe*, 1982. — *Le Harnais*, 1984. — *Charrue*, 1985. — *Un testament bizarre*, 1986. — *L'Ennemi*, 1987. — *Du nerf*, 1990. — *Théo ou le temps neuf*, 1991. — *De rien*, Maeght, 1991 (illustrations de Arroyo). — *L'Affaire Ducreux et autres textes*, 1995. — *Taches d'encre*, 1997.

→ Laurent Adert, *Les Mots des autres : Flaubert, Sarraute, Pinget*, P.U. du Septentrion, 1996. — Jan Baetens, *Aux frontières du récit : « fable » de Robert Pinget*, Paratexte, Universitaire Pers Leuven, 1987. — Éric Eigenmann, *La Parole empruntée : Théâtre du dialogue : Sarraute, Pinget, Vinaver*, Arche, 1996. — Robert Henkels, *Robert Pinget, The Novel as Quest*, University of Alabama Press, 1979. — Michèle Praeger, *Les Romans de Robert Pinget : une écriture des possibles*, French Forum, Lexington, Kentucky, 1986. — Arnaud Rykner, *Théâtres du Nouveau Roman*, Corti, 1988. — Madeleine Renouard, *Robert Pinget à la lettre, Entretiens*, Belfond, 1993. — Pierre Taminiaux, *Robert Pinget*, Le Seuil, coll. Les Contemporains, 1994.

J.-C.L.

Pirotte Jean-Claude (1939). Né à Namur (Belgique), le 20 octobre 1939. Il débute avec des poèmes où il exprime son désir d'isolement et sa volonté d'échapper à l'angoisse d'un univers clos *(Goût de cendre*, 1963 ; *Contrée*, 1965 ; *D'un mourant paysage*, 1969). Avocat, condamné à la prison et rayé du Barreau en 1975 pour une affaire de complicité d'évasion qu'il a toujours niée, il quitte la Belgique pour la France, où il est installé depuis 1987. Une confession, son *Journal moche* (1981), illustre la banalité de l'existence dans une petite ville de la province wallonne : Pirotte s'insurge contre l'ennui et l'abrutissement, fruits d'un univers conventionnel replié sur lui-même. Pour la plupart autobiographiques, ses récits disent l'errance et le vagabondage d'êtres spectateurs du monde, en rupture avec la société adulte ; si le poids de l'ennui confine au désespoir dans *La Pluie à Rethel* (1982), si la dérive de la solitude touche presque à la mort avec *Fond de cale* (1984), la littérature, le vin, l'amour, la mémoire, et en particulier le monde intérieur de l'enfance, sont au nombre des échappées possibles. *Un été dans la combe* (1986, prix Rossel) est un roman d'apprentissage, celui de la condition de paria, de la confrontation avec un monde étranger ; les poèmes de *La Vallée de misère* (1987) égrènent la lutte au quotidien contre la misère, mais chantent aussi la découverte de l'attente, le poids de la nostalgie. Vécue dans la chair, la fuite du réel peut être gagnée par l'indifférence *(Sarah, feuille morte*, 1989), la révolte ou la poésie *(L'Épreuve du jour, enfantine*, 1991) ; il s'agit en tous les cas de combler une dépossession originelle, sociale, familiale ou géographique. Une fuite inscrite dans la langue aussi, tantôt fluide et musicale, effilochée entre errances et absences, tantôt rugueuse et crue, jamais banale, démasquant la réalité tragique et parfois sordide de l'être isolé, perdu jusqu'au matin dans un verre d'alcool, errant de ville en ville, de bar en bar, de femme en femme *(La Légende des petits matins*, 1990 ; *Récits incertains*, 1992 ; *Il est minuit depuis toujours*, 1993 ; *Le Voyage en automne*, 1996) ; signe de la duplicité d'un écrivain qui, tout en rejetant la société, reste capable d'exprimer la mélancolie la plus émouvante, de susciter tendresse et émerveillement. On lui doit aussi des chroniques radiophoniques sur le vin *(Les Contes bleus du vin*, 1988), un ensemble de réflexions sur l'existence, l'art et la création littéraire *(Rue des Remberges*, 1989 ; *Plis perdus*, 1994), des préfaces et articles consacrés principalement à la littérature française de Belgique.

ŒUVRES. — Aux Éditions La Table ronde et Le Temps qu'il fait (Cognac). — *La Pluie à Rethel*, rééd., Bruxelles, Labor, coll. Espace Nord, 1991.

→ Alain Bertrand, *Jean-Claude Pirotte : La Pluie à Rethel*, Bruxelles, Labor, coll. Un livre, une œuvre, 1995.

O.Bi.

Piroué Georges (1920). Né à La Chaux-de-Fonds le 5 août 1920. Après des études à Neuchâtel et un doctorat en lettres, il s'installe à Paris (1950), où il travaille dans l'édition, notamment comme conseiller littéraire chez Denoël (1960-1985), où parurent presque tous ses livres. Depuis lors, il vit en Maine-et-Loire. Son œuvre, abondante, va du recueil de poèmes des premières années au roman (*Une manière de durer*, 1962 ; *Une si grande faiblesse*, 1965 ; *San Rocco et ses fêtes*, 1976), au récit et à la nouvelle (*Le Réduit national*, 1970 ; *Feux et lieux*, 1979 ; *L'Herbe tendre*, 1992), en passant par la chronique autobiographique (*J'avais franchi les monts*, 1987 ; *Tu reçus la naissance*, 1991). Il est également essayiste et s'est intéressé à Proust (*Proust et la musique du devenir*, 1960), Hugo (*Victor Hugo romancier*, 1964 et 1984), Pirandello (1967 et 1988) et Pavese (1976). Son style s'apparente à la tradition de ces deux derniers auteurs ; observateur minutieux, il excelle à créer une atmosphère teintée d'humour désabusé. Sa passion pour la musique éclate dans sa biographie de Bach, supposée écrite par son fils aîné (*À sa seule gloire*, 1981 et 1984). Il a reçu le prix Schiller pour l'ensemble de son œuvre.

→ David Bevan, *Écrivains d'aujourd'hui*, Lausanne, 24 Heures, 1986.

P.A.

Pividal Rafaël (1934). Né à Buenos Aires d'une mère française et d'un père argentin, il vient en France après la guerre. Essayiste parfois (*Hugo, l'enterré vivant*, La Renaissance, 1989), il est surtout romancier, auteur d'une œuvre souvent autobiographique (*Le Petit Marcel*, Grasset, 1989), qui montre un marginal (*Le Pré joli*, Balland, 1949 ; *La Découverte de l'Amérique*, Grasset, 1981 ; *Grotius*, Grasset, 1986), confronté à la violence (*Tentative de visite à une base étrangère*, Le Seuil, 1969), au conformisme (*Les Aventures extraordinaires de Jacques Lamare*, Quai Voltaire, 1992), au pouvoir (*La Tête de Louis XVI*, Rupture, 1978 ; *Un professeur d'américain*, Balland, 1978), aux travers du monde moderne (*Le Goût de la catastrophe*, nouvelles, La Renaissance, 1991), à la mort de l'art (*La Maison de l'écriture*, Le Seuil, 1976 ; *Le Faux Prêtre*, La Renaissance, 1980), et qui fuit le réel dans les mots (*Emily et une nuit*, Le Seuil, 1974).

J.P.

Placoly Vincent (1946-1992). Né le 21 janvier 1946 au Marin (Martinique), il appartient à la génération de l'après-guerre qui découvre Fanon, auteur interdit en Martinique, sur les bancs du lycée Victor-Schœlcher et dont toute l'œuvre sera marquée par l'engagement militant. À Paris, où il achève des études de lettres, il est membre actif de l'Association générale des étudiants de la Martinique (AGEM), avant de fonder à son retour au pays, en marge du parti communiste martiniquais, le Groupe Révolution Socialiste (GRS), dont il a été l'un des dirigeants jusqu'à sa mort en janvier 1992. Cet engagement politique nourrit une œuvre qu'inaugure un roman, *La Vie et la Mort de Marcel Gonstran* (Denoël, 1971), suivi par *L'Eau de mort guildive* (Denoël, 1973) et *Frères Volcans* (La Brèche, 1984).

L'activité de Vincent Placoly se déploie également dans le domaine théâtral ; outre *Dessalines ou la passion de la liberté* (La Havane, Casa de las Americas, 1981), il est l'auteur de nombreuses adaptations et mises en scènes réalisées dans le cadre du « Théât' Lari ». Il a également collaboré à de nombreuses revues *(Europe, Carbet, Tranchées, Revue du GRS,* où celui qu'on appelait parfois « Vincent l'Américain » a montré sa profonde connaissance du monde caraïbe hispanophone (Venezuela, Cuba).

J.C.

Plaisir de lire. Maison d'édition fondée en 1923, elle se définit comme « société romande de lecture pour tous » et publie des volumes soignés à des prix de livre de poche. Elle a réédité notamment les romans de Ramuz.

B.Z.

Planchon Roger (1931). Né le 12 septembre 1931 à Saint-Chamond (Loire), d'origine paysanne, autodidacte proclamé, devenu l'un des phares de la mise en scène brechtienne en France, il est depuis 1957 à la tête du Théâtre de la Cité de Villeurbanne, devenu Théâtre national populaire en 1972. Il est l'auteur d'une quinzaine de pièces de théâtre, dont quatre publiées : *Le Cochon noir*, *La Remise*, *Gilles de Rais* et *L'Infâme* (Gallimard, 1973-1975). La critique a mal accueilli l'ambition du dramaturge. Elle a jugé, pour parodier Jean Vilar, le metteur en scène nécessaire, mais l'auteur superflu. Refusant cette discrimination de principe entre le concepteur et le praticien de la scène, il a continué dans l'ombre son travail d'auteur, et son théâtre corrigé, transformé, retrouve vingt ans plus tard un public neuf. Trois de ses pièces ont été reprises : *La Remise* (1962), son chef-d'œuvre sans doute, retrace sur fond de décomposition politique et de guerre coloniale la désagrégation de la famille agricole traditionnelle. *Le Vieil Hiver* et *Fragile Forêt* (1979-1981) forment un diptyque qui montre alternativement dans les deux camps, catholique et protestant, les horreurs de la guerre et la folie destructrice des hommes. *Les Libertins* (1967) propose une vaste fresque romanesque sur la Révolution, vécue du côté de la province. Roger Planchon s'est également consacré au cinéma : *Nez de cuir* (1986) ; *Georges Dandin* (1987) ; *Louis enfant-roi* (1993).

→ Émile Coppermann, *Théâtre de Roger Planchon*, 10/18, 1977.

J.-C.L.

Pléiade (*Éditions de la*). Maison d'édition créée à Paris en 1923 par Jacques Schiffrin, rachetée en 1933 par les Éditions Gallimard. Le but de Jacques Schiffrin, en 1923, était de réunir les chefs-d'œuvre de la littérature mondiale et les plus grands écrivains contemporains. Sa maison publiera essentiellement des livres luxueux et une collection illustrée d'auteurs russes. En mars 1924, la collection « Les Auteurs classiques russes » imprime trois volumes par an. En 1926, naît la collection « Écrits intimes » dirigée par Charles Du Bos. En novembre 1931, est lancée une « Bibliothèque reliée de la Pléiade », collection originale dont le but est de réunir en un seul volume plusieurs œuvres d'un même écrivain, présentées par un spécialiste : imprimés sur papier bible, les textes sont publiés dans leur version intégrale, accompagnés de variantes textuelles, de notes et de bibliographies. Au luxe de l'impression s'ajoute celui d'une reliure de cuir. Schiffrin continue de diriger la collection après son rachat par Gallimard de septembre 1933 à 1940, date à laquelle il s'exile aux États-Unis.

A.I. — IMEC

Plein Chant. Revue fondée à Paris en 1970 par Edmond Thomas, puis maison d'édition installée à Bassac (Charente). Les Éditions Plein Chant sont nées de la revue littéraire, dont Edmond Thomas avait entrepris la publication sous forme de plaquettes dactylographiées et ronéotées, diffusées par abonnements. En 1971, il travaille chez l'imprimeur-éditeur Jean-Paul Louis (Du Lérot), en Charente, avant de s'installer à Bassac comme imprimeur-éditeur et de publier à l'enseigne de Plein Chant à partir de 1972. Il y imprime sa revue de littérature contemporaine, et vouée aux « oubliés et dédaignés », comme les écrivains « prolétariens » auxquels il a consacré une étude (Maspero, 1979) et qu'il publie également dans sa collection « Voix d'en bas » (Marcel Martinet, Constant Malva, etc.). Chineur et bibliophile dans la tradition érudite et curieuse du Bibliophile Jacob et de Pascal Pia, il a travaillé chez le libraire Yves Lévy, dont il publiera les travaux. Edmond Thomas honore la passion qui unit étroitement le livre à la littérature. Son catalogue comporte aussi bien des documents sur l'histoire du livre et de la lecture (Noë Richter, *La Lecture et ses institutions*, 1987 et 1989 ; Didier Barrière, *Nodier l'homme du livre*, 1989) qu'un fonds de textes disparus. Dans sa « Petite Librairie du XIXe siècle », créée en 1992, il ressuscite, réimprimés à l'identique, Lorédan Larchey, Firmin Maillard ou les Arts incohérents. Il cède par ailleurs les collections « Xylographies oubliées » et « Bibliothèque facétieuse ».

Son catalogue est ouvert également aux littératures étrangères (Stig Dagerman, John Cowper Powys, Vladimir Holan) avec un penchant pour les littératures nordiques (Tarjei Vesaas, Josef Kjellgren, Kurt Salomonson), sujets de numéros spéciaux de la revue *Plein Chant* et de monographies critiques de Philippe Bouquet. Son fonds de littérature française réunit un ensemble en marge des modes : Henry Poulaille, auquel Edmond Thomas fut lié. La tradition de Raymond Queneau et du Collège de Pataphysique y est représentée par Jean Queval, Noël Arnaud, André Blavier, Harry Mathews, Thierry Foulc, Pierre Ziegelmeyer ; celle de la littérature belge, par Clément Pansaers, Louis Scutenaire, Raymond Ceuppens. Parmi les plus jeunes, on trouve Jean-François Dubois, Jean-Benoît Thirion et Joël Cornuault. L'originalité des Éditions Plein Chant tient aussi à l'esthétique typographique (tirage à petit nombre, papier de qualité), à laquelle Edmond Thomas a consacré plusieurs publications.

J.-D.W. — IMEC

Pleine marge *(Cahiers de littérature, d'art plastique et de critique).* Revue créée en 1985, publiée d'abord aux Éditions Le Temps qu'il fait (Cognac), puis chez Lachenal & Ritter, dirigée par Jacqueline Chénieux-Gendron, elle emprunte son titre à un poème de Breton et se situe dans les prolongements « obliques » du surréalisme. Au rythme d'un ou deux numéros annuels, elle accorde une large place à la création artistique et poétique, sous l'égide de José Pierre, tout en restant ouverte à la critique et à l'essai.

A.G.

Pleynet Marcelin (1933). Né le 23 décembre 1933 à Lyon, il reçoit, en 1962, le prix Fénéon pour son premier recueil de poèmes, *Provisoires Amants des nègres*. Puis paraissent *Paysages en deux* suivi de *Les Lignes de la prose* (1963) et *Comme* (1965). Cherchant à dire le fonctionnement du langage poétique, ces textes se veulent « souvenir d'un monde verbal », ils désignent « le vide visible de l'origine, cet éclatement incolore d'où nous viennent les mots » (Michel Foucault). *Stanze* (1973), ultérieurement poursuivi avec *Le Propre du temps* (1995), est le plus ambitieux des ouvrages de Pleynet : véritable épopée du langage poétique, il procède à la traversée des différents modes de production qui ont fait l'histoire de l'humanité. *Rime* (1981), *Fragments du chœur* (1984) et les poèmes ultérieurs se tournent souvent vers un lyrisme plus intime où l'érotisme joue un grand rôle. Secrétaire de rédaction de *Tel Quel*, puis de *L'Infini*, Pleynet est aussi essayiste : *Lautréamont* (1967), *L'Enseignement de la peinture* (1971). Spécialiste de la peinture moderne, il enseigne à l'École des Beaux-Arts. Il est l'auteur de deux romans : *Prise d'otage* (1986) et *La Vie à deux ou trois* (1992), ainsi que d'un *Journal spirito peregrino* (1979) et du *Plus court chemin* (1997).

Ph.F.

Plisnier Charles (1896-1952). Né à Ghlin (Belgique) le 13 décembre 1896 dans une famille de petits industriels, il publie très tôt des vers *(L'Enfant qui fut déçu* ; *Voix entendues*, 1913) qui suscitent les encouragements d'Émile Verhaeren. À partir de 1919, alors qu'il entame ses études de droit à l'université de Bruxelles, il s'engage dans le militantisme communiste : délégué des Étudiants socialistes au congrès de Genève en 1919, membre de la troisième internationale, président du Secours rouge international en 1925, élu au Praesidium juridique international au congrès de Moscou en 1927, il est exclu du parti l'année suivante, pour s'être rangé au côté des trotskistes. Si, dans une certaine mesure, il se réserve de publier ses textes littéraires pendant cette période, il n'en continue pas moins d'écrire, surtout des vers (voir sa contribution à l'anthologie de « La lanterne sourde », *Poètes belges d'esprit nouveau*, en 1924). Issue de ces années de lutte, sa poésie est révolutionnaire et moderniste *(La Guerre des hommes*, 1920 ; *Élégies sans les anges*, s.d. ; *Prière aux mains coupées*, 1930 ; *Fertilité du désert*, 1933), mais elle est peu à peu pénétrée par une dimension métaphysique qui va bientôt la placer dans le domaine du religieux, voire du mysticisme ; le style s'assagit, le verset se substitue au vers libre, les modèles deviennent néoclassiques — voir la trilogie *Que notre règne arrive (Déluge*, 1933 ; *Babel*,

1934 ; *Sel de la terre*, 1936) ; *Odes pour retrouver les hommes*, 1935 ; *Sacre*, 1938 ; *Ave Genitrix*, 1943.

La désillusion politique fut-elle à ce point importante pour que Plisnier dût trouver un refuge dans la foi ? Ce n'est pas si sûr. Les nouvelles de *Faux Passeports ou les mémoires d'un agitateur* (1937), le volume qui a le plus contribué à la renommée de Plisnier, apportent des réponses à ce problème de l'engagement. La ferme condamnation du stalinisme qu'il y exprime, avant et après les procès de Moscou, naît d'une crise de conscience partagée entre le dogme et l'action individuelle, bousculée par un attachement à ces valeurs de vérité et d'humanisme qui ne lui ont jamais fait défaut : « il faudrait savoir si la Révolution ne dégénère pas pour avoir méconnu l'individu, pour avoir détruit la mystique de l'homme ». Le doute, qui n'a cessé de hanter Plisnier, le pousse à porter sa recherche d'absolu — et de justice sociale — sur le terrain de la foi chrétienne, latente jusque-là, mais aussi sur celui de la littérature. *Faux Passeports* obtient en 1937 le premier prix Goncourt attribué à un écrivain non français, conjointement avec *Mariages* (1936), long roman psychologique opposant mariage d'intérêt et mariage d'amour dans un milieu bourgeois, posant le problème de la réalisation personnelle dans ses rapports avec l'institution.

Le pas est définitivement franchi : en 1937, Plisnier est élu à l'Académie royale de langue et de littérature françaises de Belgique, abandonne le barreau et s'installe en France. Il se consacre au roman fleuve, genre qui lui permet d'étudier dans leur durée les conflits psychologiques auxquels sont soumis ses personnages et les coups du destin qui oriente leur parcours : ce seront les cycles de *Meurtres (Mort d'Isabelle*, 1939 ; *Le Retour du fils*, 1939, devenu *Présence du fils* ; *Martine*, 1940 ; *Feu dormant*, 1941 ; *La Dernière journée*, 1941, devenu *Dieu le prit*) et de *Mères (Mes Bien-aimés*, 1946 ; *Nicole Arnaud*, 1948 ; *Vertu du désordre*, 1949). Comme dans *Mariages* (dont une version très remaniée paraîtra en deux tomes en 1945), la société bourgeoise et ses règles constituent dans ces suites le principal obstacle à l'épanouissement individuel : celui du héros solitaire voué au salut et à la contemplation dans la première, celui de la mère prisonnière de sa fonction de génitrice dans la seconde. Placée au centre de son œuvre, l'introspection permet à ses héros de dépasser les contradictions qui les animent : le mouvement vers Dieu résout leur soif d'absolu, comme il les libère des doutes qui les assaillent. Si les romans de Plisnier demeurent en grande partie tributaires d'une esthétique naturaliste *(La Matriochka*, 1945 ; *Héloïse*, 1946, *Beauté des laides*, 1951), ses nouvelles traduisent une recherche stylistique tendue vers l'ellipse et la succession rapide, quelquefois heurtée, des plans narratifs : elles constituent aujourd'hui la partie le plus moderne de son œuvre *(Figures détruites*, 1932 et 1945 ; *Faux Passeports*, 1937 ; *Folies douces*, 1952). Après la guerre, Plisnier s'engagera dans le mouvement wallon en faveur d'une solution fédérale pour résoudre le problème belge, se réclamant toujours du socialisme ; de nombreux articles, réflexions ou esquisses ont été réunis par sa femme après sa mort, survenue à Bruxelles le 17 juillet 1952 *(L'Homme et les hommes*, 1953 ; *Patrimoine*, 1953 ; *Roman : papiers d'un romancier*, 1954).

ŒUVRES. — *L'Enfant aux stigmates*, *Faux passeports*, rééd., Bruxelles, Les Éperonniers, coll. Passé-présent, 1977, 1984. — *Œuvre poétique*, Paris-Bruxelles, Nathan-Labor, 1979. — *Folies douces*, rééd., Bruxelles, Labor, coll. Espace Nord, 1986. — *Figures détruites*, rééd., Bruxelles, Académie royale, 1994. — *Mariages*, rééd. Bruxelles, Le Cri, coll. Les évadés de l'oubli, 1995. — *Meurtres*, rééd., Mons, Talus d'approche, 4 vol., 1996.

→ *Hommage à Charles Plisnier*, *Marginales*, avril 1947. — Roger Bodart, *Charles Plisnier*, Paris-Bruxelles, Éditions universitaires, 1953. — Jean Roussel, *La Vie et l'œuvre ferventes de Charles Plisnier*, Rodez, Éditions Subervie, 1957. — *Charles Plisnier entre l'évangile et la révolution*, éd. Paul Aron, Bruxelles, Labor, coll. Archives du futur, 1988. — Charles Bertin, *Charles Plisnier, une vie et une œuvre à la pointe du siècle*, Mons, Talus d'approche, coll. Essais, 1996. — *Cahiers des amis de Charles Plisnier* (Bruxelles), 1958.

O.Bi.

Pliya Jean (1931). Né à Djougou (Bénin), spécialiste de géographie économique et tropicale, il a participé activement à la vie politique de son pays. Il fut révélé au grand public par *L'Arbre fétiche*

(Cotonou, ABM, 1971, grand prix de la Nouvelle africaine en 1973), où il se montre un observateur attentif et perplexe d'une société africaine souvent contradictoire. Son théâtre en témoigne également, avec *Kondo le requin* (Cotonou, Éditions du Bénin, 1966, rééd. CLE, 1981) et *La Secrétaire particulière* (Cotonou, ABM, 1970, rééd. CLE, 1973). Attaché aux valeurs humanistes, il puise dans la tradition Fon une sagesse ancestrale dont on trouve l'écho dans un ouvrage didactique, *La Conquête du bonheur par la pensée créatrice et la force de l'esprit* (NEA, 1982). Il est aussi l'auteur d'un roman, *Les Tresseurs de corde* (Hatier, 1987), où il s'interroge sur le devenir des sociétés « sous-développées », et d'un recueil de nouvelles, *Le Chimpanzé amoureux* (Saint-Paul, 1977).

→ A. Huannou, *Essai sur « L'Arbre fétiche » et « Le Chimpanzé amoureux »*, Dakar, NÉA, 1983.

J.C.

Plon *(Éditions)*. Maison fondée à Paris en 1833 par Henri Plon. La famille Plon a connu plusieurs générations de typographes avant de se tourner vers l'édition. Après un apprentissage chez Firmin-Didot, Henri Plon s'installe à Paris, où il fonde une imprimerie en 1832. Associé à William Duckett, il imprime le *Dictionnaire de la conversation et de la lecture* en fascicules et fait appel à des rédacteurs connus comme Balzac ou le prince Louis-Napoléon. Il obtient en 1847 un brevet de libraire et s'installe en 1852 dans un hôtel particulier, 8, rue Garancière. Son fils Eugène lui succède et s'associe en 1872 avec son beau-frère Robert Nourrit, puis, quelques années plus tard, avec les deux gendres de ce dernier, Pierre Mainguet et Joseph Bourdel. Dès ses débuts, la maison se consacre aux ouvrages d'histoire et publie les *Œuvres de Napoléon III* et son *Histoire de Jules César*. Elle s'ouvre ensuite à la littérature et devient la maison de Gobineau, Fromentin, Huysmans, Bourget, Henri Bordeaux ; elle est le principal éditeur de Paul et Victor Margueritte, dont elle publie quinze titres entre 1898 et 1907. Dans l'entre-deux-guerres, se développent plusieurs collections littéraires, dont « Le Roseau d'or », collection de demi-luxe » créée en 1925 et dirigée par Jacques Maritain, Stanislas Fumet et Henri Massis : des œuvres de Cocteau, de Reverdy et les premiers livres de Julien Green et de Bernanos y paraissent (*Sous le soleil de Satan* obtient un grand succès en 1926). Trois écrivains reçoivent entre 1928 et 1936 le prix du Roman de l'Académie française : Jean Balde *(Reine d'Arbieu)*, Paule Régnier *(L'Abbaye d'Évolayne)* et Bernanos *(Journal d'un curé de campagne)*. Dans la « Bibliothèque Plon » à deux francs paraissent les grands romanciers contemporains : Barrès, Bourget, qui voisinent avec Gide et Proust. La littérature étrangère gagne en importance avec la création, en 1922, de la « Collection d'auteurs étrangers », puis de « Feux croisés », fondée par Du Bos en 1927, poursuivie par Gabriel Marcel, qui accueillent des auteurs russes, comme Tchekhov ou Dostoïevski, ainsi que les littératures allemande et anglo-saxonne (E.M. Forster, Graham Greene ou D.H. Lawrence). L'histoire reste à l'honneur avec de nombreux mémoires et souvenirs (Poincaré ou Clemenceau) et une collection d'essais, « Présences ».

Charles Orengo, fondateur des Éditions du Rocher en 1942, est nommé directeur littéraire en 1949, et le restera jusqu'en 1960. Après la guerre, Maurice Bourdel, fils de Joseph Bourdel, dirige la maison. Ces années voient se renforcer le secteur historique et les sciences humaines. En 1955, la collection « Terre humaine », dirigée par Jean Malaurie, est inaugurée par *Tristes Tropiques* de Claude Lévi-Strauss. « Tribune libre », collection politique, publiera Michel Debré, André Philip, Raymond Aron. Du côté littéraire, la « Bibliothèque Plon » est reprise en trois séries à partir de 1954, pour concurrencer Le Livre de Poche. En 1957, les trente ans de « Feux croisés » permettent de relancer de grands succès comme *La Nymphe au cœur fidèle* de Margaret Kennedy, *Contrepoint* d'Huxley, les romans de Kazantzakis et surtout la série des « Jalna » de Mazo de La Roche vendue à un million et demi d'exemplaires. Le tirage de *La Vingt-cinquième Heure* de Virgil Gheorgiu dépasse 300 000 exemplaires.

La maison compte encore quelques grands auteurs comme Julien Green et connaît d'importants succès avec *Les*

Mémoires d'Hadrien de Marguerite Yourcenar ou *Les Semailles et les moissons* d'Henri Troyat. Une collection consacrée aux jeunes auteurs, « Roman », est créée par Henri Hell en 1954 ; elle est parrainée par la revue *Roman* de Pierre de Lescure, mais s'interrompt rapidement. En 1962, Plon rachète Julliard et la collection « 10/18 » est lancée par Michel-Claude Jalard et Paul Chantrel. Des accords sont signés avec les Éditions de Minuit pour la publication d'œuvres rattachées au Nouveau Roman, comme *Les Gommes* d'Alain Robbe-Grillet ou *Moderato cantabile* de Marguerite Duras. Boris Vian est vendu à cinq millions d'exemplaires entre 1963 et 1992.

L'équipe directoriale, remplacée vers 1965 par l'Union financière de Paris, est absorbée par les Presses de la Cité en 1972. Vingt ans après, Olivier Orban, lui-même fondateur en 1974 d'une maison portant son nom et désormais intégrée au Groupe de la Cité, prend la direction générale de Plon. Quelques grandes collections des années précédentes demeurent : en 1990, « Feux croisés » est relancé et publie *Oscar et Lucinda* de Peter Carey et *Un voyage non sentimental* d'Albert Drach. Plon se consacre aujourd'hui en priorité à la publication de grands documents historiques et politiques.

S.G. — IMEC

Plume Amélie (1943). Née à La Chaux-de-Fonds, elle a publié des récits sur le mode burlesque, oscillant entre l'envolée lyrique et l'évocation prosaïque, et relatant les émois et malheurs d'une femme émancipée dans ses aventures sentimentales (*Les Aventures de Plumette et de son premier amant*, 1981 ; *Oui Émile pour la vie*, 1984 ; *La Mort des forêts, ni plus ni moins*, 1989 ; *Promenade avec Émile L.*, 1992). Ces textes offrent aussi une réflexion sur la transcription de l'expérience vécue, aussi banale soit-elle, et sur le travail d'écrivain.

D.Ma.

Podolski Sophie (1953-1974). Née à Uccle (Bruxelles) d'un père ukrainien et d'une mère américaine. Son suicide à l'âge de 21 ans lui a donné une aura de poète maudit qu'elle n'aurait peut-être pas souhaitée ; son seul recueil, *Le Pays où tout est permis* (1973), est un cri lancé à la face d'une société malade protégée par ses interdits. Toutes les libertés y sont revendiquées, y compris celles du langage, par la manipulation des graphies, de la grammaire, du lexique et des niveaux de langue. La spontanéité, la violence, le manque de pudeur dégagent dans ces poèmes un sentiment de force et de douleur peu commun.

ŒUVRES. — *Le Pays où tout est permis*, Belfond, 1973.

→ *Luna-Park*, nº 6, 1980.

O.Bi.

Poésie. Revue fondée à Paris en 1984 par Pierre Seghers, publiée par la Maison de la poésie. Comme la première revue fondée par Pierre Seghers en 1939, *Poètes casqués* devenu *Poésie 40* (puis *41*, *42*... jusqu'en 1948), *Poésie*, « revue bimestrielle de la poésie d'aujourd'hui », fait paraître cinq fois par an un numéro portant le millésime de l'année en cours. « Si la poésie ne vous aide pas à vivre, faites autre chose. Je la tiens pour essentielle à l'homme, autant que les battements de son cœur » : après avoir participé à la création de la Maison de la poésie à Paris en avril 1983, Pierre Seghers poursuit dans la revue *Poésie* son combat pour la « poésie vivante ». Il en assure la direction jusqu'à sa mort en 1987, date à laquelle lui succède son épouse, Colette. Le comité de rédaction a peu changé depuis le premier numéro réunissant Élisabeth Hervier, secrétaire de rédaction, Pierre Dubrunquez, rédacteur en chef depuis 1986, et le poète Yves Bergeret. Depuis 1995, il se réunit dans les locaux du Théâtre Molière, réaménagé pour accueillir la Maison de la poésie.

L'activité de la revue prolonge le travail d'écrivain et d'éditeur accompli par Seghers dans la maison d'édition qui porte son nom, fondée en 1944, et qui appartient aujourd'hui aux Éditions Robert Laffont. Faire connaître à tous toutes les formes de poésie : tel est l'objectif de la revue, qui accueille à la fois des poètes de langue française : Segalen, Jean Grosjean, Lorand Gaspar, Yves Bonnefoy, Bernard Noël, et des poètes venus d'ailleurs — « Poètes suédois d'aujourd'hui » (*Poésie 85*, nº 7), « Poètes estoniens d'aujourd'hui » (*Poé-

sie 92, n° 42), « Neuf poètes albanais d'aujourd'hui » (*Poésie 93*, n° 46). Privilégiant la poésie contemporaine, la revue organise des rencontres sur les grands poètes du passé (n° 45, décembre 1992), « Hommes de l'avenir, souvenez-vous de moi : sept poètes d'aujourd'hui relisent Apollinaire » (n° 45, décembre 1992), « La rhétorique profonde : Baudelaire et huit poètes d'aujourd'hui » (n° 49, octobre 1993). La revue entend ouvrir la poésie au « poétique » en général, à « toutes les affaires de l'esprit » (voir « Poésie, théâtre secret : Jean Tardieu, Antoine Vitez », n° 59, 1995) et réserve un espace à l'iconographie.

A.W. — IMEC

Po&sie. Revue trimestrielle fondée à Paris en 1977 par Michel Deguy, publiée par la Librairie classique Eugène Belin. Michel Deguy est entouré d'un comité de rédaction composé d'abord de Robert Davreu, Alain Duault et Jacques Roubaud, auxquels s'ajouteront Jean-Paul Amunategui, Xavier Bordes, Michel Chaillou, Laurent Jenny, Robert Marteau, Claude Mouchard, Pierre Oster-Soussouev, Jean-Yves Pouilloux et Dumitru Tsepeneag. Dès la première livraison paraît un texte signé par le comité et qui sera discuté au cours de correspondances croisées dans les numéros suivants. Cet éditorial s'ouvre sur une citation d'Eluard : « Au milieu du mot "poésie" un homme se gratte et ronchonne », qui justifie la présence de l'esperluette dans le titre de *Po&sie* et en déplie les significations. « Le signe Po&sie aimerait dire le "et" qui est à l'intérieur de la poésie, un "et" de diversité, de pluralité. & : non pour abréger (ce serait plutôt l'inverse) mais esquisser un idéogramme qui symbolise l'instabilité, la nouveauté, la place faite au rapport, aux interactions. »

La revue défend un « travail de disjonction et de conjonction ». Tous deux sont inséparables d'une constante interrogation sur la menace d'une possible dislocation de la poésie et plus largement sur la nécessité d'une défense et illustration de la littérature. Aussi cette revue de création est-elle ouverte aussi bien aux philosophes et aux penseurs (Walter Benjamin, Giorgio Agamben) qui, de tout temps, ont noué un dialogue avec la poésie et l'esthétique, qu'à des textes atypiques. *Po&sie* dresse ainsi la carte de pratiques poétiques très diverses et offre un état des lieux assez complet et ouvert, incluant un travail de traduction (Gerard Manley Hopkins, Macedonio Fernandez, Arno Schmidt, Wallace Stevens), ainsi que l'exhumation d'écrivains délaissés (Jean Antoine de Baïf, Guy Le Fèvre de la Boderie, Giambattista Marino), dont les textes viennent nourrir ce que Michel Chaillou a baptisé « l'extrême contemporain ». Sous le même titre, *Po&sie* se prolonge dans une collection dirigée par Michel Deguy chez Belin, et qui publie Paul Celan, Nelly Sachs, Emily Dickinson, *Figura* d'Erich Auerbach, des essais sur les poètes et la poésie et des anthologies (poésie roumaine et tchèque). Le bilan de cette revue est impressionnant. De Gertrude Stein à Andrea Zanzotto, des jeunes poètes aux écrivains majeurs, *Po&sie* invite le lecteur à conjuguer les littératures d'hier et celles de « tout à l'heure » dans le même souci d'affirmer la présence vivante d'une poésie à l'œuvre.

J.-D.W. — IMEC

Point du jour (Le). Maison d'édition fondée à Paris en 1946 par René Bertelé. Le fondateur de cette maison, René Bertelé (1908-1973), avait auparavant collaboré à différents périodiques littéraires et établi un *Panorama de la jeune poésie française* (1943), nouant à cette occasion des liens avec des poètes qu'il publiera plus tard. Rédacteur en chef des *Cahiers libres* et de *Confluences*, il avait également créé la collection « Incidences » à la DAC (maison d'édition monégasque), qui publia des titres d'auteurs classiques préfacés par des écrivains contemporains. En septembre 1944, il fonde sa propre maison, baptisée Le Point du jour en hommage au recueil de Breton. Il y développe sa collection « Incidences » en publiant les *Pages choisies* de Saint-Just, préfacées par Jean Cassou, *Bouvard et Pécuchet* de Flaubert, préfacé par Raymond Queneau, un *Baudelaire* par Sartre, un *Chamfort* par Camus. En décembre 1945, dans la collection « Le Calligraphe », il publie *Paroles* de Prévert ; en avril 1946, *Apparitions*, de Henri Michaux, puis, en octobre, *Peintures et* *dessins*, ainsi que la majeure partie de ses textes ; en 1946 encore, les *Élégies* d'Eugène Guillevic, illustrées par Jean Dubuffet, *Passe-temps* de Tristan Tzara avec des dessins de Laurens.

Le 8 juillet 1949, Gallimard absorbe Le Point du jour, et Bertelé, dans la ligne du *Panorama de la jeune poésie française*, développe une collection, « Panorama » ouverte à la littérature (Gaëtan Picon), à la musique (Claude Samuel), aux arts plastiques (Jean Cassou), à la littérature américaine (John Brown) et aux sciences humaines (Denis Hollier). Parmi les quarante-quatre titres publiés, les *Entretiens* de Breton, le *Journal d'un fantôme* de Soupault, *Le Chien à la mandoline* et *Si tu t'imagines* de Queneau, *L'Aveuglette* de Paulhan, *Domaine public* de Desnos, *Écritures* de Max Ernst, *Histoire de Marie* de Georges Brassaï. Dans le même temps, René Bertelé est conseiller d'une galerie de peinture, où il présente Aspern Jorn, Henri Michaux, Jean Dubuffet, Max Ernst et organise les premières rétrospectives internationales de Michaux.

M.I. — IMEC

Poirot-Delpech Bertrand (1929). Né à Paris le 10 février 1929, il est chroniqueur judiciaire puis critique dramatique au *Monde* (chroniques recueillies dans *Au soir le soir, théâtre 1960-1970*, Mercure de France, 1969) avant d'y tenir, à partir de 1972, le feuilleton littéraire *(Feuilletons 1972-1982*, 1982). Romancier, il publie *La Folle de Lituanie* (1970, prix du Roman de l'Académie française), *Le Grand Dadais* (1973, prix Interallié), *Les Grands de ce monde* (1976), *L'Été 36* (1985), *Le Golfe de Gascogne* (1991) et *L'Amour de l'humanité* (1994). Pamphlétaire *(Finie la comédie*, 1969), chroniqueur *(Monsieur Barbie n'a rien à dire*, 1987), scénariste *(Moi, Général de Gaulle, Scénario d'après W. Faulkner*, 1990), il est membre de l'Académie française depuis 1987.

ŒUVRES. — Chez Gallimard.

I.M.

POL. Maison d'édition fondée à Paris en 1983 par Paul Otchakovsky-Laurens, associée à Gallimard et à la Financière de Clichy (groupe Rousselet-Augier). Marqué par la rencontre, à l'Université, de Jean Frémon, poète, créateur et animateur d'une revue de poésie, *Strophes*, Paul Otchakovsky-Laurens a été lecteur durant un an chez Christian Bourgois avant d'entrer, en 1970, aux Éditions Flammarion, où il crée en 1972 la collection « Textes », ouverte à la littérature contemporaine. Il l'anime jusqu'en 1977 et y publie Bernard Noël, Marc Cholodenko, René Belletto, Renaud Camus, Roger Laporte, Jean Daive, Jean Frémon, que l'on retrouve dans le catalogue actuel de l'éditeur. À partir de 1977, il poursuit chez Hachette, avec tous ses auteurs, le travail entrepris d'abord dans une collection puis un département qui porte les initiales de son nom, « P.O.L. », publiant notamment Leslie Kaplan, Hubert Lucot, Georges Perec (*La Vie mode d'emploi*, 1978, prix Médicis), Danièle Sallenave (*Les Portes de Gubbio*, 1980, prix Renaudot). Il crée aussi des collections de littérature allemande et anglaise.

En 1983, avec l'appui du groupe Flammarion, Paul Otchakovsky-Laurens fonde les Éditions POL. La quasi-totalité des auteurs qu'il avait publiés le suit. Aucune école littéraire n'oriente sa maison d'édition, qui apparaît plutôt comme le lieu de rassemblement, sous la figure tutélaire de Georges Perec, de formes et de sensibilités nouvelles autour d'un éditeur fidèle à ses auteurs. Des romanciers et essayistes tels que Patrick Lapeyre, Gérard Gavarry, Frédéric Boyer, Renaud Camus, Camille Laurens, Marie Redonnet, des poètes comme Michelle Grangaud, Olivier Cadiot, Emmanuel Hocquart le rejoignent. Attirés par ses choix, des écrivains publiés chez d'autres éditeurs, comme Marguerite Duras, Pascal Quignard, John Ashbery, Claude Ollier, lui confient des textes.

L'ensemble de la production s'adresse plutôt à un public particulier, passionné par une littérature inventive, mais certains auteurs ont peu à peu conquis une plus large audience, comme René Belletto *(L'Enfer*, prix du Livre Inter et prix Femina, 1986 et *La Machine)*, Charles Juliet (*L'Année de l'éveil*, prix des lectrices de *Elle*, 1989). La maison connaît d'autres succès commerciaux, grâce notamment à *La Douleur* de Marguerite Duras, *« 53 » jours*, roman inachevé de Georges Perec, *Des choses idiotes et dou-*

ces de Frédéric Boyer et *Quoi de neuf sur la guerre ?* de Robert Bober, tous deux récompensés par le prix du Livre Inter, *Albucius* de Pascal Quignard, ou *La Classe de neige* d'Emmanuel Carrère (prix Femina 1995).

Après avoir tenté de diversifier sa production (collections sur le jazz, de textes classiques préfacés par des écrivains contemporains, d'essais historiques), Paul Otchakovsky-Laurens a recentré ses activités vers la littérature. Il a en revanche continué à publier des revues consacrées à la circulation des idées : *Trafic*, revue de cinéma, trimestrielle, créée par Serge Daney en 1992 ; *Les Cahiers*, revue de théâtre, trimestrielle, publiée avec le concours de la Comédie-Française et dirigée par Jean-Loup Rivière depuis 1991 ; *La Revue de littérature générale*, conçue par Pierre Alferi et Olivier Cadiot, créée en mai 1995.

C. To. — IMEC

Ponge Francis (1899-1988). Né à Montpellier le 27 mars 1899, dans une famille cultivée de la bourgeoisie protestante nîmoise. La majeure partie de sa vie se passera ensuite dans le nord de la France, mais il gardera de son enfance méditerranéenne le souvenir d'un apprentissage de la beauté qui l'entoure : « Pour ceux qui sont nés non loin de la Méditerranée, pas de doute : la Beauté existe » *(Pour un Malherbe)*. En 1900, ses parents s'installent à Avignon, puis en 1909 à Caen, où il poursuit de brillantes études au lycée Malherbe. Après une classe préparatoire parisienne au lycée Louis-le-Grand et des études de droit et de philosophie, il échoue à l'oral de l'École normale supérieure en 1919. Entre-temps, il avait essayé de s'engager en 1916 ; réformé, il ne sera mobilisé qu'en 1918. Démobilisé en septembre, il s'inscrit au parti socialiste et se brouille un moment avec sa famille. Il fait la connaissance des collaborateurs de la revue *Le Mouton blanc*, où il publie son premier texte, en 1922. L'influence de Jean Paulhan, rencontré l'année suivante, est déterminante pour le jeune auteur, qui devient en 1923 secrétaire de fabrication aux Éditions Gallimard. Il y publie son premier recueil, *Douze petits écrits* (1926), où l'on sent une référence implicite à Mallarmé : « Forcé souvent de fuir par la parole, que j'aie pu seulement quelquefois retourné d'un coup de style le défigurer un peu ce beau langage, pour bref qu'il renomme Ponge selon Paulhan. » (second de ces *Écrits)*.

En mai 1923, son père meurt, et c'est une immense perte affective pour lui. Après quelques années de relative oisiveté, il rencontre en 1929 Odette Chabanel, qu'il épouse en 1931. Ils auront une fille, Armande, née en 1935. Juste avant son mariage, il se rapproche du mouvement surréaliste, quitte Gallimard et entre aux Messageries Hachette. Ce sont des années difficiles sur le plan matériel. Pendant le Front populaire, il pratique un syndicalisme actif à la CGT. En 1937, son adhésion au parti communiste entraîne son renvoi de chez Hachette : il fait l'expérience du chômage. Néanmoins, il écrit régulièrement entre 1936 et 1939 les textes composant *Le Parti pris des choses* qui, publié en 1942, le rend célèbre et lui confère une grande influence. Il fait alors la connaissance de Paul Eluard, Luc Estang, Jean Tortel. Pendant la guerre, l'année même de la publication du *Parti pris des choses*, il est installé à Roanne, occupant un emploi dans les assurances, et entre dans la Résistance active de la zone sud comme agent de liaison.

À la Libération, Aragon lui ménage la direction littéraire du magazine communiste *Action* ; il fait la connaissance de Braque, Picasso, Dubuffet. Mais dès 1946, il abandonne *Action* et en 1947 le parti communiste. En 1948, il publie *Proêmes*, suivi en 1950 de *La Seine*. En 1952, il est nommé professeur à l'Alliance française de Paris et publie *La Rage de l'expression*. Dans le même temps, il travaille à *Pour un Malherbe*, qui ne sera publié qu'en 1965. Ses activités et son rayonnement comme critique d'art, dans le monde littéraire et artistique, sont alors particulièrement intenses. Il participe à des entretiens radiophoniques avec Breton et Reverdy et donne de nombreuses conférences, en France, en Belgique, en Allemagne. Sa notoriété est considérable ; il est salué par des milieux littéraires très divers : la *NRF* lui rend hommage en 1956, la revue *Tel Quel* l'invite à collaborer à son premier numéro en

1960, les essais et colloques sur son œuvre se multiplient, en particulier à partir des années 1970. En 1964, il prend sa retraite de l'Alliance française, ce qui lui laisse plus de temps pour publier des textes en attente, comme *Tome premier* et *Pour un Malherbe*. Il reçoit le prix international de Littérature de l'université d'Oklahoma en 1974, le grand prix international de Poésie en 1981. Durant sa vieillesse, il continue à écrire et à publier, jusqu'à sa mort à Bar-sur-Loup, le 6 août 1988, dans le mas qu'il avait acheté en 1961.

L'œuvre de Ponge, d'une belle continuité dans le projet comme dans la réalisation, apporte à la poésie française un ton qui n'existait pas auparavant et qui se situe à la limite entre poésie et science, dans un tel souci d'exactitude et de description qu'on a pu le comparer à Lucrèce. Mais son originalité propre est que cette description et cette exactitude concernent autant les mots eux-mêmes que les choses qu'ils nomment. Le monde des choses est représenté dans ce qu'il a de plus élémentaire : aussi bien à l'état brut, pluie, galet, huître, feu..., que fabriqué par l'homme, pain, cageot, bougie... Ainsi de *La Grenouille* : « Lorsque la pluie en courtes aiguillettes rebondit aux prés saturés, une naine amphibie, une Ophélie manchote, grosse à peine comme le poing, jaillit parfois sous les pas du poète et se jette au prochain étang. / Laissons fuir la nerveuse. Elle a de jolies jambes. Tout son corps est ganté de peau imperméable. À peine viande ses muscles longs sont d'une élégance ni chair ni poisson. Mais pour quitter les doigts la vertu du fluide s'allie chez elle aux efforts du vivant. Goitreuse, elle halète... Et ce cœur qui bat gros, ces paupières ridées, cette bouche hagarde m'apitoient à la lâcher. » *(Pièces)*

Tout un réseau d'images complexe, dans une expression d'une simplicité classique, établit des rapports entre les choses, les mots et l'homme. Le recours au sens étymologique permet de faire exister l'« épaisseur des mots » avec l'« épaisseur des choses » : « Je propose à chacun l'ouverture de trappes intérieures, un voyage dans l'épaisseur des choses, une invasion de qualités, une révolution ou une subversion comparable à celle qu'opère la charrue ou la pelle, lorsque, tout à coup et pour la première fois, sont mises au jour des millions de parcelles, de paillettes, de racines, de vers et de petites bêtes jusqu'alors enfouies. Ô ressources infinies de l'épaisseur des choses, *rendues* par les ressources infinies de l'épaisseur sémantique des mots ! » *(Proêmes)*

Aller-retour constant entre la réalité humaine du signe et la réalité plus fuyante de l'objet, la poésie de Ponge se situe en rapport avec ce qu'il appelle l'« objeu », écart ludique entre l'un et l'autre, espace de fantaisie et de justesse à la fois, où le sujet, s'il tend souvent à s'effacer, reste profondément arbitre et prend parti. La poésie de Ponge, dont le projet et l'ambition sont en eux-mêmes quelque chose de très concerté, de très abstrait, a pu abuser certains esprits comme ceux de *Tel Quel* (Ponge prend ses distances dès 1968 avec l'équipe de Sollers, puis rompra en 1974 en publiant un libelle : *Mais pour qui donc se prennent maintenant ces gens-là ?)*. Cependant, elle est fondée sur une appréhension concrète et sensuelle du monde des choses et de celui des mots, où les idées de plaisir, d'amour de la vie, de complicité jouent un rôle fondamental, sans qu'il y entre jamais aucune complaisance sentimentale.

L'œuvre de Francis Ponge est, autant que création, réflexion sur cette création et ses procédés. Certains textes, *Le Carnet du bois de pins* ou *La Crevette dans tous ses états*, présentent la série des différents brouillons du texte ; *La Fabrique du pré* démonte la genèse du poème *Le Pré* : le « pré » a bien existé, et Ponge a ressenti à sa vue une forte émotion, mais le « pré » poétique ne peut naître que d'une exploration cratylienne du mot lui-même mettant à profit les ressources de l'étymologie et celles de l'homonymie (« près », « prêt », « pré- »), des phonèmes qui composent le mot, des expressions et des clichés où il figure. L'objet et l'impression de l'objet sont à l'origine du poème, mais le poème lui-même crée un nouvel objet, le texte.

Fidèle au poème en prose, Francis Ponge affirme néanmoins son classicisme et reconnaît en Malherbe son maître dans son désir d'inscription dans le patrimoine de la langue et de la littérature françaises : « Nous pratiquons la langue française. Celle-ci n'est pas seulement pour nous un instrument naturel de communication, c'est aussi notre moyen de vivre [...]. / Dans cet exercice, il nous semble que notre personne est en jeu et qu'elle s'y prouve. » *(Pour un Malherbe)*

ŒUVRES. — *Trois satires*, 1923. — *La Famille du Sage*, 1923. — *Douze petits écrits*, 1926. — *Le Parti pris des choses*, 1942, rééd. Poésie-Gallimard, 1966. — *L'Œillet, la guêpe et le mimosa*, 1946. — *Notes sur les « Otages », peintures de Fautrier*, 1946. — *Le Carnet du bois de pins*, 1947. — *Proêmes*, 1948. — *My Creative Method, Liasse, La Crevette dans tous ses états*, illustré par Vulliamy, 1948. — *Le Peintre à l'étude*, 1948. — *Le Verre d'eau*, 1949. — *Francis Ponge et Eugène de Kermadec*, 1949. — *Braque, dessins*, 1950. — *Cinq Sapates*, illustré par Braque, 1950. — *La Seine*, 1950. — *La Rage de l'expression*, 1952, rééd. Poésie-Gallimard, 1976. — *Le Soleil placé en abîme*, illustré par Hérold, 1954. — *Paroles à propos des nus de Fautrier*, 1956. — *Le Grand Recueil*, 1961, 3 t. : *Lyres*, rééd. Poésie-Gallimard, 1980 ; *Méthodes*, rééd. Folio, 1988 ; *Pièces*, rééd. Poésie-Gallimard, 1971. — *L'Asparagus*, 1963. — *Braque lithographe*, 1963. — *Itinéraire pratique d'Albert Ayme*, 1963. — *De la nature morte et de Chardin*, 1964. — *Tome premier*, comprenant : *Douze petits écrits, Le Parti pris des choses, Le Peintre à l'étude, La Seine*, Gallimard, 1965. — *Pour un Malherbe*, 1965. — *Le Savon*, Gallimard, 1966, rééd. Poésie-Gallimard, 1992. — *Nouveau Recueil*, Gallimard, 1967. — *Entretiens avec Philippe Sollers*, 1970. — *La Fabrique du pré*, 1971, rééd. Genève, Skira, 1990. — *Abrégé de l'aventure organique*, Dérieux, 1976. — *L'Atelier contemporain*, Gallimard, 1977. — *L'Écrit Beaubourg*, 1977. — *Comment une figue de paroles et pourquoi*, Flammarion, 1977. — *Nioque de l'avant-printemps*, Gallimard, 1983. — *Petite Suite vivaraise*, Fata Morgana, 1923. — *Pratiques d'écriture ou l'inachèvement perpétuel*, Hermann, 1984. — *Correspondance avec Jean Paulhan 1923-1968*, Gallimard, 1986. — *Première et Seconde Méditations nocturnes*, 1987. — *Nouveau Nouveau Recueil*, Gallimard, 1992, 3 t.

→ Jean Thibaudeau, *Francis Ponge*, Gallimard, 1967. — Henri Maldiney, *Le Legs des choses dans l'œuvre de Francis Ponge*, Lausanne, L'Âge d'homme, 1974. — Marcel Spada, *Francis Ponge*, Seghers, coll. Poètes d'aujourd'hui, 1974, rééd. 1986. — *Ponge inventeur et classique* (colloque de Cerisy), 10/18, 1977. — Jean-Marie Gleize, *Introduction à Francis Ponge*, Larousse, 1979. — Serge Koster, *Francis Ponge*, Veyrier, 1983. — Jean Tortel, *Francis Ponge, cinq fois*, Fata Morgana, 1984. — *Cahier de l'Herne* n° 51, dir. Jean-Marie Gleize, 1986. — Jean-Marie Gleize, *Francis Ponge*, Le Seuil, coll. Les Contemporains, 1988. — Bernard Beugnot, *Poétique de Francis Ponge : le palais diaphane*, PUF, coll. Écrivains, 1990. — Claude Évrard, *Francis Ponge*, Belfond, 1990. — Michel Collot, *Francis Ponge : entre mots et choses*, Champ Vallon, 1991.

M.A.

Pons Maurice (1928). Dialoguiste de films (*Les Mistons* de François Truffaut, 1958 ; *La Belle Vie* de Robert Enrico, 1962), dramaturge (*Tcho !*, 1970), il est surtout nouvelliste et romancier. Son œuvre comprend notamment : *Métrobate* (1951), *Le Cordonnier Aristote* (1958, repris en 1992 sous le titre *Embuscade à Palestro), Virginales* (1955, grand prix de la Nouvelle), *Le Passager de la nuit* (1960), *Les Saisons* (1965), *Rosa* (1967), *La Passion de Sébastien N.* (1968), *Mademoiselle B.* (1973), *La Maison des brasseurs* (1978), *Pourquoi pas Métrobate* (1982), *Douce-amère* (1985, grand prix de la Nouvelle de l'Académie française). L'univers imaginaire de Pons est empreint d'un réalisme à la fois précis et fantastique. L'attention au réel, qui va jusqu'à réserver au sein de la fiction une place au politique (la guerre d'Algérie par exemple), se colore toujours d'un humour que le merveilleux qui l'escorte empêche de sombrer dans la dérision. Le classicisme du style, s'il va de pair avec une certaine impertinence de ton, est mis au service d'une exploration minutieuse et radicale de l'être saisi dans ce qu'il a de plus intime : son rapport au temps et à la mort. Maurice Pons a reçu en 1995 le grand prix Thyde Monnier de la Société des gens de lettres pour l'ensemble de son œuvre.

ŒUVRES. — Principalement chez Julliard et Denoël.

Pa.B.

Pontigny *(Décades de)*. Réunissant des écrivains et des intellectuels prestigieux à Pontigny (Yonne), dans une ancienne abbaye cistercienne bourguignonne, ces colloques de dix jours se sont succédé, de 1910 à 1913, puis de 1922 à 1939, à l'initiative de Paul Desjardins (1859-1940). Ce normalien, agrégé de lettres, fondateur à la fin du XIXe siècle d'une « École de liberté », devenue « Union pour l'action morale » en opposition à l'Action française, puis à partir de 1905 « Union pour la vérité », avait lancé dès 1910 des rencontres estivales de longue durée, dans l'abbaye de Pontigny, souhaitant appliquer « le régime cénobite » à « l'entretien de la plus pure, de la plus vivace liberté d'esprit ». Huit décades se déroulèrent jusqu'en 1913, auxquelles participèrent les membres fondateurs et les premiers auteurs de la jeune *NRF*, Gide, Copeau, Schlumberger, Martin du Gard. Devenue hôpital militaire durant la Première Guerre, l'abbaye ne reprit ses activités qu'en août 1922. Jusqu'à la veille de la Seconde Guerre, elle consacra cinquante-deux décades à des sujets tels que le baroque, l'héroïsme, la destinée, l'autobiographie, et à diverses questions philosophiques, religieuses ou sociales, réunissant des critiques et des philosophes comme Charles Du Bos, Gaston Bachelard, Raymond Aron, Vladimir Jankélévitch, Léon Brunschvicg ou Ernst Robert Curtius. De grands poètes ou romanciers furent présents à quelques-unes de ces rencontres restées célèbres : Gide à plusieurs reprises, Valéry en 1925, le jeune Sartre en 1926, Malraux et André Chamson pour une décade sur la « jeunesse d'après-guerre » en 1929, Mauriac la même année pour une rencontre sur « la réussite classique dans l'art », Saint-Exupéry en 1932, Drieu La Rochelle en 1935. Voir aussi CERISY-LA-SALLE.

→ Anne Heurgon-Desjardins, *Paul Desjardins et les décades de Pontigny : études, témoignages et documents inédits*, PUF, 1964.

A.G.

Porto-Riche Georges de (1849-1930), voir DICTIONNAIRE DES LETTRES FRANÇAISES : LE XIXe SIÈCLE.

Portugal Anne (1949). Née le 29 mars 1949 à Angers, elle a collaboré à de nombreuses revues de poésie (*Action poétique*, *Java*, *Banana Split*, *Cahiers du refuge*, *Po&sie*, etc.), et donné aux *Cahiers de poésie* (Gallimard, 1980, n° 3), un premier texte important : « La licence qu'on appelle autrement parrhésie » la situant dans l'angle exigeant de la création poétique. Dans ses trois recueils publiés chez POL, *Les Commodités d'une banquette* (1985), *De quoi faire un mur* (1987) et *Le plus simple appareil* (1992), elle met en œuvre ce que Pierre Alferi a appelé la « fantaxe », désignant ainsi une forme versifiée particulière, sans ponctuation, à la syntaxe distordue, d'où se dégagent un effet de dérision, une ironie prenant pour objet la poésie elle-même, voire une suspicion à l'égard de l'écrit en général. Multipliant par exemple les termes de géométrie, le texte semble écarter de lui toute signification immédiate pour suggérer plutôt d'autres rapports entre les mots, énigmatiques. Ni récit, ni poème, il est comme une surface où se meuvent des objets apparents : bagages, baignoire, chien, genoux, murs, aussi loin du réel que de la littérature.

ŒUVRES. — En outre : *Souris au lait*, Messidor, 1989. — *Fichier*, Michel Chandeigne, 1992.

→ Pierre Alferi, « La poésie et les vieillards », *Les Lettres françaises*, février 1993.

B.V. — CIPM

Poulaille Henry (1896-1980). Né le 5 décembre 1896 à Paris dans une famille ouvrière, Henri Poulaille — Henry à partir de 1920 — découvre tôt la politique grâce à un père anarcho-syndicaliste, devient après la guerre critique littéraire (*La Vache enragée*, *L'Humanité*, *Le Peuple*, *Monde)*, et se met à peindre la souffrance sociale (*Ils étaient quatre*, Grasset, 1925 ; *L'Enfantement de la paix*, Grasset, 1926 ; *Le Train fou*, Grasset, 1928). Pour agir sur les lettres, il publie le manifeste *Nouvel Âge littéraire* (Valois, 1930 ; rééd. Plein Chant, 1986), où il prône l'avènement d'une « littérature prolétarienne », écrite par des travailleurs, hostile au populisme comme au réalisme socialiste, et se réclamant de Marguerite Audoux, de Ramuz (*Pour ou contre Ramuz*, Éditions du siècle, 1926) ou de Charles-Louis Philippe (*Ch.-L. Philippe, le populisme et la littérature prolétarienne*, Valois, 1930). Cela le conduit à fonder la revue *Nouvel Âge* (Valois, 1931) et à entreprendre, à travers l'histoire de la famille Magneux, une fresque autobiographique de la vie ouvrière entre 1900 et 1920 (*Le Pain quotidien*, Valois, 1931, rééd. Stock, 1980 ; *Les Damnés de la terre*, Grasset, 1935 ; *Pain de soldat*, Grasset, 1937, rééd. 1995 ; *Les Rescapés*, Grasset, 1938 ; *Seul dans la vie à quatorze ans*, Stock, 1980). Cependant, la pression du parti communiste laisse peu de place au courant libertaire et les revues qu'il crée disparaissent rapidement (*Prolétariat, À contre-courant, L'Équipe).* À partir de 1940, il se consacre à la culture traditionnelle (*La Grande et Belle Bible des Noëls anciens*, 3 t., Albin Michel, 1942-1949-1951 ; *La Fleur des chansons d'amour du* XVIe *siècle*, Grasset, 1943 ; *Les Chansons de toile du* XIIe *siècle*, Rogers, 1947 ; *Il était une fois*, Gründ, 1956), et après 1945, après avoir tenté de reconstituer son groupe autour de la revue *Maintenant*, il s'adonne à l'érudition (*Corneille sous le masque de Molière*, Grasset, 1957). Il meurt, oublié, à Cachan le 30 mars 1980.

→ Michel Ragon, *Histoire de la littérature prolétarienne en France*, Albin Michel, 1974. — Karl-Anders Arvidsson, *Henry Poulaille et la littérature prolétarienne française des années 1930*, thèse, Göteborg, 1988. — René Guarguilo, *Henry Poulaille et la littérature prolétarienne en France*, Minard, 1989. — *Cahiers Henry Poulaille*, Bassac, 1989. — Rosemary Chapman, *Henry Poulaille and Proletarian Literature 1920-1939*, Amsterdam, Rodopi, 1992. — Thierry Maricourt, *Henry Poulaille*, Manya, 1992. — Il existe depuis 1989 des *Cahiers Henry Poulaille* (Paris).

J.P.

Poulet Georges (1902-1991). Après une thèse soutenue en juillet 1927 sur les relations entre les personnages chez Balzac (inédite), G. Poulet quitte la Belgique (où il est né le 29 novembre 1902, à Chênée) pour dispenser son enseignement dans de grandes institutions universitaires : Edimbourg, Baltimore, Zurich, Nice. Il se fait connaître en 1950 par la publication d'*Études sur le temps humain* (Plon), recueil d'essais consacrés à l'expression de la temporalité subjective dans l'œuvre de divers auteurs (le temps peut par exemple être perçu comme disponibilité, comme succession d'instants privilégiés, comme discontinuité...). L'ouvrage lui vaut immédiatement l'amitié d'Albert Béguin et de Marcel Raymond, fondateurs de l'« École de Genève » dont la démarche s'apparente à la sienne, malgré l'individualité de chacun de ces trois critiques (nuances que Poulet lui-même analyse dans *La Conscience critique*, Corti, 1971, que l'on perçoit dans sa *Correspondance (1950-1977)* avec Marcel Raymond, Corti, 1981, et qui sont discutées dans les actes du colloque qu'il dirigea à Cerisy en septembre 1966, *Les Chemins actuels de la critique*, Plon, 1967). Trois autres volumes complètent ces *Études* (*La Distance intérieure*, Plon, 1952 ; *Le Point de départ*, Plon, 1964 ; *Mesure de l'instant*, Plon, 1968) pour former un riche panorama de la littérature européenne du XVIe siècle à nos jours, où chaque auteur est saisi dans ce qui fait son originalité : son expérience, sa représentation du monde, sa perception du temps, de l'espace, et de lui-même, telles qu'il les traduit dans les mots et les formes. Cette démarche caractérise ce que l'on a nommé la « critique de la conscience ». (Les quatre volumes ont été réédités dans la collection Pocket-Agora, 1989-1990.)

Cette acuité pénétrante explique que Georges Poulet ait excellé dans les essais monographiques, qui permettent de cerner au plus près les mouvements d'une âme : *Benjamin Constant* (Le Seuil, 1968), *Qui était Baudelaire ?* (Skira, 1969) et *La Poésie éclatée* (PUF, 1980, consacré à Baudelaire et à Rimbaud). Il faut mettre à part *L'Espace proustien* (Gallimard, 1963), pendant conceptuel des *Études sur le temps humain*, qui explore chez Proust l'autre grande catégorie de l'entendement humain : la représentation intérieure de l'espace. C'est cependant dans le genre de la vaste enquête thématique que Poulet a donné toute la mesure de son intelligence critique : *Les Métamorphoses du cercle* (Plon, 1961, rééd. Flammarion, collection Champs, 1979), analyse au fil de l'histoire littéraire les changements de sens d'une forme figurant tour à tour la perfection divine, l'harmonie de la nature, la dialectique de la dilatation et de la concentration intérieure ; *Entre moi et moi* (Corti, 1977), recueil d'essais sur la conscience de soi ; et son dernier ouvrage, *La Pensée indéterminée* (3 t., PUF, 1985, 1987, 1990). Des mystiques du Moyen Âge aux écrivains contemporains, Poulet s'y attache à surprendre le substrat originel de la conscience de l'écrivain lorsqu'elle apparaît en dehors de toute détermination — dans des états d'abandon comme la rêverie, l'expérience mystique, le sentiment de sa propre vacuité.

À l'exception d'un roman de jeunesse (*La Poule aux œufs d'or*, 1927), l'ensemble des écrits de Georges Poulet relève donc de la critique. Affirmer cette orientation ne réduit cependant pas l'importance d'une œuvre qui, pour son auteur, a la vocation de mettre au jour dans les textes littéraires la présence d'un sujet — et ainsi d'enrichir cette expérience spirituelle qui est fondamentalement « substitution d'une conscience par une autre » : la lecture. Georges Poulet est mort à Bruxelles le 31 décembre 1991.

→ Albert Henry, « Georges Poulet (1902-1991) », *Bulletin de la classe des lettres et des sciences morales et politiques [de l'] Académie royale de Belgique*, 6-9, 1992. — Jean Starobinski, « Le rêve de Georges Poulet », *Le Monde des livres*, 21 août 1992.

B.Do.

Poulet Robert (1893-1989). Né à Liège, le 4 septembre 1893, se situant dans un courant qu'il a lui-même dénommé « réalisme magique », en partie héritier des essais d'Alain-Fournier et de Franz Hellens (voir sa contribution à *Nord*, juillet 1929), il a concilié les univers du rêve et de la réalité dès son premier roman, *Handji* (1931), matérialisation fantastique d'une femme à travers le fantasme de deux officiers isolés sur le front russe. Si le monde de l'imagination objective est toujours à l'œuvre dans *Le Trottoir* (1931) et *Le Meilleur et le pire* (1932), c'est avec *Les Ténèbres* (1934) que Poulet joue le mieux de cette ambiguïté : les hallucinations d'un malade investissent peu à peu le monde réel, jusqu'à échapper à l'emprise du cerveau qui les a créées (voir aussi *L'Ange et les dieux*, 1942 ; *Prélude à l'apocalypse*, 1944). Partisan de l'ordre nouveau *(La Révolution est à droite*, 1934 ; contributions à *Cassandre*, à *Je suis partout)*, engagé dans la Collaboration (directeur du *Nouveau Journal)*, il est condamné à mort à la Libération ; sa peine commuée en détention à vie, puis en exil, il se réfugie en France. Il y poursuit son activité de polémiste et de critique en publiant de nombreux essais *(Journal d'un condamné à mort*, 1948 ; *Entretiens familiers avec Louis-Ferdinand Céline*, 1958 ; *Aveux spontanés*, 1963 ; *Le Kaléidoscope*, 1982 ; *L'Homme qui n'avait pas compris*, 1988) et quelques romans *(La Hutte de cochenille*, 1953 ; *Nuptial*, 1956 ; *La Chambre des secrets*, 1957, sous le pseudonyme de Jean Blaisy), collaborant sous différents pseudonymes à de nombreuses revues (signant Walter Orlando dans *La Table ronde*, Sic dans *Rivarol*, Pangloss dans l'hebdomadaire satirique belge *Pan*, etc.). Robert Poulet est mort à Marly-le-Roi le 9 octobre 1989 ; il était le frère du critique et essayiste Georges Poulet.

→ Antonin Artaud, « *Handji* par Robert Poulet », dans *Œuvres complètes*, Gallimard, t. 2, 1961.

O.Bi.

Poulin Jacques (1937). Né dans la Beauce québécoise, psychologue, conseiller en orientation et traducteur, il fait vivre dans ses romans des « commis aux écritures » et aux communications, des préposés aux comportements et au sens de la vie. Son œuvre met subtilement en question le rôle et la fonction des sciences humaines. *Mon cheval pour un royaume* (1967) est l'histoire d'une fille très douce, aimée à la fois par un catéchier du Vieux-Québec et un apprenti écrivain qui tente de libérer son agressivité par un acte terroriste, en produisant l'explosion d'un monument qui symbolise sa propre « carapace ». On retrouvera ces personnages dans la suite de l'œuvre. Mais les romans de Poulin ne sont pas « psychologiques ». Ils s'interrogent sur leur propre vérité, ils font la théorie et la critique d'eux-mêmes. Dans *Jimmy* (1969), le héros a l'âge et l'esprit de Zazie, le langage des adolescents de Salinger ou de Réjean Ducharme. L'enfant, qui n'a jamais pu « parler vraiment avec quelqu'un », devient « un expert en histoires et le meilleur menteur de toute la ville ». *Le Cœur de la baleine bleue* (1970), qui emprunte à la chirurgie cardiaque ses problèmes de greffe et de rejet, marque un retour à l'enfance et à l'imaginaire. *Faites de beaux rêves* (1974), situé sur un circuit de courses automobiles, présente une histoire morcelée, complexe, pleine de courbes, de reprises et d'accélérations. « Fais semblant que tu joues pour vrai », suggère Amadou, qui rêve de hockey, à son frère Théo, le journaliste qui se voit champion de Formule Un. Limoilou, leur compagne, s'invente une généalogie, une mythologie et raconte « la légende de l'Amérique » avant les Blancs et les Rouges. L'insulaire des *Grandes Marées* (1978), traducteur de bandes dessinées (TDB, d'où

Teddy, Teddy Bear), lutte avec les mots, les dictionnaires, les livres pratiques et leurs auteurs, qui parfois lui rendent visite. Le livre, inspiré de Richard Brautigan et de Kurt Vonnegut, est composé d'objets textuels (fiches signalétiques, avis, recettes, BD, croquis, formules, citations, bribes d'information) qui constituent un tissu narratif original. *Volkswagen blues* (1984) est d'une facture analogue, avec cartes, écriteaux, affiches, photos, épitaphe, annonces, à déchiffrer, mais ce qui domine le récit est un voyage au cœur du continent et de son histoire, de Gaspé à San Francisco, par la fameuse piste de l'Oregon. L'écrivain Jack Waterman, accompagné d'une métisse, la Grande Sauterelle, est à la recherche de son frère Théo, qu'il ne trouvera que pour le perdre aussitôt. « Peut-être que j'aimais seulement l'image que je m'étais faite de lui. »

Après cette traversée de l'Amérique en diagonale et en profondeur, Jacques Poulin, qui vit maintenant à Paris, revient à ses premières amours, et aux rives du Saint-Laurent, sous l'égide d'Hemingway et d'une lectrice des *Mille et Une Nuits*, dans *Le Vieux Chagrin* (1989), qui est le nom d'un chat, d'une peine, d'une silhouette, apparue et disparue. On y retrouve le minimalisme, la « douceur » devant l'amour (de Marie, une Française qui ressemble à Katharine Hepburn) et la mort (annoncée) dans *La Tournée d'automne* (1993) d'un bibliobus sur la Côte-Nord.

→ *Nord*, nº 2, 1972. — *Québec français*, nº 34, 1979. — *Études françaises*, t. 21, nº 3, 1985-1986. — Anne-Marie Miraglia, *L'Écriture de l'autre chez Jacques Poulin*, Montréal, Balzac, 1993.

L.M.

Pourrat Henri (1887-1959). Né à Ambert (Puy-de-Dôme) le 7 mai 1887, de parents commerçants, il doit interrompre ses études d'agronomie. Tuberculeux, il mène dans la demeure familiale une vie sédentaire, propice à la création littéraire. L'Auvergne devient non seulement la source d'inspiration du romancier, mais encore le terrain d'exploration de l'infatigable collecteur de contes que sera Henri Pourrat. De 1922 à 1931 paraissent les quatre tomes de *Gaspard des Montagnes*, épopée rustique à laquelle il doit sa célébrité. L'œuvre, qui retrace les mésaventures de Gaspard au secours d'Anne-Marie, proie d'un destin tragique, est remarquable par la peinture de personnages hauts en couleur et d'une vie paysanne dont l'auteur excelle à rendre le folklore, mais plus encore par sa structure : le récit se déroule au fil de veillées ponctuées de pauses, et permet toutes les digressions. L'œuvre romanesque d'Henri Pourrat comprend également *Le Mauvais Garçon* (1926), *Monts et merveilles* (1934), *Georges ou les journées d'avril* (1940). L'attribution du prix Goncourt à *Vent de mars* en 1941 n'a pas été sans ternir sa réputation après guerre.

La « passion de l'oralité » déjà sensible dans la construction de *Gaspard des Montagnes*, est ce qui oriente le grand œuvre d'Henri Pourrat. Dès 1908, et pendant près d'un demi-siècle, il va recueillir et retranscrire les contes populaires de sa région natale. « Tout le trésor de la paysannerie aux veillées entre le ronronnement du rouet et celui du feu rouge » est ainsi rassemblé en recueils : le plus important, *Le Trésor des contes* (1948-1962) contient en treize volumes un millier de contes. Recherchant la plus grande authenticité, Pourrat se dote d'une méthode stricte qui repose sur le respect du récit recueilli auprès des bergers ou des lavandières. Pourtant, ne disposant pas des appareils modernes d'enregistrement, il se trouve, à l'heure de la retranscription, devant un dilemme : « Impossible de ne pas toucher à ces contes. Donnés tels quels, sans sel ni sauge, ils restent curiosité de spécialistes. Et impossible d'y toucher. Ils ne sont pas tiens, ce sont des classiques de la paysannerie. » Dilemme résolu par un subtil dosage de rigueur et de poésie qui caractérise ce remarquable travail de réécriture. On lui doit également de nombreux essais évocateurs de la vie auvergnate : *Les Jardins sauvages* (1923), *La Ligne verte* (1929), *Toucher terre* (1936), *La Veillée de novembre* (1937), *La Porte du verger* (1938), *L'Homme à la bêche* (1939), *Le Blé de Noël* (1942), *La Bienheureuse Passion* (1946). Il est mort le 16 juillet 1959 à proximité de son village natal, à Vernet (près d'Ambert).

→ Bernadette Bricout : *Le Savoir et la saveur : Henri Pourrat et « Le Trésor des contes »*, Gallimard, 1992. — *Contes et récits du Livradois*. Textes recueillis par Henri Pourrat, éd. Bernadette Bricout, Maisonneuve et Larose, 1989. — Il existe depuis 1981 des *Cahiers Henri Pourrat* (Clermont-Ferrand). — Fonds Henri Pourrat à la Bibliothèque municipale et interuniversitaire de Clermont-Ferrand.

Cl.D.

Pourtalès Guy de (1881-1941). Descendant de Huguenots réfugiés à Neuchâtel (Suisse) au début du XVIIIe siècle, il appartient à une famille dont les trois branches se retrouvent au XXe siècle en France, en Allemagne et en Suisse. Du côté maternel, du sang anglais est venu élargir cette lignée européenne, complétée par une éducation cosmopolite menant le jeune homme de Genève à Neuchâtel, puis à Bonn et à Berlin, où il a étudié les lettres et la musique pendant cinq ans avant de s'inscrire à la Sorbonne. Fixé à Paris dès 1905, il reprend la nationalité de ses ancêtres en 1912 et sert en tant qu'interprète auprès des troupes anglaises engagées en France. Gazé lors de l'attaque d'Ypres, il a ensuite partagé sa vie entre Paris et Étoy, au bord du lac Léman, où il a écrit la plus grande partie de ses livres, séjournant là, pour sa santé, de plus en plus longtemps.

Multiple par ses formes — essai, roman, traduction, biographie —, son œuvre est tout entière placée sous le signe de l'Europe romantique. Sa plus grande notoriété en France est due à ses vies de musiciens, *La Vie de Franz Liszt* (1925), *Chopin ou le poète* (1927), *Wagner* (1932) et *Berlioz et l'Europe romantique* (1939), auxquelles s'ajoutent celle de *Louis II de Bavière* (1928) et *Nietzsche en Italie* (1929). Par la précision de ses recherches et sa connaissance intime de la musique, il a élevé le genre de la biographie romancée, à la mode dans l'entre-deux-guerres, au niveau d'un témoignage personnel sur l'art et la difficile condition, passionnée et méconnue, des grands génies. C'est une critique de sympathie aussi qu'il pratique à l'égard des auteurs auxquels il consacre ses essais, *De Hamlet à Swann* (1924). De ses traductions de Shakespeare (*Mesure pour mesure*, *La Tempête* et *Hamlet)*, les deux premières ont été représentées à Paris en 1922 et 1928.

Appartenant au groupe de la *NRF*, Pourtalès participe à la réflexion sur le roman qui caractérise les années vingt, mais ses modèles littéraires sont anglais (Bulwer Lytton et Katherine Mansfield), russes (Tolstoï) et allemands ; c'est ce qui explique, outre son éducation protestante et cosmopolite, le caractère original de ses romans. *Marins d'eau douce* (1919), récit d'une enfance sur les bords du Léman, est empreint de la nostalgie de l'Europe romantique. Aux expériences de toute adolescence s'ajoutent les révélations du lac et de la musique, thèmes fondateurs de l'œuvre de l'écrivain. Ce roman tout de finesse, pour une bonne part autobiographique, est devenu emblématique pour les lecteurs de Suisse romande, qui y retrouvent la transposition poétique des paysages qui leur sont chers. *Montclar* (1926), histoire de l'éducation sentimentale d'un jeune aristocrate, met en question les valeurs morales des « années folles ». Proche, par le ton, d'*Adolphe* ou de *Barnabooth*, le récit s'apparente par sa technique aux recherches de Gide et de ses amis. Roman de la mémoire et de la jalousie, il contient aussi de nombreuses réminiscences proustiennes. Fils d'une aristocratie en voie de disparition, mondaine, dilettante, cosmopolite, Montclar saisit toute occasion d'évasion pour échapper à ses obligations matérielles et résoudre ses dilemmes sentimentaux. Objet de dix années de travail, *La Pêche miraculeuse* est l'œuvre de la maturité. Le héros, Paul de Villars, figure de l'écrivain, quitte la Genève de son enfance afin de poursuivre des études musicales en Allemagne, puis à Paris ; il s'engage comme volontaire en 1914 et revient en Suisse au moment de la création de la Société des nations. Portrait de la Genève aristocratique du tournant du siècle, fresque de la guerre dans les Ardennes, le roman met en relief des valeurs opposées, incarnées par des personnages ou des situations entre lesquels le héros doit choisir. Convaincu que le langage musical seul permet d'accéder à la transcendance, l'auteur utilise la musique comme fil conducteur de l'apprentissage du héros. Que *La Pêche miraculeuse* donne son sens à l'œuvre de Pourtalès, la publication de ses mémoires posthumes, *Chaque mouche a son ombre* (1980), et de son *Journal* (1992) en portent confirmation.

ŒUVRES. — Principalement chez Gallimard.

→ Suzanne-Aline L'Hopital, *La Formation d'un esprit européen au début du XXe siècle : Guy de Pourtalès*, Champion, 1975. — Françoise Fornerod, *Histoire d'un roman : « La Pêche miraculeuse »*, Genève, Slatkine, 1985.

F.Fo.

Pozzi Catherine (1882-1934). Née à Paris le 13 juillet 1882, dans une famille de la haute bourgeoisie, demeurant place Vendôme. Sa mère, une riche héritière lyonnaise, avait épousé, quoique catholique, le protestant Samuel Pozzi, brillant chirurgien qui, après avoir obtenu la première chaire de gynécologie de la Faculté de Paris, devait plus tard être élu vice-président de l'Académie de médecine ainsi que sénateur de la Dordogne. Ce fin lettré, amateur d'art et de musique, occupait dans la haute société une place éminente qui lui valut d'inspirer à Proust le personnage du docteur Cottard. La jeune fille évolue donc, dès sa plus tendre enfance, dans l'intimité d'écrivains tels que Montesquiou, Leconte de Lisle, Heredia, Bourget, Barrès, les Goncourt, ou d'hommes d'État tels que Clemenceau, sans oublier les nombreuses femmes du monde qui entouraient son père : Mme Arman de Caillavet, Mme Émile Straus, Misia Sert, Sarah Bernhardt. Malgré ces brillantes fréquentations, et compte tenu des conventions de l'époque, la famille Pozzi ne voulut pas pousser la jeune Catherine jusqu'au baccalauréat. C'est en autodidacte qu'elle apprend, outre l'anglais et l'allemand, le latin et le grec, et suit un programme de formation englobant la voile, le tennis, l'équitation, le piano, la psychophysiologie, la philosophie et l'étude du bouddhisme. En 1907, elle part pour l'université d'Oxford et en revient deux ans plus tard pour épouser un jeune Français qu'elle y a rencontré, Édouard Bourdet, le futur auteur dramatique, dont elle aura un fils, Claude. Commence alors la partie la plus sombre de la vie de Catherine Pozzi. Le ménage n'est pas heureux et les époux divorcent peu après la Première Guerre. Mais surtout, Catherine ressent dès 1912 les premières atteintes de la maladie qui devait l'emporter : la tuberculose. Désormais, la jeune femme est tenaillée par le sentiment de la précarité de sa vie. Elle reprend ses études, passe le baccalauréat à l'âge de trente-sept ans, va travailler dans des laboratoires de biologie. Certes, elle continue à mener une intense vie mondaine, mais elle sait aussi s'entourer de véritables amis, parmi lesquels figure en première place Marie de Régnier (Gérard d'Houville) ainsi que Rilke, Benda, Paulhan, Jouve ou Ernst Robert Curtius, avec lequel elle entretiendra une importante correspondance.

En 1920, elle rencontre Valéry : c'est le début d'une passion où l'admiration intellectuelle tient une place considérable. On en voit les traces dans leurs œuvres respectives. Sous l'impulsion de Valéry, en effet, Catherine commence à publier, d'abord une nouvelle, *Agnès* (1927), puis un poème, *Ave* (1929). Outre quelques articles, ce furent les seuls textes publiés de son vivant, et encore le furent-ils sous la signature de Karin ou C.K. (Catherine-Karin, du grec *charis*, signifiant la « grâce »). Catherine s'acheminait peu à peu vers le système philosophique exposé dans le conte *Peau d'âme* (1935), influencé aussi bien par la biologie et la physique modernes que par les spiritualités indienne et chrétienne. Là se trouve peut-être l'une des causes de la douloureuse rupture avec Valéry, qui eut lieu en 1928 : malgré leur souci commun d'intégrer la science de leur temps dans leur réflexion, Valéry s'en tenait au doute absolu, alors que Catherine éprouvait le besoin d'une foi. Ainsi, vers la fin de sa vie, comptait-elle beaucoup sur l'amitié de catholiques comme les Maritain ou Louis Massignon. Quand elle meurt, à Paris, le 3 décembre 1934, elle laisse, outre les textes déjà cités, six poèmes mystiques, *Ave*, *Vale*, *Scopolamine*, *Nova*, *Maya* et *Nyx*, qui, après leur publication en 1935, ont suscité l'admiration de Thierry Maulnier, Gide ou Robert Sabatier et figurent désormais dans de nombreuses anthologies. Elle laissait surtout un journal intime, déposé à la Bibliothèque nationale, et dont la publication, en 1987, a fait événement, révélant une personnalité d'une infinie sensibilité.

ŒUVRES. — *Agnès*, Société générale d'imprimerie et d'édition, 1927. — *Poèmes*, Mesures, 1935, rééd. Gallimard, 1959. — *Peau d'âme*, Corrêa, 1935. — *Journal 1913-1934*, éd. Claire Paulhan, Ramsay, 1987. — *Œuvres poétiques*, La Différence, 1988. — *Correspondance avec Rainer Maria Rilke (1924-1925)*, éd. Lawrence Joseph, La Différence, 1990. — *Journal de jeunesse (1893-1906)*, éd. Claire Paulhan, Verdier, 1995.

→ Lawrence Joseph, *Catherine Pozzi : une robe couleur du temps*, La Différence, 1988. — Pierre Boutang, *Karin Pozzi et la quête de l'immortalité*, La Différence, 1991. — Anne Malaprade, *Catherine Pozzi : architecte d'un univers*, Sélection du Reader's Digest, Larousse, 1994.

W.M.

Pradelle François (1909). Il a fait partie de l'École gallicane sous la direction d'André Mary. Son premier livre, *Le Dit du grand pin de Macé* (1936), a remporté le prix Blumenthal. Ce recueil offre un tableau de sa famille et un hommage à sa province adoptive. Sa poésie, déroutante, semée de mots anciens, simplifie l'orthographe et francise certains mots étrangers (« short » devient « chorte »). *Les Naïves Amours* (trois cents dizains, organisés selon des contraintes strictes) sont l'œuvre de toute une vie. Ce recueil a été couronné par l'Académie française en 1974. La poésie amoureuse et érotique des *Délices du corps féminin* (1989) célèbre l'amour charnel.

D.H.-M.Ber.

Prassinos Gisèle (1920). Née à Istanbul de père grec et de mère italienne, elle arrive en France à l'âge de deux ans, émigrant avec sa famille. Sous l'influence de son frère Mario, l'adolescente écrit des contes brefs et acides. En 1934, elle est présentée par lui aux surréalistes et immédiatement définie comme « surréaliste » par les observateurs du mouvement. Sa vie durant, elle cherchera à échapper à cette étiquette, d'abord par un travail de secrétaire, puis de traductrice (de l'œuvre du romancier grec Nikos Kazantzakis, en collaboration avec son mari Pierre Fridas), ensuite comme romancière (*Le temps n'est rien*, 1958), enfin comme plasticienne et poète, depuis les années 1970. Son œuvre est très singulière. Plus proche apparemment de l'art brut que du surréalisme, son art économise les moyens et affecte de se détourner des référents culturels. Ses « bonshommes » de feutre des vingt dernières années renvoient à l'imaginaire de l'enfance, et la manipulation de laquelle ils sont issus, au bricolage. *Brelin le Frou* (Belfond, 1975), conte à épisodes illustré de dessins, fait souvent songer au Michaux du *Voyage en Grande Garabagne*. La culture est déniée et décalée. À travers une naïveté feinte, son œuvre s'apparente à la tradition de la satire sociale et politique.

Dans ses romans : *Le temps n'est rien* et *La Voyageuse* (1959), *Le Cavalier* (1961), *La Confidente* (1962), *Le Visage effleuré de peine* (1964), *Le Grand Repas* (1966), la finesse d'analyse le dispute à une rigueur et une économie extrêmes de l'écriture, par un travail sur la mémoire qui, partant de fragments, reconstruit des images de soi et des images d'autrui qui communiquent entre elles. Dans ses recueils poétiques (*La Vie la voix*, Flammarion, 1971 ; *Pour l'arrière-saison*, Belfond, 1979), c'est un mouvement inverse qui s'accomplit et cherche à dire la dissipation du présent, le rien, l'absence, l'illusion.

→ Madeleine Cottenet-Hage, *Gisèle Prassinos ou le désir du lieu intime*, J.-M. Place, 1988.

J.C.-G.

Praz Mario (1896-1982). Le nom du célèbre écrivain italien, né à Rome le 6 septembre 1896, évoque peut-être davantage l'histoire de l'art et des lettres anglaises (qu'il enseigna de nombreuses années) que la littérature française : celle-ci a pourtant inspiré les thèmes et les formes de prédilection d'une œuvre fascinante, à qui l'on doit la réévaluation de quelques aspects négligés, voire méprisés, de notre culture littéraire. Mario Praz a du reste dirigé de nombreuses années la Fondation Primoli, à Rome, essentiellement consacrée aux lettres françaises.

Dès 1930, dans *La carne, la morte e il diavolo nella letteratura romantica* (trad. Denoël, *La Chair, la mort et le diable*, 1977), Praz inventoria sans préjugés les motifs privilégiés des artistes « décadents » de la fin du XIXe siècle (Gustave Moreau, Huysmans, et même Baudelaire et Flaubert), pour montrer comment leur goût du macabre et de la perversion trahit l'obscure influence de Sade et du romantisme « noir ». Puis, durant les années 1930, ses études consacrées aux formes et à la diffusion du concettisme, de la poésie métaphysique et des emblèmes au XVIIe

siècle contribuèrent largement à la redécouverte de la littérature baroque, ouvrant la voie aux travaux de Marcel Raymond ou de Jean Rousset sur les manifestations spécifiquement françaises de ce grand courant européen du goût et de la sensibilité. Enfin, en collectionneur passionné de mobilier, de peinture et de littérature néoclassiques, il sut redonner vie à quelques figures oubliées de la période napoléonienne dans *Gusto neo-classico* (1940) [trad. Le Promeneur, *Goût néo-classique*, 1989], et analysa ailleurs avec finesse les atmosphères créées par les descriptions d'intérieurs dans les œuvres de Balzac, Barbey d'Aurevilly ou Proust.

Il faut enfin souligner l'importance de la France dans les carnets de voyage et la correspondance de Praz, et surtout l'influence de la culture française sur son style même : tel qu'il le concevait et le pratiquait, l'*essai* comme libre conversation, discours familier et élégant mêlant érudition, souvenirs, sensibilité, humour et détachement s'apparente à la pratique de Diderot, de Stendhal ou de Montaigne — notamment dans le ton de mémorialiste désinvolte qu'adopte son ouvrage le plus personnel, *La Casa della vita* (1958) (*La Maison de la vie*, L'Arpenteur, 1993). Mario Praz est mort à Rome le 23 mars 1982.

→ Marc Fumaroli, préface à Mario Praz, *Le Monde que j'ai vu*, Julliard, 1988. — *Cahiers pour un temps*, Centre Pompidou, 1989.

B.Do.

Présence africaine. Maison d'édition fondée à partir de la revue *Présence africaine* (voir celle-ci).

J.C.

Présence africaine. Revue fondée en 1947, à Paris et à Dakar. Elle est indissociable de la personnalité de son fondateur et animateur Alioune Diop. Ami de Camus et de Sartre, mais également d'Emmanuel Mounier (qui signent chacun une contribution dans le premier numéro de la revue), Alioune Diop, que sa naissance à Saint-Louis du Sénégal a placé au carrefour d'une triple influence, celle du monde animiste, celle du monde arabe et celle de l'univers français, a été dès 1935, aux côtés de Césaire et de Senghor, l'un des pères fondateurs de la négritude, née, dit-il, du sentiment des intellectuels noirs de n'avoir pas retrouvé dans l'humanisme occidental toutes les dimensions de leur personnalité. Au lendemain de la Seconde Guerre mondiale, *Présence africaine* prend le relais de *L'Étudiant noir* et sert de porte-drapeau à la génération des Indépendances. Cellule-mère de la future Société africaine de culture, elle devient vite le lieu de rencontre et d'expression des intellectuels du monde noir et de leurs amis européens, Jacques Rabemanajara, Bernard Dadié, Théodore Monod, le père Médieux, Pierre Baville, Marcel Griaule, etc. D'abord tribune internationale, elle deviendra la première grande maison d'édition africaine. Depuis la mort de son fondateur, *Présence africaine* connaît de graves difficultés financières liées en partie aux défis économiques que doit affronter le continent africain.

J.C.

Presses de la Cité. Maison d'édition fondée à Paris en 1944 par Sven Nielsen, qui donne son nom au groupe constitué à partir de 1965, devenu (par absorption en 1988) Groupe de la Cité, dont les Presses de la Cité sont une filiale. Originaire d'une famille de libraires danois, Sven Nielsen arrive à Paris en 1924. Employé au département étranger chez Hachette, il fonde en 1926 avec sa femme les Messageries du livre, société de distribution de livres français à l'étranger. Son activité d'éditeur commence avec la publication, sous l'Occupation, de livres classiques en demi-luxe qu'il livre dans Paris au moyen d'une charrette à bras devenue légendaire. Il rachète une vieille maison d'édition en perdition, les Éditions Albert 1er, qu'il rebaptise en 1944 Presses de la Cité, en songeant au City Press britannique, et pour lesquelles il fait dessiner une figure emblématique : une presse d'imprimerie, les tours de Notre-Dame et le soleil à l'arrière-plan. À la Libération, il y publie des auteurs anglo-saxons tels que Peter Cheyney *(Duel dans l'ombre)* ou Taylor Caldwell (*Dynastie de la mort*, 1945) en innovant dans la présentation et en proposant des livres massicotés, reliés, cartonnés, avec une couverture illustrée, à la manière américaine.

À l'occasion d'une préface que l'auteur belge lui accorde, Sven Nielsen signe son premier contrat avec Simenon le

14 juillet 1945, pour une autobiographie, *Je me souviens*. À partir de 1947, les Presses de la Cité deviennent l'éditeur exclusif de Simenon, dont une importante collection portera le nom. La même année, Irwin Shaw et Frank G. Slaughter entrent au catalogue, bientôt suivis par James Jones (*Tant qu'il y aura des hommes*, 1952) : la maison offre au public français l'accès à des auteurs américains à gros tirage. Parallèlement, dans ces années cinquante, le domaine policier prend de l'ampleur : la collection « Un mystère » et son petit éléphant blanc accueillent Mickey Spillane, Erle Stanley Gardner, William Irish, et du côté français Michel Lebrun, Ange Bastiani et Jean Bruce pour ses fameux *OSS 117*. La maison publie également les *Caroline Chérie* de Jacques Laurent, ainsi qu'Henri Queffélec, René Barjavel ou Jean Lartéguy (*Les Centurions*, 1960).

En 1962, la création de « Presses Pocket » donne une seconde vie aux titres des Presses de la Cité et progressivement des autres maisons du groupe. Le rachat du fonds Amiot-Dumond (1958), puis de la Librairie académique Perrin (1959), des Éditions Rouge et Or pour la jeunesse (1961), de Solar (1960) et du Fleuve noir (1963) témoignent d'une politique d'absorption que Sven Nielsen confirme en 1965, en rachetant à l'Union financière de Paris ses filiales d'édition (Plon, Julliard, les Éditions du Rocher, UGE et sa collection « 10/18 » : devenant le groupe des Presses de la Cité. La puissance de cet empire, grossi en 1970 par la création de France-Loisirs, club de ventes par correspondance, préserve l'indépendance de la maison d'origine et sa politique éditoriale propre, conduite par Sven Nielsen jusqu'à sa mort en 1976 et poursuivie par son fils Claude. Georges Leser entre dans la maison en 1955, il deviendra directeur du Groupe de la Cité au sein duquel les Presses de la Cité sont regroupées, depuis 1995. Renaud Bombard assure la direction littéraire. La maison continue de développer le domaine policier (Ed McBain), la science-fiction (Isaac Asimov), la littérature féminine (Danielle Steel, Jean M. Auel), le roman historique, le roman du terroir (Jean Anglade, Georges Coulonges). En arrivant aux Presses de la Cité dans les années soixante-dix, Jeanine Balland a apporté une collection de documents et de romans de guerre (Erwan Bergot), dans la tradition de la maison, qui continue par ailleurs de publier ses grands auteurs, de James A. Michener (*Alaska*) à Georges Simenon, sous la marque Omnibus, créée en 1990 et indépendante depuis 1993.

V.M. — IMEC

Prevel Jacques-Marie (1915-1951). Né le 21 juillet 1915 à Bolbec (Seine-Maritime), il occupe d'abord un modeste emploi à la mairie du Havre. Ses premiers vers disent sa conscience d'être étranger à lui-même dans un monde absent. En 1940, il se fixe à Paris et se consacre exclusivement à la poésie. Il se lie d'amitié avec Roger Gilbert-Lecomte, René Daumal, Hendrick Kramer, Luc Diétrich, ses frères en révolte. Il est illuminé par Antonin Artaud, qu'il rencontre en 1946 : « L'intensité de sa vie me faisait entrer dans un absolu, le sien. J'étais pris dans son tourbillon. Je le suivais comme un somnambule. » Prevel ne connaît que misère et maladie. C'est à compte d'auteur qu'il publie *Poèmes mortels* (1945), *Poèmes pour toute mémoire* (1947), et *De colère et de haine* (1950). Atteint de tuberculose, il meurt à trente-six ans au sanatorium de Sainte-Feyre (Creuse), le 27 mai 1951. Un choix de ses poèmes paraît en 1952, chez Seghers, sous le titre : *En dérive vers l'absolu* précédé d'un hommage de Jean Rousselot. *En compagnie d'Antonin Artaud* suivi de *Poèmes* (Flammarion, 1974) contient le journal de son amitié fascinée pour Artaud (mai 1946-décembre 1947) et l'intégralité de son œuvre poétique.

J.G.

Prévert Jacques (1900-1977). Né à Neuilly le 4 février 1900 d'une mère attentive à donner à ses fils Jean, Jacques et Pierre l'éducation convenable qui ouvre les portes de la bonne société, et d'un père grand amateur de littérature et de théâtre qui emmène Jacques à l'Odéon dès l'âge de cinq ans, sa famille au cinéma toutes les semaines, et qui, employé à l'Office central des pauvres de Paris, entraîne Jacques dans ses visites professionnelles : le spectacle de la misère et des quartiers insalubres, où se révèlent souvent courage et tendresse, confirme les lectures que fait l'enfant d'Eugène Sue, de Balzac et de Victor Hugo. Entré à l'école à l'âge de sept ans, il en sort à quatorze ans, après le certificat d'études, tant il préfère l'école de la rue à celle de son 6e arrondissement. Avec le service militaire, commence une période d'amitiés décisives : avec Tanguy, rencontré en 1920 à Saint-Nicolas-de-Port, et Marcel Duhamel, en 1921 à Istanbul, ils forment, à leur retour à Paris, un trio inséparable dont les facéties anticonformistes attirent successivement, au 54 de la rue du Château, Breton, Desnos, Aragon, Leiris, Giacometti, Queneau, Péret. C'est Prévert qui lance le jeu du « cadavre exquis ». Il participe aux tables rondes sur la sexualité et signe les manifestes des surréalistes contre un projet de statue de Rimbaud à Charleville ou en faveur de Charlie Chaplin, accusé par son épouse de cruauté mentale. Toutefois, il refuse de s'inscrire au parti communiste (1926) et, ayant rompu avec Breton, lors de la fugue amoureuse de Queneau, il participe au pamphlet collectif *Un cadavre* (1930) contre celui qui, dit-il dans *Mort d'un Monsieur*, « mettait sa toque de juge par-dessus son képi » pour faire « de la Morale et de la critique d'art ». La même année, il rompt avec Tanguy. Étroitement associé à tous les chahuts surréalistes de l'époque — il a giflé Cocteau publiquement au Vieux-Colombier le 24 janvier 1928 —, Prévert en 1929 n'a encore rien publié.

En revanche, dès 1924, il fait son entrée dans le monde du spectacle : figuration dans le film d'Henri Frescourt, *Les Grands* (1924), dans *Amours de minuit* de Marc Allégret et *Prix et profits* d'Yves Allégret (1931) ; collaboration avec son frère Pierre au film de Marcel Duhamel *Souvenirs de Paris* (1928) ; scénarios : *Le Fils de famille*, *Le Trésor* (1928), *Émile Émile*, *Une petite rue tranquille*, *Baleydier* (1931). En 1932, il participe à la création du groupe Octobre, issu de la Fédération du Théâtre Ouvrier de France, pour lequel il écrit *Vive la presse* puis, en 1933, *La Bataille de Fontenoy*, *Le Camelot*, *Actualités*, *La Pêche à la baleine* (qu'il interprète lui-même), *La Famille tuyau de poêle* et *Marche ou crève* (1934), *Mange ta soupe et tais-toi* (1935), *Le Tableau des merveilles* (1936), mis en scène par Jean-Louis Barrault. En 1936, le groupe Octobre se disloque. Commence alors une contribution considérable au cinéma français. Prévert écrit scénarios et dialogues pour Jean Renoir *(Le Crime de Monsieur Lange*, 1936), Marcel Carné *(Quai des Brumes*, 1937 ; *Drôle de drame*, 1937 ; *Le Jour se lève*, 1939 ; *Les Visiteurs du soir*, 1941 ; *Les Enfants du Paradis*, 1943 ; *Les Portes de la nuit*, 1945 ; *La Marie du port*, 1949), Claude Autant-Lara *(L'Affaire du courrier de Lyon*, 1937), Grémillon *(Remorques*, 1941 ; *Lumières d'été*, 1942), Christian Jaque *(Les Disparus de Saint Agil*, 1938 ; *Sortilèges*, 1944), André Cayatte *(Les Amants de Vérone*, 1948), Jean Delannoy *(Notre-Dame de Paris*, 1956), Michel Boisnard *(Les Amours célèbres*, 1961), Pierre Prévert *(Le Petit Claus et le grand Claus*, 1964 ; *La Maison du passeur*, 1965 ; *À la belle étoile*, 1966), Paul Grimault *(Le Petit Soldat*, 1947 ; *La Bergère et le ramoneur* qui sortira en 1980 sous le titre *Le Roi et l'oiseau)*.

Réformé en 1939, Prévert se réfugie dans le midi avec Joseph Kosma qui, depuis 1936, met en musique des poèmes que chantent Agnès Capri puis Marianne Oswald, Yves Montand, Mouloudji, Juliette Gréco, les Frères Jacques, etc. Ces interprètes, après le groupe Octobre, ont donné aux poèmes de Prévert la diffusion qui convenait à ses œuvres courtes, immédiatement accessibles, vibrantes de tendresse, ou qui disaient, avec les mots de tous les jours, la colère, l'irrévérence, le refus d'obtempérer, et l'immense joie d'aimer. En 1942, René Bertelé travaille à rassembler ces textes épars que Prévert n'a pas oubliés mais dont il a perdu la trace quoique certains aient été publiés, comme « Souvenirs de famille » *(Bifur*, nº 7, 1930) ou « Dîner de têtes » *(Commerce*, cahier XXVII, 1931, à la demande expresse de Saint-John Perse). Ainsi paraîtront *Paroles* (1945), dont le succès fut retentissant, puis *Histoires* (1946) et *Spectacle* (1951). De *Paroles* à *Spectacle* le lien est clair : être vivant, c'est être capable de parler et de voir, d'écouter et de regarder, comme le demande l'homme à tête d'homme du « Dîner de têtes ». Parole jaillissante sous l'impulsion de l'actualité, la poésie de Prévert est aussi regard qui suscite l'action. « Née de l'événement dont elle est le cri, la poésie accède, en accentuant ce cri [...], à l'extrémité de l'émotion possible », écrit Georges Bataille, qui salue en Prévert un poète à la fois populaire et cultivé. Les recueils qui suivent sont autant de cris de « Prévert l'anar » contre la guerre, le totalitarisme, l'Église, les magistrats, la famille et contre la poésie elle-même dans ses formes convenues que Prévert pulvérise, rendant au monde ses chances de virginité première. *Le Petit Lion* (1947), *Contes pour enfants pas sages* (1947), *Des bêtes* (1950), *L'Opéra de la lune* (1953) associent l'animal et l'enfant, rois d'un monde décapé. Celui qui aimait tant le dicton populaire « Raconte pas ta vie » n'a livré de lui-même que cet immense désir de jeter au sol « les terrifiants pépins de la réalité » pour garder une chance de « changer la vie ». Il est mort à Omonville-la-Petite (Manche) le 11 avril 1977.

ŒUVRES. — Chez Gallimard, sauf indication contraire. *Œuvres complètes*, éd. Danièle Gasiglia-Laster et Arnaud Laster, Bibliothèque de la Pléiade, t. I, 1992. — *Paroles*, 1945-1956. — *Le Petit Lion*, Arts et métiers graphiques, 1947. — *Des bêtes*, 1950. — *Spectacle*, 1951. — *Grand bal de printemps*, 1951-1976. — *Charmes de Londres*, 1952-1976. — *Lettres des îles Baladar*, 1952. — *Guignol*, Lausanne, La Guilde du livre, 1952. — *L'Opéra de la lune*, 1953-1986. — *Lumières d'homme*, GLM, 1955, repris dans *Soleil de nuit*, 1980. — *La Pluie et le beau temps*, 1955. — *Histoires*, 1946, repris dans *Histoires et d'autres histoires*, 1963. — *Les chiens ont soif*, 1964. — *Fatras*, 1966. — *Varengeville*, 1968. — *Arbres*, 1967. — *Imaginaires*, 1970. — *Fêtes*, 1971. — *Choses et autres* et *Hebdromadaires*, 1972. — *Adonides*, 1978. — *Soleil de nuit*, 1980. — *La Cinquième Saison*, 1984.

→ Georges Bataille, « De l'âge de pierre à Jacques Prévert (ou les liens de la poésie à l'événement) », *Critique*, n° 3, août 1946. — Jean Quéval, *Jacques Prévert*, Mercure de France, 1955. — Gérard Guillot, *Les Prévert*, Seghers, 1966. — Andrée Bergens, *Jacques Prévert*, Éditions universitaires, 1969. — Jacky Chareyre, *Les Formes du comique dans les poèmes de Jacques Prévert*, thèse de doctorat, Grenoble, 1984. — Danièle Gasiglia-Laster, *Jacques Prévert*, Seguier-Vagabondages, 1986. — *Album Prévert*, iconographie réunie et commentée par André Heinrich, Bibliothèque de la Pléiade, 1992.

Ch.F.

Prévost Jean (1901-1944). Né à Saint-Pierre-lès-Nemours (Seine-et-Marne) le 13 juin 1901, fils d'un directeur d'école primaire supérieure, il est mort au Vercors, abattu par les Allemands, le 1er août 1944. Boursier au lycée de Rouen (1911-1918), puis élève d'Alain au lycée Henri-IV, il entre à l'École normale supérieure en 1919 (voir *Dix-huitième année*, 1929). Il doit à la IIIe République sa très forte culture, marquée par l'idéologie radicale-socialiste que professait Alain, du « citoyen contre les pouvoirs ». Les leçons qu'il en tire, jointes à une « sauvagerie » naturelle, le détournent de la fonction publique. Secrétaire du *Navire d'argent*, la revue d'Adrienne Monnier, il appartient dans les années vingt à ce « club des moins de trente ans », qui, en marge des « grands ténors », préfère afficher un « humanisme discret », une volonté de « penser durement, lucidement et au besoin désagréablement » (Sartre). Sa mort au combat scelle le destin d'une génération marquée par la guerre dès l'enfance (voir la « Note sur Montherlant et l'esprit des anciens combattants » en appendice à *Dix-huitième année)*. La liste de ses œuvres renvoie l'image d'un polygraphe, au sens noble que le XVIIIe siècle donne à ce titre. Ses romans et ses essais, d'introspection et de critique, sociale ou littéraire, communiquent en un même effort pour réconcilier la littérature avec son public, au nom d'une morale qu'il qualifie volontiers d'« épicurienne », d'un hédonisme du corps (*Plaisirs des sports*, 1925 ; *Merlin*, 1927) et de l'« intelligence » (*Les Épicuriens français*, 1931). Son *Stendhal, essai sur le métier d'écrivain* (1942) et son *Baudelaire, essai sur l'inspiration et la création poétiques* (1953) restent inégalés. La théorie et la pratique de la traduction poétique justifient le titre *L'Amateur de poèmes* (1940), sous lequel il publia ses tentatives dans ce domaine.

ŒUVRES. — Sauf indication contraire, chez Gallimard. — *Plaisirs des sports*, 1925. — *Tentative de solitude*, 1925. — *La Pensée de Paul Valéry*, Nîmes, Fabre, 1926. — *La Vie de Montaigne*, 1926. — *Brûlures de la prière*, 1926. — *Essai sur l'introspection*, Au Sans Pareil, 1927. — *Merlin, petites amours profanes*, 1927. — *Dix-huitième année*, 1929. — *Eiffel*, Rieder, 1929. — *Polymnie ou les arts mimiques*, Hazan, 1929. — *Les Frères Bouquinquant*, 1930. — *Les Épicuriens français*.

Trois vies exemplaires : Hérault de Séchelles, Stendhal, Sainte-Beuve, 1931. — *Rachel*, 1932. — *Histoire de France depuis la guerre*, Rieder, 1932. — *Le Sel sur la plaie*, 1934. — *Lucie-Paulette*, nouvelles, 1935. — *La Terre est aux hommes*, 1936. — *La Chasse du matin*, 1937. — *Usonie. Esquisse de la civilisation américaine*, 1939. — *L'Amateur de poèmes. Traductions de diverses langues*, 1940, repris en 1990, précédé de *Derniers Poèmes*, préface de Simon Nora, introduction de Claude Roy. — *La Création chez Stendhal*, Cahiers du Sud, 1942, rééd. Mercure de France, 1951. — *Les Caractères*, Albin Michel, 1948. — *Baudelaire, essai sur l'inspiration et la création poétiques*, Mercure de France, 1953.

→ Jean-Paul Sartre, « Qu'est-ce que la littérature ? », *Situations II*, Gallimard, 1948. — Jérôme Garcin, *Pour Jean Prévost*, Gallimard, 1994. — *Jean Prévost écrivain et résistant*, Grenoble, Bibliothèque municipale, 1994.

B.L.

Prévost Marcel (1862-1941). Né le 1er mai 1862 à Paris, dans une famille bourgeoise, il fait ses études à l'École polytechnique (à laquelle il a consacré un livre en 1931) et travaille quelques années comme ingénieur des manufactures de tabac. Il publie coup sur coup ses premiers romans, qui dévoilent d'emblée son intérêt pour les personnages de femmes : *Le Scorpion* (1887), *Chonchette* (1888), *Mademoiselle Jauffre* (1889), *Cousine Lara* (1890) et surtout *La Confession d'un amant* (1891), dont le succès est suffisamment estimable pour qu'il puisse désormais ne vivre que de sa plume. Assuré d'un succès auprès d'un public bourgeois en majorité féminin sensible aux stéréotypes littéraires, psychologiques, sociaux, et à un certain sensualisme qui opposait l'auteur, à l'instar de Bourget, à la littérature naturaliste, Prévost publie ensuite une étrange série de petits recueils épistolaires, sur le même ton de la « confession » qui lui a apporté ses premiers succès : *Lettres de femmes* (1892), suivi de *Nouvelles Lettres de femmes* (1894) et de *Dernières Lettres de femmes* (1897). Qu'elles émanent de bourgeoises ou de soubrettes, de grands-mères ou d'adolescentes nubiles, de religieuses ou de femmes du monde, toutes ces lettres parlent des émois du cœur féminin face à l'homme, avec les mêmes accents et dans la même langue. Il est difficile, parmi ces correspondances qui peuvent sembler parodier le cœur féminin, d'évaluer la distance de la fiction : la lettre d'une comtesse au trop sévère confesseur de sa petite-fille qui ouvre le premier volume, celle, qui le referme, d'une religieuse prompte, le soir-même de ses vœux, à écrire à son ancien amant, jouent jusqu'au ridicule du stéréotype de la lettre de femme et l'on peut déceler une intention satirique dans les titres accolés à certaines lettres, qui semblent annoncer un exercice de style (« Wagnérienne », « Expiation »).

Mais c'est par un roman qu'entre-temps Prévost obtient le plus grand succès de sa carrière, non pas avec le banal *L'Automne d'une femme* (1893), reprenant l'éternel drame de la femme de quarante ans, mais avec *Les Demi-vierges* (1894), au parfum de scandale. Dès 1895, Prévost en donnera une version pour la scène et le roman connaîtra une première adaptation cinématographique en 1923. L'expression forgée par l'auteur comme titre du roman deviendra si populaire qu'elle entrera provisoirement dans le vocabulaire bourgeois. La « demi-vierge » désigne la jeune fille qui, tout en s'adonnant aux plaisirs de la vie, prend soin de préserver son bien le plus précieux en vue d'un prestigieux mariage. Le romancier tempère adroitement le caractère léger de son propos et la sensualité de l'atmosphère, par des commentaires sentencieux et moralisateurs. Mais cette ambivalence, qui était celle de tout un monde, explique pour une grande part le succès du livre. Le personnage principal du roman, Maud de Rouvre, voyant la fortune familiale dissipée et consciente de ne vivre que pour le luxe, décide de séduire un naïf et riche gentilhomme campagnard, Maxime de Chentel. Mais elle ne rompt pas pour autant avec son amant, Julien de Suberceaux, pâle figure de viveur que rehausse sa sincère passion pour Maud. Malgré la méfiance de Maxime envers le milieu dans lequel se complaît Maud, le mariage est presque décidé lorsque Julien révèle à son rival le double jeu de Maud, puis se tue. En contrepoint de cette histoire tragique, Prévost propose le modèle du pur et naïf amour qui lie la sœur de Maxime à un jeune et honnête Parisien.

Prévost ne s'est pas attardé dans ce registre qui l'oblige à bousculer les tabous. S'il a contribué à une certaine émancipation féminine, c'est bien involontairement. Ses interrogations sur le bonheur de la femme ne mettent jamais en question la répartition des rôles. La femme apparaît surtout, dans les romans de Prévost, comme une sorte d'animal psychologique, attendrissant, compliqué et capricieux. *Les Vierges fortes* (1900), roman en deux tomes, *Frédérique* et *Léa*, ne visent à rien d'autre qu'à prendre à parti les féministes et autres socialistes. Avec les célèbres *Lettres à Françoise* (1902), le romancier va confirmer ces choix de moraliste. Françoise, « la jeune fille moderne..., la jeune fille française surtout », reçoit presque chaque jour une lettre d'un vieil oncle, qui souhaite parfaire à distance l'éducation de sa nièce. Il l'entretient de tout : de la recette des crêpes, de l'histoire littéraire, et surtout des devoirs de la jeune fille, de l'éducation, de l'amour de la patrie. Mais Françoise rencontre un « joli saint-cyrien », et il faut la préparer à devenir épouse et mère. Modèle du livre de prix pour jeunes filles de bonne famille, ce recueil de lettres connut, chez Lemerre, de nombreuses rééditions, souvent illustrées de façon charmante. L'édition de 1910 est suivie d'attendrissantes réponses à toutes ces « Françoise inconnues » qui ont fait part à l'auteur de leurs impressions.

Désormais Prévost est un auteur établi. Il publie *L'Accordeur aveugle* (1905), *Monsieur et Madame Moloch* (1906), *Pierre et Thérèse* (1909), et porte presque systématiquement ses romans à la scène. En 1909, il est élu à l'Académie française. Il n'a guère que quarante-huit ans et n'aurait pas songé à interrompre sa production romanesque (*Féministes*, 1910 ; *Les Anges gardiens*, 1913), sans le déclenchement de la Grande Guerre. Lieutenant-colonel, il sert alors la patrie qu'il a si souvent exaltée. L'épreuve est importante, mais ne fera en rien dévier la trajectoire de l'œuvre : *Les Don Juannes* (1922), *Sa maîtresse et moi* (1925), *Nouvelles Lettres à Françoise* (1928). Il faut attendre les tout derniers récits (*La Mort des ormeaux*, 1935) pour qu'un souffle nouveau revigore un talent quelque peu figé. Marcel Prévost est mort à Vianne, dans le Lot-et-Garonne, le 8 avril 1941.

ŒUVRES. — Publiées chez Lemerre avant la Première Guerre, puis par les Éditions de France : *Édition définitive des œuvres de Marcel Prévost*, Éditions de France, 1932-1934. — *Le Scorpion*, 1887. — *Chonchette*, 1888. — *Mademoiselle Jauffre*, 1889. — *Cousine Lara*, 1890. — *La Confession d'un amant*, 1891. — *Lettres de femmes*, 1892. — *L'Automne d'une femme*, 1893. — *Nouvelles lettres de femmes*, 1894. — *Les Demi-vierges*, 1894. — *Notre Compagne*, 1895. — *Le Mariage de Juliette*, 1896. — *Dernières Lettres de femmes*, 1897. — *Le Jardin secret*, 1897. — *Les Vierges fortes*, 1900. — *L'Heureux Ménage*, 1901. — *Le Pas relevé*, 1902. — *Lettres à Françoise*, 1902. — *L'Accordeur aveugle*, 1904. — *Monsieur et Madame Moloch*, 1906. — *Poupette*, 1907. — *Femmes*, 1907. — *La Fausse Bourgeoise*, 1908. — *Lettres à Françoise mariée*, 1908. — *Pierre et Thérèse*, 1909. — *Féministes*, 1910. — *Moralités féminines et françaises*, 1912. — *Les Anges gardiens*, 1913. — *Nouvelles Féminités*, 1914. — *Missette*, 1914. — *L'Adjudant Benoît*, 1916. — *D'un poste de commandement*, 1918. — *Mon cher Tommy*, 1920. — *Femmes et maris*, 1920. — *La nuit finira*, 1920. — *Les Don Juannes*, 1922. — *Nouvelles Lettres à Françoise*, 1924. — *La Paille dans l'acier*, 1925. — *Sa maîtresse et moi*, 1925. — *L'Homme vierge*, 1929. — *Polytechnique*, 1931. — *L'Américain*, 1931. — *Marie des angoisses*, 1932. — *Febronie*, 1933. — *La Mort des ormeaux*, 1935. — *Clarisse et sa fille*, 1935.

→ Paul Valéry, « Au temps de Marcel Prévost » (paru dans *Marcel Prévost et ses contemporains*, 1943), recueilli dans *Vues*, 1948, rééd. La Table ronde, 1993.

G.P.

Prévot Gérard (1921-1975). Né à Binche (Belgique) le 2 septembre 1921. Son œuvre poétique, commencée pendant la guerre (*La Première Symphonie*, 1941), est marquée par la perte de la famille, l'expérience de la résistance, la découverte de l'horreur des camps. Engagé désormais dans une voie où solitude et défense de l'humanisme s'opposent aux intérêts matérialistes de la civilisation contemporaine, un appel désespéré à l'innocence et à la pureté est au centre de son propos, exacerbé par une misanthropie toujours plus prégnante. « L'art classique est le seul art révolutionnaire » : lyrique dans l'âme, Prévot ne dédaigne pas les grands mouvements ; son vers, régulier, dense et très cadencé, n'est pas sans rappeler celui d'Aragon à la même époque (*Récital*, 1951 ; *Architecture contemporaine*, 1953 ; *Danger de mort*, 1954 ; *Ordre du jour*, 1955 ; *Élégies dans un* *square décapité*, 1958 ; *Europe maigre*, 1960, prix Gérard de Nerval ; *Prose pour un apatride*, 1971 ; *L'Impromptu de Coye*, 1972 ; *Point de chute*, 1985, posth.). Fixé à Paris en 1954, exerçant divers métiers, notamment dans l'édition, il s'essaie au roman, défendant l'intégrité de l'homme et la valeur absolue d'une œuvre en dehors des jugements de la société dans *La Race des grands cadavres* (1955), *Les Chemins de Port-Cros* (1957) et *Un prix Nobel* (1962). Sous les pseudonymes de Diego Michigan et de François Murphy, il publie une série de romans policiers *(Pour l'amour d'Olivia*, 1963 ; *Les Tambours de Binche*, 1964 ; *Les Amants du Nil*, 1965 ; *L'Invité de Lorelei*, 1969). Ses derniers écrits en prose relèvent du genre fantastique ; Prévot donne alors une dimension tragique à son dégoût de la vie dans des récits concis où la réalité est condamnée sans appel *(Le Démon de février*, 1970 ; *Celui qui venait de partout*, id. ; *L'Empan*, 1973 ; *La Fouille*, id. ; *La Nuit du Nord*, 1974 ; *Le Spectre large*, 1975). On lui doit aussi des pièces de théâtre *(La Nouvelle Eurydice*, *La Mise à mort*, *Guillaume Fischer*, 1964), et un essai dans lequel il développe sa conception exigeante du travail poétique *(La Haute Note jaune*, 1967). Il est mort à Bruxelles le 12 novembre 1975.

ŒUVRES. — *Contes de la Mer du Nord*, rééd., Bruxelles, Les Éperonniers, coll. Passé-présent, 1986.

→ *Phénix*, n° 4, 1986.

O.Bi.

Price-Mars Jean (1876-1970). Né à Grande Rivière du Nord (Haïti), il doit sa réputation à son ouvrage fondateur, *Ainsi parla l'oncle* (Port-au-Prince, 1927), tournant de l'histoire des lettres haïtiennes. Sans rompre avec l'influence littéraire française, il y dénonce le bovarysme de l'élite de Port-au-Prince, c'est-à-dire « la faculté qu'a une société de se concevoir autre qu'elle est en réalité », il exhorte ses compatriotes à renouer avec leurs racines africaines. Il reprend ces idées dans un essai, *Silhouettes de nègres et de négrophiles* (Présence africaine, 1960). En 1956 puis en 1959, c'est à ce grand militant de la négritude qu'est revenu l'honneur de présider le premier et le deuxième Congrès des écrivains et artistes du monde noir, réunis à Paris et à Rome. Il est mort à Pétionville en 1971.

J.C.

Prigent Christian (1945). Né le 12 septembre 1945 à Saint-Brieuc, révolutionnaire en politique, puis en littérature par son rôle à la revue *TXT* (*TXT 1969-1993*, anthologie, Bourgois, 1995) et par sa collaboration à *Tel Quel*, *Critique* ou *Digraphe*, il a apporté « à l'avant-gardisme français la spécificité d'une écriture carnavalesque » cherchant à détruire l'ancienne langue et les esthétiques périmées à travers une poétique de l'excès et du jaillissement. Dans ses fictions (*L'Main*, L'Énergumène, 1975 ; *Power/Powder*, Bourgois, 1977 ; *Œuf-flotte*, Bourgois, 1979 ; *Voilà les sexes*, Luneau-Ascot, 1981), ses romans (*Peep-Show*, Cheval d'Attaque, 1984 ; *Commencement*, POL, 1989 ; *Une phrase pour ma mère*, POL, 1996), comme dans ses textes radiophoniques (*La Ville dont le centre est un trou*, 1990 ; *Tentative d'idylle au site syllabique*, 1991) et dans ses poèmes (*La Belle Journée*, Guy Chambelland, 1969 ; chez Carte Blanche : *Paysage, avec Vols d'oiseaux*, 1982 ; *Cinq Vénus*, 1984 ; *Journal de l'Œuvide*, 1984 ; *Notes sur le déséquilibre*, 1988 ; *Une leçon d'anatomie*, Bremond, 1989 ; *Un fleuve*, Montmorency, Carte Blanche, 1993 ; *Écrit au couteau*, POL, 1993), concaténations, babélisme et calembours transforment le statut du signe, métissent la langue et lui redonnent sa dimension pulsionnelle. Par ses monographies (*Denis Roche : le groin et le menhir*, Seghers, 1977 ; *Viallat la main perdue*, Rémy Maure, 1981) et ses essais (*La Langue et ses monstres*, Cadex, 1989 ; *Ceux qui merdRent*, POL, 1991 ; *Une erreur de la nature*, POL, 1996 ; *À quoi bon encore des poètes ?*, POL, 1996), il montre comment il est possible, à l'instar de Joyce ou de Burroughs, de « faire trou dans l'académisme stylistique » afin d'accéder avec hilarité à un réel impensable sur le mode de la plénitude.

→ *Java*, n° 5, 1990. — *Faire-Part*, n°s 14-15, 1994. — Christian Arthaud, *Christian Prigent*, Nice, Z'Editions, 1994.

J.P.

prolétarienne *(littérature)*. Les premiers apports théoriques sur la littérature prolétarienne se trouvent dans les articles de Marcel Martinet, dans *L'Humanité* (1921-1922), ainsi que dans les « Chroniques de la vie intellectuelle en Russie » que publie, de 1922 à 1926, Victor Serge dans *Clarté*. Mais c'est surtout à la fin des années vingt que se multiplient les enquêtes (celle de *Monde*, en août 1928, est la plus importante) et les manifestes, alors qu'apparaissent des œuvres représentatives : *L'Ascension* de Lucien Bourgeois (1925), les premiers romans de Panaït Istrati, Louis Guilloux, Henry Poulaille, Tristan Rémy, qui vont former, en mars 1932, le Groupe des écrivains prolétariens comprenant, en outre, Marc Bernard, Eugène Dabit, Maurice Fombeure, Lucien Gachon, Léon Gerbe, Jean Giono, Édouard Peisson, Georges David, Charles Plisnier.

Leur chef de file, Henry Poulaille, est l'auteur du principal manifeste de littérature prolétarienne : *Nouvel Âge littéraire* (Valois, 1930), dans lequel il présente les précurseurs (Charles-Louis Philippe, Émile Guillaumin (*La Vie d'un simple*, 1904), Marguerite Audoux (*Marie-Claire*, 1910) et les grands modèles étrangers (Thomas Hardy, Knut Hamsun, Jack London, Maxime Gorki). Il accorde surtout une très large place aux jeunes écrivains prolétariens, qui font entrer en littérature un souffle nouveau, tournant le dos à une littérature « bourgeoise », virtuose mais étriquée, enfermée dans la reproduction des mêmes thèmes, des mêmes personnages, des mêmes milieux. Poulaille ne cherche pas l'originalité de l'œuvre prolétarienne dans une esthétique : « J'avoue mon indifférence pour le bien-écrire », affirme-t-il, ou « Écrire est un moyen, non un art, encore moins un but ». Autodidacte très cultivé et d'un jugement littéraire sûr (il défendra entre autres, chez Grasset, Ramuz puis Giono), il rejette le beau style et les acrobaties verbales pour privilégier l'authenticité : « Pour parler de la misère, il faut l'avoir connue ». Seul peut se dire écrivain prolétarien celui qui est issu du peuple. Il se démarque donc nettement de l'École populiste lancée par Léon Lemonnier autour de 1930, et qui se propose de « prendre le peuple pour sujet ».

Le problème sur lequel vont se cristalliser les conflits les plus graves, soudant d'abord le groupe des écrivains prolétariens avant de provoquer son éclatement, est celui de l'engagement politique. Poulaille est catégorique : la littérature prolétarienne n'est au service d'aucun parti, elle n'est pas une littérature de propagande. À l'automne 1930, à la conférence de Kharkov, l'Union Internationale des Écrivains Révolutionnaires, instance proche de l'Internationale communiste et dominée par la principale association russe d'écrivains prolétariens, la RAPP, réclame la création en France d'une véritable organisation d'écrivains révolutionnaires et condamne ceux qui n'apportent, dans ce débat, que confusion : les surréalistes, la revue *Monde* fondée et dirigée par Henri Barbusse, le groupe des écrivains prolétariens d'Henry Poulaille. La publication de ces résolutions par *L'Humanité*, en octobre 1931, marque le début d'un conflit qui oppose tout au long de 1932 les intellectuels communistes, regroupés dès mars 1932 au sein de l'AEAR, et les prolétariens associés à la rédaction de *Monde* et soutenus par Barbusse. Pour les premiers, la littérature doit exprimer la vision de classe du prolétariat, telle que la définissent les organisations politiques qui le représentent, c'est-à-dire le parti communiste ; ceux qui s'y refusent sont des traîtres, et Poulaille, un « agent social-fasciste ». Après plusieurs mois de polémiques, la situation évolue, au début de 1933, grâce à la conjonction de différents facteurs : Barbusse rejoint l'AEAR, ainsi que des proches de Poulaille, Dabit, Guilloux, puis Rémy. Le groupe des écrivains prolétariens s'effrite et se fond peu à peu dans le large rassemblement des intellectuels qui accompagne le Front populaire. La question de la définition d'une littérature prolétarienne cède alors la place à celle de la défense de la culture et de la résistance au fascisme.

Le principal apport de ce mouvement est d'avoir favorisé l'émergence d'une nouvelle génération d'auteurs, aux personnalités très variées, mais tous unis dans la même origine sociale. Chacun trouvera son style et sa voix. Mais Bernard, Guilloux, Giono, Dabit, Rémy, et bien d'autres aujourd'hui tombés dans l'oubli ont pu bénéficier du réseau de complicités et d'amitiés qui s'est constitué autour de Poulaille et grâce à lui, leur donnant accès à des revues ou à certaines maisons d'édition. Les plus démunis ont trouvé des bibliothèques (le Musée du soir), des conseils, des exemples et toute une solidarité qui a aidé certains d'entre eux à vaincre le complexe de l'autodidacte et à passer à l'œuvre. Plus tard, des écrivains comme Georges Navel, Bernard Clavel, Claire Etcherelli, Dorothée Letessier, François Bon, refléteront, avec d'autres parcours, les mêmes préoccupations.

→ Jean-Pierre Morel, *Le Roman insupportable*, Gallimard, 1985. — Henry Poulaille, *Nouvel Âge littéraire*, rééd. Plein Chant, 1986. — Michel Ragon, *Histoire de la littérature prolétarienne de langue française*, Albin Michel, rééd. 1986. — Karl-Anders Arvidsson, *Henry Poulaille et la littérature française des années 1930*, Touzot, 1988. — Jean-Michel Péru, « Une crise du champ littéraire français », *Actes de la recherche en sciences sociales*, nº 89, septembre 1991.

Ph.B.

Prosper Jean-Georges (1933). Né à Port-Louis (Île Maurice), il a donné la première *Histoire de la littérature mauricienne de langue française* démontrant sa profonde connaissance de l'héritage insulaire. Cet érudit est aussi un poète : *Au soleil de l'île Maurice* (La Pensée universelle, 1973), *Chants planétaires*, *Dominica* (Croix du Sud, 1968), *Les Saignées du saigneur* (Port-Louis, 1983), *Apocalypse mauricienne* (1964), expérimentent une vision du monde qui doit beaucoup à l'héritage de Malcolm de Chazal et aux symbolistes français.

J.C.

Prou Suzanne (1920-1995). Née à Grimaud le 11 juillet 1920, après une enfance en Provence (*Le Cygne de Fanny*, Mercure de France, 1980) et en Indochine où l'emmène son père, officier colonial (*La Petite Tonkinoise*, Calmann-Lévy, 1986), elle étudie les lettres à Aix-en-Provence (*Le Temps des innocents*, Albin Michel, 1988) avant de s'installer à Paris en 1945. Avec *Les Patapharis* (Calmann-Lévy, 1966), elle s'impose comme le peintre d'une province propice au soupçon (*Les Demoiselles sous les ébéniers*, Calmann-Lévy, 1967) et à la réinterprétation maladive des signes (*Méchamment les oiseaux*, Calmann-Lévy, 1971). Dans un monde écrasé par de mystérieux secrets (*La Terrasse des Bernardini*, Calmann-Lévy, 1973 ; *L'Album de famille*, Grasset, 1995), les dames mûres sont attirées par leur jeune servante (*La Notairesse*, Albin Michel, 1989), les vieilles filles par des inconnus (*Jeanne l'hiver*, BFB, 1982), et des familles qui ne tolèrent les dérèglements que silencieux font taire le désir des adolescentes (*Le Pré aux narcisses*, Calmann-Lévy, 1983) ou mentent plutôt que de révéler la faute (*Les Dimanches*, Calmann-Lévy, 1979). Quand on vit dans cette atmosphère bien connue du roman français (*Mauriac et la jeune fille*, Ramsay, 1982), il est dangereux de rêver (*Le Voyage aux Seychelles*, Calmann-Lévy, 1981) et mortel d'être heureux (*La Maison des champs*, Grasset, 1993), comme s'il n'y avait d'existence que dans la représentation anticipée de sa disparition. Brisée par le chagrin — sa petite-fille atteinte du sida —, Suzanne Prou est morte à Paris le 30 décembre 1995.

→ Anongnart Metakunawudh, *Le Malaise du personnage dans les romans de Suzanne Prou*, thèse, Paris-X, 1982.

J.P.

Proulx Monique (1952). Née à Québec, elle est remarquée par la critique dès son premier recueil de nouvelles, *Sans cœur et sans reproche* (1983), qui repose sur une construction habile, utilisant pour chacun des récits les mêmes prénoms de personnages, Benoît et Françoise, et leur faisant franchir les diverses étapes de la vie. Cette unité de structure est contrebalancée par la diversité des formes et des points de vue adoptés, qui vont du récit à la troisième personne au journal intime. *Le Sexe des étoiles* (1987), que la romancière adapta elle-même pour le cinéma, raconte l'histoire d'un transsexuel vue par une adolescente passionnée de rêves et d'astronomie. *Homme invisible à la fenêtre* (1993) met en scène un peintre et ses souvenirs : cloué à sa chaise roulante à la suite d'un accident de voiture, celui-ci observe, d'un regard clinique et avec une férocité non dépourvue de tendresse, la comédie sociale qui se déroule sous ses yeux. Un recueil de nouvelles, *Les Aurores montréales* (1996), brosse un portrait du Montréal multiculturel en devenir. La prose de Monique Proulx est rapide, efficace, souvent humoristique, parfois cinglante, toujours adaptée aux émotions qu'elle exprime.

L.G.

Proumen Henri-Jacques (1879-1962).

Né en Belgique, d'abord tenté par les arts, il suit les cours de l'Académie royale des beaux-arts de Liège, puis se réoriente vers les sciences où il fait une brillante carrière. Auteur prolifique, il fait paraître son premier roman, *La Pétaudière*, en 1914. Il manie différents genres avec un égal bonheur : du récit réaliste jusqu'au sordide *(Les Transplantés chez Albion*, 1921, où il raconte la déchéance des réfugiés belges à Londres), aux livres de souvenirs écrits avec la fraîcheur de l'enfance *(Le Petit Lapin de maman*, 1923 ; *Totor et moi*, 1923), où il excelle à croquer personnages et situations. Proumen fut aussi l'un des pionniers de la science-fiction *(Le Chemin des dieux*, 1928 ; *Le Sceptre volé aux hommes*, 1930).

D.H.-M.Ber.

Proust Marcel (1871-1922). Après avoir traversé un relatif purgatoire dans les années 1930 et 1940, au temps du surréalisme et puis de l'engagement, l'œuvre de Proust s'est imposée de plus en plus unanimement comme le monument littéraire suprême du XXe siècle, à la fois un sommet et la somme de la littérature française. Plusieurs motifs peuvent être évoqués pour cette consécration. Proust est l'auteur d'un seul livre, *À la recherche du temps perdu*, mais c'est l'œuvre d'une vie, comme les *Essais* de Montaigne ou *La Comédie humaine* de Balzac. Il y a un mythe qui voudrait que Proust ait d'abord vécu dans le monde et puis qu'il se soit retiré dans sa chambre tapissée de liège pour écrire son roman. Or il a toujours écrit, ainsi que la publication posthume de *Jean Santeuil* (1952), roman de jeunesse rédigé de 1895 à 1900, et de *Contre Sainte-Beuve* (1954), ébauche de la *Recherche* composée en 1909, l'a montré, et il n'a jamais totalement cessé de fréquenter Paris, comme la publication de son immense *Correspondance* (1970-1993, 21 t.) le confirme. Toute la vie de Proust mène à la *Recherche*. Proust est encore célèbre pour son style, pour sa phrase longue et sinueuse. Or Proust lui-même identifie l'œuvre d'un grand artiste à sa phrase, à sa musique. Et puis il y a les thèmes : l'enfance, l'amour, la jalousie, l'homosexualité, la littérature ; et les lieux : la province, l'aristocratie, les salons, le bord de mer, Venise ; tout un monde qui traverse l'œuvre et que le temps transforme, jusqu'à la Grande Guerre. La *Recherche* est à la fois le dernier grand roman du XIXe siècle, l'aboutissement du réalisme et de l'encyclopédisme, et l'une des premières œuvres expérimentales du XXe siècle, rédigée à la première personne : comme telle, elle contient sa propre critique et renferme une philosophie, elle se clôt sur elle-même et sur sa propre théorie, révélée au lecteur dans le dernier volume, *Le Temps retrouvé*. Mais cela ne suffit sans doute pas encore à expliquer son originalité et son éminence. Chaque lecteur est attaché à la *Recherche* par un autre côté : le comique, la psychologie, la sociologie, l'esthétique ou la philosophie, et la critique ne s'épuise jamais à interpréter de nouveau ce texte, mais pour tous, ce qui fascine est probablement que ce livre soit l'histoire d'une vocation : comment on devient écrivain en est l'argument essentiel, comment le narrateur passe d'une longue et douloureuse impuissance à écrire qui occupe les neuf dixièmes du livre à la révélation finale de son art et à la réalisation d'une œuvre de génie, qu'on assimile à la *Recherche* elle-même malgré les mises en garde de Proust contre l'identification de l'auteur et du narrateur.

La biographie de l'œuvre : Proust a souvent dénoncé le travers de Sainte-Beuve, qui cherchait à expliquer une œuvre par la vie de son auteur. Or l'art est aux yeux de Proust le produit d'un autre moi, d'un moi profond que le moi social ne découvre pas. La vraie biographie est celle de l'œuvre. Mais nous lisons aujourd'hui la vie de Proust comme le prolongement de son œuvre, péniblement conquise sur l'impuissance et la maladie, laissée inachevée par la mort prématurée de son auteur.

Proust est né en 1871 à Auteuil, ses parents ayant quitté Paris embrasé par la Commune. Son père, Adrien Proust, originaire d'Illiers, près de Chartres, fut un grand médecin hygiéniste et un professeur à la Faculté. Sa mère, née Jeanne Weil, à qui Proust resta très attaché et dont la mort en 1905 brisa sa vie en deux, appartenait à la bourgeoisie juive parisienne, aisée et cultivée. Son frère Robert, né en 1873, devint un chirurgien réputé, qui publia *Albertine disparue* et *Le Temps retrouvé* après la mort de Proust. À cause de graves crises d'asthme, qui compromirent son existence entière après leur apparition à l'âge de neuf ans, au retour d'une promenade au bois de Boulogne, et devaient causer indirectement sa mort, il fut un élève peu assidu au lycée Condorcet de 1882 à 1889, fréquentant un milieu de jeunes gens très privilégiés, comme les Halévy ou les Dreyfus. Une année de service militaire à Orléans (1889-1890) marque un répit de la maladie et lui laisse d'excellents souvenirs, transposés à Doncières dans le roman. C'est aussi les débuts de la mondanité : Proust est introduit chez Mme Straus par son fils, Jacques Bizet, condisciple au lycée Condorcet. Dans les salons, il rencontre Robert de Montesquiou, poète, esthète, homosexuel, lié à tous les noms du symbolisme et de la fin de siècle, qui se reconnaîtra juste avant de mourir sous les traits du baron de Charlus. Par Montesquiou, Proust pénètre dans le faubourg Saint-Germain. Entre 1891 et 1893, il étudie le droit, la philosophie et les lettres, mais s'il devient bibliothécaire à la bibliothèque Mazarine, il se mettra toujours en congé.

Proust écrit depuis le lycée dans des revues publiées avec ses amis, comme *Le Banquet* (1892). Il réunit des récits et poèmes en prose dans *Les Plaisirs et les jours* (1896), avec une préface d'Anatole France, des dessins de Madeleine Lemaire, dont il fréquente le salon et dont Mme Verdurin reprendra certains ridicules, et des musiques de Reynaldo Hahn, avec qui il est intimement lié depuis 1894. L'ouvrage, dont Gide se souviendra en refusant *Du côté de chez Swann* aux Éditions de la Nouvelle Revue française en 1912, lui donnera longtemps une réputation de mondain décadent. Il commence en 1895 *Jean Santeuil*, roman autobiographique auquel manquent encore la doctrine esthétique et la construction dogmatique de la *Recherche*. Rare intervention publique, il s'engage dans l'affaire Dreyfus, s'émeut pour Picquart, recueille la signature d'Anatole France à la suite du « J'accuse » de Zola, et assiste en février 1898 au procès de l'écrivain, aussitôt transcrit dans *Jean Santeuil*. L'affaire sera traitée avec distance et ironie dans la *Recherche* par ses incidences sur la vie mondaine.

Après l'abandon de *Jean Santeuil*, Proust s'attache à l'esthéticien anglais John Ruskin, dont il lit les livres sur Venise, l'architecture gothique, le peintre Turner en 1899. Il se met à traduire *La Bible d'Amiens* avec sa mère et, après la mort de Ruskin en 1900 et deux séjours à Venise la même année — ses seuls voyages à l'étranger en dehors d'une visite à Bruges et en Hollande en 1902 —, avec les ouvrages de Ruskin comme guides, il publie deux études qui seront reprises en préface de sa traduction en 1904. C'est aussi l'époque de ses plus grands succès mondains : il se lie avec les princes Bibesco, Bertrand de Fénelon, le duc de Guiche, le prince Radziwill. *Sésame et les Lys*, deux conférences de Ruskin sur la lecture qu'il traduit ensuite, avec l'aide de sa mère et de Marie Nordlinger, une cousine de Reynaldo Hahn, car son anglais reste précaire, sera publié en 1906 et contient, dans la préface et les notes de Proust, tout l'embryon de la doctrine du *Temps retrouvé* et le principe de composition de la *Recherche*. Entre-temps, Proust a perdu son père en 1903 et sa mère en 1905, date cruciale de son existence : « J'ai clos à jamais l'ère des traductions, que maman favorisait. Et quant aux traductions de moi-même, je n'en ai plus le courage. » Il se retire dans une maison de santé, puis à l'hôtel des Réservoirs à Versailles, avant de s'installer en 1906 au 102, boulevard Haussmann.

Les prémices de la *Recherche* se multiplient néanmoins dans divers articles de circonstance. De 1907 à 1914, Proust se rend chaque été à Cabourg, dont le Grand-Hôtel deviendra celui de Balbec dans *À l'ombre des jeunes filles en fleurs* et *Sodome et Gomorrhe*. L'année 1908 est celle du vrai début du roman : Proust rédige des pages fragmentaires dont la liste figure dans un petit carnet que Mme Straus lui a donné pour ses étrennes. C'est aussi le moment de l'affaire Lemoine, du nom d'un escroc qui prétend fabriquer des diamants artificiels et à qui la compagnie De Beers avance des fonds. Proust consacre à l'affaire une série de pastiches publiés dans *Le Figaro* en février et mars 1908 : ces pastiches, « de la critique en action » comme il les appelle, montrent un prodigieux talent. Proust annonce par ailleurs à plusieurs correspondants qu'il a entamé « un long travail ». La doctrine est formée mais, dans son carnet, il pose encore cette question essentielle : « Faut-il en faire un roman, une étude philosophique, suis-je romancier ? » Proust lit aussi Sainte-Beuve et envisage de réfuter sa méthode critique expliquant l'œuvre par la vie. Il a à l'esprit une œuvre ambiguë, à la fois essai et roman, qu'il appelle *Contre Sainte-Beuve* dans quelques lettres : ce serait un récit suivi d'un essai, lequel, sous la forme d'une conversation avec sa mère, réfuterait Sainte-Beuve, après que le récit lui-même aurait illustré que l'art n'a rien à voir avec l'existence mondaine. Quand Proust propose cette œuvre en août 1909 à Alfred Vallette, directeur du Mercure de France, il semble toutefois que le roman l'a déjà emporté, se dégageant du prologue narratif à l'essai antibeuvien. Gaston Calmette refuse à son tour le roman sous la forme d'un feuilleton pour *Le Figaro* et Proust peut dès lors en poursuivre l'écriture en toute liberté. Dès l'automne de 1909, il fait dactylographier le début de « Combray » et ses amis le lisent, tandis qu'il continue la rédaction de fragments divers, suivie de leur montage dans des scénarios plus ou moins continus. *Le Temps retrouvé*, la soirée chez le prince de Guermantes où le narrateur découvre les ravages du temps, suivie de la méditation sur l'art, a succédé dans l'esprit de Proust à la conversation avec maman comme dénouement de l'œuvre dès 1909-1910 : « Le dernier chapitre du dernier volume a été écrit tout de suite après le premier chapitre du premier volume. Tout l'"entre-deux" a été écrit ensuite », dira Proust. Entre les deux pôles que constituent « Combray » — les souvenirs des vacances d'enfance — et *Le Temps retrouvé*, le roman reste en effet instable et sera d'ailleurs profondément modifié par la vie.

En 1912, Proust tente de nouveau de se faire publier. Il dispose désormais de plus de 700 pages dactylographiées, intitulées *Le Temps perdu*, qui représentent à ses yeux la moitié du cycle romanesque. Fasquelle, Gallimard, Ollendorff refusent le roman, avant que Bernard Grasset l'accepte, mais à compte d'auteur. Proust imagine alors un diptyque *Le Temps perdu-Le Temps retrouvé*, sous le titre général *Les Intermittences du cœur*. Mais d'importants changements interviennent encore sur les épreuves établies par Grasset en 1913, notamment dans les noms propres, les titres, le découpage. Tandis que *Du côté de chez Swann* est publié en novembre 1913, Proust est en train de vivre des événements qui bouleverseront la suite du roman et donneront naissance au « cycle d'Albertine » — *La Prisonnière* et *Albertine disparue*, introduits par *Sodome et Gomorrhe II*, soit un bon tiers de la *Recherche* —, qui n'est pas encore inventé lors de la parution du premier tome. Alfred Agostinelli, que Proust avait connu comme chauffeur à Cabourg en 1907, entre à son service à l'été de 1913 comme secrétaire, et s'installe boulevard Haussmann avec sa maîtresse. Proust semble avoir conçu pour lui une passion jalouse, qui conduira à la fuite du jeune homme en décembre 1913. Celui-ci se tuera au large d'Antibes en apprenant à piloter le 30 mai 1914, et Proust se mettra aussitôt à la rédaction du « cycle d'Albertine ». À la fin de 1913, Céleste, qui devint sa gouvernante au début de la guerre et resta auprès de lui jusqu'à sa mort, épouse un autre chauffeur de Proust, Odilon Albaret, et distribue les exemplaires dédicacés de *Du côté de chez Swann*.

En 1914, le début de la *Recherche* est donc publié et le dénouement théorique est conçu, mais le milieu reste un chantier complexe, que seule la publication stabilisera volume après volume, ou la mort. Non seulement le « cycle d'Albertine » s'insère comme une immense excroissance, mais *À l'ombre des jeunes filles en fleurs* et *Le Côté de Guermantes* seront profondément modifiés et amplifiés pendant les années de guerre, et jusqu'aux épreuves, Proust ne cessant jamais d'ajouter de nouvelles « préparations », comme il les nomme, appelant à leur tour des échos un peu partout dans l'œuvre. Ce sont les célèbres « paperoles » collées à peu près à chaque page des vingt cahiers du manuscrit continu rédigé au cours de la guerre. Au dernier moment, Proust invente encore des fragments, modifie le scénario afin de les intégrer à la meilleure place, découvre des recoupements dans le monde du roman. Bien entendu, la composition profonde et l'unité dogmatique de l'œuvre échappèrent à la plupart des premiers lecteurs de *Du côté de chez Swann* qui, identifiant Proust au narrateur, n'y virent qu'un flot de souvenirs et d'associations d'idées. On critiqua aussi la phrase indéfinie de Proust s'égarant dans d'infimes détails alors que, comme on l'apprendra dans *Le Temps retrouvé*, il était à la recherche de grandes lois. Gide reconnut cependant son erreur, et Jacques Rivière publia dans la *NRF* un compte rendu perspicace. Mais la guerre, la mobilisation de Grasset, qui ferme provisoirement sa maison, retardent la publication de la suite de la *Recherche*. C'est une aubaine qui permet à Proust de multiplier par deux la longueur du roman prévu à la fin de 1913, ainsi que de rejoindre les Éditions de la Nouvelle Revue française en 1916. Gallimard rachète *Du côté de chez Swann* à Grasset, et *À l'ombre des jeunes filles en fleurs*, imprimé au moment de l'armistice, est mis en vente en juin 1919. La guerre elle-même s'est introduite dans le roman, ainsi que la stratégie militaire, la toponymie. Le comique et le romanesque, parfois le rocambolesque, ont été largement développés, et l'homosexualité est passée au premier plan.

Proust est désormais un écrivain reconnu, surtout après l'attribution du prix Goncourt aux *Jeunes Filles en fleurs* en novembre 1919, contre *Les Croix de bois* de Roland Dorgelès. Ses dernières années sont une lutte incessante contre la maladie et l'imminence de la mort, mais il n'en déploie pas moins une activité mondaine et littéraire fébrile, publiant encore *Pastiches et mélanges* (1919), qui réunit en particulier ses pastiches de 1909 et ses préfaces aux traductions de Ruskin. Il doit cependant quitter le boulevard Haussmann et, après un séjour rue Laurent-Pichat, chez Réjane, il s'installe inconfortablement rue Hamelin, où il mourra. Ses sorties reprennent, en particulier pour de nombreux soupers au Ritz. Tous les journaux rendent compte de ses livres. Il est nommé chevalier de la Légion d'honneur et songe même à l'Académie, tandis qu'une génération d'écrivains, à *La Nouvelle Revue française* et ailleurs, s'attache à lui comme au chef de la nouvelle école : Rivière, Morand, Cocteau, Giraudoux, Mauriac. Proust, comme en 1909 et 1912, voudrait publier d'un seul coup toute la fin de la *Recherche*, mais *Le Côté de Guermantes* paraît en deux parties, la seconde suivie de *Sodome et Gomorrhe I*, en 1920 et 1921. Il écrit par ailleurs plusieurs magnifiques articles de critique, sur Flaubert (1920) et Baudelaire (1921), ainsi qu'une préface à *Tendres Stocks* de Morand, qui témoignent de sa souveraineté au moment d'achever son œuvre majeure. Des extraits de la *Recherche* sont donnés à diverses revues, révélant une stratégie éditoriale désormais très au point.

En mai 1921, visitant l'exposition des maîtres hollandais au musée du Jeu de Paume avec Jean-Louis Vaudoyer, et revoyant la *Vue de Delft* de Vermeer, Proust souffre d'un malaise qui, telle une prophétie, se trouve transposé dans la mort de Bergotte, aussitôt ajoutée à *La Prisonnière*. *Sodome et Gomorrhe II* paraît en avril 1922, moment où Proust aurait confié à Céleste avoir écrit le mot « fin ». Il relit les épreuves de *La Prisonnière*, achevé d'imprimer quelques jours avant qu'il ne meure, le 18 novembre 1922, d'une bronchite mal soignée et d'une faiblesse générale liée à des années de mauvaise santé, d'hygiène insouciante et d'efforts surhumains. *Albertine disparue* et *Le Temps retrouvé* paraîtront en 1925 et 1927.

Thèmes et structure dans *À la recherche du temps perdu* : Proust se demandait en 1909 s'il écrirait un roman ou une étude philosophique. « Il y a un monsieur qui raconte et qui dit *je* », précise-t-il en 1913. Or ce *je* n'est ni celui des mémoires ni celui de l'autobiographie, mais le narrateur d'un genre nouveau, à la recherche de la vérité, transformant sa vie en un roman. Ce narrateur, dont nous ne savons presque rien, et qui reste anonyme à deux exceptions près où, dans les parties posthumes, Proust lui a laissé son propre prénom sans doute par inadvertance, est un oisif et un spectateur. Il raconte son enfance, ses vacances à Combray, son premier amour pour Gilberte, la fille de Swann, son amitié pour Saint-Loup, ses séjours à Balbec, ses invitations dans le faubourg Saint-Germain, sa passion pour Albertine, la vie commune, puis le départ et la mort de celle-ci, le long deuil achevé par un voyage à Venise avec sa mère, le retour au pays de son enfance auprès de Gilberte, mariée avec Saint-Loup. Puis, après des séjours en maison de santé, interrompus par une description de Paris pendant la guerre, c'est la révélation finale au cours d'une soirée chez le prince de Guermantes : le narrateur aperçoit l'œuvre du temps et à la fois le moyen de la transcender par la mémoire et l'écriture. Son récit tient pour une part de la chronique mondaine sur près de cinquante années de vie parisienne, intégrant l'affaire Dreyfus, les Ballets russes et la guerre, mais aussi du genre du roman d'apprentissage. Le narrateur doit franchir les obstacles de la mondanité et de l'amour avant de rencontrer son destin d'artiste. Sur ce chemin, le narrateur a un modèle, Swann qui, lui, ne dépassera jamais le snobisme et l'amour : il nous est présenté dans un récit à la troisième personne inséré après « Combray », au début de la *Recherche*, dans « Un amour de Swann ». Swann, qui place son amour pour Odette sous le signe de la « petite phrase » de la sonate de Vinteuil, restera un amateur et un idolâtre, victime de l'illusion qui consiste à vivre sa vie comme une œuvre d'art.

Ce narrateur en passe de devenir écrivain, c'est tout ce qu'il y a d'intrigue dans la *Recherche*. Les proportions traditionnelles de l'intrigue et du décor sont renversées, et le monde sensible, tel qu'il se manifeste à la conscience du narrateur, est au premier plan et devient l'objet du roman. Certes, des personnages nombreux, souvent hauts en couleur, entourent le narrateur, mais, comme le monde sensible, ils apparaissent dans la mesure où ils font partie de l'expérience du narrateur plutôt qu'ils ne participent à une action. Gilberte, Saint-Loup, Charlus, la duchesse de Guermantes, Albertine : tous sont d'abord aperçus par le narrateur comme des signes énigmatiques dont il découvrira petit à petit la signification, fût-ce en se faisant voyeur, comme lorsque l'homosexualité de Charlus, théâtralement révélée quand il est surpris avec Jupien, fournit la clé de tous ses comportements antérieurs. Ainsi les points de vue du narrateur sur le monde et les personnages changent, se multiplient avec le temps. Le lecteur découvre le monde à travers lui : or ses perspectives évoluent, il émet aussi sans relâche des hypothèses sur ce qu'il ne sait pas encore, corrige après coup ses illusions et erreurs passées, commente les événements, formule également des sentences générales qui, souvent énoncées par un *nous*, font appel à la complicité du lecteur.

La *Recherche* n'en a pas moins un sujet, qui lui confère cette unité mal perçue des premiers lecteurs : c'est l'histoire d'une vocation. Le narrateur ressent ses premiers appels dès « Combray », dans ses promenades du côté de Guermantes, mais la mondanité et l'amour se dresseront comme deux obstacles insurmontables dans sa quête quasiment mystique et retarderont pendant des milliers de pages l'illumination décisive du *Temps retrouvé*. Proust oppose sans cesse la solitude où le moi profond, créateur, se révèle à lui-même, et le monde, l'amitié et la conversation qui détournent de soi. Saint-Loup, les Guermantes représentent cette dépense improductive qui ajourne l'écriture. L'amour pour Gilberte et Mme de Guermantes est lui aussi présenté comme un divertissement dans les premiers volumes, mais c'est surtout dans le « cycle d'Albertine », après la mort d'Agostinelli, que l'amour prend sa vraie dimension douloureuse de mal dont il est en même temps le seul remède. Pourtant, tout au long de la *Recherche*, des signes annoncent le dénouement, depuis le fameux épisode de mémoire involontaire de la madeleine au début de « Combray », introduisant la résurrection de l'enfance, mais toutes ces expériences privilégiées, caractérisées par un bonheur intense et un sentiment d'éternité, résistent à livrer leur sens. Elles rappellent de loin en loin l'existence d'un idéal qui exige le refus du monde. La fréquentation des grands artistes imaginaires du roman, Bergotte, Elstir et Vinteuil, l'écrivain, le peintre et le musicien, dont les réalisations donnent au narrateur une joie supraterrestre, l'assure aussi qu'il existe autre chose que la mondanité et l'amour.

Dès l'enfance, certaines sensations inattendues donnaient au narrateur le besoin d'écrire, mais il ne parvenait jamais à dégager leur secret. Peu à peu, il devient même insensible et renonce à écrire jamais, jusqu'à la série des effets de mémoire involontaire à l'arrivée chez le prince de Guermantes dans *Le Temps retrouvé*. Si, cette fois, le narrateur est sauvé, c'est qu'il comprend enfin le secret de la mémoire involontaire et la manière de fonder sur lui l'art. Comme il l'explique alors, le moi, lorsqu'une sensation présente coïncide à l'improviste avec une impression ancienne, s'élève au-dessus de ces deux moments contingents et rencontre l'essence des choses, « quelque chose qui, commun à la fois au passé et au présent, est beaucoup plus essentiel qu'eux deux », ou encore « un peu de temps à l'état pur ». Voilà où se trouve la vraie vie que l'art seul peut révéler, et tout le reste est vanité. Cette doctrine esthétique fondamentale, où on a souvent vu l'influence de Bergson, cousin par alliance de Proust, et de sa philosophie de la durée, rappelle plutôt l'idéalisme de Ruskin, mais aussi tout un courant philosophique inspiré de Schopenhauer et de Schelling, faisant de l'art et, à son sommet, de la musique, l'activité la plus haute de l'esprit, réalisant l'identité du moi et du monde, seule capable de donner un sens à l'existence. D'où l'importance des développements sur l'art et les artistes tout au long du roman, les soirées musicales, les descriptions de tableaux, les réflexions sur la littérature. Sur le modèle de la mémoire involontaire, ce que Proust nomme *métaphore* permet dans tous les arts d'associer deux sensations, deux thèmes, deux univers, et d'en dégager l'essence commune, comme dans les tableaux d'Elstir où l'on passe de la mer au ciel, ou le septuor de Vinteuil qui, dans *La Prisonnière*, donne l'idée d'une langue spirituelle.

Les obstacles vers l'art — la mondanité et l'amour — donnent lieu à l'étude quasiment sociologique ou ethnologique des différents salons de la bourgeoisie et de l'aristocratie, et à l'analyse psychologique extrêmement complexe de la jalousie. La *Recherche* renferme ainsi un prodigieux roman comique, en particulier dans les scènes qui se déroulent chez les Verdurin ou chez les Guermantes : tous les milieux font l'objet de petites satires révélant la vanité des salons. Mais l'ironie n'est pas toujours aperçue, qui coexiste toujours avec la gravité des options philosophiques et esthétiques. Quant à l'amour, il est inséparable pour Proust de l'absence, laquelle fait naître le besoin douloureux de posséder l'autre dans sa totalité. La passion de Swann pour Odette date d'un soir où il ne la trouve pas chez les Verdurin. Gilberte et Albertine pour le narrateur, l'actrice Rachel pour Saint-Loup, le musicien Morel pour Charlus, tous les êtres aimés sont par définition des « êtres de fuite ». L'amour porte avec lui la jalousie comme son ombre, il devient vite une torture inquisitoriale, suscite une recherche jamais satisfaite de la vérité. Le narrateur séquestre Albertine mais elle lui échappe encore, par son passé, et en particulier par l'angoisse que cause en lui le fantasme des relations de la jeune fille avec des femmes. C'est le plaisir de l'autre que l'on ne possède jamais.

Tendu entre les deux pôles de « Combray » et du *Temps retrouvé*, ce roman foisonne de symétries. Proust, on l'a vu, envisageait deux volumes en 1912, *Temps perdu* et *Temps retrouvé*, celui-là se divisant en deux en 1913, *Côté de chez Swann* et *Côté de Guermantes*, dont seul le premier pan fut publié avant la guerre. Les deux côtés sont les directions des promenades depuis Combray, mais aussi deux univers, la bourgeoisie et l'aristocratie, qui semblent d'abord irrémédiablement séparés. Ces deux symétries, notamment celle du début et de la fin, seront conservées malgré l'insertion du « cycle d'Albertine » après 1914. Et les deux côtés opposés de Combray se trouvent réunis dans *Le Temps retrouvé*, lorsque le narrateur apprend qu'on peut aller de l'un à l'autre au cours de la même promenade, mais c'est surtout en la personne de la fille de Saint-Loup et de Gilberte Swann que s'incarne la réunion des mondes. Malgré les contingences de la publication, qui conduisent par exemple à interrompre brutalement *Du côté de chez Swann* sur les épreuves, parce que le volume est trop épais, chaque tome repose lui aussi sur des symétries, comme *Sodome et Gomorrhe*, qui s'ouvre sur la révélation de Sodome, lors de la rencontre de Charlus et de Jupien, et se ferme sur la terreur de Gomorrhe, quand le héros apprend qu'Albertine a connu Mlle Vinteuil. Ensuite, *La Prisonnière* et *La Fugitive* composent à l'évidence un diptyque. La multiplication de ces symétries donne naissance à un immense système d'annonces et de rappels liant les thèmes majeurs du roman : le monde, l'amour, l'art, et, peu à peu dominant après 1914, l'homosexualité. Ces échos innombrables jouent un rôle majeur dans l'allure romanesque, parfois balzacienne, de la *Recherche*. Les personnages réapparaissent dans de nouvelles situations. L'inversion est un ressort assez général du roman, au sens où toute apparence première est ultérieurement renversée : Saint-Loup, par exemple, que le héros avait cru un homme à femmes, se révèle lui aussi un inverti.

Ces péripéties se multiplient dans l'entre-deux du roman, mais celui-ci n'en reste pas moins toujours inspiré par la poésie qui caractérise les premières évocations de « Combray ». La *Recherche* abonde en images qui la rattachent à l'impressionnisme et au symbolisme. Ce sont en particulier les noms propres qui suscitent à travers leurs sonorités des couleurs et des désirs, souvent déçus lorsque le narrateur constate la réalité des personnes et des lieux.

Roman d'apprentissage, roman d'analyse psychologique, roman mondain, roman philosophique, roman d'aventures, récit poétique, poème en prose, la *Recherche* est tout cela à la fois. La grandeur du roman de Proust tient sans doute à cet extraordinaire mélange des genres ainsi qu'au prodigieux encyclopédisme de ses références littéraires, esthétiques en général, mais aussi historiques, médicales, religieuses, etc. La fin du *Temps retrouvé* contient une attaque contre le roman réaliste et le roman à thèse, qui étaient les deux piliers du roman contemporain, et la *Recherche* les transcende en effet tous deux. Sans doute Chateaubriand, Nerval et Baudelaire avaient-ils connu la mémoire involontaire, mais Proust fait de ces épisodes, isolés chez eux, le principe même de son œuvre. Sans doute la *Recherche* rappelle-t-elle *La Comédie humaine*, ou encore les *Mémoires* de Saint-Simon, mais la finalité est ici radicalement autre : il ne s'agit plus pour le héros de conquérir le monde, encore moins de le raconter, mais de découvrir la vérité de son propre destin d'artiste. La forme est bien celle d'un roman d'apprentissage mais le dénouement, dans le salut par l'art qui rachète la vie, rompt par sa gravité existentielle avec toutes les prémisses dogmatiques dont il peut s'inspirer. Enfin, la modernité de la *Recherche* tient moins à l'audace de certains des thèmes abordés, comme l'homosexualité, qu'à la mise au premier plan d'une conscience mobile faite de points de vue multiples, ambigus et relatifs, à ce *je* qui deviendra la figure même de la littérature du XXe siècle. L'originalité de Proust est que son œuvre se lit à la fois comme un roman du XIXe siècle et comme le premier des anti-romans ou des méta-romans, repliés sur eux-mêmes, théorisant leur propre progrès, que nous avons connus depuis.

ŒUVRES. — *À la recherche du temps perdu*, éd. Jean-Yves Tadié *et al.*, Bibliothèque de la Pléiade, 1987-1989, 4 t. — Les collections Folio, Bouquins, GF, Le Livre de Poche ont également une édition complète de la *Recherche*. — *Jean Santeuil*, précédé de *Les Plaisirs et les jours*, éd. Pierre Clarac et Yves Sandre, Bibliothèque de la Pléiade, 1971. — *Contre Sainte-Beuve*, éd. Bernard de Fallois, Gallimard, 1954. — *Contre Sainte-Beuve*, précédé de *Pastiches et mélanges* et suivi de *Essais et articles*, éd. Pierre Clarac et Yves Sandre, Bibliothèque de la Pléiade, 1971. — *Correspondance*, éd. Philippe Kolb, Plon, 1970-1993, 21 t.

→ André Maurois, *À la recherche de Marcel Proust*, Hachette, 1949. — Jean Autret, *L'Influence de Ruskin sur la vie, les idées et l'œuvre de Marcel Proust*, Genève, Droz, 1955. — Jean Rousset, *Forme et signification*, Corti, 1962. — Gilles Deleuze, *Proust et les signes*, PUF, 1964, rééd. 1970. — George Painter, *Marcel Proust*, Mercure de France, 1963-1966, 2 t. — Pierre Clarac et André Ferré, *Album Proust*, Bibliothèque de la Pléiade, 1965. — Jean Milly, *Proust et le style*, Minard, 1970. — Maurice Bardèche, *Marcel Proust romancier*, Les Sept Couleurs, 1971. — Leo Spitzer, *Études de style*, Gallimard, 1971. — Jean-Yves Tadié, *Proust et le roman*, Gallimard, 1971. — Gérard Genette, *Figures III*, Le Seuil, 1972. — Céleste Albaret, *Monsieur Proust*, Laffont, 1973. — Jean-Pierre Richard, *Proust et le monde sensible*, Le Seuil, 1974. — Anne Henry, *Marcel Proust. Théories pour une esthétique*, Klincksieck, 1981. — Marie Miguet-Ollagnier, *La Mythologie de Marcel Proust*, Les Belles Lettres, 1982. — Roland Barthes *et al.*, *Recherche de Proust*, Le Seuil, 1983. — Jean-Yves Tadié, *Proust*, Belfond, 1983. — Anne Henry, *Proust*, Balland, 1983. — Luc Fraisse, *Le Processus de la création chez Marcel Proust. Le fragment expérimental*, Corti, 1988. — Michel Raimond et Luc Fraisse, *Proust en toutes lettres*, Bordas, 1989. — Antoine Compagnon, *Proust entre deux siècles*, Le Seuil, 1989. — Samuel Beckett, *Proust*,

1990. — Julia Kristeva, *Le Temps sensible. Proust et l'expérience littéraire*, Gallimard, 1994. — Jean-Yves Tadié, *Proust*, Gallimard, 1996. — Il existe un *Bulletin de la Société des amis de Marcel Proust et des amis de Combray*, depuis 1950 (Illiers-Combray) ; des *Cahiers Marcel Proust* (Gallimard) nouvelle série, de 1973 à 1987, repris par la *Revue des lettres modernes* (Minard) depuis 1992 ; un *Bulletin d'informations proustiennes*, depuis 1971 (École normale supérieure, Paris). — Fonds Marcel Proust à la Bibliothèque nationale.

A.C.

Psichari Ernest (1883-1914). Né à Paris le 27 septembre 1883, de la fille d'Ernest Renan et d'un père d'origine grecque, Jean Psycharis, linguiste de renom. Muni d'une solide formation classique, le jeune homme, rationaliste et socialisant, troque pourtant son inscription à la faculté des lettres contre un engagement dans l'artillerie coloniale (octobre 1903). De septembre 1906 à juin 1907, il participe à la mission du Haut-Logone, qui doit relier par terre le Congo au lac Tchad. Il rédige alors des *Carnets de route* (posth., 1948) qui révèlent les qualités d'un observateur attentif, bienveillant et cultivé. Mais cette expédition sur « la terre des Barbares » est aussi pour lui une révélation spirituelle. Il voit dans l'Afrique « un des derniers refuges de l'énergie nationale, un des derniers endroits où nos meilleurs sentiments peuvent encore s'affirmer, où les dernières consciences fortes ont l'espoir de trouver un champ à leur activité tendue » *(Terres de soleil et de sommeil*, récit rédigé en 1907-1908 à partir des notes des *Carnets)*. Nul exotisme, nulle complaisance dans ces écrits de voyage, qui expriment surtout une recherche intérieure : « C'est le dernier bienfait de l'Afrique de m'aider à me reconnaître parmi les misères de notre époque. »

De retour du Congo, il entre à l'École d'artillerie de Versailles, d'où il sort officier. En 1909, il repart pour la Mauritanie. Dans un roman dédié à son ami Charles Péguy, *L'Appel des armes* (1913), Psichari retrace son itinéraire intellectuel. Comme lui, son jeune héros, Maurice Vincent, s'affranchit des attaches familiales et sentimentales pour découvrir dans la discipline militaire « les beautés de la règle » et succomber au charme du continent africain : « On ne guérit pas d'avoir rencontré la beauté [...] C'est du mystère, mais avec des nuits légères, et douces et spirituelles. » Son expérience mauritanienne est consignée dans un journal (février 1910-novembre 1912) qui sera publié en 1920 : *Les Voix qui crient dans le désert*. Ses deux années d'errance, entre océan et Sahara, sont aussi deux années d'épreuves et d'exaltation, qui aboutissent à sa conversion : « la soumission du soldat n'est que la figure d'une soumission plus haute ». Le 15 octobre 1912, il a trouvé sa voie : « J'allais vers la joie, vers la santé, j'allais, hélas ! vers ma guérison. » *Le Voyage du Centurion* (1915), sous forme romancée, retrace dans une langue très pure cette épopée mystique. Le lieutenant Maxence parcourt le désert mauritanien pour y faire respecter sans défaillance l'ordre colonial français, mais au fil des jours et des épreuves, cet itinéraire se double d'une quête spirituelle au bout de laquelle, dans des larmes de joie, il ouvre enfin son cœur à Dieu : « Mais quoi ! Seigneur, est-ce donc si simple de vous aimer ? »

En 1913, Psichari est en garnison à Cherbourg. Au mois de février, il fait sa première communion. En octobre 1913, il est consacré du Tiers Ordre de Saint-Dominique et s'apprête à devenir un « soldat du Christ ». La guerre met un terme brutal à cette ascension spirituelle. Il meurt au feu, aux premiers jours de l'offensive, le 22 août 1914 à Saint-Vincent-Rossignol, près de Virton, en Belgique.

ŒUVRES. — *Œuvres complètes*, Louis Conard, 1948, 3 t. [contient une partie de sa correspondance].

→ Pédech Paul, *Ernest Psichari ou les chemins de l'ordre*, Téqui, 1988.

J.G.

Puel Gaston (1924). Né à Castres, il publie ses premiers *Poèmes* (Confluences, 1945) à l'âge de vingt et un ans. S'il participe, en 1947, aux activités du groupe surréaliste, il se révèle proche de l'éthique et de la sensibilité poétique de René Char (*Paysage nuptial*, GLM, 1947 ; *La Jamais Rencontrée*, Seghers, 1950 ; *La Voix des pronoms*, Éditions du Lampadaire, 1952). Grâce à une presse à bras personnelle, il fonde les Éditions de la Fenêtre ardente et publie *Ce chant entre deux astres* (1962, nouv. éd. Thierry Bouchard, 1978), *Le Cinquième Château* (1965, Thierry Bouchard, 1982) et *La Lumière du jour* (1967). Les poésies de Gaston Puel sont essentiellement courtes, abruptes et font la part belle aux éléments, qu'il anime et personnifie à la façon de Joë Bousquet (*Terre-plein*, Thierry Bouchard, 1980 ; *L'Amazone*, Tribu, 1982 ; *L'Incessant, l'incertain*, Sud, 1987 ; *Au feu*, Le Dé bleu, 1987).

N.R.

Q

Quaghebeur Marc (1947). Né à Tournai (Belgique), le 11 décembre 1947. Poète, il privilégie la concision, réduisant son vers au mot, sa strophe au concept, en une manière de haïku. À la recherche du continu dans l'éphémère, il allie à une extrême discipline verbale son goût du paysage et sa passion des langages. On lui doit : *Forclaz* (1977), *L'Herbe seule* (1979, publié conjointement avec *Livrets* de Frans De Haes), *Chiennelures* (1983), *L'Outrage* (1987), *Oiseaux* (1988), *Les Vieilles* (1991), *Les Carmes du Saulchoir* (1993), promenade littéraire et mémorielle sur des photographies de Marc Trivier, et *L'Effroi, l'errance* (1994). Commissaire au livre de la Communauté française de Belgique, directeur de recherche au Musée de la littérature (Bruxelles), il est aussi l'auteur de nombreux textes et préfaces consacrés aux lettres belges de langue française (Maeterlinck, Elskamp, Nougé, Lejeune, Kalisky, Louvet, Paron...) pour la plupart réunis dans *Lettres belges entre absence et magie* (Bruxelles, Labor, 1990).

→ Albert Ayguesparse, « Marc Quaghebeur ou une poésie autre », *Marginales*, n° 220, octobre-décembre 1987.

O.Bi.

Quatre Vents (Les) (1945-1947). Revue fondée à Paris par Henri Parisot. Le traducteur de l'œuvre de Lewis Carroll et l'éditeur de la collection « L'Âge d'or » chez différents éditeurs, Henri Parisot (1908-1979), est le maître d'œuvre de cette revue. De juin 1945 à juin 1947, neuf numéros d'une centaine de pages paraissent régulièrement, tous les trimestres. La qualité des contributeurs est exceptionnelle, Michaux, Char, André Frédérique, Maast, Bataille, Leiris, Tzara, Clément Pansaers, Queneau, Gracq, Prévert. Une grande place est faite à la traduction : Kafka est traduit par Alexandre Vialatte, Herman Melville par Pierre Leyris, Lewis Carroll par Henri Parisot, Achim von Arnim par Robert Valançay, Hölderlin par Armel Guerne. Des numéros sont consacrés à « L'Évidence surréaliste », avec des textes de Breton, Hans Arp, Vincent Huidobro, Benjamin Péret, Gracq, E.L.T. Mesens, Artaud, à « L'Imagination poétique », avec Henri Thomas, Michaux, Picabia, Joë Bousquet, au « Merveilleux et poésie romantiques », avec Cazotte, Coleridge, Nerval, Nathaniel Hawthorne, Von Brentano, Petrus Borel, William Blake, Thomas de Quincey, et au « Langage surréaliste », avec Marcel Duchamp, Breton, Artaud, Benjamin Péret, Leiris, Georges Hénein, Bonnefoy, Christian Dotremont.

Parallèlement existe une structure éditoriale créée en 1944 par Henri Molko et dirigée par Henri Parisot et Gaston Bonheur. La production se divise en neuf collections, dont « La Nouveauté romanesque », présentant de jeunes auteurs, « Les Maîtres du fantastique », qui réunit des chefs-d'œuvre du roman noir, « Hors les murs », consacrée aux auteurs étrangers, et « Échec et mat », qui propose des traductions de romans policiers.

M.I. — IMEC

84 (1947-1951). Revue fondée à Paris par Marcel Bisiaux, publiée aux Éditions de Minuit à partir de 1949. Domiciliée chez Marcel Bisiaux, au n° 84 rue Saint-Louis-en-l'Île, d'où son nom, la revue, dont le tirage n'excède pas cinq cents exemplaires, est placée sous le patronage d'Artaud, dont un dessin illustre la couverture. Son comité de rédaction est composé de Marcel Bisiaux (directeur), Alfred Kern, Henri Thomas, André Dhôtel. Le mot d'ordre est : « Pas de manifeste » ; la seule consigne donnée aux auteurs : des textes brefs, sous l'influence d'Henri Thomas, priorité est donnée à la littérature, dans le domaine français et étranger. L'arrivée aux Éditions de Minuit, qui assurent la fabrication et permettent une augmentation substantielle de tirage (trois mille exemplaires), ne modifiera pas les orientations de cette revue dont Georges Lambrichs s'occupe désormais activement : Jean Paulhan lui ouvrira les tiroirs de la *NRF*, laissant publier dans *84* des textes refusés par Gallimard, en raison, notamment, des débats sur l'épuration. Ainsi, le roman d'André Dhôtel, *Les Chemins du long voyage*, en attente chez Gallimard, paraît en 1949, dans trois livraisons de la revue de *84*. Certaines pages du *Journal* (1939-1942) de Gide, demeurées inédites, paraîtront dans son n° 8-9 (1949). *84* republiera également des textes de Drieu La Rochelle, directeur de la *NRF* pendant l'Occupation. Dans le n° 16, en décembre 1950, paraît un inédit de Drieu, « Bilan fasciste, 15 juillet 1944 », précédé d'une présentation de Pierre Herbart qui insiste sur le refus, par la censure allemande, de ce texte, initialement destiné à la revue *Révolution nationale*. L'audace est d'autant plus grande qu'elle n'est pas isolée, *84* inscrivant à son sommaire d'autres auteurs maudits, Armand Robin (n°s 13, 14, 17, 1950) ou Maurice Sachs (n° 18, mai-juin 1951). En réalité, *84* fait office de « *NRF* souterraine » : en septembre 1950 (n° 14), la revue change de format, de maquette, s'adjoint des « Documents » et « Chroniques » et s'intitule désormais : *84. Nouvelle Revue littéraire*. Tout concorde à la rapprocher de la *NRF*, mais prisonnière d'une atmosphère « plus collégienne que collégiale », selon les termes de Georges Lambrichs, la revue ne parviendra jamais à définir un style, ni à imposer un esprit comparable à celui de la *NRF*. Elle s'interrompt au n° 18 en mai-juin 1951.

A.Si. — IMEC

Québec *(littérature du)*. Si l'on sait que les francophones ne représentent que 2 % de la population globale du continent américain, la vitalité de la littérature québécoise est singulière. Elle s'exprime d'abord par l'abondance des publications et le nombre d'auteurs, dans tous les genres. Sur environ 7 000 titres annuels, plus de 750, en 1987, concernent la littérature. Plus d'une centaine de maisons d'édition, situées pour la plupart à Montréal, assurent cette production, recensée dans la presse quotidienne, les magazines hebdomadaires et les revues spécialisées. Une vingtaine de prix viennent couronner un livre ou l'ensemble d'une œuvre. L'Union des écrivains compte plus de 800 membres. L'Association des éditeurs de périodiques culturels réunit une soixantaine de revues. Constituée surtout au cours des trente dernières années, cette infrastructure éditoriale a permis à la littérature québécoise de conquérir une relative autonomie par rapport à la littérature française et d'affirmer son originalité dans le contexte nord-américain.

On considère habituellement *Le Chercheur de trésors ou l'influence d'un livre* (1837) de Philippe Aubert de Gaspé fils, au titre programmatique, comme le premier ouvrage de fiction publié au Canada, après les nombreux récits publiés en France au cours des XVIIe et XVIIIe siècles par des colons et des voyageurs qui, à la suite de Cartier, Champlain, Lescarbot, LaHontan, Charlevoix et Marie de l'Incarnation, ont décrit le continent nouveau qu'ils découvraient. Au carrefour de diverses influences, la littérature québécoise apparaît comme une plaque tournante. D'abord influencée par la littérature-mère, elle a peu à peu pris conscience de sa spécificité et quitté les séductions du folklore pour s'engager dans l'exploration d'une modernité composite, qui doit autant au « réalisme magique » et à la dépense carnavalesque qu'à une économie rigoureuse. Souvent l'humour y double le tragique, et le jeu préside à la découverte de nouvelles formes ou à l'éclatement des codes littéraires connus.

La littérature québécoise est passée par plusieurs phases. Une phase d'**enracinement** d'abord, caractérisée par la recherche d'une continuité entre l'homme, le pays et le paysage. Les littérateurs du siècle dernier s'interrogent, à la suite d'Octave Crémazie ou de l'abbé Casgrain, sur les conditions d'existence d'une littérature distincte de la littérature française : que signifie « faire canadien » ? La différence est-elle uniquement thématique ou doit-elle procéder également d'une langue autre ? Cette littérature ne devrait-elle pas être écrite en huron ou en iroquois, se demande sous forme de demi-boutade le poète Octave Crémazie ? Déjà au milieu du XIXe siècle paraissent *L'Histoire du Canada* (1845) de Garneau et une anthologie, *Le Répertoire national* (1848-1850), établie par James Huston. Cette littérature est surtout d'inspiration folklorique. Des écrivains tels que Fréchette, Lemay et Beaugrand récrivent les contes populaires qui racontent des histoires de loups-garous, de chasse-galerie et de feux follets. Les premiers contes, comme les romans, paraissent d'abord dans des périodiques. Au tournant du siècle, l'École littéraire de Montréal (1895) fait entendre un premier grand poète, Émile Nelligan.

L'oscillation régionalisme/universalisme. Au début du XXe siècle, régionalistes et universalistes s'opposent sur la fonction même de la littérature et sur sa langue. Un critique, Camille Roy, auteur du premier manuel d'*Histoire de la littérature canadienne-française* (1918), propose ce mot d'ordre, repris par plusieurs écrivains : « Faisons ici une littérature qui soit à nous et pour nous. N'écrivons pas pour satisfaire d'abord le goût des lecteurs étrangers. » D'autres, qui se disent « exotiques » par opposition aux régionalistes, se regroupent autour de la revue *Le Nigog* (1918) et se soucient peu des thèmes ou du parler canadien-français. Le débat se poursuit jusqu'au milieu du siècle, dans les *Cahiers de Turc* (1918), *La Relève* (1934), puis *La Nouvelle Relève* (1941), revues inspirées par le personnalisme chrétien, ainsi que dans *Les Idées*, revue de combat fondée en 1935 par Robert Charbonneau.

Les romans de la première moitié du siècle sont en majorité des romans paysans. Parmi ceux-ci, *Maria Chapdelaine* (1914), du Français Louis Hémon, raconte au rythme des saisons et des travaux de la terre les amours tragiques d'une jeune fille avec un coureur des bois, François Paradis : entre le rêve ou l'errance et l'enracinement, l'héroïne sera forcée d'opter pour la seconde voie. Une vingtaine d'années plus tard, *Menaud maître-draveur* (1937) de Félix-Antoine Savard reprend certains éléments du livre d'Hémon et renvoie à l'épopée de la colonisation. La vie rurale, dans la plupart des cas, comporte un versant difficile, voire tragique. C'est ce qui apparaît dans *Trente arpents* (1938) de Ringuet, qui, après *La Scouine* (1918) d'Albert Laberge, en dénonce les pièges. *Un homme et son péché* (1933), de Claude-Henri Grignon, montre dans l'avarice du héros la cause de la misère vécue par l'ensemble de la communauté. Mais la terre est aussi l'endroit d'où l'on cherche à s'évader, comme en témoigne le roman *Nord-Sud* (1931) de Léo-Paul Desrosiers.

La poésie se libère peu à peu des formes fixes et voit naître quelques voix majeures, celles d'Alfred Desrochers (*À l'ombre de l'Orford*, 1929), de Jean-Aubert Loranger (*Les Atmosphères*, 1920), de Saint-Denys Garneau surtout, dont les *Regards et jeux dans l'espace* (1937) traduisent une aventure poétique conduite sous le signe du dépouillement et d'une haute exigence spirituelle. Puis viendront Grandbois (*Les Îles de la nuit*, 1944), Hébert (*Les Songes en équilibre*, 1942) et Lasnier (*Images et proses*, 1941) qui, avec Garneau, font figure de classiques de la poésie québécoise.

En 1945, Gabrielle Roy inaugure avec *Bonheur d'occasion* une nouvelle veine romanesque. Alors qu'au même moment Roger Lemelin, dans *Au pied de la pente douce*, reproduit à l'échelle d'un quartier de la ville de Québec le microcosme d'une organisation paroissiale très proche de celle des villages, l'auteur de *Bonheur d'occasion* retrace, à travers le destin d'une famille d'origine rurale émigrée en ville, le passage d'une société archaïque à une société moderne et industrielle : entre l'anonymat d'une ville perçue comme étrange et menaçante, et le personnage désespérément rivé à son moi, dépossédé des anciennes valeurs sécurisantes, il n'y a place pour aucun espace mitoyen, pour aucun lieu de regroupement. Célébré par la critique, le livre a été, au moment de sa parution, une occasion de bonheur entre une romancière et son public.

Durant toutes ces années, écrivains et artistes prennent conscience de leur exil intérieur et se regroupent autour du peintre Paul-Émile Borduas pour publier un manifeste, *Refus global*, exprimant leur révolte contre une société jugée stérilisante. Le mouvement qui se crée alors, héritier du surréalisme, propose un « automatisme surrationnel » favorisant la « qualité convulsive » des œuvres. Parmi les signataires du manifeste, peintres pour la plupart, se trouvent des écrivains comme Claude Gauvreau (*État mixte*, 1951) et Thérèse Renaud (*Les Sables du rêve*, 1946).

Cette époque est ponctuée par la création de revues, de maisons d'édition et par l'apparition d'un nouveau discours aussi bien dans l'essai que dans la fiction. La même année que *Bonheur d'occasion, Le Survenant* (1945), roman de Germaine Guèvremont, montre les effets troublants de l'arrivée d'un inconnu surnommé le « grand dieu des routes », dans un village tranquille du Québec. En 1948, l'ouvrage de Robert Charbonneau, *La France et nous*, tente de redéfinir les rapports de la littérature québécoise et de la littérature française. Une revue comme *Amérique française* se veut ouverte sur un vaste espace francophone. Plus politique, *Cité libre*, à partir de 1950, repense les fondements du nationalisme. Dans la décennie qui suit, les Éditions de l'Hexagone, fondées par Gaston Miron et quelques amis, réuniront les forces vives de la poésie. C'est là que paraîtront les premières œuvres de Gilles Hénault (*Totems*, 1953), de Roland Giguère (*Les Armes blanches*, 1954), de Michel Van Schendel (*Poèmes de l'Amérique étrangère*, 1958), de Fernand Ouellette (*Séquences de l'aile*, 1958), de Paul-Marie Lapointe (*Arbres/-Poèmes*, 1959). La revue *Liberté*, fondée en 1959, rejoint le même groupe, auquel s'ajoutent quelques romanciers.

« L'âge de la parole ». Les années soixante s'orientent vers une « révolution tranquille » et une entreprise de fondation nommée, d'après le titre d'un recueil de Roland Giguère, « L'âge de la parole ». Le Québec se dote d'institutions qui lui avaient jusque-là fait défaut, un ministère de l'Éducation, un office de la Langue française, un ministère des Affaires culturelles. Des partis et des mouvements sont créés : le Rassemblement pour l'indépendance nationale (RIN) en 1960, le Parti républicain du Québec (PRQ) en 1962, le Front de libération du Québec (FLQ) en 1963, le Parti Rhinocéros (1964), Le Ralliement national (1966), le Mouvement souveraineté-association qui, fusionné avec le RN et le RIN, deviendra le Parti québécois en 1968. Les intellectuels groupés autour de la revue *Parti pris*, parmi lesquels Pierre Maheu, André Major, Gérald Godin, Laurent Girouard, Paul Chamberland, auxquels se joignent de façon moins régulière Hubert Aquin, André Brochu, Gaston Miron, proposent un triple objectif de laïcité, d'indépendance et de socialisme. Lecteurs de Sartre, de Memmi et de Fanon, ils formulent un diagnostic sévère sur la société et les symptômes de colonisation qu'ils y perçoivent. Leur originalité consiste à dédouaner le nationalisme à gauche, à articuler littérature et politique, à remettre en question l'un et l'autre, l'un à cause de l'autre, afin de démontrer l'ambiguïté de leur situation qui, tout en favorisant l'expression, contribue à légitimer le *statu quo*. Ils dénoncent donc l'outil même dont ils se servent et la caution qu'offre la littérature au système politique. Cette critique apparaît dans des récits tels que *Le Cassé* (1964) de Jacques Renaud, *Le Cabochon* (1964) ou *La Chair de poule* (1965) d'André Major, et dans des poèmes-manifestes comme *L'afficheur hurle* (1965) de Paul Chamberland ou *Les Cantouques* (1967) de Gérald Godin. Reprenant le langage de l'aliénation, le joual, défini dans *Les Insolences du frère Untel* (1960) comme une langue mixte truffée d'anglicismes, ils en font le matériau de leurs textes et modulent le *Montréal Blues* de la dépossession. Moyen de défense et expression du défi, le joual devient ainsi l'outil d'une conspiration.

En poésie, la thématique du pays inspire *L'Ode au Saint-Laurent* (1963) de Gatien Lapointe, *Recours au pays* (1961) de Jean-Guy Pilon, *Terre Québec* (1964) de Paul Chamberland, *Pays sans parole* (1983) d'Yves Préfontaine, ainsi que des textes de Miron (*La Vie agonique*, 1963) et de Brault (*Mémoire*, 1965). La littérature n'est plus désormais canadienne-française, mais québécoise. La question identitaire est au centre des essais démystificateurs de Jean Lemoyne (*Convergences*, 1961), polémiques de Vadeboncœur (*La Ligne du risque*, 1963), autobiographiques de Pierre Vallières (*Nègres blancs d'Amérique*, 1969), philosophiques de Fernand Dumont (*Le Lieu de l'homme*, 1968) et de Jean Boutillette (*Le Canadien français et son double*, 1971), sociolinguistiques de Jean Marcel (*Le Joual de Troie*, 1973). Jacques Ferron déjoue l'histoire officielle dans ses *Historiettes*, textes courts publiés en revue, ou dans ses *Contes du pays incertain* (1962).

Une pléiade de romanciers publient leurs premières œuvres au cours des années soixante, tandis qu'Yves Thériault (*Contes pour un homme seul*, 1944 ; *Agaguk*, 1958), André Langevin (*Poussière sur la ville*, 1953) et Gabrielle Roy poursuivent leur œuvre. L'année 1965 voit paraître simultanément le recueil de Roland Giguère, *L'Âge de la parole*, *Mémoire* de Jacques Brault, *L'afficheur hurle* de Paul Chamberland, *La Nuit* de Jacques Ferron, *Dans un gant de fer* de Claire Martin, *Prochain Épisode* d'Hubert Aquin et *Une saison dans la vie d'Emmanuel* de Marie-Claire Blais (prix Médicis). Ferron s'amuse à défaire les certitudes identitaires, Aquin déconstruit le récit, Marie-Claire Blais se sert de la multiplicité des points de vue pour décaper les sécurités familiales, ces apparences que Claire Martin dénonce sous le mode autobiographique. Un an plus tard, Réjean Ducharme, dans *L'Avalée des avalés*, joue avec impertinence des codes romanesques. En 1967, le *Salut Galarneau !* de Jacques Godbout raconte avec truculence les tribulations d'un vendeur de hot dogs, François Galarneau, qui, entre deux clients et malgré l'odeur de friture de son stand, tente d'ethnographier son milieu. Entre vivre et écrire, François Galarneau ne choisira pas : il tentera de « vécrire ».

D'autres romans, dans la même décennie, participent de cette « littérature en ébullition ». *Le Libraire* (1960), de Gérard Bessette, est une attaque du conformisme social et religieux. Les romans de Roch Carrier, dont *La Guerre, yes sir !* (1968), sont une charge joyeuse et carnavalesque. Ceux de Claude Jasmin, dont *Éthel et le terroriste* (1964), renvoient aux manifestations politiques de l'époque. Du côté du théâtre, dans la foulée de *Parti pris*, des *Belles-sœurs* (1968) en colère, créées par Michel Tremblay, montent sur scène et clament leur identité bafouée et celle, tout aussi douloureuse, des hommes dont elles font le portrait en négatif. Le théâtre, avant Tremblay, se limitait à quelques pièces, importantes mais rares, parmi lesquelles *Tit-Coq* de Gratien Gélinas et *Zone* de Marcel Dubé. Avec *Les Belles-sœurs* commence l'authentique dramaturgie québécoise, dont les réalisations sont autant celles d'auteurs comme Jean-Claude Germain (*Diguidi, diguidi ha ! ha ! ha !*, 1972), René-Daniel Dubois (*Being at home with Claude)*, Normand Chaurette (*Provincetown Playhouse)*, que celles de troupes qui, à l'instar du Grand Cirque ordinaire, de la Marmaille ou du Théâtre Parminou, inventent une parole en liberté. Pour clore la décennie, deux œuvres magistrales paraissent en 1970 : *Kamouraska*, le roman d'Anne Hébert (prix des Libraires de France), et *L'Homme rapaillé* de Gaston Miron (prix de la revue *Études françaises* et prix Apollinaire). Rassemblant des poèmes et des textes publiés dans différentes revues, le recueil de Miron est l'un des textes fondamentaux de la littérature québécoise contemporaine.

Féminisme. Les années soixante-dix ont été celles d'une prise de conscience féministe. Des revues se créent comme *Les Têtes de pioche* (1976-1979) ou *La Vie en rose* (1980-1987), et des maisons d'éditions comme les Éditions du Remue-ménage ou les Éditions de la Pleine Lune, qui se donnent comme objectif de réfléchir sur la spécificité d'une culture au féminin. Fondée en 1981 par Claudine Bertrand, la revue *Arcade* se consacre exclusivement aux textes écrits par des femmes. Une parole-manifeste s'exprime au théâtre, dans *La Nef des sorcières* (1976), série de monologues écrits par des femmes et identifiant les moments importants de leur vie ; dans *Les fées ont soif* (1978), de Denise Boucher, qui obtient un succès de scandale parce que la pièce met en scène trois stéréotypes, la vierge, la mère et la putain, et veut montrer que les images de la femme véhiculées par la société et même la civilisation ne correspondent plus aux images que les femmes ont d'elles-mêmes. L'auteur le fait de façon humoristique et poétique, tirant parti des procédés du théâtre épique pour provoquer une réflexion critique chez le spectateur.

Parallèlement, la théorie-fiction de

Nicole Brossard passe par l'identification d'une subjectivité confrontée aux discours culturels de son époque (*L'Amèr*, 1977 ; *Le Sens apparent*, 1980) et révèle la part de doute inhérente à son itinéraire d'écrivaine (*La Lettre aérienne*, 1985). Faisant suite à une parole-manifeste (*Pour les femmes et tous les autres*, 1974), la prose de Madeleine Gagnon adopte la forme de l'essai autobiographique pour rendre intelligibles le manque, l'absence, le désir, la pulsion et la réflexion (*Toute écriture est amour*, 1989). France Théorêt, après une *Bloody Mary* (1977) volontairement provocante, examine dans *Entre raison et déraison* (1987) les lieux du pouvoir symbolique et les conditions existentielles de production de l'œuvre. Dans *L'Échappée des discours de l'œil* (1981), Madeleine Ouellette-Michalska emprunte à l'anthropologie, à la philosophie, à la psychanalyse, pour rendre compte d'un discours marqué par le « phallocentrisme ». À ces titres s'ajoutent les romans-essais de Louky Bersianik, *L'Euguélionne* (1976) et *Pique-nique sur l'Acropole* (1979), inspirés de l'Évangile et du *Banquet* de Platon. Les *Lettres d'une autre*, de Lise Gauvin, reprise en transgression des *Lettres persanes*, présentent une jeune étrangère commentant les enjeux politiques et culturels du Québec. Suzanne Lamy, dans *D'elles* (1978) et *Quand je lis je m'invente* (1984), interroge les formes de la littérature au féminin.

Dans les années quatre-vingt, la parole des femmes quitte la dimension contestataire pour verser dans un style plus feutré, explorant les registres de l'intime : *Béatrice vue d'en bas*, de Michèle Mailhot ; *Ma vie comme rivière*, de Simone Monet-Chartrand ; *Une enfance à l'eau bénite*, de Denise Bombardier ; *Le Choc d'un murmure*, de Thérèse Renaud ; *Les Désordres du privé*, de Louise Dupré ; *Les Faux-fuyants*, de Monique LaRue ; *Les Petites Violences*, de Madeleine Monette. La poésie, comme le roman, cherche à transformer les possibles mêmes de la langue et la question des modèles, constamment posée, revient en force dans des récits comme *La Passion selon Galatée* de Suzanne Jacob, *Copies conformes* de Monique LaRue, ou dans des textes comme *L'Existence* de Carole Massé. Par le théâtre (*L'Homme gris)* mais aussi le roman (*Juillet)*, Marie Laberge construit une œuvre complexe centrée sur la conscience de personnages féminins. Plus récemment, la journaliste Lise Bissonnette choisit à son tour la fiction pour proposer, dans *Marie suivait l'été*, d'autres visages d'héroïnes romanesques.

Par ailleurs, la popularité d'un téléroman comme *Les Dames de cœur* de Lise Payette, ou *Les Filles de Caleb* d'Arlette Cousture, témoigne d'une évolution du féminisme : les images projetées sont celles de femmes fortes, capables d'affronter les destins contraires sans renoncer au bonheur.

L'âge de la prose. Par rapport aux années soixante et à « l'âge de la parole », dénonciateur, les années 1970-1980, sont par excellence l'âge du récit. Les frontières deviennent de plus en plus floues entre prose et vers, la poésie se rapproche du récit et l'essai adopte parfois les contours de la fiction. Ces modifications dans l'horizon des genres favorisent la littérature narrative. On récrit l'Histoire avec des histoires. On assiste aussi à une transformation du rapport au politique. Rassurés sur l'existence même de leur littérature et sans renoncer au militantisme, les écrivains s'engagent dans des parcours davantage individualisés.

Ces nouveaux courants passent par une redéfinition de la ville. Dans *Bonheur d'occasion*, de Gabrielle Roy (1945), la ville est un espace difficile à apprivoiser, voire aliénant, où les seules occasions de bonheur sont les échappées vers le rêve ou vers une campagne mythifiée. Les romanciers contemporains proposent un autre visage de Montréal. Pour Jean Basile, l'un des premiers à offrir une trilogie romanesque montréalaise, « Montréal est toujours ce grand corps qui reste » (*Le Grand Khan*, 1967). Avec *La grosse femme d'à côté est enceinte* (1978), de Michel Tremblay, et les autres chroniques du Plateau Mont-Royal, la ville devient lieu et personnage. Le Montréal de Tremblay se déploie des années quarante aux années quatre-vingt. Comme dans son théâtre, les personnages de femmes dominent. Toutefois, la famille a plus ou moins cédé la place à une collectivité en quête d'un espace pour le rêve et la tendresse. De manière plus allégorique, la ville est présente dans *Les Nuits de l'underground* (1978) et *Le Sourd dans la ville* (1980) de Marie-Claire Blais, fresque dans laquelle des personnages en apparence très éloignés les uns des autres, amoureux et fragiles, compatissent dans une commune détresse. Quant au *Matou* (1981) d'Yves Beauchemin, il affiche avec brio la dimension internationale qu'a prise la littérature québécoise. Ce roman-fresque, *best-seller* au Québec, en France et aux États-Unis, est animé par un souverain plaisir du récit et cristallise le vent de nouveauté de la dernière décennie. Le roman se promène avec aisance du réalisme au fantastique et teinte de magie les événements qui s'y enchaînent à grande vitesse, comme c'était déjà le cas dans *L'Enfirouapé* (1974), du même auteur. Juste à côté de Montréal, le Longueuil de *Juliette Pomerleau* (1989) vit des mille intrigues des locataires d'un immeuble. De Yolande Villemaire, *La Vie en prose* (1980), récit de la fragmentation urbaine, amorce brillamment la décennie par sa prose humoristique, construisant sa trame à partir de faits apparemment anodins. Entre parodie et déférence, Villemaire s'inspire des textes et des mythologies contemporaines pour mieux les déjouer. Être résolument moderne, c'est dans ce cas faire éclater la notion de personnage sous la prolifération des images et les fulgurances d'une écriture en liberté. *Maryse* (1983), de Francine Noël, recrée les années 1960-1970 en une vaste chronique où cohabitent tendresse, humour et critique sociale. Ce roman, qui use allégrement d'une grande variété de styles et de niveaux de langue, est l'histoire d'un personnage cherchant à se constituer comme sujet, sujet du récit et sujet de l'Histoire. Ni femme fatale ni femme-objet, Maryse corrige le modèle de Florentine Lacasse, la jeune fille soumise et souffrante de *Bonheur d'occasion*, dont l'ombre traverse parfois le roman. Par son rapport explicite à l'Histoire, par les ruptures de ton et l'intégration de la langue parlée, par l'attention au détail, aux petites choses de la vie courante, ce roman offre au lecteur l'intelligence du quotidien. Cette qualité d'observation et cette sensibilité se retrouvent dans *Myriam première* (1987) et dans *Babel, ou nous avons tous découvert l'Amérique* (1992), de Francine Noël, romans de l'investigation du réel et de ses langages. Les romanciers québécois ont appris des Sud-Américains que le regard microscopique vers l'objet, le mouvement infime, le fragment, donnait lieu à de curieux échanges entre réalisme et fantastique. Le réalisme magique semble être le fait de cette génération et de ces romans qui rassemblent les discours d'une époque pour dire un monde dans lequel les destins individuels s'affirment avec une calme ténacité.

Montréal est aussi la ville fantasmée des romans de Pauline Harvey, dans *La Ville aux gueux* et *Encore une partie pour Berri*, la ville palimpseste de *La Québécoise* de Régine Robin, la ville lyrique de *Coyote* de Michel Michaud, la ville tragique des *Dimanches sont mortels* de Francine D'Amour, la ville cosmopolite de *Passages* d'Émile Ollivier et de *Comment faire l'amour avec un nègre* de Dany Laferrière, la ville apprivoisée de *Il restera toujours le Nebraska* de Nathalie Pétrowski, la ville intellectuelle d'*Obsèques* de Jean-François Chassay et d'*Avenue de Lorimier* d'André Vanasse, la ville artiste de *Homme invisible à la fenêtre* de Monique Proulx, la ville inquiétante de Louis Hamelin dans *Ces spectres agités*, la ville verbo-motrice de *Vamp* de Mistral : « J'aimais Montréal, j'en étais fou. Je la baisais insolemment sur toutes ses bouches de métro ; nous étions des dizaines de milliers à imprégner ses entrailles d'une aube à l'autre et la belle en vrombissait de plaisir. » Le *Montréal* (1989) de François Hébert est une géographie intérieure. Chaque romancier porte sa ville en soi, ou la cherche, et parfois la fuit. C'est ce qui arrive dans ces *Histoires de déserteurs* d'André Major, où l'appartenance à la ville ne peut se dire sans la contrepartie du retour à un Nord mythique. Avec *L'Hiver de force* (1973), puis *Dévadé* (1990), Réjean Ducharme fait de Montréal le lieu d'une éblouissante aventure langagière. Si *L'Hiver de force* est la chronique d'un quotidien sans histoire, évoqué avec une précision et une lucidité corrosives, mettant à jour les contradictions de la CCC (contre-culture de consommation), *Dévadé* est un récit de bruit et de fureur sur fond de tendresse et de dérive urbaine.

En même temps que la ville devient le lieu de prédilection du roman, la littérature québécoise élargit peu à peu le champ de ses interrogations. Effet d'une conscience plus aiguë de la proximité des États-Unis, les romanciers vont se situer dans l'axe Nord-Sud. Victor-Lévy Beaulieu, après *La Vraie Saga des Beauchemin* (1969) et avant *L'Héritage* (1987), entreprend le cycle des *Voyageries*, qui le conduit de Morial-Mort aux États-Unis, et de *Blanche forcée* à *Monsieur Melville*, lecture fiction au cours de laquelle le narrateur suit pas à pas la démarche de l'auteur américain. Dans *Volkswagen Blues*, de Jacques Poulin, le héros part à la recherche d'une présence française pour en saisir la signification ou tout au moins la trace. *La Première Personne*, de Pierre Turgeon, *Une histoire américaine*, de Jacques Godbout, et *Copies conformes*, de Monique La Rue, situent leur action en Californie. Dans *L'Hiver de Mira Christophe*, Pierre Nepveu emmène ses personnages jusqu'à Vancouver. La rencontre de l'autre est aussi un regard sur soi et une façon d'accomplir son propre voyage intérieur : certains récits, comme ceux de Louis Gauthier (*Voyage en Irlande avec un parapluie* ; *Le Pont de Londres)* et d'Yvon Rivard (*Les Silences du corbeau)* sont l'occasion d'amples méditations.

Même le théâtre joue avec l'idée de voyage. Après le cycle des pièces de Tremblay, inventaire des peurs, des amours perdues, des rêves inachevés, après les créations collectives du Grand Cirque ordinaire et de la Ligue nationale d'improvisation, *Le Roi boiteux* (1982), de Ronfard, mélange les lieux et les temps pour faire ressortir l'aventure tragique et dérisoire de l'humanité. *La Californie*, du même auteur, est une suite de sketches à demi oniriques. *La Trilogie des dragons* (1987), de Robert Lepage, transporte le spectateur aux quatre coins de la planète dans une mise en scène saisissante. Gilles Maheu et sa troupe Carbone 14 recréent l'histoire contemporaine par des images et des mouvements qui ont la force évocatrice des fantasmes et des lieux rêvés. Voyages rêvés que sont encore, dans un autre registre, les fresques historiques de Louis Caron (*L'Emmitouflé*, puis *Le Canard de bois* et *La Corne de brume)*, de Chrystine Brouillet (*Marie Laflamme*, *Nouvelle-France* et *La Renarde)* ou de Jean Marcel (*Hypatie ou la fin des dieux)*.

Les mystères du réel. On pourrait définir la production des années quatre-vingt et quatre-vingt-dix par le titre d'un recueil plus ancien de Paul-Marie Lapointe, *Le Réel absolu* (1971). La poésie du pays parlait de l'appropriation d'un territoire, d'une *Terre Québec* à nommer et à inventer (Chamberland). Elle disait aussi la difficile conciliation du *je* et du *nous*, du militantisme et de la poésie, du poème et du non-poème (Miron). La Nuit de la poésie en 1970, puis les *Poèmes et chants de la résistance* qui suivront, marquent à la fois l'apogée et la fin de cette époque de grande marche collective vers *l'amour la poésie*. Dans les années 1970, avec *La Barre du jour*, fondée par Nicole Brossard et Jean-Yves Collette, la poésie s'engage dans une aventure d'abord et avant tout langagière, dans une série de subversions et de transgressions du dire. Elle est alors expérimentale et rationnelle. Avec la revue *Estuaire* (1976) apparaît un lyrisme renouvelé ; des poètes comme Pierre Morency (*Poèmes de la froide merveille de vivre)* et Jean Royer (*Depuis l'amour)* en sont les témoins éloquents. De leur côté, les poètes de la revue *Les Herbes rouges*, parmi lesquels André Roy et Roger Desroches, publient des textes démystificateurs et provocants : tout pour eux est matière à poésie, de la publicité aux bandes dessinées, de la pornographie à la littérature. La contre-culture, qui informe déjà les poèmes de Claude Péloquin et Denis Vanier, s'exprime dans les revues *Mainmise* (1970) et *Hobo-Québec* (1972). Lucien Francœur, musicien et poète, chante *Les Rockeurs sanctifiés* et l'*Amérique inavouable*. Comme le roman, la poésie s'urbanise et, dans les années quatre-vingt, tente de traduire le discours de la quotidienneté. Le réel absolu est aussi l'absolu présent. Écrire vrai signifie rendre compte de petites choses (*Kaléidoscope*, de Michel Beaulieu), des instants menacés (*Moments fragiles*, de Jacques Brault ; *Les Heures*, de Fernand Ouellette) ; c'est encore faire l'inventaire des objets et lieux de la vie (*Effets personnels*, de Pierre Morency ;

Intérieurs, de France Théorêt ; *Chambres*, de Louise Dupré ; *Retouches de l'intime*, d'Hélène Dorion ; *Couleur chair*, de Pierre Nepveu ; *Peinture aveugle*, de Robert Melançon ; *Les Après-midi du dimanche*, de Jean-Paul Daoust ; *L'Hiver de pluie*, de Lise Tremblay). Les poètes interrogent l'existence (*La vie n'a pas de sens*, de François Charron ; *La menace est une belle extravagance*, de Denise Desautels ; *Demain les dieux naîtront*, de Paul Chamberland, *Le Bruit des choses vivantes*, roman-poème d'Élise Turcotte). Mais ils se méfient aussi de la rhétorique réputée poétique, comme Roger Desroches (*Poème, attention)* et préfèrent la rigueur du *Mot à mot* (Paul Chanel Malenfont). Le poème se fait minimal (*Diminution d'une pièce*, de Gilles Cyr ; *Femme fragmentée*, de Célyne Fortin) ou parlé (*Chouennes*, de Pierre Perrault) : il n'est jamais entièrement là où l'on pourrait l'attendre, et le réel comporte aussi son versant caché et insondable (*L'En dessous l'admirable*, de Jacques Brault). « Le critère du réel est un arrêt de mort mais aussi la possibilité d'une exploration folle, à la fois tragique et drôle, de l'irréel ou, si l'on veut, de l'antichambre du réel », écrit Pierre Nepveu dans *L'Écologie du réel*.

Ancrage dans le réel, fragmentation sont des traits qui se retrouvent dans les nouvelles des années 1990. Le succès du genre est remarquable au Québec. Il concerne principalement les revues spécialisées (*XYZ, Stop, Nouvelles fraîches)*, une maison d'éditions (L'instant même) et une collection, « L'Ère nouvelle », de chez XYZ. Récit urbain la plupart du temps, la nouvelle s'alimente des incidents de la vie courante, qu'elle propose ensuite comme autant d'énigmes au lecteur. Qu'elle se promène entre réel et irréel, vrai et vraisemblable, la nouvelle n'affiche son parti pris de réalisme que pour mieux le faire bifurquer vers l'inexplicable (*La Folle d'Elvis*, d'André Major ; *L'Esprit ailleurs*, d'André Brochu ; *L'Envoleur de chevaux*, de Marie José Thériault ; *Rue St-Denis*, d'André Carpentier) ou l'inquiétant : dans *Le Surveillant*, de Gaétan Brulotte, le héros est un observateur étrange. Gilles Pellerin entraîne son lecteur dans un monde irréel (*Ni le lieu ni l'heure)*. La nouvelle aborde le thème de la survie (Jacob), de l'amour (Daniel Gagnon, Christiane Teasdale, Alain Roy, Lori Saint-Martin, Élise Turcotte), de l'enfance (Roch Carrier, Gilles Archambault), de la société (Andrée Maillet). Elle explore l'espace (*Incidents de frontière*, d'André Berthiaume ; *Miami Trip*, de Marilu Mallet), produit une vision fugace (*Fugitives*, de Lise Gauvin, *Parcours improbables* de Bertrand Bergeron, *Le Chemin des dames*, de Madeleine Ferron). Ce parcours adopte les formes les plus variées et prend parfois appui sur le langage ou une référence culturelle (*Sans cœur et sans reproche*, de Monique Proulx ; *Clichés*, de Monique Bosco ; *Le Fils d'Ariane*, de Micheline LaFrance), parfois sur une situation ou un lieu qu'il s'agit d'exploiter de mille façons, comme les histoires d'Hugues Corriveau qui se passent toutes *Autour des gares*. Il arrive aussi à la nouvelle de s'allonger jusqu'à devenir presque un roman (*Agonie*, de Brault ; *Le Dernier Été des Indiens*, de Robert Lalonde ; *L'Hiver au cœur*, d'André Major).

Langues et cultures. S'il est une question continuellement soulevée dans l'histoire du Québec et de sa littérature, c'est celle de la langue. Le statut du français n'a cessé d'habiter la conscience collective, depuis les XVIIIe et XIXe siècles. Comme tout écrivain, l'écrivain québécois a pour vocation de transformer la langue, et de trouver sa langue dans la langue. Mais il connaît de plus la situation inconfortable d'avoir à mener sans cesse le combat pour que le français demeure dans son pays la langue de l'État, de la culture et de la communication. Et ce devoir de vigilance engendre une certaine lassitude. Dans la littérature, le discours sur la langue prend la forme d'une « surconscience » linguistique, s'appliquant tout autant aux positions critiques qu'aux œuvres de fiction. On peut éclairer l'histoire de cette littérature par celle des déplacements de ce discours sur la langue. La question du joual, maintenant révolue, a peu à peu cédé la place à une pratique libre et même libertaire du lexique et des manières de dire québécoises, pratique très répandue au théâtre et qui n'étonne plus personne. Dans sa *Deffence & illustration de la langue québecquoyse*, Michèle Lalonde précise que par *langue québecquoyse* elle entend « la langue française elle-même, telle qu'elle s'est tout naturellement déterminée en Nouveau-Monde, à cent lieues de la Mère-Patrie mais sans horrible complexe d'Œdipe ». De son côté, Gaston Miron aimait à dire : « Je suis un variant français ».

Si l'identité de la littérature québécoise repose sur la question de la langue, elle la dépasse aussi en ce que cette littérature est devenue assez autonome pour imposer ses propres usages. On observe aujourd'hui une nouvelle attitude, ludique et affirmative, face aux possibles langagiers. À la passion d'hier se substitue quelque chose de plus secret, de plus intime, de plus nécessaire, de plus pulsionnel aussi. Le monologuiste Sol met en place une langue recréée et régénérée par l'humour et la poésie. Lucien Francœur adopte les mots de l'américanité. Dans *D'Amour P.Q.*, Godbout convoque tous les registres de parole et démythifie le rôle de l'écrivain. Dans son théâtre et dans ses romans, Tremblay poursuit un travail de styliste de la langue québécoise. Ducharme, d'un livre à l'autre, invente un langage fait de l'apport multiple des langages sociaux, et ce langage est sans doute la plus belle de ses fictions.

Au *Speak White* (1974) de Michèle Lalonde répond le *Speak What* (1989) de Marco Micone. Le déplacement qui se lit dans le titre est analogue à celui que l'on peut noter dans l'idéologie de la langue : nécessité de parler, pour l'immigrant comme pour tout écrivain, afin d'échapper à l'enfermement social, mais aussi enjeu esthétique. Les cultures migrantes participent à la définition des repères culturels du Québec contemporain. Ainsi *La Parole métèque* ouvre ses pages aux écrivains venus d'ailleurs, et le magazine *Vice versa*, fondé par les Italo-québécois Fulvio Caccia et Lamberto Tassinari, fait de la notion de transculture son objet de réflexion privilégié. Anne-Marie Alonzo, Marilu Mallet, Serge Legagneur, Émile Ollivier, Jean Jonassaint, Régine Robin, Marco Micone, Antonio d'Alfonso, Fulvio Caccia, Naim Kattan et Jacques Folch-Ribas déplacent et transforment les questions de l'origine, de l'identité, de la différence, voire de la langue. Questions qui reviennent en force dans des essais tels que *La Littérature contre elle-même* (1985) de François Ricard, *Le Voleur de parcours* (1989) de Simon Harel ou *L'Amour du pauvre* (1991) de Jean Larose. Pluralité des centres, donc, dont l'enjeu est de redéfinir le concept de littérature québécoise.

Bibliothèque québécoise. On a dit du roman québécois que son héros par excellence était un enfant. Il est vrai que les histoires d'enfants occupent une place de choix dans la fiction, de *L'Avalée des avalés* de Ducharme à *La Chute des corps* d'Hélène Lebeau, de Jacques Savoie à Sylvain Trudel. Ces héros orphelins, à la recherche d'un père réel ou symbolique, ne manquent pas de paternité littéraire. Il est tentant de leur attribuer, en en modifiant l'orthographe et le sens, le titre d'un des romans de Ducharme : les *Enfan-tomes*. Ils héritent désormais d'une bibliothèque, c'est-à-dire d'une littérature. Nelligan est la référence obligée des créateurs d'aujourd'hui. « Nous reviendrons comme des Nelligan. Dans des paillettes et des espaces urbains », affirme Beausoleil dans *Une certaine fin de siècle* (1983). Il n'est pas rare de lire des allusions au manifeste *Refus global* ou aux textes de Ferron, Aquin, Ducharme, Miron, Hébert, Blais, dans l'œuvre d'écrivains plus jeunes. Aussi l'originalité de la littérature québécoise récente aura-t-elle été de s'inventer, par-delà la question des langues, une culture et une littérature comme références.

L.G.

→ Brossard, Nicole et Lisette Girouard, *Anthologie de la poésie des femmes au Québec*, Montréal, Éd. du Remue-Ménage, 1991. — Fortin, Marcel, Yvan Lamonde et François Ricard, *Guide de la littérature québécoise*, Montréal, Boréal, 1988. — Gauvin Lise et Gaston Miron, *Écrivains contemporains du Québec*, anthologie, Paris, Seghers, 1989. — Gauvin, Lise et Laurent Mailhot, *Guide culturel du Québec*, Montréal, Boréal, 1982. — Gasquy-Resch, Yannick (dir.), *Littérature du Québec*, Vanves, Édicef, 1994. — Grandpré, Pierre de (dir.), *Histoire de la littérature française du Québec*, 4 vol., Montréal, Beauchemin, 1967. — Hamel, Réginald, John Hare et Paul Wyczynski, *Dictionnaire des auteurs de langue française en Amérique du Nord*, Montréal, Fides, 1989. — Lemire, Maurice (dir.) et Gilles Dorion, *Dictionnaire des œuvres littéraires du Québec*, 6 vol., Montréal, Fides, 1978-1994. — Mailhot, Laurent, *La Littérature québécoise*, Montréal, L'Hexagone, "Typo", 1996.

— Mailhot, Laurent et Pierre Nepveu, *La Poésie québécoise des origines à nos jours*, anthologie, Montréal, L'Hexagone, 1980 et 1986. — Marcotte, Gilles (dir.), *Anthologie de la littérature québécoise*, 4 vol., Montréal, La Presse, 1980, rééd. L'Hexagone, 1994. — Royer, Jean, *La Poésie québécoise contemporaine*, Montréal, L'Hexagone, et Paris, La Découverte, 1987. — *Le Québec en poésie*, Paris, Gallimard-Lacombe, 1987. — Weinmann, Heinz et Roger Chamberland (dir.), *Littérature québécoise. Des origines à nos jours*, Montréal, HMH, 1996.

Queffélec Henri (1910-1992). Né le 29 janvier 1910 à Brest, normalien, agrégé des lettres, professeur jusqu'en 1942, il a centré son œuvre sur trois thèmes : la mer, la Bretagne et la foi catholique. C'est pourtant Marseille pendant l'Occupation qui sert de cadre à son premier roman, *Journal d'un salaud* (1944). Son troisième livre, le plus célèbre, *Un recteur de l'île de Sein* (1944), définit une thématique qui sera celle de toute son œuvre : faute d'un prêtre acceptant de rester à Sein, un jeune sacristain en vient peu à peu à guider lui-même les âmes. Le monde est le même, mais avec un souffle épique mieux conduit et une quête spirituelle plus affirmée, dans l'abondante production des années cinquante à soixante-dix dont on retiendra surtout : *Tempête sur Douarnenez* (1951), sur le conflit entre l'homme et la mer ; *Un homme d'Ouessant* (1953), sur la vie des îliens ; *Un feu s'allume sur la mer* (1956), sur la construction d'un phare ; *Un royaume sous la mer* (1956), sur la pêche hauturière ; et *Solitudes* (1963), sur la vie des pêcheurs. Sous des allures réalistes, parfois documentaires, ces récits, où règnent la description et le dialogue, ont une dimension métaphysique qui touche au fantastique.

Ces romans de mer forment la partie la plus visible de l'œuvre de Queffélec à côté de romans non bretons : *Celui qui cherchait le soleil* (1953), quête spirituelle d'un ouvrier parisien ; *Combat contre l'invisible* (1953), drame intérieur d'un scientifique chrétien. La peur de la modernité, que l'on décèle dans les romans, se retrouve dans les essais : *La Technique contre la foi* (1962) ; *Le sursis n'est pas pour les chiens* (1972), réflexion sur le mouvement de 68 ; et peut-être aussi dans ses écrits hagiographiques sur saint Antoine, saint François d'Assise, saint Yves et le curé d'Ars. On retrouve les grandes étapes de la vie de Queffélec (l'enfance brestoise, la jeunesse parisienne, les années d'enseignement en Suède, la guerre, les débuts littéraires...) dans deux œuvres autobiographiques : *Un Breton bien tranquille* et *Mémoires d'enfance*, refondus en 1992 en un seul volume : *Mon beau navire, ô ma mémoire*.

ŒUVRES. — La plupart des romans sont publiés aux Presses de la Cité et réédités par Le Livre de Poche. Les Éditions Bartillat ont entrepris depuis 1991 des rééditions groupées de certaines œuvres. — *Journal d'un salaud*, 1944. — *Un recteur de l'île de Sein*, 1944. — *La Fin d'un manoir*, 1945. — *Un homme de la côte*, 1946. — *La Culbute*, 1946. — *Chemins de terre*, 1948. — *Au bout du monde*, 1949. — *Saint Antoine du désert*, 1950. — *Tempête sur Douarnenez*, 1951. — *Un homme d'Ouessant*, 1953. — *Celui qui cherchait le soleil*, 1953. — *Combat contre l'invisible*, 1953. — *Le jour se lève sur la banlieue*, 1954. — *Un feu s'allume sur la mer*, 1956. — *Un royaume sous la mer*, 1956. — *La Technique contre la foi*, 1946. — *Ce petit curé d'Ars*, 1959. — *Tempête sur la ville d'Ys*, 1962. — *Solitudes*, 1963. — *Quand la terre fait naufrage*, 1965. — *La Voile tendue*, 1967. — *La Mouette et la croix*, 1969. — *Le sursis n'est pas pour les chiens*, 1972. — *Celui qui n'était pas appelé*, 1972. — *Le Phare*, 1975. — *Ils étaient six marins de Groix et la tempête*, 1979. — *Le Voilier qui perdit la tête*, 1980. — *À quoi rêvent les navires ?*, 1983. — *Ce sont voiliers que le vent emporte*, 1984. — *Et les enfants joueront jusqu'à la nuit*, 1987. — *Mon beau navire, ô ma mémoire*, 1992.

→ Yves La Prairie, *Henri Queffélec*, Grenoble, Glénat, 1994. — Il existe des *Cahiers Henri Queffélec* (Association des amis d'Henri Queffélec, Paris).

G.P.

Queneau Raymond (1903-1976). Né au Havre le 21 février 1903, monté à Paris dès 1920, étudiant à la Sorbonne, il s'intéresse à la philosophie, à la littérature et aux mathématiques. Lecteur infatigable, il possède une vaste culture dont on retrouve des traces dans la plupart de ses ouvrages. Entre 1924 et 1929, il fait partie du groupe surréaliste, mais des divergences personnelles et intellectuelles l'éloignent de Breton. Dans *Odile* (1937), il fera le récit en partie autobiographique de leur rupture, qui a lieu en 1929. Du surréalisme, il retiendra l'humour, le goût du jeu de mots, le côté ludique de l'existence, un certain attrait pour l'ésotérisme et l'arithmosophie. Préparant une thèse sur les fous littéraires, il écrit en même temps son premier roman : *Le Chiendent* (1933), qui se présente comme une transposition en français moderne du *Discours de la méthode*. Dès ce premier ouvrage, d'une fantaisie débridée mais pourvu d'une construction rigoureuse, il affirme la nécessité de concevoir un roman comme un poème, en faisant rimer les personnages et les situations. *Gueule de Pierre* (1934), placé sous le signe astrologique des Poissons, qui est celui de l'auteur, est le premier volet d'un cycle romanesque à la construction circulaire ; il sera remanié et refondu avec *Les Temps mêlés* (1941) dans *Saint Glinglin* (1948). Ces ouvrages, réflexions sur l'existence (« l'eggsistence ») tournent autour d'un thème que l'on retrouvera dans toute son œuvre : le temps qu'il fait et le temps qui coule (« On ne se baigne jamais deux fois les pieds dans la même flotte. »).

De 1933 à 1939, Queneau suit à l'École pratique des hautes études les cours d'Alexandre Kojève sur Hegel, qu'il fera paraître chez Gallimard, en 1947. En 1938, il entre comme lecteur pour le domaine anglais dans la même maison d'édition, dont il deviendra le secrétaire général en 1941. Entre 1932 et 1939, puis entre 1940 et 1942, il entreprend une cure analytique, expérience relatée dans *Chêne et chien* (1937), « roman en vers » dont le titre indique les racines étymologiques présumées de son nom et révèle la double identité d'un auteur écartelé entre le chêne (la noblesse et la grandeur) et le chien (les pulsions et l'agressivité). Les œuvres de Queneau comportent ainsi souvent des allusions autobiographiques indirectes, voilées de pudeur. En 1938, il publie *Les Enfants du limon*, histoire cocasse de la rédaction d'une « Encyclopédie des sciences inexactes ». Après *Un rude hiver* (1939), qui évoque la guerre de 1914-1918 vue du Havre, et *Pierrot mon ami* (1942), où un personnage lunaire évolue dans une fête foraine, *Loin de Rueil* (1944), roman « cinématographique » aux frontières incertaines entre le rêve et la réalité, révèle l'oscillation permanente de toute l'œuvre entre l'être et le non-être (le « nonnête »).

Après la guerre, *Exercices de style* (1947) entreprend de raconter la même anecdote insignifiante de 99 manières différentes. En 1947 encore, paraît sous un pseudonyme *On est toujours trop bon avec les femmes*, parodie des romans ayant pour cadre la révolution irlandaise, qui sera suivie du *Journal intime de Sally Mara* (1950), ouvrage désopilant dans lequel une jeune Irlandaise tient son journal en français, en hommage à son professeur, qui lui a enseigné la langue d'une façon perverse. Les deux ouvrages seront rassemblés en 1962 sous le titre *Les Œuvres complètes de Sally Mara*.

Après la guerre, Queneau se consacre aux activités les plus diverses : il écrit des chansons (à Saint-Germain-des-Prés, Juliette Gréco chantera « Si tu t'imagines, fillette, fillette... ») ; il peint et écrit sur les peintres (en particulier sur Miró et Vlaminck, auxquels il consacre un ouvrage, sur Dubuffet, Hélion et bien d'autres) ; amateur éclairé de cinéma, il s'occupe du septième art, comme acteur dans de petits rôles et comme collaborateur à de nombreux scénarios, entre autres *Monsieur Ripois* de René Clément et *La Mort en ce jardin* de Buñuel ; il rédige un commentaire, en vers, du *Chant du styrène* d'Alain Resnais ; il écrira également la version française de *La Strada* de Fellini et de *Sourires d'une nuit d'été* de Bergman.

C'est à cette époque que Queneau recueille ses articles sur la langue dans *Bâtons chiffres et lettres* (1950), série d'essais contenant entre autres une dénonciation de l'absurdité de l'orthographe française. L'ouvrage comprend des propositions sérieuses et moins sérieuses de réforme de l'orthographe (« Mésalor, mézalor késkon nobtyin ! ») et une défense du « néo-français » (« C'est malheureux pour les Français de ne pas avoir le droit d'écrire comme ils parlent, et par conséquent comme ils sentent. »). Il emploiera souvent, dans ses romans, une écriture phonétique qui, alternant avec un style éminemment littéraire, crée des effets cocasses. Reconnu désormais par un large public, il est élu à l'Académie Goncourt en 1951, puis nommé directeur de la collection « L'Encyclopédie de la Pléiade ». Sa passion pour un savoir encyclopédique et son humour s'étaient déjà manifestés dans la *Petite Cosmogo-*

nie portative (1950), histoire de l'univers en six chants et en vers, qui apparaît comme une tentative pour unir la science et la poésie.

Dégageant une atmosphère particulière entre la banalité de la vie des petites gens et un merveilleux urbain, *Le Dimanche de la vie* (1952) fait vivre le soldat de seconde classe Valentin Brû, qui va de l'innocence et de l'inconscience à la conscience de soi et au savoir, en suivant un chemin tracé par Hegel. De poèmes en romans se constitue ainsi un univers original, où la banalité quotidienne se mêle au merveilleux. L'incessante contamination du réel et de l'irréel donne leur tonalité particulière à tous les ouvrages de Queneau, traversés par des êtres qui sont à la recherche de la sagesse et aspirent à la sainteté. Ses personnages sont en général de petites gens, concierges, employés, chômeurs, héros antihéroïques ou d'un héroïsme qui ne relève pas de l'épopée mais du quotidien, soumis toutefois à un processus constant de défamiliarisation. Des silhouettes à la fois éthérées et ordinaires évoluent dans des cafés, des transports en commun, des cinémas. Son ouvrage le plus célèbre, *Zazie dans le métro* (1958), dont Louis Malle fera un film, est le roman du dédoublement et de la confusion des langues et des sexes, racontant la traversée d'un Paris à la géographie ahurissante par une gamine délurée, Gavroche retorse et mal embouchée qui, en fait, ne descendra jamais dans le métro.

La volonté constante d'échapper au flou de l'inspiration pousse Queneau à entrer dans le groupe fondé en 1961 par François Le Lionnais, l'Oulipo (« Ouvroir de littérature potentielle »), qui se propose d'exploiter ludiquement les combinatoires de la langue. C'est dans cet esprit qu'il publie *Cent mille milliards de poèmes* (1961), composé de dix sonnets dont chaque vers, pourvu des mêmes rimes et de la même construction syntaxique, est découpé sur une bande de papier ; le livre offre ainsi non pas dix sonnets mais, ainsi que le titre le suggère, cent mille milliards de poèmes. Le lecteur devient le collaborateur de l'auteur, selon un principe cher à Queneau. Celui-ci revient au roman avec ce qui est peut-être son chef-d'œuvre : *Les Fleurs bleues* (1965), sept siècles d'histoire traversés par le duc d'Auge, féodal d'assaut qui rêve qu'il est Cidrolin, lequel se prélasse sur une péniche et rêve à son tour qu'il est le duc d'Auge. Réflexion sur l'histoire, le rêve et la psychanalyse, ce livre peut aussi, selon l'interprétation d'Étiemble, être lu comme un livre taoïste. L'intérêt de Queneau pour la sagesse orientale et la non-activité du Tao a été mis en évidence par la publication, pour l'instant partielle, de son *Journal* (posth., 1986), qui a montré que cet homme secret était profondément attiré par la spiritualité. On retrouve des traces de son intérêt pour la philosophie orientale dans *Morale élémentaire* (1975), illustration des soixante-quatre hexagones des Yi King. Entre ces deux ouvrages, il écrit une série de poèmes et son dernier roman, *Le Vol d'Icare* (1968), bâti à partir d'une structure policière et d'un jeu de mots — Icare étant un personnage de roman volé par un écrivain malhonnête, à moins qu'il ne se soit envolé de son propre gré...

L'œuvre de Queneau, soutenue par une immense culture, habitée par l'humour et la cocasserie, est truffée de trouvailles linguistiques qui sont l'effet d'une réflexion sur le langage. Ce « dégonfleur d'enflures », comme l'a appelé Yvon Belaval, sensible pourtant aux « fleurs odoriférantes de la rhétorique », est un écrivain à la fois ludique et classique. Aucun de ses livres n'est exempt de jeux de mots qui vont souvent jusqu'au calembour : « Il ne faut pas mépriser les calembours. Ils harcèlent le pharisaïsme et les prétentions ». Remplis de citations, de pastiches, de parodies, ses livres créent un univers fantastique étrangement familier, drôle et tragique à la fois. Comme l'a bien vu Italo Calvino, Queneau est un écrivain « qui pense et s'exprime à travers les fantaisies et les cabrioles du langage et de la pensée ». Il est mort à Paris le 25 octobre 1976.

ŒUVRES. — Chez Gallimard, pour la plupart, et reprises dans Le Livre de Poche. — *Œuvres complètes*, Claude Debon, Bibliothèque de la Pléiade, t. I, 1989. — Œuvres principales : *Le Chiendent* (1933). — *Gueule de pierre* (1934). — *Les Derniers Jours* (1936). — *Odile* (1937). — *Chêne et chien* (1937). — *Les Enfants du limon* (1938). — *Un rude hiver* (1939). — *Les Temps mêlés* (1941). — *Pierrot mon ami* (1942). — *Les Ziaux*, poèmes (1943). — *Loin de Rueil* (1944). — *Exercices de style* (1947). — *Saint Glinglin* (1948). — *Petite Cosmogonie portative* (1950). — *Bâtons, chiffres et lettres* (1950). — *Le Dimanche de la vie* (1952). — *Zazie dans le métro* (1959). — *Cent mille milliards de poèmes* (1961). — *Les Œuvres complètes de Sally Mara* (1962). — *Bords* (1963). — *Les Fleurs bleues* (1965). — *Le Chien à la mandoline*, poèmes (1965). — *Une histoire modèle* (1966). — *Courir les rues*, poèmes (1967). — *Battre la campagne*, poèmes (1968). — *Le Vol d'Icare* (1968). — *Fendre les flots*, poèmes (1969). — *Le Voyage en Grèce* (1973). — *Morale élémentaire* (1975). — *Contes et propos* (1981). — *Journal 1939-1940* (1986).

→ Jean Queval, *Raymond Queneau*, Seghers, coll. Poètes d'aujourd'hui, 1960. — Jacques Bens, *Queneau*, Gallimard, coll. La Bibliothèque idéale, 1962. — Claude Simonnet, *Queneau déchiffré*, Julliard, 1962, rééd. Slatkine, 1981. — Andrée Bergens, *Raymond Queneau*, Genève, Droz, 1963. — *L'ARC*, n° 28, février 1966. — Paul Gayot, *Queneau*, Éditions universitaires, 1967. — Jacques Bens, *Raymond Queneau en verve*, Pierre Horay, 1970. — René Balligand, *Les Poèmes de Raymond Queneau, étude phonostylistique*, Didier, 1972. — *Cahier de l'Herne* n° 29, dir. Andrée Bergens, 1975, rééd. L'Herne-Fayard, 1997. — *Europe*, n°s 650-651, juin-juillet 1983. — Jean Queval et André Blavier, *Album Queneau*, Henri Veyrier, 1984. — *Roman 20-50*, Queneau : « *Les Fleurs bleues* », université Lille III, décembre 1987. — Jacques Jouet, *Raymond Queneau*, Lyon, La Manufacture, 1989. — Emmanuel Souchier, *Raymond Queneau*, Le Seuil, 1991. — Jean-Yves Pouilloux, *« Les Fleurs bleues » de Raymond Queneau*, Gallimard, 1991. — Jean-Marie Catonné, *Queneau*, Belfond, 1992. — Trois revues sont consacrées à Queneau : *Les Amis de Valentin Brû* (1977-1986) devenus à partir de juillet 1986 les *Cahiers Raymond Queneau* ; nouvelle série à partir de juin 1997 ; *Temps mêlés - Documents Queneau* et *Lectures de Raymond Queneau*.

A.-M.J.

Quignard Pascal (1948). Né le 23 avril 1948 à Verneuil-sur-Avre. « Non. [...] Je ne puis évoquer le détail de sa biographie. [...] D'une naissance obscure, hanté par une langue obscure, dans la situation assurément obscure de lecteur d'édition, — le moyen que sa fin, à supposer sa mort, n'ait pas été obscure ? » Ce réticent autoportrait (*Le Lecteur*, 1976) est corrigé aujourd'hui dans un « Petit traité sur Méduse » (*Le Nom sur le bout de la langue*, 1993) où l'écrivain reste tourmenté, mais dit « je », et livre des souvenirs d'enfance : « Nous quittâmes l'Eure et la rive de l'Avre. J'avais deux ans. Nous déménageâmes en Normandie, au Havre. [...] Nos chambres donnaient sur des ruines sans fin au bout desquelles on percevait la mer. » Enfant de l'Histoire, il arrive *après*, dans les ruines du désastre. Et à peine vient-il d'accéder au langage qu'il s'en trouve coupé. On le sépare d'une jeune femme qu'il appelait « Mutti » : « Je devins mutique. » L'autre souvenir capital, c'est la mère au masque de Méduse qui faisait taire toute la tablée quand elle cherchait le mot qu'elle avait sur le bout de la langue. Le langage se constitue comme oubli, écart avec le réel, absence angoissante. Donc il faut écrire, car écrire c'est « parler muet ».

Désespérant d'être poète — car « le poème est le nom trouvé » — mais musicien à ses heures, car la musique est une langue sans mots, innocente, Quignard s'installe au cœur de la défaillance, dans le roman et l'essai. Le roman, à l'instar du rêve, « hallucine des choses qui ne sont pas ». Sur trente livres, il a publié six romans. Au contraire « un essai papote toujours un peu ». Ceci n'est pas vrai des siens, qui sont d'un style abrupt, souvent très brefs et confiés à des éditeurs confidentiels. *Le Sexe et l'effroi* (1994) est l'exception : au long de trois cent vingt pages, l'auteur parcourt ses mythes préférés, déplie les strates des mots latins et pose sur les fresques des villas romaines ce même « regard latéral » que leurs peintres y ont représenté. Les essais de Quignard tournent autour de sujets d'élection : Scève, La Bruyère, Sacher-Masoch, Spinoza, la Chine ancienne, la musique baroque, les Latins et les Grecs toujours, les langues mortes qu'il ravive. Son érudition, vaste et minutieuse, se fixe sur un détail « saugrenu » ou « sordide », souvent d'ordre langagier. De l'accessoire, il fait l'essentiel. Il pratique l'ellipse, la parataxe, le paradoxe, la sentence, et le fragment (en particulier dans ses *Petits Traités*).

La limite entre essai et roman est floue. *Albucius* (1990) brode sur les arguments conservés de déclamations à jamais évanouies, mais se lit comme un roman. *Les Tablettes de buis d'Apronenia Avitia* (1984) se dit roman car c'est une fiction, mais la forme en est fragmentaire à l'excès. De même, de façon plus déguisée, dans un roman de couleur plus contemporaine, *Carus* (1979), dont l'essentiel est fait de faux dialogues qui sont du vrai Quignard. L'écrivain procède aussi par marcottage. M. de Sainte Colombe et son élève Marin Marais apparaissent déjà dans un roman et un essai avant de revivre dans *Tous les matins du monde* (1991), roman dont un film a été tiré.

Le style des *Tablettes de buis* est tout en ruptures : l'écrivain « essuie des petites flaques de temps répandu ». L'auteur de *Carus* donne dans le bavardage savant et futile, pour colmater la dépression. Le style de *Tous les matins du monde* rejoint dans l'ascèse le héros musicien réfractaire. *Le Salon du Wurtemberg* (1986) et *Les Escaliers de Chambord* (1989) se conforment davantage à un modèle courant, et se ressemblent. Ils ont pour fil directeur une remémoration. Chacun des deux héros est partagé entre deux pays et deux langues. À Charles Chenogne comme à Édouard Furfooz, la mère a manqué gravement, les fixant dans l'enfance. Construit sur un va-et-vient subtil entre le passé et le présent, l'Allemagne et la France, le côté du père et le côté de la mère, l'amitié et les amours, la littérature et la musique, *Le Salon du Wurtemberg* a l'épaisseur des grands romans d'antan. Mais l'espace romanesque est truqué : seule compte la fascination pour les mots, qui disent et ne disent pas, et conjurent l'abandon, l'effroi et la folie.

ŒUVRES. — *L'Être du balbutiement*, Mercure de France, 1969. — *Alexandre de Lycophron*, Mercure de France, 1971. — *La Parole de la Délie* [essai sur Maurice Scève], Mercure de France, 1974. — *Michel Deguy*, Seghers, 1975. — *Écho*, Le Collet de Buffle, 1975. — *Le Lecteur*, Gallimard, 1976. — *Sang*, Orange Export, 1976. — *Hiems*, Orange Export, 1977. — *Sarx*, Maeght, 1977. — *Les Mots de la terre, de la peur et du sol*, Clivages, 1978. — *Carus* (roman), Gallimard, 1979. — *Inter aerias fagos*, Orange Export, 1979. — *Sur le défaut de la terre*, Clivages, 1979. — *Le Secret du domaine*, Éditions de l'Amitié, 1980. — *Les Tablettes de buis d'Apronenia Avitia* (roman), Gallimard, 1984. — *Le Vœu de silence*, Fata Morgana, 1985. — *Une gêne technique à l'égard des fragments*, Fata Morgana, 1986. — *Le Salon du Wurtemberg* (roman), Gallimard, 1986. — *Ethelrude et Wolframm*, Claude Blaizot, 1986. — *La Leçon de musique*, Hachette, 1987. — *Les Escaliers de Chambord* (roman), Gallimard, 1989. — *Albucius*, POL, 1990. — *Kong-souen Long*, Michel Chandeigne, 1990. — *La Raison*, Le Promeneur, 1990. — *Petits Traités*, Maeght, 1990, 8 t. — *Georges de La Tour*, Flohic, 1991. — *Tous les matins du monde* (roman), Gallimard, 1991. — *La Frontière*, Michel Chandeigne, 1992. — *Le Nom sur le bout de la langue*, POL, 1993. — *Le Sexe et l'effroi*, Gallimard, 1994. — *L'Occupation américaine* (roman), Le Seuil, 1994. — *Rhétorique spéculative*, Calmann-Lévy, 1995. — *Vie secrète*, Gallimard, 1998— **Film** : Alain Corneau (réalisateur), Pascal Quignard (scénariste), Jordi Savall (compositeur et interprète), *Tous les matins du monde*, 1991.

→ Richard Millet, « Notes sur Pascal Quignard », *Critique*, n° 366, novembre 1977. — Gilles Quinsat, « Pascal Quignard, ou l'ironie de la pensée », *Critique*, n°s 397-398, juin-juillet 1980. — Jean-Pierre Richard, « Sensation, dépression, écriture », *L'État des choses*, Gallimard, 1990. — Gracco Spaziani, « Echi virgiliani in un romanzo moderno : *Tutte le matine del mondo* di Pascal Quignard », *Cività mantovana*, décembre 1993. — André Guyon, « Vers le matin du monde : *Albucius* », *Cahiers du CERF*, XX, n° 9, 1994. — Gaëtan Brulotte, « Les mondes opposés de Pascal Quignard », *Liberté* (Montréal) n° 219, juin 1995. — Sylviane Coyault-Dublanchet, « Sous prétexte de biographie : Tous les matins du monde », *Lendemains* 78-79, 1995.

J.B.

Quinsat Gilles (1952). Il publie son premier livre, *Lazare et ses voix* (1977), à vingt-cinq ans. Cette histoire de revenants, où le narrateur s'identifie au Gilles de Watteau et à Lazare, progresse par transfigurations subites. La mélancolie des voix d'outre-tombe et les rivages inconnus où elles nous entraînent, parlent de l'absence et de la quête de l'unité, de la solitude et de la mort. La mémoire et le temps où se confondent extérieur et intérieur, passé et présent, sont au cœur de son œuvre. Dans *L'Éclipse* (Gallimard, 1986, prix Fénéon), les personnages, lors d'un été au bord de la mer, sont pris entre la pulsation d'un présent qui fuit et la résurgence du temps dans la mémoire. En 1987, Quinsat a publié un recueil d'essais, *Écrit en marge*. En 1990, il a dirigé l'édition du *Grand Atlas des littératures* de l'*Encyclopædia universalis*.

D.H.-M.Ber.

Quinzaine littéraire, voir NADEAU.

R

Rabearivelo Jean-Joseph (1903-1937). Né à Tananarive (Madagascar) le 4 mars 1903, au début de la colonisation, d'origine aristocratique par sa mère, mais bâtard et d'une famille ruinée, il n'a pas fait d'études régulières et se forme en autodidacte à la langue et à la culture françaises. Correcteur dans une imprimerie de 1924 à sa mort, journaliste occasionnel, il entreprend de rivaliser avec les poètes français de la génération postsymboliste. Le jeune poète exprime la nostalgie élégiaque d'un Malgache fier de sa race mais conscient de sa décadence : l'utilisation harmonieuse, sensuelle mais un peu molle des rythmes français se colore d'une déchirante douceur (*La Coupe de cendres,* 1924 ; *Sylves*, 1927 ; *Volumes*, 1928). Il écrit dans ces mêmes années des romans historiques (*L'Aube rouge*, inédit ; *L'Interférence*, posth., Hatier, 1988) pour défendre le point de vue malgache à propos de la conquête coloniale. Au tournant des années 1930, sa poétique bascule : il met en avant la matière et la manière malgaches, inventant un vers libre qui adapte le français à l'élan de sa langue maternelle. De plus, chaque poème se propose dans les deux langues (*Presque Songes*, 1934 ; *Traduit de la nuit*, 1935, Hatier, 1990). Oscillant entre songe et réalité, nuit et jour, aurore et crépuscule, ces deux recueils sont le chant d'une âme irréconciliée. La situation humiliante faite par la colonisation à l'intellectuel et au poète de couleur est l'une des causes majeures de son suicide, le 23 juin 1937.

S.M.

Rabemananjara Jacques (1913). Né à Mangabé (Madagascar) dans une famille de la vieille bourgeoisie mérina, il a commencé ses études au petit séminaire, à Sainte-Marie puis à Tananarive, avant d'entrer dans l'administration. Ses activités au sein de la *Revue des jeunes de Madagascar* lui valent quelques ennuis avec les autorités coloniales. En 1939, il fait partie de la délégation malgache aux cérémonies du 150e anniversaire de la Révolution française, à Paris, où il décide de rester. Durant la Seconde Guerre, il rentre à Madagascar et participe à la fondation du Mouvement démocratique de la rénovation malgache. Collaborateur de Georges Mandel au ministère des Colonies, il devient ensuite secrétaire de la délégation parlementaire malgache. En 1946, il est élu député à l'Assemblée nationale. À la suite des émeutes de mars 1947, qui ensanglantent la Grande Île, il est arrêté et condamné aux travaux forcés à perpétuité. Il restera emprisonné pendant huit ans, au terme desquels il publie une version remaniée de son grand poème *Antsa*, écrit en détention. Il devient l'un des plus proches collaborateurs d'Alioune Diop, auquel le lie une profonde amitié depuis 1947, date de la création de *Présence africaine*, dont il est encore aujourd'hui l'un des piliers.

À l'Indépendance, en 1960, il reprend le chemin de Madagascar, où il occupera différents fauteuils ministériels avant d'être à nouveau contraint à l'exil à la chute du président Tsiranana. Depuis son retour en France, il se consacre à son œuvre littéraire, frappée du double sceau de la révolte et de la nostalgie : révolte dans les poèmes, *Antsa*, *Lamba*, *Antidote*, composés en prison, sous la menace de l'exécution capitale, mais doublée du lancinant désir de l'île interdite, « île aux syllabes de flamme », que le verbe vise à ressusciter dans une magie évocatoire, dont « les noms propres, dans leur opacité évidente, sont de sûrs conducteurs » (Jean-Louis Joubert). Ce poète, habité par le sacré qui sous-tend les moindres faits et gestes de ses compatriotes, reste viscéralement attaché à la Grande Île, mais proclame sa passion pour la langue française : lors du deuxième Congrès des écrivains et artistes du monde noir à Rome, en 1959, il reprend à son compte l'image, développée par Sartre dans *Orphée noir*, du poète « voleur de langue » ; car, observe-t-il, « l'histoire est ainsi faite que tout acte humain recèle l'imminence du boomerang : le parler du conquérant va permettre aux vaincus (...) de se faire signe d'un continent à l'autre ».

Rabemananjara s'est également essayé au théâtre : *Agape des dieux* adapte un vieux conte d'amour et de mort ; *Les Boutriers de l'aurore* évoque l'arrivée des premiers immigrants dans la baie d'Antongil, lieu de naissance du poète. Il a reçu, en 1985, pour l'ensemble de son œuvre, le grand prix de la Francophonie de l'Académie française.

ŒUVRES. — *Rites millénaires*, Seghers, 1955. — Aux Éditions Présence africaine : *Antsa*, 1956. — *Lamba*, 1956. — *Les Boutriers de l'aurore*, 1957. — *Antidote*, 1961. — *Agape des dieux*, 1962. — *Les Ordalies*, 1972. — *Thrènes d'avant l'aurore*, 1985. — *Rien qu'encens et filigrane*, 1987.

→ M. Kadima-Nzuji, *Jacques Rabemananjara, l'homme et l'œuvre*, Présence africaine, 1981.

J.C.

Rachilde (1860-1953), pseudonyme de Marguerite Eymery, qui signa aussi Jean de Childra. Née au Cros, en Dordogne, le 11 février 1860, dans une famille de bonne bourgeoisie, elle y passe une enfance de garçon manqué, brûle très tôt de faire une carrière artistique et monte à Paris en 1878, pour y mener une vie de bohème, habillée en homme. En 1889, elle épouse le critique Alfred Vallette et fonde avec lui, quelques mois plus tard, *Le Mercure de France*, revue puis maison d'édition, qu'elle dirige jusqu'à la mort de son mari, en 1935. Elle y rend compte jusqu'en 1924 des nouveautés romanesques, tout en publiant de son côté des romans à l'atmosphère décadente qui firent souvent scandale. À contre-courant des représentations traditionnelles de l'amour, Rachilde crée dans *Monsieur Vénus* (1884), *La Marquise de Sade* (1887), *La Jongleuse* (1900) ou *Le Meneur de louves* (1905), des héroïnes dominatrices réduisant leurs amants au rang de simples objets. Au terme d'une vie mondaine où elle avait fréquenté Jarry, Lorrain ou Léautaud, qu'elle recevait à ses « mardis », elle meurt à Paris, oubliée de tous, le 4 avril 1953.

ŒUVRES. — Publiées chez Ferenczi, Flammarion ou au Mercure de France : *Monsieur de la Nouveauté*, 1880. — *La Femme du 19e régiment, fantaisie militaire*, 1881. — *Histoires bêtes pour amuser les enfants d'esprit*, 1884. — *Monsieur Vénus, roman matérialiste*, 1884. — *Nono, roman de mœurs contemporaines*, 1885. — *Queue de poisson*, 1885. — *À mort*, 1886. — *La Virginité de Diane*, 1886. — *La Marquise de Sade*, 1887. — *Le Tiroir de Mimi-Corail*, 1887. — *Madame Adonis*, 1888. — *Le Mordu, mœurs littéraires*, 1889. — *Les Oubliés, l'homme roux*, 1889. — *Minette*, 1889. — *La Sanglante Ironie*, 1891. — *Théâtre* : *Madame la Mort*, *Le Vendeur de soleil*, *La Voix du sang*, 1891. — *L'Animale*, 1893. — *Le Démon de l'absurde*, 1894. — *La Princesse des ténèbres*, 1896. — *Les Hors nature. Mœurs contemporaines*, 1897. — *L'Heure sexuelle*, 1898. — *La Tour d'amour*, 1899. — *La Jongleuse*, 1900. — *L'Imitation de la mort*, 1903. — *Le Dessous*, 1904. — *Le Meneur de louves*, 1905. — *Son printemps*, 1912. — *La Terre qui rit*, 1917. — *Dans le puits ou la vie inférieure, 1915-1917*, 1918. — *La Découverte de l'Amérique*, 1919. — *La Maison vierge*, 1920. — *La Souris japonaise*, 1921. — *Les Rageac*, 1921. — *Le Grand Saigneur*, 1922. — *L'Hôtel du Grand Veneur*, 1922. — *Le Château des deux amants*, 1923. — *Le Parc du mystère*, en collaboration, 1923. — *Au seuil de l'enfer*, en collaboration, 1924. — *La Haine amoureuse*, 1924. — *Le Théâtre des bêtes*, 1926. — *Alfred Jarry ou le surmâle des lettres*, 1928. — *Le Prisonnier*, en collaboration, 1928. — *Madame de Lydone, assassin*, 1928. — *Pourquoi je ne suis pas féministe*, 1928. — *Refaire l'amour*, 1928. — *La Femme aux mains d'ivoire*, 1929. — *Le Val sans retour*, en collaboration, 1929. — *Portraits d'hommes*, 1929. — *L'Homme aux bras de feu*, 1930. — *Les Voluptés imprévues*, 1931. — *Notre-Dame des rats*, 1931. — *Jeux d'artifices*, 1932. — *L'Amazone rouge*, 1932. — *La Femme Dieu*, 1934. — *L'Aérophage*, en collaboration, 1935. — *L'Autre Crime*, 1937. — *Les Accords perdus*, 1937. — *La Fille inconnue*, 1938. — *L'Anneau de Saturne*, 1939. — *Face à la peur*, 1942. — *Duvet-d'Ange*, 1943. — *Survie*, 1945. — *Mon étrange plaisir*, 1946. — *Quand j'étais jeune*, 1947.

→ Claude Dauphiné, *Rachilde : femme de lettres 1900*, Périgueux, Fanlac, 1985. — Marina Geat, *Rachilde : per un simbolismo al femminile*, Roma, Edizioni universitarie romane,

1990. — Claude Dauphiné, *Rachilde*, Mercure de France, 1991.

W.M.

Radiguet Raymond (1903-1923). Né à Saint-Maur-des-Fossés le 18 juin 1903, ce météore des lettres françaises a étonné ses contemporains par sa précocité et sa disparition prématurée. Fils du caricaturiste Maurice Radiguet et de Marie Tournier, il est l'aîné d'une famille nombreuse. De 1909 à 1913, il fréquente l'école communale de son village natal, où il est un excellent élève. En 1914, il est admis comme boursier au lycée Charlemagne à Paris, mais il ne s'intéresse qu'à la littérature. Il vit en 1917, à quatorze ans, une aventure avec une jeune femme de vingt-quatre ans, nommée Alice ; absent des cours, il est renvoyé du lycée. À l'automne, il rencontre André Salmon dans les locaux de *L'Intransigeant*, où il apporte les dessins satiriques de son père. Il lui montre aussi ses propres dessins, dont certains seront publiés sous la signature de Rajky ; il devient alors secrétaire de rédaction de deux hebdomadaires satiriques, *Le Rire* et *Fantasi*.

Au début de 1918, parrainé par André Salmon, il lit ses premiers poèmes à Max Jacob, qui se lie d'amitié avec lui. À Montmartre, l'adolescent fait la connaissance de Pierre Reverdy et du peintre Juan Gris. Goûtant la vie de bohème, il couche de temps à autre chez ses nouveaux amis, au lieu de rentrer en banlieue au domicile familial. Sa liaison avec Alice, transposée sous le personnage de Marthe dans *Le Diable au corps*, s'achève en août 1918. À cette époque, il est journaliste à *L'Éveil* et à *L'Heure*, où il traite de sujets très divers. Par ailleurs, il publie sous le pseudonyme de Raimon Rajky ses premiers poèmes et articles dans *Sic* et dans *L'Instant*.

En 1919, par l'intermédiaire de Max Jacob, il entre en relations épistolaires avec Tristan Tzara et commence une collaboration épisodique à *Littérature*, la revue des premiers surréalistes, d'où sa participation à l'Anthologie Dada. Recommandé par Max Jacob, il rencontre en juin Jean Cocteau qui s'émerveille de ses dons. Le prince des poètes lance son protégé dans les milieux mondains, où celui-ci évolue avec une parfaite aisance. Côtoyant artistes en vue et grands couturiers, le jeune homme correspond régulièrement, à partir de 1919, avec le couturier et mécène Jacques Doucet, qui lui achète les manuscrits, illustrés à l'aquarelle, de deux premiers recueils, *Le Bonnet d'âne* et *Couleurs sans danger* : écrits pour la plupart en vers libres, ces poèmes se situent dans la mouvance de l'Esprit nouveau et de la poésie cubiste. Il compose aussi en novembre 1919 *Les Pélican*, une pièce en deux actes qui sera représentée en mai 1921 au Théâtre Michel : cette comédie bouffonne qui tourne en dérision le lyrisme conventionnel de Musset et les mœurs dissolues d'une famille bourgeoise rappelle la verve cocasse des *Mamelles de Tirésias* et d'*Ubu*. En novembre, le jeune écrivain rencontre Édith et Étienne de Beaumont qui l'inviteront en compagnie de Cocteau, Picasso, Satie et Tzara à des soirées dans leur hôtel particulier ainsi qu'au Théâtre de la Cigale. Les personnages de Mahaut et Anne d'Orgel dans *Le Bal du comte d'Orgel*, qu'il entreprend en 1922, sont inspirés par ce jeune couple aristocratique. D'après le témoignage de ses Carnets, il fréquente aussi beaucoup les cafés de Montparnasse, les cours de dessin de l'Académie Colarossi et de la Grande Chaumière, les ateliers de Modigliani et de Picasso, où il croise Marie Laurencin, Kandinsky et Brancusi. Il participe aux dîners du samedi, aux côtés de Jean Cocteau, de Paul Morand et des musiciens du Groupe des six.

Ayant assisté en janvier 1920 aux préparatifs de la première manifestation Dada à Paris, il en condamne les facilités dans un texte de mai, « Dada ou le cabaret du néant », qu'il adresse à la fois à André Breton et à Jacques Doucet. Il fréquente plus assidûment que jamais les spectacles de variétés, de cirque et les fêtes foraines. *Le Bœuf sur le toit*, une pantomime qu'il écrit en collaboration avec Cocteau, est joué en février 1920 par les Fratellini, sur une musique de Darius Milhaud. En mars, tous deux partent se reposer à Carqueiranne. De retour à Paris, ils fondent une revue antidadaïste, *Le Coq*. Radiguet publie en juillet *Les Joues en feu* aux Éditions François Bernouard, avec des illustrations de Jean Hugo : il avait écrit à quatorze ans les pièces les plus anciennes de ce recueil, où le vers libre, le poème en prose et la versification traditionnelle coexistent. Son humour désinvolte ou désenchanté se rapprochait alors du courant fantaisiste. Dans un décor idyllique des bords de Marne, Écho et Narcisse, Vénus, Gygès, les Nymphes, Cendrillon et Marie-Antoinette célèbrent l'éveil de la sensualité. En août, à Carqueiranne, Cocteau et Radiguet composent le livret d'un opéra comique, *Paul et Virginie*, sur une musique d'Éric Satie et, en novembre, une tragi-comédie musicale, *La Noce*. Les deux amis et complices dans les jeux de l'écriture composeront encore pour le théâtre des saynètes parodiques *(Une soirée mémorable*, en novembre 1920, *Le Gendarme incompris*, en novembre 1921). En septembre-octobre 1920, Radiguet dresse un bilan significatif de son expérience littéraire dans un bref essai, *Règle du jeu* (posth., 1956), où il insiste sur les préjugés des poètes à l'encontre du succès et sur la discipline que doit s'imposer l'écrivain original à la recherche de l'apparente banalité.

En 1921, il se rapproche de Valentine et Jean Hugo, ainsi que d'André Malraux, qui lui vouent tous trois une vive admiration. En mai, débute sa liaison orageuse avec Beatrice Hastings, qui lui reprochera une aventure parallèle avec Mary Beerbohm. Radiguet sort le soir dans les cafés de jazz, boit beaucoup et prend du laudanum. Il publie un nouveau recueil, *Devoirs de vacances*, aux Éditions de la Sirène et quelques poèmes épars dans la *NRF*, mais sa production poétique se tarit à partir d'août 1921, alors même qu'il entreprend son premier roman, *Le Diable au corps*.

Après une fugue à Marseille et en Corse, entre le 10 et le 21 janvier 1922, avec Brancusi, il obtient de Bernard Grasset, qui a pris connaissance du manuscrit, une mensualité de 1 500 F à valoir sur les droits d'auteur, à condition que l'auteur ajoute un épilogue et remanie son manuscrit, ce qu'il fait lors d'un séjour à Fontainebleau en mars ; mais il ne rédigera le dénouement définitif que l'année suivante. Il boit, s'endette, accompagne Cocteau dans de somptueuses villégiatures et s'efforce de concilier son *farniente* et la concentration nécessaire pour écrire. En octobre 1922, son *Art poétique*, écrit en collaboration avec Max Jacob, ne livre au lecteur que des aphorismes fantaisistes, ironiques et paradoxaux.

En mars 1923, le succès du *Diable au corps* est retentissant. Au bout d'une semaine, le premier tirage est épuisé. La campagne publicitaire sans précédent que Grasset avait organisée jouait sur l'âge du romancier. Et le sujet, dont l'auteur a toujours dénié la part autobiographique, a déchaîné des réactions dans le contexte de l'après-guerre. En 1917, le héros adolescent, François, qui raconte lui-même son histoire, rencontre Marthe, un peu plus âgée que lui, et qui vient d'épouser un soldat parti au front. Le couple adultère se cache pour ne pas être dénoncé. Lorsque Marthe est enceinte, François l'abandonne. Elle meurt en couches, et son mari élèvera l'enfant qu'il croit être le sien. La sobriété du style et le sens de la litote accentuent le tragique de ce dénouement. Dès lors, Radiguet a trouvé sa voie : le roman psychologique. La rédaction antérieure de quelques *Contes* lui permet d'attester sa maîtrise comme prosateur : « Tohu » (fin 1918), « Billet de faveur » (septembre 1919), « Le cygne » (janvier 1920), « Billet de faveur » (mars 1920) et « Denise » (mars 1920), « La marchande de fleurs » (juin 1920), « Edwige ou le héros, littérature d'art » en collaboration avec Max Jacob et « La ville au lac d'argent » (1922).

Au printemps de 1923, grâce à la vente massive de son roman, il s'installe dans un hôtel luxueux de la rue de Tournon ; son père étant souffrant, il subvient aux besoins de sa famille. Malgré l'opposition des anciens Combattants, il obtient pour *Le Diable au corps* le prix du Nouveau Monde. En juillet-août, à Piquey (Gironde) où il séjourne en compagnie de Cocteau et de quelques amis, il achève la rédaction d'un second roman, *Le Bal du comte d'Orgel*, ébauché l'année précédente. En août, il reprend un travail de documentation sur Charles d'Orléans. En septembre, il rédige une « Note pour l'édition définitive des *Joues en feu* », entreprend un récit, « Île de France, île d'amour », classe ses manuscrits, constituant un dossier intitulé « Désordre ». Par l'entremise de Bernard Grasset, il obtient un sursis d'incorporation qui lui permet de corriger les épreuves du *Bal*, mais son état de santé se détériore sous l'effet du surmenage. Très affaibli, faute de s'être soigné à temps, il est emporté par la fièvre typhoïde le 12 décembre 1923. C'est Cocteau qui corrigera les épreuves définitives du *Bal du comte d'Orgel*, avec l'aide de l'éditeur.

L'auteur s'est expliqué dans des notes personnelles sur l'effet de contraste qu'il voulait produire par rapport à l'intrigue du *Diable au corps* : il s'agissait cette fois d'un « roman d'amour chaste, aussi scabreux que le roman d'amour le moins chaste », écrit dans un style « mal écrit comme l'élégance doit avoir l'air mal habillée ». Anne d'Orgel, marié à une belle jeune femme, Mahaut, s'est lié d'amitié avec un jeune oisif, François de Seryeuse. Invité à partager la vie brillante du couple, celui-ci s'éprend de Mahaut, qu'un même trouble attire vers lui. Mais pour ne pas trahir la confiance d'Anne, elle s'interdit de céder à ses sentiments ; elle en fait part à Mme de Seryeuse en lui demandant d'éloigner son fils. Averti par sa mère, le jeune homme, loin de respecter le vœu de Mahaut, se précipite, fou de bonheur, au bal masqué que les d'Orgel organisent ce soir-là dans leur château. Épuisée par le rôle qu'elle doit tenir, Mahaut s'évanouit et, dans sa détresse, veut faire connaître à son mari l'amour qu'elle éprouve pour François, mais Anne refuse de l'entendre pour préserver les apparences. Selon une opinion généralement admise, ce roman d'analyse transpose au début du XXe siècle le sujet de *La Princesse de Clèves* : une épouse vertueuse et loyale croit se défendre contre sa passion en la révélant à un mari qu'elle estime, mais la réécriture tend ici à faire apparaître l'envers dérisoire du modèle. À l'arrière-plan, la peinture des milieux mondains des années folles constitue un autre centre d'intérêt. Autour des protagonistes gravitent des personnages cosmopolites d'une amusante excentricité, le prince Naroumof, exilé russe, Hortense d'Austerlitz, héritière de la noblesse d'Empire, Mirza le Persan et sa nièce, Hester Wayne, séduisante et richissime Américaine. Publié en 1924 à la *NRF*, puis en volume chez Grasset, ce roman, que Radiguet a écrit entre sa dix-huitième et sa vingtième année, a connu un grand succès.

ŒUVRES. — *Œuvres complètes*, Le Club des Libraires de France, 1959, rééd. Slatkine, 1978. — *Œuvres complètes*, Stock, 1993.

→ Jean Cocteau, *Le Rappel à l'ordre*, Stock, 1926 ; « Cet élève qui devint mon maître », *Les Nouvelles littéraires*, 5 juin 1952. — David Noakes, *Radiguet*, Seghers, coll. Poètes d'aujourd'hui, 1969. — Gabriel Noillat, *Un maître de 17 ans : Raymond Radiguet*, Neuchâtel, la Baconnière, 1973. — Nadia Odouard, *Les Années folles de Raymond Radiguet*, Seghers, 1973. — Andrew Olivier, « *Le Bal du comte d'Orgel* : structure, mythe et signification », *Revue des langues romanes* (Montpellier), n° 81, 1975 et n° 82, 1976. — Clément Borgal, *Raymond Radiguet : la nostalgie*, PUF, 1991. — Calogero Giardina, *L'Imaginaire dans les romans de Raymond Radiguet*, Didier Érudition, 1991. — François Bott, *Radiguet, l'enfant avec une canne*, Flammarion, 1995. — Fonds Radiguet à la Bibliothèque nationale.

N.L.-L.

Rakotoson Michèle (1948). Née à Madagascar, elle incarne les espoirs et les désarrois de la nouvelle génération des écrivains malgaches, frappés par la révolution de 1972, les ratés de la « malgachisation » et l'expérience de l'exil. Distinguée à plusieurs reprises au Concours inter-théâtral africain de RFI (*Sambancy* ; *L'Histoire de Koto)*, elle est l'auteur d'un recueil de nouvelles, *Dadabe* (Karthala, 1984) et d'un roman, *Le Bain des reliques* (Karthala, 1988). *Dadabe*, recueil de trois textes, contient une nouvelle autobiographique rythmée comme un conte de veillée et traversée de trouvailles stylistiques, qui disent l'angoisse de la narratrice en présence d'un monde hanté de présences malveillantes qui paraît se dédoubler à l'infini. *Le Bain des reliques*, récit du tournage d'une cérémonie traditionnelle, révèle le naufrage contemporain de la Grande Île.

ŒUVRES. — En outre, théâtre : *La Maison morte*, *Un jour ma mémoire*, L'Harmattan, 1990.

J.C.

Ramsay. Maison d'édition fondée à Paris en 1976 par Jean-Pierre Ramsay. Spécialisée en littérature générale, elle publie des auteurs aussi variés que Clara Malraux, Jean-Louis Bory, Régis Debray ou Gilles Perrault, dont *Le Pull-over rouge* s'est vendu à 170 000 exemplaires. Des rééditions de textes peu connus d'Érasme ou de Lamennais, ou les *Mémoires* de Saint-Simon, apparaissent au catalogue. La société Gaumont devient actionnaire majoritaire en 1981, Jean-Pierre Ramsay quitte la direction générale en 1982, Paul Fournel est nommé directeur général en 1983. Membre de l'Oulipo, Fournel, qui est aussi directeur littéraire, publie plusieurs oulipiens, Jacques Jouet, Jacques Bens et le poète Jacques Roubaud, qui lui donne son premier roman (*La Belle Hortense*, 1985). En 1987, paraît *La Bibliothèque oulipienne*, fac-similé des trente-sept fascicules publiés par l'Oulipo depuis 1974, où se trouvent des textes de Georges Perec et François Caradec. Le tirage initial et confidentiel de cent cinquante exemplaires atteint les trois mille.

En 1989, les Éditions Régine Deforges rachètent la maison Ramsay, dont le fils de Régine Deforges, Franck Spengler, prend la tête. Deux éditeurs sont associés à la nouvelle structure : Jean-Jacques Pauvert et Gérard de Cortanze. La vente extraordinaire, à plus de six millions d'exemplaires, de la trilogie de Régine Deforges inaugurée (en 1983) par *La Bicyclette bleue*, est une étape dans l'histoire de la maison, qui publie désormais Michèle Kahn, Irène Frain, réédite Françoise Sagan *(La Femme fardée* et *Un orage immobile)* et crée de nouveaux secteurs consacrés au cinéma (*Hitchcock*, de François Truffaut) ou aux documents.

En juin 1992, attaquées pour plagiat par les héritiers de Margaret Mitchell qui considèrent la trilogie de Régine Deforges comme une adaptation d'*Autant en emporte le vent*, les Éditions Régine Deforges et Ramsay déposent leur bilan. En 1993, Michel Lafon, qui dirige les Éditions Numéro 1, rachète la marque Ramsay ainsi que les collections « Ramsay cinéma », « Ramsay poche-cinéma ». Au début de l'année 1995, Daniel Radford est nommé directeur général.

S.G. — IMEC

Ramuz Charles-Ferdinand (1878-1947). Né à Lausanne le 24 septembre 1878, fils d'Émile Ramuz, commerçant en épicerie, et de Louise, née Davel. Après des études secondaires au collège et au gymnase classiques de Lausanne, il obtient une licence ès lettres à l'université de Lausanne (1900). Sa vocation d'écrivain s'est tôt affirmée ; de 1901 à 1914, il vit à Paris, tout en participant à la vie littéraire romande : collaboration à *La Voile latine*, dont il fut l'un des fondateurs, à *La Gazette de Lausanne*, au *Journal de Genève*, à *La Semaine littéraire*, à *La Bibliothèque universelle* et au *Foyer romand*. Il écrit en 1903 un recueil poétique, *Le Petit Village*, suivi en 1905 de son premier roman, *Aline*. *Les Circonstances de la vie* (1907) sont nominées pour le Goncourt. Avec *Jean-Luc persécuté* (1909), il écrit son premier roman « valaisan » après un long séjour à Lens. Dans *Aimé Pache, peintre vaudois* (1911) et dans *Vie de Samuel Belet* (1913), il cherche à définir son identité d'écrivain vaudois de langue française : dans ces deux romans de formation, les protagonistes découvrent à Paris leur différence et peuvent dès lors exprimer le pays. Ramuz épouse en 1913 Cécile Cellier, peintre neuchâteloise, dont il aura une fille, et retourne à Lausanne en juin 1914.

La première partie de la carrière de Ramuz est riche d'expériences ; admirateur de Flaubert et de Maupassant, protégé d'Édouard Rod, qui vit à Paris et y tient salon, il cherche la voie d'un nouveau roman poétique. Tout en participant du courant régionaliste, il veut se créer un style personnel en accord avec la vision de ses personnages. Ce réalisme subjectif, qui privilégie le regard, relève d'une phénoménologie de la perception. Ramuz cherche aussi à définir le statut de l'artiste, à qui il confère une mission d'ordre quasiment religieux : aller vers la ressemblance, partir de l'élémentaire pour atteindre l'universel, chercher ainsi ce qui unit les hommes. À son retour en Suisse, il se lance dans l'entreprise des *Cahiers vaudois*, où il publie, dans le sillage des déclarations régionalistes de l'époque, son manifeste, *Raison d'être* (1914). Ses modèles sont les peintres : *L'Exemple de Cézanne* (1914) définit la nature de ce régionalisme qui refuse le folklore. Sa collaboration dans les années 1916-1918 avec Stravinski, alors réfugié en Suisse, donne naissance à des chefs-d'œuvre comme *Noces*, *Renard* et surtout *L'Histoire du soldat* (1918). Son style romanesque évolue : il renonce au roman explicatif consacré au destin d'un individu, pour des récits à la tonalité plus épique, qui mettent en scène des communautés affrontées au problème du mal (*Le Règne de l'esprit malin*, 1915), de la guerre (*La Guerre dans le Haut-Pays*, 1917), de la fin du monde (*Les Signes parmi nous*, 1919), du miracle (*La Guérison des maladies*, 1917), de la mort (*Terre du ciel*, 1921 ; *Présence de la mort*, 1922). Renouvelant sa conception de l'art romanesque, il compose ses récits par « tableaux » et recourt à un narrateur-récitant qui rappelle le coryphée de la tragédie antique. Il cherche « la langue-geste » qui reproduise, dans son rythme et ses ruptures syntaxiques, le langage parlé, se moule dans les sensations perçues et échappe ainsi à la banalité du langage instrumental (« la langue-signe »). Une telle entreprise a valu à Ramuz l'hostilité des puristes et d'une grande partie du public suisse et français. Les années de l'après-guerre jusqu'en 1925 sont particulièrement difficiles pour l'écrivain isolé dans sa patrie. Mais à partir de cette date, il retrouve une audience parisienne, grâce à Henry Poulaille qui l'impose à Bernard Grasset, et au témoignage de grands écrivains comme Claudel et Barbusse. Il jouera un rôle important dans l'œuvre future de Giono, Pourrat ou Céline. Les *Cahiers de la quinzaine* lui consacrent un numéro : *Pour ou contre Ch.-F. Ramuz* (1926) et l'auteur plaide pour son style dans sa *Lettre à Bernard Grasset* (1929). Grâce à Henry-Louis Mermod, éditeur et mécène, il peut mieux diffuser ses œuvres en Suisse ; il dirige même, de 1930 à 1932, sa propre revue, *Aujourd'hui*, dont il assure la rédaction avec Gustave Roud. C'est l'époque des grands romans publiés chez Grasset et Mermod : *La Grande Peur dans la montagne* (1926), *La Beauté sur la terre* (1927), *Adam et Ève* (1932), *Farinet* (1932), *Derborence* (1934), *Le Garçon savoyard* (1936), *Si le soleil ne revenait pas* (1937), qui font de Ramuz le maître du roman poétique. Ses essais, *Taille de l'homme* (1933), *Questions* (1935), *Besoin de grandeur* (1937), montrent l'aboutissement de sa réflexion morale, esthétique et politique, et attestent la continuité de sa vie d'artiste, à laquelle il consacre alors de nombreux textes à caractère autobiographique : *Souvenirs sur Igor Strawinsky* (1928), *Paris, notes d'un Vaudois* (1938), *Découverte du monde* (1939), *René Auberjonois* (1943). Cette œuvre considérable est alors enfin reconnue à sa juste valeur : le prix Romand en 1930 lui permet l'achat d'une maison vigneronne, La Muette, à Pully. Le grand prix de la Fondation Schiller en 1936 lui apporte la consécration suisse. Ses livres sont presque tous traduits en allemand. Ses dernières années sont assombries par la guerre, l'invasion de la France, et la maladie. Il meurt le 23 mai 1947. Il avait auparavant publié un dernier roman, *La Guerre aux papiers* (1942), et deux recueils de nouvelles (1944, 1946).

Si l'œuvre de Ramuz est profondément ancrée dans le cadre vaudois et valaisan, elle échappe au régionalisme dans la mesure où sa visée est universelle et réactualise les grands mythes de l'homme affronté à la nature. Hostile à la civilisation bourgeoise occidentale, Ramuz célèbre dans le paysan la figure de l'homme élémentaire, vivant au rythme des saisons comme au temps d'Hésiode, sans tomber pour autant dans l'idylle pastorale. Car l'affrontement avec la nature est marqué par la violence : les forces du mal et de la mort sont à l'œuvre, qui menacent ou détruisent l'équilibre précaire de la petite communauté paysanne. Comme l'a montré Michel Dentan, l'espace ramuzien est marqué par la verticalité : tel Icare, l'homme qui veut échapper aux lois naturelles et qui transgresse l'harmonie ancestrale est voué à la chute. *La Grande Peur dans la montagne* peut se lire comme une version inversée du mythe de Prométhée. Niant toute idée de progrès, Ramuz refuse de donner un sens à l'Histoire et, dans le débat idéologique des années trente, renvoie dos à dos fascistes et communistes, qu'il considère comme des avatars de la société bourgeoise. Opposé à toute forme d'intellectualisme, il est en porte à faux par rapport à toute une littérature du XXe siècle.

De là, un certain malentendu dans l'accueil réservé à son œuvre. Considéré longtemps à tort comme un écrivain régionaliste, en marge des modes intellectuelles parisiennes, devenu une sorte de monument national dans son pays d'origine, où il est plus vénéré que lu, il n'a pas pris sa juste place dans l'histoire de la littérature française de son temps. Dans sa thèse sur le roman français, des lendemains du naturalisme aux années vingt, Michel Raimond a tenté de préciser son apport à l'évolution des formes romanesques en rappelant qu'il fut un maître du roman poétique et un inventeur de formes. Car Ramuz est avant tout un poète qui écrit des romans : son style très personnel, où se perçoivent des réminiscences de la Bible, rompt avec la syntaxe traditionnelle : s'il prend soin d'éviter tout régionalisme lexical, il cherche à créer une langue parlée proche de celle de ses personnages, non seulement dans leur discours mais dans celui du narrateur-récitant. Ce style oralisé — dont s'est réclamé Céline, qui l'admirait — n'a pas une fonction référentielle mais une visée esthétique. C'est ce style qui fait la modernité de Ramuz. Les innovations qu'il fait apparaître dans le récit — instabilité de l'instance narrative, recours au « décousu représentatif », confusion volontaire des voix, multiplicité des points de vue, rupture de la temporalité — en font un précurseur de certaines techniques du Nouveau Roman.

ŒUVRES. — *Œuvres complètes*, Lausanne, Mermod, 1940-1953, 23 t., reprint Slatkine, 1986. — *Œuvres complètes*, Lausanne, Rencontre, 1967-1968, 20 t. — Chez **Grasset** : *Joie dans le ciel*, 1925, rééd. 1997. — *Jean-Luc persécuté*, 1930, rééd. 1995. — *Le Garçon savoyard*, 1937, rééd. 1997. — *La Guerre aux papiers*, 1945. — *Aline*, 1986. — *La Grande Peur dans la montagne*, 1989. — Chez **Slatkine** : *Nouvelles, croquis et morceaux 1904-1908*, 1982. — *Nouvelles, croquis et morceaux 1909-1912*, 1983. — *À propos de tout*, 1987. — *Noces et autres histoires*, 1987. — *Critiques d'art*, 1994. — *Critiques littéraires*, 1997. — À **L'Âge d'homme** : *Aimé Pache, peintre vaudois*, 1966, rééd. coll. Poche suisse, 1991. — *Adam et Ève*, 1979. — *Jean-Luc persécuté*, 1983. — *Remarques*, 1987. — *Si le soleil ne revenait pas*, 1989. — *Passage du poète*, 1990. — *La Beauté sur la terre*, 1991, coll. Poche suisse. — *Deux lettres*, 1992. — Chez **Séquences** : *Si le soleil ne revenait pas*, 1987. — *Une main*, 1987. — *L'Année vigneronne*, 1988. — *L'Exemple de Cézanne*, 1988. — *L'Histoire du soldat*, 1988. — *Un coin de Savoie*, 1989. — *L'Amour du monde*, 1990. — *Montée au Grand Saint-Bernard*, 1990. — *Fête des vignerons*, 1992. — *Le Gros Poisson du lac*, 1992. — *Chant de Pâques*, 1993. — *Le Cirque*, 1995. — *Conformisme*, 1996. — **Autres éditeurs** : *La Grande Peur dans la montagne*, Le Livre de Poche, 1968. — *Journal 1895-1920*, Lausanne, L'Aire, 1978. — *La pensée remonte les fleuves : essais et réflexions*, Plon, 1989, rééd. Pocket, 1987. — *Raison d'être*, La Différence, 1991. — *Chansons*, Fata Morgana, 1994. — *Histoires*, Bibliothèque des arts, 1994. — *Paul Cézanne*, Bibliothèque des arts, 1995. — *La Folle en costume de folie*, Zoé, 1995. — **Correspondance** : *Lettres 1900-1918*, Clairefontaine, 1956. — *Lettres 1918-1948*, Les Chantres, 1957. — *Lettres 1900-1914*, Bibliothèque des arts, 1978. — *Correspondance Ansermet-Ramuz 1906-1941*, Georg, 1989. —

→ D.R. Haggis, *Charles-Ferdinand Ramuz ouvrier du langage*, Minard, 1968. — Gilbert Guisan, *Charles-Ferdinand Ramuz, ses amis et son temps*, Bibliothèque des arts, 1968-1970, 6 t. — Michel Dentan, *Charles-Ferdinand Ramuz ou l'espace de la création*, Neuchâtel, la Baconnière, 1974. — Th. Bringolf et A. Verdan, *Bibliographie de Charles-Ferdinand Ramuz*, la Baconnière, 1975. — Philippe Renaud, *Ramuz ou l'intensité d'en bas*, L'Aire, 1986. — Gérard Froidevaux, *Charles-Ferdinand Ramuz, l'art et la vie*, L'Âge d'homme, 1982. — *Revue des lettres modernes*, n°s 710-714, 1985. — Georges Duplain, *Charles-Ferdinand Ramuz, une biographie*, Lausanne, 24 Heures, 1991. — Adrien Pasquali, *« Adam et Ève » : genèse du récit*, Minard, 1992. — Jérôme Meizoz, *Ramuz. Un passager clandestin des lettres françaises*, Zoé, 1997. — Il existe depuis 1951 un *Bulletin de la Fondation Charles-Ferdinand Ramuz* (Pully, Suisse) et depuis 1981 un *Bulletin Les Amis de Ramuz* (Association Les Amis de Ramuz, Tours).

R.F.

Ranaivo Flavien (1914). Né à Arivonimano (Madagascar), il appartient à un milieu imprégné par la tradition et ne se familiarise avec la langue française qu'en 1928, en entrant au lycée. Directeur de l'Information à Tananarive de 1960 à 1972, il a longtemps vécu en Europe et est l'auteur de quatre recueils : *L'Ombre et le Vent* (Tananarive, 1947), *Mes chansons de toujours* (1955), *Le Retour au bercail* et *Hain-Teny* (1962) présentés et traduits du malgache par F. Ranaivo (Publications orientalistes de France, 1975).

J.C.

Rancourt Jacques (1946). Né au Québec, il vit à Paris, où il est directeur du Festival franco-anglais de poésie et rédacteur de la revue de traduction *La Traductière*. Il a soutenu en Sorbonne un doctorat sur *La Poésie d'Afrique noire et des Antilles depuis 1950*, publié plusieurs anthologies contemporaines (*Poètes de l'identité québécoise*, 1982 ; *La Poésie érotique du XXe siècle*, 1980). Sa poésie prend appui sur le quotidien, reliant la parole aux objets (*Le Pont verbal*, 1980 ; *Les Choses sensibles*, 1989). Dans *La Condition terrestre* (1995) et *Le Soir avec les autres* (1997), il invente un vers souple et des mots-images, qui poursuivent le projet de *La journée est bien partie pour durer* (1974).

L.G.

Raphaël Maurice (1918-1977), pseudonyme de Victor-Marie ou Victor-Maurice Lepage ou Le Page. Né à Toulon en 1918, il demeura ignoré de ses contemporains, malgré le soutien de Raymond Guérin. Son œuvre, hantée par la misère (*Les Yeux de la tête*, dans *L'Emploi du temps*, Jeunes Auteurs réunis, 1952), le désir (*De deux choses l'une*, Scorpion, 1949 ; *Biscuit d'amour*, Œuvres libres, 1954), la violence (*Le Festival*, Scorpion, 1950 ; *Une morte saison*, Jeunes Auteurs réunis, 1954) et la mort (*Feu et flammes*, Denoël, 1953), est souvent animée d'une verve célinienne (*Ainsi soit-il*, Scorpion, 1947). Devenu Ange Bastiani ou Ange Gabrielli pour des romans populaires (romans policiers, série noire...), réédité par Losfeld en 1969 jusqu'à ce que l'on découvre qu'il a été « épuré » à la Libération, il est réhabilité aujourd'hui par Le Dilettante et Le Tout sur le Tout. Il est mort le 4 novembre 1977.

J.P.

Raspail Jean (1925). Né le 5 juillet 1925 à Chemillé-sur-Dême (Indre-et-Loire), il s'est d'abord fait connaître en dirigeant de nombreuses expéditions à caractère géographique ou ethnologique, dont le *raid* automobile Terre de Feu-Alaska en 1951-1952 et la mission française d'études en pays incas, en 1954. C'est par le récit de ces missions d'exploration que Jean Raspail accède à la littérature, publiant au fil des années *Terre de Feu-Alaska* (Julliard, 1952), *Terre et peuples incas* (Julliard, 1955), *Secouons le cocotier* (Laffont, 1966), *Journal peau-rouge* (Laffont, 1975), *Bleu caraïbe et citrons verts* (Laffont, 1980) et, plus récemment, sous le titre *Pêcheur de lunes* (Laffont, 1990), les souvenirs d'une vie de voyages et de découvertes qui, mis en perspective, prennent une dimension initiatique. Le plaisir que procure la lecture de ces récits tient peut-être, autant qu'au style précis et nerveux de l'auteur, à son aptitude à rendre justice, par le cœur et l'imagination, aux peuples et aux civilisations qu'il évoque. Certains de ces textes se rapprochent ainsi davantage du roman et de l'épopée que du document : *La Hache des steppes* (Laffont, 1974) et surtout *Qui se souvient des hommes...* (Laffont, 1986). Ce dernier ouvrage retrace l'histoire tragique des Alakalufs de Terre de Feu à partir d'une image obsédante — la lente disparition, dans le labyrinthe du détroit de Magellan, du canot qui emportait les derniers survivants de ce peuple. Il s'agit moins ici d'ethnologie que de « retrouver une musique de l'âme aujourd'hui définitivement perdue ».

Jean Raspail puise le souffle nécessaire à de tels ouvrages dans une vocation romanesque antérieure à ses premières expéditions — même si son premier roman, *Le Vent des pins* (Julliard), n'a paru qu'en 1958, suivi un peu plus tard par *Les Veuves de Santiago* (Julliard, 1962) et *Bienvenue, honorables visiteurs* (Julliard, 1970). C'est avec *Le Camp des saints* (Laffont, 1973) que s'affirme pleinement son talent. L'efficacité narrative remarquée déjà dans ses récits de voyages est mise cette fois au service d'une intrigue de politique-fiction : l'invasion de l'Europe par le déferlement pacifique de millions de *boat-people* que nul ne peut, ne veut ou n'ose contenir... Une part importante de l'œuvre de Jean Raspail, écho de ses méditations sur la disparition des sociétés traditionnelles, est comme hantée par la sombre perspective du déclin démographique de l'Occident face au Tiers-Monde et par les égarements de notre civilisation matérialiste privée des valeurs qui lui permettraient de réagir. À l'opposé, le salut de l'homme s'incarne dans des personnages individualistes capables d'engager leur existence dans la poursuite de leurs idéaux ou de leurs rêves : le professeur Calguès du *Camp des saints*, et plus encore le héros de *Moi, Antoine de Tounens, roi de Patagonie* (Albin Michel, 1980), personnage hors du commun dont le destin chimérique et héroïque inspirait déjà en partie *Le Jeu du roi* (Laffont, 1976). La tentation de renouer avec les grandes traditions du passé est une autre façon d'échapper aux désordres du monde moderne : *Sire* (de Fallois, 1991), un « thriller épique, catholique et royal », imagine l'organisation secrète, en 1999, du sacre d'un Bourbon hypothétique ; l'intrigue, menée avec habileté, raconte la quête acharnée des symboles de la royauté, notamment la sainte ampoule dont l'auteur retrace, au fil des siècles, le destin mystérieux. Un autre roman, *L'Anneau du pêcheur* (Albin Michel, 1994) spécule sur l'existence d'une hiérarchie pontificale parallèle qu'incarnerait aujourd'hui un « antipape », ultime maillon d'une chaîne issue du grand schisme.

Il faut encore mentionner une rocambolesque histoire d'amour dont les fils entrecroisent passé et présent, *Les Yeux d'Irène* (Albin Michel, 1984) ; une complexe intrigue policière sur fond de vengeance politique, *Le Président* (Mercure de France, 1985) ; une fiction sur la Résistance dont le théâtre est un îlot entre deux bras de rivière au cœur de la Touraine envahie par les Allemands, *L'Île bleue* (Laffont, 1988) ; et surtout *Sept cavaliers quittèrent la Ville au crépuscule par la porte de l'Ouest qui n'était plus gardée* (Laffont, 1993). Les héros de ce récit épique, le comte Silve de Pikkendorff et sa petite troupe, incarnent l'« arrière-garde d'un monde fini » ; sur ordre de leur Prince, ils quittent un royaume parvenu au stade ultime de sa décadence pour comprendre ce bouleversement de l'ordre du monde et sauvegarder les valeurs et le souvenir de la Ville. Le récit se déroule à une époque indécise, dans une Europe centrale imaginaire ; la même atmosphère légendaire imprégnait déjà *Septentrion* (Laffont, 1980).

Jean Raspail fut également chroniqueur au *Figaro* (il a recueilli ses chroniques dans *Boulevard Raspail*, Société de production littéraire, 1977) et s'est essayé au genre de la nouvelle : voir ses deux recueils d'« Histoires exemplaires » placés sous l'invocation de Roger Nimier, *Les Hussards* (Laffont, 1981) et *Le Tamtam de Jonathan* (Laffont, 1971-1983), récits héroïques ou sardoniques qui décrivent sans complaisance une réalité politique et sociale déliquescente.

B.Do.

Ray Jean (1887-1964), principal pseudonyme de Raymond (Jean Marie) de Kremer. Né à Gand (Belgique), le 8 juillet 1887, John Flanders, Edwin G. Price, Temple, Reeves Mc Carson, Lizzie Hattle, King Ray, John M. Ray sont quelques-uns (on en a dénombré une centaine) des masques de ce maître de l'aventure et de la littérature fantastique. Mêlant réalité et fiction jusque dans sa propre biographie, il a tiré d'une jeunesse aventureuse, qu'il a imaginée partagée entre le trafic de spiritueux au moment de la prohibition et les voyages au long cours, la matière de ses premiers récits, *Les Contes du Whisky* (1925). Il y affirme d'emblée sa manière : de brèves nouvelles aux dialogues ramassés se déroulant dans des atmosphères du Nord entre eaux et brouillards du fantastique à l'état brut (esprits du mal, métamorphoses, phénomènes paranormaux) ; un sens aigu de la vengeance et du châtiment (voir *Le Psautier de Mayence*, 1931). Journaliste, il écrit aussi bien le français que le flamand, sa langue maternelle : appelé à traduire en français les aventures de Harry Dickson, le « Sherlock Holmes américain », il compose bientôt lui-même les épisodes, s'inspirant du dessin de couverture qui lui est seul imposé : une centaine de fascicules paraissent ainsi de 1933 à 1940, dans lesquels il met son imagination débridée au service d'enquêtes empreintes de dérision, du sens de l'absurde et du surnaturel. C'est pendant cette période que Jean Ray publie, sous le pseudonyme de John Flanders, et généralement en néerlandais, plusieurs centaines d'histoires et de nouvelles destinées en grande partie à la jeunesse — en français dans *La Revue belge* (1929-1930), dans *Bravo* (1936 et 1940) et dans *Tintin*, de 1948 à 1955. Elles seront en partie réunies après sa mort.

Pendant la guerre, paraissent successivement des recueils de contes fantastiques (*Le Grand Nocturne*, 1942 ; *Les Cercles de l'épouvante*, 1943 ; *La Cité de l'indicible peur*, 1943 ; *Les Derniers Contes de Canterbury*, 1944) et un roman, qui reste son chef-d'œuvre : *Malpertuis* (1943). L'univers fantastique de Jean Ray se fonde sur une réalité donnée, puisée dans l'histoire ou dans la littérature : il n'est pas suggéré, il est imposé par le romancier comme monde parallèle, prêt à tout moment à s'ouvrir au réel quotidien ; la peur naît ainsi du passage entre des espaces contigus et perméables, ouvrant aux « mondes intercalaires ». Dans *Malpertuis*, un espace démesuré, étagé sur plusieurs niveaux, et supporté au plan de la narration par une série de mises en abyme, constitue le décor du roman, qui décrit la fin pitoyable et cruelle des derniers dieux de l'Olympe, enfermés dans une inquiétante maison par un savant fou, transformés en petits bourgeois mesquins réglant leurs querelles de ménage. La dimension métaphysique est mise au centre de *Saint-Judas-de-la-nuit* (1964), du nom d'un théologien à la recherche d'un grimoire maudit : là encore l'auteur fragmente le récit, recourant à plusieurs niveaux narratifs. Son goût pour la mystification, l'exploitation des clichés et recettes du genre, ont établi dans ses récits une distanciation favorisant les clins d'œil ou l'humour, comme en témoignent *Le Livre des fantômes* (1947), *Les Contes noirs du golf* (1964, publiés initialement dans une revue destinée aux amateurs de golf) ou *Le Carrousel des maléfices* (1964). Jean Ray est mort le 17 septembre 1964.

ŒUVRES. — Aux Éditions Laffont, Marabout *(Les Aventures d'Harry Dickson*, rééd.) et Librairie des Champs-Elysées. — *Le Grand Nocturne*, *Les Cercles de l'épouvante*, rééd., Bruxelles, Labor, coll. Espace Nord, 1984. — *Malpertuis*, rééd., Bruxelles, Labor, coll. Espace Nord, 1993.

→ *Jean Ray*, *Cahiers de l'Herne*, n° 38, dirigé par François Truchaud et Jacques Van Herp, 1980. — Jean-Baptiste Baronian et Françoise Levie, *Jean Ray, l'archange fantastique*, Librairie des Champs-Elysées, 1981. — *Textyles* (Bruxelles), n° 4, 1987. — André Verbrugghen et Francis Goidts, *Bibliographie de Jean Ray*, Namur, Éditions du noyé, 1993. — *Ray-Flanders*, éd. Murielle Briot, Bruxelles, Lefrancq, 1995. — *Bulletin Jean Ray* (Bruxelles).

O.Bi.

Ray Lionel (1935), pseudonyme de Robert Lorho. Né le 19 janvier 1935 à Mantes-la-Ville, il a publié sous son vrai nom de 1959 *(Si l'aube cède)* à 1971 : le changement n'a rien de gratuit (« Ray : nom qui ouvre et qui ferme les chemins du soleil »), s'affirmant avec la publication simultanée des *Métamorphoses du biographe* et d'une *Lettre ouverte à Aragon sur le bon usage de la réalité*. Le poète semble décider de mettre en péril son identité. Le travail sur soi se relie à un travail sur la forme : sonnets encadrés de noir, proses trouées de calligrammes, pulvérisation d'un texte oscillant entre vers et prose *(L'interdit est mon opéra*, 1973). Pareille déconstruction fut peut-être nécessaire à la conquête d'une voix. *Partout ici même* (1978) et *Le Corps obscur* (1981) expriment une poésie plus souple et d'un souffle plus sûr. Les nombreux dialogues avec les aînés ou les contemporains (hommages à Saint-John Perse, à Reverdy, à Michaux) définissent une œuvre attentive aux froissements de la modernité, mais capable d'opposer à l'essaim des choses une phrase contenant les jaillissements et les retombées qui scandent le temps *(Nuages, nuit*, 1983). La réconciliation s'affichera dans un titre révélateur : *Le Nom perdu* (1987). Ensuite, à l'amplitude lyrique s'est substituée une attention croissante à la fragilité *(Une sorte de ciel*, 1990 ; *Comme un château défait*, 1993 ; *Syllabes de sable*, 1997) : des poèmes plus courts, affectés d'une « boiterie — démarche et emboîtement », saisissent de façon plus délicate encore « ce qui bouge dans l'ombre simple », « le peu de poids que l'on pèse / dans le soir ». La voix, délivrée des fascinations inverses de l'éclat et de l'éloquence, s'autorise désormais une audacieuse ténuité : « De mots furtifs en images brèves, j'accomplis mon métier d'oiseau : je ne m'attarde pas ».

O. B.

Raymond Marcel (1897-1981). Né à Genève le 20 décembre 1897, après des études de lettres et d'histoire, il travaille sur la poésie française du XVIe siècle, et au terme d'un long séjour à Paris (1920-1925), il soutient une thèse consacrée à l'influence de Ronsard sur les poètes de son temps — recherche de sources et de filiations, dans la tradition de l'histoire littéraire érudite (*L'Influence de Ronsard sur la poésie française*, rééd. Genève, Droz, 1965). Mais il éprouve vite les limites d'une approche qui néglige le « sentiment de l'existence » des auteurs pour s'attacher aux seules ressemblances textuelles. Lecteur à Leipzig (1926), il découvre chez les critiques allemands d'autres voies pour analyser des textes littéraires : l'étude des œuvres par sympathie ou identification, et l'histoire des formes et des styles. Professeur à l'université de Bâle à partir de 1930, il y fait un cours sur la poésie contemporaine, origine de son grand livre : *De Baudelaire au surréalisme* (Corti, 1933). L'objet de ce classique de la critique du XXe siècle est de montrer qu'en France, depuis 1850 environ, par-delà les écoles et les clivages, on a conçu la poésie de manière cohérente, comme un instrument de connaissance irrationnelle et métaphysique — en tentant d'accéder grâce à elle aux contrées profondes de l'être intérieur par le rêve, l'extase, ou l'écriture automatique. Vaste tableau d'ensemble, le livre, qui étudie avec finesse la sensibilité de chaque poète, est aussi une méditation sur l'essence de la poésie. Marcel Raymond y jette les bases d'une approche phénoménologique de la littérature, visant à retracer l'histoire de la conscience des écrivains telle qu'elle s'est incarnée dans les mots et les formes : démarche partagée, avec quelques nuances, par ses amis Albert Béguin et Georges Poulet, ses disciples comme Jean Starobinski, et caractéristique de ce qu'on nomme l'« École de Genève ».

De 1936 à 1962, Marcel Raymond enseigne à l'université de Genève. Les ouvrages se succèdent au fil de ses activités universitaires et d'un itinéraire spirituel marqué par sa conversion (1950) : un recueil d'études, *Génies de France* (Neuchâtel, La Baconnière, 1942) ; quelques monographies d'auteurs pour lesquels il éprouve des affinités intellectuelles ou métaphysiques : *Paul Valéry et la tentation de l'esprit* (Neuchâtel, La Baconnière, 1946), *Jean-Jacques Rousseau : la quête de soi et la rêverie* (Corti, 1962), *Senancour : sensations et révélations* (Corti, 1965), *Fénelon* (Desclée de Brouwer, 1967) ; un ouvrage d'histoire de la littérature envisagée comme histoire des formes et des thèmes, *Baroque et renaissance poétique* (Corti, 1955), dans lequel il applique parmi les premiers à la littérature la catégorie esthétique du baroque. En marge des études littéraires, il poursuit une réflexion philosophique sur la situation de l'homme moderne et sur la place de la culture qui le conduit à définir un « nouvel humanisme » : l'expérience subjective transmise par la poésie et la littérature doit aider l'homme à habiter un monde que la science tend à objectiver — conviction développée dans *Le Sens de la qualité* (Neuchâtel, La Baconnière, 1947) et dans plusieurs essais réunis dans *Vérité et poésie* (Neuchâtel, La Baconnière, 1964), *Être et dire* (Neuchâtel, La Baconnière, 1970).

Après son départ de l'Université, adoptant un ton plus personnel, il publie deux ouvrages à la mémoire de sa femme, disparue en 1963 (*Mémorial*, Corti, 1965 et *Poèmes pour l'Absente*, Lausanne, Rencontre, 1966), puis une autobiographie intellectuelle et spirituelle, *Le Sel et la cendre* (Corti, 1970). Suivront encore quelques recueils d'études antérieures, notamment *Romantisme et rêverie* (Corti, 1978), puis son *Journal 1964-1978* (Corti, posth. 1988). Marcel Raymond est mort à Genève le 28 novembre 1981.

→ *Albert Béguin et Marcel Raymond. Colloque de Cartigny*, éd. Pierre Grotzer, Corti, 1979. — Marcel Raymond et Georges Poulet, *Correspondance (1950-1977)*, Corti, 1981.

B.Do.

Réage Pauline, voir AURY.

Rebatet Lucien (1903-1972). Écrivain, critique de cinéma, historien de la musique, mais aussi journaliste politique, ce personnage aux multiples facettes demeure à coup sûr l'un des plus injustement méconnus parmi les romanciers français du XXe siècle. Né le 15 novembre 1903 à Moras-en-Valloire (Drôme), fils d'un notaire républicain bon teint et d'une mère cléricale et rigoriste, il fait, comme interne au collège des Maristes de Saint-Chamond, des études dont il sort plein de haine pour le christianisme et qu'éclaire seulement au seuil de l'adolescence la découverte de la poésie. Étudiant en droit peu assidu à Lyon, il s'inscrit en 1923 à la Sorbonne pour des études de philosophie qui ne le retiendront guère davantage. Pion dans une institution religieuse, il mène la vie d'un bohème désargenté, fréquente Montparnasse et s'enthousiasme pour tous les aspects de l'art moderne, de Picasso à Stravinski et du surréalisme naissant aux gloires du cinéma muet. Mais à la fin de 1924, une crise passionnelle vient bouleverser sa vie : son ami François Varillon (qui deviendra Jésuite et l'un des initiateurs de *Témoignage chrétien*) lui ayant révélé qu'il a noué avec une jeune Lyonnaise un amour mystique que tous deux comptent sublimer dans une commune vocation religieuse, il est fasciné par cette histoire au point d'entreprendre d'enlever la jeune fille à son ami et à Dieu ; tentative qui sera un échec et le marquera profondément, le confortant dans sa haine du christianisme.

Après son service militaire, il végète quelque temps à Paris comme employé d'assurances. Mais en 1929 il est engagé, presque par hasard, comme critique musical à *L'Action française*, où il devient aussi, à partir de 1930, critique de cinéma sous le pseudonyme de François Vinneuil. C'est le début d'une grande carrière de journaliste, qui le conduira notamment à tenir la rubrique du cinéma à *Je suis partout*, hebdomadaire alors représentatif d'une droite intellectuelle d'esprit maurrassien : mais quoique Rebatet sympathise avec les thèses de Maurras, son engagement journalistique n'a rien à ce moment-là de politique. Lié avec des cinéastes de premier plan (Renoir, Vigo, René Clair, plus tard Becker), à la fois exigeant et libéral, il sera sans doute le plus grand critique de cinéma de l'époque, ouvert aux créations de toutes origines et soucieux avant tout de définir, quelques années après la disparition du muet, une esthétique propre de l'écran qui évite au cinéma de devenir un simple auxiliaire du théâtre.

Mais au 6 février 1934, l'inaction de Maurras et des groupes nationalistes le déçoit profondément. Hostile depuis toujours au bolchevisme, de plus en plus méprisant à l'égard d'une République tenue pour corrompue et impuissante, mais n'attendant plus rien de l'Action française, il en vient progressivement à se persuader que le seul espoir est dans une révolution de type fasciste, qu'il va finir par considérer comme l'ardente nécessité de l'époque. C'est cette conviction qui va faire de lui un journaliste politique, le pousser vers une Allemagne dont il croit qu'elle a pour sa part accompli cette révolution, et faire éclore chez lui un antisémitisme sans doute latent, mais qu'il n'avait nullement manifesté jusque-là (de Chagall à Lang en passant par Schönberg, les artistes juifs peuplaient son panthéon personnel). Cette plongée dans le délire antisémite, on peut la dater avec précision : elle se déclenche avec la parution, en 1937, de *Bagatelles pour un massacre* de Céline, livre qui aura sur Rebatet une influence décisive. Le juif, à partir de cette date, sera pour lui une figure doublement répulsive, à la fois type de l'être humain déchu et cheville ouvrière (conformément à la thèse célinienne) d'un complot belliciste destiné à jeter la France contre Hitler. De là, les cibles visées dans *Je suis partout* par le polémiste qu'est devenu Rebatet : à côté de virulentes attaques contre le Front populaire, il y dirige deux numéros sur la question juive et un autre, violemment pacifiste, au moment de la crise de Munich. La guerre le ramène pour un temps au nationalisme traditionnel, mais la défaite française et la mondialisation du conflit vont le pousser irrémédiablement dans la voie du fascisme. Éphémère rédacteur à la radio de Vichy, il y est exaspéré par le caractère conservateur et clérical du régime et regagne Paris, où il est de ceux qui vont relancer *Je suis partout* pour en faire l'organe du collaborationnisme radical. C'est dans ce contexte qu'il publie, en juillet 1942, son pamphlet, *Les Décombres*, immense succès de librairie qui allait à la fois assurer sa notoriété d'écrivain et sceller son destin.

C'est que, dans ce gros livre pour lequel il a trempé sa plume dans le vitriol à la façon d'un Léon Bloy, Rebatet ne ménage rien ni personne. Il s'en prend certes à la IIIe République et au Front populaire en une brève histoire de l'avant-guerre truffée de propos antisémites, mais il ne ménage pas pour autant les partis de droite, ni surtout l'Action française et son chef Maurras, dont il trace une caricature d'une férocité exemplaire. Pamphlet contre la République décadente, récit amèrement burlesque de la campagne de 1940, *Les Décombres* sont donc aussi et peut-être surtout une mise en pièces de la droite traditionnelle, des institutions qu'elle révère (Église, armée) et par là même du régime de Vichy, décrit avec une ironie sanglante comme hypocritement réactionnaire ou platement clérical. C'est que Rebatet, convaincu qu'il y a pour l'ensemble de l'Europe un « magnifique avenir » dans la collaboration, appelle dans le sillage de l'Allemagne à un bouleversement révolutionnaire dont il se persuade que les gens de Vichy le refusent par réaction « non point de Français mais de bourgeois ». Attitude où l'on retrouve certes quelque chose de son anticonformisme des années vingt, mais qui lui coûtera cher : déjà vomi par la gauche comme pro-nazi, il le sera désormais par la plus grande partie de la droite, en tant que dénonciateur de Vichy et « insulteur de Maurras ». Cela d'autant plus que, prisonnier en quelque sorte de son livre, il va multiplier les prises de position extrémistes, au point de devoir fuir en Allemagne au moment de la Libération. S'étant finalement rendu aux troupes françaises, il est incarcéré à Fresnes et condamné à mort en novembre 1946 : à la suite de l'intervention de nombreuses personnalités, parmi lesquelles Mauriac, Malraux, Claudel, Paulhan, Camus, sa peine est commuée en travaux forcés à perpétuité (il sera libéré en 1952).

Mais en fait, la politique active n'est plus au centre de sa vie. Le grand projet qui l'habite désormais, c'est de faire un roman de l'aventure passionnelle hors du commun jadis vécue à Lyon. Ce roman, *Les Deux Étendards*, conçu dès avant *Les Décombres*, poursuivi à partir de 1943 jusque dans l'exil allemand, il l'achève à Fresnes et à la centrale de Clairvaux. Paru au début de 1952, salué comme un chef-d'œuvre par de nombreux lecteurs, il n'en fait pas moins l'objet d'une véritable conspiration du silence, dont il n'est pas sûr que les effets soient aujourd'hui dissipés. Cet ostracisme frappait évidemment l'homme plus que le livre, mais visait juste au fond : car admirable roman d'amour, *Les Deux Étendards* est aussi pour Rebatet, bien qu'on n'y trouve pas un mot de politique, la somme de son époque et l'histoire de la genèse d'un extrémisme, qui est en réalité le sien.

Le roman nous conduit au début des années vingt. Michel, étudiant féru d'art et de musique, reçoit de son ami Régis, futur Jésuite, la confidence de l'amour mystique qui l'unit à la jeune Lyonnaise Anne-Marie. Et les choses, bien entendu, finissent aussi mal dans le livre que dans la réalité : marquée à jamais par Régis et son refus de la vie, l'héroïne pourra bien s'abandonner à l'amour de Michel, ce sera pour le rejeter à la fin des fins. L'opposition entre le christianisme et l'appel dionysiaque aux forces de la vie est donc au cœur du livre, mais elle s'y redouble d'une autre, entre ce même christianisme et un nietzschéisme clairement revendiqué par le héros. C'est que, pour Rebatet, la religion chrétienne n'est pas seulement une intenable mythologie dont les preuves et arguments sont sans cesse tournés en dérision : il est aussi une philosophie de l'abaissement de l'homme, dont les mots d'ordre se sont survécu à travers cet humanitarisme qui est le dogme hypocrite de la société bourgeoise contemporaine. De là, dans le livre, l'adhésion de Michel à un art moderne dont les valeurs sont de rupture et de révolte ; de là, aussi, son culte pour Wagner, musicien nietzschéen par excellence. Mais du coup une conclusion s'impose : quand, à la fin du roman, le christianisme lui a en somme volé Anne-Marie, Michel se trouve prêt sans le savoir pour la révolte fasciste.

S'il est vrai que tout grand livre est d'abord un livre de circonstance, *Les Deux Étendards* ne déroge donc pas à la règle. Mais ce livre, somme d'une époque où les intrigues secondaires s'entrecroisent constamment sans que jamais la ligne directrice échappe, est aussi la somme d'un art, d'une modernité d'autant plus éclatante qu'à aucun moment elle ne se résume à une formule : Rebatet y adopte tous les tons, y parle tous les langages, du baroque célinien à l'argot en passant par un classicisme où s'entend parfois la voix de Gide. Doit-on ajouter que c'est aussi un des plus beaux romans érotiques qui aient jamais été écrits ? On comprend dès lors que l'échec d'un tel livre ait profondément affecté son auteur. Deux ans plus tard, il publiait cependant *Les Épis mûrs*, histoire d'un compositeur de génie tué en 1914, livre passionnant et tentative magistrale pour construire une intrigue autour de données purement musicales, mais qui n'est en un sens qu'une ébauche, les éléments de ce qui aurait pu être une immense architecture s'y découvrant dès la première lecture. Rebatet allait ainsi abdiquer sa carrière d'écrivain, retrouvant au fil des années 1950 sa place de journaliste, redevenant critique de cinéma et même éditorialiste politique : il allait nouer des relations amicales avec Truffaut, à travers qui il ne sera pas sans influencer la Nouvelle Vague et les *Cahiers du cinéma*. Et c'est finalement comme historien de la musique qu'en 1969 il rencontre enfin le succès avec un livre d'ailleurs remarquable, marqué par un esprit d'ouverture et de modernité qui renoue avec le Rebatet critique des années 1930. Mais en dépit de quelques tentatives avortées, la voie de la fiction semble bien s'être fermée devant lui. Lucien Rebatet meurt le 24 août 1972 sans avoir publié d'autre roman.

ŒUVRES. — *Les Décombres*, Denoël, 1942. — *Les Deux Étendards*, Gallimard, 1952. — *Les Épis mûrs*, Gallimard, 1954. — *Une histoire de la musique*, Laffont, 1969. — *Les Mémoires d'un fasciste*, Pauvert, 1976 (2 tomes, dont le premier est une réédition expurgée des *Décombres*). — *Lettres de prison*, Le Dilettante, 1994.

→ Pol Vandromme, *Rebatet*, Éditions universitaires, 1968. — R. Belot, *Lucien Rebatet : un itinéraire fasciste*, Le Seuil, 1994.

Y.R.

Reboux Paul (1877-1963) et **Muller** Charles (1877-1914). Charles Muller est né à Elbeuf le 6 mai 1877, Paul Reboux à Paris le 21 mai de la même année ; de son vrai nom Amillet, il prend pour pseudonyme le nom de sa mère, modiste réputée. C'est au service militaire à Rouen qu'ils se rencontrent, en 1898. Journaliste, Muller crée au *Journal* une chronique littéraire et artistique hebdomadaire. Critique dramatique, il défend la clarté et la composition rigoureuse contre tout ce qu'il considère comme préciosité ou affectation. Son œuvre se compose essentiellement de pièces, récits et vaudevilles satiriques (*1912*, avec Régis Gignoux, 1912). Il est tué dans les premières semaines de la guerre. La relation de son voyage aux Indes est publiée en 1924 à titre posthume.

Reboux donne dès 1896 un volume de vers, *Les Matinales*. Il fréquente le tout-Paris artistique chez Julia Bartet, Madeleine Lemaire, Mme Arman de Caillavet et collabore avec Muller au *Journal,* où il publie en 1901 son premier roman, *Josette*. C'est avec Muller et Fernand Gregh qu'il fonde la revue *Les Lettres,* où commencent à paraître les pastiches qui constitueront *À la manière de*. Fernand et Harlette Gregh écrivent sans les signer les pastiches de Heredia, Noailles, Delarue-Mardrus. Bernard Grasset, alors débutant, accepte la première série, qui sort en 1912, rapidement suivie de deux autres. C'est un immense succès, auquel contribuent les soldats des tranchées. Reboux écrit seul les quatrième (1925) et cinquième séries (1950).

Les deux auteurs se sont expliqués à plusieurs reprises sur leurs méthodes et leurs objectifs. Il s'agit de choisir un thème bouffon, de relever les tics et les « erreurs » de style d'un auteur, puis de développer le thème dans ce langage, sur une anecdote divertissante, en faisant « une sorte de critique littéraire par allusions ». Les pasticheurs n'hésitent pas à composer des montages de citations. Ils recourent fréquemment aux sous-entendus salaces, destinés à remettre à leur place les auteurs qu'ils estiment artificiels ou poseurs. Car, contrairement à ceux de Proust, qu'ils trouvent plats, les pastiches de Reboux et Muller ne constituent pas un exercice d'admiration. Ce sont des instruments de lutte destinés à « réformer en amusant », à enseigner « la pensée nette, le parler clair ». Insensibles à la modernité, ils condamnent Proust, le symbolisme et le roman russe. La perfection n'est pas pastichable, et Reboux en donne comme modèles Anatole France, Flaubert, Maupassant, et surtout Voltaire et le XVIIIe siècle en général. Mais la réussite de ces pastiches dépasse les objectifs que leurs auteurs leur assignaient, et peut-être ont-ils involontairement contribué à la consécration de certains des écrivains qu'ils voulaient ridiculiser.

Après avoir été pendant la guerre directeur de *L'Écho des tranchées*, puis responsable de la censure des journaux, Reboux poursuit une carrière d'infatigable polygraphe, chroniqueur dramatique au *Petit Parisien*, auteur de biographies historiques, de récits de voyages, de livres de cuisine, de manuels de savoir-vivre. Il laisse un recueil de souvenirs, *Mes mémoires* (Haussmann, 1956). Reboux partageait avec Muller des convictions anticolonialistes (*Notre Afrique du Nord*, 1946) et républicaines. Journaliste voltairien, il a voulu défendre la tradition du « génie français », fait selon lui de mesure, de clarté, de rationalisme et d'esprit critique.

P.J.

Réda Jacques (1929). Né le 24 janvier

1929 à Lunéville, il occupe une place singulière, et souvent sous-estimée, dans le paysage littéraire de l'après-guerre. Cela tient d'abord au caractère relativement tardif de sa production : s'il publie son premier recueil dès 1952 *(Les Inconvénients du métier*, Seghers), suivi de quatre autres, eux aussi non réédités, on considère généralement que le vrai début de sa carrière poétique date du recueil intitulé *Amen* (1968). Dès lors, plus d'une vingtaine d'ouvrages se succéderont, qui témoignent d'une poétique et d'une thématique peu à peu affirmées et maîtrisées.

Partant d'une expérience de la nostalgie, du désarroi et de la déréliction (liée à l'enfance — « À dix ans, on est déjà vieux » ; il parlera du « désenchantement qu'apportent les expériences précoces » —, mais débordant nettement le simple repli autobiographique pour atteindre une portée quasi métaphysique), Réda met en place une poétique « en négatif », « dans l'attente et dans l'inquiétude », hantée par un vœu de dissolution du moi, et par l'anonymat postulé de sa propre voix, « commune aux voix les plus diverses ». Mais si la poésie lui semble devoir être ce « saisissement qui nous exclut », c'est pour mieux s'ouvrir au fugitif et au précaire, à des détails furtifs saisis à l'improviste, hissés au rang d'« épiphanies familières », et offerts à une connaissance « désaffectée ».

« Jeté, sel de l'incertitude, / Sur la neige intacte du temps, ne sachant rien, n'ayant / Rien vu, et si vite oublieux qu'il faut tout réapprendre / À chaque instant », le poète est donc voué à une incessante reprise, redéfinition tremblée et précaire de l'incertain et du fugace (ciels, nuages, couleurs) qui fait peut-être de lui un de nos baroques tardifs, et un lointain héritier du Baudelaire qui souhaitait une langue qui respectât les « mouvements lyriques », les « ondulations de la rêverie », les « soubresauts de la conscience ». Réda écrit à son tour une sorte de « Spleen de Paris », où la figure du flâneur urbain — Fargue n'est pas loin non plus —, et périurbain, fait un inventaire capricieux et souvent inattendu des ressources poétiques d'une ville, celles du XVe arrondissement, mais aussi celle des banlieues, des « dépotoirs », des « autoroutes », des « orties » et des « terrains vagues ».

Son expérience volontaire du dépaysement le conduit à des itinéraires plus étendus, en train ou en solex (instrument qu'il semble avoir, le premier, annexé à la poésie), eux-mêmes prétexte à des divagations volontiers digressives et zigzagantes, suivant le double exemple qui lui est fourni par Cingria et par le jazz, auquel il a consacré de nombreux textes (dès 1963, dans *Jazz-Magazine*).

La poésie de Réda use librement de toutes les ressources de l'alexandrin déboîté par des enjambements, du vers de quatorze syllabes, du vers libre, de rimes parfois humoristiques et tend parfois à devenir une prose « jazzée », à transposer du jazz dans la langue un mouvement aléatoire et décentré d'improvisation funambulesque, un souci du rythme et du *swing*, une « plénitude dansante » qui se jouent du temps et de la mort : « À chacun son petit pas de danse vers sa limite, son dieu, son précipice. »

ŒUVRES. — Chez Gallimard, sauf mention contraire. — *Amen*, 1968. — *Récitatif*, 1970. — *La Tourne*, 1975. — *Les Ruines de Paris*, 1977. — *L'Improviste, une lecture du jazz*, 1980. — *Anthologie des musiciens de jazz*, Stock, 1981. — *Hors les murs*, 1982. — *L'Herbe des talus*, 1984. — *Le bitume est exquis, essai sur Cingria*, Fata Morgana, 1984. — *Jouer le jeu. L'Improviste II*, 1985. — *Premier livre des reconnaissances*, Fata Morgana, 1985. — *Celle qui vient à pas légers*, Fata Morgana, 1985. — *Beauté suburbaine*, Périgueux, Fanlac, 1985. — *Châteaux des courants d'air*, 1986. — *Recommandations aux promeneurs*, 1988. — *Ferveur de Borges*, Fata Morgana, 1988. — *Retour au calme*, 1989. — *Le Sens de la marche*, 1990. — *Sonnets dublinois*, Fata Morgana, 1990. — *Canal du centre*, Fata Morgana, 1990. — *Lettre sur l'univers et autres discours en vers français*, 1991. — *Aller aux mirabelles*, 1991. — *Nouveau livre des reconnaissances*, Fata Morgana, 1992. — *Aller à Elizabethville*, 1993. — *La Sauvette*, Verdier, 1995. — *L'Incorrigible : poésies itinérantes et familières, 1988-1992*, 1995. — *La Liberté des rues*, 1997. — *Le Citadin*, chronique, Gallimard, 1998.

→ Jean-Michel Maulpoix, *Réda*, Seghers, 1986. — *Lire Réda*, présenté par H. Micolet, Presses universitaires de Lyon, 1994. — *Approches de Réda*, Publications de l'université de Pau, 1994.

J.D.

Redonnet Marie (1948). Romancière et

dramaturge, elle raconte toujours un peu le même récit d'initiation au sexe, à la solitude et à la mort. Dans ses romans, organisés en cycle (comme la trilogie *Splendid Hotel*, *Forever Valley*, *Rose Mélie Rose*, Éditions de Minuit, 1986-1987), l'histoire se situe sous des climats lointains, des paysages à la Maeterlinck, abandonnés et voués à la destruction, peuplés de filles-mères qui perpétuent le cycle de la vie et se transmettent leur expérience malheureuse. Adepte des petites phrases sèches et faussement naïves et d'un style de jeune fille qui ne s'en laisse pas conter, la romancière s'est enfermée dans le royaume de l'enfance et de la légende. Ses créatures ont de lointaines ressemblances, au moins onomastiques, avec les personnages de Beckett. Elle a également publié trois pièces aux Éditions de Minuit : *Tir et Lir*, *Moby-Dick* et *Sea-Side*.

J.-C.L.

Regnault François (1938). Maître de conférences au département de psychanalyse de l'université Paris VIII, il a traduit divers auteurs de théâtre (dont Ibsen, Wedekind et Synge) et travaillé avec Patrice Chéreau. Son activité littéraire est étroitement liée à la pratique théâtrale. En 1981, il publie une comédie, *Mais on doit tout oser*, pièce exclusivement peuplée de femmes, nombreuses mais seules. *La Famille des orties* (1983) propose esquisses et croquis sur *Les Paravents* de Genet. En 1986 paraît *Le Spectateur*, recueil d'articles publiés en revue sur le théâtre, et plus particulièrement sur la mise en scène. *Dire les vers* (en collaboration avec Jean-Claude Milner, 1987) est un traité sur les exigences contradictoires de l'alexandrin classique.

D.H.-M.Ber.

Regnaut Maurice (1929). Il a traduit Brecht, Rilke, ainsi que des poètes hongrois. Dès ses premiers poèmes, *66/67* (1970), il instaure un rythme original privilégiant le vers ; dans *Intermonde* (1974), sa poésie, emplie de douleur et de cris, exalte l'engagement et le combat. Sa langue drue, parfois ironique, semée de mots inventés, est savamment travaillée par le jeu des sonorités. Un drame, *Pacifique Chili* (1974), met en scène l'insurrection de 1973 à Santiago, la violence et le déchirement du peuple et des familles. En 1975 paraît un recueil d'articles sur le théâtre : *Sur Adamov*, *Artaud*, *Brecht*, *Genet*, *Gorki*, *Racine*, *Weiss*. En 1985, *Recuiam* mêle poèmes et nouvelles. La cruauté hante ces récits versant dans le cauchemar. Regnaut refuse de céder au chant de la beauté et de l'amour. Il dit les cris, les tortures, le vertige de l'existence et la terreur de mourir, dans une forme utilisant les mots dispersés dans la page, les récits alternant par endroits avec des dialogues de personnes anonymes.

D.H.-M.Ber.

Régnier Henri de (1864-1936). Né à Honfleur le 28 décembre 1864 dans une famille d'ancienne aristocratie d'origine bourguignonnne, il entreprend des études de droit à Paris, puis se consacre à la création littéraire. Il fréquente Sully Prudhomme, Leconte de Lisle, Verlaine, Villiers de l'Isle-Adam, et surtout Heredia, dont il épouse la seconde fille, Marie. Mais c'est Mallarmé qui exerce sur lui la plus grande influence. Il mène une existence paisible, voyage en Amérique, en Italie et collabore au *Figaro*, où il publie des chroniques de critique et aux Éditions Albin Michel, où il dirige une collection de romans. L'œuvre comme la vie d'Henri de Régnier semblent appartenir à un autre temps. Élu à l'Académie française en 1917, il occupe une place importante dans la vie littéraire, même si son œuvre se situe à l'écart des avant-gardes contemporaines.

Ses poèmes sont frappés de mélancolie et tournés vers un passé évoqué plus que reconstitué. Une nature, déjà poétique, s'épanouit dans des jardins sophistiqués ; les demeures qui conservent une atmosphère nostalgique et de mystérieux secrets en sont les cadres privilégiés (*L'Odeur* ; *Jeux rustiques et divins,* 1897). Si nombre de poèmes ont pour cadre un paysage pastoral *(Sites ; Épisodes)*, le sentiment de la nature et le goût pour la mythologie sont souvent liés : cette alliance explique la tension entre d'une part la fécondité et la pureté et d'autre part l'ombre funèbre, l'inquiétante étrangeté surgie des motifs et des figures mythologiques. Ainsi, *La Cité des eaux*, éloge de Versailles, opère un déplacement significatif de l'hymne aux monuments grandioses vers la rêverie, alimentée par une nature capable de se transmuer elle-même en œuvre d'art. Les satyres (*Sonnets*, *Épisodes)*, les faunes et les centaures (*Les Médailles d'argile)* hantent cette poésie et donnent à la nostalgie constitutive du *cogito* temporel de Régnier une tonalité fantastique. Le bestiaire, la statuaire et les personnages mythologiques apparaissent à bien des égards comme des indices d'une menace de mort, planant sur un univers dont la précarité n'est pas dissimulée. Sa conception du mythe, qui est « sur la grève du temps, comme une de ces coquilles où l'on entend le bruit de la mer humaine, [...] la conque sonore d'une idée », relie cette poésie à l'école symboliste et à la tradition poétique du XIXe siècle. Le rythme plus souple du vers libre (*Tel qu'un songe)*, à l'ampleur fluide, s'adapte idéalement à l'évocation de l'univers fugace et précaire qui est le sien.

De même, dans ses romans, la phrase « s'allonge, se précise, se tortille, sombre et minutieuse comme une ancolie » (Marcel Proust). Le charme des récits d'Henri de Régnier tient lui aussi à l'évocation d'un univers aristocratique suranné ; le cadre choisi, qu'il s'agisse du temps de Louis XV, comme dans *La Double Maîtresse* (1900) ou *L'Escapade*, ou du grand siècle dans *Le Bon Plaisir* ou *Les Rencontres de M. de Bréot*, témoigne d'une nostalgie que le romancier laisse flotter, tel un vestige évanescent, à la surface de son récit. L'évocation des décors, du mobilier, des costumes est de la plus grande importance pour faire revivre cette atmosphère d'Ancien Régime. Evoluant dans un décor de jardins et de parcs, de châteaux et de salons, les personnages aux noms significatifs (Françoise de Cléré et Philippe le Hardois dans *Le Mariage de minuit* ; Marguerite d'Esclargues dans *Les Vacances d'un jeune homme sage)* font revivre une époque révolue, celle des intrigues amoureuses qui se tiennent à la lisière des conventions sociales, des fêtes et des bals somptueux (par exemple celui où figure le poète libertin et compositeur de ballet Floreau de Bercaillé, dans *Les Rencontres de M. de Bréot)*, des voyages de jeunes gens désœuvrés. L'érotisme, dans ces romans, chargé de références mythologiques, se double d'un sens de la fatalité et de la passion (vengeance meurtrière dans *Les Rencontres de M. de Bréot*, folle équipée d'Anne-Claude de Ferval dans *L'Escapade*, libertinage à la mode du XVIIIe siècle dans *La Flambée*, aventures contrariées dans *Romaine Mirmault)*. L'amour apparaît comme un envoûtement funeste, qui confirme la faiblesse de la femme (dans *La Pécheresse*, en particulier). Le désir condense le malaise qui pèse sur cet univers romanesque où la relation œdipienne, voire l'inceste, prend une part importante. Bien que la narration soit souvent émaillée de paroles sentencieuses, ces romans, dont le ton est unique dans la production romanesque du XXe siècle, sont dépourvus d'intention moralisatrice. C'est plutôt la fragilité d'un monde à l'autorité défunte qu'il s'agit de ranimer. Le récit ne semble avoir d'autre légitimité que « le plaisir délicieux et toujours nouveau d'une occupation inutile », selon l'avertissement des *Rencontres de M. de Bréot*.

On a pu parler, à propos de l'art d'Henri de Régnier, d'une inflexion régressive qui se manifeste dans le cadre romanesque, dans la tonalité nostalgique des poèmes, dans le goût du pastiche et de la parodie, l'imitation d'un langage et d'un style d'époque contribuant à caractériser l'univers évoqué. Cet univers clos se tient à l'écart de la réalité contemporaine : *L'Illusion héroïque de Tito Bassi*, dont l'action se situe au XVIIIe siècle à Vicence, a été écrit en 1914, comme si rien d'autre ne se passait, et si le récit, comme dans *Romaine Mirmault*, *Le Divertissement provincial*, *Les Vacances d'un jeune homme sage*, par exemple, se développe dans un cadre contemporain, c'est sans le moindre souci de réalisme. Marcel Proust, qui aimait cette œuvre, l'a observé, « pour Régnier, les choses ont le visage de nos songes ».

Le voyage ouvre également l'horizon romanesque : pourvu d'une valeur symbolique évidente, la croisière dans *L'Amphisbène* est un périple initiatique et mythique, une éducation sentimentale maritime qui promène le lecteur dans l'espace méditerranéen : Malte, l'Andalousie, l'Afrique du Nord y rappellent les pages d'*Escale en Méditerranée* (1931). Venise, dans *La Peur de l'amour*, confirme la fascination de Régnier pour le labyrinthique (*Le Bosquet de Psyché*, *Le Voyage d'amour*, *Portraits et souvenirs*, *Les Amants singuliers* mais aussi dans le recueil *Vestigia Flammae)* et pour les atmosphères déliquescentes et funèbres. De facture classique, laissant une large part à la description, au portrait et à l'analyse psychologique, certains romans de Régnier présentent une structure particulière : journal intime dans *L'Amphisbène*, fiction du manuscrit trouvé dans *Le Divertissement provincial*, encadré par deux lettres recueillant les impressions de lecture d'un écrivain qui remet en cause l'effet d'authenticité en déclarant que le texte ne serait qu'« une parodie sournoise des romans judiciaires et des romans d'aventures ».

Henri de Régnier, en marge de ses romans, a publié de nombreuses nouvelles, des chroniques, des portraits de contemporains, deux livres sur Venise (*Esquisses vénitiennes*, L'Art décoratif, 1906, et *L'Altana ou la nuit vénitienne*, Mercure de France, 1928, 2 t.), de très nombreuses chroniques dramatiques (dans le *Journal des débats)* ; il a tenu le feuilleton critique du *Figaro*. Il est mort le 23 mai 1936 à Paris, laissant un *Journal* (inédit, conservé à la Bibliothèque de l'Institut).

Méprisé par les avant-gardes que lui-même dédaignait, taxé de conservatisme littéraire, il eut pourtant une audience considérable de son vivant, ami de Mallarmé et de Pierre Louÿs, tenu pour un maître par Proust qui a fait de lui un brillant pastiche. On redécouvre aujourd'hui le romancier démarquant l'Ancien Régime, le virtuose des styles, le mélancolique exégète de l'amour passion.

ŒUVRES. — **Rééd. récentes** : *Premiers Poèmes* [anthologie], Mercure de France, 1881. — *Romans costumés* (*La Double Maîtresse*, *Les Rencontres de M. de Bréot*, *La Pécheresse*, *L'Escapade)*, éd. André Guyaux, Mercure de France, coll. Mille Pages, 1992. — **Poèmes** : *Les Lendemains*, Vanier, 1886. — *Apaisements*, Vanier, 1887. — *Sites*, Vanier, 1887. — *Épisodes*, Vanier, 1888. — *Poèmes anciens et romanesques*, Libraire de l'Art indépendant, 1890. — *Tel qu'en un songe*, Librairie de l'Art indépendant, 1892. — *Poèmes 1887-1892*, Mercure de France, 1895. — *Aréthuse*, Librairie de l'Art indépendant, 1895. — *Les Jeux rustiques et divins*, *Aréthuse*, *Les Roseaux de la flûte*, *Inscription pour les trente portes de la ville*, *La Corbeille des heures*, *Poèmes divers*, Mercure de France, 1897. — *Les Médailles d'argile*, Mercure de France, 1900. — *La Sandale ailée*, Mercure de France, 1906. — *La Cité des eaux*, Mercure de France, 1906. — *Le Miroir des heures*, Mercure de France, 1907. — *Poèmes*, Payot, 1917. — *Odelettes*, Payot, 1917. — *Vestigia flammae*, Mercure de France, 1921. — *Le Miracle de fil : seize sonnets*, Kra, 1927. — *Flamma tenax*, Mercure de France, 1928. — *Sept médailles amoureuses*, La Centaine, 1928. — **Nouvelles** : *Contes à soi-même*, Libraire de l'Art indépendant, 1894. — *Le Trèfle noir*, Mercure de France, 1895. — *La Canne de Jaspe*, *Monsieur d'Amercœur*, *Le Trèfle noir*, *Contes à soi-même*, Mercure de France, 1897. — *Le Trèfle blanc*, Mercure de France, 1899. — *Les Amants singuliers*, Mercure de France, 1901. — *Couleur du temps*, *Le Trèfle blanc*, *L'Amour et le plaisir*, *Tiburce et ses amis*, *Contes pour les treize*, Mercure de France, 1909. — *Pour les mois d'hiver*, Dorbon aîné, 1912. — *Contes de France et d'Italie*, Crès, 1912. — *Le Plateau de laque*, Mercure de France, 1913. — *Histoires incertaines*, Mercure de France, 1919. — *Les Bonheurs perdus*, Mercure de France, 1924. — *Contes pour chacun de nous*, Lapina, 1926. — *Le Veuvage de Schéhérazade*, Liège, À la lampe d'Aladin, 1926. — *Le Vrai Bonheur, ou les Amants de Stresa*, Horizons de France, 1929. — *Le Voyage d'amour ou l'initiation vénitienne*, Mercure de France, 1930. — **Romans** (au Mercure de France, sauf indication contraire) : *La Double Maîtresse*, 1900. — *Le Bon Plaisir*, 1902. — *Les Vacances d'un jeune homme sage*, 1903. — *Les Rencontres de M. de Bréot*, 1904. — *Le Passé vivant, roman moderne*, 1905. — *L'Amour et le plaisir, histoire galante*, Dauze, 1906. — *La Peur de l'amour*, 1907. — *La Flambée*, 1909. — *L'Amphisbène, roman moderne*, 1912. — *Romaine Mirmault*, 1914. — *La Flambée*, Calmann-Lévy, 1915. — *L'Illusion héroïque de Tito Bassi*, 1916. — *La Pécheresse, histoire d'amour*, 1920. — *Le Divertissement provincial*, Albin Michel, 1925. — *L'Entrevue*, Ferenczi, 1925. — *L'Escapade*, 1926. — *Lettres diverses et curieuses écrites par plusieurs à l'un d'entre eux*, 1933. — *Moi, elle et lui*, 1935. — **Correspondance** : *Lettres à André Gide*, éd. David J. Niederauer, Genève-Paris, Droz-Minard, 1972. — *Correspondance André Gide – Henri de Régnier*, Presses universitaires de Lyon, 1997.

→ Mario Maurin, *Henri de Régnier, le labyrinthe et le double*, Presses de l'université de Montréal, 1972. — Gerhardt Schmidt, *Henri de Régnier als Erzähler*, Meisenheim, Anton Hain, 1976. — Fonds Henri de Régnier à la Bibliothèque nationale, à la Bibliothèque de l'Arsenal et à la Bibliothèque de l'Institut.

N.P.

Rémy Pierre-Jean (1937), pseudonyme de Jean-Pierre Angremy. Né à Angoulême, le 21 mars 1937, énarque, diplomate (Hong-Kong, Pékin, Londres, Florence), il a occupé d'importantes fonctions culturelles au Quai d'Orsay et à l'UNESCO. Directeur de l'Académie de France à Rome de 1994 à 1996, il est administrateur de la Bibliothèque nationale de France depuis janvier 1997. Il a publié une quarantaine d'ouvrages, dont *Le Sac du palais d'été* (1971, prix Renaudot, rééd. Gallimard, 1988), vaste fresque historique ; *Une ville immortelle* (1986, grand prix du Roman de l'Académie française), évoquant meurtres et mystères dans une ville d'art européenne ; *Des châteaux en Allemagne* (1987), qui raconte la vie d'un peintre de cour français dans l'Allemagne baroque ; *Toscanes* (1989), recherche de la beauté par un héros vieillissant ; *Qui trop embrasse* (Albin Michel, 1993), confessions d'un politique ; *Londres* (Lattès, 1994), guide subjectif ; *Un cimetière rouge en Nouvelle-Angleterre* (Albin Michel, 1994), évocation d'une Amérique mystérieuse. Il a été élu à l'Académie française en 1988.

I.M.

Rémy Tristan (1897-1977), pseudonyme de Raymond Desprez. Né le 24 janvier 1897 à Blérancourt (Aisne), il s'installe très jeune à Paris, où son père est employé aux chemins de fer. Incorporé en 1916, il prend part aux combats. Son premier roman, *Porte Clignancourt* (Rieder, 1928), est l'histoire d'un enfant, Milo, qui vit dans la banlieue ouvrière de Paris, la « zone », avec ses parents, un ouvrier et une prostituée. On retrouve le même milieu dans *À l'ancien tonnelier* (Valois, 1931) puis dans *Sainte-Marie-des-flots* (1932). Rémy peint avec une grande tendresse des marginaux, des réfractaires, chiffonniers, mariniers, irréguliers en marge de la loi et de la grande ville, comme *L'Homme du canal* (Vigneau, 1947). Ces romans, ainsi que *Faubourg Saint-Antoine* (Gallimard, 1936) ou ses poèmes (*Prolétariat*, Valois, 1932), illustrent l'émergence d'une littérature prolétarienne dont Rémy, membre du comité de rédaction de *Nouvel Âge*, est alors un des principaux représentants, avec Dabit et Poulaille. Proche du parti communiste, il rejoint en 1933 l'Association des Écrivains et Artistes Révolutionnaires. Un de ses meilleurs romans, *La Grande Lutte* (ESI, 1937), évoque les grands combats de la classe ouvrière. Tristan Rémy fut aussi un historien du cirque et des spectacles populaires, auxquels il a consacré de nombreux articles et ouvrages : *Les Clowns* (Grasset, 1945), *Le Cirque et ses étoiles* (Artis, 1949), *Jean-Gaspard Deburau* (L'Arche, 1954). Son dernier roman, *Le Cirque Bonaventure* (Éditions de la Paix, 1952), est consacré à ce milieu, qu'il connaissait si bien que Fellini fit appel à ses conseils pour son film *Les Clowns*.

Ph.B.

Renard Jean-Claude (1922). Né le 22 avril 1922 à Toulon où son père est officier de marine, il y passe une enfance méditerranéenne, qui communiquera à ses poèmes le goût de la mer, des voyages, la fascination pour les îles, et la mémoire des plantes, des bêtes, des paysages du Sud, soit toute une dimension concrète essentielle à l'œuvre. La connaissance de pays plus lointains s'ajoutera aux paysages et aux saveurs d'enfance : l'Afrique du Nord, le Sénégal et la Mauritanie, en 1945, puis l'Espagne, l'Italie, l'Allemagne, le Canada, les États-Unis, l'Irak, l'Égypte. Les récits de *La Braise et la rivière* (1969), *Toutes les îles sont secrètes* (1984) et *Sous de grands vents obscurs* (1990) en portent le souvenir direct. Mais la formation de Jean-Claude Renard est marquée par d'autres expériences tout aussi décisives. *Quand le poème devient prière* (1987) rappelle que certains aspects du catholicisme, auxquels son éducation le confrontait, ont heurté le poète dès sa jeunesse. Il s'est ainsi refusé à croire que la chair et la matière du monde n'étaient que des tentations négatives. Même si son premier livre, *Juan* (1945), traduit une angoisse, il s'agit déjà d'exalter le spirituel dans le monde et les vertus de l'érotisme. Ce long poème versifié se termine par la rencontre de Juan avec la femme, Noone, ambiguë et nécessaire. Le suicide de Juan est l'aube d'une nouvelle naissance.

En 1945, Jean-Claude Renard épouse Françoise Lainé, son amie d'enfance. Mais, en 1946, la perte d'une petite fille première-née accable le poète, qui tente de trouver des réponses à son inquiétude dans l'occultisme. Cette expérience, qu'il tient secrète, influence des livres comme *Haute-Mer* (1950), *Métamorphose du monde* (1951, 1963) ou *Fable* (1952). L'occultisme continuera d'informer l'œuvre du poète qui y a découvert trois aspects de son art. D'abord, les rites et les formules magiques de l'occultisme reposent sur la puissance des mots. Dire le mot juste, c'est posséder la chose et prendre pouvoir sur elle. *Fable* explore ainsi les ressources de l'invention verbale. Ensuite, l'alchimie associe progrès matériel et progrès spirituel. La transmutation des métaux imparfaits en or parfait est l'analogue concret de ce que le Christ a fait spirituellement en s'incarnant pour sauver les hommes. L'image des noces alchimiques est centrale chez Jean-Claude Renard, elle allie le progrès spirituel à une forme d'érotique. Enfin, au-delà des magies noires, l'ésotérisme a une orientation gnostique et recourt à divers modes de spéculation pour connaître Dieu, alors que le dogme affirme que c'est chose impossible. Jean-Claude Renard, même s'il renonce ensuite à la tentation de connaître la nature de Dieu, qui s'exprime dans un poème comme *Connaissance du troisième temps* (dans *Métamorphose du monde)*, continuera de considérer que la poésie est un mode d'approche du sacré.

Mais cette voie occultiste ayant failli le conduire à la démence, *Père, voici que l'homme* (1955) illustre le retour au dogme catholique. Presque tous les poèmes commencent par le mot « Père », montrant que le poète se soumet à Dieu et au mystère de sa transcendance. Le vers, redevenu régulier, prouve le renoncement à une parole magique et peut-être satanique. Ce n'est toutefois qu'une étape et les deux derniers poèmes du recueil refusent l'idée d'une damnation éternelle. Avec *En une seule vigne* (1959) se dessine une évolution en ce sens. Des images ou des épisodes tirés de la liturgie et des textes chrétiens sont utilisés, mais leur résonance est élargie et le poète y mêle des images personnelles et concrètes. Dans *Père, voici que l'homme*, Jean-Claude Renard réagissait contre les périls d'une poésie devenue magie noire. Dans *En une seule vigne*, il réagit aussi contre l'excès inverse, contre le risque d'appauvrissement d'une poésie soumise au dogme et devenue théologique.

La Terre du sacre (1966), *La Braise et la rivière* (1969), *Le Dieu de nuit* (1973) traduisent ensuite une expérience poétique très riche. Les essais publiés depuis 1970 (*Notes sur la poésie*, 1970 ; *Notes sur la foi*, 1973 ; *Le Lieu du voyageur : notes sur le Mystère*, 1980 ; *Une autre parole*, 1981 ; *Quand le poème devient prière*, 1987) explicitent cette orientation poétique et spirituelle qui réunit le profane et le sacré. Elle se résume dans la notion de « Mystère » ou dans celle de « noces ». Ce n'est plus le Dieu traditionnel transcendant et séparé du monde. Le « Mystère » est l'accomplissement de « noces » de l'homme et du divin. Immanent et transcendant à la fois, il est présent et absent dans le monde. Comme le poète l'écrit dans *Le Dieu de nuit*, « ailleurs est ici ». Cette notion de « Mystère » humano-divin lui permet aussi d'échapper à la clôture des confessions religieuses. Il parle du dieu et non plus de Dieu. Sa relecture du catholicisme est favorisée par son entrée aux Éditions du Cerf, où il peut se documenter et rencontrer de grands réformateurs de l'Église, les pères Doncœur, Chenu, Congar. Jean-Claude Renard se réfère alors à des horizons spirituels très divers, du folklore provençal à la Chine ou à l'Égypte, en passant par les grands textes de la mystique chrétienne ou orientale, qui nourrissent l'idée de noces avec un « dieu de nuit ». Le poème se fait alors parole d'attente ouverte au questionnement, au suspens, aux détours. Avec *La Lumière du silence* (1978), *Toutes les îles sont secrètes* (1984), *Sous de grands vents obscurs* (1990), *Dix runes d'été* (Mercure de France, 1994), Jean-Claude Renard ne rompt pas avec ce qui précède, mais des poèmes nettement plus elliptiques apparaissent. Parfois la méditation est abstraite, sans le support d'images concrètes. La présence du Mystère ne s'impose plus toujours en priorité aux sens et sollicite davantage la méditation et le questionnement.

ŒUVRES. — Publiées au Seuil, rééd. chez Corti.

→ André Alter, *Jean-Claude Renard : le sacre du silence*, Seyssel, Champ Vallon, 1990.

A.P.-de B.

Renaud Thérèse (1927). Née à Montréal, elle vit à Paris. Elle est l'une des signataires du manifeste automatiste *Refus global* (1948), qui exprime la révolte des artistes contre une société sclérosée. Son premier recueil de poésie, *Les Sables du rêve*, publié en 1946 aux *Cahiers de la file indienne* dirigés par le poète Gilles Hénault, est considéré comme le premier texte « automatiste » québécois. Suivront plusieurs titres, dont *Plaisirs immobiles* (1981) et *Jardins d'éclats* (1991). Dans *Une mémoire déchirée* (1978), récit d'enfance, puis *Le Choc d'un murmure* (1988), réflexion sur la maternité et la relation mère-fille, elle recourt au récit autobiographique pour apprivoiser les moments forts ou douloureux de son existence. La passion de vivre, l'émotion, l'étonnement d'être et la recherche de complicités sont les dominantes d'une œuvre dans laquelle mysticisme et sensualité sont étroitement liés.

L.G.

Renaudot *(prix)*. Voir THÉOPHRASTE-RENAUDOT (prix).

Renaud-Vernet Odette (1932-1993). Née à Montreux (canton de Vaud), elle fut, après des études de lettres, enseignante et journaliste. Elle a séjourné deux ans aux États-Unis, où elle a étudié l'anthropologie (*Récits des peuples sauvages*, anthologie, 1966). Elle est l'auteur de nouvelles (*Trois heures de présence*, 1959, sous le nom d'Odette Vernet), d'un récit de voyage (*Les Temps forts*, 1974), de contes fantastiques (*Xannt*, 1979). En 1985, après une licence d'égyptologie, elle publie un essai d'interprétation littéraire d'un texte antique (*Le Dialogue du désespéré avec son âme*, 1991) et surtout un roman historique et didactique, *Le Scribe de Ramsès II* (1993), qui a pour cadre l'Égypte de la XIXe dynastie.

P.A.

Rency Georges (1875-1951), pseudonyme d'Albert Stassart. Né à Bruxelles, le 22 novembre 1875, critique, journaliste (il a collaboré au journal *Le Soir* pendant cinquante ans), fondateur, avec Arthur Toisoul, de la revue symboliste *Stella* (1894), collaborateur au *Coq rouge*, il fut aussi le directeur de *La Vie intellectuelle*. Si ses poèmes se ressentent du climat symboliste de l'époque *(Vie*, 1896 ; *Heures harmonieuses*, 1897, en collaboration avec Henri Vandeputte), sa prose est influencée par le naturalisme. Deux romans, *Madeleine* (1898) et *L'Aïeule* (1900) précèdent ses contes et ses nouvelles : *Contes de la Hulotte* (1905) ; *Frissons de vie* (1908) ; *Les Chimères* (1920) ; *Les Visages de l'amour* (1941). Élu à l'Académie royale de langue et de littérature françaises de Belgique en 1930, il fut président de l'Association des écrivains belges ; il est mort le 24 septembre 1951.

→ Albert Guislain, « Georges Rency (1875-1951) », *Annuaire de l'Académie royale de langue et de littérature françaises*, 1966.

O.Bi.

Renfer Werner (1898-1936). Né dans le Vallon de Saint-Imier (canton de Berne), fils de paysan, il suit une formation d'ingénieur agronome, mais n'exercera jamais cette profession. Après un séjour parisien de quelques années, il revient dans sa région natale où il dirige le quotidien local, et vit dans la solitude. Son œuvre est habitée par le déchirement entre son exil ou son enracinement dans une terre, où il est mort prématurément, et la révolte, l'appel du lointain et de l'autre. Auteur de trois recueils de poèmes, dont *La Beauté du monde* (1933), de nouvelles et d'essais (*La Tentation de l'aventure*, 1933) et d'un roman (*Hannebarde*, 1933), son œuvre est en rupture avec le néo-classicisme dominant.

P.A.

Reverdy Pierre (1889-1960). Né à Narbonne le 13 septembre 1889, selon l'état civil « de père et mère inconnus », il ne sera reconnu par son père qu'en 1895. Il gardera le souvenir de cette figure impressionnante (« un être humain dont je ne suis que l'ombre », écrira le poète à son biographe Jean Rousselot) et du domaine où il vécut en communion avec la nature, après le divorce de ses parents, et dont il sera finalement exproprié. Après l'interruption prématurée de ses études, il trouve une place de correcteur d'imprimerie à Paris, où il arrive en 1910. Fréquentant le Bateau-Lavoir il rencontre Max Jacob, Apollinaire, Juan Gris, Braque, Picasso, Léger, Matisse, et fonde la revue *Nord-Sud* en 1916. Il se convertit en 1921, et reçoit le sacrement du baptême. En 1926 il se retire à Solesmes où il mène, près de l'abbaye, une vie solitaire. Si la crise spirituelle aboutit à la déception confessée en 1930 dans *Le Livre de mon bord* (« On part à la recherche de Dieu, comme on dit, et on trouve une religion »), du moins l'existence en marge de la clôture a-t-elle correspondu à la quête de vérité intérieure ou poétique dans laquelle Reverdy a persisté jusqu'à sa mort.

Cette vie effacée ne peut apparaître qu'en creux dans une œuvre tendue entre la recherche éperdue d'une identité (« Où sont mes papiers et mon identité vieillie et la date de ma naissance imprécise ? ») et la dépersonnalisation (« Et d'ailleurs suis-je encore celui de la dernière fois ? »), entre la négation d'un « réel absent » (« La porte qui n'ouvre pas [...] La maison où l'on n'entre pas ») et la révélation mais par défaut d'une autre réalité, « supérieure ».

L'œuvre de Reverdy se démarque dès l'origine par une grande liberté de forme. En publiant un premier recueil de *Poèmes en prose* (1915) il se place d'emblée à l'avant-garde : *Le Cornet à dés* ne paraîtra que deux ans plus tard. Sous l'influence de Max Jacob et dans la lignée de Rimbaud, la conception en est déjà très personnelle et Reverdy reviendra régulièrement à cette forme dynamique par sa concision, son sens de la rupture, la mobilité de l'énonciation, un rythme irrégulier, une syntaxe élémentaire et les premières occurrences d'un vocabulaire géométrique réduisant l'espace à la ligne (« Dans ma tête, rien que des lignes »). Si le poème en prose se détache sur la page, le processus de discontinuité s'accentue dans *Quelques poèmes* (1916) grâce au vers libre sans ponctuation qui isole une phrase, voire un mot. Dès ce recueil, Reverdy s'attaque donc à la mise en page, décomposant le poème en « carrés », et c'est la même année que dans *La Lucarne ovale*, où alternent irrégulièrement textes en prose, pièces en vers et phrases-poèmes, il fait ses premières expériences typographiques, utilisant les caractères gras, ronds, gros ou déliés. Enfin, *Le Voleur de Talan* (1917), fiction autobiographique transposant la rivalité poétique avec Max Jacob que figure « le Mage », révèle l'attirance du poète pour le roman, un roman-poème plutôt, où à défaut du « don d'ubiquité » que possède le romancier, il se livre aux jeux du dédoublement, détruit l'ordre linéaire du récit et achève de bouleverser la page où se détachent sections, segments, carrés, lignes en créneaux ou mots espacés.

Reverdy s'affirme d'autre part en créant sa propre revue, dont le premier numéro paraît en mars 1917 et qui comprendra seize livraisons, jusqu'en octobre 1918. *Nord-Sud*, dont le titre, signe de modernité, est emprunté à une ligne de métro, se veut « un organe de combat », où « une esthétique vraiment nouvelle s'affirmera ». C'est Reverdy lui-même qui la formulera. D'importantes contributions, comme « Sur le cubisme » (où il oppose réalisme et « réalité artistique », les œuvres ayant « une existence propre en dehors de l'évocation ou de la reproduction des choses de la vie » ou « L'image » qu'il définit comme une « création pure de l'esprit » née « du rapprochement de deux réalités plus ou moins éloignées »), vaudront à Reverdy d'être reconnu par les surréalistes et préfigurent aussi le formalisme russe en s'énonçant en termes de structure, plus nets encore dans les définitions et aphorismes de *Self Defence* (1919). À côté des poèmes de Jacob et d'Apollinaire, *Nord-Sud* publie Tzara, Aragon, Soupault et Breton, qui feront appel à Reverdy pour inaugurer leur revue *Littérature* en 1919. *Nord-Sud* est aussi un bel objet, dont la couverture sobre, remarquable par le graphisme du titre, est de Juan Gris, et dont certains numéros sont ornés de dessins de Braque ou de Léger.

À l'apogée de l'époque cubiste, au moment même où ses recueils sont illustrés par Braque, Matisse, Gris ou Picasso et où ses poèmes par le cadrage et l'objectalité se présentent comme des tableaux, le poète des *Ardoises du toit* (1918) récuse la notion de « poésie cubiste ». L'espace du poème n'est pas référentiel : plus que symbolique, il se révèle figural. La place faite alors au blanc, au lieu de valoriser les effets de sens, déborde les limites du texte : la disposition joue contre la composition. La clarté apparente des poèmes ajourés renvoie à une opacité complète. Essentiellement ambivalent, le blanc rappelle l'unité originelle ou découvre des abîmes. Il se renverse en noir (« Blanc et noir », *La Guitare endormie*, 1919).

Dans les années vingt, Reverdy remaniera les poèmes de ces derniers recueils pour en réduire les espaces vides et les conformer aux contraintes de la reproductibilité technique. Durant les années de retraite, la réécriture ou la reprise de poèmes soit en vers soit en prose (*La Balle au bond*, 1928, *Sources du vent* et *Flaques de verre*, 1929), la parodie de roman populaire (*La Peau de l'homme*, 1926) ou le recours au conte (*Risques et périls*, 1930) comme ressourcement poétique, ainsi que les notes du *Gant de crin* (1927) puis du *Livre de mon bord* (1948) accompagnent un silence consenti. La réflexion sur la poésie tend alors à se substituer à la poésie même, et, comme Reverdy s'est toujours défendu de faire de la théorie, l'esthétique se convertit en éthique. S'éloignant des avant-gardes, le poète reformule ses exigences (*Cette émotion appelée poésie*, 1950), dans une tension accrue entre poésie et réalité : « Aucun lien poétique entre moi et le réel *présent*. La poésie c'est le lien entre moi et le réel *absent* » (*En vrac*, 1956). De cette période « noire » ressortent les recueils rassemblés dans *Main-d'œuvre* en 1949 : le retour, ou le repli sur soi produit une poésie plus personnelle qui, sous le sceau de la douleur, laisse paraître un drame intérieur. La rigueur des temps ou la hantise de la mort engendre la répétition, d'où sourd un certain lyrisme. Et si l'angoisse est métaphysique, elle affecte l'inspiration poétique. Alors même que se renforce la clôture du poème et que ce qui faisait signe est déjà trace, l'éclair, « la rature éblouissante du présent » (*Sable mouvant*, 1959) ravive la blessure, ultime ressource. C'est en renouant avec les peintres que Reverdy trouve au-delà de la nostalgie la « Note éternelle du présent ». Déjà *Le Chant des morts* (1948) était enluminé par Picasso. *Au Soleil du plafond* (1955) mène à bien un projet conçu vers 1925 et interrompu par la mort de Juan Gris. *La Liberté des mers* (1960) élargit encore l'horizon en confiant à Braque des poèmes en prose écartés du *Cadran quadrillé*. Pierre Reverdy est mort à Solesmes le 17 juin 1960.

Le rayonnement de cette « poésie blanche », de cette « poésie noire » est perceptible — au-delà du surréalisme (Aragon découvrant dès 1918 un poète qui « plutôt que de nommer ce qu'il voit préfère dire ce qui manque » ou Breton citant dans le premier *Manifeste*, malgré des réserves, la définition de l'image) — chez des poètes aussi différents que Guillevic, jusque dans l'opacité muette de la matière ou Du Bouchet, à travers « l'interstice » du poème.

ŒUVRES. — À l'exception de *Main-d'œuvre* et du *Livre de mon bord* (réédités au Mercure de France), les œuvres complètes de Reverdy sont publiées chez Flammarion, avec, depuis 1975, des notices d'Étienne-Alain Hubert. — Reprint de *Nord-Sud* aux Éditions Jean-Michel Place, 1980. — Réédition de trois volumes de poèmes, coll. Poésie-Gallimard et de *Flaques de verre*, préface et chronologie de Daniel Leuwers, Flammarion, coll. GF, 1984.

→ Jean Rousselot-Michel Manoll, *Pierre Reverdy*, Seghers, coll. Poètes d'aujourd'hui, 1951. — Georges Poulet, *Études sur le temps humain*, (« Reverdy et le mystère des murs »), Plon, t. III, 1964. — Jean-Pierre Richard, *Onze études sur la poésie moderne*, (« Reverdy entre deux mondes »), Le Seuil, 1964. — Éliane Formentelli, « Pierre Reverdy : présences du blanc, figures du nom », dans *L'Espace et la lettre*, *Cahiers Jussieu*, n° 3, 10-18, 1977. — Mary Ann Caws, *La Main de Pierre Reverdy*, Genève, Droz, 1979. — Michel Collot, *Horizon de Reverdy*, Presses de l'École normale supérieure, 1981. — *Bousquet, Jouve, Reverdy, Sud* (colloque de Cerisy), 1981. — *Lire Reverdy*, Presses universitaires de Lyon, 1990. — *Le Centenaire de Pierre Reverdy*, Presses universitaires d'Angers, 1990. — *Reverdy aujourd'hui*, Presses de l'École normale supérieure, 1991. — *Pierre Reverdy*, *Europe*, janvier-février 1994. — Rita Staiano, « *Nord-Sud* » *di Pierre Reverdy : senso e destino di una riflessione estetica regli anni 1917-1918*, Napoli, Edizioni scientifiche italiane, 1994. — Fonds Pierre Reverdy à la Bibliothèque littéraire Jacques Doucet.

F.R.

Reverzy Jean (1914-1959). Né à Balan près de Lyon, il entreprend des études de médecine en 1932. Reçu externe des hôpitaux en 1934, titularisé interne en 1939, il est contraint de démissionner de l'internat en 1940 pour avoir ironisé sur l'héroïsme de ses collègues engagés dans la « drôle de guerre ». Il entre en 1942 dans la Résistance. Emprisonné puis libéré en 1943, il devient médecin-chef des maquis de l'Allier. À la Libération, il s'installe dans un quartier ouvrier de Lyon, où il pratique « la médecine des pauvres ». De janvier 1952 à octobre 1953, il se rend en Océanie. Au retour de ce périple, la conscience qu'on ne peut rejoindre l'ailleurs autrement que par la littérature, les souvenirs d'une Océanie splendide mais travaillée par la dégénérescence, déterminent la rédaction d'un roman publié en 1954 chez Julliard : *Le Passage*, qui obtiendra le prix Renaudot. Deux autres romans paraîtront du vivant de l'auteur, *Place des Angoisses* (1956), *Le Corridor* (1958). En juillet 1959, Jean Reverzy meurt d'une crise cardiaque. En 1960, deux récits seront publiés chez Julliard : *Le Silence de Cambridge, La Vraie Vie* et, en 1961, sous le titre *À la recherche d'un miroir*, un ensemble de textes brefs dont certains avaient déjà paru dans des revues. En 1987, les Éditions Actes Sud ont publié un recueil de textes autobiographiques, *Le Mal du soir*, et en 1994 un récit, *Le Souffle*, qui n'est pas seulement une première version du *Corridor*, mais un texte autonome, l'un des plus inspirés.

Les œuvres de Reverzy sont riches de données biographiques transposées : voyage en Polynésie dans *Le Passage*, exclusion de l'internat dans *Place des Angoisses*, divorce dans *Le Silence de Cambridge*. Elles engagent surtout une réflexion sur la négativité qui tout à la fois travaille l'existence et lui donne sens. La satire de la justice *(Le Silence de Cambridge)* et des féodalités médicales *(Place des Angoisses)* illustre les relations équivoques que les pouvoirs institués entretiennent avec la mort. Chaque livre tient d'un passage. Le romancier décrit la trajectoire qui conduit Palabaud, héros du premier roman, de la Polynésie à la morgue de l'hôpital ; il évoque dans *Place des Angoisses* la démarche grotesque et harassée du docteur Joberton de Belleville parcourant les salles communes ou, dans *Le Silence de Cambridge*, ce que la narratrice appelle « les catacombes de la justice » ; dans *Le Corridor*, l'espace se resserrant, la description se limite aux parcours d'un personnage dans le vestibule, l'escalier, le couloir d'un hôtel. Les lieux clos figurent ainsi un décor où se parachève la métamorphose des corps, où la souffrance devient révélatrice de la vraie vie. La conjonction de la littérature et de la médecine s'affirme sur un autre plan. Les médecins narrateurs sont à la fois des cliniciens qui observent et les accompagnateurs du malade ; ils suscitent une double réflexion, sur la finitude et sur le langage. Cette réflexion sur les signes se développe même lorsque les médecins ne jouent pas un rôle essentiel dans la fiction. Le héros paranoïaque du *Souffle* se montre attentif, jusqu'à l'obsession, à l'intonation des voix. Dans *Le Corridor*, l'écrivain cherche à créer une « science » qui se préoccuperait « de l'approche des vivants, de leur contact, de leur retrait, des mouvements de leur corps et de leurs membres » ; ce livre tient ainsi du roman expérimental où l'auteur, dans une perspective radicalement *behavioriste*, tente de capter des moments d'existence. Mais, le plus souvent, le style se teinte de lyrisme. L'œuvre de Reverzy est proche de celle de Camus, elle s'impose comme l'une des plus denses de la littérature d'après-guerre.

ŒUVRES. — *Œuvres*, Flammarion, 1977. — *Le Passage* (1954), Le Seuil, coll. Points, 1981. *Le Mal du soir : écrits autobiographiques 1935-1959*, Actes Sud, 1987. — *Le Souffle*, Actes Sud, 1994.

J.-L.C.

Révolution surréaliste (La) (1924-1929), voir SURRÉALISTES (REVUES).

Revue blanche (La) (1889-1903). Revue fondée à Liège par Auguste Jeunehomme, Joë Hogge, Charles et Paul Leclercq. Implantée d'abord en Belgique, soutenue par les les trois frères, Alexandre, Thadée et Louis-Alfred Natanson, elle se veut l'organe de jeunes bourgeois liégeois et parisiens qui se sont rencontrés au lycée Condorcet, récusent l'art officiel des Académies et des « orthodoxies surannées » (Gide) et se veulent ouverts « à toutes les opinions, à toutes les écoles ». Les sommaires des premiers numéros hésitent entre naturalisme, symbolisme et décadentisme. Mallarmé se souviendra de « l'amicale, à tous prête *Revue blanche* ». La « série belge » de la revue fait écho également au « culte du Moi » de Barrès, dans le parti pris individualiste des fondateurs.

À partir de 1890, les signatures parisiennes sont majoritaires. Les frères Natanson décident d'installer la revue à Paris, et Lucien Muhfeld en devient secrétaire de rédaction. Dès lors, l'activité s'intensifie. En 1893, la revue fusionne avec *Le Banquet* et crée un supplément satirique, *Le Chasseur de chevelures*, dirigé par Tristan Bernard et Pierre Veber. Les tirages, passés de 1 300 exemplaires en 1889 à 2 500 en 1891, approchent les 15 000 en 1900. De mensuelle, la revue devient bimensuelle en 1895 et comporte une centaine de pages, à un prix compétitif. Collaboreront à la « nouvelle revue », de façon régulière ou épisodique, des jeunes gens encore inconnus tels que Jules Renard à partir de 1893, Proust, qui polémique avec Mallarmé en 1896, Claudel, qui y publie des extraits de *Tête d'or*, Francis Jammes, Octave Mirbeau, moins jeune il est vrai, qui donne à la revue *Le Journal d'une femme de chambre*, ou, à partir de 1902, Apollinaire, qui pour la première fois signe de son nom de plume. Stendhal, Laforgue, Villiers de L'Isle-Adam côtoient Verlaine, Mallarmé ou Zola. *La Revue blanche* ouvre aussi une chronique de littérature étrangère et publie des textes de Tolstoï et de Tchekhov, de Nietzsche (extraits du *Zarathoustra)*, d'Oscar Wilde ; à partir de 1895, elle fait connaître Strindberg, Ibsen, Hamsun, suivant la mode scandinave de l'époque. Forts de ces signatures, les Natanson créent en 1892 une maison d'édition du même nom, qui comptera quelque cent cinquante titres en 1902, dont *Ubu enchaîné* et *Le Surmâle* d'Alfred Jarry, la traduction par le docteur Mardrus des *Mille et une nuits*, ou le *Quo vadis* de Sienkiewicz.

La diversité des chroniques de *La Revue blanche* témoigne de la variété de ses intérêts : la littérature reste au centre de la chronique des livres, assurée à partir de 1896 par Léon Blum, à qui succède Gide à partir de 1900, et de la chronique poétique, créée en 1896 et dirigée par Gustave Kahn. D'autres arts sont représentés : Claude Debussy tient à partir de 1901 la chronique musicale, et la revue est un organe majeur de diffusion de jeunes peintres comme Signac, Bonnard, Vuillard, Vallotton ou Toulouse-Lautrec, celle des Nabis dont elle organise la première exposition en 1893, ou de Seurat dont elle encourage la rétrospective en 1900. Une chronique sur l'occultisme apparaîtra en 1896, et une sur le sport tenue par Léon Blum en 1894, puis par Tristan Bernard en 1896.

Si le social et le politique n'ont jamais été négligés dans la revue, notamment après l'arrivée de Félix Fénéon au secrétariat de rédaction en 1895, et comme en témoignent certains articles sur la Commune en 1897, l'Affaire Dreyfus lui fait prendre un tournant majeur en 1898. Au lendemain du « J'accuse » de Zola, sous l'impulsion de Bernard Lazare, les locaux de la revue des Natanson deviennent un centre de ralliement des dreyfusards : deux grands textes collectifs témoignent de cet engagement, la « Protestation solennelle » de soutien à Dreyfus et l'« Hommage à Zola » au moment de la condamnation du romancier. Le rapprochement avec le naturalisme, l'attention au thème politique et la rupture avec Barrès, taxé par Lucien Herr de « brute du douzième siècle » et par Péguy de « Tartuffe moisi », font glisser la revue vers une gauche moins anarchisante, et la rapprochent de la Ligue des droits de l'homme, récemment créée. Mais le fossé se creuse entre nouveaux et anciens collaborateurs ; Louis-Alfred et Thadée Natanson se retirent peu à peu et cessent de soutenir le constant déficit de la revue : en 1902, le fonds d'ouvrages de la maison d'édition est vendu à Fasquelle, la revue elle-même est absorbée en avril 1903 par *La Revue*, dirigée par Jean Finot. Ainsi *La Revue blanche* meurt de ce qui avait fait sa richesse : un esprit d'ouverture qui confine parfois à l'éclatement, la dépendance envers un mécénat de qualité. Elle reste le symbole d'une génération éprise d'art et de justice, la dernière du XIXe siècle, qui fut surtout la première du XXe.

→ A.B. Jackson, *La Revue blanche 1889-1903 : origine, influence, bibliographie*, Minard, 1960. — Geneviève Comes, « Le groupe de *La Revue blanche* (1889-1903) », *La Revue des revues*, n° 4, automne 1987. — Georges Bernier, *La Revue blanche, ses amis, ses artistes*, Hazan, 1991. — Olivier Barrot et Pascal Ory, *« La Revue blanche » : histoire, anthologie, portraits*, 10/18, 1994.

A.S. — IMEC

Revue de belles-lettres *(La)* (1836). Revue suisse créée à l'époque romantique, elle est, depuis les années soixante, l'un des lieux privilégiés de la poésie contemporaine, publiant Bonnefoy, Follain, Jaccottet ou Réda et témoigne d'ouverture aux littéraires non francophones. Des numéros spéciaux ont été consacrés notamment à Paul Celan (1972), Ossip Mandelstam (1981), Robert Pinget (1982), Vladimir Holan (1990), Jean Roudaut (1991), Yves Velan (1992).

P.A.

Revue de Genève (La) (1920-1930). Lorsque la Société des nations s'installa à Genève en 1920, l'idée naquit d'une revue internationale qui rapprocherait les cultures des anciens belligérants : elle fut fondée par Robert De Traz, qui trouva en Jacques Chenevière un codirecteur précieux et sut s'entourer de prestigieux collaborateurs français. Universelle dans sa diffusion, la revue comporte, outre les articles de fond et les rubriques fixes, des chroniques nationales et internationales, des nouvelles, des romans en feuilletons. Sur les quelque six cents collaborateurs des 126 fascicules de la revue, figurent les auteurs européens les plus remarquables de l'époque.

D.Ru.

Revue de Paris. Revue fondée à Paris en 1829 par le docteur Louis-Désiré Véron, avec l'ambition de réaliser un « nouveau recueil littéraire », s'inspirant des revues d'outre-Manche, et propice à l'expression de jeunes auteurs. Ses premiers collaborateurs, Balzac, Vigny, Musset, Lamartine, Benjamin Constant, Eugène Sue et Sainte-Beuve, ont contribué à en faire un périodique offrant en prépublication des romans en feuilletons et des critiques de la nouvelle génération. Vendue par Véron en 1831, elle est acquise en 1834 par François Buloz qui également directeur de la *Revue des deux mondes*, assurera simultanément la direction des deux titres jusqu'en 1845, date de l'absorption de la *Revue de Paris* par *L'Artiste*. Le titre reparaît en 1851 sous l'impulsion d'Arsène Houssaye, Louis de Cormenin et Maxime Du Camp ; Théophile Gautier en est le rédacteur en chef. *Madame Bovary* y paraît en feuilleton en 1856. La revue est interdite à la suite de l'attentat manqué d'Orsini contre le couple impérial en 1858.

Après plusieurs tentatives en 1864, 1866, 1874 et 1887, la *Revue de Paris* reparaît en 1894, grâce au soutien financier de Paul Lévy, qui voudrait concurrencer la *Revue des deux mondes*. Installée Faubourg Saint-Honoré, la *Revue de Paris* est confiée à une direction bicéphale : l'orientaliste James Darmesteter, puis, jusqu'en 1914, l'historien Ernest Lavisse supervisent la partie politique, tandis que Louis Ganderax, transfuge de la *Revue des deux mondes*, suivi en 1912 par Marcel Prévost, se voit confier la partie littéraire : Loti, Renan, Faguet, Anatole France, Romain Rolland, puis Ibsen, Nietzsche, Kipling, Dostoïevski, Barrès, Bergson et Wells contribuent au succès d'estime de la *Revue*, qui ne compte toutefois que six à sept cents abonnés en 1911. Par son orientation républicaine, la *Revue de Paris* a pu avoir une influence dreyfusarde tardive, sous l'impulsion de Lucien Herr et de Fernand Gregh.

Le succès croissant de la *NRF* et du *Mercure de France* occulte le rayonnement de la *Revue de Paris*, qui publie cependant Francis Jammes et Claudel *(La Cantate à trois voix*, 1913). Vendue par Calmann-Lévy à Édouard Frisch, comte de Fels, elle est dirigée par André Chaumeix, puis par Marcel Thiébault, ami d'André Maurois, qui reste à sa tête de 1925 jusqu'à sa mort, en 1961. La ligne éditoriale de la revue, demeurée bimensuelle, est maintenue, grâce à la publication d'inédits de Valéry, Marcel Aymé, Jouhandeau, Giono, Bazin, Cendrars, Pieyre de Mandiargues, puis Montherlant, Yourcenar ou Jacques Laurent. Suspendue pendant l'Occupation, la revue s'oriente, après 1945, vers une sensibilité plus conservatrice. Entouré de Thierry Maulnier pour la critique théâtrale, de Pierre Gaxotte ou Philippe Erlanger pour l'histoire, et de Paul Guth, qui signe des séries de portraits, Marcel Thiébault cantonne la revue dans une tradition académique parfois surannée. André de Fels et Edmée de La Rochefoucauld n'étant pas arrivés à la rénover, la *Revue de Paris* disparaît en 1970 après son absorption par la revue *Réalités*.

→ Thomas Loué, « Une grande revue française à la fin du XIXe siècle : la *Revue de Paris* (1894-1914) », *Bulletin du Centre d'histoire de la France contemporaine*, n° 11, 1990. — Jean-Yves Mollier, *L'Argent et les Lettres, histoire du capitalisme d'édition (1880-1920)*, Fayard, 1988 (pp. 380-386).

M.B. — IMEC

Revue des deux mondes. Revue fondée à Paris en août 1829 par Prosper Mauroy et Ségur-Dupeyron. Ce « recueil de la politique, de l'administration et des mœurs » se définissait à sa création comme une revue de « grand reportage politique, pratique, réaliste, sagement libérale et indépendante ». Rachetée en 1830 par l'imprimeur Auffray, elle est dirigée en 1831 par François Buloz qui en devient ensuite le propriétaire, lui donnant le style qui contribuera à son exceptionnelle longévité. S'inspirant de l'encyclopédisme du *Globe*, empruntant aux *keepsakes* anglais la formule mêlant poèmes, nouvelles et récits de voyages, Buloz perçoit dans les aspirations du public au lendemain de la révolution de Juillet un engouement pour les articles de fond dans le domaine politique, historique et littéraire. Il fait appel à Sand, à Musset, à Gustave Planche et à Sainte-Beuve (qui lui donne ses fameux *Portraits littéraires*). Balzac, Hugo, Chateaubriand, Stendhal, Mérimée, Baudelaire, puis Tourgueniev et Fenimore Cooper seront parmi les collaborateurs de la revue. Plutôt progressiste à ses débuts, celle-ci évolue, à la suite des événements de 1848, vers une forme de conservatisme. Forte de 25 000 abonnés en 1868, de 40 000 à l'aube du premier conflit mondial, elle joue un rôle prépondérant dans la vie politique française jusqu'en 1914, confortée par l'élite politique qui fréquente assidûment ses salons.

À la mort de son père en 1877, Charles Buloz prend la direction de la revue, qui s'assure la collaboration de Fromentin, Leconte de Lisle, Taine, Renan, Fustel de Coulanges, Duruy, Melchior de Voguë *(Le Roman russe)* ou Heredia. Inquiété en 1893 pour sa gestion, Charles Buloz cède sa place à Ferdinand Brunetière, entré à la rédaction en 1875. Sous sa direction, l'engagement politique et religieux de la revue se durcit. Les romanciers d'alors sont Bourget, René Bazin, Halévy et Maupassant. Du côté des historiens, Albert Sorel, Joseph Bédier, Albert Vandal et Frédéric Masson adhèrent à la ligne éditoriale conservatrice renforcée par Brunetière, auquel succède Francis Charmes en 1906, puis René Doumic en 1916. Durant le long magistère de Doumic, de 1916 à 1937, une nouvelle génération arrive : Loti, Barrès, Henry Bordeaux, Mauriac, D'Annunzio, Conrad. Après 1918, la *NRF* et *Le Mercure de France* prenant de l'importance, la *Revue des deux mondes* perd son monopole. Doumic trouve cependant l'occasion d'organiser une fastueuse célébration dans le centenaire de sa revue en 1929.

Bastion d'une élite conservatrice composée d'académiciens, de politiques et de militaires, la *Revue des deux mondes* réalise son chiffre de tirage le plus élevé en 1939. Toutefois, les successeurs de Doumic, André Chaumeix (1937-1944), Firmin Roz (1948-1954), Claude-Joseph Gignoux (1954-1966), Jean Vigneau (1972-1982) et Jean Bothorel (1982-1995), ne parviennent pas à restaurer l'influence qu'avait eue la revue dans le monde des lettres et des idées avant la guerre. Bien qu'elle continue d'accueillir des écrivains renommés, Romains, Cocteau, Troyat ou Pagnol, et les grands noms du gaullisme sous la Ve République, la *Revue des deux mondes* ne conserve plus de son glorieux passé que son immuable couverture rose saumon. Depuis 1995, elle est dirigée par Bruno de Cessole.

→ Anne Karakatsoulis, *La* Revue des deux mondes *de 1920 à 1940. Une revue française devant l'étranger*, thèse, EHESS, 1995. — Anne Karakatsoulis, « La *Revue des deux mondes* à travers ses archives », *Revue des revues*, n° 14, 1992 ; « Une revue-entreprise : la *Revue des deux mondes* pendant l'entre-deux-guerres », *Revue des revues*, n° 22, 1996. — Michel Leymarie, « Les frères Tharaud, René Doumic et la *Revue des deux mondes* », *ibid*.

M.B. — IMEC

Revue du Monde noir (La) (six numéros, novembre 1931 à avril 1932). Fondée par le docteur Sajous, qu'assistaient les sœurs Nardal, *La Revue du monde noir*, bilingue français-anglais, patronnée par le ministère des Colonies, a servi de lien entre les futurs écrivains et poètes réunis à Paris (Césaire, Damas, Senghor) et l'intelligentsia afro-américaine représentée par quelques-uns de ses membres les plus éminents, Jean-Price Mars, auteur de *Ainsi parla l'oncle*, ou encore des poètes de la négro-renaissance des années vingt, comme Langston Hughes.

J.C.

Revue européenne (La) (1923-1931). Revue fondée à Paris par André Germain, Edmond Jaloux, Valery Larbaud, Philippe Soupault. Le premier numéro paraît le 1er mars 1923. La revue est financée par André Germain et publiée par les Éditions du Sagittaire chez Simon Kra. Elle prend la suite d'*Écrits nouveaux*, jugés trop passéistes par leur fondateur, André Germain. Dirigée par un comité composé des quatre fondateurs, *La Revue européenne* se définit comme éclectique et à l'écoute des avant-gardes. Cette volonté se traduit par une large ouverture aux littératures étrangères sous l'impulsion de Valery Larbaud, avec l'aide de tout un réseau de spécialistes, et par la publication de nombreux auteurs dadaïstes, puis surréalistes, que Soupault attire vers cette nouvelle tribune. Gorki, Thomas Mann, Anna de Noailles, Tzara, Max Jacob, Pirandello, Drieu La Rochelle, W.B. Yeats, Ernst Toller, Aragon ou Montherlant contribueront à illustrer cet objectif de capter des sensibilités diverses, qui fait de la *Revue européenne* l'un des organes les plus représentatifs des années 1920 et le reflet du bouillonnement intellectuel de cette époque, comme le montrent les rubriques de réflexion placées sous la direction d'Edmond Jaloux, le choix de notes de lecture qu'elle propose, signées par Marcel Arland, René Crevel, Roger Vitrac.

Malgré la qualité de l'entreprise, *La Revue européenne* restera confidentielle. La publication, suspendue chez Kra en 1926, se poursuit de 1927 à 1931 sous la forme d'une « Nouvelle Série », chez Grasset. Bernard Faÿ rejoint alors le comité de direction. En 1928, celui-ci est renouvelé avec l'arrivée de Julien Green et de Marc Chadourne et le départ de Philippe Soupault. Michel Dumesnil de Gramont devient administrateur. Moins ouverte aux avant-gardes, publiant Giraudoux, Alphonse de Châteaubriant, Cendrars ou Morand. À l'instar de la *NRF* chez Gallimard, elle se veut le pôle d'attraction des Éditions Grasset, objectif qu'elle ne parviendra pas à pleinement réaliser.

→ François Laurent, « La naissance de *La Revue européenne* », *La Revue des revues*, nos 12-13, 1992. — Henriette Levillain, « Philippe Soupault et *La Revue européenne* », *Europe*, n° 769, mai 1993.

F.L. — IMEC

Revue mosane (La). Revue littéraire belge du début du siècle, dont une première série, fondée par Paul Dermée, le 15 octobre 1908, cessera en août 1910, et une seconde, ressuscitée par des amis nostalgiques en janvier 1929, disparaîtra en janvier 1931. Désireuse de rassembler les forces liégeoises, elle propose des pages lyriques, très éloignées de celles qui feront connaître Paul Dermée lorsque celui-ci s'installera à Paris.

V.M.-S.

Revue perpendiculaire. Revue fondée à Niort en 1984 en même temps qu'une « Société » du même nom, elle est animée par un groupe de jeunes écrivains (Nicolas Bourriaud, Christophe Duchatelet, Bernard Lamarche-Vadel, François Rosset, Maurice G. Dantec, Michel Houellebecq, Jean-Yves Jouannais, Christophe Kihm), qui se réclament de Borges, de Duchamp et de Brautigan et ambitionnent de renouveler le roman en sondant « perpendiculairement » le réel et en donnant à l'écriture romanesque des formes plus appropriées au monde contemporain et à ses nouvelles technologies. Douze ans après sa création, le groupe s'est en partie parisianisé ; Nicolas Bourriaud *(L'Ère tertiaire*, 1997) et Christophe Duchatelet *(Le Stage agricole*, 1997) publient chez Flammarion, qui édite la *Revue perpendiculaire* depuis 1995.

A.G.

Rey Henri-François (1919-1987). Maquisard et pianiste de jazz pendant la guerre, critique littéraire à *Combat*, dialoguiste et scénariste pour le cinéma, dramaturge *(Opéra pour un tyran*, 1967), il est surtout auteur de romans dont l'amour, la mort, l'érotisme, la folie et la vanité du monde constituent les principaux thèmes (*La Fête espagnole*, 1959, prix des Deux-Magots ; *Les Pianos mécaniques*, 1962, prix Interallié ; *Le Barbare*, 1972 ; *La Parodie*, 1980 ; *Le Sacre de la putain*, 1983 ; *La Jeune Fille nue*, 1986 ; *Le Café Mélitor*, 1987 ; *La Comédie*, 1997). Dans deux récits *(Les Chevaux masqués*, 1965 ;

Le Rachdingue, 1967), cet amoureux de la Catalogne évoque son ami Salvador Dali, auquel il a consacré un essai (*Dali dans son labyrinthe*, 1974).

D.H.

Reynold Gonzague de (1880-1970). Né à Fribourg, il est l'héritier d'une ancienne famille patricienne, qui, en reconnaissance de ses mérites militaires, avait été anoblie en 1647 par Louis XIV. Après avoir suivi les cours du collège Saint-Michel à Fribourg, il étudie la littérature française à Paris et à Fribourg-en-Brisgau, et donne un premier recueil de poèmes, *L'Âge d'or* (1899). À l'automne 1904, il appartient, avec de jeunes écrivains tels que Ch.-F. Ramuz, Henri Spiess et Charles-Albert Cingria, au groupe fondateur de la revue *La Voile latine*, qui, sous la direction du romancier Robert De Traz, va contribuer au renouveau littéraire de la Suisse romande. Il soutient en 1909, sous la direction de Gustave Lanson, une thèse de doctorat sur *Le Doyen Bridel et les origines de la littérature romande*. Cet ouvrage lui procura le grade de *privat-docent* à l'université de Genève, ce qui lui permit d'enseigner l'histoire de la culture suisse. En 1915, il devient professeur de littérature française à l'université de Berne. Avant et pendant la Première Guerre, il fut un représentant important de la conception littéraire néo-helvétique et s'inspira du « culte de la terre et des morts » de Maurice Barrès. Dans son recueil *Au pays des aïeux* (1902), dans *Contes et légendes de la Suisse héroïque* (1913) et dans son chef-d'œuvre, *Cités et pays suisses* (1914-1920), il exprime son culte du passé, ouvertement traditionaliste et nationaliste, opposé aux idées de la Suisse libérale de 1848.

Auteur d'un ouvrage contesté, *La Démocratie et la Suisse* (1929), du livre très remarqué, *L'Europe tragique* (1934), et d'un *Portugal* (1936) qui comptait un éloge de Salazar, il se fit dans l'Europe de l'entre-deux-guerres une réputation d'antidémocrate catholique et de maître à penser de la droite helvétique. Peu avant la Seconde Guerre, son livre, *Conscience de la Suisse* (1938), fédéraliste et catholique, proposant une « révolution nationale », eut une grande influence politique. Après la défaite militaire de la France, il suggéra avec quelque succès dans un petit texte intitulé *La Suisse de toujours et les événements d'aujourd'hui* (1940) et dans un drame, *La Cité sur la montagne* (1941), une transformation autoritaire de l'État helvétique suivant l'exemple de l'*Estado novo* portugais. Très admiré, mais aussi violemment critiqué, il retint encore l'attention au moment de la guerre froide par son ouvrage monumental, *La Formation de l'Europe* (1944-1957), dans lequel il recherchait les origines de l'Europe et développait la thèse d'un ancien continent qui ne pouvait pas être compris en dehors du christianisme. Cette œuvre lui valut d'être proposé en 1957, mais sans succès, pour le prix Nobel de littérature. Enseignant l'histoire des civilisations à l'université de Fribourg dès 1932, il écrivit aussi plusieurs livres sur sa ville (*Fribourg*, 1931 ; *Fribourg et le monde*, 1957). Il publia en outre un ouvrage sur *Le XVIIe siècle : le classique et le baroque* (1944), ainsi qu'une *Synthèse du XVIIe siècle* (1962). Il a fait œuvre autobiographique dans *Cercles concentriques* (1943) et dans *Mes mémoires* (1960-1963). Des distinctions nombreuses lui furent attribuées : en 1915, le grand prix Schiller pour *Cités et pays suisses*, en 1938, le prix Camoëns pour *Portugal* et, en 1968, la médaille d'or de l'Académie française. Il est mort le 9 avril 1970 à Fribourg. Longtemps considéré, après Ramuz, comme le plus remarquable écrivain de la Suisse romande, son œuvre toute en opposition à celle de son contemporain vaudois, est tombée en grande partie dans l'oubli.

→ Maurice Zermatten, *Gonzague de Reynold*, Genève, Tribune Éditions, 1980. — Jean-René Bory, *Gonzague de Reynold 1880-1970*, Genève-Neuchâtel, Delachaux & Niestlé, 1983. — Alain Clavien, *Les Helvétistes : intellectuels et politique en Suisse romande au début du siècle*, Lausanne, Éditions d'en bas, 1993. — Aram Mattioli, *Zwischen Demokratie und totalitärer Diktatur. Gonzague de Reynold und die Tradition der autoritären Rechten in der Schweiz*, Zürich, Orell Füssli, 1994.

A.M.

Rezvani Serge (1928). D'origine russo-persane, peintre abstrait dans le Paris de l'après-guerre (il signe alors Bassiak), il s'installe en 1950 dans les Maures, où il peint et écrit des chansons interprétées par Jeanne Moreau (« J'ai la mémoire qui flanche »...). En 1967, il abandonne la peinture et se tourne vers le roman et le théâtre (plusieurs pièces, du *Rémora*, 1970, à *La Glycine*, 1991). Ses romans, empreints de fantaisie verbale, vont souvent puiser dans la veine autobiographique : *Les Années lumière* (1967) ; *Les Années Lula* (1968) ; *Les Américanoïaques* (1970) ; *Le Portrait ovale* (1976), où il explique son choix de 1967 ; *Variations sur les jours et les nuits* (1985), qui prend la forme d'un journal ; *La Nuit transfigurée* (1986) ; *La Traversée des Monts noirs* (1992).

O.G.

Ribemont-Dessaignes Georges (1884-1974). Né le 19 juin 1884 à Montpellier, il commence en 1904 une carrière de peintre influencé par l'impressionnisme, quand il fait, lors d'une réunion de la Section d'Or à Puteaux, une rencontre qui, après la guerre, orientera sa vie, celle de Picabia. Pas plus que ce dernier, Ribemont-Dessaignes ne borne son talent à la peinture : il écrit des poèmes depuis 1915 et une pièce de théâtre, *L'Empereur de Chine*, en 1916, sur le papier à en-tête du ministère de la Guerre, où il est mobilisé dans les services auxiliaires. Cette pièce, comme les échos publiés à Barcelone dès 1917 dans *391*, la revue de Picabia, ou ses dessins mécanomorphes, relèvent déjà nettement d'un esprit dadaïste. Lorsque Tzara s'installe à Paris en janvier 1920, Ribemont-Dessaignes, polémiste de talent, devient le bras armé de Picabia, assumant la publication des feuilles d'aphorismes injurieux que Picabia inspire de la côte d'Azur. De nature colérique, il rejette tout compromis, d'une plume violente, il se cantonne dans le rôle de gérant de *391* par refus délibéré de cultiver ses talents artistiques : n'a-t-il pas abandonné la peinture parce qu'il était arrivé à la conclusion qu'il n'y avait « aucune raison de peindre de telle manière plutôt que de telle autre » ? Son écriture poétique, pamphlétaire ou musicale fait la part belle à la provocation : *L'Empereur de Chine* est représenté, avec *Le Serin muet*, dans une soirée Dada au Théâtre de l'Œuvre en 1920 ; ses œuvres musicales — « Le pas de la chicorée frisée », composé de notes tirées au sort, est joué au Théâtre de la Maison de l'Œuvre, fin mars 1920 — relèvent du jeu avec l'aléatoire. De manifestes en proclamations, il collabore à la plupart des revues dadaïstes : *Dada*, *391*, mais aussi *Littérature*, *Die Schammade* à Berlin, *Dada Almanach* à Cologne, et, fidèle à l'esprit de Dada, refuse de donner un contenu idéologique à la contestation dadaïste ; devenu « compagnon de route » du surréalisme, il rompt avec Breton en 1929 au cours d'une séance houleuse, exaspéré par la mise en accusation publique du groupe du *Grand Jeu*. De 1929 à 1931, il anime la revue *Bifur* aux côtés de nombreux surréalistes rejetés par le *Second Manifeste*, puis se retire dans les Alpes-Maritimes, où il pratique divers métiers.

Créateur impénitent malgré son refus des chemins officiels de l'art, Ribemont-Dessaignes est l'auteur de plusieurs romans *(Ariane*, 1925 ; *Le Bar du lendemain*, 1927 ; *Clara des jours*, 1927 ; *Élisa*, 1931 ; *Monsieur Jean ou l'amour absolu*, 1934), de pièces de théâtre *(L'Autruche aux yeux clos*, 1926 ; *Céleste Ugolin*, 1926 ; *Le Bourreau du Pérou*, 1928 ; *Faust*, 1931), de poèmes *(Ombres*, 1942 ; *Ecce Homo*, 1945), d'un volume de mémoires très éclairants sur l'histoire du dadaïsme, de traductions et de préfaces. Concevant la poésie comme un jeu de massacre, il récuse toute continuité et se disperse avec verve, fidèle à une irréductible idée de liberté. Il est mort à Saint-Jannet (Alpes-maritimes) le 9 juillet 1974.

ŒUVRES. — *Dada 1915-1930*, I, 1974 et *Dada 1919-1929*, II, œuvres réunies et annotées par Jean-Pierre Begot, Champ libre, 1978. — *Ariane*, rééd. J.-M. Place, 1977. — *Déjà jadis ou du mouvement Dada à l'espace abstrait*, rééd. coll. 10/18, 1973. — *Frontières humaines*, rééd. Plasma, 1979. — *Catalogue des œuvres graphiques*, Pierre Chave, 1976.

→ F. Jotterand, *Georges Ribemont-Dessaignes*, Seghers, coll. Poètes d'aujourd'hui, 1966. — Henri Béhar, « Le symbolisme absolu de Georges Ribemont-Dessaignes », *Dramaturgies, langages dramatiques : mélanges pour Jacques Scherer*, Nizet, 1986. — *Les Mots la Vie*, nos 3-4, Nice, 1986. — Henriette Hietbrink-Ritter, « La relation théâtrale dadaïste : *Le Bourreau du Pérou* de Ribemont-Dessaignes », dans *Vitalité et contradictions de l'Avant-garde, Italie-France, 1909-1924*, Corti, 1988. — Il existe des *Cahiers Ribemont-Des-*

saignes publiés par l'Association des amis de Ribemont-Dessaignes, depuis 1981.

M.-P.B.

Ricard André (1938). Cofondateur du Théâtre de l'Estoc à Québec, il en a assuré la direction artistique de 1957 à 1968. Sa première pièce, *La Vie exemplaire d'Alcide 1er le pharamineux et de sa proche descendance* (1973), en douze tableaux pour cinquante-deux personnages, est une épopée burlesque montrant sur le mode parodique, proche du guignol, la corruption et les luttes de pouvoir. *La Gloire des filles à Magloire* (1975) et *Le Casino voleur* (1978), d'une plus grande sobriété, illustrent encore la perfidie et la cupidité des êtres écrasant toute pureté. Dans ses pièces suivantes, *Le Tir à blanc* (1983), *La Longue Marche dans les avents* (1984), *Le Déversoir des larmes* (1988), l'auteur poursuit sa fine observation de l'âme humaine et des mécanismes sociaux.

A.J.

Ricard François (1947). Né à Shawinigan, professeur de littérature à l'université McGill de Montréal, essayiste, il ne craint pas de mettre en doute l'objet même de sa réflexion. Dans *La Littérature contre elle-même* (1985), il assigne à la chose littéraire une fonction démystifiante et ironique face à tout savoir constitué, privilégiant des auteurs tels que Diderot, Calvino ou Kundera, qui pratiquent un scepticisme non dépourvu de passion. Il a publié également des études sur *L'Art de Félix-Antoine Savard* (1972), sur *Gabrielle Roy* (1975) et a collaboré pour la partie littéraire à l'*Histoire du Québec contemporain* (1986). Dans *La Génération lyrique* (1992), il trace le portrait des premiers-nés du *baby-boom* au Québec, ceux qui, profitant de conditions sociales favorables, ont cru à leur jeunesse éternelle. Avec *Gabrielle Roy, une vie* (1996), il signe la première biographie de la romancière.

L.G.

Ricardou Jean (1932). Né à Cannes le 17 juin 1932, il a joué un rôle décisif dans l'évolution et la prise de conscience théorique du Nouveau Roman. Membre de *Tel Quel* entre 1961 et 1972, animateur intellectuel et polémiste, il est l'auteur d'études consacrées à Flaubert, Robbe-Grillet, Proust ou Claude Simon et qui composent une vision cohérente du fait littéraire : *Problèmes du Nouveau Roman* (1967), *Pour une théorie du Nouveau Roman* (1971), *Nouveaux Problèmes du roman* (1978). Masquée par la rigueur du travail théorique accompli par son auteur, l'œuvre romanesque de Ricardou compte quelques titres importants : *L'Observatoire de Cannes* (1961), *Les Lieux-dits* (1969) et surtout *La Prise de Constantinople* (1965). Plus qu'aucun autre représentant du Nouveau Roman, il parvient à faire du récit non plus « l'écriture d'une aventure » mais « l'aventure d'une écriture ». Son activité théorique la plus récente se place sous le signe d'une nouvelle discipline : la « textique ».

Ph.F.

Richaud André de (1909-1968). Né à Perpignan le 6 avril 1909, fils d'un professeur d'histoire tué à la guerre en 1915, il a vécu avec sa mère dans le village d'Althen-les-Paluds aux environs de Sorgues, où elle mourut peu après. Lycéen à Carpentras, puis étudiant en droit et en philosophie à Aix-en-Provence, il envoie à dix-sept ans à Joseph Delteil une *Vie de saint Delteil*, où dévotion, impertinence et don d'imitation s'alliaient à un évident talent littéraire. Publié en 1926 chez Grasset (rééd. Calligrammes, 1984), cet essai attira l'attention du milieu littéraire. Ses premiers romans, *La Création du monde* (1930) et surtout *La Douleur* (1931) confirmèrent cette précocité : ces récits introspectifs décrivent dans une prose superbe l'humanité sombre et rêche d'une Provence rurale, encore primitive. Devenu professeur de lettres à Meaux, puis au lycée Saint-Louis à Paris, Richaud semble promis à une carrière brillante. Aux romans s'ajoutent des pièces de théâtre que Charles Dullin monte au Théâtre de l'Atelier : *Village*, en 1931, que suivront *Le Château des papes*, *L'Homme blanc* et une *Hécube* d'après Euripide. En 1933, il quitte l'enseignement pour se consacrer à la littérature, mais le succès fléchissant et les problèmes matériels le plongent dans une longue crise, aggravée par l'alcoolisme. Ombrageux, exigeant, inconstant, il dut à l'amitié du peintre Fernand Léger et de sa femme, qui l'hébergèrent pendant une quinzaine d'années, de pouvoir traverser cette période difficile. Il en a retiré une sagesse mêlée de dérision, comme on le voit dans les aphorismes de *La Confession publique* (1944) ou les poèmes de *Droit d'asile* (1954). Ses romans *La Barette rouge* (1938), *Le Mauvais* (1945) font peut-être excessivement confiance au pittoresque d'une Provence quelque peu passéiste, mais dans les contes du *Mal de la terre* (1947), sa mythologie du soleil et de la nuit, du sang et de la mort embrase ce paysage et dramatise le récit jusqu'aux frontières du fantastique et de l'appel religieux. Car chez ce styliste au langage dense et coruscant, formé à l'école terrienne de Delteil et de Giraudoux, existe aussi une profonde inquiétude face à la déréliction moderne et un élan claudélien vers l'absolu. Après de nouvelles tentatives au théâtre, *Les Reliques* (1953), *Le Secret* (1955), *Le Roi clos* (1957), Richaud s'installe à Vallauris où, en 1961, son état de santé le fera admettre à la maison de retraite de la ville. C'est à l'hôpital de Montpellier, où André Delteil vint lui rendre une dernière visite, qu'il s'éteint, le 29 septembre 1968.

ŒUVRES. — Romans parus chez Grasset ; certains réédités aux Éditions Robert Morel, ainsi que *Je ne suis pas mort*, 1965, prix Roger Nimier. — En outre : *La Confession publique*, Seghers, 1944, rééd. La Bibliothèque du double, 1982. — *Le Mal de la terre*, rééd. Le Temps qu'il fait, 1985. — *Retour au pays natal*, rééd. Le Temps qu'il fait, 1991. — *La Fontaine des lunatiques*, Seghers, 1954, rééd. Le Passeur, 1995. — *Le Droit d'asile*, rééd. Éther vague, 1996. — *La Nuit aveuglante*, Laffont, 1945, rééd. Deyrolle, 1996.

→ Marc Alyn, *André de Richaud*, Seghers, coll. Poètes d'aujourd'hui, 1966. — *André de Richaud*, collectif, Le Temps qu'il fait, 1986. — Jean-Louis Malves, *Sol y sombra : J. Deltheil et A. de Richaud*, F. Loubatières, 1994.

M.Co.

Rieder *(Éditions)* (1913-1939). Maison d'édition fondée à Paris par Frédéric Rieder, absorbée par les Presses universitaires de France en 1939. Elle succède à la Librairie Édouard Cornély et Cie fondée en 1897, républicaine et laïque, spécialisée dans les livres d'histoire et d'érudition. En 1913, Cornély cède son fonds à un de ses employés, Frédéric Rieder. Ce dernier se tourne vers deux anciens collaborateurs de la Librairie Cornély, Pierre Caron et Albert Crémieux, qu'il charge de la politique éditoriale de la nouvelle maison. Pierre Caron, archiviste, entretient des liens étroits avec le milieu universitaire, en particulier avec les historiens. Albert Crémieux, agrégé d'histoire, est lié à un groupe de jeunes intellectuels, artistes et romanciers, connus sous le nom de « vitalistes », dont son ami Jean-Richard Bloch fait partie et qu'influence Romain Rolland.

Dès 1913, Crémieux exprime le vœu de faire des jeunes Éditions Rieder une maison d'édition de littérature générale, en reliant le fonds universitaire de l'ancienne librairie Cornély au monde littéraire et à un foyer intellectuel influent. La guerre interrompt ses projets. En 1922, il engage comme directeur littéraire le jeune Raymond François, dit Jacques Robertfrance, dont l'action sera déterminante dans le développement et le prestige des Éditions Rieder, jusqu'à sa mort à trente-cinq ans en 1932. Le roman et l'essai occupent désormais une large place dans le catalogue de Rieder, grâce à des auteurs comme Jean-Richard Bloch, qui dirige également la collection « Prosateurs français contemporains » jusqu'en 1928, date à laquelle lui succède Jean Guéhenno, grâce aussi à Romain Rolland et au romancier populiste Joseph Jolinon. La maison publie une littérature « de gauche », mais sans frontière politique marquée. Elle se consacre en outre à des auteurs étrangers, grâce à Léon Bazalgette qui dirige la collection « Prosateurs étrangers modernes », jusqu'à sa mort en 1928. Mais Rieder reste indifférent aux avant-gardes, et si la maison publie Nizan (*Aden Arabie*, 1931 ; *Les Chiens de garde*, 1932), on ne peut dire qu'elle soit un lieu d'accueil pour les jeunes auteurs.

En 1926, Frédéric Rieder abandonne sa maison d'édition à Pierre Caron et à Albert Crémieux. Des liens avec les éditeurs universitaires demeurent. En 1925, un accord avait été conclu avec la Librairie Leroux, les Éditions Alcan et les PUF pour gérer une imprimerie. En 1928, traversant une crise financière, les Éditions Rieder sont obligées d'ouvrir leur capital à d'autres associés et principalement aux PUF. La crise économique accélère le processus. En 1932, Caron et Crémieux quittent la maison, laissée aux PUF. Les Éditions Rieder sont désormais dirigées par Pierre-

Marcel Lévi et Edmond Schneider. Les années trente voient la liquidation du fonds Cornély. La maison ne publie plus que de la littérature. En 1938, elle abandonne la revue *Europe* qu'elle publiait depuis sa fondation en 1923, qui constituait un des phares de la maison et qui paraîtra désormais chez Denoël. La ligne éditoriale de Rieder semble devenir plus floue. La maison disparaît en août 1939, absorbée définitivement par les PUF.

J.Pl. — IMEC

Rigaut Jacques (1898-1929). Issu d'une famille modeste, il est élève au lycée Louis-le-Grand, puis commence des études de droit aussitôt abandonnées. En 1916, alors qu'il n'a pas dix-huit ans, il s'engage et connaît le baptême du feu en Lorraine au printemps 1918. Il est promu officier, puis démobilisé en 1919. Secrétaire de Jacques-Émile Blanche, il fréquente les milieux littéraires parisiens et se lie avec Drieu La Rochelle et Cocteau. À partir de 1920, il collabore à *Littérature* et participe activement à l'aventure Dada (publications, expositions, procès Barrès, etc.). Pourtant, en 1923, il reste à l'écart du mouvement surréaliste naissant et préfère mener une existence mondaine. Une liaison avec une riche Américaine, qu'il épouse en 1926, le conduit à New York. Mais son mariage est un échec. Revenu à Paris en 1928, il tente vainement de se désintoxiquer de la drogue et de l'alcool. Lui qui écrivait : « Tant que je n'aurai pas surmonté le goût du plaisir, je serai sensible au vertige du suicide », se tire une balle en plein cœur, au matin du 6 novembre 1929, à trente ans. Il n'était pas dans l'esprit de ce Dada convaincu « de l'inutilité théâtrale (et sans joie) de tout » (Vaché), de construire une œuvre. Sa production éparse et fragmentaire (petits textes sarcastiques, ébauches, aphorismes...) a été rassemblée par Martin Kay (Jacques Rigaut, *Écrits*, Gallimard, 1970).

J.G.

Rilke Rainer Maria (1875-1926). Né à Prague le 4 décembre 1875. On s'étonnera peut-être de voir figurer ici l'un des plus grands écrivains de langue allemande de ce siècle, dont les chefs-d'œuvre — *Les Cahiers de Malte Laurids Brigge*, les *Élégies de Duino* et les *Sonnets à Orphée* — sont si intimement liés à la langue qui les vit naître : c'est oublier que Rilke écrivit en français une centaine de ses derniers poèmes ainsi qu'une partie importante de sa correspondance. Ces textes ne sont certes pas de la même venue que ses œuvres majeures ; ils témoignent cependant de son attachement à une langue et une littérature qui le marquèrent profondément. Rilke contracta cette dette envers la France, sensible dans une large part de ses écrits, dès ses premiers séjours à Paris (1902) : sa vision oppressante de la capitale, celle d'une ville rongée par la déchéance et la mort, cristallisa les réflexions et les thèmes majeurs des *Cahiers de Malte Laurids Brigge* (1910), première grande œuvre de sa maturité littéraire. En contrepoint de ces hantises, l'esthétique de Rilke apparaît fortement influencée par Cézanne et surtout par Rodin : de ce dernier, il dit avoir appris à transmuer la souffrance en art, thème central de ses réflexions entre 1910 et 1920. Durant la décennie suivante, enfin, l'épuration formelle qui accompagne la lente élaboration des *Élégies de Duino* s'éclaire peut-être par les affinités du poète avec certaines œuvres de notre littérature qui l'attirèrent pour leur intensité spirituelle ou leur perfection stylistique : il traduisit en allemand quelques-uns des plus grands poèmes de Valéry, les *Sonnets* éperdus d'une poétesse de la Renaissance, Louise Labé, les *Lettres de la religieuse portugaise* ou encore un superbe sermon anonyme du XVIIe siècle, *L'Amour de Madeleine*.

Malgré cet attachement pour la France, c'est à la Suisse que Rilke voulut offrir ses poèmes français ; il y trouva refuge à partir de 1921 au château de Muzot (Valais) où fut menée à bien la rédaction finale des *Élégies* et des *Sonnets à Orphée* (1923), et y finit ses jours au sanatorium de Val-Mont (Vaud) le 29 décembre 1926. Les poèmes français furent composés autour de 1924, puis publiés en 1926 (*Vergers* ; *Quatrains valaisans)* et 1927 (*Les Roses* ; *Les Fenêtres)*, peu après la mort de l'auteur. Si ces textes, qui envisagent dans leurs « échanges imperceptibles » les choses les plus proches — la lampe, la paume de la main, l'eau des fontaines, les vergers et les chemins —, ne possèdent pas l'intensité des grands recueils en langue allemande, certains motifs fondamentaux de l'œuvre s'y retrouvent en mineur, parés d'une grâce simple aux accents presque verlainiens. On reprochera peut-être à ces poèmes une certaine préciosité, la délicatesse naturelle de Rilke s'y trouvant parfois accentuée jusqu'à la mièvrerie par l'usage d'une langue étrangère. Ces défauts sont moins sensibles dans la prose exquise des correspondances rédigées en français, par exemple les *Lettres à Rodin* (Lapina, 1928), les *Lettres à une amie vénitienne* (1941, rééd. Gallimard, 1985), *Les Lettres françaises à Merline* (Le Seuil, 1950) et les *Lettres autour d'un jardin* (La Délirante, 1981).

ŒUVRES. — *Œuvres*, t. 3 : *Correspondance*, éd. Philippe Jaccottet, Le Seuil, 1976. — *Vergers, suivis d'autres poèmes français*, éd. Philippe Jaccottet, coll. Poésie-Gallimard, 1978. — *Lettres sur Cézanne*, trad. Philippe Jaccottet, Le Seuil, 1991. — *Œuvres en prose*, éd. Claude David, Gallimard, « Bibliothèque de la Pléiade », 1993 ; *Œuvres poétiques et théâtrales*, éd. Gerald Stieg, *ibid.*, 1997.

→ Maurice Betz, *Rilke à Paris*, Émile-Paul Frères, 1941 ; rééd. Obsidiane, 1990. — *Rilke en Valais* [documents et témoignages], Lausanne, Éditions des Terreaux, 1946. — Adrien Robinet de Cléry, *Rilke traducteur*, Genève, Georg, 1956. — Charles Dedeyan, *Rilke et la France*, CDU-SEDES, 1961-1963, 4 t. — Philippe Jaccottet, *Rilke par lui-même*, Le Seuil, 1970. — Maurice Zermatten, *Les Années valaisannes de Rilke* suivi de *Lettres à ses amis valaisans*, La Différence, 1993.

B.Do.

Ringuet (1895-1960), pseudonyme de Philippe Panneton. Né à Trois-Rivières (Québec), fils d'un médecin, Éphrem-François Panneton, et d'Éva Ringuet, il passe par trois collèges différents avant de faire des études à Montréal et de se spécialiser en France (1920-1923) en oto-rhino-laryngologie. En 1924, il publie, sous le nom de Philippe Panneton, et avec Louis Francœur, un recueil de pastiches (*Littératures... à la manière de...)*, qui traite avec un humour féroce la prose de plusieurs auteurs canadiens-français (dont Henri Bourassa, Lionel Groulx et Camille Roy). Son roman, *Trente Arpents* (Flammarion, 1938), a été salué par la critique comme l'apogée du régionalisme et la fin du terroir. Ringuet a aussi publié des nouvelles, des confidences et des essais. Nommé ambassadeur du Canada au Portugal en 1956, il est mort à Lisbonne en 1960.

R.B.

Rio Michel (1945). Linguiste de formation, il poursuit une réflexion sur la fiction *(Rêve de logique : essais critiques*, 1992), sensible aussi dans son œuvre romanesque, en particulier dans *Le Perchoir du perroquet* (Balland, 1983 ; 1997) et dans *Merlin* (1989). Il s'est fait connaître avec *Alizés* (Balland, 1984 ; 1997) et a publié aussi *Les Jungles pensives* (Balland, 1985 ; 1989), *Mélancolie Nord* (1987 ; rééd. 1997), *Archipel* (1987), *Tlacuilo* (1992, prix Médicis ; rééd. 1994), *Faux pas* (1991), *Le Principe d'incertitude* (1993), *Manhattan terminus* (1995), *La Statue de la liberté* (1997). Pour le théâtre, il a donné *L'Ouroboros* (1986) et *Baleine pied-de-poule* (1990).

ŒUVRES. Aux Éditions du Seuil, sauf indication contraire.

M.Ber.

Ripert Émile (1882-1948). Après des études au lycée Henri-IV à Paris, il connaît une rapide ascension, jalonnée de succès littéraires et universitaires. En 1912, il reçoit le prix national de poésie pour *La Terre des lauriers* ; en 1918, il est reçu docteur ès lettres en Sorbonne et obtient en 1919 le prix Bordin de l'Académie française. Paysages, héros et légendes de Provence habitent son œuvre. Il a aussi publié des romans dont l'aspect documentaire est précieux *(Quand je serai bachelière*, 1925). Ses thèses sur *La Renaissance provençale* (1935) et sur Mistral, son intérêt passionné pour les auteurs qui ont versifié en « lango rostro » (Mistral, mais aussi Aubanel ou Roumanille), l'imposent comme l'un des meilleurs spécialistes de la littérature provençale.

D.H.-M.Ber.

Ristat Jean (1943). La poésie de Jean Ristat, directeur de la revue *Digraphe*, est un carrefour de traditions et de références culturelles en même temps qu'elle déconstruit la notion de genre. Son vers, un « douze syllabes » plus qu'un alexandrin, coupé là où s'épuise le décompte, souvent au milieu du mot, commence très classiquement par des majuscules. Certains de ses recueils, baptisés « tragi-comédies », présentent des « actes » et des « scènes » qui sont des suites de ces vers coupés, séries continues de tableaux très denses (absence totale de ponctuation) où se rencontrent des mondes variés d'évocations souvent baroquisantes issues de la mythologie, de la philosophie, de l'histoire, de la littérature... Audace novatrice et mélange des genres le rapprochent d'Aragon, dont il fut l'ami et est l'exécuteur du legs littéraire.

ŒUVRES. — *Le Lit de Nicolas Boileau et de Jules Verne*, 1965, rééd. précédée de : *Le Fils perdu*, Gallimard, 1974. — *Du coup d'État en littérature* suivi d'*Exemples tirés de la Bible et des auteurs anciens*, Gallimard, 1970. — *L'Entrée dans la baie et la prise de la ville de Rio de Janeiro en 1711*, tragi-comédie, 1973, rééd. Gallimard, 1980. — *L'inconnu n'est pas le n'importe quoi, dialogue avec Roland Barthes*, 1973, *Le Fil(s) perdu*, *Qui sont les contemporains ?* [recueil d'articles], Gallimard, 1975. — *Lord B*, roman par lettres avec conversations, Gallimard, 1977. — *Ode pour hâter la venue du printemps*, Gallimard, 1978. — *La Perruque du vieux Lénine*, tragi-comédie, Gallimard, 1980. — *Tombeau de Monsieur Aragon*, Gallimard, 1983. — *Le Naufrage de Méduse*, comédie héroïque, Gallimard, 1986. — *L'Hécatombe à Pythagore*, Gallimard, 1991. — **Traduction** : *Exercices spirituels* de Loyola, UGE, coll. 10/18, 1972.

M.A.

Rivages *(Éditions)*. Maison fondée à Marseille en 1979 par Jean-Louis et Jacques Guiramand. Quand Édouard de Andreis, directeur général adjoint aux Éditions du Seuil, rachète les Éditions Rivages, dont la vocation était essentiellement régionale et qui avaient réédité plusieurs numéros spéciaux des *Cahiers du Sud*, c'est avec l'ambition d'en faire une maison d'édition littéraire d'envergure nationale. En novembre 1984, des traductions de Pasolini, Isherwood et Svevo guident les premiers pas de Rivages sur la scène littéraire. À quelques exceptions près (Jouhandeau, Nimier ou Olivier Rolin), la littérature étrangère constitue, sous la conduite de Gilles Barbedette, lui-même écrivain et traducteur, le domaine de prédilection des Éditions Rivages. Du côté italien, après Svevo et à côté de Saba, elles s'attachent à la découverte de jeunes romanciers : Daniele del Guidice (*Le Stade de Wimbledon*, 1985), Elisabetta Rasy, Fausta Cialente ou Andrea de Carlo. Des incursions remarquées dans les domaines japonais (Soseki, *Oreiller d'herbes)*, espagnol (Javier Marias, *L'Homme sentimental*, 1988) et allemand (Heimito von Doderer et Hermann Lenz) valent à Rivages la reconnaissance de la critique et du public. C'est cependant dans la littérature anglo-saxonne que la maison alimente son fonds, contribuant à faire relire Truman Capote, William Goyen, Paul Bowles et surtout Vladimir Nabokov. De ce dernier, Rivages publie la correspondance avec Edmund Wilson, un *Nicolas Gogol*, et *L'Enchanteur*, court roman où s'ébauche la future « Lolita ». Des auteurs peu connus en France sont également publiés (Grace Paley, Lorrie Moore ou Steve Millhauser) tandis qu'Alison Lurie (*Liaisons étrangères*, 1988) et David Lodge (*Jeu de société*, 1989) offrent à Rivages ses plus gros succès.

Rivages produit par ailleurs des almanachs et des petits guides de voyages et développe des collections consacrées à la psychanalyse, au management, au design, et, sous la direction d'Arlette Farge, à l'histoire. L'œuvre de l'historien d'art italien Federico Zeri est publiée dans la collection « Galerie ». Parallèlement, dès 1985, soutenue par le réseau de diffusion du Seuil, la maison se lance dans une politique de livres de poche : « Rivages cinéma » propose des monographies consacrées à de grands cinéastes ; la collection « Rivages noir », dirigée par François Guérif, impose les auteurs nouveaux du « polar » américain (Tony Hillerman, James Ellroy) ; la « Petite Bibliothèque Rivages » invite à relire les grands textes, de Sénèque à Karl Kraus, ou d'Aristote à Georg Simmel. En 1991, les Éditions Payot rachètent Rivages mais la maison conserve son autonomie et son équipe. En 1992, le créateur de Rivages, Édouard de Andreis, et son principal artisan, Gilles Barbedette, disparaissent brutalement ; depuis la maison poursuit ses activités dans leur sillage.

A.Ch. — IMEC

Rivard Yvon (1945). Son premier roman, *Mort et naissance de Christophe Ulric* (1976), à la fois roman d'apprentissage et voyage initiatique, se situe dans la tradition du romantisme allemand. Après *L'Ombre et le double* (1979), où la quête des origines et le questionnement du rapport entre le réel et le langage se poursuivent, *Les Silences du corbeau* (1986) reprend le thème du voyage initiatique, dans un registre plus réaliste et dans un style plus dépouillé, par le récit, en forme de journal, d'un séjour en Inde dont le narrateur, mi-sceptique mi-fasciné, attend une re-naissance. *Le Milieu du jour* (1995) raconte, dans une prose où la lucidité se conjugue avec la tendresse, l'itinéraire d'un écrivain entre deux femmes et deux continents. Yvon Rivard, qui est professeur à l'université McGill et membre du comité de rédaction de *Liberté*, a aussi publié un recueil d'essais littéraires, *Le Bout cassé de tous les chemins* (1994).

S.Ma.

Rivaz Alice (1901-1998). Née le 14 août 1901 à Rovray, petit village du canton de Vaud, fille d'un instituteur devenu le premier chef socialiste vaudois au début de ce siècle, elle a baigné dans un climat où les idées paternelles étaient honnies par la bourgeoisie bien-pensante. Elle restera toute sa vie à l'écoute des humbles et des défavorisés, dont elle fera ses personnages favoris. Musicienne de talent, elle a dû renoncer à des études de piano en raison de mains trop petites, mais a pratiqué cet instrument avec passion ; nombre de ses personnages seront mélomanes ou musiciens. Elle a également exercé ses dons de peintre. Secrétaire, puis documentaliste au Bureau international du travail à Genève, où elle a passé toute sa vie, elle a saisi les rapports de forces qui existent entre hommes et femmes, dans le monde du travail, et en a fait l'un des thèmes de son œuvre. La crise économique puis la guerre l'ayant réduite au chômage, elle a pu se consacrer à sa vocation littéraire, encouragée par Ramuz, qu'elle a secondé dans la préparation d'une anthologie poétique publiée à la Guilde du livre.

Son premier roman, *Nuages dans la main* (1939), met en lumière ses dons d'observatrice et son pouvoir d'évoquer la vie intérieure des personnages sans donner dans la psychologie ; ses héros se dévoilent grâce aux rapports qu'ils entretiennent avec les lieux, les êtres et les choses. Situés le plus souvent à Genève, ses récits décrivent la complexité des rapports entre ceux qui travaillent ensemble (*Comme le sable*, 1946 ; *Le Creux de la vague*, 1967), la solitude et l'amour décevant (*La Paix des ruches*, 1947), la hantise du vieillissement (*Comptez vos jours*, 1966), ainsi que la difficulté de concilier littérature et profession (*Jette ton pain*, 1979). Féministe avant le courant des années 1970, elle narre dans ses nouvelles d'humbles destinées d'hommes et surtout de femmes avec une sympathie plus efficace qu'un discours polémique (*Sans alcool*, 1961 ; *De mémoire et d'oubli*, 1973). Elle évoque la figure de son père et ses expériences d'enfant dans *L'Alphabet du matin* (1968), fresque de la vie vaudoise avant la Première Guerre — témoignage précieux parce que les problèmes du monde ouvrier sont quasiment absents de la littérature romande. Réaliste par ses sujets, son œuvre est empreinte de poésie dans l'évocation de la nature et des saisons ; ses portraits, incisifs et parfois féroces, illustrent son refus de toute concession à la médiocrité ; les valeurs ne sont pas, pour elle, question de classe sociale. Son journal, *Traces de vie* (1983), illustre son écoute du monde et la recherche constante de sa propre vérité. Elle est morte près de Genève, le 27 février 1998.

→ Roger-Louis Junod, *Alice Rivaz*, Fribourg, Éditions universitaires, 1980. — Françoise Fornerod, *Alice Rivaz*, à paraître en 1996.

F.Fo.

Rivière Jacques (1886-1925). Né à Bordeaux le 15 juillet 1886, fils d'un professeur de la faculté de médecine, il perd sa mère à onze ans. Il est l'aîné de quatre enfants, qui seront confiés à leur tante maternelle. En octobre 1898, il entre en 6e au lycée de Bordeaux. En 1902, son père se remarie. Bachelier l'année suivante, Jacques Rivière entre en khâgne au lycée Lakanal de Sceaux en octobre 1903. Il y fait la connaissance d'Henri Fournier, futur Alain-Fournier, qui devient son ami. Le 17 janvier 1904, tous deux ont la révélation de *Pelléas et Mélisande* et du *Prélude à l'après-midi d'un faune*. En juillet 1905, Rivière échoue à l'oral du concours d'entrée à l'École normale supérieure, mais obtient une bourse de licence pour l'université de Bordeaux, où il s'inscrit en octobre.

Le 1er mai 1906 paraît son premier article dans *Le Mercure musical* : « La musique à Bordeaux ». Fin mai, devançant l'appel afin de n'effectuer qu'un an de service militaire, il rejoint le 53e R.I. de Tarbes, tout en obtenant sa licence de philosophie. En décembre 1906, il fait la connaissance de Gabriel Frizeau, grand bourgeois bordelais, amateur d'art moderne et de littérature, ami du peintre André Lhote et de Claudel, à qui le jeune homme écrit le 23 janvier 1907. Claudel lui répond le 4 avril. Libéré du service militaire fin avril, il publie en juin, dans *Tânit*, une « Note sur le 23e Salon des Artistes indépendants » suivie, dans *Occident*, en juillet, de « Méditation sur l'Extrême-Occident ». En octobre 1907, il s'installe avec son frère à Paris pour y préparer un mémoire d'études supérieures sur la *Théodicée* de Fénelon et l'agrégation de philosophie. Il enseigne, pendant l'année scolaire, le latin et la philosophie dans un établissement privé. Dans trois livraisons d'*Occident* (octobre, novembre, décembre 1907), il publie une importante étude sur « Paul Claudel poète chrétien » : « Claudel est redoutable et cruel ; il se jette sur nous avec la même impétuosité que son Dieu, il réclame tout de nous, il veut nous enflammer tout entiers, il n'est pas une parcelle de nous qu'il renonce à accaparer... ». Fiancé en février 1908 à Isabelle, la sœur d'Alain-Fournier, il l'épouse en août 1909 et en aura deux enfants, Jacqueline en 1911, Alain en 1920.

De novembre 1908 à mars 1909, *Les Annales de philosophie chrétienne* publient « La *Théodicée* de Fénelon ». Ayant rencontré Gide chez André Lhote en décembre 1908, Rivière lui envoie, en 1909, son « Introduction à une métaphysique du rêve », publiée le 1er novembre dans la *NRF*. Mais il y avait donné dès le mois d'avril, dans le no 3, une note sur un livre d'André Suarès. Refusé en juillet 1909 à l'agrégation, il est chargé à la rentrée d'un cours de philosophie au collège Stanislas, qu'il conservera jusqu'en décembre 1911. C'est en décembre 1909, au banquet de la revue, qu'il est officiellement présenté à l'équipe de la *NRF*, dont il devient le collaborateur rétribué en février 1910. Articles et notes vont désormais se succéder. En janvier 1912, dédié « À mon frère Henri Alain-Fournier », paraît aux Éditions de la NRF un recueil d'*Études* qui révèle l'éclectisme de l'auteur, parlant aussi bien des poètes (Baudelaire), des peintres (Ingres, Cézanne, Matisse, Rouault, Gauguin), des musiciens (Rameau, Bach, César Franck, Wagner, Dukas, Ravel, Debussy, Borodine, Moussorgsky) et surtout de Claudel et de Gide. Le 11 décembre 1911, il est nommé secrétaire de la revue, qui publie en janvier 1912 son essai au titre programmatique, « De la sincérité envers soi-même ». Les deux livraisons de novembre et décembre donnent « De la foi » et, de mai à juillet 1913, une importante étude sur « Le roman d'aventures », qui appelle de ses vœux un renouvellement de la forme romanesque, souhaité aussi bien par Jacques Copeau que par Alain-Fournier. Suivront une analyse du *Sacre du printemps*, en novembre 1913, et, en juillet et août 1914, un important article en deux livraisons sur Rimbaud. Mobilisé, Rivière est fait prisonnier dès le 24 août 1914 et passe toute la guerre à Königsbruck et en Suisse. Rapatrié en juillet 1918, il publie aux Éditions de la NRF *L'Allemand, souvenirs et réflexions d'un prisonnier de guerre*. Il a aussi tenu des *Carnets* (1974), qui révèlent la lucidité, l'exigence et la sincérité qui l'animaient.

Lorsque reparaît la *NRF*, le 1er juin 1919, Rivière en devient tout naturellement le directeur. Il va y déployer une activité inlassable, écrivant lui-même des textes sur divers domaines, littéraire mais aussi politique (« Décadence de la liberté », « Pour une entente économique avec l'Allemagne ») ou moral (« Lettre ouverte à Henri Massis sur les bons et les mauvais sentiments »), attentif surtout à faire de la revue le miroir de la création et des débats d'idées contemporains, soucieux de découvrir et d'aider les jeunes en « frère aîné » (le mot est de Jean Prévost) et d'ouvrir les sommaires dont il a la responsabilité à tous ceux qui comptent ou qui compteront. On voit ainsi se succéder, à côté de Proust, de Valéry, de Jules Romains, de Claudel, les noms de Breton, Aragon, Max Jacob, André Salmon, Mac Orlan, Paulhan, Radiguet, Soupault, Larbaud, Supervielle, Cohen, Saint-John Perse. Le numéro d'hommage à sa mémoire, publié par la *NRF* en 1925, permet de mesurer le désarroi causé par la mort de « l'homme de barre », comme l'appela Joseph Delteil.

En 1922, Rivière publie aux Éditions de la NRF un petit roman d'analyse, *Aimée*, dans la tradition de *La Princesse de Clèves* et d'*Adolphe*, transposition d'une idylle amorcée à la veille de la guerre avec la femme de Gaston Gallimard. L'interruption de 1914 à 1918 lui avait permis le recul nécessaire au détachement. En 1924, *Études* est réédité, et Rivière donne à *Miracles*, recueil de textes d'Alain-Fournier pour la plupart inédits, une préface sensible et dense. Il meurt brutalement de la typhoïde le 14 février 1925.

ŒUVRES. — *À la trace de Dieu* [carnets], éd. Isabelle Rivière, 1925. — *Carnets*, éd. Alain Rivière, Fayard, 1974. — *Rimbaud, dossier 1905-1925*, éd. Roger Lefèvre, Gallimard, 1977. — *Quelques progrès dans l'étude du cœur humain (Cahiers Marcel Proust*, n° 13), Gallimard, 1985. — *Une conscience européenne (Les Cahiers de la NRF*, n° 2), Gallimard, 1992. — **Correspondance** : avec Alain-Fournier, Gallimard, 1926-1928, 4 t., rééd. 1991, 2 t. ; avec Claudel, Plon, 1926, rééd. *Cahiers Paul Claudel*, n° 12, 1984 ; avec Gaston Gallimard, 1994 ; avec Proust, éd. Philip Kolb, Plon, 1955, rééd. Gallimard, 1976 ; avec Jean Schlumberger, Centre d'Études gidiennes, Lyon II, 1980.

→ Auguste Anglès, *André Gide et le premier groupe de la NRF*, Gallimard, t. I, 1978, t. II et III, 1986. — *Revue d'histoire littéraire de la France*, septembre-octobre 1987. — Fonds Jacques Rivière - Alain Fournier à la Bibliothèque municipale de Bourges. — Il existe depuis 1975 un *Bulletin des Amis de Jacques Rivière et d'Alain-Fournier* (Viroflay).

C.S

Robbe-Grillet Alain (1922). Né à Brest le 18 août 1922, il fut longtemps constitué en mythe et en chef d'école, alors même qu'il se défie des dogmes et aime à prendre ironiquement le contre-pied des lois qu'il vient de formuler. Peut-être son originalité et sa désinvolture viennent-elles d'une formation initiale étrangère au monde des lettres. Au terme d'une enfance passée en Bretagne et à Paris, il entre au lycée Saint-Louis dans une classe préparatoire et après avoir été déporté du travail en Allemagne devient ingénieur agronome à l'Institut national de la Statistique, puis à l'Institut des Fruits et Agrumes coloniaux où il se consacre à la littérature. À partir de 1951, il fait paraître plusieurs articles dans *Critique*, la *N.R.F.* et *Disque vert*, et dès 1948 commence à écrire son premier récit, *Un régicide*. Dans un royaume imaginaire, Boris, inspiré de Meursault et de Roquentin, se transforme pour avoir entendu quelqu'un proposer de « tuer le roi » et au cours de scènes oniriques accomplit inlassablement l'acte par lequel il s'imagine advenir à l'existence. Refusé, ce récit ne paraîtra qu'en 1978 (Éditions de Minuit), mais de retour des Antilles, Robbe-Grillet propose aux Éditions de Minuit un second texte, *Les Gommes*, publié en 1953. Bâti sur les décombres d'*Œdipe-Roi*, cet étrange roman policier montre comment l'inspecteur Wallas est amené à tuer sans l'avoir voulu un certain Dupont, son père supposé, qu'il croyait mort et sur le « meurtre » de qui il était en train d'enquêter. Quelques critiques remarquent l'œuvre, mais c'est avec *Le Voyeur* (Éditions de Minuit, 1955) qu'éclate la polémique car le jury du prix des Critiques se déchire autour de ce voyageur de commerce qui omet de raconter au lecteur le crime sexuel accompli durant sa tournée dans une île. Soutenu par Barthes, Blanchot et Bataille, Robbe-Grillet devient le porte-parole des « romanciers du regard » ou « écrivains de Minuit » et il tient dans *L'Express*, en 1955-1956, une chronique où se formulent de façon provocante les idées qui constitueront *Pour un nouveau roman* (Éditions de Minuit, 1963). Texte-manifeste, ce recueil subit une étrange lecture puisqu'on y voit la condamnation du roman traditionnel au profit d'un structuralisme littéraire, alors que selon l'auteur « le Nouveau Roman ne s'intéresse qu'à l'homme » et « ne vise qu'à une subjectivité totale », le terme de « Nouveau Roman » n'étant qu'une appellation commode pour « englob[er] tous ceux qui cherchent de nouvelles formes romanesques ». Au moment où il condamne la métaphore, Robbe-Grillet produit d'ailleurs son œuvre la plus métaphorique, *La Jalousie* (Éditions de Minuit, 1957), huis clos tropical dans lequel un mari décrit le monde avec la fausse objectivité du maniaque et soumet les signes à son entreprise interprétative. Un même climat onirique imprègne *Dans le labyrinthe* (Éditions de Minuit, 1959), avec ce soldat en déroute à la recherche d'un fantôme, et *L'Année dernière à Marienbad* (1961, réalisé par Alain Resnais sur le scénario et les dialogues de Robbe-Grillet) où un homme tente de faire surgir d'un univers glacé un sentiment amoureux. Là se termine la première période d'un auteur que menacent les exégètes. Indifférent à l'intrigue et seulement sensible à la présence opaque des objets, Barthes élabore dans « Littérature objective » et « Littérature littérale » (dans *Essais critiques*, Le Seuil, 1964) le mythe d'un univers de la pure surface d'où le sens se serait définitivement enfui, cependant que Blanchot, ouvert dans « Notes sur un roman » (repris dans *Le Livre à venir*, Gallimard, 1959) à ce qu'une pareille œuvre a de ténébreux, propose de lire *Le Voyeur* comme une sorte de grand rêve où se devine la trace d'une tache aveugle, lourde de culpabilité. Alors qu'ils étaient supposés évacuer le sens, voilà que ces textes se font polysémiques et n'en finissent pas de produire des significations.

Comme pour interdire toute réappropriation par le discours humaniste, Robbe-Grillet s'échappe. Dans *La Maison de rendez-vous* (Éditions de Minuit, 1965), *Projet pour une révolution à New York* (Éditions de Minuit, 1970), *Topologie d'une cité fantôme* (Éditions de Minuit, 1976), *Souvenirs du triangle d'or* (Éditions de Minuit, 1978) et *Djinn : un trou rouge entre les pavés disjoints* (Éditions de Minuit, 1981), ainsi que dans ses films, *Trans-Europ-Express* (1966), *L'Homme qui ment* (1968), *L'Éden et après* (1971) et sa version anagrammatique, *N. a pris les dés* (1973), *Glissements progressifs du plaisir* (1974), *Le Jeu avec le feu* (1975) ou *La Belle Captive* (1981), il prend comme matériau les stéréotypes véhiculés par le roman d'espionnage, la bande dessinée, l'affiche publicitaire et la littérature érotique. D'un texte à l'autre, ce ne sont qu'organisations mystérieuses, médecins diaboliques, trafiquants de drogue, agents doubles, jeunes filles que l'on enlève et qui, perpétuellement nues, doivent subir d'interminables supplices avant de périr pourchassées par les chiens, empalées, brûlées vives et/ou sciées de part en part. Pourtant cet arsenal sadien a quelque chose d'humoristique, neutralisé qu'il est par l'outrance et l'artifice. Pas un instant nous ne pouvons croire à l'existence de ces silhouettes qui se transforment souvent en mannequins ou bien redeviennent photographies ou tableaux. Cette littérature du deuxième degré se donne à lire comme album d'images et ce n'est pas hasard si Robbe-Grillet a écrit pour David Hamilton les textes de *Rêves de jeunes filles* (Laffont, 1971) ou *Les Demoiselles d'Hamilton* (Laffont, 1972), s'il a rêvé sur les tableaux de Magritte avec *La Belle Captive* (Bibliothèque des arts, 1976), sur les adolescentes 1900 d'Irina Ionesco ou sur l'œuvre de Delvaux dont procède la première partie de *Topologie*.

En une ultime métamorphose, celui qui avait, dit-on, prêché la mort de l'homme permet au moi de faire retour. Dès 1976, les Éditions du Seuil le contactent pour qu'il rédige un *Alain Robbe-Grillet par lui-même*, à l'instar du volume similaire produit par Roland Barthes. Il entreprend cette nouvelle tâche, fait paraître dans la revue *Minuit* « Fragment autobiographique imaginaire » (n° 31, novembre 1978), présenté comme extrait d'une œuvre à venir, puis se heurte à une impasse. En 1984, il surprend avec *Le Miroir qui revient* (Éditions de Minuit) et son célèbre incipit : « Je n'ai jamais parlé d'autre chose que de moi. Comme c'était de l'intérieur, on ne s'en est guère aperçu. » Après cette ouverture provocante, le texte peut se lire comme de traditionnelles mémoires avec ses petites anecdotes, comme un journal de l'œuvre dont il fournit des clefs et comme une « nouvelle autobiographie », puisque l'auteur parle de lui à travers un double fabuleux, Henri de Corinthe, père/frère merveilleux qui introduit dans le souvenir la dimension du légendaire. Trois ans après, *Angélique ou l'enchantement* (Minuit, 1987), censé être la suite, propose une tonalité nouvelle. Si *Le Miroir* est surtout fantastique, *Angélique* plonge le lecteur dans un climat épique proche de l'Arioste en faisant des cavaliers de 1914 les derniers des chevaliers. En une étrange guerre, on galope à travers Brocéliande où l'on croise des uhlans, l'Ankou et des jeunes filles nues qu'on va devoir tuer. Enfin, dans *Les Derniers Jours de Corinthe* (Éditions de Minuit, 1994), un Corinthe de plus en plus fantomatique accompagne l'auteur lors de sa venue à l'écriture. Après le triomphe du simulacre qui avait constitué un univers inaltérable, voilà que la temporalité fait retour comme si la prolifération des images avait eu pour fonction de masquer la béance où se constitue l'œuvre d'art et se fonde la liberté.

→ Bruce Morrissette, *Les Romans de Robbe-Grillet*, Éditions de Minuit, 1963. — Olga Bernal, *Alain Robbe-Grillet : le roman de l'absence*, Gallimard, 1964. — Marcel Brion et Ludovic Janvier, *Alain Robbe-Grillet*, Livres de France, 1965. — Gérard Genette, « Vertige fixé », dans *Figures*, Le Seuil, 1966. — Jean Alter, *La Vision du monde d'Alain Robbe-Grillet*, Genève, Droz, 1966. — Jean Ricardou, *Problèmes du Nouveau Roman*, Le Seuil, 1967 ; *Pour une théorie du Nouveau Roman*, Le Seuil, 1971. — André Gardies, *Alain Robbe-Grillet*, Seghers, 1972. — Jacques Leenhardt, *Lecture politique du roman : « La Jalousie » d'Alain Robbe-Grillet*, Minuit, 1973. — *Robbe-Grillet*, Colloque de Cerisy, UGE, 1976. — *Robbe-Grillet*, *Obliques*, n°s 16-17, 1978. — Dominique Château et François Jost, *Nouveau cinéma, nouvelle sémiologie : essai d'analyse des films d'Alain Robbe-Grillet*, UGE, 1979. — Jean-Jacques Brochier, *Alain Robbe-Grillet*, Lyon, La Manufacture, 1985. — Roger-Michel Allemand et Alain Goulet, *Imaginaires, écritures, lectures de Robbe-Grillet : d'« Un régicide » aux « Romanesques »*, Lion-sur-Mer, Arcane-Beaunieux, 1991. — Roger-Michel Allemand, *Duplications et duplicité dans les « Romanesques » d'Alain Robbe-Grillet*, Minard, 1991. — *Alain Robbe-Grillet*, Le Seuil, 1997. — Robert R. Brock, *Lire, enfin, Robbe-Grillet*, Paris-London, Lang, 1991. — Sjef Houppermans, *Alain Robbe-Grillet, autobiographie*, Amsterdam-Atlanta, Rodopi, 1993. — Ae Young Choe, *« Le Voyeur » à l'écoute*, PUF, 1996. — Le ministère des Relations extérieures a diffusé en 1986 les cinq premiers films de Robbe-Grillet, accompagnés d'un appareil critique. — Fonds Alain Robbe-Grillet à la Bibliothèque nationale.

J.P.

Robin Armand (1912-1961). Né le 19 janvier 1912 à Plouguernevel (Côtes-d'Armor) dans une famille paysanne où l'on parle breton, il demeurera accordé à ses racines : la Bretagne est pour lui, « poète des buissons et des ronces » (*Le Monde d'une voix*, rééd. Gallimard, 1968), le lieu du « génie poétique ». Ayant appris le français au collège et passé son baccalauréat, il quitte le lycée de Saint-Brieuc pour la « khâgne » du lycée Lakanal à Sceaux, où il a pour professeur Jean Guéhenno, puis il termine des études de lettres à Lyon. En 1934, il voyage en URSS et s'inscrit à son retour à l'École des langues orientales. Il devient polyglotte et maîtrise une vingtaine de langues. À partir de 1936, un gagne-pain épuisant l'accapare : l'écoute nocturne des radios étrangères et la rédaction d'un bulletin distribué à des abonnés dont le Vatican et l'Élysée.

Avec *Ma vie sans moi* (1940, rééd. Poésie-Gallimard, 1970), son premier recueil, il s'affirme comme le chantre de la dépossession de soi. Refusant d'habiter son nom et son existence individuelle, le poète choisit de s'abolir pour se faire le carrefour de voix plurielles : « Mes chants les plus secrets naissent loin de moi-même ». En 1943, paraît *Le Temps qu'il fait* (rééd. L'Imaginaire, 1986), épopée rurale d'inspiration celtique qui, bien que sous-titrée « roman breton », est un « grand poème où la prose cherche le vers » (Maurice Blanchot).

Armand Robin n'aura cessé de dénoncer l'imposture et la censure. Pendant l'Occupation, il envoie à la Gestapo des lettres de provocation, tout en réclamant son inscription sur la liste noire du Comité national des écrivains. En 1945, il rejoint la Fédération anarchiste et publie ses *Poèmes indésirables* (rééd. Le Temps qu'il fait, 1987), engagés et polémiques. Dans *La Fausse parole* (1953), pamphlet contre le langage « loquacement aphasique » des médias, sont stigmatisés la propagande et ses « déferlements incessants de mots tués ».

À l'opposé, la poésie, cette « grande chose simple », est une parole absolue dont l'activité de traduction permet de mesurer la plénitude. Traduire Ady (1946), Pasternak, Maïakovski, Blok, Essénine (*Quatre poètes russes*, 1949), Omar Khayam (*Rubayat*, 1958), Paseyro, Tou Fou ou Ungaretti, entre autres (*Poésie non traduite*, t. I, 1953 ; t. II, 1958), c'est non seulement faire preuve d'invention verbale grâce à la « littéralité absolue », mais c'est aussi quêter des signes anciens ou lointains afin de sceller une alliance avec l'altérité. En résonance avec les poètes du monde entier, Robin entreprend une traversée de la langue vers l'origine impersonnelle et universelle d'une « outre-langue » réconciliatrice : un « Éden d'avant la tour de Babel ».

Malade, harcelé par des problèmes financiers, Armand Robin disparaît de chez lui le 27 mars 1961. Il meurt le 29 mars à l'infirmerie spéciale du Dépôt, dans des circonstances obscures. *Le Monde d'une voix*, rassemblant ses poèmes posthumes, paraît en 1968 : « Toutes les autres vies sont dans ma vie, / Par les nuages pris, / Ruisseau d'herbe en herbe étourdi, / Je me fuis de vie en vie / Hâte sans fin rafraîchie. »

J. de S.

Roblès Emmanuel (1914-1995). Né le 4 mai 1914 à Oran, en Algérie, d'une mère qui est la veuve d'un artisan d'origine espagnole, il grandit dans un milieu modeste qui n'est pas sans rappeler celui de Camus, auquel il sera lié. Entré à l'École normale d'Alger, il y rencontre Mouloud Feraoun, et s'ouvre à la vie intellectuelle. Il signe des articles dans *Alger républicain* tandis qu'en 1938 paraît son premier roman, *L'Action*. Au cours de la Seconde Guerre mondiale, il est correspondant de guerre dans l'aviation. Les scènes dont il est le témoin en Italie fournissent le cadre de plusieurs de ses romans (*Cela s'appelle l'aurore*, 1952 ; *Le Vésuve*, 1961 ; *La Croisière*, 1968 ; *Un printemps d'Italie*, 1970). Les émeutes de Sétif en 1945 lui inspirent son œuvre la plus célèbre : *Les Hauteurs de la ville* (1948, prix Femina). Il milite pour une Algérie pluraliste, où les cultures française et arabe vivraient en harmonie. La revue *Forge*, qu'il dirige, œuvre en ce sens. À l'instigation de Camus, qui loue ses talents de dialoguiste, il se lance dans le théâtre. La plus fameuse de ses pièces est *Montserrat*, créée en 1948. Il est en outre reporter, effectuant de multiples voyages en Europe centrale, en Extrême-Orient et en Amérique du Sud, dont on retrouve la trace dans ses œuvres.

Le pittoresque et la couleur locale ne sont jamais au premier plan dans les livres d'Emmanuel Roblès. Les questions universelles de la dignité de l'homme, de la justice et de la liberté sont au contraire les axes majeurs de son œuvre. En ce sens, il se place dans la lignée de Malraux et de Saint-Exupéry, pour lesquels seule l'affirmation de la foi en l'homme donne un sens à l'existence. À propos de *Montserrat*, on a pu parler de « drame d'idées », tant ce huis clos relègue au second plan les circonstances historiques dans lesquelles il est censé se dérouler. Montserrat, officier espagnol, a trahi son camp en permettant la fuite de Bolívar, le futur libérateur de l'Amérique du Sud. Du Venezuela cependant nous ne verrons qu'une salle de garde, dans laquelle se déroulent les trois actes de la pièce. Car Roblès n'entend pas faire œuvre d'historien, mais confronter le spectateur à un débat d'ordre éthique : a-t-on le droit, en vue de la liberté d'un peuple, de sacrifier des innocents ? Telle est la question à laquelle Montserrat doit répondre, enfermé en compagnie de six otages dont la vie sera le prix de sa fidélité à Bolívar. On retrouve, dans cette œuvre comme dans d'autres, les thèmes de la responsabilité, de l'engagement et de ses nécessaires compromissions, qui, associés à l'existentialisme, marquent l'air du temps. C'est dans la révolte que le jeune Smaïl, dans *Les Hauteurs de la ville,* affirme sa dignité d'homme libre tandis que Montserrat accepte de « se salir les mains » : « J'accepte aussi de ne pas échapper à sa malédiction », dit-il d'un Dieu dont on ne sait pas s'il est amour ou colère. Emmanuel Roblès dirigea aux Éditions du Seuil la collection Méditerranée. Luis Buñuel a porté à l'écran son roman *Cela s'appelle l'aurore* (1955). Outre ses nombreux romans et ses drames, on lui doit des nouvelles (*L'Homme d'avril*, 1959 ; *La Mort en face*, 1961), des poèmes et des traductions de García Lorca, Serrano Plaja, Cervantès. Élu à l'académie Goncourt en 1973, il est mort à Paris le 22 février 1995.

ŒUVRES. — Aux Éditions du Seuil. **Romans** : *Les Hauteurs de la ville*, 1948. — *Cela s'appelle l'aurore*, 1952. — *Federica*, 1954. — *Les Couteaux*, 1956. — *Le Vésuve*, 1961. — *La Remontée du fleuve*, 1964. — *La Croisière*, 1968. — *Un printemps d'Italie*, 1970. — *Saison violente*, 1974. — *Les Sirènes*, 1978. — *L'Arbre invisible*, 1979. — *Venise en hiver*, 1981. — *La Chasse à la licorne*, 1985. — *Norma ou l'exil infini*, 1987. — **Théâtre** : *Montserrat*, 1948. — *La vérité est morte*, 1952. — *L'Horloge* suivi de *Porfirio*, 1956. — *Plaidoyer pour un rebelle*, 1966.

Cl.D.

Roche Denis (1937). Né à Paris, le 21 novembre 1937, membre du comité de rédaction de la revue *Tel Quel* (1962-

1973), il publie dans ces mêmes années quatre livres de poésie : *Récits complets* (1963), *Les Idées centésimales de Miss Elanize* (1964), *Éros Énergumène* (1968) et *Le Mécrit* (1972). Dans ces œuvres, rassemblées en 1995 sous le titre : *La Poésie est inadmissible*, le propos est d'abord critique. Il consiste à retourner la poésie contre elle-même. Jouant de tous les artifices et de tous les codes pour les vider de signification, le texte ne dit que « sa violente action d'écrire ». Un « système d'autodestruction » est ainsi installé qui culmine avec *Le Mécrit*, mise à mort de la poésie et adieu de l'auteur à la poésie. D'autres ouvrages suivront : *Louve basse* (1976), roman d'une extraordinaire vitalité, qui en une série de textes assemblés, met en scène son auteur et s'achève avec la description de son propre cadavre décomposé ; *Dépôts de savoir & de technique* (1980) qui, procédant au découpage, au collage, au « cadrage » de textes divers, rappelle les expérimentations poétiques antérieures. Denis Roche est également photographe et théoricien de la photographie. Il dirige aux Éditions du Seuil les collections Fiction & Cie et Les Contemporains.

→ Il existe depuis 1995 des *Cahiers Denis Roche* (Paris).

Ph.F.

Roche Maurice (1925-1997). Né le 2 novembre 1925 à Clermont-Ferrand, il est musicien de formation et auteur d'une étude sur Monteverdi. Il publie son premier roman dans la collection Tel Quel : *Compact* (1966). Écrit une dizaine d'années auparavant, ce livre est accueilli par la critique comme « la plus belle réussite de cette conception du roman qui succède au Nouveau Roman et que l'on a appelé structuraliste » (Maurice Nadeau). Le texte se présente sous une forme fragmentaire, exploite toutes les ressources de la typographie et fait alterner plusieurs voix en jouant des différents pronoms personnels. le lecteur y découvre le délire nocturne d'un homme qui, au cœur d'une métropole moderne, s'enfonce dans l'obscurité, perdant ensemble la vie et la vue. D'autres romans suivront parmi lesquels : *Circus* (1972), *Opéra bouffe* (1975), *Maladie mélodie* (1980). Toujours, chez Maurice Roche, la page se fait partition. Dans le souvenir du *Coup de dés* de Mallarmé ou des calligrammes d'Apollinaire, le texte, jouant de plusieurs langues et de plusieurs écritures, unit la lettre à l'image, fait alterner citations, reproductions, portées musicales. En 1987, Maurice Roche a reçu le grand prix de l'Humour noir pour son roman *Je ne vais pas bien mais il faut que j'y aille*. Son œuvre est placée sous le signe de la mort et du rire ; elle se veut un face à face comique et funèbre avec celle que, dans un essai de 1981, il nomme la « Camar(a)de ». Il est mort à l'hôpital de Sèvres le 19 juillet 1997.

Ph.F.

Roche Sylviane (1949). Née à Paris, elle enseigne la littérature à Nyon (canton de Vaud). Sa première publication réunit, sous le titre *Les Passantes* (1987), plusieurs nouvelles, dans lesquelles elle parcourt les chemins de la mémoire, tout en brossant des tableaux ironiques de la petite et haute bourgeoisie. *Le Salon Pompadour* (1990) et *Septembre* (1993), écrits dans le style épuré et sobre du roman d'introspection, gravitent autour de personnages féminins passionnés, aux prises avec les malheurs de l'existence et l'impuissance du souvenir.

D.Ma.

Roché Henri-Pierre (1879-1959). Né à Paris le 28 mai 1879, il n'accéda à la notoriété qu'en 1962, lors de la sortie à l'écran de *Jules et Jim*, publié chez Gallimard en 1953 et passé inaperçu jusqu'à l'adaptation de François Truffaut. Présenté comme un premier roman écrit à l'âge de soixante-quatorze ans, *Jules et Jim* n'était cependant pas un coup d'essai. Dilettante, Henri-Pierre Roché combinait depuis le début du siècle les activités de critique d'art, de conseiller artistique, de traducteur amateur et d'écrivain. Ancien élève à l'atelier Julian, il se lie avec Brancusi, Braque, Picasso et surtout Marcel Duchamp, futur protagoniste d'un de ses romans (*Victor*, Musée national d'art moderne - Centre Georges Pompidou, 1977, posth.). Avant la Grande Guerre, sous les noms de Pierre Roché et de Pierre Varhen, il donne des textes courts à *Vers et prose*, à la *Revue libre*, à *L'Ermitage*. En 1916 paraît chez Attinger sous son vrai nom un court récit autobiographique : *Huit jours à la Conciergerie pendant la bataille de la Marne*.

En 1921, par l'entremise de Cocteau et de Fénéon, il publie aux Éditions de La Sirène, sous le pseudonyme de Jean Roc, un court roman dialogué manifestement inspiré par Keyserling, *Don Juan* (rééd. André Dimanche, 1994).

Très tôt, Henri-Pierre Roché est attiré par la littérature allemande, à laquelle l'a initié Franz Hessel, écrivain berlinois rencontré en 1907. Hessel, ami de Walter Benjamin avec qui il traduira une partie de l'œuvre de Proust, inspira directement à Roché le personnage de Jules, tandis que sa femme, Helen Grund-Hessel, apparaissait sous les traits de Kate. *Jules et Jim*, qu'on a surtout retenu comme une illustration du ménage à trois, est en réalité un roman franco-allemand bâti sur le modèle de *L'Éducation sentimentale* et situé dans une atmosphère de renouveau esthétique, entre Paris et Munich, capitales de l'art moderne avant 1914. Cette dimension historique de l'œuvre se révèle pleinement à la lecture des carnets rédigés par Henri-Pierre Roché tout au long de sa vie, dont une édition partielle parut en 1990 (*Carnets. Les Années Jules et Jim, 1920-1921*, André Dimanche), suivie par l'édition de la correspondance entre Roché et Helen Hessel (*Journal d'Helen. Lettres à Henri-Pierre Roché*, André Dimanche, 1991). Roché récupéra une nouvelle fois ses notes pour écrire *Deux Anglaises et le continent* (Gallimard, 1956), adapté par Truffaut en 1971. Roché est également l'auteur de deux scénarios pour Jean Renoir (*L'Homme unique* et *La Femme unique*). Il est mort à Sèvres le 9 avril 1959, sans se douter du succès mondial que devait remporter l'adaptation cinématographique de *Jules et Jim*.

→ François Truffaut, *Jules et Jim. Découpage intégral*, Seuil. — *Avant-scène*, 1971. — Manfred Flügge, *Le Tourbillon de la vie : la véritable histoire de Jules et Jim*, Albin Michel, 1994.

S.B.

Rochefort Christiane (1917). Née le 17 juillet 1917 à Paris, elle publie des nouvelles (*Le Démon des pinceaux*, 1953 ; *Le Fauve et le rouge-gorge*, 1955 ; *Cendres et or*, 1956) avant le succès spectaculaire de son premier roman, *Le Repos du guerrier* (Grasset, 1958), adapté à l'écran par Roger Vadim. L'audace et la verdeur de ce récit affirment d'emblée la liberté qui caractérise l'ensemble d'une œuvre anticonformiste où se refléteront les luttes politiques et féministes de sa génération. Ses romans s'attachent en effet à dénoncer, avec humour ou gravité, toutes les formes d'aliénations, et d'abord l'aliénation sociale (*Les Petits Enfants du siècle*, Grasset, 1961 ; *Les Stances à Sophie*, Grasset, 1963). Mais il s'agit aussi de faire tomber tous les interdits, en évoquant un amour homosexuel dans *Printemps au parking* (Grasset, 1969) ou en parlant des fantasmes féminins dans *Quand tu vas chez les femmes* (LGF, 1982), pour retrouver la liberté accessible à la jeunesse sauvée par sa capacité de contestation (*Une rose pour Morisson*, Grasset, 1966 ; *Encore heureux qu'on va vers l'été*, Grasset, 1975) autant que par son aptitude au bonheur, et qu'il est intolérable de violenter (*La Porte du fond*, Grasset, prix Médicis 1988). On retrouve cette philosophie dans ses essais (*C'est bizarre l'écriture*, Grasset, 1970 ; *Archaos ou le jardin étincelant*, Grasset, 1973 ; *Les Enfants d'abord*, Grasset, 1976), et dans son autobiographie, *Ma vie revue et corrigée par l'auteur* (Stock, 1978).

S.R.

Rochefort *(École de)*. 1941 : la guerre, la débâcle et l'Occupation dispersent les écrivains. C'est alors que, dans le village de Rochefort-sur-Loire (Maine-et-Loire), autour de Jean Bouhier (né en 1912), de jeunes poètes, pour la plupart originaires de l'ouest de la France, prennent l'habitude de se rencontrer : René Guy Cadou (1920-1951), le plus jeune, mais non le moins influent, Michel Manoll (né en 1911), Jean Rousselot (né en 1913), Marcel Béalu (1908-1993), Luc Bérimont (1915-1984). À vrai dire, « l'École de Rochefort n'est pas une école, tout au plus une cour de récréation » (René Guy Cadou, « Précisions sur l'École de Rochefort », *Cahier de l'École de Rochefort*, n° 2, 15 juin 1941), où les individus restent soucieux de sauvegarder leurs différences. Chacun de ces poètes expose pourtant sa conception de la poésie dans un cahier collectif intitulé *Anatomie poétique de l'École de Rochefort (Cahier de l'École de Rochefort*, hors série,

31 octobre 1941). Bientôt, venant d'horizons poétiques divers, d'autres les rejoignent : Gabriel Audisio (1900-1978), Louis Emié (1900-1967), Jean Follain (1903-1971), Maurice Fombeure (1906-1981), Louis Parrot (1901-1948), Eugène Guillevic (né en 1907), Luc Decaunes (né en 1913), Georges-Emmanuel Clancier (né en 1914). Aussi serait-il abusif de qualifier ce groupe de « régionaliste ». L'École de Rochefort se saborde en 1944, puis renaît en 1951, à l'occasion de l'hommage que ses compagnons rendent à René Guy Cadou, décédé cette année-là. Une nouvelle génération de poètes (Marc Alyn, Jacques Réda) rejoint alors le groupe, qui se réunit désormais à Paris, à La Coupole, jusqu'en 1961. À cette date, la poésie française s'oriente dans d'autres directions, autour de revues comme *Tel Quel* ou *L'Éphémère*, et le groupe se disperse définitivement.

De 1941 à 1961, l'École de Rochefort fut en France le groupe poétique le plus important et le plus varié. Dès l'origine, elle se manifeste par la publication de cahiers périodiques : les *Cahiers de l'École de Rochefort* (1941-1944), puis *Les Cahiers de Rochefort* (1952-1963). Chaque cahier, d'une épaisseur de quelques pages et tiré à 300 exemplaires, constitue une plaquette originale. Par ailleurs, une collection, « Les Amis de Rochefort » (1942-1947 ; 1951-1961), accueille des ouvrages plus étoffés. Au début, sous l'occupation, le seul plaisir d'être ensemble rassemble ces poètes, et une même soif de vie et de liberté ; aussi la presse de la collaboration les condamne-t-elle bientôt. Se démarquant du surréalisme, ils se préoccupent d'être lus et compris, René Guy Cadou se range même parmi les « poètes du dimanche » (c'est le titre d'un de ses textes) ; ils renouent avec le vers régulier, parfois avec la rime ; ils se méfient d'une poésie qui mettrait sa fin dans le langage, qui se griserait d'images jusqu'à l'obscurité ; ils ne dédaignent pas d'être des lyriques et d'exprimer « ce jet de soi-même qui sort des entrailles » (Jean Bouhier). Avant tout, dans leurs poèmes, une identité se construit ou se cherche. Au lieu de déconcerter, de fuir dans l'imaginaire, leurs poèmes s'enracinent dans la banalité du réel, dans des lieux souvent campagnards : « Le geste ancien de boire / Les deux mains sur le bol / Quand l'horloge sonnait / Dans l'odeur de l'étable » (Guillevic, *Terraqué*, 1942). C'est pourquoi leur sont familiers les motifs de la demeure (de la chambre) et du « règne végétal » (titre d'un poème d'Edmond Humeau et du recueil le plus célèbre de René Guy Cadou).

ŒUVRES. — *Les Poètes de l'École de Rochefort*, anthologie présentée par Jean Bouhier, Seghers, 1983.

→ Christian Moncelet, « L'École de Rochefort : esquisse d'un bilan », dans *Les Angevins de la littérature*, Presses de l'université d'Angers, 1979. — *L'École de Rochefort* (colloque d'Angers), Presses de l'université d'Angers, 1984. — Jean-Yves Debreuille, *L'École de Rochefort, théories et pratiques de la poésie, 1941-1961*, Presses universitaires de Lyon, 1987.

J.-F.D.

Rocher *(Éditions du)*. Maison fondée à Monaco en 1943 par Charles Orengo. C'est sous l'étoile de Jean Cocteau que naissent les Éditions du Rocher. À cette époque, le poète Charles Orengo réside fréquemment à Villefranche, à quelques coudées du promontoire monégasque. Cocteau, dont les rapports avec l'édition parisienne ne sont pas toujours faciles, se laisse séduire par Orengo, qui lui propose de créer une structure éditoriale digne de l'accueillir. Huit livres de Cocteau seront ainsi publiés aux Éditions du Rocher, dont *La Difficulté d'être*. Avec l'aide de Jean Mistler, Orengo enrichit rapidement son catalogue en publiant des livres de Giono, Mauriac, Michaux, Reverdy, Borges, Huxley ou Jünger. Volontiers frondeur, il publiera aussi bien les textes des écrivains interdits par la censure allemande, que les ouvrages d'auteurs proscrits par le Comité national d'épuration, tout-puissant à la Libération. Deux collections consolident cette aventure éditoriale. La première, « Grands et Petits Chefs-d'œuvre », est réservée à des éditions annotées de textes classiques. La seconde, intitulée « Palmes », réédite des romans étrangers.

Fort de cette réussite, Orengo est appelé à exercer ses talents chez Plon, puis chez Fayard. La maison monégasque intègre alors les Presses de la Cité, où son activité est mise en sommeil. Il faudra attendre 1977 pour que Jean-Paul Bertrand relance la production de la maison, qui retrouve son indépendance en 1988 : le nouveau directeur inaugure une politique d'édition diversifiée, fidèle à l'esprit éclectique qui a toujours prévalu. Il crée les collections « Alphée » (Morand, Chardonne, Dos Passos, Malaparte, Somerset Maugham) et « Les Infréquentables », et développe le livre scientifique parascolaire, et pratique. D'autres collections thématiques comme « Gnose » (spiritualité), « Nuage rouge » (première collection consacrée aux Indiens d'Amérique), « Champollion » (civilisation égyptienne) et « Maison Nikolskaïa » (domaine russe) viennent compléter ce large éventail. Jean-Paul Bertrand devient également le parrain d'un groupe d'écrivains étiquetés « Nouveaux Hussards », organisateurs d'un réveillon littéraire à l'hôtel Meurice (1989), et qui financent l'éphémère revue *Rive droite*. L'un d'entre eux, Patrick Besson, est chargé en 1991 de déterminer une politique éditoriale pour les auteurs contemporains. Celle-ci se concrétise par une nouvelle collection, « Domaine français », où l'on retrouve des biographies critiques d'auteurs modernes comme Jean Echenoz, Gabriel Matzneff ou Philippe Djian.

F.He. — IMEC

Rodanski Stanislas (1927-1981). Il participe dès l'âge de vingt ans au mouvement surréaliste et est en 1948 l'un des fondateurs de la revue *Néon*. En 1954, il s'enferme volontairement dans une maison de santé pour y vivre jusqu'à sa mort. Hors *La Victoire à l'ombre des ailes* (préfacée par Julien Gracq, 1975), son œuvre a été publiée après sa mort grâce à la fidélité et à l'obstination de plusieurs amis. *Des proies aux chimères* (1983) est un choix de poèmes écrits avant que l'auteur ne renonce au monde. À partir de *Horizon perdu* (1986), Rodanski cesse de lutter contre la folie. La même année, paraît *Le Journal tenu par Arnold*, qui correspond à sa période d'incarcération (mai-juin 1948) pour une tentative de vol de voiture. La publication du *Journal 44-48* (1991) éclaire la genèse d'une destinée singulièrement tragique et les tourments d'un être en quête de son identité. *La Montgolfière du déluge* (1991) recueille des textes désespérés et prémonitoires.

D.H.-M.Ber.

Rognet Richard (1942). Né le 5 novembre 1942 dans un village des Vosges, le Val d'Ajol, élève au hameau de La Chaume dans la classe unique de sa mère, il fait ses études secondaires à l'École normale d'instituteurs de Mirecourt, puis universitaires à la faculté des Lettres de Nancy. Professeur au collège Jules-Ferry d'Épinal, il vit à Dommartin-lès-Remiremont. Dès ses premiers recueils (*L'Épouse émiettée*, Éditions de Saint-Germain-des-Prés, 1977, prix Charles Vildrac 1978 ; *Les Ombres du doute*, Belfond, 1979 ; *Petits Poèmes en fraude*, Gallimard, 1980, rééd. 1997), il fait entendre dans la poésie contemporaine une voix lyrique originale, faite de pudeur et d'intensité. Le titre de son recueil suivant, *L'Éternel Détour* (Le Verbe et l'empreinte, 1983), reflète la démarche du poète « égaré et conscient », approchant le monde dans ce qu'il a de familier, de naturel et d'immédiat, mais aussi dans ce qu'il recèle et révèle de tragique. D'où les « détours » et les masques, et toute une multiplicité de l'être : le poète se choisit des hétéronymes ou des intercesseurs, des « passeurs », comme le Transi de Ligier Richier, sculpture de la Renaissance dont la présence anime deux recueils, *Le Transi* (Belfond, 1985, prix Louise Labé) et *Je suis cet homme* (Belfond, 1988, prix Max Jacob 1989). Cette ductilité de l'être ou ces métamorphoses identitaires s'attachent souvent à un lieu, le jardin Giusti à Vérone dans *Je suis cet homme*, ou le chemin Bernard, une allée du Père-Lachaise où le poète, retrouvant le prénom de son père, déplace et mêle l'espace et la mémoire d'une inquiétude sur soi (*Chemin Bernard*, Le Verbe et l'empreinte, 1995).

Nourri de la grande tradition poétique française, à laquelle se réfèrent volontiers ses épigraphes, associant à sa propre inspiration celle de poètes de l'âge baroque comme Maurice Scève (*Maurice, amoroso*, Belfond, 1991) ou celles de Racine, de Nerval et de Baudelaire, lecteur d'Emily Dickinson, de Gottfried Benn, de Georg Trakl, de Fernando Pessoa, Richard Rognet donne à chacun de ses livres une unité tenant à la recherche et à l'épreuve d'une forme : le sonnet libre, non rimé, variant la dimension des strophes dans l'espace souple des quatorze vers, dans *Je suis cet homme* ; le poème en prose épousant la forme d'une strophe en vers libres dans *Lutteur sans triomphe* (L'Estocade, 1996, prix Apollinaire 1997) ; le fragment composé en versets dans *La Jambe coupée d'Arthur Rimbaud* (Voix-Richard Meier, 1997).

La tension entre le bonheur et l'angoisse, qui habite l'œuvre de Richard Rognet, revêt dans *Recours à l'abandon* (Gallimard, 1992, prix Théophile Gautier 1993), peut-être son plus beau livre, une violence particulière, dans les moments où l'unité promise par la poésie se casse et débouche sur un sentiment d'échec. Et c'est dans ces moments que le langage poétique se fait le plus direct. Une interrogation sur le langage et sur la poésie s'ouvre à partir de là : le poète « joueur », « coureur de lunes » et qui se « glisse entre les mots » de *Lutteur sans triomphe* devient réflecteur ironique et contestataire du fait poétique dans les deux recueils suivants, *L'Ouvreuse du Parnasse* (Le Cherche-midi, 1998) et *Seigneur Vocabulaire* (La Différence, 1998).

A.G.

Rolin Dominique (1913). Née à Ixelles (Bruxelles) le 22 mai 1913, petite-fille de l'écrivain Léon Cladel. Les problèmes familiaux auxquels elle est confrontée dans son enfance deviendront le « nœud originel » qu'une œuvre entière tentera de défaire, depuis ses premières nouvelles (publiées dans la revue *Cassandre* entre 1935 et 1942 et recueillies en partie dans *Les Géraniums*, 1993) et son premier roman, *Les Marais* (1942). Lancé par Cocteau et Max Jacob, elle y défend l'indépendance des enfants dans un milieu familial qu'ils n'ont pas choisi. Après son installation en France, en 1946, Dominique Rolin poursuit une œuvre romanesque classique, en grande partie centrée sur les conflits inhérents à la famille et au clan *(Moi qui ne suis qu'amour*, 1948 ; *L'Ombre suit le corps*, 1950 ; *Le Souffle*, 1952, prix Femina ; *Le Gardien*, 1955 ; *Artémis*, 1958) ; mais la mort de son mari, en 1957, la pousse à raconter cette disparition et sa confrontation avec la maladie. le récit qui en résulte *(Le Lit*, 1960) est un tournant dans son œuvre : tournant formel, car la romancière abandonne la narration linéaire pour l'introspection ; tournant personnel aussi, parce qu'elle assume désormais le contenu autobiographique de ses écrits.

Si *La Maison, la forêt* (1965) tente de répondre à la présence parfois étouffante de la mère et à l'absence du père, si *Maintenant* (1967) évoque directement la mort de la mère (figure centrale de l'œuvre, abordée jusque dans *Deux Femmes un soir*, 1992), c'est avec *Le Corps* (1969) que Dominique Rolin entame le processus d'éclatement de l'être qui a caractérisé ses romans des années soixante-dix. Elle entend résoudre dans le même temps un problème d'identité et un problème d'expression : ce déchirement donnera naissance à des textes fragmentés, à la limite de l'expérimentation, le conflit étant porté à son paroxysme dans *Deux* (1975), où les moitiés d'une entité dédoublée s'affrontent dans un combat dépersonnalisé à l'extrême. Il aura fallu boucler le cycle parental en acceptant la disparition du père *(Lettre au vieil homme*, 1973 ; *Dulle Griet*, 1977) pour que la romancière trouve l'équilibre recherché : la trilogie comprenant *L'Infini chez soi* (1980), *Le Gâteau des morts* (1982), *La Voyageuse* (1984) explore ainsi les étapes d'une destinée avant la naissance, pendant le décès, après la mort, recomposant en la dilatant la durée de l'être au monde. La reconquête du sujet, du nom propre même, est une étape décisive dans l'itinéraire de Dominique Rolin : parler de soi ou de son amour (« Jim »), c'est aussi résoudre l'ancien problème de la duplicité : *Trente ans d'amour fou* (1988) est à cet égard un livre clairvoyant, au-delà des contradictions qu'il tente de dépasser. Affinant toujours plus son propos, désormais libérée de l'emprise autobiographique au prix d'une lucidité qui répond à une volonté implacable d'être soi-même, elle ne s'est pas départie de ses objectifs primitifs, affirmant le caractère déterminé des enfants ou la difficile conquête du monde adulte comme autant d'épreuves à surmonter *(L'Enfant-roi*, 1986 ; *Vingt chambres d'hôtel*, 1990, *Le Jardin d'agrément*, 1994). Dans ses derniers textes, elle se pose désormais en spectatrice du monde, recherchant le bonheur dans un au-delà du temps, mêlant le passé et le présent, la mort et la vie (*L'Accoudoir*, 1996 ; *La Rénovation*, 1998). On lui doit aussi des essais sur la littérature et la peinture (*Un convoi d'or dans le vacarme du temps*, 1991 ; voir aussi *L'Enragé*, 1978), et des récits de rêves (*Train de rêves*, 1994). Dominique Rolin a été élue à l'Académie royale de langue et de littérature françaises de Belgique en 1989, succédant à Marguerite Yourcenar.

ŒUVRES. — Aux Éditions Denoël (jusqu'en 1986), Ramsay, Seuil, Gallimard, La Différence. — *L'Enragé*, rééd., Bruxelles, Labor, coll. Espace Nord, 1991. — *La Maison, la forêt*, rééd., Bruxelles, Labor, coll. Espace Nord, 1992.

→ Annick Assier, *Dominique Rolin : L'Enragé*, Bruxelles, Labor, coll. Un livre, une œuvre, 1986. — *Le Bonheur en projet : hommage à Dominique Rolin*, éd. Frans De Haes, Bruxelles, Labor, coll. Archives du futur, 1993. — *Nord*, n° 27, juin 1996.

O.Bi.

Rolland Romain (1866-1944). Né le 29 janvier 1866 à Clamecy (Nièvre), il y commence ses études ; il les termine à Paris, où sa famille s'installe en 1880. Entré à l'École normale supérieure en 1886, agrégé d'histoire en 1889, il découvre Tolstoï et se forge une philosophie personnelle, résumée en 1888 dans *Credo quia verum*, où s'exprime un panthéisme cosmique. De 1889 à 1891, pensionnaire à l'École française de Rome, il travaille dans des archives sur l'histoire de la musique, découvre Raphaël, Michel-Ange et s'enivre de la lumière romaine. Il s'intéresse surtout à la musique et à la littérature. Amoureux de Mozart, attiré par Beethoven, il se passionne pour Wagner et, grâce à Malwida von Meysenbug, découvre Bayreuth. Il ébauche sa théorie du « roman musical » ; mais il s'essaie surtout au théâtre, écrivant (en 1891) ses premiers drames (restés inédits) : *Empédocle, Orsino, Les Baglioni*. Rentré en France, il épouse en 1892 Clotilde Bréal et repart pour l'Italie ; il y rassemble la documentation pour ses thèses de doctorat, consacrées à l'histoire de la musique. De retour à Paris, il assure un service restreint d'enseignement, rédige ses thèses, qu'il soutient en 1895. Il écrit d'autres pièces (inédites) : *Niobé* (1892), *Caligula* (1893), *Le Siège de Mantoue* (1894) ; seul *Saint Louis* (1895) sera publié. Chargé, en octobre 1895, de cours d'histoire de l'art, il poursuit ses travaux de musicologie et continue d'écrire des drames. Frappé par la décadence de son époque, il commence un *Savonarole* (1896), inachevé, et met en scène des héros solitaires et purs en butte à un milieu corrompu, dans *Jeanne de Piennes* (inédit) et *Aert* (1897). Il se tourne vers le socialisme. Après un autre drame, inachevé, *Les Vaincus* (1897, publié en 1921), il écrit *Les Loups* (1898), inspiré par l'affaire Dreyfus. Il s'intéresse à la Révolution française, en fait le sujet d'autres pièces : *Le Triomphe de la raison* (1899), *Danton* (1901), *Le Quatorze-Juillet* (1902). Le dramaturge épouse les passions des personnages, qu'il montre emportés dans les convulsions de l'Histoire. Il expose la théorie de sa pratique dans *Le Théâtre du peuple* (1903). Il écrit encore *Le Temps viendra* (1903), dénonçant l'impérialisme européen.

Entré en relation avec Péguy, il donne aux *Cahiers de la Quinzaine* la première de ses grandes biographies héroïques : *Vie de Beethoven* (1903), hymne au musicien qui lui a permis de vaincre le découragement consécutif à son divorce en 1901. Délaissant le théâtre, il se lance dans le roman auquel il songe depuis des années : *Jean-Christophe.* L'ensemble (1904-1912) comprend dix volumes, répartis en trois séries : *Jean-Christophe (L'Aube, Le Matin, L'Adolescent, La Révolte), Jean-Christophe à Paris (La Foire sur la place, Antoinette, Dans la maison), La Fin du voyage (Les Amies, Le Buisson ardent, La Nouvelle Journée)*. Romain Rolland avait d'abord pensé montrer un héros qui, à l'image de Beethoven, réussissait à atteindre la joie ; le projet s'est enrichi et le roman s'est transformé en miroir de la société européenne. Effrayé par la tragédie qui se prépare, il pousse un cri d'alarme et plaide pour une réconciliation des nations. Parallèlement, il complète la série des « Vies des hommes illustres » (*Michel-Ange* en 1905-1906 et *Tolstoï* en 1911), renonçant à un Mazzini et à un Hoche prévus. Le musicologue rassemble divers articles (*Musiciens d'aujourd'hui* et *Musiciens d'autrefois* en 1908), publie un *Haendel* (1910). Il quitte l'enseignement en 1912. Il écrit un roman d'une autre veine : *Colas Breugnon*, journal tenu pendant un an par un artisan menuisier, qui, malgré les malheurs qui s'abattent sur lui, domine la vie avec sérénité. Mais la guerre survient et l'auteur en diffère la publication, jusqu'en 1919. Alors en Suisse, il décide d'y rester pour garder une entière liberté. Jusqu'en juillet 1915, il se met au service de l'Agence des prisonniers de guerre. Il écrit plusieurs articles réunis dans *Au-dessus de la mêlée* (novembre 1915) ; ce cri d'appel qui plaidait pour une réconciliation future est alors très discuté. En 1917, il adresse un « Salut à la Russie libre et libératrice », la mettant toutefois en garde contre les excès. Durant la guerre, il tient un journal, qui paraîtra en 1952 *(Journal des années de guerre 1914-1919).* Ses réflexions trouvent leurs prolongements dans quelques œuvres. *Liluli* (1919) dénonce férocement les idéologies qui mènent les peuples. *Clérambault, Pierre et Luce* (1920) plaident pour la paix.

Rentré à Paris en 1919, l'écrivain tente une action internationale avec la « Déclaration de l'Indépendance de l'Esprit » (1919), qui n'eut guère de suite. Déçu par les violences de la révolution russe, il n'accepte pas l'intolérance des partis. Dans sa controverse avec Barbusse (1921-1922), il refuse la dictature communiste et veut « garder l'intégrité de la pensée libre, fût-ce contre la Révolution ». Il quitte Paris en 1922 et s'installe à Villeneuve, en Suisse. Il commence son deuxième grand roman, *L'Âme enchantée*, publiant trois volumes : *Annette et Sylvie* en 1922, *L'Été* en 1924, *Mère et fils* en 1927, qui reprennent ses thèmes privilégiés. Internationaliste, il se tourne vers l'Asie, écrit un *Mahatma Gandhi* (1923). Il entre en relation avec Freud et rédigera *Le Voyage intérieur*, auto-analyse, portant sur les années 1926-1942, qui exprime sa conception « océanique » de la vie. Il poursuit son « Théâtre de la Révolution » : *Le Jeu de l'amour et de la mort* (1925), *Pâques fleuries* (1926), *Les Léonides* (1928). Il publie *La Vie de Ramakrishna* (1929), *La Vie de Vivekananda et l'évangile universel* (1930). Dans la pensée religieuse de l'Inde, il retrouve le contact avec l'Être, source profonde à laquelle il n'a cessé de s'abreuver. Cette croyance, base du *Credo quia verum*, qui s'exprimait dans *Jean-Christophe*, est aussi la philosophie sous-jacente de *L'Âme enchantée* : Annette Rivière vit dans un contact permanent avec l'Être dans lequel, à la fin de sa vie, le romancier a prévu qu'elle doit se fondre, brisant le dernier enchantement. Le musicologue revient à Beethoven, dont il étudie « les grandes époques créatrices » : *De l'Héroïque à l'Appassionata* (1928), *Goethe et Beethoven* (1930) cherchent à retrouver à travers la musique l'âme qui s'y exprime.

Romain Rolland est alors repris par le monde réel. La montée du fascisme en Italie, la politique des nations européennes, les changements en URSS après la mort de Lénine le conduisent à réviser ses positions. Dès 1927, plus nettement dans les années suivantes, encouragé par Maria Koudacheva, venue d'URSS, qu'il épousera en 1934, il s'engage aux côtés des communistes. Son « Adieu au passé » (1931) marque une rupture. Quand il reprend *L'Âme enchantée*, il se fait le chantre de la Révolution ; la vie de Marc, le fils d'Annette, reflète sa propre évolution. Les derniers volumes, *La Mort d'un monde* et *L'Enfantement* (1933), portent la marque de son engagement. Malgré tout, il réussit à garder à l'œuvre son unité : au moment de sa mort, Annette retourne à l'Être. En 1935, il fait un voyage à Moscou, dont la relation ne sera connue que bien après sa mort. Il publie *Quinze ans de combat*, *Par la révolution la paix* (1935), recueils d'articles sociaux et politiques, et *Compagnons de route* (1936), série d'essais littéraires. Malgré les procès de Moscou (1936-1937), il reste un fervent défenseur de l'URSS. Il poursuit son travail sur Beethoven, publiant en 1937 *Le Chant de la résurrection.*

En 1938, il quitte Villeneuve et s'installe à Vézelay. Sa dernière pièce, *Robespierre* (1939), tout emplie d'interrogations sur le devenir des révolutions, pourrait être lue comme une critique de Staline. Mais il faut attendre le pacte germano-soviétique de 1939 pour que Rolland flétrisse le régime qu'il avait soutenu. Âgé, l'homme se retire de l'action. À Vézelay, durant la guerre, « au seuil de la dernière porte », il revient sur lui-même. En 1939, il commence à rédiger ses *Mémoires* (posth., 1956), qu'il interrompt en 1942 pour écrire un *Péguy* (1944). Il tente d'achever son grand ouvrage sur Beethoven. Ce sera *La Cathédrale interrompue*, en trois parties : *La Neuvième Symphonie*, *Les Derniers Quatuors* (1943) et *Finita Comœdia* (1945). Il reste à l'écoute du divin, sentant battre le rythme du monde. Quand il meurt, le 30 décembre 1944, il laisse inachevés des *Entretiens sur les Évangiles*, publiés dans *Au seuil de la dernière porte* (posth., 1989).

Durant toute sa vie, Romain Rolland a eu de multiples correspondants et il a tenu un journal. Ces documents, une fois publiés intégralement, permettront de découvrir la richesse de ce « beau visage à tous sens ».

ŒUVRES. — Chez Albin Michel : *Jean-Christophe*, 1966. — *L'Âme enchantée*, 1966. — *Colas Breugnon*, 1978. — *Journal des années de guerre 1914-1919*, 1952. — *Mémoires et fragments de Journal*, 1956. — *Le Voyage intérieur*, 1959. — *Beethoven, les grandes époques créatrices*, 1966. — *Péguy*, 1948, 2 t. — *L'Esprit libre (Au-dessus de la mêlée* et *Les Précurseurs)*, 1953. — 29 *Cahiers Romain Rolland* (de correspondances surtout). — Chez d'autres éditeurs : *Mahatma Gandhi*, Stock, 1924. — *Vie de Ramakrishna*, Stock, 1963. — *Vie de Vivekananda*, Stock, 1966. — *Au seuil de la dernière porte*, Éditions du Cerf, 1989.

→ Jacques Robichez, *Romain Rolland*, Hatier, 1961. — D.J. Fisher, *Romain Rolland and the Politics of Intellectual Engagement*, Berkeley, University of California Press, 1988. — Bernard Duchatelet, « Introduction au *Voyage à Moscou* », Albin Michel, 1992. — Fonds Romain Rolland à la Bibliothèque nationale.

B.Du.

Rolland de Renéville André (1903-1962). Né à Tours le 8 juillet 1903, magistrat, passionné par les grands occultistes des XVIIIe et XIXe siècles, il entre en relation, grâce à Léon Pierre-Quint, avec René Daumal, devient membre du Grand Jeu qu'il quittera en novembre 1932, publie un premier recueil, *Les Ténèbres peintes* (1927), préfacé par Philippe Soupault, et un essai, *Rimbaud le voyant* (1929, rééd. Vanves, Thot, 1985), où il montre l'analogie entre l'œuvre du poète et les textes de l'hindouisme et de la Kabbale. En même temps, il écrit de nombreux articles dans la *NRF*, polémique avec les surréalistes (voir la « Lettre à A. Rolland de Renéville » de Breton, 1932), publie des recueils poétiques *(La Nuit, l'esprit,* 1946), établit, avec Jules Mouquet, la première édition des *Œuvres complètes* de Rimbaud (La Pléiade, 1946), fonde en 1947 *Les Cahiers de l'Hermès*, et surtout expose sa conception de la poésie dans *L'Expérience poétique* (1938), où il assigne au lyrisme la plus haute exigence puisque, « le Réel absolu » étant « en dehors de la Parole », la poésie « demeure en Occident la seule voie initiatique ». Il est mort à Paris le 23 août 1962.

D.H.

Romain Jean (1952). Né à Sion (Valais), professeur de philosophie à Genève, grand admirateur de la culture grecque, il a publié *Euryclès d'Athènes* (1989) et *Les Vaisseaux d'Ulysse* (1994), romans qui ressuscitent l'âge d'or de la Grèce, inspirés du roman philosophique et du roman de formation. À son œuvre romanesque (*Les Chevaux de la pluie*, 1991 ; *Le Sixième Jour*, 1993), s'ajoute notamment un essai sur Jacques Mercanton.

D.Ma.

Romains Jules (1885-1972), pseudonyme de Louis Farigoule. Né à Saint-Julien-Chapteuil (Haute-Loire), le 26 août 1885, il passe son enfance et sa jeunesse à Montmartre, où son père est instituteur. De 1895 à 1902, il est élève au lycée Condorcet ; il y rencontre Georges Chennevière, avec qui il composera un *Petit Traité de versification* (1923). Bachelier, il entre en classe de rhétorique supérieure. Il a déjà beaucoup écrit. En février 1902, la *Revue jeune* publie *Le Chef-d'œuvre*, une nouvelle, sous la signature de Jules Romains. En 1903, *Memnon*, un poème messianique, lui vaut le second prix d'un concours organisé par la Société des poètes français. En octobre de la même année, se cristallise en lui le sentiment d'une âme collective des êtres et des choses, qu'il nomme *unanimisme* et qui inspirera toute son œuvre. En 1904, *L'Âme des hommes*, un recueil poétique, souligne cette prise de conscience communautaire. Un article publié dans la revue *Le Penseur* en avril 1905 (« Les sentiments unanimes et la poésie ») est le premier manifeste unanimiste. Reçu second en juillet à l'École normale supérieure, il fait son service militaire à Pithiviers d'octobre 1905 à septembre 1906. Entre-temps, il publie *Le Bourg régénéré*, un « conte de la vie unanime ». En octobre

1906, licencié ès lettres, il réintègre la rue d'Ulm. Il entre alors en relation avec le groupe de l'Abbaye, où il compte des amitiés solides. Les poètes-typographes du phalanstère de Créteil donnent une édition de *La Vie unanime* en février 1908. Cet ensemble poétique très structuré s'achève sur un hymne passionné à la « terre unanime », régénérée par « l'âme des groupes dieux ». Agrégé de philosophie en 1909, il enseigne à Brest puis à Laon, jusqu'en 1914. Il publie le *Manuel de déification* (1910), traité de métaphysique unanimiste qui trouve son complément dans *Puissances de Paris* (1911). Après *Mort de quelqu'un* (1911), *Les Copains* (1913) revendique sur le mode du canular la liberté d'un groupe d'amis par qui le scandale salvateur arrive. Romains reste poète avec le *Premier Livre de prières* (1909), *Un être en marche* (1910), *Odes et prières* (1913), nouvelle édition de *La Vie unanime*. Au début de la Première Guerre mondiale, il est affecté aux services sanitaires de l'armée, puis réformé en décembre 1915. *Europe* (1916) témoigne poétiquement de son pacifisme. En 1917, il publie une ode, *Les Quatre Saisons*. En octobre, il est nommé au lycée de Nice, où il enseigne jusqu'en juillet 1919. Il quitte alors l'enseignement.

À partir de 1920, Jules Romains se consacre surtout au théâtre. Les cinq actes de *Cromedeyre-le-Vieil* sont mis en scène par Copeau, au Vieux-Colombier : cette pièce austère exalte la nature, refuge d'une communauté soudée en rébellion contre un ordre étranger. *Donogoo-Tonka* (créé en 1929) est le premier volet d'une trilogie dont le second épisode, *Monsieur Le Trouhadec saisi par la débauche*, est monté en 1923 à la Comédie des Champs-Élysées. *Le Mariage de Monsieur Le Trouhadec* (1925) complète le triptyque. Ces comédies satiriques dénoncent avec un humour grinçant l'amour-propre, l'avidité et l'ambition à travers la figure d'un médiocre professeur de géographie, charlatan heureux, parvenu véreux, vainqueur d'une maîtresse vénale, mari intéressé et politicien hypocrite. En 1923, *Knock ou le triomphe de la médecine*, créé à la Comédie des Champs-Élysées dans une mise en scène de Louis Jouvet, est une charge féroce et drôle contre les manipulateurs et leurs victimes cyniques et consentantes. La même année, *Amédée ou les messieurs en rang* décrit en un acte la déchéance d'un garçon cireur résigné à lustrer les chaussures de l'amant de celle qu'il aime. En 1926 est créé *Le Dictateur*, méditation politique sur la corruption par le pouvoir. En 1928, Romains adapte avec Stefan Zweig le *Volpone* de Ben Johnson. Suivent *Le Déjeuner marocain* (1929), *Boën ou la possession des biens* (1930), *Le Roi masqué* (1931). Parallèlement à son activité de dramaturge, il n'oublie ni la poésie *(Amour couleur de Paris*, 1921 ; *Ode génoise*, 1925) ni le roman, avec *Lucienne*, premier volume d'une trilogie, *Psyché* (1922), qui comprend aussi *Le Dieu des corps* (1928) et *Quand le navire...* (1929), et où il tente la minutieuse analyse d'un couple : rencontre amoureuse, extase matérielle dans un mariage passionné, séparation qui fait triompher l'union spirituelle.

En 1932 paraissent les quatre premiers tomes des *Hommes de bonne volonté*. En 1936, Jules Romains, qui participe activement aux congrès des PEN-Clubs depuis leur création (treize ans plus tôt), en est élu président, à Buenos-Aires. En 1938, il donne une série de conférences à travers l'Europe. De juillet 1940 à juillet 1946, il s'exile aux États-Unis et au Mexique, et participe à l'aide aux intellectuels réfugiés. À son retour, élu à l'Académie française, il fait paraître le dernier tome des *Hommes de bonne volonté*. Cette saga est constituée de vingt-sept volumes, auxquels on peut joindre *Le Fils de Jerphanion* (1956) décrivant le désarroi après la Seconde Guerre. Romains souhaitait entreprendre une vaste fiction en prose, qui exprimerait « dans le mouvement et la multiplicité [...] cette vision du monde moderne dont *La Vie unanime* chantait d'emblée l'émoi initial ». Les « destinées individuelles » ne sont pas seulement juxtaposées dans leur « diversité », quoiqu'elles « s'ignor[ent] la plupart du temps ». Il s'agit donc bien d'un « roman unique », dont le narrateur est omniscient. Les « personnages multiples » évoluent comme « les thèmes d'un drame musical ou d'une immense symphonie ». Dans cette fresque de l'histoire française entre 1908 et 1933, l'auteur montre que malgré les difficultés et les désastres (comme *Verdun)*, la solidarité humaine (incarnée par les deux amis, Jallez et Jerphanion) et les idéaux communs donnent des raisons d'espérer. L'œuvre, bien qu'elle évoque une histoire presque immédiate, s'achève avant la Seconde Guerre. À l'issue du conflit, le message généreux de l'écrivain peut sembler obsolète. Pourtant, malgré ses longueurs et ses faiblesses de construction, cette épopée « simultanéiste » reste un grand roman contemporain.

Après 1947, Jules Romains publie surtout des volumes de critique littéraire, des portraits, des souvenirs, des essais d'actualité. Il meurt à Paris le 14 août 1972.

ŒUVRES. — **Poésie** : *L'Âme des hommes*, 1904. — *La Vie unanime*, 1908, rééd. Gallimard, coll. Poésie, 1983. — *Premier Livre de prières*, 1909. — *Un être en marche*, 1910, rééd. Flammarion, coll. Poésie, 1967. — *Odes et prières*, 1913, rééd. Gallimard, 1923. — *Europe*, Gallimard, 1916. — *Les Quatre Saisons*, 1920. — *Le Voyage des amants*, Gallimard, 1920. — *Amour couleur de Paris*, 1921. — *Ode génoise*, 1924. — *Chant des dix années*, Gallimard, 1928. — *L'Homme blanc*, 1937, rééd. Flammarion, 1953. — *Pierres levées*, 1944, rééd. Flammarion, 1957. — *Choix de poèmes*, Gallimard, 1948. — *Maisons*, Flammarion, 1953. **Romans et récits** : *Le Bourg régénéré*, Gallimard, 1906. — *Mort de quelqu'un*, 1911, rééd. Folio, 1987. — *Les Copains*, rééd. Folio, 1982. — *Donogoo-Tonka*, Gallimard, 1920. — *Psyché : Lucienne*, 1922, suivi de *Le Dieu des corps*, 1928, et de *Quand le navire...*, 1929, rééd. Folio, 1985. — *Le Vin blanc de la Villette*, Gallimard, 1923. — *Les Hommes de bonne volonté*, Laffont, coll. Bouquins, 1988, 4 t. — Chez Flammarion, sauf mention contraire : *Bertrand de Ganges*, 1947. — *Le Moulin et l'hospice*, 1950. — *Violation de frontières*, 1951. — *Le Fils de Jerphanion*, 1956. — *Une femme singulière*, 1957. — *Le Besoin de voir clair*, 1958. — *Mémoires de Madame Chauverel*, 1959, 2 t. — *Un grand honnête homme*, 1961. — *Portraits d'inconnus*, 1962. — **Essais** : *Manuel de déification*, 1910. — *Puissances de Paris*, Gallimard, 1911. — *La Vision extra-rétinienne et le sens paroptique* (signé Louis Farigoule), Gallimard, 1920. — *La Vérité en bouteilles*, Trémois, s.d. — *Visite aux Américains*, s.d. — *Petit Traité de versification*, 1923. — *Problèmes européens*, 1933. — *L'Exemple de Zola : discours de Médan*, 1935. — *Le Couple France-Allemagne*, 1935, rééd. Flammarion, 1965. — *Pour l'esprit et la liberté*, 1937. — *Cela dépend de vous*, s.d. — *Sept mystères du destin de l'Europe*, Éditions de la Maison française, s.d. — *Une vue des choses*, Éditions de la Maison française, s.d. — *Retrouver la foi*, s.d. — *Le Problème numéro un*, Plon, 1947. — *Paris des hommes de bonne volonté*, s.d. — *Salsette découvre l'Amérique*, 1950. — *Saints de notre calendrier*, 1952. — *Interview avec Dieu*, s.d. — *Examen de conscience des Français*, 1954. — *Passagers de cette planète, où allons-nous*, Grasset, 1955. — *Hommes, médecins, machines*, 1958. — *Souvenirs et confidences d'un écrivain*, Fayard, 1958. — *Situation de la terre*, 1959. — *Les Hauts et les bas de la liberté*, 1960. — *Connaissance de Jules Romains* (avec A. Bourin), 1961. — *Paul Landowski, la main et l'esprit*, Bibliothèque des arts, 1962. — *Napoléon par lui-même*, Librairie académique Perrin, 1963. — *Ai-je fait ce que j'ai voulu ?*, Wesmael-Charlier, 1964. — *Lettres à un ami*, t. I : 1964 ; t. II, 1965. — *Lettre ouverte contre une vaste conspiration*, Albin Michel, 1966. — *Pour raison garder*, t. I : 1960 ; t. II : 1963 ; t. III : 1967. — *Marc-Aurèle ou l'empereur de bonne volonté*, Flammarion, coll. Les Éclats du passé, 1968. — *Amitiés et rencontres*, 1970. — **Théâtre** : *L'Armée dans la ville*, 1911. — *Cromedeyre-le-Vieil*, Gallimard, 1926. — *Monsieur Le Trouhadec saisi par la débauche*, 1923, rééd. Folio, 1975. — *Knock ou le triomphe de la médecine*, 1924, rééd. Folio-théâtre, 1993. — *Amédée ou les messieurs en rang*, 1923. — *Le Mariage de Monsieur Le Trouhadec*, 1925, rééd. Gallimard, 1959. — *Le Déjeuner marocain*, 1926. — *Démétrios*, 1926. — *Le Dictateur*, Gallimard, 1926. — *Jean le Maufranc*, 1927, rééd. Gallimard, 1959. — *Volpone* (de Ben Johnson ; avec Stefan Zweig), 1928, rééd. Gallimard, 1991. — *Donogoo*, Gallimard, 1930. — *Musse ou l'école de l'hypocrisie* (refonte avec Jean le Maufranc), 1930, rééd. Gallimard, 1959. — *Boën ou la possession des biens*, 1930, rééd. Gallimard, 1959. — *Grâce encore pour la terre*, Gallimard, s.d. — *Pièces en un acte*, Gallimard, 1930. — *L'An mil*, 1947. — **Correspondance** : *Correspondance André Gide-Jules Romains*, éd. Claude Martin, *Cahiers Jules Romains*, I, 1976. — *Correspondance Jacques Copeau-Jules Romains*, éd. Olivier Rony, *Cahiers Jules Romains*, 1978. — *Correspondance Jules Romains-Guillaume Apollinaire 1908-1917*, J.-M. Place, 1994.

→ André Cuisenier, *Jules Romains et l'unanimisme*, Flammarion, 1935 ; *L'Art de Jules Romains*, Flammarion, 1948. — André Figueiras, *Jules Romains*, Seghers, coll. Poètes d'aujourd'hui, 1969. — *L'Avant-scène*, 1er janvier 1970. — Catalogue de l'exposition de la Bibliothèque nationale, 1977. — *Jules Romains* (colloque de Paris, 1978), éd. André Bourin, *Cahiers Jules Romains*, III, 1980. — *« J'entends les portes du lointain... », proses et éditions de l'adolescence de Jules Romains*, éd. André Guyon, *Cahiers Jules Romains 1899-1904*, IV, 1981. — *Les Dossiers préparatoires des « Hommes de bonne volonté »*, éd. Annie

Angremy, *Cahiers Jules Romains*, V, 1983 et VI, 1985. — Lise Jules-Romains, *Les Vies inimitables*, Flammarion, 1985. — *Jules Romains face aux écrivains contemporains*, *Cahiers Jules Romains*, VIII, 1990. — Olivier Rony, *Jules Romains ou l'appel au monde*, Laffont, 1992. — *Jules Romains et les écritures de la simultanéité*, éd. D. Viart, Presses universitaires du Septentrion, 1996. — Dirck Degraeve, *La Part du moi : essai sur l'imaginaire de J. Romains dans « Les Hommes de bonne volonté »*, Droz, 1997. — Il existe depuis 1974 un *Bulletin des Amis de Jules Romains* (Université de Saint-Étienne). — Fonds Jules Romains à la Bibliothèque nationale.

I.M.

roman historique. L'étude du roman historique au XXe siècle impose de ne pas se satisfaire de la définition souvent considérée comme canonique, et selon laquelle ce type de récit se caractériserait par un dosage plus ou moins savant et harmonieux d'histoire et de fiction, la première servant de toile de fond à la seconde. Une telle définition n'est pertinente que pour une certaine catégorie d'œuvres, populaires, ressortissant à une littérature de consommation. Elle laisse dans l'ombre quelques-unes des créations les plus hardies, qui témoignent d'un véritable écart par rapport à la norme. Certes, une littérature romanesque et populaire n'a cessé, tout au long du siècle, d'apporter à ses lecteurs sa provision d'évasion et de dépaysement, dans le temps comme dans l'espace. Il s'agit d'œuvres qui veulent distraire ou faire rêver, et pour lesquelles l'histoire ne sert que de faire-valoir. Les premières années du siècle ont ainsi vu paraître des romans relevant d'un courant antiquisant très en vogue à la fin du XIXe (*Thaïs* d'Anatole France, 1890 ; *Aphrodite* de Pierre Louÿs, 1896). À côté d'œuvres aujourd'hui oubliées (*Messaline* de Nonce Casanova, 1902 ; *Tuccia la courtisane* de Maurice Buret, 1902) s'impose le *Quo Vadis ?* de Henryk Sienkiewicz, traduit du polonais en 1900, et qui marquera plusieurs générations de lecteurs. Plus tard, Montherlant, lui-même auteur, s'il faut l'en croire, d'un *Préfet Stipendius* dont il aurait en 1970 détruit le manuscrit, reconnaîtra l'influence de ce roman sur le développement de son goût pour l'antiquité romaine. Avec la série des *Pardaillan* de Michel Zévaco, dont la publication en volumes postérieure à celle en feuilleton s'étend de 1907 à 1926, la seconde moitié du XVIe siècle et le début du XVIIe siècle français deviennent le cadre d'aventures de cape et d'épée fertiles en péripéties, intrigues et duels. Dans les mêmes années, la figure de Napoléon inspire plusieurs romanciers postnaturalistes : Danrit (*Évasion d'empereur*, 1904), Georges Ohnet (*Pour tuer Bonaparte*, 1911) et surtout Paul Adam, auteur d'une série intitulée *Le Temps et la vie*, dont le premier volume, *La Force*, parut en 1899, suivi de *L'Enfant d'Austerlitz* (1902), *La Ruse* (1903) et *Au soleil de juillet* (1903).

Plus avant dans le siècle, ce même courant d'une littérature d'aventures romanesques sur fond historique, se trouve représenté par Jacques Laurent, sous le pseudonyme de Cécil Saint-Laurent (*Caroline chérie*, 1948, suivi de nombreux autres titres consacrés à la même héroïne ; *La Communarde*, 1971), par Anne et Serge Golon (*Angélique, marquise des anges*, 1955) et par Maurice Druon (*Les Rois maudits*, 1955-1977). Quelles que soient les variantes par rapport aux conventions du genre (protagonistes fictifs ou historiques), cette production est avant tout destinée au grand public : elle n'obéit à aucune démarche proprement historique et s'inscrit dans une conception éminemment traditionnelle du roman. Quelques écrivains toutefois, tout en obtenant de vrais succès de librairie, ont su concilier reconstitution historique précise et imagination créatrice. Ainsi, Jean-Pierre Chabrol a fait revivre la révolte des camisards (*Les Fous de Dieu*, 1961), celle des communards (*Le Canon Fraternité*, 1970), ainsi que la France des guerres de religion et la figure d'Agrippa d'Aubigné (*Le Bouc du désert*, 1975, à la fois reconstitution historique et anticipation satirique). Citons encore Zoé Oldenbourg, romancière et historienne, dont l'œuvre évoque le plus souvent le Moyen Âge (*Argiles et cendres*, 1946 ; *La Pierre angulaire*, 1953) et constitue un véritable acte de foi dans le roman historique, qu'elle préfère d'ailleurs nommer « roman d'Histoire ». Loin d'être un simple « divertissement instructif », il « correspond à un besoin réel de l'homme occidental, spirituellement déraciné, privé de ses mythes, et avide de s'intégrer dans un passé humain ».

Plus près de nous, Françoise Chandernagor (*L'Allée du roi*, 1979 ; *L'Enfant des Lumières*, 1995) revendique elle aussi la dimension littéraire de son travail : « tout en s'inscrivant dans une période historique définie », ce dernier livre, écrit-elle, « est bien un roman, donc une vision ». Robert Merle, dans une série appuyée sur une solide reconstitution, a fait revivre un épisode tragique des guerres de religion (*Fortune de France*, 1977 ; *En nos vertes années*, 1979 ; *Paris ma bonne ville*, 1980 ; *Le Prince que voilà*, 1982 ; *La Violente amour*, 1983 ; *La Pique du jour*, 1985 ; *La Volte des Vertugadins*, 1992 ; *L'Enfant Roi*, 1993 ; *Les Roses de la vie*, 1995 ; *Le Lys et la pourpre*, 1997). Jeanne Bourin a écrit une chronique familiale ayant pour cadre la France de Saint-Louis (*La Chambre des dames*, 1979 ; *Le Jeu de la tentation*, 1981). Christiane Singer est l'auteur de *La Guerre des filles* (1981) et Claude Duneton, de *Petit Louis dit XIV* (1985).

De trop nettes séparations entre divers types de roman historique seraient artificielles. Romans historiques et romans d'aventures se rapprochent, pour peu que l'auteur ait une bonne connaissance de la réalité dans laquelle il choisit de situer le cadre de son intrigue. On ne contestera pas ce don à Pierre Mac Orlan, conteur habile et malicieux, pour qui l'univers maritime des XVIIe et XVIIIe siècles n'avait guère de secret, et qui s'est plu à faire revivre corsaires, flibustiers et gentilshommes de fortune, parvenant à mêler érudition historique, lyrisme et sens inné du suspens (*À bord de l'étoile Matutine*, 1920 ; *L'Ancre de Miséricorde*, 1941). Mais les plus hautes réussites du roman historique au XXe siècle sont celles d'auteurs qui se sont risqués aux frontières du genre, ou qui s'y sont aventurés jusqu'à en infléchir sensiblement les catégories. Au tout début du siècle, Alfred Jarry avait publié en feuilleton, du 1er juillet au 15 septembre 1900, une *Messaline*. Mais en dépit du sous-titre (« roman de l'ancienne Rome ») et du mode de publication retenu, il ne s'agit pas d'une œuvre qui répondrait à la mode du roman antique ou qui se situerait dans le sillage des grands feuilletonistes du XIXe siècle. Le créateur d'Ubu n'a pas écrit là un roman d'aventures, ni brossé un portrait authentique de l'impératrice. Tantôt prenant des libertés avec l'histoire, tantôt suivant presque littéralement Suétone et Tacite, il réinvente le personnage de Messaline dont il fait une figure mythique incarnant la quête d'un désir voué à demeurer inassouvi. Dans une langue coruscante qui dénote l'influence du symbolisme, Jarry peint avec magnificence les orgies et les errances de son héroïne à la poursuite du dieu Phalès. De cette même veine relève l'*Héliogabale ou l'anarchiste couronné* (1934) d'Antonin Artaud : en dépit des références érudites, c'est la figure d'un anarchiste plus que le portrait d'un empereur que l'écrivain a choisi de montrer.

Grand conteur, Jean Giono s'est lui aussi approché de la ligne de démarcation du roman historique, sans la franchir. Il est significatif qu'il ait choisi de nommer « chroniques » ses œuvres de l'après-guerre, non plus centrées sur l'exaltation lyrique des forces de la nature, mais sur les épreuves subies par les hommes. Meurtri par la guerre, Giono va se tourner vers le passé et y situer l'intrigue de plusieurs romans : *Un roi sans divertissement* (1947), dont l'action se déroule dans un village des Alpes au cours des hivers 1843 et 1844 ; puis le « cycle du hussard » : *Mort d'un personnage* (1949), *Le Hussard sur le toit* (1951), situé en Provence sous la monarchie de Juillet ; *Le Bonheur fou* (1957). La « grande histoire » est absente de ces œuvres qui reflètent le pessimisme de leur auteur et qui, à ce titre, sont avant tout des méditations sur le mal, l'égoïsme et la cruauté des hommes.

Encore plus en marge des canons du genre, d'autres auteurs appliquent à l'histoire un traitement quasi mythologique. Leurs œuvres ne sont pas situées dans un temps ou dans un espace précis et les intrigues qu'elles mettent en scène ouvrent sur une réflexion philosophique. Dans *Le Rivage des Syrtes* (1951), Julien Gracq crée une entité historique fictive (la principauté d'Orsenna), un espace imaginaire (le rivage des Syrtes, confins de terres désertiques aux marques à la fois septentrionales et méridionales) et se plaît à jouer avec une temporalité indéterminée (la décadence d'Orsenna rappelle celles de Rome ou de Venise). À travers le récit rétrospectif de son narrateur, l'écrivain se livre à une réflexion sur l'histoire omniprésente dans le livre. Soustraite à la réalité d'une époque définie, dégagée de toute fonction référentielle, celle-ci n'est néanmoins jamais traitée de manière abstraite : à l'évidence, la « drôle de guerre » se profile derrière celle, trois fois séculaire, qui oppose Orsenna et le Farghestan, au point qu'on a pu parler du *Rivage des Syrtes* comme d'un « roman géopolitique ». Le lecteur, toutefois, n'est nullement conduit à chercher derrière tel détail de la fiction un emprunt au réel : c'est l'essence de l'histoire qu'a voulu saisir Gracq. Sans doute est-ce aussi l'ambition qu'ont nourrie, au début des années soixante-dix, Jean Duvignaud *(L'Empire du milieu)*, Pierre-Jean Rémy (*Le Sac du Palais d'été*, 1971) ou Jean d'Ormesson (*La Gloire de l'empire*, 1971, à la fois chronique d'un empire imaginaire et aventure romanesque). Leurs œuvres entendent établir un rapport nouveau entre histoire et fiction, la première n'étant plus toile de fond, mais « matériau intégré à une construction globale » : « L'histoire au sein du roman, c'est tout à la fois l'affirmation de la primauté de l'histoire sur la fiction, en même temps que sa négation par la fiction elle-même » (Pierre-Jean Rémy).

À plusieurs reprises néanmoins, l'histoire a fourni à des romanciers l'occasion d'imaginer une intrigue ancrée dans une réalité qu'une documentation et un traitement non fantaisiste contribuaient à accréditer, en leur offrant, non plus seulement ses virtualités de dépaysement, mais une matière à méditation sur la condition humaine ou sur l'état du monde. *Colas Breugnon* (1919) de Romain Rolland met ainsi en scène, au temps de Louis XIII, un menuisier bourguignon au travers duquel l'auteur fait revivre, dans un style dru et gaulois, le petit peuple de France. Le succès du livre et sa thématique lui valurent d'être repris en feuilleton dans *L'Humanité* en 1936. *Les Massacres de Paris* (1935) de Jean Cassou évoquent le Second Empire et la Commune, vus par un insurgé : à travers son héros Théodore, qui se refuse à sombrer dans le désespoir après l'échec de la Commune, c'est sa confiance dans un avenir meilleur qu'exprime le romancier. Moins directement engagée, Marguerite Yourcenar a signé avec les *Mémoires d'Hadrien* (1951) un roman historique à une voix. L'ouvrage est une lettre adressée à Marc Aurèle par l'empereur Hadrien, fin lettré et grand politique, sur le point de mourir. Le roman, que l'auteur définit comme une « étude sur la destinée d'un homme », concilie les atouts d'une érudition scrupuleuse et les charmes d'une empathie qui contribue à rendre proche du lecteur un homme mort depuis dix-huit siècles. En 1968, l'auteur devait revenir au roman historique, cette fois par le truchement d'un narrateur omniscient : *L'Œuvre au noir*, consacré au personnage fictif de Zénon, médecin et alchimiste, conte une quête spirituelle dans l'Europe de la Renaissance.

Mais le chef-d'œuvre du roman historique au XXe siècle est peut-être *La Semaine sainte* (1958) de Louis Aragon. Somme romanesque et fresque épique de six cents pages, c'est l'histoire du conflit des forces sociales et politiques traversant et déchirant la France des Cent-Jours. Le cadre historique est très précisément celui de la semaine du 19 au 26 mars 1815. Les fidèles de Louis XVIII d'un côté, les partisans de Napoléon de l'autre, s'affrontent sous les yeux du jeune Théodore Géricault, qui fait son apprentissage de la vie et de la politique. À travers son héros, Aragon saisit la France dans la tourmente, n'hésite pas à pratiquer certains anachronismes, surgit au milieu de son récit, tente d'éclairer le présent à la lumière du passé et célèbre le rôle de l'art. Nul autre romancier sans doute n'a su, mieux que celui du *Monde réel*, mettre en scène de manière aussi puissamment suggestive un moment de l'histoire, moins pour le faire revivre — « ceci n'est pas un roman historique... », déclare l'auteur — que pour l'interroger, et le confronter au présent.

Relevant de l'infra-littérature si l'on ne prend en compte que ses avatars les moins ambitieux, le roman historique appartient pleinement à l'histoire du roman du XXe siècle dès lors que l'attention se porte sur quelques grandes œuvres. Parce qu'il offre naturellement un champ d'expérimentation au cœur duquel gît la problématique fiction-réalité, certains écrivains ont réussi, en en repoussant les limites, à renouveler un genre traditionnel et à lui ouvrir de palpitantes perspectives.

→ Georges Lukacs, *Le Roman historique*, Payot, 1965. — *La Nouvelle Revue française*, octobre 1972. — *Revue d'histoire littéraire de la France*, mars-juin 1975.

Pa.B.

roman policier. Le roman policier de langue française a joué un rôle important dans l'épanouissement d'un genre déterminant de la littérature romanesque d'aujourd'hui. Qu'il ait généré des formes typiques, produit des variantes de modèles existants ou développé des ramifications originales, il a presque toujours évolué comme partenaire de son confrère anglo-saxon. Il paraît donc légitime, si l'on veut présenter une typologie du récit policier, de ne pas tenir compte, provisoirement, de l'aire linguistique dans laquelle les textes ont été écrits et lus. C'est sur cette base seulement que pourra se révéler, d'un point de vue historique, l'apport francophone à la littérature policière.

C'est Edgar Allan Poe, dans *Le Double Assassinat dans la rue Morgue* (1841), qui inaugure le schéma qu'Agatha Christie portera à la perfection et qu'on appellera le *roman à énigme* ou *roman-problème*. Celui-ci commence par la découverte d'un cadavre qui déclenche un processus de détection. L'enquêteur appelé sur les lieux du crime récolte des indices, interroge des suspects et échafaude des hypothèses afin de déceler les motivations et démarches qui désigneront finalement le coupable. La construction d'un tel récit se caractérise par la combinaison de deux séries d'actions chronologiquement séparées par le moment du meurtre : d'un côté l'histoire de l'enquête, de l'autre l'histoire du crime, la seconde se complétant au fur et à mesure que se précisent les spéculations du détective sur la première. Le détective partage avec le lecteur une quantité d'informations égale, distillée de manière à comporter les clés de la solution mais aussi des leurres qui en éloignent.

Le *roman noir*, lancé par des auteurs comme Dashiell Hammett et Raymond Chandler, ne se contente plus de faire du crime et de son élucidation l'enjeu d'une énigme. Il a pour protagoniste un détective privé que sa mission fait pénétrer au cœur des aspects problématiques d'une société, ce qui signifie que l'enquêteur affronte, au lieu d'un petit groupe de suspects réunis dans un espace clos, le monde complexe et souvent périlleux de la civilisation urbaine au XXe siècle. Le détective alors devient, dans une large mesure, un aventurier et non plus une pure fonction cérébrale. Le « roman noir » ne s'éloigne cependant que graduellement du schéma fondateur du récit policier. Malgré sa particularité rythmique, qui alterne l'action intense et la scène descriptive, il maintient presque toujours son intrigue entre les pôles de l'énigme et de sa résolution.

Tel n'est plus le cas du *roman à suspense*, qui redistribue complètement les composantes du modèle classique, transférant le point de vue, et par conséquent l'initiative, sur des personnages comme la victime ou le meurtrier. L'intérêt du lecteur ne consiste plus alors à suivre une démarche de détection, mais à s'identifier au drame psychique du protagoniste empêtré dans un piège.

Avant d'épouser successivement ces trois formes typiques, à partir des années 1920, le roman policier français se constitue en partageant de nombreux traits avec des genres voisins, comme le roman de mœurs, le roman sentimental et le roman d'aventures. *L'Affaire Lerouge* (1866) d'Émile Gaboriau, qui passe pour le premier exemple du genre dans le domaine français, est en effet une œuvre hybride. Elle commence certes par la découverte d'un cadavre et l'arrivée d'un enquêteur privé, plus habile que la police, dont l'investigation doit rétablir l'histoire du crime. Mais au-delà de ce schéma emprunté à Poe, le roman contient un mélodrame à rebondissements dans lequel se retrouve la problématique psychologique et sociale propre au roman-feuilleton de Balzac, Dumas, Sue et Féval.

Les deux grands représentants français du genre policier à l'aube du XXe siècle, Gaston Leroux et Maurice Leblanc, continuent à puiser dans les trésors de la geste populaire. Le premier, dans *Le Mystère de la chambre jaune* (1908) et *Le Parfum de la dame en noir* (1909), fait coïncider une affaire criminelle avec un drame familial, de sorte que son investigateur Rouletabille devient le sujet d'une quête œdipienne. Quant au second, il n'élabore son œuvre que très partiellement dans le cadre d'un récit de détection. Avec le gentleman-cambrioleur Arsène Lupin, il crée une synthèse des héros mythiques qui peuplent la littérature du XIXe siècle, tels Vautrin, Jean Valjean, d'Artagnan, Philéas Fogg ou Cyrano de Bergerac. C'est pourquoi cette figure apparaît bien plus comme le moteur d'une aventure que comme le centre d'une investigation (voir par exemple *L'Aiguille creuse*, 1909 ou *Le Bouchon de cristal*, 1912). Cette tendance à privilégier la péripétie et le suspense au détriment du schéma déductif se confirme dans la série des *Fantômas* de Pierre Souvestre et Marcel Allain.

Après la Première Guerre mondiale, la production de contes merveilleux à base d'action criminelle, si prisés par les surréalistes en herbe et par le jeune Sartre, s'arrête complètement. Agatha Christie et Ellery Queen commencent à paraître en français, grâce à des collections comme Le Masque ou L'Empreinte. Le roman-problème, dans sa forme la plus rigoureusement organisée, domine alors rapidement la quasi-totalité du genre policier. Certains des auteurs de langue française, qui suivent le mouvement à partir des années 1930, développent des conceptions personnelles. Pierre Véry *(L'Assassinat du père Noël*, 1934) utilise l'intrigue criminelle comme instrument de transfiguration poétique du monde ; Claude Aveline *(La Double Mort de Frédéric Belot*, 1932) donne une profondeur inédite à la psychologie de ses personnages ; Stanislas-André Steeman *(Six hommes morts*, 1931 ; *L'Assassin habite au 21*, 1939) recompose astucieusement les éléments de base du schéma de détection.

Mais c'est Georges Simenon qui interprète la formule du roman-problème de la manière la plus originale, créant une variante nouvelle du récit policier. L'innovation de Simenon réside dans le fait qu'il n'envisage plus l'enquêteur et le coupable comme des adversaires dans une partie d'échecs, mais comme des êtres humains engagés dans un combat existentiel. Maigret, par son statut professionnel, sa personnalité et sa méthode, ne rappelle plus que lointainement les génies de la déduction. Ce fonctionnaire de la police, entouré de nombreux collaborateurs, apparaît aussi en dehors de ses heures de service en compagnie de son épouse, avec laquelle il partage les plaisirs d'une vie bourgeoise. Quant à sa technique d'investigation, si elle n'exclut pas de recourir à des moyens classiques, tels l'analyse d'indices ou la vérification de l'alibi, elle repose surtout sur la faculté de capter intuitivement les correspondances entre un milieu et les acteurs du crime qui s'y déroule. C'est pourquoi Maigret, dans les enquêtes de soixante-treize romans publiés entre 1929 et 1973, ne s'attache que secondairement à démasquer par la logique déductive un coupable dans un groupe de suspects : son principal effort vise d'emblée à comprendre les motifs psycho-sociaux d'une transgression criminelle.

Grâce à Simenon, le roman policier quelque peu anémique des années 1930 se charge de vie humaine et de couleur atmosphérique. Cette revitalisation se confirme quand l'énorme potentiel thématique et formel du roman noir américain commence à trouver des échos en France. La Série noire, fondée en 1945 par Marcel Duhamel, présente des traductions de Hammett, Chandler, Cain, Burnett et Mc Coy. Dans la suite, des auteurs français produiront des œuvres originales qui, loin de s'inspirer exclusivement du modèle américain, renouent avec la grande tradition de l'étude de mœurs et de l'épopée populaire, momentanément interrompue après Leblanc.

Léo Malet, en particulier, réussit un alliage subtil entre une intrigue de type chandlérien, une matière descriptive nourrie de la topographie parisienne et un style travaillé par les figures de la poésie surréaliste. Plaçant le cycle principal des enquêtes de Nestor Burma sous le titre *Les Nouveaux Mystères de Paris* (publiés entre 1954 et 1959), Malet montre par ailleurs qu'il se situe dans le droit fil des grands révélateurs de la ville secrète, à la manière d'Eugène Sue. Cet intérêt renouvelé pour les aspects inquiétants de la civilisation urbaine se manifeste aussi chez les peintres du milieu criminel comme Auguste Le Breton *(Du rififi chez les hommes*, 1953), José Giovanni *(Le Deuxième Souffle*, 1958) et Albert Simonin *(Touchez pas au grisbi*, 1953), qui pratiquent tous le langage argotique. Que ces auteurs soient moins lus aujourd'hui tient au fait que Frédéric Dard, dans la série des *San-Antonio* (plus de cent titres parus depuis 1952) a su tirer un parti infiniment plus riche des ressources stylistiques de la langue française.

Si le roman policier, après la Seconde Guerre mondiale, s'ouvre à une abondante matière socio-historique, il devient aussi le support d'une problématique psychologique. Pierre Boileau et Thomas Narcejac axent leurs récits sur les victimes d'une machination. Celles-ci, à force de chercher la vérité de ce qui leur arrive, sombrent dans la folie, parfois meurtrière. Les événements sont enregistrés à travers leur regard, de sorte que la tension dramatique est maintenue en permanence, comme le montrent *Les Diaboliques* (1952) ou *D'entre les morts/Sueurs froides* (1954). Ces brillantes illustrations du roman à suspense témoignent d'une reformulation des structures fondatrices du récit policier, qui ne restera pas sans conséquences. Elles admettent d'une part la concentration en un seul personnage de fonctions auparavant séparées, comme celle de l'assassin, de la victime et de l'enquêteur ; c'est là une technique que Sébastien Japrisot fera sienne dans *Piège pour Cendrillon* (1962). Elles invitent d'autre part à doter le protagoniste d'une vie intérieure complexe telle qu'une partie de la littérature réputée noble l'a toujours mise en évidence. Et l'on peut constater en effet que, depuis Boileau-Narcejac, se multiplient les échanges de thèmes et de procédés d'écriture entre le domaine policier et la littérature romanesque en général.

Ce phénomène montre que le roman policier français a quitté l'enclos de la paralittérature, pour devenir un genre narratif solidement établi. Il peut désormais se développer sans entraves en s'appuyant sur les fondations d'un riche patrimoine. Cela explique que les créateurs qui s'imposent à la fin des années 1960 se distinguent tous par une conception très particulière de l'écriture policière. Le terme *néo-polar*, qui a parfois servi d'étiquette pour désigner leur production, n'a en fait jamais renvoyé à un schéma de base commun. En témoigne Jean-Patrick Manchette, l'un des auteurs-phares de cette période. Ses textes, beaucoup plus qu'un scénario de détection, mettent en œuvre le passage d'un individu à travers un déluge de violences absurdes (voir *Le Petit Bleu de la côte ouest*, 1976 ou *La Position du tireur couché*, 1981). Ce type de personnage tue ou subit la torture sans se défaire d'une froideur qui signale l'implosion des valeurs humaines à l'époque de la société de consommation.

Alain Demouzon, contrairement à Manchette, qui se plaît à déconstruire les automatismes du roman policier, sélectionne les stéréotypes pour mieux les intégrer à des textes harmonieusement arrangés, dont *Mouche* (1976) est le meilleur exemple. Quant à Didier Daeninckx, il ne procède pas au collage ironique des formes convenues, mais utilise franchement la formule du roman noir, qui lui sert, par le biais d'un enquêteur, à pénétrer dans certaines zones sensibles de l'histoire de France au XXe siècle, ou à mettre à nu les injustices symptomatiques de la crise sociale contemporaine. C'est notamment avec le cycle des enquêtes de l'inspecteur Cadin (commencé avec *Mort au premier tour*, 1982, achevé avec *Le Facteur fatal*, 1990) que Daeninckx a créé un ensemble d'une grande force analytique et d'une haute qualité littéraire. Que son protagoniste se suicide à la fin signale combien les anciens maîtres de la détection sont devenus des êtres fragilisés par le risque de leur métier. Cette perte d'identité du chercheur de vérité révèle à sa manière que la notion de quête — si essentielle au texte narratif en général, et peut-être même à la faculté humaine de s'engager dans le monde — est aujourd'hui rongée par le doute.

→ Stefano Benvenuti, Gianni Rizzoni et Michel Lebrun, *Le Roman criminel*, Nantes, Éditions de L'Atalante, 1982. — Pierre Boileau et Thomas Narcejac, *Le Roman policier*, Payot, 1964. — Robert Deleuse, *Les Maîtres du roman policier*, Bordas, 1991. — Jacques Dubois, *Le Roman policier ou la modernité*, Nathan, 1992. — U. Eisenzweig, *Le Récit impossible*, Bourgois, 1986. — Francis Lacassin, *Mythologie du roman policier*, 10/18, 1974, 2 t. — Marc Lits, *Le Roman policier. Introduction à la théorie et à l'histoire d'un genre littéraire*, Éditions du CEFAL, 1993.

— Jean-Paul Schweighaeuser, *Le Roman noir français*, PUF, coll. Que sais-je ?, 1984. — André Vanoncini, *Le Roman policier*, PUF, coll. Que sais-je ?, 1993.

A.V.

Rossel *(prix Victor)*. Principal prix littéraire belge, décerné à la mémoire de Victor Rossel (1873-1935), fils d'Émile Rossel, fondateur du journal bruxellois *Le Soir* (1887). Fondé en 1938, attribué en 1939, puis sans interruption depuis 1946, il couronne chaque année un écrivain belge auteur d'un roman ou d'un recueil de nouvelles en langue française, publié ou inédit. Le jury est composé de membres permanents, tous écrivains, et de membres exceptionnels, choisis chaque année par la Société Rossel. Parmi les lauréats, citons Madeleine Ley (1939), Maurice Carême (1947), Daniel Gillès (1951), Albert Ayguesparse (1952), Paul-Aloïse De Bock (1953), Stanislas d'Otremont (1956), David Scheinert (1961), Maud Frère (1962), Charles Bertin (1963), Louis Dubrau (1964), Charles Paron (1968), Pierre Mertens (1970), Gaston Compère (1978), Jean Muno (1979), Jacques Crickillon (1980), François Weyergans (1981), Guy Vaes (1983), Thierry Haumont (1985), Jean-Claude Pirotte (1986), Alain Bosquet de Thoran (1994).

O.Bi.

Rostand Edmond (1868-1918), voir DICTIONNAIRE DES LETTRES FRANÇAISES : LE XIXe SIÈCLE.

Rouart Jean-Marie (1943). Il est né le 8 avril 1943. Directeur du *Figaro littéraire*, il a publié des romans (*La Fuite en Pologne*, 1974 ; *La Blessure de Georges Aslo*, 1975 ; *Les Feux du pouvoir*, 1977, prix Interallié ; *Avant-guerre*, 1983, prix Renaudot ; *Le Cavalier blessé*, 1987 ; *La Femme de proie*, 1989 et *Le Voleur de jeunesse*, 1990) ainsi qu'un essai sur le suicide (*Ils ont choisi la nuit*, 1983). Il a été élu à l'Académie française en janvier 1998.

ŒUVRES. — Chez Grasset.

Roubaud Jacques (1932). Né à Caluire-et-Cuire (Rhône) le 5 décembre 1932. Mathématicien. Ainsi se résume la biographie de l'auteur par lui-même, lui substituant une bibliographie qu'il fait commencer par ∈ ou *Signe d'appartenance* (Gallimard, 1967). Le poète y applique la théorie des ensembles et conçoit son recueil comme une variation sur le genre du sonnet, voire comme un sonnet de sonnets et pouvant être lu selon les règles d'une partie de go (dont l'esprit et la lettre seront résumés en un *Petit traité)*. Reconnu par Queneau, Roubaud entre à l'Oulipo, tout en faisant partie du collectif d'*Action poétique*, puis de *Change* et de *Po&sie*. L'amour des nombres oriente ses recherches au sein de ces revues et du cercle Polivanov sous le patronage de Jakobson et en amitié avec Pierre Lusson, vers une analyse et une méditation du rythme (pour Roubaud, « le silence de la mathématique » est « jusqu'au fond de la langue »), aboutissant en 1978 à *La Vieillesse d'Alexandre* (rééd. Ramsay, 1988), où l'on retrouve la trace de l'alexandrin jusque dans le vers libre. La poésie contemporaine renoue ainsi avec les traditions les plus lointaines. Dans le temps : Roubaud consacre à la canso des troubadours *La Fleur inverse* (rééd. Les Belles Lettres, 1994), et au sonnet français de Marot à Malherbe une anthologie (*Soleil du soleil*, POL, 1990). Et dans l'espace : « traductions » de tanka dans *Mono no aware Le Sentiment des choses* (Gallimard, 1970) et de « chants » indiens avec Florence Delay dans *Partition rouge*, Le Seuil, 1989. La définition de la poésie comme « mémoire de la langue », répétée jusqu'à *L'Invention du fils de Leoprepes* (Circé, 1993) et développée dans *Poésie, etcetera : ménage* (Stock, 1995), informe l'œuvre tout entière. Ainsi, *Autobiographie, chapitre dix* (Gallimard, 1977) est entièrement composé de citations de poèmes écrits dans les dix-huit années antérieures à la naissance du poète, reconstituant sa propre vie — enfances, amours et morts — à partir d'un héritage poétique à la fois assumé et recomposé. Mais il en va de même du « projet de poésie » occupant toute sa vie : si celui-ci fait l'objet d'une description (*Mezura* 9, 1980) il est aussi voué à sa destruction en prose (*Le grand incendie de Londres,* Le Seuil, 1989). L'opposition constitutive vers/non-vers, posée à l'origine et susceptible de s'équilibrer heureusement dans les recueils où les poèmes alternent avec des « moments de repos » en prose et quand la hantise de la mort est apaisée par une poésie faite pour être dite (*Dors*, précédé de *Dire la poésie*, Gallimard, 1986), se révèle tragique avec *Quelque chose noir* (Gallimard, 1986) quand l'auteur, en proie à la mélancolie du deuil, se livre au néant d'une poésie aphasique. Roubaud poursuit cependant, non sans humour, le cycle des *Hortense* : *La Belle Hortense*, *L'Enlèvement d'Hortense*, *L'Exil d'Hortense* (rééd. Seghers, 1990), romans policiers chiffrés à la manière ludique du roman-poème de Queneau. À côté des *Animaux de tout le monde* (Seghers, 1990), puis *de personne* (Seghers, 1991), poèmes pour enfants où l'on retrouve le traducteur de *La Chasse au Snark*, la poésie réservant plus encore que le conte la possibilité d'autres mondes, de l'impossible même, il publie *La Pluralité des mondes de Lewis* (Gallimard, 1991) dont le titre est inspiré par le logicien anglais contemporain. Explorant à nouveau le champ autobiographique selon l'ancienne technique des « arts de la mémoire », *La Boucle* (Le Seuil, 1993) transpose la poésie, dont « la fleur inverse » est la métaphore initiale, à l'échelle du « récit avec incises et bifurcations » et, suivant la structure arborescente de la prose médiévale, déjà adaptée dans *Graal théâtre* (Gallimard, 1977), puis dans *Graal fiction* (Gallimard, 1978), projette une somme de six « branches » composées chacune de 196 « moments » numérotés. Ainsi la poésie est-elle, dans l'œuvre de Jacques Roubaud, ce qui « change de forme » et, tels les nuages nés du souffle, une autre « forme de vie », une douce contrainte.

F.R.

Roud Gustave (1897-1976). Né dans le canton de Vaud en Suisse, dans une famille paysanne, il résidera toute sa vie dans le village de Carrouge, au nord de Lausanne. L'exemple de cet homme de lettres secret et raffiné, le dépouillement de sa poésie ont marqué presque tous les jeunes écrivains de la Suisse romande après 1940. Roud, en particulier, a été le maître de Philippe Jaccottet. Ses premiers poèmes paraissent en 1915 dans les *Cahiers vaudois*. Après des études de lettres classiques à Lausanne, il publie, avec Ramuz et l'éditeur Mermod, de 1929 à 1931, le magnifique hebdomadaire *Aujourd'hui*. Entre 1936 et 1969, il est lecteur, traducteur et préfacier à La Guilde du livre. Des peintres, comme Auberjonois et Steven-Paul Robert, comptent parmi ses amis. En 1950, une dizaine de recueils de prose poétique publiés à partir de 1927, sont réunis en deux volumes par l'auteur sous le titre *Écrits*, puis, en 1978, en trois volumes sous la direction de Philippe Jaccottet. Viendront s'y ajouter le *Journal*, quelques recueils de critiques, de chroniques et de photographies, et des traductions de Hölderlin, Novalis, Rilke et Trakl.

Vouée au paysage de collines du Haut-Jorat, suite de variations sur les saisons et les travaux paysans, l'œuvre de Gustave Roud pourrait au premier abord ressembler à une poésie rustique. Mais la passion du poète transfigure ce monde familier. Le marcheur, le vagabond tour à tour comblé et traqué, ébloui et dépossédé, qui parcourt inlassablement ces campagnes, y vit l'expérience d'un exil à la fois poétique et métaphysique : « Je suis au monde, et c'est un autre monde. » Passion que suggèrent les titres des recueils : *Adieu* (1927), *Essai pour un paradis* (1932), *Pour un moissonneur* (1941), *Air de la solitude* (1945), *Requiem* (1969). Par un travail métaphysique très personnel, et dans le sentiment poignant de sa double appartenance au monde des choses et à l'absolu des signes, Roud est l'héritier des Romantiques allemands ; dès sa jeunesse, il a fait sienne la célèbre injonction de Novalis : « Le Paradis est dispersé sur toute la terre... Il faut réunir ses traits épars. » L'attention aiguë au visible se heurte, dans une tension constante, au désir de transcender le temps et la mort. De là, un parcours déchiré entre solitude et paradis, entre la conscience et l'innocence, entre l'absence et la révélation, l'ici et l'ailleurs, l'instant et l'éternel. Métaphoriquement, la succession des saisons — du triomphe solaire au morcellement du brouillard et à la lucidité figée de l'hiver — renvoie à la pensée poétique, et le paysage se révèle à lui comme le territoire même de signes purs, transparents, dont la fleur et l'oiseau sont les figures. Comment le poète voyant, voué à l'absolu des signes et de l'écriture, échappera-t-il à une pureté désincarnée ? Comment, sans trahir, passer du paysage réel à celui, recomposé, des mots ? À ces questions, le poète n'a d'autre réponse que l'effacement de soi, sa dépossession, sa propre évanescence. C'est à ce prix que la pureté mallarméenne, refusée, fera place à « une *autre* pureté : celle de l'innocence humaine. Je fus sauvé par un regard ». Un second personnage, « Aimé », hante l'œuvre ; double solaire du poète nocturne, sublimation puissante de son désir interdit, il lui apparaît « réellement fait de ses propres impossibilités » : paysan éternel, véritable habitant du Paradis, en accord charnel avec les hommes et les choses, il est le « vrai vivant » qui innocente le poète. Le style de Roud, ample, musicalement soutenu, traduit la nostalgie de l'unité et d'une harmonie vaste et composée, dont Novalis, Bach et Poussin sont les modèles. Le plus souvent cependant, désiré, perdu, ce chant ne fait qu'affleurer dans des notes ou des proses méditatives.

ŒUVRES. — *Écrits*, édition établie par Philippe Jaccottet, Lausanne, Bibliothèque des arts, 3 t. — *Journal*, préface de Philippe Jaccottet, Vevey, Bertil Galland, 1982.

→ *Solaire*, n° 17, Pont-saint-Esprit, Issirac, juin 1977. — Gilbert Vincent, *Gustave Roud, point de vue d'un homme discret*, Lausanne, L'Âge d'homme, 1981. — Philippe Jaccottet, *Gustave Roud*, Fribourg, Éditions universitaires, 1982. — Jacques Lacarrière, « Compagnons des chemins », dans *Errances*, Saint-Cyr-sur-Loire, 1983. — Claire Jaquier, *Gustave Roud et la tentation du romantisme*, Lausanne, Payot, 1987. — Grietje Hollaert, *La Manière de Gustave Roud : radiographie d'un style*, Genève, Slatkine, 1991.

M.Gr.

Roufos Rodis (1924-1972). Né à Athènes dans une famille mêlée à la vie politique, il fait des études de droit pendant l'Occupation allemande et prend part à la Résistance du côté de l'EDES. Ces expériences de la guerre civile (1946-1949) alimentent ses premiers romans : *La Racine du mythe* (1954), *Marche dans le noir* (1955) et *L'Autre Rive* (1958), composant une trilogie intitulée *Chronique d'une croisade*, publiée sous le pseudonyme de Rodis Provélenguios. En 1949, il embrasse la carrière diplomatique. Consul à Nicosie (1954-1956), il a l'idée d'un roman sur la lutte chypriote, *The Age of Bronze* (1960), écrit en anglais en écho au roman sur le même sujet, *Bitter Lemons*, de Lawrence Durrell. Nommé à Paris (1960-1964), il publie deux essais en français : « Cavafy et la musique du déclin » (*La Cité*, avril 1963) et « Le poète grec Georges Séféris, prix Nobel de littérature 1963 » (*Preuves-Informations*, novembre 1963). Sa thèse, soutenue à la Sorbonne, sur l'insurrection des Athéniens contre les Romains pendant les années 88-86 avant J.-C., est à la source de son roman historique *Grécules* (1971). Revenu à Athènes en 1964, il travaille au ministère des Affaires étrangères jusqu'au coup d'État du 21 avril 1967, qui l'oblige à démissionner. Peu après, il publie un témoignage anonyme sur la dictature des colonels : *Vérité sur la Grèce* (1970). Il est aussi l'auteur d'une pièce de théâtre, *Le Jour du Jugement dernier* (1957). Après sa mort en 1972, un recueil de textes inédits a paru sous le titre *Choix* (1973).

A.Vl.

Rougemont Denis de (1906-1985). Né le 8 septembre 1906 à Couvet (près de Neuchâtel), après des études de lettres à l'université de Neuchâtel, il s'établit en 1930 à Paris, où il assure la direction littéraire des Éditions Je sers. Engagé dans les mouvements personnalistes, il est le cofondateur des revues *Esprit* et *L'Ordre nouveau*, et d'une revue de théologie d'inspiration barthienne, *Hic et nunc*. Il collabore à la *NRF*, où il dirige, en 1932, le « cahier de revendications de la jeunesse française ». Entre 1933 et 1935, il publie sa *Politique de la personne* (1934), sorte de manifeste de l'engagement des intellectuels où il défend le primat de la personne humaine, libre et responsable, et de son lien indissoluble à la communauté, puis son *Journal d'un intellectuel en chômage* (1937) : face au péril totalitaire, il s'agit de retrouver le sens profond d'une politique et d'une société à « hauteur d'homme », dont le principe de cohérence s'appelle la responsabilité, et de rendre l'homme à son destin spirituel. Lecteur à l'université de Francfort (1935-1936), il observe de près le régime national-socialiste. Pour l'auteur du *Journal d'Allemagne* (1938), le succès du régime, né de la misère et de l'angoisse du peuple allemand, se comprend par son caractère sacral et par l'attraction passionnée qu'exerce une religion nouvelle sur des masses athéisées.

Partant du constat que le désordre du monde moderne a engendré un divorce radical entre la pensée et l'action, il affirme, dans *Penser avec les mains* (1936), la nécessité de rétablir une véritable « commune mesure humaine », librement acceptée par un acte de foi.

En 1939, dans *L'Amour et l'Occident* (1939), Rougemont développe la thèse de l'origine historique et spirituelle de la conscience poétique et amoureuse de l'Occident chrétien. À une psyché occidentale déchirée entre aventure individuelle de la passion et morale collective de la cité, l'auteur propose une éthique du mariage fondée sur les notions de décision, d'engagement et de personne libre et responsable. Il compose aussi une légende dramatique, *Nicolas de Flüe* (1939), mise en musique par Honegger. Mobilisé dans l'armée suisse, il publie *Mission ou démission de la Suisse* (1940) et fonde en 1940 la Ligue du Gothard, l'une des premières manifestations de l'esprit de résistance européen. À la suite d'un article condamnant l'entrée d'Hitler dans Paris, il est envoyé par les autorités suisses aux États-Unis. Invité en Argentine en 1941, il donne des conférences sur l'Europe et l'hitlérisme. Il enseigne en 1942 à l'École libre des hautes études, à New York, et devient rédacteur à la section française de l'*Office of War Information* (1942-1943). Il publie *La Part du diable* (1942), procès spirituel du monde moderne et de la réalité morale d'une époque, puis *Les Personnes du drame* (1945), méditation sur les rapports entre des œuvres d'écrivains et les données de leur vie « personnelle », et des *Lettres sur la bombe atomique* (1946).

De retour en Europe en 1947, il milite dans les mouvements fédéralistes. Rédacteur du rapport culturel du Congrès de l'Europe et du *Message aux Européens* à La Haye en mai 1948, organisateur de la première Conférence européenne de la culture à Lausanne en 1949, il fonde en 1950 le Centre européen de la culture, qu'il dirige jusqu'à sa mort, et préside le Congrès pour la liberté de la culture (1952-1966). *L'Aventure occidentale de l'homme* (1957) décrit les principes de cohérence qui donnent à la culture européenne sens et raison d'être. Au principe destructeur de l'État-nation, origine de toutes les guerres, il oppose un fédéralisme créateur, fondé sur les communes et les régions. Dans *Comme toi-même* (1961), composé d'opuscules critiques sur les mythes de l'amour dans les littératures des XIXe et XXe siècles, Rougemont démontre que les mythes, puissants ordonnateurs des passions, permettent de poser le vrai problème éthique, celui de la *liberté*, qui détermine les décisions et les finalités de la personne. Il signe *L'avenir est notre affaire* (1977), examen de la crise globale des systèmes sociopolitiques, provoquée par une gestion catastrophique de la planète, et fonde en 1978 la revue *Cadmos*. Il est mort à Genève le 6 décembre 1985.

ŒUVRES. — *Les Méfaits de l'instruction publique* (1929), *Trois pamphlets pédagogiques*, Lausanne, L'Âge d'homme, 1984. — *Le Paysan du Danube* (1932), Lausanne, L'Âge d'homme, 1982. — *Politique de la personne* (1934), Je sers, 1946. — *Penser avec les mains* (1936), Gallimard, 1972. — *Journal d'un intellectuel en chômage* (1937), *Journal d'Allemagne* (1938), *Journal des deux mondes* (1946), repris dans *Journal d'une époque*, Gallimard, 1968. — *L'Amour et l'Occident* (1939), Plon, 1972. — *Nicolas de Flüe*, Neuchâtel, Institut neuchâtelois, 1939. — *Mission ou démission de la Suisse*, Neuchâtel, la Baconnière, 1940. — *The Heart of Europe*, New York, Duell, Sloan & Pearce, 1941. — *La Part du diable* (1942), Gallimard, 1982. — *Les Personnes du drame* (1945), rééd. Gallimard, 1946. — *Lettres sur la bombe atomique* (1946), La Différence, 1991. — *Doctrine fabuleuse*, Neuchâtel, Ides et Calendes, 1947. — *Vivre en Amérique*, Stock, 1947. — *Suite neuchâteloise*, la Baconnière, 1948. — *L'Europe en jeu*, la Baconnière, 1948. — *Lettres aux députés européens*, la Baconnière, 1950. — *La Confédération helvétique*, Éditions du Rocher, 1953. — *L'Aventure occidentale de l'homme*, Gallimard, 1961. — *Les Mythes de l'amour*, Gallimard, 1961. — *Vingt-huit siècles d'Europe*, 1961, rééd. Bartillat, 1990. — *Les Chances de l'Europe*, la Baconnière, 1962. — *The Christian Opportunity*, New York, Holt, Rinehart & Winston, 1963. — *La Suisse ou l'histoire d'un peuple heureux*, 1965, rééd. Lausanne, L'Âge, 1990. — *Fédéralisme culturel*, la Baconnière, 1965. — *Journal d'une époque*, Gallimard, 1968. — *Lettre ouverte aux Européens*, Albin Michel, 1970. — *L'Un et le divers*, la Baconnière, 1970. — *Le Cheminement des esprits*, la Baconnière, 1970. — *L'avenir est notre affaire*, Stock, 1977. — *Rapport au peuple européen sur l'état de l'union de l'Europe*, Stock, 1979. — *Inédits* [extraits de cours], la Baconnière,

1988. — *Œuvres complètes*, à paraître aux Éditions de la Différence.

→ *Denis de Rougemont : l'écrivain, l'Européen. Études et témoignages*, la Baconnière, 1976. — *Cadmos*, nº 33, printemps 1986. — *Écriture*, nº 29, automne 1987. — *Du personnalisme au fédéralisme européen : en hommage à Denis de Rougemont*, Genève, Éditions du Centre européen de la culture, 1989. — Mary Jo Deering, *Denis de Rougemont l'Européen*, Lausanne, Centre de recherches européennes, 1991. — Bruno Ackermann, *Denis de Rougemont ou la conscience d'une époque*, thèse, université de Lausanne, 1995.

B.A.

Rougerie. Maison d'édition fondée à Mortemart (Haute-Vienne) en 1948 par René Rougerie, installée ensuite à Limoges. Initié par son grand-père, qui était typographe autodidacte, René Rougerie fait ses premières armes au sein d'un journal puis crée, en 1946, la revue littéraire *Centres*, avec Georges-Emmanuel Clancier et Robert Margerit. Deux ans plus tard, il rachète une vieille presse et fonde sa propre maison d'édition. Dès lors et jusqu'en 1989, date à laquelle son fils Olivier reprend le flambeau, ses efforts porteront sur « l'édition de poètes méconnus ou inconnus sans prêter attention aux querelles qui agitent trop souvent le petit monde des écrivains ». Deux groupes de poètes se partagent les couvertures blanches et les titres rouges des Éditions Rougerie, ceux du début du siècle et les contemporains. Parmi ces derniers, Georges-Emmanuel Clancier, Robert Margerie, Boris Vian (*Cantilènes en gelée*, 1949), Jean Lescure, Jean Rousselot. La revue *Réalités secrètes*, créée en 1955 et reprise en 1971 sous le titre *Poésie présente*, publie dans chaque édition un texte inédit d'un auteur contemporain : Marcel Béalu, Pierre Bettencourt, Maurice Blanchard et Julien Gracq étaient au sommaire du premier numéro.

Parallèlement, René Rougerie ressuscite, malgré leur abord difficile, des auteurs oubliés, publiant des poèmes et des essais inédits, du théâtre, des correspondances de Saint-Pol Roux, Pierre Albert Birot, Joë Bousquet, à Roger Vitrac, Victor Segalen, André Suarès ou Michel Seuphor. L'éditeur cherche aussi toujours à accorder une place aux femmes (Hélène Cadou, Anne Teyssiéras, Claire Sara Roux, Angèle Vannier). Si Rougerie se défend d'avoir voulu créer une école — encore moins « un catalogue qui soit le supplément de luxe de celui d'un grand éditeur » —, la maison tient cependant à son image d'éditeur-artisan.

→ « Rougerie », numéro spécial de la revue *Pleint Chant*, automne 1994.

A.Re. — IMEC

Roumain Jacques (1907-1944). Né à Port-au-Prince, fondateur du parti communiste haïtien en 1937, il doit sa renommée à un roman, *Gouverneurs de la rosée*, publié à Port-au-Prince en 1944, l'année de la disparition prématurée de son auteur. Cette œuvre très populaire, la plus célèbre de la littérature haïtienne, doit sa fortune en particulier aux nombreuses adaptations théâtrales qui en furent faites, bien au-delà des frontières d'Haïti, en Afrique noire et en Amérique latine. Manuel, le héros, après plusieurs années à Cuba où, travailleur immigré, il s'est frotté au syndicalisme ouvrier, rentre dans son village natal de Fonds-Rouge pour y constater que le fatalisme et la sécheresse conjugués ont réduit les habitants à la misère. Ni Dieu ni Vaudou n'y changent rien. En bon marxiste, il entreprend de convaincre ses compatriotes, divisés en deux camps, que l'eau qui leur fait défaut peut être captée et maîtrisée. La découverte d'une source au creux d'un « morne » lui donne bientôt raison, mais au moment où le projet de conduire l'eau jusqu'au village est sur le point d'aboutir, Manuel est lâchement assassiné. Sa mort-sacrifice mettra pourtant un terme à la discorde, et les habitants de Fonds-Rouge se rendront bientôt « gouverneurs de la rosée ». Jacques Roumain est également l'auteur d'un récit sur la réalité rurale haïtienne, *La Montagne ensorcelée* (Port-au-Prince, 1932, rééd. Éditeurs français réunis, 1972) et d'un recueil poétique, *Bois d'ébène* (Éditeurs français réunis, 1945).

→ M. Laroche, « La diglossie littéraire dans *Gouverneurs de la rosée* de Jacques Roumain : termes de couleur et conflit de langues », *Études littéraires*, vol. XIII, nº 2, août 1980.

J.C.

Roupnel Gaston (1871-1946). Le nom de Roupnel est intimement lié à la terre de Bourgogne, qu'il aima et célébra comme romancier et historien. Né près de Gevrey (Côte-d'Or) le 23 septembre 1871, il suit une formation littéraire qui le conduit à l'enseignement. Après quelques années itinérantes, il se fixe à Dijon, en 1910. C'est l'année où il publie *Nono*, l'histoire d'un paysan bourguignon dont les mésaventures conjugales sont émaillées de dialogues écrits dans la langue du cru. Un second roman, *Le Vieux Garain*, paraît en 1913. Après une thèse sur *Les Populations de la ville et de la campagne dijonnaise au XVII*e *siècle* (1922), il occupe la chaire d'histoire bourguignonne à la faculté des lettres de Dijon. Vigneron (il prend soin du vignoble paternel), chroniqueur pour *La Dépêche de Toulouse*, nouvelliste *(Hé ! Vivant !*, 1927), essayiste *(Siloë*, 1927), il trouve le temps de travailler à son œuvre maîtresse : *Histoire de la campagne française*, achevée en 1932 (rééd. Plon, coll. Terre humaine, 1974). Dans *La Bourgogne : types et coutumes* (1936), il revient à des préoccupations plus régionalistes et folkloristes. Le temps venu de la retraite, Gaston Roupnel, qui tenait l'histoire pour « l'art le plus humain qui soit », livre ses ultimes méditations dans deux essais : *Histoire et destin* (1943) et *La Nouvelle Siloë* (1945). Il est mort à Gevrey le 14 mai 1946.

J.G.

Rousseau François-Olivier (1947). Né à Boulogne le 20 septembre 1947, il est diplômé de l'École des Langues orientales, spécialisé dans le bengali et le grec moderne. Après divers séjours aux États-Unis, en Allemagne et en Amérique du Sud, il donne un premier roman, *Le Regard du voyageur* (1978), devient chroniqueur de presse (au *Matin de Paris*, puis à *Vogue*), et poursuit son œuvre romanesque en publiant *L'Enfant d'Édouard* (Mercure de France, 1981, prix Médicis), *Sébastien Doré* (Mercure de France, 1985, prix Marcel Proust ; rééd. Folio 1989), *La Gare de Wannsee* (Grasset, 1988, grand prix du Roman de l'Académie française ; rééd. Le Livre de Poche, 1990), *Le Jour de l'éclipse* (Grasset, 1991). Habile à restituer une époque et une société, le XIXe siècle dans *Sébastien Doré*, les milieux culturels des années soixante et soixante-dix dans *Le Jour de l'éclipse*, et à dresser des portraits vivants, il mêle ironie et désenchantement, et promène un regard mélancolique sur les défaites de l'esprit moderne. Il vit dans l'île de Man.

A. G.

Roussel Raymond (1877-1933). Né le 20 janvier 1877 à Paris, dans une famille très fortunée, après une enfance dont il dira qu'elle lui a donné « plusieurs années d'un bonheur parfait », il partage son existence entre les voyages et la littérature. Dès l'âge de dix-sept ans, il se consacre à la rédaction d'ouvrages qui l'épuisent et le plongent dans des états de crise (il est soigné par le grand psychiatre Pierre Janet), aggravés par le constat que son œuvre, *La Doublure* (1897), ne lui confère pas la gloire escomptée. Du reste aucun de ses livres ne connaîtra, de son vivant, le succès, même si quelques-uns furent remarqués par les surréalistes. Le 14 juillet 1933, lors d'un voyage en Sicile, il est retrouvé mort dans une chambre de l'*Hôtel des Palmes*, à Palerme ; sans doute s'est-il suicidé. Reconnue aujourd'hui comme une des productions les plus marquantes de la modernité littéraire, son œuvre ne laisse de surprendre. Parmi les plus énigmatiques de ses textes, figure *L'Âme*, publié dans *Le Gaulois* en 1897, poème que l'auteur aurait rêvé avoir lu par-dessus l'épaule de Victor Hugo. *La Doublure*, roman en alexandrins, détournés de leur rythme, réduit le récit pour laisser se développer d'amples descriptions : celle de la loge de Gaspard, qui double les rôles au Théâtre de la République et surtout celle des chars du carnaval de Nice, spectacle auquel il assiste avec Roberte.

La même fascination pour le monde extérieur, vu comme un grand spectacle, caractérise *La Vue*, poème lui aussi en alexandrins, dans lequel Roussel décrit une image enchâssée au fond d'un porte-plume, en termes méticuleux, quasi obsessionnels. À partir de cette minuscule représentation, se déploie une surface visible dont les limites semblent toujours reculées : le regard passe ainsi de la plage de sable au pêcheur au loin sur sa barque, puis à un yacht « plus loin et plus à droite », aux passagers sur le pont du yacht... La même obsession du visible est constitutive de *La Source* et du *Concert*, où, selon un procédé similaire, sont décrites une étiquette de bouteille minérale et la vignette ornant une feuille de papier à lettre. C'est un tout autre procédé qui est à l'œuvre dans *Impressions d'Afrique* et *Locus solus*. Le secret de fabrication de ces deux textes a été révélé par l'auteur dans *Comment j'ai écrit certains de mes livres* : le premier texte est fondé sur un pur jeu de langage. Roussel explique qu'il a ajouté à deux mots phonétiquement proches, *billard* et *pillard*, « des mots pareils mais pris dans des sens différents » ; ainsi « les lettres du blanc sur les bandes du vieux billard » et les « lettres du blanc sur les bandes du vieux pillard » constituent la matrice de tout le conte ; la première phrase désigne les signes inscrits à la craie sur les bords du billard ; la seconde, les missives de l'homme blanc à propos des hordes guerrières. Par amplification de la phrase matricielle, Roussel compose alors un conte débordant d'imagination et d'aventures, celles du Roi Talou VII, du club des incomparables fondé après le naufrage du Lyncée, de la princesse Sirdah, etc. Les histoires s'enchaînent dans cet univers entièrement imaginaire dont l'auteur affirme qu'il ne doit rien à ses voyages ou à ses expériences personnelles. Le jeu sur les mots est également à l'origine de *Locus solus* : « Je fus conduit à prendre une phrase quelconque, dont je tirais des images en la disloquant, un peu comme s'il se fût agi d'en extraire des dessins de rébus. » Dans ce roman, le savant Canterel fait preuve de la même imagination et inventivité que l'auteur, qu'il manifeste en contruisant des machines extraordinaires (telle la *demoiselle*, « jeune fille à prétendant » ou « hie à reître en dents »), qui rappellent l'admiration de Roussel pour Jules Verne, ou en inventant des procédés chimiques comme *l'aqua-micans*, « eau dans laquelle grâce à une oxygénation spéciale et très puissante [...] n'importe quel être terrestre, homme ou animal, pouvait vivre complètement immergé sans interrompre ses fonctions respiratoires », ou la *résurrectine*, matière rougeâtre qui permet de redonner vie à la tête guillotinée de Danton. Construites selon le même procédé poétique, les deux pièces de théâtre de Roussel, *L'Étoile au front* représentée au Vaudeville en mai 1924 et *Poussière de soleils*, au Théâtre de la Porte-Saint-Martin en 1926, donnèrent lieu à des tumultes à la mesure de l'incompréhension du public. Dans les *Nouvelles impressions d'Afrique*, dernier texte de Roussel, ce procédé n'apparaît plus, mais les emboîtements de parenthèses entravent la progression du récit qui s'enlise dans les précisions marginales et les ramifications successives.

Au-delà des interprétations que l'on a pu donner de cette œuvre (surréalisme, ingénuité, folie, modernité promouvant l'autonomie radicale du texte littéraire, etc.), on retiendra l'analyse qu'en a faite Michel Foucault : « Le langage de Roussel est opposé [...] à la parole initiatique. Il n'est pas bâti sur la certitude qu'il y a un secret, un seul, et sagement silencieux ; il scintille d'une incertitude rayonnante qui est toute de surface et qui recouvre une sorte de blanc central. »

Fonds Roussel à la Bibliothèque nationale depuis 1989.

ŒUVRES. — Publiées chez Lemerre, rééd. intégrale chez Jean-Jacques Pauvert (1963-1965). — *Œuvres complètes*, Bibliothèque nationale et Pauvert-Fayard, dir. Annie Angremy, Pierre Bazantay, Patrick Besnier et Annie Lebrun, 3 t., 1994. — *La Doublure*, 1897. — *La Vue*, 1904. — *Impressions d'Afrique*, 1910, rééd. Le Livre de poche, 1991. — *Locus solus*, 1914, rééd. L'Imaginaire, 1990. — *L'Étoile au front*, 1925. — *La Poussière de soleils*, 1927. — *Nouvelles Impressions d'Afrique*, 1932. — *Comment j'ai écrit certains de mes livres*, 1935. — *Épaves, 1911-1932*, variantes et textes inédits, édition établie par François Caradec, Pauvert, 1972.

→ Jean Ferry, *Une étude sur Raymond Roussel*, précédé de, *Fronton-virage* par André Breton, Arcanes, 1953. — Michel Butor « Sur les procédés de Raymond Roussel », Répertoire, Minuit, 1960. — Michel Foucault *Raymond Roussel*, Gallimard, 1963, rééd. Folio, 1992. — *Bizarre*, n°s 34-35, 1964. — Bernard Caburet, *Raymond Roussel*, Seghers, 1968. — François Caradec, *Vie de Raymond Roussel 1877-1933*, Pauvert, 1972. — Leonardo Sciascia, *Actes relatifs à la mort de Raymond Roussel*, L'Herne, 1972. — *L'Arc*, n° 68, 1977. — Anne-Marie Amiot, *Un mythe moderne : « Impressions d'Afrique » de Raymond Roussel*, Minard, 1977. — John Herbert Matthews, *Le Théâtre de Raymond Roussel, une énigme*, Minard, 1977. — Sjef Houppermans, *Raymond Roussel : lecture et désir*, Corti, 1985. — Michel Leiris, *Roussel l'ingénu*, Fata Morgana, 1987. — *Revue de la Bibliothèque nationale : découvrir Raymond Roussel*, n° 43, 1992. — Annie Lebrun, *Vingt mille lieues sous les mots, Raymond Roussel*, Pauvert, 1994.

— Fonds Raymond Roussel à la Bibliothèque nationale.

N.P.

Rousselot Jean (1913). Né à Poitiers, il a publié de nombreux recueils dont *L'Homme en proie* (1949), *Le Pain se fait la nuit* (1954), *Agrégation du temps* (1957, prix Apollinaire), *Les Moyens d'existence : œuvre poétique 1934-1974* (1976). Il a publié des essais sur Max Jacob, Corbière, Poe, Wagner et surtout Hugo. Sa poésie est marquée par l'épreuve de la mort, la mort prématurée de ses parents, et de la maladie, la tuberculose à l'âge de vingt ans. Elle traduit une expérience du corps (obsession du mot *sang)*, élargie aux dimensions d'une recherche de l'homme universel (concentrée dans le mot *pain)*. La rémission de l'angoisse est due ici à l'adhésion au réel et à la création de liens d'homme à homme. Si « l'écolier de Rochefort » emploie un vocabulaire au registre contrasté, familier et noble, il écrit dans une langue qui révèle son admiration pour Hugo et recourt à l'alexandrin.

M.F.

Rousset Jean (1910). Né à Genève, il y fait des études de droit, puis de lettres, notamment sous la direction d'Albert Thibaudet puis de Marcel Raymond. Après un séjour à Halle puis à Munich comme lecteur de français, il est professeur à l'université de Genève. Il s'est signalé à l'attention de la critique par sa thèse, *La Littérature de l'âge baroque en France : Circé et le paon* (1953), dont le retentissement mondial fut à la mesure du déplacement, vers le domaine littéraire, de la notion de baroque, terme réservé jusque-là au lexique de l'histoire de l'art. L'auteur, prenant le relais de Wölflin, proposait quatre critères principaux : instabilité, mouvement, métamorphose et décor. Quinze ans plus tard, il reviendra à certains auteurs « baroques », tels que Sponde ou La Ceppède, dans *L'Intérieur et l'extérieur : essais sur la poésie et le théâtre au* XVIIe *siècle* (1968). Entre-temps, il s'est engagé dans le grand débat théorique des années 1960-1970 en publiant *Forme et signification* (1963), livre où Derrida reconnut à juste titre l'une des œuvres maîtresses du structuralisme naissant ; contre un type de critique plus synthétique, à la manière de Georges Poulet ou de Jean-Pierre Richard, tous deux pourtant ses amis, Rousset y rappelait la fonction déterminante de la structure dans l'organisation du sens des œuvres littéraires. Ce parti pris en faveur de la forme au détriment de l'histoire s'accentue à partir des années 1970, pendant lesquelles Rousset se rapproche de Gérard Genette : *Narcisse romancier : essai sur la première personne dans le roman* (1972), consacré pour l'essentiel au roman du XVIIIe siècle, et *Le Lecteur intime* (1986) en témoignent ; tandis que *« Leurs yeux se rencontrèrent » : la scène de première vue dans le roman* (1981) et *Passages* (1990) traduisent une démarche moins systématique dans laquelle la variété des intérêts si informés et si libres de préjugés de l'auteur trouve mieux à se déployer.

ŒUVRES. — Chez Corti.

J.E.J.

Roussin André (1911-1987). Né le 22 janvier 1911 à Marseille, dans une famille de magistrats. Après ses études secondaires, il fréquente sans ardeur la faculté de droit, puis la faculté des lettres, qu'il abandonne très vite pour se consacrer au théâtre. Il se rend à Paris, suit les cours de Fernand Ledoux, revient à Marseille, où il devient journaliste, et se fait engager comme acteur au Rideau gris, compagnie dirigée par Louis Ducreux. Après l'armistice de juin 1940, il écrit pour Madeleine Robinson *Une grande fille toute simple*, créée à Cannes en 1942. Mais dès 1941, il a pu faire représenter à Aix-en-Provence *Am-stram-gram*, qui obtient un triomphe. Désormais Roussin donnera pièce sur pièce, connaissant souvent d'énormes succès : on jouera parfois simultanément plusieurs de ses comédies sur les scènes parisiennes. Il lui arrive de mettre en scène ses œuvres et d'y interpréter des rôles importants. Parmi ses principales pièces : *La Sainte Famille* (1946), *La Petite Hutte* (1947), *Les Œufs de l'autruche* (1948), *Nina* (1949), *Bobosse* (1950), *Lorsque l'enfant paraît* (1951) joué mille six cent cinquante fois, *Hélène ou la joie de vivre* (1952), *L'Amour fou* (1955), *La Mamma* (1957), *Les Glorieuses* (1960), *Un amour qui ne finit pas*, *La Voyante* (1963), *La Locomotive* (1966), *On ne sait jamais* (1969).

Porté au nues par les uns, vilipendé par les autres, Roussin est apparu longtemps comme le type de l'auteur de Boulevard. En fait son œuvre présente des aspects extrêmement variés qui empêchent de la classer d'une façon aussi sommaire. On observe dans son théâtre, malgré d'inégales réussites, de réelles tentatives pour rajeunir un genre traditionnel. Par exemple, dans *La Petite Hutte*, le trio classique du Boulevard, mari, femme et amant, est ingénieusement exilé sur une île déserte. L'entourage social n'exerce plus alors aucune influence et les conditions particulières dans lesquelles vivent les personnages suscitent chez eux des réactions inattendues. Dans *Nina*, un mari jaloux, décidé à tuer l'amant de sa femme, surgit chez le séducteur au moment où celui-ci, blasé, las de ses trop nombreuses conquêtes, s'apprêtait à se suicider. Moins originales sans doute sont ses comédies satiriques, *Les Œufs de l'autruche*, *Lorsque l'enfant paraît* ou *La Sainte Famille*, où il caricature les hypocrisies bourgeoises. En revanche, il met en scène efficacement les rapports complexes qui unissent jeu et réalité. C'était déjà le cas dans *Am-stram-gram*, sa première pièce. Ce l'est encore dans *Une grande fille toute simple* et surtout dans *Bobosse*, l'une de ses œuvres les plus célèbres, où la réalité interfère avec la vie du comédien Tony Varlet (interprété à la création par François Perrier). André Roussin est mort à Paris le 3 novembre 1987.

ŒUVRES. — Théâtre publié chez Calmann-Lévy. — *Un contentement raisonnable* [réflexions sur le théâtre], Grasset, 1965. — *Patience et impatience* [souvenirs], La Palatine, 1953. — *La Boîte à couleurs*, Albin Michel, 1974. — *Le Rideau rouge*, Albin Michel, 1982.

H.G.

Roux Dominique de (1935-1977). Né à Boulogne-Billancourt, le 17 septembre 1935, dans une famille traditionaliste de l'aristocratie languedocienne, il abandonne ses études à dix-sept ans, exerce divers métiers à l'étranger, puis rentre en France où il devient éditeur, romancier et pamphlétaire. Reprenant le titre d'une éphémère revue créée en 1956, il fonde en 1961 les *Cahiers de l'Herne*, qui s'imposent grâce au numéro trois consacré à Céline (1963). Dès lors, il fait découvrir au public les grands noms de la modernité comme Borges, Pound, Julien Gracq ou Gombrowicz (Gombrowicz, *Testament. Entretiens avec Dominique de Roux*, Belfond, 1968 ; rééd. Gallimard, 1996), travail que prolongent des textes comme *La Mort de L.-F. Céline* (Bourgois, 1966), *Gombrowicz* (Bourgois, 1971), *Le Gravier des vies perdues* (sur Pound, Cognac, Le Temps qu'il fait, 1986), ou *le Dictionnaire des littératures françaises contemporaines* (Éditions universitaires, 1973). Dans le même temps, il crée les Éditions de l'Herne, où il publie aussi bien les *Cantos pisans* (1965) et *Comment lire* (1966) d'Ezra Pound que *Les Écrits militaires* de Marx et Engels (1968). Cofondateur des Éditions Christian Bourgois, il dirige la collection « Classiques du XXe siècle » aux Éditions universitaires et la collection 10/18, avant d'inaugurer en 1975 les « Dossiers H » (à L'Âge d'homme et chez Belfond) après avoir dû quitter L'Herne pour des raisons financières.

Pareille activité retentit sur son œuvre. Après un roman de facture classique, *Mademoiselle Anicet* (Julliard, 1960), et une fiction, *Harmonika-Zug* (La Table ronde, 1963), qui peint une Allemagne onirique, *Maison jaune* (Bourgois, 1969) et son texte déconstruit reproduisent le morcellement du monde, avant que *La Jeune Fille au ballon rouge* (Bourgois, 1978) retrouve une manière d'apaisement. Peut-être la fréquentation de Céline, de Pound et de Bernanos a-t-elle déterminé chez Dominique de Roux une vocation de pamphlétaire. En rupture avec la société (*Contre Servan-Schreiber*, Balland, 1970 ; *Immédiatement*, Bourgois, 1971, rééd. La Table ronde, 1995 ; *La France de Jean Yanne*, Calmann-Lévy, 1974), conscient de l'impasse de Mai 1968 (*L'Ouverture de la chasse*, L'Âge d'homme, 1968), il élève au rang de mythe le gaullisme (*L'Écriture de Charles de Gaulle*, Éditions universitaires, 1967), où il voit la trace d'une grandeur perdue. Plusieurs reportages dans les colonies portugaises (*Ne traversez pas le Zambèze*, Lausanne, La Proue, 1973) et sa présence à Lisbonne lors de la « Révolution des œillets » (25 avril 1974) le conduisent à devenir conseiller politique du chef de l'UNITA, Jonas Savimbi, qui lutte en Angola contre le gouvernement de Luanda. De cette expérience naît *Le*

Cinquième Empire (Belfond, 1977, préface de Raymond Abellio), paru quinze jours avant sa mort, où il montre le Portugal du roi Sébastien apporter au monde son salut. Il meurt à Suresnes le 29 mars 1977. Après sa mort on publiera *Le Livre nègre* (Éd. du Rocher, 1997), qui devait être la suite du *Cinquième empire* et ses *Lettres à Georges Londeix* (Éd. du Rocher, 1977).

→ *Présence de Dominique de Roux*, L'Âge d'homme, 1986. — *Dominique de Roux*, dir. J.-L. Moreau, L'Âge d'homme, 1997.

J.P.

Roux Paul de (1937). Né le 16 septembre 1937, il vit et travaille à Paris. Fondateur de la revue *La Traverse* qui, de 1969 à 1974, parut en huit cahiers auxquels collaborèrent entre autres Henri Thomas, Philippe Jaccottet et Pierre-Albert Jourdan, il a publié plusieurs recueils poétiques, de *Entrevoir* (1980) à *La Halte obscure* (1993) en passant par *Les Pas* (1984), *Le Front contre la vitre* (1987, prix Max Jacob), *Poèmes de l'aube* (1990) ou encore le très beau *Poème des saisons* (1989). Guetteur patient des rythmes saisonniers et des nuances diverses dont ils colorent le paysage, Paul de Roux se montre soucieux d'extraire des événements les plus ténus ou les plus neutres de la vie ordinaire une musique du quotidien, inséparable d'une attention toujours exacte au réel urbain. À travers une alliance qui se précise d'un recueil à l'autre, entre les hasards de la prose et les nécessités du vers, il invente un art poétique subtil qui, avec les mots de tous les jours, cherche à rendre présentes une fraîcheur et une transparence natives. Paul de Roux est aussi l'auteur de carnets *(Au jour le jour 1974-1979*, 1986 ; *Les Intermittences du jour 1984-1985*, 1989), d'un petit texte en prose sur Simon Vouet et d'une traduction de l'*Hypérion* de Keats.

H.F.

Roy André (1944). Inaugurée par le recueil *N'importe quelle page* (1973), son œuvre poétique se situe dans le courant formaliste des années soixante-dix. En rupture avec la poésie dite du pays, elle met en question le langage, les formes et les traditions poétiques et littéraires à travers une étude méthodique des rapports complexes du désir, de la jouissance, de la mort, du mot, du sujet et du corps. Soupçonnant tout acte langagier (*En image de ça*, 1974 ; *Vers mauve*, 1975), elle affirme une sensualité, nourrie par l'érotique homosexuelle (*D'un corps à l'autre*, 1976 ; *Corps qui suivent*, 1977 ; *Passions du samedi*, 1979 ; *Monsieur Désir*, 1981). L'esthétique de Roy accorde à la poésie une valeur à la fois éthique et performative (*Action Writing*, 1985). Elle tire profit d'une expérience de critique de cinéma (dans *Cinéma-Québec* et *Spirale*, entre autres), adopte volontiers un style transitif, orienté vers l'authenticité et la simplicité (*Le Spectacle de l'homme encore visible*, 1988 ; *L'Accélérateur d'intensité*, 1987 ; *On sait que cela a été écrit avant et après la grande maladie*, 1992). Personnalité forte de la scène littéraire québécoise, André Roy a collaboré à de nombreuses revues, dont *La Barre du jour*, *La Nouvelle Barre du jour*, *Estuaire*, *Hobo-Québec*. Il fut cofondateur et rédacteur en chef de la revue *Spirale*, dont il reste un collaborateur régulier.

P.Po.

Roy Claude (1915-1997), pseudonyme de Claude Orland. Né à Paris le 28 août 1915, d'abord attiré par l'Action française, il prend une part active à la guerre de 1940 et à la Résistance. Inscrit au parti communiste en 1943, il en est exclu en 1956 pour avoir critiqué la répression soviétique en Hongrie. Poète *(Le Poète mineur*, 1949 ; *Les Pas du silence*, 1993 ; *Poèmes à pas de loup*, 1997), il est aussi romancier *(La nuit est le manteau des pauvres*, 1949 ; *La Traversée du pont des Arts*, 1979) ; ses activités de critique le conduisent à reprendre, dans *Défense de la littérature* (1968), les questions naguère soulevées par Sartre. Ses voyages fréquents donnent naissance à des livres inclassables tels que *La Chine dans un miroir*, 1953. Trois œuvres autobiographiques : *Moi Je* (1969), *Nous* (1972), *Somme toute* (1976) mêlent à l'intérêt psychanalytique la richesse du témoignage. *L'Ami qui venait de l'an mil* (1994) résume son œuvre en retraçant la vie du poète Su Dongpo, *alter ego* du narrateur dans la Chine de l'an mil. Claude Roy est mort à Paris le 13 décembre 1997.

ŒUVRES. — Chez Gallimard.

Ch.F.

Roy Gabrielle (1909-1983). Née à Saint-Boniface, dans la banlieue de Winnipeg, elle est revendiquée à la fois par les littératures québécoise et canadienne et son œuvre est abondamment commentée, tant dans le texte français original que dans sa traduction anglaise. D'abord institutrice dans le nord du Manitoba, elle fait en 1937-1939 un séjour en France et en Angleterre : c'est là qu'après d'infructueux essais au théâtre, elle commence à écrire. Rentrée au Canada à la veille de la Seconde Guerre, elle s'installe à Montréal et travaille pendant quelques années comme pigiste dans divers journaux et revues francophones. Son premier roman, *Bonheur d'occasion* (1945), naît à la fois de ses observations de reporter et d'une prise de conscience sociale : elle y décrit la vie difficile d'une famille pauvre dans un quartier ouvrier de Montréal. Considéré comme le premier roman urbain de la littérature québécoise, et inaugurant un certain réalisme populaire, *Bonheur d'occasion* (en anglais, *The Tin Flute)* est désormais un classique. Le succès fut immédiat et le livre rapidement couronné de prix au Canada, aux États-Unis, et en France où il obtint le Femina en 1947. Après cette consécration, la romancière séjourne de nouveau en France, où elle écrit *La Petite Poule d'Eau* (1950) qui relate la vie quotidienne des petites communautés du nord du Manitoba. En 1951, elle s'établit définitivement à Québec, où elle poursuit, jusqu'à sa mort, une œuvre de plus en plus personnelle, que parachèveront *La Détresse et l'enchantement* et *Le Temps qui m'a manqué* (posth., 1984, 1997), fragments d'une autobiographie inachevée.

Dans son œuvre, deux courants se distinguent : d'une part, le roman au réalisme un peu conventionnel mais efficace, qu'elle pratique dans *Bonheur d'occasion* et retrouve dans *Alexandre Chenevert*, histoire d'un caissier de banque solitaire et sans éclat, agressé par la vie urbaine et obsédé par l'actualité tragique de son époque, et d'autre part des récits qui mêlent plus librement les formes, reportages (*Fragiles Lumières de la terre*, 1978), nouvelles (*La Rivière sans repos*, 1970 ; *Un jardin au bout du monde*, 1975 ; *De quoi t'ennuies-tu, Éveline ?*, 1979), souvenirs personnels plus ou moins romancés (*La Petite Poule d'Eau*, 1951 ; *Rue Deschambault*, 1955 ; *La Route d'Altamont*, 1966 ; *Cet été qui chantait*, 1972 ; *Ces enfants de ma vie*, 1977), où l'élément autobiographique forme l'unité. Sans doute est-ce au confluent de ces deux tendances qu'il faudrait situer le troisième roman de Gabrielle Roy, *La Montagne secrète* (1961), qui fait vivre un peintre-trappeur, Pierre Cadorai, parcourant l'Ungava à la recherche de lui-même.

Si le cadre générique du roman est progressivement délaissé au profit de formes plus souples, si la voix autobiographique supplante peu à peu la narration externe, si l'intérêt se déplace de la ville vers un territoire — nord, ouest, île ou plaine — plus indifférencié, où une nature tellurique écrase et inspire à la fois ceux qui y vivent, quelques constantes traversent l'ensemble de cette œuvre. Ainsi, la critique a unanimement souligné la compassion du regard de Gabrielle Roy sur ses personnages, qu'il s'agisse de Florentine Lacasse, acharnée à sortir du quartier Saint-Henri et de la misère des siens dans *Bonheur d'occasion*, de Luzina Tousignant quittant précipitamment l'île de la Petite Poule d'Eau pour accoucher à l'hôpital de Sainte-Rose-du-Lac, ou de la vie des immigrants de l'ouest, que la romancière a connus grâce à son père, agent fédéral à la colonisation, et dont elle décrit les déboires dans *Fragiles Lumières de la terre*. La figure de l'immigrant est liée à un motif récurrent, celui du départ déchirant mais nécessaire, de la rupture avec les siens pour accéder à l'identité. C'est bien de cette construction de soi, toujours fondée sur un détachement, que Gabrielle Roy fait le récit, plus personnel et concret, dans *Rue Deschambault* et *La Route d'Altamont*, plus poétique et métaphorique dans *La Montagne secrète*.

De l'œuvre de Gabrielle Roy se dégage également une américanité particulière, peut-être spécifiquement canadienne, assez rarement formulée dans la littérature francophone. Ainsi, de *La Petite Poule d'Eau* jusqu'à *Ces enfants de ma vie*, le nord du Manitoba apparaît comme un lieu paradoxal, « mélancolique région des lacs et des canards sauvages », bout du monde et terre promise où se retrouvent des êtres au destin cassé et mystérieux, aux origines multiples, colons canadiens-français, Amérindiens, métis, immigrants d'Europe de l'Est ou de Scandinavie, aux fonctions diverses, missionnaires, instituteurs, à la fois séparés les uns des autres par la singularité de leur expérience, accroché chacun à la survivance d'une langue, d'une religion, d'une culture différentes, et unis par l'égale âpreté du pays où ils doivent survivre. Dans *Un jardin au bout du monde*, ce sont les plaines qui incarnent ce territoire infini, cet « Horizon » — c'est, dans l'une des nouvelles du recueil, le nom d'un village perdu de la Saskatchewan —, si complètement désertique qu'il en donne vertige. L'angoisse de l'isolement absolu, qui tantôt retient tantôt fait fuir les personnages, voisine parfois avec une habitation heureuse et sensuelle de la nature, comme dans la nouvelle « Des truites dans l'eau glacée » (*Ces enfants de ma vie*). C'est peut-être dans cette exploration du mythe du Nouveau Monde que l'œuvre de Gabrielle Roy est la plus originale.

ŒUVRES. — Aux Éditions Stanké, à Montréal : *Bonheur d'occasion*, 1945. — *La Petite Poule d'Eau*, 1950. — *Alexandre Chenevert*, 1954. — *Rue Deschambault*, 1955. — *La Montagne secrète*, 1961. — *La Route d'Altamont*, 1966. — *La Rivière sans repos*, 1970. — *Cet été qui chantait*, 1972. — *Un jardin au bout du monde*, 1975. — *Ces enfants de ma vie*, 1977. — *Fragiles Lumières de la terre*, 1978. — Aux Éditions Boréal : *De quoi t'ennuies-tu, Éveline ?* suivi de *Ély ! Ély ! Ély !*, 1979. — *La Détresse et l'enchantement*, 1984. — *Ma chère petite sœur. Lettres à Bernadette 1943-1970*, 1988. — Gabrielle Roy est aussi l'auteur de contes pour enfants : *Ma vache Bossie*, Leméac, 1976. — *Courte-Queue*, Stanké, 1979. — *L'Espagnole et la pékinoise*, Boréal-Jeunesse, 1986.

→ Marc Gagné, *Visages de Gabrielle Roy*, Beauchemin, 1973. — François Ricard, *Gabrielle Roy*, Fides, 1975. — Martha Gudrun Hesse, *Gabrielle Roy par elle-même*, Stanké, 1985. — *Études littéraires*, n° 3, 1984. — *Voix et images*, n° 42, 1989. — Françoise Ricard, *Gabrielle Roy. Une vie*, Boréal, 1996.

E.N.-L.

Roy Jules (1907). Né le 22 octobre 1907 à Rovigo (Algérie) dans une famille de paysans et de fonctionnaires, il s'est d'abord dirigé vers le métier des armes, devenant rapidement officier dans l'armée de l'air. Il est colonel, lorsqu'en 1953 il quitte l'armée au moment de la guerre d'Indochine. Ses premiers livres, *Ciel et terre* et *Chants et prières pour des pilotes* (1943), le situent dans la lignée de Saint-Exupéry auquel on le comparera souvent et à qui il consacrera un essai en 1964. Son premier roman, *La Vallée heureuse* (en feuilleton dans *Le Monde* en 1945 ; prix Renaudot 1946), met pourtant en cause le mythe du pilote de guerre en évoquant le bombardement des villes allemandes (Roy avait, lui-même, participé au bombardement de la Ruhr). Les guerres de décolonisation marquent une rupture : la guerre d'Indochine à laquelle il prend part sans vraiment parvenir à un jugement clair et qui lui inspirera deux récits en 1953, *La Bataille de la rizière* et *La Bataille de Dien Bien Phu* ; puis la guerre d'Algérie. À la mort de son grand ami Albert Camus en 1960, il prend, malgré ses origines pieds-noirs, le parti de l'indépendance. L'injustice que subissent les peuples arabe et kabyle lui est intolérable. Son pamphlet, *La Guerre d'Algérie* (1960), fait scandale. Le militaire est alors devenu un écrivain subversif. La production de Jules Roy s'est intensifiée depuis son départ de l'armée. La poésie l'avait tenté dans les années quarante (*Trois prières pour des pilotes*, 1942), le théâtre dans les années cinquante (*Beau Sang*, 1952 ; *Les Cyclones*, 1953 ; *Le Fleuve rouge*, 1957), l'essai s'était imposé à lui dans les années soixante, mais c'est finalement le récit qui reste sa forme de prédilection ; il y exprime sa générosité dans une prose grave voire austère. Il est également l'auteur d'une importante fresque romanesque ayant pour cadre son Algérie natale et nourrie de réminiscences autobiographiques : *Les Chevaux de soleil* (1967-1972, 5 t.). L'ampleur de cette œuvre le place désormais parmi les grandes figures littéraires de notre temps. Jules Roy s'est retiré à Vézelay où il a rédigé, non sans un certain lyrisme, son testament littéraire, intellectuel et moral (*Mémoires barbares*, 1989).

ŒUVRES. — *Ciel et terre*, Charlot, 1943. — *Chants et prières pour des pilotes*, Charlot, 1943. — *La Vallée heureuse*, Charlot, 1946. — *Le Métier des armes*, Gallimard, 1948. — *Retour de l'enfer*, Gallimard, 1951. — *Beau Sang*, Gallimard, 1952. — *Les Cyclones*, Gallimard, 1953. — *La Bataille de la rizière*, Gallimard, 1953. — *La Bataille de Dien Bien Phu*, Julliard, 1953. — *La Femme infidèle*, Grasset, 1955. — *Le Navigateur*, Gallimard, 1955. — *Les Flammes de l'été*, Gallimard, 1956. — *Le Fleuve rouge*, Gallimard, 1957. — *L'Homme à l'épée*,

Julliard, 1957. — *Les Belles Croisades*, Julliard, 1959. — *La Guerre d'Algérie*, Julliard, 1960. — *Autour du drame*, Julliard, 1964. — *Passion et mort de Saint-Exupéry*, Julliard, 1964. — *Le Grand Naufrage*, Julliard, 1966. — *Les Chevaux de soleil*, Grasset, t. I : *Les Chevaux de soleil*, 1967 ; t. II : *Une femme au nom d'étoile*, 1968 ; t. III : *Les Cerises d'Icherridène*, 1969 ; t. IV : *Le Maître de Mitidja*, 1970 ; t. V : *Les Âmes interdites*, 1972. — *La Mort de Mao*, Bourgois, 1969. — *La Rue des zouaves*, Bourgois, 1970. — *L'Amour fauve*, Grasset, 1971. — *J'accuse le général Massu*, Le Seuil, 1972. — *Danse du ventre au-dessus des canons*, Flammarion, 1976. — *Pour le lieutenant Karl*, Bourgois, 1977. — *Mémoires barbares*, Albin Michel, 1989. — *Vézelay ou l'amour fou*, Albin Michel, 1990. — *Saint-Exupéry*, La Manufacture, 1990. — *Amours barbares*, Albin Michel, 1993. — *Un après-guerre amoureux*, Albin Michel, 1995. — *Adieu ma mère, adieu mon cœur*, Albin Michel, 1996. — *Les Années déchirement, journal 1925-1965*, Albin Michel, 1998.

G.P.

Royer Jean (1938). Né à Québec, où il a fait des études de lettres et de philosophie, il a été animateur de théâtre, critique littéraire et directeur des pages culturelles du journal *Le Devoir*, avant de devenir directeur littéraire aux Éditions de l'Hexagone. Sa poésie dit l'amour au présent et l'intimité partagée (*Patience d'aimer*, 1966 ; *Corps habitables*, 1969 ; *Heures nues*, 1979 ; *Faim souveraine*, 1980 ; *Depuis l'amour*, 1987 ; *Le Lieu de la terre*, 1992). Poète de la tendresse et de l'abandon, il se signale par un lyrisme discret et familier. Cofondateur de la revue de poésie *Estuaire*, il a aussi publié des anthologies de la poésie québécoise (*Le Québec en poésie*, 1987 ; *La Poésie québécoise contemporaine*, 1987) et des entretiens avec des *Écrivains contemporains* (5 t.). Il est aussi l'auteur d'une *Introduction à la poésie québécoise* (1989), d'une histoire de la Rencontre québécoise internationale des écrivains (*Dans la maison des littératures*, 1992) et de récits autobiographiques, *La Main coupée* (1991) et *La Main cachée* (1996).

L.G.

Royère Jean (1871-1955). Poète et essayiste revendiquant l'héritage mallarméen, il a tout d'abord dirigé les *Écrits pour l'Art* avec René Ghil, dont il finit par s'éloigner, trouvant son système trop didactique. En 1906, il fonde *La Phalange*, revue dans laquelle il plaide pour le strict respect des dogmes symbolistes, marquant notamment son refus de l'humanisme de Fernand Gregh. Il élabore sa propre théorie poétique, baptisée Musicisme : la poésie s'y définit comme un art spirituel, langage symbolique tout de rythme et d'harmonie. C'est lui qui lance le terme de « poésie pure » — expression qui, en 1925-1926, sera au cœur d'un ardent débat, l'abbé Bremond assimilant cette « poésie pure » à l'expérience mystique et déclenchant la riposte d'adversaires rationalistes. Royère considère la recherche esthétique comme une aventure indépendante du mysticisme religieux et tient l'art pour un absolu. L'appréhension du réel n'y a de valeur que par la rencontre entre « le monde poétique et pur de la conscience » et l'univers extérieur, expérience cérébrale où les sensations, transposées, viennent intensifier une intuition esthétique. L'hermétisme n'est pas à fuir : une poésie « obscure comme un lys » préfère la profondeur à la clarté. Des essais prolongent ces idées : *Clartés sur la poésie* (1925), *Mallarmé* (1927), *Le Musicisme. Boileau, La Fontaine, Baudelaire* (1929). Des recueils poétiques, qui se définissent comme des symphonies, les illustrent : *Exil doré* (1898), *Eurythmies* (1904), *Sœur de Narcisse nue* (1907), *Par la lumière peints* (1919), *Quiétude* (1922), *Ô Quêteuse, voici* (1923), *Orchestrations* (1936). Dans le goût des mots rares et les raffinements de la syntaxe, se reconnaît la manière mallarméenne, infléchie toutefois dans le sens d'un néo-classicisme.

La Phalange était une revue éclectique ; Royère sut y accueillir les recherches esthétiques les plus diverses, faisant une place par exemple aux poètes de l'Abbaye, soucieux d'ancrer leur inspiration dans le réel. Force est de constater qu'il se trouva vite isolé à défendre sa doctrine dans sa propre revue. On ne peut pour autant nier son influence. Apollinaire s'est intéressé à lui ; des traits de son néo-classicisme se reconnaissent dans l'évolution de Valéry. Enfin, après la Seconde Guerre mondiale, il fait figure de maître au milieu d'un groupe de poètes qui publient des plaquettes d'inspiration proche du Musicisme, sous le titre *Les Poètes du mercredi*.

C. A.-M.

Royet-Journoud Claude (1941). Né à Lyon, il a fondé et animé la revue *Siècles à mains* (1963-1970). Ses premiers livres (*Le Renversement*, 1972 ; *Cela fait vivant*, 1975 ; *Le Travail du nom*, 1976) se caractérisent par la retenue : le poète part de très peu et dit très peu ; les mots semblent enlevés au silence pour rester aux franges de l'ineffable. Citons parmi les œuvres récentes : *La Notion d'obstacle* (1978), *Lettre de Symi* (1980), *Les Objets contiennent l'infini* (1983).

F.O.

Rupaire Sony (1941-1991). Né à Pointe-à-Pitre (Guadeloupe), il fait partie, avec Daniel Boukman, de ces intellectuels antillais qui ont choisi de déserter plutôt que de participer à la répression en Algérie. Il poussera son engagement aux côtés des travailleurs de la Guadeloupe jusqu'à refuser toute forme d'édition. Pendant longtemps, ses textes qui disent la révolte et l'intransigeance ont donc circulé sous le manteau, avant de donner corps au recueil *Cette igname brisée qu'est ma terre natale,* publié par les soins de l'Association des étudiants guadeloupéens de l'université de Bordeaux, en 1971 (rééd. Éditions caribéennes, 1982).

J.C.

Ruyters André (1876-1952). Né à Bruxelles le 4 mars 1876, il a exploité dans le ton « artiste » des romans fin de siècle les thèmes de l'amour libre et de l'exotisme dans une dizaine de volumes. Influencé par Nietzsche et par Gide, qu'il a beaucoup fréquenté (Gustave Charlier a parlé de son « immoralisme élégant »), Ruyters se plaît aux évocations de jeunes nymphes blondes dans des décors orientaux (grand voyageur, il se rendit de nombreuses fois en Orient et en Asie pour le compte de diverses banques et sociétés commerciales). On lui doit notamment : *Les Oiseaux dans la cage* (1896), *Les Mains gantées et les pieds nus* (1898, nouvelles), *Les Escales galantes* (1898), *Les Jardins d'Armide* (1899), *Les Dames au jardin* (1900), *Le Tentateur* (1904) et surtout *Le Mauvais Riche* (1907), après quoi il cesse pratiquement d'écrire. Directeur de l'ultime numéro de la revue *Antée* (15 janvier 1908), il fut un des cinq fondateurs de *La Nouvelle Revue française* (1908), dont il assura la gérance jusqu'en 1914. Il est mort à Paris le 8 février 1952.

ŒUVRES. — *Œuvres complètes*, éd. Victor Martin-Schmets, Lyon, Centre d'études gidiennes, 5 t., 1987-1990. — *Correspondance avec André Gide*, éd. Claude Martin et Victor Martin-Schmets, Presses universitaires de Lyon, 1990.

O.Bi.

Ryner Han (1861-1938), pseudonyme de Henri Ner. Né à Nemours (département d'Oran) en Algérie, le 7 décembre 1861, de parents originaires du Roussillon, écrivain très prolifique, il est l'auteur d'une centaine de contes, qu'il a parfois orientés vers le fantastique ou même, avant Wells, vers la science-fiction (*L'Homme-singe*, 1894 ; *L'Homme-fourmi*, 1901 ; *Les Surhommes*, 1929). Dispersés dans de multiples journaux et revues, ils appartiennent à des registres très divers, d'inspiration simplement provinciale (récits catalans ou provençaux) ou philosophique (récits à inflexion prophétique exprimant la pensée anarchisante de l'auteur ou son étonnante érudition dans les domaines scientifique, religieux, historique : *Les Voyages de Psychodore, philosophe cynique*, 1903 ; *Le Cinquième Évangile*, 1910 ; *Les Apparitions d'Ahasvérus*, 1920 ; *Bouche d'or, patron des pacifistes*, 1934 ; *Songes perdus*, 1929). Il est célèbre également pour avoir rassemblé dans *Le Massacre des amazones* (1899) une série de portraits au vitriol de personnalités féminines (Sarah Bernhardt, Rachilde, Séverine, Louise Michel, Gyp, etc.). Proclamé prince des conteurs en 1912 (titre qui lui fut contesté, notamment par Remy de Gourmont) après un référendum organisé par *L'Intransigeant*, reconnu de son vivant par quelques éminents critiques, dont Thibaudet, il a sombré, avec son œuvre, dans un oubli injuste pour son ingéniosité de conteur et une inspiration philosophico-religieuse rappelant celle de Péladan. Il a aussi produit quelques pièces de théâtre. Han Ryner est mort à Paris le 6 janvier 1938.

→ Après les *Cahiers des amis de Han Ryner*, depuis 1939, nouvelle série depuis 1946, il existe à partir de 1983 un *Bulletin de liaison du Cercle Han Ryner : Les Messages de Psychodore* (Aix-les-Bains-Paris).

G.S.

S

Sabatier Robert (1923). Né le 17 août 1923 à Paris, il perd ses parents de bonne heure et gagne sa vie dès l'âge de treize ans comme ouvrier typographe. Résistant pendant la guerre, il fonde une revue à Roanne : *La Cassette*. De 1950 à 1975, il est directeur littéraire chez Albin Michel, chez qui il publie. Même s'il est plus connu pour ses romans, Sabatier est avant tout un poète au rythme puissant et aux rimes pleines (*Les Fêtes solaires*, 1955, prix Apollinaire ; *Les Châteaux de millions d'années*, 1969, grand prix de Poésie de l'Académie française ; *Icare*, 1976). Après un premier roman, *Alain et le nègre* (1953), le succès lui vint grâce aux aventures du jeune Olivier dans *Les Allumettes suédoises* (1969), *Trois sucettes à la menthe* (1972), *Les Noisettes sauvages* (1974), *Les Fillettes chantantes* (1980), *David et Olivier* (1986), et *Olivier et ses amis* (1993), où l'on retrouve une vision souriante du mythe de l'enfance, développée aussi dans un conte, *Les Enfants de l'été* (1977). Son roman le plus ambitieux, *Les Années secrètes de la vie d'un homme* (1984), aborde à travers l'errance de son héros Emmanuel Gaspard Oth (E.G.O.) le thème métaphysique du double, le problème du mal et de la souffrance dans l'univers, qui constitue également le sujet des aphorismes du *Livre de la déraison souriante* (1991). Essayiste et auteur d'une monumentale *Histoire de la poésie française des origines à nos jours* (1975-1988), il est membre de l'Académie Goncourt depuis 1971.

W.M.

Sabatier-Lévèque Marc (1928-1965). Né à Castres, il a consacré dix ans à composer un *Oratorio pour la nuit de Noël* (Éditions de Minuit, 1955), publié grâce au soutien de Picasso et de Malraux, qui y a vu « un des plus grands ouvrages du XXe siècle ». Les thèmes de l'amour filial, du traumatisme de la bâtardise, de l'incommunicabilité se fondent en un lancinant questionnement sur l'homme dans l'univers. Servie par le choix d'une organisation typographique originale, la singularité de ce grand poème autobiographique rappelle celle des *Chants de Maldoror* par son maniérisme grandiloquent, la véhémence du propos, la complexité de l'architecture, l'intensité émotionnelle et une constante maîtrise des effets narratifs.

O.M.

Sachs Maurice (1906-1945), pseudonyme de Maurice Ettinghausen. Né à Paris, dans la « branche maudite » d'une famille bourgeoise dont l'aïeul était diamantaire, enfant solitaire d'un couple désuni — il perd très vite tout rapport avec son père —, il passe quatre ans au pensionnat, jusqu'en 1919, où il se découvre « un grand goût pour les lettres ». Il poursuit une éducation décousue jusqu'à la faillite de sa mère, héritière de l'entreprise paternelle. Exilé un an en Angleterre, il regagne Paris en 1922 et se mêle éperdument à l'euphorie de l'après-guerre, fréquente le Bœuf sur le Toit, côtoyant les artistes. Il rencontre Cocteau, à qui il voue un véritable culte. Il devient représentant de commerce, puis, pendant deux ans, secrétaire à la réception d'un hôtel. Présenté par Cocteau à Jacques Maritain, il en devient le disciple, se convertit avec enthousiasme en 1925, entre au séminaire l'année suivante, mais il n'y reste que quelques mois. Durant un an et demi, il fait son service militaire à Mayence. Il revient à Paris à vingt et un ans, sombre « dans la paresse et la veulerie ». Il se lance dans l'édition, publie Max Jacob, Cocteau, Reverdy, mais l'entreprise tourne court. Il se « consacre à la librairie » et devient fournisseur de Chanel, menant une vie luxueuse et désordonnée et faisant commerce de tableaux. Il s'endette, perd son crédit et trouve, à vingt-cinq ans, un emploi dans une galerie d'art moderne à New York. La crise de 1929 voue cette tentative à l'échec. Il devient conférencier et parcourt les États-Unis, publie en 1932 chez Knopf « un très mauvais livre », *The Decade of Illusion*, bilan des années vingt destiné au public américain, à travers des centaines de portraits de contemporains, parmi lesquels Cocteau, Maritain, Max Jacob, Picasso. L'ouvrage sera édité en français chez Gallimard en 1950, sous le titre *La Décade de l'illusion*.

Lassé de l'Amérique, il rentre en France. Gide, qu'il admire, le prend pour secrétaire et lui permet d'entrer au comité de lecture de la *NRF*. En 1935, il publie sans succès un roman autobiographique, *Alias*, puis un essai, *André Gide* (1936). Pour la NRF, il se fait traducteur, entre autres, de contes de Poe. Mais les dettes s'accumulent ; il vit d'expédients, plonge dans l'alcoolisme et subit une première cure de désintoxication. D'autres suivront. Pierre Fresnay lui propose d'adapter une comédie de Terence Rattigan, *L'Écurie Watson*, qui rencontre un certain succès, sans suite. En 1939, il vend le manuscrit du *Sabbat*, « souvenirs d'une jeunesse orageuse » où il raconte son enfance juive, ses conversions, sa vie homosexuelle, ses dérives, sa névrose. Le livre ne paraîtra qu'en 1946, après sa mort. Il en avait donné dès 1939 une version à demi romancée, *Au temps du Bœuf sur le toit*. Pendant la guerre, il devient trafiquant d'or, de bijoux, de devises et entre dans la « collaboration ». Couvert de dettes, poursuivi, il s'exile en Allemagne et travaille comme ouvrier sur les chantiers de Hambourg où, d'après ce que l'on croit savoir, il meurt, exécuté, en 1945. En 1949, Gallimard publiera le récit de ces années noires sous le titre *La Chasse à courre*, livre qui reprend, fragmentés, certains épisodes du *Sabbat*. Suivront d'autres souvenirs posthumes : *Derrière cinq barreaux* (1952), *Abracadabra* (1953), *Tableau des mœurs de ce temps* (1954) et un roman picaresque inachevé, *Histoire de John Cooper d'Albany* (1955).

ŒUVRES. — *The Decade of Illusion*, New York, Knopf, 1932. — *Alias*, Gallimard, 1935, rééd. 1962. — *André Gide*, Denoël, 1936. — *Au temps du Bœuf sur le toit*, 1939, rééd. Grasset, 1987. — *Le Sabbat*, 1946, rééd. Gallimard, 1960, coll. L'Imaginaire, 1980. — *La Chasse à courre*, Gallimard, 1949, rééd. L'Imaginaire, 1997. — *La Décade de l'illusion*, Gallimard, 1950. — *Derrière cinq barreaux*, Gallimard, 1952. — *Abracadabra*, Gallimard, 1953. — *Tableau des mœurs de ce temps*, Gallimard, 1954. — *Histoire de John Cooper d'Albany*, Gallimard, 1955.

→ Henri Raczymow, *Maurice Sachs ou les travaux forcés de la frivolité*, Gallimard, 1949. — Jean-Michel Belle, *Les Folles Années de Maurice Sachs*, Grasset, 1979. — Claude Schmitt, *Le Double Jeu de Maurice Sachs*, Eibel, 1979.

I.M.

Sacré James (1939). Né le 17 mai 1939 à Cougou, en Vendée. Depuis 1965, il enseigne à Smith College, dans le Massachusetts. Le souvenir de la campagne vendéenne reste très présent dans son œuvre *(Relation*, 1965 ; *Graminées*, 1968 ; *Cœur élégie rouge*, 1972 ; *Figures qui bougent un peu*, 1978 ; *La Petite Herbe des mots*, 1987 ; *Une fin d'après-midi à Marrakech*, 1988). Deux lieux s'affrontent et s'échangent pour constituer la réalité, le paysage de l'enfance et celui de la maturité et de la modernité, l'Amérique. L'œuvre de James Sacré, bien qu'elle utilise toutes les ressources du langage poétique (différents mètres, poème en prose, jeux de mise en pages), cherche à rejoindre une terre originelle, par la simplicité et la maladresse savante : *Figures qui bougent un peu* (1978) ; *Quelque chose de mal raconté* (1981) ; *À l'encre et au point lancé* (1982). Le vers avance comme cherchant ses mots, et cette timidité produit le sentiment du vrai et de la beauté. James Sacré a reçu le prix Obsidiane (1983) et le prix Apollinaire (1988). Citons parmi les œuvres plus récentes : *Le Taureau, la rose, un poème* (1990) ; *Comme en disant rien, c'est rien* (1991) ; *On regarde un âne* (1992).

F.O.

Sadji Abdoulaye (1910-1961). Né à Rufisque (Sénégal), il appartient à la génération des anciens de l'École normale William Ponty et est l'auteur de deux romans, *Nini, mulâtresse du Sénégal* (1947 ; Présence africaine, 1965) et *Maïmouna* (1953 ; Présence africaine,

1958), dont les héroïnes connaissent un destin tragique pour avoir cédé au mirage de la grande ville. En dépit d'un certain didactisme moralisateur, il est avec son compatriote Sembène Ousmane l'un des meilleurs peintres de la condition féminine au Sénégal, sujet de son essai, *Éducation africaine et civilisation* (1964).

→ M. Grésillon, *Maïmouna, d'A. Sadji*, Saint-Paul, 1985.

J.C.

Sagan Françoise (1935), pseudonyme de Françoise Quoirez. Née le 21 juin 1935 à Carjac (Lot), elle a connu une enfance très protégée, dans un milieu familial bourgeois. Elle suit l'éducation du couvent des Oiseaux, puis du cours Hattemer à Paris. Mais, adolescente, elle fréquente assidûment le Saint-Germain-des-Prés de l'après-guerre, et échoue à ses examens universitaires. En 1954, elle dépose chez l'éditeur Julliard, un peu au hasard, le manuscrit d'un roman, *Bonjour tristesse*, qui paraîtra sous le pseudonyme de Françoise Sagan et connaîtra un succès fulgurant. L'histoire se passe sur la Côte d'Azur, dans une villa louée pour l'été par un père accompagné de sa maîtresse et de sa fille adolescente. Celle-ci raconte, d'une manière immédiate et détachée, le ballet amoureux qui se joue durant cet été, et auquel, nouvelle admise dans le monde des adultes, elle participe. Le roman a choqué par l'absence de sentiments moraux chez la jeune héroïne, mais il définissait un ton nouveau, fait d'un attachant mélange d'innocence et de perversité. Il coïncidait avec l'émergence d'une vision neuve de la femme et d'un esprit de liberté. Ce fut aussi le début d'une légende personnelle, celle de Françoise Sagan jeune fille affranchie, menant une vie facile, rapide, grisée d'argent, d'alcool et de vitesse. François Mauriac parla d'un « charmant petit monstre », les existentialistes s'entichèrent d'elle, et elle devint une figure en vue du Paris des années cinquante. Elle effectue une tournée américaine, qu'elle racontera dans *Avec mon meilleur souvenir* (1984) et qui lui donne l'occasion de rencontrer de nombreuses personnalités. Mais au-delà du « personnage » de Françoise Sagan, son œuvre se poursuit. En 1956, paraît *Un certain sourire*, son second roman. Elle aborde aussi le théâtre avec *Château en Suède* (1960), et *Les Violons parfois* (1961), écrit pour Marie Bell, et qui fut, selon son propre aveu, un « four ».

Sagan reste avant tout une romancière, à l'univers romanesque remarquablement stable. Elle ne s'est jamais départie d'une certaine configuration de style et de sujet présente déjà dans *Bonjour tristesse*, qu'elle développa et perfectionna avec les années, et qui lui valut un constant succès. Le plus souvent, il s'agit de relations amoureuses compliquées par un intervenant extérieur. Dans *La Chamade* (1965), Lucie Saint-Léger doit faire son choix entre deux amants, dont l'un n'a pas la fortune de l'autre, ce qui permet à l'auteur d'aborder les relations complexes de l'amour et de l'argent. Un film en fut tiré, avec Catherine Deneuve et Michel Piccoli. *Un peu de soleil dans l'eau froide* (1969), fait au contraire le portrait d'une femme entière et passionnée. *Des bleus à l'âme* (1972) décrit la gravitation amoureuse autour d'un frère et d'une sœur venus s'installer à Paris, nouvelle occasion d'étudier les dynamiques de groupe qui se créent au sein de micro-milieux parisiens. Une thématique qu'elle se plaît à illustrer est l'opposition entre l'irrésolution et l'amour irraisonné. Dans *De guerre lasse*, c'est l'amour qui finit par entraîner Charles Sambrat dans l'aventure de la Résistance. *Un profil perdu* (1974) raconte les stratégies d'une femme pour échapper à l'enfer de la jalousie délirante de son mari. *Le Chien couchant* (1980) décrit l'étrange itinéraire d'un petit comptable sans intérêt, qui a pour seul compagnon un chien de rue, et qui, aux yeux d'une femme qu'il rencontre, se trouvera soudain auréolé par le prestige d'une suspicion de meurtre. *La Laisse* (1989) est l'histoire d'un musicien immature longtemps asservi par sa femme, et à qui le succès va finalement révéler sa véritable force. Dans *Les Faux-fuyants*, l'un de ses derniers romans, Françoise Sagan choisit la franche comédie, dressant un portrait de groupe de quatre personnages du Tout-Paris et de leur chauffeur, qui doivent se convertir à la vie des champs après l'exode de juin 1940. *Un chagrin de passage* (1993) confronte de manière similaire la légèreté d'un personnage masculin entouré de femmes au drame inattendu d'un cancer.

Dans les années 80, elle diversifie sa production, publie un recueil de fragments autobiographiques et d'hommages aux personnalités qui l'ont frappée (*Avec mon meilleur souvenir*, 1984), s'essaie au genre de la biographie dans *Sarah Bernhardt : le rire incassable*, préface et édite la correspondance de George Sand avec Musset (1985).

La manière de *Bonjour tristesse* a tout de suite fait penser à certains romanciers du groupe des « hussards », et notamment à Roger Nimier. On y trouve un détachement et une distance qui caractérisent un certain dilettantisme français. L'univers de Françoise Sagan a souvent été présenté comme cynique et léger, dominé par les méandres psychologiques de personnages dispensés de soucis matériels. Le monde dans lequel se développent ses intrigues est en effet souvent un monde d'oisifs, dépourvu d'enjeux graves et de passions. Son écriture subtile, sa « petite musique » la rend maîtresse dans l'art de décrire les détours d'un cœur irrésolu. Mais derrière ce ton léger et nonchalant se dissimule une vision noire de la vie, interprétée selon ses termes comme « processus de démolition ». *La Mort dans l'âme* de Sartre et *L'Invitée* de Simone de Beauvoir l'ont, semble-t-il beaucoup marquée, de même que la lecture de Rimbaud et de Tennessee Williams.

ŒUVRES. — *Œuvres*, Laffont, coll. Bouquins, 1993. — Rééd. aux Presses Pocket : *Bonjour tristesse*, Julliard, 1954, rééd. 1990. — *Un certain sourire*, 1956, rééd. 1990. — *Dans un mois, dans un an*, 1957, rééd. 1983. — *Les Violons parfois*, 1961, rééd. 1984. — *Les Merveilleux Nuages*, 1961, rééd. 1983. — *Aimez-vous Brahms ?*, 1959, rééd. 1992. — *La Chamade*, 1965, rééd. 1981. — Chez Flammarion, sauf indication contraire : *Un peu de soleil dans l'eau froide*, 1969. — *Un piano dans l'herbe*, 1970. — *Des bleus à l'âme*, 1972. — *Un profil perdu*, 1974. — *Les Yeux du soir*, LGF, 1978. — *Il fait beau jour et nuit*, 1979. — *Le Chien couchant*, 1980. — *Musiques de scène*, 1981. — *Avec mon meilleur souvenir*, Gallimard, 1984. — *La Maison de Raquel Vega : fiction d'après le tableau de Fernando Botero*, La Différence, 1985. — *De guerre lasse*, Gallimard, 1985. — *Un sang d'aquarelle*, Gallimard, 1987. — *Sarah Bernhardt : le rire incassable*, Laffont, 1987. — *La Sentinelle de Paris*, Laffont, 1988. — *Au marbre : chroniques retrouvées*, Désinvolture, 1988. — *La Laisse*, Julliard, 1989. — *Un orage immobile*, Ramsay, 1989, rééd. Pocket, 1992. — *Les Faux-fuyants*, Julliard, 1991. — *Répliques*, Quai Voltaire, 1992. — *Et toute ma sympathie*, Julliard, 1993. — *Un chagrin de passage*, Plon-Julliard, 1993. — *Le Miroir égaré*, Plon, 1996.

→ Pol Vandromme, *Françoise Sagan ou l'élégance de sourire*, Régine Deforges, 1977.

G.Si.

Sagittaire *(Éditions du)* (1919-1967). Maison fondée à Paris par Simon Kra qui entreprend de publier sous le label des Éditions du Sagittaire des livres illustrés à tirage limité dont il a confié la réalisation à André Malraux. En 1923, Simon et son fils Lucien se constituent en association pour prendre en charge la revue littéraire d'André Germain, *Les Écrits nouveaux*, rebaptisée *La Revue européenne*. Cette revue trouve son prolongement éditorial dans la « Collection de *La Revue européenne* », codirigée par Philippe Soupault et Léon Pierre-Quint, embauchés dès 1923 en tant que directeurs littéraires. Ouverte à toute forme de modernité, elle publie aussi bien des romans de Gorki, Pirandello, Fitzgerald, Heinrich Mann que Benjamin Péret, Georges Ribemont-Dessaignes, René Crevel ou Philippe Soupault. Entre 1923 et 1924, deux des collections qui vont assurer la notoriété du Sagittaire sont créées : « Les Cahiers nouveaux », qui accueillent de courtes fictions tirées à mille exemplaires d'auteurs français et étrangers, de Thomas Mann à Pierre Mac Orlan, de Miguel de Unamuno à Michel Leiris ; « Les Documentaires », collection d'essais à la couverture orange, qui publie dès la première année *Le Manifeste du surréalisme* d'André Breton, *La Réforme monétaire* de Keynes et *Le Citoyen contre les pouvoirs* d'Alain. En décembre 1924, des bureaux installés rue Rodier s'ajoutent à la librairie de la rue Blanche. Jusqu'en 1929, les Éditions du Sagittaire lancent des collections littéraires comme les « Panoramas » de littératures étrangères, les « Anthologies » de poésie française ou étrangère, des ouvrages d'actualité immédiate comme *Ma vie* de Charlie Chaplin et les *Mémoires* de Joséphine Baker, qui compteront parmi ses succès commerciaux. Plusieurs collections à tirage limité voient le jour, comme « Voyage », où figurent des récits de Francis de Croisset ou de Joseph Kessel, « Femmes », qui publie des nouvelles de Colette, d'Irène Némirowski, de Jean Giraudoux, ou « Vingtième Siècle », qui s'interroge sur le siècle avec Gide ou Morand. Soupault et Léon Pierre-Quint s'occupent de la littérature générale, alors que Simon Kra et son fils dirigent le secteur « Beaux Livres » en publiant des ouvrages de demi-luxe ou de luxe, illustrés d'œuvres originales signées, entre autres, par Gus Bofa et Dubout.

À la fin des années vingt, Soupault se retire peu à peu, laissant à Pierre-Quint la direction effective de la maison, qui publie de quarante à cinquante volumes par an. En 1931, subissant le contrecoup de la crise du livre et les conséquences d'une croissance rapide, Le Sagittaire s'effondre et une partie du fonds est cédée : la publication des *Œuvres complètes* de Valéry se poursuit chez Gallimard et de nombreux auteurs changent d'éditeur. En 1936, Simon Kra se retire de la librairie et rompt tous les liens avec la maison. Jusqu'en 1939, Pierre-Quint maintient la marque en publiant deux à trois titres par an, dont *Silhouette du scandale* de Marcel Aymé, *Cours naturels* d'Eluard, des textes de Breton ou de Crevel.

Entre avril 1940 et janvier 1941, anticipant les lois d'aryanisation des entreprises, les administrateurs juifs cèdent leurs parts du capital ; les Éditions du Sagittaire s'installent à Marseille, dans les locaux des *Cahiers du Sud*. Jusqu'en 1944, René Laporte, qui avait créé et dirigé la revue *Les Cahiers libres* et la maison d'édition du même nom de 1927 à 1934, et Léon Pierre-Quint publient dans la clandestinité à partir de 1942 des essais de Roger Caillois, des pièces de théâtre de Julien Luchaire, et quelques romans de terroir sous la direction d'Henri Pourrat. Dès septembre 1944, la maison d'édition rentre à Paris et reprend son activité éditoriale sous la direction de Léon Pierre-Quint, en accueillant l'éphémère revue d'Arthur Adamov, *L'Heure nouvelle*, puis, jusqu'en 1951, en traduisant de nombreux romans américains, dont ceux de William Saroyan, Nathaniel West et Richard Dana, et en publiant un large éventail d'essais, documents et romans d'auteurs français (Eluard, Breton, Cassou, André Wurmser, Claude Simon, Roger Vaillant, Jean Schlumberger, Emmanuel d'Astier de la Vigerie ou Roger Stéphane). Fin 1950, les Éditions de Minuit rachètent les Éditions du Sagittaire, qu'elles revendent en 1954 au Club français du livre. Jusqu'en 1967, date de la liquidation définitive par son dernier propriétaire, Grasset-Fasquelle, quelques ouvrages paraissent encore sous son label. De 1974 à 1979, Grasset relance de nouvelles Éditions du Sagittaire, qui publient, sous la direction de Raphaël Sorin et Gérard Guégan, les premières traductions de Charles Bukowsky et les *Almanachs* du journal *Actuel.*

→ Philippe Soupault, *Mémoires de l'oubli 1914-1923 et 1923-1926*, Lachenal et Ritter, 1981, rééd. 1986. — Catalogue de l'exposition *Léon Pierre-Quint*, Bibliothèque nationale, 1981. — François Laurent, « *L'Heure nouvelle* d'Arthur Adamov », *La Revue des revues*, nº 15, 1993.

F.L. — IMEC

Saïd Amina (1953). Née à Tunis, elle a publié des poèmes dans de nombreuses revues, au Canada, puis en France, depuis le début des années 1980. Après *Métamorphoses de l'île et de la vague* (1985), elle est remarquée pour *Feux d'oiseaux* (1989). Puis, ses recueils de poèmes se succèdent régulièrement (*Nul autre lieu*, 1992 ; *L'une et l'autre nuit*, 1993). Elle a aussi écrit des nouvelles et des contes (*Le Secret*, 1994).

D.B.

Saillet Maurice (1914-1990). Né à Burdignin (Savoie), de souche paysanne, autodidacte, formé à l'école d'Adrienne Monnier dont il devint l'associé en 1942, il prit une part active, en 1949, à la querelle de *La Chasse spirituelle* (faux Rimbaud). Éditeur et commentateur de Jarry *(Tout Ubu*, 1962 ; *La Chandelle verte*, 1969), il fut aussi un dynamique Satrape du Collège de 'Pataphysique. On lui doit par ailleurs une édition des *Œuvres complètes* d'Isidore Ducasse (1963) et des éditions de Cros, Fougeret de Monbron, Gourmont, Schwob et Reverdy. Parmi les modernes, ses préférences allaient à des personnalités aussi différentes qu'Artaud, Fargue, Larbaud, Léautaud, Michaux, Prévert et Reverdy, sans parler de ses liens d'amitié avec Leiris, Gide ou Pascal Pia. Ses chroniques à *Combat* ont été réunies sous le titre *Billets doux de Justin*

Saget (1952). Indépendant, passionné, volontiers polémiste, il a laissé un *Saint-John Perse poète de gloire* (1952) assez iconoclaste. Son recueil *Sur la route de Narcisse* (1958) rassemble des études sur Baudelaire, Jarry, Gourmont, Bonnefoy, etc. Ouvrage pionnier, *Les Inventeurs de Maldoror* (posth., 1992) reconstitue de 1870 à 1920 les étapes historiques de la « découverte » d'Isidore Ducasse. Il a collaboré au *Mercure de France*, aux *Lettres nouvelles* et aux *Cahiers des amis de Valery Larbaud*. Il est mort en août 1990.

J.-P.G.

Saint-Amand Edris (1918). Né aux Gonaïves (Haïti), il est l'auteur de deux romans : *Bon Dieu rit* (Hatier, 1988) — fresque paysanne où il prend fait et cause en faveur du Vaudou contre les religions d'importation étrangère, et qui, par sa facture, n'est pas sans rappeler le chef-d'œuvre de Jacques Roumain, *Gouverneurs de la rosée* (1944) — et *Le Vent de janvier* (1985), description misérabiliste des faubourgs populeux de Port-au-Prince.

J.C.

Saint-Aude Magloire (1912-1971). Né à Port-au-Prince (Haïti), il est avec Carl Brouard à l'origine de la revue *Les Griots*, fondée en 1937. Auteur de textes difficilement classables, prose mi-romanesque, mi-poétique, *Ombres et Reflets* (1952), *Veillées* (1956), *Dialogue de mes lampes* (1941), *Tabou* (1941) et *Déchu* (1956), il est un authentique relais du surréalisme français en Haïti.

J.C.

Saint-Denys Garneau Hector de (1912-1943). Né à Montréal, il est le petit-fils du poète Alfred Garneau (1836-1904) et l'arrière-petit-fils de l'historien François-Xavier Garneau (1809-1866). Il passe son enfance au manoir ancestral de Sainte-Catherine-de-Fossambault. Sa famille s'établit en 1923 à Montréal, où il fait des études classiques dans les collèges Sainte-Marie, Loyola, Jean-de-Brébeuf. Il apprend la peinture à l'École des beaux-arts à partir de 1924. Ses premiers textes sont couronnés par un prix littéraire en 1926 et un prix de poésie en 1928. En 1927, il commence à publier des articles et des poèmes dans *La Revue scientifique et artistique*, *Nous*, *L'Album souvenir du collège Sainte-Marie*. Une faiblesse au cœur l'oblige à interrompre ses études en 1934, mais il continue à écrire et à peindre. Il expose à la Galerie des Arts de Montréal et collabore à différents périodiques, *Idées*, *Le Canada*, *L'Action nationale* et surtout *La Relève*, revue philosophique, religieuse et littéraire qu'il a fondée avec quelques amis. Après la publication, en mars 1937, de son premier recueil, *Regards et jeux dans l'espace*, Saint-Denys Garneau passe trois semaines en France pour tenter de mettre fin à une crise existentielle. Il se retire peu à peu dans la solitude et le silence, et retourne vivre en 1941 à Sainte-Catherine-de-Fossambault, où il mourra d'une crise cardiaque à 31 ans.

Outre *Regards et jeux dans l'espace* et une quarantaine de textes épars parus en revue, l'œuvre de Saint-Denys Garneau ne comporte que des écrits posthumes, non préparés pour la publication. Après un premier recueil, l'écrivain a cessé de se vouloir poète. Pourtant, l'accueil réservé à ce livre avait été favorable ; si quelques critiques traditionalistes, choqués par son style, lui avaient suggéré de revenir au bon français et au vrai vers, la majorité des commentateurs avait vu dans son œuvre la poésie qui ouvrait la littérature québécoise à la modernité. L'emploi du vers libre, la création de rythmes personnels, parfois « haletants » (Brault) ou discordants, l'insertion de traits de « prose » (Nepveu) et de mots de tous les jours, ainsi que l'usage de l'ironie, la distinguent de la production québécoise de l'époque, qui comportait surtout — outre quelques exceptions vite étouffées, comme celle de Jean-Aubert Loranger — des œuvres à caractère régionaliste, symboliste ou parnassien. *Regards et jeux dans l'espace* est un recueil très composé, dont les sept suites peuvent se lire de façon linéaire, traçant un itinéraire psychologique mais aussi, comme l'a montré Jacques Blais, deux à deux, formant une dialectique condensée dans les « Deux paysages » de la partie centrale, où s'opposent « La vie la mort sur deux collines ». En 1949, Robert Élie et Jean LeMoyne publient les *Poésies complètes* : à *Regards et jeux* ils ajoutent, sous le titre de *Solitudes*, des poèmes qui n'y avaient pas été retenus dans le recueil de

1937 et d'autres qui lui sont postérieurs. Ils choisissent de regrouper les textes (qui ne sont pas tous datés) de manière à peu près chronologique, dans des sections dont les titres suivent l'évolution intérieure de l'écrivain. Ces poèmes, qui n'ont pas subi une révision aussi stricte que les autres, dont plusieurs sont demeurés inachevés, et parce que s'y exprime de manière constante une certaine « déperdition de l'être » (Brochu), sont souvent jugés plus lyriques. L'effritement de l'être et la solitude sont aussi au centre des huit gros cahiers et des multiples feuilles mobiles du *Journal* que Saint-Denys Garneau a tenu de 1927 à 1939 (ou, selon certains, jusqu'à la fin de sa vie) et dont une première édition a été proposée en 1954 par Élie et LeMoyne. Ceux-ci ayant choisi des extraits puisés dans les années les plus fécondes du poète (1935-1939), il a fallu attendre l'édition critique des *Œuvres* (1971) de Brault et Lacroix pour découvrir l'ensemble de ces pages, où bilans financiers et listes diverses se mêlent à la relation d'expériences intimes et aux esquisses. L'autocritique constante du diariste et de l'épistolier (Garneau a écrit plus de 500 lettres, dont 250 ont été publiées dans *Lettres à ses amis* en 1967 et 150 autres dans les *Œuvres)* ne doit pas faire oublier ses pensées lumineuses sur la musique, la peinture et la poésie (« Monologue fantaisiste sur le mot ») ni la verve et l'humour fin de l'enfant aux « manières à scandaliser les grandes personnes » et que n'a pas complètement effacé « le mauvais pauvre ».

ŒUVRES. — *Regards et jeux dans l'espace*, Montréal, 1937. — *Poésies complètes : Regards et jeux dans l'espace*, *Solitudes*, Montréal-Saõ Paulo-Paris-Chicago, Fides, 1949. — *Journal*, Montréal, Beauchemin, 1954. — *Lettres à ses amis*, Montréal, HMH, 1967. — *Œuvres*, Presses de l'université de Montréal, 1971.

→ Éva Kushner, *Saint-Denys Garneau*, Paris-Montréal, Seghers-Fides, 1967. — Roland Bourneuf, *Saint-Denys Garneau et ses lectures européennes*, Québec, Presses de l'université Laval, 1969. — *Études françaises*, novembre 1969. — Jacques Blais, *Saint-Denys Garneau et le mythe d'Icare*, Sherbrooke, Cosmos, 1973. — *Études françaises*, hiver 1984-1985. — Georges Riser, *Conjonction et disjonction dans la poésie de Saint-Denys Garneau : étude du fonctionnement des phénomènes de cohésion et de rupture dans des textes poétiques*, Éditions de l'université d'Ottawa, 1984. — Paul Wyczynski, « Saint-Denys Garneau ou les métamorphoses du regard », *Poésie et symbole*, Montréal, Déom, 1965.

L.B.

Saint-Exupéry Antoine de (1900-1944). Né le 29 juin 1900 à Lyon. Après le baccalauréat (1917), il présente sans succès le concours de l'École navale (1920) et choisit alors d'effectuer son service militaire dans l'aviation (1921). Ses relations et sa détermination lui permettent d'obtenir son brevet de pilote ; il quitte l'armée comme officier de réserve en 1923. Après un amour malheureux pour Louise de Vilmorin, il travaille comme employé, puis comme représentant de commerce — existence monotone à laquelle il cherche des compensations dans la vie mondaine, l'aviation dont il garde la passion, et la littérature.

En 1925, parrainé par Jean Prévost, il publie sa première nouvelle, *L'Aviateur*. Gaston Gallimard, séduit, lui fait signer un contrat pour un roman sur le même thème. Ce projet ne se réalise pas immédiatement : c'est seulement au cours des années 1926-1931 que Saint-Exupéry fait l'expérience concrète de ce qui nourrira son œuvre. En 1926, il entre dans la compagnie postale Latécoère, comme pilote sur la ligne Toulouse-Casablanca ; il est muté à Dakar en 1927, puis à Juby (Sahara) comme chef d'aéroplace. Ses thèmes privilégiés (solitude méditative du pilote, camaraderie virile, sens du devoir et don de soi) se cristallisent dès son premier roman, *Courrier Sud* (1929). Des passages exaltés sur le vol ponctuent une histoire d'amour impossible entre deux êtres dissemblables : Jacques Bernis, pilote sur la ligne postale Toulouse-Dakar, et Geneviève, jeune femme prisonnière d'une vie trop réglée. Malgré ses qualités (style ramassé et expressionniste, composition « cinématographique » très rythmée, variations de point de vue, dialogues lapidaires), *Courrier Sud* apparaît *a posteriori* comme un essai encore imparfait de ce qui fera le succès de *Vol de nuit* (1931). Il est cette fois question de la ligne de l'Amérique du Sud, dont Saint-Exupéry fut responsable à partir de 1929. Le personnage principal, Rivière, directeur du réseau, incarne le sens du service, la discipline et la responsabilité ;

chaque nuit, il porte le poids des risques qu'il fait courir à ses pilotes. Ceux-ci sont les porte-parole d'une vision de la condition humaine : sous la plume de Saint-Exupéry, le vol devient expérience métaphysique, ascèse, détachement du monde ; en contrepartie il exalte dans la solitude du pilote une allégresse à vivre dans l'instant, à échapper au carcan des attaches sociales, et surtout une conscience héroïque fondée sur l'idéal du devoir accompli. Le roman se clôt sur un tableau épique et pathétique : la disparition d'un jeune pilote dans une tempête sur la cordillère des Andes.

En 1931, Saint-Exupéry se marie, puis travaille comme pilote d'essai, scénariste de cinéma, conférencier, reporter pendant la guerre d'Espagne. Enrichi de nouvelles expériences (il frôle la mort dans deux accidents), sans doute insatisfait des contraintes du roman, il adopte pour *Terre des hommes* (1939) une forme nouvelle, à mi-chemin entre l'essai autobiographique et la réflexion morale. Dans ce livre qui remanie et amplifie un certain nombre de textes écrits précédemment, les souvenirs personnels (ses débuts dans l'aéropostale, un accident dans le désert de Libye) accompagnent l'évocation de quelques figures légendaires de l'aviation (Mermoz ; Guillaumet perdu dans les Andes, sauvé par sa seule volonté : célèbre page épique). L'auteur célèbre l'accomplissement de l'individu dans l'héroïsme et le danger, et fustige la société industrielle coupable à ses yeux de faire perdre aux hommes leur dignité, leur grandeur et leur génie, d'« assassiner Mozart » en eux, comme il l'écrit en conclusion.

Au début de la guerre, mobilisé comme pilote dans une unité de reconnaissance, envoyé ensuite à Alger, puis démobilisé, Saint-Exupéry s'installe à New York ; il y écrit rapidement *Pilote de guerre* (1942), récit autobiographique d'une mission « sacrifiée » sur Arras. Aux impressions du vol se mêle une saisissante évocation de la « drôle de guerre », de la France saisie par la folie de l'exode, de la hiérarchie militaire en plein désarroi ; ces pages précises, nerveuses, d'une grande finesse d'analyse, comptent parmi ses plus belles. Au récit succède une méditation lyrique où l'espoir renaît avec le sentiment de la communauté nationale, avant que soient exaltés le sens du sacrifice et la morale de la collectivité. L'année suivante paraît la *Lettre à un otage*, adressée à son ami l'écrivain anarchiste Léon Werth, caché quelque part en France.

Les chefs-d'œuvre de la littérature pour enfants sont peu nombreux : *Le Petit Prince* (1943) en est un. Fin 1942, un éditeur américain commande à Saint-Exupéry un conte de Noël, et trois mois suffisent pour que naisse ce merveilleux petit livre. La plupart des lecteurs ne se doutent guère que sa philosophie inspire d'autres ouvrages plus sérieux, ou que les rapports tourmentés entre le Petit Prince et sa Rose cachent des confidences sur la vie sentimentale de l'auteur. Ils sont surtout sensibles à la puissance évocatrice d'un récit épuré, à la poésie des personnages (le Renard, le Serpent...), au ton complice du narrateur, à la simplicité des réflexions morales sur le bonheur, l'amour, l'amitié, et aux belles illustrations de l'auteur.

De retour en Algérie en mai 1943, Saint-Exupéry disparaît à bord de son appareil lors de sa dernière mission, dans le golfe de Giens, le 31 juillet 1944. Il laissait inachevée une somme philosophique et morale, à mi-chemin entre journal intime et fiction, enrichie durant de nombreuses années : *Citadelle* (posth., 1948). L'ouvrage, qui n'est pas réellement composé, doit son unité à son narrateur : un prince du désert à qui son père transmet une leçon de sagesse. Les formes sont celles de l'apologue et de la parabole, le ton est volontiers biblique. Les thèmes de prédilection de Saint-Exupéry reparaissent une dernière fois, enrichis : nécessité d'un ordre social qui soit aussi une communauté morale et spirituelle ; accomplissement individuel dans son rapport avec les autres, avec soi-même, avec Dieu, qui seul donne sens à la vie.

On a pu juger parfois sévèrement les faiblesses de l'écrivain : la construction maladroite de ses romans, son style parfois grandiloquent, l'héroïsme un peu naïf de ses conceptions morales. Ou, au contraire, exalter son âme généreuse, la sincérité éclatante de ses écrits. Reste surtout le rythme nerveux de ses meilleures pages, animées par le désir de faire partager au lecteur son expérience vécue et son enthousiasme idéaliste.

ŒUVRES. — *Œuvres complètes*, éd. Michel Autrand et Michel Quesnel, Gallimard, Bibliothèque de la Pléiade, t. I, 1994 ; t. II à paraître.

→ Luc Estang, *Saint-Exupéry*, Le Seuil, 1956. — Éric Deschodt, *Saint-Exupéry*, Lattès, 1980. — *Cahiers Saint-Exupéry* (Gallimard), trois n^{os} depuis 1980. — Paul Webster, *Saint-Exupéry, vie et mort du petit prince*, Éditions du Félin, 1993. — Emmanuel Chadeau, *Saint-Exupéry*, Plon, 1994. — Jean-Daniel Pariset et Frédéric d'Agay, *Album Antoine de Saint-Exupéry*, iconographie réunie et commentée par Jean-Daniel Pariset et Frédéric d'Agay, Gallimard, « Bibliothèque de la Pléiade », 1994.

B.Do.

Saint-Georges de Bouhélier (1876-1947), pseudonyme de Stéphane-Georges de Bouhélier-Lepelletier. Né à Rueil le 19 mai 1876, fils de Léon Lepelletier, l'ami et le biographe de Verlaine, il se signale en 1895 par trois traités dans lesquels il célèbre la vie des travailleurs (on retiendra notamment *La Vie héroïque des aventuriers, des poètes, des rois et des artisans* et le *Discours sur la mort de Narcisse, ou l'impérieuse métamorphose).* Exaltant l'existence quotidienne avec des accents panthéistes, il se situe dans un courant de réaction contre le symbolisme, jugé trop éloigné du réel, trop nordique dans les brumes de son mysticisme. Se réclamant de Hugo et Zola, il prend la tête de cette réaction en créant, en 1897, la *Revue naturiste*, et en publiant un *Manifeste* dans *Le Figaro* du 10 janvier 1897. Le « naturisme », qu'il anime en compagnie de son ami Maurice Le Blond, reconnaît l'apport du symbolisme : celui d'avoir exalté l'essence poétique ; mais il veut concilier le culte de la poésie avec le souci du concret propre au réalisme, pour célébrer la nature et les choses de la vie. En 1899, Saint-Georges de Bouhélier publie un nouvel essai, *Les Éléments d'une renaissance française* ; il participe en 1900 à la fondation du « Collège d'Esthétique nouvelle ». Très jeune, donc, il concentre grâce à ses manifestes audacieux les espoirs d'un renouvellement poétique. Trait révélateur de son aura : c'est lui qu'on charge en 1902 de composer, pour les fêtes du centenaire de Hugo, *Le Chant d'Apothéose* que Gustave Charpentier met en musique.

La poésie prolonge sa réflexion théorique : *Eglé ou les concerts champêtres* (1899), *Les Chants de la vie ardente* (1902), *La Romance de l'homme* (1912). Sans doute ces tentatives ne tiennent-elles pas toutes les promesses du programme novateur. Quelques romans s'y ajoutent : *La Route noire* (1900), *Histoire de Lucie, fille perdue et criminelle* (1902), *Julia ou les relations amoureuses* (1903). Mais c'est surtout au théâtre qu'il se consacre, en se démarquant du Boulevard. *Le Roi sans couronne* (1906), qui met en scène un Christ révolutionnaire, fait scandale. Après *La Tragédie royale* (1909) vient un succès, *Le Carnaval des enfants* (1910), pièce où s'opère une alliance assez convaincante entre le naturalisme des situations et une dimension symbolique ; par l'intervention des jeux de masques et d'illusion, une dramaturgie assez moderne se met en place. Citons encore *La Vie d'une femme* (1919), *Les Flambeaux de la noce* (1927), *Le Sang de Danton* (1931), et trois tragédies en vers : *Œdipe, roi de Thèbes* (1919), *La Tragédie de Tristan et Iseult* (1923), *L'Impératrice aux rochers* (1928). Saint-Georges de Bouhélier est mort le 20 décembre 1947.

→ Robert Wilson Allen, *Saint-Georges de Bouhélier, sa vie, son œuvre*, thèse, Sorbonne, 1952. — Michel Décaudin, *La Crise des valeurs symbolistes*, Toulouse, Privat, 1960, rééd. Slatkine, 1981.

C. A.-M.

Saint-Hélier Monique (1895-1955), pseudonyme de Berthe Eimann. Née à La Chaux-de-Fonds, dans le canton de Neuchâtel, où elle passe son enfance et son adolescence, elle commence des études de médecine puis de lettres à Lausanne, avant d'épouser, en 1917, Blaise Briod, étudiant en théologie. Le couple s'installe à Berne, où elle est la secrétaire de Gonzague de Reynold, sous l'influence de qui les Briod se convertissent au catholicisme. Des années bernoises date aussi l'amitié avec Rainer Maria Rilke, que Monique Saint-Hélier évoque dans ses *Souvenirs et portraits littéraires* (posth., 1985). En 1926, elle suit son mari, fonctionnaire de la SDN, à Paris. Tous deux se lient avec des peintres et des écrivains rencontrés chez Adrienne Monnier. Mais, en 1927, Monique Saint-Hélier, malade, est condamnée à s'aliter. Recluse dans son appartement parisien pendant vingt-huit ans, elle couvre des milliers de pages pour lutter contre l'enfermement et la souffrance physique. Les visites assidues de Paulhan, dont elle est très proche pendant l'Occupation, comme celles d'Henri Ghéon, de Jacques Maritain, de Gabriel Marcel, de Charles Du Bos et de Jean Dubuffet, l'aident à vaincre son isolement.

Après un premier roman en partie autobiographique, *La Cage aux rêves* (1932), elle construit progressivement une chronique familiale inspirée de sa jeunesse : *Bois-mort* (1934), *Le Cavalier de paille* (1936), publiés chez Grasset, seront suivis vingt ans plus tard de *Martin-pêcheur* (1953) et de *L'Arrosoir rouge* (1955), chez le même éditeur. La tétralogie s'attache à la destinée de trois familles : les Alérac, héritiers ruinés d'une dynastie de grands marchands, les Balagny, industriels fortunés et les Graew, paysans enrichis qui convoitent le patrimoine des Alérac. Autour des personnages centraux de Guillaume Alérac et de sa petite-fille Carolle, les histoires se répètent, s'amplifient, prolifèrent : l'argent et l'amour, comme chez Balzac, exacerbent désirs, passions et ambitions. Grande lectrice de Balzac et de Proust, mais aussi de Tolstoï, Thomas Hardy, D.H. Lawrence et Virginia Woolf, Monique Saint-Hélier privilégie une composition narrative polyphonique, ouverte aux associations libres et aux souvenirs.

ŒUVRES. — Aux Éditions de l'Aire et L'Âge d'homme.

→ Michel Dentan et Pierrette Piolino, *Le Jeu de la vie et de la mort dans l'œuvre de Monique Saint-Hélier*, Lausanne, L'Âge d'homme, 1978. — Monique Saint-Hélier – Jean Paulhan, *Lettres 1941-1955*, Gallimard, *Cahiers Jean Paulhan*, 1995.

A.-L.D.

Saint-John Perse (1887-1975), pseudonyme d'Alexis Saint-Léger Léger. Né le 31 mars 1887 à Saint-Léger-des-Feuilles (Guadeloupe), dans une famille de planteurs, du côté de sa mère, et de juristes, du côté de son père, il connaît jusqu'à douze ans une enfance privilégiée. Seul garçon entouré de trois sœurs (une autre était morte en bas âge), il est le prince d'un royaume où il règne sur des serviteurs noirs ou asiatiques et sur des animaux, un cheval en particulier. Cet enracinement créole a été longtemps occulté par la critique et par l'auteur lui-même, qui n'a pas inclus dans ses *Œuvres complètes* (1972) le poème *Désir de créole* (publié dans *La Guadeloupe littéraire* le 15 mars 1908). En 1899, la famille, après deux siècles d'installation aux Antilles, est contrainte de rentrer en France et s'installe à Pau. Alexis Léger connaît là son premier exil. *Images à Crusoë* (1909) déplore l'installation en ville, cependant que *Écrit sur la porte* (1910), *Pour fêter une enfance* (1910) ou *Éloges* (1911) célèbrent l'île natale. Le jeune homme poursuit ses études au lycée de Pau, puis à Bordeaux, où il étudie le droit tout en suivant quelques cours dans d'autres facultés, de sciences, de médecine et de lettres. Il reçoit la formation intellectuelle des jeunes gens de l'époque, imprégnés de vitalisme et de naturisme, même s'il affirme n'avoir découvert alors que Spinoza et Hegel. Il lit Whitman, Nietzsche, Emerson. Il retire de ses lectures un idéal de maîtrise de soi. Durant les années passées à Pau et à Bordeaux, il rencontre Francis Jammes, qui le présente à Claudel en 1905, à Orthez. L'armateur bordelais Gabriel Frizeau, ami de Jammes et collectionneur, lui fait découvrir Gauguin, dont un tableau inspira vraisemblablement le poème de jeunesse *L'Animale* (posth., 1981). S'il écrit quelques chroniques consacrées à la peinture pour *La Gazette de Pau*, l'engouement de ces années s'adresse surtout à la musique, qui sera toujours pour lui très importante. Son père meurt en 1907 : il est contraint de s'occuper de sa mère et de ses sœurs, avec lesquelles il fait de longs séjours l'été en Ossau. Ses premières publications lui valent d'être remarqué par Valery Larbaud, avec lequel il nouera des relations amicales — il participera avec lui au John Donne Club, lancé en Angleterre par Agnes Tobin — et par d'autres écrivains proches de la *NRF*. Il prépare le concours des Affaires étrangères. En 1911, pour la préparation de ce concours, et pour rendre plus lisibles ses poèmes en vue d'une édition — la première édition d'*Éloges* était pleine de coquilles —, il « rééduque son écriture ». Sa réussite au concours, en 1914, met fin à la première période de son activité littéraire, à laquelle la critique a donné le nom de cycle antillais.

Commence alors ce qu'on a appelé le cycle asiatique. Attaché au Quai d'Orsay, Léger bénéficie de la protection de Philippe Berthelot. Très vite, dès 1916, il part comme troisième puis deuxième secrétaire d'ambassade à Pékin, où il restera jusqu'en 1921. Il séjourne en Mandchourie et participe à une courte expédition dans le désert de Gobi. Il se lie avec des sinologues et des tibétisants, comme Jacques Bacot, dont le *Tibet révolté* lui servira dans plusieurs passages d'*Anabase*. C'est en Chine qu'il compose *Amitié du Prince* et *Anabase*. Les deux textes paraissent en France, en 1924. *Anabase* est publié sous le nom de Saint-John Perse, utilisé pour la première fois. Les textes précédents avaient paru sous le nom de Saintléger Léger (ou Saint-Leger Leger, ou St. L. Leger) que, dans la biographie en partie mythique qu'il a rédigée pour ouvrir l'édition de la Pléiade, il a donné comme son nom véritable, mais qu'il faut plutôt considérer comme un premier pseudonyme. Celui de Saint-John Perse contient probablement une allusion au poète latin Perse, dont une phrase figurera en épigraphe du poème *Oiseaux* (1962), une allusion aussi à la Perse, une réminiscence de l'île Saint-John aux Antilles et de Percy Saint-John, auteur d'un *Robinson des mers du Nord*.

Après son retour en France, Léger rencontre Aristide Briand à Washington en 1921. C'est le début d'une longue collaboration. Dorénavant, sa carrière diplomatique prend de plus en plus d'importance, au point qu'il s'interdit toute publication. Directeur de cabinet de Briand jusqu'à la retraite puis la mort de celui-ci en 1932, nommé ministre plénipotentiaire en 1928, il participe aux grandes conférences et traités internationaux (traité de Locarno sur la sécurité rhénane en 1925 ; pacte Briand-Kellog de renoncement à la guerre en 1928). Il rédige notamment le *Mémorandum pour l'organisation d'un régime d'Union fédérale en Europe*, qui sera présenté en mai 1930 à la Société des Nations. En 1993, il est nommé secrétaire général du Quai d'Orsay, poste qu'il conservera sous plusieurs ministères jusqu'à la guerre. Il est très proche de Léon Blum. Opposé à la politique d'apaisement à l'égard d'Hitler, il représente la France à la conférence de Munich. En mai 1940, sous le ministère de Paul Reynaud, et sous prétexte de bellicisme, il est cavalièrement évincé de son poste. Ainsi est-il mis fin à une carrière où il défendit une certaine idée de la diplomatie, faite d'idéal et de noblesse.

Après avoir refusé le poste d'ambassadeur à Washington que lui offrait Paul Reynaud, il demande sa mise en disponibilité et commence un long exil aux États-Unis. Il se fixe à Washington, dans des conditions matérielles précaires. En octobre 1940, un décret du gouvernement de Vichy le déchoit de la nationalité française — elle lui sera rendue en 1944 —, confisque ses biens et le radie de l'ordre de la Légion d'honneur. Lors de l'invasion allemande, son appartement de la rue Camoëns est pillé. Grâce au poète Archibald MacLeish, on lui confie un poste de conservateur à la Bibliothèque du Congrès. À partir de 1946, il sera pris en charge par la Fondation Bollingen, qui s'assure l'exclusivité de l'édition et de la traduction de ses œuvres en anglais aux Bollingen Series. À Washington, il est rejoint un moment par Lilita Abreu, autrefois courtisée par Giraudoux et Fargue, sa maîtresse depuis plusieurs années. Il écrira pour elle, en 1942, un *Poème à l'étrangère*. Car l'événement le plus important de ces années d'exil est que, le diplomate mis à l'écart, le poète, dans le dénuement que lui impose ce second exil, refait à nouveau entendre sa voix, avec *Exil*, recueil composé de *Exil stricto sensu* (1943), *Pluies* (1943), *Neiges* (1944) et *Poème à l'étrangère* (1943). *Exil*, publié dans la revue *Poetry* (mars 1942) aux États-Unis, et presque simultanément en France dans les *Cahiers du Sud* dirigés par Jean Ballard (mai 1942) et en Argentine aux *Lettres françaises* dirigées par Roger Caillois (juillet 1942), a un très grand retentissement. À ce premier recueil succéderont *Vents* (1946) — le poète lui accordait « une importance particulière » — et *Amers*, publié en fragments de 1948 à 1956, dans les *Cahiers de la Pléiade* et la *NRF*, et dont la première édition complète date de 1957.

Durant cet exil américain, Alexis Léger, s'il fut lié à des hommes proches de Roosevelt, ne joua pas de rôle politique important. Opposé au général de Gaulle, à qui il ne reconnaissait aucune légalité, il refusa à plusieurs reprises de s'engager à ses côtés, suscitant ainsi la rancune tenace de celui-ci. Il ne rentra en France que fort tard, pour des raisons qui restent encore obscures, et n'y revint même pas, en dépit de la douleur qu'il ressentit à la mort de sa mère en 1948. À un retour furtif en 1957, succède un retour décisif en 1958, accompagné de sa femme, Dorothy Diane, épousée aux États-Unis la même année. Il partage ensuite son temps entre les États-Unis et la presqu'île de Giens, où quelques mécènes américains, parmi lesquelles la femme de lettres Mina Curtiss, lui offrirent une maison dans le domaine de la Polynésie, non loin de l'endroit où avait séjourné Valéry. Les poèmes publiés alors appartiennent à ce qu'on a appelé le cycle provençal. Le premier est *Chronique*, publié en 1959 aux *Cahiers du Sud*. Le prix Nobel lui est décerné l'année suivante, en 1960. À *Chronique* succèdent *Oiseaux*, d'abord publié sous le titre *L'Ordre des Oiseaux* pour accompagner douze eaux-fortes de Braque (1962), puis *Chanté par celle qui fut là (NRF*, 1er janvier 1969), *Chant pour un équinoxe (NRF*, 1er septembre 1971), *Nocturne (NRF*, janvier 1973) et *Sécheresse* (posth., *NRF*, juin 1974). Les cinq dernières années de sa vie se passèrent entièrement à Giens. La grande occupation de cette période fut la confection de ses œuvres complètes dans la Bibliothèque de la Pléiade, pour laquelle il rédige lui-même sa biographie, récrit ou écrit certaines lettres, par exemple les lettres d'Asie envoyées à sa mère, si bien que le volume est un ensemble constitué d'œuvres poétiques et d'une œuvre en prose d'accompagnement. Il meurt à Giens, le 20 septembre 1975, peu de temps après l'installation à Aix-en-Provence d'une fondation à laquelle devaient revenir tous ses documents.

L'œuvre poétique de Saint-John Perse est souvent répartie en quatre *cycles* qui correspondent à des époques différentes de sa vie et à des thèmes particuliers. Le cycle antillais — *Écrit sur la porte*, *Images à Crusoë*, *Pour fêter une enfance*, *Éloges stricto sensu*, *Récitation à l'éloge d'une reine* (1910), *Histoire du régent* (1911) — célèbre l'île natale ou, dans *Images à Crusoë*, la tristesse d'en être éloigné. Dès cette époque, la forme est fixée, celle du fragment, proche alors des *Illuminations* de Rimbaud. Mais ces fragments sont groupés en recueils thématiques. Ces premiers poèmes de Saint-John Perse eurent une grande influence. L'image en particulier, qui avec ses raccourcis aboutit à faire coexister des réalités disparates, séduisit les surréalistes. Breton a parlé de Saint-John Perse comme d'un surréaliste à distance. Ce premier cycle, en dépit d'un travail pour gommer toute référence précise à la Guadeloupe, reste très personnel. Il n'en est plus de même du cycle asiatique, qui comprend deux textes pratiquement contemporains, écrits tous deux pendant la période chinoise : *Amitié du prince* et *Anabase*. Dans le premier, deux figures sont mises en scène, théâtralement, celle d'un Prince et celle d'un Sage, tous deux en quête des « choses de l'esprit ». Dans le second, la figure centrale du conquérant représente l'image de la conquête de l'esprit, en particulier de l'esprit poétique, sur l'accoutumance : « Poète est celui-là qui rompt pour nous l'accoutumance », déclare Saint-John Perse dans son discours du prix Nobel. Du premier au second cycle, le lyrisme devient impersonnel et le texte, allégorique. Dans le troisième cycle, américain, la découverte des vastes espaces et des villes du Nouveau Monde, comme New York, évoquée dans *Neiges*, donne son unité à l'ensemble. On peut néanmoins y distinguer deux types de poèmes. Celui qui correspond au recueil *Exil*, inspiré par les circonstances de l'exil aux États-Unis, et traitant en fait de l'exil fondamental de l'homme et du poète à la recherche du langage des origines, et où le poète dépouillé de tout, n'ayant plus que son nom de poète, devient « suiveur de pistes » et « déchiffreur de signes ». Et celui des poèmes célébrant les grandes forces cosmiques : le vent, purificateur et toujours renaissant, image du mouvement de la vie et de l'Être ; la mer, associée au thème de l'amour, dans *Amers*, en particulier dans le fragment intitulé « Étroits sont les vaisseaux ». Le quatrième et dernier cycle, le cycle provençal, est celui du grand âge. *Chronique* est le face à face de l'homme vieillissant, mais à l'ardeur intacte, avec la mort qui approche. Les éléments empruntés au paysage de la Provence desséchée sont en accord avec l'austérité de la vieillesse. *Sécheresse* manifestera plus clairement encore cet accord avec la terre de Provence. *Oiseaux* reprend le thème de *Cohorte* (écrit en 1910 et non publié), traduisant la fascination pour l'oiseau et ses mœurs, érigeant sa figure en symbole de la condition du poète. Si *Nocturne* est un moment de doute, *Chant pour un équinoxe* et *Chanté par celle qui fut là* manifestent la même sérénité passionnée que *Chronique* et célèbrent la vie et l'amour.

Plusieurs traits caractérisent l'œuvre de Saint-John Perse : le verset utilisé, analogue au verset de Claudel ; le rythme, ample et souvent solennel, appuyé sur des balancements, des répétitions et des parallélismes ; les jeux de sonorités, comme la paronomase, proche parfois du jeu de mots. Le mot est au centre de la poétique de Saint-John Perse, passionné d'étymologie, recourant constamment aux dictionnaires, en particulier aux dictionnaires analogiques, utilisant des mots techniques qui renvoient à tous les domaines du savoir : ornithologie, botanique, navigation... Par un véritable travail de montage, quelquefois même de collage, de fragments empruntés à d'autres textes, les mots offrent des images saisissantes, parfois énigmatiques dans un contexte abstrait. Le ton, qui est souvent celui de la louange, fait du poète un officiant, le chaman d'un rituel poétique, selon le mot d'un critique, qui célèbre « la simple chose d'être là ». Mais cette solennité ne va pas sans distance humoristique et laisse percer l'observation de détails. Quant au sens, la poésie de Saint-John Perse est une histoire de l'âme et de la création poétiques : le vent et l'éclair représentent la violence qui arrache l'homme à la mollesse. Cette histoire est de tous les temps et de tous les lieux. Elle refuse les paramètres historiques et géographiques, et les textes sont faits de strates accumulées, où se mêlent, dans un ordre bouleversé, les témoignages du passé et de l'ailleurs. C'est la tâche du poète que de retrouver un ordre et une unité fondamentale dans ce désordre et cette diversité. Les discours de 1960 (lors de la remise du prix Nobel), de 1965 (pour le septième centenaire de la naissance de Dante) mettent en évidence les principes de cette poétique.

ŒUVRES. — Chez Gallimard. — *Œuvres complètes*, Bibliothèque de la Pléiade, 1972. — **Éditions critiques** : *Amitié du prince*, éd. Albert Henry, Gallimard, 1979. — *Anabase*, éd. Albert Henry, Gallimard, 1983. — **Correspondance** : *Lettres à l'étrangère*, éd. Mauricette Berne, Gallimard, 1987. — *Correspondance Saint-John Perse - Jean Paulhan 1925-1966*, éd. Joëlle Gardes-Tamine, Gallimard, *Cahiers Saint-John Perse*, 1991. — *Correspondance Alexis Léger - Dag Hammarskjöld 1955-1961*, éd. Marie-Noëlle Little, Gallimard, *Cahiers Saint-John Perse*, 1993. — *Lettres d'Alexis Léger à Gabriel Frizeau 1906-1912*, éd. Albert Henry, Bruxelles, Académie royale, 1993. — *Correspondance Saint-John Perse - Roger Caillois*, éd. Joëlle Gardes-Tamine, Gallimard, 1996.

→ Roger Caillois, *Poétique de Saint-John Perse*, Gallimard, 1954, rééd. 1972. — Albert Henry, *« Amers » de Saint-John Perse, une poésie du mouvement*, Neuchâtel, la Baconnière, 1963, rééd. Gallimard, 1981. — Pierre van Rutten, *Le Langage poétique de Saint-John Perse*, La Haye, Mouton, 1975. — Madeleine Frédéric, *La Répétition et ses structures dans l'œuvre poétique de Saint-John Perse*, Gallimard, 1984. — Henriette Levillain, *Saint-John Perse d'après les versions anglaises de son œuvre poétique*, Corti, 1987. — Mireille Sacotte, *Saint-John Perse*, Belfond, 1991. — Renée Ventresque, *Les Antilles de Saint-John Perse, itinéraire intellectuel d'un poète*, L'Harmattan, 1993. — Catherine Mayaux, *Les Lettres d'Asie de Saint-John Perse, les récrits d'un poète*, *Cahiers Saint-John Perse*, n° 13, 1994. — Évelyne Caduc, *Index de l'œuvre poétique de Saint-John Perse*, Champion, 1993. — Il existe depuis 1978 des *Cahiers Saint-John Perse* (Gallimard) et depuis 1991 une *Revue de l'Association des amis de la Fondation Saint-John Perse : Souffle de Perse* (Fondation Saint-John Perse, Aix-en-Provence).

J.G.-T.

Saint-Pierre Michel de (1916-1987). Né à Blois le 12 février 1916, issu d'une vieille famille de noblesse normande, les marquis de Grosourdy de Saint-Pierre, il vit une jeunesse aventureuse, s'engageant comme manœuvre, puis comme matelot (*La Mer à boire*, 1951), avant d'entrer dans la Résistance, où il récolte une impressionnante moisson de décorations. Monarchiste, il dirige un temps le journal du comte de Paris. Mais dès la Libération, c'est la littérature qui requiert ce gentilhomme campagnard au tempérament fougueux. En 1954, il obtient le grand prix du Roman de l'Académie française pour *Les Aristocrates*. Il a, du métier de romancier, une conception simple, qui fait la part belle au récit. Ses premiers écrits relèvent d'ailleurs de ce genre : *Vagabondage* (1938), *Contes pour les sceptiques* (1945) préfacés par son cousin Henry de Montherlant. Dans ses romans cependant, Michel de Saint-Pierre n'hésite pas à s'attaquer à des thèmes d'envergure, comme la vocation littéraire (*Les Écrivains*, 1957), la tentation (*Les Murmures de Satan*, 1959) ou la jeunesse (*Les Nouveaux Aristocrates*, 1960). Ce faisant, il n'évite pas toujours l'écueil du roman à thèse (*Les Nouveaux Prêtres*, 1964 ; *La Passion de l'abbé Delance*, 1978). Nombre de ses œuvres ont été adaptées au cinéma. On lui doit également des nouvelles (*Méfiez-vous des femmes*, 1955), des ouvrages d'hagiographie (*Bernadette de Lourdes*, 1952 ; *Le Curé d'Ars*, 1959) ainsi qu'une grande fresque historique consacrée au *Drame des Romanov* (1967-1969). Il est mort à Saint-Pierre-du-Val le 19 juin 1987.

Cl.D.

Saint-Pol Roux, pseudonyme de Paul Pierre Roux (1861-1940). Né le 15 janvier 1861 près de Marseille, celui que Mallarmé appellera « mon fils », à qui Remy de Gourmont rendra hommage dans *Le Livre des masques* comme à l'un des plus étonnants inventeurs de métaphores, et que Valéry remerciera de ses « intérieures féeries, si faites pour envahir toutes chambres mentales », reste injustement négligé par l'histoire littéraire.

Paul Roux arrive à Paris en 1882 pour y entamer des études de droit, bien vite abandonnées. Disciple de Mallarmé et de Villiers de L'Isle-Adam, il décide de se consacrer à la littérature. Dès ses débuts, le théâtre, qu'il considère comme « l'expression capitale de la Poésie », occupe une place prépondérante dans son œuvre. Il publie d'abord sous son vrai nom et fait jouer plusieurs pièces : *Maman*, « naïveté en vers », *Garçon d'honneur*, « odyssée », et *Poète*, « scène dramatique » (1883) ; *Un drôle de mort*, « saynète bouffe » (1884) ; *La Ferme*, pièce en un acte (1886). Ces monologues constituent les premières expériences d'un jeune poète qui cherche sa « voix » dans une valorisation de la profération. Mièvres et légers, ils manifestent néanmoins un souci de l'oralité et de la diction qui ne se démentira plus.

En 1886, avec Mikhaël, Darzens et Quillard, Paul Roux fonde *La Pléiade*, où, à côté de textes de Maeterlinck et de René Ghil, paraissent ses premiers poèmes en prose (« La rencontre des beautés », « Sagesse », « Sur le cadavre d'un petit savoyard »). À partir de 1890, il collabore régulièrement au *Mercure de France*, revue issue de *La Pléiade*, et signe désormais Saint-Pol Roux. Cette période, au cours de laquelle il rencontre Amélie Bélorgey, sa future femme, coïncide avec un tournant créatif. La prosodie classique est définitivement délaissée au profit d'une prose rythmée, reprise par Paul Fort dans ses *Ballades*. Un dépassement des positions du symbolisme est annoncé par la première édition des *Reposoirs de la procession* (1893) dont le liminaire résume les théories esthétiques de l'auteur, sa « route étrange » vraisemblablement influencée par un rapprochement avec la Rose-Croix. Le poète, « synthèse humaine » qui « figure l'entière humanité dans un seul homme », y est investi d'une mission de démiurge : il lui appartient de continuer et de corriger, par un renouvellement tant formel que spirituel, l'œuvre de Dieu.

Avant de se retirer dans la forêt d'Ardenne pour y achever *La Dame à la faulx*, sa grande tragédie qui ne sera jamais représentée, Saint-Pol Roux a rédigé son manifeste du « Magnificisme », prophétisant un « Âge de Diamant », poétique et religieux, fondé sur la réhabilitation du théâtre. Boudé par la critique, il riposte par un pamphlet (*Air de trombone à coulisse*, 1897) et tire sa révérence aux milieux littéraires parisiens. Une saltimbanque bretonne aux yeux fascinants, rencontrée au hasard d'une fête foraine, et c'est le destin qui fait signe. Le lendemain, accompagné de sa femme, le poète appareille pour Camaret, près de Brest, et n'en reviendra plus.

Le lyrisme épouse maintenant l'autobiographie. Les trois volumes de poèmes de la deuxième édition des *Reposoirs de la procession* (*La Rose et les épines du chemin*, 1901 ; *De la colombe au corbeau par le paon*, 1904 ; *Les Féeries intérieures*, 1907), ces « Mémoires des sens, du cœur et de l'esprit », se fondent en un prisme de notations quotidiennes. Puis c'est le silence. Dans le manoir baroque de Coecilian qu'il a fait édifier, Saint-Pol Roux, devenu l'ami de Victor Segalen et de Max Jacob, ne veut être qu'un poète populaire. Il ne produit plus que quelques textes et discours de circonstance, comme *Prière à l'Océan*, dédié aux pêcheurs de son village, ou *Menhirs*.

Mais l'essentiel n'est pas là. Le Magnifique s'achemine vers le vaste projet des « Œuvres futures », appelé en 1930 la « Répoétique », et travaille au « Poème formidable d'un monde nouveau ». Il en reprend inlassablement les manuscrits, sans rien livrer au public. Une forme nouvelle reste à trouver, dont l'inachèvement sera gage de vie pour l'œuvre. Aux antipodes de l'ample souffle des débuts, le recours à l'aphorisme induit de fulgurantes révélations. De ce « livre d'éternisme », il ne nous reste que quelques bribes sauvées du désastre. En effet, le soir du 23 juin 1940, un soldat allemand s'introduit de force dans le manoir, tue Rose, la vieille servante, viole Divine, la fille du poète, et blesse ce dernier. Le château sera ensuite pillé et incendié par les Allemands, réduisant à néant trente années de labeur solitaire. Saint-Pol Roux meurt le 18 octobre 1940 à l'hôpital de Brest.

« En pleine humanité, mais au seuil du mystère » : c'est là que le fondateur de l'« idéoréalisme » avait choisi de se tenir, tout comme les surréalistes, à qui l'on doit la promotion tardive de son œuvre. Breton, qui voyait en lui le précurseur du mouvement moderne, lui avait rendu visite en 1923. Deux ans plus tard, un hommage collectif du groupe paraissait dans *Les Nouvelles littéraires*. Saint-Pol Roux devenait ce « maître de l'image » qui, le premier, avait su mettre en évidence la toute-puissance libératrice de la métaphore, vertige dont le surréalisme à son tour avait entrepris de jouer comme d'un stupéfiant, créateur d'effets de sens inédits et agent de transformation de l'homme et du monde.

ŒUVRES. — Pour la plupart, publiées au Mercure de France et rééditées, depuis 1970, chez René Rougerie. *Maman*, *Garçon d'honneur* et *Poète*, 1883. — *Un drôle de mort*, 1884. — *La Ferme*, 1886. — *Les Reposoirs de la procession*, 1893. — *L'Âme noire du prieur blanc* et *L'Épilogue des saisons humaines*, 1893. — *Les Personnages de l'individu*, 1894. — *La Dame à la faulx*, 1899. — *La Rose et les épines du chemin*, 1901, rééd. Poésie-Gallimard, 1997. — *Anciennetés*, 1903. — *De la colombe au corbeau par le paon*, 1904. — *Les Féeries intérieures*, 1907.

→ Théophile Briant, *Saint-Pol Roux*, Seghers, coll. Poètes d'aujourd'hui, 4e éd. revue par Jacques Goorma, 1988.

J. de S.

Salacrou Armand (1899-1989). Né à Rouen le 9 août 1899, dans une famille de la petite bourgeoisie radicale-socialiste, il est profondément marqué par l'affaire Durand, qui se déroule dans sa ville et dont le protagoniste est un syndicaliste injustement condamné. En 1916, il fonde les Jeunesses socialistes du Havre. Il entame à Paris des études de médecine, bientôt délaissées au profit de la philosophie et du droit. En 1920, il entre à *L'Humanité*. Il côtoie l'avant-garde littéraire : Max Jacob, Michel Leiris, Tristan Tzara, Antonin Artaud, mais aussi des peintres comme Juan Gris et Miró. En 1923 il achève sa première pièce, *Le Casseur d'assiettes*, qui ne sera jamais jouée, non plus que les *Pièces à lire* parues en revue entre 1924 et 1926. Le thème du théâtre, de ses coulisses et de ses illusions qui renvoient au non-sens de l'existence y est développé dans un style qui caractérisera l'ensemble de l'œuvre : découpage en courtes séquences, abondance des personnages, jeux sur le langage. En 1924, *Tour à terre* est monté par Lugné-Poe. C'est pourtant un échec, comme le seront toutes ses pièces jusqu'à la décennie suivante.

Après une incursion dans l'industrie cinématographique, Salacrou devient secrétaire général du théâtre de l'Atelier en 1928. Sa complicité avec Charles Dullin durera jusqu'à la mort du grand acteur en 1949. L'écrivain se lance dans la publicité : *Poof* (1932) reflète cette expérience et fait la satire de la société de consommation. Le succès vient avec *Une femme libre* (1934). Le psychologisme apparent de la pièce, son décor bourgeois et la présence du traditionnel trio femme-mari-amant ne doivent pas masquer le drame de l'individu confronté aux limitations sociales qui est le nœud de cette œuvre. De facture plus neuve, *L'Inconnue d'Arras* (1935) déconcerte la critique et le public. Ulysse, qui vient de se tuer par amour pour une épouse infidèle, voit défiler avant de mourir tout à fait les personnages qui ont traversé sa vie. Ce long retour en arrière lui révèle le néant de son existence.

Salacrou est désormais un dramaturge reconnu, dont les affaires sont prospères. Avec *La terre est ronde* (1938) il donne pour cadre au conflit entre l'élan vers l'absolu et les limites de la nature humaine l'Italie du XVe siècle, en prenant pour héros Savonarole, le moine-tyran. Jouée par Jean-Louis Barrault et Charles Dullin, la pièce est un triomphe. En 1938, Salacrou renonce à son affaire de publicité. Pendant la guerre il continue d'écrire tout en travaillant pour la radio et la presse clandestines, et s'engage finalement dans les Forces françaises libres. *Les Nuits de la colère* (1946) reflètent ces années noires. Par la suite, les pièces se succèdent, oscillant entre la parodie et le drame de l'individu. *L'Archipel Lenoir* (1947), histoire burlesque d'un vieil industriel trop vert que ses enfants veulent acculer au suicide, concilie les deux tendances. Un moment, le pouvoir destructeur de l'argent, le carcan imposé par la société sont nargués par le vieux Lenoir.

Salacrou accumule les honneurs et les fonctions officielles : président de l'Institut international du théâtre en 1948, membre de l'académie Goncourt en 1949, président de la Société des auteurs et compositeurs dramatiques en 1959. Pourtant, avec *Boulevard Durand* (1960) resurgit l'obsession de la justice sociale qui avait déterminé ses premiers engagements. En racontant l'histoire du syndicaliste condamné au désespoir et à la folie, Salacrou fait le procès de la société capitaliste. Les effets de distance, le didactisme de la pièce atypique dans la production de Salacrou attestent l'influence de Brecht. Avec *Comme les Chardons* (1964) et *La Rue noire* (1967) l'auteur retrouve sa première manière. Soucieux de faire passer son message sur le non-sens d'une existence limitée par la mort, où les inconséquences du destin se doublent des injustices de la société, Salacrou a publié des *Notes* (1974) en marge de ses pièces et des souvenirs : *Dans la salle des pas perdus* (1976). Il est mort au Havre le 23 novembre 1989.

ŒUVRES. — *Théâtre complet*, Gallimard, 1943-1966, 8 t.

→ Paul-Louis Mignon, *Salacrou*, Gallimard, 1960. — Annie Ubersfeld, *Salacrou*, Seghers, coll. Théâtre de tous les temps, 1970.

Cl.D.

Sallenave Danièle (1940). Née à Angers le 28 octobre 1940, enseignante à l'université Paris-X, collaboratrice à *Digraphe*, qu'elle crée avec Jean Ristat, et aux *Temps modernes*, traductrice de Calvino, voyageuse (*Villes et villes*, Des Femmes, 1991 ; *Le Principe de ruine*, Gallimard, 1994), essayiste (*Les Epreuves de l'art*, Arles, Actes Sud, 1988 ; *Le Don des morts*, Gallimard, 1991 ; *Lettres mortes*, Michalon, 1996), elle publie deux romans où la langue se réapproprie la mémoire, *Paysage de ruine avec personnages* (Flammarion, 1975) et *Le Voyage d'Amsterdam* (Flammarion, 1977), puis accède à un style plus dépouillé avec *Les Portes de Gubbio* (Hachette, 1980, prix Renaudot). À partir de *Un printemps froid* (POL, 1983), elle devient un écrivain de la tendresse et de la mélancolie, qui peint dans *La Vie fantôme* (POL, 1986) et *Conversations conjugales* (POL, 1987) le couple, et dans *Adieu* (POL, 1988) la vieillesse, avant de s'interroger sur la place de la foi et du surnaturel (*Les Trois Minutes du diable*, Gallimard, 1994). Dans *Viol* (Gallimard, 1997), elle confronte une femme à ses ambiguïtés.

→ *Lendemains*, n°s 38-39, 1985.

J.P.

Salmon André (1881-1969). Né le 4 octobre 1881 à Paris, il est d'abord un enfant solitaire, qui ne va pas à l'école et dont le père, aquafortiste spécialisé dans la gravure de reproduction, lui inculque en l'emmenant au musée le goût de l'art, nourri encore par les leçons d'un obscur poète parnassien et par les lectures nocturnes. Fils d'anciens communards et petit-fils d'un socialiste de la première heure, il est mêlé, sans comprendre, aux milieux artistes et politiques de l'époque. En 1897, il part avec sa famille en Russie, où il perçoit vaguement les premiers soubresauts révolutionnaires. Commis à la chancellerie du consulat de France à Saint-Pétersbourg, il s'initie et s'essaie à la poésie. De retour en France pour son service militaire, il fréquente les milieux littéraires, entre au Mercure de France, collabore à *La Plume*, puis à *Vers et prose*, la revue de Paul Fort, qui éditera ses premiers poèmes. Dès 1903, il rencontre Apollinaire, avec qui il fonde sa propre revue, *Le Festin d'Ésope*, puis Picasso et Max Jacob. Les premiers recueils de Salmon, *Poèmes* (1905), *Féeries* (1907), *Le Calumet* (1910), en vers réguliers, marqués par l'influence du symbolisme, innovent surtout par certains aspects fantaisistes qui annoncent le modernisme. Dans une poésie qui se veut « féerie perpétuelle » alternent les mystères, les langueurs, le démon de la perversité fin de siècle, et tout un lyrisme traditionnel avec un exotisme burlesque, un cosmopolitisme canaille, un goût pour l'érotisme, l'imagerie populaire et le ton de la conversation introduit avant les autres en poésie. Les romans-feuilletons, les contes galants et les chansons qu'il écrit alors pour vivre, sans les signer de son nom, nourrissent son œuvre poétique ainsi que *Tendres Canailles* (1912).

Après une longue éclipse, c'est l'actualité qui, rafraîchissant de vieux souvenirs, inspire à Salmon *Prikaz*, en 1919. Ce poème épique, où l'influence de Cendrars et de l'avant-garde russe se conjuguent, célèbre la révolution bolchevique comme « l'événement le plus poétique de ce temps », avec un enthousiasme qui sera salué par le communiste Victor Serge. Si le titre, en vertu de son sens, est un mot d'ordre provocant et peut-être ironique, le poète ne dissimulant pas violences et traîtrises, le début clame l'« innocence du monde ». Suit une deuxième épopée, *L'Âge de l'humanité* (1922), autobiographie et art poétique saluant l'époque moderne en vers libres. Critique d'art depuis 1908 à *L'Intransigeant* et au *Matin*, Salmon défend avant tout le monde les fauves et les cubistes et reprend ses chroniques, d'une clairvoyance pourtant inégale dans *La Jeune Peinture française* (1912), dont les plus belles pages sont consacrées aux « Demoiselles d'Avignon », « problèmes nus, chiffres blancs au tableau noir », et dans *L'Art vivant* (1920), donnant plus tard des monographies sur Cézanne ou Modigliani. Un seul recueil pourtant, *Le Manuscrit trouvé dans un chapeau* (1919), est illustré par des dessins de Picasso et le poète ne se livrera qu'exceptionnellement aux variations typographiques. Des titres cubistes comme *Le Livre et la bouteille* (1919) ou *Carreaux*, qui rassemble en 1928 les recueils de la période, font illusion. *Peindre* (1920) introduira cependant la peinture en poésie, les éclairs de la théorie éclipsant alors le pittoresque du sujet. Pendant les années vingt, Salmon écrit encore une série de romans poétiques et populaires à la fois : *La Négresse du Sacré-Cœur*, *Bob et Bobette en ménage*, *Archives du club des onze*...

De plus en plus à l'écart des avant-gardes, Salmon devient ensuite une personnalité influente des milieux littéraires. C'est surtout comme journaliste qu'il se fait remarquer dans l'entre-deux-guerres par ses chroniques judiciaires ou sur le Tour de France, et par ses reportages sur la guerre d'Espagne qu'il couvre pour *Le Petit Parisien*, non sans une ambiguïté prétendue anarchiste. Cela ne l'empêche pas de publier régulièrement des recueils, dont on retiendra surtout *Odeur de poésie* (1944) et *Les Étoiles dans l'encrier* (1952). Salmon alors se répète, s'accrochant à la rime, dérisoire et ludique (« Et rimeur martyr / J'allitère à tort / Ô littérature »), cultivant l'artifice jusque dans la fausse simplicité, se jouant des références et des genres, toujours à la limite du collage et de la parodie. Dans sa propre usure, cette poésie trouve pourtant jusqu'au bout à se renouveler. Salmon consacrera les dernières années de sa vie à la rédaction de ses *Souvenirs sans fin* (1955-1961) et reçoit en 1964 le grand prix de Poésie de l'Académie française. Il est mort à Sanary-sur-Mer le 12 mars 1969.

ŒUVRES. — *Carreaux et autres poèmes* [poèmes de 1905-1921], préface de Serge Fauchereau, Poésie-Gallimard, 1986. Pierre Berger, *André Salmon*, Seghers, coll. Poètes d'aujourd'hui, 1956.

F.R.

Sam Long Jean-François (1949). Né à Sainte-Marie (Île de la Réunion), il appartient avec Gilbert Aubry, Jean-Henri Azéma, Boris Gamaleya et quelques autres, au groupe des écrivains réunionnais qui se réclament explicitement de la créolité. Après une période de repli intimiste, dont témoignent ses premiers recueils, *Alcôve*, *Résignation*, *Empédocle*, il est devenu l'un des principaux animateurs du mouvement et a donné, depuis 1978, une série d'anthologies poétiques intitulées *Créolie*. On lui doit *Valval*, *Le Cri du lagon*, hymnes véhéments à la gloire d'une terre meurtrie, et deux récits, *Terre arrachée* et *Le Bassin du diable*, l'un comme l'autre fortement enracinés dans l'imaginaire merveilleux de l'île.

ŒUVRES. — À Saint-Denis, sauf indication contraire : *Alcôve*, 1968. — *Résignation*, 1973. — *Empédocle*, 1975. — *Le Bassin du diable*, 1977. — *Créolie*, 1978, 1982, 1983, 1984. — *Sorcellerie à la Réunion*, 1979. — *Valval*, 1980. — *Le Cri du lagon*, 1981. — *Terre arrachée*, 1982. — *La Nuit du cyclone*, Grasset, 1992. — *L'Arbre de violence*, Grasset, 1994. — *Zoura, femme bon Dieu*, Éditions caribéennes, 1988.

J.C.

San-Antonio (1921), pseudonyme de Frédéric Dard. Né à Jallieu, dans l'Isère, Frédéric Dard est le fils d'un petit industriel de la région lyonnaise, ruiné par la crise de 1929. Il débute dans le journal de Marcel Grancher, *Le Mois à Lyon*, en 1938. Pendant la guerre, il collabore à différents journaux repliés à Lyon. Il publie sans succès le premier San-Antonio, *Réglez-lui son compte*, en 1949 (cherchant un nom anglo-saxon sur une carte des États-Unis, Dard est tombé par hasard sur cette ville texane dont le nom deviendra celui de son héros et d'une certaine manière le sien). C'est pour le second, *Laissez tomber la fille* (1950) qu'il entre aux Éditions Fleuve noir, dirigées par Armand de Caro, dont il épousera la fille en secondes noces, en 1965. À cette époque, Frédéric Dard écrit aussi pour vivre des adaptations théâtrales, avec des succès divers (*La Neige était sale*, d'après Simenon, 1950). La popularité des San-Antonio s'affirmant, Dard se lance dans une production qui prend des dimensions inédites dans la littérature française : un volume tous les trois mois, en moyenne, à partir des années cinquante. Il faut distinguer plusieurs veines dans cette masse énorme. La plus grande part est constituée par les San-Antonio proprement dits, où le nom de Dard ne figure pas. De temps à autre, le commissaire San-Antonio est le héros d'un hors série plus volumineux (*Le Standinge*, 1965 ; *Béru et ces dames*, 1967 ; *Les Clés du pouvoir sont dans la boîte à gants*, 1981). Frédéric Dard écrit aussi des romans sous son nom (*Le Tueur triste*, 1958, *Les Séquestrées*, 1974). Mais les tirages des San-Antonio ont toujours été très supérieurs à ceux des livres publiés sous l'identité de Frédéric Dard, qui est longtemps resté un inconnu par rapport à son personnage, jusqu'à prendre ombrage de cette popularité. Il s'y est ensuite résigné, au point de faire ajouter officiellement le nom de San-Antonio au sien.

La recette des San-Antonio est à peu près invariable ; seuls les tout premiers n'ont pas encore trouvé le ton caractéristique de la série. Dard reste fidèle à un fonds traditionnel, sexe-violence-énigme, commun à tous les romans policiers fabriqués en vue d'une large diffusion. Le commissaire San-Antonio est l'archétype du séducteur viril, sûr de lui, beau parleur, débrouillant des énigmes compliquées.

Mais Dard a introduit un ton nouveau dans le roman policier. Le narrateur n'hésite pas à interrompre son récit pour se lancer dans des diatribes échevelées, aux échos parfois céliniens, interpellant violemment le lecteur, revendiquant contre l'académisme la liberté d'invention verbale et narrative. Le récit n'apparaît parfois que comme le prétexte de la jubilation linguistique. Dard, s'il fait largement usage de l'argot, se soucie peu d'un réalisme à la Simonin. Il invente sans cesse des noms, détourne des expressions, accumule des calembours faciles ou très élaborés, des comparaisons insolites. Sur le terrain de la logorrhée triomphante et du comique énorme, le personnage de Bérurier concurrence le narrateur. L'inspecteur Bérurier est au commissaire San-Antonio ce que le capitaine Haddock est à Tintin : un faire-valoir remuant qui a fini par susciter plus d'intérêt que le héros stéréotypé. Obèse, sale, brutal, ivrogne, inculte, soumis à une maritorne qui le trompe, le « gravosse » est l'incarnation hyperbolique de l'humanité selon Dard : une chair malodorante, mais qui suscite malgré tout la tendresse. Et surtout, il parle. Les monologues torrentiels de Bérurier, bousculant la syntaxe avec le savoir-vivre, charriant les cuirs et les barbarismes, sont d'une truculence qui va souvent jusqu'à la scatologie. D'une manière générale, ce sont les personnages secondaires qui donnent à la série son identité, tels Pinaud, policier sénile (« le débris »), ou « le vieux », l'autoritaire chef du commissaire, dont la calvitie est le sujet d'intarissables plaisanteries. L'apparente provocation des San-Antonio recouvre en fait des valeurs bien traditionnelles (il n'est pas inutile de préciser que la famille et la foi chrétienne tiennent une grande place dans la vie de l'auteur). Le donjuanisme misogyne du personnage principal se complète, de manière prévisible, d'une adoration pour la seule femme idéalisée, la mère. Veuve, affligée d'un soupirant ridicule, son rôle consiste pour l'essentiel à préparer à son fils les petits plats dont il raffole. Ce mélange de conservatisme et de provocation n'est pas nouveau, mais Dard sert des festins de langue qui ont de la saveur et de la puissance.

Les romans de Frédéric Dard ont donné lieu à plusieurs adaptations cinématographiques, notamment par Robert Hossein et Jean-Pierre Mocky. *La Vieille dame qui marchait dans la mer,* avec Jeanne Moreau et Michel Serrault, est l'une des plus convaincantes.

ŒUVRES. — Publiée principalement aux Éditions Fleuve noir. — *Je le jure* (entretiens), Stock, 1975.

→ Louis Bourgeois, *Frédéric Dard*, La Manufacture, 1985. — Jean Durieux, *Frédéric Dard dit San-Antonio*, Renaudot, 1990.

P.J.

Sarandaris Georges (1908-1941). Né à Constantinople, il passe sa jeunesse en Italie et fait des études de droit à l'université de Bologne. Sa poésie, sous l'influence d'Ungaretti, est tourmentée par des questions métaphysiques. Installé en Grèce en 1931, il fait paraître en 1933 une nouvelle intitulée *Vie de Marthe*. La même année, une plaquette, *Les Amours de Chronos*, tente d'exprimer son monde spirituel par ce que peut en suggérer le monde matériel. Dans les plaquettes qui suivent, *La Voûte céleste* (1934), *Étoiles* (1935) et *Aux amis d'une autre joie* (1940), sa poésie est plus lyrique et empreinte de spiritualité. Il est aussi l'auteur d'un recueil de proses, *Lettres à une femme* (1936), et de quelques essais philosophiques écrits entre 1937 et 1939. Une grande partie de son œuvre en français et en italien demeure inédite. Un seul volume poétique a paru, par les soins de son ami Georges Marinakis, à Athènes, sous le titre *Poèmes en italien et en français* (1961). Il est mort prématurément en 1941.

A.Vl.

Sarment Jean (1897-1976), pseudonyme de Jean Bellemère. Né à Nantes, il étudie au conservatoire, puis devient comédien au Vieux-Colombier, où il jouera ses propres pièces. La première d'entre elles, *La Couronne de carton* (1920), est montée au Théâtre de l'Œuvre par Lugné-Poe : le héros est un jeune prince qui ne réussit à se faire aimer qu'en jouant la comédie. Considéré dès lors comme un des grands espoirs de sa génération, Sarment donne une série de pièces en demi-teinte où se manifeste une sensibilité délicate : *Je suis trop grand pour moi* (1924), joué au Théâtre-Français, *Les plus beaux yeux du monde* (1925), *Léopold le bien-aimé* (1927), créé par Jouvet. Ensuite sa production se diversifie avec *Mon beau navire* (1928), *Peau d'Espagne* (1933) ou *Madame Quinze* (1935), qui évoque la figure de Mme de Pompadour. Ses personnages, silhouettes errant mélancoliquement dans une intrigue vague, méditent sur l'échec de leurs idéaux et se réfugient dans l'imagination, comme lord Cowley dans *Peau d'Espagne*. Ils pourraient presque tous prendre comme devise l'un des titres de l'auteur : « Je suis trop grand pour moi ». Les premières œuvres de Sarment sont les plus réussies. Manquant de souffle, il a tendance ensuite à se répéter et à faire défiler sur la scène les contre-types d'un même modèle théâtral. Il est mort à Boulogne-Billancourt le 29 mars 1976.

H.G.

Sarraute Nathalie (1900). Née à Ivanovo en Russie le 18 juillet 1900, elle vit, après la séparation de ses parents, tantôt en Russie dans la famille de sa mère écrivain, tantôt à Paris dans celle de son père, ingénieur chimiste, exilé en raison de l'engagement antitsariste de son frère. Un souvenir de Saint-Pétersbourg est évoqué dans *Enfance*, celui de la *bania*, « les corps nus de femmes et d'enfants se mouvant dans une épaisse vapeur humide ».

Au cours de ses études d'anglais et de droit, elle rencontre Raymond Sarraute, qui devient comme elle avocat. Mariés en 1925, ils ont trois filles. Dès 1932, elle travaille aux futurs *Tropismes*, qui seront publiés en 1939. Ces récits ou poèmes en prose, évoquant souvent un cadre urbain ou banlieusard hostile, ébauchent une recherche que toute son œuvre développera. Une communication non verbale, biologique, faite d'attraction et de répulsion, s'instaure entre des individus ou entre ceux-ci et des groupes. Un être à qui l'âge, le sexe, la situation familiale ou sociale donnent du poids, tente par ses intonations, sa violence gestuelle, de prendre possession d'un autre qui se dérobe. Malgré les éloges faits de *Tropismes* par Sartre et Max Jacob, ces textes attirent peu l'attention. Ils seront réédités avec cinq nouveaux récits en 1957.

Juive, Nathalie Sarraute doit se cacher pendant une partie de la guerre dans une pension où, sous le nom de Nicole Sauvage, elle passe pour l'institutrice de ses enfants. Lentement, elle réalise le projet dont elle reconnaît les initiateurs, Proust, Dostoïevski, Virginia Woolf, et dont elle énonce le présupposé théorique dans quatre articles, recueillis en 1956 dans *L'Ère du soupçon* : renouveler le roman en diminuant l'importance de l'intrigue et des personnages. Elle rejoint sur ce point des auteurs du Nouveau Roman comme Alain Robbe-Grillet ou Claude Simon, mais s'écarte d'eux en affirmant que l'objet essentiel de son étude est la psychologie. Ses trois premiers romans, *Portrait d'un inconnu* (1948), *Martereau* (1953), *Le Planétarium* (1959), font apparaître encore un sujet et des personnages falots mais identifiables. Dans le premier, un amoureux transi, immature et cultivé, observe d'un regard fasciné une célibataire qu'une haine amoureuse attache à un père avare et qui s'en libère en épousant un prétendant fortuné. La fin, délaissant l'étude des « tropismes », parodie certains dénouements balzaciens. Le narrateur parlant à la première personne est aussi l'un des héros du récit, l'amoureux éconduit. Il livre ce qu'il voit et ce qu'il imagine du père, de la fille et de ceux qui gravitent autour d'eux. *Martereau* est construit de la même manière : le héros narrateur, esthète indécis, vit chez un oncle et une tante qui lui témoignent à la fois affection et mépris. Les époux chargent un « homme de paille », Martereau, d'acheter pour eux une maison de campagne. Mais Martereau, d'abord investi de leur confiance, est ensuite soupçonné de confisquer à son profit l'argent remis. Le narrateur livre la sous-conversation, les désirs et réticences qu'il perçoit dans sa famille et chez Martereau. *Le Planétarium* introduit un narrateur omniscient extérieur à une double intrigue : Alain Guimier, jeune marié peu fortuné, essaie de persuader sa tante de lui céder un vaste appartement qui le hausserait dans l'estime de ses beaux-parents méprisants. À côté de l'intrigue immobilière, s'ébauche une carrière littéraire : Alain fait une thèse, il voudrait percer en littérature et recherche l'appui d'un écrivain en vue, Germaine Lemaire.

Dans ces trois romans, le souci de la décoration, l'acquisition de biens matériels, fauteuils ou bergère, œuvres d'art, maison de campagne, occupent longuement l'attention. Mais on aurait tort de classer Nathalie Sarraute dans une « école du regard » : les objets sont un prétexte qui met en évidence un instinct d'appropriation. Ils servent aussi à masquer une angoisse de la mort, sentiment vif chez les trois protagonistes de *Portrait d'un inconnu*, chez le narrateur de *Martereau*, chez la tante et le jeune couple du *Planétarium*, Alain et Gisèle, laquelle est saisie au jardin du Luxembourg d'une vision cauchemardesque : est-ce la « scène capitale », d'origine autobiographique ?, et qui expliquerait les substituts risibles auxquels ont recours les personnages de cette première production romanesque ?

Des dialogues alternent avec le récit. Bientôt, ils envahiront le texte de Sarraute. Mais les personnages communiquent moins par la parole que par des crispations, des rougissements, des accidents de la phonation. Ils sentent que leur cabotinage ou leur peur sont perçus par leur entourage. Conscients de leur fragilité, ils portent un masque mais ne se réfugient jamais dans la solitude, seule situation insupportable. Dès *Le Planétarium*, un sujet intéresse l'auteur : les conditions de la création artistique, de l'œuvre et de la réception de l'œuvre.

D'abord adulée, Germaine Lemaire connaît une éclipse et ne maîtrise plus ses courtisans. Ce sujet est primordial dans les romans suivants, tandis que les personnages s'amenuisent, deviennent les supports d'une action floue, des voix changeantes et peu identifiables. Avec *Les Fruits d'or*, l'auteur s'intéresse au destin d'un livre portant le titre de celui que nous lisons. On n'en sait pas le contenu mais son esthétique est désuète. Lancé par la critique journalistique et universitaire, qui fait l'objet d'une satire acérée, le livre connaît pourtant une grande audience. Mais le succès s'effritant, il n'a plus qu'un seul défenseur à l'abri des modes. C'est l'occasion de montrer comment des groupes unis par un langage commun se forment et se défont.

La solitude, que Nathalie Sarraute juge nécessaire à la lecture, à la contemplation d'un tableau — le narrateur de *Portrait d'un inconnu* en fait l'expérience — n'est pourtant pas à ses yeux la condition favorable à l'œuvre. Elle écrit le matin, dans un café, stimulée par le mouvement qui l'entoure. L'éclosion de la matière écrite fait l'objet de *Entre la vie et la mort* (1968). Elle y suit un écrivain, de son enfance à la fin de sa vie ; elle peint avec ironie sa mère et ses maîtres qui ont cru saisir les signes de son génie dans ses ébauches scolaires et suggère qu'il a appris la maîtrise du langage dans des exercices ludiques sur les mots et leurs homophonies. On entre aussi dans la conscience de l'écrivain au moment où les phrases s'élaborent, donnant une impression de mort quand elles sont fignolées, l'illusion de la vie quand elles respectent la vibration inachevée de la sensation.

Auparavant, avec *Le Silence* (1964) et *Le Mensonge* (1966), Sarraute a expérimenté la forme dramatique, pour répondre à la demande de radios allemande, belge et française. Les deux pièces sont montées au Petit Odéon en 1967. *Isma*, pièce écrite en 1967, est diffusée sur les ondes en 1970, puis montée à l'Espace Cardin en 1973. Le silence rebelle et provocant du protagoniste de la première pièce met en relief le bavardage de son entourage. Dans *Le Silence* et *Le Mensonge*, l'auteur développe de brèves analyses esquissées dans *Les Fruits d'or*. Désormais, une guerre de la parole ou logodrame alterne assez régulièrement avec le roman, qui lui sert parfois de texte de départ. Le sujet de *Vous les entendez ?* (1972), montrant un père en conflit avec la génération de ses enfants, est repris dans *C'est beau*, drame écrit en 1973, joué en 1975. Son dénouement ouvre sur une nouvelle révolte tandis que le roman s'achève sur « Et puis plus rien ». Une autre pièce, *Elle est là*, jouée à Paris en 1980, a été reprise au festival d'Avignon en 1986. Sarraute publie encore en 1982 *Pour un oui ou pour un non*, pièce créée en 1986.

Loin d'être un exercice de style, le théâtre de Sarraute poursuit l'expérience vitale amorcée dans les romans : il s'agit de communiquer dans les dialogues ce qui est d'habitude refoulé, désirs agressifs ou meurtriers. L'auteur passe aisément d'un genre à l'autre, et ses romans comportent des indications sur le geste et la voix pouvant orienter une direction d'acteur. Avec les années, son style dramatique s'épure : les personnages (ou les voix) souvent désignés par des lettres (H1, H2, F1), nombreux dans les premières pièces (neuf dans *Le Mensonge)*, se réduisent à trois dans *C'est beau* (Lui, Elle, l'Enfant), à deux hommes dans *Pour un oui ou pour un non*. Dans *Elle est là*, H3 s'autorise des atrocités de l'Histoire, bûchers, camps de concentration, pour suggérer à H2 l'éviction physique d'Elle. Celui-ci regrette de devoir agir « à ses risques et périls » : « Il y a tant de pays où l'État s'en charge ». L'œuvre théâtrale de Sarraute n'ignore pas les horreurs de notre temps, mais y répond « par des farces [...] sur les marges du sinistre ».

En 1972, un récit : *Vous les entendez ?* dresse l'une contre l'autre, sous l'apparence d'un retour aux conflits familiaux des premiers romans, la « culture », les auteurs classiques, les musées, défendus par le père, et une contre-culture, jazz, bandes dessinées, sports collectifs, vie communautaire, représentée par la bande des enfants et de leurs amis. Mais le conflit est moins idéologique que charnel : les jeunes gens le vivent dans une explosion commune de rires, une communication non verbale, le père faisant l'expérience insupportable du rejet et s'efforçant, en se reniant, de se faire accepter dans le groupe des jeunes gens.

Après avoir tiré une version dramatique *(C'est beau)* de ce récit, Sarraute revient avec *« Disent les imbéciles »* (1976) et *L'Usage de la parole* (1980) à ce qui la préoccupait déjà dans *Entre la vie et la mort* : l'émission et la réception de messages. Dans *« Disent les imbéciles »*, un message terroriste oblige les opposants à se taire. La déstructuration du sujet et la dépersonnalisation amorcées dans d'autres livres trouvent ici leur achèvement, entre une grand-mère, le groupe attendri de ses petits-enfants, ils, elles, une voix haineuse, des mouvements d'animaux apeurés, et un insecte patient « roulant devant [lui] [sa] petite idée ». Dans *L'Usage de la parole*, la façon dont certains mots sont prononcés — un « ton père » glacé, l'émission timide du mot « amour » ou le ton protecteur d'un « mon petit » — requièrent l'attention. Ces mots attirent, dévorent, créent des courants attractifs ou répulsifs.

Comme Claude Simon et Alain Robbe-Grillet, qui avaient refusé de parler d'eux-mêmes et y ont tardivement consenti, Nathalie Sarraute donne un éclairage autobiographique rétrospectif à son œuvre en publiant *Enfance*, en 1983. Elle s'y intéresse à un enfant, à ses yeux asexué, dans un double but : faire taire, en les devançant, les curiosités indiscrètes sur la vie de l'auteur et les rapports qu'elle entretient avec son œuvre. S'il y a eu des tentatives de création littéraire ébauchées par l'enfant qu'elle fut, il s'est plutôt agi d'une contre-vocation : l'élève rentrait trop facilement dans les cadres scolaires et l'apprentissage du beau style. Mais le livre comporte un deuxième projet : ne pas laisser s'évanouir le caractère « duveteux » de l'enfance. Plus que l'adulte, l'enfant est apte à saisir les petits mouvements d'une mère essayant de se dérober, d'un père recherchant le contact, d'une belle-mère qu'on voit passer du rôle cliché de marâtre à la complicité affectueuse d'une grande sœur. Nathalie Sarraute confie l'évocation de son passé à deux voix : la voix du souvenir et la voix de la critique du souvenir, qui suppose que la première voix cède à l'attraction du « beau souvenir ». Mais l'auteur confond ces deux voix après les avoir distinguées.

Dans *Tu ne t'aimes pas* (1989), Sarraute règle ses comptes avec la psychanalyse. Une voix accusatrice émet le diagnostic sommaire contenu dans le titre. Elle se multiplie sans qu'on puisse en cerner les émetteurs : ni le sexe ni l'âge ne sont attachés à la voix. Le *tu* provoque un *je*, lui aussi multiple, introspecteur. Nous aimons-nous ? Sinon, où sont les obstacles ? Affirmant que l'évolution de la peinture vers l'abstraction est irréversible, que notre époque ne peut refaire Rembrandt, Sarraute écrit un roman abstrait, à la limite de l'expérimentation. Une dernière œuvre, *Ici,* date de 1995.

Nathalie Sarraute a également, comme dans *L'Ère du soupçon*, pratiqué la critique littéraire, recueillant en 1986 deux articles en un volume : *Paul Valéry et l'enfant d'éléphant. Flaubert le précurseur*, reprochant à ces écrivains souvent considérés comme des maîtres de l'expression, leur académisme et leur manie de la correction. Ces critiques sont commandées par une esthétique personnelle qui, à travers les différents genres pratiqués, reflète une remarquable cohérence. Sarraute souhaite une écriture proche de l'expérience sensible, celle des tropismes, où le corps, qui, selon elle, ne se trompe jamais, a un rôle majeur. Son moyen d'expression privilégié est l'image, qu'elle tire de plusieurs registres. La chimie, la biologie et notamment la vie animale dans ses formes frustes, sont aptes à traduire sa vision de l'homme, pur réceptacle ouvert au flux vital qui le traverse et efface les différences individuelles. À la différence de Proust, elle refuse les images longuement préparées qui attireraient l'attention sur les mots plus que sur le sens. L'œuvre écrite doit s'ouvrir à la langue parlée, en préserver les hésitations. Ainsi, l'écrivain donne à ses développements un rythme irrégulier faisant se succéder longues périodes et phrases brèves.

ŒUVRES. — *Œuvres complètes*, éd. Jean-Yves Tadié *et al.*, Bibliothèque de la Pléiade, 1996. — Toute l'œuvre (sauf *Tropismes*, Denoël, 1939, rééd. Éditions de Minuit, 1957. — *Portrait d'un inconnu*, Robert Marin, 1948, rééd. Gallimard, 1956) : chez Gallimard, la plupart rééd. dans la coll. Folio. — Fonds Nathalie Sarraute à la Bibliothèque nationale.

→ Françoise Calin, *La Vie retrouvée*, Minard, 1976. — A.S. Newman, *Une poésie du discours*, Genève, Droz, 1976. — André Allemand, *L'Œuvre romanesque de Nathalie Sarraute*, Neuchâtel, la Baconnière, 1980. — Valerie Minogue, *Nathalie Sarraute and the War of Words*, Edinburgh University Press, 1981. — *L'Arc*, n° 95, 1984. — Sabine Raffy, *Sarraute romancière*, Peter Lang, 1988. — Arnaud Rykner, *Théâtres du Nouveau Roman*, Corti, 1988. — Alain Clayton, *Nathalie Sarraute ou le tremblement de l'écriture*, Minard, 1989. — *Revue des sciences humaines* (Lille), n° 217, 1990-1991. — Jean Pierrot, *Nathalie Sarraute*, Corti, 1990. — Arnaud Rykner, *Nathalie Sarraute*, Le Seuil, 1991. — Marie Miguet-Ollagnier, « Entre Proust et Sarraute », *Le Nouveau Roman en questions*, 1, Minard, 1992. — *Autour de Nathalie Sarraute*, actes du colloque de Cerisy, Annales littéraires de l'université de Besançon, 1995.

M.Mi

Sarrazin Albertine (1937-1967). Née à Alger le 17 septembre 1937, elle est abandonnée aux soins de l'Assistance publique, puis élevée en France par une famille aisée. Devenue une brillante élève, puis une adolescente instable et fugueuse, elle commet une longue série de petits délits, qui se concluent inévitablement par des séjours en prison. Libérée définitivement en 1964, manuscrits sous le bras, elle trouve un éditeur, Jean-Jacques Pauvert. Le succès de *La Cavale* est immense, mais l'auteur meurt à Montpellier, le 10 juillet 1967, des suites d'une opération.

Les récits d'Albertine Sarrazin ne sont pas une pure production de l'imaginaire, ils puisent dans la vie de l'auteur leurs intrigues, généralement assez minces, et leur décor fondé sur un espace strictement duel, celui de la prison et celui de la cavale, de la planque. Il y a dans ce choix de thèmes bien plus qu'une fatalité, une revendication très forte : l'auteur témoigne de cet étrange univers qu'est la prison pour femmes et de cet être étrange qu'est la « taularde ». La tendresse du propos, la description poétisée, une naïveté et une pudeur authentiques caractérisent la personnalité littéraire d'Albertine Sarrazin. Deux personnages dominent son œuvre : Anne, derrière laquelle on reconnaît aisément l'auteur ; Julien, le double au masculin, compagnon à l'honnêteté douteuse mais doux et séduisant, dont le prénom ne masque même pas qu'il a pour modèle Julien Sarrazin qu'Albertine a épousé en 1959 et qui fondera plus tard les Éditions Sarrazin.

La Cavale (1965) est plus proche du témoignage que du roman proprement dit : Anne a vingt-sept ans, elle ne vit que par l'espérance de toutes les taulardes : la cavale. Un tel livre, dit l'auteur, ne pouvait s'écrire que sur place, sans la trahison du souvenir. On retrouve Anne dans *L'Astragale* (1966), mais l'on remonte ici dans le temps : Anne a dix-neuf ans, elle s'évade d'une prison pour adolescentes, mais se brise malencontreusement un os du pied, l'astragale. Elle est recueillie par Julien et il naît une passion réciproque. Le roman nous conduit de cachette en cachette, avec la crainte obsédante de la police, tandis que l'os brisé se ressoude lentement. À ces deux œuvres majeures se joindront un troisième récit *La Traversière* (1966), ainsi que des nouvelles, des poèmes, des journaux et de nombreuses lettres.

ŒUVRES. — Publiées aux Éditions Jean-Jacques Pauvert. — *La Cavale*, 1965. — *L'Astragale*, 1966. — *La Traversière*, 1970. — *Lettres à Julien*, 1971. — *Journal de prison*, 1972. — *La Crèche*, 1973. — *Lettres de la vie littéraire*, 1974. — *Biftons de prison*, 1977.

→ Josiane Duranteau, *Albertine Sarrazin*, Éditions Sarrazin, 1971. — Bernard Lambert, *« La Cavale ». Mémoire d'Albertine*, Nizet, 1994.

G.P.

Sarré Jean-Luc (1944). Né à Oran, en Algérie, il vit à Marseille. Le silence et la lumière sont au cœur de sa poésie. Dans *La Terrasse* (lithographies de Herman Bracaval, 1983), texte sans ponctuation, le temps est suspendu entre les mots. *Extérieur blanc*, publié la même année, présente quelques mots par page, une parole hachée, qui s'éteint et dit l'incertitude et l'effacement du personnage. Du monosyllabe au décasyllabe, les vers non ponctués de *La Chambre* (1986) mettent en scène intérieurs et extérieurs, et reflètent la solitude. Le soleil implacable des *Journées immobiles* (1990) amplifie la brutalité de la ville moderne, où seule la pluie peut briser pour un temps l'éternité. L'acte d'écrire est essentiel : « Noter pour voir, sinon cécité. » *Rurales, urbaines et autres* (1991) livre impressions, souvenirs et images, ponctués de références littéraires et picturales. Dans *Comme un récit* (1992), le mensonge et la peur cernent les êtres, irrémédiablement seuls dans une nature indifférente aux cris.

D.H.-M.Ber.

Sartre Jean-Paul (1905-1980). Né à Paris, 13, rue Mignard, le 21 juin 1905. Lorsque son père, l'enseigne de vaisseau Jean-Baptiste Sartre, qui a passé le concours d'entrée à Polytechnique et fait l'École navale, épouse Anne-Marie Schweitzer, il a déjà contracté en Cochinchine la fièvre asiatique qui l'emportera en septembre 1906, alors que « Poulou » n'a que quinze mois. Le père sera le grand absent de toute l'enfance et de toute l'adolescence de Sartre : « Jusqu'à dix ans, je restai seul entre un vieillard et deux femmes », écrira-t-il dans *Les Mots* (1963), dont le récit s'arrête à la veille du remariage de sa mère, le 26 avril 1917, avec Joseph Mancy, directeur aux usines Delaunay-Belleville. L'enfance de Sartre est la double découverte de sa laideur physique et du livre comme valeur sacrée. À la suite d'un refroidissement, il portera toute sa vie une taie sur l'œil droit, qui jouera un rôle déterminant dans ses rapports fictionnels, philosophiques, esthétiques au réel. L'enfant, par compensation, va découvrir et fétichiser le monde des livres et de la culture, enseveli vivant dans la tombe du savoir et de la littérature. En ce sens, l'œuvre de Sartre sera toujours plus autobiographique que ne peuvent le laisser croire ses développements purement philosophiques.

Quand sa mère se remarie, le couple s'installe à La Rochelle, période difficile pour Sartre, qui a perdu l'exclusivité de sa mère, s'entend mal avec son beau-père et s'intègre difficilement parmi ses camarades de lycée. Heureusement, en 1920, sa famille le renvoie à Paris, en première au lycée Henri-IV, où il rencontre Nizan. En 1922, Sartre et Nizan entrent en hypokhâgne au lycée Louis-le-Grand pour préparer le concours d'entrée de l'École normale supérieure. En août 1924, Sartre est reçu septième. S'ouvre alors une période euphorique de quatre ans d'indépendance et de bonheur. Partageant sa turne avec Nizan, Sartre travaille énormément, prépare l'agrégation de philosophie et manifeste son intérêt pour la question du visible dans son diplôme d'études supérieures intitulé *L'Image dans la vie psychologique : rôle et nature*. Pendant toute sa vie, multipliant les séjours en Italie, à Rome, à Venise, il s'intéressera passionnément à la peinture, en particulier au Tintoret, ne parvenant jamais à achever l'ouvrage qu'il voulait lui consacrer, sans doute parce que le visible vaut chez lui comme tache aveugle de toute sa philosophie.

En 1928, Sartre échoue à l'écrit de l'agrégation, qu'il repasse brillamment en 1929 : il est reçu premier, et Simone de Beauvoir, dont il a fait la connaissance en juillet, deuxième. Après son service militaire de novembre 1929 à février 1931, il est nommé professeur de philosophie au lycée du Havre. Il lit beaucoup, multiplie les travaux d'écriture et de réécriture, mais il faut attendre sa découverte en 1933, grâce à Raymond Aron, de la phénoménologie et de la structure de l'intentionnalité pour que tout se mette en place. En septembre de la même année, il devient boursier à l'Institut français de Berlin. Il étudie Husserl, achève à Berlin une deuxième version de *La Nausée* et écrit *La Transcendance de l'ego*. De 1934 à 1936, il redevient professeur au Havre avant d'être nommé à Laon. Il vit alors une période de doute, même s'il écrit : en 1936 il publie chez Alcan *L'Imagination*, où il opère une impitoyable critique de toutes les conceptions classiques et chosistes de l'image, montrant sur un mode husserlien que la conscience imageante est la conscience de viser ce qui n'est pas. Enfin *Melancholia* (la future *Nausée)* est accepté par Gallimard. En 1938, il n'écrit pas moins de quatre cents pages de *La Psyché*, traité de psychologie phénoménologique dont une partie constituera l'*Esquisse d'une théorie des émotions*. En avril, la publication de *La Nausée* correspond à ses vrais débuts littéraires et à la fin de ses années de doute. La critique est déconcertée par ce roman, qui exprime sous une forme littéraire des vérités et des sentiments métaphysiques, confère une dimension romanesque à la découverte intellectuelle de la contingence et fait descendre la métaphysique dans les cafés. Ce que Roquentin découvre à Bouville, confronté au monde fascinant et horrible des choses, à l'empâtement dans la matière, c'est l'existence en tant que telle : sa propre existence injustifiable et sa solitude absolue.

Désormais l'activité de Sartre va s'épanouir dans le roman, la philosophie, le théâtre, la critique. Il va d'abord poursuivre son œuvre romanesque en écrivant les nouvelles du *Mur* (1939). À l'automne 1938, il commence *L'Âge de raison*, premier volume de la trilogie des *Chemins de la liberté*. Outre les articles qu'il publie dans la *NRF*, il collabore à *Verve* et à *Europe*, consacrant des analyses à la figure humaine, à Nizan, Mauriac, Nabokov, Denis de Rougemont, Charles Morgan, Elsa Triolet, Faulkner, Dos Passos. En 1938, il publie un article sur la « Structure intentionnelle de l'image » dans la *Revue de métaphysique et de morale* et, en 1939, il fait paraître « Une idée fondamentale de la phénoménologie de Husserl : l'intentionnalité » dans la *NRF*. Sa force, mais aussi dans une certaine mesure sa fragilité, vient précisément de cette étonnante polygraphie. Les aléas de la guerre n'y changeront rien. Mobilisé en septembre 1939, pendant toute la drôle de guerre il poursuit *L'Âge de raison*, remplit des carnets autobiographiques et publie *L'Imaginaire* (Gallimard, 1940). Le 21 juin 1940, il est fait prisonnier. Il sera libéré à la mi-mars 1941 et il termine alors *L'Âge de raison* (1945). Sans doute parce que ses efforts pour participer à la Résistance restent vains (il en vient même à dissoudre le groupe « Socialisme et liberté » qu'il avait fondé notamment avec Merleau-Ponty, Jean et Dominique Desanti, Jean Pouillon et Simone de Beauvoir), il se lance dans une fébrile activité intellectuelle, seule forme de résistance possible pour lui : « Pendant l'occupation, j'étais un écrivain qui résistait et non pas un résistant qui écrivait ». En 1942, il achève *Les Mouches*, commence *Le Sursis*, deuxième volume des *Chemins de la liberté*, et travaille à *L'Être et le néant*, qu'il achèvera à la fin de l'année. Publié en 1943, ce monument philosophique, qui passera d'abord inaperçu, pose les principales thèses de l'existentialisme : l'ontologie de l'intersubjectivité et la métaphysique de la liberté. Tout se fonde sur la radicale opposition de l'*en-soi*, qui caractérise les choses enfermées dans leur contingence, univers opaque et massif, clos et replié sur lui-même et sans relation avec l'extériorité, et du *pour-soi*, qui représente la possibilité qu'a la conscience de se déployer en toute liberté sur le mode de la décompression d'être, de la néantisation, du non-être. Dès lors que la conscience a le pouvoir de mettre à distance les choses, de les néantiser, l'homme est constitutivement libre. « Nous sommes condamnés à être libres », car même si la liberté est limitée par des conditions et des facteurs antérieurs à l'acte lui-même, même s'il n'est de liberté qu'en situation, l'homme a le pouvoir de dépasser ces limites par les choix qu'il fait et par le projet de donner tel ou tel sens à la situation où il se trouve. D'où une éthique de l'engagement fondée sur l'action. Seuls nos actes nous jugent, et ils sont irréversibles. Invoquer de bonnes intentions ou l'idée que chacun se fait de soi-même, c'est-à-dire se prendre pour un autre et se constituer comme cet autre, ne serait qu'inauthenticité, mauvaise foi. Néanmoins, la liberté de l'homme se heurte à la liberté d'autrui. Car l'autre, également pourvu d'une conscience, a tendance à me considérer comme une chose et à me néantiser. D'où l'enfer de l'intersubjectivité qu'illustrera *Huis clos*. Dès lors, toute la question sera d'accomplir sa liberté sans aliéner celle de l'autre, en évitant à la fois de se laisser réifier par le regard d'autrui et de réduire les autres à l'état d'objets.

Même s'il participe dès 1943 aux *Lettres françaises* et à *Combat*, revues clandestines, l'activité politique de Sartre pendant la guerre reste limitée. La radicalité et la violence de ses futurs engagements compenseront ce relatif retrait. En septembre 1944 est constitué le comité directeur des *Temps modernes*, qui comprend Raymond Aron, Simone de Beauvoir, Michel Leiris, Maurice Merleau-Ponty, Albert Ollivier, Jean Paulhan et Sartre lui-même. Sa présentation de la revue constitue une première élaboration d'une théorie de l'engagement. Pendant un demi-siècle, cette revue jouera un rôle décisif dans la vie intellectuelle française.

C'est également pendant la guerre que Sartre commence à développer son activité théâtrale. Le 2 juin 1943, a lieu au Théâtre de la Cité la générale des *Mouches*. La même année, il écrit *Huis clos*, dont la première se déroule le 27 mai 1944 au Vieux-Colombier. Viendront ensuite *Morts sans sépulture* et *La Putain respectueuse* (le 8 novembre 1946 au Théâtre Antoine), *Les Mains sales* (le 2 avril 1948 au Théâtre Antoine), *Le Diable et le bon Dieu* (le 7 juin 1951 au Théâtre Antoine), *Kean* (le 14 novembre 1953 au Théâtre Sarah-Bernhardt), *Nekrassov* (le 8 juin 1955 au Théâtre Antoine), *Les Séquestrés d'Altona* (le 24 septembre 1959 au Théâtre de la Renaissance). Le théâtre représente pour Sartre le moyen privilégié de vulgariser les thèses de l'existentialisme. En outre, les revenus que lui procureront ses pièces ainsi que ses activités de scénariste lui permettront, en 1944, d'abandonner son enseignement et de se consacrer entièrement à son œuvre.

Dès l'automne 1945, Sartre est à la mode, et l'existentialisme s'affiche partout. C'est la grande période de Saint-Germain-des-Prés, des cafés, du jazz. Les conférences sur l'existentialisme se multiplient, dont la plus célèbre, donnée au club « Maintenant », sera publiée sous le titre *L'existentialisme est un humanisme* (1946). En même temps, les préoccupations de Sartre sont de plus en plus politiques et se tournent vers le marxisme. Dès 1944, il avait publié dans *Action* une mise au point sur l'existentialisme afin de répondre aux critiques du parti communiste. En 1946, dans « Matérialisme et révolution », il s'en prend au dogmatisme des intellectuels communistes. Dès lors, ses relations avec le parti communiste vont se dégrader. En 1947, il répond aux attaques soviétiques publiées dans *La Pravda* et défend Nizan diffamé par les communistes. Il faudra attendre 1952 pour qu'à l'occasion de l'affaire Henri Martin s'esquisse un premier rapprochement, alors que Sartre, entre-temps, avait rejoint le Rassemblement démocratique révolutionnaire, en 1948. En 1952 et 1954, il publie « Les communistes et la paix », où, tout en s'interrogeant sur les causes du mouvement ouvrier, il répond aux accusations formulées contre le parti communiste par la droite et la gauche non communiste. Mais en 1956, la répression soviétique de l'insurrection hongroise le conduit à condamner la direction du parti.

Le politique, chez Sartre, ne saurait effacer l'inquiétude littéraire et esthétique. Parallèlement aux polémiques politiques, après avoir publié en 1949 *La Mort dans l'âme*, troisième tome des *Chemins de la liberté*, et proposé une analyse du fait littéraire dans *Qu'est-ce que la littérature ?* (1947), il produit des essais critiques où il développe sa psychanalyse existentielle. En 1947, il publie un *Baudelaire* ; en 1948, il travaille sur Mallarmé ; en 1952, il fait paraître *Saint Genet, comédien et martyr*. De la même façon, ses liens privilégiés avec la création picturale ne se relâcheront jamais : même si son Tintoret est demeuré incomplet et fragmentaire, il a multiplié les analyses esthétiques, s'intéressant à Giacometti, Wols, Calder, Rebeyrolle, Lapoujade, Masson. Simultanément, il poursuit son œuvre de philosophe dans une double direction, d'une part vers une morale concrète et d'autre part vers l'épistémologie et l'ontologie. L'exigence morale est permanente chez lui. En 1947-1948, il écrit les textes qui seront publiés après sa mort sous le titre *Cahiers pour une morale*. En 1963-1964, il reviendra sur la question morale en participant au colloque international organisé en mai 1964 par l'Institut Gramsci sur le thème « Morale et société ». De 1957 à 1960, au prix d'un effort épuisant, il écrit sa *Critique de la raison dialectique* (1960) où, à la recherche d'une synthèse philosophique entre sa propre démarche existentialiste prenant appui sur la subjectivité et la méthode objective du matérialisme dialectique marxiste, il se demande s'il est possible de constituer une anthropologie structurale et historique. Pendant les vingt années qui suivent la guerre, il multiplie les voyages à l'étranger, les polémiques politiques et prises de position. Le titre même des ouvrages où il rassemble ses interventions critiques, *Situations*, montre que pour lui, il n'est d'écrit qu'en situation, engagé dans l'actualité.

En 1963, Sartre publie *Les Mots*, adieu à la littérature, mais adieu paradoxal puisque ce livre constitue son texte le plus littéraire. En 1964 lui est décerné le prix Nobel, qu'il refuse. Enfin, mai 1968 ouvre tous les espoirs. Sartre lance un appel en faveur du boycott des Jeux olympiques de Mexico, condamne l'intervention des troupes soviétiques en Tchécoslovaquie, participe avec Michel Foucault à une rencontre à la Mutualité pour protester contre l'expulsion de trente-quatre étudiants de l'université de Paris, signe un appel en faveur d'Alain Krivine, candidat de la Ligue communiste, demande avec Malraux et Mauriac la libération de Régis Debray, proteste contre l'expulsion de Soljenitsyne de l'Union des écrivains soviétiques, préside une conférence de presse contre la guerre du Vietnam, assiste à la levée des corps de cinq travailleurs africains intoxiqués dans un foyer d'hébergement, adhère au comité Israël-Palestine, prend la direction de *La Cause du peuple* à la suite de l'emprisonnement des deux directeurs successifs et vend le journal dans la rue, participe à la fondation du Secours rouge ; enfin, le 21 octobre 1970, il refuse de témoigner au procès d'Alain Geismar, et, juché sur un tonneau, harangue les ouvriers de la régie Renault. Pendant dix ans, jusqu'à sa mort, et autant que le lui permettra sa santé déclinante, Sartre sera de tous les combats d'extrême gauche. Pourtant, s'il peut donner l'impression d'être mobilisé par ses activités militantes, il ne cesse de travailler à son grand livre sur Flaubert, *L'Idiot de la famille*.

Sartre meurt le 15 avril 1980. Le 19 avril, plus de cinquante mille personnes accompagnent sa dépouille depuis l'hôpital Broussais jusqu'au cimetière du Montparnasse. Sans doute cette immense foule commémorait-elle, en même temps que le deuil des utopies politiques de 1968, la disparition du dernier « intellectuel total ». Les publications posthumes vont se multiplier, et la partie la plus littéraire, la plus libérée de l'œuvre de Sartre émergera progressivement, qu'il s'agisse des *Carnets de la drôle de guerre* (1983), où il pratique le jeu de l'autobiographie, ou des pages consacrées à Venise dans *La Reine Albemarle ou le dernier touriste* (1991).

ŒUVRES. — *Œuvres romanesques*, éd. Michel Contat-Michel Rybalka, Bibliothèque de la Pléiade, 1982. — Chez Gallimard : *L'Imagination*, 1936. — *La Transcendance de l'ego : esquisse d'une description phénoménologique*, 1937. — *La Nausée*, 1938. — *Le Mur*, 1939. — *Esquisse d'une théorie des émotions*, 1939. — *L'Imaginaire, psychologie phénoménologique de l'imagination*, 1940. — *L'Être et le néant, essai d'ontologie phénoménologique*, 1943. — *Les Mouches*, 1943. — *Huis clos*, 1944. — *Les Chemins de la liberté*, t. I : *L'Âge de raison*, 1945. — *Les Chemins de la liberté*, t. II : *Le Sursis*, 1945. — *L'existentialisme est un humanisme*, 1946. — *Morts sans sépulture*, 1946. — *La Putain respectueuse*, 1946. — *Réflexions sur la question juive*, 1946. — *Baudelaire*, 1947. — *Situations*, I, 1947. — *Les Jeux sont faits*, 1947. — *Qu'est-ce que la littérature ?*, 1947. — *Les Mains sales*, 1948. — *L'Engrenage*, 1948. — *Situations*, II, 1948. — *Les Chemins de la liberté*, t. III : *La Mort dans l'âme*, 1949. — *Situations*, III, 1949. — *Entretiens sur la politique*, avec la collaboration de Gérard Rosenthal et David Rousset, 1949. — *Le Diable et le bon Dieu*, 1951. — *Saint Genet, comédien et martyr*, 1952. — *L'Affaire Henri Martin*, 1953. — *Kean*, 1954. — *Nekrassov*, 1955. — *Une victoire*, 1958. — *Les Séquestrés d'Altona*, 1959. — *Critique de la raison dialectique* précédé de *Questions de méthode*, t. I : *Théorie des ensembles pratiques*, 1960. — *Bariona ou le fils du tonnerre*, 1962. — *Les Mots*, 1963. — *Situations*, IV, 1964. — *Situations*, V, 1964. — *Situations*, VI, 1964. — *Les Troyennes*, 1965. — *Situations*, VII, 1965. — *Les communistes ont peur de la révolution*, 1969. — *L'Idiot de la famille*, t. I et II, 1975. — *Situations*, VIII, 1972. — *Situations*, IX, 1972. — *L'Idiot de la famille*, t. III, 1972. — *Un théâtre de situations*, 1973. — *On a raison de se révolter* (avec Philippe Gavi et Pierre Victor), 1974. — *Situations*, X, 1976. — *Les Carnets de la drôle de guerre, novembre 1939-mars 1940*, 1983. — *Cahiers pour une morale*, 1983. — *Lettres au Castor et à quelques autres*, t. I : *1926-1939* ; t. II : *1940-1963*, 1983. — *Le Scénario Freud*, 1984. — *Critique de la raison dialectique*, t. II : *L'Intelligibilité de l'Histoire*, 1985. — *Mallarmé : la lucidité et sa face d'ombre*, 1986. — *Vérité et existence*, 1989. — *Écrits de jeunesse*, 1990. — *La Reine Albemarle ou le dernier touriste. Fragments*, 1991.

→ Francis Jeanson, *Sartre*, Le Seuil, 1955 ; *Le Problème moral et la pensée de Sartre*, Le Seuil, 1965. — Gérald Joseph Prince, *Métaphysique et technique dans l'œuvre romanesque de Sartre*, Droz, 1968. — Pierre Verstraeten, *Violence et éthique*, Gallimard, 1972. — Michel Contat et Michel Rybalka, *Les Écrits de Sartre*, Gallimard, 1970. — *Obliques*, nos 18-19, 1979. — Josette Pacaly, *Sartre au miroir*, Klincksieck, 1980. — *Sartre et les arts, Obliques*, nos 24-25, 1981. — Denis Hollier, *Politique de la prose, Jean-Paul Sartre et l'an quarante*, Gallimard, 1982. — Annie Cohen-Solal, *Sartre 1905-1980*, Gallimard, 1985. — Anna

Boschetti, *Sartre et « Les Temps modernes »*, Éditions de Minuit, 1985. — Jeannette Colombel, *Jean-Paul Sartre*, t. I : *Un homme en situations* ; t. II : *Une œuvre aux mille têtes*, Le Livre de Poche, 1985 et 1986. — Alain Buisine, *Laideurs de Sartre*, Presses universitaires de Lille, 1986. — Sandra Teroni, *L'Idea e la forma : l'approdo di Sartre alla scrittura letteraria*, Venezia, Marsilio, 1988. — Michel Sicard, *Essais sur Sartre. Entretiens avec Sartre 1975-1979*, Galilée, 1989. — *Témoins de Sartre*, *Les Temps modernes*, n°s 531 et 533, octobre et décembre 1990. — *Album Sartre*, iconographie réunie et commentée par Annie Cohen-Solal, Bibliothèque de la Pléiade, 1991. — Michel Contat et Michel Rybalka, *Sartre bibliographie 1980-1992*, CNRS Éditions, 1993. — Jacques Deguy, *La Nausée*, Gallimard, 1993. — *Sartre contro Sartre* (colloque de Poppi, mai 1995), Bologna, Edizioni Cosmopoli, 1996. — Il existe depuis 1984 des *Études sartriennes* (Université Paris X-Nanterre) et depuis 1987 un *Bulletin d'information du Groupe d'Études sartriennes* (CNRS et École normale supérieure, Paris). — Fonds Jean-Paul Sartre et Simone de Beauvoir à la Bibliothèque nationale).

A.B.

Sassine Williams (1944-1997). Né à Kankan (Haute-Guinée), berceau de la civilisation Mandé, il est influencé par la culture orientale de son père, Libanais de confession maronite, par la culture musulmane de sa mère, Guinéenne de souche, et par la culture occidentale de l'école primaire de sa ville natale. Très jeune, il est ainsi placé dans une situation singulière : « Je suis un métis, et on me l'a fait sentir très tôt. » Prémonition ou destin, ce sentiment d'exclusion se nourrit ensuite de près de trente ans d'exil. En 1961, alors qu'il achève sa terminale au lycée de Conakry, le jeune homme participe à la première grande grève menée par les élèves contre la politique déjà largement répressive du président Sékou Touré. L'épreuve de force qui se soldera par l'arrestation et l'incarcération d'un grand nombre de camarades de Sassine au camp Alpha Yaya — on en retrouve l'écho dans la « montagne de cailloux » du *Jeune Homme de sable* — est donc à l'origine de l'exil volontaire de l'écrivain. Sassine, qui rêvait d'intégrer l'École polytechnique, devient alors professeur de mathématiques, métier qu'il a exercé sans relâche au cours de sa longue transhumance africaine, du Niger au Gabon en passant par la Mauritanie, qu'il a dû fuir en 1988, au moment des troubles interethniques qui ont ensanglanté ce pays, pour rentrer en Guinée où il a vécu jusqu'à sa mort dans une situation précaire. Si l'enseignement des mathématiques a constitué son gagne-pain, il pratique la littérature en écrivain authentique, qui se défend d'être un intellectuel et juge plus conforme à la réalité de son statut le terme de « conteur ». Il a publié quatre romans à Présence africaine, *Saint Monsieur Baly* (1973), *Wirriyamu* (1976), *Le Jeune Homme de sable* (1979) et le *Zéhéros n'est pas n'importe qui* (1985), dont les personnages, le plus souvent exclus ou marginalisés par une société qui a perdu son âme, apparaissent comme autant de figures messianiques annonçant l'avènement d'une Afrique régénérée et enfin délivrée de ses faux dieux. Il est également l'auteur d'un recueil de contes pour enfants, *L'Alphabête* (Présence africaine, 1982), et de plusieurs nouvelles publiées dans *L'Afrique littéraire*. On lui doit également deux pièces de théâtre, *Légende d'une vérité* (1995) et *Les Indépendan-tristes* (Le Bruit des autres, 1997).

→ Jacques Chevrier, *Williams Sassine, écrivain de la marginalité*, Toronto, Éditions du GREF, 1995.

J.C.

Sautreau Serge (1943). Né à Mailly-la-Ville le 16 octobre 1943, il trouve sa voix au cœur de l'expérience du voyage (Inde, Afghanistan, Yémen). Il quitte l'Yonne à seize ans pour Paris, où il rencontre André Velter en 1963. Leur amitié aboutit à plusieurs publications cosignées (*Aisha*, Gallimard, 1966 ; *Du prisme noir*, Fata Morgana, 1971 ; *Puissance théorique*, Fata Morgana, 1973 ; *Conte rouge pour Paloma*, Maeght, 1975 ; *Dar-î-Nur*, Cahiers des Brisants, 1983). *Éloge de l'indifférence* marque sa contribution à *De la déception pure, manifeste froid* (10/18, 1973) qui compte aussi des textes d'André Velter, Jean-Christophe Bailly et Yves Buin. De 1973 à 1978, Sautreau dirige la collection Froide chez Christian Bourgois et publie *L'Autre Page* (Seghers, 1973), poème autant que réflexion sur l'écriture. Suivront *Hors* (Bourgois, 1976), *Le Gai Désastre* (Bourgois, 1980) et *Abalochas* (Bordas, 1980), dans lesquels il offre une vision toujours plus intériorisée, proche de l'héritage surréaliste. « Sa poésie, comme le souligne Zéno Bianu, trouve espace au sein d'oratorios liquides et comme exaspérés ; elle procède par accélérations incantatoires ou photosynthèses foudroyantes. » *Le Cristal dans l'éclair*, hommage à Roger Gilbert-Lecomte (dans *Plaidoyer pour Roger Gilbert-Lecomte* de Roland Dumas et Christine Piot, Gallimard, 1985), et *Alors* (Cahiers des Brisants, 1986) révèlent un lyrisme cosmique. Grand amateur de pêche et amoureux des rivières, il signe, en 1989, *Le Rêve de la pêche* (Plon).

N.R.

Sauvage Cécile (1883-1927). Née le 20 juillet 1883 à La Roche-sur-Yon, elle a publié deux recueils de poèmes au Mercure de France : *Tandis que la terre tourne* (1910 ; reprint Séguier, 1987 et 1991) et *Le Vallon* (1913). Après sa mort à Paris le 26 août 1927, ses *Œuvres* ont été réunies chez le même éditeur, en 1929, reprenant ces deux recueils ainsi qu'une série de poèmes écrits en 1911 et qui auraient dû prendre place dans un troisième recueil, *Le Livre d'amour*, resté inachevé. La poésie de Cécile Sauvage, sensible et élégiaque, aux formes traditionnelles (en alexandrins le plus souvent, parfois en octosyllabes), touche à la vie simple, à l'amour, à la douleur, au sentiment maternel. La quatrième partie de son premier recueil, intitulée « L'âme en bourgeon », est inspirée par sa maternité et la naissance de son fils, le futur musicien Olivier Messiaen.

→ Béatrice Vincent-Marchal, *L'Œuvre poétique de Cécile Sauvage*, thèse de l'Université de Paris-Sorbonne, 1995.

A.G.

Savard Félix-Antoine (1896-1982). Né à Québec, ordonné prêtre en 1922, missionnaire-colonisateur en Abitibi durant de nombreuses années, il fut également professeur de littérature à l'université Laval (Québec). Son roman le plus connu, *Menaud, maître-draveur* (1937), épopée de la colonisation, met aux prises des personnages véhéments et fiers avec une nature sauvage, souvent hostile. Deux intrigues s'entrecroisent, l'une racontant le combat de Menaud contre l'envahisseur anglophone, l'autre les hésitations de Marie, la fille de Menaud, face à ses deux prétendants. Deux attitudes s'opposent donc : résister ou accepter, se défendre ou pactiser avec « les Anglais ». La dimension mythique est accentuée par le fait que le livre se présente comme une modulation et un écho amplifié des « voix » jadis entendues par Maria Chapdelaine : « Nous sommes venus il y a trois cents ans et nous sommes restés. » *L'Abatis* (1943) — le mot désigne un amoncellement de branchages résultant d'une coupe de bois — est une suite de textes poétiques célébrant la vie en forêt et la beauté des migrations d'oies sauvages en route vers la toundra. Après un second roman : *La Minuit* (1948), Savard a également publié un recueil inspiré des traditions acadiennes : *Le Barachois* (1959), et un long poème : *Symphonie du Misereor* (1968).

L.G.

Savary Léon (1895-1968). Né à Fleurier (Neuchâtel), fils de pasteur converti au catholicisme, il achève ses études de lettres à Fribourg ; se fera l'historien de sa ville d'élection dans *Fribourg* (1929), *Le Collège saint-Michel* (1932) et *La Chartreuse de la Valsainte* (1937). Rédacteur du *Genevois* (1921-1923), correspondant à Berne (1935-1946) puis à Paris (1946-1956) de la *Tribune de Genève*, il s'est illustré comme critique et polémiste. Il a publié des nouvelles (*Au seuil de la sacristie*, 1921), des romans consacrés à la peinture des milieux intellectuels et religieux (*Le Cordon d'argent*, 1940 ; *Le Troupeau sans berger*, 1942), des chroniques (*En passant*, 1942) et des mémoires (*Le Fonds des ressuscités*, 1956).

A.-L.D.

Savitzkaya Eugène (1955). Né à Saint-Nicolas-lez-Liège (Belgique) le 26 février 1955, il participe aux activités de l'Atelier de l'Agneau, animé à Liège par Jacques Izoard, et publie ses premiers poèmes en 1972 *(Les Lieux de la douleur)*. Suivront quatre recueils *(Le Cœur de schiste*, 1974 ; *Rue obscure*, 1975 ; *L'Empire*, 1976 ; *Mongolie, plaine sale*, 1976), où il exorcise avec violence ses hantises, partagées entre angélisme et cruauté, enfance et barbarie, humanité et animalité : la peau et le sexe y trouvent un exutoire dans l'évocation de la chair et du sang, exprimés dans une langue taillée au vif du discours *(Plaisirs solitaires*, 1979 ; *Les Couleurs* *de boucherie*, 1980 ; *Bufo bufo bufo*, 1986 ; *Cochon farci*, 1996). C'est avec *Mentir* (1977) que Savitzkaya aborde le roman, dans une direction qui tient plus du monologue et de la fragmentation que des schémas narratifs classiques : un engrenage de flashes mémoriels, rappelant certains des procédés de Pérec, forme le discours, centré ici sur l'enfance et la figure maternelle. Héros d'*Un jeune homme trop gros* (1978), le personnage d'Elvis Presley est lui aussi confronté à l'enfance dans un processus d'images, de souvenirs et d'anticipations. Le caractère aléatoire et sélectif de la mémoire est au centre du travail de Savitzkaya : le roman y est abordé sous l'angle de la reconstitution, jouant d'écarts temporels et spatiaux, d'associations immédiates, d'échappées imprévues relatives au processus de la remémoration ; le romancier renoue alors avec l'écriture poétique, ses envolées, ses répétitions, ses volutes.

De *La Traversée de l'Afrique* (1979) à *En vie* (1995), Savitzkaya a élaboré une œuvre exigeante, où l'appel progressif des mots tente de reproduire une réalité en continuelle mutation ; le monde de l'enfance, les liens familiaux ou amoureux sont quelques-uns de ses thèmes qui, exprimés dans une langue charnelle et sensible, constituent un univers instable ouvert sur l'être et le dire *(La Disparition de maman*, 1982 ; *Les Morts sentent bon*, 1983 ; *Capolican, un secret de fabrication*, 1987 ; *Sang de chien*, 1989, *L'Été : papillons, orties, citrons et mouches*, 1992 ; *Marin mon cœur*, 1992). On lui doit aussi des textes sur l'art *(Quatorze cataclysmes*, en collaboration avec Alain Le Bras, 1985 ; *Alain Le Bras, portrait en pied*, 1987 ; *Jérôme Bosch*, 1994), ainsi qu'une pièce de théâtre : *La Folie originelle* (1991).

ŒUVRES. — Aux Éditions de Minuit. — *Mongolie, plaine sale* suivi de *L'Empire* et de *Rue obscure*, rééd., Bruxelles, Labor, coll. Espace Nord, 1993.

O.Bi.

Savoie Jacques (1950). Né dans le nord du Nouveau-Brunswick, il a commencé sa carrière littéraire en publiant avec Herménégilde Chiasson et Gilles Savoie *L'Étoile magannée* (1972), « anti-livre » présentant dans une boîte, sur des feuilles détachées, des poèmes, des dessins et des photographies mêlés à du foin odorant. Il y affirme déjà l'originalité et le tempérament qui feront sa réputation. En 1979, il publie aux Éditions d'Acadie son premier roman, *Raconte-moi Massabielle*, qui révèle un style, un humour et un esprit nouveaux dans la littérature acadienne. Ce récit d'un irréductible réfractaire à l'expropriation réfugié dans l'église de son village désormais abandonné, hésite entre réalisme et fantastique et se soucie parfois assez peu de vraisemblance, mais communique tendresse et émotion. Jacques Savoie publie ensuite chez l'éditeur québécois Boréal trois romans plus élaborés : *Les Portes tournantes* (1984), *Le Récif du Prince* (1986) et *Une histoire de cœur* (1988). Les rapports entre les membres de la famille à l'époque du divorce, de même que la création artistique et notamment musicale — Jacques Savoie a été membre du groupe éphémère « Beausoleil-Broussard » —, y occupent une place importante. Le romancier a rapidement conquis un public séduit par des personnages auxquels il est facile de s'identifier, mais dans des récits emboîtés dont il n'arrive pas toujours lui-même à se tirer avec cohérence, le dénouement reposant parfois sur une pirouette. Établi à Montréal, Jacques Savoie est devenu scénariste de télévision. Avec d'autres écrivains francophones, il a participé à une expérience de création collective à distance par ordinateur, *Marco Polo ou le nouveau livre des merveilles* (1985).

R.Bo.

Schehadé Georges (1907-1989). Né le 2 novembre 1907 à Alexandrie, en Égypte, dans une famille de la grande bourgeoisie libanaise, orthodoxe et francophone, il partagera sa vie entre Paris et Beyrouth, où il occupa d'importantes fonctions, à l'École supérieure des lettres, puis à la Mission culturelle française au Liban. Ses premiers poèmes publiés le furent dans la revue *Commerce*, en 1938, et ses premiers recueils aux Éditions GLM : *Rodogune Sinne*, 1947 ; *Poésies II*, 1948, et *III*, 1949 ; *L'Écolier sultan*, 1950.

Mêlé aux surréalistes dans les années d'après-guerre, lié à Breton, Schehadé se lance dans le théâtre, qu'il contribue à renouveler grâce à une conception et une scénographie poétique originales. Georges Vitaly monte sa première pièce à la Huchette en 1951, *Monsieur Bob'le*, dont l'histoire se déroule à Paola Scala, une cité imaginaire que le protagoniste remplit de ses préceptes éternels, empreints de sagesse orientale. Le héros de *La Soirée des proverbes* (monté par Jean-Louis Barrault en 1954) cherche lui aussi, dans une fantaisiste Auberge des Quatre-Diamants, les traces d'une immortelle et mythique sagesse. Et le modeste coiffeur d'*Histoire de Vasco* (monté par Barrault en 1956), mêlé malgré lui à la guerre, sage lui aussi à sa manière, oppose son innocence à l'absurdité du conflit qu'incarnent toutes sortes de personnages quasi allégoriques, espions, travestis ou officiers de cinéma. Les pièces suivantes, *Les Violettes* (1960), *Le Voyage* (1961), *L'Émigré de Brisbane* (joué à la Comédie-Française en 1967), *L'habit fait le prince* (1973), développent la même conception scénique où rien ne semble réel.

Dans son pays en guerre, puis à Paris, et malgré une production qui s'était raréfiée, Schehadé est resté la principale figure de la poésie libanaise de langue française. Ironique, imaginative et désespérée en même temps, sa parole poétique le relie à l'inspiration méditerranéenne aussi bien qu'aux grandes traditions modernes de la poésie française, romantique, symboliste, surréaliste. Conçue le plus souvent en vers libres ou cultivant une libre prosodie, à la fois instinctive et ciselée, souvent récitée avant d'être publiée, éloquente et laconique, généreuse et pudique, elle est une voix de l'intelligence et de l'exil. Georges Schehadé est mort à Paris le 17 janvier 1989.

→ *Cahiers de la Compagnie Renaud-Barrault*, IV, 1954. — Jean-Pierre Richard, *Onze études sur la poésie moderne*, Seuil, 1964. — Fonds Georges Schehadé à l'IMEC.

A.G.

Schehadé Laurice (1911). Née à Alexandrie, dans une famille d'origine libanaise, elle a passé son enfance à Beyrouth avant de suivre son mari, ambassadeur d'Italie, dans différents pays, puis de s'installer définitivement à Rome. Elle a publié depuis 1947 une douzaine de recueils d'une poésie délicate, chargée d'Orient et de parfums, d'inspiration subtilement surréaliste, qui rappelle, dans un registre plus sensuel et plus autobiographique, celle de son frère, Georges Schehadé. L'enfance, l'amour, l'absence, l'attente et le voyage s'entrelacent dans ses recueils poétiques, en vers et en prose : *Journal d'Anne* (1947), *Le temps est un voleur d'images* (1952), *Jardins d'oranges amers* (1959), *Le Batelier du vent* (1961). Certains de ses recueils ont été repris dans *Le Livre d'Anne* (1969). Elle est également l'auteur d'un récit tendrement onirique, où poésie et fiction, comme dans un conte oriental moderne, se conjuguent harmonieusement, *Les Grandes Horloges* (Julliard, 1961).

ŒUVRES. — Aux Éditions GLM, pour l'œuvre poétique.

A.D.

Scheinert David (1916-1996). Né à Czestochowa (Pologne), le 26 mai 1916, il émigre en Belgique en 1924. Déportés, ses parents disparaîtront à Auschwitz. Son premier roman (*L'Apprentissage inutile*, 1948) retrace l'installation d'une famille juive dans la Belgique de l'entre-deux-guerres : l'œuvre soulève le problème de la dénaturation et de l'intégration culturelles, repris par la suite dans *Le Flamand aux longues oreilles* (1959, prix Rossel 1961), *La Contre-saison* (1966) et *Le Voyage en Palestine* (1973). Les héros de Scheinert sont divisés par une volonté constante de dénoncer les injustices, de quelque nature qu'elles soient, et par un besoin d'affirmer leur différence ; un malaise ontologique et social en résulte, qui ne laisse pas de solliciter l'assentiment ou le désaveu du lecteur (*Le Coup d'État*, 1950 ; *Le Mal du docteur Laureys*, 1962 ; *Un silence provisoire*, 1968 ; *La Métamorphose de Pierre Bajut*, 1974 ; *Les Amitiés lointaines*, 1983). Parallèlement à son œuvre de romancier, Scheinert a donné une dizaine de recueils de poèmes où éclate sa rage d'être au monde après la shoah, où se manifeste son espoir dans l'humanisme, utilisant une langue et un rythme qui rappellent parfois ceux des textes sacrés (*La Figue sur l'ulcère*, 1949 ; *Requiem au genièvre*, 1952 ; *Et la lumière chanta*, 1954 ; *Dans ce jardin devenu monde*, 1956 ; *Comme je respire*, 1960 ; *Sang double*, 1962 ; *Une rose pour dix épines*, 1968 ; *Ce cœur de barbarie*, 1976 ; *L'Horloge élémentaire*, 1981 ; *La*

Mémoire des cendres, 1989). On lui doit aussi deux pièces de théâtre, *L'Homme qui allait à Götterwald* (1970) et *Les poissons sont morts* (1973), ainsi que des essais : *Écrivains belges devant la réalité* (1964), *La Vie des hommes vue par les écrivains* (1967), *Constant Burniaux ou la hantise du temps* (1973), *Confidences d'un juif hérétique* (1988). Il est mort à Bruxelles le 25 août 1996.

ŒUVRES. — *L'Apprentissage inutile*, rééd., Bruxelles, Les Éperonniers, coll. Passé-présent. — *Poèmes choisis*, Bruxelles, Académie royale de langue et de littérature françaises, 1995.

→ Jacques-Gérard Linze, *Humanisme et judaïsme chez David Scheinert*, Oswald, 1976. — Laszlo Ferenczi, *David Scheinert ou la passion du juste milieu*, Bruxelles, Louis Musin, 1982.

O.Bi.

Schloezer Boris de (1881-1969). Né à Vitebsk, en Russie, le 8 décembre 1881, il fait preuve, très jeune, d'une vive sensibilité musicale ; mais c'est vers la sociologie qu'il s'oriente d'abord, pour entreprendre à Bruxelles des études conclues par un doctorat consacré à l'égoïsme (1901). De retour en Russie, il tente de se faire connaître comme écrivain et critique au milieu de l'intense activité artistique, philosophique et politique qui agite alors Moscou et Saint-Pétersbourg. En 1921, quittant son pays pour s'installer à Paris, il se consacre à la critique musicale, devient secrétaire de la *Revue musicale* et se voit confier une chronique dans la *NRF* (1921-1957). Ses premiers ouvrages sont deux études sur des compositeurs contemporains (*Scriabine*, en russe, 1923 ; trad. Librairie des Cinq Continents, 1975 ; *Stravinsky*, Aveline, 1929) et une monographie littéraire, *Gogol : l'homme et le poète ou les frères ennemis* (Plon, 1932, rééd. L'Herne, 1972).

La dualité essentielle entre l'individu et le créateur qu'il découvre dans les conflits intérieurs de Gogol se retrouve au cœur de l'ouvrage théorique élaboré au cours des années suivantes : *Introduction à J.-S. Bach : essai d'esthétique musicale* (Gallimard, 1947). L'œuvre musicale y est présentée comme une *structure*, expression non de la personnalité psychologique ou sociale de l'auteur, mais de son « moi mythique », principe de cohérence qui fait de la forme une totalité organique. Le livre devint rapidement un manifeste de la nouvelle musique. De fait, Boris de Schloezer se montra toujours attentif aux recherches musicales d'avant-garde (*Problèmes de la musique moderne*, Éditions de Minuit, 1959), sans limiter pour autant sa réflexion aux problèmes esthétiques. Ses dernières œuvres, profondément marquées par la dimension spirituelle des auteurs qu'il aimait traduire (les grands romanciers russes : Gogol, Dostoïevski, Tolstoï ; le philosophe Léon Chestov), sont deux paraboles empreintes de gravité métaphysique. *Le Rapport secret*, nouvelle d'anticipation publiée dans *Le Mercure de France* (mars 1965), décrit une civilisation qui a conquis l'immortalité au prix de la désincarnation et de la perte du sens de l'existence ; *Mon nom est personne* (Seghers, 1969), long récit, met en scène un narrateur qui, « pour renoncer au *je* », crée des êtres imaginaires et se passionne pour eux au point de basculer dans sa propre fiction.

Boris de Schloezer est mort à Paris, le 7 octobre 1969, au terme de plusieurs années de cécité passées en conversation avec ses amis.

→ *Cahiers pour un temps*, Pandora Éditions-Centre Pompidou, 1981.

B.Do.

Schlumberger Jean (1877-1968). Né le 26 mai 1877 à Guebwiller (Haut-Rhin), il était issu par son père d'une dynastie d'industriels du textile alsacien et lié au gotha protestant par sa mère, petit-fille de Guizot. Premier de la branche aînée (chahuté, il est vrai, au sein d'une fratrie qui comptait deux pionniers de la prospection électrique et un entreprenant financier), rien ne le prédisposait à embrasser la carrière littéraire, et sa famille l'imaginait archéologue (son rêve de jeunesse) ou pasteur, plutôt que poète, dramaturge et romancier. Deux événements — l'un historique : l'annexion de l'Alsace par l'Allemagne qui devait le forcer à quinze ans à s'exiler à Bâle, puis à Paris où il allait poursuivre ses études, l'autre intime : son mariage avec une coreligionnaire artiste-peintre — expliquent son choix définitif. Des influences intellectuelles facilitèrent son émancipation, la lecture des auteurs grecs et celle de Nietzsche, mais surtout la fréquentation assidue d'un aîné fascinant, proche de sa famille, André Gide. C'est dans le sillage de ce dernier, de Gaston Gallimard et de Jacques Copeau qu'il va participer successivement à la fondation de *La Nouvelle Revue française* (fin 1908-début 1909), à celle de son comptoir d'éditions (1911) et à celle du théâtre du Vieux-Colombier (1913), montrant de rares qualités de dévouement, de générosité et d'abnégation qui firent de lui un idéal « éternel second », parangon des vertus amicales comme le révèle sa correspondance (avec Gide, Copeau ou Martin du Gard). Mais pour avoir participé, de si près, aux aventures du début de ce siècle, Schlumberger se trouve peu en accord avec la littérature de son temps, malgré le brevet d'audace que lui décerne Marguerite Yourcenar dans l'hommage de la *NRF* : il fut en effet en porte à faux avec Proust, Céline et Sartre. Cette opposition trouve son origine dans son refus de la mondanité, de la dissolution des caractères et dans son souci de préserver la part positive de l'héritage. C'est son sens de l'humain qui devait le pousser, en revanche, à soutenir Saint-Exupéry, Camus et Jean Prévost.

Il serait injuste de négliger sa propre contribution littéraire et de le cantonner au seul rôle de témoin, qu'il assuma avec tact dans *Éveils* (1950), *Madeleine et André Gide* (1956) et *Rencontres* (1968), ou même d'anthologiste : pour plusieurs générations de lecteurs, il demeure l'auteur d'un *Plaisir à Corneille* (1936), qui manifestait son attachement à l'auteur du *Cid* dans une époque presque uniment racinienne. Si l'on peut passer sans regrets sur ses poèmes de début de carrière (*Poèmes des temples et des tombeaux*, 1903 ; *Épigrammes romaines*, 1910) et sur son théâtre (*Césaire*, monté en 1922 par Gaston Baty, en 1943 par Jean Vilar et en 1964 par Jean-Paul Cisife, a pourtant rencontré un certain succès), son roman, *Saint-Saturnin*, qui a manqué de peu le Goncourt en 1931, reste digne d'intérêt, et l'on saluera trois réussites : *Le Lion devenu vieux* (1924), « Au Bivouac » paru dans *Les Yeux de dix-huit ans* (1928) et *In memoriam* (1925), composé peu après la mort de sa femme, révélé au public en 1959 seulement et complété par d'émouvants *Anniversaires* en 1992. Ses écrits les plus originaux sont ses essais (réunis dans *Essais et dialogues*, 1937), où il réalise une synthèse harmonieuse de deux pensées en apparence contradictoires, le libéralisme et le nietzschéisme, à la recherche d'un « milieu juste », moral, religieux et esthétique, et qui n'a rien à voir avec le « juste milieu ».

À partir de 1937, Schlumberger collabore régulièrement au *Figaro*, qui connaissait alors sous la direction de Pierre Brisson son âge d'or. Devant la montée des périls, il y plaide pour un sursaut de civisme. Durant les années noires, on le trouvera, dans cette même tribune, parmi ceux qui s'efforcèrent de ne pas abdiquer devant l'ennemi : en 1942, l'Académie lui décerne son grand prix de Littérature pour honorer son action courageuse. Enfin, dans l'immédiat après-guerre, il tentera d'apaiser les divisions entre Français au moment des procès de Pétain et des Alsaciens d'Oradour engagés de force dans les troupes allemandes. Il devint ensuite l'un des plus ardents propagandistes du rapprochement franco-allemand et de la construction européenne. Trois volumes, *Jalons* (1942), *Nouveaux Jalons* (1945) et *Procès Pétain* (1947), recueillent l'essentiel de son œuvre journalistique. Il fit ses adieux à la littérature en 1956, en publiant un recueil de nouvelles : *Passion*. Mort à Paris le 25 octobre 1968, Schlumberger laissait un certain nombre d'inédits, dont des *Notes sur la vie littéraire* et des réflexions morales sous le titre *Le Cénobite*.

ŒUVRES. — *Œuvres*, Gallimard, 1958-1962, 7 t. — *Correspondance* avec Jacques Rivière, Lyon, Centre d'études gidiennes, 1980. — avec André Gide, Gallimard, 1993.

→ Jean Lambert, *Remarques sur l'œuvre de Jean Schlumberger*, Fontaine, 1942. — Marie Delcourt, *Jean Schlumberger, essai critique*, Gallimard, 1945. — *Les Cahiers des saisons*, avril 1958. — Auguste Anglès, « Jean Schlumberger ou le mur de verre », *NRF*, novembre 1963. — *La Nouvelle Revue française*, mars 1969. — Bibliographie complète à paraître avec ses *Notes sur la vie littéraire* (Gallimard). — Fonds Jean Schlumberger à la Bibliothèque littéraire Jacques Doucet.

P.Me.

Schlunegger Jean-Pierre (1925-1964). Né à Vevey (canton de Vaud). Après des études de lettres, il a enseigné à Lausanne, et est cofondateur de la revue *Rencontre* (1950-1953). Son œuvre poétique (*De l'ortie à l'étoile*, 1952 ; *Pour songer à demain*, 1955 ; *Clairière des noces*, 1959 ; *La Pierre allumée*, 1962 ; *Œuvres*, 1968, rééd. 1978), bien que fortement habitée par des préoccupations politiques, se place sous l'égide d'Orphée. Hantée de fréquentes descentes dans les profondeurs du désespoir existentiel et fascinée par la mort, elle renaît à chaque recueil sous la forme d'une célébration du bonheur entrevu et de l'Éros. Jean-Pierre Schlunegger s'est suicidé à Vevey, en 1964.

P.A.

Schmitz André (1929). Né à Erneuville (Belgique), le 17 août 1929. Son premier recueil de poèmes, *Pour l'amour du feu* (1961), annonce les grands thèmes de son œuvre future, comme la perte du moi dans l'univers naturel (voir aussi *À voix double et jointe*, 1965 et *À la forêt d'octobre*, 1967). Il atteint à l'essentiel de son propos avec *Soleils rauques* (1973, prix triennal de littérature), où le désir de fusion avec les éléments pallie l'angoisse de l'être et du dire. Depuis, il poursuit une œuvre rigoureuse où le réel, détaché de l'univers par fragments, devient le réceptacle et la source de grandes interrogations : l'amour, le langage, surtout la mort *(Oiseaux, éclairs et autres instants*, 1977 ; *Une poignée de jours*, 1982 ; *Le Ramasseur de feu*, 1984 ; *La Douceur des couteaux*, 1985 ; *Entailles*, 1985 ; *Délits de légèreté*, 1990). Avec *Les Prodiges ordinaires* (1991) il donne un ensemble de textes dépouillés de tout lyrisme, où s'affrontent poésie et réalité (voir aussi *Les Cerfs-volants*, 1993 ; *Raclements d'ailes*, 1994).

ŒUVRES. — *Poèmes choisis*, Bruxelles, Académie royale de langue et de littérature françaises, 1991.

→ *L'Arbre à parole* (Amay), nº spécial (nº 85), mai-juin 1995.

O.Bi.

Schwartz-Bart André (1928). Né à Metz dans une famille d'origine polonaise qui fut en partie déportée, il entra dans la Résistance en 1943. À la Libération, il s'installe à Paris et y exerce son métier d'ajusteur avant de reprendre des études, d'obtenir le baccalauréat en 1948 et de se mettre à écrire. Son premier roman, *Le Dernier des Justes* (Le Seuil, 1959, prix Goncourt), évoque, du Moyen Âge aux camps d'extermination nazis, l'odyssée et l'holocauste de ces « Justes » qui sont dans la tradition juive, des hommes au cœur pur choisis par Dieu pour assumer le malheur du monde. Sept ans plus tard, il dénonce la persécution des noirs, saisie là encore dans son histoire, dans un roman, *Un plat de porc aux bananes vertes* (Le Seuil, 1967), écrit en collaboration avec sa femme, Simone Schwartz-Bart, d'origine guadeloupéenne. *La Mulâtresse Solitude* (Le Seuil, 1972), premier volume d'un cycle qui doit se dérouler de 1760 à nos jours, raconte l'histoire tragique de Solitude de Guadeloupe, « née sous l'esclavage vers 1772 », révolutionnaire malgré elle, capturée et pendue après avoir donné naissance à un enfant et s'être découvert un « cœur de négresse ».

S.R.

Schwarz-Bart Simone (1938). Née à Pointe-à-Pitre (Guadeloupe) le 8 janvier 1938. Après avoir cosigné un premier roman, *Un plat de porc aux bananes vertes* (1967) avec son mari, l'auteur du *Dernier des justes,* elle a publié *Pluie et vent sur Télumée Miracle* (1972), et *Ti Jean L'horizon* (1979), qui l'ont placée au premier rang des écrivains de la Caraïbe. Le premier de ces deux récits dresse, dans une langue d'une rare densité poétique, l'un des plus beaux portraits de femme de la littérature antillaise. Le second entraîne son mythique héros au pays des ancêtres Bambara, en une périlleuse initiation dont il sortira fourbu, mais vainqueur. Après un silence de plusieurs années, Simone Schwarz-Bart s'est tournée vers le théâtre : *Ton beau capitaine* (1987) met en scène un personnage d'exilé haïtien en Guadeloupe, en proie à une douleur de l'absence et de la séparation.

ŒUVRES. — Au Seuil.

J.C.

Scorpion *(Éditions du)*. Maison fondée à Paris en 1946 par Jean d'Halluin. C'est avec le scandale de *J'irai cracher sur vos tombes* que les Éditions du Scorpion apparaissent sur la scène éditoriale parisienne. Profitant du succès du roman noir américain, apparu en France à la fin de la guerre, Jean d'Halluin avait demandé à Boris Vian d'écrire pour lui « le roman que l'Amérique n'a pas osé éditer », et qui se présentera comme une traduction d'un certain Vernon Sullivan. Plus de cent mille exemplaires seront vendus ; procès, condamnation et interdiction s'en suivront. Sous des couvertures éclatantes, rouges et noires, dessinées par Cluseau-Lanauve, Le Scorpion publiera quatre romans signés Vernon Sullivan, deux livres de Boris Vian, et des ouvrages de Sally Mara (pseudonyme de Raymond Queneau), Léo Malet, Raymond Guérin, Maurice Raphaël, Raymond Marshall (James Hadley Chase), Yvan Audouard, James Cain, James Curtis, Thomas Narcejac. La maison, d'abord spécialisée dans le roman policier « noir », se tournera vers les ouvrages à fort tirage, le roman « romanesque », selon les termes de Jean d'Halluin (Maurice Dekobra, Francis Didelot, Maryse Querlin, Marcelle Vioux). Les principales collections, « Les Gants noirs », « Les Romans noirs », « La Société de Minuit », « Histoire de rire », « Série blanche », disparaîtront peu à peu pour laisser place à des livres de vulgarisation (« Sachez tout sur... »), de médecine, de théâtre (« Les Feux de la rampe »), de jeunesse (collection « Alternance »). En 1966, la maison prend le nom de Promotion et édition, société d'exploitation des Éditions du Scorpion et, en 1971, D'Halluin et Cie.

P.F. — IMEC

Scutenaire Louis (1905-1987). Né à Ollignies (Belgique) le 29 juin 1905, poète lié au groupe bruxellois du mouvement surréaliste belge. Après une enfance passée en Picardie, il s'installe à Bruxelles avec sa famille en 1924 et entame des études de droit. Il entre en contact, en 1926, avec les protagonistes du « groupe de Bruxelles » : Paul Nougé, Camille Goemans, René Magritte, E.L.T. Mesens. En 1930, il épouse Irène Hamoir, dite Irine (la Lorrie des *Inscriptions)*, et adhère à l'Association Révolutionnaire Culturelle (A.R.C.). Scutenaire, qui a déjà collaboré à diverses revues *(Distances* en 1928), fait paraître dans *Documents* (novembre 1934) quelques chapitres d'un « roman-collage », *Les Jours dangereux les nuits noires* (publié en 1972), composé en partie d'extraits d'auteurs connus et inconnus, de clichés, de rapprochements incongrus (cette technique sera à l'origine de *Mes inscriptions).* Son premier recueil imprimé paraît en 1937, sous le nom de Jean Scutenaire *(Les Haches de la vie)* ; suivront *Le Retard* (1938), *Les Secours de l'oiseau* (1938), *Frappez au miroir* (1939) : dans ces poèmes, d'où le lyrisme n'est pas absent, apparaissent les éléments sur lesquels se fondera sa révolte : critique de la bourgeoisie et du pouvoir, lutte pour la libération sexuelle, matérialisme et hédonisme.

En 1941, il entre comme fonctionnaire au ministère de l'Intérieur poste qu'il ne quittera qu'en 1970 ; c'est pendant la guerre que naît l'idée d'une collection d'aphorismes, qui débouchera sur la publication de *Mes Inscriptions*, chez Gallimard, grâce à Eluard (1945) ; suivront quatre tomes, en 1976, 1981, 1984 et 1990. « Journal de bord » de Scutenaire pendant quarante ans, alliant l'humour à l'amour (des femmes), la subversion (« Avec André Blavier, nous sommes les deux derniers staliniens de Belgique ! ») à l'iconoclasme, au cynisme, dans une langue spontanée, jubilatoire, cette suite d'impressions, de réflexions, entrecoupées de poèmes, d'imprécations, usant le plus souvent du détournement du langage, demeure unique dans le panorama littéraire contemporain. Parallèlement à l'écriture de ses aphorismes, il a collaboré aux principales revues surréalistes belges : *Le Ciel bleu*, *Le Salut public*, *Temps mêlés*, *Les Lèvres nues*, *Phantomas*, *Le Vocatif...* et publié quelque soixante-dix plaquettes et volumes comprenant entre autres un roman *(Les Vacances d'un enfant*, 1947), un récit *(Le Monument de la guenon*, écrit en 1936, publié en 1962), des textes brefs et des poèmes. Fidèle à sa ligne de conduite, Scutenaire a élaboré une œuvre en prise sur le réel, affirmant sans fléchir son goût pour la provocation dans des textes aux accents souvent truculents *(Les Multiples Splendeurs*, 1972 ; *La Bonne Semaine*, 1978 ; *La Cinquième Saison*, 1983 ; *Ab hac et ab hoc*, 1986, *Lunes rousses*, 1987 ; *Le Bosquet de Sherwood*, 1988, posth.). Il faut ajouter à cette intense activité de création une cinquantaine de préfaces à des catalogues d'exposition ainsi qu'une série de volumes consacrés à l'art : ami de toujours de René Magritte, il lui a consacré plusieurs essais (1947, 1950, 1958, 1964, 1977). Il est mort à Bruxelles le 15 août 1987.

ŒUVRES. — *Mes Inscriptions (1943-1944)*, rééd., Bruxelles, Labor, 1990. — *Mes Inscriptions (1945-1963)*, rééd., Allia, 1984. — *Mes Inscriptions (1964-1973)*, Bruxelles, Brassa, 1981. — *Mes Inscriptions (1974-1980)*, Le Pré aux clercs, 1984. — *Mes Inscriptions (1980-1987)*, Bruxelles, Brassa, 1991. — *Les Vacances d'un enfant*, rééd., Bruxelles, Les Éperonniers, coll. Passé-présent, 1980. — *La Citerne, poèmes complets (1913-1945)*, Bruxelles, Brassa, 1987.

→ *Plein chant : Louis Scutenaire*, novembre 1986-janvier 1987. — Raoul Vaneigem, *Louis Scutenaire*, Seghers, coll. Poètes d'aujourd'hui, 1991.

O.Bi.

Séféris Georges (1900-1971), pseudonyme de Georges Séfériadis. Né à Smyrne dans une famille riche et très cultivée qui, ayant prévu l'exode des Grecs d'Asie Mineure, s'installa à Athènes dès 1914, il porta toute sa vie la marque de cette séparation de la terre d'origine. Son œuvre de poète et sa carrière de diplomate témoignent toutes deux d'un désir ardent de définir l'hellénisme au XXe siècle. « Où que je voyage, la Grèce me blesse », dit l'un de ses vers les plus fameux. Ses deux principales références littéraires furent le poète T.S. Eliot et l'écrivain analphabète Macriyannis, forgeron de la langue grecque moderne. On lui doit une des plus éclairantes études sur Constantin Cavafis. En mars 1921, alors qu'il prononce en français une conférence sur Moréas à l'Association des écrivains grecs de Paris, il conçoit la trahison que représenterait cette succession poétique. Renonçant définitivement à l'ambition de devenir un Grec de Paris, il n'abandonne cependant pas le français ; mais c'est, dans un premier temps, pour le traduire. En 1928, paraît à Athènes sa traduction de *M. Teste* de Valéry. S'il revient ensuite à la rédaction en français, il ne s'y exprime qu'à des occasions officielles, comme dans la conférence qu'il prononce pendant la Seconde Guerre au Caire, où il a rejoint le gouvernement grec en exil (*Deux aspects du commerce spirituel de la France et de la Grèce*, Éditions de la Revue du Caire, 1944), ou lors de la cérémonie de réception du prix Nobel de littérature qui lui fut attribué en 1963 (*Discours de Stockholm*, Institut français d'Athènes, 1964). On lui doit aussi un petit récit de voyage, rédigé à la fois en français et en grec (*Trois jours dans les églises rupestres de Cappadoce*, Institut français d'Athènes, 1953).

Ce poète en qui s'est incarné le destin de la Grèce chassée de l'Ionie, qui fut révoqué en 1969 du corps diplomatique pour avoir dénoncé le régime des colonels, et qui, à côté de son immense œuvre poétique, publia de remarquables essais littéraires et esthétiques, partiellement traduits (*Essais. Hellénisme et création*, Mercure de France, 1987), tint également un journal d'une exceptionnelle richesse, dont des extraits parurent en français (*Pages de Journal. 1925-1971*, Mercure de France, 1988). Yves Bonnefoy accorda sa voix à la sienne dans *Trois poèmes secrets* (Mercure de France, 1970). En 1974, parut à Athènes un livre posthume, le seul roman écrit par Séféris, *Six nuits sur l'Acropole*, ébauché à la suite du séjour parisien dans les années vingt et achevé trente ans plus tard (Maren Sell — Calmann-Lévy, 1994). Ce petit roman, manifestement inspiré par *Paludes* et que son traducteur français, Gilles Ortlieb, a qualifié de « sotie gidienne en Attique », permet, mieux encore que les traductions et que les textes écrits en français, de comprendre à quel point la littérature française était familière à l'écrivain grec. Séféris mourut à Athènes en 1971 ; trois ans avant la chute des colonels, ses funérailles prirent le caractère d'une manifestation contre la dictature.

→ Denis Kohler, *L'Aviron d'Ulysse. L'Itinéraire poétique de Georges Séféris*, Les Belles Lettres, 1985. — *Georges Séféris, qui êtes-vous ?*, Lyon, La Manufacture, 1989.

S.B.

Segalen Victor (1878-1919). Né à Brest le 14 janvier 1878. En une quarantaine d'années, il semble avoir épuisé deux ou trois existences. Sa « jeunesse casanière et éberluée » ne laissait peut-être pas présager une telle suite. Quand, à dix-sept ans, il quitte Brest pour entreprendre des études de médecine à l'université de Rennes, sa mère, pieuse et autoritaire, l'y suit comme pour le surveiller. Plus tard, il s'interrogera sur le destin double de ces

« maudits parmi les hommes » (des artistes comme Gauguin, Huysmans, Rimbaud) qui ont pourtant tôt ou tard exercé un métier « honorable » et prosaïque. Il poursuit des études à l'École de santé navale de Bordeaux ; la mer sera pour lui le chemin de l'évasion. À la même époque, il entre en contact avec Huysmans, Remy de Gourmont, Saint-Pol Roux. Sa thèse, publiée en 1902 sous le titre *Les Cliniciens ès lettres*, marie la médecine à la littérature ; il y étudie la description des névroses chez les écrivains naturalistes ; un chapitre de cette thèse : « Les synesthésies et l'École symboliste » paraît la même année dans *Le Mercure de France*.

Affecté à Tahiti, le jeune médecin de la marine y débarque en janvier 1903 : il n'aurait pu rêver une meilleure destination. Rompant définitivement avec son hérédité familiale, il y fera l'expérience d'une plénitude sensuelle : dix ans plus tard, il se souviendra de ces moments qu'il eût « appelés "divins" si précisément le dieu n'en avait été par nature exclu » (lettre à Claudel, 5 mars 1915). Il manque de peu Gauguin, mort en mai, mais arrive à temps pour sauver sept toiles du maître, des croquis, les bois sculptés encadrant la porte de sa case. Gauguin lui apprend à voir, avec des yeux lavés des habitudes occidentales, ces îles de la joie et leurs habitants. En leur honneur, Segalen commence à écrire un roman, *Les Immémoriaux*, dont les héros sont « les Maoris des temps oubliés », saisis au moment où la colonisation européenne commence à les dénaturer. Après un séjour de près de deux ans, sur la voie du retour, à Colombo, il se plonge dans le bouddhisme ; à Djibouti, il cherche les traces de Rimbaud. En France, il est médecin à l'École des mousses de Brest de 1905 à 1909. Il publie dans *Le Mercure de France*, en 1904 « Gauguin dans son dernier décor », en 1906 « Le double Rimbaud », puis en 1907 « Dans un monde sonore », une nouvelle, et « Voix mortes : musiques maori ». Sous le pseudonyme de Max-Anély, il fait paraître *Les Immémoriaux* (1907) et projette d'écrire un récit polynésien, *Le Maître du jouir*, dont Gauguin serait le héros. Il offre à Debussy un texte théâtral, *Siddhârtha*, mais le musicien lui propose un autre sujet, Orphée ; ils travailleront deux ans autour d'un *Orphée-roi* (posth., Crès, 1921).

Le jeune médecin lettré semblait donc avoir planté de solides racines en terre de France ; pourtant il choisit de partir : comme il l'écrit à Jules de Gaultier (20 mai 1908), que pourrait-il faire en France sinon « de la littérature » ? Il se met à l'étude du chinois pour se faire détacher en Orient comme élève-interprète. Lui, si « violemment » heureux sous les Tropiques (à Henry Manceron, 23 septembre 1911), il pressent que ce bonheur des sens n'est pas donné en Chine ; il faut pourtant nuancer son prétendu culte de la joie terrestre : dans *Siddhârtha*, il évoque une douleur qu'on ne saurait d'aucune façon effacer, la douleur habitant « au fond » de l'homme. Arrivé en Chine au mois de juin 1909, il rend visite à Claudel, consul à T'ien-tsin, pour découvrir que l'auteur de *Connaissance de l'Est* ne connaît pas le chinois ; puis il part pour un périple de huit mois, rédigeant au fil des étapes *Briques et tuiles*, d'où il tirera la matière de *Stèles*, *Peintures* et *Le Fils du ciel*. En 1911, il revient à l'exercice de la médecine ; il enseigne la physiologie à l'Imperial Medical College de T'ien-tsin, où il assiste à la chute de l'Empire. Malgré l'époque agitée, en 1912 il publie à Pékin une somptueuse édition de *Stèles*, poèmes dédiés à Claudel, empruntant la forme et certains thèmes aux stèles chinoises, et que des textes idéogrammatiques accompagnent en guise d'épigraphes. Il commence à composer *Odes*, nouveaux poèmes agrémentés d'un commentaire à la mode chinoise (posth., Les Arts et le livre, 1926) ; il écrit *Le Combat pour le sol*, adaptation d'une pièce de Claudel (*Le Repos du septième jour*) et entreprend, en 1913, un semblant de roman réaliste : *René Leys*.

Hanté par le sentiment que la Chine millénaire est en train de disparaître, Segalen prépare aussi une expédition archéologique afin d'étudier la grande statuaire du pays ; conduite en 1914 avec Gilbert de Voisins et Jean Lartigue, cette expédition sera interrompue par la guerre ; les notes prises au cours du voyage constituent les *Feuilles de route*, où il puisera l'essentiel d'*Équipée* (écrit en 1914-1915). Rappelé en France, il est affecté à l'hôpital maritime de Brest. Il poursuit la rédaction des œuvres en chantier, auxquelles il ajoute un *Essai sur soi-même* et un « Hommage à Gauguin » (publié en 1919, chez Crès, comme préface aux *Lettres* de Gauguin au peintre Georges-Daniel de Monfreid) ; *Peintures* paraît en 1916.

L'année suivante, Segalen, chargé de recruter des travailleurs chinois, prend à nouveau le chemin de l'Orient ; il profite de son séjour chinois pour de nouvelles recherches archéologiques, qui lui fourniront les matériaux pour son étude *Chine : la grande statuaire*, dont *Les Origines de la statuaire de Chine* est un complément. Un autre horizon s'ouvre alors pour lui : le Tibet, qu'il entreprend de visiter idéalement grâce à un « poème lyrique de l'escalade et de l'effort » : *Thibet.* Rentrant en France en 1918, il apprend la mort de Debussy. Il est lui-même épuisé ; l'assistance aux malades de la grippe espagnole lui enlève ses dernières forces. En 1919, il passe une longue période de convalescence en Algérie, ensuite à Huelgoat, dans l'intérieur du Finistère. Le 21 mai, il part pour une promenade en forêt ; on le retrouvera mort, probablement d'une hémorragie, un exemplaire d'*Hamlet* à côté de lui.

À partir de son séjour polynésien, le rapport avec le Divers est au centre de l'œuvre de Segalen. Dès 1904, sur la voie du retour vers la France, il a l'idée d'un *Essai sur l'exotisme*, conçu comme une « Esthétique du Divers ». Son exotisme s'oppose à celui des « touristes » (Loti), qui livrent leurs « impressions de voyage » pour ne parler que d'eux-mêmes. Au contraire, sa Polynésie et sa Chine sont envisagées du point de vue d'un autochtone : *Peintures* (revue de tableaux) adopte la démarche des artistes chinois, dédaignant l'ambition mimétique et le principe de la perspective. En fait, Segalen repousse non seulement l'eurocentrisme, mais aussi toute velléité d'assimiler la mentalité hétérogène de l'Autre ; l'exotisme est, pour lui, la perception pleine et entière d'une « incompréhensibilité éternelle » : seule l'expérience de ce qui lui reste foncièrement étranger peut enrichir et « exalter » l'existence d'un être humain. Or, l'histoire moderne tend plutôt à laminer les différences ; le colonialisme ou les révolutions, les « journaleux principes » de 1789 ou le féminisme sont autant de formes d'une « entropie » spirituelle dégradant l'énergie du Divers. La Chine apporte un apaisement à « son angoisse secrète » : la « vision “ivre” de l'univers », fruit du taoïsme, permet à l'homme de « déguster » la beauté des choses en leur fugacité même, écrit-il à Claudel le 15 mars 1915, et c'est en Chine qu'il se découvre plus clairement « amoureux des châteaux dans les âmes et des secrets corridors obscurs menant vers la lumière » (à sa femme, 13 juin 1909). Et le « transfert » de l'Empire de Chine à l'« Empire de soi-même » est constant (lettre à Henry Manceron, 23 septembre 1911). Ainsi, le héros du *Fils du ciel*, l'avant-dernier empereur, a quelque chose du poète, « fils de l'Apocalypse », de l'« Hommage à Gauguin » : il a voulu lui aussi changer le monde, « déclore une époque » au moment du suprême effondrement de l'Empire. D'autre part, ses rêves, ses échecs, ses velléités, ses tristesses sont enveloppés dans un style toujours oblique, cérémoniel, chinois.

Si l'œuvre de Segalen tend ainsi vers la suggestion et l'allégorie, Henry Bouillier a raison de parler d'une « allégorisation des accidents de la terre » : chez cet ennemi des platitudes réalistes et des déliquescences décadentes, la vie se suspend et l'« instant *crève* », envahis, comme dans *Vent des royaumes*, par la « torrentielle impression du Passé ». Dans *René Leys*, le lecteur attend aussi la révélation d'un sens caché : le jeune héros belge du récit est-il vraiment, ainsi qu'il le prétend, l'amant secret de l'impératrice et le chef de la police secrète impériale ? N'est-ce pas plutôt le deutéragoniste (le narrateur) qui par ses questions, sans le vouloir, lui suggère progressivement ce rôle ? Avons-nous vraiment accès, par lui, aux mystères de la Cité interdite ? ou n'est-ce là qu'une affabulation ? La Chine (notamment la Chine taoïste) a aiguillé Segalen vers l'indicible : mais déjà dans *Siddhârtha* la paix suprême atteinte par le Bouddha est « incommunicable » à celui qui ne l'a pas trouvée lui-même : Siddhârtha seul peut vivre « ce que lui seul a vécu ». De même, pour

Segalen, certaines pages de Rimbaud resteront à jamais impénétrables, parce que les expériences qu'elles expriment sont des « ipséismes ». Ainsi et surtout, dit le poète dans une de ses dernières lettres à Hélène Hilpert, saint Jean a bien eu sa vision d'apocalypse — mais pas l'Autre, « totale, mystique » : s'il l'avait eue, « il n'aurait *rien* dit ». Comme il l'écrivait dans *Thibet* : « C'est fait, tout est fait, et j'attends. »

ŒUVRES. — *Œuvres complètes*, éd. Henry Bouillier, Laffont, coll. Bouquins, 1995, 2 t. — *Les Cliniciens ès lettres*, Bordeaux, Cadoret, 1902, rééd. Montpellier, Fata Morgana, 1980. — « Les synesthésies et l'École symboliste », 1902, rééd. Fata Morgana, 1981. — « Le double Rimbaud », 1906, rééd. Fata Morgana, 1979 et *Rimbaud, Cahier de l'Herne*, n° 64, 1993. — *Les Immémoriaux*, Mercure de France, 1907, rééd. Le Seuil, coll. Points, 1985. — « Dans un monde sonore », 1907, rééd. Fata Morgana, 1985. — *Stèles*, Pékin, Presse du Pei-t'ang, 1912, rééd. Mercure de France, 1982. — *Peintures*, Crès, 1916, rééd. Gallimard, 1978. — *Mission archéologique en Chine 1914-1917*, Geuthner, 1923-1924. — *Équipée*, Plon, 1929, rééd. Gallimard, coll. L'Imaginaire, 1983. — *Briques et tuiles*, Plon, 1955, rééd. Fata Morgana, 1987. — *Segalen et Debussy* : correspondance, « Voix mortes : musiques maori », « Dans un monde sonore », *Orphée-roi*, Éditions du Rocher, 1962. — *Odes* suivi de *Thibet*, Mercure de France, 1963, rééd. Poésie-Gallimard, 1986. — *Imaginaires*, Rougerie, 1972. — *Chine : la grande statuaire*, Flammarion, 1972. — *Siddhârtha*, Rougerie, 1974. — *Le Fils du ciel*, GF, 1975. — *Essai sur l'exotisme*, Fata Morgana, 1978, rééd. avec « Hommage à Gauguin », « Gauguin dans son dernier décor », « La marche du feu », Le Livre de Poche, coll. Biblio essais, 1986. — *Journal des îles*, Papeete, Éditions du Pacifique, 1978. — *Feuilles de route*, *Le Nouveau Commerce*, nos 41 (1978), 44 (1979), 45-46 et supplément (1980). — *Gustave Moreau, maître imagier de l'orphisme*, Fata Morgana, 1985. — *Trahison fidèle*, correspondance avec Henry Manceron, Le Seuil, 1985. — *Essai sur soi-même*, Fata Morgana, 1986. — *Le Combat pour le sol*, Fata Morgana, 1987. — *Les Origines de la statuaire de Chine*, Fata Morgana, 1987. — *Lettres de Chine*, 10/18, 1993.

→ *Les Cahiers du Sud*, nos 288 (1948), 368 (1962). — *France-Asie*, septembre 1956. — Henry Bouillier, *Victor Segalen*, Mercure de France, 1961, nouv. éd. 1986. — Jean-Louis Bédouin, *Victor Segalen*, Seghers, 1963. — Éliane Formentelli dir., *Regards, espaces, signes, Victor Segalen*, L'Asiathèque, 1979. — Kenneth White, *Segalen. Théorie et pratique du voyage*, Lausanne, Alfred Eibel, 1979. — Gabriel Germain, *Victor Segalen, le voyageur des deux routes*, Rougerie, 1902. — Michael Taylor, *Vent des royaumes ou les voyages de Victor Segalen*, Seghers, 1983. — Claude Courtot, *Victor Segalen*, Henri Veyrier, 1984. — Yves-Alain Favre dir., *Victor Segalen*, Pau, Cahiers de l'Université, 1987. — *Europe*, nº 696, avril 1987. — Anne-Marie Grand, *Victor Segalen. Le moi et l'expérience du vide*, Klincksieck, 1990. — Marc Gontard, *Victor Segalen. Une esthétique de la différence*, L'Harmattan, 1990. — Christian Doumet, *Le Rituel du livre. Sur « Stèles » de Segalen*, Hachette, 1991. — Gilles Manceron, *Segalen*, Lattès, 1991. — Un *Bulletin de l'Association Victor Segalen* (devenu *Cahier* en 1992) paraît depuis octobre 1988. — Fonds Victor Segalen à la Bibliothèque nationale.

S.S.

Seghers *(Éditions Pierre)*. Maison fondée à Villeneuve-lès-Avignon en 1944 par Pierre Seghers. Après l'expérience des Éditions de la Tour, fondées en 1938 à Villeneuve-lès-Avignon, privées de relations et de capitaux, Seghers voulait publier un recueil de ses propres poèmes. La guerre l'encourage à créer aussi une revue, *P.C. 39* (« *Poètes casqués* »), à laquelle succède, toujours en zone sud, la revue *Poésie 40*, puis *41* et ainsi de suite jusqu'en 1944. Seghers, proche d'Aragon qu'il accueillit avec Elsa Triolet à Villeneuve-lès-Avignon, y publie des textes des poètes engagés sur le front ou dans la Résistance. Il fait paraître également quelques rares volumes (*Le Tombeau d'Orphée* de Pierre Emmanuel, 1941 ; *Greniers des saisons* de Maurice Fombeure, 1942, *Délivrez-nous du mal* de Loys Masson, 1942 ; *Poésie involontaire, poésie intentionnelle* d'Eluard, 1942).

Les Éditions Pierre Seghers naissent le 10 mai 1944. Inscrit au syndicat des éditeurs grâce au parrainage de Gaston Gallimard, Seghers publie le premier titre de la collection « Poètes d'aujourd'hui », où le critique Louis Parrot présente l'œuvre d'Eluard, figure emblématique de la poésie de la Résistance. Aragon, Max Jacob, Cocteau, Michaux, Lautréamont, Garcia Lorca, Apollinaire, Whitman, Claudel et Seghers, seul auteur de la collection à s'être présenté lui-même dans cette série, rejoindront bientôt le catalogue de cette collection d'anthologies de poètes, accessible au grand public et qui connaîtra une exceptionnelle longévité, publiant plus de deux cent soixante-dix volumes, dont certains se vendront à 300 000 exemplaires, et contribueront ainsi à dresser le tableau de la poésie contemporaine et passée, française et étrangère. Dès 1945, Seghers, qui fait de la « défense et diffusion de la poésie » son cheval de bataille et l'image de sa maison, crée également la petite collection « P.S. », où il publie André Frénaud et André de Richaud en 1944, Guillevic, Tardieu et Soupault en 1946, Cendrars, Vercors et Henry Miller en 1949, Franz Hellens en 1951, André Hardellet et Jacques Roubaud en 1952. Il rachète des œuvres venant du fonds de l'éditeur Eugène Rey, dont Jehan Rictus. Il crée plusieurs collections d'histoire littéraire (« Mélior » pour les anthologies, « Écrivains d'hier et d'aujourd'hui ») et met en place sa propre structure de diffusion, « L'Intercontinentale », qui bénéficie de l'appui de plusieurs maisons d'éditions suisses. En 1961, il publie *L'Immaculée Conception* d'Eluard et Breton. Il développe également une collection d'anthologies thématiques (*La Poésie érotique*, de Marcel Béalu ; *Huit siècles de poésie féminine*, de Jeanine Moulin). La collection « Autour du monde » (cent titres publiés jusqu'en 1967) contribue à faire connaître les poètes contemporains « les plus marquants » de tous pays, et de l'Europe de l'Est en particulier.

Désireux de se consacrer à ses propres travaux (*La Résistance et ses poètes*, Seghers, 1974 ; *Monsu Desiderio*, Seghers, 1981), Seghers vend en 1969 une participation majoritaire à Robert Laffont, qui le maintient comme directeur littéraire mais confie la direction à Claude Mahias. Après un va-et-vient d'éditeurs, la maison connaît sa dernière période de production indépendante sous la direction de Paul Fournel de 1989 à juin 1992, date à laquelle elle devient, à l'issue d'une restructuration du Groupe de la Cité, une simple collection des Éditions Laffont.

→ Pierre Seghers, *Pierre Seghers*, coll. « Poètes d'aujourd'hui », n° 164, 1967. — Colette Seghers, *Pierre Seghers, un homme couvert de noms*, Laffont, 1981.

C.P. — IMEC

Seghers Pierre (1906-1987). Né à Paris le 5 janvier 1906 d'une famille d'artisans, il passe l'essentiel de sa jeunesse en Provence, à Carpentras, promis dès lors à une poésie concrète et attachée à célébrer la vie. Un premier emploi qui le fait circuler dans la province nourrit cette première orientation par le contact avec des lieux pittoresques et des traditions. Il arrive à Paris à dix-neuf ans, ignorant de la vie littéraire de l'époque, mais plein d'enthousiasme. Il se lance dans les affaires (bars, casinos, hôtels) et mène une vie trépidante. Il s'initie à la peinture moderne et élargit ses horizons littéraires. Mais, de son propre aveu, sa véritable naissance date de 1932, au moment où il rencontre Louis Jou, aux Baux-de-Provence. Cet artisan musicien, peintre, amateur de littérature, lui révèle l'aspect essentiel de la poésie. En 1937, il réunit ses premiers poèmes sous le titre *Bonne Espérance*. En 1938, il s'installe à Villeneuve-lès-Avignon. Mobilisé, il fonde à l'automne 1939 la revue *Poètes casqués*, qui devient l'organe de la poésie de la Résistance. Il est délégué du Comité national des écrivains réuni à Lyon autour de Jean Tavernier et de sa revue *Confluences*. Menacé, il entre dans la clandestinité. Il suspend la revue en 1948, estimant manquer de la liberté nécessaire. En mai 1944, le premier volume de la série des Poètes d'aujourd'hui, consacré à Paul Eluard et Louis Parrot, marque les débuts de la maison d'édition Seghers. La revue *Poésie* continuera d'offrir un lieu de rencontre poétique. Faire connaître largement la poésie est un souci constant de Pierre Seghers qui publiera plusieurs anthologies.

Dès *Bonne Espérance*, Pierre Seghers apparaît comme un artisan du langage, dont l'effort est seul capable, peut-être, de passer le cap de « la fugitive vie ». L'œuvre célèbre la vie et le pouvoir des mots. Mais la conscience du morcellement et de la fragilité de la vie humaine crée une tension qui persiste. Malgré l'apparente simplicité du poème, libre ou régulier, ouvert au langage familier, aux dictons populaires, à une forme de dialogue avec les hommes ou avec soi-même, à la chanson (*Chansons et complaintes*, 1959, prix Guillaume Apollinaire), la poésie est ici essentielle à l'homme. Pierre Seghers refuse une poésie qui serait un pur jeu de langage et reste éloigné de tout systématisme philosophique. La liberté formelle est donc plutôt une manière d'accueillir la vie dans sa diversité et d'y prendre part (*Le Chien de pique*, 1941 ; *Pour les quatre saisons*, 1941 ; *Le Domaine public*, 1941-1943 ; *Le Futur antérieur*, 1944). La langue, violente, durement concrète, parfois verte et populaire, dénonce la guerre et ses atrocités (*Août*, dans *Pour les quatre saisons)*, la société moderne matérialiste et hypocrite (*Le Pipe-line de Bassorah*, dans *Le Futur antérieur)* que le poète défie (*Le Phénix et les autres*, dans *Le Domaine public)*, la dégradation de tout. Les premières œuvres, par leur virulence concrète et leur évocation aiguë des contradictions de l'Histoire, montrent combien le poète est d'abord conscient d'une forme de discordance. C'est à partir de cette révolte que se construisent les livres suivants et l'idée que la poésie est une urgence vitale qui peut prendre les accents apparemment les plus familiers. Ainsi, dans *Jeune Fille* (1947), la linéarité et la simplicité de l'histoire de *La Sauvage* ne masquent pas l'hésitation, familière aux chansons populaires, « à la limite » entre le désespoir et la vie, pas plus que les fêtes finissantes d'*Iroquoises*, la solitude et le silence n'éludent l'angoisse de la mort.

Mais dans *Six poèmes à Véronique* (1950) ou dans le *Portrait d'une maîtresse d'école* des *Poèmes choisis* (1952) se confirme l'idée que l'homme, dans l'amitié de la poésie, doit résister à l'usure, *maintenir* l'humain. La désespérance, discrète, parfois frondeuse, se mue en effort pour transformer la situation transitoire de l'homme placé « entre deux rives sur un pont » en observation, en conscience, en exploration plutôt qu'en dérive. Aimer et chanter la vie devient une sorte de devoir, le seul moyen d'honorer la vie, qui est la Beauté, Alice Ozy régnant en odeurs de fenouil, de lavande et de platane, en saveurs de sarment et d'abricot (*Le Cœur volant*, 1954). Comme il est dit dans *Racines* (1956), « à partir de riens aussi vieux, aussi altérés que le monde, le poète recompose un univers de soleils et de vies, la terre reverdit sous d'immenses forêts ». Phénix, le poète peut alors défier la mort, prendre « racines ». Une même certitude de demeurer quand même dans ce qui passe se retrouve dans *Piranèse* (1961). Chez ce poète si concrètement attentif au monde, à la vie, c'est finalement dans le seul poème que se constitue et que s'invente la vie véritable, comme un défi et une résistance au « chagrin » (*Dialogues*, 1966). Non que la vie concrète ne soit qu'une illusion décevante. Mais, évidée par la durée, elle se reforme par la poésie. La crainte d'avoir perdu son temps et sa vie conduit le poète à méditer avec une certaine inquiétude : dans *Les Mots couverts* (1970) et *Dis-moi, ma vie* (1972), la poésie apparaît plus que jamais comme la justification de l'existence. Le poète se voit désormais *Au seuil de l'oubli* (1976). Ensuite, *Fortune Infortune Fort Une* (1984) mettra en garde ceux qui ne sauraient pas aimer la vie, la fête, avant la nuit. Une tension demeure entre l'appel à vivre pleinement la vie concrète et l'angoisse de savoir cette vie fugitive. La poésie de Pierre Seghers est une forme d'épicurisme, où l'accueil aux joies terrestres est intimement lié au sens de la précarité de tout. Elle explore donc, sans contradiction, la densité du concret et l'inquiétude de la condition humaine : à la fois éloge de ce qui est et effort incessant pour accomplir une unité salutaire. Pierre Seghers est mort à Paris le 4 novembre 1987.

ŒUVRES. — Chez Seghers.

→ *Pierre Seghers par l'auteur*, Seghers, coll. Poètes d'aujourd'hui, 1973. — Colette Seghers, *Pierre Seghers, un homme couvert de noms*, Robert Laffont, 1981.

A.P.-de B.

Semaine littéraire (La) (1893-1927). Revue littéraire fondée et dirigée par le Genevois Louis Debarge, élève d'Édouard Rod. Elle a rassemblé les forces vives de la Suisse romande au-delà des inimitiés, publié les œuvres de nombreux auteurs romands, y compris Ramuz. Outre la partie littéraire, la revue comportait des études très diverses et des chroniques, dont « La Vie en Suisse », qui présentait un bilan culturel mensuel.

G.R.

Sembène Ousmane (1923). Né à Ziguinchor (Sénégal) au sein d'une famille de pêcheurs Lébou, mais que le métier rebute, il quitte la Casamance pour Dakar où son père l'a confié à son oncle, instituteur à la retraite. Mais les portes des écoles ne tardent pas à se fermer devant cet élève trop turbulent. Après avoir occupé divers emplois manuels, il est mobilisé de 1942 à 1946 et revient à Dakar lors de la grève des cheminots du Dakar-Niger, qui se prolongera jusqu'en 1947 et dont le futur romancier se souviendra pour sa grande fresque sociale, *Les Bouts de bois de Dieu* (Le Livre contemporain, 1960, rééd. Pocket, 1975). C'est ensuite l'expérience prolétarienne des années cinquante : ouvrier chez Citroën à Paris, puis docker à Marseille, il s'inscrit au parti communiste français et découvre à la bibliothèque que la section de la CGT met à la disposition de ses adhérents le monde jusque-là inconnu des grands écrivains français du XIXe siècle, Balzac, Maupassant, Zola. De cette époque date sa vocation littéraire : il publie six romans fortement marqués de didactisme révolutionnaire, *Le Docker noir* (Debresse, 1956), *Ô Pays, mon beau peuple* (Amiot-Dumont, 1957), *Les Bouts de bois de Dieu*, L'Harmattan (Présence africaine, 1963), *Xala*, *Le Dernier de l'empire* (L'Harmattan, 1981), et plusieurs recueils de nouvelles, *Voltaïque* (Présence africaine, 1962), *Véhi-Ciosane* (Présence africaine, 1965), *Le Mandat* (Présence africaine, 1965), *Niiwam* (Présence africaine, 1987), dans lesquels il dénonce les abus du pouvoir colonial et les dérapages des nouveaux maîtres de l'Afrique. Pourfendeur de la tradition lorsqu'elle est un facteur d'aliénation sociale, comme le montre le comportement de nombre de chefs religieux et de marabouts, il reste attaché aux valeurs qui fondent la personnalité africaine, sens de l'honneur, respect de la parole donnée, et n'a que mépris pour ceux de ses contemporains qui alternent la consommation de la noix de kola avec celle du whisky. Fondateur et pionnier du cinéma africain, il a tourné son premier court métrage, *Borom Sarret*, en 1963, au retour d'un long séjour à Moscou où il s'est formé sous la férule de Donskoï et de Guérasimov. Plusieurs de ses propres romans ont été portés à l'écran *(La Noire de*, *Le Mandat*, *Xala)*.

→ A. Moriceau, A. Rouch, *« Le Mandat »*, Nathan, 1983. — Claude Abastado, *Les Bouts de bois de Dieu »*, NÉA, 1984. — J. -P. Gourdeau, Bordas, 1984. — *CinémAction*, en coédition avec *L'Afrique littéraire*, septembre 1985.

J.C.

Semprun Jorge (1923). Né à Madrid le 10 décembre 1923, il fait ses études en France. En 1942, il s'engage dans la lutte communiste et la Résistance. Il connaît le maquis (qu'il évoque dans son premier roman, *Le Grand Voyage*, Gallimard, 1963) et, de 1943 à 1945, la déportation à Buchenwald (*Quel beau dimanche !*, Grasset, 1980 ; *L'Écriture ou la vie*, Gallimard, 1994). Membre du comité central du parti communiste espagnol clandestin (1954-1964), il lutte contre le franquisme. En 1988, il devient ministre de la Culture du gouvernement espagnol. Entre fiction et autobiographie, ses romans méditent sur les ambiguïtés de l'engagement : *La Deuxième Mort de Ramón Mercader* (Gallimard, 1969, prix Femina) ; *Autobiographie de Federico Sánchez* (Le Seuil, 1978) ; *L'Algarabie* (Fayard, 1981). Semprun est également scénariste (*La guerre est finie*, 1966 ; *Z*, 1968 ; *L'Aveu*, 1970).

C.C.

Sénac Jean (1926-1973). Né en Oranie, dans l'ouest de l'Algérie, issu d'un milieu très modeste, il fait des études médiocres mais s'intéresse très tôt à la poésie, poussé à écrire dans une veine patriotique par son admiration pour Aragon et par les circonstances historiques de la Deuxième Guerre mondiale. Après la guerre, il publie des poèmes et des articles dans de nombreuses revues et rencontre des écrivains de France ou d'Algérie, dont René Char et Albert Camus. Il fonde des revues littéraires, *Soleil*, puis *Terrasses*, mais à partir de 1954 il se consacre essentiellement à une activité militante en faveur de l'indépendance de l'Algérie. Il y revient en 1962 et entre à l'Union nationale des écrivains algériens, où il restera jusqu'en 1965. Il mène une intense activité culturelle à l'étranger (URSS) et en Algérie, où il fait plusieurs émissions radiophoniques. Mais il est assez mal vu du pouvoir, que ce soit pour son homosexualité ou pour ses choix politiques. Les circonstances dans lesquelles il a été assassiné, dans la nuit du 29 août 1973, restent obscures. Il est enterré en Algérie, face à la mer.

Son œuvre est, pour l'essentiel, poétique. Il a publié *Le Soleil sous les armes, éléments d'une poésie de la résistance algérienne* (1957), *Matinale de mon peu-*

ple (1961), *Citoyens de beauté* (1967), *Avant-corps* précédé de *Poèmes iliaques* et suivi du *Diwân du Noûn* (Gallimard, 1968). Après sa mort, d'autres recueils ont été publiés, dont *A-corpoème* (1981) et *Le Mythe du sperme-Méditerranée* (1984). La parenté de Jean Sénac avec Albert Camus vient d'un fonds commun de paganisme méditerranéen, tragique et solaire, qui peut expliquer aussi ses liens avec Garcia Lorca ou René Char. Sa forme de sensibilité l'apparente à Verlaine, dont il revendique la paternité. Poète de toutes les résistances, il a conçu la vie et la poésie dans le rapprochement de l'amour et de la révolution, et a beaucoup fait pour les jeunes poètes algériens. Depuis les années 1990, revues et colloques attestent l'importance de son rôle.

→ *Awal*, 1993.

D.B.

Senghor Léopold Sédar (1906). Né le 6 juin 1906 à Joal, modeste bourgade du rivage sénégalais, il passe ses premières années dans une famille patricienne attachée à la tradition, avant de rejoindre la mission des Frères du Saint-Esprit, puis le collège Libermann de Dakar. En 1928, bachelier pourvu d'une demi-bourse, il gagne Paris et entre en khâgne à Louis-le-Grand, rencontre Césaire et Pompidou, étudie à la Sorbonne et découvre le Paris des années trente, capitale littéraire, véritable « ville ouverte », dira plus tard Léon Gontran Damas, complice de la première heure, « où nous rencontrions toutes sortes de personnes, et notamment des Noirs américains de toutes les classes à un moment où l'Europe découvrait l'art nègre et les negro-spirituals ». Décisives pour la genèse de l'œuvre poétique de Senghor, ces années d'apprentissage auront aussi une influence déterminante sur la formation du jeune homme au carrefour de deux mondes, engagé dans l'« aventure ambiguë » de toute une génération de nègres colonisés et assimilés. Les contradictions et drames intimes nourrissent et structurent l'œuvre d'un écrivain marqué par cette ambiguïté. À l'image de la « récade bicéphale, gueule du lion et sourire du Sage » que brandit l'auteur de « Messages », une grande partie des poèmes composant *Chants d'ombre* et *Éthiopiques* — *Hosties noires* apparaissant davantage comme une œuvre de circonstance liée à la Seconde Guerre et à la captivité de Senghor — traduisent les hésitations et remords d'un homme partagé. Nourri de culture gréco-latine, de Hugo, Péguy, Claudel, le futur agrégé de grammaire n'en ressent pas moins l'insularité de sa condition de nègre coupé de ses racines, et plus d'une page trahit le basculement dans les « fondrières de l'angoisse ». C'est donc vers le royaume enfantin que l'entraîne la nostalgie du pays perdu : « Ah ! de nouveau dormir dans le lit frais de mon enfance ! »

L'opposition entre l'Europe et l'Afrique ne se résume pas à ces accents élégiaques engendrés par le souvenir, et, en plus d'un poème, se lit l'ambiguïté de la relation haine-amour qui unit le poète à la France. S'il décline la rose et respire en une « chambre peuplée de Latins et de Grecs », Senghor n'oublie pas « les mains blanches qui tirèrent les coups de fusil qui croulèrent les empires ». Il faut voir dans cette prise de conscience de la situation de l'Afrique, victime de prédateurs européens, l'une des origines du mouvement de la négritude dont Léopold Senghor a été, avec Césaire, le père fondateur. Elle débouche sur l'expression d'une révolte aux aspects parfois contradictoires. Le poète militant proclame alors : « Je déchirerai les rires Banania sur tous les murs de France » (poème liminaire des *Hosties noires)* et n'hésite pas à stigmatiser ses « contagions de civilisé » et à opérer un salutaire retour vers ses origines. Plus que nostalgie, cette quête à rebours, par le biais de laquelle le nouvel Orphée tente de renouer le dialogue trop longtemps interrompu avec ses « Pères », fait donc figure de quête initiatique.

De cette plongée dans les entrailles de la race, la poésie porte trace, associant cadences latines et prosodie rythmée des griots, dont l'auteur d'*Éthiopiques* se veut le continuateur. Si les réminiscences classiques des Bons Pères apparaissent souvent — « la rumeur des troupeaux », « la théorie des servantes » —, sans parler des apports de Claudel ou de Saint-John Perse, et, dans une moindre mesure des surréalistes, Senghor demeure le « maître de langue » qui a su marier la langue française au génie nègre. « Il nous faut rester des sauvages », lui confiait Picasso en 1940, reconduisant le jeune Senghor venu lui rendre visite ; propos auquel semble faire écho, deux ans plus tard, l'admonestation de Suzanne Cézaire dans *Tropiques* (nº 4, janvier 1942) : « La poésie martiniquaise sera cannibale ou ne sera pas ! » Il paraît raisonnable d'accorder quelque crédit au poète de Joal lorsqu'en réponse à ses détracteurs, il déclare dans la postface d'*Éthiopiques* : « La vérité est que j'ai surtout lu, plus exactement écouté, transcrit et commenté des poèmes négro-africains [...] Si l'on veut nous trouver des maîtres, il serait plus sage de les chercher du côté de l'Afrique. »

ŒUVRES. — Au Seuil, sauf indication contraire. — **Poésie** : *Chants d'ombre*, 1945. — *Anthologie de la nouvelle poésie nègre et malgache de langue française*, PUF, 1948, rééd. 1969. — *Hosties noires*, 1948. — *Chants pour Naëtt*, 1949. — *Éthiopiques*, 1956. — *Nocturnes*, 1961. — *Élégie des alizés*, 1969. — *Lettres d'hivernage*, 1973. — *Paroles*, NÉA, 1975. — *Élégies majeures*, 1979. — **Prose** : *Liberté I, II, III, IV, V*, 1964, 1971, 1977, 1983, 1993. — *Ce que je crois : négritude, francité et civilisation*, Grasset, 1988.

→ A. Guibert, *Léopold Sédar Senghor*, Seghers, 1965. — H. de Leusse, *Des poèmes aux « Lettres d'hivernage »*, Hatier, 1975. — M. Towa, *L.S. Senghor : négritude ou servitude ?*, CLE, 1971. — D. Delas, *L.S. Senghor : lecture blanche d'un texte noir*, Temps actuels-Messidor, 1982. — Robert Jouanny, *Les Voies du lyrisme dans les poèmes de L.S. Senghor*, Champion, 1986. — L. Kesteloot, *Comprendre les poèmes de L.S. Senghor*, L'Harmattan, 1989. — M. Hausser, *Essai sur la poétique de la négritude*, Silex, 1986. — Bibliographie : *Éthiopiques* (Dakar), 1985, nº 3. — Fonds Léopold Sédar Senghor à la Bibliothèque nationale.

J.C.

Serge Victor (1890-1947), pseudonyme de Victor Napoléon Kibaltchitch. Né le 30 décembre 1890 à Bruxelles, apprenti photographe à quinze ans, Serge fréquente les milieux anarchistes bruxellois, où son père, révolutionnaire russe, s'est réfugié. Il s'installe à Paris en 1909, donne ses premières traductions chez Grasset et collabore à la revue *L'Anarchie*, dont il prend en 1911 la direction. Arrêté en 1913 dans le cadre de l'affaire de la « Bande à Bonnot », il est condamné à cinq ans de réclusion et cinq ans d'interdiction (voir *Les Hommes dans la prison)*. Libéré en janvier 1917, il s'installe à Barcelone, où il collabore, sous le pseudonyme de Victor Serge, à *Tierra y libertad*. En juillet, il tente de gagner la Russie en passant clandestinement par la France. Il est arrêté et emprisonné. En janvier 1919, dans le cadre d'un échange franco-russe de prisonniers, il découvre enfin la Russie. Au cours de ce transfert, il rencontre Liouba Roussakova qui deviendra sa compagne (voir *Naissance de notre force)*.

Naturalisé citoyen soviétique, Serge va passer dix-sept ans en Russie. Membre du parti bolchevik, il accomplit de nombreuses tâches pour l'Internationale communiste : secrétaire de son président, Zinoviev, il anime les Éditions de l'Internationale. Il sera plus tard fonctionnaire du Commissariat aux affaires étrangères, puis de celui de l'instruction publique. Il remplit plusieurs missions en Allemagne et en Autriche. Au cours des années vingt, il fournit à plusieurs périodiques français (*La Vie ouvrière*, *Le Bulletin communiste*, *Clarté*, *L'Humanité)* des chroniques remarquablement informées sur la vie littéraire et culturelle en Russie. Il développe à cette époque ses premières réflexions sur les conditions d'existence d'une littérature révolutionnaire (reprises dans *Littérature et révolution* en 1932).

Dès 1925, il est membre de l'opposition regroupée autour de Trotski ; exclu du parti communiste en 1928, il est arrêté une première fois. Il perd alors son travail et sa vie matérielle devient extrêmement difficile. Sa femme, Liouba, souffre alors de profonds troubles psychiques. Au cours de cette période, il se tourne vers la littérature et écrit en français, entre 1929 et 1931, trois romans qui s'éloignent peu de l'expérience personnelle de l'auteur (*Les Hommes dans la prison*, *Naissance de notre force*, *Ville conquise)* ainsi qu'une nouvelle, « Mer blanche ». En mars 1933, après avoir vainement demandé d'émigrer, il est condamné à trois ans de déportation. Son cas devient alors en France « l'affaire Victor Serge ». Depuis 1928, des intellectuels français lui avaient apporté leur soutien ; ils se regroupent en 1933 dans un « Comité pour le rapatriement de Victor Serge », animé par Magdeleine Marx entourée de Georges Duhamel, Charles Vildrac,

Georges Pioch, Léon Werth, Marcel Martinet, Henry Poulaille. Le comité tente sans beaucoup de succès d'obtenir le soutien d'une intelligentsia française engagée dans la défense de l'Union soviétique. Après l'intervention remarquée de Magdeleine Marx lors du Congrès pour la défense de la culture de juin 1935, et la démarche de Romain Rolland auprès de Staline et de Iagoda en juin-juillet 1935, Serge peut enfin quitter l'URSS en avril 1936.

Il s'installe avec sa famille à Bruxelles, puis à Paris, et collabore à diverses revues belges et françaises (*La Flèche*, *La Révolution prolétarienne*, *La Wallonie)*. Ses relations avec Trotski et les militants pour la création d'une IVe Internationale deviennent vite tendues et conflictuelles. Il rompt ouvertement avec Trotski en décembre 1938. Il quitte Paris avec son fils le 10 juin 1940. Après avoir trouvé refuge dans la banlieue marseillaise, ils s'embarquent pour l'Amérique en mars 1941. Serge n'obtient pas de visa pour les États-Unis mais peut s'installer au Mexique. Pendant les années de guerre, il collabore à de nombreuses revues latino-américaines ou américaines et écrit de nouveaux romans en français : *Les Années sans pardon*, *Les Derniers Temps* (publié au Canada en 1946), et surtout *L'Affaire Toulaev*, sa plus belle œuvre. Remarquablement construit, ce roman démonte la terrifiante logique des grands procès staliniens. Autour du grand chef, centre d'une gigantesque toile d'araignée, il brosse, dans Moscou balayé par la tourmente hivernale, le portrait de tous ceux qui, courageux ou lâches, dignes ou veules, seront broyés par l'enquête autour de l'assassinat d'un dignitaire du parti. Victor Serge est mort à Mexico le 17 novembre 1947.

ŒUVRES. — **Poèmes** : *Résistance*, Les Humbles, 1938, rééd. Maspero, 1970. — **Romans et nouvelles** : *Les Hommes dans la prison*, Rieder, 1930. — *Naissance de notre force*, Rieder, 1931. — *Ville conquise*, Rieder, 1932. — *S'il est minuit dans le siècle*, Grasset, 1939, rééd. 1971. — *L'Affaire Toulaev*, Le Seuil, 1948. — *Les Révolutionnaires* [rassemble les cinq romans précédemment cités], Le Seuil, 1967. — *Les Derniers Temps*, Montréal, L'Arbre, 1946. — *Les Années sans pardon*, Maspero, 1971, rééd. 1979. — *Le Tropique et le Nord* [quatre nouvelles : « Le séisme », « L'hôpital de Léningrad », « Mer blanche », « L'impasse Saint-Barnabé »], Maspero, 1972. — **Mémoires** : *Mémoires d'un révolutionnaire*, Le Seuil, 1951, rééd. 1978, coll Points. — *Carnets*, Actes Sud, 1985. — **Essais** : *Soviets, 1929*, t. II de la trilogie de Panaït Istrati : *Vers l'autre flamme*, Rieder, 1929. — *Portrait de Staline*, Grasset, 1940. — *L'An I de la Révolution russe*, Librairie du Travail, 1930, rééd. Maspero, 1971. — *Littérature et révolution*, Valois, 1932, rééd. Maspero 1976 et 1979. — *Vie et mort de Léon Trotski*, Amiot-Dumont, 1951, rééd. Club des amis du livre, 1961 et Maspero, 1973, 2 t. — *Le Tournant obscur*, Les Îles d'or-Plon, 1951, rééd. Albatros, 1972.

→ *Victor Serge, vie et œuvre d'un révolutionnaire* (colloque de l'Institut de sociologie de l'université libre de Bruxelles, mars 1991), *Socialisme*, nos 226-227, juillet-octobre 1991. — J.-L. Panné, « L'affaire Victor Serge et la gauche française », *Communisme*, no 5, 1984.

Ph.B.

Sernet Claude (1902-1968). Né le 24 mai 1902 à Tîrgu Ocna (Roumanie). De son vrai nom Ernest Spirt, il est le premier enfant d'un médecin généraliste. Séparé de sa famille durant la guerre de 1914-1918, il s'inscrit à la faculté de droit de Bucarest en 1920 et se lie d'amitié avec de nombreux poètes et écrivains d'avant-garde. En 1924, ses premiers textes sont publiés sous le pseudonyme de Mihail Cosma, dans la revue *75HP*, où écrivent aussi son ami Victor Brauner et son beau-frère Ilarie Voronca. En 1925, brusque départ pour la faculté de droit de Pavie, où il termine ses études supérieures. L'année suivante, premier séjour à Paris. Il y retrouve de jeunes artistes : Arthur Adamov, Benjamin Fondane, et surtout les membres du Grand Jeu : Roger Vailland, Roger Gilbert-Lecomte, René Daumal, Rolland de Renéville, Henri Calet, Jean Carrive, Monny de Boully, Fernand Lumbroso. Avec eux, en 1928, il crée une revue éphémère : *Discontinuité*, baromètre du malaise de la civilisation européenne. Dès lors, son mal d'être l'apparente au juif errant, au paria poussé par « un grand désir de rompre avec [son] nom, de rompre avec [soi-même] ». À partir de 1933, Sernet publie des textes dans *Cahiers Jaunes*, *Le Journal des poètes*, *Le Phare de Neuilly*, *Les Nouvelles littéraires*. En 1937, il publie à compte d'auteur *Commémorations*, son premier recueil de vers. En 1938, nouvelle plaquette : *Un jour et une nuit*.

L'expression constante d'un pessimisme universel résonne sourdement dans ces recueils.

Mobilisé en 1939, il est fait prisonnier en juin 1940 et réussit à s'évader en mai 1941. Installé près de Narbonne, il collabore à des revues (*Méridien*, *L'Éternelle Revue)* et à des recueils collectifs (*L'Honneur des poètes)*. À la Libération, il rejoint les intellectuels du mouvement pour la paix et le parti communiste français. Il publie régulièrement, d'abord dans des éditions hors commerce, puis à partir de 1950 chez Seghers. Après une période d'engagement jalonnée de poèmes militants, sa poésie se fixe sur l'expression d'une angoisse de caractère existentiel, véritable hurlement rentré du mal de vivre. Sernet explore en poète lyrique ce versant sombre de la condition humaine, parcouru aussi par d'autres écrivains français d'origine roumaine (Cioran, Fondane, Ionesco, Voronca). Des nombreux recueils publiés on retiendra, en 1956, *Étapes*, en 1958, *Aurelia*, très long poème en alexandrins rimés, et surtout en 1962, *Les Pas recomptés*, anthologie personnelle de ses œuvres antérieures. En 1966, *Ici repose* explore l'abîme des ombres surgies de l'érosion du temps et de l'attente. Claude Sernet est mort le 15 mars 1968 à Paris.

ŒUVRES. — *Commémorations*, Tschann, 1937. — *Un jour et une nuit*, Sagesse, 1938. — Chez Seghers : *Poèmes dus*, 1950. — *Jour après jour*, 1951. — *D'une suite sans fin*, 1953. — *Avec les mêmes mots*, 1954. — *Fidèle infidèle*, 1955. — *Étapes*, 1956. — *Aurelia*, 1958. — *Les Pas recomptés*, 1962. — *Éléments*, 1963. — *L'Étape suivante*, 1964. — *Ici repose*, Fata Morgana, 1967. — *À Jacques Hérold*, Fata Morgana, 1969.

→ Michel Gourdet, *Claude Sernet : l'homme et l'œuvre*, thèse, université de Nice, 1977. — Michel Gourdet, *Claude Sernet*, Rodez, Subervie, 1981. — Robert Sabatier, *Histoire de la poésie française. La poésie du XXe siècle*, Albin Michel, 1982, t. II.

M.Ju.

Serreau Geneviève (1915-1981). Actrice de formation, elle participe à l'aventure du Nouveau Théâtre en créant avec Jean-Marie Serreau, son mari, le théâtre de Babylone pour lequel elle traduit Brecht et Gombrowicz, avant de faire le point dans son *Histoire du Nouveau Théâtre* (Gallimard, 1966). Elle n'écrit qu'une seule pièce, *Fabriquer ça*, créée en 1976 au théâtre de la Cartoucherie de Vincennes. Mais le théâtre et ses jeux informent son œuvre, comme en témoigne son premier roman, *Ce cher point du monde* (Denoël, 1970), dont le héros, L.-K. Lorris, se définit d'abord comme révolutionnaire et comédien et finit par choisir le théâtre. Ses romans et ses nouvelles reflètent tous ce choix du jeu et de la création théâtrale : *Ricercare* (Denoël, prix d'honneur 1973) ; *Dix-huit-mètres-cube de silence* (Denoël, 1976) ; *La Lumière sur le mur* (Gallimard, 1979) ; *Un enfer très convenable* (Gallimard, 1981).

S.R.

Servien Pius (1902-1959), pseudonyme de Pius-Serban Coculescu. Né à Bucarest le 5 mars 1902, fils du fondateur de l'Observatoire astronomique de Bucarest, il étudie en France à partir de l'âge de treize ans. Il ne retournera dans sa patrie que deux fois. Sa vaste culture artistique et littéraire, son ample érudition scientifique, ses intuitions surprenantes en font l'un des précurseurs de la rénovation esthétique et poétique. Il fonde une théorie mathématique générale du rythme dans sa thèse de doctorat, *Essai sur les rythmes toniques du français* (PUF, 1925). Il cherche ensuite à édifier une physique de l'esthétique, par la connaissance scientifique des faits musicaux et par l'étude des structures sonores, et publie une *Introduction à une connaissance scientifique des faits musicaux* (1929). Dans *Lyrisme et structures sonores* (1930), il s'intéresse à la théorie des probabilités. *Les Rythmes comme introduction physique à l'esthétique* (Boivin, 1930) et *Le Langage des sciences* (Blanchard, 1931) anticipent les conceptions qui seront au centre de la linguistique mathématique et de la poétique mathématique. Dans *Esthétique, musique, poésie, science* (Payot, 1953), Servien jette les bases d'une nouvelle esthétique en démontrant qu'art et science ne sont pas opposés mais « simultanément nécessaires ». L'esthétique devient ainsi la « science des arts » et une science exacte : elle a pour objet le langage lyrique et pour métalangage le langage scientifique ; dans cette optique, elle appartient aussi bien à la philosophie qu'à la science. Ce livre ouvrira la voie aux recherches formalistes contemporaines. Parallèlement, après un premier recueil de poèmes publié en Roumanie, Servien donne *Orient* (1942), en français, avec une postface de Valéry, qui met en valeur « l'évidence de la plénitude harmonique » et observe que le recueil célèbre à la fois la « tendresse romantique et l'ardeur orientale ». Servien est mort à Paris le 28 janvier 1959.

ŒUVRES. — En outre : *Introduction à une manière d'être*, 1932. — *Le Choix au hasard*, 1941. — *Base physique et base mathématique de la théorie des probabilités*, 1942. — *Mathématiques et humanisme*, Genève, Librairie de l'Université, 1942. — *Probabilités et physique*, 1945. — *Langage scientifique*, Hermann, 1948. — *Probabilités et quanta*, 1948. — *Science et hasard*, 1950. — *Science et poésie*, Flammarion, 1957.

→ S. Marcus, « Un précurseur de la poétique mathématique : Pius Servien », *Revue roumaine de linguistique*, 1965. — N. Balota, « Pius-Serban Coculescu-Pius Servien », *ibid.* — *Arte poetice ale secolului XX*, Bucuresti, Minerva, 1976. — S. Marcus, *Receptarea lui Pius Servien* in « Ramuri », 1978.

L.V.

Seuil *(Éditions du)*. Maison fondée à Paris en 1935 par un publicitaire, Henri Sjöberg. Deux ans plus tard, elle est prise en main par deux jeunes gens, Jean Bardet (1910-1978) et Paul Flamand (né en 1909), que rien ne semble préparer à une carrière d'éditeurs. Nés dans la bourgeoisie provinciale, Jean Bardet est « dans la porcelaine » et Paul Flamand, « dans la bijouterie ». L'activité des Éditions du Seuil, rue Poitevins, est modeste au début. Jusqu'en 1940, selon une formule originale, le contrat de commandite, elles publient moins d'une quinzaine de titres. L'orientation est catholique — sur la plupart des ouvrages figure le *Nihil obstat* — et de gauche (comme en témoigne la publication de *L'Occupation des usines par le capital*, d'Hubert Multzer, en 1939). À la guerre, Paul Flamand est réformé, Jean Bardet fait prisonnier. L'activité de la maison reprend en 1943. *Étoile au grand large* de Guy de Larigaudie, réflexions d'un célèbre chef scout mort en 1943, vaut au Seuil un premier succès commercial. Limitée, l'activité de la maison s'intensifie. Paul Flamand conclut un accord avec Emmanuel Mounier, directeur de la revue *Esprit* (fondée en 1932) pour que la collection « Esprit », publiée jusque-là chez Gallimard, après avoir été créée, comme la revue, chez Aubier, rejoigne Le Seuil.

À la Libération, la maison s'installe dans un hôtel particulier, 27, rue Jacob, où elle est encore aujourd'hui. La collection « Esprit », protéiforme, comprenant aussi bien des essais que des romans, devient le noyau éditorial de l'entreprise, au point qu'il est question que les Éditions du Seuil deviennent des « Éditions Esprit ». Conscient de la nécessité de préserver l'indépendance de la maison, Paul Flamand développe la collection « Pierres vives », qui publie notamment l'*Histoire du surréalisme* de Maurice Nadeau en 1945 ; il confie une collection de théâtre, « Mises en scène », à Pierre-Aimé Touchard et lance en 1951, sous la direction de Francis Jeanson, la collection « Écrivains de toujours », série originale de monographies d'auteurs classiques ou contemporains, illustrées et accompagnées d'extraits d'œuvres. Le Seuil invente ainsi le « poche culturel ». En 1951, Paul Flamand accepte de publier le livre d'un Italien de droite, devant lequel les autres éditeurs se sont dérobés, *Le Petit Monde de Don Camillo* de Guareschi, qui sera suivi de *Don Camillo et ses ouailles*, *Don Camillo et Peppone*, etc. : 798 000 exemplaires du premier titre seront vendus en 1955, 283 000 du second.

Au milieu des années cinquante, Le Seuil a établi sa réputation dans le domaine des sciences humaines et de la spiritualité, mais n'est pas à proprement parler considéré comme une maison d'édition littéraire. Son directeur littéraire depuis 1949, Jean Cayrol (prix Renaudot 1947 pour *Je vivrai l'amour des autres* et théoricien du « romanesque lazaréen » : *Lazare parmi nous*, 1950), n'a pas les moyens d'une véritable orientation littéraire audacieuse, mais publie en 1953 l'essai de Roland Barthes, alors inconnu, *Le Degré zéro de l'écriture*. En 1956 paraît le premier numéro d'une revue, *Écrire*, consacrée à la publication de « premières œuvres », sous la direction de Jean Cayrol : elle imprimera « Le défi » de Philippe Sollers (nº 3, 1957), salué par Mauriac, « Autre Chose » de Boisrouvray (n° 6, 1959, couronné par l'Académie française).

Cependant qu'il investit dans la « jeune littérature », publiant le premier roman de Sollers, *Une curieuse solitude*, en 1958, Le Seuil accorde une place importante à la littérature d'Afrique du Nord, dans le cadre de la collection « Méditerranée » que dirige, depuis 1945, Emmanuel Roblès, et qui publie *Le Fils du pauvre* de Mouloud Feraoun, *La Grande Maison* de Mohammed Dib, *La Colline oubliée* de Mouloud Mammeri. En 1956 paraît *Nedjma* de Kateb Yacine, texte fondateur de la littérature algérienne de langue française. Cette production romanesque qui s'apparente à la littérature engagée et dénonce le colonialisme est d'autant plus visible qu'elle est publiée par la maison où paraît la revue *Esprit*, qui se mobilise contre la guerre d'Algérie.

Dans le domaine littéraire ou politique, coexistent au Seuil des tendances assez différentes les unes des autres : une littérature qui se veut expérimentale *(Écrire)*, les œuvres de l'« école nord-africaine », un important domaine étranger (Henrich Böll, Robert Musil, Lampedusa, Günter Grass, John Updike) et des ouvrages français plus traditionnels comme *Le Dernier des justes* d'André Schwarz-Bart (1959, prix Goncourt) ou *Au nom du fils* d'Hervé Bazin (1960). La diversité des investissements de la maison s'appuie sur le « personnalisme » d'Emmanuel Mounier et sur un humanisme qui, à l'échelle d'une entreprise, favorise l'indépendance des conseillers éditoriaux et concilie les inconciliables.

Le Seuil est ainsi devenu le lieu de reconversions radicales, comme celle qui en 1960 fait le pari de l'avant-garde littéraire en lançant le premier numéro de *Tel Quel*. Le 25 janvier 1960, en effet, Paul Flamand signe un contrat avec Jean-Edern Hallier, « secrétaire général » d'un « comité souverain » qui comprend Philippe Sollers, Jean-René Huguenin, Renaud Matignon, Boisrouvray et Jacques Coudol. Le premier numéro de *Tel Quel* paraît au printemps 1960. Lorsqu'en 1961 Philippe Sollers publie *Le Parc* (1961) et subit les foudres de la critique, Le Seuil assiste au suicide commercial du jeune auteur ; mais couronné par le prix Médicis, *Le Parc* manifeste le ralliement de Philippe Sollers à une littérature de recherche et contribue de façon décisive à légitimer le Nouveau Roman. En 1963, la revue rompt avec le Nouveau Roman et présente une nouvelle formule littéraire, le « nouveau nouveau roman », selon les termes de Bernard Pivot, disposant désormais d'une collection, forum de publication des membres de la revue (Jean Ricardou, *Problèmes du Nouveau Roman*, 1967, et l'ouvrage collectif du groupe, *Théorie d'ensemble*, 1968) ou de textes de proches collaborateurs comme Gérard Genette (*Figures I*, 1966, *Figures II*, 1969). Depuis sa fondation, *Tel Quel* a connu de violents affrontements internes. À la fin de 1967, Jean-Pierre Faye, pour des raisons théoriques et personnelles, rompt avec la revue et lance, en septembre 1968, au Seuil, le premier numéro de *Change*. Concurrentes, les deux revues s'adressent à un même public, même si *Change* est plus académique que *Tel Quel*. En 1972, *Change* quitte Le Seuil et rejoint Laffont. *Tel Quel* rompt avec le parti communiste en avril 1971, au moment où le livre de Maria Antonietta Macciocchi, *De la Chine*, est interdit à la fête de *L'Humanité*. La revue connaît alors une période maoïste (le « mouvement de juin 1971 »). Le « telquélisme », marqué par des tiraillements internes, s'étiole. La littérature d'avant-garde s'incarne désormais dans la collection que Denis Roche, ancien membre du comité de rédaction de *Tel Quel* et responsable de la collection « Écrivains de toujours », lance, en 1974, « Fiction et Cie », qui publiera notamment son premier roman, *Louve basse* (1976) et un livre collectif, *L'Hexameron, il y a prose et prose* (1989). Le départ de Jean Bardet et de Paul Flamand, en 1979, rend la position de *Tel Quel* difficile au sein de la maison. Philippe Sollers quitte Le Seuil pour Gallimard où il publie *Femmes*, mais ne peut emporter avec lui sa revue : *Tel Quel* s'interrompt en 1982. Les Éditions du Seuil ont été dirigées par Michel Chodkiewiecz de 1979 à 1989. Elles le sont depuis 1989 par Claude Cherki. Voir aussi TEL QUEL.

→ *Sur le Seuil*, Le Seuil, 1979. — Philippe Forest, *Histoire de Tel Quel 1960-1982*, Le

Seuil, 1995. — Jean-Pierre Salgas, « 1960-1990 : romans mode d'emploi », *Le Roman français contemporain*, ministère des Affaires étrangères-ADPF, 1993.

A.Si. — IMEC

Seuphor Michel (1901), pseudonyme de Ferdinand Berckelaers. Né à Borgerhout (Anvers), le 10 mars 1901. Activiste flamand après la Première Guerre, il fonde *Het Overzicht (Le Panorama*, 1921-1925) avec Geert Pijnenburg : la revue, d'essence nationaliste, devait s'ouvrir progressivement au futurisme, à Dada, au constructivisme, dans un esprit toujours plus cosmopolite et polyglotte, avant que Seuphor (anagramme d'Orpheus) ne s'installe définitivement en France. Resté longtemps attaché au futurisme (voir les *Documents internationaux de l'esprit nouveau*, qu'il dirige avec Paul Dermée en 1927), il se lie avec Mondrian, et fonde avec le peintre Torres-García le groupe « Cercle et carré » (1929) : son intérêt constant pour l'art abstrait s'est traduit dans de nombreux essais (voir *L'Art abstrait, ses origines, ses premiers maîtres*, 1949 ; *Piet Mondrian, sa vie, son œuvre*, 1956 ; *Dictionnaire de la peinture abstraite*, 1957 ; *La Peinture abstraite, sa genèse, son expansion*, 1962 ; *Le Style et le cri*, 1965). De ses premiers poèmes, d'inspiration dadaïste *(Diaphragmes intérieurs et un drapeau*, 1926 ; *Lecture élémentaire*, 1928), Seuphor retiendra dans son abondante œuvre ultérieure les potentialités phonique et graphique des mots, intégrant au texte lignes et dessins, jouant à volonté sur les signifiants *(Dans le royaume du cœur*, 1935 ; *Christophe et fête*, 1944 ; *Nu dits*, 1948 et l'anthologie *La Vocation des mots*, 1966). Depuis, il continue de publier régulièrement plaquettes et recueils *(Sans faire le moindre bruit*, 1992 ; *Parenthèse*, 1993). On lui doit aussi des romans *(Les Évasions d'Olivier Trickmansholm*, 1939, autobiographique ; *Le Visage de Senlis*, 1947 ; *Le monde est plein d'oiseaux*, 1968).

ŒUVRES. — Aux Éditions Convergence (Nantes) et Rougerie (œuvre complète en cours de publication). — *Un siècle de libertés*, entretiens avec Alexandre Grenier, Hazan, 1996.

→ *Seuphor*, Anvers, Fonds Mercator, 1976. — Christiane Germain et Paul Haim, *Michel Seuphor : une vie à angle droit*, La Différence, 1988.

O.Bi.

Severin Fernand (1867-1931). Né à Grand-Manil (Belgique), le 4 février 1867, il collabore à *La Jeune Belgique*, puis à *La Wallonie* et publie son premier recueil, d'inspiration symboliste mais toujours attaché au culte de la forme, en 1888 *(Le Lys)*. La découverte de Maurice de Guérin le met sur la voie du panthéisme et lui révèle son goût pour la solitude : dans *Le Don d'enfance* (1891) et *Un chant dans l'ombre* (1895), il développe une poétique néo-virgilienne qui doit peut-être aux préraphaélites son attrait pour les figures éthérées, les nymphes aux longs vêtements immaculés, les brassées de lis, le frou-frou des vols d'anges (voir aussi *Poèmes ingénus*, 1899). Il atteint à la plénitude dans *La Solitude heureuse* (1904), mais son stoïcisme pessimiste le porte à la résignation, cette fois dans un sens chrétien *(Les Matins angéliques*, 1908). Le Mercure de France publie l'ensemble de ses vers en 1908 *(Poèmes)* ; un silence de près de vingt ans précédera la parution, en 1924, de *La Source au fond des bois*, dont les thèmes naturistes et la facture classique dénoncent une poétique quelque peu surannée. Professeur de littérature à l'université de Gand, il fut un des membres fondateurs de l'Académie royale de langue et de littérature françaises de Belgique (1920). Il est mort le 4 septembre 1931.

ŒUVRES. — *Lettres à un jeune poète*, éd. Léon Kochnitzky, Bruxelles, Palais des Académies, 1960.

→ Élie Willaime, *Fernand Severin : le poète et son art*, Bruxelles, Académie royale de langue et de littérature françaises, 1941. — Paul Champagne, *Fernand Severin le poète*, Bruxelles, Office de Publicité, 1945.

O.Bi.

SIC (1916-1919). Revue fondée à Paris par Pierre Albert-Birot, *SIC*, patronné par Apollinaire, a publié cinquante-quatre numéros, rassemblant pendant la Première Guerre les forces vives de la poésie moderne. En 1923, Aragon, dont la plupart des premiers textes, ainsi que ceux de Soupault, avaient paru dans la revue, consacre dans son *Projet d'histoire littéraire contemporaine*, resté inachevé un chapitre au directeur de la revue : « Pendant toute la guerre la France a eu deux grands hommes : le général Joffre et Pierre Albert-Birot. Cela ne sera pas le moindre étonnement, pour ceux qui se reporteront aux écrits de cette singulière époque, que de voir de quel prestige le directeur de *SIC* a joui si longtemps. » Ce jugement ironique, teinté d'ingratitude, s'explique par la fondation en mars 1919, par Aragon, Breton et Soupault, de la revue *Littérature*, première machine de guerre surréaliste, qui sonnera le glas de *SIC*. Né en 1876, appartenant à une autre génération, Albert-Birot ne pouvait guère retenir Aragon et Soupault, qu'il avait contribué à lancer.

Pierre Albert-Birot, omniprésent dans la revue, imprime ses vers, ses échos, ses compositions graphiques et typographiques. Au fil des numéros, il devient revuiste chevronné, en contact avec divers collaborateurs et des dizaines de revues françaises, italiennes et catalanes. *SIC* est à la fois la première grande publication de Pierre Albert-Birot et la matrice de son œuvre à venir, préfigurant le millier de pages sans ponctuation de *Grabinoulor*, dont elle publie en juin 1918 un premier chapitre en regard du poème-affiche « Prométhée ». Imprimées en capitales, les trois lettres de *SIC*, ainsi que le double F qui les enferme, renvoient au sous-titre : Sons/idées/couleurs/formes. Si le terme « sons » renvoie à la poésie sonore d'Albert-Birot, le mot « couleurs » à la musique bruitiste de Germaine Albert-Birot, le mot « couleurs » semble inadéquat à une revue en noir et blanc ; quant à la rubrique « idées », elle reste maigre, mais les « Réflexions » et les « Dialogues nuniques » d'Albert-Birot privilégient la relation directe et la vie quotidienne. *Sic*, mot latin servant de mise au point dans la langue écrite, tend surtout à avertir le lecteur que la parole ne va pas sans effraction. Futuristes, cubistes et surréalistes débutants ont collaboré à *SIC*, revue éclectique et originale à laquelle Apollinaire doit sa représentation des *Mamelles de Tirésias*.

→ *SIC*, n° 1 au n° 54, fac-similé, Jean-Michel Place, 1973.

G.Se. — IMEC

Sigrid Jean (1920-1998), pseudonyme d'Augustin Desmedt. Né à Evere (Bruxelles), le 18 mai 1920, dramaturge et critique au quotidien bruxellois *La Libre Belgique* depuis 1947. Axé en grande partie sur la psychologie et les rapports conflictuels entre les personnages, son univers dramatique accorde plus d'importance au sous-entendu qu'au déroulement de l'action, laissant au spectateur le soin de recomposer les motivations du drame. Ses héros, égarés, faibles et dominés, tentent désespérément d'échapper à un milieu qui les étouffe, qu'il soit idéologique, social ou familial, tout en exorcisant leurs angoisses (*Les Marais de Gaffa*, 1945 ; *Bijoux de famille*, 1949 ; *Les Beaux Gestes*, 1950 ; *L'Homme à la branche*, 1951 ; *Pitié pour Violette* 1953 ; *Les Cavaliers*, 1959). Si les ruptures narratives étaient déjà l'une de ses techniques privilégiées, à partir de *Mort d'une souris* (1968), Sigrid exploite un langage scénique proche de celui du cinéma : fragmentation des scènes et découpages de plans, manipulation de la chronologie, etc. Ainsi, loin de bâtir une intrigue dans le sens classique du terme, il donne à voir, à saisir et à entendre une réalité seconde « sans lieu ni nom » (Marc Quaghebeur), essentiellement métaphorique, accordant toujours plus de signification aux supports matériels du spectacle (accessoires, sons, lumières, espace scénique), et laissant le langage dans l'ombre de la réalité. La recherche de l'identité et le dévoilement de l'être, au centre de *Quoi de neuf, aruspice ?* (1970), de *L'Espadon* (1976), *L'Autostoppeur* (1977) et *Le Bruit de tes pas* (1979) ouvrent la scène à un univers double, lieu caché de la mémoire ; la dernière pièce de Sigrid, *L'Ange couteau* (1980), joue de cette superposition des mondes, laissant entrevoir « l'autre scène » à travers une structure toujours plus éclatée. Jean Sigrid est aussi l'auteur de nombreuses adaptations de pièces contemporaines (Handke, Pinter). Il est mort le 5 janvier 1998.

ŒUVRES. — Aux Éditions du Rideau de Bruxelles, coll. Cahiers du Rideau.

→ Marc Quaghebeur, *Lettres belges entre absence et magie*, Bruxelles, Labor, coll. Archives du futur, 1990.

O.Bi.

***Silvaire** (Éditions André)*. Maison fondée à Paris en 1958 par André Silvaire. Établie 20, rue Domat, elle se consacre essentiellement à la publication des œuvres complètes d'Oscar Vladislas de Lubicz Milosz, dont elle a négocié les droits exclusifs après la guerre. Inaugurée en 1957 avec *Miguel Manara*, publié par la librairie Les Lettres où André Silvaire est libraire-éditeur, rue de Bellechasse, l'entreprise se poursuit aux Éditions André Silvaire où paraît *L'Amoureuse Initiation* (1958), suivi de trois volumes inédits, dont *Les Zborowski* (1982). Fondateur avec Jean Cassou de l'Association des amis de Milosz en 1966, Silvaire a fondé les *Cahiers Milosz* (trente-quatre numéros en 1995), publiant des inédits, des lettres et des études sur le poète, tout en maintenant une petite collection de « Maximes et pensées » (vingt-cinq titres depuis 1960). En 1994, la publication révisée d'un treizième et dernier volume de l'*Œuvre complète*, *Les Arcanes* (reliquat d'une édition suisse de Milosz établie par Armand Godoy chez Egloff-ULF), marque l'achèvement de la mission à laquelle s'est voué André Silvaire pendant près de quarante ans.

V.M. — IMEC

Simenon Georges (1903-1989). Né à Liège le 13 février 1903. Auteur de 380 romans, de centaines de nouvelles et plus de vingt livres autobiographiques. Issu d'une famille de la petite bourgeoisie belge, à seize ans il est reporter du journal conservateur de sa ville natale, *La Gazette de Liège* ; en même temps, il fréquente un groupe anarchisant de jeunes poètes, philosophes et rapins, qu'il peindra dans *Le Pendu de Saint-Pholien* (1931) ; c'est là qu'il connaît sa première femme. En 1922, il quitte la Belgique pour Paris, où il gagne sa vie en écrivant, en peu d'années, un millier de contes humoristiques ou galants et quelque 190 romans (d'aventures, sentimentaux ou légers), signés de pseudonymes variés et publiés chez Ferenczi, Tallandier, Fayard. Cette production populaire et alimentaire lui sert à apprendre le métier. En 1928, il parcourt la France en bateau, puis, en 1929, la Belgique et les Pays-Bas. C'est à Delfzijl qu'il écrit le premier *Maigret : Pietr-le-letton*, qu'il publie chez Fayard deux ans plus tard, avec d'autres romans de la même série. Cette nouvelle production, « semi-littéraire », lui laisse plus de temps pour vivre « toutes les vies possibles » (lettre à Gide, 15 janvier 1939) et accumuler le matériel humain qui lui permettra de passer un jour à la vraie littérature. Poussé par le besoin de tout connaître, il visite l'Afrique (1932) et l'Europe orientale (1933) ; en 1934, il fait le périple de la Méditerranée ; en 1935, le tour du monde (États-Unis, Amérique centrale, Polynésie) ; il en tirera une série de reportages : *L'Heure du nègre* (1932), *Europe 33* (1933), *Inventaire de la France* (1934), et de romans : *Le Coup de lune*, *Les Gens d'en face* (1933), *Touriste de bananes* (1938), etc.

Chez ce « Citroën de la littérature », la rédaction de chaque roman prend environ une semaine, pendant laquelle il se met dans la peau d'un autre, vivant ses sensations, ses angoisses, ses désirs. Un tel état ne saurait se prolonger : l'histoire doit être concentrée à l'extrême, le héros mené tout de suite « au bout de lui-même » : ainsi, *Les Suicidés* (1934), selon André Thérive, est un « comprimé de roman russe ». En introduisant la psychologie et l'« atmosphère » dans le roman policier, le père de Maigret s'adresse à un public nouveau, pas uniquement populaire et qui ne se satisfait plus de paralittérature, tout en étant repoussé par l'ésotérisme de l'*establishment* littéraire (avant-gardes, *NRF*, etc.).

Après dix-huit *Maigret*, Simenon se sent mûr pour le grand pas : à la fin de 1933, il quitte Fayard pour Gallimard, où il va enfin publier de « vrais » romans : *Les Pitard* (1935), *Les Rescapés du Télémaque*, *Les Inconnus dans la maison* (1940). Mais si l'on excepte quelques admirateurs comme Gide, l'institution littéraire ne le reconnaît pas ; la langue de Simenon est pauvre (quand il se corrige, c'est pour la dépouiller), il se défend d'avoir des idées, et ne veut que faire vrai : tout le contraire d'un écrivain lettré. Il s'astreint même à composer ses livres directement à la machine, pour ne pas revenir sur le premier jet. Pendant l'Occupation, son œuvre domine toujours son existence ; il collabore à des organes vichystes, ce qui lui vaudra d'être inquiété à la Libération ; Gallimard publie entre autres *Le Voyageur de la Toussaint* (1941), *La Veuve Couderc* (1942), *Le*

Rapport du gendarme (1944) ; Maigret, délaissé un moment, revient en 1942.

À la fin de la guerre, Simenon quitte la France pour les États-Unis, tout comme il quitte Gallimard pour les Presses de la Cité. En Amérique, il rencontre sa deuxième femme, qui lui inspire *Trois chambres à Manhattan* (1946). Les États-Unis, traversés d'un bout à l'autre, alimentent de nouveaux romans : *Au bout du rouleau* (1947), *La Jument perdue* (1948), *Le Fond de la bouteille* (1949) ; il publie également une nouvelle série de *Maigret*, ainsi que *Pedigree* (1948), *Les Volets verts* (1950), etc. Après dix années d'Amérique, il réintègre le vieux continent et s'installe en Suisse : les *Maigret* alternent toujours avec des romans « durs », comme *Le Train* (1961), *Les Anneaux de Bicêtre* (1963), *Le Petit Saint* (1965). Après une période de dépression il rencontre sa troisième compagne. Au seuil des soixante-dix ans, il renonce à écrire pour se retirer dans une petite maison de Lausanne. Là, de 1974 à 1979, il enregistre au magnétophone, au fil des souvenirs et des associations d'idées, des *Dictées* publiées en vingt et un volumes. Après le suicide de sa fille Marie-Jo, il compose des *Mémoires intimes* (1981). Il meurt le 4 septembre 1989, à Lausanne.

ŒUVRES. — *Tout Simenon* est réuni en 25 t. aux Presses de la Cité (1988-1993) ; deux autres volumes contiennent les mémoires ; les reportages sont recueillis en 3 t. dans la coll. 10/18 : *À la découverte de la France* (1987), *À la recherche de l'homme nu* et *À la rencontre des autres* (1989).

→ *Les Cahiers du Nord* (Charleroi), n°s 51-52, 1939. — Thomas Narcejac, *Le Cas Simenon*, Presses de la Cité, 1950. — Bernard de Fallois, *Simenon* (1961), Lausanne, Rencontre, 1971. — Roger Stéphane, *Le Dossier Simenon*, Laffont, 1961. — Pierre Debray-Ritzen, *Simenon romancier de l'instinct* (1961), Lausanne, Favre, 1989. — Pol Vandromme, *Simenon*, Bruxelles, Pierre de Méyère, 1962. — Roger Stéphane, *Portrait-souvenir de Simenon* (1963), Quai Voltaire, 1989. — Anne Richter, *Simenon et l'homme désintégré*, Bruxelles, La Renaissance du livre, 1964. — Francis Lacassin et Gilbert Sigaux dir., *Simenon*, Plon, 1973. — Lucille Becker, *Simenon*, Boston, Twaine, 1977. — *Lire Simenon* (collectif), Paris-Bruxelles, Nathan-Labor, 1980. — *Cistre* (Lausanne), n° 10, 1980. — Denis Tillinac, *Le Mystère Simenon*, Calmann-Lévy, 1980. — Jean Fabre, *Enquête sur un enquêteur*, Montpellier, CERES, 1981. — Maurice Piron, *L'Univers de Simenon*, Presses de la Cité, 1983. — Henri-Charles Tauxe, *Simenon : de l'humain au vide*, Buchet-Chastel, 1983. — Frenton Bresler, *L'Énigme Simenon*, Balland, 1985. — Michel Lemoine, *Index des personnages de Simenon*, Labor, 1985. — Alain Bertrand, *Simenon*, Lyon, La Manufacture, 1988. — *Simenon, un autre regard* (collectif), Lausanne, Wilquin, 1988. — Jean-Christophe Camus, *Simenon avant Simenon : les années de journalisme 1919-1922*, Didier-Hatier, 1989 ; *Les Années parisiennes 1923-1931*, 1990. — André Vanoncini, *Simenon et l'affaire Maigret*, Champion, 1990. — Francis Lacassin, *Conversations avec Simenon*, Genève, La Sirène-Alpen, 1990. — Stanley Eskin, *Simenon*, Presses de la Cité, 1990. — Claude Gauteur, *Simenon au cinéma*, Hatier, 1991. — Michel Lemoine, *L'Autre Univers de Simenon : guide complet des romans populaires publiés sous pseudonyme*, Liège, CLPCFB, 1991. — Pierre Assouline, *Simenon*, Julliard, 1992. — Patrick Marnham, *The Man Who Wasn't Maigret*, London, Bloomsbury, 1992. — *Simenon, l'homme, l'univers, la création* (collectif), Bruxelles, Complexe, 1993. — Les amis de Georges Simenon (Bruxelles) publient, depuis 1986, des *Cahiers Simenon* ; le Centre d'études Georges Simenon (Liège), la revue *Traces*, depuis 1989.

S.S.

Simon Claude (1913). Né le 10 octobre 1913 à Tananarive (Madagascar), il passe son enfance à Perpignan. Sa première ambition fut de devenir peintre, et à cet effet il suivit des cours à Paris pendant quelque temps. Lorsque la guerre civile espagnole éclate en 1936, il se rend à Barcelone pour s'allier aux Républicains ; pendant trois semaines, il combat au front. En 1939, il commence *Le Tricheur*, projet interrompu par sa mobilisation au 31e régiment de dragons, qui sera anéanti par les blindés allemands dans la bataille de la Meuse, en mai 1940. On envoie les survivants, dont Simon, dans un camp de prisonniers en Allemagne ; il s'évade en octobre 1940, regagne Perpignan et finit *Le Tricheur*, qui sera publié en 1945. Suivent un texte autobiographique, *La Corde raide* (1947), et deux romans : *Gulliver* (1952) et *Le Sacre du printemps* (1954). Mais c'est *Le Vent* (1957) qui inaugure la véritable écriture simonienne. Ce roman est publié aux Éditions de Minuit, où les auteurs du Nouveau Roman sont en train de se rassembler sous la direction d'Alain Robbe-Grillet. Simon lui-même sera désormais considéré comme un « nouveau romancier ».

Le Vent est centré sur le personnage énigmatique de Montès, qui arrive dans une petite ville de province pour revendiquer un héritage. L'influence de William Faulkner est très visible, comme dans tous les premiers écrits de Simon, mais le lecteur découvre aussi des thèmes et des techniques narratives qui reviendront ensuite dans son œuvre, tels que, pour les thèmes, le père absent, inconnu ou renié, l'activité humaine dominée et narguée par une force naturelle, ou la reconstruction hypothétique d'événements, fondée sur des comptes rendus fragmentaires et disparates. Dans *L'Herbe* (1958), qui relate les dix jours d'agonie d'une vieille dame célibataire dévouée à Pierre, son frère cadet, l'idée de la soumission des êtres humains à un ordre naturel prend plus d'ampleur encore. La mort s'intègre simplement au temps cyclique et nécessaire de la nature : le cadavre nourrit la terre, d'où vient la vie nouvelle. Racontée du point de vue de Louise, femme de Georges, le fils de Pierre, et située dans la campagne du sud-ouest, l'histoire se déroule dans la chaleur de l'été, parmi une végétation sauvage et luxuriante qui paraît menacer d'engloutir les personnages. La description visuelle, riche et détaillée, y revêt une grande importance.

La Route des Flandres (1960) reste l'un des romans les plus célèbres de Claude Simon. Fondé sur son expérience de 1940, il fait revivre le Georges de *L'Herbe*, mais cette fois comme adolescent faisant la guerre en Belgique : voyant son commandant mourir dans une embuscade, Georges se demande si cette mort n'est pas en réalité un suicide, soit en raison de la défaite honteuse du régiment, soit parce que sa femme Corinne lui était infidèle. Au-delà de la condamnation de la guerre, le roman débouche donc sur des questions liées au fantasme et au désir, et sur l'impossibilité d'une vraie connaissance de notre réalité. Construit à partir de ce double manque, celui qui touche au désir et celui qui a trait au savoir, il a été accueilli par la critique comme une œuvre majeure.

Deux ans plus tard, *Le Palace* remonte plus en arrière dans la vie de l'écrivain et traite de la guerre civile en Espagne. Dans une perspective plus nettement politique, Simon présente alors comme une illusion néfaste la conviction de l'homme qu'il peut faire, plutôt que subir, l'histoire. Ce scepticisme se retrouve dans toute son œuvre. Sa solidarité envers les victimes de l'Histoire n'en est que plus vive, dans la fiction et dans la vie (Simon signe le « Manifeste des 121 », lancé en 1960 pour protester contre la guerre en Algérie).

Histoire (1967), qui obtint le prix Médicis, revient au paysage du Sud-Ouest et décrit une journée dans la vie d'un narrateur anonyme. Mais les événements banals de cette journée ne servent qu'à engendrer des souvenirs relatifs à la mort de la mère, à l'oncle Charles et à la cousine Corinne (renvoyant à *La Route des Flandres)*, à la guerre à Barcelone (reprenant la matière du *Palace)*. À ses souvenirs réels s'ajoute une tentative de reconstitution imaginaire de la relation de ses parents, à partir des cartes postales envoyées par son futur père, pendant la longue période des fiançailles où son travail l'envoyait aux colonies. Une photographie de l'oncle Charles dans un atelier d'artiste occupe un chapitre entier. Le fil du récit est constamment coupé par la description visuelle et le désordre de la mémoire. Le titre du roman est donc un jeu de mots suggérant qu'on ne peut présenter sa vie ni comme *une* « histoire », ni dans une relation intelligible à *l'*Histoire. *Histoire*, en outre, incorpore des passages de *Ten Days that Shook the World*, de John Reed.

Dans *La Bataille de Pharsale* (1969), l'intertextualité devient plus complexe, des fragments de Proust et d'auteurs latins et grecs formant un véritable collage textuel. La fascination pour le monde de la représentation picturale apparaît dans des descriptions de tableaux de Poussin, de Dürer, de Brueghel. Tous ces éléments s'ordonnent thématiquement par rapport à la juxtaposition de la violence de la guerre et la douleur de la jalousie amoureuse, déjà présente dans *La Route des Flandres*. *La Bataille de Pharsale* est une charnière dans l'œuvre de Simon : dans la dernière partie du livre, un style très sec se substitue à la phrase longue, foisonnante, baroque qui caractérisait jusque-là les romans de

Simon ; d'autre part, l'exploration de la perception et de la mémoire cède à une conception plus formaliste du texte. Cette nouvelle veine se poursuit avec *Les Corps conducteurs* (1971), *Triptyque* (1973) et *Leçon de choses* (1976). Dans *Les Corps conducteurs*, le corps malade d'un homme déclenche une série de « corps » différents, associés par le mouvement textuel qui les traverse tous. *Triptyque* se construit à partir de trois scènes, imbriquées les unes dans les autres selon une géométrie impossible du point de vue réaliste, puisque chacune des trois apparaît en tant que reproduction picturale dans les deux autres. Cette façon de mélanger le réel et le pictural s'affirme aussi dans *Leçon de choses*. La réflexion théorique de Simon sur sa pratique d'écrivain date de cette période, et des textes tels que la préface à *Orion aveugle* (1970) ou *La Fiction mot à mot* (1972) soulignent cette optique formaliste qui cherche « à réunir des ensembles où les éléments se combinent en fonction de leurs qualités ».

Avec *Les Géorgiques* (1981), Simon renonce à cet idéal formel pour revenir aux thèmes des années 1960 : narration, subjectivité, histoire. Ce roman monumental entremêle trois récits appartenant à des époques différentes (guerres napoléoniennes, guerre civile espagnole de 1936, guerre de 1940) et fait vivre trois personnages très différents aussi, mais qui ont en commun d'être des combattants. Le thème de la guerre se joint à celui de la terre (comme dans les *Géorgiques* de Virgile), faisant ressortir non pas un contraste mais un parallèle ironique : tout comme la nature et l'agriculture, la guerre est gouvernée par un temps cyclique. L'Histoire ne fait que se répéter. Les trois héros ont chacun une existence en dehors du texte des *Géorgiques* : le général sous Napoléon est auteur de lettres et de documents trouvés dans la maison familiale de Simon ; le jeune Anglais qui fait la guerre à Barcelone est relié à George Orwell, dont le récit autobiographique, *La Catalogne libre*, est en quelque sorte réécrit par Simon ; et le brigadier de 1940 est à la fois Simon lui-même et le Georges de *La Route des Flandres*.

L'accueil favorable des *Géorgiques* dans la critique a sans doute favorisé l'attribution du prix Nobel de littérature à Simon, le 17 octobre 1985. À l'occasion de la cérémonie de remise du prix, l'auteur exposa ses idées sur le roman : dans son *Discours de Stockholm* (1986), il se décrit comme un voyageur qui fait son chemin à l'intérieur de ce vaste paysage que constitue le langage. À l'occasion du prix Nobel, il fit également un voyage en Union soviétique, participant à une réunion internationale d'artistes et de scientifiques ; ce voyage est raconté dans *L'Invitation* (1987) sur un ton énigmatique et désabusé, préservant l'anonymat des « personnages ». Mais, pour Simon, il n'y a pas de distinction nette entre fiction et autobiographie. Ainsi, *L'Acacia* (1989) reprend les thèmes de la guerre de 1940, familiers aux lecteurs de *La Route des Flandres* et des *Géorgiques*, en y ajoutant des éléments nouveaux, par exemple sur sa vie dans le camp de prisonniers de guerre. Le texte s'ouvre sur un souvenir lancinant de la petite enfance : la mère cherchant la tombe du père tué au début de la guerre de 1914. À côté de ces souvenirs, des scènes sont imaginées, comme celle de la mort du père, et de la vie de la mère avant et pendant son mariage.

ŒUVRES. — Aux Éditions de Minuit, sauf indication contraire : *Le Tricheur*, Le Sagittaire, 1945. — *La Corde raide*, Le Sagittaire, 1947. — *Gulliver*, Calmann-Lévy, 1952. — *Le Sacre du printemps*, Calmann-Lévy, 1954. — *Le Vent*, 1957. — *L'Herbe*, 1958. — *La Route des Flandres*, 1960. — *Le Palace*, 1962. — *Femmes*, Maeght, 1966. — *Histoire*, 1967. — *La Bataille de Pharsale*, 1969. — *Orion aveugle*, Genève, Skira, 1970. — *Les Corps conducteurs*, 1970. — *Triptyque*, 1973. — *Leçon de choses*, 1975. — *Les Géorgiques*, 1981. — *La Chevelure de Bérénice* (réédition de *Femmes)*, 1984. — *Le Discours de Stockholm*, 1986. — *L'Invitation*, 1987. — *Album d'un amateur*, Rommerskirchen, 1988. — *L'Acacia*, 1989. — *Le Jardin des plantes*, 1997.

→ Ludovic Janvier, *Une parole exigeante : le nouveau roman*, Éditions de Minuit, 1964. — *Entretiens*, n° 31, 1972. — *Claude Simon* (colloque de Cerisy), 10/18, 1976. — *Études littéraires*, n° 1, 1976. — Lucien Dällenbach, *Le Récit spéculaire*, Le Seuil, 1977. — Stuart Sykes, *Les Romans de Claude Simon*, Éditions de Minuit, 1979. — *Critique*, n° 414, novembre 1981. — Ralph Sarkonak, *Claude Simon : les carrefours du texte*, Toronto, Paratexte, 1986.

— Jean Starobinski, Georges Raillard et Lucien Dällenbach, *Sur Claude Simon*, Éditions de Minuit, 1987. — Lucien Dällenbach, *Claude Simon*, Éditions de Minuit, 1988. — *Revue des sciences humaines*, n° 220, 1990. — *Revue des lettres modernes*, 1994.

C.M.B.

Simon Pierre-Henri (1903-1972). Né le 16 janvier 1903 à Saint-Fort-sur-Gironde. Après l'École normale supérieure, il fait une brillante carrière universitaire, puis quitte l'enseignement en 1961 pour entrer au *Monde* comme critique littéraire. Romancier humaniste, il publie son premier livre en 1931, *Les Valentins*, qui illustre avec les suivants *(Les Raisins verts*, 1950, prix du Renouveau français ; *Elsinfor*, 1956) la décomposition de la famille bourgeoise. Critique littéraire et essayiste, il s'est interrogé sur les mutations de la littérature *(Procès du héros*, 1950) et sur la vocation essentielle de l'homme *(Témoins de l'homme : la condition humaine dans la littérature contemporaine*, 1951 ; *Contre la torture*, 1957). Pierre-Henri Simon a été élu à l'Académie française en 1966. Il est mort à Paris le 21 septembre 1972.

D.H.-M.Ber.

Simonin Albert (1905-1980). Né le 18 avril 1905 dans le XVIIIe arrondissement de Paris, il racontera ses années d'enfance dans son autobiographie inachevée, *Confessions d'un enfant de la Chapelle* (1977). Il exerce très jeune toutes sortes de métiers : calicot, électricien, fumiste, avant de devenir chauffeur de taxi. En 1935, il publie son premier ouvrage, *Voilà taxi*, avec Jean Bazin, à la NRF. Il accède à la célébrité avec *Touchez pas au grisbi*, qui paraît en 1953 dans la Série Noire, préfacé par Pierre Mac Orlan. Jacques Becker en donne la même année une mémorable adaptation cinématographique, avec Jeanne Moreau, Jean Gabin et Lino Ventura. Ce roman policier donne le ton des suivants (*Le Cave se rebiffe*, 1954 ; *Une Balle dans le canon*, 1958 ; *Le Hotu*, 1968). Simonin y adopte le point de vue et le langage du truand, et reconstitue l'argot du « milieu » (il publie en 1957 un dictionnaire d'argot, *Le Petit Simonin illustré par l'exemple)*. Aucune idéalisation dans ces romans austères et violents, dont le déroulement parfois évoque celui des tragédies. Ils décrivent plutôt l'amertume et les incertitudes de truands vivant la fin de leur monde : mort du vieux Paris, mort des valeurs mythiques, faites de virilité et de fidélité, des vrais « hommes », les gens du « milieu », par opposition aux « caves ».

ŒUVRES. — Chez Gallimard.

P.J.

Simoun, revue littéraire et artistique (1952-1961). Fondée à Oran par Jean-Michel Guirao, enseignant et poète qui revendique l'identité algérienne et méditerranéenne. Pourvue d'un titre qui évoque le vent brûlant du Sahara, la revue se donne pour mission de faire connaître les littératures d'Afrique du Nord en restant ouverte sur le monde et sur la France en particulier. Elle invite ainsi des écrivains et des artistes d'Afrique du Nord à s'exprimer, tout en accueillant des contributions de Cocteau, Paulhan, Cendrars, Jean Cassou, Claude Roy, Pierre Seghers. La rencontre de Jean-Michel Guirao avec Emmanuel Roblès, tous deux Algériens d'origine espagnole, comme Camus, renforce les liens de celle-ci avec le domaine hispanique. En témoignent, outre la présence constante de l'Espagne, deux numéros spéciaux conçus par Roblès : « L'Espagne fidèle » (1954), consacré aux écrivains et artistes républicains en exil, et « Cervantès à Oran » (1958), illustré de photographies de Jean-Michel Guirao. La revue publie de nombreux numéros spéciaux, confiés à des collaborateurs, une manière pour Guirao de partager les responsabilités, en l'absence de comité de rédaction ; ainsi son cahier « Robert Desnos » (1958) est réalisé par un Oranais installé à Paris, Roger Dadoun, et un cahier « Tombeau de Max Jacob » (1956) est mis en œuvre par le poète Louis Émié, correspondant de *Simoun* à Bordeaux. Deux livraisons intitulées « Algériens écrivains » (1953), présentées par Gabriel Audisio, donnent la parole à El Boudali Safir, Ahmed Sefrioui, Mohammed Dib, Jean Sénac, Mouloud Feraoun, Kateb Yacine, Jean-Pierre Millecam, Albert Camus, Charles Autrand. Le numéro « Aspects de la littérature populaire en Algérie » (1958) a rencontré peu d'écho. Gabriel Esquer, archiviste à Alger, a réuni des récits de voyageurs (dont Apollinaire à Oran) dans un cahier « L'Algérie vue par les écrivains » (1957) et, sous le titre « La Vie intellectuelle en Algérie » (1957), il propose l'esquisse d'un bilan des réalisations françaises en Algérie.

Isolée dans la tourmente de la guerre, la revue s'efforce de défendre une présence pluraliste et fraternelle et, sans s'écarter jamais de sa ligne littéraire ni prendre position politiquement, elle tente d'agir pour la paix, en publiant en 1957, sans signature, un appel qui remue une partie de l'opinion européenne d'Algérie : « Regards chrétiens sur l'Algérie », écrit en fait par l'abbé Berenguer, qui choisira après l'indépendance la citoyenneté algérienne. Mais il est trop tard pour que naisse la communauté franco-musulmane chère à Camus et qu'essaie d'organiser le directeur de *Simoun* à Oran. Cela explique que Jean Amrouche, par exemple, alors proche de Sartre, soit absent de la revue. Après trente-deux livraisons, dont l'avant-dernière consacrée à « Camus l'Algérien » (1960), la revue *Simoun*, inséparable de son enracinement algérien, disparaît après le départ de Jean-Michel Guirao pour la France.

→ Jean-Claude Visdominé, « L'image de l'Espagne dans la revue *Simoun* », *Espagne et Algérie au* XXe *siècle*, dir. J. Déjeux et D.H. Pageaux, L'Harmattan, 1985. — Jacqueline Pluet et Tassadit Yacine, « Mémoire de *Simoun* », *La Revue des revues*, n° 5, printemps 1988.

J.Pl. — IMEC

Sion Georges (1913). Né à Binche (Belgique), le 7 décembre 1913. Dramaturge, critique, musicien, il a consacré la plus grande partie de son œuvre au théâtre, comme auteur, traducteur, adaptateur ou essayiste. Ses premières pièces (*La Matrone d'Éphèse*, 1943 ; *La Conversation française*, 1945 ; *Chez Gonzague*, 1947, *La Princesse de Chine*, 1951, d'après Gozzi), sont autant de comédies allègres et quelquefois précieuses, où éclate la fantaisie d'un théâtre fait avant tout pour le divertissement. On lui doit aussi une fresque historique (*Charles le Téméraire*, 1944), mais sa meilleure œuvre reste un drame empreint de grandeur : *Le Voyageur de Forceloup* (1952), centré sur le problème de la foi et de la charité. Après une dernière comédie, *La Malle de Paméla* (1955), il se consacre exclusivement à la traduction (Shakespeare, Bolt, Lope de Vega), à l'essai, aux chroniques. Élu à l'Académie royale de langue et de littérature françaises de Belgique en 1962, il en a été le secrétaire perpétuel de 1972 à 1988. Il est membre de l'Académie Goncourt depuis 1974.

ŒUVRES. — *Théâtre*, Louvain-la-Neuve, Duculot, 1989.

O.Bi.

Sirène (La). Maison d'édition fondée à Paris en 1917 par Paul Laffitte. Après avoir créé en 1907 la Société française des cinémas Halls, puis la Société du film d'art qui en commande les scénarios à des écrivains français et contribue ainsi à enrichir le septième art naissant, cet homme d'affaires éclairé entreprend en 1917, avec l'aide de son beau-frère, Richard Cantinelli, conservateur de la bibliothèque de la ville de Lyon, de publier des livres illustrés par des graveurs contemporains comme Pierre Combet-Descombes, Louis Bouquet ou Marcel Roux. Nées officiellement le 15 décembre 1917, les Éditions de La Sirène prennent leur véritable essor en 1918, dans un climat d'ébullition artistique. La réputation de la maison s'établit grâce à la collection dirigée par Richard Cantinelli, « Le Rat de bibliothèque », qui publie des auteurs classiques (Villon, Rabelais) illustrés de gravures anciennes, puis de dessins d'artistes contemporains, comme Van Dongen, Léger ou Dufy. La qualité du papier, de la typographie et de l'illustration confère aux ouvrages de La Sirène une valeur d'objet d'art, malgré leur prix modeste. Désireux de publier de jeunes auteurs, Laffitte engage Blaise Cendrars, dont il publie *Le Panama*, comme conseiller littéraire. Apollinaire confie à Cendrars la réédition de son *Bestiaire*, d'où est extraite la sirène dessinée par Dufy, qui devient ainsi l'emblème de la maison. Cocteau lui donne *Le Cap de Bonne-Espérance*, premier titre d'une série qui en comptera sept, et lui présente Radiguet. Cendrars réédite aussi Baudelaire (*La Fanfarlo* et *Mon cœur mis à nu*) et Lautréamont. Il publie également Max Jacob. Parallèlement paraissent des livres sur la guerre qui vient de s'achever et bientôt des textes à caractère politique et social de Léon Jouhaux ou de Joseph Caillaux.

Fort de son succès, Paul Laffitte décide d'augmenter le capital de la société. En août 1919, les activités de la maison se diversifient grâce à l'arrivée de nouveaux actionnaires. Parmi eux, Firmin Gémier donne son impulsion à la publication d'auteurs dramatiques comme Crommelynck et fait passer un accord entre La Sirène et le Théâtre Antoine. Bertrand Guégan devient directeur artistique. Léon Grandjean, graveur musical, et Maurice Jacquet, compositeur, participent à la création d'une « Sirène musicale » vouée à publier les partitions de compositeurs contemporains (Satie, Stravinski, le groupe des Six). Laffitte rachète le fonds de l'éditeur de musique Paul Dupont et ouvre une librairie consacrée à ce secteur. Il publie ainsi Georges Auric et Darius Milhaud. Félix Fénéon, qui a remplacé Cendrars à la direction littéraire, accroît la place des romanciers contemporains (Charles Oulmont, André Thérive, Pierre Bonardi, Lucie Cousturier, Claude Anet). Outre des traductions de Stevenson, de J.K. Jerome (*Trois hommes dans un bateau* sera le plus gros succès de la maison), de Synge, de Thomas Hardy, la maison publie le premier livre de Joyce en France, *Dedalus*, refusé par Gallimard. Après la publication, en 1919, de *La Fin du monde filmée par l'ange ND*, un scénario de Cendrars illustré par Léger, La Sirène ouvre ses portes au cinéma en publiant *La Jungle du cinéma* de Louis Delluc, puis *Cinéma* de Jean Epstein, qui inaugure la collection « La Lampe merveilleuse » consacrée à des scénarios de films transcrits en récits littéraires, comme *El Dorado* de Marcel L'Herbier ou *J'accuse* d'Abel Gance. Victime de la surabondance de projets qu'elle ne peut mener de front, souffrant de la crise qui frappe le secteur de l'édition en 1921, la maison est alors en proie à de graves difficultés financières. En août 1922, Paul Laffitte est remplacé en tant qu'administrateur par Édouard Bernaert. À cette date, La Sirène a publié 145 volumes. Bernaert, qui échoue dans sa mission de redressement de l'entreprise, est congédié en 1923. La société est vendue aux Éditions Crès, qui diffusent le fonds et prêtent des locaux. Sous la direction d'Édouard Gauthier, La Sirène cède de nombreux droits à des éditeurs implantés. Aux rééditions des meilleures ventes s'ajoute la publication des douze tomes des *Mémoires* de Casanova. En 1930, la société a remboursé ses dettes et tente de reprendre son indépendance, mais ses principaux auteurs l'ont quittée et la crise la frappe de plein fouet. En 1935, elle publie le douzième et dernier tome des *Mémoires* de Casanova et vend en 1937 une grande partie de son fonds à la Librairie Rombaldi.

→ Pascal Fouché, *La Sirène*, Bibliothèque de littérature française contemporaine, 1984.

O.Bu. — IMEC

Sissoko Fily Dabo (1900-1964). Né au Mali, pionnier du nouveau roman africain, il a mené de front une carrière littéraire et une carrière politique, brutalement interrompue, en 1964, par son élimination physique dans les geôles du président Modibo Kéita, dont il fut un temps le collaborateur. Souvent rédigés en versets, ses textes mêlent des confidences personnelles, des portraits, des notes de voyage, des réflexions à caractère ethnographique ou historique. De cette œuvre singulière, *La Savane rouge* (Avignon, Les Presses universelles, 1962) offre le meilleur exemple. On lui doit aussi *Harmakhis, poèmes du terroir africain* (La Tour du guet, 1955), *La Passion de Djimé* (La Tour du guet, 1956), *Une page est tournée, première série : voix perdues* (Dakar, Imprimerie Diop, 1959), *Poèmes de l'Afrique noire* (Debresse, 1963), *Au-dessus des nuages* (Grassin, 1970).

J.C.

situationnisme. Mouvement politique, littéraire et artistique, lancé en 1957 par Guy Debord, Asger Jorn et Constant, issu pour une part de l'Internationale lettriste (née de la scission du lettrisme d'Isidore Isou), qui s'est donné pour tâche, sous l'égide de Rimbaud, de « changer la vie », par l'invention de situations nouvelles, et pour cible la « société du spectacle », dénoncée par Guy Debord (*La Société du spectacle*, 1967). Ses mots d'ordre sont la *dérive* et le *détournement*, supposés ruiner les illusions entretenues par l'idéologie dominante, tant en politique que dans l'art. D'inspiration marxiste, influencée par le surréalisme, l'Internationale situationniste, liant étroitement révolutions politique et culturelle, a contribué aux mouvements révolutionnaires de mai 1968 (*L'Internationale situationniste*, 1958-1969, douze numéros). Voir aussi DEBORD.

M.Ber.

Skira. Maison d'édition fondée en 1929 par Albert Skira, spécialisée dans l'édition d'art où elle a acquis une réputation mondiale. Elle a publié la grande revue surréaliste *Minotaure* (1933-1939). La qualité d'impression des livres d'art publiés par Skira lui ouvre un marché extra-européen considérable, et son nom deviendra célèbre aux États-Unis. Installée à Genève au début de la guerre, la maison a contribué à l'essor de la littérature contemporaine en publiant nombre d'auteurs français, tels que Bonnefoy, Aragon, Butor, dans la collection « Les Sentiers de la création ».

B.Z.

Socé Ousmane (1911-1973), pseudonyme d'Ousmane Socé Diop. Né à Rufisque (Sénégal), élève à l'École vétérinaire de Maisons-Alfort, il connaît pendant quelques années un destin identique à celui de son homonyme et condisciple Birago Diop. Au lendemain de la Seconde Guerre, il abandonne le métier pour embrasser une carrière politique et fonde, en 1953, le journal *Bingo*. Dans son roman, *Karim*, publié en 1935 (Imprimerie Puyfourçat, rééd. Nouvelles Éditions latines, 1948) et préfacé par le gouverneur général Robert Delavignette, il se prononce, l'un des premiers, en faveur du métissage culturel que prônera bientôt le président Léopold Senghor. Il est également l'auteur d'une chronique, *Mirages de Paris* (Puyfourçat, 1937), écrite pendant son séjour à l'École de cavalerie de Saumur, de *Contes et légendes d'Afrique noire* (Nouvelles Éditions latines, 1948) et d'un recueil poétique, *Rythmes du kalam* (Nouvelles Éditions latines, 1956).

J.C.

Sodenkamp Andrée (1906). Née à Saint-Josse-Ten-Noode (Bruxelles) le 18 juin 1906, elle publie son premier recueil de poèmes en 1950 sous l'impulsion de Ben Genaux, qui en sera l'illustrateur : *Des oiseaux à tes lèvres* révèle un poète déjà maître de ses moyens, qui ne craint pas d'exposer sa féminité. La sincérité du ton, la volonté de dire l'amour sous tous ses aspects (« mon corps, église où je me célébrais,/ me portait si loin que Dieu devenait inutile ») donne à ces textes une dimension passionnelle authentique que ne dénature pas une forme très classique (*Sainte Terre*, 1954 ; *Les Dieux obscurs*, 1958). C'est par l'alexandrin qu'Andrée Sodenkamp atteint à la plénitude de son art : son recueil *Femmes des longs matins* (1965, prix triennal de littérature) retrace le « court chemin à travers l'homme vers la mort », mais dévoilant aussi une attirance vers la peinture exprimée dans des poèmes consacrés aux grands peintres. Plus intimiste, plus élégiaque aussi, *La Fête debout* (1973) fait de l'amour le repoussoir de la fuite du temps : l'enfance et le passé y ont leur place, et la mort, toujours plus présente (voir aussi *C'est au feu que je pardonne*, 1984). C'est la mort qui traverse encore les vers libres de *C'était une nuit comme une autre* (1991) ; acceptée sans fatalisme comme le couronnement d'une vie vécue jusqu'à son terme ultime, soutenue par la parcimonie des images et le resserrement de l'expression, elle confère au poème un pathétisme et une gravité essentiels (voir aussi *Poèmes*, 1993). Andrée Sodenkamp est l'auteur d'un journal, *Autour de moi-même*, publié en 1976.

ŒUVRES. — *Choix*, anthologie, Bruxelles, De Rache, 1980.

→ Edmond Kinds, *Andrée Sodenkamp*, Bruxelles, De Meyère, coll. Portraits, 1973.

O.Bi.

Sollers Philippe (1936), pseudonyme de Philippe Joyaux. Né à Talence (près de Bordeaux) le 28 novembre 1936, il fait à vingt ans des débuts en littérature remarqués. Sa première œuvre, une nouvelle intitulée « Le Défi » (1957), publiée dans la revue *Écrire*, est couronnée par le prix Fénéon et donne à François Mauriac l'occasion d'un retentissant article dans son « Bloc-Notes » de *L'Express*. L'année suivante, Louis Aragon, dans *Les Lettres françaises*, fait l'éloge d'*Une curieuse solitude* (1958), premier roman du jeune écrivain, désormais l'un des plus solides espoirs de la « nouvelle vague » littéraire. À l'égard de ces premiers textes, qui relèvent encore tous deux de la tradition du récit psychologique, Sollers prend rapidement ses distances. Marqué par Bataille et Ponge, dont il devient l'ami, attentif aux expériences du Nouveau Roman, il fonde en 1960 la revue *Tel Quel*, qui deviendra bientôt le pôle le plus dynamique de l'avant-garde littéraire. *Le Parc* (1961) lui vaut le prix Médicis et marque aux yeux du public le ralliement de son auteur aux thèses austères du Nouveau Roman. Mais ce recours aux techniques expérimentées alors par Robbe-Grillet ne doit pas faire oublier l'originalité d'un texte qui, ainsi que l'avait observé Michel Foucault, est une exploration des états-limites de la conscience, rêve, souvenir, imagination.

Drame (1965) et *Nombres* (1968) consacrent l'un des chefs de file de l'avant-garde romanesque. Ces deux livres qui fourniront à Barthes (*Drame, poème, roman)*, à Derrida (*La Dissémination)* et à Julia Kristeva (*L'Engendrement de la formule)* l'occasion d'importantes analyses critiques, veulent mettre à nu l'acte même d'écrire. Ils se signalent d'abord par leur formalisme : avec ses soixante-quatre séquences, *Drame* est construit sur le modèle de l'échiquier tandis que les cents fragments numérotés de *Nombres* reproduisent la configuration des « carrés magiques » de la pensée chinoise. Loin de constituer un pur artifice, cette formalisation géométrique vise à briser tout récit, à suspendre toute représentation pour donner naissance à un texte qui se propose de « toucher de façon renouvelée ce point semblable en chacun, qui est à la source de toute fiction et par conséquent de notre vie se communiquant à nous ».

Entre 1965 et 1972, l'œuvre de Sollers connaît une évolution spectaculaire. Un véritable dialogue se développe avec la philosophie et les sciences humaines, les problématiques nouvelles mises à jour par Barthes, Lacan ou Derrida, trouvant leur écho à l'intérieur même du texte romanesque. Dans le même temps, Sollers donne à son entreprise romanesque une dimension plus clairement politique : il se rapproche un moment du parti communiste puis rompt avec celui-ci, entraînant *Tel Quel* sur la voie du maoïsme. *Lois* (1972) résume cette évolution antérieure. Les formules géométriques de *Drame* et *Nombres* sont reprises et élaborées mais au lieu de se refermer sur lui-même pour dire sa propre genèse, le texte s'ouvre plus explicitement à la réalité historique, politique et sexuelle, inventant un nouveau réalisme inspiré du *Finnegans Wake* de Joyce et entreprenant un véritable travail de destruction et de reconstruction du langage.

À partir de 1974, Sollers prend progressivement ses distances vis-à-vis du maoïsme et du marxisme. Il s'engage également dans son texte le plus ambitieux : *Paradis* (1981) qui accomplit l'expérience de *H* (1973) et s'offre comme un flux continu d'écriture, sans capitales, ni ponctuation, ni paragraphes, ni chapitres. Un travail minutieux opéré sur les rythmes et les rimes donne au texte une musicalité particulièrement perceptible lors de lectures publiques. Dans une langue neuve, mêlant les classiques de la littérature aux nouvelles de l'actualité, brassant l'histoire des civilisations et la biographie de l'auteur, ce roman se veut prophétique, vision comique et cosmique du réel perçu enfin dans sa vérité.

En 1983, Sollers fonde la revue *L'Infini* et défraye la chronique avec *Femmes*, roman à clés qui met en scène, outre son auteur, Barthes, Lacan, Althusser et tout le monde des lettres parisiennes. Les aventures érotiques du narrateur fournissent l'occasion d'une analyse boufonne et lucide de la société contemporaine et de la manière dont y jouent les mécanismes du sexe et du pouvoir. D'autres ouvrages suivront. Des recueils d'essais : *Théorie des exceptions* (1987), *La Guerre du goût* (1994) et surtout des romans parmi lesquels : *Portrait du joueur* (1985), *Le Cœur absolu* (1987), *La Fête à Venise* (1991), *Le Secret* (1993) et *Studio* (1997). La langue romanesque n'est plus alors celle de l'avant-garde. Se refusant aux lourdeurs de l'intrigue et de la psychologie, sans pour autant négliger le romanesque (histoires de séduction, d'espionnage ou de contrebande), le « roman instantané » met en mouvement toute une mémoire lumineuse de la culture et de la sensation : jouant de la citation et de l'allusion, il ressuscite sous un jour neuf des visages du passé artistique de l'humanité, Fragonard ou Dante, Watteau ou Homère.

Dénonçant la barbarie nouvelle du spectacle et de la marchandise, le romancier installe l'individu dans une sorte de clandestinité heureuse et préservée à partir de laquelle la société est à la fois analysée, condamnée et mise à distance.

ŒUVRES. — Les romans antérieurs à 1983 sont publiés aux Éditions du Seuil, ensuite, à partir de *Femmes* chez Gallimard.

→ Roland Barthes, *Sollers écrivain*, Le Seuil, 1979. — Philippe Forest, *Philippe Sollers*, Le Seuil, coll. Les Contemporains, 1992.

Ph.F.

Soukouna Mamadou (1957). Né à Trentimou (Mali), il quitte son pays à quinze ans, avec l'intention déclarée de ne plus y revenir. Son roman *Le Désert inhumain* (Belfond, 1989) est déconcertant. Passionné de dictionnaires et d'encyclopédies, hantant les bibliothèques, cet autodidacte procède en effet dans cette fable, pourtant largement autobiographique, à un étrange télescopage entre l'univers baroque de ses lectures et la mémoire d'un continent peut-être moins perdu qu'il ne le prétend. Enfant prodigue des lettres africaines, il refuse l'Afrique et déploie dans le même temps, jusqu'aux limites du dicible, une langue surprenante taillée à grands coups d'écarts et de transgressions qui ne manque pas d'embarrasser la critique.

→ Jacques Chevrier, « L'invention de l'Europe dans *Le Désert inhumain*, de Mamadou Soukouna », *L'Europe, reflets littéraires* (colloque de la SFLGC), Klincksieck, 1993.

J.C.

Soupault Philippe (1897-1990). Né le 2 août 1897 à Chaville (Seine-et-Oise), dans un milieu aisé, il perd son père, médecin des hôpitaux, en 1904. L'enfant prend déjà ses distances avec l'éducation bourgeoise qui lui est inculquée, reprochant à sa famille de ne s'intéresser qu'à l'argent et aux ambitions dominatrices de son oncle maternel, Louis Renault, constructeur automobile. De 1905 à 1911, il étudie au collège Fénelon, dirigé par des prêtres, puis au lycée Condorcet, mais cette scolarité le rebute. Il lit Defoë, Nick Carter, Fantômas, Rimbaud, Gide. En 1912, un voyage en Rhénanie lui fait découvrir le romantisme allemand. Après son baccalauréat (1915), il est affecté en 1916 au régiment de cuirassiers de Tours, puis dans l'artillerie à Angers : il sert de cobaye à l'expérimentation d'un vaccin contre la typhoïde, qui le laisse plusieurs mois entre la vie et la mort. Il écrit son premier poème en 1917, *Départ*, qu'il signe Philippe Verneuil (du nom de sa compagne d'alors, Mic Verneuil). Apollinaire, à qui il envoie ce texte, lui fait rencontrer des poètes (Breton, Cendrars, Reverdy, Max Jacob, Carco...), des peintres (Dufy, Léger, Chagall...). En juin, il découvre avec enthousiasme *Les Chants de Maldoror*. Ses premiers poèmes, publiés dans *SIC* et dans *Nord-Sud*, se situent dans la lignée de l'Esprit nouveau et de la poésie cubiste : vers libres sans ponctuation, jeux typographiques, dépouillement de l'expression, images insolites. Il s'intéresse aussi au jazz et au cinéma. Son premier recueil, *Aquarium* (1917), publié à compte d'auteur, révèle une grande liberté d'écriture et un anticonformisme absolu. Une seconde plaquette, *Rose des vents* (1919-1920), offre un humour provocateur mais secrètement désespéré.

En mars 1919, avec Breton et Aragon, il fonde la revue *Littérature*. En collaboration avec Breton, il rédige en quinze jours (mai-juin 1919) *Les Champs magnétiques*, qui seront publiés dans *Littérature*, expérience exaltante de l'écriture automatique et découverte inaugurale du surréalisme. Cette œuvre sans précédent, unique dans la production de Soupault, rend compte d'un imaginaire poétique promis à d'autres résurgences. Le jeune homme participe en outre, aux côtés de ses amis, aux activités démystificatrices de Dada à Paris. En 1922, il publie à compte d'auteur l'un de ses plus beaux poèmes, *Weswego*, commencé vers 1917 : la nostalgie des voyages, l'attrait du dépaysement et de l'errance solitaire lui inspirent un lyrisme proche de Rimbaud, d'Apollinaire et de Cendrars. Ayant quitté la direction de *Littérature*, il devient en 1923 codirecteur de la *Revue européenne*, d'esprit plus éclectique. Depuis 1922, les sommeils hypnotiques auxquels se livrent les surréalistes, à l'instigation de Breton, le laissent sceptique. Bien qu'il compte encore parmi les provocateurs du Banquet Saint-Pol Roux, en 1924, il s'écarte des surréalistes, dont les rivalités et conflits internes l'agacent, et tente de s'assurer une relative autonomie, au prix d'une certaine dispersion. Voulant vivre de sa plume et voyager, il s'oriente vers une triple carrière d'éditeur, de romancier et de critique, publiant entre autres, à partir de 1926, des essais sur Apollinaire et Lautréamont. Mais il ne renonce pas à la poésie : *Georgia* (1926) associe les acquis de l'automatisme à des refrains de chansons enfantines ; à partir de simples mots repris et scandés, surgissent les impulsions vives d'un lyrisme minimal, en totale rupture avec les codes rhétoriques de la tradition. En novembre 1926, il est exclu du groupe surréaliste, qui lui reproche sans ménagement ses nouvelles activités d'homme de lettres.

Les romans de Soupault ressemblent à des chroniques d'actualité ou à des témoignages sur la psychologie contemporaine ; la critique sociale y fait ressortir le comportement lyrique ou fantaisiste de quelques personnages d'exception. Leur technique fait appel au montage de séquences discontinues ou de divers matériaux fragmentaires. Ainsi, *Le Bon Apôtre* (1923), dont les procédés d'écriture ont été salués par Aragon, introduit le personnage de l'auteur (désigné à la troisième personne), en y mêlant un journal intime et des conversations avec un ami. Des mémoires, *Histoire d'un Blanc* (1927) et *Le Cœur d'or* (1927), prolongeront cette veine autobiographique. *À la dérive* (1923) et *En joue !* (1925) évoquent le mal de vivre de la génération des années vingt. *Le Voyage d'Horace Pirouelle* (1925), étrange récit d'aventures (écrit depuis 1918), montre un héros accomplissant un « acte gratuit » qui consiste à disparaître dans le Grand Nord. Le dénouement, qui annonce l'esprit de négation dadaïste, semble avoir été transposé dans *Le Nègre* (1927, rééd. Gallimard, coll. L'Imaginaire, 1997), où la protestation contre le racisme conjugue diverses formes de révolte sociale et individuelle : à la fin de ce roman, Edgar Manning, lui aussi, fuit sur le continent africain. *Les Dernières Nuits de Paris* (1928, rééd. Gallimard, coll. L'Imaginaire, 1997) reprennent la thématique surréaliste de la déambulation nocturne dans des lieux mal famés. Trois autres romans, d'un réalisme satirique, stigmatisent la bourgeoisie : *Les Frères Durandeau* (1924), *Le Grand Homme* (1929), portrait-charge de son oncle Louis Renault, et *Les Moribonds* (1934), histoire d'un fils de famille en rupture de ban. Le manuscrit inédit des *Moissonneurs* ayant été volé et détruit sous l'Occupation, l'auteur abandonnera alors définitivement la fiction romanesque.

À partir de 1931, Soupault entreprend une carrière de grand reporter, qui le conduira en Amérique du Nord et du Sud, en URSS, et en Allemagne : il rendra compte avec lucidité de l'endoctrinement instauré sous le régime hitlérien. À la demande de Léon Blum, sous le Front populaire, il crée et dirige de 1938 à 1940 Radio-Tunis, où il défend la cause antifasciste. À l'armistice de juin 1940, il est démis de ses fonctions, arrêté et incarcéré à Tunis par la police de Vichy, de mars à septembre 1942. Avec sa femme, Ré Soupault, il se réfugie ensuite à Alger, poursuivant ses activités de résistant et publiant une « Ode à Londres bombardée » en mai 1943, dans la revue clandestine *Fontaine*. De juillet 1943 à 1945, au nom du Gouvernement provisoire de la France libre, il part organiser une nouvelle agence de presse en Amérique du Nord et du Sud. En Pennsylvanie, il rencontre une jeune femme, Muriel Reed, qui l'accompagne à son retour en France en octobre 1945. Il publie à New York *Le Temps des assassins*, récit de son expérience de prisonnier. Dans le Paris de la Libération, il publie discrètement des *Odes* (1946) et *Journal d'un fantôme* (1946). De 1948 à 1950, l'UNESCO lui confie des missions au Proche et Moyen-Orient ; de 1950 à 1957, il visite l'Afrique, retourne au Mexique et dans plusieurs pays européens. Parallèlement, de 1951 à 1977, il compose quelques scénarios pour des pièces de théâtre et anime des émissions culturelles à la radio, notamment sur la poésie et ses voyages. Il collabore à des revues et à des journaux. Son œuvre critique, déjà considérable, sur les peintres et les écrivains, s'enrichit de *Profils perdus* (1963).

En 1965, le suicide de Muriel Reed l'affecte profondément ; pendant huit ans, il se retranche dans la solitude impersonnelle d'une chambre d'hôtel. En 1973, il publie une anthologie de ses *Poèmes et poésies* (1917-1953) augmentée d'un cycle inédit, « Crépuscules » (1960-1971). Il reçoit en 1974 le grand prix de Poésie de l'Académie française. Avec *Poèmes retrouvés* (1918-1981), il confirme son projet de rassembler son œuvre poétique et publie dans les dernières années de sa vie deux volumes de mémoires. Il est mort à Paris le 12 mars 1990.

ŒUVRES. — Rééditées en grande partie aux Éditions Lachenal et Ritter, depuis 1979. — **Poésie** : *Poèmes et poésies 1917-1973*, Grasset, 1973, rééd. 1987. — *Poèmes retrouvés 1918-1981* [suivis d'un] *Essai sur la poésie*, Eynard, 1950, rééd. Lachenal et Ritter, 1982. — *Les Champs magnétiques*, avec André Breton, Au Sans Pareil, 1920, rééd. Gallimard, 1968. — *Les Champs magnétiques : le manuscrit original* [fac-similé], Lachenal et Ritter, 1988. — **Récits et romans** : *Le Bon Apôtre*, Kra-Le Sagittaire, 1923, rééd. Lachenal et Ritter, 1988. — *Les Frères Durandeau*, Grasset, 1924. — *Le Voyage d'Horace Pirouelle*, Kra-Le Sagittaire, 1924, rééd. Lachenal et Ritter, 1983. — *En joue !*, Grasset, 1924, rééd. Lachenal et Ritter, 1980 et coll. J'ai Lu, 1986. — *Le Roi de la vie et autres nouvelles*, Les Cahiers libres, 1928, rééd. Lachenal et Ritter, 1992. — *Le Grand Homme*, Kra, 1929, rééd. Lachenal et Ritter, 1981. — **Mémoires** : *Histoire d'un Blanc*, Au sans pareil, 1927, rééd. Lachenal et Ritter, 1986. — *Profils perdus*, Mercure de France, 1963. — *Mémoires de l'oubli 1914-1923*, Lachenal et Ritter, 1981. — *Mémoires de l'oubli 1923-1926*, Lachenal et Ritter, 1986. — *Vingt mille et un jours*, entretiens avec Serge Fauchereau, Belfond, 1980. — **Essais** : *Écrits sur la peinture*, Lachenal et Ritter, 1980. — *Écrits de cinéma*, Plon, 1979. — Fonds Philippe Soupault à la Bibliothèque nationale.

→ Henri-Jacques Dupuy, *Philippe Soupault*, Seghers, 1957. — Bernard Morlino, *Philippe Soupault : qui êtes-vous ?*, Lyon, La Manufacture, 1987. — Serge Fauchereau, *Philippe Soupault, voyageur magnétique*, Le Cercle d'art, 1989. — *Philippe Soupault : le poète*, études réunies par Jacqueline Chénieux, Klincksieck, 1992. *Europe*, mai 1993. — Myriam Boucharenc, *L'Échec et son double : Philippe Soupault romancier*, Champion, 1996. — Lydie Lachenal, *La Vie et l'œuvre de Philippe Soupault*, Lachenal et Ritter, 1997. — Sylvie Cassayre, *Poétique de l'espace et imaginaire dans l'œuvre de Philippe Soupault*, Lettres modernes, 1997. — *Portraits de Philippe Soupault*, dir. Mauricette Berne et Jacqueline Chénieux-Gendron, Bibliothèque nationale de France, 1997. — Il existe depuis 1994 des *Cahiers Philippe Soupault* (Association des amis de Philippe Soupault).

N.L.-L.

Souvestre Pierre, voir ALLAIN.

Sow Charles Cheikh (1946). Né à Saint-Louis-du-Sénégal, auteur d'une nouvelle, *Le Rôle du tyran*, qui obtint en 1979 le grand prix de la meilleure Nouvelle de langue française, il a publié un recueil de nouvelles, *Cycle de sécheresse* (Hatier, 1983), où la peinture des ravages causés par la sécheresse au Sahel cède progressivement la place à la vision hallucinée d'un continent menacé par la perte du sacré.

→ Jacques Chevrier, « La représentation du Sahel dans *Cycle de sécheresse* de C.C. Sow », *La Problématique de la littérature dans les pays du Sahel* (colloque), université de Ouagadougou, 1992.

J.C.

Sow Fall Aminata (1941). Née à Saint-Louis-du-Sénégal, elle préside l'Association des écrivains sénégalais et contribue, avec ses compatriotes Mariama Bâ, Nafissatou Diallo et Ken Bugul, à promouvoir les femmes écrivains de son pays. Récusant la notion d'écriture féministe, elle est l'auteur de cinq romans, *Le Revenant* (Dakar, NÉA, 1976), *La Grève des Battu* (NÉA, 1979), *L'Appel des arènes* (NÉA, 1982), *L'Ex-père de la nation* (L'Harmattan, 1988) et *Le Jujubier du patriarche* (Dakar, Khoudia, 1993).

J.C.

Spiess Henri (1876-1940). Né à Genève, il fréquente les milieux fantaisistes à Paris entre 1907 et 1914. Une douzaine de recueils lui ont valu l'admiration de ses pairs. Spiess ne serait qu'un habile épigone de Verlaine et de Fargue si une angoisse introspective, vécue en toute lucidité, ne communiquait à ses vers une ambiguïté tourmentée. « Est-ce ma faute si mon cœur / à tout instant se modifie ? »

M.Gr.

Spire André (1868-1966). Né le 28 juillet 1868 à Nancy, il fait des études de droit, puis devient haut fonctionnaire. Ses premières œuvres poétiques (*La Cité présente*, 1903 ; *Et vous riez*, 1905) témoignent de son engagement social et fondent sa poétique du vers libre. À partir de ses *Poèmes juifs* (1908), dévoué à la cause sioniste (il a créé la ligue les « Amis du sionisme », fut délégué sioniste à la conférence de la paix en 1919), il publie de nombreux poèmes inspirés par cet idéal : *Vers les routes absurdes* (1911) ; *Et j'ai voulu la paix* (1916) ;

Poèmes juifs (1919) ; *Le Secret* (1919) ; *Tentations* (1920) ; *Samaël* (1921) ; *Fournisseurs* (1923). Bien que s'y développent les thèmes de l'errance et de la loi, de la quête du paradis perdu et de l'identité juive, ses poèmes se rattachent plus par le sentiment que par le sujet à la tradition judaïque ; l'inquiétude du peuple juif représente l'inquiétude de l'homme. À son retour des États-Unis, après la Seconde Guerre mondiale, il rassemble ses poèmes préférés en une anthologie, *Poèmes d'hier et d'aujourd'hui* (1953). Son œuvre se caractérise par une recherche formelle fondée sur le rythme du vers libre, considéré comme l'essence de la poésie moderne *(Plaisir poétique et plaisir musculaire*, 1949). Pour lui, le rythme vise à l'embellissement, contribue à la diction et produit un plaisir musculaire, mais il a aussi un rôle mnémotechnique, favorise la mémoire des idées, nourrit le plaisir poétique. Le rythme « exprime les émotions où toutes les puissances de l'homme vivant, esprit et chair, sont engagées ».

F.O.

Starobinski Jean (1920). Né à Genève le 17 novembre 1920. Après des études de lettres (1939-1942) marquées par l'enseignement de Marcel Raymond, il entreprend des études de médecine (1942-1948), et concilie durant de nombreuses années ces deux activités : c'est entre 1948 et 1953, alors qu'il travaille comme médecin assistant à Genève, qu'il publie ses premiers textes. D'emblée, et à propos d'auteurs très divers (Stendhal, La Rochefoucauld, Montaigne et Rousseau), il définit une thématique (dualité de l'être et du paraître, motifs du regard, du masque, de la dénonciation du mensonge) et une approche analytique (remonter au geste fondateur du texte : qui parle ? pourquoi ? à qui ?) dont les questions fondamentales orienteront une grande part de son œuvre.

Après la publication d'un *Montesquieu* (Le Seuil, 1953), il enseigne la littérature à Baltimore (1953-1956) aux côtés de deux critiques admirés, Leo Spitzer (un des maîtres de la stylistique moderne) et Georges Poulet. De retour en Suisse, il termine sa formation psychiatrique, avant de soutenir une thèse de doctorat ès lettres, *Jean-Jacques Rousseau : la transparence et l'obstacle* (Gallimard, 1957), devenue depuis un classique de la critique littéraire contemporaine. L'ouvrage met en lumière la cohérence extrême de l'œuvre très diverse de Rousseau, en montrant qu'elle s'organise autour d'un motif fondamental : la recherche éperdue de la transparence des cœurs, rêvée tour à tour sur le mode du passé mythique (l'état de nature du *Discours sur l'origine de l'inégalité...)*, de l'enfance (*Émile)*, de l'utopie (*Le Contrat social)*, d'une petite société fictive (*La Nouvelle Héloïse)*, de la sincérité autobiographique (*Les Confessions)* ou de la communion avec la nature (*Les Rêveries du promeneur solitaire)*.

Jean Starobinski est ensuite nommé professeur d'histoire des idées à l'université de Genève (1959), enseignement auquel il joint bientôt celui de la littérature française (1964). Entre-temps, il publie sa thèse de médecine, consacrée à un sujet dont il ne cessera d'explorer les ramifications littéraires : l'*Histoire du traitement de la mélancolie des origines à 1900* (Bâle, Geigy, 1960). Suivent au fil des ans : *L'Œil vivant* (Gallimard, 1961), un recueil d'essais qui analysent les œuvres de Corneille, Racine, Stendhal, sous l'angle de la dualité entre l'être et le paraître, du regard et du masque ; une *Histoire de la médecine* (Lausanne, Rencontre, 1963) ; un ouvrage d'histoire de l'art et des idées au XVIIIe siècle, *L'Invention de la liberté* (Skira, 1964), ultérieurement complété par *1789 : les emblèmes de la raison* (Flammarion, 1973). La réflexion théorique et épistémologique n'est pas absente de ses préoccupations : *La Relation critique* (Gallimard, 1970) évalue les apports de la psychanalyse et de la stylistique à la critique littéraire, et pose quelques jalons pour une histoire des théories de l'imaginaire.

Jean Starobinski s'est surtout consacré ensuite à des études thématiques, approchant à chaque fois son sujet par l'étude de textes très divers, et selon des méthodes variées (histoire de la médecine, analyse structurale, anthropologie...), sans jamais perdre de vue leur dimension littéraire : *Portrait de l'artiste en saltimbanque* (Skira, 1970) offre une réflexion sur les représentations figurées qu'ont voulu donner d'eux-mêmes peintres et écrivains ; *Trois fureurs* (Gallimard, 1974) s'attache à la figuration littéraire et artistique de la possession ; *Le Remède dans le mal* (Gallimard, 1989), revenant au XVIIIe siècle et à Rousseau, étudie quelques figures remarquables de renversements dialectiques ; dernièrement, *Largesses* (Réunion des Musées Nationaux, 1994) a exploré, à l'occasion d'une exposition au Louvre, les représentations picturales et littéraires du don. L'approche monographique n'est pas négligée pour autant. En 1989 paraît *Montaigne en mouvement* (Gallimard), que l'on peut considérer comme le pendant de l'essai sur Rousseau : malgré quelques différences d'approche (une attention plus grande apportée au détail du texte), il s'agit toujours de mettre au jour le mouvement de pensée qui a suscité l'acte d'écrire et qui organise l'ensemble de l'œuvre ; les thèmes cruciaux sont toujours le refus des masques, et la relation à autrui.

Jean Starobinski a consacré de nombreux essais dispersés à quelques poètes contemporains (Jouve, Char, Bonnefoy, Jaccottet...). Il travaille depuis de nombreuses années à une monographie de Diderot, à un livre sur Baudelaire (esquissé lors de leçons au Collège de France en 1987-1988 : *La Mélancolie au miroir : trois lectures de Baudelaire*, Julliard, 1989), et à une étude sur la forme du jour, analysant la construction des récits de journées et emplois du temps dans la littérature.

→ *Cahiers pour un temps*, Centre Pompidou, 1985. — *Le Magazine littéraire*, no 280, septembre 1990.

B.Do.

Steeman Stanislas-André (1908-1970). Né à Liège le 23 janvier 1908, ce maître du roman policier s'est fait l'héritier populaire de la tradition anglaise du récit d'enquête parsemé d'embûches et de chausse-trapes. Installé à Bruxelles en 1924, il entre au journal *La Nation belge* et débute avec un recueil de contes, *Éphémères* (1924). Après deux romans *(Un roman pour jeunes filles*, 1927 et *Les Amants puérils*, 1928), il cosigne, avec son confrère Sintair (de son vrai nom Herman Sartini, 1896-1969), *Le Mystère du zoo d'Anvers* (1928), publié dans la célèbre collection « Le Masque » ; suivront quatre romans écrits avec Sintair, *Le Treizième Coup de minuit* (1928), *Le Maître de trois vies* (1929), *Le Diable au collège* (1930) et *Le Guet-apens* (1932). Parallèlement, sous son seul nom, Steeman publie *Péril* (1930), *Le Doigt volé* (1930) et *Zéro* (nouvelles, 1932), avant le roman qui devait lui assurer définitivement le succès : *Six hommes morts* (1931, grand prix du roman d'aventures, porté à l'écran par l'auteur sous le titre *Le Dernier des six)* : un détective, Wenceslas Vorobeïtchik, dit M. Wens (il reparaîtra dans huit romans), y démêle une affaire de crimes à répétition où tous les héros trouvent la mort. Steeman exploitera désormais une machine à combinaisons multiples, utilisant tous les cas de figure, démontrant un sens aigu du jeu et de l'ironie dans la préparation de coups de théâtre toujours plus imprévus. Retenons, parmi une production abondante, *La Nuit du 12 au 13* (1931), *Le Démon de Sainte-Croix* (1932), *L'Assassiné assassiné* (1932), *Le Mannequin assassiné* (1933), *L'Adorable spectre* (1935), *La Maison des veilles* (1938), *L'Infaillible Silas Lord* (1938), *L'assassin habite au 21* (1939, porté au cinéma par Clouzot), fondé sur le modèle du crime à répétition à plusieurs coupables, et *Légitime Défense* (1942, devenu au cinéma *Quai des orfèvres*, de Clouzot) où la victime est assassinée deux fois. Steeman quitte la Belgique pour le Midi de la France en 1948 ; il change aussi sa manière, se rapprochant du roman noir. On lui doit notamment, de cette époque, *Madame la mort* (1951), *Haute Tension* (1953), *Poker d'enfer* (1955), *Six Hommes à tuer* (1956), *La Mort survit au 13* (1958), *Le Condamné meurt à cinq heures* (1959), *Autopsie d'un viol* (1962). Fondateur de la collection « Le Jury », il accueillit dans les fascicules de la série des textes de Simenon, Jean Ray, Thomas Owen, André-Paul Duchâteau, donnant ses lettres de noblesse au roman policier de langue française en Belgique. Il est mort à Menton, le 15 décembre 1970.

ŒUVRES. — *Œuvres complètes*, Librairie des Champs-Elysées. — *M. Wens*, rééd., Bruxelles, Lefrancq, 1989-1992. — *La Maison des veilles*, rééd., Bruxelles, Labor, coll. Espace Nord, 1985. — *Légitime Défense*, rééd.,

Bruxelles, Les Éperonniers, coll. Passé-présent, 1985.

→ *Stanislas-André Steeman, romancier du mystère*, Beigem, Le Veilleur de nuit, 1987.

O.Bi.

Stéfan Jude (1930). Son premier recueil de poèmes, *Cyprès* (Gallimard, 1967), est signé du pseudonyme de Jude Stéfan, issu d'une alliance de *Jude the Obscure* et de *Stephen Hero*. En biffant ainsi son patronyme, l'auteur se donne toute latitude pour imaginer sous le masque une biographie fictive qui se transforme au gré des textes : « Je suis depuis longtemps un fantôme » *(Lettres tombales*, Cognac, Le Temps qu'il fait, 1987). Son œuvre s'alimente d'emprunts et de références aux littératures ancienne et moderne, française et étrangère : « Il ne s'agit pas d'être naturel, il s'agit d'être vrai » *(Faux-journal*, Le Temps qu'il fait, 1986). Et le vrai s'instaure dans l'ordre de la parole, et la littérature est son substrat premier : « Rien ne m'intéressa que la littérature » *(Lettres tombales)*. Jude Stéfan cherche de préférence les formes brèves, bien qu'il ait pratiqué de longues *Idylles* et des *Suites* dites *slaves*, d'une tout autre facture. Ses « notes » et « notules » raniment des genres anciens *(Gnomiques*, Le Temps qu'il fait, 1985 ; *Scholies*, Le Temps qu'il fait, 1922 ; *Xénies*, Gallimard, 1992). Ses poèmes font en général bloc sur une page *(Laures*, 1984 ; *À la vieille Parque*, 1989 ; *Élégiades*, Gallimard, 1993). Usant volontiers d'un langage trivial, ils défient l'épanchement lyrique : « Je n'ai jamais eu le cœur de chanter » *(Xénies)* ; recourant à des cellules rythmiques inspirées de la métrique antique, ils déjouent le flux du vers libre ; fracturant la syntaxe française par l'intrusion de tournures latines, ils se donnent pour « ruine des mots résistant à la Ruine » *(Stances*, Le Temps qu'il fait, 1991). L'œuvre de Jude Stéfan fait une large place à la nouvelle, qui saisit « l'événement inédit », « les situations de rupture ». Ces brefs récits où la trame de la vie humaine se trouve soudain déchirée par un accroc imprévisible sont des « variations » ; le tragique y tourne au futile comme la fête à la défaite *(La Fête de la patronne*, Champ Vallon, 1991).

→ *Jude Stéfan*, dir. Tristan Hordé, Le Temps qu'il fait, 1993. — Michel Sicard, *Jude Stéfan*, Seghers, 1994.

M.-C.D.

Steinmetz Jean-Luc (1940). Né le 30 septembre 1940 à Tours, il a publié plusieurs recueils de poèmes (*Le Clair et le lointain*, Oswald, 1966 ; *L'Écho traversé*, Chambelland, 1968, rééd. La Rivière échappée-Le Castor astral, 1995 ; *h-il-e*, Bruxelles, Fagne, 1970 ; *Ni même*, Ubacs, 1986 ; *D'hier*, La Rivière échappée, 1989 ; *Aujourd'hui de nouveau*, Ubacs, 1990 ; *Chute libre dans le matin*, Le Castor astral, 1994). Créateur de la revue *TXT* (1969) avec Christian Prigent, il s'est tourné ensuite vers une poésie lyrique, parfois elliptique, sensible aux permanences d'un monde matérialiste et à la vie de l'instant. Il est également l'auteur de deux récits : *Le Mois de janvier* (Le Castor astral, 1996) et *Dernières nouvelles d'un sentier* (Charleville-Mézières, L'Étoile des limites, 1996).

Comme critique, il s'est intéressé à quelques figures mineures du romantisme français (*Pétrus Borel*, université de Lille, 1986 ; *La France frénétique de 1830*, anthologie, Phébus, 1978), ainsi qu'aux grands poètes des XIXe et XXe siècles : Nerval, Rimbaud dont il a donné une biographie en 1991 (Tallandier), Mallarmé, Breton, Jaccottet. Il est également l'auteur d'une synthèse sur *La Littérature fantastique* (PUF, 1990). Ses trois recueils d'essais, *Le Champ d'écoute* (Neuchâtel, La Baconnière, 1985), *La Poésie et ses raisons* (Corti, 1990) et *Signets* (Corti, 1995) témoignent d'une double ambition : cerner les textes dans le dessein de leurs auteurs et dans les échos qu'ils éveillent en nous.

B.Do.

Stephenson Élie (1944). Né à Cayenne (Guyane) le 20 décembre 1944, il apparaît dès ses premiers textes poétiques, *Une flèche pour le pays à l'encan* (Oswald, 1975), *Poèmes négro-indiens aux enfants de Guyane* (1978) et *Catacombes de soleil* (Éditions caribéennes, 1979) comme un continuateur de Léon-Gontran Damas, dont il partage le sentiment d'appartenance à une société mutilée et coupée de ses racines africaines (voir aussi *Terres mêlées,* Akpagnon, 1989).

J.C.

Sternberg Jacques (1923). Né à Anvers, il s'installe en France après la guerre. Journaliste *(Le Nouvel Observateur, L'Express)*, chroniqueur *(Magazine littéraire)*, directeur de collection (Anthologies Planète, Humour secret), ce polygraphe a dénoncé son dégoût de la bureaucratie, des idées reçues et du progrès technique dans une cinquantaine de volumes partagés entre dictionnaires, romans, nouvelles, contes et pamphlets (entre autres *L'Employé*, 1958 ; *Dictionnaire du mépris*, 1973 ; *Lettre ouverte aux terriens*, 1974 ; *La Banlieue*, 1976 ; *Futurs sans avenir*, 1977). Un érotisme effréné traverse ses récits, écrits à la volée dans un style parfois débridé *(Sophie, la mer et la nuit*, 1976 ; *Agathe et Béatrice*, 1979 ; *Suite pour Eveline sweet Evelin*, 1980 ; *Toi, ma nuit*, 1980 ; *Histoires à mourir de vous*, 1991). Il a illustré ses talents de conteur et de nouvelliste dans *La Géométrie de l'impossible* (1953), *Contes glacés* (1974), *188 contes à régler* (1988), *Contes griffus* (1993). Avec une prédilection pour les mondes parallèles, il excelle dans le récit bref, où s'épanouissent son humour décapant et son sens de la dérision *(Dieu, moi et les autres*, 1996). On lui doit aussi le scénario de *Je t'aime, je t'aime*, film d'Alain Resnais (1968) et une pièce de théâtre, *C'est la guerre, Monsieur Gruber* (1968). Il a exposé sa philosophie dévastatrice dans les articles de son *Dictionnaire des idées revues* (1985) et a brossé un tableau de sa vie et de ses déboires dans *Les Variations Sternberg* (1985) et *Le Shlemihl* (1989).

ŒUVRES. — Aux Éditions Laffont, Albin Michel. — *L'Employé*, rééd., Bruxelles, Labor, coll. Espace Nord, 1989.

O.Bi.

Stétié Salah (1929). Né le 28 décembre 1929 à Beyrouth, il a été formé par l'enseignement de Gabriel Bounoure, à qui Stétié essayiste rend volontiers hommage : sa manière pénétrante, incisive parfois, n'est pas éloignée de celle de son maître, dont il partage l'immense culture, augmentée d'une double formation linguistique et littéraire. *L'Ouvraison* (Corti, 1995), *Hermès défenestré* (Corti, 1997) constituent le point d'aboutissement d'une méditation ample et profonde. Répondant à l'affirmation de Hölderlin : « C'est poétiquement que l'homme habite cette terre », Stétié voit dans les « errants » ceux que « la poésie habille et habite, et c'est la terre ».

Dès son premier texte, écrit vers l'âge de dix-huit ans, *Le Voyage d'Alep* (Les Cahiers de l'égaré, 1991), Stétié quitte son pays natal, « ce Liban d'eau froide et de mer bleue », qu'il va représenter à l'étranger, d'abord comme délégué permanent auprès de l'UNESCO, puis comme ambassadeur aux Pays-Bas et au Maroc. Il est significatif pourtant qu'il ait choisi de résider en France et, au fur et à mesure que les années passent, on sent dans son œuvre que la poésie pure l'emporte sur une poésie du terroir ou une poésie engagée. Sans doute le premier recueil, *L'Eau froide gardée* (Gallimard, 1973), évoque-t-il, sobrement, le Liban, ses femmes, sa lumière, sa vocation à la souffrance. Mais, dans *Inversion de l'arbre et du silence* (Gallimard, 1980), ou dans *L'Autre Côté brûlé du très pur* (Gallimard, 1992), l'élément l'emporte sur le génie du lieu dit : l'arbre, l'herbe, la terre, le nuage, le ciel composent un paysage réduit à une épure, comme s'il était passé par on ne sait quelle ordalie purificatrice. Peut-être est-ce la condition pour parvenir « au sein de l'être », sans le moindre recours à un quelconque platonisme des Idées, mais par le fait même d'exister. Yves Bonnefoy a salué en Salah Stétié « le désir d'une vigilance » et « la foi dans une parole de poésie ». Comme pour le poète de *Douve*, le sens passe par le simple, mais ce simple ne se réduit en rien au simple grammatical. Stétié procède volontiers par oxymore (« l'été de neige ») : sa poésie est « obscure obscurément par transparence ». Aussi peut-elle paraître difficile aux non-initiés. Aimant à se définir lui-même comme « l'homme du double pays », Stétié est moins l'homme des deux rives, comme l'Orphée de Rilke, qu'un poète de la vie. Cette vie reste inséparable pour lui du monde méditerranéen, pour lequel il milite, et d'une chaleur humaine qui est une garantie supplémentaire de plénitude.

ŒUVRES. — En outre : *Ur en poésie*, Stock, 1980 ; éd. définitive, 1995. — *L'Être poupée*, suivi de *Colombe aquiline*, Gallimard, 1983. — *Rimbaud, le huitième dormant*, Fata

Morgana, 1993. — *La Nuit d'Abou'l-Quassim*, Tschann, 1997.

→ *Aporie*, 1990. — *Itinéraires de Salah Stétié* (collectif), L'Harmattan, 1996.

P.B.

Stiernet Hubert (1863-1939). Né à Waremme (Belgique) le 5 juillet 1863, écrivain régionaliste d'origine modeste, il fait partie, avec Louis Delattre et Georges Rency, de cette « école des conteurs » belge qui allie, dans les premières années du siècle, réalisme et psychologie de caractères. Son meilleur récit, *Le Roman du tonnelier* (1922) raconte, dans le milieu des brasseurs, la lente déchéance d'un couple de cafetiers que les dettes et les trahisons précipitent dans la misère et la mort. Ses *Contes au perron* (1893), ses *Histoires hantées* (1906) et les nouvelles de *Haute Plaine* (1911), qui se déroulent tous en Wallonie, laissent paraître un monde angoissé, dans un climat orienté vers le fantastique et le surnaturel (voir aussi les contes de *La Grâce de la folie*, 1923 et un roman d'aventures, mêlant fiction et réalité, *Par-dessus les clochers*, 1931). On lui doit aussi des contes pour enfants *(Histoires du chat, du coq et du trombone*, 1889 ; *Contes à la nichée*, 1909). Il fut élu à l'Académie royale de langue et de littérature françaises de Belgique en 1924. Il est mort le 1er janvier 1939.

ŒUVRES. — *Le Roman du tonnelier*, rééd. Bruxelles, Labor, 1980. — *Les Conteurs de Wallonie*, rééd., Bruxelles, Labor, coll. Espace Nord, 1985.

→ *Un double anniversaire : Joseph Wouters (1875-1929) et Hubert Stiernet (1863-1939)*, Waremme, Les Cahiers waremmiens, 1989.

O.Bi.

Stil André (1921). Enfant du pays minier, issu d'une famille modeste, né à Hergnies dans le Nord le 1er avril 1921, il fut d'abord instituteur (1940), puis professeur de philosophie (1941-1944). Il adhère au parti communiste à la Libération et s'engage dans le journalisme : à Lille d'abord au quotidien communiste *Liberté*, puis à Paris à *Ce soir* (1944-1949), enfin à *L'Humanité*, où il devient rédacteur en chef (1950-1959). Sa première œuvre, *Le Mot « mineur » camarade*, paraît en 1949 et il poursuit la peinture réaliste de la vie ouvrière dans les corons et les hauts fourneaux ou sur les docks de Dunkerque, dans une fresque sociale, *Le Premier Choc*, qui rassemble trois romans : *Au château d'eau* (1951, prix Staline), *Le Coup de canon* (1952) et *Paris avec nous* (1953). André Stil est membre du comité central du parti communiste de 1950 à 1970. Conciliant les impératifs de sa vie militante et la liberté de l'écrivain, il produit une œuvre abondante où alternent romans : *Nous nous aimerons demain* (1957), *Viens danser, Violine* (1964), *André* (1965), *Beau comme un homme* (1968), *Qui ?* (1969), *Romansonge* (1976), et recueils de nouvelles : *Le Blé égyptien* (1956), *La Douleur* (1961), *Pignon sur ciel* (1967), *Fleurs par erreur* (1973), *La question du bonheur est posée* (1977). Le prix Populiste (1967) couronne l'ensemble de son œuvre. Il est élu membre de l'Académie Goncourt en 1977. Il s'oriente progressivement vers une tonalité plus sereine : *Dieu est un enfant* (1979), *Les Berlines fleuries* (1981), *Les Quartiers d'été* (1983), *Soixante-quatre coquelicots* (1984), *L'Homme de cœur* (1985), *Pêche à la plume* (1985). Il écrit des scénarios pour la télévision : *Le Petit Boxeur* (1973), *La Croisée* (1975), *L'Ami dans le miroir* (1980), *Les Petits Soirs* (1988). Son œuvre se diversifie et s'enrichit de nouveaux titres : *Quand Robespierre et Danton inventaient la France* (1988), *Maxime et Anne* (1989), *Le Roman de Constance* (1990), *L'Autre monde, etc. : fausses nouvelles* (1992), *Gazelle* (1993), *La Pari communiste* (1993), *Le Mouvement de la terre* (1994), *La Neige fumée* (1996). André Stil a confié ses souvenirs et parlé de son travail d'écrivain dans deux livres d'entretiens : *L'Optimisme librement consenti* (Stock, 1979) et *Une vie à écrire* (Grasset, 1993). Il vit actuellement dans le Roussillon.

J.G.

Stock *(Éditions)*. Maison fondée en 1885 à Paris par Pierre-Victor Stock. Si la maison ne prend son nom définitif qu'en 1871, sa fondation remonte historiquement à la création en 1708 de la librairie d'André Cailleau ; devenue l'entreprise Duchesne, qui publie Voltaire et Rousseau ; puis Tresse jusqu'en 1871, lorsque la veuve de Nicolas Tresse, née Stock, relance la maison, aidée par son jeune fils, Joseph Stock. Quand Pierre-Joseph Stock reprend l'affaire familiale en 1877, à la mort prématurée de son cousin Joseph, il reste fidèle à la tradition de la Librairie Tresse en publiant des pièces de théâtre, des monologues, et des auteurs tels que Villiers de L'Isle-Adam, Barbey d'Aurevilly, Henry Becque, Courteline, mais aussi Paul Adam, Jean Moréas ou Remy de Gourmont, qui sont dans la mouvance symboliste. Après l'échec, en 1896, d'une revue, *Le Symboliste*, qui ne connaît que deux numéros, Stock se tourne vers une production romanesque liée à l'actualité politique, en publiant notamment *Les Sous-offs* de Lucien Descaves, qui lui vaudra un procès et un succès commercial (30 000 exemplaires).

À partir de 1890, Stock s'intéresse aussi aux courants politiques qui secouent la France et l'Europe et crée deux collections, la « Bibliothèque des anarchistes » et la « Bibliothèque des recherches sociales ». Il entre dans le combat dreyfusard en publiant, en 1896, la brochure de Bernard Lazare, *La Vérité sur l'affaire Dreyfus*, qui relance le débat. Stock fera paraître plus de cent brochures, documents et comptes rendus de procès, auxquels s'ajoutent des livres que lui apportent de nombreux dreyfusards. Tout cela lui vaut des menaces, des calomnies et des dettes, auxquelles s'ajoutent les frais de réinstallation de ses locaux, qui ont brûlé lors de l'incendie de la Comédie-Française le 8 mars 1900. La maison survit grâce à son fonds de littérature étrangère : les pourparlers engagés en 1896 avec le libraire Savine, spécialisé dans la littérature étrangère, aboutissent, en 1900. Le fonds Savine vient enrichir de titres anglo-saxons et russes le catalogue de sa « Bibliothèque cosmopolite », créée en 1880. Les œuvres de Tolstoï (23 tomes) et celles d'Ibsen, Kipling, Conan Doyle, Mary Shelley et Oscar Wilde seront des succès. Succédant à André Billy et Charles Müller, Jacques Boutelleau, connu également sous son nom de plume, Jacques Chardonne, entre dans la maison comme secrétaire en 1909 et lui apporte une contribution financière. Pierre-Victor Stock sera contraint en 1921 de vendre à Jacques Boutelleau et Maurice Delamain sa librairie, qui devient Librairie Stock, Delamain et Boutelleau. Une nouvelle équipe se met en place autour de l'administrateur Maurice Delamain et du directeur littéraire Jacques Boutelleau ; elle réunit notamment ceux de leurs proches dont les compétences peuvent être utilisées dans l'édition. « Le Cabinet cosmopolite » succède à la « Bibliothèque cosmopolite » et révèle au public français Louis Bromfield, Vicki Baum, D.H. Lawrence, Katherine Mansfield, Sinclair Lewis, Pearl Buck, Selma Lagerlöf. Dans le domaine français, Henri Fauconnier, Raymonde Vincent et Anne de Tourville apportent des prix, le Goncourt et le Femina ; Romain Rolland, Cocteau, Valéry, Apollinaire figurent dans une collection créée en janvier 1922 et intitulée « Les Contemporains ».

En octobre 1937, la Librairie Stock, Delamain et Boutelleau quitte la rue du Vieux-Colombier qui l'abritait depuis 1921 pour la rue Casimir-Delavigne. Pendant la guerre, la situation de Stock est délicate à cause de l'importance de son fonds étranger. Lucien Maury, qui s'occupe du « Cabinet cosmopolite », se tourne vers les auteurs scandinaves (Sigrid Undset, Selma Lagerlöf) et hollandais tandis qu'André Bay, jeune éditeur libraire, gendre de Jacques Chardonne, publie des auteurs anglo-saxons antérieurs à 1870, suivant le *terminus* fixé par les Allemands, la collection « Cent romans français » équilibrant la production.

À la Libération, Jacques Chardonne, qui a participé aux deux voyages à Weimar organisés pour les écrivains français, figure sur la liste des auteurs interdits établie par le Comité national des écrivains. Mauriac et Paulhan interviennent en sa faveur, ainsi que Gérard Boutelleau, qui avait été arrêté par les Allemands pour faits de résistance. Aucune charge ne sera finalement retenue contre lui, mais il se retire de la maison dont il laisse la direction à Maurice Delamain, tandis qu'André Bay est nommé directeur littéraire. À côté de la littérature scandinave, le secteur de littérature étrangère se diversifie grâce à une équipe de lecteurs-traducteurs de différents pays qui apportent des textes nouveaux. En 1954, Thomas Mann, Herman Hesse, Dostoïevski, Strindberg, D.H. Lawrence, Fitzgerald, Henry James,

Carson Mc Cullers, Stefan Zweig figurent au catalogue, ainsi que des rééditions de Tolstoï *(La Mort d'Ivan Ilitch)* et de Schnitzler *(Mademoiselle Else)*. Delamain n'ayant pas de successeur, la maison est vendue à Hachette en 1961. André Bay assure la continuité après le changement de direction, élargit la gamme d'auteurs féminins (Anaïs Nin, Joyce-Carol Oates, Han Suyin), enrichit le domaine anglo-saxon (Elia Kazan, James Baldwin, Isaac Bashevis Singer) et ouvre le catalogue au Japon (Kobo Abe, Kenzaburo Oe, Yashushi Inoue), au Brésil (Jorge Amado), à l'Afrique du Sud (André Brink), à la Hongrie (Thomas Wolfe).

Lorsque Christian de Bartillat reprend la direction de Stock en 1970, il actualise les tendances traditionnelles de la maison, secondé pour un temps encore par André Bay. À partir de 1979, le « Nouveau Cabinet cosmopolite », à couverture rose, accueille les nouveautés, tandis que la « Bibliothèque cosmopolite », collection de semi-poches, reprend le fonds au rythme de quinze à vingt textes par an. À la suite de problèmes financiers, Claude Durand, qui dirige Fayard, prend en 1991 les rênes de la maison et confie à Monique Nemer la direction éditoriale. Stock repart alors sur de nouvelles bases et publie environ soixante-dix nouveautés par an tout en continuant à exploiter son fonds, particulièrement riche, en littérature étrangère.

→ Pierre-Victor Stock, *Memorandum d'un éditeur*, Stock, Delamain et Boutelleau, 1935, 3 t. — Christian de Bartillat, *Stock 1708-1981 : trois siècles d'invention*, Stock, 1981.

A.I. — IMEC

Stolojan Sanda (1929). Après une maîtrise de lettres à l'université de Bucarest, elle choisit l'exil et s'établit à Paris en 1962. Continuant d'écrire en roumain, elle publie en français non seulement des articles et des essais, mais aussi des poèmes, parus dans d'importantes revues littéraires occidentales et rassemblés en recueils : *Dans les brisures*, 1982 ; *Sur les abîmes verts*, 1985 ; *Bruine de nulle part*, Rougerie, 1993. Elle est cofondatrice de la revue *Cahiers de l'Est* (1975-1980) et a traduit des écrivains roumains, comme Blaga et Cioran. Elle est l'auteur également d'*Avec de Gaulle en Roumanie* (L'Herne, 1991).

L.V.

Suarès André (1868-1948). Né à Marseille le 12 juin 1868, dans une famille israélite — riches négociants d'origine livournaise et de souche portugaise du côté paternel, haute bourgeoisie du Comtat Venaissin du côté maternel —, Isaac-Félix Suarès, qui troquera à trente ans ses deux prénoms pour celui d'André, fut orphelin de mère à l'âge de sept ans et vit peu après son père frappé d'une grave maladie de la moelle épinière. Il effectua de brillantes humanités au lycée Thiers de Marseille jusqu'en 1883, puis fut pensionnaire au collège Sainte-Barbe et au lycée Louis-le-Grand à Paris. En 1885, il obtint le premier prix de discours français au concours général ; sa copie, un « Éloge d'Homère par Ronsard », écrite dans la langue précieuse et fleurie du XVIe siècle, fut remarquée par Anatole France, qui lui consacra une chronique dans *Le Temps*. Reçu troisième au concours d'entrée à l'École normale supérieure, alors qu'il ne s'était pas encore présenté au baccalauréat, il partagea, rue d'Ulm, la turne de Romain Rolland. Passionnés de musique et de littérature, ils jouaient tous deux remarquablement du piano, célébrant Bach, Mozart, Beethoven et Wagner et s'enthousiasmaient pour Tolstoï qui était leur dieu. Incapable, cependant, de s'adapter aux contraintes de l'école, Suarès échoua volontairement à l'agrégation, en juillet 1889, en remettant aux examinateurs un devoir en style décadent, qui fut sévèrement noté. Il vécut ensuite en reclus à Marseille, auprès de son père qui mourut dans ses bras le 2 novembre 1892. Désespéré, sans ressources, au bord du gouffre, il fut sauvé du naufrage par l'affection de son frère cadet, David-Jean, officier de marine, et par la sollicitude de Romain Rolland et de Maurice Pottecher. Il fit un premier voyage en Italie en 1895. À Rome il écrivit plus de cinq cents pages sur la Ville éternelle (à paraître).

Fixé à Paris à partir de 1897, Suarès prit parti en faveur du capitaine Dreyfus en publiant, à compte d'auteur, quatre pamphlets où il dénonçait l'imposture de l'armée et s'attaquait à Barrès, à Lemaitre, à la Ligue de la patrie. En 1900, sur la recommandation de Maurice Pottecher, créateur du Théâtre du Peuple, il devint critique musical au quotidien *La République*. Il donna en même temps à *La Revue de Paris*, sous la signature du Lieutenant X, des chroniques et récits sur la guerre navale, inspirés par les campagnes de son frère, qui sera victime d'un accident mortel en 1903. Un an plus tôt, Suarès avait connu son premier succès littéraire avec *Le Livre de l'émeraude*, texte consacré à la Bretagne, couronné par le prix Montyon de l'Académie française. En 1905, Romain Rolland l'introduisit aux *Cahiers de la Quinzaine* où Charles Péguy publia sept de ses livres. Guidé par Paul Claudel auprès de *L'Occident*, en 1906, Suarès y donna des ouvrages majeurs, dont *Voici l'homme*, qui furent ignorés par la critique. Il passa en 1907 à *La Grande Revue*, qui édita en trois livres la plupart de ses chroniques. Il conforta sa notoriété naissante avec *Voyage du Condottière — Vers Venise*, en 1910. Cet itinéraire initiatique de l'Italie, méditations passionnées sur les paysages, les monuments, les peintres, les sculpteurs, sur l'éternité des chefs-d'œuvre, constituaient le premier volet d'un triptyque, achevé seulement en 1932.

Loué par Alain-Fournier et Daniel Halévy, courtisé par André Gide et Gabriele d'Annunzio, remarqué par Jacques Copeau et Jacques Rivière, Suarès fit une entrée remarquée en 1912 à *La Nouvelle Revue française*, où il donna une série de chroniques sous la signature de Caerdal (« quêteur de beauté » en breton). Il se lia peu après avec le couturier Jacques Doucet, l'un de ses mécènes avec Gabriel Cognacq. Il devint son confident et son épistolier rémunéré, lui apportant l'idée de la création d'une bibliothèque littéraire classique et moderne, qui fut fondée en 1916 et demeure très vivante. Réformé par l'armée en 1914, Suarès combattit l'Allemagne impériale par de violents écrits dans *L'Opinion* et rendit un vibrant hommage à Charles Péguy. Écarté de la *NRF*, qui lui préféra Paul Léautaud en 1919, il devint l'auteur phare d'Émile-Paul, avec notamment *Poète tragique*, flamboyant portrait de Shakespeare, en 1920, année au cours de laquelle il fut nommé officier de la Légion d'honneur (il refusera en 1933 la cravate de commandeur), et *Debussy* (1922). Reconnu comme un maître par André Malraux, Stefan Zweig, Miguel de Unanumo, Ernst-Robert Curtius, Henri Bergson, Antoine Bourdelle, Georges Rouault, Paul Dukas, Louis Jouvet, Jean Paulhan, lequel le réintégra à la *NRF* en 1927, Suarès poursuivit sa quête de l'art absolu, action rédemptrice, à ses yeux, qui transcendait la médiocrité du monde dans lequel il se débattait. Souvent ignoré, voire bafoué par la critique bien-pensante, il notait avec ironie en 1925 : « L'idée du succès me donne à rire... Toutes mes œuvres tombent dans l'abîme. On me lira en 1969 ou en l'an 2000 ; on m'aimera, on se pressera auprès de moi qui ne serai plus là... » Cependant, en 1935, il fut reconnu par certains de ses pairs, qui lui attribuèrent le grand prix de la Société des gens de lettres et le grand prix de Littérature de l'Académie française.

Incarnation de siècles de diaspora, recru de mélancolie sémitique, Suarès s'était investi à partir de 1932 dans une nouvelle campagne, en alertant ses compatriotes sur les dangers du nazisme. Il prophétisa l'invasion, le génocide des juifs, l'asservissement de l'Occident, le triomphe de la barbarie. Il se voulut vigie d'une époque tragique dans *Vues sur l'Europe*. Mais, en 1936, Grasset retint ce livre, jugé dangereux pour les relations de la France avec l'Allemagne et l'Italie, et ne le publia qu'en 1939. L'Occupation réduisit Suarès au silence. Recherché par la Gestapo et la Milice, il s'exila et se cacha à Bonnat, à Antibes, puis à Pontcharra, près de Lyon. Malade, usé par les privations, perdant sa femme Betty, qui mourut en 1945, Suarès fut recueilli à La Varenne par une amie, Alice Kaupmann, qui devint sa seconde épouse. En janvier 1948, il reçut le grand prix littéraire de la Ville de Paris et s'éteignit le 7 septembre 1948 dans une quasi-indifférence.

Il laissait derrière lui près de cent ouvrages, vingt mille pages inédites, dont la Bibliothèque littéraire Jacques Doucet est le principal dépositaire, ainsi que des milliers d'articles publiés par plus de deux cents journaux et revues. André Suarès appartient à cette catégorie d'écrivains maudits, sur lesquels la fatalité s'est longtemps acharnée. Esprit humble, enorgueilli par la solitude, refusant le baptême mais assoiffé de Dieu, prodigieux visionnaire, éblouissant styliste, fascinant portraitiste, qui souvent s'identifiait à ses modèles, traitant des paysages et des villes comme des caractères, féroce pamphlétaire, critique d'art futuriste, qui entendait communiquer le « frisson de la grande beauté », poète aux fulgurantes inspirations, inlassable épistolier, ennemi du fétichisme et des dictatures, il s'était évertué à propager un message intemporel pour les temps futurs. Passant du lyrisme exubérant à l'ellipse pure, son œuvre est une immense nébuleuse en forme de protestation contre la médiocrité et l'oppression. Résistant aux modes racoleuses, échappant aux cénacles, porteur d'une culture universelle, il avançait sans protection, accablé de sarcasmes, dans une jungle d'intérêts contradictoires. En 1906, il écrivait à Maurice Pottecher : « Il n'y a pas de porte qui pourra se vanter que j'y frappe. Je ne me rendrai pas aux sommations de la facilité. » Pourtant peu d'écrivains ont eu un appétit plus violent de s'affirmer dans l'action en inspirant à l'homme la conscience de l'honneur, de la grandeur et de la force. Mais cet idéaliste mystique qui annonçait, à travers le Paraclet, le triomphe du bien sur le mal, avait eu besoin de la défaite pour mieux poursuivre sa lutte et triompher après sa mort.

ŒUVRES. — *Les Pèlerins d'Emmaüs*, Vanier, 1893. — *Tolstoï*, Union pour l'action morale, 1899. — *Wagner*, *Revue d'art dramatique*, 1899. — *Airs*, poèmes, Mercure de France, 1900. — *Images de la grandeur*, Jouaust, 1901. — *Le Livre de l'émeraude*, Calmann-Lévy, 1902, rééd. Christian Pirot, 1991. — *Sur la mort de mon frère*, Hébert, 1904. — *La Tragédie d'Elektre et d'Oreste*, théâtre, *Cahiers de la Quinzaine*, 1905. — *Voici l'homme*, L'Occident, 1906. — *Le Bouclier du zodiaque*, poèmes en prose, L'Occident, 1907, rééd. Le Cherche-Midi, 1993. — *Le Portrait d'Ibsen*, *Cahiers de la Quinzaine*, 1908. — *Sur la vie*, t. I : 1909, t. II, 1910, La Grande Revue ; t. III, Émile-Paul, 1912. — *Visite à Pascal*, *Cahiers de la Quinzaine*, 1909. — *Lais et Sônes*, poèmes, L'Occident, 1909. — *Voyage du Condottière*, t. I : *Vers Venise*, La Grande Revue-Cornely, 1910, t. II : *Fiorenza*, Émile-Paul, 1932, t. III : *Sienne la bien-aimée*, 1932 ; rééd. de l'ensemble, Le Livre de Poche, 1996. — *Dostoïevski*, *Cahiers de la Quinzaine*, 1911. — *Tolstoï vivant*, *Cahiers de la Quinzaine*, 1912. — *De Napoléon*, *Cahiers de la Quinzaine*, 1912. — *Cressida*, Émile-Paul, 1913. — *Idées et visions*, Émile-Paul, 1913. — *Trois hommes*, NRF, 1913. — *Essais*, NRF, 1913. — *Portraits*, NRF, 1914. — *François Villon*, *Cahiers de la Quinzaine*, 1914. — *La Guerre des Boches*, Émile-Paul, 1915-1917. — *Cervantès*, Émile-Paul, 1916. — *Amour*, bois de Louis Jou, Émile-Paul, 1917. — *Poète tragique*, Émile-Paul, 1921, rééd. François Bourin-Julliard, 1990. — *Debussy*, Émile-Paul, 1922. — *Puissance de Pascal*, Émile-Paul, 1923. — *Xénies*, Émile-Paul, 1923. — *Présences*, Mornay, 1925. — *Haï-kaï d'Occident*, poèmes, Marcelle Lesage, 1926. — *Poème du temps qui meurt*, avec vingt dessins d'Antoine Bourdelle, Au Sans Pareil, 1929. — *Variables*, Émile-Paul, 1929. — *Marsiho*, avec des gravures de Louis Jou, Trémois, 1931, rééd. Grasset, 1933 et Jeanne Laffitte, 1976-1977. — *Musiciens*, avec des gravures de Louis Jou, Jou, 1931, rééd. Granit, 1986. — *Goethe, le grand Européen*, Émile-Paul, 1932, rééd. Klincksieck, 1991. — *Vues sur Napoléon*, Grasset, 1933, rééd. Allia, 1988. — *Cité, nef de Paris*, avec des gravures de Daragnès, *Les Bibliophiles du Palais*, 1933, rééd. Grasset, 1934. — *Portraits sans modèles*, Grasset, 1935. — *Valeurs*, Grasset, 1936. — *Vues sur l'Europe*, Grasset hors commerce, 1936 puis 1939, France Libre 1943, Grasset 1991. — *Rêves de l'ombre*, poèmes, Grasset, 1937. — *Temples grecs, maisons des dieux*, avec quatorze eaux-fortes de Pierre Matossy, Dantan, 1937. — *Trois grands vivants*, Grasset, 1937. — *Passion*, avec des eaux-fortes de Georges Rouault, Ambroise Vollard, 1939. — **Posthumes** : *Hélène chez Archimède*, NRF, 1949, rééd. Nouveau Cercle parisien du livre, avec des illustrations de Picasso, 1955. — *Rosalinde sur l'eau*, avec des gravures de Jacques Beltrand, Imprimerie nationale, 1950. — *Minos et Pasiphae*, La Table ronde, 1950 ; Paris, Creuzevault, avec des burins d'Albert Decaris, 1950. — *Présentation de la France*, avec des eaux-fortes d'André Jacquemin, Manuel Bruker, 1951. — *Correspondance avec Paul Claudel*, NRF, 1951. — *Cette âme ardente*, choix de lettres à Romain Rolland, Albin Michel, 1954. — *Correspondance* avec Georges Rouault, NRF, 1960. — avec Antoine Bourdelle, Plon, 1961. — avec Charles Péguy, *Cahiers de l'amitié Charles Péguy*, 1961. — avec André Gide, NRF, 1963. — avec Jean Paulhan, *1925-1940*, NRF, 1987 ; *1940-1948*, Rougerie, 1992. — *Antiennes du Paraclet*, Rougerie, 1976. — *Vita nova*, Rougerie, 1977. — *Caprices*, Rougerie, 1977. — *Ellys et Thanatos*, théâtre, Rougerie, 1978. — *Pour un portrait de Goya*, Rougerie, 1983. — *Âmes et visages*, NRF, 1989-1991, 2 t. — *Landes et marines*, Christian Pirot, 1991. — *Provence*, avec des dessins d'André Hambourg, Édisud, 1993. — *Le Condottière et le magicien*, correspondance avec Jacques Doucet, Julliard, 1994.

→ Marcel Dietschy, *Le Cas André Suarès*, la Baconnière, 1967. — *Cahiers du XXe siècle*, n° 8, 1977. — Yves-Alain Favre, *La Recherche de la grandeur dans l'œuvre de Suarès*, Klincksieck, 1978. — Robert Parienté, *André Suarès l'insurgé*, François Bourin-Julliard, 1990. — Robert Parienté, *Bonjour Suarès*, Autres Temps, 1998. — *Suarès, le visionnaire*, FR3, film de Robert Parienté et Françoise Gallo, 1998. — Fonds André Suarès à la Bibliothèque littéraire Jacques Doucet.

R.P.

Suied Alain (1951). Né à Tunis, il n'a que huit ans lorsque sa famille s'installe à Paris. Il dit en avoir éprouvé un sentiment d'exil qu'il compensa par un goût très vif pour les langues (hébreu, anglais), la rêverie, la lecture et surtout la poésie. C'est en 1968, à dix-sept ans seulement, que ses premiers poèmes sont acceptés par *L'Éphémère*, prestigieuse revue dirigée par André Du Bouchet et Yves Bonnefoy ; presque aussitôt sont publiés ses premiers recueils, *Le Silence* (Mercure de France, 1970) et *C'est la langue* (Mercure de France, 1973). Depuis se sont succédé des traductions de grands poètes anglo-saxons (Dylan Thomas, John Donne, Ezra Pound, William Blake, John Keats) et de nombreux recueils : *La Lumière de l'origine*, poèmes 1973-1983 (Granit, 1988) ; *Immense Inadvertance, coplas* (Actuels, 1984) ; *L'Influence invisible* (Le Temps qu'il fait, 1985) ; *Harmonie et violence* (Dominique Bedou, 1986) ; *Sur les ailes du Devenir* (L'Encre des nuits, 1987) ; *L'Être dans la nuit du monde*, poèmes 1983-1988 (Granit, 1991) ; *Le corps parle* (Arfuyen, 1989) ; *Face au mur de la Loi* (Arfuyen, 1991) ; *Ce qui écoute en nous* (Arfuyen, 1993) ; *Le Premier Regard* (Arfuyen, 1995) ; *L'Autre Nom du monde* (Éditions des Moires, 1995) ; *Le Natal* (Éditions des Moires, 1996) ; *Tselem* (Éditions des Moires, 1997) ; *Le Pays perdu* (Arfuyen, 1997). La poésie d'Alain Suied frappe par sa rigueur de construction et par l'insistance de sa réflexion métaphysique : elle ambitionne de cerner la condition humaine dans ses données ontologiques par une interrogation sur le mystère des origines — origine de l'être, origine du monde, origine de la vie, naissance et enfance. « Nous avançons vers le déchiffrement / d'une énigme sans début ni fin. / Le poème ne nous consolera plus. / Le poème nous rappelle / l'origine / fatale mais vivante. »

Si cette parole poétique ne dédaigne pas les formes concises et les jeux de sonorités (voir les *coplas)*, elle s'épanouit le plus souvent en grandes odes incantatoires ou méditatives cultivant les effets de répétition, de symétrie et de variation. On lui doit aussi des essais sur quelques poètes contemporains : *La Poésie et le réel : Paul Celan* (L'Encre des nuits, 1985), suivi de *Kaddish pour Paul Celan* (Obsidiane, 1988) et *Paul Celan et le corps juif* (William Blake, 1996) ; *André Frénaud, poète ontologique* (Dominique Bedou, 1986).

B.Do.

Sulivan Jean (1914-1980), pseudonyme de Joseph Lemarchand. Né le 18 février 1914 à Montauban-de-Bretagne dans une famille de la paysannerie haute-bretonne, ordonné prêtre catholique en 1938, il a enseigné, s'est laissé tenté par le cinéma, et s'est tourné tardivement vers la littérature. C'est déjà un homme mûr qui fait paraître en 1958 un roman au titre révélateur, *Le Voyage intérieur*. Ses livres se suivent ensuite à une vitesse impressionnante. Il est vrai qu'il se plaît à la forme courte, celle de la nouvelle (*Bonheur des rebelles*, 1959 ; *Je veux battre tambour*, 1975), du récit bref (*Le Prince et le mal*, 1960 ; *Mais il y a la mer*, 1964 ; *Car je t'aime, ô éternité*, 1966 ; *Joie errante*, 1974 ; *Quelque temps dans la vie de Jude et c^ie^*, 1979), de l'essai rapide (*L'Obsession de Delphes*, 1967 ; *La Traversée des illusions*, 1977), voire de la notule (*Miroir brisé*, 1969 ; *L'Écart et l'alliance*, 1982). L'œuvre de Sulivan naît du besoin de témoigner, de rendre compte de sa foi, de démasquer les impostures du monde et de l'Église, d'exprimer la difficulté du chrétien dans un monde éclaté. Empreinte d'une certaine naïveté mais refusant le lyrisme, elle est préservée de tout sentimentalisme grâce à la sobriété du style. L'auteur a explicité sa démarche littéraire dans *Petite Littérature individuelle : logique de l'écrivain* (1971), et ses choix d'existence dans *Dieu au-delà de Dieu* (posth., 1982) et dans un récit autobiographique *Devance tout adieu* (1983).

→ Claude Lebrun, *Invitation à Jean Sulivan*, Le Cerf, 1981. — Il existe depuis 1985 un bulletin de l'Association des amis de Jean Sulivan : *Rencontres avec Jean Sulivan* (Paris).

G.P.

Supervielle Jules (1884-1960). Comme Laforgue et Lautréamont, Supervielle a pour terre natale l'Uruguay : Il est né le 16 janvier 1884 à Montevideo. Sa famille, d'origine basque et béarnaise, y a fondé une banque. Longtemps exempt de tout souci matériel, il pourra se consacrer tout entier à l'écriture. Ses parents meurent à Oloron-Sainte-Marie alors qu'il n'a que huit mois, et Supervielle est élevé en Uruguay par son oncle et sa tante. Il ne retourne en France, pour ses études, qu'en 1894. Il publie, hors commerce, sa première plaquette, *Brumes du passé*, en 1900. Le jeune poète est encore très marqué par le symbolisme. Il lui faudra beaucoup corriger et élaguer pour trouver sa voix. Comme il le dit lui-même, « ce n'est qu'à force de simplicité et de transparence que je parviens à aborder mes secrets essentiels et à décanter ma poésie profonde ». L'apprentissage de la forme épurée va donc de pair avec un travail intérieur : il lui faut surmonter sa peur de la folie, et les inhibitions qu'elle détermine. La poésie n'est pas pour lui l'occasion de déchaîner les forces de l'inconscient, c'est au contraire une discipline conciliatrice : « peut-être dois-je le meilleur de ma sagesse à ce que j'ai eu souvent à dompter un peu de folie ». Ainsi, le poème doit viser la précision, « l'exactitude hallucinée » ; « j'ai eu du mal à faire en moi l'homogénéité », confie-t-il à Étiemble en 1939. La pleine conscience de sa personnalité poétique se dessinera progressivement, au contact d'écrivains et de critiques comme Paulhan ou Étiemble, qui l'aideront à se définir et parfois le corrigeront. Avec modestie, il tiendra toujours compte de leurs conseils. « Petit lecteur », il demeure longtemps étranger au monde littéraire et aux bouleversements qui l'agitent entre les deux guerres.

Après des études de langues, Supervielle épouse en 1907 Pilar Saavedra, dont il aura six enfants. Mobilisé en 1914, il est affecté au Deuxième Bureau pour ses compétences linguistiques. Gide et Rivière l'accueillent en 1922 à la NRF, où il publie un recueil de poèmes, *Débarcadères*, puis, en 1923, un premier roman, *L'Homme de la pampa*, tous deux fortement marqués par les voyages entre Paris et l'Amérique du Sud. Le vers libre de *Débarcadères* charrie une luxuriance de métaphores et d'images tropicales. *L'Homme de la Pampa* se présente comme une fable baroque : Guanamiru, un *estanciero* sud-américain, se fait bâtir un volcan nommé Futur, qu'il emporte avec lui à Paris sous forme miniaturisée. Ce double du héros ne cesse de produire des simulacres et des possibles que Guanamiru prend pour la réalité. Après la disparition de Futur, Guanamiru est la proie d'une croissance anarchique, jusqu'à ce qu'il explose et se disperse sur la surface de la Terre. Si Supervielle ne s'est pas encore pleinement trouvé, ces deux œuvres marquent une étape importante dans son itinéraire, leur penchant pour la variété et la métamorphose constitue une première manière de dire la difficulté de coïncider avec soi-même. A la même époque, Supervielle fait des rencontres déterminantes, celles de Valery Larbaud, d'Henri Michaux qu'il guide en Uruguay, et de Rilke qui lui exprime son admiration pour les vers de *Gravitations* (1925), lui sachant gré de savoir faire « usage d'inutilité de nos pauvres choses humaines, comme s'il fallait les éduquer à la vie sidérale ».

Pour Supervielle, qui en était arrivé « à douter de [lui] et de [son] ombre », *Gravitations* constitue une nouvelle étape de la conquête de soi. C'est bien de « vie sidérale » qu'il s'agit en effet dans ce recueil. Ses souvenirs, sa famille, ses amis, les objets les plus quotidiens, le poète les met littéralement en orbite. C'est ce qui constitue l'unité du recueil et justifie son titre : les choses s'y déracinent, les liens de la vie réelle se défont, et ce sont des fragments d'objets, des voix, des visages qui, détachés, flottent et dérivent dans l'espace ou dans les profondeurs de la mer. Tout y est astre, vaisseau, ou fantôme impalpable et sans pesanteur. Certes, ces images obsessionnelles manifestent le sentiment de l'étrangeté du monde, et traduisent l'impossibilité de fixer et de *saisir* ; l'insolite, c'est cette distance constante qui nous sépare du réel. En même temps, elles surmontent poétiquement ces difficultés. Car la gravitation, c'est aussi l'état de poésie, celui où les choses suspendues se découvrent comme à leur naissance, comme si, dans l'épuisement de leur matérialité, elles avaient une chance d'atteindre l'unité qui leur fait défaut. Leur état spectral retient quelque chose de leur essence, leur atténuation dégage leur force émotive et pénétrante, leur *douceur*. Ces doubles qu'elles exhalent se rejoignent dans un mouvement circulaire qui paraît déjouer le temps. Si la poésie de Supervielle concerne la mort, le mystère de l'anéantissement, elle l'apprivoise aussi en l'imaginant comme une origine, un *matin du monde* : « Est-ce donc la mort cela, cette rôdeuse douceur / Qui s'en retourne vers nous par une obscure faveur ? [...] / Et voici venir à moi des paisibles environs / Les bêtes de mon enfance et de la création / Et le tigre me voit tigre, le serpent me voit serpent / Chacun reconnaît en moi son frère, son revenant. »

Le Voleur d'enfants semble répondre, un an plus tard, à *Gravitations*, comme *L'Homme de la Pampa* à *Débarcadères*. Si le récit est encore une féerie, les angles de l'étrange se sont beaucoup adoucis. L'humour et la légèreté, vertu éminemment supervilienne, imprègnent l'histoire de Bigua, cet homme qui aime tellement les enfants qu'il en enlève, mais tombe amoureux de sa fille adoptive (*Bigua* désigne en Uruguay une sorte de coucou). Le personnage réapparaît, rescapé de la noyade, dans *Le Survivant* (1928), ayant traversé les épreuves du désir et de la mort, cherchant toujours une paix qui le fuit.

Dans les poèmes du *Forçat innocent* (1930) et les contes de *L'Enfant de la haute mer* (1931), l'écriture de Supervielle atteint sa pleine maturité. Elle apparaît avant tout comme une *interrogation* sur l'existence des choses. Il n'est peut-être pas de poésie qui questionne autant. Le dialogue avec soi, avec son corps, avec les morts, est la forme constante prise par la parole de celui qui, dans le poème, s'éveille et se cherche.

Une première tentation consiste à rêver, à désirer l'existence des choses en elles-mêmes, dans leur matière compacte. Il faudrait savoir *faire place* pour saisir le réel dans sa profondeur : « Disparais un instant, fais place au paysage, / Le jardin sera beau comme avant le déluge. » Chez Supervielle, la plénitude du réel est toujours *derrière*. C'est le regard rétrospectif qui pourrait s'en emparer, mais comme celui d'Orphée, il risque de détruire l'objet de son désir : « Ne tourne pas la tête, un miracle est derrière. » Entre présence et absence, les choses existent sur les divers modes du *tremblement* : palpitations, cillements, vibrations. Le présent échappe, la mémoire est fragmentaire, il paraît impossible d'être contemporain de soi. De même, les regards des hommes, des animaux, se cherchent, se croisent, ne s'atteignent que difficilement. Mais la poésie découvre des solidarités secrètes, des actions à distances, des courants de sympathie qui nous lient au monde. Elle est un effort vers l'être. Le poète n'interroge pas seulement les choses les plus humbles, il dialogue avec son propre corps. Le squelette, le cœur, les mains, le sang sont des entités autonomes au sein d'une individualité problématique.

Les récits poétiques de *L'Enfant de la haute mer* développent, avec cette tendresse pour les moindres aspects du réel et cette légère distance qui caractérisent le ton supervillien, des thèmes analogues : « L'enfant de la haute mer » décrit la vie fantomatique d'une petite fille qui n'est que la persistance d'un regret, le rêve d'un matelot ayant trop pensé à son enfant morte. Le *noyé*, omniprésent dans toute l'œuvre, est le personnage central de « L'inconnue de la Seine ». La noyade est une métamorphose, une fusion et un oubli dans la vie des profondeurs, une tentative d'humaniser les espaces les plus inhumains, les territoires de la mort. Cependant, la jeune noyée en proie à l'éternité regrette la vie éphémère des hommes.

Ce poète du dialogue deviendra naturellement dramaturge : *La Belle au bois* est représentée en 1932 au Théâtre de l'Avenue par la compagnie Pitoëff, et *Bolivar* à la Comédie-Française en 1936. Toutefois Supervielle n'aura guère de succès au théâtre, sauf avec l'adaptation scénique du *Voleur d'enfants* (1949). Comme il le confie à Étiemble : « le théâtre, c'est l'art des conflits [...] je voudrais toujours réconcilier tout le monde ».

La guerre surprend Supervielle en Uruguay, où il restera jusqu'en 1946. Il collabore aux revues de la France libre, publie des *Poèmes de la France malheureuse* (1941), et correspond avec Étiemble, pour qui la découverte de cette œuvre, dans laquelle il voit « le remède à Rimbaud », constitue un tournant intellectuel majeur. Sans ressources à la Libération après la ruine de la banque familiale, il est tiré de la gêne par le gouvernement uruguayen qui le nomme attaché culturel à Paris. Sa poésie, au fil des recueils (*La Fable du monde*, 1938, *Oublieuse mémoire*, 1949) s'achemine vers toujours plus de limpidité. Le mythe, la fable, un bestiaire composé d'animaux inoffensifs manifestent l'effort constant chez lui de conciliation et d'intégration. Il s'agit de « faire en sorte que l'ineffable nous devienne familier tout en gardant ses racines fabuleuses ». Élu Prince des poètes en 1960, il meurt le 17 mai de la même année.

Supervielle est le contraire d'un tenant de la poésie « pure » à la manière des héritiers de Mallarmé. Il est tout aussi étranger à la beauté convulsive des surréalistes. En cela, il se situe à l'écart d'un temps où l'originalité à tout prix constitue la valeur suprême. Il sait, comme Rilke l'en félicitait, faire comme s'il n'était personne. Tout en corrigeant scrupuleusement ses textes, il assume lucidement son « impureté » poétique, car l'imperfection touche, c'est une marque d'humanité. Une certaine dose de prose est pour lui nécessaire en poésie, tout comme est indispensable la lisibilité du texte. Peu soucieux de théories et de technique, il mélange vers réguliers, vers blancs, vers libres, versets, construisant la forme de chaque poème à mesure qu'il se développe et s'achemine vers sa propre nécessité, élaguant, estompant les effets trop voyants. Contrairement à beaucoup de modernes, il ne considère pas la narration ou le dialogue comme incompatibles avec la poésie. Bref, là encore, il se veut « réconciliateur », entre tradition et modernité. Tout, dans son œuvre, est à double face ; ses mythes personnels décrivent l'angoisse d'un naufrage tout en essayant des possibles, tissant des liens de rêves et de mots entre les êtres et les choses. Il en recueille avec amour le fragile, le « disparate trésor », comme le dit Michaux, « nourrissant la seule, la merveilleuse émotion d'être au monde ».

ŒUVRES. — Chez Gallimard. — **Poésie :** *Œuvres poétiques complètes*, éd. Michel Collot *et al.*, Bibliothèque de la Pléiade, 1996. — **Romans et contes** : *L'Homme de la pampa*, 1923. — *Le Voleur d'enfants*, 1926. — *Le Survivant*, 1928. — *L'Enfant de la haute mer*, 1931. — *L'Arche de Noé*, 1938. — *Le Jeune Homme du dimanche*, 1952. — **Théâtre :** *Bolivar* suivi de *La Première Famille*, 1936. — *Shéhérazade*, 1949. — **Autobiographie** : *Boire à la source*, 1933, rééd. 1951. — **Essai** : *En songeant à un art poétique*, 1951.

→ Claude Roy, *Jules Supervielle*, Seghers, coll. Poètes d'aujourd'hui, 1949. — Étiemble, *Supervielle*, Gallimard, 1960. — Georges Poulet, *Études sur le temps humain*, Plon, 1962. — James A. Hiddleston, *L'Univers de Jules Supervielle*, Corti, 1967. — Robert Vivier, *Lire Supervielle*, Corti, 1971. — Paul Viallaneix, *Le Hors-venu*, Klincksieck, 1972. — Jacques Robichez, *« Gravitations » de Supervielle*, CDU-SEDES, 1981. — Yves-Alain Favre, *Supervielle, la rêverie et le chant dans « Gravitations »*, Nizet, 1981. — *Revue d'histoire littéraire de la France*, janvier-février 1982. — Ricardo Paseyro, *Jules Supervielle, le forçat volontaire*, Le Rocher, 1987. — Fonds Jules Supervielle à la Bibliothèque nationale.

P.J.

surréalisme. Le surréalisme se constitue après la Première Guerre mondiale, dans un climat de révolte qui met en cause toute finalité humaniste et esthétique de l'art ; c'est une idéologie de rupture commune aux mouvements d'avant-garde. Les surréalistes forment un groupe à géométrie variable, défini par des activités rituelles et une exigence morale, mais aussi par les dissensions qu'implique toute mise en commun de la pensée.

C'est Apollinaire qui a présidé à la rencontre des membres fondateurs du groupe, Breton, Aragon, et Soupault ; sa mort en 1918 accroît le sentiment de désarroi produit par l'histoire récente. Aussi l'arrivée à Paris de Picabia en 1919, bientôt suivie de celle de Tzara, radicalise les refus en une phase dadaïste (1920-1922). Mais la gratuité des scandales dadaïstes lasse Breton, qui prend l'initiative d'actes plus engagés comme le procès Barrès, et le projet avorté d'un congrès de Paris (mars 1922) que solde la rupture avec Tzara. Il suffit d'ailleurs de feuilleter *Littérature*, la revue dirigée par Aragon, Breton et Soupault, et *Proverbe*, l'éphémère revue d'Eluard, pour percevoir ce qui, dans la typographie comme dans la poétique, distingue les futurs surréalistes de Dada.

Le jeu de notations scolaires publié dans *Littérature*, puis dans le *Manifeste* de 1924 la liste des surréalistes avant la lettre, montrent un souci de reconstruire la tradition artistique au profit d'ascendants marginalisés jusque-là par l'histoire littéraire : Rimbaud, Lautréamont, Jarry sont leurs phares ; avec eux, tous les courants du romantisme nocturne (Novalis, Young) ou noir, sous l'égide de Sade : le roman gothique, les « frénétiques » tels Pétrus Borel et Xavier Forneret ; d'autres enfin dans la mouvance du symbolisme : Nouveau, Corbière, Saint-Pol Roux, Huysmans, Schwob. Ces écrivains « maudits » voisinent avec d'autres formes de culture refoulée : la tradition ésotérique, le roman populaire (*Fantômas)*, le cinéma, la publicité. C'est là que le surréalisme va puiser personnages et mythes modernes, sous le signe de la rencontre révélatrice et de l'amour.

Si le *Manifeste du surréalisme* date de 1924, ce sont *Les Champs magnétiques* (1920) de Breton et Soupault qui engagent une réflexion décisive sur l'automatisme et le surgissement de la parole poétique. Entre ces deux dates, de jeux en explorations collectives, s'élabore une théorie de l'inspiration liée à l'exploration des territoires obscurs de la conscience. Sous l'impulsion de René Crevel commencent en 1922 les séances de sommeil hypnotique : Desnos, Crevel, Péret y psalmodient des énoncés étranges, parfois accompagnés de dessins. C'est moins cependant l'expérience elle-même que l'élaboration théorique de ses implications qui sera décisive. Dès 1923, le terme *surréalisme*, créé par Apollinaire, est annexé par Breton pour désigner « l'automatisme psychique pur », c'est-à-dire le mécanisme même de la pensée « affranchie du contrôle de la raison ». Le premier groupe constitué comprend Aragon, Artaud, Breton, Crevel, Desnos, Éluard, Leiris, Morise, Limbour, Péret, Soupault, Vitrac. Le *Manifeste* donne à ce groupe un corps de doctrine fondée sur une apologie du merveilleux ; la récusation de la logique causale conduit Breton à condamner le roman et à privilégier l'image poétique insolite. Se référant à Reverdy, il écarte le critère de justesse et insiste sur le caractère non prémédité du rapprochement opéré par l'image.

Breton travaille parallèlement à doter le surréalisme d'une esthétique de l'image picturale. Les thèses avancées dans *Le Surréalisme et la peinture* (publié en 1928) sont influencées par les tableaux métaphysiques de Chirico et par les collages de Max Ernst : la peinture cherche à « dépayser » le regard par la collision d'éléments incompatibles, susceptible de bouleverser notre perception du réel. *La Révolution surréaliste*, organe du groupe de 1924 à 1929, aux côtés d'écrits automatiques, de récits de rêves et de tracts, fera la part belle aux photos de Man Ray et aux tableaux de Chirico, Ernst, puis de Masson, Miró, Tanguy.

À partir de 1925, le mouvement entre dans une phase de débats politiques. Dès lors c'est moins le dialogue avec les poètes (Reverdy, Valéry) que les conflits idéologiques qui écrivent l'histoire du surréalisme. Le groupe réagit à la guerre du Rif par un tract anticolonial, premier acte d'un engagement qui sera une constante de son action, jusqu'aux protestations contre la guerre d'Indochine et la guerre d'Algérie (« Appel des 121 »). Le surréalisme se rapproche alors des intellectuels communistes de *Clarté* ; cette évolution vers le matérialisme dialectique entraîne le départ d'Artaud, Desnos, Soupault et Vitrac. En 1929 le *Second Manifeste* règle les comptes : Breton tranche la crise interne en excluant Leiris, Limbour, Masson et Naville et en vilipendant Ribemont-Dessaignes et Bataille. Les exclus répliquent par un sanglant pamphlet (« Un cadavre »). Cependant Dali, Buñuel, Char, Tzara, puis Mabille et Gisèle Prassinos, rejoignent le groupe. *La Révolution surréaliste* devient en 1930 *Le Surréalisme au service de la révolution*, sans que cette apparente allégeance détourne la revue de la théorie psychanalytique ni de violentes critiques à l'égard de la morale du travail et de la famille en Union soviétique. L'adhésion au parti de Breton, Eluard, Péret, Unik, en 1927, est suivie en 1933 d'une rupture collective. Après le Congrès international des écrivains révolutionnaires de Kharkov (1930), qui entraîne la conversion d'Aragon au communisme, le suicide de Crevel en

1935, à la veille du Congrès des écrivains pour la défense de la culture, montre tragiquement l'impossibilité de défendre une position autonome au sein du parti communiste. Les surréalistes vont dénoncer dès 1936 les procès de Moscou et la dérive totalitaire du régime soviétique. En 1938 alors qu'Eluard se rapproche du parti et rompt avec le surréalisme, Breton rencontre Trotski au Mexique et signe avec lui une déclaration garantissant l'indépendance de l'art révolutionnaire ; mais l'action politique des surréalistes se limitera de fait au débat d'idées et à des engagements individuels, comme celui de Péret en Espagne.

Cette période de conflits porte les fruits des investigations antérieures. Malgré l'anathème formulé contre le roman, Desnos (*La Liberté ou l'amour !)*, Soupault (*Les Dernières Nuits de Paris)*, Aragon (*Le Paysan de Paris)*, Crevel (*Êtes-vous fous ?*, *Les pieds dans le plat)*, Breton lui-même (*Nadja*, *Les Vases communicants*, *L'Amour fou)* renouvellent le genre narratif, tressant la relation quasi clinique d'événements vécus, le récit de rêve, l'élaboration théorique et le grand élan lyrique pour affirmer l'unité profonde de l'être. La poésie à plusieurs mains fait contrepoids au lyrisme personnel : *Ralentir travaux* (Breton, Char, Eluard), *L'Immaculée Conception* (Breton, Eluard) refondent la pratique de l'automatisme par la simulation des langages de la folie. Dali, opposant la méthode paranoïa-critique à la passivité de l'automatisme, relance l'activité théorique du groupe, ce dont témoignent la formulation par Breton du « hasard objectif » ou la création d'objets à fonctionnement symbolique. L'orientation anthropologique du surréalisme apparaît nettement dans la revue *Minotaure*, qui réunit Breton, Leiris, Caillois, Masson, Lacan. L'exposition de Londres en 1936 puis celle de Paris en 1938 consacrent la maturité du mouvement et sa fécondité : le surréalisme a largement imprégné l'Europe et gagné l'Amérique latine. L'Angleterre, l'Espagne, la Belgique, la Tchécoslovaquie, la Yougoslavie, la Roumanie ont eu des revues surréalistes et parfois des groupes autonomes. L'expansion géographique s'accompagne d'une extension vers d'autres modes d'expression : la peinture, la photographie, le cinéma (Buñuel), mais aussi l'ethnologie et la psychanalyse ont recueilli l'écho de l'aspiration des surréalistes à redéfinir l'entendement humain.

Cet apogée précède de peu la guerre. Les surréalistes sont indésirables sous Vichy, et hostiles au nationalisme de la Résistance, où Char seul s'illustrera. Les autres s'exilent en Amérique *via* Marseille et les Antilles. Le noyau du groupe se reforme à New York, où Breton, Ernst et Tanguy retrouvent Marcel Duchamp ; Péret est à Mexico. Breton crée une revue, *VVV*, mais comme écrivain il est isolé dans ce monde anglophone ; c'est par les peintres que le groupe se renforce et se renouvelle : Matta avant tout, puis Gorky, Donati, Lam. Brillamment exposée par Peggy Guggenheim et Julien Lévy, la peinture surréaliste influencera surtout par l'automatisme gestuel les grands peintres américains de l'après-guerre.

Breton ne rentre en France qu'en mai 1946, et seul. Ses troupes, « vieux surréalistes » issus des années trente comme Pastoureau et jeunes gens comme le groupe « La Main à Plume » (Arnaud, Dotremont), sont hétéroclites et tentées par la dissidence. Il peut compter sur le soutien critique de Bataille, Blanchot ou Paulhan, mais il a contre lui Aragon et Eluard, que Tzara a rejoints, et Sartre qui leur prête main forte tout en prétendant occuper pour son compte le terrain intellectuel. Le conflit a été aiguisé par *Le Déshonneur des poètes* (1945), où Péret tirait à boulets rouges sur le conformisme esthétique de la « poésie de la Résistance ». Tout en réaffirmant l'actualité du surréalisme Breton emploie ses forces à établir l'histoire du mouvement dont il est à la fois le fondateur et le survivant, dans une ample réflexion qui mène de « Situation du surréalisme entre les deux guerres » (1942) aux *Entretiens* de 1952. Blanchot n'a toutefois pas tort de voir alors dans le surréalisme « un brillant fantôme », privé d'assise idéologique par le clivage de la guerre froide et impuissant devant le triomphe de ses propres idées.

La grande exposition de 1947, consacrée à une tentative d'« intervention sur la vie mythique », réaffirme le canon surréaliste tout en recourant à des médiations de plus en plus lointaines et occultes. Le champ du surréalisme s'agrandit vers les anciennes cultures du Nouveau Monde, vers l'art des fous et l'art brut (jusqu'à la rupture entre Breton et Dubuffet), vers la tradition ésotérique. La beauté du mouvement dans ces années difficiles, c'est le rayonnement de Breton jusqu'à sa mort en 1966, ce sont les échos qu'il suscite en Martinique avec Césaire ou en Égypte avec Henein et Joyce Mansour ; et dans la littérature, ce sont ses marges : la tangence de Gracq, le compagnonnage distant de Mandiargues, mais aussi l'extravagance de Maurice Fourré ou de Malcolm de Chazal, la fragilité de poètes comme Rodanski ou Jean-Pierre Duprey. Le surréalisme polarise autour de lui des causes perdues et des causes naissantes : trotskisme, anarchisme, émancipation des peuples, féminisme, libération des mœurs, présence du sacré. Bien au-delà de sa fécondité artistique, il aura été le ferment de discorde et la boussole du siècle.

ŒUVRES. — **Textes** : *Tracts surréalistes et déclarations collectives*, éd. José Pierre, Losfeld, 1980 et 1982, 2 t. — *Archives du surréalisme*, n°s 1 à 4, éd. Marguerite Bonnet, Paule Thévenin et José Pierre, Gallimard, 1988-1990. — **Ouvrages de référence** : *Le Surréalisme*, entretiens sous la direction de Ferdinand Alquié, Paris-La Haye, Mouton, 1968. — *Le Surréalisme dans le texte*, actes édités par Daniel Bougnoux et Jean-Charles Gateau, Presses universitaires de Grenoble, 1978. — *Dictionnaire général du surréalisme et de ses environs*, dir. Adam Biro et René Passeron, PUF, 1982. — *La Planète affolée : surréalisme, dispersion et influences 1938-1947*, Musée de Marseille, Flammarion, 1986. — *La Femme et le Surréalisme*, catalogue conçu par Erika Billeter et José Pierre, Lausanne, 1987. — *L'Objet au défi*, études réunies par Jacqueline Chénieux-Gendron et Marie-Claire Dumas, PUF, 1987. — *Du surréalisme et du plaisir*, actes édités par Jacqueline Chénieux-Gendron, Corti, 1987. — *Folie et psychanalyse dans l'expérience surréaliste*, dir. Fabienne Hulak, Nice Z'Éditions, 1992. — *Une pelle au vent dans les sables du rêve : les écritures automatiques*, dir. Michel Murat et Marie-Paule Berranger, Presses universitaires de Lyon, 1992. — *Surréalisme et philosophie*, actes édités par Christian Descamps, Centre Pompidou, 1992. — *Treize ans d'études sur le surréalisme, œuvres et critiques*, Tübingen, 1993. — *Jeu surréaliste et humour noir*, dir. Jacqueline Chénieux et Marie-Claire Dumas, Lachenal et Ritter, 1993. — **Revues** : *Dada/Surrealism*, dir. Mary-Ann Caws et Rudolph Kuenzli, Iowa University. — *Mélusine* (Cahiers du Centre de recherches sur le surréalisme), dir. Henri Béhar, L'Âge d'homme. — *Les Mots la vie*, publication du groupe Eluard, dir. Colette Guedj, université de Nice. — *Pleine Marge* (Cahiers de littérature, d'arts plastiques et de critique), dir. Jacqueline Chénieux-Gendron, éd. Peeters. — *La Femme surréaliste*, *Obliques*, n°s 14-15, 1977. — *Le Surréalisme international*, *opus international*, n°s 19-20, octobre 1970. — *Le Siècle éclaté*, n° 2 : *Dada, surréalisme et avant-gardes* ; n° 3 : *Le Texte et son double*, *Revue des Lettres modernes*, Minard, 1978.

→ Georges Bataille, *Œuvres complètes*, Gallimard, notamment t. II, VII et VIII. — Maurice Blanchot, « Réflexions sur le surréalisme », *L'Arche* (1945), rééd. dans *La Part du feu*, Gallimard, 1949. — Ferdinand Alquié, *Philosophie du surréalisme*, Flammarion, 1955. — Jean-Louis Bédouin, *Vingt ans de surréalisme(1939-1959)*, Denoël, 1961. — Maurice Nadeau, *Histoire du surréalisme* suivi de *Documents surréalistes*, Le Seuil, 1964. — Robert Benayoun, *Érotique du surréalisme*, Pauvert, 1965. — Louis Aragon, « Lautréamont et nous », *Les Lettres françaises*, n°s 1185 et 1186, juin 1967. — Henri Béhar, *Essai sur le théâtre dada et surréaliste*, Gallimard, 1967. — Xavière Gauthier, *Surréalisme et sexualité*, Gallimard, 1971. — Marie-Claire Bancquart, *Paris des surréalistes*, Seghers, 1972. — André Thirion, *Révolutionnaires sans révolution*, Laffont, 1972. — José Vovelle, *Le Surréalisme en Belgique*, Bruxelles, De Rache, 1972. — Sarane Alexandrian, *Le Surréalisme et le rêve*, Gallimard, 1974. — René Passeron, *Encyclopédie du surréalisme*, Somogy, 1975. — Gaëtan Picon, *Journal du surréalisme*, Skira, 1976. — Jean et Odette Virmaux, *Les Surréalistes et le cinéma*, Seghers, 1976. — Pierre Naville, *Le Temps du surréel*, Galilée, 1977. — Michel Rémy, *Surrealism in England*, Nancy, Groupe-Édition Marges, 1978. — Michel Faure, *Histoire du surréalisme sous l'Occupation*, La Table ronde, 1982. — Édouard Jaguer, *Les Mystères de la chambre noire : le surréalisme et la photo*, Flammarion, 1982. — Jacqueline Chénieux-Gendron, *Le Surréalisme et le roman*, 1922-1950, L'Âge d'homme, 1983. — José Pierre, *L'Univers surréaliste*, Somogy, 1983. — Jacqueline Chénieux-Gendron, *Le Surréalisme*, PUF, 1984. — Louis Janover, *Le Rêve et le plomb : le surréalisme de l'utopie à l'avant-garde*, Jean-Michel Place, 1986. — Claude Abastado, *Introduction au surréalisme*, Bordas, 1988. — Renée Riese-Hubert, *Surrealism and the Book*, University of California Press, 1988. — Jean et Odette Virmaux, *Les Grandes Figures du surréalisme*, Bordas, 1994. — Gérard Durozoi, *Histoire du mouvement surréaliste*, Hazan, 1997.

M.-P. B. et M.M.

Surréalisme au service de la Révolution (Le) (1930-1933), voir SURRÉALISTES (REVUES).

surréalisme belge. Si la naissance simultanée du surréalisme en France et en Belgique au début des années vingt procède d'une même volonté de libération et de rupture avec le passé, les visées et l'évolution des mouvements diffèrent à ce point, de part et d'autre de la frontière, qu'il n'est pas interdit de parler ici de « surréalisme belge ». L'esprit Dada n'eut guère de succès en Belgique : perçu tardivement, son principal animateur, Clément Pansaers, disparaît en 1922. Néanmoins, un petit groupe composé de Camille Goemans, Marcel Lecomte, René Magritte, rassemblé en 1924 autour du poète et musicien E.L.T. Mesens, manifeste son intention de poursuivre l'expérience ; seuls Magritte et Mesens la tenteront, comme en témoignera la publication des revues *Œsophage* (1925) et *Marie* (1926-1927). C'est la venue du poète et théoricien Paul Nougé qui précipite la naissance du futur mouvement : avec Goemans et Lecomte, il lance *Correspondance* (1924-1925), revue diffusée sous forme de tracts à partir du 22 novembre 1924. Tous se retrouvent en 1927, pour former ce que l'histoire retiendra sous le nom de « groupe de Bruxelles », bientôt renforcé par Louis Scutenaire, Irène Hamoir, Paul Colinet, Paul Magritte, et plus tard, en 1937, par Marcel Mariën.

Dès son premier numéro, *Correspondance* mettait en cause, textes à l'appui, non seulement la littérature « moderne » contemporaine (Proust, Valéry, Gide, Paulhan), mais aussi les avant-gardes (Aragon, Eluard, Soupault, Breton). Ainsi des « distances » étaient-elles prises avec les surréalistes français. Le tract du 20 avril 1925, signé par Nougé, critique directement l'automatisme du premier *Manifeste* de Breton. Si « la conquête de la liberté vis-à-vis des moyens d'expression » reste bien au centre du projet surréaliste, il convient avant tout, pour Nougé, de rester maître de sa pensée. « L'esprit est à notre merci et nous en sommes réellement responsable », affirme-t-il. Une distance critique est nécessaire par rapport aux actes poétiques et politiques : si à Paris la confusion entre surréalisme et révolution semble aller de soi dès 1924, il n'en va pas de même à Bruxelles. « L'on ne peut le méconnaître, notre activité ne se ramène pas à l'activité des partis qui travaillent à la révolution sociale », écrit encore Nougé ; « nous nous opposons à ce que l'on situe cette activité sur le plan politique qui n'est pas le nôtre. L'on voit la manœuvre, tout ce que nos démarches en auraient à souffrir... ». Enfin, le culte de la personnalité, la volonté de paraître et plus généralement la sacralisation de l'art et de la littérature sont rejetés par les surréalistes bruxellois, au nom de l'autonomie et de la liberté : « j'aimerais assez, que ceux d'entre nous dont le nom commence à marquer un peu, *l'effacent* », écrivait Nougé à Breton, en mars 1929.

Concentrés autour des notions de défi et de révolte, visant à agir sur la vie elle-même (« l'art est démobilisé par ailleurs, il s'agit de vivre », écrit Nougé), les surréalistes bruxellois publient peu, ou de façon confidentielle. Ils organisent des manifestations, comme l'exposition des œuvres de Magritte associée à un concert d'André Souris à Charleroi, en 1929, au cours de laquelle Nougé prononce une importante conférence sur la musique, ou encore l'exposition « Minotaure », au Palais des Beaux-Arts de Bruxelles, en mai 1934. Ils créent et animent des revues : *Distances* (1928), *Le Sens propre* (1929), consacrent des numéros spéciaux à l'activité surréaliste : *Variétés* (juin 1929), *Documents 34* (juin 1934), *Bulletin international du Surréalisme* (août 1935), *L'Invention collective* (1940). Les années cinquante marquent le moment de maturité du mouvement : un numéro spécial de la revue américaine *View* est consacré au surréalisme belge (1946) ; à Bruxelles, Magritte, qui accède de plus en plus à la notoriété, dirige *La Feuille chargée* (1950) et *La Carte d'après nature* (1952-1956), dernière revue collective du groupe, tandis que Mariën lance *Les Lèvres nues* (1954-1960), rassemblant notamment les textes théoriques de Nougé, peu soucieux de leur publication. Après la mort, en 1967, de Nougé et de Magritte, les surréalistes bruxellois uniront leurs efforts pour publier des inédits et des témoignages dans une nouvelle série des *Lèvres nues* (1969-1975). Les derniers représentants historiques du groupe disparaissent en 1971 (Mesens), 1987 (Scutenaire), 1993 (Mariën). L'esprit surréaliste est maintenu entre autres à Bruxelles par Tom Gutt, poète et éditeur, fondateur des revues *Vendonha* (1963-1964) et *Le Vocatif* (1972-1980) et animateur, avec Isy Brachot, des Éditions Brassa.

Pendant qu'à Bruxelles se développait le groupe « historique », à La Louvière, petite ville minière du Hainaut, se constituait l'autre grand pôle du surréalisme belge, autour du poète Achille Chavée. Plus proches du mouvement français que leurs homologues bruxellois, les surréalistes hennuyers, issus d'une région durement touchée par la crise de 1929 et par les grandes grèves ouvrières des années trente, se sont engagés dans l'action socio-politique et ont pratiqué l'écriture automatique. Sous la bannière de « Rupture » (1934), Chavée, André Lorent, Albert Ludé et Marcel Parfondry, bientôt rejoints par Fernand Dumont et Marcel Havrenne, définissent ainsi leurs objectifs : « tremper des consciences révolutionnaires », allier surréalisme et marxisme dans une tentative de libération de l'homme, pour une remise en cause de la société à travers la création poétique. En 1935, « Rupture » publie l'unique numéro des cahiers *Mauvais Temps* et une « exposition surréaliste », la première en Belgique, est organisée par les deux groupes à La Louvière, grâce à Mesens. Pour cause de dissensions idéologiques, « Rupture » disparaît en 1939. Le « Groupe surréaliste du Hainaut » voit alors le jour, fondé par Chavée, Dumont, Louis Van de Spiegele, Armand Simon et Marcel Lefrancq. Toujours dans la lignée de l'engagement social, l'après-guerre verra naître encore un « Centre surréaliste-révolutionnaire », animé par Christian Dotremont, Chavée, Havrenne et Paul Bourgoignie : il s'exprimera dans le *Bulletin international du surréalisme révolutionnaire* (1948) et *Le Surréalisme révolutionnaire* (1948). Dotremont s'en éloignera en 1948 pour fonder, avec Joseph Noiret, le groupe Cobra, mouvement « expérimental-simpliste » international. En marge du mouvement, la revue *Phantomas* (1953-1980), d'esprit ludique et dadaïste, ouverte aux avant-gardes, est fondée par Marcel Havrenne, Joseph Noiret et Théodore Koenig. Enfin, rompant avec la dimension idéologique des années précédentes et redonnant au surréalisme finissant un peu de son caractère originel, Pol Bury et André Balthazar assureront la continuité du groupe hennuyer en fondant l'« Académie de Montbliart » en 1954 et, trois ans plus tard, *Le Daily-Bul*, « moniteur de la pensée Bul », toujours actif aujourd'hui.

ŒUVRES. — *Correspondance*, *Marie*, *Variétés*, *Distances*, *L'Invention collective*, *La Terre n'est pas une vallée de larmes*, Bruxelles, Devillez, coll. Fac simile (reprints des principales revues).

→ José Vovelle, *Le Surréalisme en Belgique*, Bruxelles, De Rache, 1972. — Christian Bussy, *Anthologie du surréalisme en Belgique*, Gallimard, 1972. — Marcel Mariën, *L'Activité surréaliste en Belgique (1924-1950)*, Bruxelles, Lebeer-Hossmann, 1979. — *Surréalisme en Hainaut (1932-1945)*, Bruxelles, Palais des Beaux-Arts, 1980. — *Cinquante ans d'avant-garde (1917-1967)*, Bruxelles, Bibliothèque royale, 1983. — Françoise Toussaint, *Le Surréalisme belge*, Bruxelles, Labor, coll. Un livre, une œuvre, 1986. — *Surréalisme de Belgique*, *Textyles* (Bruxelles), n° 8, 1991.

O.Bi.

surréalistes (revues). *Littérature* (1919-1924), *La Révolution surréaliste* (1924-1929), *Le Surréalisme au service de la révolution* (1930-1933), *Minotaure* (1933-1939), *VVV* (1942-1944).

Accompagnant le surgissement des groupes surréalistes, notamment celui d'André Breton, les revues ont joué dans la recherche identitaire surréaliste un rôle majeur, au moins aussi important que les tracts et les manifestes. On peut se demander aujourd'hui, devant ces revues devenues légendaires et désormais aisément accessibles par leurs réimpressions, si elles contiennent des textes surréalistes et d'autres qui ne le sont pas, ou qui le sont moins, et s'il existe une maquette de revue surréaliste, avec ses caractéristiques et son contenu. La revue surréaliste implique une approche plastique, factuelle, phénoménologique ; elle sert de cadre à une pragmatique du texte et de l'image surréalistes, que la critique n'a guère analysée. D'une manière générale, les revues littéraires et artistiques ne sont pas seulement des livres minces et brochés donnant des informations sur le domaine des arts plastiques, de la création littéraire ou sur le domaine du savoir. Ce sont des objets plastiques dont la mise en pages elle-même manifeste les intentions du comité de rédaction. Ce sont aussi des objets ouverts sur le monde et son utilisation, qui apportent aux lecteurs une information précaire, liée plus étroitement à l'événement et à l'actualité que le livre. Les revues surréalistes sont en outre des objets bricolés, fabriqués avec des outils « hétéroclites » et « limités » (pour reprendre les termes de Claude Lévi-Strauss), souvent avec peu d'argent mais avec l'aide d'imprimeurs de talent, payés par des publicités ou des mécènes. Elles sont aussi des objets pervers, dont l'ordre de lecture n'est pas imposé, où le lecteur choisit son texte ou son lieu de rêverie. La revue surréaliste est proche à cet égard du « bureau de pensée » dont parlait Aimé Césaire caractérisant *a posteriori* (en 1978) sa propre revue *Tropiques* (avril 1941-septembre 1945), la définissant aussi comme un « centre de réflexion », un bureau où l'on peut « s'exprimer, parler, créer » à quelques-uns, et qui s'oppose ainsi à la « société de consommation culturelle ».

Les trois revues *Littérature*, *La Révolution surréaliste* et *Le Surréalisme au service de la révolution* forment un ensemble cohérent ; elles ont toutes trois été fondées par le groupe animé par André Breton. *Littérature*, qui aurait pu s'appeler *Le Nouveau Monde* selon la proposition de Pierre Reverdy, ou *Carte blanche*, trouve son titre définitif suivant le conseil de Valéry et en référence au dernier vers de l'*Art poétique* de Verlaine : « Et tout le reste est littérature ». « Si nous adoptons ce mot pour titre, explique Breton dans ses *Entretiens*, c'est par antiphrase, et dans un esprit de dérision où Verlaine n'a plus aucune part. » Gide, Paulhan et Valéry participent au premier numéro (mars 1919) : c'est assez pour que soudain les trois directeurs Aragon, Breton et Soupault se sentent envahis par la peur de trop plaire. Dès le deuxième, un virage s'amorce, avec la publication des énigmatiques *Poésies* de Lautréamont, qui se terminent par cette phrase parodiant Shakespeare : « Toute l'eau de la mer ne suffirait pas à laver une tache de sang intellectuelle. » En octobre 1919, dans le numéro 8, à côté d'un poème d'Apollinaire, Breton et Soupault publient leur « Glace sans tain », fragment de leur récente expérience d'« écriture automatique » et de ce qui deviendra *Les Champs magnétiques*. L'enquête qu'ils lancent à partir du numéro suivant : « Pourquoi écrivez-vous ? » achève de miner l'entreprise littéraire : les réponses, classées par ordre d'intérêt, sont closes par celle du héros de Knut Hamsun, le lieutenant Glahn : « J'écris pour abréger le temps ».

L'arrivée de Tristan Tzara à Paris, en janvier 1920, achève cette évolution. Le « passage de Dada » pousse la rédaction à une série de provocations adressées au monde littéraire. Y a-t-il encore des gens qui s'amusent dans la vie ? demande Aragon. Et de répondre par une liste de têtes de Turc qui « s'en donnent à cœur joie ». Ailleurs, sous le titre « Liquidation », des noms célèbres de personnages historiques, compositeurs, poètes, écrivains, peintres se voient notés de -25 à 20, pour la plus grande joie du déclassement. Les minutes du « procès » fait à Barrès occupent tout le numéro 20 (août 1921), le dernier de la première série. Mais le « passage de Dada » ne fait nullement changer la maquette classique, voire austère, et sans rapport avec la revue dada que Tzara avait publiée à Zurich, et qui illustrait son pouvoir d'invention dans la typographie et la mise en pages : impression en oblique, effets de parangonnage, occupant tout l'espace de la page, de la même façon que les manifestations dada au théâtre occupent l'espace sonore par des syllabes « en liberté ».

En mars 1922, une nouvelle série, de plus grand format, relance l'entreprise. Ayant pris ses distances avec Tzara, la direction en est assurée par Breton et Soupault, puis, à partir du numéro 4 (septembre), par Breton seul, qui se rapproche du peintre Picabia, très hostile à Soupault. La préoccupation demeure fortement extra-littéraire. L'enquête « Que faites-vous lorsque vous êtes seul ? », lancée dans le premier numéro, prétend « s'introduire plus avant dans la conscience obscure des lecteurs ». Les contributions de cette nouvelle série font très tôt surgir un souci proche de la pensée freudienne, telle que les Français peuvent en avoir connaissance dans ces années. Les poèmes et déclarations d'intention de Breton apparaissent constamment, tandis qu'Aragon publie aussi de curieux contes, d'une écriture étincelante, qui seront recueillis ensuite dans *Le Libertinage*. Robert Desnos, Paul Eluard, Max Morise, Benjamin Péret, Francis Picabia, Jacques Rigaut, Philippe Soupault, Tristan Tzara, Roger Vitrac se succèdent au sommaire, excluant quasiment les non-surréalistes, avec des illustrations de Marcel Duchamp, Max Ernst, De Chirico, Man Ray et de Picabia, auquel on doit les couvertures à partir du numéro 4. Toutefois, si le contenu ou les dessins sont parfois sulfureux, antireligieux ou érotiques, la mise en pages reste extrêmement classique.

Une esthétique un peu différente, et en tout cas plus originale, régit les revues *La Révolution surréaliste* (décembre 1924-décembre 1929) et *Le Surréalisme au service de la révolution* (juillet 1930-mai 1933) : le mouvement surréaliste a pris ses racines ; il s'est trouvé un nom en 1924, dans le *Manifeste du surréalisme* de Breton et *Une vague de rêves* d'Aragon (deux textes publiés hors de la revue), et un mode d'existence. La première de ces revues est un organe de recherche dont la maquette est volontairement austère : elle démarque la couverture et la disposition en colonnes de la revue scientifique *La Nature*. Les illustrations y sont beaucoup plus nombreuses que dans *Littérature* ; elles sont aussi plus « scientifiques ». Les effets de maquette y sont de stricte symétrie, à moins que le montage des illustrations ne les répartisse de façon didactique par rapport au contenu. La revue comporte une part importante de textes expérimentaux : récits de rêves, essais d'écriture automatique ou onirique ; enquêtes (sur le suicide, la sexualité, l'amour). Peut-être cependant trouverait-on une coloration différente entre les trois premiers numéros (dirigés par Pierre Naville et Benjamin Péret et comportant des interventions d'Antonin Artaud et « La Revendication du plaisir » de Michel Leiris et Jacques Baron) et la suite de la collection, dirigée par André Breton, qui, publiant des extraits de *Nadja*, met l'accent sur le désir et, dans les premiers chapitres du *Surréalisme et la peinture*, pose sous une forme poétique la question de l'existence d'une esthétique surréaliste. On y trouve aussi des « débris » du roman d'Aragon, *La Défense de l'infini*, qu'il détruira, et les collaborations d'écrivains plus jeunes, Raymond Queneau, René Crevel. *La Révolution surréaliste* est une revue de combat, où se lisent les débats internes à un groupe qui se constitue autour d'André Breton. L'éclatement du premier de ces groupes s'observe à la lecture du *Second Manifeste du surréalisme*, dans le n° 12 de la revue.

Le Surréalisme au service de la révolution (six livraisons entre juillet 1930 et mai 1933) est une revue d'apparence très austère également, par manque d'argent mais aussi par souci de l'idéologie de la révolution prolétarienne à laquelle veulent adhérer, tout en conservant leur liberté, les amis de Breton, anciens et nouveaux. Les illustrations sont rejetées en un cahier en fin de volume et la page de couverture est d'une sobriété exceptionnelle. On peut noter cependant un montage de textes en forme de canon de type calligrammatique, évoquant les jeux typographiques dada et tournant en dérision le chauvinisme avec lequel la presse salue la traversée de l'Atlantique par Costes et Bellonte : sous le titre « La Presse de guerre se réveille », la revue publie dans son numéro 2 (octobre 1930) un montage d'extraits de presse qui juxtapose des déclarations patriotiques et des niaiseries déconcertantes. Avec cette série surgissent ainsi des innovations de mise en pages qui illustrent l'ambition poétique des surréalistes. Seule illustration de la page de couverture, l'emblème entrelacé d'Uranus, Saturne et Pluton, signes d'air et de terre, conjonction rare (une fois tous les quarante ans), caractérise le « ciel » de la naissance des pères fondateurs du surréalisme. La présence de cet emblème corrige ce que le titre aurait de trop naïvement engagé : un mouvement poétique « au service » d'une cause politique. Les colonnes doubles de *La Révolution surréaliste* sont abandonnées. Le texte de Breton : « Il y aura une fois » (n° 1), qui fait figure d'art poétique et d'art de vivre, est composé en pleine page. Mais très souvent des colonnes marginales relatent des faits divers. Le texte central est alors bordé par des récits de faits divers ou des extraits de journaux. Le texte de Tzara : « Avant que la nuit » (n° 1), appel lyrique à la révolte politique, entre ainsi en relation avec les marges, qui rapportent des faits divers politiquement révoltants. Au-delà du scientisme patent de *La Révolution surréa-*

liste, *Le Surréalisme au service de la révolution* se fixe des objectifs plus lointains, plus poétiques, objectifs mimés par l'épanouissement du texte qui éclate sur la page ou par l'oscillation entre textes lyriques, d'une part, et textes polémiques et politiques, de l'autre. La revue répond ainsi au souci d'assomption du sens surréaliste des choses.

Minotaure, de 1933 à 1939, et pendant la guerre, à New York, *VVV*, sont habités par l'image et le sens crypté des choses. Ces deux revues, malgré leur apparence très différente, sont si belles et parfois si étranges qu'elles semblent faites pour être feuilletées et non lues. La première n'était nullement surréaliste lorsqu'elle fut fondée par Albert Skira. Elle était seulement sous l'influence du groupe bretonien et des amis de Georges Bataille. Elle devait, dans l'esprit de son fondateur, se différencier des *Cahiers d'art*, qu'il avait dirigés précédemment avec Christian Zervos et qui étaient davantage portés vers l'abstraction, dans la descendance du constructivisme, et vers les thèmes intellectuels. *Minotaure* devient formellement une revue surréaliste à partir du numéro 10 (hiver 1937), quand É. Tériade, le directeur artistique, est remplacé à la tête de la revue par André Breton, Marcel Duchamp, Paul Eluard, Maurice Heine et Pierre Mabille. *VVV*, en revanche, a été créée sous la direction du sculpteur américain David Hare (Duchamp et Breton, puis Max Ernst étant, pour des raisons dues à leur statut d'émigré, *editorial advisers)* pour être un organe spécifique du groupe surréaliste, reconstitué en 1942 à New York, en face de la revue *View*. Malgré cette différence à l'origine, *Minotaure* et *VVV* sont en parfaite continuité et ont toutes deux basculé dans le champ esthétique. Le grand format de *Minotaure* permet tous les effets de répons entre le texte et l'image : ainsi, au bas d'une page précédant le sommaire du numéro 7 (1935), cette formule énigmatique : *Le côté nocturne de la nature*. C'est en effet ce qu'on peut lire ensuite, en un sens ludique (un article, féru en biologie animale, porte sur les oiseaux de nuit) ou en un sens plus ésotérique (« La nuit du Tournesol » de Breton). Dans *VVV*, le découpage permet fréquemment de manipuler la revue, comme pour construire par jeu des apparences plastiques variées.

Les deux revues mettent l'accent sur l'acte créateur au détriment de la nature formelle de l'œuvre (un article de *Minotaure* s'intitule « Picasso dans son élément », c'est-à-dire dans son atelier et dans son activité de peintre), et dans *VVV* les déclarations de Breton insistent sur la position de l'être humain en situation d'inventer sa place nouvelle dans l'univers : c'est l'un des sens de l'apologue des « Grands Transparents ». Notre lecture, sensiblement différente de celle d'une revue d'information esthétique ou littéraire, est guidée par des renvois allusifs ou analogiques à tel autre article du même numéro, ou à tel dossier d'un numéro antérieur. Ainsi, le n° 2-3 de *VVV* semble aiguillé par le souci explicité en cette année 1942, cruciale dans l'histoire de la Deuxième Guerre, par David Hare, son directeur : « It is to be devoted entirely to Liberty ».

Littérature, reprint (préfaces de Philippe Soupault, Marguerite Bonnet, Jacques Baron), J.-M. Place, 1978. — *La Révolution surréaliste, reprint* (postface de Marie-Claire Bancquart), J.-M. Place, 1975. — *Le Surréalisme au service de la révolution, reprint* (préface Jacqueline Leiner), J.-M. Place, 1997. — *Minotaure, reprint,* Genève, Skira, 1980.

→ Michel Sanouillet, *Dada à Paris*, 2 t., Pauvert, 1965, rééd. Centre du XXe siècle, 1980. — Marguerite Bonnet, *André Breton, naissance de l'aventure surréaliste*, Corti, 1975. — Catalogues : *Hommage à Tériade*, Grand-Palais, Paris, 1973 et *Regards sur Minotaure*, Musée Rath, Genève et Musée d'Art moderne de la ville de Paris, 1988. — Étienne-Alain Hubert, « Le *Bulletin international du surréalisme* », *Bulletin de liaison* [du centre de recherches], *Revues et tracts surréalistes et de l'horizon surréaliste en France et dans le monde* (CNRS), n° 8, avril 1978. — Marguerite Bonnet et Jacqueline Chénieux-Gendron, *Revues surréalistes françaises autour d'André Breton 1948-1972*, New York, Kraus International Publications, 1982. — J. Chénieux-Gendron, F. Le Roux et M. Vienne, *Inventaire analytique de revues surréalistes ou apparentées, Le surréalisme autour du monde 1929-1947*, CNRS Éditions, 1994.

J.C.-G.

Susini Marie (1916-1993). Née en Corse, elle a mis en scène son île natale dans la plupart de ses romans. Dans un style sobre, la vie de tous les jours des petites gens y est présentée sans aucune tentation naturaliste mais comme l'attente d'une tragédie. Après des études de lettres, c'est pourtant à Paris que Marie Susini, longtemps conservateur à la Bibliothèque nationale, a passé la plus grande partie de sa vie.

ŒUVRES. — Romans et récits sont publiés au Seuil : *Plein soleil,* 1953. — *La Fiera,* 1954. — *Un pas d'homme,* 1957. — *Le Premier Regard,* 1960. — *Les Yeux fermés,* 1964. — *C'était cela notre amour,* 1970. — *Je m'appelle Anna Livia,* 1979. — *L'Île sans rivage,* 1980. — *La Renfermée,* 1981. — *La Corse,* 1981.

→ Francine de Martinoir, *Marie Susini et le silence de Dieu*, Gallimard, 1989.

G.P.

T

Table ronde (La). Maison d'édition fondée en 1944 à Paris, sous le nom d'Éditions du Centre, par Roger Mouton avec le soutien du comédien Pierre Fresnay et de Thierry Maulnier. Émanation du Centre communautaire, organisme de propagande favorable à Vichy, les Éditions du Centre vont publier, de juin à décembre 1944, l'*Antigone* d'Anouilh, les *Carnets*, *L'Exil* et *Pasiphae* de Montherlant, et créer les *Cahiers de La Table ronde* dont le premier numéro paraît en décembre 1944 et auquel participent André Fraigneau (directeur littéraire chez Grasset) et Thierry Maulnier (qui a fait ses débuts à la *Revue universelle* puis à l'*Action française)*. Jusqu'en 1949, ces volumineux et luxueux *Cahiers* proposeront trois numéros par an, où se côtoient Giraudoux, Max Jacob, Valéry, Hemingway, Proust, Mauriac, Eliot, Faulkner, Jules Romains, Anouilh, Paulhan, Blanchot, Genet, accompagnés d'illustrations d'Edouard Goerg, Georges Braque, Henri Matisse ou encore Pierre Bonnard.

En avril 1945, les *Cahiers de La Table ronde* donnent leur nom à la maison d'édition. Par l'intermédiaire de Jean Jardin et de Pierre Fresnay, Roger Mouton engage comme directeur littéraire Roland Laudenbach, qui avait fait ses premières armes à l'*Action française* et deviendra rapidement le principal inspirateur de la maison. La *Rencontre avec Barrès* de Mauriac. inaugure la collection « Le Choix », qui publiera les *Nouvelles Pièces noires* d'Anouilh, *Carnets 1935-1939* de Montherlant, *Un roi sans divertissement* de Giono, *Vues* de Valéry et *Sous le signe du dragon* de Claudel. Certains titres sont publiés en édition courante : le *Journal d'un attaché d'ambassade* de Morand, *Noé* de Giono, ou *Passage du malin* de Mauriac. En 1947, ce dernier publie *Journal*, *Du côté de chez Proust*, *Réponse à Claudel*, et supervise une nouvelle collection, « Génie du christianisme ». Sous l'impulsion de Laudenbach, les Éditions de La Table ronde assoient rapidement leur ligne éditoriale en publiant de jeunes auteurs marqués à droite comme Bardèche, Malaparte ou Pierre Boutang. En 1947, la maison connaît son premier grand succès en vendant à plus de 100 000 exemplaires *Tant que la terre durera* d'Henri Troyat. À partir de 1949, à la faveur de la guerre froide, la plupart des écrivains de droite reprennent la plume contre le communisme. Chardonne et Morand deviennent les maîtres à penser de jeunes écrivains qu'on appellera les « Hussards » et dont La Table ronde publie les livres : *Le Grand d'Espagne* de Roger Nimier (1950), *Les Enfants du Bon Dieu* d'Antoine Blondin (1952), qui obtiendra le prix Interallié pour *Un singe en hiver* (1959), *Une sacrée salade* de Jacques Laurent (1954).

La revue *La Table ronde* est créée en 1948, remplaçant les *Cahiers* devenus trop coûteux ; elle occupera avantageusement la place laissée libre par la disparition de la *NRF*. Contrairement aux *Cahiers*, cette revue mensuelle sera de grande diffusion et saura affronter son concurrent, *Les Temps modernes*. Elle devient vite, selon Laudenbach, « la cour de récréation » de François Mauriac, qui en 1952 y crée une chronique d'humeur et d'actualité, le « Bloc-notes ». Thierry Maulnier et Jean Le Marchand en assurent le secrétariat général.

En 1950, Les Éditions et la revue de La Table ronde passent sous le contrôle de Plon et, en 1953, Jacques et Colette Duhamel entrent en participation. De jeunes écrivains de gauche font alors leur apparition au catalogue, renouvelant l'image de la maison : Roger Stéphane, un des fondateurs de *L'Observateur*, y publie *Parce que c'était lui* (1952) et Bernard Franck, collaborateur des *Temps modernes*, *Géographie universelle* et *Les Rats* (1953), puis *Israël* et *L'Illusion comique* (1955). Grâce à ce mélange original d'auteurs confirmés, de « hussards » et de jeunes sartriens, La Table ronde acquiert un statut de maison littéraire à part entière. Après quelques années de difficultés financières qui voient la prise de participation de Gallimard, les activités de La Table ronde reprennent à partir de 1958 grâce à quelques succès : *Marthe ou les amants tristes* de Jean Freustié, *La Rue froide* de Daniel Boulanger, *Pauvre Bitos*, *Pièces noires et pièces roses* d'Anouilh, *Les Corps tranquilles* de Jacques Laurent, *Les Guimbardes de Bordeaux* de Stephen Hecquet, *Le Prisonnier* de Bernard Pingaud. En 1960, *Clem* d'Henri Muller remporte le prix Interallié, et deux pièces de Marcel Achard connaissent un vif succès : *Histoires d'amour* (1959) et *L'amour est difficile* (1960). En 1964, le directeur littéraire de La Table ronde fait preuve d'un esprit d'ouverture à une sensibilité très différente de la sienne en publiant *Le Défi* de Gabriel Matzneff.

La période de la guerre d'Algérie sera l'un des épisodes les plus sensibles de l'histoire politique de la maison. Roland Laudenbach, farouchement anti-gaulliste, publie en 1962 l'*Histoire de l'OAS* de Jean-Jacques Susini, qui sera saisi, et deux livres de Jacques Laurent, *Mauriac sous de Gaulle* et *Offenses au chef de l'État*, qui seront interdits à la vente. Désormais, La Table ronde s'oriente vers la publication de témoignages, de pamphlets ou d'essais. La fin des grandes luttes politiques va laisser la maison d'édition sans auteur, sans public et privée, à partir de 1974, du soutien de Gallimard. *La Chambre des dames*, de Jeanne Bourin (1979), vendue à plus d'un million d'exemplaires, va redonner sa prospérité à la maison, qui ouvre son capital à Grasset. En 1985, Roland Laudenbach est remplacé par Christian Poninski. Depuis 1991, la maison d'édition est dirigée par Denis Tillinac.

→ Patrick Louis, *La Table ronde : une aventure singulière*, La Table ronde, 1992.

H.Fa. — IMEC

Tache Pierre-Alain (1940). Né à Lausanne, il y est magistrat. Ses poèmes paraissent dans *La Revue de Belles-Lettres*, la *NRF*, *Argile*, *Sud*. De *Greffes* (1962) au *Rappel des oiseaux* (1997), il a publié une quinzaine de recueils dans lesquels il interroge le lieu, la musique, la joie et la nécessité de l'instant, et tente une médiation entre l'abstraction d'une recherche intellectuelle et métaphysique et l'accueil du quotidien : « L'espoir est que la traduction vérifie le monde. » Sa langue, dépouillée, allie ruptures modernes et exigence classique, visant à concilier approche critique et expérience poétique. Bonnefoy, Jaccottet, Jouve (dans *Buissons ardents*, 1989) et Follain sont quelques-unes des voix dont il s'entoure.

M.Gr.

Tadjo Véronique (1955). Née à Paris, mais inspirée par son pays d'adoption, la Côte-d'Ivoire, elle a publié un recueil poétique, *Latérite* (Hatier-CEDA), couronné en 1983 par l'Agence de coopération culturelle et technique, deux romans, *À vol d'oiseau* (Nathan, 1986) et *Le Royaume aveugle* (L'Harmattan, 1990) et un livre de contes pour enfants, *La Chanson de la vie* (Hatier, 1990).

J.C.

Tallandier *(Éditions)* Maison fondée en 1865 à Paris par Georges Decaux sous le nom de Librairie illustrée. D'abord spécialisée dans l'histoire et la littérature populaire, ce n'est qu'en 1900 que cette maison, enrichie de nouvelles collections d'ouvrages encyclopédiques et historiques illustrés ainsi que de livres d'art, prend le nom de Jules Tallandier, qui avait été un proche collaborateur de Georges Decaux. Le nouveau directeur reste fidèle à la tradition de la maison et poursuit la publication de sommes encyclopédiques et de collections historiques à caractère populaire. Tallandier publie également les œuvres d'Aristide Bruant, les premiers livres de Georges Sim (Simenon) et des romans populaires et sentimentaux dont ceux de Delly, qui figure encore aujourd'hui au catalogue. Tallandier crée la revue *Lisez-moi*, *Historia*, qui prendra le titre d'*Historia* à partir de 1945. À sa mort en 1933, son gendre Remy Dumoncel, puis son petit-fils Maurice Dumoncel, lui succèdent. En 1980, le groupe Hachette acquiert les Éditions Tallandier, qui seront rachetées par Jacques Jourquin en 1982 et dirigées par François de l'Espée à partir de 1992.

La maison a deux objectifs : mettre l'histoire à la portée du grand public grâce à des ouvrages de vulgarisation, et préserver un fonds d'études historiques à travers de nombreuses collections. Tallandier réédite également l'*Histoire de France de Lavisse* et publie des collections vendues par correspondance, qui proposent de grandes séries, de beaux livres ou des œuvres complètes (les *Romans de la Révolution* de Dumas (14 t.), les *Œuvres complètes* de Maurice Genevoix (25 t.), les *Contes et romans nationaux et populaires* d'Erckmann-Chatrian (13 t.), etc. Outre *Historia*, des revues telles que *Le Jardin des arts*, ou l'*Atlas historique*, et de grands périodiques illustrés consacrés à la Seconde Guerre ou à la guerre d'Algérie sont créés. La maison, qui a pour directeur littéraire Jean-Michel Espitallier, n'oublie pas les liens qui l'unissent, depuis sa création, au roman populaire et réédite Saint-Alban, Max du Veuzit, Magali, Barbara Cartland et Claude Virmonne. Dans le domaine littéraire, deux collections complètent le catalogue : les « Carnets Marcel Jouhandeau » et une collection regroupant des romans historiques.

C.Z. — IMEC

Tanase Virgil (1945). Né à Galati le 16 juillet 1945, il s'est d'abord fait connaître comme romancier, publiant des récits oniriques. Établi à Paris en 1977, il a continué son activité littéraire en publiant des essais, du théâtre et des romans (*L'Amour, l'amour*, Flammarion, 1982 ; *Cette mort qui va et vient et qui revient*, Hachette, 1984 ; *Le Bal autour du diamant magique*, Gallimard, 1987).

L.V.

Tansi Sony Labou (1947-1995), pseudonyme de Marcel Sony. Né à Brazzaville (Congo), écrivain fécond, parmi les plus importants de la troisième génération des écrivains africains, il s'est d'abord fait connaître au théâtre. En 1979, l'année où paraît son premier roman, *La Vie et demie* (Le Seuil, 1979), il est couronné au Concours théâtral interafricain de RFI pour sa pièce *Conscience de tracteur* (Dakar-Yaoundé, NÉA-CLE, 1979). La même année, il crée la troupe du Rocado-Zulu-Théâtre de Brazzaville, avec laquelle il a monté la plupart de ses pièces, *Je soussigné Cardiaque* et *La Parenthèse de sang* (Hatier, 1981), *Antoine m'a vendu son destin* (Paris, *Revue Équateur*, octobre-novembre 1986), *Moi, veuve de l'empire* (*Revue Équateur*, n° 1, 1986), *Qui a mangé Madame d'Avoine Bergotha* (Lansman, 1995). Habitué du Festival des francophonies de Limoges et des scènes internationales, il considère le théâtre comme une arme efficace dans son combat pour la liberté. La plupart de ses drames se construisent autour d'une figure du pouvoir, dont la férocité n'a d'égale que la stupidité. La bêtise et ce qu'il appelle la « mocheté » du genre humain sont au cœur de son œuvre romanesque, publiée aux Éditions du Seuil : *La Vie et demie*, *L'État honteux* (1981), *L'Anté-peuple* (1983), *Les Sept Solitudes de Lorsa Lopez* (1985), *Les Yeux du volcan* (1988) et *Le Commencement des douleurs* (1995) répètent inlassablement le cri de révolte de ce rebelle qui, usant tour à tour de l'ironie, de la parodie et de l'allégorie, dénonce sans relâche l'arrogance des puissants sans jamais perdre foi en l'homme. Dans *La Vie et demie*, il s'attache à démasquer les sinistres acteurs de la tragi-comédie du pouvoir africain issu des indépendances, ces « guides providentiels » qui n'hésitent pas à mettre à feu et à sang l'imaginaire République de Katamalanasie afin de mieux assouvir leur appétit de prédateurs. Dans un style qui mêle des réminiscences shakespeariennes, rabelaisiennes et latino-américaines, il raconte la saga opposant la cohorte des tyrans sanguinaires à la figure toujours recommencée de Martial, chef mythique de l'opposition qui, même torturé et taillé en pièces par ses bourreaux, continue *post mortem*, avec le concours actif de sa fille Chaïdana, de hanter des générations de dictateurs fascinés par les villas, les voitures et les femmes. Soucieux de prendre part au processus démocratique en Afrique, Sony Labou Tansi, à la fin de sa vie, est devenu député du quartier Makelele à Brazzaville.

ŒUVRES. — En outre : *La Coutume d'être fou*, RFI-ACCT, 1980. — *Le Coup de vieux*, en collaboration avec Caya Makhele, Présence africaine, 1988. — *Le Commencement des douleurs*, Éditions du Seuil, 1995.

→ J. M. Devésa, *Sony Labou Tansi*, L'Harmattan, 1996.

J.C.

Tappy José-Flore (1954). Née à Lausanne. Depuis son premier recueil *Errer mortelle* (1983, prix Ramuz de poésie), elle s'affirme comme l'une des poétesses les plus talentueuses de la jeune génération. Dans *Pierre à feu* (1987) et *Terre battue* (1995), elle poursuit sa recherche de l'élémentaire. Parallèlement, elle a consacré des études à des écrivains suisses (elle est collaboratrice au *Centre de recherches sur les lettres romandes* à Lausanne), traduit des textes allemands et surtout espagnols.

S.J.-M.Ri

Tardieu Jean (1903-1995). Né le 1er novembre 1903 à Saint-Germain de Joux (Ain), il a grandi à Paris. Son paradis perdu campagnard est celui de ses vacances à Orliénas, près de Lyon. Sa mère, harpiste, son père, Victor, peintre de fresques à intentions sociales, lui ont présenté le modèle de deux arts avec lesquels, toute sa vie, il a cherché à rivaliser par « un sortilège qui fût [s]ien », celui des mots. Envers ces mots, dès l'enfance, il a ressenti fascination et crainte. Il connut La Fontaine par sa mère, Baudelaire et Molière par son père. D'un autre côté, les disputes n'étaient pas rares entre ses parents ; et le murmure perçu, aux jours de réception, par l'enfant éloigné du salon, évoquait un langage sans autre sens, nul ou menaçant, que son timbre. Le père, absent durant la guerre, fut chargé après 1920 de fonder l'École des beaux-arts à Hanoï, où il est mort en 1937. Jean Tardieu ne l'y a rejoint qu'en 1927-1928. Il écrira sur la peinture de longues années avant de reconnaître le statut de peintre de son père (préface à l'exposition *Victor Tardieu*, galerie Jonas, 1977).

Tardieu n'a que tardivement évoqué son passé (les commentaires de *Margeries*, 1986 ; *On vient chercher Monsieur Jean*, 1990). Une crise traversée à dix-sept ans (Tardieu n'identifie plus son visage dans le miroir) inaugure son œuvre par une rupture de l'être, l'impression que le monde peut être inconnaissable, et intraduisible par l'écriture. Cette angoisse est au cœur de la démarche de Tardieu. Elle a rendu difficile son entrée dans la vie sociale. Mais le jeune homme, qui dès le lycée lisait Max Jacob dans *Sic*, tôt introduit aux décades de Pontigny, fréquente un milieu d'écrivains. En 1932, après son mariage avec Marie-Laure Blot, il occupe chez Hachette un emploi qui est à l'origine de sa longue amitié avec Francis Ponge.

On le voit poser d'emblée le problème du renouvellement de la prosodie, par l'introduction en français de la notion d'accent tonique. Il publie en 1933 une traduction de *L'Archipel* de Hölderlin, s'intéresse à Baïf et à d'Aubigné. D'autre part, il admire Valéry et se réfère à Mallarmé. Sa première plaquette, *Le Fleuve caché* (Éditions de La Pléiade), est d'accent classique, mais Tardieu y explicite une image fondamentale : celle du fleuve qui, tel le Rhône, se perd pour sortir plus loin en résurgence. Vie des choses, fragilité du réel, « ailleurs qui est sous nos pas », comme il dit dans *Margeries* ; alternance et mélange des genres, que, sauf le roman, Tardieu a tous utilisés. Le recueil *Accents* (1939) contient un poème en prose, « Grilles et balcons », où il identifie son œuvre à celle des « ferronniers d'art pour lesquels tout doit prendre forme ». L'expérience directe de la main « en proie au besoin d'écrire » se mêle à l'impression que le monde parle une langue inconnue. De là, dans *Le Témoin invisible* (1943), des poèmes qui tentent d'être musique (« Suite mineure », « Sonate »).

À Paris, durant la guerre, Tardieu participe à la Résistance en littérature avec de sobres poèmes repris dans *Les Dieux étouffés* (Seghers, 1946) ; il rencontre Eluard, Seghers, Frénaud. Il entre en critique d'art du fait de l'absence des tableaux pendant la guerre. Il les reconstruit par la force de son imagination : ainsi évoque-t-il Poussin, Cézanne, La Tour (*Figures*, 1944). Cet essai de capter par le poème en prose la personnalité et le secret des peintres a contribué à la métamorphose de son expression poétique, dans *Jours pétrifiés* (1947), où se montre l'angoisse des limites du langage et du monde caché. En 1951, *Monsieur Monsieur*, « poèmes humoristiques », instaure un dialogue sec, parfois cruel, entre les identités diverses de « Monsieur », et entre l'homme et le monde à la fois visible et dérobé : « Comment ça va sur la terre ? / Ça va, ça va, ça va bien » (« Conversation »). Mais le rêve d'une disparition qui supprimerait l'énigme de l'existence surgit à travers la parodie, dans « Le Tombeau de Monsieur Monsieur ». De ces années date aussi la création du « professeur Froeppel », autre identité parodique de Tardieu, « auteur » de *Un mot pour un autre* (1951).

Devenu homme de radio à la Libération (animateur du « Club d'essai », puis responsable des programmes de France-Musique), Tardieu va sans heurt du poème-conversation aux « poèmes à jouer » et au « théâtre de chambre », titre sous lequel sont réunies ses pièces brèves en 1955. Suivent *Théâtre II : Poèmes à jouer* (1960), *Une soirée en Provence* (1975), et *La Cité sans sommeil et autres pièces* (1984). Tardieu y utilise les brusques changements de niveau entre les mots, pour faire sentir qu'autre chose — une structure, un signe — habite en eux. Parfois, le phonème est à part du sens, qui transparaît à travers le débit des actrices, dans le décor d'un salon « plus 1900 que nature » d'*Un mot pour un autre*. Ou bien c'est le babil général qui sépare un moment de leur propre babil « les amants du métro ». Tardieu aime en effet utiliser les mots inutiles en apparence, les expressions propres à un seul groupe *(Eux seuls le savent, Ce que parler veut dire)*. Il ridiculise les procédés classiques : ainsi du monologue, confié à deux comédiens qui assument tous les rôles, dans *Il y avait foule au manoir* : le personnage traditionnel disparaît.

Ce théâtre ne peut être séparé des autres écrits de Tardieu. Comme eux, il tente de trouver, à travers un quotidien qui est le lieu de nos hantises, cet « inconnu du monde » que révèlent les mots en deçà du langage. Tardieu voudrait passer de l'autre côté de l'énigme, du moins aller aux limites de l'exploration possible, aidé par le bruitage des mots, la musique *(La Sonate et les trois messieurs)*, la peinture *(Trois personnages entrés dans un tableau)*. À la peinture, envers laquelle il ressent de la « jalousie », et à laquelle il essaie de substituer la parole, il consacre depuis les années 1950 de nombreux textes qui prennent diverses formes, de la préface au poème : sur Hartung, Bazaine, Picasso, Villon, Jean Cortot, ou sur « la peinture qu'on dit abstraite ». Les textes recueillis en 1969 dans *Les Portes de toile* ont été repris et complétés en 1993 dans *Le Miroir ébloui*. Tardieu a publié à partir de 1972 de nouveaux recueils poétiques : *La Part de l'ombre* (1972), *Formeries* (1976), *Margeries* (1986), et quelques « poèmes à voir » sous forme d'affiches et de calligrammes. Une œuvre d'apparence éclatée, constituée de textes souvent repris en variations, mais remarquablement cohérente dans l'essai de dire un indicible, le tourment devant « le spectre du Non-Être », la recherche d'un infra-monde et d'un au-delà non métaphysique.

ŒUVRES. — Publiées chez Gallimard.

→ Émilie Noulet, *Jean Tardieu*, Seghers, coll. Poètes d'aujourd'hui, 1954. — Edmond Kinds, *Jean Tardieu ou l'énigme d'exister*, rééd. université de Bruxelles, 1973. — Paul Vernoix, *La Dramaturgie poétique de Jean Tardieu*, Klincksieck, 1981. — Jean Onimus, *Jean Tardieu : un rire inquiet*, Champ Vallon, 1985. — Jean-Yves Debreuille (éd.), *Lire Tardieu*, Presses universitaires de Lyon, 1988. — Laurent Flieder, *Jean Tardieu ou la présence absente*, Nizet, 1993. — **Revues** : *NRF*, 1977. — *Europe*, août-septembre 1986. — *Quaderni del Novecento francese*, Roma, Bulzoni, 1990. — *Cahier de l'Herne*, dir. Constantin Tacou et Mme Dax-Boyer, n° 59, 1991. — *La Sape*, janvier 1993. — *Ibis*, Bologne, Clueb, 1er novembre 1993. — Fonds Jean Tardieu à l'IMEC.

M.-C.B.

Tardon Raphaël (1911-1966). Né à Fort-de-France (Martinique), il s'est toujours situé en marge du mouvement de la Négritude, ce qui ne l'a pas empêché de dénoncer vigoureusement le racisme qu'il débusque aussi bien aux Antilles dans *Starkenfist* (Fasquelle, 1947), *Le Combat de Schœlcher* (Fasquelle, 1948), *La Caldeira* (Fasquelle, 1948) et *Toussaint Louverture, le Napoléon noir* (Bellenand, 1951) et en Polynésie dans *Le Christ au poing*, qu'en Afrique du Sud dans *Noirs et Blancs* (Denoël, 1961). Dans cet ensemble se distingue *La Caldeira*, où le romancier évoque l'événement désormais mythique de l'histoire martiniquaise, l'éruption de la montagne Pelée et la destruction totale de la ville de Saint-Pierre, en mai 1902.

J.C.

Tati-Loutard Jean-Baptiste (1938). Né à Ngoya (Congo), longtemps chargé d'importantes fonctions ministérielles dans son pays, il s'affirme avant tout comme un poète qu'obsède le sentiment douloureux de la fuite du temps et de l'obsession de la mort. En témoigne une œuvre qui comprend sept recueils, *Poèmes de la mer* (Yaoundé, CLE, 1968), *Les Racines congolaises* (Honfleur, Oswald, 1968), *L'Envers du soleil* (Oswald, 1970), *Les Normes du temps* (Kinshasa, Éditions du Mont noir, 1974, rééd. Hatier, 1989), *Les Feux de la planète* (Dakar, NÉA, 1977), *Le Dialogue des plateaux* (Présence africaine, 1982) et *La Tradition du songe* (Présence africaine, 1985). Observateur attentif de l'évolution de la littérature congolaise, dont il a procuré la première anthologie (*Anthologie de la littérature congolaise d'expression française*, CLE, 1976), et dans ses romans et chroniques (*Chroniques congolaises*, Oswald, 1974 ; *Nouvelles Chroniques congolaises*, Présence africaine, 1980 ; *Le Récit de la mort*, Présence africaine, 1987), il s'attache à cerner au plus près l'image fluctuante d'une société contemporaine confrontée à une grave crise d'identité.

J.C.

Tchicaya u Tam'si Gérald (1931-1989). Né à Mpili (Congo), fils d'un député du Moyen-Congo sous la IVe République, Jean-Félix Tchicaya, il passe son enfance à Pointe-Noire avant de rejoindre le lycée d'Orléans, puis Paris, qui est pour lui un enchantement plein d'énigmes, et où il fréquente un temps le lycée Janson-de-Sailly. Enfant rebelle, il abandonne vite famille et études pour une vie de liberté, partagée entre les « petits boulots » et une passion naissante pour la poésie, qui le conduit bientôt vers les cercles littéraires de la capitale, en particulier le café « Radar » où il rencontre Robert Sabatier, Jules Supervielle, Luc Estang et Maurice Fombeure. Après son premier recueil, *Le Mauvais Sang* (Caractères, 1955, rééd. Oswald, 1970), il s'engage à partir de 1957 dans une carrière de journaliste radiophonique, mais dès l'annonce de l'indépendance du Congo belge, il rejoint Léopoldville. « Je suis croisé, dira-t-il plus tard, je pars avec une passion contenue [...] et je rencontre l'homme le plus fascinant après mon père, Patrice Lumumba ». Revenu en France après l'issue que l'on connaît — « tout le monde ne peut pas être un martyr », dira-t-il — il travaille pendant près de vingt ans à l'UNESCO, où son action, souvent novatrice, s'est principalement exercée dans le domaine de la formation. Brutalement disparu en avril 1988, Tchicaya laisse une œuvre déployée dans trois directions, poésie, roman et théâtre, mais qui s'est dans un premier temps essentiellement exprimée sur le mode poétique, dans huit recueils : *Le Mauvais Sang*, *Feu de brousse* (Caractères, 1957, rééd. Oswald, 1970), *À triche-cœur* (Édition Hautefeuille, 1958, rééd. Oswald, 1970), *Épitomé* (Oswald, 1962), *Le Ventre* (Présence africaine, 1964), *La Veste d'intérieur* suivi de *Notes de veille* (Nubia, 1977), *Le Pain ou la cendre* (Présence africaine, 1978), où le thème de la quête voisine constamment avec l'expression d'une souffrance séculaire.

La figure christique, à laquelle s'identifie le poète d'*Épitomé* — « Épine pour épine / nous avons commune couronne d'épines » — et qui hante l'œuvre poétique, se retrouve multipliée dans l'œuvre romanesque à travers les figures messianiques de Simon Kimbangu, André Matswa et Patrice Lumumba, qui composent le martyrologe du Congo : le nom du héros des *Méduses*, Luambu, rappelle celui de Lumumba, dont les derniers jours ressemblent au Chemin de croix du Christ ; rien n'y manque, ni les soldats, ni la dérision, ni la trahison, mais « quel continent n'a pas ses faux nègres ? ». Cette vision d'une Afrique marquée par la trahison et l'abâtardissement est l'une des composantes majeures de l'œuvre de Tchicaya, aussi bien romanesque (*Les Cancrelats*, Albin Michel, 1980 ; *Les Méduses*, Albin Michel, 1982 ; *Les Phalènes*, Albin Michel, 1984 ; *Ces fruits si doux de l'arbre à pain*, Seghers, 1987) que dramatique (*Le Zulu*, Nubia, 1977 et *Le Destin glorieux du maréchal Nnikon*

Nniku, prince qu'on sort, Présence africaine, 1979). Contrairement aux chantres de la négritude qui estimaient possible de ressusciter les valeurs du passé, l'auteur du *Mauvais Sang* juge vaine cette attitude : « Je dansais quand le voleur est entré chez moi. Est-ce raison de danser toujours sans raison ? » Tchicaya prend acte d'une irrémédiable dégradation de la tradition, perceptible dans le démantèlement de la famille comme dans l'abandon des coutumes. « Quand on brûle ses anciennes divinités, les nouvelles n'en finissent pas de vous paraître secrètement usurpatrices ou subversives. On perd pied sur des terres qui ne sont que des marécages », observe l'un des personnages de *La Main sèche*, nouvelle publiée en 1980 (Laffont). Tchicaya est mort à Bazancourt le 22 avril 1989.

→ *L'Afrique littéraire*, dir. Jacques Chevrier, 1er trimestre 1995. — M. Vincent, *Le Monde romanesque de Tchicaya*, Nouvelles du Sud, 1994.

J.C.

Tel Quel. En 1960, six jeunes écrivains, âgés d'une vingtaine d'années — Philippe Sollers, Jacques Coudol, Boisrouvray, Jean-Edern Hallier, Jean-René Huguenin, Renaud Matignon — fondent aux Éditions du Seuil la revue *Tel Quel*. La déclaration par laquelle s'ouvre le premier numéro, inspirée de Ponge et de Valéry, se veut un refus des théories de l'engagement et un éloge de la littérature pour elle-même : « Les idéologues ont suffisamment régné sur l'expression pour que celle-ci se permette enfin de leur fausser compagnie, de ne plus s'occuper que d'elle-même, de sa fatalité et de ses règles particulières. » Les trois premières années de la revue se caractérisent par un éclectisme revendiqué, un soutien clair et décidé au Nouveau Roman et une attention particulière à l'œuvre de Ponge et à celle de Bataille.

De départs en exclusions, de brouilles en règlements de comptes, le comité de rédaction se renouvelle rapidement. En 1964, outre Philippe Sollers, il compte les poètes Marcelin Pleynet (qui, l'année précédente, succède à J.-E. Hallier au poste de secrétaire) et Denis Roche, les romanciers Jean Thibaudeau, Jean Ricardou, Jean-Louis Baudry et Jean-Pierre Faye. À partir du milieu des années 1960, *Tel Quel* s'affirme comme la principale tribune de l'avant-garde littéraire. La revue se double d'une collection de textes et d'essais dirigée par Philippe Sollers. Dans un contexte intellectuel marqué par le structuralisme et la problématique du langage, romans et poèmes se veulent réflexion critique et mise en scène de l'acte d'écrire. *Drame* (1965) de Sollers, *Comme* (1965) de Pleynet, *Personnes* (1967) de Baudry, ou les livres de Denis Roche et de Jean Ricardou, si différents soient-ils, rompent ostensiblement avec les codes littéraires en vigueur, pour devenir des textes qui se prennent eux-mêmes pour objet. Dans la proximité de Barthes, Lacan et Derrida, avec l'apport de Julia Kristeva qui deviendra en 1970 membre du comité, une ambitieuse réflexion sur le fait littéraire se développe et trouve son expression collective dans une *Théorie d'ensemble* (1968).

En 1967, alors que Jean-Pierre Faye rompt avec le groupe, remplacé par Pierre Rottenberg et Jacqueline Risset, *Tel Quel* se politise. Pratiques théorique et littéraire se nourrissent alors d'emprunts à la pensée marxiste. Des contacts sont pris avec des revues communistes comme *La Nouvelle Critique* et un rapprochement éphémère s'opère avec le PCF. En 1971, radicalisant son engagement, *Tel Quel* rompt avec les communistes et prend fait et cause pour la révolution culturelle maoïste. Cette stratégie, pensée notamment par Sollers, mécontente et irrite certains amis ou collaborateurs qui prennent leurs distances (Derrida, par exemple) ou quittent le comité de rédaction (Ricardou et Thibaudeau). La visée politique dans laquelle se situe désormais la revue se manifeste dans des textes qui, tels *Lois* (1972) de Sollers ou *Stanze* (1974) de Pleynet, gagnent en violence et en ambition historique. En 1974, une délégation composée de Sollers, Pleynet, Kristeva, Barthes et François Wahl se rend en voyage officiel en Chine.

Au retour de ce voyage, une nouvelle période s'ouvre pour *Tel Quel* qui, rapidement, s'éloigne du marxisme et du maoïsme. Dans le contexte de la fin des années 1970, la revue n'occupe plus cette position privilégiée qui, entre 1968 et 1974, lui appartenait. Mais, se tournant vers d'autres horizons (les États-Unis, notamment) et d'autres problématiques (la théologie, la psychanalyse, le féminisme), *Tel Quel* — revue et collection — poursuit un travail théorique et littéraire d'un intérêt croissant avec, dans la collection, les *Fragments d'un discours amoureux* (1977) de Roland Barthes, *Paradis* (1981) de Philippe Sollers, *Carrousels* (1980) de Jacques Henric.

En 1982, Sollers quittant les Éditions du Seuil pour publier *Femmes* chez Gallimard, *Tel Quel* disparaît, et renaît d'une nouvelle manière, l'année suivante, sous le titre de *L'Infini*, chez Denoël puis Gallimard. Voir aussi SEUIL.

→ Philippe Forest, *Histoire de « Tel Quel » 1960-1982*, Le Seuil, coll. Fiction & Cie, 1995.

Ph.F.

Tellerman Esther (1947). Née à Paris, elle a publié des poèmes dans *Action poétique* et *Banana Split*, ainsi que trois recueils, chez Flammarion : *Première apparition avec épaisseur* (1986) ; *Trois plans inhumains* (1989) ; *Distance de fuite* (1993). Son univers poétique, mélancolique et abstrait, dont on a pu dire qu'il rappelait celui de la poétesse américaine Emily Dickinson, s'exprime en notes fugitives et en termes fragiles, empreints de silence.

V.V. — CIPM

Temple Frédéric-Jacques (1921). Né à Montpellier, il est de ces écrivains qui, à l'instar de son ami Blaise Cendrars, ne dissocient pas l'œuvre de l'expérience du voyage. Envoyé en Italie en 1942 avec les chars du corps expéditionnaire français, démobilisé en 1946, il est ensuite journaliste à Paris, puis au Maroc. Il publie son premier recueil de poèmes en 1945, *Seul à bord*, suivi de *Sur mon cheval* (1946) et de *L'Oiseau-rhume* (1949). De retour dans sa ville natale en 1948, il fonde les Éditions de la Licorne, avant de devenir homme de radio. Refusant de concevoir la poésie comme un pur exercice de l'esprit, cet artisan du verbe préfère l'immersion dans le monde sensible et l'expérience de la nature universelle, ce qui a pu faire dire de lui à Lawrence Durrell : « Voici un pur poète, livré à l'intuition poétique et non à quelque abstraction chimérique. » Poète cosmique profondément attaché aux cultures du Sud, il se dit à la « recherche perpétuelle d'un ailleurs » qu'il fixe en *Cartes postales* (1964) comme en témoignent *Fleurs du silence* (Henry Fagne, 1968), *Foghorn* (Grasset, 1971), *Les Grands Arbres* (Guy Chambelland, 1974) ou *Villages au sud* (L'Arbre, 1983). *Une anthologie personnelle* (Actes Sud, 1990) réunit quarante ans de création poétique. Il est également romancier (*Les Eaux mortes*, Albin Michel, 1975 ; *Cimetière indien*, Albin Michel, 1981 ; *L'Enclos*, Actes Sud, 1992 ; *La Bataille de San Romano,* Actes Sud, 1996) et essayiste (*D.H. Lawrence, l'œuvre et la vie*, Seghers, 1960 ; *Henry Miller*, Lyon, La Manufacture, 1977). Il a traduit Henry Miller, Lawrence Durrell, Tennessee Williams et Thomas Hardy.

N.R.

Temps modernes (Les). Revue fondée en octobre 1945 par Jean-Paul Sartre, Raymond Aron, Albert Ollivier, Jean Paulhan, Michel Leiris, Maurice Merleau-Ponty et Simone de Beauvoir, aux Éditions Gallimard. Par leur titre, *Les Temps modernes* annonçaient le renouveau moral et intellectuel très attendu de l'après-guerre. Sartre, qui en est le directeur, dénonce l'irresponsabilité des écrivains dans la « Présentation » du premier numéro et redéfinit le statut de l'intellectuel dans la société : il est « en situation », chaque parole retentit, chaque silence aussi. *Les Temps modernes* se veulent non seulement une tribune de la « littérature engagée », mais encore un moyen d'intervention efficace dans l'actualité et un agent de transformation sociale. Critiqué par les uns, acclamé par les autres, l'éditorial du premier numéro a créé l'événement dans le milieu intellectuel français.

La formule est neuve. À côté d'un extrait de roman, d'une analyse politique, la revue publie reportages, enquêtes, faits divers ou documents bruts. La rubrique « Vies » est consacrée au récit : « Vie d'une prostituée », « Vie d'un schizophrène », « Vie d'un juif », ou « Vie d'un Français SS ». Mais c'est surtout la place priviligiée accordée à la littérature qui caractérise *Les Temps modernes* pendant les premières années de leur existence. Aux sommaires figurent Genet, Artaud, Sarraute, Queneau, Leiris, Vian, Duras, Colette Audry, Violette Leduc. Maurice Blanchot y collabore également et Étiemble y tient une chronique littéraire. Parmi les auteurs étrangers on peut y lire Beckett, Richard Wright, Kafka, Carlo Levi, Nelson Algren, Senghor, Heinrich Böll, Fitzgerald, Neruda ou Pavese.

Le point de départ de l'engagement existentiel défini par Sartre complique tout autant l'absence d'une ligne politique ou d'une communauté de valeurs préétablie. Dans les premières années, Merleau-Ponty, qui dirige en fait la revue, cherche à concilier phénoménologie et marxisme, provoquant le départ de Raymond Aron, d'Albert Ollivier et de Jean Paulhan du comité de rédaction en juin 1946. À partir de 1952, Sartre fait de la revue le porte-parole du soutien qu'il accorde désormais au parti communiste, en 1953-1954, provoquant de nouveaux départs (Maurice Merleau-Ponty, Claude Lefort, Étiemble). Un numéro spécial sur l'intervention soviétique en Hongrie en 1956 dirigé par François Fejtö sonne la fin de ce compagnonnage de route. Alors que la question du communisme ne cesse de diviser le comité de rédaction, l'opposition au colonialisme reste une constante dans l'histoire politique de la revue. Dès décembre 1946, *Les Temps modernes* sont parmi les premiers à critiquer la politique française en Indochine. Puis, tout au long de la guerre d'Algérie, la revue accorde un soutien inconditionnel aux réseaux du FLN. Elle se solidarise avec les signataires du *Manifeste des 121* et dénonce la violence de la guerre, par la publication de nombreux témoignages sur la torture et les disparitions. Dans cette ligne, elle continue à embrasser la cause des mouvements révolutionnaires d'Amérique du Sud, de Cuba, de Bolivie et donnera la parole au mouvement « Black Power » aux États-Unis. Selon H. Davies, la politisation croissante de la revue se reflète dans le choix des collaborateurs, très souvent originaires d'Europe de l'Est (Tibor Dery, Gyula Illyes, Miroslav Krleja, Alexandre Soljenitsyne, Mikhail Cholokhov) ou d'Amérique latine (Borges, Jorge Amado, Miguel Angel Asturias, Elvio Romero, Alejo Carpentier). De la littérature « engagée », *Les Temps modernes* sont passés à l'engagement de la littérature.

Influencés au départ par la phénoménologie et l'existentialisme, *Les Temps modernes* se sont ensuite ouverts à d'autres courants de pensée. Jean Pouillon a consacré de nombreux articles à Claude Lévi-Strauss, qui a collaboré lui-même à la revue, dans les années cinquante et soixante, et le structuralisme fait l'objet d'un numéro spécial en 1966. La psychanalyse y a été représentée par Jean-Bertrand Pontalis et Bertrand Pingaud. Pierre Bourdieu, Emmanuel Lévinas, Hannah Arendt, Vladimir Jankélévitch y ont été publiés. Au début des années soixante-dix, André Gorz, rédacteur politique depuis 1961, donnait un article invitant à « Détruire l'université » et entraînant la démission de Pontalis et de Pingaud. Dans les années soixante-dix, *Les Temps modernes* ont soutenu la cause des maoïstes français, de l'extrême-gauche italienne (le mouvement *Lotta continua)* et se mobilisent pour le féminisme dans un numéro intitulé « Les femmes s'entêtent » et dans une rubrique régulière sur « Le sexisme ordinaire ». Dès lors, le discours politique de la revue se radicalise à nouveau, l'originalité de la formule s'appauvrit au détriment de la littérature, et les lecteurs se font de moins en moins nombreux. Une génération nouvelle s'exprime ailleurs, depuis le milieu des années soixante et surtout après 1968, dans *Tel Quel*, par exemple. Des philosophes comme Gilles Deleuze, Jean-Francois Lyotard ou Michel Foucault ne participent guère au projet sartrien. À la mort de Sartre en 1980, et après celle de Simone de Beauvoir en 1986, l'avenir des *Temps modernes* semble incertain. Claude Lanzmann dirige la revue depuis 1986. La réapparition de chroniques régulières (critiques, théâtre) renoue avec l'esprit fondateur. Des numéros spéciaux consacrés au Rwanda, aux banlieues, aux minorités nationales ou à l'Afrique du Sud, cherchent à approfondir le débat et à déplacer les points de vue sur l'actualité. La littérature a repris une certaine place grâce à Michel Deguy, Jean-Luc Nancy ou Jacques Derrida. *Les Temps modernes*, après plus de cinquante ans d'existence, maintiennent, selon leur directeur, le « cap de non-infidélité ».

→ Anna Boschetti, *Jean-Paul Sartre et « Les Temps modernes »*, Paris, Éditions de Minuit, 1985. — Howard Davies, *Sartre and « Les*

Temps modernes », Cambridge University Press, 1987.

Ch.M. — IMEC

Temps qu'il fait (Le). Maison d'édition fondée à Cognac (Charente) en 1981 par Georges Monti. C'est sous l'égide d'Armand Robin, auteur d'un roman intitulé *Le Temps qu'il fait*, que Georges Monti crée sa maison d'édition après avoir travaillé deux ans avec Edmond Thomas aux Éditions Plein Chant. Il commence en rééditant *La Fausse Parole*, de Robin. Née dans le mouvement des années quatre-vingt, au moment où apparaît le phénomène de la petite édition, Le Temps qu'il fait a bénéficié des carences des circuits éditoriaux traditionnels et des difficultés des jeunes écrivains à être publiés. L'activité de Monti se déploie dans deux directions complémentaires, l'une visant à faire sortir de l'oubli des textes de Dadelsen, Delteil, Dhôtel, Leiris, Armen Lubin, Paulhan, Georges Perros, André De Richaud, l'autre orientée vers la littérature actuelle et conduisant à publier des textes inédits de Baptiste-Marrey, Christian Bobin, Michel Orcel, Jean-Claude Pirotte, Jude Stéfan, Jean-Loup Trassard. Plus rares, les traductions illustrent la volonté de combler des lacunes importantes (Marina Tsvetaeva). Des cahiers critiques (« Le Temps qu'il fait »), deux revues, créées en 1992, *Chef-lieu, revue de littérature* et *Papilles, revue des bibliothèques gourmandes*, prolongent ce catalogue et lui confèrent sa profonde unité. Secondé dans ses choix éditoriaux par trois de ses auteurs (Patrick Cloux, Jil Silberstein et François Boddaert), Georges Monti exerce sa sensibilité littéraire sur un terrain souvent délaissé par ses confrères, la prose et la poésie françaises contemporaines.

J.-D.W. — IMEC

Tharaud Ernest dit Jérôme (1874-1953) et Charles dit Jean (1877-1952). C'est à Péguy que les frères Tharaud doivent les prénoms sous lesquels ils sont connus en littérature. De Charles, le gérant des *Cahiers de la Quinzaine* fit « Jean », l'apôtre, et d'Ernest il fit « Jérôme », le Père de l'Église, leur confiant à tous deux la Cité socialiste à laquelle il croyait alors.

Jérôme et Jean Tharaud sont nés à Saint-Junien, en Haute-Vienne, respectivement le 18 mars 1874 et le 9 mai 1877. À la mort de leur père, notaire, ils quittent le Limousin pour Angoulême, étudiant au lycée dont leur grand-père maternel est le proviseur. Ils gagnent ensuite Paris, où Jérôme prépare au collège Sainte-Barbe le concours d'entrée de l'École normale supérieure. De là date son amitié avec Péguy, qui se poursuivra rue d'Ulm puis aux *Cahiers de la Quinzaine*. Jean, quant à lui, songe à Saint-Cyr, rate l'Inspection des Finances, et opte pour une vie littéraire qu'il partagera avec son frère durant près de cinquante ans. À sa sortie de l'École, Jérôme est nommé lecteur à l'université de Budapest. De cette période datent la première mouture de *Dingley, l'illustre écrivain*, nouvelle publiée dans les *Cahiers de la Quinzaine* en 1902, et l'intérêt des deux frères pour les communautés juives d'Europe centrale qu'ils décriront dans leurs ouvrages.

De retour en France, Jérôme devient le secrétaire de Barrès. Les deux frères écrivent de courts textes pour la revue de Péguy et pour divers journaux. La célébrité leur vient en 1906 avec le prix Goncourt, attribué à *Dingley*. Le couronnement de cette version remaniée de la nouvelle de 1902 suscite alors une querelle dans le monde littéraire. On reproche aux deux écrivains la minceur de leur ouvrage et sa conformité aux doctrines officielles : anglophobie et colonialisme. Si Dingley, écrivain britannique parti enquêter sur la guerre des Boers qui sévit en Afrique du Sud, est une caricature mordante de Kipling, les deux frères font à travers lui l'éloge de l'impérialisme. La guerre les envoie au front, avant que Lyautey ne les appelle auprès de lui : ils séjourneront trois ans au Maroc. De 1919 à 1939 ils sont reporters à *L'Écho de Paris*, au *Figaro*, à *Paris-Soir*, effectuant de nombreux voyages, dont ils rapportent des articles et la matière de quelque soixante ouvrages qu'ils publieront ensuite. Le spectacle de l'Allemagne hitlérienne leur inspire *Quand Israël n'est plus roi* (1933), l'Éthiopie des menées italiennes *Passant d'Éthiopie* (1936), l'Espagne de la guerre civile *Cruelle Espagne* (1937). En 1938, Jérôme est élu à l'Académie française, Jean le sera en 1946. Discrets tout au long de la Seconde Guerre, leur complicité s'effiloche à mesure que la vieillesse les gagne. Lorsqu'ils meurent, à un an d'intervalle, leur vie commune a cessé : Jean a entrepris seul *La Double Confidence* (1951), livrant les secrets d'une union fraternelle et littéraire exemplaire.

Jérôme et Jean Tharaud ne représentent pas un cas unique de fraternité littéraire : Jules et Edmond de Goncourt, Paul et Victor Margueritte, Rosny aîné et Rosny jeune les ont précédés dans ce type d'entreprise. Mais dans leur cas, l'œuvre est le fruit d'une collaboration particulièrement étroite, sans réelle répartition des tâches. Certes, conformément au tempérament de chacun, l'idée nouvelle vient souvent de Jérôme et de son esprit audacieux, grand voyageur, tandis que Jean, plus sédentaire, s'efforce de discipliner la fougue de son frère. Mais leurs livres naissent avant tout des discussions qu'ils ont de vive voix, élaborant un texte qu'ils rédigent tour à tour, sans qu'on puisse attribuer à l'un ou à l'autre tel passage. Leur style est d'une correction classique frisant la monotonie. En apparence, ils se sont illustrés dans les genres les plus divers : roman psychologique (*Les Bien-Aimées*, 1932), régionaliste (*La Maîtresse servante*, 1911), exotique (*La Randonnée de Samban Diouf*, 1922), essais, reportages, biographies d'écrivains célèbres (*Notre cher Péguy*, 1926 ; *Mes années chez Barrès*, 1928 ; *La Vie et la mort de Déroulède*, 1925). Pourtant la veine documentaire l'emporte : leurs romans ne sont pas de vrais romans, ils privilégient la description des lieux et des mœurs au détriment des personnages ; l'intrigue est mince, et n'est qu'un prétexte, comme dans *À l'ombre de la croix* (1917), où l'histoire de Ruben permet la peinture des ghettos juifs de Galicie.

L'ambiguïté idéologique de cette œuvre est sans doute responsable de son discrédit, ou du moins de son oubli. Au siècle de l'engagement de l'écrivain, les frères Tharaud n'ont jamais pris clairement parti. Amis et collaborateurs du premier Péguy, socialiste, ils deviennent les intimes de Barrès et fréquentent les milieux nationalistes. Leur attitude envers les communautés qu'ils décrivent est elle aussi très ambiguë. Un moment séduits par l'Islam (*La Fête arabe*, 1912), ils raillent ensuite la civilisation musulmane (*Le Chemin de Damas*, 1923 ; *Fez ou Les Bourgeois de l'Islam*, 1930). Le « cycle des romans juifs » (*L'Ombre de la croix*, *La Rose de Sâron*, etc.) témoigne d'un intérêt réel pour un peuple considéré toutefois à travers tous les clichés de l'époque. D'une manière générale, les frères Tharaud ne se départent jamais d'un système de référence que la confrontation avec l'autre ne fait guère évoluer. Telle est leur limite : sacrifiant tout au pittoresque, ils confortent le lecteur dans l'idée de sa supériorité culturelle. Loin de la démarche de l'ethnologue, ils reflètent une mentalité colonialiste qui est celle de leur temps.

ŒUVRES. — Chez Plon.

→ *Trames* (université de Limoges), 1984.

Cl.D.

théâtre contemporain. En 1990, observe Robert Abirached tirant la leçon de son passage à la direction du Théâtre et des Spectacles, le grand chantier de la décentralisation théâtrale est achevé, mais il a perdu le sens de sa mission *(Le Théâtre et le prince 1981-1991*, 1992). En une quarantaine d'années, la France s'est dotée d'un réseau d'institutions théâtrales performantes, diversifiées et bien encadrées. L'État possède cinq établissements publics (la Comédie-Française, Chaillot, l'Odéon, le Théâtre de la Colline et le TNS de Strasbourg) et subventionne trente-trois centres dramatiques nationaux (comme les Amandiers de Nanterre, le TNP de Villeurbanne et la Criée de Marseille) dont cinq en banlieue parisienne et un itinérant, à quoi s'ajoutent une dizaine de centres dramatiques régionaux et une soixantaine de scènes nationales issues des anciennes maisons de la culture, des centres d'action ou de développement culturel (CAC, CDC). Mais ce grand effort, entrepris juste après la guerre sous l'impulsion de Jeanne Laurent, qui a placé aux endroits stratégiques les meilleurs animateurs de la compagnie (André Clavé à Colmar, Jean Dasté à Saint-Étienne, Maurice Sarrazin à Toulouse, Hubert Gignoux à Rennes, Gaston Baty à Aix-en-Provence et Jean Vilar à Paris à la tête du TNP), ce développement volontariste, poursuivi sous les ministères ou les secrétariats d'État à la culture d'André Malraux, de Michel Guy et de

Jack Lang, a peu à peu abandonné son objectif de démocratiser la culture et de rassembler un nouveau public. Les institutions publiques bien dotées et bien administrées sont devenues des maisons de production privilégiées, qui fabriquent ou accueillent des spectacles standardisés. Comme l'opéra, le théâtre s'est internationalisé et fait volontiers appel à des metteurs en scène venus d'ailleurs.

Le théâtre reste l'affaire d'une minorité. Moins d'un pour cent des Français fréquente le théâtre : entre dix et huit millions de spectateurs annuels, dont la moitié à Paris, la capitale possédant une cinquantaine de théâtres privés et un important réseau de théâtres municipaux (six salles dont le gigantesque Théâtre de la Ville) et subventionnés. Faut-il bouder cette évolution ? Le spectateur contemporain, notait déjà Vilar, a la possibilité de voir en quelques années l'essentiel de la production mondiale du théâtre, et le public a pris l'habitude, grâce à la généralisation du surtitrage, d'entendre les pièces dans la langue originale. En témoignent la série de pièces représentées en langue italienne, anglaise, allemande au Théâtre de l'Europe (Odéon) dirigé par Giorgio Strehler, ou la saison russe (1994) qui a vu la présentation d'une bonne dizaine de pièces en provenance de Saint-Pétersbourg ou de Moscou dans quatre des plus grands théâtres parisiens, qui ont fait salle comble. La venue de troupes étrangères n'est plus une exception comme la visite du Berliner Ensemble en 1954, mais un rituel programmé (Bob Wilson, Pina Bausch). L'association française d'action artistique organise, de son côté, de nombreuses tournées à l'étranger, qui permettent des contacts et un échange réciproque (AFAA, « Théâtre, prends tes valises », Théâtre/public, 1992). L'interculturalisme s'impose aujourd'hui, mais reste une notion vague qui attend une analyse rigoureuse (voir P. Pavis, *Le Théâtre au croisement des cultures*, 1989).

Cette effervescence planétaire s'accompagne d'un curieux mouvement de retrait. Quelques-uns des plus grands metteurs en scène ont pratiquement cessé de créer des spectacles, pour se vouer à la pédagogie et tenter de faire surgir, à l'écart du public, ce qu'il y a de caché dans le corps de l'acteur, son impulsion, son énergie. C'est le cas de Jerzy Grotowski, qui s'emploie à retrouver le spirituel dans l'art, à faire paraître l'invisible, ou de Vassili Vassiliev qui, pour libérer la créativité, modifie chaque jour la distribution, l'ordre des scènes : le théâtre devient une recherche permanente. L'Académie expérimentale des théâtres, fondée en 1990, veut assurer la « transmission des savoirs » auprès des jeunes professionnels. On retrouve tout un courant métaphysique du théâtre développé par Gordon Craig, qui se contentait d'un théâtre mental, ou par Antonin Artaud, qui cultivait surtout le dépassement des limites de l'être. Jean Genet acceptait mal que la représentation se répète et voulait que l'acteur n'en « revienne » pas *(Lettres à Roger Blin*, 1966). Quelques troupes semblent travailler en circuit fermé et acceptent une longue ascèse dont l'épreuve principale est la vie collective : c'est le cas du Théâtre du Soleil, dont le lent travail de gestation débouche néanmoins sur une série de représentations qui ne sont jamais reprises et constituent les étapes d'un parcours initiatique. Itinéraire illustré et quelque peu parodié dans les spectacles de Philippe Caubère, qui fut l'âme de la troupe *(Les Enfants du soleil, Ariane ou l'âge d'or).*

La crise majeure du théâtre contemporain est celle de l'écriture théâtrale. Les institutions publiques se sont généralement tournées vers les auteurs du répertoire, remis en lumière d'une façon très neuve grâce à une nouvelle répartition des fonctions : le dramaturge est chargé d'inventer des interprétations nouvelles (Rodrigue tremblant face au Cid héroïque) ; le scénographe, d'établir la mise en espace, non plus à partir des didascalies souvent conventionnelles et démodées, mais à partir du texte même, porteur de valeurs symboliques ; l'ingénieur du son propose de son côté une partition non plus illustrative mais créative, qui accompagne la pièce en continu ; l'éclairagiste enfin doit chasser la lumière fonctionnelle pour créer l'atmosphère de la pièce ; le metteur en scène qui peut assumer plusieurs de ces fonctions dirige les acteurs et sert de chef d'orchestre. On lui fait, bien à tort, porter le chapeau de la disparition des auteurs : ce sont les mises en scène de Patrice Chéreau qui ont imposé Bernard-Marie Koltès. D'ailleurs, la critique qui proteste contre l'hégémonie du metteur en scène est la première à encourager les mises en scène à grand spectacle, comme celles de Jérôme Savary, capables de rivaliser avec le cinéma ou le concert de rock.

Un certain conservatisme est parfois soutenu par les acteurs eux-mêmes, au nom de la tradition : le comédien serait dépositaire du rôle dont l'interprétation lui appartiendrait, une fois fixée la mise en place (image que l'on retrouve au cinéma à travers les acteurs de l'opéra chinois ou du Kabuki japonais). On invoque l'efficacité « naturelle » de l'acteur de Boulevard. Valère Novarina fait l'éloge de Louis de Funès pour défendre l'acteur organique qui n'est plus qu'un tube d'air, une machine à déglutir, une bouche spasmodique au service de la Parole. Le théâtre contemporain britannique, qu'on oppose au théâtre français et qui remplit les salles outre-Manche, reste proche du théâtre de divertissement.

Si les auteurs semblent avoir déserté le théâtre, c'est probablement qu'ils ont trouvé ailleurs d'autres tribunes (le scénario de film ou de télévision) et que le théâtre a intégré d'autres formes : danse, chant, cirque, théâtre d'objets et de figures, théâtre d'intervention. Le théâtre d'images est d'ailleurs capable de se mettre au service du texte et du comédien, comme on l'a vu avec la mise en scène par Bob Wilson de l'*Orlando* de Virginia Woolf. Signe encourageant : les metteurs en scène de moins de quarante ans, qui après 1968 fuyaient les responsabilités administratives et le théâtre institutionnel, acceptent aujourd'hui de se mettre à nouveau au service des centres dramatiques nationaux ou régionaux : Stanislav Nordey prend la direction du Théâtre Gérard Philipe à Saint-Denis, Dominique Pitoiset s'est installé à Dijon, Éric Vignier à Lorient.

→ G. Banu, *Le Théâtre, sorties de secours*, Aubier, 1984. — Patrice Pavis, *Le Théâtre au croisement des cultures*, Corti, 1990. — D. Bradby, *Le Théâtre français contemporain 1940-1980*, Presses universitaires de Lille, 1990. — B. Dort, *La Représentation émancipée*, Actes Sud, 1988. — *Le Théâtre en France*, J. Jomaron éd., Armand Colin, 1989, rééd. Pochotèque, 1993. — J.-P. Ryngaert, *Lire le théâtre contemporain*, Dunod, 1993. — J.-P. Sarrazac, *L'Avenir du drame*, Lausanne, Édition de l'Aire, 1980.

J.-C.L.

Théâtre populaire (1953-1964). Revue fondée à Paris par Robert Voisin. Consacrée aux informations sur le théâtre, bimestrielle puis trimestrielle, elle est animée par un comité de rédaction comprenant à l'origine Roland Barthes, Guy Dumur, Morvan Lebesque, puis Bernard Dort, Jean Duvignaud, Jean Paris et Henri Laborde. Le but est de promouvoir un « théâtre nouveau », d'affirmer l'exigence d'un théâtre accessible à tous, d'un répertoire de haute qualité et d'une dramaturgie novatrice. « Nous ne pouvons prétendre définir le Théâtre populaire que comme un théâtre purifié des structures bourgeoises, désaliéné de l'argent et de ses masques » (Barthes, n° 5 de la revue). D'abord liée à la démarche de Vilar et du Théâtre national populaire (1951), *Théâtre populaire* découvre Brecht à l'occasion de la tournée du Berliner Ensemble à Paris, en 1954. À partir de son intérêt pour le travail de Brecht, et au risque d'être accusé de dogmatisme, la revue ne cessera de revendiquer le fait théâtral comme acte politique. Son sommaire s'organise autour d'une série de dossiers de fond sur un auteur (Adamov, Sartre, Michel Vinaver), un metteur en scène (Roger Planchon, Giorgio Strehler) ou un point de politique culturelle ou d'esthétique théâtrale (« Les formes populaires du théâtre japonais », « Théâtre critique », « Qu'est-ce qu'un dramaturge ? »). Chacun des numéros comporte un texte dramatique souvent inédit et propose, sous l'intitulé « Chroniques », un ensemble important de commentaires critiques sur des spectacles en cours et de notices sur des publications récentes, de points de vue sur des événements de la vie théâtrale. Les cinquante-quatre livraisons de *Théâtre populaire* n'ont connu aucune modification sensible de forme. Michel Vinaver, Maurice Regnault, Antoine Vitez, Émile Copfermann et André Gisselbrecht comptent parmi les principaux collaborateurs.

N.L. — IMEC

Théâtre/Public. Revue fondée à Paris en 1974 par Bernard Rothstein. Le directeur, Bernard Rothstein, et Bernard

Girault, qui succède en 1980 à Max Denes comme rédacteur en chef, sont entourés d'un comité de rédaction comprenant notamment Bernard Sobel, directeur du Théâtre de Gennevilliers. *Théâtre/Public* est né du désir de renouveler les termes du dialogue avec le public et de créer un lieu de débat et de réflexion sur la « nature profonde du phénomène théâtral qui est discours sur le réel ». La revue se propose de rendre compte des moyens explorés par le théâtre pour « analyser son temps et le parler ». Bien qu'émanant d'une institution qui prend en charge sa publication, le Théâtre de Gennevilliers, Centre dramatique national, *Théâtre/Public* a su préserver son indépendance en élargissant le cercle de ses collaborateurs et en s'ouvrant à d'autres formes de recherches artistiques. Publiant des entretiens, des reportages et des textes théoriques, les numéros généralistes alternent avec des livraisons thématiques autour d'un auteur, d'un metteur en scène ou d'une pratique théâtrale (« Heiner Müller », « Bob Wilson », « Un théâtre de la cité », « Traduire »). Au cœur de la revue, un « Carnet » réunit des points de vues critiques sur les spectacles en cours et les publications récentes, des comptes rendus de lecture et des informations générales sur le théâtre. La revue propose également, sous l'intitulé « Subjectif » ou « Regards », des collaborations diverses sur la danse, la photographie, la littérature et le cinéma.

N.L. — IMEC

Théophraste-Renaudot *(prix)*. Créé en 1925 et décerné le même jour que le prix Goncourt à l'auteur d'un roman publié dans l'année précédente.

1926 : Armand Lunel, *Nicolo-Peccavi*
1927 : Bernard Nabonne, *Maïtena*
1928 : André Obey, *Le Joueur de triangle*
1929 : Marcel Aymé, *La Table-aux-Crevés*
1930 : Germaine Beaumont, *Piège*
1931 : Philippe Hériat, *L'Innocent*
1932 : Louis-Ferdinand Céline, *Voyage au bout de la nuit*
1933 : Charles Braibant, *Le roi dort*
1934 : Louis Francis, *Blanc*
1935 : François de Roux, *Jours sans gloire*
1936 : Louis Aragon, *Les Beaux Quartiers*
1937 : Jean Rogissart, *Mervale*
1938 : Pierre-Jean Launay, *Léonie la bienheureuse*
1939 : Jean Malaquais, *Les Javanais*
1940 : David Rousset, *L'Univers concentrationnaire* (décerné en 1946)
1941 : Paul Mousset, *Quand le temps travaillait pour nous*
1942 : Robert Gaillard, *Les Liens de chair*
1943 : Dr André Soubiran, *J'étais médecin avec les chars*
1944 : Roger Peyrefitte, *Les Amitiés particulières*
1945 : Henri Bosco, *Le Mas Théotime*
1946 : Jules Roy, *La Vallée heureuse*
1947 : Jean Cayrol, *Je vivrai l'amour des autres*
1948 : Pierre Fisson, *Voyage aux horizons*
1949 : Louis Guilloux, *Le Jeu de patience*
1950 : Pierre Molaine, *Les Orgues de l'enfer*
1951 : Robert Margerit, *Le Dieu nu*
1952 : Jacques Perry, *L'Amour de rien*
1953 : Célia Bertin, *La Dernière Innocence*
1954 : Jean Reverzy, *Le Passage*
1955 : Georges Govy, *Le Moissonneur d'épines*
1956 : André Perrin, *Le Père*
1957 : Michel Butor, *La Modification*
1958 : Édouard Glissant, *La Lézarde*
1959 : Albert Palle, *L'Expérience*
1960 : Alfred Kern, *Le Bonheur fragile*
1961 : Roger Bordier, *Les Blés*
1962 : Simonne Jacquemard, *Le Veilleur de nuit*
1963 : Jean-Marie-Gustave Le Clézio, *Le Procès-verbal*
1964 : Jean-Pierre Faye, *L'Écluse*
1965 : Georges Perec, *Les Choses*
1966 : José Cabanis, *La Bataille de Toulouse*
1967 : Salvat Etchart, *Le Monde tel qu'il est*
1968 : Yambo Ouologuem, *Le Devoir de violence*
1969 : Max Olivier-Lacamp, *Les Feux de la colère*

1970 : Jean Freustié, *Isabelle ou l'Arrière-Saison*
1971 : Pierre-Jean Rémy, *Le Sac du Palais d'été*
1972 : Christopher Frank, *La Nuit américaine*
1973 : Suzanne Prou, *La Terrasse des Bernardini*
1974 : Georges Borgeaud, *Voyage à l'étranger*
1975 : Jean Joubert, *L'Homme de sable*
1976 : Michel Henry, *L'Amour les yeux fermés*
1977 : Alphonse Boudard, *Les Combattants du petit bonheur*
1978 : Conrad Detrez, *L'Herbe à brûler*
1979 : Jean-Marc Roberts, *Affaires étrangères*
1980 : Danièle Sallenave, *Les Portes de Gubbio*
1981 : Michel del Castillo, *La Nuit du décret*
1982 : Georges-Olivier Châteaureynaud, *La Faculté des songes*
1983 : Jean-Marie Rouart, *Avant-guerre*
1984 : Annie Ernaux, *La Place*
1985 : Raphaële Billetdoux, *Mes nuits sont plus belles que vos jours*
1986 : Christian Giudicelli, *Station balnéaire*
1987 : René-Jean Clot, *L'Enfant halluciné*
1988 : René Depestre, *Hadriana dans tous mes rêves*
1989 : Philippe Doumenc, *Les Comptoirs du Sud*
1990 : Jean Colombier, *Les Frères Romance*
1991 : Dan Franck, *La Séparation*
1992 : François Weyergans, *La Démence du boxeur*
1993 : Nicolas Bréhal, *Les Corps célestes*
1994 : Guillaume Le Touze, *Comme ton père*
1995 : Patrick Besson, *Les Braban*
1996 : Boris Schreiber, *Un silence d'environ une demi-heure*
1997 : Pascal Bruckner, *Les Voleurs de beauté*

Théorêt France (1942). Poète, romancière et essayiste née à Montréal, elle a participé à l'élaboration d'une réflexion et d'une pratique d'écriture propres à sa condition de femme et de Québécoise. Codirectrice de la revue *La Barre du jour* (1967-1969), cofondatrice du journal *Les Têtes de pioche* (1976), directrice du magazine culturel *Spirale* (1981-1984), elle a enseigné la littérature au collège Ahuntsic de Montréal. Auteur de *Bloody Mary* (1977), *Une voix pour Odile* (1978), *Nécessairement putain* (1980), *Intérieurs* (1984) et *Étrangeté, l'étreinte* (1992), elle propose de nouvelles formes littéraires, à mi-chemin entre autobiographie, fiction et poésie. Son roman, *Nous parlerons comme on écrit* (1982), laisse entendre les voix de générations de femmes aux prises avec les modèles et les rôles imposés. *Laurence* (1996) met en scène une jeune campagnarde de milieu modeste dans le Québec de l'entre-deux-guerres. *Entre raison et déraison* (1987) dévoile une subjectivité qui « ne feint pas d'ignorer la turbulence intérieure, la part du doute, le désir de disparition ». À travers un jeu subtil de pronoms, du *je* au *elle* et du *on* au *nous*, elle s'interroge sur la situation des femmes et sur celle de la littérature québécoise, sur les lieux du pouvoir symbolique, la langue et les idéologies, mais surtout sur l'acte même d'écrire et le cortège d'incertitudes qui l'accompagne, poussant à la limite l'inachèvement et la difficulté de dire. Son *Journal pour mémoire* (1993) offre la mise en scène d'un *je* troublant et lucide, habité d'une angoisse qui est aussi celle d'une époque, représentée dans les récits de *L'Homme qui peignait Staline* (1989).

L.G.

Théotokis Constantin (1872-1923). Né dans une famille noble, à Corfou, il y fait ses études secondaires et part à Paris en 1889 pour suivre les enseignements de mathématiques et de physique à la Sorbonne. Les années suivantes, il voyage et mène une vie mondaine. Après son mariage avec la baronne Ernestine Malowetz von Mallowitsch, il s'installe à Corfou, adoptant une vie très rangée. Il étudie la philosophie de Nietzsche et l'idéalisme allemand. Son premier roman, *Vie de Montagne* (1895), écrit en français et publié à Paris sous le nom de Comte C. Thétoky, diffère de tout ce qu'il a écrit par la suite. Sa participation au soulèvement de l'île de Crète contre les Turcs (1896), puis ses études à l'université de Graz (1898) déterminent en lui un profond changement. Placé dans la mouvance de l'humanisme allemand, enrichi par les romanciers russes, il se voue à la représentation de l'enfer social et à la description d'une vie campagnarde brutale et violente. C'est dans cette direction qu'il donne le meilleur de lui-même, dans les nouvelles, *La Fortune de Sainte-Corcyre* (1898), *Face contre terre* (1899), *La Passion* (1899), *Apellis* (1905), *Amour illégitime* (1906), et les romans, *Honneur et argent* (1914), *Le Condamné* (1919), *Vie et mort de Karavélas* (1920), *Esclaves enchaînés* (1922). Des nouvelles inédites seront publiées après sa mort : *La Fin du monde*, *Le Rêve de Satnis*, *Corcyre* (1981).

A.Vl.

Thériault Marie José (1945). Née à Montréal, elle a étudié la danse et le chant en Italie et en Espagne, et donné quelques spectacles en Europe et au Canada, avant de devenir en 1978 directrice littéraire des Éditions HMH, et traductrice. Tout en poursuivant son œuvre poétique (*Pourtant le Sud*, 1976 ; *Lettera amorosa*, 1978 ; *Les Chants de l'oiseleur*, 1987), elle s'est surtout fait connaître par ses contes (*La Cérémonie*, 1978 ; *L'Envoleur de chevaux*, 1986 ; *Portrait d'Elsa et autres histoires*, 1990), qui, dans une langue raffinée, explorent les frontières du réel et de l'irréel, du quotidien et du fantastique. Elle a également publié un roman, *Les Demoiselles de Numidie* (1986) et travaillé en collaboration avec des peintres (*Invariance*, 1980 ; *Célébration du prince*, 1982).

L.G.

Thériault Yves (1916-1983). Après divers métiers, dont ceux d'annonceur, scripteur et réalisateur à la radio, cet autodidacte commence par une production alimentaire de *Dime Novels* sa longue carrière d'écrivain populaire. En plus de ses romans et de ses contes pour adultes, on lui doit une vingtaine de livres pour enfants et adolescents, quelques pièces de théâtre (dont *Le Marcheur* créé en 1950, 1968), environ mille deux cents textes pour la radio et deux cents pour la télévision. Son premier recueil, *Contes pour un homme seul* (1944), est d'une forte originalité. On a évoqué à son sujet Giono et Ramuz, mais Thériault est plus âpre, sauvage, cruel, proche des Américains. Ses premiers romans (*La Fille laide*, 1950 ; *Le Dompteur d'ours*, 1951), de la même veine, racontent dans un style robuste, elliptique, des histoires étranges sur des personnages bizarres, dans des lieux isolés, escarpés. Ses romans les plus provinciaux (*Les Vendeurs du temple*, 1952 ; *Le Grand Roman d'un petit homme*, 1963) sont des farces villageoises, d'ironiques comédies de mœurs. L'univers de Thériault est excentrique, marginal. Ses héros sont des cas (alcooliques, criminels, poètes naïfs et fous, saints laïcs, vierges, obsédés sexuels) plutôt que des types. Géographiquement, ils se situent aux frontières ou dans l'arrière-pays du Québec : pêcheurs de la Gaspésie ou de la Côte-Nord (*Moi, Pierre Huneau*, 1976), explorateurs forestiers ou ingénieurs pionniers du Grand Nord (*Cul-de-sac*, 1961), immigrants italiens ou juifs habitant à Montréal comme dans un ghetto, même s'il est ouvert sur la verdure de la « montagne » (*Aaron*, 1954). Quelques romans situent leur action dans un ailleurs conventionnel : le Manitoba chevalin (*Kesten*, 1968) ou l'Espagne tauromachique des *Commettants de Caridad* (1961).

Parmi les errants et nomades de Thériault, tiraillés entre l'instinct génésique et la pulsion de mort, les mieux campés sont les Amérindiens et les Inuits. *Agaguk* (1958), son chef-d'œuvre, publié simultanément à Québec et à Paris (Grasset) en 1958, traduit en plusieurs langues, adapté au cinéma (1993), développe une intrigue policière, une critique du racisme, une histoire d'amour, une défense de la femme, une évocation des luttes archétypales, totémiques contre le Vent ou le Loup blanc, une dénonciation du sorcier et de la magie. *Tayaout, fils d'Agaguk* (1969) et *Agoak* (1975) marquent un retour à la tradition esquimaude, en art comme dans les mœurs. Parmi les contes, fables ou récits amérindiens de Thériault, les plus émouvants sont *Ashini* (1960), « livre de sang » sur des écorces de bouleau, message désespéré d'un vieux Montagnais, prophète et messie qui s'est suicidé devant l'honneur et le paradis perdus des siens et des Blancs ; et *Le Ru d'Ikoué* (1963), roman initiatique d'un jeune Algonquin dans la forêt primitive, où il parle aux castors et négocie avec les éléments. Yves Thériault est mort le 20 octobre 1983.

ŒUVRES. — Non citées : *L'Île introuvable*, 1968. — *Mahigan*, 1968. — *N'tsuk*, 1968. — *Le Dernier Havre*, 1970. — *Le Haut Pays*, 1973. — *L'Héritage d'Agaguk*, 1975. — *L'Œuvre de chair*, 1975. — *La Quête de l'Ourse*, 1980. — *Partage de minuit*, 1981.

→ Maurice Émond, *Yves Thériault et le combat de l'homme*, 1973. — Jean-Paul Simard, *Rituel et langage chez Yves Thériault*, 1979. — *Voix et images*, n° 2, 1980. — Hélène Lafrance, *Yves Thériault et l'institution littéraire québécoise*, 1984. — *Études littéraires*, vol. 21, n° 1, 1988.

L.M.

Thérive André, pseudonyme de Roger Puthoste (1891-1967). Né à Limoges le 19 juin 1891, agrégé de Lettres, il est l'auteur d'une œuvre éclectique et inégale. Après avoir composé quelques poèmes, il devient critique littéraire à *L'Opinion* (1922-1929) puis au *Temps* (1929-1940), aux *Nouvelles littéraires* et à la *Revue des deux mondes*. De nombreux essais témoignent de son intérêt pour la langue (*Le Français langue morte*, Plon, 1923 ; *Essai sur Abel Hermant*, Chamontin, 1926 ; *Querelles de langage*, Stock, 1929-1940, 3 vol. ; *Libre histoire de la langue française*, Stock, 1954) et pour la littérature (*Le Retour d'Amazan ou une histoire des lettres françaises*, Chamontin, 1920 ; *Joris-Karl Huysmans*, Nouvelle Revue Critique, 1924 ; *Opinions littéraires*, Bloud & Gay, 1925 ; *Le Parnasse*, Les Œuvres Représentatives, 1929 ; *Galerie de ce temps*, Nouvelle Revue Critique, 1931), intérêt double que l'on retrouve dans ses pastiches (*Supplément aux « Caractères » de La Bruyère*, Trianon, 1930). Auteur d'un livre de souvenirs (*L'Envers du décor*, La Clé d'or, 1948) et de biographies (*Clotilde de Vaux ou la Déesse morte*, Albin Michel, 1957), il s'est également illustré comme romancier (*L'Expatrié*, La Sirène, 1921 ; *Le Plus Grand Péché*, Grasset, 1924, prix Balzac) et notamment comme un romancier populiste (*Le Charbon ardent*, Grasset, 1929 ; *Noir et or*, Grasset, 1936). Il a fondé, avec Léon Lemonnier, le prix Populiste en 1930. Ses romans d'après-guerre prennent pourtant quelque distance avec cette esthétique (*Comme un voleur*, À L'enseigne du cheval ailé, Genève, 1948 ; *Les Voix du sang*, Grasset, 1955 ou *Le Baron de paille*, Gallimard, 1965). André Thérive est mort à Paris le 14 juin 1967.

S.R.

Thibaudeau Jean (1935). Né à La Roche-sur-Yon le 7 mars 1935, il reçoit le prix Fénéon pour son premier roman, *Une cérémonie royale* (1960). Parce que le livre est publié aux Éditions de Minuit et que, écrit sur un ton neutre, il abonde en descriptions, on voit en son auteur l'un des possibles représentants d'une seconde génération du Nouveau Roman. Avec *Ouverture*, son œuvre majeure, Thibaudeau s'engage cependant sur une voie plus singulière. Long poème romanesque où, sous forme fragmentaire, l'autobiographie, avec ses faces diurne et nocturne, se mêle à la mise en scène de l'acte d'écrire, l'œuvre compte trois volumes : *Ouverture* (1966) salué par Foucault et Genette, *Imaginez la nuit* (1968) et *Roman noir ou voilà les morts à notre tour d'en sortir* (1974). Membre de *Tel Quel* de 1960 à 1972, Thibaudeau est également auteur d'œuvres dramatiques, pour le théâtre et la radio. Il a traduit quelques romans d'Edoardo Sanguineti et d'Italo Calvino.

Ph.F.

Thibaudet Albert (1874-1936). Né à Tournus, en Saône-et-Loire, le 1er avril 1874, il commence ses études secondaires au lycée de Lons-le-Saunier, puis quitte le Jura pour venir à Paris, au lycée Louis-le-Grand d'abord, puis à Henri-IV, où il a pour condisciples Charles-Louis Philippe, Léon-Paul Fargue et Alfred Jarry. L'homme qui exerça alors sur le jeune Thibaudet l'influence la plus déterminante pour le développement ultérieur de sa pensée, fut son professeur de philosophie, Henri Bergson. Après une licence de philosophie à Dijon, en 1893, Thibaudet tente deux fois l'agrégation dans cette matière, en 1895 et 1896, mais échoue à l'oral. Obligé d'enseigner au collège, il traverse la France au gré de ses affectations successives. En 1908, il décroche l'agrégation d'histoire et enseigne désormais au lycée. Il fait la guerre en Haute-Alsace, affecté à des tâches qui lui permettent de se plonger dans les auteurs grecs. Il tira de cette expérience un essai, *La Campagne avec Thucydide*, publié en

1922. Démobilisé, il devient lecteur à l'université d'York, en Angleterre, puis à Uppsala, en Suède, avant d'obtenir la chaire de littérature française de l'université de Genève, qu'il occupa jusqu'à sa mort, le 16 avril 1936.

Thibaudet avait commencé en 1897 par un recueil de poésie : *Le Cygne rouge*, étrange mélange de vers et de prose s'inspirant des mythes wagnériens. En 1908, il est responsable d'une rubrique des livres à *La Phalange* : « Le mois du littérateur ». En octobre 1909, une note sur le dernier roman de Gide, *La Porte étroite*, le fait remarquer par les collaborateurs de la toute jeune *NRF*. Il y publie son premier article le 1er mars 1911, et un an plus tard, en mars 1912, il fournit la première d'une longue série, ininterrompue jusqu'à sa mort, de contributions mensuelles à la revue, intitulées d'abord « La littérature », puis « Réflexions sur la littérature » — transformation qui marque la volonté du critique de prendre un certain recul vis-à-vis de son objet d'étude : le recul propre au théoricien. Ces chroniques régulières placèrent leur auteur au premier rang des critiques de son temps. Elles furent rassemblées dans des volumes de *Réflexions* (posth., à partir de 1938).

Thibaudet ne se contenta pas de cette tribune exceptionnelle que constituait *La NRF* à cette époque. En 1912, son ouvrage sur *La Poésie de Mallarmé* constitue un hommage du critique qu'il était finalement devenu au poète qu'il avait admiré dans sa jeunesse. Dans ses essais, ce penseur de la littérature s'inspire de manière très explicite de la philosophie de Bergson, devenu professeur au Collège de France et, pour ainsi dire, le philosophe officiel de la IIIe République. Empruntant au bergsonisme le principe vitaliste qui s'exprimait dans *L'Évolution créatrice* (1907), et le transposant du domaine biologique à celui de l'histoire littéraire, Thibaudet forge le concept de *générations* (regroupant écrivains, artistes et intellectuels réunis par une communauté de valeurs et de références). Tel est le principe qu'il met à la base de sa monumentale étude *Trente ans de vie française* (1920-1923), mais qui, surtout, structure son *Histoire de la littérature française de 1789 à nos jours* (1936), où il distingue la génération de 1789 (Chateaubriand, Mme de Staël et le groupe de Coppet, etc.), la grande génération romantique de 1820, celle, à la fois romantique, réaliste et parnassienne, de 1850, etc. Thibaudet emprunte également à Bergson le sentiment de durée et d'élan créateur, que le critique doit saisir en chaque écrivain, pour retrouver l'unité profonde dissimulée derrière l'apparente diversité des œuvres.

Se plaçant ainsi entre l'histoire littéraire et la prise en compte de l'individualité créatrice, lui-même conscient et théoricien, dans sa *Physiologie de la critique* (1930), de son métier de « liseur », Thibaudet marque la transition de l'école historiciste et déterministe du XIXe siècle, représentée par Taine et Sainte-Beuve, vers une critique plus moderne et plus attachée à ce qui fait la singularité et l'enracinement psychologique de l'œuvre, vision qui devait être illustrée plus tard par Georges Poulet ou Jean-Pierre Richard.

ŒUVRES. — *Le Cygne rouge*, 1897. — *La Poésie de Stéphane Mallarmé*, 1912. — *Les Heures de l'Acropole*, 1913. — *Trente ans de vie française* (*Les Idées de Charles Maurras*, 1920 ; *La Vie de Maurice Barrès*, 1921 ; *Le Bergsonisme*, 1923). — *La Campagne avec Thucydide*, 1922. — *Gustave Flaubert*, 1922. — *Paul Valéry*, 1923. — *Intérieurs*, 1924. — *Les Princes lorrains*, 1924. — *Étranger ou études de littérature anglaise*, 1925. — *Le Liseur de romans*, 1925. — *Les Images de Grèce*, 1926. — *La République des professeurs*, 1927. — *Cluny*, 1928. — *L'Acropole*, 1929. — *Amiel ou la part du rêve*, 1929. — *Physiologie de la critique*, 1930. — *Mistral ou la république du soleil*, 1930. — *Les Idées politiques de la France*, 1931. — *Stendhal*, 1931. — *Histoire de la littérature française de 1789 à nos jours*, 1936. — *Réflexions sur le roman*, 1938. — *Réflexions sur la littérature*, 1938. — *Réflexions sur la critique*, 1939. — *Panurge à la guerre*, 1940. — *Réflexions sur la littérature II*, 1941. — *Héraclès*, 1951. — *Montaigne*, 1962.

→ John C. Davies, *L'Œuvre critique d'Albert Thibaudet*, Genève, Droz, 1955. — Gérard Genette, « Raisons de la critique pure », *Figures II*, Le Seuil, 1969. — *Rencontres Albert Thibaudet 1986*, Tournus, Société des amis des arts et des sciences, 1986.

W.M.

Thibon Gustave (1903). Né à Saint-Marcel-d'Ardèche, il restera fidèle toute sa vie à ses origines rurales. Autodidacte, il doit sa culture à une curiosité intellectuelle qu'il lui faut concilier, dans sa jeunesse, avec les travaux de la ferme. Lecteur de Hegel, de saint Thomas, de saint Jean de la Croix, connaisseur de Nietzsche (*Nietzsche ou le déclin de l'esprit*, 1948), il évolue intellectuellement en « climat chrétien ». Au cœur de son œuvre se trouve « l'idée d'une cohérence et d'un équilibre organique que l'homme a perdus et que l'homme, sous peine de mort, doit retrouver » (*L'Échelle de Jacob*, 1942). L'unité est donc ce à quoi l'homme aspire, sur le plan philosophique, mais aussi dans la société et la morale. A l'égalité, Gustave Thibon oppose l'harmonie, défendant une organisation sociale où la hiérarchie serait la garante de l'ordre. De telles vues en font l'un des penseurs de la Révolution nationale, et sous Vichy on le retrouve membre du Centre français de synthèse, qui forme les élites du nouveau régime. De cette période datent *Diagnostics, essais de physiologie sociale* (1940), *Retour du réel, nouveaux diagnostics* (1943). Mais il accueille aussi dans sa propriété ardéchoise Simone Weil, poursuivie par les lois antisémites. Après sa mort, Thibon rassemble ses pensées dans *La Pesanteur et la grâce* (1948) et lui consacrera un livre en collaboration avec le R.P. Perrin : *Simone Weil telle que nous l'avons connue* (1952). Mais c'est sans doute pour ses réflexions sur l'amour et le mariage, envisagés dans une perspective chrétienne, que Thibon est le plus connu : *Ce que Dieu a uni* (1945), *La Crise moderne de l'amour* (1953), *La Vie à deux*, qui reprend des analyses antérieures, connaissent un succès certain. Si l'auteur revalorise la dimension charnelle de l'amour conjugal, sa psychologie des caractères féminin et masculin peut paraître sujette à caution : « La femme est faite pour l'homme et l'homme est fait pour Dieu », allègue-t-il avec saint Paul (*Ce que Dieu a uni).* Après une longue éclipse, Thibon publie plusieurs ouvrages dans les années 1970 (*L'Ignorance étoilée*, 1974 ; *L'Équilibre et l'harmonie,* 1976), où affleure une certaine désillusion. Plus que jamais en réaction contre le siècle, il s'affirme hostile à la société de consommation comme à l'idée de révolution qui, selon lui, aggrave les situations qu'elle est censée améliorer. Ce pessimisme se rattache moins aux leçons de l'histoire qu'à une conception du catholicisme qui s'enracine dans le péché originel et pour laquelle l'essentiel n'est pas le bonheur de l'homme, pure illusion, mais son salut. Moraliste plus que dialecticien, Thibon s'exprime volontiers par aphorismes. Il a reçu en 1964 le grand prix de Littérature de l'Académie française.

ŒUVRES. — Chez Fayard.

Cl.D.

Thieuloy Jack (1931-1996). Né à Beaucaire, en Provence, où il passe son enfance (*L'Opéra de Beaucaire*, Luneau-Ascot, 1980 ; *L'Eau double*, Balland, 1981), il fait des études à Marseille, puis à la Sorbonne, s'inscrit au parti communiste, et sert en Algérie (*Voltigeur de lune*, Ramsay, 1984). Après une brève incarcération à la Santé (*La Geste de l'employé*, Hallier, 1976), il se fait connaître par les récits, très crus, de ses voyages en Inde (regroupés dans *L'Asie des grands chemins*, Balland, 1994), en Amérique (*Le Bible d'Amérique*, Grasset, 1974 ; *Floride*, Athanor, 1980) et au Japon (*La Planète Nippon*, Balland, 1994). Par-delà l'outrance du désir, homosexuel, zoophile (*La Baleine du pont*, La Table ronde, 1988), ou nécrophile (*Loi de Dieu*, Athanor, 1977 ; *Les Os de ma bien-aimée*, Balland, 1980), il accède dans *Diogène de Tarascon* (Balland, 1993) à une sorte de sagesse. Il est mort à Paris le 18 février 1996.

J.P.

Thiry Marcel (1897-1977). Né à Charleroi, en Belgique, le 13 mars 1897, dans une famille qui se fixe à Liège peu après sa naissance. Soldat pendant la Grande Guerre, il fait partie du corps des autos-canons engagé sur le front de Galicie. Après la débâcle russe, le retour par l'Est, dans les remous de la révolution, fait faire aux soldats belges un étonnant tour du monde. En 1924, *Toi qui pâlis au nom de Vancouver* ouvre une carrière poétique de plus de cinquante ans, qui s'enracine dans les nostalgies du « soldat pérégrin ». Après la guerre, Thiry fait des études de droit à l'université de Liège. Mais à la mort de son père, il quitte le barreau et reprend l'entreprise familiale d'exploitation forestière. Marchand pendant des décennies, il éprouve, dans l'exercice du négoce, un sentiment d'exil : la hantise de la faillite, l'opacité du quotidien entravent le bonheur de vivre en même temps qu'elles l'exaltent. *Statue de la fatigue*, *La Mer de la tranquillité* comme les nouvelles de *Marchands* appartiennent à cette veine qui célèbre la force rédemptrice de la poésie. Séduit par la modernité car elle introduit le merveilleux dans le quotidien, il sera le poète de l'automobile, du cinéma, du téléphone... Pendant l'occupation, il ne publie que dans les lettres clandestines : *Âges*, qui paraît en 1950, reprend des poèmes écrits depuis 1938 et dit le vertige du temps en marche : l'accession à la cinquantaine et la fracture de la guerre ont avivé le sentiment du passage à un autre « âge » et ouvrent sur une méditation où l'expérience personnelle rejoint le destin collectif.

Après 1945, l'œuvre en prose prend son essor : la mise en fiction permet un traitement analytique de thèmes où l'interrogation métaphysique est sous-tendue par les préoccupations morales. Les rapports de l'homme à l'espace et au temps, les mystères du réel, que les découvertes scientifiques ont paradoxalement accrus, suscitent les arguments de nouvelles et de romans au fantastique plus ou moins affirmé, où s'exprime toujours l'urgence d'une faute à réparer : ce sont notamment *Échec au temps*, *Nouvelles du grand possible*, *Simul*, *Nondum jam non*. De 1955 à 1977, de *Trois longs regrets du lis des champs* à *Lettre du cap*, dix recueils de poèmes se succèdent : le temps s'y écoule, l'espace s'y déploie au gré des voyages comme il se replie sur le jardin ou la chambre. Et toujours la hantise de faire exister, et de faire durer par le dire, l'ambivalence de toute chose et la fragilité du bonheur. Le lyrisme parfois teinté d'ironie s'exprime dans une forme tantôt dense jusqu'à l'hermétisme, tantôt large et quasi épique, comme dans les proses en vers. L'essai *Le Poème et la langue* (1967) témoigne du souci du métier et du matériau, et du double devoir du respect de la tradition et de l'infraction.

Marcel Thiry a été secrétaire perpétuel de l'Académie royale de langue et de littérature françaises de Belgique de 1960 à 1972. Il a aussi consacré une grande part de sa vie à l'action politique : militant wallon dès les années vingt, francophile ardent, partisan d'une Belgique fédéralisée, défenseur d'une Europe large, très actif dans les organismes de la francophonie naissante, il a été couvert de charges et d'honneurs. Il est mort à Fraiture (Condroz) le 5 septembre 1977.

ŒUVRES. — *Toi qui pâlis au nom de Vancouver. Œuvres poétiques 1924-1975*, Seghers, 1975. — *Œuvres poétiques complètes*, Bruxelles, Académie royale de langue et de littérature françaises, 1997, 3 t. — *Romans, nouvelles, contes, récits*, Bruxelles, De Rache, 1981. — *Soldats belges à l'armée russe*, 1919. — *Le Goût du malheur*, 1922. — *Passage à Kiew*, 1927. — *Échec au temps*, 1945. — *Comme si*, 1959. — *Nouvelles du grand possible*, 1960. — *Le Tour du monde en guerre des autos-canons belges*, 1965.

→ Roger Bodart, *Marcel Thiry*, Seghers, coll. Poètes d'aujourd'hui, 1964. — Dominique Hallin-Bertin, *Le Fantastique dans l'œuvre en prose de Marcel Thiry*, Bruxelles, Académie royale, 1982. — Pierre Halen, *Une poétique de l'imparfait*, Bruxelles, Ciaco, 1990. — Ajzenberg et Rochette, *Marcel Thiry*, *Lettres aux jeunes Wallons*, Mont-sur-Marchienne, Institut Jules Destrée, 1990. — Charles Bertin, *Marcel Thiry*, Bruxelles, Académie royale de langue et de littérature françaises, 1997.

D.H.-B.

Thomas Henri (1912-1993). Né à Anglemont, dans les Vosges, le 7 décembre 1912, il appartient par sa mère, institutrice, à une famille de fonctionnaires républicains et se rattache, par son père, au monde paysan. Cette double origine dont la mort précoce de son père, à la fin de la Première Guerre, a renforcé à ses yeux la signification contradictoire, reste, tout au long de l'œuvre, le motif d'une quête qui trouve le plus souvent dans la forme romanesque son expression adéquate. Alors qu'il termine ses études secondaires au collège de Saint-Dié, où il lit avec passion les poètes qui l'accompagneront toute sa vie (Baudelaire, Rimbaud, Corbière, essentiellement), Thomas reçoit le premier prix au Concours général de philosophie, ce qui lui permet de venir à Paris où il devient l'élève d'Alain, à Henri-IV. Ayant renoncé au concours d'entrée à l'École normale supérieure, il fait le choix d'une vie plus précaire, riche de nombreuses amitiés littéraires et d'une importante activité de traducteur, d'essayiste, de romancier et de poète. Proche de Gide et du groupe de la *NRF* (Paulhan,

Arland, etc.), il publie son premier roman, *Le Seau à charbon*, d'inspiration autobiographique, en 1940, et son premier recueil poétique, *Travaux d'aveugle*, l'année suivante.

Après la guerre, il travaille pendant une dizaine d'années à Londres, à la BBC, puis, marié et père d'une petite fille, il part de 1958 à 1960 aux États-Unis comme professeur à Brandeis University, près de Boston. De même que son expérience londonienne lui avait inspiré *La Nuit de Londres* (1956), où il décrit les errances d'un homme dans la foule et la solitude nocturne des grandes villes, son expérience américaine est à l'origine de deux romans, *John Perkins* (1960, prix Médicis) et *Le Parjure* (1964) qui, chacun à leur manière, prennent acte d'une profonde déréliction humaine dans un monde que les dieux ont déserté, mais où la sensation aiguë du réel reste intacte. Si *Le Promontoire* (1961, prix Femina) lui assure une certaine notoriété et confirme la force d'un style qui allie dépouillement, phrasé quotidien et sens inné de l'étrangeté, il faut aussi en noter la valeur prémonitoire. Comme le narrateur de ce récit, Thomas, en 1965, devient veuf. Rendu à la solitude et à ses vieux démons, il traverse alors de longues années sombres, pendant lesquelles il ne publie guère que deux recueils de nouvelles et un essai sur Tristan Corbière, *Tristan le dépossédé* (1978). Son inspiration poétique semble également décliner et, après *Sous le lien du temps* (1963), où se mêlent notes de carnet et poèmes, il ne publiera plus que trois minces recueils au cours des dix dernières années de sa vie. Sans doute faut-il en chercher la raison dans la prééminence désormais accordée à l'inspiration romanesque. Il n'y revient qu'en 1985, avec *Le Croc des chiffonniers*, mais c'est alors le début d'une intense activité créatrice, presque une renaissance, qui se poursuit, à raison d'un récit par an, jusqu'à la publication de *Ai-je une patrie*, en 1991. À partir de cette date, des ennuis de santé diminuent considérablement son activité. Il meurt à Paris le 3 novembre 1993, après avoir publié encore quelques brèves études critiques, un recueil de notes (*La Joie de cette vie*, 1991) et deux récits plus anciens restés inédits (*Le Cinéma dans la grange*, 1992 ; *Le Poison des images*, 1993).

Dans l'itinéraire de Thomas, dans l'évolution et les fluctuations de son travail d'écrivain, c'est l'évidence, le sentiment panique de la vie mêle de façon indissociable « délice et supplice de vivre », mouvement positif d'affirmation hors des limites du moi et égarement dans l'opacité d'une existence et d'une histoire singulières. Sa poésie est placée sous ce signe mais, par son parti pris de familière simplicité et d'humour, elle vise surtout à en alléger les tensions ou à les enchanter. Les œuvres de fiction proposent une vision plus âpre : c'est habituellement au cœur de la plus totale dépossession, sous la menace d'une catastrophe imminente, que les héros retrouvent avec une soudaineté imprévisible le sentiment émerveillé de leur présence au monde et d'une totalité dans laquelle ils sont compris. Le temps prend alors une forme nouvelle, il apparaît comme un fragment d'éternité capable d'en restituer la saveur ou le goût. Mais les personnages de Thomas restent le plus souvent mal à l'aise dans l'existence ordinaire, ils y éprouvent la présence diffuse de regards hostiles portés sur eux. D'où leur instinct de déserteur, ou de migrateur, leur souci de se dégager de dépendances malheureuses et de reprendre vie, hors du piège. D'où aussi cette prédilection pour les lieux de passage, trains, gares, hôtels, où, sous le signe du provisoire, se joue leur destin. Le narrateur lui-même, aussi bien dans les récits à la troisième qu'à la première personne, participe à ce mouvement d'affranchissement et accompagne ses héros dans leurs vagabondages : dénouant les lois de la vraisemblance pour mieux affirmer les droits souverains d'une invention capricieuse, il donne au récit un rythme fait d'ellipses et de brusques ruptures, au milieu desquelles le lecteur ne trouve son chemin qu'à la faveur de moments privilégiés où le temps vécu paraît se rassembler.

ŒUVRES. — Chez Gallimard. *Le Seau à charbon*, 1940. — *Travaux d'aveugle*, 1941. — *Le Précepteur*, 1942, rééd. coll. L'Imaginaire, 1993. — *La Vie ensemble*, 1943. — *Signe de vie*, 1944. — *Le Monde absent*, 1947. — *Nul désordre*, 1950. — *Les Déserteurs*, 1951. — *La Cible*, 1956. — *La Nuit de*

Londres, 1956. — *La Dernière Année*, 1960. — *Histoires de Pierrot et quelques autres*, 1960. — *John Perkins*, 1960, rééd. coll. L'Imaginaire, 1991. — *La Chasse aux trésors*, essais critiques, 1961. — *Le Promontoire*, 1961, rééd. coll. L'Imaginaire, 1987. — *Sous le lien du temps*, 1963. — *Le Parjure*, 1964. — *La Relique*, 1969. — *Sainte-Jeunesse*, 1972. — *Tristan le dépossédé*, 1978. — *Les Tours de Notre-Dame*, 1979. — *À quoi tu penses*, 1980. — *Joueur surpris*, 1982. — *Le Migrateur*, 1983. — *Le Croc des chiffonniers*, 1985. — *Une saison volée*, 1986. — *Un détour pour la vie*, 1988. — *Le Gouvernement provisoire*, 1989. — *Trézeaux*, 1989. — *Le Goût de l'éternel*, 1990. — *Ai-je une patrie*, 1991. — *La Joie de cette vie*, 1991. — *La Chasse aux trésors II*, essais critiques, 1992. — *Les Maisons brûlées*, 1994.

→ Il existe depuis 1993 des *Cahiers Henri Thomas* (Nancy).

H.F.

Thyrse (Le). Revue littéraire belge, fondée le 1er mai 1899 par Émile Lejeune, Julien Roman, Léopold Rosy, Pol Stiévenart et Charles Viane ; elle a cessé de paraître en juin 1969. Éclectique, sans « tendances combatives, ni intentions despotiques », la revue reprend le flambeau de *La Jeune Belgique* s'attachant également à défendre l'originalité des lettres belges de langue française. Elle a donné une image vivante mais tranquille de l'activité littéraire et artistique belge, sans prendre de positions d'avant-garde. Anthologique et critique, elle a publié à ses débuts des textes de Verhaeren, Maeterlinck, Lemonnier, Beck, Baillon, Hellens, Périer, etc. Son comité de rédaction a organisé des conférences, des concerts, des concours littéraires, a publié des numéros spéciaux (Maeterlinck, Huysmans, Vigny, Paul Fort, Elskamp...). Après la guerre, *Le Thyrse* a poursuivi son activité en privilégiant le courant néoclassique de la poésie belge.

→ *Table générale des matières contenues dans « Le Thyrse » de 1899 à 1949*, Bruxelles, Le Thyrse, 1949.

O.Bi.

Tillinac Denis (1947). Né à Paris, il grandit entre un « cinquième étage (sans ascenseur) » *(Spleen à Daumesnil*, Le Dilettante, 1985) et la Corrèze, sa région d'origine, qu'il rejoint au début des années soixante. Après l'Institut d'études politiques de Bordeaux, il est correspondant à Tulle de *La Dépêche du Midi*. En 1979, *Spleen en Corrèze* (1984, La Table ronde, 1997) évoque les désarrois d'un provincial à Paris. *Maisons de famille* (1987, Laffont, 1993) raconte la guérison d'un peintre en crise réfugié dans son village natal. *Un léger malentendu* (1988) est le récit ironique d'une jeunesse rebelle aux conformismes de mai 1968. Voyageur, Tillinac s'interroge, dans *La Corrèze et le Zambèze* (La Table ronde, 1990 ; prix Jacques Chardonne), sur l'appel des lointains et le goût des racines. *Le Retour de d'Artagnan* (La Table ronde, 1992), pamphlet dédié aux « droitiers anonymes », revendique sans état d'âme le panache et la liberté chers à Dumas. Il revient au roman avec *L'Hôtel de Kaolack* (1991, Pocket, 1993), journal d'un localier dans une ville de province vouée aux intrigues, et *Le Jeu et la chandelle* (1994, Pocket, 1995), échappée belle de deux cadres désabusés. Denis Tillinac dirige aujourd'hui les Éditions de la Table ronde (*Dernier verre au Danton*, Laffont, 1996). Il vit entre Paris et Auriac, en Corrèze.

I.M.

Tinayre Marcelle (1872-1948). Née à Tulle dans une famille de la bourgeoisie périgourdine où les femmes avaient une prédilection pour les lettres (sa mère est l'auteur d'ouvrages scolaires), elle publie à treize ans, sous un pseudonyme, *Vive les vacances !* (1885). Le succès vient avec *Avant l'amour* (1897) où une jeune fille se heurte à la présence masculine et aux réalités de la chair. Son œuvre, abondante, montre la condition féminine et le conflit du désir et du code social *(Hellé*, 1899 ; *La Maison du péché*, 1902 ; *La Vie amoureuse de François Barbazanges*, 1904 ; *L'Ennemie intime*, 1931), et ses héroïnes sont souvent des figures de la révolte (*La Rebelle*, 1906 ; *La Rançon*, 1910). Elle est morte à Grossouvre en 1948.

D.H.

Tirolien Guy (1917). Né à Pointe-à-Pitre (Guadeloupe), celui qui fut, aux côtés d'Alioune Diop, l'un des fondateurs de la revue *Présence africaine* et dont l'engagement en faveur de la Négritude ne s'est jamais démenti, apparaît comme l'un des artisans les plus actifs du rapprochement entre Africains et Antillais. Outre le célèbre poème « Prière d'un petit enfant nègre » paru dans l'*Anthologie de la nouvelle poésie nègre et malgache de langue française* (dir. Léopold Senghor, 1948), on lui doit deux recueils poétiques, *Balles d'or* (Présence africaine, 1961) et *Feuilles vivantes au matin* (Présence africaine, 1977).

J.C.

Titinga Pacéré Frédéric (1947). Né à Manéga (Burkina-Faso), archéologue du passé de l'empire Mossé, dont il tente de perpétuer la mémoire dans le cadre de la fondation créée dans son village natal, il a publié une série de recueils poétiques mêlant de façon originale l'art traditionnel des griots à une écriture résolument novatrice. *Refrains sous le Sahel* (Oswald, 1976), *Ça tire sous le Sahel* (Oswald, 1976), *Poèmes pour l'Angola* (Silex, 1982), *La Poésie des griots* (Silex, 1982) et *Du lait pour une tombe* (Silex, 1984) composent le volet lyrique d'une œuvre qui comprend aussi témoignages en prose et récits, consacrés à la description de la société contemporaine du Burkina-Faso : *La Famille voltaïque en crise* (Ouagadougou, Imprimerie Nationale, 1976), *Quand s'envolent les grues couronnées* (Oswald, 1976), *Ainsi on a assassiné tous les Mossé* (Sherbrooke, Naaman, 1979).

J.C.

Tordeur Jean (1920). Né le 5 septembre 1920 à Bruxelles, rédacteur en chef des services culturels du journal *Le Soir* de 1948 à 1989, ensuite secrétaire perpétuel de l'Académie royale de Belgique, il a débuté par quelques recueils de forme traditionnelle : *Éveil* (1941), *Prière de l'attente* (1947, prix des poètes catholiques), *La Corde* (1949, prix Émile Polak), *Le Vif* (1955). L'œuvre est vécue comme une vocation spirituelle ; les conflits de l'âme et de la chair y tiennent une large place. La poésie de Jean Tordeur a connu son plein épanouissement avec *Conservateur des charges* (1964), une des œuvres majeures de la poésie belge d'après-guerre. Le mot *charges* est entendu ici dans son double sens : celui de *fardeau* et celui de *fonction* ; le poète-conservateur doit entretenir dans l'homme les notions de ses limites et de ses responsabilités. L'inspiration se nourrit à la fois de la tradition biblique et du monde moderne. Jean Tordeur est également l'auteur d'un oratorio, *Lazare* (1949) et d'un jeu radiophonique : *Europe qui t'appelles mémoire* (1959), rêve d'une Europe totale où cohabitent et se réconcilient les extrêmes qui ont fait notre civilisation. On signalera aussi un essai consacré à T.S. Eliot (1947), à qui le lie une profonde affinité religieuse, et une introduction au *Journal de l'analogiste* (1964) de Suzanne Lilar.

C.A.

Toreilles Pierre (1921). Né en Camargue et devenu libraire à Montpellier, poète méditerranéen et heideggérien, il est proche de René Char, ayant connu comme lui l'expérience du maquis, et de Guy Lévis-Mano, à qui il a consacré une étude (Seghers, 1974). Son premier recueil, *Solve et coagula*, au titre clairement alchimique, rend hommage au monde pur et grec qui l'entoure, comme le feront *L'Arrière-pays clos* (1961), *Mesure de la terre* (1966) et *Errantes graminées* (1971). Toreilles utilise soit l'aphorisme, soit le poème court renvoyant à un lieu précis, et l'on peut retrouver cette inspiration dans certains de ses livres publiés chez Gallimard, comme *Denudare* (1973) ou *Les Dieux rompus* (1979).

La parole de Toreilles devient cependant de plus en plus abstraite et déchiquetée, s'apparentant à la pratique de Du Bouchet, même si le texte est plus généreux. Ses poèmes se font aussi plus longs : ainsi dans *La Voix désabritée* (1981), *Territoire du prédateur*, « poème en cinq chants » (1984), *Margelles du silence* (1986), *Venant à stances* (1990). Toreilles, qui a reçu une formation littéraire et théologique, aime théoriser, soit dans le poème même, soit dans un texte d'accompagnement *(Parages du séjour*, Grasset, 1989), soit dans un texte autonome *(Pratique de la poésie*, Fata Morgana, 1977) ou dans des dialogues, comme celui avec Franck Ducros, dans le numéro de *Sud* qui lui est consacré (1985). *Où se dressait le cyprès blanc* (Gallimard, 1992) manifeste une continuité contrastant avec une relative défaveur du public.

C.Du.

Tortel Jean (1904-1993). Né le 4 septembre 1904 à Saint-Saturnin-lès-Avignon (Vaucluse). Fonctionnaire des Domaines, fixé à partir de 1938 dans le Midi de la France, il publie alors des poèmes dans *Les Cahiers du sud*, où son rôle va devenir prépondérant à partir de 1945 : chargé avec Léon-Gabriel Gros de la chronique poétique, il se tourne vers des horizons nouveaux, qu'il fasse connaître le préclassicisme français, ou qu'il introduise Francis Ponge ou de jeunes poètes, Gérard Arseguel, Gil Jouanard. Présentant *Paroles du poème* (*Les Cahiers du sud*, 1946), il écrit : « L'auteur s'est un jour souvenu que le poème est un être organisé et s'est demandé si, comme tel, il n'était pas doué, lui aussi, de la parole [...] Il s'est donc mis patiemment à l'écoute [...] bien convaincu d'ailleurs que ce renversement, peut-être encore inouï, dans le rôle du parlant, sera difficilement accepté ». Ces lignes expriment le refus d'un lyrisme traditionnel et l'attention portée à la technique. Tortel donne la primauté à la tension verbale, non à l'effusion du Moi : ainsi dit-il en 1983 que s'il emploie fréquemment l'adjectif *bleu*, c'est qu'il contient et l'azur et la nuit.

L'usage du contradictoire conduit le texte à sa limite : il saisit brièvement des « instants qualifiés », minces prises sur le temps et l'espace : « Serpent brise / La mesure. // Cristal. Et peau / Qui traîne dehors. // L'intérieur est irréductible / Gouverne. » Le vers, « la rature du blanc », se combine avec les autres sur la page, dans une construction phonique où le silence joue un grand rôle. Tortel est très vite arrivé au vers « libre », sévèrement mis en forme pour serrer au plus près le thème annoncé par le titre et exploité dans le recueil entier suivant un ordre médité.

Le poème dit un « instant qualifié » non parce que cet instant présente quelque chose d'exceptionnel, mais parce qu'il s'impose par le langage. Parfois, ce sont des villes détruites du passé, ou vues en rêves, qui reçoivent une existence de papier (*Les Villes ouvertes*, Gallimard, 1965). Sont évoqués plus souvent des objets quotidiens, dans un cadre étroit, par exemple le jardin clos du poète (*Limites du regard*, Gallimard, 1971). Nous les appréhendons par nos sens, particulièrement par la vue (*Explications ou bien regard*, Mermod, 1960). Mais Tortel est persuadé que ce monde devant nous, séparé de nous, est le plus fort, à cause de notre faiblesse sensorielle et de la menace de la mort (« Je n'ose guère / creuser jusqu'où boivent les morts », écrit-il dans « La ville à déterrer »). En nommant ce monde de *Précarités du jour* (Flammarion, 1990), nous pouvons renverser les images sur la page, sous forme de figures, et acquérir quelque maîtrise sur elles : acte de désir, d'étreinte, qui réinstaure le Moi dans la poésie, tout en lui donnant une position différente du Moi lyrique.

Dans la carrière poétique de Tortel, on observe des allers et retours de ce Moi au langage considéré dans son autonomie. *Arbitraires espaces* (Flammarion, 1986) limite au plus près l'objet par le mot. En revanche, *Le Discours des yeux* (proses et poèmes composés depuis 1970, Ryôan-ji, 1982) est un discours sur les yeux habités d'une tache, distanciés dans le miroir, lieu du renversement et de l'illusoire, mais médiateurs privilégiés vers le langage. *Des corps attaqués* (Flammarion, 1979) insiste sur l'énigme de nos corps, où la mort est sournoisement présente, mais où parle l'attirance des joies les plus élémentaires : « Ne pas savoir / À quel âge. // Un état. // Debout / Après l'été. // Corps fissurés ou non / Les veines battent // Dont les passages retentissent / dans la main parcourante. // Plaisir encore / Au fond du corps. // Cela est presque atroce / Presque doux. » Le jardin se délite en même temps que le vers se détache en mots séparés, dans l'ambiguïté du titre *Feuilles tombées d'un discours* (Ryôan-ji, 1984). Dès 1934, dans *Jalons* (Messein), Tortel posait à la base de sa poétique la nécessité du « bornage spirituel », pour ne pas se « diluer ». Cette exigence l'a conduit à privilégier la lucidité dans l'écriture, non sans que dans ses poèmes apparaisse l'obsession d'un monde indéchiffrable.

→ *Clancier, Guillevic, Tortel*, *Sud*, 1983. — Raymond Jean, *Jean Tortel*, Seghers, 1984.

M.-C.B.

Toulet Paul-Jean (1867-1920). Méconnu du grand public, Paul-Jean Toulet n'en a pas moins toujours été considéré par un cercle d'admirateurs fervents comme l'un des deux ou trois grands poètes du début du siècle. Son œuvre, cependant, n'offre guère de ces séductions qui retiennent d'abord chez un écrivain : demeuré en marge des courants artistiques et littéraires qui ont révolutionné son temps, Toulet n'est pas de ces poètes qui décrivent le monde qui les entoure ; il n'est pas non plus de ceux qui touchent par la confession d'une existence tourmentée. Ses poèmes fuient l'épanchement lyrique comme la peinture épique ; l'intrigue ténue et la narration nonchalante de ses romans empêchent qu'on s'y prenne au jeu de l'illusion. Il faut donc chercher ailleurs la beauté extrême de ses textes : dans leur concision et leur perfection formelle, sonore et rythmique, quoique rien n'y trahisse le travail du style ; dans l'élégance désinvolte et l'ironie légère qui les animent ; dans l'inimitable *retenue* de leur auteur, qui laisse seulement deviner la profondeur et l'intensité de ses sentiments derrière une sorte de frivolité mélancolique.

Né à Pau le 5 juin 1867, de parents qui avaient vécu à l'île Maurice et étaient revenus en Béarn tout exprès pour sa naissance, l'enfant, à la mort prématurée de sa mère, fut confié à un oncle habitant non loin de sa ville natale. Les paysages, la lumière et l'atmosphère du pays béarnais imprimèrent en lui de subtiles et profondes émotions que sa poésie cherche souvent à faire revivre. Bon élève, quoique indiscipliné, il obtient son baccalauréat en 1885 ; répondant à l'appel de ses lointaines origines, il s'embarque aussitôt pour l'île de France. Il mène là-bas la vie désœuvrée d'un dandy, s'adonne au jeu, aux drogues, aux amours faciles et à la lecture assidue des classiques ; il tient, sans grand soin, un *Journal* dont l'unique intérêt est de nous montrer son goût du pittoresque et de l'exotisme. Période stérile, qui nourrira cependant après coup un sentiment qui affleure fréquemment dans son œuvre : la nostalgie de la magie des îles lointaines. Il revient en métropole en 1888, s'essaie brièvement au journalisme à Alger (1889) avant de se fixer dans son Béarn natal ; il y renoue avec l'oisiveté, occupé seulement à goûter « ce fuyant plaisir de vivre ».

En 1898, il rompt pourtant avec l'indolence de ces vacances sans fin pour s'installer à Paris : inquiet de voir sa fortune entamée, il veut la reconstituer par la réussite littéraire. Il ne lui faut que quelques semaines pour terminer son premier roman, *Monsieur du Paur, homme public* (1898). Ce texte ambigu, d'une extrême ironie, illustre aussi la lucidité misanthropique de son auteur — au point que certains y voient son chef-d'œuvre. Toulet s'est plu à pasticher le genre de l'hagiographie littéraire : de l'illustre Pierre-Bénigne du Paur, nous découvrons successivement (grâce à divers documents fictifs) les années de formation, l'irrésistible ascension, le rôle considérable qu'il joua comme ministre plénipotentiaire de Napoléon III dans le minuscule duché de Schwabe, la vie sentimentale tourmentée, l'élection à l'Académie française et la mort édifiante. Les mœurs troubles du personnage, évoquées, comme il se doit, de manière voilée, donnent lieu à quelques échappées romanesques dont l'intrigue évoque *Le Grand Dieu Pan* (1901) de l'Anglais Arthur Machen, que Toulet traduisait alors. Au récit font suite les *Carnets de Monsieur du Paur*, recueil de maximes paradoxales, piquantes ou scandaleuses ; tantôt, ces réflexions apparemment générales trahissent les faiblesses du personnage de du Paur ; tantôt on est tenté de les prêter à Toulet lui-même. Ce premier roman est suivi en 1902 par *Le Mariage de Don Quichotte*, fable poétique qui montre le chevalier chimérique recouvrant la raison, et se convertissant à un réalisme qui se révèle tout aussi fragile que ses illusions passées.

C'est dans ces mêmes années 1901-1904 que Toulet travaille à l'un de ses romans les plus délicats, *La Jeune Fille verte* (remanié, l'ouvrage ne fut publié qu'en 1920). Il s'agit d'une « chronique de petite ville » du Béarn, qui donne à voir une aristocratie provinciale épuisée par les mariages consanguins, repliée sur de petites histoires mesquines, ainsi que la population pittoresque du village divisée par une obscure intrigue financière. Tout le charme du livre tient à son rythme lent qui rend sensible la torpeur de l'été, à l'insouciance affichée du conteur, et pardessus tout à son style recherché (savoureux mélange entre le dialecte des Basses-Pyrénées et la langue précieuse du narrateur).

Mais *La Jeune Fille verte* ne parut que bien des années plus tard et, malgré leurs qualités, les deux premiers romans de Toulet passèrent inaperçus. Leur auteur dut donc s'adonner à des activités plus rémunératrices : avec son ami Curnonsky, il « collabore » à la rédaction de romans de Willy ; il publie en revues des chroniques légères et spirituelles (déployant des trésors d'esprit et de style à propos de tout et de rien), ainsi que des contes merveilleux (recueillis dans *Comme une fantaisie*, 1918) qui valent surtout pour le décalage entre leur climat poétique convenu et leur philosophie grinçante. Il crée également Béhanzigue, savoureux personnage qui donne son unité à une galerie de portraits hauts en couleur, émaillés de dialogues en argot parisien (*Les Contes de Béhanzigue*, 1920). Les quelques récits ou romans qu'il compose à cette époque (*Les Tendres Ménages*, 1904 ; *Les Demoiselles de La Mortagne*, posth., 1923 ; *Mon amie Nane*, 1905) semblent d'une trame encore plus diffuse et futile que les précédents : il s'agit en fait d'anecdotes, de réflexions piquantes et parfois d'évocations poétiques liées par la présence récurrente d'un personnage (dont le plus attachant est Nane, la courtisane ingénue).

Durant toutes ces années, la vie de Toulet est celle d'un dandy au masque glacial et sarcastique, qui s'épuise dans les plaisirs, mais garde la nostalgie des émotions simples et naturelles de sa jeunesse (« Ce que j'ai aimé le plus au monde, ne pensez-vous pas que ce soit les femmes, l'alcool et les paysages ? »), qui fréquente les salons littéraires et artistiques, et trouve pourtant le temps d'écrire. En 1912, il décide de rompre avec cette existence et de retourner dans le Béarn ; installé d'abord au château de La Rafette, il part à Guéthary après son mariage (1916). Il continue d'écrire malgré d'incessants ennuis de santé, correspondant avec ses amis parisiens, publiant des critiques d'art (peinture, musique — il était lié à Debussy) et des vers qu'il compose parcimonieusement. Surtout, il reprend et polit, afin de les publier en recueil, ses textes brefs dispersés dans des revues : maximes cyniques ou amères des *Trois impostures* (posth., 1922), poésies primesautières ou délicates des *Contrerimes* (posth., 1921). C'est également à cette époque qu'il s'occupe de réunir ses contes. Il meurt d'une hémorragie cérébrale le 6 septembre 1920, sans même voir paraître ces recueils soigneusement élaborés.

Toulet doit sa gloire posthume et son importance littéraire surtout à ses poésies, au premier rang desquelles ces *Contrerimes*. qui font de lui l'inventeur d'une forme très brève, vive et allusive, reposant sur un système subtil d'entrecroisement des rythmes et des rimes : les quatrains se composent de deux octosyllabes et deux hexasyllabes alternés (8/6/8/6) rimant « à contre-longueur » (a/b/b/a). Une contrerime se compose, le plus souvent, de trois quatrains. Ainsi, « Fô a dit... » :

« Ce tapis que nous tissons comme
« Le ver dans son linceul
« Dont on ne voit que l'envers seul :
« C'est le destin de l'homme.

« Mais peut-être qu'à d'autres yeux,
« L'autre côté déploie
« Le rêve, et les fleurs, et la joie
« D'un dessin merveilleux. »

« Tel Fô, que l'or noir des tisanes
Enivre, ou bien ses vers,
Chante, et s'en va tout de travers
Entre deux courtisanes. »

Les soixante-dix contrerimes du recueil ont toutes cette virtuosité, ce goût du rejet, des ruptures de rythme, de la syntaxe elliptique et du décalage entre la lucidité amère et le détachement souriant. Elles présentent toutefois une grande variété de thèmes et de tons : sagesse désabusée, évocations sentimentales sur le mode ému ou humoristique :

« À Londres je connus Bella
Princesse moins lointaine
Que son mari le capitaine
Qui n'était jamais là. »

mais aussi nostalgie des îles lointaines, de l'Extrême-Orient et des paysages des Pyrénées, épigrammes primesautières ou grinçantes, peinture de la bohème rive droite. Toulet explore également les ressources de la langue : expressions familières, néologismes, termes exotiques, noms propres... Il faut peut-être définir l'atmosphère poétique des *Contrerimes* comme une certaine manière de voiler délicatement, par un sourire mélancolique, les sentiments et les émotions, tout en laissant percer derrière le badinage et le pittoresque l'impression de la fragilité des choses et de la fuite du temps.

Dans le recueil, les contrerimes sont suivies de quatorze chansons, parmi lesquelles figure l'exquise et célèbre « En Arles » :

« Dans Arle, où sont les Aliscams,
Quand l'ombre est rouge, sous les roses,
Et clair le temps,

Prends garde à la douceur des choses.
Lorsque tu sens battre sans cause
Ton cœur trop lourd,

Et que se taisent les colombes :
Parle tout bas, si c'est d'amour,
Au bord des tombes. »

Enfin, douze dizains et cent neuf coples (quatrains à rimes embrassées ou distiques, en alexandrins) partagent le climat des contrerimes, mais non leur brièveté allusive.

ŒUVRES. — *Œuvres complètes* (poésie, romans, nouvelles et contes, théâtre, essais et notes, journaux, correspondance), éd. Bernard Delvaille, Robert Laffont, coll. Bouquins, 1986. — *Les Contrerimes*, éd. Pierre-Olivier Walzer, Lausanne, Rencontre, 1967. — *Les Contrerimes*, éd. Michel Décaudin, coll. Poésie-Gallimard, 1979.

→ *Le Divan* (Coulonges-sur-l'Autize), juillet-août 1914. — Henri Martineau, *La Vie de Paul-Jean Toulet*, Le Divan, 1921. — Pierre-Olivier Walzer, *Paul-Jean Toulet, l'œuvre, l'écrivain*, Éditions des Portes de France, 1949. — *Paul-Jean Toulet*, Seghers, 1954. — *Paul-Jean Toulet, qui êtes-vous ?*, Lyon, La Manufacture, 1987. — Fonds Paul-Jean Toulet à la Bibliothèque nationale et à la Bibliothèque municipale de Pau.

B.Do.

Tour de feu (La) (1946-1991). Revue fondée à Jarnac par Pierre Boujut. Mariant l'anticonformisme et le provincialisme militant, l'engagement pacifiste et l'individualisme, le goût de la joute verbale et une conception idéaliste de la poésie, la revue est le reflet de la personnalité du Jarnacais Pierre Boujut (1913-1992), « tonnelier-poète », passionné par la « pacifique guerre des idées » qu'il mena pendant quarante-cinq ans : la « tour de feu » désigne une barrique où le feu est allumé lors de son cerclage. *La Tour de feu* prend la relève de deux publications interrompues : *Reflets*, n°s 1 à 16 (1933-1936) et lui faisant suite, *Regains*, n°s 17 à 22 (1936-1939), qui a notamment consacré un important dossier à Supervielle. Depuis l'engagement exprimé en 1946, dans un numéro 23 intitulé « Silence à la violence », jusqu'aux interrogations finales (« La Tour abolie ? », 1979), cette « revue internationaliste de création poétique » a publié épisodiquement Breton, Michel Seuphor, Claude Roy, René Guy Cadou ou Henri-Simon Faure, et plus régulièrement Adrian Miatlev, Edmond Humeau, F. Tourret, P. Chabert, Jean Follain. *La Tour de feu* connaît sa plus grande audience entre 1950 et 1970, publiant alors des numéros intitulés « L'Alliance des villages » (1954), « Henry Miller » (1955), « Salut à la tempête » (1957), « Antonin Artaud ou la santé des poètes » (1959), numéro qui fait scandale pour la place qu'il accorde au psychiatre Gaston Ferdière ; on trouve également, dans cette période, un hommage à Louis Lecoin (1962) et un dossier sur « Fantômas » (1965). En 1967, l'anthologie « Une tour de feu exemplaire » montre un ralentissement de l'élan, que ne parvient pas à relancer le numéro consacré à Mai 1968, « Le socialisme à l'état sauvage ». *La Tour de feu* s'interrompt brusquement à son n° 149 en 1981. Dix ans plus tard, Pierre Boujut fait encore paraître un numéro « 150 et dernier » : « L'Éternité retrouvée », où il signe un texte intitulé « Quand on devient posthume ».

→ Pierre Boujut, *Un mauvais français*, Arléa, 1989. — Daniel Briolet, *La Tour de feu*, Tusson, Du Lérot, 1991.

J.-P.L. — IMEC

Tournier Michel (1924). Né le 19 décembre 1924, dans une famille de culture allemande, catholique et musicale, il étudie le droit et la philosophie. Après un échec à l'agrégation, il travaille pour la radio, l'édition (Plon et Gallimard) et la télévision. Responsable entre 1961 et 1965 de l'émission « Chambre noire », il étudie la photographie. En 1967, le prix du roman de l'Académie française couronne sa première œuvre romanesque,

Vendredi ou les limbes du Pacifique (dont il donne une version simplifiée en 1971, *Vendredi ou la vie sauvage).* En 1970, *Le Roi des Aulnes* obtient le prix Goncourt, et l'auteur entre à l'Académie Goncourt en 1972. Par des enquêtes et des voyages, il prépare *Les Météores* (1975). Tous ces livres ont en commun de relever du roman de formation, d'utiliser la polyphonie (alternance d'un narrateur omniscient et d'un récit personnel du ou des héros) et de recourir au mythe ou à la légende (Robinson, la Genèse, saint Christophe, le roi des Aulnes, Barbe-Bleue). L'auteur, qui donne à la femme un rôle déprécié (Rachel dans *Le Roi des Aulnes)* ou effacé (Maria-Barbara dans *Les Météores),* fait de l'enfant l'éducateur de l'homme. Tournier crée des marginaux : l'aventurier Robinson, le prédateur Tiffauges dans *Le Roi des Aulnes*, le dandy homosexuel Alexandre, l'abbé Thomas Koussek disciple de Joachim de Flore, les jumeaux inséparables Jean et Paul dans *Les Météores*. Il les soumet à l'épreuve du dépaysement subi, naufrage ou guerre ; ou choisi, le voyage autour du monde de Jean puis de Paul. Il les confronte à un environnement urbain dangereux ou malsain : Alexandre travaille dans les gadoues et meurt dans les docks de Casablanca, ou à une nature hostile : Robinson subit une tempête, se replie dans une souille, est victime d'une explosion ; Tiffauges connaît les forêts hivernales d'Allemagne. Les trois romans privilégient l'air, le troisième par son titre et son dénouement, le premier par l'éducation que Vendredi donne à son maître, lui apprenant le jeu du cerf-volant et le maniement de la harpe éolienne, avant que Robinson n'accède à l'extase solaire, le second par le rôle dévolu aux pigeons dont Tiffauges est le dresseur, ce qui préfigure sa mission guidée par l'Esprit (sublimation biblique de l'air) ; il sauve l'enfant juif Éphraïm.

Tournier a éclairé ses intentions de romancier en publiant son autobiographie intellectuelle : *Le Vent Paraclet* (1977), titre d'abord prévu pour *Les Météores*. Explicitant la dimension mythologique et métaphysique de ses romans, il dit chercher un « comique cosmique », « rire blanc » ou rire de Dieu devant l'abîme du monde, l'incomplétude de l'homme l'obligeant à se reproduire. Des essais sur ses lectures sont regroupés dans *Le Vol du vampire* (1981).

Un tournant se dessine dans son œuvre entre 1978 et 1980. La forme s'abrège : il choisit la nouvelle *(Le Coq de bruyère*,1978), le conte *(Pierrot ou les secrets de la nuit*, 1979), le poème en prose *(Des clefs et des serrures*, 1979 ; *Rêves*, 1979 ; *Vues de dos*, 1981). Des textes partiellement autobiographiques accompagnent des photographies dans ces trois derniers livres, des dessins dans *Le Vagabond immobile* (1984). Même *Gaspard*, *Melchior et Balthazar* (1980), donné comme un roman, se présente plutôt comme un recueil de contes (des anges se mêlent aux hommes dans l'histoire de Taor) ou de récits historiques reprenant la manière de *Salammbô* avec un projet philosophique. Balthazar veut réhabiliter l'image condamnée par l'Ancien Testament. Le Christ est le modèle avoué de Taor, qui voit sans les condamner les pratiques d'une Sodome ressuscitée, la sexualité anale de couples presque gémellaires. Une version simplifiée de ce livre a paru sous le titre *Les Rois Mages* (1983).

Les écrits de cette période présentent une vision plus indulgente de la femme. Meurtrière dans *Le Coq de bruyère*, elle réconcilie l'être lunaire et le solaire, le nomade et le sédentaire, dans *Pierrot ou les secrets de la nuit*, annonçant sur le mode plaisant le récit tragique de *Gilles et Jeanne* (1983) : voyant une sainte traitée en criminelle, Gilles de Rais parodie un comportement sadique avant de hurler son vœu de sainteté parmi les flammes du bûcher.

La Goutte d'or (1985) privilégie le couple signe-image. Ce roman donne à l'histoire d'un immigré, Idriss, un éclairage latéral grâce à deux contes, « Barberousse » et « La reine blonde », qui en atténuent l'issue tragique. Dépouillé par une photographe de son image, qu'il vient vainement chercher en France, et de son identité maghrébine humiliée par des tâches serviles, Idriss devient fou. Mais Barberousse est réconcilié avec sa rousseur par la transposition de son portrait sur une tapisserie. L'image de la Reine blonde perd son caractère maléfique par la transcription calligraphiée qu'en effectue Riad. L'opposition entre l'éblouissement de l'image et l'abstraction du signe se retrouve dans les essais sur l'art *(Le Tabor et le Sinaï*, 1988).

Les récits du *Médianoche amoureux* (1989) sont écoutés une nuit par un couple décidé à divorcer. Ils contribuent à la réconciliation. Pourtant, la femme-piège (Blandine) ou castratrice (Théobald) est présente surtout quand, comme Lucie, elle est « élucidée » par la psychanalyse. Mais l'éloge de la commémoration introduit un art de vivre au quotidien. *Le Crépuscule des masques* (1992) est une série de légendes de photographies. Tournier est émerveillé par la paix de Boubat, les cauchemars de Tress. Apparent effacement de son œuvre personnelle, ses commentaires gardent ce que l'auteur juge essentiel : un art de la célébration. La production de l'année 1994 le montre encore voué aux formes courtes : nouvelle *(La Couleuvrine*, Gallimard Jeunesse) ou essai. Deux essais ont paru au Mercure de France, l'un réfléchissant sur des mots *(Le Pied de la lettre)*, l'autre sur des notions groupées deux par deux *(Le Miroir des idées)*. En 1996, un bref roman, *Éléazar,* transpose au XIXe siècle la vie de Moïse.

ŒUVRES. — Les romans, récits, contes sont publiés chez Gallimard, réédités dans la coll. Folio, de même que *Le Vent Paraclet*. et *Petites Proses* (1986). — Également publiés chez Gallimard : *Vues de dos* et *Le Vagabond immobile*. — Publié chez Flammarion (1971), *Vendredi ou la vie sauvage* est repris dans la coll. Folio Junior, où ont été publiés *L'Aire du muguet*, *Sept Contes* et *Les Rois mages*. — *Le Vol du vampire*, Mercure de France, 1981, rééd. Gallimard, coll. Idées. — *Le Tabor et le Sinaï*, Belfond, 1988. — *Le Crépuscule des masques*, Hoëbeke, 1992. — *Éléazar ou la source et le buisson,* Gallimard, 1996.

→ *Sud*, hors série, 1980 et n° 61, 1er semestre 1986. — Serge Koster, *Michel Tournier*, Henry Veyrier, 1986. — Lynn Salkin Sbiroli, *Michel Tournier, la séduction du jeu*, Genève-Paris, Slatkine, 1987. — Arlette Bouloumié, *Michel Tournier : le roman mythologique,* Corti, 1988. — Colin Davis, *Michel Tournier, Philosophy and Fiction*, Oxford-New York, Oxford University Press, 1988. — Françoise Merllié, *Michel Tournier*, Belfond, 1988. — *Images et signes de Michel Tournier* (colloque de Cerisy, 1990), Gallimard, 1991. — Marie Miguet-Ollagnier, *Mythanalyses*, Les Belles-Lettres, 1992. — *Revue des sciences humaines*, 1993, 4.

M.Mi

Toursky (1917-1970), pseudonyme d'Alexandre, dit Axel, Toursky. Né à Cannes en 1917 d'un père russe, il a aimé la vie nocturne de Marseille et exercé divers métiers, avant de publier, grâce à Jean Royère, *Enfances* et *La Suite à demain* (Marseille, La Phalange, 1937 et 1938). Collaborateur des *Cahiers du Sud* à partir de 1942, il accède au vers libre (*Les Armes prohibées* et *Connais ta liberté*, Marseille, Laffont, 1942 et 1943) avant de recourir au quatrain régulier pour rendre sa densité poétique au quotidien dans *Ici commence le désert* (Laffont, 1946), *La mort est naturelle* (Éditions du Filin, 1948), *Christine ou la connaissance des temps* (Seghers, 1950), *Un drôle d'air* (Gallimard, 1963) et *Loin de l'étang* (Seghers, 1971, posth.). Il est mort à Paris le 23 mai 1970.

→ Paul Lombard, *Toursky*, Seghers, coll. Poètes d'aujourd'hui, 1986.

J.P.

Toussaint Jean-Philippe (1957). Né à Ixelles (Bruxelles) le 29 novembre 1957, installé en France depuis 1971, il s'inscrit dans le courant minimaliste dès son premier roman, *La Salle de bain* (1985). La fragmentation de ses récits va de pair avec l'absence de ligne de conduite de ses héros, produits d'une société postmoderne en mal d'identification *(Monsieur*, 1986). Si Toussaint doit en partie au Nouveau Roman sa passion du regard et son penchant pour les descriptions minutieuses, il a élaboré un système de clichés et d'instantanés d'où se dégage un certain humour, naissant en grande partie de la rigueur de ton alliée à la vacuité de tel dialogue, à l'inanité de telle action *(L'Appareil photo*, 1989 ; *La Réticence*, 1991). Il a réalisé lui-même la version cinématographique de deux de ses récits.

ŒUVRES. — Aux Éditions de Minuit.

O.Bi.

Tousseul Jean (1890-1944). Pseudonyme d'Olivier Degée, né à Landenne-sur-Meuse (Belgique) le 7 décembre 1890, autodidacte, fils d'ouvrier et ouvrier lui-même, il vit une enfance maladive dans un petit village du Condroz avant d'exercer divers métiers, dont celui de journaliste. Emprisonné en 1919 à la suite d'articles pacifistes, il imprégnera son œuvre de traces nombreuses de la Première Guerre mondiale. Si son premier récit, une nouvelle « préhistorique » *(La Mélancolique Aventure*, 1920), trouve son origine dans les romans de J.-H. Rosny, le cadre mosan dans lequel elle se déroule retient l'attention. Tousseul est avant tout un écrivain régionaliste, qui a construit une fresque historique consacrée à la vallée de la Meuse dans un grand nombre de nouvelles : *L'Exode* (1928) se développant à la préhistoire, *Le Passé* (1933) à l'époque gauloise et au Moyen Âge, *L'Épine blanche* (1936) au XVIIIe siècle, *La Dame de la tour* (1940) au XVIIe siècle.

Deux romans fleuves constituent la partie la plus authentique de son œuvre : les cinq tomes de *Jean Clarambaux (Le Village gris*, 1927 ; *Le Retour*, 1930 ; *L'Éclaircie*, 1931 ; *La Rafale*, 1933 ; *Le Testament,* 1936) qui racontent la vie d'un instituteur dans un petit village wallon dans le premier tiers du siècle ; et les trois parties du cycle de *François Stiénon (Le Cahier de François Stiénon*, 1938 ; *La Cité fortifiée*, 1939 ; *Le Livre de raison*, 1939), qui reprend le même thème en le situant au temps des guerres napoléoniennes. Ces fresques reflètent aussi les angoisses et les aspirations de l'auteur, depuis le parcours de l'enfant démuni s'efforçant de sortir de sa condition par l'étude, aux problèmes liés à l'intégration dans la communauté, en passant par la condamnation de la guerre et de la violence. Ils laissent enfin transparaître une morale fondée sur la solidarité, le respect de la terre et des traditions, l'amour du travail et du pays natal. La sensibilité de Tousseul s'associe à un certain humanitarisme populiste dans des nouvelles, parfois tragiques, faisant vivre des ouvriers ou des paysans *(La Maison perdue*, 1926 ; *Au bord de l'eau*, 1932 ; *La Mouette*, 1933 ; *Le Masque de tulle*, 1935). Il est mort à Seilles le 9 février 1944.

ŒUVRES. — *Le Village gris*, rééd., Bruxelles, Les Éperonniers, coll. Passé-présent, 1978. — *La Cellule 158*, rééd., Bruxelles, Labor, coll. Espace Nord, 1990.

→ Désiré Denuit, *Jean Tousseul : l'homme et l'œuvre*, Bruxelles, Office de Publicité, 1945.

O.Bi.

Tout sur le Tout (Le). Maison d'édition fondée à Paris en 1979 par Guy Ponsard. L'auteur de *La Belle Lurette*, Henri Calet, constitue bien la figure emblématique de cette maison qui lui emprunte son titre. L'histoire du Tout sur le Tout, qui s'ouvre sur la réédition d'un roman de Rachilde, *La Tour d'amour* (1914), se confond avec une volonté de raviver l'œuvre d'écrivains du premier demi-siècle. En 1981 et 1982, Paul Gadenne *(L'Inadvertance, La Rue profonde)*, Raymond Guérin *(Le Pus de la plaie, La Peau dure)*, Georges Henein *(Notes sur un pays inutile)* ont bénéficié de cette cure de jouvence. La maison publie également un petit volume d'inédits de Pierre Herbart. *La Métromanie* de Paulhan sera rééditée sous les couleurs d'un ticket de métro. Bientôt en 1984 paraîtront des traductions pionnières du poète portugais Miguel Torga (*À la proue d'un navire de roc*, 1986 ; *Rua*, 1988). Une place est faite aussi à des écrivains contemporains comme Sylvain Roumette, Yves Martin ou Louis Calaferte. L'année 1989 voit l'entrée tardive et fortement symbolique d'Henri Calet, qui publie un recueil d'articles sous le titre *Cinq sorties de Paris*. À la fin des années quatre-vingt et après une vingtaine de titres publiés, l'aventure éditoriale du Tout sur le Tout s'achève.

De 1981 à 1987, une revue annoncée comme trimestrielle, *Les Grandes Largeurs*, mais qui n'aura que douze livraisons, épouse les causes littéraires du Tout sur le Tout. Publiée par l'Association Henri Calet, elle adopte un autre de ses titres. Le premier numéro lui est consacré, le second fait connaître sa correspondance avec Georges Henein. Il restera le fil rouge des livraisons ultérieures, qui explorent des territoires littéraires féconds (Bordeaux, Lyon) ou s'attachent à d'autres écrivains négligés (André De Richaud, Jean Reverzy).

A.Ch. — IMEC

traduction. La littérature d'un lieu et d'un moment ne constitue pas un espace clos. Les œuvres, les thèmes, les formes qui retiennent l'attention des lecteurs et orientent les explorations des écrivains ne sont pas circonscrites par la frontière des siècles et des langues. Il ne suffit donc pas, pour comprendre la littérature d'expression française du XXe siècle, de considérer ce qui est *créé* ; il faut prêter la même attention à ce qui est *lu*. Comment l'époque contemporaine dialogue-t-elle avec la tradition classique, dont souvent elle s'inspire ? Et comment accueille-t-elle dans son espace littéraire les œuvres issues d'autres horizons ? Les voies de la traduction littéraire ont toutes chances d'être révélatrices des grandes orientations d'une littérature nationale. Il faut donc considérer quelles œuvres sont traduites, qui les traduit, à quel moment et de quelle manière ; interroger les théories élaborées pour juger *des* traductions et réfléchir sur *la* traduction ; observer enfin les effets, les enrichissements et parfois les modes que ces traductions peuvent susciter.

Traduction littéraire : ces termes devraient désigner, *stricto sensu*, la traduction d'une œuvre littéraire à condition qu'elle soit elle-même une œuvre véritable dans la langue d'arrivée — ni simple décalque, ni libre adaptation. Définition délicate à manier : elle implique de juger du degré de fidélité et de la valeur littéraire de la traduction, mais suivant quels critères ? Il existe, en réalité, plusieurs types de traductions d'œuvres littéraires, déterminées par le moment qui voit leur apparition et le public auquel elles s'adressent. On peut traduire, pour la première fois, une œuvre récente ou peu connue afin de la faire découvrir à un large public : d'ordinaire, on veillera à produire un texte français d'un abord immédiatement séduisant et familier, quitte à estomper quelques-uns des caractères spécifiques du texte original ; rien n'interdit pourtant à ces premières traductions d'être à la fois sensibles, exactes et stylistiquement justes. On peut aussi retraduire une œuvre déjà traduite et appréciée, ou traduire pour la première fois un texte classique déjà connu de seconde main, par le commentaire, et dont la version française fait l'objet d'une attente de la part d'un public lettré. On distinguera alors les traductions de type universitaire, dont la fonction est d'expliciter précisément le contenu sémantique du texte original afin d'en faciliter la lecture, et les traductions-recréations entreprises pour se substituer à l'œuvre originale dans notre espace littéraire.

Les écoles de la traduction : la Bible, les Anciens. Pour mesurer la variété et l'évolution des manières de traduire, il convient de se référer à ces repères que sont les grands textes donnant indéfiniment lieu à de nouvelles versions : dans notre culture, ce sont avant tout la Bible et les auteurs de l'Antiquité. Ce n'est pas un hasard si Valery Larbaud place les traducteurs « sous l'invocation de saint Jérôme » : la diffusion et l'interprétation des textes sacrés présentent synthétiquement les options, les difficultés, les réussites et les écueils de toute traduction. La France a la particularité de ne pas posséder une version de la Bible inscrite dans l'histoire de sa langue et de sa littérature, comparable à la Bible de Luther (1534) pour l'Allemagne ou à la Bible « de Jacques Ier » (1611) pour l'Angleterre : cette lacune constitue une invitation à toujours retraduire le livre sacré, selon les optiques les plus diverses. Telles versions s'appliquent à le rendre accessible au plus grand nombre en le transposant dans un langage simple et immédiat (traduction œcuménique de la Bible dirigée par Pierre de Beaumont ; *Bible en français courant*, 1982) ; telles autres apparaissent avant tout soucieuses de fidélité philologique (*Bible de Jérusalem*, 1955 ; version Édouard Dhorme, 1956) ; d'autres enfin, partant du principe que la portée spirituelle des textes bibliques est inséparable de leurs qualités poétiques, s'essaient à de véritables recréations littéraires (Henri Meschonnic, *Les Cinq Rouleaux*, 1970 ; André Chouraqui, *La Bible*, 1974-1985). La Bible constitue évidemment un cas très particulier du seul fait qu'elle est bien plus qu'un texte littéraire ; on saura gré, pourtant, à ceux qui se souviennent qu'elle est *aussi* un texte littéraire.

Volonté de proposer une lecture nouvelle, de se mesurer avec les grandes traductions du passé, d'illustrer ses talents poétiques ou des principes esthétiques personnels : les raisons n'ont pas manqué non plus aux poètes et aux traducteurs du XXe siècle pour revenir aux origines gréco-latines de notre culture en donnant leurs versions des principaux textes antiques. Plusieurs versions des épopées d'Homère et de Virgile représentent ainsi des jalons importants dans l'histoire de la traduction en France : l'*Iliade* de Paul Mazon (1938), l'*Odyssée* en prose rythmée de Victor Bérard (1925), celle, à la fois plus poétique et épique, de Philippe Jaccottet (1955), recourant au vers libre tout comme celle de Frédéric Mugler (1991) ; *L'Énéide* de Pierre Klossowski (1964), dont on verra plus loin le caractère novateur. Les tragiques grecs suscitent également un vif intérêt : Euripide, dont Marie Delcourt a traduit l'œuvre complète (1962) et dont certaines pièces sont adaptées par Sartre ou Ariane Mnouchkine ; Sophocle, traduit par Paul Mazon (1960), Jacques Lacarrière, Jean Grosjean, Jean Bollack ; Eschyle par Mazon encore (1925), et Claudel, et Camus... Pour le théâtre grec, il faut encore signaler la version inventive des comédies d'Aristophane due à Victor-Henry Debidour (1966). Le théâtre latin, quant à lui, a donné lieu à bien peu d'adaptations littéraires.

La poésie antique séduit traducteurs et poètes par son intensité ou ses raffinements. Sapho, par exemple, est sans cesse retraduite (entre autres par Renée Vivien, 1903 ; Aimé Puech, 1937 ; Bertrand Ledwidge, 1987 ; Yves Battistini, 1994). Rares, pourtant, sont les œuvres qui font l'objet de versions intégrales (*Odes* de Pindare par Marguerite Yourcenar, 1923 ; Fragments d'Héraclite, de Parménide, et d'Empédocle par Yves Battistini, 1955) ; les joyaux de la poésie grecque trouvent place le plus souvent dans des anthologies — notamment celles de Brasillach (1944), Yourcenar (*La Couronne et la Lyre*, 1979), Battistini (*Lyra Erotica*, 1992). La poésie latine semble moins séduire, excepté Virgile (*Bucoliques*, traduites par Valéry, 1953, et Jacques Perret, 1959). Horace, Lucain, Lucrèce, Ovide, Perse, Properce, Tibulle... manquent d'interprètes et ne sont guère accessibles au lecteur français que dans des traductions universitaires.

Langues modernes, littératures d'hier et d'aujourd'hui. Malgré l'importance symbolique des traductions de textes sacrés ou antiques, l'essentiel des œuvres traduites en français au XXe siècle est constitué d'ouvrages étrangers contemporains, ainsi que d'un petit nombre de classiques (du XIXe siècle pour la plupart). Tout naturellement, la France s'est d'abord ouverte aux cultures les plus proches — celles des langues européennes voisines ; mais le travail de quelques traducteurs passionnés, animés par le désir de faire connaître telle culture éloignée ou méconnue, est parvenu au fil du siècle à élargir notablement l'horizon de la traduction littéraire.

Domaine anglo-saxon. Les lettres françaises s'approprient de façon sélective certains classiques anglais : on voit ainsi s'étendre, de 1930 à 1990, une vaste entreprise de retraduction de Dickens (notamment par Pierre Leyris, Francis Ledoux, puis Sylvère Monod), tandis que paraissent sans cesse de nouvelles versions des œuvres des sœurs Brontë, de Jane Austen, George Eliot, De Quincey, Stevenson — ainsi que de quelques rares auteurs du XVIIIe siècle : Swift (Émile Pons), Defoe (Marcel Schwob, Francis Ledoux). Deux écrivains semblent l'emporter quant au nombre de traductions de leurs œuvres : Lewis Carroll, dont l'humour, délicat à transposer en français, séduit autant le public que ses traducteurs (André Bay, Jacques Papy, Henri Parisot, mais aussi Aragon ou Jacques Roubaud), et bien sûr Shakespeare, dont le théâtre et les poèmes constituent un défi pour les grands écrivains français de ce siècle (Maeterlinck, Jouve, Gide, Supervielle, Bonnefoy, Du Bouchet, Henri Thomas...) qui s'essayèrent tantôt à les « classiciser », tantôt à restituer la richesse et la complexité baroques de l'auteur élisabéthain. Temps fort dans la « translation » de Shakespeare en français : l'entreprise collective de retraduction de ses œuvres complètes dirigée par Pierre Leyris dans les années cinquante.

Les classiques anglais du début du siècle ont eux aussi connu un succès ininterrompu : Conrad (traduit ou retraduit par G. Jean-Aubry, Gide, Jean-Jacques Mayoux, Sylvère Monod), Wilde (Léo Lack, Jean Gattégno), Kipling... On pourrait remonter jusqu'au roman contemporain en évoquant ensuite Joyce (Auguste Morel, Valery Larbaud, Jacques Aubert), D.H. Lawrence, Virginia Woolf (dont Marguerite Yourcenar traduisit un roman), Graham Greene (Marcelle Sibon), Robert Graves, Anthony Burgess...

La littérature américaine n'a pas été négligée : ses classiques du siècle dernier — Melville et Hawthorne notamment — ont attiré les meilleurs traducteurs (Pierre Leyris, Armel Guerne, Henri Thomas) et même quelques écrivains (Giono pour le premier, Valéry pour le second). Les romans et nouvelles de Henry James (traduits par Georges Belmont, Jean Pavans, Louise Servicen, Marie Tadié, et Marguerite Yourcenar encore) font également l'objet d'une certaine prédilection. Après la Seconde Guerre mondiale, c'est le roman américain contemporain que les lecteurs français découvrent grâce aux traductions de Maurice-Edgar Coindreau (Caldwell, Capote, Dos Passos, Faulkner, Hemingway, Steinbeck, Styron), de Michel Gresset (Faulkner, Foote, Welty) et de Marie Tadié, Céline Zins, Dominique Aury (Faulkner, Miller)... — grâce à la création, aussi, de la « Série noire » (1945) : le style de ces écrivains ne laissa pas d'influencer durablement certains auteurs français. On pourrait enfin évoquer le succès d'une génération de romanciers américains plus récente : Auster, Roth, Updike, Wolfe... Il serait vain de poursuivre : la plupart des romans anglo-saxons — quelles que soient leurs qualités littéraires — sont désormais traduits en français immédiatement après leur publication. Il faut laisser le temps révéler les œuvres les plus importantes, qui justifieront une retraduction plus attentive à la musique du texte et à son originalité. C'est déjà le cas pour quelques classiques contemporains comme *L'Attrape-cœur* de Salinger, *Au-dessous du volcan* de Lowry.

Domaine allemand. La littérature allemande classique, malgré une curiosité certaine, n'est en France que partiellement connue. Goethe même reste peu traduit ; la subtilité et la musicalité de sa poésie ont peut-être fait reculer plus d'un traducteur (signalons cependant un choix de poèmes traduits par Jean Tardieu). Les écrivains des XVIIe et XVIIIe siècles sont absents de notre culture, à quelques exceptions près (*Simplex simplicissimus* de Grimmelshausen traduit par Jean Amsler, anthologie des *Poètes baroques allemands* de Marc Petit). Le romantisme allemand, en revanche, a été mis à l'honneur dès la fin des années trente par Albert Béguin : Hölderlin, Novalis, Hoffmann ont trouvé des traducteurs tels que Jouve, Jaccottet, Deguy, Gustave Roud pour le premier, Maeterlinck et Armel Guerne pour le second, Madeleine Laval pour le dernier. Le théâtre de Kleist a suscité l'intérêt d'écrivains tels qu'Adamov et Gracq. Aux limites de la philosophie et de la littérature, l'œuvre de Nietzsche n'a cessé, depuis le début du siècle, d'être réinterprétée et retraduite (Henri Albert, Marthe Robert, Pierre Klossowski, Jean-Claude Hémery). Autres grands succès des années vingt à nos jours : les romans de Thomas Mann, traduits par Maurice Betz, Louise Servicen, Geneviève Bianquis ; la poésie de Rilke par Maurice Betz, Adamov, Jaccottet, Armel Guerne, Jean-Pierre Lefèbvre ; les œuvres de Kafka par Vialatte d'abord, Marthe Robert et Claude David ensuite ; les nouvelles et romans de Zweig, par Alzir Hella ; les essais de Jünger par Henri Thomas, Henri Plard, Julien Hervier. Depuis les années soixante, ont contribué à faire connaître en France la littérature allemande contemporaine Jean Amsler (traducteur de Grass), Georges-Arthur Goldschmidt (Handke), Albert Kohn (Bernhard), Solange de Lalène (Böll, Rinser) et Bernard Lortholary (Süskind, Härtling, Lenz). À noter qu'il existe un prix franco-allemend de la traduction, décerné par la D.V.A. (Deutsche-Verlags-Anstalt).

Domaine italien. Relativement mal connu, il est représenté au début du siècle par les traductions des romans de D'Annunzio par Georges Hérelle ; de façon générale, ce sont surtout les auteurs contemporains qui ont la faveur du public, avec des traducteurs tels que Nino Franck (Pavese, Savinio), Michel Arnaud (Bassani, Morante, théâtre de Pirandello), Georges Piroué (Svevo, nouvelles de Pirandello), Louis Bonalumi (Gadda), Jean Thibaudeau (Calvino), Claude Poncet (Moravia). La littérature classique italienne n'a longtemps éveillé en France qu'un faible intérêt : mentionnons pourtant les traductions du théâtre de Goldoni par Michel Arnaud, des romans et nouvelles de Nievo et de Verga par Henriette Valot, et la révélation des grandes œuvres poétiques du romantisme italien, dans les années quatre-vingt, par Michel Orcel. Seul classique régulièrement retraduit, *La Divine Comédie* de Dante a donné lieu aux approches les plus diverses, de la version archaïsante d'André Pézard (1965) à la langue souple et actuelle de Jacqueline

Risset (1985-1990) ou de Marc Scialom (1996) — sans compter plusieurs versions universitaires.

Domaine hispanique. Il apparaît dominé par l'émergence de la jeune littérature d'Amérique du Sud. C'est à Roger Caillois que revient l'initiative d'une vaste entreprise de traduction d'auteurs sud-américains avec la fondation en 1948 de la collection La Croix du Sud (Gallimard) ; lui-même révéla au public français Borges et Paz. La meilleure part des lettres argentines, mexicaines, péruviennes, colombiennes, cubaines est désormais bien connue grâce à quelques traducteurs : Claude Couffon (Borges, García Marquez, Neruda, Vargas Llosa), René Durand (Carpentier, García Marquez encore), Laure Guille-Bataillon (Cortázar, Onetti), Robert Marrast (Fuentes), Georges Pillement (Asturias), Françoise-Marie Rosset (Bioy Casares, Borges), entre autres.

La littérature ibérique séduit surtout par ses classiques du « Siècle d'or » : poètes comme Góngora et Quevedo (traduits par Philippe Jaccottet), dramaturges comme Lope de Vega et Calderón (dont les pièces les plus célèbres furent adaptées par Alexandre Arnoux, Camus, Supervielle). Les œuvres contemporaines intéressent pourtant quelques traducteurs comme Claude Bleton (Sender, Torrente Ballester) ou Aline Schulman (Goytisolo). Les lettres portugaises demeurent très méconnues, en dépit du succès des traductions d'œuvres de Pessoa (par Armand Guibert et Michel Chandeigne notamment).

Domaine russe. Les grands romanciers et nouvellistes russes du siècle dernier n'ont jamais cessé d'être traduits : les romans de Dostoïevski et de Tolstoï le furent à partir des années 1910-1920 par J.W. Bienstock, avant d'être retraduits dans les années 1950 par Pierre Pascal, Sylvie Luneau et Boris de Schloezer (également traducteur de Gogol) ; le théâtre de Tchekhov fut adapté par Jouve, Elsa Triolet, puis Georges Perros, ses nouvelles par Lily Denis. André Marcowicz renouvelle aujourd'hui l'approche de ces mêmes classiques russes (Pouchkine, Tchekhov et Dostoïevski) en leur prêtant une langue moins « littéraire », plus immédiate et colorée.

Après la Seconde Guerre mondiale, la traduction de la littérature soviétique et dissidente fut stimulée par le développement parallèle du communisme et de l'anticommunisme. Lily Denis fit connaître à partir des années soixante un grand nombre de romanciers contemporains (Aïtmatov, Axionov, Bek, Gorenstein, Platonov, Trifonov) ; un large public s'intéresse aux œuvres de Pasternak (traduit par Michel Aucouturier), de Soljenitsyne (Alfreda Aucouturier, Lucia Cathala, Alain Préchac, Léon Robel) et, plus récemment, de Nina Berberova (Lydia Chweitzer). Sans compter les innombrables versions de poètes russes du passé et du présent dues à des poètes français (Elsa Triolet, Aragon, Armand Robin, Henri Thomas, Philippe Jaccottet...).

Europe centrale. Ce domaine est réduit, pour le lecteur français, aux rares auteurs qui accèdent à la célébrité internationale : la littérature tchèque n'est guère représentée que par les œuvres de Milan Kundera (traductions de François Kérel) et Jaroslav Seifert (Jan Rubes) ; le domaine roumain par les romans de Mircea Eliade (Luc Badesco) ; l'albanais par Ismaïl Kadaré (Jusuf Vrioni) ; le serbo-croate par Danilo Kis et Ivo Andríc (Pascale Delpech). Romanciers et nouvellistes polonais sont régulièrement traduits depuis le début du siècle, sans pourtant accéder à une véritable reconnaissance (malgré le travail accompli par Anna Posner, depuis les années 1960, pour faire connaître les grandes œuvres de la littérature polonaise contemporaine).

Domaine scandinave. Connu à travers quelques œuvres classiques souvent (re)traduites (Ibsen, Andersen, Strindberg, Lagerlöf...), il semble connaître un regain de faveur depuis les années soixante grâce aux efforts de quelques traducteurs : Marguerite Gay (Lagerkvist), Philippe Bouquet (Dagermann), Marc de Gouvenain (Enquist, Lindgren, Tunström), grâce aussi au travail de Régis Boyer, qui s'est consacré à rendre accessibles les textes fondateurs des cultures et des langues nordiques (*Edda*, Sagas islandaises).

Les ***littératures néerlandaise ou grecque*** contemporaines, enfin, restent très peu traduites en français.

Domaine asiatique. La littérature japonaise est parvenue peu à peu à se constituer un public, par le travail de grands traducteurs, tel René Sieffert qui donna en français, à partir des années soixante, aussi bien des textes classiques (*Dit du Genji*, *Contes de pluie et de lune* d'Ueda Akinari, *Journaux de voyage* de Bashô, théâtre Nô et poésie...), que contemporains (*Éloge de l'ombre*, de Tanizaki), ou Georges Bonneau, qui, outre une *Anthologie de la poésie japonaise*, a traduit des romans de Sôseki et de Kôbô Abé. Plus récemment, René de Ceccaty et Ryôji Nakamura ont contribué à faire connaître des romanciers japonais du XXe siècle (Sôseki, Kôbô Abé, Kenzaburô Ôé, Yasushi Inoué)... Il arrivait, jusque dans les années soixante-dix, que certaines versions françaises soient établies à partir non du texte original, mais de traductions anglaises ou allemandes (ce fut le cas pour Mishima, pour Kawabata parfois) : pratique heureusement rare aujourd'hui.

La littérature japonaise est sans doute la mieux lotie des littératures asiatiques : les cultures chinoise, coréenne, vietnamienne et indienne ne sont guère parvenues à trouver leur public en France. Il faut pourtant signaler une entreprise d'envergure vouée à faire découvrir ces aires linguistiques mal connues et encore peu traduites : la collection Connaissance de l'Orient (Gallimard-UNESCO, fondée en 1969). Dans un même esprit, la récente collection L'Aube des peuples (Gallimard) a vocation à présenter en français les grands textes mythologiques ou sacrés de l'humanité.

Les ***littératures d'Afrique du Nord et d'Orient*** ont été longtemps négligées — malgré le succès d'œuvres classiques sans cesse retraduites (poésies de Hâfiz, de Khayyâm ; *Mille et Une Nuits)*. Toutefois, les travaux de R. Khawam, d'A. Miquel, ceux, également, d'une génération de traducteurs actifs aux éditions Sindbad, dirigées par Pierre Bernard (1940-1995), ont suscité un intérêt nouveau pour ces littératures.

→ Pour un panorama plus précis de la traduction des littératures étrangères en français au XXe siècle, on consultera : Henri van Hoof, *Histoire de la traduction en Occident*, Gembloux, Duculot, 1991. — *Index translationum*, UNESCO, un volume annuel depuis 1950.

Un « art de la traduction ». Traduire pour répondre à une demande du public ou pour faire découvrir une œuvre, une culture que l'on aime — mais traduire suivant quels critères de fidélité, quelles normes esthétiques ? Il y a des arts poétiques : on manque en France d'arts de la traduction. Valery Larbaud a cependant donné *Sous l'invocation de saint Jérôme* (1946), dont le titre place les traducteurs sous l'autorité et la protection du père de la Bible latine. L'ouvrage n'a rien d'un essai théorique ou dogmatique ; il énonce des réflexions dispersées et adopte le tour volontiers digressif d'une conversation élégante et lettrée. Mais avec une grande lucidité et une vaste connaissance de l'histoire de la traduction, Larbaud analyse les exigences, les difficultés et les plaisirs propres de cet art qui est d'abord « un métier minutieux, malaisé, modeste » : il dit la part de l'amour et de l'admiration dans le travail du traducteur, énumère ses droits et ses devoirs, ses joies et ses profits, évoque « les balances du traducteur » pour faire sentir la rigueur et la délicatesse des « pesées de mots » auxquelles celui-ci doit se livrer ; il traite, enfin, du bon usage des « livres consulaires », dictionnaires bilingues et unilingues. Il faut, aujourd'hui encore, citer sa conception de la traduction littéraire : « Chaque texte a un son, une couleur, un mouvement, une atmosphère qui lui sont propres. En dehors de son sens matériel et littéral, tout morceau de littérature a, comme tout morceau de musique, un sens moins apparent et qui seul crée en nous l'impression esthétique voulue par le poète. Eh bien, c'est ce sens-là qu'il s'agit de rendre, et c'est en cela surtout que consiste la tâche du traducteur. »

Théories et débats. L'ouvrage de Larbaud, irremplaçable par sa justesse et sa finesse, était cependant trop personnel pour constituer le point de départ d'une véritable *théorie de la traduction* capable de rendre compte à la fois des fondements linguistiques de celle-ci, de ses diverses options esthétiques et littéraires et des critères relatifs permettant de juger de la « fidélité » et de la « valeur » d'une traduction. Georges Mounin a le mérite d'avoir énoncé les prémices de la « traductologie » dans deux ouvrages : *Les Belles Infidèles* (1955), *Les Problèmes théoriques de la traduction* (1963). Peut-être a-t-on surestimé l'importance du second : fondé sur une approche linguistique de la traduction, Mounin y analyse avec précision les obstacles issus du lexique et de la syntaxe, discute la portée des théories philosophiques inspirées de Humboldt (conception de la langue non comme simple *medium*, mais comme principe actif de représentation du monde) sans produire cependant de réel discours scientifique ou critique sur les problèmes particuliers de la traduction *littéraire*. Mieux vaut revenir à son premier ouvrage, *Les Belles Infidèles* : cet essai volontiers paradoxal et polémique réfutait méthodiquement les arguments pouvant conclure à une impossibilité de principe de la traduction littéraire et offrait une stimulante présentation historique des poétiques implicites de la traduction en langue française. Au cœur du livre, une apologie de la version de l'*Iliade* de Leconte de Lisle, présentée comme révolutionnaire car dissociant pour la première fois la « translation linguistique » de la « translation culturelle » qui abolit la distance entre le lecteur et l'œuvre. De là, Mounin établissait une distinction entre plusieurs *types* de traduction : traductions donnant une illusion de transparence et traductions « colorées » — autrement dit traductions visant à donner l'illusion d'un texte écrit, voire pensé en français, opposées aux traductions qui tentent de conserver au texte « la coloration de sa langue, de son époque, de sa civilisation originelles ».

Ce débat s'est ensuite exacerbé à propos d'un domaine particulier et délicat : celui de la traduction poétique. Selon l'opinion courante, une bonne traduction d'un poème étranger ne peut être qu'un poème français recréant peu ou prou un jeu de sonorités et de rythmes comparable à celui de l'original. Ces exigences de versification, en retour, appellent plus de liberté par rapport à la lettre du texte : mais on peut estimer à bon droit que sans effort de recréation, l'*effet purement esthétique* qui est la raison d'être du poème disparaît. Un tel point de vue est défendu avec beaucoup de conviction et de science dans l'étude d'Efim Etkind : *Un art en crise : essai de poétique de la traduction poétique* (1982) ; c'était déjà celui de Valéry traduisant les *Bucoliques* de Virgile (posth., 1953). Plus récemment, certains ont aussi plaidé en faveur d'un affranchissement de la lettre sans pour autant défendre cet idéal de transposition formelle : traduisant Yeats, Yves Bonnefoy observe que, loin de se limiter à une restitution de la trame verbale, superficielle, d'un poème, la tâche du traducteur est de ressaisir comme par sympathie l'expérience qui est au principe de ce poème, de l'expliciter et de la « revivre dans d'autres mots ».

À l'opposé, la version *littérale* peut apparaître comme le fait de traducteurs à peine capables de rendre compte du sens d'un texte. La réalité n'est pas si simple : des poètes peuvent aussi prétendre que seule la fidélité à la lettre rend justice à l'originalité stylistique d'une œuvre. En 1964, un accueil polémique fut réservé à la traduction de l'*Énéide* de Virgile que Pierre Klossowski avait établie sur ce principe : « L'aspect disloqué de la syntaxe, propre non seulement à la prose, mais à la prosodie latine, étant toujours concerté, on ne saurait le traiter comme un arbitraire pêle-mêle, réajustable selon notre logique grammaticale, dans la traduction d'un poème où c'est précisément la juxtaposition volontaire des mots (dont le heurt produit la richesse sonore et le prestige de l'image) qui constitue la physionomie de chaque vers. » Attaqué par les partisans de la traduction versifiée, Klossowski trouva pourtant des défenseurs parmi les poètes, les philosophes et les linguistes. Autant qu'une divergence sur la manière de traduire, cette discussion sans issue révélait en fait une opposition entre deux esthétiques littéraires inconciliables.

Il fallait donc renouveler radicalement la réflexion sur les problèmes théoriques de la traduction : telle fut l'ambition d'Antoine Berman, qui concevait cette réflexion comme une nécessité pour la traduction elle-même. Dès son premier ouvrage, *L'Épreuve de l'étranger* (1984), il définissait une éthique et une esthétique identifiant la mauvaise version à celle qui, « généralement sous couvert de transmissibilité, opère une négation systématique de l'étrangeté de l'œuvre étrangère ». Les versions « justes », selon lui, apparaissent souvent au terme d'un processus de *retraduction* susceptible « de nous rouvrir l'accès à des œuvres dont la puissance d'ébranlement et d'interpellation finit par être menacée à la fois par leur "gloire" [...] et par des traductions appartenant à une phase de la conscience occidentale qui ne correspond plus à la nôtre ». Aussi appelait-il de ses vœux une *critique des traductions*, interrogation sur les fondements mêmes de l'acte de traduire. Ce projet est esquissé dans son dernier livre, *Pour une critique des traductions : John Donne* (posth., 1995). À partir d'une étude détaillée des traductions d'une élégie de Donne (poète anglais du début du XVIIe siècle), Berman jette les bases d'une véritable méthode de lecture des traductions envisagée comme « critique productive » : évaluation du « projet-de-traduction » resitué dans le contexte des traductions et des œuvres littéraires qui lui sont contemporaines (son « horizon traductif » et son « horizon poétique »).

Ces débats *théoriques* étaient voués à se résorber dans une approche *historique*, qui replace en perspective, dans le temps, les traductions et leurs options esthétiques. Les premières recherches sur le sujet parurent dans les années soixante : la synthèse d'Edmond Cary, *Les Grands Traducteurs français* (1963), et deux études consacrées aux rapports entre traduction et esthétique littéraire à la Renaissance (Robert Aulotte, *Amyot et Plutarque*, 1965) et au XVIIe siècle (Roger Zuber, *Les « Belles Infidèles » et la formation du goût classique*, 1968 ; rééd. Albin Michel, 1995). Ces ouvrages pionniers révélaient une branche nouvelle de l'histoire littéraire, appelée sans nul doute à en devenir une composante essentielle : laboratoire des formes et des styles, les traductions sont révélatrices des règles implicites qui régissent la littérature d'un moment donné, mais possèdent aussi le pouvoir d'influer sur ces règles en élargissant l'horizon poétique.

Quelques « œuvres-de-traduction ». En dépit de ces débats théoriques, seules comptent les réussites concrètes, quelles que soient les options esthétiques sur lesquelles elles se fondent. Le talent d'un traducteur, bien souvent, se reconnaît à une approche non systématique des œuvres qu'il choisit de traduire et à sa capacité d'accueillir dans notre langue un ensemble de textes divers, sans gommer l'originalité de chacun : ainsi se constitue ce qu'Antoine Berman nomme des « œuvres-de-traduction », véritables entreprises littéraires conçues par leurs auteurs moins comme la transposition ponctuelle d'ouvrages étrangers dans notre langue que comme le projet concerté d'y faire pénétrer des pans entiers d'autres littératures, d'autres cultures. L'une des plus admirables et des plus étendues est sans doute celle de Pierre Leyris (né en 1907), « monument unique de *translation* de prose et de poésie » (Berman). Elle constitue le corpus le plus vaste et le plus cohérent d'ouvrages anglais accessible au lecteur français, de Shakespeare à T.S. Eliot en passant par les grands prosateurs et poètes romantiques (Blake, Coleridge, De Quincey), les romanciers victoriens (Dickens, Émily Brontë, George Eliot), les poèmes subtils de Hopkins et certains auteurs contemporains. Il a, parmi les premiers, fait connaître en France les trésors de la littérature irlandaise (Yeats, Synge, recueils de contes populaires) ; on lui doit enfin la traduction de classiques américains (Melville, Hawthorne). Ses traductions, précises et élégantes, concilient à merveille les exigences de fidélité à la lettre du texte, mais aussi à sa forme et à son style.

Autre « œuvre-de-traduction » remarquable par l'intensité spirituelle qui anima sa patiente édification : celle d'Armel Guerne, qui s'illustra au long des années 1940-1970 en traduisant les romantiques allemands (Novalis, Hölderlin, Kleist, les frères Grimm) et quelques auteurs de langue anglaise (Melville, Stevenson, le Shakespeare des *Sonnets)*. On lui doit aussi la « mise en français » de grandes œuvres du patrimoine universel (*Les Mille et Une Nuits*, les récits hassidiques, le roman chinois classique *Le Rêve dans le pavillon rouge*...) et d'écrits mystiques. Cette propension à se jouer des frontières de cultures et de langues se retrouve chez le poète Armand Robin, pour qui il n'est pas aisé de faire la part entre œuvre personnelle et œuvre de traduction. On pourrait citer d'autres écrivains qui se sont faits les « passeurs » dans notre langue d'importants corpus littéraires : René Sieffert, déjà évoqué pour le domaine japonais, Philippe Jaccottet

(Hölderlin, Rilke, Musil), Yves Bonnefoy (remarquable traducteur de poésie anglaise : Shakespeare, Yeats), Claude Esteban (qui s'appliqua à donner au public français la poésie espagnole classique dans ses *Poèmes parallèles*, 1980) ou Michel Orcel (qui révéla dans les années 1980 les grandes voix du romantisme italien : Leopardi, Foscolo). Il faudrait enfin évoquer quelques traducteurs qui se sont illustrés dans des domaines plus restreints, tel Henri Parisot, qui fit connaître aux surréalistes le *nonsense* (Lewis Carroll, Edward Lear) et la poésie fantastique de langue anglaise (Edgar Poe, Coleridge) ou Marie Canavaggia (1896-1976), qui fut secrétaire de Céline et traduisit des romans anglo-saxons (Thomas Hardy, Evelyn Waugh, Nathaniel Hawthorne, Henry James, George Eliot) et italiens (Soldati, Piovene, Moravia).

Influence des traductions. Les traductions interviennent indirectement sur le cours de la littérature française en participant au mouvement incessant de renouvellement des formes, des styles, de la langue, et même des manières de percevoir, de décrire et d'analyser. Bien souvent, pourtant, on n'observe cette action que pour la déplorer : dès 1934, Aragon stigmatisait « le ton-traduction » qui gâtait la poésie et la prose directement écrites en français ; ce genre de reproche a plus d'une fois visé l'œuvre de Cendrars. Apollinaire lui-même, dont le style semble aujourd'hui si novateur, fut accusé en son temps d'écrire une langue inélégante, marquée par les défauts caractéristiques de textes traduits. Cette critique semblerait plus justifiée pour tous les auteurs des années 1950-1960 qui ont imité le style du roman américain.

Il est plus intéressant de noter que la traduction sert souvent à légitimer des pratiques d'écriture novatrices. Certains auteurs l'utilisent pour introduire dans l'espace littéraire accessible au lecteur français une tonalité jusqu'alors absente : les surréalistes étaient passés maîtres dans l'art de s'« inventer » ainsi des ancêtres (voir l'*Anthologie de l'humour noir* de Breton). Elle permet aussi de s'approprier l'image d'un écrivain auquel on souhaite s'identifier : ainsi Giono se retrouvait-il dans le lyrisme épique de Melville, dont il traduisit *Moby Dick* avant de recomposer son portrait imaginaire (*Pour saluer Melville)*. Ces traductions-appropriations peuvent évidemment fausser la perception de l'œuvre originale : Gide a peut-être « classicisé » *Hamlet* ; Vialatte, qui fit connaître Kafka en France, fut accusé d'en avoir atténué la profondeur métaphysique et l'humour grinçant pour mieux l'accorder à sa propre sensibilité.

Atelier du style parfois, la traduction peut même constituer un exercice d'incitation à l'écriture : Proust, qui se fit d'abord connaître en traduisant Ruskin, joint à sa version de *Sésame et les Lys* (1905) une importante préface où il disserte librement des théories ruskiniennes sur la fonction de l'art ; on l'y voit préciser sa propre esthétique dans un long essai digressif semé de souvenirs d'enfance qui ressemble par moments à un embryon narratif de « Combray », la première partie de *Du côté de chez Swann*. Plus récemment, les essais si personnels de Pascal Quignard recourent souvent à la transposition en français de concepts issus de textes antiques ou de cultures éloignées. Pensons enfin aux poètes dont l'œuvre originale se double d'une importante « œuvre-de-traduction », et se nourrit d'un dialogue avec ces œuvres d'autres langues : la poésie d'Yves Bonnefoy doit par exemple beaucoup à un constant échange de mots, d'images, d'idées avec les œuvres de Shakespeare et de Yeats.

→ Valery Larbaud, *Sous l'invocation de saint Jérôme*, Gallimard, 1946. — Georges Mounin, *Les Belles Infidèles*, Cahiers du Sud, 1955. — Edmond Cary, *Les Grands Traducteurs français*, Genève, Georg, 1963. — Georges Mounin, *Les Problèmes théoriques de la traduction*, Gallimard, 1963. — Henri Meschonnic, *Pour la poétique II. Poétique de la traduction*, Gallimard, 1973. — « La traduction en jeu », *Change* n° 19, 1974. — Jean-René Ladmiral, *Traduire : théorèmes pour la traduction*, Payot, 1979. — Efim Etkind, *Un art en crise : essai de poétique de la traduction poétique*, Lausanne, L'Âge d'Homme, 1982. — Antoine Berman, *L'Épreuve de l'étranger*, Gallimard, 1984. — Henri van Hoof, *Histoire de la traduction en Occident*, Gembloux, Duculot, 1991. — Michel Ballard, *De Cicéron à Benjamin, traducteurs, traductions, réflexions*, Presses universitaires de Lille, 1992. — Antoine Berman, *Pour une critique des traductions : John Donne*, Gallimard, 1995.

— *Actes des assises de la traduction littéraire* (Arles), Actes Sud-Atlas, un volume annuel depuis 1984.

B.Do.

Trassard Jean-Loup (1933). Né le 11 août 1933 à Saint-Hilaire du Maine, il devient, après des études de droit à Paris, administrateur de marchés pour des communes rurales, suivant la tradition familiale. Il élève également du bétail. La terre, les campagnes de l'Ouest occupent une place prépondérante dans son œuvre. Il publie ses premiers textes à la *NRF*, puis aux *Cahiers du chemin*. En 1961 paraît chez Gallimard un premier recueil de nouvelles, *L'Amitié des abeilles*, qui sera suivi d'une douzaine d'autres, parfois illustrés de photographies, dont *Paroles de laine* (1969), *L'Ancolie* (1975), *Inventaire des outils à main dans une ferme* (1981), *Campagnes de Russie* (1989), *Ouailles* (1991). Peu de personnages au sens traditionnel du terme dans ces récits poétiques, plutôt des présences hantant les lieux et les objets. Leur description lente, comme fascinée, dans une langue précise et attentive, tente de restituer la relation profonde, sensuelle des hommes à leur terroir. Cette relation est parfois abordée sous la forme d'un fantastique estompé. Trassard poursuit l'exploration fragmentaire d'une mémoire liée aux choses dans *L'Espace antérieur* (1993), *Archéologie des feux* (1993), *Tumulus*, Le Temps qu'il fait, 1996. Il publie également des livres pour enfants, et son œuvre de photographe a donné lieu à plusieurs expositions, notamment au Centre Georges Pompidou.

ŒUVRES. — Chez Gallimard, sauf indication contraire.

P.J.

Travail théâtral (1970-1979). Revue fondée à Lausanne par Denis Bablet, Émile Copfermann, Bernard Dort, Françoise Kourilsky, publiée par L'Âge d'homme-La Cité et diffusée par Maspero. L'équipe de *Travail théâtral* rend compte de l'élargissement de la pratique théâtrale, de son essor en dehors des institutions, de la multiplicité de ses moyens d'expression. Affirmant la nécessité d'« une réflexion suivie et cohérente sur les composantes et la fonction de l'activité théâtrale », la revue entend « déterminer la place de l'œuvre dans les rapports de production de l'époque ». Dans chacune de ses trente-trois livraisons, la revue présente plusieurs dossiers thématiques consacrés à des pratiques théâtrales (Théâtre du Campesino, Théâtre Laboratoire, Living Theater), à des metteurs en scène (Eugenio Barba, Peter Brook, Oscar Krejca, Tadeus Kantor), à des sujets de politique culturelle (héritage de la décentralisation, enseignement théâtral) ou à des questions d'esthéthique dramaturgique (« Sur le réalisme », « Sur la critique »). Une rubrique « Actuelles » rassemble des points de vue critiques sur les spectacles de la saison, des notices sur les dernières publications et sur les événements pouvant alimenter une réflexion sur le théâtre. Anne Ubersfeld, Georges Banu, Philippe Ivernel, Évelyne Ertel, Jean Jourdheuil comptent parmi les principaux collaborateurs.

N.L. — IMEC

Tremblay Michel (1942). Né dans un quartier populaire de l'est de Montréal, le Plateau Mont-Royal, il fut tour à tour livreur, étudiant en arts graphiques, typographe et vendeur. C'est avec *Les Belles-sœurs*, pièce créée en 1968, qu'il se fait connaître du public, après une première œuvre radiophonique, *Le Train* (1964), et un recueil de *Contes pour buveurs attardés* (1966). Dans *Les Belles-sœurs*, l'usage du joual, langage vernaculaire, traduit la détresse intime de quinze femmes réunies dans une cuisine pour coller des timbres-primes. Mais Tremblay fait subir à la langue populaire de multiples transformations, selon un registre allant de la litanie ordurière à la poétisation. Son théâtre, tout en contrastes, ne craint pas d'associer à la trivialité une parole ritualisée, lyrique, et choisit des procédés de distanciation tels que monologues, chœurs, chansons pour faire ressortir le réalisme du sujet. Dans les autres pièces du cycle des *Belles-sœurs*, il poursuit la dénonciation de la société et de ses conformismes. Ses personnages sont en proie à une solitude d'autant plus tragique qu'elle évolue à l'intérieur de la communauté homosexuelle (*La Duchesse de Langeais*, 1970), du cadre familial (*À toi pour toujours, ta Marie-Lou*, 1971) ou du milieu du spectacle (*Sainte-Carmen de la Main*, 1976). Le cycle se termine avec

Damnée Manon, sacrée Sandra (1977), mettant en scène un travesti et une dévote réunis par un même besoin d'absolu. Dans *Albertine en cinq temps*, l'auteur reprend la structure en contrepoint de *À toi pour toujours, ta Marie-Lou*. Après *L'Impromptu d'Outremont*, *Le Vrai Monde* propose une réflexion sur la création théâtrale. Si, après 1978, Tremblay se consacre surtout au roman, il n'en continue pas moins d'écrire pour le théâtre. *La Maison suspendue* (1990) synthétise en une histoire familiale complexe les divers univers présentés.

La grosse femme d'à côté est enceinte constitue le premier volet d'une suite romanesque de *Chroniques du Plateau Mont-Royal*, dans lesquelles s'entremêlent histoire et fiction, réalisme et fantastique. Tremblay y fait revivre un quartier de Montréal et ses habitants, leurs rêves et leurs souvenirs, leurs souffrances et leurs espoirs. On y retrouve les mêmes personnages que dans son théâtre, mais rajeunis de vingt-cinq ans, « avant que la vie ne les blesse définitivement », dira l'auteur. L'art du romancier, attentif aux moindres intonations de ses personnages, intègre leurs répliques et monologues aux passages narrés. Comme au théâtre, la recherche d'un langage juste, dépouillé de toute affectation, est au centre de ses préoccupations : « J'aime mieux avoir une littérature qui a une âme et qui est écrite comme on parle que d'avoir une littérature désincarnée », déclare-t-il. Tremblay a aussi publié des récits autobiographiques, *Les Vues animées*, *Douze coups de théâtre* et *Un ange cornu avec des ailes de tôle* (1994), retraçant les moments importants de sa formation.

ŒUVRES. — **Romans et récits**, publiés chez Lemère, Grasset et Actes Sud : *Contes pour buveurs attardés*, 1966. — *La Cité dans l'œuf*, 1969. — *La grosse femme d'à côté est enceinte*, 1978. — *Thérèse et Pierrette à l'école des Saints-Anges*, 1980. — *La Duchesse et le roturier*, 1982. — *Des nouvelles d'Édouard*, 1984. — *Le Cœur découvert*, 1986. — *Le Premier Quartier de la lune*, 1989. — *Les Vues animées*, 1990. — *Douze coups de théâtre*, 1992. — *Le Cœur éclaté*, 1992. — *Un ange cornu avec des ailes de tôle*, 1994. — *La Nuit des princes charmants*, 1995. — *Quarante-quatre minutes, quarante-quatre secondes*, 1997. — **Théâtre** : *Théâtre I*, Leméac-Actes Sud, 1991.

→ *Le Monde de Michel Tremblay*, dir. Gilbert David et Pierre Lavoie, Montréal-Carnières, Cahiers de théâtre Jeu-Lansman, 1992.

L.G.

Triolet Elsa (1896-1970). Née à Moscou le 12 septembre 1896, dans une famille de l'intelligentsia juive, Ella Kagan entreprend des études d'architecture et se passionne pour les théories littéraires d'avant-garde débattues à Moscou et à Saint-Pétersbourg. Par ses relations, elle va contribuer au rapprochement des Futuristes et des Formalistes russes. Le linguiste Roman Jakobson est l'un de ses amis d'enfance. Mais c'est la rencontre avec Maïakovski qui constitue l'événement capital de sa jeunesse : à seize ans, elle défend dans son entourage l'étincelant génie dont elle s'est éprise. En 1915, à la mort de son père, elle présente Maïakovski à Lili, sa sœur aînée, alors mariée à Ossip Brik, mais qui deviendra la compagne et l'inspiratrice du poète. Après cette déception, en 1919, Elsa épouse un Français, André Triolet et quitte avec lui l'Union soviétique pour se rendre à Tahiti via New York et San Francisco. Ils se sépareront deux ans plus tard. En 1923, alors qu'Elsa a rejoint à Berlin des exilés russes, Gorki la félicite pour les lettres qu'elle a adressées de Papeete à Chklovski et que ce dernier a insérées dans *Zoo ou la troisième Héloïse* (anagramme en russe d'Elsa Triolet). L'auteur des *Bas-fonds* encourage la jeune femme à écrire en russe un récit de son voyage : ce sera *À Tahiti* (1925). Elle s'installe à Paris vers 1924, dans le quartier bohème de Montparnasse, publiant en russe chez des éditeurs soviétiques deux autres romans autobiographiques : *Fraise des bois* (1926), évocation douce-amère de son enfance, et *Camouflage* (1928), « prologue au suicide » et autocritique de sa solitude affective.

Le 6 novembre 1928, Elsa rencontre Louis Aragon, dont elle admirait *Le Paysan de Paris*. Leur couple se consolide dans le contexte difficile d'une époque où tant d'intellectuels s'efforcent de dépasser leur individualisme. Ponctué de longs séjours en Union soviétique (en 1930, 1932, 1934, 1936), leur soutien à la cause antifasciste les conduit aussi en Angleterre (1936), en Espagne (1936, 1937), puis à la frontière espagnole (1939), où

Elsa participe à l'aide humanitaire aux réfugiés ; enfin, aux États-Unis (1939). Mais contrairement à Aragon, Elsa n'a jamais adhéré au parti communiste français : attachée à son pays natal mais très critique envers le stalinisme, elle s'est tenue à distance de tout endoctrinement. Les éditeurs soviétiques lui refuseront, en 1933, son quatrième livre, *Colliers*, où elle racontait son expérience dans l'artisanat de luxe : elle fabriquait des bijoux de fantaisie qu'Aragon allait vendre chez les grands couturiers parisiens. Cet échec l'a sans doute dissuadée de poursuivre son œuvre en russe.

Elle va donc, résolument, s'efforcer de devenir un écrivain français, commençant par d'importantes traductions, du français en russe : *Voyage au bout de la nuit* de Céline, *Les Cloches de Bâle* d'Aragon ; et du russe en français, pour une anthologie de Maïakovski (1935). À l'insu d'Aragon, elle écrit en français les récits qui constituent son premier roman dans notre langue, *Bonsoir, Thérèse* (Denoël, 1938) : l'intrigue attire l'attention sur la montée de l'extrême-droite dans le Paris des années trente. Des matériaux composites sont reliés par la présence-absence d'une figure féminine. Le livre passera inaperçu, à la veille de la guerre, malgré un compte rendu élogieux de Sartre (*Europe*, février 1939). Assez audacieusement, un recueil de nouvelles, *Mille regrets* (Denoël, 1942), fait intervenir le contexte immédiat de l'Occupation : les faits divers, les hasards du « destin personnel » révèlent allusivement les déterminations historiques de la crise sociale. Saluée par Martin du Gard, Camus, Max Jacob et Paulhan, cette chronique de mœurs connaît un vif succès de librairie. Sous l'Occupation, Elsa et Aragon se sont d'abord réfugiés en zone Sud, puis, à partir de 1943, ils entrent dans la clandestinité, à Nice, puis à Saint-Donat, dans la Drôme, où ils continuent d'organiser la Résistance des Lettres. *Le Cheval blanc* (1943) approfondit ce constant va-et-vient du registre anecdotique au registre allégorique : l'épilogue de ce roman picaresque moderne, au fil des aventures de Michel Vigaud, permet aux lecteurs de déchiffrer un appel à la Résistance. Si Elsa parvient ainsi à déjouer la censure, elle publie parallèlement, sous le pseudonyme de Laurent Daniel, de brefs récits où elle rend hommage aux héros des maquis. Ils seront repris dans un recueil, *Le premier accroc coûte deux cents francs* (1945, prix Goncourt au titre de l'année 1944).

Après la Libération, alors que se révèlent les dissensions du Comité national des Écrivains et les tensions de la guerre froide, le désenchantement d'Elsa dans *Personne ne m'aime* (1946) et *Les Fantômes armés* (1947) ne suscite que l'incompréhension. Pour être lue avec impartialité, elle envisage de signer *L'Inspecteur des ruines* (1948) du nom d'Antonin Blond, comme s'il s'agissait d'une confession de son héros fictif, mais elle renonce finalement à cet incognito. Dans ce récit halluciné et d'un réalisme insolite surgissent les survivants des décombres, marginaux errants de l'après-guerre, dans un décor accordé à de subtiles réminiscences du romantisme allemand. L'imagination visionnaire de la romancière se libère plus encore dans *Le Cheval roux* (1953), roman d'anticipation sur les conséquences d'une guerre atomique, où l'auteur se projette comme victime défigurée par la mort universelle. Les improbables survivants de la catastrophe planétaire contredisent l'utopie stalinienne qui prônait l'optimisme historique. Avec la même lucidité, *Le Rendez-vous des étrangers* (1956) analyse le déracinement des exilés, et *Le Monument* (1957), l'échec de l'art stalinien. La narratrice affectionne les menus faits du quotidien, la lisible transparence des mots, la fraîcheur des images, la présence éclairante d'un « thème secondaire », les « apologues » renfermant une vérité morale ; procédés qui lui permettent d'aborder avec une feinte naïveté des sujets inexplorés. Dans *L'Âge de nylon*, trilogie où elle ironise sur l'insidieuse cruauté de la période contemporaine, elle s'interroge sur la faillite des idéaux humanistes : *Roses à crédit* (1959) raconte l'endettement tragique de Martine Donnelle, jeune femme piégée par la société de consommation ; dans *Luna Park* (1959), l'auteur attribue aux amants fictifs de Blanche Hauteville, une femme d'élite, aviatrice disparue au Sahara, des lettres authentiques lui ayant été adressées. Aragon dialoguera avec ce roman dans *Elsa, poème* (1959) et dans *Blanche ou l'oubli* (1967) ; enfin, *L'Âme* (1963) suggère que la technologie scientifique ne peut suppléer à la créativité, cette exploration intuitive de l'inconnaissable. Dans *Les Manigances* (1962), la narratrice, une chanteuse réaliste, fait état des contretemps et des vexations qu'elle subit dans sa carrière. *Le Grand Jamais* (1965), auquel fait écho la même année *La Mise à mort* d'Aragon, dénonce les falsifications posthumes infligées aux écrits d'un historien-romancier, Régis Lalande. Dans *Écoutez voir* (1968), se poursuit au gré des croisements du texte et des illustrations l'errance solitaire de sa veuve, Madeleine Lalande. *Le Rossignol se tait à l'aube* (1970), un roman « à clef », fait alterner des récits de rêve (imprimés en rouge) et des bribes de scènes dialoguées (en noir). Pour la monumentale collection des *Œuvres romanesques croisées* en alternance avec Aragon, Elsa Triolet, à partir de 1964, rédige une série de préfaces qui éclairent son itinéraire d'écrivain. Très affaiblie par une maladie des artères, elle meurt le 16 juin 1970.

Elle a analysé le rôle du bilinguisme et les finalités de son travail dans un essai, *La Mise en mots* (1969). Elle a aussi beaucoup contribué au rayonnement des échanges interculturels, traduisant Maïakovski, Gogol, le théâtre de Tchekhov, dirigeant une *Anthologie de la poésie russe* (1965). Après la chute de Khrouchtchev, elle a dénoncé les récidives du néo-stalinisme.

Cette émigrée russe a été blessée par l'ostracisme, le mépris et les calomnies de la presse à son égard. Sans preuves objectives, on l'accuse encore aujourd'hui d'avoir attiré Aragon vers le militantisme révolutionnaire. Assimilée à son image mythique dans la poésie d'Aragon, elle n'a pas été pleinement reconnue dans son identité d'écrivain. Son œuvre est vouée à une dépréciation comparative, bien qu'elle lui confère une autonomie créatrice par rapport à son statut d'égérie. Toutefois, la romancière n'a cessé de dialoguer de manière subtile avec le coauteur des *Œuvres croisées*, son lecteur le plus averti.

ŒUVRES. — *Œuvres romanesques croisées d'Elsa Triolet et Aragon*, Laffont, 1964-1974, 42 t. — Les romans ont été publiés pour la plupart chez Denoël de 1939 à 1945, à la Bibliothèque Française et aux E.F.R. de 1948 à 1956 et chez Gallimard à partir de 1959. La plupart sont disponibles chez Gallimard (collection Blanche ou Folio). — En outre : *La Mise en mots*, Genève, Skira, 1969. — *Chroniques théâtrales* recueillies et présentées par Monique Lèbre-Peytard, Gallimard, 1981. — *Elsa Triolet choisie par Aragon*, Gallimard, 1960, rééd. Messidor, 1990. — *Entretiens d'Aragon avec Francis Crémieux*, Gallimard, 1964. — *Correspondance générale Aragon-Paulhan-Triolet : le temps traversé*, éd. Bernard Leuilliot, Gallimard, 1994. — « Lettre d'Elsa Triolet à Aragon », éd. Michel Apel-Muller, *Recherches croisées Aragon-Elsa Triolet*, nº 5, Annales Littéraires de l'université de Besançon-Les Belles-Lettres, 1994.

→ Jacques Madaule, *Ce que dit Elsa*, Denoël, 1961. — *Europe*, février-mars 1967 et juin 1971. — Dominique Desanti, *Les Clés d'Elsa : Aragon-Triolet, roman vrai*, Ramsay, 1983. — *Faites entrer l'infini, Journal de la Société des amis de Louis Aragon et Elsa Triolet*, depuis février 1986. — Marianne Delranc, « La genèse de *Bonsoir, Thérèse* », *Recherches croisées*, nº 1, *op. cit.*, 1988 ; « La genèse de *Camouflage* », *ibid.*, nº 3, 1991. — Ivana Santonocito, « *L'Inspecteur des ruines* et ses manuscrits », *ibid.*, nº 2, 1989 ; « Nora ou la frise et la mousse : éléments pour une étude génétique informatisée », nº 3, 1991. — « Victor Chklovski, « Lettre à Elsa Triolet », *ibid.*, nº 4, 1992. — Marie-Thérèse Eychart, « L'intertextualité biblique dans *Le Cheval roux* », *ibid.*, nº 4, 1992 et « Réception du prix Goncourt 1944 : Elsa Triolet ou la constitution d'une légende », *ibid.*, nº 5, 1994. — Édouard Béguin, « Remarques sur l'illustration des *Œuvres romanesques croisées* », *Écrire et voir : Aragon, Elsa Triolet et les arts visuels*, Presses de l'université de Provence, 1991. — Marianne Gaudric-Delranc, « Tout tournait en colliers dans tes mains d'opéra », *ibid.* — Lilly Marcou, *Elsa Triolet : les yeux et la mémoire*, Plon, 1994. — Il existe depuis 1986 un *Journal de la Société des amis de Louis Aragon et Elsa Triolet : Faites entrer l'infini* (Vitry-sur-Seine). — Fonds Aragon-Triolet au CNRS.

N.L.-L.

Tristan Frédérick (1931), pseudonyme de Jean-Paul Baron. Né le 11 juin 1931 à Sedan, chef d'une entreprise textile à la mort de son père, il est tour à tour le jeune poète Danielle Sarréra (*Œuvre* et *Journal*, Le Nouveau Commerce, 1976), l'érudit Jean Makarié de *Renaissance traditionnelle*, et Adrien Salvat, préfacier de *La Geste serpentine* (La Différence, 1978) et de *L'Œil d'Hermès* (Artaud, 1982). Après le succès du *Dieu des mou-*

ches (Grasset, 1959), huis clos initiatique qui annonce *Le Fils de Babel* (Balland, 1986) et *La Femme écarlate* (Fallois, 1988), la culture asiatique introduit l'ésotérisme oriental dans *Le Singe égal du ciel* (Bourgois, 1972), *La Cendre et la foudre* (Balland, 1982) et *La Chevauchée du vent* (La Table ronde, 1991), en même temps que l'occultisme de la Renaissance nourrit *Géants et gueux de Flandre* (Balland, 1979), *Histoire sérieuse et drolatique de l'homme sans nom* (Balland, 1980) et *Les Tribulations héroïques de Balthasar Kober* (Balland, 1981). Représentatif d'une « nouvelle fiction » (*Le Retournement du gant*, avec Jean-Luc Moreau, La Table ronde, 1990 ; Jean-Luc Moreau, *La Nouvelle Fiction*, Critérion, 1992), Frédérick Tristan repense la création littéraire (*Les Egarés*, Balland, 1983, prix Goncourt), l'histoire contemporaine (*Naissance d'un spectre*, Bourgois, 1969 ; *Le Dernier des hommes*, Laffont, 1993), l'histoire religieuse (*L'Énigme du Vatican*, Fayard, 1995) et l'amour (*Stéphanie Phanistée*, Fayard, 1997) à travers l'étude des sociétés initiatiques (« La franc-maçonnerie », *Cahier de l'Herne* n° 62, 1992), des représentations du sacré (*Les Premières Images chrétiennes*, Fayard, 1996), et des mythes fondateurs comme le double, le diable et l'androgyne (il dirige depuis 1977, chez Albin Michel, *Les Cahiers de l'Hermétisme)*.

J.P.

391 (1917-1924). Revue fondée à Barcelone par Francis Picabia. Les quatre premiers numéros de *391* sont publiés à Barcelone en 1917 avec la collaboration d'exilés parisiens. Le ton irrespectueux de Picabia et ses dessins mécaniques désignent la revue comme une publication proto-dadaïste. Les trois numéros suivants paraissent à New York, où Picabia, la même année, rejoint brièvement ses amis Marcel Duchamp et Henri-Pierre Roché. C'est toutefois à Zurich, après la guerre, lorsque Picabia rencontre Tristan Tzara, que *391* (février 1919, n° 8) confirme ses affinités avec l'univers dadaïste, avant de s'installer définitivement à Paris. Jusqu'au n° 14 (novembre 1920), *391* publie des textes des dadaïstes parisiens, dont ceux des jeunes animateurs de *Littérature*, Aragon, Breton et Soupault. Les nos 13 et 14 proposent des extraits de *Jésus-Christ Rastaquouère*, le texte littéraire le plus achevé de Picabia ; le n° 15, « *Philaou-Thibaou* » (juillet 1921), publie pour la première fois en français des poèmes d'Ezra Pound. Mais ce numéro consomme la rupture de Picabia avec le dadaïsme et plonge *391* dans un silence de deux ans. En 1924, dans un contexte hostile au surréalisme, *391* reparaît à quatre reprises avec l'aide de Man Ray, Marcel Duchamp, Robert Desnos, De Massot. Le 19e et dernier numéro promeut l'« instantanéisme », mouvement concurrent mort-né. Quelques mois plus tard, Picabia rallie le surréalisme.

→ *391*, fac-similé, Terrain vague, Losfeld-Belond, 1975. — *391*, fac-similé, Nice, Centre du XXe siècle, 1982, 2 t.

Y.C.-D. — IMEC

Tropiques. Fondée par Aimé Césaire, la revue *Tropiques* compte onze numéros publiés d'avril 1941 à septembre 1945 (rééd. Jean-Michel Place, 1978, 2 t.). Elle se situe dans une stratégie de résistance au régime de Vichy instauré à la Martinique à la suite de la défaite française de 1940. « Nous sommes de ceux qui disent non à l'ombre », proclame Aimé Césaire dans le texte liminaire de la première livraison, si bien que jusqu'en 1943 la publication de la revue est soumise à la censure préalable. S'il faut donc lire certains textes « entre les lignes », la revue, placée sous le triple patronage de Leo Frobenius, de Léopold Senghor et d'André Breton, a bien été ce « bureau de pensée » dont parle Césaire, qui aura permis à l'intelligentsia martiniquaise de s'accorder sur nombre de valeurs proprement antillaises et d'affirmer sa personnalité culturelle. En se plaçant délibérément sous le patronage des philosophies de l'élan vital (Bergson, Freud, Nietzsche et Frobenius), Césaire et ses amis entendaient prendre leurs distances vis-à-vis du cartésianisme occidental, tout en mettant l'accent sur leur enracinement dans une réalité martiniquaise dont les nombreuses études consacrées au folklore, à la faune et à la flore de l'île expriment toute la richesse et la complexité.

J.C.

Troyat Henri (1911), pseudonyme de Lev Tarassov. Né à Moscou le 1er novembre 1911, il quitte la Russie en

1917. Naturalisé français, il fait des études de droit à Paris et travaille comme employé à la Préfecture de la Seine. Son premier roman, *Faux Jour* (1936), reçoit le prix Populiste et, deux ans plus tard, *L'Araigne* (1938) lui vaut le Goncourt et lui accorde une popularité qui ne cessera de croître. Élu à l'Académie française en 1953, il a publié près d'une centaine de titres, dont de vastes sagas (*Tant que la terre durera*, 1947-1950 ; *Les Semailles et les moissons*, 1953-1957 ; *Les Eygletières* 1965-1967 ; *Les Héritiers de l'avenir*, 1968-1970). Les origines russes de l'auteur alimentent souvent son inspiration (*La Lumière des justes*, 1959-1963 ; *La Moscovite*, 1973-1975). Un certain exotisme, où se mêlent couleur slave et charmes de l'époque tsariste, imprègne cet univers fondamentalement romanesque. L'histoire constitue la toile de fond sur laquelle se détachent des destins individuels souvent exceptionnels. C'est le cas de Sophie, la Barinyia à l'âme généreuse de *La Lumière des justes*.

Certaines des fictions de Troyat se développent dans un cadre simple et un milieu populaire : ainsi l'histoire de la petite Sylvie, surnommée Viou, qui, après la guerre, cherche à retrouver son père, donne lieu à l'évocation de l'Auvergne à la Libération, dans un milieu de paysans chaleureux (*Viou*, 1980). Troyat a souvent abordé le motif de l'exilé : dans *Aliocha* (1991), il raconte l'histoire d'un enfant russe, immigré à Neuilly, renouant, dans ce texte, avec le point de vue de l'enfant déjà adopté dans *Viou*.

Le goût de Troyat pour l'Histoire se voit confirmé par ses nombreuses biographies consacrées soit à de grandes figures de la Russie tsariste (*Catherine la Grande*, 1977 ; *Pierre le Grand*, 1979 ; *Alexandre premier*, 1981) ou d'auteurs russes (*Dostoïevski*, 1940 ; *Pouchkine*, 1946 ; *Tolstoï*, 1965 ; *Gogol*, 1971 ; *Tchekhov*, 1984 ; *Tourgueniev*, 1985 ; *Gorki*, 1986), où les descriptions et les grandes scènes contribuent à faire revivre de manière souvent romanesque tel épisode de l'Histoire, tel moment d'une vie. La fiction et l'Histoire se confondent dans *Le Marchand de masques* (1994), roman dans lequel Troyat, par le truchement du personnage Adrien Saragosse, biographe de son oncle romancier, brouille les cartes et remet en cause la véridicité de la biographie.

ŒUVRES. — Publiées principalement chez Flammarion.

N.P.

Tsambiras Sotiris (1924). Né à Athènes, il fait des études d'économie dans sa ville natale, puis à la Sorbonne. Après avoir occupé le poste de conseiller économique au ministère grec de la Coordination, il s'installe en Belgique. De 1955 à 1989, il est haut fonctionnaire au Secrétariat général de l'OTAN. Outre sa production littéraire grecque, imprégnée de l'expérience de la Résistance, il a publié cinq plaquettes en français, empreintes du mal du pays, *Lettres de Colchide* (1980), *Errances* (1983), *Le Minotaure sans labyrinthe* (1986), *La Hache d'Égisthe* (1988), *Amertume de l'océan* (1992), deux essais, *Le Bouclier d'Achille* (1988), *Trois millénaires de poésie grecque* (1989), et une pièce de théâtre, *Soleil d'hiver* (1990). En dehors des nombreux articles publiés dans des revues et des journaux grecs et étrangers, il a traduit en grec des poètes belges de langue française et publié en édition bilingue une *Anthologie de la poésie française contemporaine en Belgique* (1991).

A.Vl.

Tsepeneag Dumitru (1937). Né à Bucarest le 14 février 1937, il s'impose comme prosateur en Roumanie à partir de 1966, créant avec quelques autres le « Groupe onirique » et s'engageant dans l'insubordination politique. Ce groupe, unique exemple d'un courant littéraire dans la Roumanie de l'après-guerre, pratique un « onirisme esthétique », à la différence des surréalistes qui le conçoivent plutôt comme expérimental. Au cours des années 1970, Tsepeneag s'exile à Paris, où il a déjà fait paraître *Exercices d'attente* (Flammarion, 1970). En 1975, il fonde la revue *Cahiers de l'Est*, dont il devient rédacteur en chef, et se trouve dès lors frappé d'ostracisme dans son pays et privé de la nationalité roumaine. Les textes qu'il publie en français sont eux aussi sous le signe de l'onirisme esthétique : fantastique et terrifiant dans *Exercices d'attente*, presque fabuleux dans *Arpièges* (Flammarion, 1973), angoissant dans *Les Noces nécessaires* (Flammarion, 1977), qui est une relecture inquiétante du mythe pastoral le plus célèbre de Roumanie. Emblématique de la condition de l'exilé, *Le Mot sablier* (POL, 1984) est écrit au début en langue roumaine, peu à peu envahie et annulée par le français. Il sera suivi de *Roman de gare* (POL, 1985) et de *Pigeon vole* (POL, 1988). Après 1989, Tsepeneag a repris la publication d'une nouvelle série des *Cahiers de l'Est*, ainsi que des œuvres en roumain.

L.V.

T'Serstevens Albert (1886-1974). Né à Uccle (Bruxelles), il débute par des *Poèmes en prose* d'inspiration symboliste (1911), mais c'est son goût de l'évasion et des voyages qui donnera à son œuvre sa dimension originale. Installé à Paris à partir de 1910 (il sera naturalisé Français en 1937), il entre en contact avec Morand, Cocteau, et Cendrars *(L'Homme que fut Blaise Cendrars*, 1972). Auteur d'une trilogie romanesque : *L'Homme seul (Les Sept parmi les hommes*, 1919 ; *Un apostolat*, 1920 ; *Beni Ier, roi de Paris*, 1926) dans laquelle il défend avec érudition et talent les utopies sociales, il a surtout composé des nouvelles, romans et récits d'aventures *(Le Vagabond sentimental*, 1923 ; *Les Corsaires du roi*, 1930 ; *L'Or du « Cristobal »*, 1936 ; *Ceux de la mer*, 1937 ; *La Grande Plantation*, 1952). T'Serstevens donnera la mesure de sa passion de voyageur dans une série d'*Itinéraires*, mêlant l'anecdote à la description, la référence savante à la réflexion critique *(L'Itinéraire espagnol*, 1933 ; *L'Itinéraire de Yougoslavie*, 1938 ; *L'Itinéraire portugais*, 1940 ; *Tahiti et sa couronne*, 1950 ; *Mexique, pays à trois étages*, 1955 ; *Itinéraire de la Grèce continentale*, 1961 ; *Flâneries dans Istanbul et ses entours*, 1973 ; etc.). On lui doit aussi des traductions et des chroniques littéraires *(Escales parmi les livres*, 1969) ; il a reçu le grand prix du roman de l'Académie française en 1932 et le grand prix de la Société des gens de lettres en 1960. Il est mort à Paris le 21 mai 1974.

ŒUVRES. — *L'Or du « Cristobal »*, rééd., Hachette, coll. Bibliothèque verte, 1977. — *La Grande Plantation*, rééd., Albin Michel, 1980. — *Poèmes en prose* et *Petites trilogies*, rééd., éd. Patrice Thierry, L'Éther vague, 1995.

O.Bi.

Tuéni Nadia (1935-1983). Née le 8 juillet 1935 à Baakline, au Liban, d'un père druze et d'une mère française, elle a trouvé dès son premier recueil, *Les Textes blonds* (Beyrouth, An-Nahar, 1963), le ton élégiaque célébrant l'éclat méditerranéen de la lumière et la grande rumeur maritime enveloppant la terre libanaise. Très populaire dans son pays, dont elle a aussi chanté les grandes douleurs, elle est l'auteur de plusieurs livres de poésie publiés à Paris : *Juin et les mécréantes* (Seghers, 1968), *Poèmes pour une histoire* (Seghers, 1972), *Archives sentimentales d'une guerre au Liban* (Pauvert, 1982).

A.D.

Turgeon Pierre (1947). Né à Québec, journaliste, lecteur de manuscrits, animateur radiophonique d'émissions littéraires à Radio-Canada, éditeur (Quinze, Sobides, Sogiciel), rédacteur en chef de la revue *Liberté*, il a écrit des scénarios (*La Crise d'octobre* et *La Gammick*, 1975 ; *La Fleur aux dents*, 1976), publié six romans, des essais et une pièce de théâtre. Dans la vie de cet écrivain pigiste comme dans l'intrigue de ses romans, les médias (*Un, deux, trois*, 1972), le cinéma (*Prochainement sur cet écran*, 1974) et l'informatique (*La Première Personne*, 1980) jouent un rôle important.

R.B.

TXT (1969-1993). Revue fondée à Rennes par Christian Prigent et Jean-Luc Steinmetz. Créée dans « la vague politico-ludique » de Mai 1968, *TXT* a connu, en plus de vingt ans d'activités, différentes périodes que Christian Prigent a résumées dans « Légendes de *TXT* ». Dès sa fondation, la revue veut « disposer d'un lieu où publier des “fictions” en rupture avec le rituel poétique dominant ». En relation avec *Tel Quel* et *Promesse*, elle consacre son n° 3-4, en 1971, à Francis Ponge, publiant des textes de Philippe Sollers, et de Denis Roche dont l'influence sera déterminante et à qui un numéro double sera consacré en 1974 (n° 6-7). Si *TXT* se situe à ce moment dans la mouvance de *Tel Quel* et partage ses opinions politiques et esthétiques d'alors (« marxfreudlacanderridakristeva », comme l'écrit humoristiquement Christian Prigent), *TXT* affirme un point de vue « carnavalesque » qui participe de la découverte du Rabelais de Bakhtine et pousse cette revue vers l'exploration des « grandes irrégularités de langage ». Les années 1971-1974 correspondent à une période de durcissement idéologique et à des positions gauchistes, qui conduisent la formation d'un collectif composé d'Éric Clémens, Yves Froment, G.-B. Jassaud, Christian Prigent, Jean-Luc Steinmetz et Pierre Verheggen, puis à des exclusions (Steinmetz), à des démissions (Jassaud) et enfin, en janvier 1973, à la dissolution du groupe : la revue cesse alors de paraître pendant deux ans.

TXT renaît au printemps 1974. Dans le numéro suivant, consacré au « Babil des classes dangereuses », une note « À propos du fonctionnement de *TXT* » fait le point sur la crise et le silence de la revue. À partir de 1977, *TXT* est publié par Christian Bourgois, qui crée parallèlement la « Collection *TXT* » (Vélimir Khlebnikov, Valère Novarina, Christian Prigent, Jean-Pierre Verheggen), qu'il poursuivra chez les éditeurs successifs. *TXT* s'intéresse alors aux futuristes russes et multiplie ses interventions publiques. En 1981, la revue retrouve un mode de publication moins officiel (chez Limage-2, en 1982-1983, puis chez Lebeer-Hossmann, en 1984-1992). La communauté *TXT* a réagi vivement aux « retours à » de l'époque postmoderne, notamment dans les notes de TeXTo : « Le temps n'est plus aux "manifestes" et "théories d'ensemble". Il n'est pas non plus (et d'autant moins) au pur retrait subjectif et à l'empirisme absolu des pratiques ». En 1989, *TXT* fête ses vingt ans en compagnie de Muro Torto et s'interrompt, en juin 1993, sur une trente et unième livraison titrée « Languelais, Fatrasies & Lotharingites ». Tournée vers la littérature contemporaine (François Bon, Hubert Lucot, Eugène Savitzkaya, Jean-Jacques Viton...) et les littératures étrangères, en publiant de nombreuses traductions (Oskar Pastior, E.E. Cummings, Carlo-Emilio Gadda, Andrea Zanzotto, Charles Olson, Gertrude Stein), la revue *TXT* s'est intéressée à toute forme d'expression et d'expérimentation artistiques : musiciens, peintres, photographes, *performers* (Ben, Daniel Busto, Daniel Dezeuze, Joël Hubaut, Claude Viallat, Jean-Louis Vila, Pierre Buraglio, Philippe Boutibonnes).

→ *TXT 1969-1993, une anthologie*, Christian Bourgois, 1995.

J.-D.W. — IMEC

Tyane Élie (1885-1957). Poète libanais d'expression française, membre du groupe de *La Revue phénicienne* fondé par Charles Corm l'année de la proclamation du Grand-Liban et de l'instauration du Mandat français (1920), il est l'auteur d'un unique recueil, *Le Château merveilleux* (Beyrouth, Éditions de *La Revue phénicienne,* 1934 ; rééd. Beyrouth, 1965), où, « sous le voile du conte et de la parabole, du paysage et du portrait, se mêlent harmonieusement le passé phénicien et le passé arabe » (Sélim Abou). Dans leur style précieux, les poèmes d'Élie Tyane célèbrent la mer, la montagne et le désert libanais, mais aussi l'histoire récente du pays.

A.D.

Tzara Tristan (1896-1963), pseudonyme de Samuel Rosenstock. Né le 16 avril 1896 à Moinesti en Roumanie, il y fonde au sortir du lycée une première revue avec Ion Vinea et Marcel Janco, *Le Symbole* ; renonçant à ses études de mathématiques et de philosophie, en 1915 il quitte son pays pour Zurich, où il retrouve pacifistes et révolutionnaires de toute l'Europe. Aux côtés de Hugo Ball, il crée en 1916 le *Cabaret Voltaire*, auquel succède bientôt la revue *Dada*. L'invention du mot *Dada*, choisi parce qu'il « ne signifie rien », cristallise le nihilisme ambiant et attire entre autres Hans Arp, Richard Huelsenbeck, Marcel Janco, et en 1918 Picabia, dont la revue *391* permet à Tzara de mesurer l'importance potentielle de ce qui n'aurait pu être qu'un canular, ou l'expression du désarroi produit par la guerre : Dada correspond bien à un état d'esprit international et cette constatation lui permet de surmonter momentanément les tensions entre dadaïstes « purs » et artistes révolutionnaires, allemands pour la plupart, soucieux d'efficacité idéologique. Lorsque ceux-ci l'emportent, Tzara rejoint Picabia à Paris et y rencontre des jeunes gens impatients de le connaître : Aragon, Breton, Soupault, Eluard, Ribemont-Dessaignes, Pierre de Massot et quelques autres se lancent avec lui dans les provocations dadaïstes. Tzara montre son talent d'animateur en organisant des scandales qui contribuent à la désorganisation radicale que les manifestes annoncent et mettent en œuvre dans une langue poétique survoltée. Les revues *(Dada*, *391* et *Littérature)* publient ces manifestes (recueillis en volume en 1924), et des poèmes où s'annulent les distinctions entre genres littéraires. La *Première Aventure céleste de M. Antipyrine* (1916) est suivie d'une *Deuxième Aventure céleste de M. Antipyrine*, jouée en 1920 lors d'une représentation Dada ; le poème-sketch apparaît comme une forme clé de l'expression dadaïste : la poésie s'y fait manifeste et s'exhibe dans la cacophonie et la dérision. Dans les recueils de cette époque, *Vingt-cinq poèmes*, puis *Vingt-cinq et un poèmes* (1918), *Cinéma Calendrier du cœur abstrait* (1920), *De nos oiseaux* (1923), Le Cœur à gaz (représenté en 1923), les mots s'émancipent, denses et résistants, faisant éclater la phrase. Tzara reste fidèle au tressage de styles et de registres dans *Mouchoir de nuages* (pièce écrite en 1924, jouée en 1926).

Cependant, son nihilisme radical l'isole peu à peu du groupe qui se forme autour de Breton et les conflits s'exacerbent à partir du Congrès de Paris en 1922 : la volonté d'élaboration théorique de Breton, attiré par l'exploration des mondes occultes, se heurte au génie du sabotage de Tzara, qui ne s'accommode d'aucune morale de groupe ni d'aucune référence à la tradition littéraire. Il ne se réconciliera avec Breton qu'entre 1930 et 1935, le surréalisme se rapprochant du communisme vers lequel Tzara a lui-même évolué. C'est ainsi qu'il participe à la seconde revue surréaliste *Le Surréalisme au service de la révolution*, notamment en 1931 avec un « Essai sur la situation de la poésie » dans lequel il oppose la poésie comme simple « moyen d'expression », création maîtrisée, à la poésie comme « activité de l'esprit » sollicitant les ressources de l'inconscient. Celle-ci requiert une révolution politique et sociale qui oriente toute son œuvre ultérieure. Depuis Dada, en effet, la poésie de Tzara est passée d'une langue explosive à des textes plus lyriques *(L'Indicateur des chemins de cœur*, 1928 ; *Où boivent les loups*, 1932), amples jusqu'à l'épopée *(L'Homme approximatif*, 1931). Dans *Grains et issues* (1935), il mêle prose et vers, récits de rêves et notes critiques, poème et théorie, pour créer un substitut de l'écriture automatique : la passivité de l'écoute dans l'automatisme est en effet mise en cause par la méthode paranoïaque-critique de Dali ; *Grains et issues* tente de mettre à jour d'autres relations possibles entre le « donné » (délirant ou automatique) et le travail de l'interprétation.

L'engagement politique de plus en plus marqué qui rallie Tzara à l'Association des écrivains et artistes révolutionnaires, en 1935, induit une écriture poétique qui, sans renoncer aux pouvoirs de l'image, médite sur la requalification de l'homme et la transformation des conditions sociales, indispensable à la levée des censures individuelles. Les textes de Tzara récusent l'idée de poésie de circonstance, mais se doublent d'un engagement personnel constant contre le fascisme et contre l'art bourgeois conçu comme une fin en soi. Il constate que si la révolution sociale est nécessaire à la poésie dont il veut voir le règne, en revanche « la révolution n'a pas besoin de la poésie » : il s'éloigne donc par là des surréalistes et rompt avec eux dans une lettre ouverte de mars 1935, publiée dans *Les Cahiers du sud*. Fidèle à ces conceptions, il organise clandestinement pendant la guerre le Comité national des écrivains dans le Sud-Ouest, et reproche aux surréalistes en mars 1947 d'avoir trahi leurs ambitions révolutionnaires, dans une conférence houleuse à la Sorbonne, reprise en brochure *(Le Surréalisme et l'après-guerre)*. Pourtant, sa position avant tout humaniste ne s'accommode d'aucun compromis avec l'orthodoxie du parti et le conduit à dénoncer l'invasion de la Hongrie en 1956, à refuser l'art réaliste-socialiste, même au plus fort de son engagement marxiste, à défendre envers et contre tous une certaine conception de la poésie, moyen de connaissance, parole de déblaiement fidèle aux seules exigences de la liberté.

En marge d'une œuvre poétique importante, Tzara est l'auteur d'essais, dans lesquels il interroge les pouvoirs et les secrets de la poésie, sur Corbière, Rimbaud, Apollinaire, sur Villon, et Rabelais dont il explore les anagrammes. « Les écluses de la poésie » ou « Le pouvoir des images » manifestent la cohérence profonde de son parcours, depuis l'époque où le dadaïste voulait faire table rase d'illusions lucratives qui transforment l'art en marchandise jusqu'à sa postulation d'une révolution socio-politique comme condition préalable à l'affranchissement de la poésie. Tristan Tzara est mort le 24 décembre 1963, à Paris.

ŒUVRES. — *Œuvres complètes*, éd. Henri Béhar, Flammarion, 1975-1981, 6 t. — *Dada est tatou, Tout est Dada* [anthologie], éd. Henri Béhar, Flammarion, coll. GF, 1996.

→ René Lacote, *Tristan Tzara*, Seghers, coll. Poètes d'aujourd'hui, 1952. — *Europe*, nos 555-556, juillet-août 1975. — Micheline Tison Braun, *Tristan Tzara, inventeur de l'homme nouveau*, Nizet, 1977. — Fonds Tristan Tzara à la Bibliothèque littéraire Jacques Doucet. — Voir aussi la bibliographie de la notice DADA.

M.-P.B.

U

Ubacs (1982-1994). Maison d'édition fondée à Rennes par Yves Landrein. Née de la revue du même nom, que l'éditeur avait lancée en 1976 avec Michel Barré et Claude Magrat, Ubacs, comme son nom ombrageux le suggère, se réclamait alors des écrivains de la nuit qui veulent « cerner les noirs, recoudre les trous de la mémoire ». Les premiers numéros de la revue, d'abord semestrielle, auxquels collaborent Michel Butor, Jean Daive, Claude Louis-Combet, Eugène Savitzkaya, portent des titres tels que « Le Travail de l'écriture », « Signes » ou « Littérature du moi » ; les suivants sont consacrés à un auteur, à Georges Perros en 1981, à Mathieu Bénézet, à Armand Robin. Nombre de ces auteurs figurent au catalogue de la maison d'édition qui voit le jour en 1982 : les *Lettres à Michel Butor* de Georges Perros, la série les *Avant-goût* de Butor (4 tomes), *Écrits oubliés* d'Armand Robin, *Écrire la langue morte* de Claude Louis-Combet. À ces titres s'ajoutent une collection de littérature étrangère, surtout russe (contes de Pavel Bajov, Iossif Outkine et Alexeï Remizov), une série « Passé Présent » essentiellement consacrée à Remy de Gourmont, et des volumes « Pour voir » dans lesquels sont reproduits des travaux de plasticiens (Ramon Alejandro, Daniel Nadaud) mais aussi des « papiers collés » (Braque, Picasso ou Ernst), accompagnés de textes de Jacques Lacarrière, Bernard Noël, Severo Sarduy). Seule concession à son domaine de prédilection, la littérature, Ubacs a publié dans une collection de « Paysages amoureux » des livres de photographies sur la Bretagne, invitant « à un voyage différent de celui, plus hâtif, plus univoque, proposé[s] habituellement par les guides touristiques ». Après plusieurs étapes difficiles, la maison dépose son bilan en 1994.

A.Re. — IMEC

UGE (Union générale d'éditions). Maison fondée à Paris en 1962 par Paul Chantrel et Michel-Claude Jalard, à l'initiative de l'Union financière de Paris, actionnaire majoritaire de Plon ; devenue filiale des Presses de la Cité en 1965. La société publie dès sa création la collection « 10/18 », qui propose à un public jeune des textes philosophiques, historiques et littéraires au format de poche. De 1968 à 1991, sous la direction de Christian Bourgois, « 10/18 » accompagne l'essor des sciences humaines en publiant entre autres Marx, Gilles Deleuze, François Lyotard, les colloques de Cerisy, les œuvres de Sade et de Boris Vian, dont *L'Écume des jours* reste un succès depuis 1975. À partir des années 1980, UGE recentre son activité sur la littérature étrangère avec la collection « Domaine étranger », vouée à la redécouverte d'œuvres oubliées, comme celles de P.G. Wodehouse et d'Edith Wharton, et à l'édition d'auteurs américains contemporains tels que Richard Brautigan ou John Fante ; la maison s'ouvre également au roman policier avec la collection « Grands Détectives », qui, sous la direction de Jean-Claude Zylberstein, accueille Dashiell Hammett, Ellis Peters ou encore Robert van Gulik. Dirigée par Leonello Brandolini depuis le départ de Christian Bourgois en 1991, UGE est devenu en septembre 1993, sous le nom d'UGE poche SA, une filiale du Groupe de la Cité au sein de laquelle, outre « 10/18 », sont désormais réunies les marques Pocket et Fleuve noir.

F.L. — IMEC

unanimisme. Mouvement littéraire créé par Jules Romains, né de son « intuition » précoce (1903) « d'un être vaste et élémentaire, dont la rue, les voitures et les passants forme[nt] le corps et dont lui-même [...] p[eut] se dire la conscience » (A. Cuisenier, *Jules Romains et l'unanimisme*, Flammarion, 1935). L'unanimisme est le fruit du « développement simultané d'une imagination poétique et d'une réflexion théorisante » (Michel Décaudin, introduction à *La Vie unanime*, rééd. Gallimard, 1983). *La Vie unanime*, de Romains (Éditions de l'Abbaye, 1908), en est l'expression exemplaire. Interprétation du monde sans esprit de système, l'unanimisme est un humanisme voué à la découverte de formes nouvelles, pour dire l'âme collective des êtres et des choses. La ville, organisme vivant, est le lieu privilégié de l'expérience unanimiste. Celle-ci a influencé le groupe de l'Abbaye, tentative communautaire qui a réuni, entre 1906 et 1908, des écrivains (G. Duhamel, C. Vildrac, R. Arcos, H.M. Barzun, A. Mercereau), des peintres (A. Gleizes, Berthold Mahn) et le compositeur Albert Doyen, sous la direction du typographe Louis Linard. Comme Jules Romains, leur compagnon de route, ces artistes sont animés par un idéal fraternel et croient à la « divinité » du groupe comme accomplissement de l'humanité. La poétique unanimiste, résolument moderne, annonce le futurisme de Marinetti et *La Prose du Transsibérien* (1913) de Cendrars. Dans le roman, l'unanimisme est illustré par Jules Romains lui-même et ses *Hommes de bonne volonté* (1932-1947) ; on en retrouve l'influence également dans *La Chronique des Pasquier* (1933-1941) de Duhamel.

I.M.

Unik Pierre (1909-1945). Il participe très tôt au mouvement surréaliste aux côtés de Breton, Aragon, Eluard, Crevel, Desnos. En 1931, il fait paraître *Le Théâtre des nuits blanches*, qui se signale par la puissance de ses images. Devenu membre du parti communiste, avec Eluard et Aragon, il est exclu du mouvement en 1932. Il participe avec Luis Buñuel à la réalisation de *Terre sans pain*, puis avec Jean Renoir à *La Vie est à nous* ; il mène également une activité de journaliste, d'abord à *L'Humanité*, puis à *Regards*, dont il est le rédacteur en chef de 1936 à 1939. En 1945, il s'évade du Stalag où il est prisonnier, à la frontière de la Tchécoslovaquie et de la Pologne ; sa trace ne sera jamais retrouvée. En 1972 paraîtront, aux Éditions EFR, *Chant d'exil*, qui recueille des poèmes écrits dans le camp, des textes parus dans *La Revue surréaliste* et *Commune*, et un roman inachevé, *Le Héros du vide*.

N.P.

V

Vacaresco Hélène (1864-1947). Dernière descendante d'une dynastie princière, elle est née à Bucarest. Durant son enfance, elle pénètre dans le monde magique du folklore et de la poésie populaire, auxquels elle fera écho dans *Le Rhapsode de la Dambovitza* (Bucarest, Socec, 1892). À Paris, où elle termine ses études, elle publie *Chants d'Aurore* (Lemerre, 1886, prix de l'Académie française, qui récompense ensuite *Le Rhapsode*). De 1888 à 1891, elle vit à la Cour de Bucarest, protégée de la reine Elisabeth (en poésie Carmen Sylva), et se fiance avec le prince héritier. Mais la raison d'État empêche le mariage et la jeune artiste, blessée et humiliée, s'exile à Paris. Elle se lie alors d'amitié avec des écrivains tels qu'Anatole France ou Rainer Maria Rilke, et tient un salon littéraire. Elle publie des volumes de vers : *Lueurs et Flammes* (Plon, 1903), dédié à Ienachita Vacarescu, le célèbre ancêtre de toute sa famille de princes-poètes ; *Nuits d'Orient* (Sansot, 1907), qui porte le sous-titre significatif de *Folklore roumain*, et *Le Jardin passionné* (Plon, 1908), ainsi que de nombreux romans, dont *Amor Vincit* (Plon, 1909), *Le Sortilège* (Plon, 1911), *La Dormeuse éveillée* (Plon, 1914). En 1912, elle écrit le livret de l'opéra *Le Cobzar*, sur la musique de Gabrielle Ferrari, qui obtient un succès éclatant à l'Opéra de Paris. L'œuvre d'Hélène Vacaresco s'inspire surtout du folklore et de l'univers roumain dont elle tente de faire connaître aux lecteurs français tous les aspects. Elle décrit non seulement les paysages ou le monde rural de son pays, mais évoque aussi son passé glorieux et ses héros. Devenue célèbre, elle se consacre à la diffusion de la littérature roumaine par une intense activité d'essayiste, de traductrice et de conférencière aux dons exceptionnels. Après la Première Guerre, elle devient l'« ambassadrice de l'âme roumaine » et reçoit la Légion d'honneur. Le gouvernement roumain la nomme premier membre de sa Délégation à la Conférence de la paix, puis secrétaire général de l'Association roumaine auprès de la Société des nations. Elle sera aussi la première femme membre de l'Académie de Roumanie. Jusqu'à la fin de sa vie, elle s'est consacrée exclusivement à l'activité diplomatique et sera chargée, à la fin de la Seconde Guerre, d'une dernière mission, représentant la Roumanie à la Délégation à la Conférence de la paix. Elle a publié, en 1927, son dernier recueil poétique, *Dans l'Or du soir*, et c'est seulement durant la guerre qu'elle revient à la littérature avec un *Mémorial sur le mode mineur* (La Jeune Parque, 1946), autobiographique. Elle est morte à Paris le 16 février 1947.

→ Duchesse de La Rochefoucauld, « Rencontres avec Hélène Vacaresco (1864-1947) et Anna de Noailles (1876-1933) », Revue des études roumaines, VII-VIII, 1961. — Ion Stavarus, *Elena Vacarescu*, Bucuresti, Univers, 1974. — Ilinca Barthouil-Ionesco, « L'exil patriotique d'Hélène Vacaresco », *Euresis, Cahiers roumains d'études littéraires*, n°s 1-2, 1993.

L.V.

Vaché Jacques (1895-1919). Né à Nantes, le 7 septembre 1896, il y anime en 1912-1913 des journaux lycéens qui font déjà scandale en raison de leur antimilitarisme ; puis, étudiant aux Beaux-Arts, il renonce à une carrière artistique tout en continuant de peindre à l'aquarelle et de croquer des silhouettes dans les marges de ses lettres. Interprète auprès de la 517e division britannique, il est blessé en Champagne, et rencontre ainsi André Breton, jeune interne affecté à l'hôpital de Nantes, en 1916. Sous des identités et des uniformes d'emprunt, il promène à Nantes et à Paris son ennui souverain, maniant le scandale (représentation des *Mamelles de Tirésias*, juin 1917) et professant le mépris des « pohètes », excepté Jarry. Le 6 janvier 1919, à vingt-quatre ans, il meurt avec un ami, à Nantes, d'une intoxication due à l'opium. Sa disparition frappe profondément André Breton, qui publie les lettres de Vaché dans la revue *Littérature*, en 1919 et révèle le style rompu de tirets d'un dandy voué au culte de « l'Umour », à l'élégance et au « sentiment de l'inutilité théâtrale (et sans joie) de tout » *(Lettres de guerre*, rééd. Éric Losfeld, coll. Le Désordre, 1970 ; *Soixante-dix neuf lettres de guerre*, textes réunis par Georges Sebbag, J.-M. Place, 1989). Le même Breton lui consacre, entre 1919 et 1949, quatre textes (repris dans *Les Pas perdus*, *L'Anthologie de l'humour noir*, *La Clé des champs)* qui, mieux que les œuvres rares et brèves de Jacques Vaché, ont érigé cette attitude de défi en incarnation de la poésie et en exemple de liberté supérieure.

M.-P.B.

Vachon Georges-André (1926-1994). Né en France, à Strasbourg, il a dirigé la revue *Études françaises* de 1966 à 1978 et enseigné à l'université de Montréal durant près de trente ans, tirant de son enseignement une conception originale de la littérature que l'on retrouve notamment dans *Esthétique pour Patricia* (1980), essai dédié à une étudiante où il remet en cause ses propres hypothèses, affirmant que la poésie est à la fois « antidiscours » et « machine à montrer la vérité ». Auteur d'essais (*Le Temps et l'espace dans l'œuvre de Paul Claudel*, 1965 ; *Rabelais tel quel*, 1977) et d'articles consacrés à la littérature québécoise, il a également publié un roman, *Toute la terre à dévorer* (1987), dont Montréal est le lieu et l'enjeu. Sur tous les tons et dans tous les genres, cette œuvre poursuit une interrogation inquiète sur la question de l'origine, du sens et de l'identité. L'un de ses textes les plus connus, « Une tradition à inventer » (1967), plaide pour la constitution d'un répertoire de la littérature québécoise « à partir des passions, des partis pris de lecteurs individuels », qui permette de « mieux poser de problème de l'identité nationale ». Il a lui-même contribué à créer ce répertoire en fondant aux Presses de l'université de Montréal la collection Bibliothèque québécoise, ouvrant la voie à l'entreprise que représente, chez le même éditeur, la Bibliothèque du Nouveau Monde. Ses principaux essais ont été réunis en 1997 sous le titre *Une tradition à inventer*.

L.G.

Vadeboncœur Pierre (1920). Avocat, syndicaliste professionnel, militant de toutes les luttes, collaborateur de plusieurs journaux et revues, de *Cité libre* à *Parti pris* et *Liberté*, il a publié son premier livre en 1963 et ne se consacre à son œuvre qu'à partir de 1975. C'est à travers toutes les formes de l'essai, réflexion, analyse, méditation, portrait, pamphlet, polémique, lettre ouverte, que cet homme d'action est devenu écrivain. Son seul récit, *Un amour libre* (1970), sur les premiers pas et les premiers mots d'un enfant devant son père, est solidaire d'un essai dense, paru en même temps, sur l'histoire du Québec : *La Dernière Heure et la première*. Dans les deux cas, il s'agit de montrer les pouvoirs de la liberté et du rêve sur la réalité. *La Ligne du risque* (1963) est toujours celle de la curiosité intellectuelle, de la rigueur morale, de l'« esprit créateur », prophétique, « multiplicateur d'être ». Il donne l'exemple du peintre Borduas, auteur du manifeste *Refus global*, en 1948, mort en exil à Paris, après être allé à New York.

Après plusieurs recueils de textes engagés dans l'actualité, l'auteur, qui prend une bonne distance critique, entreprend une « radiographie du bourgeois », déconstruisant les slogans, fixant les traits de certains personnages ou événements. *Un génocide en douce* (1976) réussit, selon André Belleau, une heureuse « poétisation du politique » en transformant « l'idéologie en fable » et la caricature en dessin. *L'Autorité du peuple* (1965) désigne le peuple comme « auteur », comme responsable de ses actes et de son avenir. L'indépendance devant allier le pluriel au singulier, et la révolution étant « bien plus que la révolution », une « réconciliation [...] au nom du lendemain et du recommencement », *Les Deux Royaumes* (1978) sont présents dans toute l'œuvre de Vadeboncœur. À partir de 1978, cependant, l'accent est mis sur « l'invisible » et « l'indicible ». C'est le récit d'une expérience personnelle et de plusieurs lectures (de Rousseau aux écrivains québécois contemporains) que ces *Deux Royaumes*, « l'un irréductible à l'autre », comme l'envers à l'endroit. « La vie est, et elle ne parle pas d'elle-même, mais l'œuvre d'art parle en silence de ce que la vie ne dit pas. »

Les essais suivants feront beaucoup parler la peinture, la musique, la littérature. Vadeboncœur y montre « l'insignifiance » d'une certaine civilisation américaine, d'une certaine modernité, de manifestations ou installations comme la *Dinner Party* de Judy Chicago, et « l'inactualité » rayonnante, permanente, de recherches de soi comme celle de Proust. C'est également d'absolu amoureux, de passion que parlent *L'Absence* (1985), « essai à la deuxième personne », et *Le Bonheur excessif* (1992), « étranger à l'existence ordinaire », réalité totale qui n'a « besoin d'aucune autre réalité ».

ŒUVRES. — Non citées : *Lettres et colères*, 1969. — *Indépendances*, 1972. — *Chaque jour, l'indépendance...*, 1978. — *To Be or not to Be : That is the Question*, 1978. — *Trois essais sur l'insignifiance*, 1983. — *Essais inactuels*, 1987. — *Essai sur une pensée heureuse*, 1989. — *Dix-sept tableaux d'enfant : études d'une métamorphose*, 1991. — *Vivement un autre siècle !*, 1996.

→ *Un homme libre : Pierre Vadeboncœur* (collectif), Montréal, Leméac, 1974. — *Liberté*, n° 126, 1979. — Robert Vigneault, *L'Écriture de l'essai*, Montréal, L'Hexagone, 1994. — *Études littéraires*, vol. 29, n° 2, 1996.

L.M.

Vaes Guy (1927). Né à Anvers le 27 janvier 1927. S'il fait paraître à partir des années cinquante des nouvelles et des contes traduisant son attirance pour le fantastique et un recueil de poèmes (*Ce qui m'appartient*, 1952), c'est son premier roman, *Octobre long dimanche* (1956), qui révèle pleinement son originalité : il raconte l'histoire d'un glissement d'identité et la lente abdication de la personnalité d'un être submergé par les circonstances, dans un climat propice aux mutations où le temps, les objets et les lieux participent de cette transformation. Remettant en cause les catégories traditionnelles du récit (on l'a rapproché du Nouveau Roman), ce récit se rattache au courant du « réalisme magique » qui caractérise une partie de la production littéraire belge depuis les années vingt. Se consacrant au journalisme et notamment à la critique cinématographique (*Le Matin*, *La Métropole*), Guy Vaes s'adonne à la photographie et entreprend un premier séjour à Londres en 1959 : de ses promenades dans les faubourgs naîtra un essai, *Londres ou le labyrinthe brisé* (1963) et plus tard, un album de photographies : *Les Cimetières de Londres* (1978). Son second roman, *L'Envers* (1983, prix Rossel) traduit même la fascination exercée sur l'écrivain par la capitale anglaise (voir aussi *Mes Villes*, 1986) ; il y fait resurgir un personnage du monde des morts, dans un climat surnaturel. *L'Usurpateur* (1994) ressortit plutôt au « réalisme mythique » : un assassin ayant refoulé son crime redécouvre peu à peu la « vérité » sur son acte, au gré de rencontres casuelles. Guy Vaes est aussi l'auteur d'un essai consacré au rôle de la temporalité dans le roman, *La Flèche de Zénon* (1966) et d'un ensemble de réflexions sur sa propre création romanesque (*Le Regard romanesque*, 1987, conférences). Il est revenu à la poésie avec la publication de *Le Millénium éclair* (1981) et *Suite irlandaise* (1987). Guy Vaes a été élu à l'Académie royale de langue et de littérature françaises de Belgique en 1997.

ŒUVRES. — *Octobre long dimanche*, rééd., Bruxelles, Les Éperonniers, coll. Passé-présent, 1979. — *La Flèche de Zénon*, rééd., Bruxelles, Labor, coll. Poteau d'angle, 1994.

→ *Le Regard romanesque*, Louvain-la-Neuve, Université catholique de Louvain, coll. Chaire de poétique, 1987.

O.Bi.

Vailland Roger (1907-1965). Né à Acy-en-Multien (Oise) le 16 octobre 1907 dans une famille bourgeoise (son père était géomètre expert), il passe la plus grande partie de son enfance à Paris et, à partir de 1919 à Reims, jusqu'en 1925. Il évoque sa vie de province (« Reims la plate ») dans la première partie d'*Un jeune homme seul* (1951). Il fait la connaissance de Roger Gilbert-Lecomte, Roger Meyrat et René Daumal, et ensemble ils constituent les « Phrères simplistes », groupe qui anticipe celui du *Grand*

Jeu. Ils fondent une petite revue, *Apollo*, pour laquelle Vailland écrit des poèmes. Il a comme professeur de philosophie René Maublanc, qui publie l'un de ces poèmes, *En vélo*, dans sa revue *Le Pampre*. De retour à Paris, il poursuit ses études au lycée Louis-le-Grand et à la Sorbonne, où il achève une licence de philosophie. Le premier numéro du *Grand Jeu* sort à l'été de 1928, et le groupe est mis en accusation par les surréalistes au cours d'une séance d'exclusion, le 11 mars 1929. Vailland, qui entre-temps a débuté dans le journalisme à *Paris-Midi*, est accusé, en particulier, d'avoir signé un article faisant l'éloge du préfet de police Chiappe, « l'épurateur de notre capitale ».

Dans les années trente, sa vie est mouvementée et instable (voyages, drogue, tentatives d'affaires en Éthiopie), mais il effectue de grands reportages et parle dans ses lettres de poèmes et de nouvelles. Un roman, *La Visirova ou des Folies-Bergère jusqu'au trône* (1986), est publié en feuilleton dans *Paris-Soir* (juillet-août 1933). En 1935, il rencontre Andrée Blavette, qu'il épousera en 1936. En 1937, il écrit avec Raymond Manevy *Un homme du peuple sous la révolution* (en feuilleton dans *Le Peuple)*. En 1940, sous le nom d'Étienne Merpin, il publie *Suède 1940*. Pendant la guerre, Vailland est soldat à Narbonne. À l'armistice, il s'installe à Lyon, à Chavannes-sur-Reyssouze (Ain). Il entre dans la Résistance en 1943. Coupé de son réseau, il écrit *Drôle de jeu* (1945), qui relate en grande partie ses propres expériences et jette un regard souvent cynique sur les événements de l'Occupation. Le roman obtient le prix Interallié.

À la Libération, Vailland est journaliste à *Libération* et à *Action* ; il publie des récits de guerre : *La Bataille d'Alsace* (1945), *Léopold III devant la conscience belge* (1945), et un premier essai philosophique, *Quelques réflexions sur la singularité d'être Français* (1946), dans lequel il décrit un des personnages clés de son œuvre, « l'amateur » ou « homme de qualité », celui qui n'est pas contraint par la nécessité. Au cours des dix années suivantes, il écrit de nombreux articles dans la presse communiste ou de gauche. (Une première demande d'adhésion au parti communiste en 1943 était restée sans réponse ; il en sera membre en 1952). Il continue à publier des essais à caractère philosophique ou socio-politique et écrit un pamphlet contre les surréalistes, *Le Surréalisme contre la révolution* (1947). Sa première pièce, *Héloïse et Abélard*, est représentée en 1947 et obtient le prix Ibsen en 1950. En 1947, il rompt définitivement avec sa femme.

Son deuxième roman, *Les Mauvais Coups*, paraît l'année suivante. Le journal intime de cette période *(Écrits intimes*, 1968) révèle des moments de désespoir et une tension croissante entre sa vie privée et la discipline impliquée par ses convictions politiques, qui se reflète dans *Bon pied bon œil* (1945), roman des « adieux à la bourgeoisie ». En 1949, Vailland rencontre Élisabeth Naldi : ils se marient en 1954 et s'installent à Meillonnas (Ain). Dans son quatrième roman, *Un jeune homme seul*, qui, comme le précédent, illustre son engagement, il décrit le passage d'une vie individuelle et solitaire à celle de la collectivité et de la responsabilité politique. À Paris, en 1952, sa pièce contre la guerre au Vietnam, *Le colonel Foster plaidera coupable* (1951), est interdite après une première représentation. Communiste et militant, Vailland produit alors deux romans : *Beau Masque* (1954) et *325 000 francs* (1955), publiés en feuilleton dans *L'Humanité*, dans lesquels il traite des problèmes de l'ouvrier exploité dans une société capitaliste. Il exprime son admiration pour le libertin dans *Laclos par lui-même* (1953) et écrit un essai, *Expérience du drame* (1953), qui, bien qu'il traite essentiellement du théâtre, est une contribution significative au débat dans les années cinquante autour du réalisme socialiste. La structure de *325 000 francs* évolue d'une manière nettement dramatique : l'auteur essaie de montrer comment il est possible pour l'individu et même pour la société dans sa totalité de se transformer en passant à une situation « qualitativement différente ». En 1963, il présentera ce roman comme « le meilleur de [ses] romans, vrai rêve, rêve vrai, une vraie histoire qui peut être interprétée totalement par Freud, par Marx, et encore par bien d'autres, et qui a toutes les faces possibles de la réalité ». Profondément marqué par la mort de Staline (l'homme nouveau, le « bolchevik idéal ») en 1953, il est cruellement secoué par les révélations de Khrouchtchev en 1956. Il se retire alors en Italie, où il écrit *La Loi* (1957, prix Goncourt). En 1956, il signe par téléphone une protestation contre l'invasion soviétique de la Hongrie, mais continue à adhérer au parti jusqu'en 1959, moment où il s'en retire « sur la pointe des pieds ». Son admiration pour l'individu seul, dominateur et manipulateur, s'exprime dans le personnage de Don Cesare, dans *La Loi*, et d'une façon plus évidente encore dans d'autres écrits tels que son *Éloge du cardinal de Bernis* (1956) et sa troisième pièce, *Monsieur Jean* (1959).

Pendant les dernières années de sa vie, Vailland s'intéresse aux arts plastiques (sculptures de Coulentianos, tableaux de Soulages) et au cinéma. Il travaille avec plusieurs cinéastes, en particulier avec Roger Vadim pour une adaptation des *Liaisons dangereuses* (1959). Dans *La Fête* (1959), il examine à nouveau la notion de « souveraineté » et de « gouvernement de soi-même », mais dans un contexte sexuel et artistique. L'histoire, en partie autobiographique, est celle d'une séduction banale, mais le fait qu'à la fin Vailland révèle que le héros, Duc, est lui-même l'auteur de *La Fête* (comme Rieux est celui de *La Peste)* suggère qu'il essaie aussi d'analyser l'autonomie ou la singularité de l'œuvre elle-même. Il reprend ce thème dans son dernier roman, *La Truite* (1964), où il est en même temps narrateur et personnage observé, et où Frédérique (dont le nom rappelle celui de Frédéric, le communiste puritain de *Drôle de jeu)* est l'incarnation la plus aboutie d'une série de jeunes femmes dans l'œuvre de Vailland, « vierge magnifique, vierge royale, vierge redoutable ». Dans ce roman, il analyse aussi les limites du langage : un autre personnage, Isaac, fait des études de mathématiques pour être capable de communiquer avec sa petite-fille, « pour trouver un langage commun ». Dans ses écrits intimes du début des années soixante, où règnent résignation et désillusion, il retourne régulièrement à ces questions. Mais malgré la direction de ses derniers romans, il n'a jamais perdu l'ambition d'écrire un grand roman politique : son dernier article, « Éloge de la politique » *(Le Nouvel Observateur*, 26 novembre 1964), suggère qu'il est sur le point de se lancer vers un engagement nouveau. Mais atteint d'un cancer, il meurt le 12 mai 1965.

ŒUVRES. — *Œuvres complètes*, éd. Jean Recanati, Lausanne, Rencontre, 1967-1968, 12 t. — *Un homme du peuple sous la révolution*, Corrêa, 1947, rééd. Gallimard, 1979. — *Suède*, Le Sagittaire, 1940. — *Drôle de jeu*, Corrêa, 1945. — *La Bataille d'Alsace*, Jacques Haumont, 1945. — *La Dernière Bataille de l'armée de Lattre*, Éditions du Chêne, 1945. — *Léopold III devant la conscience belge*, Éditions du Chêne, 1945. — *Quelques réflexions sur la singularité d'être Français*, Jacques Haumont, 1946. — *Esquisses pour un portrait d'un vrai libertin*, Jacques Haumont, 1946. — *Héloïse et Abélard*, Corrêa, 1947. — *Le Surréalisme contre la révolution*, Éditions sociales, 1948, rééd. Bruxelles, Complexe, 1988. — *Les Mauvais Coups*, Le Sagittaire, 1948, rééd. Grasset 1989. — *Bon pied bon œil*, Corrêa, 1950, rééd. Grasset, 1989. — *Un jeune homme seul*, Corrêa, 1951, rééd. Grasset, 1989. — *Le colonel Foster plaidera coupable*, Éditeurs français réunis, 1951, rééd. Grasset, 1978. — *Borobpoudour, voyage à Bali et autres îles*, Corrêa, 1951. — *Choses vues en Égypte*, Défense de la paix, 1952. — *Expérience du drame*, Corrêa, 1953. — *Laclos par lui-même*, Le Seuil, 1953. — *Beau Masque*, Gallimard, 1954. — *325 000 francs*, Corrêa, 1955. — *Éloge du cardinal de Bernis*, Fasquelle, 1956. — *La Loi*, Gallimard, 1957. — *Monsieur Jean*, Gallimard, 1959. — *La Fête*, Gallimard, 1960. — *Les Pages immortelles de Suétone : Les Douze Césars*, Corrêa-Buchet Chastel, 1962. — *Le Regard froid*, Grasset, 1963. — *La Truite*, Gallimard, 1964. — *La Réunion*, Lausanne, Rencontre, 1964. — *Écrits intimes*, Gallimard, 1968. — *Lettres à sa famille*, Gallimard, 1972. — *Le Saint Empire*, La Différence, 1978. — *La Visirova*, Messidor, 1986. — *Cortès, le conquérant d'Eldorado*, Messidor, 1992. — *Chroniques des Années folles à la Libération 1928-1945* [recueil d'articles], Messidor, 1984. — *Chronique d'Hiroshima à Goldfinger 1945-1965* [recueil d'articles], Messidor, 1984.

→ *Le Magazine littéraire*, juin 1967. — Jean-Jacques Brochier, *Roger Vailland : tentative de description critique*, Losfeld, 1969. — Max Chaleil, *Entretiens : Roger Vailland*, Rodez, Subervié, 1970. — Jean Recanati, *Esquisse pour la psychanalyse d'un libertin : Roger Vailland*, Buchet Chastel, 1971. — Roger Gilbert-Lecomte, *Correspondance : lettres à* [...] *Roger Vailland* [...] Gallimard, 1971. — Michel Picard, *Libertinage et tragique dans l'œuvre de Roger Vailland*, Hachette, 1972. — Claude

Roy, *Nous*, Gallimard, 1972. — Élisabeth Vailland et René Ballet, *Roger Vailland*, Seghers, 1973. — John E. Flower, *Roger Vailland : the Man and his Masks*, London, Hodder and Stoughton, 1975. — Jean-Pierre Tusseau, *Roger Vailland : un écrivain au service du peuple*, Debresse, 1975. — Jo Ann McNatt, *The Novels of Roger Vailland : the Amateur and the Professional*, Peter Lang, 1986. — *Europe*, août-septembre 1988. — Christian Petr, *Le Devenir écrivain de Roger Vailland 1944-1955*, Aux amateurs de livres, 1988. — Yves Courrière, *Roger Vailland ou un libertin au regard froid*, Plon, 1991. — Il existe depuis 1994 des *Cahiers Roger Vailland*.

J.F.

Valaoritis Nanos (1921). Né à Lausanne, dans une famille bourgeoise, il fait des études de droit à Athènes, puis de lettres à Londres et à Paris. Après un séjour à Londres où il travaille à la BBC (1944-1953), il vit à Paris de 1954 à 1960, dans la mouvance surréaliste. Il est l'auteur en français de quinze pièces de théâtre (dont *L'Hôtel de la nuit qui tombe*, monté à Paris en 1959) et d'un recueil de poèmes, *Terre de diamant* (1959, illustré par le peintre américain Marie Wilson). Rentré à Athènes en 1963, enseignant la littérature comparée à l'université de San Francisco à partir de 1968, il fait un nouveau séjour à Paris en 1975-1977, avant de s'installer définitivement aux États-Unis en 1977. Écrivant et publiant aussi bien en grec, en anglais et en français, il est considéré comme un représentant essentiel du courant surréaliste grec. Il a collaboré à des revues françaises telles que *Les Cahiers du Sud, Horizon, Les Lettres nouvelles, Surréalisme, Change* et *Digraphe*.

A. Vl.

Valère-Gille, voir GILLE.

Valéry Paul (1871-1945). Si l'on recherche dans les premières années de Valéry — à Sète, où il naît le 30 octobre 1871, à Montpellier, ensuite, où sa famille s'installe en 1884 — les événements qui purent déterminer un destin d'écrivain, ce ne sont sans doute ni les études secondaires ni la licence de droit qu'il convient de retenir, tant Valéry, déjà, paraît rétif à l'acquisition d'un savoir qui ne corresponde pas à l'exigence fortement ressentie d'une réappropriation singulière. Ce qui importe bien plutôt, ce sont les expériences personnelles : les lectures, naturellement, au premier rang desquelles Mallarmé, Huysmans et Poe, puis Stendhal et Rimbaud ; la séduction de l'architecture et la découverte passionnée de Wagner ; la rencontre de Gide et de Pierre Louÿs, en 1890, mais aussi, peu après, l'initiation aux mathématiques par son ami Pierre Féline et les lectures scientifiques (Faraday, Maxwell, Kelvin) qu'il ne délaissera plus. C'est l'expérience, surtout, de l'écriture, — et d'abord de nombreux poèmes, dont le premier paraît en 1889.

Cette précoce entrée dans les Lettres se trouve pourtant très tôt remise en cause par l'Événement soudain que lui-même voulut définir comme une seconde naissance : la Crise de 1892, que l'on désigne communément, en référence à son acmé, comme la *Nuit de Gênes* (4-5 octobre), où Valéry pensa devenir fou. Moment complexe qui fut celui d'un *ébranlement*, et d'une *décision*. Ébranlement où s'affrontèrent les puissances de l'Éros — puisque le douloureux asservissement à une passion demeurée platonique appelait une brutale libération — et celles de l'Esprit — puisque la perfection de quelques œuvres (Mallarmé, Rimbaud, Wagner), ressentie soudain comme indépassable, le désespérait d'imposer à son tour sa propre singularité. Ce fut donc, en même temps, une décision : le renversement de toutes les idoles au profit de son seul intellect, — et ce « Coup d'État intérieur » lui permit d'être soi contre celui même qu'il avait été.

Si un commencement s'affirme ainsi, c'est sous la forme d'un arrêt, car l'essentiel souci de maîtrise qui s'y affirme ouvre d'abord à un silence par provision : Valéry, en effet, s'éloigne des vers et, après *La Soirée avec Monsieur Teste* (1896), les publications, assurément minces, ne sont aussi que sporadiques. La légende, cependant, d'un silence de vingt années rompu en 1917 par la publication de *La Jeune Parque*, ou plus gravement encore d'un renoncement à la carrière des lettres que ce retour au vers aurait trahi, témoignent d'une simplification excessive. Ce silence est extérieur, et c'est plutôt d'une suspension qu'il convient de parler tant la fécondité intérieure est considérable en ces années où Valéry cherche à construire, et non subir, un héritage sur quoi fonder une littérature qui soit pleinement la sienne. Si pareille redéfinition établit en son centre la figure paternelle de Mallarmé, c'est qu'en dépit de l'immense attachement affectif que rien, jamais, ne démentira, il est celui dont doit s'affranchir intellectuellement Valéry dès lors qu'il représente à la fois la plus haute maîtrise du poème et le sacrifice consenti d'une vie à l'accomplissement du Grand Œuvre. S'éloigner de Mallarmé, c'est ainsi *limiter* la littérature : ne plus y voir d'abord qu'*une* des manifestations de l'Esprit et, dans le sillage d'Edgar Poe, privilégier, aux dépens de l'œuvre même, le pur Pouvoir de l'accomplir.

Cette réflexion, qui excède la littérature et ouvre à des savoirs divers, cette tentation, aussi, de la pure virtualité qui éloigne le souci de la publication mais conforte l'exigence de maîtrise intérieure, dès 1894 les *Cahiers* en sont l'exemplaire conséquence. Tenus à l'aube de chaque jour jusqu'en 1945, la publication posthume de leurs 29 000 pages çà et là gagnées par les aquarelles, les croquis ou les équations, les a révélés comme l'œuvre immense que la fidélité à aucun modèle ne définit : s'il leur arrive, par exception, de garder trace d'événements historiques ou privés, la tradition littéraire du Journal ne les éclaire aucunement, non plus que la référence au Carnet d'écrivain : ni datation précise, ni souci régulier de consigner les notes préparatoires d'œuvres à venir, ni vœu de préserver la mémoire du passé, mais à l'inverse, tournée constamment vers l'avenir, l'inlassable reprise des réflexions, recherches et analyses qui, durant cinquante ans, ne cessent de requérir Valéry sans qu'il manifeste pourtant, dans cette immense suite de fragments, aucun souci de complétude ni de continuité. Le nombre et la variété des sujets — fonctionnement de l'esprit, rêve et imaginaire, langage et littérature, sciences et philosophie, Histoire et politique — peuvent donner une première impression de désordre. Mais cette apparente dispersion, parce qu'un Je l'aimante secrètement, un autoportrait intellectuellement s'y compose, la cohérence d'une pensée toujours singulière peu à peu s'y découvre, et en même temps la qualité d'une écriture dont l'éclat se manifeste aussi bien dans l'analyse abstraite que dans des ébauches de contes ou scénarios, et dans de nombreux poèmes en prose qui, mieux connus qu'ils ne le sont encore des lecteurs, renouvelleraient à coup sûr la figure de Valéry.

Or cette littérature qu'il convenait de ne point exercer sans la confronter à ce qui n'est pas elle, il importait aussi de la fonder sur la plus claire connaissance de ses moyens, et c'est pourquoi les *Cahiers* font une place, essentielle jusqu'en 1900, plus mesurée ensuite, à l'analyse du fonctionnement de l'Esprit, et à ce que Valéry nomme son « Système ». Parce qu'il considère que la *mécanique* de l'Esprit doit pouvoir s'exprimer en termes de fonctionnement, son ambition, grâce à l'usage analogique de quelques modèles empruntés aux mathématiques et à la physique, est d'en trouver une *représentation* possible, bien plutôt qu'une explication. Valéry formulait ainsi un projet dont l'immense ambition de totalité ne pouvait qu'échapper à une réalisation véritable, mais cette recherche à quoi il accordait le plus grand prix ne cessa pas, souterrainement, de travailler ses œuvres littéraires.

Ce fut le cas, bientôt, de l'*Introduction à la Méthode de Léonard de Vinci* (1895) et de *La Soirée* qui manifestent l'importance accordée au pouvoir de l'Esprit, qu'il s'accomplisse de manière souveraine chez Léonard, ou se réserve chez M. Teste, virtuel et caché. Le paradoxe qui unit les deux œuvres, c'est que si elles témoignent d'un accomplissement littéraire qui jamais ne sera dépassé, elles prennent cependant pour sujets deux êtres dont l'exception s'affirme en dehors même de la littérature. De ces deux personnages grâce auxquels il ébauche cette constellation des héros de l'esprit que Faust viendra tardivement compléter, Valéry compose un portrait, mais qui remet en cause toute tradition du genre, car la figure historiquement convenue de Léonard se trouve recomposée, et Edmond Teste, sans *répondant* humain, vient subvertir la vraisemblance d'un personnage possible.

Entreprise à la demande de Juliette Adam qui souhaitait que Valéry écrivît un article sur Léonard pour sa *Nouvelle Revue*, l'*Introduction* d'emblée vient déjouer la commande, car c'est le Je du narrateur qui tout ensemble impose sa problématique et sa voix créatrice : il s'agit d'énoncer, sur le mode de l'universel, le fonctionnement d'un être pour lequel l'étude de l'invention — artistique, scientifique — s'avère déterminante, et le nom de Vinci n'intervient qu'après, une fois cet homme *imaginé*. La question est ainsi de savoir si l'on peut offrir de l'esprit une Figure, en prenant pour exemple un créateur soucieux de savoir autant que de pouvoir, mais figure largement déliée de toutes déterminations historiques, car Valéry s'attache à concevoir l'individu comme les termes d'un problème, à recomposer le système pensant de Léonard, et à définir la loi du rapport d'exception qu'il entretient avec le monde : ainsi, par une subversion manifeste, la *méthode* que mentionne le titre est moins celle de Vinci que de Valéry même.

Par l'ampleur des questions qu'elle déploie, l'*Introduction* est une étape fondamentale de la pensée de l'auteur qui se montrera assez fasciné par Vinci pour que son nom revienne de loin en loin, et particulièrement en 1919, quand il fait précéder d'une *Note et digression* la réédition de son texte ; mais ces pages nouvelles, d'une écriture admirablement dominée et comme dépouillée du concret de l'*Introduction*, proposent en fait un autre Léonard, et après la première recherche d'une entière figure, c'est une théorie du Moi et de la conscience pure qui s'y dessine : parce que la visée, désormais, est d'atteindre à l'extrême dénuement et jusqu'à l'*exhaustion* de ce qui n'est pas Moi, le passage s'affirme d'un esprit de large conquête à une conscience bientôt détachée de tout.

Or bien qu'elle suive presque immédiatement l'*Introduction*, *La Soirée* — que d'autres textes compléteront de loin en loin jusqu'à l'édition posthume de *Monsieur Teste* (1946) —, affirme déjà ce passage du dehors au dedans, et ce glissement du positif au négatif. À la création réellement accomplie par Vinci viennent désormais se substituer ses virtualités, et le génie reconnu cède la place au génie inconnu puisque ce court récit met en scène le héros de la conscience pure qui veut faire de la pensée le tout de son existence et plier la vie à l'esprit : ses qualités restent donc strictement potentielles, derrière la visible banalité d'un homme que personne ne remarque. La question de M. Teste — Que peut un homme ? — doit rester sans réponse et nous savons seulement que s'il eût choisi de tourner ses pouvoirs contre le monde, « rien ne lui eût résisté ». Or si Teste a voulu seulement les appliquer à soi, le récit cependant se clôt sur son échec puisque la douleur soudaine qui le point sépare, en lui, celui qu'il voulait se soumettre, et cette séparation s'affirme, de manière fondamentalement valéryenne, comme la coupure de l'Être et du Connaître : « Je suis étant et me voyant ; me voyant me voir, et ainsi de suite. »

La Soirée marque un apparent achèvement, mais elle annonce plus secrètement, après cet apogée de la maîtrise abstraite, un possible redéploiement en ce tournant du siècle où la situation personnelle de Valéry prend également un cours nouveau : après avoir dû occuper, à compter de 1897, les ingrates fonctions de rédacteur au ministère de la Guerre, il devient en 1900 (c'est aussi l'année de son mariage) le secrétaire particulier d'Édouard Lebey, important administrateur de l'Agence Havas, et les tâches variées qu'il accomplit auprès de cet homme paralysé sont assez limitées pour que l'essentiel de son temps reste consacré à son œuvre. Les *Cahiers* en témoignent au premier chef, mais également plusieurs projets, et l'ébauche, en 1898, d'un important conte expérimental, *Agathe* (posth., 1956), auquel Valéry reviendra sans jamais l'achever. Et si, en cette fin du siècle, quelques minces travaux strictement poétiques valent aussi d'être mentionnés, c'est qu'ils nous montrent qu'en 1912 la mise en chantier de *La Jeune Parque* fut moins la subite éclosion que l'on dit parfois que la résurgence qu'un travail souterrain préparait, et qui rendit possible, jusqu'à la publication de *Charmes* en 1922, une décennie de maturité poétique.

Il s'agit d'abord d'une commande. Sur les instances de Gide et de Gaston Gallimard, qui le pressent de réunir d'anciens textes pour une publication aux jeunes éditions de la *NRF*, Valéry retouche ses poèmes de jeunesse, et bon nombre d'entre eux constitueront l'*Album de vers anciens* (1920). Mais, de renouer ainsi avec une pratique déjà lointaine, le désir se fait jour d'un texte nouveau, qui n'excéderait pas quarante vers et pourrait fermer le recueil des poèmes antérieurs. L'intérêt pris à l'*exercice* — car c'est ainsi qu'il l'envisage : déterminé d'abord par le désir de faire plus que la volonté de dire —, conduisit cependant Valéry au développement imprévu d'une œuvre de 512 vers. S'il en définit le sujet comme « le changement d'une conscience pendant la durée d'une nuit », c'est aussi la question de l'identité posée dès l'*incipit* : « Qui pleure là ? » Par la morsure d'un serpent, une faille s'est ouverte, et la conscience dédoublée de la Parque, en un long mouvement de réminiscence et de songe, s'exprime par une parole dont la variation musicale n'entrave pas la continuité, mais contresigne les divers moments évoqués qui figurent la césure de l'Être. Cette modulation, Valéry songea longtemps à la refermer par un suicide qui aurait assuré le retour du motif de la larme qu'offre l'exposition ; en choisissant très tard le « puissant retour du délice de naître », il atténua donc la mesure funèbre du texte, mais il maintint surtout la différence de soi à soi, et de l'Être au Connaître, que seule la mort eût pu réduire.

Ce long poème, auquel l'alexandrin confère une apparence classique qui ne doit pas abuser, réalise, au plus près, l'ambition que Valéry assignait au poème en vers : le chant continu d'une voix, et d'un Je qui maintient vivante l'origine d'un texte à quoi le travail de la matière verbale impose, plus encore que le sens, les exigences de la composition : c'est un espace-temps séparé qui se crée, sans acception de réalité extérieure, dans le développement d'une forme sensible où le son et le sens alternent et se confortent continûment. Le même souci, sans doute, gouverne les poèmes de *Charmes*, mais ils souffrent pourtant de ne pas constamment offrir la hauteur maintenue de *La Jeune Parque*, et s'ils témoignent d'une grande variété de sujets, de mètres et d'images, cette virtuosité affecte à coup sûr l'unité du recueil. Une cohérence pourtant s'affirme : celle que maintiennent et renouvellent les variations d'un vrai Sujet lyrique qui unit l'abstraction de certains moments de l'Esprit aux sensations diverses qui attachent le Corps au Monde.

Le lyrisme est celui de la voix, mais également d'un univers ainsi *interprété* et, par le biais de questions, de thèmes ou motifs assez récurrents pour ouvrir également à une lecture transversale : c'est à l'évidence le cas des « Fragments du Narcisse », qui reprennent, après le « Narcisse parle » (1891) de l'*Album de vers anciens* et avant la *Cantate du Narcisse* de 1939, une figure trop surdéterminée, chez Valéry pour ne pas largement excéder un pur thème littéraire. Parce que Narcisse incarne, aussi bien que Teste et la Parque, l'essentielle question de la séparation intérieure, les « Fragments » donnent à lire une expérience existentielle, et leur inachèvement même garde trace de la rencontre, en 1920, de Catherine Pozzi, en qui Valéry crut découvrir justement l'Autre qui serait également sa Pareille. Parce que la vive passion qui se noua fut doublée d'une exceptionnelle harmonie des intelligences, cet attachement est un des grands événements de l'existence de Valéry, aussi considérable, de son propre aveu, que la Crise de Gênes — et qui marque à bien des égards une réelle inflexion de sa pensée et de son œuvre.

Si l'écriture des « Fragments » s'en trouva suspendue, un admirable poème en prose esquissé peu après — *L'Ange* (posth., 1946) —, ne nous montre pas simplement l'importance que conserve la figure de celui qui se voit sans se reconnaître ; il nous invite aussi à ne pas oublier que l'écriture de Valéry ne saurait se réduire, et particulièrement en ces années, à la seule pratique du vers. Dans l'espace réservé des *Cahiers*, une difficile réflexion sur la prose s'élabore, où s'affirme en particulier sa recherche d'une « autre prose », demeurée expérimentale, que les contraintes de construction eussent élevée à l'égal du vers ; le roman, d'autre part, fait l'objet d'une approche nouvelle, et la critique radicale d'une représentation anonyme du réel extérieur, dont déjà témoignait *La Soirée avec Monsieur Teste*, ouvre à une réorientation du genre dont témoignent les *Histoires brisées* (posth., 1950). Le recueil, sans doute, est assez composite, mais l'essentiel des textes qu'il accueille, et qui furent rédigés vers 1923, proposent la plus précise illustration du travail que Valéry a conduit dans la perspective d'un roman subverti. Le titre est éloquent : il s'agit bien d'*histoires*, et une narration se découvre, centrée sur un héros établi à la marge de l'humanité ; mais ces histoires diverses — quelques pages de récit, une ébauche de scénario, un extrait de Journal — sont en effet *brisées* : sans commencement ni fin véritables, plus proches du conte que du roman, leur écriture, dénouée d'un vraisemblable trop contraignant, noue la rêverie concrète à l'invention abstraite.

Tant d'événements s'y entrecroisent, et si différents, que les années 1920 déterminent un essentiel tournant. Au moment, en effet, où ces recherches se développent, la publication rapprochée de *La Jeune Parque*, de l'*Album* et de *Charmes*, confortée par la réédition, en 1919, de *La Soirée* et de *l'Introduction*, constitue soudainement une Œuvre, et fait de Valéry un écrivain célèbre. Une carrière d'homme de lettres devient possible, dont la disparition d'Édouard Lebey, en 1922, le contraint d'accepter les ressources. Cette carrière, bien des honneurs sans doute l'accompagnent — l'Académie française en 1927, dix ans plus tard la chaire de Poétique que le Collège de France crée pour lui — mais bien des servitudes aussi, et son œuvre s'en trouve infléchie. Les commandes nombreuses auxquelles il lui faut désormais répondre, avec une lassitude rapidement croissante — préfaces, articles, conférences dans l'Europe entière — vont offrir peu à peu la matière de nombreux recueils : les cinq volumes de *Variété* (1924-1944), *Pièces sur l'art* et *Regards sur le monde actuel* (1931) ou bien *Vues* (posth., 1948). Si ces publications proposent une écriture publique, d'autres recueils les équilibrent qui, largement composés de pages venues des *Cahiers* — pensées, poèmes en prose, fragments divers —, offrent au contraire bien des modalités d'une écriture privée : ainsi paraissent successivement *Mélange* (1939), *Mauvaises Pensées* (1942), et les deux volumes de *Tel quel* (1941 et 1943).

Certains de ces textes font place à une réflexion largement éloignée de la littérature, et qui nous offre un triple témoignage : celui d'une action véritable puisque, dans diverses instances culturelles de la Société des Nations, Valéry prend à cœur, de 1925 à 1939, d'encourager une plus féconde Liberté de l'Esprit dans une Europe dont la décadence est source d'une croissante angoisse ; celui d'une authentique pensée du politique, que précisent les notes consignées de 1936 à 1938 dans un carnet, *Les Principes d'an-archie pure et appliquée* (posth., 1984), dont le titre affirme la difficulté de faire coexister l'égalité de droit des citoyens, et l'inégalité de fait qu'entraînent la diversité des esprits et la nécessité de conforter les meilleurs pour une manière d'*aristarchie* ; celui de certain désarroi théorique, enfin, face à une science qui, en éloignant le réel sensible au profit d'une abstraction et d'une complexité grandissantes, efface toute similitude entre le monde et la représentation qu'en offre le savoir. Cette réflexion, un Traité inachevé de 1937, *Cartesius redivivus* (posth., 1986), en esquisse l'essentiel, en même temps qu'il affirme le désir valéryen d'un redressement de l'individu grâce en particulier à l'*exercice* de la philosophie, qui permet à chacun de construire *son* intelligence du monde.

Faire de cet assombrissement général la trame d'une grande œuvre, Valéry y songea dès 1924, — et c'eût été un *III*^e^ *Faust* qui, évoquant la science aussi bien que la politique, aurait dressé l'imposant tableau d'une civilisation essoufflée où Faust eût figuré l'Esprit européen. De ce projet si ambitieux, *« Mon Faust »* (1941) n'offre qu'un écho atténué, car ce divertissement rapidement écrit dès la défaite de 1940 masque souvent d'étincelante légèreté la profonde gravité de questions que Valéry voulut plus profondément développer, comme en témoignent deux actes inédits qui infléchissent le sens de l'œuvre. Moins soumise à de vraies exigences dramatiques qu'à celles du pur dialogue dont Valéry est familier après *Eupalinos* (1921), *L'Âme et la Danse* (1921), *L'Idée fixe* (1932), et avant le *Dialogue de l'Arbre* (1943), la tonalité de la pièce est singulièrement différente dans la première partie, une *comédie* dont Lust, jeune secrétaire de Faust, est le personnage éponyme, et dans la *féerie dramatique*, *Le Solitaire*, qui en constitue la seconde partie. Autour d'un Faust désabusé, campé en Conscience supérieure, la comédie met d'abord en scène la tentation de l'amour — mais Lust est celle « qui vient trop tard » —, et un Diable inférieur dont les pouvoirs se réduisent à de dérisoires facéties ; plus amère, la féerie établit face à face un Faust qui incarne la mesure contingente de l'homme et le Solitaire qui figure son Moi pur, — et la violence de leur affrontement verbal, qui s'achève sur la chute délibérée de Faust au fond de l'abîme, tandis que le Moi Solitaire reste au sommet de la montagne, témoigne d'un désespoir qui contraste avec la plaisante dérision de *Lust*. C'est néanmoins ce face à face qui témoigne au plus près du dernier Valéry, car c'est également lui qu'expriment, au mois de mai 1945, les ultimes retouches apportées à *L'Ange* dont la douleur entrave l'identité de soi à soi, comme les dernières notes du dernier *Cahier* placé « Sub signo doloris ». Valéry meurt le 20 juillet 1945. Le général de Gaulle décide des obsèques nationales.

ŒUVRES. — *Œuvres*, éd. Jean Hytier, Bibliothèque de la Pléiade, t. I, 1957 ; t. II, 1960. — *Cahiers*, édition intégrale en fac-similé, Éditions du CNRS, 1957-1961, 29 t. — *Cahiers*, éd. Judith Robinson, anthologie, Bibliothèque de la Pléiade, t. I, 1973 ; t. II, 1974. — *Cahiers 1894-1914*, édition typographique intégrale, éd. Nicole Celeyrette-Pietri, Gallimard, 6 tomes parus, 1987-1997. — *Vues*, La Table ronde, 1948. — *Lettres à quelques-uns*, Gallimard, 1952. — *Correspondance Gide-Valéry*, éd. Robert Mallet, Gallimard, 1955. — *Correspondance Fourment-Valéry*, éd. Octave Nadal, Gallimard, 1957. — *La Jeune Parque et poèmes en prose*, éd. Jean Levaillant, Poésie-Gallimard, 1974. — *Alphabet*, Auguste Blaizot, 1976. — *Une chambre conjecturale*, Fata Morgana, 1981. — *Les Principes d'an-archie pure et appliquée* (suivi de *Valéry et la politique* par François Valéry), Gallimard, 1984. — *Cartesius redivivus*, éd. Michel Jarrety, *Cahiers Paul Valéry*, n° 4, Gallimard, 1986. — *Lettres et notes sur Nietzsche*, éd. Michel Jarrety, dans *Valéry pour quoi ?*, Les Impressions nouvelles, 1987.

→ Judith Robinson, *L'Analyse de l'esprit dans les « Cahiers » de Valéry*, Corti, 1963. — Jürgen Schmidt-Radefeldt, *Paul Valéry linguiste dans les « Cahiers »*, Klincksieck, 1970. — Huguette Laurenti, *Valéry et le théâtre*, Gallimard, 1973. — *Paul Valéry contemporain*, dir. Monique Parent et Jean Levaillant, Klincksieck, 1974. — Huguette Laurenti dir., *Lectures de « Charmes »*, *Revue des lettres modernes*, 1974 ; *Recherches sur « La Jeune Parque »*, *ibid.*, 1977. — *Cahiers Paul Valéry*, éd. Jean Levaillant et Agathe Rouart-Valéry, Gallimard, t. I : *Poétique et poésie*, 1975 ; t. II : « *Mes théâtres* », 1977 ; t. III : *Questions du rêve*, 1979. — Florence de Lussy, *La Genèse de « La Jeune Parque »*, Minard, 1975. — Nicole Celeyrette-Pietri, *Valéry et le Moi*, Klincksieck, 1979. — Régine Pietra, *Valéry. Directions spatiales et parcours verbal*, Minard, 1981. — *Écriture et génétique textuelle : Valéry à l'œuvre*, éd. Jean Levaillant, Presses universitaires de Lille, 1982. — Jeannine Jallat, *Introduction aux figures valéryennes*, Pise, Pacini, 1982. — *Paul Valéry*, n° spécial de *Littérature*, n° 56, Larousse 1984. — Michel Jarrety, *Valéry devant la littérature. Mesure de la limite*, PUF, 1991. — *Littérature moderne 2, n° spécial Valéry*, éd. André Guyaux et James Lawler, Champion-Slatkine, 1991. — Michel Jarrety, *Valéry*, Hachette, 1992. — François Valéry, *L'Entre-trois-guerres de Paul Valéry*, Nîmes, Jacqueline Chambon, 1994. — Il existe depuis 1974 un *Bulletin des études valéryennes* (Université Paul-Valéry, Montpellier). — Fonds Paul Valéry à la Bibliothèque nationale et la Bibliothèque littéraire Jacques Doucet.

M.J.

Van Cauwelaert Didier (1960). Né à Nice le 29 juillet 1960. Écrivain très précoce — à huit ans, il publiait un feuilleton d'épouvante dans un journal paroissial —, il reçoit le prix Del Duca en 1983 pour son roman *Vingt ans et des poussières* (1982). Auteur brillant, au style alerte et doux-amer, passionné d'art dramatique, il est couvert de prix : en 1984, le prix du Jeune Théâtre de l'Académie française et le prix de la Fondation Johnson couronnent sa pièce *L'Astronome* (créée l'année précédente), le prix Roger Nimier, son roman *Poisson d'amour*. Nouveau coup double en 1986, avec une seconde pièce, *Le Nègre*, et un autre roman, *Les Vacances du fantôme* (Gutenberg du livre 1987). La veine romanesque prédomine ensuite avec *L'Orange amère* (1988), *Un objet en souffrance* (1991) et *Cheyenne* (1993), attestant un goût prononcé pour le présent, la première personne, voire l'autobiographie. Écrivain polymorphe, Didier van Cauwelaert prête également sa plume à la télévision et au cinéma.

ŒUVRES. — Principalement au Seuil et chez Albin Michel.

F.J.

Van der Meersch Maxence (1907-1951). Né le 4 mai 1907 à Croix, dans une famille de la bourgeoisie du Nord, il a été avocat, puis journaliste avant de vivre de sa production littéraire. Son premier roman, *La Maison dans la dune* (1932), dénonçant l'exploitation des ouvriers du Nord réduits à l'alcoolisme, connut un immense succès. Dans la même veine populiste, *Quand les sirènes se taisent* (1933) est le récit d'une grève. Mais l'auteur n'est pas un socialiste en révolte contre son milieu : son idéal est une société paternaliste, où les valeurs familiales triomphent sur celles de l'argent, où la femme se consacre à l'éducation de ses enfants, où une nouvelle piété répare les méfaits d'un sensualisme avilissant : tel est le sujet de *L'Empreinte de Dieu* (1936, prix Goncourt). Les romans de Van der Meersch sont ceux d'un capitalisme en crise : mais plus que de révolutionnaires, c'est de saints que le peuple a besoin, comme l'aumônier d'*Invasion 1914* (1935), le militant jociste de *Pêcheurs d'hommes* (1940), le médecin de *Corps et âmes* (1943, 2 t.). Dans ces romans, comme dans *Maria, fille de Flandre* (1937), *La Femme à l'encan* (1945), *La Fille pauvre* (1948, 3 t.), la veine populiste cède progressivement le pas à l'inspiration religieuse, qui s'exprime aussi dans des vies de saints (*Vie du curé d'Ars*, 1942 ; *La Petite Sainte Thérèse*, 1947). Van der Meersch est mort au Touquet le 14 janvier 1951.

G.P.

Van Rysselberghe Maria (1866-1959). Née à Bruxelles le 9 février 1866, surnommée « la petite dame » en raison de sa taille, elle est la fille de l'éditeur Monnom, et la femme du peintre Théo Van Rysselberghe. Sa rencontre avec Émile Verhaeren date de 1894 : il s'ensuivra une relation tumultueuse, partagée entre amour et amitié ; elle recueillera ses souvenirs sur le poète belge dans *Il y a quarante ans* (1936), *Galerie privée* (1947) et *Strophes pour un rossignol* (1950), publiés sous le pseudonyme de M. Saint-Clair. Liée ensuite avec Gide dont elle sera la secrétaire, elle consignera, de novembre 1918 à février 1951, les faits et gestes de l'auteur des *Nourritures terrestres* dans 19 cahiers, publiés sous le titre *Les Cahiers de la petite dame, notes pour l'histoire authentique d'André Gide* (4 vol., 1973-1977, posth.). Elle est morte à Cabris (Alpes-maritimes), le 24 novembre 1959.

ŒUVRES. — *Cahiers André Gide*, n° 4, 1973 ; n° 5, 1974 ; n° 6, 1976 ; n° 7, 1977.
→ Adrien Jans, *De Montmartre à Montparnasse*, Bruxelles, Sodi, 1968.

O.Bi.

Van Schendel Michel (1929). Né en France, à Asnières, de parents belges, il émigre au Québec en 1952, après des études de droit. Il y exerce divers métiers, journaliste, traducteur, scénariste pour le cinéma, avant de devenir professeur de littérature à l'université du Québec à Montréal. À côté d'une œuvre de critique, de théoricien de la littérature et de sémioticien (*Rebonds critiques I : Questions de littérature*, 1992 ; *Rebonds critiques II : Questions de littérature*, 1993) et de volumes collectifs (*Sédiments 86* et *Sédiments 89*, dirigés par Georges Leroux), il a produit une œuvre poétique où l'on peut distinguer deux périodes. Les premiers recueils, *Poèmes de l'Amérique étrangère* (1958) et *Variations sur la pierre* (1964), font écho aux luttes politiques des années soixante. Directeur de la revue *Socialisme québécois* de 1968 à 1971, il cherche alors, dans ses poèmes, à sortir de l'opposition de la révolte et du monde hostile, trouvant sa voix autant dans un projet social et historique que dans un retour à la grande nature primitive nord-américaine. Après un silence de plus de vingt ans, il publie *Veiller, ne plus veiller* (1978) et *De l'œil et de l'écoute* (1980) comprenant des textes écrits entre 1956 et 1976 : s'y fait jour une critique du système des signes et des simulacres qui, dans la société nord-américaine contemporaine, empêchent l'émergence d'un langage libre. Le poète reste en situation, il entrelace le poème et les savoirs et incorpore au poème la réflexion théorique. *Autres, autrement* (1983) va dans le même sens, à travers citations et allusions. Plus grave, *L'Extrême Livre des voyages* (1987) dresse le bilan d'une histoire récente qui a laissé sa marque d'horreur sur celui qui « porte un siècle de fusils dans [le] dos ».

P.Po.

Vandeputte Henri (1877-1952). Né à Schaerbeek (Bruxelles) le 16 février 1877, collaborateur du *Coq rouge*, fondateur de *L'Art jeune* et, avec Christian Beck, de la revue *Antée*, il est l'inventeur du mot *naturisme* appliqué aux arts et l'un des protagonistes du climat de renouveau qui anime les lettres belges au début du siècle. Si les proses des *Heures harmonieuses* (1897, en collaboration avec Georges Rency) ou les vers des *Poèmes confiants* (1898) trahissent un certain conformisme, avec *La Planète* (1901) et *Le Pain quotidien* (1906) il place ses poèmes sous la coupe de l'exotisme et de la modernité : abandonnant le vers régulier, il use d'un langage libéré où se conjuguent bizarreries syntaxiques et écarts lexicaux, composant des textes tantôt sensuels, tantôt exaltés, en prise directe avec le réel. Ainsi son *Dictionnaire, ajoutez un adjectif en ique* (1922) mêle-t-il des réflexions de toute espèce sur un ton parfois familier, où prédominent l'ironie et la fantaisie, où s'affirme avant tout la liberté de parole. Épicurien convaincu, voyageur (il rapporte d'un séjour aux États-Unis deux romans : *L'Implacable Siska*, 1913 et *Les Amis de Siska*, 1914, écrits sous le nom de Willy), il partage son temps entre le journalisme, les conférences, le jeu, jusqu'à assurer un temps la direction du casino d'Ostende ; il publie alors *L'Autre Vie* (1927), long poème onirique, *L'Œil éclairé* (1927), hymne à la vie, *Poème du poète* (1931), *Petites Lumières* (1933) et *Voix nues* (1936), où éclate avec fougue son goût du luxe, de l'existence et des plaisirs, tandis que s'insinue une pointe de regret pour le temps en allé. *Petit Gig*, son roman de 1944, raconte les déboires et les conquêtes sentimentales d'un père et d'un fils dans le milieu mondain. Vandeputte fera paraître encore une nouvelle, *L'Amante*, en 1947. Il est mort le 4 avril 1952.

ŒUVRES. — *Œuvres complètes*, éd. Victor Martin-Schmets, Bruxelles, Tropisme, 12 t., 1992-1993.

O.Bi.

Vandercammen Edmond (1901-1980). Né à Ohain (Belgique), le 8 janvier 1901, auteur d'une vingtaine de recueils de poèmes, co-fondateur du *Journal des poètes* (1931). Si ses premiers textes le placent dans le sillage du surréalisme *(Hantises et désirs*, 1924 ; *Innocence des solitudes*, 1931) dès *Le Sommeil du laboureur* (1933) son style se clarifie et sa poésie évolue dans une direction plus concrète, prenant en compte les cycles naturels, unissant le devenir humain à la réalité des éléments terrestres *(Saison du malheur*, 1935 ; *Tu marches dans ma nuit*, 1936). La terre est, pour Vandercammen, métaphore du destin individuel et historique : elle participe du temps, de l'espérance et du désir de l'homme *(La Nuit fertile*, 1948 ; *Faucher plus près du ciel*, 1954 ; *Le Sang partagé*, 1963 ; *Le Jour est provisoire*, 1966 ; *Horizon de la vigie*, 1970 ; *L'Amour responsable*, 1973 ; *Étrange durée*, 1975 ; *Pouvoir de flamme*, 1977, *Ce temps que j'interroge*, 1982, posth.). On lui doit aussi de nombreuses traductions de poètes espagnols et sud-américains ; élu à l'Académie royale de langue et de littérature françaises de Belgique en 1952, il est mort le 6 mai 1980.

ŒUVRES. — Aux Éditions De Rache (Bruxelles).

→ *Marginales* (Bruxelles), n° 59, février 1958. — Fernand Verhesen et Élie Willaime, *Edmond Vandercammen*, Seghers, coll. Poètes d'aujourd'hui, 1969. — Jan Rubes, *Edmond Vandercammen ou l'architecture du caché*, Bruxelles, Académie royale, 1984.

O. Bi.

Vandromme Pol (1927). Né à Gilly (Belgique) le 12 mars 1927. Journaliste (directeur du *Rappel)*, pamphlétaire, chroniqueur, essayiste et critique, il a consacré une quarantaine de volumes à défendre avec ferveur et finesse une conception de la littérature relevant d'une esthétique individualiste. Ne dissimulant pas ses sympathies pour une certaine droite littéraire aristocratique, il a élaboré un véritable panorama de la « réaction » culturelle française au XXe siècle, consacrant une série de monographies à des auteurs de la droite nationaliste, anti-gaulliste ou « buissonnière » *(Robert Brasillach*, 1956 ; *Drieu La Rochelle*, 1959 ; *La Droite buissonnière*, 1960 ; *Marcel Aymé*, 1960 ; *Les Tempêtes de mars*, 1961 ; *Louis-Ferdinand Céline*, 1962 ; *Chardonne, c'est beaucoup plus que Chardonne*, 1962 ; *Maurras, l'église de l'ordre*, 1965 ; *Jean Anouilh*, 1965 ; *Lucien Rebatet*, 1968 ; *Roger Nimier*, 1977 ; *Du côté de Céline*, 1983 ; *Michel Déon, le nomade sédentaire*, 1990 ; *François Nourissier : portrait-vérité*, 1993 ; *Céline & Cie*, 1996 ; *Félicien Marceau, le défi d'un irrégulier*, 1996). On lui doit aussi un essai sur la montée des idéologies *(L'Europe en chemise :*

l'extrême-droite dans l'entre-deux-guerres, 1971), des pamphlets (*La Politique littéraire de François Mauriac*, 1957 ; *La France vacharde*, 1982, pastiche de Céline), l'un des premiers livres sur Hergé (*Le Monde de Tintin*, 1959) ainsi qu'un roman, *Un été acide* (1961), réflexion désabusée sur l'engagement pendant la période de la « drôle de guerre ». Pol Vandromme a reçu en 1984 le grand prix du rayonnement français de l'Académie française et en 1992 le prix de l'union des Éditeurs de langue française.

ŒUVRES. — *Le Petit Monde de Tintin*, rééd., La Table ronde, coll. Vermillon, 1994.

O.Bi.

Vaneigem Raoul (1934). Né à Lessines (Belgique), le 21 mars 1934. En contact à partir de 1961 avec Guy Debord et le mouvement international situationniste, il élabore un *Traité de savoir-vivre à l'usage des jeunes générations* (1967) qui énonce les principales revendications du mouvement de mai 68 : libération de l'individu, appropriation de l'instant, autonomie de la pensée. Un glissement du politique à l'individuel se manifeste dans *Le Livre des plaisirs* (1979), hymne à la jouissance immédiate dans une société vouée à l'aliénation des consciences. Depuis *Le Mouvement du libre-esprit* (1980) et *Adresse aux vivants sur la mort qui les gouverne et l'opportunité de s'en défaire* (1990), Vaneigem n'a eu de cesse de dénoncer le matérialisme et la course au profit, responsables de la déshumanisation de la planète (*Lettre de Staline à ses enfants enfin réconciliés de l'Est et de l'Ouest*, 1992 ; *La Résistance au christianisme*, 1993 ; *Les Hérésies*, 1994 ; *Avertissement aux écoliers et lycéens*, 1995 ; *Nous qui désirons sans fin*, 1996). On lui doit aussi une *Histoire désinvolte du surréalisme* (1979, sous le pseudonyme de J.-F. Dupuis) et une monographie sur le poète *Louis Scutenaire* (1991).

ŒUVRES. — *Le Livre des plaisirs*, rééd., Bruxelles, Labor, coll. Espace Nord, 1993.

O.Bi.

Vargaftig Bernard (1934). Né le 24 janvier 1934 à Nancy, il a, tout jeune enfant, connu les persécutions contre les juifs, réfugié à Limoges auprès de sa mère et apprenant à se cacher et à ne rien dire : le silence et le secret resteront les digues de sa parole poétique. L'enfant traqué s'est construit tout un monde intérieur où seuls les nombres ont droit de cité. Ses livres adopteront souvent une construction précise, architecturale, arithmétique comme dans *Orbe* (Flammarion, 1980), recueil en spirale où les syllabes, les vers et les poèmes sont comptés.

Jeune poète remarqué par Aragon dès les années cinquante, il a d'abord publié ses recueils chez divers éditeurs *Chez moi partout* (P.-J. Oswald, 1965), *La Véraison* (Gallimard, 1967), *Jables* (Temps actuels, 1975), *Description d'une élégie* (Seghers, 1975), *Éclat & meute* (Action poétique, 1977), avant de trouver un point d'ancrage éditorial dans la collection Ryôan-ji des Éditions André Dimanche, où il a publié ses derniers livres (*Cette matière* ; *Ou vitesse* ; *Suite Fenosa* ; *Distance nue* ; *Le monde le monde ; Dans les soulèvements*). Cette œuvre singulière, au « langage haché comme la douleur » (Aragon), animée par une recherche constante du vers, s'attache essentiellement à la mort, à l'amour (*Et l'un l'autre Bruna Zanchi*, Belfond, 1981), à la mémoire. Les mots, d'un livre à l'autre, y sont comme pénétrés de silence, ils semblent simultanément se défaire de leurs sens et en générer de nouveaux. Bernard Vargaftig est membre du comité de rédaction d'*Action poétique* ; il a traduit le poète hongrois Sandor Woëres et l'Italien Sbarbaro ; il a reçu le prix de l'Académie Mallarmé en 1991.

V.V. — CIPM

Vauthier Jean (1910-1992). Né à Grace-Berleur, en Belgique, le 20 septembre 1910, d'une famille française de souche belge, il passe une partie de son enfance à Lisbonne, avant de revenir avec sa famille à Libourne, puis à Gradignan. Après des études à l'école des Beaux-Arts de Bordeaux, il entre en 1938 à l'agence Havas mais songe surtout à exposer ses tableaux et à écrire. Grâce à Gérard Philipe et à André Reybaz, auquel il a envoyé des manuscrits, il fait jouer en 1952 *Capitaine Bada* (L'Arche, 1954), qui connaîtra le succès en 1966 à l'occasion de sa reprise par Marcel Maréchal. Dans cette œuvre, René Dupont, dit Badaboum ou Bada, compense l'échec de sa création poétique à travers un flot de paroles de sorte que la médiocrité du réel disparaît derrière la luxuriance de l'écriture. En 1965, Bada réapparaît, marié, dans *Badadesques* (Gallimard, 1967), où il tente de dissimuler son impuissance à une femme qui a vu en lui un amant et un grand créateur. Cette interrogation sur l'écrivain se poursuit avec *Le Personnage combattant* (Gallimard, 1955), pièce dans laquelle un romancier célèbre venu retrouver l'inspiration dans la chambre d'hôtel qui vit naître son premier roman découvre l'impossibilité des recommencements. Après ces œuvres dominées par la figure du rêveur apparaît dans *Les Abysses* (Gallimard, 1963) la silhouette du meurtrier, puisque deux bonnes inspirées des sœurs Papin et de Genet finissent par tuer Madame et Mademoiselle. Ce goût de la violence conduit Vauthier à s'intéresser à Sénèque et au théâtre élisabéthain, qu'il traduit et adapte (*Medea*, d'après Sénèque, Gallimard, 1967 ; *Roméo et Juliette*, Gallimard, 1971 ; *L'Othello de Shakespeare*, Gallimard, 1980 ; *Roi Lear, de Shakespeare*, Éditions Jeanne Lafitte, 1983). À partir de *La Tragédie du vengeur*, de Tourneur, il écrit *Le Sang* (Gallimard, 1970) où le personnage principal, à la fois acteur et metteur en scène, soumet le monde à sa volonté. Enfin, la mort triomphe dans *Le Massacre à Paris* (Gallimard, 1972), d'après Marlowe, qui met en scène le massacre de la Saint-Barthélemy, et dans *Ton nom dans le feu des nuées, Élisabeth* (Gallimard, 1976), adapté d'un anonyme anglais du XVIe siècle, qui montre comment la passion mène au crime une femme adultère. Par son lyrisme de l'outrance, Jean Vauthier redonne à la parole scénique toute sa théâtralité. Il est mort le 5 mai 1992.

→ Robert Abirached, *Jean Vauthier*, Seghers, coll. Théâtre de tous les temps, 1973. — *Jean Vauthier*, *Sud*, Marseille, 1988, n°s 73-74 bis.

J.P.

Vautrin Jean (1933), pseudonyme de Jean Herman. Né à Pagny-sur-Moselle, le 17 mai 1933, diplômé de l'IDHEC en 1955, il est assistant de Roberto Rossellini pour *India*, travaille avec Jacques Rivette et Vincente Minelli en 1958, passe au long métrage avec notamment *Adieu l'ami* (1967), devient scénariste à partir de 1975 *(Flic ou voyou* ; *Garde à vue)*. En 1973, il donne *À bulletins rouges*, roman de série noire (rééd. 1980), suivi entre autres de *Billy-ze-kick* (1974), *Bloody Mary* (1979), *Groom* (1980) : romans sombres, au rythme enlevé, dénonçant la violence sans espoir des cités de la banlieue. Dans la même veine, il publie plusieurs recueils de nouvelles : *Patchwork* (1983, prix des Deux Magots), *Baby-Boom* (1985), *Dix-huit tentatives pour devenir un saint* (1989) et *Courage chacun* (1992). Il est également l'auteur d'un roman autobiographique, *La Vie Ripolin* (1986, grand prix de la Société des gens de lettres). *Un grand pas vers le Bon Dieu* (1989, prix Goncourt) évoque l'épopée des Cajuns en Louisiane.

I.M.

Veinstein Alain (1942). Poète, producteur d'émissions littéraires sur France Culture, il a publié ses premiers textes au cours des années soixante, dans la revue *L'Éphémère* (dirigée par Yves Bonnefoy et André du Bouchet). Son premier ouvrage, *Répétition sur les amas* (Mercure de France), paraît en 1974, suivi en 1978 de *Vers l'absence de soutien* (Gallimard) : pages blanches ponctuées de fragments, de brèves notations elliptiques, qui font le récit d'une difficulté à écrire. Si Alain Veinstein fait ensuite paraître régulièrement des poèmes et des textes consacrés à des peintres (*Corps en dessous*, Clivages, 1979 ; *Ébauches du féminin*, Maeght, 1981), il faut attendre 1989 pour lire deux ouvrages plus importants ; dans *Une seule fois, un jour* (Mercure de France), bouleversante élégie, le poète tente, par une langue morcelée, déchiquetée, d'évoquer une scène que les mots ne peuvent approcher que lentement, peu à peu : la mort d'un enfant. « Les mots comptent pour rien, / ce ne sont que mots perdus / dans un hoquet de chagrin. » L'autre livre publié la même année, *Bras ouverts* (Mercure de France), est le récit fragmentaire de la fuite d'un narrateur dans la blancheur des paysages d'hiver et dans la blancheur du papier. Évocations concrètes, hantises (comme cette image insistante d'une ville engloutie par la terre) y composent la peinture d'un univers en proie à la violence et à la déréliction. Alain Veinstein ne reviendra au récit qu'en 1996, avec *L'Accordeur* (Calmann-Lévy), de facture plus romanesque. Dans les années quatre-vingt-dix, il a dirigé aux Éditions Plon la collection Carnets ; il s'occupe également d'une galerie d'art contemporain.

B.Do.

Velan Yves (1925). Né le 29 août 1925 à Saint-Quentin (Aisne), de père suisse et de mère française, il a passé sa petite enfance près de Paris ; plus tard, la famille s'est installée en Suisse. Il a fait des études de lettres à Lausanne, participé au lancement de la revue *Rencontre* (1950-1953). Membre du parti communiste, il est frappé d'interdiction professionnelle et doit quitter le canton de Vaud ; il enseignera dès lors à La Chaux-de-Fonds. De 1968 à 1978, il est professeur à l'université d'Illinois, aux États-Unis. Son œuvre est habitée d'un perpétuel souci éthique ; dans trois romans fort différents (*Je*, 1959, prix Fénéon et prix de Mai ; *La Statue de Condillac retouchée*, 1973 ; *Soft Goulag*, 1977, grand prix de la Science-fiction francophone), mais toujours interrogeant le fait littéraire et renouvelant le genre romanesque, l'auteur examine la place de l'individu dans la société ou encore le rôle de l'esthétique dans l'engagement politique. *Je* reçut un accueil chaleureux et fut salué par la critique, sensible à sa nouveauté. En pleine guerre froide, un pasteur, persuadé d'être frappé par la « disgrâce », est tenté par les idées des « Rouges ». Monologue intérieur d'une conscience affolée qui s'évertue à déchiffrer le monde, le livre bouleverse les codes du roman réaliste tout en reprenant un thème ancré dans la tradition calviniste. Tout le paradoxe de ce livre, écrit Barthes, est d'être à la fois « roman politique et langage d'une subjectivité éperdue ». Le lecteur retrouve ce paradoxe dans l'ensemble de la production romanesque de Velan. Dans *La Statue de Condillac retouchée*, livre difficile, pivot de l'ensemble, un « sujet » tente d'élaborer une fable vérifiant le savoir marxiste. Mais l'inconscient et le corps perturbent le projet : le désir, le mot exigent peu à peu leur place et le mouvement romanesque est semblable à une psychanalyse dont les détours seraient occupés par l'idéologie. *Soft Goulag* est une fable dans la lignée de *1984* et du *Meilleur des mondes*, dénonçant une société insidieusement totalitaire où l'on discerne les dérives du capitalisme avancé.

ŒUVRES. — *Je*, 1959, Lausanne, L'Âge d'homme, coll. Poche suisse, 1990. — *La Statue de Condillac retouchée*, Le Seuil, 1973. — *Onir*, Vevey, Bertil Galland, 1973. — *Soft Goulag*, Genève, Zoé, 1989. — *Contre-pouvoir*, Bertil Galland, 1978. — *Le Chat Muche*, Genève, Vernay, 1986.

→ Roland Barthes, « Ouvriers et pasteurs », dans *Essais critiques*, Le Seuil, 1964, rééd. coll. Points, 1981. — Philippe Renaud, « Yves Velan ou la recherche fondamentale », *Swiss-French Studies/Études romandes*, mai 1980. — Jean Vuilleumier, *Le Complexe d'Amiel*, L'Âge d'homme, 1985. — *La Revue de Belles-Lettres*, n°s 3-4, 1992 ; *[vwa]*, n° 17, 1993.

P.A.

Velter André (1945). Né à Signy-l'Abbaye dans les Ardennes le 1er février 1945, il arrive à Paris en 1963 et y fait la connaissance de Serge Sautreau. Proches du surréalisme et de l'écriture automatique, ils écrivent plusieurs livres ensemble (*Aisha*, Gallimard, 1966 ; *Du prisme noir*, Fata Morgana, 1971 ; *Dar-î-Nûr*, Cahiers des Brisants, 1983). Entreprise éthique autant qu'artistique, les premiers livres de Velter offrent une poésie violente qui vise à l'anéantissement de toute forme de servitude, véritable *Passage en force* selon le titre de son recueil de 1994 (Le Castor astral-Écrits des Forges) qui réunit *Irrémédiable L'*, *L'Étendue des dégâts* (1973), *Squelette-Braise* et *Blanc de scalp* (1974). En 1973, il participe avec Jean-Christophe Bailly, Yves Buin et Serge Sautreau à *De la déception pure, manifeste froid* (10/18), qui visait, selon Jean-Louis Roux, à « la déstabilisation de la langue pour lui faire perdre [...] sa fonctionnalité, son aspect normatif ». À partir de 1976, il fait de longs séjours en Orient, qui marquent durablement son œuvre. *L'Archer s'éveille* (Fata Morgana, 1981) et *Ce qui murmure de loin* (Fata Morgana, 1985) « témoignent poétiquement de son accord avec les déserts, l'altitude et les hommes de la Haute-Asie ». En 1990, il publie *L'Arbre-Seul* (Gallimard), puis *Du Gange à Zanzibar* (Gallimard, 1993), qui confirment, avec *Ouvrir le chant* (Le Castrol astral-Écrits des Forges, 1994) et *Le Haut-pays* (Gallimard, 1995) son goût pour l'ailleurs. Depuis 1987, il dirige une émission de poésie quotidienne sur France Culture, « Poésie sur parole ». On lui doit aussi des essais, écrits avec Marie-José Lamothe (*Le Livre de l'outil*, Messidor, 1976 ; *Les Bazars de Kaboul*, Métailié, 1979) et une *Anthologie des poètes du Chat noir* (Poésie-Gallimard, 1996).

N.R.

Venaille Franck (1936). Né à Paris, il participe à la guerre d'Algérie et en restera profondément blessé. Comme critique littéraire, il anime de nombreuses revues *(Action poétique*, *Chorus*, *Exit*, *Monsieur Bloom)*. Sa poésie, violente et chargée du sens tragique de l'existence, dit la détresse et la haine. Le sexe, la mort et le souvenir sont les trois thèmes principaux de son œuvre, dégageant un « réalisme du quotidien » transformé en quête intérieure. Le poète emprunte leurs techniques au cinéma, au jazz, à la peinture, pour dire son univers noir et « pourri, pourri de tristesse ».

ŒUVRES. — *Journal de bord*, 1961 et 1962. — *Pourquoi tu pleures, dis, pourquoi tu pleures ? Parce que le ciel est bleu, parce que le ciel est bleu*, 1972. — *L'Apprenti foudroyé : poèmes 1966-1986*, 1987.

F.O.

Venturini Jean-Bernard (1921-1940). À dix-huit ans, il publie un recueil de vers : *Outlines* (préface de René Guillot, Casablanca, Éditions du Moghreb, 1939). Sa révolte a des accents rimbaldiens : « J'ai brisé ces chaînes que l'on croit éternelles / Et j'ai durci mon âme et tué les souvenirs / Famille, amour, amitié, haine, j'ai tout vendu, / J'ai tout renié. J'ai étranglé les joies tranquilles / Et les bonheurs monotones... » Dans ses poèmes d'amour, tendres et agressifs, alternent une douceur qui se voudrait angélique et une sensualité violemment instinctive. Fuyant « les cafés banals des villes bien rangées », il se sent irrésistiblement appelé par l'aventure : « Je veux connaître les peurs et les pays rebelles, / Moi, et secouer les lois dont on m'a harnaché » *(L'Appel)*. Il est mort dans un sous-marin, au large de Casablanca, au début de la guerre.

J.G.

Verane Léon (1885-1954). Né le 21 décembre 1885 à Toulon. La découverte de Rimbaud, Verlaine et des symbolistes décide de sa vocation poétique. Admirateur de Stuart Merrill, il devient son secrétaire. En 1910, il fonde la revue *Facettes*, qui accueille les poètes de l'École fantaisiste, Carco, Pellerin et Derème. Pour subsister, il entre dans l'administration de sa ville, comme employé de mairie, puis bibliothécaire municipal. Sa poésie est proche du quotidien, qu'il évoque avec délicatesse et dont il capte les instants magiques : *La Flûte des satyres et des bergers* (1911), *Dans le jardin des lys et des verveines rouges* (1912), *Bars* (1923), *Le Promenoir des amis* (1924). Adepte de la contre-rime, qu'il emprunte à Toulet, il manie les mètres les plus divers, souvent l'impair, parfois des vers de quatorze ou même seize syllabes. En 1930, *Le Livre des passe-temps* regroupe quelques publications antérieures. Il a publié aussi une étude sur Bellaud de la Bellaudière *(Un « Arquin » provençal au XVIe siècle*, 1927), sur Germain Nouveau *(Humilis*, 1929) et édité les œuvres de Saint-Amant. En 1953, a paru *Le Luthier des équipages*, derniers vers consacrés au port de sa ville natale et à ses bars. Retiré à Solliès-Pont (Var) où, « poète-gargotier », il tient une auberge, il meurt le 10 novembre 1954. Philippe Chabaneix a publié un choix de ses poèmes : *Complaintes pour les mauvais garçons* (Seghers, 1961).

J.G.

Verboom René (1891-1955). Né à Mons (Belgique), le 3 juin 1891. Ami de Pansaers, il collabore à *Résurrection* en donnant des poèmes aux accents décadents avant de publier son premier recueil, *La Courbe ardente* (1922) : une force se dégage de ces textes en vers libres, quelquefois prosaïques, alliant action et sensualité. Avec *Les Collines* (1923) et *Les Miroirs volants* (1926), Verboom revient au mètre régulier, mais aussi à une poésie assagie, louant notamment la nature de son pays. Non conformiste, il devait rester en marge de la société ; emprisonné pour « délit d'opinion » après la Seconde Guerre, il perd peu à peu son équilibre mental, mais réussit encore à publier deux recueils, *La Poétique* et *Le Veilleur* (1950), alternant diatribes mystiques et pertes de conscience dans des poèmes aux accents lancinants, accusant par éclairs la dissémination d'un moi en proie à la folie. Interné dans une maison de santé, il est mort le 7 mars 1955.

→ *Le Thyrse* (Bruxelles), 1965, n° 3-4.

O.Bi.

Vercel Roger (1894-1957), pseudonyme de Roger Crétin. Né au Mans le 8 janvier 1894, il fait des études de lettres à la faculté de Caen, est mobilisé en 1914, puis envoyé en Orient. La guerre terminée, devenu professeur à Dinan, il s'inspire de son expérience militaire pour entrer en littérature. Après *Notre Père Trajan* (1930), il connaît le succès grâce à *Capitaine Conan* (1934, prix Goncourt, rééd. Le Livre de Poche, 1997), qui évoque la déchéance, après l'armistice, d'un héros des corps francs. *Léna* (1936) est le dernier récit dans cette veine. Vercel devient le romancier de l'aventure maritime, prolongeant une inclination déjà présente dans *En dérive* (1931) ou *Au large de l'Éden* (1932). *Remorques* (1935, film de Jean Grémillon, 1941) inaugure une série de récits où le héros en lutte contre les éléments, est parfois, comme Conan, menacé de s'effondrer dès lors que l'épreuve a été surmontée *(Rencontres sur l'épave*, 1936 ; *Jean Villemeur*, 1939 ; *La Hourie*, 1942 ; *Aurore boréale*, 1947 ; *Ceux de la « Galatée »*, 1949 ; *La Peau du diable*, 1950 ; *L'Atalante*, 1951 ; *Été indien*, 1956). Roger Vercel est mort à Dinan le 25 juin 1957.

D.H.

Vercors (1902-1991), pseudonyme de Jean Bruller. Né à Paris le 26 février 1902, son nom reste attaché à la publication clandestine, dans la France occupée de 1943, d'une nouvelle écrite deux années auparavant, qui remporta un immense succès : *Le Silence de la mer*. Jean-Pierre Melville en tirera un film en 1949. Ce récit, écrit dans une langue sobre et pudique, retrace l'étrange relation qui s'établit entre un officier allemand et un vieil homme accompagné de sa nièce, qui l'hébergent dans une vieille maison durant l'hiver 1940. Chaque soir, une veillée les rassemble dans la grande salle de la maison, au cours de laquelle l'officier se livre à un monologue qui ne reçoit comme réponse que le silence. C'est l'occasion pour Vercors de dresser le portrait d'un Allemand raffiné et cultivé vénérant la France et révolté devant le sort qu'elle connaît. L'analyse classique du pourrissement de la France y est d'autant plus frappante qu'elle est faite par un Allemand, admirateur du pacifisme de Briand et désespéré par l'étouffement nazi. La fin du livre voit le départ de l'officier, au moment où commençait à poindre un semblant de réponse de la part de la jeune fille.

Le Silence de la mer, « publié à Paris aux dépens d'un patriote, achevé d'imprimer sous l'occupation nazie le 20 février 1942 », fit date dans l'histoire de l'Occupation en France. Après l'arrêt de *La Pensée libre*, première revue de la Résistance, il fut le premier livre publié par une maison clandestine d'édition, les Éditions de Minuit, dont Vercors était avec Pierre Lescure le fondateur. À la suite de ce roman, les imprimeurs Aulard et Oudeville assurèrent pour le compte de ces éditions l'impression de trente-trois ouvrages sous des pseudonymes abritant des écrivains tels que Mauriac ou Aragon. L'histoire de cette aventure collective sera racontée par Vercors dans *La Bataille du « Silence », souvenirs de Minuit* (1992). L'auteur, pourtant, s'est souvent montré agacé par le poids de ce premier livre qui fit par la suite oublier une œuvre très abondante embrassant des genres divers, l'histoire, l'esthétique, le théâtre et le conte. *Ce Jour-là* (1943), donne une suite au *Silence de la mer*. Paraîtront ensuite : *La Marche à l'étoile* (1943), *L'Imprimerie de Verdun* (1945), *Les Armes de la nuit* (1946), *Les Yeux et la lumière* (1948), *Plus ou moins homme* (1950), *La Puissance du jour* (1951).

Fils d'éditeur, Vercors avait fait des études à l'École alsacienne entre 1909 et 1919. Après des débuts comme ingénieur électricien, sa première carrière fut de graveur et de dessinateur. Il réalisa de nombreux albums organisés en suites d'estampes, par exemple *La Danse des vivants*, composé de ce qu'il appelait des « relevés trimestriels ». Officier de réserve, il est rappelé pendant la seconde guerre, blessé et immobilisé à Romans. Après la Libération et le succès du *Silence de la mer* (réédité soixante-douze fois et traduit en quarante langues), Vercors est unanimement fêté, notamment dans les pays de l'Est, et devient président du Comité national des écrivains.

Son adhésion à l'existentialisme dans les années cinquante, ainsi qu'au communisme, avec lequel il rompra lors des événements de Budapest (1956), ne l'empêche pas de mener à bien une œuvre tout à fait indépendante. Il effectue de nombreux voyages, réalise des adaptations théâtrales pour le TNP ou le Théâtre de la Ville, et poursuit son œuvre romanesque. Dans *Les Animaux dénaturés*, il se pose la question de savoir ce qui distingue la « nature humaine » du reste de la création. Avec *Moi, Aristide Briand*, il tente une reconstruction biographique en utilisant une première personne de fiction, suivant un genre qu'il appelle « essai d'autoportrait ». À la fin de sa vie, il s'attelle à une vaste série intitulée *Cent ans d'Histoire de France* (Plon, 3 t.). Il est mort à Paris le 10 juin 1991.

ŒUVRES. — *Le Silence de la mer*, Le Livre de Poche, 1953. — *Sylva*, Grasset, 1961. — *Ce que je crois*, Grasset, 1975. — *Camille ou l'enfant double*, Rouge et or, 1978. — *Sens et non-sens de l'histoire*, Galilée, 1978. — *Le Piège à loup*, Galilée, 1979. — *Moi, Aristide Briand*, Plon, 1981. — *Les Animaux dénaturés*, LGF, 1984. — *Cent ans d'Histoire de France*, Plon, 1984. — *Ann Boleyn : les 40 mois qui ont fait l'Angleterre*, Perrin, 1985. — *Le Tigre d'Anvers*, Plon, 1986. — *Les Contes des cataplasmes*, Rouge et or, 1989. — *La Bataille du « Silence » : souvenirs de Minuit*, Éditions de Minuit, 1992.

G.Si.

Verdier *(Éditions)*. Maison fondée à Paris et Lagrasse (Aude) en 1979 par Gérard Bobilier, Colette Olive, Michèle Planel et Benoît Rivero. Issues des mouvements idéologiques et culturels d'après 1968, les Éditions Verdier ne sont pas totalement sorties de leur dissidence originelle, en dépit d'un catalogue de plus de deux cents titres, d'une diffusion assurée par les PUF, de quelques succès (notamment *Martin Heidegger et le nazisme* de Victor Farias, 1987) et de la collection « Les Dix Paroles », dirigée par le traducteur Charles Mopsik qui publie des textes issus de la tradition hébraïque. Depuis dix ans, Verdier publie environ vingt-cinq livres par an. Dans le domaine français, parmi ses titres majeurs, figurent les *Œuvres théâtrales* d'Armand Gatti (3 t.), des écrits de Joë Bousquet et des textes courts d'auteurs contemporains, comme Pierre Bergounioux, François Bon, Didier Daeninckx, Henri Meschonnic et Pierre Michon. La maison publie également les ouvrages littéraires de Pierre Dumayet. Verdier a également créé une collection allemande dirigée par Jean-Yves Masson, un secteur italien confié à Bernard Simeone. Dans le domaine espagnol, Verdier a publié Camillo José Cela, Miguel Delibes et Julio Llamazares, et dans celui des sciences humaines, des entretiens de Benny Levy avec Jean-Paul Sartre et des essais de Jan Patocka, Daniel Fabre et Carlo Ginzburg. En contrepoint des textes hébraïques (le Zohar, le Talmud, Maïmonide ou Sholem), Christian Jambet a créé la collection « L'Islam spirituel », où figurent des textes ou traductions d'Henry Corbin.

Al.P. — IMEC

Verhaeren Émile (1855-1916), voir DICTIONNAIRE DES LETTRES FRANÇAISES : LE XIXe SIÈCLE.

Verheggen Jean-Pierre (1942). Né à Gembloux (Belgique), le 6 juin 1942, il a entrepris depuis 1968 *(La Grande Mitraque)* une entreprise de destruction et de sabordage systématique du langage et de l'écriture. Membre de l'équipe de *TXT* depuis 1969, il s'est fait l'héritier du déconstructivisme et de l'expérimentalisme nés dans les années soixante. Iconoclaste, scatologue et pornographe *(Le Grand Cacaphone*, 1974 ; *Le Degré Zorro de l'écriture*, 1978 ; *Divan le terrible*, 1979 ; *Vie et mort pornographiques de Madame Mao*, 1981 ; *NiNietzsche, Peau d'Chien*, 1983), il cultive l'outrance et la logorrhée, déformant et reformant le langage jusqu'au paroxysme et au délire. Se concentrant sur son propre itinéraire dans une Wallonie à l'identité éclatée, il exorcise ses propres démons en se réappropriant toutes les images, tous les clichés, du plus ressassé à l'innommable, à travers un langage sans aucune contrainte normative, sociale, artistique ou géographique *(Pubères, putains*, 1985 ; *Porches, porchers*, 1983 ; *Stabat mater*, 1986, *Les Folies-belgères*, 1989 ; *Artaud Rimbur*, 1990 ; *Ridiculum vitae*, 1994).

ŒUVRES. — *Porches, porchers ; pubères, putains ; stabat mater ou pour l'amour d'un porc*, rééd., Bruxelles, Labor, coll. Espace Nord, 1991. — *La Grande Mitraque*, rééd., Amay, L'Arbre à paroles, 1995.

→ *Sapriphage* (Nanterre), n° spécial (21), mai 1994.

O.Bi.

Verhesen Fernand (1913). Né à Bruxelles, le 3 mai 1913. Fondateur, en 1954, du Centre international d'études poétiques, co-directeur, avec Frans De Haes, du *Courrier du C.I.E.P.*, animateur des Éditions Le Cormier, il contribue à la propagation et à l'information, en Belgique, des diverses orientations de la poésie contemporaine. Son œuvre poétique est tournée vers la lumière, clé de la connaissance et métaphore de l'intelligence de l'homme avec l'univers. De *Voir la nuit* (1947) et *Franchir la nuit* (1970) à *Sous la clarté mobile* (1975) et *Les Clartés mitoyennes* (1978), l'exigence est double, liant la vie à la poésie, le langage à la découverte de l'être et du réel. *L'Archée* (1981), *Secrète Assonance* (1990), *Lieu d'être* (1991) confirment cet itinéraire rigoureux, parfois proche de celui de René Char, dans une langue souple et concise. Il a exprimé sa conception de la poésie dans *Voies et voix de la poésie française contemporaine* (1960). On doit aussi à cet hispaniste de renom des traductions, des anthologies et des essais consacrés à la littérature espagnole et sud-américaine *(Poètes d'Espagne et d'Amérique latine*, 1960). Il a été élu à l'Académie royale de langue et de littérature françaises de Belgique en 1973.

ŒUVRES. — *Propositions*, Bruxelles, Le Courrier, Centre international d'études poétiques, coll. Textes, 1994.

→ André Miguel, *L'Homme poétique*, Éditions Saint-Germain-des-Prés, 1974.

O.Bi.

Vernay (Éliane). Maison d'édition fondée en 1977 à Genève par Éliane Vernay, elle se spécialise dans la poésie, publiant également des études et des essais consacrés aux artistes suisses (Ansermet, Crisinel, Jaccottet).

B.Z.

Vernes Henri (1918), pseudonyme de Charles-Henry Dewismes. Né à Ath (Belgique) le 16 octobre 1918, agent du service de renseignements alliés pendant la Seconde Guerre, puis correspondant d'une agence de presse américaine, il s'est spécialisé dans le roman d'aventures pour adolescents. Utilisant divers pseudonymes (Robert Davids, Duchess Holiday, Ray Stevens, Jacques Seyr), c'est sous la signature d'Henri Vernes qu'il a obtenu le succès, avec la série des *Bob Morane* (près de 150 titres). Commencées en 1953 avec *La Vallée infernale*, les péripéties du commandant Morane et de son second Bill Ballantine se concentrent sur un seul objectif : combattre le mal et la criminalité organisée à l'échelle mondiale. La camaraderie, l'exotisme, le goût de la technique (jusqu'à la science-fiction), de l'action et du suspens sont les ingrédients principaux de ces épisodes ; les caractères stéréotypés et sommaires des personnages (l'honnête et viril Morane, le joueur et buveur Ballantine, le savant professeur Clarambaut, le mal incarné dans l'Ombre jaune, la traîtrise et l'ambiguïté des personnages féminins) assurent la continuité de la série et garantissent puissance et immortalité aux héros. Les romans d'Henri Vernes ont été traduits en douze langues et publiés à près de quatre-vingt-dix millions d'exemplaires.

ŒUVRES. — Aux Éditions Marabout, Fleuve noir et rééd. Bruxelles, Claude Lefrancq.

→ *Henri Vernes*, éd. Benoît Peeters, Bruxelles, Lefrancq, coll. Les Dossiers du phénix, 1996.

O.Bi.

Verneuil Louis (1893-1952), pseudonyme de Louis Collin Barbié du Bocage. Né à Paris, il débute au théâtre à vingt ans et ne cessera plus de travailler pour la scène. Acteur, directeur de théâtre, impresario et dramaturge prolifique, il a déjà écrit seize pièces en 1924, souvent en collaboration avec son ami G. Berr. Il lance Elvire Popesco, qui sera pendant quatorze ans son interprète. Ses nombreuses comédies, très populaires, sont d'un faiseur expérimenté. Auteur de « Boulevard », il concilie le vaudeville et ses coups de théâtre avec la satire des caractères et de la société, privilégiant le rythme d'intrigues à la fantaisie débridée. En 1940, il émigre aux États-Unis, où il fait jouer des pièces en anglais, avec des fortunes diverses. Il met fin à ses jours, le 3 novembre 1952, peu de temps après son retour en France.

ŒUVRES. — *Monsieur Beverley* (avec G. Berr), 1917, rééd. Amicale, 1972. — *Pour avoir Adrienne*, 1919. — *L'Amant de cœur*, 1921. — *Ma cousine de Varsovie*, 1924.

— *Pile ou face*, 1924. — *Azaïs*, 1925. — *Le Fauteuil*, 1926. — *Maître Bolbec et son ami* (en collaboration avec G. Berr), 1928, rééd. Amicale, 1972. — *La Banque Nemo*, 1932. — *L'École des contribuables*, 1934. — *Affairs of State*, 1950. — *Love and Let Love*, 1951. — *Rideau à neuf heures* [mémoires], Éditions des Deux Rives, 1945.

I.M.

Véry Pierre (1900-1960). Né le 17 novembre 1900 à Bellon, en Charente, d'abord cycliste, puis garçon de cuisine sur un cargo et enfin bouquiniste, il publia divers récits (*Pont égaré*, 1929 ; *Léonard ou les délices du bouquiniste*, 1946) et surtout des romans policiers, dont *Le Testament de Basil Crookes* (1930, grand prix du Roman d'aventures), *L'Assassinat du Père Noël* (1934), *Les Disparus de Saint-Agil* (1935) et *Goupi-mains-rouges* (1937), créant dans ces « contes de fées pour grandes personnes » un univers mystérieux imprégné d'un onirisme enfantin, et inspirant des réalisateurs comme Christian-Jaque ou Jacques Becker. Il s'est éteint à Paris le 12 octobre 1960.

W.M.

Vialar Paul (1898-1996). Né à Saint-Denis le 18 septembre 1898, d'abord auteur dramatique, il a rencontré le succès avec son premier roman, *La Rose de la mer* (1939, prix Femina ; rééd. Folio, 1973) et s'est ensuite consacré à ce genre, dans lequel il a donné une œuvre abondante, vastes cycles comme *La mort est un commencement* (1946-1951, 8 t.), *La Chasse aux hommes* (1952-1953, 10 t.), *Chronique française du* XXe *siècle* (1955-1961, 10 t.), ou romans variés (publiés chez Flammarion) comme *L'Éperon d'argent* (1952), *Le Bon Dieu sans confession* (1953), *Le Fusil à deux coups* (1960), *Le Temps des imposteurs* (1960), *La Fin des imposteurs* (1962), *Le Roman des oiseaux et des bêtes de chasse* (1964), *Safari vérité* (1970), *Mon seul amour* (1971), *La Croule* (1974), *Le Triangle de fer* (1976), *La Chasse de décembre* (1979), *L'Homme du fleuve* (1981).

M.Ber.

Vialatte Alexandre (1901-1971). Né le 22 avril 1901 à Magnac-Laval, où son père, officier de carrière, était en garnison, il appartient à une famille originaire de la région d'Ambert, dans le Puy-de-Dôme. L'Auvergne sera pour l'écrivain une source de rêves, un réservoir de souvenirs, un refuge où écrire en paix. L'atmosphère d'Ambert, où il a vécu adolescent, entre pour une bonne part dans ce mélange de burlesque et d'étrangeté que l'on retrouve dans les petites villes de province qui constituent le cadre de ses récits.

La rencontre avec Henri Pourrat, en 1916, avec lequel il gardera toute sa vie des liens étroits, sera déterminante pour les débuts littéraires du jeune homme. Dès les années 1920-1922, alors qu'il prépare une licence d'allemand à Clermont-Ferrand, il commence à publier des poèmes dans *La Vie*, et, dans la revue des étudiants clermontois, *Le Gay Scavoir*, sous le pseudonyme de Colas Morton Roule, les textes de *Sur la route de Mandalay*. C'est déjà le ton mi-nostalgique mi-parodique, la versification en clin d'œil des complaintes dont il agrémentera *Les Fruits du Congo*, déjà aussi ce monde fait d'affiches, d'images surannées, de rêves exotiques. La prose du jeune écrivain est encore très marquée par l'influence de Giraudoux.

Grâce à la recommandation de Jean Paulhan, Vialatte, nommé en 1922 traducteur dans les bureaux militaires français en Allemagne, devient rédacteur en chef de la *Revue rhénane*, qui s'emploie au rapprochement franco-allemand. C'est le début d'une œuvre de traduction, qui va absorber une part importante de son énergie : Nietzsche, Emil Ludwig, Gottfried Benn, Hoffmanstahl, Brecht. Les articles publiés dans les années vingt, et recueillis dans le volume *Bananes de Königsberg* par Ferny Besson, témoignent d'une violente déception face à la réalité de l'Allemagne rêvée, mais aussi de la lucidité du jeune journaliste face aux signes avant-coureurs du fanatisme.

En 1925, la lecture d'un écrivain inconnu, mort l'année précédente, constitue une expérience déterminante pour Vialatte. Il vient de découvrir *Le Château* de Kafka. Il en publie des extraits dans la *Revue rhénane*, et sera le premier à le traduire en français : *La Métamorphose* paraît en 1928 chez Gallimard. Vialatte traduira presque toute son œuvre, dont *Le Procès* (1933), *Le Château* (1938) et les *Lettres à Milena* (1956).

Les traductions n'ont pas seulement accaparé son temps, elles ont longtemps occulté son œuvre de romancier, jusqu'à la faire paraître secondaire. On pourrait du reste trouver étrange l'attachement de Vialatte à un auteur *a priori* si éloigné de lui que Kafka. Mais leurs deux univers présentent certaines affinités : le parcours initiatique, l'humour métaphysique, les répétitions obsédantes des mêmes gestes dans des existences dérisoires. L'influence de Kafka se fait sentir chez certains personnages de Vialatte : l'inquiétant M. Panado, par exemple, sorte de démon grotesque aux allures de ténor démodé, ou ces petits fonctionnaires maniaques qui perdent leur vie dans des comptabilités absurdes, jusqu'à la folie, tel Vingtrinier, le meurtrier des *Fruits du Congo*.

En 1928, de retour en France, Vialatte écrit en quinze jours et publie chez Gallimard son premier roman, *Battling le Ténébreux*. D'emblée, il est en pleine possession de son univers et de son style. Roman de l'adolescence et du suicide, comme *Salomé* ou *Les Fruits du Congo*, *Battling le Ténébreux* s'impose par la fantaisie et la grande inventivité du langage, le mélange d'humour et de tendresse mélancolique avec lesquels l'auteur décrit la puissance mortelle du rêve qui s'empare des âmes enfantines.

En 1929, Vialatte épouse Hélène Gros-Coissy. Il n'a aucune ressource régulière. La nécessité de faire vivre une famille l'oblige à multiplier traductions et articles. Il commence des romans qu'il n'a pas le temps d'achever. Il publie cependant un recueil de nouvelles, *Badonce et les créatures*, en 1936. En 1937, il est nommé professeur à Heliopolis. De retour d'Égypte, deux ans plus tard, il rejoint le front en Alsace. Blessé, fait prisonnier pendant la débâcle, il simule la folie. On l'interne dans un hôpital psychiatrique jusqu'en 1941. *Le Fidèle Berger* (1942) retrace cette expérience. Il s'agit d'un texte un peu à part dans son œuvre, le plus autobiographique et le seul dans lequel l'humour tienne une place minime. Capturé par l'ennemi, le soldat Berger s'imagine être détenteur d'un secret confié par un ami avant la guerre. Il tente de se suicider pour être sûr de ne pas se faire arracher ce secret. Malgré l'échec de ce suicide, il continue à vivre comme s'il était mort. L'ami retrouvé lui avouera plus tard qu'il ne se souvient plus de lui avoir fait la moindre confidence.

Après la guerre, correspondant de presse en Allemagne occupée, le germanophile Vialatte est profondément marqué par les procès des chefs nazis du camp de Bergen-Belsen, dont il rédige des comptes rendus pour *Les Lettres françaises* et *XXe siècle* (voir par exemple « Ces messieurs de Lünebourg », dans *Bananes de Königsberg)*.

En 1951, *Les Fruits du Congo* concurrencent, pour le prix Goncourt, *Le Rivage des Syrtes* de Gracq. Dans ce grand roman, les mythes et les obsessions de Vialatte se développent pleinement, avec une force et une liberté qui s'imposent à la construction romanesque, la soumettent aux infinies variantes et redites du rêve, aux digressions, aux ellipses et à l'entremêlement des récits. La merveille et l'humour germent d'une patiente attention aux humbles réalités. L'histoire de ce groupe d'adolescents fascinés par la négresse d'une affiche publicitaire, et victimes de leurs chimères, se développe jusqu'au tragique dans un luxe de détails incongrus, d'objets nostalgiques. M. Panado, personnage esquissé dans une nouvelle de *Badonce et les créatures*, inspiré de l'Ubu de Jarry et tirant son nom d'un poème de *Calligrammes* d'Apollinaire, y prend des dimensions métaphysiques : c'est une sorte de divinité à la fois grotesque et inquiétante de l'angoisse, c'est aussi l'histoire moderne qui dévore les hommes. Les charniers de Belsen, que Vialatte n'a pas oubliés, se profilent à la fin du roman.

L'ouvrage a peu de succès et Vialatte est contraint de donner un « Almanach » mensuel à *Marie-Claire*, un bulletin hebdomadaire à *La Montagne*, le quotidien de Clermont-Ferrand (à partir de 1952), et de 1962 à 1971, des chroniques à *Spectacle du monde*. Dispensant conseils d'horticulture, de cuisine ou de maquillage, utilisant almanachs des bergers, calendriers horticoles et horoscopes, pénétré de sa lecture de Buffon et de Cuvier, il bricole de petits chefs-d'œuvre de poésie loufoque, émaillés d'aphorismes insolites et de faux proverbes bantous, créant un genre qui tient à la fois de l'encyclopédie, du catalogue Manufrance, du conte oriental et de la fatrasie. Il partage ce goût du mélange et du saugrenu avec son ami Jean Dubuffet. Il consacre au peintre un certain nombre de ces chroniques, qui seront réunies dans *Jean Dubuffet et le grand magma* (1988).

Vialatte a trouvé avec la chronique la forme qui lui convient le mieux. Il s'y sent plus à l'aise que dans la narration et peut mieux y donner libre cours à sa fantaisie. On y trouve à la fois une satire de l'homme moderne, des plaidoyers pour l'Algérie française, une encyclopédie parodique, un témoignage sur vingt ans de vie littéraire et artistique (Vialatte s'y intéresse aussi bien à la littérature, à la sculpture, à la peinture qu'à la bande dessinée et à la photographie), des leçons d'orthographe et de syntaxe, un humour à l'échelle cosmique et un profond pessimisme. Mais, par-dessus tout, c'est un regard émerveillé que le choniqueur porte sur le monde, invitant le lecteur à partager son étonnement.

L'art de Vialatte fait coïncider le détail le plus infime et la plus grande généralité au sein du même objet. La banalité quotidienne peut toujours prendre les couleurs étranges du mythe, les notions abstraites se réduire à leur incarnation la plus dérisoire. La femme est « de la plus haute antiquité », l'homme est « le roi des mammifères. Il change à *Italie* et descend à *Saint-Jacques*. On le reconnaît à son chapeau mou ». Quant à ses héros, ses « enfants frivoles », ils choisissent toujours « l'excessif ou le parodique : dans l'amour le suicide, dans l'armée les Spahis ». Ils ont parfois quelque chose de fellinien, et Vialatte reconnut dans *Huit et demi* l'image de ce qu'il cherchait à réaliser dans le roman.

Le côté carnavalesque des récits et des chroniques de Vialatte tient à cette métamorphose constante du banal aperçu selon une optique adéquate. Nul motif plus répandu dans son œuvre que celui de l'optique (photographie, jumelles, vitrines de musées, fausses fenêtres ou fausses portes qui ne donnent sur rien, belvédères, loupes, etc.) et de ses effets : ombres, anamorphoses, effets de perspective. Tout est une question de regard, de point de vue. L'optique devient une métaphore de l'écriture. Or l'originalité du style de Vialatte tient en partie, paradoxalement, à l'usage qu'il fait du cliché. Il recycle les romances sentimentales, les stéréotypes, les formules toutes faites, l'esthétique de la réclame ou de la carte postale pour en faire quelque chose d'inimitable. Il s'agit, comme le dit Luc de Capri dans *Camille et les grands hommes*, de « transsubstantier » la carte postale.

Dans presque tous ses romans, le narrateur occupe une place très secondaire. Il en est réduit à observer les autres vivre, aimer, se perdre. Celui qui voit, qui raconte, se trouve exclu. Ce décalage caractéristique du point vue narratif rejoint chez Vialatte ce sentiment métaphysique qu'il exprime sans cesse, sous diverses formes (la plus constante étant l'humour), et qui consiste à se sentir toujours à côté de soi-même, à se regarder vivre.

Si l'adolescent occupe le centre de ses romans, les figures paternelles ne sont pas moins importantes : petits fonctionnaires saisis par la mégalomanie, ils passent directement de la banalité à la démence, jusqu'à devenir meurtriers comme Vingtrinier, ou ruiner leur famille comme Balandrier dans *Le Fluide rouge* et Chaussier dans *Salomé*.

À sa mort, en 1971, à Paris, Vialatte n'a pas pu achever son grand projet romanesque de *La Complainte des enfants frivoles*. Cet écrivain méconnu laisse beaucoup de romans inachevés, de projets, d'inédits qui paraîtront à titre posthume : *Salomé*, *Le Fluide rouge*, *Camille et les grands hommes*. Le thème de *La Dame du Job* ressemble à celui des *Fruits du Congo* : fascinés par une lointaine auberge aperçue dans la montagne, deux enfants l'imaginent comme la porte d'un autre monde. Ils y parviennent un jour, mais assistent à un meurtre. Dans leur chambre, ils découvrent ensuite la réclame du papier à rouler Job, qui représente une jeune Orientale fumant une cigarette. Elles s'associe désormais pour eux à la mort et au sacrifice. Dans la seconde partie, l'un des deux enfants retrouve, pendant la guerre, *La Dame du Job* incarnée, au cœur d'un étrange pays de montagne. L'histoire est caractéristique des obsessions de son auteur : le frivole associé à l'angoissant, ces événements cruciaux qui reviennent et qu'il faut toujours vivre deux fois, en particulier la mort elle-même.

L'un des plus originaux de ces récits, *La Maison du joueur de flûte*, raconte l'histoire du propriétaire d'une maison hanté par les folies de ses bizarres locataires, décrit les pièces étranges dans lesquelles il ne parvient plus à pénétrer. Ce récit halluciné de l'obsession et de l'échec de l'écriture rejoint, sans renoncer à l'émotion ni à l'humour, les recherches du milieu du siècle sur le roman. La publication de ces textes, ainsi que celle, en volume, des chroniques permet de mieux comprendre aujourd'hui l'originalité de cette œuvre majeure, à l'écart des modes et des grands courants du siècle, et pour cela sans doute trop longtemps sous-estimée.

ŒUVRES. — **Romans et récits** : *Battling le ténébreux*, Gallimard, 1928. — *Badonce et les créatures*, Uzès La Cigale, 1937. — *Le Fidèle Berger*, Gallimard, 1942. — *Les Fruits du Congo*, Gallimard, 1951. — *L'Auberge de Jérusalem*, Le Dilettante, 1986. — *La Maison du joueur de flûte*, Arléa, 1986. — *La Dame du Job*, Arléa, 1987. — *Le Fluide rouge*, Le Dilettante, 1990. — *Salomé*, Les Belles Lettres, 1992. — *Camille et les grands hommes*, Les Belles-Lettres, 1994. — **Chroniques, essais, choix de textes divers** (chez Julliard, sauf indication contraire) : *La Basse Auvergne*, De Gigord, 1936. — *Dernières nouvelles de l'homme*, 1978. — *Et c'est ainsi qu'Allah est grand*, 1979. — *L'Éléphant est irréfutable*, 1980. — *Almanach des quatre saisons*, 1981. — *L'Auvergne absolue*, 1983. — *Antiquité du grand chosier*, 1984. — *Bananes de Königsberg*, 1985. — *La Porte de Bath-Rabbim*, 1986. — *Éloge du homard et autres insectes utiles*, 1987. — *Les Champignons du détroit de Behring*, 1988. — *Jean Dubuffet et le grand magma*, Arléa, 1988. — *Chroniques des grands micmacs*, 1989. — *Profitons de l'ornithorynque*, 1991. — *Chroniques des immenses possibilités*, 1993. — *Pas de H pour Natalie*, 1995. — *Dires étonnants des astrologues*, Le Dilettante, 1995. — *L'Oiseau du mois*, Le Dilettante, 1995. — *Légendes vertigineuses du Dauphiné*, Christian de Bartillat, 1995. — **Poèmes** : *La Paix des jardins*, La Différence, 1990.
→ Ferny Besson, *Alexandre Vialatte ou la complainte d'un enfant frivole*, Jean-Claude Lattès, 1981. — François Béal, *Vialatte que j'aime : panorama de l'étrange échassier*, Clermont-Ferrand, Coralli, 1995. — Denis Wetterwald, *Vialatte*, Le Castor astral, 1996. — Pierre Jourde, *L'Opérette métaphysique d'Alexandre Vialatte*, Champion, 1996. — *Géographie de Vialatte, de l'Auvergne à la Rhénanie* (colloque de Mulhouse, mai 1996), *Cahiers Alexandre Vialatte*, n° 23, 1996. — *Alexandre Vialatte*, Les Dossiers H, L'Âge d'homme, 1997. — Il existe depuis 1974 des *Cahiers Alexandre Vialatte* (Association des amis d'Alexandre Vialatte, Paris).

P.J.

Vian Boris (1920-1959). Né le 10 mars 1920 à Ville-d'Avray, ingénieur, romancier, poète, dramaturge, musicien de jazz, chanteur, journaliste, peintre, comédien, traducteur, membre éminent du Collège de 'Pataphysique, il fut d'abord une figure parisienne avant que le grand public ne découvre son œuvre, à partir des années soixante. Après une enfance bourgeoise vouée à la musique et l'École centrale, l'ingénieur à l'inutile Office du papier entre en littérature en 1946 avec une collaboration régulière aux *Temps modernes*, la revue de Sartre, où il tient une « Chronique du menteur », puis avec la publication de *Vercoquin et le plancton* et celle, sous le pseudonyme de Vernon Sullivan, d'une parodie de roman noir américain, *J'irai cracher sur vos tombes*. Liant dans une violence caricaturale l'intrigue policière, le sexe et la dénonciation du racisme, le livre est attaqué en justice par des ligues de vertu, qui lui fournissent un succès de scandale. L'auteur récidivera en 1948, en publiant sous le même pseudonyme *Et on tuera tous les affreux*.

Mais l'œuvre véritable de Boris Vian débute en 1947 avec *L'Écume des jours*, son roman le plus célèbre, et le seul à posséder une structure traditionnelle : « Colin rencontre Chloé. Ils s'aiment. Ils se marient. Chloé tombe malade. Colin se mine pour la guérir. Le médecin ne peut la sauver. Chloé meurt. Colin ne vivra plus très longtemps », indiquait dans une fausse simplicité le prière d'insérer de l'édition originale. L'histoire laisse place au lyrisme personnel de Vian (maladie symbolisée par un nénuphar dans le poumon), à son pessimisme angoissant (une petite souris s'obstine, les pattes en sang, à gratter l'espace d'une chambre qui s'obscurcit), à son ironie (mode de l'existentialisme dénoncée dans le personnage de Jean-Sol Partre, contrepèterie pour Jean-Paul Sartre) et à une fantaisie verbale proche du non-sens anglais. Tragédie et jeux de langage s'y mêlent dans un ensemble déroutant, livrant les caractéristiques d'une imagination à la fois canularesque et désespérée. Mais le mythe des amants malheureux et la continuité du récit en assurent la lisibilité, tandis que *L'Automne à Pékin* (1947), refusé par Gallimard, déconcertera par l'enchevêtrement des personnages et des actions. Un « abbé » moderne invente un rituel approprié aux problèmes de chacun des nombreux personnages, réunis par la volonté aberrante de construire une voie de chemin de fer en plein désert de l'Exopotamie. L'abbé Petitjean (ainsi nommé d'après le poète catholique Jean Grosjean, qui avait soufflé le prix de la Pléiade à Vian) est surtout inspiré par un ami de l'écrivain, appelé le Major, qui possédait dans la vie la logique absurde du personnage romanesque. Le portrait qu'en trace le livre restitue ce qu'il y avait de déchirant dans son comportement de dandy délirant qui mourra d'ailleurs en passant par une fenêtre — comme il en avait l'habitude pour quitter ses amis. Construit surtout à partir de rebondissements de langage, le roman décevra les admirateurs de *L'Écume des jours*, mais séduira Robbe-Grillet, sensible justement à une intrigue qui fait d'une combinatoire de mots le sujet du livre qu'il fera rééditer en 1956 aux Éditions de Minuit.

L'inspiration autobiographique est plus apparente encore dans *L'Herbe rouge* (1950), dont le héros ingénieur a construit une machine à voyager dans le temps et se retrouve dans un passé qui l'englue. Le livre règle des comptes avec la psychanalyse, avec le couple (Boris Vian se sépare de sa première femme) mais aussi avec le temps et avec toute prétention au sérieux intellectuel : on ne peut se sauver d'un univers absurde qu'en transformant son désordre en autant d'occasions de jeux. Jeux de mots, jeux de lettres, néologismes cocasses (le golf appelé « terrain à ploukir ») tracent une fable d'une grinçante cocasserie. Cet univers atteint son paroxysme dans le dernier roman de Vian, *L'Arrache-cœur* (1953). L'intrigue met aux prises Jacquemort, psychanalyste, face à Clémentine, épouse puis jeune mère rejetant son mari, finissant dans une cage dorée où elle prétend protéger ses enfants. L'isolement affectif des êtres, l'impossibilité d'élucider le monde sont une nouvelle fois au cœur du récit. Mais l'intrigue se décompose à mesure qu'elle progresse, laissant place à une série de scènes cauchemardesques (« la foire aux vieux », la crucifixion d'un cheval) ou d'une logique poussée à l'absurde (bibliothèque composée d'un livre unique les renfermant tous, par ordre alphabétique). Fable allégorique, *L'Arrache-cœur* fait ainsi la synthèse d'une imagination onirique et saugrenue que l'on retrouve dans les nouvelles *(Les Fourmis*, 1949 ; *Les Lurettes fourrées*, 1962 ; *Surprise partie chez Léobille*, 1965).

Le théâtre fut l'occasion, pour Vian, de donner corps à ce comique destructeur. Si l'adaptation de *J'irai cracher sur vos tombes* était surtout liée au scandale du roman de Sullivan, *L'Équarrissage pour tous* (1949), farce dont le titre résume l'intrigue, puis *Les Bâtisseurs d'Empire* (1959), où chacun défoule ses pulsions violentes sur la même victime, donnent la mesure d'un pessimisme enveloppé dans la cocasserie du langage. Les livrets d'opéra *(Le Chevalier de neige*, créé en 1957 à Nancy sur une musique de Georges Delerue ; *Fiesta*, musique de Darius Milhaud, à Berlin en 1959), trop souvent négligés, permettent de rectifier l'image simpliste qu'on se fait de Vian, son lyrisme s'y montrant plus limpide.

La diversité des activités de Vian (musicien de jazz dans les caves de Saint-Germain-des-Prés, excellent critique à la revue *Jazz-Hot*, auteur de réflexions sur la chanson aux prises avec le commerce : *En avant la zizique... et par ici les gros sous*, 1958) a sa cohérence : les différentes formes d'expression du « touche-à-tout » sont au service d'une même poésie faite de révolte et d'ironie. Son œuvre poétique n'est sans doute pas à la hauteur du foisonnement des romans : la simplicité des formes, le lyrisme brutal *(Barnum's Digest*, 1948 ; *Cantilènes en gelée*, 1950) ne s'accompliront guère que dans un recueil *(Je voudrais pas crever*, posth., 1962). Ils constitueront en revanche autant d'atouts quand Vian se consacrera à la chanson. Sa carrière de chanteur (1954-1957) fut difficile : le mélange d'intellectualisme et de provocation et le scandale suscité par la chanson pacifiste « Le déserteur », en pleine guerre d'Algérie, le conduisirent à abandonner la scène pour la production. Ses *Textes et chan-*

sons (réunis en 1966), interprétés par d'autres, contribuèrent à sa célébrité.

Mort très jeune d'un œdème pulmonaire, en assistant à la première de l'adaptation cinématographique de *J'irai cracher sur vos tombes*, Vian est entré dans la légende : le snobisme parisien des années cinquante est oublié, au profit d'un succès auprès d'un public de plus en plus jeune qui semble trouver en lui l'expression d'une nouvelle sensibilité. Traducteur de Chandler, attiré par la science-fiction, il a pressenti, avec vingt ans d'avance, l'importance de nouvelles formes d'expression. La colère contre les institutions, l'individualisme dandy, le romantisme caché sous une brutalité fantasmatique séduisent les adolescents. Entre l'absurde de Jarry et celui de Ionesco, entre le surréalisme finissant et la cocasserie de Prévert, entre Kafka et le Nouveau Roman, entre la rigueur de Queneau et celle de Lewis Carroll, l'œuvre de Vian n'a peut-être pourtant pas trouvé sa place.

ŒUVRES. — *Romans, poèmes, nouvelles et théâtres*, Pauvert, 1978. — *Œuvre romanesque*, Monaco, Sauret, 1980. — *Romans, nouvelles, œuvres diverses*, La Pochothèque, 1991. — *Théâtre*, Pauvert, 1965, rééd. 1986. — *Autres écrits sur le jazz*, Bourgois, 1981 et 1982, 2 t. — Nombreuses rééditions des romans en collections de poche.

→ David Noakes, *Boris Vian*, Éditions universitaires, coll. Classiques du XXe siècle, 1963. — *Boris Vian* (colloque de Cerisy), 10/18, 1970. — Jean Clouzet, *Boris Vian*, Seghers, coll. Poètes d'aujourd'hui, 1973. — Jacques Duchateau, *Boris Vian ou les facéties du destin*, La Table ronde, 1980. — Geneviève Beauvarlet, *Boris Vian*, Hachette, 1982. — Philippe Boggio, *Boris Vian*, Flammarion, 1993.

O.B.

Vidalie Albert (1915-1971). Un temps chanteur de cabaret, puis journaliste, c'est son œuvre de nouvelliste (*Cadet la Rose*, 1960 ; *Le Pont des arts*, 1961) et de romancier qui fait de lui un auteur populiste : *Les Bijoutiers du clair de lune* (1955), *La Bonne Ferte* (1956, prix des Libraires de France), *Chandeleur l'artiste* (1958), *La Belle Française* (1959), *Le Pont des arts* (1961), *Les Verdures de l'Ouest* (1961). « Un des principaux écrivains nettement français de notre temps », écrivait de lui Pierre Mac Orlan qui le rapprochait d'Antoine Blondin pour son attention au détail et son aptitude à exalter le lyrisme du quotidien le plus trivial, et aussi de Colette pour son « don d'écrire dans une langue simple mais riche en prolongements ». Il est aussi l'auteur d'une pièce de théâtre (*La Nuit romaine*, 1957) et de quelques chansons.

Pa.B.

Vieuchange Michel (1904-1930). Né le 22 août 1904 à Nevers. Après une enfance provinciale au sein d'une famille aisée, il entreprend à dix-huit ans des études littéraires à Paris. Il admire les poètes grecs, s'enthousiasme pour Walt Whitman et découvre Rimbaud et Nietzsche. À la suite d'un voyage en Grèce, il compose un récit, *Hipparète*. Ses premiers essais poétiques attestent un tempérament ardent. Son service militaire au Maroc (1926) lui révèle une terre à la mesure de son besoin d'action et d'idéal. Il commence un roman aux accents rimbaldiens : *Marcher ou le fils du soleil*. L'art cinématographique le tente, mais une soif irréductible d'action le dévore. Il décide d'atteindre la légendaire ville de Smara, aux confins du Maroc et de la Mauritanie. Il quitte Tiznit (Maroc) le 11 septembre 1930 et atteint Smara, avec ses guides, le 1er novembre. Jour après jour, dans un style incisif, il note les étapes de ce calvaire consenti : les déconvenues et les trahisons, les souffrances et les blessures, la beauté des paysages, l'exaltation du danger surmonté. Miné par la dysenterie, il meurt chrétiennement à Agadir le 30 novembre 1930. Son frère Jean, l'orientaliste Massignon, ainsi qu'Émile Benveniste et Théodore Monod assurent la publication de ces notes de voyage, préfacées par Claudel : *Smara : carnet de route d'un fou du désert* (1932, rééd. Phébus, 1990).

J.G.

View (septembre 1940-printemps 1947). La revue *View* est née sur un continent qui a toujours su accueillir les courants nouveaux, parmi lesquels le surréalisme. Charles Henri Ford, qui en est le promoteur, amateur d'art, de jazz et de poésie, né dans le Mississippi, avait fondé une revue à Colombus, *Blues*, et connaissait bien le monde littéraire et artistique (William Faulkner, William Carlos Williams,

Sylvia Beach). À leur arrivée aux États-Unis, il accueille les surréalistes français et leur entourage très international, et prend parti : sa revue s'opposera à Dali, présenté comme « antisurréaliste » dès juin 1941, et André Breton est interviewé, à peine débarqué de Marseille *via* la Martinique. Les revues où, à New York, pouvaient s'exprimer les surréalistes ne manquaient pas. Il y avait eu *New Directions in Prose & Poetry* et son numéro spécial *Values in Surrealism* de 1940 ; il y avait maintenant *View*, et peut-être d'autres revues, proches de Breton, mais qui ne peuvent pas être dites surréalistes.

View représente une forme de consommation culturelle exigeante et choisie. Ce vaste ensemble périodique, s'il englobe la modernité américaine et internationale et inclut le surréalisme, reflète l'état d'une société en train de devenir mondiale et ne cherche ni à la penser ni *a fortiori* à l'orienter, ce à quoi prétendent les revues surréalistes.

Comme *View* reflète tout, même le surréalisme, la critique a pu confondre l'image virtuelle et l'image réelle. La revue continuera de publier bon nombre de surréalistes, même après la fondation de *VVV* : un texte important de Breton, « Vie légendaire de Marx Ernst, précédée d'une brève discussion sur le besoin d'un nouveau mythe » (avril 1942) ; deux contes de Leonora Carrington ; des articles de Nicolas Calas ; des textes d'André Masson et d'écrivains de la diaspora surréaliste tels que Benjamin Péret, qui écrit du Mexique, ou Georges Henein, qui écrit du Caire. Elle publie ce qui appartient au goût électif des surréalistes : des traductions américaines d'*Hebdomeros*, le roman de De Chirico, des traductions de Raymond Roussel, le premier essai sur Lautréamont paru aux États-Unis. *View* partage enfin avec les surréalistes l'intérêt pour l'art brut et l'attention à l'imaginaire des enfants. Elle reproduit, durant ses six années de vie, des œuvres de peintres surréalistes et constitue des numéros spéciaux autour des mêmes peintres (Max Ernst, dans le n° 2 de la première série ; Marcel Duchamp, dans le n° 1 de la cinquième série, en mars 1945).

Mais c'est au prix de la diversité des points de vue que *View* a duré. Charles Henri Ford invite des *Guest Editors* : Nicolas Calas en octobre-novembre 1941 pour présenter le surréalisme, Paul Bowles en mai 1945 pour parler des Indiens d'Amérique, surtout d'Amérique du Sud. La diversité est aussi celle de la présentation : en six années, paraissent sept séries de format différent, et au total trente-sept livraisons. *View* apparaît tantôt comme un journal (première série), tantôt comme une revue à thèmes, tantôt comme un magazine en couleurs. La maquette de couverture en est agréablement diversifiée. L'ouverture du champ est très vaste. Pas d'éditorial, pas de réflexion intellectualiste sur le projet, même dans la première livraison. Seulement cette indication allusive, comme un simple sous-titre : « *View* through the eyes of poets ».

La revue ne prend pas le risque de déplaire à l'intelligentsia de grand goût. D'où celui d'une certaine incohérence thématique : plutôt la poésie dans la première série, la peinture dans la deuxième ; des numéros sur Max Ernst, un numéro double Tanguy et Pavel Tchelitcheff, présentés tête-bêche, avant le numéro *Vertigo* inspiré par Roger Caillois, et celui qui présente le fantastique américain. À partir de la troisième série, date où les surréalistes publient essentiellement dans leur propre revue, *View* devient anthologique, voire éclectique. Une autre limite tient au sens donné au mot « poète » par les uns et les autres. La règle du jeu, à *View*, c'est le non-engagement politique. Or, pour les surréalistes, est poète celui qui pense le monde dans sa totalité, y compris dans sa configuration sociale et politique. Pour Charles Henri Ford, ou William Carlos Williams, la poésie exclut l'ordre de la *polis*. Dans une lettre que publie *in extenso* Ch.H. Ford, en mai 1942, W. Carlos Williams réclame qu'on respecte ce non-engagement. *VVV*, en réponse, commencera à paraître en juin.

View, reprint (New York).

→ Jacqueline Chénieux-Gendron, « Pour une esthétique des revues : pages surréalistes de *VVV*, pages de consommation surréaliste dans *View* », *Pleine Marge*, n° 20, décembre 1994.

J.C.-G.

Vigée Claude (1921). Juif alsacien chassé en 1942 par l'Occupation, il vit pendant vingt ans un difficile exil aux États-Unis *(La Lune d'hiver*, 1970), qui l'éloigne à la fois de l'alsacien et du français. L'acte poétique vise dans son œuvre à transmuer le poème de « l'exil » en poème du « retour », en remontée vers l'origine. L'origine, vers laquelle tend toute son œuvre, est double : l'Alsace, terre du concret, des sensations visuelles, sonores et gustatives ; Jérusalem, terre de la spiritualité hébraïque et de la prière, où s'établit Vigée à partir de 1960. Dans *Le Soleil sous la mer* (1972), qui regroupe sa poésie de 1939 à 1971, l'angoisse de l'exil et du mutisme trouve son expression dans le *leitmotiv* d'une énergie solaire prisonnière au fond de l'eau. L'image archétypale du « soleil sous la mer » est au centre de sa poésie : le « soleil » figure l'imagination créatrice, comprise en termes d'énergie lumineuse ; la « mer » renvoie à la paralysie du pouvoir de création formelle, contre laquelle il faut lutter. L'affrontement des forces créatrices et des forces d'étouffement du sens apparaît aussi dans *Délivrance du souffle* (1977), où le poète tente de dégager les « noyaux pulsants » emprisonnés dans les montagnes de Judée.

Le projet de Vigée est résumé par le dialogue entre deux de ces œuvres critiques : *Les Artistes de la faim* (1960) et *L'Art et le démonique* (1978). Contre les « artistes de la faim » (Kafka, Mallarmé, Eliot), il choisit les poètes de l'« énergie démonique » et reconnaît en Goethe son origine. Son espoir porte donc sur un renversement du cours de la modernité poétique : refus de la tentation du désespoir qui domine l'art moderne, au nom d'une recherche de la positivité, de l'unité. C'est ce qu'il appelle, dans le livre intitulé *Dans le silence de l'Aleph* (1992), « la mélodie de l'Un ». Le courage de l'esprit par lequel, dépassant la tentation de la négativité, il travaille à l'avènement d'une énergie lumineuse, puise à une triple source : l'approfondissement du rapport à la terre et à la langue alsacienne *(Les Orties noires*, 1984 ; *Un panier de houblons*, 1994) ; la réflexion sur les textes bibliques *(La Manne et la rosée*, 1986 ; *Le Puits d'eaux vives*, 1993) ; le parti pris d'une poétique de l'écoute, lié à la contestation de l'excès de la dévotion à l'image dans la poésie occidentale *(La Faille du regard*, 1987). Un important travail de traduction (Eliot, Rilke, Goll, Rokéah) achève de donner à son œuvre une dimension universelle. Le choix des poètes du « démonique » contre les « artistes de la faim » structure la pensée de Vigée et détermine ses formes : il faut faire « boiter » la langue, comme « boite » Jacob qui a affronté l'ange. Mais le poète doit aussi, pour faire échec à « l'artiste de la faim » en lui-même, imposer des limites à l'entreprise de violence verbale. Aussi recourt-il parfois à l'alexandrin, joyau du classicisme. Dans l'alliance entre l'harmonie majestueuse et la dissonance, entre le lyrisme stylisé et le cri boiteux, s'exprime le pari poétique de Vigée.

ŒUVRES. — *L'Été indien*, Gallimard, 1957. — *Les Artistes de la faim*, Calmann-Lévy, 1960. — *Révolte et louanges*, Corti, 1962. — *Moisson de Canaan*, Flammarion, 1967. — *La Lune d'hiver*, Flammarion, 1970. — *Le Soleil sous la mer, poèmes 1939-1971*, Flammarion, 1972. — *Délivrance du souffle*, Flammarion, 1977. — *L'Art et le démonique*, Flammarion, 1978. — *L'Extase et l'errance*, Grasset, 1984. — *Les Orties noires*, Flammarion, 1984. — *Une voix dans le défilé, vivre à Jérusalem*, Nouvelle Cité, 1985. — *La Manne et la rosée*, Desclée De Brouwer, 1986. — *La Faille du regard*, Flammarion, 1987. — *Le Feu d'une nuit d'hiver*, Flammarion, 1989. — *Apprendre la nuit*, Arfuyen, 1991. — *Dans le silence de l'Aleph*, Albin Michel, 1992. — *Le Puits d'eaux vives*, Albin Michel, 1993. — *Un panier de houblons I* et *II*, Jean-Claude Lattès, 1994 et 1995. — *Treize inconnus de la Bible*, Albin Michel, 1996. — *Aux portes du labyrinthe. Poèmes du passage, 1939-1996*, Flammarion, 1996.

→ Jean Yves Lartichaux, *Claude Vigée*, Seghers, 1978. — Michèle Finck et Hélène Péras, *La Terre et le souffle* (colloque de Cerisy), Albin Michel, 1992.

M.F.

Vigneau Robert (1933). Né le 26 août 1933 à Saint-Laurent-du-Var, Il est d'abord sculpteur sur bois, jusqu'en 1960, et poursuit des études de lettres. Son premier recueil de poèmes, *L'Ange et l'accordéon*, est publié chez Seghers dès 1953. Il entre ensuite dans l'enseignement. Il fait en 1961 une grève de la faim prolongée pour ne pas porter les armes. L'écho de cette douloureuse expérience retentit parfois dans son œuvre (*Il,* Guy Chambelland, 1963). À partir de la fin des années soixante, il mène une vie vagabonde, au gré de postes culturels en

Afrique occidentale, à Ceylan, où il dirige l'Alliance française de Colombo, en Inde et au Japon. Dessinateur, metteur en scène, Robert Vigneau est avant tout poète. Il ne se départit guère des règles de la prosodie classique, et tous ses recueils témoignent d'une constante exigence dans la recherche du mot juste et de l'expression concise. On sent, dans son goût de la fantaisie et de l'humour, les influences de Norge et de Desnos, et dans les contraintes discrètes qu'il s'impose, celle de l'Oulipo. Il aborde des thèmes liés à ses voyages, aux objets de la vie quotidienne (*10 articles sur catalogues*, Prouvaires, 1979), renouvelle le blason (*16 planches d'anatomie*, Chandelle verte, 1958) et le bestiaire (*Bestiaire à Marie*, Nathan, 1985). Son recueil poétique le plus original : *Bucolique*, suivi de *Élégiaque* (Gallimard, 1979), consiste en un éloge de la vache suivi d'une méditation d'exilé sur la mort lointaine du père. Alternant vers courts et versets, il prend une ampleur lyrique brisée par moments de traits d'humour. À partir des années quatre-vingt, il s'exprime plus volontiers en prose : après ses carnets d'un séjour à Ceylan, il publie *La Guerre de cinquante ans* (Éditions à Hélice, 1995), où ses dessins constituent le point de départ de chroniques d'un monde imaginaire.

P.J.

Vigneault Gilles (1928). Né à Natashquan, il a d'abord été professeur (1954-1961) et homme de radio, de télévision, de théâtre et de cinéma (il a été membre, puis directeur et metteur en scène de la troupe Treize de 1956 à 1960). Il tournera plusieurs films (*La Canne à pêche*, 1959, de Fernand Dansereau ; *Tinnamer*, 1987, de Jean-Guy Noël). C'est cependant par la chanson qu'il se fait connaître. Inaugurée au tout début des années soixante, sa carrière d'auteur-compositeur-interprète le rend rapidement célèbre. Vantant les « gens du pays » en recyclant tout un trésor de contes, de savoirs, d'histoires issu des traditions orales et populaires, il renoue par un langage fleurant l'archaïsme et le terroir avec une mémoire et une sagesse populaires ignorées par la culture savante. Fondateur avec Cécile Cloutier et Roger Fournier de la revue *Émourie* (1953), puis des Éditions de l'Arc (1959), il a aussi publié des recueils de poésie et de contes (*Silences, poèmes 1957-1977*, 1978 ; *La Petite Heure, contes 1959-1979*, 1979 ; *Tenir paroles*, 1983 ; *Le Grand Cerf-volant, poèmes, contes et chansons*, 1986). Onirique et récitative, la poésie de Vigneault corrige son passéisme par la recherche d'une permanence, qu'elle guette au moyen d'allégories, de vieux mots remotivés, d'adages empruntés à la sagesse des nations.

P.Po.

Vilar Jean (1912-1971). Né le 25 mars 1912, figure importante du théâtre contemporain, il est à l'origine des principales innovations du spectacle moderne : architecture de la salle et de la scène, prospection et accueil d'un public élargi, fondation d'un répertoire adapté à la fois à l'espace et à la fonction du Théâtre national populaire. Créateur du Festival d'Avignon en 1947, directeur du TNP sur la colline de Chaillot de 1950 à 1963, il a eu la religion du théâtre et n'a jamais cessé de combattre la pesanteur des institutions politiques, administratives et culturelles. Par un étrange retournement, ce sont les administrations de gauche qui finirent par le contraindre à l'abandon. Ses écrits sont directement liés à son activité théâtrale, du *Petit Manifeste de Suresnes* (1951) aux émouvantes *Notes de service*, publiées par les Cahiers Théâtre de Louvain en 1985. Préoccupé par la division symbolique du théâtre traditionnel, à l'italienne : « le théâtre à rampe, le théâtre à herses, le théâtre à loges, le théâtre à poulailler », il a voulu réunir dans une même communion « le petit boutiquier de Suresnes et le haut magistrat, l'ouvrier de Puteaux et l'agent de change, le facteur des pauvres et le professeur agrégé ». Il a essayé de rompre avec l'hégémonie du théâtre classique, « latinisé, hellénisé par les jésuites », protestant, l'un des premiers, contre l'impérialisme culturel. Il s'est opposé à la mégalomanie du metteur en scène, se donnant modestement comme le gestionnaire et le régisseur de la troupe *(De la tradition théâtrale*, L'Arche, 1955). Au-delà de l'esthétique, il a proposé une éthique du théâtre : « Je suis venu au théâtre pour tenter de lui rendre son aridité, sa sécheresse et ce faisant son efficacité.

Cela n'est pas seulement un style, c'est une morale » *(Le Théâtre service public*, Gallimard, 1986). Il est mort le 28 mai 1971.

→ *Jean Vilar par lui-même*, Avignon, Maison Jean Vilar, 1992. — *Cahier de l'Herne* n° 67, dir. Jacques Téphany, 1995.

J.-C.L.

Vildrac Charles (1882-1971) pseudonyme de Charles Messager. Né à Paris le 22 novembre 1882, d'un père ancien communard déporté en Nouvelle-Calédonie et d'une mère directrice d'école. Influencé par Flaubert et les parnassiens, le jeune Vildrac, auteur de sonnets, s'insurge contre le vers libre *(Le Verlibrisme*, 1901), qu'il pratique quelques années plus tard *(Poèmes*, 1905, *Images et mirages*, 1908, *Livre d'amour*, 1910) et dont il fait l'éloge dans les *Notes sur la technique poétique* qu'il rédige avec Georges Duhamel en 1910. Il est alors l'instigateur d'une poétique nouvelle, inspirée de Verlaine et Verhaeren, fluide et simple, qui débouchera tout naturellement sur le poème en prose : *Découvertes* (1912), sur les livres pour la jeunesse *(L'Île rose*, 1924 ; *Les Lunettes du lion*, 1932, etc.) et sur le récit poétique *(Lazare*, 1946). Vildrac est à l'origine de l'Abbaye de Créteil ; dès 1905, il en édifie la règle : « Je rêve l'Abbaye », « Oh ! l'Abbaye ! » ; « À force de rêver, dira Duhamel, il nous fit rêver tous. Et quel rêve ! » Fondée sur le respect de l'indépendance de chacun, cette fraternité d'artistes, rebelle à l'unanimisme de Jules Romains, est restée soudée dans le culte de l'amitié et de la liberté, source d'un art qui vise à plus de compassion et de fraternité, tel que Vildrac l'évoque dans *Esquisse d'un Pégase* (1923). Il fut un maître pour beaucoup : Eluard lui écrit en 1942 : « Votre influence sur moi, dès 1912, a été très grande et je me sens jeune aujourd'hui de vous admirer autant qu'alors. »

La guerre de 1914-1918, où il sert comme caporal dans le service du camouflage, renforce son antimilitarisme, qu'il exprimera dans les poèmes de *Chants du désespéré* (1920), et qui le rapproche de Romain Rolland et des mouvements pacifistes. Deux séjours en URSS (1929 et 1935) étayent la fascination qu'il éprouve pour la « Russie neuve ». « L'URSS en construction » lui semble guérie de ses maux de naguère, le désespoir et la résignation, depuis qu'elle s'est généreusement livrée à l'édification d'un monde nouveau. Sans pouvoir « démêler la part qui revient au régime et celle qu'il faut attribuer [au peuple] russe », *Russie neuve* (1937) relate des anecdotes édifiantes sur le caractère évolutif de ce que met en place tout « un peuple-enfant ». Une même impression de jouvence baigne *D'un voyage au Japon*, souvenirs rapportés d'un séjour effectué en 1926. Trop libre pour adhérer à un parti politique, Vildrac cependant manifeste dès 1930 contre le fascisme, participe à la Résistance, collabore à la création des *Lettres françaises* et lutte pour l'indépendance de l'Algérie.

Son œuvre de dramaturge illustre les thèses chères à Diderot. Sa première pièce, *Le Paquebot Tenacity*, créée par Copeau en 1920, est la première pour laquelle le Vieux-Colombier ait donné cent représentations consécutives. Louis Jouvet *(Madame Béliard*, 1925), Georges Pitoëff *(L'Indigent*, 1927) et la Comédie-Française *(Le Pèlerin*, 1926 ; *La Brouille*, 1930) élargirent le public de son théâtre. Il fit paraître en 1968 des *Pages de journal* qui l'ont fait mieux connaître encore. Il est mort le 25 juin 1971.

ŒUVRES. — *Poèmes*, Lille, Éditions du Beffroi, 1905. — *Images et mirages*, Éditions de l'Abbaye, 1908. — *Livre d'amour*, Figuière, 1910. — *Découvertes*, Gallimard, 1912. — *Chants du désespéré*, Gallimard, 1920. — *L'Île rose*, Tolmer, 1924, rééd. Bourrelier, 1955. — *D'un voyage au Japon*, Émile Hazan, 1927. — *Les Lunettes du lion*, Hartmann, 1932, suivi de *La Famille Moineau*, rééd. Bourrelier, 1952. — *Bridinette*, Sudel, 1935. — *Russie neuve*, Émile-Paul, 1937. — *Théâtre*, Gallimard, t. I, 1943 ; t. II, 1948. — *D'après l'écho*, Albin Michel, 1949. — *Amadou le bouquillon*, Bourrelier, 1951. — *Pages de journal*, Gallimard, 1968.

→ Georges Bouquet et Pierre Menanteau, *Charles Vildrac*, Seghers, 1959. — *Les Cahiers de l'Abbaye de Créteil*, n° 4, décembre 1982.

Ch.F.

Villemaire Yolande (1949). Bien qu'elle ait publié antérieurement des recueils de poèmes et un roman, *Meurtres à blanc* (1974), c'est *La Vie en prose* (1980) qui la fera connaître : cette œuvre polyphonique marque son époque par une audacieuse construction circulaire. Les voix narratives se succèdent sans vraiment se constituer en sujet. L'humour prend aussi toute son importance dans ce texte qui charrie les références littéraires et culturelles les plus éclectiques et traite de la vie réelle dans son insaisissable et complexe immédiateté. La production poétique de Yolande Villemaire, indissociable de sa prose, commence par le recueil *Machine-t-elle* (1973) et se poursuit à un rythme rapide avec, entre autres, *Adrénaline* (1982) et *Quartz et mica* (1985). Parmi ses textes de prose, *La Constellation du cygne* (1985), roman controversé qui traite de l'holocauste, et *Vava* (1989), chronique des années 1970, retiendront l'attention. Fortement marquée par la contre-culture américaine, cultivant un certain mysticisme oriental et une conscience féministe, Yolande Villemaire est un bon exemple de l'avant-garde.

A.J.

Villiers Gérard de (1929). Né le 8 décembre 1929 à Paris, Gérard Adam de Villiers poursuit des études de sciences politiques avant de devenir journaliste à *Paris-Presse* et à *France-Dimanche*. Grand reporter de 1956 à 1972, il crée le personnage de S.A.S. dans *S.A.S. à Istanbul* (1965), premier d'une série de romans d'espionnage qui comprend plusieurs dizaines de volumes. S.A.S. (« Son Altesse Sérénissime ») part en mission secrète pour des destinations lointaines qu'affichent les titres de ses aventures : *Escale à Pago-Pago* (1969), *L'Ange de Montevideo* (1973), *Putsch à Ouagadougou* (1984), *Les Soucis de Si-Siou* (1985). Le succès de la série repose sur un dosage, appliqué avec soin à chacun des épisodes, de violence, d'érotisme et d'exotisme, mais aussi d'un certain réalisme : Gérard de Villiers fait évoluer son héros dans un univers qui suit de près l'évolution politique internationale et où, l'antagonisme entre les deux grandes puissances ayant disparu, le protagoniste agit désormais en mercenaire indépendant. Auteur d'essais sur le shah d'Iran ou la Chine, Gérard de Villiers est aussi, depuis 1972, le coéditeur de séries où la violence et l'érotisme ont une plus large part : *L'Exécuteur*, *Brigade mondaine*, *Blade*, utilisant ainsi son nom sur les volumes comme marque de fabrique (« Gérard de Villiers présente... »), selon un processus d'industrialisation de la littérature.

W.M.

Vilmorin Louise Lévêque de (1902-1969). Née le 4 avril 1902 à Verrières-le-Buisson (Essonne). Nourrie de Victor Hugo avant que de savoir lire, cette femme du monde est mue par un puissant instinct de singularité. André Malraux l'incite à écrire. *Sainte Unefois* (1934), par sa fantaisie féerique, enchante Cocteau. Dès lors, elle évolue parmi les meilleurs artistes et publie, jusqu'en 1960, poèmes et romans. De *Fiançailles pour rire* (1938) à *L'Alphabet des aveux* (1954), émotion et virtuosité habitent une poésie orale gracieuse et malicieuse. Les récits laissent deviner, sous la surface lisse de comportements anodins, l'énigme d'un drame intérieur ; le plus connu est *Madame de* (1951), le plus beau peut-être, *Histoire d'aimer* (Gallimard, 1955, rééd. L'Imaginaire, 1997). En 1958, elle écrit les dialogues du film de Louis Malle, *Les Amants*. Elle est morte le 26 décembre 1969 dans son Château de Verrières. En 1970, Malraux préface un recueil posthume *Poèmes* et Gallimard publie ses *Carnets*.

Fonds Louise de Vilmorin à la Bibliothèque littéraire Jacques Doucet.

Ch.F.

Vinaver Michel (1927), pseudonyme de Michel Grinberg. Né à Paris de parents originaires de Russie, engagé volontaire en 1944-1945, il poursuit des études aux États-Unis (Wesleyan University, Connecticut) et à la Sorbonne, avant d'entrer dans le groupe Gillette en 1953 (il finit délégué général pour l'Europe en 1986), où il acquiert une connaissance intime du monde moderne. Après deux romans peu remarqués, *Lataume* et *L'Objecteur* (chez Gallimard, 1950 et 1951), il devient un dramaturge brechtien qui montre l'Histoire vécue par les anonymes : un soldat en Corée (*Les Coréens*, monté par Planchon en 1956, réédité sous son titre premier *Aujourd'hui les Coréens*, Actes Sud, 1993), les employés du ministère sur fond de crise algérienne (*Les Huissiers*, 1958) ou des touristes français à l'étranger pendant mai 1958 (*Iphigénie Hôtel*, 1963). Surtout, tout en écrivant pour les enfants (*Les Histoires de Rosalie*, Castor Poche,

1980), il peint les malheurs ordinaires que sont la concurrence sauvage (*Pardessus bord*, 1972), l'embauche (*La Demande d'emploi*, 1973), les restructurations industrielles (*Les Travaux et les jours*, 1979 ; *À la renverse*, 1980), les zones pavillonnaires (*Les Voisins*, 1986) ou les médias (*L'Émission de télévision*, Actes Sud, 1989), avant de lutter contre l'intolérance (*Le Dernier Sursaut*, Actes Sud, 1990). Enseignant à Paris-III et Paris-VIII de 1982 à 1991, il traduit Nicolaï Erdman (*Le Suicide*, Actes Sud, 1987) et Shakespeare (*Jules César*, Actes Sud, 1990), tente de sauver l'édition théâtrale (*Le Compte rendu d'Avignon*, Actes Sud, 1987), crée la commission Théâtre au sein du Centre national des lettres, et formalise dans *Écrits sur le théâtre* (Lausanne, L'Aire, 1982) son esthétique du minimal.

ŒUVRES : *Théâtre complet*, Arles-Lausanne, Actes Sud-L'Aire, 1986, 2 t.

→ Anne Ubersfeld, *Vinaver dramaturge*, Librairie théâtrale, 1989. — Kevin Elstob, *The Plays of Michel Vinaver. Political Theatre in France*, New York, Lang, 1992. — David Bradby, *The Theater of Michel Vinaver*, University Press of Michigan, 1993.

J.P.

Vincenot Henri (1912-1985). Né à Dijon le 2 janvier 1912, il est issu d'une lignée de paysans par sa mère, de cheminots par son père, cette ascendance définissant les deux axes majeurs de son œuvre. Entré aux Chemins de fer, Vincenot devient journaliste à *La Vie du rail* jusqu'en 1967. En 1953, Il publie son premier roman, *Je fus un saint*, aux Éditions Denoël, qui publieront presque toute son œuvre. Son succès s'affirme dans les années soixante-dix, avec *Le Pape des escargots* (Denoël, 1972), histoire d'un jeune sculpteur bourguignon initié par un vagabond-philosophe héritier des secrets des druides. Vincenot, lui-même sculpteur et peintre, expose la même année à Dijon. L'émission télévisée Apostrophes apporte à Vincenot la consécration, en 1977, en donnant de lui une image de paysan-conteur truculent. Dans *La Billebaude* (Denoël, 1978), il narre la légende familiale du grand-père braconnier. Les *Mémoires d'un enfant du rail* (Hachette, 1980) poursuivent la veine autobiographique, tandis que les *Voyages du professeur Lorgnon* (Denoël - *La Vie du rail*, I, 1983 ; II, 1985) donnent un tableau de la France parcourue en chemin de fer. Dans ses romans, Vincenot oppose de manière caricaturale les figures négatives (intellectuels parisiens, psychanalyse, Zola, autoroutes) au bon sens ancestral des paysans. Contre l'insipide, il défend la saveur sous toutes ses formes, en particulier culinaire. Contre l'uniformisation par l'éducation, ses personnages rencontrent des initiateurs qui les conduiront à redécouvrir une authenticité enfouie. Une grande partie des malheurs du monde moderne vient selon lui du travail des femmes, qui désertent le foyer. Il exprime ses convictions dans une langue forte, savoureuse, imprégnée de patois bourguignon. Dans sa recherche obsessionnelle de racines quasi géologiques, Vincenot exalte la Bourgogne (spécialement l'Auxois), « toit du monde occidental », et la race des Éduens, jusqu'à tenir parfois des propos xénophobes, voire antisémites. Écrite par un journaliste parisien qui s'est voulu écrivain-paysan, par un cheminot hanté par l'enracinement, par un traditionaliste lancé par la télévision, cette œuvre reflète les contradictions de la société française après 1968.

ŒUVRES. — Chez Hachette, Denoël et Gallimard.

P.J.

Visage Bertrand (1952). Né le 8 mars 1952 à Châteaudun. Après avoir évoqué la découverte du sexe et de la politique (*Théâtre aux poupées rouges*, Le Seuil, 1975 ; *Au pays du nain*, Le Seuil, 1977), il part pour une Italie qui va imprégner son œuvre : une Sicilienne enceinte du nouveau juge (*Tous les soleils*, Le Seuil, 1984), une Palermitaine soumise à son époux (*Angelica*, Le Seuil, 1988), un huis clos incestueux et meurtrier (*Rendez-vous sur la terre*, Le Seuil, 1989), une institutrice romaine confrontée au désir (*Bambini*, Le Seuil, 1993), tous ces personnages sont exposés aux dérèglements de la raison et des sens, tous rêvent de transgression (*Chercher le monstre*, Hachette, 1978), dans un monde où il est dangereux d'abolir les territoires (*Le Talisman*, Le Seuil, 1990). Depuis 1996, Bertrand Visage a pris la direction de la

NRF. Il a publié en 1997 *L'Éducation féline* (Le Seuil).

J.P.

Vitez Antoine (1930-1990). Né le 20 décembre 1930, metteur en scène important, il a formé des acteurs d'un nouveau type, restitué la diction du vers classique, cherché à refonder un « théâtre d'art » accessible à tout public. Commencée sur les scènes de la décentralisation (Nanterre, Ivry), sa carrière s'est poursuivie à Chaillot en 1981 avant de s'achever prématurément à la Comédie-Française, qu'il rêvait d'ouvrir à la modernité, comme à l'époque du Cartel.

Une longue nuit initiatique en 1987, autour du *Soulier de Satin* de Claudel, dans la cour du Palais des Papes, eut raison des réticences de la critique, qui s'était exprimée sévèrement jusque-là. Sa troisième version d'*Électre* (1985), dans les décors de Yannis Kokkos, avec Évelyne Istria, est tout ensemble une réflexion esthétique et politique : comment transporter le chœur antique dans la Grèce des colonels ? Électre est mise sous surveillance médicale, tandis qu'Égisthe fracture la coiffeuse de Clytemnestre, à la recherche de quelque monnaie. La façade du palais des Atrides domine superbement les faubourgs modernes, qui retentissent des imprécations de la Princesse et de sa sœur. Un grand navire traverse lentement la baie. Le drame antique n'a rien perdu de son lyrisme, ni le feuilleton mythologique de son attrait.

Outre son œuvre de poète *(L'Essai de solitude*, Hachette-POL, 1981) et son travail de traducteur — il a traduit notamment *Le Don paisible* de Mikhaïl Cholokov (Le Livre de Poche, 1971) et les poèmes grecs de Yannis Ritsos (Éditeurs français réunis et Gallimard) —, Antoine Vitez a laissé un grand nombre de textes inédits. Une anthologie, éditée par Danièle Sallenave et Georges Banu, rassemble des interventions publiques et des notes de travail *(Le Théâtre des idées*, posth., Gallimard, 1991). Plutôt qu'en intellectuel absorbé par le message, Vitez réagit en rêveur qui se laisse emporter par l'imagination onirique et la musique des mots. Il se « fâche » (un mot qu'il affectionnait) contre la routine et les stéréotypes où l'on veut l'enfermer. D'une image, il éclaire la valeur énigmatique d'une mise en scène (« Un spectacle de Vilar ressemble à du linge séchant sur une corde ») ou la singularité d'une diction (« Madeleine Marion est dans une relation pythique avec la langue française, avec sa langue »). Il est mort le 30 avril 1990.

ŒUVRES. — *Écrits sur le théâtre*, POL, en cours de publication. — *Poèmes*, éd. Patrick Zuzalla, POL, 1997.

→ Fonds Antoine Vitez à l'IMEC.

J.-C.L.

Viton Jean-Jacques (1933). Vivant à Marseille, d'abord membre d'*Action Poétique*, il a fondé *Banana Split* (1980-1990), puis la revue vocale *La Nouvelle B.S.* avant de créer la revue *If*. Dès ses premiers recueils (*Au bord des yeux*, 1963 ; *Image d'une place pour le requiem de Gabriel Fauré*, 1979), l'inscription poétique est la trace cadencée d'une avancée vers un lieu dérobé. Fracture du vers et listes anaphoriques induisent une superposition de plans où l'œil et le souffle circulent à travers les cellules d'une architecture invisible. Dans ses dernières œuvres, le texte devient le sismographe des trafics et des flux du monde moderne. L'essentiel du travail rythmique se porte sur l'accélération. *Décollage* (1986) est le « reportage à vitesse simultanée » d'une déambulation sans retour dans l'univers matériel des biens de consommation et des signaux d'information. Les objets publicitaires et les panneaux de signalisation constituent les points cardinaux de cette dérive forcenée du sens qu'accompagne l'éclatement de la parole entre les multiples voix de la contemporanéité : bribes de dialogues, slogans politiques, messages médiatiques. Les fêtes aériennes de *Galas* (Dimanche, 1989) tirent leur singulière solennité du montage alterné de séquences d'envols et de chutes, tandis que *Épisodes* (POL, 1990), intégrant des pièces du début des années quatre-vingt, annonce un naufrage temporel que précipitent les variations d'allure. Le vertige de la vitesse atteint son paroxysme avec *L'Année du serpent* (POL, 1992), agenda de l'année 1989 où la récurrence des réseaux analogiques tente d'enrayer le défilé des séries d'événements et de chiffres.

J. de S.

Vitrac Roger (1899-1952). Né le 17 novembre 1899 dans une famille bourgeoise originaire du Lot, qui s'installe à Paris, il poursuit ses études au collège Chaptal, puis participe activement au mouvement Dada. Revendiquant « l'esprit moderne », il anime l'éphémère revue *Aventure* ; mais l'organisation du congrès de Paris (1920) pour la « détermination des directives et la défense de l'esprit moderne » aboutit à la division du mouvement : Vitrac se range du côté d'André Breton et se trouve donc, avec Jacques Baron, Desnos, Aragon, Eluard, au seuil du surréalisme. Ses expériences poétiques, nées de la vie du groupe rassemblé dans le café *Cyrano* et chez *Certà*, passage de l'Opéra, s'exercent dans le jeu sur les mots qu'il s'agit de libérer de leur gangue conventionnelle (*Peau-Asie*, 1923). Dans ses articles du *Journal du peuple*, qui milite pour un bloc des gauches, il affirme ses positions artistiques : défenseur de Jarry, de Roussel, de Pirandello, il se montre un fervent partisan de l'avant-garde. Proche des surréalistes par ses activités, ses engagements et sa conception du langage dans ses liens avec l'action, il est pourtant exclu du groupe par Breton qui lui reproche de ne pas souscrire avec suffisamment de vigueur à la cause révolutionnaire. Il donne pourtant des œuvres qui se situent dans le droit fil du surréalisme : *La Lanterne noire* (1925), poèmes en prose influencés par l'alchimie et la magie, *Connaissance de la mort* (1925) qui promeut la libération de la pensée et du langage, le pouvoir du rêve. Dans ces textes, l'image apparaît comme un véritable stupéfiant (Breton, dans son *Manifeste*, avait pu citer ces deux vers de lui : « Dans la forêt incendiée / Les lions étaient frais ». Mais c'est l'humour qui fait la singularité de l'œuvre poétique et théâtrale de Vitrac (*Humoristiques*, Gallimard, 1927).

Aux côtés d'Artaud, il fonde le Théâtre Alfred Jarry, qui veut promouvoir un théâtre absolu, fondé sur « le libre échange entre la scène et la salle », sur le primat du rêve et de la poésie. Les deux pièces de Vitrac montées en 1927, *Les Mystères de l'amour* et *Victor, ou les enfants au pouvoir*, sont en rupture avec la représentation et la dramaturgie classiques. L'esprit de révolte qui anime la seconde de ces pièces, mise en scène par Artaud, son pouvoir de parodie, la démystification qu'elle inflige aux conventions bourgeoises libérant le pouvoir poétique du personnage de Victor, enfant mesurant un mètre quatre-vingts, en font une des rares réalisations théâtrales issues du surréalisme. L'importance des rôles d'enfants dans l'avènement d'un merveilleux surréel sera confirmée par *L'Éphémère* (1930). *Les Mystères de l'amour* enfreignent également les règles traditionnelles et récusent l'illusion théâtrale, les acteurs devant jouer dans une loge éclairée par la lumière de la salle : le réel et la fiction, le rêve et la réalité se télescopent. Surréaliste par son sujet (l'amour fou de Patrice et Léa), la pièce l'est aussi par sa composition. Le théâtre de Vitrac subvertit les mots, en détournant de leurs fonctions clichés et fragments de langage populaire, pour les éveiller à une signification poétique nouvelle. Il remet en cause le statut du personnage, souvent en proie au délire verbal, et fait coïncider, comme dans *Les Mystères de l'amour*, le temps de la représentation et le temps de l'histoire.

Les pièces postérieures à la fermeture du Théâtre Alfred Jarry, *Le Coup de Trafalgar* (1934), *Le Camelot* (1936, joué par Dullin en 1937) demeurent ancrées dans une réalité tangible et populaire, hésitant entre la farce et la fantaisie, l'humour pur et l'allusion politique. Les écrits sur l'art (sur G.-L. Roux, sur Chirico, Klee...) de Vitrac méritent aussi d'être signalés (*L'Enlèvement des Sabines*, Deyrolles, 1990) ainsi que son intérêt pour le cinéma (*Retour de manivelle*, Rougerie, 1976) et pour la radio. Il poursuivit longtemps une activité de chroniqueur faisant une large place à l'humour. Peu de temps avant sa mort, il préparait un recueil de ses poésies, qu'il intitule, comme dans un ultime jeu de mots, *Dés-Lyre*. Sa dernière pièce, *Le Condamné*, ne connut aucun succès : il faudra attendre 1962, date des mises en scènes d'Anouilh au Théâtre de l'Ambigu, pour que l'on redécouvre cet auteur tenu en marge du surréalisme.

ŒUVRES. — Les œuvres poétiques complètes et le théâtre complet ont été réédités chez Gallimard (*Théâtre*, t. I, 1946 ; t. II, 1948 ; t. III, 1964 ; t. IV, 1964). — *Le Faune noir*, 1919, rééd. 1966. — *Quatrain*, 1921, rééd. 1966. — *Peau-Asie*, 1923, rééd. 1966. — *Migraine*, 1923, rééd. 1966. — *Les Mystères de l'amour*, 1924, rééd. dans *Théâtre II*, 1948. — *Humoristiques*, 1927, rééd. 1966. — *Cruautés de la nuit*, 1927, rééd. 1966. — *Consuella*, 1928, rééd. 1966. — *Victor, ou les enfants au pouvoir*, 1929, rééd. 1946. — *Parisiana*, 1930, rééd. 1966. — *Humorage à Picasso*, 1930, rééd. 1966. — *Démarches d'un poème*, 1931, rééd. 1966. — *L'Éphémère*, 1930, rééd. 1964. — *Le Coup de Trafalgar*, 1935, rééd. 1946. — *Les Demoiselles du large*, 1937, rééd. 1948. — *Le Camelot*, 1946. — *Le Loup-Garou*, 1946, rééd. 1948. — *Le Sabre de mon père*, 1951, rééd. 1964. — *Le Peintre*, *Mademoiselle Piège*, *Entrée libre*, *Poison*, *La Bagarre*, *Médor*, 1964. — *La Croisière oubliée*, *Le Condamné*, 1964. — *Dés-lyre*, éd. Henri Béhar [reprend les poésies complètes et les inédits], 1966. — **Recueils d'articles** : *Le Voyage oublié*, Rougerie, 1974. — *Champ de bataille*, Rougerie, 1975. — *Retour de Manivelle*, Rougerie 1976. — *L'Enlèvement des Sabines*, Deyrolles, 1990.

→ Henri Béhar, *Roger Vitrac, un réprouvé du surréalisme*, Nizet, 1966. — Henri Béhar, *Vitrac : théâtre ouvert sur le rêve*, L'Âge d'homme, 1993.

N.P.

Vivien Renée (1877-1909), pseudonyme de Pauline Mary Tarn. Née à Londres le 8 juin 1877 dans une famille aisée, anglaise par son père et américaine par sa mère, elle reçoit une éducation française et passe son enfance à Paris. Rêveuse et solitaire (son père était mort en 1888), elle se lie avec une jeune Américaine de son âge, Violette Shillito, dont la mort subite, en 1901, la marquera profondément. En 1894, elle entre en relation avec un quinquagénaire lettré, Amédée Moullé, à qui elle adresse lettres et poèmes. À sa majorité, en 1898, elle décide de se fixer à Paris, et d'écrire en français. La rencontre décisive sera, en 1899, celle de l'Américaine Natalie Clifford Barney, qui lui fait découvrir Sapho et pour qui elle s'enflamme d'une vive passion. En même temps, elle se lie d'amitié avec son professeur Jean Charles-Brun, qui sera jusqu'à la fin son confident. C'est en pleine effervescence du « romantisme féminin », en 1901, qu'elle publie son premier livre, *Études et préludes*, une plaquette de vers signée R. Vivien, pseudonyme ambigu qui se mue bientôt en Renée Vivien. Désormais, et jusqu'à sa mort, elle va publier avec une grande régularité plus de vingt volumes de vers et de prose. Se mêlant peu aux milieux littéraires, volontiers recluse, elle s'en tient à une société d'intimes : Ernest-Charles, Eugène Ledrain, Colette et Willy, Charles-Brun, Marcelle Tinayre, Edward Sansot. Elle fait de nombreux voyages : Espagne, Italie, Hollande, Grèce (à Mytilène, en 1905, avec Natalie Barney), Constantinople, Japon, Chine, etc. En 1902, la rencontre avec Hélène de Zuylen de Nyevelt, à qui elle s'attache, inaugure une période de stabilité qui durera jusqu'en 1907 et nous vaudra la partie la plus achevée de son œuvre : *Évocations* (1903), *La Vénus des aveugles* (1904), *La Dame à la louve* (1904) et surtout *À l'heure des mains jointes* (1906). À partir de 1907, se manifeste une grande instabilité sentimentale, une détérioration croissante de sa santé ; la neurasthénie la gagne et sa production devient très inégale. La critique avait cependant déjà reconnu la valeur et l'originalité de son œuvre, en particulier Charles Maurras (*Le Romantisme féminin*, 1903). Mais après *Flambeaux éteints* (1907), tout en continuant à publier, elle décide de retirer ses œuvres du commerce pour les réserver aux intimes. Son dernier projet littéraire est une évocation biographique d'*Anne Boleyn* (posth., 1982). Elle meurt le 18 novembre 1909 d'une polynévrite d'origine alcoolique.

L'œuvre de Renée Vivien constitue un cérémonial impliquant saphisme, androgynie, chasteté obsédante, univers végétal menaçant, paysages sous-marins, thèmes lunaires, etc. Dire qu'elle s'est voulue une réincarnation de Sapho peut prêter à confusion. La Sapho qu'elle chante, met en scène, adapte et paraphrase inlassablement, procède de Baudelaire et de Swinburne. En proie à l'obsession du passé et de la mort, prise d'un vertige existentiel, elle place la poétesse grecque dans une posture imaginaire d'amoureuse inassouvie, pétrie d'angoisses modernes et qui, refusant farouchement tout amour masculin, affronte le drame des limites de la condition humaine. Outre Sapho, l'œuvre reçoit des influences diverses : Swinburne, Rossetti, Poe, Dante, les troubadours, les légendes orientales. Oscillant constamment entre tension et abandon, Vivien oppose les « femmes de désir » aux « femmes de douceur ». Ses poèmes les plus exaltés, ses cris de révolte, ne font que proclamer un désir d'anéantissement *(Litanies de la Haine*, dans *Évocations)* ou le retour à un impossible passé païen *(En débarquant à Mytilène*, dans *À l'heure des mains jointes)*. Une place particulière doit être faite aux contes et poèmes en prose, qui expriment de façon exemplaire les conflits régissant un univers imaginaire où dominent des visions macabres et sadiques et que hante la pulsion de suicide par noyade. Vivien tentera de se justifier en donnant une interprétation symbolique de sa vie dans un roman autobiographique : *Une femme m'apparut* (1904), psychodrame où elle cherche à recréer son existence passée en se projetant dans diverses figures féminines. L'année suivante (1905), elle publie une autre version de ce roman dont le texte, fort différent, propose de nouvelles interprétations. D'importantes correspondances encore inédites (lettres à Charles-Brun, à Natalie Barney, à Kérimé Turkhan-Pacha) permettent de nuancer le portrait qu'on a généralement donné de Renée Vivien et soulignent la complexité parfois déroutante de celle en qui on n'a trop souvent voulu voir qu'une « femme damnée ». Dans ses poèmes, elle reste fidèle au vers parnassien, sinon classique, ce qui n'exclut pas l'utilisation de mètres et de genres strophiques variés, ni même la recherche presque décadente de rimes et de mots (voir *La Vénus des aveugles)*. Il faut également mentionner son travail incessant de reprise et de révision de ses textes : nombreuses éditions successives d'un même recueil, sans cesse corrigé et amendé. Insatisfaction, sentiment d'échec ? Malaise de l'identité aussi, qui l'a poussée à signer plusieurs livres de son vrai nom, Pauline M. Tarn, et à multiplier les collaborations à des ouvrages publiés sous le nom d'Hélène de Zuylen de Nyevelt *(Effeuillements*, 1904 ; *L'Impossible Sincérité*, 1905 ; *Le Chemin du souvenir*, 1907) et surtout sous celui de Paule Riversdale, pseudonyme commun des deux amies *(Échos et reflets*, 1903 ; *L'Être double*, 1904 ; *Netsuké*, 1904).

ŒUVRES. — *Œuvre poétique complète*, éd. Jean-Paul Goujon, Régine Deforges, 1986. — *Études et préludes*, 1901. — *Cendres et poussières*, 1902. — *Brumes de fjords*, 1902. — *Évocations*, 1903. — *Sapho*, 1903. — *Du vert au violet*, 1903. — *La Vénus des aveugles*, 1904. — *Les Kitharèdes*, 1904. — *Une femme m'apparut*, 1904. — *La Dame à la louve*, 1904. — *À l'heure des mains jointes*, 1906. — *Flambeaux éteints*, 1907. — *Le Christ, Aphrodite et M. Pépin*, 1907. — *L'Album de Sylvestre*, 1908. — *Poèmes en prose*, 1908. — *Sillages*, 1908. — *Poèmes en prose*, 1909. — *Sapho et huit poétesses grecques*, 1909. — *Poèmes*, 1909. — *Dans un coin de violettes*, 1910. — *Le Vent des vaisseaux*, 1910. — *Haillons*, 1910. — *Vagabondages*, 1917. — *Le Jardin turc*, 1982. — *Anne Boleyn*, 1982. — Sous le nom de Pauline M. Tarn : *Chansons pour mon ombre*, 1907. — *Pour ma sœur*, 1909. — *The One Black Swan*, Londres, Constable, 1912.

→ Yves-Gérard Le Dantec, *Renée Vivien, femme damnée, femme sauvée*, Aix-en-Provence, Éditions du Feu, 1930. — *Renée Vivien et ses masques*, *À l'écart*, n° 2, avril 1980. — Teresa Campi, *Sul ritmo saffico*, Rome, Bulzoni, 1983. — Jean-Paul Goujon, *« Tes blessures sont plus douces que leurs caresses » : vie de Renée Vivien*, Régine Deforges, 1988. — Virginie Sanders, *La Poésie de Renée Vivien*, Amsterdam, Rodopi, 1991.

J.-P.G.

Vivier Robert (1894-1989). Né à Chênée, près de Liège (en Belgique) le 16 mai 1894, il publie son premier livre en 1913 : *Avant la vie*. Mais la vie passe par la guerre où l'intellectuel, engagé volontaire, éprouve sa solitude mais aussi sa solidarité. Il en parlera avec pudeur *(La Route incertaine*, 1921 ; *La Plaine étrange*, 1923). Le thème de la guerre fera çà et là résurgence dans son œuvre, suscitant encore en 1963 le témoignage apaisé d'*Avec les hommes*. Après la guerre, Vivier épouse Zénitta Tazieff, dont il accueille avec bienveillance le fils de sept ans, Haroun. Il traduit avec elle *Sœurs en croix* (1929), de Remizov. Une thèse sur *L'Originalité de Baudelaire* (1926) lui ouvre les portes de l'université. Sous l'impulsion de sa femme, il publie des récits de veine populiste, mais d'écriture délicate, qui s'attachent à des candides, fictifs ou réels, avec une curiosité compréhensive : l'Antonia défaillante de *Folle qui s'ennuie* (1925 et 1933) ou l'Antoine guérisseur qui fonda au siècle dernier la petite secte fraternelle de Jemeppe-sur-Meuse *(Délivrez-nous du mal*, 1936). Les romans qui suivent, *Non* (1931), *Mesures pour rien* (1947), approfondissent le malaise du privilégié entre désir d'engagement et réserve, sur fond de guerre ou d'attirance charnelle.

Entre-temps l'œuvre poétique s'est diversifiée, pétrie d'une culture qui offre tradition et disponibilité, opposant à la difficulté d'être l'élan du rêve et la prégnance des choses. Des premiers recueils le choix de 1964 ne retiendra presque rien : telles féeries traversées d'âpreté du *Ménétrier* (1924 ; prix Verhaeren), telles visions lasses de *Déchirures* (1927 ; prix Albert Ier en 1934). Pour Robert Vivier, la poésie est une voie pour s'accomplir : si chaque recueil est venu à son heure, le choix anthologique doit privilégier les textes de la maturité, où la conscience des années qui passent s'est faite méditation : *Au bord du temps* (1936), *Le Miracle enfermé* (1939), *Tracé par l'oubli* (1951), *Pour le sang et le murmure* (1954), *Chronos rêve* (1959 ; sonnets).

Parallèlement, l'italianiste traduit les *Sepolcri* de Foscolo (1934), plus tard un florilège (*Traditore...*, 1960) ; le critique évolue vers l'essai, élargissant son domaine *(Et la poésie fut langage*, 1954 ; *Iankelevici*, 1955 ; *Frères du ciel*, 1962) ou pratiquant modestement la chronique familière de la vie *(Le Calendrier du distrait*, 1961 ; *À quoi l'on pense*, 1965). Invité à la Sorbonne dans les dernières années de sa carrière, il en retire un livre intitulé *Lire Supervielle* (1972). Mais, de sa retraite, le poète donne toute sa mesure : celle d'une parole qui conjure le sort, offrant au monde une attention souriante. Paraissent alors *Un cri du hasard* (1966), *Des nuits et des jours* (1968), *Dans le secret du temps* (1972), *Broussailles de l'espace* (1974), *Le Train sous les étoiles* (1976), *S'étonner d'être* (1977), *Des légendes du vrai* (1980), *J'ai rêvé de nous* (1983), *Au clair de vie* (1987), étonnante floraison du grand âge qui réfléchit encore la vie. Robert Vivier est mort le 6 août 1989, à La Celle-Saint-Cloud. Un « saint laïque », dira Haroun Tazieff.

ŒUVRES. — Pour la plupart, à La Renaissance du livre (Bruxelles) : *L'Originalité de Baudelaire*, 1927, rééd. Bruxelles, Académie royale, 1989. — *Délivrez-nous du mal*, 1936. — *Labor*, 1989. — *Poésie 1924-1969*, Éditions universitaires, 1964. — *Lire Supervielle*, Corti, 1972. — *S'étonner d'être*, Flammarion, 1977. — *J'ai rêvé de nous*, Flammarion, 1983. — *Au clair de vie*, Librairie Le Pont de l'Épée, 1987.

→ Roger Foulon, *Robert Vivier*, Bruxelles, André de Rache, 1974. — *Hommage à M. Robert Vivier*, Liège, Romanicula, 1965. — Marcel Thiry, « Introduction » à un choix de *Proses*, Bruxelles, La Renaissance du livre, 1965. — Louis Rouche, « Robert Vivier ou la fusion au cosmos », *Marginales*, 1968. — Henri Bauchau, Discours de réception, *Bulletin de l'Académie royale de langue et littérature françaises* (Bruxelles), 1991. — Maurice Delcroix, « Un mot sur un bruit », *Hommages à Nicolas Ruwet*, Gand, 1992.

M.D.

Voile latine (La) (1904-1911). Sous-titrée « Essai de littérature romande », cette revue voulait contribuer au renouveau de la littérature romande. Les deux frères Cingria, Ramuz et Gonzague de Reynold sont parmi les fondateurs. En 1906 se joint à eux Robert De Traz, qui prend la direction du périodique. Dès lors, deux groupes divergent : les frères Cingria et Ramuz, les latins, qui militent pour l'art contre le protestantisme ; Gonzague de Reynold et Robert De Traz, les helvétistes, promoteurs d'une culture suisse fondée sur le protestantisme. Le conflit idéologique s'aggrave en 1910 et conduit à la liquidation de la revue en janvier 1911, qui laisse deux filles : *La Voix clémentine* et *Les Feuillets.*

G.R.

Voisard Alexandre (1930). Né à Porrentruy, dans le Jura suisse, il abandonne tôt les études pour se tourner vers l'art dramatique, puis exerce des métiers variés (employé aux PTT, cadre commercial, libraire). À la fin des années soixante, il s'engage dans le mouvement séparatiste jurassien, dont il deviendra le porte-parole ; député socialiste au premier Parlement jurassien (1978), il est ensuite délégué aux affaires culturelles du Jura. Angoissée, révoltée, onirique, érotique, inventive, incantatoire, son œuvre multiforme — dix recueils de poèmes et cinq volumes de prose — trouve son unité dans l'attachement à l'enfance et à la terre. Environnement primordial et universel de l'homme dans sa solitude, répondant symbolique et sensuel d'une angoisse chargée de désir, le pays de Voisard authentifie sa parole poétique, la nourrit de légendes et lui inspire un réseau d'images, féminines, maternelles, présentes dans le versant intime de l'œuvre aussi bien que militant. Au lyrisme nostalgique des premiers livres succède, dès *Chronique du guet* (1961), une poésie plus inquiète et terrienne. Souvent, les images prennent la forme d'aphorismes dépaysés. À l'influence des surréalistes et de René Char se joindra celle de Neruda et des poètes de la Résistance, dans le grand poème militant, *Liberté à l'aube* (1967), qui sera scandé par le peuple jurassien réuni : « Argile, mon pays d'argile, Mon pays de moissons et de tourments... »

D'inspiration intime et autobiographique (*Une enfance de fond en comble*, 1994), la poésie de Voisard ne cessera ensuite d'approfondir sa géographie passionnée, dans la solidarité physique qui lie le poète au pays et à ses habitants. En 1972 paraît *Louve*, récit incantatoire à la croisée du rêve et de la légende. *Je ne sais pas si vous savez* (1975) et *Un train peut en cacher un autre* (1979) révèlent un conteur pétillant d'ironie. Dans *L'Année des treize lunes* (1983), parabole initiatique grinçante et elliptique, les rêves flambent et les illusions se fracassent.

ŒUVRES. — **Poésie** : *Écrits sur un mur*, Porrentruy, Le Provincial, 1954. — *Chronique du guet*, Mercure de France, 1961. — *Les Deux Versants de la solitude*, Vevey, Bertil Galland, 1969. — *La Claire Voyante*, Bertil Galland, 1981. — *Les Rescapés*, Lausanne, L'Aire, 1984. — *Liberté à l'aube* suivi de *La Montagne humiliée* et *Les Voleurs d'herbe*, Lausanne, L'Âge d'homme, 1990. — *Le Repentir du peintre*, Lausanne, Empreintes, 1995. — **Récits** : *Un train peut en cacher un autre*, L'Âge d'homme, 1985. — *L'Année des treize lunes*, L'Aire, 1984. — *Maître et valet entre deux orages*, Yvonand, Bernard Campiche, 1994.

→ Henri-Dominique Paratte, *Alexandre Voisard*, Fribourg, Éditions universitaires, 1986.

M.Gr.

Volkoff Vladimir (1932). Né à Paris dans une famille d'émigrés russes. Ses deux grands-pères ont été officiers dans l'armée blanche. Après des études à la Sorbonne il devient professeur d'anglais. Naturalisé français en 1953, il participe comme officier à la guerre d'Algérie. Après avoir essuyé de nombreux refus de la part des éditeurs, il publie ses premiers livres au début des années soixante, des romans de science-fiction et des récits d'espionnage, qu'il fait d'abord paraître chez Robert Morel. Il utilise parfois le pseudonyme anagrammatique de Lavr Divomlikoff. Il s'expatrie aux États-Unis en 1966 et enseigne à Atlanta jusqu'en 1978. C'est à son retour qu'il publie le roman qui lui donne accès à la notoriété : *Le Retournement* (1979), histoire d'un espion manipulé qui se convertit à la religion orthodoxe. L'année suivante, il fait paraître *Les Humeurs de la mer*, en quatre tomes : *Olduwaï*, *La Leçon d'anatomie*, *Intersection*, *Les Maîtres du temps*. Dans ce roman ambitieux influencé par la Bible, par Dostoïevski et par *Le Quatuor d'Alexandrie* de Lawrence Durrell, l'auteur joue avec les limites du genre, incluant des éléments poétiques et théâtraux, mélangeant débats d'idées et récit d'action. Dans le cadre de l'histoire contemporaine, en particulier de la guerre d'Algérie, il s'agit d'une quête métaphysique, au cours de laquelle se dégagent quelques-unes des idées essentielles de Volkoff : la fécondité de la violence et du mal, le caractère dangereux de l'angélisme, la relation père-fils comme fondement de la civilisation. Dans *Le Montage* (1982), l'un de ses récits les plus achevés, l'infiltration et la manipulation exercées par les agents soviétiques atteignent au vertige. À mesure que l'on approche de l'origine du « montage », la vérité se brouille, comme les délimitations entre bien et mal. La figure du colonel Abdoulrakhmanov domine le roman : maître-espion aux visages multiples, démiurge paternaliste, diable sarcastique, et peut-être saint. Les notions de vérité et de culpabilité sont à nouveau en cause dans *L'Interrogatoire* (1987) où un enquêteur allié reconstitue le passé d'un officier allemand impliqué dans un massacre. L'espionnage est encore le thème du roman *Le Berkeley à cinq heures* (1993). Volkoff est également l'auteur de pièces de théâtre : *Yalta* (1984), *Œdipe* (1993), d'essais : *Le Complexe de Procuste* (1981), *La Bête et le Venin* (1992), de récits historiques : *Les Faux Tsars* (1992). L'engagement royaliste et chrétien de Volkoff n'empêche pas son œuvre d'être imprégnée de doute et d'ironie. Il est l'inventeur d'un genre nouveau : le roman d'espionnage métaphysique.

ŒUVRES. — Principalement à L'Âge d'homme.

P.J.

Voronca Ilarie (1903-1946). Né à Braila, en Roumanie, le 31 décembre 1903, il étudie le droit à l'université de Bucarest, puis à Paris à partir de 1921. Retournant fréquemment dans son pays, il y participe activement à la vie littéraire et collabore à des groupes d'avant-garde. Il s'établit définitivement à Paris en 1933, tout en maintenant des rapports étroits avec le monde artistique roumain. À son départ pour la France, il a déjà publié plusieurs recueils de poésie. Adhérant d'abord au programme constructiviste, il était intervenu, sur le plan théorique, par des articles publiés dans des revues importantes. Il en avait même fondé une avec Victor Brauner. Quand il s'établit à Paris, sa poétique est formée et son art est prêt à migrer dans la production en langue française. Il publie *Poèmes parmi les hommes* (1934), *La Poésie commune* (1936), *Amitié des choses* (1937), *L'Apprenti fantôme* (1938), *Oisiveté* (1938), *Beauté de ce monde* (1939), *Contre-solitude* (1946). Sa conception de l'expérience poétique se situe au confluent de plusieurs tendances de l'avant-garde, constructivisme, dadaïsme, futurisme, surréalisme. S'il n'a jamais adhéré à ce dernier mouvement, Voronca lui emprunte l'infinie liberté des associations signifiantes et de l'image créatrice. Le mot devient, selon ses propres termes, une « danseuse délivrée ». Même des images apparemment absurdes révèlent une logique remontant à une tradition baroque et maniériste. Il a aussi publié en français, en prose, *La Confession d'une âme fausse* (1942), *La Clef des réalités* (1944), *Souvenirs de la planète Terre* (1945). Résistant durant la Seconde Guerre, il s'est suicidé à Paris le 5 avril 1946.

ŒUVRES. — *Poèmes parmi les hommes*, Cahiers du Journal des poètes, 1934. — *Permis de séjour*, Corrêa 1935. — *La Poésie commune*, GLM, 1936. — *La joie est pour l'homme*, Marseille, Les Cahiers du Sud, 1936. — *Pater noster*, Avant-poste, 1937. — *Amitié des choses*, Sagesse, 1937. — *Oisiveté*, Sagesse, 1938. — *L'Apprenti fantôme*, Presses du Hibou, 1938. — *Le Marchand des quatre saisons*, Cahiers du Journal des poètes, 1938. — *Beauté de ce monde*, Le Sagittaire, 1939. — *Les Témoins*, Éditions du Méridien, 1942. — *Contre-solitude*, Bordas, 1946. — *Lord Duveen ou l'invisible à la portée de tous*, Éditions de l'Îlot, 1941. — *La Confession d'une âme fausse*, Éditions du Méridien, 1942. — *La Clef des réalités*, Éditions du Méridien, 1944. — *L'Interview*, Jean Vignaud, 1944. — *Souvenirs de la planète Terre*, Nagel, 1945.

→ Ion Pop, *A scrie si a fi (Ilarie Voronca si metamorfozele poeziei)*, Bucuresti, Cartea Romaneasca, 1993 ; Ilarie Voronca, le « milliardaire en images », *Euresis, Cahiers roumains d'études littéraires*, n°s 1-2, 1994.

L.V.

Vouyouklakis Georges (1903-1956). Né à Athènes, où il fait des études de lettres et travaille au ministère de l'Éducation nationale, il s'installe définitivement à Paris vers la fin des années vingt et collabore à des revues littéraires. Auteur de quatre romans en grec marqués par l'influence du roman psychologique européen, il est également l'auteur de deux romans en français, *Yggdrasil* (1949) et *Le Chaste des siècles* (1951), et d'une traduction en grec moderne de l'*Évangile* selon saint Jean.

A.Vl.

Vrigny Roger (1920-1997). Né à Paris le 19 mai 1920, il fait ses études au collège oratorien de Rocroy-Saint-Léon, au lycée Condorcet et à la Sorbonne ; il se tourne ensuite vers le théâtre et fonde en 1950 la Compagnie du Miroir, qui obtient en 1953 le premier prix du concours national du théâtre universitaire ; il fait jouer *L'Invitation à la danse* (1945), *L'Enlèvement d'Arabelle* (1952), *L'Impromptu du réverbère* (1954). En 1955, il commence une importante carrière de critique littéraire à la radio, collabore à l'émission « Belles-Lettres » à la Radiodiffusion-Télévision française (1955), produit le magazine *La Semaine littéraire* (1963), animera plusieurs émissions sur France-Culture, « La Matinée littéraire » (1966) puis « Lettres ouvertes ». *La Nuit de Mougins* (Gallimard, 1963, prix Femina) le fait connaître comme romancier de l'inquiétude et de la méditation sur le rêve et la vie. Il a déjà publié chez Gallimard *Arban* (1954), *Lauréna* (1956) et *Barbegal* (1958) — il revient à ses premiers thèmes romanesques en donnant en 1990 *Les Cœurs sensibles* : *Arban, Lauréna, Norbert* (Gallimard). Dans ses autres romans, Vrigny demeure attentif à l'intériorité mystérieuse des êtres : *Fin de journée* (Gallimard, 1968), *La Vie brève* (Gallimard, 1972 ; rééd. Folio, 1980), *Un ange passe* (Gallimard, 1979 ; rééd. Folio, 1984), *Sentiments distingués* (Grasset, 1983), *Accident de parcours* suivi de *Amours* et de *Une tache sur la vitre* (Gallimard, 1985 ; rééd. Folio, 1996), *Le Bonhomme d'Ampère* (Gallimard, 1988 ; rééd. Folio, 1991), *Le Garçon d'orage* (Gallimard, 1994). On lui doit aussi une pièce, *La Confession de Rousseau* (Actes Sud, 1990), représentée pour la première fois le 9 octobre 1990 au théâtre des Petits-Mathurins, un essai, *Le Besoin d'écrire* (Grasset, 1990) et des souvenirs, *Pourquoi cette joie ?* (journal, Gallimard, 1974) et *Instants dérobés. Pages de journal* (Gallimard, 1996). Il a reçu en 1989 le grand prix de Littérature de l'Académie française. Roger Vrigny est mort à Lille le 16 août 1997.

M.Ber.

Vuilleumier Jean (1934). Né à Genève le 14 mars 1934. Au terme de ses études, il est entré dans le journalisme littéraire, profession qu'il exerce toujours. Sédentaire, il n'a guère quitté sa ville natale. Son œuvre romanesque, abondante (une quinzaine de titres, la plupart édités à L'Âge d'homme, dont *L'Écorchement*, 1972, prix Rambert ; *Le Simulacre*, 1977, prix Schiller ; *La Désaffection*, 1980 ; *L'Allergie*, 1983 ; *La Rémanence*, 1992 ; *La Substitution*, 1995), met en scène, dans une réalité urbaine contemporaine, des personnages habités d'un étouffant malaise de vivre et aux destins empreints de la banalité des faits divers. Grâce à un style sobre et dépouillé, l'auteur introduit dans ses récits une angoisse diffuse mais omniprésente qui les fait osciller entre cauchemar et réalité, non sans lueurs d'espoir et quelques instants de grâce. Le romancier, écrit Manfred Gsteiger, parvient à « rendre visible, par le reflet de ses histoires, quelque chose du malaise d'une humanité louvoyant entre le dégoût et l'abondance ». Vuilleumier a publié une monographie consacrée à Georges Haldas (*Georges Haldas ou l'état de poésie*, 1982), un essai, *Le Complexe d'Amiel* (1985), qui tente de cerner certaines caractéristiques de la littérature romande à travers l'exemple du fameux diariste genevois, et des « notes sur trois mystiques », *Blanche, Marthe, Camille*, 1996.

→ Manfred Gsteiger, *La Nouvelle Littérature romande*, Vevey, Bertil Galland, 1978. — Edith Habersaat, *Jean Vuilleumier*, Éditions universitaires de Fribourg, 1983.

P.A.

vvv (1942-1944), voir SURRÉALISTES (REVUES).

vwa (1983). Revue semestrielle publiée à La Chaux-de-Fonds (Suisse), elle se veut en perpétuelle évolution, réinventant à chaque numéro une forme et un ton nouveaux. Plus qu'un simple espace de publication, elle se définit comme un lieu regroupant des travaux liés par une problématique plutôt que par un thème, et qui par contagion forment un réseau de sens où le lecteur est convié à tracer son propre parcours. Accueillant aussi bien des textes critiques, de la poésie, de la prose, que de la photographie ou du dessin, chaque livraison peut être conçue comme étape d'un questionnement sur le fait littéraire et artistique.

P.A.

W

Wachill Hassam (1939). D'origine indo-musulmane, il évolue dans un univers singulier, proche de la nature. Ses premiers recueils, dont *Éloge de l'ombre* (1980) et *Cycle des larmes* (1983), publiés à l'île Maurice, sont composés de textes courts, inspirés par la beauté du monde. L'auteur s'y fait guetteur, regard qui nomme et qui fait naître par le langage. La déchirure *(Cycle des larmes)* s'exprime en une langue étrangère à tout débordement lyrique et s'achève par la quête de l'innocence perdue. *Jour après jour* (1987), composé de deux parties, dont la première est consacrée à la nostalgie de la terre natale, n'est pas un véritable journal. À l'écoute des êtres et des choses, il retrace l'oscillation du poète entre Orient et Occident.

D.H.-M.Ber.

Walder Francis (1906), pseudonyme de Francis Waldburger. Né à Ixelles (Bruxelles), le 5 août 1906, il publie d'abord deux essais philosophiques *(L'Existence profonde*, 1953 ; *Les Saisons de l'esprit*, 1955), puis un premier roman, *Saint-Germain ou la négociation* (1958, prix Goncourt). Consacré à la préparation de la « paix de Saint-Germain » en 1570, il est centré sur le jeu psychologique qui subordonne la tractation ; l'auteur y fait montre de la haute maîtrise d'un style d'une pureté toute classique. Si *Cendre et or* (1959) démonte les ressorts de la cupidité dans l'histoire d'une famille contemporaine, c'est dans le roman historique que Francis Walder a trouvé sa manière : le règne de Louis XIII et la diplomatie sont le cadre de *Une lettre de Voiture* (1962) et de *Chaillot ou la coexistence* (1987) : le premier développe une intrigue de cour entre le poète Vincent Voiture, le duc d'Orléans et Richelieu, le second analyse la place des intérêts personnels dans les rapports entre le roi et le cardinal. Dans son dernier roman, *Le Hasard est un grand artiste* (1991), Francis Walder a décrit une trahison conjugale répétée, provoquée par le même élément perturbateur, présent dans chacune des situations.

ŒUVRES. — Aux Éditions Belfond.

O.Bi.

Weideli Walter (1927). Né à Genève le 16 juillet 1927, il est parmi les premiers commentateurs francophones de Brecht, collabore au n° 11 de *Théâtre populaire* en janvier 1955 et publie un *Brecht* (« Classiques du XXe siècle », 1961). Il évoque les spéculations du baron Necker dans *Un banquier sans visage* (Lausanne, L'Âge d'homme, 1964), créé au Grand Théâtre de Genève par Jean Vilar en 1964. Sa pièce, *Éclatant soleil de l'injustice* (Lausanne, L'Aire, 1968), représentée à la Comédie de Genève en 1968, raconte l'histoire de Sacco et Vanzetti. Walter Weideli a donné d'importantes traductions de Dürrenmatt *(Play Strindberg, Le Mariage de M. Mississippi)*, de Pavel Kohout, Ludwig Hohl, Herbert Meier, Robert Walzer, Elias Canetti, Kurt Guggenheim.

J.A.

Weil Simone (1909-1943). Née à Paris le 3 février 1909, elle connaît une enfance marquée par les déplacements de son père, mobilisé pendant la guerre ; elle poursuit ses études à Paris, au lycée Fénelon puis à Henri-IV, où son professeur de philosophie, Alain, exerce sur elle une profonde influence. Elève à l'École normale supérieure, elle est reçue à l'agrégation de philosophie en 1931. Dès cette époque, elle entend concilier l'exercice de la pensée et l'action : elle entre en contact avec les milieux syndicalistes révolutionnaires, dispense des cours bénévoles à des ouvriers. Nommée au Puy, elle poursuit son action syndicale, publie dans *La Révolution prolétarienne*. Mais, dès 1933, elle s'écarte des positions de l'URSS : elle ne pense pas que la propriété privée soit la cause unique de l'aliénation de l'homme ; plus généralement, elle voit dans le marxisme une religion des forces de production à laquelle elle ne saurait souscrire.

Son désir d'agir et de comprendre effectivement l'existence ouvrière la conduit à quitter l'enseignement pour partager la condition des ouvriers. Sa santé très fragile accroît la difficulté de cette épreuve, qu'elle poursuit cependant aux usines Renault comme fraiseuse. Elle rend compte de cette expérience dans son « journal d'usine », où elle consigne ses horaires, ses gains, ses souffrances morales et physiques... Ce texte, qui sera publié ainsi que sa correspondance des années 1934 et 1935 sous le titre *La Condition ouvrière*, constitue un document brut dans lequel elle explique clairement la conclusion qu'elle a fini par tirer : « Le tragique de cette situation, c'est que le travail est trop machinal pour offrir matière à la pensée, et que néanmoins il interdit toute autre pensée. » L'apprentissage de l'inhumanité du monde du travail et de l'aliénation à laquelle il réduit l'homme l'incitent à poursuivre sa lutte : elle publie de nombreux articles sur le taylorisme, les contradictions du marxisme, participe aux mouvement syndicaux et s'engage en août 1936 en Espagne, aux côtés des anarcho-syndicalistes. À l'approche de la guerre, elle renonce à son pacifisme. Dès 1936, elle avait écrit à Bernanos : « Je n'aime pas la guerre ; mais ce qui m'a toujours fait le plus horreur dans la guerre, c'est la situation de ceux qui se trouvent à l'arrière » *(Journal d'Espagne)*. En 1939, elle quitte Paris avec sa famille, gagne Marseille mais renonce à partir pour les États-Unis. Sa réflexion s'oriente nettement vers les questions religieuses : le christianisme et le judaïsme au premier chef, mais aussi le *Tao te King* et le bouddhisme. Elle travaille à la rédaction d'une pièce de théâtre, *Venise sauvée*, publie l'*Iliade*, entreprend la rédaction de ses *Cahiers* et rédige de nombreux textes qui constitueront l'essentiel de *L'Attente de Dieu* et *Pensées sans ordre concernant l'amour de Dieu*. C'est à cette époque également qu'elle écrit deux poèmes, *La Mer* et *Les Astres*. En mai 1942, elle décide de s'exiler en Amérique. Mais dès son arrivée à New York, elle multiplie les contacts dans l'espoir de partir pour l'Angleterre, qu'elle gagne en novembre. Elle collabore activement, malgré une santé de plus en plus précaire, à la France libre ; elle meurt d'épuisement le 24 août 1943.

Les textes de Simone Weil, à sa mort, ne constituent nullement une œuvre : à côté des articles parus en revue se trouvent un grand nombre d'inédits, sa *Correspondance*, l'ensemble des *Cahiers*. La majeure partie de l'œuvre est donc posthume. Si ces textes ne forment pas une œuvre au sens classique du terme, c'est aussi parce qu'ils apparaissent comme les éléments épars d'un ensemble inachevé : leur diversité est à l'image de l'itinéraire spirituel de leur auteur, qui s'est toujours refusé à une division et à une spécialisation des savoirs. De même qu'il ne saurait y avoir de séparation entre la pratique et la théorie, entre la pensée et l'action, écrire, quels qu'en soient la forme et l'objet, suppose une exigence éthique et une recherche de la vérité. Aussi la création littéraire, qu'elle soit poésie ou théâtre, n'est-elle qu'un moment parmi d'autres de cette tension vers la sagesse. Écrire, pour Simone Weil, est une forme de dépersonnalisation : « Le triomphe de l'art est de conduire à autre chose que soi : à la vie en pleine conscience du passé qui lie l'esprit au monde » (*Cahiers)*. Dans sa *Correspondance* comme dans *La Condition ouvrière* ou *L'Enracinement*, c'est la même soif de pureté, le même souci constant de convaincre le lecteur sans jamais recourir ni à la sentimentalité ni au lyrisme. La sobriété du style rejoint ainsi, dans les *Cahiers* en particulier, le refus de toute pensée systématique qui se couperait d'une attention à la présence actuelle. Quant aux textes qui font une large part à la méditation mystique, comme les *Pensées sans ordre concernant l'amour de Dieu* et *L'Enracinement*, ils se caractérisent par une extrême attention à la condensation de la pensée et du langage, comme s'il s'agissait d'accéder à l'être. Simone Weil apportait une grande attention à ses poèmes, qu'il faut situer dans la continuité de sa réflexion sur la grandeur et la misère de l'homme (*Prométhée)*, sur la place de l'homme dans le cosmos (*Les Astres*, *La Mer)*. Dans sa pièce de théâtre inachevée, *Venise sauvée*, elle poursuit sa réflexion sur l'enracinement et sur l'action : le théâtre, qui « doit rendre sensible la nécessité intérieure et extérieure », permet de montrer « la lente maturation d'un acte avec l'univers autour — puis l'acte précipité dans le monde ».

ŒUVRES. — Gallimard, sauf indication contraire. — *La Pesanteur et la grâce*, Plon, 1947. — *Attente de Dieu*, La Colombe, 1950. — *L'Enracinement*, 1950. — *La Connaissance surnaturelle*, 1950. — *La Condition ouvrière*, 1951. — *Intuitions pré-chrétiennes*, 1951. — *Lettres à un religieux*, 1951. — *La Source grecque*, 1953. — *Oppression et liberté*, 1955. — *Leçons de philosophie*, Plon 1959. — *Écrits historiques et politiques*, 1960. — *Pensées sans ordre concernant l'amour de Dieu*, 1962. — *Sur la science*, 1965. — *Poèmes* suivis de *Venise sauvée*, 1968. — *Cahiers I, II, III*, 1970-1974. — *Réflexions sur les causes de la liberté et de l'oppression sociale*, 1980. — Des *Œuvres complètes* ont commencé de paraître chez Gallimard : I, *Premiers écrits philosophiques*, 1988 ; II, *Écrits historiques et politiques*, t. 1, 1988, t. 2, 1989 ; III, *Poèmes et Venise sauvée* ; IV, *Écrits de Marseille*, t. 1 : *Philosophie, science et religion*, t. 2 : *Les Civilisations inspiratrices* ; V, *Écrits de New York et de Londres*, t. 1 : *Questions politiques et religieuses*, t. 2 : *L'Enracinement* ; VI, *Cahiers* ; VII, *Correspondance générale*.

→ Simone Pétrement, *La Vie de Simone Weil*, Fayard, 1963. — *Sud*, nos 87-88, avril 1990. — *Cahiers Simone Weil*, trimestriels, publiés par l'Association pour l'étude de la pensée de Simone Weil, depuis 1978.

N.P.

Weingarten Romain (1926). Né le 5 décembre 1926 à Paris, puisant dans l'enfance l'essentiel des transparences et cruautés faisant la force de son œuvre, il surprend d'abord par une synthèse personnelle des réflexions d'Artaud, à qui les poèmes du *Théâtre de la Chrysalide*, en 1950, devront beaucoup, et d'un imaginaire surréaliste teinté, dans l'après-guerre, d'inquiétude et d'amertume. Sa première pièce, *Akara*, jouée par des amateurs, déclenche des polémiques que l'on évoquera sous le nom d'« Hernani 1948 ». La désarticulation du langage, l'animation des objets, le recours à un insolite inquiétant font scandale, de même que la dispersion de l'intrigue au profit de tableaux, où se détache le personnage incongru d'un chat-tsigane-avocat. Mais Audiberti soutiendra la pièce, et Ionesco reconnaîtra l'importance d'une œuvre précédant d'un an sa *Cantatrice chauve*. Loin de toute école, Weingarten paraît, avec le recul, participer de ce qu'on a appelé le théâtre de l'absurde. Le dramaturge manquera toutefois, délibérément, le rendez-vous de l'avant-garde : refusant la reprise d'*Akara* au Théâtre des Mathurins, il retourne au silence au moment où le public s'habitue à une nouvelle dramaturgie. *Les Nourrices* (1960) propose une farce amère dénonçant le milieu des affaires et montre que les jeux de langage n'interdisent pas le souci de la critique sociale.

C'est en 1966, avec *L'Été*, monté en 1965 en Allemagne, repris en octobre 1966 au Théâtre de Poche, à Paris, que Weingarten connaît le triomphe. L'œuvre, mêlant cocasserie et mélancolie, se déroule en six jours et six nuits dans une maison où deux enfants (Lorette et Simon) et deux chats (Moitié cerise et Sa Grandeur d'ail) suivent avec intérêt les faits et gestes d'un couple d'amants invisible pour les spectateurs. La véritable intrigue tient dans la proximité des animaux et des enfants, qui se parlent et se comprennent, et dans le conflit de l'innocence et du temps. Les amants se quittent, l'été décline, et les enfants seront à jamais transformés. Entre des matous peureux, bavards, brillants, dont les incessants débats portent toute la théâtralité de la pièce et une sœur subtile, le jeune Simon grandit : « Simon, maintenant, petit frère, tu parles », dit Lorette au cinquième jour : passé de l'autre côté de l'innocence, l'homme n'a plus que la parole pour tenter de retrouver l'été.

En septembre 1970, *Alice dans les jardins du Luxembourg* (avec Michel Bouquet dans le rôle de Dodu) poursuit la réflexion sur l'apprentissage : après avoir rêvé que sa mère, possessive et capricieuse, voulait se débarrasser d'elle, Alice prend les devants et la tue. Elle se promène ensuite dans les jardins du Luxembourg, où elle découvre le monde sous la forme d'un œuf, habité par un être (Dodu) qui représente tous les hommes.

Lâche et minable, Dodu n'est bon qu'à la guerre. Désespérée, Alice s'enfuit, le laissant seul dans le jardin refermé. Le rapport à la mère, l'apparent symbolisme de l'œuf, élément central du décor, ont fourni l'occasion de quelques interprétations abusives. Si l'on reconnaît Weingarten à la façon d'animer la scène, de jouer avec les mots, la pièce manifeste pourtant une générosité imaginaire irréductible à toute doctrine. La réduction de l'univers se retrouvera dans *La Mandore* (1973), où hommes-rats, hommes-chiens et hommes-oiseaux se battent et débattent dans un immeuble insalubre. De même dans le huis clos de *Neige* (1979), qui livre les rêves d'un poète amoureux d'une dulcinée qu'on ne verra pas. Mettant en scène deux clowns antagonistes confrontés à l'amour d'une femme-panthère, *La Mort d'Auguste* (1982, repris en 1994 au Théâtre de la Colline) est un couronnement du théâtre de Weingarten : on y retrouve l'espace confiné, réduit à la piste de cirque, l'importance de la gestuelle, le personnage candide (Auguste) faisant son éducation, son innocence à la fois brisée et retrouvée dans l'amour, la violence des relations, la fascination de l'enfance devant l'énigme du monde, que le « niais » Auguste est seul à pressentir, et un isolement traversé par de rares instants de grâce, qu'un langage fragile tente de réinventer.

O.B.

Werth Léon (1878-1955). Ce grand ami de Saint-Exupéry, dédicataire du *Petit Prince*, est né le 17 février 1878 à Remiremont dans les Vosges, dans une famille juive de la petite-bourgeoisie. Comme de nombreux écrivains de l'entre-deux-guerres, Léon Werth est profondément marqué par les combats de 1914-1918 auxquels il prend part avant d'être réformé en 1916. Dès 1919, il exprime sa haine de la guerre dans deux romans violemment antimilitaristes : *Clavel soldat* et *Clavel chez les majors* (Albin Michel, 1919, le premier rééd. chez Viviane Hamy, en 1993). Intellectuel engagé, il adhère pour une courte période au mouvement Clarté et dénonce la colonisation (*Cochinchine*, Rieder, 1926). En 1928, Barbusse l'appelle à *Monde*, dont il devient rédacteur en chef en février 1931. Esprit libre, il quitte l'hebdomadaire en 1933, lui reprochant notamment son silence complice dans l'affaire Victor Serge. Il collabore alors à *Excelsior*, puis à *Marianne*.

Léon Werth est un homme ouvert à toutes les manifestations de la vie intellectuelle et sociale : cinéma (il a collaboré avec Pabst pour *La Tragédie de la mine)*, sport (il assure la chronique du Tour de France), justice (*Cours d'assises*, Rieder, 1932), music-hall (*Danse, danseurs, dancings*, Rieder, 1925). Il fut aussi un grand amateur d'art, comme en témoignent son *Puvis de Chavannes* (Henri Fabre, 1906, rééd. Crès, 1927) ou les monographies qu'il a consacrées à Bonnard et Monet (Éditions des Cahiers d'aujourd'hui). En juin 1940, il se réfugie avec sa femme à Saint-Amour dans le Jura. Il y écrit ses souvenirs de l'exode (*33 jours*, Viviane Hamy, 1992) et y tient un journal (*Déposition*, Viviane Hamy, 1992). Bien après sa mort, plusieurs de ses ouvrages ont été réédités chez Viviane Hamy (*Voyages avec ma pipe*, 1991 ; *La Maison blanche,* 1990 ; *La Nouvelle Marthe*, 1993). Ses souvenirs sur Saint-Exupéry, *Saint-Exupéry tel que je l'ai connu* (Le Seuil, 1948) ont été réédités (Viviane Hamy, 1994), mais d'autres, notamment des romans comme *Yvonne et Pijalet* (1920), *Pijallet danse* (1924), *Marthe et le perroquet* (1926), sont aujourd'hui difficilement accessibles.

Ph.B.

Weyergans François (1941). Né à Aix-en-Provence le 2 août 1941, fils de l'écrivain belge Franz Weyergans, cinéaste et metteur en scène, il vient à la littérature par le biais de la psychanalyse, avec la publication d'un roman, *Le Pitre* (1973), satire bouffonne d'une cure chez Lacan. L'univers de Weyergans doit à l'instabilité et à la dérive contemporaines son refus de la finalité : ses récits procèdent par à-coups, cultivant la digression et la référence culturelle ; ses héros, qui se raccrochent à quelques moments vécus, vivent leurs obsessions dans l'instabilité et la précarité. Le personnage principal de *Berlin, mercredi* (1979) erre d'une ville à l'autre à la recherche de l'amour. Les membres d'une famille française du XXe

siècle, vue à travers cinq générations, ne sont en définitive que des *Figurants* (1980, devenu *Françaises, Français* en 1988) ; *Macaire le copte* (1981, prix Rossel) est l'histoire d'un anachorète chrétien du IVe siècle qui en arrive à renier Dieu dans sa folie d'ascète. Le héros-écrivain du *Radeau de la Méduse* (1983) est impuissant à mener à bien son travail. Seul, peut-être, le fœtus encore sans mémoire peut témoigner de son bonheur originel (*La Vie d'un bébé*, 1986) ; tandis que la vie d'un homme, son passé, ses certitudes, tombent d'un coup devant le malheur (*Rire et pleurer*, 1990) ou au moment du bilan final (*La Démence du boxeur*, 1992, prix Renaudot) : l'ironie, les souvenirs, les divagations de la pensée, restent alors seuls en lice face à l'ennui et à la banalité du monde.

ŒUVRES. — Aux Éditions Gallimard et Grasset.

O.Bi.

Wicheler Fernand, voir FONSON.

Wiesel Elie (1928). Né à Sighet en Hongrie le 30 septembre 1928, il fut déporté en camp de concentration à l'âge de seize ans, expérience qui nourrit son premier livre, *La Nuit* (1960), préfacé par Mauriac. Ce livre fut suivi de deux autres, *L'Aube* (1960) et *Le Jour* (1961). C'est le point de départ d'une œuvre abondante, marquée par les contradictions entre l'expérience du martyre juif et l'aspiration au sursaut. Elie Wiesel emprunte beaucoup à la tradition du récit yiddish, dont il est le plus grand adaptateur en français, mais il est aussi tourné vers la poésie et le théâtre (*Zalmen ou la folie de Dieu*, 1968). En 1994, il a publié ses *Mémoires*, t. I : *Tous les fleuves vont à la mer* ; t. II : *Et la mer n'est pas remplie*. En 1995, il signe un volume d'entretiens avec le président de la République française, dans lequel sont abordés des thèmes aussi variés que l'enfance, la religion ou la guerre. Prix Nobel de la Paix en 1986, il déploie une activité internationale au service de grandes causes humanistes. Elie Wiesel vit aux États-Unis, où il enseigne.

ŒUVRES. — Pour la plupart, publiées au Seuil : *Célébration hassidique : Portraits et Légendes*, 1972 ; *Contre la mélancolie*, 1981. — *Le Testament d'un poète juif assassiné*, 1981. — *L'Oublié*, 1989. —*Mémoires*, t. I : *Tous les fleuves vont à la mer* ; t. II : *Et la mer n'est pas remplie*, 1994. — Avec Jorge Semprun, *Se taire est impossible*, Mille et une nuits-Arte Éditions, 1994. — Avec François Mitterrand, *Mémoire à deux voix*, Odile Jacob, 1995. → Philippe-Michaël de Saint-Chéron, *Elie Wiesel*, Plon, 1994.

G. Si.

Willems Paul (1912-1997). Né le 4 avril 1912, fils de la romancière Marie Gevers, il passe son enfance loin de la ville, dans la propriété familiale de Missembourg, près d'Anvers, à l'école de la nature, puis poursuit des études de droit à l'université de Bruxelles. En 1947, il entre au Palais des Beaux-Arts de Bruxelles, dont il deviendra le secrétaire général en 1984. Il voyage en Chine, au Japon, en URSS, aux États-Unis. Entre-temps, il élabore une œuvre romanesque et dramatique. Son premier roman, *Tout est réel ici* (1941), met en place les éléments du décor et de l'action : l'estuaire de l'Escaut, la jeunesse victime de la cruauté des adultes, le mélange du rêve et de la vie. Suivront *L'Herbe qui tremble* (1942), *La Chronique du cygne* (1945) et surtout *Blessures* (1949). En 1948, Claude Étienne, animateur du Rideau de Bruxelles, incite Paul Willems à écrire pour le théâtre. Ce sera *Le Bon Vin de Monsieur Nuche* (1949), *Peau d'ours* (1953) et surtout *Il pleut dans ma maison* (1958), qui connaîtra un succès international. La production dramatique de Paul Willems se fait alors abondante et d'une grande diversité : *Warna ou le poids de la neige* (1962), *Le Marché des petites heures* (1964), *La Ville à voile* (1968), *Les Miroirs d'Ostende* (1974), *Nuit avec ombres en couleurs* (1983), *Elle disait dormir pour mourir* (1983), *La Vita breve* (1989). La composition complexe et subtile de ses pièces repose essentiellement sur deux moyens. Plusieurs personnages venus d'époques et de lieux différents se trouvant réunis sur la scène, chacun d'eux peut ignorer la présence des autres. Ils sont à la fois ici et ailleurs, présents et passés. Tantôt « vivants », tantôt fantomatiques, ils représentent un entre-deux de l'imaginaire et du réel. Cette ubiquité quasiment onirique va de pair avec une polyvocalité puissamment originale. Tel peut à la fois parler pour soi et dire autrui : il devient l'autre et lui prête sa voix. Les voix circulent comme les identités s'échangent et se mêlent. Les interlocutions biaisées et différées manifestent la nature énigmatique des relations familiales et amoureuses. Cette technique du relais vocal se retrouve un peu partout dans ce théâtre.

La carrière dramatique de Paul Willems ne l'a pas empêché de poursuivre son œuvre romanesque. Il a donné en 1984 *La Cathédrale de brume*, un recueil de nouvelles qui décrivent généralement le passage d'une situation actuelle et banale vers une réalité autre, celle de nos fantasmes, que la narration vise à naturaliser. *Le Pays noyé* (1990) est un récit légendaire qui a pour décor la Flandre zélandaise. Il constitue une synthèse de l'univers imaginaire de l'auteur et dit le conflit de la loi et du rêve et le pouvoir irréalisant du désir : la poésie lie inséparablement l'expérience de l'éternité et l'épreuve du néant. Paul Willems est mort à Anvers le 27 novembre 1997.

C.A.

Willy (1859-1931). Si le nom de Willy reste principalement attaché à la vie, à l'œuvre et à la carrière de Colette, dont il fut le premier mari et dont il cosigna la série des *Claudine*, il est intéressant aussi comme représentant du milieu littéraire et artistique des années 1890-1914. « Ce qu'il faudrait écrire, c'est le roman de cet homme-là », a dit celle qui devait plus tard l'éclipser dans la renommée littéraire. Né en 1859, Henry Gauthier-Villars commença sa carrière comme critique musical avec des chroniques wagnériennes signées « l'Ouvreuse du Cirque d'hiver » qui seront recueillies sous le titre *Lettres de l'Ouvreuse* (1890). En 1889, il rencontre Colette, alors âgée de seize ans ; il l'épouse en 1893, et le couple mène à Paris la vie mondaine et agitée de cette fin de siècle. Ils fréquentent Jarry, Rachilde, s'affichent à trois avec l'actrice Polaire. Willy devient un écrivain professionnel qui aligne les romans légers, seul ou en collaboration. Un jour de 1900, il découvre les cahiers où sa femme écrit pour se distraire ses souvenirs d'enfance. C'est alors, sous son seul nom à lui, le début d'une publication dont Colette lui fera grief, racontant plus tard les détails de cette « collaboration » (*Mes apprentissages*, 1936) et le présentant comme « contrebandier de l'Histoire littéraire ». De 1900 à 1905, toute la série des *Claudine*, dans lesquels il figure à la fois sous les traits de Renaud et du critique musical Maugis, vient gonfler l'œuvre déjà abondante de Willy, ainsi que celle des *Minne*, avant la rupture avec Colette en 1906. Tandis que celle-ci rejoint la Marquise de Morny, « Missy », et monte sur les planches dans des pantomimes à scandale, Willy poursuit sa carrière d'auteur léger : *Suzette veut me lâcher* (1905), *Lélie fumeuse d'opium* (1911), *L'Implaquable Siska* (1913), *Ginette la rêveuse* (1919). Ses relations avec Colette continuent de se dégrader et deviennent procédurières. Il gagne la Suisse avec Meg, sa nouvelle compagne, pendant la guerre, joue à Monte-Carlo entre 1920 et 1924 pour essayer de rétablir une situation matérielle toujours difficile. Il meurt en 1931 après des années assez misérables, sans avoir accompli le projet auquel Apollinaire le destinait : une description du Paris de la Belle Époque et du monde dont il avait été l'une des personnalités les plus pittoresques.

→ François Caradec, *Feu Willy : avec et sans Colette*, Pauvert, 1984.

G.Si.

Wittig Monique (1935). Essayiste et romancière d'origine belge installée aux États-Unis, elle s'est affirmée comme porte-parole de la seconde génération du féminisme. Telle n'était pourtant pas la problématique principale du roman qui la révéla en 1964, *L'Opoponax* (prix Médicis), même si l'on y trouve déjà cette urgence de s'attaquer au signifiant linguistique comme source et conservatoire de tous les maux. D'où les recherches formelles que Wittig met en œuvre dans *Les Guérillères* (1969) et *Virgile, non* (1985), complétées par une réflexion plus théorique dans *Le Corps lesbien* (1973), où elle analyse le lien entre langage et sexualité, ou plus iconoclaste dans *Brouillon pour un dictionnaire des amantes* (1976, avec Sande Zeig). Devenue une figure importante des *gay and lesbian studies* américaines, elle a récemment fait paraître une série d'essais en anglais : *The Straight Mind and Other Essays* (1992).

→ Erika Ostrovsky, *A Constant Journey. The Fiction of Monique Wittig*, Carbondale, Southern Illinois University Press, 1991.

G.P.

Wouters Liliane (1930). Née à Ixelles

(Bruxelles), le 5 février 1930, elle se situe d'abord dans la tradition flamande par son premier recueil de poèmes, *La Marche forcée* (1954), composé dans une langue teintée de mysticisme, à l'accent tantôt médiéval, tantôt baroque ; « j'accepte s'il le faut, un legs de mon passé/ mais signe mon époque » : une marche à la vie et à la mort d'une jeune femme en quête de pureté, d'une lucidité extrême, qui s'affirmera dans ses recueils ultérieurs, au style toujours plus épuré : *Le Bois sec* (1960, prix triennal de poésie 1962) et *Le Gel* (1966). Délaissant un temps la poésie pour le théâtre, Liliane Wouters a fait représenter une série de pièces où elle prend la défense de personnages marginalisés ou incompris qui affirment avec vivacité leur indépendance d'esprit (*La Porte*, 1967 ; *La Salle des profs*, 1983 ; *L'Équateur*, suivi de *Vies et morts de Mademoiselle Shakespeare*, 1984 ; *Charlotte ou la nuit mexicaine*, 1989 ; *Le Jour du Narval*, 1991). Après avoir recueilli l'ensemble de ses poèmes dans *L'Aloès* (1983) elle a publié en 1990 un *Journal du scribe*, questionnant ses origines, exprimant sa hantise de la mort. On lui doit aussi des traductions du néerlandais et plusieurs anthologies : *Panorama de la poésie française de Belgique* (1976), *Ça rime et ça rame* (1985), *La Poésie francophone de Belgique* (4 t., 1985-1992, en collaboration avec Alain Bosquet). Elle a été élue à l'Académie royale de langue et de littérature françaises de Belgique en 1985.

ŒUVRES. — *L'Aloès*, Luneau Ascot, 1983. — *La Salle des profs*, rééd., Bruxelles, Labor, coll. Espace Nord, 1994.

→ *Liliane Wouters : poète, traducteur, dramaturge*, Bruxelles, Kesteman, 1983. — Jean Tordeur, « Discours de réception de Mme Liliane Wouters », *Bulletin de l'Académie royale de langue et de littérature françaises*, t. XLIII, n° 3-4, 1985.

O.Bi.

Y

Yourcenar Marguerite (1903-1987), pseudonyme de Marguerite de Crayencour. Née le 8 juin 1903, à Bruxelles, d'un père français et d'une mère belge qui meurt à sa naissance. C'est le début de l'errance : le Mont-Noir et Lille, où règne une grand-mère détestée ; Scheveningue avec Jeanne, amie de sa mère ; puis Paris, la Côte d'Azur, avec un père instable et joueur, qui se ruine mais s'intéresse à elle. Enfance sans école, sinon sans précepteurs, mais les premiers vers, *Le Jardin des chimères* (1920), *Les dieux ne sont pas morts* (1922), attestent l'imprégnation gréco-latine. Dès la vingtième année, elle ébauche, sous le titre de *Remous*, un roman-fleuve où se mêlent saga familiale et fiction. Les personnages de Zénon, Nathanaël et bientôt Hadrien, sont dès ce moment en gésine.

Mais le premier récit publié sera intimiste : *Alexis ou le traité du vain combat* (1929), longue lettre d'adieu d'un mari pour justifier son abandon. C'est le temps aussi des premiers essais (« Diagnostic de l'Europe », 1929), du tombeau de Jeanne : « En mémoire de Diotime » (1929), et du premier essai dramatique, *Le Dialogue dans le marécage*, composé en 1930. D'autres romans, *La Nouvelle Eurydice* (1931), renié ensuite, et plus tard *Le Coup de grâce* (1939), prolongent l'introspection morbide d'*Alexis* autour du même type de couple mal apparié : une femme aimable, un homme qui aime les hommes, l'amant n'étant pas exclu. On les retrouvera au terme de l'œuvre, identifiés cette fois aux partenaires de ce qu'on aimerait appeler la scène originelle : Jeanne, Egon son mari, Michel le père de Marguerite.

L'abondante production des années trente s'oriente vers l'essai *(Pindare*, 1932) et le récit bref, tiré de l'histoire ou du mythe. *Denier du rêve* (1934, revu en 1959), roman à tiroirs, fait vivre quelques types sociaux de la Rome fasciste. *La mort conduit l'attelage* (1934) rassemble trois fragments de fresque historique, résidus de *Remous*. *Feux* (1936) alterne des pensées où s'avoue une passion et des récits mythologiques au style savamment baroque. Les *Nouvelles orientales* (1938, revu en 1978) exploitent un itinéraire méditerranéen, aux débordements extrême-orientaux. Des rêves aussi se racontent, impudence maîtrisée du retour à soi : *Les Songes et les sorts* (1938).

Quand vient la guerre, Marguerite Yourcenar s'exile aux États-Unis, avec Grace Frick. Sensible à la menace qui pèse sur la culture, l'écrivain pour un peu se tairait. Un théâtre grinçant, amère variation de mythes grecs, voit pourtant le jour, sinon la scène : *Qui n'a pas son Minotaure*, amorcé dès 1933, revu en 1963 ; *Électre ou la chute des masques*, composé en 1944, publié en 1954 ; *Le Mystère d'Alceste*, composé en 1946, publié en 1963.

Dans les *Mémoires d'Hadrien* (1951), regain de l'héritage antique, l'empereur, proche de la mort, reconsidère sa vie, l'exercice du pouvoir mais aussi la fulgurance d'Antinoüs, le bel éphèbe sacrifié. Le roman connaît un succès immédiat. Avec *L'Œuvre au noir* (1968), livre issu lui aussi de *Remous*, l'érudition se déplace au XVIe siècle, retrouvant l'errance et la Flandre natale. Après la paix romaine, les bûchers. Zénon, le médecin philosophe, est l'égal d'Hadrien par l'esprit, non par le pouvoir. Emprunté à l'alchimie du Grand-Œuvre, le titre implique une dynamique d'épreuve sans en garantir le succès : Zénon, héros de la lucidité, finit halluciné. À ses côtés, le serviteur amant rappelle le favori de l'empereur : passions d'hommes où le dominé meurt, le dominant ne survivant qu'ébranlé. Si l'anthropologie yourcenarienne, somme d'historicité, vise à l'universalité, ses livres trahissent, par leurs correspondances, une histoire personnelle. Cérébrale, l'œuvre est aussi viscérale. Et cette dualité se retrouve dans le style, tout de provocation ou tout de discrétion.

Dix-sept ans séparent ces deux récits majeurs. Dans l'intervalle et par la suite, l'auteur rassemble des poèmes *(Les Charités d'Alcippe*, 1954, rééd. 1984), des essais (*Sous bénéfice d'inventaire*, 1962, rééd. 1978), des traductions de *negro-spirituals (Fleuve profond, sombre rivière*, 1964) et de poètes grecs *(La Couronne et la lyre*, 1979). Elle publie la monographie d'un écrivain japonais *(Mishima ou la vision du vide*, 1981). Les essais courts se multiplient, recueillis plus tard dans *Le Temps, ce grand sculpteur* (1983), *En pèlerin et en étranger* (posth., 1989) et *Le Tour de la prison* (posth., 1991).

Les trois volumes du *Labyrinthe du monde*, amorcés comme une autobiographie, sont en fait une chronique romancée des lignées parentales — maternelle dans *Souvenirs pieux* (1974), paternelle dans *Archives du Nord* (1977) : c'est se chercher où l'on n'est pas encore. Commémoration volontiers irrévérencieuse, le moi n'y apparaît guère, sinon dans son enfance, l'espace de quelques pages au dernier volume. Mais dans cette forme nouvelle de fresque historique, il imprègne le regard et l'écriture.

Dans *Quoi ? L'Éternité*, troisième tome du *Labyrinthe* (posth., 1988), Jeanne est la figure ailée, la mère substitutive : le « labyrinthe » est devenu parcours de vénération. Mais le déchirant trio se sépare. Egon, dernier Alexis, s'égare dans la guerre. Le livre s'interrompt avant qu'Egon ne retrouve Jeanne : inachevé, sa chute vaut un effet de l'art.

D'abord publié dans un recueil de trois nouvelles (*Comme l'eau qui coule*, 1982), « Un homme obscur » est en fait un roman court, issu toujours de *Remous* : Nathanaël n'a plus ni pouvoir ni savoir. Frère d'Hadrien et de Zénon par la lucidité et l'errance, son humilité, sa bonté désarmée sont lointainement marquées par la sagesse hindoue. Hadrien, Zénon, Nathanaël : cette filière de personnages qui mûrissent avec leur auteur, de livre en livre, atteste une conception existentielle de la littérature.

Marguerite Yourcenar, membre de l'Académie royale de Belgique depuis 1970, est entrée à l'Académie française en 1980, première femme intronisée dans cette institution. Elle est morte à l'hôpital de Bar Harbor (Maine), le 17 décembre 1987.

ŒUVRES. — Publiées chez Gallimard : *Œuvres romanesques*, Bibliothèque de la Pléiade, 1982. — *Essais et mémoires*, Bibliothèque de la Pléiade, 1991. — *Théâtre*, Gallimard, 1971, 2 t.

→ *Études littéraires* (Québec), avril 1979. — Geneviève Spencer-Noël, *Zénon ou le thème de l'alchimie dans « L'Œuvre au noir » de Marguerite Yourcenar*, Nizet, 1981. — Édith et Frederick Farrell, *Marguerite Yourcenar in counterpoint*, New York, University Press of America, 1983. — *Sud*, 1984. — *Nord*, juin 1985. — Bulletin de la Société internationale d'études yourcenariennes, 1987. — Carminella Biondi et Corrado Rosso (éd.), *Voyage et connaissance dans l'œuvre de Marguerite Yourcenar*, Pise, Goliarda, 1988. — *Équinoxe*, 1989. — Kajsa Andersson, *Le « don sombre » : le thème de la mort dans quatre romans de Marguerite Yourcenar*, université d'Uppsala, 1989. — Josyane Savigneau, *Marguerite Yourcenar : l'invention d'une vie*, Gallimard, 1990. — *Roman 20/50*, mai 1990. — Henriette Levillain, *« Mémoires d'Hadrien » de Marguerite Yourcenar*, Gallimard, 1992. — Anne-Yvonne Julien, *« L'Œuvre au noir » de Marguerite Yourcenar*, Gallimard, 1993. — Hélène Marchand, *Fiction, semblance et crédibilité : incursions dans deux univers de Marguerite Yourcenar*, Québec, Éditions Balzac, 1993. — Christiane Papadopoulos, *L'Expression du temps dans l'œuvre romanesque et autobiographique de M. Yourcenar*, Berne, Lang, 1988. — Carmen Ana Pont, *Yeux ouverts, yeux fermés : la poétique du rêve dans l'œuvre de Marguerite Yourcenar*, Amsterdam, Rodopi, 1994. — Colette Gaudin, *Marguerite Yourcenar à la surface du temps*, Amsterdam, Rodopi, 1994. — Françoise Bonali-Fiquet, *Réception de l'œuvre de Marguerite Yourcenar*, Tours, SIEY, 1994. — Pierre Brunel, *Transparences du roman*, Corti, 1997 (ch. V : « Portrait d'une voix » [sur les *Mémoires d'Hadrien*]). — Il existe depuis 1987 un *Bulletin de la Société internationale d'études yourcenariennes* (Tours) et des *Cahiers Marguerite Yourcenar* (Association Marguerite Yourcenar, Paris) et, depuis 1989, un *Bulletin [du] Centre international de documentation Marguerite Yourcenar* (Bruxelles).

M.D.

Z

Z'Graggen Yvette (1920). Née à Genève. Après son baccalauréat, elle entre dans la vie pratique ; elle travaille dans des organisations internationales (missions pour la Croix-Rouge et pour la Société européenne de culture), puis à la radio suisse romande, comme responsable d'émissions culturelles, et mène une activité littéraire depuis 1944. Ses romans et ses nouvelles analysent avec lucidité les difficultés du couple ; en avance sur sa génération, elle s'est penchée sur celles que rencontrent les femmes pour concilier vie professionnelle et personnelle (*Cornelia*, 1985). Depuis 1980, dans des ouvrages autobiographiques, elle s'interroge sans complaisance sur son passé. *Un temps de colère et d'amour* (1980), récit d'une enfance bourgeoise, décrit la condition de la jeunesse genevoise pendant la guerre ; *Les Années silencieuses* (1982) examine, par la confrontation du journal intime de l'auteur et de la presse, dans quelle mesure les Suisses pouvaient être informés du génocide juif ; *Changer l'oubli* (1989) la conduit sur les traces de ses ancêtres, paysans pauvres de la Suisse centrale déclassés dans le prolétariat des petites industries locales ; *La Punta* (1992), roman des retraités petits-bourgeois installés en Espagne et dont les difficultés d'adaptation sont à la mesure de leurs illusions, connaît un succès immense qui témoigne de l'intérêt de ce problème de société des années quatre-vingt.

→ Edith Habersaat, *Yvette Z'Graggen*, Fribourg, Éditions universitaires, 1987.

F.Fo.

Zadi-Zaourou Bernard (1935). Né à Yacolidabré (Côte-d'Ivoire), ministre de la Culture de son pays après avoir longtemps enseigné à l'université d'Abidjan, il est le fondateur de la Compagnie du Didiga, troupe de théâtre grâce à laquelle il entend manifester son attachement à l'oralité africaine traditionnelle et contemporaine. Le *Didiga*, ensemble de récits de chasse du pays Bété que rythme l'arc musical et dans lequel mystère et magie se conjuguent pour suggérer le merveilleux, est à la source de son œuvre poétique et dramaturgique. *Les Sofas* suivi de *L'Œil* (Oswald-L'Harmattan, 1975), *La Tignasse* (Oswald-L'Harmattan, 1984), *La Termitière* (inédit, créé en 1981), *Le Secret des dieux* (inédit, créé en 1983) et *La Guerre des femmes* (inédit, créé en 1985) mettent en scène des personnages de rebelles engagés dans le combat pour la justice et la liberté, tandis que les recueils poétiques, *Fer de lance* (Oswald, 1975), *Césarienne* (Abidjan, CEDA, 1984), d'un style volontiers hermétique, expriment la révolte fondamentale de l'artiste.

J.C.

Zahnd René (1958). Né à Renens (Vaud), il se distingue par une grande diversité d'intérêts. Il a travaillé dans le domaine du théâtre, auquel il a consacré des articles et des essais (*Une saison avec Langhoff*, 1990). Il a traduit *Les Géants entre cour et jardin* de Pirandello (1992) et *La Mort de Danton* de Georg Büchner (1994). Ses pièces, dont *Jardin d'hiver* (1994), ont rencontré un écho auprès du public. Depuis le début des années quatre-vingt, il a publié des nouvelles, des récits, des poèmes et un roman.

S.J.-M.Ri

Zermatten Maurice (1910). Né à Suen (Valais), il obtient le brevet d'instituteur, puis fait des études de lettres à l'université de Fribourg, et enseigne au collège de Sion à partir de 1935. Au sein de diverses institutions (Défense du Patrimoine suisse, UNESCO, Société suisse des écrivains), il défendra les valeurs traditionnelles, terre, nature, patrie, famille, qui sont au centre d'une œuvre littéraire vaste, comprenant des romans, des contes, du théâtre, de la critique littéraire et artistique. Des romans comme *Christine* (1944), *La Servante du Seigneur* (1950), *La Louve* (1967) ou *La Porte blanche* (1973) glorifient dans une perspective religieuse la fonction maternelle de la femme. Peu à peu, les romans de Zermatten vont se concentrer sur ce qu'il considère comme la perte de ces valeurs traditionnelles, opposant la pure campagne à la ville corrompue, l'ici ancestral à un ailleurs moderne. De cet antagonisme passéiste témoignent des romans comme *La Montagne sans étoiles* (1956), *Le Lierre et le Figuier* (1957), *Le Cancer des solitudes* (1964).

→ Micha Grin, *Terre et violence ou l'itinéraire de Maurice Zermatten*, Favre, Lausanne, 1983.

M. Ri.

Zévaco Michel (1860-1918). Originaire d'Ajaccio, professeur de lettres dans le sud de la France, il est renvoyé en 1881 pour ses opinions anarchistes. À l'issue de son engagement dans l'armée (1882-1887), il publie *Le Boutecharge, physionomie du quartier* (1888), inspiré de ses souvenirs de caserne. En 1889, il entre à *L'Égalité*, feuille anarchiste dont il devient le secrétaire de rédaction. Il y écrit des articles militants (un article contre le ministre de l'Intérieur lui vaut quatre mois de prison) et des romans-feuilletons : *Roublard et Cie, les tripoteurs du socialisme* (1889), *La Dernière Grisette*, *L'Ombre fatale*, *Le Train rouge* (1890). À la disparition du journal en 1892, il collabore à *L'En-dehors* et fonde une feuille éphémère, *Le Gueux, semences de révolte libre*, avant d'écrire régulièrement dans l'hebdomadaire *Le Courrier français* (1892-1896), à qui il donne de nombreux articles et des romans d'inspiration historique : *Le Chevalier de La Barre* et *La Marquise de Pompadour*. Il prend part également aux querelles religieuses du moment : *Les Jésuites contre le peuple : la nouvelle Inquisition* (1899). La carrière de Zévaco, grand fournisseur de romans-feuilletons historiques, commence en 1900. Il travaille d'abord de 1900 à 1905, pour le journal socialiste, *La Petite République*, où il distille à ses lecteurs sept romans (le plus souvent repris en librairie avec succès) : *Borgia* (1900), *Triboulet* (1901), *Le Pont des soupirs* (1901), *Par le fer et par l'amour* (1902), *La Fausta* (1904), *Fleurs de Paris* (1904), *Les Mystères de la tour de Nesle* (1905). Le quotidien *Le Matin*, pour augmenter ses ventes, attire ce feuilletoniste à la mode et le paie un franc la ligne ! De 1906 à sa mort en 1918, Zévaco reste fidèle au journal pour lequel il écrit neuf grands feuilletons d'au moins cent cinquante livraisons chacun : *Le Capitan* (1906), *Nostradamus* (1907), *L'Héroïne* (1908), *L'Hôtel Saint-Pol* (1909), *Pardaillan et Fausta* (1913), *Le Fils de Pardaillan* (1914), *Don Juan* (1916), *La Reine Isabeau* (1918), *Le Pré-aux-Clercs* (posth., 1918). Il est mort à Eaubonne le 8 août 1918.

Héritier de Dumas et de Paul Féval, Zévaco a donné un souffle nouveau au roman populaire d'inspiration historique. Au temps des guerres de religion et des derniers Valois, son héros, Pardaillan, en lutte contre les Guise et sa grande ennemie Fausta Borgia, est l'incarnation des forces du Bien. Le style de Zévaco a des accents hugoliens (antithèses, images saisissantes, alliance du grotesque et du sublime). Il n'échappe pas aux lois du roman-feuilleton (mélodrame, coups de théâtre, schématisme des personnages), mais donne à son univers une dimension épique et mythique. La lecture des *Pardaillan* fit les délices du jeune Sartre (voir *Les Mots). Les Pardaillan* (neuf titres) sont réédités dans la collection Bouquins (Laffont, 1993).

ŒUVRES. — *Les Pardaillan* [neuf titres], Laffont, coll. Bouquins, 1993.

→ Aline Demars, *Michel Zévaco et le roman-feuilleton*, thèse, Sorbonne, 1986.

J.G.

Zimmermann Jean-Paul (1889-1952). Né à Cernier, il a fait des études de lettres à Neuchâtel, puis, après un séjour parisien, il a enseigné et exercé un ascendant considérable sur des générations d'élèves qu'il sensibilisa à la littérature et à l'art. Fondateur d'une revue littéraire, *Les Voix*, il est l'auteur de recueils de poèmes (*Œuvres poétiques*, 1969), de nouvelles, de pièces de théâtre (*Les Vieux Prés*, 1939), de récits (*Progrès de la passion*, 1932), de romans (*La Chaux d'Abel*, 1952) et d'un essai (*Le Pays natal*, 1944, rééd. 1972). Il fut en outre traducteur de l'allemand et d'espagnol. Il est mort à La Chaux-de-fonds en 1952.

P.A.

Zinsou Senouvo Agbota (1946). Né à Lomé (Togo), directeur de la troupe nationale du Togo, il s'est fait connaître en 1972 par sa pièce, *On joue la comédie* (RFI-Répertoire théâtral africain, 1975), inspirée des contes et légendes traditionnels et des formes dramatiques contemporaines, comme le « concert-party » et la « cantate », genres populaires prisés du public togolais et ghanéen. Mais c'est avec *La Tortue qui chante* (suivi de *La Femme du blanchisseur* et *Les Aventures de Yévi au pays des monstres*, Hatier, 1987), parabole sur le pouvoir et ses tentations, présentée au IVe Festival des francophonies de Limoges, que s'exprime le mieux le talent du dramaturge et du metteur en scène.

J.C.

Zobel Joseph (1915). Né à Rivière Salée (Martinique), il doit l'essentiel de sa notoriété à son troisième roman, *La Rue Case-Nègres* (1950), dans lequel il évoque son itinéraire d'enfant pauvre franchissant la ligne grâce à une bourse d'études et accédant au savoir dispensé par l'école occidentale. Auparavant, dans *Diab'la,* Zobel avait évoqué la condition misérable des coupeurs de cannes au sein de « l'habitation », suscitant les foudres de la censure de l'amiral Robert, et dans deux recueils de nouvelles, *Laghia de la mort* et *Les Jours immobiles,* restitué avec authenticité la vie quotidienne du petit peuple de la Martinique avec lequel il a toujours su garder un contact étroit.

ŒUVRES. — *Les Jours immobiles,* 1946. — *Diab'la,* Nouvelles Éditions latines, 1946. — *Laghia de la mort,* 1946 ; rééd. Présence africaine, 1974. — *La Rue Case-Nègres,* 1950 ; rééd. Présence africaine, 1974. — *La Fête à Paris,* La Table ronde, 1953 ; rééd. Éditions caribéennes, 1979, sous le titre *Quand la neige aura fondu.* — *Les Mains pleines d'oiseaux,* Nouvelles Éditions latines, 1978. — *Et si la mer n'était pas bleue,* Éditions caribéennes, 1982.

J.C.

Zoé *(Éditions).* Fondées en 1975 à Carouge par Marlyse Pietri-Bachmann, elles ont publié plus de 200 titres couvrant différents domaines. Zoé se consacre principalement à la littérature suisse romande et à la traduction (de l'allemand surtout), mais publie aussi des récits de vie, du théâtre, des essais et des ouvrages sur la Suisse et des auteurs tels que Jean-Marc Lovay, Adrien Pasquali, Amélie Plume ou Catherine Safonoff. La collection « Cactus » est réservée aux pamphlets. En 1994, Marlyse Pietri lance ses « Minizoé » à prix très bas. La collection « Littérature d'émergence » manifeste un réel esprit d'ouverture.

B.Z.

Édition 01
ISBN 2-253-13109-1
Dépôt édit. 8885-05/1998
Composition NORD-COMPO
Imprimé en Italie par G. Canale & C. S.p.A. - Borgaro T.se - Torino

31/3109/1